KB065041

完譯詳註

# 周易

完譯詳註 周易  林東錫 譯註

보고사
BOGOSA

# 책머리에

　공자가 《論語》(述而)에서 "加我數年, 五十以學《易》, 可以無大過矣"라 한 말이 있다. 여기서 "五十以學《易》"의 '五十'은 '卒'가 잘못 전해져 오류가 난 것으로 "나에게 몇 년 만 더 시간을 빌려주어 《주역》 공부를 마치게 해 준다면 큰 허물은 없을 텐데"의 뜻이다. 그렇다면 《역》은 '큰 허물이 없도록 일러주는 책'임을 알 수 있다. 그래서 《史記》(孔子世家)에도 "孔子晚而喜《易》, 序·象·繫·象·說卦·文言. 讀《易》, 韋編三絶. 曰:「假我數年, 若是, 我於《易》則彬彬矣.」"라 하여 '나에게 있어서의 《역》이란 빈빈(彬彬)하게 해 주는 것'이라 하였고, 십익(十翼)을 찬술하며 죽간(竹簡)을 꿴 가죽 끈이 세 번이나 끊어질 정도로 읽고 또 읽었던 것이리라.

　어린 시절 고향 산촌은 順興 安氏 집성촌이었고, 그 때문에 순흥의 紹修書院이 왜 세워졌는지, 安珦이 무엇을 했던 先儒인지도 대충 알게 되었다. 나아가 그곳은 마침 丹陽 禹氏의 得姓地여서 禹倬이라는 분이 고려 때 처음 《주역》을 동쪽 우리나라로 가지고 와서 호를 '易東'이라 했다는 이야기도 들으며 자랐고, 아울러 그의 '한 손에 막대 쥐고'와 '춘산에 눈 녹인 바람'의 탄로가(歎老歌) 시조 2수는 쉽게 외웠으며, 또한 退溪 李滉선생이 군수를 지냈던 곳으로 유적과 일화도 남아있어 조선유학이 어떻다는 이야기도 어렴풋이 들으며 유년시절을 보냈다.

　그 뒤 서울로 와서 여러 공부를 하던 중 《주역》을 접하게 된 것은 유학가기 전 매주 금요일 저녁마다 상도동을 찾아가서 이종술(李宗述) 선생이라는 분에게 《周易傳義大全》을 듣기 시작하면서였다. 그런데 사실 한 마디도 알아들을 수 없었고, 도대체 세상에 이런 책이 왜 있는지, 또 왜 이런 책에 매달려 공부하는 사람이 있는지에 대한 의문부터 들었다. 더구나 띄어쓰기도 없이 잔글씨로 빽빽한 그 책은 우선 문자 해석부터 전혀 이해할 수 없었고, 내용은 더더구나 완전히 뜬구름 잡는 황당한 것이었다. 아니 황당해도 상식적으로 이해가 되지 않는 서사(敍事)라면 《山海經》처럼 '百不一眞'(백 가지 중 하나도 진짜는 없음)의 상상력을 편 것이라 치부하면 그만이었지만 온통 현학적(衒學的)으로 앞뒤 연결이 되지 않는 말들이었다. 나는 그 때마다 물끄러미 선생님을 바라보면서 "우리말이 이렇게 어려운가? 선생님은 어쩌면 저렇게 말을 이어갈 수 있을까?"하는 생각에 시간을 삭여갈 뿐이었다.

뒤에 다시 우전(雨田) 선생에게 방간본(坊間本) 원본집주(原本集註) 《주역》을 듣게 되었다. 그 책은 그나마 현토가 있고 초보적인 옛 언해식 해석이 있어 어렴풋이 짐작은 갔지만, 그래도 역시 격화소양(隔靴搔癢)이었다. 그래서 우선 팔괘부터 외워야겠다고 여겨 표를 만들어 벽에 붙여놓고 대들었다. 그리고 64괘도 '乾坤屯蒙, 需訟師比 ……'하면서 중얼거렸다. 그렇게 꽤 많은 괘를 들었지만 내게는 선뜻 다가오지 않았다. 오히려 전공 수업시간에 《열녀춘향수절가》에서 이몽룡이 성춘향의 추천(鞦韆) 모습에 반하고 돌아와 마음을 다잡고 공부한답시고 이것저것 첫 구절만 뒤적이다가 "周易을 익난듸, 「元은 亨코 利코 貞코」, 춘향이 코, 딱딘 코, 조코 하니라. 그 글도 못 익것다"라고 하여, 현토의 '코'자에 걸려 춘향이 코를 떠올린 이도령의 인간다움이 연상되어 안쓰러웠다.

그리고는 유학을 떠났고 돌아와 대학에서 교학에 매몰된 채 고전 역주에 매달려 긴 세월을 보내면서 《주역》이란 그런 책이려니 하다가 이제 그만 훌쩍 '從心所欲, 不踰矩'의 나이가 되고 말았다.

마침 몇 년 전 중국 河南 安陽市 湯陰縣에 있는 유리성(羑里城)을 방문하게 되었다. 바로 文王(姬昌)이 殷紂에 의해 갇혔던 감옥이 있었으며, 문왕은 갇혀 있는 동안 《易》을 연찬(演纂)하였다는 기록이 《史記》 殷本紀에 실려 있는 곳이다. 과연 꽤 크게 조성된 부지에 그 상황을 밀랍(蜜蠟)으로 모습을 만들어 놓았고, 그 뒤에는 시초(蓍草)라고 안내 말뚝이 세워진 밭이 있었다. 처음으로 시초를 보았다. 마치 쑥대 같기도 한 이 풀줄기가 그토록 점치는 데에 사용되었다니, 그저 상상에 젖을 뿐 어떻게 점을 쳤는지는 머릿속에 재구성이 되지 않았다.

돌아와 그동안 사서삼경(四書三經) 중에 《주역》은 끝내 덤벼볼 자신도 없고 알지도 못하는 것이라 던져두고 다른 제자백가(諸子百家)의 책들에 매달려 온힘을 쏟아 이제 대충 섭렵해 본 셈은 되었다.

특히 사서와 《시경》, 《서경》까지 마쳤는데 《주역》만은 손을 대지 않아 못내 아쉬워 옛날 배우던 책을 꺼내어 먼지를 털고 뒤적여 보았더니, 젊던 날의 내 서툰 필체로 받아 적은 구절들이 그대로 잠자고 있는 것이 아닌가?

이에 정이(程頤)의 《역전》과 주희(朱熹)의 《역본의》를 묶어 명(明)나라 때 호광(胡廣) 등이 편찬한 것을 조선시대 장서각(藏書閣)에서 찍어낸 판본, 그 《주역전의대전》을 펼쳐놓고 서지(書誌)부터 체례, 용어, 구성 등을 참고문헌을 있는대로 찾아 정리하여보았다. 나아가 조선시대 우리 선조들의 《주역언해》에는 어떻게 풀었는가도 살펴보았다. 역시 어렵고 이해할 수 없는 비문(非文)으로 가득 차 있었다. 그래도 어쩌랴! '기왕에 벌려놓은 춤'(既張之舞)인데, 다 마치고 무대에서 내려와야 하지 않겠는가? 그래서 상수학(象數學)을 모은 당(唐) 이정조(李鼎祚)의 《주역집해》까지 더 보태어 구절마다 묶어보았다.

이리하여 드디어 역주를 마치기는 하였다. 그러나 솔직히 내가 《주역》을 조금이라도 알기에 이 작업을 한 것은 아님을 분명히 밝힌다. 나아가 이 엄청난 양을 정리했으니 무슨 통달한 것이 아닌가할 지도 모른다. 그러나 입문도 하지 못하였다.

《論語》(子張篇)에 "賜之牆也及肩, 窺見室家之好. 夫子之牆數仞, 不得其門而入, 不見宗廟之美, 百官之富."(나 자사의 집 담장은 그 높이가 어깨 정도밖에 되지 않아 집 안에 있는 좋은 물건이 무엇인지 다 들여다보인다. 그러나 공자의 담장은 몇 길이나 되어 그 문을 통해 직접 들어가 보지 않고서는 그 집 안 종묘의 아름다움과 온갖 관료의 풍부함을 볼 수가 없다)라 하였다. 나는 자사의 어깨 높이만큼 낮은 담장 너머도 보지 못하였는데 어찌 공자의 그 높은 집 대문으로 들어섰겠는가? 불입오당(不入奧堂)이다. 즉 升堂은 물론 入室도 아직 못한 것이다.

나는 이 책을 '점치는 책'(卜筮書), 혹은 '미래를 미리 알 수 있는 책'(秘訣書)으로 여긴 것이 아니라, '마음 다잡는 책', '나를 닦고 욕심을 내려놓는 책'(修養書)으로 여겨 몇 년을 편한 마음으로 작업해온 것일 뿐이다. "過去事明如鏡, 未來事暗似漆"이라 하였으니 나 같은 범인이 어찌 未來事를 점쳐서 알 수 있겠는가? 다만 "虎尾春冰寄此身"이니, 그저 조심하며 삼가며, 하늘과 땅에 부끄러운 일 하지 않도록 '毋不敬'을 다짐하며 살라고 일러주는 책이 이 《주역》이 아닌가 여길 뿐이다. 혹 이 책으로 공부하는 자가 있다면 사교(賜教)를 바랄 뿐이다.

2022 壬寅년 小暑에
茁浦 林東錫이 負郭齋에서 적음.

# 목차

## 《주역周易》上經

## 《주역周易》下經

## 《주역周易》부록

# 일러두기

1. 이 책은 《周易正義》(十三經注疏本)와 唐 李鼎祚의 《周易集解》, 宋 程頤의 《易傳 (伊川易傳)》, 南宋 朱熹의 《周易本義》, 《易傳》과 《本義》를 합본한 《周易傳義大 全》(朝鮮, 藏書閣本) 및 現代 高亨의 《周易古經今註》와 《周易大傳今註》 및 《周易 諺解》(七書諺解, 大提閣 印本), 原本集註 《周易》(明文堂復刻本), 그리고 현대 각종 白話語 譯注本(〈貴州本〉, 〈三民本〉, 〈商務印本〉) 등을 모두 종합 정리하여 세밀 히 역주한 것이다.

2. 기본적으로 孔穎達 《周易正義》를 軸으로 하고, 唐 李鼎祚 《集解》, 北宋 程頤 《易 傳》, 南宋 朱熹 《易本義》와 現代 高亨의 《周易古經今註》와 《周易大全今註》를 橫 으로 하여, 조선시대 《周易諺解》를 해석의 기준으로 삼았다.

3. 《周易》 원본 編制대로 上經(30괘)와 下經(34괘)을 순서대로 하여, 體例에 맞추어 풀이하고, 이어서 '十翼'도 빠짐없이 분류하여 주석하였다.

4. 매 괘마다 일련번호를 표기하고, 卦辭, 彖辭, 象辭(大象辭), 爻辭, 小象辭를 순서 대로 구분하여 앞에 먼저 〈諺解〉를 싣고 그에 따라 우리말로 풀이하였으며, 이 어서 역자의 주석과 《正義》(孔穎達), 《集解》(李鼎祚), 《易傳》(程頤), 《本義》(朱 熹)를 해당 주석에 포함하여, 세밀하게 정리하였다.

5. '象辭'의 경우, 大象辭는 '★'로, 小象辭는 '☆'로 구분하여 원문과 풀이말에 모두 표시하여 쉽게 구별이 되도록 하였다.

6. 조선시대 〈諺解〉의 경우, 원본이 程頤의 《易傳》을 諺解한 것으로, 朱熹의 《本義》 와 다른 곳은 원본 자체에 구분이 되어 있어, 이를 (  ) 속에 넣고 풀이도 이에 따랐다.

7. '十翼'의 경우, 문장이 긴 것은 역자가 나름대로 단락을 나누어 하위 번호를 부여 하고 역주하였다.

8. 直譯을 위주로 하였으나 문맥을 순통하게 풀이하기 위해 일부 의역을 한 곳도 있다. 아울러 〈諺解〉의 해석을 참고하였으나, 원문 자체에 非文이 워낙 많아 나름대로 일부 수정한 곳도 있다.

9. 작업상 오자, 탈자, 오류 등 불가피하였던 부분에 대해서는 발견되는 되로 앞으로 계속 수정 보완해 나갈 것이다.

10. 이 책 역주 부분에 쓰인 略號는 다음과 같다

① 《正義》: 唐 孔穎達 《正義》(王弼, 韓康伯 注)

② 《集解》: 唐 李鼎祚 《周易集解》

③ 《傳》: 北宋 程頤 《易傳(伊川易傳)》

④ 《本義》: 南宋 朱熹 《周易本義》

⑤ 〈音義〉: 唐 陸德明 〈周易音義〉

⑥ 高亨: 《周易古經今註》, 《周易大傳今註》에서 인용함.

⑦ 기타 출현 빈도가 낮은 것은 그대로 밝힘.

# 참고문헌

1. 《周易正義》魏 王弼, 晉 韓康伯(合注) 唐 孔穎達(疏) 十三經注疏(宋本) 藝文印書館 (印本) 臺北

2. 《周易》十三經注疏(印本) 中華書局 1980 北京

3. 《周易》十三經注疏(活字本) 中華書局 北京

4. 《周易集解》唐 李鼎祚(撰) 四庫全書(文淵閣本)

5. 《易傳(伊川易傳)》宋 程頤(撰) 四庫全書(文淵閣本)

6. 《周易本義》南宋 朱熹(撰) 四庫全書(文淵閣本)

7. 《原本周易本義》南宋 朱熹(撰) 四庫全書(文淵閣本)

8. 《周易本義通釋》元 胡炳文(撰) 四庫全書(文淵閣本)

9. 《周易本義集成》元 熊良輔(撰) 四庫全書(文淵閣本)

10. 《周易傳義大全》藏書閣(藏本) 韓國思想研究所(印本) 1973 서울

11. 《周易傳義大全》明 胡廣等奉勅撰 四庫全書(文淵閣本)

12. 《周易古經今註》高亨(著) 中華書局 1989 北京

13. 《周易大傳今註》高亨(著) 齊魯書社 1987 濟南

14. 《周易諺解》韓國 朝鮮 大提閣(印本) 1976 서울

15. 《漢上易傳集》宋 朱震(撰) 四庫全書(文淵閣本)

16. 《古周易》宋 吳仁傑(撰) 呂祖謙(編) 四庫全書(文淵閣本)

17. 《周易集傳》元 龍仁夫(撰) 四庫全書(文淵閣本)

18. 《周易稗疏》淸 王夫之(撰) 四庫全書(文淵閣本)

19. 《子夏易傳》(舊題) 周 卜子夏(撰) 四庫全書(文淵閣本)

20. 《周易鄭康誠註》宋 王應麟(編) 四庫全書《易》類

21. 《新本鄭氏周易》淸 惠棟(編) 四庫全書《易》類

22. 《周易註》魏 王弼(撰) 四庫全書《易》類

23. 《周易擧正》唐 郭京(撰) 四庫全書《易》類

24. 《溫公易說》宋 司馬光(撰) 四庫全書 《易》類

25. 《橫渠易說》宋 張載(撰) 四庫全書 《易》類

26. 《東坡易田》宋 蘇軾(撰) 四庫全書 《易》類

27. 《讀易詳說》宋 李光(撰) 四庫全書 《易》類

28. 《南軒易說》宋 張栻(撰) 四庫全書 《易》類

29. 《誠齋易傳》宋 楊萬里(撰) 四庫全書 《易》類

30. 《古周易》宋 呂祖謙(編) 四庫全書 《易》類

31. 《周易要義》宋 魏了翁(撰) 四庫全書 《易》類

32. 《東谷易翼傳》宋 鄭汝諧(撰) 四庫全書 《易》類

33. 《易學啓蒙通釋》宋 胡方平(撰) 四庫全書 《易》類

34. 《周易象義》宋 丁易東(撰) 四庫全書 《易》類

35. 《易學啓蒙翼傳》元 胡一桂(撰) 四庫全書 《易》類

36. 《易纂言》元 吳澄(纂) 四庫全書 《易》類

37. 《讀易大旨》清 孫奇逢(纂) 四庫全書 《易》類

38. 《仲氏易》清 毛奇齡(編) 四庫全書 《易》類

39. 《易序圖說》明 秦鏞(纂) 四庫全書 《易》類

40. 《周易今註今譯》南懷瑾, 徐芹庭(註譯) 臺灣商務印書館 1986 臺北

41. 《周易全譯》徐子宏(譯注) 貴州人民出版社 1992 貴陽

42. 《易經讀本》郭建勳(注譯) 三民書局 2013 臺北

43. 《周易》世昌書館, 明文堂(印本) 1963 서울

44. 《周易》十三經(全文標點活字本) 燕山出版社 1991 北京

45. 《周易鄭康成註》漢 鄭玄(撰) 宋 王應麟(輯) 四庫全書(文淵閣本)

46. 《新本鄭氏周易》漢 鄭玄(撰) 明 惠棟(編) 四庫全書(文淵閣本)

47. 《易緯》漢 鄭玄(撰) 四庫全書(文淵閣本)

48. 《陸氏易傳》吳 陸績(撰) 四庫全書(文淵閣本)

49. 《周易口義》宋 胡瑗(撰) 四庫全書(文淵閣本)

50. 《溫公易說》宋 司馬光(撰) 四庫全書(文淵閣本)

51. 《橫渠易說》宋 張載(撰) 四庫全書(文淵閣本)

52. 《東坡易傳》宋 蘇軾(撰) 四庫全書(文淵閣本)

53. 《易學辨惑》宋 邵伯溫(撰) 四庫全書(文淵閣本)

54. 《了齋易說》宋 陳瓘(撰) 四庫全書(文淵閣本)

55. 《周易經傳集解》宋 林栗(撰) 四庫全書(文淵閣本)

56. 《周易古占法》宋 程迥(撰) 四庫全書(文淵閣本)

57. 《南軒易說》宋 張栻(撰) 四庫全書(文淵閣本)

58. 《誠齋易傳》宋 楊萬里(撰) 四庫全書(文淵閣本)

59. 《古周易》宋 呂祖謙(編) 四庫全書(文淵閣本)

60. 《易通》宋 趙以夫(撰) 四庫全書(文淵閣本)

61. 《易纂言》宋 吳澄(纂) 四庫全書(文淵閣本)

62. 《周易會通》元 董眞卿(撰) 四庫全書(文淵閣本)

63. 《周易圖說》元 錢義方(撰) 四庫全書(文淵閣本)

64. 《周易集註》明 來知德(撰) 四庫全書(文淵閣本)

65. 《日講易經解義》清 康熙(御定) 四庫全書(文淵閣本)

66. 《周易稗疏》清 王夫之(撰) 四庫全書(文淵閣本)

67. 《易學象數論》清 黃宗羲(撰) 四庫全書(文淵閣本)

68. 《推易始末》清 毛奇齡(撰) 四庫全書(文淵閣本)

69. 《周易通論》清 李光地(撰) 四庫全書(文淵閣本)

70. 《惠氏易說》清 惠士奇(撰) 四庫全書(文淵閣本)51

71. 《周易述》清 惠棟(撰) 四庫全書(文淵閣本)

72. 《周易》十三經古註本 四部備要

73. 《易音》清 顧炎武 皇清經解

74. 《仲氏易》清 毛奇齡 皇清經解

75. 《易章句》清 焦循 皇清經解

76. 《說文解字注》清 段玉裁 四部刊要(印本) 漢京文化事業公司 1980 臺北

77. 《周易十三經注疏校勘記》阮元 皇清經解

78. 《經義述聞》清 王引之(撰) 皇清經解本

79. 《經典釋文》唐 陸德明 抱經堂叢書本

80. 《十三經概論》蔣伯潛 中新書局 1977 臺北

81. 《經學歷史》皮錫瑞 河洛圖書出版社 1974 臺北

82. 《宋元學案》黃宗羲 河洛圖書出版社 1975 臺北

83. 《明儒學案》黃宗羲 河洛圖書出版社 1973 臺北

84. 《經學通論》王靜芝 國立編譯館 1982 臺北

85. 《經學辭典》黃開國(主編) 四川人民出版社 1993 成都

86. 《中國儒學辭典》趙吉惠, 郭厚安(主編) 遼寧人民出版社 1988 沈陽

87. 《六十年來之國學》程發軔 正中書局 1977 臺北

88. 《淸代學術槪論》梁啓超 臺灣商務印書館 1977 臺北

89. 《中國近三百年學術史》梁啓超 臺灣中華書局 1978 臺北

90. 《中國近三百年學術史》錢穆 臺灣商務印書館 1976 臺北

91. 《國學導讀叢編》周何, 田博元 臺灣商務印書館 1979 臺北

92. 《中國哲學百科大辭典》中國百科全書出版社 1987 北京

93. 《中國儒學百科全書》中國百科全書出版社 1997 北京

94. 기타 工具書 및 관련 經書, 諸子書는 생략함.

# 해제

## 1. 서언緒言

《역(易)》은 古代의 복서서(卜筮書)이다. '卜'은 말린 거북껍질을 날카로운 쇠붙이를 달궈 찔렀을 때 나타나는 열흔(裂痕)을 보고 판단하여 치는 점이며, '筮'는 시초(蓍草)라는 풀의 대궁(줄기)을 산가지로 하여 치는 점이다. '筮'는 뒤에 대나무 가지로 대체되어 글자가 대나무 '竹'을 部首로 하는 形聲字가 된 것이다. 고대에 이 卜筮는 정치·사회에 있어서 아주 중요한 활동으로, 정교(政教)와 인사를 이 방법으로 결정하였다. 그러므로 오늘날 길흉화복을 점치는 것과 같은 단순한 의미는 아니었다.

그 후 육경(六經)으로 정착되고 나서는 이 《역》이 여러 방면으로 연구·전수되었으며 경 가운데에 으뜸이라 하여 '經之首'로 경의 순서에서도 첫 번째에 놓았다. 즉 한대(漢代)에는 상수(象數)의 이론을 낳게 되었고(西漢 때는 災異說, 東漢 때는 讖緯說), 魏晉 때는 《老子》, 《莊子》와 함께 三玄學을, 宋代에는 性命탐구의 교재, 즉 性理學으로 쓰이는 등 다양하게 발전됐다. 그러나 일관되게 修道와 勉勵의 景行書로도 읽혀온 것이 가장 큰 특징이라 할 수 있다. 따라서 단순히 '점치는 책'으로 보는 것은 《역》의 협소한 기능만을 우선한 것이다.

《역》은 중국 전적 중에 가장 오래된 것이며 고대 사상과 윤리, 도덕, 문학, 예술 및 자연과학 등에 대해 아주 깊은 영향을 미친 고전이다. 그 때문에 '羣經之首'라 불렸으며, 이 책을 근거로 우주관을 세워, 정치윤리의 틀을 마련하였고, 玄學과 道教의 기본 바탕이 되었으며, 儒教의 기본 윤리 기준이 되기도 하였다. 아울러 占卜筮로서도 神秘한 豫示와 미래 引導를 이를 통해 지시받는 매우 특이한 영역을 담당해왔다.

그렇다면 《역》은 어떤 성격을 가진 책이며 어떤 내용을 담고 있는가? 오랜 기간을 두고 사람들은 각기 다른 각도, 방법, 목적을 가지고 이를 해석하고 연구해왔으며 이 책을 통해 다양한 결론을 내려왔다. 儒家의 경전이면서 동시에 占卜筮를 위한 책으로, 혹은 사물변화의 원리를 일러주는 과학서로, 또는 우주와 만물의 근본을 일러주는 철학서로, 혹은 통치와 행정 처리를 위한 政書로, 어떤 절대적 天地人의 구조에 대한 믿음을 도출한 초보적 信仰書로, 또는 미래의 吉凶에 대한 두려움을 덜어주도록 하가 위한 황당한 秘書(訣書)로 분류하는 등 아주 다양하고 폭이 넓다. 그런가 하면 심지어 구체적으로 周 厲王이 자신의 실정을 만회하기 위해 모책을 세운 圖讖書로 여기기도 하였다. 그 외에도 '數學模型書', '豫測科學書'라고 주장하기도 하여, 보는 이에 따라 온갖 주장이 모두 출현해도 될 정도로 기이한 내용을 담고 있다. 이는 《역》의 부호와 내용이 구체성이 없고 신비하며, 무엇을 뜻하는지 알 수 없는 표현으로 되어 있기 때문일 것이다. 그 때문에 "仁者見之謂之仁, 知者見之謂之知"(〈繫辭〉上)라 하였으며, "《易》道廣大, 無所不包"(〈四庫全書總目提要〉)라 한 것이다.

그러나 《易》은 陰陽이라는 二分法的 元素에 의한 變化와 化合, 나아가 萬物의 化生과 主宰를 묘한 陽爻와 陰爻를 배치하고 결합하여 그 變化와 規律을 통해 宇宙論, 認識論, 倫理論, 構造論 등을 도출한 것일 뿐이다.

일부 학자들은 《易》은 그저 단순한 卜筮書에 불과한 원시적 부호의 나열이었는데 孔子가 〈易傳〉을 쓴 이후 비로소 哲理書로 격이 높아진 것이라 주장하기도 한다. 즉 《朱子語類》에 "《易》只是卜筮之書, 古者則藏於太史太卜以占吉凶, 亦未有許多說話. 及孔子始取而敷繹爲〈文言〉·〈雜卦〉·〈彖〉·〈象〉之類, 乃說出道理來"라 하였다. 즉 《周禮》에 "太卜掌三易之法"라 하였고, 《左傳》에 실려 있는 많은 《周易》 풀이 例를 보면 고대 아주 널리 占書로 사용 되면서 동시에 그 속에 내재된 추상적 哲理를 실제 정치나 치사 등에 구체적으로 해석하였음을 알 수 있다.


# 2. 고대삼역古代三易

고대에는 세 종류의 《역》이 있었다고 한다. 즉, 《周禮》(24) 春官 太卜에 "大卜: 掌三《易》之法, 一曰《連山》, 二曰《歸藏》, 三曰《周易》. 其經卦皆八, 其別皆六十有四"라 하여 夏, 殷, 周 三代에 걸쳐 각기 다른 《連山易》, 《歸藏易》, 《周易》이 있었다 하였다. 이를 살펴보면 다음과 같다.

## 1) 《連山易》(夏나라 때의 《易》)

伏羲 때의 《易》으로 賈公彦의 疏에 의하면 艮卦를 시작으로 하였다 하였으며, 孔穎達 《周易正義》에 인용된 鄭玄의 설은 "連山者, 象山之出雲, 連連不絶也"라 하여 그 이름이 유래된 것이라 하였다. 그러나 동한 정현은 혹자는 神農氏(烈山氏) 때의 《역》이며 '連山'은 烈山의 다른 음이라 하였다.

## 2) 《歸藏易》(殷나라 때의 《易》)

黃帝 때의 《易》으로 坤卦로부터 시작하며, 역시 《正義》에 인용된 鄭玄의 설은 "歸藏者, 謂萬物莫不歸藏於其中也"라 하여 그 이름이 유래된 것이라 하였다.

그러나 이상 《連山易》과 《歸藏易》은 일찍이 없어졌고 다만 古籍 가운데 散見되고 있다. 즉, 顧炎武의 《日知錄》에 "《左傳》僖公十五年戰于韓, 其卦遇蠱曰:「千乘三玄. 三玄之餘, 獲其雄狐.」成功十六年戰于鄢陵, 其卦遇復曰:「南國蹙. 射其元王, 中厥目.」此皆不用《周易》而別有引據之辭"라 하여 夏殷 때의 《易》이 아닌가 하였다. 한편 이를 근거로 한 《易緯乾鑿度》와 《周禮》는 그 진위가 불분명한 책이며, 특히 《易緯乾鑿度》는 漢末, 혹은 魏晉 시대 僞作으로 보고 있어 이러한 주장은 신빙성을 잃고 있다. 아울러 漢魏 이후 道家에서는 이러한 설을 바탕으로 玄學을 일으켰고, 결국 道教에서 도리어 《周易》을 높이 여기는 결과를 가져오게 되었다.

## 3) 《周易》(周나라 때의 《易》)

乾卦로부터 시작하며, 鄭玄은 "周易者, 謂易道周遍, 無所不備也"라 하였다. 《周易》 명칭에 대해 많은 학자들은 여러 의견과 고증 작업을 벌여왔다. 우선 '周'에 대해 두 가지로 보고 있다. 즉 周代의 周나라 朝代 이름에서 나왔다는 것이다. 즉 孔穎達 《周易正義》에 "《周易》稱'周', 取岐陽地名, 《毛詩》云『周原膴膴』是也. 又文王作《易》之時, 正在羑里, 周道未興, 猶是殷世也, 故題'周'別於殷, 以此文王所演, 故謂之《周易》. 其猶《周書》·《周禮》題'周'以別餘代"라 하여, 주나라는 周原에서 발원하였고, 文王이 羑里(牖里) 감옥에서 《易》을 演作할 때 당시 殷나라 때였으므로 은과 구별하기 위해 周易이라 한 것이라 하였다.

한편 같은 곳에 孔穎達은 鄭玄의 설을 인용하여 "《周易》者, 言'易'道周普, 無所不備"라 하여, '周'의 뜻은 '周普', 즉 '두루, 모두, 널리, 보편적으로'의 뜻이라 하였다. 이에 〈繫辭傳〉(下)에 "《易》之興也, 其當殷之末世, 周之盛德邪? 當文王與紂之事邪?"라 하여,

'周의《易》'으로 보았고, 〈繫辭傳〉(上)에는 "夫《易》廣矣大矣, 以言乎遠則不禦, 以言乎邇則靜而正, 以言乎天地之間則備矣"라 하여 '두루, 널리'의 뜻으로 보기도 하였다.

다음으로 '易'자의 뜻에 대해서는 많은 풀이가 있다.《周易正義》에는 "夫易者, 變化之總名, 改換之殊稱. 自天地開闢, 陰陽運行, 寒暑迭來, 日月更出, 孚萌庶類, 亭毒羣品, 新新不停, 生生相續, 莫非資變化之力, 換代之功. 然變化運行在陰陽二氣, 故聖人初畫八卦, 設剛柔兩畫, 象二氣也; 布以三位, 象三才也. 謂之'易', 取變化之義"라 하여, '變化, 改換, 變易'의 뜻이라 하였다. 그러나《周易乾鑿度》에는 '簡易', '變易', '不變'의 세 가지로 보았고,《說文》에는 字形을 근거로 "日月爲易, 象陰陽也"라 하여 '易'자는 '日+月(勿)'의 결합자로 음양을 상징하는 것이라 하였다. 그런가 하면 毛奇齡의《仲氏易》에는 變易, 交易, 反易, 對易, 移易의 5가지 의미를 가진 것이라 하였고, 吳摯甫와 尙秉和는 占卜을 뜻하는 것이라 하였으며, 郭沫若은 '易'자는 蜥易(蜥蜴), 즉 石龍子(도마뱀, 카멜레온)를 그린 상형자이며, 카멜레온은 색깔을 자유자재로 바꿀 수 있음을 상징한 것이라 추측하기도 하였다. 그 외에도 주대에 창안한 점치는 법(筮法)을 상형자로 그린 것(余永梁), 혹 수면이나 산 위에 떠오르고 있는 해를 그린 것(黃振華) 등 여러 설이 있다.

한편 〈繫辭傳〉(上)에는 "聖人設卦觀象, 繫辭焉而明吉凶, 剛柔相推而生變化"라 하여 '길흉을 밝히고 변화를 만들어내는 것'이라 하였고, 〈繫辭傳〉(下)에는 "八卦成列, 象在其中矣; 因而重之, 爻在其中矣; 剛柔相推, 變在其中矣, 繫辭焉而命之, 動在其中矣"라 하여, '八卦(小成卦)의 象을 겹쳐 大成卦를 만들어 剛柔가 서로 밀어주어 變과 動이 끊임없는 일어나는 것'이라 하여, 변화에 초점을 맞추어 설명하고 있다. 이에 따라《姚氏學》,《尙氏學》 등에서는 '周易'의 뜻을 周轉, 周旋, 周環, 周變, 周轉變化, 周環運動 등의 뜻이라 넓혀보고 있다.

이 때문에 西歐에서의《주역》번역서 제목은 대체로 『The Book of Changes』라 하여 '變化의 書'로 알려져 있다.


## 3.《역》의 의미

《역》은 대체로 簡易, 變易, 不易의 세 가지 뜻을 가지고 있는 것으로 보고 있다.

鄭玄의《易贊》에 "易之爲名也, 一言而涵三義: '簡易'一也, '變易'二也, '不易'三也"라 하였다.

## 1) 간역(簡易)

《역》은 원래 복서서로, 64괘 384효로 우주만물, 천지 인사를 다 포함하였으니 간단하고 쉬우며 평이하다는 뜻이다. 《易》의 繫辭(上)에 "乾以易知, 坤以簡能. 易則易知, 簡則易從; 易知則有親, 易從則有功; 有親則可久, 有功則可大; 可久則賢人之德, 可大則賢人之業: 易簡而天下之理得矣"라 하였다.

## 2) 변역(變易)

끊임없는 효의 위치변화로 만물의 생성발전을 표시하고 있기 때문이다. 역시 〈繫辭〉에 "《易》之爲道也, 屢遷, 變動不居, 周流六虛. 上下無常, 剛柔相易, 不可爲典要, 惟變所適"이라 하였다.

## 3) 불역(不易)

《역》은 곧 만물의 생성변화가 하나의 순환을 이루어 영원을 두고 보면 변하지 않는 것이고, 또한 그 이치가 無變함을 두고 한 말이다. 역시 〈繫辭〉에 "仰以觀於天文, 俯以察於地理. 是故, 知幽明之故, 原始反終"이라 하였고, 같은 곳에 "天尊地卑, 乾坤定矣; 卑高以陳, 貴賤位矣 動靜有常, 剛柔斷矣"라 하여 불변의 뜻으로 보았다.

# 4. 《역》의 부호 부분(효, 괘)

《주역》은 크게 부호와 문자 두 부분으로 나눈다. 符號로 된 부분을 '象'이라고도 하며 '효(爻)'와 '괘(卦)'로 나눌 수 있다.

## 1) 효(爻)

### (1) 양효(陽爻)와 음효(陰爻)

효는 '양효'와 '음효'로 나눈다. 양효는 '一'처럼 하나로 연결된 부호로, 陽이며 奇數(홀수)를 뜻한다. 음효는 '--'처럼 중간이 끊어진 부호로, 陰이며 偶數(짝수)를 뜻한다.

★ 陽爻 : 「─」로 표시하며 九를 붙여 읽는다(九는 純陽數를 뜻함).

★ 陰爻 : 「--」로 표시하며 六을 붙여 읽는다(六은 純陰數를 뜻함).


【예】 屯卦 -- 上六
        ─ 九五
        -- 六四
        -- 六三
        -- 六二
        ─ 初九


이처럼 각각 전체 卦의 위치에 따라 그 의미가 다르며, 이를 표시할 때는 밑에서 위로 올라가는 순서로 한다. 즉, 제일 아래부터 제1효, 제2효, …… 제6효로 되며, 제1효가 陽爻일 때는 '初九'로, 陰爻로 시작될 때는 '初六'으로, 그 다음 제2효부터 제5효까지에서 陽爻일 때는 '九二', '九三', '九四', '九五'로, 陰爻일 때는 '六二', '六三', '六四', '六五'로 읽으며, 제6효가 陽爻일 때는 '上九', 陰爻일 때는 '上六'이라 읽는다.

한편 이 효는 64괘에 각 6효이므로 양효와 음효가 각 192효이며 총 384효가 된다. 그러나 〈乾卦〉의 '用九'와 〈坤卦〉의 '用六'이 있어 386효라 주장하기도 하나 이는 정식 효로 보기는 어렵다.


## (2) 爻의 位置에 따른 涵義

### (가) 位正當과 位不當

하나의 대성괘에서 효는 1,3,5효는 陽爻의 자리이며, 2,4,6은 陰爻의 자리이다. 즉 奇數(홀수, 陽數)자리에는 陽爻가 있어야 하며 이를 陽位라 하고, 偶數(짝수, 陰數)자리에는 陰爻가 있어야 하며 이를 陰位라 한다. 이처럼 陽位에 陽爻가, 陰位에 陰爻가 있어 그 자리가 맞게 되어 있는 것을 '位正當', 그렇지 않은 것을 '位不當'이라 한다.


### (나) 陽剛과 陰柔

하나의 괘에서 각 효는 陽爻는 陽剛의 힘을, 陰爻는 陰柔의 보필 역할을 한다. 아울러 효마다 위치와 상응하는 괘와의 正應, 得中, 位正當 여부, 그리고 위아래 음양의 배치 등에 따라 그 의미가 긍정적이기도 하고, 혹 부정적이기도 하다.

### (다) 正應과 不正應

하나의 대성괘 6효의 음양은 서로 짝을 이루어야 한다. 즉 1(初)효와 4효, 2효와 5효, 3효와 6(上)효가 서로 음양으로 되어 있을 때, 이를 '正應'이라 하며, 그렇지 않은 경우는 '不正應'이라 한다.

### (라) 爻位

대성괘의 여섯 효는 아래 初爻로부터 마지막 上爻로 올라가는 과정에 等次가 있으며 각기 처한 위치에 따라 그 임무, 전후의 관계, 복종과 인솔 등의 역할이 있다. 따라서 爻位는 그 괘 전체의 卦象, 卦義, 卦德을 판단하는 중요한 기준이 된다. 이를 살펴보면 다음과 같다.

① 제1효(初位): 한 괘 전체와 동시에 하괘(내괘)의 시작이며 출발이다. 따라서 조심스럽게 상승하여 전괘의 본령을 드러낸다. 음효, 혹 양효일 때 각각 그 괘의 전체 의미와 그에 상응하는 4효와의 正應 여부에 따라 역할이 肯定的이기도 하고 혹 否定的이기도 하다. 2,3,4 효를 받쳐 5효(군위)에 이르도록 해 주어야 하며, 혹 前卦 上爻에서 되돌아온 것을 받아들여 새로운 출발을 담당하기도 한다. 陽爻가 正位이지만 王弼《周易略例》(辨位)에는 "初爻와 上爻는 陰陽의 正位를 따지지 않으며, 다만 사물이나 상황의 '始'와 '終'을 상징한다" 하였다.

② 제2효: 이는 초효의 힘을 받아 위로 상승하는 힘을 비축하여 전괘의 본령을 조금씩 드러내는 역할을 한다. 아울러 하괘(내괘)의 중앙에 위치함으로 해서 '得中'이라 표현하며, 상응하는 5효(군위, 제위)와의 正應 여부에 따라 매우 중요한 임무를 띤다. 그 때문에 가끔 主爻가 되기도 한다. 三才(天地人)에서 '地'의 지위를 담당하기도 한다. 陰爻가 正位이다.

③ 제3효: 하괘(내괘)의 가장 윗자리이므로 하괘를 이끌고 상괘(외괘)로 연결시키며, 아울러 상괘에서 해낼 임무를 받쳐주는 역할을 한다. 상응하는 상효(6효)와의 정응 여부에 따라 剛柔의 임무를 달리 發現하기도 한다. 三才에서 4효와 함께 '人'의 지위를 담당하며, 陽爻가 正位이다.

④ 제4효: 상괘(외괘)의 시작이며, 바로 위에 5효(군위, 제위)가 있어, 재상이나 보필의 임무를 띤다. 아울러 아래 하괘(내괘)에서 이제껏 이루거나 비축해놓은 힘을 이끌고 받아 이를 위로 올려주어 그 힘으로 괘의 본령을 강하게 구현해내도록 돕는다. 아울러 상응하는 초효(1효)와의 정응 여부에 따라 역할의 강약을 조절하기도 한다.

三才에서 3효와 함께 '人'의 지위에 해당하며, 陰爻가 正位이다.

⑤제5효(君位, 帝位): 전 괘에서 君位(帝)에 해당하여 統治者, 帝王, 君主, 主宰者이며 得中의 위치이기도 하여 흔히 主爻가 된다. 그 괘의 전체 의미를 강하게 드러내어야 하는 임무를 띠고 있으며, 그 때문에 양강과 음유, 정응과 부정응, 위정당과 위부당 등의 여부에 따라 매우 명확한 해석을 보여준다. 특히 제 2효와의 정응 여부, 바로 아래 4효, 위의 6효(극위)와의 음양 관계 등에 따라 군위(제위)의 역할이 제약을 받기도 하고, 더욱 힘을 발휘하기도 하여 人事나 事物의 發展, 轉變 등을 '乘', '承', '比', '應'의 4가지 유형으로 표현하여 극명하게 비유된다. 三才에서는 '天'의 지위에 해당하며 陽爻가 正位이다.

⑥제6효(極位): 상괘와 전괘의 마무리에 해당하며, 가장 윗자리에 있어 극위라고도 부른다. 전괘의 함의를 총정리하여 결론을 내리며, 모든 것을 성취한 직후의 상황을 비유함으로 해서, 다소 허전함의 부정적 감상(感傷)으로 해석하기도 한다. 바로 아래 5효(제위, 군위)와의 음양 관계, 상응하는 3효와의 정응 여부에 따라 마지막 긍정, 혹은 부정적 영향을 끼치기도 한다. 아울러 이루어놓은 다음에, 뒤이어 다음 괘로 넘겨주는 역할과 임무를 담당하며, 이를 중심으로 설명한 것이 〈서괘전〉이다. 역시 陰爻가 正位이나 '終'의 의미를 상징하여, 음양 여부를 중시하지 않기도 한다.


## 2) 괘(卦)

'卦'는 小成卦(八卦)와 大成卦(重卦, 64괘)로 나뉘며, 爻가 모여서 3개씩 혹은 6개씩으로 이루어진 것을 말한다. 이는 "物象을 걸어 사람에게 보인다(卦者, 掛也. 言懸掛物象, 以示於人也. 孔穎達)"는 뜻이다. 卦의 종류에는 八卦, 小成卦, 大成卦가 있다.


### (1) 소성괘(八卦)

爻가 세 개씩 모여 조합시켜 보면 8종류가 나온다. 이 八卦는 古代 伏羲氏(包犧)가 만든 것이라 한다. 《周易》繫辭(下)에 "古者, 包犧氏之王天下也, 仰則觀象於天, 俯則觀法於地. …… 始作八卦, 以通神明之德, 以類萬物之情"이라 하였고, 특히 孔安國은 河水에서 나온 龍馬의 무늬를 보고 그렸다고 설명하였다. 이 팔괘는 곧 《易》의 시작이며 근본이 된다.

한편 이 八卦의 順序에 대한 문제이다. 구체적으로 확정된 것은 없으나 〈說卦傳〉을 살펴보면 대체로 4가지로 분석할 수 있다.

① 震, 巽, 坎, 離, 艮, 兌, 乾, 坤: "雷以動之, 風以散之, 雨以潤之, 日以煊之, 艮以止之, 兌以說之, 乾以君之, 坤以藏之."

② 震, 巽, 離, 坤, 兌, 乾, 坎, 艮: "帝出乎震, 齊乎巽, 相見乎離, 致役乎坤, 說言乎兌, 戰乎乾, 勞乎坎, 成言乎艮."

③ 乾, 坤, 震, 巽, 坎, 離, 艮, 兌: "乾, 健也. 坤, 順也. 震, 動也. 巽, 入也. 坎, 陷也. 離, 麗也. 艮, 止也. 兌, 說也."

④ 乾, 艮, 坎, 震, 坤, 兌, 離, 巽: "乾, 天也, 故稱乎父. 坤, 地也, 故稱乎母. 震, 一索而得男, 故謂之長男. 巽, 一索而得女, 故謂之長女. 坎, 再索而得男, 故謂之中男. 離, 再索而得女, 故謂之中女. 艮, 三索而得男, 故謂之少男. 兌, 三索而得女, 故謂之少女."

이 4가지 중에 ④번의 유형이 비교적 널리 쓰였던 것으로 보고 있다. 그런가 하면 長沙 馬王堆 출토의 帛書《周易》에는 鍵(乾), 根(艮), 贛(坎), 辰(震), 巛(坤), 奪(兌), 羅(離), 筭(巽)으로 되어 있으며, 이는 음양에 의해 구분한 것이다. 즉 전 4괘는 양괘이며 뒤의 4괘는 음괘이다.

※팔괘의 함의와 상징 등 여러 의미를 〈說卦傳〉등을 근거로 제시하면 다음과 같다.

| № | 卦形 | 卦名 | 象 徵 | | | | | | | | | 備考 |
|---|---|---|---|---|---|---|---|---|---|---|---|---|
| | | | 自然 | 方位 | 品性 | 家族 | 動物 | 身體 | 節氣 | 色 | 八卦歌 | |
| 1 | ☰ | 乾 | 天 | 西北 | 義, 陽, 剛强 | 父(男) | 馬 | 頭 | 立冬 | | 乾連三 | |
| 2 | ☷ | 坤 | 地 | 西南 | 陰, 仁, 順柔 | 母(女) | 牛 | 腹 | 立秋 | | 坤六段 | |
| 3 | ☳ | 震 | 雷 | 東 | 動激, 振擊 | 長男 | 龍 | 足 | 春分 | 靑 | 震仰盂 | |
| 4 | ☶ | 艮 | 山 | 東北 | 止停 | 小男 | 犬 | 手 | 立春 | | 艮覆椀 | |
| 5 | ☲ | 離 | 火 | 南 | 明, 熱逢 | 中女 | 雉 | 眼 | 夏至 | 赤 | 離中虛 | |
| 6 | ☵ | 坎 | 水 | 北 | 勞, 沒缺 | 中男 | 豚 | 耳 | 冬至 | 黑 | 坎中滿 | |
| 7 | ☱ | 兌 | 澤 | 西 | 樂悅 | 小女 | 羊 | 口 | 秋分 | 白 | 兌上缺 | |
| 8 | ☴ | 巽 | 風 | 東南 | 入納 | 長女 | 雞 | 腿 | 立夏 | | 巽下斷 | |

한편 朱熹는 팔괘의 생긴 모습을 특징으로 표현하여 기억하기 쉽도록 다음과 같이 〈八卦歌〉(八卦取象歌)를 지었다.

※ 〈八卦歌〉(八卦取象歌)

乾三連, 坤六段. 震仰盂, 艮覆椀.
離中虛, 坎中滿. 兌上缺, 巽下斷.

이를 표로 보이면 다음과 같다.

| No | 卦 | 卦形 | 自然 | 설명 | 풀이 | 備考 |
|----|----|----|----|----|----|----|
| 1 | 乾 | ☰ | 天 | 乾三連 | 乾은 세 효가 연결된 모습 | 乾과 天은 疊韻 |
| 2 | 坤 | ☷ | 地 | 坤六斷 | 坤은 여섯이 끊어져 있는 모습 | 坤은 土(地) |
| 3 | 震 | ☳ | 雷 | 震仰盂 | 雷는 사발이 쳐다보고 있는 모습 | 上二陰 |
| 4 | 艮 | ☶ | 山 | 艮覆椀 | 艮은 공기를 엎어놓은 모습. | 艮과 山은 古音 疊韻 |
| 5 | 離 | ☲ | 火 | 離中虛 | 離는 가운데가 비어있는 모습 | 離는 火形 |
| 6 | 坎 | ☵ | 水 | 坎中滿 | 坎은 가운데가 차 있는 모습 | 坎은 水形 |
| 7 | 兌 | ☱ | 澤 | 兌上缺 | 澤은 위가 터져 있는 모습 | 兌와 澤은 古音 雙聲 |
| 8 | 巽 | ☴ | 風 | 巽下斷 | 巽은 아래가 끊어진 모습 | 上二陽 |

그러나 한편 邵雍(邵康節)의 〈先天八卦圖〉와는 방위가 일치하지 않아 이를 함께 싣는다.

| No | 卦 | 卦形 | 自然 | 屬性 | 節氣 | 方位 | 先天圖 | 備考 |
|----|----|----|----|----|----|----|----|----|
| 1 | 震 | ☳ | 雷 | 動 | 春分 | 東 | 東北 | 帝出萬物 |
| 2 | 巽 | ☴ | 風 | 入 | 立夏 | 東南 | 西南 | 齊(絜齊) |
| 3 | 離 | ☲ | 火 | 明 | 夏至 | 南 | 東 | 相見 |
| 4 | 坤 | ☷ | 地 | 柔 | 立秋 | 西南 | 北 | 致役 |
| 5 | 兌 | ☱ | 澤 | 悅 | 秋分 | 西 | 東南 | 說(悅) |
| 6 | 乾 | ☰ | 天 | 剛 | 立冬 | 西北 | 南 | 戰 |
| 7 | 坎 | ☵ | 水 | 沒 | 冬至 | 北 | 西 | 勞 |
| 8 | 艮 | ☶ | 山 | 止 | 立春 | 東北 | 西北 | 成而始 |

## (2) 대성괘(大成卦)(64괘)

소성괘는 음효, 양효 세 개의 조합으로 최대 8가지 밖에 나오지 않는다. 이로써는 만물의 상을 다 포함할 수 없어 이를 다시 상하로 각각 조합하여 8×8=64, 64괘를 얻게 된다. 이렇게 소성괘들을 서로 다르게 조합하여 6개의 爻로써 이루어진 괘를 대성괘라 하며, 모두 64가지가 생기게 된다. 이에 따라 위쪽의 3효 소성괘를 外卦(上卦), 아래쪽 3효의 소성괘를 內卦(下卦)라고도 부른다.

또한 대성괘에서는 내괘(下卦)가 주가 되며 외괘가 朋(隨)이 된다. 예를 들어 泰卦의 경우, 內陽(☰)外陰(☷)이 되어 천지가 편안하다. 그러나 그 반대의 비괘(否卦)는 內陰(☷)外陽(☰)하여 陰이 주가 되므로 否泰한 경우가 되는 것이다.

이와 같이 효에서 괘의 발전까지는 太極에서 兩儀로, 다시 四象으로, 다시 八卦로 (〈繫辭〉(上)에 "易有太極, 是生兩儀, 兩儀生四象, 四象生八卦"라 함), 다시 64괘로 연변된 것으로 볼 수 있다. 이를 표로 보이면 다음과 같다(周敦頤의 《太極圖說》과 程朱의 《周易傳義大全》參照).

(가) 발전: 太極 → 兩儀 → 四象 → 八卦 → 六十四卦 → 384爻

(나) 太極=無極

(다) 兩儀: 陽(一) 陰(--)

(라) 四象: ⚌ ⚍ ⚎ ⚏

(마) 八卦: (乾☰天)(坤☷地)(兌☱澤)(離☲火) (震☳雷)(巽☴風)(坎☵水)(艮☶山)

(바) 陽卦와 陰卦

　　① 純陽(乾☰), 純陰(坤☷).

　　② 陽卦=震(☳), 坎(☵), 艮(☶).

　　③ 陰卦=巽(☴), 離(☲), 兌(☱).

(사) 팔괘의 분류

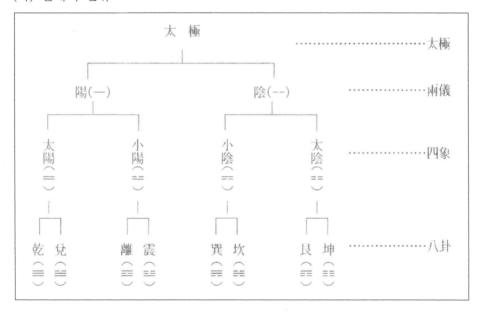

```
①天☰ 乾    太陽─┐
⑦澤☱ 兌     〃  │ ─陽┐
⑤火☲ 離    少陰  │    │
③雷☳ 震     〃 ─┘    │─ 太極
⑧風☴ 巽    少陽─┐    │
⑥水☵ 坎     〃  │ ─陰┘
④山☶ 艮    太陰  │
②地☷ 坤     〃 ─┘
```

## (3) 육십사괘(六十四卦)

이 64괘(대성괘)는 누가 만들었는지 이설이 분분하여, 鄭玄은 神農氏, 孫盛은 夏禹, 司馬遷은 周文王, 王弼은 伏羲氏라 주장한다. 그러나 《周易正義》는 王弼의 의견대로 8괘와 64괘 모두 복희씨의 작이라 보고 있다.

이 64괘 대성괘는 효가 있는 자리에 따라 位正(陽爻가 1, 3, 5의 위치에 있을 때, 또 陰爻가 2, 4, 6의 자리에 있을 때)과 位不當(位正이 아닌 경우), 中正(上卦의 中央, 즉 제 5효가 陽爻이면서 下卦의 中央, 즉 제 2효가 陰일 경우에 이 때를 中位라 함), 그리고 소성괘를 상하로 놓지 않고 좌우로 놓고 서로 옆 위치의 효를 대비시켜 正應을 가리는 방법 등 여러 가지 용어가 있다.

그러나 64괘에서 문제가 되는 것은 괘의 순서이다. 이는 上經 30괘, 下經 34괘로 나뉘어져 있는데, 상하로 나눈 것은 음양의 구분이며, 상을 30괘로 놓은 것은 3이 양을 표시하고 하를 34로 한 것은 4가 음이기 때문이라 한다. 그리고 64괘의 배치순서는 첫 괘인 乾爲天에서 제일 끝 괘인 火水未濟까지 만물의 생성변화를 순환식으로 연결시킨 것이며, '十翼' 중의 하나인 〈序卦傳〉은 바로 이를 논리적으로 설명한 것이다.

다음으로 64괘의 순서는 〈序卦傳〉을 근거로 살펴보면 대체로 두 가지로 말할 수 있다. 첫째는 音訓(同音, 雙聲, 疊韻)으로 하되 자연과 사회의 현상을 고리처럼 연결하여 순서가 이루어졌다는 논리이다. 이는 주로 의리학의 주장이다. 그러나 이에 따라 章炳麟은 분석해 보았으나 앞의 9개 괘까지는 설명할 수 있으나 그 뒤는 맞지 않는다고 하였다. 다음으로 '復', '變', '錯', '綜'의 4가지 원리에 의해 순서가 정해졌다는 것이다. 이는 京房의 《八宮卦序》와 邵雍의 《伏羲六十四卦次序圖》 등에서 주장한 것이다. 그러나 이 역시 명쾌한 설명은 아니다. 좌우간 현재 64괘는 그 순서는 정확히 알 수가 없다.

朱熹는 다음과 같이 〈卦名次序歌〉를 지어 이를 외우기 쉽도록 하였다.

※ 〈卦名次序歌〉

上經
乾坤屯蒙需訟師, 比小畜兮履泰否. 同人大有謙豫隨, 蠱臨觀兮噬嗑賁.
剝復无妄大畜頤, 大過坎離三十備.
下經
咸恆遯兮及大壯, 晉與明夷家人睽. 蹇解損益夬姤萃, 升困井革鼎震繼.
艮漸歸妹豐旅巽, 兌渙節兮中孚至. 小過旣濟兼未濟, 是爲下經三十四.

아울러 〈分宮卦象次序〉와 〈上下經卦變歌〉도 지어 64괘를 차례대로 이름을 지었으며 상하의 괘가 변했을 때의 대비된 노래도 지었다. 이를 전재하면 다음과 같다.

※ 〈分宮卦象次序〉

上經
| | | | |
|---|---|---|---|
| 001 乾爲天 | 002 坤爲地 | 003 水雷屯 | 004 山水蒙 |
| 005 水天需 | 006 天水訟 | 007 地水師 | 008 水地比 |
| 009 風天小畜 | 010 天澤履 | 011 地天泰 | 012 天地否 |
| 013 天火同人 | 014 火天大有 | 015 地山謙 | 016 雷地豫 |
| 017 澤雷隨 | 018 山風蠱 | 019 地澤臨 | 020 風地觀 |
| 021 火雷噬嗑 | 022 山火賁 | 023 地山剝 | 024 地雷復 |
| 025 天雷无妄 | 026 山天大畜 | 027 山雷頤 | 028 澤風大過 |
| 029 習坎(坎爲水) | 030 離爲火 | | |

下經
| | | | |
|---|---|---|---|
| 031 澤山咸 | 032 雷風恒 | 033 天山遯 | 034 雷天大壯 |
| 035 火地晉 | 036 地火明夷 | 037 風火家人 | 038 火澤睽 |
| 039 水山蹇 | 040 雷水解 | 041 山澤損 | 042 風雷益 |
| 043 澤天夬 | 044 天風姤 | 045 澤地萃 | 046 地風升 |
| 047 澤水困 | 048 水風井 | 049 澤火革 | 050 火風鼎 |
| 051 震爲雷 | 052 艮爲山 | 053 風山漸 | 054 雷澤歸 |
| 055 雷火豐 | 056 火山旅 | 057 巽爲風 | 058 兌爲澤 |
| 059 風水渙 | 060 水澤節 | 061 風澤中孚 | 062 雷山小過 |
| 063 水火旣濟 | 064 火水旣濟 | | |

※〈上下經卦變歌〉

> 訟自遯變泰歸妹, 否從漸來隨三位. 首困噬嗑未濟兼, 蠱三變賁井旣濟.
> 无妄訟來大畜需, 咸旅恒豐皆疑似. 晉從觀更睽有三, 離與中孚家人繫.
> 蹇利西南小過來, 解升二卦相爲資. 鼎由巽變漸渙旅, 渙自漸來終於是.

한편 근래 蔣伯潛은 《十三經槪論》에서 팔괘에서 분화된 과정에 의거하여 8류로 나
누고 있어 비교적 합리적이다.

이를 표로 보면 다음과 같다.

① 上卦가 乾(☰)인 것(天)

| 卦名 | 卦解 | 卦形 | 차례 | 卦辭 | 備考 |
|---|---|---|---|---|---|
| 乾 | 乾爲天 | ䷀ | 001 | 乾: 元, 亨, 利, 貞. | |
| 訟 | 天水訟 | ䷅ | 006 | 訟: 有孚窒惕, 中吉, 終凶; 利見大人, 不利涉大川. | |
| 履 | 天澤履 | ䷉ | 010 | 履虎尾, 不咥人, 亨. | |
| 否 | 天地否 | ䷋ | 012 | 否之匪人, 不利, 君子貞; 大往小來. | |
| 同人 | 天火同人 | ䷌ | 013 | 同人于野, 亨, 利涉大川, 利君子貞. | |
| 无妄 | 天雷无妄 | ䷘ | 025 | 无妄: 元亨, 利貞; 其匪正有眚, 不利有攸往. | |
| 遯 | 天山遯 | ䷠ | 033 | 遯: 亨, 小利貞. | |
| 姤 | 天風姤 | ䷫ | 044 | 姤: 女壯, 勿用取女. | |

② 上卦가 坤(☷)인 것(地)

| 卦名 | 卦解 | 卦形 | 차례 | 卦辭 | 備考 |
|---|---|---|---|---|---|
| 坤 | 坤爲地 | ䷁ | 002 | 坤: 元亨, 利牝馬之貞. 君子有攸往, 先迷, 後得主, 利. 西南得朋, 東北喪朋, 安貞吉. | |
| 師 | 地水師 | ䷆ | 007 | 師: 貞, 丈人吉, 无咎. | |
| 泰 | 地天泰 | ䷊ | 011 | 泰: 小往大來, 吉, 亨. | |
| 謙 | 地山謙 | ䷎ | 015 | 謙: 亨, 君子有終. | |
| 臨 | 地澤臨 | ䷒ | 019 | 臨: 元亨, 利貞; 至于八月有凶. | |
| 復 | 地雷復 | ䷗ | 024 | 復: 亨. 出入无疾, 朋來无咎; 反復其道, 七日來復. 利有攸往. | |
| 明夷 | 地火明夷 | ䷣ | 036 | 明夷: 利艱貞. | |
| 升 | 地風升 | ䷭ | 046 | 升: 元亨, 用見大人, 勿恤, 南征吉. | |

### ③ 上卦가 震(☳)인 것(雷)

| 卦名 | 卦解 | 卦形 | 차례 | 卦辭 | 備考 |
|---|---|---|---|---|---|
| 震 | 震爲雷 | ䷲ | 051 | 震: 亨. 震來虩虩, 笑言啞啞; 震驚百里, 不喪匕鬯. | |
| 豫 | 雷地豫 | ䷏ | 016 | 豫: 利建侯行師. | |
| 恆 | 雷風恆 | ䷟ | 032 | 恆(恒): 亨, 无咎, 利貞, 利有攸往. | |
| 大壯 | 雷天大壯 | ䷡ | 034 | 大壯: 利貞. | |
| 解 | 雷水解 | ䷧ | 040 | 解: 利西南; 无所往, 其來復吉; 有攸往, 夙吉. | |
| 歸妹 | 雷澤歸妹 | ䷵ | 054 | 歸妹: 征凶, 无攸利. | |
| 豐 | 雷火豐 | ䷶ | 055 | 豐: 亨, 王假之; 勿憂, 宜日中. | |
| 小過 | 雷山小過 | ䷽ | 062 | 小過: 亨, 利貞; 可小事, 不可大事. 飛鳥遺之音, 不宜上, 宜下, 大吉. | |

### ④ 上卦가 艮(☶)인 것(山)

| 卦名 | 卦解 | 卦形 | 차례 | 卦辭 | 備考 |
|---|---|---|---|---|---|
| 艮 | 艮爲山 | ䷳ | 052 | (艮): 艮其背, 不獲其身; 行其庭, 不見其人, 无咎. | |
| 蒙 | 山水蒙 | ䷃ | 004 | 蒙: 亨. 匪我求童蒙, 童蒙求我; 初筮告, 再三瀆, 瀆則不告. 利貞. | |
| 蠱 | 山風蠱 | ䷑ | 018 | 蠱: 元亨, 利涉大川; 先甲三日, 後甲三日. | |
| 賁 | 山火賁 | ䷕ | 022 | 賁: 亨, 小利有攸往. | |
| 剝 | 山地剝 | ䷖ | 023 | 剝: 不利有攸往. | |
| 大畜 | 山天大畜 | ䷙ | 026 | 大畜: 利貞; 不家食吉; 利涉大川. | |
| 頤 | 山雷頤 | ䷚ | 027 | 頤: 貞吉; 觀頤, 自求口實. | |
| 損 | 山澤損 | ䷨ | 041 | 損: 有孚, 元吉, 无咎, 可貞, 利有攸往. 曷之用? 二簋可用享. | |

### ⑤ 上卦가 離(☲) 인 것(火)

| 卦名 | 卦解 | 卦形 | 차례 | 卦辭 | 備考 |
|---|---|---|---|---|---|
| 離 | 離爲火 | ䷝ | 030 | 離: 利貞, 亨; 畜牝牛吉. | |
| 噬嗑 | 火雷噬嗑 | ䷔ | 021 | 噬嗑: 亨, 利用獄. | |
| 晉 | 火地晉 | ䷢ | 035 | 晉: 康侯用錫馬蕃庶, 晝日三接. | |
| 睽 | 火澤睽 | ䷥ | 038 | 睽: 小事吉. | |
| 鼎 | 火風鼎 | ䷱ | 050 | 鼎: 元吉, 亨. | |

| 卦名 | 卦解 | 卦形 | 차례 | 卦辭 | 備考 |
|------|------|------|------|------|------|
| 旅 | 火山旅 | ䷷ | 056 | 旅: 小亨, 旅貞吉. | |
| 未濟 | 火水未濟 | ䷿ | 064 | 未濟: 亨; 小狐汔濟, 濡其尾, 无攸利. | |
| 大有 | 火天大有 | ䷍ | 014 | 大有: 元亨. | |

## ⑥ 上卦가 坎(☵) 인 것(水)

| 卦名 | 卦解 | 卦形 | 차례 | 卦辭 | 備考 |
|------|------|------|------|------|------|
| 坎 | 坎爲水 | ䷜ | 029 | 習坎: 有孚, 維心, 亨; 行有尙. | |
| 屯 | 水雷屯 | ䷂ | 003 | 屯: 元亨, 利貞; 勿用有攸往, 利建侯. | |
| 需 | 水天需 | ䷅ | 005 | 需: 有孚, 光亨, 貞吉, 利涉大川. | |
| 比 | 水地比 | ䷇ | 008 | 比: 吉, 原筮, 元永貞, 无咎. 不寧方來, 後夫凶. | |
| 蹇 | 水山蹇 | ䷦ | 039 | 蹇: 利西南, 不利東北; 利見大人, 貞吉. | |
| 井 | 水風井 | ䷯ | 048 | 井: 改邑不改井, 无喪无得, 往來井井. 汔至亦未繘井, 羸其瓶, 凶. | |
| 節 | 水澤節 | ䷮ | 060 | 節: 亨; 苦節, 不可貞. | |
| 旣濟 | 水火旣濟 | ䷾ | 063 | 旣濟; 亨, 小 利貞; 初吉終亂. | |

## ⑦ 上卦가 兌(☱) 인 것(澤)

| 卦名 | 卦解 | 卦形 | 차례 | 卦辭 | 備考 |
|------|------|------|------|------|------|
| 兌 | 兌爲澤 | ䷹ | 058 | 兌: 亨, 利貞. | |
| 隨 | 澤雷隨 | ䷐ | 017 | 隨: 元亨, 利貞, 无咎. | |
| 大過 | 澤風大過 | ䷛ | 028 | 大過: 棟撓; 利有攸往, 亨. | |
| 咸 | 澤山咸 | ䷞ | 031 | 咸: 亨, 利貞; 取女吉. | |
| 夬 | 澤天夬 | ䷪ | 043 | 夬: 揚于王庭, 孚號有厲; 告自邑, 不利卽戎; 利有攸往. | |
| 萃 | 澤地萃 | ䷬ | 045 | 萃: 亨; 王假有廟, 利見大人, 亨利貞; 用大牲吉, 利有攸往. | |
| 困 | 澤水困 | ䷮ | 047 | 困; 亨; 貞, 大人吉, 无咎, 有言不信. | |
| 革 | 澤火革 | ䷰ | 049 | 革, 已日乃孚, 元亨, 利貞, 悔亡. | |

⑧ 上卦가 巽(☴) 인 것(風)

| 卦名 | 卦解 | 卦形 | 차례 | 卦辭 | 備考 |
|---|---|---|---|---|---|
| 巽 | 巽爲風 | ䷸ | 057 | 巽: 小亨, 利有攸往, 利見大人. | |
| 小畜 | 風天小畜 | ䷈ | 009 | 小畜: 亨; 密雲不雨, 自我西郊. | |
| 觀 | 風地觀 | ䷓ | 020 | 觀: 盥而不薦, 有孚顒若. | |
| 益 | 風雷益 | ䷩ | 042 | 益: 利有攸往, 利涉大川. | |
| 漸 | 風山漸 | ䷴ | 053 | 漸: 女歸吉, 利貞. | |
| 渙 | 風水渙 | ䷺ | 059 | 渙: 亨, 王假有廟, 利涉大川, 利貞. | |
| 中孚 | 風澤中孚 | ䷼ | 061 | 中孚: 豚魚吉, 利涉大川, 利貞. | |
| 家人 | 風火家人 | ䷤ | 037 | 家人: 利女貞. | |

## (4) 괘(卦)에 대한 여러 경우

### (가) 卦時

64괘는 각기 어떤 사물이나 현상을 상징하므로 특정 경우를 내세워 발전과 변화의 과정을 추상적으로 설명하고 있다. 따라서 그 경우, 즉 '時'를 떠나 해석하면 엉뚱한 의미가 된다. 이를테면 '訟卦'(006)는 爭訟의 경우(時)를 특정한 것이다. 이에 괘상, 효상, 괘사, 효사 등은 모두 쟁송에 맞추어 이해해야 함을 말한다. 만약 문자에 얽매여 마구 달리 해석하게 되면 원의에서 벗어나게 된다.

### (나) 二體

《역》소성괘 팔괘가 2개씩 모여 대성괘 64괘를 이룬 것이다. 그러므로 모든 괘는 팔괘에서 시작되며 하괘(내괘)에서 상괘(외괘)로 변화 발전해가는 것이다. 이를 二體라 하며, 상하 괘의 관계와 상징이 곧 그 괘의 특정 사물과 상황을 결정짓는 것이다. 즉 地位의 高低, 地域의 內外, 遠近의 거리, 貴賤의 序列, 陰陽의 造化 여부, 剛柔의 비례 등을 감안하여 원의를 抽出해내어야 함을 말한다.

### (다) 互體

漢나라 때 儒家들은 각 괘의 여섯 효 중에 初爻(첫 효)와 上爻(제 6효)를 제외한 2, 3, 4, 5의 네 개 효만을 가지고, 이를 다시 2, 3, 4를 묶어 소성괘를 만들어 '下互'라 칭하고, 3, 4, 5를 묶어 소성괘를 만들어 '上互'라 칭하면서 대비시켜 또 다른 풀이를 하였다. 여기서 '互'란 제 3효와 제 4효는 上互와 下互가 공유함으로 '互'라 부른 것뿐이다. 이를테면 '蒙卦'(004 ䷃)의 경우 원래는 (坎下☵艮上☶)이지만 여기에서 初六(--)과 上九(-)를 제외한 나머지 4개 효로써 下互(震☳)와 上互(坤☷)를 만들어낼 수 있다. 이렇게 되면 '復卦'(024 ䷗)가 된다. 이처럼 새로운 괘를 만들어 다시 풀이해보는 방법을 택하여 아주 복잡하고 변화무쌍한 상황을 이해하려 들었다.


### (라) 卦主

主爻를 뜻한다. 한 괘 여섯 효 중에 그 괘의 가장 주된 역할을 하는 효가 있다. 이를 '主爻', 혹은 '卦主'라 부른다. 이 괘주는 두 가지 유형이 있다. 첫째는 成卦의 주인공이다. 전체 괘가 이 하나의 효에 의지하여 풀이됨을 말한다. 그 爻位의 高下에 관계없이 卦義에 의해 이루어진다. 둘째는 主卦의 주인공이다. 즉 전체 괘를 그 하나의 효가 지배하고 있는 경우이다. 이는 흔히 爻位에 의해 결정되며 그 爻德의 善美, 나아가 제 五爻가 이를 담당하는 경우가 많다. 제 五爻는 제위, 군위에 해당하여 지도자, 지휘자가 되어 괘덕을 장악하고 있기 때문이다.


# 5. 《역易》의 문자 부분(경經과 전傳)

《周易》의 문자 부분은 다시 經(經文)과 傳(傳文)으로 나눌 수 있다. '經'은 卦辭와 爻辭를 가리키며, '傳'은 '易傳'이라고도 하며 十翼, 즉 彖辭, 象辭, 文言傳, 繫辭傳, 說卦傳, 序卦傳, 雜卦傳을 가리킨다.


### 1) 경(卦辭와 爻辭)

### (1) 卦辭와 爻辭

經은 卦辭와 爻辭를 말한다. 卦象과 爻義를 직접 해석한 문장이다. 64개의 매 괘마다 각각 특유의 '象'이 있고, 매 괘의 6효의 각 효마다 그 위치에 따라 '義'가 있다. 이를 말(문자, 辭)로 설명하지 않으면 그 뜻을 알기 어렵기 때문이다. 《周易》은 卦辭와 爻辭 450條를 모아놓은 것이다. 그 유형에 대해 李鏡池의 《周易探源》에서는 다음과 같이 6가지로 분류하고 있다.

㉠ 순수하게 길흉을 결정하여 말한 것. 예: 〈乾卦〉 "元亨, 利貞".

㉡ 단순한 서사일 뿐 길흉은 밝히지 않은 것. 예: 〈坤卦〉 "初六, 履霜, 堅冰至".

㉢ 먼저 서술하고 뒤에 길흉을 말한 것. 예: 〈乾卦〉 "九三, 君子終日乾乾, 夕惕若, 厲, 无咎".

㉣ 먼저 길흉을 말하고 뒤에 서술한 것. 예: 〈小畜卦〉 "亨. 密雲不雨, 自我西郊".

㉤ 서사, 길흉, 다시 서사, 길흉의 순서로 한 것. 예: 〈訟卦〉 "六三, 食舊德, 貞厲, 終吉. 或從王事, 無成"

㉥ 이상을 혼합한 것. 예: 〈復卦〉 "亨. 出入無疾, 朋來无咎. 反復其道, 七日來復. 利有攸往".

한편 이 卦辭와 爻辭의 작자에 대해서는 많은 설이 있다. 괘사는 文王이, 효사는 周公이 지었다는 설과, 둘 모두 文王이 지었다는 설이 있다.

① 卦辭……괘 전체의 象을 두고 설명한 것. 즉, 乾卦의 경우 "乾元亨利貞"이 그것이다.

② 爻辭……한 괘 안의 매 효마다 설명을 가한 것이다. 예를 들면 乾卦의 아래 初九부터 上九까지 각각 다음과 같은 체례로 되어 있다.

```
初九, 潛龍勿用.
九二, 見龍在田, 利見大人.
九三, 君子終日乾乾, 夕惕若厲, 无咎.
九四, 或躍在淵, 無咎.
九五, 飛龍在天, 利見大人.
上九, 亢龍有悔.
```

그러나 괘사와 효사는 고대 장기간 점을 치면서 얻은 占辭를 모은 것으로 보고 있다. 《周禮》 春官에 "凡卜筮, 旣事, 則繫幣以比其命. 歲終, 則計其占之中否"라 하여, 점을 친 다음에 그 명령에 맞는 돈을 매달아 놓았다가, 그 해가 끝나면 그 점괘가 맞는지를 알아본다 하였다. 따라서 당시 제사, 전쟁, 대사, 혼인, 천재 등 온갖 상황 맞았을 때 점을 쳐서 얻은 결과의 점사를 모은 것으로 보는 편이 타당할 것이다.

다음으로 卦辭와 爻辭는 '무엇을 근거로 그렇게 풀이했는가?'의 문제이다. 이에 대해서는 대체로 卦象說, 卦德說, 剛柔說, 爻位說, 陰陽說 등 5가지가 있다.

## ㉠ 卦象說

괘의 형상과 상징, 즉 두 팔괘의 배치와 그에 의해 이루어진 중괘, 그리고 초효부터 상효의 순서와 모습과 그들이 가지고 있는 상징을 근거로 각 괘의 논리를 풀었을 것이라는 설이다. 실제 《左傳》과 《國語》에 실려 있는 여러 점의 풀이는 卦象과 卦德을 설명하고 있다.

## ㉡ 卦德說

이는 괘상설과 함께 나타난다. 주로 괘가 가지고 있는 덕을 근거로 풀었을 것이라는 설이다. 괘와 효가 상징하는 것이 '凶'이라 할지라도 그 속에서 일러주는 '吉'을 찾을 수 있으며, '吉'이라 할지라도 역시 '凶'이 있음으로 해서 愼重함과 警戒를 일러주는 것으로, 이는 修養과 脩德을 면려하기 위한 것이 《역》의 근본이기 때문이다.

## ㉢ 剛柔說

卦辭와 爻辭는 물론, 彖辭와 象辭도 모두 '數', '圖', '象' 3가지가 연관관계를 가지고 있으며, 그 속에는 剛柔가 있어 이에 근거하여 풀었을 것이라는 설이다. 剛은 陽爻이며 柔는 陰爻이다. 아울러 八卦 중에 乾(☰), 震(☳), 坎(☵), 艮(☶)은 剛이며, 坤(☷), 巽(☴), 離(☲), 兌(☱)는 柔이다.

## ㉣ 爻位說

하나의 괘에서 여섯 효는 각기 定位가 있다. 즉 初(1), 3, 5효는 陽爻의 爻位이며, 2, 4, 上(6)은 음효의 효위이다. 이렇게 정위에 맞게 되었을 때를 位正當, 그렇지 않을 경우를 位不當이라 한다. 따라서 그 여부에 따라 풀었을 것이라는 설이다.

## ㉤ 陰陽說

이는 剛柔說, 爻位說과도 연관이 있으며, 小成卦의 陰陽(剛柔), 각 爻의 陰陽, 그러면서도 爻位의 正當 여부에 따른 복잡한 관계를 따져 풀었다는 것이다.


## 2) 사용된 語彙들의 개념

《易》의 經(卦辭와 爻辭)에 사용된 어휘들은 그리 많지 않으나 너무 추상적이고 또 괘나 효의 위치에 따라 그 의미가 다양하여 일괄적이거나 고정적으로 풀이할 수는 없다. 나아가 일반적으로 알고 있는 한자의 원의(原義)를 넘어 확장의(擴張義)까지 모두 동원해도 구체적인 의미를 도출해낼 수 없는 것이 대부분이다. 그런가 하면 괘마다 뜻이 다를 수 있으며, 상황마다 전혀 엉뚱한 의미로 쓰인 경우도 허다하다. 이에 특히 대표적인 '元, 亨, 利, 貞'과 '吉, 吝, 厲, 悔, 咎, 凶'을 먼저 살펴 그 대강만을 설명해보면 다음과 같다.

### (1) 元, 亨, 利, 貞

우선 첫 〈乾卦〉에 "乾, 元亨利貞"이라 하였는데 여기서 4글자는 〈文言傳〉에 구체적으로 "元者, 善之長也; 亨者, 嘉之會也; 利者, 義之和也; 貞者, 事之幹也"라 하여 (善)長, (嘉)會, (義)和, (事)幹이라 하였고, 이어서 "君子體仁, 足以長人; 嘉會, 足以合禮; 利物, 足以和義; 固貞, 足以幹事"라 하여, 군자는 '體仁→長人', '嘉會→合禮', '利物→和義', '固貞→幹事'로 조금씩 구체성을 들러내고 있으며, "君子行此四德者, 故曰元亨利貞"이라 하여 '四德'이라 명명하였다.

이를 표로 그려보면 다음과 같다.

| | 元 | 亨 | 利 | 貞 |
|---|---|---|---|---|
| 四德 | 善 | 嘉 | 義 | 事 |
| | 長 | 會 | 和 | 幹 |
| | 仁 | 禮 | 物 | 固 |

그런가 하면 《左傳》襄公 9년에는 이런 기록이 실려 있다.

"穆姜薨於東宮. 始往而筮之, 遇艮之八☷☶. 史曰:「是謂艮之隨☱☶. 隨, 其出也. 君必速出!」姜曰:「亡! 是於周易曰:『隨, 元·亨·利·貞, 無咎.』元, 體之長也. 亨, 嘉之會也. 利, 義之和也. 貞, 事之幹也. 體仁足以長人, 嘉德足以合禮, 利物足以和義, 貞固足以幹事. 然, 故不可誣也, 是以雖隨無咎. 今我婦人, 而與於亂. 固在下位, 而有不仁, 不可謂元. 不靖國家, 不可謂亨. 作而害身, 不可謂利. 弃位而姣, 不可謂貞. 有四德者, 隨而無咎. 我皆無之, 豈隨也哉? 我則取惡, 能無咎乎? 必死於此, 弗得出矣.」"(목강이 동궁에서 홍거하였다. 죽기 전 그가 동궁으로 자리를 옮겼을 때 점을 쳤더니, 艮卦의 八爻를 만났다. 이에 史官이 말하였다. "이것은 간괘가 隨卦로 변한 것입니다. 수괘는 '밖으로 나가야한다'는 뜻이니, 소군께서는 속히 이 동궁을 빠져나가가셔야 합니다!" 그러자 목강이 말하였다. "그만 두어라! 이는 《주역》에 '수괘는 元, 亨, 利, 貞하니 허물이

없을 것이로다'라 하였다. 원은 본체의 우두머리요, 형은 아름다운 모임이며, 이는 의로움을 조화롭게 하는 것이요, 정은 일을 처리함의 근본이다. 仁을 몸에 갖추면 족히 남의 우두머리가 될 수 있고, 덕을 아름답게 하면 족히 예에 합당하게 할 수 있고, 만물을 이롭게 하면 족히 의를 조화롭게 할 수 있고, 견고함을 바르게 지켜내면 족히 일을 잘 처리할 수 있는 것이다. 그렇다면 이는 속일 수가 없는 것이다. 이로써 비록 수괘가 나왔다 하나 허물을 없을 것이다. 지금 나는 여인의 몸으로써 亂에 가담하였고, 진실로 낮은 지위에 있었던 데다가 어질지 못하였으니, 元이라 이를 수 없고, 국가를 편안히 하지 못하였으니 亨이라 이를 수가 없으며, 나쁜 짓을 저질러 내 몸을 망쳤으니 利라 이를 수가 없고, 군주 부인의 위치를 생각하지 않고 음란한 행동을 하였으니 貞이라 이를 수 없다. 이러한 네 가지 덕을 갖춘 자라야 수괘가 나와도 허물이 없는 것이다. 그런데 나는 한 가지도 갖추지 못하였으니 어찌 나에게 수괘가 나오겠는가? 내가 악한 짓을 스스로 취하였는데 어찌 허물이 없겠는가? 나는 틀림없이 이곳에서 죽게 될 것이다. 나는 나갈 수 없다.")

여기서의 '穆姜'(繆姜)은 魯 宣公(俀)의 부인으로, 成公(黑肱)의 어머니이며 襄公의 할머니로서 齊나라 출신이었다. 그는 叔孫僑如와 사통하면서 季氏와 孟氏를 축출하고자 갖은 애를 썼다가 東宮에 폐위되어 이 때 죽게 된 것이다. 隨卦(017)는 아래가 震(☳), 위가 兌(☱)로써 震은 발로 움직이는 것, 東方을 뜻하고, 兌는 기뻐한다는 뜻이다. 따라서 발을 움직여 밖으로 빠져나가야 즐겁게 된다는 뜻으로 풀이하여 동궁에서 빠져나갈 것을 권한 것이다.

그러나 이 네 글자는 모두 함께 쓰이는 것이 아니므로 각기 그 의미가 달리 나타난다. 아울러 이와 결합된 어휘도 경우에 따라 뜻이 달라 이들을 열거하여 살펴보면 다음과 같다.

① 元: 《說文》에 "元, 始也"라 하였고, 《廣雅》에는 "元, 首也"라 하였으며, 《詩》六月「元戎十乘」의 〈毛傳〉과 《禮記》文王世子「一有元良」의 鄭注, 그리고 《尙書》金縢「今我卽命于元龜」의 馬注 등에는 모두 "元, 大也"라 하였다. 따라서 '元'은 始, 首, 大의 뜻을 가지고 있다.

② 亨: 주로 '亨通하다'의 뜻으로 풀고 있으나, 실제로는 '亯(享, 雙聲)'과 같은 뜻으로 '제사를 올리다'의 享祀의 의미로 쓰인 예가 훨씬 많다. 《說文》에 "亯, 獻也, 從高省, 曰象進孰物形"이라 하였고, 《廣雅》에도 "亯, 祀也"라 하였으며, 《禮記》曲禮(下)에

도 "五官致貢曰享"이라 하였다. 《易》大有卦 九三의 "公用亨于天子"는 정확하게 이런 의미로 쓰인 것이다. 고대 제사에는 반드시 卜筮로써 먼저 가부를 물었음이 殷墟 卜辭에 많이 나타나고 있다. 따라서 '大亨'은 큰 제사, '小亨'은 작은 제사를 뜻하는 初義였다. 그럼에도 후에는 '형통하다, 모든 일이 잘 해결될 것'이라는 뜻으로 발전하기도 하였다.

③ 利: 대체로 '이롭다, 有利하다, 利益이 되다'의 初義에 크게 벗어나지 않는다. 《說文》에 "利, 銛也. 從刀, 和然後利, 從和省. 《易》曰:『利者, 義之和也.』"라 하였다. 《易》에서 '利貞'은 '그 貞辭에 이롭다'로 나왔음을 뜻한다.

④ 貞: 이는 貞卜의 貞이다. 《說文》에 "貞, 卜問也. 從卜, 貝以爲贄; 一曰鼎省聲, 京房所說"이라 하였다. 즉 原義는 복채를 뜻한다. 점을 치는 값이다. 점을 쳐서 물어보고 그 결과로 나온 言辭, 즉 貞辭를 뜻한다. 초기에는 '龜'로 점을 쳐서 '卜'자가 나온 것이며, 뒤에 蓍草를 거쳐 대나무 산가지로 점을 쳐서 '筮'자가 나온 것이다. 그 점의 결과가 貞辭이다. 따라서 '貞厲'는 貞辭에 '위험하다'로 나온 것이며, '可貞'이나 '不可貞'은 그 일을 두고 점을 쳐도 되거나 점을 쳐서 될 일이 아님을 뜻한다. 그럼에도 후에는 '正'(同音)과 같은 의미로 보아 '곧다, 바르다, 貞淑하다, 正直하다, 正道를 지키다' 등의 뜻으로 확산되어 풀이되기도 한다.

⑤ 元吉: '元吉'로 쓰인 곳이 15곳이며, '大吉'로 쓰인 곳이 5곳으로 '元吉'은 '大吉'과 같다. 즉 '크게 길하다'의 뜻이다. 《左傳》昭公 12년에 "南蒯之將叛也, 枚筮之, 遇坤之比曰『黃裳, 元吉』, 以爲大吉也"라 하였다.

⑥ 元亨: 11곳에 '元亨'이라 하였으며 이는 '大亨'과 같다. '큰 제사를 올리다'의 뜻이다. 즉 '이 괘를 만났을 때 큰 제사(大享, 大祀)를 거행하라'의 의미이다. 《尙書》盤庚(上)에 "玆予大享于先王"은 바로 이런 뜻이다. 그러나 뒤에는 '크게 형통하다', 혹은 '元하고 亨하다'의 뜻으로 보기도 한다.

⑦ 元夫: 睽卦 九四에 "睽, 孤遇元夫, 交孚, 厲, 无咎"라 하여, 大夫를 뜻하는 것으로 보고 있다. '元'은 大의 뜻이다. 《孟子》의 元士, 《尙書》의 元子, 《竹書紀年》의 元姬 등으로 보아 '元'은 '大, 맏이' 등의 뜻이다.

⑧ 小亨: 旅卦와 巽卦 등 2곳에 보이며, 小亨은 小享(小祀)으로 규모가 작은 제사를 뜻한다. 그러나 뒤에는 '그나마 조금은 형통하다'의 뜻으로도 쓰인다.

⑨ 无不利: 13곳에 이러한 표현이 나타나며, '점을 쳐서 이러한 卦나 爻를 만나면 이롭지 않음이 없다, 모든 것이 이롭다'의 뜻이다.

⑩ 无攸利: 10곳에 이러한 표현이 나타나며, '점을 쳐서 이러한 卦나 爻를 만나면

이로울 것이 없다, 모든 것이 불리하다'의 뜻이다.

⑪ 利貞: 23곳에 이러한 표현이 나타나며, '利占'과 같다. '점을 쳐서 이 괘나 효가 나왔으니 매우 이롭다'의 뜻이다. 그러나 역시 '貞'을 '正'으로 보아 '마음가짐이나 행동을 정도대로 함이 이롭다'의 뜻으로 풀이하기도 한다.

⑫ 貞吉: 27곳에 이러한 표현이 나타나며, '占吉'과 같다. '점을 쳐서 이 괘나 효가 나왔으니 길하다'의 뜻이다. 그러나 역시 '貞'을 '正'으로 보아 '마음가짐이나 행동을 정도대로 해야 길하다'의 뜻으로 풀이하기도 한다.

⑬ 貞凶: 7곳에 이러한 표현이 나타나며, '占凶'과 같다. '점을 쳐서 이 괘나 효가 나왔으니 흉하다'의 뜻이다. 그러나 역시 '貞'을 '正'으로 보아 '마음가짐이나 행동을 정도대로 해도 흉하다'의 뜻으로 풀이하기도 한다.

⑭ 貞吝: 4곳에 이러한 표현이 나타나며, 占辭(貞辭)에 '일을 추진하기 어렵다'로 나왔다는 뜻이다. '吝'은 흔히 '인색하다, 서운하다, 안타깝다'의 뜻으로 풀이하고 있으나, 이는 '遴'의 假借字(同音)로 '걷기 힘들다'(難行)의 뜻이다.

⑮ 貞厲: 7곳에 이러한 표현이 나타나며, '厲'는 危의 뜻이다. 따라서 貞辭에 '위험하다, 지독하다'로 나왔음을 뜻한다.

⑯ 可貞(不可貞): 6곳에 '可貞', 혹 '不可貞'이 나타나며, 占辭에 일을 추진해도 된다거나 아니면 그 일은 해서는 안 됨을 뜻한다.


## (2) 吉, 吝, 厲, 悔, 咎, 凶

① 吉: 《說文》과 《廣雅》에 "吉, 善也"라 하였다. '善'은 '훌륭하다, 좋다, 잘되다'의 뜻이다. '善惡'의 善과는 구별된다. 따라서 凶의 상대어이다. 모든 일이 '잘 풀리고 원만하여 좋다'의 뜻이다. '初吉', '中吉', '終吉'로도 나타나며 이는 일의 순수에 따른 길흉을 말한 것이다. 그 외 '貞吉', '大吉', '元吉', '引吉'로도 나타나며, 이는 정도나 양을 표현한 것이다.

② 吝: '吝'은 '遴'의 가차자이다. 《說文》에 "遴, 難行也"라 하였고, 《廣雅》에는 "遴, 難也"라 하였다. 따라서 '그 일은 추진하기 어렵다', 혹 '도중에 어려움을 만날 것이다'의 뜻이다. '小吝', '終吝', '貞吝' 등으로 표현되기도 한다.

③ 厲: 《廣雅》에 "厲, 危也"라 하여 '위험하다, 위태롭다'의 뜻이며, 副詞일 경우 '지독하게, 심하게, 혹독할 정도로'의 뜻이기도 하다. '有厲', '貞厲' 등으로 표현되기도 한다.

④ 悔: 《說文》에 "悔, 恨也"라 하여 '恨'(雙聲互訓)의 뜻이다. 悲痛함보다는 약한 悔恨

의 뜻이며 凶의 단계에 이르지는 않은 것이다. 따라서 '후회스럽다, 회한이 되다, 서운하다, 아쉽다' 정도의 의미이다. '有悔', '无悔', '悔亡' 등으로 표현되기도 한다.

⑤ 咎: 《說文》에 "咎, 災也"라 하여 재앙 정도의 심한 허물이다. 그러나 '凶'보다는 약하며 悔보다는 심하다. 즉 '悔'는 작은 곤액이며, '凶'은 큰 재앙, '咎'는 그 중간 정도의 어려움이나 허물이다. '爲咎', '匪咎', '何咎', '无咎' 등으로 표현되기도 한다.

⑥ 凶: 《說文》에 "凶, 惡也. 象地穿交陷其中也"라 하였고, 《廣雅》에도 "凶, 惡也"라 하였다. 따라서 '凶'은 큰 災殃이나 殃禍, 凶事, 凶惡 등을 뜻한다. '終凶', '有凶', '貞凶' 등으로 표현되기도 한다.


## 2) 傳(十翼)

이는 經(卦辭와 爻辭)의 설명이 너무 간단하여 《역》의 전체를 알 수 없으므로 총체적으로 부연 설명을 가하거나 논리를 전개한 것이다. '十翼'이라 한 것은 열 종류로서, 날개처럼 보익해 준다는 뜻이다. 이는 공자가 지었다고 알려져 있다. '十翼'은 7種이며 그 중 단사(彖辭), 상사(象辭), 계사(繫辭)를 각기 上下로 나누고 있어 모두 10가지(十翼)가 되는 것이다.

즉 (1, 2)〈彖辭〉(上下) (3, 4)〈象辭〉(上下) (5)〈文言傳〉 (6, 7)〈繫辭傳〉(上下) (8)〈說卦傳〉 (9)〈序卦傳〉 (10)〈雜卦傳〉 등 7종 10傳이다.

한편 이 '十翼'을 〈易傳〉, 혹 〈易大傳〉이라고도 하며 이는 춘추전국 시대에 이루어진 것으로, 원래는 《周易》古經에 관계없이 單行本으로 있던 것을 漢代에 이르러 합본이 되어 오늘날에 이른 것이라 한다. 이렇게 합본으로 한 것은 西漢 때 費氏, 혹은 東漢 때 鄭玄이 아닌가 여기고 있다. 이를 구체적으로 살펴보면 다음과 같다.


### (1) 彖辭(〈彖傳〉上下)

괘사를 부연 설명하며 卦名과 卦象, 卦辭, 卦義, 卦體, 卦德과 괘 전체의 大旨를 해설한 것이다. 매 괘마다 괘사 다음에 짧은 몇 글자로 되어 있다. 다만 乾卦만은 卦辭(乾: 元亨利貞) 다음에 初九부터 上九, 그리고 用九의 爻辭를 싣고, 彖辭는 따로 묶어 그 아래에 싣고 있으며, 坤卦 이하 63괘는 모두 괘사 다음에 바로 彖辭를 싣는 동일한 체례로 되어 있다. 여기서 주의할 것은 '彖辭'는 각 괘 卦辭 다음에 분산되어 있고, 그 중 上經(001-030)의 것을 묶어 〈彖辭(上)〉으로, 下經(031-064) 전체를 묶어 〈彖辭(下)〉라 한다. '彖'의 뜻은 孔穎達 《周易正義》에 褚氏와 莊氏의 주장을 들어 "彖, 斷也.

斷定一卦之義, 所以名爲彖也"라 하여 하나의 괘에 대해 卦名, 卦辭, 卦義, 卦體, 卦德, 卦象 등에 대해 斷定하여 설명한 것이다. 그러나 《左傳》 襄公 9년 孔穎達 疏에는 "《周易》卦之下辭, 謂之彖"이라 하여, '卦辭'도 彖辭라 하였고, 〈易傳〉에는 彖傳만을 彖辭라 하여 混淆를 일으키고 있다. 그 때문에 혹자는 '卦辭'를 '大彖辭'라 칭하기도 하나 이는 타당하지 않은 것으로 보고 있다.

### (2) 象辭(〈象傳〉, 上下)

'象辭' 역시 각 괘에 분산되어 있으며, 그 중 卦辭 다음의 象辭, 그 다음의 '象曰'이라 한 것을 '大象辭'라 하고 각 爻辭 다음 6개의 '象曰'이라 한 것을 '小象辭'라 한다. 이 역시 上經(001-030)의 大象辭와 小象辭를 묶어 〈象辭(上)〉으로 하고, 下經(031-064)의 大象辭와 小象辭를 묶어 〈象辭(下)〉라 한다.

大象辭는 괘 전체의 뜻과 상하괘의 배치원리 및 人事와의 관계 등을 설명한 것이며, 小象辭는 爻辭를 다시 부연 설명한 것이다.

㉮大象辭: 乾卦는 卦辭, 爻辭, 彖辭 다음에 "天行健, 君子以自强不息"의 10자만 있으며, 坤卦 이하 63괘는 卦辭, 彖辭 다음에 넣어 모두 동일한 체례로 되어 있다.

㉯小象辭: 乾卦는 大象辭를 이어 "潛龍勿用, 陽在下也. …… 用九, 天德不可爲首也"의 구절이 이에 해당하며, 坤卦 이하 63괘는 매 효사 다음에 '象曰'이라 한 것이 小象辭이며 모두가 동일한 체례로 되어 있다.

### (3) 〈文言傳〉

乾, 坤 두 괘에만 있으며 두 괘의 괘사, 효사를 확대 해석하여 아름답게 풀이한 것이다. 이 둘을 묶어 하나의 〈文言傳〉이라 한다. 두 괘에만 이러한 문채를 가한 풀이를 더한 것은 《周易》 전체에서 乾坤(天地, 陰陽, 剛柔 등)은 바로 《易》의 門戶에 해당하며 이를 이해하면 나머지 62괘는 그 순환원리에 따라 논리가 연결됨을 강조한 것이라 한다. 政治와 人事, 특히 君子의 進退出處를 다룬 것은, 바로 《周易》이 占筮書라기보다 修養書에 가까움을 밝힌 증거로 보고 있다.

㉮乾卦의 文言傳: 건괘에 대한 원리(天, 陽, 剛, 父, 夫 등)를 美文으로 풀이한 것이며, 문답식으로 되어 있다.

㉯坤卦의 文言傳: 곤괘 말미에 넣어 오직 곤괘에서 일러주는 원리(地, 陰, 柔, 母, 妻 등)를 아름다운 문장으로 풀이한 것이다.


### (4) 〈繫辭傳〉(上下)

이는《周易》上下 經 64괘 전체를 풀이한 다음에 별도로 첨부되어 있으며,《易》전체의 원리를 설명하고, 아울러 彖辭나 象辭에서 다루지 못한 총체적인 것을 부연하여 해설한 것이다. 문장이 길어 上下로 나눈 것이며 각 12장씩으로 구성되어 있다. '繫辭'의 뜻에 대해 歐陽脩의 《易童子問》에 "繫衍叢脞之言"이라 하였으며, 層次가 일부 顚倒된 부분도 있으나, 綱論과 細目, 作者, 觀物取象의 방법, 八卦의 象, 占筮法, 그에 따른 哲學思想 등을 언급하고 있어, 《周易》古經의 通論에 해당하는 것으로 보고 있다.


### (5) 〈說卦傳〉

〈계사전〉 다음에 배치하여, 오직 乾, 坤, 震, 巽, 坎, 離, 艮, 兌 八卦(小成卦)만을 다루고 있으며, 이 八卦와 천지만물의 관계를 重卦의 이유에 맞추어 설명하고 찬양한 것으로,《易》의 풀이에 사용된 용어와 개념, 先天과 後天 등을 풀이한《역》의 개론인 셈이다.


### (6) 〈序卦傳〉

〈설괘전〉의 뒤를 이어 배치하여, 64괘의 卦名과 相承, 相生의 배치 순서를 설명한 것이다. 일부 내용은 논리적으로 견강부회가 심한 것으로 보고 있으나, 卦名과 앞뒤 연결을 이해하기에는 큰 도움을 주고 있다.


### (7) 〈雜卦傳〉

〈서괘전〉의 뒤를 이어 배치하여, 각각 두 괘씩 대비하여 32組로 나누어 그 상이점을 들어 비교 설명한 것이다. 여기서 '雜'의 뜻은 〈繫辭傳〉에서 말한 "雜糅重卦, 錯綜其義"의 뜻이다.

# 6.《역易》의 체례體例

이상으로 보면 乾卦(001)와 坤卦(002)를 제외한 屯卦(003) 이하 未濟卦(064)까지의 62괘는 동일한 체례로 되어 있음을 알 수 있다.

이에「《역》의 체례」를 표로 보이면 다음과 같다.

| (A)乾卦 | ○ 괘형(괘상 ䷀)→卦辭→爻辭→象辭(象曰:)→象辭(象曰: 大象辭, 小象辭) →〈文言傳〉(乾) |
|---|---|
| (B)坤卦 | ○ 괘형(괘상 ䷁)→卦辭→象辭(象曰:)→象辭(象曰: 大象辭)→爻辭→象辭(象曰: 小象辭)→〈文言傳〉(坤) |
| (C)屯卦 이하 62괘 전체 | ○ 괘형(괘상)→卦辭→象辭(象曰:)→象辭(象曰: 大象辭)→爻辭→象辭(象曰: 小象辭) |
| (D)十翼 중 五翼 | ○〈繫辭傳〉(上下, 각 12章)→〈說卦傳〉→〈序卦傳〉→〈雜卦傳〉 |

※ 구체적으로〈屯卦〉(003)를 예를 들어 구분해보이면 다음과 같다. 특히 大象辭와 小象辭를 구분하기 위해, 본 譯註에서는 大象辭는 '★'로, 小象辭는 '☆'로 표시하였다.

003. ䷂ 水雷屯: ▶震下坎上(☳下☵上)

## (1) 卦辭

屯: 元亨, 利貞. 勿用有攸往, 利建侯.

## (2) 彖辭와 象辭(大象辭)

彖曰: 屯, 剛柔始交而難生. 動乎險中, 大亨貞. 雷雨之動滿盈, 天造草昧, 宜建侯而不寧.

★象曰: 雲雷, 屯. 君子以經綸.

## (3) 爻辭와 象辭(小象辭)

初九: 磐桓, 利居貞, 利建侯.

☆象曰: 雖「磐桓」, 志行正也; 以貴下賤, 大得民也.

六二: 屯如邅如, 乘馬班如, 匪寇婚媾. 女子貞不字, 十年乃字.

☆象曰:「六二之難」, 乘剛也;「十年乃字」, 反常也.

六三: 卽鹿無虞, 惟入于林中. 君子幾不如舍, 往吝.

☆象曰:「卽鹿无虞」, 以從禽也;「君子舍之」, 往吝, 窮也.

六四: 乘馬班如, 求婚媾. 往吉, 无不利.

☆象曰:「求而往」, 明也.

九五: 屯其膏. 小貞吉, 大貞凶.

☆象曰:「屯其膏」, 施未光也.

上六: 乘馬班如, 泣血漣如.

☆象曰:「泣血漣如」, 何可長也?


# 7. 《역易》 각 부분 작자

《周易》의 각 부분 작자와 형성과정에 대해서는 각가의 설이 분분하다. 흔히 伏羲가 八卦(小成卦)를 처음 그려 상징적인 원리를 도출하였고, 周 文王(姬昌)이 팔괘를 둘씩 겹쳐 64괘(大成卦)를 만들고 여기에 卦辭와 爻辭를 지었으며, 뒤를 이어 공자가 〈易傳〉을 지었다는 것이다. 그러나 唐나라 이전에 이미 이에 대한 다른 의견이 있었다. 즉 팔괘를 64괘로 늘린 것에 대해 王弼은 伏羲를, 鄭玄 등은 神農을, 司馬遷은 文王을, 孫盛은 夏禹를 드는 등 온갖 추측이 다 쏟아졌다.(孔穎達《周易正義》) 卦辭와 爻辭에 대해서도 孔穎達은 卦辭는 文王이, 爻辭는 周公(姬旦)이 지은 것이라 하였다. 그런가 하면 宋代 이르러 歐陽修는《易童子問》에서 〈역전〉을 공자가 지었다는 것에 대해 많은 의문을 제기하기도 하였다. 《漢書》藝文志에는 "人更三聖, 世歷三古"라 하여 "세 성인을 거쳐 삼대에 이르러" 완성된 것이라 하는데, '三聖'이란 八卦를 처음 그린 伏羲, 이를

羑里 감옥에서 演繹한 文王(姬昌), 그리고 이를 다시 傳述한 孔子(孔丘)를 가리킨다. 그러나 文王은 팔괘를 64괘로 演繹하여 卦辭를 지었고, 그 아들 周公(姬旦)이 이를 이어받아 爻辭를 지은 것으로 알려져 있다. 그러므로 '삼성'은 실제 네 사람을 가리킨다. 고대 부자는 흔히 함께 칭하는 예 때문이라 한다. '三代三王'이라 칭할 때도 夏(禹), 商(湯), 周(文王, 武王)를 일컫는 것이 그 예이다. 그러나 혹자는 伏羲는 전설상의 제왕이므로 실존 인물 文王, 周公, 孔子를 三聖으로 일컬은 것이라고도 한다. 좌우간 卦辭와 爻辭는 문체나 내용으로 보아 어느 한 시기에 어느 한 사람에 의해 이루어진 것이 아님은 분명하다.

이에 일반적으로 널리 알려진 종합적인 의견에 의해 정리해보면 다음과 같다.


## 1) 八卦

八卦는 소성괘 8개를 가리킨다. 앞서 설명하였듯이 伏羲氏의 작으로 알려져 있다. 이 팔괘에 대해 〈繫辭〉(上)에는 "是故易有太極, 是生兩儀, 兩儀生四象, 四象生八卦"라 하였으며, 특히 '兩儀'는 天地, 陰陽, 男女, 剛柔, 上下, 明暗, 吉凶, 夫婦, 君臣 …… 등 二元論的 宇宙論을 기본으로 하는 根幹이며, '四象'은 春夏秋冬, 金木水火 등 발전과 변화, 분화를 상징하는 것이었다.


## 2) 六十四卦(重卦)

八卦(小成卦)를 아래위로 둘씩 겹쳐 이루어진 大成卦를 가리키며, 8×8=64괘가 된다. 孔穎達의 《周易正義》에서 4가지 설을 열거하고 있다.

① 伏羲氏 說: 晉 王弼.
② 神農氏 說: 漢 鄭玄.
③ 夏禹 說: 晉 孫盛.
④ 周文王 說: 漢 司馬遷.

그러나 대체로 복희씨설과 주문왕설을 따르고 있으며 정확하게 단정지을 수는 없다.

### 3) 經(卦辭, 爻辭)

《周易正義》에 두 가지 설을 열거하고 있다.

　① 괘사, 효사 모두 文王이 지었다는 설 : 漢 鄭玄 등 주장.
　② 효사의 많은 부분은 文王 이후의 일이 들어 있으므로, 괘사는 文王이 지었으나 효사는 周公이 지었다는 설 : 漢 馬融, 吳 陸續 등 주장.

### 4) 傳(易傳)(十翼)

　〈易傳〉은 10편은 孔子가 지은 것이라 하나 확증적인 근거는 없다. 내용과 문체, 논리의 전개 등으로 보아 한 사람이 일시에 지은 것이 아니며, 孔門弟子 등 전국시대에 이르도록 여러 사람의 손을 거친 것으로 보고 있다.

# 8. 《역易》의 연구와 파별 및 전수

　'易學'의 연구는 兩派六宗(혹 十宗)으로 나눌 수 있다.
　즉 《周易》이 먼저 儒家에게 尊崇을 받아 '羣經之首'가 되고 나서 역시 다른 各家 各派, 각 사회계층에게 접수되어 많은 註釋과 研究의 著作들이 쏟아져 나오게 되었다. 이들 분화는 복잡하기 이를 데 없을 정도이지만 漢代로부터 宋代에 이르기까지 흔히 兩派六宗으로 크게 분류할 수 있다.
　우선 「四庫全書總目」(經部 《易》類小序)에 "《左傳》所諸占, 蓋猶太卜之遺法. 漢儒言'象數', 去古未遠也; 一變而京·焦, 入於禨祥; 再變而爲陳·邵, 務窮造化, 《易》遂不切於民用. 王弼盡黜象數, 說以老莊, 一變而胡瑗·程子, 始闡明儒理; 再變而李光·楊萬里, 又參證史書, 《易》遂日啓其論端. 此兩派六宗, 已互相攻駁. 又《易》道廣大, 無所不包, 旁及天文·地理·樂律·兵法·韻學·刪述, 以遠方外之爐火, 皆可援《易》以爲說, 而好異《易》者, 又援以入《易》, 故《易》說愈繁"이라 하여, 《좌전》 시기까지는 그저 《易》은 太卜의 단순한 占卜이었으나 《역》이 담고 있는 내용과 범위가 워낙 광대하여 그 관점과 해석이 갈수록 紛繁해졌음을 설명하고 있다.

## 1) 兩派

우선 '兩派'란 '象數派(數派)'와 '義理派(理派)'를 뜻한다.

### (1) 象數派(數派)

팔괘의 卦象과 陰陽의 奇數(홀수)와 偶數(짝수)를 두고 《周易》을 해석하는 일파이다. 數理와 科學에 근거하여 《周易》의 원의에 얽매이지 않고 과감하게 災祥과 休咎의 이유를 설명하려 하였다. 이는 漢代의 今文家인 施讐, 孟喜, 梁丘賀(이 때의 《易》은 災異說을 중심으로 함) 및 晉의 王弼(王弼의 학통은 원래 漢의 古文家였으나 《周易》에 대해서는 오히려 理派에 속함), 宋의 程頤 등이 이에 속한다. 상수파는 漢代 유가들의 正宗이었고 兩漢 때 크게 성황을 이루었다. 그러다가 魏나라 때 王弼이 老子와 莊子의 논리로써 《周易》을 해석하자 이로부터 상수파는 쇠퇴하였으나 唐나라 때 李鼎祚의 《周易集解》에는 주로 漢儒와 唐代 상수파의 학설을 채집하여 집대성을 이룸으로써 그 면모를 알 수 있도록 해 놓았다.

### (2) 義理派(理派)

宇宙, 社會와 人事의 각도를 기준으로 하여 《주역》에 담겨있는 철학을 밝혀내는 일파이다. 즉 倫理와 修養의 관점에서 《주역》을 해석하고자 한 것이다. 漢代의 고문가인 京房과 東漢 때의 고문가(이 때의 《易》은 讖緯說을 중심으로 함) 및 송대 邵雍 등이 이에 속한다. 주로 宋代 新儒學의 儒家들이 이에 속함으로 해서 儒理派도 이에 속한다고 볼 수 있다. 이는 宋代 진단(陳搏)과 邵雍이 나서서 〈先天圖〉, 〈後天圖〉〈河圖〉, 〈洛書〉 등의 圖讖說을 내세웠는데 그 귀결은 상수파와 같았으나 새로운 창안이었다. 마침 胡瑗과 程頤 등은 儒家의 人事를 전적으로 내세웠고, 李光, 楊萬里 등은 史事를 가미하였으며, 朱熹가 이 도설에 義理를 첨가함으로써 '漢易'에 상대한 '宋易'의 시대를 열게 되었다.

## 2) 六宗과 十宗

'六宗'이란 앞의 〈四庫全書總目〉에서 말한 ①占卜(太卜) ②災祥(禨祥, 京房, 焦贛) ③讖緯(陳搏, 邵雍) ④老莊(王弼) ⑤儒理(胡瑗, 程頤) ⑥史事(李光, 楊萬里)를 가리킨다.

이 중 '占卜'은 고대 太卜의 길흉에 대한 점복을, '災祥'은 京房의 《易傳》과 焦贛(延壽)의 《易林》을, '讖緯'는 陳搏의 〈太極圖〉 및 〈先天方圓圖〉, 邵雍의 《皇極經世》 및 《河

洛理數》등을 가리킨다. 이들 三宗은 象數派의 범위를 벗어나지 못한다.

그러나 老莊(王弼)으로《易》을 설명한 것은 魏晉시대 阮籍과 王弼 등에 의해 시작되었고, 이것이 北魏의 道教에 영향을 주었으며, 이들은 東漢 魏伯陽의《參同契》의 관점을 이용하여 노장의 사상과 논리를 도교에 접합시킨 것이다.

다음으로 '儒理'로써《역》을 해석한 것은 북송 때 시작되어 남송 때 꽃을 피웠다. 즉 북송 胡瑗, 司馬光의〈潛虛〉, 周敦頤의〈太極圖說〉. 程頤의《易傳》을 거쳐 남송 朱熹의《易本義》에서 완성되었다. '史事'는 역사 사실을 예로 들어《易》을 풀이한 것으로 역시 儒理에서 출발한 것이며 楊萬里의 易學이 대표적이다.

그런데 근대 南懷瑾은 여기에 ⑦ 醫藥 ⑧ 丹道 ⑨ 堪輿 ⑩ 星相 등 4가지를 더해 10종으로 나누기도 하였다. 그 외 高明은〈五十年來之易學〉에서 民國이래 易學은 註釋派, 論述派, 考證派, 創新派 등 4가지 큰 흐름 속에 큰 성과를 이루었다고 나누기도 하였다.


### 3) 歷代易學

#### (1) 先秦時代

春秋 말 孔子로부터 戰國말에 이르기까지 易學은 공자가 商瞿에게, 상구는 魯나라 橋庇(子庸)에게, 子庸은 江東의 馯臂(子弓)에게, 간비는 燕의 周醜(子家)에게, 주추는 東武의 孫虞(子乘)에게, 우손은 齊의 田何(子莊)에게 전수한 것으로 알려졌다. 공자가 죽고 子夏(卜商)도 河西에서《역》을 講論하였는데 다른 동료들의 질책을 받고 그만두어 그가 누구에게 전수해주었다는 기록은 없으며, 다만《子夏易傳》이라는 책을 남겼으나 眞僞는 밝혀지지 않고 있다.


#### (2) 漢代

서한의 易學은 田何가 王同(子中)과 洛陽의 周王孫, 梁(魏)의 丁寬, 齊의 服生 네 사람에게 이어졌으나 뒤에 끊어지고 말았으며, 왕동이 다시 菑川의 楊何(元敬)에게, 양하는 京房에게, 경방이 梁丘賀에게, 양구하는 子臨에게, 子臨이 王駿에게 전수하였다 한다. 한편 丁寬은 田王孫에게 전왕손은 施讎에게, 시수는 張禹에게 장우는 彭宣에게 전수해주었다. 이들은 陰陽說, 納甲說, 卦氣說 등의 역학에 치중하였다 한다. 그 외에도 주왕손이 孟喜에게 전수한 것은 다시 焦贛(延壽)에게 이어졌고 초공은《易林》을 지었으며, 경방이 초공에게 전수된 것은《京房易傳》으로 결과가 나타나게 된다. 이때의 역학은 주로 象數學에 치우쳤다.

동한 때에는 馬融, 鄭玄, 荀爽, 劉表, 虞翻, 陸績과 王弼 등이 나타나 크게 성행하여 가위 최고조에 이르렀다고 할 수 있다. 그 중 荀爽이 대표적이라 여겨 뒷사람이 당시 아홉 사람의 역학을 모아 논술하면서 《九家易》, 혹은 《荀九家》라 칭할 정도였다. 漢末에 이르러 대부분 순상과 우번의 역학을 따랐으나 시대 상황에 따라 몰락을 거듭하자 젊은 나이의 王弼(輔嗣)이 나타나 老莊의 玄學을 바탕으로 《역》을 풀어내어 큰 반향을 일으켰으며, 이는 지금도 거의 왕필의 논리를 기준으로 삼고 있다. 그러나 실상 순상과 우번이 밀려남으로써 《역》에 대한 폭넓은 연구에 저해되는 면도 없지 않다고 여기기도 한다.

한편 漢代에는 《易》을 學官에 세워서 施讎, 孟喜, 梁丘賀, 京房 등 4가의 今文家를 두었으며, 그 외에 古文家로 費直氏가 있었다. 서한 때는 학관에 들지는 못하였으나 陳元, 馬融 등이 傳注를 써서 동한 때에 크게 성황을 이루는 기틀을 마련하였다. 그 후에 鄭玄, 虞翻 등의 연구업적도 晉에 이르러 永嘉의 난 때에 施·梁丘의 《역》이 망실되고, 孟·京·費氏의 책도 사라지고 말아 일단락을 고하게 된다.


### (3) 魏晉

漢魏을 걸쳐 살았던 王弼은 漢代의 數派(象數派라고도 함)의 이론을 극렬 반대하고, 老子·莊子 등 道家의 학설을 빌어 《역》을 해석하려고 하였다. 이에 동조한 자는 韓康伯이며 이 때문에 《周易》, 《老子》, 《莊子》를 함께 묶어 玄理妙談을 도출해 내는 玄學(三玄學)을 낳게 된 것이다.


### (4) 宋代

이때의 역학은 義理派와 圖書派로 나눌 수 있다.

㉮ 義理派 …… 宋初의 胡瑗은 역의 의리를 중심으로 연구 해석하였다. 그의 제자 倪天隱은 《周易口義》를 지어 서한의 災異說, 동한의 참위설, 위진의 노장(현학)설을 일체 배격하고 性命 道德에 귀일 시켰다. 뒤에 程頤는 《伊川易傳》을 지어 圖書派와의 절충을 시도하였고, 朱子는 邵雍의 설을 참작하고 程氏의 설을 위주로 《周易本義》를 저술하였다. 이것이 곧 송대 의리파의 대성이다.

㉯ 圖書派 …… 圖書라 함은 〈河圖〉·〈洛書〉를 두고 이른 말이다. 송초에 도사 진단(陳搏)은 방사들의 연단술을 근거로 〈先天圖〉와 〈後天圖〉를 조작하여 《易龍圖》를 지었다. 뒤에 이의 학문은 다시 두 파로 나뉘어 하나는 邵雍을 거쳐 아들 伯溫에게 이어져, 그는 《易學辨惑》을 짓게 되고, 다른 한 파는 劉牧에게 이어져 《易數鉤隱圖》를 짓게

된다. 이 도서파들은 고대의 소위 〈河圖〉, 〈洛書〉에 부회하여 黑白點字로 《역》을 풀이하였다. 뒤에 邵氏의 설이 성행하고 劉氏의 설은 쇠락하고 말았다.

### (5) 元代

異民族(蒙古)의 지배하에 儒學이 제대로 발전하지 못해, 주로 程頤와 朱熹의 설을 그대로 따라 《周易傳》과 《周易本義》를 전승해가는 정도에 그쳤다. 특히 원말에 高麗에서 사신으로 갔던 禹倬(易東)이 이를 들여옴으로써 儒理派(義理派)의 《易》이 동방에 알려지게 되었다.

### (6) 明代

명초까지는 큰 변화가 없었으나 중엽 이후 方時化 등이 禪으로 《易》을 해석하는 새로운 시도가 있었고, 특히 成祖 때 胡廣 등이 勅命으로 《易傳》(程頤)과 《本義》(朱熹)를 묶어 《周易傳義大全》을 편찬함으로써 의리파의 《역》을 정리하였고, 朝鮮이 이를 받아들여 諺解하여 우리나라에서는 《周易》 연구의 기준이 되었다.

### (7) 淸代 이후

淸代에는 漢代 易學의 재현을 기치로 고증적 연구의 업적을 이룩한 시기이다. 惠棟, 張惠言 등의 출현으로 한대 역학의 중흥을 시도하면서, 혜동은 《周易述》, 《易漢學》, 《易例》 등을 지었고, 장혜언은 《周易虞氏義》, 《虞氏消息》, 《虞氏易事》, 《虞氏易言》, 《周易鄭氏義》, 《荀氏九家義》, 《易義別錄》 등을 지어 일세를 풍미하였다. 그 외에 黃宗羲의 《易學象數論》과 胡渭의 《易圖明辨》 등은 術數治易의 잘못을 바로잡은 대작으로 평해지고 있다.

이 때문에 송대 象數派의 이론은 점차 소멸과 침체의 길로 들어섰다.

한편 明末淸初 佛敎에서도 易學을 重視하여 《周易禪解》(僧漢益), 《金剛大易衍義》(僧道盛) 등은 모두가 唐末 曹洞宗의 爻象 註釋을 깊이 있게 다루기도 하였다. 그리고 근래 杭辛齋, 尙秉和 등이 象數派의 《易》에 대해 다시 관심을 기울여 일가를 이루기도 하였다.

# 9. 〈역도易圖〉

宋代 이전에는 《역》을 그림(圖畫)으로 그린 것이 없었으나 周敦頤가 陳摶의 〈太極圖〉를 바탕으로 〈太極圖說〉을 지음으로써 이러한 易圖가 유행하게 되었다. 이는 복잡한 《역》의 내용을 간명하게 표현하려는 의도에서 출발한 것이다. 나아가 우리나라 국기에도 일찍이 구한말에 이 易圖가 이용되어 '太極旗'라 命名되었으며, 중앙에 太極과 兩儀를 함께 靑赤 2색으로 배치하고, 사각에는 팔괘 중 乾(☰天, 左上), 坤(☷地, 右下), 坎(☵水, 右上), 離(☲火, 左下) 4개의 小成卦를 사용하고 있다. 그런가하면 궁문이나 북, 부채는 물론 각종 문양에 널리 활용되어, 멀리서도 우리나라 이미지를 금방 알아볼 수 있도록 보편화되어 있다. 이에 몇 가지 역도를 살펴보면 다음과 같다.

○ 太極(전체 圓形): 음양의 조화, 만물의 상호 작용을 상징.

○ 赤色(上): 五行으로 南方, 火, 禮, 心臟, 朱雀을 상징.

○ 靑色(下): 오행으로 東方, 木, 仁, 肝臟, 靑龍을 상징.

○ 건(乾☰): 天道. 至善 및 公正과 正義를 상징.

○ 곤(坤☷): 地道. 厚德 및 養育과 公利를 상징.

○ 감(坎☵): 水性. 智慧와 順利를 상징.

○ 리(離☲): 火性. 光明과 情熱을 상징.

○ 흰 바탕: 白衣民族, 平和와 純粹함을 상징.

## 1) 〈太極圖〉陳摶(圖南), 周敦頤(茂叔)

〈太極圖〉는 漢初 河上公이 짓고 이것이 鍾離權, 呂洞賓에게 전수되어 宋初 陳摶이 華山 石壁에 刻을 해 놓았던 그림이며, 이것을 穆修가 얻어 周敦頤에게 넘겨주자, 이를 바탕으로 理學의 理論的 圖表로 삼은 것으로 알려져 있다. 따라서 원래 道敎에서 나온 것이며 周敦頤(茂叔, 濂溪)가 새로운 해석을 내려 宇宙의 원리 및 사람으로서의 應行의 正道를 밝힌 論文이다. 陰陽과 動靜, 乾坤, 男女를 기준으로 五行을 가미하여 알기 쉽게 그림으로 표현한 것이다.

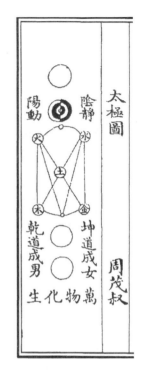

※ 참고 〈太極圖說〉

無極而太極, 太極動而生陽, 動極而靜, 靜而生陰, 靜極復動. 一動一靜, 互爲其根; 分陰分陽, 兩儀立焉. 陽變陰合, 而生水火木金土, 五氣順布, 四時行焉. 五行一陰陽也, 陰陽一太極也; 太極, 本無極也. 五行之生也, 各一其性, 無極之眞. 二五之精, 妙合而凝, 乾道成男, 坤道成女. 二氣交感, 化生萬物, 萬物生生而變化無窮焉. 惟人也得其秀而最靈, 形旣生矣, 神發知矣. 五性感動, 而善惡分, 萬事出矣. 聖人定之以中正仁義而主靜, 立人極焉. 故聖人與天地合其德, 日月合其明, 四時合其序, 鬼神合其吉凶. 君子修之吉, 小人悖之凶. 故曰:「立天之道曰陰與陽, 立地之道曰柔與剛, 立人之道曰仁與義.」又曰:「原始反終, 故知死生之說.」大哉, 《易》也! 斯其至矣.

## 2) 〈先天太極圖〉

〈태극도〉는 3종이 전한다. 즉 앞 주돈이의 〈태극도〉 외에 來知德의 〈來氏太極圖〉와 이 〈先天太極圖〉이다. 그 중 이 〈선천태극도〉가 가장 널리 전해오고 있다. 흔히 〈天地自然之圖〉라고도 하며 음양의 변화를 그린 것이다. 淸代 胡渭의 〈易圖明辨〉에 의하면 둘레는 '太極'을, 양쪽 회전하는 흑백은 '陰陽'을, 가운데 두 점은 '陽中陰'과 '陰中陽'을 뜻하는 것이라 하였으며, 陰陽二氣의 運行과 消長의 모습이라 하였다.

### 3) 〈河圖〉와 〈洛書〉

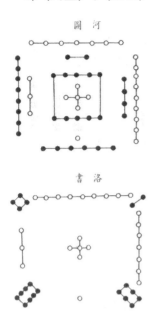

〈河圖〉와 〈洛書〉는 伏羲 때 龍馬가 등에 '河圖'를 짊어지고 黃河에서 나왔으며, 神龜가 역시 등에 '洛書'를 지고 洛水에서 나오자, 복희가 이를 근거로 八卦를 지었다는 것이다. 《易》繫辭(上)에 "河出圖, 洛出書, 聖人則之"라 하였고, 《尙書》顧命篇 "大玉, 夷玉, 天球, 河圖在東序"의 孔安國 傳에 "伏羲王天下, 龍馬出河, 遂則其文以畫八卦, 謂之'河圖'."라 하였으며, 《論語》子罕篇에도 "子曰:「鳳鳥不至, 河不出圖, 吾已矣夫!」"라 하였고, 《管子》小臣篇에도 역시 "昔人之受命者, 龍龜假, 河出圖, 洛出書, 地出乘黃, 今三祥未見有者"라 하여, 이후 한대 劉歆, 孔安國, 揚雄, 班固 등의 저술에도 언급되고 있다. 그러나 일부 다른 기록에는 伏羲 대신 黃帝(軒轅), 神農, 夏禹 등 제각각인 것으로 보아 그저 전설에 불과한 것이다. 그 그림은 알 수 없었으나 邵雍이 전하면서 광범위하게 유전되었다. 이는 〈繫辭〉(上)에 "天一, 地二, 天三, 地四, 天五, 地六, 天七, 地八, 天九, 地十. …… 天數五, 地數五, 五位相得而各有合. 天數二十有五, 地數三十, 凡天地之數五十有五. 此所以成變化而行鬼神也"라 하였는데, 마침 〈하도〉의 흰 점은 奇數(天數, 홀수)로 보아 25개이며, 검은 점은 偶數(地數, 짝수)로 보아 모두 30개이며 이를 합하면 55개여서 "一六居下, 二七居上, 三八居左, 四九居右, 五十居中"의 방위 배열과 맞아떨어진다. 아마 이로써 그려낸 것이 아닌가 한다. 그리고 〈낙서〉는 모두 45개의 흑백 점이 있어, "戴九履一, 左三右七, 二四爲肩, 六八爲足, 五居中央"의 배치와 맞다. 그 중 특히 縱橫, 斜線으로 합해도 모두가 15의 수가 되어, 이 〈洛書〉는 鄭玄의 注《乾鑿度》에서 "《易》一陰一陽, 合而爲十五之謂道"라 한 것을 근거로 만든 것이 아닌가 한다.

朱熹의 《易學啓蒙》에는 이에 대해 매우 자세히 설명하고 있으나 견강부회도 적지 않다.

한편 朱熹 《易本義》와 《周易傳義大全》에는 "右〈繫辭傳〉曰:「河出圖, 洛出書, 聖人則之.」又曰:「天一地二, 天三地四, 天五地六, 天七地八, 天九地十. 天數五, 地數五, 五位相得而各有合. 天數二十有五, 地數三十, 凡天地之數五十有五, 此所以成變化而行鬼神也.」此

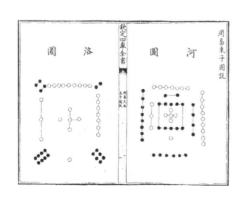

河圖之數也.〈洛書〉蓋取龜象, 故其數戴九, 履一, 左三, 右七, 二四爲肩, 六八爲足. 蔡元定曰:「圖書之象, 自漢孔安國·劉歆, 魏關朗子明, 又有宋康節先生邵雍堯夫, 皆謂如此. 至劉牧始兩易其名, 而諸家因之. 故今復之悉, 從其舊.」라 하였다.

## 4) 〈伏羲八卦次序圖〉

朱熹《易本義》와《周易傳義大全》에는 "右〈繫辭傳〉曰:「《易》有太極, 是生兩儀, 兩儀生四象, 四象生八卦.」邵子曰:「一分爲二, 二分爲四, 四分爲八也.」〈說卦傳〉曰:「《易》逆數也.」邵子曰:「乾一, 兌二, 離三, 震四, 巽五, 坎六, 艮七, 坤八. 自乾至坤, 皆得未生之卦. 若逆推四時之比也. 後六十四卦, 次序放此.」"라 하였다.

## 5) 〈伏羲八卦方位圖〉

朱熹《易本義》와《周易傳義大全》에는 "右〈說卦傳〉曰:「天地定位, 山澤通氣, 雷風相薄, 水火不相射, 八卦相錯. 數往者順, 知來者逆.」邵子曰:「乾南坤北, 離東坎西, 震東北, 兌東南, 巽西南, 艮西北. 自震至乾爲順, 自巽至坤爲逆, 後六十四卦方位放此.」"라 하였다.

## 6) 〈伏羲六十四卦次序圖〉

朱熹《易本義》와《周易傳義大全》에는 "右〈前八卦次序圖〉, 卽〈繫辭傳〉所謂'八卦成列'者, 此圖卽所謂因而重之者也. 故下三畫卽〈前圖〉之八卦; 上三畫則各以其序重之, 而下卦因亦各衍而爲八也. 若逐爻漸生, 則邵子所謂'八分爲十六, 十六分爲三十二, 三十二分爲六十四'者. 尤見法象, 自然之妙也"라 하였다.

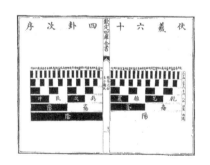

## 7) 〈伏羲六十四卦方位圖〉

朱熹《易本義》와《周易傳義大全》에는 "右〈伏羲四圖〉, 其說皆出邵氏. 蓋邵氏得之, 李之才挺之. 挺之得之, 穆脩伯長, 伯長得之, 華山希夷先生陳搏圖南者, 所謂'先

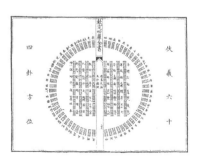

天之學'也. 此圖圓布者, 乾盡午中, 坤盡子中, 離盡卯中, 坎盡酉中, 陽生於子中, 極於午中. 陰生於午中, 極於子中, 其陽在南, 其陰在北. 方布者, 乾始於西北, 坤盡於東南. 其陽在北, 其陰在南. 此二者, 陰陽對待之, 數圓於外者, 爲陽方於中者, 爲陰圓者, 動而爲天方者, 靜而爲地者也"라 하였다.

## 8) 〈文王八卦次序圖〉

朱熹《易本義》와《周易傳義大全》에는 "右見〈說卦〉"라 하였다.

## 9) 〈文王八卦方位圖〉

朱熹《易本義》와《周易傳義大全》에는 "右見〈說卦〉. 邵子曰: 「此文王八卦, 乃入用之'位後天之學'也.」"라 하였다.

## 10) 〈先天八卦方位圖〉

이는 朱熹의 《周易本義》에 실려 있는 것으로, 邵雍의 〈先天圖〉를 근거로 한 것이며, 〈說卦傳〉의 "天地定位, 山澤通氣, 雷風相薄, 水火不相射; 八卦相錯, 數往者順, 知來者逆"의 구절을 따라 八卦를 八方에 맞추어 대비시킨 것이다. 송대에 그려낸 것으로 보고 있으나, 당시 사람들은 伏羲가 그린 것이라 하여 〈伏羲八卦方位圖〉라고 불렀으나 신빙성은 없다.

## 11) 〈後天八卦方位圖〉

역시 朱熹의 《周易本義》에 실려 있는 것으로, 邵雍의 〈先天圖〉를 근거로 한 것이며, 〈說卦傳〉의 "帝出乎震, 齊乎巽, 相見乎離, 致役乎坤, 說言乎兌, 戰乎乾, 勞乎坎, 成言乎艮"의 구절을 따라 八卦를 八方에 맞추어 대비시킨 것이다. 송대에 그려낸 것으로 보고 있으나, 당시 사람들은 文王(姬昌)이 그린 것이라 하여 〈文王八卦方位圖〉라고 불렀으나 역시 신빙성은 없다. '先天'은 개벽전의 방위이며, '後天'은 개벽 뒤 天의 운행하는 과정을 뜻한다. 따라서 '先天'과 '後天'은 東西南北의 방위와 그에 맞춘 팔괘가 상반되어 있다. 朱熹는 이에 대해 天은 운행하는 것이므로 방위 역시 이에 따라 변화하기 때문이라 하였다. 한편 尚秉和는 〈先天方位道〉는 천지자연의 법상을 표현한 것으로 고대 이미 있었으며, 《左傳》에 이를 언급하였고, 兩漢 때까지도 전해왔고, 〈後天方位道〉는 '先天方位'가 변화하는 과정을 그린 것이라 하였다.

### 12) 〈十二辟卦方位圖〉

이는 64괘 중에 12개 괘를 찾아 1년 12달에 맞춘 것으로 陰陽消息의 운행을 해석하기 위한 것이다. '辟卦'의 '辟'은 '主'의 뜻으로, 각 12달의 主가 됨을 말하며 '月卦', 혹 '消息卦'라고도 한다. 즉 陽이 차서 자라남을 '息', 陰이 增强함을 '消'라 한 것이다. 復卦에서 乾卦까지의 6괘는 '息卦'이다. 復卦는 陽爻가 하나뿐이며, 臨, 泰, 大壯괘를 경유하여 乾卦에 이르러 여섯 효가 모두 陽爻로 차는 純陽에 이르게 됨을 가리킨다. 그리고 姤卦에서 坤卦까지 6괘는 '消卦'이다. 姤卦는 乾卦를 이어받아 다시 陰爻가 하나 나타나 遯, 否, 觀, 剝을 경유하면서 음효가 하나씩 늘어나 드디어 純陰에 이른다. 아울러 여섯의 식괘와 소괘는 서로 상승작용을 하여 首尾雙銜의 고리를 이루어 陰陽消長, 周而復始의 무궁한 永續性을 상징하고 있다. 그러나 '消息'은 실제 '한 편이 증강하면 다른 한 편이 소멸하는 순환'을 뜻하는 連綿語이다.

# 10. 서법筮法 및 결언結言

《周易》은 본래 점치는 책이었다. 朱熹도 "《易》本爲卜筮而作"이라 하였고, 그의 《易本義》에도 每卦, 每爻마다 "其占如此", "占者如是", "戒占者, 宜如是" 등으로 표현하여, 점을 쳤을 때의 상황을 가정하여 설명하고 있다.

이처럼 《周易》으로 점을 치는 것은 민간에 아주 널리 퍼져 지금도 미래를 예측하거나, 생사의 문제, 국가 앞날의 命運, 개인의 길흉, 결혼, 취직, 이사, 대사의 결정, 각종 시험의 등락, 작명, 택일, 개업, 창업 등 이루 말할 수 없는 많은 상황을 두고 불안 심리를 해소하기 위해, 또는 결정의 정당성을 확보하기 위해, 심지어 심심풀이의 運勢를 보기위해 등 점치는 일이 일상으로 행해지고 있다. 그에 따라 '周易命理'니, '四柱八字'니 '운세풀이'니 하는 등으로 포장된 억지 해석이 의외로 사회문제가 되기도 한다. 《周易》의 卦形, 卦辭, 爻辭 등은 결코 길흉을 예측해 주거나 미래를 해결해 줄 수 없을 뿐더러 그렇게 해석한 것도 아니다. 따라서 그러나 결론적으로 말해《周易》은 修養書이며 倫理書요, 政書이며 論理書(Logic)이다. 일부 지극히 협착한 幻影에 빠져 이 책을 占筮書로 맹신하는 것은 사실《周易》本義의 大道에서 엄청 멀리 떨어져 있는 것이다.

그럼에도 고대는 물론 지금도 占筮書로 이용되는 만큼 간단히 점치는 방법을 설명하고자 한다.

《주역》의 점법은 아주 다양하여 정확히 알 수는 없으며, 명확한 기준도 없다. 아울러 구체적으로 어떻게 점을 치는 것이 옳다는 이론도 없으며, 古來로 이를 제대로 설명한 책도 흔하지 않다. 다만 〈繫辭傳〉(上)에 실려 있는 '五十根蓍策'으로써 '四營', '十八變'으로 한 괘를 만들고, 그 괘의 卦象, 卦辭, 彖辭, 象辭, 爻辭 등을 총동원하여 해석하는 방법이 유일하다. 근래 章秋農의《周易占筮學》은 이를 근거로 점치는 방법을 설명하고 있으나, 이 역시 복잡하고 까다로워 오늘날도 널리 사용되는지는 알 수 없다.

그러나 그 어떤 방법으로든 결국 복잡한 과정을 거쳐 하나의 괘나 효를 얻었다고 해도《周易》본래의 해당 괘는 그 문장들이 구체성을 띠고 있지 않음으로 해서, 사실 점의 결과에 대한 풀이도 추상적이며 허구의 언어유희처럼 들릴 수밖에 없다.

# 역주譯註

## 《주역周易》上經

朱熹《易本義》(이하《本義》)에 "周, 代名也.《易》, 書名也. 其卦本伏羲所畫, 有 '交易'·'變易'之義. 故謂之'易'. 其辭則文王·周公所繫, 故繫之周. 以其簡袠重大, 故 分爲上下兩篇. 經則伏羲之畫; 文王·周公之辭也. 幷孔子所作之《傳》(傳去聲)十篇, 凡十二篇中, 間頗爲諸儒所亂, 近世晁氏(晁說之, 以道, 崇山人)始正其失而未能盡合 古文, 呂氏(呂大臨, 與叔, 藍田人)又更定, 著爲〈經〉二卷,《傳》十卷, 乃復孔氏之舊 云"이라 함.

# 001 건乾

**☰ 乾爲天: ▶乾下乾上(☰下☰上)**

　＊乾(건): 〈音義〉에 "乾, 竭然反. 〈說卦〉云: 「乾, 健也.」"라 하여 '건(qián)'으로 읽으며, '健'(疊韻)의 뜻. 64괘 중 첫째 괘. 天(疊韻)을 의미함. 아래 小成卦(內卦)도 乾(天)이며, 위의 小成卦(外卦)도 乾으로 여섯 괘가 모두 양효인 '乾爲天'의 同卦相疊 卦體(卦의 形體)임. 하늘은 양기가 축적되어 하늘을 이룬 것이라 여겼음. 爻는 龍을 상징적으로 내세워 陽剛의 의미를 제시하고 있으며, 이로써 우주 만물 본원의 주요 작용 및 발전과 변화의 규율로 삼고 있음. 사람으로서는 君子를 설정하여 하늘의 剛健한 정신을 본받아 自强不息(自彊不息)하여 분발 상승할 것을 권면하고 있음.

　한편 어떤 사물의 시작에서 끝맺음을 여섯 단계로 설정하여, ①始生(誕生, 出生, 始發, 發生)→②初長(得生, 雛形)→③形成(獨立, 壯成)→④壯展(熟成, 强壯)→⑤成就(寶座, 帝位, 登極)→⑥達盡(極位, 消滅, 退位)의 순서가 됨. 이에 〈乾卦〉는 龍이 誕生(潛龍)하여 형태의 구성(見龍), 成長痛(乾乾), 壯盛(或躍)과정을 거쳐 昇天(飛龍)에 이른 다음, 마지막 더 이상 오를 곳이 없는 亢龍의 상황을 연결고리로 하여 고차원적 의미를 부여한 것임.


## (1) 卦辭

# 乾: 元, 亨, 利, 貞.

〈언해〉 乾(건)은 元(원)ᄒ고, 亨(형)ᄒ고, 利(리)ᄒ고, 貞(뎡)ᄒ니라.(本義): 크게 亨(형)ᄒ고, 貞(뎡)홈이 利(리)ᄒ니라.)

〈해석〉 乾은 으뜸이요(크게), 형통하며, 이롭고, 바르다.(크게 형통하고, 바르게 함이 이로우니라.)

　【乾】64卦의 첫 卦名. '乾'은 天을 상징함. '乾'과 '天'은 疊韻이며 健(첩운)의 뜻도 가지고 있음. 上下(內外) 小成卦가 똑같은 '乾'으로 同卦相疊으로 구성되어 있음. 고대 陰陽二元論에 의해 天, 陽, 父, 男, 君의 의미를 가지고 있음. 한편 여섯 효가 모두

陽爻로 陽剛하며, 여섯 효 어느 하나 正應을 이룬 것은 없음. 특히 九二, 九四, 上九 세 효는 陽爻로 陰位에 있어 位不當하며, 初九, 九三, 九五만 位正當함. 그 중 九二와 九五는 小成卦의 가운데에 있어 得中하였으며, 九五는 位正當과 得中, 帝位(君位), 陽剛(陽爻), 主爻의 좋은 조건을 모두 갖추고 있어 飛龍(帝王)에 비유하는 것임. 孔穎達 〈正義〉에 "乾者, 此卦之名. 謂之卦者, 《易緯》云:「卦者, 掛也. 言懸掛物象以示於人, 故謂之卦.」但二畫之體, 雖象陰陽之氣, 未成萬物之象, 未得成卦. 必三畫以象三才. 寫天地雷風水火山澤之象, 乃謂之卦也. 故〈繫辭〉云「八卦成列, 象在其中矣」是也. 但初有三畫, 雖有萬物之象, 於萬物變通之理, 猶有未盡, 故更重之而有六畫, 備萬物之形象, 窮天下之能事, 故六畫成卦也. 此乾卦, 本以象天, 天乃積諸陽氣而成天, 故此卦六爻, 皆陽畫成卦也. 此旣象天, 何不謂之天而謂之乾者? 天者, 定體之名; 乾者, 體用之稱, 故〈說卦〉云:「乾, 健也.」言天之體以健爲用, 聖人作《易》本以敎人, 欲使人法天之用, 不法天之體, 故名'乾', 不名'天'也. 天以健爲用者, 運行不息, 應化无窮, 此天之自然之理, 故聖人當法此自然之象, 而施人事, 亦當應物成務, 云爲不已, 終日乾乾, 无時懈倦, 所以因天象, 以敎人事. 於物象言之, 則純陽也, 天也. 於人事言之, 則君也, 父也. 以其居尊, 故在諸卦之首, 爲《易》理之初. 但聖人名卦, 體例不同, 或則以物象而爲卦名者, 若〈否〉·〈泰〉·〈剝〉·〈頤〉·〈鼎〉之屬是也. 或以象之所用而爲卦名者, 卽〈乾〉·〈坤〉之屬是也. 如此之類多矣, 雖取物象, 乃以人事而爲卦名者, 卽〈家人〉·〈歸妹〉·〈謙〉·〈履〉之屬是也. 所以如此不同者. 但物有萬象, 人有萬事, 若執一事, 不可包萬物之象, 若限局一象, 不可總萬有之事, 故名有隱顯, 辭有蹐駁, 不可一例求之, 不可一類取之. 故〈繫辭〉云「上下无常」, 剛柔相易, 不可爲典要. 韓康伯注云「不可立定準」是也"라 함. 唐 李鼎祚의 《周易集解》(이하 《集解》)에 "案: 〈說卦〉:「乾, 健也. 言天之體, 以健爲用, 運行不息, 應化无窮, 故聖人則之, 欲使人法天之用, 不法天之體, 故名'乾', 不名'天'也"라 함. 《傳》에 "上古聖人, 始畫八卦一 三才之道備矣. 因而重之以盡天下之變, 故六畫而成卦, 重乾爲乾. 乾, 天也. 天者, 天之形體; 乾者, 天之性情. 乾, 健也. 健而无息之謂乾. 夫天專言之, 則道也. 天且弗違是也. 分而言之, 則以形體謂之天; 以主宰謂之帝, 以功用謂之鬼神. 以妙用(一无用字)謂之神, 以性情謂之乾. 乾者, 萬物之始, 故爲天爲陽爲父爲君"이라 하였고, 《本義》에 "六畫者, 伏羲所畫之卦也. 一者, 奇也, 陽之數也. 乾者, 健也, 陽之性也. 本註乾字三畫, 卦之名也. 下者, 內卦也; 上者, 外卦也. 經文乾字六畫, 卦之名也. 伏羲仰觀俯察, 見陰陽有奇耦之數, 故畫一奇以象. 陽畫一耦以象, 陰見一陰一陽, 有各生一陰一陽之象, 故自下而上, 再倍而三, 以成八卦. 見陽之性健, 而其成形之大者爲天, 故三奇之卦, 名之曰乾, 而擬之於天也. 三畫已具八卦已成, 則又三倍其畫, 以成六畫, 而於八卦之上, 各加八卦以成六十四卦也. 此卦六畫皆奇, 上下皆乾,

則陽之純而健之至也. 故乾之名·天之象, 皆不易焉"이라 함.

【元, 亨, 利, 貞】'크고 형통하고 이롭고 바르다'의 뜻. 이는 乾卦 전체를 풀이한 '卦辭'이며, 《易》의 四德을 널리 일컫고 있음. '元'은 으뜸. 始, 根의 뜻의 뜻도 가지고 있음. '亨'은 형통함. 통달하여 막힘이 없음. '利'는 '이롭다. 마땅하다. 유리하다, 이익이 되다'의 뜻. '和'의 뜻도 가지고 있으며, 天의 陽剛한 기운이 만물로 하여금 서로 和合(和諧)하여 각기 자신의 利益을 누리도록 함. '貞'은 '곧음. 바름'. 天의 陽剛한 기운이 만물로 하여금 堅固하고 貞正하게 마무리를 할 수 있도록 함. 이는 흔히 〈子夏傳〉의 "元, 始也. 亨, 通也. 利, 和也. 貞, 正也. 言'乾'稟純陽之性, 故能首出庶物, 各得元始, 開通和諧, 貞固不失其宜. 是以君子法乾而行四德, 故曰'元亨利貞'矣"라 한 것에 근거하여, 각기 낱개를 대등한 독립적 하나의 의미로, "元하고 亨하고, 利하고, 貞하다"로 풀이하여 왔음. 그러나 뒤에 "元亨하며, 利貞하다"로 보는 등 각기 의견이 다름. 이에 '元亨'을 程頤는 元과 亨을 독립적인 뜻으로, 朱熹는 '크게 亨하다'로 풀이하였음. '元亨'은 '점을 쳐서 이 괘를 만나면 크게 형통하게 모든 일이 해결될 것임'을 의미하며, '利貞'은 '이로운 貞辭이다'의 뜻. 즉 '貞'은 '貞辭'(점을 쳐서 얻은 풀이), '貞兆'(점을 쳐서 얻은 豫兆), '貞卜'(점을 친 결과)의 뜻임. ○高亨은 "乾, 卦名也. 元, 大也. 亨卽享字. 古人擧行大享之祭, 曾筮遇此卦, 故記之曰「元亨」. '利貞', 猶言利占也. 筮遇此卦, 擧事有利, 故曰「利貞」"이라 함.

○이 괘는 《周易》 전체의 綱領이기도 하며 우주의 원리를 압축하여 표현한 것임. 陽剛한 氣(에너지)는 만물의 원소이며 끊임없이 운행하여 무궁한 변화를 이어가고 있음을 설명한 것임.

〈正義〉에 "'元, 亨, 利, 貞'者, 是乾之四德也. 〈子夏傳〉云: 「元, 始也. 亨, 通也. 利, 和也. 貞, 正也.」 言此卦之德, 有純陽之性, 自然能以陽氣始生萬物, 而得元始亨通, 能使物性和諧, 各有其利. 又能使物堅固貞正得終, 此卦自然令物, 有此四種, 使得其所, 故謂之'四德'. 言聖人亦當法此卦, 而行善道, 以長萬物, 物得生存, 而爲元也. 又當以嘉美之事, 會合萬物, 令使開通而爲亨也. 又當以義, 協和萬物, 使物各得其理, 而爲利也. 又當以貞固幹事, 使物各得其正, 而爲貞也. 是以聖人法乾而行此四德, 故曰'元, 亨, 利, 貞'. 其委曲條例, 備在〈文言〉"이라 함. 《集解》에 "〈子夏傳〉曰: 「元, 始也. 亨, 通也. 利, 和也. 貞, 正也. 言'乾'稟純陽之性, 故能首出庶物, 各得元始, 開通和諧, 貞固不失其宜. 是以君子法乾而行四德, 故曰'元亨利貞'矣"라 함. 《傳》에 "'元亨利貞'謂之四德. 元者, 萬物之始; 亨者, 萬物之長; 利者, 萬物之遂; 貞者, 萬物之成. 唯乾坤有此四德, 在他卦則隨事而變焉. 故元, 專爲善, 大利主於正, 固亨貞之體, 各稱其事四德之義, 廣矣! 大矣!"라 하

였고,《本義》에 "'元亨利貞', 文王所繫之辭, 以斷一卦之吉凶, 所謂〈彖辭〉者也. 元, 大也. 亨, 通也. 利, 宜也. 貞, 正而固也. 文王以爲乾道大通而至正, 故於筮得此卦, 而六爻皆不變者, 言其占當得大通, 而必利在正固, 然後可以保其終也. 此聖人所以作《易》, 教人卜筮而可以開物成務之精意. 餘卦放此"라 함.

※《周易》나머지 63괘는 이〈卦辭〉다음에 바로〈彖辭〉와〈象辭〉(大象傳)가 이어짐. 특이하게 이 乾卦만은 爻辭(小象傳)가 모두 끝난 맨 뒤에 싣고 있음.

# (2) 爻辭

## 初九: 潛龍勿用.

〈언해〉 初九(초구)는, 潛(줌)혼 龍(룡)이니 쓰디 말올 디니라.
〈해석〉 [初九](−): 물속에 잠겨있는 용이니 쓰지 말지니라.

【初九】이는 全卦의 시작이며, 下卦(乾)의 출발. 事物의 始生을 의미하며, 陽爻로 陽位(奇數, 즉 홀수의 자리)에 있어 位正當함. 九四와는 正應을 이루지 못하고 있음. 陽剛하여 강한 생명력을 가지고 있으나, 맨 아래에 있어 아직 乾卦 자신의 本領을 수행할 수는 없음. 初九의 '初'는 시작, '九'는 陽을 대신하는 숫자이므로 매괘 內卦(下卦)의 첫 시작은 모두 '初'를, 그리고 양효는 '九'를, 음효는 '六'을 붙여 효의 순서를 정함.
【潛龍】이하는 '爻辭'임. 물속(물밑)에 잠겨 있는 龍. 용은 陽氣의 상징물. '麟鳳龜龍'의 四靈의 하나로 太平聖代나 聖人이 在世할 때 나타난다 함.《禮記》禮運篇에 "何謂四靈? 麟鳳龜龍, 謂之四靈"이라 하였고,《左傳》杜預 序에 "麟鳳五靈, 王者之嘉瑞也"라함. 용은 하늘을 날아다니면서 바람을 일으키고 비를 내리게 하는 영험한 동물이라함. 한편 실제 龍을 일반 가축처럼 기르고 다루었던 기록은《左傳》(昭公 29년)에 자세히 실려 있으며, 그 외《韓非子》(說難篇) 등에도 있음. 그러나 용은 上古時代 각 部落(部族)이 통합되는 과정에서 그들의 토템을 모으면서 생긴 假想의 形象이며, 뒤에 統治組織이 발달함에 따라 帝王, 君主, 최고 지도자 등에 비유하였을 것으로 주장하기도 함.
【勿用】"사용하지 말라." 즉, 용으로서의 역할이나 임무를 수행하겠다고 욕심을 부리거나 존재를 드러내고자 해서는 안 됨. 아직 약하여 존재를 드러내면 도리어 위험함. ○高亨은 "潛龍隱而不見, 靜而不動之象. 筮遇此爻, 不可有所施行, 故曰「潛龍勿用」"

이라 함.

○이 효는 맨 아래에 처해 있어 사물이 潛伏隱藏한 상태로 시작을 알리는 역할을 함. 그 때문에 아직 자신을 드러내거나, 단계를 뛰어넘어 활발히 움직일 수 없음. 王弼 注에 “〈文言〉備矣”라 하였고, 孔穎達〈正義〉에 “居第一之位, 故稱‘初’. 以其陽爻, 故稱 ‘九’. 潛者, 隱伏之名. 龍者, 變化之物, 言天之自然之氣, 起於建子之月, 陰氣始盛, 陽氣潛 在地下, 故言‘初九, 潛龍’也. 此自然之象, 聖人作法, 言於此潛龍之時, 小人道盛, 聖人雖有 龍德於此時, 唯宜潛藏, 勿可施用, 故言‘勿用’. 張氏云:「以道未可行, 故稱‘勿用’. 以誡之於 此, 小人道盛之時, 若其施用, 則爲小人所害. 寡不敵衆, 弱不勝强, 禍害斯及, 故誡‘勿用’.」 若漢高祖生於暴秦之世, 唯隱居爲泗水亭長, 是‘勿用’也. 諸儒皆以爲舜始漁於雷澤, 舜之 時當堯之世, 堯君在上, 不得爲小人道盛, 此潛龍始起, 在建子之月, 於義恐非也. 第一位言 ‘初’, 第六位當言‘終’. 第六位言‘上’, 第一位當言‘下’, 所以文不同者. 莊氏云:「下言‘初’, 則 上有‘末’. 義故大過.」〈象〉(028 大過)曰‘棟橈, 本末弱’, 是上有末義. 六言‘上’, 則初當言 ‘下’, 故〈小象〉云‘潛龍勿用, 陽在下也’. 則是初有下義, 互文相通, 義或然也. 且第一言‘初’ 者, 欲明萬物積漸, 從无入有, 所以言‘初’. 不言‘一’與‘下’也. 六言‘上’者, 欲見位居卦上, 故 不言‘六’與‘末’也. 此‘初九’之等, 是乾之六爻之辭. 但乾卦是陽生之世, 故六爻所述, 皆以聖 人出處託之, 其餘卦六爻, 各因象明義, 隨義而發, 不必皆論, 聖人他皆放此. 謂之‘爻’者, 〈繫辭〉云:「爻也者, 效此者也.」聖人畫爻, 以放效萬物之象, 先儒云「後代聖人, 以《易》占 事之, 時先用蓍, 以求數得數, 以定爻, 累爻而成卦, 因卦以生辭, 則蓍爲爻卦之本, 爻卦爲 蓍之末. 今案〈說卦〉云「聖人之作《易》也, 幽贊於神明而生蓍, 參天兩地, 而倚數觀變, 於陰 陽而立卦, 發揮於剛柔, 而生爻.」〈繫辭〉云:「成天下之亹亹者, 莫大乎蓍龜. 是故天生神 物, 聖人則之.」又《易乾鑿度》云:「垂皇策者, 犧據此諸文, 皆是用蓍, 以求卦.」先儒之說, 理當然矣. 然陽爻稱‘九’, 陰爻稱‘六’. 其說有二: 一者, 乾體有三畫, 坤體有六畫. 陽得兼陰, 故其數‘九’. 陰不得兼陽, 故其數‘六’. 二者, 老陽數九, 老陰數六, 老陰老陽, 皆變. 《周易》 以變者爲占, 故杜元凱註〈襄〉九年傳「遇艮之八」及鄭康成注「《易》皆稱《周易》」. 以變者爲 占, 故稱九稱六, 所以老陽數九, 老陰數六者, 以揲蓍之數. 九遇揲則得老陽, 六遇揲則得老 陰. 其少陽稱七, 少陰稱八, 義亦準此. 張氏以爲陽數有七有九, 陰數有八有六, 但七爲少 陽, 八爲少陰, 質而不變, 爲爻之本體. 九爲老陽, 六爲老陰, 文而從變, 故爲爻之別名. 且 七旣爲陽爻, 其畫已長, 今有九之老陽, 不可復畫爲陽, 所以重體避少陽七數, 故稱‘九’也. 八爲陰數, 而畫陰爻, 今六爲老陰, 不可復畫陰爻, 故交其體避八而稱六. 但《易》含萬象, 所託多塗, 義或然也”라 함. 《集解》에 “崔憬曰:「九者, 老陽之數. 動之所占, 故陽稱焉. 潛, 隱也. 龍下隱地, 潛德不彰, 是以君子韜光待時, 未成其行, 故曰‘勿用’.」〈子夏傳〉曰:

「龍, 所以象陽也.」○馬融曰:「物莫大於龍, 故借龍以喩天之陽氣也. 初九, 建子之月, 陽氣始動於黃泉, 旣未萌牙, 猶是潛伏, 故曰'潛龍'也.」○沈驎士曰:「稱龍者, 假象也. 天地之氣有昇降, 君子之道有行藏, 龍之爲物, 能飛能潛, 故借龍比君子之德也. 初九旣尙潛伏, 故言'勿用'.」○干寶曰:「位始故稱'初'; 陽重故稱'九'. 陽在初九, 十一月之時, 自〈復〉來也. 初九甲子, 天正之位, 而乾元所始也. 陽處三泉之下, 聖德在愚俗之中, 此文王在羑里之爻也. 雖有聖明之德, 未被時用, 故曰'勿用'.」이라 함.《傳》에 "下爻爲初九, 陽數之盛, 故以名. 陽爻理无形也, 故假象以顯義. 乾以龍爲象, 龍之爲物, 靈變不測, 故以象. 乾道變化, 陽氣消息, 聖人進退. 初九在一卦之下, 爲始物之端, 陽氣方萌, 聖人側微, 若龍之潛隱, 未可自用, 當晦養以俟時"라 하였고,《本義》에 "初九者, 卦下陽爻之名. 凡畫卦者, 自下而上, 故以下爻爲初, 陽數九爲老, 七爲少, 老變而少. 不變, 故謂陽爻爲九. '潛龍勿用', 周公所繫之辭, 以斷一爻之吉凶, 所謂〈爻辭〉者也. 潛, 藏也. 龍, 陽物也. 初陽在下, 未可施用, 故其象爲潛龍, 其占曰'勿用'. 凡遇乾而此爻, 變者當觀此象, 而玩其占也. 餘爻放此"라 함.

※《易》의 체례에, 매 爻辭마다 뒤이어 이에 대한 〈象辭〉(小象傳)를 싣고 있음. 즉 맨 아래 "潛龍勿用, 陽在下也"는 이 〈象辭〉에 해당함. 그러나 '乾卦'만은 이를 모두 모아 맨 아래에 싣고 있음.


# 九二: 見龍在田, 利見大人.

〈언해〉九二(구이)는, 見(현)호 龍(룡)이 田(뎐)애 在(지)홈이니, 大人(대인)을 見(견)홈이 利(리)호니라.

〈해석〉[九二](一): (형체가) 드러난 용이 밭에 있는 것이니, 대인(大人)을 만남이 이로우니라.


【九二】이는 下卦(乾)의 가운데에 있어 得中하였으나, 陽爻로 陰位(偶數, 즉 짝수의 자리)에 있어 位不當함. 아울러 九五와도 正應을 이루지 못하였으며, 陽爻로 陽剛하여 강하게 자신의 존재를 드러내고자 함.

【見龍】나타난 용. 드러난 용. 용의 형태를 갖추어 드러나 보임. 出現하여 자신의 존대를 드러냄. '見'은 '현'(賢遍反)으로 읽으며 '顯', '現'과 같음. 군주가 될 모습이나 자질, 환경 등을 갖추어 드러남.

【在田】밭에 있음. 밭은 文明, 즉 사람이 땅을 일구어 사회를 이룬 곳. 文化를 의미함. 용은 자신이 활동할 수 있는 공간이나 위치를 文明한 곳을 근거로 해야 함을 뜻함. '田'은 'Culture'의 語源이 耕作에서 온 것과 같은 원리임.

【利見大人】'見'은 '견'(如字)으로 읽음. '大人'은 큰 덕이 있는 사람. 자신을 알아주고 길을 일러줄 先見者. 이끌어주고 가르쳐주어 그의 갈 길을 열어주는 사람. 지위에 있는 자. 권력을 가진 자. ○高亨은 "龍在田終將乘雲騰升. 筮遇此爻, 一見大人, 則將顯達, 故曰「見龍在田, 利見大人」"이라 함.

○이 효는 잠복했던 용이 용의 모습을 갖추고 문명한 곳에 나타났음을 상징함. 자신의 본연의 모습이 드러난 이상, 자신을 알아주고 교육을 받을 수 있는 문명한 곳을 성장 환경으로 삼아야 하며, 반드시 이끌어줄 지도자를 만나야 함을 비유함. 王弼 注에 "出潛離隱, 故曰'見龍'; 處於地上, 故曰'在田'. 德施周普, 居中不偏, 雖非君位, 君之德也. 初則不彰, 三則'乾乾', 四則'或躍', 上則過'亢'. '利見大人', 唯二五焉"이라 하였고, 〈正義〉에 "陽處二位, 故曰'九二'; 陽氣發見, 故曰'見龍'. 田, 是地上, 可營爲有益之處, 陽氣發在地上, 故曰'在田'. 且初之與二, 俱爲地道. 二在初上, 所以稱田. '見龍在田', 是自然之象; '利見大人', 以人事託之. 言龍見在田之時, 猶似聖人久潛稍出, 雖非君位, 而有君德, 故天下衆庶, 利見九二之大人, 故先儒云:「若夫子教於洙泗, 利益天下, 有人君之德, 故稱'大人'」案〈文言〉云:「九二德博而化」, 又云「君, 德也」. 王輔嗣注云:「雖非君位, 君之德也.」是九二有人君之德, 所以稱'大人'也. 輔嗣又云:「利見大人, 唯二五焉.」是二之與五, 俱是大人, 爲天下所利見也. 而褚氏・張氏, 同鄭康成之說, 皆以爲九二'利見', 九五之'大人', 其義非也. 且大人之文, 不專在九五與九二, 故〈訟〉卦云:「利見大人.」又〈蹇〉卦「利見大人」, 此'大人'之文, 施處廣矣. 故輔嗣注謂'九二'也. 是'大人'非專九五. '處於地上, 故曰在田'者, 先儒以爲重卦之時, 重於上下兩體, 故初與四相應, 二與五相應, 三與上相應, 是上下兩體, 論天地人各別, 但《易》含萬象, 爲例非一, 及其六位, 則一二爲地道, 三四爲人道, 五上爲天道. 二在一上, 是九二處於地上, 所田食之, 處唯在地上, 所以稱'田'也. 觀輔嗣之注, 意唯取地上稱'田'. 諸儒更廣而稱之, 言田之耕稼利益, 及於萬物盈滿, 有益於人, 猶若聖人益於萬物, 故稱'田'也. '德施周普'者, 下〈小象〉文謂'周而普徧, 居中不偏'者, 九二居在下, 卦之中而於上於下, 其心一等, 是居中不偏也. 不偏則周普也. '雖非君位'者, 二爲大人, 已居二位, 是非君位也. '君之德'者, 以德施周普也. 〈文言〉云「德博而化」, 又云「君, 德也」, 是九二有人君之德也. '初則不彰'者, 謂潛隱不彰顯也. '三則乾乾'者, 危懼不安也. '四則或躍'者, 謂進退懷疑也. '上則過亢', 過謂過甚, 亢謂亢極. '利見大人, 唯二五焉'者, 言此據乾之一卦, 故云唯二五焉. 於別卦言之, 非唯二五而已. 故〈訟〉卦・〈蹇〉卦並云'利見大

人'. 所以施處廣, 非唯二五也. 諸儒以爲: 「九二, 當太簇之月, 陽氣發見, 則九三爲建辰之月, 九四爲建午之月, 九五爲建申之月, 爲陰氣始殺, 不宜稱'飛龍在天'. 上九爲建戌之月, 羣陰旣盛, 上九不得言與時, 偕極於此時, 陽氣僅存, 何極之有?」諸儒此說, 於理稍乖. 此乾之陽氣漸生, 似聖人漸出, 宜據十一月之後, 至建已之月已來, 此九二當據建丑·建寅之間, 於時地之萌牙, 初有出者, 卽是陽氣發見之義, 乾卦之象, 其應然也. 但陰陽二氣, 共成歲功, 故陰興之時, 仍有陽. 在陽生之月, 尙有陰存, 所以六律六呂, 陰陽相間, 取象論義, 與此不殊. 乾之初九, 則與復卦不殊, 乾之九二, 又與〈臨〉卦无別, 何以〈復〉·〈臨〉二卦, 與此不同者? 但《易》論〈象〉復〈臨〉二卦, 旣有羣陰, 見象於上, 卽須論卦之象, 義各自爲文, 此乾卦初九·九二, 只論居位, 一爻无羣陰見象, 故但自明當爻之理, 爲此與〈臨〉·〈復〉不同"이라 함. 《集解》에 "王弼曰:「出潛離隱, 故曰'見龍'; 處於地上, 故曰'在田'. 德施周普, 居中不偏, 雖非君位, 君之德也. 初則不彰, 三則乾乾, 四則或躍, 上則過亢. '利見大人', 唯二五焉.」○鄭玄曰:「二於三才, 爲地道, 地上卽田, 故稱'田'也.」○干寶曰:「陽在九二, 十二月之時, 自〈臨〉來也. 二爲地上田, 在地之表, 而有人功者也. 陽氣將施, 聖人將顯, 此文王免於羑里之日也. 故曰'利見大人'.」"이라 함. 《傳》에 "田, 地上也. 出見於地上, 其德已著, 以聖人言之, 舜之田漁時也. 利見大德之君, 以行其道, 君亦利見大德之臣, 以共成其功. 天下利見大德之人, 以被其澤. 大德之君, 九五也. 乾坤純體, 不分剛柔, 而以同德相應"이라 하였고, 《本義》에 "二謂自下而上, 第二爻也. 後放此. 九二剛健中正, 出潛離隱, 澤及於物, 物所利見, 故其象爲'見龍在田', 其占爲'利見大人'. 九二雖未得位, 而大人之德已著, 常人不足以當之, 故値此爻之變者, 但爲利見此人而已. 蓋亦謂在下之大人也. 此以爻與占者, 相爲主賓, 自爲一例, 若有見龍之德, 則爲利見. 九五, 在上之大人矣"라 함.

## 九三: 君子終日乾乾, 夕惕若, 厲, 无咎.

〈언해〉九三(구삼)은, 君子(군ㅈ)ㅣ 日(일)이 終(죵)토록 乾乾(건건)ㅎ야, 夕(셕)애 惕(텩)ㅎ면, 厲(려)ㅎ나, 咎(구)ㅣ 업스리라.(《本義》: 夕(셕)애 惕(텩)홈이니)

〈해석〉[九三](一): 군자가 종일토록 건건(乾乾)하되 저녁에는 안타깝게 여기면(여기는 것이니), 심하기는 하나, 허물이 없으리라.

【九三】이는 下卦(乾)의 가장 윗자리이며, 陽爻로 陽位에 있어 位正當하고 陽剛함. 그러나 上九와 正應은 이루지 못하였으며, 사물 발전의 제 3단계에 이른 爻位임.

【君子終日乾乾】 '君子'는 德을 닦는 사람. 여기서는 용이 될 준비를 하고 있는 자. 九三 자신을 가리킴. '乾乾'은 健實한 모습. 勤勉努力하며, 勤奮盡力하고 있는 모습을 뜻하는 疊語. 사물은 반드시 중간에 幽閉되거나, 挫折을 맛보거나, 답답하고 풀리지 않아 고통스러워하는 힘든 단계가 있음을 의미함.

【夕惕若, 厲, 无咎】 "夕"은 저녁. "惕若"의 '惕'(他力反)은 근심하고 두려워하며 경건히 함. 〈音義〉에 "惕, 怵也. 懼也. 危也"라 함. '懼', '敬'의 뜻. 매우 경건하게 자신을 닦으며 두려워함. '若'은 助辭. 그러나 孔穎達은 '若'을 뒤의 '厲'와 붙여 읽고 "'若厲'者, 若, 如也; 厲, 危也. 言尋常憂懼, 恒如傾危, 乃得无咎. 謂旣能如此戒愼, 則无罪咎. 如其不然, 則有咎"라 하였음. 그러나 '夕惕若'은 낮에는 자신의 임무를 시험해 볼 기회를 얻지 못한 채 시간만 보냈음을 괴로워하며, 저녁때에는 이를 반성하고 다시 생각하며 두려워함을 뜻함. '厲'는 위태로움. 위험함. 심함. 지독하게 반성함. 혹은 위험에 처함. '无咎'는 허물은 없음. 아무 문제없음. 반드시 거쳐야 하는 단계이므로 자신에게 허물이 있는 것은 아님. '无'는 '無'의 異體字이며, '咎'는 尤(疊韻)와 같으며 '남에게 탓을 돌릴 것도 없음'의 뜻. ○高亨은 "君子日則黽勉, 夕則惕懼, 雖處危境, 亦可無咎, 故曰「君子終日乾乾, 夕惕若, 厲无咎」"라 함.

○이 효는 下卦의 꼭대기로 이미 3단계까지 성장하여 힘과 재예를 갖추었으나, 그 단계에서는 반드시 꺾임이나 幽閉, 挫折, 轉機, 變轉의 통과의례가 있음을 비유함. 王弼 注에 "處下體之極, 居上體之下, 在不中之位, 履重剛之險, 上不在天, 未可以安其尊也; 下不在田, 未可以寧其居也. 純脩下道, 則居上之德廢; 純脩上道, 則處下之禮曠, 故'終日乾乾, 至于夕惕, 猶若厲'也. 居上不驕, 在下不憂, 因時而惕, 不失其幾, 雖危而勞, 可以'无咎'. 處下卦之極, 愈於上九之亢, 故竭知力而後免於咎也. 乾三以處下卦之上, 故免亢龍之悔, 坤三以處下卦之上, 故免龍戰之災"라 하였고, 〈正義〉에 "以陽居三位, 故稱'九三'. 以居不得中, 故不稱'大人', 陽而得位, 故稱'君子'. 在憂危之地, 故'終日乾乾'. 言每恒終竟, 此日健健, 自强勉力, 不有止息. '夕惕'者, 謂終竟此日, 後至向夕之時, 猶懷憂惕. '若厲'者, 若, 如也; 厲, 危也. 言尋常憂懼, 恒如傾危, 乃得无咎. 謂旣能如此戒愼, 則无罪咎. 如其不然, 則有咎. 故〈繫辭〉云:「无咎者, 善補過也.」此一爻因陽居九三之位, 皆以人事明其象. '處下體之極'者, 極, 終也. 三是上卦之下, 下體之極, 故云'極'也. 又云'居上體之下'者, 四五與上是上體, 三居四下, 未入上體. 但居上體之下, 四則已入上體, 但居其上體之下, 故九四. 注云:「居上體之下」, 與此別也. 云'履重剛之險'者, 上下皆有陽爻, 剛强好爲險難, 故云'履重剛之險'. 云'上不在天, 未可以安其尊'者, 若在天位, 其尊自然安處, 在上卦之下, 雖在下卦之上, 其尊未安, 故云'未可以安其尊'也. '下不在田, 未可以寧其居'者, 田, 是所居之

處, 又是中和之所, 旣不在田, 故不得安其居. '純脩下道, 則居上之德廢'者, 言若純脩下道, 以事上卦, 則己居下卦之上, 其德廢壞, 言其太卑柔也. '純脩上道, 則處下之禮曠'者, 曠, 謂空曠. 言己純脩居下卦之上, 道以自驕矜, 則處上卦之下, 其禮終竟空曠. '夕惕猶若厲也'者, 言雖至於夕, 恒懷惕懼, 猶如未夕之前, 常若厲也. 案此卦: 九三所居之處, 實有危厲, 又〈文言〉云: 「雖危无咎.」是實有危也. 據其上下文勢, '若'字, 宜爲語辭. 但諸儒竝以'若'爲 '如'. 如, 似. 有厲, 是實无厲也. 理恐未盡. 今且依如解之. '因時而惕, 不失其幾'者, 因時, 謂因可憂之時, 故〈文言〉云: 「因時而惕.」又云「知至」, 至之可與幾也. 是因時而惕, 不失其 幾也. '雖危而勞'者, 若厲是, 雖危, 終日乾乾, 是而勞也. '故竭知力, 而後免於咎'者, 正以 九三與上九相竝, 九三處下卦之極, 其位猶卑, 故竭知力而得免咎也. 上九在上卦之上, 其 位極尊, 雖竭知力, 不免亢. 極言下勝於上, 卑勝於尊"이라 함. 《集解》에 "鄭玄曰: 「三於三 才, 爲人道. 有乾德而在人道, 君子之象.」○虞翻曰: 「謂陽息至三已變成〈離〉, 離爲日, 坤 爲夕.」○荀爽曰: 「日以喩君, 謂三居下體之終, 而爲之君. 承乾行乾, 故曰'乾乾'. '夕惕', 以喩臣. 謂三臣於五, 則疾修柔順, 危去陽行, 故曰'无咎'」○干寶曰: 「爻以氣表, 繇以龍興, 嫌其不關人事, 故著君子焉. 陽在九三, 正月之時, 自〈泰〉來也. 陽氣始出, 地上而接動, 物 人爲靈, 故以人事, 成天地之功者, 在於此爻焉. 故君子以之憂深, 思遠朝夕匪懈, 仰憂嘉會 之不序, 俯懼羲和之不逮, 反復天道, 謀始反終, 故曰'終日乾乾'. 此蓋文王反國, 大釐其政 之日也. 凡'无咎'者, 憂中之喜善補過者也. 文恨早耀, 文明之德, 以蒙大難, 增修柔順, 以懷 多福, 故曰'无咎'矣.」"라 함. 《傳》에 "三雖人位, 已在下體之上, 未離於下而尊顯者也. 舜之 玄德, 升聞時也. 日夕不懈而兢惕, 則雖處危地而无咎. 在下之人, 而君德已著天下, 將歸之 其危懼可知. 雖言聖人事, 苟不設戒, 則何以爲敎作《易》之義也?"라 하였고, 《本義》에 "九, 陽爻. 三陽位重剛不中, 居下之上, 乃危地也. 然性體剛健有能, 乾乾惕厲之象, 故其占 如此. 君子指占者而言, 言能憂懼如是, 則雖處危地而无咎也"라 함.


# 九四: 或躍在淵, 无咎.

〈언해〉 九四(구ᄉᆞ)는, 或躍(혹약)거나 淵(연)애 在(진)ᄒᆞ면, 咎(구)ㅣ 업스리라.(《本義》: 或躍(혹약)거나 淵(연)애 在(진)홈이니)

〈해석〉 [九四](-): 혹 뛰어 오르거나 못에 있으면(혹 뛰어오르거나 못에 있는 것이니), 허물이 없으리라.

【九四】이는 上卦(乾)의 시작이며 陽爻로 陰位에 있어 位不當함. 上九와도 正應을 이루지 못하였고, 陽剛하여 강하게 발전하고 있는 爻位임.

【或躍在淵, 无咎】'或躍'은 간혹 上昇하여 踊躍하기도 함. 4단계까지 매우 剛强하게 자랐으므로 힘과 의욕이 넘쳐 그대로 있지 못하고 솟구쳐 뛰어보기도 함. 자신이 이 쯤이면 어떤 일도 할 수 있다고 여겨 활동이 왕성한 시기임. '在淵'의 '淵'은 용의 근거지. 근거지를 두고 주위를 개척해야 어떤 위험이 닥칠 때 곧바로 되돌아가서 안전을 확보할 수 있음. '无咎'는 허물될 것이 없음. ○高亨은 "此承上文龍言. 龍本是水中動物. 龍躍於淵, 得其所之象. 人得其所, 可以無咎, 故曰「或躍在淵, 无咎」"라 함.

○이 효는 이미 중장년의 시기에 이른 단계로, 모든 것이 갖추어졌으며, 그 때문에 자신의 존재를 과시하여 도전과 시도를 서슴지 않음. 그러나 그럴수록 자신의 근거지 가 있어야 함을 비유함. 王弼 注에 "去下體之極, 居上體之下, 乾道革之時也. 上不在天, 下不在田, 中不在人, 履重剛之險, 而无定位所處, 斯誠進退无常之時也. 近乎尊位, 欲進其 道, 迫乎在下, 非躍所及; 欲靜其居, 居非所安, 持疑猶與, 未敢決志. 用心存公, 進不在私, 疑以爲慮, 不謬於果, 故'无咎'也"라 하였고, 〈正義〉에 "或, 疑也. 躍, 跳躍也. 言九四陽氣, 漸進似若龍體, 欲飛猶疑或也. 躍於在淵, 未卽飛也. 此自然之象, 猶若聖人位漸尊高, 欲進 於王位, 猶豫遲疑, 在於故位, 未卽進也. 云'无咎'者, 以其遲疑進退, 不卽果敢, 以取尊位, 故'无咎'也. 若其貪利務進時, 未可行而行, 則物所不與, 故'有咎'也. 若周西伯內執王心, 外 率諸侯, 以事紂也. '去下體之極'者, 離下體入上體, 但在下體之上, 故云'去下體之極'. 注九 三云'處下體之極', 彼仍處九三, 與此別也. 云'乾道革之時'者, 革, 變也. 九四去下體入上 體, 是乾道革之時. 云'上不在天, 下不在田, 中不在人'者, 《易》之爲體, 三與四爲人道. 人 近在下, 不近於上, 故九四云'中'. 不在人, 異於九三也. 云而'无定位所處'者, 九四以陽居 陰, 上旣不在於天, 下復不在於地, 中又不當於人, 上下皆无定位所處也. '斯誠進退无常之 時'者, 〈文言〉云:「上下无常, 進退无恒.」是也. '欲進其道, 迫乎在下, 非躍所及'者, 謂欲進 己聖道, 而居王位, 但逼迫於下, 羣衆未許, 非己獨躍所能進及也. '欲靜其居, 居非所安, 遲疑猶豫, 未敢決志'者, 謂志欲靜其居處, 百姓旣未離禍患, 須當拯救, 所以不得安居, 故 遲疑猶豫, 未敢決斷其志, 而苟進也. '用心存公, 進不在私'者, 本爲救亂除患, 不爲於己, 是進不在私也. '疑以爲慮, 不謬於果'者, 謬, 謂謬錯; 果, 謂果敢. 若不思慮, 苟欲求進, 當錯謬於果敢之事, 而致敗亡, 若疑惑以爲思慮, 則不錯謬於果敢之事. 其錯謬者, 若宋襄 公與楚人戰而致敗亡, 是也"라 함. 《集解》에 "崔憬曰:「言君子進德修業, 欲及於時, 猶龍 自試躍, 天疑而處淵, 上下進退, 非邪離羣, 故'无咎'.」○干寶曰:「陽氣在四, 二月之時, 自〈大壯〉來也. 四虛中也. '躍'者, 暫起之, 言旣不安於地, 而未能飛於天也. 四以初爲應淵,

謂初九甲子龍之所由升也. 或之者, 疑之也. 此武王擧兵, 孟津觀釁而退之爻也. 守柔順, 則逆天人之應; 通權道, 則違經常之敎, 故聖人不得已而爲之, 故其辭疑矣.」라 함.《傳》에 "淵, 龍之所安也. '或', 疑辭, 謂非必也. 躍不躍, 唯及時以就安耳. 聖人之動, 无不時也. 舜之歷試時也"라 하였고,《本義》에 "或者, 疑而未定之辭. 躍者, 无所緣而絶於地, 特未飛爾. 淵者, 上空下洞深, 昧不測之所. 龍之在是, 若下於田或躍而起, 則向乎天矣. 九, 陽四陰居上之下, 改革之際, 進退未定之時也. 故其象如此. 其占能隨時進退, 則无咎也"라 함.


# 九五: 飛龍在天, 利見大人.

〈언해〉九五(구오)는, 飛(비)흔 龍(룡)이 天(텬)애 在(지)홈이니, 大人(대인)을 見(견)홈이 利(리)ᄒ니라.

〈해석〉[九五](一): 나는 용이 하늘에 있는 것이니, 대인을 만남이 이롭다.


【九五】이는 帝位(君位)이며 主爻. 陽爻로 陽位에 있어 位正當하고, 上卦의 중앙에 있어 得中하였음. 帝王으로써 陽剛하고, 아래 네 陽爻(陽剛)의 신하를 거느리고 있어, 제왕의 위엄과 권위를 모두 가지고 있으며, 이에 따라 寶座에 올라 천하를 통치하는 爻位임.

【飛龍在天, 利見大人】'飛龍'은 하늘을 날고 있는 용. 하늘에 오른 용. 용으로서 자신의 왕성한 정체성을 발휘하는 시기. 帝王의 위치임. '在天'은 못(淵)을 벗어나 어떤 막힘도 없는 天空에 있음. 天下를 擁有하였음을 의미하며, 龍의 본령과 목적이 昇天에 있으므로 그 목표를 달성하였음을 말함. '利見大人'은 아무리 높은 제왕의 자리일지라도 반드시 보필할 큰 인물이 있어야 함. ○高亨은 "龍蓋棲於田, 游於淵, 飛於天, 皆龍之本能也. 龍飛於天, 騰升之象. 筮遇此爻, 一見大人, 卽可顯達. 故曰「飛龍在天, 利見大人」"이라 함.

○이 효는 최고의 寶座로, 이제껏 성장과 발전, 도전과 시도를 거쳐 드디어 一飛衝天하여 목적을 이루는 爻位임. 이에 그 陽剛한 힘과 得中, 位正當의 모든 조건이 충족되어 천하를 御車하고 만물을 養育하며, 만민을 統治하는 위치임. 王弼 注에 "不行不躍而在乎天, 非飛而何? 故曰'飛龍'也. 龍德在天, 則大人之路亨也. 夫位以德興, 德以位敍, 以至德而處盛位, 萬物之覩, 不亦宜乎?"라 하였고,〈正義〉에 "言九五陽氣盛至於天, 故云'飛龍在天'. 此自然之象, 猶若聖人有龍德, 飛騰而居天位. 德備天下, 爲萬物所瞻覩, 故天下利

見, 此居王位之大人. 龍德在天, 則大人之路亨, 謂若聖人有龍德, 居在天位, 則大人道路得亨通, 猶若文王拘在羑里, 是大人道路未亨也. '夫位以德興'者, 位, 謂王位. 以聖德之人, 能興王位也. '德以位敍'者, 謂有聖德之人, 得居王位, 乃能敍其聖德. 若孔子雖有聖德而无其位, 是德不能以位敍也"라 함. 《集解》에 "鄭玄曰:「五於三才, 爲天道. 天者, 淸明无形, 而龍在焉飛之象也.」○虞翻曰:「謂四已變則五體〈離〉. 離爲飛, 五在天, 故'飛龍在, 天利見大人'也. 謂若庖犧觀象於天, 造作八卦備物, 致用以利天下, 故曰'飛龍在天', 天下之所利見也.」○干寶曰:「陽在九五, 三月之時, 自〈夬〉來也. 五在天位, 故曰'飛龍'. 此武王克紂, 正位之爻也. 聖功既就, 萬物既覩, 故曰'利見大人'矣.」"라 함. 《傳》에 "進位乎天位也. 聖人既得天位, 則利見在下大德之人, 與共成天下之事, 天下固利見夫大德之君也"라 하였고, 《本義》에 "剛健中正, 以居尊位, 如以聖人之德, 居聖人之位, 故其象如此, 而占法與九二同. 特所利見者, 在上之大人爾. 若有其位, 則爲利見, 九二在下之大人也"라 함.


# 上九: 亢龍有悔.

〈언해〉 上九(샹구)는, 亢(항)훈 龍(룡)이니 悔(회)ㅣ 이시리라.

〈해석〉 [上九](一): 끝까지 오른 용이니 회한이 있으리라.


【上九】 이는 全卦의 맨 위에 있어 極位에 해당하며, 陽爻로 陰位에 있어 位不當함. 九三과도 正應을 이루지 못하였으며, 모든 일은 九五가 다 이루었음에도 陽剛하여 힘이 남아 있음. 그러나 앞에 더 이상 해야 할 것이 없어 悔恨을 품고 있는 爻位임. '上九'의 '上'은 제 6효로, 小成卦의 上卦(外卦) 가장 윗자리를 대신하는 말이며, 이에 따라 陽爻는 '九', 陰爻는 '六'으로 표시하여 爻位를 정한 것임.

【亢龍有悔】 "亢"은 《辭源》에 "太過也, 極也, 强也"라 하였고, 王肅은 "窮高曰亢"이라 함. "亢龍"은 强剛不屈의 龍으로 陽의 極高에 오른 단계. 즉 더 이상 陽의 龍일 수 없으며 '有爲'가 없어 마치 물이 끓어 100도가 된 상황과 같음. '有悔'의 '悔'는 悔恨. 이는 가장 높은 지위에 오른 자는 회한만 남음. 즉 그 때부터 민심이 이탈하여 孤立無援한 상태가 되며, 따라서 다음에 올 것은 災殃과 患難, 孤獨과 無應의 단계일 뿐임. 이는 모든 것을 이룬 자는 오히려 虛妄함을 느끼게 됨을 말함. 따라서 다시 가장 아래 柔弱(다음 '坤卦'의 初六 陰爻)함으로 돌아가 轉機를 마련할 수밖에 없음을 암시하기도 함. ○高亨은 "亢龍者, 謂池澤中之龍也. 之澤水淺以幅員或小, 草多而泥淖或深. 龍處其中, 爲境所困

之象也. 人爲境所困, 是爲有悔. 故曰「亢龍有悔」라 함.

○이 효는 모든 것은 最極點에 이르면 그 다음은 내려갈 길 밖에 없음을 의미함. 이에 月滿則虧, 水滿則溢, 盛極必衰, 物極必反의 원칙을 원리를 일러주기 위한 爻位임. 〈正義〉에 "上九, 亢陽之至大而極盛, 故曰'亢龍'. 此自然之象, 以人事言之, 似聖人有龍德, 上居天位, 久而亢極. 物極則反, 故'有悔'也. 純陽雖極, 未至大凶, 但有悔吝而已. 〈繫辭〉云: 「悔吝者, 言乎其小疵也.」故鄭引堯之末年, 四凶在朝, 是以有悔, 未大凶也. 凡悔之爲文, 旣是小疵, 不單稱'悔'也. 必以'餘'字配之, 其悔若在, 則言'有悔'. 謂當有此悔, 則此經是也. 其悔若无, 則言'悔亡'. 言其悔已亡也. 若〈恒〉卦九二'悔亡'是也. 其悔雖亡, 或是更取他文結之, 若〈復〉卦初九'不遠復无祇悔'之類, 是也. 但聖人至極, 終始无虧, 故〈文言〉云: 「知進退存亡, 而不失其正者, 其唯聖人乎!」是知大聖之人, 本无此悔, 但九五天位, 有大聖而居者, 亦有非大聖而居者, 不能不有驕亢, 故聖人設法以戒之也"라 함. 《集解》에 "王肅曰: 「窮高曰亢. 知進忘退, 故悔也.」○干寶曰: 「陽在上九, 四月之時也. 亢, 過也. 乾體旣備, 上位旣終, 天之鼓物, 寒暑相報, 聖人治世, 威德相濟, 武功旣成, 義在止戈. 盈而不反, 必陷於悔.」○案: 「以人事明之, 若桀放於南巢; 湯有慚德, 斯類是也.」"라 함. 《傳》에 "九五者, 位之極, 中正者, 得時之極, 過此則亢矣. 上九至於亢極, 故'有悔'也. 有過則有悔, 唯聖人知進退存亡而无過, 則不至於悔也"라 하였고, 《本義》에 "上者, 最上一爻之名. 亢者, 過於上而不能下之意也. 陽極於上, 動必有悔, 故其象占如此"라 함.


# 用九: 見羣龍无首, 吉.

〈언해〉九(구) 用(용)홈은, 羣龍(군룡)을 見(견)호디 首(슈)ㅣ 업스면, 吉(길)ᄒ리라.(《本義》: 羣龍(군룡)이 首(슈)ㅣ 업슴을 見(견)홈이니)

〈해석〉'九'를 사용함은, 여러 용을 만나되 우두머리가 없으면(여러 용이 우두머리가 없음을 보는 것이니) 길하리라.


【用九】'九'를 陽爻(-)로 사용함. 전괘가 陽爻(-)로 되어 있음을 말함. '九'자를 陽爻로 대신하여 사용하는 이유를 설명하고자, 여기에서 따로 이러한 爻辭를 덧붙인 것임. 《周易》64괘 중에 오직 '乾卦'와 '坤卦'에만 '用九'와 '用六'의 爻辭를 설정하여, 陽爻를 '九'로, 陰爻를 '六'으로 표기하는 이유를 설명한 것. 〈本義〉를 참조할 것.

【見羣龍无首, 吉】'見羣龍无首'는 많은 용의 무리들을 만남. 그런데 그들 중에 우두머

리가 없음. 그러나 '見'은 現의 뜻으로 '하늘에 나타난 많은 용들이 머리(우두머리)가 없음'으로 풀이함. 성공한 이들이 너무 많아 그들 중에 領袖가 없음. 누구나 서로를 인정하여 우두머리가 되겠다고 다투지 않음. 평등해졌음. '吉'은 《易》에서의 '吉'은 吉凶의 대립개념에서 매우 좋고 圓滿함을 뜻함. 凶하지 않음. 여기서의 '吉'은 이들이 陽剛한 여섯 양효가 변하여 모두 다음의 坤卦 여섯 陰柔의 陰爻가 될 것임을 말한 것임. 그러나 ○高亨은 "見羣龍无首者, 羣龍在天, 首爲雲蔽, 而僅見其身尾足也. 此羣龍騰升之象. 故曰「見羣龍无首, 吉」"이라 함. 王弼 注에 "九, 天之德也. 能用天德, 乃見羣龍之義焉. 夫以剛健而居人之首, 則物之所不與也. 以柔順而爲不正, 則佞邪之道也. 故乾吉在'无首', 坤利在'永貞'"이라 하였고, 〈正義〉에 "用九, 見羣龍者, 此一句說乾元能用天德也. 九, 天德也. 若體乾元, 聖人能用天德, 則見羣龍之義. 羣龍之義, 以无首爲吉, 故曰'用九: 見羣龍无首, 吉'也. '九天之德'者, 言六爻俱九, 乃共成天德, 非是一爻之九, 則爲天德也"라 함. 《集解》에 "劉瓛曰:「總六爻純九之義, 故曰'用九'也.」○王弼曰:「九, 天之德也. 能用天德, 乃見羣龍之義焉. 夫以剛健而居人之首, 則物之所不與也. 以柔順而爲不正, 則佞邪之道也. 故乾吉在'无首', 坤利在'永貞'矣.」"라 함. 《傳》에 "用九者, 處乾剛之道, 以陽居乾體, 純乎剛者也. 剛柔相濟爲中, 而乃以純剛, 是過乎剛也. '見羣龍', 謂觀諸陽之義, 无爲首, 則吉也. 以剛爲天下先, 凶之道也"라 하였고, 《本義》에 "用九, 言凡筮得陽爻者, 皆用九而不用七. 蓋諸卦百九十二陽爻之通例也. 以此卦純陽而居首, 故於此發之. 而聖人因繫之辭, 使遇此卦而六爻皆變者, 卽此占之. 蓋六陽, 皆變剛而能柔吉之道也. 故爲'羣龍无首'之象, 而其占爲如是, 則吉也. 《春秋傳》曰乾之坤曰'見羣龍无首, 吉'. 盖卽純坤卦辭, 牝馬之貞, 先迷後得, 東北喪朋之意"라 함.


## (3) 彖辭와 象辭(大象)

象曰: 大哉乾元! 萬物資始, 乃統天.

雲行雨施, 品物流形.

大明終始, 六位時成, 時乘六龍以御天.

乾道變化, 各正性命, 保合大和, 乃利貞.

首出庶物, 萬國咸寧.

★象曰: 天行健, 君子以自强不息.

(☆象曰:)

「潛龍勿用」, 陽在下也;

「見龍在田」, 德施普也;

「終日乾乾」, 反復道也;

「或躍在淵」, 進无咎也;

「飛龍在天」, 大人造也;

「亢龍有悔」, 盈不可久也;

「用九」, 天德不可爲首也.

〈언해〉 彖(단)애 굴오디 크도다. 乾(건)의 元(원)이여! 萬物(만믈)이 資(ᄌᆞ)ᄒᆞ야 始(시)ᄒᆞ
ᄂᆞ니, 이예 天(텬)을 統(통)ᄒᆞ얏도다.

雲(운)이 行(ᄒᆡᆼ)ᄒᆞ며 雨(우)ㅣ 施(시)ᄒᆞ야, 品物(품믈)이 形(형)을 流(류)ᄒᆞᄂᆞ니라.
終始(죵시)를 크게 明(명)ᄒᆞ면, 六位(륙위)ㅣ 時(시)로 成(셩)ᄒᆞᄂᆞ니, 時(시)로
六龍(륙룡)을 乘(승)ᄒᆞ야 써 天(텬)을 御(어)ᄒᆞᄂᆞ니라.

乾道(건도)ㅣ 變(변)ᄒᆞ야 化(화)호매, 각각 性命(셩명)을 正(졍)ᄒᆞᄂᆞ니, 大和(대
화)를 保合(보합)ᄒᆞ야, 이예 利(리)ᄒᆞ고 貞(뎡)ᄒᆞ니라.(《本義》: 각각 性命(셩명)
을 正(졍)ᄒᆞ야, 大和(대화)를 保合(보합)ᄒᆞᄂᆞ니 利貞(리뎡)이니라.)

庶物(셔믈)에 웃듬으로 出(츌)홈애 萬國(만국)이 다 寧(녕)ᄒᆞᄂᆞ니라.

★象(샹)애 굴오디 天(텬)의 行(ᄒᆡᆼ)이 健(건)ᄒᆞ니, 君子(군ᄌᆞ)ㅣ 以(이)ᄒᆞ야 스스
로 彊(강)ᄒᆞ야 息(식)디 아니ᄒᆞᄂᆞ니라.

(☆象曰)「潛龍勿用」은, 陽(양)이 下(하)애 在(지)홈이오,

「見龍在田」은, 德(덕)의 施(시)ㅣ 普(보)홈이오,

「終日乾乾」은, 反復(반복)홈을 道(도)로 홈이오(《本義》: 道(도)를 反復(반복)홈
이오),

「或躍在淵」은, 進(진)이 咎(구)ㅣ 업슴이오,

「飛龍在天」은, 大人(대인)의 造(조)ㅣ오(《本義》: 大人(대인)이 造(조)홈이오),

「亢龍有悔」ᄂᆞᆫ, 盈(영)이 可(가)히 久(구)티 몯홈이오,

「用九」ᄂᆞᆫ, 天德(텬덕)은 可(가)히 首(슈)ㅣ 되디 못홀 거시라.

〈해석〉彖: 크도다, 건괘의 으뜸됨이여! 만물이 이에 의해 힘을 입어서 시작되나니, 이에 하늘을 맡아 통어하도다.

구름이 운행하고 비가 내려, 만물이 이에 따라 그 형체를 이루느니라.

큰 밝음(태양)이 끝과 다시 처음을 이루어, 여섯 효의 위치에 따라 때에 맞게 이루나니, 때에 맞게 여섯 용을 타고 하늘을 통어하나니라.

건도(乾道)는 변화하여, 각기 그 생명을 바르게 갖도록 하고, 태화(大和)의 법칙대로 서로 보호하고 화합하니, 이에 이롭고 바른 것이니라.(각각 생명을 바르게 하여, 태화를 보호하고 화합하나니, 이 때문에 이정(利貞)한 것이니라.

모든 사물에 으뜸으로서 우뚝 솟아나기에 만국이 모두 평안한 것이니라.)

★象(大象): 천체의 운행은 건실하여, 군자는 이를 바탕으로 하여 스스로 강하게 하여 쉬지 않는 원리를 제시한 것이니라.

(☆象曰): "잠복해 있는 용이니 쓰지 말라"함은, 양(陽)으로써 아래에 있음을 말한 것이요,

"드러난 용이 밭에 있다"함은, 곧 덕을 널리 베풀 것임을 뜻하는 것이요,

"종일토록 부지런히 힘쓴다"함은, 반복함을 도로써 함을 말한 것이요(도를 반복함을 말한 것이요),

"혹 못에서 뛰어오르기도 한다"함은, 나아가도 허물없음을 뜻하는 것이요,

"비상하는 용이 하늘에 있다"함은, 대인이니 무엇이든지 다 할 수 있음을(대인이 만듦을) 말한 것이요,

"꼭대기에 오른 용이니 회한이 있다"함은, 가득 찬 것은 오래 갈 수 없음을 뜻하는 것이요,

"구(九)를 사용함"이란, 하늘의 덕이니 이를 지쳐두고 우두머리가 될 자는 없음을 말한 것이다.

【彖曰】 '彖'은 斷(同音)의 뜻. 卦辭를 설명하는 標題語. 舊說에 이 彖辭는 文王(姬昌), 또는 孔子(孔丘)가 지은 것이라 하였으나, 많은 의문을 제기하기도 함. 〈正義〉에 "彖, 斷也, 斷定一卦之義, 所以名爲彖也"라 함. 《周易》은 〈彖傳〉(上下), 〈象傳〉(上下), 〈繫辭傳〉(上下), 〈文言傳〉, 〈說卦傳〉, 〈序卦傳〉, 〈雜卦傳〉 등 모두 7종 10편의 傳이 있어 이를 '十翼'이라 하여 經을 해설하고 있으며, 이 때문에 《易傳》이라고도 함. 〈正義〉에 "夫子所作〈彖辭〉, 統論一卦之義. 或說其卦之德, 或說其卦之義, 或說其卦之名, 故〈略例〉云: 「彖者, 何也? 統論一卦之體, 明其所由之主.」 案褚氏·莊氏竝云: 「彖, 斷也. 斷定

一卦之義, 所以名爲'彖'也.」但此〈彖釋〉, 乾與'元亨利貞'之德, 但諸儒所說, 此'彖'分解四德, 意各不同. 今案莊氏之說, 於理稍密, 依而用之"라 함. 《集解》에도 "劉瓛曰:「彖者, 斷也. 斷一卦之才也.」"라 함. 《傳》에 "傳卦下之(一无之字)爲〈彖〉, 夫子從而釋之通謂之〈彖〉. 〈彖〉者, 言一卦之義, 故知者觀其〈彖辭〉, 則思過半矣"라 하였고, 《本義》에 "〈彖〉卽文王所繫之辭. 傳者孔子所以釋經之辭也. 後凡言傳者放此"라 함.

【大哉乾元, 萬物資始, 乃統天】'乾元'은 하늘의 시작. '乾'은 天, '元'은 始의 뜻. 事物의 創始, 始發. 宇宙萬物의 開創. 《集解》에 "九家《易》曰:「陽稱大, 六爻純陽, 故曰'大'. 乾者, 純陽, 衆卦所生天之象也. 觀乾之始, 以知天德, 惟天爲大, 惟乾則之, 故曰'大哉', 元者, 氣之始也.」"라 함. '萬物資始'의 '資始'는 이를 바탕으로 시작됨. '資'는 質(雙聲)의 뜻. '依', '賴'의 뜻이기도 함. 創始를 바탕으로 하여 시작된 것임. 《集解》에 "荀爽曰:「謂分爲六十四卦, 萬一千五百二十策, 皆受始於乾也. 策取始於乾, 猶萬物之生稟於天.」"이라 함. '乃統天'은 이리하여 하늘을 統御함. '統'은 다스림, 調整함. 操縱함. 統率하고 統治함. 모든 만물은 하늘의 원리에 의해 존재하는 것임. 《集解》에 "九家《易》曰:「乾之爲德, 乃統繼天道, 與天合化也.」"라 함. 〈正義〉에 "'大哉乾元! 萬物資始, 乃統天'者, 此三句總釋乾與元也. 乾是卦名, 元是乾德之首, 故以元德配乾, 釋之'大哉乾元'者. 陽氣昊大, 乾體廣遠, 又以元大, 始生萬物, 故曰'大哉乾元! 萬物資始'者, 釋其乾元稱大之義, 以萬象之. 物皆資取乾元, 而各得始生, 不失其宜, 所以稱大也. '乃統天'者, 以其至健而爲物始, 以此乃能統領於天, 天是有形之物, 以其至健能總統有形, 是乾元之德也"라 함. 《傳》에 "'大哉乾元', 贊乾元始萬物之道大也. 四德之元, 猶五常之仁. 偏言則一事, 專言則包四者. '萬物資始, 乃統天', 言元也. 乾元統, 言天之道也. 天道始萬物(一更有萬字), 物資始於天也"라 하였고, 《本義》에 "○此專以天道明乾義, 又析'元亨利貞'爲四德, 以發明之. 而此一節首釋'元'義也. '大哉', 嘆辭. 元, 大也, 始也. 乾元, 天德之大始, 故萬物之生, 皆資之以爲始也. 又爲四德之首, 而貫乎天德之始終, 故曰'統天'"이라 함.

【雲行雨施, 品物流形】'雲行雨施'는 구름이 운행하여 비를 내려 베풂. '品物'은 品類別로 分類되는 사물들. '品物'은 만물은 하늘의 원리에 의해 각자의 繁殖法則을 稟賦받음. '流形'는 形體를 賦與받음. 〈正義〉에 "'雲行雨施, 品物流形'者, 此二句釋亨之德也. 言乾能用天之德, 使雲氣流形, 雨澤施布, 故品類之物, 流布成形, 各得亨通, 无所壅蔽, 是其亨也"라 함. 《集解》에 "虞翻曰:「已成〈既濟〉, 上坎爲雲, 下坎爲雨, 故'雲行雨施'. 乾以雲雨流坤之形, 萬物化成, 故曰'品物流形'也.」"라 함. 《傳》에 "'雲行雨施, 品物流形', 言亨也. 天道運行, 生育萬物也"라 하였고, 《本義》에 "此釋乾之亨也"라 함.

【大明終始, 六位時成】'大明'은 太陽을 가리킴. '終始'는 태양은 지고 나서 다시 떠오

름. '終'은 沒, '始'는 出의 뜻. 즉 '日入日出'의 반복을 뜻함. 《集解》에 "荀爽曰:「乾起坎而終, 於離坤, 起於離而終於坎. 離坎者, 乾坤之家, 而陰陽之府, 故曰'大明終始'也.」"라함. '六位'는 《易》의 매 괘마다 여섯 爻의 爻位를 뜻함. '時成'은 매 효는 그 위치에따라 그 때에 해당하는 상황이니 경우의 모든 사안이 다르며, 이를 이룸. '時'는 時宜, '成'은 構成함. 《集解》에 "荀爽曰:「六爻, 隨時而成乾.」"이라 하여, 여섯 효는 어떻게해도 小成卦 '乾'이 됨을 뜻하는 것이라 하였음. 〈正義〉에 "'大明終始, 六位時成'者, 此二句總結乾卦之德也. 以乾之爲德, 大明曉乎萬物. 終始之道, 始則潛伏, 終則飛躍; 可潛則潛, 可飛則飛, 是明達乎始終之道, 故六爻之位, 依時而成, 若其不明. 終始之道, 應潛而飛, 應飛而潛, 應生而殺, 應殺而生, 六位不以時而成也"라 함. 《傳》에 "'大明', 天道之終始, 則見卦之六位, 各以時成, 卦之初終, 乃天道終始, 乘此六爻之時, 乃天運也"라 함.

【時乘六龍以御天】太陽은 여섯 龍이 끄는 수레를 타고 하늘을 운행함. '御'는 임금이나 帝王의 통치를 뜻함. 고대 神話에 羲和가 馬夫가 되어 그 수레를 끌고 하늘을매일 한 바퀴씩 돈다고 하였음. 〈正義〉에 "'時乘六龍以御天'者, 此二句申明乾元, 乃統天之義. 言乾之爲德, 以依時乘, 駕六爻之陽氣, 以控御於天體. 六龍, 卽六位之龍也. 以所居上下言之, 謂之六位也. 陽氣升降, 謂之六龍也. 上文以至健元始, 總明乾德, 故云'乃統天'也. 此名乘駕六龍, 各分其事, 故云'以御天'也"라 함. 《集解》에 "侯果曰:「大明, 日也, 六位天地四時也. 六爻效彼而作也. 大明以晝夜爲終始, 六位以相揭爲時成. 言乾乘六氣, 而陶冶變化, 運四時而統御天也. 故曰'時乘六龍以御天'也. 故《乾鑿度》曰: '日月終始, 萬物是其義也'.」"라 함. 《本義》에 "始卽元也, 終謂貞也. 不終則无始, 不貞則无以爲元也. 此言聖人大明乾道之終始, 則見卦之六位, 各以時成而乘此六陽, 以行天道, 是乃聖人之'元亨'也"라 함.

【乾道變化, 各正性命】'乾道變化'는 하늘의 道(天道)는 끊임없이 변화하여 만물이각기 그 생명을 가지고 生長, 繁殖토록 함. '性命'은 生命과 같음. 王弼 注에 "'天'也者, 形之名也; '健'也者, 用形者也. 夫'形'也者, 物之累也. 有天之形, 而能永保无虧, 爲物之首, 統之者, 豈非至健哉! 大明乎終始之道, 故六位不失其時而成. 升降无常, 隨時而用, 處則乘潛龍, 出則乘飛龍, 故曰'時乘六龍'也. 乘變化而御大器, 靜專動直, 不失太和, 豈非正性命之情者邪?"라 하였고, 〈正義〉에 "'乾道變化, 各正性命'者, 此二句更申明乾元資始之義. 道體无形, 自然使物開通, 謂之爲道. 言乾卦之德, 自然通物, 故云'乾道'也. 變謂後來改前, 以漸移改, 謂之'變'也. 化, 謂一有一无, 忽然而改, 謂之爲'化'. 言乾之爲道, 使物漸變者, 使物卒化者, 各能正定物之性命. '性'者, 天生之質, 若剛柔遲速之別; '命'者, 人所稟受, 若貴賤夭壽之屬, 是也. '夫形也者, 物之累也', 凡有形之物, 以形爲累, 是含生之屬,

各憂性命, 而天地雖復有形, 常能永保无虧, 爲物之首, 豈非統用之者, 至極健哉? 若非至健, 何能使天形无累? 見其无累, 則知至健也. '乘變化而御大器'者, 乘變化, 則乘潛龍·飛龍之屬是也. 而御大器, 大器謂天也. 乘此潛龍·飛龍而控御天體, 所以運動不息. 故云'而御大器'也. '靜專動直, 不失太和'者, 謂乾之爲體, 其靜住之時, 則專一不轉移也. 其運動之時, 正直不傾邪也. 故上〈繫辭〉云:「夫乾, 其靜也專, 其動也直, 是以大生焉.」韓康伯注云:「專, 專一也; 直, 剛正也.」不失太和, 則下文保合太和是也. '豈非正性命之情者邪', 以乾能正定物之性命, 故云'豈非正性命之情者邪?' 謂物之性命, 各有情, 非天之情也. 天本无情, 何情之有而物之性命, 各有情也? 所稟生者, 謂之性; 隨時念慮, 謂之情. 无識无情, 今據有識而言, 故稱曰'情'也. 夫子爲〈彖〉之體, 斷明一卦之義, 體例不同. 莊氏以爲凡有一十二體, 今則略擧大綱, 不可事事繁說. 莊氏云:「〈彖〉有發首, 則歎美卦者.」則此乾〈彖〉云「大哉乾元!」, 坤卦〈彖〉云「至哉坤元!」, 以乾坤德大, 故先歎美之, 乃後詳說其義. 或有先疊文解義, 而後歎者, 則〈豫〉卦歎云:「豫之時義大矣哉!」之類, 是也. 或有先釋卦名之義, 後以卦名結之者, 則〈同人〉彖云'柔得位得中而應乎乾', 曰〈同人〉〈大有〉彖云'柔得尊位大中而上下應之曰〈大有〉'之例, 是也. 或有特疊卦名而稱其卦者, 則〈同人〉彖云'同人曰同人于野, 亨'. 注云'同人于野, 亨, 利涉大川', 非二之所能也. 是乾之所行, 故特曰〈同人〉曰此等之屬, 爲文不同. 唯〈同人〉之彖特稱〈同人〉曰注又別釋. 其餘諸卦之彖, 或詳或略, 或先或後, 故上下參差, 體例不同. 或難其解, 或易略解, 若一一比竝, 曲生節例, 非聖人之本趣, 恐學者之徒勞, 心不曉也. 今皆略而不言, 必有其義於卦下而具說"이라 함. 《傳》에 "'大明', 天道之終始, 則見卦之六位, 各以時成, 卦之初終, 乃天道終始. 乘此六爻之時, 乃天運也. '以御天', 謂以當天運, 乾道變化, 生育萬物, 洪纖高下, 各以其類各正性命也. 天所賦爲命, 物所受爲性"이라 함.

【保合大和, 乃利貞】 '保'는 保持함, 維持함. 지니고 있음. '合'은 하늘이 준 천도를 調整하여 有機的으로 작동함. '大和'의 '大'는 '태'로 읽으며, 《周易正義》 등에는 '太'자로 되어 있음. '太和'는 自然界의 普遍的 관계. 서로 相剋, 相生, 相成의 관계를 가지고 있으면서 調和를 이루어 생명을 이어가고 있음. '乃利貞'은 이에 中正을 有利한 것으로 삼고 있음. '貞'은 正과 같으며 中正을 의미함. 王弼 注에 "不和而剛暴"라 하였고, 〈正義〉에 "保合太和, 乃利貞'者, 此二句釋利貞也. 純陽剛暴, 若无和順, 則物不得利, 又失其正. 以能保安合會, 太和之道, 乃能利貞於萬物. 言萬物得利, 而貞正也"라 함. 《傳》에 "'保合大和, 乃利貞', 保, 謂常存; 合, 謂常和. '保合大和', 是以利且貞也. 天地之道, 常久而不已者, 保合大和也"라 하였고, 《本義》에 "變者, 化之漸化者, 變之成物, 所受爲性, 天所賦爲命. '大和', 陰陽會合沖和之氣也. '各正'者, 得於有生之初, '保合'者, 全於已

生之後. 此言'乾道變化', 无所不利, 而萬物各得其性命以自全. 以釋'利貞'之義也"라 함.

【首出庶物, 萬國咸寧】'首出庶物'은 하늘의 功德(功能, 機能)은 우주 만물의 우두머리로 超出하고 있음. '萬國咸寧'은 이에 인간 세계에서의 萬國(天下萬邦)도 모두 康寧을 누리게 된 것임. 王弼 注에 "萬國所以寧, 各以有君也"라 하였고, 〈正義〉에 "'首出庶物, 萬國咸寧'者, 自上已來, 皆論乾德, 自然養萬物之道. 此二句論聖人, 上法乾德, 生養萬物. 言聖人爲君, 在衆物之上, 最尊高於物, 似頭首出於衆物之上, 各置君長, 以領萬國, 故萬國皆得寧也. 人君位實尊高, 故於此云'首出於庶物'者也. 志須卑下, 故前經云'无首, 吉'也. 但前文說乾用天德, 其事旣詳, 故此文聖人以人事, 象乾於文略也. 以此言之聖人, 亦當令萬物資始統領於天位, 而雲行雨施, 布散恩澤, 使兆庶衆物, 各流布其形, 又大明乎盛衰, 終始之道, 使天地四時, 貴賤高下, 各以時而成. 又任用羣賢, 以奉行聖化, 使物各正性命. 此聖人所以象乾而立化"라 함. 《集解》에 "劉瓛曰:「陽氣爲萬物之所始, 故曰首出庶物, 立君而天下皆寧, 故曰'萬國咸寧'也.」"라 함. 《傳》에 "天爲萬物之祖, 王爲萬邦之宗, 乾道'首出庶物'而萬彙亨, 君道尊臨天位, 而四海從王者, 體天之道, 則'萬國咸寧'也"라 하였고, 《本義》에 "聖人在上, 高出於物, 猶乾道之變化也. 萬國各得其所而咸寧, 猶萬物之各正性命而保合太和也. 此言聖人之利貞也. 蓋嘗統而論之: 元者, 物之始生; 亨者, 物之暢茂. 利則向於實也, 貞則實之成也, 實之旣成, 則其根蔕脫落, 可復種而生矣. 此四德之所以循環而无端也. 然而四者之間, 生氣流行, 初无間斷, 此元之所以包四德而統天也. 其以聖人而言, 則孔子之意. 蓋以此卦爲聖人得天位, 行天道而致太平之占也. 雖其文義有非文王之舊者, 然讀者各以其意求之, 則並行而不悖也. 坤卦放此"라 함.

★【象曰】이는 '象辭'에 대한 敷衍 설명이며 大象(大象辭, 大象傳)임. 舊說에 '象辭'도 周公(姬旦), 혹 孔子가 지은 것이라 하였으나 역시 많은 의문을 제기하고 있음. '象辭'(象傳)는 上下로 나뉘며, 象辭에 대한 설명을 '大象辭'(大象傳)이라 하고, '爻辭'에 대한 설명을 小象辭(小象傳)이라 함. 大象辭는 매 象辭 아래에, 小象辭는 매 爻 아래에 실려 있으며, 둘 모두 單稱으로 '象曰'이라 함. 〈疏〉에 "聖人設卦以寫萬物之象. 後人用文字以釋萬物之所象, 故曰象"이라 하였음. 〈正義〉에 "此〈大象〉也. 十翼之中第三翼, 總象一卦, 故謂之〈大象〉. 但萬物之體, 自然各有形象, 聖人設卦, 以寫萬物之象. 今夫子釋此卦之所象, 故言〈象〉. 曰天有純剛, 故有健. 用今畫純陽之卦, 以比擬之, 故謂之〈象〉. 〈象〉在〈象〉後者, 〈象〉詳而〈象〉略也. 是以過半之義思, 在〈象〉而不在〈象〉, 有由而然也"라 함. 《集解》에 "案: 象者, 像也. 取其法, 象卦爻之德.」"이라 함. 《傳》에 "卦下'象', 解一卦之象; 爻下'象', 解一爻之象. 諸卦皆取象以爲法"이라 하였고, 《本義》에 "象者, 卦之上下兩象, 及兩象之六爻, 周公所繫之辭也"라 함.

【天行健, 君子以自强不息】 이 구절은 〈大象辭〉(즉 〈象辭〉에 대한 풀이)임. 朱熹《本義》에 “'天行'以下, 先儒謂之〈大象〉; '潛龍'以下, 先儒謂之〈小象〉. 後放此”라 함. '天行健'은 '天行'은 天道. 王引之는 “行, 道也. 天行謂天道也”라 함. '健'은 건실함. 쉬지 않고 運行함. '彊'은 '힘쓰다, 강하다, 굳세다, 딱딱한 강함'의 뜻.《集解》에 “何妥曰: 「天體不健, 能行之德, 健也. 猶如地體, 不順承弱之勢, 順也. 所以乾卦獨變名爲健者.」 ○宋衷曰: 「晝夜不懈, 以健詳其名. 餘卦當名不假於詳矣.」”라 함. '君子'는 고대 앞선 先覺者, 先導者로서 '君子' 외에 '先王', '君子', '聖人', '聖王' 등을 내세우고 있음. 따라서 여기서의 '君子'란 이 괘를 보고 만물은 '乾卦'처럼 변화 발전하는 원리를 발견하여, 인류가 그에 맞게 일을 처리하고 만물을 이해하도록 한 어떤 假想의 聖人을 뜻함. 이처럼 모든 괘의 '象辭'의 말미에 '象辭'(大象辭, 大象傳)를 마련하여, “이 괘 괘상의 원리를 근거로 하여, 이 괘가 일러주는 攝理(天道, 理致)를 밝혀 사람들이 살아가며 터득함과 함께 인류가 사회를 이루고, 국가를 구성하며, 일상생활을 영위하는 원칙을 적용(응용)하게 되었다”, 또는 “이 괘를 보고 그 原理를 抽出하여, 이를 인류에게 알려주기도 하고, 문물제도를 마련하기도 하며, 혹 통치에 활용하기도 하였다”는 식의 定型을 설정하고 있음. '以'는《周易》의 이하 같은 표현에서 모두 '이 괘를 근거로', '이 괘의 원리를 추출하여', '이 괘의 괘상을 바탕으로 하여'의 뜻.” '以'는《易》 전체의 동일한 해석 방법의 하나로 사용된 문자임. '自强不息'은 스스로 강하게 하여 쉬지 않음. '自彊不息'으로 더 많이 표기하며 '强'은 彊(同音)과 같으며 '勁'(雙聲)의 뜻도 함께 가지고 있음. 이 구절은 '군자가 自强不息하는 것'이 아니라, '군자가 이 괘의 원리를 근거로 하여 사람들에게 우주만물의 自强不息함과 아울러 사람도 그와 같이 해야 하는 이치를 일깨위준 것'임. 〈正義〉에 “此〈大象〉也. 十翼之中第三翼, 總象一卦, 故謂之〈大象〉. 但萬物之體, 自然各有形象, 聖人設卦, 以寫萬物之象. 今夫子釋此卦之所象, 故言〈象〉. 曰天有純剛, 故有健. 用今畫純陽之卦, 以比擬之, 故謂之〈象〉. 〈象〉在〈彖〉後者, 〈彖〉詳而〈象〉略也. 是以過半之義思, 在〈彖〉而不在〈象〉, 有由而然也. '天行健'者, 行者, 運動之稱; 健者, 强壯之名. 乾是衆健之訓, 今〈大象〉不取餘健爲釋, 偏說天者, 萬物壯健, 皆有衰怠, 唯天運動, 日過一度, 蓋運轉, 混沒未曾休息, 故云'天行健'. 健, 是乾之訓也; 順者, 坤之訓也. 坤則云地勢, 坤此不言天行乾, 而言'健'者, 劉表云: 「詳其名也.」然則天是體名, 乾則用名, 健是其訓, 三者並見, 最爲詳悉, 所以尊乾, 異於他卦. 凡六十四卦, 說〈象〉不同, 或總擧象之所由, 不論象之實體. 又總包六爻, 不顯上體下體, 則〈乾〉·〈坤〉二卦是也. 或直擧上下二體者: 若雲雷〈屯〉也, 天地交〈泰〉也, 天地不交〈否〉也, 雷電〈噬嗑〉也, 雷風〈恒〉也, 雷雨作〈解〉也, 風雷〈益〉也, 雷電皆至〈豐〉也, 洊雷〈震〉也, 隨風〈巽〉也, 習坎〈坎〉也, 明兩作

〈離〉也, 兼山〈艮〉也, 麗澤〈兌〉也. 凡此一十四卦, 皆總擧兩體而結義也. 取兩體俱成, 或有直擧兩體上下相對者: 天與水違行〈訟〉也, 上天下澤〈履〉也, 天與火〈同人〉也, 上火下澤〈暌(睽)〉也, 凡此四卦, 或取兩體相違, 或取兩體相合, 或取兩體上下相承而爲卦也. 故兩體相對而俱言之. 雖上下二體, 共成一卦, 或直指上體而爲文者: 若雲上於天〈需〉也, 風行天上〈小畜〉也, 火在天上〈大有〉也, 雷出地奮〈豫〉也, 風行地上〈觀〉也, 山附於地〈剝〉也, 澤滅木〈大過〉也, 雷在天上〈大壯〉也, 明出地上〈晉〉也, 風自火出〈家人〉也, 澤上於天〈夬〉也, 澤上於地〈萃〉也, 風行水上〈渙〉也, 水在火上〈旣濟〉也, 火在水上〈未濟〉也, 凡此十五卦, 皆先擧上象而連於下, 亦意取上象, 以立卦名也. 亦有雖意在上象而先擧下象, 以出上象者: 地上有水〈比〉也, 澤上有地〈臨〉也, 山上有澤〈咸〉也, 山上有火〈旅〉也, 木上有水〈井〉也, 木上有火〈鼎〉也, 山上有木〈漸〉也, 澤上有雷〈歸妹〉也, 山上有水〈蹇〉也, 澤上有水〈節〉也, 澤上有風〈中孚〉也, 山上有雷〈小過〉也, 凡此十二卦, 皆先擧下象, 以出上象, 亦意取上象, 共下象而成卦也. 或先擧上象而出下象義, 取下象以成卦義者: 山下出泉〈蒙〉也, 地中有水〈師〉也, 山下有風〈蠱〉也, 山下有火〈賁〉也, 天下雷行〈无妄〉也, 山下有雷〈頤〉也, 天下有山〈遯〉也, 山下有澤〈損〉也, 天下有風〈姤〉也, 地中有山〈謙〉也, 澤中有雷〈隨〉也, 地中生木〈升〉也, 澤中有火〈革〉也, 凡此十三卦, 皆先擧上體, 後明下體也. 其上體是天, 天與山, 則稱下也. 若上體是地, 地與澤, 則稱中也. 或有雖先擧下象, 稱在上象之下者: 若雷在地中〈復〉也, 天在山中〈大畜〉也, 明入地中〈明夷〉也, 澤无水〈困〉也, 是先擧下象, 而稱在上象之下, 亦義取下象, 以立卦也. 所論之例者, 皆大判而言之, 其間委曲, 各於卦下, 別更詳之. 先儒所云此等〈象辭〉, 或有實象, 或有假象. 實象者: 若地上有水〈比〉也, 地中生木〈升〉也, 皆非虛, 故言實也. 假象者: 若天在山中〈風〉, 自火出如此之類, 實无此象假而爲義, 故謂之假也. 雖有實象·假象, 皆以義示人總謂之象也. '天行健'者, 謂天體之行晝夜不息, 周而復始, 无時虧退, 故云'天行健'. 此謂天之自然之象, 君子以自强不息, 此以人事法天所行, 言君子之人, 用此卦象, 自强勉力, 不有止息. 言'君子'者, 謂君臨上位, 子愛下民, 通天子諸侯兼公卿大夫, 有地者. 凡言君子義, 皆然也. 但位尊者, 象卦之義, 多也. 位卑者, 象卦之義少也. 但須量力而行, 各法其卦也. 所以諸卦竝稱'君子', 若卦體之義, 唯施於天子, 不兼包在下者, 則言'先王'也. 若〈比〉卦稱先王, 以建萬國; 〈豫〉卦稱先王, 以作樂崇德; 〈觀〉卦稱先王, 以省方觀民設教; 〈噬嗑〉稱'先王', 以明罰勅法; 〈復〉卦稱'先王', 以至日閉關; 〈无妄〉稱'先王', 以茂對時育萬物; 〈渙〉卦稱'先王', 以享于帝立廟; 〈泰〉卦稱'后', 以財成天地之道; 〈姤〉卦稱'后', 以施命誥四方, 稱后兼諸侯也. 自外卦, 竝稱君子"라 함. 《集解》에 "虞翻曰:「君子謂三. 乾健故强, 天一日一夜, 過周一度, 故'自强不息'. 《老子》(33章)曰:『自勝者强.』○干寶曰:「言君子通之於賢也. 凡勉强以德, 不必須在位也. 故

堯舜一日萬幾, 文王日昃不暇食, 仲尼終夜不寢, 顔子欲罷不能. 自此以下, 莫敢淫心捨力故, 曰'自强不息'矣.」라 함. 《傳》에 "乾道覆育之象, 至大非聖人, 莫能體, 欲人皆可取法也. 故取其行健而已. 至健固, 足以見天道也. 君子以自彊不息, 法天行之健也"라 하였고, 《本義》에 "〇天, 乾卦之象也. 凡重卦皆取重義, 此獨不然者, 天一而已. 但言天行, 則見其一日一周, 而明日又一周, 若重複之象, 非至健不能也. 君子法之, 不以人欲害其天德之剛, 則'自强而不息'矣"라 함.

☆(☆象曰)이하는 爻辭에 대한 〈小象辭〉(즉 爻辭에 대한 풀이)임. 孔穎達 〈正義〉에 "此夫子釋六爻之〈象辭〉, 謂之〈小象〉"이라 하였고, 朱熹 《本義》에도 "'天行'以下, 先儒謂之〈大象〉; '潛龍'以下, 先儒謂之〈小象〉. 後放此"라 함. 따라서 여기에도 '象曰' 두 글자가 있어야 함.

【「潛龍勿用」, 陽在下也】이는 初九의 小象辭임. 이하 각 구절은 모두 '小象辭'로써, 다른 괘에서는 각기 爻辭 다음에 '象曰'이라 하여 해당 효의 爻辭를 덧붙여 부연 설명한 것임. 따라서 이는 모두 위의 각 爻辭 아래에 있어야 타당함. '陽在下也'는 初九의 陽爻는 전괘의 맨 아래에 있음을 뜻함. 그 때문에 '潛龍勿用'이라 한 것임을 설명한 것. 〈正義〉에 "以初九陽潛地中, 故云'陽在下也'. 經言龍而象言陽者, 明經之稱龍, 則陽氣也. 此一爻之象, 專明天之自然之氣也"라 함. 《集解》에 "荀爽曰:「氣微位卑, 雖有陽德, 潛藏在下, 故曰'勿用'也.」"라 함. 《傳》에 "陽氣在下, 君子處微, 未可用也"라 하였고, 《本義》에 "陽謂九, 下謂潛"이라 함.

【「見龍在田」, 德施普也】九二의 小象辭임. '德施普也'는 九二는 得中하여, 널리 덕을 베푸는 爻位임. 그 때문에 '見龍在田'이라 한 것임. 〈正義〉에 "'見龍在田, 德施普'者, 此以人事言之. 用龍德在田, 似聖人已出在世, 道德恩施, 能普徧也. 比初九勿用, 是其周普也. 若比九五, 則猶狹也"라 함. 《集解》에 "荀爽曰:「見者, 見居其位. 田, 謂坤也. 二當升坤五, 故曰'見龍在田', 大人, 謂天子, 見據尊位, 臨長羣陰, 德施於下, 故曰'德施普'也.」"라 함. 《傳》에 "見于地上, 德化及物, 其施已普也"라 함.

【「終日乾乾」, 反復道也】九三의 小象辭임. '反復道也'는 九三은 下卦의 가장 위에 있어 다음 上卦로 이어가야 하기 때문에 反復해서 道를 실행하며 쉬지 말아야 하는 爻位임. 王弼 注에 "以上言之, 則不驕; 以下言之, 則不憂. 反復皆道也"라 하였고, 〈正義〉에 "'終日乾乾, 反復道'者, 此亦以人事言之. 君子終日乾乾, 自强不息, 故反之與覆, 皆合其道, 反謂進, 反在上也. 處下卦之上, 能不驕逸, 是反能合道也. 覆, 謂從上; 倒覆而下, 居

上卦之下, 能不憂懼, 是覆能合道也"라 함. 《集解》에 "虞翻曰:「至三體復, 故反復道, 謂 〈否〉·〈泰〉, 反其類也.」"라 함. 《傳》에 "退動息, 必以道也"라 하였고, 《本義》에 "反復, 重複踐行之意"라 함.

【「或躍在淵」, 進无咎也】九四의 小象辭임. '進无咎'는 자신 있게 進出해도 허물은 없음. 九四는 九五(帝位) 아래에 있고 陽爻로 강한 신하이므로 자신의 뜻을 實現하기 위해 전진해도 되는 爻位임. 〈正義〉에 "或躍在淵, 進无咎'者, 此亦人事言之. 進則跳躍 在上, 退則潛處在淵, 猶聖人疑或, 而在於貴位也. 心所欲進, 意在於公, 非是爲私, 故'進 无咎'也"라 함. 《集解》에 "荀爽曰:「乾者, 君. 卦四者, 陰位, 故上躍居五者, 欲下居坤, 初求陽之正, 地下稱淵也. 陽道樂進, 故曰'進无咎'也.」"라 함. 《傳》에 "量可而進(一有也 字)適其時, 則'无咎也(一无也字)"라 하였고, 《本義》에 "可以進而不必進也"라 함.

【「飛龍在天」, 大人造也】九五의 小象辭임. '大人造也'의 '大人'은 九五의 帝位에 있는 君王을 뜻함. '造'는 起, 作의 뜻. 君王(帝王)으로서 그 權力과 權威를 가지고 得意하여 作爲(統治)해도 됨을 뜻함. 〈正義〉에 "飛龍在天, 大人造'者, 此亦人事言之. 飛龍在天, 猶聖人之在王位. 造, 爲也. 唯大人能爲之, 而成就也. 姚信·陸績之屬, 皆以'造'爲造至之 '造'. 今案〈象辭〉, 皆上下爲韻, 則姚信之義, 其讀非也"라 함. 《集解》에 "荀爽曰:「飛者, 喩无所拘; 天者, 首事造制. 大人造法, 見居天位, 聖人作而萬物覩, 是其義也.」"라 함. 《傳》에 "大人之爲, 聖人(一无人字)之事也"라 하였고, 《本義》에 "造, 猶作也"라 함.

【「亢龍有悔」, 盈不可久也】上九의 小象辭임. 上九는 極位에 있어 그가 가장 높은 자 리에서 이제껏 채워온 모든 권세와 享有 등이 恒久히 갈 수는 없음. 그 때문에 '亢龍有 悔'라 한 것임. 〈正義〉에 "亢龍有悔, 盈不可久'者, 此亦人事言之. 九五是盈也, 盈而不 已, 則至上九而致亢極, 有悔恨也. 故云'盈不可久'也. 但此六爻, 〈象辭〉第一爻, 言陽在 下, 是擧自然之象, 明其餘五爻, 皆有自然之象, 擧初以見末, 五爻竝論人事, 則知初爻, 亦有人事, 互文相通也"라 함. 《集解》에 "九家《易》曰:「陽當居五, 今乃居上, 故曰'盈'也, 亢極失位, 當下之坤三, 故曰'盈不可久', 若太上皇者也. 下之坤三, 屈爲諸侯, 故曰'悔'者 也.」"라 함. 《傳》에 "盈則變, 有悔也"라 함.

【「用九」, 天德不可爲首也】用九에 대한 설명임. '天德'은 '九'라는 숫자는 숫자로 가 장 높은 것이며, 이는 純陽純剛한 것임. 그 때문에 결점이 없는 天道를 뜻함. '不可爲 首也'는 그 때문에 이를 제쳐두고 달리 우두머리가 될 것이 없음. 오직 天德만이 온 萬物의 우두머리가 됨을 강조한 것. '首'는 首領, 우두머리. 최고 主宰者. 그러나 '가장 높은 덕이란 스스로 우두머리가 되겠노라 자처하지 않음'의 뜻으로도 봄. 〈正義〉에 "此一節, 釋經之用九之〈象辭〉. 經稱用九, 故〈象〉更疊云'用九'云. '天德, 不可爲首'者, 此

夫子釋辭也. 九, 是天之德也. 天德剛健, 當以柔和接待於下, 不可更懷尊剛爲物之首, 故
云‘天德, 不可爲首’也”라 함. 《集解》에 “宋衷曰: 「用九, 六位皆九, 故曰‘見羣龍’. 純陽,
則天德也. 萬物之始, 莫能先之, 不可爲. 首先之者凶, 隨之者吉, 故曰‘无首, 吉’.」”이라
함. 《傳》에 “用九, 天德也. 天德陽剛, 復用剛而好先, 則過矣”라 하였고, 《本義》에 “言陽
剛不可爲物先, 故六陽皆變而吉”이라 함.

## ○ 〈文言傳〉(上)

'文言'은 '꾸며서 아름답게 설명함'의 뜻. '文'은 文飾, 文彩의 뜻임. 이는 乾卦와 坤卦 두 괘만 깊은 뜻을 流麗한 표현으로 아름답게 부연설명한 것임. 이 乾卦〈文言〉(上)과 坤卦의 〈文言〉(下)을 함께 묶어 '十翼'의 하나가 되며 孔子가 지은 것이라 하였으나, 여러 학설에 의해 현재는 이를 인정하지 않고 있음.

*孔穎達 〈正義〉에 "'文言'者, 是夫子第七翼也. 以乾坤其《易》之門戶邪! 其餘諸卦及爻, 皆從乾坤而出, 義理深奧, 故特作'文言', 以開釋之. 莊氏云:「文謂文飾, 以乾坤德大, 故特文飾以爲'文言'.」今謂夫子但贊明《易》道, 申說義理, 非是文飾華彩, 當謂釋二卦之經文, 故稱'文言'. 從此至「元亨利貞」, 明乾之四德爲第一節; 從初九曰「潛龍勿用」, 至「動而有悔」, 明六爻之義爲第二節; 自「潛龍勿用」, 下至「天下治也」, 論六爻之人事爲第三節; 自「潛龍勿用, 陽氣潛藏」, 至「乃見天則」, 論六爻自然之氣, 爲第四節; 自「乾元者, 至天下平也」, 此一節復說乾元之四德之義, 爲第五節; 自「君子以成德爲行」, 至「其唯聖人乎!」, 此一節更廣明六爻之義, 爲第六節. 今各依文解之此第一節, 論乾之四德也"라 하였고, 《集解》에는 "劉瓛曰:「依文而言其理, 故曰文言"이라 함. 《傳》에 "它卦彖象而已. 獨〈乾〉·〈坤〉更設〈文言〉, 以發明其義. 推乾之道, 施於人事"라 하였고, 《本義》에 "此篇申〈彖傳〉·〈象傳〉之意, 以盡乾坤二卦之蘊, 而餘卦之說, 因可以例推云"이라 함.

### (文上-1)

**〈文言〉曰: 元者, 善之長也; 亨者, 嘉之會也; 利者, 義之和也; 貞者, 事之幹也.**

**君子體仁足以長人, 嘉會足以合禮, 利物足以和義, 貞固足以幹事.**

**君子行此四德者, 故曰:「乾: 元·亨·利·貞.」**

〈언해〉 〈文言(문언)〉의 ᄀᆞᆯ오ᄃᆡ, 元(원)은 善(션)의 長(댱)이오, 亨(형)은 嘉(가)의 會(회)ㅣ오, 利(리)는 義(의)의 和(화)ㅣ오, 貞(뎡)은 事(ᄉᆞ)의 幹(간)이니,
君子(군ᄌᆞ)ㅣ 仁(인)을 體(톄)ᄒᆞ욤이 足(죡)히 ᄡᅧ 人(인)에 長(댱)홀 것이며,

會(회)ㅣ嘉(가)홈이 足(족)히 뻐 禮(례)애 合(합)홀 것이며,

物(믈)을 利(리)케 ᄒᆞ욤이 足(족)히 뻐 義(의)예 和(화)홀 거시며,

貞(뎡)ᄒᆞ고 固(고)ᄒᆞ욤이 足(족)히 뻐 事(ᄉᆞ)ᄅᆞᆯ 幹(간)홀 거시니,

君子(군ᄌᆞ)ㅣ 이 四德(ᄉᆞ덕)을 行(ᄒᆡᆼ)ᄒᆞᄂᆞᆫ 者(쟈)ㅣ라. 故(고)로 ᄀᆞᆯ오디「乾: 元·亨·利·貞」이라.

〈해석〉〈문언〉에 이렇게 말하였다.

원(元)이란 선(善)의 으뜸이요, 형(亨)이란 아름다운 것의 모음이며, 이(利)란 마땅한 것의 화합이며, 정(貞)이란 일의 근간이다.

군자는 인(仁)을 체득하여 족히 남의 우두머리가 될 수 있고, 아름다움을 모아 족히 예(禮)에 합당하게 할 수 있으며, 정정(貞正)함을 확고히 지켜 족히 이로써 일을 잘 해낼 수 있다.

군자는 이 네 가지 덕을 실행하는 자이니, 그 때문에 "건괘는 으뜸이며, 형통하며, 이롭고 바르다"라 한 것이다.


【〈文言〉曰: 元者, 善之長也】이하는 卦辭 '元亨利貞'을 설명한 것임. '元'이란 善을 잘 자라게 하는 것임. '長'은 '자라게 하다, 成長시키다, 生長시키다'의 뜻. 혹은 '모든 善의 首長'이라는 뜻이라고도 함. 〈正義〉에 "'元者, 善之長也', 此已下論乾之四德. 但乾之爲體, 是天之用. 凡天地運化, 自然而爾, 因无而生有也. 无爲而自爲天本无心, 豈造元亨利貞之德也? 天本无名, 豈造元亨利貞之名也? 但聖人以人事託之, 謂此自然之功爲天之四德, 垂敎於下使後代. 聖人法天之所爲, 故立天四德以設敎也. 莊氏云:「第一節, '元者, 善之長'者, 謂天之體性, 生養萬物, 善之大者, 莫善施生, 元爲施生之宗, 故言'元者, 善之長也'"라 함. 《集解》에 "劉瓛曰:「依文而言其理故曰文言.」○姚信曰:「乾坤爲門戶, 文說乾坤. 六十二卦皆放焉. 九家《易》曰:「乾者, 君卦也. 六爻皆當爲君, 始而大通, 君德會合, 故元爲善之長也.」"라 함.

【亨者, 嘉之會也】'亨'이란 아름다움(嘉)의 모임임. '嘉'는 完美의 뜻. 《說文》에 "嘉, 美也"라 함. 〈正義〉에 "'亨者, 嘉之會'者, 嘉, 美也. 言天能通暢萬物, 使物嘉美之會聚, 故云'嘉之會也'"라 함. 《集解》에 "九家《易》曰:「通者, 謂陽合而爲乾, 衆善相繼, 故曰嘉之會也.」"라 함.

【利者, 義之和也】'利'란 마땅함, 의로움의 화합임. '義'는 宜의 뜻. 〈正義〉에 "利者, 義之和'者, 言天能利益庶物, 使物各得其宜而和同也"라 함. 《集解》에 "荀爽曰:「陰陽相和, 各得其宜, 然後利矣.」"라 함.

【貞者, 事之幹也】 '貞'이란 일의 줄기, 근간임. '事'는 四時에 맞게 해야 할 天道의 임무. '幹'은 根幹, 主幹, 根本. 〈正義〉에 "'貞者, 事之幹'者, 言天能以中正之氣, 成就萬物, 使物皆得幹濟. 莊氏之意, 以此四句, 明天之德也, 而配四時. 元是物始生時, 配春. 春爲發生, 故下云體仁. 仁則春也. 亨是通暢萬物於時, 配夏, 故下云合禮, 禮則夏也. 利爲和義於時, 配秋. 秋旣物成, 各合其宜, 貞爲事幹於時, 配冬. 冬旣收藏, 事皆幹了也. 於五行之氣, 唯少土也. 土則分王四季, 四氣之行, 非土不載, 故不言也"라 함. 《集解》에 "荀爽曰:「陰陽正而位當, 則可以幹擧萬事.」"라 함. 《傳》에 "元亨利貞, 乾之四德, 在人: 則元者, 衆善之首也; 亨者, 嘉美之會也; 利者, 和合於義也; 貞者, 幹事之用也(一作文)"라 하였고, 《本義》에 "○元者, 生物之始, 天地之德, 莫先於此, 故於時爲春, 於人則爲仁, 而衆善之長也; 亨者, 生物之通, 物至於此, 莫不嘉美, 故於時爲夏, 于人則爲禮, 而衆美之會也; 利者, 生物之遂, 物各得宜, 不相妨害, 故於時爲秋, 於人則爲義, 而得其分之和; 貞者, 生物之成, 寔理具備, 隨在各足, 故於時爲冬, 於人則爲智, 而爲衆事之幹, 幹木之身, 而枝葉所依, 以立者也"라 함.

【君子體仁足以長人】 군자는 仁을 체득하여 족히 남의 어른(우두머리)이 될 수 있음. '體仁'은 仁으로써 몸체를 삼음. 仁을 體得함. 〈正義〉에 "'君子體仁, 足以長人'者, 自此以下, 明人法天之行此四德. 言君子之人, 體包仁道, 汎愛施生, 足以尊長於人也. 仁則善也, 謂行仁德法, 天之元德也"라 함. 《集解》에 "何妥曰:「此明聖人則天, 合五常也. 仁爲木, 木主春, 故配元爲四德之首. 君子體仁, 故有長人之義也.」"라 함. 《傳》에 "體法於乾之仁, 乃爲君長之道, 足以長人也, 體仁體元也, 比而效之, 謂之體"라 함.

【嘉會足以合禮】 아름다운 모음은 이로써 족히 禮에 합당하게 할 수 있음. 〈正義〉에 "'嘉會足以合禮'者, 言君子能使萬物嘉美集會, 足以配合於禮, 謂法天之亨也"라 함. 《集解》에 "何妥曰:「禮, 是交接會通之道, 故以配通五禮. 有吉凶賓軍嘉, 故以嘉合於禮也.」"라 함. 《傳》에 "得會通之嘉, 乃合於禮也. 不合禮則非理, 豈得爲嘉非理安有亨乎?"라 함.

【利物足以和義】 사물을 이롭게 함은 이로써 족히 義(宜)에 화합하게 할 수 있음. 〈正義〉에 "'利物足以和義'者, 言君子利益萬物, 使物各得其宜, 足以和合於義, 法天之利也"라 함. 《集解》에 "何妥曰:「利者, 裁成也. 君子體此利, 以利物足, 以合於五常之義.」"라 함. 《傳》에 "和於義, 乃能利物. 豈有不得其宜, 而能利物者乎?"라 함.

【貞固足以幹事】 貞正함을 굳게 지키는 것은 이로써 족히 일을 주간하여 처리할 수 있음. '貞'은 貞正의 뜻. '貞固'는 固貞의 도치법. '幹事'는 일을 主幹함. 즉 天(乾)은 四時의 일을 맡아 순서에 맞게 해나감. 〈正義〉에 "'貞固足以幹事'者, 言君子能堅固貞正, 令物得成, 使事皆幹濟, 此法天之貞也. 施於五事言之, 元則仁也; 亨則禮也; 利則義也; 貞

則信也. 不論智者, 行此四事, 竝須資於知, 且《乾鑿度》云:「水土二行, 兼信與知也. 故略知不言也.」라 함.《集解》에 "何妥曰:「貞, 信也. 君子堅貞, 正可以委任於事. 故《論語》曰:『敬事而信.』故幹事而配信也.」○案: 此釋非也. 夫在天成象者, 乾元亨利貞也. 言天運四時, 以生成萬物; 在地成形者, 仁義禮智信也. 言天法五常, 以敎化於人. 元爲善長, 故能體仁. 仁主春生, 東方木也. 通爲嘉會, 足以合禮, 禮主夏養, 南方火也. 利爲物宜, 足以和義. 義主秋成, 西方金也. 貞爲事幹, 以配於智, 智主冬藏, 北方水也. 故孔子曰:『仁者樂山, 智者樂水.』則智之明證矣, 不言信者, 信主土而統屬於君, 故〈中孚〉云『信及豚魚』, 是其義也. 若首出庶物, 而四時不忒者, 乾之象也. 厚德載物而五行相生者, 土之功也. 土居中宮, 分王四季, 亦由人君无爲皇極, 而奄有天下. 水火金木, 非土不載; 仁義禮智, 非君不弘. 信旣統屬於君, 故先言乾, 而後不言信, 明矣"라 함.《傳》에 "貞(一作正)固, 所以能幹事也"라 하였고,《本義》에 "以仁爲體, 則无一物不在所愛之中, 故足以長人. 嘉其所會, 則无不合禮, 使物各得其所利, 則義无不和. 貞固者, 知正之所在而固守之, 所謂知而弗去者也. 故足以爲事之幹"이라 함.

【君子行此四德者】군자는 이 네 가지 德을 실행하는 것임. 四德은 '元亨利貞', '善嘉義事', '長會和幹'을 뜻함. 〈正義〉에 "'君子行此四德者, 故曰乾元亨利貞', 以君子之人, 當行此四種之德, 是以文王作《易》稱元亨利貞之德, 欲使君子法之. 但行此四德, 則與天同功, 非聖人不可. 唯云'君子'者, 但《易》之爲道, 廣爲垂法. 若限局聖人, 恐不逮餘下, 故總云'君子'. 使諸侯公卿之, 等悉皆行之. 但聖人行此四德, 能盡其極也. 君子行此四德, 各量力而爲多少, 各有其分. 但乾卦象天, 故以此四德, 皆爲天德. 但陰陽合會, 二象相成, 皆能有德, 非獨乾之一卦. 是以諸卦之中, 亦有四德. 但餘卦四德, 有劣於乾, 故乾卦直云'四德'. 更无所言, 欲見乾之四德, 无所不包, 其餘卦四德之下, 則更有餘事, 以四德狹劣, 故以餘事繫之, 卽坤卦之類, 是也. 亦有四德之上, 卽論餘事, 若〈革卦〉云'已日乃孚, 元亨利貞, 悔亡也'. 由乃孚之後, 有元亨利貞, 乃得悔亡也. 有四德者, 卽〈乾〉·〈坤〉·〈屯〉·〈臨〉·〈隨〉·〈无妄〉·〈革〉七卦, 是也. 亦有其卦非善而有四德者, 以其卦凶, 故有四德乃可也. 故〈隨卦〉有元亨利貞, 乃得无咎, 是也. 四德具者, 其卦未必善也, 亦有三德者, 卽〈離〉·〈咸〉·〈萃〉·〈兌〉·〈渙〉·〈小過〉, 凡六卦, 就三德之中, 爲文不一或總稱'三德'. 於上更別陳餘事於下, 若〈離〉·〈咸〉之屬, 是也. 就三德之中, 上下不一, 〈離〉則云'利貞亨, 由利貞', 乃得亨也. 亦有先云亨更陳餘事, 乃始云利貞者, 以有餘事乃得利貞故也. 有二德者, 〈大有〉·〈蠱〉·〈漸〉·〈大畜〉·〈升〉·〈困〉·〈中孚〉, 凡七卦. 此二德或在事上言之, 或在事後言之, 由後有事乃致此二德故也. 亦有一德者, 若〈蒙〉·〈師〉·〈小畜〉·〈履〉·〈泰〉·〈謙〉·〈噬嗑〉·〈賁〉·〈復〉·〈大過〉·〈震〉·〈豐〉·〈節〉·〈旣濟〉·〈未濟〉, 凡十五卦, 皆一德也. 竝是

亨也, 或多在事上言之, 或在事後言. 〈履卦〉云:「履虎尾, 不咥人, 亨.」由有事乃得亨, 以前所論德者, 皆於經文挺然, 特明德者, 乃言之也. 其有因事相連, 而言德者, 則不數之也. 若〈需卦〉云:「需有孚, 光亨貞, 吉.」雖有亨貞二德, 連事起文, 故不數也. 〈遯卦〉云:「亨, 小利貞.」雖有三德, 亦不數也. 〈旅卦〉云:「旅, 小亨, 旅貞吉.」雖有亨貞二德, 亦連他事, 不數也. 〈比卦〉云:「原筮元, 永貞无咎.」〈否卦〉云:「否之匪人, 不利君子, 貞.」雖有貞字, 亦連他文言之. 又非本卦德, 亦不數之. 〈同人〉云:「同人于野, 亨.」〈坎卦〉云:「有孚維心, 亨.」〈損卦〉云:「无咎可貞.」此等雖有一德, 皆連事而言之, 故亦不數. 所以然者, 但《易》含萬象, 事義非一, 隨時曲變, 不可爲典要, 故也. 其有意義, 各於卦下詳之, 亦有卦善而德少者, 若〈泰〉與〈謙〉·〈復〉之類. 雖善唯一德也, 亦有全无德者, 若〈豫〉·〈觀〉·〈剝〉·〈晉〉·〈蹇〉·〈解〉·〈夬〉·〈姤〉·〈井〉·〈艮〉·〈歸妹〉, 凡十一卦也. 大略唯有凶, 卦无德者, 若〈剝〉·〈蹇〉·〈夬〉·〈姤〉之屬是也. 亦有卦善而无德者, 〈晉〉·〈解〉之屬是也. 各於卦下詳之. 凡四德者, 亨之與貞, 其德特行, 若元之與利, 則配連他事, 其意以元配亨, 以利配貞, 雖配他事爲文元, 是元大也. 始首也, 利是利益也. 合, 和也. 以當分言之, 各是其一德也. 唯配亨貞, 俱爲四德, 元雖配亨, 亦配他事, 故比卦云'元永貞'. 坤六五'黃裳元吉'是也. 利亦非獨利, 貞亦所利餘事多矣. 若'利涉大川利', '建侯利見大人', '利君子貞', 如此之屬, 是利事所施處廣故, 諸卦謂他事之利, 不數以爲德也. 此四德, 非唯卦下有之, 亦於爻下有之. 但爻下其事稍少, 故'黃裳元吉'及'何天之衢', '亨小貞吉', '大貞凶', 此皆於爻下言之, 其利則諸爻皆有"라 함. 《集解》에 "干寶曰:「夫純陽, 天之精氣; 四行, 君子懿德. 是故乾冠卦首辭, 表篇目明道義之門, 在於此矣. 猶春秋之備五始也. 故夫子留意焉. 然則體仁正己, 所以化物觀運; 知時所以順天; 氣用隨宜, 所以利民; 守正一業, 所以定俗也. 逾亂則敗禮, 其教淫逆, 則拂時其功; 否錯則妨用其事, 廢忘則失正其官敗. 四德者, 文王所由興; 四愆者, 商紂所由亡.」"이라 함.

【故曰:「乾: 元·亨·利·貞.」】그 때문에 "건은 원하고 형하고 리하고 정하다"라 한 것임. 《傳》에 "行此四德, 乃合於乾也"라 하였고, 《本義》에 "非君子之至健, 无以行此, 故曰乾元亨利貞. ○此第一節, 申彖傳之意, 與《春秋傳》(襄公 9년)所載穆姜之言不異. 疑古者已有此語, 穆姜稱之, 而夫子亦有取焉. 故下文別以子曰, 表孔子之辭. 蓋傳者, 欲以明此章之爲古語也"라 함. 한편 《左傳》 襄公 9年에 "穆姜薨於東宮. 始往而筮之, 遇艮之八☶. 史曰:「是謂艮之隨☶. 隨, 其出也. 君必速出!」姜曰:「亡! 是於《周易》曰:『隨, 元·亨·利·貞, 無咎.』元, 體之長也. 亨, 嘉之會也. 利, 義之和也. 貞, 事之幹也. 體仁足以長人, 嘉德足以合禮, 利物足以和義, 貞固足以幹事. 然, 故不可誣也, 是以雖隨無咎. 今我婦人, 而與於亂. 固在下位, 而有不仁, 不可謂元. 不靖國家, 不可謂亨. 作而害身, 不可謂利.

弃位而姣, 不可謂貞. 有四德者, 隨而無咎. 我皆無之, 豈隨也哉? 我則取惡, 能無咎乎? 必死於此, 弗得出矣.」라 함.


## (文上-2)

初九曰「潛龍勿用」, 何謂也?
子曰:「龍德而隱者也. 不易乎世, 不成乎名; 遯世无悶, 不見
是而无悶; 樂則行之,
憂則違之, 確乎其不可拔, 『潛龍』也.」

〈언해〉初九(초구)애 골오디 「潛龍勿用」은 엇디 닐옴고?
　　　子(ぐ)ㅣ 골오샤디, 「龍德(룡덕)이오 隱(은)흔 者(쟈)ㅣ니, 世(셰)로 易(역)디 아
　　니흐며, 名(명)을 成(셩)티 아니흐야 世(셰)예 遯(돈)호디 悶(민)홈이 업스며,
　　是(시)홈을 見(견)티 몯흐야도 悶(민)홈이 업서 樂(락)흐면 行(힝)흐고, 憂(우)흐
　　면 違(위)흐야 確(확)히 그 可(가)히 拔(발)티 몯홈이 潛(줌)흔 龍(룡)이라.」
〈해석〉초구(初九)에 "잠룡(潛龍)은 쓰지 말라"라 하였는데, 무엇을 말한 것인가?
　　　공자가 이렇게 말하였다.
　　　"용의 덕을 가졌으면서 은거하는 자이다. 세속의 영향으로 자신의 덕을 바꾸지
　　않으며, 명예를 이루고자 급급하게 굴지 않으며, 세상에 은둔해 있어도 번민함
　　이 없고, 세상에 자신의 영향이 드러나지 않아도 번민함이 없으며, 즐거우면
　　자신의 도를 실행하고, 근심스러우면 세상 뜻을 거역하여, 그 확고함은 가히
　　그의 뜻을 뽑아낼 수가 없으니 이것이 '잠룡'이다."


　　【初九曰「潛龍勿用」, 何謂也?】이는 初九의 爻辭를 問答式(設問)으로 풀이한 것임.
"初九에 '潛龍勿用'이라 한 것은 무엇을 이름인가?"의 뜻. 〈正義〉에 "此第一節, 釋初九
爻辭也. '初九曰『潛龍勿用』, 何謂也'者, 此夫子疊經初九爻辭, 故言初九曰方釋其義, 假
設問辭, 故言潛'龍勿用, 何謂也?"라 함.《集解》에 "何妥曰:「夫子假設疑問也. 後五爻,
皆放此也.」"라 함.
　　【子曰:「龍德而隱者也】'子曰'은 이〈文言傳〉을 孔子가 지었다 하였으나, 자신이 '子
曰'이라 할 수 있는 것이 아니므로, 공자 제자가 이를 追述한 것으로 여김. '龍德而隱者

也'는 용이란 덕이 있으면서 아직 은둔하고 있는 것임. 〈正義〉에 "'子曰: 龍德而隱者也', 此夫子以人事釋潛龍之義. 聖人, 有龍德隱居者也"라 함. 《集解》에 "何安曰:「此直答. 言聖人有隱顯之龍德, 今居初九, 窮下之地, 隱而不見, 故云勿用矣.」"라 함.

【不易乎世, 不成乎名】'易'은 '바꾸다, 改易하다'의 뜻. '不易乎世'는 용은 세속의 영향에 의해 덕을 바꾸지 않음. 《集解》에 "崔憬曰:「言據當潛之時, 不易乎世而行者, 龍之德也.」"라 함. '不成乎名'은 名譽에 대해 이를 이루고자 급급해 하지 않음. 王弼 注에 "不爲世俗所移易也"라 하였고, 〈正義〉에 "'不易乎世'者, 不移易其心, 在於世俗, 雖逢險難, 不易本志也. '不成乎名'者, 言自隱默, 不成就於令名, 使人知也"라 함. 《集解》에 "鄭玄曰:「當隱之時, 以從世俗, 不自殊異, 无所成名也.」"라 함.

【遯世无悶, 不見是而无悶】'遯世无悶'의 '遯世'는 遁世와 같음. 세상을 피해 은둔해 있으면서도 悶恨은 없음. 《集解》에 "崔憬曰:「道雖不行, 達理无悶也.」"라 함. '悶'은 煩悶, 悶恨. 遺憾. 不滿. '不見是'는 세상 사람들이 이러한 자신의 덕성을 알아주지 않음. 〈正義〉에 "'遯世无悶'者, 謂逃遯避世, 雖逢无道心, 无所悶不見, 是而无悶者. 言擧世皆非, 雖不見善, 而心亦无悶. 上云'遯世无悶', 心處僻陋不見, 是而无悶. 此因見世俗行惡, 是亦无悶, 故再起无悶之文"이라 함. 《集解》에 "崔憬曰:「世人雖不己是, 而己知不違道, 故无悶.」"이라 함.

【樂則行之, 憂則違之】자신의 마음속에 즐거움을 느끼면 이를 실행에 옮기고, 근심이 있으면 이에 거역함. '違之'는 이에 거부하여 하지 않음. 〈正義〉에 "'樂則行之, 憂則違之'者, 心以爲樂, 己則行之; 心以爲憂, 己則違之"라 함. 《集解》에 "虞翻曰:「陰出初震, 爲樂爲行, 故樂則行之. 坤死稱憂, 隱在坤中, 遯世无悶, 故憂則違之也.」"라 함.

【確乎其不可拔, 『潛龍』也.」】그것을 가히 뽑아낼 수 없음에 확고함. '拔'은 자신의 의지를 동요시킴을 뜻함. 〈正義〉에 "'確乎其不可拔'者, 身雖逐物, 推移隱潛, 避世心志, 守道確乎堅實, 其不可拔此, 是潛龍之義也"라 함. 《集解》에 "虞翻曰:「確, 剛貌也. 乾剛潛初, 坤亂於上, 君子弗用, 隱在下位, 確乎難拔潛龍之志也.」"라 함. 《傳》에 "自此以下, 言乾之用用九之道也. 初九陽之微龍, 德之潛隱, 乃聖賢之在側陋也. 守其道, 不隨世, 而變晦其行, 不求知於時. 自信自樂, 見可而動, 知難而避其守, 堅不可奪, 潛龍之德也"라 하였고, 《本義》에 "龍德, 聖人之德也. 在下, 故隱. 易, 謂變其所守. 大抵乾卦六爻, 〈文言〉皆以聖人明之, 有隱顯而无淺深也"라 함.

## (文上-3)

九二曰「見龍在田, 利見大人」, 何謂也?
子曰:「龍德而正中者也. 庸言之信, 庸行之謹; 閑邪存其誠, 善
世而不伐, 德博而化.《易》曰『見龍在田, 利見大人』, 君德也.」

〈언해〉 九二(구이)예 ᄀᆞᆯ오ᄃᆡ 「見龍在田, 利見大人」은 엇디 닐옴고?

子(ᄌᆞ)ㅣ ᄀᆞᄅᆞ샤ᄃᆡ, 「龍德이오 正(졍)히 中(듕)ᄒᆞᆫ 者(쟈)ㅣ니 庸言(용언)을 信(신)
히 ᄒᆞ며, 庸行(용ᄒᆡᆼ)을 謹(근)ᄒᆞ야 邪(샤)를 閑(한)ᄒᆞ야 그 誠(셩)을 存(존)ᄒᆞ며,
世(셰)를 善(션)케 ᄒᆞ야도 伐(벌)티 아니ᄒᆞ며, 德(덕)이 博(박)ᄒᆞ야 化(화)홈이니.
易(역)애 ᄀᆞᆯ오ᄃᆡ 『見龍在田, 利見大人』이라 ᄒᆞ니, 君(군)의 德(덕)이라.」

〈해석〉 구이(九二)에 "드러난 용이 밭에 있으니 대인을 만남이 이롭다"라 한 것은 무슨
뜻인가?

공자가 말하였다.

"용이 덕을 갖추었으면서 게다가 득중(得中)하기 까지 한 자이다. 떳떳한 말을
믿음 있게 하며, 떳떳한 행동을 삼가서 하여, 사악함을 막고 그 성실함을 가지고
있고, 세상을 선하게 이끌어가되 자신을 자랑하지 아니하며, 덕이 넓어 교화를
펴고 있다.《역》에 '드러난 용이 밭에 있으니 대인을 만남이 이롭다'라 하였으
니, 임금의 덕을 말한 것이다."


【九二曰「見龍在田, 利見大人」, 何謂也?】 이는 九二의 爻辭를 問答式으로 풀이한 것
임. 九二에 '見龍在田, 利見大人'이라 한 것은 무슨 뜻인가의 設問.〈正義〉에 "此釋九二
爻辭"라 함.

【子曰:「龍德而正中者也】 이 九二爻의 용은 덕을 갖추었고 게다가 中正의 자리를
차지하고 있음. 이 효는 下卦(內卦)의 중앙에 위치하여 得中하였음을 말함. '中正'은
得中을 뜻함.〈正義〉에 "子曰:「龍德而正中'者, 九二居中不偏, 然不如九五居尊得位,
故但云'龍德而正中'者也"라 함.《集解》에 "虞翻曰:「中下之中, 二非陽位, 故明言能正中
也.」"라 함.

【庸言之信, 庸行之謹】 '庸言之信'은 떳떳한 말의 믿음. '庸'은 中庸, 平常, 떳떳함.
'言'은 언론, 설명.《集解》에 "荀爽曰:「處和應坤, 故曰信.」"이라 함. '庸行之謹'은 떳떳한
행동의 삼감. '謹'은 愼의 뜻. '庸言'과 '庸行'은 일상적인 떳떳한 言行을 뜻함.〈正義〉에

"庸言之信, 庸行之謹"者, 庸, 謂中庸. 庸, 常也. 從始至末, 常言之信實, 常行之謹愼"이라 함. 《集解》에 "九家《易》曰:「以陽居陰位, 故曰謹也. 庸, 常也. 謂言常以信行, 常以謹矣.」"라 함.

【閑邪存其誠】 '閑'은 '막다, 방지하다, 한계로 삼다' 등의 뜻. 《集解》에 "閑, 防也"라 함. 邪惡함을 막고 그 誠信함을 지키고 있음. 〈正義〉에 "'閑邪存其誠'者, 言防閑邪惡, 當自存其誠實也"라 함. 《集解》에 "宋衷曰:「閑, 防也. 防其邪而存誠焉. 二在非其位, 故以閑邪言之. 能處中和, 故以存誠言之.」"라 함.

【善世而不伐】 세상을 善한 방향으로 이끌어가면서도 자랑을 하지 않음. '善'은 動詞. '伐'은 '자랑하다'의 뜻. 〈正義〉에 "'善世而不伐'者, 謂爲善於世, 而不自伐其功"이라 함. 《集解》에 "九家《易》曰:「陽升居五, 處中居上, 始以美德, 利天下. 不言所利, 卽是不伐, 故《老子》曰:『上德不德, 是以有德.』此之謂也.」"라 함.

【德博而化】 덕이 넓어 많은 이들을 교화시킴. '化'는 敎化, 感化, 變化 등의 뜻. 〈正義〉에 "'德博而化'者, 言德能廣博, 而變化於世俗. 初爻則全隱遯避世, 二爻則漸見德行, 以化於俗也. 若舜漁於雷澤, 陶於河濱, 以器不窳, 民漸化之是也"라 함. 《集解》에 "荀爽曰:「處五據坤, 故德博; 羣陰順從, 故物化也.」"라 함.

【《易》曰『見龍在田, 利見大人』, 君德也.」】 《易》에서 '見龍在田, 利見大人'이라 한 것은 임금의 덕을 말한 것임. '君德'은 군주가 갖추어야 할 덕. 〈正義〉에 "'《易》曰:「見龍在田, 利見大人」, 君德'者, 以其異於諸爻, 故特稱《易》曰:「見龍在田」, 未是君位, 但云'君德'也"라 함. 《集解》에 "虞翻曰:「陽始觸陰, 當升五爲君. 時舍於二, 宜利天下. 直方而大德无不利. 明言君德, 地數始二, 故稱《易》曰.」"이라 함. 《傳》에 "以龍德而處正中者也. 在卦之正中, 爲得正中之義. 庸信・庸謹, 造次必於是也. 旣處无過之地, 則唯在閑邪. 邪旣閑, 則誠存矣. 善世而不伐, 不有其善也. 德博而化正己, 而物正也. 皆大人之事, 雖非君位, 君之德也"라 하였고, 《本義》에 "正中, 不潛而未躍之時也. 常言亦信, 常行亦謹, 盛德之至也. 閑邪存其誠, 无斁亦保之意, 言'君德也'者, 釋大人之爲九二也"라 함.

## (文上-4)

九三曰「君子終日乾乾, 夕惕若, 厲, 无咎」, 何謂也?
子曰:「君子進德脩業. 忠信, 所以進德也; 脩辭立其誠, 所以
居業也. 知至至之, 可與幾也; 知終終之, 可與存義也. 是故居上
位而不驕, 在下位而不憂, 故乾乾因其時而惕, 雖危无咎矣.」

〈언해〉九三(구삼)애 굴오디 「君子終日乾乾, 夕惕若, 厲, 无咎」는 엇디 닐옴고?
子(조) | 굴오샤디, 「君子(군조) | 德(덕)을 進(진)ᄒ며 業(업)을 脩(슈)ᄒᄂ니,
忠信(튱신)이 뻐 德(덕)을 進(진)ᄒᄂ 배오, 辭(ᄉ)를 脩(슈)ᄒ야 그 誠(셩)을 立
(닙)ᄒ욤이, 뻐 業(업)에 居(거)ᄒᄂ 배라. 至(지)홀 디를 알아 至(지)ᄒᄂᆫ디라,
可(가)히 더브러 幾(긔)홀 거시며; 終(죵)홀 디를 알아 終(죵)ᄒᄂᆫ디라, 可(가)히
더브러 義(의)를 存(존)홀 거시니, 이런 고로 上位(샹위)예 居(거)ᄒ야 驕(교)티
아니ᄒ며, 下位(하위)예 在(지)ᄒ야 憂(우)티 아니ᄒᄂ니, 故(고)로 乾乾(건건)ᄒ
야 그 時(시)를 因(인)ᄒ야 惕(텩)ᄒ면, 비록 危(위)ᄒ나 咎(구) | 업스리라.」

〈해석〉구삼(九三)에 "군자가 아침부터 저녁까지 부지런히 힘쓰고 저녁에는 걱정을 하
면서 지독히 하고 있어 허물은 없다"라 한 것은 무슨 뜻인가?
공자는 이렇게 말하였다.
"군자는 덕을 나아가고 업(業)을 닦기에 힘쓴다. 충신(忠信)은 덕으로 나아가는
바요, 말을 닦아 그 성실함을 세우는 것은 업에 처하는 바이다. 때가 이르렀음을
알고 이에 이르니, 가히 더불어 기미(幾微)를 함께 할 수 있고, 끝을 알아 끝을
맺으니, 가히 의로움을 함께 간직할 수 있다. 이 까닭으로 윗자리에 처하였으면
서도 교만하지 아니하고, 아랫자리에 있으면서도 걱정을 하지 않는다. 그러므
로 부지런히 힘써 그 때를 바탕으로 하여 경척(警惕)하니, 비록 위험하기는 하나
허물은 없으리라."

【九三曰「君子終日乾乾, 夕惕若, 厲, 无咎」, 何謂也?】 이는 九三의 爻辭를 問答式으
로 풀이한 것임. 九三에 '君子終日乾乾, 夕惕若, 厲, 无咎'라 한 것은 무슨 뜻인가라는
設問. 〈正義〉에 "此釋九三爻辭也"라 함.
【子曰:「君子進德脩業」】 '進德脩業'은 덕에 나아가서 자신의 業(業務, 任務, 責務)을

잘 닦음. '脩'는 修와 같음. 〈正義〉에 "'子曰「君子進德脩業」'者, 德謂德行, 業謂功業. 九三所以'終日乾乾'者, 欲進益道德, 脩營功業, 故'終日乾乾', 匪懈也. 進德, 則知至將進也; 脩業, 則知終存義也"라 함. 《集解》에 "虞翻曰:「乾爲德, 坤爲業. 以乾通坤, 謂爲進德修業.」○宋衷曰:「業, 事也. 三爲三公, 君子處公位, 所以進德修業也.」"라 함.

【忠信, 所以進德也】忠과 信은 이로써 덕으로 나아가기 위한 것임. 〈正義〉에 "'忠信, 所以進德'者, 復解進德之事, 推忠於人, 以信待物. 人則親而尊之其德, 日進是進德也"라 함. 《集解》에 "翟玄曰:「忠於五, 所以修德也.」○崔憬曰:「推忠於人, 以信待物, 故其德日新也.」"라 함.

【脩辭立其誠, 所以居業也】말하는 능력을 잘 닦아 그 誠信함을 세우게 되며, 그 때문에 자신의 업무(임무, 사업)에 처할 수 있는 것임. '脩辭'는 자신의 의견을 남에게 잘 전달하기 위한 능력이나 기술, 기능을 잘 수련함을 뜻함. '居'는 處(疊韻)와 같음. 〈正義〉에 "'脩辭立其誠, 所以居業'者, 辭謂文教, 誠謂誠實也. 外則脩理文教, 內則立其誠實, 內外相成, 則有功業可居. 故云'居業'也. 上云'進德', 下復云'進德', 上云'脩業', 下變云'居業'者, 以其閒有脩辭之文, 故避其脩文而云'居業'. 且功業宜云居也"라 함. 《集解》에 "荀爽曰:「'修辭', 謂終日乾乾; '立誠', 謂夕惕若厲; '居業', 謂居三也.」○翟玄曰:「居三修其教令, 立其誠信, 民敬而從之.」"라 함.

【知至至之, 可與幾也】앞의 지극함이 이러한 경지에 이르게 되면 가히 그 기미함을 함께 할 수 있음. 앞의 '至'는 名詞, 뒤의 '至'는 動詞. '幾'는 幾微, 아주 미세하고 精微한 原理나 徵兆, 豫兆. 〈繫辭傳〉에 "幾者, 動之微, 吉凶之先見者也"라 함. 그러나 뒤 구절은 '可與言幾也'여야 함. 阮元은 "古本〈足利本〉與字下有言字"라 하였고, 《集解》에도 '言'자가 있음. 따라서 '기미한 원리를 함께 토론할 수 있음'의 뜻이 됨. 〈正義〉에 "'知至至之, 可與幾'者, 九三處一體之極, 方至上卦之下, 是至也; 旣居上卦之下, 而不凶咎, 是知至也. 旣能知是將至, 則是識幾. 知理可與共論幾事, 幾者, 去无入有, 有理而未形之時. 此九三旣知時節將至, 知理欲到, 可與共營幾也"라 함. 《集解》에 "翟玄曰:「知五, 可至而至之, 故可與行幾微之事也.」"라 함.

【知終終之, 可與存義也】끝(결과)을 알아 이를 끝내게 되면, 이러한 자와는 가히 義의 存在를 함께 할 수 있음. 王弼 注에 "處一體之極, 是至也. 居一卦之盡, 是終也. 處事之至而不犯咎, 知至者也. 故可與成務矣. 處終而能全其終, 知終者也. 夫進物之速者, 義不若利, 存物之終者, 利不及義, 故'靡不有初, 尠克有終'. 夫可與存義者, 其唯知終者乎?"라 하였고, 〈正義〉에 "'知終終之, 可與存義'者, 居一體之盡, 而全其終竟, 是知終也. 旣能知此終竟, 是終盡之時, 可與保存其義. 義者, 宜也. 保全其位, 不有失喪, 於事得宜.

九三旣能知其自全, 故可存義. 然九三唯是一爻, 或使之欲進, 知幾也; 或使之欲退, 存義也. 一進一退, 其意不同, 以九三處進退之時, 若可進則進, 可退則退, 兩意並行. ‘處一體之極, 是至也’者, 莊氏云:「極, 卽至也. 三在下卦之上, 是至極.」褚氏云:「一體之極, 是至者. 是下卦已極, 將至上卦之下, 至謂至上卦也. 下云‘在下位而不憂’, 注云:「知夫至至, 故不憂.」此以人事言之, 旣云‘下位明知在上卦之下, 欲至上卦, 故不憂. 是知將至.」上卦若莊氏之說, 直云‘下卦上極, 是至極’, 儻无上卦之體, 何可至也? 何須與幾也? 是知至者, 據上卦爲文, 莊說非也. 處事之至而不犯咎, 是知至者, 謂三近上, 卦事之將至, 能以禮知屈而不觸犯. 上卦之咎, 則是知事之將至, 故可與成務者. 務, 謂事務, 旣識事之先幾, 可與以成其事務, 與, 猶許也. 言可許之事, 不謂此人共彼相與也. 進物之速者, 義不若利者. 利則隨幾而發見, 利則行也. 義者, 依分而動, 不妄求進, 故進物速疾, 義不如利, 由義靜而利動故也. 存物之終者, 利不及義者, 保全已成之物, 不妄興動, 故利不及義也. 故‘靡不有初, 鮮克有終’者. 見利則行, 不顧在後, 是‘靡不有初’, 不能守成其業, 是‘鮮克有終’. 明夫終敝, 故不驕者, 解知終也. 知夫至至, 故不憂者, 解知至也. 前經知至在前, 知終在後. 此經先解知終, 後解知至者, 隨文便而言之也. 處事之極, 失時則廢者, 謂三在下卦之上體, 是處事之極至也. 若失時不進, 則幾務廢闕, 所以乾乾須進也. 懈怠則曠者, 旣處事極, 極則終也. 當保守已終之業, 若懈怠驕逸, 則功業空曠, 所以乾乾也. 失時則廢, 解知至也; 懈怠則曠, 解知終也”라 함. 《集解》에 “姚信曰:「知終者, 可以知始終. 終謂三也. 義者, 宜也. 知存知亡, 君子之宜矣.」○崔憬曰:「君子喩文王也. 言文王進德修業, 所以貽厥武王. 至於九五, 至於九五, 可與進修意合, 故言知至至之, 可與言微也. 知天下歸周, 三分有二, 以服事殷, 終於臣道. 終於臣道, 可與進修意合, 故言知終終之, 可與存義.」”라 함.

【是故居上位而不驕】이 까닭으로 上位에 처하였으면서도 교만하지 않음. ‘上位’는 이 효가 하괘의 가장 위에 있음을 말함. 〈正義〉에 “‘是故居上位而不驕’者, 謂居下體之上位, 而不驕也. 以其知終, 故不敢懷驕慢”이라 함. 《集解》에 “虞翻曰:「天道三才一乾, 而以至三乾成, 故爲上夕惕若厲, 故不驕也.」”라 함.

【在下位而不憂】下位에 있으면서도 근심하지 않음. ‘下位’는 이 효가 上卦(外卦) 밑에 눌려 있음을 말함. 王弼 注에 “居下體之上, 在上體之下, 明夫終敝, 故不驕也. 知夫至至, 故不憂也”라 하였고, 〈正義〉에 “‘在下位而不憂’者, 處上卦之下, 故稱下位. 以其知事將至, 務幾欲進, 故不可憂也”라 함. 《集解》에 “虞翻曰:「下位, 謂初. 隱於初, 憂則違之, 故不憂.」”라 함.

【故乾乾因其時而惕, 雖危无咎矣】그 까닭으로 종일 乾乾히 하여, 그 때에 맞추어 조심하고 警惕하는 것임. ‘乾乾’은 勤奮不懈의 뜻. ‘因’은 ‘근거로 하다’의 뜻. ‘惕’은

두렵게 여겨 경계하고 조심함의 뜻. 따라서 비록 위험한 자리이기는 하나 허물은 없음. 王弼 注에 "惕, 忧惕之謂也. 處事之極, 失時則廢; 解怠則曠, 故因其時而惕, 雖危无咎"라 하였고, 〈正義〉에 "故乾乾因其時而惕, 雖危无咎'者, 九三以此之故, 恒乾乾也. 因其已終, 已至之時, 而心懷惕懼, 雖危不寧, 以其知終知至, 故无咎"라 함. 《集解》에 "王弼曰: 「惕, 忧惕也. 處事之極, 失時則廢; 懈怠則曠, 故乾乾因其時而惕, 雖危无咎.」"라 함. 《傳》에 "三居下之上, 而君德已著, 將何爲哉? 唯進德脩業而已. 內積忠信, 所以進德也; 擇言篤志, 所以居業也. 知至至之, 致知也. 求知所至, 而後(一无後字)至之知之在先, 故可與幾. 所謂始條理者, 知之事也. 知終終之, 力行也. 旣知所終, 則力進而終之, 守之在後, 故可與存義, 所謂終條理者, 聖之事也. 此學之始終也. 君子之學如是, 故知處上下之道, 而无驕憂, 不懈而知懼, 雖在危地, 而无咎也"라 하였고, 《本義》에 "忠信, 主於心者, 无一念之不誠也. 脩辭, 見於事者, 无一言之不寔也. 雖有忠信之心, 然非脩辭立誠, 則无以居之. 知至至之, 進德之事; 知終終之, 居業之事. 所以終日乾乾, 而夕猶惕若者, 以此故也. 可上可下, 不驕不憂, 所謂无咎也"라 함.

## (文上-5)

九四曰「或躍在淵, 无咎」, 何謂也?
子曰:「上下无常, 非爲邪也; 進退无恆, 非離羣也. 君子進德脩業, 欲及時也, 故无咎.」

〈언해〉 九四(구亽)애 굴오디 「或躍在淵, 无咎」는 엇디 닐옴고?
子(亽)ㅣ 굴ㅇ샤디, 上(샹)ㅎ며 下(하)홈이 常(샹)이 업슴이, 邪(샤)를 ㅎ욤이 아니며, 進(진)ㅎ며 退(퇴)홈이 恆(ᄒᆡᆼ)홈이 업슴이, 羣(군)을 離(리)ㅎ욤이 아니라. 君子(군ᄌᆞ)ㅣ 德(덕)을 進(진)ㅎ며 業(업)을 脩(슈)홈은 時(시)에 及(급)고져 홈이니, 故(고)로 咎(구)ㅣ 업스니라.」

〈해석〉 구사(九四)에 "혹 뛰어오르되 못에서 하니, 허물은 없다"함은 무슨 뜻인가?
공자가 말하였다.
"위로 오르기도 하고 아래로 내려가기도 함이 무상하나, 이는 사악한 짓을 하기 위한 것이 아니며, 나서기도 하고 물러서기도 함이 무상하나, 이 역시 자신의 무리를 떠나고자 함이 아니다. 군자가 덕으로 나아가고 업을 닦음은 그 때에 맞추고자 함이니, 이 까닭으로 허물이 없는 것이다.”

【九四曰「或躍在淵, 无咎」, 何謂也?】 이는 九四의 爻辭를 問答式으로 풀이한 것임. 九四의 爻辭에 '或躍在淵, 无咎'에 대한 設問. 〈正義〉에 “此明九四爻辭也”라 함.

【子曰:「上下无常, 非爲邪也」】 '上下无常'은 九四 효는 상괘의 시작으로 비록 상괘까지 올라갔으나 그래도 여전히 가장 높은 지위는 아니며, 아래로 내려갈 수도 있고 위로 더 올라갈 수도 있는 자리임. 그러나 '사악한 마음으로 오르거나 내려가려 하는 것은 아님'을 말함. 〈正義〉에 “子曰:「上下无常, 非爲邪」者, 上而欲躍下而欲退, 是无常也. 意在於公, 非是爲邪也”라 함. 《集解》에 “荀爽曰:「乾者君卦, 四者, 臣位也, 故欲進躍, 居五下者, 當下居坤初, 德陽正位, 故曰上下无常, 非爲邪也.」”라 함.

【進退无恆, 非離羣也】 '進退无恆'은 이 효는 進(上)과 退(下)가 无常함. '恆'은 恒과 같으며, 无恆(無恒)은 无常(無常)과 같음. '非離羣也'는 무리를 이탈하여 자신만이 이익을 누리기 위해서 그렇게 하는 것이 아님. 〈正義〉에 “進退无恒, 非離羣'者, 何氏云:「所以進退无恒者, 時使之然, 非苟欲離羣也.」 何氏又云:「言上下者, 據位也; 進退者, 據爻也. 所謂'非離羣'者, 言雖進退无恒, 猶依羣衆而行, 和光俯仰, 竝同於衆, 非是, 卓絶獨離羣也”라 함. 《集解》에 “荀爽曰:「進謂居五, 退謂居三, 故進退无恒, 非離羣也.」”라 함.

【君子進德脩業, 欲及時也】 군자는 덕으로 나아가 자신의 업무를 닦으며, 그 때에 맞추고자 하고 있음. 그 때문에 上下无常하고 進退无恆한 것임. 〈正義〉에 “君子進德脩業, 欲及時'者, 進德, 則欲上欲進也; 脩業, 則欲下欲退也. 進者, 棄位欲躍, 是進德之謂也; 退者, 仍退在淵, 是脩業之謂也. 其意與九三同, 但九四欲前進, 多於九三, 故云'欲及時'也. 九三則不云'及時', 但'可與言幾'而已”라 함.

【故『无咎』】 그 때문에 허물은 없음. 《集解》에 “崔憬曰:「至公, 欲及時濟人, 故无咎也.」”라 함. 《傳》에 “或躍或處, 上下无常, 或進或退, 去就從宜, 非爲邪枉, 非離羣類, 進德脩業, 欲及時耳. 時行時止, 不可恒也. 故云或深淵者, 龍之所安也. 在淵謂躍, 就所安淵, 在深而言躍. 但取進就, 所安之義, 或疑辭. 隨時而未可必也. 君子之順時, 猶影之隨形, 可離非道也”라 하였고, 《本義》에 “內卦以德學言, 外卦以時位言. 進德脩業, 九三備矣. 此則欲其及時而進也”라 함.

九五曰「飛龍在天, 利見大人」, 何謂也?
子曰:「同聲相應, 同氣相求; 水流溼, 火就燥, 雲從龍, 風從虎; 聖人作而萬物覩; 本乎天者親上, 本乎地者親下, 則各從其類也.」

〈언해〉 九五(구오)애 글오디 「飛龍在天, 利見大人」은 엇디 닐옴고?
子(ᄌ)ㅣ 글ᄋ샤디, 「同(동)호 聲(셩)이 서ᄅ 應(응)ᄒ며, 同(동)호 氣(긔)ㅣ 서ᄅ 求(구)ᄒ야 水(슈)ㅣ 濕(습)애 流(류)ᄒ며, 火(화)ㅣ 燥(조)애 就(ᄎᆔ)ᄒ며, 雲(운)이 龍(룡)을 從(죵)ᄒ며, 風(풍)이 虎(호)룰 從(죵)ᄒᄂ니라. 聖人(셩인)이 作(작)홈애 萬物(만믈)이 覩(도)ᄒᄂ니 天(텬)애 本(본)호 者(쟈)ᄂ 上(샹)애 親(친)ᄒ고, 地(디)예 本(본)호 者(쟈)ᄂ 下(하)애 親(친)ᄒᄂ니 곧 各各(각각) 그 類(류)를 從(죵)홈이니라.」

〈해석〉 구오(九五)에 "나는 용이 하늘에 있으니, 대인을 만남이 이롭다"라 한 것은 무슨 뜻인가?
공자가 말하였다.
"같은 소리를 내는 것은 서로 호응하고, 같은 기(氣)를 가진 사물은 서로를 찾는다. 물은 젖은 곳으로 흘러가고, 불은 마른 곳으로 타들어가며, 구름은 용이 가는 곳으로 따르고, 바람은 범이 가는 곳으로 불어간다. 성인이 이렇게 만들어 놓아 만물이 보게 되는 것이다. 하늘에 근본을 두고 있는 것은 위를 친하게 여겨 올라가고, 땅에 근본을 두고 있는 것은 아래를 친히 여겨 내려간다. 그런즉 각기 그 닮은 것을 따르게 되어 있는 것이다."

【九五曰「飛龍在天, 利見大人」, 何謂也?】 이는 九五(君位, 帝位, 得中, 位正當)의 爻辭를 問答式으로 풀이한 것임. 九五에 '飛龍在天, 利見大人'이라 한 것에 대한 設問. 〈正義〉에 "此明九五爻之義. 〈正義〉에 "飛龍在天'者, 言天能廣感衆物, 衆物應之. 所以 '利見大人', 因大人與衆物感應, 故廣陳衆物, 相感應以明聖人之作, 而萬物瞻覩, 以結之也"라 함.
【子曰:「同聲相應, 同氣相求】 같은 소리에는 서로 응답을 하고, 같은 氣를 가진 것들은 서로를 찾음. 〈正義〉에 "同聲相應'者, 若彈宮而宮, 應彈角而角動是也. '同氣相求'

者, 若天欲雨, 而礎柱潤是也. 此二者, 聲氣相感也"라 함.《集解》에 "虞翻曰: 「謂震巽也.
庖犧觀變而放八卦, 雷風相薄, 故相應也.」○張璠曰: 「天者, 陽也; 君者, 陽也. 雷風者,
天之聲. 號令者, 君之聲明. 君與天地, 相應合德, 同化動靜, 不違也.」虞翻曰: 「謂艮兌山
澤通氣, 故相求也.」○崔憬曰: 「方諸與月同, 有陰氣相感, 則水生陽燧, 與日同. 有陽氣相
感, 則火出也.」"라 함.

【水流溼, 火就燥】물은 낮은 습지로 흐르고, 불은 건조한 곳으로 나아감. '溼'은 濕
의 本字.〈正義〉에 "水流濕, 火就燥'者, 此二者, 以形象相感, 水流於地, 先就濕處, 火焚
其薪, 先就燥處. 此聲氣水火, 皆无識而相感, 先明自然之物, 故發初言之也"라 함.《集
解》에 "荀爽曰: 「陽動之坤, 而爲坎, 坤者純陰, 故曰濕也.」荀爽曰: 「陰動之乾, 而成離,
乾者純陽, 故曰燥也.」○虞翻曰: 「離上而坎下, 水火不相射.」○崔憬曰: 「決水先流濕
(闕), 火先就燥.」"라 함.

【雲從龍, 風從虎】구름은 용을 따라 일어나고, 바람은 호랑이를 따라 불어감.〈正
義〉에 "雲從龍, 風從虎'者, 龍, 是水畜; 雲, 是水氣. 故龍吟, 則景雲出, 是雲從龍也. 虎,
是威猛之獸; 風, 是震動之氣, 此亦是同類相感, 故虎嘯則谷風生, 是風從虎也. 此二句,
明有識之物感无識, 故以次言之. 漸就有識而言也"라 함.《集解》에 "荀爽曰: 「龍, 喩王
者, 謂乾二之坤, 五爲坎也.」○虞翻曰: 「乾爲龍, 雲生天, 故從龍也.」荀爽曰: 「虎, 喩國
君, 謂坤五之乾, 二爲巽, 而從三也. 三者下體之君, 故以喩國君.」○虞翻曰: 「坤爲虎, 風
生地, 故從虎也.」"라 함.

【聖人作而萬物覩】聖人이 만들어 놓은 것을 萬物이 보게 됨.〈正義〉에 "'聖人作而萬
物覩'者, 此二句, 正釋'飛龍在天, 利見大人'之義. 聖人作則飛龍在天也, 萬物覩則利見大
人也. 陳上數事之名, 本明於此, 是有識, 感有識也. 此亦同類相感, 聖人有生養之德, 萬
物有生養之情, 故相感應也"라 함.《集解》에 "虞翻曰: 「覩, 見也. 聖人則庖犧, 合德乾五,
造作八卦, 以通神明之德, 以類萬物之情, 五動成離, 日出照物, 皆相見, 故曰聖人作而萬
物覩也.」○陸績曰: 「陽氣至五, 萬物茂盛, 故譬以聖人在天子之位, 功成制作萬物, 咸見
之矣.」"라 함.

【本乎天者親上, 本乎地者親下】하늘에 근본을 두고 있는 것은 위의 것을 친히 여기
고, 땅에 근본을 주고 있는 것은 아래의 것을 친히 여김. 劉百閔의《周易事理通義》에
"動物爲本乎天者, 故首向上, 是親乎上; 食物爲本乎地者, 故本向下, 是親乎下"라 함.〈正
義〉에 "本乎天者親上, 本乎地者親下'者, 在上雖陳感應, 唯明數事而已. 此則廣解天地之
間, 共相感應之義. 莊氏云: 「天地絪縕, 和合二氣, 共生萬物. 然萬物之體, 有感於天氣,
偏多者, 有感於地氣, 偏多者. 故《周禮》〈大宗伯〉有'天産地産'.〈大司徒〉云: 「動物植物,

本受氣於天者, 是動物; 含靈之屬. 天體運動, 含靈之物, 亦運動, 是親附於上也. 本受氣
於地者, 是植物. 无識之屬, 地體凝滯植物, 亦不移動, 是親附於下也"라 함. 《集解》에 "荀
爽曰:「謂乾九二, 本出於乾, 故曰本乎天, 而居坤五, 故曰親上.」荀爽曰:「謂坤六五, 本
出於坤, 故曰本乎地, 降居乾二, 故曰親下也.」○崔憬曰:「謂動物親於天之動, 植物親於
地之靜.」"이라 함.

【則各從其類也.】萬物과 萬事는 각각 그 닮은 것을 따르게 되어 있음. 有類相從,
同類相從의 뜻임. 〈正義〉에 "'則各從其類'者, 言天地之間, 共相感應, 各從其氣類. 此類因
聖人感, 萬物以同類, 故以同類言之, 其造化之性, 陶甄之器, 非唯同類相感, 亦有異類相感
者. 若磁石引針琥珀, 拾芥蠶吐, 絲而商弦絶. 銅山崩而洛鐘應, 其類煩多難, 一一言也. 皆
冥理自然, 不知其所以然也. 感者, 動也; 應者, 報也. 皆先者爲感, 後者爲應, 非唯近事,
則相感亦有遠, 事遙相感者, 若周時'獲麟', 乃爲漢高之應, 漢時黃星, 後爲曹公之兆. 感應
之事廣, 非片言可悉. 今意在釋理, 故略擧大綱而已"라 함. 《集解》에 "虞翻曰:「方以類聚,
物以羣分, 乾道變化, 各正性命, 觸類而長, 故各從其類.」"라 함. 《傳》에 "人之與聖人, 類
也. 五以龍德, 升尊位人之類, 莫不歸仰, 況同德乎? 上應於下, 下從於上, 同聲相應, 同氣
相求也. 流濕就燥, 從龍從虎, 皆以氣類, 故聖人作而萬物皆覩. 上旣見下, 下亦見上, 物人
也. 古語云:『人物, 物論謂人也.』《易》中'利見大人', 其言則同義, 則有異如〈訟〉之'利見大
人', 謂宜見大德, 中正之人, 則其辨明. 言在見前, 乾之二五, 則聖人旣出, 上下相見, 共成
其事, 所利者見大人也. 言在見後, 本乎天者, 如日月星辰. 本乎地者, 如蟲獸草木. 陰陽各
從其類, 人物莫不然也"라 하였고, 《本義》에 "作, 起也; 物, 猶人也. 覩釋利見之意也. 本乎
天者, 謂動物; 本乎地者, 謂植物. 物各從其類, 聖人, 人類之首也. 故興起於上, 則人皆見
之"라 함.


## (文上-7)


上九曰「亢龍有悔」, 何謂也?
子曰:「貴而无位, 高而无民, 賢人在下位而无輔, 是以動而
『有悔』也.」

〈언해〉 上九(샹구)애 골오디 「亢龍有悔」는 엇디 닐옴고?
　　　　子(ᄌᆞ) ㅣ 골ᄋᆞ샤디, 「貴(귀)호디 位(위) ㅣ 업스며, 高(고)호디 民(민)이 업스며,

賢人(현인)이 下位(하위)에 이셔 輔(보)홀 이 업슨디라, 일로뻐 動(동)ᄒᆞ면 悔
(회)ㅣ 인ᄂᆞ니라.」

〈해석〉 상구(上九)에 "꼭대기까지 올라 간 용은 회한만 있다"라 한 것은 무슨 뜻인가?
　　　공자가 말하였다.
　　　"귀한 자리에 다 올라가고 나면 더 오를 자리가 없고, 높이만 올라가면 다스릴
　　　백성이 없다. 현인들은 아래에 처하여 그들로부터 보필을 받을 수 없으니, 이
　　　까닭으로 움직였다 하면 회한이 있는 것이니라."


　【上九曰「亢龍有悔」, 何謂也?】 이는 上九의 爻辭를 問答式으로 풀이한 것임. 上九에
'亢龍有悔'라 한 것에 대한 設問. 〈正義〉에 "此明上九爻辭也"라 함.

　【子曰:「貴而无位, 高而无民」】 귀한 것에 극에 달하면 지위가 없는 것과 같고, 높이
만 올라가 있으면 그를 따르는 백성이 없음. 王弼 注에 "下无陰也"라 하였고, 〈正義〉에
"子曰:「貴而无位」者, 以上九非位, 而上九居之, 是无位也. '高而无民'者, 六爻皆无陰,
是无民也"라 함. 《集解》에 "荀爽曰:「在上, 故貴失位, 故无位.」 何妥曰:「旣不處九五,
帝王之位, 故无民也. 夫『率土之濱, 莫非王臣』, 旣非王位, 則民不隷屬也.」"라 함.

　【賢人在下位而无輔】 그렇게 되면 賢人이 下位에 처져 있어 그로부터 輔弼을 받지
못함. 王弼 注에 "賢人雖在下而當位, 不爲之助"라 하였고, 〈正義〉에 "'賢人在下位而无
輔'者, 賢人雖在下位, 不爲之輔助也"라 함. 《集解》에 "荀爽曰:「謂上應三, 三陽德正, 故
曰賢人; 別體在下, 故曰在下位. 兩陽无應, 故无輔.」"라 함.

　【是以動而『有悔』也.」】 이 까닭으로 움직이면 '회한이 있게 됨'의 뜻임. 王弼 注에
"處上卦之極, 而不當位, 故盡, 陳其闕也. 獨立而動, 物莫之與矣. 乾〈文言〉首不論乾而先
說元, 下乃曰乾何也? 夫乾者, 統行四事者也. 君子以自强不息, 行此四者, 故首不論乾,
而下曰乾元亨利貞. 餘爻皆說龍, 至於九三獨以君子, 爲目何也? 夫《易》者象也. 象之所
生, 生於義也. 有斯義, 然後明之以其物, 故以龍叙乾, 以馬明坤, 隨其事義而取象焉. 是
故初九·九二, 龍德皆應其義, 故可論龍以明之也. 至於九三, 乾乾夕惕, 非龍德也. 明以君
子當其象矣. 統而擧之, 乾體皆龍, 別而敍之, 各隨其義"라 하였고, 〈正義〉에 "'是以動而
有悔'者, 聖人設戒, 居此之時, 不可動作也. '夫乾者, 統行四事者也. 君子以自强不息, 行
此四者', 注意以乾爲四德之主. '〈文言〉之首, 應先說乾而先說四德'者, 故自發問而釋之.
以乾體當分无功, 唯統行此四德之事. 行此四德, 乃是乾之功, 故〈文言〉先說'君子以自强
不息, 行此四德者', 故先言之發首, 不論乾也. 但能四德旣備, 乾功自成, 故下始云'乾, 元
亨利貞'"이라 함. 《集解》에 "荀爽曰:「升極當降, 故有悔.」"라 함. 《傳》에 "九居上而不當

尊位, 是以无民·无輔. 動則有悔也"라 하였고, 《本義》에 "賢人在下位, 謂九五以下无輔,
以上九過高志滿, 不來輔助之也." ○"此第二節, 中象傳之意"라 함.


# (文上-8)

「潛龍勿用」, 下也;「見龍在田」, 時舍也;
「終日乾乾」, 行事也;「或躍在淵」, 自試也;
「飛龍在天」, 上治也;「亢龍有悔」, 窮之災也;
乾元「用九」, 天下治也.

〈언해〉「潛龍勿用」은 下(하)홈이오,「見龍在田」은 時(시)로 舍(샤)홈이오,
「終日乾乾」, 事(ᄉ)ᄅᆞᆯ 行(ᄒᆡᆼ)홈이오,「或躍在淵」은 스스로 試(시)홈이오,
「飛龍在天」은 上(샹)의 治(티)오,[《本義》: 上(샹)에셔 治(티)홈이오]「亢龍有悔」
ᄂᆞᆫ, 窮(궁)의 災(ᄌᆡ)ㅣ오,
乾元(건원)의 九用(구용)홈은 天下(텬하)ㅣ 治(티)홈이라.
〈해석〉 "잠룡(潛龍)은 쓰지 말라"한 것은, 그 효(초구)가 가장 아래에 있기 때문이요,
"현룡(見龍)이 밭에 있다"함은, 그 효(구이)가 때에 맞추어 서서히 해야 할 위치
이기 때문이요,
"종일 힘쓰기만 한다"함은, 그 효(구삼)가 일을 실행하기 위함이요, "혹 뛰어오
르되 못에서 한다"함은, 그 효(구사)가 스스로 시도해 보고자 함이요,
"나는 용이 하늘에 있다"함은, 그 효(구오)는 윗자리에서 다스릴 수 있음을 말한
것이요(위에서 다스림이요), "꼭대기까지 올라간 용은 회한만 있다"함은, 그
효(상구)가 끝에 이르러 재앙이 됨을 말한 것이다. 건괘의 시작에서 '九'자를
사용함'은, 천하가 다스려지는 원리를 말한 것이다.


【「潛龍勿用」, 下也】 이는 爻辭 전체를 다시 부연하여 풀이한 것임. '潛龍勿用'이라
한 것은 初九가 맨 아래에 있기 때문임. '下也'는 아래 구절 '時舍也', '行事也', '自試也'
등과 비추어 볼 때 구조가 다름. 이에 沙少海는 "下也二字, 意不完整, 且與下文'時舍
也', '行事也'等句結構方式不同, 下字上疑脫處字. 王弼注:『潛龍勿用』, 何乎? 必勞處于

下也.」似王原有處字'라 하여 '處下也'로 되어야 한다고 여겼음. 〈正義〉에 "此一節是 〈文言〉第三節. 說六爻人事, 所治之義. '潛龍勿, 用下也'者, 言聖人於此潛龍之時, 在卑下 也"라 함. 《集解》에 "何妥曰:「此第二章, 以人事明之. 當帝舜耕漁之日, 卑賤處下, 未爲 時用, 故云下.」"라 함. 《傳》에 "此以下, 言乾之時勿用, 以在下, 未可用也"라 함.

【「見龍在田」, 時舍也】九二를 '見龍在田'이라 한 것은 시의를 따라 천천히 자신의 뜻을 펴 나가야 할 위치이기 때문임. '舍'는 舒의 假借. 舒展(천천히 발전해 감)의 뜻. 〈正義〉에 "見龍在田, 時舍'者, 舍, 謂通舍. 九二以見龍在田, 是時之通舍也"라 함. 《集 解》에 "何妥曰:「此夫子洙泗之日, 開張業藝, 敎授門徒, 自非通舍, 孰能如此?」 ○虞翻 曰:「二非王位, 時暫舍也.」"라 함. 《傳》에 "隨時而止也"라 하였고, 《本義》에 "言未爲時 用也"라 함.

【「終日乾乾」, 行事也】九三의 '終日乾乾'이라 한 것은 일을 실행에 옮겨도 될 위치 임을 말함. 〈正義〉에 "終日乾乾, 行事'者, 言行此, 知至知終之事也"라 함. 《集解》에 "何 妥曰:「此當文王爲西伯之時, 處人臣之極, 必須事上接下, 故言行事也.」"라 함. 《傳》에 "進德脩業也"라 함.

【「或躍在淵」, 自試也】九四의 '或躍在淵'이란 자신의 뜻을 스스로 시험해보아도 될 자리임을 말함. 〈正義〉에 "或躍在淵, 自試'者, 言聖人逼近五位, 不敢果決而進. 唯漸漸 自試, 意欲前進, 遲疑不定, 故云自試也"라 함. 《集解》에 "何妥曰:「欲進其道, 猶復疑惑, 此當武王觀兵之日, 欲以試觀物情也.」"라 함. 《傳》에 "隨時自用也"라 하였고, 《本義》에 "未遽有爲, 姑試其可"라 함.

【「飛龍在天」, 上治也】九五의 '飛龍在天'이란 위에서 다스림을 실행해야 할 자리임 을 말함. 九五는 帝位의 자리임을 가리킴. 〈正義〉에 "飛龍在天, 上治'者, 言聖人居上 位, 而治理也"라 함. 《集解》에 "何妥曰:「此當堯舜冕旒之日, 以聖德而居高位, 在上而治 民也.」"라 함. 《傳》에 "得位而行, 上之治也"라 하였고, 《本義》에 "居上以治下"라 함.

【「亢龍有悔」, 窮之災也】上九의 '亢龍有悔'란 끝까지 다하여 궁한 위치이므로 재앙이 있음을 말함. 上九는 乾卦의 極位로 더 이상 올라갈 곳이 없음을 가리킴. 〈正義〉에 "亢龍有悔, 窮之災'者, 言位窮而致災災則悔也非爲大禍災也"라 함. 《集解》에 "案: 此當桀 紂失位之時, 亢極驕盈, 故致悔恨, 窮斃之災禍也.」"라 함. 《傳》에 "窮極而灾至也"라 함.

【乾元「用九」, 天下治也】乾卦는 元始의 德을 가져, 陽을 '九'자로 사용한 것은 천하 가 다스려짐을 상징한 것임. 王弼 注에 "此一章, 全以人事明之也. 九, 陽也. 陽, 剛直之 物也. 夫能全用剛直, 放遠善柔, 非天下至理, 未之能也. 故乾元用九, 則天下治也. 夫識 物之動, 則其所以然之理, 皆可知也. 龍之爲德, 不爲妄者也. 潛而勿用, 何乎必窮處於下

也? 見而在田, 必以時之通舍也. 以爻爲人, 以位爲時, 人不妄動, 則時皆可知也. 文王〈明夷〉, 則主可知矣; 仲尼〈旅〉人, 則國可知矣"라 하였고, 〈正義〉에 "'乾元用九, 天下治'者, 《易》經上稱用九, 用九之文總, 是乾德. 又乾字不可獨言, 故擧元德以配乾也. 言此乾元用九, 德而天下治, 九五止是一爻, 觀見事狹, 但云上治乾元, 總包六爻, 觀見事闊, 故云'天下治'也. '此一章全以人事明之者'. 下云'陽氣潛藏', 又云'乃位乎天德', 又云'乃見天則', 此一章但云天下治, 是皆以人事說之也. '夫能全用剛直, 放遠善柔, 非天下至理, 未之能也'者, 以乾元用九, 六爻皆陽, 是全用剛直, 放遠善柔. 謂放棄善柔之人, 善能柔詔, 貌恭心狼, 使人不知其惡, 識之爲難, 此用九純陽者, 是全用剛直, 更无餘陰, 柔善之人, 堯尙病之, 故云'非天下之至理, 未之能也'. '夫識物之動, 則其所以然之理, 皆可知'者, 此欲明在下龍潛見之義, 故張氏云:「識物之動, 謂龍之動也.」'則其所以然之理, 皆可知'者, 謂識龍之所以潛, 所以見, 然此之理, 皆可知也. '龍之爲德, 不爲妄'者, 言龍靈異於他獸, 不妄擧動, 可潛則潛, 可見則見, 是不虛妄也. '見而在田, 必以時之通舍'者, 經唯云'時舍也'. 注云:「必以時之通舍』者, 則輔嗣以通解舍, 舍是通義也. 初九潛藏不見, 九二旣見而在田, 是時之通舍之義也. '以爻爲人, 以位爲時'者, 爻居其位, 猶若人遇其時, 故文王〈明夷〉則主可知矣, 主則時也. 謂當時无道, 故明傷也. 仲尼〈旅〉人, 則國可知矣. 國亦時也. 若見仲尼羈旅於人, 則知國君无道, 令其羈旅出外. 引文王·仲尼者, 明龍潛龍見之義"라 함. 《集解》에 "案: 此當三皇五帝, 禮讓之時垂, 拱无爲而天下治矣.」○王弼曰:「此一章, 全以人事明之也. 九, 陽也. 陽, 剛直之物也. 夫能全用剛直, 放遠善柔, 非天下之至治, 未之能也. 故乾元用九, 則天下治也. 夫識物之動, 則其所以然之理, 皆可知也. 龍之爲德, 不爲妄也. 潛而勿用, 何乎必窮處於下也? 見而在田, 必以時之通舍也. 以爻爲人, 以位爲時, 人不妄動, 則時皆可知也. 文王明夷, 則主可知矣; 仲尼旅人, 則國可知矣.」라 함. 《傳》에 "用久之道, 天與聖人, 同得其用, 則天下治也"라 하였고, 《本義》에 "言乾元用九, 見與他卦不同. 君道剛而能柔, 天下无不治矣.」○"此第三節再申前意"라 함.

潛龍勿用」, 陽氣潛藏;「見龍在田」, 天下文明;
「終日乾乾」, 與時偕行;「或躍在淵」, 乾道乃革;
「飛龍在天」, 乃位乎天德;「亢龍有悔」, 與時偕極;
乾元「用九」, 乃見天則.

〈언해〉「潛龍勿用」은 陽氣(양긔)ㅣ 潛藏(줌장)홈이오,

「見龍在田」은 天下(텬하)ㅣ 文明(문명)홈이오,

「終日乾乾」은 時(시)로 더부러 흠끠 行(힝)홈이오,

「或躍在淵」은 乾(건)의 道(도)ㅣ 이예 革(혁)홈이오,

「飛龍在天」은 이예 天德(텬덕)애 位(위)홈이오,

「亢龍有悔」는 時(시)로 더브러 흠끠 極(극)홈이오,

乾元「用九」는 이예 天則(텬측)을 見(견)홀 거시라.

〈해석〉 "잠룡(潛龍)은 쓰지 말라"한 것은, 그 효(초구)의 양기(陽氣)가 잠겨 저장되어
있음을 뜻하는 것이요, "현룡(見龍)이 밭에 있다"함은, 그 효(구이)가 천하에
밝은 문명을 주고 있음을 말한 것이요,

"종일 힘쓰기만 한다"함은, 그 효(구삼)가 때와 더불어 함께 실행함을 뜻하는
것이요, "혹 뛰어오르되 못에서 한다"함은, 그 효(구사)가 건괘의 도가 이에
혁신함을 말한 것이요,

"나는 용이 하늘에 있다"함은, 그 효(구오)가 이에 하늘의 덕을 이루는 자리임을
뜻하는 것이요,

"꼭대기까지 올라간 용은 회한만 있다"함은, 그 효(상구)가 때와 더불어 함께
궁극에 이르렀음을 말한 것이요,

건괘의 시작에서 '九자를 사용함'은, 하늘의 법칙을 볼 것임을 상징한 것이다.

【「潛龍勿用」, 陽氣潛藏】이 역시 爻辭 전체를 다시 한 번 부연하여 풀이한 것임.
初九의 '潛龍勿用'이란 陽氣(陽爻의 氣)가 잠겨 감추어져 있는 爻位임을 말함. 〈正義〉
에 "此一節, 是〈文言〉第四節. 明六爻天氣之義"라 함. 《集解》에 "何妥曰:「此第三章, 以
天道明之. 當十一月陽氣雖動, 猶在地中, 故曰潛龍也.」"라 함. 《傳》에 "此以下言乾之義.
方陽微潛藏之時, 君子亦當晦隱, 未可用也"라 함.

【「見龍在田」, 天下文明】九二의 '見龍在田'은 천하가 文明한 단계임을 말함. '田'은 文明의 뜻. '文明'의 '文'은 文綵, 文章, '明'은 明媚함. 이는 초목이 發芽하여 大地가 文綵로 繡를 놓은 듯이 明媚함을 뜻함. 〈正義〉에 "'天下文明'者, 陽氣在田, 始生萬物, 故天下有文章而光明也"라 함. 《集解》에 "案: 陽氣上達於地, 故曰見龍在田. 百草萌牙孚甲, 故曰文明." ○孔穎達曰: 「先儒以爲九二, 當太簇之月, 陽氣見地, 則九三爲建辰之月, 九四爲建午之月, 九五爲建申之月, 上九爲建戌之月. 羣陰旣盛, 上九不得, 言與時偕極, 先儒此說於理稍乖. 此乾之陽氣漸生, 似聖人漸進宜據十一月之後, 建巳之月已來, 此九二爻, 當建丑建寅之間, 於時地之萌芽, 物有生者, 卽是陽氣發見之義也. 但陰陽二氣, 共成歲功, 故陰興之時, 仍有陽. 在陽生之月, 尙有陰氣. 所以六律六呂, 陰陽相關, 取象論義, 與此不殊也.」라 함. 《傳》에 "龍德見於地上, 則天下見其文明之化也"라 하였고, 《本義》에 "雖不在上位, 然天下已被其化"라 함.

【「終日乾乾」, 與時偕行】九三의 '終日乾乾'은 때에 맞추어 그 때에 따라 함께 행동해야 함을 말함. 王弼 注에 "與天時, 俱不息"이라 하였고, 〈正義〉에 "'與時偕行'者, 此以天道釋爻象也. 所以九三, 乾乾不息, 終日自戒者, 同於天時, 生物不息, 言與時偕行也. 偕, 俱也. 諸儒以爲建辰之月, 萬物生長, 不有止息, 與天時而俱行. 若以不息言之, 是建寅之月, 三陽用事, 三當生物之初, 生物不息, 同於天時生物不息, 故言'與時偕行'也"라 함. 《集解》에 "何妥曰: 「此當三月, 陽氣浸長, 萬物將盛, 與天之運, 俱行不息也.」"라 함. 《傳》에 "隨時而進也"라 하였고, 《本義》에 "時當然也"라 함.

【「或躍在淵」, 乾道乃革】九四의 '或躍在淵'은 乾道(天道)가 이에 改革(變革, 革新)의 단계에 해당함을 말함. 〈正義〉에 "'乾道乃革'者, 去下體入上體, 故云'乃革'也"라 함. 《集解》에 "何妥曰: 「此當五月, 微陰初起, 陽將改變, 故云乃革也.」"라 함. 《傳》에 "離下位而升上位, 上下革矣"라 하였고, 《本義》에 "離下而上, 變革之時"라 함.

【「飛龍在天」, 乃位乎天德】九五의 '飛龍在天'은 이에 그 자리(帝位)가 하늘의 덕에 해당하기 때문임. '天德'은 九五 爻는 乾卦의 主爻이며 帝位이므로 건괘가 가지고 있어야 하는 하늘의 모든 덕을 다 갖추어야 함. 〈正義〉에 "'乃位乎天德'者, 位當天德之位, 言九五陽居於天, 照臨廣大, 故云'天德'也"라 함. 《集解》에 "何妥曰: 「此當七月, 萬物盛長, 天功大成, 故云天德也.」"라 함. 《傳》에 "位乎上位, 當天德"이라 하였고, 《本義》에 "天德, 卽天位也. 盖唯有是德, 乃宜居是位, 故以名之"라 함.

【「亢龍有悔」, 與時偕極】上九의 '亢龍有悔'는 때와 더불어 함께 極位에 달하였음을 말함. 해는 《說文》에 "偕, 俱也"라 함. '與時偕極'은 乾卦는 陽爻가 차례로 올라가면서 陽氣도 그에 따라 旺盛해지므로 그러한 순서와 함께 劇寒에 다다르게 됨. 王弼 注에

"與時運, 俱終極"이라 함. 《集解》에 "何妥曰:「此當九月, 陽氣大衰, 向將極盡, 故云偕極也.」"라 함. 《傳》에 "時旣極, 則處時者亦極矣"라 함.

【乾元「用九」, 乃見天則】乾德의 元始를 '九'로 쓴 것은 이에 하늘의 법칙을 體現하기 위한 것임. '九'는 陽數의 極數이므로 '九'자를 사용한 것이며, 陽爻를 대신함. '見'은 現과 같으며, '현'으로 읽음. 王弼 注에 "此一章全說天氣, 以明之也. 九剛直之物, 唯乾體能用之, 用純剛以觀天, 天則可見矣"라 하였고, 〈正義〉에 "'乃見天則'者, 陽是剛亢之物, 能用此純剛, 唯天乃然, 故云'乃見天則'"이라 함. 《集解》에 "何妥曰:「陽消天氣之常, 天象法則, 自然可見.」 案: 王弼曰:「此一章, 全說天氣以明之也. 九剛直之物, 唯乾體能用之用, 純剛以觀天, 天則可見矣.」"라 함. 《傳》에 "用九之道, 天之則也. 天之法則, 謂天道也. 或問:「乾之六爻, 皆聖人之事乎?」 曰:「盡其道者, 聖人也; 得失則吉凶存焉. 豈特乾哉? 諸卦皆然也.」"라 하였고, 《本義》에 "剛而能柔, 天之法也" ○"此第四節又申前意"라 함.


# (文上-10)

「乾元」者, 始而亨者也; 「利貞」者, 性情也.
乾始能以美利利天下, 不言所利, 大矣哉!
大哉乾乎! 剛健中正, 純粹精也;
六爻發揮, 旁通精也; 時乘六龍, 以御天也; 雲行雨施, 天下平也.

〈언해〉 「乾元(건원)」은 始(시)ᄒ야 亨(형)ᄒᄂᆫ 者(쟈)ㅣ오,
　　　 「利貞(리뎡)」은 性情(셩졍)이라.
　　　 乾(건)의 始(시)ㅣ 能(능)히 아름다온 利(리)로뼈 天下(텬하)ᄅᆯ 利(리)케 ᄒᄂᆫ디라, 利(리)ᄒᆫ 바ᄅᆯ 言(언)아니 ᄒ니 크다!
　　　 크다 乾(건)이여! 剛(강)ᄒ며 健(건)ᄒ며 中(듕)ᄒ며 正(졍)ᄒ며, 純(슌)ᄒ며 粹(슈)ᄒᆫ 거시 精(졍)ᄒ고[《本義》: 剛(강)ᄒ며 健(건)ᄒ며 中(듕)ᄒ며 正(졍)ᄒᆫ 거시, 純(슌)ᄒ고 粹(슈)ᄒ야 精(졍)ᄒ고]
　　　 六爻(륙효)로 發揮(발휘)홈은 精(졍)을 旁(방)으로 通(통)홈이오,
　　　 時(시)로 六龍(륙룡)을 乘(승)ᄒ야 뼈, 天(텬)을 御(어)ᄒᄂ니 雲(운)이 行(ᄒᆡᆼ)ᄒ

며 雨(우) l 施(시)ㅎ는디라 天下(텬하) l 平(평)ㅎ느니라.

〈해석〉 '건원(乾元)'이란 시작하면서 형통함을 말한 것이요,

'이정(利貞)'이란 본성과 감정을 뜻하는 것이다.

건괘의 시작은 능히 아름다운 이로움으로 천하를 이롭게 하면서도, 이롭게 해준 바를 말로 하지 아니함은 위대하도다!

위대해도다, 건괘여! 강(剛)하고 건(健)하며, 중(中)하며 정(正)하며, 순수한 것이 정밀하고(강하며 건하며 중하며 정한 것이 순하고 수하여 정밀하고), 육효(六爻)가 자신의 임무를 발휘하여 정말함을 곡진하게 하고 있고, 때에 맞게 육룡(六龍)을 타고 이로써 하늘을 다스리며, 구름이 흐르고 비가 내리니, 천하가 태평하도다.


【「乾元」者, 始而亨者也】 이는 卦辭와 六爻의 원의를 다시 풀이한 것임. '乾德의 元始'란 우주의 시작이며 형통함을 말한 것임. 그러나 王念孫은 "乾元下亦當有亨字"라 하여 '乾元'은 '乾元亨'이어야 한다 하였음. 〈正義〉에 "此一節, 是第五節. 復明上初章及乾四德之義也. '乾元者, 始而亨者也', 以乾非自當分有德, 以元亨利貞爲德元, 是四德之首, 故夫子恒以元配乾而言之. 欲見乾元, 相將之義也. 以有乾之元德, 故能爲物之始而亨通也. 此解元亨二德也"라 함. 《集解》에 "虞翻曰:「乾始開通, 以陽通陰, 故始通.」"이라 함. 《傳》에 "又反覆詳說, 以盡其義, 旣始則必亨, 不亨則息矣"라 하였고, 《本義》에 "始則必亨, 理勢然也"라 함.

【「利貞」者, 性情也】 '이롭고 바름'이란 만물이 가지고 있는 本性과 하늘로부터 稟賦받은 內情(情緖)임. 王弼 注에 "不爲乾元, 何能通物之始? 不性其情, 何能久行其正? 是故始而亨者, 必乾元也; 利而正者, 必性情也"라 하였고, 〈正義〉에 "'利貞者, 性情也'者, 所以能利益於物而得正者, 由性制於情也. 乾之元氣, 其德廣大, 故能遍通諸物之始. 若餘卦元德, 雖能始生萬物, 德不周普, 故云'不爲乾元, 何能通物之始?'. 其實坤元, 亦能通諸物之始, 以此〈文言〉論乾元之德, 故注連言'乾元'也. '不性其情, 何能久行其正'者, 性者, 天生之質正而不邪; 情者, 性之欲也. 言若不能以性制情, 使其情如性, 則不能久行其正, 其六爻發揮之義. 案略例云'爻者, 言乎變者也'. 故合散屈伸, 與體相乖, 形躁好靜, 質柔愛剛, 體與情反, 質與願違, 是爻者所以明情, 故六'爻發散, 旁通萬物之情'. 輔嗣之意, 以初爲无用之地, 上爲盡末之境. 其居位者, 唯二三四五, 故〈繫辭〉唯論此四爻. 初上雖无正位, 統而論之, 爻亦始末之位. 乾象云'六位時成'. 二四爲陰位, 陰居爲得位, 陽居爲失位. 三五爲陽, 位陽居爲得位, 陰居爲失位. 略例云: '陽之所求者, 陰也; 陰之所求者, 陽也.'

一與四, 二與五三, 與上若一陰一陽爲有應, 若俱陰俱陽爲无應, 此其六爻之大略其義, 具於〈繫辭〉. 於此略言之"라 함. 《集解》에 "干寶曰:「以施化利萬物之性, 以純一正萬物之情.」 ○王弼曰:「不爲乾元, 何能通物之始? 不性其情, 何能久行其正? 是故始而亨者, 必乾元也; 利而正者, 必性情也.」"라 함. 《傳》에 "乾之性情也, 旣始而亨, 非利貞, 其能不息乎?"라 하였고, 《本義》에 "收斂歸藏, 乃見性情之寔(實)"이라 함.

【乾始能以美利利天下, 不言所利, 大矣哉!】乾德의 元始는 능히 아름다움과 이로움으로써 천하를 이롭게 하는 것임. 그러면서 천하를 이롭게 한 공적을 말하지 않으니 위대한 것임. 〈正義〉에 "'乾始能以美利利天下, 不言所利, 大矣哉'者, 此復說始而亨利貞之義. 乾始謂乾能始生萬物, 解元也. 能以美利利天下, 解利也. 謂能以生長美善之道, 利益天下也不. 復說亨貞者, 前文亨旣連始貞, 又連利擧始擧利, 則通包亨貞也. '不言所利, 大矣哉'者, 若坤卦云「利牝馬之貞」及「利建侯, 利涉大川」, 皆言所利之事. 此直云利貞不言所利之事, 欲見无不利也. 非唯止一事而已. 故云'不言所利, 大矣哉!'. 其實此利爲无所不利, 此貞亦无所不貞, 是乾德大也"라 함. 《集解》에 "虞翻曰:「美利, 謂雲行雨施, 品物流形, 故利天下也. 『天何言哉? 四時行焉, 百物生焉.』故利者大也.」"라 함. 《傳》에 "乾始之道, 能使庶類, 生成天下, 蒙其美利, 而不言所利者, 蓋无所不利, 非可指名也. 故贊其利之大, 曰大矣哉!"라 하였고, 《本義》에 "始者, 元而亨也. 利天下者, 利也; 不言所利者, 貞也. 或曰「坤利牝馬」, 則言所利矣"라 함.

【大哉乾乎! 剛健中正, 純粹精也】'위대하도다 건괘여!'라 극찬한 것임. '剛健中正, 純粹精也'는 乾卦는 剛健하고 中正하며 純粹하여 精微함. 乾卦의 六爻는 모두 陽爻로써 純陽하므로 그 때문에 '純粹精'이라 표현한 것임. 실이 가늘고 올곧은 것을 '純', 낟알이 잘 여문 알맹이를 '粹'라 함. 뒤에 둘이 합쳐 순수라는 말이 된 것임. 〈正義〉에 "大哉乾乎! 剛健中正, 純粹精'者, 此正論乾德不兼通元也. 故直云'大哉乾乎! 剛健中正', 謂純陽, 剛健其性, 剛强其行勁健. 中, 謂二與五也; 正, 謂五與三也. 故云剛健中正, 六爻俱陽, 是純粹也. 純粹不雜, 是精靈, 故云'純粹精'也"라 함. 《集解》에 "崔覲曰:「不雜曰純, 不變曰粹. 言乾是純粹之精, 故有剛健中正之四德也.」"라 함. 《本義》에 "剛以體言健, 兼用言中者, 其行无過不及, 正者其立不偏. 四者, 乾之德也. 純者, 不雜於陰柔; 粹者, 不雜於邪惡. 蓋剛健中正之至, 極而精者, 又純粹之至極也. 或疑「乾剛无柔, 不得言中正者」, 不然也. 天地之間, 本一氣之流行, 而有動靜爾. 以其流行之, 統體而言, 則但謂之乾而无所不包矣. 以其動靜分之, 然後有陰陽剛柔之別也"라 함.

【六爻發揮, 旁通精也】六爻가 乾卦의 本領을 發揮함에 精微함을 曲盡하게 해냄. '旁通'은 〈本義〉에 "猶言曲盡"이라 함. 〈正義〉에 "六爻發揮, 旁通情'者, 發, 謂發越也; 揮,

謂揮散也. 言六爻發越揮散, 旁通萬物之情也"라 함. 《集解》에 "陸績曰:「乾六爻發揮, 變動旁通於坤, 坤來入乾, 以成六十四卦, 故曰旁通情也.」"라 함. 《本義》에 "旁通, 猶言曲盡"이라 함.

【時乘六龍, 以御天也】乾卦는 때에 맞게 六龍(여섯 陽爻)을 타고 하늘을 다스림. '御'는 제왕의 통치를 일컫는 말. 〈正義〉에 "'時乘六龍, 以御天'者, 重取乾象之文, 以贊美此乾之義"라 함. 《集解》에 "九家《易》曰:「謂時之元氣, 以王而行履涉, 衆爻是乘六龍也.」荀爽曰:「御者, 行也. 陽升陰降, 天道行也.」"라 함.

【雲行雨施, 天下平也】구름이 흘러가고 비가 내려 만물을 적셔주니 천하가 태평한 것임. 〈正義〉에 "'雲行雨施, 天下平'者, 言天下普得其利, 而均平不偏陂"라 함. 《集解》에 "荀爽曰:「乾升於坤曰雲行, 坤降於乾曰雨施. 乾坤二卦, 成兩旣濟, 陰陽和均, 而得其正, 故曰天下平.」"이라 함. 《傳》에 "大哉! 贊乾道之大也. 以剛健中正純粹, 六者形容乾道精. 謂六者之精, 極以六爻發揮, 旁通盡其情. 義乘六爻之時, 以當天運, 則天之功用著矣. 故見(一作曰)雲行雨施, 陰陽溥暢, 天下和平之道也"라 하였고, 《本義》에 "言聖人時乘六龍以御天, 則如天之雲行雨施, 而天下平也." ○"此第五節復申首章之意"라 함.

## (文上-11)

君子以成德爲行, 日可見之行也.
「潛」之爲言也, 隱而未見, 行而未成, 是以君子弗用也.

〈언해〉 君子(군즈) ㅣ 德(덕)을 成(셩)홈으로 뻐 行(힝)을 삼느니, 日(일)로 可(가)히 見(견)홀 거시 行(힝)이라.
「潛(줌)」이란 말은 隱(은)ᄒ야 見(현)티 몯ᄒ며 行(힝)이 (셩)티 몯ᄒ연ᄂᆫ디라 이로 뻐 君子(군즈) ㅣ 用(용)이 아니ᄒᄂ니라. [《本義》: 成(셩)ᄒᆫ 德(덕)으로 뻐]

〈해석〉 군자는 덕을 성취하는 것을(성취한 덕으로써) 자신이 실행해야 할 것으로 삼으니, 날마다 그를 통해 볼 수 있는 것은 그의 실천하는 모습이다.
잠룡의 '潛'을 말로 하면, 숨어 있어서 아직 보이지 않은 것이요, 행동하되 아직 이루지 못하고 있음이니, 이 까닭으로 군자는 아직 쓰지 않는 것이다.

【君子以成德爲行】이는 初九를 통한 君子의 成德에 대하여 풀이한 것임. 군자는 덕을 이루는 것(成德)을 자신의 실천 목표로 삼음.《集解》에 “干寶曰:「君子之行, 動靜可觀, 進退可度, 動以成德, 无所苟行也.」”라 함.

【日可見之行也】날로 가히 그가 실천하는 행동이 드러남. 혹 그를 통해 볼 수 있는 것은 그가 실행하고 있는 모습일 뿐임. 성취한 결과는 아직 볼 수 없음을 뜻함.《集解》에 “虞翻曰:「謂初乾稱君子, 陽出成爲上德, 雲行雨施, 則成. 離日新之, 謂上德, 故日可見之行.」”이라 함.

【「潛」之爲言也, 隱而未見, 行而未成】‘潛’이라는 말로 표현한 것은 初九는 가려져 아직 드러나지 않음이요, 행동하나 아직 성취할 단계는 아님을 말한 것임.

【是以君子弗用也】이 까닭으로 군자는 이 初九를 사용(登用, 利用, 行動化)하지 않는 것임. 혹 이 까닭으로 그러한 준비단계에 있는 인사는 등용하지 않음. 덕을 더 닦아 성취하도록 그대로 두어야 함.〈正義〉에 “此一節, 是〈文言〉第六節. 更復明六爻之義. 此節明初九爻辭. 周氏云:「上第六節, ‘乾元者, 始而亨者也’. 是廣明乾與四德之義. 此‘君子以成德爲行’, 亦是第六節明六爻之義. 總屬第六節, 不更爲第七節, 義或當然也. ‘君子以成德爲行’者, 明初九潛龍之義, 故先開此語也. 言君子之人, 當以成就道德爲行, 令其德行彰顯, 使人日可見其德行之事, 此君子之常也. 不應潛隱, 所以今日潛者, 以時未可見, 故須潛也. 潛之爲言也, 隱而未見, 行而未成, 此夫子解‘潛龍’之義. 此經中‘潛龍’之言, 是德之幽隱, 而未宣見所行之行, 未可成就, 是以君子弗用者, 德旣幽隱行, 又未成是君子. 於時不用, 以逢衆陰, 未可用也. 周氏云:「德出於己, 在身內之物, 故云‘成行’, 被於人在外之事, 故云‘爲行’. 下又卽云‘行而未成’, 是行亦稱成.」周氏之說, 恐義非也. ‘成德爲行’者, 言君子成就道德, 以爲其行. 其成德爲行, 未必文相對”라 함.《集解》에 “荀爽曰:「隱而未見, 謂居初也; 行而未成, 謂行之坤. 四陽居陰位, 未成爲君. 乾者, 君卦也. 不成爲君, 故不用也.」”라 함.《傳》에 “德之成, 其事可見者, 行也. 德成而後, 可施於用. 初方潛隱, 未見其行未成. 未成, 未著也. 是以君子弗用也”라 하였고,《本義》에 “成德已成之德也. 初九固成德, 但其行未可見爾”라 함.

## (文上-12)

君子學以聚之, 問以辯之, 寬以居之, 仁以行之.
《易》曰「見龍在田, 利見大人」, 君德也.

〈언해〉 君子(군즈) ㅣ 學(흑)ᄒ야 뻐 聚(쥐)ᄒ고, 問(문)ᄒ야 뻐 辯(변변)ᄒ며, 寬(관)으로
　　뻐 居(거)ᄒ고, 仁(인)으로 뻐 行(힝)ᄒᄂ니,
　　《易(역)》애 굴오ᄃ「見龍在田, 利見大人」이라 ᄒ니, 君(군)의 德(덕)이라.
〈해석〉 군자는 배워서 이로써 그것을 모아들이며, 질문하여 이로써 의혹을 변별하며,
　　관용을 베풀어 이로써 그 자리에 처하며, 인을 베풀어 이로써 실행에 옮기나니,
　　《역》에 "드러난 용이 밭에 있으니, 대인을 만남이 이롭다"라 하였으니, 이는
　　임금으로써 갖추어야 할 덕을 말한 것이다.

【君子學以聚之】 이는 九二를 통한 군자의 학문 방법에 대해 설명한 것임. 군자는
학습을 통해 지식을 모아 축적함. 九二는 비록 位正當과 得中을 함께 이루었으나 아직
君位에 오른 것은 아님. 그 때문에 군자가 이를 보고 학문을 축적하고 있어야 함. '聚'
는 모아 축적함을 뜻함. 〈正義〉에 "此復明九二之德. '君子學以聚之'者, 九二從微而進,
未在君位, 故且習學以畜其德"이라 함.

【問以辯之】 질문을 통해 이를 辨別함. '辯'은 辨과 같음. 앞의 '學'과 이곳의 '問'이
합해 '學問'이라는 어휘가 된 것임. 王弼 注에 "以君德而處下體, 資納於物者也"라 하였
고, 〈正義〉에 "'問以辯之'者, 學有未了, 更詳問其事, 以辯決於疑也"라 함. 《集解》에 "虞
翻曰:「謂二陽在二, 兌爲口震, 爲言爲講論. 坤爲文, 故學以聚之. 問以辯之, 兌象, 君子
以朋友講習.」"이라 함.

【寬以居之】 관대함으로써 여기에 처함. '居'는 處와 같음. 사물을 관대한 태도로
대하여 그들 속에 처함. 혹 일을 處理함. 〈正義〉에 "'寬以居之'者, 當用寬裕之道, 居處
其位也"라 함.

【仁以行之】 仁으로서 이를 실행에 옮김. 〈正義〉에 "'仁以行之'者, 以仁恩之心, 行之被
物"이라 함. 《集解》에 "虞翻曰:「震爲寬仁爲行, 謂居; 寬行德博而化也.」"라 함.

【《易》曰「見龍在田, 利見大人」, 君德也】 《易》初九에 '見龍在田, 利見大人'이라 한 것
은 임금으로써 갖추어야 할 덕을 말한 것임. 〈正義〉에 "'《易》曰「見龍在田, 利見大人」,
君德'者, 旣陳其德於上, 然後引《易》本文以結之. 《易》之所云, 是君德. 寬以居之, 仁以行

之, 是也. 但有君德, 未是君位"라 함. 《集解》에 "虞翻曰:「重言君德者, 大人善世不伐, 信有君德, 後天而奉天時, 故詳言之.」"라 함. 《傳》에 "聖人在下, 雖已顯, 而未得位, 則進德脩業而已. 學聚問辨, 進德也; 寬居仁行, 脩業也. 君德已著, 利見大人, 而進以行之耳. 進居其位者, 舜·禹也; 進行其道者, 伊·傅也"라 하였고, 《本義》에 "盖由四者, 以成大人之德. 再言君德, 以深明九二之爲大人也"라 함.

# (文上-13)

九三重剛而不中, 上不在天, 下不在田, 故乾乾因其時而惕,
雖危无咎矣.

〈언해〉 九三(구삼)은 重(듕)훈 剛(강)이오 中(듕)티 아니ᄒ야, 上(샹)으로 天(텬)애 在
(진)티 아니ᄒ며, 下(하)로 田(뎐)애 在(진)티 아니 ᄒᄂ다라, 故(고)로 乾乾(건건)
ᄒ야 그 時(시)ᄅᆯ 因(인)ᄒ야 惕(텩)ᄒ면, 비록 危(위)ᄒ나 咎(구) ㅣ 업스리라.

〈해석〉 구삼(九三)은 강(剛)함이 중첩되어 있지만 득중(得中)의 자리는 아니어서, 위로
하늘(상괘)에 속하지도 아니하고, 아래로 전(田, 구이)에 속하지도 아니하였기
에, 그 때문에 부지런히 힘써 그 때를 바탕으로 하되 경척(警惕)하고 있으면,
비록 위험한 자리이기는 하지만 허물은 없으리라.

【九三重剛而不中】 이는 九三 爻를 통한 군자의 태도를 풀이한 것임. 九三은 重疊한
陽剛이지만 爻位가 中央을 차지하고 있지 못함. 九三은 陽爻로써 陽位에 있어 位正當하
며 初九와 九二 모두 陽爻이므로 重剛이라 한 것임. 그러나 下卦(內卦)의 가장 윗자리에
있어 中央에서 벗어남. 〈正義〉에 "此明九三爻辭. 上之初九·九二, 皆豫陳其德, 於上不
發, 首云初九·九二, 此九三·九四, 則發首先言九三·九四, 其九五全不引. 《易》文上九, 則
發首云亢之爲言也. 上下不爲例者, 夫子意在釋經義便, 則言以潛見, 須言其始, 故豫張本
於上, 三四俱言重剛, 不中恐其義同, 故並先云爻位, 幷重剛不中之事. 九五前章已備, 故不
復引《易》, 但云'大人'也. 上九亦前章備顯, 故此直言亢之爲言也. 案初九云'潛'之爲言, 上
爻云'亢'之爲言. 獨二爻云言者, 褚氏以'初上居无位之地, 故稱言也. 其餘四爻, 是有位, 故
不云言義', 或然也. '重剛'者, 上下俱陽, 故重剛也; '不中'者, 不在二五之位, 故不中也"라
함. 《集解》에 "虞翻曰:「以乾接乾, 故重. 剛位非二五, 故不中也.」"라 함.

【上不在天, 下不在田】 윗자리이지만 하늘에 있는 것은 아니며 상괘 밑에 있지만
在田(九二)의 자리도 아님. 下卦(內卦)의 윗자리이나 上卦(外卦)의 밑에 있음. 〈正義〉에
"'上不在天', 謂非五位; '下不在田', 謂非二位也"라 함. 《集解》에 "何妥曰:「上不及五, 故
云不在; 天下已過二, 故云不在田. 處此之時, 實爲危厄也.」"라 함.

【故乾乾因其時而惕, 雖危无咎矣】 그 까닭으로 힘쓰면 그 자신이 만난 때를 근거로
경계하고 조심해야 할 위치임. 그렇게 하면 비록 위험하기는 하나 허물은 없음. 〈正義〉
에 "'故乾乾因其時而惕, 雖危无咎矣'者, 居危之地, 以乾乾夕惕, 戒懼不息, 得无咎也"라

함.《集解》에 "何安曰:「處危懼之地, 而能乾乾, 懷厲至夕, 猶惕乃得无咎矣.」"라 함.《傳》
에 "三重剛, 剛之盛也. 過中而居下之上, 上未至於天, 而下已離於田. 危懼之地也. 因時順
處, 乾乾兢惕以防危, 故雖危而不至於咎. 君子順時兢惕, 所以能泰也"라 하였고,《本義》
에 "重剛, 謂陽爻陽位"라 함.


# (文上-14)

## 九四重剛而不中, 上不在天, 下不在田, 中不在人, 故「或」之. 「或」之者, 疑之也, 故「无咎」.

〈언해〉 九四(구)는 重(듕)훈 剛(강)이오 中(듕)티 아니ᄒᆞ야 上(샹)으로 天(텬)에 在(ᄌᆡ)이
　　　 아니ᄒᆞ며 下(하)로 田(뎐)에 在(ᄌᆡ)티 아니ᄒᆞ며 中(듕)으로 人(인)에 在(ᄌᆡ)티 아
　　　 니 ᄒᆞᆫ디라, 故(고)로 「或(혹)」이라 ᄒᆞ니,
　　　 「或(혹)」이라 홈은 疑(의)홈이니, 故(고)로 咎(구) | 업스니라.
〈해석〉 구사(九四)는 역시 중첩된 강(剛)이지만 득중하지 못하여, 위로 하늘에 속하지
　　　 도 못하고, 아래로 전(田)에 속하지도 못하며, 중간의 인(人)에 속하지도 못하였
　　　 기에, 그 때문에 '或'자를 쓴 것이다.
　　　 '或'이란 이를 의심하고 있음을 뜻하니, 그 때문에 '허물이 없다'라 한 것이다.


　　【九四重剛而不中】 이는 九四의 겹친 剛과 位不當함을 설명한 것임. 九四는 역시 初
九, 九二, 九三의 陽爻를 거쳐 왔으므로 重疊한 陽剛이지만 位不當함. 여기서의 '不中'은
위의 不中과 다름. 위의 不中은 得中하지 못함을 말한 것이고, 여기서의 不中은 陽爻로
써 陰位에 있어 位不當함을 지적한 것임. 그러나 朱熹는 《本義》에 "九四非重剛, '重'字疑
衍"라 하여 '重剛而不中'은 '剛而不中'이어야 한다고 여겼음.《集解》에 "案: 三居下卦之
上, 四處上卦之下, 俱非得中, 故曰重剛而不中也"라 함.
　　【上不在天, 下不在田】 위로 하늘(九五)에 있지 못하고 아래로는 在田(九二)에 있지
도 못함. 이는 上卦(外卦)에 발을 들여놓았으나 위로 九五와 上九가 있어 아직 갈 길이
남아 있고, 아래로는 九二와 같은 文明에도 접하지 못하고 있음. 〈正義〉에 "此明九四
爻辭也. 其重剛不中, 上不在天, 下不在田, 竝與九三同也"라 함.
　　【中不在人】 가운데로는 사람 세상에도 있지 못함. 이는 《易》에서 設定한 天地人

三才의 논리에서 말한 것임. 〈繫辭傳〉(下)에 "《易》之爲書也, 廣在悉備. 有天道焉, 有人道焉, 有地道焉, 兼三才而兩之"라 하여 初爻와 二爻는 地, 三爻와 四爻는 人, 五爻와 上爻는 天으로 보았음. 그런데 이 九四는 人道에 속하지만 九三은 九二에 이끌려 地道에 의지해 있고, 九四는 위로 하늘에 가까워 地道와는 이탈되어 있어 사람이 살 수가 없는 곳임. 그 때문에 '中不在人'이라 한 것임. 이는 乾卦에서만 해당되는 논리임. 〈正義〉에 "'中不在人'者, 三之與四, 俱爲人道. 但人道之中, 人下近於地, 上遠於天. 九三近二, 是下近於地, 正是人道, 故九三不云'中不在人'. 九四則上近於天, 下遠於地, 非人所處, 故特云'中不在人'"이라 함. 《集解》에 "侯果曰:「案: 下繫《易》有天道有地道有人道, 兼三才而兩之, 謂兩爻爲一才也. 初兼二地也, 三兼四人也, 五兼六天也. 四是兼才非正, 故言不在人也.」"라 함.

【故「或」之】그 때문에 '或'자를 넣은 것임. 이는 九四의 爻辭에 '或躍在淵'의 '或'자를 말한 것임. '或'자는 未確定, 未斷定, 자신감을 갖지 못함의 語感을 가지고 있음. 〈正義〉에 "故或之'者, 以其上下无定, 故心或之也"라 함.

【「或」之者, 疑之也】'或'자를 사용한 것은, 이는 '疑'의 뜻으로 未確定을 의미한 것임. 확신을 갖지 못함. 〈正義〉에 "或之者, 疑之也'者, 此夫子釋經. '或'字經稱, 或, 是疑惑之辭. 欲進欲退, 猶豫不定, 故疑之也"라 함. 《集解》에 "虞翻曰:「非其位, 故疑之也.」"라 함.

【故「无咎」】그 때문에 허물이 없는 것임. 〈正義〉에 "九三中雖在人, 但位卑近下, 向上爲難, 故危惕其憂深也. 九四則陽德, 漸盛去五, 彌近前進稍易, 故但疑惑憂, 則淺也"라 함. 《傳》에 "四不在天·不在田, 而出人之上矣. 危地也. 疑者, 未決之辭, 處非可必也. 或進或退, 唯所安耳, 所以无咎也"라 하였고, 《本義》에 "九四非重剛, '重'字疑衍. 在人, 謂三或者, 隨時而未定也"라 함.

# (文上-15)

夫「大人」者, 與天地合其德, 與日月合其明, 與四時合其序, 與鬼神合其吉凶.

先天而天弗違, 後天而奉天時, 天且弗違, 而況於人乎? 況於鬼神乎?

〈언해〉 「大人(대인)」은, 天地(텬디)로 더브러 그 德(덕)이 合(합)ᄒ며, 日月(일월)로 더브러 그 明(명)이 合(합)ᄒ며, 四時(ᄉ시)로 더브러 그 序(셔)ㅣ 合(합)ᄒ며, 鬼神(귀신)으로 더브러 그 吉凶(길흉)이 合(합)ᄒ야,

天(텬)의 先(션)ᄒ야도 天(텬)이 違(위)티 몯ᄒ며, 天(텬)에 後(후)ᄒ야 天時(텬시)를 奉(봉)ᄒᄂ니, 天(텬)도 쏘 違(위)티 몯ᄒ곤, 하믈며 人(인)이며, ᄒ믈며 鬼神(귀신)에 ᄰ녀?

〈해석〉 무릇 '大人'이란 천지와 더불어 그 덕이 합치되고, 일월과 더불어 그 밝음이 일치하며, 시사(四時)와 더불어 그 질서를 같이하고, 귀신과 더불어 그 길흉을 같이 한다.

하늘보다 앞서 하되 하늘이 그의 하는 일을 위배됨이 없도록 해주며, 하늘보다 뒤처지되 하늘의 뜻을 받들어 모시니, 하늘도 또한 그를 위배됨이 없게 하거늘, 하물며 사람인들 그에게 어떠하겠는가? 하물며 귀신인들 그에게 어떠하겠는가?

【夫「大人」者】 이는 九五(帝位, 君位)의 任務와 權威를 풀이한 것임. 무릇 九五를 '大人'(利見大人)이라 표현한 것은 아래의 조건을 가지고 있어야 함을 말함. 〈正義〉에 "此明九五爻辭. 但上節明大人與萬物相感, 此論大人之德无所不合, 廣言所合之事"라 함. 《集解》에 "《乾鑿度》曰:「聖明德備曰大人也.」"라 함.

【與天地合其德】 天地와 그 덕과 합치하여야 함. 天地의 德과 같아야 함. '合'은 合致, 一致의 뜻. 〈正義〉에 "'與天地合其德'者. 莊氏云:「謂覆載也.」"라 함. 《集解》에 "荀爽曰:「與天合德, 謂居五也; 與地合德, 謂居二也.」 案: 謂撫育无私, 同天地之覆載也"라 함.

【與日月合其明】 日月과 그 밝음을 같이 하여야 함. 일월처럼 밝음을 백성에게 주어야 함. 〈正義〉에 "'與日月合其明'者, 謂照臨也"라 함. 《集解》에 "荀爽曰:「謂坤五之乾, 二成離. 離爲日, 乾二之坤五爲坎, 坎爲月.」 ○案: 威恩遠被, 若日月之照臨也"라 함.

【與四時合其序】四時와 그 순서를 같이 해야 함. 四時처럼 정확한 순서와 기능(春生, 夏長, 秋收, 冬藏)을 같이 하여야 함. 〈正義〉에 "'與四時合其序'者, 若賞以春夏, 刑以秋冬之類也"라 함. 《集解》에 "翟玄曰: 「乾坤有消息, 從四時來也.」○又案: 賞罰嚴明, 順四時之序也"라 함.

【與鬼神合其吉凶】鬼神과 그 길흉을 같이 해야 함. 〈正義〉에 "'與鬼神合其吉凶'者, 若福善禍淫也"라 함. 《集解》에 "虞翻曰: 「謂乾神合吉, 坤鬼合凶, 以乾之坤, 故與鬼神合其吉凶.」○案: 禍淫福善, 叶鬼神之吉凶矣"라 함.

【先天而天弗違】하늘의 뜻보다 앞서 나서서 하되 하늘도 그의 뜻에 위배됨이 없음. '違'는 '거역함, 거부함, 인정하지 않음'의 뜻. 따라서 '弗違'는 '그(大人)가 하는 일을 인정해주다'의 의미임. 그러나 혹 '大人이 아무리 좋은 의도로 先天, 後天의 행동을 할지라도 반드시 하늘, 사람, 귀신의 뜻을 奉尊하고 따라야 함'의 뜻으로도 풀이함. 〈正義〉에 "'先天而天弗違'者, 若在天時之先行事, 天乃在後不違, 是天合大人也"라 함. 《集解》에 "虞翻曰: 「乾爲天, 爲先大人, 在乾五乾五之坤, 五天象在先, 故先天而天弗違.」○崔憬曰: 「行人事合天心也.」"라 함.

【後天而奉天時】하늘의 뜻보다 뒤처져 하되 하늘의 때를 받들어야 함. 〈正義〉에 "'後天而奉天時'者, 若在天時之後行事, 能奉順上天, 是大人合天也"라 함. 《集解》에 "虞翻曰: 「奉承行乾三之坤, 初成震, 震爲後也. 震春兌秋坎冬離夏, 四時象具, 故後天而奉天時, 謂承天時行順也.」○崔憬曰: 「奉天時, 布行聖政也.」"라 함.

【天且弗違, 而況於人乎? 況於鬼神乎?】'하늘도 오히려 그의 뜻을 거역하지 않거늘, 하물며 사람에게 있어서며, 귀신의 뜻에 있어서랴?'의 의미. '且'는 尙且의 뜻. 〈正義〉에 "'天且弗違, 而況於人乎? 況於鬼神乎'者, 夫子以天且不違, 遂明大人之德. 言尊而遠者, 尙不違, 況小而近者, 可有違乎? 況於人乎? 況於鬼神乎?"라 함. 《集解》에 "荀爽曰: 「人謂三.」荀爽曰: 「神謂天, 鬼謂地也.」○案: 大人惟德, 動天無遠, 弗屆鬼神, 饗德夷狄, 來賓人神叶從, 猶風偃草, 豈有違忤哉!"라 함. 《傳》에 "大人與天地·日月·四時·鬼神合者, 合乎道也. 天地者, 道也; 鬼神者, 造化之迹也. 聖人先於天, 而天同之後, 於天而能順天者, 合於道而已. 合於道, 則人與鬼神, 豈能違也?"라 하였고, 《本義》에 "大人, 卽釋爻辭, 所利見之大人也. 有是德而當其位, 乃可以當之. 人與天地·鬼神, 本无二理, 特蔽於有我之私, 是以梏於形體, 而不能相通. 大人无私, 以道爲體, 曾何彼此, 先後之可言哉? 先天不違, 謂意之所爲, 默與道契; 後天奉天, 謂知理如是, 奉而行之. 回紇謂郭子儀曰: 「卜者, 言此行當. 見一大人而還.」其占盖與此合. 若子儀者, 雖未及乎夫子之所論, 然其至公无我, 亦可謂當時之大人矣"라 함.

# (文上-16)

「亢」之爲言也, 知進而不知退, 知存而不知亡, 知得而不知喪.
其唯聖人乎! 知進退存亡, 而不失其正者, 其唯聖人乎!

〈언해〉「亢(항)」이란 말은 進(진)을 알고 退(퇴)롤 아디 못ᄒ며, 存(존)을 알고 亡(망)을
아디 몯ᄒ며, 得(득)을 알고 喪(상)을 아디 몯홈이니,
그 오직 聖人(셩인)가! 進(진)ᄒ며 退(퇴)ᄒ며 存(존)ᄒ며 亡(망)홈을 알아, 그
正(졍)을 失(실)티 아니ᄒᄂ는 者(쟈)ㅣ, 그 오직 聖人(셩인)인뎌!
〈해석〉 '항(亢)'이란 말은, 나아갈 줄만 알았지 물러설 줄을 모르며, 존속할 줄만 알았지
망할 것은 모르며, 얻을 것만 알았지 잃을 것을 모르는 것이다.
그것은 오직 성인만이 해낼 수 있는 것이로다! 진퇴와 존망을 알아 그 옳은
것을 잃지 않는 것은, 그 오직 성인만이 해낼 수 있는 것이로다!

【「亢」之爲言也】이는 上九를 통한 箴戒를 설명한 것임. '亢'(亢龍有悔)의 표현은 아
래의 의미를 담고 있음. 〈正義〉에 "此明上九之義也"라 함.

【知進而不知退】나아갈 것을 알되 물러설 줄은 모름. 《集解》에 "荀爽曰:「陽位在五,
今乃居上, 故曰知進而不知退也.」"라 함.

【知存而不知亡】존재하는 것만 알았지 망할 것은 모름. 《集解》에 "荀爽曰:「在上當
陰, 今反爲陽, 故曰知存而不知亡也.」"라 함.

【知得而不知喪】얻는 것만 알고 있을 뿐, 잃을 것에 대해서는 모름. '喪'은 失(雙聲)
과 같음. 〈正義〉에 "知進而不知退, 知存而不知亡, 知得而不知喪'者, 言此上九所以亢極
有悔者, 正由有此三事, 若能三事備知, 雖居上位, 不至於亢也. 此設誡辭. 莊氏云:「進退
據心, 存亡據身, 得喪據位.」"라 함. 《集解》에 "荀爽曰:「得謂陽, 喪謂陰.」" ○又案: 此論
人君驕盈過亢, 必有喪亡, 若殷紂招牧野之災, 太康遘洛水之怨, 卽其類矣"라 함. 《本義》
에 "所以動而有悔也"라 함.

【其唯聖人乎! 知進退存亡】이러한 進退存亡을 알아내는 것은 오직 聖人만이 판별할
수 있는 것임. 〈正義〉에 "'其唯聖人乎! 知進退存亡'者, 言唯聖人, 乃能知進退存亡也. 何
不云'得喪'者? 得喪輕於存亡, 擧重略輕也"라 함.

【而不失其正者, 其唯聖人乎!】그 옳은 것을 잃지 않는 자는 오직 성인일 뿐임. 聖人의
叡智를 극찬한 것이며, 이것이 《易》의 원의임을 거론한 것. 아울러 乾卦가 《역》 전체의

이러한 의미를 압축하고 있음을 강조한 것임. 〈正義〉에 "'而不失其正者, 其唯聖人乎'者, 聖人非但只知進退存亡, 又能不失其正道, 其唯聖人乎! 此經再稱'其唯聖人乎'者, 上稱聖人爲知進退存亡發文, 下稱'其唯聖人乎'者, 爲不失其正, 發文言聖人, 非但知進退存亡, 又能不失其正, 故再發聖人之文也"라 함.《集解》에 "荀爽曰:「進謂居五, 退謂居二, 存謂五爲陽位, 亡謂上爲陰位也. 再稱聖人者, 上聖人謂五, 下聖人謂二也.」○案: 此則乾元用九天下治也. 言大寶聖君, 若能用九, 天德者, 垂拱無爲芻狗萬物生, 而不有功成, 不居百姓, 日用而不知, 豈荷生成之德者也? 此則三皇五帝, 乃聖乃神, 保合太和, 而天下自治矣. 今夫子〈文言〉, 再稱聖人者, 歎美用九之君, 能知進退存亡, 而不失其正. 故得大明終始, 萬國咸寧, 時乘六龍, 以御天也. 斯卽有始有卒者, 其唯聖人乎! 是其義也. ○崔憬曰:「謂失其正者, 若燕噲讓位於子之之類, 是也.」○案: 三王五伯, 揖讓風頹, 專恃干戈, 遞相征伐, 失正忘退, 其徒實繁, 略擧宏綱斷, 可知矣"라 함.《傳》에 "極之甚爲亢, 至於亢者, 不知進退·存亡·得喪之理也. 聖人則知而處之, 皆不失其正, 故不至於亢也"라 하였고,《本義》에 "知其理勢如是, 而處之以道, 則不至於有悔矣. 固非計私以避害者也. 再言'其唯聖人乎', 始若設問, 而卒自應之也." ○"此第六節, 復申第二·第三·第四節之意"라 함.

# 002 곤坤

䷁ 坤爲地: ▶坤下坤上(☷下☷上)

*坤(곤): 〈音義〉에 "坤, 本又作巛, 巛今字也. 同困魂反"이라 하여 '巛'으로 표기하였으며, 둘 모두 '곤(kūn)'으로 읽음. '坤'은 乾(天)을 이어 받은 것이며, 땅을 상징함. 그 本領은 〈說卦傳〉에 "坤, 順也"라 하여, '順'(疊韻)의 의미로 표현함. 上下 內外卦가 모두 坤(地)이며 여섯 효가 모두 陰爻로 되어 있어 '坤爲地'의 괘체임. 陰柔의 기운이 〈乾卦〉의 陽剛함과 짝을 이루어, 서로 의존하여 만물을 성장시킴. 이로써 陰陽이 조화를 이루어 사물을 생성 발전시키게 되며 그 과정에서 앞의 〈乾卦〉와 동등한 역할을 하며, 陰陽二元論의 근거가 됨. 두 괘를 연이은 것은 天尊地卑의 원리를 통한 陰陽和合의 의미를 나타낸 것임. 《釋名》(釋地)에 "坤, 順也. 上順乾也"라 하였고, 《說文》에는 "坤, 地也. 《易》之卦也"라 함. 한편 尙秉和의 《周易尙氏學》에는 "蓋坤古文作巛, 而巛爲順之假字, 故宋王皆讀巛爲順"이라 함.

## (1) 卦辭

坤: 元亨, 利牝馬之貞.

君子有攸往, 先迷, 後得主, 利.

西南得朋, 東北喪朋, 安貞吉.

〈언해〉坤(곤)은 元(원)ᄒ고 亨(형)ᄒ고, 利(리)ᄒ고 牝馬(빈마)의 貞(뎡)이니,[《本義》: 크게 亨(형)ᄒ고 牝馬(빈마)의 貞(뎡)이 利(리)ᄒ니]

君子(군ᄌ)의 徃(왕)ᄒᆯ 빠롤 둠이니라.[《本義》: 君子(군ᄌ)ㅣ 徃(왕)ᄒᆯ 빼 이실딘댄] 先(션)ᄒ면 迷(미)ᄒ고, 後(후)ᄒ면 得(득)ᄒ리니 利(리)롤 主(쥬)ᄒ니라. [《本義》: 得(득)ᄒ야 利(리)예 主(쥬)ᄒ니]

西(셔)과 南(남)은 朋(븡)을 得(득)ᄒ고, 東(동)과 北(븍)은 朋(븡)을 喪(상)ᄒ리니, 安(안)ᄒ고 貞(뎡)ᄒ야 吉(길)ᄒ니라.[《本義》: 貞(뎡)애 安(안)ᄒ면 吉(길)ᄒ리라]

〈해석〉 곤(坤, 곤괘)는 원(元)하고 형통하고, 이롭고 암말이 순종함을 곧게 지키는 것이
니(크게 형통하고, 암말이 순종을 곧게 지킴이 이로우니),
군자가 갈 곳을 두는 것이니라.(군자가 갈 곳이 일을 진대), 앞섰다가는 길을
잃고, 뒤에 쳐져 따르면 얻을 것이니, 이로움을 위주로 하나니라.(얻어 이로움
에 主하니),
서쪽과 남쪽은 친구를 얻을 것이요, 동쪽과 북쪽은 친구를 잃을 것이니, 편안히
있어 곧아 길하도다.(곧음에 편안히 있으면 길하리라.)

【坤】 64卦 중 제2卦. 땅(土, 黃, 中)을 의미하며, 陰炎로 全順의 뜻. '坤'과 '順'은
疊韻.

【元亨】 '元亨'은 크게 형통함. 그러나 〈諺解〉에는 두 글자를 대등한 의미로 보아
"元하고 亨하다"로 풀이하고 있음. 한편 '亨'은 '享'의 假借로 享祀를 뜻함. ○高亨은
"元, 大也. 亨卽享字, 古人去行大享之祭, 曾筮遇此卦, 故記之曰「元亨」"이라 함. 〈正義〉
에 "此一節是文王於坤卦之下, 陳坤德之辭. 蓋乾坤合體之物, 故乾後次坤. 言地之爲體,
亦能始生萬物, 各得亨通, 故云'元亨', 與乾同也"라 함.

【利牝馬之貞】 '牝馬'는 암말. 母馬. '牝'은 길짐승의 암컷. 陰을 상징하며 地(坤)의
物性을 지녔다고 제시한 것. '利牝馬之貞'은 '牝馬의 貞正을 지킴이 이롭다'의 뜻. ○高
亨은 "利牝馬之貞, 猶言利牝馬之占也. 筮問有關於牝馬之事, 遇此卦則利, 故曰「利牝馬
之貞」"이라 하여, '貞'은 貞卜(占卜)의 뜻이라 하였음. 王弼 注에 "坤, 貞之所利, 利於牝馬
也. 馬, 在下而行者也, 而又牝焉順之至也. 至順而後, 乃亨, 故唯'利於牝馬之貞'"이라 하
였고, 〈正義〉에 "利牝馬之貞'者, 此與乾異. 乾之所利, 利於萬事爲貞, 此唯云'利牝馬之
貞', 坤是陰道, 當以柔順爲貞, 假借柔順之象, 以明柔順之德也. 牝對牡爲柔, 馬對龍爲順,
假借此柔順以明柔道, 故云'利牝馬之貞'. 牝馬, 外物自然之象, 此亦聖人因坤'元亨, 利牝
馬之貞', 自然之德, 以垂教也. 不云'牛'而云'馬'者, 牛雖柔順, 不能行地, 无疆无以見坤,
廣生之德; 馬雖比龍爲劣, 所行亦能廣遠, 象地之廣育. '至順而後乃亨, 故唯利於牝馬之貞'
者, 案牝馬, 是至順. 牝馬在元亨之下, 在貞之上, 應云'至順而後乃貞'. 今云'至順而後乃
亨', 倒取上文者, 輔嗣之意, 下句旣云'牝馬之貞', 避此'貞文', 故云乃亨. 但亨貞, 相將之
物, 故云'至順之貞', 亦是至順之亨, 此坤德以牝馬, 至順乃得貞也"라 함. 《集解》에 "干寶
曰:「陰氣之始, 婦德之常, 故稱元. 與乾合德, 故稱亨. 行天者, 莫若龍; 行地者, 莫若馬,
故乾以龍緣, 坤以馬象也. 坤陰類, 故稱'利牝馬之貞'矣.」○虞翻曰:「謂陰極陽生, 乾流坤
形, 坤含光大, 凝乾之元, 終於坤亥, 出乾初子, 品物咸亨, 故'元亨'也. 坤爲牝, 震爲馬,

初動得正, 故‘利牝馬之貞’矣”라 함. 《傳》에 “坤, 乾之對也. 四德同而貞體則異, 乾以剛固
爲貞, 坤則(一作以)柔順而(一作爲)貞. 牝馬, 柔順而健行, 故取其象曰‘牝馬之貞’”이라 함.

【君子有攸往, 先迷, 後得主, 利】‘君子’는 文王(姬昌)을 가리킨다 함. ‘攸往’는 가는
곳. 갈 바. ‘攸’는 所와 같음. 《傳》에 “君子所行柔順, 而利且貞, 合坤德也”라 함. ‘先迷,
後得主’는 임금보다 앞서 나가면 길을 잃게 되고, 임금을 뒤따르면 임금에게 칭찬을
받게 됨. 이는 坤卦가 天地, 君臣, 夫妻, 牝牡, 雌雄, 男女의 地, 臣, 妻, 牝, 雌, 女에
해당하므로 順從이 本領임을 비유한 것임. 여기서는 陰陽二元論에서 陰에 해당하는
모든 것을 지칭함. ○高亨은 “先迷, 後得主者, 承‘君子有攸往’言, 謂先失道而後得主人
以客禮待我也”라 하였고, ‘利’자에 대해서는 “主下利字疑涉上文而衍. 其證有三: 《周易》
利字, 皆云‘利某某’, 而不云‘某某利’, 此文不應獨異, 其證一也. 旣云「先迷, 後得主」, 先
迷者不利也, 後得主者利也. 是君子有所往, 在時間上有利有不利, 不應槪以‘利’字, 其證
二也. 又云「西南得朋, 東北喪朋」, 得朋者利也, 喪朋者不利也. 是君子有所往, 在空間上
有利有不利, 亦不應槪以‘利’字, 其證三也”라 하여 ‘利’자는 衍文이라 하였음. 함. 〈正
義〉에 “‘君子有攸往’者, 以其柔順利貞, 故君子利有所往. ‘先迷, 後得主, 利’者, 以其至陰,
當待唱而後和. 凡有所爲若在物之先, 卽迷惑; 若在物之後, 卽得主, 利. 以陰不可先唱,
猶臣不可先君, 卑不可先尊故也”라 함. 《集解》에 “盧氏曰:「坤, 臣道也, 妻道也. 後而不
先, 先則迷失道矣. 故曰‘先迷’. 陰以陽爲主, 當後而順之, 則利, 故曰‘後得主, 利’.」 ○九
家《易》曰:「坤爲牝爲迷.」”라 함. 《傳》에 “陰, 從陽者也, 待唱而和. 陰而先陽, 則爲迷錯;
居後乃得其常也. 主利, 利萬物則主於坤, 生成皆地之功也. 臣道亦然, 君令臣行, 勞於事
者, 臣之職也”라 함.

【西南得朋, 東北喪朋】‘西南’은 〈諺解〉에는 서쪽과 남쪽이라 하였으나, 八方의 서남
쪽을 뜻하는 것으로 봄. 炎熱의 陽地. 文王이 있는 곳을 뜻한다고도 함. ‘東北’은 역시
〈諺解〉에는 동쪽과 북쪽이라 하였으나, 八方으로 동북쪽. 寒冷한 陰地. 殷의 末王 紂가
있던 곳이라고도 함. 坤은 陰이므로 陰이 陽을 얻으면 吉하고, 陰이 陰을 만나면 凶함.
그 때문에 서남쪽으로 가면 친구를 만나고, 서북쪽으로 가면 친구를 잃게 됨. ‘朋’은
친구. 혹은 고대 화폐의 단위라고도 함. 李鏡池는 “朋, 朋貝. 貨幣起先用貝, 貝十枚一串
爲朋”이라 하여, 고대 조개를 화폐로 썼으며 10개씩 꿴 것을 1朋이라 한다 하였음.
○高亨도 “《周易》朋字, 其義有二. 一爲朋友之朋, 一爲朋貝之朋. 卽十貝曰朋. 本卦朋字,
解作朋友之朋, 或解作朋貝之朋, 均通. 蓋‘西南得朋, 東北喪朋’, 亦承‘君子有攸往’言, 如解
作朋友之朋, 則謂往西南則有得友之喜, 往東北則有喪侶之悲也. 如解作朋貝之朋, 則往西
南則得財, 往東北則喪財也. 此二解未知孰是. 君子有所往, 筮遇此卦, 先失道而後得主人,

宜往西南, 勿往東北, 蓋西南得朋, 東北喪朋也. 故曰「君子有攸往, 先迷, 後得主. 西南得朋, 東北喪朋」이라 함. 王弼 注에 "西南, 致養之地, 與坤同道者也. 故曰'得朋'. 東北, 反西南者也. 故曰'喪朋'"이라 하였고, 〈正義〉에 "西南得朋'者, 此假象以明人事. 西南坤位, 是陰也. 今以陰詣陰, 是得朋, 俱是陰類不獲吉也, 猶人旣懷陰柔之行, 又向陰柔之所, 是純陰柔弱, 故非吉也. '東北喪朋, 安貞吉'者, 西南旣爲陰, 東北反西南, 卽爲陽也. 以柔順之道, 徃詣於陽, 是喪失陰朋, 故得安靜貞正之吉, 以陰而兼有陽故也. 若以人事言之, 象人臣離其黨而入君之朝, 女子離其家而入夫之室. 莊氏云: 「先迷, 後得主, 利'者, 唯據臣事君也. 得朋·喪朋, 唯據婦適夫也.」 其理褊狹, 非《易》弘通之道. 下文又云'東北喪朋', 去陰就陽, 乃得貞吉, 上下義反者, 但《易》含萬象, 一屈一伸. 此句與乾相對, 不可純剛敵乾, 故'利牝馬'下句論. 凡所交接不可純陰, 當須剛柔交錯, 故喪朋吉也. 坤位居西南, 〈說卦〉云"「坤也者, 地也.」 萬物皆致養焉, 坤旣養物, 若向西南, 與坤同道也"라 함.

【安貞吉】安貞하기에 길함. '安貞'은 편안히 있으면서 곧음을 지킴. 安順貞正을 뜻함. ○高亨은 "占問安否謂之'安貞', 占問安否者, 筮遇此卦, 則吉, 故曰「安貞吉」"이라 함. 王弼 注에 "陰之爲物, 必離其黨, 之於反類, 而後獲安貞吉"이라 하였고, 〈正義〉에 "陰之爲物, 必離其黨, 之於反類, 而後獲安貞吉'者, 若二女同居, 其志不同, 必之於陽, 是之於反類, 乃得吉也. 凡言朋者, 非唯人爲其黨, 性行相同, 亦爲其黨. 假令人是陰柔, 而之剛正, 亦是離其黨"이라 함. 《集解》에 "崔憬曰: 「妻道也, 西方坤兌, 南方巽離, 二方皆陰, 與坤同類, 故曰'西南得朋'. 東方艮震, 北方乾坎, 二方皆陽, 與坤非類, 故曰'東北喪朋'. 以喩在室得朋, 猶迷於失道, 出嫁喪朋. 乃順而得常, 安於承天之正, 故言'安貞吉'也.」"라 함. 《傳》에 "西南陰方, 東北陽方. 陰必從陽, 離喪其朋類, 乃能成化育之功, 而有安貞之吉. 得其常則安, 安於常則貞, 是以吉也"라 하였고, 《本義》에 "--者, 偶也, 陰之數也. 坤者, 順也, 陰之性也. 註中者, 三畫, 卦之名也. 經中者, 六畫, 卦之名也. 陰之成形, 莫大於地. 此卦三畫皆偶, 故名坤, 而象地. 重之又得坤焉, 則是陰之純, 順之至, 故其名與象皆不易也. 牝馬, 順而健行者. 陽先陰後, 陽主義, 陰主利. 西南陰方; 東北陽方, 安順之爲也. 貞健之守也. 遇此卦者, 其占爲大亨而利, 以順健爲正. 如有所往則先迷後得, 而主於利, 往西南則得朋, 往東北則喪朋, 大抵能安於正, 則吉也"라 함.

## (2) 彖辭와 象辭(大象. 이하 같음)

彖曰: 至哉坤元, 萬物資生, 乃順承天.

坤厚載物, 德合无疆; 含弘光大, 品物咸亨.

「牝馬」地類, 行地无疆, 柔順利貞, 君子攸行.

先迷失道, 後順得常.

「西南得朋」, 乃與類行; 「東北喪朋」, 乃終有慶.

「安貞之吉」, 應地无疆.

★象曰: 地勢坤, 君子以厚德載物.

〈언해〉 彖(단)애 골오디 지극다 坤(곤)의 元(원)이여, 萬物(만믈)이 資(ᄌ)ᄒ야 生(ᄉᆡᆼ)ᄒ
ᄂ니, 이예 順(슌)히 天(텬)을 承(승)ᄒᄂ니

坤(곤)의 厚(후)ㅣ 物(믈)을 載(지)ᄒ욤이, 德(덕)이 无疆(무강)애 合(합)ᄒ며
含(함)ᄒ며 弘(홍)ᄒ며 光(광)ᄒ며 大(대)ᄒ야, 品物(품믈)이 다 亨(형)ᄒᄂ니라.

「牝馬(빈마)」ᄂ 地(디)의 類(류)ㅣ니, 地(디)예 行(ᄒᆡᆼ)홈이 疆(강)이 업시 ᄒ며,
柔順(유슌)ᄒ고 利貞(리뎡)홈이, 君子(군ᄌ)의 行(ᄒᆡᆼ)ᄒᄂ 배라.

先(션)ᄒ면 迷(미)ᄒ야 道(도)ᄅᆞᆯ 失(실)ᄒ고, 後(후)ᄒ면 順(슌)ᄒ야 常(샹)을 得
(득)ᄒ리니,

「西(셔)과 南(남)은 朋(붕)을 得(득)홈」은, 이예 類(류)로 더브러 行(ᄒᆡᆼ)홈이오,
「東(동)과 北(븍)은 朋(붕)을 喪(상)홈」은, 마ᄎᆞ매 慶(경)이 이시리니[《本義》: 東
(동)과 北(븍)은 朋(붕)을 喪(상)ᄒ나]

「安貞(안뎡)의 吉(길)홈」이, 地(디)의 疆(강) 업슴을 應(응)홈이니라.

★象(샹)애 골오디 地(디)의 勢(셰)ㅣ 坤(곤)이니, 君子(군ᄌ)ㅣ 以(이)ᄒ야 厚
(후)ᄒ 德(덕)으로 物(믈)을 載(지)ᄒᄂ니라.

〈해석〉 彖: 지극하도다 땅의 원기여, 만물이 그것에 의해 생성하고, 이에 순종하여
하늘의 뜻을 이어받나니,

땅은 두텁고 넓어서 물건을 싣고 있음이, 덕이 끝이 없음에 합치되고,
두루 포함하고 크고 넓으며 위대하여, 형체를 이룬 만물이 모두 형통하나니라.

"암말"은 땅에 속한 종류로서 그가 땅을 누비고 다님에 끝이 없이 하며, 유순하
고 곧은 것을 이롭다 여기는 것이, 군자가 그처럼 행할 바이니라.

먼저 나서면 길을 잃어 도를 잃게 되고, 뒤에 쳐져 따르면 순종하여 상리를 얻게 되리니,

"서남쪽은 친구를 얻는다"함은, 이에 같은 동류와 함께 감을 뜻하며, "동북쪽은 친구를 잃는다"함은, 이에 그 마무리에 경사가 있을 것이니(동쪽과 북쪽은 친구를 잃게 되지만)

"편안히 하여 곧음을 지킴이 길하다"함은, 땅의 끝없음에 호응하기 때문이다.

★象(大象): 땅의 형세가 곤(곤괘)이니, 군자는 이를 근거로 하여 후한 덕으로써 만물을 싣고 있는 원리를 터득하는 것이다.

【彖】彖辭, 彖傳, 卦辭(經文)를 부연 설명한 것. 따라서 괘사 다음에 실어 전체의 체제로 삼았음. 그러나 오직 앞의 '乾卦'만은 卦辭, 爻辭를 실은 다음 彖, 象을 실어 유일하게 다르며, 이 '困卦'로부터 마지막 '未濟卦'까지는 일관된 體例로 되어 있음.

【至哉坤元, 萬物資生, 乃順承天】'至哉'는 '至極하도다'의 찬사. '坤元'은 地道의 元氣. 혹 땅의 始元, 創始. 《集解》에 "九家《易》曰:「謂乾氣至坤, 萬物資受而以生也. 坤者, 純陰配乾, 生物亦善之始, 地之象也. 故又歎言至美.」"라 함. '萬物資生'은 만물이 이를 의지하여 살아가고 있음. '資'는 依, 賴의 뜻. 즉 만물이 地道(坤道)에 의지하여 생존, 서식하고 있음. 《集解》에 "九家《易》曰:「謂萬一千五百二十策, 皆受始於乾, 由坤而生也. 策生於坤, 猶萬物成形, 出乎地也.」"라 함. '乃順承天'은 이에 順(坤, 順從, 陰爻)이 天(乾, 健, 陽爻)을 받들고 있음. '承'은 《說文》에 "承, 奉也"라 함. 땅(坤)은 순종하며 하늘(乾)의 뜻을 받들어 만물을 生長收藏하며 변화를 지속시키는 임무를 맡고 있음. 〈正義〉에 "至哉坤元', 至德合無疆, 此五句總明坤義及元德之首也. 但元是坤德之首, 故連言之, 猶乾之元德, 與乾相通共文也. '至哉坤元'者, 歎美坤德, 故云'至哉'. 至, 謂至極也. 言地能生養, 至極與天同也. 但天亦至極, 包籠於地, 非但至極, 又大於地, 故乾言'大哉!'. 坤言'至哉, 萬物資生'者, 言萬物資地而生, 初稟其氣謂之始, 成形謂之生. 乾本氣初, 故云'資'; 始坤據成, 形故云'資'. 生乃順承天者, 乾是剛健能, 統領於天, 坤是陰柔, 以和順承奉於天"이라 함. 《集解》에 "劉瓛曰:「萬物資生於地, 故地承天而生也.」"라 함. 《本義》에 "此以地道, 明坤之義, 而首言元也. 至, 極也. 比大義差緩始者, 氣之始生者, 形之始順, 承天施地之道也"라 함.

【坤厚載物, 德合无疆】'坤厚載物'은 땅은 厚德하게 물체를 싣고 있음. 《集解》에 "蜀才曰:「坤以廣厚之德, 載含萬物, 無有窮竟也.」"라 함. '德合无疆'은 地德이 調和(和合)함이 끝이 없음. '无는' 無와 같음. '疆'은 疆域의 끝. '疆'은 極의 뜻. 時空의 無窮無盡함을 함께 일컬음. 《集解》에 "蜀才曰:「天有无疆之德, 而坤合之, 故云'德合无疆'也.」"라 함.

〈正義〉에 "坤厚載物, 德合无疆'者, 以其廣厚, 故能載物. 有此生長之德, 合會无疆. 凡言 '无疆'者, 具有二義: 一是廣博无疆; 二是長久无疆也. 自此已上, 論坤元之義也"라 함. 《傳》에 "資生之道, 可謂大矣. 乾旣稱大, 故坤稱至, 至義差緩, 不若大之盛也. 聖人於尊卑 之辨, 謹嚴如此. 萬物資乾以始, 資坤以生, 父母之道也. 順承天施以成其功, 坤之厚德, 持 載萬物, 合於乾之无疆也"라 함.

【含弘光大, 品物咸亨】'含弘光大'는 큰 것을 머금어 그 넓음이 지대함. '含'은 縕藏의 뜻. '光'은 廣의 뜻. 《集解》에 "荀爽曰:「乾二居坤五爲含, 坤五居乾二爲弘. 坤初居乾四 爲光, 乾四居坤初爲大也.」"라 함. '品物咸亨'은 《集解》에 "荀爽曰:「天地交萬物生, 故咸 亨.」 ○崔憬曰:「含育萬物爲弘, 光華萬物爲大. 動植各遂其性, 故言'品物咸亨'也.」"라 함. 〈正義〉에 "含弘光大, 品物咸亨'者, 包含弘厚, 光著盛大, 故品類之物, 皆得亨通. 但 坤比乾, 卽不得大名, 若比衆物, 其實大也. 故曰'含弘光大'者也. 此二句, 釋亨也"라 함. 《本義》에 "言亨也, 德合无疆, 謂配乾也"라 함.

【「牝馬」地類, 行地无疆】'地類'는 땅에 속한 品類. '行地无疆'은 땅을 돌아다녀도 그 땅은 끝이 없음. 〈正義〉에 "牝馬地類, 行地无疆'者, 以其柔順故, 云地類; 以柔順爲體, 終无 禍患, 故行地无疆, 不復窮已. 此二句釋'利貞'也. 故上文云'利牝馬之貞'是也"라 함. 《集解》 에 "侯果曰:「地之所以含弘物者, 以其順而承天也; 馬之所以行地遠者, 以其柔而伏人也. 而又牝馬順之至也. 誠臣子當至順, 故作《易》者取象焉.」"이라 함.

【柔順利貞, 君子攸行】'柔順'의 '柔'는 음효를 뜻함. 溫柔함, 溫順함. '君子攸行'은 君子 가 발 바. 文王이 앞으로 실행해야 할 임무. 큰 使命. 〈正義〉에 "柔順利貞, 君子攸行'者, 重釋'利貞'之義. 是君子之所行, 兼釋前文'君子有攸往, 先迷失道'者, 以陰在事之先, 失其 爲陰之道, 後順得常者, 以陰在物之後, 陽唱而陰和, 乃得主利, 是後順得常"이라 함. 《集 解》에 "九家《易》曰:「謂坤爻本在柔順陰位, 則利正之. 乾則陽爻來據之, 故曰'君子攸行'.」" 이라 함. 《傳》에 "以含弘光大四者, 形容坤道, 猶乾之剛健, 中正純粹也. 含, 包容也; 弘, 寬裕也; 光, 昭明也; 大, 博厚也. 有此四者, 故能成承(一作順)天之功, 品物(一作類)咸, 得亨遂取. 牝馬爲象者, 以其柔順, 而健行地之類也. '行地无疆', 謂健也. 「乾健坤順, 坤亦 健乎?」曰:「非健何以配乾? 未有乾行, 而坤止也. 其動也剛, 不害其爲柔也. 柔順而利貞, 乃坤德也. 君子之所行也. 君子之道, 合坤德也.」"라 하였고, 《本義》에 "言利貞也. 馬乾之 象, 而以爲地類者. 牝, 陰物而馬, 又行地之物也. 行地无疆, 則順而健矣. 柔順利貞, 坤之 德也. 君子攸行, 人之所行, 如坤之德也. 所行如, 是則其占如下文所云也"라 함.

【先迷失道, 後順得常】'先迷失道'는 먼저 나서면 길을 잃음. '後順得常'은 뒤로 쳐져 乾(天)에게 順從하면 常道(正道, 正路)를 얻을 수 있음. '常'은 恒(雙聲)의 뜻. 恒久함.

전체가 陰爻이기 때문에 順從해야 함을 뜻함. 《集解》에 "何妥曰: 「陰道惡先, 故先致迷失, 後順於主, 則保其常慶也.」"라 함.

【西南得朋, 乃與類行】'乃與類行'의 '類'는 동류. 자신과 뜻을 같이 하는 이들. 〈正義〉에 "西南得朋, 乃與類行'者, 以陰而造坤位, 是乃與類俱行"이라 함. 《集解》에 "虞翻曰: 「謂陽得其類, 月朔至望, 從震至乾, 與時偕行, 故'乃與類行'.」"이라 함.

【東北喪朋, 乃終有慶】'乃終有慶'은 그 끝마무리에는 慶事가 있음. 〈正義〉에 "東北喪朋, 乃終有慶'者, 以陰而詣陽, 初雖離羣, 乃終久有慶善也"라 함. 《集解》에 "虞翻曰: 「陽喪滅坤, 坤終復生, 謂月三日, 震象出庚, 故'乃終有慶'. 此指說《易》道, 陰陽消息之大要也. 謂陽月三日, 變而成震出庚, 至月八日成兌見丁, 庚西丁南, 故西南得朋. 謂二陽爲用, 故兌君子以朋友講習. 〈文言〉曰: '敬義立而德不孤.' 〈象〉曰: '乃與類行'. 二十九日, 消乙入坤, 滅藏於癸. 乙東癸北, 故'東北喪朋'. 謂之以坤滅乾, 坤爲喪故也. 馬君云: 『孟秋之月, 陰氣始著, 而坤之位, 同類相得, 故'西南得朋'. 孟春之月, 陽氣始著, 陰始從陽, 失其黨類, 故'東北喪朋'.』 失之甚矣, 而荀君以爲陰起於午至申, 三陰得坤一體, 故曰'西南得朋', 陽起於子至寅, 三陽喪坤一體, 故'東北喪朋'. 就如荀說, 從午至申, 經當言'南西得朋', 子至寅, 當言'北東喪朋'. 以乾變坤而言'喪朋', 經以乾卦爲喪耶? 此何異於馬也?」라 함. 《本義》에 "陽大陰小, 陽得兼陰, 陰不得兼陽, 故坤之德, 常減於乾之半也. 東北雖喪朋, 然反之西南, 則終有慶矣"라 함.

【「安貞」之吉, 應地无疆】'安貞之吉'은 《集解》에 "虞翻曰: 「坤道至靜, 故'安'; 復初得正, 故'貞吉'.」"이라 함. '安貞'이 길한 이유는 大地의 無窮(无疆)함에 正應하고 있기 때문. '應地无疆'은 《集解》에 "虞翻曰: 「震爲應陽, 正於初, 以承坤, 陰地道應, 故'應地无疆'.」"이라 함. 王弼 注에 "地之所以得无疆者, 以卑順行之故也. 乾以龍御天, 坤以馬行地, 柔順利貞, 君子攸行, 先迷失道, 後順得常. 西南得朋, 乃與類行; 東北喪朋, 乃終有慶. 安貞之吉, 應地无疆. 地之所以得无疆者, 以卑順行之故也. 乾以龍御天, 坤以馬行地, 柔順利貞, 君子攸行, 先迷失道, 後順得常. 西南得朋, 乃與類行; 東北喪朋, 乃終有慶. 安貞之吉, 應地无疆"이라 하였고, 〈正義〉에 "安貞之吉, 應地无疆'者, 安謂安靜; 貞謂貞正. 地體安靜而貞, 正人若得靜而能正, 卽得其吉應, 合地之无疆, 是慶善之事也. '行之不以牝馬', 牝馬, 謂柔順也. '利之不以永貞', 永貞, 謂貞固剛正也. 言坤旣至柔順而利之, 卽不兼剛正也. '方而又剛'者, 言體旣方正, 而性又剛强, 卽太剛也. 所以須牝馬也. '柔而又圓'者, 謂性旣柔順, 體又圓曲, 謂'太柔'也. 故須'永貞'也. 若其坤无牝馬, 又无永貞, 求安難矣. 云'永貞'者, 是下用六爻辭也. 東北喪朋, 去陰就陽, 是利之永貞"이라 함. 《傳》에 "乾之用, 陽之爲也. 坤之用, 陰之爲也. 形而上曰天, 地之道形而下曰陰陽之功. '先迷後得'以下, 言陰道也. 先唱則

迷失陰道, 後和則順而得其常理. 西南陰方, 從其類得朋也. 東北陽方, 離其類喪朋也. 離其類而從陽, 則能成生物之功, 終有吉慶也. 與類行者本也, 從於陽者用也. 陰體柔躁, 故從於陽, 則能安貞而吉, 應地道之无疆也. 陰而不安貞, 豈能應地之道?〈彖〉有‘三无疆’, 蓋不同也. ‘德合无疆’, 天之不已也; ‘應地无疆’, 地之无窮也; ‘行地无疆’, 馬之健行也라 하였고, 《本義》에 “安而且貞, 地之德也”라 함.

★【象曰】이는 象辭를 풀이한 것으로 大象(大象辭, 大象傳)임. 《易》 전체 동일함.

【地勢坤】땅의 形勢가 坤임. 王弼 注에 “地形不順, 其勢順”이라 하였고, 〈正義〉에 “地體方直, 是不順也. 其勢承天, 是其順也”라 함. 《集解》에 “王弼曰:「地形不順矣.」○宋衷曰:「地有上下九等之差, 故以形勢言其性也.」”라 함.

【君子以厚德載物】‘君子’는 선각자. 《易》에서는 매 ‘大象傳’에 君子, 先王, 聖人, 聖王 등을 내세워 “그들이 이 괘를 보고 그 原理를 抽出하여, 이를 인류에게 알려주기도 하고, 문물제도를 마련하기도 하며, 혹 통치에 활용하기도 하였다”는 식의 定型을 설정하고 있음. ‘以’는 《周易》의 이하 같은 표현에서 모두 ‘이 괘를 근거로’, ‘이 괘의 원리를 추출하여’, ‘이 괘의 괘상을 바탕으로 하여’의 뜻. ‘厚德載物’은 坤卦처럼 厚德함을 바탕으로 하여 땅에 실려 있는 모든 사물을 파악함. ○이 象辭는 坤卦 전체의 卦象을 근거로, 그 속에 깊이 들어 있는 哲理를 설명한 것이며, 다음의 모든 괘는 모두 이와 같음. 〈正義〉에 “君子用此地之厚德, 容載萬物. 言君子者, 亦包公卿諸侯之等. 但厚德載物, 隨分多少, 非如至聖載物之極也”라 함. 《集解》에 “虞翻曰:「勢, 力也. 君子謂乾陽, 爲德動在坤下, 君子之德車, 故‘厚德載物’. 《老子》(33)曰:『勝人者, 有力也.』」”라 함. 《傳》에 “坤道之大, 猶乾也. 非聖人, 孰能體之? 地厚而其勢順傾, 故取其順厚之象, 而云‘地勢坤’也. 君子觀坤厚之象, 以深厚之德, 容載庶物”이라 하였고, 《本義》에 “地, 坤之象, 亦一而已. 故不言重而言其勢之順, 則見其高下, 相因之无窮, 至順極厚, 而无所不載也”라 함.


## (3) 爻辭와 象辭(小象. 이하 같음)

初六: 履霜, 堅冰至.
☆象曰:「履霜, 堅冰」, 陰始凝也; 馴致其道, 至堅冰也.

〈언해〉初六(초뉵)은, 霜(상)을 履(리)ᄒ면, 堅(견)ᄒᆞᆫ 冰(빙)이 至(지)ᄒᆞᄂᆞ니라.

　　☆象(샹)애 ᄀᆞᆯ오디 「履霜, 堅冰」은, 陰(음)이 비르소 凝(응)홈이니, 그 道(도)를

馴(순)ᄒᆞ야 致(티)ᄒᆞ야, 堅冰(견빙)애 至(지)ᄒᆞᄂᆞ니라.

〈해석〉[初六](--): 서리를 밟으면, 곧 굳은 얼음이 어는 때가 다가올 것임을 상징한다.

☆象: "서리를 밟으면, 굳은 얼음 온다"함은, 음기가 비로소 응결함이니, 그 도를 순종하여 이에 이르러 굳은 얼음이 어는 때가 옴을 뜻한다.


【初六】이는 전괘의 시작이며, 下卦(坤)의 맨 아래에 있고, 陰爻로 陽位에 있어 位不當함. 유순하여 미래 다가올 상황에 대해 차분히 기다리는 爻位임.

【履霜, 堅冰至】'履霜'은 서리를 밟음. 늦가을 초겨울의 時候. '堅冰至'는 곧 굳은 얼음이 올 시기가 이를 것임. 沙少海는 "履霜堅冰,《三國志》(魏志 文帝紀)許芝引作「初六, 履霜」. 朱熹, 項安世, 惠棟等皆從之. 〈象〉傳以'陰始凝'釋'履霜'二字, 非釋'堅冰'二字. 若'堅冰'則是陰已大凝, 不得云'陰始凝'"이라 하여, '堅冰至'는 없어야한다 하였음. ○高亨은 "履霜, 秋日之象也. 堅冰, 冬日之象也. 「履霜堅冰至」者, 謂人方履霜, 而堅冰將至, 喩事之有漸也. 筮遇此爻, 當防微杜漸也"라 함. ○이 효는 '霜'과 '堅冰'의 自然 物象을 비유로 들어, 陰氣始凝의 원리를 설명함과 함께 점차 다가오는 隱微함을 미리 예방할 것을 권고한 것임. 王弼 注에 "始於履霜, 至于堅冰, 所謂至柔而動也. 剛陰之爲道, 本於卑弱, 而後積著者也. 故取履霜以明其始陽之爲物, 非基於始, 以至於著者也. 故以出處明之, 則以初爲潛"이라 하였고, 〈正義〉에 "初六, 陰氣之微, 似若初寒之始. 但履踐其霜, 微而積漸, 故堅氷乃至. 義取所謂陰道, 初雖柔順, 漸漸積著, 乃至堅剛. 凡《易》者, 象也. 以物象而明人事, 若《詩》之比喩也. 或取天地陰陽之象, 以明義者, 若〈乾〉之潛龍·見龍; 〈坤〉之履霜·堅冰·龍戰之屬, 是也. 或取萬物, 雜象以明義者, 若〈屯〉之六三卽'鹿无虞', 六四'乘馬班如'之屬是也. 如此之類, 《易》中多矣. 或直以人事, 不取物象, 以明義者, 若〈乾〉之九三'君子終日乾乾', 〈坤〉之六三'含章可貞'之例是也. 聖人之意, 可以取象者, 則取象也; 可以取人事者, 則取人事也. 故〈文言〉注云:『至於九三, 獨以君子爲目者, 何也? 乾乾夕惕, 非龍德也.』故以人事明之, 是其義也. 夫子所作〈象辭〉元在六爻, 經辭之後, 以自卑退, 不敢干亂. 先聖正經之辭, 及至輔嗣之意, 以爲'象'者, 本釋經文宜相附, 近其義易了. 故分爻之象辭, 各附其當爻下言之, 猶如元凱注《左傳》分經之年與傳相附"라 함.《集解》에 "干寶曰:「重陰故稱六. 剛柔相推故生, 變占變故有爻. 繫曰爻者, 言乎變者也. 故《易》〈繫辭〉皆稱九·六也. 陽數奇, 陰數偶, 是以乾用一也, 坤用二也. 陰氣在初五月之時, 自〈姤〉來也. 陰氣始動乎三泉之下, 言陰氣動矣, 則必至於履霜. 履霜, 則必至於堅冰, 言有漸也. 藏器於身, 貴其俟時, 故陽在潛龍, 戒以勿用, 防禍之原, 欲其先幾, 故陰在三泉, 而顯以履霜也.」"라 함.《傳》에 "陰爻稱六, 陰之盛也. 八則陽生矣, 非純盛. 陰始生於

下, 至微也. 聖人於陰之始生, 以其將長, 則爲之戒. 陰之始凝而爲霜, 履霜則當知陰漸盛而至堅氷矣. 猶小人始, 雖甚微, 不可使長. 長則至於盛也"라 하였고, 《本義》에 "六, 陰爻之名. 陰數六, 老而八少. 故謂陰爻爲六也. 霜陰氣所結, 盛則水凍而爲氷. 此爻陰始生於下, 其端甚微而其勢必盛, 故其象如履霜, 則知堅氷之將至也. 夫陰陽者, 造化之本, 不能相无而消長, 有常亦非人所能損益也. 然陽主生, 陰主殺, 則其類有淑慝之分焉. 故聖人作《易》, 於其不能相无者, 旣以健順仁義之屬, 明之而无所偏主, 至其消長之際, 淑慝之分, 則未嘗不致其扶陽抑陰之意焉. 蓋所以贊化育而參天地者, 其旨深矣. 不言其占者, 謹微之意, 已可見於象中矣"라 함.

☆【象曰】 이는 爻辭를 부연 설명한 小象(小象辭, 小象傳)임. 이하 《易》 전체 동일함.

【「履霜, 堅冰」, 陰始凝也】 '陰始凝也'는 陰氣에 의해 만물이 凝結되기 시작함. 〈正義〉에 "陰始凝也'者, 釋履霜之義, 言陰氣始凝結, 而爲霜也"라 함.

【馴致其道, 至堅冰也】 '馴致其道'는 그 地道에 馴致됨. 馴은 길들여짐, 순종함. 順과 같으며, 順은 坤의 뜻. 〈正義〉에 "馴致其道, 至堅冰也'者, 馴, 猶狎順也. 若鳥獸馴狎然, 言順其陰柔之道, 習而不已, 乃至堅冰也. 褚氏云: 『履霜者, 從初六至六三; 堅冰者, 從六四至上六.』 陰陽之氣无爲, 故積馴履霜, 必至於堅冰, 以明人事有爲, 不可不制其節度, 故於履霜而逆以堅冰爲戒. 所以防漸・慮微・愼終于始也"라 함. 《集解》에 "九家《易》曰: 「霜者, 乾之命也; 堅冰者, 陰功成也. 謂坤初六之乾四, 履乾命令而成堅冰也. 此封本乾, 陰始消陽, 起於此爻, 故'履霜'也. 馴, 猶順也. 言陽順陰之性, 成堅冰矣. 初六始〈姤〉, 〈姤〉爲五月盛夏, 而言'堅冰', 五月陰氣始生地中, 言始於微霜, 終至堅冰, 以明漸順至也.」"라 함. 《傳》에 "陰始凝而爲霜, 漸盛則至於堅氷(一有也字). 小人雖微長, 則漸至於盛, 故戒於初. 馴, 謂習. 習而至於盛, 習因循也"라 하였고, 《本義》에 "按《魏志》作'初六履霜', 今當從之. 馴, 順習也"라 함.


# 六二: 直方大, 不習无不利.
## ☆象曰: 六二之動, 直以方也;「不習无不利」, 地道光也.

〈언해〉 六二(륙이)는, 直(딕)하고 方(방)하고 大(대)혼 디라, 習(습)디 아니하야도 利(리)티 아님이 업스니라.

　　☆象(샹)애 굴오디 六二(륙이)의 動(동)홈이, 直(딕)하고 뻐 方(방)하니,「不習无不利」는, 地道(디도)ㅣ 光(광)홈이라.

〈해석〉 [六二](--): 대지는 곧고 모나며 크기 때문에, 익숙하지 않아도 이롭지 않음이 없다.

　　☆象: 육이의 움직임이, 곧으면서 모가 나니, "익숙하지 않아도 이롭지 않음이 없다"함은, 땅의 도란 넓기 때문이다.


【六二】 이는 下卦(坤)의 中央에 있어 得中하였으며, 陰爻로 陰位에 있어 位正當함. 六五와는 같은 陰爻로 正應을 이루지 못함.

【直方大】 '直'은 '곧다, 바르다'의 뜻. '正直'과 같음. '方'은 '모나다, 바르다, 方正하다'의 뜻. 位正當과 得中 두 가지를 갖추었음을 뜻함. 그러나 '直'은 値의 假借로 '持'의 뜻이며, '方'은 '舫'의 假借로 배를 가리키는 것이라고도 함. 따라서 '배를 꼭 잡고 잘 조종하다'의 뜻이라 함. 즉 ○高亨은 "直方卽持方(舫), 謂操方舟也"라 하였고, '大'는 太(태, 너무)로 읽으며, 아래에 붙여 '太不習', 즉 '그리 너무 익숙하지 않아도'의 뜻으로 보았음.《集解》에 "荀爽曰:「大者陽也. 二應五, 五下動之, 則應陽出, 直布陽於四方.」"이라 함.

【不習无不利】 익숙하지 않은 곳에 가도 이롭지 않음이 없음. '習'은 '익숙하다, 經驗했다' 등의 뜻. '不習'은 익숙하지 않은 곳. 전혀 낯선 곳을 뜻함. 그러나 ○高亨은 "大, 讀爲太, 習, 謂閑習也. 方舟以渡, 不易傾覆, 雖甚不習於操舟之術, 亦不致有隕越之虞, 故曰「直方, 大不習, 无不利」. 人據堅固之勢, 雖非幹練之才, 亦無往不利, 乃其設象之怡也"라 하여, 이 효의 구절을 전혀 달리 읽었음. ○이 효는 初六에서 이미 大地의 陰氣에 대해 겪었고, 자신이 得中하였으므로 그 때문에 다시 겪지 않아도 됨을 강조하고 있음. 王弼 注에 "居中得正, 極於地質, 任其自然, 而物自生, 不假脩營, 而功自成. 故不習焉而无不利"라 하였고, 〈正義〉에 "〈文言〉云:「直其正也. 二得其位, 極地之質, 故亦同地也. 俱包三德, 生物不邪, 謂之直也; 地體安靜, 是其方也; 无物不載, 是其大也. 旣有三德, 極地之美, 自然而生, 不假修營, 故云'不習, 无不利'. 物皆自成, 无所不利, 以此爻居中得位, 極於地體, 故盡極地之義. 此因自然之性, 以明人事, 居在此位, 亦當如地之所爲. '居中得正, 極於地質'者, 質, 謂形質地之形質, 直方又大, 此六二居中得正, 是盡極地之體質也. '所以直'者, 言氣至卽生物, 由是體正直之性, 其運動生物之時, 又能任其質性, 直而且方, 故〈象〉云'六二之動, 直以方'也. 動而直方, 任其質者, 質以直方, 動又直方, 是質之與行, 內外相副, 物有內外, 不相副者, 故略例云形躁好靜, 質柔愛剛, 此之類是也"라 함.《集解》에 "荀爽曰:「物唱乃和, 不敢先有所習, 陽之所唱, 從而和之, 无不利也.」○干寶曰:「陰氣在二六月之時, 自〈遯〉來也. 陰出地上, 佐陽成物, 臣道也, 妻道也. 臣之事君, 妻之事夫, 義

成者也. 臣貴其直, 義尙其方, 地體其大, 故曰'直方大'. 士該九德, 然後可以從王事; 女躬四敎, 然後可以配君子. 道成於我而用之於彼, 不方以仕學爲政, 不方以嫁學爲婦, 故曰'不習无不利'也.」라 함. 《傳》에 "二陰位在下, 故爲坤之主. 統言坤道中正在下, 地之道也. 以'直方大'三者, 形容其德, 用盡地之道矣. 由'直方大', 故'不習而无所不利'. 不習, 謂其自然. 在坤道, 則莫之爲而爲也; 在聖人, 則從容中道也. '直方大', 《孟子》(公孫丑 上)所謂『至大至剛』, 以直也. 在坤體, 故以方易剛, 猶貞加牝馬也. 言氣則先大, 大氣之體也. 於坤則先直方, 由直方而大也. 直方大足以盡地道, 在人識之耳. 乾坤純體, 以位相應, 二坤之主, 故不取五應, 不以君道, 處五也. 乾則二五相應"이라 하였고, 《本義》에 "柔順正固, 坤之直也; 賦形有定, 坤之方也; 德合无疆, 坤之大也. 六二柔順而中正, 又得坤道之純者, 故其德內直外方, 而又盛大. 不待學習而无不利, 占者有其德, 則其占如是也"라 함.

☆【六二之動, 直以方也】'動'은 陰氣가 不斷히 발전함. '直以方也'는 正直함을 가지고 方正하게 행동하기 때문임. '以'는 '而'와 같음. 連詞. 〈正義〉에 "〈象〉曰'六二之動, 直以方'者, 言六二之體, 所有興動, 任其自然之性, 故云'直以方'也"라 함. 《集解》에 "九家《易》曰: 「謂陽下動, 應之則直而行, 布陽氣動於四方也.」"라 함.

【「不習无不利」, 地道光也】'地道光也'는 땅의 原理(德性)가 넓음. '光'은 廣과 같음. 〈正義〉에 "'不習无不利, 地道光'者, 言所以不假修習, 物无不利, 猶地道光大故也"라 함. 《集解》에 "干寶曰: 「女德光於夫, 士德光於國也.」"라 함. 《傳》에 "承天而動, 直以方耳. 直方則大矣, 直方之義, 其大无窮, 地道光顯, 其功順成, 豈習而後利哉?"라 함.

# 六三: 含章可貞, 或從王事, 无成有終.
## ☆象曰:「含章可貞」, 以時發也;「或從王事」, 知光大也.

〈언해〉六三(륙삼)은, 章(쟝)을 含(함)홈이, 可(가)히 貞(뎡)홀 디니, 或(혹) 王事(왕ᄉ)를 從(죵)ᄒ야, 成(셩)홈이 업고 終(죵)을 둘 디니라.[《本義》: 章(쟝)을 含(함)홈이 可(가)히 貞(뎡)ᄒ나, 或(혹) 王事(왕ᄉ)를 從(죵)ᄒ면, 成(셩)이 업서도 終(죵)이 이시리라]

☆象(샹)애 골오디「章(쟝)을 含(함)홈이 可(가)히 貞(뎡)」홀 디나, 時(시)로 뻐 發(발)홀 거시오,「或從王事」는, 知(디)ㅣ 光大(광대)홈이라.

〈해석〉[六三](--): 문채를 포함함이 가히 곧다 할 수 있어서, 혹 왕사(王事)에 종사하여, 성취함이 없고 좋은 끝맺음이 있게 될 것이다.(문채를 머금음이 가히 곧기는 하나, 혹 왕사를 따르면, 이룸이 없어도 좋은 끝맺음이 있으리라.)

☆ 象: "빛남을 머금고 있음이 가히 곧다 할 수 있음"은, 때에 맞게 발동할 것이기 때문이요, "혹 왕사을 따른다"함은, 그 지혜가 넓고 크기 때문이다.


【六三】 이는 하괘(坤)의 맨 위에 있으며, 陰爻로 陽位에 있어 位不當함.

【含章可貞】 '含章'의 '含'은 內包의 뜻. '章'은 '나타내다, 빛을 내다'의 뜻. 大地가 문채 나는 德性(坤道, 坤德)을 머금어, 가히 정정함을 실행할 수 있음. 그러나 ○高亨은 '含'은 戡(疊韻), '章'은 商(疊韻)의 假借로 '戡商', 즉 '商(殷)'을 이기다, 殷나라 紂를 멸하다'의 뜻이라 하였음. '可貞'의 可는 '뜻에 맞다', '貞'은 貞卜, 貞辭, 貞兆. 따라서 '可貞'은 '뜻하던 바대로 점괘가 나오다'의 뜻. 이에 ○高亨은 "此爻乃以武王克商之事示休咎, 故記之曰「含章」. 所占事可行謂之'可貞'. 筮遇此爻. 乃武王克商之兆, 所占之事, 自爲可行, 故曰「含章可貞」"이라 함. 〈正義〉에 "含章可貞'者, 六三處下卦之極, 而能不被疑於陽. 章, 美也. 旣居陰極, 能自降退, 不爲事始, 唯內含章美之道, 待命乃行, 可以得正, 故曰'含章可貞'"이라 함. 《集解》에 "虞翻曰:「貞, 正也. 以陰包陽, 故'含章'. 三失位發得正, 故'可貞'也.」"라 함.

【或從王事, 无成有終】 '或從王事'의 '王事'는 전쟁. 李鏡池는 "王事, 指戰爭. 王訓大, 王事卽大事. 古代國家以戰爭和祭祀爲大事. 這裡說大事, 就是指戰爭"이라 함. '无成有終'은 성공하지 못해도 그 결과는 좋을 것임. '有終'은 결과가 좋을 때 쓰는 말. 그러나 '无成'은 '功成不居', '功成身退', 즉 '공을 이루고 나서 그 자리에 있지 않음'의 뜻이라고도 함. 그러나 ○高亨은 "武王克商, 從征者有人未立功亦得賞, 是無成而有終. 故曰「或從王事, 无成有終」. 此二句亦承'含章'而言也"라 함. 王弼 注에 "三處下卦之極, 而不疑於陽, 應斯義者也. 不爲事始, 須唱乃應, 待命乃發, 含美而可正者也. 故曰'含章可貞'也. 有事則從, 不敢爲首, 故曰'或從王事'也. 不爲事主, 順命而終, 故曰'无成有終'也"라 하였고, 〈正義〉에 "或從王事, 无成有終'者, 言六三爲臣, 或順從於王事, 故不敢爲事之首, 主成於物, 故云'无成'. 唯上唱下和, 奉行其終, 故云'有終'. '三處下卦之極'者, 欲見三雖陰爻, 其位尊也. '不疑於陽'者, 陰之尊極, 將與陽敵, 體必被陽所忌. 今不被疑於陽, 言陽不害也. '應斯義'者, 斯, 此也. 若能應此義唯行, 含章可貞, 已下之事, 乃應斯義, 此爻全以人事明之"이라 함. 《集解》에 "虞翻曰:「謂三已發成〈泰〉, 乾爲主, 坤爲事, 震爲從, 故'或從王事'. 地道无成而有終, 故'无成有終'.」○干寶曰:「陰氣在三七月之時, 自〈否〉來也. 陽降在四三公位也. 陰升在三, 三公事也. 上失其權位, 在諸侯, 坤體旣具, 陰黨成羣, 君弱臣强, 戒在二國, 唯文德之臣, 然後可以遭之, 運而不失其柔順之正. 坤爲文, 坤象旣成, 故曰'含章可貞'. 此

蓋平襄之王, 垂拱以賴晉鄭之輔也. 苟利社稷專之則可, 故曰'或從王事'. 遷都誅親, 疑於專命, 故亦或之失, 後順之節, 故曰'无成'; 終於濟國安民, 故曰'有終'.」이라 함.《傳》에 "三, 居下之上, 得位者也. 爲臣之道, 當含晦其章美. 有善則歸之於君, 乃可常而得正. 上无忌惡之心, 下得柔(一作恭)順之道也. '可貞', 謂可貞固守之, 又可以常久而无悔咎(一作咨)也. 或從上之事不敢當, 其成功唯奉事, 以守其終耳, 守職以終其事(一有者字), 臣之道也"라 하였고,《本義》에 "六陰三陽, 內含章美, 可貞以守. 然居下之上, 不終含藏, 故或時出而從上之事, 則始雖无成, 而後必有終. 爻有此象, 故戒占者, 有此德, 則如此占也"라 함.

　☆【「含章可貞」, 以時發也】'以時發也'는 時宜適切할 때 發動한 것이기 때문.〈正義〉에 "〈象〉曰'含章可貞, 以時發'者, 夫子釋含章之義, 以身居陰極, 不敢爲物之首. 但內含章美之道, 待時而發, 是以'時發'也"라 함.《集解》에 "崔憬曰: 「陽命則發, 非時則含也.」"라 함.《傳》에 "夫子懼人之守文, 而不達義也. 又從而明之, 言爲臣處下之道, 不當有其功. 善必含晦其美, 乃正而可常. 然義所當爲者, 則以時而發, 不有其功耳. 不失其宜, 乃以時也. 非含藏終不爲也, 含而不爲, 不盡忠者也"라 함.

　【「或從王事」, 知光大也】'知光大也'는 그 지혜가 넓고 큼. '知'는 智의 뜻. '光'은 廣의 假借. 廣博함. 王弼 注에 "知慮光大, 故不擅其美"라 하였고,〈正義〉에 "或從王事, 知光大'者, 釋'无成有終'也. 旣隨從王事, 不敢主成物始, 但奉終而行, 是知慮光大, 不自擅其美, 唯奉於上"이라 함.《集解》에 "干寶曰: 「位彌高, 德彌廣也.」"라 함.《傳》에 "〈象〉只擧上句解義, 則幷及下文, 它卦皆然. 或從王事, 而能无成有終者, 是其知之光大也. 唯其知之光大, 故能含晦. 淺暗之人, 有善唯恐人之不知, 豈能含章也?"라 함.


# 六四: 括囊, 无咎无譽.
## ☆象曰:「括囊, 无咎」, 愼不害也.

〈언해〉 六四(륙사)는, 囊(낭)을 括(괄)툿 ᄒᆞ면, 咎(구)도 업스며 譽(여)도 업스리라.[《本義》: 囊(낭)을 括(괄)홈이니]

　　☆象(샹)애 ᄀᆞ로ᄃᆡ「括囊无咎」ᄂᆞᆫ 愼(신)ᄒᆞ면 害(해)티 아니홈이라.

〈해석〉 [六四](--): 자루(주머니)의 주둥이를 단단히 매듯이 하면(자루를 단단히 매는 것이니), 허물도 없고 칭찬도 없으리라.

　　☆象: "주머니를 여미면 허물이 없다"고 함은, 삼가면 해롭지 않다는 것이다.

【六四】이는 上卦(坤)의 시작이며, 陰爻로 陰位에 있어 位正當함. 다시 坤(順)의 本領을 다지고 바로 위의 六五(帝位, 君主)를 향해 신하의 도리를 다함.

【括囊, 无咎无譽】 '括囊'은 자루(주머니)의 입구를 단단히 맴. '括'은 結, 絜과 같음. '囊'은 주머니, 자루. 본음은 '낭'이나 〈諺解〉에는 '랑'으로 읽었음. 緘口不言의 뜻. 자신의 의견을 내세우지 않고 그저 묵묵히 순종함. '无咎无譽'는 허물(질책)도 받지 아니하고, 칭찬도 듣지 아니함. ○高亨은 "括囊者, 束結囊口也. 束結囊口, 則內無所出, 外無所入, 人之於事不問不聞, 有似於此. 於事不問不聞, 則無咎無譽, 故曰「括囊, 无咎无譽」"라 함. ○陰氣가 4단계까지 왔으나 자리도 마땅치 않고 中正을 이루지도 못하였지만 마치 자루를 매듯 진중함을 지킴으로 인해 허물도 칭찬도 없는 爻位임. 王弼 注에 "處陰之卦, 以陰居陰, 履非中位, 无直方之質, 不造陽事, 无含章之美, 括結否閉, 賢人乃隱, 施愼, 則可非泰之道"라 하였고, 〈正義〉에 "括, 結也; 囊, 所以貯物. 以譬心藏知也. 閉其知而不用. 故曰'括囊'; 功不顯物, 故曰'无譽'; 不與物忤, 故曰'无咎'. '不造陽事, 无含章之美'者, 六三以陰居陽位, 是造爲陽事. 但不爲事始, 待唱乃行, 是陽事猶在, 故云'含章'. 章, 卽陽之美也. 今六四以陰處陰, 內无陽事, 是不造陽事, 无含章之美, 當括結否閉之時, 是賢人乃隱, 唯施謹愼, 則可非通泰之道也"라 함. 《集解》에 "虞翻曰:「括, 結也. 謂〈泰〉反成〈否〉. 坤爲囊, 艮爲手, 巽爲繩, 故'括囊', 在外多咎也. 得位承五, 繫於包桑, 故'无咎'; 陰在二多譽, 而遠在四, 故'无譽'.」○干寶曰:「陰氣在四八月之時, 自〈觀〉來也. 天地將閉, 賢人必隱, 懷智苟容, 以觀時釁. 此蓋甯戚·蘧瑗與時卷舒之爻也. 不艱其身, 則'无咎'; 功業不建, 故'无譽'也.」"라 함. 《傳》에 "四居近五之位, 而无相得之義, 乃上下閉隔之時, 其自處以正, 危疑之地也. 若晦藏其知, 如括結囊口而不露, 則可得无咎. 不然則有害也. 旣晦藏, 則无譽矣"라 하였고, 《本義》에 "括囊, 言結囊口而不出也. 譽者, 過實之名. 謹密如是, 則无咎而亦无譽矣. 六四重陰不中, 故其象占如此. 蓋或事當謹密, 或時當隱遁也"라 함.

☆【「括囊, 无咎」, 愼不害也】 '愼不害也'는 삼감으로써 害가 없는 것임. 〈正義〉에 "〈象〉曰'愼不害'者, 釋所以'括囊无咎'之義. 施其謹愼, 不與物競, 故不被害也"라 함. 《集解》에 "盧氏曰:「愼言, 則无咎也.」"라 함. 《傳》에 "能愼如此, 則无害也"라 함.

六五: 黃裳, 元吉.
☆象曰:「黃裳, 元吉」, 文在中也.

〈언해〉 六五(류오)는, 黃(황)호 裳(샹)이면 크게 吉(길)ᄒ리라.[《本義》: 黃(황)호 裳(샹)
　　　이니, 크게 吉(길)ᄒ니라]
　　　☆象(샹)애 골오디「黃裳, 元吉」은, 文(문)이 中(듕)애 在(지)홈이라.
〈해석〉 [六五](--): 황색 치마를 입으면, 크게 길하리라.(노란 치마이니, 크게 길하도다.)
　　　☆象: "황색 치마이니, 크게 길하다"함은, 문채를 띤 채 가운데에 있음을 말한다.


　　【六五】 이는 帝位이며 전괘의 主爻. 陰爻로 陽位에 있어 位不當하나 上卦(坤)의 가
운데에 자리하여 得中함. 帝位와 得中의 유리한 조건을 활용하여 坤(順)의 本領을 충
분히 遂行할 수 있음. 특히 이 효의 풀이와 적용의 예에 대해서는《春秋左傳》昭公
12년에 자세히 실려 있음.
　　【黃裳, 元吉】 '黃裳'은 노란 치마. '黃'은 五方의 중앙에 해당하며, 五行의 土이므로
곧 坤괘이 主爻임을 뜻하며, 아울러 得中하고 있음을 의미함. '裳'은 아래로 내려뜨리는
옷이므로, 帝位(君位)에서 명령을 아래로 내려 통치함을 비유함. 王弼은 "黃, 中之色也.
裳, 下之飾也"라 함. '元吉'은 크게 길함. ○高亨은 "古人貴黃金, 故以黃爲貴色. '黃裳'者,
吉祥之服也. '元吉', 猶言大吉也. 此爻乃以黃裳示吉祥之兆, 故曰「黃裳, 元吉」"이라 함.
王弼 注에 "黃, 中之色也; 裳, 下之飾也. 坤爲臣道, 美盡於下, 夫體无剛健, 而能極物之情,
通理者也. 以柔順之德, 處於盛位, 任夫文理者也. 垂黃裳以獲元吉, 非用武者也. 極陰之
盛, 不至疑陽, 以文在中, 美之至也"라 하였고, 〈正義〉에 "黃, 是中之色; 裳, 是下之飾.
坤爲臣道, 五居君位, 是臣之極貴者也. 能以中和, 通於物理, 居於臣職, 故云'黃裳, 元吉'.
元, 大也. 以其德能如此, 故得大吉也. '黃, 中之色; 裳, 下之飾'者,《左氏》昭十二年傳文
也. 裳下之飾, 則上衣比君, 下裳法臣也. 垂黃裳以獲元吉, 非用武者, 以體无剛健, 是非用
威武也. 以內有文德, 通達物理, 故〈象〉云'文在中'也"라 함.《集解》에 "干寶曰:「陰氣在五
九月之時, 自〈剝〉來也. 〈剝〉, 者反常道也. 黃, 中之色; 裳, 下之飾. 元, 善之長也. 中美能
黃, 上美爲元, 下美則裳. 陰登於五, 柔居尊位, 若成昭之主, 周霍之臣也. 百官總己, 專斷
萬幾, 雖情體信順, 而貌近僭疑, 周公其猶病諸! 言必忠信, 行必篤敬, 然後可以取信於神
明, 无尤於四海也. 故曰'黃裳, 元吉'也.」"라 함.《傳》에 "坤雖臣道, 五實君位, 故爲之戒,
云「黃裳, 元吉」. 黃, 中色; 裳, 下服. 守中而居下, 則元吉, 謂守其分也. 元大而善也. 爻象
唯言守中居下, 則元吉, 不盡發其義也. '黃裳', 旣'元吉', 則居尊爲天下, 大凶可知, 後之人

未達, 則此義晦矣, 不得不辨也. 五尊位也, 在它卦六居五, 或爲柔順, 或爲文明, 或爲暗弱. 在坤則爲居尊位. 陰者, 臣道也, 婦道也. 臣居尊位. 羿·莽是也, 猶可言也. 婦居尊位, 女媧氏·武氏是也. 非常之變(一作大), 不可言也. 故有'黃裳'之戒, 而不盡言也. 或疑:「在〈革〉湯武之事, 猶盡言之. 獨於此, 不言何也?」曰:「廢興, 理之常也. 以陰居尊位, 非常之變也.」라 하였고, 《本義》에 "黃, 中色; 裳, 下飾. 六五以陰居尊, 中順之德, 充諸內而見於外, 故其象如此, 而其占爲大善之吉也. 占者, 德必如是, 則其占亦如是矣. 《春秋傳》(昭公12年)南蒯將叛, 筮得此爻, 以爲大吉. 子服惠伯曰:「忠信之事則可, 不然必敗. 外强內溫, 忠也; 和以率貞, 信也. 故曰'黃裳元吉', 黃, 中之色也; 裳, 下之飾也; 元, 善之長也. 中不忠, 不得其色; 下不共, 不得其飾. 事不善, 不得其極.」且夫《易》不可以占險, 三者有闕筮, 雖當未也. 後蒯果敗, 此可以見占法矣"라 함.

☆【「黃裳, 元吉」, 文在中也】'文在中也'의 '文'은 溫文(陰)함. 武(威武, 陽)에 상대하여 쓴 것. 겉으로 드러난 文彩. 옷은 몸을 보호하는 기능을 넘어 사람의 신분, 문덕 등을 나타내는 역할을 함을 뜻함. '在中'은 이 효가 上卦의 중앙에 있어 得中함을 말함. 王弼 注에 "用黃裳而獲元吉, 以文在中也"라 하였고, 〈正義〉에 "〈象〉曰'文在中'者, 釋所以'黃裳元吉'之義. 以其文德, 在中故也. 旣有中和又奉臣職, 通達文理, 故云'文在其中', 言不用威武也"라 함. 《集解》에 "王肅曰:「坤爲文, 五在中, 故曰'文在中'也.」○干寶曰:「當總己之任, 處僭疑之間, 而能終元吉之福者, 由文德在中也.」"라 함. 《傳》에 "黃中之文在中, 不過也. 內積至美而居下, 故爲元吉"이라 하였고, 《本義》에 "文在中而見於外也"라 함.


# 上六: 龍戰于野, 其血玄黃.
## ☆象曰:「龍戰于野」, 其道窮也.

〈언해〉上六(샹륙)은, 龍(룡)이 野(야)애 戰(전)ᄒ니 그 血(혈)이 玄(현)ᄒ고 黃(황)ᄒ두다.

　　☆象(샹)애 ᄀᆞᆯ오ᄃᆡ「龍戰于野」ᄂᆞᆫ 그 道(도)ㅣ 窮(궁)홈이라.

〈해석〉[上六](--): 두 마리의 용이 들에서 싸우니, 그 피는 검고 누렇도다.

　　☆象: "용이 들에서 싸운다"함은, 그 도가 곤궁해졌음을 말한다.

【上六】이는 전괘의 極位에 있어 마감이나 變轉을 위한 爻位임. 陰爻로 陰位에 있어 位正當하면서도 陰이 최고조로 극에 달해 양과 싸우려 듦. 아울러 아래 六五가 位不當함과 자신이 極位에 있으며 位正當함을 이유로 전괘의 권한을 자신이 갖겠다고 나섬. 그러나 더 올라갈 수 없는 위치이므로 이 역시 정당한 것은 아니어서 크게 상처를 입음.

【龍戰于野, 其血玄黃】'龍戰于野'는 용이 들에서 싸움. '龍'은 陽剛을 상징함. '戰'은 接戰함. 《說文》에 "《易》曰:「龍戰于野.」戰者, 接也"라 함. 이는 六五와의 다툼을 비유함. 《集解》에 "荀爽曰:「消息之位, 坤在於亥, 下有伏乾, 爲其兼於陽, 故稱'龍'也.」"라 함. '玄黃'의 '玄'은 하늘의 빛, '黃'은 땅 색깔. 따라서 玄黃은 天地相交의 色을 뜻함. 그러나 '泫潢'의 假借로, '피를 심하게 흘리는 모습'을 뜻하는 雙聲連綿語로 보기도 함. ○高亨은 "蓋古人認爲龍本冷血動物, 其血不赤, 黑龍血黑, 黃龍血黃, 故曰「龍戰于野, 其血玄黃」. 此二龍相鬪, 兩敗俱傷之象. 筮辭未言吉凶, 而凶象自在文中矣"라 함. ○이 효는 極位에 올라 陰氣가 다하였으며, 곧 變轉하여 陽氣와의 交合을 이룰 것임을 상징함. 즉 陰은 陽과 媾合하여야만 生生不已의 새로운 誕生이 시작되어 끝없는 循環을 이어갈 것임을 뜻함. 王弼 注에 "陰之爲道, 卑順不盈, 乃全其美, 盛而不已, 固陽之地, 陽所不堪, 故'戰于野'"라 하였고, 〈正義〉에 "'龍戰于野, 其血玄黃'者, 以陽謂之龍, 上六是陰之至極, 陰盛似陽, 故稱龍焉. 盛而不已, 固陽之地, 陽所不堪, 故陽氣之龍, 與之交戰. 卽〈說卦〉云:『戰乎乾』, 是也. 戰於卦外, 故曰'于野'. 陰陽相傷, 故'其血玄黃'. '盛而不已, 固陽之地'者, 固爲占固, 陰去則陽, 來陰乃盛而不去, 占固此陽所生之地, 故陽氣之龍與之交戰"이라 함. 《集解》에 "九家《易》曰:「實本坤體, 未離其類, 故稱血焉. 血以喩陰也. 玄黃天地之雜, 言乾坤合居也.」○侯果曰:「坤十月卦也. 乾位西北, 又當十月陰窮於亥, 窮陰薄陽, 所以戰也. 故〈說卦〉云:『戰乎乾.』是也. 六稱龍者, 陰盛似龍, 故稱'龍'也.」○干寶曰:「陰在上六十月之時也. 爻終於酉而卦成於乾, 乾體純剛, 不堪陰盛, 故曰'龍戰'. 戌亥乾之都也, 故稱'龍'焉. 陰德過度, 以逼乾戰. 郭外曰郊, 郊外曰野. 坤位未申之維, 而氣溢酉戌之間, 故曰'于野'. 未離陰類, 故曰'血', 陰陽色雜, 故曰'玄黃', 言陰陽離, 則異; 氣合, 則同功. 君臣夫妻, 其義一也. 故文王之忠於殷, 抑參二之强, 以事獨夫之紂. 蓋欲彌縫其闕, 而匡救其惡, 以祈殷命, 以濟生民也. 紂遂長惡, 不悛天命, 殛之是以至於武王, 遂有牧野之事, 是其義也.」"라 함. 《傳》에 "陰, 從陽者也. 然盛極, 則抗而爭. 六, 旣極矣. 復進不已, 則必戰, 故云'戰于野'. 野, 謂進至於外也. 旣敵矣, 必皆傷, 故'其血玄黃'"이라 하였고, 《本義》에 "陰盛之極, 至與陽爭, 兩敗俱傷. 其象如此, 占者如是, 其凶可知"라 함.

☆【「龍戰于野」, 其道窮也】'其道窮也'는 그 道(坤道, 地道, 順道)가 궁극에 달함. 이

효가 極位에 있음을 말함. 더 이상 나아갈 데가 없는 가장 위에 있음을 뜻함.《周易尙氏學》에 "其血玄黃者, 言此血以天地所和合, 故能生萬物也"라 함.《集解》에 "干寶曰:「天道窮, 至於陰陽相薄也. 君德窮至於攻戰, 受誅也. 柔順窮至於用, 權變矣.」"라 함.《傳》에 "陰盛至於窮極, 則必爭而傷也"라 함.


# 用六, 利永貞.
## ☆象曰: 用六「永貞」, 以大終也.

〈언해〉 用六(용륙)홈은, 永(영)ㅎ고 貞(뎡)홈이 利(리)ㅎㄴ니라.

　　☆象(상)애 ᄀᆞᆯ오디 「用六, 永貞」은, 終(죵)애 大(대)홈으로 ᄡᅦ라.

〈해석〉 [用六](--) 음효(六)를 사용함은, 길게 하고 곧게 함이 이로우니라.

　　☆象: "六을 사용하여, 길고 곧게 한다"함은, 그 끝맺음을 크게 하기 때문이다.


【用六】 '六'을 陰爻(--)로 사용함. 坤卦는 전체가 음효(--)임을 말함. 그러나 漢代 《帛書周易》에는 '逈六'으로 표기되어 있으며, '逈'은 通과 같아, '通六', 즉 전체가 六(陰爻)임을 뜻함.

【利永貞】 길이 바르게 행동함을 이롭게 여김. '貞'은 貞正의 뜻. 坤卦는 順從의 美德을 끝까지 지켜냄이 가장 이로운 것임. ○앞의 〈乾卦〉 '用九'가 마침내 陰으로 變轉되듯, 이곳 '用六'은 다시 陽으로 변하여 交合, 誕生, 發展, 變轉의 循環 고리가 끝없이 이어감을 상징하며, 이는《易》의 陰陽變轉의 核心과, 剛柔相濟의 旨趣를 설명한 것임. ○高亨은 "占問長期之休咎, 謂之'永貞'. 筮遇此爻, 占問長期之休咎者利, 故曰「利永貞」"이라 함. 王弼 注에 "能以永貞大終者也"라 하였고, 〈正義〉에 "用六, 利永貞'者, 此坤之六爻, 總辭也. 言坤之所用, 用此衆爻之六, 六是柔順, 不可純柔, 故利在永貞. 永, 長也; 貞, 正也. 言長能貞正也"라 함.《集解》에 "干寶曰:「陰體其順, 臣守其柔, 所以秉義之和, 履貞之幹, 唯有推變, 終歸於正. 是周公始於負扆南面, 以先王道, 卒於復子明辟, 以終臣節, 故曰'利永貞'也矣.」"라 함.《傳》에 "坤之用六, 猶乾之用九. 用陰之道也. 陰道柔而難常, 故用六之道, 利在常永貞固"라 하였고,《本義》에 "用六, 言凡筮得陰爻者, 皆用六而不用八, 亦通例也. 以此卦純陰, 而居首, 故發之遇此卦, 而六爻俱變者. 其占如此, 辭蓋陰柔而不能固守, 變而爲陽, 則能永貞矣. 故戒占者, 以利永貞, 卽乾之利貞也. 自坤而變, 故不足於元亨云"이라 함.

☆【用六「永貞」, 以大終也】'以大終也'는 이렇게 함으로써 그 끝맺음을 廣大하게 할 수 있기 때문임. 혹은 '以'는 與와 같으며, '大'는 陽剛을 의미하여, '陽剛함과 함께 하여 마무리를 짓다'의 의미라고도 함. 〈正義〉에 "〈象〉曰'以大終'者, 釋'永貞'之義. 旣能用此柔順, 長守貞正, 所以廣大而終也. 若不用永貞, 則是柔而又圓, 卽前注云'求安難'矣. 此永貞, 卽坤卦之下, 安貞吉, 是也"라 함. 《集解》에 "侯果曰:「用六, 妻道也, 臣道也. 利在長正矣, 不長正, 則不能大終陽事也.」"라 함. 《傳》에 "陰旣貞固不足, 則不能永終. 故用六之道, 利在盛大於終, 能大於終, 乃永貞也"라 하였고, 《本義》에 "初陰後陽, 故曰大終"이라 함.

## ○〈文言傳〉(下)

### (文下-1)

〈文言〉曰: 坤至柔而動也剛, 至靜而德方.
後得主而有常, 含萬物而化光.
坤道其順乎! 承天而時行.

〈언해〉〈文言(문언)〉애 골오디 坤(곤)은 至(지)극히 柔(유)호디 動(동)호미 剛(강)호고,
至(지)극히 靜(졍)호디 德(덕)이 方(방)호니,
後(후)이면 得(득)호야 利(리)를 主(쥬)호야 常(샹)이 이시며,
萬物(만믈)을 含(함)호야 化(화)ㅣ 光(광)호니,
坤道(곤도)ㅣ 그 順(슌)한뎌! 天(텬)을 承(승)호야 時(시)로 行(힝)호노니라.

〈해석〉〈文言傳〉(下, 坤卦): 곤괘는 지극히 유순하지만 움직였다 하면 강건하며, 지극히 정적(靜的)이지만 덕은 널리 퍼진다.
군주(乾)의 뒤를 따르면서 그 상규(常規)를 가지고 있으며, 만물을 포용하여 그들을 화육함이 넓도다.
곤도(坤道)의 그 순종함이여! 천도(天道, 乾)를 받들어 사시에 맞게 운행하나니라.

【〈文言〉曰】〈正義〉에 "此一節, 是第一節, 明坤之德也. 自'積善之家'以下, 是第二節也, 分釋六爻之義"라 하였고, 《集解》에 "何妥曰:「坤〈文言〉唯一章者, 以一心奉順於主也.」"라 함.

【坤至柔而動也剛】坤卦는 지극히 柔弱하지만 움직이면 剛健해질 수 있음. 〈正義〉에 "坤至柔而動也剛者', 六爻皆陰, 是至柔也. 體雖至柔而運動也剛, 柔而積漸, 乃至堅剛, 則上云'履霜堅冰'是也. 又地能生物, 初雖柔弱, 後至堅剛而成就"라 함. 《集解》에 "荀爽曰:「純陰至順, 故柔也.」九家《易》曰:「坤一變而成震, 陰動生陽, 故動也剛.」"이라 함. 《本義》에 "剛方, 釋牝馬之貞也. 方謂生物有常"이라 함.

【至靜而德方】지극히 靜的이나 德은 四方으로 퍼짐. '方'은 四方에 분포됨. 사방에 분포되어 있음. 坤德은 어느 곳에나 있음. 王弼 注에 "動之方直, 不爲邪也. 柔而又圓, 消之道也. 其德至靜, 德必方也"라 하였고, 〈正義〉에 "至靜而德方'者, 地體不動, 是至靜;

生物不邪, 是德能方正"이라 함. 《集解》에 "荀爽曰:「坤性至靜得, 陽而動, 布於四方也.」"라 함.

【後得主而有常】 '後'는 앞서지 않음. '後得主'는 군주의 뒤에 있음. 地道는 天道를 이어받아, 천도 변화의 뒤를 따라 변화함. '有常'은 그럼에도 항상 그 위치에 있음. '常'은 常規, 常理. 〈正義〉에 "'後得主而有常'者, 陰主卑退, 若在事之後, 不爲物先, 卽得主也. 此陰之恒理, 故云有常"이라 함. 《集解》에 "虞翻曰:「坤陰, 先迷後順, 得常陽出, 初震爲主, 爲常也.」"라 함. 《本義》에 "程傳曰:「主'下當有'利'字.」"라 하여, 程頤의 《傳》에는 '後得主利而有常'로 되어 있다 하였으며, 〈언해〉도 이에 따라 풀이하고 있음.

【含萬物而化光】 萬物을 머금고 있으면서 그 영향은 넓음. '化光'은 영향력이 넓음. '光'은 廣과 같음. 萬物을 살리는 그 도가 廣大함. 〈正義〉에 "'含萬物而化光'者, 自明〈象辭〉. 含弘光大, 言含養萬物, 而德化光大也"라 함. 《集解》에 "干寶曰:「光, 大也. 謂坤含藏萬物, 順承天施, 然後化光也.」"라 함. 《本義》에 "復明亨義"라 함.

【坤道其順乎! 承天而時行】 '承天而時行'은 坤道는 하늘(乾)을 이어받아 때에 맞추어 실행에 옮김. 天道의 規律을 받아 순종하며 四時의 운행을 따름. 〈正義〉에 "坤道其順乎! 承天而時行'者, 言坤道柔順, 承奉於天, 以量時而行, 卽不敢爲物之先, 恒相時而動"이라 함. 《集解》에 "荀爽曰:「承天之施, 因四時而行之也.」"라 함. 《傳》에 "坤道至柔而其動, 則剛. 坤體至靜而其德, 則方. 動剛故應乾, 不違德方, 故生物有常. 陰之道不唱而和, 故居後爲得而主利, 成萬物坤之常也. 含容萬類, 其功化光大也. '主'字下脫'利'字. 坤道其順乎承天, 而時行承天之施行, 不違時贊坤道之順也"라 하였고, 《本義》에 "復明順承天之義. ○此以上申〈象傳〉之意"라 함.

# (文下-2)

積善之家, 必有餘慶; 積不善之家, 必有餘殃.
臣弑其君, 子弑其父, 非一朝一夕之故, 其所由來者漸矣! 由辯之不早辯也.
《易》曰:「履霜, 堅氷至」, 蓋言順也.

〈언해〉 善(선)을 積(젹)ㅎ는 家(가)는 반ᄃᆞ시 나믄 慶(경)이 잇고, 不善(블션)을 積(젹)ㅎ

는 家(가)는 반드시 나믄 殃(앙)이 인느니,

臣(신)이 그 君(군)을 弑(시)ᄒ며, 子(ᄌ)이 그 父(부)를 弑(시)홈이, 一朝一夕(일됴일셕)의 故(고)ㅣ 아니라, 그 말믜아마 온 배 漸(졈)ᄒ욤이니, 辯(변)홈을 일즉 辯(변)티 아님을 말믜아매니,

《易(역)》에 굴오디 「履霜, 堅堅氷至」라 ᄒ니, 順(순)홈을 닐옴이라.

〈해석〉 선(善)을 쌓는 집안에는 남아도는 경사가 있게 마련이요, 불선(不善)을 쌓는 집안에는 남아도는 재앙이 있게 마련이다.

신하가 임금을 시해하고 자식이 아비를 살해하는 일은 일조일석의 變故가 아니라, 그 유래된 바는 점점 그렇게 되어 온 것인데, 이를 변별하되 서둘러 변별하지 못한 데에서 비롯된 것이다.

《역》에 "서리를 밟게 되면 굳은 얼음의 시기가 온다"라 하였으니, 아마도 순서를 잘 알도록 일러준 말일 것이다.


【積善之家, 必有餘慶. 積不善之家, 必有餘殃】初六의 爻辭를 풀이한 것임. 善을 쌓는 집안에는 반드시 남는 慶事까지 있으며, 不善을 쌓는 집안에는 반드시 남는 災殃까지 있음. 〈正義〉에 "此一節, 明初六爻辭也. '積善之家必有餘慶, 積不善之家必有餘殃'者, 欲明初六, 其惡有漸, 故先明其所行善惡, 事由久而積漸, 故致後之吉凶"이라 함. 《集解》에 "虞翻曰:「謂初乾爲積善, 以坤牝陽, 滅出復, 震爲餘慶, 謂東北喪朋, 乃終有慶也. 坤積不善, 以臣弑君, 以乾通坤, 極姤生巽, 爲餘殃也.」○案:「聖人設敎, 理貴隨宜, 故夫子先論人事, 則'不語怪力亂神', '絶四毋', 必今於《易》象闡揚天道, 故曰'積善之家必有餘慶, 積不善之家必有餘殃'者, 欲明陽生陰殺, 天道必然, 理國修身, 積善爲本, 故於坤爻初六, 陰始生時, 著此微言, 永爲深誡, 欲使防萌, 杜漸災害, 不生開國承家君臣同德者也. 故〈繫辭〉云『善不積, 不足以成名; 惡不積, 不足以滅身.』是其義也.」"라 함.

【臣弑其君, 子弑其父】신하가 그 임금을 弑害하고, 아들이 그 아버지를 죽임. 下剋上과 倫常에 어긋나는 행위를 뜻함. '弑'는 "下殺上曰弑"라 함. 《集解》에 "虞翻曰:「坤消, 至二艮, 子弑父, 至三成否. 坤臣弑君, 上下不交, 天下無邦, 故『子弑父, 臣弑君』也.」"라 함.

【非一朝一夕之故】이러한 악행은 일조일석의 이유 때문이 아님.

【其所由來者漸矣!】그 유래된 바의 것은 점차, 조금씩 누적되어 그렇게 된 것임. 〈正義〉에 "'其所由來者漸矣'者, 言弑君弑父, 非一朝一夕率然而起, 其禍患所從來者, 積漸久遠矣"라 함. 《集解》에 "虞翻曰:「剛爻爲朝, 柔爻爲夕. 乾爲寒, 坤爲暑, 相推而成歲

焉. 故非一朝一夕所由來漸矣.」라 함.

【由辯之不早辯也】이는 변별해야 할 것을 일찍이 변별하지 못한 데에서 緣由한 것임. '辯'은 辨과 같음. 변별함, 판별함, 판단함. 〈正義〉에 "'由辯之不早辯'者, 臣子所以久包禍心, 由君父欲辯明之事, 不早分辯故也"라 함. 《集解》에 "孔穎達曰:「臣子所以久包禍心, 由君父不早辯明故也. 此文誡君父防臣子之惡也.」"라 함.

【《易》曰:「履霜, 堅冰至」, 蓋言順也】'履霜, 堅冰至'는 坤卦 初六의 爻辭. '冰'은 冰과 같음. '蓋言順'은 '아마도 순서에 따를 것을 말한 것이리라'의 뜻. '順'은 坤卦의 상징함. 順理에 따름. '順'은 循과 같으며, 規律을 따라 發展을 推進함. 〈正義〉에 "此戒君父防臣子之惡, 蓋言'順'者, 言此履霜, 堅冰至, 蓋言順習陰惡之道, 積微而不已, 乃致此弑害. 稱'蓋'者, 是疑之辭"라 함. 凡萬事之起, 皆從小至大, 從微至著, 故上文善惡並言. 今獨言弑君弑父, 有漸者, 以陰主柔順, 積柔不已, 乃終至禍亂, 故特於坤之初六言之. 欲戒其防柔弱之初, 又陰爲弑害, 故寄此以明義"라 함. 《集解》에 "荀爽曰:「霜者, 乾之命令. 坤下有伏乾, 履霜堅冰, 蓋言順也. 乾氣加之性而堅象, 臣順君命而成之.」"라 함. 《傳》에 "天下之事, 未有不由積而成家之所積者, 善則福慶及於子孫, 所積不善, 則災殃流於後世. 其大至於弑逆之禍, 皆因積累而至, 非朝夕所能成也. 明者, 則知漸不可長小積成大, 辯之於早, 不使順長, 故天下之惡, 无由而成. 乃知霜冰之戒也. 霜而至於(一无於字)冰, 小惡而至於(一无於字)大, 皆事勢之順長也"라 하였고, 《本義》에 "古字'順''愼'通用. 按此當作'愼', 言當辯之於微也"라 함.


## (文下-3)

「直」其正也, 「方」其義也.
君子敬以直內, 義以方外, 敬義立而德不孤.
「直方大, 不習无不利」, 則不疑其所行也.

〈언해〉「直(딕)」은 그 正(졍)홈이오, 「方(방)」은 그 義(의)니,
　　　　君子(군ㅈ)ㅣ 敬(경)ㅎ야 뻐 內(너)롤 直(딕)ㅎ고, 義(의)ㅎ야 뻐 外(외)롤 方(방)
　　　　ㅎ야, 敬(경)과 義(의) 立(닙)ㅎ야 德(덕)이 孤(고)ㅣ 아니 ㅎᄂ니,
　　　　「直方大, 不習无不利」는 그 行(힝)ㅎᄂ 바롤 疑(의)티 아니 홈이라.
〈해석〉'직(直)'이란 그 정당함을 뜻하는 것이요, '방(方)'이란 그 마땅함을 일컫는

것이다.

군자는 공경으로써 자신의 안을 곧게 하고, 의로써 밖으로 방정하게 하여, 경(敬)과 의(義)가 서면 덕이 외롭지 않을 것이다.

"정직과 방정, 광대함은 익숙지 않아도 이롭지 않음이 없다"라 한 것은, 그 생하는 바를 의심하지 아니함을 뜻한다.

【「直」其正也】六二의 爻辭를 풀이한 것임. "直方大, 不習无不利"의 '直'이란 正直을 뜻함. '直'은 마음속에 정당함을 품고 흔들림이 없음. 〈正義〉에 "此一節, 釋六二爻辭. '直其正'者, 經稱直, 是其正也"라 함.

【「方」其義也】坤卦의 '方'이란 정상적인 마땅함을 뜻함. 方正함, 端正함. '義'는 宜와 같은 뜻임. 〈正義〉에 "'方其義'者, 經稱方, 是其義也. 義者, 宜也. 於事得宜, 故曰義"라 함.《集解》에 "虞翻曰:「謂二陽稱直, 乾其靜也. 專其動也. 直故直其正, 方謂闢陽開爲方, 坤其靜也. 翕其動也, 闢故方其義也.」"라 함.

【君子敬以直內, 義以方外】군자는 恭敬을 다하여 안으로 正直함을 품고 있어야 하며, 義로써 하여 밖으로는 반듯하게 하여야 함. '敬以直內'와 '義以方外'는 對文임. 〈正義〉에 "'義以方外'者, 用此義事以方正外物. 言君子法地, 正直而生萬物, 皆得所宜, 各以方正. 然卽前云'直其正也. 方其義也'. 下云'義以方外', 卽此應云'正以直內', 改云'敬以直內'者, 欲見正, 則能敬, 故變正爲敬也"라 함.

【敬義立而德不孤】敬과 義가 바르게 확립하여 德이 외롭지 않도록 함. '德不孤'는 《論語》里仁篇에 "子曰:「德不孤, 必有鄰.」"이라 함. 〈正義〉에 "'敬義立而德不孤'者, 身有敬義以接於人, 則人亦敬義以應之, 是德不孤也. 直則不邪, 正則謙恭, 義則與物无競, 方則凝重不躁"라 함.《集解》에 "虞翻曰:「陽息在二, 故敬以直內; 坤位在外, 故義以方外. 謂陽見兌丁, 西南得朋, 乃與類行, 故德不孤. 孔子曰:『必有鄰』也.」"라 함.

【「直方大, 不習无不利」】正直, 方正, 博大를 갖추고 있으면, 익숙히 하지 않아도 이롭지 않을 일이 없음. 이는 坤卦 六二의 爻辭임.

【則不疑其所行也】그렇다면 그가 시행하는 바에 대해 어떤 의혹이나 염려도 없을 것임. 〈正義〉에 "旣不習无不利, 則所行不須疑慮, 故曰'不疑其所行'"이라 함.《集解》에 "荀爽曰:「直方大, 乾之唱也. 不習无不利, 坤之和也. 陽唱陰和, 而无所不利, 故不疑其所行也.」"라 함.《傳》에 "直, 言其正也; 方, 言其義也. 君子主敬以直其內, 守義以方其外, 敬立而(一作則)內直, 義形而(一作則)外方. 義形於外, 非在外也. 敬義旣立, 其德盛矣. 不期大而大矣. 德不孤也, 无所用而不周, 无所施而不利, 孰爲疑乎?"라 하였고,《本義》에

"此以學而言之也. 正謂本體, 義謂裁制. 敬則本體之守也. 直內方外,《程傳》備矣. 不孤, 言大也. 疑故習而後利, 不疑則何假於習?"이라 함.


## (文下-4)

陰雖有美, 含之以從王事, 弗敢成也.
地道也, 妻道也, 臣道也.
地道無成而代有終也.

〈언해〉 陰(음)이 비록 美(미)롤 두나, 含(함)ㅎ야 뻐 王事(왕ᄉ)롤 從(죵)ㅎ야, 敢(감)히
成(셩)티 말올 디니,
地(디)의 道(도)ㅣ며, 妻(쳐)의 道(도)ㅣ며, 臣(신)의 道(도)ㅣ니, 地道(디도)ᄂ
成(셩)홈이 업고 代(디)ㅎ야 終(죵)을 두ᄂ니라.

〈해석〉 陰(--)은 비록 아름다운 재능을 가지고 있으나, 이를 머금은 채 왕의 사업을
따르면서 감히 자신이 이루었다 자처하지 않는다.
이것이 땅의 도리이며, 아내의 도리이며, 신하의 도리이다.
땅의 도리는 자신이 이루었다 자처하지 않고 하늘에 대신 주면서 결과를 이루는
것이다.


【陰雖有美】六三의 爻辭를 풀이한 것임. 坤卦의 상징인 陰은 비록 순종의 아름다움을
가지고 있기는 함. 이는 爻辭 "含章可貞, 或從王事, 无成有終"를 풀이한 것임.

【含之以從王事】자신의 덕을 머금은 채 임금의 사업을 따름. '王'은 天(乾)을 뜻함.
〈正義〉에 "此一節, 明六三爻辭. 言'陰雖有美, 含之以從王事'者, 釋含章可貞之義也. 言六
三之陰, 雖有美道, 包含之德, 苟或從王事, 不敢爲主先成之也"라 함.

【弗敢成也】감히 자신이 나서서 成就시키겠다고 하지 않음.《集解》에 "荀爽曰:「六
三陽位, 下有伏陽一 坤陰卦也. 雖有伏陽, 含藏不顯, 以從王事, 要待乾命, 不敢自成也.」"
라 함.

【地道也, 妻道也, 臣道也】이것이 地(坤)의 도리이며, 妻道이며, 臣道임. 地道, 妻道,
臣道는 모두 天道, 夫道, 枉道에 상대하여 쓴 말. 〈正義〉에 "地道也, 妻道也, 臣道也'
者, 欲明坤道, 處卑待唱乃和, 故歷言此三事, 皆卑應於尊, 下順於上也"라 함.《集解》에

"翟玄曰:「坤有此三者也.」"라 함.

【地道無成而代有終也】地道는 자신이 직접 성취를 차지하지 않고 天道에게 대신토록 하여 훌륭한 결과를 이루도록 함. 終은 善終, 아주 좋은 결과를 뜻함. 〈正義〉에 "'地道无成而代有終'者, 其地道卑柔, 无敢先唱, 成物必待陽. 始先唱而後代陽有終也"라 함. 《集解》에 "宋衷曰:「臣子雖有才美, 含藏以從其上, 不敢有所成名也. 地得終天功, 臣得終君事, 婦得終夫業, 故曰而代有終也.」"라 함. 《傳》에 "爲下之道, 不居其功, 含晦其章美, 以從王事, 代上以終其事, 而不敢有其成功也. 猶地道代天, 終物而成功, 則主於天也. 妻道亦然"이라 함.


## (文下-5)

天地變化, 草木蕃; 天地閉, 賢人隱.
《易》曰:「括囊, 无咎无譽」, 蓋言謹也.

〈언해〉 天地(텬디)ㅣ 變化(변화)ᄒ면 草木(초목)이 蕃(번)ᄒ고, 天地(텬디)ㅣ 閉(폐)ᄒ면
　　　　賢人(현인)이 隱(은)ᄒᄂ니,
　　　　《易(역)》애 글오디 「括囊, 无咎无譽」ㅣ라 ᄒ니, 謹(근)홈을 닐옴이라.
〈해석〉 천지가 변화하면 초목이 무성하고, 천지가 닫히면 똑똑한 사람은 숨는다.
　　　　《역》에 "자루의 주둥이를 꽉 묶어 입을 열지 않으면 허물도 없고 영예도 없으리
　　　　라"한 것은 아마도 삼감을 중히 여기라는 뜻이리라.


【天地變化, 草木蕃】六四의 爻辭를 풀이한 것임. 天地(乾坤)은 각기 자신의 本領에 따라 변화하여, 만물이 자라도록 함. 그에 따라 초목이 번성함. 〈正義〉에 "此一節, 明六四爻辭. '天地變化', 謂二氣交通, 生養萬物, 故草木蕃滋"라 함. 《集解》에 "虞翻曰:「謂陽息坤, 成泰天地, 反以乾變坤, 坤化升乾, 萬物出震, 故天地變化, 草木蕃矣.」"라 함.

【天地閉, 賢人隱】天地(乾坤)이 닫히면, 賢人은 숨어 은둔함. '賢人'은 능력이 있는 사람. 덕을 널리 펴고 乾坤의 本領을 遂行할 수 있는 사람. 〈正義〉에 "'天地閉, 賢人隱'者, 謂二氣不相交通, 天地否閉, 賢人潛隱. 天地通, 則草木蕃, 明天地閉, 草木不蕃; 天地閉, 賢人隱, 明天地通, 則賢人出互文相通"이라 함. 《集解》에 "虞翻曰:「謂四泰反成否, 乾稱賢人, 隱藏坤中, 以儉德避難, 不榮以祿, 故賢人隱矣.」"라 함.

【《易》曰:「括囊, 无咎无譽」】이는 坤卦 六四의 爻辭임. 〈正義〉에 "此乃'括囊无咎', 故賢人隱, 屬天地閉也"라 함.

【蓋言謹也】아마도 이는 謹愼을 말한 것임. 〈正義〉에 "'蓋言謹'者, 謹謂謹愼, 蓋言賢人君子, 於此之時, 須謹愼也"라 함. 《集解》에 "荀爽曰:「今四陰位迫近於五, 雖有成德, 當括而囊之, 謹愼畏敬也.」○孔穎達曰:「括, 結也. 囊, 所以貯物, 以譬心藏智也. 閉其智而不用, 故曰『括囊』. 不與物忤, 故无咎; 功名不顯, 故无譽也.」"라 함. 《傳》에 "四居上近君, 而无相得之義, 故爲隔絶之象. 天地交感, 則變化萬物, 草木蕃盛. 君臣相際, 而道亨. 天地閉隔, 則萬物不遂, 君臣道絶, 賢者隱遯. 四於閉隔之時, 括囊晦藏, 則雖无令譽, 可得无咎. 言當謹自守也"라 함.


# (文下-6)

## 君子黃中通理, 正位居體, 美在其中而暢於四支, 發於事業, 美之至也!

〈언해〉 君子(군즈)ㅣ 黃(황)이 中(듕)ㅎ고 理(리)예 通(통)ㅎ야,

正位(졍위)예셔 體(톄)예 居(거)ㅎ야,

美(미)ㅣ 그 中(듕)애 在(지)ㅎ야 四支(스지)예 暢(챵)ㅎ며, 事業(스업)애 發(발)ㅎᄂ니 美(미)의 지극홈이라!

〈해석〉 군자의 도는 황색(黃色)과 득중(得中)하여 이치에 통달하였고, 위정당(位正當)하여 그 위치에 맞게 처하였으니, 아름다움이 그 가운데에 있어 사지(四支)까지 창달(暢達)하고 있으며, 이를 사업에 발현하니, 아름다움이 지극하도다!


【君子黃中通理】六五 爻辭를 풀이한 것임. '黃中'은 五行의 土와 방위의 中央이어서 正色과 正位를 함께 뜻함. 坤卦 六五는 得中과 位正當을 함께 이루고 있으며 君位(帝位)에 해당함. '通理'는 理致(文理)에 통달함. 이는 坤卦 六五의 爻辭 "黃裳, 元吉"을 풀이한 것임. 〈正義〉에 "此一節, 明六五爻辭也. '黃中通理'者, 以黃居中兼四方之色, 奉承臣職, 是通曉物理也"라 함. 《本義》에 "黃中, 言中德在內. 釋'黃'字之義也"라 함.

【正位居體】'正位'는 位正當함을 뜻하며, '居體'는 바른 자리에 처하고 있음. 이 구절은 '體居正位'의 倒置文임. '居體'는 '禮를 지킴'(守禮)의 뜻이라고도 함. 〈正義〉에

"'正位居體'者, 居中得正, 是'正位'也; 處上體之中, 是'居體'也"라 함. 《集解》에 "虞翻曰: 「謂五坤息體, 觀地色, 黃坤爲理, 以乾通坤, 故稱'通理'. 五正陽位, 故曰'正位'. 艮爲居體, 謂四支也. 艮爲兩肱, 巽爲兩股, 故曰'黃中通理, 正位居體'」"라 함. 《本義》에 "雖在尊位, 而居下體. 釋'裳'字之義也"라 함.

【美在其中而暢於四支】美德이 그 가운데에 있어, 이를 四肢에 暢達하게 해줌. '支'는 肢와 같음. 〈正義〉에 "黃中通理, 是美在其中, 有美在於中, 必通暢於外, 故云'暢於四支'. 四支, 猶人手足, 比于四方物務也"라 함. 《集解》에 "虞翻曰: 「陽稱美, 在五中, 四支謂股肱.」"이라 함.

【發於事業, 美之至也!】이를 하는 일에 發現시키니 아름다움이 지극함. 〈正義〉에 "外內俱善, 能宣發於事業, 所營謂之事, 事成謂之業, 美莫過之, 故云'美之至'也"라 함. '發於事業'에 대해 《集解》에 "九家《易》曰: 「天地交而萬物生也. 謂陽德潛藏, 變則發見. 若五動, 爲比乃事業之盛.」"이라 하였고, '美之至也'에 대해서는 《集解》에 "侯果曰: 「六五以中和, 通理之德, 居體於正位, 故能美充於中, 而旁暢於萬物. 形於事業, 无不得宜, 是美之至也.」"라 함. 《傳》에 "黃中, 文居中也. 君子文中, 而達於理. 居正位, 而不失爲下之體. 五尊位, 在坤則惟取中正之義. 美積於中, 而通暢於四體, 發見於事業, 德美之至盛也. 一作故唯"라 하였고, 《本義》에 "美在其中, 復釋'黃中'. 暢於四支, 復釋'居體'"라 함.


# (文下-7)


陰疑於陽必戰.

爲其嫌於无陽也, 故稱「龍」焉;

猶未離其類也, 故稱「血」焉.

夫玄黃者, 天地之雜也, 天玄而地黃.


〈언해〉 陰(음)이 陽(양)애 疑(의)ᄒ면 반ᄃᆞ시 戰(젼)ᄒᄂ니,

그 陽(양)이 업슴애 嫌(혐)홈을 爲(위)ᄒ 디라, 故(고)로 「龍(룡)」이라 稱(칭)ᄒ고,

오히려 그 類(류)애 離(리)티 몯ᄒᆞ더라, 故(고)로 「血(혈)」이라 稱(칭)하니,

玄黃(현황)은 天地(텬디)의 雜(잡)ᄒ 거시니, 天(텬)은 玄(현)ᄒ고 地(디)는 黃(황)ᄒ니라.

〈해석〉 음이 극성하여 양처럼 되면 반드시 싸우게 된다.

　　　자신이 양이 없음에 유감을 가지고 있기에, 그 때문에 '용(龍)'을 칭한 것이고, 오히려 그래도 자신과 같은 동류인 음을 벗어나지 못하였기에, 그 때문에 '혈(血)'을 칭한 것이다.

　　　현황(玄黃)이란 하늘과 땅의 뒤섞인 것이니, 하늘은 검은 색이고, 땅은 누런색이다.


【陰疑於陽必戰】上六의 爻辭를 풀이한 것임. 陰氣가 陽氣 속에 凝結하게 되면 반드시 交合이 이루어지게 됨. '疑'는 凝의 假借. 그러나 王引之는 "疑之言擬也"라 하여 '擬'로 보아, '음이 양과 비슷하다'로, 朱熹는 "疑謂鈞, 敵而无小大之差也"라 하여, 역시 '균등하여 크기의 차이가 없다의 뜻이라 하였음. '戰'은 전투를 벌이듯이 서로 맞붙음. 交合(媾合)함을 뜻함. 이는 坤卦 上六의 爻辭 "龍戰于野, 其血玄黃"을 풀이한 것임. 王弼 注에 "辯之不早, 疑盛乃動, 故必戰"이라 하였고, 〈正義〉에 "此一節, 明上六爻辭. '陰疑於陽必戰'者, 陰盛爲陽所疑, 陽乃發動欲除去此陰, 陰旣强盛, 不肯退避, 故必戰也"라 함. 《集解》에 "孟喜曰:「陰乃上薄, 疑似於陽, 必與陽戰也.」"라 함.

【爲其嫌於无陽也, 故稱「龍」焉】그 이유는 자신에게 양기가 전혀 없음을 嫌恨하기 때문임. '嫌'은 《說文》에 "嫌, 不平於心也, 從女, 兼聲"이라 하여, 嫌恨, 遺憾의 뜻. '无陽'에 대해 沙少海는 "《集解》引荀爽本无'无'字, 當據刪. 《說文》:「嫌, 疑也.」這裏, 嫌應訓勢均力敵, 訓擬"라 하여, '嫌於无陽'은 '嫌於陽'이어야 하며, '陽과 세력이 비슷하여 對敵함'의 뜻이라 하였음. '故稱「龍」焉'은 그 때문에 爻辭에서 '龍'을 칭하여, 陰이 極에 달하여 陽이 생겨나는 轉機를 거론한 것임. 王弼 注에 "爲其嫌於非陽而戰"이라 하였고, 〈正義〉에 "'爲其嫌於无陽, 故稱龍焉'者, 上六陰盛似陽, 爲嫌純陰非陽, 故稱龍以明之"라 함. 《集解》에 "九家《易》曰:「陰陽合居, 故曰嫌. 陽謂上六, 坤行至亥, 下有伏乾陽者, 變化以喩龍焉.」"이라 함.

【猶未離其類也, 故稱「血」焉】그래도 여전히 그 동류인 陰氣를 벗어나지 못하고 있음. '類'는 同類. 여기서는 陰氣를 가리킴. '故稱「血」焉'은 그 때문에 爻辭에 '血'을 칭하여, 陰陽이 媾合함을 거론한 것임. 王弼 注에 "猶未失其陰類, 爲陽所滅"이라 하였고, 〈正義〉에 "'猶未離其類也, 故稱血焉'者, 言上六雖陰盛似陽, 然猶未能離其陰類, 故爲陽所傷, 而見血也"라 함. 《集解》에 "荀爽曰:「實本坤卦, 故曰未離其類也. 血以喩陰, 順陽也.」○崔憬曰:「乾坤交會, 乾爲大赤, 伏陰柔之, 故稱血焉.」"이라 함.

【夫「玄黃」者, 天地之雜也】爻辭에 '玄黃'이라 한 것은 天地(乾坤, 陰陽)가 서로 混淆하여 이룬 색깔을 뜻함. 《集解》에 "荀爽曰:「消息之卦, 坤位在亥, 下有伏乾, 陰陽相和,

故言天地之雜也.」라 함.

【天玄而地黃】天(乾)은 검은 색이며, 地(坤)는 누런색임. '玄'은 하늘이 아득히 玄妙함을, 黃은 땅(土, 中央)의 구체적인 누런색을 의미함. 王弼 注에 "猶與陽戰而相傷, 故稱血"이라 하였고, 〈正義〉에 "'夫玄黃者, 天地之雜也. 天玄而地黃'者, 釋其血玄黃之義. 莊氏云:「上六之爻, 兼有天地雜氣, 所以上六被傷, 其血玄黃也. 天色玄地色黃, 故血有天地之色.」今輔嗣注云:「猶與陽戰而相傷.」是言陰陽俱傷也. 恐莊氏之言, 非王之本意. 今所不取也"라 함. 《集解》에 "王凱沖曰:「陰陽交戰, 故血玄黃.」 ○荀爽曰:「天者, 陽始於東北, 故色玄也. 地者, 陰始於西南, 故色黃也.」"라 함. 《傳》에 "陽大陰小, 陰必從陽. 陰旣盛極, 與陽偕矣. 是疑於陽也. 不相從則必戰. 卦雖純陰, 恐疑无陽, 故稱龍見, 其與陽戰也. 于野進不已, 而至於外也. 盛極而進不已, 則戰矣. 雖盛極不離陰類也, 而與陽爭, 其傷可知, 故稱血. 陰旣盛極, 至與陽爭, 雖陽不能无傷, 故其血玄黃. 玄黃天地之色, 謂皆傷也"라 하였고, 《本義》에 "疑謂鈞, 敵而无小大之差也. 坤雖无陽, 然陽未嘗无也. 血陰屬, 蓋氣陽而血陰也. 玄黃, 天地之正色. 言陰陽皆傷也. ○此以上申〈象傳〉之意"라 함.

# 003 준屯

䷂ 水雷屯: ▶震下坎上(☳下☵上)

　*屯(준): 〈音義〉에 "屯, 張倫反. 難也, 盈也"라 하여 '준/쥰'으로 읽도록 되어 있으나, 〈諺解〉에는 '둔'으로 읽었음. 그러나 譯解本과 중국 白話本은 모두 '준'(zhun)으로 읽고 있어 이를 따름. '屯'은 困(疊韻)의 뜻으로, 처음 싹을 돋은 초목을 상징함. 하괘는 震(雷)이며 상괘는 坎(水)으로 이루어져 물 아래에서 우레가 치는 異卦相疊의 '水雷' 卦體임. 이는 艱難困頓함을 상징하며, 비록 通達과 貞正함을 지니고 있으나 그럴수록 輕擧妄動함이 없이 때를 기다려야 함을 권고함.

　*《集解》에 "〈序卦〉曰:「有天地然後萬物生焉, 盈天地之間者唯萬物. 故受之以'屯'. 屯者, 盈也. 屯者, 萬物之始生也.」(崔憬曰:「此仲尼序, 文王次卦之意也. 不序'乾''坤'之次者, 以一生二, 二生三, 三生萬物, 則天地之次第可知, 而萬物之先後, 宜序也. 萬物之始生者, 言剛柔始交, 故萬物資始於'乾', 而資生於'坤'.」)"라 함.

　*《傳》에 "'屯', 〈序卦〉曰(一无曰字):「有天地然後萬物生焉. 盈天地之間者唯萬物, 故受之以屯. 屯者, 盈也. 屯者, 物之始生也.」萬物始生, 鬱結未通, 故爲盈塞於天地之間. 至通暢茂盛, 則塞意亡矣. 天地生萬物, 屯, 物之始生, 故繼乾坤之後, 以二象言之: '雲雷之興, 陰陽始交也.' 以二體言之: '震始交於下, 坎始交於中. 陰陽相交, 乃成雲雷. 陰陽始交, 雲雷相應而未成澤, 故爲屯. 若已成澤, 則爲〈解〉也. 又動於險中, 亦屯之義. 陰陽不交, 則爲〈否〉. 始交而未暢, 則爲屯. 在時則天下屯難, 未亨泰之時也"라 함.

## (1) 卦辭

## 屯: 元亨, 利貞. 勿用有攸往, 利建侯.

〈언해〉屯(둔)은 크게 亨(형)ᄒᆞ고, 貞(뎡)홈이 利(리)ᄒᆞ니, ᄡᅥ 往(왕)홀 빼를 두지 마오, 侯(후)를 建(건)홈이 利(리)ᄒᆞ니라.

〈해석〉준(屯, 준괘)은 크게 형통하고, 정조(貞兆)는 이로우니, 갈 곳이 있어도 가지 말고, 제후를 세우는 것이 이롭다.

【屯】卦名이며, 《說文》에 "屯, 難也, 象艸木之初生, 屯然而難"이라 하였고, 〈序卦傳〉에도 "屯者, 物之始生也"라 함. '屯'의 初文은 '屮'과 같으며 식물의 萌芽를 뜻함. 따라서 처음 솟는 초목의 새싹이 매우 험난함을 상징함. '震'(☳)은 雷, '坎'(☵)은 水(雨)를 뜻하여 雷雨가 함께 일어나 환경이 매우 험난함을 뜻함. 孔穎達 〈正義〉에 "屯, 難也. 剛柔始交而難生, 初相逢遇, 故云屯難也"라 함. 《集解》에 "虞翻曰:「坎二之初, 剛柔交震, 故元亨之初, 得正, 故利貞矣.」"라 함.

【元亨】'元'은 '크다'의 뜻. '亨'은 亨通함. 그러나 ○高亨은 "元, 大也. 亨卽享字. 古人擧行大享之祭, 曾筮遇此卦, 故記之曰「元亨」"이라 하여, '亨'은 享과 같으며 '大享', 즉 큰 제사로 보았음. 큰 제사를 거행할 때 筮占(蓍草로 치는 점)을 쳐서 이 괘가 나온 것이라 하였음.

【利貞】'利'를 상징하는 貞辭(貞兆). '貞'은 占卦의 卜辭를 뜻함. 貞兆, 貞辭. ○高亨은 "利貞, 猶言利占也. 筮遇此卦, 擧事有利, 故曰「利貞」"이라 함. 王弼 注에 "剛柔始交, 是以屯也. 不交則否, 故屯乃大亨也. 大亨則无險, 故利貞"이라 하였고, 〈正義〉에 "以陰陽始交而爲難, 因難物始大通, 故云亨也. 萬物大亨, 乃得利益而貞正, 故利貞也. 但屯之四德, 劣於乾之四德, 故屯乃元亨"이라 함. 《集解》에는 "虞翻曰:「坎二之初, 剛柔交震, 故元亨之初; 得正, 故利貞矣.」"라 함.

【勿用有攸往】갈 곳이 있어도 사용하지 않음. 가지 않음. 그 자리에 있음. ○高亨은 "筮遇此卦, 不可有所往, 故曰「勿用有攸往」"이라 함. '攸'는 所와 같음. '往'은 㤀자로도 씀. 王弼 注에 "往, 益屯也"라 하였고, 〈正義〉에 "亨乃利貞, 乾之四德, 无所不包, 此卽'勿用有攸往'이라 함.

【利建侯】자신을 보좌할 제후를 세워 도움을 받음. 봉건제를 시행함이 유리함. 屯卦는 乾卦처럼 元(初始, 大首), 亨(通達, 亨通), 利(和諧, 有利), 貞(貞正, 守貞)의 四德을 가지고 있으나, 처음 시작할 때는 심한 어려움에 처해 있으므로 제후, 즉 補佐를 세워 자신의 안전부터 확보해야 함을 뜻함. ○高亨은 "建侯者, 建立諸侯也. 古者封侯授國, 新侯嗣國, 皆自天子命之, 統曰建侯. 筮遇此卦, 建侯則利, 故曰「利建侯」"라 함. 王弼 注에 "得主則定"이라 하였고, 〈正義〉에 "又別言'利建侯', 不如乾之无所不利. 此已上說屯之自然之四德, 聖人當法之. '勿用有攸往, 利建侯者', 以其屯難之世, 世道初創, 其物未寧, 故宜利建侯以寧之. 此二句, 釋人事也"라 함. 《集解》에 "虞翻曰:「之外, 稱往. 初震得正起之欲, 應動而失位, 故勿用有攸往; 震爲侯, 初剛難拔, 故利以建侯. 老子曰:『善建者, 不拔也.』」"라 함. 이상 본 구절에 대하여 《傳》에 "屯, 有大亨之道, 而處之利在貞(一作正)固. 非貞(一作正)固, 何以濟屯? 方屯之時, 未可有所往也. 天下之屯, 豈獨力所能

濟? 必廣資輔助, 故利建侯也"라 하였고, 《本義》에는 "震(☳)·坎(☵), 皆三畫, 卦之名. '震', 一陽動於二陰之下, 故其德爲動, 其象爲雷; '坎', 一陽陷於二陰之間, 故其德爲陷爲 險, 其象爲雲爲雨爲水. 屯六畫, 卦之名也. 難也, 物始生而未通之意, 故其爲字象屮穿地 始出, 而未申也. 其卦以震遇坎, 乾坤始交而遇險陷, 故其名爲屯. 震動在下, 坎險在上, 是能動乎險中. 能動, 雖可以亨, 而在險, 則宜守正而未可遽進, 故筮得之者, 其占爲大亨 而利於正, 但未可遽有所往耳. 又初九陽居陰下, 而爲成卦之主, 是能以賢下人, 得民而可 君之象, 故筮立君者, 遇之則吉也"라 함.

## (2) 彖辭와 象辭

彖曰: 屯, 剛柔始交而難生. 動乎險中, 大亨貞.
雷雨之動滿盈, 天造草昧, 宜建侯而不寧.
★象曰: 雲雷, 屯. 君子以經綸.

〈언해〉 彖(단)애 골오디 屯(둔)은, 剛(강)과 柔(유)ㅣ 비르소 交(교)ᄒ야 難(난)이 生(ᄉᆡᆼ)
    ᄒ며,
    險(험)ᄒ 中(듕)애 動(동)ᄒ니,
    크게 亨(형)ᄒ고 貞(뎡)홈은[《本義》: 크게 亨(형)코 貞(뎡)ᄒ니라]
    雷雨(뢰우)의 動(동)이 滿盈(만영)ᄒ ᄉᆡ라.[《本義》: 滿盈(영)(만영)ᄒ야]
    天造(텬조)ㅣ 草昧(초민)ᄒ 제ᄂᆞᆫ, 맛당이 侯(후)를 建(건)ᄒ고 寧(녕)티 아닐 디니
    라.[《本義》: 天造(텬조)ㅣ 草昧(초민)ᄒ 디라 맛당이 侯(후)를 建(건)ᄒ고 寧(녕)
    티 몯홀 ᄯᆡ니라]
    ★象(샹)애 골오디 雲(운)과 雷(뢰)ㅣ 屯(둔)이니, 君子(군ᄌᆞ)ㅣ 以(이)ᄒ야 經
    (경)ᄒ며 綸(륜)ᄒᄂᆞ니라.

〈해석〉 彖: 준(屯)은 강(剛, 陽)과 유(柔, 陰)의 기운이 비로소 교접하는 것이며 이에
    따라 험난함이 생겨난다. 험난함 속에서 움직이기는 하나, 크게 형통하고 곧음
    은(크게 형통하고 곧다) 진(震, 雷)과 감(坎, 雨)이 움직여 천하에 가득하기 때문
    이다.(온 천하에 가득하여) 하늘이 처음 만들어낼 때는 마땅히 제후를 세워야
    하니, 이는 아직 편안하지 않기 때문이다.(하늘이 처음 만물을 만들기에 처음
    시작이 몽매하기에 제후를 세워야 하니 아직 편안한 때가 아니기 때문이다.)

★象: 위는 운(雲, 坎)이며, 아래는 뇌(雷, 震)로 구름이 그 위에 있는 것이 준이니, 군자는 이로써 나라 다스림의 경륜(經綸)으로 삼는다.

【剛柔始交而難生】剛은 陽, 柔는 陰. 우레와 구름을 가리킴. 陰陽이 激盪하여 우레를 일으키고 우레가 함께 일어나 陰이 주위에 둘러싸여 험난함을 뜻함. 즉 震은 陽, 動, 雷이며, 坎은 陰, 陷沒, 水를 상징함. '始交'는 구름(坎)과 우레(震)가 만나 격동함. '難生'은 '生難'과 같음. 初生의 어려움을 뜻함. 태어나 생명을 틔우기가 어려움. 〈正義〉에 "屯剛柔始交而難生者, 此一句釋屯之名, 以剛柔二氣, 始欲相交, 未相通感, 情意未得, 故難生也"라 하였고, 《集解》에는 "虞翻曰:「乾剛坤柔, 坎二交初, 故始交. 確乎難拔, 故難生也.」○崔憬曰:「十二月, 陽始浸長而交於陰, 故曰剛柔始交. 萬物萌牙生於地中, 有寒冰之難, 故言難生. 於人事, 則是運季業初之際也.」"라 함. 《本義》에 "義以二體, 釋卦名義. '始交'謂震, '難生'謂坎"이라 함.

【動乎險中】험난한 환경 속에서 격동함. 事物의 胎動을 뜻함. 屯의 下卦는 震(☳), 이는 雷動(陽)을 의미함. 下卦는 坎(☵), 이는 水(陰)이면서 험난함을 의미함. 王弼 注에 "始於險難, 至於大亨而後全正, 故曰屯元亨利貞"이라 하였고, 〈正義〉에 "若剛柔已交之後, 物皆通泰, 非復難也. 唯初始交時而有難, 故云'剛柔始交而難生動乎險中'"이라 함.

【大亨貞】〈正義〉에 "'大亨貞'者, 此釋四德也. 坎爲險震爲動, 震在坎下是動於險中, 初動險中, 故屯難動而不已, 將出於險, 故得大亨貞也. '大亨', 卽元亨也. 不言'利'者, 利屬於貞, 故直言'大亨貞'."이라 하였고, 《集解》에는 "荀爽曰:「物難在始生, 此本坎卦也.」案:「初六升二, 九二降初, 是剛柔始交也. 交則成震, 震爲動也. 上有坎, 是動乎險中也. 動則物通而得正, 故曰動乎險中, 大亨貞也.」"라 함. 《傳》에는 "所謂大亨而貞(一作正)者, 雷雨之動滿盈也. 陰陽始交, 則艱屯未能通暢, 及其和洽, 則成雷雨滿盈於天地之間, 生物乃遂, 屯有大亨之道也. 所以能大亨, 由夫(一无夫字)貞也. 非貞固, 安能出屯人之處? 屯有致大亨之道, 亦在夫(一无夫字)貞固也"라 함.

【雷雨之動滿盈】우레와 비가 요동치며 천지에 가득함. 王弼 注에 "雷雨之動, 乃得滿盈, 皆剛柔始交之所爲"라 하였고, 〈正義〉에 "'雷雨之動滿盈'者, 周氏云:'此一句, 覆釋亨也. 但屯有二義: 一難也, 一盈也. 上旣以剛柔始交, 釋屯難也. 此又以雷雨二象, 解盈也.' 言雷雨二氣初相交動, 以生養萬物, 故得滿盈. 卽是亨之義也. 覆釋亨者, 以屯難之世, 不宜亨通. 恐亨義難曉, 故特釋之, 此已下說屯之自然之象也. '雷雨之動, 乃得滿盈'者, 周氏・褚氏云:'釋亨也. 萬物盈滿, 則亨通也. 皆剛柔始交之所爲者, 雷雨之動, 亦陰陽始交也. 萬物盈滿, 亦陰陽而致之, 故云皆剛柔始交之所爲也.' 若取屯難, 則坎爲險, 則上云動乎險

中是也; 若取亨通, 則坎爲雨震爲動. 此云雷雨之動是也. 隨義而取象, 其例不一"이라 함. 《集解》에 "荀爽曰:「雷震雨潤, 則萬物滿盈而生也.」○虞翻曰:「震雷坎雨, 坤爲盈也. 謂三已反正, 成旣濟坎, 水流坤, 故滿盈. 謂雷動雨施, 品物流形也.」"라 함.

【天造草昧】 '造'는 創造함. '草昧'는 章炳麟은 "草昧, 借爲草木"이라 함. 구름이 우레와 격동하여 비가 되어 내려 초목이 살아남. 그러나 '昧'는 혹 '愚昧한 백성'을 뜻하며, 聖人(君子)에 의해 다스림과 교화를 받아야 할 대상을 가리킴. '草昧'의 다른 풀이는 풀이 처음 싹이 돋아 蒙昧한 시기를 뜻한다고도 봄. 〈正義〉에 "天造草昧, 宜建侯而不寧'者, 釋利建侯也. '草'謂草創; '昧'謂冥昧. 言天造萬物於草創之始, 如在冥昧之時也. 于此草昧之時, 王者當法此屯卦, 宜建立諸侯, 以撫恤萬方之物, 而不得安居无事. 此二句, 以人事釋屯之義"라 함. 《集解》에 "荀爽曰:「謂陽動在下, 造物於冥昧之中也.」"라 함.

【宜建侯而不寧】 제후를 세워야 마땅하며, 그 이유는 아직 편안한 때가 아니기 때문. '不寧'은 아직 편안안 때가 아님. 혹 편안히 여겨 그대로 있어서는 안 되는 때임. 王弼 注에 "屯體不寧, 故利建侯也. 屯者, 天地造始之時也. 造物之始, 始於冥昧, 故曰草昧也. 處造始之時, 所宜之善, 莫善建侯也"라 하였고, 〈正義〉에 "屯體'不寧'者, 以此屯遭險難, 其體不寧, 故宜建侯也. 造物之始, 始於冥昧者, 造物之始, 卽天造草昧也. '草'謂草創. 初始之義, 始於冥昧者, 言物之初造, 其形未著, 其體未彰, 故在幽冥闇昧也"라 함. 《集解》에 "荀爽曰:「天地初開, 世尚屯難, 震位承乾, 故宜建侯. 動而遇險, 故不寧也.」○虞翻曰:「造, 造生也; 草, 草創物也. 坤冥爲昧, 故天造草昧. 成旣濟定, 故曰不寧. 言寧也.」○干寶曰:「水運將終, 木德將始, 殷周際也. 百姓盈盈, 匪君子不寧, 天下旣遭屯險之難, 後王宜蕩之, 以雷雨之政, 故封諸侯以寧之也.」"라 함. 《傳》에 "上文(一有旣字)言(一有夫字)天地生物之義, (一有是以字)此言時事天造, 謂時運也. '草', 草亂无倫序; '昧', 冥昧不明. 當此時運, 所宜建立輔助, 則可以濟屯. 雖建侯, 自輔又當憂勤兢畏, 不遑寧處, 聖人之深戒也"라 하였고, 《本義》에는 "以二體之象, 釋卦辭. 雷震象雨, 坎象天造, 猶言天運草雜亂昧晦冥也. 陰陽交而雷雨作, 雜亂晦冥塞乎兩間, 天下未定名, 分未明, 宜立君以統治, 而未可遽謂安寧之時也. 不取初九爻義者, 取義多端, 姑擧其一也"라 함.

★【雲雷, 屯】 준괘의 下卦는 震으로 雷를 뜻하며, 上卦는 坎으로 水(雲, 雨)를 뜻함. 구름이 우레 위에 있어, 비가 되지 못한 채 답답하기만 함. 《集解》에 "九家《易》曰: 「雷雨者, 興養萬物. 今言屯者, 十二月, 雷伏藏地中, 未得動出. 雖有雲雨, 非時長育, 故言屯也"라 함.

【君子以經綸】 군자가 이 괘를 근거로 하여 경륜이라는 개념을 추출함. '君子'는 爲政者, 王, 指導者. 先覺者. 先王, 聖王, 聖人. 《周易》 전체에서 '君子'는 《易》의 상징을

보고 훌륭한 대처 방법을 판단하는 자를 가리킴. '經綸'은 經綸을 쌓음. 여기서는 구름의 은택과 우레의 위엄을 나라 다스림에 援用함을 뜻함. 《中庸》朱熹 注에 "經者, 理其緖而分之; 綸者, 比其類而合之也"라 함. 象辭는 실을 다스리는 일로써 대사의 계획과 규모를 비유한 것임. 王弼 注에 "君子經綸之時"라 하였고, 〈正義〉에 "'經'謂經緯; '綸'謂繩綸. 言君子法此屯象, 有爲之時, 以經綸天下, 約束於物, 故云'君子以經綸'也. 姚信云: '綸謂緯也. 以織綜經緯. 此君子之事, 非其義也.' 劉表·鄭玄云'以綸爲論', 字非王本意也"라 함. 《集解》에는 "荀爽曰:「屯難之代, 萬事失正. 經者, 常也; 綸者, 理也. 君子以經綸, 不失常道也.」○姚信曰:「經緯也. 時在屯難, 是天地經綸之日, 故君子法之, 須經綸艱難也.」"라 함. 《傳》에 "坎不云雨而云雲者, 雲爲雨而未成者也. 未能成雨, 所以爲屯. 君子觀屯之象, 經綸天下之事, 以濟於屯(一无屯字)難. 經緯綸緝, 謂營爲也"라 하였고, 《本義》에는 "坎不言水而言雲者, 未通之意. 經綸, 治絲之事, 經引之綸理之也. 屯難之世, 君子有爲之時也"라 함.

## (3) 爻辭와 象辭

初九: 磐桓, 利居貞, 利建侯.
☆象曰: 雖「磐桓」, 志行正也; 以貴下賤, 大得民也.

〈언해〉 初九(초구)는 磐桓(반환)홈이니, 貞(뎡)애 居(거)(거)홈이 利(리)ᄒ며, 侯(후)를 建(건)홈이 利(리))ᄒ니라.[《本義》: 建(건)ᄒ야 侯(후)홈이 利(리)ᄒ니라]
　　☆象(샹)애 ᄀᆞᆯ오디 비록 磐桓(반환)ᄒ나, 志(지)ㅣ 正(졍)을 行(ᄒᆡᆼ)홈이며, 貴(귀)로뻐 賤(쳔)애 下(하)ᄒ니, 크게 民(민)을 得(득)홈이로다.
〈해석〉 [初九](一): 머뭇거리는 모습이니, 바르게 있어야 유리하며, 제후를 세우는 것이 이로움을 상징한다.(세워서 侯를 삼음이 이롭다)
　　☆ 象: 비록 머뭇거리기는 하나, 뜻이 바른 것을 실행함이며, 귀한 위치에 있으면서 천한 이에게 아래에 있으니, 크게 백성을 얻을 것이다.

　　【初九】 이 효는 屯卦의 시작이며 동시에 下卦(震, 雷)의 첫 효로써 陽(剛)이기는 하나 맨 아래 있어 힘을 발휘하지 못한 채 반환하며 움츠리고 있음을 상징함.
　　【磐桓】 머뭇거림. '盤桓', '槃桓' 등으로도 표기하며 疊韻連綿語. 徘徊와 같음. 陸德明

〈音義〉에 "磐, 本亦作盤, 又作槃. 馬云:「槃桓, 旋也.」"라 함. 결정이 어려워 나서지 못한 채 머뭇거림을 뜻함. 그러나 ○高亨은 "磐桓, 卽磐垣, 以大石爲牆也"라 하여, '桓'은 垣으로 '큰 돌로 담장을 둘러치다'의 뜻이라 함. 〈正義〉에 "磐桓, 不進之貌. 處屯之初動卽難生, 故磐桓也. 不可進, 唯宜利居處貞正, 亦宜建立諸侯"라 함. 《集解》에 "虞翻曰:「震起艮止, 動乎險中, 故盤桓. 得正得民, 故利居貞. 謂君子居其室, 愼密而不出也.」荀爽曰:「盤桓者, 動而退也. 謂陽從二動, 而退居初, 雖盤桓, 得其正也.」"라 함.

【利居貞】'居貞'은 貞正한 德行을 지킴. 이는 屯卦의 初九(陽)로, 비록 生機가 있으나 아직 힘이 없는 위치이므로 貞正을 그대로 지키고만 있어야 함. ○高亨은 "占問居處, 謂之居貞. 居處有石牆則安, 故曰「磐桓利居貞」"이라 함. 王弼 注에 "處屯之初, 動則難生, 不可以進, 故磐桓也. 處此時也, 其利安在不唯居貞建侯乎? 夫息亂以靜, 守靜以侯安民, 在正弘, 正在謙. 屯難之世, 陰求於陽, 弱求於强, 民思其主之時也. 初處其首, 而又下焉. 爻備斯義, 宜其得民也"라 함.

【利建侯】제후를 세움이 이로움. 封建制를 시행함이 유리함. ○高亨은 "建侯, 所以屛藩王室. 王室之有侯國, 猶居之有垣. 故又曰「利建侯」"라 함. 《傳》에 "初以陽爻在下, 乃剛明之才, 當屯難之世, 居下位者也. 未能便往濟屯, 故磐桓. 方屯之初, 不磐桓而遽進, 則犯難矣. 故宜居正而固其志. 凡人處屯難, 則鮮能守正. 苟无貞固之守, 則將失義, 安能濟時之屯乎? 居屯之世, 方屯於下, 所宜有助, 乃居屯濟屯之道也. 故取建侯之義, 謂求輔助也"라 하였고, 《本義》에는 "磐桓, 難進之貌. 屯難之初, 以陽在下, 又居動體, 而上應陰柔險陷之爻, 故有盤桓之象. 然居得其正, 故其占利於居貞. 又本成卦之主, 以陽下陰, 爲民所歸侯之象也. 故其象又如此, 而占者如是, 則利建以爲侯也"라 함.

☆【雖「磐桓」, 志行正也】'志行正也'는 뜻과 행동이 바름. 王弼 注에 "不可以進. 故磐桓也. 非爲晏安棄成務也. 故雖磐桓, 志行正也"라 하였고, 〈正義〉에 "〈象〉曰'雖磐桓, 志行正也'者, 言初九雖磐桓不進, 非苟求宴安志, 欲以靜息亂, 故居處貞也. 非是苟貪逸樂, 唯志行守正也"라 함. 《傳》에 "賢人在下, 時苟未利, 雖磐桓未能遂往濟時之屯, 然有濟屯之志, 與濟屯之用, 志在行其正也"라 함.

【以貴下賤, 大得民也】'以貴下賤'은 귀한 신분(陽)이지만 천한 자에게 아래(陰)로 낮추어 겸양으로써 대함. 陽爻이지만 맨 아래 있으며 바로 위(六二)가 陰爻임을 말함. 王弼 注에 "陽貴而陰賤也"라 함. '大得民也'는 백성들로부터 크게 지지를 받을 것임을 말함. 〈正義〉에 "'以貴下賤, 大得民也'者, 貴謂陽也; 賤謂陰也. 言初九之陽, 在三陰之下, 是以貴下賤. 屯難之世, 民思其主之時, 旣能以貴下賤, 所以大得民心也"라 함. 《集解》에 "荀爽曰:「陽貴而陰賤, 陽從二來, 是以貴下賤, 所以得民也.」"라 함. 《傳》에 "九當屯難之

時, 以陽而來, 居陰下爲以貴下賤之象. 方屯之時, 陰柔不能自存, 有一剛陽之才, 衆所歸從也. 更能自處卑下, 所以大得民也. 或疑方屯于下, 何有貴乎? 夫以剛明之才, 而下於陰柔, 以能濟屯之才, 而下於不能乃以貴下賤也. 況陽之於陰自爲貴乎?"라 함.


## 六二: 屯如邅如, 乘馬班如, 匪寇婚媾. 女子貞不字, 十年乃字.
## ☆象曰:「六二之難」, 乘剛也;「十年乃字」, 反常也.

〈언해〉 六二(륙이)는 屯(둔)ᄒ며 邅(젼)ᄒ며 馬(마)를 乘(승)ᄒᆞ얏다가 班(반)ᄒ니, 寇(구)
옷 아니면 婚媾(혼구)애 ᄒ리니,[《本義》: 馬(마)를 乘(승)ᄒᆞ야 班(반)ᄒ니 寇(구)
홈이 아니라 婚媾(혼구)를 홈이니] 女子(녀ᄌ)ㅣ 貞(뎡)ᄒᆞ야 字(ᄌ)티 아니 하얏
다가 十年(십년)에아 이예 字(ᄌ)ᄒ리로다.
☆象(샹)애 ᄀᆞᆯ오디 六二(륙이)의 難(난)은 剛(강)을 乘(승)홈이오,「十年乃字」는
常(샹)애 反(반)홈이라.

〈해석〉 [六二](--): 힘들고 어려우며 말을 탔다가 가지도 되돌아오지도 못하는 형상으
로, 원수가 아니라면 곧 구혼하러 올 사람이니,(말을 탔다가 되돌아옴이니 상대
는 도둑이 아니라 구혼을 하러 오는 것이니) 여자라면 정조를 지켜 혼인을 허락
하지 말고, 10년을 지나서야 그(五陽)에게 허락하여야 함을 상징한다.
☆象: "六二의 어려움"이란, 강한 것을 탄 것이요, "10년에야 허락한다"함은,
정상으로 되돌아옴을 뜻한다.


【六二】 이 효는 下卦(震, 雷)의 첫 두 번째 효로써, 陰(柔)이며 상괘(坎, 水)의 구오
(陽)와 호응하여 음양이 맞음. 그러나 조급하게 서두르지 말고 기다려야 혼인 상대인
짝(九五)을 만날 수 있음을 상징함.
【屯如邅如】 '如'는 虛辭. '屯邅'은 험난하고 艱難함을 뜻함. 따라서 '屯'은 《廣韻》에
'陟綸切'로 '준/춘'으로 읽어 雙聲連綿語임. 班固〈通幽賦〉에 "紛屯邅與蹇連兮, 何艱多
而智寡?"라 하여 '蹇連' 역시 어려움을 뜻하는 疊韻連綿語임. 〈正義〉에 "'屯如邅如'者,
屯是屯難, 邅是邅廻, 如是語辭也. 言六二欲應於九五, 卽畏初九逼之, 不敢前進, 故屯如
邅如也"라 함. 《集解》에 "荀爽曰:「陽動而止, 故屯如也; 陰乘於陽, 故邅如也.」"라 함.
【乘馬班如】 말을 타고 한 바퀴를 돎. '班'은 般(盤)의 假借字. 回旋의 뜻. '如'는 虛辭.
前進하지 못하고 돌고만 있음. 혹 말을 나란히 세워둔 모습을 뜻한다고도 함. 〈正義〉

에 "乘馬班如'者,《子夏傳》云:「班如者, 爲相牽不進也.」馬季長云:「班, 班旋不進也.」
言二欲乘馬徃適於五, 正道未通, 故班旋而不進也"라 함.《集解》에 "虞翻曰:「屯邅盤桓,
謂初也. 震爲馬, 作足二乘初, 故乘馬. 班, 躓也. 馬不進, 故班如矣.」"라 함.

【匪寇婚媾】도둑이 아니라 婚事 때문에 온 것임. '匪'는 非와 같음. '寇'는 强盜, 寇
賊. '婚媾'는 婚姻과 같음. 이상에 대해 ○高亨은 "'屯如邅如, 乘馬班如, 匪寇婚媾'者,
謂乘馬而來者, 屯然而擁至, 邅然而轉行, 又般然而回旋, 非劫財之寇賊, 乃娶女之婚媾
也. 今人謂此寫古代掠婚之事, 殆是歟?"라 하여, 고대 掠奪婚을 설명한 것이 아닌가 하
였음.〈正義〉에 "匪寇婚媾'者, 寇, 謂初也. 言二非有初九與己作寇害, 則得共五爲婚媾
矣. 馬季長云:「重婚曰媾鄭.」玄云:「媾, 猶會也.」"라 함.

【女子貞不字】'貞'은 卜辭의 質問. 婚姻을 許諾함을 뜻하는 말이라 함. 그러나 혹
'字'는 孕胎함. 姙娠함. 혹 卜辭의 질문에 아이를 임신하지 말 것인가를 물은 것으로
봄.〈正義〉에 "女子貞不字'者, 貞, 正也; 女子, 謂六二也. 女子以守貞正, 不受初九之愛.
'字', 訓愛也"라 함.

【十年乃字】程子(程頤, 伊川)는 "十, 數之終也"라 함. 십년 뒤. 이 六二爻는 陰이 하괘
의 가운데에 있어 여자를 상징하며, 九五爻는 陽이 상괘의 가운데에 있어 남자를 상징
함. 이에 말을 세워놓고 구혼을 하는 것이 九五爻임. 따라서 六二와 九五는 正位로
남녀의 求婚, 相悅, 戀慕를 뜻함. 그러나 六三과 六四가 모두 陰이어서 막혀 있으며,
初九는 陽이어서 이를 재촉을 함. 六二는 이러한 상황에서는 인내심을 가지고 기다려
야 소원을 이룰 수 있으며, 이에 따라 '十年乃字'라 한 것임. ○高亨은 "'女子貞不字,
十年乃字'者, 謂筮遇此爻, 若占問女子不許嫁之事, 則十年乃克許嫁也"라 함. 王弼 注에
"志在乎五, 不從於初. 屯難之時, 正道未行, 與初相近而不相得, 困於侵害, 故屯邅也. 時方
屯難正, 道未通涉遠, 而行難可以進. 故曰「乘馬班如」也. 寇, 謂初也. 无初之難, 則與五婚
矣. 故曰「匪寇婚媾」也. 志在於五, 不從於初, 故曰「女子貞不字」也. 屯難之世勢, 不過十年
者也. 十年則反常, 反常則本志, 斯獲矣, 故曰「十年乃字」"라 하였고,〈正義〉에 "十年乃
字'者, 十年難息之後, 即初不害已也. 乃得徃適於五, 受五之字愛. '十'者, 數之極. 數極則
復, 故云十年也"라 함.《集解》에 "虞翻曰:「匪, 非也. 寇, 謂五坎爲寇盜, 應在坎, 故匪寇.
陰陽得正, 故婚媾. 字, 妊娠也. 三失位變復體離, 離爲女子, 爲大腹, 故稱字. 今失位爲坤,
離象不見, 故女子貞不字. 坤數十三, 動反正離, 女大腹, 故十年反常乃字, 謂成旣濟定
也.」"라 함.《傳》에 "二以陰柔, 居屯之世, 雖正(一作五)應在上, 而逼於初剛, 故屯難. 邅回
如辭(一有助字)也. 乘馬, 欲行也. 欲從正應而復班如, 不能進也. 班, 分布之義. 下馬爲班,
與馬異處也. 二當屯世, 雖不能自濟, 而居中得正, 有應在上, 不失義者也. 然逼近於初陰,

乃陽所求柔者, 剛所陵柔. 當屯時, 固難自濟. 又爲剛陽所逼, 故爲難也. 設匪逼於寇難, 則往求於婚媾矣. 婚媾, 正應也. 寇, 非理而至者. 二守中正, 不苟合於初, 所以不字, 苟貞(一作正)固不易至于十年, 屯極必通, 乃獲正應而字育矣. 以女子陰柔, 苟能守其志節, 久必獲通, 況君子守道, 不回乎? 初爲賢明剛正之人, 而爲寇以侵逼於人何也? 曰此自據二以柔近剛, 而爲義更不計初之德如何也, 《易》之取義如此"라 하였고, 《本義》에는 "班, 分布不進之貌. 字, 許嫁也. 《禮》曰:「女子許嫁, 笄而字.」六二陰柔, 中正有應於上, 而乘初剛, 故爲所難而遭回不進, 然初非爲寇也. 乃求與己爲婚媾耳. 但已守正, 故不之許, 至于十年, 數窮理極, 則妄求者, 去正應者, 合而可許矣. 爻有此象, 故因以戒占者"라 함.

☆【「六二之難」, 乘剛也】 '乘剛也'는 剛한 자를 타고 凌駕함. 六二의 陰爻(柔)가 初九의 陽爻(剛) 위에 있음을 말함. 이는 柔가 剛보다 나음을 뜻함. 〈正義〉에 "象曰'六二之難乘剛也'者, 釋所以屯如遭如也. 有畏難者, 以其乘陵初剛, 不肯從之, 故有難也"라 하였고, 《集解》에 "崔憬曰:「下乘初九, 故爲之難也.」"라 함.

【「十年乃字」, 反常也】 '反常也'는 正常으로 되돌아옴. 떳떳한 상태가 됨. '反'은 返과 같음. 〈正義〉에 "'十年乃字, 反常'者, 謂十年之後, 屯難止息. 得'反常'者, 謂反常道. 卽二適於五, 是其得常也. 已前有難, 不得行常, 十年難息, 得反歸於常, 以適五也. 此爻, 因六二之象, 以明女子婚媾之事, 卽其餘人事, 亦當法此, 猶如有人逼近於强, 雖遠有外應, 未敢苟進, 被近者所陵. 經久之後, 乃得與應相合. 是知萬事, 皆象於此, 非唯男女而已. 諸爻所云陰陽男女之象, 義皆放於此"라 하였고, 《集解》에 "九家《易》曰:「陰出於坤, 今還爲坤, 故曰反常也. 陰出於坤, 謂乾, 再索而得坎, 今變成震, 中有坤體, 故言陰出於坤. 今還於坤, 謂二從初, 卽逆應五, 順也. 去逆就順, 陰陽道正, 乃能長養, 故曰十年乃字.」"라 함. 《傳》에 "六二居屯之時, 而又乘剛. 爲剛陽所逼, 是其患難也. 至於十年, 則難久必通矣. 乃得反其常, 與正應合也. 十, 數之終也"라 함.


六三: 卽鹿無虞, 惟入于林中. 君子幾不如舍, 往吝.
☆象曰:「卽鹿无虞」, 以從禽也;「君子舍之」, 往吝, 窮也.

〈언해〉 六三(륙삼)은, 鹿(록)애 卽(즉)호디 虞(우)ㅣ 업슨 디라 오직 林中(림듕)애 入(입)홈이니, 君子(군ㅈ)ㅣ 幾(긔)ㅎ야 舍(샤)홈만 굳디 몯ㅎ니 往(왕)ㅎ면 吝(린)ㅎ리라.

☆象(샹)애 골오디 「卽鹿无虞」는 禽(금)을 從(죵)홈으로 뼤오, 君子(군ㅈ)ㅣ 舍

(샤)호믄 徃(왕)ᄒᆞ면 吝(린)ᄒᆞ야 窮(궁)홈이라.

〈해석〉 [六三](--): 사냥을 나서서 사슴을 쫓아갔으나 안내하는 우인(虞人)이 없어, 홀로 숲속으로 들어가는 형상이다. 군자는 기미를 보아 사냥을 그만두느니만 못하다. 갔다가는 간난을 당하고 말 것임을 상징한다.

☆ 象: "사슴을 사냥하러 갔으나 우인이 없다"함은, 새(禽)를 따라갔기 때문이요, "군자가 이를 포기해야지, 갔다가는 간난을 당할 것"이라 함은, 궁해짐을 뜻한다.


【六三】 이 효는 하괘의 가장 윗자리이며 상괘와 이어지는 위치임. 아울러 陽의 자리에 있는 陰이므로 位不當함. 따라서 구오의 帝位를 쫓아가거나 넘보려 하지 말아야 함을 상징함.

【卽鹿无虞】 사슴 사냥에 나섰으나 虞人이 없음. '卽'은 就와 같음. 잡으러 나섬. 孔穎達 〈正義〉에 "卽, 就也"라 함. '鹿'은 혹 '麓'의 假借字. 산기슭. 〈釋文〉에 "王肅作麓, 云山足"이라 함. 그러나 本義대로 사슴으로도 봄. ○高亨은 "卽鹿, 猶言從鹿·逐鹿耳"라 함. '虞'는 虞人. 王의 苑囿와 산림을 지키며 鳥獸草木을 관리하고 기르는 직책의 벼슬 이름. 여기서는 사냥 안내자. ○高亨은 "鹿在山野, 獵者往就之, 是爲卽鹿. 卽鹿猶言從鹿·逐鹿耳"라 함.

【惟入于林中】 '惟'는 思惟함. 考慮함. 忖度함. '入于林中'은 사슴이 숲속으로 들어가 사라져 놓침. ○高亨은 "'惟入于林中', 謂鹿入於林中也. 逐鹿若有虞人, 則鹿入於林中, 虞人可設法使鹿驚而走出. 今逐鹿無虞人之助, 而鹿入於林中, 則不可獲矣"라 함. 〈正義〉에 "'卽鹿无虞'者, '卽', 就也; '虞', 謂虞官. 如人之田獵, 欲從就於鹿, 當有虞官助己, 商度形勢可否, 乃始得鹿. 若无虞官, 卽虛入于林木之中, 必不得鹿, 故云'唯入于林中'. 此是假物爲喩, 今六三欲徃從五, 如就鹿也. 五自應二, 今乃不自揆度彼五之情, 納己以否, 是无虞也. 卽徒徃向五, 五所不納, 是徒入于林中"이라 함. 《集解》에 "虞翻曰:「卽, 就也. 虞, 謂虞人, 掌禽獸者. 艮爲山, 山足稱鹿, 鹿林也. 三變體坎, 坎爲叢木山下, 故稱林中. 坤爲兕虎, 震爲麋鹿, 又爲驚走. 艮爲狐狼, 三變禽, 走入于林中, 故曰'卽鹿无虞, 惟入于林中'矣.」"라 함.

【君子幾不如舍】 군자라면 거의 사냥을 포기함만 같지 못함. '幾'는 幾微, 徵兆. 그러나 '機'의 假借로 機智, 機動, 樞機, 機會를 의미하는 것으로도 봄. '舍'는 '捨'와 같음. 버림. 포기함. ○高亨은 "君子幾不如舍, 言君子求鹿不如舍之也"라 함. 〈正義〉에 "'君子幾不如舍'者, '幾', 辭也. 夫君子之動, 自知可否, 豈取恨辱哉? 見此形勢, 卽不如休舍也.

言六三不如舍此求五之心, 勿徃也”라 함.

【往吝】갔다가는 어려운 꼴을 당함. 이는 혹 貞辭로 보기도 함. ‘吝’은 艱難함을 뜻함. 막혀 소통하지 못함. 그러나 ‘탓함, 욕함, 비난함, 안타까워함, 일을 그르침’ 등의 뜻으로도 봄. 〈繫辭上〉에 “悔吝者, 虞憂之象也”라 함. ○高亨은 “往吝’者, 言君子仍往而求之, 則鹿難得也. 人有所求, 而無助之者, 且所求又在難得之數, 則求之徒勞而無功, 不如勿求. 故曰「卽鹿无虞, 惟入又林中, 君子幾不如舍, 往吝」”이라 함. 王弼 注에 “三旣近五而无寇難, 四雖比五, 其志在初, 不妨, 已路可以進, 而无屯邅也. 見路之易, 不揆其志, 五應在二, 往必不納, 何異无虞以從禽乎? 雖見其禽, 而无其虞徒入于林中, 其可獲乎? 幾, 辭也. 夫君子之動, 豈取恨辱哉! 故不如舍徃吝窮也.”라 하였고, 〈正義〉에 “‘徃吝’者, 若徃求五, 卽有悔吝也”라 함. 《集解》에 “虞翻曰:「君子, 謂陽已正位. 幾, 近; 舍, 置; 吝, 疵也. 三應於上之應, 歷險不可以往動, 如失位, 故不如舍之, 往必吝窮矣.」”라 함. 《傳》에 “六三以陰(一无陰字)柔居剛, 柔旣不能安屯, 居剛而不中正, 則妄動. 雖貪於所求, 旣不足以自濟, 又无應援, 將安之乎? 如卽鹿而无虞人也. 入山林者, 必有虞人以導之, 无導之者, 則惟陷入于林莽中. 君子見事之幾微, 不若舍而勿逐往, 則徒取窮吝而已”라 하였고, 《本義》에 “陰柔居下, 不中不正, 上无正應, 妄行取困, 爲逐鹿无虞, 陷入林中之象. 君子見幾, 不如舍去. 若往逐而不舍, 必致羞吝. 戒占者, 宜如是也”라 함.

☆【「卽鹿无虞」, 以從禽也】날짐승을 따라가 잡으려 했기 때문. ‘以’는 때문, 이유. 〈正義〉에 “〈象〉曰‘卽鹿无虞, 以從禽’者, 言卽鹿, 當有虞官, 卽有鹿也. 若无虞官, 以從逐于禽, 亦不可得也”라 하였고, 《集解》에 “案《白虎通》云:「禽者, 何鳥? 獸之總名. 爲人所禽制也, 卽比卦九五爻辭‘王用三驅, 失前禽’, 是其義也.」”라 함.

【「君子舍之, 往吝」, 窮也】‘窮也’는 궁해짐. 한계에 이름. 〈正義〉에 “君子舍之, 徃吝, 窮”者, 君子見此之時, 當舍而不徃. 若往, 則有悔吝窮苦也”라 하였고, 《集解》에 “崔憬曰:「君子見動之微, 逆知无虞, 則不如舍而往. 往則吝窮也.」”라 함. 《傳》에 “事不可而妄動, 以從欲也. 无虞而卽鹿, 以貪禽也. 當屯之時, 不可動而動, 猶无虞而卽鹿以有從禽之心也. 君子則見幾, 而舍之不從. 若往, 則可吝而困窮(一作窮困)也”라 함.

六四: 乘馬班如, 求婚媾. 往吉, 无不利.

☆象曰: 「求而往」, 明也.

〈언해〉六四(륙亽)는, 馬(마)를 乘(승)ᄒ얏다가 班(반)홈이니, 婚媾(혼구)를 求(구)하야
　　　往(왕)ᄒ면 吉(길)ᄒ야 利(리)티 아님이 업스리라.[《本義》: 馬(마)를 乘(승)ᄒ야
　　　班(반)홈이니 婚媾(혼구)를 求(구)ᄒ거든]

　　　☆象(샹)애 ᄀᆞᆯ오디 「求(구)하야 往(왕)」홈은, 明(명)홈이라.[《本義》: 求(구)ᄒ거
　　　든 往(왕)호믄]

〈해석〉[六四](--): 말을 타고 나섰다가 오도가도 못하는 형상이니, 혼인 상대를 찾아
　　　나서면 길하여 이롭지 않음이 없으리라.(말을 탔다가 오도가도 못하니, 혼인
　　　상대를 찾으면)

　　　☆象: "찾아서 간다"함은, 현명함을 뜻한다.


　　【六四】상괘 坎(水)의 시작이며 음효. 갇힌 상태이기는 하나 位正當하며 유순하고
初九와 正應을 이루어, 자신을 낮추어 혼인을 청할 수 있음.

　　【乘馬班如】'班'은 般과 같으며 旋의 뜻. 한 바퀴 돎. 〈正義〉에 "六四應初, 故乘馬也.
慮二妨己路, 故初時班如旋也"라 하였고, 《集解》에 "虞翻曰:「乘, 三也. 謂三已變坎爲
馬, 故曰乘馬. 馬在險中, 故班如也.」 或說:「乘, 初. 初爲建侯, 安得乘之也.」"라 함.

　　【求婚媾】이는 六四가 陰으로서 상괘의 첫 爻이며, 初九는 陽으로서 하괘의 첫 효로
서, 두 효는 男女相配를 의미함. 그 때문에 혼인을 요구하는 것임. 특히 陰이 위에
있어 지위가 높으며 陽이 아래에 있어 지위가 낮아, 존귀한 자가 낮은 자에게 구함을
뜻하여 亂局을 해결함에 유리함을 의미함.

　　【往吉, 无不利】나서면 길하며, 유리하지 않음이 없음. ○高亨은 "乘馬般旋, 以求婚
媾, 筮遇此爻, 往則吉, 無不利. 故曰「乘馬班如, 求婚媾, 往吉, 無不利」"라 함. 王弼 注에
"二雖比初, 執貞不從, 不害己志者也. 求與合好, 往必見納矣. 故曰往吉无不利"라 하였
고, 〈正義〉에 "二旣不從於初, 故四求之爲婚, 必得媾合, 所以往吉无不利"라 함. 《集解》
에 "崔憬曰:「屯難之時, 勿用攸往. 初雖作應, 班如不進, 旣比於五, 五來求婚, 男求女,
往吉, 无不利.」"라 함. 《傳》에 "六四, 以柔順, 居近君之位, 得於上者也. 而其才不足以濟
屯, 故欲進而復止. 乘馬班如也. 己旣不足以濟時之屯, 若能求賢以自輔, 則可濟矣. 初陽
剛(一作剛陽)之賢, 乃是正應己之婚媾也. 若求此陽剛(一作剛陽)之婚媾, 往與共輔陽(一
无陽字)剛中正之君, 濟時之屯, 則吉而无所不利也. 居公卿之位, 己之才雖不足以濟時

屯, 若能求在下之賢, 親而用之, 何所不濟哉!"라 하였고, 《本義》에 "陰柔居屯, 不能上進, 故爲乘馬班如之象. 然初九守正居下, 以應於己, 故其占爲下求婚媾, 則吉也"라 함.

☆【「求而往」, 明也】 '明'은 사정을 확실히 알고 얼른 유리한 쪽을 판단하는 현명함을 뜻함. 王弼 注에 "見彼之情狀也"라 하였고, 〈正義〉에 "〈象〉曰'求而往明'者, 言求初而往, 婚媾明識, 初與二之情狀, 知初納己, 知二不害己志, 是其明矣"라 함. 《集解》에 "虞翻曰:「之外稱往, 體離, 故明也.」"라 함. 《傳》에 "知己不足求賢自輔, 而後往, 可謂明矣. 居得致之地(一作位), 己不能而遂, 己至暗者也"라 함.


# 九五: 屯其膏. 小貞吉, 大貞凶.
## ☆象曰:「屯其膏」, 施未光也.

〈언해〉 九五(구오)는, 그 膏(고)ㅣ 屯(둔)홈이니 져기 貞(뎡)ᄒ면 吉(길)ᄒ고, 크게 貞(뎡)ᄒ면 凶(흉)ᄒ리라.[《本義》: 小(쇼)애는 貞(뎡)ᄒ면 吉(길)ᄒ고, 大(대)애는 貞(뎡)ᄒ여도 凶(흉)ᄒ리라]

☆象(샹)애 ᄀᆞᆯ오디 「屯其膏」는 施(시)ㅣ 光(광)티 몯홈이라.

〈해석〉 [九五](-): 혜택을 백성에게 널리 베풀기에는 어려움이 있으니, 조금만 베풀겠다고 바르게 하면 길하려니와, 크게 바르게 베풀고자 했다가는 도리어 흉하게 되리라.(작게 하는 것에는 곧게 하면 길하고, 크게 하는 것에는 곧게 해도 흉하리라)

☆象: "혜택이 베풀기에는 어렵다"함은, 베푸는 것이 아직 넓게 할 수 없다는 뜻이다.


【九五】 이는 제왕의 자리이며, 상배한 하괘 六二가 음효로, 둘 모두 位正當하며 이상적임. 따라서 자신의 뜻을 펼 수가 있으나 지나치게 의욕을 부리는 것은 도리어 화를 부를 수 있음을 경계함.

【屯其膏】 '屯'은 '囤'의 가차. 囤積함. 聚의 뜻. 혹 困屯함을 뜻함. '膏'는 기름. 肥肉, 恩德, 德澤의 뜻. 九五는 임금의 위치이므로 백성에게 혜택을 베풀어야 함에도 쌓아놓기만 함. 〈正義〉에 "屯其膏'者, '膏'謂膏澤·恩惠之類. 言九五旣居尊位當, 恢弘博施, 唯繫應在二, 而所施者褊狹, 是屯難其膏"라 하였고, 《集解》에 "虞翻曰:「坎雨稱膏. 《詩》云:『陰雨膏之.』是其義也.」"라 함.

【小貞吉, 大貞凶】貞辭(점사)에 그렇게 쌓아놓기만 하면 작은 일에는 길하나 큰 일을 함에는 흉하다 함. ○高亨은 "屯其膏者, 儲而不用, 積而不施, 如此爲小事則成, 爲大事則敗, 故曰「屯其膏, 小貞吉, 大貞凶」"이라 함. 王弼 注에 "處屯難之時, 居尊位之上, 不能恢弘博施, 无物不與, 拯濟微滯, 亨于羣小, 而繫應在二. 屯難其膏, 非能光其施者也. 固志同好不容他閒, 小貞之吉, 大貞之凶"이라 하였고, 孔穎達 〈正義〉에 "'小貞吉, 大貞凶'者, '貞', 正也. 出納之吝, 謂之有司, 是小正爲吉. 若大人不能恢弘博施, 是大正爲凶"이라 함.《集解》에 "崔憬曰:「得屯難之, 宜有膏澤之惠, 謂與四爲婚媾, 施雖未光, 小貞之道也. 故吉至於遠, 求嘉偶以行, 大正赴二之應, 冒難攸往, 固宜且凶, 故曰大貞正也, 貞凶也.」"라 함.《傳》에 "五居尊得正, 而當屯時, 若有剛明之賢爲之輔, 則能濟屯矣. 以其无臣也, 故屯其膏人君之尊, 雖屯難之世, 於其名位, 非有損也. 唯其施爲有所不行德澤, 有所不下, 是屯其膏, 人君之屯也. 旣膏澤有所不下, 是威權不在己也. 威權去己而欲驟正之求, 凶之道. 魯昭公·高貴鄕公之事, 是也. 故小貞, 則吉也. 小貞, 則漸正之也. 若盤庚·周宣, 修德用賢, 復先王之政, 諸侯復朝, 謂以道馴致爲之, 不暴也. 又非恬然, 不爲若唐之僖·昭也. 不爲, 則常屯以至於亡矣"라 하였고,《本義》에 "九五, 雖以陽剛中正居尊位, 然當屯之時, 陷於險中, 雖有六二正應, 而陰柔才弱, 不足以濟. 初九得民於下, 衆皆歸之. 九五坎體, 有膏潤而不得施, 爲屯其膏之象. 占者以處小事, 則守正, 猶可獲吉, 以處大事, 則雖正而不免於凶"이라 함.

☆【「屯其膏」, 施未光也】'施未光也'의 光'은 '廣'과 같음. 비록 임금의 위치이나 전체가 屯卦이므로 그 시혜를 널리 베풀 수 없음.《集解》에 "虞翻曰:「陽陷陰中, 故未光也.」"라 함.《傳》에 "膏澤不下及, 是以德施未能光大也. 人君之屯也"라 함.


上六: 乘馬班如, 泣血漣如.
☆象曰:「泣血漣如」, 何可長也?

〈언해〉上六(상륙)은, 馬(마)를 乘(승)하얏다가 班(반)ᄒᆞ야 泣血(읍혈)홈을 漣(련)히 ᄒᆞ놋다.[《本義》: 馬(마)를 乘(승)하야 班(반)ᄒᆞ야]
　　　　☆象(상)애 ᄀᆞᆯ오디「泣血漣如」ᄒᆞ거니 엇디 可(가)히 長(댱)ᄒᆞ리오?
〈해석〉[上六](--): 말을 탔으나 오도가도 못하니, 눈물과 피를 줄줄 흘리는 형상이다.
　　　　(말을 타고는 오도가도 못하여)
　　　　☆象: "눈물과 피가 줄줄 흐른다"하였으나, 어찌 가히 오래 갈 수 있겠는가?

【上六】준괘의 결말로 음효이며 가장 높은 자리에 있어, 전체의 어려움을 해결해야 할 임무를 지닌 위치임. 그러나 位正當하여 그 고통이 오래가지는 않을 것임을 상징함.

【乘馬班如】《集解》에 "虞翻曰:「乘五也. 坎爲馬, 震爲行, 艮爲止, 馬行而止, 故班如也.」"라 함.

【泣血漣如】눈물과 피. 눈물이 다하고 피가 날 정도로 슬퍼함. '漣如'는 漣然과 같음. 심하게 눈물을 흘림. 虞翻은 "三變時, 離(☲)爲目, 坎(☵)爲血. 震(☳)爲出, 血流出目, 故泣血漣如"라 함. ○高亨은 "'乘馬班如, 泣血漣如'者, 行盤旋而心悲悽之象, 未言吉凶, 而凶象在其辭中矣"라 함. 王弼 注에 "處險難之極, 下无應援, 進无所適. 雖比於五, 五屯其膏, 不與相得, 居不獲安, 行无所適, 窮困闉厄, 无所委仰, 故泣血漣如"라 하였고, 〈正義〉에 "處險難之極, 而下无應援. 若欲前進, 卽无所之適, 故'乘馬班如'; 窮困闉厄, 无所委仰, 故'泣血漣如'."이라 함. 《集解》에 "九家《易》曰:「上六乘陽, 故班如也. 下二四爻, 雖亦乘陽, 皆更得承五, 憂解難除. 今上无所復承, 憂難不解, 故泣血漣如也. 體坎爲血, 伏離爲目, 互艮爲手, 掩目流血泣之象也.」"라 함. 《傳》에 "六以陰柔居屯之終, 在險之極, 而无應援, 居則不安, 動无所之, 乘馬欲往復, 班如不進, 窮厄之甚, 至於泣血漣如, 屯之極也. 若陽剛而有助, 則屯旣極可濟矣"라 하였고, 《本義》에 "陰柔无應, 處屯之終, 進无所之憂懼而已. 故其象如此"라 함.

☆【「泣血漣如」, 何可長也】이 上六은 준괘의 가장 높은 자리이기는 하나 陰이므로 이제까지의 과정이 발전하여 난관이 극에 이른 것임. 다음 국면으로 넘어가기 전의 黑暗과 같으며, 출산 전의 진통과 같음. 그 때문에 고통의 눈물을 흘리는 것이지만, 그렇다고 고통이 오래가지는 않을 것임. 〈正義〉에 "〈象〉曰'何可長'者, 言窮困泣血, 何可久長也?"라 함. 《集解》에 "虞翻曰:「謂三變時, 離爲目, 坎爲血, 震爲出, 血流出目, 故泣血漣如. 柔乘於剛, 故不可長也.」"라 함. 《傳》에 "屯難窮極, 莫知所爲, 故至泣血顚沛如此, 其能長久乎? 夫卦者, 事也; 爻者, 事之時也. 分三而又兩之足, 以抱括衆理, 引而伸之. 觸類而長之天下之能, 事畢矣"라 함.

# 004 몽蒙

☷ 山水蒙: ▶坎下艮上(☵下☶上)

    *蒙(몽): 〈音義〉에 "蒙, 莫公反. 蒙也, 稚也"이라 하여 '몽(méng)'으로 읽음. '蒙'은 풀이 온통 덮여 아무것도 제대로 보이지 않음. 幼稚하여 아무것도 모름. 고대 矇, 朦, 濛(모두 同音) 등 모두 같은 의미의 語源을 가지고 있음. 蒙昧하고 幼稚함, 蒙茫 등을 뜻함. 하괘는 坎(水)이며 상괘는 艮(山)으로, 물이 이미 산 아래로 내려와 산에 막혀 있는 異卦相疊의 '山水' 卦體임. '蒙'은 齊나라 方言으로 '萌'이라고도 하며, 싹이 막 돋은 풀은 여리고 약하며, 다른 물체에 덮여 몽매함을 뜻함. 이에 따라 敎와 學을 통해 몽매함을 없애 敎化의 방향으로 나가는 의미를 비유하여, 고대 蒙學의 중요한 연원이 되기도 하였음. ○高亨은 "本卦蒙字皆借作矇, 以喩愚昧無知之人. 年幼而無知者, 謂之童蒙"이라 함.

    *《集解》에 〈序卦〉曰:「物生必蒙, 故受之以'蒙'. 蒙者, 蒙也; 物之穉也.」(崔憬曰:「萬物始生之後, 漸以長穉, 故言物生必蒙.」鄭玄曰:「蒙, 幼小之貌, 齊人謂萌爲蒙也.」)라 함.

    *《傳》에 "'蒙', 〈序卦〉:「屯者, 盈也. 屯者, 物之始生也. 物生必蒙, 故受之以〈蒙〉. 蒙者, 蒙也. 物之穉也.」屯者, 物之始生, 物始生穉小, 蒙昧未發. 蒙所以次〈屯〉也. 爲卦'艮上坎下'. 艮爲山爲止, 坎爲水爲險. 山下有險, 遇險而止, 莫知所之, 蒙之象也. 水必行之, 物始出, 未有所之, 故爲蒙. 及其進, 則爲亨義"라 함.

## (1) 卦辭

## 蒙: 亨. 匪我求童蒙, 童蒙求我. 初筮告, 再三瀆, 瀆則不告. 利貞.

〈언해〉蒙(몽)은 亨(형)ᄒ니, 내 童蒙(동몽)애 求(구)ᄒᄂᆫ 주리 아니라, 童蒙(동몽)이 내게 求(구)홈이니, 처ᅀᅡᆷ 筮(셔)ᄒ거든 告(곡)ᄒ고, 再三(ᄌᆡ삼)ᄒ면 瀆(독)ᄒ다라, 瀆(독)거든 告(곡)디 아닐 디니 貞(뎡)으로 홈이 利(리)ᄒ니라.

〈해석〉 몽(蒙, 몽괘)은 형통하다. 내가 몽매한 사람에게 가르침을 구하는 것이 아니요,
몽매한 사람이 나에게 가르침을 구하는 것이다. 처음 서점(筮占)을 칠 때에는
점괘의 내용을 일러 주지만, 두세 번 점을 쳐 달라면 점을 모독하는 것이다.
모독하면 일러주지 않는다. 치면 어지러워진다. 점을 쳐 달라고 한 것은 이로운
것이다.

【蒙】 '蒙'은 卦名이며, 몽매하다, '유치하다, 덮어 씌어 아무것도 모르다' 등의 뜻.
'蒙'은 矇과 같으며, 《說文》 "矇, 童矇也, 一曰不明也"라 함.
【亨】 卦 전체의 의미는 亨通함을 말함. 그러나 ○高亨은 "亨卽享字, 古人擧行享祀,
曾筮遇此卦, 故記之曰「亨」"이라 하여, '亨'은 '享'(祭祀)으로써 "점을 쳐서 이 몽괘를 얻
었다면 제사를 거행해도 되다"의 뜻으로 보았음. 그러나 〈正義〉에 "蒙者, 微昧闇弱之
名. 物皆蒙昧, 唯願亨通, 故云蒙亨"이라 하였고, 《集解》에 "虞翻曰:「艮三之二亨, 謂二震
剛柔接, 故亨蒙. 亨以通行時中也.」 ○干寶曰:「蒙者, 離宮陰也. 世在四八月之時, 降陽布
德, 薺麥並生, 而息來在寅, 故蒙於世爲八月於消息, 爲正月卦也. 正月之時, 陽氣上達, 故
屯爲物之始生, 蒙爲物之穉也. 施之於人, 則童蒙也. 苟得其運, 雖蒙必亨, 故曰蒙亨. 此蓋
以寄成王之遭周公也.」라 함.
【匪我求童蒙, 童蒙求我】 내가 어려 몽매한 자에게 요구하는 것이 아니라, 어려 몽매
한 자가 나에게 요구함. '匪'는 非와 같음. '我'는 啓蒙의 임무를 맡은 자. 筮人 자신을
말함. 九二爻를 가리킴. 九二는 下卦 가운데이며 陽爻. 그리고 中正의 위치이므로 이렇
게 말한 것임. '童蒙'은 어린아이. 몽매한 자. 筮占을 요구한 자를 가리킴. 구체적으로는
六五爻를 가리킴. 陰爻이면서 九二의 陽爻에게 요구함을 뜻함. ○高亨은 "我, 筮人自謂
也. '匪我求童蒙, 童蒙求我', 言有來筮而無往筮也"라 함. 《集解》에 "虞翻曰:「童蒙謂五艮
爲童蒙, 我謂二也. 震爲動起, 嫌求之五, 故曰匪我求童蒙. 五陰求陽, 故童蒙求我志應也.
艮爲求二, 體師象坎爲經, 謂禮有來學, 無往敎.」라 함. 〈正義〉에 "匪我求童蒙, 童蒙求我'
者, 物旣闇弱而意願亨通, 卽明者不求於闇, 卽匪我師德之高明, 往求童蒙之闇. 但闇者求
明, 明者不諮於闇, 故云'童蒙求我'也"라 함.
【初筮告】 '筮'는 蓍草로 치는 점. '告'은 '곡'으로 읽으며, 일러줌. 말해줌. 〈正義〉에
"'初筮告'者, 初者, 發始之辭; 筮者, 決疑之物. 童蒙旣來求我, 我當以初始一理剖決告之"
라 함.
【再三瀆, 瀆則不告】 '再三'은 두세 번. '瀆'은 '嬻', '黷'과 같은 뜻으로 《說文》에 "黷,
握持垢也"라 하였고, 《廣雅》에는 "黷, 狎也"라 함. 筮占을 모독하거나 너무 쉽게 여김.

蒙者가 筮占을 요구하여 일러주었으나 이를 믿지 못하고 두 번, 세 번 와서 다시 점을 쳐 줄 것을 요구함. 이는 점괘와 筮人을 모독하는 것임. 蒙卦와 屯卦는 상대적인 괘임. 이러한 경우를 綜卦, 覆卦, 往來卦, 反對卦라 함. 즉 屯卦는 震下坎上이며, 蒙卦는 坎下艮上으로 되어 있어, 屯卦에서 밑에 있던 艮(☶)이 蒙卦에서는 위로 옮겨져 있음을 말함. ○高亨은 "'初筮告, 再三瀆, 瀆則不告', 言求筮者初來求筮, 則爲之筮, 而告以休咎. 若不信初筮, 反覆多疑, 而再三求筮, 是狎辱筮人, 則不爲之筮也"라 함. 王弼 注에 "筮者, 決疑之物也. 童蒙之來求我, 欲決所惑也. 決之不一, 不知所從, 則復惑也. 故初筮則告, 再三則瀆, 瀆蒙也. 能爲初筮, 其唯二乎! 以剛處中, 能斷夫疑者也"라 하였고, 〈正義〉에 "再三瀆, 瀆則不告'者, 師若遲疑不定, 或再或三, 是褻瀆. 瀆則不告, 童蒙來問, 本爲決疑. 師若以廣深, 二義再三之言告之, 則童蒙聞之, 轉亦瀆亂, 故不如不告也. 自此以上, 解蒙亨之義, 順此上事, 乃得亨也. 故亨文在此事之上也"라 함. 《集解》에 "崔憬曰:「初筮謂六五, 求決於九二, 二則告之. 再三瀆, 謂三應於上四, 隔於二, 與二爲瀆, 故二不告也. 瀆, 古黷字也.」"라 함.

【利貞】占을 쳐 달라고 한 자가 이 蒙卦를 만난 것은 이로운 것임. ○高亨은 "利貞, 言利占也. 筮遇此卦, 擧事有利, 故曰利貞"이라 함. 王弼 注에 "蒙之所利, 乃利正也. 夫明莫若聖, 昧莫若蒙. 蒙以養正, 乃聖功. 然則養正, 以明失其道矣"라 하였고, 〈正義〉에 "不云'元'者, 謂時當蒙弱, 未有元也. '利貞'者, 貞, 正也. 言蒙之爲義, 利以義正, 故〈彖〉云'蒙以養正, 乃聖功'也. 若養正以明, 卽失其道也"라 함. 《集解》에 "虞翻曰:「二五失位, 利變之正, 故利貞. 蒙以養正聖功也.」"라 함. 《傳》에 "蒙有開發之理, 亨之義也. 卦才時中, 乃致亨之道. 六五爲蒙之主, 而九二發蒙者也. 我, 謂二也. 二非蒙主, 五旣順巽於二, 二乃發蒙者也. 故主二而言, 匪我求童蒙, 童蒙求我. 五居尊位, 有柔順之德, 而方在童蒙與二爲正應, 而中德. 又同能用二之道, 以發其蒙也. 二以剛中之德, 在下爲君, 所信嚮當以道, 自守待君, 至誠求己而後應之, 則能用其道, 匪我求於童蒙, 乃童蒙來求於我也. 筮, 占決也. 初筮告, 謂至誠一意以求己, 則告之. 再三, 則瀆慢矣. 故不告也. 發蒙之道, 利以貞正, 又二雖剛中, 然居陰, 故宜有戒"라 하였고, 《本義》에 "艮, 亦三畫卦之名. 一陽止於二陰之上, 故其德爲止, 其象爲山. 蒙, 昧也. 物生之初, 蒙昧未明也. 其卦以坎遇艮山, 下有險蒙之地也. 內險外止蒙之意也. 故其名爲蒙. 亨以下, 占辭也. 九二內卦之主, 以剛居中, 能發人之蒙者, 而與六五陰陽相應, 故遇此卦者, 有亨道也. 我, 二也. 童蒙幼穉而蒙昧, 謂五也. 筮者明, 則人當求我而其亨, 在人筮者暗, 則我當求人而亨. 在我人求我者, 當視其可否而應之. 我, 求人者, 當致其精一, 而扣之, 而明者之養蒙, 與蒙者之自養, 又皆利於以正也"라 함.

## (2) 彖辭와 象辭

彖曰: 蒙, 山下有險, 險而止, 蒙.

「蒙, 亨」, 以亨行時中也;「匪我求童蒙, 童蒙求我」, 志應也;

「初筮告」, 以剛中也;

「再三瀆, 瀆則不告」, 瀆蒙也. 蒙以養正, 聖功也.

★象曰: 山下出泉, 蒙. 君子以果行育德.

〈언해〉 彖(단)애 골오디 蒙(몽)은 山下(산하)애 險(험)이 잇고, 險(험)ᄒ고 止(지)홈이
　　　　蒙(몽)이라.
　　　　蒙(몽)이 亨(형)ᄒ욤은 亨(형)으로뼈 行(ᄒᆡᆼ)홈이 時(시)ᄒ고 中(듕)홈이오.[《本
　　　　義》: 亨(형)으로뼈 行(ᄒᆡᆼ)ᄒ야 時(시)의 中(듕)이오]
　　　　「匪我求童蒙, 童蒙求我」는 志(지)ㅣ 應(응)홈이오.
　　　　「初筮告」은 剛(강)ᄒ고 中(듕)홈으로뼈오, 「再三瀆, 瀆則不告」은 蒙(몽)을 瀆(독)
　　　　홀 시니, 蒙(몽)애 뼈 正(졍)을 養(양)홈이 聖(셩)홀 功(공)이라.
　　　　★象(상)애 골오디 山下(산하)에 泉(쳔)이 出(츌)홈이 蒙(몽)이니 君子(군ᄌ)ㅣ
　　　　以(이)ᄒ야 行(ᄒᆡᆼ)을 果(과)ᄒ며 德(덕)을 育(육)ᄒᄂ니라.

〈해석〉 彖: 몽괘는 산 아래에 험한 물이 있고, 험하여 나아가지 못하고 멈추어 있는
　　　　상태가 몽괘이다.
　　　　그럼에도 몽괘가 형통함은, 형통으로써 실행하여 때에 맞추기 때문이다.(형통
　　　　으로써 실행하여 때의 적중함이요.)
　　　　"내가 몽매한 사람에게 가르침을 요구하는 것이 아니요, 몽매한 사람이 나에게
　　　　가르침을 구한다"함은, 뜻이 응하기 때문이다.
　　　　"첫 점을 일러준다"함은, 강하고 가운데에 있기 때문이요, "두세 번 요구함은
　　　　모독함이요, 모독하면 일러주지 않는다"는 것은 몽괘를 모독하는 것이니, 몽괘
　　　　의 도리로써 바른 정도를 기르는 것이 성인의 길로 들어서는 공효(功效)이다.
　　　　★象: 산 아래 샘물이 솟아나는 것이 몽괘이니, 군자는 이를 근거로 하여 실행을
　　　　과감하게 하여 덕을 기른다.

【蒙, 山下有險, 險而止, 蒙】 '山'은 艮, '險'은 坎. 즉 蒙卦는 하괘는 坎(險)이며 상괘
는 艮(山)으로 艮 밑에 坎이 있음. 艮은 또한 止를 의미하여 險을 만나 中止하여 進退
를 결정하지 못함. 이 때문에 蒙昧한 것임. 王弼 注에 "退則困險, 進則閡山, 不知所適,
蒙之義也"라 하였고, 〈正義〉에 "'山下有險'者, 坎在艮下, 是山下有險. 艮爲止, 坎上遇
止, 是險而止也. 恐進退不可, 故蒙昧也. 此釋蒙卦之名"이라 함. 《集解》에 "侯果曰: 「艮
爲山, 坎爲險. 是山下有險, 險被山止, 止則未通. 蒙昧之象也.」"라 함. 《本義》에 "以卦象
卦德, 釋卦名. 有兩義"라 함.

【「蒙, 亨」, 以亨行時中也】 '時中'은 때의 마땅함에 맞음. 事物의 機會에 맞음. 王弼
注에 "時之所願, 惟願亨也. 以亨行之, 得時中也"라 하였고, 〈正義〉에 "蒙亨, 以亨行時
中'者, 疊蒙亨之義. 言居蒙之時, 人皆願亨. 若以亨道行之, 于時則得中也. 故云'時中'也"
라 함. 《集解》에 "荀爽曰: 「此本艮卦也.」 案: 「二進居三, 三降居二, 剛柔得中, 故能通.
發蒙時, 令得時中矣. 故曰蒙亨, 以亨行時中也.」"라 함.

【匪我求童蒙】《集解》에 "陸績曰: 「六五陰爻, 在蒙暗蒙, 又體艮少男, 故曰童蒙.」"이
라 함.

【「匪我求童蒙, 童蒙求我」, 志應也】 '志應'은 뜻이 서로 감응함. 王弼 注에 "我謂非童蒙
者也. 非童蒙者, 卽陽也. 凡不識者, 求問識者, 識者不求所告. 闇者求明, 明者不諮於闇.
故蒙之爲義, 匪我求童蒙, 童蒙求我也. 童蒙之來, 求我志應故也"라 하였고, 〈正義〉에 "匪
我求童蒙, 童蒙求我, 志應'者, 以童蒙闇昧之志, 而求應會明者, 故云志應也"라 함. 《集解》
에 "荀爽曰: 「二與五, 志相應也.」"라 함. 《傳》에 "山下有險, 內險不可處, 外止莫能進,
未知所爲, 故爲昏蒙之義. 蒙亨以亨, 行時中也. 蒙之能亨, 以亨道行也. 所謂亨道時中也.
'時', 謂得君之應; '中', 謂處得其中. 得中, 則(一有得字)時也. '匪我求童蒙, 童蒙求我', 志
應也. '二', 以(一无以字)剛明之賢, 處於下五, 以童蒙居上, 非是二求於五. 蓋五之志, 應于
二也. 賢者在下, 豈可自進以求於君? 苟自求之, 必无能信用之理. 古之人, 所以必待人君,
致敬盡禮而後, 往者, 非欲自爲尊大, 蓋其尊德樂道, 不如是·不足與有爲也"라 함.

【「初筮告」, 以剛中也】 '剛中'은 九二爻는 陽爻(剛)하면서 下卦의 가운데에 있어 득중
하였으므로 啓蒙의 임무를 맡고 있음. 이에 剛嚴하고 方直함. 王弼 注에 "謂二也. 二爲
衆陰之主也. 无剛決中, 何由得初筮之告乎?"라 함. 《集解》에 "崔憬曰: 「以二剛中, 能發
於蒙也.」"라 함.

【「再三瀆, 瀆則不告」, 瀆蒙也】 '瀆蒙'은 몽매함을 벗어나게 해 주려해도 그 순서를
冒瀆하고 있음. 〈正義〉에 "再三瀆, 瀆則不告, 瀆蒙'者, 所以再三不告, 恐瀆亂蒙者, 自
此以上. 〈彖辭〉總釋蒙亨之義"라 함. 《集解》에 "荀爽曰: 「再三, 謂三與四也. 皆乘陽不

敬, 故曰瀆. 瀆不能尊陽, 蒙氣不除, 故曰瀆蒙也.」라 함. 《傳》에 "初筮謂誠一, 而來求決
其蒙, 則當以剛中之道, 告而開發之. 再三, 煩數也. 來筮之意煩數, 不能誠一, 則瀆慢矣.
不當告也. 告之, 必不能信受, 徒爲煩瀆. 故曰瀆蒙也. 求者·告者, 皆煩瀆矣"라 함.

【蒙以養正, 聖功也】'養正'은 正道로 가도록 養育해줌. '聖功'은 聖人 敎化의 功德.
〈正義〉에 "'蒙以養正, 聖功也'者, 能以蒙昧隱默, 自養正道, 乃成至聖之功. 此一句釋經之
利貞"이라 함. 《集解》에 "虞翻曰:「體頤, 故養; 五多功聖謂二. 二志應五, 變得正而忘其
蒙, 故聖功也.」○"干寶曰:「武王之崩年九十三矣, 而成王八歲. 言天後成王之年, 將以養
公正之道, 而成三聖之功.」"이라 함. 《傳》에 "卦辭曰利貞, 彖復伸其義以明, 不止爲戒於
二, 實養蒙之道也. 未發之謂蒙, 以純一未發之蒙, 而養其正, 乃作聖之功也. 發而後禁,
則扞格, 而難勝養正於蒙學之至善也. 蒙之六爻, 二陽爲治蒙者, 四陰皆處蒙者也"라 하였
고, 《本義》에 "以卦體釋卦辭也. 九二以可亨之道, 發人之蒙, 而又得其時之中, 謂如下文
所指之事, 皆以亨行而當其可也. '志應'者, 二剛明五柔暗, 故二不求五, 而五求二, 其志自
相應. 以剛中者, 以剛而中, 故能告而有節也. 瀆筮者二三, 則問者固瀆而告者亦瀆矣.
蒙以養正, 乃作聖之功, 所以釋'利貞'之義也"라 함.

★【山下出泉, 蒙】상괘는 艮(山)이며 하괘는 坎(水, 泉)로 구성되어 있는 것이 蒙卦
임. 王弼 注에 "山下出泉, 未知所適, 蒙之象也"라 하였고, 〈正義〉에 "山下出泉, 未有所
適之處, 是險而止, 故蒙昧之象也"라 함. 《集解》에 "虞翻曰:「艮爲山, 震爲出坎. 泉流出,
故山下出泉.」"이라 함.

【君子以果行育德】'果'는 果敢함. 決斷力이 있음. 王弼 注에 "果行者, 初筮之義也; 育
德者, 養正之功也"라 하였고, 〈正義〉에 "'君子以果行育德'者, 君子當發此蒙道, 以果決
其行, 告示蒙者, 則初筮之義, 育德謂隱默懷藏, 不自彰顯以育養其德. '果行育德'者, 自相
違錯, 若童蒙來問, 則果行也. 尋常處衆, 則育德, 是不相須也"라 함. 《集解》에 "虞翻曰:
「君子爲二. 艮爲果, 震爲行. 育, 養也. 二至上有頤養象, 故以果行育德也.」"라 함. 《傳》
에 "山下出泉, 出而遇險, 未有所之, 蒙之象也. 若人蒙穉, 未知所適也. 君子觀蒙之象, 以
果行育德, 觀其出而未能通行, 則以果決其所行; 觀其始出而未有所向, 則以養育其明德
也"라 하였고, 《本義》에 "泉水之始出者, 必行而有漸也"라 함.

## (3) 爻辭와 象辭

初六: 發蒙, 利用刑人, 用說桎梏, 以往吝.
☆象曰:「利用刑人」, 以正法也.

〈언해〉初六(초륙)은, 蒙(몽)을 發(발)호디 뻐 人(인)을 刑(형)ᄒ야 뻐 桎梏(딜곡)을 說
(탈)홈이 利(리)ᄒ니 뻐 往(왕)ᄒ면 吝(린)ᄒ리라.[《本義》: 蒙(몽)을 發(발)롤 디
니 뻐 人(인)을 刑(형)ᄒ고]

☆象(상)애 골오디「利用刑人」은 뻐 法(법)을 正(정)홈이라.

〈해석〉[初六](--): 몽매함을 일깨워 주되, 백성들에게 형벌로서 하여 질곡에서 벗어나
게 함을 이롭게 여긴다. 그러나 형벌을 계속하여 급하게 나아갔다가는 도리어
재앙을 만남을 상징한다.

☆象: "사람에 형벌을 쓰는 것이 이롭다"함은, 그것으로 규율을 바로잡는다는
것이다.

【初六】몽괘의 첫 효이며 아래 坎卦의 첫 시작. 아울러 陰이므로 位不當함. 따라서
몽매함을 깨우치는 첫걸음이기는 하나 형벌을 계속하기 보다는 政法으로 해야 함을
상징함.

【發蒙】啓蒙. 가려진 것을 걷어줌. 혹 '發'은 '伐'로 보아 가려진 것을 쳐서 없애줌.
산 위의 초목을 베어 없애고 개간하듯 蒙을 墾發함. 〈正義〉에 "'發蒙'者, 以初近於九
二, 二以陽處中, 而明能照闇, 故初六以能發去其蒙也"라 함.

【利用刑人】'利用'은 '利於'와 같음. '用'은 於와 같음. 雙聲互訓. '刑人'은 백성들에게
형벌로써 啓導, 啓蒙함. 그러나 型人, 즉 모범이 되어 본받을 만한 교육자로 보기도
함. '利用刑人'은 '利於刑人'과 같음. 王弼 注에 "處蒙之初, 二照其上, 故蒙發也. 蒙發,
疑明, 刑說當也. 以往吝刑, 不可長也"라 함.

【用說桎梏】'說'은 '탈'로 읽으며 '脫', '挩'의 뜻. 벗겨줌. 陸德明 〈音義〉에 "說, 吐活反"
이라 함. 焦循은 "說, 讀如脫去之脫"이라 하였고, ○高亨은 "說, 借爲挩"이라 함. 《說文》
에 "挩, 解挩也"라 함. '桎梏'은 고랑. 형틀. 枷鎖. 차꼬. 구속. 《說文》에 "桎, 足械也;
梏, 手械也"라 하였고, 陸德明은 "在足曰桎, 在手曰梏"이라 함. ○高亨은 "目盲而復明,
是去黑暗之境, 而入光朗之域之象也. 刑人脫桎梏, 出囹圄似之. 故筮遇此爻, 利用刑人, 用
說桎梏"이라 함. 〈正義〉에 "'利用刑人, 用說桎梏'者, 蒙旣發去, 无所疑滯, 故利用刑戮于

人. 又利用說去罪人桎梏, 以蒙旣發去疑事, 顯明刑人說桎梏, 皆得當. 在足曰'桎', 在手曰'梏'. 《小爾雅》云:「杻謂之梏, 械謂之桎.」"이라 함.

【以往吝】'吝'은 災難, 殃禍. 이는 蒙卦의 첫 爻로서 처음 계몽을 시작하는 것이므로 급하게 성과를 요구해서는 안 됨. 그 때문에 '往'만 위주로 하면 재앙을 만나게 됨을 뜻함. ○高亨은 "又矇者不能見路, 發蒙雖能見路, 而不知路, 以其無經驗也. 故又曰「以往吝」"이라 함. 〈正義〉에 "'以往吝'者, 若以正道而往, 卽其事益善矣. 若以刑人之道出往行之, 卽有鄙吝"이라 하였고, 《集解》에 "虞翻曰:「發蒙之正, 初爲蒙始而失其位. 發蒙之正以成兌, 兌爲刑人, 坤爲用, 故曰利用刑人矣. 坎爲穿木, 震足艮手, 互與坎連, 故稱桎梏. 初發成兌, 兌爲說. 坎象毁壞, 故曰用說. 桎梏之應歷險, 故以往吝. 吝, 小疵也.」"라 함. 《傳》에 "初以陰暗居下, 下民之蒙(一作象)也. 爻言發之之道, 發下民之蒙, 當明刑禁以示之, 使之知畏, 然後從而敎導之. 自古聖王爲治, 設刑罰以齊其衆, 明敎化以善其俗. 刑罰立而後敎化行, 雖聖人尙德而不尙刑, 未嘗偏廢也. 故爲政之始, 立法居先治蒙之初, 威之以刑者, 所以說去其昏蒙之桎梏. 桎梏, 謂拘束也. 不去其昏蒙之桎梏, 則善敎无由而入. 旣以刑禁率之, 雖使心未能喩, 亦當畏威以從, 不敢肆其昏蒙之欲, 然後漸能知善道, 而革其(一无其字)非心, 則可以移風易俗矣. 苟專用刑以爲治, 則蒙雖畏而終不能發. 苟免而无恥, 治化不可得而成矣. 故以往則可吝"이라 하였고, 《本義》에 "以陰居下, 蒙之甚也. 占者遇此, 當發其蒙, 然發之之道, 當痛懲而暫舍之, 以觀其後, 若遂往而不舍, 則致羞吝矣. 戒占者, 當如是也"라 함.

☆【「利用刑人」, 以正法也】'正法'은 正道. 바른 법칙. 王弼 注에 "刑人之道, 道所惡也; 以正法制, 故刑人也"라 하였고, 〈正義〉에 "〈象〉曰'利用刑人, 以正法'者, 且刑人之道, 乃賊害於物, 是道之所惡, 以利用刑人者, 以正其法制, 不可不刑矣. 故刑罰不可不施於國, 鞭扑不可不施於家. 案此經'刑人''說人'二事, 象直云'利用刑人'一者, 但擧刑重故也"라 함. 《集解》에 "虞翻曰:「坎爲法, 初發之正, 故正法也.」○干寶曰:「初六戊寅平明之時, 天光始照, 故曰發蒙. 此成王始覺周公至誠之象也. 坎爲法律, 寅爲貞廉, 以貞用刑, 故利用刑人矣. 此成王將正四國之象也. 說, 解也. 正四國之罪, 宜釋周公之黨, 故曰用說桎梏. 旣感〈金縢〉之文, 追恨昭德之晚, 故曰以往吝. 初二失位, 吝之由也.」"라 함. 《傳》에 "治蒙之始, 立其防限, 明其罪, 討正其法也. 使之由之, 漸至於化也. 或疑發蒙之初, 遽用刑人, 无乃不敎而誅乎? 不知立法制刑, 乃所以敎也. 蓋後之論刑者, 不復知敎化, 在其中矣"라 하였고, 《本義》에 "發蒙之初, 法不可不正懲戒, 所以正法也"라 함.

九二: 包蒙, 吉; 納婦, 吉. 子克家.
☆象曰:「子克家」, 剛柔節也.

〈언해〉 九二(구이)는, 蒙(몽)을 包(포)ᄒᆞ면 吉(길)ᄒᆞ고, 婦(부)를 納(납)홈이니 吉(길)ᄒᆞ고, 子(ᄌᆞ)ㅣ 家(가)을 克(극)홈이로다.[《本義》: 蒙(몽)을 包(포)홈이니 吉(길)ᄒᆞ고 婦(부)를 納(납)홈이니 吉(길)ᄒᆞ고 子(ᄌᆞ)ㅣ 家(가)를 克(극)홈이니라]
　　☆象(샹)애 ᄀᆞᆯ오디「子克家」는 剛(강)과 柔(유)이 接(접)홈이라.

〈해석〉 [九二](一): 몽매한 이들을 포용하면 길하며, 며느리를 맞아들이는 형상이 길하고, 아들이 집안을 이룸을 상징한다.(몽매한 이들을 포용함이니 길하고, 며느리를 맞아들이는 것이니 길하고, 아들이 집안을 이룸이니라.)
　　☆象: "아들이 집을 이룬다"함은, 강(剛)한 것과 유(柔)한 것이 접한다는 것이다.

　　【九二】아래 감괘의 두 번째이며 양효로써 역시 位不當함. 그러나 六五가 陰이어서 陰陽 正應을 이루었으나 거꾸로 되어 있어 며느리를 맞아들여 집안을 이루어야 함을 상징함.

　　【包蒙, 吉】몽매한 자를 널리 포용함으로써 吉함. '包'는 含容함. 혹 싸서 꼼짝하지 못하도록 함. 이는 九二는 陽爻(剛)로써 중앙에 위치하였으나 初六, 六三, 六四, 六五 등 陰爻에 포위되어, 마치 교사가 학생에게 둘러싸여 있는 형상과 같음을 말한 것. 그러나 여기서의 '吉'자는 衍文. ○高亨은 "蒙下吉字, 疑涉'納婦吉'句而衍. 蓋包蒙之吉在納婦, 不在它事也"라 함. 〈正義〉에 "'包', 謂包含. 九二以剛居中, 童蒙悉來歸己. 九二能含容而不距, 皆與之決疑, 故得吉也. 九二以剛居中, 陰來應之"라 함.

　　【納婦, 吉】며느리로 맞이함이 길함. '婦'는 《爾雅》에 "子之妻爲婦"라 함. 九二(陽)과 上六(陰)의 男女相應을 뜻함. ○高亨은 "納婦者, 爲子娶妻也"라 함 〈正義〉에 "'婦', 謂配也. 故納此匹配而得吉也"라 함.

　　【子克家】아들이 가정을 이룸. 成家와 같음. '克'은 成의 뜻. 혹 능히 집안일을 처리할 수 있음을 의미함. ○高亨은 앞의 '包'를 '庖'(廚事)로 보아, "子克家, 謂子有室也. 庖人矇則廚事廢, 爲子娶妻, 則中饋有主, 子亦有室, 故曰「包蒙, 納婦吉, 子克家」"라 함. 王弼 注에 "以剛居中, 童蒙所歸. 包而不距, 則遠近咸至. 故曰包蒙吉也. 婦者, 配己而成德者也. 體陽而能包蒙, 以剛而能居中, 以此納配物莫不應, 故納婦吉也. 處于卦內, 以剛接柔親而得中, 能幹其任, 施之於子, 克家之義"라 하였고, 〈正義〉에 "此爻在下體之中, 能包蒙納婦, 任內理中, 幹了其任, 卽是子孫能克荷家事, 故云'子克家'也"라 함. 《傳》에 "包, 含容也. 二居蒙

之世, 有剛明之才, 而與六五之君, 相應中德, 又同當時之任者也. 必廣其含容哀矜昏愚, 則能發天下之蒙, 成治蒙之功. 其道廣其施博如是, 則吉也. 卦唯二陽爻, 上九剛而過, 唯九二有剛中之德, 而應於五, 用於時, 而獨明者也. 苟恃其明, 專於自任, 則其德不弘, 故雖婦人之柔闇, 尚當納其所善, 則其明廣矣. 又以諸爻皆陰, 故云婦. 堯舜之聖, 天下所莫及也. 尚曰淸問下民, 取人爲善也. 二能包納, 則克濟其君之事, 猶子能治其家也. 五旣陰柔, 故發蒙之功, 皆在於二, 以家言之. 五, 父也; 二, 子也. 二能主蒙之功, 乃人子克治其家也"라 하였고, 《本義》에 "九二以陽剛, 爲內卦之主. 統治羣陰, 當發蒙之任也. 然所治旣廣, 物性不齊, 不可一槩取, 必而爻之德, 剛而不過爲能, 有所包容之象. 又以陽受陰爲納婦之象, 又居下位而能任上事, 爲子克家之象. 故占者, 有其德而當其事, 則如是而吉也"라 함.

☆【「子克家」, 剛柔節也】剛(陽, 男)과 柔(陰, 女)가 接應함. 〈十三經〉에는 '剛柔節'로 되어 있으며, 《傳》과 《本義》에는 '接'으로 되어 있음. '節'과 같은 뜻임. 男女相配가 適切함을 뜻함. 〈正義〉에 "〈象〉曰'子克家, 剛柔接', 者以陽居於卦內, 接待羣陰, 是剛柔相接, 故克幹家事也. 親而得中者, 言九二居下卦之中央, 上下俱陰, 以己之剛陽, 迎接上下二陰, 陰陽相親, 故云親而得中也. 能幹其任者, 旣能包蒙, 又能納匹, 是能幹其任"이라 함. 《集解》에 "虞翻曰:「坤爲包應五, 據初一與三四, 同體包養四陰, 故包蒙吉. 震剛爲夫, 伏巽爲婦, 二以剛接柔, 故納婦吉. 二稱家震, 長子主器者, 納婦成初, 故有子克家也.」"라 함. 《傳》에 "子而克治其家者, 父之信任專也. 二能主蒙之功者, 五之信任專也. 二與五, 剛柔之情相接, 故得行其剛中之道, 成發蒙之功. 苟非上下之情相接, 則二雖剛中, 安能尸其事乎?"라 하였고, 《本義》에 "指二五之應"이라 함.


六三: 勿用取女, 見金夫, 不有躬, 无攸利.
☆象曰:「勿用取女」, 行不順也.

〈언해〉 六三(륙삼)은, 써 女(녀)를 取(취)티 말올 디니, 金夫(금부)를 見(견)ᄒ고, 躬(궁)을 두디 몯ᄒ니 利(리)ᄒ 배 업스니라.
　　☆象(샹)애 굴오디 「勿用取女」는 行(ᄒᆡᆼ)이 順(슌)티 아니 홈이라.[《本義》: 行(ᄒᆡᆼ)을 愼(신)티 아니 홈이라]
〈해석〉 [六三](--): 여자에게 장가들지 말라. 여자가 돈 많은 사나이를 보고 따라가니, 사내는 몸을 제대로 지니지 못할 것이므로 이로운 바가 없으리라.
　　☆象: "여자에게 장가들지 말라"함은, 그의 행동이 남자에게 순종치 아니 하기

때문이다.(행동을 삼가지 않기 때문이다.)

【六三】이는 하괘 坎의 가장 윗자리이며 상괘 艮과 연결되는 자리로 음효이므로 女에 해당하며 位不當함. 上九(陽)와는 正應을 이루어 강제로 구혼하여 奪婚의 지경에 이를 것임을 상징함.

【勿用取女】'取'는 '娶'와 같은 뜻으로 보아 아내를 맞음. 이는 계몽을 담당한 자로써 한 말임. '女'는 六三을 가리킴. 六三은 上九와 배합되는 효로써, 九二의 陽剛을 凌剛하고 있어 정당하지 못함. 따라서 金夫(上九)가 스스로 와서 짝을 찾는 것이므로 이롭지 못한 상임. 급하게 혼인을 요구하거나 강제로 할 수 없음을 뜻함. 한편《說文》에 "取, 捕取也"라 하여 奪婚을 의미함. 즉 女子를 강제로 奪取하여 혼인함을 뜻하는 것으로도 봄. 〈正義〉에 "'勿用取女'者, 女謂六三. 言勿用取此六三之女, 所以不須取者, 此童蒙之世, 陰求於陽, 是女求男之時也"라 함.

【見金夫】'金夫'는 돈이 많은 사내. 혹 剛健한 남자. 上九의 陽爻를 가리킴. 〈正義〉에 "'見金夫'者, 謂上九以其剛陽, 故稱'金夫'."라 함. 그러나 혹 武器를 가진 남자. 武夫. '金'은 무기를 뜻한다고도 함. 그러나 ○高亨은 '金'은 廬金이라 하였고, '夫'는 아래로 이어져 '夫不有躬'이라 하였음. 즉 '여자를 취하면서 재산은 늘어나지만 목숨을 잃게 된다'의 뜻이라 하였음.

【不有躬, 无攸利】'躬'은 자신. 자신이 지켜야 할 예절. 그러나 '躬'은 몸, 즉 생명을 뜻한다고도 함. 억지로 혼인을 성사시켰다가는 金夫가 생명을 잃음. 결혼할 수 없음. 그 때문에 이로울 바가 없음. ○高亨은 "'夫不有躬', 謂女之夫將喪其身也. 筮遇此爻, 不可娶女; 娶女則但見廬金, 而女之夫將有喪身之禍, 无所利. 故曰「勿用取女, 見金, 夫不有躬, 无攸利」"라 함. 그러나 "見金夫, 不有躬, 无攸利"에 대해 聞一多는 "疑夫當爲矢, 躬當爲弓, 并字之誤也. 金矢卽銅矢, 謂銅鏃之矢. 不有弓, 卽无有弓. 有矢无弓, 不能射, 故占曰「无攸利」"라 하여, "見金, 夫不攸躬, 无攸利"로 띄어야 하며, 夫는 矢, 躬은 弓이어야 한다고 하였음. 金矢는 銅矢(구리 화살촉), 弓은 활. 따라서 '구리화살촉은 있으나 활이 없어 쏠 수가 없다'의 뜻이므로 그 때문에 '无攸利'라 하였음. 王弼 注에 "童蒙之時, 陰求於陽, 晦求於明, 各求發其昧者也. 六三在下卦之上, 上九在上卦之上, 男女之義也. 上不求三而三求上, 女先求男者也. 女之爲體, 正行以待命者也. 見剛夫而求之, 故曰不有躬也. 施之於女行, 在不順, 故勿用取女, 而无攸利"라 하였고, 〈正義〉에 "此六三之女, 自徃求見金夫, 女之爲體, 正行以待命而嫁. 今先求於夫, 是爲女不能自保其躬固守貞信, 乃非禮而動, 行旣不順, 若欲取之无所利益, 故云'不有躬, 无攸利'也"라 함.《集解》에

"虞翻曰:「謂三誠上也. 金夫, 謂二初發成兌, 故三稱女. 兌爲見陽稱金, 震爲夫. 三逆乘, 二陽所行不順, 爲二所淫上, 來之三陟陰, 故曰勿用娶女, 見金夫矣. 坤身稱躬, 三爲二所乘, 兌澤動下, 不得之應, 故不有躬失, 位多凶, 故无攸利也.」라 함.

　　☆【"勿用取女", 行不順也】六三은 陰爻(柔), 九二는 陽爻(剛). 그런데 六三이 九二의 위에 있어 柔(女)가 剛(남)을 타고 있어 여자가 남자에게 순종하지 않고 凌蔑함을 상징함. 〈正義〉에 "〈象〉曰'行不順'者, 釋勿用取女之義. 所以'勿用取此女'者, 以女行不順故也"라 함. 그러나 朱熹는 墨子(墨翟)의 인용을 근거로 '順'은 '愼'으로 보아야한다고 하였음. 《集解》에 "虞翻曰:「失位乘剛, 故行不順也.」"라 함. 《傳》에 "女之如此, 其行邪僻不順, 不可取也"라 하였고, 《本義》에 "'順', 當作'愼', 蓋'順'·'愼', 古字通用. 荀子'順', 墨作'愼', 墨且行不愼. 於經意尤親切, 今當從之"라 함.


# 六四: 困蒙, 吝.
# ☆象曰:「困蒙之吝」, 獨遠實也.

〈언해〉 六四(륙사)는, 蒙(몽)애 困(곤)홈이니 吝(린)토다.
　　☆象(샹)애 굴오디 「困蒙(곤몽)의 吝(린)」홈은 홀로 實(실)애 遠(완)홈이라.
〈해석〉 [六四](--): 몽매함으로써 곤액을 당하니, 고통스럽도다.
　　☆象: "몽매함으로 곤액을 당하는 고통"이란 홀로 實(陽爻)와 멀리 떨어져 있음을 말한다.


　【六四】상괘 간의 시작으로 음효이며 位正當하나 상하가 모두 같은 음효에 갇혀 곤핍한 상황임.
　【困蒙, 吝】몽매함으로 인해 곤액을 당하며 그 때문에 吝함. 그러나 '伐蒙하느라 고생을 하다'의 뜻으로도 봄. 즉 몽매함을 벗어나고자 고통스러워함. 六四(陰爻)는 상괘의 첫 시작이며, 게다가 상하 모두 陰爻에 막혀 있어, 擊蒙의 담당자(九二)와도 먼 거리에 있음. ○高亨은 "蒙借爲矇. 愚昧無知之人處困窘之境, 謂之困矇. 若此者舉措艱難, 故曰「困蒙, 吝」"이라 함. 王弼 注에 "獨遠於陽, 處兩陰之中, 闇莫之發, 故曰困蒙也. 困於蒙昧, 不能比賢以發其志, 亦以鄙矣. 故曰吝也"라 하였고, 〈正義〉에 "此釋六四爻辭也. 六四在兩陰之中, 去九二旣遠, 无人發去其童蒙, 故曰困于蒙昧, 而有鄙吝"이라 함. 《傳》에 "四以陰柔而蒙闇, 无剛明之親援, 无由自發其蒙, 困於昏蒙者也. 其可吝甚矣. 吝不足也, 謂可少

也"라 하였고, 《本義》에 "遠於陽, 又无正應, 爲困於蒙之象. 占者如是, 可羞吝也. 能求剛明之德, 而親近之, 則可免矣"라 함.

☆【「困蒙之吝」, 獨遠實也】'遠實'은 陽爻와 멀리 떨어져 있음. '實'은 陽, 虛는 陰을 뜻하며 實(九二)와 正應을 이루면서도 그와는 먼 거리에 있음. 王弼 注에 "陽, 稱實也"라 하였고, 〈正義〉에 "〈象〉曰'獨遠實'者, 實謂九二之陽也. 九二以陽, 故稱實也. 六三近九二, 六五近上九, 又應九二, 唯此六四, 旣不近二, 又不近上, 故云'獨遠實'也"라 함. 《集解》에 "王弼曰:「陽, 稱實也. 獨遠於陽, 處兩陰之中, 闇莫之發, 故曰困蒙也. 困於蒙昧, 不能比賢以發其志, 亦鄙矣. 故曰吝.」"이라 함. 《傳》에 "蒙之時, 陽剛爲發蒙者, 四陰柔而最遠於剛, 乃愚蒙之人, 而不比近賢者, 无由得明矣. 故困於蒙, 可羞吝者, 以其獨遠於賢明之人也. 不能親賢以致困, 可吝之甚也. 實, 謂陽剛也"라 하였고, 《本義》에 "實, 叶韻, 去聲"라 함. '遠'을 〈諺解〉에는 '완'으로 읽었음.


# 六五: 童蒙, 吉.
## ☆象曰:「童蒙之吉」, 順以巽也.

〈언해〉 六五(륙오)는, 童蒙(동몽)이니 吉(길)ᄒ니라.
　　☆象(상)애 ᄀᆞᆯ오디「童蒙(동몽)의 吉(길)」홈은 順(슌)ᄒ고 써 巽(손)홀 시라.
〈해석〉 [六五](--): 어린아이의 몽매함이니 길하다.
　　☆象: "어린아이 몽매함의 길함"이란 유순하고 이로써 공손하기 때문이다.


【六五】이는 원래 제왕의 자리이나 음효로써 位不當함. 그러나 하괘 삼의 구이(양)와 상배를 이루고 있어 그에게 맡긴 채, 자신의 총명을 드러내지 않으면서 동몽의 순진함을 지키고 있음으로 해서 그나마 길한 것임.

【童蒙, 吉】아이이기 때문에 몽매한 것이니 吉함. 여기서의 '蒙'은 天眞無垢한 赤子와 같음. ○高亨은 "童蒙爲大人所愛護, 故曰「童蒙, 吉」. 人果能比德童蒙, 於物無忤, 則物不害之, 故曰「童蒙, 吉」"이라 함. 그러나 '몽을 쳐서 없앰'의 뜻으로도 봄. '童'은 '撞'의 뜻. 動詞. 撞擊함. 쳐서 없앰. 王弼 注에 "以夫陰質居於尊位, 不自任察, 而委於二, 付物以能, 不勞聰明, 功斯克矣. 故曰'童蒙吉'."이라 하였고, 〈正義〉에 "言六五以陰居於尊位, 其應在二. 二剛而得中, 五則以事委任於二, 不勞己之聰明, 猶若童稚蒙昧之人, 故所以得吉也"라 함. 《集解》에 "虞翻曰:「艮爲童蒙, 處貴承上, 有應於二, 動而成巽, 故吉也.」"라

함. 《傳》에 "五以柔順居君位, 下應於二. 以柔中之德, 任剛明之才, 足以治天下之蒙, 故吉也. 童取未發而資於人也. 爲人君者, 苟能至誠任賢, 以成其功, 何異乎出於己也?"라 하였고, 《本義》에 "柔中居尊, 下應九二, 純一未發以聽於人, 故其象爲童蒙, 而其占爲如是, 則吉也"라 함.

☆【「童蒙之吉」, 順以巽也】'順以巽'은 겸손함을 가지고 순종함. 이 효는 上卦의 가운데 있으면서 陰爻이며, 바로 위의 上九는 陽爻이므로 帝位(君位)의 좋은 위치이기는 하나 謙讓을 다해 順從해야함을 뜻함. 王弼 注에 "委物以能, 不先不爲, 順以巽也"라 하였고, 〈正義〉에 "〈象〉曰'順以巽'者, 釋童蒙之吉. '巽', 亦順也. 猶委物於二. 順謂心順, 巽謂貌順, 故褚氏云:「順者, 心不違也; 巽者, 外迹相卑下也.」"라 함. '巽'은 遜(愻)의 가차. 朱駿聲 《說文通訓定聲》에 "巽, 叚借爲愻"이라 함. 〈雜卦傳〉에는 "巽, 伏也"라 함. 《集解》에 "荀爽曰:「順於上, 巽於二, 有似成王任用周召也.」"라 함. 《傳》에 "舍己從人, 順從也. 降志下求, 卑巽也. 能如是優於天下矣"라 함.


# 上九: 擊蒙, 不利爲寇, 利禦寇.
## ☆象曰:「利用禦寇」, 上下順也.

〈언해〉上九(샹구)는, 蒙(몽)을 擊(격)홀 디니, 寇(구) 되옴이 利(리)니 아니 ᄒ고, 寇(구)를 禦(어)홈이 利(리)ᄒ니라.[《本義》: 蒙(몽)을 擊(격)홈이니]

　　☆象(샹)애 ᄀᆞᆯ오디 "써 寇(구)를 禦(어)홈이 利(리)홈"은 上下(샹하)ㅣ 順(슌)홈이라.

〈해석〉[上九](一): 몽매함을 쳐서 일깨워 주어야 하니(몽을 쳐 없애는 것이니), 몽매함을 원수로 여기면 이로울 것이 없고, 원수로 여김을 막는 것이 이로우니라.

　　☆象: "원수로 여김을 막아내는 것이 이롭다"함은, 위아래가 모두 순종함을 뜻한다.


【上九】 전체 괘의 가장 위에 있는 양효이며 位正當함. 따라서 전체 몽매함을 제거해주어야 할 임무를 지니고 있음. 그러면서 아래 많은 음효의 방해를 원수로 여김을 막아내어야 함.

【擊蒙】 發蒙, 撞蒙, 伐蒙, 啓蒙과 같음. 蒙을 쳐서 없앰. ○高亨은 "蒙借爲矇, 攻擊愚昧無知之人, 謂之擊蒙"이라 하여 강한 자가 약한 矇人을 공격하는 뜻으로 보았음.

【不利爲寇】 이 효는 가장 높은 위치에 있으면서 동시에 陽爻임. 蒙의 상황을 타파하는 자리이나 지나치게 暴烈하여 그 때문에 '寇'(暴烈함, 極烈함)라 한 것임. '寇'는

侵略性을 띤 攻擊을 뜻함. 한편 ○高亨은 "矇者未犯我, 而我擊之, 是雖有必勝之勢, 而大背人道, 天下所共嫉"이라 함.

【利禦寇】啓蒙의 방식이 暴烈하거나 克烈해서는 안 됨. 그래야 有利함. ○高亨은 "蒙借爲矇. 攻擊愚昧無知之人, 謂之擊矇. 矇者不犯我, 而我擊之, 是雖有必勝之勢, 而大背人道, 天下所共嫉. 矇者先犯我, 而我擊之, 是旣有必勝之勢, 且不背人道, 天下所共許. 故曰「擊蒙, 利禦寇, 不利爲寇」"라 함. 王弼 注에 "處蒙之終, 以剛居上, 能擊去童蒙, 以發其昧者也. 故曰擊蒙也. 童蒙願發而已. 能擊去之, 合上下之願, 故莫不順也. 爲之扞禦, 則物咸附之, 若欲取之, 則物咸叛矣. 故不利爲寇, 利禦寇也"라 하였고, 〈正義〉에 "處蒙之終, 以剛居上, 能擊去衆陰之蒙, 合上下之願, 故莫不順從也. 若因物之來, 卽欲取之而爲寇害物, 皆叛矣. 故'不利爲寇'也. 若物從外來爲之扞禦, 則物咸附之, 故'利用禦寇'也"라 함. 《集解》에 "虞翻曰:「體艮爲手, 故擊謂五. 已變上動, 成坎稱寇, 而逆乘陽, 故不利爲寇矣. 禦, 止也. 此寇謂二坎爲寇, 巽爲高. 艮爲山, 登山備下, 順有師象, 故利禦寇也.」"라 함. 《傳》에 "九居蒙之終, 是當蒙極之時人之愚, 蒙旣極, 如苗民之不率爲寇爲亂者. 當擊伐之, 然九居上剛, 極而不中, 故戒不利爲寇. 治人之蒙, 乃禦寇也. 肆爲剛暴, 乃爲寇也. 若舜之征有苗, 周公之誅三監, 禦寇也. 秦皇·漢武, 窮兵誅伐, 爲寇也"라 하였고, 《本義》에 "以剛居上, 治蒙過剛, 故爲擊蒙之象. 然取必太過, 攻治太深, 則必反爲之害. 惟扞其外, 誘以全其眞純, 則雖過於嚴密, 乃爲得宜, 故戒. 占者如此, 凡事皆然, 不止爲誨人也"라 함.

☆【「利用禦寇」, 上下順也】 '上'은 蒙을 없애주려는 자, '下'는 蒙에서 벗어나려는 자. 지도자와 서민. 따라서 전체 卦의 입장에서 모두 順從해야 목적을 달성할 수 있음을 비유함. 〈正義〉에 "〈象〉曰'利用禦寇, 上下順'者, 所宜利爲物禦寇者, 由上下順從故也. 言此爻旣能發去衆蒙, 以合上下之願, 又能爲之禦寇, 故上下彌更順從也"라 하였고, ○高亨은 "上自大臣, 下至庶民, 皆順從而支持之, 必能勝利也"라 함. 《集解》에 "虞翻曰:「自上禦下, 故順也.」"라 함. 《傳》에 "利用禦寇, 上下皆得其順也. 上不爲過暴, 下得擊去, 其蒙禦寇之義也"라 하였고, 《本義》에 "禦寇以剛, 上下皆得其道"라 함.

# 005 수需

䷄ 水天需: ▶乾下坎上(☰下☵上)

*需(수): 〈音義〉에 "需, 音須"라 하여 '수(xū)'로 읽음. '需'는 '기다리다'(須)의 뜻으로 同音互訓. ○高亨은 "本卦'需'字, 皆駐止之義"라 함. 하괘는 乾(天)이며 상괘는 坎(水, 雲)으로, 하늘 위에 구름이 있는 異卦相疊의 '水天' 卦體임. 따라서 곧 비가 내리려는 상황으로 기다림을 뜻함. 모든 사물의 변화와 발전에는 반드시 과정이 있어, 이에 인내심을 가지고 기회를 기다려야 함을 상징함. 이 괘는 다음의 訟卦와 上下 小成卦가 바뀌어 있음.

*《集解》에 "〈序卦〉曰:「物穉不可不養也. 故受之以'需'. 需者, 飲食之道也.」(干寶曰: 「'需', 坤之遊魂也. 雲升在天, 而雨未降, 翺翔東西, 須之象也. 王事未至飲宴之日也夫. 坤者, 地也. 婦人之職也. 百穀果蓏之所生, 禽獸魚鼈之所託也, 而在遊魂變化之象, 卽烹爨腥實, 以爲和味者也. 故曰'需者, 飲食之道也'.」)"라 함.

*《傳》에 "'需', 〈序卦〉:「蒙者, 蒙也. 物之穉也. 物穉不可不養也. 故受之以〈需〉. 需者, 飲食之道也.」夫物之幼穉, 必待養而成. 養物之所需者, 飲食也. 故曰'需者, 飲食之道也.' 雲上於天, 有蒸潤之象. 飲食, 所以潤益於物, 故需爲飲食之道, 所以次蒙也. 卦之大意, 須待之義. 〈序卦〉取所須之大者耳. 乾, 健之性必進者也. 乃處坎險之下, 險爲之阻, 故須待而後進也"라 함.

## (1) 卦辭

### 需: 有孚, 光亨, 貞吉, 利涉大川.

〈언해〉需(슈)는 孚(부)ㅣ 이셔 光(광)ᄒᆞ야 亨(형)ᄒᆞ고, 貞(뎡)ᄒᆞ야 吉(길)ᄒᆞ니, 大川(대천)을 涉(셥)홈이 利(리)ᄒᆞ니라.[《本義》: 需(슈)ㅣ 孚(부)ㅣ 이시면 光亨(광형)ᄒᆞ고 貞(뎡)ᄒᆞ면 吉(길)ᄒᆞ야]

〈해석〉수(需, 수괘)는 성실하게 믿고 기다리면 크게 형통할 것이니, 이 괘는 길하여 큰 냇물을 건너기에 이롭다.(수괘는 믿음이 있으면 크게 형통하고 곧게 지키면 길하여.)

　【需】 卦名이며, '須'와 同音互訓. '須'는 待의 뜻. '기다리다'의 의미.

　【有孚】 '孚'는 '俘'의 本字. 信, 誠信, 誠實, 敬虔至誠함을 뜻함. 혹 '有孚'는 '俘虜를 잡다'의 뜻으로도 쓰임. 그러나 ○高亨은 이 구절을 '有孚光'으로 끊고 "孚, 卽俘字. 卽以孚爲俘也. 古人認爲此乃光榮之事, 故曰「有孚光」"이라 하여, 고대인은 '많은 포로를 잡아오면 매우 영광스럽게 여겨 이 때문에 光이라 한 것'이라 하였음. 〈正義〉에 "此需卦繇辭也. 需者, 待也. 物初蒙稚, 待養而成. 无信卽不立, 所待唯信也. 故云'需, 有孚'. 言需之爲體, 唯有信也"라 함.

　【光亨】 '光'은 '廣'의 借字. 혹 原義 그대로 '빛나다' 혹 "大"의 뜻으로도 풀이함. 《集解》에 "虞翻曰:「〈大壯〉四之五, 孚謂五. 〈離〉日爲光四之五, 得位正中, 故光亨貞吉. 謂壯于大轝之輻也.」"라 함. '亨'은 ○高亨은 '享'으로 보아, "亨, 卽享字. 古人擧行享祀, 曾筮遇此卦, 故記之曰「亨」"이라 하여, '점을 쳐서 이 괘를 얻었다면 제사를 거행하는 것'이라 하였음.

　【貞吉】 '貞'은 貞辭, 貞兆의 내용을 의미하며, '貞吉'은 貞辭(貞兆)의 내용이 吉함. 즉 이 괘는 吉한 괘임을 말함. 〈正義〉에 "光亨, '貞吉'者, 若能有信, 卽需道光明物; 得亨通于正, 則吉. 故云「光亨, 貞吉」也. '貞吉', 猶言占吉也. 有所占問, 筮遇此卦則吉. 故曰「貞吉」"이라 함. 그러나 ○高亨은 "貞吉, 猶占吉也. 有所占問, 筮遇此卦卽吉. 故曰「貞吉」"이라 함.

　【利涉大川】 '大川'은 큰 냇물. 지나야 할 過程. 건너야할 難關. 해야 할 일. 하고자 하는 일 등을 상징함. ○高亨은 "又筮遇此卦, 涉大川則利, 故曰「利涉大川」"이라 함. 〈正義〉에 "'利涉大川'者, 以剛健而進, 卽不患於險, 乾德乃亨, 故云'利涉大川'"이라 함. 《集解》에 "何妥曰:「大川者, 大難也. 須之待時, 本欲涉難, 旣能以信而待, 故可以利涉大川矣.」"라 함. 《傳》에 "需者, 須待也. 以二體言之: 乾之剛健, 上進而遇險, 未能進也. 故爲需待之義; 以卦才言之, 五居君位爲需之主, 有剛健中正之德, 而誠信充實於中, 中實有孚也. 有孚, 則光明而能亨通, 得貞正(一无正字)而吉也. 以此而需, 何所不濟? 雖險无難矣. 故利涉大川也. 凡貞吉有旣正, 且吉者有得正, 則吉者, 當辨也"라 하였고, 《本義》에 "需, 待也. 以乾遇坎, 乾健; 坎險以剛, 遇險, 而不遽進以陷於險, 待之義也. 孚, 信之在中者也. 其卦九五, 以坎體中實, 陽剛中正, 而居尊位爲有孚, 得正之象. 坎水在前, 乾健臨之, 將涉水而不輕進之象, 故占者, 爲有所待, 而能有信, 則光亨矣. 若又得正, 則吉而利涉大川, 正固无所不利, 而涉川. 尤貴於能待, 則不欲速而犯難也"라 함.

## (2) 彖辭와 象辭

彖曰: 需, 須也, 險在前也. 剛健而不陷, 其義不困窮矣.
「需, 有孚, 光亨, 貞吉」, 位乎天位, 以正中也;「利涉大川」,
往有功也.

★象曰: 雲上於天, 需. 君子以飲食宴樂.

〈언해〉 彖(단)애 글오디 需(슈)는, 須(슈)홈이니, 險(험)이 前(전)에 在(지)홈이니, 剛健(강건)호디 陷(함)티 아니호니, 그 義(의)ㅣ 困窮(곤궁)티 아니호리라.

「需, 有孚, 光亨, 貞吉」은, 天位(텬위)에 位(위)호야 正(졍)호고 中(듕)홈으로뻐오, 「利涉大川」은 徃(왕)호면 功(공)이 이심이라.

★象(샹)애 글오디 雲(운)이 天(텬)에 上(샹)홈이 需(슈)ㅣ니, 君子(군즈)ㅣ 以(이)호야 飲食(음식)호며 宴樂(연락)호느니라.

〈해석〉 彖: 需는 기다림이니, 험한 것이 앞으로 나아감을 막고 있다. 강건(剛健)하여 함락하지 않는 것은 그 의의가 곤궁하지 않기 때문이다.

"수괘의 괘상은 믿음을 가지면 크게 형통함"이란, 天位(九五)에 위치하여 중정(中正)으로 하기 때문이요, "큰 내를 건넘이 이롭다"함은, 나아가면 공을 이룰 수 있음을 뜻한다.

★象: 구름이 하늘에 있는 것이 수괘이니, 군자는 마시고 먹고 잔치를 베풀어 즐거워하며 기다리면 된다.

【需, 須也】'須'는 '待'의 뜻. 〈正義〉에 "此釋需卦緣辭. 需, 須也"라 함.

【險在前也】앞에 험난함이 있음. 下卦는 乾으로 健, 剛을 의미하지만 올라갈 上卦가 坎으로, 坎은 '陷, 險, 難'을 의미하므로 '險在前'이라 함. 〈正義〉에 "險在前者, 釋需卦之名也. 是需待之義, 故云'需, 須'也. '險在前', 釋所以需待. 由險難在前, 故有待乃進也"라 하였고, 《集解》에 "何妥曰:「此明得名由於坎也. 坎爲險也. 有險在前, 不可妄涉, 故須待時, 然後動也.」"라 함.

【剛健而不陷, 其義不困窮也】《集解》에 "侯果曰:「乾體剛健, 遇險能通, 險不能險, 義不窮也.」"라 함. 《傳》에 "需之義, 須也. 以險在於前, 未可遽進, 故需待而行也. 以乾之剛健, 而能需待不輕動, 故不陷於險. 其義不至於困窮也. 剛健之人, 其動必躁, 乃能需待而動, 處之至善者也. 故夫子贊之云「其義不困窮矣」"라 하였고, 《本義》에 "此以卦德釋, 卦

名義"라 함. 〈正義〉에 "剛健而不陷, 其義不困窮矣'者, 解需道所以得亨, 由乾之剛健, 前
雖遇險, 而不被陷滯. 是其需待之義, 不有困窮矣. 故得光亨貞吉, 由乾之德也"라 함.

【「需, 有孚, 光亨, 貞吉」, 位乎天位, 以正中也】여기서의 '孚'는 忠信, 誠信, 誠實,
虔誠 등의 뜻. '貞'은 中正. 여기서는 卦辭의 의미와 달리 풀이함. '位乎天位'는 九五의
효를 가리킴. 九五는 帝王(天)의 爻位임. 需卦의 하괘는 乾으로 乾은 天이며, 上卦 坎
의 험난함을 의미하나 그 中央 九五가 陽爻로써 天의 자리가 됨을 말함. 孔穎達 〈正
義〉에서 '彖傳'의 해석은 세 가지 유형이 있어 첫째는 '象'을 그대로 취하여 卦德을
풀이하는 것, 둘째는 곧바로 해당 爻를 취하여 괘덕을 풀이하는 것, 셋째는 상과 효를
묶어서 괘덕을 풀이하는 것임. 여기서는 세 번째의 풀이 방법임. '正中'은 正應과 得中
을 함께 일컫는 말. 需卦 전체로 보아 九五가 陽爻임을 말함. 王弼 注에 "謂五也. 位乎
天位, 用其中正, 以此待物, 需道畢矣. 故光亨貞吉"이라 하였고, 〈正義〉에 "需, 有孚,
光亨, 貞吉, 位乎天位, 以正中'者, 此疊出需卦緣辭, 然後釋之也. 言此需體, 非但得乾之
剛健而不陷, 又由中正之力也. 以九五居乎天子之位, 又以陽居陽正而得中, 故能有信光明
亨通而貞吉也. 剛健而不陷, 只由二象之德, 位乎天位以中正, 是九五之德也. 凡卦之爲
體, 或直取象而爲卦德者, 或直取爻而爲卦德者, 或以兼象兼爻而爲卦德者, 此卦之例是
也"라 함. 《集解》에 "蜀才曰:「此本〈大壯〉卦.」 案:「六五降四, 有孚光亨貞吉. 九四升五,
位乎天位, 以正中也.」"라 함. 《傳》에 "五, 以剛實居中爲孚之象, 而得其所需, 亦爲有孚
之義. 以乾剛而至誠, 故其德光明而能亨通, 得貞正而吉也. 所以能然者, 以居天位而得正
中也. 居天位, 指五以正中兼二言, 故云正中"이라 함.

【「利涉大川」, 往有功也】'往有功也'는 그대로 나아가면 功效(功勞)가 있을 것임. 王
弼 注에 "乾德獲進, 往輒亨也"라 하였고, 〈正義〉에 "'利涉大川, 往有功'者, 釋利涉大川
之義, 以乾剛健, 故行險有功也"라 함. 《集解》에 "虞翻曰:「謂三失位, 變而涉坎. 坎爲大
川, 得位應五, 故利涉大川. 五多功, 故往有功也.」"라 함. 《傳》에 "旣有孚而貞正, 雖涉險
阻往, 則有功也. 需道之至善也. 以乾剛而能需, 何所不利?"라 하였고, 《本義》에 "以卦體
及兩象, 釋卦辭"라 함.

★【雲上於天, 需】坎(雲)이 乾(天) 위에 있는 구조가 需卦의 卦象임. 需卦 전체의 형
상을 말한 것으로 곧 비가 내릴 것이므로 기다려야 함을 뜻함. 《集解》에 "宋衷曰:「雲
上於天, 須時而降也.」"라 함.

【君子以飮食宴樂】이미 蒙卦를 거쳐 왔으므로 이 괘에서는 먹고 마시고 즐기면서
자신의 氣體를 보양하여 때를 기다리기만 하면 되는 괘상임. 王弼 注에 "童蒙已發,
盛德光亨, 飮食宴樂, 其在玆乎?"라 하였고, 〈正義〉에 "坎旣爲險, 又爲雨. 今不言險雨

者, 此象不取險難之義也. 故不云'險'也. '雨', 是已下之物, 不是須待之義, 故不云'雨'也. 不言'天上有雲'而言'雲上於天'者, 若是天上有雲, 无以見欲雨之義, 故云'雲上於天'. 若言'雲上於天', 是天之欲雨, 待時而落, 所以明需天惠將施, 而盛德又亨, 故君子於此之時, 以飲食宴樂"이라 함. 《集解》에 "虞翻曰:「君子謂乾, 坎水, 兌口水流, 入口爲飲. 二夫位變體, 〈噬嗑〉爲食. 故以飲食陽在內, 稱宴. 〈大壯〉, 震爲樂, 故宴樂也.」"라 함. 《傳》에 "雲氣蒸而上升於天, 必待陰陽, 和洽然後成雨雲. 方上於天, 未成雨也, 故爲須待之義. 陰陽之氣, 交感而未成雨澤, 猶君子畜其才德而未施於用也. 君子觀雲上於天, 需而爲雨之象, 懷其道德安以待時, 飲食以養其氣體, 宴樂以和(一作養)其心志, 所謂居易以俟命也"라 하였고, 《本義》에 "雲上於天, 无所復爲待, 其陰陽之和, 而自雨爾. 事之當需者, 亦不容更有所爲, 但飲食宴樂, 俟其自至而已. 一有所爲, 則非需也"라 함.

## (3) 爻辭와 象辭

初九: 需于郊, 利用恒, 无咎.
☆象曰:「水于郊」, 不犯難行也;「利用恒, 无咎」, 未失常也.

〈언해〉初九(초구)는 郊(교)애 需(슈)홈이라. 뻐 恒(항)홈이 利(리)ᄒ니 咎(구) ㅣ 업스리라.
　　☆象(샹)애 ᄀᆞᆯ오디 「水于郊」는 難(난)을 犯(범)티 아니ᄒᆞ야 行(ᄒᆡᆼ)홈이오, 「利用恒无咎」는 常(샹)을 失(실)티 아니홈이라.

〈해석〉[初九](一): 먼 교외에서 기다리는 위치이다. 떳떳한 태도로써 하는 것이 이로우니, 허물이 없으리라.
　　☆象: "교외에서 기다린다"함은, 위험을 멀리 피하고 함부로 어려움에 대들어 행동하지 않음이요, "떳떳한 태도로써 함이 이로우니 허물이 없다"함은, 아직 상도를 잃지 않음을 말한다.

　【初九】需卦의 첫효이며 下卦 乾의 시작. 陽爻로 位正當하며 剛健하여 활동하고자 하는 의욕을 부리지만 九五에 아주 멀어 恒心을 가지고 기다려야 함을 상징함.
　【需于郊】교외에서 기다림. '需'는 須(待). '郊'는 들. 郊外, 草野, 廣野, 曠野. 初九는 본괘의 시작으로 上卦(坎, 險)로부터 가장 멀리 있으므로 郊外에 비유한 것. 〈正義〉에 "難在於坎, 初九居難旣遠, 故待時在於郊"라 함. 〈正義〉에 "但難在於坎, 初九去難旣遠,

故待時在於郊. 郊者, 是境上之地, 亦去水遠也"라 함.

【利用恒, 无咎】恒心으로 기다림이 이로움. '用'은 於(于)와 같음. 雙聲互訓. 따라서 '利於恒'과 같음. '恒'(恆)은 '常', '長'으로 疊韻互訓. 恒心을 가지고 不變함을 뜻함. 長久히 기다리고 있어야 이로움. 坎(險, 難)으로부터 가장 멀기 때문에 오래도록 기다려야 함을 강조한 것이어서 '恒'으로 말한 것임. ○高亨은 "曠平之境, 利於久駐, 自可無咎. 故曰「需于郊, 利用恒, 无咎」"라 함. 王弼 注에 "居需之時, 最遠於難, 能抑其進以遠險. 待時, 雖不應, 幾可以保常也"라 하였고, 〈正義〉에 "'利用恒, 无咎'者, 恒, 常也. 遠難待時, 以避其害, 故宜利保守其常, 所以无咎, 猶不能見幾速進, 但得无咎而已"라 함. 《集解》에 "干寶曰: 「郊乾坎之際也. 旣已受命, 進道北郊, 未可以進, 故曰需于郊. 處不避汙, 出不辭難, 臣之常節也. 得位有應, 故曰利用恒. 雖小稽留, 終於必達, 故曰无咎.」"라 함. 《傳》에 "需者, 以遇險, 故需而後進. 初最遠於險, 故爲需于郊. 郊曠遠之地也. 處於曠遠, 利在安守其常, 則无咎也. 不能安常, 則躁動犯難, 豈能需於遠而无過也?"라 하였고, 《本義》에 "郊, 曠遠之地, 未近於險之象也. 而初九陽剛, 又有能恒於其所之象, 故戒. 占者, 能如是, 則无咎也"라 함.

☆【「需于郊」, 不犯難行也】險難함에 대들지 말고 행동함. '難'은 상괘 坎(險, 難)을 가리킴. 〈正義〉에 "〈象〉曰'不犯難行'者, 去難旣遠, 故不犯難而行"이라 함.

【「利用恒, 无咎」, 未失常也】'常'은 恒과 같음. 恒常의 도. 常道. 〈正義〉에 "'未失常'者, 不敢速進, 遠難待時, 是未失常也"라 하였고, 《集解》에 "王弼曰: 「居需之時, 最遠於險, 能抑其進, 不犯難行, 雖不應機, 可以保常, 故无咎.」"라 함. 《傳》에 "處曠遠者, 不犯冒險難而行也. 陽之爲物, 剛健上進者也. 初能需待於曠遠之地, 不犯險難而進, 復宜安處不失其常, 則可以无咎矣. 雖不進而志動者, 不能安其常也. 君子之需時也, 安靜自守志, 雖有須而恬然, 若將終身焉, 乃能用常也"라 함.


# 九二: 需于沙, 小有言, 終吉.
## ☆象曰: 「需于沙」, 衍在中也; 雖「小有言」, 以終吉也.

〈언해〉九二(구이)는, 沙(사)애 需(슈)홈이라. 져기 言(언)이 이시나 모춤애 吉(길)ᄒ리라.
　　　☆象(샹)애 골오디 「需于沙」는 衍(연)으로 中(듕)에 이심이니 비록 져기 言(언)이 이시나 吉(길)로써 終(죵)ᄒ리라.

〈해석〉[九二](－): 걷기 힘든 모래밭에서 기다리는 형상이다. 조금은 질책의 말들이 있겠지만 마침내는 길하게 될 것이다.

☆象: "모래밭에서 기다린다"함은, 여유 있게 가운데에 있는 위치이니, 비록 약간의 질책의 말이 있으나 길함으로써 마치게 될 것이다.


【九二】 이는 하괘 乾의 중앙이며 陽爻로 位不當함. 아울러 九五와 짝이 되어, 둘 모두 陽剛하므로, 주위에서 강한 행동을 요구하는 질책을 받기는 하나 그 결과는 길할 것임을 상징함.

【需于沙】 모래에서 기다림. '沙'는 모래. 걷기에 힘이 듦을 비유함. 기다리고 있으면서 신속하게 반응할 수 없는 환경에 처해 있음. ○高亨은 "沙上難行, '需于沙', 以象人處艱難之境也"라 함.

【小有言, 終吉】 '言'은 論難. 訶譴. 꾸짖음. 남으로부터 질책이 있음. 용기 있게 나서지 않는다는 구설수가 있을 수 있음. 坎에 가까워 害는 없으나 그래도 남으로부터 비판은 있을 수 있음. 그러나 끝맺음은 길할 것임. ○高亨은 "人處艱難之境, 小受訶譴, 庶知戒愼, 而終獲福, 故曰「需于沙, 有小言, 終吉」"이라 함. 王弼 注에 "轉近於難, 故曰'需于沙'也; 不至致寇, 故曰'小有言'也; 近不逼難遠, 不後時履健, 居中以待其會, 雖小有言, 以吉終也"라 하였고, 〈正義〉에 "沙, 是水傍之地, 去水漸近, 待時于沙, 故難稍近, 雖未致寇而小有言, 以相責讓, 近不逼難, 遠不後時. 但履健居中, 以待要會, 雖小有責讓之言, 而終得其吉也"라 함. 《集解》에 "虞翻曰:「沙謂五水中之陽, 稱沙也. 二變之陰, 稱小〈大壯〉震爲言, 兌爲口, 四之五, 震象半見, 故小有言, 二變應之.」"라 함. 《傳》에 "坎爲水, 水近則有沙, 二去險漸近, 故爲需于沙. 漸近於險難, 雖未至於患害己小有言矣. 凡患難之辭, 大小有殊, 小者至於有言, 言語之傷至小者也. 二以剛陽之才, 而居柔守中, 寬裕自處, 需之善也. 雖去險漸近, 而未至於險, 故小有言語之傷, 而无大害, 終得其吉也"라 하였고, 《本義》에 "沙則近於險矣. 言語之傷, 亦災害之小者, 漸進近坎, 故有此象. 剛中能需, 故得終吉戒. 占者, 當如是也"라 함.

☆【「需于沙」, 衍在中也】 '衍'은 너그러움. 寬綽. 餘裕가 있음. 그러나 孔廣森은 "衍, 借爲愆"이라 하여 '허물'의 뜻으로 보았음. '在中'은 자기 자신의 內心에 담고 있음. 《集解》에 "虞翻曰:「衍, 流也; 中, 謂五也.」 荀爽曰:「二應於五, 水中之剛, 故曰沙. 知前有沙漠而不進也. 體乾處和, 美德優衍, 在中而不進也.」"라 함.

【雖「小有言」, 以終吉也】 〈正義〉에 "〈象〉曰'需於沙, 衍在中'者, '衍'謂寬衍去難, 雖近猶未逼于難, 而寬衍在其中也. 故'雖小有言, 以吉終'"이라 함. 이는 '以吉終也'여야 함. ○高亨은 "〈今本〉'吉終'作'終吉' 誤. '終'字協韻. 《校勘記》曰:「〈石經〉·〈岳本〉·〈監〉·〈毛

本》作'吉終', 《集解本》同"이라 함. 《集解》에 "苟爽曰:「二與四同功而三據之, 故小有言. 乾雖在下, 終當升上, 二當居五, 故終吉也.」"라 함. 《傳》에 "衍, 寬綽也. 二雖近險, 而以 寬裕居中, 故雖小有言語及之, 終得其吉善處者也"라 하였고, 《本義》에 "衍, 寬意. 以寬 居中, 不急進也"라 함.

## 九三: 需于泥, 致寇至.
## ☆象曰:「需于泥」, 災在外也; 自我「致寇」, 敬愼不敗也.

〈언해〉 九三(구삼)은, 泥(니)애 需(슈)홈이니 寇(구)ㅣ 至(지)홈을 致(티)ᄒ리라.
　　　☆象(샹)애 골오디 「需于泥」는 災(지)ㅣ 外(외)예 이숌이라. 날로부터 寇(구)를
　　　致(티)ᄒ니, 敬愼(경신)ᄒ면 敗(패)티 아니 ᄒ리라.
〈해석〉 [九三](一): 진흙탕에서 기다리는 위치이니, 도둑들을 불러 오게 되리라.
　　　☆象: "진흙탕에서 기다린다"함은, 재앙이 밖에 있는 것이다. 내 스스로 도둑을
　　　불러오는 위치이니, 공경과 삼감을 다하기만 하면 실패하지는 않을 것이다.

　【九三】 이는 아래 乾卦의 가장 위의 효로서 陽爻이며 位正當함. 그러나 구오를 향
한 집념이 강하지만 앞에 육사의 음이 막고 있어 이를 넘기 위해 험난함을 겪어야
하나 공경과 삼감을 다해야 함.
　【需于泥】 '泥'는 진흙탕. 泥濘地. 자리를 잘못 택하여 장차 의외의 화가 있을 것임을
비유함. 이 효는 乾의 가장 위로 坎과 곧바로 맞닿아 곧이어 험난함이 닥쳐올 것임을
의미함.
　【致寇至】 '致'는 招致함. 불러옴. '寇'는 위 坎의 險難을 가리킴. ○高亨은 "需于泥,
以象人處汚垢之境也. 愈陷愈深, 寇將乘之, 故曰「需于泥, 致寇至」"라 함. 王弼 注에 "以
剛逼難, 欲進其道, 所以招寇而致敵也. 猶有須焉, 不陷其剛寇之來也. 自我所招, 敬愼防
備, 可以不敗"라 하였고, 〈正義〉에 "泥者, 水傍之地. 泥溺之處, 逼近於難, 欲進其道, 難
必害己, 故致寇至, 猶且遲疑而須待時, 雖卽有寇至, 亦未爲禍敗也"라 함. 《集解》에 "苟
爽曰:「親與坎接, 故稱泥. 須止不進, 不取於四, 不致寇害.」"라 함. 《傳》에 "泥, 逼於水
也. 旣進逼於險, 當致寇, 難之至也. 三, 剛而不中, 又居健體之上, 有進動之象, 故致寇
也. 苟非敬愼, 則致喪敗矣"라 하였고, 《本義》에 "泥, 將陷於險矣; 寇, 則害之大者. 九三
去險愈近, 而過剛不中, 故其象如此"라 함.

☆「需于泥」, 災在外也】 재앙은 밖에 있음. 〈正義〉에 "〈象〉曰‘災在外’者, 釋需于泥之義. 言爲需雖復在泥, 泥猶居水之外, 即災在身外之義. 未陷其剛之義, 故可用需以免"이라 하였고, 《集解》에 "崔憬曰:「泥, 近乎外者也. 三逼於坎, 坎爲險盜, 故致寇至. 是災在外也.」"라 함.

【自我「致寇」, 敬愼不敗也】 ‘敬愼’은 공경히 하며 삼감. 〈正義〉에 "‘自我致寇, 敬愼不敗’者, 自, 由也. 由我欲進, 而致寇來己, 若敬愼則不有禍敗也"라 하였고, 《集解》에 "虞翻曰:「〈離〉爲戎, 〈乾〉爲敬. 陰消至五, 遯臣將弑君, 四上壯坤. 故敬愼不敗.」"라 함. 《傳》에 "三, 切逼上體之險難, 故云災在外也. 災患難之通稱, 對訁而言, 則分也. 三之致寇由己, 進而迫之, 故云自我寇. 自己致, 若能敬愼, 量宜而進, 則无喪敗也. 需之時, 須而後進也. 其義在相時而動, 非戒其不得進也. 直使敬愼毋失其宜耳"라 하였고, 《本義》에 "外, 謂外卦. 敬愼不敗, 發明占外之占, 聖人示人之意切矣"라 함.


# 六四: 需于血, 出自穴.
# ☆象曰:「需于血」, 順以聽也.

〈언해〉 六四(륙사)는, 血(혈)애 需(슈)홈이니, 出(츌)홈을 穴(혈)로브터 ᄒᆞᄂᆞᆺ다.[《本義》: 血(혈)애 需(슈)ᄒᆞ나 出(츌)홈을 穴(혈)로브터 ᄒᆞ리라]
　　☆象(샹)애 ᄀᆞᆯ오디 「需于血」은 順(슌)ᄒᆞ야 써 聽(텽)홈이라.
〈해석〉 [六四](--): 피투성이의 위치에서 기다리다가 스스로 구멍에서 탈출해 나오리라.(피투성이에서 기다리나, 구멍으로부터 탈출하리라.)
　　☆象: "피투성이에서 기다린다"함은, 공순히 하여 청종(聽從)해야 함을 뜻한다.


【六四】 상괘 坎의 첫 효이며 陰爻로 位正當함. 그러나 상하 모두 양효이며 특히 아래 구함이 올라오는 길을 막고 있어, 그로부터 심하게 핍박을 받음. 이에 따라 아주 위험한 싸움을 거쳐야 함. 그러므로 오직 순종하며 청종해야 함.

【需于血】 ‘血’은 피투성이의 환경. 죽음의 지경에 빠짐을 비유함. 〈正義〉에 "‘需于血’者, 謂陰陽相傷, 故有血也. 九三之陽而欲上進, 此六四之陰而塞其路, 兩相妨害, 故稱血. 言待時于血, 猶待時於難中也"라 함.

【出自穴】 스스로 굴에서 빠져나옴. ‘穴’은 움집. 열악한 집. 이 효는 아래 九三의 陽爻가 치고 올라오고 있으며, 위 九五도 陽爻이므로 지극히 험한 위치임을 뜻함. ○

高亨은 "此殆記一古代故事也. 「需于血, 出自穴」者, 言先立足於血泊之中, 後乃從院牆穴竇中逃出, 得以免禍, 故《周易》記之曰「需于血, 出自穴」. 筮辭未言吉凶者, 其吉凶之象, 寓於此故事中也.《左傳》哀公元年傳:「昔有過澆, 殺斟灌, 滅夏后相, 后緡方娠, 逃出自竇, 歸于有仍, 生少康焉.」《周易》所記, 當卽后緡之事也"라 하여, 구체적으로 后緡의 免禍를 기록한 것이라 하였음. 王弼 注에 "凡稱血者, 陰陽相傷者也. 陰陽相近而不相得, 陽欲進而陰塞之, 則相害也. 穴者, 陰之路也. 處坎之始, 居穴者也. 九三剛進, 四不能距. 見侵, 則辟順以聽命者也. 故曰「需于血, 出自穴」也"라 하였고, 〈正義〉에 "'出自穴'者, 穴, 卽陰之路也, 而處坎之始, 是居穴者也. 三來逼已, 四不能距, 故出此所居之穴, 以避之. 但順以聽命, 而得免咎也"라 함.《集解》에 "案: 六四體坎, 坎爲雲, 又爲血. 卦血以喩陰, 陰體卑弱, 宜順從陽. 故曰需于血.」九家《易》曰:「雲從地出, 上升于天. 自地出者, 莫不由穴, 故曰『需于血, 出自穴』也.」"라 함.《傳》에 "四, 以陰柔之質, 處于險而下當三陽之進, 傷於險難者也. 故云需于血. 旣傷於險難, 則不能安處, 必失其居, 故云出自穴. 穴, 物之所安也. 順以從時, 不競於險難, 所以不至於凶也. 以柔居陰, 非能競者也. 若陽居之, 則必凶矣. 蓋无中正之德, 徒以剛競於險, 適足以致凶耳"라 하였고,《本義》에 "血者, 殺傷之地; 穴者, 險陷之所. 四交坎體入乎險矣. 故爲需于血之象. 然柔得其正, 需而不進, 故又爲出自穴之象. 占者如是, 則雖在傷地, 而終得出也"라 함.

☆【「需于血」, 順以聽也】上下(九三과 九五)의 요구를 들어주어 順從하면서 기다리고 있어야 할 위치임. 〈正義〉에 "故〈象〉云'需于血, 順以聽命'也. 凡稱'血'者, 陰陽相傷者也. 卽坤之上六, 其血玄黃是也. '穴者, 陰之路也'者, 凡孔穴穿道, 皆是幽隱, 故云陰之路也. '處坎之始, 居穴'者, 坎是坎險, 若處坎之上, 卽是出穴者也, 處坎之始, 是居穴者也. 但《易》合萬象, 此六四一爻, 若以戰鬥言之, 其出則爲血也. 若以居處言之, 其處則爲穴也. 穴之與血, 各隨事義也"라 함.《集解》에 "王弼曰:「穴者, 陰之路也. 四處坎, 始居穴者也. 九三剛進, 四不能距, 見侵, 則避順以聽命也.」九家《易》曰:「雲欲升天, 須時升降, 順以聽五, 五爲天也.」"라 함.《傳》에 "四, 以陰柔居於險難之中, 不能固處, 故退出自穴. 蓋陰柔(一作柔弱)不能與時, 競不能處, 則退. 是順從以聽於時, 所以不至於凶也"라 함.


# 九五: 需于酒五食, 貞吉.
## ☆象曰:「酒食, 貞吉」, 以中正也.

〈언해〉九五(구오)는, 酒食(쥬식)에 需(슈)홈이니, 貞(뎡)코 吉(길)ᄒ니라.

☆象(상)애 굴오디「酒食, 貞吉」은 中正(듕졍)으로 뻬라.
〈해석〉[九五](一): 술과 음식을 차려 놓고 기다리니, 곧고 길하다.

☆象: "술과 밥을 차려 놓고 기다리니, 곧고 길하다"함은, 중정(中正)의 위치이기 때문이다.

【九五】이는 제왕의 자리이며 양효이므로 位正當한 중정의 자리임. 그 동안 기다려 온 모든 것이 곧 이루어질 것이므로 주식을 차려놓고 기다리는 형상임.

【需于酒食】酒宴의 자리를 마련함. 德澤. 王逢은 "酒食, 德澤之謂也"라 함. 아주 좋은 위치이면서 혜택을 베풀 수 있는 상황임을 비유함. 기대를 가져도 될 위치임. 陽爻이면서 동시에 九五(제왕)의 자리이며 또한 中正을 이루고 있어 천하에 혜택을 베풀 수 있음. 따라서 점을 쳐서 이 효를 만났을 경우, 기회를 보아 행동에 옮겨야 함을 뜻함. 王弼 注에 "需之所須, 以待達也. 已得天位, 暢其中正, 无所復須. 故酒食而已獲貞吉也"라 하였고, 〈正義〉에 "需于酒食, 貞吉'者, 五旣爲需之主, 已得天位, 无所復需, 但以需于酒食, 以遞相宴樂而得貞吉"이라 함. 《集解》에 "荀爽曰:「五互離, 坎水在火上, 酒食之象. 需者, 飮食之道, 故坎在需, 家爲酒食也. 雲須時欲降, 乾須時當升. 五有剛德, 處中居正, 故能帥羣陰, 擧坎以降. 陽能正居, 其所則吉, 故曰『需于酒食』也.」"라 함. 《傳》에 "五, 以陽剛居中, 得正位乎天位, 克盡其道矣. 以此而需, 何需不獲? 故宴安酒食以俟之, 所須必得也. 旣得貞正而所需, 必遂可謂吉矣"라 하였고, 《本義》에 "酒食宴樂之具, 言安以待之. 九五陽剛中正, 需于尊位, 故有此象. 占者如是, 而貞固, 則得吉也"라 함.

【貞吉】貞兆가 길한 효임을 뜻하기도 함. ○高亨은 "需于酒食者, 酒食在前而駐止, 不飮不食也. 是人旣醉飽而酒食有餘也. 推之它事, 所用已足, 其資有餘者, 似之. 故曰「需于酒食, 貞吉」"이라 함.

☆【「酒食, 貞吉」, 以中正也】九五는 帝王의 자리이며 陽爻여야하는 爻位인데, 마침 이에 맞으므로 中正이라 한 것임. 中正은 得中을 뜻함. 〈正義〉에 "〈象〉曰'以中正'者, 釋酒食貞吉之義. 言九五居中得正, 需道亨通, 上下无事也"라 하였고, 《集解》에 "九家《易》曰:「謂乾二當升五, 正位者也.」 盧氏曰:「沈湎則凶, 中正則吉也.」"라 함. 《傳》에 "需于酒食而貞, 且吉者, 以五得中正, 而盡其道也"라 함.

上六: 入于穴, 有不速之客三人來; 敬之, 終吉.

☆象曰:「不速之客來, 敬之, 終吉」, 雖不當位, 未大失也.

〈언해〉 上六(상륙)은, 穴(혈)에 入(입)홈이니, 速(속)이 아니한 客(긱) 三人(삼인)이 來
(리)호 리 이시리니 敬(경)호면 ᄆᆞᄎᆞ매 吉(길)호리라.

☆象(상)애 굴오ᄃᆡ「不速之客來, 敬之, 終吉」은 비록 位(위)애 當(당)티 아니 ᄒᆞ나
크게 失(실)티 아니 홈이라.

〈해석〉 [上六](--): 굴로 들어갔는데, 청하지 않은 뜻밖의 손님 셋이 찾아오리니, 그를
존경하면 마침내 길하리라.

☆象: "청하지 않은 뜻밖의 손님이 오리니, 그를 존경하면 마침내 길하다"함은,
비록 정당한 위치가 아니기는 하나, 아직은 크게 잃지 않을 것이라는 뜻이다.

【上六】 전체 괘의 가장 위이며 음효로써 위정당함. 아울러 그 동안 참고 기다려왔
던 아래 건괘 세 효는 모두 양효이기에 매우 의욕이 넘쳤었는데 마침내 해결의 전기
에 이르자 이 상육에게 찾아왔으므로 이 효는 자신의 본령인 穴(陰)로 들어갈 수 있음
을 상징함.

【入于穴】 坎(雲)이 끝까지 가면 비가 되어 내려와 다시 땅(穴, 陰)으로 들어감. 〈正
義〉에 "上六, 入于穴'者, 上六陰爻, 故亦稱穴也. 上六與三相應, 三來之己, 不爲禍害, 乃
得爲己援助, 故上六无所畏忌, 乃入于穴而居也"라 함. 《集解》에 "荀爽曰:「須道已終, 雲
當下入穴也. 雲上升極, 則降而爲雨. 故《詩》(蟷蜋)云:『朝躋于西, 崇朝其雨.』則還入地.
故曰『入于穴』. 雲雨入地, 則下三陽動, 而自至者也.」"라 함.

【有不速之客三人來】 '不速之客'은 부르지 않은 손님. 기대하지 않았던 助力者. '速'
은 '招請하다'의 뜻. '三人'은 下卦(乾)의 陽爻 셋을 가리킴. 〈正義〉에 "有不速之客, 三
人來'者, 速, 召也. 不須召喚之客, 有三人自來. 三人, 謂初九·九二·九三. 此三陽, 務欲
前進, 但畏於險難, 不能前進, 其難旣通, 三陽務欲上升, 不須召喚而自來, 故云'有不速之
客, 三人來'也"라 함.

【敬之, 終吉】 그들이 공경해 옴으로써 마침이 아주 좋음. 좋은 마무리가 있을 것임.
王念孫은 "吉下, 當有'也'字"라 하여 '終吉也'여야 한다 하였음. 이 효는 需卦의 가장
위에 있어 기다림의 마지막 단계임. 그 때문에 穴에서 조급히 기다리고 있는 형상임.
그런데 마침 아래 乾卦 陽爻 셋이 와서 도와주고, 자신 또한 공경히 대접함으로 해서
끝내 坎의 험난함을 벗어나 해로운 轉機를 맞게 될 것이며 크게 손실은 입지 않을

것임을 비유함. ○高亨은 "不速之客亦宜敬之, 故曰「入于穴, 有不速之客三人來, 敬之, 終吉」, 此殆古代故事歟!"라 함. 王弼 注에 "六四, 所以出自穴者, 以不與三相得, 而塞其路不辟, 則害. 故不得不出自穴而辟之也. 至於上六, 處卦之終, 非塞路者也. 與三爲應, 三來之. 已乃爲己援, 故无畏害之. 辟而乃有入穴之固也. 三陽所以不敢進者, 須難之終也. 難終, 則至不待召也. 已居難終, 故自來也. 處无位之地, 以一陰而爲三陽之主, 故必敬之而後終吉"이라 하였고, 〈正義〉에 "'敬之, 終吉'者, 上六居无位之地, 以一陰而爲三陽之主, 不可怠慢, 故須恭敬此三陽, 乃得終吉"이라 함. 《集解》에 "荀爽曰:「三人, 謂下三陽也. 須時當升, 非有召者, 故曰『不速之客』焉. 乾升在上君位, 以定坎, 降居下, 當循臣職, 故敬之終吉也.」"라 함. 《傳》에 "需以險, 在前需時而後進, 上六居險之終, 終則變矣. 在需之極, 久而得矣. 陰止於六, 乃安其處, 故爲入于穴. 穴, 所安也. 安而旣止, 後者必至. 不速之客三人, 謂下之三陽. 乾之三陽, 非在下之物, 需時而進者也. 需旣極矣, 故皆上進, 不速不促之, 而自來也. 上六, 旣需得其安處, 羣剛之來, 苟不起忌疾忿競之心, 至誠盡敬以待之. 雖甚剛暴, 豈有侵陵之理? 故終吉也. 或疑以陰, 居三陽之上, 得爲安乎? 曰三陽乾體, 志在上進, 六陰位非所止之正, 故无爭奪之意, 敬之則吉也"라 하였고, 《本義》에 "陰居險極, 无復有需, 有陷而入穴之象. 下應九三, 九三與下二陽, 需極竝進, 爲不速客三人之象. 柔不能禦, 而能順之. 有敬之之象, 占者當陷險中, 然於非意之來, 敬以待之, 則得終吉也"라 함.

☆「不速之客來, 敬之, 終吉」, 雖不當位, 未大失也】 ○高亨은 "上六은 陰爻로써 陰의 위치에 있음이 당연하므로 '雖'는 '唯'자여야 한다"(上六是陰爻, 居陰位, 正是當位, 可見〈傳文〉有誤, 疑'雖'當讀爲'唯')라 하였음. 王弼 注에 "處无位之地, 不當位者也. 敬之, 則得終吉. 故雖不當位, 未大失也"라 하였고, 〈正義〉에 "〈象〉曰'雖不當位, 未大失'者, 釋敬之, 終吉'之義. 言己雖不當位, 而以一陰爲三陽之主, 若不敬之, 則有凶害. 今由己能敬之, 雖不當位, 亦未有大失. 言初時雖有小失, 終久乃獲吉, 故云'未大失'也. 且需之一卦, 須待難通, 其於六爻, 皆假他物之象, 以明人事待通而亨, 須待之義, 且凡人萬事, 或有去難, 遠近須出, 須處法此, 六爻卽萬事盡矣. 不可皆以人事, 曲細比之, 《易》之諸爻之例, 竝皆放此"라 함. 《集解》에 "荀爽曰:「上降居三, 雖不當位, 承陽有實, 故終吉, 无大失矣.」"라 함. 《傳》에 "不當位, 謂以陰而在上也. 爻以六, 居陰爲所安, 象復盡其義, 明陰宜在下, 而居上爲不當位也. 然能敬愼以自處, 則陽不能陵, 終得其吉, 雖不當位, 而未至於大失也"라 하였고, 《本義》에는 "以陰居上, 是爲當位, 言'不當位', 未詳"이라 하여, 제 6효가 陰爻인 것은 '當正位'인데 程頤가 이를 '不當位'라 한 것은 알 수 없다 하였음. 따라서 "정당한 위치이기 때문에 크게 잃지 않을 것이다"로 풀이하여야 함.

# 006 송訟

䷅ 天水訟: ▶坎下乾上(☵下☰上)

*訟(송): 〈音義〉에 "訟, 才用反, 爭也"라 하여 '종'으로 읽도록 되어 있으나, 모두 '송(sòng)'으로 읽었음. '訟'은 爭訟(諍訟)을 뜻함. 하괘는 坎(水)이며 상괘는 乾(天)으로, 물이 하늘 아래에 있는 異卦相疊의 '天水' 卦體임. 이 訟卦는 앞의 需卦와 坎坤의 上下가 반대로 되어 있으며, 쟁송은 반드시 억제해야 하며 쟁송이 끊이지 않으면 이롭지 못한 결과를 초래하므로, 가능하면 피하고 和諧를 우선으로 해야 함을 상징함. 〈序卦傳〉에는 음식이 있으면 반드시 쟁송이 발생함을 비유한 것이라 하였음.

*《集解》에 "〈序卦〉曰:「飲食必有訟, 故受之以'訟'也.」(鄭玄曰:「訟, 猶諍也. 言飲食之會, 恒多諍也.」)"라 함.

*《傳》에 "'訟', 〈序卦〉:「飲食必有訟, 故受之以〈訟〉.」」 人之所需者, 飲食. 既有所須, 爭訟所由起也. 訟, 所以次需也. 爲卦乾上坎下, 以二象言之, 天陽上行, 水性就下, 其行相違, 所以成訟也. 以二體言之, 上剛下險, 剛險相接, 能无訟乎? 又人內險阻, 而外剛强, 所以訟也"라 함.

## (1) 卦辭

訟: 有孚窒惕, 中吉. 終凶, 利見大人, 不利涉大川.

〈언해〉 訟(송)은 孚(부)ㅣ 이시니 窒(딜)ᄒ야 惕(텩)ᄒ니,[《本義》: 窒(딜)ᄒ니 惕(텩)ᄒ야] 中(듕)홈은 吉(길)ᄒ고 終(죵)홈은 凶(흉)ᄒ니,

大人(대인)을 見(견)홈이 利(리)ᄒ고, 大川(대쳔)을 涉(셥)홈이 利(리)티 아니 ᄒ니라.

〈해석〉 송(訟, 송괘)은 부(孚)가 있으나 막히는 일도 있어 두려워해야 하니,(막힘이 있으니 두려워해야) 중간(九二)은 길하지만 끝은 흉하다. 대인(九五)을 만남이 이롭고, 큰 냇물을 건너기에는 이롭지 않다.

【訟】卦名이며, 訴訟, 訟事, 爭訟(諍訟), 다툼 등의 뜻.《說文》에 "訟, 爭也"라 함.

【有孚窒惕】'孚'는 俘와 같음. 俘虜, 捕虜의 뜻. 결과의 획득물. 성과를 상징함. ○高亨은 "孚卽俘字, '有俘', 謂軍隊虜得敵方之人員財物也"라 함. 그러나 '미덥다, 誠信'(虔誠)의 뜻으로도 봄. '窒惕'의 '窒'은 막음. 막힘. 그러나 '恎'(질)의 借字로 보기도 함.《廣雅》에는 "恎, 懼也"라 하여 두려워함. 따라서 '窒惕'은 戒懼警惕을 의미함.〈正義〉에 "窒, 塞也; 惕, 懼也. 凡訟者, 物有不和, 情相乖爭而致其訟. 凡訟之體, 不可妄興, 必有信實, 被物止塞, 而能惕懼中道而止, 乃得吉也"라 함. 그러나 于省吾는 "窒惕, 乃'至易'之叚字也. 至, 甚也"하여 점을 쳐서 이 괘를 만났다면 '포로를 잡기에 아주 쉬우며, 다만 중간 과정은 길하나 終當에는 지극히 흉하다'라 하였음.《集解》에 「干寶曰:「訟, 離之遊魂也. 離爲戈兵, 此天氣將刑殺, 聖人將用師之卦也. 訟, 不親也. 兆民未識, 天命不同之意.」 ○荀爽曰:「陽來居二, 而孚於初, 故曰'訟有孚'矣.」」라 함.

【中吉】일의 중간 과정은 길함. 九二가 陽爻로써 陽剛을 의미하여 中吉이라 한 것임. 王弼 注에 "窒, 謂窒塞也. 能(皆)惕, 然後可以獲中吉"이라 함.《集解》에 "虞翻曰:「遯三之二也. 孚, 謂二窒塞止也. 惕懼, 二也. 二失位, 故不言貞. 遯將成否, 則子弑父, 臣弑君. 三來之二得中, 弑不得行, 故中吉也.」"라 함.

【終凶】始終 爭訟을 벌이면 그 결과는 凶할 것임. ○高亨은 "筮遇此卦, 得俘甚易, 但事之中段是吉, 事之末段是凶, 故曰「有孚窒惕, 中吉, 終凶」"이라 함.〈正義〉에 "'終凶'者, 訟不可長, 若終竟, 訟事雖復窒惕, 亦有凶也"라 하였고,《集解》에 "虞翻曰:「二失位, 終止不變, 則入于淵, 故終凶也.」"라 함.《傳》에 "訟之道, 必有其孚. 實中无其實, 乃是誣妄, 凶之道也. 卦之中實, 爲有孚之象. 訟者, 與人爭辯而待決於人, 雖有孚, 亦須窒塞未通. 不窒, 則已明无訟矣. 事旣未辯, 吉凶未可必也. 故有畏惕, 中吉得中, 則吉也. 終凶, 終極其事, 則凶也"라 함.

【利見大人】'大人'은 쟁송을 판결해주는 자. 여기서는 九五를 가리킴.〈正義〉에 "'利見大人'者, 物旣有訟, 須大人決之, 故利見大人也"라 함.

【不利涉大川】'不利'는 이로울 것이 없음. 불리함. '大川'은 큰 냇물. 건너야할 난관. 힘든 과정. 凶險함을 상징함. 訟卦는 上乾下坎이므로 陽(剛)이 陰(弱)을 강하게 누르고 있음. ○高亨은 "又筮遇此卦, 見大人則利, 故曰「利見大人」. 涉大川則不利, 故曰「不利涉大川」"이라 함.〈正義〉에 "'不利涉大川'者, 以訟不可長, 若以訟而往涉危難, 必有禍患, 故不利涉大川"이라 하였고,《集解》에 "侯果曰:「大人, 謂五也. 斷決必中, 故利見也. 訟是陰事, 以險涉險, 故不利涉大川.」"이라 함.《傳》에 "訟者, 求辯其曲直也. 故利見於大人. 大人, 則能以其剛, 明中正決所訟也. 訟非和平之事, 當擇安地而處, 不可陷於危險, 故'不利

涉大川'也"라 하였고, 《本義》에 "訟, 爭辯也. 上乾下坎, 乾剛坎險, 上剛以制其下, 下險以伺其上. 又爲內險而外健, 又爲己險而彼健, 皆訟之道也. 九二中實, 上无應與, 又爲加憂, 且於卦變自遯而來, 爲剛來居二, 而當下卦之中, 有有孚而見窒, 能懼而得中之象. 上九過剛, 居訟之極, 有終極其訟之象. 九五剛健, 中正以居尊位, 有大人之象, 以剛乘險, 以實履陷, 有不利涉大川之象, 故戒. 占者, 必有爭辯之事, 而隨其所處, 爲吉凶也"라 함.


## (2) 彖辭와 象辭

彖曰: 訟, 上剛下險, 險而健, 訟. 「訟: 有孚窒惕, 中吉」, 剛來而得中也; 「終凶」, 訟不可成也; 「利見大人」, 尙中正也; 「不利涉大川」, 入于淵也.

★象曰: 天與水違行, 訟. 君子以作事謀始.

〈언해〉 彖(단)애 글오디 訟(숑)은 上(샹)이 剛(강)ᄒ고 下(하)ㅣ 險(험)ᄒ야, 險(험)ᄒ고 健(건)ᄒ욤이, 訟(숑)이라.

「訟, 有孚窒惕, 中吉」은 剛(강)이 來(리)ᄒ야 中(듕)을 得(득)홈이오. 「終凶」은, 訟(숑)은 可(가)히 成(셩)티 몯홀 거시오. 「利見大人」은 尙(샹)홈이 中正(듕졍)이오. 「不利涉大川」은 淵(연)애 入(입)홈이라.

★象(샹)애 글오디 天(텬)과 다믓 水(슈)ㅣ 違(위)ᄒ야 行(힝)홈이 訟(숑)이니 君子(군ᄌ)ㅣ 以(이)ᄒ야 事(ᄉ)를 作(작)홈애 始(시)애 謀(모)ᄒᄂ니라.

〈해석〉 彖: 訟卦는 위(乾)가 강건하고 아래(坎)이 험하여, 험하면서 강건한 것이 바로 이 송괘이다.

"송에는 孚가 있으나 막혔으니 두려워해야 하고 중간은 길하다"함은, 강함(구이)이 찾아와 중간 위치를 지키고 있음을 뜻하는 것이요, "끝은 흉하다"함은, 송사를 벌여도 가히 성공하지 못할 것임을 뜻하는 것이며, "대인을 만남이 이롭다"함은, 중정(中正)을 높이 여겨 숭상해야 함을 뜻하는 것이며, "큰 내를 건넘에 이롭지 못하다"함은, 깊은 물로 빠져 들어가는 형상이기 때문이다.

★象: 하늘(乾)과 물(坎)의 운행 방향이 서로 어긋남이 이 송괘이니, 군자는 이를 근거로 하여 일을 함에 있어서 처음에 송사를 피할 모책부터 잘 세우느니라.

【上剛下險, 險而健, 訟】위의 小成卦는 乾(剛), 아래는 坎(險)의 구조로 되어 있는 것이 訟卦임. 〈正義〉에 "此釋繇辭之義. 訟'上剛下險, 險而健訟'者, 上剛卽乾也; 下險卽 坎也. 猶人意懷險惡, 性又剛健, 所以訟也. 此二句因卦之象, 以顯有訟之所由. 案上'需, 須也', 以釋卦之名. 此訟卦不釋訟名者, 訟義可知, 故不釋也. 諸卦其名難者, 則釋之; 其 名易者, 則不釋之, 他皆放此"라 하였고, 《集解》에 "盧氏曰:「險而健者, 恒好爭訟也.」"라 함. 《傳》에 "訟之爲卦, 上剛下險, 險而又健也. 又爲險健相接, 內險外健, 皆所以爲訟也. 若健而不險, 不生訟也; 險而不健, 不能訟也. 險而又健, 是以訟也"라 하였고, 《本義》에 "以卦德, 釋卦名義"라 함.

【訟: 有孚窒惕, 中吉】여기서의 '孚'는 '誠信, 虔誠, 미덥다'의 뜻으로 보았음.

【剛來而得中也】하괘 坎의 가운데 陽爻(九二)가 중간을 잘 지키고 있음을 뜻함. 〈正 義〉에 "訟, 有孚窒惕, 中吉. 剛來而得中'者, 先疊出訟之繇辭, 以剛來而得中者, 釋所以 '訟得其有孚, 窒惕中吉'者. 言由九二之剛, 來向下體, 而處下卦之中, 爲訟之主, 而聽斷獄 訟, 故'訟者, 得其有孚, 窒惕中吉'也"라 하였고, 《集解》에 "蜀才曰:「此本遯卦.」案:「二 進居三, 三降居二, 是剛來而得中也.」"라 함. 《傳》에 "訟之道固如是, 又據卦才而言, 九 二以剛自外來, 而成訟, 則二乃訟之主也. 以剛處中, 中實之象, 故爲有孚. 處訟之時, 雖 有孚信, 亦必艱阻窒塞, 而有惕懼. 不窒, 則不成訟矣. 又居險陷之中, 亦爲窒塞惕懼之義. 二以陽剛, 自外來而得中, 爲以剛來訟, 而不過之義, 是以吉也. 卦有更取成卦之由, 爲義 者, 此是也. 卦義不取成卦之由, 則更不言所變之爻也. 據卦辭, 二乃善也, 而爻中不見其 善, 蓋卦辭取其有乎! 得中而言, 乃善也. 爻則以自下訟上爲義. 所取不同也"라 함.

【終凶, 訟不可成也】끝맺음이 흉하며, 송사를 일으키면 일을 그르치게 됨. 《集解》에 "王肅曰:「以訟成功者, 終必凶也.」王弼曰:「凡不和而訟, 无施而可涉難, 特甚焉. 唯有信 而見塞懼者, 乃可以得吉也. 猶復不可以終中, 乃吉也. 不閉其源, 使訟不至, 雖每不枉而 訟, 至終竟, 此亦凶矣. 故雖復有信, 而見塞懼, 猶不可以爲終. 故曰'訟有孚, 窒惕, 中吉, 終凶'也. 无善聽者, 雖有其實, 何由得明而有信, 窒懼者, 乃得其中吉, 必有善聽主焉? 其在 二乎以剛而來正, 夫羣小斷, 不失中應其任矣.」案:「天爲訟善聽之主者, 其在五焉. 何以明 之?」案:「爻辭'九五訟元吉'. 王氏注云:『處得尊位, 爲訟之主, 用其中正, 以斷枉直.』卽象 云『利見大人, 尙中正.』是其義也. 九二象曰:『不克訟, 歸逋竄也. 自下訟上, 患至掇也.』 九二居訟之時, 自救不暇, 訟旣不克, 懷懼逃歸, 僅得免, 其終凶禍, 豈能爲善聽之主哉? 年 代綿流, 師資道喪, 恐傳寫字誤, 以五爲二, 後賢當, 審詳之也.」"라 함. 〈正義〉에 "終凶, 訟不可成'者, 釋終凶之義, 以爭訟之事, 不可使成, 故終凶也"라 함. 《傳》에 "訟, 非善事, 不得已也. 安可終極其事, 極意於其事, 則凶矣. 故曰'不可成'也. 成, 謂窮盡其事也"라 함.

【「利見大人」, 尙中正也】'尙中正也'는 中正(九五)의 역할, 즉 대인의 판결을 인정하고 尊崇해야 함. '尙'은 '숭상하다, 존숭하다'의 뜻. 〈正義〉에 "'利見大人, 尙中正'者, 釋利見大人之義, 所以於訟之時, 利見此大人者, 以時方鬥爭, 貴尙居中得正之主, 而聽斷之"라 하였고, 《集解》에 "荀爽曰:「二與四, 訟利見於五, 五以中正之道, 解其訟也.」"라함. 《傳》에 "訟者, 求辯其是非也. 辯之當, 乃中正也. 故利見大人, 以所尙者, 中正也. 聽者, (一有或字)非其人, 則或不得其中正也. 中正大人, 九五是也"라 함.

【「不利涉大川」, 入于淵也】深淵으로 빠져들어 위험한 卦象임. '淵'은 아래 坎의 象을 가리킴. 王弼 注에 "凡不和而訟, 无施而可涉, 難特甚焉. 唯有信而見塞, 懼者乃可以得吉也. 猶復不可終, 中乃吉也. 不閉其源, 使訟不至, 雖每不枉而訟, 至終, 竟此亦凶矣. 故雖復有信而見塞懼, 猶不可以爲終也. 故曰'訟有孚, 窒惕中吉'. 終凶也. 无善聽者, 雖有其實, 何由得明而令有信? 塞懼者, 得其中, 吉必有善聽之主焉. 其在二乎以剛而來, 正夫羣小斷, 不失中應, 斯任也"라 하였고, 〈正義〉에 "'不利涉大川, 入于淵'者, 釋不利涉大川之義. 若以訟事徃涉于川, 卽必墜于深淵, 而陷于難也"라 함. 《集解》에 "荀爽曰:「陽來居二, 坎在下爲淵.」"이라 함. 《傳》에 "與人訟者, 必處其身於安平之地. 若蹈危險, 則陷其身矣, 乃入于深淵也. 卦中有中正, 險陷之象"이라 하였고, 《本義》에 "以卦變·卦體·卦象, 釋卦辭"라 함.

★【天與水違行】天은 乾, 水는 坎. 상괘와 하괘가 서로 상반되는 상징을 가지고 있음. '違行'은 어긋나게 운행함. 하늘의 軌道는 서쪽으로 돌고, 물은 동쪽으로 흘러 서로 가는 길이 상반됨. 〈正義〉에 "天道西轉, 水流東注, 是天與水相違而行, 相違而行, 象人彼此兩相乖戾, 故致訟也. 不云'水與天違行'者, 凡訟之所起, 必剛健在先, 以爲訟始, 故云'天與水違行'也"라 하였고, 《集解》에 "荀爽曰:「天自西轉, 水自東流, 上下違行, 成訟之象也.」"라 함.

【君子以作事謀始】'作事謀始'는 일을 시작할 때 먼저 쟁송을 피할 모책을 면밀히 세움. 쟁송 자체를 없도록 하는 것이 가장 훌륭한 대처방법임을 뜻함. 王弼 注에 "聽訟, 吾猶人也. 必也使無訟乎!(《論語》顔淵篇) 无訟在於謀始, 謀始在於作制, 契之不明訟之, 所以生也. 物有其分職, 不相濫爭, 何由興訟之? 所以起契之過也. 故有德司契, 而不責於人"이라 하였고, 〈正義〉에 "'君子以作事謀始'者, 物旣有訟, 言君子當防此訟源. 凡欲興作其事, 先須謀慮其始, 若初始分職分明, 不相干涉, 卽終无所訟也"라 함. 《集解》에 "虞翻曰:「君子, 謂乾三來. 變坤爲作事, 坎爲謀, 乾知大始, 故以作事謀始.」干寶曰:「省民之情, 以制作也. 武王故先觀兵孟津, 蓋以卜天下之心, 故曰'作事謀始'也.」"라 함. 《傳》에 "天上水下, 相違而行. 二體違戾, 訟之由也. 若上下相順, 訟何由興? 君子觀象, 知人情有爭訟之道,

故凡所作事, 必謀其始. 絶訟端於事之始, 則訟无由生矣. 謀始之義, 廣矣. 若愼交結·明契券之類, 是也"라 하였고, 《本義》에 "天上水下, 其行相違, 作事謀始, 訟端絶也"라 함.

## (3) 爻辭와 象辭

初六: 不永所事, 小有言, 終吉.
☆象曰:「不永所事」, 訟不可長也; 雖「小有言」, 其辯明也.

〈언해〉 初六(초륙)은, 事(ᄉ)ᄒᆞᄂᆞᆫ 바ᄅᆞᆯ 永(영)티 아니면 져기 言(언)이 이시나 ᄆᆞᄎᆞᆷ애 吉(길)ᄒᆞ리라.[《本義》: 事(ᄉ)ᄒᆞᄂᆞᆫ 바ᄅᆞᆯ 永(영)티 아님이니]
  ☆象(샹)애 ᄀᆞᆯ오디「不永所事」는 訟(숑)은 可(가)히 長(댱)티 몯홀 거시니, 비록「져기 말이 이시나」그 辯(변)홈이 明(명)ᄒᆞ니라.
〈해석〉 [初六](--): 송사를 길게 끌고 가지 아니하면,(송사를 길게 끌고 가지 않음이니) 약간의 말썽은 있으나 마침내 길하게 될 것임을 상징한다.
  ☆象: "송사가 길게 끌지 않는다"함은, 소송은 가히 길게 할 수 없는 것이니, 비록 "약간의 말썽이 있으나", 그 변론은 명확함을 뜻한다.

【初六】송괘의 시작이며 하괘 坎의 첫효. 음효로써 九四에 相配하여 송사를 시작함. 그러나 柔弱한 음효이므로 서둘러 송사를 철회해야 길함.
  【不永所事】하는 바의 송사가 길게 끌고 가지 않고 중간에서 철회함. 이 효는 陰爻이면서 첫 효이므로 비록 전체 괘가 訟事를 뜻하지만 陰의 柔順함으로써 물러나 있음을 상징함. 〈正義〉에 "'不永所事'者, 永, 長也. 不可長久爲鬪訟之事, 以訟不可終也"라 함. ○高亨은 "不永所事者, 所事未久而中輟也"라 함. 따라서 程頤보다 朱熹의 해석이 명확함.
  【小有言, 終吉】이 효는 송괘의 첫 효이며 陰爻로써 약한 자가 송사에 관여했다가 중간에 철회한다고 약간의 질책이 있을 것임. 그러나 끝맺음은 吉할 것임. ○高亨은 "筮遇此爻, 所事未久而欲中輟, 將小受訶譴而終吉"이라 함. 〈正義〉에 "'小有言, 終吉'者, 言初六應于九四, 然九四剛陽, 先來非理犯己, 初六陰柔, 見犯乃訟, 雖不能不訟, 是不獲己而訟也. 故小有言, 以處訟之始, 不爲訟先, 故終吉"이라 함. 《集解》에 "虞翻曰:「永, 長也. 坤爲事初, 失位而爲訟始, 故不永所事也. '小有言', 謂初四易位成震言, 三食舊德, 震象半見, 故'小有言', 初變得正, 故終吉也.」"라 함. 《傳》에 "六, 以柔弱居下, 不能終極其訟者也.

故於訟之初, 因六之才爲之戒曰'若不長永其事, 則雖小有言, 終得吉'也. 蓋訟非可長之事, 以陰柔之才, 而訟於下難, 以吉矣. 以上有應援, 而能不永其事, 故雖小有言, 終得吉也. 有言災之小者也. 不永其事, 而不至於凶, 乃訟之吉也"라 하였고, 《本義》에 "陰柔居下, 不能終訟, 故其象占如此"라 함.

☆【「不永所事」, 訟不可長也】약한 자가 벌이는 소송은 길게 끌수록 불리함을 말함. 〈正義〉에 "〈象〉曰'訟不可長'者, 釋不永所事, 以訟不可長, 故不長此鬪爭之事"라 하였고, 《傳》에 "六, 以柔弱而訟於下, 其義固不可長永也. 永其訟, 則不勝而禍難及矣. 又於訟之初, 卽戒訟, 非可長之事也"라 함.

【雖「小有言」, 其辯明也】자신이 陰爻(柔)이므로 이길 수 없음을 명확히 밝힘. '辯'은 辨과 같음. ○이 효는 九四 陽剛과 상응하여 송사를 陽剛에게 맡기고, 자신은 陰의 柔順함을 지키고만 있으면 될 뿐임을 변론함. 王弼 注에 "處訟之始, 訟不可終, 故不永所事, 然後乃吉. 凡陽唱而陰和, 陰非先唱者也. 四召而應見犯, 乃訟處訟之始, 不爲訟先. 雖不能不訟而了訟, 必辯明也"라 하였고, 〈正義〉에 "'其辯明'者, 釋小有言以訟, 必辯析分明. 四雖初時犯己, 己能辯訟道理分明, 故初時小有言"라 함. 《集解》에 "盧氏曰:「初欲應四, 而二據之, 暫爭事不至永, 雖有小訟, 訟必辯明, 故終吉.」"이라 함. 《傳》에 "柔弱居下, 才不能訟, 雖不永所事, 旣訟矣, 必有小災, 故小有言也. 旣不永其事, 又上有剛陽之正應, 辯理之明, 故終得其吉也. 不然其能免乎? 在訟之義, 同位而相應·相與者也. 故初於四爲獲其辯明, 同位而不相得相訟者也. 故二與五爲對敵也"라 함.


九二: 不克訟, 歸而逋其邑, 人三百戶, 无眚.
☆象曰:「不克訟」, 歸逋竄也; 自下訟上, 患至掇也.

〈언해〉 九二(구이)는, 訟(숑)을 克(극)이 몯ᄒᆞ욤이니, 歸(귀)ᄒᆞ야 逋(포)ᄒᆞ야 그 邑人(읍인)이 三百戶(삼ᄇᆡᆨ호)ㅣ면 眚(셩)이 업스리라.[《本義》: 訟(숑)을 克(극)디 몯ᄒᆞ야 歸(귀)ᄒᆞ야 逋(포)홈이니]

☆象(샹)애 ᄀᆞᆯ오디 訟(숑)을 克(극)디 몯ᄒᆞ야 歸(귀)ᄒᆞ야 逋竄(포찬)ᄒᆞ욤이니, 下(하)로브터 上(샹)을 訟(숑)ᄒᆞ욤이 患(환)이 至(지)홈이 掇(텰)ᄃᆞᆺ ᄒᆞ니라.[《本義》: 掇(텰)홈이라]

〈해석〉 [九二](一): 소송을 이길 수 없음이니(이길 수 없어), 돌아와 도망함을 뜻하는 위치로서, 그 고을 백성이 3백 호 정도라면 재앙이 없이 무사함을 상징한다.

☆象: "소송을 이기지 못하여"은 돌아가 도망하여 숨는 것이니, 아래(九二)에서 윗사람(九五)에게 소송을 벌였다가, 환난이 다가오자 이를 스스로 나서서 수습하듯 하는 효이다.(수습하는 효이다.)

【九二】九五에 상배하며 둘 모두 陽爻로 剛健하므로 이길 수 없음.

【不克訟】爭訟을 이길 수 없음. '克'은 勝과 같음. 두 번째 효로써 陽爻이면서 그와 상응하는 九五 역시 陽爻이므로 서로 다투기는 하나 자신이 지위가 낮아 이길 수 없음을 의미함. 〈正義〉에 "不克訟'者, 克, 勝也. 以剛處訟, 不能下物, 自下訟上, 與五相敵, 不勝其訟, 言訟不得勝也"라 함.

【歸而逋其邑】돌아서서 자신의 봉지로 도망함. 《集解》에 "虞翻曰:「謂與四訟, 坎爲隱伏, 故逋. 乾位剛, 在上坎, 濡失正, 故不克也.」"라 함. 〈正義〉에 "歸而逋其邑'者, 訟旣不勝, 怖懼還歸, 逋竄其邑. 若其邑强大, 則大都偶國, 非逋竄之道"라 함.

【人三百戶, 无眚】많은 수가 아님을 뜻함. 자신이 이길 수 없음을 알고 겨우 3백호 정도의 작은 읍으로 도망하여 九五와의 다툼을 피함. '无眚'은 허물은 없음. '眚'은 허물. 過誤. 災殃. 災禍. 殃禍. 《說文》에 "眚, 目病生翳也"라 하였으며, 引申하여 災의 뜻으로 쓰임. ○高亨은 "此殆古代故事. 蓋有爲大夫者, 受封邑三百戶, 虐其邑人. 邑人訟其主於公所, 或王所. 其主敗訴, 邑被奪, 且將獲罪, 乃歸而逃. 其邑人遂免於災虐. 故曰「不克訟, 歸而逋, 其邑人三百戶, 无眚」"이라 하여 '其邑'을 뒤로 이었음. 王弼 注에 "以剛處訟, 不能下物. 自下訟上, 宜其不克. 若能以懼, 歸竄其邑, 乃可以免災. 邑過三百, 非爲竄也. 竄而據强, 災未免也"라 하였고, 〈正義〉에 "人三百戶, 无眚'者, 若其邑狹小, 唯三百戶, 乃可也. '三百戶'者, 鄭注:《禮記》云:『小國下大夫之制.』又鄭注:《周禮》小司徒云:『方十里爲成, 九百夫之地. 溝渠城郭道路, 三分去其一, 餘六百夫, 又以田有不易, 有一易, 有再易, 定受田三百家.』即此三百戶者, 一成之地也.」鄭注云:「不易之田, 歲種之. 一易之田, 休一歲乃種, 再易之田, 休二歲乃種.」言至薄也. 苟自藏隱, 不敢與五相敵, 則无眚災"라 함. 《集解》에 "虞翻曰:「眚, 災也. 坎爲眚, 謂二變應五, 乾爲百, 坤爲戶, 三, 爻. 故三百戶. 坎化爲坤, 故无眚.」"이라 함. 《傳》에 "二五相應之地, 而兩剛不相與, 相訟者也. 九二自外來以剛, 處險爲訟之主, 乃與五爲敵. 五以中正, 處君位, 其可敵乎? 是爲訟而義不克也. 若能知其義之不可, 退歸而逋避, 以寡約自處, 則得无過眚也. 必逋者, 避爲敵之地也. 三百戶邑之, 至小者, 若處强大, 是猶競也, 能无眚乎? 眚, 過也, 處不當也. 與知惡而爲有分也"라 하였고, 《本義》에 "九二陽剛, 爲險之主, 本欲訟者也. 然以剛居, 柔得下之中, 而上應九五陽剛居尊, 勢不可敵, 故其象占如此. 邑人三百戶, 邑之小者. 言

自處卑約, 以免災患. 占者如是, 則无眚矣"라 함.

☆【「不克訟」, 歸逋竄也】'逋竄'(포찬)은 도망하여 숨음. 《說文》에 "竄, 匿也"라 함.
〈正義〉에 "〈象〉曰'歸逋竄'者, 釋歸而逋邑, 以訟之不勝, 故退歸逋竄也"라 하였고, 《集解》
에 "荀爽曰:「三, 不克訟, 故逋而歸. 坤稱邑二者, 邑中之陽人. 逋, 逃也, 謂逃失邑中之陽
人.」"이라 함. 《傳》에 "義旣不敵, 故不能訟, 歸而逋竄, 避去其所也"라 함.

【自下訟上, 患至掇也】'自下訟上'은 九二의 낮은 지위이면서 九五의 강하고 높은 자
에게 訟事를 벌임. '患至掇也'의 '掇'은 '輟'의 假借. '멈추다, 그치다, 중지되다, 중지하
다' 등의 뜻. ○高亨은 "言邑人自下訟上, 災患因而輟止也"라 함. 〈正義〉에 "患至掇"者,
掇, 猶拾掇也. 自下訟上, 悖逆之道, 故禍患來至, 若手自拾掇其物, 言患必來也. 故王肅
云:「若手拾掇物然.」"이라 하였고, 《集解》에 "荀爽曰:「下與上爭, 卽取患害, 如拾掇小
物, 而不失也. 坤有三爻, 故云三百戶无眚. 二者, 下體之君. 君不爭, 則百姓无害也.」"라
함. 《傳》에 "自下而訟其上, 義乖勢屈, 禍患之至, 猶拾掇而取之. 言易得也"라 하였고,
《本義》에 "掇, 自取也"라 함.


六三: 食舊德, 貞厲, 終吉. 或從王事, 无成.
☆象曰:「食舊德」, 從上吉也.

〈언해〉 六三(륙삼)은, 舊德(구덕)을 食(식)ᄒ야 貞(뎡)ᄒ면 厲(려)ᄒ나, ᄆᆞᄎᆞ매 吉(길)ᄒ
리니,
或(혹) 王事(왕ᄉᆞ)를 從(죵)ᄒ야 成(셩)홈이 업도다.[《本義》: 或(혹) 王事(왕ᄉᆞ)ᄅᆞᆯ
從(죵)홀디라도 成(셩)홈이 업스리라]
☆象(샹)애 ᄀᆞᆯ오디 舊德(구덕)을 食(식)ᄒ니, 上(샹)을 從(죵)홀디라도 吉(길)ᄒ
리라.[《本義》:「食舊德」은 上(샹)을 從(죵)ᄒ면]

〈해석〉 [六三](--): 옛날 베풀었던 덕으로 녹을 먹어 정조(貞兆)의 내용은 위태로울 때가
있으나, 마침은 길하다. 혹 군왕의 사업에 종사하여(종사할지라도) 성취가 없음
을 상징하는 효이다.
☆象: 옛날 베풀어두었던 덕으로 식록을 먹으니, 윗사람에게 순종할지라도(순
종하면) 길하리라.

【六三】이는 下卦 坎의 가장 위이며 位不當함. 아울러 上九 역시 位不當하여 좋은 배합을 이루지 못함. 따라서 옛 식록을 그대로 유지하는 편이 나을 뿐이며, 군왕(九五)을 위해 일을 해도 큰 성과를 거두지 못함을 상징함.

【食舊德】옛날에 이루어 놓은 덕으로 食祿을 먹음. 〈正義〉에 "食舊德'者, 六三以陰柔, 順從上九, 不爲上九侵奪, 故保全己之所有, 故食其舊日之德祿位"라 함. 그러나 惠棟은 "食, 讀如日月有食之之食"이라 하였고, ○高亨도 '食'은 '蝕'으로, "竊謂食, 借爲蝕"이라 하였고, "食舊德, 謂虧損其故日之德行也. 食舊德則危難至, 危難至則知惕懼, 知惕懼則可無敗. 故曰「食舊德, 貞厲, 終吉」"이라 함.

【貞厲, 終吉】'貞'은 貞兆, 卜問. 爻의 筮辭 내용이 위태지만 끝은 길할 것임. 〈正義〉에 "貞厲'者, 貞, 正也; 厲, 危也. 居爭訟之時, 處兩剛之間, 故須貞正自危厲, 故曰'貞厲'. 然六三柔體, 不爭係應在上, 衆莫能傾, 故'終吉'也"라 하였고, 《集解》에 "虞翻曰: 「乾爲舊德食, 謂初四二已變之正, 三動得位體, 〈噬嗑〉食四變食乾, 故食舊德, 三變在坎正危, 貞厲得位, 故終吉也.」"라 함. 《傳》에 "三, 雖居剛而應上, 然質本陰柔, 處險而介二剛之間, 危懼非爲訟者也. 祿者稱德而受. 食舊德, 謂處其素分; 貞, 謂堅固自守; 厲終吉, 謂雖處危地, 能知危懼, 則終必獲吉也. 守素分而无求, 則不訟矣. 處危, 謂在險而承乘, 皆剛與居訟之時也"함.

【或從王事, 无成】'王事'는 王業, 君王의 사업. 建國. 王道의 실행. 군주의 사업을 도와 따르나 이룸이 없을 것임. ○高亨은 "從王事者, 貴克忠克勤, 始終如一, 否則將無所成. 故又曰「或從王事, 无成」, 亦承食舊德而言也"라 함. 王弼 注에 "體夫柔弱, 以順於上, 不爲九二自下訟上, 不見侵奪, 保全其有故, 得食其舊德而不失也. 居爭訟之時, 處兩剛之間, 而皆近不相得, 故曰'貞厲'. 柔體不爭, 繫應在上, 衆莫能傾, 故曰'終吉'. 上壯爭勝, 難可忤也. 故或'從王事, 不敢成'也"라 하였고, 〈正義〉에 "或從王事, 无成'者, 三應於上, 上則壯而又勝, 故六三或從上九之王事, 不敢觸忤, 无敢先成, 故云'无成'"이라 함. 《集解》에 "虞翻曰: 「乾爲王, 二變否, 時坤爲事, 故或從王事, 道无成, 而代有終. 故曰无成. 坤三, 同義也.」"라 함. 《傳》에 "柔, 從剛者也, 下從上者也. 三不爲訟, 而從上九所爲, 故曰'或從王事, 无成', 謂從上而成, 不在己也. 訟者, 剛健之事, 故初則不永, 三則從上, 皆非能訟者也. 二爻皆以陰, (一作處)柔不終, 而得吉. 四亦以不克, 而渝得吉. 訟以能止爲善也"라 하였고, 《本義》에 "食, 猶食邑之食. 言所享也. 六三陰柔, 非能訟者, 故守舊居正, 則雖危而終吉. 然或出而從上之事, 則亦必无成功. 占者, 守常而不出, 則善也"라 함.

☆【「食舊德」, 從上吉也】'上'은 위의 乾을 가리킴. ○이 爻는 下卦의 가장 높은 자리이지만 위의 三陽 乾의 의견을 따름. 〈正義〉에 "象曰從上吉'者, 釋所以食舊德, 以順從上

九, 故得其吉·食舊德也"라 하였고, 《集解》에 "侯果曰:「雖失其位, 專心應上, 故能保全舊恩, 食舊德者也. 處兩剛之間, 而皆近不相得, 乘二負四正之危也. 剛不能侵, 故終吉.」"이라 함. 《傳》에 "守其素分, 雖(一无雖字)從上之(一无之字)所爲, 非由己也. 故无成而終得其吉也"라 하였고, 《本義》에 "從上吉, 謂隨人則吉. 明自主事, 則无成功也"라 함.


## 九四: 不克訟. 復卽命渝, 安貞吉.
## ☆象曰:「復卽命渝, 安貞」, 不失也.

〈언해〉 九四(구ᄉᆞ)는, 訟(숑)을 克(극)디 몯ᄒᆞᄂᆞᆫ 디라, 復(복)ᄒᆞ야 命(명)애 나아가 渝(유)ᄒᆞ야 安(안)ᄒᆞ고 貞(뎡)ᄒᆞ면 吉(길)ᄒᆞ리라.[《本義》: 貞(뎡)애 安(안)홈이니]
　　　　☆象(샹)애 ᄀᆞᆯ오디「復卽命渝, 安貞」은 失(실)티 아님이라.

〈해석〉 [九四](一): 송사를 이기지 못하기에, 돌아와 정명으로 나아가 복종하여 개변하여 판결을 따르고, 바르게 행동하면(貞兆를 편안히 여김이니) 길하게 됨을 상징한다.
　　　　☆象: "돌아와서 정명에 나아가 변하여 판결을 따르고 정조를 편안히 여김"은 자신의 지위를 잃지 않을 것임을 뜻한다.


　【九四】이는 上卦 乾의 시작이며 양효로 位不當함. 아울러 아래 坎의 첫 효 初六과 正應을 이루었으되, 初六이 道理로써 辯明함으로 해서 이길 수 없음. 그 때문에 正命으로 나아가 안정을 취해야 할 위치임.

　【不克訟】王弼 注에 "初辯明也"라 하였고, 〈正義〉에 "九四, 旣非理陵犯於初, 初能分辯道理, 故九四訟不勝也"라 함.

　【復卽命渝】'復'은 되돌아옴. 返(反)과 같음. '卽命'은 正命으로 나아가 복종함. '命'은 正命, 正理, 正道. '卽'은 從과 같음. '渝'는 '유'로 읽음. 변함. 改變됨. 《說文》에 "渝, 變汚也"라 하여 좋지 않은 방향으로 변함을 뜻함. 그러나 '告하다, 일러주다'의 뜻으로, 諭의 借字로도 봄. 《說文》에 "諭, 告也"라 함. 여기서는 判決을 뜻함. ○高亨은 "「不克訟, 復卽命渝」者, 言不勝訴者, 歸而從上之令, 是訟事失敗也"라 함. 〈正義〉에 "'復卽命渝'者, 復, 反也; 卽, 就也. 九四訟旣不勝, 若能反就本理, 變前與初爭訟之命, 能自渝變休息, 不與初訟, 故云'復卽命渝.'"라 함. 《集解》에 "虞翻曰:「失位, 故不克訟. 渝, 變也. 不克訟, 故復位變而成巽, 巽爲命令, 故復卽命, 渝動而得位, 故安貞吉. 謂二已變坤安也.」"라 함.

　【安貞吉】'貞吉'(貞兆의 吉함)을 편안히 여김. 혹은 '점으로 안부를 묻다'의 뜻이라

함. ○高亨은 "安貞, 貞問安否. 爻辭言: 人不勝訴, 則返而從君上之命令告諭. 又筮遇此爻, 占問安否, 則吉. 故曰「安貞吉」"이라 함. 王弼 注에 "處上訟下, 可以改變者也. 故其咎不大, 若能反從本理, 變前之命, 安貞不犯, 不失其道. 爲仁由己, 故吉從之"라 하였고, 〈正義〉에 "'安貞吉'者, 旣能反從本理渝變, 徃前爭訟之命, 卽得安居貞吉"이라 함. 《集解》에 "侯果曰:「初旣辯明, 四訟妄也. 詔旣不克, 當反就前理, 變其詔命, 則安靜貞吉, 而不失初也.」"라 함. 《傳》에 "四, 以陽剛而居健, 體不得中正, 本爲訟者也. 承五履三, 而應(一有於字)初, 五, 君也. 義不克訟, 三居下而柔, 不與之訟初, 正應而順從, 非與訟者也. 四, 雖剛健, 欲訟无與對敵, 其訟无由而興, 故不克訟也. 又居柔以應柔, 亦爲能止之義. 旣義不克訟, 若能克其剛, 忿欲訟之心, 復卽就於命革, 其心平其氣, 變而爲安貞, 則吉矣. 命, 謂正理; 失正理爲方命, 故以卽命爲復也. 方不順也. 《書》(大禹謨)云:「方命圮族.」《孟子》(梁惠王下)曰:「方命虐民.」夫剛健而不中正, 則躁動. 故不安; 處非中正, 故不貞. 不安貞, 所以好訟也. 若義不克訟而不訟, 反就正理, 變其不安貞爲安貞, 則吉矣"라 하였고, 《本義》에 "卽, 就也. 命, 正理也; 渝, 變也. 九四, 剛而不中, 故有訟象. 以其居柔, 故又爲不克而復就正理, 渝變其心, 安處於正之象. 占者如是, 則吉也"라 함.

☆【「復卽命渝, 安貞」, 不失也】 '不失也'는 잃는 것이 없음. 자신의 지위를 잃지 않음. 《傳》에 "能如是, 則爲无失矣. 所以吉也"라 함. 〈正義〉에 "〈象〉曰'安貞, 不失'者, 釋復卽命渝之義, 以其反理變命, 故得安貞之吉, 不失其道"라 함.


# 九五: 訟, 元吉.
## ☆象曰:「訟, 元吉」, 以中正也.

〈언해〉 九五(구오)는, 訟(숑)애 크게 吉(길)홈이라.[《本義》: 크게 吉(길)흐리라]
　　　☆象(샹)애 굴오디「訟, 元吉」은 中正(듕졍)으로 뻬라.
〈해석〉 [九五](一): 송사에 크게 길할 것임을 상징한다.
　　　☆象: "소송에 크게 길하다"함은, 중정(中正)으로써 하기 때문이다.


　　【九五】 제왕의 자리이며 양효로써 위정당함. 따라서 이제껏 끌어온 송사를 형통하게 해결하여 원길할 것임.
　　【訟, 元吉】 여기서의 '訟'은 訟事에 대한 判決을 뜻함. 九五는 제왕, 군주, 해결사, 판결자를 상징함. 혹 송사를 벌이는 자가 이 효를 만나면 크게 길함. ○高亨은 "筮遇此

爻, 訟事大吉. 故曰「訟, 元吉」"이라 함. '元吉'은 크게 길함. 王弼 注에 "處得尊位, 爲訟之主. 用其中正, 以斷枉直, 中則不過正, 則不邪剛无所溺, 公无所偏, 故'訟, 元吉'"이라 하였고, 〈正義〉에 "處得尊位中, 而且正以斷獄訟, 故得'元吉'也"라 함. 《集解》에 "王肅曰:「以中正之德, 齊乖爭之俗, 元吉也.」 ○王弼曰:「處得尊訟之主, 用其中正, 以斷枉直. 中則不過, 正則不邪, 剛則无所溺, 公則无所偏, 故'訟, 元吉'.」"이라 함. 《傳》에 "以中正居尊位, 治訟者也. 治訟得其中正, 所以元吉也. 元吉, 大吉而盡善也. 吉大而不盡善者, 有矣"라 하였고, 《本義》에 "陽剛中正, 以居尊位, 聽訟而得其平者也. 占者, 遇之訟而有理, 必獲伸矣"라 함.

☆「訟, 元吉」, 以中正也' '中正'은 '九五'의 자리, 즉 得中을 뜻함. 帝王, 君主, 指導者의 위치에 해당하는 爻임을 말함. 〈正義〉에 "〈象〉曰'以中正也'者, 釋元吉之義. 所以訟得大吉者, 以九五處中而得正位中, 則不有過差. 正則不有邪曲, 中正爲德, 故'元吉'."이라 함. 《傳》에 "中正之道, 何施而不元吉?"이라 하였고, 《本義》에 "中則聽不偏, 正則斷合理"라 함.


## 上九: 或錫之鞶帶, 終朝三褫之.
## ☆象曰: 以訟受服, 亦不足敬也.

〈언해〉 上九(샹구)는, 或(혹) 鞶帶(반디)를 錫(셕)홀 디라도 아춤이 무차매 세 번 褫(톄)호리라.

　　☆象(샹)애 골오디 訟(숑)으로 뻐 服(복)을 受(슈)호욤이 쏘호 足(죡)히 敬(경)호얌즉디 아니니라.

〈해석〉 [上九](一): 혹 송사에 승리하여 큰 띠를 하사받는 영예를 얻을지라도, 하루아침에 세 번씩 그것을 빼앗길 것임을 상징한다.

　　☆象: 소송에 승리하였다는 이유로 복명(服命)의 총애를 받지만, 역시 족히 존경할 만한 것은 되지 못한다.

　【上九】 전체 송괘의 마무리를 한 자리이나 陽爻로써 位不當함. 따라서 승리하여 하사를 받지만 곧 빼앗길 것임.

　【或錫之鞶帶】 '錫'은 賜와 같음. 下賜함. '鞶帶'의 '鞶'(반)은 큰 가죽 띠. 大夫 이상 命服의 띠. 여기서는 高官大爵을 상징함. 《左傳》 桓公 20년 "鞶厲游纓"의 杜預 注에 "鞶, 紳帶也. 一名大帶"라 함. 《集解》에 "虞翻曰:「錫, 謂王之錫命; 鞶帶, 大帶, 男子鞶

革. 初四已易位三二之正, 巽爲腰帶, 故鞶帶.」라 함.

【終朝三褫之】 '終朝'는 아침이 마칠 때까지의 시간. 아주 잠깐 사이를 뜻함. '褫'(치)는 옷을 벗겨 빼앗음. 剝奪, 革奪의 뜻. 焦循은 "褫, 猶奪也"라 함. 扡, 拕와 같은 뜻임. 上九는 가장 높은 자리로 이제까지의 과정에서 송사에 이겼다하여 큰 녹위를 취득하였으나 陽剛의 거만함을 부리다가는 모든 관직을 박탈당하게 될 것임을 말함. ○高亨은 "筮遇此爻, 王侯或賜其人以鞶帶, 然在一日之間, 三次下令奪回之, 其寵榮不可保.「或錫之鞶帶, 終朝三褫之」, 言君之寵命變易無常也"라 함. 王弼 注에 "處訟之極, 以剛居上, 訟而得勝者也. 以訟受錫榮, 何可保? 故終朝之間, 褫帶者三也"라 하였고, 〈正義〉에 "'或錫之鞶帶'者, 上九以剛居上, 是訟而得勝者也. 若以謙讓蒙錫, 則可長保有; 若因訟而得勝, 雖或錫與鞶帶, 不可長久終, 一朝之間, 三被褫脫, 故云'終朝三褫之'"라 함. 《集解》에 "虞翻曰:「位終乾上, 二變時, 坤爲終離. 爲日乾爲甲, 日出甲上, 故稱朝. 應在三三變時, 艮爲手, 故'終朝三褫之', 使變應已, 則去其鞶帶. 體坎乘陽, 故象曰不足敬也.」 侯果曰:「褫, 解也. 乾爲衣爲言, 故以訟受服.」 "荀爽曰:「二四爭三, 三本下體, 取之有緣. 或者疑之辭也. 以三錫二, 於義疑矣. 爭競之世, 分理未明, 故或以錫二. 終朝者, 君道明. 三者, 陽成功也. 君明道盛, 則奪二與四, 故曰'終朝三褫之'也. 鞶帶, 宗廟之服, 三應於上, 上爲宗廟, 故曰'鞶帶'也.」 翟玄曰:「上以六, 三錫下三, 陽羣剛交爭, 得不以讓, 故終一朝之間, 各一奪之爲三褫.」"라 함. 《傳》에 "九, 以陽居上, 剛健之極. 又處訟之終, 極其訟者也. 人之肆其剛强, 窮極於訟, 取禍喪身, 固其理也. 設或使之善, 訟能勝窮極, 不已至, 於受服命之賞, 是亦與人仇爭, 所獲其能安保之乎? 故終一朝而三見褫奪也"라 하였고, 《本義》에 "鞶帶, 命服之飾. 褫, 奪也. 以剛居訟極, 終訟而能勝之, 故有錫命受服之象. 然以訟得之, 豈能安久? 故又有終朝三褫之象. 其占爲終訟, 无理而或取勝, 然其所得, 終必失之. 聖人爲戒之意, 深矣"라 함.

☆【以訟受服, 亦不足敬也】 '以訟受服'은 訟事로 인해 服命의 寵愛를 받음. 임금으로부터 예복과 명령을 받는 영예를 뜻함. '不足敬也'는 그것 정도로는 敬賀할 일이 되지 못함. 〈正義〉에 "〈象〉曰'以訟受服, 亦不足敬'者, 釋終朝三褫之義, 以其因訟得勝, 受此錫服, 非德而受, 亦不足可敬. 故終朝之間, 三被褫脫也. 凡言'或者, 或之言有也. 言或有如此, 故言'或', 則'三'云'或從王事无成', 及〈坤〉之六三'或從王事无成'之類, 是也. '鞶帶', 謂大帶也. 故杜元凱桓二年〈傳〉「鞶厲旒纓」注云:「鞶, 大帶也.」 此訟一卦及爻辭, 並以人事明之, 惟不利涉大川, 假外物之象, 以喩人事"라 함. 《集解》에는 "虞翻曰:「服, 謂鞶帶; 終朝見褫, 乾象毁壞, 故不足敬.」 ○九家《易》曰:「初二三四, 皆不正. 以不正相訟, 而得其服, 故不足敬也.」"라 함. 《傳》에 "窮極訟事, 設使受服命之寵, 亦且不足敬而可賤惡, 況又禍患隨至乎!"라 함.

# 007 師

**☷☵ 地水師: ▶坎下坤上(☵下☷上)**

*師(사): 본음대로 '사(shī)'로 읽음. '師'는 衆의 뜻. 馬融은 "二千五百人爲師"라 하여 많은 兵師(軍師)를 뜻함. 하괘는 坎(水), 상괘는 坤(地)으로, 물 위에 땅이 있는 異卦相疊의 '地水' 卦體임. 兵은 반드시 훌륭한 장수를 만나야 하고, 장수는 嚴明한 軍紀를 바탕으로 정도를 지켜 병사들에게 신뢰를 얻어야 전쟁에 승리할 수 있음을 상징함. 아울러 경솔하게 師旅를 움직이지 말 것을 함께 상징하기도 함. 이 괘는 다음의 比卦와 上下 小成卦(坎坤)가 바뀌어 있음.

*《集解》에 "〈序卦〉曰: 「訟必有衆起, 故受之以‘師’.」 師者, 衆也.(崔憬曰: 「因爭必起, 衆相攻, 故‘受之以師’也.」)"라 함.

*《傳》에 "'師', 〈序卦〉: 「訟必有衆起, 故受之以〈師〉.」 師之興, 由有爭也. 所以次〈訟〉也. 爲卦坤上坎下, 以二體言之, 地中有水, 爲衆聚之象; 以二卦之義言之, 內險外順, 險道而以順, 行師之義也. 以爻言之, 一陽而爲衆陰之主, 統衆之象也. 〈比〉以一陽爲衆陰之主, 而在上君之象也. 〈師〉以一陽爲衆陰之主, 而在下將帥之象也"라 함.

## (1) 卦辭

# 師: 貞, 丈人吉, 无咎.

〈언해〉 師(亽)는 貞(뎡)홀 디니, 丈人(댱인)이라아 吉(길)ᄒ고 咎(구)ㅣ 업스리라.[《本義》: 貞(뎡)ᄒ고]

〈해석〉 사(師, 사괘)는 병사를 일으키는 명분은 정당해야 할 것이니(貞하고), 덕이 있는 큰 어른이라야 길하고 허물이 없으리라.

【師】卦名이며, '軍師, 兵師'의 뜻. 하괘는 坎(水)이며 상괘는 坤(地). 地下에 물이 있으며 물의 양이 많아 그 흐름에 큰 영향을 받고 움직이므로 兵師(軍旅)의 象이라 여겨 괘명을 '師'라 한 것임.

【貞】여기서의 '貞'은 正의 뜻. 孔穎達〈正義〉에 "貞, 正也"라 함.

【丈人吉】군대의 총 지휘자. 謀策이 깊고 숙련된 지도라야 길함. '丈'은 '杖'과 같으며 지팡이(지휘봉 막대기)를 짚거나 들고 지휘하는 의미.《子夏易傳》에는 '大人'으로 되어 있으며, 李鼎祚, 吳澄, 姚配中 등도 모두 '大人'이어야 한다 하였으며, ○高亨은 "亨按: 諸說是也.《易》恆言'大人', 無言'丈人'者"라 함. 혹 君主를 가리키는 것으로도 봄.

【无咎】허물이나 재앙은 없음. 낭패를 보는 일은 없음. ○高亨은 "大人有所占問, 筮遇此卦則吉, 而無咎, 故曰「鼎, 大人吉, 无咎」"라 함.

王弼 注에 "丈人, 嚴莊之稱也. 爲師之正, 丈人乃吉也. 興役動衆, 无功, 罪也. 故'吉乃无咎'也"라 하였고, 〈正義〉에 "師, 衆也; 貞, 正也. '丈人', 謂嚴莊尊重之人. 言爲師之正, 唯得嚴莊丈人, 監臨主領, 乃得吉无咎, 若不得丈人監臨之衆, 不畏懼不能齊衆, 必有咎害"라 함.《集解》에 "何晏曰:「師者, 軍旅之名. 故《周禮》云『二千五百人爲師』也.」○王弼曰:「丈人, 嚴莊之稱, 有軍正者也. 爲師之正, 丈人乃吉. 興役動衆, 无功, 則罪, 故吉乃无咎.」○陸績曰:「丈人者, 聖人也. 帥師, 未必聖人, 若漢高祖·光武, 應此義也.」○崔憬曰:「《子夏傳》作'大人', 竝王者之師也.」○案: 此象云「師, 衆; 貞, 正也. 能以衆正, 可以王矣. 故《老子》曰:『域中有四大, 而王居其一焉.』由是觀之, 則知夫爲王者, 必大人也. 豈以丈人而爲王哉? 故乾〈文言〉曰:『夫大人與天地合德, 與日月合明. 先天而天不違, 後天而奉天時. 天且不違, 而況于人乎?』況于行師乎? 以斯而論.《子夏傳》作'大人', 是也. 今王氏曲解大人爲丈人, 臆云嚴莊之稱, 學不師古, 匪說攸聞, 旣誤違於經旨, 輒改正作'大人'明矣.」"라 함.《傳》에 "師之道, 以正爲本. 興師動衆, 以毒天下, 而不以正, 民弗從也. 强驅之耳, 故師以貞爲主. 其動雖正也, 帥之者, 必丈人, 則吉而无咎也. 蓋有吉而有咎者, 有无咎而不吉者. 吉且无咎, 乃盡善也. 丈人者, 尊嚴之稱. 帥師總衆, 非衆所尊信, 畏服, 則安能得人心之從? 故司馬穰苴, 擢自微賤, 授之以衆, 乃以衆心未服, 請莊賈爲將也. 所謂丈人, 不必素居崇貴, 但其才謀德業, 衆所畏服(一作嚴畏), 則是也. 如穰苴, 旣誅莊賈, 則衆心畏服, 乃丈人矣. 又如淮陰侯, 起於微賤, 遂爲大將, 蓋其謀爲有以使人尊畏也"라 하였고,《本義》에 "師, 兵衆也. 下坎上坤, 坎險坤順, 坎水坤地. 古者, 寓兵於農, 伏至險於大順藏, 不測於至靜之中. 又卦惟九二一陽居下, 卦之中爲將之象. 上下五陰, 順而從之, 爲衆之象. 九二以剛居下, 而用事六五, 以柔居上, 而任之爲人君, 命將出師之象, 故其卦之名曰師. 丈人, 長老之稱. 用師之道, 利於得正, 而任老成之人, 乃得吉而无咎. 戒占者, 亦必如是也"라 함.

## (2) 彖辭와 象辭

彖曰: 師, 衆也; 貞, 正也. 能以衆正, 可以王矣. 剛中而應,
行險而順, 以此毒天下,
而民從之, 吉又何咎矣!

★象曰: 地中有水, 師. 君子以容民畜衆.

〈언해〉 彖(단)애 골오디 師(亽)는 衆(즁)이오 貞(뎡)은 正(졍)이니 能(능)히 衆(즁)으로
뻐 正(졍)케 ᄒ면, 可(가)히 뻐 王(왕)ᄒ리라.[《本義》: 衆(즁)을 以(이)ᄒ야 貞
(뎡)ᄒ면]

剛中(강듕)이오 應(응)ᄒ고, 險(험)을 行(ᄒᆡᆼ)호디 順(슌)으로 ᄒ니,[《本義》: 順
(슌)ᄒ니]

일로뻐 天下(텬하)를 毒(독)호디 民(민)이 從(죵)ᄒ니 吉(길)ᄒ고 ᄯᅩ 므슴 咎(구)
ㅣ로오!

★象(샹)애 골오디 地中(디듕)애 水(슈)ㅣ 이숌이 師(亽)ㅣ니 君子(군ᄌ)ㅣ 以(이)
ᄒ야 民(민)을 容(용)ᄒ며 衆(즁)을 畜(튝)ᄒᄂ니라.[《本義》: 民(민)을 容(용)ᄒ
야 衆(즁)을 畜(혹)ᄒᄂ니라]

〈해석〉 彖: 師는 중이요, 貞은 正함이니 능히 무리로써 바르게 하면, 가히 왕노릇을
하리라.(능히 많은 무리를 근거로 하여 바르게 하면)

강(九二)이 중에 있으며 六五에 응하고 험(坎)한 속에서 행동하되 순종함으로써
하고 있다.(공순하니).

이것으로 천하를 감독하여 다스리되, 백성들이 복종하니, 길(吉)할 것이니, 또
무슨 허물이 있으리오!

★象: 땅 속에 물이 있음이 師卦이다. 군자는 이를 근거로 하여 백성을 포용하며,
무리를 길러내는 것이다.(백성을 표용하여 무리를 기르느니라)

【師, 衆也; 貞, 正也】 '師'는 衆의 뜻이며, '貞'은 正의 뜻. '貞'은 곧고 바름.

【能以衆正, 可以王矣】 '能以衆正'은 능히 많은 무리의 힘으로써 바로잡음. '可以王
矣'의 '王'은 동사로 쓰였음. 王天下할 수 있음. 〈正義〉에 "師, 衆也; 貞, 正也. 能以衆
正, 可以王矣'者, 此釋師卦之名, 幷明用師有功之義. 但師訓旣多, 或訓爲法, 或訓爲長,
恐此師名取法之與長, 故特明之師訓爲衆也. 貞爲正也. 貞之爲正, 其義已見於此. 復云'貞

正'者, 欲見齊衆, 必須以正, 故訓貞爲正也. 與下文爲首引之勢, 故云'能以衆正, 可以王矣'라 하였고, 《集解》에 "虞翻曰: 「坤爲衆, 謂二失位, 變之五爲〈比〉, 故能以衆正, 乃可以王矣.」 ○荀爽曰: 「謂二有中和之德, 而據羣陰, 上居五位, 可以王也.」"라 함. 《傳》에 "能使衆人皆正, 可以王天下矣. 得衆心服從而歸正, 王道止於是也"라 하였고, 《本義》에 "此以卦體釋師貞之義. 以謂能左右之也. 一陽在下之中, 而五陰皆爲所以也. 能以衆正, 則王者之師矣"라 함.

【剛中而應, 行險而順】'剛中而應'은 九二가 陽爻(剛)로 가운데에 자리 잡고 六五괘에 호응함. 〈正義〉에 "'剛中而應'者, 剛中, 謂九二而應謂六五"라 함. '行險而順'은 九二는 비록 坎(險)의 가운데에 있어 홀로 陽爻로서 中을 얻어 행동하되 능히 天理와 君道 및 人情에 맞추어 順應함을 이름. 〈正義〉에 "'行險而順'者, 行險, 謂下體坎也, 而順謂上體坤也. 若剛中而无應, 或有應而不剛中, 或行險而不柔順, 皆不可行師得吉也"라 하였고, 《集解》에 "蜀才曰: 「此本〈剝〉卦.」 案: 上九降二六, 二升上, 是剛中而應, 行險而順也.」"라 함. 《傳》에 "言二也. 以剛處中, 剛而得中道也. 六五之君爲正應, 信任之專也. 雖行險道, 而以順動, 所謂義兵王者之師也. 上順下險, 行險而順也"라 함.

【以此毒天下, 而民從之】'毒'은 督의 借字이며 監督하며 다스림. 俞樾은 "督, 讀爲督, 治也"라 함. 그러나 전체 6효 중 유일한 양효이므로 홀로 師卦의 主爻가 되어 剛(武力)으로 천하를 평정하여 백성들이 그를 따름. 王弼 注에 "毒, 猶役也"라 함. 干寶는 '荼苦'(씀바귀처럼 독함)라 하였음. 《集解》에 "干寶曰: 「坎爲險, 坤爲順. 兵革刑獄, 所以險民也. 毒民於險中, 而得順道者, 聖王之所難也. 毒, 荼苦也. 五刑之用, 斬刺肌體, 六軍之鋒, 殘破城邑, 皆所荼毒. 奸凶之人, 使服王法者也. 故曰'以此毒, 天下而民從之', 毒以治民, 明不獲已而用之, 故於象象六爻, 皆著戒懼之辭也.」"라 함.

【吉又何咎矣】〈正義〉에 "'以此毒天下, 而民從之, 吉又何咎矣'者, 毒, 猶役也. 若用此諸德, 使役天下之衆, 人必從之, 以得其吉, 又何無功而咎責乎? 自剛中以下, 釋丈人吉无咎也. 言丈人, 能備此諸德也"라 하였고, 《集解》에 "崔憬曰: 「剛能進義, 中能正衆, 旣順且應行險, 戡暴亭毒, 天下人皆歸往而以爲王. 吉又何咎矣?」"라 함. 《傳》에 "師旅之興, 不无傷財·害人·毒害天下, 然而民心從之者, 以其義動也. 古者, 東征西怨, 民心從也. 如是, 故吉而无咎. '吉'謂必克, '无咎'謂合義. 又何咎矣? 其義故(一作固)无咎也"라 하였고, 《本義》에 "又以卦體卦德釋. 丈人吉无咎之義, 剛中謂九二, 應謂六五, 應之行險謂行危, 道順謂順人心, 此非有老成之德者, 不能也. 毒, 害也. 師旅之興, 不无害於天下, 然以其有是才德, 是以民悅, 而從之也"라 함.

★【地中有水, 師】'地下有水'와 같음. 상괘 坤(地) 아래에 하괘 坎(水)이 있는 구조가

師卦임. 《集解》에 "陸續曰:「坎在坤內, 故曰'地中有水'. 師, 衆也. 坤中衆者, 莫過於水.」"라 함.

【君子以容民畜衆】 백성을 포용함으로써 많은 무리를 기름. 衆은 師衆을 가리킴. 〈正義〉에 "君子以容民畜衆'者, 言君子法此師卦, 容納其民, 畜養其衆, 若爲人除害, 使衆得寧, 此則容民畜衆也. 又爲師之主, 雖尙威嚴, 當赦其小過, 不可純用威猛於軍師之中, 亦是容民畜衆之義. 所以〈象〉稱'地中有水', 欲見地能包水, 水又衆大, 是容民畜衆之象, 若其不然, 或當云'地在水上', 或云'上地下水', 或云'水上有地', 今云'地中有水', 蓋取容畜之義也"라 함. 《集解》에 "虞翻曰:「君子, 謂二容寬也. 坤爲民衆, 又畜養也. 陽在二, 寬以居之, 五變執言, 時有頤養象, 故以容民畜衆矣.」"라 함. 《傳》에 "地中有水, 水聚於地中, 爲衆聚之象, 故爲師也. 君子觀地中有水之象, 以容保其民·畜聚其衆也"라 하였고, 《本義》에 "水不外於地, 兵不外於民, 故能養民, 則可以得衆矣"라 함.


## (3) 爻辭와 象辭

初六: 師出以律, 否臧, 凶.
☆象曰:「師出以律」, 失律, 凶也.

〈언해〉 初六(초륙)은, 師(ᄉᆞ)를 出(츌)호ᄃᆡ 律(률)로ᄡᅥ 홀디니 否(부)ㅣ면 臧(장)홀 디라도 凶(흉)ᄒᆞ니라.[《本義》: 臧(장)티 아니면 凶(흉)ᄒᆞ리라]
　　☆象(샹)애 ᄀᆞᆯ오ᄃᆡ 師(ᄉᆞ)를 出(츌)호ᄃᆡ 律(률)로ᄡᅥ 홀디니, 律(률)을 失(실)ᄒᆞ면 凶(흉)ᄒᆞ리라.

〈해석〉 [初六](--): 군사를 출동시키데 군률(軍律)으로써 할 지니, 그렇게 하지 않으면 훌륭하다 해도 흉하리라.(훌륭하게 하지 아니하면 흉하리라)
　　☆象: "군사를 출동시키되 군율로써 한다"함은, 군율을 잃으면 흉하기 때문이다.


【初六】 하괘 감의 시작이며 陰爻로 柔弱하면서 位不當함. 이에 군사의 첫 출정에 반드시 규율을 엄격히 적용하여야 함.

【師出以律】 군사를 출발시킴에 군법을 지키도록 엄하게 고함. '律'은 軍法, 軍律, 規律, 律令, 號令, 節度, 軍紀, 紀綱 등의 뜻. 〈正義〉에 "初六, 師出以律'者, 律, 法也. 初六爲師之始, 是整齊師衆者也. 旣齊整師衆, 使師出之時, 當須以其法制整齊之, 故云'師

出以律'也"라 함.

【否臧, 凶】'否臧'은 '不臧'과 같음. '否'는 漢〈帛書〉에는 '不'로 되어 있음. '臧'은 '善'의 뜻. 훌륭함. 그러나 '臧'은 壯의 借字로 보기도 함. '否臧'은 규율을 훌륭히 여기지 아니함. 軍律을 준수하지 않음을 뜻함. ○高亨은 "臧, 讀爲遵"이라 하여 '遵'(遵守)의 뜻으로 보았음. 이 爻는 師卦의 첫 爻로서 군대가 막 출동함을 의미하며, 그 때문에 軍紀를 우선시한 것임. ○高亨은 "兵出必以律, 不然, 其師雖壯亦凶, 故曰「師出以律, 否臧, 凶」"이라 함. 王弼 注에 "爲師之始, 齊師者也. 齊衆以律, 失律, 則散. 故師出以律, 律不可失, 失律而臧, 何異於否? 失令有功, 法所不赦, 故'師出, 不以律否臧', 皆凶"이라 하였고, 〈正義〉에 "'否臧, 凶'者, 若其失律, 行師无問, 否之與臧, 皆爲凶也. 否謂破敗; 臧謂有功. 然否爲破敗, 卽是凶也. 何須更云否臧凶者? 本意所明, 雖臧亦凶. 臧文旣單, 故以否配之欲盛, 言臧凶不可單言, 故云否之與臧, 皆爲凶也"라 함. 《傳》에 "初師之始也, 故言出師之義, 及行師之道, 在邦國興師(一作動衆), 而言合義理, 則是以律法也. 謂以禁亂誅暴而動. 苟動不以義, 則雖善亦凶道也. '善'謂克勝, '凶'謂殃民害義也. 在行師而言, 律謂號令, 節制行師之道, 以號令節制爲本, 所以統制. 於衆不以律, 則雖善亦凶, 雖使勝捷, 猶凶道也. 制師无法, 幸而不敗, 且勝者, 時有之矣. 聖人之所戒也"라 하였고, 《本義》에 "律, 法也. '否臧', 謂不善也. 晁氏曰:「否'字, 先儒多作'不', 是也. 在卦之初, 爲師之始, 出師之道, 當謹其始以律, 則吉. 不臧, 則凶. 戒占者, 當謹始而守法也"라 함.

☆【「出師以律」, 失律, 凶也】'否臧'과 같은 뜻. 軍律을 잃음. 〈正義〉에 "〈象〉曰'失律, 凶'者, 釋師出以律之義. 言所以必須以律者, 以其失律, 則凶反. 經之文以明經義"라 하였고, 《集解》에 "案: 初六以陰居陽, 履失其位, 位旣匪正. 雖令不從, 以斯行師, 失律者也. 凡首率師, 出必以律. 若不以律, 雖臧亦凶. 故曰師出以律, 失律凶也.」○九家《易》曰:「坎爲法律也.」"라 함. 《傳》에 "師出當以律, 失律則凶矣. 雖幸而勝, 亦凶道也"라 함.


# 九二: 在師, 中吉, 无咎. 王三錫命.
## ☆象曰:「在師, 中吉」, 承天寵也;「王三錫命」, 懷萬邦也.

〈언해〉九二(구이)는, 師(소)애 이셔 中(듕)홀 신 吉(길)호고 咎(구) ㅣ 업스니 王(왕)이 命(명)을 세 번 錫(셕)호놋다.[《本義》: 師中(소듕)에 이셔]

　　☆象(상)애 골오디 「在師, 中吉」은 天寵(텬튱)을 承(승)홈이오 「王三錫命」은 萬邦(만방)을 懷(회)홈이라.

〈해석〉 [九二](一): 군사를 다룸에 있어서(사중에 있어), 중(中, 九二)을 지키면 길하니, 허물이 없다. 임금(六五)이 세 번 그에게 명령을 내리시리라.

☆象: "군사를 다룸에 중을 지키면 길하다"함은, 천자(六五)의 은총을 계승함이요, "왕이 세 번 명을 내린다"함은, 여러 나라들을 회유(懷柔)하게 될 것임을 뜻한다.

【九二】 하괘 坎의 중앙이며 陽爻. 역시 位不當하나 자신이 중심을 잡으면 허물이 없음. 아울러 正應을 이루고 있는 六五와 음양이 부합하여 명령을 기다리는 위치임.

【在師, 中吉】 '在師'는 군사를 움직임. 視師, 率師의 뜻과 같음. '中吉'의 '中'은 九二가 陽爻로써 가운데에 위치하고 있어 吉한 것임을 말함. 이 효는 師卦의 主爻이며 主將임. 〈正義〉에 "在師, 中吉'者, 以剛居中而應於五, 是在師中吉也"라 함.

【无咎】 〈正義〉에 "无咎'者, 承上之寵爲師之主, 任大役重, 无功則凶, 故吉乃无咎"라 함.

【王三錫命】 '錫'은 賜와 같음. 下賜함. 九二가 師卦의 主將이므로 왕이 그에게 명령을 내린 것임. '三錫命'은 《禮記》 曲禮에 "一命受爵, 再命受服, 三命受車馬"라 하여 君主가 그(九二)의 공로를 아주 높이 치하함을 뜻함. ○高亨은 "筮遇此爻, 在師中者吉而無咎, 君將三次錫命, 以嘉其功勞. 故曰「在師, 中吉, 王三錫命」"이라 함. 王弼 注에 "以剛居中, 而應於上, 在師而得其中者也. 承上之寵, 爲師之主任大役重, 无功, 則凶. 故吉乃无咎也. 行師得吉, 莫善懷邦, 邦懷衆服, 錫莫重焉. 故乃得成命"이라 하였고, 〈正義〉에 "王三錫命'者, 以其有功, 故王三加錫命"이라 함. 《傳》에 "師卦, 唯九二一陽, 爲衆陰所歸, 五居君位, 是其正應. 二乃師之主, 專制其事者也. 居下而專制其事, 唯在師則可. 自古命將閫外之事, 得專制之. 在師專制而得中道, 故吉而无咎. 蓋恃專, 則失爲下之道; 不專, 則无成功之理, 故得中爲吉. 凡師之道, 威和並至, 則吉也. 旣處之, 盡其善, 則能成功而安天下, 故王錫寵命, 至于三也. 凡事至于三者, 極也. 六五在上, 旣專倚任, 復厚其寵數. 蓋禮不稱, 則威不重而下不信也. 他卦九二, 爲六五所任者, 有矣. 唯師專主其事, 而爲衆陰所歸, 故其義最大人臣之道, 於事无所敢專, 唯閫外之事, 則專制之. 雖制之在己, 然因師之力, 而能致者, 皆君所與而職當爲也. 世儒有論魯祀周公, 以天子禮樂, 以爲周公能爲人臣, 不能爲之功, 則可用人臣, 不得用之禮樂, 是不知人臣之道也. 夫居周公之位, 則(一有能字)爲周公之事, 由其位而能爲者, 皆所當爲也. 周公乃盡其職耳, 子道亦然. 唯孟子爲知此義, 故曰『事親若曾子者, 可也』(離婁上). 未嘗以曾子之孝, 爲有餘也. 蓋子之身, 所能爲者, 皆所當爲也"라 하였고, 《本義》에 "九二在下, 爲衆陰所歸, 而有剛中之

德, 上應於五而爲所寵任, 故其象占如此"라 함.

　　☆「在師, 中吉」, 承天寵也' '承天寵'은 하늘(천자)의 총애를 받음. 하늘의 큰 도움
이 있음을 말함. 혹 천자의 총애를 뜻함. 여기서 '天'은 六五(五는 군주의 위치임)와
호응되어 그의 총애를 받음. 〈正義〉에 "〈象〉曰'承天寵'者, 釋在師中吉之義也. 正謂承受
五之恩寵, 故中吉也"라 하였고, 《集解》에 "九家《易》曰:「雖當爲王, 尙在師中. 爲天所
寵, 事克功成, 故言无咎. 二非其位, 蓋謂武王受命, 而未卽位也. 受命爲王, 定天下以師,
故曰在師中吉.」"이라 함.

　　【「王三錫命」, 懷萬邦也」' '懷萬邦'은 모든 나라들을 품어 안음. '懷'는 招懷, 懷來의
뜻. 《爾雅》에 "懷, 來也"라 하여 이르도록 함. '邦'은 邦國. 〈正義〉에 "'懷萬邦也'者, 以
其有功能, 招懷萬邦, 故被王三錫命也"라 하였고, 《集解》에 "荀爽曰:「王, 謂二也. 三者,
陽德成也. 德純道盛, 故能上居王位而行錫命. 羣陰歸之, 故曰'王三錫命, 懷萬邦也'.」○
案: 二互體震, 震木數三, 王三錫命之象. 《周禮》云:『一命受職, 再命受服, 三命受位.』是
其義也.」"라 함. 孔穎達 〈正義〉에 "「懷萬邦也」者, 以其有功, 能招懷萬邦, 故被王三錫命
也"라 함. 《傳》에 "在師中吉者, 以其承天之寵任也. '天', 謂王也. 人臣非君寵任之, 則安
得專征之權, 而有成功之? 吉象, 以二專主其事, 故發此義. 與前所云世儒之見, 異矣. 王
三錫以恩命, 襃其成功, 所以(一有威字)懷萬邦也"라 함.


# 六三: 師或輿尸, 凶.
# ☆象曰:「師或輿尸」, 大无功也.

〈언해〉 六三(륙삼)은, 師(ᄉ)를 或(혹) 모다 尸(시)ᄒ면 凶(흉)ᄒ리라.[《本義》: 師(ᄉ)ㅣ
　　或(혹) 尸(시)를 輿(여)홈이니 凶(흉)ᄒ니라]
　　☆象(상)애 ᄀᆞᆯ오디「師或輿尸」면 크게 功(공)이 업슴이라.[《本義》:「師或輿尸」ᄂᆞᆫ
　　크게 功(공)이 업슴이라]

〈해석〉 [六三](--): 군사를 출동시켰다가는 혹 크게 패하여 아군의 시신을 수레에 싣
　　고 돌아올 수도 있으니, 흉하다.(군사들이 혹 시신을 후에게 싣고 옴이니, 흉
　　하니라)
　　☆象: "군사를 출동시켰다가 혹 아군의 시신을 수레에 싣고 돌아올 수도 있다"
　　함은, 전공(戰功)이 없기가 아주 심하다는 것이다.(「師或輿尸」는 그게 공이 없
　　다는 것이다.)

【六三】하괘 坎의 가장 위이며, 陰爻로 位不當함. 上六 역시 陰爻로 正應을 이루지 못하고 있음. 따라서 이 경우 출정했다가는 크게 패하고 아군의 시신을 수습해오는 참혹한 상황을 맞게 됨.

【師或輿尸, 凶】'或'은 未確定을 의미함. '輿尸'는 패하여 자신들 죽은 我軍의 尸身(屍身)을 수레에 싣고 돌아옴. '輿'는 動詞로 쓰였음. 六三은 하괘의 가장 위에 있으되 음효로써 아래 陽剛(九二)을 누르고 있으며, 상괘 坤의 호응도 얻지 못하여, 고립된 위치임에도 조급하게 군사를 움직였다가 도리어 대패하여 시신을 싣고 돌아올 자리임. 그 때문에 凶한 것임. 따라서 筮占에서 이 효를 만나면 섣불리 행동하지 말 것을 경계한 것임. ○高亨은 "輿尸者, 以輿載死人也. 戰敗卒死, 載尸而還, 是凶也. 故曰「師或輿尸, 凶」"이라 함. 王弼 注에 "以陰處陽, 以柔乘剛, 進則无應, 退无所守, 以此用師, 宜獲輿尸之凶"이라 하였고, 〈正義〉에 "以陰處陽, 以柔乘剛, 進无所應, 退无所守. 以此用師, 或有輿尸之凶"이라 함. 《集解》에 "虞翻曰:「坤爲尸, 坎爲車, 多眚. 〈同人〉·〈離〉爲戈兵爲折首, 失位乘剛无應, 尸在車上, 故'輿尸凶'矣.」"라 함. 《傳》에 "三, 居下卦之上, 居位當任者也. 不唯其才, 陰柔不中正, 師旅之事, 任當專一. 二旣以剛中之才, 爲上信倚, 必專其事, 乃有成功. 若或更使衆人, 主之凶之道也. '輿尸', 衆主也, 蓋指三也. 以三居下之上, 故發此義. 軍旅之事, 任不專一, 覆敗必矣"라 하였고, 《本義》에 "輿尸, 謂師徒撓敗, 輿尸而歸也. 以陰居陽, 才弱志剛, 不中不正, 而犯非其分, 故其象占如此"라 함.

☆【「師或輿尸」, 大无功也】'大无功'은 공을 세움이 아주 없음. 크게 패배함. '大'는 '매우, 아주' 등의 뜻. 六三은 陰爻로 坎(水, 險)의 가장 위에 자리하고 있으며, 아울러 그 위도 계속 陰爻의 연속으로 승리의 기색이 전혀 없음을 상징함. 〈正義〉에 "〈象〉曰 '大无功也'者, 釋輿尸之義. 以其輿尸, 則大无功也"라 하였고, 《集解》에 "盧氏曰:「失位乘剛, 內外无應. 以此帥師, 必大敗, 故有輿尸之凶, 功業大喪也.」"라 함. 《傳》에 "倚付二, 三安能成功? 豈唯无功? 所以致凶也"라 함.


六四: 師左次, 无咎.
☆象曰:「左次, 无咎」, 未失常也.

〈언해〉 六四(륙사)는, 師(ᄉᆞ)ㅣ 左(좌)로 次(ᄎᆞ)ᄒᆞ욤이니 咎(구)ㅣ 업도다.
　　　☆象(샹)애 ᄀᆞᆯ오디 「左次, 无咎」는 常(샹)을 失(실)홈이 아니라.[《本義》: 常(샹)을 失(실)티 아니 홈이라]

〈해석〉[六四](--): 군사들이 물러나 오래 좌측에 머물고 있는 위치이니, 허물이 없으리라.

☆象: "군사가 물러나 오래 좌측에 머물고 있어 허물이 없다"함은, 아직 상도(常道)을 잃지 않기 때문이다.(常을 잃지 아니 함이라)

【六四】상괘 곤의 첫 시작이며 음효로 위정당하나 유약함. 아울러 상배하는 초륙 역시 음효로 도움이 없음. 따라서 전투에서 물러나 자신의 위치에 머물고 있어야 함을 상징함.

【師左次, 无咎】군사가 왼쪽으로 물러나 머물고 있으면 재앙이 없음. '左'는 왼쪽으로 主體가 아님을 뜻함. '次'는 군대가 한 곳에 사흘 이상을 머물고 있음을 뜻함. 《左傳》桓公 3년에 "凡師一宿爲舍, 再宿爲信, 過信爲次"라 함. 六四의 위치는 上卦 坤의 첫 효이므로 아직 나서서 전투를 벌일 단계에 이르지는 않았음을 뜻함. 따라서 뒤로 물러나 장시간을 말없이 대기한 때를 기다려야 함. ○高亨은 "筮遇此爻, 其師舍於左則無咎, 故曰「師左次, 无咎」"라 함. 王弼 注에 "得位而无應, 无應不可以行; 得位, 則可以處, 故左次之而无咎也. 行師之法, 欲右背高, 故左次之"라 하였고, 〈正義〉에 "六四, 得位而无應, 无應不可以行. 得位則可以處, 故云'師左次, 无咎'. 故師在高險之左, 以次止, 則无凶咎也"라 함. 《集解》에 "荀爽曰:「左, 謂二也. 陽稱左. 次, 舍也. 二與四同功, 四承五, 五无陽, 故呼二舍於五, 四得承之, 故无咎.」"라 함. 《傳》에 "師之進, 以强勇也. '四'以柔居陰, 非能進而克捷者也. 知不能進而退, 故左次. '左次', 退舍也. 量宜進退, 乃所當也, 故无咎. 見可而進, 知難而退, 師之常也. 唯取其退之, 得宜不論其才之能否也. 度不能勝(一作進), 而完師以退, 愈於覆敗遠矣. 可進而退, 乃爲咎也. 《易》之發此義, 以示後世, 其仁深矣!"라 하였고, 《本義》에 "左次, 謂退舍也. 陰柔不中, 而居陰得正, 故其象如此. 全師以退, 賢於六三遠矣, 故其占如此"라 함.

☆【「左次, 无咎」, 未失常也】'未失常'은 아직 그 用兵의 常道를 잃지 않았기 때문임. 王弼 注에 "雖不能有獲, 足以不失其常也"라 하였고, 〈正義〉에 "〈象〉曰'未失常'者, 釋无咎之義. 以其雖未有功, 未失常道"라 함. 《集解》에 "崔憬曰:「偏將軍居左, 左次, 常備師也. 師順用柔, 與險无應, 進取不可, 次舍无咎, 得位故也.」"라 함. 《傳》에 "行師之道, 因時施宜, 乃其常也. 故左次, 未必(一无必字)爲失也. 如四退次乃得其宜, 是以无咎"라 하였고, 《本義》에 "知難而退, 師之常也"라 함.

六五: 田有禽, 利執言, 无咎. 長子帥師, 弟子輿尸, 貞凶.
☆象曰:「長子帥師」, 以中行也;「弟子輿尸」, 使不當也.

〈언해〉六五(륙오)는, 田(뎐)애 禽(금)이 잇거든 言(언)을 執(집)홈이 利(리)ᄒᆞ니 咎(구)
ㅣ 업스리라. 長子(댱ᄌᆞ)ㅣ 師(ᄉᆞ)를 帥(솔)홀 디니, 弟子(뎨ᄌᆞ)ㅣ 모다 尸(시)케
ᄒᆞ면 貞(뎡)ᄒᆞ야도 凶(흉)ᄒᆞ리라.[《本義》: 田(뎐)애 禽(금)이 이숌이라. 執(집)홈
이 利(리)ᄒᆞ니 咎(구)ㅣ 업스리라. 長子(댱ᄌᆞ)로 師(ᄉᆞ)를 帥(솔)ᄒᆞ고, 弟子(뎨ᄌᆞ)
로 尸(시)를 여(輿)케 ᄒᆞ면]
☆象(샹)애 ᄀᆞᆯ오디「長子帥師」는 中(듕)으로써 行(ᄒᆡᆼ)홈이오,「弟子輿尸」는 使
(ᄉᆞ)홈이 當(당)티 아니 홈이라.

〈해석〉[六五](--): 전지(田地) 새가 들어와 작물을 해치니, 지나가는 말을 들어 행하는
것이 이롭고 허물이 없으니라. 장자(長子, 九二)가 군사를 통솔하게 될 것이지
만, 작은 아들(六三, 六四)에게 시키면 아군의 시신을 싣고 돌아오게 하는 것이
니, 정사(貞辭)조차도 흉하리라.(밭에 새들이 있음이라. 잡는 것이 이로우니,
허물이 없으리라. 장자로 하여금 군사를 통솔하게 하고, 둘째 아들로 하여금
시신을 수레데 싣고 오게 하면)
☆象:"장자가 군사를 통솔한다"함은, 상괘의 가운데에 위치하여, 행동하기 때
문이요, 둘째 아들이 아군 시신을 수레에 싣고 온다"함은, 그를 시키는 것이
온당하지 않음을 말한다.

【六五】이는 제왕의 자리. 그러나 陰爻로써 位不當하며 柔弱하여 正應을 이룬 九二
의 양효에게 명령을 내려 참패한 시신을 싣고 오도록 해야 함을 상징함.
【田有禽, 利執言, 无咎】'田有禽'의 '田'은 '畋'의 借字. 사냥을 뜻함. 사냥에서 새를
잡음. '禽'은 조류의 總稱. ○高亨은 "田有禽者, 田獵而獲鳥獸也. 筮遇此爻, 田獵有獲,
故曰「田有禽」"이라 함. 그러나 '밭에 새들이 날아 들어오다'의 뜻으로 적이 침범해 왔
음을 의미하는 것이라고도 함. '利執言'은 말씀을 받들고 있으면 유리하며, 허물이
없음. '執'은 혹 '(포로를) 잡다'의 뜻으로도 봄. '言'은 聞一多는 "言, 當讀爲訊"이라 하
였으며, '執訊'은 '執俘'와 같은 뜻임. 그러나 옆 사람의 '間言, 閑言'의 뜻으로 보기도
함. 그런가 하면 '言'은 '焉'의 借字로 '焉'은 새의 일종. ○高亨은 "'言', 疑借爲'焉', 二字
古通用.《詩》大東:「睠言顧之.」《荀子》宥坐篇引'言'作'焉', 即其證.《說文》:「焉, 焉鳥
也. 黃色, 出於江淮.」余謂焉鳥, 不限於江淮,《易經》此'言'字即借爲'焉', '執焉', 即捕焉

鳥, 正承上句'田有禽'而言也. 捕焉鳥, 筮遇此爻, 則利而無咎. 故曰「利執言, 无咎」라 함.
〈正義〉에 "'田有禽, 利執言'者, 柔得尊位, 陰不先唱, 柔不犯物犯, 而後應往必得直, 故往
卽有功, 猶如田中有禽而來犯苗. 若往獵之, 則无咎過也. 人之脩田, 非禽之所犯, 王者守
國, 非叛者所亂, 禽之犯苗, 則可獵取; 叛人亂國, 則可誅之. 此假他象以喩人事, 故'利執
言, 无咎'. 己不直, 則有咎; 己今得直, 故可以執此言, 往問之而无咎也"라 하였고, 《集
解》에 "虞翻曰:「田, 謂二陽稱禽震, 爲言五, 失位變之正. 〈艮〉爲執, 故利執言无咎.」○
荀爽曰:「田, 獵也. 謂二帥師, 禽五, 五利. 度二之命, 執行其言, 故无咎也.」○案:「六五
居尊, 失位, 在師之時, 蓋由殷紂而被武王擒於鹿臺之類, 是也. 以臣伐君, 假言田獵. 六
五離爻體, 坤離爲戈兵·田獵·行師之象也.」"라 함.

【長子帥師】'長子'는 맏아들. 九二爻를 가리킴. '帥師'는 '군사를 거느리다, 引率하
다, 統率하다' 등의 뜻. '帥'은 '솔'로 읽으며 '率'과 同音通假. 《集解》에 "虞翻曰:「長子,
謂二. 震爲長子, 在師中, 故帥師也.」"라 함.

【弟子輿尸】'弟子'는 長子의 아우. 즉 작은아들. 六三과 六四의 陰爻들을 가리킴.
○高亨은 '弟'는 '次'의 假借로 弟子는 次子, 즉 둘째아들로 보았음. ○高亨은 "長子爲主
將, 而次子喪其軍, 是用其親以致敗績也. 故曰「長子帥師, 弟子輿尸, 貞凶」"이라 함. 王弼
注에 "處師之時, 柔得尊位. 陰不先唱, 柔不犯物, 犯而後應. 往必得直, 故田有禽也. 物先
犯己, 故可以執言而无咎也. 柔非軍帥, 陰非剛武, 故不躬行, 必以授也. 授不得正, 則衆不
從, 故長子帥師可也. 弟子之凶, 故其宜也"라 하였고, 〈正義〉에 "'長子帥師, 弟子輿尸,
貞凶'者, 以己是柔, 不可爲軍帥, 己又是陰身, 非剛武, 不可以親行, 故須役任長子·弟子之
等. 若任役長子, 則可以帥師; 若任用弟子, 則軍必破敗, 而輿尸, 是爲正之凶. 莊氏云:「長
子謂九二, 德長於人; 弟子謂六三, 德劣於物.」"이라 함.

【貞凶】貞兆(貞辭)의 내용으로 보아 이 爻는 凶함. '五'는 군주(제왕)의 자리인데 미
약한 陰爻이므로 主將을 잘 선택하는 역할을 할 뿐임. 《集解》에 "虞翻曰:「弟子, 謂三,
三體坎, 坎震之弟, 而乾之子. 失位乘陽逆, 故貞凶.」"이라 함. 《傳》에 "五, 君位興師之主
也. 故言興師, 任將之道, 師之興, 必以蠻(一作戎)夷猾夏, 寇賊姦宄, 爲生民之害, 不可懷
來, 然後奉辭以誅之. 若禽獸入于田中, 侵害稼穡, 於義宜獵取, 則獵取之. 如此而動, 乃
得无咎. 若輕動以毒天下, 其咎大矣. '執言', 奉辭也. 明其罪而討之也. 若秦皇·漢武, 皆
窮山林以索禽獸者也. 非田有禽也, 任將授師之道, 當以長子帥師. 二在下而爲師之主, 長
子也. 若以弟子衆主之, 則所爲雖正, 亦凶也. '弟子', 凡非長(一有子字)者也. 自古任將不
專, 而致覆敗者, 如晉荀林父邲之戰, 唐郭子儀相州之敗, 是也"라 하였고, 《本義》에 "六
五, 用師之主, 柔順而中, 不爲兵端者也. 敵加於己, 不得已而應之, 故爲田有禽之象, 而

其占利以搏執而无咎也. '言', 語辭也. '長子', 九二也. '弟子', 三四也. 又戒占者, 專於委任, 若使君子任事, 而又使小人參之, 則是使之輿尸而歸, 故雖貞而亦不免於凶也"라 함.

☆【「長子帥師」, 以中行也】이 六五 효는 上卦 坤의 중앙에 있어 中正의 道를 행하는 자리임을 말함. 《集解》에 "荀爽曰: 「長子, 謂九二也. 五處中, 應二. 受任帥師, 當上升五, 故曰'長子帥師, 以中正也'.」"라 함.

【「弟子輿尸」, 使不當也】부당한 일을 시켰기 때문임. 〈正義〉에 "今案〈象辭〉云'長子帥師', 以中行也. 是九二居中也; '弟子輿尸, 使不當也', 謂六三失位也"라 하였고, 《集解》에 "宋衷曰: 「弟子, 謂六三也. 失位乘陽, 處非所據, 衆不聽從, 師人分北, 或敗績死亡, 輿尸而還, 故曰'弟子輿尸', 謂'使不當其職'也.」"라 함. 《傳》에 "長子, 謂二. 以中正之德, 合於上, 而受任以行, 若復使其餘者, 衆尸其事, 是任使之不當也. 其凶宜矣"라 함.


# 上六: 大君有命, 開國承家, 小人勿用.
# ☆象曰: 「大君有命」, 以正功也; 「小人勿用」, 必亂邦也.

〈언해〉上六(샹륙)은, 大君(대군)이 命(명)을 둠이니, 國(국)을 開(기)ᄒ며 家(가)를 承(승)ᄒ욤애 小人(쇼인)을 쓰디 마롤 디니라.[《本義》: 大君(대군)이 命(명)을 두어 國(국)을 開(기)ᄒ며 家(가)를 承(승)홈이니]

☆象(샹)애 굴오디 「大君有命」은 뻐 功(공)을 正(졍)홈이오, 「小人勿用」은 반드시 邦(방)을 亂(란)ᄒ 시라.

〈해석〉[上六](--): 대군(九五)의 그(上六)에게 공을 치하하는 명령이 있음을 상징하니, 제후나라를 세워주고, 경대부의 집안을 이어줌에 소인을 임용하지 말 것이니라.(대군이 명을 내려 나라를 열어주고 집안을 계승토록 함이니)

☆象: "천자의 명령이 있다"함은, 논공행상을 정당하게 함을 말하는 것이요, "소인을 쓰지 말라"함은, 그들은 틀림없이 나라를 혼란에 빠뜨릴 것이기 때문이다.


【上六】전체 사괘의 마감이며 음효로 위부당함. 논공행상을 벌여야 하는 위치이므로 國(제후)과 家(경대부)를 잇도록 해주되, 소인을 가까이 하지 말아야 함을 상징함.

【大君有命】大君은 天子(六五). 有功者에게 명령을 내림. 論功行賞을 실시함. 〈正義〉에 "'大君有命'者, 上六處師之極, 是師之終竟也. 大君, 謂天子也. 言天子爵命"이라

함. 《集解》에 "虞翻曰:「〈同人〉乾爲大君, 〈巽〉爲有命.」○干寶曰:「大君, 聖人也. 有命, 天命也. 五常爲玉位, 至師之家, 而變其例者, 上爲郊也. 故易位以見, 武王親征, 與師人同處於野也. 〈離〉上九曰:『王用出征, 有嘉折首.』上六爲宗廟, 武王以文王行, 故正開國之辭, 於宗廟之爻, 明己之受命文王之德也. 故《書》泰誓曰:『予克紂, 非予武, 惟朕文考無罪; 受克予, 非朕文考有罪, 惟予小子無良.』開國, 封諸侯也; 承家, 立都邑也. 小人勿用, 非所能矣.」라 함.

【開國承家】제후국을 分封하고 대부들에게 采邑을 繼承하도록 함. 고대 '國'은 諸侯, '家'는 제후의 卿大夫 가문을 뜻함. 諸侯는 나라를, 卿大夫는 邑(采邑, 食邑)을 소유하게 됨. 王弼 注에 "處師之極, 師之終也. 大君之命, 不失功也. 開國承家, 以寧邦也. 小人勿用, 非其道也"라 하였고, 〈正義〉에 "此上六, 若其功大, 使之開國爲諸侯; 若其功小, 使之承家爲卿大夫"라 함. 《集解》에 "虞翻曰:「承, 受也. 坤爲國, 二稱家, 謂變乾爲坤, 欲令二上居五爲〈比〉, 故開國承家.」○荀爽曰:「大君, 謂二師. 旅已息, 旣上居五, 當封賞有功, 立國命家也. 開國, 封諸侯; 承家, 立大夫也.」○宋衷曰:「陽當之五, 處坤之中, 故曰開國. 陰下之二, 在二承五, 故曰承家. 開國, 謂析土地以封諸侯, 如武王封周公七百里地也; 承家, 立大夫爲差, 次立大夫, 因采地名, 正其功勳, 行其賞祿.」"이라 함.

【小人勿用】소인은 등용하지 말아야 함. 혹 소인은 이러한 일을 할 수 없음. 이상에 대해 ○高亨은 "筮遇此爻, 有位者將以功受邦, 是爲開國; 或以功受邑, 是爲承家. 小人則不可有所施行, 故曰「大君有命, 開國承家, 小人勿用」"이라 함. 〈正義〉에 "'小人勿用'者, 言開國承家, 須用君子, 勿用小人也"라 하였고, 《集解》에 "虞翻曰:「陰, 稱小人. 坤虛无君體, 迷復凶. 坤成乾, 滅以弑君, 故小人勿用.」"이라 함. 《傳》에 "上師之終也, 功之成也. 大君以爵命賞有功也. '開國', 封之爲諸侯也; '承家', 以爲卿大夫也. 承, 受也. 小人者, 雖有功不可用也. 故戒使勿用師旅之興, 成功非道, 不必皆君子也. 故戒以小人有功, 不可用也. 賞之以金帛祿位可也. 不可使有國家而爲政也. 小人平時易致驕盈, 況挾其功乎? 漢之英·彭, 所以亡也. 聖人之深慮遠戒也. 此專言師終之義, 不取爻義. 蓋以其大者, 若以爻言, 則六以柔居順之極, 師旣終, 而在无位之地, 善處而无咎者也"라 하였고, 《本義》에 "師之終順之極, 論功行賞之時也. 坤爲土, 故有開國承家之象. 然小人, 則雖有功, 亦不可使之得有爵土, 但優以金帛可也. 戒行賞之人, 於小人則不可用此占, 而小人遇之, 亦不得用此爻也"라 함.

☆【「大君有命」, 以正功也】정당한 방법으로 공을 세웠기 때문임. 혹 '正'은 '그 동안 군사를 움직여 세운 공들을 평가하다', 즉 論功行賞의 뜻으로 봄. 〈正義〉에 "〈象〉曰'大君有命, 以正功也'者, 正此上六之功也"라 하였고, 《集解》에 "虞翻曰:「謂五多功, 五動正

位, 故正功也.」○干寶曰:「湯武之事.」라 함.

【「小人勿用」, 必亂邦也】小人을 등용했다가는 반드시 나라에 혼란을 가져올 것이기에 소인은 등용해서는 안 됨. 〈正義〉에 "'小人勿用, 必亂邦也'者, 若用小人, 必亂邦國, 故不得用小人也"라 하였고, 《集解》에 "虞翻曰:「坤反君道, 故亂邦也.」○干寶曰:「楚靈·齊閔, 窮兵之禍也.」"라 함. 《傳》에 "大君持恩賞之柄, 以正軍旅之功, 師之終也. 雖賞其功小人, 則不可以有功而任用之. 用之, 必亂邦. 小人恃功而亂邦者, 古有之矣"라 하였고, 《本義》에 "聖人之戒, 深矣!"라 함.

# 008 비比

**≣≣ 水地比: ▶坤下坎上(☷下☵上)**

\* 比(비): 〈音義〉에 "比, 毗志反"이라 하여 '비(bi)'로 읽음. '比'는 親比, 즉 친하게 곁에 이웃함을 뜻함. 그러나 〈象傳〉에 "比, 輔也"라 하였고, 《爾雅》에는 "比, 俌也"라 하였으며, 《說文》에는 "俌, 輔也"라 하여, 이 괘의 '比'는 '輔'(雙聲), 즉 '王을 輔弼하다'의 뜻이 가까움. 하괘는 坤(地)이며 상괘는 坎(水)으로, 땅 위에 물이 있어 비교적 안정된 관계를 이룬 異卦相疊의 '水地' 卦體임. 상하 사이에 피차 마땅히 친밀히 서로 의지하고 우의를 다져야 함을 상징함. 그러나 원칙이 없거나 선악을 가리지 아니하는 親比는 옳은 것이 아님을 지적하기도 함. 고대 縱的인 尊卑長幼의 倫理 사상의 연원이 됨. 앞 師卦와 上下 小成卦가 바뀌어 있음.

\* 《集解》에 "〈序卦〉曰:「衆必有所比, 故受之以'比'.」(崔憬曰:「方以類聚物, 以羣分人衆, 則羣類必有所比矣. 上比相阿黨, 下比相和親也. 相黨則相親, 故言比者, 比也.」"라 함.

\* 《傳》에 "'比', 〈序卦〉:「衆必有所比, 故受之以〈比〉.」 比, 親輔也. 一作比, 輔比也.(一作比輔也) 人之類, 必相親輔, 然後能安, 故旣有衆, 則必有所比. 比所以次〈師〉也. 爲卦上坎下坤, 以二體. 言之水在地上, 物之相切比, 无間莫如水之在地上, 故爲〈比〉也. 又衆爻皆陰, 獨五以陽, 剛居君位, 衆所親附, 而上亦親下, 故爲〈比〉也"라 함.

## (1) 卦辭

## 比: 吉, 原筮, 元永貞, 无咎. 不寧方來, 後夫凶.

〈언해〉 比(비)는 吉(길)을 原(원)ᄒ야 筮(셔)호ᄃᆡ 元(원)ᄒ고 永(영)ᄒ고 貞(뎡)ᄒ면 咎(구)ㅣ 업스리라.[《本義》: 比(비)는 吉(길)ᄒ나 두 번 筮(셔)ᄒ야 元(원)ᄒ고 永(영)ᄒ고 貞(뎡)ᄒ야아]

寧(녕)티 몯ᄒ야아 보야호로 來(리)ᄒ나니 後(후)ᄒ면 夫(부)ㅣ라도 凶(흉)ᄒ리라.

[《本義》: 寧(녕)티 몯ᄒᆫ 이 보야호로 來(리)ᄒ리니 後(후)ᄒ 夫(부)는 凶(흉)ᄒ리라]

〈해석〉 비(比, 비괘)는 길함을 두 번 서점을 치되, 크고 길어 정(貞)하면 허물이 없으리

라.(비괘는 길하나 두 번 서점(筮占)을 쳐서 크고 길어 정사(貞辭)가 그렇게 나와
야 허물이 없으리라.)

편안치 않아야 바야흐로 찾아올 것이니, 뒤쳐져 오면 제후라 해도 흉(凶)하리
라.(편안 치 못한 자가 바야흐로 찾아올 것이니, 뒤쳐져 늦게 찾아오는 제후는
흉하리라.)


【比】卦名이며, 하괘 坤(地)이 상괘 坎(水)을 가지고 있어, 물이 大地를 적시고 江海
를 이룸. 이에 서로 의지하고 친밀하게 도우며 곁에 있음을 뜻하여, 괘명을 〈比〉괘라
한 것임. 《說文》에 "比, 密也"라 하였고, 《辭源》에 "比, 親也, 輔也, 從也"함. '서로 親하
며 따르고 보필하다'의 뜻. 한편 본문 일부에는 '阿附하다, 阿比하다'의 뜻으로도 쓰였
음. 〈正義〉에 "比吉'者, 謂能相親比而得其吉"이라 하였고, 《集解》에 "虞翻曰:「師二上
之五得位, 衆陰頗從比, 而輔之. 故吉與大有旁通.」○子夏《傳》曰:「地得水而柔, 水得土
而流, 比之象也. 夫凶者, 生乎乖爭. 今旣親比, 故云'比吉'也.」"라 함. 이 괘는 《左傳》昭
公 7년에 그 활용한 예가 실려 있음.

【原筮, 元永貞, 无咎】 '原筮'는 '幷筮'라고도 하며 동시에 두 번 점을 치는 것이라
함. 《廣雅》에 "原, 再也"라 함. 고대 점치는 방법으로 세 사람이 동시에 점을 쳐서 다
수결로 점괘를 결정하였다 함. 《尙書》洪範에 "立時人作小筮, 三人占, 則從二人之言"
이라 함. ○高亨은 "原筮者, 後人追稱舊筮之辭也"라 하여 옛날 원래 쳤던 점의 내용이
라 하였음. '元永貞'은 '元亨, 永貞'이어야 함. 《左傳》昭公 7년에 "元亨, 永貞"이라 하였
으며, 貞兆가 元하고 亨하며 永(恒)함을 뜻함. 그러나 '元亨'은 '형통함을 키워나가다,
확대하다'의 뜻으로도 봄. 한편 ○高亨은 '亨'은 享(祭祀)의 뜻으로 '이 괘를 만났을
때 제사를 거행하면 길이 길하며 허물이 없을 것임'을 알려주는 정조라 함. 〈正義〉에
"原筮, 元永貞, 无咎'者, 欲相親比, 必能原窮其情, 筮決其意, 唯有元大, 永長貞正, 乃得
无咎. '元永貞'者, 謂兩相親比, 皆須永貞"이라 하였고, 《傳》에 "比, 吉道也. 人相親比,
自爲吉道, 故雜卦云:「比樂師憂.」人相親比, 必有其道, 苟非其道, 則有悔咎. 故必推原
占, 決其可比者, 而比之. '筮', 謂占決卜度, 非謂以蓍龜也. 所比得元永貞, 則无咎. '元',
謂有君長之道; '永', 謂可以常久; '貞', 謂得正道, 上之比下必, 有此三者. 下之從上, 必
求. 此三者, 則无咎也"라 함.

【不寧方來, 後夫凶】 '不寧方來'는 천자에게 服從하지 않는 邦國을 뜻함. '寧'은 安,
'方'은 邦의 뜻. '方'은 邦國. 그러나 '方'은 '多方, 各方'의 뜻으로 보기도 함. 〈正義〉에
"'不寧方來'者, 此是寧樂之時, 若能與人親比, 則不寧之方, 皆悉歸來"라 함. '後夫凶'의

'後夫'는 늦도록 조회에 오지 않는 제후. 그에게는 凶함이 있음. 上六을 가리킴. 이 괘에는 오직 九五만이 유일한 陽爻이며 아울러 正中의 자리여서 전체 괘의 主爻가 됨. 이에 따라 자신이 미덕을 발휘하여 나머지 다섯 음효들이 자신에게 親附해오도록 하고 있으나 上六만은 자신의 위에 있음을 말함. ○高亨은 "「元亨, 永貞, 无咎, 不寧方來, 後夫凶」十三字, 殆舊原筮之辭也"라 함. 〈正義〉에 "'後夫凶'者, '夫', 語辭也. 親比貴速, 若及早而來, 人皆親已, 故在先者, 吉若在後而至者. 人或疎已, 親比不成, 故後夫凶. 或以夫爲丈夫, 謂後來之人也"라 하였고, 《集解》에 "干寶曰:「比者, 坤之歸魂也. 亦世於七月而息來, 在已去陰, 居陽承乾之命義, 與師同也. 原, 卜也. 《周禮》:『三卜一曰原.』兆, 坤德變化反歸, 其所四方旣同, 萬國旣親, 故曰比吉. 考之蓍龜, 以謀王業, 大相東土, 卜惟洛. 食遂乃定鼎, 郟鄏卜世, 三十; 卜年七百. 德善長於兆民, 戩祿永於被業, 故曰'原筮元永貞'. 逆取順守居安如危, 故曰'无咎', 天下歸德, 不唯一方, 故曰'不寧方來'. 後服之夫, 違天失人, 必災其身, 故曰'後夫凶'也.」"라 함. 《傳》에 "人之不能自保其安寧, 方且來求親比得所比, 則能保其安. 當其不寧之時, 固宜汲汲以求比, 若獨立自, 恃求比之志, 不速而後, 則雖夫亦凶矣. 夫猶凶, 況柔弱者乎? 夫剛立之稱. 傳曰'子南夫也'. 又曰'是謂我, 非夫. 凡生天地之間者, 未有不相親比, 而能自存者也. 雖剛强之至, 未有能獨立者也. 比之道, 由兩志相求. 兩志不相求, 則暌矣. 君懷撫其下, 下親輔(一作附)於上, 親戚朋友鄉黨, 皆然. 故當上下合志, 以相從. 苟无相求之意, 則離而凶矣. 大抵人情相求, 則合; 相持, 則暌. 相持相待莫先也. 人之相親, 固有道. 然而欲比之志, 不可緩也"라 하였고, 《本義》에 "比, 親輔也. 九五以陽剛, 居上之中, 而得其正. 上下五陰, 比而從之, 以一人而撫萬邦, 以四海而仰一人之象, 故筮者得之, 則當爲人所親輔. 然必再筮以自審, 有元善長永正固之德. 然後可以當衆之歸. 而无咎. 其未比而有所不安者, 亦將皆來歸之. 若又遲而後至, 則此交已固. 彼來已晩, 而得凶矣. 若欲比人, 則亦以是而反觀之耳"라 함.

## (2) 彖辭와 象辭

彖曰: 比, 吉也, 比, 輔也, 下順從也.「原筮, 元永貞, 无咎」, 以剛中也;

「不寧方來」, 上下應也;「後夫凶」, 其道窮也.

★象曰: 地上有水, 比. 先王以建萬國·親諸侯.

〈언해〉 彖(단)애 굴오디 比(비)는 吉(길)홈이며,

比(비)는 輔(보)홈이니, 下(하)ㅣ 順從(순종)홈이라.

「原筮, 元永貞, 无咎」는 剛(강)으로뻐 中(듕)홈이오,

「不寧方來」는 上下(샹하)ㅣ 應(응)홈이오,

「後夫凶」은 그 道(도)ㅣ 窮(궁)홈이라.

★象(샹)애 굴오디 地上(디샹)에 水(슈)ㅣ 이숌이 比(비)니 先王(션왕)이 以(이)ᄒ야 萬國(만국)을 建(건)ᄒ고 諸侯(제후)를 親(친)ᄒ니라.

〈해석〉 彖: 比는 吉함을 뜻하며, 비는 보필함을 뜻한다. 아래 신분으로 순종해야 한다. "두 번 점을 쳐서 크고 길게 정사가 나오면 허물이 없다"함은, 강(剛)함으로써 중도(中道)를 지켜 다스리기 때문이요, "편안치 못한 자가 바야흐로 찾아온다" 함은, 위아래가 서로 호응하기 때문이요, "뒤에 찾아오는 제후는 흉하다"함은, 그 제후의 도(道)가 궁해졌기 때문이다.

★象: 물(坎)이 땅(坤) 위에 있는 것이 비괘(比卦)이니, 선왕(先王)은 이러한 상을 근거로 해서 많은 제후를 세우고, 그 제후들 친근하게 대우하였던 것이다.

【比, 吉也】'也'자는 衍文. '比, 吉'이어야 함. '괘 전체는 吉함'의 뜻. 〈正義〉에 "比吉 也'者, 釋親比爲善, 言相親比而得吉也"라 함. 그러나 주희《本義》에는 "此三字, 疑衍文" 이라 함.

【比, 輔也】'比'는 '보필하다'의 뜻임을 말한 것.《爾雅》에 "比, 俌也"라 하였고,《說文》 에 "俌, 輔也"라 함. 〈正義〉에 "'比輔也'者, 釋比所以得吉, 由比者, 人來相輔助也"라 함.

【下順從也】'下'는 初六, 六二, 六三, 六四의 陰爻들을 가리킴. 〈正義〉에 "下順從'者, 在下之人, 順從於上, 是相輔助也. 謂衆陰順從九五也. 自此以上, 釋比名爲吉之義"라 하 였고,《集解》에 "崔憬曰:「下比於上, 是下順也.」"라 함.《傳》에 "比, 吉也. 比者, 吉之道 也. 物相親比, 乃吉道也. 比, 輔也. 釋比之義. 比者, 相親輔也. 下順從也, 解卦所以爲比

也. 五以陽居尊位, 羣下順從以親輔之, 所以爲比也"라 하였고, 《本義》에 "此以卦體, 釋卦名義"라 함.

【「原筮, 元永貞, 无咎」, 以剛中也】'以剛中'은 上卦 坎의 가운데 九五가 陽爻로써 剛하며 아울러 제왕의 자리에 득중하고 있을 뜻함. 王弼 注에 "處比之時, 將原筮以求无咎, 其唯元永貞乎? 夫羣黨相比, 而不以元永貞, 則凶邪之道也. 若不遇其主, 則雖永貞, 而猶未足免於咎也. 使永貞而无咎者, 其唯九五乎!"라 하였고, 〈正義〉에 "'原筮, 元永貞, 无咎, 以剛中'者, 釋原筮元永貞无咎之義, 所以得如此者, 以九五剛而處中, 故使比者, 皆得原筮元永貞无咎也"라 함. 《集解》에 "蜀才曰: 「此本〈師〉卦.」 案: 六五降二九, 二升五, 剛往得中, 爲比之主, 故能原究筮道, 以求長正而无咎矣."라 함. 《傳》에 "推原筮(一作占)決相比之道, 得元永貞而後可以无咎. 所謂'元永貞', 如五是也. 以陽剛居中正, 盡比道之善者也. 以陽剛, 當尊位爲君德元也. 居中得正, 能永而貞也. 〈卦辭〉本泛言比道, 〈彖〉言元永貞者, 九五以剛處中正是也"라 함.

【「不寧方來」, 上下應也】上卦 九五爻만 유일한 양효이며 나머지 다섯 효는 모두 음효로써 둘러싸서 그에 호응함. 王弼 注에 "上下无陽, 以分其民, 五獨處尊, 莫不歸之, 上下應之, 旣親且安. 安則不安者託焉. 故不寧方, 所以來上下應故也. 夫无者求有, 有者不求, 所與危者求安, 安者不求所保, 火有其炎, 寒者附之, 故己苟安焉, 則不寧之方, 皆來矣"라 하였고, 〈正義〉에 "'不寧方來, 上下應'者, 釋不寧方來之義, 以九五處中, 故上下羣陰, 皆來應之. 於此之時, 陰往比陽, 羣陰未得其所, 皆未寧也"라 함. 《集解》에 "虞翻曰: 「水性流動, 故'不寧'. 坤陰爲方, 上下應之, 故'方來'也.」"라 함. 《傳》에 "人之生, 不能保其安寧, 方且來求附比, 民不能自保, 故戴君以求寧. 君不能獨立, 故保民以爲安, 不寧而來比者, 上下相應也. 以聖人之公言之固, 至誠求天下之比, 以安民也. 以後王之私言之, 不求下民之附, 則危亡至矣. 故上下之志, 必相應也. 在卦言之, 上下羣陰比於五, 五比其衆, 乃上下應也"라 함.

【「後夫凶」, 其道窮也】'後夫凶'은 《集解》에 "虞翻曰: 「後, 謂上; 夫, 謂五也. 坎爲後, 艮爲背, 上位在背, 後无應, 乘陽, 故'後夫凶'也.」"라 함. '其道窮'은 上六은 比卦의 극위임을 가리킴. 이 主爻가 九五의 陽에게 陰(柔)으로써 親附하는 窮極에 있음을 말함. 王弼 注에 "將合和親而獨在後, 親成則誅, 是以凶也"라 하였고, 〈正義〉에 "'後夫凶, 其道窮'者, 釋後夫凶他, 悉親比已, 獨後來比道窮困, 无人與親, 故其凶也. 此謂上六也"라 함. 《集解》에 "荀爽曰: 「後夫, 謂上六. 逆禮乘陽, 不比聖王, 其義當誅, 故'其道窮', 凶也.」"라 함. 《傳》에 "衆必相比, 而後能遂其生, 天地之間, 未有不相親比而能遂者也. 若相從之志, 不疾而後, 則不能成比, 雖夫亦凶矣, 无所親比, 困屈以致凶窮之道也"라 하였고, 《本

義》에 "亦以卦體釋卦辭, '剛中'謂五, '上下'謂五陰"이라 함.

　★【地上有水, 比】 하괘 坤(地)위에 상괘 坎(水)이 있는 구조가 比卦임.《集解》에 "何晏曰:「水性潤下, 今在地上, 更相浸潤, 比之義也.」"라 함.

　【先王以建萬國·親諸侯】 선왕들이 만국을 세워주고 그들 제후들과 친밀하게 관계를 맺음. 王弼 注에 "萬國以比, 建諸侯以比親"이라 하였고, 〈正義〉에 "建萬國, 親諸侯, 非諸侯以下之所爲, 故特云'先王'也. 建萬國, 謂割土而封建之; 親諸侯, 謂爵賞恩澤而親友之, 萬國據其境域, 故曰建也; 諸侯謂其君身, 故云'親'也. 地上有水, 猶域中有萬國, 使之各相親比, 猶地上有水, 流通相潤及物, 故云'地上有水, 比'也"라 함.《集解》에 "虞翻曰:「先王謂五, 初陽已復震爲建, 爲諸侯, 坤爲萬國, 爲腹. 坎爲心腹, 心親比, 故以建萬國, 親諸侯.《詩》(周南 兎罝)曰:『公侯腹心.』」是其義也.」"라 함.《傳》에 "夫物相親比而无間者, 莫如水在地上, 所以爲比也. 先王觀比之象, 以建萬國·親諸侯. '建立萬國', 所以比民也. '親撫諸侯', 所以比天下也"라 하였고,《本義》에 "地上有水, 水比於地, 不容有間. 建國親侯, 亦先王所以比於天下, 而无間者也. 〈象〉意人來比我, 此取我往比人"이라 함.

# (3) 爻辭와 象辭

初六: 有孚比之, 无咎. 有孚盈缶, 終來有它吉.
☆象曰: 比之初六, 有它吉也.

〈언해〉 初六(초륙)은, 孚(부)를 두어 比(비)ᄒ야아 咎(구) ┃ 업스리니[《本義》: 孚(부)를 두어 比(비)홈이라]

　　　孚(부)를 둠이 缶(부)애 盈(영)툿 ᄒ면 終(죵)애 來(리)ᄒ야 它吉(길타)이 이시리라.[《本義》: 終來(죵릐)예 它吉(타길)이 이시리라]

　　　☆象(샹)애 ᄀᆞᆯ오ᄃᆡ 比(비)의 初六(초륙)은, 它吉(타길)이 인ᄂᆞ니라.

〈해석〉 [初六](--): 믿음을 가지고 九五효와 친하게 하면 허물이 없으리라.(믿음을 가지고 九五효와 친하게 지내는 것이니라.)

　　　믿음을 가짐이 항아리에 물이 넘치듯이 하니 끝에는 다른 길함이 있게 되리라.
　　　(끝에는 다른 길함이 있으리라.)

　　　☆象: 比卦의 初六은 다른 길함이 있느니라.

【初六】하괘 坤의 첫 효이며 陰爻. 柔弱한 채로 친히 여기며 괘 전체에서 유일한 양효이며 제왕의 자리인 九五에게 성실하게 친함을 유지해야 함.

【有孚比之, 无咎】'孚'는 믿음. 성실. 혹 俘. 俘虜. '比'는 친히 여김, 잘 按撫함. 그러나 ○高亨은 '孚'자와 '比'자에 대해 "孚卽俘字, 有孚, 謂軍隊虜得敵方之人員財物也. 本卦比字皆爲輔義, 且皆就臣輔君而言也. 臣之於君, 有所輔弼, 若筮遇此爻, 則無咎. 故曰「比之, 无咎」"라 함. '之'는 九五를 가리킴. 〈正義〉에 "有孚比之, 无咎'者, 處比之始, 爲比之首, 若无誠信, 禍莫大焉. 必有誠信而相親比, 終始如一爲之誠信, 乃得无咎"라 하였고, 《集解》에 "虞翻曰:「孚, 謂五. 初失位, 變來得正, 故无咎也.」"《集解》에 "荀爽曰:「初在應外, 以喩殊俗, 聖王之信, 光被四表, 絶域殊俗, 皆來親比, 故无咎也.」"라 함. 《傳》에 "初六, 比之始也. 相比之道, 以誠信爲本, 中心不信而親人, 人誰與之? 故比之始, 必有孚誠, 乃无咎也, 孚信之, 在中也"라 함.

【有孚盈缶】'缶'는 항아리. 독. 장군. 질그릇. 항아리에 가득 술을 마련하여 俘虜에게 줌으로써 따르도록 함. 그러나 믿음이 항아리에 가득 차도록 함을 비유함. 즉 孔穎達 〈正義〉에 "處比之始, 爲比之首者也. 夫以不信爲比之首, 則禍莫大焉. 故必有孚盈缶, 然後乃得免比之咎"라 함. 그러나 ○高亨은 "有孚盈缶, 謂虜得其物滿盆中也"라 함.

【終來有它吉】'終來'는 마침내. 최후에는. 혹 '來'는 '未'자의 오류가 아닌가 함. 于省吾는 "來, 疑未字之訛. 來未二字形近, 終未有它, 故言吉也"라 함. '它吉'은 다른 吉兆. 餘慶. 《詩傳義》에는 '他吉'로, 〈十三經本〉에는 '它吉'로 되어 있음. '它'는 意外, 變故의 뜻. 뜻밖의 吉함. 그러나 일부 주석에는 '它'와 '吉'을 끊어 "끝까지 다른 의외의 일이 없을 것이므로, 길하다"라 하였음. 이 효는 比卦의 시작으로 九五와 거리가 가장 멂. 이에 따라 믿음이 항아리 가득한 물처럼 많으니, 최후에는 다른 길경까지 얻게 될 것임을 비유함. ○高亨은 "筮遇此爻, 終無意外之患, 故曰「終來有它吉」"이라 하여 '來'를 '未'자로 보았음. 王弼 注에 "處比之始, 爲比之首者也. 夫以不信爲比之首, 則禍莫大焉. 故必有孚盈缶, 然後乃得免比之咎. 故曰'有孚比之, 无咎'也. 處比之首, 應不在一心, 无私吝, 則莫不比之著信立, 誠盈溢乎? 質素之器, 則物終來无衰竭也. 親乎天下, 著信盈缶, 應者豈一道而來? 故必有它吉也"라 하였고, 〈正義〉에 "有孚盈缶, 終來有他吉'者, 身處比之首, 應不在一, 心无私吝, 莫不比之有此, 孚信盈溢, 質素之缶, 以此待物, 物皆歸向, 從始至終, 尋常恒來, 非唯一人而已. 更有他人竝來而得吉, 故云'終來有他吉'也. 此假外象, 喩人事也"라 함. 《集解》에 "虞翻曰:「坤, 器爲缶; 坎水流, 坤初動成屯. 屯者, 盈也. 故盈缶, 終變得正, 故終來. 有它吉在內, 稱來也.」"라 함. 《傳》에 "誠信充實於內, 若物之盈滿於缶中也. 缶質素之器, 言若缶之盈實其中, 外不加文飾, 則終能來有他吉也. 他, 非此也, 外也.

若誠實充於內, 物无不信, 豈用飾外以求比乎〉誠信中實, 雖他外, 皆當感而來, 從孚信比之本也"라 하였고, 《本義》에 "比之初, 貴乎有信, 則可以无咎矣. 若其充實, 則又有他吉也"라 함.

☆【比之初六, 有它吉也】《集解》에 "荀爽曰:「缶者, 應內以喩中國, 孚旣盈滿, 中國終來, 及初非應, 故曰'它'也. 象云: '有它吉'者, 謂信及非應, 然後吉也.」"라 함. 《傳》에 "言比之初六者, 比之道在乎始也. 始能有孚, 則終致有他之吉. 其始不誠, 終焉得吉, 上六之凶, 由无首也"라 함.


# 六二: 比之自內, 貞吉.
# ☆象曰: 「比之自內」, 不自失也.

〈언해〉 六二(륙이)는, 比(비)호믈 內(닉)로브터 홈이니, 貞(뎡)ᄒ야 吉(길)ᄒ도다.[《本義》: 貞(뎡)ᄒ 디라 吉(길)ᄒ리라]

　　☆象(샹)애 ᄀᆞᆯ오디 「比之自內」는 스스로 失(실)티 아니미라.

〈해석〉 [六二](--): 친근히 함은 안으로부터 하는 것이니, 곧고 길하도다.(곧은 지라 길하리라.)

　　☆象: "친근히 함을 안으로부터 한다" 함은, 스스로 정도를 잃지 않음을 뜻한다.


【六二】하괘 坤의 중앙이며 음효로 位正當함. 아울러 九五와 상배하여 음양이 부합함. 안으로 전체를 이끄는 역할을 잘 해냄으로써 길함.

【比之自內, 貞吉】 '自內'는 내부 구성원들로부터 단결함. '比'는 친근히 여겨 단결함. 이는 하괘 坤의 가운데에 있으면서 中正을 얻었고, 아울러 九五와 호응하여 陰陽이 맞음을 뜻함. '貞吉'의 '貞'은 '곧다'의 뜻. 그러나 혹 '貞'은 貞兆, 貞辭, 卜問를 가리키는 것으로도 봄. 점의 貞辭에 吉하다 나왔음을 말함. 한편 ○高亨은 「比之自內」與六四「外比之」對言. 公卿在朝, 作王股肱, '比之自內'也. 諸侯在國, 作王屛藩, '外比之'也. 幬幄獻謀, 朝夕納諫, '比之自內'也. 帥師遠征, 奉使外出, '外比之'也. 厥例不可勝擧. 在內輔君, 筮遇此爻則吉, 故曰「比之自內, 貞吉」"이라 함. 王弼 注에 "處比之時, 居中得位, 而繫應在五, 不能來它, 故得其自內, 貞吉而已"라 하였고, 〈正義〉에 "'比之自內, 貞吉'者, 居中得位, 繫應在五, 不能使他, 悉來唯親比之道, 自在其內, 獨與五應, 但貞吉而已. 不如初六有他吉也"라 함. 《集解》에 "干寶曰:「二在坤中, 坤國之象也. 得位應五, 而體

寬. 大君樂民人, 自得之象也. 故曰'比之自內, 貞吉'矣.」라 함. 《傳》에 "二與五爲正應,
皆得中正, 以中正之道相比者也. 二處於內, '自內', 謂由己也. 擇才而用, 雖在乎上, 而以
身許國, 必由於己, 己以得君道, 合而進, 乃得正而吉也. 以中正之道, 應上之求, 乃自內
也. 不自失也, 汲汲以求比者, 非君子自重之道, 乃自失也"라 하였고, 《本義》에 "柔順中
正, 上應九五, 自內比外而得其貞吉之道也. 占者如是, 則正而吉矣"라 함.

☆「「比之自內」, 不自失也】 안으로부터 단결함을 잃지 않음. 즉 백성의 마음을 져버
리지 않음. 六二 효는 陰爻이면서 가운데 위치하여 위아래 陰爻의 柔를 지키고 있음.
혹 《尙氏學》에는 '失'은 佚(逸)로 보아 '안으로 위의 감괘와 친히 하면서 安逸(安佚)에
빠지지 않음을 뜻하는 것'이라 하였음. 〈正義〉에 "〈象〉曰'不自失'者, 釋比之自內之義.
不自失其所應之偶, 故云'比之自內, 不自失'也"라 하였고, 《集解》에 "崔憬曰: 「自內而比,
不失己親也.」"라 함. 《傳》에 "守己中正之道, 以待上之求, 乃不自失也. 《易》之爲戒嚴密,
二雖中正質柔體順, 故有貞吉. 自失之戒, 戒之自守以待上之求, 无乃涉後凶乎? 曰士之修
己, 乃求上之道, 降志辱身, 非自重之道也. 故伊尹・武侯, 救天下之心, 非不切. 必待禮
至, 然後出也"라 하였고, 《本義》에 "得正, 則不自失矣"라 함.


# 六三: 比之匪人.
## ☆象曰: 「比之匪人」, 不亦傷乎?

〈언해〉 六三(륙삼)은, 匪人(비인)에 比(비)홈이라.[《本義》: 比(비)혼 거시 人(인)이 아니
　　　로다]
　　　☆象(상)애 ᄀᆞᆯ오디 「比之匪人」은 이 ᄯᅩᄒᆞᆫ 傷(상)홉디 아니 ᄒᆞᆫ냐?
〈해석〉 [六三](--): 사람이 아닌 것이 친근히 아부함이라.(친근히 아부한 것이 자신이
　　　친히 할 그런 사람이 아니로다.)
　　　☆象: "친히 여기는 것이 사람이 아니라"하였으니 또한 마음이 상하지 않겠는가?


【六三】 하괘 坤의 가장 윗자리이며 陰爻로 位不當함. 아울러 上六과 짝이 되는 爻位
임에도 도리어 九五(陽)에게 아부하는 형상임.
【比之匪人】 여기서의 '比'는 '阿附하다, 阿諂하다, 阿比하다'의 뜻임. '匪'는 "非"와
같음. 六三은 하괘의 가장 높은 위치에 있으면서, 위 감괘의 九五에 아부하고자 함.
그러나 〈王肅本〉에는 '比之匪人, 凶'으로 되어 있음. ○高亨은 "比之匪人者, 所輔之君不

賢也. 若龍逢之輔夏桀, 比干之輔殷紂, 范增之輔項王, 皆其例. 此凶象也. 故曰「比之匪人, 凶」"이라 하여, '凶'자가 더 있는 것으로 풀이 하였음. 王弼 注에 "四, 自外比二, 爲五應, 近不相得遠, 則无應, 所與比者, 皆非己親, 故曰'比之匪人'"이라 함. 《集解》에 "虞翻曰: 「匪, 非也. 失位无應, 三又多凶, 體剝傷象弑父弑君, 故曰匪人.」"이라 함. 《傳》에 "三不中正, 而所比皆不中正. 四陰柔而不中二, 有應而比初, 皆不中正匪人也. 比於匪人, 其失可知. 悔咎(一作咎)不假言也. 故可傷二之中正, 而謂之匪人, 隨時取義, 各不同也"라 하였고, 《本義》에 "陰柔不中正, 承乘應, 皆陰所比, 皆非其人之象. 其占大凶, 不言可知"라 함.

☆【「比之匪人」, 不亦傷乎】阿附하는 위치이니 결국 悲傷에 빠질 것임을 경계한 것. 〈正義〉에 "比之匪人, 不亦傷乎'者, 言六三所比, 皆非己親之人. 四自外比, 二爲五應, 近不相得, 遠又无應, 是所欲親比, 皆非其親, 是以悲傷也"라 함. 《集解》에 "干寶曰:「六三乙卯, 坤之鬼吏, 在比之家, 有土之君也. 周爲木德, 卯爲木. 辰同姓之國也. 爻失其位, 辰體陰賊, 管蔡之象也. 比建萬國, 唯去此人, 故曰'比之匪人, 不亦傷王政'也.」"라 함. 《傳》에 "人之相比, 求安吉也. 乃比於匪人, 必將(一无必將字)反得悔咎(一作咎), 其亦可傷矣. 深戒失所比也"라 함.


# 六四: 外比之, 貞吉.
## ☆象曰: 外比於賢, 以從上也.

〈언해〉 六四(륙사)는, 外(외)로 比(비)ᄒ니 貞(뎡)ᄒ야 吉(길)ᄒ도다.[《本義》: 外(외)로 比(비)홈이니 貞(뎡)ᄒᆫ디라 吉(길)ᄒ리라]

☆象(샹)애 ᄀᆞ로오ᄃᆡ 外(외)로 賢(현)에 比(비)호믄 뻐 上(샹)을 從(죵)홈이라.

〈해석〉 [六四](--): 밖에서 친근히 하고자 하니, 곧아 길하도다.(밖에서 친근히 해옴이니, 곧은 지라 길하리라.)

☆象: 밖으로 어진 자에게 친근히 함은, 이로써 윗사람에게 복종함을 뜻한다.


【六四】상괘 坎의 첫효이며 음효. 位正當하여 外卦이면서 九五에게 친밀히 함으로써 길함.

【外比之, 貞吉】外는 外部, 즉 이웃 나라나 邑城. 그들이 왕을 위해 잘 지켜주고 있음. 六四는 外卦에 속하면서 陰柔를 지키고 있어 正함. 위로 九五를 이어받아 그 때문에 친밀히 하며 곧게 함으로써 吉을 얻을 상임. ○高亨은 "外比之, 在外輔君也.

在外輔君, 筮遇此爻則吉, 故曰「外比之, 貞吉」이라 함. 王弼 注에 "外比於五, 復得其位, 比不失賢, 處不失位, 故貞吉也."라 하였고, 〈正義〉에 "六四上比於五, 欲外比也. 居得其位, 比不失賢, 所以貞吉. 凡下體爲內, 上體爲外. 六四比五, 故云外比也"라 함. 《集解》에 "虞翻曰:「在外體, 故稱外. 得位比賢, 故貞吉也.」"라 함. 《傳》에 "四與初不相應, 而五比之外, 比於五, 乃得貞正而吉也. 君臣相比, 正也; 相比相與, 宜也; 五剛陽中正, 賢也; 居尊位在, 上也; 親賢從上, 比之正也. 故爲貞吉. 以六居四, 亦爲得正之義. 又陰柔不中之人, 能比於剛明中正之賢, 乃得正而吉也. 又比賢從上, 必以正道, 則吉也. 數說相須, 其義始備"라 하였고, 《本義》에 "以柔居柔外, 比九五爲得其正吉之道也. 占者如是, 則正而吉矣"라 함.

☆【外比於賢, 以從上也】 '賢'은 賢君, 大人. 九五를 가리킴. '以從上'은 위의 九五에 服從, 順從함. 〈正義〉에 "〈象〉曰'外比於賢, 以從上'者, 九五居中得位, 故稱賢也. 五在四上, 四往比之, 是以從上也"라 하였고, 《集解》에 "干寶曰:「四', 爲三公在比之象, 而得其位, 上比聖主下御, 列國方伯之象也. 能外親九服賢德之君, 務宣上志綏萬邦也. 故曰'外比於賢, 以從上也'.」"라 함. 《傳》에 "外比, 謂從五也. 五剛明中正之賢, 又居君位, 四比之. 是比賢且從上, 所以吉也"라 함.


# 九五: 顯比, 王用三驅, 失前禽, 邑人不誡, 吉.
# ☆象曰:「顯比之吉」, 位正中也; 舍逆取順, 失前禽也;「邑人不誡」, 上使中也.

〈언해〉 九五(구오)는, 比(비)를 顯(현)홈이니 王(왕)이 三驅(삼구)를 用(용)호매 前禽(전금)을 失(실)호며, 邑人(읍인)애 誡(계)티 아니 호니 吉(길)호도다.[《本義》: 前禽(전금)을 失(실)호고, 邑人(읍인)도 誡(계)티 아니 홈이니 吉(길)호리라]

☆象(샹)애 골오디 「顯比의 吉」은 位(위) l 正(정)히 中(듕)홈이오, 逆(역)을 舍(샤)호고 順(순)을 取(취)호요미 前禽(전금)을 失(실)홈이오, 「邑人不誡」는 上(샹)의 使(스)호미 中(듕)홀 시라.[《本義》: 上(샹)이 호여곰 中(듕)케 홀 시라]

〈해석〉 [九五](-): 친근함을 드러내는 것이니, 왕이 새 사냥을 할 때에 삼면에서 몰아 일면을 터놓은 것이니, 앞으로 날아가는 새를 다 놓치는 것이며, 도읍 사람들에게 경계를 시키지 않으므로 길하도다. (앞으로 날아가는 새도 놓치고 도읍사람들에게 경계도 하지 않는 것이니 길하리라.)

☆象: "친근함을 드러내어 길하다" 함은, 위치가 중정(中正)임을 뜻하는 것이요, 거슬리는 것을 버리고 순종함을 취하니, 앞으로 날아가는 새를 잃게 되는 것이요, "도읍 사람들에게 경계를 시키지 않는다" 함은, 윗사람으로 하여금 가운데 자리에 있기 때문이다.(윗사람이 하여금 중을 지키도록 하기 때문이다.)

【九五】제왕의 위치이며 양효로써 位正當할 뿐만 아니라 하괘 곤의 六二가 음효이므로 正應을 이루고 있음. 지도자로써의 덕을 베풀기에 길함.

【顯比】광명을 땅에 사사로이 비추지 않음. '顯'은 광명. ○高亨은 "顯比, 以光明之輔也"라 함. 《爾雅》에 "顯, 光也"라 하였고, 《廣雅》에는 "顯, 明也"라 함. 九五가 양으로써 中에 거하고 있으며, 이 구오는 제왕의 자리임. 따라서 나머지 다섯 음효에게 광명을 고루 베풀고 있는 상임. 〈正義〉에 "五應於二, 顯明比道, 不能普偏相親, 是比道狹也"라 하였고, 《集解》에 "虞翻曰:「五', 貴多功得位正中, 初三以變體重明, 故'顯比', 謂顯諸仁也.」"라 함.

【王用三驅, 失前禽】'三驅'는 사냥에서 그물을 三面으로 몰아 한 곳만 터놓음. 親附해 오는 자는 다가오고, 원치 않는 자는 그 직책을 버리고 떠나도록 유도함. '失前禽'은 앞으로 날아가는 새를 놓침. 앞에 날아가고 있는 새를 잡지 못함. 〈正義〉에 "王用三驅, 失前禽'者, 此假田獵之道, 以喩顯比之事. 凡三驅之禮, 禽向己者則舍之, 背己者則射之, 是失於前禽也. 顯比之道, 與己相應者, 則親之; 與己不相應者, 則疎之. 與三驅田獵, 愛來惡去相似, 故云'王用三驅, 失前禽'也. 言顯比之道, 似於此也"라 하였고, 《集解》에 "虞翻曰:「坎五稱王. '三驅', 謂驅下三陰, 不及於初, 故失前禽, 謂初已變成震, 震爲鹿, 爲驚走鹿之斯奔, 則失前禽也.」"라 함.

【邑人不誡, 吉】'邑人'은 서울 사람. 옛날에는 "國都"를 "邑"이라 하였음. 여기서는 君主의 자리인 九五가 도읍하고 있는 곳의 사람들을 가리킴. '不誡'의 '誡'는 경고. 읍인들에게 경고를 하지 않음. 九五의 부속들은 반드시 그물의 한쪽을 열어놓을 것임을 뜻함. 그러나 兪樾은 "誡, 讀爲駭"라 하여 '새를 놀라 달아나게 하다'의 뜻으로 보았으며, ○高亨은 "此殆古代故事, 蓋王田之時, 有鳥在前, 王三驅而逐之, 不獲, 以爲邑人驚走此鳥, 欲誅邑人. 王臣證明邑人未曾駭鳥, 王乃不誅. 故曰「顯比, 王用三驅, 失前禽, 邑人不誡, 吉」"이라 하면서, 《晏子春秋》(內篇 諫上)의 "景公射鳥, 野人駭之. 公怒, 令吏誅之. 晏子諫, 乃不誅"의 고사를 예로 들고 있음. 王弼 注에 "爲比之主, 而有應在二, 顯比者也. 比而顯之, 則所親者狹矣. 夫无私於物, 唯賢是與, 則去之與來, 皆无失也. 夫三驅之禮, 禽

逆來趣己, 則舍之背己而走, 則射之. 愛於來而惡於去也. 故其所施, 常失前禽也. 以顯比而居王位, 用三驅之道者也. 故曰王用三驅, 失前禽也. 用其中正, 征討有常伐, 不加邑, 動必討叛, 邑人无虞, 故不誡也. 雖不得乎大人之吉, 是顯比之吉也. 此可以爲上之使非爲上道也"라 하였고, 〈正義〉에 "'邑人不誡, 吉'者, 雖不能廣普親比於自己相親之處, 不妄加討罰, 所以己邑之人, 不須防誡而有吉也. 至於邑人, 不誡而爲吉, 非是大人弘闊之道, 不可爲大人之身, 但可爲大人之使"라 함. 《集解》에 "虞翻曰:「坤爲邑, 師震爲人師, 時坤虛无君, 使師二上居五中, 故'不誡, 吉'也.」"라 함. 《傳》에 "五居君位, 處中得正, 盡比道之善者也. 人君比天下之道, 當顯明其比道而已. 如誠意以待物, 恕己以及人, 發政施仁, 使天下蒙其惠澤. 是人君親比天下之道也. 如是, 天下孰不親? 比於上, 若乃暴其小仁, 違道干譽, 欲以求下之比, 其道亦狹矣, 其能得天下之比乎? 故聖人以九五, 盡比道之正, 取三驅爲喩, 曰 '王用三驅, 失前禽邑人, 不誡吉'. 先王以四時之畋, 不可廢也. 故推其仁心, 爲三驅之禮, 乃禮所謂天子不合圍也. '成湯祝網', 是其義也. 天子之畋, 圍合其三面, 前開一路, 使之可去. 不忍盡物, 好生之仁也. 只取其不用命者, 不出而反入者也. 禽獸前去者, 皆免矣. 故曰 '失前禽'也. 王者, 顯用其比道, 天下自然來比, 來者撫之, 固不煦煦(一作呴呴)然, 求比於物, 若田之三驅, 禽之去者, 從而不追, 來者則取之也. 此王道之大, 所以其民皥皥而莫知爲之者也. 邑人不誡吉, 言其至公不私, 无遠邇親疎之別也. 邑者, 居邑. 《易》中所言邑, 皆同王者所都, 諸侯國中也. 誡, 期約也. 待物之, 一不期誡於居邑, 如是則吉也. 聖人以大公无私, 治天下, 於顯比見之矣. 非唯人君比天下之道, 如此大率人之相, 比莫不然. 以臣於君, 言之竭其忠誠, 致其才力, 乃顯其比(一作比其)君之道也. 用之與否, 在君而已. 不可阿諛逢迎求其比己也. 在朋友亦然, 修身誠意, 以待之親, 己與否在人而已. 不可巧言令色, 曲求苟合以求, 人之比己也. 於鄕黨親戚於衆人, 莫不皆然, 三驅失前禽之義也"라 하였고, 《本義》에 "一陽居尊剛健中正, 卦之羣陰皆來. 比己顯其比而无私, 如天子不合圍開, 一面之網來者. 不拒去者不追, 故爲用三驅失前禽, 而邑人不誡之象. 蓋雖私屬, 亦喩上意, 不相警備, 以求必得也. 凡此, 皆吉之道. 占者如是, 則吉也"라 함.

☆【「顯比之吉」, 位正中也】九五는 君主(帝王)의 자리이면서 陽爻이므로 中正을 얻고 있음. 〈正義〉에 "〈象〉曰'顯比之吉, 位正中'者, 所以顯比得吉者, 以所居之位, 正而且中, 故云'顯比之吉'"이라 하였고, 《集解》에 "虞翻曰:「謂離象明正上中也.」"라 함. 《傳》에 "顯比所以吉者, 以其所居之位得正中也. 處正中之地, 乃由正中之道也. 比以不偏爲善, 故云正中. 凡言正中者, 其處正得中也. 比與隨是也. 言中正者, 得中與正也. 訟與需是也"라 함.

【舍逆取順, 失前禽也】'舍'는 捨와 같음. 버림. '逆'은 거역함. 君主(九五)와 親附하기를 거역하는 자. '順'은 九五에 순종하는 자. 〈正義〉에 "'舍逆取順, 失前禽也'者, 禽逆來向

己者則舍之, 而不害禽順去; 背己而走者, 則射而取之, 是失前禽也"라 하였고, 《集解》에 "虞翻曰:「背上六, 故'舍逆'; 據三陰, 故'取順'. 不及初, 故'失前禽'.」"이라 함. 《傳》에 "禮取不用命者, 乃是舍順取逆也. 順命而去者, 皆免矣. 比以向背而言, 謂去者爲逆, 來者爲順也. 故所失者, 前去之禽也. 言來者撫之, 去者不追也"라 함.

【「邑人不誡」, 上使中也】'上使中也'는 위에서 아래 속한 이들에게 中을 지키도록 권고함. 〈正義〉에 "邑人不誡, 上使中也'者, 釋邑人不誡之義, 所以已邑之人, 不須防誡, 止由在上九五之使, 得其中正之人, 伐不加邑動, 必討叛不橫加无罪, 止由在上使中也. 中, 謂九五也. 此九五雖不得爲王者之身, 堪爲王者之使, 以居中位, 故云'上使中'也'"라 하였고, 《集解》에 "虞翻曰:「謂二使師二, 居五中上.」"이라 함. 《傳》에 "不期誡於親近上之, 使下中平不偏, 遠近如一也"라 하였고, 《本義》에 "由上之德, 使不偏也"라 함.

# 上六: 比之无首, 凶.
# ☆象曰:「比之无首」, 无所終也.

〈언해〉 上六(샹륙)은, 比(비)홈애 首(슈)ㅣ 업스니 凶(흉)ᄒ니라.
　　　　☆象(샹)애 ᄀᆞ로ᄃᆡ「比之无首」ㅣ, 終(죵)홀 빼 업스니라.
〈해석〉 [上六](--): 사람들을 친근히 하나 우두머리가 될 수 없으니 흉하다.
　　　　☆象: "남을 친히 여기나 우두머리가 될 수 없으니" 끝을 잘 맺을 바가 없다.

【上六】比卦의 가장 윗자리이며 음효로 位正當함. 그러나 柔弱하여 아래로 親附하고자 하는 의욕이 약함.
【比之无首, 凶】首領(우두머리)이 될 수 없음. 이 효는 比卦의 가장 높은 자리에 있으면서 자신이 陰爻임에도 親附하고자 하는 태도가 적극적이지 않음. 親比의 도가 이미 다했음을 뜻함. 그 때문에 凶한 것임. ○高亨은 "比之無首'者, 臣輔其君而罹殺身之禍, 若龍逢·比干之類是也. 如此者凶. 故曰「比之无首, 凶」"이라 함. 王弼 注에 "无首後也, 處卦之終, 是後夫也. 親道已成, 无所與終, 爲時所棄, 宜其凶也"라 하였고, 〈正義〉에 "'无首凶'者, 謂无能爲頭首, 他人皆比己, 獨在後, 是親比於人, 无能爲頭首也. 他人皆比, 親道已成, 己獨在後, 衆人所棄, 宜其凶也"라 함. 《集解》에 "荀爽曰:「陽欲无首, 陰以大終; 陰而无首, 不以大終, 故凶也.」 ○虞翻曰:「首, 始也. 陰道无成, 而代有終, 无首, 凶.」"이라 함. 《傳》에 "六居上, 比之終也. '首', 謂始也. 凡比之道, 其始善, 則其終善矣.

有其始而无其終者, 或有矣; 未有无其始, 而有終者也. 故比之无首至終, 則凶也. 此據比終而言. 然上六陰柔不中, 處險之極, 固非克終者也. 始比不以道, 隙於終者, 天下多矣"라 하였고, 《本義》에 "陰柔居上, 无以比下凶之道也. 故爲无首之象, 而其占則凶也"라 함.

☆【「比之无首」, 所無所終也】좋은 마침을 갖지 못함. 좋지 않은 결과가 나타남. 〈正義〉에 "〈象〉曰'无所終'者, 釋比之无首旣不能爲比之初首被人所棄故无能與之共終也"라 하였고, 《集解》에 "虞翻曰:「迷失道, 故'无所終'也.」"라 함. 《傳》에 "比旣无首, 何所終乎? 相比有首, 猶或終違始, 不以道終復, 何保? 故曰'无所終'也"라 하였고, 《本義》에 "以上下之象言之, 則爲无首以終; 始之象言之, 則爲无終. 无首, 則无終矣"라 함.

# 009 소축小畜

**☴ 風天小畜: ▶乾下巽上(☰下☴上)**

*小畜(소축): '畜'은 〈音義〉에 "畜, 本又作蓄同, 敕六反. 積也, 聚也"라 하여 '畜(chù)'으로 읽음. '小畜'은 적게 畜養(기르고 양육함)함. '畜'은 '蓄'과 같은 뜻으로 적게 축적함. 하괘는 乾(天)이며 상괘는 巽(風)으로, 하늘 위에서 바람이 부는 異卦相疊의 '風天' 卦體임. 사물의 발전에는 반드시 補助(輔弼)가 있어야 하며 스스로 자신을 낮추어야 함을 상징함.

*《集解》에 "〈序卦〉曰: 「比, 必有所畜, 故受之以'小畜'.」(崔憬曰: 「下順從而上下應之, 則有所畜矣.」 ○韓康伯曰: 「由'比'而'畜', 故曰'小畜也'.」)"이라 함.

*《傳》에 "'小畜', 〈序卦〉: 「比, 必有所畜, 故受之以'小畜'.」 物相比附, 則爲聚. 聚, 畜也. 又相親比, 則志相畜, 小畜所以次比也. 畜, 止也. 止則聚矣. 爲卦'巽上乾下', 乾在上之物, 乃居巽下. 夫畜止剛健, 莫如巽順, 爲巽所畜, 故爲畜也. 然巽, 陰也. 其體柔順, 唯能以巽順柔, 其剛健非能力止之也. 畜, 道之小者也. 又四以一陰得位, 爲五陽所說得位. 得柔, 巽之道也. 能畜羣陽之志, 是以爲畜也. 小畜, 謂以小畜大所畜聚者, 小所畜之事, 小以陰故也. 〈象〉專以六四, 畜諸陽爲成卦之義. 不言二體, 蓋擧其重者"라 함.


## (1) 卦辭

## 小畜: 亨. 密雲不雨, 自我西郊.

〈언해〉小畜(쇼튝)은 亨(형)ᄒᆞ니 雲(운)이 密(밀)호ᄃᆡ 雨(우)티 몯호믄 우리 西郊(셔교)로브터 홀 시니라.[《本義》: 小畜(쇼튝)은 亨(형)ᄒᆞ나 雲(운)이 密(밀)호ᄃᆡ 雨(우)티 몯호미 우리 西郊(셔교)로브터 호미로다]

〈해석〉소축(小畜, 소축괘)은 형(亨)하니, 짙은 구름이 모였지만 비는 내리지 않음은, 우리 서쪽 교외에서부터 일어나기 때문이다.(소축괘는 형하나 구름의 빽빽하되 비가 되지 못함이 우리 서쪽 교외로부터 그런 것이다.)

【小畜】卦名이며, 기르고 모아 조금 축적해 놓음을 뜻함. 蓄養(畜養), 蓄止(畜止), 蓄聚 등의 의미를 가지고 있음. '小'는 陰, 下의 뜻. 乾(하늘) 위에 巽(風)이 있어 '雨順風調'하여 穀物을 잘 자라게 하고, 초목을 무성하게 함을 상징함. 이 괘는 64괘 중에 유일하게 하나만 陰爻이며 이 六四가 主爻가 되어 陰으로써 陽을 기름.《易》에서는 일반적으로 陽(健)이 주효가 되며, 陰(柔)는 보좌가 되는데, 이 괘는 陰이 陽을 기르고 主(陽)을 기르므로 그 힘이 한계가 있어 그 때문에 '小畜'이라 한 것임. 그러나 ○高亨은 "小畜: 亨, 言筮遇此卦, 可用小牲擧行享祭也"라 하여, '小畜'은 '小牲', 즉 '작은 희생으로 제사를 올려도 된다'의 뜻이라 하였음.

【亨】○高亨은 "古人擧行享祀, 曾筮遇此卦, 故記之曰「亨」"이라 하여, 筮占에서 이 괘를 만나며 享祀를 거행할 수 있음을 뜻한다 하였음. 王弼 注에 "不能畜大, 止健剛志, 故行是以亨"이라 하였고, 〈正義〉에 "'小畜, 亨'者, 但小有所畜, 唯畜九三而已. 初九·九二, 猶剛健得行, 是以剛志, 上得亨通, 故云'小畜, 亨'也. 若〈大畜〉(026)乾在於下, 艮在於上. 艮是陽卦, 又能止, 物能止, 此乾之剛健所畜者大, 故稱〈大畜〉. 此卦則巽在於上, 乾在於下, 巽是陰柔, 性又和順, 不能止畜. 在下之乾, 唯能畜止, 九三所畜狹小, 故云"이라 함.《集解》에 "侯果曰:「四爲畜主體. 又稱小, 唯九三被畜, 下剛皆通, 是以'小畜亨'也.」"라 함.

【密雲不雨】구름이 빽빽이 모여 있으나 비는 내리지 않음. 곧 그 혜택이 내릴 것임을 뜻함. 하괘는 天, 상괘는 風으로 바람이 불어 구름을 모으는 象. 그 때문에 하늘이 密雲을 축적하고 있는 모습임.〈正義〉에 "'小畜, 密雲不雨'者, 若陽之上升, 陰能畜止, 兩氣相薄, 則爲雨也. 今唯能畜止, 九三其氣被畜, 但爲密雲. 初九·九二, 猶自上通, 所以不能爲雨也"라 함.

【自我西郊】'我'는 主爻인 六四의 陰爻를 가리킴. '西郊'는 서쪽 郊外. 西郊는 陰方. 陰이 動하며 陽은 靜하여, 음이 먼저 나서서 양과 짝을 짓는 형상. 그 때문에 비록 구름이 모여 있기는 하나 아직 비를 내리지는 못함. 서쪽 들. 文王(姬昌)이 있던 곳을 상징하는 것이라 함. 文王은 殷末 서쪽 일대에서 믿음을 얻어 西伯에 봉해졌음. ○高亨은 "큰 비가 내리기 전 구름이 서쪽에서 일어나므로 '西郊'라 한 것"(大雨之前, 雲多起於西方, 故言西郊也)이라 하였음. ○高亨은 "「密雲不雨, 自我西郊」者, 事在醞釀之象. 大雨之前, 雲多起於西方, 故言西郊也.〈小過〉六五亦云:「密雲不雨, 自我西郊」, 意同"이라 함. 그러나 〈正義〉에 "'自我西郊'者, 所聚密雲, 由在我之西郊, 去我旣遠, 潤澤不能行也. 但聚在西郊而已"라 함.《集解》에 "崔憬曰:「雲如不雨, 積我西邑之郊, 施澤未通, 以明小畜之義.」○案:「雲雨者, 陰之氣也. 今小畜, 五陽而一陰, 旣微少, 纔作密雲, 故未能爲雨. 四互居兌, 西郊之象也.」"라 함.《傳》에 "雲, 陰陽之氣. 二氣交而和, 則相畜固而成雨. 陽

倡而陰和, 順也, 故和. 若陰先陽倡, 不順也, 故不和. 不和則不能成雨, 雲之畜聚, 雖密而
不(一有能字)成雨者, 自西郊故也. 東北陽方, 西南陰方. 自陰倡, 故不和而不能成雨. 以人
觀之, 雲氣之興, 皆自四遠, 故云郊. 據西而言, 故云自我畜陽者. 四, 畜之主也"라 하였고,
《本義》에 "巽亦三畫卦之名, 一陰伏於二陽之下, 故其德爲巽, 爲入其象, 爲風爲木, 小陰
也. 畜, 止之之義也. 上巽下乾, 以陰畜陽, 又卦唯六四一陰, 上下五陽, 皆爲所畜, 故爲小
畜. 又以陰畜陽, 能係而不能固, 亦爲所畜者. 小之象, 內健外巽, 二五皆陽, 各居一卦之中,
而用事有剛, 而能中其志, 得行之象, 故其占當得亨通. 然畜未極而施未行, 故有'密雲不雨,
自我西郊'之象. 蓋密雲, 陰物; 西郊, 陰方. 我者, 文王自我也. 文王演《易》於羑里, 視岐周
爲西方, 正小畜之時也. 筮者得之, 則占亦如其象云"이라 함.

## (2) 彖辭와 象辭

彖曰: 小畜, 柔得位而上下應之, 曰小畜. 健而巽, 剛中而志
行乃亨. 「密雲不雨」,
尙往也; 「自我西郊」, 施未行也.
★象曰: 風行天上, 小畜. 君子以懿文德.

〈언해〉 彖(단)애 굴오디 小畜(쇼튝)은 柔(유)ㅣ 位(위)를 得(득)ᄒ고 上下(샹하)ㅣ 應(응)
홀 식, 갈온 小畜(쇼튝)이라.
健(건)ᄒ고 巽(손)ᄒ며, 剛(강)이 中(듕)ᄒ고 行(ᄒᆡᆼ)애 志(지)ᄒ야 이예 亨(형)ᄒ
니라.[《本義》: 剛(강)이 中(듕)ᄒ고 志(지)ㅣ 行(ᄒᆡᆼ)홈이라. 이예 亨(형)ᄒ리라]
「密雲不雨」는, 오히려 往(왕)홈이오,「自我西郊」ᄂᆞᆫ 施(시)ㅣ 行(ᄒᆡᆼ)티 몯홈이라.
[《本義》: 尙(샹)ᄒ야 往(왕)홈이오]
★象(샹)애 굴오디 風(풍)이 天上(텬샹)에 行(ᄒᆡᆼ)홈이 小畜(쇼튝)이니 君子(군ᄌᆞ)
ㅣ 以(이)ᄒ야 文德(문덕)을 懿(의)ᄒᄂᆞ니라.

〈해석〉 彖: 소축괘는 유(柔)가 자리를 획득하고, 상하가 응하므로 이를 일러 소축이라
한다.
강건(剛健)하고 유순하며, 강(剛)이 중도(中道)를 지키면서 오히려 실행함에는
뜻을 두고 있으니, 이에 형하니라.(강하고 중하고 뜻이 실행됨이다. 이에 형하
리라.)

"구름이 빽빽하나 비가 내리지 않음"은 오히려 갈 길을 가는 것이요, "우리 서쪽
교외로부터 그러함"이란 베풂이 실행되지 못함을 뜻한다.(숭상하기에 가는 것
이요.)

★象: 바람이 하늘 위에서 운행함이 소축괘이니, 군자는 이를 근거로 하여 문덕
(文德)을 아름답게 여기느니라.


【柔得位而上下應之, 曰小畜】主爻인 六四의 象과 爻位를 두고 한 말임. 六四는 陰爻
(柔)이면서 陰의 위치에 있어 제자리를 얻은 것임. 아울러 이 六四 외에는 모두 陽爻(剛)
로써 위아래를 둘러싸고 있어 上下가 呼應하고 있는 것임. 이러한 卦象이 小畜괘임.
王弼 注와 《集解》에 "謂六四也. 成卦之義在此爻也. 體无二陰, 以分其應, 故上下應之也.
旣得其位而上下應之, 三不能陵小畜之義"라 하였고, 〈正義〉에 "'柔得位', 謂六四也. 以陰
居陰, 故稱得位. 此卦唯有一陰, 上下諸陽, 皆來應之, 故'曰小畜'. 此釋小畜卦名也. 言此卦
之畜, 六四唯畜, 其下九三·初九·九二, 猶不能擁畜, 而云'上下應之'者, 若細別而言小畜
之義. 唯當畜止, 在下三陽, 猶不能畜盡, 但畜九三而已; 若大判而言之, 上下五陽, 總應六
四, 故云'上下應之'. 其四雖應, 何妨? 總不能畜止, 剛健也"라 함. 《傳》에 "言成卦之義也.
以陰居四, 又處上位, 柔得位也. 上下五陽, 皆應之, 爲所畜也. 以一陰而畜五陽, 能係而不
能固, 是以爲小畜也. 〈彖〉解成卦之義, 而加'曰'字者, 皆重卦名, 文勢當然. 單名卦, 惟'革'
有曰字, 亦文勢然也"라 하였고, 《本義》에 "以卦體釋卦名義. 柔得位, 指六居四, '上下',
謂五陽"이라 함.

【健爲巽】九二와 九五가 剛健하면서 謙遜함을 다함. 〈正義〉에 "'健而巽, 剛中而志
行, 乃亨'者, 內旣剛健, 而外逢柔順, 剛發於中, 不被摧抑而志意得行, 以此言之, 故剛健
之志, 乃得亨通. 此釋亨也"라 함.

【剛中而志行乃亨】'剛中'은 九二는 陽爻(剛)이며 하괘의 중앙에 있고, 九五 역시 陽
爻(剛)로써 상괘의 중앙에 있어 그 때문에 剛中이라 한 것임. '志行乃亨'은 《集解》에
"虞翻曰: 「需'上變爲巽, 與豫旁通'豫'. 四之坤初爲復, 復小陽潛所畜者少, 故曰小畜. 二
失位, 五剛中正, 二變應之, 故'志行乃亨'也.」"라 함. 《傳》에 "以卦才言也. 內健而外巽,
健而能巽也. 二五居中, 剛中也. 陽性上, 進下復乾體, 志在於行也. 剛居中, 爲剛而得中,
又爲中剛, 言畜陽, 則以柔巽. 言能亨, 則由剛中. 以成卦之義言, 則爲陰畜陽; 以卦才言,
則陽爲剛, 中才如是, 故畜. 雖小而能亨也"라 하였고, 《本義》에 "以卦德卦體而言, 陽猶
可亨也"라 함.

【「密雲不雨」, 尙往也】'尙往'은 위로 上昇하고자 함. 그러나 '尙'은 '그래도, 아직도'

의 뜻으로 보기도 함. 즉 陽氣가 그나마 위로 향하고 있음. 〈正義〉에 "'密雲不雨, 尙往'者, 所以'密雲不雨'者, 不能畜止, 諸陽初九·九二, 猶得上進, 陰陽氣通, 所以不雨. 釋'密雲不雨'也"라 함. 《集解》에 "虞翻曰:「密, 小也. '兌'爲密, '需'坎升天爲雲, 墜地稱雨. 上變爲陽, 坎象半見, 故'密雲不雨上往'也.」"라 함.

【'自我西郊', 施未行也】'未施行'은 陽과 陰이 交合하기 시작하고는 있으나 施惠가 아직은 베풀어지지 않고 있음. 서쪽 文王의 덕이 아직은 실행되지 않고 있음. 곧 시행될 것임을 기대함을 의미함. 王弼 注에 "小畜之勢, 足作密雲, 乃自我西郊, 未足以爲雨也. 何由? 知未能爲雨, 夫能爲雨者, 陽上薄陰, 陰能固之, 然後烝而爲雨. 今不能制初九之復自道, 固九二之牽, 復九三更以不能復爲劣也. 下方尙往施, 豈得行? 故密雲而不能爲雨, 尙往故也. 何以明之? 夫陰能固之, 然後乃雨. 今上九獨能固九三之路, 故九三不可以進, 而興說輻也. 能固其路而安於上, 故得旣雨旣處. 若四五皆能若上九之善畜, 則能雨明矣. 故擧一卦而論之, 能爲小畜, 密雲而已. 陰苟不足以固陽, 則雖復至盛密雲, 自我西郊, 故不能雨也. 雨之未下, 卽施之未行也. 〈象〉全論一卦之體, 故曰'密雲不雨'. 象各言一爻之德, 故'曰旣雨旣處'也"라 하였고, 〈正義〉에 "'自我西郊, 施未行'者, 釋'自我西郊'之義, 所以'密雲不雨', 從我西郊而積聚者, 猶所施潤澤, 未得流行周徧, 故不覆國都, 但遠聚西郊也. 然雲在國都而不雨, 亦是施未行也. 必云'在西郊'者, 若在國都, 雨雖未落, 猶有覆蔭之施, 不得云施未行, 今言在西郊, 去施遠也"라 함. 《集解》에 "虞翻曰:「逸坤爲自我, 兌爲西, 乾爲郊雨生於西, 故自我西郊. 九二未變, 故施未行矣.」 ○荀爽曰:「體兌位秋, 故曰西郊也. 時當收斂臣, 不專賞, 故施未行. 喩文王也.」"라 함. 《傳》에 "畜道不能成大, 如密雲而不成雨. 陰陽交而和, 則相固而成雨. 二氣不和, 陽尙往而上, 故不成雨. 蓋自我陰方之氣先倡, 故不和而不能成雨, 其功施未行也. 小畜之不能成大, 猶西郊之雲不能成雨也"라 하였고, 《本義》에 "'尙往', 言畜之未極其氣, 猶上進也"라 함.

★【風行天上, 小畜】바람(巽)이 하늘(乾) 위에서 움직이고 있는 구조로 이루어진 것이 小畜괘임. 《集解》에 "九家《易》曰:「風者, 天之命令也. 今行天上, 則是令未下行, 畜而未下, 小畜之義.」"라 함.

【君子以懿文德】'以'는 '이상의 괘상을 근거로 하여'의 뜻. '懿'는 '아름답고 또한 훌륭함'의 뜻. 문덕을 아름답게 여김. 文德을 최상의 가치로 여김. 王弼 注에 "未能行其施者, 故可以懿文德而已"라 하였고, 〈正義〉에 "'君子以懿文德'者, 懿, 美也. 以於其時, 施未得行, 喩君子之人, 但修美文德, 待時而發, 風爲號令, 若風行天下, 則施附於物, 不得云'施未行'也. 今風在天上, 去物旣遠, 无所施及, 故曰'風行天上'. 凡大象君子所取之義, 或取二卦之象, 而法之者. 若地中有水, 〈師〉君子以容民畜衆, 取卦象包容之義; 若〈履〉卦象云'上天

下澤, 履君子以辯, 上下取上下尊卑之義', 如此之類, 皆取二象君子法以爲行也. 或直取卦
名, 因其卦義所有君子法之. 須合卦義行事者, 若〈訟〉卦云'君子以作事, 謀始防其所訟之
源'. 不取天與水違行之象, 若〈小畜〉'君子以懿文德', 不取'風行天上之象'餘皆放此"라 함.
《集解》에는 "虞翻曰:「君子, 謂乾; 懿, 美也. 逸坤爲文, 乾爲德, '離'爲明初至四體, '夬'爲
書契, 乾離照坤, 故'懿文德'也.」"라 함. 《傳》에 "之剛健而爲巽所畜, 夫剛健之性, 惟柔順爲
能畜止之, 雖可以畜止之, 然非能固制其剛健也, 但柔順以擾係之耳, 故爲小畜也. 君子觀
小畜之義, 以懿美其文德. 畜, 聚, 爲蘊畜之義. 君子所蘊畜者大, 則道德經綸; 之業小, 則
文章才藝. 君子觀小畜之象, 以懿美其文德. 文德, 方之道義爲小也"라 하였고, 《本義》에
"風有氣而无質, 能畜而不能久, 故爲小畜之象. 懿文德, 言未能厚積而遠施也"라 함.

## (3) 爻辭와 象辭

初九: 復自道, 何其咎? 吉.
☆象曰:「復自道」, 其義吉也.

〈언해〉 初九(초구)는 復(복)홈이 道(도)로브터 ᄒ거니, 므슴 그 咎(구)ㅣ리오? 吉(길)ᄒᆞ
니라.
　　☆象(상)애 ᄀᆞᆯ오디 「復自道」는 그 義(의)ㅣ 吉(길)ᄒᆞ니라.
〈해석〉 [初九](一): 자신의 정당한 도리로 되돌아가는 것이니, 무슨 허물이 있겠는가?
길하다.
　　☆象: "자신의 정당한 도리로 되돌아감"이란 그 함의가 길함을 뜻한다.

　【初九】 이 효는 小畜의 첫 효이며 동시에 下卦(乾)의 첫 효임. 陽爻로써 剛하지만
자신의 위치로 되돌아와서 굳건하게 지킴으로써 길함.
　【復自道, 何其咎? 吉】 '復'은 '되돌아옴. 回歸함'. '自道'는 원래의 길. 원래의 길로
되돌아 옴. '道'는 乾의 天道. 陽剛之道. 이 初九는 六四와 대응되며, 육사에 의해 축양
되는 상임. 다만 陽이기는 하나 初動으로 힘이 충분하지 않고 그 앞에 양효가 둘이나
있어 축양을 받는 것도 막혀 있음. 그 때문에 자신의 자리에서 天道(陽剛)의 힘으로
되돌아옴. '何其咎'는 "원래의 길로 되돌아 왔으니 무슨 허물이 있겠는가?"의 뜻. 그
때문에 길한 것임. ○高亨은 "《說文》:「復, 往來也.」 出而能返, 尚何咎哉? 不徒無咎,

且吉也. 故曰「復自道, 何其咎, 吉」이라 함. 王弼 注에 "處乾之始以升巽, 初四爲己應, 不距己者也. 以陽升陰, 復自其道, 順而无違, 何所犯咎得義之吉?"이라 하였고, 〈正義〉에 "處乾之始, 以升巽; 初四爲己應以陽升陰, 反復於上, 自用己道, 四則順而无違於己, 无咎, 故云'復自道, 何其咎? 吉.'"이라 함. 《傳》에 "初九, 陽爻而乾體, 陽在上之物, 又剛健之才, 足以上進, 而復與在上, 同志其進復於上, 乃其道也. 故云'復自道'. 復旣自道, 何過咎之有? 无咎而又有吉也. 諸爻言无咎者如是, 則无咎矣. 故云'无咎'者, 善補過也. 雖使爻義本善, 亦不害於不如是, 則有咎之義. 初九, 乃由其道而行, 无有過咎, 故云'何其咎?' 无咎之甚明也"라 하였고, 《本義》에 "下卦乾體本, 皆在上之物, 志欲上進而爲陰所畜. 然初九體乾, 居下得正, 前遠於陰, 雖與四爲正應, 而能自守以正, 不爲所畜, 故有進復自道之象. 占者如是, 則无咎而吉也"라 함.

☆【「復自道」, 其義吉也】 '義'는 含義. 자신의 천도로 되돌아옴은 도에 합당함. 그 때문에 吉함. 〈正義〉에 "〈象〉曰'其義吉'者, 以陽升陰, 以剛應柔, 其義於理, 吉也"라 하였고, 《集解》에 "虞翻曰:「謂從逸四之初, 成復卦, 故復自道. 出入无疾, 朋來无咎, 何其咎? '吉', 乾稱道也.」"라 함. 《傳》에 "陽剛之才, 由其道而復其義, 吉也. 初與四爲正應, 在畜時, 乃相畜者也"라 함.


# 九二: 牽復, 吉.
# ☆象曰:「牽復」在中, 亦不自失也.

〈언해〉 九二(구이)는, 牽(견)ᄒᆞ야 復(복)홈이니 吉(길)ᄒᆞ니라.
　　　☆象(샹)애 ᄀᆞᆯ오디 牽復(견복)은 中(듕)에 인ᄂᆞᆫ디라 ᄯᅩ흔 스스로 失(실)티 아니미라.

〈해석〉 [九二](-): 이끌려 자신도 본래의 도로 되돌아오는 것이니, 길하다.
　　　☆象: "이끌려 되돌아옴"은 중도를 지키고 있음이며, 또한 스스로의 도리를 잃지 않음을 뜻한다.


　　【九二】 이 효는 下卦(乾)의 두 번째 효. 陽爻이며 九五(상괘 巽의 중앙)와 상배하는 위치로써 다시 제자리로 돌아오도록 이끎으로써 길함.
　　【牽復, 吉】 '牽復'은 '되돌아오도록 끎'. '牽'은 連, 引, 挽 등의 뜻. 영향을 받음. 이 효는 건괘의 中央에 있으며 陽爻이므로 위로 상승하여 六四의 축양을 받고자 하나,

初九의 陽과 경쟁하여, 영향을 받으므로 그 역시 이끌려 돌아와 陽剛의 道를 지켜야 함. ○高亨은 "牽復者, 被人挽引而返也. 此今語所謂被動也. 被動以復, 與自動以復, 其復一耳. 故曰「牽復, 吉」"이라 함. 王弼 注에 "處乾之中, 以升巽五, 五非畜, 極非固己者也. 雖不能, 若陰之不違, 可牽以獲復, 是以吉"라 하였고, 〈正義〉에 "牽, 謂牽連; 復, 謂反復. 二欲往五, 五非止畜之極, 不閉固於己, 可自牽連反復於上, 而得吉也"라 함. 《集解》에 "崔憬曰:「四柔得位, 羣剛所應; 二以中和, 牽復自守, 不失於行也.」"라 함. 《傳》에 "二, 以陽居下體之中; 五, 以陽居上體之中, 皆以陽剛居中爲陰所畜, 俱欲上復五, 雖在四上而爲其所畜, 則同是同志者也. 夫同患相憂, 二五同志, 故相牽連而復二陽並進, 則陰不能勝得, 遂其復矣, 故吉也. 曰遂其復, 則離畜矣乎? 曰凡爻之辭, 皆謂如是, 則可以如是; 若已然, 則時已變矣. 尙何敎誡乎? 五爲巽體, 巽畜於乾, 而反與二相牽, 何也? 曰擧二體而言, 則巽畜乎乾; 全卦而言, 則一陰畜五陽也. 在《易》隨時取義, 皆如此也"라 하였고, 《本義》에 "三陽志同, 而九二漸近於陰, 以其剛中, 故能與初九牽連而復, 亦吉道也. 占者如是, 則吉矣"라 함.

☆【「牽復」在中, 亦不自失也】 '在中'은 九二를 근거로 풀이한 것임. 九二는 下卦의 中央에 위치하여 득중하였고, 제자리를 지키고 있는 것임. '不自失'은 스스로 자신 陽剛의 正道를 지켜 잃지 않음. 〈正義〉에 "〈象〉曰'牽復在中, 亦不自失'者, 旣彊牽連而復, 在下卦之中, 以其得中, 不被閉固, 亦於己, 不自有失, 解牽復吉也"라 하였고, 《集解》에 "虞翻曰:「變應五, 故不自失, 與'比'二, 同義也.」"라 함. 《傳》에 "二, 居中得正者也. 剛柔進退, 不失乎中道也. 陽之復, 其勢必强. 二以處中, 故雖强於進, 亦不至於過剛, 過剛乃自失也. 爻止言'牽復而吉'之義, 象復發明其在中之美"라 하였고, 《本義》에 "亦者, 承上爻義"라 함.


# 九三: 輿說輻, 夫妻反目.
## ☆象曰:「夫妻反目」, 不能正室也.

〈언해〉 九三(구삼)은, 輿(여)ㅣ 輻(복)을 說(탈)홈이며, 夫妻(부쳐)ㅣ 目(목)을 反(반)호미로다.

　　☆象(샹)애 골오디 「夫妻反目」은 能(능)히 室(실)을 正(졍)티 몯홈이라.

〈해석〉 [九三](-): 수레가 바퀴살이 벗겨짐이며, 부부가 서로 반목함이로다.

　　☆象: "부부가 서로 반목한다"함은, 능히 집안을 바로 잡을 수가 없음을 뜻한다.

【九三】이 효는 下卦(乾)의 가장 윗자리이며, 位正當하나 陽剛하여 상괘 巽의 六四 陰爻와 상대하여 불화를 일으킴.

【輿說輻】'輿'는 수레. '說'(탈)은 '脫, 挩'의 假借. 《說文》에 "挩, 解挩也"라 하여 '이탈 하여 벗겨짐'을 뜻함. '輻'은 수레바퀴 살. 여기서는 수레바퀴를 뜻함. 수레에서 바퀴가 빠져나감. 焦循은 "輻, 當作輹"이라 함. 《說文》에 "輹, 車軸縛也"라 하여 수레바퀴 축을 묶어 고정시킨 부분을 뜻함. 이것이 풀리면 수레바퀴가 빠지게 됨. 〈正義〉에 "九三欲復 而進上九, 固而止之, 不可以行, 故車輿說其輻"이라 하였고, 《集解》에 "虞翻曰:「逸坤爲 車爲輻, 至三成乾, 坤象不見, 故車說輻. 馬君及俗儒, 皆以乾爲車, 非也.」"라 함.

【夫妻反目】夫妻가 말다툼을 함. 부부가 언쟁을 벌임. 이 효는 下卦(乾)의 가장 윗자 리로 우려의 의미를 가지고 있음. 그러면서 上卦(巽)의 첫 효 六四(陰)에 가장 가까워 축양을 받고 있어 陰陽, 輿輻, 夫妻의 관계임. 그러나 음이 위에 있고 자신은 양이면서 아래에 있어 견제를 받다가 결국 이탈하고 반목하는 결과를 낳음. 下卦 乾의 세 陽爻는 모두 六四 陰爻 아래에 있어 陽剛이면서 主導權을 喪失하고 대신 陰에게 畜養을 받음으 로써 小畜의 도를 잃고 있음. 이러한 상황에서 자신은 양덕을 길러 두었다가 양기가 충만할 때인 九五(陽)와 힘을 합해 小畜의 목적을 이루게 됨. ○高亨은 "反目者, 相背而 視也. 夫妻反目, 亦乖離之象也. 輿輪一體也. 夫妻一體也. 筮遇此爻, 將有親近乖離之事, 故曰「輿說輹, 夫妻反目」"이라 함. 王弼 注에 "上爲畜盛不可牽征, 以斯而進, 故必說輻也. 己爲陽極上爲陰, 長畜於陰, 長不能自復方之, 夫妻反目之義也"라 하였고, 〈正義〉에 "'夫 妻反目'者, 上九體巽, 爲長女之陰. 今九三之陽, 被長女閉, 固不能自復, 夫妻乖戾, 故反目 相視"라 함. 《集解》에 "虞翻曰:「逸震爲夫爲反, 巽爲妻, 離爲目. 今夫妻共在四, 離火動上 目象, 不正巽多白眼, 夫妻反目, 妻當在內, 夫當在外. 今妻乘夫而出在外. 象曰不能正室, 三體離需. 飮食之道, 飮食有訟, 故爭而反目也.」"라 함. 《傳》에 "三, 以陽爻居不得中, 而 密比於四, 陰陽之情相求也. 又暱比而不中, 爲陰畜制者也. 故不能前進, 猶車輿說去輪輻, 言不能行也. 夫妻反目, 陰制於陽者也. 今反制陽, 如夫妻之反目也. '反目', 爲怒目相視, 不順其夫而反制之也. 婦人爲夫寵惑, 旣而遂反制其夫, 未有夫不失道, 而妻能制之者也. 故說輻反目, 三自爲也"라 하였고, 《本義》에 "九三, 亦欲上進, 然剛而不中, 迫近於陰, 而 又非正應. 但以陰陽相說, 而爲所係畜, 不能自進, 故有輿說輻之象. 然以志剛, 故又不能平 而與之爭, 故又爲夫妻反目之象. 戒占者如是, 則不得進而有所爭也"라 함.

☆【「夫妻反目」, 不能正室也】'不能正室'은 집안을 바로잡을 수 없음. 〈正義〉에 "象曰 '不能正室'者, 釋夫妻反目之義以九三之夫不能正上九之室故反目也此假象以喩人事也"라 하였고, 《集解》에 "九家《易》曰:「四互體離, 離爲目也. 離旣不正, 五引而上, 三引而下,

故反目也. 興以輪成車, 夫以妻成室, 今以妻乘夫, 其道逆, 不能正室.」이라 함.《傳》에 "夫妻反目, 蓋由不能正其室家也. 三自處不以道, 故四得制之, 不使進, 猶夫不能正其室家, 故致反目也"라 하였고,《本義》에 "程子曰:「說輻反目, 三自爲也.」"라 함.


## 六四: 有孚, 血去, 惕出, 无咎.
## ☆象曰:「有孚, 惕出」, 上合志也.

〈언해〉六四(륙사)는, 孚(부)를 두어 ᄒᆞ면 血(혈)이 去(거)ᄒᆞ고 惕(텩)애 出(츌)ᄒᆞ야 咎(구) ㅣ 업스리라.[《本義》: 孚(부) ㅣ 이셔 血(혈)이 去(거)ᄒᆞ고 惕(텩)애 出(츌)홈이니]

☆象(샹)애 ᄀᆞᆯ오디「有孚, 惕出」은 上(샹)과 志(지) ㅣ 合(합)홈이라.

〈해석〉[六四](--): 믿음이 있어(획득물이 있어) 상처가 사라지고 근심에서 탈출하여, 허물이 없으리라.(믿음이 있어 상처가 제거되고 근심에서 탈출함이니)

☆象: "믿음을 가지고 있어 근심에서 탈출한다"함은, 윗사람과 뜻이 맞음을 뜻한다.


【六四】이 효는 상괘의 첫 효이며 전체 괘의 유일한 陰爻이며 位正當함. 따라서 홀로 柔順함을 지키고 있어, 아래 건괘의 九三과의 불화로부터 탈출함으로써 허물은 없음.

【有孚, 血去, 惕出, 无咎】'有孚'의 '孚'는 '俘'와 같음. 俘虜. 捕虜. 혹 獲得物, 擄獲品. 그러나 ○高亨은 '浮'의 假借로 '벌을 내리다'의 뜻이라 하였음. '血去惕出'의 '血去'는 '피가 가시다. 상처가 없어지다'의 뜻. ○高亨은 '피를 흘리며 그 자리를 떠나다'로 보았음. 혹 '血'은 恤의 假借로 '근심, 우환'의 뜻으로도 봄. 따라서 '근심하던 일이 사라지다'의 의미. 그러나 '惕出'의 '惕'은 앞의 血(恤)과 對를 이루어 '惕戒'(조심하고 경계하다)의 뜻. 따라서 "근심은 사라졌으나 경계하고 조심해야 할 일이 나타나다"의 의미. 六四는 음효로써 자신의 임무는 畜陽에 있으므로 九五를 보좌하여 陽에게 허물을 짓지 않아야 〈小畜〉의 本領을 이룰 수 있고 아울러 화를 면할 수 있음. ○高亨은 '惕出'은 '逷出'과 같으며 '멀리 떠나다'(猶云遠去耳)의 뜻이라 하면서 "筮遇此爻, 將受撻笞之罰而流血, 固不吉矣. 然可避而免也, 避之之道, 宜去而遠走, 果去而遠走, 則無咎矣. 故曰「有孚, 血去, 惕出, 无咎」. 今世卜者, 往往告人去家避禍, 卽此類也"라 함. 王弼 注에 "夫言血者, 陽犯陰也. 四乘於三, 近不相得, 三務於進而已. 隔之將懼侵克者也. 上亦惡三

而能制焉. 志與上合, 共同斯誠三, 雖逼己而不能犯, 故得血去懼除, 保无咎也"라 하였고, 〈正義〉에 "六四居九三之上, 乘陵於三, 三既務進而己固之, 懼三害己, 故有血也. 畏三侵陵, 故惕懼也. 但上九亦憎惡九三, 六四與上九同志, 共惡於三. 三不能害己, 故得其血, 去除其惕, 出散信能血去懼除, 乃得无咎"라 함. 《集解》에 "虞翻曰:「孚, 五逸坎, 爲血爲惕. 惕, 憂也. 震爲出變成小畜, 坎象不見, 故血去惕出. 得位成五, 故无咎也.」"라 함. 《傳》에 "四, 於畜時處近君之位, 畜君者也. 若內有孚誠, 則五志信之, 從其畜也. 卦獨一陰畜衆陽者也. 諸陽之志, 係于四. 四苟欲以力畜之, 則一柔敵衆剛, 必見傷害. 惟盡其孚誠以應之, 則可以感之矣. 故其傷害遠, 其危懼免也. 如此則可以无咎, 不然, 則不免乎害矣. 此以柔畜剛之道也. 以人君之威嚴, 而微細之臣, 有能畜止其欲者, 蓋有孚信以感之也"라 하였고, 《本義》에 "以一陰畜衆陽, 本有傷害. 憂懼以其柔順, 得正虛中巽體, 二陽助之. 是有孚而血去惕出之象也. 无咎宜矣, 故戒. 占者, 亦有其德, 則无咎也"라 함.

☆【「有孚, 惕出」, 上合志也】 '上'은 尙의 假借. '그래도, 오히려, 그나마'의 뜻. '合志'는 뜻을 함께 함. 뜻을 합함. 그러나 바로 위의 九五 陽爻(帝王의 자리)를 가리키는 것으로 봄이 마땅함. 즉 六四는 오로지 九五와 뜻을 같이 해야 함을 상징함. 〈正義〉에 "〈象〉曰'上合志者, 釋惕出之意. 所以惕出者, 由己與上九, 同合其志, 共惡於三也"라 하였고, 《集解》에 "荀爽曰:「血以喩陰, 四陰臣象, 有信順五. 惕, 疾也. 四當去初疾出從五, 故曰'上合志'也.」"라 함. 《傳》에 "四, 既有孚, 則五信任之. 與之合志, 所以得惕出而无咎也. 惕出, 則血去, 可知擧其輕者也. 五, 既合志衆陽, 皆從之矣"라 함.


# 九五: 有孚攣如, 富以其鄰.
## ☆象曰:「有孚攣如」, 不獨富也.

〈언해〉 九五(구오)는, 孚(부)를 둔는 디라 攣(련)ᄒ야 富(부)ㅣ 그 鄰(린)으로써 ᄒ놋다.
　　　[《本義》: 孚(부)ㅣ 이셔 攣(련)ᄒ야 富(부)로 그 鄰(린)을 以(이)ᄒ놋다]
　　　☆象(상)애 ᄀᆞᆯ오디 「有孚攣如」는 혼자 富(부)티 아니미라.
〈해석〉 [九五](一): 믿음을 가지고 있음이 꽁꽁 묶인 듯이 하고 있으니, 부유함은, 그 이웃 때문에 그렇게 되는 것이니라.(부유함이 있어 꽁꽁 묶어 부유함으로써 그 이웃을 이것으로써 그렇게 하는 것이다.)
　　　☆象: "믿음을 가지고 있어 꽁꽁 묶듯이 한다"함은, 혼자 부유함이 아니라는 뜻이다.

【九五】이는 帝王의 자리이면서 동시에 陽爻이므로 위정당하여, 권력을 가지고 있어 이웃에게 널리 베풀 수 있는 위치임.

【有孚攣如】'有孚'는 믿음을 가지고 있음. 혹 포로를 획득함. 그러나 ○高亨은 "孚讀爲浮, 罰也. 攣如, 猶攣然, 拘係之貌. 拘係而囚之, 亦罰之一種也"라 함. '攣如'는 꽁꽁 묶음. '攣'은 《說文》에 "攣, 係也"라 함. '如'는 形容詞 語尾에 쓰이는 글자. 그러나 '有孚'는 이 上九는 바로 아래 六四의 순종과 성신을 가지고 있음을 뜻하는 것으로 봄이 마땅함. '攣如' 역시 九五는 六四와 아주 꽁꽁 묶인 것처럼 긴밀한 관계로 연결되어 있음을 뜻함. 〈正義〉에 "'有孚攣如'者, 五居尊位, 不疑於二, 來而不距. 二旣牽挽而來已. 又攣攣而迎接, 志意合同, 不有專固相逼, 是有信而相牽攣也. '如', 語辭, 非義類"라 함.

【富以其鄰】'以'는 '與'와 같음. 雙聲互訓. '주다'의 뜻. 그 이웃을 부유하게 해줌. 획득한 포로 및 재물(혹 誠信, 虔誠)을 이웃(六四)에게 나누어주어 함께 누림. 즉 九五는 제왕의 자리이며 또한 陽爻로써 正位를 가지고 있어, 位尊陽盛함. 그러나 아래 六四의 畜養을 받아 그렇게 된 것이므로 그에 대해 富를 나누어 주어 보답해야 함이 필수적인 것임. ○高亨은 "'富以其鄰'者, 盜劫鄰之財以富其家也. 盜劫鄰之財以富其家, 當囚拘囚之罰, 故曰「有孚攣如, 富以其鄰」"이라 함. 王弼 注에 "處得尊位, 不疑於二來, 而不距二牽已, 攣不爲專固, 有孚攣如之謂也. 以陽居陽, 處實者也. 居盛處實而不專, 固富以其鄰者也"라 하였고, 〈正義〉에 "'富以其鄰'者, 五是陽爻, 卽必富實, 心不專固, 故能用富以與其鄰. 鄰, 謂二也"라 함. 《集解》에 "虞翻曰:「孚五, 謂二也. 攣, 引也. 巽爲繩, 逸艮爲手, 二失位, 五欲其變, 故曰'攣如'. 以, 及也. 五貴稱富. 鄰謂三, 兌西震東, 稱鄰三變承二, 故富以其鄰. 〈象〉曰'不獨富', 二變爲'旣濟', 與東西鄰同義.」"라 함. 《傳》에 "小畜, 衆陽爲陰所畜之時也. 五以中正居尊位, 而有孚信, 則其類, 皆應之矣. 故曰'攣如'. 謂牽連相從也. 五必援挽, 與之相濟, 是富以其鄰也. 五以居尊位之勢, 如富者, 推其才力與鄰比共之也. 君子爲小人所困, 正人爲羣邪所厄, 則在下者, 必攀挽於上, 期於同進; 在上者, 必援引於下, 與之戮力. 非獨推已力, 以及人也. 固資在下之助, 以成其力耳"라 하였고, 《本義》에 "巽體三爻, 同力畜乾鄰之象也. 而九五居中, 處尊勢能, 有爲以兼乎上下, 故爲有孚攣, 固用富厚之力, 而以其鄰之象. 以猶《春秋》以某師之, 以言能左右之也. 占者有孚, 則能如是也"라 함.

☆【「有孚攣如」, 不獨富也】'不獨富'는 자신 혼자만 富를 누리지 않음. 九二에게 나누어주고자 함. 〈正義〉에 "〈象〉曰'不獨富也'者, 釋攣如之義. 所以攀攣於二者, 以其不獨自專固於富, 欲分與二也"라 하였고, 《集解》에 "九家《易》曰:「有信下三爻也. 體巽, 故'攣如'. 如謂連接其鄰, 鄰謂四也. 五以四陰作財, 與下三陽共之, 故曰'不獨富'也.」"라 함.

《傳》에 "有孚(一有而字)攣如, 蓋其鄰類, 皆牽攣而(一无而字)從之, 與衆同欲不獨有其富也. 君子之處難厄, 惟其至誠, 故得衆力之助, 而能濟其衆也"라 함.


上九: 旣雨旣處, 尙德載; 婦貞厲. 月幾望. 君子征凶.
☆象曰:「旣雨旣處」, 德積載也;「君子征凶」, 有所疑也.

〈언해〉 上九(샹구)는, 임의 雨(우)ㅎ야 임의 處(쳐)ㅎ요믄, 德(덕)을 尙(샹)ㅎ야 載(직)홈이니, 婦(부) ㅣ 貞(뎡)ㅎ면 厲(려)ㅎ리라.[《本義》: 婦(부) ㅣ 貞(뎡)ㅎ야도 厲(려)ㅎ리니]
月(월)이 거의 望(망)이니 君子(군ᄌ) ㅣ 征(졍)ㅎ면 凶(흉)ㅎ리라.
☆象(샹)애 ᄀᆞᆯ오ᄃᆡ「旣雨旣處」는 德(덕)이 積(젹)ㅎ야 載(직)홈이오,「君子征凶」은 疑(의)ㅎᄂᆞ 배 이시미니라.

〈해석〉 [上九](一): 이윽고 비가 내리기도 하고 또 그치기도 함은, 덕을 숭상하여 싣고 있음이니, 부인의 마음이 정(貞)하지만 위험하리라.(부인이 정하게 해도 위험하리니) 달이 보름에 가까운 14일에 군자(남편)가 정벌하러 나서면 흉(凶)하리라.
☆象: "이미 비가 내리고 또 그친다"함은, 덕이 가득 실렸다는 것이요, "군자가 정벌에 나서면 흉하다"함은, 의심을 받을 바의 위치임을 뜻한다.


【上九】이는 小畜의 가장 윗자리. 巽卦(柔)임에도 陽爻로서 位不當함. 따라서 밖으로 힘을 과시하려는 행동을 저지르기 쉬운 위치임.
【旣雨旣處】'處'는 '머물다. 괴다'. '停', '止'의 뜻. '止'는 霽의 뜻. 비가 그쳐 날씨가 갬. '旣雨旣處'는 이윽고 비가 내리기도 하고 또한 그치기도 함. 〈正義〉에 "旣雨旣處'者, 九三欲進, 己能固之陰陽不通, 故己得其雨也. '旣處'者, 三不能侵, 不憂危害, 故己得其處也"라 함.
【尙德載】'尙'은 '높이다, 崇尙하다'의 뜻. '德'은 '得'의 假借. 〈帛書〉에는 '得'으로 되어 있음. '載'는 '栽'의 假借. "곡물을 재배할 수 있음을 높이 여기다"의 뜻. 그러나 '載'를 '쌓다. 채우다'의 뜻으로도 봄. 따라서 '積德載物'을 중하게 여김. ○高亨은 "「旣雨旣處, 尙德載」, 就行人而言也. 行人在途, 天旣雨矣, 雨旣止矣, 路難行矣, 然亦勿慮也, 將遇車求載而得載也. 此出行大吉之象也"라 함. 〈正義〉에 "'尙德載'者, 體巽處上剛, 不敢犯爲陰之長, 能畜止剛健, 慕尙此德之積聚, 而運載也. 故云'尙德載'也. 言慕尙此道德之

積載也"라 함.

【婦貞厲】여기서의 '貞'은 貞兆, 貞辭, 占卦. '厲'는 '위태하다, 흉하다, 좋지 않다'의 뜻. "부녀가 이 효를 얻으면 흉하다"의 뜻. 그러나 '貞正을 지켜 위험을 방비하다'의 뜻으로도 봄. 그러나 ○高亨은 "부인이 길을 가다가 비를 만나면 비록 貞正한 덕을 지키더라도 騙劫의 위험을 만날 수 있다"(婦貞厲, 謂婦人行路遇雨得載, 雖有貞正之德操, 亦有被騙劫之危險)라 하였음. 〈正義〉에 "'婦貞厲'者, 上九制九三, 是婦制其夫, 臣制其君, 雖復貞正而近危厲也"라 하였고, 《集解》에 "虞翻曰:「旣, 已也. 應在三坎, 水零爲雨. 巽爲處謂二已變, 三體坎雨, 故'旣雨旣處'. 坎雲復天, 坎爲車載積, 在坎上, 故'上得積載'. 巽爲婦, 坎成巽壞, 故婦貞厲.」"라 함. 《傳》에 "九以巽順之極, 居卦之上, 處畜之終從, 畜而止者也. 爲四所止也. 旣雨, 和也; 旣處, 止也. 陰之畜陽不和, 則不能止; 旣和而止畜之道成矣(一作畜道之成也). 大畜, 畜之大, 故極而散; 小畜, 畜之小, 故極而成. 尙德載, 四用柔巽之德, 積滿而至於成也. 陰柔之畜剛, 非一朝一夕能成, 由積累而至, 可不戒乎? 載, 積滿也. 《詩》(大雅 生民)云:「厥聲載路.」'婦貞厲', 婦謂陰. 以陰而畜陽, 以柔而制剛, 婦若貞固守此, 危厲之道也. 安有婦制其夫, 臣制其君而能安者乎?"라 함.

【月幾望】달이 곧 望月에 가까움. 따라서 陰曆 14일을 가리킴. 〈正義〉에 "'月幾望'者, 婦人之制夫, 猶如月在望時, 盛極以敵日也. '幾', 辭也. 已從上釋, 故於此不復言也"라 함.

【君子征凶】'君子'는 남편. '征'은 길을 나섬, 혹 어떤 일을 실행에 옮김. "14일에 남편이 길을 나서면 흉함" 上九는 旣雨의 단계에 이르러 '小畜'의 도를 끝마친 것이므로 陰柔(六四)의 축양을 받을 필요가 없으며, 婦는 陰을 뜻하므로 음(六四)의 극성을 막아야 하는 임무를 가지고 있음. ○高亨은 "筮遇此爻, 在月望之後, 君子有所征伐則凶, 故曰「月幾望, 君子征, 凶」"이라 함. 王弼 注에 "處小畜之極, 能畜者也. 陽不獲亨, 故旣雨也. 剛不能侵, 故旣處也. 體巽處上, 剛不敢犯尙德者也. 爲陰之長, 能畜剛健德積載者也. 婦制其夫, 臣制其君, 雖貞近危, 故曰'婦貞厲'也. 陰之盈盛, 莫盛於此, 故曰'月幾望'也. 滿而又進, 必失其道, 陰疑於陽, 必見戰伐, 雖復君子, 以征必凶, 故曰'君子征凶'"이라 하였고, 〈正義〉에 "'君子征凶'者, 陰疑於陽, 必見戰伐, 雖復君子之行, 而亦凶也"라 함. 《集解》에 "虞翻曰:「幾, 近也. 坎月離日, 上已正需, 時成坎與離相望, 兌西震東, 日月象對, 故'月幾望'. 上變陽消之坎爲疑, 故'君子征, 有所疑'矣. 與'歸妹'·'中孚', 月幾望, 義同也.」"라 함. 《傳》에 "月望, 則與日敵矣. '幾望', 言其盛將敵也. 陰已能畜陽, 而云'幾望'何也? 此以柔巽畜其志也. 非力能制也. 然不已, 則將盛於陽而凶矣. 於幾望而爲之戒, 曰:「婦將敵矣. 君子動則凶也.」君子, 謂陽征動也. '幾望', 將盈之時若已望, 則陽已消矣, 尙何戒乎?"라 하였고, 《本義》에 "畜極而成陰陽和矣. 爲旣雨旣處之象, 尊尙陰德至於積滿然也. 加於陽, 雖正

亦厲. 陰旣盛而抗陽, 君子亦不可以有行矣. 占如此, 戒深矣"라 함.

☆【「旣雨旣處」, 德積載也】'德積載'의 '德'은 得. 雙聲互訓. '積載'는 쌓아서 수레에 실음. '載'는 本義 그대로임. 〈正義〉에 "〈象〉曰'旣雨旣處, 德積載'者, 釋旣雨旣處之義. 言所以得'旣雨旣處'者, 以上九道德, 積聚可以運載, 使人慕尙, 故云'旣雨旣處'也"라 하였고, 《集解》에 "虞翻曰:「巽消承坎, 故德積載. '坎習'爲積也.」"라 함.

【「君子貞凶」, 有所疑也】'有所疑'는 의심하는 바가 있음. 이 효는 上九(極位)로써 앞으로 일을 행함에 결핍된 요건들이 있음을 충분히 熟知하지 못하고 있음. 그러나 '疑'는 '猜疑', 즉 다른 효들로부터 의심을 받을 가능성이 있음을 상징하는 것이라고도 함. 王弼 注에 "夫處下, 可以征而无咎者, 唯泰也. 則然坤本體下, 又順而弱, 不能敵剛, 故可以全其類, 征而吉也. 自此以往, 則其進各有難矣. 夫巽雖不能若艮之善畜, 猶不肯爲坤之順從也. 故可得少進, 不可盡陵也. 是以初九·九二其復, 則可至於九三, 則輿說輻也. 夫大畜者, 畜之極也. 畜而不已, 畜極則通, 是以其畜之盛, 在於四五至于上九, 道乃大行; 小畜積極而後, 乃能畜. 是以四五, 可以進而上九, 說征之輻"이라 하였고, 〈正義〉에 "'君子征凶, 有所疑'者, 釋君子征凶之義. 言所以征凶者, 陰氣盛滿, 被陽有所疑忌, 必見戰伐, 故征凶也"라 함. 《集解》에 "虞翻曰:「變坎爲盜, 故有所疑也.」"라 함. 《傳》에 "旣雨旣處, 畜道積滿而成也. 將(一作旣)盛(一有則字)極, 君子動則有凶也. 陰敵陽, 則必消陽. 小人抗君子, 則必害君子, 安得不疑慮乎? 若前知疑慮, 而警懼求, 所以制之, 則不至於凶矣"라 함.

# 010 리履

≡ 天澤履: ▶兌下乾上(☱下☰上)


＊履(리): 〈音義〉에 "履, 利恥反. 禮也"라 하여 '리(lǚ)'로 읽음. '履'는 직접 밟음, 밟고 걸어감, 履行함을 뜻함. 하괘는 兌(澤)이며 상괘는 乾(天)으로, 못 위에 하늘이 있는 異卦相疊의 '天澤' 卦體임. 전체 6효 중에 오직 六三만이 陰爻로써 이를 主爻로 하여 柔順함을 지켜야 함. 이는 처세에는 반드시 조심하고 삼가며 예를 지켜 행동해야 위험을 면할 수 있음을 상징함. 《詩》小雅 小旻의 "戰戰兢兢, 如臨深淵, 如履薄冰"과 俗言 "虎尾春冰寄此生"의 행동 원칙과 같음.

＊《集解》에 "〈序卦〉曰:「物畜然後有禮, 故受之以'履'.」(崔憬曰:「履, 禮也. 物畜不通, 則君子先懿文德, 然後以禮導之. 故言'物畜然後有禮'也.」"라 함.

＊《傳》에 "'履', 〈序卦〉:「物畜然後有禮, 故受之以'履'.」 夫物之聚, 則有大小之別, 高下之等, 美惡之分. 是物畜然後有禮, 履所以繼'畜'也. 履, 禮也. 禮人之所履也. 爲卦天上澤下, 天而在上, 澤而處, 下上下之分, 尊卑之義, 理之當也, 禮之本也, 常履之道也. 故爲履. 履, 踐也, 藉也. 履物爲踐, 履於物爲藉, 以柔藉剛, 故爲履也. 不曰'剛履柔', 而曰'柔履剛'者, 剛乘柔. 常理不足道, 故《易》中唯言'柔乘剛', 不言'剛乘柔'也. 言履藉於剛, 乃見卑, 順說應之義"라 함.


## (1) 卦辭

# (履): 履虎尾, 不咥人, 亨.

〈언해〉 虎尾(호미)를 履(리)호야도, 人(인)을 咥(딜)티 아니홈이라. 亨(형)호니라.
〈해석〉 (이(履, 履卦)는) 호랑이 꼬리를 밟아도, 호랑이가 사람을 물지 않음이니, 형통하다.


【履】 모든 괘의 卦辭에 먼저 괘 이름을 앞에 놓고 그 뜻이나 작용을 설명하는 體例인 것으로 보면 "履: 履虎尾"여야 함. 이에 ○高亨은 "履字當重.「履, 履虎尾」者, 上履字乃卦

名, 下履字乃卦辭, 此全書之通例也"라 함. 阮刻本《周易正義》에는 이 '履'자가 한 글자
밖에 없으나 윗사람이 轉寫過程에서 누락시킨 것이라 하였음. '밟다'의 뜻. 이 괘는
六三의 陰爻가 主爻임. 下卦 兌는 澤을 뜻하며 그 하괘의 가장 윗자리가 陰으로 존비가
현격하게 구별됨을 뜻함. 즉 天은 君, 澤은 民을 상징함. 따라서 이 괘는 禮節의 중요함
과 아울러 위정자가 백성에게 명령의 履行을 요구하는 사회 기본 질서를 의미함. 한편
'履'는 名詞일 경우《說文》에 "履, 足所依也"라 하였고,《小爾雅》에는 "在足謂之履"라
하여 신발(屨, 舄, 繶, 鞋, 靴)의 의미임. 혹 動詞로는《毛詩》(生民) "履帝武敏"의 〈毛傳〉
에 "履, 踐也"라 하여 '밟다'의 뜻. 한편 의미가 넓어져《爾雅》에는 "履, 禮也"라 하였음.
한편 본괘에서 '履'는 原義와 引伸義가 모두 쓰였음. 이에 ○高亨은 "本卦履字有用本義
者, 初九·九五是也. 有用引伸義者, 卦辭·九二·六三·九四·上九是也"라 함.

【虎尾】호랑이 꼬리. 매우 위험함을 뜻함. 〈正義〉에 "履卦之義, 以六三爲主. 六三以
陰柔, 履踐九二之剛, 履危者也. 猶如履虎尾爲危之甚"이라 함.《朱子全書》(66)에 "虎尾
春冰寄此生"이라 함.

【不咥人, 亨】'咥'은 '씹다. 물다, 깨물다'. '噬', '咬', '齧', '嚙', '齘'의 뜻. '亨'은 이
괘는 上卦가 乾으로 純陽이며 지극히 剛健한 虎象임. 下卦는 兌(陰)로 上陽下陰의 전
형적인 尊卑의 상징을 이루고 있음. 따라서 下卦가 上卦를 긴장하여 따르면서 尊卑의
예를 다하여 柔順의 도를 지키고 있어, 비록 상괘의 虎尾를 따르나 그에게 물려 상처
를 입는 일은 없음. 그 때문에 亨通한 것임. 그러나 ○高亨은 "「履虎尾, 不咥人」者,
險而不凶之象也. 亨卽享字. 古人擧行享祀, 曾筮遇此卦, 故記之曰「亨」"이라 하여, '亨'은
'享'과 같으며, "점을 쳐 이 괘를 만났으면 享祀를 거행한다"의 뜻으로 보았음. 〈正義〉
에 "'不咥人, 亨'者, 以六三在兌體, 兌爲和說, 而應乾剛, 雖履其危, 而不見害, 故得亨通,
猶若履虎尾, 不見咥齧于人, 此假物之象, 以喩人事"라 함.《集解》에 "虞翻曰:「謂變'訟',
初爲兌也. 與'謙'旁通, 以坤履乾, 以柔履剛, 謙坤爲虎, 艮爲尾, 乾爲人, 乾兌乘謙, 震足
蹈艮, 故'履虎尾'. 兌悅而應虎口, 與上絶, 故不咥人. 剛當位, 故通. 俗儒皆以兌爲虎, 乾
履兌, 非也. 兌剛鹵, 非柔也.」"라 함.《傳》에 "履, 人所履之道也. 天在上而澤處下, 以柔
履藉於剛, 上下各得其義, 事之至順理之至當也. 人之履行如此, 雖履至危之地, 亦无所
害, 故履虎尾而不見咥嚙, 所以能亨也"라 하였고,《本義》에 "兌, 亦三畫卦之名. 一陰見
於二陽之上, 故其德爲說, 其象爲澤. 履有所躡而進之義也. 以兌遇乾, 和說以躡剛强之
後, 有履虎尾而不見傷之象, 故其卦爲履而占如是也. 人能如是, 則處危而不傷矣"라 함.

## (2) 彖辭와 象辭

彖曰: 履, 柔履剛也. 說而應乎乾, 是以「履虎尾, 不咥人, 亨」. 剛中正, 履帝位而不疚, 光明也.

★象曰: 上天下澤, 履. 君子以辯上下·定民志.

〈언해〉 彖(단)애 ᄀᆞᆯ오ᄃᆡ 履(리)」 柔(유)ㅣ 剛(강)애 履(리)하욤이니

說(열)로 乾(건)을 應(응)ᄒᆞᆫ 디라 일로뻐 虎尾(호미)를 履(리)ᄒᆞ야도 人(인)을 咥(딜)티 아니ᄒᆞ야 亨(형)홈이라.

剛(강)코 中(듕)코 正(졍)홈으로 帝位(뎨위)를 履(리)ᄒᆞ야 疚(구)티 아니ᄒᆞ면 光明(광명)ᄒᆞ리라.[《本義》: 疚(구)티 아니ᄒᆞ니 光明(광명)ᄒᆞ니라]

★象(샹)애 ᄀᆞᆯ오ᄃᆡ 上天(샹텬)이오 下(하)ㅣ 澤(틱)이 履(리)니 君子(군ᄌᆞ)ㅣ 以(이)ᄒᆞ야 上下(샹하)를 辯(변)ᄒᆞ야 民志(민지)를 定(뎡)ᄒᆞᄂᆞ니라.

〈해석〉 彖: 이괘(履卦)는 유(柔, 兌)가 강(剛, 天)에게 밟히고 있는 모습이니, 화열(和說)함으로써 건(乾, 天)에게 호응하고 있어, 이 때문에 호랑이 꼬리를 밟아도 호랑이가 사람을 물지 아니하여, 형통한 것이다.

(구오가) 강하고 상괘의 가운데에 위치하여 정위(正位)을 가지고 있어 제위(帝位)를 이행하여 병폐를 짓지 아니하면 널리 그 빛을 발하리라.(병폐를 짓지 아니하니 光明하리라.)

★象: 위에는 하늘(乾, 天)이 있고 아래는 못(兌, 澤)이 있는 것이 이 이괘(履卦)이니, 군자는 이를 근거로 상하를 분별하여 백성이 지켜야 할 예를 결정한다.

【履, 柔履剛也】六三의 爻位를 두고 한 말임. 이 효는 陰爻(柔)이면서 九二와 初九의 陽(剛) 위에 있어 '柔가 剛을 밟고 있다'라 한 것임. 〈正義〉에 "'履, 柔履剛'者, 言履卦之義, 是柔之履剛, 六三陰爻, 在九二陽爻之上. 故云'柔履剛也'. '履', 謂履踐也. 此釋履卦之義"라 함. 《集解》에 "虞翻曰:「坤柔乾剛, 謙坤籍乾, 故柔履剛.」 荀爽曰:「謂三履二也. 二五无應, 故无元; 以乾履兌, 故有通. 六三履二, 非和正, 故云'利貞'也.」"라 함. 《本義》에 "以二體, 釋卦名義"라 함.

【說而應乎乾】'說'(열)은 '기쁘다, 즐겁게 여기다'의 '悅'과 같음. 이는 上下 卦象을 근거로 한 말임. 下卦는 兌로써 謙遜과 軟弱함을 상징하며 上卦는 乾으로 剛健과 勢力으로 民을 제압함을 뜻함. 따라서 軟弱한 者(民)가 아래에서 위의 강한 세력에게 和悅

한 태도로 順從하는 象임. 王弼 注에 "凡'彖'者, 言乎一卦之所以爲主也. 成卦之體, 在六三也. '履虎尾'者, 言其危也. 三爲履主, 以柔履剛履危者也. 履虎尾而不見咥者, 以其說而應乎乾也. 乾, 剛正之德者也, 不以說行夫佞邪, 而以說應乎乾, 宜其履虎尾, 不見咥而亨"이라 함. 《集解》에 "虞翻曰: 「說, 兌也. 明兌不履乾, 故言應也.」 九家《易》曰: 「動來爲兌而應上, 故曰說而應乎乾也. 以喻一國之君, 應天子命以臨下, 承上以巽據下, 以悅其正應天, 故虎爲之不咥人也.」"라 함.

【是以「履虎尾, 不咥人, 亨」】〈正義〉에 "說而應乎乾, 是以履虎尾, 不咥人, 亨'者, 釋'不咥人亨'之義. 六三在兌體, 兌爲和說, 應於上九, 上九在乾體, 兌自和說, 應乎乾剛, 以說應剛, 无所見害, 是以'履踐虎尾, 不咥害於人, 而得亨通'也. 若以和說之, 行而應於陰柔, 則是邪佞之道, 由以說應於剛, 故得吉也"라 하였고, 《集解》에 "九家《易》曰: 「虎尾, 謂二也. 三以說道履, 五之應上順於天, 故不咥人亨也. 能巽說之道, 順應於五, 故雖踐虎, 不見咥嚙也. 太平之代, 虎不食人. 亨謂於五也.」"라 함. 《傳》에 "兌以陰柔履藉乾之陽剛, 柔履剛也. 兌以說順應乎乾剛, 而履藉之下, 順乎上陰, 承乎陽, 天下之至(一作正)理也. 所履如此, 至順至當, 雖履虎尾, 亦不見傷害, 以此履行其亨可知"라 하였고, 《本義》에 "以卦德, 釋彖辭"라 함.

【剛中正】九五 효를 뜻함. 帝王의 자리이면서 陽爻임을 말함. 孔穎達 〈正義〉에 "剛中正, 履帝位者, 謂九五也以. 剛處中得其正位, 居九五之尊, 是剛中正. 履帝位也, 而不疚, 光明者, 能以剛中而居帝位, 不有疚病, 由德之光明故也. 此一句贊明履卦德義之美, 於經无所釋也"라 함.

【履帝位而不疚】'履帝位'는 帝位(九五)의 九五가 그 本領을 이행함. 여기서의 '履'는 '實踐하다, 履行하다'의 뜻. '疚'는 '병들다, 힘들어하다, 고통을 겪다, 병폐를 저지르다, 병이 될 일을 하지 않다' 등의 뜻. '不疚'는 '九五(帝王)이 자신의 일을 수행함에 힘들어하지 않음'을, 혹은 '자신의 제위를 남용하여 백성에게 고통을 줌'을 뜻함. 〈正義〉에 "剛中正, 履帝位'者, 謂九五也. 以剛處中, 得其正位, 居九五之尊, 是剛中正, 履帝位也而不疚"라 함.

【光明也】九五로 인해 전체 괘가 빛을 밝게 발함. 그러나 '光'은 廣의 假借로 보아 널리 힘을 발휘함. 王弼 注에 "言五之德"이라 하였고, 〈正義〉에 "'光明'者, 能以剛中而居帝位, 不有疚病, 由德之光明故也. 此一句, 贊明履卦德義之美, 於經无所釋也"라 함. 《集解》에 "虞翻曰: 「剛中正, 謂五. 謙震爲帝, 五帝位, 坎爲疾病, 乾爲大明, 五履帝位, 坎象不見, 故'履帝位而不疚, 光明'也.」"라 함. 《傳》에 "九五以陽, 剛中正, 尊履帝位, 苟无疚病, 得履道之至善光明者也. 疚, 謂疵病, 夬履是也. 光明, 德盛而輝光也"라 하였고,

《本義》에 "又以卦體明之, 指九五也"라 함.

★【上天下澤, 履】上卦가 乾(天)이며 下卦가 兌(澤)로 되어 있는 것이 履卦임.

【君子以辯上下·定民志】'辯'은 辨과 같음. 辨別함. 엄격히 區分함. '定民志'는 百姓이 志向할 바, 즉 遵順之禮를 確定함. 〈正義〉에 "天尊在上, 澤卑處下, 君子法此, 履卦之象, 以分辯上下尊卑, 以定正民之志意, 使尊卑有序也. 但此履卦名含二義, 若以爻言之, 則在上履踐於下, 六三履九二也; 若以二卦上下之象言之, 則履禮也. 在下以禮, 承事於上, 此象之所言, 取上下二卦, 卑承尊之義, 故云'上天下澤, 履.' 但《易》含萬象, 反覆取義, 不可定爲一體故也"라 하였고, 함. 《集解》에 "虞翻曰:「君子謂乾. 辯, 別也. 乾天爲上, 兌澤爲下, 謙坤爲民, 坎爲志謙. 時坤在乾上, 變而爲履, 故'辯上下定民志'也.」"라 함. 《傳》에 "天在上, 澤居下上, (一作天)下之正理也. 人之所履當如是, 故取其象而爲履君子觀履之象, 以辯別上下之分, 以定其民志. 夫上下之分明, 然後民志有定, 民志定, 然後可以言治. 民志不定, 天下不可得而治也. 古之時, 公卿大夫而下位, 各稱其德, 終身居之, 得其分也. 位未稱德, 則君擧而進之, 士修其學, 學至而君求之, 皆非有預於己也. 農工商賈, 勤其事而所享有限, 故皆有定志而天下之心可一. 後世自庶士至于公卿, 日志於尊榮; 農工商賈, 日志于富侈. 億兆之心, 交騖於利, 天下紛然, 如之何其可一也? 欲其不亂難矣. 此由上下無定志也. 君子觀履之象, 而分辯上下, 使各當其分, 以定民之心志也"라 하였고, 《本義》에 "程傳備矣"라 함.

## (3) 爻辭와 象辭

初九: 素履往, 无咎.
☆象曰: 「素履之往」, 獨行願也.

〈언해〉 初九(초구)는 素履(소리)로 往(왕)ᄒᆞ면 咎(구)ㅣ 업스리라.[《本義》: 素履(소리)니 往(왕)ᄒᆞ야]

　　☆象(샹)애 ᄀᆞᆯ오디 「素履(소리)의 往(왕)홈」은 홀로 願(원)을 行(ᄒᆡᆼ)홈이라.

〈해석〉 [初九](一): 꾸밈이 없는 질박한 신을 신고 바른길로 가면, 허물이 없을 것이다. (질박한 신발이니, 갈 길로 가서)

　　☆象: "질박한 신을 신고 간다"함은, 홀로 자원(志願)을 실행함을 뜻한다.

【初九】이 효는 전체 履卦의 시작이며 동시에 下卦 兌의 시작으로 陽爻이므로 素朴하게 자신의 良蠆을 지키기만 하면 되는 爻位임.

【素履往, 无咎】'素履'는 아무런 장식이 없는 흰색 그대로의 신발.《周禮》履人에 "掌王及后之服履, 爲赤舃, 黑舃, 赤繶, 黃繶, 靑句, 素履, 葛履"라 하였고,《儀禮》士冠禮에도 "素積白屨"라 하였음. 따라서 '素履往'은 '장식이 없는 신을 신고 나가다'의 뜻. 즉 자신의 陽剛과 初九의 質樸한 爻位를 실천함을 의미함. ○高亨은 "素履無文采, 質而不飾之象也. 以質而不飾之度, 有所往則無咎, 故曰「素履往, 无咎」"라 함. 王弼 注에 "處履之初, 爲履之始, 履道惡華, 故素乃无咎. 處履以素, 何往不從? 必獨行其願, 物无犯也"라 하였고, 〈正義〉에 "處履之始, 而用質素, 故往而无咎. 若不以質素, 則有咎也"라 함.《集解》에 "虞翻曰:「應在巽爲白, 故素履. 四失位, 變往得正, 故往无咎. 初已得正, 使四獨變, 在外稱往. 〈象〉曰'獨行願'也.」"라 함.《傳》에 "履不處者行之義, 初處至下素, 在下者也. 而陽剛之才, 可以上進. 若安其卑下之素而徃, 則无咎矣. 夫人不能自安於貧賤之素, 則其進也, 乃貪躁而動, 求去乎貧賤耳. 非欲有爲也. 旣得其進, 驕溢必矣. 故徃則有咎. 賢者, 則安履其素, 其處也, 樂其進也, 將有爲也. 故得其進, 則有爲而无不善, 乃守其素履者也"라 하였고,《本義》에 "以陽在下, 居履之初, 未爲物遷, 率其素履者也. 占者如是, 則徃而无咎也"라 함.

☆【「素履之往」, 獨行願也】質樸함을 지키려는 바람을 專一하게 행함. 〈正義〉에 "〈象〉曰'獨行願'者, 釋'素履之往'. 它人尙華, 己獨質素, 則何咎也? 故獨行所願, 則物无犯也"라 함. 孔穎達 〈正義〉에 "獨行願者, 釋素履之往. 它人尙華, 己獨質素, 則何咎也? 故獨行所願, 則物无犯也"라 함.《集解》에 "荀爽曰:「初九者, 潛位, 隱而未見, 行而未成. '素履'者, 謂布衣之士, 未得居位, 獨行禮義, 不失其正, 故无咎也.」"라 함.《傳》에 "安履其素而徃者, 非苟利也. 獨行其志願耳. 獨, 專也. 若欲貴之, 心與行道之心交戰於中, 豈能安履其素也?"라 함.


九二: 履道坦坦, 幽人貞吉.
☆象曰:「幽人貞吉」, 中不自亂也.

〈언해〉九二(구이)는, 履(리)ᄒᆞᄂᆞᆫ 道(도)ㅣ 坦坦(탄탄)ᄒᆞ니 幽(유)ᄒᆞᆫ 人(인)이라아 貞(뎡)코 吉(길)ᄒᆞ리라.[《本義》: 幽(유)ᄒᆞᆫ 人(인)이라]
　　☆象(샹)애 ᄀᆞᆯ오디「幽人貞吉」은 中(듕)이 스스로 亂(란)티 아니홈이라.

〈해석〉 [九二](一): 가는 길이 탄탄하니, 은거하여 숨어 있는 자라야 점괘가 바르고 길하리라.(갇힌 사람이라)

☆象: "은거하여 숨어 있는 자라야 바르고 길하다"함은, 하괘의 중앙에 위치하여, 스스로 혼란을 조성하지 않기 때문이다.

【九二】 이 효는 全卦의 두 번째이며, 동시에 兌卦의 中央에 있고, 또한 陽爻로써 위에 六三(陰爻)을 받치고 있음.

【履道坦坦】 '履道'는 길을 밟음. 도리를 실천함. 그러나 '道'는 道路로 보기도 함. '坦坦'은 매우 넓고 평탄함. '坦'은 平夷의 뜻. 가는 길에 막힘이 없음. 《論語》述而篇에 "子曰:「君子坦蕩蕩, 小人長戚戚.」"이라 함. 〈正義〉에 "'履道坦坦'者, 坦坦, 平易之貌. 九二以陽處陰, 履於謙退, 己能謙退, 故履道坦坦平易, 无險難也"라 함.

【幽人貞吉】 '幽人'은 고독한 사람. 벼슬을 하지 않고 은거하여 때를 기다리는 사람. 功名에 汲汲히 굴지 않는 사람. 그러나 일반적으로 '幽'는 '囚'의 뜻으로 갇혀 있는 사람을 뜻하기도 함. ○高亨은 "履道坦坦, 在平夷途徑之象也. 筮遇此爻, 將脫險就夷, 故曰「履道坦坦, 幽人貞吉」"이라 함. 王弼 注에 "履道尙謙, 不憙處盈, 務在致誠, 惡夫外飾者也. 而二以陽處陰, 履於謙也. 居內履中, 隱顯同也. 履道之美於斯爲盛, 故履道坦坦无險厄也. 在幽而貞, 宜其吉也"라 하였고, 〈正義〉에 "'幽人貞吉'者, 旣无險難, 故在幽隱之人, 守正得吉"이라 함. 《集解》에 "虞翻曰:「二失位, 變成震, 爲道爲大塗, 故履道坦坦. 訟時, 二在坎獄中, 故稱幽人之正, 得位震出, 兌, 悅. 幽人喜笑, 故貞吉也.」"라 함. 《傳》에 "九二居柔, 寬裕得中, 其所履坦坦然, 平易之道也. 雖所履得坦易之道, 亦必幽靜, 安恬之人處之, 則能貞固而吉也. 九二陽志上進, 故有幽人之戒"라 하였고, 《本義》에 "剛中在下, 无應於上, 故爲履道平坦. 幽獨守貞之象, 幽人履道, 而遇其占, 則貞而吉矣"라 함.

☆【「幽人貞吉」, 中不自亂也】 九二는 下卦(兌)의 중앙에 위치하여 得中하였으면서 스스로 난을 짓지 않음. 그 때문에 世俗의 誘惑을 받지 않음. 〈正義〉에 "〈象〉曰'中不自亂'者, 釋幽人貞吉, 以其居中, 不以危險, 而自亂也. 旣能謙退幽居, 何有危險自亂之事?"라 함. 《集解》에 "虞翻曰:「雖幽訟獄中, 終辯得正, 故不自亂.」"이라 함. 《傳》에 "履道在於安靜, 其中恬正, 則所履安裕, 中若躁動, 豈能安其所履? 故必幽人, 則能堅固而吉. 蓋其中心安靜, 不以利欲自亂也"라 함.

六三: 眇能視, 跛能履, 履虎尾咥人, 凶. 武人爲于大君.

☆象曰:「眇能視」, 不足以有明也;「跛能履」, 不足以與行也;

「咥人之凶」, 位不當也;

「武人爲于大君」, 志剛也.

〈언해〉 六三(륙삼)은, 眇(묘); 能(능)히 視(시)ᄒ며 跛(파)ㅣ 能(능)히 履(리)홈이라. 虎尾(호미)를 履(리)ᄒ야 人(인)을 咥(딜)홈이니 凶(흉)ᄒ고 武人(무인)이 大君(대군)이 되오미로다.

☆象(샹)애 ᄀᆞᆯ오ᄃᆡ「眇能視」ᄂᆞᆫ 足(죡)히 ᄡᅥ 明(명)이 잇찌 몯홈이오,「跛能履」ᄂᆞᆫ 足(죡)히 ᄡᅥ 더브러 行(ᄒᆡᆼ)티 몯홈이오,

「咥人의 凶홈」은 位(위)ㅣ 當(당)티 아니홈이오,「武人爲于大君」은 志(지)ㅣ 剛(강)홈이라.

〈해석〉 [六三](--): 애꾸눈(맹인)이면서 볼 수 있고, 절름발이면서 걸을 수 있다 하는 격이다. 호랑이 꼬리를 밟고 있어 호랑이가 사람을 무니 흉하다. 마치 무인(武人)으로서 대군(제왕)이 되겠노라 나서는 것과 같다.

☆象: "애꾸눈(맹인)이면서 볼 수 있다"함은, 족히 밝게 볼 수 없음이요, "절름발이면서 걸을 수 있다"함은, 족히 함께 길을 갈 수 없음이며, "사람을 무니 흉하다"함은, 효위(爻位)가 맞지 않음을 말한 것이요, "무인이면서 대군이 되려 한다"함은, 의지가 강함을 말한 것이다.


【六三】 이 효는 태괘의 맨 위에 있으며 全卦에 유일한 陰爻로써 主爻임. 그런데 柔順함을 지키지 아니하고 주위를 둘러보며 나서려 함. 그 때문에 흉함.

【眇能視, 跛能履】 '眇'(묘)는 애꾸눈. 그러나 《字書》에 "眇, 盲也"라 하여 '장님'을 뜻하기도 함. 눈이 멀어 보이지 않음. '能'은 《集解》에 '而'자로 되어 있음. 따라서 '眇而視'이며 '장님이면서 보고자 하다'의 뜻. '跛能履'의 '跛'(파)는 절름발이, 절뚝거림. '能'은 역시 '而'자로 '跛而履'의 구절임. 절뚝거리면서 걷고자 함. 〈正義〉에 "眇能視, 跛能履'者, 居履之時, 當須謙退. 今六三以陰居陽, 而又失其位, 以此視物, 猶如眇目, 自爲能視, 不足爲明也. 以此履踐, 猶如跛足, 自爲能履, 不足與之行也"라 하였고, 《集解》에 "虞翻曰:「離目不正, 兌爲小, 故眇而視. 視上應也, 訟坎爲曳, 變震時爲足, 足曳故跛而履. 俗儒多以兌刑爲跛, 兌折震足, 爲刑人見刑, 斷足者, 非爲跛也.」"라 함.

【履虎尾咥人, 凶】〈正義〉에 "履虎尾咥人, 凶'者, 以此履虎尾, 咥齧於人, 所以凶也"라 하였고, 《集解》에 "虞翻曰:「艮爲尾, 在兌下, 故履虎尾. 位在虎口中, 故咥人. 凶旣跛又眇視步, 不能爲虎所囓, 故咥人凶.〈象〉曰'位不當'也.」"라 함.

【武人爲于大君】武人이 大君(帝王)의 지위를 빼앗고자 함. 이상 本爻에 대해 ○高亨은 "眇而視, 跛而履'者, 無其能而爲其事也. '履虎尾'者, 自致於險境也. '咥人'者, 遘大禍也. 眇不能視而視焉. 跛不能履而履焉. 終以視不明而履於虎尾. 又以履不捷而急於虎口, 其凶甚矣. 武人無大君之德, 而據大君之位, 亦將以妄行遘禍, 覆國殺身, 有似於此. 故曰「眇能視, 跛能履, 履虎尾, 咥人凶, 武人爲于大君」"이라 함. 王弼 注에 "居履之時, 以陽處陽, 猶曰不謙, 而況以陰居陽, 以柔乘剛者乎? 故以此爲明眇目者也, 以此爲行跛足者也, 以此履危見咥者也. 志在剛健, 不脩所履, 欲以陵武, 於人爲于大君, 行未能免於凶, 而志存於五, 頑之甚也"라 하였고, 〈正義〉에 "武人爲于大君'者, 行此威武, 加陵於人, 欲自爲於大君, 以六三之微, 欲行九五之志, 頑愚之甚"이라 함. 《集解》에 "虞翻曰:「乾象在上, 爲武人, 三失位, 變而得正成乾, 故曰'武人爲于大君, 志剛'也.」"라 함. 《傳》에 "三以陰居陽, 志欲剛, 而體本陰柔, 安能堅其所履? 故如盲眇之視, 其見不明; 跛躄之履其行, 不遠才. 旣不足而又處不得中履, 非其正以柔, 而務(一作勝)剛其履如此, 是履於危地, 故曰'履虎尾', 以不善履. 履危地, 必及禍患, 故曰'咥人凶'. 武人爲于大君, 如武暴之人而居人上, 肆其躁率而已, 非能順履而遠到也. 不中正而志剛, 乃爲羣陽所(一有不字)與, 是以剛柔蹈危, 而得凶也"라 하였고, 《本義》에 "六三不中不正, 柔而志剛, 以此履乾, 必見傷害, 故其象如此, 而占者凶. 又爲剛武之人, 得志而肆暴之象, 如秦政·項籍, 豈能久也?"라 함.

☆【「眇能履」, 不足以有明也】장님이므로 능히 밝게 볼 수 없음. 〈正義〉에 "〈象〉曰'不足以有明'者, 釋眇能視物, 目旣隆眇, 假使能視, 无多明也"라 함.

【「跛能履」, 不足以與行也】절뚝거리며 걷기에 함께 속도를 맞출 수 없음. 〈正義〉에 "不足以與行'者, 解跛能履, 足旣蹇跛, 假使能履, 行不能遠, 故云'不足以與'行也"라 하였고, 《集解》에 "侯果曰:「六三兌也. 互有離巽, 離爲目, 巽爲股, 體俱非正, 雖能視眇目者也; 雖能履跛足者也. 故曰'眇能視', 不足以有明; '跛能履', 不足以與行, 是其義也.」"라 함. 《傳》에 "陰柔之人, 其才不足, 視不能明, 行不能遠, 而乃務剛所履, 如此其能免於害乎?"라 함.

【「咥人之凶」, 位不當也】爻位가 맞지 않음. 六三은 陰爻로써 陽爻가 있어야 할 자리에 있음. 즉 九五인 것처럼 행동하려 함. 〈正義〉에 "位不當'者, 釋咥人之凶, 所以被咥見凶者, 緣居位不當, 謂以陰處陽也"라 하였고, 《集解》에 "案: 六三爲履卦之主體, 悅應乾下柔上剛, 尊卑合道, 是以'履虎尾不咥人', 通今於當爻以陰處陽, 履非其位, 互體離兌,

水火相刑, 故獨唯三被咥凶矣.」라 함.

【「武人爲于大君」, 志剛也】六三은 陰으로써 陽位에 있어 心志가 지나치게 剛烈함. 〈正義〉에 "'志剛'者, 釋武人爲于大君, 所以陵武加人, 欲爲大君, 以其志意剛猛, 以陰而處陽, 是志意剛也"라 하였고, 《集解》에 "案: 以陰居陽, 武人者也. 三互體離, 離爲嚮明, 爲于大君南面之象, 與乾上應, 故曰'志剛'.」"이라 함. 《傳》에 "柔居三, 履非其正, 所以致禍害, 被咥而凶也. 以武人爲喩者, 以其處陽才弱, 而志剛也. 志剛, 則妄動. 所履不由其道, 如武人而爲大君也"라 함.

# 九四: 履虎尾, 愬愬, 終吉.
## ☆象曰: 「愬愬, 終吉」, 志行也.

〈언해〉九四(구ᄉᆞ)는, 虎(호)의 尾(미)를 履(리)호미니, 愬愬(삭삭)ᄒᆞ면 ᄆᆞᄎᆞ매 吉(길)ᄒᆞ리라.[《本義》: 虎尾(호미)를 履(리)ᄒᆞ나 愬愬(삭삭)ᄒᆞ야]

　　☆象(샹)애 ᄀᆞᆯ오디 「愬愬, 終吉」은, 志(지)ㅣ 行(ᄒᆡᆼ)호려 홈이라.

〈해석〉[九四](一): 호랑이의 꼬리를 밟는 효위(爻位)지만, 두려워하고 조심하면 그 끝마침은 길하리라.(호랑이 꼬리를 밟으나 두려워 겁은 내어)

　　☆象: "두려워하고 조심하면 그 끝마침은 길하리라"함은, 의지를 실행하려 함을 뜻한다.

　　【九四】이 효는 上卦 乾의 첫 효이며 陽爻임. 그런데 九五(帝位) 밑에 있어 그 虎尾를 밟고 있음. 따라서 매우 위험하게 여기면서 조심하는 위치임.

　　【履虎尾】호랑이 꼬리를 밟음. '虎尾'는 九五를 가리킴.

　　【愬愬】'愬'은 '삭'으로 읽음. 두려워함. 두렵게 여기면서 조심함. 이 자리는 陰位인데 陽이므로 柔順함을 지켜 조심해서 행동해야 끝이 吉함. 〈正義〉에 "履虎尾, 愬愬'者, 逼近五之尊位, 是履虎尾, 近其危也. 以陽承陽, 處嫌隙之地, 故愬愬危懼也"라 함.

　　【終吉】그 끝맺음은 길함. 이상 ○高亨은 "履虎尾'者, 履險之象也. 履險而懼, 則險化爲夷, 故曰「履虎尾, 愬愬, 終吉」"이라 함. 王弼 注에 "逼近至尊, 以陽承陽, 處多懼之地, 故曰'履虎尾愬愬'也. 然以陽居陰, 以謙爲本, 雖處危懼, 終獲其志, 故終吉也"라 하였고, 〈正義〉에 "終吉'者, 以陽居陰, 意能謙退, 故終得其吉也"라 함. 《集解》에 "虞翻曰: 體與下絶四多懼, 故'愬愬'. 變體坎得位, 承五應初, 故'終吉'. 〈象〉曰'志行'也.」"라 함. 《傳》에

"九四, 陽剛而乾體, 雖居四, 剛勝者也. 在近君多懼之地, 无相得之義. 五復剛決之過, 故爲履虎尾. '愬愬', 畏懼之貌. 若能畏懼, 則當終吉. 蓋九雖剛而志柔, 四雖近而不處, 故能兢愼畏懼, 則終免於危而獲吉也"라 하였고, 《本義》에 "九四, 亦以不中不正, 履九五之剛, 然以剛居柔, 故能戒懼而得終吉"이라 함.

☆【「愬愬, 終吉」, 志行也】뜻대로 행할 수 있음. 〈正義〉에 "〈象〉曰'志行'者, 釋愬愬終吉. 初雖愬愬, 終得其吉, 以謙志得行, 故終吉也"라 하였고, 《集解》에 "侯果曰: 「愬愬, 恐懼也. 履乎兌主, 履虎尾也. 逼近至尊, 故恐懼. 以其恐懼, 故終吉也. 執乎樞密, 故'志行'也.」"라 함. 《傳》에 "能愬愬畏懼, 則終得其吉者, 志在於行而不處也. 去危則獲吉矣. 陽剛能行者也. 居柔以順自處者也"라 함.


# 九五: 夬履, 貞厲.
# ☆象曰: 「夬履, 貞厲」, 位正當也.

〈언해〉 九五(구오)는, 夬(쾌)히 履(리)홈이니, 貞(뎡)ᄒᆞ야도 厲(려)ᄒᆞ리라.
　　　☆象(샹)애 ᄀᆞᆯ오뎌 「夬履, 貞厲」ᄂᆞᆫ, 位(위) ㅣ 正(졍)히 當(당)홀 시라.
〈해석〉 [九五](一): 이괘(履卦) 전체의 사안을 결정하는 자리이지만, 이 효의 정사(貞辭)를 만나면 위험한 경우가 있으리라.
　　　☆象: "이괘 전체의 사안을 결정하는 자리이지만, 이 효의 정사를 만나면 위험한 경우가 있다"함은, 자리가 정당하기 때문이다.


　【九五】 이 효는 全卦의 다섯 번째이며 제왕의 위치. 아울러 陽爻이므로 位正當하며 결정권을 가지고 있음. 그러나 貞正을 지켜야 하며 자신이 모든 조건을 다 가지고 있다고 해서 지나치게 强愎하게 행동해서는 도리어 위험을 초래함을 뜻함. 朱熹는 "믿는 도끼에 발등 찍힌다"(傷於所恃)라 하였음.
　【夬履】 '夬(쾌)'는 決과 같음. '결단하다. 결정하다'의 뜻. ○高亨은 "夬履者, 斷裂之履也"라 함. 履卦 전체의 임무를 결단함. 그러나 沙少海는 "夬, 是快的本字. 從夬得聲的字, 與決·趹等字, 大都含有快速的意思"라 하여, '快의 本字로 '급하게 결정하다'의 뜻이라 하였음. 그 외 '缺, 抉, 訣, 玦 鈌' 등으로 모두 '가르다, 판결하다, 결정하다, 갈라지다' 등의 뜻을 함께 가지고 있음. 〈正義〉에 "'夬履'者, 夬者, 決也. 得位處尊, 以剛決正, 履道行正, 故夬履也"라 함.

【貞厲】이 효의 貞辭(貞兆)를 만나게 되면 위험함. 王弼 注에 "得位處尊, 以剛決正, 故曰'夬履貞厲'也. 履道惡盈, 而五處尊, 是以危"라 하였고, 〈正義〉에 "'貞厲'者, 厲, 危也. 履道惡盈, 而五以陽居尊, 故危厲也"라 함. ○高亨은 "著夬履而行, 將有傷足之虞, 故曰「夬履, 貞厲」"라 함. 《集解》에 "虞翻曰:「謂三上已變體夬象, 故'夬履'. 四變五在坎中也. 爲上所乘, 故'貞厲'. 〈象〉曰'位正當'也.」"라 함. 《傳》에 "夬, 剛決也. 五以陽剛乾體, 居至尊之位, 任其剛決而行者也. 如此, 則雖得正, 猶危厲也. 古之聖人, 居天下之尊, 明足以照, 剛足以決, 勢足以專, 然而未嘗不盡天下之議. 雖芻蕘之微必取, 乃其所以爲聖也, 履帝位而光明者也. 若自任剛明, 決行不顧, 雖使得正, 亦危道也, 可固守乎? 有剛明之才, 苟專自任, 猶爲危道, 況剛明不足者乎? 《易》中云'貞厲', 義各不同, '隨卦可見'"라 하였고, 《本義》에 "九五, 以剛中正, 履帝位而下以兌說應之, 凡事必行无所疑礙, 故其象爲夬決其履, 雖使得正, 亦危道也. 故其占爲雖正, 而危爲戒深矣"라 함.

☆【「夬履, 貞厲」, 位正當也】九五는 帝王의 자리이며 陽位의 자리에 陽爻이므로 이 조건을 충족하고 있음. 그러나 그러한 모든 조건이 모두 충족되었을 때, 자칫 오만을 부릴 수 있으므로 오히려 더욱 위험함. 〈正義〉에 "〈象〉曰'位正當'者, 釋夬履貞厲之義. 所以'夬履, 貞厲'者, 以其位正當, 處在九五之位, 不得不決斷, 其理不得, 不有其貞厲, 以位居此地故也"라 하였고, 《集解》에 "干寶曰:「夬, 決也. 居中履正, 爲履貴主, 萬方所履, 一決於前, 恐決失正, 恒懼危厲, 故曰'夬履, 貞厲, 位正當'也.」"라 함. 《傳》에 "戒夬履者, 以其正當尊位也. 居至尊之位, 據能專之勢, 而自任剛決, 不復畏懼, 雖使得正, 亦危道也"라 하였고, 《本義》에 "傷於所恃"라 함.


上九: 視履考祥, 其旋元吉.
☆象曰: 「元吉」在上, 大有慶也.

〈언해〉上九(샹구)는, 履(리)를 보와 祥(샹)을 考(고)ᄒᆞ디 그 旋(션)ᄒᆞ면 元(원)코 吉(길)ᄒᆞ리라.[《本義》: 크게 吉(길)ᄒᆞ리라]
　　☆象(샹)애 굴오디 元吉(원길)로 上(샹)애 이쇼미 크게 慶(경)이 이실 이니라.
〈해석〉[上九](一): 이괘(履卦) 전체 길흉(吉凶)의 상(祥)을 고찰하되, 그것을 주도면밀하게 하여 초효(初爻)의 질박함으로 돌아가면 크고 길하리라.(크게 길하리라.)
　　☆象: 크게 길함으로써 가장 위에 자리하고 있으니, 큰 경사가 있을 것이다.

【上九】이는 履卦의 가장 위에 있으며, 陽爻로써 자신의 괘 전체의 득실, 길흉을 살펴보아 임무를 깊이 헤아려 신중히 해야 함.

【視履考祥】'視履'는 履卦 전체의 象을 내려다보고 있음. '考祥'은 吉祥과 凶祥을 신중히 고찰함. 古本《周易》에는 '考詳'으로 되어 있으며 原義는 '詳'으로, '詳細히 考察하다'의 뜻. 그러나 ○高亨은 '庠'(學校)의 뜻이라 하였음. 鄭玄은 "詳, 周密也. '考詳', 考察周密也"라 함. 〈正義〉에 "視履, 考祥者, 祥, 謂徵祥. 上九處履之極, 履道已成, 故視其所履之行, 善惡得失, 考其禍福之徵祥"이라 하여, '視履考祥'으로 묶어 풀이하였음.

【其旋元吉】'其旋'의 '其'는 而와 같음. 따라서 '考詳而旋'으로 '주도면밀히 고찰하여 얼른 제자리로 돌아오다'의 뜻임. '元吉'은 크게 길함. 이 효는 陰位에 陽이므로 냉정하게 괘 전체의 득실을 살펴 初爻(陽)의 '素履'로 돌아가는 것이 가장 훌륭함을 뜻함. ○高亨은 "視履考祥者, 視焉履焉而登於庠, 得預於養老之禮也. 其返也, 醉飽而已, 自是大吉. 故曰「是履考祥, 其旋元吉」"이라 하여 전혀 달리 해석하고 있음. 王弼 注에 "禍福之祥, 生乎所履, 處履之極, 履道成矣. 故可視履而考祥也. 居極應說, 高而不危, 是其旋也. 履道大成, 故元吉也"라 하였고, 〈正義〉에 "其旋元吉者, 旋, 謂旋反也. 上九處履之極, 下應兌說, 高而不危. 是其不墜於禮, 而能旋反行之, 履道大成, 故'元吉'也"라 함. 《集解》에 "虞翻曰:「應在三, 三先視上, 故上亦視三, 故曰'視履考祥'矣. 考, 稽; 祥, 善也. 乾爲積善, 故考祥; 三上易位, 故'其旋元吉'. 〈象〉曰'大有慶'也.」"라 함. 《傳》에 "上處履之終, 於其終, 視其所履行, 以考其善惡禍福. 若其旋, 則善且吉也. 旋, 謂周旋完備无不至也. 人之所履考視其終, 若終始周完无疚, 善之至也. 是以元吉. 人之吉凶, 係其所履, 善惡之多寡, 吉凶之小大也"라 하였고, 《本義》에 "視履之終, 以考其祥, 周旋无虧, 則得元吉. 占者禍福, 視其所履, 而未定也"라 함.

☆【「元吉」在上, 大有慶也】'元吉在上'은 上九는 全卦의 極位로 사람 몸의 머리를 상징하며, 이러한 자리에 있으면서 元吉함을 뜻함. '大有慶'은 크게 慶事가 있음. 〈正義〉에 "象曰'大有慶'者, 解元吉在上之義. 旣以元吉, 而在上九, 是大有福慶也. 以有福慶, 故'在上元吉'也"라 하였고, 《集解》에 "盧氏曰:「王者, 履禮於上, 則萬方有慶於下.」"라 함. 《傳》에 "上, 履之終也. 人之所履, 善而吉至其終, 周旋无虧, 乃大有福慶之人也. 人之行, 貴乎有終"이라 하였고, 《本義》에 "若得元吉, 則大有福慶也"라 함.

# 011 태泰

䷊ 地天泰: ▶乾下坤上(☰下☷上)


*泰(태): 〈音義〉에 "泰, 如字. 大通也"라 하여 '태(tài)'로 읽으며 通(雙聲)의 뜻. 《周易》 전체 64괘 중에 가장 泰安(泰通)한 괘임. 하괘는 乾(天)이며 상괘는 坤(地)으로, 陰이 陽의 위에 있는 異卦相疊의 '地天' 괘체임. 陰이 위에 있고 陽이 아래에 있어야 사물의 소통이 가장 형통하고 음양이 안정되게 위치하고 있어, 변화와 생성이 끊임없이 원리대로 순환하게 됨을 상징함. 이와 상반된 비괘(否卦, 012)의 경우 乾(天, 陽)이 위에 있고, 坤(地, 陰)이 아래에 있어 固定, 凝固, 固着된 것으로 아무런 소통이나 순환을 이루지 못함. 과학적으로도 불(陽)이 밑에서 작용해야 물(陰)이 위에서 끓고, 냉장고의 冷氷칸이 위에 있어야 하는 것, 또는 얼음 밑의 물은 얼음보다 온도가 높은 것과 같은 원리임.

*《集解》에 "〈序卦〉曰:「履而泰, 然後安, 故受之以'泰'. 泰者, 通也.」(崔憬曰:「以禮導之, 必通. 通然後安. 所謂君子以辯上下定, 民志通而安也.」)"라 함.

*《傳》에 "'泰', 〈序卦〉:「履而泰, 然後安, 故受之以'泰'.」履得其所, 則舒泰, 泰則安矣. 泰所以次履也. 爲卦坤陰在上, 乾陽居下, 天地陰陽之氣, 相交而和, 則萬物生成, 故爲通泰"라 함.


## (1) 卦辭

# 泰: 小往大來, 吉, 亨.

〈언해〉 泰(태)는 小(쇼)ㅣ 往(왕)ᄒᆞ고 大(대)ㅣ 來(릭)ᄒᆞ니 吉(길)ᄒᆞ야 亨(형)ᄒᆞ리라.
〈해석〉 태(泰, 태괘)는 적게 주고 많은 것을 받는 괘이니, 길하고 형통하리라.

【泰】卦名이며, 上卦 坤(地)은 淫氣이며 하괘는 乾(天)은 陽氣. 음기기 응결하여 아래로 내려오고 있고 양기는 청명하여 위로 상승하고 있음. 이처럼 음양이 교감하여 만물이 생성됨으로 인해 태평함. 泰는 通과 같은 뜻임.
【小往大來】小(陰)가 가고 大(陽)가 찾아옴. 잃는 것은 적고 얻는 것은 많음. 이 泰

卦는 坤이 아래로 향하여 가고, 乾이 위를 향해 오는 象이므로 '小往大來'라 한 것임.
乾(陽)이 위에 있고, 坤(陰)이 아래에 있는 비(否)괘의 경우, 그대로 눌려 움직이지
못하는 것과 상반됨. ○高亨은 "'小往大來'者, 所失者小, 所得者大也. 筮遇此卦,
將失小而得大, 故曰「小往大來, 吉」"이라 함. 〈正義〉에 "陰去故小往; 陽長故大來, 以此吉而亨
通. 此卦亨通之極, 而四德不具者, 物旣泰通, 多失其節, 故不得以爲元, 始而利貞也. 所
以〈象〉云'財成·輔相', 故四德不具"라 함.

【吉, 亨】○高亨은 "亨卽享字, 古人擧行享祀, 曾筮遇此卦, 故記之曰「亨」"이라 하여,
享(享祀)로 보았음. 점을 쳐서 이 괘를 만나면 享祀를 거행함.《集解》에 "虞翻曰:「陽
息坤反否也. 坤陰詘外爲小往, 乾陽信內稱大來. 天地交, 萬物通, 故吉亨.」"이라 함.
《傳》에 "小謂陰, 大謂陽, '往', 徃之(一作居)於外也; '來', 來居於內也. 陽氣下降, 陰氣上
交也. 陰陽和暢, 則萬物生, 遂天地之泰也. 以人事言之, 大則君上, 小則臣下. 君推誠以
任下, 臣盡誠以事君, 上下之志通, 朝廷之泰也. 陽爲君子, 陰爲小人, 君子來處於內, 小
人徃處於外, 是君子得位, 小人在下, 天下之泰也. 泰之道, 吉而且亨也. 不云'元吉·元亨'
者, 時有汚隆, 治有小大, 雖泰, 豈一揆哉? 言'吉亨', 則可包矣"라 하였고,《本義》에 "泰,
通也. 爲卦天地交而二氣通, 故爲泰, 正月之卦也. 小謂陰, 大謂陽, 言坤徃居外, 乾來居
內. 又自歸妹來, 則六徃居四, 九來居三也. 占者, 有剛陽之德, 則吉而亨矣"라 함.


## (2) 彖辭와 象辭

彖曰:「泰: 小往大來, 吉, 亨.」則是天地交而萬物通也, 上下
交而其志同也.

內陽而外陰, 內健而外順, 內君子而外小人. 君子道長, 小人
道消也.

★象曰: 天地交, 泰. 后以財成天地之道, 輔相天地之宜, 以
左右民.

〈언해〉彖(단)애 골오디「泰: 小徃大來, 吉, 亨」은 이 天地(텬디)ㅣ 交(교)ᄒ야 萬物(만믈)
이 通(통)ᄒ며, 上下(샹하)ㅣ 交(교)ᄒ야 그 志(지)ㅣ 同(동)홈이라.
陽(양)이 內(니)ᄒ고 陰(음)이 外(외)ᄒ며, 健(건)이 內(니)ᄒ고 順(슌)이 外(외)ᄒ

며, 君子(군ㅈ)ㅣ 內(니)ㅎ고 小人(쇼인)이 外(외)ㅎ니, 君子(군ㅈ)의 道(도)ㅣ 長(댱)ㅎ고 小人(쇼인)의 道(도)ㅣ 消(쇼)홈이라.

★象(샹)애 굴오디 天地(텬디)ㅣ 交(교)홈이 泰(태)ㅣ니, 后(후)ㅣ 以(이)ㅎ야 천지(텬디)의 道(도)를 財(지)ㅎ야 成(셩)ㅎ며 天地(텬디)의 宜(의)를 輔相(보샹)ㅎ야 뻐 民(민)을 左右(좌우)ㅎᄂ니라.

〈해석〉 象: "태괘는 음기가 강하고 양기가 상승해 올라오는 것이니, 길하고 형통하리라" 한 것은 하늘과 땅이 교류하여 만물이 통하며, 위아래가 교통하여, 그 뜻을 같이 하는 것이다.

양(陽)이 내괘이며, 음(陰)이 외괘로 있고, 강건(剛健)함이 안에 있고, 유순함이 밖에 있으며, 군자가 안에서 일을 맡고 소인이 밖에 밀려나 있으니, 군자의 도는 성장하고, 소인의 도는 소멸되는 괘상이다.

★象: 하늘과 땅이 교통함이 태괘이니, 왕후(王后)가 이를 근거로 해서 천지의 도를 는 그것으로 천지의 도를 결재하여 성취시키며, 천지의 마땅함을 보상(輔相)하여 이로써 백성을 살아갈 수 있도록 하느니라.


【泰, 小往大來, 吉, 亨】《集解》에 "蜀才曰: 「此本坤卦小謂陰也, 大謂陽也. 天氣下地氣上, 陰陽交, 萬物通, 故'吉, 亨'.」"이라 함.

【則是天地交而萬物通也】 '즉시'는 '이와 같기 때문에'의 뜻. '天地交而萬物通'은 아래 天(乾)이 위로 올라가고 위의 地(坤)이 내려와 서로 交合, 萬物이 疏通하여 通泰함을 이룸. 〈正義〉에 "'泰, 小往大來, 吉亨. 則是天地交而萬物通'者, 釋此卦. 小往大來吉亨 '名爲泰也. 所以得名爲泰者, 止由天地氣交, 而生養萬物, 物得大通, 故云'泰也'라 하였고, 《集解》에 "何妥曰: 「此明天道泰也. 夫泰之爲道, 本以通生萬物, 若天氣上騰, 地氣下降, 各自閉塞, 不能相交, 則萬物無由得生, 明萬物生, 由天地交也.」"라 함.

【上下交而其同志也】 '同志'는 君臣이 뜻을 같이 함. 〈正義〉에 "'上下交而其志同'者, 此以人事, 象天地之交. 上, 謂君也; 下, 謂臣也. 君臣交好, 故志意和同"이라 하였고, 《集解》에 "何妥曰: 「此明人事泰也. 上之與下, 猶君之與臣. 君臣相交感, 乃可以濟養民也. 天地以氣通, 君臣以志同也.」"라 함. 《傳》에 "小往大來, 陰往而陽來也. 則是天地陰陽之氣, 相交而萬物得遂, 其通泰也. 在人則上下之情, 交通而其志意同也"라 함.

【內陽而外陰, 乃健而外順】 '內陽而外陰'은 內卦(下卦)가 陽(乾)이며 外卦(上卦)가 陰(坤)임. '內健而外順'은 乾은 剛健하며 坤은 柔順함. 사람이 안으로는 강건한 덕을 가지고 있으면서 밖으로는 유순한 태도를 보임. 〈正義〉에 "內陽而外陰, 內健而外順. 內

健, 則內陽; 外順, 則外陰. 內陽外陰, 據其象, 內健外順, 明其性. 此說泰卦之德也. '陰陽', 言爻; '健順', 言卦此就卦爻, 釋'小往大來, 吉亨'也"라 하였고, 《集解》에 "何妥曰: 「此明天道也. 陰陽之名, 就爻爲語; 健順之稱, 指卦爲言. 順而陰居外, 故曰'小往', 健而陽在內, 故曰'大來'.」"라 함.

【內君子而外小人】乾은 君子를, 坤은 小人을 상징함. 이는 덕이 있는 군자가 朝廷안에서 정치를 맡고, 소인은 밖으로 退出되어 들에 있음을 뜻함. 《集解》에 "崔憬曰: 「此明人事也. 陽爲君子, 在內健於行事; 陰爲小人, 在外順以聽命.」"이라 함.

【君子道長, 小人道消也】君子의 道는 成長하고, 小人의 道는 消滅됨. 〈正義〉에 "內君子而外小人, 君子道長, 小人道消'者, 更就人事之中, 釋'小往大來, 吉亨'也"라 하였고, 《集解》에 "九家《易》曰: 「謂陽息而升, 陰消而降也. 陽稱息者, 長也. 起復成巽, 萬物盛長也. 陰言消者, 起〈姤〉終〈乾〉, 萬物成熟. 成熟則給用, 給用則分散, 故陰用特言消也.」"라 함. 《傳》에 "陽來居內, 陰往居外, 陽進而陰退也. 乾健在內, 坤順在外, 爲內健而外順, 君子之道也. 君子在內, 小人在外, 是君子道長, 小人道消, 所以爲泰也. 旣取陰陽交和, 又取君子道長, 陰陽交和, 乃君子之(一无之字)道長也"라 함.

☆【天地交, 泰】下卦는 乾(天), 上卦는 坤(地)이 교감하고 있는 괘상이 泰卦임. 《集解》에 "荀爽曰: 「坤氣上升, 以成天道; 乾氣下降, 以成地道. 天地二氣, 若時不交, 則爲閉塞. 今旣相交, 乃通泰.」"라 함.

【后以財成天地之道】后(君主)가 일을 결정하여 천지의 도를 성취함. '后'는 군주. '財'는 裁의 가차. 〈正義〉에 "'后以財成天地之道'者, 由物皆通泰, 則上下失節. 后, 君也. 於此之時, 君當翦財, 成就天地之道"라 하였고, 《集解》에 "虞翻曰: 「后, 君也. 陰升乾位, 坤女主, 故稱后. 坤富稱財, 守位以人, 聚人以財, 故曰成天地之道.」"라 함.

【輔相天地之宜】'輔相'은 두 글자 모두 '輔弼하다, 돕다'의 뜻. 천지의 대원칙을 도와 백성을 다스리고 살아갈 수 있도록 통치해줌. '天地之宜'의 '宜'는 마땅함. 의당 그렇게 되어야 할 천지의 원리. 〈正義〉에 "'輔相天地之宜'者, 相, 助也. 當輔助天地所生之宜"라 함.

【以左右民】'左右'는 '左之右之하다'의 동사. 의미가 넓혀져 '支配하다, 統治하다, 爲政을 實行하다' 등의 뜻이 됨. '民'은 人과 같음. 사람들이 생활할 수 있도록 萬物을 生殖시켜 제공함. 혹 '左右'는 '佐佑'의 假借로 '백성의 삶을 도와주다'의 뜻. 王弼 注에 "泰者, 物大通之時也. 上下大通, 則物失其節, 故財成而輔相, 以左右民也"라 하였고, 〈正義〉에 "'以左右民'者, 左右, 助也. 以助養其人也. '天地之道'者, 謂四時也. 冬寒夏暑, 春生秋殺之道. 若氣相交通, 則物失其節. 物失其節, 則冬溫夏寒, 秋生春殺. 君當財節成就, 使

寒暑得其常, 生殺依其節, 此天地自然之氣, 故云'天地之道'也. '天地之宜'者, 謂天地所生之物, 各有其宜. 若〈大司徒〉云「其動物植物」及〈職方〉云「揚州其貢, 宜稻麥; 雍州其貢, 宜黍稷.」若天氣大同, 則所宜相反, 故人君輔助天地, 所宜之物, 各安其性, 得其宜. 據物言之, 故稱'宜'也. 此卦言'后'者, 以不兼公卿大夫, 故不云'君子'也. 兼通諸侯, 故不得直言'先王'. 欲見天子諸侯, 俱是南面之君, 故特言'后'也"라 함.《集解》에 "虞翻曰:「相贊左右助之, 震爲左·兌爲右, 坤爲民, 謂以陰輔陽.《詩》曰『宜民宜人, 受祿于天.」○鄭玄曰:「財, 節也. 輔相, 左右助也. 以者, 取其順陰陽之節, 爲出內之政. 春崇寬仁, 夏以長養, 秋以收斂, 冬敕蓋藏, 皆可以成物助民也.」라 함.《傳》에 "天地交而陰陽和, 則萬物茂遂, 所以泰也. 人君當體天地, 通泰之象, 而以財成天地之道, 輔相天地之宜, 以左右生民也. '財成', 謂體天地交泰之道, 而財制成其施, 爲之方也. 輔相天地之宜, 天地通泰, 則萬物茂遂, 人君體之, 而爲法制, 使民用天時因地利, 輔助化育之功成, 其豐美之利也. 如春氣發生, 萬物則爲播植之法; 秋氣成實, 萬物則爲收斂之法. 乃輔相天地之宜, 以左右輔助于民也. 民之生, 必賴君, 上爲之法制以敎率, 輔翼之, 乃得遂其生養, 是左右之也"라 하였고,《本義》에 "財成以制, 其過輔相, 以補其不及"이라 함.


## (3) 爻辭와 象辭

初九: 拔茅茹, 以其彙. 征吉.
☆象曰:「拔茅, 征吉」, 志在外也.

〈언해〉初九(초구)는 茅(모)의 茹(여)를 拔(발)홈이라. 그 彙(휘)로써 征(졍)홈이니 吉(길)ᄒ니라.[《本義》: 茅(모)의 茹(여)를 拔(발)홈이니, 그 彙(휘)로써 ᄒ면 征(졍)홈이 吉(길)ᄒ리라]

☆象(샹)애 ᄀᆞᆯ오디 「拔茅, 征吉」은 志(지)ㅣ 外(외)애 이심이라.

〈해석〉 [初九](一): 잔디의 뿌리를 뽑아내는 효위(爻位)이다. 그 뿌리들이 서로 엉켜 있음으로써 정벌하러 나서는 것이니 길하니라.(잔디의 뿌리를 뽑아 없애는 것이니, 그 엉킨 뿌리처럼 동류를 규합하여 정벌하러 나서면 길하리라.)

☆象: "잔디뿌리를 뽑듯이 정벌하러 가면 좋다"함은, 지향하는 것이 밖에 있음을 뜻한다.

【初九】이는 전체 泰卦의 첫 효이며 동시에 下卦 乾의 시작으로 陽爻이므로 힘과 의지가 강하여 진출하고자 함.

【拔茅茹】잔디 뿌리를 뽑아버림. '茅茹'는 잔디의 뿌리. 茅根. 잔디의 뿌리들은 서로 엉겨 있음을 비유함. 〈正義〉에 "'拔茅茹'者, 初九欲往於上, 九二·九三, 皆欲上行, 己去則從而似拔茅, 擧其根相牽茹也"라 함.

【以其彙】'以'는 王引之는 "以, 猶及也"라 하여 '及其彙'로 되어야 함. '彙'는 滙(匯), 聚와 같음. 모임. 혹 같은 同類를 뜻함. 그러나 ○高亨은 여러 증거를 들어 "彙者, 莖也. 是彙有草莖之義"라 하여 풀의 대궁을 뜻한다 하였음. 〈正義〉에 "'以其彙'者, 彙, 類也. 以類相從"이라 함.

【征吉】征伐에 나서면 吉함. 敵을 征伐하러 나섬. 혹 앞으로 나감. 일을 처리해 나감. 초구는 첫 효로 陽氣가 아직 충분하지 않고 게다가 태괘의 시작이므로, 잔디 뿌리에 얽힌 것과 같은 상태로 쉽게 그 자리를 벗어나지 못함. 따라서 九二, 九三의 두 陽爻와 協同하여 前進해야 함. ○高亨은 "蓋拔茅則連根, 連根則帶土, 帶土則馬不食也. '拔茅茹, 以其彙', 是養其所需以備取用之象也. 如此者貞吉, 故曰「拔茅茹, 以其彙, 貞吉」"이라 함. 王弼 注와 《集解》에 "茅之爲物, 拔其根而相牽引者也. 茹, 相牽引之貌也. 三陽同志, 俱志在外. 初爲類首己擧, 則從若茅茹也. 上順而應不, 爲違距進, 皆得志, 故以其類征吉也"라 하였고, 〈正義〉에 "'征吉'者, 征, 行也. 上坤而順, 下應於乾, 己去則納, 故征行而吉"이라 함. 《傳》에 "初以陽爻居下, 是有剛明之才, 而在下者也. 時之否, 則君子退而窮處, 時旣(一作將)泰, 則志在上進也. 君子之進, 必與其朋類相牽援, 如茅之根. 然拔其一, 則牽連而起矣. 茹根之相牽連者, 故以爲象彙類也. 賢者以其類進, 同志以行其道, 是以吉也. 君子之進, 必以其類, 不唯志在相先樂於與善實, 乃相賴以濟, 故君子小人, 未有能獨立, 不賴朋類之助者也. 自古君子得位, 則天下之賢萃於朝廷, 同志協力以成天下之泰. 小人在位, 則不肖者竝進, 然後其黨勝而天下否矣. 蓋各從其類也"라 하였고, 《本義》에 "三陽在下, 相連而進, 拔茅連茹之象, 征行之吉也. 占者, 陽剛, 則其征吉矣. 郭璞洞林, 讀至'彙'字絶句, 下卦放此"라 함.

☆【「拔茅, 征吉」, 志在外也】잔디의 뿌리를 뽑아버리듯이 정벌에 나서면 길한 이유는 뜻이 밖에 있기 때문임. '志在外也'는 初九는 乾卦의 陽으로서, 밖으로 뻗치려는 의지를 강하게 가지고 있음을 뜻함. 〈正義〉에 "〈象〉曰'志在'外者, 釋拔茅征吉之義以其三陽志意皆在於外已行則從而似拔茅徃行而得吉此假外物以明義也"라 하였고, 《集解》에 "虞翻曰: 「否泰反其類, 否巽爲茅. 茹茅, 根艮, 爲手彙類也. 初應四, 故拔茅茹以彙, 震爲征, 得位應四, 征吉志在外, 外謂四也.」"라 함. 《傳》에 "時將泰, 則羣賢皆欲上進. 三陽之

志, 欲進同也. 故取茅茹, 彙征之象. 志在外上進也"라 함.


## 九二: 包荒, 用馮河, 不遐遺. 朋亡, 得尙于中行.
## ☆象曰: 「包荒」·「得尙于中行」, 以光大也.

〈언해〉 九二(구이)는, 荒(황)을 包(포)ㅎ며, 河(하)를 馮(빙)홈을 쓰며 遐(하)를 遺(유)티
아니ㅎ며 朋(붕)을 亡(망)ㅎ면 시러곰 中行(듕힝)애 尙(샹)ㅎ리라.[《本義》: 荒
(황)을 包(포)ㅎ고, 河(하)를 馮(빙)홈을 쓰면 遐(하)를 遺(유)티 아니ㅎ고 朋(붕)
을 亡(망)ㅎ면]

☆象(샹)애 골오디 「包荒」, 「得尙于中行」은 뻐 光(광)ㅎ고 大(대)홈이라.

〈해석〉 [九二](-): 아주 멀리 있는 이들까지 포용하여 맨몸으로 하수를 건너는 용맹으
로써 하되, 먼 곳에 있는 이들도 빠뜨리지 아니하며, 만약 친구를 잃으면 능히
자신의 중행(中行)을 높이 여기는 태도를 지키면 되리라.(멀리 있는 이를 포용하
고, 하수를 맨몸을 건너는 용맹으로써 하되, 먼 곳의 동지도 빠뜨리지 아니하고,
친구를 잃으면)

☆象: "멀리 있는 이들을 포용하고", "자신이 가지고 있는 구이의 중행을 숭상하
는 태도를 지키면" 이로써 빛을 크게 발하게 될 것임을 뜻한다.


【九二】下卦(乾)의 中央에 위치한 陽爻로써 위아래 모두 陽爻이며, 그에 正應을 이
룬 六五가 陰爻이므로 실질적 陰陽交感의 일을 해낼 수 있으나 中庸의 도를 굳건히
지켜야 하는 爻位임.

【包荒】'包'는 匏의 假借. '荒'은 空의 뜻. 〈釋文〉에 "荒, 鄭讀爲康. 云虛也"라 함. 따
라서 바가지 속을 텅 비게 파냄. 혹 原義대로 '荒을 包容함', 즉 지극히 먼 荒地의 東夷,
西戎, 北狄, 南蠻을 포용함을 뜻하는 것이라고도 함.《集解》에 "翟玄曰:「荒, 虛也. 二
五相應, 五虛无陽, 二上包之.」"라 함.

【用馮河】'用'은 '以'와 같음. '馮河'(빙하)는 맨 몸으로 河水를 건넘. 여기서는 무모
할 정도의 勇猛을 비유함. '馮'은 '溯'의 뜻.《玉篇》에 "徒涉曰溯"라 함. 무모함을 뜻
함.《詩》小雅 小旻篇에는 "不敢暴虎, 不敢馮河. 人知其一, 莫知其它. 戰戰兢兢, 如臨深
淵, 如履薄冰"라 하였고, 〈毛傳〉에 "馮, 陵也. 徒涉曰馮河"라 함.《論語》述而篇에도
"子謂顏淵曰:「用之則行, 舍之則藏, 惟我與爾有是夫!」子路曰:「子行三軍, 則誰與?」子

曰:「暴虎馮河, 死而無悔者, 吾不與也. 必也臨事而懼, 好謀而成者也.」라 함. 〈正義〉에 "‘包荒, 用馮河’者, 體健居中, 而用乎泰, 能包含荒穢之物, 故云‘包荒’也. ‘用馮河’者, 无舟渡水, 馮陵于河, 是頑愚之人. 此九二能包含容受, 故曰‘用馮河’也"라 함.

【不遐遺】‘遐’는 遠의 뜻. ‘遺’는 ‘버리다, 빠뜨리다, 遺棄하다, 버림받다, 추락하다, 침몰하다’ 등의 뜻. 아주 먼 곳이라 해도 빠뜨리지 않음. 《詩》抑篇에 "不遐遺愆"이라 함. 〈正義〉에 "‘不遐遺’者, 遐, 遠也; 遺, 棄也. 用心弘大, 无所疎遠, 棄遺於物"이라 하였고, 《集解》에 "荀爽曰:「河出於乾, 行於地, 中陽性欲升, 陰性欲承, 馮河而上不用舟航, 自地升天道雖遼遠, 三體俱上不能止之, 故曰‘不遐遺’.」"라 함.

【朋亡】‘朋’은 朋貝. 고대 貝는 貨幣, 10묶음의 貝를 一朋이라 함. ‘亡’은 ‘잃다’의 뜻. 그러나 원의대로 朋友, 同志로 풀이함. ‘朋’은 자신과 相配인 六五를 가리킴.〈正義〉에 "‘朋亡’者, 得中无偏, 所在皆納, 无私於朋黨之事. 亡, 无也. 故云‘朋亡’也"라 함.

【得尙于中行】‘得’은 能과 같은 뜻임. ‘尙’은 ‘尙崇하다, 重視하다’의 뜻. ‘中行’은 中途. 혹 ‘中’은 九二가 下卦 乾의 中央에 위치한 爻位와 아울러 中庸의 덕을 뜻하는 重義法. 이 효는 陽剛으로 下卦의 中央에 위치하여 上卦 六五와 짝이 됨. 따라서 六五와 만나기 위해 中庸의 도를 지키며 자신의 힘을 키우고 있어야 함. 이상 本爻에 대해 ○高亨은 "用匏馮河, 不棄其友, 是臨難不忘舊也. 其上將嘉而賞之, 故曰「包荒, 用馮河, 不遐有朋, 悔亡, 得尙于中行.」疑此亦古代故事也"라 함. 王弼 注에 "體健居中, 而用乎泰, 能包含荒穢, 受納馮河者也. 用心弘大, 无所遐棄, 故曰‘不遐遺’也. 无私无偏, 存乎光大, 故曰‘朋亡’也. 如此乃可以‘得尙于中行’. 尙, 猶配也; 中, 行謂五"라 하였고, 〈正義〉에 "‘得尙于中行’者, ‘中行’, 謂六五也. 處中而行, 以九二所爲. 如此尙配也, 得配六五之中也"라 함. 《集解》에 "荀爽曰:「中謂五, 坤謂朋. 朋亡而下, 則二得上, 居五而行, 中和矣.」"라 함. 《傳》에 "二以陽剛得中, 上應於五, 五以柔順得中, 下應於二. 君臣同德, 是以剛中之才爲上所專任, 故二雖居臣位, 主治泰者也. 所謂上下交而其志同也. 故治泰之道, 主二, 而言‘包荒, 用馮河, 不遐遺, 朋亡’, 四者, 處泰之道也. 人情安肆, 則政舒緩而法度廢弛, 庶事无節, 治之之道, 必有包含荒穢之量, 則其施爲寬裕, 詳密弊革, 事理而人安之. 若无含弘之度, 有忿疾之心, 則无深遠之慮, 有暴擾之患, 深弊未去, 而近患已生矣. 故在包荒也. 用馮河, 泰寧之世, 人情習於久安, 安於守常, 惰於因循, 憚於更變, 非有馮河之勇, 不能有爲於斯時也. ‘馮河’, 謂其剛果足(一作可)以濟深越險也. 自古泰治之世, 必漸至於衰替, 蓋由狃習安逸因循而然. 自非剛斷之君, 英烈之輔, 不能挺特奮發, 以革其弊也. 故曰‘用馮河’, 或疑上云‘包荒’, 則是包含寬容. 此云‘用馮河’, 則是奮發改革, 似相反也. 不知以含容(一作弘)之量, 施剛果之用, 乃聖賢之爲也. ‘不遐遺’, 泰寧之時, 人心狃於泰, 則苟安逸而已惡, 能復深思遠慮,

及於遐遠之事哉! 治夫泰者, 當周及庶事, 雖遐遠不可遺, 若事之微隱, 賢才之在僻(一作側)陋, 皆遐遠者也. 時泰則固遺之矣. '朋亡', 夫時之旣泰, 則人習於安其情, 肆而失節, 將約而正之, 非絶去其朋, 與之私, 則不能也. 故云'朋亡'. 自古立法制事, 牽於人情, 卒不能行者多矣. 若夫禁奢侈, 則害於近, 戚限田產, 則妨於貴家, 如此之類, 旣不能(一无旣不能字)斷. 以大公而必行, 則是(一有不字)牽於朋比也. 治泰不能朋亡, 則爲之難矣. 治泰之道, 有此四者, 則能合於九二之德, 故曰'得尙于中行'. 言能配合中行之義也. 尙, 配也"라 하였고, 《本義》에 "九二以剛居柔, 在下之中, 上有六五之應. 主乎泰而得中道者也. 占者, 能包容荒穢, 而果斷剛決, 不遺遐遠, 而不昵朋比, 則合乎此爻中行之道矣"라 함.

☆【'包荒'·'得尙于中行', 以光大也】 '光'은 혹 '廣'의 假借로 보기도 함. 〈正義〉에 "〈象〉曰'以光大'者, 釋得尙中行之義. 所以包荒得配, 此六五之中者, 以无私无偏, 存乎光大之道, 故此包荒, 皆假外物, 以明義也"라 하였고, 《集解》에 "虞翻曰:「在中稱包荒, 大川也. 馮河涉河, 遐遠遺亡也. 失位變得正體坎, 坎爲大川, 爲河, 震爲足, 故用馮河. 乾爲遠, 故不遐遺. 兌爲朋, 坤虛无君, 欲使二上, 故朋亡. 二與五易位, 故得上于中行, 震爲行, 故光大也.」"라 함. 《傳》에 "象擧包荒一句, 而通解四者之義. 言如此, 則能配合中行之德, 而其道光明顯大也"라 함.

# 九三: 无平不陂, 无往不復. 艱貞无咎, 勿恤其孚, 于食有福.
# ☆象曰:「无往不復」, 天地際也.

〈언해〉 九三(구삼)은, 平(평)ᄒᆞ고 陂(피)티 아니미 업스며 往(왕)ᄒᆞ고 復(복)디 아니미 업스니 艱(간)ᄒᆞ고 貞(뎡)ᄒᆞ면 咎(구)ㅣ 업서, 恤(휼)티 아니ᄒᆞ야도 그 孚(부)홀디라. 食(식)애 福이 이시리라.[《本義》: 艱(간)ᄒᆞ야 貞(뎡)ᄒᆞ면 咎(구)ㅣ 업서, 그 孚(부)를 恤(휼)티 말면]

☆象(샹)애 굴오디 「无往不復」은 天地(텬디)ㅣ 際(졔)홈이라.

〈해석〉 [九三](一): 평지라도 비탈이 없는 곳이 없으며, 가서는 다시 오지 않는 것이란 없으니, 어려움이 있어도 곧게만 하면 허물이 없어, 불쌍히 여기지 아니해도 그 믿음이 있을 것이다. 식록(食祿)에 복이 있을 것이다.(어려움이 있어 곧게 하면 허물이 없어, 그 믿음에 대해 아까워하지 않으면)

☆象: "가서는 돌아오지 않는 것이란 없음"은 하늘과 땅이 교제(순환)함을 뜻한다.

【九三】下卦 乾(天)의 가장 위이며, 陽爻이나 바로 위에 陰이 막고 있음. 따라서 하괘 전체를 이끌고 上卦 坤(地)을 상대해야 하므로 천지자연의 순환원리를 지켜야 함.

【无平不陂】평평하다 해도 기울지 않는 것이란 없음. '平'은 平地. '陂'는 "傾"의 뜻으로 기운 언덕 斜坡. '大地가 모두 平地일 수는 없음, 즉 무슨 일이나 起伏이 있음'을 뜻함. 〈正義〉에 "'无平不陂'者, 九三處天地相交之際, 將各分復其所處. 乾體初雖在下, 今將復歸於上; 坤體初雖在上, 今欲復歸於下. 是初始平者, 必將有險陂也; 初始往者, 必將有反復也. 无有平而不陂, 无有往而不復者, 猶若无在下者, 而不在上; 无在上者而不歸下也"라 함.

【无往不復】갔던 것은 되돌아오지 않는 것은 없음. 循環의 원리를 뜻함. 비태(否泰)는 늘 있을 수 있음. ○高亨은 "喩人之否泰, 相尋也"라 함.《集解》에 "虞翻曰:「陂, 傾. 謂否上也. 平, 謂三. 天地分, 故平. 天成地平, 謂危者使傾, 往謂消外, 復謂息內, 從三至上體, 復象. 終日乾乾, 反復道, 故'无平不陂', '无往不復'也.」"라 함.

【艱貞无咎】'艱貞'은 '貞艱'의 倒置. 이 효는 貞兆에 '어렵다'의 뜻. 그러나 ○高亨은 "占問患難之事, 謂之艱貞. 筮遇此爻, 患難之事可以無害, 故曰艱貞无咎"라 하여, 어려운 일을 두고 점을 치는 것을 '艱貞'이라 한다 하였음. 〈正義〉에 "艱貞无咎'者, 已居變革之世, 應有危殆, 只爲己居得其正, 動有其應, 艱難貞正, 乃得无咎"라 함.

【勿恤其孚】그렇게 여기고 있음을 안타까워하거나 안달하지 않음. 혹 포로를 불쌍히(혹 아깝게) 여기지 않음. '孚'는 俘虜. 그러나 의미로 보아 '孚'는 誠信(虔誠)의 뜻이어야 함. 자신의 誠信을 아깝게 여기지 않고 묵묵히 참음을 뜻함.

【于食有福】식록을 받아 복을 누릴 것임. 食福(口福)이 있음. '福'은 祿과 같음. 食祿은 충족히 받아 누리고 있음을 뜻함. 本爻에 대해 ○高亨은 "此云'于食有福', 正謂在食之時, 有福酒可飮也. 筮遇此爻, 勿憂其罰, 乃在祭祀之時, 受飮祭神餘酒之罰也. 故曰「勿恤其孚, 于食有福」"이라 함. 王弼 注에 "乾, 本上也; 坤, 本下也, 而得泰者, 降與升也. 而三處, 天地之際, 將復其所處. 復其所處, 則上守其尊, 下守其卑, 是故'无往而不復'也; '无平而不陂'也. 處天地之將閉, 平路之將陂, 時將大變, 世將大革, 而居不失其正, 動不失其應, 艱而能貞, 不失其義, 故无咎也. 信義誠著, 故不恤其孚而自明也. 故曰'勿恤, 其孚于食有福'也"라 하였고, 〈正義〉에 "'勿恤其孚, 于食有福'者, 恤, 憂也; 孚, 信也. 信義先以誠著, 故不須憂, 其孚信也. 信義自明, 故於食祿之道, 自有福慶也"라 함.《集解》에 "虞翻曰:「艱, 險; 貞, 正; 恤, 憂; 孚, 信也. 二之五得正在坎中, 故艱貞; 坎爲憂, 故勿恤. 陽在五孚, 險坎爲孚, 故有孚體, 噬嗑食也. 二上之五據四, 則三乘二, 故'于食有福'也.」"라 함.《傳》에 "三居泰之中, 在諸陽之上, 泰之盛也. 物理如循環, 在下者必升, 居上者必

降. 泰久而必否, 故於泰之盛, 與陽之將進, 而爲之戒, 曰'无常安平而不險陂'者, 謂无常泰也. 无常徃而不返者, 謂陰當復也. 平者陂, 徃者復, 則爲否矣. 當知天理之必然. 方泰之時, 不敢安逸, 常艱危其思慮, 正固其施爲, 如是則可以无咎. 處泰之道, 旣能艱貞, 則可常保其泰, 不勞憂恤得其所求也. 不失所期爲孚, 如是則於其祿食有福益也. 祿食謂福祉. 善處泰者, 其福可長也. 蓋德善日積, 則福祿日臻. 德踰於祿, 則雖盛而非滿. 自古隆盛, 未有不失道而喪敗者也"라 하였고, 《本義》에 "將過于中, 泰將極而否欲來之時也. 恤, 憂也. 孚, 所期之信也. 戒占者, 艱難守貞, 則无咎而有福"이라 함.

☆【无徃不復, 天地際也】'天地際'는 天(乾)과 地(坤)이 서로 교통하여 순환함. '際'는 ○高亨은 "際, 當讀爲蔡"라 하였으며, 《小爾雅》에 "蔡, 法也"라 하여 法則, 法度, 天地自然의 法則을 뜻함. 그러나 이 효는 下卦의 맨 위로 陽이며, 바로 위에는 上卦의 첫 효 陰이 있어, '天地의 陰陽을 교제시키는 역할을 하다'의 뜻으로 봄이 마땅함. 王弼 注에 "天地將各分復之際"라 하였고, 〈正義〉에 "〈象〉曰'天地際'者, 釋无徃不復之義, 而三處天地交際之處, 天體將上, 地體將下, 故徃者將復, 平者將陂"라 함. 《集解》에 "宋衷曰:「位在乾極, 應在坤極, 天地之際也. 地平極則險陂, 天行極則還復, 故曰'无平不陂, 无徃不復'也.」"라 함. 《傳》에 "'无徃不復', 言天地之交際也. 陽降于下, 必復于上; 陰升于上, 必復于下. 屈伸徃來之常理也(一作理之常也). 因天地交際之道, 明否泰不常之理, 以爲戒也"라 함.


六四: 翩翩, 不富以其鄰, 不戒以孚.
☆象曰: 「翩翩, 不富」, 皆失實也; 「不戒以孚」, 中心願也.

〈언해〉六四(륙사)는, 翩翩(편편)히 富(부)티 아니 ᄒᆞ야도 其鄰(기린)으로써 ᄒᆞ야 戒(계)티 아니 ᄒᆞ야도 뻐 孚(부)ᄒᆞᆺ다.
　　☆象(샹)애 ᄀᆞᆯ오디 「翩翩, 不富」는 다 實(실)을 失(실)홈이오, 「不戒以富(孚)」는 中心(듕심)이 願(원)홈이라.

〈해석〉[六四](--): 새가 펄펄 날듯이 득의한 모습이니, 자신이 부유하다 여기지 말고 이웃과 함께 잘 지내야 하는 효상(爻象)이다. 서로 경계하지 않고 믿음으로써 이웃집과 함께 지내야 한다. 그렇게 하면 서로 경계하지 않아도 이로써 믿음이 있게 되리라.
　　☆象: "새가 펄펄 나는 모습이니, 자신을 부유하다 여기지 말아야 함"은 모두가

자신들이 가지고 있는 실질에 손실을 입음을 뜻하는 것이며, "경계하지 않아도 믿는다"함은, 마음속에 서로 원하고 있음을 뜻한다.

【六四】上卦 坤(地)의 첫 시작이며 陰爻. 자신이 陰爻(柔順해야 함)임에도 下卦 乾(天)의 剛健함을 믿고 위의 두 陰爻를 깔보는 爻位임. 따라서 진실한 자세로 자신의 귀한 위치, 즉 부를 과시하지 말고 이웃(상하)을 연결하여 조화를 이루며, 가르침을 받고자 해야 함.

【翩翩】득의하여 펄펄 나는 태도. 그러나 '翩'은 '騗, 謡'의 假借로 '속이다, 과시하다, 말을 교묘히 하다'의 뜻으로도 봄. ○高亨은 '翩'은 '媥'(고울 편)자라 보았음. 이 효는 初九와 짝이 되는 爻位이며 게다가 각기 陰陽이므로 날듯이 아래로 내려가고자 함을 비유함. 〈正義〉에 "'六四翩翩'者, 四主坤首, 而欲下復見命, 則退. 故翩翩而下也"라 함.

【不富以其鄰】'富'는 福의 假借로 봄. 자신이 복을 가지고 있는 爻位가 아님. '以'는 及의 뜻으로 連累됨. '鄰'은 六五를 가리킴. 〈正義〉에 "'不富以其鄰'者, 以, 用也; 鄰, 謂五與上也. 今己下復, 衆陰悉皆從之, 故不待財富而用其鄰"이라 하였고, 《集解》에 "虞翻曰:「二五變時, 四體離飛, 故'翩翩'. 坤虛无陽, 故'不富'. 兌西震東, 故稱'其鄰'. 三陰乘陽, 不得之應. 〈象〉曰'皆失實'也.」"라 함.

【不戒以孚】자신의 부유함을 내세우지 말고 이웃과 잘 지내면 경계하지 않아도 믿음으로써 하게 됨. 혹 포로가 될 위험을 경계하지 않음. 혹 '以'는 且로 보아 '경계하지 않았다가 장차 자신이 포로가 되는 경우를 만나다'의 뜻이라고도 함. 六四는 陽剛이 陰柔로 변하여 通泰의 道가 쇠락하고 있음. 따라서 바로 위의 六五처럼 富裕하겠다고 나서지 말고 柔順함을 다하여 자신의 誠信(虛誠)을 지켜야 함. ○高亨은 "孚, 卽俘字, 虜取也"라 하여 '재물이나 포로 등을 취하다'의 뜻이라 하였음. ○高亨은 "媥媥而美者, 本富家人也. 今也不富, 以其鄰之虜取其財物也. 是固鄰人之惡, 然亦以其人之不自戒也. 故曰「翩翩, 不富以其鄰, 不戒以孚」"라 함. 王弼 注에 "乾樂上復, 坤樂下復, 四處坤首, 不固所居, 見命則退, 故曰'翩翩'也. 坤爻皆樂下, 己退則從, 故不待富而用其鄰也. 莫不與己, 同其志願, 故不待戒而自孚也"라 하였고, 〈正義〉에 "'不戒以孚'者, 鄰皆從己, 共同志願, 不待戒告, 而自孚信以從己也"라 함. 《集解》에 "虞翻曰:「謂坤邑人不戒, 故使二升五, 信來孚邑, 故'不戒以孚'. 二上體, 坎中正象, 曰'中心願'也. 與比邑人不戒, 同義也.」"라 함. 《傳》에 "六四處泰之過中, 以陰在上志在下, 復上二陰亦志在趨下. 翩翩, 疾飛之貌. 四翩翩就下, 與其鄰同也. '鄰', 其類也. 謂五與上, 夫人富而其類從者爲利也. 不富而從者(一无者字), 其志同也. 三陰皆在下之物居上, 乃失其實其志, 皆欲下行, 故不富而相

從, 不待戒告而誠意相合也. 夫陰陽之升降, 乃時運之否泰, 或交或散, 理之常也. 泰旣過中, 則將變矣. 聖人於三尚, 云'艱貞'則有福, 蓋三爲將中知戒, 則可保四已過中矣. 理必變也, 故專言始終反復之道. 五泰之主, 則復言處泰之"라 하였고, 《本義》에 "已過乎中, 泰已極矣. 故三陰翩然而下復, 不待富而其類從之, 不待戒令而信也. 其占爲有小人合交, 以害正道. 君子所當戒也. 陰虛陽實, 故凡言不富者, 皆陰爻也"라 함.

☆【「翩翩, 不富」, 皆失實也】 자신이 가진 모든 실질에 손실을 입음. '失實'은 六四 자신이 가지고 있는 爻位의 유리한 점을 잃음. 〈正義〉에 "〈象〉曰'皆失實'者, 解翩翩不富之義. 由衆陰皆失其本, 實所居之處, 今旣見命. 翩翩樂動, 不待財富, 竝悉從之, 故云'皆失實'也"라 하였고, 《集解》에 "宋衷曰:「四互體震, 翩翩之象也. 陰虛陽實, 坤今居上, 故言'失實'也.」"라 함.

【「不戒以孚」, 中心願也】 '不戒以富'는 〈諺解〉에는 '不戒以富'는 되어 있으나 이는 '不戒以孚'의 오류임. '中心願也'의 '願'은 忠厚함. 마음이 순진하고 충후함. 그 때문에 안전을 미처 생각지 않았던 것임. 〈正義〉에 "'不戒以孚, 中心願'者, 解不戒以孚之義. 所以不待六四之戒告, 而六五·上六, 皆已孚信者, 由中心皆願下復, 故不待戒而自孚也"라 하였고, 《集解》에 "九家《易》曰:「乾升坤降, 各得其正, 陰得承陽, 皆陰心之所願也.」"라 함. 《傳》에 "翩翩下往之疾, 不待富而鄰從者, 以三陰在上, 皆失其實故也. 陰本在下之物, 今乃居上, 是失實也. 不待告戒而誠意相與者, 蓋其中心所願故也. 理當然者, 天也; 衆所同者, 時也"라 하였고, 《本義》에 "陰本居下, 在上爲失實"이라 함.

六五: 帝乙歸妹, 以祉元吉.
☆象曰:「以祉元吉」, 中以行願也.

〈언해〉 六五(륙오)는, 帝乙(뎨을)이 妹(민)를 歸(귀)홈이니 뻐 祉(지)호며 크게 吉(길)호리라.
　　☆象(샹)애 골오디「以祉元吉」은 中(듕)으로뻐 願(원)을 行(힝)홈이라.
〈해석〉 [六五](--): 제을(帝乙)이 자신의 누이를 시집보내는 효상(爻象)으로, 이로써 복을 누리게 될 것이니, 크게 길하리라.
　　☆象: "이로써 복을 누리게 되니, 크게 길하리라"함은, 중앙(君位)에 위치한 효위 (爻位)로서 자신이 원하는 것을 실행할 수 있음을 뜻한다.

【六五】이 효는 上卦 中央이며 원래는 帝王의 자리임. 그러나 자신이 陰爻이므로 位不當의 爻位임.

【帝乙歸妹】'帝乙'은 殷(商)나라 제 30대 임금으로 이름은 乙. 末王 폭군 帝辛(紂)의 아버지. 동시에 微子(啓)의 아버지. 微子 啓는 紂의 庶兄이기도 하며 망한 殷나라를 이어받아 宋나라의 시조가 됨. '歸妹'의 '歸'는 嫁, '시집보내다'의 뜻. 妹는 여동생, 구체적으로는 微子啓의 여동생임. 혹 少女의 통칭이며 "딸을 시집보내다"의 뜻. 六五는 九二와 正應을 이루었으며, 陰(女)이 위에 있으므로 제왕의 딸이 아래로 시집보냄을 뜻함. 〈正義〉에 "帝乙歸妹'者, 女處尊位, 履中居順, 降身應二, 感以相與, 用其中情, 行其志願, 不失於禮. 爻備斯義者, 唯帝乙歸嫁于妹, 而能然也. 故作《易》者, 引此帝乙歸妹, 以明之也"라 함. 구체적으로는 帝乙의 맏이(微子啓)가 여동생을 鄭나라로 시집을 보내어, 鄭나라와 宋나라는 姻戚關係가 되었음을 말함. 《左傳》哀公 9년 傳에 "晉趙鞅卜救鄭, 遇水適火, 占諸史趙・史墨・史龜. 史龜曰:『是謂沈陽, 可以興兵, 利以伐姜, 不利子商.』伐齊則可, 敵宋不吉." 史墨曰:「盈, 水名也; 子, 水位也. 名位敵, 不可干也. 炎帝爲火師, 姜姓其後也. 水勝火, 伐姜則可.」史趙曰:「是謂如川之滿, 不可游也. 鄭方有罪, 不可救也. 救鄭則不吉, 不知其他.」陽虎以周易筮之, 遇泰☷☰之需☵☰, 曰:「宋方吉, 不可與也. 微子啓, 帝乙之元子也. 宋・鄭, 甥舅也. 祉, 祿也. 若帝乙之元子歸妹而有吉祿, 我安得吉焉?」乃止"(晉나라 趙鞅이 鄭나라를 구원을 두고 점을 쳤더니 물이 불로 달려드는 점괘가 나타나 사관 史趙・史墨・龜 등에게 풀이하도록 하였다. 사귀가 말하였다. "이를 沈陽이라 한다. 가히 군사를 발동시킬 수 있으며 姜氏 나라를 치면 이롭고, 子氏 상商(殷)을 치면 불리하다'라 하였으니 齊나라를 치면 되지만 송나라를 대적하는 것은 불길합니다." 그러자 사묵도 이렇게 풀이하였다. "盈은 물 이름이며, 子는 물의 방위입니다. 이름과 방위는 서로 맞서는 것이니 범할 수가 없습니다. 炎帝는 火師였으며 姜姓은 그의 후손입니다. 물은 불을 이기는 것이니 강성의 나라를 치면 됩니다." 그러나 사조는 이렇게 말하였다. "이는 강에 물이 가득 차서 헤엄을 칠 수 없는 것과 같다는 말입니다. 정나라는 바야흐로 죄를 짓고 있으니 구할 수 없습니다. 정나라 구원은 불길합니다. 그 외의 것은 알 수 없습니다." 그때 陽虎가 《周易》으로 점을 쳤더니 〈泰〉괘가 〈需〉괘로 변하자 그는 이렇게 말하였다. "송나라는 바야흐로 길운을 맞고 있으니 그런 나라에 맞설 수 없습니다. 微子 啓는 帝乙의 맏아들이었습니다. 송나라와 정나라는 인척 관계입니다. 祉는 복록을 뜻합니다. 이처럼 제을의 맏아들이 여동생을 정나라로 시집보내어 길한 녹을 받고 있는데 우리가 어떻게 길운을 차지할 수 있겠습니까?" 이에 조앙은 정나라 구원을 그만두었다)라 하였음. 그러나

程頤는 '帝王의 여동생이 높은 신분이면서 九五 帝位에 있으나 아래 九二의 陽剛에게 순종하도록 婚制를 만든 이가 帝乙이어서 여기에 구체적인 帝乙을 거론한 것'이라 함. 〈正義〉에 "婦人謂嫁曰歸. 隱二年《公羊傳》文也"라 함.

【以祉元吉】 '以祉'는 이로써 복을 누리게 됨. 혹 그것을 福으로 여김. '祉'는 福과 같은 뜻. '元吉'은 크게 길함. ○高亨은 本爻에 대해 "因帝乙所歸之妹大歸. 故文王又娶太姒, 乃生武王也. 帝乙歸妹, 在當時本爲大吉之事, 故曰「帝乙歸妹, 以祉元吉」"이라 함. 王弼 注에 "婦人謂嫁曰歸. 泰者, 陰陽交通之時也. 女處尊位, 履中居順, 降身應二, 感以相與, 用中行願, 不失其禮. 帝乙歸妹, 誠合斯義. 履順居中, 行願以祉, 盡夫陰陽交配之宜, 故元吉也"라 하였고, 〈正義〉에 "'以祉元吉'者, 履順居中, 得行志願, 以獲祉福, 盡夫陰陽交配之道, 故大吉也"라 함. 《集解》에 "九家《易》曰:「五者帝位震象. 稱乙, 是爲帝乙. 六五以陰, 處尊位. 帝者之姊妹, 五在震, 後明其爲妹也. 五應於二, 當下嫁二婦人, 謂嫁曰歸, 故言'帝乙歸妹'. 謂下居二, 以中和相承, 故'元吉'也.」 虞翻曰:「震爲帝, 坤爲乙. 帝乙, 紂父. 歸, 嫁也. 震爲兄, 兌妹, 故嫁妹. 祉, 福也. 謂五變體離, 離爲大腹, 則妹嫁而孕, 得位正中, 故'以祉元吉'也.」"라 함. 《傳》에 "史謂湯爲天乙. 厥後有帝祖乙, 亦賢王也. 後又有帝乙. (《尚書》周書)〈多士〉曰:「自成湯, 至于帝乙. 罔不明德恤祀.」 稱帝乙者, 未知誰. 是以爻義觀之, 帝乙, 制王姬下嫁之禮法者也. 自古帝女, 雖皆下嫁, 至帝乙然後, 制爲(一作其)禮法, 使降其尊貴, 以順從其夫也. 六五以陰柔居君位, 下應於九二剛明之賢, 五能倚任其賢臣, 而順從之, 如帝乙之歸妹. 然降其尊而順從於陽, 則以之受祉, 且元吉也. 元吉, 大吉而盡善者也. 謂成治泰之功也"라 하였고, 《本義》에 "以陰居尊爲泰之主, 柔中虛己下應九二, 吉之道也. 而帝乙歸妹之時, 亦嘗占, 得此爻. 占者如是, 則有祉而元吉矣. 凡經以古人爲言, 如高宗·箕子之類者, 皆放此"라 함.

☆【「以祉元吉」, 中以行願也】 '中'은 六五가 上卦의 中央에 위치한 爻位(君位, 帝王의 자리)임을 말함. '行願'은 자신이 제위의 爻位이므로 원하는 대로 실행할 수 있음. 〈正義〉에 "〈象〉曰'中以行願'者, 釋以祉元吉之義. 正由中順, 行其志願, 故得福而元吉也"라 하였고, 《集解》에 "九家《易》曰:「五下於二, 而得中正, 故言'中以行願'也.」"라 함. 《傳》에 "所以能獲祉福, 且元吉者, 由其以中道合, 而行其志願也. 有中德, 所以能任剛中之賢所聽從者, 皆其志願也, 非其所欲, 能從之乎?"라 함.

上六: 城復于隍. 勿用師, 自邑告命, 貞吝.
☆象曰: 「城復于隍」, 其命亂也.

〈언해〉 上六(샹륙)은, 城(셩)이 隍(황)애 復(복)홈이라. 師(ぐ)를 用(용)티 말오, 邑(읍)
　　　으로브터 告命(고명)홈이니 貞(뎡)ᄒ야도 吝(린)ᄒ니라.[《本義》: 告命(고명)홀
　　　디니]
　　　☆象(샹)애 ᄀᆞ로오디 「城復于隍」은 그 命(명)이 亂(란)홈이라.
〈해석〉 [上六](--): 성이 빈 웅덩이로 무너지는 효상(爻象)이다. 군사를 쓰지 말고 도읍
　　　으로부터 명령이 있어, 그 명령이 정당한 것일지라도 재앙이 있을 것이다.(고하
　　　는 명령일지니)
　　　☆象: "성이 빈 웅덩이로 무너진다"함은, 그 명령이 잘못된 것임을 뜻한다.


　　【上六】 이는 上卦 坤(地)의 가장 위에 있으며, 陰爻이므로 六五의 명령을 마구 따를
수 없음. 아울러 다음의 비괘(否卦, 102)가 이어지는 爻位임을 미리 말한 것.
　　【城復于隍】 성이 웅덩이로 무너짐. '復'은 覆의 假借. ○高亨은 "復, 疑當讀爲覆, 傾
也"라 함. 기울어 무너짐, 엎어짐, 전복하여 파괴됨. '隍'은 물이 없는 구덩이. 垓字.
물이 없는 城濠. 《說文》에 "隍, 城池也. 有水曰池, 無水曰隍"이라 함. 〈正義〉에 "城復于
隍'者, 居泰上極, 各反所應, 泰道將滅, 上下不交, 卑不上承, 尊不下施, 猶若'城復于隍'
也. 子夏《傳》云:「隍, 是城下池也. 城之爲體, 由基土培扶, 乃得爲城. 今下不培扶, 城則
損壞, 以此崩倒. 反復于隍, 猶君之爲體, 由臣之輔翼. 今上下不交, 臣不扶君, 君道傾危,
故云'城復于隍'. 此假外象, 以喩人事"라 하였고, 《集解》에 "虞翻曰:「否艮爲城, 故稱城;
坤爲積土, 隍城下溝. 無水稱隍, 有水稱池. 今泰反否, 乾壞爲土, 艮城不見而體復象, 故
'城復于隍'也.」"라 함.
　　【勿用師】 군사를 쓰지 말아야 함. 군사행동을 감행해서는 안 됨. 〈正義〉에 "'勿用師'
者, 謂君道已傾, 不煩用師也"라 함. ○高亨은 '勿用行師'로 보았음.
　　【自邑告命】 '邑'은 도읍. 六五를 가리킴. '告命'은 誥命과 같음. 혹 '邑人이 往에게
告하다'의 뜻. 한편 혹 '邑'을 減損의 뜻으로 보기도 함. 즉 '스스로 자신을 덜어 고명
을 받고'의 뜻.
　　【貞吝】 '貞'은 貞兆. '吝'은 祥瑞롭지 못한 徵兆. 災殃. 이상 本爻에 대해 ○高亨은
"自邑告命者, 由邑人以城覆之事, 告命於君也. 此疑亦古代故事. 蓋邑城崩而覆於隍, 自
不可行師. 邑人告命於君. 此本患難之兆也. 故曰「城復于隍, 勿用行師, 自邑告命, 貞吝」"

이라 함. 王弼 注에 "居泰上極, 各反所應, 泰道將滅, 上下不交, 卑不上承, 尊不下施, 是故城復于隍, 卑道崩也. 勿用師, 不煩攻也. 自邑告命貞吝, 否道已成, 命不行也"라 하였고, 〈正義〉에 "'自邑告命, 貞吝'者, 否道已成, 物不順從, 唯於自己之邑, 而施告命, 下旣不從, 故貞吝"이라 함. 《集解》에 "虞翻曰:「謂二動, 時體師陰, 皆乘陽行不順, 故'勿用師'. 坤爲自邑, 震爲言兌爲口, 否巽爲命, 今逆陵陽, 故'自邑告命'. 命逆不順, 陰道先迷, 失實遠應, 故'貞吝'.」"이라 함. 《傳》에 "掘隍土積累以成城, 如治道積累以成; 泰及泰之終, 將反於否, 如城土頹圮復反于隍也. 上泰之終, 六以小人處之, 行將否矣. 勿用師, 君之所以能用其衆者, 上下之情通, 而心從也. 今泰之將終, 失泰之道, 上下之情不通矣. 民心離散, 不從其上, 豈可用也? 用之則亂衆, 旣不可用. 方自其親近而告命之, 雖使所告命者, 得其正, 亦可羞吝, 邑所居, 謂親近大率, 告命必自近始, 凡貞凶貞吝, 有二義. 有貞固守此, 則凶吝者有; 雖得正, 亦凶吝者. 此不云'貞凶'而云'貞吝'者(一无者字), 將否而方告命爲可羞吝否, 不由於告命也"라 하였고, 《本義》에 "泰極而否, 城復于隍之象. 戒占者, 不可力爭, 但可自守, 雖得其貞, 亦不免於羞吝也"라 함.

☆【「城復于隍」, 其命亂也】'其命亂'은 六五의 명령이 잘못된 것임. '亂'은 錯亂, 誤謬를 뜻함. 〈正義〉에 "〈象〉曰'其命亂'者, 釋城復于隍之義. 若敎命不亂, 臣當輔君, 猶土當扶城, 由其命錯亂, 下不奉上, 猶土不培城, 使復于隍, 故云其命亂也"라 함. 《集解》에 "九家《易》曰:「乾當來, 上不可用師而拒之也. '自邑'者, 謂從坤往而降也. '告命'者, 謂下爲巽, 宣布君之命令也. 三陰自相告語, 俱不服順, 承乾也. '城復于隍', 國政崩也. 坤爲亂否, 巽爲命交, 在泰上, 故'其命亂'也.」"라 함. 《傳》에 "城復于隍矣, 雖其命之, 亂不可止也"라 하였고, 《本義》에 "命亂, 故復否告命, 所以治之也"라 함.

# 012 비否

☰☷ 天地否: ▶坤下乾上(☷下☰上)


　*否(비): 〈音義〉에 "否, 備鄙反. 閉也, 塞也"라 하여 '비(pǐ)'로 읽으며 비색(否塞, 막
히다), 閉塞의 뜻. 하괘는 坤(地)이며 상괘는 乾(天)으로, 陽이 陰의 위에 있는 異卦相
疊의 '天地否' 괘체임. 앞(011) 泰卦와 완전히 상반된 괘체로서, 양이 위에 있고 음이
아래에 있어 음이 양에게 눌리고 막혀, 상하가 교통하지 못하고 陰陽이 제 기능을
발휘하지 못하여 사물이 생성되지 못함. 혹 陽氣는 上昇하여 사라지고, 陰氣는 下降
하여 沈沒하므로 서로 반대 방향으로 감으로써 작용을 하지 못함. 이를테면 물이 든
솥 위에 불을 지피면 물이 끓을 수 없는 경우와 같음. 따라서 자신을 보위할 도리를
찾아 謹愼하여 때를 기다려야 함을 상징함.
　*《集解》에 "〈序卦〉曰:「物不可以終通, 故受之以'否'.」(崔憬曰:「物極則反, 故不終通
而否矣. 所謂'城復于隍'者也.」)"라 함.
　*《傳》에 "'否', 〈序卦〉:「泰者, 通也. 物不可以終通, 故受之以'否'.」夫物理, 往來通泰
之極, 則必否. '否', 所以次泰也. 爲卦天上地下, 天地相交, 陰陽和暢, 則爲泰. 天處上地
處下, 是天地隔絶, 不相交通, 所以爲否也"라 함.


## (1) 卦辭

## (否): 否之匪人, 不利君子貞, 大往小來.

〈언해〉 否(비)ㅣ 人(인)이 안이니, 君子(군즈)의 貞(뎡)애 利(리)티 아니 ᄒᆞ니, 大(대)ㅣ
　　　 往(왕)ᄒᆞ고 小(쇼)ㅣ 來(리)홈이니라.
〈해석〉 비괘(否卦)는 소인에게 막혀 통하지 않아, 군자가 바른 일을 하기에 이롭지
　　　 않으니, 큰 것은 떠나고 작은 것이 다가오는 점괘이다.


【(否)】《周易》 전체 體例로 보아 앞에 이 글자가 더 있어야 함. 이에 ○高亨도 "否字
當重, 「否, 否之匪人」者, 上'否'字乃卦名, 下'否'字乃卦辭, 此全書之通例也"라 함. 즉 누

락된 앞의 '否'자는 卦名이며 아래 '否'자는 괘사임. '否'는 '막히다. 否塞'의 뜻. 陽(乾, 天)은 위로 올라가 사라지고, 陰(坤, 地)은 下沈하여 서로 만나지 못함. 혹 陰氣가 陽氣에 눌려 꼼짝할 수 없음. 〈釋文〉에 "否, 閉也. 塞也"라 함. 일부 판본에는 "否, 否之匪人, 不利"로 앞에 '否'자가 하나 더 있음. 그러나 《周易正義》에 이 글자가 없음.

【否之匪人】人道가 아님. 사람이 갈 길이 아님. 人道로는 交通이 되지 못하는 때임. 〈正義〉에 "否之匪人'者, 言否閉之世, 非是人道交通之時, 故云'匪人'"이라 함. 혹 '匪人'은 小人, 邪人의 뜻이라고도 함. '否之匪人'은 "否卦가 匪人에게 있어서의 否는"의 뜻으로 문장 전체의 主語節임.

【不利君子貞】君子의 貞에 이롭지 못함. '君子貞'은 君子가 實行하고자 하는 정도. ○高亨은 "否之匪人. 則賢者斥, 國政亂, 君位危矣. 故曰「否之匪人. 不利君子貞」"이라 함. 〈正義〉에 "'不利君子貞'者, 由小人道長, 君子道消, 故不利君子爲正也"라 함.

【大往小來】陽氣는 사라지고 陰氣가 다가옴. 빼앗기는 것은 크고 얻는 것은 적음. '大'는 陽, '小'는 陰. 즉 上卦의 陽(乾)는 멀리 위로 가버리고, 下卦의 陰(坤)이 다가올 뿐임. 이 괘는 양이 위에 있고, 음이 아래에 있어 상식적으로 이치에 맞는 것 같으나, 양은 위로 올라가려는 성향이 있고, 음은 아래로 쳐지려는 성향이 있어 도리어 둘 사이가 갈수록 멀어진다고 본 것임. 서로 만날 수 없으므로 그 어떤 作用이나 生育도 이루어지지 않음을 상징함. 그러나 泰卦가 모든 것이 泰安한 것이 아니듯이 否卦 역시 스스로 貞正을 지켜내어 자신마다 爻位의 직책을 잃지 않으면 泰安으로 변할 수 있음을 상징함. ○高亨은 "'大往小來'者, 所失者大, 所得者小也. 筮遇此卦, 將失大而得小, 故又曰「大往小來」"라 함. 〈正義〉에 "陽氣往而陰氣來, 故云'大往小來'. 陽主生息, 故稱大; 陰主消耗, 故稱小"라 하였고, 《集解》에 "虞翻曰:「陰消, 乾又反泰也. 謂三比坤滅乾, 以臣弑其君, 子弑其父, 故曰'匪人'. 陰來滅陽, 君子道消, 故'不利君子貞'. 陰信陽詘, 故'大往小來', 則是天地不交, 而萬物不通, 與比三同義也.」"라 함. 《傳》에 "夫上下交通, 剛柔和會, 君子之道也. 否則反是, 故'不利君子貞'. 君子正道, 否塞不行也. '大往小來', 陽往而陰來也. '小人道長, 君子道消'之象, 故爲'否'也"라 하였고, 《本義》에 "否, 閉塞也. 七月之卦也. 正與泰反, 故曰'匪人', 謂非人道也. 其占不利於君子之正道, 蓋乾往居外, 坤來居內. 又自'漸'卦而來, 則九往居四, 六來居三也. 或疑'之匪人'三字衍, 文由比六三而誤也. 傳不特解其義, 亦可見"이라 함.

## (2) 彖辭와 象辭

彖曰：「否之匪人，不利君子貞；大往小來.」則是天地不交而萬物不通也，上下不交而天下无邦也. 內陰而外陽，內柔而外剛，內小人而外君子. 小人道長，君子道消也.

★象曰：天地不交，否. 君子以儉德辟難，不可榮以祿.

〈언해〉 彖(단)애 글오딕「否之匪人，不利君子貞；大往小來」는 이 天地(텬디)ㅣ 交(교)티 아니ᄒᆞ야 萬物(만믈)이 通(통)티 아니ᄒᆞ며，上下(샹하)ㅣ 交(교)티 아니ᄒᆞ야 天下(텬하)ㅣ 邦(방)이 업스미라. 陰(음)이 內(닉)ᄒᆞ고 陽(양)이 外(외)ᄒᆞ며，柔(유)ㅣ 內(닉)ᄒᆞ고 剛(강)이 外(외)ᄒᆞ며，小人(쇼인)이 內(닉)ᄒᆞ고 君子(군ᄌᆞ)ㅣ 外(외)ᄒᆞ니 小人(쇼인)의 道(도)ㅣ 長(댱)ᄒᆞ고 君子(군ᄌᆞ)의 道(도)ㅣ 消(쇼)홈이라. ★象(샹)애 글오딕 天地(텬디)ㅣ 交(교)티 아니 홈이 否(비)니，君子(군ᄌᆞ)ㅣ 以(이)ᄒᆞ야 德(덕)을 儉(검)ᄒᆞ야 難(난)을 避(피)ᄒᆞ야 可(가)히 祿(록)으로써 榮(영)케 몯ᄒᆞᄂᆞ니라.

〈해석〉 彖："비괘가 소인에게 막혀 통하지 못함은, 군자가 바른 일을 하기에 이롭지 못하니, 큰 것은 가고 작은 것이 온다"함은, 천지가 교통하지 못하여 만물이 소통하지 못하며, 위(건)와 아래(곤)가 교감하지 못하여 천하에 나라다운 나라가 없음을 뜻한다. 음(곤)이 내괘를 이루고 양(건)이 외괘를 이루며, 유약함(곤)이 안에 있고 강건함(건)이 밖에 있으니, 소인이 나라 안에서 집권하고 군자는 밖으로 밀려나 있어, 소인이 하는 짓은 성장하고 군자의 도는 소멸됨을 상징한다. ★象: 하늘과 땅이 교감하지 아니하는 형상이 비괘이니, 군자는 이를 바탕으로 덕을 검소히 하여(검소함을 덕으로 여겨) 어려움을 피하여, 가히 높은 봉록을 받는 것으로써 영예를 삼아서는 안 된다.

【否之匪人，不利君子貞】《集解》에 "崔憬曰：「否，不通也. 於不通之時，小人道長，故云'匪人'. 君子道消，故'不利君子貞'也.」"라 함.

【大往小來】《集解》에 "蜀才曰：「此本乾卦，'大往'，陽往而消；'小來'，陰來而息也.」"라 함.

【則是天地不交而萬物不通也】 앞 〈泰卦〉의 '天地交而萬物通'과 상반됨.《集解》에 "何妥曰：「此明天道否也.」"라 함.

【上下不交而天下无邦也】 역시 앞의 〈泰卦〉를 참조할 것. 天下에 나라로써 면모를 갖춤이 없음. 멸망할 것임. 혹 자신을 도울 邦(諸侯國)이 없음. 〈正義〉에 "上下不交而 天下无邦'者, 與〈泰〉卦反也. 〈泰〉卦云'上下交而其志同'. 此應云'上下不交, 則其志不同' 也. 非但其志不同, 上下乖隔, 則邦國滅亡, 故變云'天下无邦'也"라 하였고, 《集解》에 "何 妥曰:「此明人事否也. 泰中言志同, 否中云无邦者, 言人志不同, 必致離散, 而亂邦國.」 ○崔憬曰:「君臣乖阻取亂之道, 故言'无邦'.」"이라 함.

【內陰而外陽, 內柔而外剛】 '內陰而外陽'은 內卦(下卦)가 陰(坤)이며 外卦(上卦)가 陽 (乾)임. '內柔而外剛'은 內卦(坤)는 柔順을, 外卦(乾)은 剛健함을 상징함. 〈正義〉에 "內 柔而外剛'者, 欲取否塞之義, 故內至柔弱外禦剛彊, 所以否閉, 若欲取通泰之義, 則云內健 外順, 各隨義爲文, 故此云'剛柔', 不云'健順'"이라 하였고, 《集解》에 "崔憬曰:「陰柔謂 坤, 陽剛謂乾也.」"라 함.

【內小人而外君子】 坤은 小人, 乾은 君子를 상징함. 朝廷 안에 小人이 정치를 장악하 고 있고 군자는 밖으로 밀려 재야에 있음.

【小人道長, 君子道消也】 소인이 득세하여 그 악행이 자라고, 군자의 도는 소멸되어 가고 있음. 《集解》에 "崔憬曰:「君子在野, 小人在位之義也.」"라 함. 《傳》에 "夫天地之 氣不交, 則萬物無生成之理; 上下之義不交, 則天下无邦國之道. 建邦國, 所以爲治也. 上 施政以治民, 民戴君而從命, 上下相交所以治安也. 今上下不交, 是天下无邦國之道也. 陰 柔在內, 陽剛在外, 君子徃居於外, 小人來處於內, 小人道長, 君子道消之時也"라 함.

★【天地不交, 否】《集解》에 "宋衷曰:「天地不交, 猶君臣不接. 天氣上升而不下降, 地 氣沈下又不上升. 二氣特隔, 故云'否'也.」"라 함.

【君子以儉德辟難, 不可榮以祿】 '以儉德'은 儉素(儉樸, 儉約)함을 덕으로 여김. 美德을 뜻함. '辟'은 避의 假借. '辟難'은 그 難關(艱難)을 피하여 隱身함. '不可榮以祿'은 利祿을 榮譽로 여기지 말아야 함. 그러나 王引之는 "榮, 當讀爲營. 感也"라 함. 〈正義〉에 "君子 以儉德辟難'者, 言君子於此否塞之時, 以節儉爲德, 辟其危難, 不可榮華其身, 以居祿位. 此若據諸侯公卿言之, 辟其羣小之難, 不可重受官賞; 若據王者言之, 謂節儉爲德, 辟其陰 陽厄運之難, 不可重自榮華而驕逸也"라 하였고, 《集解》에 "虞翻曰:「君子'謂乾, 坤爲營 乾爲祿; '難'謂坤爲弑君, 故以儉德辟難. 巽爲入伏乾爲遠, 艮爲山體遯. 〈象〉謂辟難, 遠遁 入山, 故不可營以祿. '營'或作'榮', '儉'或作'險'.」○孔穎達曰:「言君子於此否時, 以節儉爲 德, 辟其危難, 不可榮華其身, 以居祿位; 若據諸侯公卿而言, 是辟時羣小之難, 不可重受官 爵也. 若據王者言之, 謂節儉爲德, 辟陰陽厄運之難, 不可自重榮貴而驕逸也.」"라 함. 《傳》 에 "天地不相交通, 故爲否. 否塞之時, 君子道消, 當觀否塞之象, 而以儉損其德, 避免禍難,

不可榮居祿位也. 否者, 小人得志之時, 君子居顯榮之地, 禍患必及其身, 故宜晦處窮約也"
라 하였고, 《本義》에 "收斂其德, 不形於外, 以避小人之難, 人不得以祿位榮之"라 함.


## (3) 爻辭와 象辭

初六: 拔茅茹, 以其彙. 貞吉, 亨.
☆象曰:「拔茅, 貞吉」, 志在君也.

〈언해〉 初六(초륙)은, 茅(모)의 茹(여)를 拔(발)홈이라. 그 彙(휘)로뻐 貞(뎡)홈이니 吉
(길)ᄒ야 亨(형)ᄒ니라.[《本義》: 그 彙(휘)로뻐 홈이니, 貞(뎡)ᄒ면 吉(길)ᄒ야
亨(형)ᄒ리라]
☆象(샹)애 골오디「拔茅, 貞吉」은 志(지)ㅣ 君(군)에 이쇼미라.

〈해석〉 [初六](--): 잔디의 뿌리를 뽑을 때, 얽힌 그 뿌리를 모으는 효위이다. 그 동지로
써 바르게 함이니, 길하며 형통하리라.(그 동지로써 함이니, 곧게 행동하면 길
하여 형통하리라.)
☆象: "잔디의 뿌리를 뽑듯이 하면 이 점괘가 길하다"함은, 이 효는 임금을 잘
모시고자 하는 데에 뜻을 두고 있음을 뜻한다.


【初六】 이 효는 전체 否卦의 시작이며, 동시에 하괘 坤(地)의 시작으로 음효이기에
힘을 쓰지 못하며, 이에 간난을 벗어나기 위해 얽힌 잔디 뿌리를 뽑아내듯 하는 爻象
이며, 아울러 멀리 구오를 잘 받들고자 함에 있음을 상징하는 효위임.

【拔茅茹】 얽히고 엉긴 잔디 뿌리를 뽑음. 〈正義〉에 "'拔茅茹'者, 以居否之初, 處順之
始, 未可以動, 動則入邪, 不敢前進, 三陰皆然, 猶若拔茅牽連其根相茹也. 己若不進, 餘
皆從之, 故云'拔茅茹'也"라 함.

【以其彙】 그 얽힌 뿌리의 모임을 힘으로 사용함. '彙'는 同志로 풀이하였음. 이는
泰卦의 첫 효(初九)와 같으나, 泰卦의 경우 陽爻로써 동지를 모아 앞으로 剛健하게
前進할 것을 督勵한 것이며, 여기서의 初六은 陰爻이므로 동지를 모아 함께 柔順하게
물러서서 自守하여 吉을 얻을 것을 강조한 것임. 〈正義〉에 "'以其彙'者, 以其同類共皆
如此"라 함.

【貞吉, 亨】 이 爻의 貞兆는 길하여 형통함. 그러나 '貞'을 '正'의 뜻으로도 봄. 물러

서서 자신의 柔順함을 바르게 지킴. ○高亨은 "「拔茅茹, 以其彙」者, 是養其所需以備取用之象也. 故曰「貞吉」"이라 함. 王弼 注에 "居否之初, 處順之始, 爲類之首者也. 順非健也, 何可以征? 居否之時, 動則入邪, 三陰同道, 皆不可進, 故'茅茹'. 以類貞而不詔, 則吉亨"이라 하였고, 〈正義〉에 "'貞吉, 亨'者, 守正而居, 志在於君, 乃得吉而亨通"이라 함. 《集解》에 "荀爽曰: 「拔茅茹, 取其相連彙者類也. 合體同包, 謂坤三爻, 同類相遭, 欲在下也. 貞者, 正也. 謂正居其所, 則吉也.」"라 함. 《傳》에 "泰與否, 皆取茅爲象者, 以羣陽羣陰, 同在下有牽連之象也. 泰之時, 則以同征爲吉; 否之時, 則以同貞爲亨. 始以內小人, 外君子爲否之義. 復以初六否, 而在下爲君子之道. 《易》隨時取義, 變動无常. 否之時, 在下者君子也. 否之三陰上, 皆有應. 在否隔之時, 隔絶不相通, 故无應. 義初六能與其類, 貞固其節, 則處否之吉而其道之亨也. 當否而能進者, 小人也. 君子則伸道免禍而已. 君子進退, 未嘗不與其類同也"라 하였고, 《本義》에 "三陰在下, 當否之時, 小人連類而進之象, 而初之惡, 則未形也. 故戒其貞, 則吉而亨. 蓋能如是, 則變而爲君子矣"라 함.

☆【「拔茅, 貞吉」, 志在君也】임금 곁에서 모든 충성을 다해 보필하리라는 뜻을 가지고 있을 뿐 아첨하여 진달하고자 하는 마음은 없음을 뜻함. 王弼 注에 "志在於君, 故不苟進"이라 하였고, 〈正義〉에 "〈象〉曰'志在君'者, 釋'拔茅·貞吉'之義. 所以居否而守正者, 以其志意在君, 不敢懷詔苟進, 故得吉亨也. 此假外物以明人事"라 하였고, 《集解》에 "九家《易》曰: 「陰志在下, 欲承君也.」 ○案: 「初六巽爻, 巽爲草木. 陽爻爲木, 陰爻爲草. 初六陰爻, 草茅之象也.」"라 함. 《傳》에 "傳爻以六自守於下, 明君子處下(一作否), 道象復推, 明以象君子之心. 君子固守其節以處下者, 非樂於不進獨善也. 以其道方, 否不可進, 故安之耳. 心固未嘗不在天下也. 其志常在得君, 而進以康濟天下, 故曰'志在君'也"라 하였고, 《本義》에 "小人而變爲君子, 則能以愛君爲念, 而不計其私矣"라 함.


# 六二: 包承, 小人吉. 大人否, 亨.
## ☆象曰: 「大人否, 亨」, 不亂羣也.

〈언해〉 六二(륙이)는, 包(포)훈 거시 承(승)이니, 小人(쇼인)은 吉(길)ᄒ고 大人(대인)은 否(비)홈이 亨(형)홈이라.[《本義》: 包(포)ᄒ며 承(승)홈이니], [大人(대인)은 否(비)ᄒ여아 亨(형)ᄒ리라]

　　☆象(샹)애 ᄀᆞ로딕 「大人否, 亨」은 羣(군)애 亂(란)티 아니 홈이라.

〈해석〉 [六二](--): 포용하여 이어받는 효위이니, 소인은 길하고 대인은 막히는 것이

도리어 형통하게 되리라.(포용하고 이어받음이니), (대인은 막혀야 형통하게
되리라.)

☆象: "大人은 막히는 것이 형통하리라"함은, 무리들에게 혼란을 주지 않기 때문
이다.

【六二】이 효는 下卦 坤의 中央에 위치하여 九五와 正應을 이룸으로 上下의 陰陽이
正當하여 그나마 형통함.

【包承】○高亨은 앞의 끝 '亨'자는 이 구절 앞에 와서 '亨包承'이어야 한다고 하였으
며, '承'은 "承, 疑當讀爲肴"라 하여, '고기를 잘라 조리를 준비함'의 뜻이라 하였음.
이에 따라 "「亨包承」者, 亨卽享字, 言包承也"라 하여 '제사를 지내기 위해 자른 고기를
묶다'의 뜻으로 보았음. 그러나 '包承'은 포용하여 이어받음의 뜻으로 보고 있음. 九五
(帝位)의 陽氣를 이어받음. 자신의 爻位는 初六과 六三 두 陰爻를 包容하고 九五에 순
응하여야 함. 그러나 '包'는 '庖'의 假借로 庖廚, 즉 푸줏간, 혹 廚房을 뜻한다고도 함.
또는 苞의 假借로 苞苴를, 또는 '裹'(묶다)의 뜻이라고도 함. '承'은 '肴'의 뜻으로 제사
나 잔치에 쓰이는 고기를 뜻하는 말이라 함. 따라서 '包承'은 '庖肴'으로 "부엌에 잘라
놓은 고기가 준비되어 있다"로 해석하기도 함. 〈正義〉에 "'包承'者, 居否之世而得其位,
用其至順, 包承於上"이라 함.

【小人吉, 大人否, 亨】小人(下卦의 자신)은 길하나, 大人(上卦의 九五)은 막혀야 오히
려 나중에 형통하게 됨. 그러나 일부 해석은 소인은 일반 백성, 대인은 귀족을 비유하는
것이라 함. 本爻에 대해 ○高亨은 "肴者, 祭祀宴饗之時所升之肉也. 亨肴者, 擧行享祭以
茅葦包肴肉也. 享祭所升之肉, 宜實於鼎俎. 小人包肴, 雖無鼎俎, 尙有肴肉, 是小裕之象
也. 大人包肴, 雖有肴肉, 已無鼎俎, 是大貧之象也. 故曰「亨包承, 小人吉, 大人否」"라 함.
王弼 注에 "居否之世而得其位, 用其至順, 包承於上. 小人路通, 內柔外剛, 大人否之, 其道
乃亨"이라 하였고, 〈正義〉에 "'小人吉'者, 否閉之時, 小人路通, 故於小人爲吉也. '大人否,
亨'者, 若大人用此包承之德, 能否閉小人之吉, 其道乃亨"이라 함. 《集解》에 "荀爽曰:「二
與四, 同功爲四所包, 故曰'包承'也. 小人, 二也. 謂一爻獨居間, 象相承得繫於陽, 故吉也.
大人, 謂五. 乾坤分體, 天地否隔, 故曰'大人否'也. 二五相應, 否義得通, 故曰'否亨'矣.」"라
함. 《傳》에 "六二其質, 則陰柔; 其居則, 中正. 以陰柔, 小人而言, 則方否於下. 志所包畜
者, 在承順乎上, 以求濟其否, 爲身之利, 小人之吉也. 大人當否, 則以道自處, 豈肯枉己屈
道承順於上? 唯自守其否而已, 身之否, 乃其道之亨也. 或曰:『上下不交, 何所承乎?』曰:
『正則否矣, 小人順上之心, 未嘗无也.』"라 하였고, 《本義》에 "陰柔而中正, 小人而能包容

承順乎君子之象, 小人之吉道也. 故占者, 小人如是, 則吉; 大人則, 當安守其否而後道亨. 蓋不可以彼包承於我, 而自失其守也"라 함.

☆「大人否, 亨」, 不亂羣也' '不亂羣'은 무리에게 혼란을 주지 않음. 〈正義〉에 "〈象〉曰'不亂羣'者, 此釋所以'大人否亨'之意. 良由否閉, 小人防之, 以得其道. 小人雖盛, 不敢亂羣, 故言'不亂羣'也"라 하였고, 《集解》에 "虞翻曰:「否, 不也. 物三稱羣, 謂坤三, 陰亂弒君, 大人不從, 故'不亂羣'也.」"라 함. 《傳》에 "大人於否之時, 守其正節, 不雜亂於小人之羣類, 身雖否而道之亨也. 故曰'否亨'. 不以道而身. 亨乃道之否也. 不云'君子'而云'大人', 能如是, 則其道大矣. 一无'則'字"라 하였고, 《本義》에 "言不亂於小人之羣"이라 함.


# 六三: 包羞.
## ☆象曰: 「包羞」, 位不當也.

〈언해〉 六三(륙삼)은, 包(포)ᄒᆞᆫ 거시 羞(슈)홉도다.[《本義》: 羞(슈)ᄅᆞᆯ 包(포)홈이라]
　　☆象(샹)애 ᄀᆞᆯ오ᄃᆡ 「包羞」ᄂᆞᆫ 位(위) 當(당)티 아닐ᄉᆡ라.

〈해석〉 [六三](--): 포용을 당하는 것이 수치스러운 것이다.(부끄러움을 포용하는 것이다.)
　　☆象: "포용 당함이 부끄럽다"함은, 효위가 부당(不當)한 자리이기 때문이다.


　　【六三】이 효는 下卦(坤)의 가장 윗자리이며 陰爻. 그러나 '三'은 陽爻여야 하는 爻位이므로 位不當함. 따라서 걸맞지 않은 爻位로써 아래 坤의 전체 유순함을 통솔하여 上卦(乾)를 포용하는 형상으로 수치스러움을 안고 있음.
　　【包羞】여기서의 '包'는 抱와 같음. 부끄러움을 안고 있음. '羞'는 羞恥, 羞辱, 侮辱. 이 효는 하괘의 가장 윗자리로 중정이 아님. 그러나 上九의 호응이 있어 존귀한 자의 포용을 받아 망동을 부리다가 마침내 모욕을 당함. ○高亨은 "「包羞」者, 以茅葦包熟肉也. 此有所饋獻之象. 其休咎《易》未明言"이라 함. 王弼 注에 "俱用小道, 以承其上而位不當, 所以包羞也"라 하였고, 〈正義〉에 "'包羞'者, 言羣陰俱用小人之道, 包承於上, 以失位. 不當所包承之事, 唯羞辱也"라 함. 《傳》에 "三以陰柔, 不中不正而居, 否又切近於上, 非能守道安命, 窮斯濫矣, 極小人之情狀者也. 其所包畜, 謀慮邪濫, 无所不至, 可羞恥也"라 하였고, 《本義》에 "以陰居陽而不中正, 小人志於傷善, 而未能也, 故爲包羞之象. 然以其未發, 故无凶咎之戒"라 함.

☆「包羞」, 位不當也】各 卦의 第三 爻는 陽爻여야 함. 才德을 가지고 있으나 그 자리가 걸맞지 않음을 비유함. 아울러 上卦 上九와 짝이 됨.《集解》에 "荀爽曰:「卦性爲否, 其義否隔. 今以不正與陽相承, 爲四所包違. 義失正而可羞者, 以位不當故也.」"라 함.《傳》에 "陰柔居否而不中不正, 所爲可羞者, 處不當故也. 處不當位, 所爲不以道也"라 함.


# 九四: 有命无咎, 疇離祉.
## ☆象曰:「有命无咎」, 志行也.

〈언해〉九四(구亽)는, 命(명)을 두어 ᄒᆞ면 咎(구)ㅣ 업서 疇(듀)ㅣ 祉(지)애 離(리)ᄒᆞ리
    라.[《本義》: 命(명)이 잇고]
    ☆象(샹)애 ᄀᆞᆯ오디「有命无咎」는 志(지)ㅣ 行(ᄒᆡᆼ)홈이라.
〈해석〉[九四](一): 임금의 명령이 내릴 것이니(명령이 있고), 허물이 없으며 무리들이
    복을 받겠다고 달라붙는 효위이다.
    ☆象: "임금의 명령이 내릴 것이니 허물이 없다"함은, 자신의 뜻이 실행될 수
    있음을 뜻한다.


    【九四】上卦(乾)의 시작이며 陽爻. 아울러 바로 위 九五(帝王)의 명령을 받아야 하
는 爻位임.
    【有命无咎】'命'은 九五의 명령. 그의 功勞를 칭찬함을 뜻함. 혹은 否가 泰로 바뀔
天命. 自然의 循環. 〈正義〉에 "'有命无咎'者, 九四處否之時, 其陰爻皆是小人, 若有命於
小人, 則君子道消也. 今初六志在於君, 守正不進, 處于窮下. 今九四有命, 命之, 故无咎"
라 함.
    【疇離祉】'疇'는 '儔'의 假借. 동무, 무리. 혹 '壽', 또는 '誰'의 뜻이라고도 함. 下卦의
初六을 가리킴. '離'는 麗, 遇, 受, 依附, 附著의 뜻. 즉 '붙다, 받다, 만나다'의 의미.
'祉'는 福. 여기서는 九五가 내리는 賞賜의 福을 뜻함. 따라서 "누가 賞賜의 복을 받겠는
가?"의 뜻. 이 효는 아래 셋 陰爻가 위로 올라오는 길목으로 陰이 陽으로 바뀌는 첫
자리인 만큼 무리들이 福에 기대어 빌붙음을 의미함. ○高亨은 "疇離祉, 卽壽麗祉, 謂壽
附於福, 卽謂壽隨福而至也. 筮遇此爻, 將有錫命至. 錫命至是爲福至. 福至則無咎, 壽亦隨
至, 故曰「有命无咎, 疇離祉」"라 함. 王弼 注에 "夫處否而不可以有命者, 以所應者小人也.
有命於小人, 則消君子之道也. 今初志在君, 處乎窮下, 故可以有命无咎而疇麗福也. 疇,

謂初也"라 하였고, 〈正義〉에 "'疇離祉'者, '疇', 謂疇匹, 謂初六也; 離, 麗也. '麗', 謂附著
也. 言九四命初, 身既无咎, 初既被命, 附依祉福, 言初六得福也"라 함. 《集解》에 "九家
《易》曰: 「巽爲命, 謂受五之命, 以據三陰, 故'无咎'. 无命而據, 則有咎也. 疇者, 類也, 謂四
應初, 據三與二同功, 故陰類皆離祉也. 離, 附; 祉, 福也. 陰皆附之, 故曰'有福'. 謂下三陰,
離受五四之福也.」"라 함. 《傳》에 "四以陽剛健, 體居近君之位, 是以濟否之才, 而得高位者
也. 足以輔上濟否然, 當君道. 方否之時, 處逼近之地所惡, 在居助取忌而已. 若能使動, 必
出於君命, 威柄一歸於上, 則无咎而其志行矣. 能使事皆出於君命, 則可以濟時之否, 其疇
類, 皆附離其福祉. 離, 麗也. 君子道行, 則與其類, 同進以濟天下之否, 疇離祉也. 小人之
進, 亦以其類同也"라 하였고, 《本義》에 "否過中矣, 將濟之時也. 九四以陽居陰, 不極其
剛, 故其占爲有命无咎, 而疇類三陽, 皆獲其福也. 命, 謂天命"이라 함.

☆【「有命无咎」, 志行也】九五의 臣下로써 자신이 陽爻(剛健)이므로, 職務에 뜻을
두어 실행에 옮길 수 있음. 〈正義〉에 "〈象〉曰'志行'者, 釋'有命无咎'之義. 所以九四有
命, 得无咎者, 由初六志意得行守正而應於上, 故九四之命得无咎"라 하였고, 《集解》에
"荀爽曰: 「謂志行於羣陰也.」"라 함. 《傳》에 "有君命, 則得无咎. 乃可以濟否, 其志得行
也"라 함.


# 九五: 休否, 大人吉; 其亡其亡, 繫于苞桑.
## ☆象曰:「大人之吉」, 位正當也.

〈언해〉 九五(구오)는, 否(비)를 休(휴)ᄒᆞᄂᆞᆫ다라 大人(대인)의 吉(길)이니 그亡(망)홀가
그 亡(망)홀가 ᄒᆞ여사 苞(포)ᄒᆞᆫ 桑(상)애 繫(계)ᄐᆞᆺᄒᆞ리라.
☆象(샹)애 ᄀᆞᆯ오디 「大人의 吉홈」은 位(위)ㅣ 正(졍)히 當(당)홀 시라.
〈해석〉 [九五](一): 비괘(否卦)의 어려움을 잠깐 쉬게 할 수 있는 힘을 가진 효위로써,
대인은 길하니, '거의 망할까, 거의 망할까'하면서 경척(警惕)해야만, 뽕나무에
단단히 붙들어 매인 것처럼 안전하리라.
☆象: "대인의 길함"이란 임금의 자리로서 정당한 효위이기 때문이다.

【九五】이 효는 帝王의 자리이며 동시에 陽爻이므로 그 권력을 실행에 옮기기에
족한 爻位임.
【休否】'休'는 휴식하며 그치게 함. 즉 이제까지의 否塞을 그치게 할 능력을 가지고

있음. 혹은 '두려워하다'의 뜻이라고도 함. ○高亨은 "休, 猶怵也, 恐懼也"라 함. '否'는 泰의 반대어. 災殃, 危難을 뜻함. 그러나 孔穎達은 '아름답다'의 뜻으로 보아 '임금이 비괘에서 소인을 멀리하여 아름다운 통치를 실행함'이라 하였음. 즉 〈正義〉에 "'休否' 者, 休, 美也. 謂能行休美之事. 於否塞之時, 能施此否閉之道, 遏絶小人, 則是否之休美 者也. 故云'休否'"라 함.

【大人吉】〈正義〉에 "'大人吉'者, 唯大人乃能如此, 而得吉也. 若其凡人, 則不能其亡其 亡?"이라 하였고, 《集解》에 "九家《易》曰:「否者, 消卦, 陰欲消陽, 故五處和居正, 以否 絶之乾坤, 異體升降, 殊隔卑不犯尊, 故'大人吉'也.」"라 함.

【其亡其亡】'其亡'을 강조한 것임. '其'는 幾와 같음. '거의 망하지나 않을까?'하고 크게 두려워하고 警惕해야 함. 《集解》에 "荀爽曰:「陰欲消陽, 由四及五, 故曰'其亡其 亡'. 謂坤性順從, 不能消乾使亡.」"이라 함.

【繫于苞桑】'苞桑'은 무더기로 난 뽕나무. 혹 苞草와 桑枝의 合成語로 보기도 함. 叢生의 뽕나무에 단단히 매여 있어 안전이 확보된 상태임을 뜻함. 뽕나무는 뿌리가 단단함을 상징함. ○高亨은 "「苞桑」者, 深根而固柢者也.「其亡其亡」, 懼其危亡也.「繫于 苞桑」, 譬其安固也. 此正申休否大人吉之意也"라 함. 王弼 注에 "居尊得位, 能休否道者 也. 施否於小人, 否之休也. 唯大人而後能然. 故曰大人吉. 處君子道消之, 時已居尊位, 何可以安? 故心存將危, 乃得固也"라 하였고, 〈正義〉에 "'繫于苞桑'者, 在道消之世, 居於 尊位, 而遏小人, 必近危難, 須恒自戒, 愼其意, 常懼其危亡, 言丁寧戒愼如此也. '繫于苞桑' 者, 苞, 本也. 凡物繫於桑之苞本, 則牢固也. 若能'其亡其亡'以自戒愼, 則有繫于苞桑之固, 无傾危也"라 함. 《集解》에 "荀爽曰:「包者, 乾坤相包也. 桑者, 上玄下黃, 以象乾坤也. 乾職在上, 坤體在下, 雖欲消乾, 繫其本體不能亡也.」○京房曰:「桑有衣食人之功, 聖人亦 有天覆地載之德, 故以喩.」○陸績曰:「包, 本也. 言其堅固不亡, 如以巽繩繫也.」○案: 「其亡其亡」, 近死之嗟也. '其', 與'幾'同. 幾者, 近也. 九五居否之時, 下包初二, 二互坤艮, 艮山坤地, 地上卽田也. 五互巽木, 田上有木, 莫過於桑, 故曰'其亡其亡'. '繫於苞桑', 言五 二包繫根深蔕固, 若山之堅, 如地之厚者也. 雖遭危亂, 物莫能害矣.」○鄭玄曰:「猶紂囚文 王於羑里之獄, 四臣獻珍異之物, 而終免於難. '繫於包桑'之謂.」"라 함. 《傳》에 "五以陽剛 中正之德, 居尊(一作君)位, 故能休息天下之否, 大人之吉也. 大人當位, 能以其道休息天下 之否, 以循致於泰, 猶未離於否也. 故有其亡之戒, 否旣休息, 漸將反(一作及)泰, 不可便爲 安肆. 當深慮遠戒, 常虞否之復來. 曰'其亡矣, 其亡矣'. 其'繫于苞桑', 謂爲安固之道, 如維 繫于苞桑也. 桑之爲物, 其根深固. 苞, 謂叢生者, 其固尤甚. 聖人之戒深矣. 漢王允·唐李 德裕, 不知此戒, 所以致禍敗也. 〈繫辭〉曰:『危者, 安其位者也; 亡者, 保其存者也; 亂者,

有其治者也. 是故君子安而不忘危, 存而不忘亡; 治而不忘亂, 是以身安而國家可保也.』」라 하였고, 《本義》에 "陽剛中正以居尊位, 能休時之否, 大人之事也. 故此爻之占, 大人遇之, 則吉. 然又當戒懼, 如〈繫辭傳〉所云也"라 함.

☆「大人之吉」, 位正當也' '位不當'에 상대어. 第五爻는 陽爻의 爻位인데 마침 陽爻여서 정당하며, 아울러 이 자리는 帝王을 상징함. 才德이 그 자리에 걸맞음. 〈正義〉에 "〈象〉曰'位正當'者, 釋大人吉之義. 言九五居尊, 得位正, 所以當遏絶小人, 得其吉. 心存將危, 解其亡其亡之義. 身雖安靜, 心意常存, 將有危難, 但念其亡其亡, 乃得固者, 卽繫于苞桑也. 必云'苞桑'者, 取會韻之義, 又桑之爲物, 其根衆也. 衆則牢固之義"라 하였고, 《集解》에 "崔憬曰:「得位居中也.」"라 함. 《傳》에 "有大人之德, 而得至尊之正位, 故能休(一有息字)天下之否, 是以吉也. 无其位, 則雖有其道, 將何爲乎? 故聖人之位, 謂之大寶"라 함.


# 上九: 傾否. 先否後喜.
# ☆象曰: 否終則傾, 何可長也!

〈언해〉 上九(샹구)는, 否(비)ㅣ 傾(경)홈이니 몬져 否(비)ㅎ고 後(후)애 喜(희)홈이로다.
 [《本義》: 否(비)를 傾(경)홈이니]
 ☆象(샹)애 글오디 否(비)ㅣ 終(죵)ㅎ면 傾(경)ㅎㄴ니 엇디 可(가)히 長(댱)ㅎ리오!

〈해석〉 [上九](一): 이 전체 비괘의 막힘을 엎어 변전(變轉)시키는 힘을 가졌으니, 앞서는 막혀 있었으나 뒤는 기쁨을 누리는 역할을 한다.
 ☆象: 막힘이 끝나면 기울어져 엎어지고 말 것이니,(否를 엎어버리는 것이니) 어찌 막힘이 오래 지속되겠는가!


【上九】 이 효는 否卦 전체의 가장 윗자리이며 終結임. 따라서 막힘을 뚫고 나서야 할 경각에 처해 있음. 그러나 자신이 陽爻이므로 力量이 있어, 결과는 다음의 同人卦 (013)로 이어질 것임을 상징한 것.

【傾否】 否卦를 해결해야 할 頃刻의 위치. '傾'은 頃과 같음. 頃刻의 급한 상황. ○高亨은 "傾, 借爲頃. 頃, 頃刻之時間"이라 함. 그러나 本義대로 '傾'은 傾覆의 뜻으로 보아 이 효는 否卦의 가자 윗자리로 閉塞이 궁극에 달해 否塞의 局面이 傾覆시켜 變轉의 계기를 마련하는 효위임을 말함. 즉 泰安의 경지로 바뀜을 뜻함.

【先否後喜】○高亨은 "「傾否」, 猶言暫否也. 筮遇此爻, 將有暫時之否塞. 否塞旣過, 喜慶卽至. 故曰「傾否, 先否後喜」"라 함. 王弼 注에 "先傾後通, 故後喜也. 始以傾爲否, 後得通乃喜"라 하였고, 〈正義〉에 "'先否後喜'者, 否道未傾之時, 是先否之道否, 道已傾之後, 其事得通, 故曰'後有喜'也라 함. 《集解》에 "侯果曰:「傾, 爲覆也. 否窮則傾矣. 傾猶否, 故先否也; 傾畢則通, 故後喜也.」"라 함. 《傳》에 "上九, 否之終也. 物理極而必反, 故泰極則否, 否極則泰. 上九, 否旣極矣. 故否道傾覆而變也. '先', 極否也; '後', 傾喜也. 否傾, 則泰矣, 後喜也"라 하였고, 《本義》에 "以陽剛居否極, 能傾時之否者也. 其占爲'先否後喜'"라 함.

☆【否終則傾, 何可長也】'否終則傾'의 '傾'은 頃刻之間에 모든 것이 終結될 것임. 否塞이 마침내 엎어져 소멸됨을 뜻함. '何可長也'는 '어찌 否塞의 艱難과 苦痛이 길겠는가?'의 뜻. 〈正義〉에 "〈象〉曰'否終則傾, 何可長'者, 釋'傾否'之義. 否道已終, 通道將至, 故否之終極, 則傾損其否, 何得長久? 故云'何可長'也"라 하였고, 《集解》에 "虞翻曰:「否終必傾, 盈不可久, 故先否. 下反於初, 成益體震, 民說无疆, 故後喜. 以陰剝陽, 故不可久也.」"라 함. 《傳》에 "否終則必傾, 豈有長? 否之理, 極而必反, 理之常也. 然反危爲安, 易亂爲治, 必有剛陽之才而後能也. 故否之上九, 則能傾否. 屯之上六, 則不能變屯也"라 함.

# 013 동인同人

≡ 天火同人: ▶離下乾上(≡≡下≡上)


*同人(동인): '同人'은 모두가 화합하여 좋은 결과를 얻어내어야 함을 뜻함. 혹 구체적으로 '사람들을 불러 모아 문제를 토론하여 결정하다'의 뜻이기도 함. 하괘는 離(火)이며 상괘는 乾(天)으로, 하늘 아래 불이 있는 異卦相疊의 '天火' 괘체임. 따라서 火氣가 하늘로 상승하여 점차 발전함을 상징함. 앞서 비괘(否卦)의 모든 막힘을 이겨내고 이 괘가 이어받은 것이므로 同心同力을 勉勵한 것임. 그러나 이 괘는 전체로 보아 戰鬪(內部 鬪爭)를 앞두고 친 점괘의 貞兆(貞辭)로써, 初九와 六二는 전투를 앞둔 祈願, 九三과 九四, 九五는 모두 전투의 과정을 표현한 것이며, 上九는 전투의 마무리와 교외에서의 승전 의식 및 전투에 참여하지 않은 이에 대한 입장을 설명한 것으로 보임.

*《集解》에 "〈序卦〉曰:「物不可以終否, 故受之以'同人'.」(崔憬曰:「否終則傾, 故同於人通, 而利涉矣.」)"이라 함.

*《傳》에 "同人', 〈序卦〉:「物不可以終否, 故受之以'同人'.」 夫天地不交, 則爲否; 上下相同, 則爲同人. 與否義相反, 故相次. 又世之方否, 必與人同力, 乃能濟, 同人所以次否也. 爲卦乾上離下, 以二象言之, 天在上者也. 火之性, 炎上與天同也, 故爲同人. 以二體言之, 五居正位, 爲乾之主; 二爲離之主, 二爻以中正, 相應上下相同, 同人之義也. 又卦唯一陰, 衆陽所欲同, 亦同人之義也. 他卦固有一陰者, 在同人之時, 而二五相應, 天火相同, 故其義大"라 함.


## (1) 卦辭

## (同人): 同人于野, 亨, 利涉大川, 利君子貞.

〈언해〉 人(인)으로 同(동)호디 野(야)애 ᄒ면 亨(형)ᄒ리니, 大川(대천)을 涉(셥)홈이 利(리)ᄒ며 君子(군ᄌ)의 貞(뎡)으로 홈이 利(리)ᄒ니라.[《本義》: 人(인)으로 同(동)호디 野(야)애 홈이니 亨(형)ᄒ고 大川(대천)을 涉(셥)홈이 利(리)ᄒ니 君子(군ᄌ)의 貞(뎡)이 利(리)ᄒ니라]

〈해석〉 (동인(동인괘)는) 사람들을 들에 모아 함께하면 형통하리니, 큰 냇물을 건너는 것이 이로우며, 군자의 올곧은 뜻으로 하는 것이 이로우리라.(사람을 함께하여 집합시키되 들에서 해야 함이니 형통하고, 큰 내를 건넘이 이로울 것이니, 군자의 바름이 이로우리라.)

【同人】 卦名이며, 사람들과 함께함. 사람들을 집합시킴을 뜻함.《說文》에 "同, 合會也"라 함.〈正義〉에 "同人', 謂和同於人"이라 함. 上卦 乾은 君을, 下卦 離는 신하와 백성을 상징함. 임금이 위에 군림하고 신하와 백성이 아래에 처하여, 임금이 명령을 내리고 아래에서 임금을 擁戴하는 卦體로, 임금의 명령에 신하와 백성이 贊同함을 상징하여 '同人'이라 한 것임. 첫머리는 〈象辭〉를 근거로 "同人, 同人于野"라 하여 '同人' 두 글자가 앞에 더 있어야 한다는 보고 있음. ○高亨 역시 "同人二字當重,「同人, 同人于野」者, 上'同人'二字, 乃卦名; 下'同人'二字, 乃卦辭, 此全書之通例也"라 함.

【同人于野, 亨】 큰 行事(祭祀)를 거행하기 위해 野外에 사람들이 모여 있음. '野'는 광활하여 사사로움이 없으며, 광명이 비치는 곳으로 想定된 것임. '亨'은 ○高亨은 "亨卽享字, 古人擧行享祀, 曾筮遇此卦, 故記之曰「亨」"이라 함.〈正義〉에 "'于野亨'者, '野', 是廣遠之處, 借其野名, 喩其廣遠. 言和同於人, 必須寬廣, 无所不同, 用心无私, 處非近狹, 遠至于野, 乃得亨, 通故云'同人于野, 亨'"이라 하였고,《集解》에 "鄭玄曰:「乾爲天, 離爲火. 卦體有巽, 巽爲風, 天在上火, 炎上而從之, 是其性同於天也. 火得風, 然後炎上盆熾, 是猶人君在上施政敎, 使天下之人和同而事之, 以是爲人和同者, 君之所爲也. 故謂之'同人'. 風行无所不遍, 遍則會通之德大行, 故曰'同人于野, 亨'.」"이라 함.

【利涉大川】 '大川'은 앞에 닥친 큰 과제나 난관. 그것을 해결하기에 유리함. ○高亨은 "又筮遇此卦, 涉大川則利, 故曰「利涉大川」"이라 함.〈正義〉에 "與人同心, 足以涉難, 故曰'利涉大川'也"라 함.

【利君子貞】 군자(임금, 지도자, 위정자)가 바른 일을 실행하기에 유리함. 혹 군자다운 바른 방법으로 일을 처리해야 이로움. ○高亨은 "君子有所占問亦利, 故曰「利君子貞」"이라 함.〈正義〉에 "與人和同, 易涉邪僻, 故利君子貞也. 此'利涉大川', 假物象以明人事"라 하였고,《集解》에 "崔憬曰:「以離文明而合乾健, 九五中正同人. 於二爲能通天下之志, 故能'利涉大川, 利君子之貞'.」"이라 함.《傳》에 "野, 謂曠野, 取遠與外之義. 夫同人者, 以天下大同之道, 則聖賢大公之心也. 常人之同者, 以其私意所合, 乃暱比之情耳. 故必于野, 謂不以暱近情之所私, 而于郊野曠遠之地. 旣不繫所私, 乃至公大同之道, 无遠不同也. 其亨可知, 能(一作旣)與天下大同, 是天下皆同之也. 天下皆同, 何險阻之不

可濟? 何艱危之不可亨? 故'利涉大川, 利君子貞'. 上言'于野', 止謂不在暱比, 此復言宜以
'君子正道'. 君子之貞, 謂天下至公大同之道, 故雖居千里之遠, 生千歲之後, 若合符節, 推
而行之, 四海之廣, 兆民之衆, 莫不同(一作合). 小人則唯用其私意, 所比者, 雖非亦同; 所
惡者, 雖是亦異, 故其所同者, 則爲阿黨. 蓋其心不正也. 故同人之道, 利在君子之貞正"이
라 하였고,《本義》에 "離亦三畫卦之名, 一陰麗於二陽之間, 故其德爲麗, 爲文明其象. 爲
火爲日爲電, 同人與人同也. 以離遇乾, 火上同於天, 六二得位得中, 而上應九五. 又卦唯
一陰, 而五陽同與之, 故爲'同人于野', 謂曠遠而无私也. 有亨道矣. 以健而行, 故能涉川爲
卦. 內文明而外剛健, 六二中正而有應, 則君子之道也. 占者能如是, 則亨而又可涉險, 然
必其所同合於君子之道, 乃爲利也"라 함.

## (2) 彖辭와 象辭

彖曰: 同人, 柔得位得中而應乎乾, 曰同人.
同人曰「同人于野, 亨, 利涉大川」, 乾行也. 文明以健, 中正
而應, 君子正也. 唯君子爲能通天下之志.
★象曰: 天與火, 同人. 君子以類族辨物.

〈언해〉 彖(단)애 굴오디 「同人(동인)」은 柔(유) ㅣ 位(위)를 得(득)ᄒ며 中(듕)을 得(득)ᄒ
야 乾(건)에 應(응)홀 ᄉ ᆡ 굴온 同人(동인)이라.
「同人曰」(此三字衍文)
「同人于野, 亨, 利涉大川」은 乾(건)의 行(ᄒᆡᆼ)이오, 文明(문명)ᄒ고 뻐 健(건)ᄒ고
中正(듕졍)으로 應(응)홈이 君子(군ᄌᆞ)의 正(졍)이니, 오직 君子(군ᄌᆞ) ㅣ아 能
(능)히 天下(텬하)의 志(지)를 通(통)ᄒᄂ니라.
★象(샹)애 굴오디 天(텬)과 다못 火(화) ㅣ 同人(동인)이니, 君子(군ᄌᆞ) ㅣ 以(이)
ᄒ야 類族(류족)으로 物(믈)을 辨(변)ᄒᄂ니라.[《本義》: 族(족)을 類(류)ᄒ며 物
(믈)을 辨(변)ᄒᄂ니라]
〈해석〉 彖: '同人'괘는 '柔'(六二)가 자리를 획득하고, '中'(位正當)을 얻고 있어, 乾(상괘)
에 호응하고 있어 이를 동인이라 부른다.
'同人曰'(이 세 글자는 연문임)

"사람들을 들에 집합시키어 형통하니, 大川을 건넘이 이롭다"함은, 건(상)이 실행하는 것이요, 문명으로 하고 이로써 강건하고 중정(구오)으로써 (육이에) 호응하는 것이 군자로서 바른 것이니, 오직 군자라야 능히 천하 사람들의 뜻에 통하나니라.

★象: 天(乾)과 오직 火(離)가 함께 한 괘를 이룬 것이 同人이니, 군자가 이를 바탕으로 하여 족속을 분류함으로써 만물을 변별하느니라.(족속을 분류하며 만물을 변발하느니라.)


【同人】《集解》에 "九家《易》曰:「謂乾舍於離, 同而爲日, 天日同明, 以照于下君子, 則之上下同心, 故曰'同人'.」"이라 함.

【柔得位得中】전체 괘에서 唯一한 陰爻인 六二를 가리킴. 짝수(2, 4, 6)는 陰爻의 爻位이며, 六二는 陰爻(柔)이면서 下卦의 가운데에 위치하여 '得位得中'한 것임. 〈正義〉에 "同人, 柔得位得中而應乎乾, 曰同人'者, 此釋所以能同於人之義. '柔得位得中'者, 謂六二也. 上應九五, 是應於乾也"라 함.

【應乎乾, 曰同人】上卦 乾(天)에 呼應하면서 擁戴하고 있어, 백성들이 임금을 믿고 따름을 상징함. 특히 九五는 아래 六二와 陰陽이 배합되어 뜻을 함께 하여 同人의 기본적인 象을 이루고 있음. 王弼 注에 "二爲同人之主"라 하였고, 〈正義〉에 "同人于野, 亨, 利涉大川"라 함. 《傳》에 "言成卦之義, 柔得位. 謂二以陰居陰, 得其正位也. 五中正而二以中正應之, 得中而應乎乾也. 五剛健中正, 而二以柔順中正應之, 各得其正, 其德同也. 故爲同人. 五乾之主, 故云'應乎乾'. 象取天火之象, 而〈象〉專以二言"이라 하였고, 《本義》에 "以卦體釋卦名, 義柔六二, 乾謂九五"라 함.

【同人曰「同人于野, 亨, 利涉大川」】앞의 '同人曰' 세 글자는 衍文임. 《傳》에 "此三字羨文"이라 하였고, 《本義》에도 "衍文"이라 함. 그러나 〈正義〉에 "同人, 曰同人于野, 亨, 利涉大川'"이라 하였고, 《集解》에 "蜀才曰:「此本夬卦九二升上, 上六降二, 則柔得位得中而應乎乾. 下奉上之象, 義同於人, 故曰'同人'.」"이라 함.

【乾行也】上卦 乾(天, 君)이 군주 자신의 역할을 실행함. 王弼 注에 "所以乃能同人于野亨, 利涉大川, 非二之所能也. 是乾之所行, 故特曰'同人曰'"이라 하였고, 〈正義〉에 "'乾行'者, 釋'同人于野, 亨, 利涉大川'之義. 所以能如此者, 由乾之所行也. 言乾能行此德, 非六二之所能也. 故特云'同人'. '曰', 乃云'同人于野, 亨', 與諸卦別也"라 하였고, 《集解》에 "虞翻曰:「旁通師卦, 巽爲同. 乾爲野, 師震爲人, 二得中應乾, 故曰'同人于野亨'. 此孔子所以明嫌表微, 師震爲夫, 巽爲婦, 所謂二人同心, 故不稱君臣父子兄弟朋友而故言

人耳. 乾四上失位, 變而體坎, 故曰'利涉大川, 乾行'也.」侯果曰:「九二升上, 上爲郊野, 是同人于野而得通者, 由乾爻上行耳. 故特曰'乾行'也.」라 함. 《傳》에 "至誠无私, 可以蹈險難者, 乾之行也. 无私, 天德也"라 함.

【文明以健】剛健함을 가지고 文明化함. 아래 離卦는 火로써 불에 의해 文明을 상징하며, 위의 健은 剛健함을 상징하여, 백성들이 乾(剛健)의 힘에 의하여 文明化함. '文明'은 文彩과 光明함을 뜻하는 重義語. 〈正義〉에 "'文明以健, 中正而應, 君子正'者, 此釋君子貞也. 此以二象明之, 故云'文明以健, 中正而應'. 謂六二·九五, 皆居中得正, 而又相應, 是君子之正道也. 故云'君子正'也. 若以威武而爲健, 邪僻而相應, 則非君子之正也"라 함.

【中正而應】上卦 乾의 九五는 陽爻의 爻位이며 군주의 자리. 아울러 乾卦의 中央에 위치하여 位正當을 이루고 있음. 이에 六二와 正應을 이루어 아주 理想的으로 호응하고 있음.

【君子正也】君子는 九五를 가리킴. 군주가 자신의 역할을 正當하게 수행함. 王弼 注에 "行健不以武而以文明, 用之相應, 不以邪而以中正應之, 君子正也. 故曰'利君子貞'"이라 하였고, 《集解》에 "何妥曰:「離爲文明, 乾爲剛健. 健非尙武, 乃以文明應, 不以邪乃以中正, 故曰'利君子貞(正)'也.」"라 함. 《傳》에 "又以二體言其義. 有文明之德, 而剛健以中正之道相應, 乃君子之正道也"라 함.

【唯君子能通天下之志】오직 군자인 九五만이 능히 천하 백성을 뜻을 通曉하는 特權을 가지고 있음. 王弼 注에 "君子以文明爲德"이라 하였고, 〈正義〉에 "'唯君子爲能通天下之志'者, 此更贊明君子貞正之義. 唯君子之人於同人之時, 能以正道, 通達天下之志, 故利君子之貞"이라 하였고, 《集解》에 "虞翻曰:「唯, 獨也. 四變成坎, 坎爲通爲志, 故能通天下之志. 謂五以類族辯物, 聖人作而萬物覩.」崔憬曰:「君子, 謂九二, 能捨己同人, 以通天下之志, 若九三·九四, 以其人臣, 則不當矣. 故爻辭不言'同人'也.」"라 함. 《傳》에 "天下之志, 萬殊理則一也. 君子明理, 故能通天下之志. 聖人視億兆之心, 猶一心者, 通於理而已. 文明, 則能燭理, 故能明大同之義. 剛健則能克己, 故能盡大同之道, 然後能中正, 合乎乾行也"라 하였고, 《本義》에 "以卦德卦體釋卦辭. 通天下之志, 乃爲大同. 不然, 則是私情之合而已. 何以致亨而利涉哉?"라 함.

★【天與火, 同人】上卦 乾(天)과 下卦 離(火)의 卦體. 王弼 注에 "天體於上而火炎上, 同人之義也"라 하였고, 〈正義〉에 "天體在上火, 又炎上, 取其性同, 故云'天與火'"라 함. 《集解》에 "荀爽曰:「乾舍於離, 相與同居, 故曰'同人'也.」"라 함.

【君子以類族辨物】'類'는 動詞로 쓰였음. 分類함. 區分함. '族'은 族類, 種類. '辨物'은 천하 事物을 辨別함. 王弼 注에 "君子小人, 各得所同"이라 하였고, 〈正義〉에 "同人, 君子

以類族辨物'者, '族', 聚也. 言君子法此同人, 以類而聚也. '辨物', 謂分辨事物, 各同其黨, 使自相同不間雜也"라 함. 《集解》에 "虞翻曰:「君子, 謂乾師坤爲類, 乾爲族. 辯, 別也. 乾陽物, 坤陰物, 體〈姤〉, 天地相遇, 品物咸章, 以乾照坤, 故以類族辯物. 謂方以類聚, 物以羣分. 孔子曰:『君子和而不同.』故於同人象見, 以類族辯物也.」"라 함. 《傳》에 "不云'火在天下, 天下有火', 而云'天與火者', 天在上火, 性炎上. 火與天同, 故爲同人之義. 君子觀同人之象, 而以類族辨物, 各以其類族. 辨物之同異也. 若君子小人之黨, 善惡是非之理, 物情之離, 合事理之異同. 凡異同者, 君子能辨明之, 故處物不失其方也"라 하였고, 《本義》에 "天在上而火炎上, 其性同也. 類族辨物, 所以審異而致同也"라 함.


## (3) 爻辭와 象辭

初九: 同人于門, 无咎.
☆象曰:「出門同人」, 又誰咎也?

〈언해〉 初九(초구)는 人(인)으로 同(동)호믈 門(문)애 홈이니 咎(구)ㅣ 업스리라.
　　　☆象(샹)애 굴오디 "門(문)애 出(츌)ᄒᆞ야 人(인)으로 同(동)호믈" 또 뉘 咎(구)ᄒᆞ리오?
〈해석〉 [初九](一): 사람을 함께 함을 문밖으로 나가서 만나 보는 것이니, 허물이 없을 것이다.
　　　☆象: "문밖까지 나가서 사람과 함께 하는 것을" 또 누가 허물을 당하겠는가의 뜻이다.


　　【初九】 이는 전체 同人卦와 下卦 離(火)의 첫 시작임. 아울러 홀수(1,3,5)의 爻는 陽爻의 爻位인데 마침 陽爻로써 位正當함. 따라서 불을 처음 지피는 發火의 역할이며, 동시에 나라에 大故가 있을 때 백성들의 첫 반응을 상징함.
　　【同人于門, 无咎】 백성들이 王宮의 門에 모여듦. 나라에 큰 變故(戰爭)가 있을 때 백성들이 궁문에 모여들어 왕의 명령을 기다림. 따라서 이 효는 전쟁을 앞두고 점을 쳤을 때의 길흉을 비유한 것으로 보고 있음. 《周禮》司徒에 "若國有大故, 則致萬民于王門"이라 하였고, 〈小司寇〉에도 "掌外朝之政, 以致萬民而詢焉. 一曰詢國危, 二曰詢國遷, 三曰詢立君"이라 함. 그러나 '門'은 주위에 쉽게 만나는 이웃들을 뜻하기도 함. ○高亨

은 "同人, 猶言聚衆也. '同人于門'者, 國有大故, 君致萬民於門有所詢也. 《周禮》大司徒:「若國有大故, 則致萬民於王門.」小司寇:「掌外朝之政, 以致萬民而詢焉, 一曰詢國危, 二曰詢國遷, 三曰詢立君. 其位王南郷, 三公及州長百姓北面, 羣臣西面, 羣吏東面, 小司寇擯以敍進而問焉, 以衆輔志而弊謀.」所謂外朝, 卽王門之外也. 爲聚衆於門之事而筮遇此爻, 則無咎, 故曰「同人于門, 无咎」라 함. 王弼 注에 "居同人之始, 爲同人之首者也. 无應於上, 心无繫咎, 通夫大同出門, 皆同. 故曰同人于門也. 出門同人, 誰與爲咎?"라 하였고, 〈正義〉에 "同人于門'者, 居同人之首, 无應於上, 心无係咎, 含弘光大, 和同於人, 在於門外, 出門皆同, 故云'无咎'也"라 함. 《集解》에 "虞翻曰:「乾爲門, 謂同於四, 四變應初, 故'无咎'也.」"라 함. 《傳》에 "九居同人之初, 而无應應, 是无偏私, 同人之公者也. 故爲出門, 同人出門, 謂在外. 在外, 則无私昵之偏, 其同博而公如此, 則无過咎也"라 하였고, 《本義》에 "同人之初, 未有私主, 以剛在下上, 无係應, 可以无咎. 故其象占如此"라 함.

☆【「出門同人」, 又誰咎也】'出門同人'은 왕이 궁문을 나서서 모여 있는 사람들에게 다가감. '又誰咎也'는 "누가 재앙을 당하겠는가?"의 뜻. 아무도 재앙을 입지 않음을 강조한 것. '咎'는 災殃, 殃禍을 뜻함. 〈正義〉에 "〈象〉曰'又誰咎'者, 釋'出門同人, 无咎'之義. 言旣心无係咎, 出門逢人皆同, 則誰與爲過咎?"라 하였고, 《集解》에 "崔憬曰:「剛而无應, 比二以柔, 近同於人, 出門之象. 又誰咎矣?」○案:「初九震爻, 帝出乎震. 震爲大塗, 又爲日門, 出門之象也.」"라 함. 《傳》에 "出門同人于外, 是其所同者, 廣无所偏私人之同也. 有厚薄親疎之異, 過咎所由生也. 旣無所偏黨, 誰其咎之?"라 함.


# 六二: 同人于宗, 吝.
# ☆象曰:「同人于宗」, 吝道也.

〈언해〉 六二(륙이)는, 人(인)으로 同(동)호물 宗(종)애 홈이니, 吝(린)홉도다.
　　　☆象(상)애 골오디「同人于宗」이, 吝(린)홀 道(도) ㅣ라.
〈해석〉 [六二](--): 종친들만 종묘에 불러 모으는 것이니, 안타깝도다.
　　　☆象: "종친들만 종묘에 불러 모으는 것"은, 인색한 도리이다.


【六二】 이는 離卦의 중앙에 위치하며 陰爻로써 位正當함. 아울러 九五와 正應을 이루어 陰陽이 理想的으로 배합됨. 따라서 하괘의 主爻가 되며 事案의 발전을 鞏固히 하고 上下 調整, 呼應, 調和에 큰 역할을 함.

【同人于宗, 吝】 '同人于宗'은 사람들을 宗廟에 모이도록 부름. 《說文》에 "宗, 尊宗廟也"라 함. 큰일을 앞두고 반드시 종묘에서 길흉을 점쳤음. 그러나 '宗'은 宗主, 宗親, 宗人, 宗黨으로 보아 '많은 백성들을 제쳐두고 겨우 종친 몇 사람과 함께함을 동인으로 여김'의 否定的인 뜻으로 봄. 의견을 고루 듣는데 부족함. 六二는 겨우 九五와만 和同하려 함. 王弼 注에 "應在乎五, 唯同於主, 過主則否, 用心褊狹, 鄙吝之道"라 함. '吝'은 六二가 앞뒤의 많은 이들과 널리 和同하지 않고 종주(구오)만을 동인으로 여기니 이는 인색한 것임. 그러나 六二는 우선 艱難함을 만남. 즉 앞으로 벌어질 戰爭을 눈앞에 두고 있음. ○高亨은 "同人于宗', 或指祭祀行賞宴饗之事而言也. 爲聚衆於宗之事, 而筮遇此爻則吝. 故曰「同人于宗, 吝」"이라 함. 〈正義〉에 "係應在五, 而和同於人, 在於宗族, 不能弘闊, 是鄙吝之道"라 하였고, 《集解》에 "荀爽曰:「宗者, 衆也. 三據二陰, 二與四同功, 五相應初, 相近上下衆陽, 皆欲與二爲同, 故曰'同人于宗'也. 陰道貞靜, 從一而終, 今宗同之, 故'吝'也.」"라 함. 《傳》에 "二與五爲正應, 故曰'同人于宗'. 宗, 謂宗黨也. 同於所係應, 是有所偏與在同人之道, 爲私狹矣, 故可吝. 二若陽爻, 則爲剛中之德, 乃以中道相同, 不爲私也"라 하였고, 《本義》에 "宗, 黨也. 六二雖中且正, 然有應於上, 不能大同而係於私吝之道也. 故其象占如此"라 함.

☆【「同人于宗」, 吝道也】 '吝道'는 吝嗇한 처사임. 즉 종친 몇 사람과 함께 함을 동인으로 여기니 그 방법이 옳지 않음을 뜻함. 六二는 유일한 陰爻로 剛健하지 못함을 뜻하는 것이라 함. 〈正義〉에 "故〈象〉云'吝道'也"라 하였고, 《集解》에 "侯果曰:「宗, 謂五也. 二爲同人之主, 和同者之所仰也. 有應在五, 唯同於五. 過五則否, 不能大同於人, 則爲主之德, 吝狹矣. 所同雖吝, 亦妻臣之道也.」"라 함. 《傳》에 "諸卦以中正, 相應爲善, 而在同人, 則爲可吝. 故五不取君義, 蓋私比, 非人君之道, 相同以私, 爲可吝也"라 함.


# 九三: 伏戎于莽, 升其高陵, 三歲不興.
## ☆象曰:「伏戎于莽」, 敵剛也;「三歲不興」, 安行也?

〈언해〉 九三(구삼)은, 戎(융)을 莽(망)애 伏(복)ᄒ고, 그 高陵(고릉)에 升(승)ᄒ야 三歲(삼세)라도 興(흥)티 몯ᄒ놋다.
　　☆象(샹)애 ᄀᆞᆯ오디 「伏戎于莽」은 敵(뎍)이 剛(강)홈이오, 「三歲(삼세)에 興(흥)티 몯ᄒ거니」 엇디 行(힝)ᄒ리오?

〈해석〉 [九三](一): 군사를 풀밭에 매복시키고 높은 언덕에 올라가 자리를 차지하지만,

3년이 지나도록 군사를 일으키지 못하도다.

☆象: "군사를 풀밭에 매복시킨다"함은, 적(九五)이 강하다는 것이요, "3년이 지나도록 군사를 일으키지 못한다"함은, 어찌 실행할 수 있겠는가의 뜻이다.

【九三】이는 하괘 離의 가장 윗자리이며 陽爻의 爻位로 位正當함. 아울러 하괘를 이끌고 위의 乾(군주)에게 연결시켜야 하는 임무를 가지고 있으나 자신이 陽剛을 띠고 있어, 이에 따라 군주(九五)에게 도전하는 형상임.

【伏戎于莽】군사를 풀밭에 埋伏시킴. '莽'은 거친 풀밭. 王弼 注에 "居同人之際, 履下卦之極, 不能包弘上下·通夫大·同物黨, 相分欲乖其道, 貪於所比, 據上之應, 其敵剛健, 非力所當, 故'伏戎于莽', 不敢顯亢也"라 하였고, 〈正義〉에 "'伏戎于莽'者, 九三處下卦之極, 不能包弘上下·通夫大, 同欲下據六二, 上與九五相爭也. 但九五剛健, 九三力不能敵, 故伏潛兵戎於草莽之中"이라 함.

【升其高陵】높은 구릉으로 올라감. 높은 지역을 확보하여 유리한 고지를 점령하면서 敵情을 살핌. 王弼 注에 "'升其高陵', 望不敢進, 量斯勢也"라 함.

【三歲不興】3년을 두고 곤액을 극복하지 못함. 3년을 두고 적을 이겨내지 못함. '興'은 發, 拔, 勝, 擧의 뜻. 九三은 陽剛함을 믿고 九五와 투쟁을 벌이려 함을 의미함. ○高亨은 "此就戰事而言. '伏戎于莽'者, 設伏兵於草莽之中也. 設伏兵不可令敵人見之, 而升其高陵, 適可見之. 其必爲敵人所算, 而覆車殺將, 明矣. 經此敗績, 將有長期之不振. 故曰「伏戎于莽, 升其高陵, 三歲不興」"이라 함. 王弼 注에 "'三歲不能興'者也, 三歲不能興, 則五道亦以成矣. 安所行焉"이라 함. 〈正義〉에 "'升其高陵, 三歲不興'者, 唯升高陵以望前敵, 量斯勢也. 縱令更經三歲, 亦不能興起也"라 함. 《集解》에 "虞翻曰:「巽爲伏, 震爲草莽, 離爲戎. 謂四變時, 三在坎中隱伏自藏, 故伏戎于莽也. 巽爲高師, 震爲陵, 以巽股升其高陵, 爻在三乾爲歲興起也. 動不失位, 故'三歲不興'也.」"라 함. 《傳》에 "三, 以陽居剛而不得中, 是剛暴之人也. 在同人之時, 志在於同, 卦唯(一有二字)一陰, 諸陽之志, 皆欲同之, 三又與之比. 然二以中正之道, 與五相應, 三以剛强, 居二五之間, 欲奪而同之. 然理不直義不勝, 故不敢顯發. 伏藏兵戎于林莽之中, 懷惡而內負不直, 故又畏懼. 時升高陵以顧望如此, 至于三歲之久, 終不敢興. 此爻深見小人之情狀, 然不曰'凶'者, 旣不敢發, 故未至凶也"라 하였고, 《本義》에 "剛而不中, 上无正應, 欲同於二, 而非其正, 懼九五之見攻, 故有此象"이라 함.

☆【「伏戎于莽」, 敵剛也】'敵剛也'는 적이 강하기 때문임. '敵'은 九五를 가리킴. 九五는 陽爻이며 尊貴한 爻位에 있어 매우 강한데도, 자신(九三)도 陽이며 位正當하다 하

여 자신하며 挑戰하고 있음을 뜻함. '剛'은 强과 같음. 〈正義〉에 "〈象〉曰'伏戎于莽, 敵剛'者, 釋'伏戎于莽'之義, 以其當九五之剛, 不敢顯亢, 故'伏戎于莽, 三歲不興'"이라 함.

【「三歲不興」, 安行也】'安'은 疑問詞 '何'와 같음. '어찌 실행에 옮길 수 있겠는가?'의 뜻. 즉 실행에 옮길 수 없음. 九五에게 도전할 수 없음. 王弼 注에 "安, 辭也"라 하였고, 〈正義〉에 "'安行'者, 釋'三歲不興'之義. 雖經三歲, 猶不能興起也. 安, 語辭也. 猶言何也. 旣三歲不興, 五道亦已成矣. 何可行也? 故云'安行'也. 此假外物以明人事"라 함. 《集解》에 "崔憬曰:「與二相比, 欲同人焉. 盜憎其主而忌於五, 所以隱兵于野, 將以襲之, 故曰'伏戎于莽'. 五旣居上, 故曰'升其高陵'. 一爻爲一年, 自三至五, 頻遇剛敵, 故'三歲不興, 安可行也.」○案:「三互離巽, 巽爲草木, 離爲戈兵, 伏戎于莽之象也.」"라 함. 《傳》에 "所敵者五, 旣剛且正, 其可奪乎? 故畏憚伏藏也. 至於三歲不興矣. 終安能行乎?"라 하였고, 《本義》에 "言不能行"이라 함.


# 九四: 乘其墉, 弗克, 攻, 吉.
## ☆象曰:「乘其墉」, 義弗克也; 其「吉」, 則困而反則也.

〈언해〉 九四(구사)는, 그 墉(용)애 乘(승)호디 능히 攻(공)티 아니 ᄒᆞ니 吉(길)ᄒᆞ니라.
　　[《本義》: 그 墉(용)애 乘(승)ᄒᆞ나 능히 攻(공)티 몯호미니 吉(길)ᄒᆞ리라]
　　☆象(샹)애 ᄀᆞᆯ오디 「乘其墉」은 義(의)ㅣ 克(극)디 몯홈이오, 그 「吉(길)홈」은 困(곤)ᄒᆞ야 則(측)에 反(반)홈이라.

〈해석〉 [九四](-): 남의 그 집 담장을 타고 있으면서도 능히 공격하지 않고 있으니 길하다.(그 담장에 오르나 능히 공격하지 못함이니 길하리라.)
　　☆象: "남의 그 집 담당을 타고 있다"함은, 의리로 보아 능히 이기지 못함을 뜻하며, 그것이 "길하다"함은, 곤궁하여 원칙으로 되돌아옴을 뜻한다.


【九四】 이는 상괘 乾(天)의 첫 효이며 아래 離(火)를 이어 九五에게 연결시켜야 하는 임무를 띠고 있으나, 원래 陰爻의 爻位인데 陽爻로서 위부당함. 아울러 바로 아래 九三 역시 양효로 位正當하여 剛健함을 바탕으로 上昇해 오고 있으므로, 오히려 자신은 공격을 완화시켜야 함.

【乘其墉】'乘'은 升, 登과 같음. 타고 오름. '墉'은 城壁의 담장. 垣과 같음. 《說文》에 "墉, 城垣也"라 함. 〈正義〉에 "'乘其墉'者, 履非其位與人鬪爭, 與三爭二, 欲攻於三, 旣是

上體力能顯亢, 故'乘上高墉', 欲攻三也"라 함.

【弗克, 攻, 吉】〈傳〉과 〈本義〉에는 "弗克攻, 吉"로 보았고 〈諺解〉에도 "공격해도 이기지 못하니, 그것이 길하다"로 풀이하였음. 그러나 '不克, 攻吉'로 보아 '능히 승리하지는 못하지만 계속 공격해야 吉함'의 뜻으로도 봄. ○高亨은 "此就攻城而言. 攻城者已登其墉, 而守者未退, 城猶未克, 則亟攻之, 必拔矣. 若止而不攻, 予守者以繕修之暇, 則更不易攻矣. 故曰「乘其墉, 弗克, 攻, 吉」"이라 함. 王弼 注에 "處上攻下, 力能乘墉者也. 履非其位, 以與人爭, 二自五應, 三非犯己, 攻三求二, 尤而效之, 違義傷理, 衆所不與, 故雖乘墉而不克也. 不克則反, 反則得吉也. 不克乃反, 其所以得吉, 困而反則者也"라 하였고, 〈正義〉에 "弗克攻, 吉'者, 三欲求二, 其事已非. 四又效之, 以求其二, 違義傷理, 衆所不與, 雖復乘墉, 不能攻三也. '吉'者, 旣不能攻三, 能反自思愆, 以從法則, 故得吉也. 此爻亦假物象也"라 함. 《集解》에 "虞翻曰:「巽爲墉, 四在巽上, 故'乘其墉'. 變而承五體, 訟乾剛在上, 故'弗克攻, 則吉'也.」"라 함. 《傳》에 "四剛而不中正, 其志欲同二, 亦與五爲仇者也. 墉, 垣, 所以限隔也. 四切近於五, 如隔墉耳. 乘其墉, 欲攻之, 知義不直而不克也. 苟能自知義之不直, 而不攻, 則爲吉也. 若肆其邪欲, 不能反思義理, 妄行攻奪, 則其凶大矣. 三以剛居剛, 故終其强而不能反; 四以剛居柔, 故有困而能反之義. 能反則吉矣. 畏義而能改, 其吉宜矣"라 하였고, 《本義》에 "剛不中正, 又无應與, 亦欲同於六二, 而爲三所隔, 故爲乘墉以攻之象. 然以剛居柔, 故有自反而不克攻之象. 占者如是, 則是能改過而得吉也"라 함.

☆【「乘其墉」, 義弗克也】本義에 의해 이겨낼 수 없음. 원리로 보아 승리할 수 없음. 〈正義〉에 "〈象〉曰'乘其墉, 義弗克也'者, 釋不克之義. 所以乘墉攻三, 不能克者, 以其違義, 衆所不從, 故云'義不克'也"라 함.

【其「吉」, 則困而反則也】앞의 則은 '側'의 가차. 적이 곁으로 되돌아오는 등 교활한 속임을 쓰면서 괴롭힘. '困'은 我軍이 공격에 困乏(困頓)하여 고생을 하고 있음. 뒤의 則은 '法則, 原則, 正則'. 正道로 되돌아 와서 原則에 따름. 〈正義〉에 "其吉, 則困而反則'者, 釋'其吉'之義. 所以得其吉者, 九四則, 以不克困苦, 而反歸其法則, 故得吉也"라 하였고, 《集解》에 "王弼曰:「處上攻下, 力能乘墉者也. 履非其位, 與三爭二, 二自應五, 三非犯己攻, 三求二尤而效之. 違義傷禮, 衆所不與, 勢雖乘墉, 義終弗克而得吉者, 以困而反正則也.」"라 함. 《傳》에 "所以'乘其墉而弗克攻之'者, 以其義之弗(一作不)克也. 以邪攻正義, 不勝也. 其所以得吉者, 由其義不勝, 困窮而反於法則也. 二者, 衆陽所同欲也. 獨三·四, 有爭奪之義者, 二爻居二五之間也. 初終遠, 故取義別"이라 하였고, 《本義》에 "乘其墉矣, 則非其力之不足也. 特以義之弗克而不攻耳. 能以義斷困, 而反於法則, 故吉也"라 함.

九五: 同人, 先號咷而後笑, 大師克相遇.
☆象曰: 同人之先, 以中直也;「大師相遇」, 言相克也.

〈언해〉 九五(구오)는, 人(인)으로 同(동)홈이 몬져 號咷(호도)ᄒ고 後(후)에 笑(쇼)홈이
니, 大師(대ᄉ)로 克(극)ᄒ야아 서르 遇(우)ᄒ리로다.
　　☆象(상)애 ᄀᆞᆯ오ᄃᆡ 同人(동인)의 몬져는 中(듕)이 直(딕)홈으로 ᄡᅦ오,「大師相遇」
난 서르 克(극)홈을 니ᄅᆞ니라.

〈해석〉[九五](一): 함께 하는 사람들이 처음에는 울다가 나중에는 미소를 머금는 것이
니, 많은 군사로써 이겨야만 서로 만나게 되리라.
　　☆象: 무리를 모아 놓고 먼저 하는 것은 中(九五의 位正當)함이 곧기 때문이요,
"많은 군사가 서로 만난다"함은, 서로 도와 승리함을 말한 것이다.


　　【九五】이는 帝王의 爻位이며 동시에 陽爻로 그 권위를 다할 수 있는 位正當의 爻象
임. 따라서 제왕의 위세로 호령하여 승리로 이끌어내는 임무를 띠고 있음.
　　【同人, 先號咷而後笑】'號咷'는 울부짖음. 疊韻連綿語. 號哭, 嗁呼, 嚎咷 등과 같은
뜻. 《說文》에 "楚人爲兒泣不止曰嚎咷"라 함. 전투에 승리하지 못하여 모인 사람들이
울부짖으나 뒤에는 모두 승리의 기쁨을 맛봄. 〈正義〉에 "同人先號咷者, 五與二應用
其剛直, 衆所未從, 故九五共二, 欲相和同, 九三・九四, 與之競二也. 五未得二, 故志未和
同於二, 故先號咷也. 而'後笑'者, 處得尊位, 戰必克勝, 故後笑也"라 함.
　　【大師克相遇】'大師'는 많은 大軍, 더 많은 군사들. 이들이 모여 승리하고, 드디어
서로 만남. '克'은 '이기다, 승리하다'의 뜻. 이 爻는 陽剛하며 中正하고 게다가 尊位에
있으며 六二와 상배하여 음양이 이상적인 爻位임. 그럼에도 九三과 九四가 혹 군사를
매복시키기도 하고 성벽을 타고 오르면서 挑戰해옴. 이에 먼저 울부짖다가 뒤에 그들
과 싸워 이겨내어 승리를 얻고 기쁨에 웃음. ○高亨은 "此殆古代故事. 蓋有一軍被敵人
圍攻, 將就殲滅, 相聚大哭, 乃突圍而走, 幸與援兵相遇, 而戰敗爲勝, 故曰「同人, 先號咷
而後笑, 大師克相遇」"라 함. 王弼 注에 "〈彖〉曰'柔得位得中而應乎乾, 曰同人」, 然則體柔
居中, 衆之所與, 執剛用直, 衆所未從, 故近隔乎二剛. 未獲厥志, 是以先號咷也. 居中處
尊, 戰必克勝, 故後笑也. 不能使物自歸, 而用其强直, 故必須大師克之, 然後相遇也"라
하였고, 〈正義〉에 "'大師克相遇'者, 不能使物自歸己, 用其剛直, 必以大師與三四戰克,
乃得與二相遇. 此爻假物象以明人事"라 함. 《集解》에 "虞翻曰:「應在二, 巽爲號咷, 乾爲
先, 故'先號咷'; 師震在下, 故'後笑'. 震爲後笑也. 乾爲大, 同人反師, 故'大師'. 二至五體

〈姤〉遇也, 故'相遇'.」라 함. 《傳》에 "九五, 同於二而爲三·四二陽所隔, 五自以義直理勝, 故不勝忿, 抑至於號咷. 然邪不勝正, 雖爲所隔, 終必得合, 故後笑也. 大師克相遇, 五與二正應, 而二陽非理隔奪, 必用大師克勝之, 乃得相遇也. 云'大師'云'克'者, 見二陽之强也. 九五君位, 而爻不取人君, 同人之義者, 蓋五專以私暱應於二, 而失其中正之德. 人君當與天下大同, 而獨私一人, 非君道也. 又先隔, 則號咷; 後遇, 則笑(一有正字). 是私暱之情, 非大同之體也. 二之在下, 尙以同於宗爲吝, 況人君乎? 五旣於君道无取, 故更不言'君道', 而明二人同心, 不可間隔之義. 〈繫辭〉云: 「君子之道, 或出或處, 或默或語. 二人同心, 其利斷金.」中誠所同出處, 語默无不同, 天下莫能間也. 同者, 一也. 一不可分, 分乃二也. 一可以通金石·冒水火, 无所不能入. 故云'其利斷金', 其理至微, 故聖人贊之曰: 「同心之言, 其臭如蘭.」謂其言意味, 深長也"라 하였고, 《本義》에 "五剛中正, 二以柔中正, 相應於下同心者也, 而爲三四所隔, 不得其同. 然義理所同, 物不得而間之, 故有此象. 然六二柔弱, 而三·四剛强, 故必用大師以勝之, 然後得相遇也"라 함.

☆【同人之先, 以中直也】 '先'은 '先號咷而後笑'를 줄인 말. 모인 사람들이 먼저는 號咷하고 뒤에 웃을 수 있었던 것. '以中直也'는 九五가 乾卦의 中央(君主)에 位正當하고 剛健하면서 곧게 행동했기 때문임. 〈正義〉에 "〈象〉曰'同人之先, 以中直'者, 解先號咷之意, 以其用中正剛直之道, 物所未從, 故'先號咷'也. 但〈象〉略'號咷'之字, 故直云'同人之先', 以中直也"라 함.

【「大師相遇」, 言相克也】 '言相克'은 서로 도와 적을 물리치고 승리함을 말함. 〈正義〉에 "大師相遇, 言相克'者, 釋'相遇'之義. 所以必用大師, 乃能相遇者, 以其用大師, 與三四相伐而得克勝, 乃與二相遇, 故'言相克'也"라 하였고, 《集解》에 "侯果曰: 「乾德中直, 不私於物, 欲天下大同, 方始同二矣. 三四失義, 而近據之, 未獲同心, 故先號咷也. 時須同好, 寇阻其途, 以言相克, 然後始相遇, 故笑也.」○九家《易》曰: 「乾爲言.」"이라 함. 《傳》에 "先所以號咷者, 以中誠理直, 故不勝其忿, 切而然也. 雖其敵剛强, 至用大師. 然義直理勝, 終能克之, 故言能'相克'也. '相克', 謂能勝見二陽之强也"라 하였고, 《本義》에 "直, 謂理直"이라 함.

上九: 同人于郊, 无悔.
☆象曰:「同人于郊」, 志未得也.

〈언해〉 上九(상구)는, 人(인)으로 同(동)홈을 郊(교)애 ᄒ요미니 悔(회) 업스니라.[《本義》: 人(인)으로 同(동)홈을 郊(교)애 ᄒ나 悔(회) 업스리라]

☆象(샹)애 굴오디 「同人于郊」는 志(지)를 得(득)디 몯홈이라.

〈해석〉 [上九](一): 사람들을 郊에서 모아 만나는 것으로 후회가 없으리라.(사람으로 함께 함을 郊에서 하지만 후회는 없으리라.)

☆象: "사람들을 郊에서 모아 만난다"함은, 전투에 참여하지 않아 뜻을 제대로 펴보지 못했음을 말한 것이다.

【上九】 이는 동인괘 전체의 終結임. 그러나 爻位가 陰의 자리로써 位不當함. 그 때문에 동인의 본의가 이미 사라졌고, 아울러 아래로 호응도 없음. 그 때문에 교외에서 동지를 찾고 있는 象임. 그러나 전쟁에서 승리하고 마무리를 하는 위치이므로 후회는 없음.

【同人于郊, 无悔】 '郊'는 '野'보다 훨씬 먼 곳을 뜻함. 즉 上九는 실제 戰鬪(내부 爭訟)에 참여하지 않고 있었음을 상징함. 그 때문에 후회가 없음. ○高亨은 "「同人于郊」, 疑指祭祀之事而言. 古者祀上帝於郊, 因而此祭亦名郊. 然古人祭祀在郊, 當不止祀上帝一事也. 祭祀於郊, 必有多人同往, 故《易》以「同人于郊」四字槪括之. 爲同人于郊之事而筮遇此爻, 則無悔. 故曰「同人于郊, 无悔」"라 함. 王弼 注에 "郊者, 外之極也. 處同人之時, 最在於外, 不獲同志, 而遠於內爭, 故雖无悔吝, 亦未得其志"라 하였고, 〈正義〉에 "同人于郊者, 處同人之極, 最在於外, 雖欲同人, 人必疎己, 不獲所同, 其志未得. 然雖陽在於外, 遠於內之爭訟, 故无悔吝也"라 함. 《集解》에 "虞翻曰:「乾爲郊, 失位无應, 與乾上九同義, 當有悔同心之家, 故『无悔』.」"라 함. 《傳》에 "郊在外而遠之地, 求同者, 必相親相與, 上九居外而无應, 終无與同者也. 始有同, 則至終或有睽悔, 處遠而无與, 故雖无同, 亦无悔. 雖欲同之志不遂, 而其終无所悔也"라 하였고, 《本義》에 "居外无應, 物莫與同, 然亦可以无悔, 故其象占如此. 郊在野之內, 未至於曠遠, 但荒僻无與同耳"라 함.

☆【「同人于郊」, 志得也】 교외의 멀리 있어 실제 내부 투쟁에 참여하지 않아 자신의 뜻을 제대로 펴볼 수 없었던 것임. 王弼 注에 "凡處同人而不泰焉, 則必用師矣. 不能大通, 則各私其黨而求利焉. 楚人亡弓, 不能忘楚, 愛國愈甚益爲它災, 是以同人不弘剛健之爻, 皆至用師也"라 하였고, 〈正義〉에 "〈象〉曰『志未得』者, 釋同人于郊之義, 同人在郊,

境遠處與人踈遠, 和同之志, 猶未得也. '不獲同志'者, 若彼此在內, 相同則獲其同志意也. 若己爲郊境之人, 而與相同人未親己, 是不獲同志也. 遠於內爭者, 以外而同不於室家之內, 是遠于內爭也. 以遠內爭, 故无悔吝, 以在外郊, 故未得志也. 凡處同人而不泰焉, 則必用師矣者, 王氏注意, 非止上九一爻, 乃總論同人一卦之義. 去初上而言, 二有同宗之吝, 三有伏戎之禍, 四有不克之困, 五有大師之患, 是處同人之世, 无大通之志, 則必用師矣. 楚人亡弓, 不能忘楚, 愛國愈甚益, 爲它災者. 案《孔子家語》弟子好生篇云: 「楚昭王出遊, 亡烏號之弓. 左右請求之, 王曰: 『楚人亡弓, 楚人得之. 又何求焉?』 孔子聞之曰: 『惜乎! 其志不大也. 不曰'人亡弓, 人得之'. 何必'楚'也? 昭王名軫. 《(左傳)》哀六年: 「吳伐陳, 楚救陳, 在城父卒, 此愛國而致它災也.」 引此者, 證同人不弘, 皆至用師矣"라 함. 《集解》에 "侯果曰: 「獨處于外, 同人於郊也. 不與內爭, 无悔吝也. 同人之時, 唯同于郊, 志未得也.」" 라 함. 《傳》에 "居遠莫同, 故終无所悔. 然而在同人之道, 求同之志不得遂, 雖无悔, 非善處也"라 함.

# 014 대유大有

☰ 火天大有: ▶乾下離上(☰下☲上)


*大有(대유): '大有'는 크게 소유함을 뜻함. 陸德明 〈音義〉에 "大有, 包容豐富之象"이라 하였고, 《傳》에는 "大有, 盛大豐有也"라 함. 하괘는 乾(天)이며 상괘는 離(火)로, 하늘 위에 불이 있는 異卦相疊의 '火天' 괘체임. 횃불을 높이 들어 널리 비추어, 충성을 권장하고 사악함을 통찰함. 《詩》〈甫田〉에 "自古有年"이라 하였고, 〈有駜〉에 "歲其有"라 하였으며, 〈毛傳〉에 "豐年也"라 하여 '有'는 풍년을 뜻함. 그러나 창성하고 부유할수록 더욱 삼가고 겸허하게 처신하여야 함을 상징함.

*《集解》에 "〈序卦〉曰:「與人同者, 物必歸焉. 故受之以'大有'.」(崔憬曰:「以欲從人, 物必歸己, 所以成大有.」)"라 함.

*《傳》에 "'大有', 〈序卦〉:「與人同者, 物必歸焉. 故受之以'大有'.」夫與人同者, 物之所歸也. 大有所以次同人也. 爲卦火在天上, 火之處高, 其明及遠, 萬物之衆, 无不照見, 爲大有之象. 又一柔居尊, 衆陽竝應, 居尊執柔, 物之所歸也. 上下應之爲大有之義, 大有, 盛大豐有也"라 함.


## (1) 卦辭

## (大有): 大有, 元亨.

〈언해〉 大有(대유)는 元(원)코 亨(형)하니라.
〈해석〉 대유(大有, 대유)괘는 크게 가지는 것이니, 원(元)하며 형통하니라.

【大有: 元亨】이 구절은 '大有: 大有元亨'이어야 함. ○高亨은 "大有二字疑當重. '大有: 大有'者, 上'大有'二字乃卦名, 下'大有'二字乃卦辭, 此全書之通例也"라 하여, 앞의 '大有'는 卦名이며, 뒤의 '대유'는 크게 所有함의 뜻이어야 한다 하였음. '大有'는 '豐大, 豐收'의 뜻. '元亨'은 으뜸이며 또한 형통함. 그러나 '元'을 大의 뜻으로 보아 '크게 형통하다'로도 풀이함. 단 ○高亨은 "占歲者, 筮遇此卦, 則大豐, 故曰「大有」. 元, 大也. 亨則享字,

古人擧行大享之祭, 曾筮遇此卦, 故記之曰「元亨」이라 하여, '亨'은 享(享祀)의 뜻이라 하였음. 王弼 〈注〉에 "不大通, 何由得大有乎? 大有, 則必元亨矣"라 하였고, 〈正義〉에 "'大有元亨'者, 柔處尊位, 羣陽並應, 能大所有, 故稱'大有'. 既能大有, 則其物大得亨通, 故云'大有元亨'"이라 함. 《集解》에 "虞翻曰:「與比旁通, 柔得尊位大中, 應天而時行, 故元亨也.」 ○姚規曰:「互體有兌, 兌爲澤, 位在秋也. 乾則施生, 澤則流潤, 離則長茂, 秋則成收, 大富有也. 大有則元亨矣.」 ○鄭玄曰:「六五體離, 處乾之上, 猶大臣有聖明之德, 代君爲政, 處其位, 有其事而理之也. '元亨'者, 又能長羣臣, 以善使嘉會, 禮通若'周公攝政, 朝諸侯於明堂', 是也.」"라 함. 《傳》에 "卦之才, 可以元亨也. 凡卦德有卦名, 自有其義者, 如 〈比〉'吉, 謙亨'是也. 有因其卦義, 便爲訓戒者, 如〈師〉'貞丈人吉', 〈同人〉'于野亨'是也. 有以其卦才而言者, '大有元亨'是也. 由'剛健文明, 應天時行', 故能'元亨'也"라 하였고, 《本義》에 "大有, 所有之大也. 離居乾上, 火在天上, 无所不照. 又六五一陰, 居尊得中, 而五陽應之, 故爲大有. 乾健離明, 居尊應天, 有亨之道. 占者, 有其德, 則大善而亨也"라 함.

## (2) 彖辭와 象辭

彖曰: 大有, 柔得尊位大中, 而上下應之, 曰大有.
其德剛健而文明, 應乎天而時行, 是以元亨.
★象曰: 火在天上, 大有. 君子以遏惡揚善, 順天休命.

〈언해〉 彖(단)애 글오디 大有(대유)는 柔(유)ㅣ 尊位(존위)를 得(득)ᄒ고 크게 中(듕)ᄒ고 上下(샹하)ㅣ 應(응)ᄒ실ᄉᆡ 글온 大有(대유)ㅣ니,
其(기) 德(덕)이 剛健(강건)코 文明(문명)ᄒ고 天(텬)에 應(응)ᄒ야 時(시)로 行(ᄒᆡᆼ)ᄒᄂ느디라 일로써 元亨(원형)ᄒ니라.
★象(샹)애 글오디 火(화)ㅣ 天上(텬샹)애 이쇼ᄆᆡ 「大有(대유)」ㅣ니, 君子(군ᄌ)ㅣ 以(이)ᄒ야 惡(악)을 遏(알)ᄒ고 善(선)을 揚(양)ᄒ야 天(텬)의 休命(휴명)을 順(슌)ᄒᄂ니라.

〈해석〉 彖: 大有卦는 柔(음효)가 존귀한 위치(九五)를 차지하고 있고, 크게 중앙에 있으며, 上下(나머지 다섯 양효)가 호응하고 있어, 이를 일러 대유라 한다.
그 덕이 강건하고 文明하고, 하늘에 응하여 때로 운행하기 때문에, 이로써 원형한 것이다.

★象: 하늘 위에 불이 있는 것이 대유괘이니, 군자가 이것을 근거로 하여, 악을 막고 선을 선양하여 하늘의 아름다운 명령에 따른다.

【大有, 柔得尊位大中】 '大有'는 異卦相疊, 즉 乾下離上으로 乾은 天, 離는 火를 상징하여 하늘 위에서 불을 비추어 널리 혜택을 베풂을 뜻함. '柔得尊位'는 六五가 陰爻(柔)이면서 帝位(尊位)에 있음. '大中'은 尊位에 있어 '大'이며, 上卦의 가운데에 있어 '中'임. 〈正義〉에 "'大中'者, 謂六五處大以中, 柔處尊位, 是其大也. 居上卦之內, 是其中也"라 함.

【而上下應之, 曰大有】 '上下應之'는 괘 전체의 象을 설명한 것임. 六五가 음효이면서 상괘의 중앙에 위치하고 위아래 양효가 둘러싸고 있음을 말함. 王弼 〈注〉에 "處尊以柔, 居中以大, 體无二陰, 以分其應, 上下應之, 靡所不納, 大有之義也"라 하였고, 〈正義〉에 "'大有, 柔得尊位大中, 而上下應之, 曰大有'者, 釋此卦, 稱大有之義"라 함. 《集解》에 "王弼曰:「處尊以柔, 居中以大, 體無二陰, 以陰而分其應, 上下應之, 靡所不納, 〈大有〉之義也.」"라 함. 《傳》에 "言卦之所以爲大有也. 五以陰居君位, 柔得尊位也. 處中, 得大中之道也. 爲諸陽所宗, 上下應之也. 夫居尊執柔, 固衆之所歸也, 而又有虛中文明, 大中(一无大中字)之德, 故上下同志, 應之所以爲大有也"라 하였고, 《本義》에 "以卦體釋卦名義. '柔', 謂六五; '上下', 謂五陽"이라 함.

【其德剛健而文明】 상괘는 乾(天)이며 이는 剛健한 德을 뜻함. 아래는 離(火)로써 文明을 상징하며 사람의 品德이 剛健하면서 아울러 밝고 지혜가 明哲함을 뜻함. '文明'은 '文彩光明'의 준말이며 동시에 '人類文明'을 뜻하는 重義法으로 쓰였음.

【應乎天而時行, 是以元亨】 '應乎天'은 六五(陰)와 九二(陽)가 互應함을 말함. '時行'은 하늘의 運行은 四時의 時序를 遵行하므로, 이는 마치 사람이 天道를 遵守하면서 時宜를 따름과 같음. '是以元亨'은 이 까닭으로 크게 형통함. 王弼 〈注〉에 "德應於天, 則行不失時矣. 剛健不滯, 文明不犯, 應天則大, 時行无違, 是以元亨"이라 하였고, 〈正義〉에 "'其德剛健而文明, 應乎天而時行, 是以元亨'者, 釋元亨之義. '剛健', 謂乾也; '文明', 謂離也. '應乎天而時行'者, 褚氏·莊氏云:「六五應九二, 九二在乾體, 故云應乎天也; 德應於天, 則行不失時, 以時而行, 則萬物大得亨通, 故云'是以元亨'. '剛健不滯者', 剛健, 則物不壅滯也; '文明不犯'者, 文理明察, 則不犯於物也. '應天則大'者, 能應於天, 則盛大也. '時行无違'者, 以時而行, 物无違也. 以有此諸事, 故大通而元亨也"라 함. 《集解》에 "虞翻曰:「謂五以日應乾, 而行於天也. 時, 謂四時也. 〈大有〉亨, 比初動成, 震爲春至, 二兌爲秋至, 三離爲夏, 坎爲冬, 故曰'時行'. 以乾亨坤, 是以元亨.」"이라 함. 《傳》에 "卦之德, 內剛健而外文明.

六五之君, 應於乾之九二. 五之(一有體字)性, 柔順而明, 能順應乎二, 二, 乾之主也. 是應乎乾也. 順應乾行, 順乎天時也. 故曰'應乎天而時行', 其德如此, 是以元亨也. 王弼云'不大通, 何由得大有乎?' 大有, 則必元亨矣. 此不識卦義, 離乾成大有之義, 非大有之義, 便有元亨, 由其才, 故得元亨. 大有而不善者, 與不能亨者有矣. 諸卦具'元亨利貞', 則〈象〉皆釋爲大亨, 恐疑與乾坤同也. 不兼'利貞', 則釋爲元亨, 盡元義也. '元', 有大善之義, 有'元亨'者, 四卦〈大有〉〈蠱〉〈升〉〈鼎〉也. 唯〈升〉之象, 誤〈隨〉. 他卦作'大亨', 曰諸卦之元, 與乾不同, 何也? 曰元之在乾, 爲元始之義, 爲首出庶物之義, 他卦則不能有此義, 爲善爲大而已. 曰元之爲大可矣. 爲善, 何也? 曰'元者, 物之先也. 物之先, 豈有不善者乎?' 事成而後有敗, 敗非先成者也. 興而後有衰, 衰固後於興也. 得而後有失, 非得則何以有(一作爲)失也? 至於善惡·治亂·是非, 天下之事, 莫不皆然. 必善爲先, 故〈文言〉曰'元者, 善之長也.'"라 하였고, 《本義》에 "以卦德·卦體, 釋卦辭. 應天, 指六五也"라 함.

★【火在天上, 大有】상괘 火(離)가 하괘 天(乾)의 위에 있는 구조가 大有괘의 卦象임. 《集解》에 "荀爽曰:「謂夏火王在天, 萬物並生, 故曰〈大有〉也.」"라 함.

【君子以遏惡揚善, 順天休命】'遏'은 '막다, 금지하다, 억제하다, 제지하다, 끊다'의 뜻. 《爾雅》에 "遏, 止也"라 함. '揚'은 '宣揚하다, 發揚하다, 表彰하다, 褒揚하다'의 뜻. '順天休命'의 '休'는 '아름답다, 훌륭하다'의 뜻. 《爾雅》에 "休, 美也"라 함. '休命'은 佳運과 같음. 王弼 〈注〉에 "大有, 包容之象也. 故'遏惡揚善, 成物之美; 順夫天德, 休物之命.'"이라 하였고, 〈正義〉에 "'君子以遏惡揚善'者, 大有, 包容之義, 故君子象之, 亦當包含遏匿其惡, 褒揚其善, 順奉天德, 休美物之性命, 皆取含容之義也. 不云'天在火下', 而云'火在天上'者, 天體高明, 火性炎上, 火是照耀之物, 而在於天上, 是光明之甚, 无所不照, 亦是包含之義, 又爲揚善之理也"라 함. 《集解》에 "虞翻曰:「遏, 絶; 揚, 擧也. 乾爲揚善, 坤爲遏惡, 爲順以乾滅坤, 體夬揚于王庭, 故'遏惡揚善'. 乾爲天, 休二變時, 巽爲命, 故'順天休命'.」"이라 함. 《傳》에 "火高在天上, 照見萬物之衆多, 故爲〈大有〉. 大有繁庶之義, 君子觀大有之象, 以遏絶衆惡·揚明善類, 以奉順天休, 美之命. 萬物衆多, 則有善惡之殊, 君子享大有之盛, 當代天工, 治養庶類, 治衆之道, 在遏惡揚善而已. 惡懲善勸, 所以順天命, 而安羣生也"라 하였고, 《本義》에 "義火在天上, 所照者廣, 爲大有之象, 所有旣大, 无以治之, 則釁蘖萌於其間矣. 天命有善而无惡, 故遏惡揚善, 所以順天反之於身, 亦若是而已矣"라 함.

## (3) 爻辭와 象辭

初九: 无交害, 匪咎. 艱則无咎.
☆象曰: 大有初九, 无交害也.

〈언해〉 初九(초구)는 害(해)예 交(교)홈이 업스니, 咎(구)ㅣ 아니나 艱(간)ᄒᆞ면 咎(구)ㅣ
　　　업스리라.
　　　☆象(샹)애 골오디 大有(대유)의 初九(초구)는 害(해)에 交(교)홈이 업스니라.
〈해석〉 [初九](一): 상해를 주는 일에 휩싸이는 일이 없어야 하니, 그것이 허물은 아니지
　　　만 어려움에 곤란함에 처하고 있으면 그 때문에 허물이 없을 것이다.
　　　☆象: 대유괘의 초구는 상해를 주는 일에 휩싸이지 말도록 하라는 뜻을 가지고
　　　있다.

　　【初九】 이는 全卦와 下卦(乾)의 시작임. 자신이 양효이며 강건하고, 게다가 위정당
하여 의기가 넘치나 도리어 맨 아래에 처하여 艱難之中에 있음. 그러나 이 처럼 艱難
하기 때문에 도리어 허물이 없음.
　　【无交害, 匪咎】 '无'는 毋, 勿과 같음. 禁止命令. 자신이 陽爻라 하여 그 剛健함을
믿고 서로에게 해를 끼치지 말아야 함. 특히 九四와는 둘 모두 陽이므로 正應을 이루
지 못하였으므로 대응하지 말아야 함. ○高亨은 "交害, 猶言相賊也. 彼此無相賊害, 則
相安無事, 自不爲咎. 故曰「无交害, 匪咎」"라 함.
　　【艱則无咎】 '艱'은 艱難과 같음. 이 효가 맨 아래에 처해 있음을 뜻함. 開創의 어려움
을 상징함. 그러나 ○高亨은 "旣无交害之事, 則無相仇之心. 若値艱難之時, 可得同情之
助, 而歸於無咎, 故又曰「艱則无咎」"라 함. 王弼 〈注〉에 "以夫剛健, 爲大有之始, 不能履
中, 滿而不溢, 率斯以徃, 後害必至, 其欲匪咎, 艱則无咎也"라 함. 《集解》에 "虞翻曰:「害,
謂四. 四離火爲惡人, 故无交害. 初動震爲交, 比坤爲害. 匪, 非也; 艱, 難, 謂陽. 動比初成
屯, 屯難也. 變得位艱, 則无咎.」"라 함. 《傳》에 "九居大有之初, 未至於盛, 處卑无應, 與未
有驕盈之失, 故无交害, 未涉於害也. 大凡富有鮮不有害, 以子貢之賢, 未能盡免, 況其下者
乎? 匪咎艱, 則无咎. 言富有本匪有咎也. 人因富有, 自爲咎耳. 若能享富有而知難處, 則自
无咎也. 處富有而不能思艱兢畏, 則驕侈之心生矣. 所以有咎也"라 하였고, 《本義》에 "雖
當大有之時, 然以陽居下, 上无係應, 而在事初, 未涉乎害者也, 何咎之有? 然亦必艱以處
之, 則无咎. 戒占者, 宜如是也"라 함.

☆【大有初九, 无交害也】대유괘 初九의 임무를 설명한 것임. 〈正義〉에 "以夫剛健, 爲大有之始, 不能履中, 謙退, 雖无交切之害, 久必有凶. 其欲匪咎, 能自艱難其志, 則得 无咎. 故云'无交害, 匪咎, 艱則无咎'也. '不能履中, 滿而不溢'者, 以不在二位, 是不能履 中, 在〈大有〉之初, 是盈滿身行剛健, 是溢也. 故云'不能履中, 滿而不溢.'"이라 함. 《集 解》에 "虞翻曰:「害, 謂四.」"라 함. 《傳》에 "在大有之初, 克念艱難, 則驕溢之心, 无由生 矣. 所以不交涉於害也"라 함.


九二: 大車以載, 有攸往, 无咎.
☆象曰:「大車以載」, 積中不敗也.

〈언해〉 九二(구이)는, 大車(대거)로 뻐 載(지)홈이니 往(왕)홀 빠를 두어 咎(구)ㅣ 업스리
　　　라.[《本義》: 往(왕)홀 빠를 두면]
　　　☆象(샹)애 골오디 「大車以載」는 中(듕)에 積(젹)ㅎ야 敗(패)티 아니홈이라.
〈해석〉 [九二](一): 큰 수레로 짐을 실은 위치이니, 갈 곳이 있으므로 허물이 없을 것이
　　　다.(갈 목적지를 가지고 있으면)
　　　☆象: "큰 수레로 짐을 싣는다"함은, 가운데에 실어 실패가 없을 것임을 뜻한다.


　　【九二】하괘(乾)의 중앙이며 양효로 位不當하나, 六五와 正應을 이루어 陰陽이 맞
음. 이에 큰 임무를 띠고 있으며 계속 갈 길을 가야할 위치임.
　　【大車以載】'大車'는 큰 수레. 큰 수레에 豊收를 싣고 길을 나섬. 획득한 바가 豊盛
함을 의미함. '大車'는 任重致遠할 수 있는 큰 수레를 뜻함. 〈正義〉에 "'大車以載'者,
體是剛健而又居中, 身被委任, 其任重也. 能堪受其任, 不有傾危, 猶若大車以載物也. 此
假外象, 以喩人事"라 함.
　　【有攸往, 无咎】'攸往'은 '所往'과 같음. 갈 바, 갈 곳. 목적지(六五)가 분명함. 따라서
자신이 많은 수확물을 가지고 帝位(六五)를 향해 묵묵히 나가야 함. ○高亨은 "荀子勸學
篇:「假輿馬者, 悲利足也, 而至千里.」大車可以任重致遠, 故曰「大車以載, 有攸往, 无咎」"
라 함. 王弼 〈注〉에 "健不違中, 爲五所任, 任重不危, 致遠不泥, 故可以往而无咎也"라 하
였고, 〈正義〉에 "'有攸往, 无咎'者, 堪當重任, 故有所往. '无咎'者, 以居失其位, 嫌有凶咎,
故云'无咎'也"라 함. 《集解》에 "虞翻曰:「比坤爲大車, 乾來積上, 故大車以載. 往, 謂之五
二失位, 變得正應五, 故'有攸往, 无咎'矣.」"라 함. 《傳》에 "九以陽剛居二, 爲六五之君所

倚, 任剛健, 則才勝; 居柔, 則謙順. 得中, 則无過, 其才如此, 所以能勝大有之任, 如大車之材, 强壯能勝載重物也. 可以任重行遠, 故'有攸往而无咎'也. 大有豐盛之時, 有而未極, 故以二之才, 可往而无咎, 至於盛極, 則不可以往矣'라 하였고, 《本義》에 "剛中在下, 得應乎上, 爲大車以載之象. 有所往而如是, 可以无咎矣. 占者, 必有此德, 乃應其占也"라 함.

☆【「大車以載」, 積中不敗也】큰 수레이므로 거기에 積載하고 가면 실패할 일이 없음. '中'은 九二가 하괘(乾)의 中央에 있음을 가리킴. 〈正義〉에 "〈象〉曰'積中不敗'者, 釋'大車以載'之義. 物旣積聚, 身有中和, 堪受所積之物, 聚在身上, 不至於敗也. '任重而不危', 釋'大車以載'之意. '大車', 謂牛車也. 載物旣多, 故云任重, 車材彊壯, 故不有傾危也"라 함. 《集解》에 "虞翻曰:「乾爲大車, 故曰'大車以載'. 體剛履中, 可以任重, 有應於五, 故所積, 皆中而不敗也.」"라 함. 《傳》에 "壯大之車, 重積載於其中, 而不損敗, 猶九二材力之强, 能勝大有之任也"라 함.


# 九三: 公用亨于天子, 小人弗克.
## ☆象曰:「公用亨于天子」, 小人害也.

〈언해〉九三(구삼)은, 公(공)이 뻐 天子(텬자)끠 亨(형)홈이니, 小人(쇼인)은 克(극)디 몯ᄒᆞᄂ니라.

　　☆象(상)애 ᄀᆞᆯ오디「公用亨于天子」ᄂ 小人(쇼인)은 害(해)ᄒ리라.

〈해석〉[九三](一): 제후(왕공)가 천자에게 향연을 베풀어드리는 것이니, 소인(九四와 九二)은 그러한 향연에 참가할 수 없다.

　　☆象: "제후가 천자에게 향연을 베풀어드린다"함은, 소인이 참여할 경우 해가 됨을 뜻한다.


【九三】이는 하괘(乾)의 가장 위이며 陽爻로써 位正當하여 공후의 직위에 해당함.

【公用亨于天子】'公'은 公侯. 혹 王公. 제후의 爵位. 고대 公侯伯子男의 다섯 등급의 작위가 있었음. 九三이 公侯(王公)에 해당함. '亨'은 享(饗)의 뜻. 연회, 잔치. 公侯로써 九二의 풍성한 재물을 받아 이를 천자의 잔치에 공헌해야 함을 뜻함. 《左傳》僖公 25년에 "秦伯師於河上, 將納王. 狐偃言於晉侯曰:「求諸侯, 莫如勤王. 諸侯信之, 且大義也. 繼文之業, 而信宣於諸侯, 今爲可矣.」使卜偃卜之, 曰:「吉. 遇黃帝戰于阪泉之兆.」公曰:「吾不堪也.」對曰:「周禮未改, 今之王, 古之帝也.」公曰:「筮之!」筮之, 遇大有䷍之睽䷥,

曰:「吉. 遇『公用亨于天子』之卦. 戰克而王饗, 吉孰大焉? 且是卦也, 天爲澤以當日, 天子降心以逆公, 不亦可乎? 大有去睽而復, 亦其所也.」晉侯辭秦師而下」라 함. 〈正義〉에 "'公用亨于天子'者, 九三處〈大有〉之時, 居下體之極, 乘剛健之上, 履得其位, 與五同功. 五爲王位, 三旣與之同功, 則威權之盛, 莫盛於此. 乃得通乎天子之道, 故云'公用亨于天子.'"라 함.

【小人弗克】'小人'은 작위가 없는 자이며 덕도 능력도 없는 小人輩. 九四와 九二를 가리킴. 이들은 그 잔치에 참여할 수 없음. ○高亨은 "此殆古代故事, 蓋某國某公致貢天子, 曾筮遇此爻, 故記之曰「公用亨于天子」. 後之筮者, 公侯遇此爻, 其吉自同, 但小人則不能, 故又曰「小人弗克」"이라 함. 王弼〈注〉에 "處〈大有〉之時, 居下體之極, 乘剛健之上, 而履得其位, 與五同功, 威權之盛, 莫此過焉. 公用斯位, 乃得通乎天子之道也. 小人不克害可待也"라 하였고, 〈正義〉에 "'小人弗克'者, 小人德劣不能勝其位必致禍害故云小人弗克也. '與五同功'者, 〈繫辭〉云'三與五同功', 此云'與五同功', 謂五爲王位, 三旣能與五之同功, 則威權與五相似, 故云'威權之盛, 莫此過焉.'"이라 함. 《集解》에 "虞翻曰:「天子, 謂五. 三, 公位也. 小人, 謂四·二, 變得位體鼎象, 故'公用亨于天子', 四, 折鼎足, 覆公餗, 故'小人不克'也.」"라 함. 《傳》에 "三居下體之上, 在下而居人上, 諸侯人君之象也. 公侯上承天子, 天子居天下之尊, '率土之濱, 莫非王臣'(《詩》小雅〈北山〉). 在下者, 何敢專其有? 凡土地之富, 人民之衆, 皆王者之有也. 此理之正也, 故三當大有之時, 居諸侯之位, 有其富盛, 必用亨通乎天子, 謂以其有爲天子之有也, 乃人臣之常義也. 若小人處之, 則專其富有以爲私, 不知公以奉上之道, 故曰'小人弗克'也"라 하였고, 《本義》에 "亨, 《春秋傳》(僖公25년)作'享', 謂朝獻也. 古者亨通之亨, 享獻之享, 烹飪之烹, 皆作'亨'字. 九三居下之上, 公侯之象, 剛而得正, 上有六五之君, 虛中下賢, 故爲享于天子之象. 占者, 有其德, 則其占如是; 小人无剛正之德, 則雖得此爻, 不能當也"라 함.

☆【「公用亨于天子」, 小人害也】'小人'은 九四를 九二를 가리킴. 소인이 국정에 참여할 경우 나라의 禍害가 됨. 《集解》에 "虞翻曰:「小人, 謂四也.」"라 함. 《傳》에 "公當用(一无用字)亨于天子, 若小人處之, 則爲害也. 自古諸侯, 能守臣節, 忠順奉上者, 則蕃養其衆, 以爲王之屛翰, 豐殖其財, 以待上之徵賦; 若小人處之, 則不知爲臣奉上之道, 以其爲己之私, 民衆財豐, 則反擅其富强, 益爲不順, 是小人. 大有, 則爲害, 又大有爲小人之害也"라 함.

九四: 匪其彭, 无咎.
☆象曰:「匪其彭, 无咎」, 明辨晢也.

〈언해〉九四(구ᄉ)는, 그 彭(방)티 아니ᄒ면 咎(구) ㅣ 업스리라.[《本義》: 그 彭(방)티 아니
미니]
　　☆象(상)애 ᄀᆞᆯ오디 「匪其彭, 无咎」는 明辨(명변)ᄒ 晢(졔)라.[《本義》: 明辨(명변)
호미 晢(졔)홈이라]

〈해석〉 [九四](-): 그 곁에 있지 아니하면 허물이 없을 것이다.(곁에 있지 않음이니)
　　☆象: "그 곁에 있지 아니하면 허물이 없다"함은, 분명하게 변별함이 명철함을
뜻한다.

　　【九四】 상괘(離)의 시작이며 陰爻로 位不當함. 아울러 初九와 正應을 이루지 못함.
이에 둘 모두 陽爻로 지나치게 剛健함.
　　【匪其彭, 无咎】 '匪'는 '昲'(비)의 假借, '彭'은 〈언해〉에는 '旁'자로 보아 '방'으로 읽었
으며 그 곁을 뜻한다고도 하였음. 그러나 '尫'의 假借로, 고대 가뭄이 심하면 다리를
저는 男覡(尫)을 땡볕에 세우거나 심지어 그에게 불을 붙여 降雨를 바라는 祈雨行爲를
뜻함. '昲'는 《廣雅》에 "昲, 日暴也"라 하였고, '尫'은 절름발이를 뜻함. 따라서 '절름발이
男巫를 땡볕에 세우다'의 뜻. 그러나 일반적으로 '匪'(昲)는 '반대하다', '彭'(尫)은 '사악
함'을 뜻하여 "사악한 자를 배격하다"의 뜻으로 보기도 함. 또 달리 '匪'는 非, '彭'은
盛의 뜻으로 보기도 함. 즉 '그 풍성함을 사치로 활용하지 않아야 함'을 경계한 것.
그러나 ○高亨은 "此'匪'字, 可讀爲'非', 可讀爲'誹', 可讀爲'排', 大義相同, 而後者爲勝,
'排'謂'排而除之'也. 〈集解〉'彭'作尫. 跛曲脛之人, 其足不正, 其幸亦不正, 因而喩不正之人
及不正之事. 排除此種人事, 自無咎矣. 故曰「匪其彭, 无咎」"라 하여, '非, 誹, 排 등의
뜻이나 排가 낫다'이며, '彭'은 尫으로 '정강이가 굽어 제대로 걷지 못하는 사람'이라
하였음. 이는 九四 자신이 陽剛한 陽爻라 하여 六五의 陰을 넘보지 말고, 九二와 九三이
이제껏 올려 바친 豐盛함을 六五에게 잘 넘겨주어야할 위치임을 뜻함. 王弼 〈注〉에
"旣失其位, 而上近至尊之威, 下比分權之臣, 其爲懼也, 可謂危矣. 唯夫有聖知者, 乃能免
斯咎也. 三雖至盛, 五不可舍, 能辯斯數, 專心承五, 常匪其旁, 則无咎矣. '旁', 謂三也"라
하였고, 〈正義〉에 "匪其彭, 无咎'者, 匪, 非也; 彭, 旁也. 謂九三在九四之旁, 九四若能專
心承五, 非取其旁, 九四言不用三也. 如此乃得无咎也. 旣失其位, 上近至尊之威, 下比分權
之臣, 可謂危矣. 能棄三歸五, 故得无咎也"라 함. 《集解》에 "虞翻曰:「匪, 非也. 其位尫足,

厖體行不正, 四失位折震足, 故厖變而得正, 故无咎. 厖, 或作彭, 作旁. 聲字之誤.」라 함.
《傳》에 "九四居大有之時, 已過中矣, 是大有之盛者也. 過盛則凶咎, 所由生也. 故處之之
道, 匪其彭, 則得无咎. 謂能謙損, 不處其大盛, 則得无咎也. 四近君之高位, 苟處太盛, 則
致凶咎. 彭, 盛多之貌. 《詩》載馳云「汶水湯湯, 行人彭彭」, 行人盛多之狀, 〈雅〉大明云「駟
騵彭彭」, 言武王戎馬之盛也"라 하였고, 《本義》에 "彭字, 〈音義〉未詳. 程傳曰'盛貌', 理或
當然. 六五柔中之君, 九四以剛, 近之有僭偪之嫌, 然以其處柔也. 故有不極其盛之象, 而得
无咎. 戒占者, 宜如是也"라 함.

☆【「匪其彭, 无咎」, 明辨晢也】'晢'은 明晢함. '晢'은 '晢'의 異體字. 音은 〈音義〉에
'절'(章舌反)로 되어 있으나 〈諺解〉에는 '졔'로 읽었음. 혹 '晢'(晰)자로 보기도 함. '明辨
晢'은 선악을 밝게 구분함. '明'은 才와 같은 뜻임. 王弼 〈注〉에 "明, 猶才也"라 하였고,
〈正義〉에도 "〈象〉曰'明辯晢也'者, 釋'匪其彭, 无咎'之義. 明, 猶才也. 九四所以能去其旁
之九三者, 由九四才性, 辯而晢知, 能斟酌事宜, 故云'明辯晢'也"라 함. 《集解》에 "虞翻曰:
「晢之離, 故明辯晢也. 四在乾則厖, 在坤爲鼠, 在震噬胏, 得金矢, 在巽折鼎, 足在坎爲鬼
方, 在離焚死, 在艮旅于處, 言无所容, 在兌聭, 孤孚厲, 三百八十四爻, 獨无所容也.」"라
함. 《傳》에 "能不處其盛, 而得无咎者, 蓋有明辨之智也. '晢'(晢), 明智也. 賢智之人, 明辨
物理, 當其方盛, 則知咎之將至, 故能損抑, 不敢至於滿極也"라 하였고, 《本義》에 "晢
(晢), 明貌"라 함.


六五: 厥孚交如, 威如, 吉.
☆象曰:「厥孚交如」, 信以發志也;「威如之吉」, 易而无備也.

〈언해〉 六五(륙오)는, 그 孚(부)ㅣ 交(교)홈이니 威(위)ᄒᆞ면 吉(길)ᄒᆞ리라.
　　　☆象(샹)애 굴오디「厥孚交如」는 信(신)으로뻐 志(지)를 發(발)홈이오([《本義》:
　　　信(신)이 뻐 志(지)를 發(발)홈이오]
　　　「威如(위여)의 吉(길)홈」은 易(이)ᄒᆞ야 備(비)홈이 업슬 시라.
〈해석〉 [六五](--): 그 믿음으로써 다른 효들과 교통하면서 제왕으로서의 위엄을 드러
　　　내면 길하리라.
　　　☆象: "그 믿음으로서 교통함"은 믿음으로 자신(제왕)의 뜻을 폄을 뜻하는 것이
　　　요(믿음으로서 뜻을 펴 보임이요), "위엄을 드러냄이 길하다"함은, 쉽게 따르도
　　　록 하여 백성들이 이에 대비하여 경계심을 가질 것이 없기 때문이다.

【六五】陰爻로써 柔弱하며 位不當하면서 帝位를 차지하고 있음. 그러나 전체 괘에서 유일한 陰爻(柔弱謙虛)이며 主爻인만큼 그 임무가 크며, 九二와 상배하여 음양이 맞아 威嚴을 발휘하면 자신의 책무를 수행할 수 있음.

【厥孚交如, 威如, 吉】'厥'은 其와 같음. '孚'는 程子와 朱子는 '信'의 뜻이라고 보아 '孚信'이라고 하였고, 〈象〉에도 '信'이라 하였음. 따라서 "믿음으로써 다른 효들과 교류하고 교통함"의 의미. 그러나 혹 '俘'(俘虜)의 뜻으로도 봄. 그런가 하면 ○高亨은 "孚, 讀爲浮, 罰也"라 하였음. '交'는 絞의 뜻으로 묶어 맴. 그러나 일반적으로 '皎'의 뜻으로 봄. ○高亨은 "交, 疑當讀爲皎, 同聲系, 古通用.《廣雅》釋詁:「皎, 明也.」"라 하였음. '威如'는 위엄이 있는 모습. 그 포로를 묶고 위엄을 보여야 길한 것이라 하면서, "厥孚交如, 威如", 言君上之罰明且嚴. 古人行罰貴明貴嚴. 書康誥:「敬明乃罰.」多士:「將天明威, 致王罰.」正此意. 明者, 當罰乃罰, 決無含冤服屈也. 嚴者, 當罰必罰, 決不阿私徇情也. 其罰明嚴, 則民畏服, 故曰「厥孚交如, 威如」"라 함. 한편 〈正義〉에는 "六五, 厥孚交如'者, 厥, 其也; 孚, 信也. 交, 謂交接也; 如, 語辭也. 六五居尊以柔, 處大以中, 无私於物, 上下應之, 故其誠信, 物來交接, 故云'厥孚交如'也"라 하였고, '威如, 吉'에 대해서는 〈正義〉에 "威如, 吉'者, 威, 畏也. 旣誠且信, 不言而教行, 所爲之處, 人皆畏敬, 故云'威如', 以用此道, 故得'吉'也"라 함. 王弼 〈注〉에는 "居尊以柔, 處大以中, 无私於物, 上下應之, 信以發志, 故其'孚交如'也. 夫不私於物, 物亦公焉. 不疑於物, 物亦誠焉. 旣公且信, 何難何備? 不言而教行, 何爲而不威? 如爲大有之主, 而不以此道, 吉可得乎?"라 함.《集解》에 "虞翻曰:「孚, 信也. 發而孚二, 故'交如'. 乾稱威發得位, 故'威如, 吉'.」"이라 함.《傳》에 "六五, 當大有之時, 居君位, 虛中爲孚信之象. 人君執柔守中, 而以孚信接於下, 則下亦盡其信誠, 以事於上, 上下孚信, 相交也. 以柔居尊位, 當大有之時, 人心安易, 若專尚柔順, 則陵慢生矣. 故必威如, 則吉. '威如', 有威嚴之謂也. 旣以柔和, 孚信接於下, 衆志說從, 又有威嚴, 使之有畏, 善處有者也. 吉可知矣"라 하였고,《本義》에 "大有之世, 柔順而中, 以處尊位, 虛己以應, 九二之賢, 而上下歸之, 是其孚信之交也. 然君道貴剛太柔, 則廢; 當以威濟之, 則吉. 故其象占如此, 亦戒辭也"라 함.

☆【「厥孚交如」, 信以發志也】'發志'는 자신(六五, 帝位)의 뜻을 드러내어 보임. 〈正義〉에 "〈象〉曰'信以發志'者, 釋'厥孚交如'之義. 由己誠信, 發起其志, 故上下應之, 與之交接也"라 하였고,《本義》에 "一人之信, 足以發上下之志也"라 함.

【「威如之吉」, 易而无備也】'易'는 安, 혹 簡易의 뜻. 쉽고 平安함. '備'는 憊와 같음. 困憊함. 그러나 '備'는 '방비하다, 대비하다'의 뜻으로 보기도 함. 즉 九五 자신이 위엄으로써 하여 길하므로, 쉽고 편안하여 남을 방비하지 않아도 제왕의 통치를 실행할

수 있음을 뜻함. 그러나 《傳義》에는 '위엄으로 하지 않으면 아래 사람들이 편안히 여겨 대비하지 않음'이라 하였음. 〈正義〉에 "'威如之吉, 易而无備'者, 釋'威如之吉'之義. 所以'威如得吉'者, 以己不私於物, 唯行簡易, 无所防備, 物自畏之, 故云'易而无備'也"라 하였고, 《集解》에 "侯果曰:「其體文明, 其德中順, 信發乎志, 以覃於物, 物懷其德, 以信應君, 君物交信, 厥孚交如也. 爲卦之主, 有威不用, 唯行簡易, 无所防備, 物感其德, 翻更畏威, 威如之吉也.」"라 함. 《傳》에 "下之志, 從乎上者也. 上以孚信接於下, 則下亦以誠信事其上, 故厥孚交如, 由上有孚信以發, 其下孚信之志, 下之從上, 猶響之應聲也.(一有 '威如之吉, 易而无備也'九字) 威如之所以吉者, 謂若无威嚴, 則下易慢而无戒備也, 謂无恭畏備上之道. 備, 謂備上之求責也"라 하였고, 《本義》에 "太柔, 則人將易之, 而无畏備之心"이라 함.


# 上九: 自天祐之, 吉, 无不利.
# ☆象曰: 大有上「吉」, 自天祐也.

〈언해〉 上九(샹구)는, 天(텬)으로브터 祐(우)ᄒ논디라 吉(길)ᄒ야 利(리)티 아니미 업도다.

☆象(샹)애 ᄀᆞᆯ오디 大有(대유)의 上(샹)이 吉(길)호믄 天(텬)으로브터 祐(우)홈이라.

〈해석〉 [上九](一): 하늘(六五)로부터 도움이 있으므로, 길하여 이롭지 않음이 없을 것이다.

☆象: 대유괘에서 가장 길함은, 하늘로부터 도움을 받기 때문이다.


【上九】이는 대유의 결말이며 陽爻로 位不當함. 짝이 되는 九三 역시 양효로 음양 배합도 이상적이 아님. 그러나 하늘(六五)이 도와 모든 것을 길하게 끝을 맺음. 즉 자신의 剛健함을 억제하여 六五에게 순종하면 그 吉함을 길이 보존할 수 있음.

【自天祐之, 吉, 无不利】'祐'는 도와줌, 保護함, 保佑(保祐)함. 〈繫辭傳〉(上)에 "祐者, 助也"라 하였고, 《說文》에도 "祐, 助也"라 함. '天'은 六五를 가리킴. '无不利'는 이롭지 않음이 없음. ○高亨은 "自天助之, 自吉而無不利. 故曰「天祐之, 吉, 无不利」"라 함. 王弼 〈注〉에 "〈大有〉, 豐富之世也. 處〈大有〉之上, 而不累於位, 志尚乎賢者也. 餘爻皆乘剛, 而己獨乘柔順也. 五爲信德, 而己履焉. 履信之謂也. 雖不能體柔, 而以剛乘柔, 思順之義也.

履豐有之世, 而不以物累, 其心高尙, 其志尙賢者也. 爻有三德, 盡夫助道, 故〈繫辭〉具焉"
이라 하였고, 〈正義〉에 "釋所以〈大有〉上九而得吉者, 以有三德, 從天己下, 悉皆祐之, 故
云'自天祐之'. '不累於位, 志尙乎賢'者, 旣居豐富之時, 應須以富有爲累也. 旣居无位之地,
不以富有縈心, 是不繫累於位, 旣能淸靜高潔, 是慕尙賢之行也. '爻有三德'者, 五爲信德而
己履焉. 履信之, 謂是一也. 以剛乘柔, 思順之義, 是二也. 不以物累於心, 高尙其志尙賢者,
是三也. '爻有三德, 盡夫助道'者, 天尙祐之, 則无物不祐, 故云'盡夫助道'也"라 함. 《集解》
에 "虞翻曰:「謂乾也. 祐, 助也. 〈大有〉通比坤爲自, 乾爲天兌爲祐, 故自天祐之. 比坤爲
順, 乾爲信, 天之所助者, 順人之所助者. 信, 履信思順, 又以尙賢, 故'自天祐之, 吉, 无不
利.'」○王弼曰:「餘爻皆乘剛, 己獨乘柔順也. 五爲信德, 而己履焉. 履信者也. 居豐富之
代, 物不累心, 高尙其志, 尙賢者也. 爻有三德, 盡夫助道, 故〈繫辭〉具焉也.」라 함. 《傳》
에 "上九, 在卦之終. 居无位之地, 是大有之極, 而不居其有者也. 處〈離〉之上, 明之極也.
唯至明, 所以不居其有, 不至於過極也. 有極而不處, 則无盈滿之災, 能順乎理者也. 五之孚
信, 而履其上爲踏, 履誠信之義. 五有文明之德, 上能降志, 以應之, 爲尙賢崇善之義. 其處
如此, 合道之至也. 自當享其福慶, 自天祐之, 行順乎天, 而獲天祐, 故所徃皆吉, 无所不利
也"라 하였고, 《本義》에 "大有之世, 以剛居上, 而能下從六五, 是能履信思順, 而尙賢也.
滿而不溢, 故其占如此"라 함.

☆【大有上「吉」, 自天祐也】'上吉'은 하늘로부터 보우를 받음으로써 최상위의 길한
위치임. 《集解》에 "九家《易》曰:「上九悅五, 以柔處尊, 而自謙損, 尙賢奉己, 上下應之,
爲乾所祐, 故吉且和也.」"라 함. 《傳》에 "大有之上, 有極當變, 由其所爲, 順天合道, 故天
祐助之, 所以吉也. 君子滿而不溢, 乃天祐也. 〈繫辭〉復申之云:「天之所助者, 順也; 人之
所助者, 信也.」履信思乎順, 又以尙賢也. 是以自天祐之吉, 无不利也. '履', 謂信履五, 五
虛中信也. 思順爲謙退, 不居尙賢, 謂志從於五. 大有之世, 不可以盈豐, 而復處盈焉, 非所
宜也. 六爻之中, 皆樂據權位, 唯初上不處其位, 故初九无咎, 上九无不利. 上九在上, 履信
思順, 故在上而得吉, 蓋自天祐也"라 함.

# 015 겸謙

䷎ 地山謙: ▶艮下坤上(☶下☷上)


*謙(겸): 〈音義〉에 "謙, 卑退爲義, 屈己下物也"라 하여 卑退, 屈己下物, 謙虛, 謙遜, 謙讓을 뜻함. 艮下坤上의 異卦相疊. 즉 하괘는 艮(山)이며 상괘는 坤(地)으로, 산 위에 땅이 있는 異卦相疊의 '地山' 괘체임. 사람으로서 처신에 겸손을 우선으로 하고 남의 아래에 서며, 오직 謙讓으로 자만을 부리지 않아야 함을 뜻함. 특히 六爻 모두 吉, 혹 利라 하여 《周易》 전체에서 매우 드문 풀이이며, '謙'을 最高의 美德으로 본 것이기도 함.

*《集解》에 "〈序卦〉曰:「有大者, 不可以盈, 故受之以'謙'.」(崔憬曰:「富貴而自遺其咎, 故有大者不可盈, 當須謙天之道也.」)"이라 함.

*《傳》에 "謙', 〈序卦〉:「有大者, 不可以盈. 故受之以'謙'.」 其有旣大, 不可至於盈滿, 必在謙損, 故大有之後, 受之以'謙'也. 爲卦坤上艮下, 地中有山也. 地體卑下, 山高大之物, 而居地之下, 謙之象也. 以崇高之德, 而處卑之下, 謙之義也"라 함.


## (1) 卦辭

## 謙: 亨, 君子有終.

〈언해〉 謙(겸)은 亨(형)ᄒᆞ니, 君子(군ᄌᆞ)ㅣ 終(죵)이 인ᄂᆞ니라.[《本義》: 終(죵)이 이시리라]

〈해석〉 겸(謙, 겸괘)은 형통하니, 군자가 이 괘를 만나면 좋은 결과가 있다.(좋은 결과가 있으리라.)


【謙】卦名이며, '謙遜, 謙讓, 謙虛'를 뜻함. ○高亨은 "地卑而山高, 地中有山, 是內高而外卑. 謙者才高而不自許, 德高而不自矜, 功高而不自居, 名高而不自譽, 位高而不自敖, 皆是內高外卑, 是以卦名曰謙"이라 하였고, 《玉篇》에는 "謙, 讓也"라 함. 謙卦의 內卦(艮山)는 止의 뜻이며 外卦(坤地)는 順의 뜻. 따라서 안으로 抑止하고 밖으로 柔順함을 뜻함.

《集解》에 "虞翻曰:「乾上九來之坤, 與履旁通, 天道下濟, 故亨.」○彭城蔡景君說:「剝上來
之三.」"이라 함.

【亨】형통함. 그러나 ○高亨은 "亨則享字, 古人擧行享祀, 曾筮遇此卦, 故記之曰「亨」"
이라 하여, '亨'은 '享'과 같으며, 享祀의 뜻이라 하였음.

【君子有終】군자가 점을 쳐서 이 괘를 만나면 성취함이 있을 것임. '有終'은 좋은
결과가 있음. 유종의 미를 얻을 수 있음. ○高亨은 "君子之事有終, 故曰「君子有終」"이라
함. 〈正義〉에 "謙者, 屈躬下物, 先人後己, 以此待物, 則所在皆通, 故曰亨也. 小人行謙,
則不能長久, 唯君子有終也. 然案〈謙〉卦之象, 謙爲諸行之善, 是善之最極, 而不言'元'與
'利貞'及'吉'者, 元, 是物首也; 利貞, 是幹正也. 於人旣爲謙退, 何可爲之首也? 以謙下人,
何以幹正於物? 故不云'元'與'利貞'也. 謙必獲吉, 其吉可知, 故不言之. 凡《易》經之體, 有
吉, 理可知而不言吉者, 卽此〈謙〉卦之緣. 及〈乾〉之九五'利見大人', 是吉理分明, 故不云
'吉'也. 諸卦言'吉'者, 其義有嫌者, 爻兼善惡也. 若行事有善則吉, 乃〈隨〉之若'行事有惡,
則不得其吉'. 諸稱'吉'者, 嫌其不吉, 故稱吉也. 若〈坤〉之六五及〈泰〉之六五, 並以陰居尊
位, 若不行此事, 則无吉; 若行此事, 則得其吉, 故並稱'元吉'. 其餘皆言'吉', 事亦放此. 亦
有大人爲吉, 於小人爲凶, 若〈否〉之九五云'休否, 大人吉'是也. 或有於小人爲吉, 大人爲
凶, 若〈屯〉之九五'小貞吉, 大貞凶'及〈否〉之六二'包承, 小人吉'之類是也. 亦有其吉灼然而
稱'吉'者, 若〈大有〉上九'自天祐之, 吉, 无不利'之類是也. 但易之爲體, 不可以一爲例, 今各
隨文解之義, 具諸卦之下. 今〈謙〉卦之緣, 其吉可知也. 旣不云'吉', 何故初六·六二及九三,
並云'吉'者, 〈謙〉卦是總諸六爻, 其善旣大, 故不須云'吉'也. 六爻各明其義, 其義有優劣,
其德旣小, 嫌其不吉, 故須吉以明之也"라 함. 《集解》에 "虞翻曰:「君子爲三, 艮終萬物,
故君子有終.」○鄭玄曰:「艮爲山, 坤爲地. 山體高, 今在地下, 其於人道, 高能下, 下, 謙之
象. 亨者, 嘉會之禮, 以謙而爲主. 謙者自貶損以下人, 唯艮之堅固, 坤之厚順, 乃能終之.
故君子之人, 有終也.」"라 함. 《傳》에 "謙, 有亨之道也. 有其德而不居, 謂之謙. 人以謙巽
自處, 何往而不亨乎? '君子有終', 君子志存乎謙巽達理, 故樂天而不競. 內充, 故退讓而不
矜. 安履乎謙, 終身不易, 自卑而人益尊之, 自晦而德益光顯. 此所謂'君子有終'也. 在小人,
則有欲必競, 有德必伐, 雖使勉慕於謙, 亦不能安行而固守, 不能有終也"라 하였고, 《本
義》에 "謙者, 有而不居之義. 止乎內而順乎外, 謙之意也. 山至高而地至卑, 乃屈而止於其
下, 謙之象也. 占者如是, 則亨通而有終矣. '有終', 謂先屈而後伸也"라 함.

## (2) 彖辭와 象辭

彖曰: 謙, 亨. 天道下濟而光明, 地道卑而上行.
天道虧盈而益謙, 地道變盈而流謙, 鬼神害盈而福謙, 人道惡
盈而好謙, 謙尊而光,
卑而不可踰. 君子之終也.
★象曰: 地中有山, 謙. 君子以裒多益寡, 稱物平施.

〈언해〉 彖(단)애 글오디 謙亨(겸형)은 天道(텬도) ㅣ 下濟(하졔)ᄒ야 光明(광명)ᄒ고, 地
道(디도) ㅣ 卑(비)ᄒ야 上行(샹ᄒᆡᆼ)홈이라.
天道(텬도)ᄂᆞᆫ 盈(영)을 虧(휴)코 謙(겸)ᄒ고,
地道(디도)ᄂᆞᆫ 盈(영)을 變(변)코 謙(겸)을 流(류)ᄒ고,
鬼神(귀신)은 盈(영)을 害(해)코 謙(겸)을 福(복)ᄒ고,
人道(인도)ᄂᆞᆫ 盈(영)을 惡(오)코 謙(겸)을 好(호)ᄒᄂ니,
謙(겸)은 尊(존)ᄒ고 光(광)ᄒ고, 卑(비)호디 可(가)히 踰(유)티 몯홈이니, 君子
(군ᄌ)의 終(죵)이라.[《本義》: 尊(존)ᄒ니ᄂᆞᆫ 光(광)ᄒ고 卑(비)ᄒ니도]
★象(샹)애 글오디 地中(디듕)에 山(산)이 이시미 謙(겸)이니, 君子(군ᄌ) ㅣ 以
(이)ᄒ야 多(다)를 裒(부)ᄒ야, 寡(과)를 益(익)ᄒ야, 物(믈)을 稱(칭)ᄒ야, 施(시)
를 平(평)히 ᄒᄂ니라.

〈해석〉 彖: 겸괘가 형통하다 함은, 천도가 아래로 해결하여 빛을 발하고, 지도(地道)가
겸지하게 하면서 위로 올라가고 있기 때문이다.
천도는 가득 찬 것을 덜어 겸양의 덕을 보태 주고,
지도는 가득 찬 것을 변화시켜 겸양의 덕으로 흐르게 하고,
귀신은 가득 찬 것을 방해하고 겸양의 덕에 복을 주고,
인도(人道)는 가득 찬 것을 증오하고 겸양의 덕을 좋아 하나니,
겸양의 덕이란 존귀하면서 빛이 나고, 낮지만 넘어 설 수 없는 것이니,
군자의 훌륭한 유종의 미로다.(높은 이는 영광을 얻고 낮은 사람도)
★象: 땅 속에 산이 있는 것은 겸괘이니, 군자는 이를 바탕으로 하여, 많은 것을
취하여 적은 것에게 보태주어, 물을 균등히 하여 베풂을 공평하게 하느니라.

【象曰: 謙, 亨. 天道下濟而光明, 地道卑而上行】 "謙, 亨"에 대해 《集解》에 "九家《易》曰: 「艮山坤地, 山至高地至卑, 以至高下至卑, 故曰謙也. 謙者, 兌世艮與兌合, 故亨.」"이라 함. '濟'는 '생성하다, 사귀다, 교제하다' 등의 뜻. 《爾雅》에 "濟, 成也"라 함. 그러나 '救濟하다, 濟度하다, 해결하다'의 뜻도 있음. '光明'은 《集解》에 "荀爽曰: 「乾來之坤, 故下濟陰, 去爲離, 陽來成坎, 日月之象, 故光明也.」"라 함. '上行'은 위로 운행함. 〈正義〉에 "謙, 亨. 天道下濟而光明, 地道卑而上行'者, 此釋'亨'義也. 欲明天地, 上下交通, 坤體在上, 故言地道卑而上行也. 其地道旣上行, 天地相對, 則天道下濟也. 且艮爲陽卦, 又爲山. 天之高明, 今在下體, 亦是天道下濟之義也. '下濟'者, 謂降下濟生萬物也, 而'光明'者, 謂三光垂耀而顯明也. '地道卑而上行'者, 地體卑柔, 而氣上行交通於天, 以生萬物也"라 함. 《集解》에는 "侯果曰: 「此本〈剝〉卦乾之上九. 來居坤三, 是'天道下濟而光明'也; 坤之六三, 上升乾位, 是'地道卑而上行'者也.」"라 함. 《傳》에 "濟, 當爲際, 此明謙而能亨之義. 天之道, 以其氣下際, 故能化育萬物, 其道光明. '下際', 謂下交也. 地之道以其處卑, 所以其氣上行交於天, 皆以卑降而亨也"라 하였고, 《本義》에 "言謙之必亨"이라 함.

【天道虧盈而益謙】 '虧盈'은 가득 찬 것은 덜게 함. '虧'는 '덜어내다, 기울어 쏟다' 등의 뜻. 〈正義〉에 "天道虧盈而益謙'者, 從此已下, 廣說謙德之美, 以結君子能終之義也. '虧', 謂減損. 減損盈滿, 而增益謙退, 若日中則昃, 月盈則食, 是虧減其盈. 盈者虧減, 則謙者受益也"라 함. 《集解》에 "虞翻曰: 「謂乾盈履上, 虧之坤三, 故虧盈; 貴處賤位, 故益謙.」 ○崔憬曰: 「若日中則昃, 月滿則虧. 損有餘以補不足, 天之道也.」"라 함. 《傳》에 "以天行而言, 盈者則虧, 謙者則益, 日月陰陽是也"라 함.

【地道變盈而流謙】 '變盈'은 가득 찬 것은 변화를 맞게 됨. '流謙'은 겸비를 널리 유포함. 〈正義〉에 "地道變盈而流謙'者, 丘陵川谷之屬, 高者漸下, 下者益高, 是改變盈者, 流布謙者也"라 함. 《集解》에 "虞翻曰: 「謙, 二以坤變, 乾盈坎動而潤, 下水流濕, 故流謙也.」 ○崔憬曰: 「高岸爲谷, 深谷爲陵, 是爲'變盈而流謙地之道'也.」"라 함. 《傳》에 "以地勢而言, 盈滿者傾變而益陷, 卑下者流注而益增也"라 함.

【鬼神害盈而福謙】 '鬼神'의 '鬼'는 害를 주고 '神'은 福을 주는 일을 관장함. '福謙'은 겸비한 자에게 복을 줌. 〈正義〉에 "鬼神害盈而福謙'者, 驕盈者, 被害謙退者, 受福, 是害盈而福謙也"라 함. 《集解》에 "虞翻曰: 「鬼謂四, 神謂三. 坤爲鬼害, 乾爲神福, 故'鬼神害盈而福謙'也.」 ○崔憬曰: 「朱門之家, 鬼闞其室, 黍稷非馨, 明德惟馨, 是其義矣.」"라 함. 《傳》에 "鬼神, 謂造化之跡; 盈滿者, 禍害之; 謙損者, 福祐之. 凡過而損不足, 而益者皆是也"라 함.

【人道惡盈而好謙】 '惡盈而好謙'은 盈과 謙에 대한 好惡가 있음. 〈正義〉에 "人道惡盈

而好謙'者, 盈溢驕慢, 皆以惡之, 謙退恭巽悉皆好之'라 함. 《集解》에 "虞翻曰: 「乾爲好爲人, 坤爲惡也. 故人道惡盈, 從上之三, 故好謙矣.」 ○崔憬曰: 「滿招損, 謙受益'(《尙書》大禹謨), 人之道也.」"라 함. 《傳》에 "人情疾惡於盈滿, 而好與於謙巽也. 謙者, 人之至德, 故聖人詳言, 所以戒盈而勸謙也"라 함.

【謙尊而光, 卑而不可踰: 君子之終也】 '光'은 영광, 영예. '踰'는 逾와 같음. 넘어섬. 超過함. 侵陵함. 《老子》에서 말한 '以退爲進', '柔弱勝剛强', '高以下爲基', '功成身退' 등의 의미와 상통함. 《集解》에 "虞翻曰: 「天道遠, 故尊光; 三位賤, 故卑坎. 水就下, 險弱難勝, 故不可踰.」"라 함. 〈正義〉에 "謙尊而光卑, 而不可踰'者, 尊者, 有謙而更光明, 盛大卑謙而不可踰越, 是君子之所終也. 言君子能終其謙之善, 事又獲謙之終福, 故云'君子之終'也"라 함. 《傳》에 "謙爲卑巽也, 而其道尊大而光顯, 自處雖卑, 屈而其德, 實高不可加尙, 是不可踰也. 君子至誠於謙, 恒而不變, 有終也. 故尊光"이라 하였고, 《本義》에 "變, 謂傾壞; 流, 謂聚而歸之. 人能謙, 則其居尊者, 其德愈光, 其居卑者, 人亦莫能過此. 君子所以有終也"라 함.

★【地中有山, 謙】 땅(坤, 地) 속에 산(艮, 山)이 있음. 산이 높으면서도 땅 아래에 있음. 이 때문에 謙卦인 것임. 《集解》에 "劉表曰: 「地中有山, 以高下下, 故曰謙謙之爲道, 降己升人. 山本地上, 今居地中, 亦降體之義, 故爲謙象也.」"라 함.

【君子以裒多益寡】 '裒'는 '차지하다, 취하다, 덜다, 빼다, 減하다' 등의 뜻. '抔'의 가차이며 '取'(引取)의 뜻임. 〈正義〉에 "裒多'者, 君子若能用此謙道, 則裒益其多. 言多者, 得謙, 物更裒聚, 彌益多也. 故云裒多卽謙, 尊而光也. 是尊者得謙, 而光大也. '益寡'者, 謂寡者得謙, 而更進益卽卑, 而不可踰也. 是卑者, 得謙而更增益, 不可踰越"라 함.

【稱物平施】 '稱'은 衡과 같음. 저울로 달아 무게를 잼. 《說文》에 "稱, 銓也"라 함. '平施'는 공평하게 베풂. 王弼 〈注〉에 "多者, 用謙以爲裒; 少者, 用謙以爲益. 隨物而與施, 不失平也"라 하였고, 〈正義〉에 "稱物平施'者, 稱此物之多少均平, 而施物之先多者, 而得其施也. 物之先寡者, 而亦得其施也. 故云'稱物平施'也. 此謙卦之象, 以山爲主, 是於山爲謙, 於地爲不謙, 應言山在地中, 今乃云'地中有山'者, 意取多之與少, 皆得其益, 似地中有山, 以包取其物, 以與於人, 故變其文也. 多者, 用謙以爲裒者, 《爾雅》釋詁云: 「裒, 聚也.」 於先多者, 其物雖多, 未得積聚以謙, 故益其物, 更多而積聚. 故云'多者用謙以爲裒'也. 少者用謙以爲益者, 其物先少, 今旣用謙而更增益, 故云用謙以爲益也. 隨物而與者多少, 俱與隨多隨少, 而皆與也. 施不失平者, 多者亦得施恩, 少者得施恩, 是施不失平也. 言君子於下, 若有謙者, 官之先高, 則增之榮秩, 位之先卑, 亦加以爵祿, 隨其官之高下, 考其謙之多少, 皆因其多少, 而施與之也"라 함. 《集解》에 "虞翻曰: 「君子謂三. 裒, 取也. 艮爲多,

坤爲衆. 乾爲物爲施, 坎爲平謙, 乾盈益謙, 故以衆多益寡, 稱物平施.」○侯果曰:「衰, 聚也. 〈象〉云'天道益謙', 則謙之大者, 天益之以大福; 謙之小者, 天益之以小福, 故君子則之, 以大益施大德, 以小益施小德, 是稱物平施也.」라 함. 《傳》에 "地體卑下, 山之高大, 而在地中. 外卑下而內蘊, 高大之象, 故爲謙也. 不云'山在地中'而曰'地中有山', 言卑下之中, 蘊其崇高也. 若言'崇高蘊於卑下之中', 則文理不順, 諸象皆然. 觀文可見君子, 以衰多益寡, 稱物平施. 君子觀謙之象, 山而在地下, 是高者下之. 卑者上之, 見抑高擧, 下損過益, 不及之義. 以施於事, 則衰取多者, 增益寡者, 稱物之多寡, 以均其施與, 使得其平也"라 하였고, 《本義》에 "以卑蘊高, 謙之象也. 衰多益寡, 所以稱物之宜, 而平其施. 損高增卑, 以趣於平, 亦謙之意也"라 함.


## (3) 爻辭와 象辭

初六: 謙謙君子, 用涉大川, 吉.
☆象曰: 「謙謙君子」, 卑以自牧也.

〈언해〉 初六(초륙)은, 謙(겸)코 謙(겸)ᄒᆞᄂᆞᆫ 君子(군ᄌᆞ)ㅣ니 ᄡᅥ 大川(대천)을 涉(셥)홀디라도 吉(길)ᄒᆞ니라.[《本義》: ᄡᅥ 大川(대천) 涉(셥)호미 吉(길)ᄒᆞ리라]
☆象(샹)애 ᄀᆞᆯ오디 「謙謙君子」는 卑(비)로ᄡᅥ 스스로 牧(목)홈이라.
〈해석〉 [初六](--): 겸손하고 또 겸손한 군자이니, 이로써 큰 냇물을 건널지라도 길하다.(이로써 대천을 건넘이 길하리라)
☆象: "겸손하고 또 겸손한 군자"라 함은, 겸비로써 스스로를 자처함을 말한다.


【初六】 이는 전체 謙의 시작이며 동시에 하괘 艮의 시작. 陽爻의 자리에 있으면서, 도리어 陰爻임. 따라서 시작부터 더욱 겸손해야함을 상징함.

【謙謙君子, 用涉大川, 吉】 '謙謙'은 겸손함을 강조한 것. ○高亨은 "謙謙者, 謙而又謙也. 自矜善射, 多死於矢. 自矜善戰, 多死於兵. 自矜善涉, 多死於水. 若臨大川而惕栗, 操巨舟而戒愼, 則無沈溺之患, 故曰「謙謙君子, 用涉大川, 吉」"이라 함. '用涉大川'의 '用'은 '以', 혹 '利'와 같음. '大川'은 겸괘 전체가 앞으로 겪어야 할 과정이나 난관. 王弼 注에 "處謙之下, 謙之謙者也. 能體謙謙, 其唯君子, 用涉大難, 物无害也"라 하였고, 〈正義〉에 "'謙謙君子'者, 能體謙謙, 唯君子者能之. 以此涉難, 其吉宜也. 用涉大川, 假象言也"라 함.

《集解》에 "荀爽曰:「初最在下爲謙, 二陰承陽, 亦爲謙, 故曰'謙謙'也. 二陰一陽, 相與成體, 故曰'君子'也. 九三體坎, 故'用涉大川, 吉'也.」"라 함.《傳》에 "初六, 以柔順處謙, 又居一卦之下, 爲自處卑, 下之至謙, 而又謙也. 故曰'謙謙'. 能如是者, 君子也. 自處至謙, 衆所共與也. 雖用涉險難, 亦无患害, 況居平易乎? 何所不吉也? 初處剛而以柔居, 下得无過於謙乎? 曰柔居下, 乃其常也. 但見其謙之至, 故爲謙謙, 未見其失也"라 하였고,《本義》에 "以柔處下, 謙之至也. 君子之行也, 以此涉難, 何往不濟? 故占者如是, 則利以涉川也"라 함.

☆【「謙謙君子」, 卑以自牧也】 '卑'는 겸비의 뜻. '牧'은 자처함. 스스로의 처지를 인정함. 그러나《說文》에 "牧, 養牛人也"라 하여 소를 치는 일. 王弼 注에도 "牧, 養也"라 함. 그러나 '自牧'은 自養과 같음. 자신을 수양함. '自處'와 같음. 그러나 혹 '約'의 뜻으로 보아 '約己'라고도 함.〈正義〉에 "〈象〉曰'卑以自牧'者, 牧養也解謙謙君子之義恒以謙卑自養其德也"라 함.《集解》에 "九家《易》曰:「承陽卑謙, 以陽自牧養也.」"라 함.《傳》에 "謙謙, 謙之至也. 謂君子以謙卑之道, 自牧也. '自牧', 自處也.《詩》(邶風〈靜女〉)云「自牧歸荑.」"라 함.

# 六二: 鳴謙, 貞吉.
## ☆象曰:「鳴謙, 貞吉」, 中心得也.

〈언해〉 六二(륙이)는, 謙(겸)을 鳴(명)홈이니, 貞(뎡)코 吉(길)ᄒ니라.[《本義》: 謙(겸)으로]

　　☆象(상)애 굴오디「鳴謙, 貞吉」은 中心(듕심)에 得(득)홈이라.

〈해석〉 [六二](--): 겸손하다는 소문을 내는 난 것이니, 이 점괘는 길하다.(겸손함으로써)

　　☆象: "남에게 겸손함을 널리 알려 점괘가 길하다"함은, 이 효가 중앙(마음 속)의 자리를 차지하고 있음을 말한다.

【六二】 이는 艮卦의 중앙이며 陰爻로 位正當함. 아울러 간괘의 主爻로 역시 자신의 謙을 명확히 알고 이를 堅持함. 짝이 되는 六五 역시 음이어서 음양배합은 맞지 않으나 둘 모두 謙讓의 극치를 보이고 있음.

【鳴謙, 貞吉】 '鳴'은 '울리다'의 뜻. 자신의 謙을 널리 알림. 名聲外聞의 의미. 그러나 '鳴'은 明과 疊韻通假로 보기도 함. 따라서 '자신의 겸비를 명확히 하다'의 뜻. 한편 ○高亨은《廣雅》"鳴, 名也" 등의 예를 들어 "鳴謙卽名謙, 謂有名而謙, 卽有令聞廣譽,

而自以爲不克當也. 上六云:「鳴謙」, 意同. 名謙則其名益章, 其德益進, 其助益多, 故曰「鳴謙, 貞吉」이라 함. '貞吉'은 貞辭가 길함. '점을 쳐 이 효를 만나면 길하다'의 뜻. '貞'은 卜辭, 筮辭. 王弼 注에 "鳴者, 聲名聞之謂也. 得位居中, 謙而正焉"이라 하였고, 〈正義〉에 "'鳴謙'者, 謂聲名也. 二處正得中, 行謙廣遠, 故曰'鳴謙正而得吉'也"라 함. 《集解》에 "姚信曰:「三體震爲善鳴, 二親承之, 故曰'鳴謙', 得正處中, 故'貞吉'.」"이라 함. 《傳》에 "二以柔順居中, 是爲謙德, 積於中, 謙德充積於中, 故發於外, 見於聲音顏色, 故曰'鳴謙'. 居中得正, 有中正之德也. 故云'貞吉'. 凡貞吉, 有爲貞且吉者, 有爲得貞(一有正字), 則吉者, 六二之貞吉, 所自有也"라 하였고, 《本義》에 "柔順中正, 以謙有聞, 正而且吉者也. 故其占如此"라 함.

☆「鳴謙, 貞吉」, 中心得也】 여기서의 '貞吉'은 위와 달리 '貞'은 正의 뜻이라고도 함. 즉 마음을 바르게 가짐. 중심은 마음속. 중심은 이 효가 下卦 간의 중앙에 위치하고 있음을 말함. 따라서 '中心得'은 '중앙의 자리를 얻다'의 뜻. 〈正義〉에 "〈象〉曰'中心得'者. 鳴聲中吉以中和爲心而得其所故鳴謙得中吉也"라 함. 《集解》에 "崔憬曰:「言中正心, 與謙相得.」 ○虞翻曰:「中正, 謂二坎爲心也.」"라 함. 《傳》에 "二之謙德, 由至誠積於中, 所以發於聲音, 中心所自得也. 非勉(一有强字)爲之也"라 함.


# 九三: 勞謙君子, 有終, 吉.
## ☆象曰:「勞謙君子」, 萬民服也.

〈언해〉 九三(구삼)은, 勞(로)ᄒᆞ고 謙(겸)홈이니 君子(군ᄌᆞ)ㅣ 終(죵)을 두미니, 吉(길)ᄒᆞ니라.[《本義》: 君子(군ᄌᆞ)ㅣ 終(죵)이 이셔 吉(길)ᄒᆞ니라.]

　☆象(샹)애 ᄀᆞᆯ오디 「勞謙君子」는 萬民(만민)의 服(복)홈이라.

〈해석〉 [九三](-): 겸양의 덕을 지키려고 애쓰며 지친 군자이니, 유종의 미를 거둘 것이니 길하다.(군자에게 좋은 마침이 있어 길하다.)

　☆象: "겸양의 덕을 지키려고 애쓰며 지친 군자"는 만민이 복종함을 뜻한다.


【九三】 하괘(艮)의 가장 윗자리이며 전체 겸괘 중에 유일한 陽爻로써 位正當함. 따라서 자신이 겸괘의 주도적인 역할을 하는 剛健함을 지니고 있음. 上六이 陰爻이므로 正應을 이루어 陰陽互應이 맞으며, 대신 자신 이에 홀로 모든 일을 처리해야 하는 陽動이므로 부지런히 힘쓰는 일에만 집중함.

【勞謙君子, 有終, 吉】 '勞謙'은 겸손함을 지키려 힘쓰면서도 한편 지친 군자. 혹, 功勞와 謙讓을 함께 지칭하는 뜻, 또는 '피로에 지치다'의 뜻이라고도 함. '有終, 吉'은 끝맺음의 결과도 좋을 뿐더러 만사가 길함. ○高亨은 "勞謙者有其功,《老子》曰:「不自伐, 故有功.」即此意也. 有功而謙, 君子之射有終, 是吉也. 故曰「勞謙, 君子有終, 吉」"이라 함. 王弼 注에 "處下體之極, 履得其位, 上下无陽, 以分其民衆, 陰所宗尊, 莫先焉. 居謙之世, 何可安尊? 上承下綏, 勞謙匪解, 是以吉也"라 하였고, 〈正義〉에 "'勞謙君子'者, 處下體之極, 履得其位, 上下无陽, 以分其民, 上承下接, 勞倦於謙也. 唯君子, 能終而得吉也"라 함. 《集解》에 "荀爽曰:「體坎爲勞, 終下二陰, 君子有終, 故吉也.」"라 함. 《傳》에 "三, 以陽剛之德, 而居下體, 爲衆陰所宗, 履得其(一作正)位, 爲下之上, 是上爲君所任下爲, 衆所從有功勞, 而持謙德者也, 故曰'勞謙'. 古之人, 有當之者, 周公是也. 身當天下之大任, 上奉幼弱之主, 謙恭自牧, 夔夔如畏然, 可謂有勞而能謙矣. 既能勞謙, 又須君子行之有終, 則吉. 夫樂, 高喜勝人之常情, 平時能謙, 固已鮮矣, 況有功勞可尊乎? 雖使知謙之善, 勉而爲之, 若矜負之心不忘, 則不能常久, 欲其有終, 不可得也. 唯君子安履謙順, 乃其常行, 故久而不變, 乃所謂有終. 有終, 則吉也. 九三以剛居正, 能終者也. 此爻之德最盛, 故〈象辭〉特重"이라 하였고, 《本義》에 "卦唯一陽, 居下之上, 剛而得正, 上下所歸, 有功勞而能謙, 尤人所難, 故有終而吉. 占者如是, 則如其應矣"라 함.

☆【「勞謙君子」, 萬民服也】 '服'은 복종함, 감복함. 〈正義〉에 "〈象〉曰'萬民服'者, 釋所以勞謙之義, 以上下羣陰, 象萬民, 皆來歸服, 事須引接, 故疲勞也"라 함. 《集解》에 "荀爽曰:「陽當居五, 自卑下衆, 降居下體, 君有下國之意也. 衆陰皆欲撝陽, 上居五位, 羣陰順陽, 故'萬民服'也.」"라 함. 《傳》에 "能勞謙之君子, 萬民所尊服也. 〈繫辭〉云'勞而不伐, 有功而不德, 厚之至也. 語以其功, 下人者也. 德言盛禮, 言恭謙也'者, 致恭以存其位者也. 有勞而不自矜伐, 有功而不自以爲德, 是其德弘厚之至也. 言以其功勞, 而自謙以下於人也. 德言盛禮, 言恭以其德, 言之則至盛, 以其自處之. 禮言之, 則至恭. 此所謂謙也. 夫謙也者, 謂致恭以存其位者也. 存, 守也. 致其恭巽, 以守其位, 故高而不危, 滿而不溢, 是以能終吉也. 夫君子履謙, 乃其常行, 非爲保其位而爲之也. 而言存其位者, 蓋能致恭, 所以能存其位, 言謙之道如此, 如言爲善, 有令名, 君子豈爲令名而爲善也哉? 亦言其令名者, 爲善之故(一作效)也"라 함.

六四: 无不利, 撝謙.
☆象曰:「无不利, 撝謙」, 不違則也.

〈언해〉 六四(륙사)는, 謙(겸)을 撝(휘)홈매 利(리)티 아니미 업스니라.[《本義》: 利(리)티
　　 아니미 업스나 謙(겸)을 撝(휘)홀 디니라]
　　 ☆象(상)애 골오디 「无不利, 撝謙」은 則(즉)에 違(위)티 아니홈이라.
〈해석〉 [六四](--): 겸양의 덕을 발휘함에 이롭지 않음이 없다.(이롭지 않음이 없으나,
　　 겸양의 덕을 발휘할 것이니라.)
　　 ☆象: "이롭지 않음이 없으나 겸양의 덕을 발휘한다"함은, 법칙에 위배됨이 아님
　　 을 뜻한다.


　　【六四】상괘 坤(地)의 시작이며 음효로서 位正當함. 아울러 아래 간의 九三(陽爻)이
이루어놓은 공로를 이어받아 겸양으로써 六五(帝王)에게 넘겨줌.
　　【无不利, 撝謙】 '撝'는 '揮'의 가차. 《說文》에 "撝, 奮也"라 하여 '발휘하다, 분격하다'
의 뜻. 혹 '擧'의 뜻으로도 봄. 자신이 음효이므로 겸괘의 본의를 발휘함. 그러나 ○高
亨은 '爲'로 보아야 하며, 《廣雅》에 "爲, 施也"를 들어 '施行하다'의 뜻이라 하였음. 즉
"撝謙卽爲謙. 有施於人, 而無居德之心, 伐德之言, 是爲撝謙. 撝謙則人皆感恩戴德, 故曰
「无不利, 撝謙」"이라 함. 《禮記》(祭統)에는 "是故賢者之祭也, 致其誠信, 與其忠敬, 奉之
以物, 道之以禮, 安之以樂, 參之以時, 明薦之而已矣, 不求其爲"라 함. 王弼 注에 "處三
之上, 而用謙焉, 則是自上, 下下之義也. 承五而用謙順, 則是上行之道也. 盡乎奉上, 下
下之道, 故无不利, 指撝皆謙, 不違則也"라 하였고, 〈正義〉에 "'无不利'者, 處三之上, 而
用謙焉, 則是自上, 下下之義, 承五而用謙順, 則是上行之道, 盡乎奉上, 下下之道, 故无
所不利也"라 함. 《集解》에 "荀爽曰:「四得位處正, 家性爲謙, 故无不利. 陰欲撝三, 使上
居五, 故曰'撝謙'. 撝, 猶擧也.」"라 함. 《傳》에 "四居上體, 切近君位, 六五之君, 又以謙柔
自處. 九三, 又有大功德, 爲上所任, 衆所宗, 而己居其上, 當恭畏以奉, 謙德之君, 卑巽以
讓. 勞謙之臣, 動作施爲, 无所不利於撝謙也. 撝, 施布之象. 如人手之撝也. 動息進退, 必
施其謙, 蓋居多懼之地, 又在賢臣之上故也"라 하였고, 《本義》에 "柔而得正, 上而能下,
其占无不利矣. 然居九三之上, 故戒以更當發揮其謙, 以示不敢自安之意也"라 함.
　　☆【无不利, 撝謙」, 不違則也】 '不違則'은 법칙을 위반하지 않음. '則'은 六五(陰)에
게 항변하거나 九三(陽)에게 휩쓸리지 않음을 뜻함. 혹 전체 謙虛, 謙卑, 謙讓을 지켜
야 하는 準則을 뜻하기도 함. 〈正義〉에 "〈象〉曰'指撝皆謙, 不違則'者, 釋'无不利, 撝謙'

之義. 所以指撝, 皆謙者, 以不違法則, 動合於理, 故无所不利也"라 함. 《集解》에 "九家
《易》曰: 「陰撝上陽, 不違法則.」"이라 함. 《傳》에 "凡人之謙, 有所宜施, 不可過其宜也.
如六五, 或用侵伐是也. 唯四以處近君之地, 據勞臣之上, 故凡所動作, 靡不利於施. 謙如
是, 然後, 中於法則, 故曰'不違則'也. 謂得其宜也"라 하였고, 《本義》에 "言不爲過"라 함.


# 六五: 不富以其鄰, 利用侵伐, 无不利.
# ☆象曰: 「利用侵伐」, 征不服也.

〈언해〉 六五(륙오)는, 富(부)티 아니코 그 鄰(린)으로써 홈이니, 뻐 侵伐(침벌)홈이 利
     (리)하니 利(리)티 아님이 업스리라.[《本義》: 뻐 侵伐(침벌)홈이 利(리)ㅎ고]
     ☆象(샹)애 골오디 「利用侵伐」은 服(복)디 아니 ㅎᄂ니룰 征(졍)홈이라.
〈해석〉 [六五](--): 자신이 부귀하려 들지 아니하고, 그 이웃으로써 하는 것이니, 침벌
     함이 이로우니, 이롭지 않음이 없으리라.(이로써 침벌함이 이롭고)
     ☆象: "이로써 침벌함이 이롭다"함은, 복종하지 않는 자를 정벌함을 뜻한다.


【六五】 곤괘의 중앙이며 전체의 군위로써 음효이므로 位不當하여 富强하지 못함.
그러나 겸양의 모든 책임을 지는 陰이므로 자신의 지위를 부강한 자리라 여기지 않아
야 하며 이를 해결하기 위해 이웃나라를 침벌함이 이로움.
　【不富以其鄰, 利用侵伐, 无不利】'不富'는 부강하지 못함. 가난함. 빈궁함. 제왕의
자리로 마땅히 부강해야 하나 음이므로 그렇지 못함. 그러나 자신의 지위를 부강한
자리라 여기지 않는 겸양을 뜻하는 것으로도 봄. '以其鄰'의 '以'는 因과 같음. 雙聲互訓.
부강하지 못한 이유는 그 이웃나라 때문임. ○高亨은 "因鄰人盜劫其財物而家貧, 是人之
不富以其鄰也. 因鄰國寇掠其財物而國貧, 是國之不富而其鄰也. 有鄰如此, 侵伐之, 名正
而言順. 故曰「不富以其鄰, 利用侵伐」. 不富以其鄰, 則知所戒備. 知所戒備, 則無憂患. 所
謂'有備無患'是也. 故又曰「无不利」"라 함. 그러나 이를 이웃(上六)과 부강함을 다투지
않음으로 보기도 함. 《集解》에 "荀爽曰: 「鄰謂四, 與上也. 自四以上乘陽, 乘陽失實, 故皆
不富. 五居中有體, 故總言之.」"라 함. '利用侵伐'은 그 원인을 제거하기 위해 자신을
괴롭히는 이웃나라를 공격해 토벌함. 王弼 〈注〉에 "居於尊位, 用謙與順, 故能不富, 而用
其鄰也. 以謙順而侵伐, 所伐皆驕逆也"라 하였고, 〈正義〉에 "'不富, 以其鄰'者, 以, 用也.
凡人必將財物, 周贍鄰里, 乃能用之. 六五居於尊位, 用謙與順鄰, 自歸之, 故不待豐富, 能

用其鄰也. '利用侵伐, 无不利'者, 居謙履順, 必不濫罰无罪. 若有驕逆不服, 則須伐之, 以謙得衆, 故'利用侵伐, 无不利'者也"라 함. 《集解》에 "荀爽曰:「謂陽利侵伐來上, 无敢不利之者.」"라 함. 《傳》에 "富者, 衆之所歸, 唯財爲能聚人. 五以君位之尊, 而執謙順, 以接於下衆, 所歸也. 故不富而能有其鄰也. 鄰, 近也. 不富而得人之親也. 爲人君而持謙順, 天下所歸心也. 然君道不可專, 尙謙柔必須, 威武相濟, 然後能懷服天下, 故'利用行侵伐'也. 威德竝著, 然後盡君道之宜, 而无所不利也. 蓋五之謙柔, 當防於過, 故發此義"라 하였고, 《本義》에 "以柔居尊, 在上而能謙者也. 故爲不富而能以其鄰之象. 蓋從之者, 衆矣. 猶有未服者, 則利以征之, 而於他事, 亦无不利. 人有是德, 則如其占也"라 함.

☆【「利用侵伐」, 征不服也】'征不服'은 복종하지 않는 자를 征伐함. 점을 쳐 이 효를 만나가 되면 전쟁을 벌여 불복하는 자를 정벌해도 됨. 《集解》에 "荀爽曰:「不服, 謂五也.」 ○案:「六五離爻, 離爲戈兵, 侵伐之象也.」"라 함. 《傳》에 "征其文德謙巽, 所不能服者也. 文德所不能服, 而不用威武, 何以平治天下? 非人君之中道, 謙之過也"라 함.


## 上六: 鳴謙, 利用行師征邑國.
## ☆象曰:「鳴謙」, 志未得也;「可用行師」, 征邑國也.

〈언해〉 上六(샹륙)은, 謙(겸)을 鳴(명)홈이니 떠 師(〻)를 行(힝)ᄒ야 읍국(邑國)을 征(졍)호미 利(리)ᄒ니라.[《本義》: 謙(겸)이 鳴(명)홈이니 떠 師(〻)를 行(힝)호미 利(리)ᄒ나 읍국(邑國)을 征(졍)홀 디니라]

☆象(샹)애 ᄀᆞᆯ오디「鳴謙」은 志(지)를 得(득)디 몯홈이니 可(가)히 떠 師(〻)를 行(힝)ᄒ야 邑國(읍국)을 征(졍)홀 디니라.[《本義》: 可(가)히 떠 師(〻)를 行(힝)ᄒ나]

〈해석〉 [上六](--): 겸손하다는 명성이 났으니, 이로서 무력을 행사하여 읍과 국을 정벌함이 이롭다.(겸양의 덕이 널리 퍼짐이니, 이로서 군사를 행함이 이로우나, 읍과 국을 정벌할 지니라.)

☆象: "겸손하다는 명성이 났다"함은, 뜻을 아직 이루지 못함이니, 가히 이로써 군사를 행하여 읍과 국을 정벌할 것이니라.(가히 이로써 군사를 행하나)

【上六】전체 겸괘의 종결이며 음효로 位正當함. 따라서 자신의 謙卑로 이웃 國邑들을 감화시키되 그래도 복종하지 않을 경우 군사를 출정시켜 행동에 나섬.

【鳴謙, 利用行師征邑國】여기서의 '鳴謙'은 六二의 鳴謙과 다름. 六二에서는 內卦 (艮)의 중앙에서 밖으로 겸양을 알리는 것이며, 여기에서는 가장 윗자리에서 겸양을 아래와 이웃 邑國에 요구하는 것임. '行師'는 行軍. '邑國'의 '邑'은 대부의 領地. '國'은 이웃 제후국을 뜻함. ○高亨은 "鳴謙卽名謙. 有名而謙, 則四方嚮風, 萬民慕德, 有東征 西怨之思, 簞食壺漿之迎, 故曰「鳴謙, 利用行師征邑國」"이라 함. 王弼 〈注〉에 "最處於 外, 不與內政, 故有名而已. 志, 功未得也. 處外而履謙順, 可以征邑國而已"라 하였고, 〈正義〉에 "'鳴謙'者, 上六最處於外, 不與內政, 不能於實事而謙, 但有虛名聲聞之謙, 故云 鳴謙. 志, 欲立功未能遂, 事其志未得. 旣在外而行謙順, 唯利用行師征伐, 外旁國邑而已. 不能立功在內也"라 함. 《集解》에 "虞翻曰: 「應在震, 故曰'鳴謙'. 體師象震爲行, 坤爲邑 國, 利五之正, 已得從征, 故'利用行師征邑國'.」"이라 함. 《傳》에 "六, 以柔處柔順之極, 又處謙之極, 極乎謙者也. 以極謙而反, 居高未得遂其謙之志, 故至發於聲音, 又柔處謙之 極, 亦必見於聲色, 故曰'鳴謙'. 雖居无位之地, 非任天下之事, 然人之行己, 必須剛柔相 濟, 上謙之極也. 至於太盛, 則反爲過矣. 故利在以剛武, 自治邑國, 己之私有. '行師', 謂 用剛武; '征邑國', 謂自治其私"라 하였고, 《本義》에 "謙極有聞, 人之所與, 故可用行師. 然以其質柔而无位, 故可以征己之邑國而已"라 함.

☆「鳴謙」, 志未得也】'志未得'은 겸비의 의지가 먹혀들지 않음. 겸비(겸양)의 도를 온전히 실현하지 못함. 그 때문에 아래와 邑國에게 겸양을 요구하는 것임. '東征西怨' 의 뜻. 《尙書》(商書) 〈仲虺之誥〉에 "克寬克仁, 彰信兆民. 乃葛伯仇餉, 初征自葛, 東征西 夷怨, 南征北狄怨. 曰: 「奚獨後予?」攸徂之民, 室家相慶, 曰: 「徯予后, 后來其蘇.」民之 戴商, 厥惟舊哉!"라 함.

【「可用行師」, 征邑國也】'可用行師'는 군사행동을 해도 명분에 어긋나지 않음. 王弼 〈注〉에 "夫吉凶悔咎, 生乎動者也. 動之所起, 興於利者也. 故飲食必有訟, 訟必有衆, 起未 有居衆人之所惡, 而爲動者所害. 處不競之地, 而爲爭者, 所奪. 是以六爻, 雖有失位, 无應 乘剛, 而皆无凶咎悔吝者, 以謙爲主也. 謙尊而光, 卑而不可踰, 信矣哉!"라 하였고, 〈正 義〉에 "〈象〉曰'志未得'者, 釋'鳴謙'之義也. 所以但有聲鳴之謙, 不能實事立功者, 以其居在 於外, 其內立功之志, 猶未得也. '可用行師, 征邑國'者, 釋'行師征邑國'之意. 經言'利用', 象改'利'爲'可'者, 言內志雖未得, 猶可在外興, 行軍師征國邑也. '動之所起興於利'者, 凡人 若不見利, 則心无所動. 今動之, 所以起者, 見利乃動, 故云'興於利'也. 飲食必有訟, 訟必有 衆, 起者, 欲明爲利乃有動, 動而致訟, 訟則起兵, 故〈序卦〉: 「需爲飲食, 飲食必有訟.」, 故〈需〉卦之後, 次〈訟〉卦也. 爭訟必興兵, 故訟卦之後, 次〈師〉卦也"라 함. 《集解》에 "九家 《易》曰: 「陰陽相應, 故'鳴善'也. 雖應不承, 故'志未得'. 謂下九三可行師來上, 坤爲邑國也.

三應上, 上呼三, 征來居五位, 故曰'利用行師征邑國'也.」○案:「上六兌爻, 兌爲口舌, 鳴謙之象也.」라 함. 《傳》에 "謙極而居上, 欲謙之志未得, 故不勝其切, 至於鳴也. 雖不當位, 謙旣過極, 宜以剛武自治其私, 故云'利用行師征邑國'也"라 하였고, 《本義》에 "陰柔无位, 才力不足, 故其志未得而至於行師. 然亦適足以治其私邑而已"라 함.

# 016 예豫

**☷☳** 雷地豫: ▶坤下震上(☷下☳上)

   *豫(예): 〈音義〉에 "豫, 餘慮反, 悅樂也, 備豫也"라 하여 '예(yù)'으로 읽으며, '悅'(雙聲)의 뜻으로, '悅豫, 逸樂, 安樂, 和樂, 歡樂' 등의 뜻. '즐겁다, 편안하다'의 의미. 그 외에 備豫(豫備)의 뜻도 있음. 그러나 〈雜卦傳〉에는 "豫, 怠也"라 하였고, 《爾雅》에는 "豫, 厭也"라 하여, '싫증을 느껴 태만히 굴다'의 뜻이라 하였음. 하괘는 坤(地)이며 상괘는 震(雷)으로, 땅 위에 우레가 있는 異卦相疊의 '雷地' 괘체임. 따라서 '順時而動'의 哲理를 준수하여, 獨樂에 만족하지 않고 많은 이들과 함께 즐거움을 나누되 樂 자체에 탐닉하지 말 것을 상징함. 그 때문에 樂極生悲, 豫逸亡身의 경계도 함께 일러주고 있음. 陸德明 〈音義〉에 "豫, 悅豫也, 備豫也"라 함.

   *《集解》에 "〈序卦〉曰:「有大而能謙必豫, 故受之以'豫'.」(鄭玄曰:「言國旣大而能謙, 則於政事恬豫, 雷出地奮, 逸豫行出, 而喜樂之意.」)"라 함.

   *《傳》에 "豫', 〈序卦〉:「有大而能謙必豫, 故受之以'豫'.」承二卦之義而爲次也. 有旣大而能謙, 則有豫樂也. '豫'者, 安和悅樂之義, 爲卦震上坤下, 順動之象, 動而和順, 是以豫也. 九四爲動之主, 上下羣陰所共應也. 坤又承之以順, 是以動而上下順應, 故爲和豫之義. 以二象言之, 雷出於地上, 陽始潛閉(一作閉潛)於地中, 及其動而出地, 奮發其聲, 通暢和豫, 故爲'豫'也"라 함.

## (1) 卦辭

## 豫: 利建侯行師.

〈언해〉豫(예)는 侯(후)를 建(건)ㅎ며 師(ᄉ)를 行(힝)홈이 利(리)ㅎ니라.
〈해석〉예(豫, 예괘)는 제후를 세우고 군사를 출정함이 이롭다.

   【豫】卦名이며, '知樂, 怠慢, 預備, 對備' 등의 뜻임. 아울러 '비밀'의 뜻도 있음. 雷가 땅에서 발생하여 대지가 진동함. 즉 만물이 흙을 뚫고 싹을 틔우는 형상임. 날씨가

찰 때 우레가 땅 속으로 들어가 잠복하면 만물이 伏蟄潛迹의 상태가 됨. 그러나 우레가 때가 되어 활동하면 봄이 올 것임을 예견됨. 따라서 이름을 '豫'라 한 것임.《廣雅》에 "豫, 早也"라 하였고,《禮記》學記에는 "禁於未然之謂豫"라 하여 '豫防, 例批'의 뜻도 함께 들어 있음.

【利建侯行師】제후를 세우고 군사행동을 함이 유리함. '建侯'는 王業을 開創하여 統治를 실행함. '行師'는 군사를 일으켜 반역자를 토벌하고 백성을 안정시킴. 예괘의 하괘(坤)는 순종을, 상괘(震)는 행동을 상징하여, 본성대로 따라 행동하면 만물이 각기 자신의 즐거움을 얻을 것임을 뜻함. ○高亨은 "筮遇是卦, 建侯行師皆利, 故曰「利建侯行師」"라 함. 孔穎達〈正義〉에 "謂之'豫'者, 取逸豫之義, 以和順而動. 動不違衆, 衆皆說豫, 故謂之豫也. 動而衆說, 故可'利建侯'也; 以順而動, 不加无罪, 故可以'行師'也. 无四德者, 以逸豫之事, 不可以常行時有所爲也. 縱恣寬暇之事, 不可長行. 以《經》邦訓俗, 故无元亨也. 逸豫, 非幹正之道, 故不云'利貞'也. 莊氏云:「建侯, 卽元亨也; 行師, 卽利貞也.」案'屯卦'「元亨利貞」之後. 別云'利建侯', 則'建侯', 非元亨也. 恐莊氏說非也"라 함.《集解》에 "鄭玄曰:「坤, 順也; 震, 動也. 順其性而動者, 莫不得其所, 故謂之豫. 豫, 喜豫悅樂之貌也震. 又謂雷, 諸侯之象; 坤, 又爲衆師役之象, 故'利建侯行師'矣.」○虞翻曰:「復'初之四, 與'小畜'旁通. 坤爲邦國, 震爲諸侯. 初至五體比象, 四利復初, 故'利建侯'; 三至上體師象, 故'行師'.」라 함.《傳》에 "豫, 順而動也. 豫之義, 所利在於建侯行師. 夫建侯, 樹屛, 所以共安. 天下諸侯和順, 則萬(一作兆)民悅服; 兵師之興, 衆心和悅, 則順從而有功. 故悅豫之道, 利於建侯行師也. 又上動而下順, 諸侯從王師, 衆順令之象, 君萬邦聚大衆, 非和悅, 不能使之服從也"라 하였고,《本義》에 "豫, 和樂也. 人心和樂, 以應其上也. 九四一陽, 上下應之, 其志得行, 又以坤遇震, 爲順以動, 故其卦爲豫, 而其占利, 以立君用師也"라 함.

## (2) 彖辭와 象辭

彖曰: 豫, 剛應而志行, 順以動, 豫.

豫順以動, 故天地如之, 而況建侯行師乎?

天地以順動, 故日月不過, 而四時不忒; 聖人以順動, 則刑罰清而民服.

豫之時義, 大矣哉!

★象曰: 雷出地奮, 豫. 先王以作樂崇德, 殷薦之上帝, 以配祖考.

〈언해〉 彖(단)애 골오디 豫(예)는 剛(강)이 應(응)하이여 志(지)ㅣ 行(힝)하고, 順(순)하고 뻐 動(동)호미 豫(예)라.

豫(예)ㅣ 順(순)하고 뻐 動(동)하는 故(고)로 天地(텬디)도 如(여)하곤 하믈며 侯(후)를 建(건)하며 師(수)를 行(힝)홈이 쏜녀?

天地(텬디)ㅣ 順(순)으로뻐 動(동)하논디라 故(고)로 日月(일월)이 過(과)티 아니하야 四時(수시)ㅣ 忒(특)디 아니하고 聖人(셩인)이 順(순)으로뻐 動(동)하논디라 刑罰(형벌)이 淸(쳥)하야 民(민)이 服(복)하나니,

豫(예)의 時(시)와 義(의)ㅣ 크다!

★象(샹)애 골오디 雷(뢰)ㅣ 地(디)에 出(츌)하야 奮(분)홈이 豫(예)니, 先王(션왕)이 以(이)하야 樂(악)을 作(작)하야, 德(덕)을 崇(슝)하야, 殷(은)히 上帝(샹뎨)끠 薦(천)하야, 뻐 祖考(조고)로 配(비)하니라.

〈해석〉 彖: 예괘는 강(剛, 九四)이 호응하여 뜻을 실행하고, 하괘(곤)가 순응함으로써 행동할 수 있으니 예괘이다.

예괘는 순응함으로써 행동할 수 있으니, 그 때문에 천지의 운행도 이와 같거늘, 하물며 제후를 세우며 군사를 출행함에랴?

천지가 순응함으로써 움직이는 까닭에 해와 달의 운행에 착오가 없어 사시가 어긋나지 아니하고, 성인도 순으로써 정교를 실행하는 까닭에 형벌이 공정하여 백설들이 복종하는 것이다.

예괘가 상징하는 때에 맞춤과 의로움은 이렇게 크도다!

★象: 우레가 땅에서 솟아나 울려 분격하는 것이 예괘이니, 선왕은 이를 바탕으

로 하여 음악을 만들어, 그것으로 덕을 숭상하여, 풍성하게 상제(上帝)께 올려, 이로써 조상을 배향(配享)하느니라.

【豫, 剛應而志行】九四만이 陽爻이며 剛健함. 그 외 다섯 효는 모두 陰爻로써 柔弱한 채 하나의 양효에만 호응하고 있어 강한 자가 유약한 무리를 통치하고 거느리는 형상으로 자신의 의견을 관철할 수 있음을 상징함.《集解》에 "侯果曰:「四爲卦主, 五陰應之, 剛志大行, 故曰'剛應而志行'.」"이라 함.

【順以動, 豫】'順'은 下卦(坤), '動'은 上卦(震)를 가리킴.《集解》에 "崔憬曰:「坤下震上, 順以動也.」"라 하였고, 〈正義〉에 "豫, 剛應而志行, 順以動豫'者, 剛, 謂九四也; 應, 謂初六也. 旣陰陽相應, 故志行也. 此就爻明豫義, 順以動, 坤在下是順也; 震在上是動也. 以順而動, 故豫也. 此以上下二象, 明豫義也. 自此已上, 釋豫卦之理也"라 함.《傳》에 "'剛應', 謂四爲羣, 陰所應剛, 得衆應也. '志行', 謂陽志上行動, 而上下順從其志, 得行也. '順以動豫', 震動而坤順, 爲動而順理, 順理而動, 又爲動而衆順, 所以豫也"라 하였고,《本義》에 "以卦體卦德, 釋卦名義"라 함.

【豫順以動, 故天地如之, 而況建侯行師乎?】'順而動'은 하괘(곤)가 상괘(진)의 행동에 순응함. '如之'의 '如'는 '따름, 隨從함'의 뜻.《說文》에 "如, 隨從也"라 함.《集解》에 "虞翻曰:「'小畜', 乾爲天, 坤爲地. '如之'者, 謂天地, 亦動以成四時, 而'況建侯行師', 言其皆應而逸豫也.」"라 함. 〈正義〉에 "豫順以動, 故天地如之, 而況建侯行師乎'者, 此釋'利建侯行師'也. 若聖人和順而動, 合天地之德, 故天地亦如聖人而爲之也. 天地尊大而遠, 神之難者, 猶尚如之, 況於封建諸侯行師征伐乎? 難者旣從, 易者可知, 若建侯能順動, 則人從之行, 師能順動, 則衆從之"라 함.《集解》에 "九家《易》曰:「震爲建侯, 坤爲行師. 建侯, 所以興利; 行師, 所以除害. 利興害除, 民所逸樂也. 天地有生殺萬物, 有始終; 王者盛衰, 亦有迭更, 猶武王承亂而應天地. 建侯行師, 奉詞除害, 民得豫悅, 君得安樂也.」"라 함.《傳》에 "以豫順而動, 則天地如之而弗違. 況建侯行師, 豈有不順乎? 天地之道, 萬物之理, 唯至順而已. 大人所以先天後天, 而不違者, 亦順乎理而已"라 하였고,《本義》에 "以卦德, 釋卦辭"라 함.

【天地以順動, 故日月不過, 而四時不忒】'天地以順動'은《集解》에 "虞翻曰:「豫變通, '小畜'坤爲地, 動初至三成乾, 故天地以順動也.」"라 함. '過'는 착오, 과오, 실수를 뜻함. '忒'은 '어긋나다, 오류를 범하다'의 뜻. '差'와 같은 의미임. 〈正義〉에 "天地以順動, 故日月不過, 而四時不忒', 自此以下, 廣明天地聖人, 順動之功也. 若天地以順而動, 則日月不有過差, 依其暑度; 四時不有忒變, 寒暑以時"라 함.《集解》에 "虞翻曰:「過, 謂失度;

忒, 差迭也. 謂變初至需, 離爲日, 坎爲月, 皆得其正, 故日月不過. 動初時, 震爲春, 至四兌爲秋, 至五坎爲冬, 離爲夏, 四時位正, 故四時不忒, 通變之, 謂事蓋此之類.」라 함.《傳》에 "復詳言順動之道. 天地之運, 以其順動, 所以日月之度, 不過差; 四時之行, 不愆忒"이라 함.

【聖人以順動, 則刑罰淸而民服】'聖人以順動'은 성인이 順으로써 敎化(政敎)를 실행함. '淸'은 분명함. 맑음. 정확함. 〈正義〉에 "聖人以順動, 則刑罰淸而民服'者, 聖人能以理順而動, 則不赦有罪, 不濫无辜, 故刑罰淸也. 刑罰當理, 故人服也"라 함.《集解》에 "虞翻曰:「淸, 猶明也. 動初至四, 兌爲刑, 至坎爲罰, 坎兌體正, 故刑罰淸. 坤爲民, 乾爲淸, 以乾乘坤, 故民服.」案:「帝出震, 聖人也. 坎爲法律刑罰也. 坤爲衆順而民服也.」"라 함.《傳》에 "聖人以順動, 故經正而民興於善, 刑罰淸簡, 而萬民服也"라 함.

【豫之時義, 大矣哉】'豫之時義'는 豫卦가 가지고 있는 '때에 義에 순응하다'의 뜻. 〈正義〉에 "豫之時義大矣哉'者, 歎美爲豫之善, 言於逸豫之時, 其義大矣. 此歎卦也. 凡言不盡意者, 不可煩文具說, 故歎之以示, 情使後生, 思其餘縕, 得意而忘言也. 然歎卦有三體: 一直'歎時如大過之時大矣哉'之例, 是也; 二'歎時幷用如險之時用大矣哉'之例, 是也; 三'歎時幷義豫之時義大矣哉'之例, 是也. 夫立卦之體, 各象其時, 時有屯夷, 事非一揆, 故爻來適時, 有凶有吉, 人之生世, 亦復如斯. 或逢治世, 或遇亂時, 出處存身, 此道豈小? 故曰'大矣哉'也. 然時運雖多, 大體不出四種者: 一者, 治時頤養之世, 是也; 二者, 亂時大過之世, 是也; 三者, 離散之時, 解緩之世, 是也; 四者, 改易之時, 革變之世, 是也. 故擧此四卦之時爲歎, 餘皆可知. 言用者, 謂適時之用也. 雖知居時之難, 此事不小而未知, 以何而用之耳? 故'坎''睽''蹇'之時, 宜用君子小人勿用, 用險取濟, 不可爲常, 斟酌得宜, 是用時之大晷, 擧險難等三卦, 餘從可知矣. 又言'義'者, '姤'卦注云:「凡言'義'者, 不盡於所見, 中有意謂者也. 是其時, 皆有義也. 晷明佚樂之世, 相隨相遇之日, 隱遯羈旅之時, 凡五卦其義, 不小, 則餘卦亦可知也. 今所歎者, 十二卦足以發明大義, 恢弘妙理者也. 凡於〈象〉之末, 歎云'大哉'者, 凡一十二卦, 若'豫''旅''遯''姤', 凡四卦, 皆云'時義'. 案'姤'卦注云:「凡言'義'者, 不盡於所見中有意.」謂以此言之, 則四卦. 卦各未盡其理, 其中更有餘意不可盡申, 故總云'義'也. '隨'之一卦, 亦言'義', 但與四卦, 其文稍別. 四卦皆云'時義'. '隨'卦, 則'隨時之義'者, 非但其中別有義意, 又取隨逐其時, 故變云'隨時之義, 大矣哉!' '睽''蹇''坎', 此三卦, 皆云'時用'. 案'睽'卦注云:「睽離之時, 非小人之所能用.」'蹇'卦亦云'非小人之所能用'. 此二卦言'大矣哉'者, 則是大人能用, 故云'大矣哉!'. 其中更无餘義, 唯大人能用, 故云'用', 不云'義'也. '坎'卦, '時用', 則與'睽''蹇'稍別, 故注云'非用之常, 用有時也'. 謂'坎險之事, 時之須用', 利益乃大, 與'睽''蹇'時用文同而義異也. '解'之'時革之, 時頤之, 時大過之'. '時', 此四

卦直云'時', 不云'義'與'用'也. 案'解'卦注'難解之時', 非治難時, 故不言'用', 體盡於解之名, 无有幽隱, 故不曰'義'. 以此注言之, 直云'時'者, 尋卦之名, 則其意具盡, 中間更无餘義, 故不言'義'其卦名之事, 事已行了, 不須別有所用, 故'解''革'及'頤', 事已行了, 不須言用, 唯'大過'稱'時'注云'君子有爲之時'與'解''革''頤', 其理稍別, '大過'是有用之時, 亦直稱'時'者, 取'大過'之名, 其意卽盡, 更无餘意, 故直稱'時', 不云'義', 文畧不云'用'也"라 함. 《集解》에 "虞翻曰:「順動天地, 使日月四時, 皆不過差. 刑罰淸而民服, 故'義大'也.」"라 함. 《傳》에 "旣言豫順之道矣, 然其旨味淵永, 言盡而意有餘也. 故復贊之云'豫之時義大矣哉', 欲人硏味其理, 優柔涵泳而識之也. '時義', 謂豫之時義, 諸卦之'時'與'義'用'大'者, 皆贊其大矣哉. 豫以下十一卦, 是也. '豫''遯''姤''旅', 言'時義', '坎''睽''蹇', 言'時用', '頤''大過''解''革', 言'時', 各以其大者也"라 하였고, 《本義》에 "極言之而贊其大也"라 함.

★【雷出地奮, 豫】'雷出'은 상괘(震雷)의 九四(陽爻)가 비로소 하괘(坤地)를 뚫고 분격하여 출현함. 〈正義〉에 "案諸卦之象, 或云'雲上于天', 或云'風行天上'以類言之. 今此應云'雷出地上', 乃云'雷出地奮, 豫'者, 雷是陽氣之聲; 奮是震動之狀. 雷旣出地, 震動萬物, 被陽氣而生, 各皆逸豫, 故曰'雷出地奮, 豫'也"라 함. 《集解》에 "崔憬曰:「震在坤上, 故言雷出地. 雷陽氣, 亦謂龍也. 夏至後, 陽氣極, 而一陰爻, 生陰陽相擊而成雷, 聲雷聲之疾, 有龍奮迅, 豫躍之象, 故曰'奮, 豫'.」"라 함.

【先王以作樂崇德】'先王'은 선대의 聖人, 聖君. 흔히 堯舜禹湯 등을 가리킴. '作樂'은 음악을 제작함. 《尙書》에 의하면 舜임금 때 夔가 음악을 관장하여 연주한 내용이 실려 있어 고대 통치에 음악을 매우 중시했음. '崇德'은 그 덕을 찬송하여 숭앙함. 〈正義〉에 "先王以作樂崇德'者, 雷是鼓動, 故先王法此, 鼓動而作樂, 崇盛德業, 樂以發揚盛德故也"라 함.

【殷薦之上帝, 以配祖考】'殷'은 '풍성하다'의 뜻. 《毛詩》(定之方中)의 序에 "百姓說之國家殷富焉"이라 함. '殷薦'은 제물을 풍성하게 차려 隆重하게 바쳐 올림. '配'는 '享', '獻'과 같음. 제사를 올림. 《漢書》(藝文志)에 이 구절을 인용하며 '配'자 대신 '享'자를 썼음. 〈正義〉에 "殷薦之上帝'者, 用此殷盛之樂, 薦祭上帝也. 象雷出地, 而向天也"라 함. '祖考'의 '祖'는 돌아가신 아버지. 여기서는 선조들을 대신하는 말로 쓰였음. 〈正義〉에 "'以配祖考'者, 謂以祖考配上帝, 用祖用考, 若周夏正, 郊天配靈, 威仰以祖后稷配也. 配祀明堂, 五方之帝, 以考文王也. 故云'以配祖考'也"라 함. 《集解》에 "鄭玄曰:「奮, 動也. 雷動於地上, 萬物乃豫也. '以'者, 取其喜佚動搖, 猶人至樂, 則手欲鼓之, 足欲舞之也. 崇, 充也; 殷, 盛也; 薦, 進也; 上帝, 天也. 王者, 功成作樂, 以文得之者. 作籥舞以武得之者, 作萬舞各充其德, 而爲制祀天帝, 以配祖考者, 使與天同, 饗其功也. 故《孝經》云

'郊祀后稷, 以配天; 宗祀文王於明堂, 以配上帝'也.」라 함.《傳》에 "雷者, 陽氣奮發, 陰陽相薄, 而成聲也. 陽始潛閉地中, 及其動, 則出地奮震也. 始閉鬱, 及奮發, 則通暢和豫, 故爲豫也. 坤順震發, 和順積中, 而發於聲樂之象也. 先王觀雷出地, 而奮和暢發於聲之象, 作聲樂以褒崇功德, 其殷盛. 至於薦之上帝, 推配之以祖考. 殷, 盛也. 禮有殷奠, 謂盛也. 薦上帝·配祖考, 盛之至也"라 하였고,《本義》에 "雷出地奮, 和之至也. 先王作樂, 旣象其聲, 又取其義. 殷, 盛也"라 함.

## (3) 爻辭와 象辭

初六: 鳴豫, 凶.
☆象曰: 初六「鳴豫」, 志窮凶也.

〈언해〉初六(초륙)은, 豫(예)를 鳴(명)홈이니 凶(흉)호니라.

　　　☆象(상)애 골오디「初六鳴豫」는 志(지)ㅣ 窮(궁)호야 凶(흉)홈이라.

〈해석〉[初六](--): 자신의 즐김을 널리 알리고만 있으니 흉하도다.

　　　☆象: "초륙은 즐김을 널리 알린다"함은, 뜻이 궁하여 흉하다는 뜻이다.

【初六】이는 괘 전체와 동시에 아래 內卦(坤)의 시작. 陰爻로 位不當하며 유약함에도 상배한 九四의 陽剛을 믿고 시작부터 逸樂에 빠지면 흉함을 상징함.

【鳴豫, 凶】'鳴'은 드러내어 떠들고 다님. 편안하고 즐거움을 자랑하고 다님. '豫'는 娛의 가자. 享樂을 뜻함. 그러나 ○高亨은 '鳴'은 '名'의 뜻이라 하면서, "鳴豫者, 謂令聞旣彰, 而持事厭倦, 此正志驕意盈之象, 與'鳴謙'相反. 故曰「鳴豫, 凶」이라 함. 王弼 注에 "處豫之初, 而特得志於上, 樂過則淫, 志窮則凶, 豫何可鳴?"이라 하였고,〈正義〉에 "'鳴豫'者, 處豫之初, 而獨得應於四, 逸豫之甚, 是聲鳴于豫. 但逸樂之極, 過則淫荒, 獨得於樂, 所以凶也"라 함.《集解》에 "虞翻曰:「應震善鳴, 失位, 故'鳴豫, 凶'也.」"라 함.《傳》에 "初六, 以陰柔居下, 四豫之主也, 而應之, 是不中正之小人, 處豫而爲上, 所寵其志意, 滿極不勝, 其豫至發於聲音, 輕淺如是, 必至於凶也. 鳴, 發於聲也"라 하였고,《本義》에 "陰柔小人, 上有强援, 得時主事, 故不勝其豫, 而以自鳴, 凶之道也. 故其占如此, 卦之得名, 本爲和樂, 然卦辭爲衆樂之義. 爻辭除九四, 與卦同. 外皆爲自樂, 所以有吉凶之異"라 함.

　　　☆【初六「鳴豫」, 志窮凶也】'志窮凶'은 뜻이 궁하여 흉함에 빠짐.《尙書》(旅獒)의 '玩

人喪德, 玩物喪志'와 같음. 〈正義〉에 "〈象〉曰'志窮凶'者, 釋'鳴豫'之義, 而初時鳴豫, 後則樂志, 窮盡, 故爲凶也"라 함. 《集解》에 "虞翻曰:「體'剝'茂貞, 故'志窮凶'也.」"라 함. 《傳》에 "云初六, 謂其以陰柔(一无柔字)處下, 而志意窮極, 不勝其豫, 至於鳴也. 必驕肆而致(一作至)凶矣"라 하였고, 《本義》에 "窮, 謂滿極"이라 함.


## 六二: 介于石, 不終日, 貞吉.
## ☆象曰:「不終日, 貞吉」, 以中正也.

〈언해〉 六二(륙이)는, 介(개)ㅣ 石(셕)인디라 日(일)을 終(종)티 아니미니, 貞(뎡)코 吉(길)ㅎ니라.

  ☆象(샹)애 골오디「不終日, 貞吉」은 中正(듕졍)홈으로 뻐라.

〈해석〉 [六二](--): 견고하고 빛나기가 돌과 같아 하루가 끝나기도 전에 풀릴 것이니, 마음을 곧고 바르게 가지면 길하게 되리라.

  ☆象: "하루도 못가서 풀릴 것이니, 마음이 곧게 가지면 길하게 된다"함은, 중정(中正)이기 때문이다.


  【六二】 이는 하괘의 중앙이며 음효. 상배한 六五(陰)와는 음양이 호응하지 않으며 初六과 六三 모두 음으로 그 사이에 끼어 제대로 힘을 발휘하지 못함. 그러나 유순함을 지키고 位正當을 믿고 견디면 모든 것이 쉽게 풀리는 자리임.

  【介于石, 不終日, 貞吉】 '介'는 耿介함. 즉 굳세고 빛이 남. '介'는 砎와 같음. '于'는 如의 假借. 따라서 '介于石'은 '耿介함이 마치 돌과 같다'의 뜻. 中國 國民黨 蔣介石의 이름은 이를 취한 것임. ○高亨은 "「介于石, 不終日」, 言堅剛之度, 不敢持之終日也. 蓋堅剛者易敗, 故《老子》曰:「兵强則滅, 木强則折.」又曰:「飄風不終朝. 暴雨不終日.」若堅剛之度, 不敢持之終日, 而以韌柔爲尙, 自有良果, 故曰「介于石, 不終日, 貞吉」"이라 함. 한편 《集解》에는 "虞翻曰:「介, 纖也. 與四爲艮, 艮爲石, 故介于石.」"이라 함. '不終日'은 아주 짧은 시간을 뜻함. 곧 구출됨. 그러나 '종일 안락에 빠지지 말아야 함'을 뜻하는 것으로 봄이 마땅함. '貞吉'의 貞은 正과 같음. 下卦의 中央이며 陰爻이므로 位正當함을 뜻함. 그러나 貞은 卜으로 보아, '점을 쳐서 이 효를 얻으면 길하다'의 뜻으로도 봄. 王弼 注에 "處豫之時, 得位履中, 安夫貞正, 不求苟豫者也. 順不苟從豫, 不違中, 是以上交不諂, 下交不瀆, 明禍福之所生, 故不苟說辯, 必然之理, 故不改其操, 介如石焉. 不終日,

明矣"라 하였고, 〈正義〉에 "'介于石'者, 得位履中, 安夫貞正, 不苟求逸豫, 上交不諂, 下交不瀆, 知幾事之初, 始明禍福之所生, 不苟求逸豫, 守志耿介, 似於石. 然見幾之速, 不待終竟一日, 去惡修善, 恒守正得吉也"라 함. 《集解》에 "虞翻曰:「與'小畜'通. 應在五, 終變成離, 離爲日, 得位欲四急復初, 己得休之, 故'不終日, 貞吉'.」"이라 함. 《傳》에 "逸豫之道, 放則失正, 故豫之諸爻, 多不得正, 才與時合也. 唯六二一爻, 處中正, 又无應, 爲自守之象. 當豫之時, 獨能以中正自守, 可謂特立之操, 是其節介如石之堅也. '介于石', 其介如石也. 人之於豫, 樂心悅之, 故遲. 遲遂致於耽戀, 不能已也. 二以中正, 自守其介如石, 其去之速, 不俟終日, 故貞正而吉也. 處豫, 不可安且久也. 久則溺矣, 如二可謂見幾而作者也. 夫子因二之見幾, 而極言知幾之道, 曰知幾其神乎! 君子上交不諂, 下交不瀆瀆, 其知幾乎? '幾'者, 動之微·吉之先見者也. 君子見幾而作, 不俟終日. 《易》曰'介于石, 不終日, 貞吉', 介如石焉. 寧用終日, 斷可識矣. 君子知微·知彰·知柔·知剛, 萬夫之望, 夫見事之幾微者, 其神妙矣乎! '君子上交不至於諂, 下交不至於瀆'者, 蓋知幾也. 不知幾, 則至於過, 而不已交於上以恭巽, 故過則爲諂, 交於下以和. 《易》故過則爲瀆, 君子見於幾微, 故不至於過也. 所謂 '幾'者, 始動之微也. 吉凶之端, 可先見而未著者也. 獨言'吉'者, 見之於先, 豈復至有凶也? 君子明哲, 見事之幾微, 故能其介如石. 其守旣堅, 則不惑而明, 見幾而動, 豈俟終日也? 斷, 別也. 其判別可見矣. 微與彰》柔與剛, 相對者也. 君子見微, 則知彰矣. 見柔則知剛矣, 知幾如是, 衆所仰也. 故贊之曰'萬夫之望'"이라 하였고, 《本義》에 "豫雖主樂, 然易以溺人, 溺則反而憂矣. 卦獨此爻, 中而得正, 是上下皆溺於豫, 而獨能以中正自守, 其介如石也. 其德安靜而堅確, 故其思慮明審, 不俟終日而見凡事之幾微也. 《大學》曰:「安而后能慮, 慮而后能得意.」 正如此. 占者如是, 則正而吉矣"라 함.

☆【「不終日, 貞吉」, 以中正也】 '中正'은 中央이며 位正當(음효)의 요건을 갖추고 있음을 말함. 〈正義〉에 "〈象〉曰'以中正'者, 釋'貞吉'之義. 所以見其惡, 事卽能離, 去不待終日, 守正吉者, 以此六二居中, 守正順不苟, 從豫不違中, 故不須待其一日終, 守貞吉也"라 함. 《集解》에 "侯果曰:「得位居中, 柔順正一, 明豫動之可否, 辯趣舍之權宜, 假如堅石, 不可移變應時, 則改, 不待終日, 故曰豫之正吉.」"이라 함. 《傳》에 "能不終日而貞, 且吉者, 以有中正之德也. 中正, 故其守堅, 而能辨之早去之速. 爻言六二, 處豫之道, 爲教之意深矣"라 함.

六三: 盱豫悔, 遲有悔.

☆象曰:「盱豫, 有悔」, 位不當也.

〈언해〉 六三(륙삼)은, 盱(우)ㅎ야 豫(예)ㅎ는 디라 悔(회)ㅎ며 遲(디)ㅎ야도 悔(회) 이시
리라.[《本義》: 盱(우)ㅎ고 豫(예)홈이라. 悔(회)홀 디니 遲(디)ㅎ면 悔(회) 이시
리라]

☆象(상)애 골오디 「盱豫, 有悔」는, 位(위) 當(당)티 아니 홀 삐라.

〈해석〉 [六三](--): 위를 쳐다보아 즐기고 있는 지라 후회하며, 늦게 깨달아도 후회가
있으리라.(쳐다보면서 즐기고 있음이라. 후회해야 할 것이니 늦으면 후회가
있으리라.)

☆象: "예비해야 할 것을 미리 걱정하면 후회할 것이다"함은, 위치가 不當하다는
것이기 때문이다.


【六三】 내괘(坤)의 가장 윗자리이며 음효로 위부당함. 아울러 상배하는 상륙 역시
음효로 음양배합이 맞지 않음. 따라서 미리 걱정해도, 늦게 예비해도 후회할 일이
있음.

【盱豫悔, 遲有悔】 '盱'는 '쳐다보다, 눈을 뜨다, 근심하다' 등의 뜻. 바로 위 九四(陽)이
主爻임을 믿고 쳐다보며 즐기고 있음. 《說文》에 "盱, 張目也"라 함. 그러나 王弼 注에
상수(向秀)는 "小人이 佞媚한 모습을 즐겁게 여기는 것"이라 하였고, 沙少海는 '盱'는
'紆, 迂'의 通假이며 '緩慢하다'의 뜻이라 하였음. '遲'는 너무 늦게 悔悟함. 혹 遲緩,
懈怠, 懈惰 등의 뜻이라고도 함. '有悔'는 又悔와 같음. ○高亨은 "晨而厭倦, 其業必荒,
悔將頻至, 故曰「盱豫悔, 遲有悔」"라 하여, '盱'는 '旴'자이며, 해가 막 뜰 때의 새벽(晨)으
로 보았음. 王弼 注에 "居下體之極, 處兩卦之際, 履非其位, 承動豫之主, 若其睢盱, 而豫
悔亦生焉. 遲而不從, 豫之所疾, 位非所據而以從豫, 進退離悔, 宜其然矣"라 하였고, 孔穎
達 〈正義〉에 "盱豫悔'者, 六三履非其位, 上承動豫之主. 盱謂睢盱, '睢盱'者, 喜悅之貌.
若睢盱之求豫, 則悔吝也. '遲有悔'者, 居豫之時, 若遲停不求於豫, 亦有悔也"라 함. 《集
解》에 "王弼曰:「履非其位, 承動豫之主, 若其睢盱, 而豫悔亦至焉. 遲而不從, 豫之所疾,
進退離悔, 位不當也.」 向秀曰:「睢盱, 小人喜悅佞媚之貌也.」"라 함. 《傳》에 "六三, 陰而
居陽, 不中不正之人也. 以不中正而處豫, 動皆有悔. 盱, 上視也. 上瞻望於四, 則以不中正,
不爲四所取, 故有悔也. 四, 豫之主, 與之切近, 苟遲, 遲而不前, 則見棄絶, 亦有悔也. 蓋處
身不正, 進退皆有悔吝, 當如之, 何在正身而已? 君子處, 己有道, 以禮制心, 雖處豫時, 不

失中正, 故无悔也"라 하였고, 《本義》에 "旰, 上視也. 陰不中正, 而近於四, 四爲卦主, 故六三上視於四, 而下溺於豫, 宜有悔者也. 故其象如此, 而其占爲事, 當速悔, 若悔之遲, 則必有悔也"라 함.

☆【「旰豫, 有悔」, 位不當也】'位不當'은 이는 陽爻의 자리인데 陰爻이므로 位不當함. 그럼에도 바로 위의 九四(陽剛)와 가깝다는 이유로 아첨하며 즐거움을 누림을 상징함. 〈正義〉에 "〈象〉曰'位不當'者, 解其'旰豫有悔'之義. 以六三居不當位, 進退不得其所, 故旰豫有悔. 但〈象〉載〈經文〉多從省畧, 經有'旰豫有悔, 遲有悔', 兩文具載, 〈象〉唯云'旰豫有悔', 不言'遲'者, 畧其文也. 故直云'旰豫', 擧其欲進; 畧云'有悔', 擧其遲也"라 함. 《傳》에 "自處不當, 失中正也. 是以進退有悔"라 함.

## 九四: 由豫, 大有得. 勿疑, 朋盍簪.
## ☆象曰: 「由豫, 大有得」, 志大行也.

〈언해〉 九四(구ᄉ)는, 由(유)ᄒ야 豫(예)ᄒ논 디라 크게 得(득)홈이 이시니, 疑(의)티 말면 朋(붕)이 盍簪(합춤)ᄒ리라.

　　　☆象(샹)애 ᄀᆞᆯ오디 「由豫, 大有得」은 志(지)ㅣ 크게 行(힝)홈이라.

〈해석〉 [九四](一): 다른 여러 음효 때문에 즐기는 것이므로 크게 얻음이 있으니, 그들을 의심하지 아니하면 도움을 줄 붕우가 함께 몰려오리라.

　　　☆象: "여러 음효들 때문에 즐기는 것이므로 크게 얻음이 있다"함은, 주효(主爻)로서의 뜻이 크게 실행됨을 뜻한다.

　　【九四】 이는 외괘(震)의 시작이며 全卦에서 유일한 양효로써 主爻가 됨. 그러나 位不當하여 온전하지 않음으로 해서, 주위의 친구들을 의심할 결점이 있음. 따라서 상배한 初六의 음양배합을 믿고 자신이 실행할 일을 추진해야 함.

　　【由豫, 大有得】 '由'는 말미암음. 〈正義〉에 "由豫, 大有得'者, 處豫之時, 居動之始, 獨體陽爻, 爲衆陰之所從, 莫不由之, 以得其豫, 故云'由豫'也"라 함. 혹 猶(游)의 뜻으로 遊樂의 의미. 그러나 高亨은 '由'은 '田'(畋)의 오자가 아닌가 하였음. 즉 '사냥으로 즐거움을 삼다'의 뜻. '大有得'은 크게 얻는 바가 있음. 이에 ○高亨은 "由豫者, 游田而厭倦也. 耽于游田, 古人所戒. …… 然則游田而厭倦者, 必將改其荒嬉之度, 補其闕失之德, 急於正務, 有所成功, 明矣. 故曰「由豫, 大有得」"이라 함. 王弼 注에 "處豫之時, 居動之

始, 獨體陽爻, 衆陰所從, 莫不由之, 以得其豫, 故曰'由豫, 大有得'也"라 하였고, 〈正義〉
에 "'大有得'者, 衆陰皆歸, 是大有所得"이라 함.

【勿疑, 朋盍簪】'朋'은 나머지 여러 陰爻들. '盍簪'은 '합잠'으로 읽으며, '모여서 급
히 달려오다'의 뜻. 王弼 注에 "夫不信於物, 物亦疑焉. 故'勿疑', 則朋合疾也. '盍', 合也;
'簪', 疾也"라 하였고, 〈正義〉에는 "盍, 合也; 簪, 疾也. 若能不疑於物, 以信待之, 則衆陰
輩朋, 合聚而疾來也"라 함. 한편 ○高亨은 "朋, 朋友. 盍, 借爲嗑, 多言也. 簪, 借爲譖,
爲讒, 進惡言以毁人也"라 하여 '盍'은 嗑(嗑), '簪'은 '譖'의 가차로서, '惡言을 올려 남을
讒毁하다'의 뜻이라 하였음. 그러나 侯果는 '잠잠(簪纂)을 꽉 묶은 것처럼 단단함'을
뜻하는 것으로 보았음. 이에 高亨은 "「勿疑, 朋嗑譖」者, 謂勿疑朋友之多言而譖己也.
《詩》桑柔:「朋友已譖.」卽謂朋友譖己. 筮遇此爻, 則勿疑有此事, 故曰「勿疑, 朋盍簪」"이
라 함. 《集解》에 "侯果曰:「爲豫之主, 衆陰所宗, 莫不由之, 以得其逸. 體剛心直, 志不懷
疑, 故得羣物依歸. 朋從大合, 若以簪纂之固括也.」虞翻曰:「由, 自從也. 據有五陰, 坤以
衆順, 故'大有得'. 得, 羣陰也. 坎爲疑, 故'勿疑'. '小畜''兌'爲朋. 盍, 合也. 坤爲盍, 戠聚
會也. 坎爲聚, 坤爲衆, 衆陰竝應, 故朋盍戠. '戠'舊讀作'撍', 作宗也.」"라 함. 《傳》에 "豫
之所以爲豫者, 由(一无由字)九四也. 爲動之主, 動而衆陰, 悅順爲豫之義. 四大臣之位,
六五之君, 順從之以陽剛, 而任上之事, 豫之所由也. 故云'由豫, 大有得'. 言得大行其志,
以致天下之豫也. '勿疑, 朋盍簪', 四居大臣之位, 承柔弱之君, 而當天下之任, 危疑之地
也. 獨當上之倚, 任而下无同德之助, 所以疑也. 唯當盡其至誠, 勿有疑慮, 則(一有其字)
朋類自當盍聚, 夫欲上下之信, 唯至誠而已. 苟盡其至誠, 則何患乎其(一无乎字, 一无其
字)无助也? 簪, 聚也. 簪之名, 簪取聚髮也. 或曰:「卦唯一陽, 安得同德之助?」曰:「居上
位而至誠求助, 理必得之. 姤之九五曰'有隕自天'是也.」四以陽剛, 迫(一作逼)近君位, 而
專主乎? 豫聖人宜爲之戒, 而不然者. 豫和順之道也. 由和順之道, 不失爲臣之正也. 如此
而專主於豫, 乃是任天下之事, 而致時於豫者也. 故唯戒以至誠勿疑"라 하였고, 《本義》에
"九四, 卦之所由以爲豫者也. 故其象如此, 而其占爲大有得. 然又當至誠不疑, 則朋類合
而從之矣. 故又因而戒之. 簪, 聚也. 又速也"라 함.

☆【「由豫, 大有得」, 志大行也】'志大行'은 全卦에서 자신만이 유일한 陽爻이므로 그
강건함을 펼쳐 실행하고자 하는 뜻이 크며 실행될 것임. 〈正義〉에 "〈象〉曰'志大行'者,
釋'由豫, 大有得'之意, 衆陰既由之, 而豫大有所得, 是'志意大行'也"라 함. 《集解》에 "崔
憬曰:「以一陽而衆陰從己, 合簪交歡, 故其'志大行'也.」"라 함. 《傳》에 "由己而致天下,
於樂豫, 故爲大有得. 謂其志得大行也"라 함.

六五: 貞疾, 恒不死.

☆象曰: 六五「貞疾」, 乘剛也; 「恒不死」, 中未亡也.

〈언해〉六五(륙오)는, 貞(뎡)호디 疾(질)ᄒ나 덛덛이 死(ᄉ)티 아닏놋다.[《本義》: 貞(뎡)
ᄒᆫ 疾(질)이나]

☆象(샹)애 굴오디 「六五貞疾」은 剛(강)을 乘(승)홈이오, 「恒不死」ᄂᆞᆫ 中(듕)이
亡(망)티 아녀심이라.

〈해석〉 [六五](--): 질환에 걸렸으나, 떳떳한 제왕의 자리이므로 죽지는 않을 것이다.
(貞한 질환이기는 하나)

☆象: "육오는 질환에 걸렸다"함은, 강한 구사(九四)를 타고 있음이오, "떳떳한
자리이니 죽지는 않을 것이라"함은, 중앙에 위치하여 죽지 아닐 것임을 뜻한다.

【六五】 제왕의 위치이나 陰爻로써 권위를 발휘하지 못할 뿐더러 다음 이어지는 상
륙 역시 음효이며, 자신이 타고 있는 九四(陽爻)의 강한 上向으로 인해 매우 힘든 처
지임. 그러나 짝이 되는 六二 역시 온순하며, 아울러 震卦의 가운데 자리를 차지하고
있어 죽어 없어지지는 않을 것임.

【貞疾, 恒不死】 '貞疾'의 '貞'은 中. 따라서 '질병에 걸리다'의 뜻이라 하였으나, 經意
와는 맞지 않음. 따라서 '貞(正)을 지켜 疾患을 對備하다'의 뜻이라고도 함. ○高亨은
'疾恒'을 묶어 "疾恒, 猶今言病久也. 占問病久者, 筮遇此爻, 則不死, 故曰「貞疾恒不死」"
라 함. 따라서 貞은 卜으로 이 爻를 만나면 疾病에 오래 시달리기는 하지만 죽지는
않을 것이라는 점사를 얻음을 뜻함. '恒不死'는 떳떳이 六五(帝 中央)의 자리를 지키면
죽지 않음. 그러나 '恒'은 '長久하다'의 뜻으로 보아 자신의 자리가 장구함을 뜻하는
것이라고도 함. 王弼 注에 "四以剛, 動爲豫之主, 專權執制, 非己所乘, 故不敢與四爭權,
而又居中處尊, 未可得亡, 是以必常至于貞疾, 恒不死而已"라 하였고, 〈正義〉에 "'貞疾,
恒不死'者, 四以剛, 動爲豫之主, 專權執制, 非己所乘, 故不敢與四爭權, 而又居中處尊,
未可得亡滅之, 是以必常至於貞疾, 恒得不死而已"라 함. 《集解》에 "虞翻曰: 「恒, 常也.
坎爲疾, 應在坤, 坤爲死, 震爲反生, 位在震中, 與坤體絶, 故'貞疾, 恒不死'也.」"라 함.
《傳》에 "六五, 以陰(一无陰字)柔居君位, 當豫之時, 沉溺於豫, 不能自立者也. 權之所生,
衆之所歸, 皆在於四. 四之陽剛, 得衆非耽惑, 柔弱之君所能制也. 乃柔弱不能自立之君,
受制於專權之臣也. 居得君位, 貞也; 受制於下, 有疾苦也. 六, 居尊位權, 雖失而位, 未亡
也. 故云'貞疾, 恒不死'. 言貞而有疾, 常疾而不死, 如漢魏末世之君也. 人君致危亡之道,

非一而以豫爲多. 在四不言失正, 而於五乃見其强逼者, 四本无失, 故於四言大臣, 任天下之事之義; 於五則言柔弱居尊, 不能自立, 威權去己之義, 各據爻以取義, 故不同也. 若五不失君道, 而四主於豫, 乃是任得其人, 安享其功, 如太甲·成王也. '蒙'亦以(一无以字)陰居尊位, 二以陽爲蒙之主, 然彼吉而此疾者, 時不同也. 童蒙而資之, 於人宜也; 耽豫而失之, 於人危亡之道也. 故'蒙'相應, 則倚任者也; 豫相逼, 則失權者也. 又上下之心, 專歸於四也"라 하였고, 《本義》에 "當豫之時, 以柔居尊, 沈溺於豫, 又乘九四之剛, 衆不附而處勢危, 故爲貞疾之象. 然以其得中, 故又爲恒不死之象, 卽象而觀占, 在其中矣"라 함.

☆【六五「貞疾」, 乘剛也】'乘剛'의 剛은 九四(陽爻)를 가리킴. 六五(陰)이 九四(陽)을 타고 있음. 둘 모두 位不當함. 〈正義〉에 "〈象〉曰'六五, 貞疾乘剛'者, 解'貞疾'之義, 以乘九四之剛, 故正得其疾, 恒不死也"라 함.

【「恒不死」, 中未亡也】'中未亡'의 '中'은 위치가 外卦(震)의 가운데임을 뜻하며, 아울러 帝王의 자리로써 비록 陰이지만 그 자리가 없을 수 없음. '亡'은 喪과 같음. 사라져 없어짐. 〈正義〉에 "'中未亡'者, 以其居中處尊, 未可亡滅之也"라 함. 《集解》에 "侯果曰: 「六五居尊, 而乘於四, 四以剛動, 非己所乘, 乘剛爲政, 終亦病若. '恒不死'者, 以其中也.」"라 함. 《傳》에 "貞而疾, 由乘剛, 爲剛所逼也. 恒不死, 中之尊位, 未亡也"라 함.


# 上六: 冥豫, 成, 有渝, 无咎.
## ☆象曰:「冥豫」在上, 何可長也?

〈언해〉 上六(샹륙)은, 豫(예)애 冥(명)홈이니, 成(셩)ᄒ나 渝(유)홈이 이시면 咎(구) l 업스리라.[《本義》: 豫(예)에 冥(명)ᄒᆫ 디라, 成(셩)ᄒ나 渝(유) l 이 이실 디니]
　　☆象(샹)애 ᄀᆞᆯ오디 「豫(예)에 冥(명)ᄒ야」 上(샹)애 잇거니, 엇디 可(가)히 長(댱)ᄒ리오?

〈해석〉 [上六](--): 즐김에 빠져 혼암함이니, 이미 그렇게 되기는 했으나 변화를 시도함이 있으면 허물은 없으리라.(즐김에 혼암한 지라, 이미 그렇게 되기는 했으나 변화가 있을 것이니,)
　　☆象: "즐김에 혼암한 채" 가장 윗자리에 있으니, 어찌 가히 길게 갈 수 있겠는가?

【上六】전괘와 외괘(震, 雷)의 가장 윗자리로 음효이므로 位不當함. 이에 이제껏 자신이 예비해야 할 일을 제대로 하지 않아 사태가 벌어졌으나 변화를 거쳐 다음 단

계(需卦)로 넘어갈 것이므로 허물은 없음.

【冥豫, 成, 有渝, 无咎】'冥'은 '幽, 暗'. '冥豫'는 安樂에 빠져 冥昧함. 혹 그 달을 末日(晦日)을 뜻한다고도 함. '成'은 이미 모두 이루어진 旣往之事. '渝'는 '變하다, 變故가 생기다, 스스로 變改하다' 등의 뜻. 만물은 樂極生悲이므로 縱樂의 冥昧함에서 변하여야 함을 상징함. 그러나 ○高亨은 "渝, 墮也, 敗也"라 하였음. '无咎'는 ○高亨은 "'无咎'二字, 疑是衍文. 象傳以'何可長也'釋爻辭之'成有渝', 未釋爻辭之'无咎'. 且'何可長也'與'无咎'意相矛盾, 足證象傳作者所據《易經》本無'无咎'二字"라 하여 衍文으로 보았음. 그러나 高亨은 《周易古經今註》에서는 도리어 "夜旣厭倦而息矣, 而城忽圯, 若筮遇此爻, 則無咎, 故曰「冥豫, 成有渝, 无咎」"라 하여 '成'은 城으로 보았음. 王弼 注에 "處動豫之極, 極豫盡樂, 故至于'冥豫成'也. 過豫不已, 何可長乎? 故必渝變, 然後无咎"라 하였고, 〈正義〉에 "處動豫之極, 極豫盡樂, 乃至於冥昧之豫, 而成就也. 如俾晝作夜, 不能休已, 滅亡在近. '有渝无咎'者, 渝, 變也. 若能自思改變, 不爲冥豫, 乃得无咎也"라 함. 《集解》에 "虞翻曰:「應在三, 坤爲冥. 渝, 變也. 三失位无應, 多凶, 變乃得正, 體艮成, 故'成, 有渝, 无咎'.」"라 함. 《傳》에 "上六, 陰柔, 非有中正之德, 以陰居上, 不正也. 而當豫極之時, 以君子居, 斯時亦當戒懼, 況陰柔乎? 乃耽肆於豫, 昏迷不知反者也. 在豫之終, 故爲昏冥已成也. 若能有渝變, 則可以无咎矣. 在豫之終, 有變之義, 人之失, 苟能自變, 皆可以无咎, 故冥豫, 雖已成, 能變則善也. 聖人發此義, 所以勸遷善也. 故更不言冥之凶, 專言渝之无咎"라 하였고, 《本義》에 "以陰柔居, 豫極爲昏冥, 於豫之象, 以其動體, 故又爲其事, 雖成而能有渝之象. 戒占者如是, 則能補過而无咎, 所以廣遷善之門也"라 함.

☆【「冥豫」在上, 何可長也?】'在上'은 全卦의 가장 위에 있는 효임을 말함. '何可長'은 곧바로 고치기만 하면 영원히 혼암에 빠지지는 않을 것임을 뜻함. 《集解》에 "荀爽曰:「陰性冥昧, 居尊在上, 而猶豫悅, 故不可長.」"이라 함. 《傳》에 "昏冥於豫, 至於終極, 災咎行及矣. 其可長然乎? 當速渝也"라 함.

# 017 수隨

☲ 澤雷隨: ▶震下兌上(☳下☱上)

　*隨(수): 〈音義〉에 "隨, 從也"라 하여, '隨'는 '順'(쌍성)의 뜻으로 隨從, 隨順, 隨行, 隨和, 隨意, 隨時 등의 의미. 하괘는 震(雷)이며 상괘는 兌(澤)로, 못 아래 우레가 울리는 異體相疊의 '澤雷' 괘체임. 上卦(兌)는 悅, 하괘(震)는 動을 상징하여 군왕이 통치에 백성의 희열을 얻어야 하고, 신하와 백성은 君王을 擁戴하여 그 뜻에 순종하되, 그림자가 형체를 따르고, 메아리가 소리에 응하듯 해야 함을 뜻함. 아울러 개인으로서는 처세에 正道와 信義를 지켜 時勢를 따라 행동하고, 善을 택하여 이를 隨行하면 목표를 성취할 수 있음을 상징함. 즉 모든 판단과 결정은 '隨時而動'해야 함을 뜻함. 《說文》에 "隨, 從也"라 하였고, 《廣雅》에는 "隨, 順也, 逐也"라 함.

　*《集解》에 "〈序卦〉曰:「豫必有隨也, 故受之以'隨'」(韓康伯曰:「順以動者, 衆之所隨」)"라 함.

　*《傳》에 "隨', 〈序卦〉:「豫必有隨, 故受之以'隨'」 夫悅豫之道, 物所隨也. 隨所以次豫也. 爲卦兌上震下, 兌爲說, 震爲動. 說而動, 動而說, 皆隨之義. 女, 隨人者也. 以少女從長男, 隨之義也. 又震爲雷, 兌爲澤. 雷震於澤中, 澤隨而動, 隨之象也. 又以卦變言之, 乾之上來, 居坤之下; 坤之初徃, 居乾之上. 陽來下於陰也. 以陽下陰, 陰必說隨, 爲隨之義. 凡成卦, 旣取二體之義, 又有取爻義者, 復有更取卦變之義者, 如隨之取義, 尤爲詳備"라 함.

## (1) 卦辭

# 隨: 元亨, 利貞, 无咎.

〈언해〉 隨(슈)는 크게 亨(형)하니, 貞(뎡)홈이 利(리)혼 디라, 咎(구) l 업스리라.[《本義》: 크게 亨(형)하나]

〈해석〉 수(隨, 수괘)는 크게 형통하니, 바르게 함이 이롭기에, 허물이 없으리라.(크게 형통하기는 하나)

【隨】卦名이며, 순종하여 따름. 상하관계에서 질서와 순종을 뜻함.《左傳》襄公 9년에 이에 대한 고사가 있음.

【元亨】'元'은 '크다'의 뜻. '亨'은 亨通함. 그러나 ○高亨은 '亨'은 享의 뜻으로 고대 큰 제사를 앞두고 점을 치는 것이라 하였음. 〈正義〉에 "'元亨'者, 於相隨之世, 必大得亨通. 若其不大亨通, 則无以相隨, 逆於時也"라 함.

【利貞】이롭고 바름. 그러나 〈諺解〉에는 "(隨卦의 의미를) 바르게 하면 이롭다"로 풀이하였음. 혹 '元亨利貞'을 〈乾卦〉의 첫머리처럼 각기 하나씩 四德의 의미로 풀이하기도 함. 〈正義〉에 "'利貞'者, 相隨之體, 須利在得, 正隨而不正, 則邪僻之道, 必須利貞也"라 함.

【无咎】점에서 이 괘를 만나면 허물이 없음. ○高亨은 "亨卽享字. 古人擧行大享之祭, 曾筮遇此卦, 故記之曰「元亨」. 利貞, 猶利占也. 筮遇此卦, 擧事有利且无咎, 故曰「利貞, 无咎」"라 하여 '큰 제사를 앞두고 점을 쳐서 이롭고 허물이 없다는 貞辭가 나온 것'이라 하였음. 〈正義〉에 "'无咎'者, 有此四德乃无咎, 以苟相從, 涉於朋黨, 故必須四德, 乃无咎也. 凡卦有四德者, 或其卦當時之義, 卽有四德, 如'乾''坤''屯''臨''无妄', 此五卦之時, 卽能四德備具. 其'隨'卦, 以惡相隨, 則不可也. 有此四德, 乃无咎; 无此四德, 則有咎也. 與前五卦, 其義稍別, 其'革'卦'已日乃孚', 有四德, 若'不已日乃孚', 則无四德, 與'乾''坤''屯''臨''无妄', '隨'其義又別. 若當卦之時, 其卦雖美, 未有四德, 若行此美, 方得在後. 始致四德者, 於卦則不言其德也. 若'謙''泰'及'復'之等, 德義旣美, 行之不已, 久必致此四德. 但當初之時, 其德未具, 故卦不顯四德也. 其諸卦之三德已下, 其義大畧亦然也"라 함.《集解》에 "虞翻曰:「否上之初, 剛來下柔, 初上得正, 故'元亨利貞, 无咎'.」○鄭玄曰:「震, 動也; 兌, 悅也. 內動之以德, 外悅之以言, 則天下之人, 咸慕其行而隨從之. 故謂'隨'也. 旣見隨從, 能長之以善, 通其嘉禮, 和之以義, 幹之以正, 則功成而有福, 若无此四德, 則有凶咎焉.」○焦贛曰:「漢高帝與項籍, 其明徵也.」"라 함.《傳》에 "隨之道, 可以致大亨也. 君子之道, 爲衆所隨, 與己隨於人, 及臨事擇所隨, 皆隨也. 隨得其道, 則可以致大亨也. 凡人君之從善, 臣下之奉命, 學者之徙義, 臨事而從長, 皆隨也. 隨之道, 利在於貞. 正隨得其正, 然後能大亨而无咎. 失其正則有咎矣, 豈能亨乎?"라 하였고,《本義》에 "隨, 從也. 以卦變言之, 本自'困'卦九來居初, 又自'噬嗑'九來居五, 而自'未濟'來者. 兼此二變, 皆剛來, 隨柔之義, 以二體言之, 爲此動而彼說, 亦隨之義, 故爲隨己能隨物, 物來隨己, 彼此相從, 其通易矣. 故其占爲元亨, 然必利於貞, 乃得无咎. 若所隨不貞, 則雖大亨而不免於有咎矣.《春秋傳》(襄公 9年):「穆姜曰:'有是四德, 隨而无咎, 我皆无之, 豈隨也哉?'」今按四德, 雖非本義, 然其下云云, 深得占法之意"라 함.

## (2) 彖辭와 象辭

彖曰: 隨, 剛來而下柔, 動而說, 隨.

大亨貞, 无咎, 而天下隨時.

隨時之義, 大矣哉!

★象曰: 澤中有雷, 隨. 君子以嚮晦入宴息.

〈언해〉 彖(단)애 글오디 隨(슈)는 剛(강)이 來(릭)ᄒ야 柔(유)애 下(하)ᄒ고 動(동)ᄒ고
說(열)홈이 隨(슈) ㅣ니,

크게 亨(형)코 貞(뎡)ᄒ야 咎(구) ㅣ 업서 天下(텬하) ㅣ 時(시)를 隨(슈)ᄒᄂ니,
[《本義》: 天下(텬하) ㅣ 隨(슈)ᄒᄂ니]

時(시)를 隨(슈)ᄒᄂ 義(의) 크다![《本義》: 隨(슈)의 時(시)와 義(의) ㅣ 크다]

★象(샹)애 글오디 澤中(틱듕)애 雷(뢰) ㅣ 이쇼미 隨(슈) ㅣ니, 君子(군ᄌ) ㅣ 以
(이)ᄒ야 晦(회)애 嚮(향)커든 入(입)ᄒ야 宴息(연식)ᄒᄂ니라.

〈해석〉 彖: 수괘는 강(剛)한 양기가 유(柔)한 음기에게로 내려와, 행동하여 즐겁게 여기
고 있는 형상이 수괘이니,

크게 형통하고 곧게 행동하여 허물이 없어, 천하 만물이 모두 그 때를 따르니(천
하가 그를 따르나니),

때를 따른다는 수시(隨時)의 뜻이여, 크도다!

★象: 못 가운데에 우레가 있는 있음이 수괘이니, 군자는 이를 바탕으로 하여
저녁이 되면 들어와 편히 휴식을 취하느니라.

【隨, 剛來而下柔, 動而說, 隨】 '剛來而下柔'는 이 隨卦의 下卦는 震으로 陽動, 陽剛으로
써 위로 올라오고 있으며, 上卦 兌는 陰靜, 陰柔로써 아래로 내려가고 있음. 이는 剛이
陰의 아래에 있어, 존귀한 군자가 아래로 내려와 자신을 낮추고 예를 갖춤을 뜻함.
'動而說'은 震은 動, 兌는 說(悅), 즉 '上動下悅'의 의미를 말함. 《集解》에 "虞翻曰:「否乾
上來之坤初, 故剛來而下柔. 動震悅兌也.」"라 함. 《本義》에 "以卦變卦德, 釋卦名義"라 함.

【大亨貞, 无咎】《集解》에 "荀爽曰:「隨者, 震之歸魂, 震歸從巽, 故大通. 動爻得正, 故
'利貞'. 陽降陰升, 嫌於有咎, 動而得正, 故'无咎'.」"라 함.

【而天下隨時】 '隨時'는 때를 잘 판단하여 그에 따름. 時宜를 따를 것을 강조한 것.

《集解》에 “虞翻曰: 「乾爲天, 坤爲下, 震春兌秋, 三四之正; 坎冬離夏, 四時位正, 時行則行, 故‘天下隨時’矣.」”라 함. 《傳》에 “卦所以爲隨, 以剛來而下柔, 動而說也. 謂乾之上九, 來居坤之下, 坤之初六, 徃居乾之上, 以陽剛來, 下於陰柔, 是以上下下, 以貴下賤, 能如是, 物之所說, 隨也. 又下動而上說, 動而可悅也, 所以隨也. 如是則可(一有以字)大亨而得正. 能大亨而得正, 則爲无咎, 不能亨, 不得正, 則非可隨之道, 豈能使天下隨之乎? 天下所隨者, 時也. 故云‘天下隨時’”라 하였고, 《本義》에 “〈王肅本〉: ‘時’作‘之’, 今當從之. 釋卦辭, 言能如是, 則天下之所從也”라 함.

【隨時之義, 大矣哉!】 王弼 注에 “震剛而兌柔也. 以剛下柔, 動而之說, 乃得隨也. 爲隨而不大通, 逆於時也. 相隨而不爲利正, 災之道也. 故大通利貞, 乃得无咎也. 爲隨而令大通, 利貞得於時也. 得時則天下隨之矣. 隨之所施, 唯在於時也. 時異而不隨, 否之道也. 故隨時之義, 大矣哉!”라 하였고, 〈正義〉에 “隨, 剛來而下, 柔動而說. 隨者, 此釋隨卦之義, 所以致此隨者, 由剛來而下柔. 剛, 謂震也; 柔, 謂兌也. 震處兌下, 是剛來下柔, 震動而兌說. 旣能下人動, 則喜說, 所以物皆隨從也. ‘大亨貞, 无咎, 而天下隨時’者, 以有大亨貞正, 无有咎害, 而天下隨之, 以正道相隨, 故隨之者, 廣若不以大亨貞无咎, 而以邪僻相隨, 則天下不從也. ‘隨時之義, 大矣哉’, 若以元亨利貞, 則天下隨從, 卽隨之義意, 廣大矣哉! 謂隨之初始, 其道未弘, 終久義意而美大也. 特云‘隨時’者, 謂隨其時節之義, 謂此時宜行元亨利貞, 故云‘隨時’也. 爲隨而不大通, 逆於時者, 物旣相隨之時, 若王者不以廣大開通, 使物閉塞, 是違逆於隨從之時也. 相隨而不爲利正, 災之道者, 凡物之相隨, 多曲相朋附, 不能利益於物, 守其正直, 此則小人之道, 長災禍及之, 故云災之道也. 隨之所施, 唯在於時者, 釋隨時之義. 言隨時施設, 唯在於得時, 若能大通利貞, 是得時也; 若不能大通利貞, 是失時也. 時異而不隨, 否之道者, 凡所遇之時, 體無恒定, 或值不動之時, 或值相隨之時, 舊來恒徃, 今須隨從時, 旣殊異於前, 而不使物相隨, 則是否塞之道. 當須可隨, 則隨逐時, 而用所利, 則大. 故云‘隨時之義, 大矣哉!’”라 함. 《集解》에 “蜀才曰: 「此本否卦, 剛自上來居初, 柔自初而升上, 則內動而外悅, 是動而悅隨也. 相隨而大亨无咎, 得於時也. 得時則天下隨之矣, 故曰‘隨時之義, 大矣哉!’」”라 함. 《傳》에 “君子之道, 隨時而動, 從宜適變, 不可爲典, 要非造道之, 深知幾能, 權者不能與於此也. 故贊之曰‘隨時之義, 大矣哉!’. 凡贊之者, 欲人知其義之大, 玩而識之也. 此贊‘隨時之義大’與‘豫’等諸卦不同, 諸卦‘時’與‘義’, 是兩事”라 하였고, 《本義》에 “〈王肅本〉: ‘時’字在‘之’字下, 今當從之”라 함.

★【澤中有雷, 隨】 ‘澤中有雷’는 上卦(兌, 澤) 속에 下卦(震, 雷)가 있음. 《集解》에 “九家《易》曰: 「兌澤震雷, 八月之時, 雷藏於澤, 則天下隨時之象也.」”라 함.

【君子以嚮晦入宴息】 ‘以’는 因, ‘嚮’은 向과 같음. ‘嚮晦’는 저녁이 됨. 어두워짐. 일

을 마치고 쉴 때임을 뜻함. '宴'은 燕, 安과 같음. 《說文》에 "宴, 安也"라 함. 따라서 '宴息'은 편안히 휴식을 취함. 王弼 注에 "澤中有雷, 動說之象也. 物皆說, 隨可以无爲不勞明鑒, 故君子嚮晦入宴息也"라 하였고, 〈正義〉에 "《說卦》云:「動萬物者, 莫疾乎雷; 說萬物者, 莫說乎澤.」 故注云'澤中有雷', 動說之象也. '君子以嚮晦入宴息'者, 明物皆說, 豫相隨不勞明鑒, 故君子象之. 鄭玄云'晦宴也'. 猶人君旣夕之後, 入於宴寢而止息"이라 함. 《集解》에 "翟玄曰:「晦者, 冥也; 雷者, 陽氣. 春夏用事, 今在澤中, 秋冬時也. 故君子象之, 日出視事, 其將晦冥, 退入宴寢而休息也.」○侯果曰:「坤爲晦, 乾之上九, 來入坤, 初嚮晦者也. 坤初升兌, 兌爲休息, 入宴者也. 欲君民者, 晦德息物, 動悅黎庶, 則萬方歸隨也.」"라 함. 《傳》에 "雷震於澤中, 澤隨震而動, 爲隨之象. 君子觀象, 以隨時而動. 隨時之宜, 萬事皆然. 取其最明且近者, 言之'君子以嚮晦入宴息'. 君子晝, 則自强不息; 及嚮昏晦, 則入居於內, 宴息以安其身. 起居隨時, 適其宜也. 《禮》(檀弓):「君子晝不居內, 夜不居外.」 隨時之道也"라 하였고, 《本義》에 "雷藏澤中, 隨時休息"이라 함.

## (3) 爻辭와 象辭

初九: 官有渝, 貞吉. 出門交有功.
☆象曰:「官有渝」, 從正吉也;「出門交有功」, 不失也.

〈언해〉 初九(초구)는 官(관)이 渝(유)홈이 이시니, 貞(뎡)ᄒ면 吉(길)ᄒ니, 門(문)애 出(출)ᄒ야 交(교)ᄒ면 功(공)이 이시리라.[《本義》: 官(관)ᄒ야 渝(유)홈이 이시니]
　　☆象(상)애 ᄀᆞᆯ오디 官(관)이 渝(유)홈이 이쇼매, 正(졍)을 從(죵)ᄒ면 吉(길)홀 디니,「出門交有功」은 失(실)티 아니홈이라.
〈해석〉 [初九](一): 관직(官職)에는 많은 변고가 있는 것이니, 마음을 올바르게 가지면 길하다. 밖에 나가서 사람과 교제하면 공이 있을 것이다.
　　☆象: "관직은 변함이 있다"함은, 바른 길을 따르면 길할 것이요, "밖으로 나가서 남들과 사귀면 공이 있다"함은, 도움을 줄 사람을 잃지 않는다는 뜻이다.

【初九】 이는 전괘와 하괘(震)의 시작으로 陽爻이며 位正當함. 陽剛하여 활동성이 강함. 외부(관직)로 진출하고자 하나 곧은 생각으로 나서서 교제를 하면 공을 이룰 수 있음.

【官有渝, 貞吉】 '官'은 官職. 百官. 官吏. 官路. 그러나 '館'의 假借로 館舍를 뜻한다고도 함. '渝'는 變함, 혹 무너짐(圮). 허물어짐. 변고가 있을 수 있음. 官路에서 겪는 波瀾과 挫折. 〈正義〉에 "'官有渝'者, 官, 謂執掌之職, 人心執掌與官同稱, 故人心所主, 謂之官. 渝, 變也. 此初九, 旣无其應, 无所偏係, 可隨則隨, 是所執之志, 有能渝變也. 唯正是從, 故貞吉也"라 함.

【出門交有功】 '出門'은 문밖으로 나감. 그러나 〈象辭〉에는 '실패하다'의 뜻으로 보았음. ○高亨은 "古人館舍毁圮, 蓋往往占其吉凶, 若筮遇此爻則吉, 出門則俱有功. 故曰「官有渝, 貞吉, 出門交有功」"이라 함. 王弼 注에 "居隨之始, 上无其應, 无所偏係, 動能隨時, 意无所主者也. 隨不以欲以欲, 隨宜者也. 故官有渝變, 隨不失正. 出門无違, 何所失哉?"라 하였고, 〈正義〉에 "'出門, 交有功'者, 所隨不以私欲, 故見善則徃隨之, 以此出門交獲其功"이라 함. 《集解》에 "九家《易》曰:「渝, 變也. 謂陽來居初, 德正爲震; 震爲子, 得土之位. 故曰'官'也. 陰陽出門, 相與交通, 陰往之上, 亦不失正, 故曰'貞吉而交有功'.」"이라 함. 《傳》에 "九居隨時而震體, 且動之主, 有所隨者也. 官, 主守也. 旣有所隨, 是其所主守, 有變易也. 故曰'官有渝, 貞吉'. 所隨得正, 則吉也. 有渝而不得正, 乃過動也. '出門交有功', 人心所從, 多所親愛者也. 常人之情, 愛之則見其是; 惡之則見其非, 故妻孥之言, 雖失而多從; 所憎之言, 雖善爲惡也. 苟以親愛而隨之, 則是私情所與, 豈合正理? 故出門而交, 則有功也. '出門', 謂非私暱, 交不以私, 故其隨當而有功"이라 하였고, 《本義》에 "卦以物隨爲義, 爻以隨物爲義. 初九以陽居下, 爲震之主, 卦之所以爲隨者也. 旣有所隨, 則有所偏主, 而變其常矣. 惟得其正, 則吉. 又當出門以交, 不私其隨, 則有功也. 故其象占如此, 亦因以戒之"라 함.

☆【「官有渝」, 從正吉也】 '正吉'은 위의 '貞吉'과 같음. 《傳》에 "旣有隨而變, 必所從得正, 則吉也. 所從不正, 則有悔咎"이라 함.

【「出門交有功」, 不失也】 '交'는 교제함, 사귐. 이 爻는 낮은 官職으로 陽剛하기만할 뿐 큰 힘은 발휘할 수 없으므로, 밖에 나가 많은 이들을 사귀어 도움을 줄 사람을 잃지 않아야 함. 〈正義〉에 "〈象〉曰'官有渝從正吉'者. 釋'官有渝'之義, 所執官守正, 能隨時渝變, 以見貞正, 則徃隨從, 故云'從正吉'. '出門, 交有功, 不失'者, 釋'交有功'之義, 以所隨之處, 不失正道, 故'出門卽有功'也. 言'隨不以欲以欲, 隨宜'者, 若有其應, 則有私欲, 以无偏應, 是所隨之事, 不以私欲. 有正則從, 是以欲隨其所宜"라 함. 《集解》에 "鄭玄曰:「震爲大塗, 又爲日, 門當春分, 陰陽之所交也. 是臣出君門, 與四方賢人交, 有成功之象也. 昔舜'愼徽五典, 五典克從, 納于百揆, 百揆時序, 賓于四門, 四門穆穆', 是其義也.」"라 함. 《傳》에 "出門而交, 非牽於私, 其交必正矣. 正則无失而有功"이라 함.

六二: 係小子, 失丈夫.
☆象曰:「係小子」, 弗兼與也.

〈언해〉 六二(륙이)는, 小子(쇼즈)에 係(계)ᄒ면 丈夫(댱부)를 失(실)ᄒ리라.[《本義》: 小
子(쇼자)에 係(계)ᄒ고 丈夫(댱부)를 失(실)토다]

☆象(샹)애 ᄀᆞᆯ오디「係小子」ㅣ면 兼(겸)ᄒ야 與(여)티 몯ᄒ리라.[《本義》: 兼(겸)
ᄒ야 與(여)티 몯홈이라]

〈해석〉 [六二](--): 어린아이에게 붙들리면 장부를 잃으리라.(어린아이에게는 묶이고,
장부는 잃도다.)

☆象: "어린아이에게 붙들린다"함은, 겸하여 둘 모두를 함께 차지하지 못함을
말한다.(함께 차지하지 못함이라.)


【六二】 이는 하괘 震(雷, 動)의 중앙에 위치하였으며 상배하는 九五와 음양호응이
매우 이상적임. 그러나 자신의 그러한 좋은 환경을 믿고 소인배들에게 얽매이면 보필
할 장부를 잃게 됨.

【係小子, 失丈夫】 '係'는 '매이다, 얽매이다, 관직의 상하관계를 맺고 있다' 등의 뜻.
'小子'는 나이 어린 사람. 初九를 가리킴. '丈夫'는 어른. 九五를 가리킴. 즉 자신이
陰이므로 배필이 될 陽을 찾느라, 가까이 있는 初九(陽)에게 관심을 두었다가는 멀리
있는 제왕 九五(陽)를 잃게 됨을 비유함. 그러나 이 爻는 고대 노예에 대한 내용일
것이라 추정하기도 함. 즉 '소자(어린 노예)를 묶느라 장부(어른 노예)를 잃게 됨'을
뜻하는 것이라고도 함. ○高亨은 "「係小子, 失丈夫」, 殆指俘虜而言, 乃小存大亡之象,
未言休咎, 休咎自在辭中矣"라 함. 王弼 注에 "陰之爲物, 以處隨世, 不能獨立, 必有係也.
居隨之時, 體分柔弱, 而以乘夫剛動, 豈能秉志? 違於所近, 隨此失彼, 弗能兼與. 五處己
上, 初處己下, 故曰'係小子, 失丈夫'也"라 하였고, 〈正義〉에 "小子, 謂初九也; 丈夫, 謂
九五也. 初九處卑, 故稱小子; 五居尊位, 故稱丈夫. 六二旣是陰柔, 不能獨立, 所處必近
係屬初九, 故云'係小子'. 旣屬初九, 則不得往應於五, 故云'失丈夫'也"라 함. 《集解》에
"虞翻曰:「應在巽, 巽爲繩, 故稱係. 小子謂五, 兌爲少, 故曰'小子'. 丈夫謂四, 體大過老
夫, 故稱'丈夫'. 承四隔三, 故失丈夫. 三至上有大過象, 故與老婦, 士夫同義, 體咸象夫死
大過, 故每有欲嫁之義也.」"라 함. 《傳》에 "二應五而比, 初隨先於近柔, 不能固守, 故爲
之戒. 云若係小子, 則失丈夫也. 初陽在下, 小子也; 五正應在(一作居)上, 丈夫也. 二若志
係於初, 則失九五之正應, 是失丈夫也(一无也字). 係小子而失丈夫, 捨正應而從不正, 其

咎大矣. 二有中正之德, 非必至如是也. 在隨之時, 當爲之戒也"라 하였고, 《本義》에 "初陽在下, 而近五陽正應, 而遠二陰柔, 不能自守, 以須正應, 故其象如此. 凶咎可知, 不假言矣"라 함.

☆【「係小子」, 弗兼與也】 '弗兼與'는 두 사람을 겸하여 차지할 수 없음을 뜻함. '與'는 '자신이 차지함'의 뜻. 〈正義〉에 "〈象〉曰'弗兼與'者, 釋'係小子'之意, 旣隨此初九, 則失彼九五丈夫, 是不能兩處兼有, 故云'弗兼與'也"라 함. 《集解》에 "虞翻曰:「己係於五, 不兼與四也.」"라 함. 《傳》에 "人之所隨得正, 則遠邪; 從非則失是. 无兩從之理, 二苟係初, 則失五矣, 弗能兼與也. 所以戒人從正, 當專一也"라 함.


# 六三: 係丈夫, 失小子, 隨有求得, 利居貞.
## ☆象曰:「係丈夫」, 志舍下也.

〈언해〉 六三(륙삼)은, 丈夫(댱부)를 係(계)ᄒ고 小子(쇼ᄌ)를 失(실)ᄒ니, 隨(슈)호매 有求(유구)를 得(득)ᄒ나, 貞(뎡)에 居(거)홈이 利(리)ᄒ니라.

　　☆象(샹)애 ᄀᆞᆯ오디「係丈夫」ᄂᆞᆫ 志(지)ㅣ 下(하)를 舍(샤)홈이라.

〈해석〉 [六三](--): 장부를 붙잡느라 어린 아이를 잃으니, 그러나 순종하여 따르므로 해서 구하는 것을 얻기는 하나, 바른 마음을 근거로 하는 것이 이로우리라.

　　☆象: "장부를 붙잡는다"함은, 그 뜻이 아랫사람을 버린다는 것이다.


　　【六三】 이는 下卦(震)의 가장 윗자리이며 陰爻로 位不當함. 아울러 올라가는 과정에 바로 위에 九四(陽)가 있어, 이를 믿고 거기에 전념하다가 소자를 잃게 됨. 따라서 隨卦의 본의에 따라 사람을 찾아야 함.

　　【係丈夫, 失小子, 隨有求得, 利居貞】 六二의 반대 상황으로 丈夫를 잡다가 小子를 잃게 됨. 그러나 혹 여기서의 '丈夫'는 九四(陽)를 가리키며 '小子'는 六二(陰)를 가리키는 것이라고도 함. '隨有求得'은 隨卦의 본의를 지켜 사람을 찾음. 그러나 여기서의 '隨'는 바로 위의 '九四를 따르다'의 뜻으로도 봄. '利居貞'은 九四를 따르고자 하나 짝을 이루지 못함으로, 자신이 바른 삶을 근거로 해야 이로움이 있음. ○高亨은 "係丈夫, 失小子, 大存小亡之象, 且小子逃可追逐而及之, 故曰「係丈夫, 失小子, 隨有求得」. 若人有所失欲追求之, 筮遇此爻, 則得之. 又占問居處者, 筮遇此爻, 則利, 故又曰「利居貞」. '利居貞', 自爲一事, 非承上句而言"이라 하여, '利居貞'은 별개의 占辭라 함. 王弼 注에 "陰之爲

物, 以處隨世, 不能獨立, 必有係也. 雖體下卦, 二己據初, 將何所附? 故舍初係四, 志在丈夫. 四俱无應, 亦欲於己隨之, 則得其所求矣. 故曰'隨有求得'也. 應非其正, 以係於人, 何可以妄? 故'利居貞'也. 初處己下, 四處己上, 故曰'係丈夫, 失小子'也"라 하였고, 〈正義〉에 "六三陰柔, 近於九四, 是'係於丈夫'也. 初九旣被六二之所據, 六三不可復徃從之, 是'失小子'也. '隨有求得'者, 三欲徃隨於四, 四亦更无他應, 己徃隨於四, 四不能逆己, 是三之'所隨有求'而皆得也. '利居貞'者, 己非其正, 以係於人, 不可妄動, 唯利在居處守正, 故云'利居貞'也"라 함. 《集解》에 "虞翻曰:「隨, 家陰隨陽, 三之上无應, 上係於四, 失初小子, 故'係丈夫, 失小子'. 艮爲居爲求, 謂求之正, 得位遠應, 利上承四, 故'利居貞'矣.」"라 함. 《傳》에 "丈夫, 九四也; 小子, 初也. 陽之在上者, 丈夫也; 居下者, 小子也. 三雖與初同體, 而切近於四, 故係於四也. 大抵陰柔不能自立, 常親係於所近者, 上係於四, 故下失於初. 舍初從上, 得隨之宜也. 上隨則善也, 如昏之隨明, 事之從善, 上隨也. 背是從非, 舍明逐暗, 下隨也. 四亦无應, 无隨之者也. 近得三之隨, 必與之親善, 故三之隨四, 有求必得也. 人之隨於上, 而上與之, 是得所求也. 又凡所求者, 可得也. 雖然, 固不可非理枉道以隨於上, 苟取愛說以逐, 所求如此, 乃小人, 邪諂趨利之爲也. 故云'利居貞'. 自處於正, 則所謂'有求而必(一无必字)得'者, 乃正事君子之隨也"라 하였고, 《本義》에 "丈夫, 謂九四; 小子, 亦謂初也. 三近係四, 而失於初, 其象與六二正相反, 四陽當任而已. 隨之有求必得, 然非正應, 故有不正而爲邪媚之嫌, 故其占如此, 而又戒以居貞也"라 함.

☆【「係丈夫」, 志舍下也】 '志舍下'는 이 六三은 위에 순종만 하면서 아래 初九는 버려도 된다고 여기고 있음. 王弼 注에 "下, 謂初也"라 함. '舍'는 捨와 같음. 〈正義〉에 "〈象〉曰 '志舍下'者, 釋'係丈夫'之義. 六三旣係九四之丈夫, 志意則舍下之初九也. '四俱无應'者, 三旣无應, 四亦无應, 是四與三, 俱无應也. 此六二·六三, 因陰陽之象, 假丈夫·小子, 以明人, 事餘无義也"라 함. 《集解》에 "王弼曰:「雖體下卦, 二己據初, 將何所附? 故捨初係四, 志在丈夫也. 四俱无應, 亦欲於己隨之, 則得其求矣. 故曰'隨有求得'也. 應非其正, 以係於人, 何可以妄? 故'利居貞'也. 初處己下, 四處己上, 故曰'係丈夫, 失小子'.」"라 함. 《傳》에 "旣隨於上, 則是其志舍下而不從也. 舍下而從上, 舍卑而從高也. 於隨爲善矣"라 함.

九四: 隨有獲, 貞凶. 有孚在道, 以明, 何咎?
☆象曰:「隨有獲」, 其義凶也;「有孚在道」, 明功也.

〈언해〉 九四(구ᄉ)는, 隨(슈)에 獲(획)홈이 이시면 貞(뎡)ᄒ야도 凶(흉)ᄒ니, 孚(부)를
두고 道(도)애 잇고, 明(명)을 ᄡᅥ ᄒ면 무슴 咎(구)ㅣ리오?[《本義》: 隨(슈)ᄒ야
獲(획)홈이 이심이니]

☆象(샹)애 ᄀᆯ오ᄃᆡ「隨有獲」은 그 義(의)ㅣ 凶(흉)홈이오,「有孚在道」ᄂᆞᆫ 明(명)ᄒᆞᆫ
功(공)이라.

〈해석〉 [九四](一): 마음대로 사사롭게 자신만을 위해 획득하려는 마음이 있으면 아무
리 바르게 해도 흉하니, 믿음을 바탕으로 두고 정도에 자리를 잡고 있으면서
공로를 밝힌다면 무슨 허물이 있겠는가?(자신의 뜻대로 하여 획득함이 있는
것이니)

☆象: "자신의 뜻대로 획득함이 있다"함은, 그 의의가 흉하다는 것이요, "믿음을
가지고 정도에 자리를 잡는다", 분명한 공로임을 뜻한다.

【九四】 이는 상괘(兌, 澤, 悅)의 시작이며 陽爻로 位不當함. 아울러 兌卦의 柔順함을
넘어 자신의 陽剛을 이용, 俘虜를 사사롭게 차지하는 관리의 역할을 함. 따라서 正道
를 지켜야 허물이 없음.

【隨有獲, 貞凶】 '隨'는 隨意, 즉 자신의 뜻대로 판단하여 처리함. 사사롭게 차지함.
그러나 위의 九五에게 順從함을 뜻함. '獲'은 獲得함. 혹 '攫'자라 함. '貞凶'은 점괘가
흉함. 혹 '貞'은 正으로 보아 '바른 척 해도 흉하다'의 뜻. ○高亨은 "此文'獲'字卽用作'攫'.
逐而有攫, 不徒不能捕物, 且將爲人所捕, 故曰「隨有獲, 貞吉」"이라 함. 〈正義〉에 "隨有
獲'者, 處說之初, 下據二陰, 三求係己, 不距則獲, 故曰'隨有獲'也. '貞凶'者, 居於臣地, 履
非其位, 以擅其民, 失於臣道, 違其正理, 故'貞凶'也"라 함.《集解》에「虞翻曰:「謂獲三也.
失位相據, 在大過死象, 故'貞凶'. 〈象〉曰'其義凶矣'. 孚謂五, 初震爲道, 三已之正四變, 應
初得位在離, 故'有孚在道, 以明何咎?'. 〈象〉曰'明功'也.」라 함.

【有孚在道, 以明, 何咎?】 '孚'는 俘와 같음. 俘虜, 혹은 戰利品. 그러나 〈象辭〉에는
'忠信', '信守'의 뜻으로 보았음. '在道'는 길, 路上, 道路에 있음. 그러나 추상적인 正
道, 道理의 뜻이 더욱 맞을 듯함. '以明'은 明智로써 일을 처리함. 즉 功의 有無를 밝
힘. 그러나 '以'는 '而'로 보아 順接의 역할을 하는 虛辭로 보기도 함. ○高亨은 "孚讀爲
浮, 罰也. 行罰貴明, 明者當罰乃罰, 決無含寃服屈也. 行罰能明, 尙何咎哉! 雖行罰在路

中, 亦無咎也. 故曰「有孚在道, 以明, 何咎?」라 함. 王弼 注에 "處說之初, 下據二陰, 三求係己, 不距則獲, 故曰'隨有獲'也. 居於臣地, 履非其位, 以擅其民, 失於臣道, 違正者也, 故曰'貞凶'. 體剛居說, 而得民心, 能幹其事, 而成其功者也. 雖違常義, 志在濟物, 心存公誠, 著信在道, 以明其功, 何咎之有?"라 하였고, 〈正義〉에 "'有孚在道, 以明何咎'者, 體剛居說, 而得民心, 雖違常義, 志在濟物, 心存公誠, 著信在於正道, 有功以明, 更有何咎? 故云'有孚在道, 以明何咎'也"라 함. 《傳》에 "九四, 以陽剛之才, 處臣位之極. 若於隨有獲, 則雖正亦凶. '有獲', 謂得天下之心, 隨於己爲臣之道, 當使恩威一出於上, 衆心皆隨於君. 若人心從己, 危疑之道也. 故凶居此地者, 奈何唯孚? 誠積於中, 動爲合於道, 以明哲處之, 則又何咎? 古之人有行之者, 伊尹·周公·孔明, 是也. 皆德及於(一无於字)民, 而民隨之. 其得民之隨, 所以成其君之功, 致其國之安, 其至誠存乎中, 是有孚也. 其所施爲无不中道, 在道也. 唯其明哲, 故能如是以明也, 復何過咎之有? 是以下信而上不疑, 位極而无逼, 上之嫌勢, 重而无專强(一作權)之過. 非聖人大賢, 則不能也. 其次如唐之郭子儀, 威震主而主不疑, 亦由中有誠孚而處, 无甚失也. 非明哲, 能如是乎?"라 하였고, 《本義》에 "九四以剛居上之, 下與五同德, 故其占隨而有獲. 然勢陵於五, 故雖正而凶, 惟有孚在道而明, 則上安而下從之, 可以无咎也. 占者當時之任, 宜審此戒"라 함.

☆【「隨有獲」, 其義凶也】'其義凶'은 그 뜻이 흉함. 《集解》에 "虞翻曰:「死在大過, 故凶也.」"라 함.

【「有孚在道」, 明功也】'明功'은 功勞의 유무를 정확히 밝힘. 그러나 '자신도 공이 있음을 밝히다'의 뜻. 〈諺解〉에는 '분명한 공로'라 하였음. 〈正義〉에 "〈象〉曰'隨有獲, 其義凶'者, 釋'隨有獲, 貞凶'之意. 九四旣有六三, 六二獲得九五之民, 爲臣而擅君之民, 失於臣義, 是以宜其凶也. '有孚在道, 明功'者, 釋'以明, 何咎'之義. 旣能著信, 在于正道, 是明立其功, 故'无咎'也"라 함. 《集解》에 "虞翻曰:「功, 謂五也. 三四之正, 離爲明, 故'明功'也.」"라 함. 《傳》에 "居近君之位, 而有獲其義, 固凶, 能有孚而在道, 則无咎, 蓋明哲之功也"라 함.


# 九五: 孚于嘉, 吉.
## ☆象曰:「孚于嘉, 吉」, 位正中也.

〈언해〉 九五(구오)는, 嘉(가)의 孚(부)홈이니, 吉(길)ᄒᆞ니라.

　　☆象(샹)애 ᄀᆞᆯ오디「孚于嘉, 吉」은 位(위)ㅣ 正(졍)ᄒᆞ고 中(듕)홀 시라.

〈해석〉[九五](一): 아름다운 믿음이니, 길하니라.

☆象: "아름다운 믿음이니 길하도다"함은, 자리가 정당하고 가운데에 있기 때문이다.


【九五】이는 帝王의 자리이며 陽爻로 位正當함. 따라서 隨卦 전체를 이끄는 主爻이며, 상배한 六二(陰)와 음양이 호응하여 매우 이상적임.

【孚于嘉, 吉】'嘉'는 '착하다, 아름답다'의 뜻. 즉 俘虜 중에는 中正의 도를 지키는 이도 있음. 혹 '孚'는 浮(罰), '嘉'는 嘉禮, 宴會라고도 함. 그러나 '孚于嘉'는 '훌륭한 많은 이들로부터 믿음을 사다'의 뜻이라고도 함. 한편 ○高亨은 "孚讀爲浮, 罰也. 此謂飮酒之罰也. '孚于嘉'者, 謂在行嘉禮之時, 因失儀而被罰酒也. 是雖被罰, 不失爲吉, 故曰「孚于嘉, 吉」"이라 함. 王弼 注에 "履正居中, 而處隨世, 盡隨時之宜, 得物之誠, 故'嘉吉'也"라 하였고, 〈正義〉에 "'孚于嘉吉'者, 嘉, 善也. 履中居正, 而處隨世, 盡隨時之義, 得物之誠信, 故獲美善之吉也"라 함. 《集解》에 "虞翻曰:「坎爲孚, 陽稱嘉, 位五正, 故吉也.」"라 함. 《傳》에 "九五居尊, 得正而中, 實是其中, 誠在於隨, 善其吉可知. 嘉, 善也. 自人君至於庶人, 隨道之吉, 唯在隨善而已. 下應二之正中, 爲隨善之義"라 하였고, 《本義》에 "陽剛中正, 下應中正, 是信於善也. 占者如是, 其吉宜矣"라 함.

☆【「孚于嘉, 吉」, 位正中也】'位正中'은 位正當과 같음. 上卦(兌)의 중앙이며 동시에 陽爻, 아울러 全卦의 帝位에 해당함을 뜻함. 《集解》에 "虞翻曰:「凡五言中正, 中正皆陽, 得其正, 以此爲例矣.」"라 함. 《傳》에 "處正中之位, 由正中之道, 孚誠所隨者, 正中也. 所謂嘉也, 其吉可知. 所孚之嘉, 謂六二也. 隨以得中爲善, 隨之所防者, 過也. 蓋心所說隨, 則不知其過矣"라 함.


上六: 拘係之, 乃從維之. 王用亨于西山.
☆象曰:「拘係之」, 上窮也.

〈언해〉上六(샹륙)은, 拘係(구계)ᄒ고 조초 維(유)홈이니, 王(왕)이 ᄡᅥ 西山(셔산)애 亨(형)홈이로다.

☆象(샹)애 ᄀᆯ오ᄃᆡ「拘係之」ᄂᆞᆫ, 上(샹)ᄒᆞ야 窮(궁)홈이라.

〈해석〉[上六](--): 구속하여 묶고 이에 이어서 매어놓는 것이니, 왕이 이를 희생으로 삼아 서산(西山)에서 제사를 올리는 것이로다.

☆象: "구속하여 묶는다"함은, 윗자리에 있어 수괘의 임무가 다했음을 뜻한다.

【上六】이는 隨卦 전체의 마감이며 陰爻로 位正當함. 이에 俘虜를 묶어 문왕이 西山(岐山)에서 제사를 지내는 상황과 같음.

【拘係之, 乃從維之】'拘係'는 묶어 가둠. '維'는 끈 등으로 매어 놓음. '之'는 俘虜. 그러나 이 효는 가장 위에 있어 險僻한 西山에 있으면서 순종을 거부하는 것이므로 '이를 묶어 강제로 순종토록 하여 西山 지역과 소통함'의 뜻으로 보기도 함. 그러나 '乃從'의 '從'은 縱으로 '풀어주다, 풀려나다'의 뜻으로, 구체적으로 유리(羑里)의 옥에 갇혀《易》을 풀이하던 文王이 풀려나 서쪽 자신의 周나라로 가게 됨을 뜻하는 것이라 하였음.《左傳》襄公 31년에 "紂囚文王七年, 諸侯皆從之囚, 紂於是乎懼而歸之"라 하였고,《竹書紀年》에도 "帝辛二十三年西伯于羑里, 二十九年釋西伯"이라 하였음. 이 고사는《戰國策》(趙策),《韓非子》(難二),《呂氏春秋》(首時篇),《淮南子》(氾論訓, 道應訓),《史記》(殷本紀, 周本紀) 등에 널리 실려 있음. 王弼 注에 "隨之爲體, 陰順陽者也. 長處上極, 不從者也. 隨道已成, 而特不從, 故拘係之, 乃從也. '率土之濱, 莫非王臣', 而爲不從, 王之所討也. 故維之, '王用亨于西山'者, 兌爲西方, 山者, 途之險隔也. 處西方而爲不從, 故王用通于西山"이라 하였고, 〈正義〉에 "最處上極, 是不隨從者也. 隨道已成, 而特不從, 故須拘係之, 乃始從也"라 함.《集解》에 "虞翻曰:「應在艮, 艮手爲拘, 巽爲繩, 兩係稱維, 故'拘係之, 乃從維之'. 在隨之上, 而無所隨, 故維之. 象曰'上窮', 是其義也.」"라 함.

【王用亨于西山】'王'은 周 文王(姬昌, 西伯). '用'은 '以', '因'과 같음. 雙聲互訓. '亨'은 享과 같음. 祭享을 뜻함. '西山'은 岐山. 鎬京의 서쪽으로 古公亶父가 터를 잡았던 곳. 周의 발상지. ○高亨은 "此乃文王故事.《左傳》襄公三十一年:「紂囚文王七年, 諸侯皆從之囚, 紂於是乎懼而歸之.」今本《竹書紀年》:「帝辛二十三年囚西伯于羑里, 二十九年釋西伯.」紂囚文王於羑里一事, 又見於《戰國策》趙策,《尸子》,《韓非子》難二篇,《呂氏春秋》首時篇.《淮南子》氾論篇·道應篇,《史記》殷本紀·周本紀. 殆信有之事. 周易此文「拘係之」, 謂周囚文王於羑里也.「從維之」, 謂放歸於周也.「亨」即享字.「王用亨于西山」, 謂文王歸周以爲賴神之庇祐, 得免於難, 因享祀於西山以報之也"라 함. 〈正義〉에는 앞의 '維之'를 이 구절에 붙여, '維之, 王用亨于西山'者, 若欲維係此上六, 王者必須用兵, 通于西山險難之處, 乃得拘係也. 山, 謂險阻, 兌處西方, 故謂'西山'. 今有不從, 必須維係, 此乃王者, 必須用兵, 通于險阻之道, 非是意在好刑, 故曰'王用亨于西山'"이라 함.《集解》에 "虞翻曰:「否乾爲王, 謂五也. 有觀象, 故亨. 兌爲西, 艮爲山, 故'王用亨於西山'也.」"라 함.《傳》에 "上六, 以柔順而居隨之極, 極乎隨者也. '拘係之', 謂隨之極, 如拘持縻係之,

乃從維之, 又從而維繫之也. 謂隨之, 固結如此, '王用亨於西山', 隨之極如是. 昔者太王用此道, 亨王業於西山; 太王避狄之難, 去豳來岐 豳人老稚, 扶攜以隨之, 如歸市. 蓋其人心之隨, 固結如此. 用此, 故能亨. 盛其王業於西山, 西山, 岐山也. 周之王業, 蓋興於此. 上居隨極, 固爲太過, 然在得民(一有心字)之隨, 與隨善之固如此, 乃爲善也. 施於他, 則過矣"라 하였고, 《本義》에 "居隨之極, 隨之固結而不可解者也. 誠意之極, 可通神明, 故其占爲王用亨于西山, '亨', 亦當作'祭享之享'. 自周而言, 岐山在西, 凡筮祭山川者, 得之其誠意如是, 則吉也"라 함.

☆【「拘係之」, 上窮也】 '上窮'은 이 효는 隨卦의 마지막으로 더 이상 隨從할 대상이 없음을 비유함. 즉 隨卦의 임무가 다한 것임. 그 때문에 窮困함에 처한 상태임. '窮'은 '盡', '困'과 같음. 王弼 注에 "處于上極, 故窮也"라 하였고, 〈正義〉에 "〈象〉曰'拘係之上窮'者, 釋拘係之義. 所以須拘係者, 以其在上而窮極, 不肯隨從故也"라 함. 《集解》에 "虞翻曰:「乘剛无應, 故'上窮'也.」"라 함. 《傳》에 "隨之固, 如拘係(一无係字)維持(一无持字), 隨道之窮極也"라 하였고, 《本義》에 "窮, 極也"라 함.

# 018 고蠱

☶ 山風蠱: ▶巽下艮上(☴下☶上)

  *蠱(고): 〈音義〉에 "蠱, 音古. 事也, 惑也, 亂也. 《左傳》云:「於文皿蟲爲蠱.」又云:「女惑男, 風落山謂之蠱.」"라 하여 '고(gǔ)'로 읽음. '蠱'는 蠱惑, 惑亂, 蠱魅, 蠱害 등을 뜻함. '蠱'의 原義는 바이러스. 혹 눈으로 보이지는 않으나 사람에게 병을 앓게 하기도 하고, 심리적으로 특이한 이상행동을 하도록 하는 그 무엇을 뜻함. 이에 《說文》에는 "蠱, 腹中蟲也. 《春秋傳》曰:「皿蟲爲蠱.」晦淫之所生也. 梟桀死之鬼亦爲蠱. 從蟲從皿"이라 하여, 그릇에 오래된 음식물이 부패하여 생기는 벌레였음. 뒤에 의미가 확장되어 '사람을 蠱惑하게 하다'의 뜻으로 넓혀진 것임. 하괘는 巽(風)이며 상괘는 艮(山)으로, 산 아래 바람이 부는 異卦相疊의 '山風' 괘체임. 산은 위에서 침정하여, 이는 현인이 자신의 위치에서 침잠함을 비유하며, 風은 산 아래에서 불어, 이는 백성이 그 교화를 입음을 비유함. 마치 《論語》 顔淵篇 "君子之德風, 小人之德草. 草上之風, 必偃"의 '風吹草偃'의 상황을 뜻함. 이는 혹란을 바로잡고 적폐를 혁파하여 난세를 다스리되, 항상 시작할 때 끝을 잘 마무리할 수 있는 正道, 恒德, 狂簡함를 지녀야 함을 상징함. 《廣雅》에 "蠱, 事也"라 함. 《左傳》昭公 元年에 "淫溺惑亂之所生也. 於文, 皿蟲爲蠱. 穀之飛亦爲蠱. 在《周易》, 女惑男, 風落山謂之蠱☶. 皆同物也"(지나치게 탐닉하여 미혹된 착란 때문에 생기는 것이다. 글자로 보면 그릇(皿)에 벌레(蟲)가 담겨 있는 것이 '蠱'자다. 그리고 곡물에 날벌레가 생기는 것도 역시 '고'라 한다. 《周易》에서는 여자가 남자를 홀리게 하고, 바람이 산을 떨어뜨리는 것을 일러 고☶라 하였다. 사물은 모두 같은 것이다)라 하였음.
  *《集解》에 "〈序卦〉曰:「以喜隨人者, 必有事, 故受之以'蠱'. 蠱者, 事也.」(九家《易》曰:「子行父事, 備物致用, 而天下治也. 備物致用, 立成器以爲天下, 利莫大於聖人. 子修聖道, 行父之事, 以臨天下, 无爲而治也.」)"라 함.
  *《傳》에 "蠱', 〈序卦〉:「以喜隨人者, 必有事, 故受之以'蠱'.」承二卦之義, 以爲次也. 夫喜說以隨於人者, 必有事也. 无事, 則何喜何隨? 蠱所以次隨也. 蠱, 事也. 蠱, 非訓事, 蠱乃有事也. 爲卦山下有風, 風在山下, 遇山而回, 則物亂, 是爲蠱象. 蠱之義, 壞亂也. 在文爲蟲皿, 皿之有蟲, 蠱壞之義. 《左氏傳》(昭公 元年)云:「風落, 山女惑男, 以長女下於少男, 亂其情也.」風遇山而回, 物皆撓, 亂是爲有事之象. 故云「蠱者, 事也」, 旣蠱而治之, 亦事也. 以卦之象言之, 所以成蠱也; 以卦之才言之, 所以治蠱也."라 함.

# (1) 卦辭

## 蠱: 元亨, 利涉大川. 先甲三日, 後甲三日.

〈언해〉 蠱(고)는 元(원)ᄒᆞ야 亨(형)ᄒᆞ니, 大川(대쳔)을 涉(셥)홈이 利(리)ᄒᆞ니[《本義》: 크게 亨(형)ᄒᆞ니]

甲(갑)으로 몬져 三日(삼일)을 ᄒᆞ며, 甲(갑)으로 後(후)ᄃ 三日(일)을 홀 디니라. [《本義》: 甲(갑)으로 몬져 三日(삼일)을 ᄒᆞ고]

〈해석〉 고(蠱, 고괘)는 커서 형통하니, 大川을 건너기이 이로이니,(크게 형통하니) 甲日의 앞 三일에 일을 시작하며, 갑일에서 후 三일까지 그렇게 할 지니라.(갑일로 부터 먼저 삼일을 하고)

【蠱】卦名이며, 그릇에 벌레가 가득 들어 있는 형상. 곡물에 벌레가 끼는 것. 《搜神記》 등에 의하면 눈에 보이지는 않으나 병리 현상을 일으키는 바이러스 등을 고대에는 '蠱'라 부르기도 하였음. 그 때문에 정신적으로 蠱惑, 迷惑, 昏迷함에 빠지는 상황을 뜻함. 혹 '여자가 남자를 미혹시키는 것'(女惑男謂之蠱)이라고도 함.

【元亨, 利涉大川】'元亨'은 크게 형통함. 혹은 큰 享祀(제사). ○高亨은 "元, 大也. 亨卽享字, 古人擧行大享之祭, 曾筮遇此卦, 故記之曰「元亨」"이라 함. '蠱, 元亨'은 《集解》에 "虞翻曰: 「泰初之上, 而與隨旁通. 剛上柔下, 乾坤交, 故元亨也.」○伏曼容曰: 「蠱, 惑亂也. 萬事從惑而起, 故以蠱爲事也.」案《尙書大傳》云: '乃命五史, 以書五帝之蠱事.' 然爲訓者, 正以太古之時, 无爲无事也. 今言蠱者, 是卦之惑亂也. 時旣漸澆, 物情惑亂, 故事業因之, 而起惑矣. 故《左傳》(昭公 元年)云: '女惑男, 風落山謂之蠱.' 是其義也.」"라 함. '利涉大川'은 큰 난관을 건너기에 이로움. '大川'은 건너야 할 난관이나 험로, 과정 등을 뜻함. 《集解》에 "虞翻曰: 「謂二失位, 動而之坎也, 故'利涉大川'也.」"라 함. 《傳》에 "旣蠱, 則有復治之理. 自古治必因亂, 亂則開治, 理自然也. 如卦之才, 以治蠱, 則能致'元亨'也. 蠱之大者, 濟時之艱難險阻也. 故曰'利涉大川'"이라 함.

【先甲三日, 後甲三日】先甲은 十干에서 甲日의 사흘 전인 辛日. 後甲은 역시 사흘 뒤인 丁日. '甲'은 큰 제사나 행사를 치르기 위해 정한 날짜를 말함. 그 전사흘 동안은 잘 일러주고, 끝난 뒤 사흘은 잘 평가하여 마무리 함. 王引之는 "〈蠱〉:「先甲三日, 後甲三日.」〈巽〉九五:「先庚三日, 後庚三日, 吉.」甲庚乃十日之名. 先甲三日, 後甲三日, 先庚三日, 後庚三日, 皆行事之吉日也. 事必諏日以行, 故〈蠱〉用先後甲之辛與丁, 〈巽〉用先後

庚之丁與癸也. 古人行事之日, 多有用辛與丁癸者"라 하여 《禮記》(郊特牲)와 《左傳》(宣公
8년, 昭公 25년)의 예를 들고 있음. 한편 ○高亨은 "我國上古曆法, 每年十二月(有閏月,
置歲末). 每月三旬. 每旬十日. 以甲乙丙丁戊己庚辛壬癸十字記之. 每旬之第一日爲甲日,
第二日爲乙日, 第三日爲丙日, 餘以類推. 據甲骨刻辭, 殷大已用此曆法. 但此文「先甲三
日, 後甲三日」, 乃承「利涉大川」而言, 謂筮遇此爻, 涉大川而利, 唯利在甲前之辛日, 與甲
後之丁日, 餘日則不利也. 故曰「利涉大川, 先甲三日, 後甲三日」"이라 하였음. 이는 시간
적으로 7일간이며, 7이라는 숫자를 상징적으로 내세운 것임. 즉 괘는 6개의 효로 되어
있어 6번째가 끝나고 7번째는 다시 원래의 효로 되돌아옴을 말함. 이는 '由亂轉治'의
앞뒤 상황과 조치를 고찰해야 함을 말한 것임. 蠱卦는 아래는 巽(順)이며 위는 艮(止)로
서, 停止하여 움직이지 않는 윗사람을 恭順하게 대하는 것은 惑亂한 것이라 여긴 것.
〈正義〉에 "蠱者, 事也. 有事營爲, 則大得亨通. 有爲之時, 利在拯難, 故利涉大川也. '先甲
三日, 後甲三日'者, 甲者, 創制之令, 旣在有爲之時, 不可因, 仍舊令, 今用創制之令, 以治
於人. 人若犯者, 未可卽加刑罰, 以民未習, 故先此宣令之前三日, 殷勤而語之. 又於此宣令
之後三日, 更丁寧而語之, 其人不從, 乃加刑罰也. 其褚氏·何氏·周氏等, 並同鄭義, 以爲
甲者, 造作新令之日, 甲前三日, 取改過自新, 故用辛也. 甲後三日, 取丁寧之義, 故用丁也.
今案輔嗣注:「甲者, 創制之令, 不云創制之日.」又'巽'卦九五:「先庚三日, 後庚三日.」輔嗣
注:「申命令謂之庚.」輔嗣又云:「甲·庚, 皆申命之謂.」則輔嗣不以甲爲創制之日, 而諸儒
不顧輔嗣注旨, 妄作異端, 非也"라 함. 《集解》에 "《子夏傳》云: '先甲三日'者, 辛壬癸也;
'後甲三日'者, 乙丙丁也.」○馬融曰:「甲在東方, 艮在東北, 故云'先甲'. 巽在東南, 故云'後
甲'. 所以十日之中, 唯稱甲者, 甲爲十日之首, 蠱爲造事之端, 故擧初而明事始也. 言所以
'三日'者, 不令而誅, 謂之暴. 故令先後各三日, 欲使百姓, 遍習行而不犯也.」라 함. 《傳》
에 "甲, 數之首·事之始也. 如辰之甲乙·甲第·甲令, 皆謂首也, 事之端也. 治蠱之道, 當思
慮其先後三日, 蓋推原先, 後爲救弊, 可久之道. '先甲', 謂先於此, 究其所以然也; '後甲',
謂後於此, 慮其將然也. 一日二日至於三日, 言慮之深·推之遠也. 究其所以然, 則知救之之
道; 慮其將, 然則知備之之方. 善救則前弊可革, 善備則後利可久. 此古之聖王, 所以新天下
而垂後世也. 後之治蠱者, 不明聖人先甲後甲之誡慮, 淺而事近, 故勞於救世, 而亂不革, 功
未及成, 而弊已生矣. '甲'者, 事之首; '庚'者, 變更之首. 制作政敎之類, 則云甲擧其首也;
發號施令之事, 則云庚. 庚, 猶更也. 有所更變也"라 하였고, 《本義》에 "蠱, 壞極而有事也.
其卦艮剛居上, 巽柔居下. 上下不交, 下卑巽而上苟止, 故其卦爲蠱. 或曰剛上柔下, 謂卦變
自'賁'來者, 初上二下自'井'來者, 五上上下自'旣濟'來者, 兼之亦剛上而柔下, 皆所以爲蠱
也. 蠱壞之極, 亂當復治, 故其占爲元亨而利涉大川. 甲日之始, 事之端也先. 甲三日, 辛也;

後甲三日, 丁也. 前事過中而將壞, 則可自新以爲後, 事之端而不使至於大壞. 後事方始而尙新, 然便當致其丁寧之意, 以監其前事之失, 而不使至於速壞, 聖人之戒深也」라 함.

## (2) 彖辭와 象辭

彖曰: 蠱, 剛上而柔下, 巽而止, 蠱.

蠱, 元亨而天下治也.「利涉大川」, 往有事也;「先甲三日, 後甲三日」, 終則有始, 天行也.

★象曰: 山下有風, 蠱. 君子以振民育德.

〈언해〉 彖(단)애 굴오디 蠱(고)는 剛(강)이 上(샹)코 柔(유)이 下(하)ᄒ고, 巽(손)ᄒ고 止(지)ㅣ ᄒ요미 蠱(고)ㅣ라.

蠱(고)ㅣ 元(원)ᄒ야 亨(형)ᄒ야 天下(텬하)ㅣ 治(티)홈이오.[《本義》: 蠱(고)ㅣ 크게 亨(형)ᄒ야]

「利涉大川」은 徃(왕)ᄒ야 事(ᄉ)를 둠이오.

「先甲三日, 後甲三日」은 終(죵)ᄒ면 始(시)ㅣ 이숌이 天(텬)의 行(힝)이라.

★象(샹)애 굴오디 山下(산하)애 風(풍)이 이숌이 蠱(고)ㅣ니, 君子(군ᄌ)ㅣ 以(이)ᄒ야 民(민)을 振(진)ᄒ며, 德(덕)을 育(육)ᄒᄂ니라.

〈해석〉 彖: 蠱卦는 剛强한 것은 위에서 있고 유순한 것은 아래에 있어, 아래(巽)이 순종하여 위(艮)이 머물러 있는 것이 고괘이다.

고(蠱)는 카서 형통하여 천하가 잘 다스려짐을 뜻한다. 고는 크게 형통하여)
"大川을 건너기에 이롭다"함은, 앞으로 해야할 일이 있음을 말하는 것이다.
"갑일 전 사흘에 일러주고, 갑이 뒤 사흘에 평가한다"함은, 만물이란 끝이 나면 다시 시작이 있음이 하늘의 운행임을 뜻한다.

★象: 산(艮) 아래서 바람(巽)이 있는 것이 고괘이니, 군자는 이를 바탕으로 하여 백성을 진휼하며, 자신의 덕을 기르느니라.

【蠱, 剛上而柔下, 巽而止, 蠱】'剛上而柔下'의 '剛'은 艮卦를, '柔'는 巽卦임을 뜻함. 艮은 剛, 巽은 柔를 상징하므로, 상괘(艮, 剛)와 하괘(巽, 柔)의 구성을 설명한 것임. 王弼 注에 "上剛, 可以斷制; 下柔, 可以施令"이라 함. '巽而止'는 하괘는 巽(順)이며, 상

괘는 艮(止)임을 말함. 王弼 注에 "旣巽又止, 不競爭也. 有事而无競爭之患, 故可以有爲也"라 하였고, 〈正義〉에 "剛上而柔下, 巽而止, 蠱'者, 此釋蠱卦之名, 并明稱蠱之義也. 以上剛能斷制, 下柔能施令, 巽順止靜, 故可以有爲也. 褚氏云:「蠱者, 惑也. 物旣惑亂, 終致損壞, 當須有事也.」有爲, 治理也. 故〈序卦〉云:「蠱者, 事也. 謂物蠱必有事, 非謂訓蠱, 爲事義當然也"라 함. 《集解》에 "虞翻曰:「泰初之上, 故剛上; 坤上之初, 故柔下. 上艮下巽, 故'巽而止, 蠱'也.」"라 함. 《傳》에 "以卦變及二體之義, 而言剛上而柔下, 謂乾之初九, 上而爲上九, 坤之上六, 下而爲初六也. 陽, 剛尊而在上者也. 今往居於上, 陰柔卑而在下者也. 今來居於下, 男雖少而居上, 女雖長而在下. 尊卑得正, 上下順理, 治蠱之道也. 由剛之上, 柔之下, 變而爲艮巽艮止也. 巽, 順也. 下巽而上止, 止於巽順也. 以巽順之道治蠱, 是以元亨也"라 하였고, 《本義》에 "以卦體·卦變·卦德, 釋卦名義. 蓋如此, 則積弊而至於蠱矣"라 함.

【蠱, 元亨而天下治也】고괘는 크게 형통하여 천하가 잘 다스려지고 있는 괘상임을 말함. 〈正義〉에 "蠱元亨而天下治'者, 釋元亨之義, 以有爲而得元亨, 是天下治理也"라 함. 《集解》에 "荀爽曰:「蠱者, 巽也. 巽歸合震, 故元亨也. 蠱者, 事也. 備物致用, 故天下治也.」"라 함. 《傳》에 "治蠱之道, 如卦之才, 則元亨而天下治矣. 夫治亂者, 苟能使尊卑·上下之義正. 在下者, 巽順; 在上者, 能止, 齊安定之事, 皆止於順, 則何蠱之不治也? 其道大善而亨也. 如此, 則天下治矣"라 함.

【「利涉大川」, 往有事也】'往有事'는 앞으로 할 일이 있을 것임. 作爲를 加해야 함. '匡除惑亂'의 작업을 말함. '有事'는 戎事를 뜻함. '往'은 시간적인 미래를 뜻함. 王弼 注에 "有爲而大亨, 非天下治而何也?"라 하였고, 〈正義〉에 "利涉大川, 往有事也'者, 釋利涉大川也. 蠱者, 有爲之時, 拔拯危難, 往當有事, 故利涉大川. 此則假外象, 以喩危難也"라 함. 《集解》에 "九家《易》曰:「陽往據陰, 陰來乘陽, 故有事也. 此卦泰, 乾天有河, 坤地有水, 二爻升降, 出入乾坤, 利涉大川也. 陽往求五, 陰來求二, 未得正位, 戎事不息, 故有事.」"라 함.

【「先甲三日, 後甲三日」, 終則有始, 天行也】이는 《易》의 영원한 순환을 뜻함. 7번째 다시 원래의 효로 되돌아옴을 말함. '終則有始'는 끝을 이룬 다음 다시 시작이 있음. 끝없는 循環을 뜻함. '天行'은 天道가 運行되는 規則, 規律. ○高亨은 "〈彖〉傳以爲天道至七而復, 蓋以天道之四時爲據. 以古代之氣候學言之: 春夏陽氣處于統治地位時期, 共爲六個月; 秋冬爲陰氣處于統治地位時期, 共爲六個月. 陽氣自正月起, 退出統治地位, 至七月(正月後第七個月), 又進入統治地位, 是陰氣至七而復. 陰陽二氣皆至七個月而復, 終則又始, 循環不已, 卽〈彖〉傳所指'終則有始, 天行也.'"라 함. 王弼 注에 "蠱者, 有事而待能

之時也. 可以有爲, 其在此時矣. 物已說隨, 則待夫作制, 以定其事也. 進德修業, 往則亨矣, 故'元亨利, 涉大川也'. 甲者, 創制之令也. 創制不可責之以舊, 故先之三日, 後之三日, 使令洽而後, 乃誅也. 因事申令, 終則復始, 若天之行用四時也"라 하였고, 〈正義〉에 "先甲三日, 後甲三日, 終則有始, 天行'者, 釋先甲三日, 後甲三日之義也. 民之犯令, 告之已終, 更復從始, 告之殷勤, 不已若天之行四時. 旣終更復, 從春爲始, 象天之行, 故云'天行'也. '蠱者, 有事待能之時'者, 物旣蠱壞, 須有事營爲所作之事, 非賢能不可, 故經云'幹父之蠱'. 幹, 則能也. '甲者, 創制之令'者, 甲爲十日之首, 創造之令, 爲在後諸令之首, 故以創造之令, 謂之爲甲, 故漢時謂令之重者, 謂之甲令, 則此義也. '創制不可責之以舊'者, 以人有犯令, 而致罪者, 不可責之舊法, 有犯則刑, 故須先後三日, 殷勤語之, 使曉知新令, 而後乃誅. 誅謂兼通責讓之罪, 非專謂誅殺也"라 함. 《集解》에 "虞翻曰:「謂初變成乾, 乾爲甲, 至二成離, 離爲日. 謂乾三爻在前, 故先甲三日. '賁'時也. 變三至四體離, 至五成乾. 乾三爻在後, 故後甲三日. '无妄'時也. 易出震消息, 歷乾坤象, 乾爲始坤爲終, 故終則有始. 乾爲天震爲行, 故天行也.」"라 함. 《傳》에 "夫有始, 則必有終; 旣終, 則必有始, 天之道也. 聖人知終始之道, 故能原始而究其所以然. 要終而備其將. 然先甲後甲而爲之慮, 所以能治蠱, 而致元亨也"라 하였고, 《本義》에 "釋卦辭. 治蠱至於元亨, 則亂而復治之象也. 亂之終治之始, 天運然也"라 함.

★【山下有風, 蠱】上卦(艮, 山) 아래 下卦(巽, 風)이 있어 산 아래에서 바람이 부는 괘상이 蠱卦임. 《集解》에 "何妥曰:「山者, 高而靜; 風者, 宣而疾. 有似君處上而安靜, 臣在下而行令也.」"라 함.

【君子以振民育德】'君子'는 통치자, 선각자, 성인. '以'는 因과 같음. 이러한 괘상을 근거로 함. '振'은 '賑濟, 賑恤, 振奮'의 뜻. 떨쳐 일어나 作爲를 가함. 바람이 산을 향해 불어올라가고 있어, 산 위의 초목과 과실이 어지럽게 흩어지고 있으므로 군자가 作爲를 가하여 匡除惑亂하고 백성을 賑恤시켜 군자 자신의 덕을 길러야 함. 王弼 注에 "蠱者, 有事而待能之時也. 故君子以濟民養德也"라 하였고, 〈正義〉에 "必云'山下有風'者, 風能搖動, 散布潤澤. 今山下有風, 取君子能以恩澤, 下振於民育養, 已德振民, 象山下; 有風育德, 象山在上也"라 함. 《集解》에 "虞翻曰:「君子謂泰乾也. 坤爲民, 初上撫坤, 故振民; 乾稱德體, 大畜須養, 故以育德也.」"라 함. 《傳》에 "山下有風, 風遇山而回, 則物皆散亂, 故爲有事之象. 君子觀有事之象, 以振濟於民, 養育其德也. 在己則養德於天下, 則濟民君子之所事, 无大於此二者"라 하였고, 《本義》에 "山下有風, 物壞而有事矣, 而事莫大於二者, 乃治己·治人之道也"라 함.

## (3) 爻辭와 象辭

初六: 幹父之蠱, 有子考, 无咎, 厲終吉.
☆象曰: 「幹父之蠱」, 意承考也.

〈언해〉 初六(초륙)은, 父(부)의 蠱(고)를 幹(간)홈이니, 子(주) l 이시면 考(고) l 咎(구) l 업스리니, 厲(려)ᄒᆞ야아 마ᄎᆞᆷ내 吉(길)ᄒᆞ리라.

　　☆象(샹)애 ᄀᆞᆯ오디 「幹父之蠱」ᄂᆞᆫ 意(의) l 考(고)를 承(승)홈이라.

〈해석〉 [初六](--): 아버지의 잘못을 바로잡는 것이니, 아들이 이렇게 함이 있으면 아버지가 허물이 없게 될 것이니, 지독하게 해야 마침내 길하리라.

　　☆象: "아버지의 일을 바로잡는다"함은, 뜻이 아버지의 업(業)을 이어받음을 뜻한다.


【初六】 이는 全卦와 內卦(下卦) 巽(風)의 시작, 陰爻로 位不當하나 柔弱하여 아버지에게 공손을 다하는 효임.

【幹父之蠱, 有子考, 无咎, 厲終吉】 '幹'은 '바로잡다'(匡正, 糾正)의 뜻. 《廣雅》에 "幹, 正也"라 함. 혹 '貫'의 假借로 '습관이 되다'의 뜻으로 보기도 함. 《爾雅》에 "貫, 習也"라 함. 여기서는 "아버지의 蠱惑을 바로잡다". 혹은 "아버지의 뜻을 계승하다"로 봄. '考'는 돌아가신 아버지. 그러나 于省吾는 "考·孝, 金文通用. '有子考', 卽'有子孝'"라 하여 '孝'자라 하였음. '厲'는 '위태함, 위험스러움, 지독함' 등의 뜻. 이 蠱卦는 上九 이외 모든 효를 前人(父母로 想定)의 積弊(蠱惑)를 바로잡음에 비유하고 있으며, 初六은 그 때문에 이러한 일을 시작함에 어려움(厲)이 있을 것임을 일러주고 있음. '終吉'은 의도가 善하므로 그 끝은 吉할 것임을 말함. ○高亨은 구체적으로 "幹父之蠱, 謂子匡正其父淫邪之妾也. 有子如此, 則父自无咎, 雖危亦終吉矣. 故曰「幹父之蠱, 有子考, 无咎, 厲終吉」"이라 하여, 첩에게 빠져 있는 아버지를 바로잡는 것이라 하였음. 王弼 注에 "處事之首, 始見任者也. 以柔巽之質, 幹父之事, 能承先軌, 堪其任者也. 故曰'有子'也. 任爲事首, 能堪其事, 考乃无咎也. 故曰'有子考, 无咎'也. 當事之首, 是以危也. 能堪其事, 故終吉"이라 하였고, 〈正義〉에 "'幹父之蠱'者, 處事之首, 以柔巽之質, 幹父之事, 堪其任也. '有子考, 无咎'者, 有子旣能堪任父事, 考乃无咎也. 以其處事之初, 若不堪父事, 則考有咎也. '厲終吉'者, 厲, 危也. 旣爲事初, 所以危也. 能堪其事, 所以'終吉'也"라 함. 《集解》에 "虞翻曰: 「幹, 正; 蠱, 事也. 泰乾爲父, 坤爲事, 故幹父之蠱. 初上易位, 艮爲子父死, 大過稱考, 故有子.

考變而得正, 故无咎, 厲, 終吉也.」○案:「位陽令首, 父之事也; 爻陰柔順, 子之質也.」라
함.《傳》에 "初六雖居最下, 成卦由之有主之義. 居內在下, 而爲主, 子幹父蠱也. 子幹父蠱
之道, 能堪其事, 則爲有子而其考得无咎. 不然, 則爲父之累, 故必惕厲, 則得終吉也. 處卑
而尸, 尊事自當兢畏, 以六之才, 雖能巽順, 體乃陰柔, 在下无應, 而主幹非有能濟之義. 若
以不克幹而(一无而字)言, 則其義甚小. 故專言爲子幹蠱之道, 必克濟, 則不累其父, 能厲,
則可以終吉, 乃備見爲子幹蠱之大法也"라 하였고,《本義》에 "幹如木之幹, 枝葉之所附,
而立者也. 蠱者, 前人已壞之緒, 故諸爻皆有父母之象. 子能幹之, 則飭治而振起矣. 初六,
蠱未深而事易濟, 故其占爲有子, 則能治蠱, 而考得无咎, 然亦危矣. 戒占者, 宜如是. 又知
危而能戒, 則終吉也"라 함.

☆【「幹父之蠱」, 意承考也】'意'는 의지를 가지고 있음. 뜻을 가지고 있음. '承'은 계
승하여 발양시킴. 王弼 注에 "幹事之首, 時有損益, 不可盡承, 故意承而已"라 하였고,
〈正義〉에 "〈象〉曰'意承考'者, 釋幹父之蠱義. 凡堪幹父事, 不可小大損益, 一依父命, 當量
事制, 宜以意承考而已對文. 父沒稱考, 若散而言之: 生亦稱考, 若〈康誥〉云:「大傷厥考
心.」是父在稱考, 此避幹父之文, 故變云'考'也"라 함.《集解》에 "王弼曰:「幹事之首, 時
有損益, 不可盡承, 故意承而已也.」"라 함.《傳》에 "子幹父蠱之道, 意在承當於父之事也.
故祗敬其事, 以置父於无咎之地, 常懷惕厲, 則終得其吉也. 盡誠於父事, 吉之道也"라 함.


九二: 幹母之蠱, 不可貞.
☆象曰:「幹母之蠱」, 得中道也.

〈언해〉 九二(구이)는, 母(모)의 蠱(고)를 幹(간)홈이니, 可(가)히 貞(뎡)티 몯홀 거시니라.
    ☆象(샹)애 굴오디 「幹母之蠱」는 中道(듕도)를 得(득)홈이라.
〈해석〉 [九二](-): 어머니의 잘못을 바로잡는 것이다. 해낼 수 없으면 자식으로서의
    마음을 바르게 가져야 한다.
    ☆象: "어머니의 일을 바로잡는다"함은, 중도(中道)를 얻고 있음을 뜻한다.

    【九二】下卦(巽)의 중앙에 있으며, 陽爻로 位不當함. 아울러 상배하는 六五(陰爻)
역시 位不當하나 陰陽互應은 맞음. 특히 하괘의 중앙에 있어, 중용을 지켜 맡은 일을
잘 처리할 것임.
    【幹母之蠱, 不可貞】'幹母之蠱'는 남존여비의 고대, 아들이 어머니 뜻을 이어받는

것은 정당한 것이 아닌 것으로 여겼으나, 母系社會에서는 도리어 훌륭한 것일 수도 있음. '不可貞'은 '不可하면 물러나 貞을 지켜야 함'을 뜻함. 그러나 ○高亨은 "此就爲子者言, 子不可干涉其母閨房之事, 故曰「幹母之蠱, 不可貞」"이라 하여, 아들이 어머니의 안방 일을 간섭하는 것은 옳지 못한 것이라 하였음. 王弼 注에 "居於內中, 宜幹母事, 故曰'幹母之蠱'也. 婦人之性, 難可全正, 宜屈己剛, 旣幹且順, 故曰'不可貞'也"라 하였고, 〈正義〉에 "居內處中, 是幹母事也. '不可貞'者, 婦人之性, 難可全正, 宜屈己剛, 不可固守. 貞, 正, 故云'不可貞'也"라 함. 《傳》에 "九二, 陽剛爲六五所應, 是以陽剛之才, 在下而幹. 夫在上陰柔之事也. 故取子幹母蠱爲義, 以剛陽之臣, 輔柔弱之君, 義亦相近. 二巽體而處柔, 順義爲多, 幹母之蠱之道也. 夫子之於母, 當以柔巽輔導之, 使得於義(一有母字). 不順而致敗蠱, 則子之罪也. 從容將順, 豈无道乎? 以婦人言之, 則陰柔可知, 若伸己剛陽之道, 遽然矯拂, 則傷恩所害大矣. 亦安能入乎? 在乎屈己下意, 巽順將承, 使之身正, 事治而已. 故曰'不可貞'. 謂不可貞, 固盡其剛直之道, 如是乃中道也. 又安能使之爲甚高之事乎? 若於柔弱之君, 盡誠竭忠, 致之於中道, 則可矣. 又安能使之大有爲乎? 且以周公之聖, 輔成王, 成王非甚柔弱也. 然能使之爲成王而已. 守成不失道, 則可矣. 固不能使之爲義黃·堯舜之事也. 二巽體而得中, 是能巽順, 而得中道合, 不可貞之義. 得幹母蠱之道也"라 하였고, 《本義》에 "九二, 剛中上應六五, 子幹母蠱而得中之象. 以剛承柔, 而治其壞, 故又戒以不可堅貞, 言當巽以入之也"라 함.

☆【「幹母之蠱」, 得中道也】 '中道'는 九二가 下卦(巽)의 가운데에 위치하고 있음을 말하며, '中庸을 지키다'의 重義法 표현임. 王弼 注에 "幹不失中, 得中道也"라 하였고, 〈正義〉에 "〈象〉曰'得中道'者, 釋幹母之蠱義, 雖不能全正, 猶不失在中之道, 故云'得中道'也"라 함. 《集解》에 "虞翻曰: 「應在五, 泰坤爲母, 故幹母之蠱. 失位, 故不可貞. 變而得正, 故貞而得中道也.」 ○案: 「位陰居內, 母之象.」"이라 함. 《傳》에 "二得中道, 而不過剛, 幹母蠱之善者也"라 함.


# 九三: 幹父之蠱, 小有悔, 无大咎.
## ☆象曰:「幹父之蠱」, 終无咎也.

〈언해〉 九三(구삼)은, 父(부)의 蠱(고)를 幹(간)홈이니 져기 悔(회)ㅣ 이시나 큰 咎(구)ㅣ 업스리라.

☆象(상)애 굴오디「幹父之蠱」는 ᄆᆞᄎᆞᆷ내 咎(구)ㅣ 업스니라.

〈해석〉[九三](一): 아버지의 잘못을 바로잡는 것이니, 조금이 후회는 일을지라도 큰

큰 허물은 없을 것이다.

☆象: "아버지의 잘못을 바로 잡는다"함은, 마침내 큰 허물이 없을 것임을

뜻한다.

【九三】하괘의 가장 윗자리이며 位正當함. 巽(風, 風化)의 의지를 상괘(艮, 山)로

상승시키는 강한 의지를 가지고 있음.

【幹父之蠱, 小有悔, 无大咎】'有小悔'는 자신이 너무 강하며, 위 艮卦의 六四, 六五가

모두 陰이어서 제대로 행할 수 없음. 그러나 陽爻로서 陽位에 있으므로 큰 허물이

되지는 않음. 아들이 아버지의 일을 바로잡고자 하면 틀림없이 작으나마 怒責을 입을

것임. ○高亨은 "子幹父之蠱, 則其父將怒責之而已. 小有悔, 無大咎. 故曰「幹父之蠱, 小

有悔, 无大咎」"라 함. 王弼 注에 "以剛幹事, 而无其應, 故'有悔'也. 履得其位, 以正幹父,

雖有小悔, 終无大咎"라 하였고, 〈正義〉에 "幹父之蠱, 小有悔'者, 以剛幹事, 而无其應,

故'小有悔'也. '无大咎'者, 履得其位, 故'終无大咎'也"라 함. 《傳》에 "二以剛陽之才, 居下

之上主幹者也. 子幹父之蠱也, 以陽處剛, 而不中剛之過也. 然而在巽體, 雖剛過而不爲无

順, 順事親之本也. 又居得正, 故无大過. 以剛陽之才, 克幹其事, 雖以剛過, 而有小. 小之

悔, 終无大過咎也. 然有小悔, 已非善事親也"라 하였고, 《本義》에 "過剛不中, 故小有悔.

巽體得正, 故无大咎"라 함.

☆【「幹父之蠱」, 終无咎也】'終无咎'는 그 끝마무리는 허물이 없을 것임. 《集解》에

"王弼曰:「以剛幹事, 而无其應, 故有悔也. 履得其位, 以正幹父, 雖小有悔, 終无大咎矣.」

○案:「爻位俱陽, 父之事.」"라 함. 《傳》에 "以三之才, 幹父之蠱, 雖小有悔, 終无大咎也.

蓋剛斷能幹, 不失正而有順, 所以終无咎也"라 함.

# 六四: 裕父之蠱, 往見吝.

## ☆象曰: 「裕父之蠱」, 往未得也.

〈언해〉六四(륙사)는, 父(부)의 蠱(고)를 裕(유)홈이니, 往(왕)ᄒ면 吝(린)을 見(견)ᄒ

리라.

☆象(상)애 글오디 「裕父之蠱」ᄂ 往(왕)홈앤 得(득)디 몯홀디라.

〈해석〉[六四](--): 아버지의 잘못을 용납하는 것이니, 계속 나서면 어려움을 당하게

되리라.

☆象: "아버지의 일을 용납한다"함은, 나서도 성과를 얻지 못함을 뜻한다.

【六四】상괘(艮)의 시작이며 位正當함. 아래 風을 위로 상승시켜야 하는 임무를 띠고 있으나 자신이 음효로써 柔弱하여 제대로 뜻을 이루지 못함.

【裕父之蠱, 往見吝】'裕'는 '넉넉하다, 너그럽다, 여유가 있다, 관용을 베풀다, 용납하다, 용서하다, 포용하다'의 뜻. 《廣雅》에 "裕, 容也"라 함. 아버지의 첩에 대한 蠱惑을, 아들로서 그대로 두었다가는 장차 더 큰 艱難을 부를 것임. 그 때문에 허물을 당하게 됨을 뜻함. '往'은 시간에 있어서의 '장차'의 뜻. 그러나 裕는 '揚'의 뜻으로 보아 '아버지의 일을 크게 드날리다'로 보기도 함. '裕'와 '揚'은 雙聲互訓. '吝'는 難關. '見吝'은 난관을 만남. ○高亨은 "子包容其父奸邪之妾, 則招致艱難之事, 故曰「裕父之蠱, 往見吝」"라 함. 王弼 注에 "體柔當位, 幹不以剛, 而以柔和, 能裕先事者也. 然无其應, 往必不合, 故曰 '往見吝'"라 하였고, 〈正義〉에 "'裕父之蠱'者, 體柔當位, 幹不以剛, 而以柔和, 能容裕父之事也. '往見吝'者, 以其无應, 所往之處, 見其鄙吝, 故'往未得'也"라 함. 《集解》에 "虞翻曰: 「裕, 不能爭也. 孔子曰:「父有爭子, 則身不陷於不義.」四陰體大, 過本末弱, 故裕父之蠱. 兌爲見變而失正, 故往見吝. 〈象〉曰'往未得', 是其義也.」"라 함. 《傳》에 "以三之才, 幹父之蠱, 雖小有悔, 終无大咎也. 蓋剛斷能幹, 不失正而有順, 所以終无咎也"라 함.

☆【「裕父之蠱」, 往未得也】'得'은 '當'의 뜻. 《禮記》大學 "慮而后能得"의 鄭玄 注에 "謂得事之宜也"라 함. 따라서 '未得'은 '제대로 해결하지 못하다'의 뜻. 《集解》에 "虞翻曰: 「往失位, 折鼎足, 故未得.」"이라 함. 《傳》에 "以四之才, 守常居寬裕之時, 則可矣. 欲有所往, 則未得也. 加其所任, 則不勝矣"라 함.

# 六五: 幹父之蠱, 用譽.
# ☆象曰: 「幹父用譽」, 承以德也.

〈언해〉 六五(륙오)는, 父(부)의 蠱(고)를 幹(간)홈이니 뻐 譽(예)ㅎ리라.

　　☆象(상)애 굴오디 「幹父用譽」는 承(승)홈을 德(덕)으로써 홈이라.

〈해석〉 [六五](--): 아버지의 일을 바로잡아주어 칭찬을 받을 것이다.

　　☆象: "아버지의 일을 바로잡아 칭찬을 받는다"함은, 이어받되 덕으로써 하기 때문임을 뜻한다.

【六五】전괘의 군위이며, 간괘의 중앙. 陽位에 있는 陰爻로써 位不當하며 상배한 九二와는 음양호응은 맞으나 거꾸로 되어 있음. 아들이 父業을 계승함을 상징함.

【幹父之蠱, 用譽】'用譽'의 '用'은 以, 因와 같음. 이렇게 함으로써 널리 명예를 얻음. 첩에 대한 아버지의 蠱惑을 바라잡음으로서 아들이 칭송을 받음. ○高亨은 "子幹父之蠱, 可得令名, 故曰「幹父之蠱, 用譽」"라 함. 王弼 注에 "以柔處尊, 用中而應, 承先以斯, 用譽之道也"라 하였고, 〈正義〉에 "'幹父之蠱, 用譽'者, 以柔處尊, 用中而應, 以此承父, 用有聲譽"라 함. 《集解》에 "荀爽曰:「體和應中, 承陽有實, 用斯幹事, 榮譽之道也.」"라 함. 《傳》에 "五, 居尊位, 以陰柔之質, 當人君之幹, 而下應于九二, 是能任剛陽之臣也. 雖能下應剛陽之賢, 而倚任之然, 己實陰柔, 故(一作固)不能爲創始, 開基之事, 承其舊業, 則可矣. 故爲幹父之蠱, 夫創業垂統之事, 非剛明之才, 則不能繼世之君. 雖柔弱之資, 苟能(一有信字)任剛賢, 則可以爲善繼, 而成令譽也.〈太甲〉:「成王皆以成, 而用譽者」也"라 하였고, 《本義》에 "柔中居尊, 而九二承之以德, 以此幹蠱, 可致聞譽, 故其象占如此"라 함.

☆【幹父用譽】, 承以德也' '承以德'은 '以德承(之)'의 倒置. 德으로써 그 業을 계승해야 함을 뜻함. 〈正義〉에 "〈象〉曰'承以德'者, 釋幹父用譽之義. 奉承父事, 唯以中和之德, 不以威力, 故云'承以德'也"라 함. 《集解》에 "虞翻曰:「譽, 謂二也. 二五失位, 變而得正, 故用譽. 變二使承五, 故承. 以德二乾爻, 故稱德矣.」"라 함. 《傳》에 "幹父之蠱, 而用有令譽者, 以其在下之賢, 承輔之以剛, 中之德也"라 함.

# 上九: 不事王侯, 高尚其事.
## ☆象曰:「不事王侯」, 志可則也.

〈언해〉 上九(샹구)는, 王侯(왕후)를 셤기디 아니 ᄒ고, 그 事(ᄉ)를 高尚(고샹)ᄒ놋다.
　　　☆象(샹)애 골오디「不事王侯」는, 志(지) 可(가)히 則(측)ᄒ염즉 ᄒ니라.
〈해석〉 [上九](─): 왕이나 후도 섬기지 아니하고, 자신의 일을 고상히 여기도다.
　　　☆象: "왕이나 후도 섬기지 않는다"함은, 그 뜻을 가히 본받을 만함을 뜻한다.

【上九】이는 전괘의 마감이며, 양효로써 位不當함. 아울러 짝이 되는 九三조차 陽爻여서 고집이 세고 매우 狂簡함. 그 때문에 蠱(事)의 모든 일을 자신의 강양으로 처리하고자 하는 의지가 강함.

【不事王侯, 高尚其事】'不事王侯'는 王이나 侯를 섬기는 일조차 큰 일로 여기지 않

음. 고대 고상하고 狂簡하며 超然한 隱士를 비유함. ○高亨은 "此隱居不仕之意. 古人
筮仕, 若遇此爻, 則勿仕可也"라 함. 《集解》에 "虞翻曰:「泰乾爲王, 坤爲事. 應在於三,
震爲侯, 坤象不見, 故不事王侯.」"라 함. '高尙其事'의 '事'는 자신만의 事志를 가리킴.
王弼 注에 "最處事上, 而不累於位, 不事王侯, 高尙其事也"라 하였고, 〈正義〉에 "'不事王
侯, 高尙其事'者, 最處事上, 不復以世事爲心, 不係累於職位, 故不承事王侯. 但自尊高,
慕尙其淸虛之事, 故云'高尙其事'也"라 함. 《集解》에 "虞翻曰:「謂五已變巽, 爲高艮陽,
升在坤上, 故高尙其事.」"라 함. 《傳》에 "上九, 居蠱之終, 无係應(一无應字)於下, 處事之
外, 无所事之地也. 以剛明之才, 无應援而處, 无事之地, 是賢人君子, 不偶於時, 而高潔
自守, 不係於世務者也. 故云'不事王侯, 高尙其事', 古之人有行之者, 伊尹·太公望之始,
曾子·子思之徒是也. 不屈道以徇時, 旣不得施設於天下, 則自善其身, 尊高敦尙其事, 守
其志節而已. 士之自高尙, 亦(一无亦字)非一道, 有懷抱道德, 不偶於時而高潔自守者, 有
知止足之道, 退而自保者, 有量能度分, 安於不求, 知(一无知字)者有淸介自守, 不屑天下
之事. 獨潔其身者, 所處雖有得失小大之殊, 皆自高尙其事者也. 象所謂'志可則'者, 進退
合道者也"라 하였고, 《本義》에 "剛陽居上, 在事之外, 故爲此象而占與戒, 皆在其中矣"라
함. 《傳》에 "上九, 居蠱之終, 无係應(一无應字)於下, 處事之外, 无所事之地也. 以剛明之
才, 无應援而處, 无事之地, 是賢人君子, 不偶於時, 而高潔自守, 不係於世務者也. 故云
'不事王侯, 高尙其事', 古之人有行之者, 伊尹·太公望之始, 曾子·子思之徒是也. 不屈道
以徇時, 旣不得施設於天下, 則自善其身, 尊高敦尙其事, 守其志節而已. 士之自高尙, 亦
(一无亦字)非一道, 有懷抱道德, 不偶於時而高潔自守者, 有知止足之道, 退而自保者, 有
量能度分, 安於不求, 知(一无知字)者有淸介自守, 不屑天下之事. 獨潔其身者, 所處雖有
得失小大之殊, 皆自高尙其事者也. 象所謂'志可則'者, 進退合道者也"라 하였고, 《本義》
에 "剛陽居上, 在事之外, 故爲此象而占與戒, 皆在其中矣"라 함.

☆【「不事王侯」, 志可則也】 '則'은 법칙. 모범. '본받을 만하다'의 뜻. 선비가 이 爻를
얻으면 隱居不仕해야 함. ○高亨은 "此隱居不仕之意. 古人筮仕, 若遇此爻, 則勿仕可也"
라 함. 〈正義〉에 "〈象〉曰'志可則'者, 釋不事王侯之義. 身旣不事王侯, 志則淸虛高尙, 可
法則也"라 함. 《集解》에 "荀爽曰:「年老事, 終不當其位, 體艮爲止, 故不事王侯. 據上臨
下, 重陰累實, 故志可則.」"이라 함. 《傳》에 "如上九之處, 事外不累, 於世務不臣事, 於王
侯蓋進退以道, 用捨隨時, 非賢者, 能之乎? 其所存之志, 可爲法則也"라 함.

# 019 림臨

䷒ 地澤臨: ▶兌下坤上(☱下☷上)


　　*臨(림): 〈音義〉에 "臨, 如字. 〈序卦〉云: 「大也.」"라 하여 '림(lín)'으로 읽음. '臨'은 監臨, 臨涖, 君臨, 臨民 등 뜻. 하괘는 兌(澤)이며 상괘는 坤(地)으로 堤防, 제방 아래 큰 못이 있는 異卦相疊의 '地澤' 괘체임. 大澤은 능히 대지를 용납하여 물로 적셔주듯, 위정자가 下民을 다스릴 때 반드시 소통과 혜택이 있어야 함을 비유하며, 지혜를 활용하여 敦厚한 덕으로 포용하되, 巧言이나 속임수를 써서 君臨해서는 불가함을 상징함. 《國語》(周語) 賈逵 注에 "臨, 治也"라 함. ○高亨은 "本卦臨字, 皆指臨民而言"이라 함.
　　*〈集解〉에 "〈序卦〉曰: 「有事而後可大, 故受之以'臨'.」臨者, 大也.(崔憬曰: 「有蠱元亨則可大之業成故曰有事然後可大也.」)라 함.
　　*《傳》에 "臨', 〈序卦〉: 「有事而後可大, 故受之以'臨'.」臨者, 大也; 蠱者, 事也. 有事, 則可大矣. 故受之以'臨'也. 韓康伯云: 「可大之業, 由事而生, 二陽方長而盛大, 故爲臨也. 爲卦澤上有地, 澤上之地, 岸也. 與水相際, 臨近乎水, 故爲臨天下之物, 密近(一作邇)相臨者, 莫若地與水. 故地上有水, 則爲比, 澤上有地, 則爲臨也. 臨者, 臨民·臨事, 凡所臨皆是. 在卦取自上臨下, 臨民爲義"라 함.


## (1) 卦辭

## 臨: 元亨, 利貞. 至于八月有凶.

〈언해〉臨(림)은 크게 亨(형)ᄒ고 貞(뎡)홈이 利(리)ᄒ니,
　　　　八月(팔월)애 니르러는 凶(흉)이 이시리라.
〈해석〉임(臨, 임괘)는 크게 형통하나 마음을 곧게 가져야 이로울 것이니,
　　　　8월에 이르러서는 흉함이 있으리라.


　　【臨】卦名이며, '臨하다, 監臨하다, 君臨하다' 등의 뜻.
　　【元亨, 利貞】크게 형통하지만 마음을 곧게 가져야 이로움. 8월이 되면 흉한 일이

있기 때문임. 그러나 혹 '元, 亨, 利, 貞'을 각기 하나씩의 의미로 풀이하기도 함. 한편 ○高亨은 "亨卽享字. 古人擧行大享之祭, 曾筮遇此卦, 故記之曰「元亨」"이라 하여, '亨'은 享(祭)이라 하였음. '利貞'은 '利占'과 같음. ○高亨은 "利貞, 猶利占也"라 함. 〈正義〉에 "案〈序卦〉云:「臨, 大也. 以陽之浸長, 其德壯大, 可以監臨於下, 故曰臨也. 剛旣浸長, 說而且順, 又以剛居中, 有應於外, 大得亨通, 而利正也. 故曰'元亨利貞'也"라 함. 《集解》에 "虞翻曰:「陽息至二, 與遯旁通, 剛浸而長, 乾來交坤, 動則成乾, 故元亨利貞.」"이라 함. 《傳》에 "以卦才言也. 臨之道, 如卦之才, 則大亨而正也"라 함.

【至于八月有凶】 '八'은 《易》에서 6효를 지나 7번째는 다시 원위치로 돌아옴. 이는 天地 循環이 끝임이 없음을 비유함. 한편 1년은 7월이면 陰陽 二氣가 가장 왕성하게 함께 있다가, 8월이 되면 양이 쇠퇴하고 음에게 그 임무를 넘겨줌. 《禮記》(月令)에 "是月也, 殺氣浸盛, 陽氣日衰"라 함. 이는 국운도 성쇠가 순환하여 끝임이 없어 8월에 이르면 쇠하여 凶(衰退)에 접어들게 됨을 뜻함. ○高亨은 "「至于八月有凶」, 承'利貞'而言, 謂筮遇此卦, 擧事則利, 但利於八閏月之內, 而不利於八閏月之外, 故曰「利貞, 至于八月有凶」"이라 함. 〈正義〉에 "'至于八月有凶'者, 以物盛必衰, 陰長陽退, 臨爲建丑之月. 從建丑至于八月, 建申之時, 三陰旣盛, 三陽方退, 小人道長, 君子道消, 故'八月有凶'也. 以盛不可終, 保聖人作《易》以戒之也"라 함. 《集解》에 "虞翻曰:「與遯旁通, 臨消於遯, 六月卦也. 於周爲八月, 遯弑君父, 故'至于八月有凶'. 荀公以兌爲八月, 兌於周爲十月, 言八月失之甚矣.」 ○鄭玄曰:「臨, 大也. 陽氣自此浸而長大, 陽浸長矣, 而有四德, 齊功於乾, 盛之極也. 人之情盛, 則奢淫, 奢淫則將亡, 故戒以凶臨卦. 斗建丑而用事, 殷之正月也. 當文王之時, 紂爲无道, 故於是卦爲殷家, 著興衰之戒以見. 周改殷正之數云: '臨, 自周二月用事, 訖其七月, 至八月而遯.' 卦受之此, 終而復始, 王命然矣.」"라 함. 《傳》에 "二陽方長於下, 陽道嚮盛之時, 聖人豫爲之戒, 曰:「陽雖方盛, 至于八月, 則其道消矣. 是有凶也.」 大率聖人爲戒, 必於方盛之時, 方盛而慮衰, 則可以防其滿極, 而圖其永久. 若旣衰而後, 戒亦无及矣. 自古天下安治, 未有久而不亂者, 蓋不能戒於盛也. 方其盛而不知戒, 故狃安富, 則驕侈生; 樂舒肆, 則綱紀壞; 忘禍亂, 則釁孽萌. 是以浸淫, 不知亂之至也"라 하였고, 《本義》에 "臨, 進而凌逼於物也. 二陽浸長, 以逼於陰, 故爲臨十二月之卦也. 又其爲卦, 下兌說·上坤順, 九二以剛居中, 上應六五, 故占者, 大亨而利於正. 然至于八月, 當有凶也. 八月, 謂自復卦, 一陽之月, 至于遯卦. 二陰之月, 陰長陽遯之時也. 或曰'八月, 謂夏正八月', 於卦爲觀, 亦臨之反對也. 又因占而戒之"라 함.

## (2) 彖辭와 象辭

彖曰: 臨, 剛浸而長, 說而順, 剛中而應.
大亨以正, 天之道也.
「至于八月有凶」, 消不久也.
★象曰: 澤上有地, 臨. 君子以教思无窮, 容保民无疆.

〈언해〉 彖(단)애 ᄀᆞᆯ오디 臨(림)은 剛(강)이 浸(침)ᄒᆞ야 長(댱)ᄒᆞ며,

說(열)코 順(슌)ᄒᆞ고, 剛(강)이 中(듕)ᄒᆞ고 應(응)ᄒᆞ야,

크게 亨(형)ᄒᆞ고 뻐 正(졍)ᄒᆞ니 天(텬)의 道(도)ㅣ라.

「至于八月有凶」은 消(쇼)ᄒᆞ기 久(구)티 아니홈이라.

★象(샹)애 ᄀᆞᆯ오디 澤上(ᄐᆡᆨ샹)에 地(디)ㅣ 이슘이 臨(림)이니,

君子(군ᄌᆞ)ㅣ 以(이)ᄒᆞ야 敎(교)ᄒᆞᄂᆞᆫ 思(ᄉᆞ)ㅣ 窮(궁)이 업ᄉᆞ며 民(민)을 容(용)ᄒᆞ
야 保(보)홈이 疆(강)이 업시ᄒᆞᄂᆞ니라.

〈해석〉 彖: 임괘는 강강(剛强)한 초구와 구이의 양이 아래에서 침투하여 위로 올가가며
커지고 있고, 즐거워하며 유순한 하괘(兌)에서 강(剛)한 구이가 중앙에서 응하
고 있다.

이처럼 크게 형통하되 정도로써 하니 하늘의 도이다.

"8월에 이르면 흉함이 있다"함은, 아무리 강성한 것이라 해도 소멸되어 오래가
지 못함을 뜻한다.

★象: 못(兌) 위에 땅(坤)이 있는 것이 임괘의 괘상이다.

군자는 이를 바탕으로 하여 그것으로써 교화하겠다는 생각을 끝없이 하고, 백성
을 용납하여 보전하기를 끝없이 한다.

【「臨」, 剛浸而長, 說而順, 剛中而應】 '剛浸而長'은 점차 물에 젖듯이 하여 자라남.
'剛'은 初九와 九二를 가리키며 君子의 도가 점차 득세함을 뜻함. 《集解》에 "虞翻曰:
「剛, 謂二也. 兌爲水澤, 自下浸上, 故'浸而長'也.」"라 함. 《本義》에 "以卦體, 釋卦名"이라
함. '說而順'은 기꺼워하며 순종함. 下卦(兌)는 悅(說)의 뜻도 가지고 있음. 〈正義〉에
"臨剛浸而長, 說而順'者, 此釋'臨'義也. 據諸卦之例, 說而順之下應, 以'臨'字結之. 此无
'臨'字者, 以其剛中而應, 亦是臨義. 故不得於剛中之上, 而加臨也"라 함. '剛中而應'은 九
二가 兌卦의 중앙에 위치하며, 剛한 陽爻. 아울러 六五와는 正應을 이루어 음양호응이

맞음을 뜻함. 《集解》에 "虞翻曰: 「說, 兌; 順, 坤也. 剛中, 謂二也. 四陰皆應之, 故曰‘而應大亨以正’"이라 함. 《本義》에 "又以卦德·卦體, 言卦之善"이라 함.

【大亨以正, 天之道也】 크게 亨한 것은 正으로써 하기 때문이며 이는 하늘의 도임. 王弼 注에 "陽轉進長, 陰道日消, 君子日長, 小人日憂, ‘大亨以正’之義"라 하였고, 〈正義〉에 "‘剛中而應, 大亨以正, 天之道’者, 天道以剛, 居中而下, 與地相應, 使物大得亨通而利正, 故‘乾’卦‘元亨利貞’. 今此臨卦其義, 亦然, 故云‘天之道’也"라 함. 《集解》에 "虞翻曰: 「謂三動成乾, 天得正爲泰, 天地交通, 故‘亨以正天之道’也.」"라 함. 《傳》에 "浸, 漸也. 二陽長於下, 而漸進也. 下兌上坤, 和說而順也. 剛得中道, 而有應助, 是以能大亨而得正, 合天之道, 剛正而和順, 天之道也. 化育之功, 所以不息者, 剛正和順而已. 以此臨人·臨事·臨天下, 莫不大亨而得正也. 兌爲說, 說乃和也. ‘夬’〈彖〉云: 「決而和.」"라 하였고, 《本義》에 "當剛長之時, 又有此善, 故其占如此也"라 함.

【「至于八月有凶」, 消不久也】 ‘消不久’는 陽剛의 盛勢가 장구할 수 없어 소멸됨. 監臨의 도가 점차 消滅하여 長久히 이어가지 못함. 王弼 注에 "八月, 陽衰而陰長. 小人道長, 君子道消也. 故曰‘有凶’"이라 하였고, 〈正義〉에 "‘至于八月有凶, 消不久也’者, 證有凶之義, 以其陽道旣消, 不可常久, 故‘有凶’也. 但‘復’卦, 一陽始復, 剛性尙微, 又不得其中, 故未有元亨利貞; ‘泰’卦, 三陽之時, 三陽在下, 而成乾體, 乾下坤上, 象天降下地升上, 上下通泰, 物通則失正, 故不具四德. 唯此卦, 二陽浸長, 陽浸壯大, 特得稱臨, 所以四德具也. 然陽長之卦, 每卦皆應. 八月有凶, 但此卦名臨, 是盛大之義, 故於此卦, 特戒之耳. 若以類言之, 則陽長之卦, 至其終末, 皆有凶也. 何氏云: 「從建子陽生, 至建未爲八月.」 褚氏云: 「自建寅至建酉, 爲八月.」 今案此王弼 注: 「小人道長, 君子道消.」 宜據‘否’卦之時, 故以臨卦, 建丑而至, ‘否’卦, 建申爲八月也"라 함. 《集解》에 "蜀才曰: 「此本坤卦, 剛長而柔消, 故大亨利正也.」 案: 「臨, 十二月卦也. 自建丑之月, 至建申之月, 凡閱八月, 則成否也. 否則天地不交, 萬物不通, 是至于八月有凶, 斯之謂也.」"라 함. 《傳》에 "臨, 二陽生陽, 方漸盛之時, 故聖人爲之戒云: 「陽雖方長, 然至于八月, 則消而凶矣. 八月謂陽生之, 八月陽始生于復, 自復至遯. 凡八月, 自建子至建未也. 二陰長而陽消矣, 故云‘消不久’也. 在陰陽之氣言之, 則消長如循環, 不可易也; 以人事言之, 則陽爲君子, 陰爲小人, 方君子道長之時, 聖人爲之誠, 使知極則有凶之理, 而虞備之常, 不至于滿極, 則无凶也"라 하였고, 《本義》에 "言雖天運之當然, 然君子宜知所戒"라 함.

★【澤上有地, 臨】 ‘澤上有地’는 下卦(兌, 澤)의 위에 上卦(坤, 地)가 있는 괘상임. 〈正義〉에 "‘澤上有地’者, 欲見地臨於澤, 在上臨下之義. 故云‘澤上有地’也"라 함. 《集解》에 "荀爽曰: 「澤卑地高, 高下相臨之象也.」"라 함.

【君子以敎思无窮, 容保民无疆】 '以敎思无窮'은 교화로써 무궁하게 이어질 방법을 생각함. '无疆'은 끝이 없음, 極盡토록 함. '容保民无疆'은 백성을 보호함이 끝이 없음. 澤은 낮고 地는 높아 高下가 서로 臨하는 象으로, 그 때문에 군자는 의당 백성을 교화하고 용납 보호함이 끝이 없어야 함. 王弼 注에 "相臨之道, 莫若說順也. 不恃威制, 得物之誠, 故物无違也. 是以'君子敎思无窮, 容保民无疆'也"라 하였고, 〈正義〉에 "'君子以敎思无窮'者, 君子於此臨卦之時, 其下莫不喜說, 和順在上. 但須敎化思念无窮已也, 欲使敎恒不絶也. '容保民无疆'者, 容, 謂容受也; 保, 安其民, 无有疆境, 象地之闊遠, 故云'无疆'也"라 함. 《集解》에 "虞翻曰:「君子, 謂二也. 震爲言兌口講習, 學以聚之, 問以辯之, 坤爲思剛浸長, 故以敎思无窮. 容, 寬也. 二寬以居之, 仁以行之, 坤爲容民, 故'保民无疆'矣.」"라 함. 《傳》에 "澤之上有地, 澤, 岸也. 水之際也. 物之相臨與含容, 无若水之在地, 故澤上有地, 爲臨也. 君子觀親臨之象, 則敎思无窮; 親臨於民, 則有(一无有字)敎導之意思也. 无窮, 至誠无斁也. 觀含容之象, 則有容保民之心, 无疆廣大, 无疆限也. 含容有廣大之意, 故爲无窮·无疆之義"라 하였고, 《本義》에 "地臨於澤上, 臨, 下也. 二者, 皆臨下之事. 敎之无窮者, 兌也; 容之无疆者, 坤也"라 함.

## (3) 爻辭와 象辭

初九: 咸臨, 貞吉.
☆象曰:「咸臨, 貞吉」, 志行正也.

〈언해〉 初九(초구)는 咸(함)ㅎ야 臨(림)홈이니, 貞(뎡)ㅎ야 吉(길)ㅎ니라.[《本義》: 다 臨(림)홈이니]

　　☆象(샹)애 굴오디 「咸臨, 貞吉」은, 志(지)ㅣ 正(졍)을 行(힝)홈이라.

〈해석〉 [初九](一): 감동하여 군림(통치)하는 것이니, 곧게 함으로 길하다.(모든 것이 임하는 것이니)

　　☆象: "감동하여 군림하니 곧게 함으로 길하다"함은, 뜻이 정의를 실행함에 있기 때문이다.

【初九】 이는 전괘의 시작이며 下卦(兌)의 시작. 位正當하며 臨卦에서 剛(양)으로 시작하고 六四가 陰이어서 正應을 이루어 음양이 호응함.

【咸臨, 貞吉】'咸'은 感의 假借. 六四와 正應을 이루어 陰陽이 호응되어 서로 감응함. 王弼은 "咸, 感也"라 하였고, 《廣雅》에도 "咸, 感也"라 함. 그러나 朱熹는 원의대로 '皆'로 보았음. '貞吉'은 점괘에서 '길하다'의 의미. ○高亨은 "此謂君上之監臨下民也. 本卦'臨'字, 皆指'臨民'而言. 六五云:「知臨, 大君之宜, 吉.」即其證. 如讀'咸'爲'感', 則咸臨則感臨, 謂以感化臨民也. 《論語》顏淵篇:「君子之德風, 小人之德草, 草上之風必偃.」子路篇:「其身正, 不令而行. 其身不正, 雖令不從.」然則君子正己以感下, 則民自向化, 故曰「咸臨, 貞吉」. 如讀'咸'爲'誠', 則咸臨卽誠臨, 謂以誠和臨民也. 與〈召誥〉·〈無逸〉所言'相契'. 誠臨則民自愛戴, 故曰「咸臨, 貞吉」"이라 함. 王弼 注에 "咸, 感也. 感應也. 有應於四, 感以臨者也. 四履正位而已應焉. 志行正者也, 以剛感順, 志行其正, 以斯臨物, 正而獲吉也"라 하였고, 〈正義〉에 "咸, 感也. 有應於四, 感之而臨, 志行得正, 故'貞吉'也"라 함. 《集解》에 "虞翻曰:「咸, 感也. 得正應四, 故'貞吉'也.」"라 함. 《傳》에 "咸, 感也. 陽長之時, 感動於陰, 四應於初, 感之者也. 比他卦, 相應尤重, 四近君之位. 初得正位, 與四感應, 是以正道爲當. 位所信任, 得行其志獲乎上, 而得行其正道, 是以吉也. 他卦初上爻, 不言得位·失位, 蓋初終之, 義爲重也. 臨, 則以初得位, 居正爲重. 凡言'貞吉', 有旣正且吉者, 有得正, 則吉者; 有貞固守之, 則吉者, 各隨其事(一作時)也"라 하였고, 《本義》에 "卦唯二陽, 徧臨四陰, 故二爻皆有咸臨之象. 初九剛而得正, 故其占爲貞吉"이라 함.

☆【「咸臨, 貞吉」, 志行正也】'志行正'은 臨의 本領을 遂行하려는 뜻이 正當함. '正'은 初九로써 位正當함을 뜻함. 〈正義〉에 "〈象〉曰'咸臨貞吉, 志行正'者, 釋'咸臨貞吉'之義. 四旣履得正位, 己往與之相應, 是己之志意, 行而歸正也"라 함. 《集解》에 "荀爽曰:「陽始咸升, 以剛臨柔, 得其正位, 而居是吉, 故曰'志行正'.」"이라 함. 《傳》에 "所謂'貞吉', 九之志在於行正也. 以九居陽, 又應四之正, 其志正也"라 함.

## 九二: 咸臨, 吉, 无不利.
## ☆象曰:「咸臨, 吉, 无不利」, 未順命也.

〈언해〉 九二(구이)는, 咸(함)ᄒ야 臨(림)홈이니, 吉(길)ᄒ야 利(리)티 아니홈이 업스리라.
　　☆象(샹)애 ᄀᆯ오디「咸臨, 吉, 无不利」는 命(명)을 順(슌)ᄒᄂ 주리 아니라.
〈해석〉 [九二](一): 온화하게 군림하는 것이니, 길하여 이롭지 않음이 없으리라.
　　☆象: "온화하게 군림하는 것이니, 길하여 이롭지 않음이 없으리라"함은, (백성들이) 아직 구오의 명령에 따르는 방법을 알지 못함에도 온화하게 함을 뜻한다.

【九二】 이는 兌卦의 중앙이며 陽爻로 位不當함. 그러나 의지가 充沛해 있고 상배한 六五가 음효이므로 음양이 호응됨. 따라서 전력으로 자신의 뜻을 펴고자 함.

【咸臨, 吉, 无不利】 '咸臨'의 咸은 誠의 가차. 和洽함. 溫和함. 《說文》에 "誠, 和也"라 함. 따라서 咸臨은 '온화하게 백성들을 통치하다'의 뜻. 혹 '威嚴으로 다스리다'의 뜻이라고도 함. ○高亨은 "左傳文公七年引夏書曰: 「戒之用休, 董之用威」. 可見以威臨民, 自古尙之. 有威則萬民服, 無威則天下亂, 故曰「咸臨, 吉, 无不利」"라 함. 王弼 注에 "有應在五, 感以臨者也. 剛勝則柔危, 而五體柔, 非能同斯志者也. 若順於五, 則剛德不長, 何由得吉, 无不利乎? 全與相違, 則失於感應, 其得咸臨, 吉无不利, 必未順命也"라 하였고, 〈正義〉에 "'咸臨吉'者, 咸, 感也. 有應於五, 是感以臨, 而得其吉也. '无不利'者, 二雖與五相應, 二體是剛, 五體是柔, 兩雖相感, 其志不同. 若純用剛往, 則五所不從; 若純用柔往, 又損己剛, 性必須商量事, 宜有從有否, 乃得无不利也"라 함. 《集解》에 "虞翻曰:「得中多譽, 兼有四陰, 體復初元吉, 故无不利.」"라 함. 《傳》에 "二, 方陽長而漸盛, 感(一作咸)動於六五. 中順之君, 其交之親, 故見信任, 得行其志, 所臨吉而无不利也. 吉者, 已然如是, 故吉也. 无不利者, 將然於所施, 爲无所不利也"라 하였고, 《本義》에 "剛得中而勢上進, 故其占吉而无不利也"라 함.

☆【「咸臨, 吉, 无不利」, 未順命也】 '未順命'은 백성들이 아직 명령을 어떻게 순종해야 하는지 모르고 있는 상태임. 따라서 군자가 咸臨하는 것을 높이 여긴 것임. 〈正義〉에 "〈象〉曰'未順命'者, 釋'无不利'之義. 未可盡順, 五命須斟酌, 事宜有從有否, 故得无不利也. 則君臣上下, 獻可替否之義也"라 함. 《集解》에 "荀爽曰:「陽感至二, 當升居五, 羣陰相承, 故无不利也. 陽當居五, 陰當順從, 今尙在二, 故曰'未順命'也.」"라 함. 《傳》에 "未者, 非遽之辭. 《孟子》:「或問:『勸齊伐燕, 有諸?』曰:『未也』.」 又云:「仲子所食之粟, 伯夷之所樹歟? 抑亦盜跖之所樹歟? 是未可知也.」 《史記》:「侯嬴曰:『人固未易知.』 古人用字之意, 皆如此. 今人大率用對'已'字, 故意似異然, 實不殊也. 九二與五, 感應以臨下, 蓋以剛德之長, 而又得中至誠, 相感非由順上之命也. 是以'吉而无不利'. 五順體而二說體, 又陰陽相應, 故〈象〉特明其非由說順也"라 하였으나, 《本義》에는 "未詳"이라 함.

六三: 甘臨, 无攸利; 旣憂之, 无咎.
☆象曰:「甘臨」, 位不當也;「旣憂之」, 咎不長也.

〈언해〉六三(륙삼)은, 甘(감)으로 臨(림)ㅎ는 디라 利(리)흔 배 업스니, 임의 憂(우)ㅎ는
디라, 咎(구)ㅣ 업스리라.

☆象(상)애 굴오디「甘臨」은 位(위)ㅣ 當(당)티 아니홈이오, 임의 憂(우)ㅎ니 咎
(구)ㅣ 長(댱)티 아니 ㅎ리라.

〈해석〉[六三](--): 감언이설로 군림하기 때문에 이로운 바가 없으니, 이미 미리 이를
걱정하고 있으므로, 허물이 없으리라.

☆象: "감언이설로 군림한다"함은, 자리가 부당하기 때문이요, "이미 미리 걱정
한다"함은, 허물이 길게 가지 않음을 뜻한다.


【六三】 이는 하괘(兌)의 윗자리이며 陰爻로 位不當함. 아울러 위의 곤괘로 이어주
는 역할을 하나, 위 역시 六四와 六五 모두 陰爻로써 上進하기가 쉽지 않아 우려하고
있는 위치임.

【甘臨, 无攸利】'甘'은 甘言. 六五가 甘言利說로 군림함. 그러나 '甘'은 鉗의 假借로
刑具를 씌워 壓制함을 뜻하는 것으로도 봄. 한편 ○高亨은 "甘, 猶嚴也. 多有强制之義"
라 하여 拑, 箝, 鉗 등과 같은 뜻으로 劫脅의 의미라 함. 王弼 注에 "甘者, 佞邪說媚,
不正之名也. 履非其位, 居剛長之世, 而以邪說臨物, 宜其无攸利也. 若能盡憂其危, 改修
其道, 剛不害正, 故咎不長"이라 하였고, 〈正義〉에 "'甘臨'者, 謂甘美諂佞也. 履非其位,
居剛長之世, 而以邪說臨物, 故无攸利也"라 함.

【旣憂之, 无咎】'旣憂之'는 자신의 위치를 알고 이미 근심하고 있는 상태임. 그러나
○高亨은《說文》"憂, 和之行也"를 들어 '寬和'의 뜻이라 하면서, "以嚴臨民, 政急刑酷,
則民困而怨上, 是無所利, 若能易之以寬和, 亦可無咎, 故曰「甘臨, 无有利, 旣憂之, 无咎」"
함. 〈正義〉에 "'旣憂之无咎'者, 旣, 盡. 若能盡憂其危, 則剛不害正, 故无咎也"라 함.
《傳》에 "三居下之上, 臨人者也. 陰柔而說體, 又處不中正, 以甘說臨人者也. 在上而(一无
而字)以甘說, 臨下失德之甚, 无所利也. 兌性旣說, 又乘二陽之上, 陽方長而上進, 故不安
而益甘. 旣知危懼而憂之, 若能持謙, 守正至誠, 以自處, 則无咎也. 邪說由己, 能憂而改之,
復何咎乎?"라 하였고,《本義》에 "陰柔不中正, 而居下之上, 爲以甘說臨人之象. 其占固无
所利, 然能憂而改之, 則无咎也. 勉人遷善, 爲敎深矣"라 함.

☆【「甘臨」, 位不當也】'位不當'은 양효가 있을 자리에 음효임을 말함.

【「旣憂之」, 咎不長也】'咎不長'은 허물이 길게 가지는 않을 것임. 재앙이 곧 소멸됨. 〈正義〉에 "〈象〉曰'旣憂之, 咎不長'者, 能盡憂其事, 改過自修, 其咎則止, 不復長久, 故无咎也"라 함. 《集解》에 "虞翻曰:「兌爲口, 坤爲土, 土爰稼穡, 作甘兌, 口銜坤, 故曰'甘臨'. 失位乘陽, 故无攸利. 言三失位无應, 故'憂之'; 動而成泰, 故'咎不可長'也.」"라 함. 《傳》에 "陰柔之人, 處不中正, 而居下之上. 復乘二陽, 是處不當位也. 旣能知懼而憂之, 則必强勉自改, 故其過咎不長也"라 함.


# 六四: 至臨, 无咎.
# ☆象曰:「至臨, 无咎」, 位當也.

〈언해〉 六四(륙사)는, 至(지)혼 臨(림)이니, 咎(구) ㅣ 업스니라.
　　　☆象(샹)애 ᄀᆞᆯ오디 「至臨, 无咎」는 位(위) ㅣ 當(당)홀 시라.
〈해석〉 [六四](--): 지극한 정성으로 군림하니 허물이 없으리라.
　　　☆象: "지극한 정성으로 군림하니, 허물이 없다"함은, 자리가 정당하기 때문이다.


　　【六四】 이는 상괘(坤)의 시작이며 음효로 位正當함. 아울러 아래 兌(澤)의 寬容을 이어받아 위의 六五에게 전달해야 하는 위치임. 자신의 위치를 알고 陰(順)으로 至誠을 다해 임함.

　　【至臨, 无咎】 '至'는 '지극하다'의 뜻. 至極精誠을 다함. ○高亨은 "至, 疑當讀爲質"이라 하였고 여러 예를 들어 "質, 誠也", "質, 由實也"라 여 '誠信'(虔誠)의 뜻이라 하면서, "至臨者卽質臨, 謂以誠信臨民也. 以誠信臨民, 自無咎, 故曰「至臨, 无咎」"라 함. 王弼 注에 "處順應陽, 不忌剛長, 而乃應之, 履得其位, 盡其至者也. 剛勝則柔危, 柔不失正, 則得无咎也"라 하였고, 〈正義〉에 "'至臨无咎'者, 履順應陽, 不畏剛長, 而己應. 履得其位, 能盡其至, 極之善而爲臨, 故云'至臨', 以柔不失正, 故'无咎'也"라 함. 《集解》에 "虞翻曰:「至, 下也. 謂下至初應, 當位有實, 故'无咎'.」"라 함. 《傳》에 "四居上之下, 與下體相比, 是切臨於下, 臨之至也. 臨道尙近, 故以比爲至, 四居正位, 而下應於剛, 陽之初處, 近君之位, 守正而任賢, 以親臨於下, 是以无咎, 所處當也"라 하였고, 《本義》에 "處得其位, 下應初九, 相臨之至, 宜无咎者也"라 함.

　　☆【「至臨, 无咎」, 位當也】 '位當'은 位正當. 陰爻가 있을 자리에 陰爻임을 뜻함. 〈正義〉에 "〈象〉曰'位當'者, 釋'无咎之'義. 以六四以陰, 所居得正, 柔不爲邪, 位當其處, 故'无

咎’也”라 함. 《集解》에 “荀爽曰: 「四與二同功, 欲升二至五, 己得承順之, 故曰‘至臨’也.
陽雖未乘, 處位居正, 故得‘无咎’, 是‘當位實’也.」”라 함. 《傳》에 “居近君之位, 爲得其任,
以陰處四, 爲得其正, 與初相應爲下賢, 所以无咎, 蓋由位之當也”라 함.


## 六五: 知臨, 大君之宜, 吉.
## ☆象曰:「大君之宜」, 行中之謂也.

〈언해〉 六五(륙오)는, 知(디)호 臨(림)홈이니, 大君(대군)의 宜(의)니, 吉(길)ㅎ니라.
　　　☆象(샹)애 굴오디 「大君之宜」는 中(듕)을 行(ᄒᆡᆼ)홈을 닐옴이라.
〈해석〉 [六五](--): 총명한 지혜로 군림하는 것이니, 위대한 임금의 마땅함이니, 길하니라.
　　　☆象: “위대한 임금의 마땅함”이란 중용의 도를 행함을 이르는 것이다.


　　【六五】 이는 帝王의 자리이나 陰爻로 位不當함. 그러나 상배한 九二가 양효로써 음
양호응이 맞으며 강하게 보필하고 있어, 군림의 임무를 수행하기에 큰 무리가 없음.
다만 총명한 지혜로 다스려야 훌륭한 군주가 될 수 있음.
　　【知臨, 大君之宜, 吉】 ‘知臨’의 ‘知’는 智와 같음. ‘大君之宜’은 大君(六五의 자리)의
임무를 수행하기에 의당함. 《禮記》(中庸)에 “惟天下至誠爲能聰明睿知, 足以有臨也”라
함. ○高亨은 “知讀爲智. 知臨者, 以智臨民也. 以智臨民, 大君當如此, 果能如此, 始克明
察萬幾, 曲應咸當, 故曰「知臨, 大君之宜, 吉」”이라 함. 王弼 注에 “處於尊位, 履得其中,
能納剛以禮, 用建其正, 不忌剛長, 而能任之, 委物以能, 而不犯焉. 則聰明者, 竭其視聽;
知力者, 盡其謀. 能不爲而成, 不行而至矣. 大君之宜, 如此而已. 故曰‘知臨, 大君之宜,
吉’也”라 하였고, 〈正義〉에 “‘知臨, 大君之宜, 吉’者, 處於尊位, 履得其中, 能納剛以禮,
用建其正, 不忌剛長, 而能任之. 故聰明者, 竭其視聽; 知力者, 盡其謀能. 是知爲臨之道,
大君之所宜, 以吉也”라 함. 《傳》에 “五以柔中順體, 居尊位而下, 應於二剛中之臣, 是能
倚任於二, 不勞而治, 以知臨下者也. 夫以一人之身, 臨乎天下之廣, 若區區自任, 豈能周
於萬事? 故自任其知者, 適足爲不知, 唯能取天下之善, 任天下之聰明, 則无所不周. 是不
自任其知, 則其知大矣. 五順應於九二, 剛中之賢, 任之以臨下, 乃己以明知臨天下, 大君
之所宜也. 其吉可知”라 하였고, 《本義》에 “以柔居中, 下應九二, 不自用而任人, 乃知之
事而大君之宜, 吉之道也”라 함.
　　☆【「大君之宜」, 行中之謂也】 ‘行中’은 坤卦의 中央에 위치하여 중도를 실행함을 重義

法으로 말한 것. 〈正義〉에 "〈象〉曰'行中之謂'者, 釋大君之宜, 所以得'宜'者, 正由六五, 處中行此, 中和之行, 致得大君之宜, 故言'行中之謂'也"라 함. 《集解》에 "荀爽曰:「五者, 帝位; 大君, 謂二也. 宜升上居五, 位吉, 故曰'知臨, 大君之宜'也. 二者處中, 行升居五, 五亦處中, 故'行中之謂'也.」"라 함. 《傳》에 "君臣道合, 蓋以氣類相求, 五有中德, 故能倚任 剛中之賢, 得大君之宜, 成知臨之功, 蓋由行其中德也. 人君之於賢才, 非道同德合, 豈能用 也?"라 함.


## 上六: 敦臨, 吉, 无咎.
## ☆象曰:「敦臨之吉」, 志在內也.

〈언해〉上六(샹륙)은, 敦(돈)히 臨(림)홈이니, 吉(길)ᄒᆞ야 咎(구)ㅣ 업스니라.

　　☆象(샹)애 글오디「敦臨의 吉홈」은 志(지)ㅣ 內(너)예 이심이라.

〈해석〉[上六](--): 돈후함으로써 군림함이니, 길하여 허물이 없도다.

　　☆象: "독후함으로써 군림함하니 길하다"함은, 뜻이 안에 있음을 뜻한다.


　　【上六】 이는 전괘의 마감이며 곤괘의 가장 윗자리로 位正當함. 臨卦의 道가 장차 窮하게 되는 자리이나, 음효이기에 유순하게 받아들임으로써 허물이 없음.

　　【敦臨, 吉, 无咎】 '敦臨'의 敦은 厚의 뜻. '敦'은 惇으로도 표기하며 《說文》에 "惇, 厚也"라 함. 陰爻로 柔順하여 厚德하게 君臨함. ○高亨은 "敦臨者, 以敦厚臨民也. 以敦 厚臨民, 亦吉無咎, 故曰「敦臨, 吉, 无咎」"라 함. 王弼 注에 "處坤之極, 以敦而臨者也. 志在助賢, 以敦爲德, 雖在剛長, 剛不害厚, 故无咎也"라 하였고, 〈正義〉에 "敦臨吉, 无 咎'者, 敦, 厚也. 上六處坤之上, 敦厚而爲臨, 志在助賢, 以敦爲德, 故云'敦臨吉'. 雖在剛 長, 而志行敦厚, 剛所以不害, 故'无咎'也"라 함. 《集解》에 "荀爽曰:「上應於三, 欲因三 升, 二過應於陽, 敦厚之意, 故曰'敦臨, 吉, 无咎'.」"라 함. 《傳》에 "上六, 坤之極·順之至 也, 而君臨之終, 敦厚於臨也. 與初二, 雖非正應, 然大率陰求於陽, 又其至順, 故志在從 乎二陽, 尊而應卑, 高而從下. 尊賢取善, 敦厚之至也. 故曰'敦臨', 所以吉而无咎. 陰柔在 上, 非能臨者, 宜有咎也. 以其敦厚於順剛, 是以吉而无咎. 六居臨之中, 而不取極, 義臨 无過極, 故止爲厚, 義上无位之地, 止以在上言"이라 하였고, 《本義》에 "居卦之上, 處臨 之終, 敦厚於臨, 吉而无咎之道也. 故其象占如此"라 함.

　　☆【「敦臨之吉」, 志在內也】 '志內在'는 그 뜻이 돈후하고 성실히 하고자 하는 뜻을

안으로 깊이 품고 있음. 〈正義〉에 "〈象〉曰'志在內'者, 釋'敦臨吉'之義. 雖在上卦之極, 志意恒在於內之二陽, 意在助賢, 故得吉也"라 함. 《集解》에 "九家《易》曰:「志在升二也. 陰以陽爲主, 故'志在內'也.」"라 함. 《傳》에 "志在內應乎初, 與二也. 志順剛陽而敦篤, 其 吉可知也"라 함.

# 020 관觀

**☴☷** 風地觀: ▶坤下巽上(☷下☴上)


*觀(관): 〈音義〉에 "觀, 官喚反. 示也"라 하여 '관(guān)'으로 읽음. '觀'은 사물을 깊이 관찰함, 혹 仰觀, 省察을 뜻함. 하괘는 坤(地)이며 상괘는 巽(風)으로, 땅위에 바람이 부는 異卦相疊의 '風地' 괘체임. 이는 바람이 대지에 불어 만물을 흔들듯 임금이 나라를 순시하면서 민정을 살피고 덕교를 베풀어 이풍양속의 임무를 다함을 비유함. 따라서 훌륭한 사물이 사람의 마음을 감화시키며 이로써 자신의 미덕을 관찰하여 수양하고, 아래로 남의 사정을 살펴, 正道로서 원대한 정치 안목을 배양해야 함을 상징함. 《說文》에 "觀, 諦視也"라 하여 觀察, 觀看, 觀光 등의 뜻을 가지고 있음.

*《集解》에 "〈序卦〉曰:「物大然後可觀也. 故受之以‘觀’.」(崔憬曰:「言德業大者, 可以觀政於人, 故受之以觀也.」)"이라 함.

*《傳》에 "觀', 〈序卦〉:「臨者, 大也, 物大然後可觀, 故受之以‘觀’.」觀, 所以次臨也. 凡觀視於物, 則爲觀(平聲). 爲觀於下, 則爲觀(去聲)如樓觀. 謂之觀者, 爲觀於下也. 人君上觀天道, 下觀民俗, 則爲觀. 修德行政, 爲民瞻仰, 則爲觀風行, 地上徧觸, 萬類周觀之象也, 二陽在上, 四陰在下, 陽剛居尊, 爲羣下所觀, 仰觀之義也. 在諸爻, 則唯取觀, 見隨時爲義也"라 함.


## (1) 卦辭

## 觀: 盥而不薦, 有孚顒若.

〈언해〉 觀(관)은 盥(관)ᄒ고 薦(천)티 아던는 듯ᄒ면 孚(부)를 두어 顒(옹)ᄒ리라.[《本義》: 薦(천)티 아니면 孚(부)ㅣ 이셔]

〈해석〉 관(觀, 관괘)은 제사에 술을 땅에 부어 신을 맞이하고 아직 제물을 올리지 않은 때를 보고 있는 마음가짐으로 하면, 믿음이 있어 엄숙하고 경건하리라.(제물을 올리지 않으면 믿음이 있어)

【觀】卦名이며, '살피다, 관찰하다, 관광' 등의 뜻.

【盥而不薦, 有孚顒若】'盥'은 '灌'의 假借로 '祼', 즉 제사 때 땅에 술을 부어 신을 맞이하는 儀式.《說文》에 "祼, 灌祭也"라 하였고,《論語》(八佾)에 "子曰:「禘自旣灌而往者, 吾不欲觀之矣.」"라 하였고,〈集注〉에 "灌者, 方祭之始, 用鬱鬯之酒灌地, 以降神也"라함. '薦'은 神에게 제물을 바쳐 올림. '不薦'은 제사에 참여하여 손은 씻되 제물은 바치지 않음. 祭祀를 곁에서 관찰하는 자의 입장에서 말한 것임. '孚'는 俘와 같음. 獲得物(收穫物). ○高亨은 "盥而不薦, 是祭不終禮也. 孚卽俘字, 謂虜獲敵方人員也. 此謂鬼神之罰也"라 함. '顒'은 우러러봄. '仰望'의 뜻. 혹 溫恭의 뜻. '顒若'은 '엄정하다'의 뜻이라고도함. 그러나《說文》에 "顒, 大頭也"라 하여, 노획한 俘虜의 머리가 부어올라 커서 제물로 바칠 수 없음을 말하는 것이라고도 함. ○高亨은 "顒若, 猶顒然, 大貌, 謂其人之大也. 祭不薦牲, 內因有俘, 可殺之以當牲也. 故曰「盥而不薦, 有孚顒若」"이라 함. 王弼 注에 "王道之可觀者, 莫盛乎宗廟. 宗廟之可觀者, 莫盛於盥也. 至薦簡畧, 不足復觀, 故觀盥而不觀薦也. 孔子曰:「禘自旣灌而往, 者吾不欲觀之矣.」盡夫觀盛, 則下觀而化矣. 故'觀至盥, 則有孚顒若'也"라 하였고,〈正義〉에 "觀者, 王者道德之美而可觀也. 故謂之觀. '觀盥而不薦'者, 可觀之事, 莫過宗廟之祭, 盥其禮盛也. 薦者, 謂旣灌之後, 陳薦籩豆之事, 其禮卑也. 今所觀宗廟之祭, 但觀其盥禮, 不觀在後籩豆之事, 故云'觀盥而不薦'也. '有孚顒若'者, 孚, 信也. 但下觀此盛禮, 莫不皆化, 悉有孚信而顒然, 故云'有孚顒若'. '盡夫觀盛, 則下觀而化'者, 觀盛則觀盥, 禮盛則休而止, 是觀其大, 不觀其細, 此是下之效, 上因觀而皆化之矣. 故'觀至盥則有孚顒若'者, 顒是嚴正之貌, 若爲語辭言'下觀而化', 皆孚信容貌, 儼然也"라 함.《集解》에 "鄭玄曰:「坤爲地爲衆, 巽爲木爲風. 九五天子之爻, 互體有艮, 艮爲鬼門, 又爲宮闕. 地上有木而爲鬼門, 宮闕者, 天子宗廟之象也.」○王弼曰:「王道之可觀者, 莫盛乎宗廟宗; 廟之可觀者, 莫盛乎盥也. 至薦簡略, 不足復觀, 故'觀盥而不薦'也.」○馬融曰:「盥者, 進爵灌地, 以降神也. 此是祭祀盛時, 及神降, 薦牲其禮, 簡略不足觀也. 國之大事, 唯祭與戎. 王道可觀, 在於祭祀. 祭祀之盛, 莫過初盥降神. 故孔子:'禘自旣灌而往者, 吾不欲觀之矣.' 此言及薦簡略, 則不足觀也. 以下觀上見, 其至盛之禮, 萬民信敬, 故云'有孚顒若'. 孚, 信; 顒, 敬也.」○案:「鬼神害盈, 禍淫福善, 若人君修德, 至誠感神, 則黍稷非馨, 明德惟馨, 故'觀盥而不觀薦', 饗其誠信者也. 斯卽'東鄰殺牛, 不如西鄰之禴'. 祭實受其福, 是其義也.」(〈旣濟卦〉)"라 함.《傳》에 "予聞之胡翼之先生曰:「君子居上, 爲天下之(一无之字)表儀. 必極其莊敬, 則下觀仰而化也. 故爲天下之觀, 當如宗廟之祭, 始盥之時, 不可如旣薦之後, 則下民盡其至誠, 顒然瞻仰之矣.」'盥', 謂祭祀之始, 盥手酌鬱鬯於地, 求神之時也. '薦', 謂獻腥獻熟之時也. 盥者, 事之始人心方盡其精誠, 嚴肅之至也. 至旣薦之後,

禮數繁縟, 則人心散, 而精一不若始盥之時矣. 居上者, 正其表儀, 以爲下民之觀, 當(一作常)莊嚴(一作敬), 如始盥之初; 勿使誠意少散, 如旣薦之後, 則天下之人, 莫不盡其孚誠, 顒然瞻仰之矣. ‘顒’, 仰望也”라 하였고, 《本義》에 “觀者, 有以中正示人, 而爲人所仰也. 九五居上, 四陰仰之. 又內順外巽, 而九五以中正, 示天下所以爲觀盥, 將祭而潔手也. 薦, 奉酒食以祭也. 顒然尊敬之貌. 言致其潔淸, 而不輕自用, 則其孚信在中, 而顒然可仰. 戒占者, 當如是也. 或曰‘有孚顒若’, 謂在下之人, 信而仰之也. 此卦四陰長, 而二陽消. 正爲八月之卦而名卦. 〈繫辭〉更取他義, 亦扶陽抑陰之意”라 함.

## (2) 彖辭와 象辭

彖曰: 大觀在上, 順而巽, 中正以觀天下, 觀.

「盥而不薦, 有孚顒若」, 下觀而化也.

觀天之神道, 而四時不忒;

聖人以神道設敎, 而天下服矣.

★象曰: 風行地上, 觀. 先王以省方觀民設敎.

〈언해〉 彖(단)애 골오디 大觀(대관)으로 上(샹)애 이셔, 順(슌)코 巽(손)ᄒ고 中正(듕졍)으로써 天下(텬하)애 觀(관)ᄒ이니,

「觀, 盥而不薦, 有孚顒若」은 下(하)ㅣ 觀(관)ᄒ야 化(화)홈이라.

天(텬)의 神(신)ᄒ 道(도)를 觀(관)홈애, 四時(ᄉ시)ㅣ 忒(특)디 아니 ᄒ니,

聖人(셩인)이 이 神(신)ᄒ 道(도)로써 敎(교)를 設(셜)홈애 天下(텬하)ㅣ 服(복)ᄒ니라.

★象(샹)애 골오디 風(풍)이 地上(디샹)애 行(ᄒᆡᆼ)홈이 觀(관)이니, 先王(션왕)이 以(이)ᄒ야 方(방)을 省(셩)ᄒ야 民(민)을 觀(관)ᄒ야 敎(교)를 設(셜)ᄒ니라.

〈해석〉 彖: 크게 보는 것이 위에 있어, 손(巽)이 순종하면서 겸손하고, 또한 가운데의 구오가 중정으로서 천하가 앙관하는 대상이 되니,

“관괘는 관(盥, 祼)하고 아직 제물을 올리지 않은 그 순서를 관찰하니, 믿음이 있어 엄숙하며 경건하다”함은, 아래 백성들이 앙관하여 교화됨을 뜻한다.

하늘은 신묘한 도를 관찰함에, 사시가 틀림이 없이 순서를 지키니,

성인이 이 신묘한 도로써 교화를 베풂에, 천하가 모두 복종하는 것이니라.

★象: 바람(巽)이 땅(坤) 위를 불고 있는 괘상이 관괘이니, 선왕이 이를 바탕으로 하여 사방을 살피고, 백성을 관찰하여, 교화를 베푸는 것이니라.

【大觀在上, 順而巽, 中正以觀天下, 觀】 '大觀'은 크게 널리 훑어봄. 王弼 注에 "下賤而上貴也"라 하였고, 〈正義〉에 "'大觀在上'者, 謂大爲在下所觀, 唯在於上, 由在上旣貴, 故在下大觀. 今大觀在於上, 又順而和巽, 居中得正, 以觀於天下, 謂之觀也. 此釋觀卦之名"라 함. 《集解》에는 "蜀才曰:「此本乾卦.」 案:「柔小浸長, 剛大在上, 其德可觀, 故曰 '大觀在上'也.」"라 함. '順而巽'은 상괘(巽)가 恭順(謙遜)의 뜻을 가지고 있음. '中正'은 九五(陽)가 帝位이면서 主爻로, 位正當하며 아울러 六二(陰)와 正應을 이루어 陰陽이 이상적으로 호응하고 있음. 따라서 君臣이 각기 자신의 자리에서 임무를 다하여, 임금이 만민에게 군림하여 민정을 살피고 있는 괘상임을 말함. '觀天下'는 天下 萬民의 仰觀의 대상이 됨. '天下之觀'의 도치. 《集解》에 "虞翻曰:「謂陽息臨二, 直方大臨者, 大也. 在觀上, 故稱'大觀'. 順, 坤也. 中正, 謂五. 五以天神道, 觀示天下咸服, 其化賓於王庭.」"이라 함. 《傳》에 "五居尊位以剛陽, 中正之德, 爲下所觀其德甚大, 故曰'大觀在上'. 下坤而上巽, 是能順而巽也. 五居中正, 以巽順中正之德, 爲觀於天下也"라 하였고, 《本義》에 "以卦體·卦德, 釋卦名義"라 함.

【「盥而不薦, 有孚顒若」, 下觀而化也】 여기서의 '孚'는 誠信(虔誠), '顒'은 恭順함으로 풀이하여 經義와는 다름. 크고 엄숙함을 뜻함. '下觀而化'는 아래 백성들이 이를 보고 感化함. 〈正義〉에 "'觀盥而不薦, 有孚顒若, 下觀而化'者, 釋'有孚顒若'之義. 本由在下觀效, 在上而變化, 故'有孚顒若'也"라 함. 《集解》에 "虞翻曰:「觀, 反臨也. 以五陽觀示坤民, 故稱觀盥沃, 盥薦羞牲也. 孚, 信, 謂五. 顒, 顒君德有威, 容貌若順也. 坎爲水, 坤爲器. 艮手臨坤, 坎水沃之盥之象也, 故觀盥而不薦. 孔子曰:「禘自旣灌, 吾不欲觀之矣.」 巽爲進退容止可觀, 進退可度則下觀其德, 而順其化. 上之三五, 在坎中, 故'有孚顒若', 下觀而化. 《詩》(卷阿)曰:「顒顒卬卬, 如珪如璋.」 君德之義也.」"라 함. 《傳》에 "爲觀之道, 嚴敬如始盥之時, 則下民至誠瞻仰(一作仰觀), 而從化也. '不薦', 謂不使誠意少散也"라 하였고, 《本義》에 "釋卦辭"라 함.

【觀天之神道, 而四時不忒】 '神道'는 하늘의 신묘한 조화와 規律. '不忒'은 어긋남이 없음. 〈正義〉에 "'觀天之神道, 而四時不忒'者, 此盛明觀卦之美. 言觀盥與天之神道相合, 觀此天之神道, 而四時不有忒變. '神道'者, 微妙无方, 理不可知, 目不可見, 不知所以然, 而然謂之神道, 而四時之節氣見矣. 豈見天之所爲, 不知從何而來, 唯見四時流行, 不有差

忒? 故云‘觀天之神道, 而四時不忒’也”라 함. 《集解》에 “虞翻曰:「忒, 差也. 神道, 謂五. 臨震兌爲春秋, 三上易位. 坎冬離夏, 日月象正, 故四時不忒.」”이라 함.

【聖人以神道設教, 而天下服矣】 ‘設教’는 교화를 마련함. 교육을 실시함. 王弼 注에 “統說: 觀之爲道, 不以刑制, 使物而以觀感化物者也. 神則无形者也. 不見天之使四時, 而四時不忒; 不見聖人使百姓, 而百姓自服也”라 하였고, 〈正義〉에 “‘聖人以神道設教, 而天下服矣’者, 此明聖人用此天之神道, 以觀設教而天下服矣. 天旣不言而行, 不爲而成聖人法則, 天之神道, 唯身自行善, 垂化於人, 不假言語教戒, 不須威刑恐逼, 在下自然觀化服從, 故云‘天下服’矣”라 함. 《集解》에 “虞翻曰:「聖人謂乾. 退藏於密而齊於巽, 以神明其德教, 故聖人設教. 坤民順從, 而天下服矣.」”라 함. 《傳》에 “天道至神, 故曰‘神道’. 觀天之運行四時, 无有差忒, 則見其神妙. 聖人見天道之神體, 神道以設教, 故天下莫不服也. 夫天道至神, 故運行四時, 化育萬物, 无有差忒. 至神之道, 莫可名言, 唯聖人默契, 體其妙用, 設爲政教, 故天下之人, 涵泳其德, 而不知其功. 鼓舞其化, 而莫測其用, 自然仰觀而戴服, 故曰‘以神道設教, 而天下服矣.’”라 하였고, 《本義》에 “極言觀之道也. 四時不忒, 天之所以爲觀也; 神道設教, 聖人之所以爲觀也”라 함.

★【風行地上, 觀】 ‘風行地上’은 상괘(巽, 風)와 하괘(坤, 地)의 구성을 말함.

【先王以省方觀民設教】 ‘省方’은 사방을 살핌. ‘省’은 ‘성’(悉井反)으로 읽으며 ‘살피다’의 뜻. 《說文》에 “省, 視也”라 함. ‘方’은 혹 ‘邦’으로 보아 邦國, 諸侯國, 域內를 가리키는 뜻이라고도 함. 〈正義〉에 “‘風行地上’者, 風主號令, 行于地上, 猶如先王設教, 在於民上, 故云‘風行地上, 觀’也. ‘先王以省方, 觀民設教’者, 以省視萬方, 觀看民之風俗, 以設於教, 非諸侯以下之所爲, 故云‘先王’也”라 함. 《集解》에 “九家《易》曰:「先王謂五. 應天順民, 受命之王也. 風行地上, 草木必偃, 枯槁朽腐, 獨不從風, 謂應外之炎, 天地氣絶, 陰陽所去, 象不化之民, 五刑所加, 故以省察四方, 觀視民俗, 而設其教也. 言先王德化, 光被四表, 有不賓之民, 不從法令, 以五刑加之, 以齊德教也.」”라 함. 《傳》에 “風行地上, 周及庶物爲由, 歷周覽之象, 故先王體之, 爲省方之禮, 以觀民俗, 而設政教也. 天子巡省四方, 觀視民俗, 設爲政教, 如奢則約之以儉, 儉則示之以禮是也. 省方, 觀民也; 設教, 爲民觀也”라 하였고, 《本義》에 “省方以觀民, 設教以爲觀”이라 함.

## (3) 爻辭와 象辭

初六: 童觀, 小人无咎, 君子吝.
☆象曰: 初六「童觀」, 小人道也.

〈언해〉初六(초륙)은, 童(동)의 觀(관)이니, 小人(쇼인)은 咎(구) l 업고, 君子(군즈)는
　　　　吝(린)ᄒᆞ리라.
　　　☆象(샹)애 ᄀᆞᆯ오디 「初六童觀」은, 小人(쇼인)의 道(도) l 라.
〈해석〉[初六](--): 어린아이가 사물을 관찰하는 것이니, 소인은 허물이 없지만, 군자에
　　　　게 있어서라면 부끄럽고 안타까운 이리이라.
　　　☆象: "초륙은 어린아이가 사물을 관찰하는 것"이라 한 것은, 소인의 도리임을
　　　　뜻한다.


　　【初六】이는 全卦와 下卦(坤, 地)의 시작으로 陰爻. 位不當하며 상배한 六四 역시
陰爻이므로 雙陰을 이루고 있음. 이에 柔弱하여 관찰능력이 부족함.
　　【童觀, 小人无咎, 君子吝】'童觀'은 어린아이처럼 幼稚한 눈으로 관찰함. 보는 것이
협소하고 명확하지 않음을 뜻함. '小人无咎'는 小人이기에 童觀일지라도 허물은 없음.
'君子吝'은 군자가 소견이 좁을 경우 성취하지 못함. 아울러 군자가 爻를 만나면 장차
吝(錯誤, 혹 안타까움)을 일으키게 됨. ○高亨은 "按: 童觀所見者淺鮮, 小人如此, 無害於
事. 君子如此, 則難有成. 故曰「童觀, 小人无咎, 君子吝」"이라 함. 王弼 注에 "處於觀時,
而最遠朝美, 體於陰柔, 不能自進, 无所鑒見, 故曰'童觀'. 趣順而己无所能, 爲小人之道也.
故曰'小人无咎'. 君子處大觀之時, 而爲童觀不亦鄙乎?"라 하였고, 孔穎達 〈正義〉에 "童
觀'者, 處於觀時, 而最遠朝廷之美, 體是柔弱, 不能自進, 无所鑒見, 唯如童稚之子而觀望
也. '小人无咎, 君子吝'者, 爲此觀者, 趣在順從, 而己无所能, 爲於小人行之, 纔得无咎.
若君子行之, 則鄙吝也"라 함. 《集解》에 "虞翻曰:「艮爲童, 陰小人, 陽君子. 初位, 賤以小
人承君子, 故'无咎'; 陽伏陰下, 故'君子吝'矣.」"라 함. 《傳》에 "六以陰柔之質, 居遠於陽,
是以(一作其)觀見者, 淺近如童稚然, 故曰'童觀'. 陽剛中正在上, 聖賢之君也. 近之則見其
道德之盛, 所觀深遠. 初乃遠之, 所見不明, 如童蒙之觀也. 小人, 下民也. 所見昏淺, 不能
識君子之道, 乃常分也. 不足謂之過咎, 若君子而如是, 則可鄙吝也"라 하였고, 《本義》에
"卦以觀示爲義, 據九五爲主也. 爻以觀瞻爲義, 皆觀乎九五也. 初六陰柔在下, 不能遠見,
童觀之象, 小人之道, 君子之羞也. 故其占在小人, 則无咎; 君子得之, 則可羞矣"라 함.

☆【初六「童觀」, 小人道也】'小人道'는 소인의 특징임을 말함. 《集解》에 "王弼曰:「失位處下, 最遠朝美, 无所鑒見, 故曰'童觀'. 處大觀之時, 而童觀趣順, 而己小人, 爲之无可咎責; 君子, 爲之鄙吝之道.」"라 함. 《傳》에 "所觀不明如童稚, 乃小人之分, 故曰'小人道'也"라 함.


# 六二: 闚觀, 利女貞.
# ☆象曰:「闚觀, 女貞」, 亦可醜也.

〈언해〉 六二(륙이)는, 闚(규)ᄒᆞ야 觀(관)ᄒᆞ욤이니 女(녀)의 貞(뎡)홈이 利(리)ᄒᆞ니라.
　　☆象(샹)애 ᄀᆞᆯ오디 「闚觀, 女貞」이 ᄯᅩ 可(가)히 醜(취)ᄒᆞ니라.
〈해석〉 [六二](--): 틈으로 엿보는 것이니, 여자에게 있어서는 마음을 곧고 바르게 가지는 것이 이롭다.
　　☆象: "엿보는 것이니, 여자에게 있어서는 마음을 곧고 바르게 가져야 한다"하는 것도 역시 추하다 여김을 받을 만하다.


　　【六二】 이는 하괘(坤)의 중앙이며 음효로써 位正當함. 상배한 九五(揚)와 음양이 호응을 이루고 있어, 군신관계로서 아주 이상적임. 그러나 위아래 모두 음효이며 그 중앙에서 자신만이 九五(帝位)와 상배함을 믿고 그를 엿보고 있는 형상임.
　　【闚觀, 利女貞】 '闚觀'은 공개적으로 보지 않고 엿보는 형상임. '闚'는 窺와 같으며 '엿보다'의 뜻. '以管窺天'과 같아 관찰이 협소함을 뜻함. '利女貞'은 여자가 이 효를 만났다면 정절을 지키고 있어야 이로움. ○高亨은 "此殆指婚媾之事而言. 男女婚媾, 純由父母之命, 媒妁之言, 男女不得自主, 不得一相見, 此周末繁文之制, 周初民質, 蓋不然也. 余疑周初女子許嫁之前, 得一窺觀男子, 而自決可否. 闚觀之後, 亦或筮之, 若遇此女, 許嫁則利, 故曰「闚觀, 利女貞」"이라 함. 《集解》에 "虞翻曰:「臨兌爲女, 竊觀稱闚. 兌女反成巽. 巽四五得正, 故利女貞. 艮爲宮室, 坤爲闔戶, 小人而應五, 故闚觀, 女貞利. 不淫視也.」"라 함. 《傳》에 "二應於五, 觀於五也. 五剛陽中正之道, 非二陰暗, 柔弱所能觀見也, 故但如闚覘之觀耳. 闚覘之觀, 雖少見而不能甚(一悅盡)明也. 二旣不能明見, 剛陽中正之道, 則利如女子之貞, 雖見之不能甚明, 而能順從者, 女子之道也. 在女子爲貞也, 二旣不能明見, 九五之道, 能如女子之順從, 則不失中正, 乃爲利也"라 하였고, 《本義》에 "陰柔居內, 而觀乎外, 闚觀之象, 女子之正也. 故其占如此, 丈夫得之, 則非所利矣"라 함.

☆【闚觀, 女貞】, 亦可醜也】 '可醜'는 남자로부터 醜한 행동이라 여김을 당할 수 있음. 王弼 注에 "處在於內, 寡所鑒見, 體於柔弱從順, 而已猶有應焉. 不爲全蒙所見者狹, 故曰'闚'. 觀居內得位, 柔順寡見, 故曰'利女貞', 婦人之道也. 處大觀之時, 居中得位, 不能大觀, 廣鑒闚觀而已, 誠可醜也"라 하였고, 〈正義〉에 "闚觀, 利女貞'者, 旣是陰爻, 又處在卦內, 性又柔弱, 唯闚竊而觀. 如此之事, 唯女子之所貞, 非丈夫所爲之事也. '猶有應焉, 不爲全蒙'者, 六二, 雖柔弱在內, 猶有九五剛陽, 與之爲應, 則微有開發, 不爲全是童蒙, 如初六也. 故能闚而外觀, 此童觀闚, 觀皆讀爲去聲也"라 함.《集解》에 "侯果曰: 「得位居中, 上應於五, 闚觀朝美, 不能大觀. 處大觀之時, 而爲闚觀. 女正則利, 君子則醜也.」 ○案: 「六二離爻, 離爲目. 又爲中女, 外互體艮, 艮爲門闕, 女目近門, 闚觀之象也.」"라 함.《傳》에 "君子不能觀見剛陽中正之大道, 而僅(一有能字)闚覘其彷彿, 雖能順從, 乃同女子之貞, 亦可羞醜也"라 하였고, 《本義》에 "在丈夫, 則爲醜也"라 함.

# 六三: 觀我生, 進退.
# ☆象曰: 「觀我生, 進退」, 未失道也.

〈언해〉 六三(륙삼)은, 我(아)의 生(싱)을 觀(관)ᄒ야, 進(진)ᄒ며 退(퇴)홈이로다.
　　　☆象(샹)애 ᄀᆞᆯ오디 「觀我生, 進退」ᄒ니, 道(도)를 失(실)티 아니 홈이라.
〈해석〉 [六三](--): 나의 삶(동성의 친족들)을 관찰하여 진퇴를 결정함이로다.
　　　☆象: "내 삶을 관찰하여 진퇴를 결정"하니, 이는 도리를 잃지 않음을 말한다.

【六三】 이는 하괘(곤)의 가장 위이며 陰爻로써 位不當함. 따라서 자신의 내부부터 살펴보고 진퇴를 결정해야 함.
【觀我生, 進退】 '觀我生'의 '生'은 ○高亨은 "生, 疑當讀爲姓. 是生姓古今字, 原有官義. 本卦'生'字皆此義. 觀我庶官, 將行黜陟. 故曰「官我生, 進退」. 進謂陟之, 退謂黜之也"라 하여, 나와 同姓 친족들의 의견부터 살펴봄. 그러나 이제까지 살아온 生涯로 보기도 함. '進退'는 '위 巽卦로의 올라가, 살피는 임무를 수행할 것인가'에 대한 진퇴. 혹 벼슬에 나갈 것인가의 진퇴를 뜻하는 말이라고도 함. 王弼 注에 "居下體之極, 處二卦之際, 近不比尊, 遠不童觀, 觀風者也. 居此時也, 可以'觀我生進退'也"라 하였고, 〈正義〉에 "觀我生進退'者, 我生, 我身所動, 出三居下體之極, 是有可進之時. 又居上體之下, 復是可退之地, 遠則不爲童觀, 近則未爲觀國. 居在進退之處, 可以自觀我之動出也. 故時可

則進, 時不可則退. 觀風相幾, 未失其道, 故曰'觀我生, 進退'也"라 함. 《集解》에 "虞翻曰: 「坤爲我臨, 震爲生. 生謂坤, 生民也. 巽爲進退, 故'觀我生, 進退'. 臨震進之, 五得正居中, 故〈象〉曰'未失道'.」"라 함. 《傳》에 "三居非其位, 處順之極, 能順時以進退者也. 若居當其位, 則无進退之義也. '觀我生', 我之所生, 謂動作施爲出於己者, 觀其所生而隨宜進退, 所以處雖非正, 而未至失道也. 隨時進退, 求不失道, 故无悔咎(一作吝), 以能順也"라 하였고, 《本義》에 "我生, 我之所行也. 六三居下之上, 可進可退, 故不觀九五, 而獨觀己所行之通塞, 以爲進退. 占者, 宜自審也"라 함.

☆【「觀我生, 進退」, 未失道也】 '未失道'는 선뜻 나서지 않고 자신과 동성인 이들의 의견을 살펴야 하는 도를 아직 잃지 않고 있음. 구체적으로는 행정의 正道를 잃지 않고 지키고 있음을 뜻함. 王弼 注에 "處進退之時, 以觀進退之幾, 未失道也"라 하였고, 〈正義〉에 "道得名生者, 道是開通, 生利萬物, 故〈繫辭〉云'生生之謂《易》', 是道爲生也"라 함. 《集解》에 "荀爽曰:「我謂五也. 生者, 敎化生也. 三欲進觀於五, 四旣在前而三, 故退'未失道'也.」"라 함. 《傳》에 "觀己之生, 而進退以順乎宜, 故未至於失道也"라 함.


# 六四: 觀國之光, 利用賓于王.
## ☆象曰:「觀國之光」, 尙賓也.

〈언해〉 六四(륙사)는, 國(국)의 光(광)을 觀(관)홈이니, 뻐 王(왕)끠 賓(빈)홈이 利(리)ᄒ
니라.
　　☆象(샹)애 골오디 「觀國之光」은 賓(빈)을 尙(샹)홈이라.
〈해석〉 [六四](--): 나라의 보배를 살펴보는 것이니, 이로써 자신은 그저 왕께 빈객이
됨이 이로우니라.
　　☆象: "나라의 보배를 살펴본다"함은, 나라가 귀빈을 숭상함을 뜻한다.


　　【六四】 이는 上卦(巽)의 시작이며 陰爻로 位正當함. 아울러 상배한 初六 역시 陰爻로 둘 모두 柔順하고 陰弱하여 주체적으로 觀의 임무를 담당하기 어려워, 대신 임금(九五)의 賓客이 되는 것이 유리함.
　　【觀國之光, 利用賓于王】 '國之光'은 나라의 가장 보배로운 것. '光'은 위대한 業績, 廣大한 盛德. 그러한 盛德을 갖춘 王國. ○高亨은 "觀國之光, 謂朝於王國也. 筮遇此爻, 利於朝王. 故曰「觀國之光, 利用賓于王」"이라 함. '用賓于王'은 '以賓於王'과 같음. 왕에

게 빈객의 신분이 됨. 王에게 朝覲함을 뜻하며, '于'(於)는 與格助辭. 王弼 注에 "居觀之時, 最近至尊, 觀國之光者也. 居近得位, 明習國儀者也. 故曰'利用賓于王'也"라 하였고, 〈正義〉에 "最近至尊, 是'觀國之光, 利用賓于王'者. 居在親近, 而得其位, 明習國之禮儀, 故宜利用賓于王庭也"라 함. 《集解》에 "虞翻曰:「坤爲國, 臨陽至二, 天下文明, 反上成觀, 進顯天位, 故'觀國之光'. 王謂五陽, 陽尊賓坤, 坤爲用爲臣, 四在王庭, 賓事於五, 故'利用賓于王'矣. 《詩》(殷武)曰:『莫敢不來賓, 莫敢不來王.』是其義也.」"라 함. 《傳》에 "觀莫明於近, 五以剛陽中正居尊位, 聖賢之君也. 四切近之觀見其道, 故云'觀國之光'. 觀見國之盛, 德光輝也. 不指君之身, 而云'國'者, 在人君而言, 豈止觀其行一身乎? 當觀天下之政化, 則人君之道德可見矣. 四雖陰柔而巽, 體居正切, 近於五, 觀見而能順從者也. '利用賓于王', 夫聖明在上, 則懷抱才德之人, 皆願進於朝廷輔戴之, 以康濟天下. 四旣觀見人君之德·國家之治·光華甚美, 所宜賓于王朝, 效其智力, 上輔於君, 以施澤天下, 故云'利用賓于王'也. 古者, 有賢德之人, 則人君賓禮之, 故士之仕進於王朝, 則謂之賓"이라 하였고, 《本義》에 "六四最近於五, 故有此象. 其占爲利於朝覲仕進也"라 함.

☆【「觀國之光」, 尙賓也】'尙賓'은 上賓과 같음. 빈객을 尊崇함. 혹 最上의 賓客, 國賓을 뜻함. 나라의 풍조가 귀빈을 숭상하므로 그런 시대에는 임금의 빈객이 되는 것이 옳음. 〈正義〉에 "〈象〉曰'尙賓'者, 釋'觀國之光'義, 以居近至尊之道, 志意慕尙爲王賓也"라 함. 《集解》에 "崔憬曰:「得位比尊, 承於王者職, 在搜揚國俊, 賓薦王庭, 故以進賢爲'尙賓'也.」"라 함. 《傳》에 "君子懷負才業, 志在乎兼善天下, 然有卷懷自守者, 蓋時无明君, 莫能用其道, 不得已也. 豈君子之志哉? 故《孟子》(盡心上)曰:「中天下而立, 定四海之民, 君子樂之.」旣觀見國之盛德光華, 古人所謂'非常之遇'也(一无也字), 所以志願登進王朝, 以行其道, 故云'觀國之光, 尙賓也'. 尙, 謂志尙, 其志意願慕賓于王朝也"라 함.


# 九五: 觀我生, 君子无咎.
## ☆象曰:「觀我生」, 觀民也.

〈언해〉 九五(구오)는, 我(아)의 生(싱)을 觀(관)호디, 君子(군즈) ] 면 咎(구) ] 업스리라.[《本義》: 我(아)의 生(싱)을 觀(관)홀 디니]

　　☆象(샹)애 굴오디 「觀我生」은 民(민)에 觀(관)홈이라.

〈해석〉 [九五](一): 나의 삶(나와 동성인 친족들)을 살펴보되, 군자(임금)가 이렇게 하면 허물이 없으리라.(나의 삶을 관찰할 것이니)

☆象: "나의 삶(동성의 친족들)을 살펴본다"함은, 백성들에게 앙관의 대상임을 뜻한다.

【九五】이는 군위이며 陽爻로 位正當함. 아울러 상배한 六二(陰)와 음양호응이 이상적임. 따라서 천하 백성을 훑어보고 자신의 동성들의 의견도 들어, 의지대로 임무를 수행할 수 있음.

【觀我生, 君子无咎】'觀我生'은 六三(陰爻)을 가리킴. 同姓 신하들의 의견도 살펴봄을 뜻함. 그러나 혹 '자신의 덕행을 닦아 제왕으로서의 모범이 되어야 함을 살펴보다'의 뜻으로도 봄. ○高亨은 "生亦官也. 觀我庶官, 則知其賢否. 知其賢否, 則黜陟得宜. 黜陟得宜, 則庶績咸熙. 故曰「觀我生, 君子无咎」"라 함. 王弼 注에 "居於尊位, 爲觀之主, 宣弘大化, 光于四表, 觀之極者也. 上之化下, 猶風之靡草, 故觀民之俗, 以察己道, '百姓有罪, 在予一'. 人君子風, 著己乃无咎, 上爲化主, 將欲自觀, 乃'觀民'也"라 하였고, 〈正義〉에 "九五居尊, 爲觀之主, 四海之內, 由我而化. 我教化善, 則天下著. 君子之風, 教化不善, 則天下著; 小人之俗, 故觀民以察, 我道有君子之風著, 則无咎也. 故曰'觀我生, 君子无咎'也"라 함. 《集解》에 "虞翻曰:「我, 身也. 謂我生, '生'謂生民. 震生象反, 坤爲死喪, 嫌非生民, 故不言'民'. 陽爲君子在臨, 二失位之, 五得道處中, 故'君子无咎'矣.」"라 함. 《傳》에 "九五, 居人君之位, 時之治亂·俗之美惡, 係乎己而已. 觀己之生, 若天下之俗, 皆君子矣, 則是己之所爲政化善也, 乃无咎矣. 若天下之俗, 未合君子之道, 則是己之所爲政治未善, 不(一作未)能免於咎也"라 하였고, 《本義》에 "九五, 陽剛中正, 以居尊位, 其下四陰, 仰而觀之, 君子之象也. 故戒居此位, 得此占者, 當觀己所行, 必其陽剛, 中正亦如是焉, 則得无咎也"라 함.

☆【「觀我生」, 觀民也】'觀民'은 자신 아래의 모든 陰爻, 즉 萬民이 우러러 첨앙하는 대상임을 말함. 〈正義〉에 "〈象〉曰'觀我生觀民'者, 謂觀民以觀我, 故'觀我', 卽'觀民'也"라 함. 《集解》에 "王弼曰:「'觀我生', 自觀其道也. 爲衆觀之主, 當宣文化, 光于四表, 上之化下, 猶風之靡草. '百姓有過, 在予一'. 人君子風著, 己乃无咎, 欲察己道, 當觀民也.」○虞翻曰:「坤爲民, 謂三也. 坤體成, 故'觀民'也.」"라 함. 《傳》에 "我生出於己者, 人君欲觀己之施, 爲善否, 當觀於民. 民俗善, 則政化善也. 王弼云:「觀民以察己之道.」是也"라 하였고, 《本義》에 "此夫子以義言之, 明人君觀己所行, 不但一身之得失, 又當觀民德之善否, 以自省察也"라 함.

上九: 觀其生, 君子无咎.

☆象曰: 「觀其生」, 志未平也.

〈언해〉 上九(샹구)는, 그 生(싱)을 觀(관)호디, 君子(군ᄌ)ㅣ면 咎(구)ㅣ 업스리라.[《本
義》: 그 生(싱)을 觀(관)홀 디니]

　　☆象(샹)애 ᄀᆞᆯ오디 「觀其生」은 志(지)ㅣ 平(평)티 몯홈이라.

〈해석〉 [上九](一): 이성의 다른 사람들의 삶을 살펴보되, 군자가 이렇게 하면 허물이
없으리라.(남의 삶을 살펴볼 것이니)

　　☆象: "다른 사람들의 삶을 살펴본다"함은, 뜻이 아직 평안에 안주하지 않음을
뜻한다.


　　【上九】 이는 전괘의 마감이며 陽爻로써 位不當하며 모든 임무를 마치고 궁한 경지
로 바뀌는 자리임. 그러나 상배한 六三(陰)과 음양호응이 맞고, 九五를 이어 他人(他
姓)의 의견도 들어주는 위치이므로 지도자로써 허물은 없음.

　　【觀其生, 君子无咎】 '其生'은 六二와 九五의 '我生'과 상대되는 개념으로 他姓의 신하
나 백성, 다른 氏族이나 部族을 뜻함. 따라서 '生'은 姓의 뜻. 그러나 '아래 백성(陰爻들)
이 그의 삶을 살펴보고 있다'의 뜻. 한편 ○高亨은 "生亦官也. 觀其生, 觀它國之庶官也.
官它國之庶官, 則知其官之賢否. 之其官之賢否, 則知其政之擧廢. 知其政知擧廢, 則知其
國之治亂. 故曰「觀我生, 君子无咎」"라 하여, '生'은 '官'의 뜻으로, '여러 관직에 있는
이들의 賢否를 알게 되면 나라의 장래 治亂까지 예상할 수 있다'는 뜻이라 하였음.
王弼 注에 "'觀我生', 自觀其道也; '觀其生', 爲民所觀者也. 不在於位, 最處上極, 高尙其
志, 爲天下所觀者也. 處天下所觀之地, 可不愼乎? 故君子德, 見乃得无咎. '生', 猶'動出'
也"라 하였고, 〈正義〉에 "'觀其生'者, 最處上極, 高尙其志, 生亦道也. 爲天下觀其已之道,
故云'觀其生'也. '君子无咎'者, 旣居天下可觀之地, 可不愼乎? 故君子謹愼, 乃得'无咎'也"
라 함. 《集解》에 "虞翻曰: 「應在三, 三體臨震, 故'觀其生'. 君子謂三之三, 得正, 故'无咎'
矣.」"라 함. 《傳》에 "上九, 以陽剛之德處於上, 爲下之所觀, 而不當位. 是賢人君子, 不在
於位, 而道德爲天下所觀仰者也. '觀其生', 觀其所生也. 謂出於己者, 德業行義也. 旣爲天
下所觀仰, 故自觀其所生, 若皆君子矣, 則无過咎也. 苟未君子, 則何以使人觀仰矜式? 是
其咎也"라 하였고, 《本義》에 "上九, 陽剛居尊位之上, 雖不當事任, 而亦爲下所觀, 故其戒
辭, 略與五同. 但以我爲其小, 有主賓之異耳"라 함.

　　☆【觀其生, 志未平也】'志未平'은 그 뜻을 평안에 안주할 수 없다고 여김. 혹 자신

이 관찰한 것이 아직 부족하다고 여김. 그 때문에 다른 신하, 백성, 씨족, 부족을 살펴보는 것임. 王弼 注에 "將(特)處異地, 爲衆所觀, 不爲平易, 和光流通, 志未平也"라 하였고, 〈正義〉에 "'觀其生'者, 最處上極, 高尙其志, 生亦道也. 爲天下觀其已之道, 故云'觀其生'也. '君子无咎'者, 旣居天下可觀之地, 可不愼乎? 故君子謹愼, 乃得'无咎'也. 〈象〉曰'志未平'者, 釋'觀其生'之義. 以特處異地, 爲衆所觀, 不爲平易, 和光流通, 志未與世俗. 均平世无, 危懼之憂, 我有符同之慮, 故曰'志未平'也"라 함. 《集解》에 "王弼曰: 「觀其生', 爲人所觀也. 最處上極, 天下所觀者也. 處天下所觀之地, 其志未爲平易, 不可不愼, 故君子德見, 乃得无咎. '生', 猶'動出'也.」○虞翻曰: 「坎爲志爲平, 上來之三, 故志未平矣.」"라 함. 《傳》에 "雖不在位, 然以人觀其德, 用爲儀法, 故當自愼, 省觀其所生, 常不失於君子, 則人不失所望而化之矣. 不可以不在於位, 故安然放意, 无所事也. 是其志意, 未得安也. 故云'志未平'也. 平, 謂安寧也"라 하였고, 《本義》에 "'志未平', 言雖不得位, 未可忘戒懼也"라 함.

# 021 서합噬嗑

䷔ 火雷噬嗑: ▶震下離上(☳下☲上)


　*噬嗑(서합): 〈音義〉에 "噬, 市制反; 嗑, 胡臘反"이라 하여 '서합(shìhé)'로 읽음. '噬嗑'은 입으로 깨물어 咬合시킴. 즉 咀嚼, 齧(嚼)과 같은 뜻임. 《說文》에 "噬, 啗也"라함. 하괘는 震(雷)이며 陽, 상괘는 離(火)이며 陰, 우레 위에 불이 있는 異卦相疊의 '火雷' 괘체임. 음양이 서로 조화를 이루고 剛柔가 교제하는 형상으로, 부드러운 혀는 맛을 보고, 딱딱한 이가 교합하여 조악한 것을 제거하고 정미한 것을 취함을 상징함. 따라서 잘못된 이를 형벌로써 처벌하되 명확하고 과감해야 하며, 剛柔를 함께 병용하여야 함을 상징함. 고대 초기 法治 사상의 연원이 되었다 함. 이 괘는 受刑者(初九와上九)와 用刑者(나머지 네 효)로 나누어 治刑 상황을 가설하여, 輕犯罪로부터 전혀 矯正이 될 수 없는 경우를 단계별로 强度를 높여 설명한 것임.

　*《集解》에 "〈序卦〉曰: 「可觀而有所合, 故受之以'噬嗑'.」噬者, 合也.(崔憬曰: 「言可觀政於人, 則有所合於刑矣. 故曰'可觀而有所合'.」)"라 함.

　*《傳》에 "噬嗑', 〈序卦〉: 「可觀而後有所合, 故受之以'噬嗑'.」噬者, 合也. 旣有可觀, 然後有來合之者也. 噬嗑, 所以次觀也. 噬, 齧也; 嗑, 合也. 口中有物, 間之齧而後, 合之也. 卦上下二, 剛爻而中, 柔外剛中, 虛人頤口之象也. 中虛之中, 又一剛爻爲頤, 中有物之象, 口中有物, 則隔其上下, 不得嗑, 必齧之, 則得嗑, 故爲噬嗑. 聖人以卦之象, 推之於天下之事, 在口則爲有物, 隔而不得合; 在天下, 則爲有强梗, 或讒邪, 間隔於其間, 故天下之事, 不得合也.(一无也字) 當用刑法, 小則懲戒, 大則誅戮, 以除去之, 然後天下之治, 得成矣. 凡天下至于一國一家, 至于萬事, 所以不和合者, 皆由有間也. 无間則合矣, 以至天地之生萬物之成, 皆合而後能遂. 凡未合者, 皆爲間也. 若君臣父子親戚朋友之間, 有離貳怨隙者, 蓋讒邪間於其間也. 除去之, 則和合矣. 故間隔者, 天下之大害也. 聖人觀噬嗑(一作嚙合)之象, 推之於天下萬事, 皆使去其間隔而合之, 則无不和且治(一作洽)矣. 噬嗑者, 治天下之大用也. 去天下之間, 在任刑罰, 故卦取用刑爲義, 在二體明照, 而威震, 乃用刑之象也"라 함.

# （1）卦辭

## 噬嗑: 亨, 利用獄.

〈언해〉 噬嗑(세합)은 亨(형)호니 獄(옥)을 用(용)홈이 利(리)호니라.
〈해석〉 서합(噬嗑, 서합괘)는 형통하여, 형벌에 사용함이 이롭다.

【噬嗑】 卦名이며, '噬'는 씹다, '嗑'은 '取하여 먹다'의 뜻.

【亨, 利用獄】 '亨'은 '형통하다'의 뜻. 혹은 享祀를 뜻함. '用獄'은 형옥, 즉 법(형벌)으로 다스림을 뜻함. 전체 괘상이 위(上九)와 아래(初九) 모두 양효(實)가 외곽을 막고 있고, 그 안에 六二, 六三, 六五는 陰爻(虛)로 비어 있음. 이는 頤口의 형상이며, 그 가운데 九四만 양효로 입안에 음식이 있는 모습임. 이에 상하 咀嚼의 모습이므로, 이는 소송이나 쟁송에서 상하가 交合하여 소통으로 이루어야 해결됨을 상징함. 이에 형벌과 법률이 그 역할을 해 주어야 하므로 噬嗑괘라 한 것임. 그러나 ○高亨은 "噬嗑, 卦名也. 亨卽享字, 古人擧行享祀, 曾筮遇此卦, 故記之曰「亨」. 又筮遇此卦, 利於訟獄, 故曰「利用獄」"이라 하여, 제사를 거행하고자 점을 쳐서 얻은 괘이며, 혹 소송에 이 괘를 만나 기록한 것이라 하였음. 王弼 注에 "噬, 齧也; 嗑, 合也. 凡物之不親, 由有閒也; 物之不齊, 由有過也. 有閒與過, 齧而合之, 所以通也. 刑克以通, 獄之利也"라 하였고, 〈正義〉에 "噬嗑亨'者, 噬, 齧也; 嗑, 合也. 物在於口, 則隔其上下, 若齧去其物, 上下乃合而得亨也. 此卦之名, 假借口象以爲義, 以喩刑法也. 凡上下之閒, 有物閒隔, 當須用刑法去之, 乃得亨通. 故云'噬嗑亨'也. '利用獄'者, 以刑除閒隔之物, 故利用獄也"라 함. 《集解》에 "虞翻曰:「否五之坤初, 坤初之五, 剛柔交, 故亨也. 坎爲獄, 艮爲手, 離爲明, 四以不正而係於獄, 上當之三, 蔽四成豐, 折獄致刑, 故利用獄. 坤爲用也.」 ○案:「頤中有物曰噬嗑, 謂九四也. 四互體坎, 坎爲法律, 又爲刑獄. 四在頤中, 齧而後亨, 故利用獄也.」"라 함. 《傳》에 "噬嗑亨', 卦自有亨義也. 天下之事, 所以不得亨者, 以有閒也. 噬而嗑之, 則亨通矣. '利用獄', 噬而嗑之之道, 宜用刑獄也. 天下之閒, 非刑獄, 何以(一作不可以)去之? 不云'利用刑'而云'利用(一无利用字)獄'者, 卦有明照之象, 利於察獄也. 獄者, 所以究察情僞. 得其情, 則知爲閒之道, 然後可以設防與致刑也"라 하였고, 《本義》에 "噬, 齧也; 嗑, 合也. 物有閒者, 齧而合之也. 爲卦上下, 兩陽而中虛, 頤口之象. 九四一陽, 閒於其中, 必齧之而後合, 故爲噬嗑. 其占當得亨通者, 有閒故不通. 齧之而合, 則亨通矣. 又三陰三陽, 剛柔中半, 下動上明, 下雷上電, 本自〈益〉卦六四之柔. 上行以至於五, 而得其中,

是知以陰居陽, 雖不當位, 而利用獄. 蓋治獄之道, 惟威與明, 而得其中之爲貴, 故筮得之者, 有其德, 則應其占也”라 함.


## (2) 彖辭와 象辭

彖曰: 頤中有物, 曰噬嗑. 噬嗑而亨, 剛柔分, 動而明, 雷電合而章.

柔得中而上行, 雖不當位, 利用獄也.

★象曰: 雷電, 噬嗑. 先王以明罰勅法.

〈언해〉 彖(단)애 골오디 頤中(이듕)에 物(믈)이 이실 시 골온 噬嗑(셰합)이니, 噬(셰)ᄒᆞ야 嗑(합)ᄒᆞ야 亨(형)ᄒᆞ니라.

剛(강)과 柔(유)ㅣ 分(분)ᄒᆞ고, 動(동)코 明(명)ᄒᆞ고, 雷(뢰)과(와) 電(뎐)이 合(합)ᄒᆞ야 章(쟝)ᄒᆞ고,

柔(유)ㅣ 中(듕)을 得(득)ᄒᆞ야, 上(샹)ᄒᆞ야 行(ᄒᆡᆼ)ᄒᆞ니, 비록 位(위)예 當(당)티 몯ᄒᆞ나, 獄(옥)을 用(용)홈이 利(리)ᄒᆞ니라.

★象(샹)애 골오디 雷(뢰)와 電(뎐)이 噬嗑(셰합)이니, 先王(션왕)이 以(이)ᄒᆞ야 罰(벌)을 明(명)ᄒᆞ며 法(법)을 勅(틱)ᄒᆞ니라.

〈해석〉 彖: 입 속에 물건이 있기에 그 때문에 서합이라 이르니, 씹어서 합하게 해야 형통하리라.

강한 것(하괘 震)과 부드러운 것(상괘 離)이 나누어 직무를 다하고, 움직임(震, 動)과 밝음(離, 火)이 비치고, 우레(震, 雷)와 번개(離, 火)가 합하여 빛이 나고, 부드러움이 가운데 자리를 얻어, 위로 올라가서 임무를 실행하니, 비록 자리는 정당하지 못하나, 형법을 집행함이 이로우니라.

★象: 雷(震)와 電(離, 火)으로 이루어진 것이 서합괘이니, 선대의 성왕이 이를 근거로 하여 처벌을 명확하게 하며, 법을 잘 다듬어 정리하였느니라.


【頤中有物, 曰噬嗑】 '頤'는 턱. 腮와 같음. 그러나 卦形이 '頤'자와 같아 칭한 것이며 입안, 口中, 口腔을 뜻함. '頤中有物'은 입안에 음식물을 머금고 있는 형상으로 咀嚼作用을 의미함. 王弼 注에 “頤中有物, 齧而合之, 噬嗑之義也”라 하였고, 〈正義〉에 “頤中有物,

曰噬嗑’者, 此釋噬嗑名也. 案: 諸卦之彖, 先標卦名, 乃復言‘曰某卦’, 曰同人, 曰大有, 曰小畜之類是也. 此發首不疊卦名者, 若義幽隱者, 先出卦名, 後更以卦名結之. 若其義顯露, 則不先出卦名. 則此‘頤中有物曰噬嗑’之類, 其事可知, 故不先出卦名. 此乃夫子因義理, 文勢隨義, 而發不爲例也”라 함. 《集解》에 “虞翻曰: 「物謂四, 則所噬. 乾, 腊也. 頤中无物, 則口不噬, 故先擧‘頤中有物曰噬嗑’也.」”라 함. 《本義》에 “以卦體, 釋卦名義”라 함.

【噬嗑而亨, 剛柔分, 動而明, 雷電合而章】‘噬嗑而亨’에 대해《集解》에 “崔憬曰: 「物在頤中, 隔其上下, 因齧而合, 乃得其亨焉. 以喩人於上下之間, 有亂羣者, 當用刑去之, 故言利用獄.」”이라 하였고, 《傳》에 “頤中有物, 故爲噬嗑. 有物間於頤中, 則爲害. 噬而嗑之, 則其害亡, 乃亨通也. 故云‘噬嗑而亨’”이라 함. ‘剛柔分’은 剛(震, 雷, 齒)과 柔(離, 火, 舌)가 직분을 나누어 작용함. ‘動而明’은 震(下卦)이 움직임과 火(上卦)의 밝음. ‘雷電合而章’은 震(雷)과 電(火, 離)이 합해서 그 빛이 합하여 번쩍임. ‘章’은 ‘彰’과 같으며 빛과 무늬가 현명함을 비유함. 王弼 注에 “有物則間, 不齧不合, 无由亨也. 剛柔分動, 不溷乃明; 雷電竝合, 不亂乃章, 皆利用獄之義”라 하였고, 〈正義〉에 “‘噬嗑而亨’者, 釋亨義, 由噬嗑而得亨也. ‘剛柔分動, 而明雷電合而章’者, 釋利用獄之義. 剛柔旣分, 不相溷雜, 故動而顯明也. 雷電旣合, 而不錯亂, 故事得彰著明, 而且著可以斷獄. 剛柔分, 謂震剛在下, 離柔在上. 剛柔云分, 雷電云合者, 欲見明之與動, 各是一事, 故剛柔云分也. 明動, 雖各一事, 相須而用, 故雷電云合. 但易之爲體, 取象旣多, 若取分義, 則云震下離上; 若取合義, 則云離震合, 體共成一卦也. 此釋二象, 利用獄之義也”라 함. 《集解》에 “盧氏曰: 「此本否卦乾之九五, 分降坤初, 坤之初六, 分升乾五, 是剛柔分也. 分則雷動於下, 電照於上, 合成天威, 故曰‘雷電合而成章’也.」”라 함. 《傳》에 “以卦才言也. 剛爻與柔爻相間, 剛柔分而不相雜, 爲明辨之象. 明辨, 察獄之本也. ‘動而明’, 下震上離, 其動而明也. ‘雷電合而章’, 雷震而電耀, 相須竝見, 合而章也. 照與威竝行, 用獄之道也. 能照, 則无所隱情; 有威, 則莫敢不畏. 上旣以二, 象言其動而明, 故復言威照竝用之意”라 함.

【柔得中而上行, 雖不當位, 利用獄也】‘柔得中’은 六二와 六五 두 爻는 陰爻로써 柔를 상징하며 둘 모두 가운데(中)에 위치하고 있음. 아울러 六五는 이 괘의 主爻이면서 柔임을 뜻함. ‘上行’은 六二와 六五 모두 위로 향하고 있음을 말함. ‘不當位’는 陰爻 중에 六三과 六五는 位不當함. 즉 陽爻의 자리에 陰爻가 있음을 말함. 王弼 注에 “謂五也. 能爲齧合而通, 必有其主, 五則是也. ‘上行’, 謂所之在進也. 凡言上行, 皆所之在貴也. 雖不當位, 不害用獄也”라 하였고, 〈正義〉에 ‘柔得中而上行, 雖不當位, 利用獄’者, 此釋爻有利用獄之義. 陰居五位, 是柔得中也, 而上行者, 旣居上卦, 意在向進, 故云‘上行’, 其德如此, 雖不當位者, 所居陰位, 猶利用獄也. ‘雷電竝合不亂乃章’者, 象文唯云‘雷電合’,

注云‘不亂乃章’者, 不亂之文, 以其上云‘剛柔分’. 剛柔分, 則是不亂, 故云‘雷電並合, 不亂乃章’也. 凡言‘上行’, 皆所之在貴者, 輔嗣此注‘恐謂之適五位’, 則是上行, 故於此明之. 凡言‘上行’, 但所之在進, 皆曰‘上行’, 不是唯向五位, 乃稱上行也. 故〈謙卦〉序象曰‘地道卑而上行; 坤體在上’, 故總云‘上行’, 不止五也. 又〈損卦〉象云‘損下益上’, 曰上行, 是減下而益上. 卦謂之上行, 是亦不據五也. 然則此云‘上行’, 及〈晉卦〉象云‘上行’, 既在五位, 而又稱上行, 則似若王者. 雖見在尊位, 猶意在欲進, 仰慕三皇五帝可貴之道, 故稱‘上行’者也"라 함. 《集解》에 "侯果曰:「坤之初六, 上升乾五, 是柔得中而上行. 雖則失位, 文明以中, 斷制枉直, 不失情理, 故利用獄.」"이라 함. 《傳》에 "六五, 以柔居中, 爲用柔得中之義. ‘上行’, 謂居尊位; ‘雖不當位’, 謂以柔居五爲不當, 而利於用獄者, 治獄之道, 全剛, 則傷於嚴暴; 過柔, 則失於寬縱. 五爲用獄之主, 以柔處剛, 而得中, 得用獄之宜也. 以柔居剛, 爲利用獄; 以剛居柔, 爲利否, 曰剛柔質也. 居, 用也. 用柔, 非治獄之宜也"라 하였고, 《本義》에 "以卦名·卦體·卦德·二象·卦變, 釋卦辭"라 함.

★【雷電, 噬嗑】‘雷電’는 〈漢石經〉에는 ‘電雷’로 되어 있으며, 上卦는 離(火)로 電을, 下卦는 震(雷)로 雷를 뜻하며, 卦象을 설명한 것임. 《集解》에 "宋衷曰:「雷動而威, 電動而明, 二者合而其道彰也. 用刑之道, 威明相兼, 若威而不明, 恐致淫濫; 明而无威, 不能伏物, 故須雷電並合, 而噬嗑備.」"라 함.

【先王以明罰勑法】‘明罰勑法’은 罰과 法을 명확히 하고 바르게 정리함. ‘勑’은 勅과 같으며 修整, 整理의 의미. 잘 다듬어 완비함을 뜻함. 백성에게 바른 형법을 제정하여 다스렸음을 말함. 〈正義〉에 "‘雷電噬嗑’者, 但噬嗑之象, 其象在口. 雷電, 非噬嗑之體. 但噬嗑, 象外物, 既有雷電之體, 則雷電. 欲取明罰勑法, 可畏之義, 故連云‘雷電’也"라 함. 《集解》에 "侯果曰:「雷所以動物, 電所以照物. 雷電震照, 則萬物不能懷邪. 故先王則之, 明罰勑法, 以示萬物, 欲萬方一心也.」"라 함. 《傳》에 "象无倒置者, 疑此文互也. 雷電相須, 並見之物, 亦有噬. 象電明而雷威, 先王觀雷電之象, 法其明與威, 以明其刑罰, 飭其法令法者, 明事理而爲之防者也. 本義雷電, 當作電雷"라 함.

# (3) 爻辭와 象辭

初九: 屨校滅趾, 无咎.
☆象曰:「屨校滅趾」, 不行也.

〈언해〉 初九(초구)는 校(교)를 屨(구)ᄒᆞ야 趾(지)를 滅(멸)홈이니 咎(구) ㅣ 업스니라.

　　　☆象(상)애 ᄀᆞᆯ오ᄃᆡ「屨校滅趾」는 行(ᄒᆡᆼ)티 몯하게 홈이라.

〈해석〉 [初九](一): 형틀을 채우고 발꿈치를 없애는 정도의 가벼운 처벌이니, 허물이
　　　없다.

　　　☆象: "형틀을 채우고 발꿈치를 없애는 정도의 가벼운 처벌"이라 함은, 걸어
　　　다닐 수 없도록 하는 것이다.

　　【初九】 이는 全卦와 下卦(震)의 시작이며 陽爻로서, 位正當하여 자신의 임무를 강
하게 수행함.

　　【屨校滅趾, 无咎】 '屨'는 '신, 신다. 발에 형구를 채우다'의 뜻. 그러나 漢代〈帛書〉에
는 '句'로 되어 있음. 句와 屨는 通用字이며, 婁, 曳의 뜻. '죄인의 발에 끌리도록 채우다'
의 뜻. '校'는 刑具의 총칭. 고대 木製刑具 중 목에 채우는 것은 '枷', 손에 채우는 것은
'桔', 발에 채우는 것은 '桎'이었으며, '校'는 이들 형구를 통틀어 지칭한 것이며, 여기서
는 '桎', 혹은 '械'를 뜻함. '滅趾'은 발뒤꿈치를 마멸시키거나 자름. '刖刑'과 같음. '无咎'
는 그러한 법치를 행하더라도 큰 허물은 없음. ○高亨은 "「屨校滅趾」, 拘囚之耳, 此輕罰
也, 受輕罰於前, 則知所警惕, 亦免重戮於後. 故曰「屨校滅趾, 无咎」.〈繫辭傳〉下曰:「小人
不恥不仁, 不畏不義, 不見利不勸, 不威不懲, 小懲而大誡, 此小人之福也.《易》曰:『屨校
滅趾, 无咎.』此之謂也.」"라 함. 王弼 注에 "居无位之地, 以處刑, 初受刑而非治刑者也.
凡過之所始, 必始於微而後至於著. 罰之所始, 必始於薄而後至於誅. 過輕戮薄, 故屨校滅
趾, 桎其行也. 足懲而已, 故不重也. 過而不改, 乃謂之過. 小懲大誡, 乃得其福, 故无咎也.
校者, 以木絞校者也. 卽械也, 校者, 取其通名也"라 하였고,〈正義〉에 "'屨校滅趾'者, 屨,
謂著而履踐也; 校, 謂所施之械也. 處刑之初, 居无位之地, 是受刑之人, 非治刑之主. 凡過
之所始, 必始於微, 積而不已, 遂至於著; 罰之所始, 必始於薄刑, 薄刑之不已, 遂至於誅.
在刑之初, 過輕戮薄, 必校之在足. 足爲懲誡, 故不復重犯. 故校之在足已, 沒其趾桎. 其小
過誡其大惡, 過而能改, 乃是其福. 雖復滅趾, 可謂无咎, 故言'屨校滅趾无咎'也"라 함.《集
解》에 "侯果曰:「屨, 貫趾足也. 震爲足, 坎爲校. 震沒坎下, 故屨校滅趾. 初位得正, 故无

咎.」○干寶曰:「趾, 足也; 屨校, 貫械也. 初居剛躁之家, 體貪狼之性, 以震掩巽, 强暴之男也. 行侵陵之罪, 以陷屨校之刑, 故曰'屨校滅趾'. 得位於初, 顧震知懼, 小懲大戒, 以免刑戮, 故曰'无咎'矣.」라 함. 《傳》에 "九居初, 最下无位者也. 下民之象, 爲受刑之人, 當用刑之始, 罪小而刑輕. 校, 木械也. 其過小, 故屨之於足, 以滅傷其趾. 人有小過, 校而滅其趾, 則當懲懼, 不敢進於惡矣, 故得无咎. 〈繫辭〉云: '小懲而大誡, 此小人之福也.' 言懲之於小與初, 故(一有後字)得无咎也. 初與上无位, 爲受刑之人; 餘四爻, 皆爲用刑之人. 初, 居最下无位者也. 上處尊位之上, 過於尊位, 亦无位者也. 王弼以爲'无陰陽之位', 陰陽係於奇偶, 豈容无也? 然諸卦, 初上不言當位, 不當位者(一作不言'位當不當'者), 初終之義, 爲大臨之初. 九則以位爲正, 若需上六云'不當位', 乾上九云'无位'. 爵位之位, 非陰陽之位也"라 하였고, 《本義》에 "初上无位, 爲受刑之象. 中四爻爲用刑之象. 初在卦始, 罪薄過小, 又在卦下, 故爲'屨校滅趾'之象. 止惡於初, 故得无咎. 占者小傷而无咎也"라 함.

☆【「屨校滅趾」, 不行也】 '不行'은 사람들로 하여금 벌을 받을 죄를 짓지 않도록 계도하는 효과를 거둠. 혹 걸어다닐 수 없을 정도의 가벼운 처벌을 뜻함. 王弼 注에 "過止於此"라 하였고, 〈正義〉에 "〈象〉曰'屨校滅趾不行'者, 釋'屨校滅趾'之義. 猶著校滅沒其趾也. 小懲大誡, 故罪過, 止息不行也"라 함. 《集解》에 "虞翻曰:「否坤小人, 以陰消陽, 其亡其亡, 故五變滅初, 否殺不行也.」 ○干寶曰:「不敢遂行强也.」"라 함. 《傳》에 "屨校而滅傷其趾, 則知懲誡而不敢長其惡, 故云'不行'也. 古人制刑, 有小罪則校其趾, 蓋取禁止其行, 使不進於惡也"라 하였고, 《本義》에 "滅趾, 又有不進於惡之象"이라 함.


# 六二: 噬膚滅鼻, 无咎.
# ☆象曰: 「噬膚滅鼻」, 乘剛也.

〈언해〉 六二(륙이)는, 膚(부)를 噬(셰)호디 鼻(비)를 滅(멸)홈이니, 咎(구)ㅣ 업스니라.
   [《本義》: 膚(부)를 噬(셰)ᄒ나 鼻(비)를 滅(멸)홈이니 咎(구)ㅣ 업스리라]
   ☆象(샹)애 ᄀᆞᆯ오디 「噬膚滅鼻」는 剛(강)을 乘(승)홀 ᄉᆡ라.(살을 물어 뜯으나)
〈해석〉 [六二](--): 살을 물어뜯되, 코를 다치는 것이니, 허물이 없다.
   ☆象: "살을 물어뜯되 코를 다친다"함은, 강한 것(初九)을 탔기 때문이다.

【六二】이는 下卦(震)의 중앙에 위치하여 位正當하고 柔(陰)를 가지고 있음. 그리하여 初九(陽)를 타고 있음으로 해서 자신이 내리는 처벌 행위에 허물은 없음.

【噬膚滅鼻, 无咎】'噬膚滅鼻'는 피부와 코(부드러움을 상징)를 씹고 물어뜯음. 王弼注와 孔穎達〈正義〉에 "膚者, 柔脆之物也"라 하여, 아주 약한 처벌을 뜻함. '滅'은 '沒'의 뜻. 雙聲互訓. 죄인을 다스림에 부드럽게 함을 뜻함. ○高亨은 "滅鼻, 猶掩鼻也. 噬肉掩鼻, 其臠大耳, 食得大臠, 自無咎, 故曰「噬膚滅鼻, 无咎」"라 함. 王弼注에 "噬, 齧也. 齧者, 刑克之謂也. 處中得位, 所刑者當, 故曰'噬膚'也. 乘剛而刑, 未盡順道, 噬過其分, 故滅鼻也. 刑得所疾, 故雖滅鼻而无咎也. 膚者, 柔脆之物也"라 하였고, 〈正義〉에 "噬膚滅鼻'者, 六二處中得位, 是用刑者, 所刑中當, 故曰'噬膚'. 膚是柔脆之物, 以喩服罪受刑之人也. 乘剛而刑, 未盡順道, 噬過其分, 故至滅鼻, 言用刑太深也. '无咎'者, 用刑得其所疾, 謂刑中其理, 故'无咎'也"라 함. 《集解》에 "虞翻曰:「噬, 食也. 艮爲膚爲鼻. 鼻沒水坎中, 隱藏不見, 故噬膚滅鼻. 乘剛又得正多譽, 故无咎.」"라 함. 《傳》에 "二應五之位, 用刑者也. 四爻皆取噬爲義, 二居中得正, 是用刑得其中正也. 用刑得其中正, 則罪惡者易服, 故取噬膚爲象. 噬齧人之肌膚, 爲易入也. 滅, 沒也. 深入至沒其鼻也. 二以中正之道, 其刑易服. 然乘初剛, 是用刑於剛强之人, 刑剛强之人, 必須深痛, 故至滅鼻而无咎也. 中正之道, 易以服人, 與嚴刑以待剛强, 義不相妨"이라 하였고, 《本義》에 "祭有膚, 鼎蓋肉之柔脆, 噬而易嗑者. 六二中正, 故其所治, 如噬膚之易. 然以柔乘剛, 故雖甚易, 亦不免於傷滅其鼻. 占者雖傷, 而終无咎也"라 함.

☆【「噬膚滅鼻」, 乘剛也】'乘剛'은 이 효는 陰柔으로써 初九(陽剛)의 위를 타고 있어 형벌을 깊이 사용하고 있음을 말함. 〈正義〉에 "〈象〉曰'乘剛'者, 釋'噬膚滅鼻'之義, 以其乘剛, 故用刑深也"라 함. 《集解》에 "侯果曰:「居中履正, 用刑者也. 二互體艮, 艮爲鼻, 又爲黔. 喙噬膚滅鼻之象也. 乘剛噬必深, 噬過其分, 故滅鼻也. 刑刻雖峻, 得所疾也. 雖則滅鼻, 而无咎矣.」"라 함. 《傳》에 "深至滅鼻者, 乘剛故也. 乘剛乃用刑於剛强之人, 不得不深嚴也. 深嚴, 則得宜, 乃所謂中也"라 함.


六三: 噬腊肉, 遇毒. 小吝, 无咎.
☆象曰: 「遇毒」, 位不當也.

〈언해〉六三(륙삼)은, 腊肉(셕육)을 噬(셰)ᄒ다가 毒(독)을 遇(우)홈이니, 져기 吝(린)ᄒ나 咎(구)ㅣ 업스리라.
　　☆象(샹)애 골오디「遇毒」은 位(위)ㅣ 當(당)티 아닐 시라.

〈해석〉[六三](--): 석육(腊肉)을 씹다가 독한 냄새에 맞닥뜨리는 것이니, 약간의 반발을 있으나 허물은 없으리라.

☆象: "독한 냄새에 맞닥뜨리는 것"이라 함은, 자리가 마땅치 않기 때문이다.


【六三】 이는 하괘(震)의 가장 위이면서 陰爻로 位不當함. 아울러 상괘(離)로 올라가고자 하나 바로 위의 九四(陽)을 만나 沮礙를 당하는 형상임.

【噬腊肉, 遇毒】 '腊肉'은 脯. 乾肉. 昔과 같음.《說文》에 "昔, 肉也"라 함. '膚'(九二)보다 점차 강한 '腊肉'을 씹는 것과 같은 죄인을 만나 治刑을 함. '遇毒'은 中毒됨. 혹 교정되지 않는 죄인을 만났고 심지어 원한까지 품는 자를 만나 처벌의 어려움을 비유함. 王弼 注에 "處下體之極, 而履非其位, 以斯食物, 其物必堅. 豈唯堅乎? 將遇其毒. 噬以喩刑人, 腊以喩不服, 毒以喩怨生. 然承於四, 而不乘剛, 雖失其正, 刑不侵順, 故雖遇毒小吝, 无咎"라 하였고, 〈正義〉에 "'噬腊肉'者, 腊, 是堅剛之肉也. 毒者, 苦惡之物也. 三處下體之上, 失政刑人, 刑人不服, 若齧其腊肉, 非但難齧, 亦更生怨, 咎猶噬腊而難入, 復遇其毒味然也"라 함.

【小吝, 无咎】 '吝'은 沮礙(沮止)를 당함. 혹 약간 강하게 죄인을 다루어 반발을 삼. ○高亨은 "噬腊肉而遇毒, 毒僅在口, 未入於腹, 害僅及口, 未及於身, 故曰「噬腊肉遇毒, 小吝, 无咎」. 此或古代故事歟?"라 함. 〈正義〉에 "三以柔不乘剛, 刑不侵順道, 雖有遇毒之吝, 於德亦无大咎, 故曰'噬腊肉, 遇毒, 小吝, 无咎'也"라 함.《集解》에 "虞翻曰:「三在膚裏, 故稱肉. 離日燆之, 爲腊, 坎爲毒, 故噬腊肉遇毒. 毒, 謂矢毒也. 失位承四, 故小吝. 與上易位, 利用獄成豐, 故无咎也.」"라 함.《傳》에 "三居下之上, 用刑者也. 六居三, 處不當位, 自處不得其當, 而刑於人, 則人不服, 而怨懟悖犯之, 如噬齧乾腊, 堅韌之物, 而遇毒惡之味, 反傷於口也. 用刑而人不服, 反致怨傷, 是可鄙吝也. 然當噬嗑之時, 大要噬間而嗑之, 雖其身處位不當, 而强梗難服, 至於遇毒然, 用刑非爲不當也. 故雖可吝, 而(一无而字)亦小噬而嗑之, 非有咎也"라 하였고,《本義》에 "腊肉, 謂獸腊, 全體骨而爲之者, 堅韌之物也. 陰柔不中正, 治人而人不服, 爲噬腊遇毒之象. 占雖小吝, 然時當噬嗑於義, 爲无咎也"라 함.

☆【「遇毒」, 位不當也】 '位不當'은 三은 陽爻의 자리인데 陰爻가 차지함. 〈正義〉에 "〈象〉曰'位不當'者, 謂處位不當也"라 함.《集解》에 "荀爽曰:「腊肉, 謂四也. 三以不正, 噬取異家, 法當遇罪, 故曰'遇毒'. 爲艮所止, 所欲不得, 故'小吝'也. 所欲不得, 則免於罪, 故'无咎'矣.」"라 함.《傳》에 "六三(一无三字)以陰居陽, 處位不當, 自處不當, 故所刑者, 難服而反毒之也"라 함.

九四: 噬乾胏, 得金矢. 利艱貞, 吉.
☆象曰:「利艱貞, 吉」, 未光也.

〈언해〉 九四(구亽)는, 乾胏(간치)를 噬(셰)ᄒᆞ야, 金(금)과 矢(시)를 得(득)ᄒᆞ나, 艱(간)ᄒᆞ
　　　고 貞(뎡)ᄒᆞ요미 利(리)ᄒᆞ니 吉(길)ᄒᆞ리라.[《本義》: 金(금)과 矢(시)를 得(득)홈
　　　이니]
　　　☆象(샹)애 ᄀᆞᆯ오디「利艱貞, 吉」은 光(광)티 몯홈이라.

〈해석〉 [九四](−): 마르고 뼈가 있는 고기를 씹다가, 쇠로 된 화살을 맞닥뜨리게 되나,
　　　어렵다고 여기면서 곧이곧대로 처리함이 이로우니, 길하리라.(쇠와 화살을 만
　　　남이니)
　　　☆象: "어렵다고 여기면서 곧이곧대로 처리함이 이로우니 길하다"함은, 바르게
　　　게 생각하면서 마음을 곧고 바르게 가지는 것이 이로와서 좋다"함은, 아직 그
　　　빛이 드러나지 못하는 단계임을 뜻한다.


　　【九四】 이는 上卦의 시작이며 陽爻로 역시 位不當함. 옥형의 일을 강하게 처리하고
자 하나 위(六五)와 아래(六三) 모두 음효로써 제대로 힘을 발휘하지 못함.

　　【噬乾胏, 得金矢】 '乾胏'는 바짝 말라 심하게 딱딱한 乾肉의 뼈. 〈音義〉에 "乾音干,
胏緇"라 하여 '간치'로 읽음. 원음은 '자'. '胏'는 '胾'와 같음. 脯 속에 있는 乾骨. '得金
矢'는 건골 속에 들어 있는 쇠로 된 화살. 즉 맞은 화살이 속에 들어 있음. 그러나
朱熹 〈本義〉에는 쇠붙이와 화살로 보았음. 이는 '膚', '腊肉'보다 강한 단계의 治獄을
뜻함. '矢'는 直의 의미로, 법대로 강하게 처벌함. ○高亨은 "噬乾胏而得金矢'者, 蓋古
人射獸, 矢箸獸體, 鏃折而鉗於骨肉中, 未剔出, 故噬胏而得金矢也"라 함. 《集解》에 "陸
績曰:「肉有骨, 謂之胏. 離爲乾肉, 又爲兵矢, 失位用刑, 物亦不服, 若噬有骨之乾胏也.
金矢者, 取其剛直也.」"라 함.

　　【利艱貞, 吉】 '利艱貞'은 힘들 것이라는 점괘가 나왔으나 죄인을 곧이곧대로 처벌
하면 이로움. 그러나 '艱貞'은 '艱難하다'는 점괘로 보기도 함. '吉'은 결과는 길함. ○
高亨은 "肉有骨, 故食之難. 食之難, 故發見金矢, 否則必誤呑金矢入腹矣. 其未呑金矢入
腹者, 由於肉有骨而食之難也. 故曰「噬乾胏, 得金矢, 利難貞, 吉」. 此或古代故事歟?"라
함. 王弼 注에 "雖體陽爻, 爲陰之主. 履不獲中, 而居其非位, 以斯噬物, 物亦不服, 故曰
噬乾胏也. 金, 剛也; 矢, 直也. 噬乾胏而得剛直, 可以利於艱貞之吉. 未足以盡通理之道
也"라 하였고, 〈正義〉에 "噬乾胏'者, 乾胏, 是臠肉之乾者. 履不獲中, 居非其位, 以斯道

治物, 物亦不服, 猶如噬乾胏然也. '得金矢'者, 金, 剛也; 矢, 直也. 雖刑不服物, 而能得其剛直也"라 함. 《傳》에 "九四, 居近君之位, 當噬嗑之任者也. 四已過中, 是其間愈大, 而用刑愈深也. 故云'噬乾胏'. 胏, 肉之有聯(一无聯字)骨者, 乾肉而兼骨, 至堅難噬者也. 噬至堅而得金矢, 金取剛, 矢取直. 九四陽德剛直, 爲得剛直之道, 雖用剛直之道, 利在克艱其事, 而貞固其守, 則吉也. 九(一无九字)四剛, 而明體陽, 而居柔. 剛明, 則傷於果, 故戒以知難; 居柔, 則守不固, 故戒以堅貞, 剛而不貞者有矣. 凡失剛者, 皆不貞也. 在噬嗑, 四爲最善"이라 하였고, 《本義》에 "胏, 肉之帶骨者, 與胾同. 《周禮》: 「獄訟, 入鈞金束矢而後聽之.」九四以剛居柔, 得用刑之道, 故有此象. 言所噬愈堅, 而得聽訟之宜也. 然必利於艱難, 正固則吉. 戒占者, 宜如是也"라 함.

☆「利艱貞, 吉」, 未光也' '未光'은 아직 빛을 발할 분위기가 아님. 즉 이 효는 아직 자신의 임무(噬嗑, 刑罰, 治獄)를 수행한다고 해서 영광을 얻을 수 있는 위치는 아님. 즉 位不當하므로 의욕만 있을 뿐임. 〈正義〉에 "'利艱貞吉'者, 旣得剛直, 利益艱難, 守貞正之吉, 猶未能光大通理之道, 故〈象〉云'未光'也"라 함. 《集解》에 "陸績曰:「噬胏雖復艱難, 終得申其剛直, 雖獲正吉, 未爲光大也.」"라 함. 《傳》에 "凡言未光, 其道未光大也. 戒於(一作以)利艱貞, 蓋其所不足也. 不得中正故也"라 함.


# 六五: 噬乾肉, 得黃金; 貞厲, 无咎.
## ☆象曰:「貞厲, 无咎」, 得當也.

〈언해〉 六五(류오)는, 乾肉(간육)을 噬(셰)ᄒ야 黃金(황금)을 得(득)ᄒ요미니, 貞(뎡)ᄒ고 厲(려)ᄒ면 咎(구)ㅣ 업스리라.[《本義》: 貞(뎡)ᄒ고 厲(려)ᄒ야아]
　　☆象(샹)애 글오디「貞厲, 无咎」는 當(당)을 得(득)홀 ᄉ리라.

〈해석〉 [六五](--): 바짝 마른 고기를 씹다가 황금을 얻는 것이니, 곧이곧대로 처리하고 독하게 하면 허물이 없을 것이다.(곧이곧대로 하고 독하게 해야)
　　☆象: "곧이곧대로 처리하며 독하게 하면 허물이 없을 것"이라 함은, 위부당(位不當)하기 때문이다.


　　【六五】 이는 帝王의 자리로써 서합괘의 主爻. 음효로 位不當하지만 中央에 위치하여, 자신의 柔弱함을 法執行에 적용함으로써 허물은 없음.
　　【噬乾肉, 得黃金】 '乾肉'은 膚, 腊肉, 胏 다음 단계임. '黃金'의 '黃'은 中間溫和의 색

을 상징함. ‘金’은 強堅함을 뜻함. 따라서 溫柔하나 강함. 즉 자리는 제왕의 자리이나 효는 음효임을 말함. ○高亨은 “‘噬乾肉, 得黃金’者, 齧乾肉而發現其中有黃金粒也. 黃金粒甚微, 其不入腹, 幸也. 黃金粒入腹則死, 其人之不死, 亦幸也”라 함. 王弼 注에 “乾肉, 堅也; 黃, 中也; 金, 剛也. 以陰處陽, 以柔乘剛, 以噬於物. 物亦不服, 故曰‘噬乾肉’也. 然處得尊位, 以柔乘剛, 而居於中, 能行其戮者也. 履不正而能行其戮, 剛勝者也. 噬雖不服, 得中而勝, 故曰‘噬乾肉, 得黃金’也. 己雖不正, 而刑戮得當, 故雖‘貞厲而无咎’也”라 하였고, 〈正義〉에 “‘噬乾肉’者, 乾肉, 堅也. 以陰處陽, 以柔乘剛, 以此治罪, 於人人亦不服, 如似噬乾肉也. ‘得黃金’者, 黃, 中也; 金, 剛也. 以居於中, 是黃也; 以柔乘剛, 是金也. 旣中而行剛, 能行其戮, 剛勝者也. 故曰‘得黃金’也”라 함.

【貞厲, 无咎】‘貞厲’는 점괘가 아주 위험하다고 나옴. 혹 ‘貞’은 ‘자신의 임무를 곧이곧대로 바르게(正)하다’의 뜻으로도 봄. ○高亨은 “此遇險化夷之象, 故曰「噬乾肉, 得黃金, 貞厲, 无咎」. 此或古代故事歟?”라 함. 〈正義〉에 “‘貞厲无咎’者, 己雖不正, 刑戮得當, 故雖貞正自危, 而无咎害”라 함. 《集解》에 “虞翻曰:「陰稱肉, 位當離, 日中烈, 故乾肉也. 乾金黃, 故得黃金. 貞, 正; 厲, 危也. 變而得正, 故无咎.」”라 함. 《傳》에 “五在卦愈上, 而爲噬乾肉, 反易於四之乾胏者. 五居尊位, 乘在上之勢, 以刑於下, 其勢易也. 在卦將極矣. 其爲間甚大, 非易嗑也. 故爲噬乾肉也. 得黃金, 黃, 中色; 金, 剛物. 五居中爲得中, 道處剛而四輔, 以剛得黃金也. 五无應, 而四居大臣之位, 得其助也. 貞厲无咎, 六五雖處中剛, 然實柔體, 故戒以必正固, 而懷危厲, 則得无咎也. 以柔居尊, 而當噬嗑(一作堅)之時, 豈可不貞固而懷危懼哉!”라 하였고, 《本義》에 “噬乾肉, 難於膚, 而易於腊胏者也. 黃, 中色; 金亦謂鈞金. 六五柔順而中, 以居尊位, 用刑於人, 人无不服, 故有此象. 然必貞厲, 乃得无咎, 亦戒占者之辭也”라 함.

☆【「貞厲, 无咎」, 得當也】‘得當’은 이 효가 제왕의 자리이면서 상괘(離)의 가운데에 위치함. 그러나 ‘位不當이지만 치옥의 방법이 정당함을 얻다’의 뜻임. 〈正義〉에 “位雖不當, 而用刑得當, 故〈象〉云得當也”라 함. 《集解》에 “荀爽曰:「謂陰來正居, 是而厲陽也. 以陰厲陽, 正居其處而无咎者, 以從下明上, 不失其中, 所言得當.」”이라 함. 《傳》에 “所以能无咎者, 以所爲得其當也; 所謂當居中, 用剛而能守正. 慮, 危也”라 함.

# 上九: 何校滅耳, 凶.
## ☆象曰: 「何校滅耳」, 聰不明也.

〈언해〉 上九(샹구)는, 校(교)를 何(하)ᄒᆞ야 耳(이)를 滅(멸)홈이니 凶(흉)토다.

　　☆象(샹)애 ᄀᆞᆯ오디 「何校滅耳」는 聰(총)이 明(명)티 아니홀 시라.

〈해석〉 [上九](一): 형틀을 짊어지고 귀를 없애는 것이니, 흉하도다.

　　☆象: "형틀을 짊어지고 귀를 없앤다"함은, 귀로 밝게 들어야 함에도 밝게 듣지 아니하기 때문이다.

　　【上九】이는 全卦의 마무리이며 陽爻로써 位不當함. 陽剛하여 噬嗑(刑罰)의 임무를 자신이 맡아 酷烈하게 처리하고자 함. 凶한 자리임.

　　【何校滅耳, 凶】'何'는 荷와 같음. '지다, 메다, 들다, 씌우다'(負, 擔) 등의 뜻. '校'는 형틀. 刑具. '枷'와 같음. '滅耳'는 죄인의 귀를 잘라버림. ○高亨은 "此文'何'又作'荷'者, 後人所改. 「何校滅耳」, 此重罰也. 故曰「何校滅耳, 凶」. 〈繫辭傳〉下曰: 「善不善不足以成名, 惡不積不足以滅身, 小人以小善爲无益, 而弗爲也. 以小惡爲无傷, 而弗去也. 故惡積而不可掩. 罪大而不可解. 《易》曰: 『何校滅耳, 凶.』」得其佁矣"라 함. 王弼 注에 "處罰之極, 惡積不改者也. 罪非所懲, 故刑及其首, 至於滅耳, 及首非誡, 滅耳非懲, 凶莫甚焉"이라 하였고, 〈正義〉에 "'何校滅耳, 凶'者, 何, 謂擔. 何處罰之極, 惡積不改, 故罪及其首, 何擔枷械, 滅沒於耳"라 함. 《集解》에 "荀爽曰: 「爲五所何, 故曰'何校'; 據五應三, 欲盡滅坎, 上體坎爲耳, 故曰'滅耳'. 凶上以不正, 侵欲无已, 奪取異家, 惡積而不可掩, 罪大而不可解, 故宜凶矣.」○鄭玄曰: 「離爲槁木, 坎爲耳木, 在耳上, '何校滅耳'之象也.」"라 함. 《傳》에 "上過乎尊位, 无位者也. 故爲受刑者, 居卦之終, 是其間大, 噬之極也. 〈繫辭〉所謂'惡積而不可掩, 罪大而不可解者也. 故何校而滅其耳. 凶可知矣'. 何, 負也. 謂在頸也"라 하였고, 《本義》에 "何, 負也. 過極之陽, 在卦之上, 惡極罪大, 凶之道也. 故其象占如此"라 함.

　　☆【「何校滅耳」, 聰不明也】'聰不明'은 죄인이 총명해야 함에도 그렇지 못함. 즉 教化(矯正)를 제대로 받아들이지 않음. 그 때문에 강한 형벌을 가하는 것임. 그러나 혹 치옥을 맡은 자가 '혹형으로 처리하는 것은 총명함이 부족하여 偏聽偏信에서 비롯된, 명석하지 못한 짓'이라는 뜻으로도 봄. 王弼 注에 "聰不明, 故不慮惡, 積至于不可解也"라 하였고, 〈正義〉에 "以至誅殺, 以其聰之不明. 積惡致此, 故〈象〉云'聰不明'也. 罪非所懲者, 言其惡積旣深, 尋常刑罪, 非能懲誡, 故云罪非所懲也. 及首非誡滅耳, 非懲者, 若罪未及首, 猶可誡懼歸善也. 罪已及首, 性命將盡, 非復可誡, 故云及首非誡也. 校旣滅耳,

將欲刑殺, 非可懲改, 故云滅耳非懲也"라 함. 《集解》에 "九家《易》曰:「當據離坎, 以爲聰明. 坎旣不正, 今欲滅之, 故曰'聰不明'也.」"라 함. 《傳》에 "人之聾暗, 不悟積其罪惡, 以至於極. 古人制法, 罪之大者, 何之以校, 爲其无所聞知積成其惡, 故以校而滅傷(一无傷字)其耳. 誠聰之不明也"라 하였고, 《本義》에 "滅耳, 蓋罪其聽之不聰也. 若能審聽, 而早圖之, 則无此凶矣"라 함.

# 022 비賁

☲ 山火賁: ▶離下艮上(☲下☶上)


    *賁(비): 〈音義〉에 "賁, 彼僞反. 變也. 文飾之貌"라 하여 '비(bì)'로 읽음. '變'(雙聲)의 뜻을 가지고 있으며, 무늬를 넣어 아름답게 꾸밈, 즉 文飾을 뜻함. 하괘는 離(火)이며 상괘는 艮(山)으로, 산 아래 불이 있는 異卦相疊의 '山火' 괘체임. 산 아래 불이 있어 紅焰을 이루고, 화목이 서로 비추어 비단에 수를 놓은 것과 같은 무늬를 만듦. 이는 剛柔를 서로 섞어 무늬를 이루며 사회에 이를 적용하여 婚姻과 國政에 모두 禮와 儀가 있어, 文明을 창조해나감을 비유함. 아울러 무늬는 질박함을 바탕으로 하여 자연 본연의 아름다움을 숭상하는 관점을 지니고 있음. 《說文》에 "賁, 飾也"라 하였고, 《呂氏春秋》(壹行篇)에는 "公子卜得賁, 公子曰:「不吉.」子貢曰:「夫賁亦好, 何謂不吉乎?」公子曰:「夫白而白, 黑而黑, 夫賁又何好乎?」"라 하여, 여러 색깔로 文飾을 입히는 것을 '賁'라 하였음.
    *《集解》에 "〈序卦〉曰:「物不可以苟合而已. 故受之以'賁'.」賁者, 飾也.(崔憬曰:「言物不可苟合, 於刑當須以文飾之, 故受之以'賁'.」)"라 함.
    *《傳》에 "賁', 〈序卦〉:「噬者, 合也. 物不可以苟合而已. 故受之以'賁'.」賁者, 飾也. 物之合, 則必有文, 文乃飾也. 如人之合聚, 則有威儀上下. 物之合聚, 則有次序, 行列合, 則必有文也. 賁, 所以次噬嗑也. 爲卦山下有火. 山者, 草木百物之所聚也. 下有火, 則照見其上, 草木品彙, 皆被其光彩, 有賁飾之象, 故爲賁也"라 함.


## (1) 卦辭


# 賁: 亨, 小利有攸往.

〈언해〉 賁(비)는 亨(형)하니, 往(왕)홀 빠롤 두미 져기 利하니라.
〈해석〉 비(賁, 비괘)는 형통하니, 지향할 바를 가지고 있음이, 약간 이로우니라.

【賁】卦名이며, '修飾하다, 꾸미다, 粉飾하'다 등의 뜻.

【亨, 小利有攸往】'賁: 亨'은 《集解》에 "虞翻曰:「泰上之乾二, 乾二之坤上, 柔來文剛, 陰陽交, 故亨也.」"라 함. '小利'는 文飾은 비록 아름답기는 하나 實質을 위한 꾸밈일 뿐이므로 大利는 없음을 뜻함. '攸往'은 所往과 같음. 志向하는 바. ○高亨은 "亨卽享字, 古人去行享祀, 曾筮遇此卦, 故記之曰「亨」. 筮遇此卦, 有所往則小利, 故曰「小利有攸往」"이라 함. 《集解》에 "虞翻曰:「小謂五, 五失正動, 得位體離, 以剛文柔, 故小利有攸往.」" ○鄭玄曰:「賁, 文飾也. 離, 爲日天文也; 艮, 爲石地文也. 天文在下, 地文在上, 天地二文, 相飾成賁者也. 猶人君以剛柔仁義之道, 飾成其德也. 剛柔雜, 仁義合, 然後嘉會禮通, 故亨也. 卦互體坎艮, 艮止於上, 坎險於下, 夾震在中, 故不利大行, 小有所之, 則可矣.」라 함. ○高亨은 '亨'은 享으로 보아 "古人擧行享祀, 曾筮遇此卦, 故記之曰亨. 筮遇此卦, 有所往則小利, 故曰小利有攸往"이라 함. 〈正義〉에 "賁, 飾也. 以剛柔, 二象交相文飾也. '賁亨'者, 以柔來文, 剛而得亨通, 故曰'賁亨'也. '小利有攸往'者, 以剛上文柔, 不得中正, 故不能大有所往, 故云'小利有攸往'也"라 함. 《傳》에 "物有飾而後能亨, 故曰无本不立, 无文不行. 有實而加飾, 則可以亨矣. 文飾之道, 可增其光彩, 故能小利於進也"라 하였고, 《本義》에 "賁, 飾也. 卦自損來者, 柔自三來而文, 二剛自二上而文, 三自旣濟而來者, 柔自上來而文, 五剛自五上而文上. 又內離而外艮, 有文明而各得其分之象, 故爲賁. 占者, 以其柔來文, 剛陽得陰, 助而離明於內, 故爲亨. 以其剛上, 文柔而艮止於外, 故小利有攸往"이라 함.

## (2) 彖辭와 象辭

彖曰:「賁, 亨」, 柔來而文剛, 故「亨」. 分剛上而文柔, 故「小利有攸往」, 天文也; 文明以止, 人文也. 觀乎天文, 以察時變; 觀乎人文, 以化成天下.

★象曰: 山下有火, 賁. 君子以明庶政, 无敢折獄.

〈언해〉 彖(단)애 굴오디 「賁亨」은 柔(유)ㅣ 來(릭)ᄒ야 剛(강)을 文(문)ᄒ 故(고)로 亨(형)
  ᄒ고, 剛(강)을 分(분)ᄒ야 上(샹)ᄒ야 柔(유)를 文(문)ᄒ 故(고)로 往(왕)홀 빠롤
  두미 져기 利(리)ᄒ니, 天(텬)의 文(문)이오,
  文明(문명)애 ᄢᅥ 止(지)ᄒ니 人(인)의 文(문)이니,[《本義》: 文明(문명)ᄒ고]
  天文(텬문)을 觀(관)ᄒ야 ᄢᅥ 時變(시변)을 察(찰)ᄒ며,

人文(인문)을 觀(관)ㅎ야 뻐 天下(텬하)롤 化(화)ㅎ야 成(셩)ㅎㄴ니라.

★象(샹)애 ᄀᆞᆯ오디 山下(산하)에 火(화)ㅣ 이쇼미 賁(비)니, 君子(군즈)ㅣ 以(이)ㅎ야 庶政(셔졍)을 明(명)호디 獄(옥)을 折(졀)호매 敢(감)티 아니 ㅎㄴ니라.[《本義》: 庶政(셔졍)을 明(명)ㅎ고]

〈해석〉 彖: '비괘가 형통하다'한 것은 유(柔)한 것(下卦 離)이 와서 강(剛)한 것(上卦 艮)을 꾸미기 때문에 '형통한 것'이며, 강한 것을 나누어서 위로 올라가 유한 것을 꾸미기 때문에 '지향할 바를 두면 약간 이로울 것'이니, 이는 천문(天文)이요, 문명(文明)을 목표로 한 다음에야 그치니, 이것이 인문(人文)이다.(문명하고)

천문을 관찰하여 이로써 사시와 절기의 변화를 살피고, 인문을 관찰하여 이로써 천하를 교화하여 이루나니라.

★象: 산(艮) 아래에 불(離)가 있는 괘상이 비괘이다. 군자는 이를 근거로 모든 정치를 명확히 하되, 감히 옥사(獄事)로써 모든 것을 해결하려 들지는 아니 하나니라.(모든 정치를 밝히고)


【賁, 亨, 柔來而文剛, 故「亨」】 '賁, 亨'의 '亨'자에 대해 《本義》에 "亨, 字疑衍"이라 하여, 朱熹는 衍字일 것으로 여겼음. '柔來而文剛'은 '柔來'는 下卦(離, 火, 柔)가 다가 와 上卦(艮, 剛, 山)에게 무늬를 입혀줌. 〈正義〉에 "賁亨柔來而文剛, 故亨'者, 此釋賁亨之義. 不直言'賁', 連云'賁亨'者, 由賁而致亨, 事義相連也. 若'大哉! 乾元', 以元連乾者也. 柔來而文剛, 故亨; 柔來文剛, 以文相飾, 是賁義也. 相飾, 卽有爲亨, 故云'賁亨'. 亨之下, 不重以賁字, 結之者, 以亨之與賁, 相連而釋. 所以亨下, 不得重結賁字. 分剛上而文柔, 故'小利有攸往'者, 釋小利有攸往義"라 함.

【分剛上而文柔, 故「小利有攸往」, 天文也】 '分'은 분포함. '剛上而文柔'는 剛(上卦)이 위에 있으면서 柔(下卦)에게 무늬를 입혀줌. 王弼 注에 "剛柔不分, 文何由生? 故坤之上六, 來居二位, 柔來文剛之義也. 柔來文剛, 居位得中, 是以亨. 乾之九二, 分居上位, 分剛上而文, 柔之義也. 剛上文, 柔不得中位, 不若柔來文剛, 故小利有攸往"이라 하였고, 〈正義〉에 "乾體在下, 今分乾之九二, 上向文飾; 坤之上六, 是分剛上, 而文柔也. 棄此九二之中, 往居无位之地; 棄善從惡, 往无大利, 故'小利有攸往'也"라 함. 《集解》에 "荀爽曰:「此本泰卦謂'陰從上來, 居乾之中', 文飾剛道, 交於中和, 故亨也. 分乾之二, 居坤之上, 上飾柔道, 兼據二陰, 故小利有攸往矣.」"라 함. '天文'은 자연만물의 조화로운 무늬. '文'은 紋과 같음. 이 '天文' 앞에 郭京의 《周易擧正》에는 '剛柔交錯' 4자가 더 있으며, 뜻이 훨씬 명확함. 이에 《本義》에는 "以卦變釋卦辭. 剛柔之交, 自然之象, 故曰天文. 先儒說天文上,

當有‘剛柔交錯’四字, 理或然也”라 함. 王弼 注에 “剛柔交錯而成文焉. 天之文也”라 하였고, 〈正義〉에도 “天地爲體二象, 剛柔交錯成文, 是天文也”라 함. 《集解》에 “虞翻曰:「謂五. 利變之正, 成巽體離. 艮爲星, 離日坎. 月巽爲高, 五天位離, 爲文明. 日月星辰高麗於上, 故稱天之文也.」”라 함.

【文明以止, 人文也】‘文明以止’는 상괘가 하괘에 의해 文明을 이룸. 그러한 문명을 최고의 목표로 삼아 그런 다음에야 그침. ‘文明’은 아래 離(火)를 가리키며, 火는 빛은 냄. ‘止’는 위의 艮(山, 止)을 가리킴. 이 구절은 “剛柔雜而成文”을 人間社會에 적용함을 말함. ‘人文’은 ‘天文’에 상대하여 사람으로서의 禮節, 儀式, 文章, 制度, 典章, 敎化, 道德, 倫理 등을 총칭함. 〈正義〉에 “‘天文也’者, 天之爲體, 二象剛柔, 剛柔交錯成文, 是天文也. ‘文明以止, 人文’者, 文明離也, 以止艮也. 用此文明之道, 裁止於人, 是人之文德之敎. 此賁卦之象, 旣有天文·人文, 欲廣美天文·人文之義. 聖人用之, 以治於物也”라 함. 《集解》에 “虞翻曰:「人謂三. 乾爲人文明, 離, 止艮也. 震動離明, 五變據四, 二五分, 則止文三, 故以三爲人文也.」”라 함. 《傳》에 “卦爲賁飾之象, 以上下二體, 剛柔交相(一作相交), 爲文飾也. 下體本乾, 柔來文其中而爲離; 上體本坤, 剛往文其上而爲艮, 乃爲山下有火, 止於文明而成賁也. 天下之事, 无飾不行, 故賁則能亨也. 柔來而文剛, 故亨. 柔來文於剛, 而成文明之象. 文明, 所以爲賁也. 賁之道, 能致亨實, 由飾而能亨也. 分剛上而文柔, 故‘小利有攸往’. 分乾之中爻, 往文於艮之上也. 事由飾而加盛, 由飾而能行, 故小利有攸往. 夫往而能利者, 以有本也. 賁飾之道, 非能增其實也. 但加之文彩耳, 事由文而顯盛, 故爲小利有攸往. 亨者, 亨通也; 往者, 加進也. 二卦之變, 共成賁義, 而象分言(一无言字)上下各主一事者, 盖離明足以致亨, 文柔又能小進也, 天文也. ‘文明以止, 人文也’, 此承上文, 言陰陽剛柔相文者, 天之文也. ‘止於文明’者, 人之文也. 止, 謂處於文明也. 質必有文, 自然之理, 理必有對, 待生生之本也. 有上則有下, 有此則(一作必字)有彼, 有質則有文, 一不獨立. 二則爲文, 非知道者, 孰能識之天文天之理也? 人文人之道也?”라 하였고, 《本義》에 “又以卦德言之. 止, 謂各得其分”이라 함.

【觀乎天文, 以察時變; 觀乎人文, 以化成天下】‘以察時變’은 節氣와 四時 등의 변화를 관찰함. 《傳》에 “天文, 謂日月星辰之錯列; 寒暑陰陽之代變, 觀其運行, 以察四時之遷改也”라 함. ‘以化成天下’는 사람이 사는 사회를 교화하여 이룸. 이로써 사람들이 사회를 이루어 살게 되는 것임을 말함. 《集解》에 “虞翻曰:「日月星辰, 爲天文也. 泰: 震春, 兌秋. 賁: 坎冬, 離夏, 巽爲進退, 日月星辰, 進退盈縮, 謂朓側朒也. 歷象在天成變, 故以察時變矣.」”라 함. ‘觀乎人文, 以化成天下’는 《集解》에 “虞翻曰:「泰: 乾爲人五, 二動體. 旣濟·賁: 離象重明麗正, 故以化成天下也.」○干寶曰:「四時之變, 懸乎日月; 聖人之化, 成乎文

章. 觀日月而要其會通, 觀文明而化成天下.」'라 함. 〈正義〉에 "'觀乎天文, 以察時變'者, 言聖人當觀視天文剛柔交錯相飾成文, 以察四時變化. 若四月純陽, 用事, 陰在其中, 靡草死也; 十月純陰, 用事, 陽在其中, 齊麥生也. 是觀剛柔而察時變也. '觀乎人文, 以化成天下'者, 言聖人觀察人文, 則詩書禮樂之, 謂當法此敎而化成天下也. 坤之上六, 何以來居二? 位不居於初三. 乾之九二, 何以分居上? 位不居於五者, 乾性剛亢, 故以己九二上居, 坤極. 坤性柔順, 不爲物首, 故以己上六, 下居乾之二位也. 且若柔不分居, 乾二剛不分居, 坤極, 則不得文明以止故也. 又陽本在上, 陰本在下, 應分剛而下, 分柔而上, 何因分剛, 向上? 分柔向下者, 今謂此本'泰'卦故也. 若天地交泰, 則剛柔得交, 若乾上坤下, 則是天地否閉, 剛柔不得交, 故分剛而上分柔而下也"라 함. 《傳》에 "人文, 人理之倫. 〈序〉'觀人文, 以敎化天下', 天(一无天字)下(一无下字)成其禮俗, 乃聖人用賁之道也. 賁之象, 取山下有火, 又取卦變. 柔來文剛, 剛上文柔. 凡卦有以二體之義及二象而(一无而字)成者, 如'屯'取動乎險中, 與雲雷; '訟'取上剛下險, 與天水違行是也. 有取一爻者, 成卦之由也. 柔得位, 而上下應之曰'小畜': 柔得尊位, 大中而上下應之, 曰'大有'是也. 有取二體. 又取消長之義者, 雷在地中, 復山附於地, '剝'是也. 有取二象, 兼取二爻, 交變爲義者, 風雷益兼, 取損上益下, 山下有澤, '損'兼取損, 下益上是也. 有旣以二象, 成卦復取爻之義者, '夬'之剛決, 柔姤之柔, 遇剛是也. 有以用成卦者, '巽'乎水而上, 水井木上, 有火'鼎'是也. 鼎又以卦形爲象, 有以形爲象者, 山下有雷頤, 頤中有物曰'噬嗑'是也. 此成卦之義也. 如剛上柔下, 損上益下, 謂剛居上柔, 在下損於上, 益於下, 據成卦而言, 非謂就卦中升降也. 如'訟''无妄'云: '剛來, 豈自上體而來也?' 凡以柔居五者, 皆云'柔進而上行, 柔居下'者也. 乃居尊位, 是進而上也. 非謂是下體而上也. 卦之變, 皆自乾坤. 先儒不達, 故謂'賁'本是'泰'卦, 豈有乾坤重而爲泰, 又由泰而變之理? 下離本乾, 中爻變而成, 離上艮, 本坤上爻變而成, 艮離在內, 故云'柔來', 艮在上, 故云'剛上', 非自下體而上也. 乾坤變而爲六子, 八卦重而爲六十四, 皆由乾坤之變也"라 하였고, 《本義》에 "極言賁道之大也"라 함.

★【山下有火, 賁】'山下有火'는 山(艮) 아래 火(離)가 있는 卦象을 설명한 것. 《集解》에 "王廙曰:「山下有火, 文相照也. 夫山之爲體, 層峰峻嶺, 峭嶮參差, 直置其形, 已如彫飾, 復加火照, 彌見文章, 賁之象也.」"라 함.

【君子以明庶政, 无敢折獄】'庶政'은 지도자가 다루고 있는 日常의 모든 정치, 행정, 통치상황. '无敢折獄'은 감히 처벌하는 것(獄)으로써 통치의 최고수단을 삼지는 않음. 刑罰보다는 敎導와 敎化를 더욱 중시함을 뜻함. '折獄'은 訟事나 다툼, 治刑, 處罰 등을 통해 이끌어가는 통치행위를 뜻함. 王弼 注에 "處賁之時, 止物以文明, 不可以威刑, 故君子以明庶政, 而无敢折獄"이라 하였고, 〈正義〉에 "'山下有火, 賁'者, 欲見火上照, 山有

光明文飾也. 又取山含火之光明, 象君子內含文明, 以理庶政, 故云'山下有火, 賁'也. '以明庶政'者, 用此文章明, 達以治理庶政也. '无敢折獄'者, 勿得直用果敢折斷訟獄"이라 함. 《集解》에 "虞翻曰:「君子謂乾. 離爲明, 坤爲庶政, 故明庶政. 坎爲獄, 三在獄得正, 故无敢折獄. 噬嗑: 四不正, 故利用獄也.」"라 함. 《傳》에 "山者, 草木百物之(一无之字)所聚生也. 火在其(一无其字)下而上照, 庶類皆被其光明爲賁飾之象也. 君子觀山下有火, 明照之象, 以修明其庶政, 成文明之治, 而无果敢於折獄也. '折獄'者, 人君之所致愼也. 豈可恃其明而輕自用乎? 乃聖人之用心也. 爲戒深矣, 象之所取, 唯以山下有火, 明照庶物, 以用明爲戒而賁, 亦自有无敢折獄之義. '折獄'者, 專用情實, 有文飾, 則沒其情矣. 故无敢用文以折獄也(一无其字)"라 하였고, 《本義》에 "山下有火, 明不及遠明. 庶政, 事之小者; 折獄, 事之大者. 內離明而外艮止, 故取象如此"라 함.


## (3) 爻辭와 象辭

初九: 賁其趾, 舍車而徒.
☆象曰:「舍車而徒」, 義弗乘也.

〈언해〉 初九(초구)는 그 趾(지)를 賁(비)홈이니, 車(거)를 舍(샤)ᄒ고 徒(도)홈이로다.
　　　☆象(샹)애 굴오디「舍車而徒」는 義(의)예 乘(승)티 몯홀 디라.
〈해석〉 [初九](一): 발걸음을 꾸미는 것이니, 수레를 버리고 도보로 걷는다.
　　　☆象: "수레를 버리고 도보로 걷는다"함은, 의(義)로 보아 그러한 수레는 타지 못할 것이기 때문이다.


　【初九】 이는 전괘의 시작이며 아래 離(火)의 첫괘. 陽爻로 位正當하며 강한 上昇을 의미함. 자신의 享有를 버리고 儀表를 내세우고자 함.
　【賁其趾, 舍車而徒】 '賁其趾'는 신의 발뒤꿈치를 장식함. 이 효는 시작 단계이므로 감히 전체를 꾸미고자 하지 않고, 그저 발뒤꿈치 정도의 아주 미미하고 잘 보이지도 않는 곳을 겨우 꾸미는 것이라 함. 그러나 이는 婚禮의 상황을 기록한 것이며 아내를 맞으러 가는 길을 描寫한 것이라고도 함. 《集解》에 "虞翻曰:「應在震, 震爲足, 故賁其趾也.」"라 함. '舍車而徒'의 '舍'는 捨와 같음. '徒'는 徒步와 같음. 의롭지 못한 화려한 수레를 마다하고 걸어감. ○高亨은 "'徒'字皆赤足步行之義也. 文其足, 乘車則其文不見,

舍車而赤足步行, 則人皆見之矣. 故曰「賁其趾, 舍車而徒」. 不宜飾足而飾足, 不宜舍車而舍車, 不宜徒行而徒行, 此務文失實之象也"라 함. 王弼 注에 "在賁之始, 以剛處下, 居於无位. 棄於不義, 安夫徒步, 以從其志者也. 故'飾其趾, 舍車而徒, 義弗乘'之謂也"라 함. 《集解》에 "虞翻曰:「應在艮, 艮爲舍, 坎爲車. 徒, 步行也. 位在下, 故舍車而徒.」"라 함. 《傳》에 "初九以剛陽, 居明體而處下, 君子有剛明之德, 而在下者也. 君子在无位之地, 无所施於天下, 唯自賁飾其所行而已. 趾, 取在下而所以行也. 君子修飾之道, 正其所行守節處, 義其行不苟義, 或不當, 則舍車輿而寧徒行, 衆人之所羞而君子以爲賁也. 舍車而徒之義, 兼於比應取之初, 比二而應四, 應四正也; 與二非正也. 九之剛明, 守義不近與於二, 而遠應於四, 舍易而從難, 如舍車而徒行也. 守節, 義君子之賁也. 是故君子所賁世俗所羞, 世俗所貴(一作賁)君子所賤, 以車徒爲言者, 因趾與行爲義也"라 하였고, 《本義》에 "剛德明體, 自賁於下, 爲舍非道之車, 而安於徒步之象. 占者, 自處當如是也"라 함.

☆【「舍車而徒」, 義弗乘也】'義弗乘'은 수레를 타지 않음. '義'는 자신의 지위가 미미함을 뜻함. 그러나 당시 풍속에 迎娶에 나설 때는 수레를 타지 않았던 것으로 보고 있음. 〈正義〉에 "'賁其趾, 舍車而徒'者, 在賁之始, 以剛處下, 居於无位之地, 乃棄於不義之車, 而從有義之徒步. 故云'舍車而徒', 以其志行高絜, 不苟就輿乘, 是以義不肯乘. 故〈象〉云'義弗乘'也"라 함. 《集解》에 "崔憬曰:「剛柔相交, 以成飾義者也. 今近四, 棄於二比, 故曰舍車. 車士大夫所乘, 謂二也. 四乘於剛, 艮止其應, 初全其義, 故曰而徒. 徒, 塵賤之事也. 自飾其行故, 曰賁其趾. 趾, 謂初也.」王肅曰:「在下故稱趾, 旣舍其車, 又飾其趾, 是徒步也.」"라 함. 《傳》에 "'舍車而徒行'者, 於義不可以乘也. 初應四正也, 從二非正也. 近舍二之易, 而從四之難, 舍車而徒行也. 君子之賁, 守其義而已"라 하였고, 《本義》에 "君子之取舍, 決於義而已"라 함.

## 六二: 賁其須.
## ☆象曰:「賁其須」, 與上興也.

〈언해〉 六二(륙이)는 그 須(슈)를 賁(비)홈이로다.

☆象(샹)애 ᄀᆞᆯ오ᄃᆡ「賁其須」는 上(샹)으로 더브러 興(훙)홈이라.

〈해석〉 [六二](--): 자기 수염을 꾸미는 것이로다.

☆象: "수염을 보기 꾸민다"함은, 윗사람과 함께 홍성함을 도모함을 뜻한다..

【六二】이는 하괘의 中央이며 陰爻로 位正當함. 그 때문에 본격적인 수염, 즉 남이 가장 먼저 보게 되는 곳을 꾸밈. 아울러 이 효는 六五와 상배여 둘 모두 음이므로 實質(主)보다는 文飾(副)의 임무를 맡고 있음.

【賁其須】그 수염을 여러 색깔로 꾸밈. ○高亨은 "賁者, 不一色也. 《說文》: 「須, 面毛也, 從頁從彡.」今俗字作鬚, 非也. 「賁其須」者, 須有黑有白也. 此老人之象, 壽考之徵也"라 하여, '須'는 흑백의 털로 장수를 상징하는 것이라 함. '其'는 자신의 바로 위에 있는 九三(陽)을 가리킴. '須'는 鬚의 本字. 이는 자신의 늙음을 인정하지 않고 의욕을 부림을 뜻한다 함. 王弼 注에 "得其位而无應, 三亦无應, 俱无應而比焉, 近而相得者也. 須之爲物, 上附者也. 循其所履, 以附於上, 故曰'賁其須'也"라 함. 《傳》에 "卦之爲賁, 雖由兩爻之變, 而文明之義爲重, 二實賁之主也. 故主言賁之道, 飾於物者, 不能大變其質也. 因其質而加飾耳. 故取須義. '須', 隨頤而動者也. 動止惟係於(一无於字)所附, 猶善惡不由於賁也. 二之文明, 唯爲賁飾, 善惡則係其質也"라 하였고, 《本義》에 "二以陰柔居中正, 三以陽剛而得正, 皆无應與, 故二附三而動, 有賁須之象. 占者, 宜從上之陽剛而動也"라 함.

☆「賁其須」, 與上興也】'與上興'은 윗사람(군주, 六五)과 더불어 나라의 흥성함을 이루고자 함. 그러나 '上'을 바로 위의 九三으로 보아, 둘이 합해 下卦(離, 火)를 이끌고 興發하여 위(艮, 山)로 향하는 것이라고도 함. 〈正義〉에 "'賁其須'者, 須是上附於面. 六二當上附於三, 若似賁飾其須也. 循其所履, 以附於上, 與上同爲興起, 故〈象〉云'與上興'也"라 함. 《集解》에 "侯果曰:「自三至上, 有頤之象也. 二在頤下須之象也. 上无其應, 三亦无應, 若能上承於三, 與之同德, 雖俱无應, 可相與而興起也.」"라 함. 《傳》에 "以須爲象者, 謂其與上同興也. 隨上而動, 動止唯係所附也. 猶加飾於物, 因其質而賁之, 善惡在其質也"라 함.

# 九三: 賁如濡如, 永貞吉.
## ☆象曰:「永貞之吉」, 終莫之陵也.

〈언해〉 九三(구삼)은, 賁(비)ᄒ요미 濡(유)ᄒ니, 永(영)ᄒ고 貞(뎡)ᄒ면 吉(길)ᄒ리라.
　　　☆象(샹)애 길오디「永貞의 吉홈」은 ᄆᆞᄎᆞᆷ내 陵(능)ᄒ리 업스니라.
〈해석〉 [九三](一): 꾸밈이 빛나고 윤기가 흐르니, 길이 그렇게 하고 바르게 하면 길하리라.
　　　☆象: 길이 그렇게 하고 바르게 하면 길하다"함은, 끝까지 업신여길 사람이 없음을 뜻한다.

【九三】이는 下卦(離, 火)의 가장 위이며 陽炎로 位正當함. 아울러 下卦를 이끌고 上卦(艮, 山)으로 향하여 솟아오르고 있어, 꾸밈이 매우 아름다움.

【賁如濡如, 永貞吉】'賁如'의 '賁'는 奔의 假借로 봄. 분주히 치달아 올라감. '如'는 語尾. '濡如'는 윤기가 흐르며 땀이 날 정도임. 그러나 六二의 賁(文飾)에서 더욱 짙게 문식함을 뜻하는 것으로도 봄. '永貞吉'은 길이 바르게 하면 길함. 그러나 이 효는 '位正當하며 陽剛하고, 아울러 바로 아래 六二와 陰陽이 互應하여 文飾 活動에 活潑하기는 하나, 둘 사이는 正應이 아니므로, 길게 바른(貞, 正) 태도로 하여야 길하다'의 뜻으로 보기도 함. ○高亨은 "此承上爻「賁其須」而言. 言須賁如濡如也. …… 絶曰「賁如濡如, 永貞吉」, '永'字與壽考之象, 意相應也"라 함. 王弼 注에 "處下體之極, 居得其位, 與二相比, 俱履其正, 和合相潤, 以成其文者也. 旣得其飾, 又得其潤, 故曰'賁如濡如'也. 永保其貞, 物莫之陵, 故曰'永貞吉'也"라 함. 《傳》에 "三處文明之極, 與二四二陰間, 處相賁賁之盛者也. 故云賁如. 如, 辭助也. 賁飾之盛, 光彩潤澤, 故云'濡如'. 光彩之盛, 則有潤澤. 《詩》(大雅 靈臺)云「麀鹿濯濯」, '永貞吉', 三與二四非正應, 相比而成相賁, 故戒以常永. 貞正賁者, 飾也. 賁(一作修)飾之事, 難乎常也. 故永貞則吉. 三與四相賁, 又下比於二, 二柔文一, 剛上下交, 賁爲賁之盛也"라 하였고, 《本義》에 "一陽居二陰之間, 得其賁而潤澤者也. 然不可溺於所安, 故有永貞之戒"라 함.

☆【「永貞之吉」, 終莫之陵也】'終莫之陵'은 끝까지 그를 능멸할 상대가 없음. '陵'은 凌과 같으며 陵蔑(凌蔑), 侵陵(侵凌), 凌辱, 凌駕 등의 뜻. 孔穎達 〈正義〉에 "'賁如濡如'者, 賁如華飾之貌, 濡如潤澤之理. 居得其位, 與二相比, 和合文飾, 而有潤澤, 故曰'賁如濡如'. 其美如此, 長保貞吉, 物莫之陵, 故〈象〉云'永貞之吉, 終莫之陵也.'"라 함. 《集解》에 "虞翻曰:「有離之文以自飾, 故曰'賁如'也; 有坎之水以自潤, 故曰'濡如'也. 體剛履正, 故'永貞吉'; 與二同德, 故'終莫之陵'也.」"라 함. 《傳》에 "飾而不常, 且非正(一有則字)人所陵侮也. 故戒能永正, 則吉也. 其賁旣常而正, 誰能陵之乎?"라 함.

六四: 賁如皤如, 白馬翰如. 匪寇, 婚媾.
☆象曰: 六四當位, 疑也;「匪寇, 婚媾」, 終无尤也.

〈언해〉六四(륙사)는, 賁(비)ㅣ 皤(파)ㅎ며, 白馬(빅마)ㅣ 翰(한)툿 ㅎ니, 寇(구) 온 아니면 婚媾(혼구)ㅣ리라.[《本義》: 寇(구)ㅣ 아니라 婚媾(혼구)ㅣ니라]
　　☆象(샹)애 골오디 六四(륙亽)는 當(당)혼 位(위)ㅣ 疑(의)홈이니,「匪寇, 婚媾」는

ᄆ춤애 尤(우)ㅣ 업슬 디라.

〈해석〉 [六四](--): 꾸밈이 흰 바탕 그대로이며, 타고 갈 백마가 나는 듯이 달려가고
싶어 한다. 해치려 드는 것이 아니라, 청혼을 하려는 것이다.(寇가 아니라 婚寇
이다)

☆象: 육사는 차지하고 있는 자리가 정당함에도 의심을 해야 하며, "해치려 드는
것이 아니라, 청혼하려는 것"이라 함은, 끝냄에 탓함은 없을 것임을 뜻한다.

【六四】 이는 상괘(艮, 山)의 시작이며 陰爻로 位正當함. 이에 하괘(離, 火)의 이제껏
꾸밈을 이어받아 청혼에 나서는 위치임.

【賁如皤如, 白馬翰如】 '皤如'는 白, 혹은 燔의 뜻으로 천지가 햇볕에 모두 희고 밝
음. '翰'은 날갯죽지를 펴는 모습. 黃穎의 注에 "馬擧頭高昂也"라 하여 타고 갈 말이
고개를 쳐들고 신나게 威儀를 나타내는 모습이라 하였음. ○高亨은 "賁如者, 馬有斑文
賁然也. …… 此云瀚如, 則馬毛長之皃也. 蓋賁皤與翰, 皆就馬毛而言. …… 又此馬必白多
而斑文少, 故雖云賁如, 而仍名白馬也"라 함. 王弼 注에 "有應在初, 而閡於三, 爲己寇難,
二志相感, 不獲通亨. 欲靜, 則疑初之應; 欲進, 則懼三之難. 故或飾或素, 內懷疑懼也. 鮮
絜其馬, 翰如以待, 雖履正位, 未敢累其志也. 三爲剛猛, 未可輕犯, 匪寇乃婚, 終无尤也"
라 하였고, 〈正義〉에 "'賁如皤如'者, 皤, 是素白之色. 六四有應, 在初欲往從之, 三爲己
難, 故己猶豫, 或以文飾, 故賁如也; 或守質素, 故皤如也. 〈正義〉에 "'白馬翰如'者, 但鮮
絜其馬, 其色翰如, 徘徊待之, 未敢輒進也"라 함.

【匪寇, 婚媾】 그러한 모습은 도둑이 아니라 혼례를 위한 꾸밈의 모습임. 그러나
〈諺解〉(程頤)에는 "寇가 아니면 곧 婚媾일 것"이라 하여 擇一型으로 보았고, 朱熹는
"寇가 아니라 婚媾"라 하여 確定型으로 보았음. '寇'는 위세를 들어내어 남의 것을 빼앗
는 것. 혹 '강요하다, 억지로 혼인을 요구하다'의 뜻으로 보기도 함. '婚媾'는 혼인을
거쳐 아내를 맞이함을 뜻함. 순리대로 혼인이 성사됨. 初九와 正應을 이루어, 陰陽이
調和를 이룸을 뜻함. ○高亨은 "來者所乘之馬賁然而有斑文, 皤然而白, 翰然而毛長, 非寇
也, 乃婚媾也. 故曰「賁如皤如, 白馬翰如, 匪寇婚媾」"라 함. 〈正義〉에 "'匪寇, 婚媾'者,
若非九三, 爲己寇害, 乃得與初爲婚媾也"라 함. 《集解》에 "王弼曰:「有應在初, 三爲寇難,
二志相感, 不獲交通, 欲靜則失初之應; 欲進則懼三之難, 故或飾或素, 內懷疑懼, 鮮絜其
馬, 翰如以待, 雖履正位, 未果其志, 匪緣寇隔, 乃爲婚媾, 則終无尤也.」○陸績曰:「震爲
馬爲白, 故曰'白馬翰如.」, 案:「皤, 亦白素之貌也.」"라 함. 《傳》에 "四與初爲正應, 相賁者
也. 本當賁如而爲三所隔, 故不獲相賁而皤如. 皤, 白也. 未獲賁也. 馬, 在下而動者也. 未

獲相賁, 故云'白馬其從, 正應之志如飛', 故云'翰如'. 匪, 爲九三之寇讎所隔, 則婚媾遂其相親矣. 己之所乘, 與動於下者, 馬之象也. 初四正應, 終必獲親第, 始爲其間隔耳"라 하였고, 《本義》에 "皤, 白也. 馬, 人所乘人, 白則馬亦白矣. 四與初相賁者, 乃爲九三所隔, 而不得遂, 故皤如而其往求之心, 如飛翰之疾也. 然九三剛正, 非爲寇者也, 乃求婚媾耳. 故其象如此"라 함.

☆【六四當位, 疑也】'當位'는 陰爻로서 陰位에 있음을 뜻함. '疑'는 이처럼 화려한 혼례가 잘 진행되고 있음에도 도리어 장래 길흉에 대해 의심을 가짐. 好事多魔의 경우를 경계해야 함을 뜻함. 그러나 六四의 자리는 많은 의심을 받는 위치이므로 이렇게 말한 것이라고도 함. 〈正義〉에 "〈象〉曰'六四當位疑'者, 以其當位, 得與初爲應. 但礙於三, 故遲疑也"라 함. 《集解》에 "案: 坎爲盜, 故疑當位. 乘三悖禮難飾, 應初遠陽, 故曰'當位, 疑'也.」"라 함.

【「匪寇, 婚媾」, 終无尤也】'終无尤'는 끝마무리에 허물이나 탓함을 당하는 일은 없음. 비록 九三이 陽爻로서 막고 있지만 正應의 初九와 아무런 怨尤없이 婚事를 성사시킬 수 있음. 〈正義〉에 "匪寇, 婚媾, 終无尤'者, 釋'匪寇, 婚媾'之義. 若待匪有寇難, 乃爲婚媾, 則終无尤過. 若犯寇難, 而爲婚媾, 則終有尤"라 함. 《集解》에 "崔憬曰:「以其守正待應, 故終无尤也.」"라 함. 《傳》에 "四與初相遠, 而三介於其間, 是所當之位爲(一无爲字)可疑也. 雖爲三寇讎所隔, 未得親於婚媾, 然其正應, 理直義勝, 終必得合, 故云'終无尤'也. 尤, 怨也. 終得相賁, 故无怨尤也"라 하였고, 《本義》에 "當位, 疑', 謂所當之位, 可疑也. '終无尤', 謂若守正而不與, 亦無他患也"라 함.


# 六五: 賁于丘園, 束帛戔戔; 吝, 終吉.
## ☆象曰: 六五之「吉」, 有喜也.

〈언해〉 六五(륙오)는, 丘園(구원)애 賁(비)홈이니, 束帛(속빅)이 戔戔(잔잔)툿 ᄒ면, 吝(린)ᄒ나 ᄆᆞ춤내 吉(길)ᄒ리라.[《本義》: 丘園(구원)애 賁(비)ᄒ나 束帛(속빅)이 戔戔(잔잔)ᄒ니]
　　☆象(상)애 ᄀᆞᆯ오디 六五(륙오)의 吉(길)홈은 喜(희) 이시미라.

〈해석〉 [六五](--): 구원(丘園)에 있는 이에게 달려가는 것이니, 그에게 가지고 가는 속백(예물)이 별것 아닌 것이어서, 부끄럽기는 하나 끝마침에는 길하리라.(동산에 있는 이를 꾸며주나 속백이 별것 아니니)

☆象: 육오의 길함은, 기쁨이 있음을 뜻한다.


【六五】이는 전괘의 主爻이며 主宰者, 帝位이나 陰爻이므로 位不當함. 그럼에도 艮(山, 剛)에서 도리어 柔弱(陰)함으로 인해, 부드럽게 일을 주재할 수 있음. ○高亨은 "此疑指婚禮納徵而言"이라 하여, 婚禮의 六禮(納采, 問名, 納吉, 納徵, 請期, 親迎) 중에 納徵의 모습이 아닌가 하였음.

【賁于丘園, 束帛戔戔】'賁'는 역시 奔의 假借로 보기도 함. '丘園'은 언덕과 동산. 隱逸之士가 사는 곳을 비유함. 그를 예로써 달려가 모심. '束帛'은 묶은 비단. 婚姻의 禮物. '戔戔'은 많이 쌓여 있는 모습. 馬融 注에 "委積貌"라 함. 그러나 '별것 아닌 소박한 것'으로 보기도 함. 六五는 제왕의 자리이기는 하나 자신이 음효로서 柔弱하여 작은 예물로 隱逸의 선비를 찾아 나서는 것이라 함. 〈正義〉에 "'賁于丘園'者, 丘園, 是質素之處. 六五處得尊位, 爲飾之主. 若能施飾, 在於質素之處, 不華侈費用, 則所束之帛. 戔戔, 衆多也"라 함.

【吝, 終吉】'吝'은 난관을 당함. 어려움. 아깝게 여김. 예물이 별것 아니어서 부끄러움. 正應하는 六二가 陰爻임을 말함. ○高亨은 "此疑指婚禮納徵而言. 賁, 飾也. 丘園, 女家之所居也. 「賁于丘園」, 謂納徵之日, 女家結綵而飾其門也. 古人重標識. 婚嫁大典, 必用標識. 今之婚禮, 納徵之日, 女家結綵飾門, 殆古人之遺俗也. 束帛, 納徵所用. 「戔戔」, 當爲少皃. 從戔得聲之字, 多有少小之義. 諓爲小言, 箋爲小簡, 餞爲小食, 棧爲小棚, 錢爲小物, 醆爲小酒器, 陵爲小阜, 帴爲小巾, 綫爲細縷, 賤爲賈少, 淺爲水少, 俴亦訓淺, 皆其例. 則'戔戔'爲少皃, 允矣.《儀禮》士昏禮: 「納徵玄纁束帛儷皮.」 其記曰: 「納徵曰某有先人之禮, 儷皮束帛, 使某也請納徵.」《周禮》媒氏: 「凡嫁子取妻, 入幣純帛無過五兩.」是納徵用束帛之證. 束帛僅五兩,《禮記》雜記下: 「納幣一束, 束五兩, 兩五尋.」是束帛之長僅二十五尋, 當二百尺, 其數甚少, 誠爲'戔戔'矣.《儀禮》·《周禮》所定納徵帛數, 非周初之制, 且未必通行, 其實女家嫌納徵物少, 而起爭議, 往往有之. 古今皆然, 此卽本爻所謂'吝'也. 婚禮納徵之日, 女家結綵飾其所居, 男家致其戔戔之束帛, 女家嫌其少而起爭議, 終以媒妁親友之調解, 而歸於諧和, 故曰「賁于丘園, 束帛戔戔, 吝, 終吉」. 爲納徵而筮遇此爻, 當如此也"라 함. 王弼 注에 "處得尊位, 爲飾之主, 飾之盛者也. 施飾於物, 其道害也. 施飾丘園, 盛莫大焉. 故賁于束帛. 丘園, 乃落賁于丘園; 帛, 乃戔戔用. 莫過儉泰而能約, 故必吝焉, 乃得終吉也"라 함.《集解》에 "虞翻曰: 「艮爲山, 五半山, 故稱丘. 木果曰園, 故賁于丘園也. 六五失正, 動之成巽, 巽爲帛爲繩, 艮手持, 故束帛以艮斷巽, 故戔戔. 失位无應, 故吝; 變而得正, 故終吉矣.」"라 함.《傳》에 "六五以陰柔之質, 密比於上九, 剛陽之賢, 陰比於陽,

復无所繫, 應從之者也, 受賁於上九也. 自古設險守國, 故城壘多依丘坂. ‘丘’, 謂在外而近 且高者; ‘園’, 圃之地最近城邑, 亦在外而近者. ‘丘園’, 謂在外而近者, 指上九也. 六五雖居 君位, 而陰柔之才, 不足自守. 與上之剛陽, 相比而志從焉. 獲賁於外比之賢, 賁于丘園也. 若能受賁於上九, 受(一作隨)其裁制, 如束帛而(一无而字)戔戔, 則雖其柔弱, 不能自爲, 爲 可少吝. 然能從於人, 成賁之功, 終獲其吉也. ‘戔戔’, 剪裁分裂之狀, 帛未用, 則束之, 故謂 之束帛. 及其制爲衣服, 必剪裁分裂戔戔然. ‘束帛’, 喻六五本質; ‘戔戔’, 謂受人剪製而成用 也. 其資於人, 與‘蒙’同而‘蒙’不言‘吝’者, 盖童蒙而賴於人, 乃其宜也. 非童幼而資賁於人, 爲可吝耳. 然享其功, 終爲吉也”라 하였고, 《本義》에 “六五柔中爲賁之主, 〈敦本〉尚實得 賁之道, 故有丘園之象. 然陰性吝嗇, 故有束帛戔戔之象. ‘束帛’, 薄物; ‘戔戔’, 淺, 小之意. 人而如此, 雖可羞吝, 然『禮奢寧儉』, 故得終吉”이라 함.

☆【六五之「吉」, 有喜也】‘有喜’는 기뻐하고 축하해 주어야 할 혼사임을 뜻함. 혹 君主 가 隱逸의 선비를 찾아나서는 것은 훌륭한 일이므로 칭송을 들어 기쁨이 있음을 비유하 는 것이라고도 함. 〈正義〉에는 “爲飾之主, 飾之盛者, 若宮室輿服之屬. 五爲飾主, 若施設 華飾, 在於輿服宮館之物, 則大道損害也. ‘施設丘園, 盛莫大焉’者, 丘, 謂丘墟; ‘園’, 謂園 圃. 唯草木所生, 是質素之處, 非華美之所. 若能施飾, 每事質素, 與丘園相似, 盛莫大焉. 故賁于束帛, 丘園乃落者. 束帛, 財物也. 擧束帛言之, 則金銀珠玉之等, 皆是也. 若賁飾於 此束帛珍寶, 則素質之道乃隕落, 故云‘丘園乃落’也. ‘賁于丘園, 帛乃戔戔’者, 設飾在於丘 園, 質素之所, 則不糜費財物束帛, 乃戔戔衆多也. 諸儒以爲若賁飾束帛, 不用聘士, 則丘園 之士, 乃落也. 若賁飾丘園之士與之, 故束帛乃戔戔也. 諸家注《易》多爲此解. 但今案輔嗣 之注, 全无聘賢之意, 且爻之與象, 亦无待士之文. 輔嗣云‘用莫過儉, 泰而能約, 故必吝焉, 乃得終吉’. 此則普論爲國之道, 不尚華侈而貴儉約也. 若從先師, 唯用束帛招聘丘園, 以儉 約待賢, 豈其義也? 所以漢聘隱士, 或乃用羔鴈玄纁蒲輪駟馬, 豈止束帛之間, 而云‘儉約’之 事? 今觀注意, 故爲此解耳”라 함. 《集解》에 “荀爽曰: 「艮, 山; 震, 林. 失其正位, 在山林之 間, 賁飾丘陵, 以爲園圃, 隱士之象也. 五爲王位, 體中履和, 勤賢之主, 尊道之君也. 故曰 ‘賁于丘園, 束帛戔戔’. 君臣失正, 故吝. 能以中和, 飾上成功, 故終吉而有喜也.」○虞翻曰: 「五變之陽, 故有喜. 凡言喜慶, 皆陽爻. 束帛戔戔, 委積之貌.」○案: 「六五離爻, 離爲中女, 午爲蠶絲, 束帛之象.」”이라 함. 《傳》에 “能從人以成賁之功, 享其吉美, 是有喜也”라 함.

上九: 白賁, 无咎.
☆象曰:「白賁, 无咎」, 上得志也.

〈언해〉 上九(샹구)는, 賁(비)를 白(빅)게 ᄒᆞ면 咎(구)ㅣ 업스리라.[《本義》: 賁(비)ㅣ 白
(빅)홈이니]

☆象(샹)애 ᄀᆞᆯ오디「白賁, 无咎」는 上(샹)애셔 志(지)를 得(득)홈이라.

〈해석〉 [上九](一): 본바탕으로 돌아가 하얗게 꾸미면 허물이 없을 것이다.(꾸밈을 희게
하는 것이니)

☆象: "꾸밈을 희게 하면 허물이 없을 것"이라 함은, 위에 있어서 뜻을 얻음을
뜻한다.


【上九】 이는 전괘의 마무리이며 陽爻로 位不當함. 그러나 꾸밈의 마지막 단계는
樸素에서 시작함을 뜻함. 본연의 질박함을 바탕으로 함.《莊子》(天道篇)의 "樸素而天
下莫能與之爭美"의 회복을 뜻하기도 함.

【白賁, 无咎】 '白賁'의 '賁'는 '꾸미다, 색을 칠하다'의 뜻. 하얀 바탕에 장식을 더함.
즉 '흰색의 布帛에 여러 무늬를 넣다'의 의미.《周禮》(考工記)에 "畫繢之事, 雜五色,
東方謂之靑, 南方謂之赤, 西方謂之白, 北方謂之黑. 天謂之玄, 地謂之黃. 靑與白相次也,
赤與黑相次也, 玄與黃相次也. 靑與赤謂之文, 赤與白謂之章, 白與黑謂之黼, 黑與靑謂之
黻. 五彩備謂之繡"라 함. ○高亨은 "白賁者, 就素爲雜色文彩也. …… 白賁者, 由質而文之
象, 此自无咎, 故曰「白賁, 无咎」"라 함. 質樸한 본바탕을 비유함.《論語》(八佾篇)의 "繪
事後素"의 단계에 이름. 王弼 注에 "處飾之終, 飾終反素, 故任其質素, 不勞文飾, 而无咎
也. 以白爲飾, 而无患憂, 得志者也"라 하였고, 〈正義〉에 "白賁无咎'者, 處飾之終, 飾終則
反素, 故任其質素, 不勞文飾, 故曰'白賁无咎'也"라 함.《集解》에 "虞翻曰:「在巽上, 故曰
白. 賁乘五陰, 變而得位, 故无咎矣.」"라 함.《傳》에 "上九, 賁之極也. 賁飾之極, 則失於華
僞. 唯能質白其賁, 則无過失之咎. 白, 素也. 尙質素, 則不失其本眞, 所謂尙質素者, 非无
飾也. 不使華沒實耳"라 하였고,《本義》에 "賁極反本, 復於无色, 善補過矣. 故其象占如
此"라 함.

☆【「白賁, 无咎」, 上得志也】 '上得志'는 가장 윗자리에 있으면서 바라던 뜻을 이룸.
反歸眞樸의 자연섭리를 회복하려는 本志를 얻음. 〈正義〉에 "守志任眞, 得其本性, 故
〈象〉云'上得志'也. 言居上得志也"라 함.《集解》에 "干寶曰:「白, 素也. 延山林之人, 採素
士之言, 以飾其政, 故上得志也.」○虞翻曰:「上之正得位, 體成旣濟, 故曰得志. 坎爲志

也.」라 함. 《傳》에 "白賁无咎, 以其在上而得志也. 上九爲得志者, 在上而文, 柔成賁之功. 六五之君, 又受其賁, 故雖居无位之地, 而實尸賁之功, 爲得志也. 與他卦居極者, 異矣. 既在上而得志, 處賁之極, 將有華僞失實之咎, 故戒以質素, 則无咎. 飾不可過也"라 함.

# 023 박剝

䷖ 地山剝: ▶坤下艮上(☷下☶上)

  *剝(박): 〈音義〉에 "剝, 邦角反. 裂也"라 하여 '박(bō)'으로 읽음. '剝'은 깎이거나 긁혀 떨어져나감을 뜻함. 剝落, 侵蝕, 剝蝕의 뜻. 《說文》에 "剝, 裂也"라 함. 하괘는 坤(地)이며 상괘는 艮(山)으로, 산 위에 땅이 있는 異卦相疊의 '地山' 괘체임. 아울러 陰爻가 다섯이며 陽爻는 하나뿐으로 陰이 極盛하여 陽을 剝蝕하는 형상임. 이는 大地에 높은 산이 솟아 있어 비바람에 침식되어 山石이 떨어져 나감을 말하며, 이는 陰이 성하고 陽이 쇠하여 小人이 득세하여 나라를 剝蝕하는 형세로, 군자가 困頓에 처했을 때 마땅히 守正防凶의 방법으로 시간을 기다려야 함을 상징함. 아울러 사물은 剝落하고 나면 다시 제자리로 돌아오는 것이며 盛衰가 循環함을 뜻함.
  *《集解》에 "〈序卦〉曰:「致飾然後通, 則盡矣. 故受之以‘剝’.」剝者, 剝也.(崔憬曰:「以文致飾, 則上下情通, 故曰‘致飾然後通’也. 文者, 致理極而无救, 則盡矣. 盡, 猶剝也.」)"라 함.
  *《傳》에 "‘剝’, 〈序卦〉:「賁者, 飾也. 致飾然後亨, 則盡矣. 故受之以‘剝’.」夫物至於文飾, 亨之極也. 極則必反, 故賁. 終則剝也, 卦五陰而一陽, 陰始自下生, 漸長至於盛極, 羣陰消剝於陽, 故爲剝也. 以二體言之, 山附於地, 山高起地上, 而反附著於地, 頹剝之象也"라 함.


## (1) 卦辭

## 剝: 不利有攸往.

〈언해〉 剝(박)은 往(왕)홀 빠롤 두미 利(리)티 아니 ᄒ니라.
〈해석〉 박(剝, 박괘)은 갈 곳을 정해두는 것이 이롭지 못하니라.

  【剝】卦名이며, '剝蝕함, 긁어 무너뜨림, 갉아먹음, 毁滅함, 搾取함, 剝落시킴, 刻薄함' 등의 뜻.

【不利有攸往】어디 지향할 바를 두는 자체가 유리하지 않음. 伏地不動의 자세를 취하고 때를 기다리는 것이 훨씬 유리함. ○高亨은 "筮遇此卦, 不利有所往, 故曰「不利有攸往」"이라 함. 〈正義〉에 "剝者, 剝落也, 今陰長變剛, 剛陽剝落, 故稱剝也. 小人旣長, 故不利有攸往也"라 함. 《集解》에 "虞翻曰:「陰消乾也. 與夬旁通. 以柔變剛, 小人道長, 子弑其父, 臣弑其君, 故不利有攸往也.」"라 함. 《傳》에 "剝者, 羣陰長盛, 消剝於(一无於字)陽之時, 衆小人剝喪於(一无於字)君子, 故'君子不利有所往'. 唯當巽言晦迹, 隨時消息, 以免小人之害也"라 하였고, 《本義》에 "剝, 落也. 五陰在下而方生, 一陽在上而將盡, 陰盛長而陽消落, 九月之卦也. 陰盛陽衰, 小人壯而君子病. 又內坤而外艮, 有順時而止之象. 故占得之者, 不可有所往也"라 함.


## (2) 彖辭와 象辭

彖曰: 剝, 剝也, 柔變剛也. 「不利有攸往」, 小人長也. 順而止之, 觀象也. 君子尙消息盈虛, 天行也.
★象曰: 山附於地, 剝. 上以厚下安宅.

〈언해〉 彖(단)애 굴오디 剝(박)은 剝(박)홈이니, 柔(유)ㅣ 剛(강)을 變(변)홈이니, 「不利有攸往」은 小人(쇼인)이 長(댱)홀 시라.
　　　順(슌)ᄒ야 止(지)ᄒ요믄 象(상)을 觀(관)홈이니, 君子(군ᄌ)ㅣ 消息(쇼식)盈虛(영허)를 尙(상)ᄒ요미 天(텬)의 行(힝)이라.
　　　★象(상)애 굴오디 山(산)이 地(디)에 附(부)홈이 剝(박)이니 上(샹)이 以(이)ᄒ야 下(하)ᄅᆞᆯ 厚(후)케 ᄒ야 宅(튁)을 安(안)ᄒᄂ니라.
〈해석〉 彖: 剝은 긁는다는 말이니, 柔한 음기가 강한 양기를 변화하게 하는 것이다. 갈 데가 있는 것이 이롭지 않는다는 것은 소인의 勢가 盛하기 때문이다. 순종하여 이것에 그치는 것은 象을 관찰한다는 것이요, 군자가 사라지는 것과 자라나는 것, 찼다가 虛게 되는 것을 숭상하는 것은 하늘의 運行이기 때문이다.
　　★象: 땅에 산이 붙어 있는 것이 剝卦이다. 위에 있는 사람은 이것을 거울삼아 아랫사람을 후하게 하고, 집안을 편안케 한다.

【剝, 剝也, 柔變剛也】'剝, 剝也'는《集解》에 "盧氏曰:「此本乾卦, 羣陰剝陽, 故曰爲剝也.」"라 함. '柔變剛'은 괘 전체에 陰爻(柔)가 다섯이며, 陽爻(剛)가 하나뿐이어서 柔가 剛을 지나치게 壓迫하고 있음. '變'은 剛이 柔로 變하도록 强要함.《集解》에 "荀爽曰:「謂陰外變五, 五者至尊, 爲陰所變, 故曰剝也.」"라 함.《本義》에 "以卦體釋卦名義. 言柔進于陽, 變剛爲柔也"라 함.

【「不利有攸往」, 小人長也】'小人長'은 小人들만 長成하고 있음. 小人들에게만 유리함. '小人'은 다섯 음효를 가리킴.《集解》에 "鄭玄曰:「陰氣侵陽, 上至於五, 萬物零落, 故謂之剝也. 五陰一陽, 小人極盛, 君子不可有所之, 故‘不利有攸往’也.」"라 함.《傳》에 "‘剝, 剝也’, 謂剝落也; ‘柔變剛也’, 柔長而剛變也. 夏至一陰, 生而漸長. 一陰長, 則一陽消. 至於(一无於字)建戌, 則極而成. 剝是陰柔變剛陽也. 陰小人之道, 方長盛而剝消於(一作剛)陽, 故‘君子不利有所往’也"라 함.

【順而止之, 觀象也】'順而止之'는 순응하면서 정지하고 있어야 함. 아래 坤卦는 順을, 위의 艮卦는 止를 뜻함. '觀象'의 '象'은 괘상을 뜻함. 즉 전체 陰爻가 得盛하고 있음을 살핌.《集解》에 "虞翻曰:「坤順艮止, 謂五消觀成剝, 故‘觀象’也.」"라 함.

【君子尙消息盈虛, 天行也】'尙'은 崇尙함. 重視함. '消息盈虛'의 '消息'은 사라지고 변하는 원리를 뜻하는 雙聲連綿語. '盈虛'는 차고 비고 하는 자연 섭리. '天行'은 天道의 運行과 變化의 대원칙. 王弼 注에 "坤順而艮止也. 所以順而止之, 不敢以剛. 止者, 以觀其形象也. 强亢激拂觸, 忤以隕身, 身旣傾焉. 功又不就, 非君子之所尙也"라 하였고,〈正義〉에 "‘剝, 剝也’者, 釋剝卦名. 爲剝不知何以稱剝, 故釋云‘剝者, 解剝之義’, 是陰長解剝於陽也. ‘柔變剛’者, 釋所以此卦名剝之意也. ‘不利有攸往, 小人長’者, 此釋‘不利有攸往’之義, 以小人道長, 世旣闇亂, 何由可進往, 則遇災. 故‘不利有攸往’也. ‘順而止之, 觀象’者, 明在剝之時, 世旣无道, 君子行之, 不敢顯其剛直, 但以柔順止約其上, 唯望君上形象, 量其顏色而止也. ‘君子尙消息盈虛, 天行’者, 解所以在剝之時, 順而止之, 觀其顏色形象者, 須量時制變, 隨物而動, 君子通達物理, 貴尙消息盈虛, 道消之時, 行消道也. 道息之時, 行息道也; 在盈之時, 行盈道也; 在虛之時, 行虛道也. 若値消虛之時, 存身避害, 危行言遜也; 若値盈息之時, 極言正諫, 建事立功也. ‘天行’, 謂逐時消息盈虛, 乃天道之所行也. 春夏始生之時, 天氣盛大; 秋冬嚴毅之時, 天氣消減. 故云‘天行’也. ‘非君子之所尙’者, 不逐時消息盈虛, 於无道之時, 剛亢激拂, 觸忤以隕身, 身旣傾隕, 功又不就, 非君子之所尙也.《集解》에 "虞翻曰:「乾爲君子, 乾息爲盈, 坤消爲虛, 故‘君子尙消息盈虛, 天行也’, 則出入無疾, 反復其道, 易虧巽消艮, 出震息兌, 盈乾虛坤, 故於是見之耳.」"라 함.《傳》에 "君子當剝之時, 知不可有所往, 順時而止, 乃能觀剝之象也. 卦有順止之象, 乃處剝之

道, 君子當觀而體之, 君子尙消息盈虛, 天行也. 君子存心, 消息盈虛之理, 而能順之, 乃合乎天行也. 理有消衰·有息長·有盈滿·有虛損, 順之則吉, 逆之則凶. 君子隨時敦尙所以事天也"라 하였고, 《本義》에 "以卦體卦德釋卦辭"라 함.

★【山附於地, 剝】'山附於地'는 上卦(艮, 山)가 下卦(坤, 地)에 붙어 있음. 대지 위에 산이 있는 형상이 剝卦임을 말한 것. 《集解》에 "陸績曰: 「艮爲山, 坤爲地. '山附於地', 謂高附於卑, 貴附於賤, 君不能制臣也.」"라 함.

【上以厚下安宅】'上'은 지도자, 위정자, 통치자. '下'는 百姓. '安宅'은 자신이 처하고 있는 위치를 안전하게 함. 산이 자꾸 깎여 아래로 무너지는 현상을 보고, 지도자는 기초를 튼튼히 다져야 함을 말함. 王弼 注에 "'厚下'者, 牀不見剝也; '安宅'者, 物不失處也. 厚下安宅, 治剝之道也"라 하였고, 〈正義〉에 "'山附於地, 剝'者, 山本高峻, 今附於地, 卽是剝落之象. 故云'山附於地, 剝'也. '上以厚下安宅'者, 剝之爲義, 從下而起, 故在上之人, 當須豐厚於下安, 物之居以防於剝也"라 함. 《集解》에 "虞翻曰: 「上, 君也; 宅, 居也. 山高絶於地, 今附地者, 明被剝矣. 屬地時也, 君當厚錫於下賢, 當卑降於愚, 然後得安其居.」"라 함. 《傳》에 "艮重於坤, 山附於地也. 山高起於地, 而反附著於地坥, 剝之象也. 上謂人君, 與居人上者. 觀剝之象, 而厚固其下, 以安其居也. 下者, 上之本, 未有基本固, 而能剝者也. 故上(一作山)之剝, 必自下, 下剝則上危矣. 爲人上者, 知理之如是, 則安養人民, 以厚其本, 乃所以安其居也. 《書》(夏書〈五子之歌〉)曰: 『民惟邦本, 本固邦寧.』"이라 함.

# (3) 爻辭와 象辭

初六: 剝牀以足, 蔑貞, 凶.
☆象曰: 「剝牀以足」, 以滅下也.

〈언해〉 初六(초륙)은, 牀(상)을 剝(박)호이 足(죡)을 써 홈이니, 貞(뎡)을 蔑(멸)홈이라 凶(흉)토다.[《本義》: 貞(뎡)을 蔑(멸)ᄒ면 凶(흉)ᄒ리라]
　　☆象(샹)애 굴오디 「剝牀以足」은 써 下(하)애 滅(멸)홈이라.
〈해석〉 [初六](--): 침상을 깎아 먹는 데는 그 다리부터 시작한다. 곧고 바른 마음이 없으면 나쁘다.
　　☆象: "침상을 깎아 먹는데 아래부터 시작한다"함은, 아래서부터 먹어 올라간다는 것이다.

【初六】이는 전괘와 하괘(坤, 地, 柔, 陰)의 시작이며 陰爻로, 位不當하며 柔弱함. 그럼에도 剝의 本領대로 剝蝕하고자 함.

【剝牀以足】'牀'은 '床'과 같음. 寢牀, 寢臺. 혹은 床. 다리가 있는 家具. 다리부터 갉아 훼멸시킴. '足'은 이 효가 가장 아래에 있으며 기초가 됨을 비유함.

【蔑貞, 凶】'蔑'은 '없애다'(滅)의 뜻으로 同音通假. '無', '抹' 등의 뜻으로도 통하며 雙聲互訓. '蔑貞'은 바른 도리를 毀滅시킴. 王弼은 "蔑, 猶削也"라 하였고, 공영달은 "蔑, 削也"라 함. 혹 '蔑'은 '夢'(雙聲)으로 보아 꿈을 풀이한 貞辭라고도 함. 《穀梁傳》 昭公 20년 〈釋文〉에 "夢, 本作或蔑"이라 함. ○高亨도 "蔑疑當讀爲夢, 古字通用. …… '蔑 貞', 猶言占夢矣. 古人病而後設牀. …… '剝牀以足', 病痛之象. 筮遇此爻, 占夢則凶, 故曰 「剝牀以足, 蔑貞, 凶」"이라 함. 王弼 注에 "牀者, 人之所以安也. '剝牀以足', 猶云剝牀之 足也. 蔑, 猶削也. 剝牀之足, 滅下之道也. 下道始滅, 剛隕柔長, 則正削而凶來也"라 하였 고, 〈正義〉에 "剝牀以足'者, 牀者, 人之所以安處也. 在剝之初, 剝道從下而起, 剝牀之 足, 言牀足已剝, 下道始滅也. '蔑貞, 凶'者, 蔑, 削也; 貞, 正也. 下道旣蔑, 則以侵削其 貞正, 所以凶也"라 함. 《集解》에 "虞翻曰:「此卦坤變乾也. 動初成巽, 巽木爲牀, 復震在 下爲足, 故'剝牀以足, 蔑无貞正'也. 失位无應, 故'蔑貞, 凶', 震在陰下, 〈象〉曰'以滅下' 也.」"라 함. 《傳》에 "陰之剝陽, 自下而上, 以牀爲象者, 取身之所處也. 自下而剝, 漸至於 身也. 剝牀以足, 剝牀之足也. 剝始自下, 故爲剝足. 陰自下進, 漸消蔑於(一无於字)貞正, 凶之道也. 蔑, 无也, 謂消亡於正道也(一作'消亡正道也', 一作'消亡於正道'). 陰剝陽·柔 變剛, 是邪侵正, 小人消君子, 其凶可知"라 하였고, 《本義》에 "剝自下起, 滅正則凶, 故其 占如此. 蔑, 滅也"라 함.

☆【「剝牀以足」, 以滅下也】'下'는 전괘의 卦象에서 가장 아래임을 뜻함. 〈正義〉에 "〈象〉曰'以滅下'者, 釋'剝牀以足'之義. 牀在人下足, 又在牀下. 今剝牀之足, 是盡滅於下 也"라 함. 《集解》에 "虞翻曰:「蔑, 滅也. 坤所以載物, 牀所以安人. 在下故稱足, 先從下 剝, 漸及於上, 則君政崩滅, 故曰'以滅下'也.」"라 함. 《傳》에 "取牀足爲象者, 以陰侵沒陽 於下也. 滅, 沒也. 侵滅正道, 自下而上也"라 함.

六二: 剝牀以辨, 蔑貞, 凶.
☆象曰:「剝牀以辨」, 未有與也.

〈언해〉 六二(륙이)는, 牀(상)을 剝(박)호디 辨(변)을 뻐 홈이니 貞(뎡)을 蔑(멸)홈이라.
凶(흉)토다.[《本義》: 貞(뎡)을 蔑(멸)ᄒ면]
☆象(상)애 굴오디 「剝牀以辨」은 與(여)ㅣ 잇디 아닐 시라.

〈해석〉 [六二](--): 침상을 갉아 먹는 데는 그 허리에서부터 시작한다. 곧고 바른 마음이
없으면 나쁠 것이다.
☆象: "상을 허리서부터 갉아 먹는다"함은, 아직 의견을 같이 나눌 동무가 없기
때문이다.


【六二】 이는 하괘의 중앙이며 陰爻로 位正當함. 아울러 짝이 되는 六五 역시 음효
로써 음의 强盛한 활동을 비유함.

【剝牀以辨】 '辨'은 침대의 허리. 침대의 판자. 王引之는 "辨, 當讀爲踾"이라 하였고,
○高亨은 "辨, 讀爲牑, 床板也"라 함. 그러나 다리와 床板이 연결된 부분이라고도 함.
〈音義〉에는 "辨, 牀簀也"라 하여 대나무로 엮은 자리라 함.

【蔑貞, 凶】 ○高亨은 "辨借字, 髕本字. 剝牀以髕, 亦病痛之象. 筮遇此爻, 占夢亦凶.
故曰「剝象以辨, 蔑貞, 凶」"이라 함. 王弼 注에 "蔑, 猶甚極之辭也; 辨者, 足之上也. 剝道浸
長, 故剝其辨也. 稍近於牀, 轉欲滅物之所處, 長柔而削正, 以斯爲德物所棄也"라 하였고,
〈正義〉에 "'剝牀以辨'者, '辨', 謂牀身之下, 牀足之上. 足與牀身, 分辨之處也. 今剝落浸上,
乃至於辨, 是漸近人身, 故云'剝牀以辨'也. '蔑貞, 凶'者, 蔑, 削也. 削除中正之道, 故凶也.
初六'蔑貞', 但小削而已. 六二'蔑貞', 是削之甚極, 故更云'蔑貞, 凶'也. '蔑, 猶甚極之辭'者,
初旣稱蔑, 二又稱蔑, 蔑上復蔑, 此爲蔑甚極, 故云蔑猶甚極之辭也. 蔑謂微蔑, 物之見削,
則微蔑也. 故以蔑爲削, 稍近於牀, 轉欲蔑物之處者, 物之所處謂牀也. 今剝道旣至於辨, 在
牀體下畔之間, 是將欲滅牀, 故云轉欲滅物之所處也"라 함. 《集解》에 "虞翻曰:「指間稱辨
剝, 剝二成艮, 艮爲指二, 在指間, 故'剝牀以辨'. 无應在剝, 故'蔑貞, 凶」也."라 함. 《傳》에
"辨, 分; 隔上下者, 牀之幹也. 陰漸進而上, 剝至於辨, 愈蔑於正也. 凶益甚矣"라 하였고,
《本義》에 "辨, 牀幹也. 進而上矣"라 함.

☆【「剝牀以辨」, 未有與也】 '與'는 許與, 參與, 同與의 뜻. 자신의 뜻을 함께 하여 同
助해주는 補佐를 비유함. 자신에게 동조하는 자가 없음. 〈正義〉에 "長此陰柔, 削其正
道, 以此爲德, 則物之所棄. 故〈象〉云'未有與'也. 言無人與助之也"라 함. 《集解》에 "鄭玄

曰:「足上稱辨, 謂近膝之下. 屈則相近; 申則相遠, 故謂之辨. 辨, 分也.」○崔憬曰:「今以牀言之, 則辨當在第足之間, 是牀桄也. '未有與'者, 言至三則應, 故二'未有'也.」라 함. 《傳》에 "陰之侵剝於(一作剛)陽, 得以並盛至於剝辨者, 以陽未有應與故也. 小人侵剝君子, 若君子有與, 則可以勝, 小人不能爲害矣. 唯其无與, 所以被蔑而凶. 當消剝之時, 而无徒與, 豈能自存也? 言未有與, 剝之未盛, 有與猶可勝也. 示人之意, 深矣"라 하였고, 《本義》에 "言未大盛"이라 함.

# 六三: 剝之, 无咎.
## ☆象曰:「剝之, 无咎」, 失上下也.

〈언해〉 六三(륙삼)은, 剝(박)애 咎(구) ㅣ 업스니라.

　　☆象(샹)애 굴오디 「剝之, 无咎」는 上下(샹하)와 失(실)홀 시라.

〈해석〉 [六三](--): 좀벌레가 상을 갉아 먹는다 해도 괜찮을 것이다.

　　☆象: "상을 갉아 먹어도 허물이 없다"함은, 상하를 잃었기 때문이다.

　【六三】 이는 하괘의 가장 위이며 음효로 位不當함. 그러나 상배한 上九가 陽爻로서 陰陽이 互應함. 이에 따라 剝蝕을 저지로고 있으나 허물은 없음.

　【剝之, 无咎】 구체적으로 어느 부위인지는 밝히지 않았으나, 剝蝕의 본령을 그대로 실천함. ○高亨은 "剝之者, 其剝不指定誰何也. 筮遇此爻, 有所剝擊, 無可咎, 故曰「剝之, 無咎」"라 함. 나라의 영토와 백성을 갉아 먹음. 王弼 注에 "與上爲應, 羣陰剝陽, 我獨協焉. 雖處於剝, 可以无咎"라 하였고, 〈正義〉에 "六三與上九爲應, 雖在剝陽之時, 獨能與陽相應, 雖失位處, 剝而无咎也"라 함. 《傳》에 "衆陰剝陽之時, 而三獨居剛, 應剛與上下之陰, 異矣. 志從於正, 在剝之時, 爲无咎者也. 三之爲可謂善矣. 不言吉, 何也? 曰方羣陰剝陽, 衆小人害君子, 三雖從正, 其勢孤弱, 所應在无位之地, 於斯時也, 難乎免矣, 安得吉也? 其義爲无咎耳. 言其无咎, 所以勸也"라 하였고, 《本義》에 "衆陰方剝陽而已, 獨應之. 去其黨而從正, 无咎之道也. 占者如是, 則得无咎"라 함.

　☆【「剝之, 无咎」, 失上下也】 '失上下'의 주체는 爲政者(權力者, 統治者)이며, 그가 상하의 민심을 모두 잃어 이 六三을 제압할 수 없음. 〈諺解〉에 "上下와 失하기 때문"이라 하여, 통치자가 상하와 관계(믿음)를 잃었기 때문이라 하였음. 이 효는 상괘의 六四와 하괘의 六二를 離脫하여 오직 上九와만 짝을 이루기 때문임을 말함. 〈正義〉에 "〈象〉曰

‘失上下’者, 釋所以无咎之義. 上下羣陰, 皆悉剝陽也. 己獨能違失上下之情, 而往應之, 所以无咎也"라 함.《集解》에 "荀爽曰:「衆皆剝陽, 三獨應上, 无剝害意, 是以无咎. 故曰‘失上下’也.」"라 함.《傳》에 "三居剝而无咎者, 其所處與上下諸陰不同, 是與其同類, 相失於處剝之道, 爲无咎. 如東漢之呂強, 是也"라 하였고,《本義》에 "上下謂四陰"이라 함.


## 六四: 剝牀以膚, 凶.
## ☆象曰:「剝牀以膚」, 切近災也.

〈언해〉 六四(륙사)는, 牀(상)을 剝(박)ᄒᆞ야 膚(부)에 뼈 홈이니 凶(흉)ᄒᆞ니라.
　　　☆象(샹)애 ᄀᆞᆯ오디「剝牀以膚」는 災(ᄌᆡ)예 切近(졀근)홈이라.
〈해석〉 [六四](--): 침상을 갉아 먹되 껍질로부터 시작한다.
　　　☆象: "상을 피부에서부터 갉아 먹는다"함은, 재앙이 절박했음을 말하는 것이다.


　　【六四】 이는 상괘(艮, 山)의 시작이며 陰爻로 位正當함. 역시 계속 이어온 음효들의 剝蝕活動을 旺盛하게 추진하고 있음. 아울러 이미 아래 세 음효가 모두 剝蝕되어 철저하게 파괴된 상태에서 다시 上卦를 갉아 들어감을 뜻함.

　　【剝牀以膚, 凶】 '膚'는 껍질. 皮膚. 簠와 같음. 침상 위에 깐 자리. ○高亨은 "膚, 席也"라 함. 그러나〈京本〉에는 '簠'로 되어 있으며 髆의 假借가 아닌가 함. ○高亨은 "膚·簠, 古音相近而通用. 疑並借爲髆. 簠髆同聲系, 古亦通用.《說文》:「髆, 肩甲也.」擊牀以肩甲, 亦病痛之象, 故曰「剝牀以膚, 凶」"이라 함. 王弼 注에 "初二剝牀, 民所以安, 未剝其身也. 至四剝道浸長, 牀旣剝盡, 以及人身, 小人遂盛, 物將失身, 豈唯削正靡所不凶?"라 하였고,〈正義〉에 "'剝牀以膚'者, 四道浸長, 剝牀已盡, 乃至人之膚體, 物皆失身, 所以凶也"라 함.《集解》에 "虞翻曰:「辨上稱膚, 艮爲膚以陰變陽, 至四乾毀, 故‘剝牀以膚’. 臣弑君, 子弑父, 故凶矣.」○王肅曰:「在下而安人者, 牀也; 在上而處牀者, 人也. 坤以象牀, 艮以象人, 牀剝盡以及人身, 爲敗滋深, 害莫甚焉. 故曰‘剝牀以膚, 凶’也.」"라 함.《傳》에 "始剝於牀足, 漸至於膚, 膚身之外也. 將滅其身矣, 其凶可知. 陰長已盛, 陽剝已甚, 貞道已消, 故更不言蔑貞, 直言'凶'也"라 하였고,《本義》에 "陰禍切身, 故不復言蔑貞, 而直言'凶'也"라 함.

　　☆【剝牀以膚, 切近災也】 '切近災'는 災殃에 逼進하게 接近함.〈正義〉에 "〈象〉曰‘切近災'者, 其災已至, 故云'切近災'也"라 함.《集解》에 "崔憬曰:「牀之膚, 謂薦席, 若獸之

有皮毛也. 牀以剝盡, 次及其膚, 剝以大臣之象, 言近身與君也.」라 함.《傳》에 "五爲君位, 剝己及四, 在人則剝其膚矣. 剝及其膚, 身垂於亡矣. 切近於災禍也"라 함.


# 六五: 貫魚以宮人寵, 无不利.
# ☆象曰:「以宮人寵」, 終无尤也.

〈언해〉 六五(륙오)는, 魚(어)를 貫(관)ᄒᆞ야 宮人(궁인)의 寵(통)으로ᄡᅥ ᄒᆞ면, 利(리)티
　　　아님이 업스리라.[《本義》: 宮人(궁인)의 寵(통)으로 홈이니]
　　　☆象(샹)애 ᄀᆞᆯ오ᄃᆡ「以宮人寵」은 ᄆᆞᄎᆞᆷ내 尤(우)ㅣ 업스리라.
〈해석〉 [六五](--): 물고기를 잡아 꿰어 宮人들의 사랑으로써 하면, 이롭지 않음이 없을
　　　것이다.(궁인들의 총애로써 함이니)
　　　☆象: "宮人들에게 사랑을 받는다"함은, 마침내 허물이 없다는 것이다.


　　【六五】 이는 帝王의 자리이며 全卦의 主爻. 陰爻로 位不當하며 모든 剝蝕活動을 指
揮하고 있음.
　　【貫魚以宮人寵, 无不利】 '貫魚'는 물고기를 꿰임.《廣雅》에 "貫, 穿也"라 함. '차례대
로, 순서를 넘어설 수 없음'의 뜻. ○高亨은 "廣雅釋言:「貫, 穿也.」以繩穿物曰貫. 貫
魚, 卽以繩穿魚, 此必並頭相次, 不得相越. 以, 用也. 宮人, 宮中妃妾之屬也. 君使用宮
人如貫魚, 輪流當夕, 則宮人無怨言, 雖寵之亦無不利, 故曰「貫魚以宮人寵, 无不利」"라
함. 이제까지의 다섯 陰爻가 차례대로 줄을 서 있음을 두고 말한 것임. '宮人'은 後宮
들. 후궁들이 밤이 되면 차례대로 사랑을 받아 군주(上九)를 모심. 王弼 注에 "處剝之
時, 居尊得位, 爲剝之主者也. 剝之爲害, 小人得寵, 以消君子者也. 若能施寵小人, 似宮
人而已. 不害於正, 則所寵雖衆, 終无尤也. '貫魚', 謂此衆陰也. 駢頭相次, 似貫魚也"라
하였고, 〈正義〉에 "貫魚以宮人寵者, 處得尊位, 爲剝之主. 剝之爲害, 小人得寵, 以消
君子. '貫魚'者, 謂衆陰也, 駢頭相次, 似若貫穿之魚"라 함.《集解》에 "虞翻曰:「剝消觀
五, 巽爲魚. 爲繩艮, 手持繩, 貫巽, 故'貫魚'也. 艮爲宮室人, 謂乾五以陰代陽, 五貫乾爲
寵人, 陰得麗之, 故以宮人寵. 動得正成觀, 故无不利也.」○何妥曰:「夫剝之爲卦, 下比
五陰, 駢頭相次, 似貫魚也. 魚爲陰物, 以喩衆陰也. 夫宮人者, 后夫人嬪妾, 各有次序,
不相瀆亂. 此則貴賤有章, 寵御有序, 六五旣爲衆陰之主, 能有貫魚之次第, 故得无不利
矣.」"라 함.《傳》에 "剝及君位, 剝之極也. 其凶可知, 故更不言剝, 而別設義, 以開小人

遷善之門. 五, 羣陰之主也; 魚, 陰物, 故以爲象. 五能使羣陰, 順序如貫魚. 然反獲寵愛, 於在上之陽, 如宮人則無所不利也. 宮人, 宮中之人妻妾侍使也. 以陰言, 且取獲寵(一作親)愛之義, 以一陽在上, 衆陰有順從之道, 故發此義"라 하였고, 《本義》에 "魚, 陰物; 宮人, 陰之美而受制於陽者也. 五爲衆陰之長, 當率其類, 受制於陽, 故有此象, 而占者如是, 則无不利也"라 함.

☆【"以宮人寵", 終无尤也】'終無尤'는 偏愛하지도 않으며 순서도 잘 지킴으로 해서 끝내 怨尤하는 이들이 없음. '尤'는 怨尤, 혹 過失. 〈正義〉에 "此六五若能處待衆陰, 但以宮人之寵相似, 宮人被寵, 不害正事, 則終无尤過, 无所不利, 故云'无不利'. 故〈象〉云'終无尤'也"라 함. 《集解》에 "崔憬曰:「魚與宮人, 皆陰類, 以比小人焉. 魚大小一貫, 若后夫人嬪婦御女, 小大雖殊, 寵御則一, 故'終无尤'也.」"라 함. 《傳》에 "羣陰消(一无消字)剝, 於(一无於字)陽以至於極, 六五若能長率羣陰, 駢首順序, 反獲寵愛於陽, 則終无過尤也. 於剝之將終, 復發此義, 聖人勸遷善之意, 深切之至也"라 함.


## 上九: 碩果不食, 君子得輿, 小人剝廬.
## ☆象曰:「君子得輿」, 民所載也;「小人剝廬」, 終不可用也.

〈언해〉上九(샹구)는, 碩(셕)훈 果(과)ㅣ 食(식)히이디 아님이니 君子(군ᄌ)는 輿(여)를 得(득)ᄒ고 小人(쇼인)은 廬(려)를 剝(박)ᄒ리라.

☆象(샹)애 줄오디「君子得輿」는 民(민)의 載(지)훈 배오,「小人剝廬」는 ᄆ촘내 可(가)히 用(용)티 몯홈이라.

〈해석〉[上九](-): 큰 과일이 먹히지 않는다. 군자는 수레를 얻고, 小人은 지붕마저 헐린다.

☆象: "군자가 수레를 얻는다"함은, 백성들에게 추대된다는 것이요, "소인이 집을 헐린다"함은, 끝내 쓰이지 못한다는 것이다.


【上九】이는 全卦의 가장 윗자리이며 유일한 陽爻. 아울러 산 頂上의 剛한 陽으로 小人들의 剝蝕을 견뎌내어 추대를 받게 될 위치임. 陽剛의 復興에 유일한 희망이 됨.

【碩果不食, 君子得輿, 小人剝廬】'碩果'는 큰 열매. 上九 홀로 陽爻임을 뜻함. '不食'은 不蝕과 같음. 먹히지 않음. 侵蝕(剝蝕)을 당하지 않음. '輿'는 수레. 가마. '廬'는 집. 초가. '剝廬'는 草廬를 허물어버림. ○高亨은 "言君子有所得, 小人有所失, 君子吉, 小人

凶也"라 함. 그러나 〈正義〉에는 '군자가 위에 있으면 백성들이 수레를 편안히 타듯 안전하며, 소인이 그 자리를 차지하고 있을 경우 백성들은 초려조차 파괴를 당하고 만다'라 하였음. ○高亨은 "「碩果不食」, 喩貨利在前而不取也. 君子不取貨利, 則其德日廣. 小人不取貨利, 則其生日窘. 其務亦異, 故曰「碩果不食, 君子得輿, 小人剝廬」. 言君子有所得, 小人有所失, 君子吉, 小人凶也"라 함. 王弼 注에 "處卦之終, 獨全不落, 故果至于碩而不見食也. 君子居之, 則爲民覆蔭; 小人用之, 則剝下所庇也"라 하였고, 〈正義〉에 "碩果不食'者, 處卦之終, 獨得完全, 不被剝落, 猶如碩大之果, 不爲人食也. '君子得輿'者, 若君子而居此位, 能覆蔭於下, 使得全安, 是君子居之, 則得車輿也; 若小人居之, 下无庇蔭, 在下之人, 被剝徹廬舍也"라 함. 《集解》에 "虞翻曰:「艮爲碩果, 謂三已復位, 有頤象. 頤中无物, 故不食也. 夬乾爲君子爲德, 坤爲車爲民, 乾在坤, 故以德爲車; 小人謂坤, 艮爲廬, 上變滅艮, 坤陰迷亂, 故'小人剝廬'也.」"라 함. 《傳》에 "諸陽消剝, 已盡獨有. 上九一爻尙, 存如碩大之果, 不見食, 將見復生之理. 上九亦(一作一一作已)變, 則純陰矣. 然陽无可盡之理, 變於上, 則生於下, 无間可容息也. 聖人發明此理, 以見陽與君子之道, 不可亡也. 或:「曰剝盡, 則爲純. 坤豈復有陽乎?」曰:「以卦配月, 則坤當十月. 以氣消息, 言則陽剝(一有盡字)爲坤, 陽(一有復字)來爲復(一有然字), 陽未嘗盡也. 剝盡於上, 則復生於下矣. 故十月謂之陽月, 恐疑其无陽也. 陰亦然, 聖人不言耳. 陰道盛極之時, 其亂可知. 亂極則自當思治, 故衆心願載於君子. '君子得輿也', 《詩》匪風〈下泉〉所以居變風之終也. 理既如是, 在卦亦衆陰, 宗陽爲共載之象; '小人剝廬', 若小人, 則當剝之極, 剝其廬矣. 无所容其身也. 更不論爻之陰陽, 但言小人處剝極, 則及其廬矣. 廬取在上之象.」或曰:「陰陽之消(一作交), 必待盡而後, 復生於下, 此在上便有復生之義, 何也? 〈夬〉之上六, 何以言終有凶?」曰:「上九居剝之極, 止有一陽, 陽无可盡之理, 故明其有復生之義. 見君子之道, 不可亡也. 〈夬〉者, 陽消陰, 陰小人之道也. 故但言其消亡耳. 何用更言, 却有復生之理乎!」"라 하였고, 《本義》에 "一陽在上, 剝未盡而能復生. 君子在上, 則爲衆陰所載; 小人居之, 則剝極於上. 自失所覆而无復碩果·得輿之象矣. 取象既明, 而君子·小人, 其占不同聖人之情, 益可見矣"라 함.

☆【「君子得輿」, 民所載也】 '民所載'는 백성들이 그를 수레(가마)에 실어줌. 즉 推戴해줌. '載'는 '戴'와 疊韻互訓.

【「小人剝廬」, 終不可用也】 '不可用'은 그들 소인은 가히 登用할 수 없음. 끝에는 결국 소인은 任用하지 않음을 뜻함. 〈正義〉에 "〈象〉曰'君子得輿民所載'者, 釋得輿之義. 若君子居處此位, 養育其民, 民所仰載也; '小人剝廬, 終不可用'者, 言小人處此位爲君, 剝徹民之廬舍. 此小人終不可用爲君也"라 함. 《集解》에 "侯果曰:「艮爲果爲廬, 坤爲輿. 處

剝之上, 有剛直之德, 羣小人, 不能傷害也. 故果至碩大, 不被剝食矣. 君子居此, 萬姓賴安, 若得乘其車輿也; 小人處之, 則庶方无控, 被剝其廬舍, 故曰'剝廬, 終不可用'矣.」라 함. 《傳》에 "正道消剝旣極, 則人復思治, 故陽剛君子爲民所承載也. 若小人處剝之極, 則小人之窮耳. '終不可用也', 非謂九爲小人, 但言剝極之時, 小人如是也"라 함.

# 024 복復

䷗ 地雷復: ▶震下坤上(☳下☷上)

*復(복): 〈音義〉에 "復, 音服. 反也"라 하여 '복(fù)'으로 읽음. '反'(쌍성)의 의미로 '復'은 反復, 回復, 還元, 復歸의 뜻임. 全卦에서 初九만 양효일 뿐 나머지 다섯은 모두 음효로, 陽動의 氣를 펼 수 없으므로 陰의 本領으로 복귀하여 때를 기다려야 함에도 섣불리 나섰다가 자칫 화를 자초하게 될 것임을 경계한 것임. 《說文》에 "復, 往來也"라 함. 하괘는 震(雷, 陽, 動)이며 상괘는 坤(地, 陰, 順)으로, 땅 아래 우레가 치는 異卦相疊의 '地雷' 괘체임. 이는 閉蟄의 凝凍에서 점차 陰氣가 消退하고 陽剛이 회복되어 감을 뜻하며, 천지의 生生不已의 법칙을 이해하고, 오직 정도를 지켜 끊임없이 仁을 향해 가되 歧路를 만났을 때 迷惑함에 빠지지 않을 것을 권면한 것임. 따라서 이 괘는 冬至 때 만물의 沈潛(蟄伏)을 비유하기도 함.

*《集解》에 "〈序卦〉曰: 「物不可以終盡剝, 窮上反下, 故受之以'復'也.」"(崔憬曰: 「夫易窮則有變, 物極則反於初, 故剝之爲道, 不可終盡, 而受之於'復'也.」)"라 함

*《傳》에 "'復', 〈序卦〉:「物不可以終盡剝, 窮上反下, 故受之以'復'.」物无剝盡之理, 故剝. 極則復來(一无來字), 陰極則陽生, 陽剝極於上, 而復生於下, 窮上而反下也. 復, 所以次剝也. 爲卦一陽生於五陰之下, 陰極而陽復也. 歲十月, 陰盛旣極, 冬至則一陽復生於地中, 故爲復也. 陽, 君子之道; 陽消極而復, 反君子之道, 消極而復長也. 故爲反善之義"라 함.

## (1) 卦辭

復: 亨. 出入无疾, 朋來无咎. 反復其道, 七日來復. 利有攸往.

〈언해〉 復(복)은 亨(형)ᄒ야 出入(츌입)홈매 疾(질)ᄒ 리 업서, 朋(븅)이 來(리)ᄒ여아, 咎(구)ㅣ 업스리라.[《本義》: 復(복)은 亨(형)ᄒ니, 出入(츌입)홈에 疾(질)ᄒ 리 업스며, 朋(븅)이 來(리)홈애 咎(구)ㅣ 업스니라]

그 道(도)ㅣ 反復(반복)ᄒ야, 七日(칠일)애 來(리)ᄒ야 復(복)ᄒ니, 徃(왕)홀 빠롤

두미 利(리)ᄒ니라.[《本義》: 來(리)ᄒ야 復(복)ᄒ고]

〈해석〉 복(復, 복괘)은 형통하여, 출입하여도 병이 없고, 벗이 와도 허물이 없으리라.
(복괘는 형통하니, 출입함에 질환이 없으며, 벗이 옴에 허물이 없다.)
그 도(道)를 반복하여 이레만에 되돌아 회복하니,(와서 복귀하고) 갈 곳을 두고
있음이 이로우니라.


【復】卦名이며, 되돌아 옴. 陰(凝凍)으로 복귀함. 《集解》에 “何妥曰:「復者, 歸本之名.
羣陰剝陽, 至於幾盡, 一陽來下, 故稱‘反復’. 陽氣復反, 而得交通, 故云‘復, 亨’也.」”라 함.
【亨. 出入无疾, 朋來无咎】‘亨’에 대해 ○高亨은 “亨, 卽享字. 古人擧行享祀, 曾筮遇此
卦, 故記之曰「亨」”이라 함. 〈正義〉에 “‘復亨’者, 陽氣反復而得亨通, 故云‘復亨’也”라 함.
‘无疾’은 疾患이나 疾病이 없음. ○高亨은 “筮遇此卦, 或出或入, 皆無疾病, 故曰「出入無
疾」”이라 함. 王弼 注에 “入則爲反, 出則剛長, 故无疾. 疾, 猶病也”라 하였고, 〈正義〉에
“‘出入无疾’者, 出則剛長, 入則陽反, 理會其時, 故无疾病也”라 함. ‘朋’은 朋友, 벗. 全卦에
서 홀로 陽이므로 다른 陰爻들이 그를 친구로 삼고자 다가옴. 그러나 朋貝, 즉 貨幣,
錢幣, 돈이라고도 함. 따라서 ‘朋來’는 ‘친구가 찾아오다’, 혹 ‘돈으로 해결하다’ 등 두
가지 뜻으로 풀이함. ○高亨은 “有朋友來, 可无咎, 故又曰「朋來无咎」”라 함. 王弼 注에
“朋, 謂陽也”라 하였고, 〈正義〉에 “‘朋來无咎’者, 朋, 謂陽也. 反復衆陽, 朋聚而來, 則无咎
也. 若非陽衆來, 則有咎. 以其衆陽之來, 故无咎也”라 함. 《集解》에 “虞翻曰:「謂出震成
乾, 入巽成坤, 坎爲疾, 十二消息, 不見坎象, 故出入无疾. 兌爲朋, 在內稱來, 五陰從初,
初陽正息而成兌, 故‘朋來, 无咎’矣.」”라 함. 《傳》에 “‘復, 亨’, 旣復則亨矣. 陽氣復生於下,
漸亨盛而生育萬物, 君子之道, 旣復則漸以亨通, 澤於天下, 故復則有亨, 盛之理也. ‘出入
无疾’, 出入, 謂生長復生於內入也; 長進於外出也. 先云‘出’, 語順耳, 陽生非自外也. 來於
內, 故謂之‘入’. 物之始生, 其氣至微, 故多屯艱; 陽之始生, 其氣至微, 故多摧折. 春陽之發,
爲陰寒所折, 觀草木於朝暮, 則可見矣. ‘出入无疾’, 謂微陽生長, 无害之者也. 旣无害之,
而其類漸進而來, 則將亨盛, 故无咎也. 所謂咎在氣, 則爲差忒. 在君子(一有之道字), 則爲
抑塞. 不得盡其理, 陽之當復, 雖使有疾之, 固不能止其復也. 但爲阻礙耳, 而卦之才, 有无
疾之義, 乃復道之善也. 一陽始生至微, 固未能勝羣陰, 而發生萬物, 必待諸陽之來, 然後能
成生物之功, 而无差忒, 以朋來而无咎也. 三陽, 子丑寅之氣, 生成萬物, 衆陽之功也. 若君
子之道, 旣消而復, 豈能便勝於小人? 必待其朋類漸盛, 則能協力以勝之也”라 함.
【反復其道, 七日來復】‘反復其道’는 그 가던 길에서 다시 되돌아 옴. ‘七日來復’은
이레 만에 다시 되돌아오게 됨. ‘七’은 天時循環의 週期. 陰陽은 7개월째가 되면 바뀌며,

《易》에서도 제 6爻가 지나 7爻는 새로운 괘의 첫 爻가 됨을 말함. 宋祚胤은 "從復卦出發, 通過一度循環, 又回到復卦初九, 恰好是經歷了七個爻位, 這就是七日來復"이라 함. 王引 之는 "〈震〉之六二曰:「震來厲, 億喪貝, 躋于九陵, 勿逐, 七日得.」〈旣濟〉之六二曰:「婦喪 其茀, 勿逐, 七日得.」喪而後得, 皆以七日爲期, 蓋日之數十, 五日而得其半, 不及半則稱三 日, 過半則稱七日, 欲明失而復得, 多不至十日, 則云七日得. 此卦之'七日來復', 亦猶是也. 占者得此, 則凡已去者可以來復, 至多不過七日, 故云'七日來復'. 七日者, 人事之遲速也" 라 하였고, ○高亨은 "亨按: 此說甚趫. 古人常占問行人返期, 筮遇此卦, 七日可返, 故曰 「反復其道, 七日來復」. 道乃道路之道也"라 함. 王弼 注에 "陽氣始剝盡, 至來復時, 凡七 日"이라 하였고, 〈正義〉에 "'反復其道, 七日來復'者, 欲速反之, 與復而得其道, 不可過遠, 唯七日, 則來復, 乃合於道也"라 함. 《集解》에 "案:《易》: 軌一歲十二月三百六十五日四分 日之一, 以坎震離兌, 四方正卦. 卦別六爻, 爻生一氣, 其餘六十卦三百六十爻, 爻主一日, 當周天之數, 餘五日四分日之一, 以通閏餘者也. 〈剝〉卦陽氣盡於九月之終, 至十月末, 純 坤用事, 坤卦將盡, 則復陽來. 隔坤之一卦六爻, 爲六日復來, 成震一陽, 爻生爲七日, 故言 '反復其道, 七日來復', 是其義也. 天道玄邈, 理絶希慕, 先儒已論, 雖各指於日月, 後學尋 討, 猶未測其端倪, 今擧約文, 略陳梗槪, 以候來哲如積薪者也.」라 함.

【利有攸往】갈 바가 있음이 유리함. 지향하는 목표를 세우고 있음이 유리함. ○高 亨은 "又筮遇此卦, 有所往則利, 故又曰「利有攸往」"이라 함. 〈正義〉에 "'利有攸往'者, 以 陽氣方長往, 則小人道消, 故'利有攸往'也"라 함. 《集解》에 "虞翻曰:「陽息臨成乾, 小人 道消, 君子道長, 故'利有攸往'矣.」"라 함. 《傳》에 "謂消長之道, 反復迭至, 陽之消, 至七 日而來復, 姤陽之始消也. 七變而成復, 故云七日. 謂七, 更也. 〈臨〉云'八月有凶', 謂陽長 至於陰, 長歷八月也. 陽進則陰退, 君子道長, 則小人道消, 故'利有攸往'也"라 하였고, 《本義》에 "復陽, 復生於下也. 剝盡則爲純坤, 十月之卦, 而陽氣已生於下矣. 積之踰月, 然後一陽之體, 始成而來復, 故十有一月. 其卦爲復, 以其陽旣往而復反, 故有亨道. 又內 震外坤, 有陽動於下, 而以順上行之象, 故其占又爲己之出入, 旣得无疾. 朋類之來, 亦得 无咎. 又自五月, 〈姤〉卦一陰, 始生至此. 七爻而一陽來復, 乃天運之自然, 故其占又爲反 復其道. 至於七日, 當得來復, 又以剛德方長, 故其占又爲'利有攸往'也. 反復其道, 往而復 來, 來而復往之意. 七日者, 所占來復之期也"라 함.

## (2) 彖辭와 象辭

彖曰:「復, 亨」, 剛反. 動而以順行, 是以「出入无疾, 朋來无咎」.「反復其道, 七日來復」, 天行也;「利有攸往」, 剛長也. 復, 其見天地之心乎!

★象曰: 雷在地中, 復. 先王以至日閉關, 商旅不行, 后不省方.

〈언해〉彖(단)애 골오디 復(복)의 亨(형)홈믄 剛(강)이 反(반)홈이니,

動(동)ᄒ야 順(순)으로써 行(ᄒᆡᆼ)ᄒᆞᆫ 디라, 일로써 「出入无疾, 朋來无咎」ㅣ니라.

「反復其道, 七日來復」은 天(텬)의 行(ᄒᆡᆼ)이오,

「利有攸往」은 剛(강)이 長(댱)홀 시니,

復(복)애 그 天地(텬디)의 心(심)을 볼 인뎌!

★象(상)애 골오디 雷(뢰)이 地中(디듕)애 이시미 復(복)이니, 先王(션왕)이 以(이)ᄒ야 至日(지일)애 關(관)을 閉(폐)ᄒ야, 商旅(샹려)ㅣ 行(ᄒᆡᆼ)티 아니ᄒᆞ며, 后(후)ㅣ 方(방)을 省(셩)티 아니ᄒᆞ니라.

〈해석〉彖: 복괘가 형통하다는 것은 강한 양기가 되돌아오기 때문이다.

강이 움직여서 순리대로 행하니, 이 때문에 "출입에 질환이 없으며, 벗이 옴에 허물이 없다"는 것이다.

"그 길에서 이레 만에 되돌아온다'함은, 것은 천도의 운행이요,

"갈 곳을 정해두는 것이 이롭다"함은, 강한 양기가 자라기 때문이니,

복괘를 통해 천지의 마음(이치)을 알 수 있도다!

★象: 우레가 땅 속에 있는 것이 복괘의 괘상이니, 선왕께서는 이를 근거로 하여 동짓날에 관문을 닫아, 상인과 여행자가 다니지 아니하며, 임금이 사방을 순시하지 않는 것이니라.

【「復, 亨」】〈正義〉에 "'復, 亨'者, 以陽復則亨, 故以亨. 連復而釋之也"라 함. 《集解》에 "虞翻曰:「陽息坤與姤旁通, 剛反交初, 故亨.」"이라 함.

【剛反】'剛反'은 陽剛이 회복됨. 下卦(震)의 初九가 다시 上昇을 試圖함. 《集解》에 "虞翻曰:「剛從艮入, 坤從反震, 故曰'反動'. 坤順震行, 故而'以順行'. 陽不從上來反初, 故不言'剛自外來', 是以明不遠之復, 入坤出震義也.」"라 함. 《本義》에 "剛反, 則亨"이라 함.

【動而以順行, 是以「出入无疾, 朋來无咎」】'動而順行'은 하괘(震, 雷)는 움직이고 상괘(坤, 順)는 운행함. 상하 괘가 모두 자신의 임무대로 움직이고 있음. 王弼 注에 "入則爲反, 出則剛長, 故无疾. 疾, 猶病也"라 하였고, 〈正義〉에 "剛反, 動而以順行'者, 旣上釋'復亨'之義, 又下釋'出入无疾, 朋來无咎'之理, 故云是以'出入无疾, 朋來无咎'也"라 함. 《集解》에 "侯果曰:「陽上出, 君子道長也; 陰下入, 小人道消. 也動而以行, 故'出入无疾, 朋來无咎'矣.」"라 함. 《傳》에 "復亨, 謂剛反而亨也. 陽剛消極而來反, 旣來反, 則漸長盛而亨通矣. 動而以順行, 是以'出入无疾, 朋來无咎'. 以卦才言, 其所以然也. 下動而上順, 是動而以順行也. 陽剛反而順動, 是以得'出入无疾, 朋來无咎'也. 朋之來, 亦順動也"라 하였고, 《本義》에 "以卦德而言"이라 함.

【「反復其道, 七日來復」, 天行也】'天行'은 天道의 운행 원리. 즉 7번째는 陰陽과 卦가 바뀜을 뜻함. 王弼 注에 "以天之行, 反復不過七日, 復之不可遠也"라 하였고, 〈正義〉에 "'反復其道, 七日來復, 天行'者, 以天行釋'反復其道, 七日來復'之義. 言反之與復得合其道, 唯七日而來, 復不可久遠也. 此是天之所行也. 天之陽氣絶滅之後, 不過七日, 陽氣復生, 此乃天之自然之理, 故曰'天行'也"라 함. 《集解》에 "虞翻曰:「謂乾成坤反, 出於震而來復陽爲道, 故復其道, 剛爲晝, 日消乾, 六爻爲六日, 剛來反初, 故'七日來復, 天行'也.」○ 侯果曰:「五月天行至午, 陽復而陰升也; 十一月天行至子, 陰復而陽升也. 天地運往, 陰陽升復, 凡歷七月, 故曰'七日來復', 此天之運行也. 〈豳〉(七月)詩曰『一之日觱發, 二之日栗烈』一之日, 周之正月也; 二之日, 周之二月也. 則古人呼月爲日, 明矣.」"라 함. 《本義》에 "陰陽消息, 天運然也"라 함.

【「利有攸往」, 剛長也】'剛長'은 初九가 첫 효로써 陽이 싹터 자라고 있음. 王弼 注에 "往則小人道消也"라 하였고, 〈正義〉에 "利有攸往, 剛長'者, 以剛長釋'利有攸往'之義也"라 함. 《集解》에 "荀爽曰:「利往居五, 剛道浸長也.」"라 함. 《本義》에 "以卦體而言. 旣生, 則漸長矣"라 함.

【復, 其見天地之心乎!】'見'은 드러냄(現). 보여줌(示). 이를 통해 알 수 있음(可見). '天地之心'은 천지의 근본 원리를 뜻함. 王弼 注에 "復者, 反本之謂也. 天地以本爲心者也. 凡動息則靜, 靜非對動者也; 語息則默, 默非對語者也. 然則天地雖大, 富有萬物, 雷動風行, 運化萬變, 寂然至无, 是其本矣. 故動息地中, 乃天地之心見也. 若其以有爲心, 則異類未獲具存矣"라 하였고, 〈正義〉에 "復, 其見天地之心乎'者, 此贊明復卦之義. 天地養萬物, 以靜爲心, 不爲而物, 自爲不生, 而物自生. 寂然不動, 此天地之心也. 此復卦之象, 動息地中, 雷在地下, 息而不動, 靜寂之義, 與天地之心相似. 觀此復象, 乃見天地之心也. 天地非有主宰, 何得有心, 以人事之心, 託天地以示法爾? 陽氣始剝, 盡謂陽氣始,

於剝盡之後, 至陽氣來復, 時凡經七日. 觀注之意, 陽氣從剝盡之後, 至於反復. 凡經七日, 其注分明如褚氏·莊氏, 並云'五月一陰生, 至十一月一陽生, 凡七月'. 而云'七日不云月'者, 欲見陽長須速, 故變月言日. 今輔嗣云'剝盡至來, 復是從盡, 至來復'. 經七日也. 若從五月言之, 何得云始盡也? 又〈臨〉卦亦是陽長而言八月, 今〈復〉卦亦是陽長, 何以獨變月而稱七日? 觀注之意, 必謂不然, 亦用《易緯》六日, 七分之義同. 鄭康成之說, 但於文省略, 不復具言. 案《易緯稽覽圖》云卦氣起中乎? 故〈離〉·〈坎〉·〈震〉·〈兌〉, 各主其一方, 其餘六十卦. 卦有六爻. 爻別主一日. 凡主三百六十日, 餘有五日四分日之一者, 每日分爲八十分, 五日分爲四百分四分日之一, 又爲二十分, 是四百二十分. 六十卦分之六七, 四十二卦別各得七分, 是每卦得六日七分也. 〈剝〉卦陽氣之盡, 在於九月之末. 十月當純坤, 用事坤卦, 有六日七分. 〈坤〉卦之盡, 則〈復〉卦陽來, 是從剝盡, 至陽氣來復, 隔坤之一卦, 六日七分, 舉成數言之, 故輔嗣言凡七日也. '反復'者, 則出入之義. 反謂入而倒, 反復謂旣反之, 後復而向上也. '復者, 反本之謂也'者, 往前離本處而去, 今更反於本處, 是反本之謂也. '天地以本爲心'者, 本謂靜也. 言天地寂然不動, 是以本爲心者也. 凡動息則靜, 靜非對動者, 天地之動靜爲其本, 動爲其末, 言靜時多也, 動時少也. 若暫時而動止息, 則歸靜, 是靜非對動, 言靜之爲本, 自然而有非對動而生靜, 故曰靜非對動者也. 語息則默, 默非對語者, 語則聲之動, 默則口之靜, 是不語之時, 恒常默也. 非是對語, 有默以動靜, 語默而无別體, 故云非對也. 云'天地雖大, 富有萬物, 雷動風行, 運化萬變'者, 此言天地之動也. 言'寂然至无, 是其本矣'者, 凡有二義: 一者, 萬物, 雖運動於外, 而天地寂然, 至无於其內也. 外是其末, 內是其本, 言天地无心也. 二者, 雖雷動風行, 千化萬變, 若其雷風止息, 運化停住之後, 亦寂然至无也. '若其以有爲心, 則異類未獲具存'者, 凡以无爲心, 則物我齊致, 親疎一等, 則不害異類, 彼此獲寧. 若其以有爲心, 則我之自我, 不能普及於物; 物之自物, 不能普賴於我. 物則被害, 故未獲具存也"라 함. 《集解》에 "虞翻曰:「坤爲腹謂三, 復位時, 離爲見, 坎爲心. 陽息臨成泰, 乾天坤地, 故見天地之心也.」○荀爽曰:「復者, 冬至之卦. 陽起初九爲天地心, 萬物所始吉凶之先, 故曰'見天地之心'矣.」"라 함. 《傳》에 "其道反復往來, 迭消迭息(一有也字). 七日而來復者, 天地之運行, 如是也. 消長相因, 天之理也. 陽剛, 君子之道長, 故利有攸往. 一陽復於下, 乃天地生物之心也. 先儒皆以靜爲見天地之心, 蓋不知動之端, 乃天地之心也. 非知道者, 孰能識之?"라 하였고, 《本義》에 "積陰之下, 一陽復生, 天地生物之心, 幾於滅息, 而至此乃復, 可見在人則爲靜極而動, 惡極而善, 本心幾息而復, 見之端也. 程子(程頤)論之詳矣, 而邵子(邵雍)之詩亦曰:『冬至子之半, 天心無改移. 一陽初動處, 萬物未生時. 玄酒味方淡, 大音聲正希. 此言如不信, 更請問包義.』至哉! 言也. 學者, 宜盡心焉"이라 함.

★【雷在地中, 復】下卦(震, 雷)가 上卦(坤, 地) 아래에 있어 마치 땅 속에 우레가 잠복하고 있는 괘상임을 말함. 겨울이면 우레는 땅 속에 잠복하여 소리를 내지 않아, 萬物이 蟄伏하고 있음. 〈正義〉에 "'雷在地中, 復'者, 雷是動物, 復卦以動息爲主, 故曰'雷在地中'"이라 함.

【先王以至日閉關, 商旅不行, 后不省方】'至日'은 동짓날. 沈潛과 蟄伏을 상징함. '閉關'은 關門을 닫고 閉藏의 휴식을 뜻함. 〈正義〉에 "'先王以至日閉關'者, 先王象此〈復〉卦, 以二至之日, 閉塞其關也. 商旅不行於道路也"라 함. '后不省方'은 君主도 자신의 영토 안의 일을 순시하지 않음. '方'은 事와 같음. 雷가 大地 속에 묻혀 있으므로 初陽(初九)은 비록 맹아의 本領을 가지고 있으나 遽發하지 말고 힘을 축적하여 기다려야 함을 상징함. 王弼 注에 "方, 事也. 冬至陰之復也, 夏至陽之復也. 故爲復則至於寂然大靜. 先王則天地而行者也. 動復則靜, 行復則止, 事復則无事也"라 하였고, 〈正義〉에 "'后不省方'者, 方, 事也. 后不省視其方事也. 以地掩閉於雷, 故關門掩閉·商旅不行, 君后掩閉於事, 皆取動息之義. 方事者, 恐方是四方境域, 故以方爲事也. 言至日, 不但不可出行, 亦不可省視事也. 冬至, 陰之復; 夏至, 陽之復者. 復謂反本, 靜爲動本. 冬至一陽生, 是陽動用而陰, 復於靜也; 夏至一陰生, 是陰動用而陽, 復於靜也. 動復則靜, 行復則止, 事復則无事者, 動而反復, 則歸靜; 行而反復, 則歸止; 事而反復, 則歸于无事也"라 함. 《集解》에 "虞翻曰: 「先王謂乾初, 至日冬至之日. 坤闔爲閉關, 巽爲商旅爲近, 利市三倍, 姤巽伏初, 故'商旅不行'; 〈姤〉象曰「后以施命誥四方」, 今隱復下, 故'后不省方'. 復爲陽始, 姤則陰始, 天地之始, 陰陽之首. 已言先王, 又更言后, 后, 君也. 六十四卦, 唯此重耳.」○宋衷曰: 「'商旅不行', 自天子至公侯; '不省四方'之事, 將以輔遂陽體, 成致君道也. 制之者, 王者之事; 奉之者, 爲君之業也. 故上言'先王'而下言'后'也.」"라 함. 《傳》에 "雷者, 陰陽相薄而成聲, 當陽之微, 未能發也. 雷在地中, 陽始復之時也. 陽始生於下, 而甚微安靜(一作順), 而後能長. 先王順天道當, 至日陽之始, 生安靜以養之, 故閉關, 使商旅不得行, 人君不省視四方, 觀〈復〉之象, 而順天道也. 在一人之身亦然, 當安靜以養其陽也"라 하였고, 《本義》에 "安靜以養, 微陽也. 〈月令〉: 「是月齋戒掩身, 以待陰陽之所定.」"이라 함.

## (3) 爻辭와 象辭

初九: 不遠復, 无祇悔, 元吉.

☆象曰:「不遠之復」, 以脩身也.

〈언해〉 初九(초구)는 遠(원)티 아니ᄒᆞ야셔 復(복)ᄒᆞᆫ 디라, 悔(회)애 祇(지)홈이 업스니,
元(원)ᄒᆞ고 吉(길)ᄒᆞ니라.

☆象(상)애 ᄀᆞᆯ오디 「不遠(블원)하야 復(복)홈」은 뻐 身(신)을 脩(슈)홈이라.

〈해석〉 [初九](一): 멀리 가지 않아서 되돌아오기 때문에, 큰 회한이 없으니, 크게 길하
리라.

☆象: "멀리 가지 않아서 되돌아온다"함은, 몸을 닦기 위해서이다.

【初九】이는 전괘의 유일한 陽爻이며 첫 시작, 아울러 位正當하여 하괘 震(雷, 動,
剛)의 임무를 강하게 띠고 있음.

【不遠復, 无祇悔, 元吉】'不遠復'은 멀리 가지 못하고 되돌아옴. 旅行者가 길을 떠났
으나 앞길이 모두 陰(凝)이어서 다시 되돌아와서 준비를 철저히 함. ○高亨은 "'不遠
復'者, 行未遠而返也. …… 往而不返, 去而不歸, 則不知所屆止, 將失其故居, 故《周易》以
復爲吉. 不遠復, 雖悔不大, 此爲大吉, 故曰「不遠復, 无祇悔, 元吉」"이라 함. 〈正義〉에
"'不遠復'者, 最處復初, 是始復者也. 既在陽復, 即能從而復之, 是迷而不遠, 即能復也"라
함. '祇'는 至, 大의 뜻. '无祇悔'는 되돌아온 것에 대해 큰 후회는 없음. 그러나 '祇'는
'祇'의 誤字이며 '祇'는 災의 뜻. 따라서 '祇悔'는 묶어서 '災殃과 悔恨'의 뜻으로도 봄.
'元吉'은 크게 길함. 〈正義〉에 "'无祇悔, 元吉'者, 韓氏云「祇, 大也.」既能速復, 是无大
悔, 所以大吉"이라 함. 그러나 〈諺解〉에는 '元하고 吉함'이라 풀이하였음. 王弼 注에
"最處復初, 始復者也. 復之不速, 遂至迷凶, 不遠而復, 幾悔而反, 以此修身, 患難遠矣.
錯之於事, 其殆庶幾乎! 故'元吉'也"라 함. 《集解》에 "崔憬曰:「從坤反震, 而變此爻, 不遠
復也. 復而有應, 故獲元吉也.」"라 함. 《傳》에 "復者, 陽反來復也. 陽, 君子之道, 故復爲
反善之義. 初剛陽來復, 處卦之初, 復之最先者也. 是不遠而復也. 失而後, 有復不失, 則
何復之有? 唯失之, 不遠而復, 則不至於悔, 大善而吉也. '祇', 宜音柢, 抵也.《玉篇》云:
「適也.」義亦同. '无祇悔', 不至於悔也. 〈坎〉卦曰:「祇既平, 无咎.」謂至既平也. 顔子无
形顯之過, 夫子謂「其庶幾!」乃无祇悔也. 過既未形而改, 何悔之有? 既未能不勉而中, 所
欲不踰矩, 是有過也. 然其明而剛, 故一有不善, 未嘗不知, 既知未嘗不遽改, 故不至於悔,

乃不遠復也. '祗', 陸德明音'支'. 《玉篇》·《五經文字羣經音辨》竝見'衣'部"라 하였고, 《本義》에 "一陽復生於下, 復之主也. '祗', 抵也. 又居事初, 失之未遠, 能復於善, 不抵於悔, 大善而吉之道也. 故其象占如此"라 함.

☆「「不遠之復」, 以脩身也」 '以脩身'의 '以'는 '이유, 때문'의 뜻. '脩身'은 자신을 수양하기 위함. 〈正義〉에 "〈象〉曰'以脩身'者, 釋'不遠之復'也. 所以不遠速復者, 以能脩正其身, 有過則改故也"라 함. 《集解》에 "侯果曰:「祗, 大也. 往被陰剝, 所以有悔, 覺非遠復, 故无大咎. 以此修身, 顏子之分矣.」"라 함. 《傳》에 "'不遠而復'者, 君子所以脩其身之道也. 學問(一无問字)之道, 无他也. 唯其知不善, 則速改以從善而已"라 함.


# 六二: 休復, 吉.
# ☆象曰:「休復之吉」, 以下仁也.

〈언해〉 六二(륙이)는, 休(휴)혼 復(복)이니, 吉(길)ᄒ니라.
　　　☆象(샹)애 ᄀᆞᆯ오디「休復의 吉홈」은, 仁(인)에 下(하)홈으로 ᄲᅦ라.
〈해석〉 [六二](--): 되돌아옴을 훌륭하게 여기는 것이니, 길하니라.
　　　☆象: "돌아옴이 아름답게 여기기에 길하다"함은, 자신을 낮추어 어질게 하기 위함이다.


【六二】 이는 하괘(震)의 중앙이며 陰爻로 位正當함. 이에 아래 初九의 강한 욕구를 완화시키는 역할을 함.

【休復, 吉】 '休復'은 되돌아옴을 훌륭하게 여김. '休'는 美, 善, 慶, 喜의 뜻. 《爾雅》에 "休, 慶也"라 하였고, 《廣雅》에는 "休, 喜也"라 함. 그러나 혹 '休息', 즉 '돌아와 휴식을 취하다'의 뜻으로도 풀이함. ○高亨은 "'休復'者, 欣悅而返也. 與六三頻復義相對, 欣悅而返, 旣已善矣, 且爲此行有利之象, 故曰「休復, 吉」"이라 함. 王弼 注에 "得位處中, 最比於初, 上无陽爻, 以疑其親, 陽爲仁行, 在初之上, 而附順之, 下仁之謂也. 旣處中位, 親仁善鄰, 復之休也"라 하였고, 〈正義〉에 "'休復, 吉'者, 得位處中, 最比於初, 陽爲仁行, 己在其上, 附而順之, 是降下於仁, 是休美之復, 故云'休復, 吉'也"라 함. 《傳》에 "二, 雖陰爻, 處中正而切比於初志, 從於陽, 能下仁也. 復之休美者也. 復者, 復於禮也. 復禮則爲仁, 初陽復, 復於仁也. 二比而下之, 所以美而吉也"라 하였고, 《本義》에 "柔順中正, 近於初九, 而能下之, 復之休美, 吉之道也"라 함.

☆【「休復之吉」, 以下仁也】 '以下仁'은 자신을 낮추고 어짊을 실행함. 아직 凝凍의 蟄伏 기간임을 인정하고 순응함. 〈正義〉에 "以其下仁, 所以吉也. 故〈象〉云'休復之吉, 以下仁'也"라 함. 《集解》에 "王弼曰: 「得位居中, 比初之上, 而附順之, 下仁之謂也. 旣處 中位, 親仁善鄰, 復之休也.」"라 함. 《傳》에 "爲復之休, 美而吉者, 以其能下仁也. 仁者, 天下之公, 善之本也. 初復於仁, 二, 能親而下之, 是以吉也"라 함.


六三: 頻復, 厲, 无咎.
☆象曰: 「頻復之厲」, 義无咎也.

〈언해〉 六三(륙삼)은, 즈조 復(복)홈이니, 厲(려)ᄒ나 咎(구) ㅣ 업스리라.
        ☆象(샹)애 ᄀᆞᆯ오디 「頻復의 厲홈」은, 義(의) ㅣ 咎(구) ㅣ 업스니라.
〈해석〉 [六三](--): 자주 되돌아오는 것이니, 위태롭기는 하나 허물은 없으리라.
        ☆象: "자주 되돌아옴의 위태로움"이란 함은, 이치로 보아 허물이 없는 것이다.

【六三】 이는 下卦(震, 動)를 이끌고 위로 향하면서 位不當며, 상하 모두 음효로 도움도 없음에도 하괘(震)의 本領(動)을 참지 못해 자꾸 나섰다가 되돌아오는 위치임.
  【頻復, 厲, 无咎】 '頻'은 자주. '數'의 뜻. 그러나 '顰'의 假借로 '찡그리다'(皺眉), '顰蹙(嚬蹙)'의 뜻으로도 풀이함. '厲'는 위태로움, 지독함. 행동이나 상황이 독하고 심함을 뜻함. 혹 '憂'의 뜻도 있음. ○高亨은 "此用蹙眉之義. 蹙眉, 愁苦之狀也. 蹙眉而返, 蓋迫於 危險, 然知難而返, 仍可無咎, 故曰「頻復, 厲, 无咎」"라 함. 王弼 注에 "頻, 頻蹙之貌也. 處下體之終, 雖愈於上六之迷, 已去復遠矣. 是以蹙也. 蹙而求復, 未至於迷, 故雖危, 无咎 也. 復道宜速, 蹙而乃復, 義雖无咎, 它來難保"라 하였고, 〈正義〉에 "'頻復'者, 頻, 謂頻蹙. 六三處下體之上, 去復稍遠, 雖勝於上六, 迷復猶頻蹙而復, 復道宜速, 謂蹙而求復也"라 함. 《集解》에 "虞翻曰: 「頻, 蹙也. 三失位, 故頻復; 厲動而之正, 故无咎也.」"라 함. 《傳》에 "三, 以陰躁, 處動之極, 復之頻數, 而不能固者也. 復貴安固, 頻復頻失, 不安於復也. 復善 而屢失, 危之道也. 聖人開遷善之道, 與其復, 而危其屢失, 故云'厲, 无咎'. 不可以頻失, 而戒其復也. 頻失則爲危, 屢復何咎? 過在失而不在復也"라 하였고, 《本義》에 "以陰居陽, 不中不正, 又處動極, 復而不固, 屢失屢復之象. 屢失故危, 復則无咎, 故其占又如此"라 함.
  ☆【「頻復之厲」, 義无咎也】 '義无咎'는 義(理致, 論理)로 보아 허물이 없음. 〈正義〉에 "去復猶近, 雖有危厲, 於義无咎, 故〈象〉云'義无咎'也. '義雖无咎, 它來難保'者, 去復未

甚, 大遠於義, 雖復无咎, 謂以道自守, 得无咎也. 若自守之外, 更有他事而來, 則難可保. 此无咎之吉也. 所以〈象〉云'義无咎', 守常之義, 得无咎也"라 함.《集解》에 "侯果曰:「處震之極, 以陰居陽, 懼其將危, 頻蹙而復, 履危反道, 義亦无咎也.」"라 함.《傳》에 "頻復頻失, 雖爲危厲, 然復善之, 義則无咎也"라 함.


# 六四: 中行獨復.
## ☆象曰:「中行獨復」, 以從道也.

〈언해〉 六四(륙사)는, 中(듕)에 行(힝)호디 홀로 復(복)홈이로다.
　　　☆象(샹)애 굴오디 「中行獨復」은 道(도)를 從(죵)호모로 뻬라.
〈해석〉 [六四](--): 가운데서 함께 가다가 홀로 되돌아오는 것이다.
　　　☆象: "함께 가다가 홀로 되돌아온다"함은, 정도를 좇기 위함이다.


　　【六四】이는 상괘(坤)의 시작이며 하괘(震)의 동력을 이어받아 위로 六五에게 올려주어야 하는 위치임. 陰爻로 位正當하나 상하 모두가 陰爻이므로, 동료이기는 하나 제대로 힘을 얻지 못함. 그 때문에 다시 되돌아와서 道를 따르는 일에 종사하게 됨.
　　【中行獨復】가던 길 중간에서 홀로 되돌아옴. '中行'은 다섯 음효에서 가장 가운데에 위치함을 가리킴. 그 때문에 '居中行正'의 뜻을 가지고 있음. ○高亨은 "中行, 猶言中道. '中行獨復'者, 與人同往, 至中道而己獨返也. 此亦吉利之象. 筮遇此爻, 宜不與人同流也"라 함. 王弼 注에 "四上下各有二陰, 而處厥中, 履得其位, 而應於初. 獨得所復, 順道而反, 物莫之犯, 故曰'中行獨復'也"라 하였고,〈正義〉에 "'中行獨復'者, 處於上卦之下, 上下各有二陰, 己獨應初, 居在衆陰之中, 故云'中行獨'; 自應, 初故云'獨復'"이라 함.《傳》에 "此爻之義, 最宜詳玩. 四, 行羣陰之中而獨能復, 自處於正, 下應於陽剛, 其志可謂善矣. 不言'吉凶'者, 蓋四以柔, 居羣陰之間. 初方甚微, 不足以相援, 无可濟之理, 故聖人但稱其能'獨復', 而不欲言其獨從道, 而必凶也. 曰:「然則不言无咎, 何也?」曰:「以陰居陰, 柔弱之甚, 雖有從陽之志, 終不克濟, 非无咎也.」"라 하였고,《本義》에 "四, 處羣陰之中, 而獨與初應, 爲與衆俱行, 而獨能從善之象. 當此之時, 陽氣甚微, 未足以有爲, 故不言'吉'. 然理所當然, 吉凶非所論也. 董子(董仲舒)曰:「仁人者, 正其義不謀其利, 明其道不計其功.」於剝之六三, 及此爻見之"라 함.
　　☆【「中行獨復」, 以從道也】'從道'는 正道를 따름. 여기서의 '道'는 다섯 음효의 가장

가운데에 있어 蟄伏의 정도를 지켜야 함을 뜻함. 〈正義〉에 "從道而歸, 故〈象〉云‘以從道’也"라 함. 《集解》에 "虞翻曰:「中謂初, 震爲行. 初一陽爻, 故稱獨; 四得正應初, 故曰‘中行獨復’, 以從道也. 俗說以四位在五陰之中, 而獨應復, 非也. 四在外體, 又非內象, 不在二五, 何得稱中行耳?」"라 함. 《傳》에 "稱其‘獨復’者, 以其從陽剛, 君子之善道也"라 함.


## 六五: 敦復, 无悔.
## ☆象曰:「敦復, 无悔」, 中以自考也.

〈언해〉 六五(륙오)는, 復(복)애 敦(돈)홈이니, 悔(회) 업스니라.

　　　☆象(샹)애 굴오디 「敦復, 无悔」는 中(듕)으로써 스스로 考(고)홈이라.

〈해석〉 [六五](--): 되돌아옴을 독실히 여기는 것이니, 회한이 없다.

　　　☆象: "되돌아옴을 독실히 여김"이란, 중도로써 스스로 고찰하기 위함이다.


　　【六五】 이는 帝王의 자리이나 陰爻로 位不當하나, 중앙에 위치하여 주위가 모두 음효이므로 오직 順柔의 원칙만을 지키고 있음.

　　【敦復, 无悔】 ‘敦’은 敦篤히 함. 敦實히 함. 그러나 ○高亨은 "敦, 考察也"라 하였으며, 이의 근거로 《孟子》(公孫丑 下)의 "使虞敦匠", 《荀子》 "以敦比其事"(榮辱篇), 및 "則常不勝夫敦比小事者矣"(彊國篇)을 들고 있음. 그 외 《說文》에 "敦, 怒也, 詆也, 一曰誰何也"를 들어 ‘노여움을 사다, 독촉을 당하다’의 뜻이라고도 함. ○高亨은 "‘敦復’者, 受人之督責促迫而返. 己復雖由於被動, 然能復則無悔, 故曰「敦復, 无悔」"라 함. 王弼 注에 "居厚而履中, 居厚則无怨, 履中則可以自考, 雖不足以及休, 復之吉守, 厚以復悔可免也"라 하였고, 〈正義〉에 "‘敦復无悔’者, 處坤之中, 是敦厚於復, 故云‘敦復’; 旣能履中, 又能自考成其行, 旣居敦厚, 物无所怨, 雖不及六二之休復, 猶得免於悔吝, 故云‘无悔’也"라 함. 《傳》에 "六五, 以中順之德, 處君位, 能敦篤於復善者也. 故‘无悔’, 雖本善戒, 亦在其中矣. 陽復方微之時, 以柔居尊, 下復无助, 未能致亨吉也. 能无悔而已"라 하였고, 《本義》에 "以中順居尊, 而當復之時, 敦復之象, 无悔之道也"라 함.

　　☆【敦復, 无悔」, 中以自考也】 ‘中’은 心中, 內心. 마음속. 上卦(坤)의 中央에 위치함을 뜻함. ‘考’는 ‘이루다’, ‘成’의 뜻. 그러나 ‘살펴보다, 고찰하다, 檢察하다’ 등의 뜻으로도 봄. 〈正義〉에 "〈象〉曰‘中以自考’者, 釋无悔之義, 以其處中, 能自考成其身, 故‘无悔’也"라 함. 《集解》에 "侯果曰:「坤爲厚載, 故曰‘敦復’. 體柔居剛, 无應失位, 所以有悔. 能

自考省動, 不失中, 故曰'无悔矣.'」라 함. 《傳》에 "以中道自成也. 五, 以陰居尊處, 中而體順, 能敦篤其志, 以中道自成, 則可以无悔也. 自成, 謂成其中順之德"이라 하였고, 《本義》에 "考, 成也"라 함.


上六: 迷復, 凶, 有災眚. 用行師, 終有大敗. 以其國, 君凶, 至于十年不克征.
☆象曰: 「迷復之凶」, 反君道也.

〈언해〉 上(샹)六(샹륙)은, 復(복)애 迷(미)ᄒᆞ요미라. 凶(흉)ᄒᆞ니 災眚(ᄌᆡᄉᆡᆼ)이 이셔, 뻐 師(ᄉᆞ)를 行(ᄒᆡᆼ)ᄒᆞ면 終(죵)애 大敗(대패)ㅣ 잇고, 뻐 그 國(국)을 ᄒᆞ면 君(군)이 凶(흉)ᄒᆞ야 十年(십년)애 니르히 능히 征(졍)티 몯ᄒᆞ리라.[《本義》: 終(죵)애 大敗(대패) 이셔 그 國君(국군)으로써 凶(흉)ᄒᆞ야]

　　　☆象(샹)애 ᄀᆞᆯ오ᄃᆡ「迷復의 凶홈」은 君道(군도)애 反(반)홀 시라.

〈해석〉 [上六](--): 되돌아오다가 길을 잃음이다. 흉하여 재앙이 있어, 이로써 군사를 움직이면 끝에는 대패함이 있고, 이로써 그 나라를 다스리면 임금에게 흉재가 있어, 10년에 이르도록 능히 정벌을 완수하지 못할 것이다.(끝에 대패하여 그 나라 임금으로써 흉재가 되어)

　　　☆象: "되돌아오다가 길을 잃어 흉하다"함은, 임금이 할 도리에 위반되기 때문이다.


　　【上六】 이는 전괘의 마무리이며 陰爻로 位正當함. 그러나 자신이 이끌어온 六二 이상이 모두 陰爻로 힘이 없고, 초구(陽)의 萌芽가 너무 멀어 轉機를 마련하지 못함.
　　【迷復, 凶, 有災眚】 '米復'은 返歸의 길을 잃고 헤맬 뿐 방향을 잡지 못함. '迷'는 失의 뜻. ○高亨은 "迷, 失路也. 失其往路並失其歸路也. 迷路而始返, 不識歸路, 終不得返, 將遘大禍. 故曰'迷復, 凶, 有災眚'"이라 함. '災眚'은 災殃. 天災와 人禍. '眚'의 原義는 눈에 난 병. 제대로 볼 수 없는 고통이나 失視로 인한 재난을 뜻함. 〈正義〉에 "'迷復, 凶'者, 最處復後, 是迷闇於復, 以迷求復, 所以凶也. '有災眚'者, 闇於復道, 必无福慶, 唯有災眚也"라 함. 《集解》에 "虞翻曰:「坤冥爲迷, 高而无應, 故'凶'. 五變正時, 坎爲災眚, 故'有災眚'也.」"라 함.
　　【用行師, 終有大敗】 '用行師'는 무력을 행사함. ○高亨은 "行師迷路而始返, 必爲敵所

乘, 而致大敗"라 함. 〈正義〉에 "用行師, 終有大敗'者, 所爲旣凶, 故用之行師, 必无克勝, 唯終有大敗也"라 함.

【以其國, 君凶, 至于十年不克征】 '君凶'은 ○高亨은 "若其國君在師中, 亦不免此難. 大敗之後, 十年之內, 不能興師, 故又曰「用行師, 終有大敗, 以其國, 君凶, 至于十年不克征」. 此殆亦古代故事也"라 함. '以'는 "~까지", '及, 並及, 連及'의 뜻. 이 효는 위부당하며 아래(六五, 帝位)조차도 도움이 없고, 위로 이어갈 곳도 없어 極難의 위치임을 뜻함. 〈正義〉에 "以其國, 君凶'者, 以, 用也. 用此迷復於其國內, 則反違君道, 所以凶也. '至于十年, 不克征'者, 師敗國凶, 量斯形勢, 雖至十年, 猶不能征伐"이라 함. 《集解》에 "虞翻曰:「三復位時, 而體師象, 故'用行師'. 陰逆不順, 坤爲死喪, 坎流血, 故'終有大敗'. 姤乾爲君, 滅藏於坤, 坤爲異邦, 故'國君凶'矣.」荀爽曰:「坤爲衆, 故曰'行師'也. 謂上行師而距, 於初陽息, 上升必消羣陰, 故'終有大敗'. 國君, 謂初也. 受命復道, 當從下升, 今上六行師, 王誅必加, 故'以其國, 君凶'也.」"라 함. '至于十年不克征'에 대해 《集解》에 "虞翻曰:「坤爲至爲十年, 陰逆坎臨, 故'不克征'. 謂五變設險, 故帥師敗喪, 君而无征也.」○何妥曰:「理國之道, 須進善納諫, 迷而不復, 安可牧民? 以此行師, 必敗績矣. 敗乃思復, 失道已遠, 雖復十年, 乃征无所克矣.」○案:「坤爲先迷, 故曰'迷復'. 坤又爲師象, 故曰'行師', 坤數十, 十年之象也.」"라 함. 《傳》에 "以陰柔居復之終, 終迷不復者也. 迷而不復, 其凶可知. '有災眚', 災, 天災自外來; 眚, 己過由自作. 旣迷不復, 善在己則動, 皆過失災禍, 亦自外而至, 盖所招也. 迷道不復无施, 而可用以行師, 則終有大敗. 以之爲國, 則君之凶也. '十年'者, 數之終. 至於'十年不克征', 謂終不能行, 旣迷於道, 何時而可行也?"라 하였고, 《本義》에 "以陰柔居復終, 終迷不復之象, 凶之道也. 故其占如此. '以', 猶及也"라 함.

☆【「迷復之凶」, 反君道也】 '君道'는 君主로서의 治道. 六五(帝位)의 '蟄伏의 治道'에 반하여 行師까지 감행하는 행위를 뜻함. 王弼 注에 "最處復後, 是迷者也. 以迷求復, 故曰'迷復'也. 用之行師, 難用有克也. 終必大敗, 用之於國, 則反乎君道也. 大敗, 乃復量斯勢也. 雖復十年脩之, 猶未能征也"라 하였고, 〈正義〉에 "以其迷闇, 不復而反, 違於君道, 故〈象〉云'迷復之凶, 反君道'也"라 함. 《集解》에 "虞翻曰:「姤乾爲君, 坤陰滅之, 以國君凶, 故曰'反君道'也.」"라 함. 《傳》에 "復則合道, 旣迷於復, 與道相反也, 其凶可知. 以其國君凶, 謂其反君道也. 人君居上而治衆, 當從天下之善, 乃迷於復, 反君之道也. 非止人君, 凡人迷於復者, 皆反道而凶也"라 함.

# 025 무망无妄

**☰☳ 天雷无妄: ▶震下乾上(☳下☰上)**

---

*无妄(무망): '无'는 無의 本字. '妄'은 〈音義〉에 "妄, 亡亮反. 无妄, 无虛妄也"라 하여 '무망(wúwàng)'으로 읽음. '无妄'은 輕擧妄動이 없어야 함을 뜻함. 즉 虛妄, 妄想, 妄言, 妄行, 妄動, 과분한 希望 등은 갖지 말아야 함을 상징하며, 혹 '妄'은 '望'과 같아 无望(毋望), 즉 '바라지 말라'의 뜻이기도 함. 下卦는 震(雷, 彊, 動)이며 上卦는 乾(天, 彊, 動)으로, 하늘 아래 우레가 울림을 형상하는 異卦相疊의 '天雷' 괘체임. 이처럼 위아래 모두 彊健하고 陽動하여 充沛한 괘상이며, 하늘(乾, 天) 아래 震(雷)이 있어 天空鳴動하며 振動萬物하여 인심이 振奮하여 세상이 크게 動蕩하고 있음. 따라서 세상에 나서서 큰일을 할 수 있는 기회이기는 하나 震은 아래에 있어 天을 이길 수 없으므로 妄動을 삼가야 함. 아울러 立身處世에는 반드시 自然 도리에 순응하며, 正道를 堅持하여 妄想이나 妄動이 없어야 함을 뜻함. 아울러 吉凶禍福이란 예측할 수 없는 것이므로 항상 謹愼하여야 함을 권면한 것임. 《說文》에 "妄, 亂也"라 함.

*《集解》에 "〈序卦〉曰:「復則不妄矣, 故受之以'无妄'.」(崔憬曰:「物復其本, 則爲成實, 故言'復則无妄'矣.」)"이라 함.

*《傳》에 "无妄', 〈序卦〉:「復則不妄矣, 故受之以'无妄'.」 復者, 反於道也. 旣復於道, 則合(一无合字)正理而无妄, 故復之後, 受之以'无妄'也. 爲卦乾上震下, 震, 動也. 動以天爲无妄, 動以人欲, 則妄矣. 无妄之義, 大矣哉!"라 함.

---

## (1) 卦辭

# 无妄: 元亨, 利貞. 其匪正, 有眚, 不利有攸往.

〈언해〉无妄(무망)은 크게 亨(형)ᄒ고 貞(뎡)홈이 利(리)ᄒ니, 그 正(졍) 곳 아니면 眚(싱)이 이시릴 시, 徃(왕)홀 빠를 두미 利(리)티 아니ᄒ니라.

〈해석〉무망(无妄, 무망괘)은 크게 형통하고, 마음을 곧게 가지는 것이 이로우니, 그것은 바르지 않으면 재앙이 있을 것이므로, 갈 데를 정해두는 것은 이롭지 않다.

【无妄】卦名이며, "옳지 못한 일을 마구 저지르지 말라"(不可妄行非正之意)의 뜻. '无'는 毋, 勿과 같으며 命令文. 따라서 '妄'은 '望'자와도 통하며 "(쓸데없는) 희망을 갖지 말라"의 뜻이 되기도 함.《集解》에 "何妥曰:「乾上震下, 天威下行, 物皆絜齊, 不敢虛妄也.」"라 함.

【元亨, 利貞】'利貞'은 크게 형통하나, 곧게 정도로 일을 처리해야 이로움. '貞'은 正과 같음. 正道를 뜻함. ○高亨은 "元, 大也. 亨卽享字, 古人去行大享之祭, 曾筮遇此卦, 故記之曰「元亨」. 利貞, 猶利占也. 筮遇此卦, 擧事有利, 故曰「利貞」"이라 함.〈正義〉에 "无妄'者, 以剛爲內, 主動而能, 健以此臨下, 物皆无敢詐僞虛妄, 俱行實理, 所以大得亨通, 利於貞正, 故曰'元亨, 利貞'也"라 함.

【其匪正, 有眚, 不利有攸往】'有眚'은 재앙이 있게 됨. '眚'의 原義는 眼疾. 引伸義로 災殃. 흔히 人災를 뜻함. ○高亨은 "「其匪正, 有眚」, 言其所爲不正, 則有災眚也.「不利有攸往」, 言筮遇此卦, 不利有所往也"라 함.〈正義〉에 "其匪正, 有眚, 不利有攸往'者, 物旣无妄, 當以正道行之, 若其匪依正道, 則有眚災, 不利有所往也"라 함.《集解》에 "虞翻曰:「非正, 謂上也. 四已之正, 上動成坎, 故有眚. 變而逆乘, 天命不祐, 故'不利有攸往'矣. 遯上之初, 此所謂四陽二陰, 非大壯, 則遯來也. 剛來交初體乾, 故'元亨'; 三四失位, 故'利貞'也.」"라 함.《傳》에 "无妄者, 至誠也. 至誠者(一无者字)天之道也. 天之化育萬物, 生生不窮, 各正其性命, 乃无妄也. 人能合无妄之道, 則所謂與天地合其德也. 无妄有大亨之理, 君子行无妄之道, 則可以致大亨矣. 无妄天之道也. 卦言人由无妄之道也(一无也字). 利貞法无妄之道, 利在貞正失, 貞正則妄也. 雖无邪心, 苟不合正理, 則妄也. 乃邪心也. 故有(一作其)匪正, 則爲過眚. 旣已无妄, 不宜有往, 往則妄也"라 하였고,《本義》에 "无妄, 實理自然之謂.《史記》作'无望'. 謂'无所期望而有得焉'者, 其義亦通. 爲卦自訟而變, 九自二來, 而居於初, 又爲震主動, 而不妄者也, 故爲无妄. 又二體震動, 而乾健九五, 剛中而應六二, 故其占大亨而利於正. 若其不正, 則有眚而不利有所往也"라 함.

## (2) 彖辭와 象辭

彖曰: 无妄, 剛自外來而爲主於內, 動而健, 剛中而應. 大亨以正, 天之命也.「其匪正, 有眚, 不利有攸往」, 无妄之往, 何之矣? 天命不祐, 行矣哉!

★象曰: 天下雷行, 物與无妄. 先王以茂對時育萬物.

〈언해〉 彖(단)애 굴오디 无妄(무망)은 剛(강)이 外(외)로브터 來(리)ᄒᆞ야 內(ᄂᆡ)예 主(쥬)되니,

動(동)코 健(건)ᄒᆞ고, 剛(강)이 中(듕)ᄒᆞ고 應(응)ᄒᆞ야, 크게 亨(형)ᄒᆞ고 뻐 正(졍)ᄒᆞ니, 天(텬)의 命(명)이라.

「其匪正, 有眚, 不利有攸往」은 无妄(무망)의 往(왕)홈이 어디 가리오? 天命(텬명)이 祐(우)티 아니 호믈 行(ᄒᆡᆼ)ᄒᆞ랴!

★象(샹)애 굴오디 天下(텬하)에 雷(뢰)ㅣ 行(ᄒᆡᆼ)ᄒᆞ야, 物(믈)마다 无妄(무망)을 與(여)ᄒᆞ니, 先王(션왕)이 以(이)ᄒᆞ야 茂(무)히 時(시)를 對(ᄃᆡ)ᄒᆞ야 萬物(만믈)을 育(육)ᄒᆞ니라.

〈해석〉 彖: 무망은 강(剛)이 밖으로부터 와서 內卦의 주장이 되는 것이니,

움직여서 건(健)하고 강이 가운데에 위치하고 호응하여, 크게 형통하고 이로써 정당하니, 하늘의 명(命)이다.

"그것이 바르게 함이 아니면 재앙이 있으니, 갈 곳을 정함이 이롭지 않다", 무망으로 간들 어디로 가겠는가? 천명이 도와주지 아니하거늘 실행에 옮길 수 있으랴!

★象: 하늘 아래에 우레가 치고 있어, 만물이 무망을 받아들이고 있으니, 선왕께서 이를 근거로 하여 힘써 시의(時宜)를 응대하여 만물을 기르는 것이니라.

【无妄, 剛自外來而爲主於內】无妄괘는 外卦(上卦)는 乾으로 純陽純剛하며, 內卦(下卦)는 震으로 陽이며, 그 陽은 初九의 陽에 의한 것임. 이에 그 양은 외괘에서 온 것으로 內卦의 主爻가 됨. 王弼 注에 "謂震也"라 하였고, 〈正義〉에 "剛自外來而爲主于內, 動而健'者, 以此卦象釋能致无妄之義, 以震之剛, 從外而來爲主於內, 震動而乾健, 故能使物无妄也"라 함. 《集解》에 "蜀才曰:「此本遯卦《集解》에 "案: 剛自上降, 爲主於初, 故動而健剛中而應也. 於是乎邪妄之道消, 大通以正矣. 无妄大亨, 乃天道恒命也.」"라 함. 《傳》에 "謂初九也. 坤初爻變而爲震, 剛自外而來也. 震以初爻爲主, 成卦由之, 故初爲无

妄之主動. 以天爲无妄動, 而以天動爲主也. 以剛變柔爲以正, 去妄之象, 又剛正爲主於內, 无妄之義也. 九居初正也"라 함.

【動而健, 剛中而應】 하괘가 震(動)이며 상괘 乾(健)으로, 강(剛)이 상괘의 중앙(九五)에 위치하였고, 하괘의 六二가 이에 맞추어 음양이 호응하고 있음. 〈正義〉에 "剛中而應'者, 明爻義能致无妄, 九五以剛處中, 六二應之, 是剛中而應. 剛中, 則能制斷, 虛實有應, 則物所順從, 不敢虛妄也"라 함.

【大亨以正, 天之命也】 이상의 괘상으로 보아 크게 형통한 것은 正應 때문이니, 이는 하늘의 命임. 〈正義〉에 "大亨以正, 天之命'者, 釋元亨利貞之義, 威剛方正, 私欲不行, 何可以妄? 此天之敎命也. 以天道純陽, 剛而能健是, 乾德相似, 故云'天之命'也. 旣是天命豈可犯乎?"라 함. 《集解》에 "虞翻曰:「動, 震也. 健大亨謂乾剛中, 謂五而應, 二大亨以正, 變四承五, 乾爲天, 巽爲命, 故曰'大亨以正, 天之命也'.」"라 함. 《傳》에 "下動而上健, 是其動剛健也. 剛健, 无妄之體也. 剛中而應五, 以剛居中正, 二復以中正相應, 是順理而不妄也. 故其道大亨通而貞正, 乃天之命也. 天命, 謂天道也. 所謂无妄也"라 함.

【「其匪正, 有眚, 不利有攸往」, 无妄之往, 何之矣?】 '无妄之往, 何之矣?'는 '무망한 짓을 하면서 나아간들 어디로 가겠는가?'의 뜻. '之'는 實辭 往, 適의 뜻. 王弼 注에 "剛自外來而爲主於內, 動而愈健, 剛中而應, 威剛方正, 私欲不行, 何可以妄? 使有妄之道滅, 无妄之道成, 非大亨利貞, 而何剛? 自外來而爲主於內, 則柔邪之道消矣. 動而愈健, 則剛直之道通矣. 剛中而應, 則齊明之德著矣. 故'大亨以正'也. 天之敎命, 何可犯乎? 何可妄乎? 是以匪正, 則'有眚, 而不利有攸往'也"라 하였고, 〈正義〉에 "曰'其匪正, 有眚, 不利有攸往, 无妄之, 往何之矣?'者, 此釋匪正, 有眚, 不利有攸往'之義也. '无妄之, 往何之矣?' 上之是語, 辭下之是, 適也. 身旣匪正, 在无妄之世, 欲有所往, 何所之適矣? 故云'无妄之往, 何之矣?'"라 함. 《集解》에 "虞翻曰:「謂四已變, 上動體屯, 坎爲泣血漣如, 故何之矣.」"라 함.

【天命不祐, 行矣哉!】 '천명이 돕지 않는데, 실행할 수 있으랴!'의 뜻. 王弼 注에 "匪正有眚, 不求改以從正, 而欲有所往, 居不可以妄之時, 而欲以不正有所往, 將欲何之? 天命之所不祐竟矣哉!"라 하였고, 〈正義〉에 "天命不祐, 行矣哉!'者, 身旣非正, 欲有所往, 犯違天命, 則天命不祐助也. 必竟行矣哉! 言終竟行, 此不祐之事也. 云'使有妄之道, 滅无妄之道成'者, 妄謂虛妄, 矯詐不循正理, 若无剛中之主, 柔弱邪僻, 則物皆詐妄, 是有妄之道興也. 今遇剛中之主, 威嚴剛正, 在下畏威, 不敢詐妄. 是'有妄之道滅, 无妄之道成竟矣哉'者, 竟謂終竟, 言天所不祐, 終竟行矣哉!"라 함. 《集解》에 "虞翻曰:「天, 五也. 巽爲命. 祐, 助也. 四已變成坤, 天道助順, 上動逆乘巽命, 故天命不祐, 行矣哉! 言不可行也.」 馬君云:「天命不祐行非矣.」"라 함. 《傳》에 "所謂无妄正而已. 小失於正, 則爲有過, 乃妄也. 所謂匪

正, 盖由有往, 若无妄而不往, 何由有匪正乎? 无妄者, 理之正也. 更有往將何之矣? 乃入於妄也. 往則悖於天理, 天道所不祐, 可行乎哉!"라 하였고, 《本義》에 "以卦變卦德卦體. 言卦之善如此, 故其占當獲大亨而利於正, 乃天命之當然也. 其有不正, 則不利有所往, 欲何往哉? 盖其逆天之命, 而天不祐之, 故不可以有行也"라 함.

★【天下雷行, 物與无妄】天(乾) 아래에 震(雷)가 치고 있음. '物與无妄'은 만물이 모두 망녕된 짓을 하지 않음. '與'는 '皆'의 뜻. 그러나 ○高亨은 '與'는 "與, 讀爲舒, 伸展也"라 하여 '舒, 伸展'의 뜻이라 하였음. 王弼 注에 "與, 辭也, 猶皆也. 天下雷行, 物皆不可以妄也"라 하였고, 〈正義〉에 "'天下雷行'者, 雷是威恐之聲, 今天下雷行, 震動萬物, 物皆驚肅, 无敢虛妄, 故云'天下雷行, 物皆无妄'也"라 함. 《集解》에 "九家《易》曰: 「天下雷行, 陽氣普徧, 無物不與, 故曰'物與'也物; 受之以生, 无有災妄, 故曰'物與无妄'也.」 ○虞翻曰: 「與, 謂擧; 妄, 亡也. 謂雷以動之, 震爲反生, 萬物出震 无妄者也. 故曰'物與无妄'. 〈序卦〉曰: '復則不妄矣, 故受之以〈无妄〉'. 而京氏及俗儒以爲大旱之卦, 萬物皆死, 无所復, 妄失之遠矣. 有无妄, 然後可畜不死明矣. 若物皆死, 將何畜聚? 以此疑也.」"라 함.

【先王以茂對時育萬物】'茂'는 힘씀. '懋'와 同音通假. ○高亨은 "茂, 讀爲懋, 勉也, 努力也"라 함. '對'는 '맞추다, 대칭이 되게 하다'의 뜻. 蕉循은 "對, 猶應也"라 함. '對時'는 時宜(時令), 天時에 순응함. 王弼 注에 "茂, 盛也. 物皆不敢妄, 然後萬物乃得各全其性, 對時育物, 莫盛於斯也"라 하였고, 〈正義〉에 "'先王以茂對時育萬物'者, 茂, 盛也; 對, 當也. 言先王以此无妄盛事, 當其无妄之時, 育養萬物也. 此唯王者, 其德乃爾. 非諸侯已下所能, 故不云'君子'而言'先王'也. 案諸卦之象, 直言兩象, 卽以卦名結之. 若'雷在地中, 復', 今〈无妄〉應云'天下雷行, 无妄', 今云'物與无妄'者, 欲見萬物, 皆无妄, 故加'物與'二字也. 其餘諸卦, 未必萬物, 皆與卦名同義, 故直顯象以卦結之. 至如復卦, 唯陽氣復, 非是萬物皆復, 擧復一卦, 餘可知矣"라 함. 《集解》에 "虞翻曰: 「先王謂乾, 乾盈爲茂, 艮爲對時, 體頤養象, 萬物出震, 故以'茂對時育萬物'. 言物皆死, 違此甚矣.」 ○侯果曰: 「雷震天下, 物不敢妄, 威震驚洽, 无物不與, 故'先王以茂養萬物', 乃對時而育矣. 時泰, 則威之以无妄; 時否, 則利之以嘉遯, 是對時而化育也.」"라 함. 《傳》에 "雷行於天下, 陰陽交和, 相薄而成聲. 於是驚蟄藏振, 萌芽發生(一作育), 萬物其所賦與洪纖高下, 各正其性命, 无有差妄(一作式), 物與无妄也. 先王觀天下雷行, 發生賦與之象, 而以茂對天時, 養育萬物, 使各得其宜, 如天與之无妄也. 茂, 盛也. 茂對之, 爲言猶盛行. 永言之比對時, 謂順合天時天道. 生萬物各正其性命, 而不妄. 王者體天之道, 養育人民, 以至昆蟲草木, 使各得其宜, 乃對時育物之道也"라 하였고, 《本義》에 "天下雷行, 震動發生萬物, 各得其性命, 是物物而與之, 以无妄也. 先王法此, 以對時育物, 因其所性, 而不爲私焉"이라 함.

## (3) 爻辭와 象辭

初九: 无妄往, 吉.

☆象曰:「无妄之往」, 得志也.

〈언해〉初九(초구)는 无妄(무망)이니 往(왕)애 吉(길)ᄒ리라.

　　☆象(샹)애 ᄀᆞᆯ오디「无妄으로 往홈」은 志(지)를 得(득)ᄒ리라.

〈해석〉[初九](一): 마구 나서지 않음이 길하리라.

　　☆象: "마구 나서지 않음"이란, 뜻을 얻었음을 뜻한다.


　　【初九】이는 全卦의 시작이며 下卦(震, 雷)의 첫출발. 陽爻로 位正當하며, 陽剛하여 자신의 뜻을 강하게 펴고자 함. 无妄의 本領을 지켜 망녕된 짓을 하지 않겠노라 다짐하며 앞섬.

　　【无妄往, 吉】'无妄'의 本領을 품은 채 나서므로 길함. 그러나 "마구 나서지 않음"의 뜻이 더욱 명확함. ○高亨은 "「无妄往」者, 無亂往也, 卽當往則往, 不當往則不往也. 如是則行無過, 而禍不及, 故曰「无妄往, 吉」"이라 함. 王弼 注에 "體剛處下, 以貴下賤, 行不犯妄, 故往得其志"라 함. 《集解》에 "虞翻曰:「謂應四也. 四失位, 故命變之正, 四變得位, 承五應初, 故往吉矣. 在外稱往矣.」"라 함. 《傳》에 "九以陽剛, 爲主於內. 无妄之象, 以剛實(一无實字)變, 柔而居內, 中誠不妄者也. 以无妄而往, 何所不吉? 卦辭言'不利有攸往', 謂旣无妄, 不可復有往也. 過則妄矣. 爻言'往吉', 謂以无妄之道, 而行則吉也"라 하였고, 《本義》에 "以剛在內, 誠之主也. 如是而往, 其吉可知, 故其象占如此"라 함.

　　☆【「无妄之往」, 得志也】'得志'는 의지를 품고 自信(得意)함. 〈正義〉에 "'无妄往, 吉'者, 體剛居下, 以貴下賤, 所行敎化, 不爲妄動, 故往吉而得志也"라 함. 《集解》에 "虞翻曰:「四變應初, 夫妻體正, 故往得志矣.」"라 함. 《傳》에 "以无妄而往, 无不得其志也. 盖誠之於物, 无不能, 動以之脩身, 則身正以之治事, 則事得其理, 以之臨人, 則人感而化, 无所往而不得其志也"라 함.

六二: 不耕穫, 不菑畬, 則利有攸往.

☆象曰:「不耕穫」, 未富也.

〈언해〉六二(륙이)눈, 耕(경)티 아니ᄒᆞ야 穫(확)ᄒᆞ며, 菑(치)티 아니ᄒᆞ야 畬(여)홈이니,

往(왕)홀 빠 두미 利(리)ᄒᆞ니라.[《本義》: 耕(경)ᄒᆞ며 穫(확)디 아니ᄒᆞ며 菑(치)ᄒᆞ며

畬(여)티 아니미니]

☆象(상)애 ᄀᆞᆯ오디「不耕穫」은 富(부)호려 홈이 아니미라.

〈해석〉[六二](--): 밭을 일구지고 않고 수확하며, 새로 개간하지도 안은 채 삼년을
묵혀두는 것이니, 갈 곳을 정해둠이 이롭도다.(경작하지도, 수확하지도 아니하
며, 새밭을 일구지도, 묵은 밭을 갈지도 않음이니)

☆象: "밭을 일구지 않고 수확한다"함은, 아직 부유하지 않음을 뜻한다.

【六二】이는 下卦의 중앙이며 음효로 位正當함. 아울러 九五(帝王)와 陰陽이 호응하
여 아주 이상적임. 이 효는 中正을 얻고 位正當하며 아울러 九五와 陰陽이 互應하여
天道와 自然에 順應하면서 자신의 본분만을 충실히 지키고 있음. 즉 妄想을 하지 않고
있음을 뜻함. 그 때문에 '利有攸往'이라 한 것임. 따라서 富裕함을 虛妄하게 妄想하지
않아 아직 풍요함을 누리지 못하는 위치임.

【不耕穫, 不菑畬, 則利有攸往】'耕穫'은 밭을 갈아 농사지어 거둠. '菑畬'는 밭을 개간
하여 3년 경작함. 《爾雅》에 "田: 一歲曰菑; 三歲曰新田, 三歲曰畬"라 하여, '菑'는 새롭게
개간한 경작지, '畬'는 熟地, 묵밭. 그러나 이 구절은 현대 해석본에는 대체로 "경작도
하지 아니하고 수확을 생각하며, 새로 개간도 하지 않고 삼년 묵은 밭이 되기를 바라니,
이런 망녕된 바람이 어찌 이롭겠는가?"로 풀이하여 疑問文(反語文)으로 보고 있음.
혹은 "경작하면서 수확을 미리 희망하지 않음"의 뜻으로도 풀이함. ○高亨은 "不耕而
穫, 不菑而畬, 唯有營利於外而後可, 唯有不爲農而爲商爲宦而後可, 故曰「不耕穫, 不菑
畬, 則利有攸往」"이라 함. 王弼 注에 "不耕而穫, 不菑而畬, 代終已成而不造也. 不擅其美,
乃盡臣道, 故利有攸往"이라 하였고, 〈正義〉에 "'不耕穫, 不菑畬'者, 六二處中得位, 盡於
臣道, 不敢創首, 唯守其終, 猶若田農不敢發首而耕, 唯在後穫刈而已; 不敢菑發新田, 唯治
其畬熟之地, 皆是不爲其初, 而成其末, 猶若爲臣之道, 不爲事始, 而代君有終也, 則'利有
攸往'者, 爲臣如此, 則利有攸往. 若不如此, 則往而无利也"라 함. 《集解》에 "虞翻曰:「有益
耕, 象无坤田, 故不耨. 震爲禾稼, 艮爲手禾在手中, 故稱穫田. 在初一歲曰菑, 在二三歲曰
畬. 初爻非坤, 故不菑而畬也. 得位應五, 利四變之益, 則坤體成有未耨之利, 故利有攸. 往,

往應五也.」라 함. 《傳》에 "凡理之所然者, 非妄也. 人所欲(一无欲字)爲者, 乃妄也. 故以
耕穫菑畬, 譬之六二居中得正, 又應五之中正, 居動體而柔順爲動, 能順乎中正, 乃无妄者
也. 故極言无妄之義. 耕農之始, 穫其成終也. 田一歲曰菑, 三歲曰畬. 不耕而穫, 不菑而畬,
謂不首造其事, 因其事理所當然也. 首造其事, 則是人心所作爲乃妄也; 因事之當然, 則是
順理應物非妄也. 穫與畬是也. 盖耕則必有穫; 菑則必有(一作爲)畬, 是事理之固然, 非心意
之所造作也. 如是則爲无妄, 不妄, 則所往利而无害也. 或曰:「聖人制作, 以利天下者, 皆造
端也. 豈非妄乎?」曰:「聖人隨時制作, 合(一作因)乎風氣之宜, 未嘗先時而開之也. 若不待
時, 則一聖人, 足以盡爲矣. 豈待累聖繼作也? 時乃事之端, 聖人隨時而爲也.」라 하였고,
《本義》에 "柔順中正, 因時順理, 而无私意期望之心, 故有不耕穫·不菑畬之象. 言其无所爲
於前, 无所冀於後也. 占者如是, 則利有所往"라 함.

　　☆【「不耕穫」, 未富也】'未富'는 아직 부유함(풍요로움)을 누리지 못함. 혹 '富를 妄
想하지 않음'의 뜻이라고도 함. 〈正義〉에 "〈象〉曰'未富也'者, 釋不耕而穫之義. 不敢前
耕, 但守後穫者, 未敢以耕之, 與穫俱爲已事, 唯爲後穫, 不敢先耕, 事旣闕初, 不擅其美,
故云'未富'也"라 함. 《集解》에 "虞翻曰:「四動坤虛, 故未富也.」"라 함. 《傳》에 "'未'者,
非必之辭. 〈臨〉卦曰'未順命'是也. 不耕而穫, 不菑而畬, 因其事之當然. 旣耕則必有穫, 旣
菑則必成畬, 非必以(一无以字, 一无必字)穫畬之富而爲也. 其始耕菑, 乃設心在於求(一
无求字)穫畬, 是以其富也心. 有欲而爲者, 則妄也"라 하였고, 《本義》에 "富如非富, 天下
之富, 言非計其利而爲之也"라 함.


六三: 无妄之災, 或繫之牛, 行人之得, 邑人之災.
☆象曰:「行人得牛」, 邑人災也.

〈언해〉 六三(륙삼)은, 无妄(무망)애 災(지)니, 或(혹) 牛(우)을 繫(계)ᄒ나, 行人(힝인)의
　　　得(득)홈이, 邑人(읍인)의 災(지)로다.[《本義》: 或(혹)이 繫(계)ᄒᆫ 牛(우)를]
　　　☆象(샹)애 골오디「行人(힝인) 牛(우)를 得(득)홈」이 邑人(읍인)의 災(지)라.
〈해석〉 [六三](--): 无妄의 재앙이니, 어떤 사람이 소를 매어 두었으나, 길 가던 사람이
　　　이를 얻는 것이니, 그 마을 사람들의 재앙이 되리라.(혹자가 매어둔 소를)
　　　☆象: "길 가던 사람이 소를 얻었다"함은, 마을 사람에게는 재앙이 됨을 뜻한다.

【六三】이는 하괘(震, 雷)의 가장 윗자리이며 陰爻로 位不當함. 그러나 위의 두 양효를 믿고 조급하게 굴면서 망녕된 짓은 하지 않았음에도 뜻밖의 재난을 당하게 됨을 사례를 들어 설명한 것.

【无妄之災, 或繫之牛】 '或'은 '혹자'. '繫之牛'는 매어둔 소. '災'는 '灾', '烖'와 같음. 災殃, 火災를 뜻함. ○高亨은 "「无妄之災」者, 當得之災也. 如竈不曲突, 積薪其側, 濫擲火種, 以致火患, 皆是也"라 함.

【行人之得, 邑人之災】 '行人之得'은 길 가던 자가 이 소를 얻게 됨. 혹자가 소를 잃음. '邑人之災'는 소를 얻은 그 읍의 사람들에게 재앙이 됨. ○高亨은 "此殆古代故事. 蓋邑人不愼, 其宅焚, 適或繫其牛於宅外, 牛見火驚而逸, 爲行人所得, 故記之曰「无妄之災, 或繫之牛, 行人之得, 邑人之災」"라 함. 王弼 注에 "以陰居陽, 行違謙順, 是无妄之所以爲災也. 牛者, 稼穡之資也. 二以不耕而穫利有攸往, 而三爲不順之行, 故或繫之牛. 是有司之所以爲獲, 彼人之所以爲災也. 故曰'行人之得, 邑人之災'也"라 하였고, 〈正義〉에 "'无妄之災, 或繫之牛, 行人之得, 邑人之災'者, 无妄之世, 邪道不行. 六三陰居陽位, 失其正道, 行違謙順, 而乖臣範, 故无妄之所以爲災矣. 牛者, 稼穡之資. 六三僭爲耕, 事行創始之道, 而爲不順王事之行, 故有司或繫其牛制之, 使不妄造, 故曰'或繫之牛'也. 行人者, 有司之義也. 有司繫得其牛, 是行人制之得功, 故曰'行人之得'. 彼居三者, 是處邑之人, 僭爲耕事, 受其災罰, 故曰'行人之得, 邑人之災'也"라 함. 《傳》에 "三以陰柔而不中正, 是爲妄者也. 又志應於上欲也, 亦妄也. 在无妄之道, 爲災害也. 人之妄動, 由有欲也. 妄動而得, 亦必有失, 雖使得其所利其動, 而妄失已大矣. 況復凶悔隨之乎? 知者見妄之得, 則知其失必與稱也. 故聖人因六三有妄之象, 而發明其理, 云'无妄之災, 或繫之牛, 行人之得, 邑人之災'. 言如三之爲妄, 乃无妄之災害也. 設如有得其失, 隨至如或繫之牛, 或謂設或也. 或繫得牛, 行人得之, 以爲有得邑人失牛, 乃是災也. 借使邑人繫得馬, 則行人失馬, 乃是災也. 言有得則有失, 不足以爲得也. 行人‧邑人, 但言有得, 則有失, 非以爲彼己也. 妄得之福災, 亦隨之妄. 得之得失, 亦稱之, 固不足以爲得也. 人能知此, 則不爲妄動矣"라 하였고, 《本義》에 "卦之六爻, 皆无妄者也. 六三處不得正, 故遇其占者, 无故而有災. 如行人牽牛以去, 而居者反遭詰捕之擾也"라 함.

☆【行人得牛, 邑人災也】 '邑人災'는 행인이 그 소를 가져간 것인데 그 읍 사람들이 의심을 받아 전혀 생각지 않았던 재앙이 됨. 〈正義〉에 "〈象〉曰'行人得牛, 邑人災'者, 釋行人之得義也. 以行人所得, 謂得牛也. 此則得牛, 彼則爲災, 故云'邑人災'也"라 함. 《集解》에 "虞翻曰:「上動體坎, 故稱災也. 四動之正, 坤爲牛, 艮爲鼻, 爲止巽爲桑, 爲繩繫牛鼻而止桑下, 故或繫之牛也. 乾爲行人, 坤爲邑人, 乾四據三, 故行人之得. 三係於四,

故邑人之災. 或說以四變, 則牛應初. 震坤爲死喪, 故曰'行人得牛, 邑人災'也.」라 함.
《傳》에 "行人得牛, 乃邑人之災也. 有得則有失, 何足以爲得乎?"라 함.


## 九四: 可貞, 无咎.
## ☆象曰: 「可貞, 无咎」, 固有之也.

〈언해〉 九四(구ᄉ)는, 可(가)히 貞(뎡)홈이니, 咎(구)ㅣ 업스리라.
　　　☆象(샹)애 글오디 「可貞, 无咎」는 구디 둘 시라.
〈해석〉 [九四](ー): 가히 바르게 가질 수 있는 자리이니, 허물은 없으리라.
　　　☆象: "가히 바르게 가질 수 있어, 허물이 없다"함은, 굳게 이를 지켜내기 때문
이다.


　　【九四】 이는 상괘(乾, 天)의 시작이며 陽爻로 位不當함. 아래 하괘 六三의 재앙을
해결해 주어야 할 임무를 띠고 있으며, 그 바로 위에 임금(九五)이 있어 그에게 재앙
을 대신 안겨줄 위험이 있음. 따라서 모든 일 처리를 正道로 해야 허물이 없음.
　　【可貞, 无咎】 '可貞'의 貞은 正의 뜻. 正道로 함. 邪曲됨이 없이 처리함. 그러나 '可'
는 稱心, '貞'은 貞辭, 貞問, 貞卜의 뜻으로, '可貞'은 '私心 없이 점을 치다'의 뜻이라고
도 함. ○高亨은 "筮遇此爻, 所占之事可行且無咎, 故曰「可貞, 无咎」"라 함. 王弼 注에
"處无妄之時, 以陽居陰, 以剛乘柔, 履於謙順, 比近至尊, 故可以任, 正固有所守而无咎
也"라 하였고, 〈正義〉에 "'可貞, 无咎'者, 以陽居陰, 以剛乘柔, 履於謙順, 上近至尊, 可
以任正, 固有所守而无咎, 故曰'可貞, 无咎'也"라 함. 《集解》에 "虞翻曰: 「動則正, 故'可
貞'; 承五應初, 故'无咎'也.」"라 함. 《傳》에 "四剛陽而居乾體, 復无應與, 无妄者也. 剛而
无私, 豈有妄乎? 可貞固守, 此自无咎也. 九居陰得爲正(一作貞)乎? 曰以陽居乾體, 若復
處剛, 則爲(一无爲字)過矣. 過則妄也. 居四无尙剛之志也. 可貞與利貞, 不同. 可貞, 謂其
所處可貞固守之; 利貞, 謂利於貞也"라 하였고, 《本義》에 "陽剛乾體, 下无應與, 可固守
而无咎, 不可以有爲之占也"라 함.
　　☆【「可貞, 无咎」, 固有之也】 '固'는 確定, 强調의 뜻을 가지고 있음. '固有之'는 '진실
로 이를 굳게 지키다'의 뜻. '有'는 守와 같음. 혹 '본래 九四는 貞正한 德性을 가지고
있다'의 뜻이라고도 함. 〈正義〉에 "〈象〉曰'固有之'者, 釋'可貞, 无咎'之義. 所以可執, 貞
正言堅, 固有所執守, 故曰'无咎'也"라 함. 《集解》에 "虞翻曰: 「動陰承陽, 故'固有之'也.」"

라 함. 《傳》에 "貞固守之, 則无咎也"라 하였고, 《本義》에 "有, 猶守也"라 함.


# 九五: 无妄之疾, 勿藥有喜.
# ☆象曰:「无妄之藥」, 不可試也.

〈언해〉 九五(구오)는, 无妄(무망)의 疾(질)은 藥(약)디 아니면 喜(희) 이시리라.[《本義》:
无妄(무망)의 疾(질)이니 藥(약)디 아녀셔 喜(희) 이시리라]
　　☆象(상)애 글오디 无妄(무망)의 藥(약)은 可(가)히 試(시)티 몯홀 거시라.
〈해석〉 [九五](−): 무망으로 생긴 질환은 약을 쓰지 아니하면, 저절로 낫는 기쁨이
있으리라.(무망으로 생긴 질환이니, 약을 쓰지 않아서 기쁨이 있으리라.)
　　☆象: "무망에 쓰는 약"이라 함은, 가히 시험 삼아라도 할 수 없는 것이니라.


　　【九五】 이는 乾의 中央 帝位에 위치하고 있으며 陽爻로 位正當함. 전괘의 主爻이며
치유의 모든 책임을 맡고 있음. 따라서 병이 있다고 해서 마구 약을 복용하지 말아야
하듯 판결에 신중을 기해야 할 자리임.
　　【无妄之疾, 勿藥有喜】 '无妄之疾'은 无妄이라는 질환. 마구 행동하지 말아야 함에도
그렇게 한 병폐나 잘못. '勿藥有喜'은 약을 마구 복용하지 않아도 저절로 치유됨이
있음. '喜'는 痊癒, 治癒, 自癒의 뜻. ○高亨은 "「无妄之疾」者, 當得之疾也. 如食過飽,
酒過量, 貪色過度, 服事過勞等所致之疾, 皆是也. 「有喜」, 謂疾愈也. …… 殆亦古代之成語
也. 未嘗妄作而得疾病, 筮之遇此爻, 則不藥而愈, 故曰「无妄之疾, 勿藥有喜」"라 함. 王弼
注에 "居得尊位, 爲无妄之主者也. 下皆无妄, 害非所致, 而取藥焉, 疾之甚也. 非妄之災勿
治, 自復非妄而藥之, 則凶. 故曰'勿藥有喜'"라 하였고, 〈正義〉에 "'无妄之疾'者, 凡禍疾所
起, 由有妄而來. 今九五居得尊位, 爲无妄之主, 下皆无妄, 而偶然有此疾害, 故云'无妄之
疾'也. '勿藥有喜'者, 若疾自己招, 或寒暑飮食所致, 當須治療, 若其自然之疾; 非己所致,
疾當自損, 勿須藥療, 而有喜也. 此假病象以喩人事, 猶若人主而剛正, 自脩身无虛妄, 下亦
无虛妄, 而遇逢凶禍. 若堯湯之厄, 災非己招, 但順時脩德, 勿須治理, 必欲除去, 不勞煩天
下, 是有喜也. 然堯遭洪水, 使鯀禹治之者, 雖知災未可息, 必須順民之心, 鯀之不成以災未
息也. 禹能治救, 災欲盡也. 是亦自然之災, 勿藥有喜之義也"라 함. 《集解》에 "虞翻曰:「四
己之正, 上動體坎, 坎爲疾病, 故曰'无妄之疾'也. 巽爲木, 艮爲石, 故稱'藥'矣. 坎爲多眚,
藥不可試, 故'勿藥有喜'. 『康子饋藥, 丘未達, 故不嘗.』(《論語》鄕黨) 此之謂也.」"라 함.

《傳》에 “九以中正, 當尊位, 下復以中正, 順應之, 可謂无妄之至者也. 其道无以加矣. 疾, 爲之病者也. 以九五之无妄, 如其有疾, 勿以藥治, 則有喜也. 人之有疾, 則以藥石攻去其邪, 以養其正, 若氣體平和, 本无疾病; 而攻治之, 則反害其正矣. 故勿藥, 則有喜也. 有喜, 謂疾自亡也. 无妄之所謂疾者, 謂若治之而不治, 率之而不從, 化之而不革, 以妄而爲无妄之疾. 舜之有苗周, 公之管蔡, 孔子之叔孫·武叔是也. 旣己无妄而有疾之者, 則當自如. 无妄之疾, 不足患也. 若遂自攻治, 乃是渝其无妄, 而遷於妄也. 五旣處无妄之極, 故唯戒在動, 動則妄矣”라 하였고, 《本義》에 “乾剛中正, 以居尊位, 而下應亦中正, 无妄之至也. 如是而有疾, 勿藥而自愈矣. 故其象占如此”라 함.

☆【「无妄之藥」, 不可試也】 ‘不可試’는 시험 삼아 해서도 안 됨. 약을 쓰는 것이 곧 망녕된 행위임. 王弼 注에 “藥攻有妄者也, 而反攻无妄, 故‘不可試’也”라 하였고, 〈正義〉에 “〈象〉曰‘不可試’者, 解‘勿藥有喜’之義. 若有妄致疾, 其藥可用; 若身旣无妄, 自然致疾, 其藥不可試也. 若其試之, 恐更益疾也. 言非妄有災, 不可治也; 若必欲治之, 則勞煩於下, 害更甚也. 此非直施於人主, 至於凡人之事, 亦皆然也. 若己之无罪, 忽逢禍患, 此乃自然之理, 不須憂勞, 救護亦恐反傷其性”이라 함. 《集解》에 “侯果曰:「位正居尊爲无妄, 貴主『百姓有過, 在予一人』(《論語》堯曰). 三四妄處五, 乃憂疾, 非乖攝, 則藥不可試. 若下皆不妄, 則不治自愈. 故曰‘勿藥有喜’也.」”라 함. 《傳》에 “人之有妄, 理必修改, 旣无妄矣. 復藥以治之, 是反爲妄也. 其可用乎? 故云不可試也. 試, 暫用也, 猶曰少嘗之也”라 하였고, 《本義》에 “旣己无妄, 而復藥之, 則反爲妄, 而生疾矣. 試, 謂少嘗之也”라 함.


# 上九: 无妄行, 有眚, 无攸利.
# ☆象曰:「无妄之行」, 窮之災也.

〈언해〉 上九(샹구)는, 无妄(무망)애 行(ᄒᆡᆼ)이면 眚(싱)이 이셔, 利(리)홀 배 업스니라.
　　　　[《本義》: 无妄(무망)애 行(ᄒᆡᆼ)홈이니]
　　　　☆象(샹)애 ᄀᆞᆯ오디 「无妄(무망)의 行(ᄒᆡᆼ)」은 窮(궁)의 災(ᄌᆡ)라.
〈해석〉 [上九](一): 무망한 일임에도 행동하면, 재앙이 있어, 이로울 것이 없으리라.(무망함에도 행동함이니)
　　　　☆象: “무망함에도 하는 행동”이라 함은, 곤궁의 재앙일 뿐이라는 것이다.

【上九】 이는 全卦의 마무리이며 陽爻로 位不當함. 그럼에도 자신의 陽剛과 아래 帝王(九五)조차 陽剛임을 믿고, 无妄卦 本領을 그대로 밀고 나가다가 재앙을 만남. 따라서 곧 變轉될 有望의 때를 조용히 기다려야 함.

【无妄行, 有眚, 无攸利】 '无妄行'은 '무망한 짓을 행하다'의 뜻. 그러나 命令間으로 '无'는 勿, 毋와 같음. '妄行을 하지 말라'의 뜻으로 봄이 더욱 명확함. 그런가 하면 ○高亨은 "此爻'无'字疑衍, 蓋後人見卦名无妄, 初九, 六三, 九五皆有'无妄'二字, 因於此爻增'无'字耳"라 하여, '无'자가 없어야 하며, '망녕된 짓을 하니, 재앙이 있다'로 보았음. 그러면서 역시 "或曰此警誡之語, '无'猶'毋'也, 禁止之詞, 與上文三无字義稍異. 人毋妄行, 如妄行則有眚而無所利, 故曰「无妄行, 有眚, 無攸利」"라 하여 '禁止語로 볼 경우 원문이 맞다'는 주장도 싣고 있음. 王弼 注에 "處不可妄之極, 唯宜靜保其身而已. 故不可以行也"라 하였고, 〈正義〉에 "處不可妄之極, 唯宜靜保其身. 若動, 行必有災眚, 无所利也"라 함. 《集解》에 "虞翻曰:「動而成坎, 故行有眚. 乘剛逆命, 故无攸利. 天命不祐, 行矣哉!.」"라 함. 《傳》에 "上九居卦之終, 无妄之極者也. 極而復行, 過於理也. 過於理, 則妄也(一作矣). 故上九而行, 則有過眚而无所利矣"라 하였고, 《本義》에 "上九非有妄也. 但以其窮極, 而不可行耳. 故其象占如此"라 함.

☆【「无妄之行」, 窮之災也】 '窮之災'는 窮盡한 재앙. 꽉 막혀 더 이상 어쩔 수 없는 切望의 재앙. 혹 마지막 재앙, 즉 곧 有望이 올 것임을 암시함. 〈正義〉에 "位處窮極, 動則致災, 故〈象〉云'无妄之行, 窮之災'也"라 함. 《集解》에 "崔憬曰:「居无妄之中, 有妄者也. 妄而應三, 上下非正, 窮而反妄, 故爲災也.」"라 함. 《傳》에 "无妄旣極, 而復加進, 乃爲妄矣. 是窮極而爲災害也"라 함.

# 026 대축大畜

☷ 山天大畜: ▶乾下艮上(☰下☶上)


*大畜(대축): '畜'은 〈音義〉에 "畜, 本又作蓄. 敕六反. 義與小畜同"이라 하여 '대축 (dàchù)'으로 읽음. '大畜'의 크게 畜養(儲蓄, 蓄積)함을 뜻하며 '小畜'(009)과 상대됨. '畜'은 '蓄'과 같으며, 크게 積蓄함. 〈音義〉에 "畜, 本又作蓄"이라 함. 하괘는 乾(天)이며 상괘는 艮(山)으로, 하늘 위에 산이 있는 異卦相疊의 '山天' 괘체임. 따라서 우뚝 솟아 하늘 위에 있는 山(艮, 蓄積, 賢人)을 하늘 위의 太陽(陽剛, 天, 乾)이 비춰, 나라의 현인을 길러내는 의미를 가지고 있음. 따라서 군자라면 陽剛과 正氣, 그리고 美德을 크게 축적하여 賢人을 숭상하고 그들의 훌륭한 행동과 도리를 높이 여겨주는 안목을 가져야 함을 상징함. 〈釋文〉에 "畜, 積也, 聚也"라 함.

*《集解》에 "〈序卦〉曰:「有无妄, 然後可畜也. 故受之以'大畜'.」(崔憬曰:「有誠實, 則 可以中心藏之, 故言'有无, 妄然後可畜'也.」)"이라 함.

*《傳》에 "大畜', 〈序卦〉:「有无妄, 然後可畜. 故受之以'大畜'.」无妄, 則爲有實, 故可 畜聚. 大畜所以次无妄也. 爲卦艮上乾下, 天而在於山中, 所畜至大之象. 畜, 爲畜止, 又 爲畜聚止則聚矣(一有又字). 取天在山中之象, 則爲蘊畜取. 艮之止乾, 則爲畜止. 止而後 有積, 故止爲畜義"라 함.


## (1) 卦辭

# 大畜: 利貞. 不家食, 吉, 利涉大川.

〈언해〉大畜(대튝)은 貞(뎡)홈이 利(리)ᄒ니, 家(가)애 食(식)디 아니 ᄒ면 吉(길)ᄒ니, 大川(대쳔)을 涉(셥)홈이 利(리)ᄒ니라.[《本義》: 家(가)애 食(식)디 아니 ᄒ야 吉 (길)ᄒ고]

〈해석〉대축(大畜, 대축괘)은 마음을 곧고 바르게 가져야 이롭다. 집에서 밥을 먹지 않으면 길하니, 큰 냇물을 건넘에 이로우리라.(집에서 밥을 먹지 아니하여 길하고)

【大畜】卦名이며, 크게 축적함. 〈正義〉에 “謂之‘大畜’者, 乾健上進, 艮止在上, 止而畜之. 能畜止剛健, 故曰‘大畜’. 〈彖〉曰‘能止健, 大正也’, 是能止健, 故爲大畜也. 〈小畜〉則巽在乾上, 以其巽順, 不能畜止乾之剛, 故云‘小畜’也. 此則艮能止之, 故爲‘大畜’也”라 함. 《集解》에 “虞翻曰:「〈大壯〉初之上, 其德剛上也. 與〈萃〉旁通. 二五失位, 故利貞. 此〈萃〉五之〈復〉二成〈臨〉, 臨者, 大也. 至上有頤養之象, 故名大畜也.」”라 함.

【利貞; 不家食, 吉, 利涉大川】‘利貞’은 〈正義〉에 “‘利貞’者, 人能止健, 非正不可, 故利貞也”라 함. ‘不家食’은 집에서 식사를 하지 않음. 현자로 하여금 나라의 일에 매달리도록 하여, 집의 밥을 먹지 않고 조정의 식록을 먹도록 함. 〈正義〉에 “‘不家食, 吉’者, 已有大畜之資, 當須養瞻賢人, 不使賢人在家自食, 如此乃吉也”라 함. 그러나 ○高亨은 “利貞, 猶利占也. 筮遇此卦, 擧事有利, 故曰「利貞」. 今人往往受術士之指示, 某日不食於家, 而食於外, 以避災眚, 古人蓋亦有此類事, 故曰「不家食吉」”이라 함. ‘利涉大川’은 큰 내를 건너기에 이로움. 큰 난관을 통과하기에 이로움. ○高亨은 “又筮遇此卦, 涉大川則利, 故曰「利涉大川」”이라 함. 〈正義〉에 “‘利涉大川’者, 豐財養賢, 應於天道, 不憂險難, 故利涉大川”이라 함. 《集解》에 “虞翻曰:「二稱家謂二. 五易位成〈家人〉, 〈家人〉體〈噬嗑〉食, 故‘利涉大川, 應乎天’也.」”라 함. 《傳》에 “莫大於天, 而在山中, 艮在上而止, 乾於下皆蘊畜, 至大之象也. 在人爲學術道德, 充積於內, 乃所畜之大也. 凡所畜聚, 皆是專言其大者, 人之蘊畜, 宜得正道, 故云‘利貞’. 若夫異端偏學, 所畜至多, 而不正者, 固有矣. 旣道德充積於內, 宜在上位, 以享天祿, 施爲於天下, 則不獨於(一无於字)一身之吉, 天下之吉也. 若窮處而自食於家, 道之否也. 故不家食, 則吉. 所畜旣大, 宜施之於時, 濟天下之艱險, 乃大畜之用也. 故利涉大川, 此只據大畜之義而言. 〈彖〉更以卦之才德而言, 諸爻則惟有止畜之義, 蓋《易》體道, 隨宜取明且近者”라 하였고, 《本義》에 “大, 陽也. 以艮畜乾, 又畜之大者也. 又以內乾剛健, 外艮篤實輝光, 是以能日新其德, 而爲畜之大也. 以卦變言, 此卦自需而來, 九自五而上, 以卦體言, 六五尊而尙之, 以卦德言, 又能止健, 皆非大正不能, 故其占爲利貞而不家食吉也. 又六五下應於乾, 爲應乎天, 故其占又爲利涉大川也. 不家食謂食祿於朝, 不食於家也”라 함.

## (2) 彖辭와 象辭

彖曰: 大畜, 剛健篤實, 輝光日新其德, 剛上而尚賢, 能止健, 大正也.

「不家食, 吉」, 養賢也;「利涉大川」, 應乎天也.

★象曰: 天在山中, 大畜. 君子以多識前言往行, 以畜其德.

〈언해〉彖(단)애 굴오디 大畜(대튝)은 剛健(강건)ᄒ고 篤實(독실)ᄒ고, 輝光(휘광)ᄒ야
   日(일)로 그 德(덕)을 新(신)홈이니,
   剛(강)이 上(샹)ᄒ야 賢(현)을 尙(샹)ᄒ고, 能(능)히 健(건)을 止(지)ᄒ요미 크게
   正(졍)홈이라.
   「不家食, 吉」은 賢(현)을 養(양)홈이오, 「利涉大川」는 天(텬)을 應(응)홈이라.
   ★象(샹)애 굴오디 天(텬)이 山中(산듕)에 이쇼미 大畜(대튝)이니, 君子(군ᄌ)ㅣ
   以(이)ᄒ야 前言(젼언)과 往行(왕ᄒᆡᆼ)을 만히 識(식)ᄒ야, 뻐 그 德(덕)을 畜(튝)ᄒ
   ᄂ니라.

〈해석〉彖: 대축괘는 강건하고 독실하며, 빛이 나서 날로 그 덕을 새롭게 하는 것이니,
   강함이 위로 올라가 어진 이를 숭상하고, 능히 건실함에 머물게 함이, 크게 바른
   것이다.
   "집에서 밥을 먹지 않으면 길하다"함은, 어진 이들 길러냄이요, "큰 냇물을 건너
   기에 이롭다"함은, 하늘에 응함이다.
   ★象: 하늘이 산 속에 있는 것이 대축괘이니, 군자는 이를 바탕으로 하여, 옛
   성현의 말씀과 옛날 하신 행위를 많이 알아서, 이로써 그 덕을 축적하느니라.


【大畜, 剛健篤實, 輝光日新其德】'剛健'은 하괘(乾, 天)의 陽剛하고 健壯함을, '篤實'은
상괘(艮, 山, 陽)의 든든하고 篤厚함을 뜻함. '輝光'은 상하 모두 양성의 괘로 서로 내뿜
는 빛이 찬란함. '日新'은 그 덕을 날로 새롭게 함. '其德'은 卦象이 보여주는 養賢의
덕. 王弼 注에 "凡物旣厭而退者, 弱也; 旣榮而隕者, 薄也. 夫能'輝光日新其德'者, 唯剛健
篤實也"라 하였고, 〈正義〉에 "言'大畜, 剛健篤實'者, 此釋大畜之義. 剛健, 謂乾也. 乾體剛
性健, 故言'剛健'也. '篤實', 謂艮也. 艮體靜止, 故稱'篤實'也. '輝光, 日新其德'者, 以其剛
健篤實之故, 故能輝耀光榮, 日日增新其德, 若无剛健, 則劣弱也. 必旣厭而退. 若无篤實,
則虛薄也. 必旣榮而隕, 何能久有輝光日新其德乎?"라 함. 《集解》에 "虞翻曰:「剛健謂乾;

篤實謂艮. 二已之五, 利涉大川, 互體離坎離爲日, 故‘輝光日新’也.」라 함. 《傳》에 “以卦之才德而言也. 乾體剛健, 艮體篤實. 人之才, 剛健篤實, 則所畜能大, 充實而有輝光; 畜之不已, 則其德日新也”라 하였고, 《本義》에 “以卦德, 釋卦名義”라 함.

【剛上而尙賢, 能止健, 大正也】‘剛上而尙賢’은 乾卦의 陽剛이 위로 올라가 艮(山)의 현명함을 숭상해줌. 王弼 注에 “謂上九也. 處上而大通, 剛來而不距, 尙賢之謂也”라 하였고, 〈正義〉에 “‘剛上而尙賢’者, 剛上, 謂上九也. 乾剛向上, 上九不距, 是貴尙賢也”라 함. ‘能止健’은 下卦(乾)의 剛健과 上卦(艮)의 停止를 뜻하며, 둘 모두 자신의 本領을 능히 해냄. 즉 下卦 乾이 剛健함을 위의 두 陰爻(六四, 六五)에 의해 畜止하여 품어냄. 그러나 ○高亨은 “當作健能止, 轉寫之誤. 能讀爲而”라 하여, ‘健能止’여야 하며 ‘健而止’의 뜻이라 하였음. ‘大正’은 이 괘는 品德이 偉大하고 행동이 貞正함을 뜻함. 王弼 注에 “健莫過乾, 而能止之, 非夫大正, 未之能也”라 하였고, 〈正義〉에 “‘能止健, 大正’者, 釋利貞義, 所以艮能止乾之健者, 德能大正, 故能止健也”라 함. 《集解》에 “蜀才曰:「此本〈大壯〉卦.」案:「剛自初升, 爲主於外, 剛陽居上, 尊尙賢.」虞翻曰:「健乾止艮也. 二五易位, 故大正. 舊讀言能止健, 誤也.」”라 함. 《傳》에 “剛上, 陽居上也. 陽剛居尊位之上, 爲尙賢之義, 止居健上, 爲能止健之義. 止乎健者, 非大正, 則安能以剛陽在上, 與尊尙賢德, 能止至健? 皆大正之道也”라 하였고, 《本義》에 “以卦變卦體, 釋卦辭”라 함.

【「不家食, 吉」, 養賢也】‘養賢’은 어진 이를 길러냄. ‘賢’은 ‘仁’과 구분하여 능력이 뛰어난 자, 똑똑한 자를 가리킴. 〈正義〉에 “‘不家食吉, 養賢’者, 釋不家食吉, 所以不使賢者在家自食, 而獲吉者, 以在上有大畜之實, 養此賢人, 故不使賢者在家自食”라 함. 《集解》에 “虞翻曰:「二五易位成〈家人〉, 今體頤養象, 故不家食, 吉, 養賢也.」○案:「乾, 爲賢人也; 艮, 爲宮闕也. 令賢人居於闕下, 不家食之象.」”이라 함. 《本義》에 “亦取尙賢之象”이라 함.

【「利涉大川」, 應乎天也】‘應乎天’은 하늘의 뜻에 순응함. 天은 자연 섭리를 뜻함. 王弼 注에 “有大畜之實, 以之養賢. 令賢者不家食, 乃吉也. 尙賢制健, 大正應天, 不憂險難, 故利涉大川也”라 하였고, 〈正義〉에 “‘利涉大川, 應乎天’者, 以貴尙賢人, 大正應天, 可踰越險難, 故利涉大川也, ‘凡物旣厭而退者, 弱也’者, 釋經‘剛健’也. 若不剛健, 則見厭被退. 能剛健, 則所爲日進, 不被厭退也. ‘旣榮而隕者, 薄也’者, 釋經‘篤實’也. ‘凡物暫時榮華, 而卽隕落’者, 由體質虛薄也. 若能篤厚充實, 則恒保榮美, 不有隕落也. 謂‘上九也’者, 言上九之德, 見乾之上進, 而不距逆, 是貴尙賢也. ‘處上而大通’者, 釋上九; ‘何天之衢, 亨’, 是處上通也. 旣處於上下應於天, 有大通之德也. ‘剛來而不距’者, 以有大通, 旣是乾來而不距逆, 是尙賢之義也. ‘尙賢制健’者, 謂上九剛來不距尙賢之謂也. 艮能畜剛制健之謂也. 故

上經云'剛上而尚賢'. 王註云'謂上九也'. 又云'能止健大正也'. 王註云'健莫過乾, 而能止之,
非夫大正未之能也'. 則是全論艮體, 明知尙賢, 謂上九也. '制健', 謂艮體也. '大正應天'者,
謂艮也. 故前文云'能止健, 大正也'. 止健是艮也. '應天'者, 上體之艮, 應下體之乾, 故稱'應
天'也. 此取上卦下卦而相應, 非謂一陰一陽而相應也'라 함. 《集解》에 "京房曰: 「謂二變五
體坎, 故'利涉大川'; 五天位, 故曰'應乎天'.」"이라 함. 《傳》에 "大畜之人, 所宜施其所畜,
以濟天下, 故不食於家, 則吉. 謂居天位, 亨天祿也. 國家養賢, 賢者得行其道也. '利涉大
川', 謂大有蘊畜之人, 宜濟天下之艱險也. 〈象〉更發明卦才云, 所以能涉大川者, 以應乎天
也. 六五, 君也. 下應乾之中, 爻乃大畜之君, 應乾而行也. 所行能應乎天, 无艱險之不可濟,
況其他乎!"라 하였고, 《本義》에 "亦以卦體而言"이라 함.

★【天在山中, 大畜】下卦(乾, 天)가 상괘(艮, 山) 아래에 있는 괘상이어서 '하늘이
산 속에 있다'라 표현한 것임. 天의 無限廣大함을 大山이 품고 있어, 엄청난 축적을
상징함. 즉 德이란 天처럼 無限廣大한 것이며, 이를 養賢과 修養을 위해 품고 있음을
말함. 《集解》에 "向秀曰: 「止莫若山, 大莫若天. 天在山中, 大畜之象, 天爲大器, 山則極
止, 能止大器, 故名'大畜'也.」"라 함.

【君子以多識前言往行, 以畜其德】'多識前言'은 옛사람의 훌륭한 말씀들을 많이 알
고 이를 활용함. '往行'은 지향하는 목표를 향해 나아감. '以畜其德'은 이를 바탕으로
그 덕을 축적함. 王弼 注에 "物之可畜於懷, 令德不散盡於此也"라 하였고, 王弼 注에 "物
之可畜於懷, 令德不散盡於此也"라 하였고, 〈正義〉에 "'天在山中'者, 欲取德積於身中,
故云'天在山中'也. '君子以多識前言往行, 以畜其德'者, 君子則此大畜, 物旣大畜德, 亦大
畜, 故多記識前代之言, 往賢之行, 使多聞多見, 以畜積己德. 故云'以畜其德'也. '物之可
畜於懷令其道德, 不有棄散'者, 唯貯藏前言往行於懷, 可以令德不散也. 唯此而已, 故云盡
於此也"라 함. 《集解》에 "虞翻曰: 「君子, 謂乾. 乾爲言, 震爲行, 坎爲志識. 乾知大始,
震在乾前, 故'識前言往行', 有頤養象, 故'以畜其德'矣.」"라 함. 《傳》에 "天爲至大而在山
之中, 所畜至大之象. 君子觀象, 以大其蘊畜人之, 蘊畜由學而大, 在多聞前古聖賢之言,
與行考跡, 以觀其用, 察言以求, 其心識而得之, 以畜成其德, 乃大畜之義也"라 하였고,
《本義》에 "天在山中, 不必實有是事, 但以其象言之耳"라 함.

## (3) 爻辭와 象辭

初九: 有厲, 利已.
☆象曰: 「有厲, 利已」, 不犯災也.

〈언해〉 初九(초구)는 厲(려)홈이 이시리니, 마로미 利(리)ᄒᆞ니라.

　　☆象(상)애 ᄀᆞᆯ오디 「有厲, 利已」는 災(ᄌᆡ)를 犯(범)티 아니홈이라.

〈해석〉 [初九](一): 위태로운 일이 있을 것이니, 그만둠이 이롭다.

　　☆象: "위태로운 일이 있을 것이니 그만둠이 이롭다"함은, 재앙을 범하지 말라는 뜻이다.


　　【初九】 이는 전괘와 하괘의 출발이며, 陽爻로 位正當하고 剛健함. 따라서 우선 축적부터 하고자 과욕을 부림. 그러나 맨 아래 위치하여 힘을 발휘할 수 없으며, 상배하는 六四가 陰爻여서 더욱 卑微함. 그 때문에 행동을 중지하도록 권고한 것임.

　　【有厲, 利已】 '厲'는 지독함. 혹은 위태로움. '已'는 '그만두다, 그치다'의 動詞. ○高亨은 "筮遇此爻, 將有危險, 然亦無害, 終利於己, 故曰「有厲, 利已」"라 하여, '已'를 '己'자로 보았음. 王弼 注에 "四乃畜已, 未可犯也. 故進則有厲, 已則利也"라 함. 《集解》에 "王弼曰: 「四, 乃畜已, 未可犯也. 進則災危, 有厲則止, 故利已.」"라 함. 《傳》에 "大畜艮止畜乾也. 故乾三爻, 皆取被止(一作止之), 義艮三爻, 皆取止之爲義. 初以陽剛, 又健體而居下, 必上進者也. 六四在上, 畜止於已, 安能敵在上得位之勢? 若犯之而進, 則有危厲, 故利在已而不進也. 在他卦, 則四與初爲正應, 相援者也. 在大畜, 則相應乃爲相止畜, 上與三皆陽, 則爲合志. 盖陽皆上進之物, 故有同志之象, 而无相止之義"라 하였고, 《本義》에 "乾之三陽, 爲艮所止, 故內外之卦, 各取其義. 初九爲六四所止, 故其占'往則有危, 而利於止'也"라 함.

　　☆【「有厲, 利已」, 不犯災也】 '不犯災'는 재앙을 일으킬 일을 범하지 않아야 함. 王弼 注에 "處健之始, 未果其健者, 故能利已"라 하였고, 〈正義〉에 "初九雖有應於四, 四乃抑畜於己. 己今若往, 則有危厲. 唯利休已, 不須前進, 則不犯禍凶也. 故〈象〉云'不犯災'也"라 함. 《集解》에 "虞翻曰: 「謂二變正, 四體坎, 故稱'災'也.」"라 함. 《傳》에 "危則宜已, 不可犯災危而行也. 不度其勢, 而進有災必矣"라 함.

九二: 輿說輹.

☆象曰:「輿說輹」, 中无尤也.

〈언해〉九二(구이)는, 輿(여)ㅣ 輹(복)을 說(탈)홈이로다.

　　　☆象(상)애 ᄀᆞᆯ오ᄃᆡ「輿說輹」은 中(듕)흔 디라 尤(우)ㅣ 업스니라.

〈해석〉 [九二](一): 수레의 바퀴살이 벗겨졌다.

　　　☆象: "수레의 바퀴살이 벗겨졌다"함은, 중앙에 위치하였기에 허물은 없을 것
이다.


【九二】 이는 하괘(건)의 中央에 위치하여 陽剛의 주도적인 역할을 하고자 하나 位
不當하여, 他意(六五)에 의해 훼손되어 나서지 못함을 알고 스스로 멈춤. 그것이 도리
어 허물을 벗어나는 결과를 얻음.

【輿說輹】 '輿'는 수레바퀴 살이 모이는 곳. '說'(탈)은 '脫'과 같음. 벗겨짐, 이탈됨.
'輹'은 수레바퀴살. 輻의 가차. 《集解》에는 '腹'으로 썼음. ○高亨은 "「輿說輹」者, 乖離之
象, 解見〈小畜〉"이라 함. 王弼 注에 "五處畜盛, 未可犯也. 遇斯而進, 故輿說輹也"라 하였
고, 〈正義〉에 "九二雖與六五相應, 五處畜盛, 未可犯也. 若遇斯而進, 則輿說其輹, 車破敗
也"라 함. 《集解》에 "虞翻曰:「萃坤爲車爲輹, 坤消乾成, 故'車說腹'. '腹', 或作輹也.」"라
함. 《傳》에 "二爲六五所畜止, 勢不可進也. 五據在上之勢, 豈可犯也? 二雖剛健之體, 然其
處得中道, 故進止无失. 雖志於進, 度其勢之不可, 則止而不行, 如車輿脫去(一有其字)輪
輹, 謂不行也"라 하였고, 《本義》에 "九二亦爲六五所畜, 以其處中, 故能自止而不進, 有此
象也"라 함.

☆【「輿說輹」, 中无尤也】 '中无尤'의 '中'은 하괘의 중앙에 위치함을 뜻함. 이 효는
六五와 正應하여 음양이 배합되나 위치가 바뀌어 둘 모두 位不當함. 그 때문에 '輿說
輹'한 것이며, 이로 인해 허물이 없음. 王弼 注에 "居得其中, 能以其中, 不爲馮河死而无
悔, 遇難能止, 故无尤也"라 하였고, 〈正義〉에 "以其居中, 能遇難而止, 則无尤過. 故〈象〉
云'中无尤'也. 以其居中, 能自止息, 故'无尤'也. 此輿說輹, 亦假象以明人事也"라 함. 《集
解》에 "盧氏曰:「乾爲輿.」案:「輹車之鉤心, 夾軸之物, 處失其正, 上應於五, 五居畜盛,
止不我升, 故且'說輹'. 停留待時, 而進退得正, 故'无尤'也.」"라 함. 《傳》에 "輿說輹而不
行者, 蓋其處得中道, 動不失宜, 故无過尤也. 善莫善於剛中, 柔中者不, 至於過柔耳. 剛
中, 中而才也. 初九處不得中, 故戒以有危宜已. 二得中進止, 自无過差, 故但言'輿說輹',
謂其能不行也. 不行則无尤矣. 初與二, 乾體剛健而不足以進, 四與五陰柔而能止. 時之盛

衰, 勢之强弱, 學《易》者所宜, 深識也"라 함.


# 九三: 良馬逐, 利艱貞. 曰閑輿衛, 利有攸往.
## ☆象曰: 「利有攸往」, 上合志也.

〈언해〉 九三(구삼)은, 良馬(냥마) ] 逐(튝)홈이니, 艱(간)코 貞(뎡)홈이 利(리)ᄒ니, 日
    (일)로 輿(여)와 衛(위)를 閑(한)ᄒ면, 徃(왕)홀 빠를 두미 利(리)ᄒ리라.
    ☆象(샹)애 ᄀᆞᆯ오디 「利有攸徃」은 上(샹)이 志(지) ] 合(합)홀 시라.
〈해석〉 [九三](一): 좋은 말을 타고 쫓아가는 것이니, 어려움을 겪으면서 그럴수록 바르
    게 함이 이롭다. 날마다 수레 몰기와 자신을 방어하는 기능을 숙련되게 할 것이
    며, 갈 데가 있으면 이로우리라.
    ☆象: "갈 데가 있으면 이롭다"함은, 윗사람이 그와 뜻을 합하기 때문이다.


【九三】 이는 하괘의 윗자리로 位正當하며, 아래 두 陽爻로 인해 매우 강한 힘을
가지고 있음. 이로써 쌓아놓은 덕이 充沛하나 어려움을 당할수록 바른 각오를 가져야
이로움.

【良馬逐, 利艱貞】 '良馬逐'은 좋은 말을 타고 쫓아감. 그러나 '逐'은 交配의 뜻으로
보기도 함.《集韻》에 "逐, 牝牡合也"라 함. '利艱貞'은 艱難을 만났을 때 正道로 함이
유리함. '貞'은 正과 같음. ○高亨은 "「良馬逐」者, 謂駕良馬有所追逐也. 馬良行速, 其途
雖艱, 亦無害, 故曰「良馬逐, 利艱貞」"이라 함. 王弼 注에 "凡物極則反, 故畜極則通. 初二
之進, 值於畜盛, 故不可以升. 至於九三, 升於上九, 而上九處天衢之亨, 塗徑大通, 進无違
距, 可以馳騁, 故曰'良馬逐'也. 履當其位, 進得其時, 在乎通路, 不憂險阨, 故'利艱貞'也"라
하였고, 〈正義〉에 "九三, 良馬逐'者, 初二之進, 值於畜盛, 不可以升, 至於九三, 升于上
九, 而上九處天衢之亨, 塗徑大通, 進无違距, 故'九三可以良馬馳逐'也. '利艱貞'者, 履當其
位, 進得其時, 在乎通路, 不憂險阨, 故宜'利艱難而貞正'也. 若不值此時, 雖平易守正, 而尙
不可, 況艱難而欲行正乎?"라 함.

【曰閑輿衛, 利有攸往】 '曰'은 '日'의 오기. 朱熹《本義》에 "'曰', 當爲日月之'日'"이라
하였고, 〈諺解〉에도 '日(일)'로 되어 있음. 聞一多는 "〈釋文〉引鄭本曰作日, 注曰:「日習
車徒」. 於義爲長"이라 함. '閑'은 '익히다, 숙달되다, 익숙하다, 숙련되다'의 뜻. '輿衛'
는 전투에서 電車의 防禦 연습. '衛'는 '막다, 보위하다, 防衛'의 뜻. '利有攸往'은 여행.

길을 나섬. 이 효는 네 가지 占(良馬의 交配, 艱難을 당한 일, 電車의 전투 연습, 旅行)을 묶어 모두 이롭다로 설명한 것임. 이에 이 구절의 '利'자에 관통되도록 한 것으로 보고 있음. ○高亨은 "「曰」, 疑當作四, 形近而譌. 四借爲駟. …… 是四駟古今字. 周初蓋無駟字, 故只作四耳. 並以閑爲馬駕車之閑習. …… 駟閑而輿善, 自利有所往, 故曰「閑輿衛, 利有攸往」"이라 하여, '曰'은 '四'(駟)의 오기일 것이라 하였음. 王弼 注에 "閑, 閡也; 衛, 護也. 進得其時, 雖涉艱難, 而无患也. 輿雖遇閑, 而故衛也. 與上合志, 故'利有攸往'也"라 하였고, 〈正義〉에 "'曰閑輿衛'者, 進得其時, 涉難无患, 雖曰有人, 欲閑閡車輿, 乃是防衛, 見護也. 故云'曰閑輿衛'也"라 함. 《集解》에 "虞翻曰:「乾爲良馬, 震爲驚走, 故稱'逐'也. 謂二已變, 三在坎中, 故利艱貞吉, 離爲日, 二至五體師象, 坎爲閑習坤爲車輿, 乾人在上, 震爲驚衛, 講武閑兵, 故曰'曰閑輿衛'也.」"라 함. 《傳》에 "三剛健之極, 而上九之陽, 亦上進之物. 又處畜之極, 而思變也. 與三乃不相畜, 而志同相應以進者也. 三以剛健之才, 而在上者, 與合志而進, 其進如良馬之馳逐, 言其速也. 雖其進之勢(一作志), 速不可恃, 其才之健, 與上之應而忘備, 與愼也. 故宜艱難其事, 而由貞正之道. 輿者, 用行之物; 衛者, 所以自防當. 自(一无自字)日常閑習, 其車輿與其防衛, 則利有攸往矣. 三乾體而居正能貞者也. 當有銳進, 故戒以知難, 與不失其貞(一作正)也. 志旣銳於進, 雖剛明, 有時而失, 不得不誡也"라 하였고, 《本義》에 "三以陽居健極, 上以陽居畜極, 極而通之時也. 又皆陽爻, 故不相畜, 而俱進有良馬逐之象焉. 然過剛銳進, 故其占, 必戒以艱貞閑習, 乃利於有往也. '曰', 當爲日月之'日'"이라 함.

☆【'利有攸往', 上合志也】 '上合志'의 上은 尙의 假借. '숭상하다, 높이 여기다'의 뜻. 그러나 〈諺解〉에는 '위'의 뜻으로 보았음. 이 경우 '上'은 上九를 가리킴. 〈正義〉에 "'利有攸往'者, 與上合志, 利有所往, 故〈象〉曰'上合志'也"라 함. 《集解》에 "虞翻曰:「謂上應也. 五已變正, 上動成坎, 坎爲志, 故'利有攸往, 與上合志也'.」"라 함. 《傳》에 "所以'利有攸往'者, 以與在上者合志也. 上九陽性, 上進且畜已極, 故不下畜三, 而與(一有三字)合志上進也"라 함.


# 六四: 童牛之牿, 元吉.
## ☆象曰: 六四「元吉」, 有喜也.

〈언해〉六四(륙사)는, 童牛(동우)의 牿(곡)홈이니, 元(원)코 吉(길)ᄒ니라.
　　☆象(상)애 ᄀᆞᆯ오디 「六四元吉」은 喜(희) 이숌이니(라).

〈해석〉 [六四](--): 송아지 뿔에 횡목을 대어 사람이 다치지 않도록 함이니, 크게 길하
리라.

　　☆象: 육사 효의 "크게 길함"이란 기뻐할 일이 있을 것이기 때문이다.


　　【六四】이는 상괘(艮, 山)의 시작이며 음효로 위정당함. 이에 아래 乾(天)의 세 陽剛
한 효가 올라옴을 이어받아 일단 중지시켜 속도를 완화시킴.

　　【童牛之牿, 元吉】'童牛'는 송아지. '犢'과 같음. 그러나 숫소를 의미한다고도 함.
李鏡池는 "童牛, 公牛. 童借爲犝"이라 함. '牿'은 외양간. 또는 소의 두 뿔에 횡목을
묶어 사람을 받지 못하도록 한 것이라고도 함. '牿'의 初文은 告이며,《說文》에 "告,
牛觸人, 角箸橫木, 所以告人也"라 하였음. '元吉'은 크게 길함. 그러나 〈諺解〉에는 "元
하고 吉하다"로 풀이하였음. ○高亨은 "牿之言梏也. 以木箸牛角謂之梏. 其義一也. 童牛
角初生, 喜觸, 其角未堅, 易折, 牿之則不致觸傷人物, 或傷其角, 故曰「童牛之牿, 元吉」"
이라 함. 王弼 注에 "處艮之始, 履得其位, 能止健初, 距不以角, 柔以止剛, 剛不敢犯, 抑
銳之始, 以息强爭, 豈唯獨利乃將有喜也?"라 하였고, 〈正義〉에 "'童牛之牿'者, 處艮之始,
履得其位, 能抑止剛健之初, 距此初九, 不須用角, 故用童牛牿, 止其初也"라 함.《集解》
에 "虞翻曰:「艮爲童, 五已之正. 萃坤爲牛, 牿謂以木楅其角. 大畜, 畜物之家, 惡其觸害.
艮爲手爲小木, 巽爲繩, 繩縛小木, 橫著牛角, 故曰'童牛之牿'. 得位承五, 故;元吉;, 而喜.
喜, 謂五也.」"라 함.《傳》에 "以位而言, 則四下應於初, 畜初者也. 初居最下, 陽之微者,
微而畜之, 則易制, 猶童牛而加牿, 大善而吉也. 槩論畜道, 則四艮體居上位, 而得正, 是
以正德, 居大臣之位, 當畜之任者也. 大臣之任, 上畜止人君之邪心, 下畜止天下之惡人
(一无人字), 人之惡止於初, 則易; 旣盛而後禁, 則扞格而難勝, 故上之惡旣甚, 則雖聖人
救之不能免; 違拂下之惡旣甚, 則雖聖人治之不能免刑戮. 莫若止之於初, 如童牛而加牿,
則元吉也. 牛之性, 觝觸以角, 故牿以制之. 若童犢始角而加之以牿, 使觝觸之性不發, 則
易而无傷, 以況六四, 能畜止上下之惡於未發之前, 則大善之吉也!"라 하였고,《本義》에
"童者, 未角之稱. 牿施橫木於牛角, 以防其觸.《詩》所謂「楅衡」者也. 止之於未角之時, 爲
力則易, 大善之吉也. 故其象占如此. 〈學記〉曰『禁於未發之謂豫』, 正此意也"라 함.

　　☆【六四「元吉」, 有喜也】'有喜'는 장차 즐거워 할 일이 있을 것임. 〈正義〉에 "'元吉'者,
柔以止剛, 剛不敢犯, 以息强爭, 所以大吉而有喜也. 故〈象〉云'元吉, 有喜'也"라 함.《集
解》에 "侯果曰:「坤爲輿, 故有牛矣. 牿, 楅也. 以木爲之橫, 施於角, 止其觝之威也. 初欲上
進, 而四牿之角, 旣被牿, 則不能觸. 四是四童, 初之角也. 四能牿初, 與无角同, 所以元吉
而有喜矣. 童牛, 无角之牛也. 封人職曰'設其楅衡', 注云'楅設於角, 衡設於鼻, 止其觝觸

也'.」라 함.《傳》에 “天下之惡已盛而止之, 則上勞於禁制, 而下傷於刑誅, 故畜止於微小之前, 則大善而吉. 不勞而无傷, 故可喜也. 四之畜初是也. 上畜亦然”이라 함.


## 六五: 豶豕之牙, 吉.
## ☆象曰: 六五之「吉」, 有慶也.

〈언해〉 六五(륙오)는, 豕(시)의 牙(아)를 豶(분)ᄒᆞ욤이니 吉(길)ᄒᆞ니라.
　　　☆象(샹)애 ᄀᆞᆯ오ᄃᆡ 六五之「吉」홈은 慶(경)이 이숌이라.
〈해석〉 [六五](--): 거세한 돼지의 어금니이니, 길하도다.
　　　☆象: 육오의 “길함”이란 장차 경사스러운 일이 있을 것이기 때문이다.


【六五】 이는 상괘의 중앙에 위치하여 帝王의 자리이나 陰爻로 位不當하여 柔弱함. 그 때문에 마치 거세당한 돼지 어금니와 같은 형상임.

【豶豕之牙, 吉】 ‘豶豕’는 거세한 수돼지. 거세한 돼지는 매우 온순해짐. 九二를 가리킴. 그러나〈諺解〉에는 “돼지의 어금니를 제거함”이라 하였음.《說文》에 “豶, 羠豕也”라 하였으며, 고대 가축의 거세에 말은 騬, 소는 犍, 혹 犗(개), 양은 羠, 혹 羯, 개는 猗, 돼지는 豶이라 하였음. 그러나 ‘豶’을 ‘奔’의 假借로 보아 ‘우리를 뛰쳐나와 날뛰는 수돼지’라 여기기도 함. 그와 달리 沙少海는 “互加木爲枑, 訓猪欄, 卽今語所謂猪圈”이라 하여 ‘우리에 갇힌 수돼지’라 하였음. ○高亨은 “豶豕其創處甚痛, 將愈甚癢, 往往疾走, 或故以其創處觸物, 以致創裂而死, 交木爲闌以閑之, 乃無虞, 故曰‘豶豕之牙, 吉’”이라 함. 王弼注에 “豕牙橫, 猾剛暴難制之物, 謂二也. 五處得尊位, 爲畜之主. 二剛而進, 能豶其牙, 柔能制健, 禁暴抑盛, 豈唯能固其位, 乃將有慶也?”라 하였고,〈正義〉에 “‘豶豕之牙’者, 豕牙, 謂九二也. 二旣剛陽, 似豕牙之橫猾. 九二欲進, 此六五處得尊位, 能豶損其牙, 故云‘豶豕之牙’, 柔能制剛, 禁暴抑盛, 所以‘吉’也”라 함.《集解》에 “虞翻曰:「二變時坎爲豕, 劇豕稱豶, 令不害物. 三至上體頤象, 五變之剛, 巽爲白, 震爲出. 剛曰從頤中出牙之象也. 動而得位, ‘豶豕之牙, 吉’.」”이라 함.《傳》에 “六五居君位, 止畜天下之邪惡. 夫以億兆之衆, 發其邪欲之心, 人君欲力以制之, 雖密法嚴刑, 不能勝也. 夫物有總攝事有機會, 聖人操得其要, 則視(一无視字)億兆之心, 猶一心道之, 斯行止之, 則戢. 故不勞而治其用, 若豶豕之牙也. 豕剛躁之物, 而牙爲猛利, 若强制其牙, 則用力勞, 而不能止其躁猛, 雖縶之維之, 不能使之變也. 若豶去其勢, 則牙雖存而剛, 躁自止其用如此, 所以吉也. 君子發豶豕之義, 知

天下之惡, 不可以力制也. 則察其機·持其要, 塞絶其本原, 故不假刑法嚴峻, 而惡自止也. 且如止盜民, 有欲心見利, 則動苟不知敎而迫於飢寒, 雖刑殺, 日施其能, 勝億兆利欲之心乎! 聖人則知所以止之之道, 不尙威刑而修政敎, 使之有農(一作耕)桑之業, 知廉恥之道, 雖賞之不竊矣. 故止惡之道, 在知其本·得其要而已. 不嚴刑於彼, 而修政於此, 是猶患牙之利, 不制其牙, 而豶其勢也"라 하였고, 《本義》에 "陽已進而止之, 不若初之易矣. 然以柔居中而當尊位, 是以得其機會, 而可制, 故其象如此. 占雖吉而不言元也"라 함.

☆【六五의「吉」, 有慶也】'有慶'은 장래 경사스러운 일이 있을 것임. 하괘 양강의 조급한 상승을 막은 덕분에 경사스러운 일이 있을 것임. 〈正義〉에 "非唯獨吉, 乃終久有慶, 故〈象〉云'六五之吉, 有慶'也. '能豶其牙'者, 觀注意則, 豶是禁制, 損去之名. 褚氏云'豶, 除也. 除其牙也'. 然豶之爲除, 《爾雅》無訓. 案《爾雅》云:「墳大防, 則墳.」是隄防之義, 此豶其牙, 謂防止其牙, 古字假借, 雖豕傍土邊之, 異其義, 亦通. '豶其牙', 謂止其牙也"라 함. 《集解》에 "虞翻曰:「五變得正, 故有慶也.」○崔憬曰:「《說文》: '豶, 劇豕.' 今俗猶呼劇豬是也. 然以豕本剛突, 劇乃性和, 雖有其牙, 不足害物, 是制於人也. 以喩九二之剛健, 失位若豕之劇, 不足畏也, 而六五應止之易, 故'吉, 有慶矣.'」○案:「九二坎爻, 坎爲豕也. 以陽居陰, 而失其位, 若豕被劇之象也.」"라 함. 《傳》에 "在上者, 不知止惡之方, 嚴刑以適民, 欲則其傷, 甚而无功, 若知其本, 制之有道, 則不勞无傷, 而俗革. 天下之福慶也"라 함.


# 上九: 何天之衢, 亨.
## ☆象曰:「何天之衢」, 道大行也.

〈언해〉上九(샹구)는, 天(텬)의 衢(구) | 니 亨(형)ᄒ니라.[《本義》: 엇디 天(텬)의 衢(구)오?]

　　　☆象(샹)애 ᄀᆞᆯ오디「엇뎨 天(텬)의 衢(구)오?」道(도) | 크게 行(ᄒᆡᆼ)홈이라.

〈해석〉 [上九](一): 하늘의 복록을 받음이니, 형통하도다.(어찌 하늘의 넓은 거리리오?)

　　　☆象: "하늘의 복록을 받음"이란 도가 크게 행해짐을 뜻한다.


　　【上九】 이는 전괘 大畜의 마무리이며 양효로 위부당하나, 養賢의 도를 크게 펼칠 수 있음.

　　【何天之衢, 亨】 '何'는 荷와 같음. '짊어지다, 이어받다, 담당하다, 받다'의 뜻. 《說文》에 "何, 擔也"라 하였고, ○高亨은 "此文何, 猶受也"라 함. 그러나 〈諺解〉에는 기존의

주장을 따라 疑問詞로 보아 '엇데'로 풀이하였음. 즉 '그 넓은 하늘 길이 통하는데 무슨 더 축적할 것이 있겠는가?'로 풀이함. '天之衢'는 天路. 사통팔달하는 하늘 길. 그러나 '衢'는 '休'와 疊韻으로, 沙少海는 "衢, 這裏聲假爲休, 訓福祿"이라 하여, '福祿'의 뜻이라 하였음. ○高亨도 "衢, 疑當讀爲休, 古字通用"이라 함. 따라서 이 구절은 '하늘의 복록을 받다'의 뜻이 됨. ○高亨은 "筮遇此爻, 實受上天之庇蔭, 故曰「何天之衢」. 古人去行亨祀, 曾筮遇此爻, 故記之曰「亨」"이라 함. 王弼 注에 "處畜之極, 畜極則通. 大畜以至於大亨之時, 何辭也? 猶云'何畜乃天之衢, 亨'也"라 함. 《集解》에 "虞翻曰:「何, 當也. 衢, 四交道. 乾爲天, 震艮爲道, 以震交艮, 故'何天之衢, 亨'. 上變坎爲亨也.」 ○王弼曰:「處畜之極, 畜極則亨. 何, 辭也, 猶云'何畜乃天之衢亨', 道大行也.」"라 함. 《傳》에 "予聞之胡先生曰:「天之衢, 亨', 誤加'何'字. 事極則反, 理之常也. 故畜極而亨.」 小畜, 畜之小, 故極而成; 大畜, 畜之大, 故極而散. 極旣當變, 又陽性上行, 故遂散也. 天衢, 天路也. 謂虛空之中, 雲氣飛鳥往來, 故謂之天衢. 天衢之亨, 謂其亨通曠濶, 无有蔽阻也. 在畜道, 則變矣. 變而亨, 非畜道之亨也"라 하였고, 《本義》에 "何天之衢, 言何其通達之甚也. 畜極而通, 豁達无礙, 故其象占如此"라 함.

☆【'何天之衢', 道大行也】 '道大行'은 道가 크게 실행됨. '道'은 大畜養賢, 즉 '나라의 인재를 크게 길러 축적함'의 뜻이라 함. 〈正義〉에 "'何天之衢, 亨'者, 何, 謂語辭, 猶云何畜也? 處畜極之時, 更何所畜? 乃天之衢, 亨, 无所不通也. 故〈象〉云'何天之衢, 道大行也'. 何氏云'天衢旣通, 道乃大亨'"이라 함. 《集解》에 "虞翻曰:「謂上據二陰, 乾爲天道, 震爲行, 故'道大行'矣.」"라 함. 《傳》에 "何以謂之: 天衢, 以其无止礙, 道路大通行也. 以天衢, 非常語, 故象特設問曰:「何謂天之衢, 以道路大通行, 取空豁之狀也.」 以象有'何'字, 故爻下亦誤加之"라 함.

# 027 이頤

䷚ 山雷頤: ▶震下艮上(☳下☶上)


*頤(이): 〈音義〉에 "頤, 以之反. 養也"라 하여 '이(yí)'로 읽음. '頤'는 原義는 頷, 顁. 즉 턱의 모습을 그린 상형문자임. 《說文》에 "臣, 顁也, 象形"이라 함. 그러나 뜻이 넓혀져 頤養, 즉 자신의 생명을 위해 입안에 음식물을 머금고 있으며, 이는 생명을 이어가는 자양분이 됨을 뜻함. 《爾雅》에 "頤, 養也"라 함. 하괘는 震(雷)이며 상괘는 艮(山)으로, 산 밑에서 우레가 치는 異卦相疊의 '山雷' 괘체. 상하 바깥 初九와 上九만 陽爻로 형체가 마치 '頤'자의 初文 臣와 같아 괘명이 붙여진 것임. 〈音義〉에 "頤, 以之反. 養也. 此篆文字也"라 하여, 原字는 臣이나, 篆文에서 '頤'로 바뀐 것임. 이는 봄날 따뜻한 기운이 시작되어 천지가 만물을 양육하는 시기에 해당함. 따라서 일상생활에서 자신을 봄날에 천지가 만물을 양육하는 것처럼 잘 봉양하고 養生하되 正道로써 하며, 성인과 군자라면 남을 길러주고, 현인을 아껴주며, 나아가 천하를 양생하는 큰 뜻을 가져야 함을 상징함.

*《集解》에 "〈序卦〉曰:「物畜然後可養, 故受之以'頤'.」 頤者, 養也.(崔憬曰:「大畜剛健, 輝光日新, 可以觀其所養, 故言'物畜然後可養'.」)"라 함.

*《傳》에 "頤', 〈序卦〉:「物畜然後可養, 故受之以'頤'.」 夫物旣畜聚, 則必有以養之. 无養, 則不能存息, 頤所以次大畜也. 卦上艮下震, 上下二陽爻, 中含四陰, 上止而下動, 外實而中虛, 人頤頷之象也. 頤, 養也. 人口所以飮食, 養人之身, 故名爲'頤'. 聖人設卦, 推養之義, 大至於天地, 養育萬物, 聖人養賢, 以及萬民, 與人之養生·養形·養德·養人, 皆頤養之道也. 動息節宣, 以養生也; 飮食衣服, 以養形也; 威儀行義, 以養德也; 推己及物, 以養人也"라 함.

# （1）卦辭

## 頤: 貞吉. 觀頤, 自求口實.

〈언해〉 頤(이)는 貞(명)ᄒ면 吉(길)ᄒ니, 頤(이)ᄒ며 스스로 口實(구실) 求(구)ᄒ욤을 觀(관)홀 디니라.

〈해석〉 이(頤, 이괘)는 바른 행동을 하면 길하니, 턱을 벌려 스스로 자신이 먹을 것을 찾고 있음을 관찰할 지니라.


　【頤】 卦名이며, 턱. 音은 '이'. 頤養함. 자신의 몸을 기름. 생존을 위해 입에 음식을 넣음. 특이한 것은 하괘 세 효는 모두 凶을, 상괘 세 효는 모두 吉을 의미하고 있음. 이에 대해 陳夢雷《周易淺述》에 "六爻下震動, 多言求人之養, 求養者, 多不正, 故多凶; 上艮止, 多言養人, 養人者多得正, 故多吉. 此全卦六爻之大旨也"라 하여, 남을 頤養해 주는 자와 남에게 頤養을 요구하는 자에 의해 正(吉)과 不正(凶)이 나뉜 것이라 하였음.
　【貞吉. 觀頤, 自求口實】 '貞吉'은 貞辭가 吉함. 점을 쳐서 이 괘를 만나면 길함. 혹 '貞'은 '올바르게 하다'의 뜻. 그러나 ○高亨은 "筮遇此卦, 擧事則吉, 故曰「貞吉」"이라 하여, 점을 쳐서 나온 貞辭라 하였음. '口實'은 입안에 들어 있는 음식물. 먹고 자신을 길러주는 養分을 뜻함.《集解》에 "虞翻曰:「〈晉〉四之初, 與〈大過〉旁通. 養正則吉, 謂三爻之正, 五上易位, 故頤貞吉. 反覆不衰, 與乾坤坎離,〈大過〉〈小過〉〈中孚〉同義, 故不從〈臨〉〈觀〉, 四陰二陽之例. 或以〈臨〉二之上, 兌爲口, 故有口實也.」"라 함. '觀頤'는 입안에 음식물을 머금어 씹고 있는 상황, 즉 만물이 먹는 것을 통해 살아가고 있는 원리를 살핌.《集解》에 "虞翻曰:「〈離〉爲目, 故觀, 頤觀其所養也.」"라 함. '自求口實'은 모든 동물은 입안에 자신의 생존을 위해 음식물을 찾아 먹고 있음을 뜻함. ○高亨은 "食物在口, 其頤隆起, 觀人之頤, 不能飽, 須自求食物, 故曰「觀頤自求口實」. 此示人以勿羨於人, 宜求於己也"라 하여, 음식을 입에 불룩 물고 있는 남을 보았을 때 스스로도 자신의 입에 넣을 실물을 찾아야 하는 것이라 하였음. 〈正義〉에 "'頤貞吉'者, 於頤養之世, 養此貞正, 則得吉也. '觀頤'者, 頤養也. 觀此聖人所養物也. '自求口實'者, 觀其自養, 求其口中之實也"라 함.《集解》에 "虞翻曰:「或以〈大過〉兌爲口, 或以〈臨〉兌爲口, 坤爲目, 艮爲求, 口實頤中物, 謂其自養.」 ○鄭玄曰:「頤者, 口車輔之名也. 震動於下, 艮止於上, 口車動而上因輔, 嚼物以養人, 故謂之頤. 頤, 養也. 能行養, 則其幹事, 故吉矣. 二五離爻皆得中, 離爲目, 觀象也. '觀頤', 觀其養賢與不肯也. 頤中有物曰'口實', 自二至五有二坤,

坤載養物, 而人所食之物, 皆存焉. 觀其求可食之物, 則貪廉之情, 可別也.」라 함. 《傳》
에 "頤之道以正, 則吉也. 人之養身·養德·養人·養於人, 皆以正道, 則吉也. 天地造化, 養
育萬物, 各得其宜者, 亦正而已矣. '觀頤, 自求口實', 觀人之所頤與其自求口實之道, 則善
惡吉凶, 可見矣"라 하였고, 《本義》에 "頤, 口旁也. 口食物以自養, 故爲養義. 爲卦上下,
二陽內含, 四陰外實內虛, 上止下動, 爲頤之象·養之義也. '貞吉'者, 占者得正, 則吉. '觀
頤', 謂觀其所養之道; '自求口實', 謂觀其所以養身之術, 皆得正, 則吉也"라 함.

## (2) 彖辭와 象辭

彖曰:「頤, 貞吉」, 養正則吉也;「觀頤」, 觀其所養也;「自求
口實」, 觀其自養也. 天地養萬物, 聖人養賢以及萬民, 頤之
時大矣哉!
★象曰: 山下有雷, 頤. 君子以愼言語·節飲食.

〈언해〉 彖(단)애 골오디「頤, 貞吉」은 養(양)홈이 正(졍)ᄒ면 吉(길)홈이니,「觀頤」는
　　　그 養(양)ᄒᄂ 바롤 보미오,「自求口實」은 그 自養(ᄌ양)홈을 보미라.
　　　天地(텬디)ㅣ 萬物(만믈)을 養(양)ᄒ며, 聖人(셩인)이 賢(현)을 養(양)ᄒ야 뻐 萬
　　　民(만민)애 민ᄂ니, 頤(이)의 時(시)ㅣ 크다!
　　　★象(상)애 골오디 山下(산하)에 雷(뢰)ㅣ 이슘이 頤(이)니, 君子(군ᄌ)ㅣ 以(이)
　　　ᄒ야 言語(언어)를 愼(신)ᄒ며, 飲食(음식)을 節(졀)ᄒᄂ니라.
〈해석〉 彖: "頤卦에서, 바르게 하면 길하다"함은, 기르는 것이 바르면 길함이니, "입안에
　　　먹고 있음을 관찰한다"함은, 그 기르는 바를 본다는 것이다. "스스로 입안에
　　　채울 것을 찾는다"함은, 그 스스로 기름을 보는 것이다. 천지가 만물을 기르며,
　　　성인이 현자를 길러 만민에게 미치는 것이니, 이괘의 때맞춤이 위대하도다!
　　　★象: 산 밑에 우레가 있는 것이 이괘이다. 군자는 이를 버텀으로 하여 말을
　　　삼가고 먹고 마시는 것을 조절한다.

【「頤, 貞吉」, 養正則吉也】 '養正則吉'은 正道에 맞게 頤養하면 길함. 〈正義〉에 "'頤,
貞吉, 養正則吉'者, 釋頤, 貞吉'之義. 頤, 養也; 貞, 正也. 所養得正, 則有吉也. 其養正之,
言乃兼二義一者, 養此賢人, 是其養正, 故下云'聖人養賢, 以及萬民'二者謂養身得正, 故

〈象〉云‘愼言語·節飮食’, 以此言之, 則養正之文, 兼養賢及自養之義也”라 함. 《集解》에
“姚信曰:「以陽養陰, 動於下, 止於上, 各得其正, 則吉也.」 ○宋衷曰:「頤者, 所由飮食自養
也. 君子割不正不食, 況非其食乎? 是故所養, 必得賢明; 自求口實, 必得體宜, 是謂‘養正’
也.」”라 함.

【「觀頤」, 觀其所養也】 ‘觀其所養’은 생명체가 자신을 기르는 바를 잘 관찰함. 〈正
義〉에 “觀頤, 觀其所養也’者, 釋‘觀頤’之義也. 言在下觀視, 在上頤養所養何人, 故云‘觀
頤, 觀其所養’也”라 함. 《集解》에 “侯果曰:「王者, 所養養賢, 則吉也.」”라 함.

【「自求口實」, 觀其自養也】 ‘觀其自養’은 스스로 자신을 頤養하는 방법을 관찰함. 〈正
義〉에 “自求口實, 觀其自養’者, 釋‘自求口實’之義也. 謂在下之人, 觀此在上, 自求口中之
實, 是觀其自養, 則是在下觀上, 乃有二義, 若所養是賢, 反自養有節, 則是其德盛也. 若所
養非賢, 及自養乖度, 則其德惡也. 此卦之意, 欲使所養得也. 不欲所養失也”라 함. 《集解》
에 “侯果曰:「此本〈觀〉卦初六升五, 九五降初, 則成頤也. 是‘自求口實, 觀其自養’.」 ○案:
「口實, 謂頤口中也. 實事可言, 震, 聲也. 實物可食, 艮其成也.」”라 함. 《傳》에 “貞吉, 所養
者正, 則吉也. 所養, 謂所養之人與養之之道. ‘自求口實’, 謂其自求養身之道, 皆以正, 則吉
也”라 하였고, 《本義》에 “釋卦辭”라 함.

【天地養萬物, 聖人養賢以及萬民, 頤之時大矣哉!】 ‘天地養萬物’은 천지가 만물을 길러
줌. 〈正義〉에 “‘天地養萬物’者, 自此已下, 廣言頤卦, 所養事大, 故云‘天地養萬物’也”라
함. ‘養賢’은 나라를 위한 인재를 기름. 《集解》에 “翟玄曰:「天, 上; 地, 初也; 萬物,
衆陰也. 天地以元氣養萬物, 聖人以正道養賢及萬民, 此其聖也.」”라 함. ‘以及萬民’은 養賢
하여 그 영향이 만민에게 미치도록 함. 〈正義〉에 “‘聖人養賢以及萬民’者, 先須養賢, 乃得
養民, 故云‘養賢以及萬民’也. 聖人但養賢人, 使治衆, 衆皆獲安, 有如虞舜五人·周武十人
·漢帝張良·齊君管仲, 此皆養得賢人, 以爲輔佐, 政治世康, 兆庶咸說, 此則‘聖人養賢以及
萬民’之義也”라 함. ‘頤之時’는 봄날 천지가 만물을 양육하는 때. 이처럼 성인이 어진
이를 이양하는 時宜. 〈正義〉에 “‘頤之時大矣哉’者, 以〈象〉釋頤義於理旣盡, 更无餘意, 故
不云‘義’, 所以直言‘頤之時大矣哉’, 以所養得廣, 故云‘大矣哉!’”라 함. 《集解》에 “虞翻曰:
「乾, 爲聖人; 艮, 爲賢人. 頤下養上, 故聖人養賢, 坤陰爲民, 皆在震上, 以貴下賤, 大得民,
故以及萬民. 天地養物, 聖人養賢, 以及萬民, 人非頤不生, 故大矣.」”이라 함. 《傳》에 “聖
人極言頤之道, 而贊其大天地之道, 則養育萬物. 養育萬物之道, 正而已矣. 聖人作養賢才,
與之共天位, 使之食天祿, 俾施澤於天下養賢以及萬民也. 養賢, 所以養萬民也. 夫天地之
中, 品物之衆, 非養則不生. 聖人裁成天地之道, 輔相天地之宜, 以養天下, 至於鳥獸草木,
皆有養之之政, 其道配天地, 故夫子推頤之道, 贊天地與聖人之功, 曰‘頤之時大矣哉!’. 或

云: 「義或云用, 或止云時, 以其大者也. 萬物之生, 與養時爲大, 故云時.」라 하였고, 《本義》에 "極言養道而贊之"라 함.

★【山下有雷, 頤】'山下有雷'는 頤卦의 괘상을 설명한 것. 艮(山, 止) 아래 震(雷, 動)이 있음. 따라서 산 밑에서 우레가 치는 형상이며, 이는 입에 든 음식물을 咀嚼하는 작용을 말하며, 또한 沈藏(冬藏)의 고요를 깨고 溫陽의 봄날이 됨을 뜻하며, 봄날은 곧 천지가 만물의 양육을 시작함을 비유함. 〈正義〉에 "山止於上, 雷動於下, 頤之爲用, 下動上止, 故曰'山下有雷'"라 함. 《集解》에 "劉表曰: 「山止於上, 雷動於下, 頤之象也.」"라 함.

【君子以愼言語·節飲食】'以'는 이상 頤卦의 여러 상징을 근거로 함. '愼言語'는 말을 삼감. 남을 대하는 品德을 뜻함. '節飲食'은 마시고 먹는 것에 대해 절제와 조절. 자신의 몸을 頤養하는 肉身(養身)의 문제에 대한 것. 말이란 잘못 내뱉으면 재앙이 되고, 음식이란 조절하지 않으면 질환이 됨을 뜻함. 王弼 注에 "言語飲食, 猶愼而節之, 而況其餘乎?"라 하였고, 頤人之開發言語, 咀嚼飲食, 皆動頤之事, 故君子觀此頤象, 以謹愼言語·裁節飲食, 先儒云『禍從口出, 患從口入』, 故於頤養而愼節也"라 함. 《集解》에 "荀爽曰: 「雷爲號令, 今在山中閉藏, 故'愼言語'; 雷動於上, 以陽食陰, 艮以止之, 故'節飲食'也. 言出乎身, 加乎民, 故'愼言語', 所以養人也; 飲食不節, 殘賊羣生, 故'節飲食'以養物.」"이라 함. 《傳》에 "以二體言之, 山下有雷, 雷震於山下, 山之生物, 皆動其根荄·發其萌芽, 爲養之象; 以上下之義言之, 艮止而震動, 上止下動, 頤頷之象(一有也字); 卦形言之, 上下二陽, 中含(一无含字)四陰, 外實中虛, 頤口之象. 口, 所以養身也. 故君子觀其象, 以養其身·愼言語, 以養其德·節飲食, 以養其體, 不唯就口取養(一无養字)義, 事之至近, 而所繫至大者, 莫過於言語·飲食也. 在身爲言語, 於天下, 則凡命令政敎出於身者, 皆是愼之, 則必當而无失; 在身爲飲食, 於天下, 則凡貨資財用, 養於人者, 皆是節之, 則適宜而无傷. 推養之道(一有則字), 養德養天下, 莫不然也"라 하였고, 《本義》에 "二者, 養德·養身之切務"라 함.


## (3) 爻辭와 象辭

初九: 舍爾靈龜, 觀我朵頤, 凶.
☆象曰:「觀我朵頤」, 亦不足貴也.

〈언해〉 初九(초구)는 爾(이)의 靈龜(령귀)를 舍(샤)ᄒ고, 我(아)를 보와 頤(이)를 朵(타) ᄒ니 凶(흉)ᄒ니라.

☆象(샹)애 굴오디 我(아)를 보아 頤(이)를 朶(타)ᄒᆞ니, ᄯᅩ 足(죡)히 貴(귀)티 아니
ᄒᆞ도다.

〈해석〉[初九](一): 너의 신령스러운 거북점의 징조를 버리고, 내가 입안에 씹는 것을
보며 부러워하고 있으니, 흉하다.

　　☆象: "내가 턱으로 씹고 있음을 보고 있다"함은, 역시 귀히 여길 것이 못 된다는
뜻이다.


　　【初九】이는 전괘와 하괘(震)의 출발. 陽爻로 位正當하며 강한 의지를 가지고 있음.
아울러 전괘 중에 上九와 함께 두 양효로 밑과 위를 막고 있음.

　　【舍爾靈龜, 觀我朶頤, 凶】'舍'는 捨의 本字로 '버리다'의 뜻. '爾'는 인칭대명사. '너',
你, 儞, 汝와 같음. '靈龜'는 신령스러운 거북. 혹 맛있는 거북 요리. 初九의 陽剛한
明德을 뜻함. 그러나 ○高亨은 "舍爾龜肉而不食也"라 하여 '거북 살을 마다하고 먹지
않음'이라 하였음. 李鏡池는 "代指財寶, 財富. 這原是占卜用的, 十分貴重"이라 함. '觀我
朶頤'는 내가 턱을 내려 입안에 음식을 가득 씹고 있음을 부러운 듯이 보고 있음. 그러나
〈諺解〉에는 "나를 보고 네가 부러워 턱을 내리고 보고 있음"으로 풀이하였음. '朶'는
'드리우다, 내리다'의 뜻. '朶頤'는 턱을 아래로 쳐지게 한 모습을 하고 있음. 입안에서
음식을 咀嚼하고 있음. 매우 豐饒로움을 비유함. 혹 턱을 내리고 침을 흘리며 부러워하
고 있음. 李鏡池는 "頤頷豐滿, 圓鼓鼓的, 像花朶一樣. 這是豐衣足食的象徵"이라 함. 이는
가운데 네 개 陰爻를 이 初九가 아래를 받치고 있는 모습의 괘체를 설명한 것임. ○高亨
은 "汝有美味而不食, 徒觀我之啖嚼, 是棄汝之所有, 而羨我之所有, 不亦凶乎? 故曰「舍爾
靈龜, 觀我朶頤, 凶」"이라 함. 王弼 注에 "'朶頤'者, 嚼也. 以陽處下, 而爲動始, 不能令物,
由己養, 動而求養者也. 夫安身莫若不競, 修己莫若自保. 守道則福至, 求祿則辱來. 居養賢
之世, 不能貞其所履以全其德, 而舍其靈龜之明兆, 羨我朶頤而躁求, 離其致養之至道, 闚
我寵祿而競進, 凶莫甚焉"이라 하였고, 〈正義〉에 "'朶頤者, 嚼也'者, 朶是動義, 如手之捉
物, 謂之朶也. 今動其頤, 故知嚼也. '不能令物, 由己養'者, 若道德弘大, 則己能養物, 是物
由己養. 今身處无位之地, 又居震動之始, 是動而自求養也. '離其致養之至道, 闚我寵祿而
競進'者, 若能自守廉靜, 保其明德, 則能致君上所養, 今不能守廉靜, 是離其致養之至道,
反以求其寵祿, 而競進也"라 함. 《集解》에 "虞翻曰: 「〈晉〉〈離〉爲龜, 四之初, 故'舍爾靈
龜'. 艮爲我, 震爲動, 謂四失離入坤, 遠應多懼, 故凶矣.」"라 함. 《傳》에 "蒙之初六, 蒙者
也. 爻乃主發蒙而言; 頤之初九, 亦假外而言. 爾, 謂初也. '舍爾之靈龜, 乃觀我而朶頤',
我對爾而設初之所以朶, 頤者, 四也. 然非四謂之也. 假設之辭爾, 九陽體剛, 明其才智, 足

以養正者也. 龜能咽息, 不食靈龜, 喩其明智, 而可以不求養於外也. 才雖如是, 然以陽居動體, 而在頤之時, 求頤人所欲也. 上應於四, 不能自守, 志在上行, 說所欲而朶頤者也. 心旣動, 則其自失必矣. 迷欲而失己, 以陽而從陰, 則何所不至? 是以凶也. 朶頤爲朶動, 其頤頷人見, 食而欲之, 則動頤垂涎, 故以爲象"이라 하였고, 《本義》에 "靈龜, 不食之物. 朶, 垂也. 朶頤, 欲食之貌. 初九陽剛, 在下足以不食, 乃上應六四之陰, 而動於欲, 凶之道也. 故其象占如此"라 함.

☆【「觀我朶頤」, 亦不足貴也】'不足貴'는 靈龜의 점괘를 귀한 것으로 여기지 않음. 〈正義〉에 "靈龜', 謂神靈明鑒之龜兆, 以喩己之明德也. '朶頤', 謂朶動之頤以嚼物, 喩貪愀以求食也. 初九以陽處下, 而爲動始, 不能使物, 賴己而養, 而更自動求養, 是舍其靈龜之明兆, 觀我朶頤而躁求, 是損己廉靜之德行, 其貪竊之情, 所以凶也. 不足可貴, 故〈象〉云亦不足貴也"라 함. 《集解》에 "侯果曰:「初, 本五也. 五互體艮, 艮爲山, 龜自五降初, 則爲頤矣. 是'舍爾靈龜'之德, 來觀朶頤之饌, 貪祿致凶, 故不足貴.」 ○案:「朶', 頤垂下動之貌也.」"라 함. 《傳》에 "九動體, 朶頤, 謂其說陰而志動, 旣爲欲所動, 則雖有剛健·明智之才, 終必自失, 故其才, 亦不足貴也. 人之貴乎剛者, 爲其能立而不屈於欲也. 貴乎明者, 爲其能照而不失於正也. 旣惑所欲, 而失其正, 何剛明之有? 爲可賤也"라 함.


# 六二: 顚頤, 拂經于丘, 頤征, 凶.
# ☆象曰: 六二「征凶」, 行失類也.

〈언해〉 六二(륙이)는, 顚(뎐)ᄒᆞ야 頤(이)홈이라. 經(경)애 拂(블)ᄒᆞ니, 丘(구)에 頤(이)ᄒᆞ요려 ᄒᆞ야 征(졍)ᄒᆞ면 凶(흉)ᄒᆞ리라.[《本義》: 顚(뎐)ᄒᆞ야 頤(이)ᄒᆞ면 經(경)애 拂(블)ᄒᆞ고, 丘(구)에 頤(이)ᄒᆞ면 征(졍)ᄒᆞ야 凶(흉)ᄒᆞ리라]

☆象(샹)애 ᄀᆞᆯ오디 六二「征凶」은, 行(ᄒᆡᆼ)이 類(류)를 失(실)홈이라.

〈해석〉 [六二](--): 거꾸로 이양(頤養)을 받는 효이다. 상리에 어긋나니, 높은 언덕(九二)에게 이양을 받으려 하고 있어 나서면 흉하리라.(거꾸로 하여 먹으면 상리에 어긋나고, 초구에게 이양을 받으면 앞으로 나서도 흉하리라.)

☆象: 육이의 "앞으로 나서면 흉함"이란, 행동하면 동류를 잃는다는 뜻이다.


【六二】 이는 하괘(震)의 중앙이며 陰爻로 位正當함. 그러나 상배한 六五 역시 陰爻로 음양이 맞지 않으며, 柔弱하여 남에게 被扶養의 소극적인 자세를 취하고 있음.

【顚頤, 拂經于丘, 頤征, 凶】 '顚'은 塡의 假借. 가득 메움. 焦循은 "顚, 讀爲顚實之顚, 塡也"라 하였고, ○高亨도 "顚, 借爲塡, 塞也. 塡頤, 納食物于頷中"이라 함. 그러나 六 二가 아래를 향하여 初九에게 扶養을 받고자 하는 것이며, 이는 頤養의 正道가 아님을 뜻함. '拂'은 '치다, 자르다, 높이 들다'의 뜻. ○高亨은 "拂頤者, 有人擊其頤也. 與後世 言批頰同意"라 하여 '뺨을 때리다'의 뜻이라 하였음. 李鏡池는 "拂, 借爲制, 聲通. 制, 擊也, 斫也"라 함. '經'은 徑과 같음. 《廣雅》에 "經, 徑也"라 하였으며 여기서는 농지의 阡陌을 뜻함. 따라서 '拂經'은 '황무지를 개간하다'의 의미로 보고 있음. 그러나 '拂經' 은 弗經으로 보아 '常理에 맞지 않다'로 봄. 즉 六二는 자신과 正應을 이루고 있는 六五 를 頤養하여야 함에도 도리어 初九만 의지함을 뜻한다고도 함. '頤征'의 '頤'는 頤養, '征'은 남의 것을 탈취함. 따라서 '頤征'은 생계를 위해 남의 먹을 것을 빼앗음을 말함. 또는 '經'을 脛(정강이)로 보기도 함. ○高亨은 《論語》憲問篇:「以杖叩其脛.」'拂脛'與 '叩脛'同意. '丘頤'者, 殆丘之兩坡也, 丘之兩旁爲頤, 因而口之兩坡曰丘頤, 猶人之顚施於 山則曰山顚, 人之脊施於山曰山脊, 人之足施於山曰山足耳. 但余又疑'丘頤'本作'丘顒'. 顒頤形近且涉上下文而誤. 顒借爲隅, 《詩》緜蠻:「止于丘隅.」《易》之'丘頤'卽《詩》之'丘 隅'也. 塡頤拂脛于丘隅者, 以塡口頤之故, 而致叩脛之辱於丘隅之間也. 此所遇不利之象. 征伐人國, 以求益地, 譬之塡頤也. 敗績於戰場, 譬之拂脛于丘隅也. 故曰「顚頤拂經于丘 頤, 征凶」"이라 하여 전혀 달리 풀이하고 있음. 王弼 注에 "養下曰顚, 拂, 違也; 經, 猶義也. 丘, 所履之常也. 處下體之中, 无應於上, 反而養. 初居下, 不奉上而反養下, 故曰 '顚頤, 拂經于丘'也. 以此而養, 未見其福也; 以此而行, 未見有與, 故曰'頤征, 凶'"이라 하 였고, 孔穎達 〈正義〉에 "顚, 倒也; 拂, 違也; 經, 義也; 丘, 所履之常處也. 六二處下體之 中, 无應於上, 反倒下養初, 故曰'顚頤'. 下當奉上, 是義之常處也. 今不奉於上, 而反養於 下, 是違. 此經義於常之處, 故云'拂經于丘'也. '頤征, 凶'者, 征, 行也. 若以此而養, 所行 皆凶, 故曰'頤征, 凶'也"라 함. 《集解》에 "王肅曰:「養下曰顚, 拂, 違也; 經, 常也; 丘, 小山, 謂六五也. 二宜應五, 反下養初, 豈非顚頤違常於五乎? 故曰'拂經于丘'矣. 拂丘雖 阻常理, 養下故謂養賢, 上旣无應, 征必凶矣, 故曰'征凶'.」"이라 함. 《傳》에 "女不能自處, 必從男; 陰不能獨立, 必從陽. 二陰柔不能自養, 待養於人者也. 天子養天下諸侯, 養一國 臣, 食君上之祿, 民賴司牧之養, 皆以上養下理之正也. 二旣不能自養, 必求養於剛陽, 若 反下求於初, 則爲顚倒, 故云'顚頤'. 顚, 則拂違經常, 不可行也. 若求養于丘, 則往必有凶. 丘在外而高之物, 謂上九也. 卦止二, 陽旣不可顚頤于初, 若求頤于上九, 往則有凶, 在頤 之時, 相應則相養者也. 上非其應, 而往求養, 非道妄動, 是以凶也. '顚頤', 則拂經, 不獲 其養爾, 妄求於上, 往則得凶也. 今有人才, 不足以自養, 見在上者, 勢力足以養人, 非其

族類, 妄往求之, 取辱得凶必矣. 六二中正, 在他卦多吉, 而凶何也? 曰:「時然也. 陰柔旣不足以自養, 初上二爻, 皆非其與. 故往來, 則悖理, 而得凶也.」라 하였고,《本義》에 "求養於初, 則顚倒而違於常理; 求養於上, 則往而得凶. 丘, 土之高者, 上之象也"라 함.

☆【六二「征凶」, 行失類也】 '行失類'는 행위가 類를 잃음. '類'는 正道의 뜻. 六五를 섬겨야 하는 의무를 잃음. 王弼 注에 "類皆上養, 而二處下養初"라 하였고, 〈正義〉에 "〈象〉曰'行失類'者, 頤養之體, 類皆養上也. 今此獨養下, 是所'行失類'也"라 함.《集解》에 "侯果曰:「征則失養之類.」"라 함.《傳》에 "頤之道唯正, 則吉. 三以陰柔之質, 而處(一有又字)不中正. 又在動之極, 是柔邪不正而動者也. 其養如此, 拂違於頤之正道, 是以凶也. 得頤之正, 則所養皆吉, 求養養人, 則合於義. 自養則成其德, 三乃拂違正道, 故戒以十年勿用. 十, 數之終, 謂終不可用, 无所往而利也"라 하였고,《本義》에 "陰柔不中正, 以處動極, 拂於頤矣. 旣拂於頤, 雖正亦凶, 故其象占如此"라 함.


# 六三: 拂頤, 貞凶, 十年勿用. 无攸利.
# ☆象曰:「十年勿用」, 道大悖也.

〈언해〉 六三(륙삼)은, 頤(이)의 貞(뎡)에 拂(블)호 디라, 凶(흉)호야, 十年(십년)이라도 用(용)티 마롤 디라. 利(리)홀 빼 업스니라.[《本義》: 頤(이)에 拂(블)호면 貞(뎡)이라도 凶(흉)호야]

☆象(상)애 굴오디 「十年勿用」은 道(도)ㅣ 크게 悖(패)홈이라.

〈해석〉 [六三](--): 頤養의 도리에 어긋난다. 점괘가 흉하니, 10년을 두고 쓰지 말라. 이로울 바가 없다.(이양의 도리에 어긋나면 곧게 마음을 가져도 흉하여,)

☆象: "10년을 두고 쓰지 말라"함은, 도리에 크게 거슬린다는 뜻이다.


【六三】 이는 하괘 震(雷)의 윗자리이며 陰爻로 位不當함. 아울러 위아래 모두 陰爻로 도움을 받지 못하며, 上九와 正應을 이루어 陰陽이 互應하기는 하나, 그 역시 位不當하여, 아래 진괘의 被扶養 요구가 극점에 이른 것임. 따라서 이 효는 조용히 기다려야 함.

【拂頤, 貞凶, 十年勿用, 无攸利】 '拂頤'는 頤養의 도리에 어긋남. '拂'은 違의 뜻. 이는 頤養. '貞凶'은 貞辭(占辭)가 흉함. 혹은 '正道로써 凶을 대비함'의 뜻이라고도 함. '十年勿用'은 10년을 두고 이 貞辭에 나온 대로 어떤 作爲도 하지 말아야 함. '无攸利'는

이로울 바가 없음. 그러나 '拂頤'는 '批頰'(따귀를 때리다)의 뜻이라고도 함. ○高亨은
"拂頤'者, 有人擊其頤也. 與後世言批頰同意. '勿用', 言不可施行也. 古時拂頤, 蓋爲奇恥
大辱, 浮虜奴隸罪徒或受之. 筮遇此爻, 擧事則凶, 十年不可有所施行, 無所利, 故曰「拂頤,
貞凶, 十年勿用, 无攸利」"라 함. 王弼 注에 "履夫不正以養於上, 納上以詔者也. 拂養正之
義, 故曰'拂頤, 貞凶'也. 處頤而爲此, 行十年, 見棄者也. 立行於斯, 无施而利"라 하였고,
〈正義〉에 "拂頤, 貞凶'者, 拂, 違也. 履夫不正, 以養上九, 是自納於上, 以詔媚者也. 違養
正之義, 故曰'拂頤貞而有凶'也. 爲行如此, 雖至十年, 猶勿用而見棄也. 故曰'十年勿用'. 立
行於此, 故'无所利'也"라 함. 《集解》에 "虞翻曰:「三失位體〈剝〉, 不正相應, 弑父弑君, 故
貞凶. 坤爲十年, 動无所應, 故'十年勿用, 无攸利'也.」"라 함. 《傳》에 "頤之道, 唯正則吉.
三以陰柔之質, 而處(一有又字)不中正. 又在動之極, 是柔邪不正而動者也. 其養如此, 拂違
於頤之正道, 是以凶也. 得頤之正, 則所養皆吉, 求養養人, 則合於義. 自養則成其德, 三乃
拂違正道, 故戒以十年勿用. 十, 數之終, 謂終不可用, 无所往而利也"라 하였고, 《本義》에
"陰柔不中正, 以處動極, 拂於頤矣. 旣拂於頤, 雖正亦凶, 故其象占如此"라 함.

☆【「十年勿用」, 道大悖也】'道大悖'는 頤養의 도에 크게 어그러짐. '悖'는 기준에서
크게 벗어남. 〈正義〉에 "〈象〉曰'道大悖'者, 釋'十年勿用'之義, 以其養上以詔媚, 則於正
道大悖亂, 解'十年勿用見棄'也"라 함. 《集解》에 "虞翻曰:「弑父弑君, 故'大悖'也.」"라 함.
《傳》에 "所以戒, 終不可用, 以其所由之, 道大悖義理也"라 함.


六四: 顚頤, 吉. 虎視眈眈, 其欲逐逐, 无咎.
☆象曰: 「顚頤之吉」, 上施光也.

〈언해〉 六四(륙사)는, 顚(뎐)ᄒᆞ야 頤(이)ᄒᆞ나 吉(길)ᄒᆞ니, 虎(호)의 視(시)ㅣ 眈眈(담담)
   ᄐᆞᆺ ᄒᆞ며, 그 欲(욕)이 逐逐(튜튜)ᄒᆞ면, 咎(구)ㅣ 업스리라.
   ☆象(샹)애 ᄀᆞᆯ오디 顚頤(뎐이)의 吉(길)홈은, 上(샹)의 施(시)ㅣ 光(광)홀 시니라.
〈해석〉 [六四](--): 이양의 도리에 어긋나지만 길하다. 호랑이(初九)가 호시탐탐하듯
   하지만, 그의 욕심이 줄어들도록 하면서 느긋하게 기다리면 허물이 없게 되
   리라.
   ☆象: "이양의 도리에 어긋나지만 길하다"함은, 자신이 그보다 위에 있으면서
   베풂이 넓기 때문이다.

【六四】이는 상괘(艮, 山)의 시작이며 陰爻로 位正當함. 아울러 初九와 正應을 이루어 陰陽이 互應하여 頤養에 좋은 위치임.

【顚頤, 吉】'顚頤'는 塡頤와 같음. 塡頷의 뜻. 입 안에 가득 머금고 있음. ○高亨은 "顚亦借爲塡. '塡頤'者, 有食在口之象, 是吉也. 故曰「顚頤, 吉」"이라 함.

【虎視眈眈, 其欲逐逐, 无咎】'虎視眈眈'은 범이 음흉하게 기회를 엿보고 있음. '眈'은 《說文》에 "視近而志遠也"라 함. 이는 짝이 되는 初九가 强猛하면서 길들일 수 없음을 가리킴. '逐逐'은 '悠悠'와 같으며 느긋하게 편히 쉬는 모습. 〈釋文〉에 "逐逐, 苟作悠悠"라 함. ○高亨은 "虎其視眈, 其欲遠, 將求食以塡頤也. 以虎之雄威, 自可得其大欲, 故曰「虎視眈眈, 其欲逐逐, 无咎」"라 함. 王弼 注에 "體屬上體, 居得其位, 而應於初, 以上養下, 得頤之義, 故曰'顚頤, 吉'也. 下交不可以瀆, 故'虎視眈眈'; 威而不猛, 不惡而嚴, 養德施賢, 何可有利? 故'其欲逐逐', 尙敦實也. 修此二者, 然後乃得全其吉而无咎. 觀其自養, 則履正察, 其所養則養, 陽頤爻之貴, 斯爲盛矣"라 하였고, 〈正義〉에 "'顚頤, 吉'者, 體屬上體, 居得其位, 而應於初, 以上養下, 得養之宜, 所以吉也. '虎視眈眈'者, 以上養下, 不可褻瀆, 恒如虎視眈眈, 然威而不猛也. '其欲逐逐'者, 旣養於下, 不可有求, 其情之所欲逐逐然, 尙於敦實也. '无咎'者, 若能'虎視眈眈, 其欲逐逐', 雖復顚頤養下, 則得吉而无咎也"라 함. 《集解》에 "王弼曰:「履得其位, 而應於初, 以上養下, 得頤之義, 故曰'顚頤, 吉'. 下交近瀆, 則咎矣. 故'虎視眈眈', 威而不猛, '其欲逐逐', 而尙敦實, 修此二者, 乃得全其吉而无咎矣. 觀其自養, 則養正, 察其所養則養, 賢頤爻之貴, 斯爲盛矣.」"라 함. 《傳》에 "四在人上, 大臣之位. 六以陰居之陰, 柔不足以自養, 況養天下乎? 初九以剛陽居下, 在下之賢也. 與四爲應, 四又柔順而正, 是能順於初, 賴初之養也. 以上養下, 則爲順. 今反求下之養, 顚倒也, 故曰'顚頤'. 然己不勝其任, 求在下之賢, 而順從之, 以濟其事, 則天下得其養, 而己无曠敗之咎, 故爲吉也. 夫居上位者, 必有(一作其)才德威望, 爲下民所尊畏, 則事行而衆心服從. 若或下易其上, 則政出而人, 違刑施而怨起, 輕於陵犯亂之由也. 六四, 雖能順從剛陽, 不廢厥職, 然質本陰柔, 賴人以濟, 人之所輕, 故必養其威嚴. 眈眈然如虎視, 則能重其體貌, 下不敢易, 又從於人者, 必逐逐相繼, 而不乏, 則其事可濟. 若取於人而无繼, 則困窮矣. 旣有威嚴, 又所施不窮, 故能无咎也. 二顚頤, 則拂經. 四則吉, 何也? 曰:「二在上而反求養於下, 下非其應類, 故爲拂經; 四則居上位, 以貴下賤, 使在(一无在字)下之賢, 由己以行其道, 上下之志相應, 而(一有澤字)施於民, 何吉? 如之自三以下, 養口體者也. 四以上養德義者也. 以君而資養於臣, 以上位而賴養於下, 皆養德也.」"라 하였고, 《本義》에 "柔居上而得正, 所應又正, 而賴其養, 以施於下, 故雖顚而吉. '虎視眈眈', 下而專也; '其欲逐逐', 求而繼也. 又能如是, 則无咎矣"라 함.

☆【「顚頤之吉」, 上施光也】 같은 '顚頤'는 六二에서는 凶하나 여기 六四에서는 吉한 것은, 六二는 아래 初九에게 求養하고 있어 正應이 아니며, 六四는 初九와 正應을 이루고 있고, 게다가 六四는 上卦(艮)의 시작으로 頤養을 해주는 자리이나 축적한 것이 적어 아래 초구에게 이양을 구하여 이로써 남에게 베푸는 자리임. 그 때문에 길하다 한 것임. 즉 초구는 순치될 수 없는 强猛으로 虎視耽耽 頤養을 요구하고 있으나, 끝내 뜻을 이루지 못할 것이므로 허물은 없다 한 것임. '上施光'은 위에 자리하면서 베풂이 매우 넓음. '上'은 六四가 아래 震의 頤養 요구를 받는 윗자리임을 말함. '光'은 廣의 同音假借. 〈正義〉에 "〈象〉曰'上施光'者, 釋'顚頤吉'之義. 上, 謂四也. 下養於初, 是上施也. 能威而不猛, 如虎視耽耽, 又寡欲少, 求其欲逐逐, 能爲此二者, 是上之所施, 有光明也. 然六二顚頤, 則爲凶; 六四顚頤, 得爲吉者, 六二身處下體, 而又下養, 所以凶也; 六四身處上體, 又應於初, 陰而應陽, 又能威嚴寡欲, 所以吉也. '觀其自養, 則履正'者, 以陰處陰, 四自處其身, 是觀其自養, 則能履正道也. '察其所養則養陽'者, 六四下養於初, 是觀其所養, 初是陽爻, 則能養陽也"라 함. 《集解》에 "虞翻曰:「〈晉〉四之初, 謂三已變, 故顚頤. 與〈屯〉四乘坎馬, 同義. 坤爲虎, 離爲目. '耽耽', 下眩貌; '逐逐', 心煩類. 坤爲吝嗇, 坎水爲欲, 故'其欲逐逐', 得位應初, 故'无咎'. 謂上已反三成離, 故'上施光'也.」"라 함. 《傳》에 "顚倒求養, 而所以吉者, 盖得剛陽之應, 以濟其事, 致己居上之德, 施光明, 被于天下, 吉孰大焉?"이라 함.


六五: 拂經, 居貞吉, 不可涉大川.
☆象曰:「居貞之吉」, 順以從上也.

〈언해〉 六五(륙오)는, 經(경)애 拂(블)ᄒ나, 貞(뎡)애 居(거)ᄒ면 吉(길)ᄒ려니와, 可(가)히 大川(대쳔)은 涉(셥)디 몯홀 디니라.
　　☆象(샹)애 ᄀᆞᆯ오디 「居貞의 吉홈」은 順(슌)ᄒ야 뻐 上(샹)을 從(죵)홀 시라.
〈해석〉 [六五](--): 상리에 어긋나지만, 정도를 지키면 길하기는 하겠지만, 큰 냇물은 건널 수 없으리라.
　　☆象: "마음을 곧고 지키면 길함"이란, 순종하여 위(上九)의 뜻을 따르기 때문이다.

【六五】 이는 제왕의 자리이며 음효로 位不當함. 다만 상괘(艮, 山)의 중앙에 위치하므로, 바르게만 행동하면 그런대로 문제가 없음.

【拂經, 居貞吉, 不可涉大川】 '拂經'은 황무지를 개간함. 그러나 '拂'은 不, 弗과 같으며, '經'의 經常, 常理. 따라서 '拂經'은 '常理에 위배되다'의 뜻으로 보기도 함. '居貞吉'의 '居'는 起居, 즉 평소 일상생활. 혹은 '守'의 뜻으로도 봄. '貞吉'은 바르게 하면 길함. '不可涉大川'은 큰 일을 기획하지 말아야 함. 六五는 임금의 자리로써 의당 養賢을 통해 萬民에게 혜택이 가도록 해야 하나, 陰爻로 位不當하여 柔弱無實하며, 아울러 아래로부터 호응도 없어, 부득이 上九의 도움을 받아 겨우 역할을 하고 있을 뿐임. 그 때문에 '拂經'이라 말한 것. ○高亨은 "拂亦擊也. 經亦借爲脛, '拂經'者, 有人擊其脛也. 此出行有悔之象, 利於卜居, 不可涉大川, 故曰「拂經, 居貞吉, 不可涉大川」"이라 함. 王弼 注에 "以陰居陽, 拂頤之義也. 行則失類, 故'宜居貞'也. 无應於下, 而比於上, 故可守貞, 從上得頤之吉, 雖得居貞之吉, 處頤違謙, 難未可涉也"라 하였고, 〈正義〉에 "拂, 違也; 經, 義也. 以陰居陽, 不有謙退, 乖違於頤養之義, 故言'拂經'也. '居貞吉'者, 行則失類, 居貞吉也. '不可涉大川'者, 處頤違謙, 患難未解, 故'不可涉大川', 故'居貞吉'也"라 함. 《集解》에 "虞翻曰:「失位, 故'拂經'; 无應順上, 故'居貞吉'. 艮爲居也. 涉上成坎, 承陽无應, 故'不可涉大川'矣.」"라 함. 《傳》에 "六五, 頤之時, 居君位, 養天下者也. 然其陰柔之質, 才不足以養天下. 上有剛陽之賢, 故順從之, 賴其養己, 以濟天下君者·養人者也. 反賴人之養, 是違拂於經常, 旣以己之不足, 而順從於賢師傅, 上師傅之位也. 必居守貞, 固篤於委信, 則能輔翼其身, 澤及天下, 故吉也. 陰柔之質, 元貞剛之性, 故戒以能居貞, 則吉. 以陰柔之才, 雖倚賴剛賢, 能持循於平時, 不可處艱難變故之際, 故云'不可涉大川'也. 以成王之才, 不至甚柔弱也. 當管蔡之亂, 幾不保於周公, 況其下者乎? 故《書》(周書 金縢)曰:『王亦未敢誚公.』賴二公, 得終信, 故艱險(一作難)之際, 非剛明之主, 不可恃也. 不得已而濟艱險者, 則有矣. 發此義者, 所以深戒於爲君也. 於上九, 則據爲臣, 致身盡忠之道, 言故不同也"라 하였고, 《本義》에 "六五, 陰柔不正, 居尊位而不能養人, 反賴上九之養, 故其象占如此"라 함.

☆【居貞之吉', 順以從上也】 '順以從上'은 帝位(君位)에 있으면서도 順하게 하여 윗사람(上九)을 따름. 上九에게 順從함. 〈正義〉에 "〈象〉曰'順以從上'者, 釋'居貞'之義. 以五近上九, 以陰順陽, 親從於上, 故得'居貞吉'也"라 함. 《集解》에 "王弼曰:「以陰居陽, 拂頤之義也. 无應於下, 而比於上, 故宜居貞, 順而從上, 則吉.」"이라 함. 《傳》에 "'居貞之吉'者, 謂能堅固順從於上九之賢, 以養天下也"라 함.

上九: 由頤, 厲吉, 利涉大川.
☆象曰:「由頤, 厲吉」, 大有慶也.

〈언해〉 上九(상구)는, 由(유)ᄒ야 頤(이)홈이니, 厲(려)ᄒ면 吉(길)ᄒ니, 大川(대천)을 涉(셥)홈이 利(리)ᄒ니라.
　　　☆象(상)애 ᄀᆞ로오디「由頤, 厲吉」은 크게 慶(경)이 이숌이라.

〈해석〉 [上九](一): 만물이 자신으로 말미암아 먹고 살아가고 있으니, 그럴수록 위험하다 여기면 길할 것이며, 큰 냇물을 건너기에 이로우니라.
　　　☆象: "자신으로 말미암아 먹고 살아가니, 위험하다 여기면 길하다"함은, 크게 경사가 있음을 뜻한다.

【上九】 이는 전괘와 상괘(艮)를 마감하는 자리이며 가장 윗자리로서 陰爻, 位不當함. 따라서 六五(帝位)의 陰柔를 도와 천하를 대신 다스리는 利潤이나 主公과 같은 재상, 혹 師父에 해당하는 자리임. 따라서 頤養 전체를 지휘하되 두려워하면서 큰 일을 수행해야 함.

【由頤, 厲吉, 利涉大川】 '由頤'는 천하가 頤卦의 원리에 의해 먹고 生存하고 있음. '厲吉'은 위험하다 여겨야 길함. 괘상으로 보면 자신이 六五를 도와 천하가 頤養되고 있으므로 자신이 군위를 대신하는 위치라는 자만심이 있을 수 있음. 이를 위험하다 스스로 여겨야만 길할 것임. '利涉大川'은 제왕을 대신하여 천하를 다스리는 큰 일. 그러나 高亨은 '由는 舀(요)의 假借'라 하였음. 《說文》에 "舀, 抒臼也, 從爪臼"라 하였으며, 《廣雅》에는 "搯, 抒也"라 하여, 손으로 방아 확 속의 곡식알을 퍼 올림을 뜻함. 이처럼 음식을 다 먹고 이를 쑤심을 말함. ○高亨은 "以手抒曰爲舀, 因而以手抒頤謂之舀頤. '由頤'卽'舀頤'. 舀頤者, 食畢以手剔牙之象. 人旣飽食, 可以捍難, 雖危亦吉, 可以克難, 利涉大川, 故曰「由頤, 厲吉, 利涉大川」"이라 함. 王弼 注에 "以陽處上, 而履四陰, 陰不能獨爲主, 必宗於陽也. 故莫不由之, 以得其養, 故曰'由頤', 爲衆陰之主, 不可瀆也. 故'厲乃吉', 有似〈家人〉'悔厲'之義. 貴而无位, 是以厲也; 高而有民, 是以吉也. 爲養之主, 物莫之違, 故'利涉大川'也"라 함. 《集解》에 "虞翻曰:「由, 自從也. 體剝居上, 衆陰順承, 故'由頤'; 失位, 故'厲'. 以坤艮自輔, 故'吉'也.」"라 함. 《傳》에 "上九, 以剛陽之德, 居師傅之任, 六五之君, 柔順而從於己賴, 己之養, 是當天下之任, 天下由之以養也. 以人臣而當是任, 必常懷危厲, 則吉. 如伊尹·周公, 何嘗不憂? 勤競畏, 故得終吉. 夫以君之才不足, 而倚賴於己身, 當天下(一有之字)大任, 宜竭其才力, 濟天下之艱危, 成天下之治安,

故曰‘利涉大川’. 得君如此之專, 受任如此之重, 苟不濟天下艱危, 何足稱委遇, 而謂之賢乎? 當盡誠竭力, 而不顧慮, 然惕厲, 則不可忘也”라 하였고, 《本義》에 “六五, 賴上九之養以養人, 是物由上九以養也. 位高任重, 故厲而吉; 陽剛在上, 故利涉川”이라 함.

☆【「由頤, 厲吉」, 大有慶也】 ‘大有慶’은 자신의 역할을 잘 수행함으로 인해 천하가 혜택을 입게 되어 큰 慶事라 한 것임. 〈正義〉에 “‘由頤’者, 以陽處上, 而履四陰, 陰不能獨爲其主, 必宗事於陽也. 衆陰莫不由之, 以得其養, 故曰‘由頤’也. ‘厲吉’者, 爲衆陰之主, 不可褻瀆, 嚴厲乃吉, 故云‘厲吉’也. ‘利涉大川’者, 爲養之主, 无所不爲, 故‘利涉大川, 而有慶’也. 故〈象〉云‘大有慶’也”라 함. 《集解》에 “虞翻曰:「失位厲危之五, 得正成坎, 坎爲大川, 故‘利涉大川’; 變陽得位, 故‘大有慶’也.」”라 함. 《傳》에 “若上九之當, 大任如是, 能兢畏如是, 天下被其德澤, 是大有福慶也”라 함.

# 028 대과大過

**☵ 澤風大過: ▶巽下兌上(☴下☱上)**

*大過(대과): '過'는 〈音義〉에 "過, 古臥反. 罪過也, 超過也"라 하여 '대과(dàguò)'로 읽음. '大過'의 過는 '지나치다, 넘어서다, 과도하다'의 뜻과 '허물, 過失, 過誤'의 두 가지 뜻을 함께 지니고 있음. 하괘는 巽(風, 木)이며 상괘는 兌(澤, 悅)로, 못 아래 바람이 부는 異卦相疊의 '澤風' 괘체임. 혹 손은 木으로 木舟가 못물에 잠겨 있는 모습. 위와 아래 陰爻가 막고 있으며, 그 속에 陽爻 넷이 갇혀 있어 中壯端弱의 괘상으로, 내부는 너무 강하고 양 끝은 너무 미약하여 사물이 균형으로 이루지 못하고 있어 '지나침'의 의미를 담고 있음. 따라서 군신이 큰일을 처리하면서 장차 대들보가 무너지려는 위험을 안고 있는 괘상임. 이는 사물의 변화 발전에는 陽剛이 주도하되 지나치게 강한 경우가 있을 수 있고, 陰柔가 도와주되 지나치게 쇠약한 경우가 있을 수 있으므로, 의당 이를 調整하고 調節여 剛柔가 서로 調和와 衡平을 이루어야 함을 상징함.

*《集解》에 "〈序卦〉曰:「不養則不可動, 故受之以'大過'.」(崔憬曰:「養則可動, 動則過厚, 故受之以'大過'也.」)"라 함.

*《傳》에 "大過', 〈序卦〉曰:「頤者, 養也. 不養則不可動, 故受之以'大過'.」凡物養而後能成, 成則能動, 動則有過, 大過所以次頤也. 爲卦上兌下巽, 澤在木上, 滅木也. 澤者, 潤養於木, 乃至滅沒於木, 爲大過之義. 大過者, 陽過也. 故爲大者過, 過之大與大事過也. 聖賢道德功業, 大過於人. 凡事之大過於常者, 皆是也. 夫聖人盡人道, 非過於理也. 其制事以天下之正理, 矯失之用. 小過於中者, 則有之如行過乎恭; 喪過乎哀; 用過乎儉, 是也. 蓋矯之小過而後, 能及於中, 乃求中之用也. 所謂大過者, 常事之大者耳, 非有過於理也. 唯其大故不常見, 以其比常所見者, 大故謂之大過, 如堯舜之禪讓, 湯武之放伐, 皆由(一有此字)道也. 道无不中, 无不常, 以世人所不常(一作嘗)見, 故謂之大過於常也"라 함.

# (1) 卦辭

## 大過: 棟撓. 利有攸往, 亨.

〈언해〉 大過(대과)는 棟(동)이 撓(요)홈이니, 往(왕)홀 빠를 둠이 利(리)ᄒ야 亨(형)ᄒ 니라.

〈해석〉 대과(大過, 대과괘)는 대들보가 휘어지는 것이니, 지향할 바를 두는 것이 이로 워, 형통하리라.

【大過】卦名이며, 지나치게 과함. '大'는 가운데 네 양효의 양강을 지칭함. 王弼 注 에 "音, 相過之過"라 하였고, 〈正義〉에 "過, 謂過越之過, 非經過之過. 此衰難之世, 唯陽 爻, 乃大能過越常理, 以拯患難也. 故曰'大過'. 以人事言之, 猶若聖人過越常理, 以拯患難 也. '相過'者, 謂相過越之甚也. 非謂相過從之過. 故〈象〉云'澤滅木', 是過越之甚也. 四陽 在中, 二陰在外, 以陽之過越之甚也"라 함.

【棟撓, 利有攸往, 亨】'棟撓'는 棟橈의 誤記. 〈校勘記〉에 "撓, 各本作橈, 是撓字誤也"라 함. 그러나 橈는 撓와 같음.《說文》에 "撓, 曲折也. 橈, 曲木"이라 하여 같은 의미로 쓰이고 있음. 기둥이 꺾여 휘어짐. '撓'는《易本義》에는 '橈'자로 되어 있음. '휘어지다. 꺾어지다. 기우뚱하다, 굽어지다' 등의 뜻. 이 괘 전체의 '撓'자는 모두 '橈'자임. ○高亨 은 "蓋曲木曰橈, 棟橈則將折, 棟折則室傾, 居家則受害, 出外免禍, 故曰「棟橈, 利有攸往」" 이라 함. '亨'은 高亨은 "亨即享字, 去行亨祀也"라 하였고, "此亨字當在下文初六二字之 下, 傳寫之誤"라 하여, 다음 初六 爻辭의 첫머리에 있어야한다고 하였음.《集解》에 "虞 翻曰:「〈大壯〉五之三, 或〈兌〉三之五. '棟橈', 謂三巽爲長木稱棟. 初上陰柔, 本末弱, 故'棟 橈'也.」"라 함. '利有攸往, 亨'은 이 점괘는 갈 곳을 지정해야 이로우며 결과는 형통할 것임을 뜻함. 그러나 ○高亨은 "亨, 卽享字. 擧行亨祀也"라 함.〈正義〉에 "棟橈者, 謂屋 棟也. 本之與末, 俱橈弱, 以言衰亂之世, 始終皆弱也. '利有攸往, 亨'者, 旣遭衰難, 聖人利 有所往, 以拯患難, 乃得亨通, 故云'利有攸往, 亨也'"라 함.《集解》에 "虞翻曰:「謂二也, 剛過而中, 失位无應, 利變應五之外稱往, 故'利有攸往, 乃亨'也.」"라 함.《傳》에 "小過, 陰過於上下; 大過, 陽過於中陽. 過於中而上下弱矣, 故爲'棟橈'之象. 棟取其勝, '重', 四陽 聚於中, 可謂重矣. 九三·九四, 皆取棟象, 謂任重也. '橈', 取其本末弱, 中强而本末弱, 是 以橈也(一作: '橈', 取其中强而本末弱, 本末弱, 是以橈也). 陰弱而陽强, 君子盛而小人衰, 故'利有攸往而亨'也. '棟', 今人謂之檩"이라 하였고,《本義》에 "大, 陽也. 四陽居中過盛,

故爲大過. 上下二陰, 不勝其重, 故有'棟橈'之象. 又以四陽雖過, 而二五得中, 內巽外說, 有可行之道, 故'利有所徃而得亨'也"라 함.

## (2) 彖辭와 象辭

彖曰: 大過, 大者過也;「棟橈」, 本末弱也. 剛過而中, 巽而說行, 利有攸往, 乃亨. 大過之時大矣哉!
★象曰: 澤滅木, 大過. 君子以獨立不懼, 遯世无悶.

〈언해〉 彖(단)애 굴오디「大過」는 大(대)호 거시 過(과)홈이오,
「棟橈」는 本(본)과 末(말)이 弱(약)홈이라.
剛(강)이 過(과)호이 中(듕)ᄒ고, 巽(손)코 說(열)로 行(ᄒᆡᆼ)ᄒᄂᆞᆫ 디라, 徃(왕)홀 빠를 둠이 利(리)ᄒ야, 이예 亨(형)ᄒ니,「大過」의 時(시)ㅣ 크다!
★象(샹)애 굴오디 澤(퇴)이 木(목)을 滅(멸)홈이 大過(대과)ㅣ니, 君子(군즈)ㅣ 以(이)ᄒ야 獨立(독닙)ᄒ야 懼(구)티 아니 ᄒ며, 世(셰)예 遯(돈)호디 悶(민)홈이 업ᄂᆞ니라.

〈해석〉 彖: '대과'괘는 큰 것이 지나친 것이요, 기둥이 휘어지는 것은 밑둥과 끝이 약하기 때문이다. 강한 것이 지나치기는 하지만 중도를 품고 있고, 겸손하고 기꺼워하면서 실행하기 때문에, 나아가 지향하는 바를 두는 것이 이에 형통하니, 대과괘의 때맞춤이 크도다!
★象: 못물이 나무를 잠기게 하고 있는 것이 대과괘이다. 군자는 이를 바탕으로 홀로 섬에도 두려워하지 않고, 세상을 피해 은둔함에도 괴로워함이 없다.

【「大過」, 大者過也】'大者過也'는 큰 것이 지나치게 큼. 큰 정도를 넘어섬. 王弼 注에 "大者, 乃能過也"라 하였고, 〈正義〉에 "'大過, 大者過也'者, 釋大過之義也. '大者過', 謂盛大者, 乃能過其分理, 以拯難也. 故於二爻陽處陰位, 乃能拯難也. 亦是過甚之義"라 함. 《集解》에 "虞翻曰:「陽稱大, 謂二也. 二失位, 故'大者過'也.」"라 함. 《傳》에 "'大者過', 謂陽過也. 在事爲事之大者過, 與其過之大"라 하였고, 《本義》에 "以卦體, 釋卦名義"라 함.
【「棟橈」, 本末弱也】'本末弱也'는 本末(나무의 머리와 꼬리, 즉 上下 끝 初六과 上六)

이 모두 약함. 王弼 注에 "初爲本而上爲末也"라 하였고, 〈正義〉에 "棟橈, 本末弱也'者, 釋'棟橈'義. 以大過本末俱弱, 故屋棟橈弱也. 似若衰難之時, 始終弱也"라 함. 《集解》에 "向秀曰:「棟橈則屋壞, 主弱則國荒. 所以橈由於初, 上兩陰爻也. 初爲善始, 末是令終, 始終皆弱, 所以棟橈.」○王弼曰:「初爲本而上爲末也.」○侯果曰:「本, 君也; 末, 臣也. 君臣俱弱, 棟橈者也.」"라 함. 《傳》에 "謂上下二陰衰弱, 陽盛則陰衰, 故爲'大者過'. 在小過, 則曰小者過, 陰, 過也"라 하였고, 《本義》에 "復以卦體, 釋卦辭. 本謂初, 末謂上, 弱謂陰弱"이라 함.

【剛過而中, 巽而說行, 利有攸往, 乃亨】'剛過而中'은 강한 네 개의 陽爻가 지나치게 陽剛하며, 아울러 六二와 六五는 巽卦와 兌卦의 가운데 중앙을 차지하고 있음. 王弼 注에 "謂二也. 居陰過也, 處二中也, 拯弱興衰, 不失其中也 '巽而說行'의 謙遜히 하면서 和悅한 태도로 행동함. '下順上悅'의 괘상임을 뜻함. '說'은 悅의 假借. 上卦(兌)는 悅의 뜻이며, 下卦(巽)은 謙의 뜻. 王弼 注에 "'巽而說行', 以此救難, 難乃濟也 '利有攸往, 乃亨'은 王弼 注에 "危而弗持, 則將安用? 故往乃亨"이라 하였고, 〈正義〉에 "剛過而中, 巽而說行, 利有攸往, 乃亨'者, 此釋利有攸往, 乃亨'義. '剛過而中', 謂二也. 以陽處陰, 是剛之過. 極之甚, 則陽來拯此陰難, 是過極之甚. '巽而說行'者, 旣以巽順和說而行, 難乃得濟, 故'利有攸往, 得亨'也, 故云'乃亨'"이라 함. 《集解》에 "虞翻曰:「剛過而中', 謂二. 說, 兌也. 故'利有攸往'. 〈大壯〉震五之初, 故亨. 與〈遯〉而同義.」"라 함. 《傳》에 "言卦才之善也. 剛雖過, 而二五皆得中, 是處不失(不失一作得)中道也. 下巽上兌, 是以巽順和說之道而行也. 在大過之時, 以中道巽說而行, 故'利有攸往, 乃所以能亨'也"라 하였고, 《本義》에 "又以卦體卦德, 釋卦辭"라 함.

【大過之時大矣哉!】'時'는 時宜, 時機. 吉凶이 맞아 떨어지는 時機. 大過의 점괘에 따라 시기에 맞게 행동하도록 일러줌은 그 뜻이 참으로 큰 것임. 王弼 注에 "是君子有爲之時也"라 하였고, 〈正義〉에 "'大過之時大矣哉!', 此廣說大過之美, 言當此大過之時, 唯君子有爲拯難, 其功甚大, 故曰'大矣哉!'也"라 함. 《集解》에 "虞翻曰:「國之大事, 在祀與戎. 藉用白茅, 女妻有子, 繼世承祀, 故大矣哉!」"라 함. 《傳》에 "大過之時, 其事甚大, 故贊之曰'大矣哉!'. 如立非常之大事, 興不世之大功, 成絶俗之大德, 皆大過之事也"라 하였고, 《本義》에 "大過之時, 非有大過人之材, 不能濟也. 故歎其大"라 함.

★【澤滅木, 大過】'澤'은 兌卦. '滅은' 沒, 淹, 寖, 沉, 毁, 壞의 뜻. 물에 잠겨 썩어가며 허물어짐. '木'은 巽卦를 뜻함. 위의 兌(澤)가 아래 巽(木)을 훼멸시키고 있는 卦象이 大過괘임을 말함. '澤'은 만물을 윤택하게 하는 것이 本領인데 도리어 나무를 물속에 잠그고 있어 지나친 것임. 孔穎達 〈正義〉에 "'澤滅木'者, 澤體處下, 木體處上, 澤无

減木之理. 今云'澤滅木'者, 乃是澤之甚, 極而至滅木, 是極大過越之義. 其大過之卦, 有二義也: 一者, 物之自然, 大相過越常分, 卽此澤滅木是也; 二者, 大人大過越常分, 以拯患難, 則九二'枯楊生稊, 老夫得其女妻'是也"라 함. 《集解》에 "案: 兌, 澤也; 巽, 木漫也. 凡木生近水者, 楊也. 遇澤太過, 木則漫滅焉. 二五枯楊, 是其義."라 함.

【君子以獨立不懼, 遯世无悶】'獨立不懼'는 좌우사방에 믿을 것이 없으므로 홀로 우뚝 섬에 두려워할 것이 없음. 여기서는 혼자라도 나서서 세상을 구함에 두려움이 없음. '遯世无悶'은 세상으로 부터 遁避하여 不仕함에 그 어떤 괴로움이나 고민 따위가 없음. '遯'은 遁과 같음. 隱遁함. 遁避함. 여기서는 '獨立不懼'하여 救世에 나섰으나, 알려지지 않아 등용되지 못할 경우 '遯世无悶'하는 것이 군자임을 말함. 王弼 注에 "此所以爲大過, 非凡所及也"라 하였고, 〈正義〉에 "'君子以獨立不懼, 遯世无悶'者, 明君子於衰難之時, 卓爾獨立, 不有畏懼, 隱遯於世, 而无憂悶, 欲有遯難之心, 其操不改. 凡人遇此, 則不能然, 唯君子獨能如此, 是其過越之義"라 함. 《集解》에 "虞翻曰:「君子, 謂乾初, 陽伏巽中, 體復一爻, 潛龍之德, 故稱'獨立不懼憂'. 則違之乾初同義, 故'遯世无悶'也.」"라 함. 《傳》에 "澤, 潤養於木者也. 乃至滅沒於木, 則過甚矣, 故爲大過. 君子觀大過之象, 以立其大過人之行. 君子所以大過人者, 以其能獨立不懼, 遯世无悶也. 天下非之, 而不顧獨立不懼也; 擧世不見知, 而不悔遯世无悶也. 如此, 然後能自守, 所以爲大過人也(一无人字)"라 하였고, 《本義》에 "'澤滅於木', 大過之象也; '不懼无悶', 大過之行也"라 함.


## (3) 爻辭와 象辭

初六: 藉用白茅, 无咎.
☆象曰:「藉用白茅」, 柔在下也.

〈언해〉 初六(초륙)은, 藉(쟈)호디 白茅(빅모)를 뻐 홈이니 咎(구)ㅣ 업스니라.
　　　　☆象(상)애 골오디「藉用白茅」는, 柔(유)로 下(하)애 在(진)홈이라.
〈해석〉 [初六](--): 제수(祭需)를 놓는 자리를 띠 풀로써 하는 것이니, 허물이 없다.
　　　　☆象: "제수를 놓는 자리를 흰 띠 풀로써 한다"함은, 부드러움으로 아래에 위치하고 있음을 뜻한다.

【初六】이는 전괘와 下卦 巽(風, 木, 遜)의 시작이며 첫출발. 陰爻로 位不當하며 儒弱함. 아울러 전괘의 하단 柔弱함을 상징함. 高亨의 주장에 의하면 "初六: 亨"이어야 함. 앞 〈卦辭〉의 注를 볼 것.

【藉用白茅, 无咎】 '藉'는 '鋪墊', 즉 '깔다, 펴다'의 뜻. 특히 제사의 祭需를 놓는 깔개를 뜻함. 《說文》에 "藉, 祭藉也"라 함. '白茅'는 흰 띠풀. 흰 억새. 나약하면서 결백함을 상징함. 《詩》(野有死麕) "白茅包之"의 毛傳에 "白茅, 取潔清也"라 함. 이는 흔히 땅에 깔고 제수를 진열해 놓는데 사용함. 따라서 경건함과 깨끗함을 뜻함. ○高亨은 "(亨)而藉用白茅, 敬慎之至, 故曰「(亨), 藉用白茅, 无咎」"라 함. 王弼 注에 "以柔處下, 過而可以无咎, 其唯慎乎!"라 하였고, 〈正義〉에 "'藉用白茅'者, 以柔處下, 心能謹慎, 薦藉於物, 用潔白之茅. 言以潔素之道, 奉事於上也. '无咎'者, 旣能謹慎如此, 雖遇大過之難, 而无咎也"라 함. 《集解》에 "虞翻曰:「位在下稱藉, 巽柔白爲茅, 故'藉用白茅', 失位咎也. 承二過四, 應五士夫, 故'无咎'矣.」"라 함. 《傳》에 "初以陰柔, 巽體而處下, 過於畏慎者也. 以柔在下, 用茅藉物之象, 不錯諸地而藉以茅, 過於慎也, 是以无咎. 茅之爲物, 雖薄而用可重者, 以用之能成敬慎之道也. 慎守斯術而行, 豈有失乎大過之用也? 〈繫辭〉云:「苟錯諸地而可矣. 藉之用茅, 何咎之有?」慎之至也. 夫茅之爲物, 薄而用可重也. 慎斯術也, 以往其无所失矣. 言敬慎之至也. 茅雖至薄之物, 然用之可甚重, 以之藉薦, 則爲重慎之道, 是用之重也. 人之過於敬慎, 爲之非難, 而可以保其安而无過. 苟能慎(一有思字)斯道, 推而行之於事, 其无所失矣"라 하였고, 《本義》에 "當大過之時, 以陰柔居, 巽下過於畏慎, 而无咎者也. 故其象占如此. 白茅, 物之潔者"라 함.

☆【「藉用白茅」, 柔在下也】 '柔在下'는 陰爻로 柔弱하면서 가장 아래에 처해 있음을 말함. 初九는 陰爻로써 그 위에 네 개의 陽爻가 있으므로 자신은 그저 제수를 놓는 백모 역할만 하고 아래에 있어야 함을 비유함. 〈正義〉에 "以柔道在下, 所以免害, 故〈象〉云'柔在下'也"라 함. 《集解》에 "侯果曰:「以柔處下, 履非其正, 咎也. 苟能絜誠, 肅恭不怠, 雖置羞於地, 可以薦奉, 況藉用白茅, 重慎之至, 何咎之有矣!」"라 함. 《傳》에 "以陰柔處, 卑下之道, 唯當過於敬慎而已. 以柔在下, 爲以茅藉物之象, 敬慎之道也"라 함.

九二: 枯楊生稊, 老夫得其女妻, 无不利.
☆象曰:「老夫女妻」, 過以相與也.

〈언해〉九二(구이)는, 枯(고)훈 楊(양)이 稊(뎨)ㅣ 生(싱)ㅎ며, 老夫(로부)ㅣ 그 女妻(녀쳐)를 得(득)홈이니, 利(리)티 아니미 업스니라.

　　☆象(샹)애 골오디「老夫女妻」는, 過(과)히 뻐 서르 與(여)홈이라.

〈해석〉 [九二](一): 말라 죽어가던 버드나무에 새 잎이 돋아나고, 늙은 지아비가 젊은 여자를 얻어 아내로 삼는 것이니, 이롭지 않음이 없다.

　　☆象: "늙은 지아비가 젊은 여자를 아내로 삼는다"함은, 지나친 것으로써 서로를 허여함을 뜻한다.


【九二】 이는 下卦의 중앙에 위치하며, 陽爻로 역시 位不當함. 그러나 巽(木)의 가운데에 陽氣가 올라 마치 버드나무 중간에 새로운 잎이 돋아남을 상징함. 그러나 전괘의 첫 陽爻로 자신이 손괘의 가운데에 있다는 것을 과시하며 위의 세 양효를 무시하고 初六의 陰爻만을 좋아하여 陰陽의 호응을 이루어 짝을 맺음.

【枯楊生稊, 老夫得其女妻, 无不利】 '枯楊'은 말라버린 버드나무. 버드나무는 거꾸로 꽂아도 살아나는 강한 생명력이 있음. 따라서 '楊'은 '陽'과 同音互訓으로 쓰인 것이며 九二의 陽剛을 말함. 이에 이미 말라버린 나무로 여겼으나 그 줄기에 새로운 잎이 돋음을 예로 든 것임. '稊'는 여린 잎. '荑'와 같음. 《大戴禮記》(夏小正)의 "正月柳稊"의 〈傳〉에 "稊也者, 發孚也"라 함. 새로 돋아난 잎. '老夫'는 늙은 사내. '得女'는 여자를 얻음. '女'는 初六을 가리킴. '妻'는 動詞로 아내로 삼음. '无不利'는 이롭지 않음이 없음. 大過의 허물을 자신이 구제하겠다고 나서므로 이롭지 않음이 없음. ○高亨은 "枯楊生稊, 乃反枯爲榮之象, 而老夫得其女妻之兆. 蓋楊葉之將蔚茂, 猶女妻之年方少艾也. 筮遇此爻, 自無不利, 故曰「枯楊生稊, 老夫得其女妻, 无不利」"라 함. 王弼 注에 "稊者, 楊之秀也. 以陽處陰, 能過其本, 而救其弱者也. 上无其應, 心无特吝, 處過以此, 無衰不濟也. 故能令枯楊更生稊, 老夫更得少妻, 拯弱興衰, 莫盛斯爻, 故'无不利'也. 老過則枯, 少過則稚. 以老分少, 則稚者長; 以稚分老, 則枯者榮, 過以相與之謂也. 大過至衰, 而已至壯, 以至壯輔, 至衰應斯義也"라 하였고, 〈正義〉에 "'枯楊生稊'者, 枯, 謂枯槁; 稊, 謂楊之秀者. 九二以陽處陰, 能過其本分, 而救其衰弱, 上无其應, 心无特吝, 處大過之時, 能行此道, 无有衰者, 不被拯濟, 故衰者更盛, 猶若枯槁之楊, 更生少壯之稊; 朽老之夫, 得其少女爲妻也. '无不利'者, 謂拯弱興衰, 莫盛於此, 以斯而行, 无有不利也. 稊者, 楊柳

之穗, 故云'楊之秀'也. '以陽處陰, 能過其本, 而救其弱'者, 若以陽處陽, 是依其本分, 今以陽處陰, 是過越本分, 拯救陰弱也. '老過則枯, 少過則稚'者, 老之太過, 則枯槁; 少之太過, 則幼稚也. '以老分少, 則稚者長'者, 謂老夫減老, 而與女妻, 女妻得之, 而更益長, 故云以老分少, 則稚者長也. '以稚分老, 則枯者榮'者, 謂女妻減少, 而與老夫. 老夫得之, 似若槁者而更得生稊, 故云則枯者榮也. 云'大過至衰, 而已至壯, 以至壯輔, 至衰應斯義'者, 此大過之卦, 本明至壯輔, 至衰不論, 至衰減至壯, 故輔嗣此注, 特云'以至壯輔至衰'也"라 함. 《集解》에 "虞翻曰:「稊, 釋也. 楊葉未舒稱稊. 巽爲楊, 乾爲老, 老楊故枯楊, 在二也. 十二月時, 周之二月. 兌爲雨澤, 枯楊得澤, 復生稊. 二體乾老, 故稱老夫女妻. 謂上兌, 兌爲少女, 故曰女妻. 大過之家, 過以相與, 老夫得其女妻, 故'无不利'.」"라 함. 《傳》에 "陽之大過, 比陰則合, 故二與五, 皆有生象. 九二當大過之初, 得中而居柔, 與初密比, 而相與初, 旣切比於二, 二復无應於上, 其相與可知, 是剛過之人, 而能以中, 自處用柔, 相濟者也. 過剛, 則不能有所爲, 九三是也; 得中用柔, 則能成大過之功, 九二是也. 楊者, 陽氣易感之物. 陽過則枯矣, 楊枯槁而復生稊, 陽過而未至於極也. 九二陽過而與初, 老夫得女妻之象. 老夫而得女妻, 則能成生育之功. 二得中居, 柔而與初, 故能復生稊, 而无過極之失, 无所不利也. 在大過, 陽爻居陰, 則善二與四, 是也. 二不言'吉', 方言'无所不利', 未遽至吉也. 稊, 根也. 劉琨〈勸進表〉云:『生繁華於枯荑.』謂枯根也. 鄭玄《易》亦作'荑'字, 與'稊'同"이라 하였고, 《本義》에 "陽過之始, 而比初陰, 故其象占如此. 稊, 根也. 榮於下者也. 榮於下, 則生於上矣. 夫雖老而得女妻, 猶能成生育之功也"라 함.

☆【「老夫女妻」, 過以相與也】'過以相與'의 '過'는 이미 그렇게 혼인할 나이가 넘었음. '相與'는 九二가 初六과 서로 친히 여겨 許與함. 혼인을 許與함. 혼인함. 따라서 '서로 혼인한 것은 잘못이다'의 뜻. 〈正義〉에 "〈象〉曰'過以相與'者, 釋'老夫女妻'之義. 若老夫而有老妻, 是依分相對. 今老夫而得女妻, 是過分相與也. 老夫得女妻, 是女妻以少, 而與老夫. 老夫得少而更壯, 是女妻過分而與夫也. 女妻而得少夫, 是依分相對. 今女妻得老夫, 是老夫減老, 而與少女妻, 旣得其老, 則益長, 是老夫過分而與妻也. 故云'過以相與'. 〈象〉直云'老夫女妻', 不云'枯楊生稊'者, 枯楊, 則是老夫也; 生稊, 則是女妻也. 其意相似, 故〈象〉署而不言. 〈象〉曰'過以相與'者, 因至壯而輔至衰, 似女妻而助老夫, 遂因云'老夫減老, 而與少猶若至衰, 減衰而與壯'也. 其實不然也"라 함. 《集解》에 "虞翻曰:「謂二. 過初與五, 五過上與, 二獨大過之爻, 得過其應, 故'過以相與'也.」"라 함. 《傳》에 "老夫之說少女, 少女之順老夫, 其相與過於常分, 謂九二初六, 陰陽相與之和, 過於常也"라 함.

# 九三: 棟橈, 凶.

## ☆象曰:「棟橈之凶」, 不可以有輔也.

〈언해〉 九三(구삼)은, 棟(동)이 橈(요)홈이니, 凶(흉)ᄒ니라.

　　☆象(샹)애 굴오디「棟橈의 凶홈」은 可(가)히 뻐 輔(보)홈을 두디 몯홀 시라.

〈해석〉 [九三](一): 대들보가 휘어지니 흉하도다.

　　☆象: "대들보가 휘어지니 흉하다"함은, 보필해줄 자를 둘 수 없기 때문이다.

【九三】 이는 下卦(巽)의 가장 윗자리이며 陽爻로 位正當함. 전괘의 괘상으로 보아 대들보의 가운데 부분이며 양강이 지나친 자리임. 그러나 가운데가 過剛할수록 兩端이 허약하여 흉함.

【棟橈, 凶】 '棟橈'는 棟橈의 오기. 대들보가 휘어짐. 곧 집이 무너짐. ○高亨은 "棟橈則將折, 棟折則室傾, 自是凶象, 故曰「棟橈, 凶」.〈卦辭〉云:「棟橈, 利有攸往.」設象同而斷占夢, 蓋其取義殊別, 此《周易》之通例也"라 함. 王弼 注에 "居大過之時, 處下體之極, 不能救危拯弱, 以隆其棟. 而以陽處陽, 自守所居, 又應於上, 係心在一, 宜其淹溺, 而凶衰也"라 하였고,〈正義〉에 "棟橈, 凶'者, 居大過之時, 處下體之極, 以陽居陽, 不能救危拯弱, 唯自守而已. 獨應於上, 係心在一, 所以凶也"라 함.《傳》에 "夫居大過之時, 興大過之功, 立大過之事, 非剛柔得中, 取於人以自輔, 則不能也. 旣過於剛强, 則不能與人同, 常常之功, 尙不能獨立, 況大過之事乎? 以聖人之才, 雖小事必取於人, 當天下之大任, 則可知矣. 九三以大過之陽, 復以剛自居, 而不得中剛, 過之甚者也. 以過甚之剛, 動則違於中和, 而拂於衆心, 安能當大過之任乎? 故不勝其任, 如棟之橈, 傾敗其室, 是以凶也. 取棟爲象者, 以其无輔而不能勝重任也. 或曰:「三巽體而應於上, 豈无用柔之象乎?」曰:「言《易》者, 貴乎識勢之重輕, 時之變易. 三居過而用剛, 巽旣終而且變, 豈復有用柔之義?」應者謂:「志相從也. 三方過剛上, 能繫其志乎!」라 하였고,《本義》에 "三四二爻, 居卦之中, 棟之象也. 九三以剛居剛, 不勝其重, 故象橈而占凶"이라 함.

☆【「棟橈之凶」, 不可以有輔也】 집이 기울고 있으나 이를 지탱해내지 못함.〈正義〉에 "心旣褊狹, 不可以輔救衰難, 故〈象〉云'不可以有輔'也"라 함.《集解》에 "虞翻曰:「本末弱, 故橈輔之益橈, 故不可以有輔. 陽, 以陰爲輔也.」"라 함.《傳》에 "剛强之過, 則不能取於人. 人亦不能(一作肯)親, 輔之如棟, 橈折不可支輔也. 棟, 當室之中, 不可加助, 是'不可以有輔'也"라 함.

九四: 棟隆, 吉. 有它, 吝.
☆象曰:「棟隆之吉」, 不撓乎下也.

〈언해〉 九四(구ᄉ)는, 棟(동)이 隆(륭)홈이니 吉(길)커니와, 它(타)을 두면 吝(린)ᄒ리라.

　　☆象(상)애 ᄀᆞᆯ오디 「棟隆의 吉홈」은 下(하)애 撓(요)티 아니홀 시라.

〈해석〉 [九四](一): 대들보가 높이 솟구치니 길하기는 하나, 다른 변고가 있어 안타깝도다.

　　☆象: "대들보가 높이 솟아 길하다"함은, 밑에서 흔들리지 않기 때문이다.


　　【九四】 이는 상괘(兌)의 시작이며 陽爻. 位不當하며 陽이 陰位에 있어 陰柔의 성질을 안으로 품고 있고, 아울러 상배한 初六이 陰爻여서 陰陽互應이 맞아 자신을 덜어 균형을 맞추고자 하고 있음.

　　【棟隆, 吉. 有它, 吝】 '隆'은 높이 솟음. 대들보 가운데가 휘어 兩端이 솟아오름. 陽爻가 陰位에 있고, 初六과 正應을 이루지 못함으로, 自損하여 균형을 맞추고자 하기 때문에 吉한 것임. '有它, 吝'의 '它'는 '他'의 異體字. 여기서는 생각지 않았던 뜻밖의 재난을 의미함. 其他의 變故를 뜻함. 여기서는 自損이 지나쳐 過柔함. 그 變故 때문에 哀惜한 것임. '吝'은 애석함. ○高亨은 "有它, 謂有意外之患也. 棟高者室巨. 室巨者家大. 自是吉象. 然高明之家, 鬼瞰其室, 一有意外之患, 則不易克復, 如寇盜不來則已, 來必徒衆力偉, 而難抵禦也. 故曰「棟隆, 吉, 有它吝」"이라 함. 王弼 注에 "體屬上體, 以陽處陰, 能拯其弱, 不爲下所橈者也. 故'棟隆, 吉'也. 而應在初, 用心不弘, 故'有他, 吝'也"라 하였고, 〈正義〉에 "棟隆, 吉'者, 體居上體, 以陽處陰, 能拯救其弱, 不爲下所橈, 故得棟隆起而獲吉也. '有它, 吝'者, 以有應在初, 心不弘潤, 故'有它, 吝'也"라 함. 《集解》에 "虞翻曰:'隆, 上也. 應在於初, 己與五意, 在於上, 故'棟隆, 吉'. 失位動入險, 而陷於〈井〉, 故'有他, 吝'.」"이라 함. 《傳》에 "四居近君之位, 當大過之任者也. 居柔爲能用柔相濟, 旣不過剛, 則能勝其任, 如棟之隆起, 是以吉也. 隆起(一有兼字), 取不下橈之義. 大過之時, 非陽剛不能濟, 以剛處柔, 爲得宜矣. 若又與初六之陰相應, 則過也. 旣剛柔得宜, 而志復應陰, 是有它也. 有它, 則有累於剛, 雖未至於大害, 亦可吝也. 蓋大過之時, 動則過也. 有它, 謂更有它志; 吝, 爲不足之義, 謂可少也. 或曰:「二比初, 則无不利; 四若應初, 則爲吝, 何也?」曰:「二得中而比於初, 爲以柔相濟之義. 四與初爲正應, 志相繫者也. 九旣居四, 剛柔得宜矣. 復牽繫於陰, 以害其剛, 則可吝也.」"라 하였고, 《本義》에 "以陽居陰, 過而不過, 故其象隆而占吉. 然下應初六, 以柔濟之, 則過於柔矣. 故又戒以'有它', 則吝也"라 함.

☆【「棟隆之吉」, 不撓乎下也】 '不撓乎下'는 아래로 굽어 무너지지 않고 平衡을 이룸. '下'는 墜下, 墮下의 뜻. 〈正義〉에 "〈象〉曰'不撓乎下也'者, 釋棟隆之吉, 以其能拯於難, 不被撓乎在下, 故得棟隆吉. 九四應初, 行又謙順, 能拯於難. 然唯只拯初, 初謂下也. 下得其拯, 猶若所居, 屋棟隆起, 下必不撓弱, 何得云'不被撓乎?' 在下但經文云'棟橈'.〈象〉釋'棟橈'者, 本末弱也. 以屋棟橈弱而偏, 則屋下橖柱, 亦先弱柱, 爲本棟爲末. 觀此〈象〉辭, 是足見其義. 故子産云:『棟折橖崩, 僑將壓焉.』 以屋棟橈折, 則橖柱亦同崩, 此則義也"라 함. 《集解》에 "虞翻曰:「乾爲動直, 遠初近上, 故'不橈下'也.」"라 함. 《傳》에 "棟隆起則吉, 不橈曲以就下也. 謂不下繫於初也"라 함.


**九五: 枯楊生華, 老婦得其士夫, 无咎无譽.**

**☆象曰:「枯楊生華」, 何可久也?「老婦士夫」, 亦可醜也.**

〈언해〉 九五(구오)는, 枯(고)훈 楊(양)이 華(화)ㅣ 生(싱)ᄒ며, 老婦(로부)ㅣ 그 士夫(ᄉ부)를 得(득)홈이니, 咎(구)ㅣ 업스나 譽(예) 업스니라.
  ☆象(샹)애 굴오디「枯楊生華」ㅣ 엇디 可(가)히 久(구)ᄒ며,「老婦士夫」ㅣ ᄯ호 可(가)히 醜(취)홉도다.

〈해석〉 [九五](-): 말라 죽어가던 버드나무에 꽃이 피고, 늙은 지어미가 젊은 남자를 얻어 남편으로 삼는 것이니, 흉함도 없으나 칭송도 없다.
  ☆象: "말라 죽어가던 버드나무에 꽃이 피었으니", 어찌 오래 갈 수 있겠는가? "늙은 지어미와 젊은 남자"도 역시 가히 추한 모습이로다.


【九五】 이는 帝位이며 陽爻로 位正當함. 아울러 전괘의 主爻로 大過를 바로잡아야 할 책무가 있음. 그러나 짝이 되는 九二 역시 陽爻로 陽剛하며 陰陽이 맞지 않고, 게다가 九二는 陰爻 중에 初六이 가장 가깝다는 이유로 그와 親配를 이룸으로서, 이 九五는 자신 역시 가장 가까운 上六과 親配하고자 함.

【枯楊生華, 老婦得其士夫, 无咎无譽】 '生華'는 九二의 '生稊'에서 한 발 더 나아가 꽃까지 핀 것임. '華'는 花와 같음. '老婦'는 늙은 지어미. 여기서는 上六을 가리킴. '得其士夫'는 젊은 壯士를 얻어 남편으로 삼음. '士'는 九五 자신을 가리킴. 被動的으로 上六의 짝이 됨. '无咎无譽'는 허물도 없으며 명예롭지도 못함. 上六과 陰陽互應을 이룸으로써 无咎하며, 그 상대가 이미 老衰한 上六이므로 无譽한 것임. ○高亨은 "枯陽生華, 亦反枯

爲榮之象, 而老婦得其士夫之兆, 蓋楊華之易隕落, 猶老婦之年大色衰也. 老婦得其士夫, 固不爲辱, 亦不爲榮, 故曰「枯楊生華, 老婦得其士夫, 无榮无譽」라 함. 王弼 注에 "處得尊位, 而以陽處陽, 未能拯危. 處得尊位, 亦未有橈, 故能生華. 不能生稊, 能得夫不能得妻. 處棟橈之世, 而爲无咎无譽, 何可長哉? 故生華不可久, 士夫誠可醜也"라 하였고, 〈正義〉에 "'枯楊生華'者, 處得尊位, 而以陽居陽, 未能拯危, 不如九二'枯楊生稊'. 但以處在尊位, 唯得枯楊生華而已. 言其衰老, 雖被拯救, 其益少也. 又似年老之婦, 得其彊壯士夫, 婦已衰老, 夫又彊大, 亦是其益少也. 所拯難處少, 纔得无咎而已, 何有聲譽之美? 故'无咎无譽'也. '處得尊位, 亦未有橈'者, 以九三, 不得尊位, 故有棟橈; 今九五, 雖與九三同, 以陽居陽, 但九五處得尊位, 功雖未廣, 亦未有橈弱, 若其橈弱, 不能拯難, 不能使枯楊生華也. 以在尊位, 微有拯難, 但其功狹少, 但使枯楊生華而已. 不能使之生稊也. '能得夫不能得妻'者, 若拯難功濶, 則老夫得其女妻, 是得少之甚也. 今旣拯難功狹, 但能使老婦得士夫而已. 不能使老夫得女妻. 言老婦所得, 利益薄少, 皆爲拯難功薄, 故所益少也"라 함. 《集解》에 "虞翻曰: 「陽, 在五也. 〈夬〉三月時, 周之五月. 枯楊得澤, 故生華矣. 老婦, 謂初. 巽爲婦, 乾爲老, 故稱老婦也. 士夫, 謂五. 〈大壯〉震爲夫, 兌爲少, 故稱士夫. 五過二, 使應上; 二過五, 使取初, 五得位, 故'无咎'; 陰在二多譽, 今退伏初, 故'无譽'. 體姤淫女, 故'過以相與', 使應少夫. 〈象〉曰'亦可醜'也. 舊說: 以初爲女, 妻上爲老婦, 誤矣. 馬君亦然, 荀公以初陰失正, 當變數六爲女妻, 二陽失正, 數九爲老夫, 以五陽, 得正位不變. 數七爲士夫, 上陰得正, 數八爲老婦, 此何異俗說也? 悲夫! 學之難而以初本, 爲小反以上末, 爲老後之達者, 詳其義焉.」"이라 함. 《傳》에 "九五, 當大過之時, 本以中正居尊位, 然下无應助, 固不能成大過之功, 而上比過極之陰, 其所相濟者, 如枯楊之生華. 枯楊, 下生根稊, 則能復生, 如大過之陽興成事功也. 上生華秀, 雖有所發, 无益於枯也. 上六過極之陰, 老婦也. 五雖非少比老婦, 則爲壯矣(一作壯夫, 一作士夫). 於五无所賴也. 故反稱婦, 得過極之陰, 得陽之相濟, 不爲无益也. 以士夫而得老婦, 雖无罪咎, 殊非美也. 故云'无咎无譽象'. 復言其'可醜'也"라 하였고, 《本義》에 "九五, 陽過之極, 又比過極之陰, 故其象占, 皆與二反"이라 함.

☆【「枯楊生華」, 何可久也?】'何可久也'는 오래갈 수 없음. 〈正義〉에 "〈象〉曰'枯楊生華, 何可久'者, 枯槁之楊, 被拯, 纔得生華, 何可長久? 尋當衰落也"라 함.

【「老婦士夫」, 亦可醜也】늙은 지어미가 장사를 얻어 남편으로 삼은 것은 역시 醜한 사례일 뿐임. 〈正義〉에 "老婦士夫, 亦可醜也'者, 婦當少稚於夫. 今年老之婦, 而得彊壯士夫, 亦可醜辱也. 此言九五, 不能廣拯衰難, 但使枯楊生華而已, 但使老婦得其士夫而已. 拯難狹劣, 故不得長久, 誠可醜辱, 言不如九二也"라 함. 《集解》에 "虞翻曰: 「乾爲久枯而生華, 故'不可久'也; 婦體姤淫, 故'可醜'也.」"라 함. 《傳》에 "枯楊不生根而生華, 旋

復枯矣. 安能久乎? 老婦而得士夫, 豈能成生育之功, 亦爲可醜也"라 함.


## 上六: 過涉滅頂. 凶, 无咎.
## ☆象曰: 「過涉之凶」, 不可咎也.

〈언해〉上六(샹륙)은, 過(과)히 涉(셥)ᄒ야 頂(뎡)을 滅(멸)홈이라. 凶(흉)ᄒ니 咎(구)홀
디 업스니라.[《本義》: 過(과)히 涉(셥)ᄒ야 頂(뎡)을 滅(멸)홈이니, 凶(흉)ᄒ나
咎(구)ㅣ 업스니라]

　　☆象(샹)애 ᄀᆞᆯ오디 「過涉의 凶홈」은, 可(가)히 咎(구)티 몯홀 거시니라.

〈해석〉[上六](--): 잘못하여 물을 건너다가 머리까지 빠지는 것이다. 흉하나 허물은
없다.(과하게 건너다가 머리까지 빠지는 것이니, 흉하나 허물은 없다.)

　　☆象: "깊은 물을 지나치게 건너는 흉함"이란, 가히 허물을 삼아 탓할 수는 없을
것이다.


　　【上六】이는 전괘와 상괘(兌, 澤, 悅)의 마무리이며 陰爻로 位正當함. 아울러 아래
初六과 함께 전괘의 양 끝으로 柔弱함의 극치를 이루고 있음. 그럼에도 바로 아래
九五의 짝이 되어 大過괘의 책임을 모면하고자 나서다가 물에 빠져 허우적거리는 모
습임. 그러한 정신은 마치 殺身成仁과 같아 허물을 탓할 수는 없음.

　　【過涉滅頂, 凶, 无咎】'過'는 '맹목적으로, 지나치게, 大過괘의 허물로 인해' 등을
뜻하는 부사. 그러나 《廣雅》에 "過, 誤也"라 하여, '잘못하여, 실수로' 등의 뜻으로 봄이
마땅함. '滅頂'는 머리가 끝까지 모두 잠김. '滅'은 '沒'(雙聲)과 같으며 淹沒의 뜻. ○高亨
은 "誤涉沒頂, 將溺死於水, 故曰「過涉滅頂, 凶」"이라 함. 王弼 注에 "處大過之極, 過之甚
也. 涉難過甚, 故至於'滅頂, 凶'. 志在救時, 故不可咎也"라 하였고, 孔穎達 〈正義〉에 "過
涉滅頂, 凶'者, 處大過之極, 是過越之甚也. 以此涉危難, 乃至於滅頂, 言涉難深也. 旣滅其
頂, 所以凶也. '无咎'者, 所以涉難滅頂, 至於凶亡, 本欲濟時, 拯難意善功惡, 无可咎責"이
라 함. 《集解》에 "虞翻曰:「〈大壯〉震爲足, 兌爲水. 澤震足沒水, 故'過涉'也. 頂, 首也.
乾爲頂, 頂沒兌水中, 故'滅頂, 凶', 乘剛, 咎也. 得位, 故'无咎', 與滅耳, 同義也.」"라 함.
《傳》에 "上六, 以陰柔處過極, 是小人過常之極者也. 小人之所謂大過, 非能爲大過人之事
也. 直過常越理, 不恤危亡履, 險蹈禍而已. 如過涉於水, 至滅沒其頂, 其凶可知. 小人狂躁
以自禍, 蓋其宜也. 復將'何尤', 故曰'无咎'. 言自爲之无所怨咎也. 因澤之象, 而取涉義"라

하였고, 《本義》에 "處過極之地, 才弱不足以濟, 然於義爲无咎矣. 蓋殺身成仁之事, 故其象占如此"라 함. 한편 '无咎' 두 글자는 衍文이 아닌가 함. 이에 ○高亨은 "'无咎'二字疑衍. 《漢書》藝文志曰: 「劉向以中古文《易經》校施·孟·梁丘《經》, 或脫去'无咎·悔亡', 唯費氏《經》與古文同.」 據此知古文《易》衆'无咎'二字有爲今文《易》所無者, 今文未必非, 古文未必是也. 今所傳者乃費氏本, 卽古文本. 其'无咎'二字, 塙似衍文, 當爲今文本所無者, 有四處: 本爻云: 「過涉滅頂, 凶, 无咎.」 '凶'與'无咎'相矛盾, '无咎'當爲衍文. 此一處也. 〈困〉九二云: 「困于酒食, 朱紱方來, 利用享祀, 征凶, 无咎.」 '征凶'與'无咎'亦相矛盾, '无咎'當爲衍文, 此二處也. 〈艮〉云: 「艮其背, 不獲其身, 行其庭不見其人, 无咎.」 '艮其背'二句明爲凶象, 與'无咎'相矛盾, '无咎'當爲衍文, 此三處也. 〈節〉六三云: 「不節若, 則嗟若, 无咎.」 '嗟若'亦不吉之象, 與'无咎'相矛盾, '无咎'當爲衍文, 此四處也. 其'悔亡'二字塙似衍文, 當爲今文本所無者, 有一處: 〈節〉上六云: 「苦節, 貞凶, 悔亡.」 '貞凶'與'悔亡'相矛盾, 是也. 若是之類, 雖無古本可據, 然可由辭意推知之. 或者一卦一爻之辭, 非一時一人之作, '凶'與'无咎'等乃各據所占, 各依其事以記之, 故有矛盾之象歟?"라 하여, 《漢書》藝文志의 기록을 근거로, 《周易》전체 '无咎' 두 글자가 의미로 보아 모순을 일으키는 4곳과, '悔亡' 두 글자가 역시 모순을 일으키는 1곳을 들어 의문을 제시하였음.

☆【「過涉之凶」, 不可咎也】 '不可咎'는 허물을 따질 수 없음. 그에게 견책의 책임을 묻지 않음. '義'에는 손상이 없음. 王弼 注에 "雖凶, 无咎, 不害義也"라 하였고, 〈正義〉에 "此猶龍逢·比干, 憂時危亂, 不懼誅殺, 直言深諫, 以忤无道之主, 遂至滅亡, 其意則善, 而功不成, 復有何咎責? 此亦'過涉滅頂, 凶, 无咎'之象. 故〈象〉云'不可咎', 言不可害於義理也"라 함. 《集解》에 "九家《易》曰: 「君子以禮義爲法, 小人以畏愼爲宜. 至於大過之世, 不復遵常, 故君子犯義, 小人犯刑, 而家家有誅絶之罪, 不可咎也. 大過之世, 君子遜遯, 不行禮義, 謂當不義, 則爭之. 若比干諫而死, 是也. 桀紂之民, 可比屋而誅, 上化致然, 亦不可咎. 曾子曰: 『上失其道, 民散久矣.』 如得其情, 則哀矜而勿喜, 是其義也.」"라 함. 《傳》에 "過涉至溺, 乃自爲之, 不可以有咎也. 言无所怨咎"라 함.

# 029 감坎, 習坎

**☵** 習坎(坎爲水): ▶坎下坎上(☵下☵上)

*감(坎, 習坎): 이는 '坎'괘, 또는 '習坎'괘로도 불리며, '習'은 重疊의 뜻이 있어, '坎이 중첩된 괘'라 한 것임. 〈音義〉에는 "習, 便習也. 劉云:「水流行不休, 故曰習坎.」 苦感反, 本亦作埳. 京劉作欿. 險也, 陷也"라 하여 '습감(xíkǎn)'으로 읽음. 이 '坎'괘는 八卦의 坎(水, 陷, 窞, 坑臼)이 겹친 同卦相疊으로 '坎爲水'의 괘체임. 이는 상하 모두 물이 가득하여 그 깊은 물에 빠져 물체가 헤어 나오지 못하며, 사물이 陰難의 困頓에 빠졌음을 상징함. 이때는 의당 剛毅함을 굳게 지켜 스스로 자신감을 가지고 근신하며, 점차 陰難을 벗어나야 함을 뜻함. 어려움을 도리어 잘 활용하여 轉禍爲福의 계기로 삼아 원만히 해결할 수 있을 뜻함. 한편 이 괘의 이름이 두 가지인 것에 대해서는 여러 설이 있음. 우선 孔穎達은 "習坎者, '坎', 是險埳之名; '習'者, 便習之義. 險難之事, 非經便習, 不可以行, 故須便習於坎, 事乃得用, 故云'習坎'也. 案諸卦之名, 皆於卦上不加其字, 此坎卦之名, 特加習者, 以坎爲險難, 故特加'習'名. 習有二義: 一者, 習, 重也. 謂上下俱坎, 是重疊有險, 險之重疊, 乃成險之用也; 二者, 人之行險, 先須便習, 其事乃可得通, 故云'習'也"라 하여, '習'은 '重疊'과 '便習'(閑習, 熟習. 익숙하도록 연습함) 두 가지 뜻이 있는데 그 의미가 내포되어 '習坎'이라 한 것이라 하였음. 그러나 ○高亨은 "習坎, 卦名也. 此卦古有二名: 一曰'習坎', 〈彖傳〉曰:「習坎, 重險也.」 〈象傳〉曰:「水洊至習坎.」 並其證.(《易稽覽圖》列六十四卦名, 稱此卦爲習坎, 卽據〈彖傳〉.) 二曰'坎', 〈序卦傳〉序列六十四卦, 曰:「物不可以終'過', 故受之以'坎'.」(阮元〈周易校勘記〉云: 古本'坎'上有'習'字. 亨按'習'字後人依〈彖傳〉所加.) 坎者, 陷也.」 〈雜卦傳〉備解六十四卦, 曰:「離上而坎下也.」 並其證. 二名皆見於十翼. 因十翼非一人所作, 故有岐異. 余疑此卦本名'坎', 不名'習坎', 卦辭'習'字乃涉初六'習坎'二字而衍. 周末《易》之傳本, 已有衍習字者, 〈彖〉·〈象〉作者據此本以立稱, 而〈序卦〉·〈雜卦〉作者所據本, 固未衍習字也"라 하여, 원래 '坎'괘였으나 十翼을 짓던 사람이 각각 달라 初六의 '習坎' 2字에 의해 衍字한 것이며, 다만 〈序卦傳〉과 〈雜卦傳〉을 쓴 자만은 원래대로 '坎'자만을 쓴 것이라 여겼음.

*《集解》에 "〈序卦〉曰:「物不可以終過, 故受之以'坎'.」 坎者, 陷也.(崔憬曰:「大過不可以極, 極則過涉滅頂, 故曰'物不可以終過, 故受之以坎'也.」)"라 함.

*《傳》에 "習坎', 〈序卦〉:「物不可以終過, 故受之以'坎'.」 坎者, 陷也. 理无過而不已,

過極, 則必陷. 坎所以次大過也. 習, 謂重習他. 卦雖重不加其名, 獨'坎'加'習'者, 見其重險, 險中復有險, 其義大也. 卦中一陽, 上下二陰, 陽實陰虛, 陰中則爲陷, 陰居陽中, 則爲麗. 凡陽在上者, 止之象. 在中陷之象, 在下動之象, 陰在上說之象, 在中麗之象, 在下巽之象陷, 則爲險習重也. 如學習溫習, 皆重複之義也. 坎, 陷(一作險)也. 卦之所言'處險難之道'. 坎, 水也. 一始於中, 有生之最先者也. 故爲水陷, 水之體也"라 함.

## (1) 卦辭

# 習坎: 有孚, 維心亨. 行有尙.

〈언해〉 習坎(습감)은 孚(부)ㅣ 이셔 心(심)으로 亨(형)ᄒ니, 行(ᄒᆡᆼ)ᄒ면 尙(샹)이 이시리라.

〈해석〉 습감(習坎, 습감괘)은 성실함이 있으면 이에 마음이 형통할 것이니, 행동에 옮기면 높임을 받는 일이 있을 것이다.

【習坎】卦名이며, '上下로 坎이 겹치다'의 뜻. '習'은 '겹치다, 중첩되다, 익숙해지도록 익히다' 등의 뜻. "習, 重習也. 坎, 險陷也. 習, 當讀爲襲. 古字通用.《廣雅》釋詁:「襲, 重也.」"라 함. 王弼 注에 "坎, 險陷之名也; 習, 謂便習之"라 하였고, 〈正義〉에 "習坎者. 坎, 是險埳之名; 習者, 便習之義. 險難之事, 非經便習, 不可以行, 故須便習於坎, 事乃得用, 故云'習坎'也"라 함.

【有孚, 維心亨】'有孚'의 孚는 誠信(虔誠)의 뜻. 진실 되고 믿음을 가지고 있음.《集解》에 "虞翻曰:「乾二五之坤, 與離旁通, 於爻觀上之二. 習, 常也; 孚, 信, 謂二五水行往來, 朝宗于海, 不失其時, 如月行天, 故習坎爲孚也.」"라 함. '維'는 '묶다'의 뜻. 그러한 마음을 잘 다잡아서 일을 처리함. 그러나 '惟'와 같으며, 發語辭, 혹은 '其'와 같은 뜻이라 하였음. '心亨'은 內心으로 亨通함. ○高亨은 "孚卽俘字, 有俘謂虜得敵方之人員在物也. 維, 縛繫也. '心', 疑當作'之', 與心形近, 故譌爲'心'耳. 亨卽享字, 享, 祀也. 捉得敵方浮虜, 用繩縛之, 殺之以享祀鬼神, 故曰「有孚維之, 亨」"라 함. 王弼 注에 "剛正在內, '有孚'者也; 陽不外發而在乎內心, '亨'者也"라 하였고, 〈正義〉에 "'有孚'者, 孚, 信也. 由剛正在內, 故有信也. '維心, 亨'者, 陽不外發而在於內, 是'維心, 亨', 言心得通也"라 함.《集解》에 "虞翻曰:「坎爲心乾, 二五旁行流坤, 陰陽會合, 故亨也.」"라 함.

【行有尙】 '尙'은 '賞'과 같은 뜻. ○高亨은 "尙, 借爲賞"이라 함. '嘉尙하다, 尊崇하다, 崇尙하다, 높임을 받다, 嘉賞히 여기다' 등의 뜻. 감괘는 각기 一陽二陰으로 하나의 양이 두 개의 음 속에 갇혀 있는 형상이며 게다가 이런 것이 위아래 겹쳐 있어 아주 험함을 의미함. 이 때문에 굳건한 성신을 가지고 앞으로 험난함을 밀치고 나가야 하므로 行動, 實行, 敢行을 숭상함. ○高亨은 "尙借爲賞, 筮遇此卦, 出門可得賞, 故曰「行有尙」"이라 함. 王弼 注에 "內亨外闇, 內剛外順, 以此行險, '行有尙'也"라 하였고, 〈正義〉에 "'行有尙'者, 內亨外闇, 內剛外柔, 以此'行險'; 事可尊尙, 故云'行有尙'也. '剛正在內'者, 謂陽在中也. 內心剛正, 則能有誠信, 故云'剛正', 在內有孚者也. '陽不外發, 而在乎內心, 亨者也'者, 若外陽內陰, 則內心柔弱, 故不得亨通. 今以陽在於內, 陽能開通, 故維其在心之亨也. '內亨外闇'者, 內陽, 故內亨; 外陰, 故外闇, 以亨通之性, 而往詣陰闇之所能通於險, 故行可貴尙也"라 함. 《集解》에 "虞翻曰:「行謂二, 尙謂五也. 二位震爲行動, 得正應五, 故'行有尙, 往有功'也.」"라 함. 《傳》에 "陽實在中, 爲中有孚信. '維心亨', 維其心誠一, 故能亨通. 至誠可以通金石·蹈水火, 何險? 難之不可亨也. '行有尙', 謂以誠一而行, 則能出險, 有可嘉尙, 謂有功也. 不行, 則常在險中矣"라 하였고, 《本義》에 "習, 重習也; 坎, 險陷也. 其象爲水, 陽陷陰中, 外虛而中實也. 此卦上下皆坎, 是爲重險, 中實爲有孚, 心亨之象. 以是而行, 必有功矣. 故其占如此"라 함.


## (2) 彖辭와 象辭

彖曰: 習坎, 重險也, 水流而不盈, 行險而不失其信, 「維心亨」, 乃以剛中也;「行有尙」, 往有功也. 天險, 不可升也; 地險, 山川丘陵也. 王公設險以守其國. 險之時用大矣哉!

★象曰: 水洊至, 習坎. 君子以常德行·習敎事.

〈언해〉 彖(단)애 골오디 「習坎」은 重(듕)호 險(험)이니,

水(슈)ㅣ 流(류)ᄒ야 盈(영)티 아니ᄒ며, 險(험)에 行(ᄒᆡᆼ)호디 그 信(신)을 失(실)티 아니ᄒ요미니,

「維心亨」은 剛中(강듕)으로 뻬오.[《本義》: 剛(강)이 中(듕)홈으로 뻬오]

「行有尙」은 往(왕)ᄒ면 功(공)이 이시미라.

「天險」은 可(가)히 升(승)티 몯홇 거시오, 「地險」은 山川(산쳔)과 丘陵(구능)이

니, 王公(왕공)이 險(험)을 設(셜)ᄒᆞ야 뼈 그 國(국)을 守(슈)ᄒᆞᄂᆞ니, 險(험)의 時(시)와 用(용)이 크다!

★象(상)애 ᄀᆞᆯ오디 水(슈)ㅣ 洊(천)히 至(지)홈이 習坎(습감)이니, 君子(군ᄌᆞ)ㅣ 以(이)ᄒᆞ야 德行(덕ᄒᆡᆼ)을 덛덛이 ᄒᆞ며, 敎事(교ᄉᆞ)를 習(습)ᄒᆞᄂᆞ니라.

〈해석〉 象: 감이 겹쳤음은 겹겹이 쌓인 험한 곳을 뜻한다. 물이 흘러 채우지 못하니, 험한 곳에서 행하여도 그 믿음을 잃지 아니함이니,

"마음이 이에 형통하다"함은, 바로 강한 양기가 가운데 자리를 차지하고 있기 때문이요,(강이 중앙을 지키기 때문이오)

"행동에 옮기면 높임을 받는 일이 있다"함은, 나서면 공이 있음을 뜻한다.

"하늘의 험함"은 가히 오를 수 없는 것이요, "땅이 험함"은 산천과 구릉이 있기 때문이니, 왕공이 험한 것을 설치하여, 이로써 나라를 지키나니, 험(坎)의 원리를 때에 맞게 사용함이 위대하도다!

★象: 물이 두 번 겹쳐 다가오는 괘상이 습감괘이니, 군자가 이를 바탕으로 하여 덕행을 떳떳하게 하며, 교화하는 일을 익히느니라.


【「習坎」, 重險也】 '重險'은 험한 것(坎)이 중첩됨. '坎'은 險의 뜻. 王弼 注에 "坎以險爲用, 故特名曰'重險', 言習坎者, 習乎重險也"라 하였고, 〈正義〉에 "'習坎重險'者, 釋習坎之義. 言習坎者, 習行重險, 險, 難也. 若險難不重, 不爲至險, 不須便習, 亦可濟也. 今險難旣重, 是險之甚者, 若不便習, 不可濟也. 故注云'習坎者, 習重險'也"라 함. 《集解》에 "虞翻曰:「兩象也, 天險地險, 故曰重險也.」"라 함. 《本義》에 "釋卦名義"라 함.

【水流而不盈】 물이 흘러 구덩이를 만났으나 그 구덩이를 아직 가득 채우지 않음. 그 때문에 아직도 앞으로 흘러갈 수 없음. 그러나 '盈'을 滯, 停, 止의 뜻이라 하여, '정체됨이 없이 계속 흐르다', 즉 '長流不息'의 뜻이라고도 함. 그러나 '盈'을 '溢'의 뜻이라 하여 '넘치지 않음'으로 풀이하기도 함. 王弼 注에 "險陷之極, 故水流而不能盈也"라 하였고, 〈正義〉에 "'水流而不盈, 行險而不失其信'者, 此釋'重險習坎'之義. 水流而不盈, 謂險陷旣極, 坑穽特深水, 雖流注不能盈滿, 言險之甚也. 此釋重險之義也. 言'習坎者 習乎重險也'者, 言人便習於坎, 正是便習重險, 便習之語, 以釋習名, 兩坎相重, 謂之重險. 又當習義, 是一習之名, 有此兩義, 險陷之極, 故水流而不能盈者, 若淺岸平谷, 則水流有可盈滿, 若其崖岸險峻, 澗谷泄漏, 是水流不可盈滿, 是險難之極也"라 함. 《集解》에 "荀爽曰:「陽動陰中, 故流; 陽陷陰中, 故不盈也.」○陸績曰:「水性趨下, 不盈溢崖岸也. 月者, 水精, 月在天滿則虧, 不盈溢之義也.」"라 함.

【行險而不失其信】‘行險’은 험난한 길을 나섬. ‘不失其信’은 《集解》에 “荀爽曰:「謂陽來, 爲險而不失中. 中, 稱信也.」○虞翻曰:「信, 謂二也. 震爲行, 水性有常, 消息與月相應, 故‘不失其信’矣.」”라 함. 王弼 注에 “處至險而不失剛中, 行險而不失其信者, 習坎之謂也”라 하였고, 〈正義〉에 “‘行險而不失其信’, 謂行此至險, 能守其剛中, 不失其信也. 此釋‘習坎’及‘有孚’之義也. 以能便習於險, 故守剛中, 不失其信也”라 함. 《傳》에 “習坎者, 謂重險也. 上下皆坎, 兩險相重也. 初六云‘坎窞’, 是坎中之坎, 重險也. ‘水流而不盈’, 陽動於險中, 而未出於險, 乃水性之流行, 而未盈於坎, 旣盈則出乎坎矣. ‘行險而不失其信’, 陽剛中實, 居險之中, 行險而不失其信者也. 坎中實水, 就下皆爲信義, 有孚也”라 하였고, 《本義》에 “以卦象釋有孚之義. 言內實而行, 有常也”라 함.

【「維心亨」, 乃以剛中也】‘剛中’은 상하 모두 감괘의 중앙(九二, 九五)에 陽爻가 자리잡고 있음. ‘維心亨’에 대해서는 〈正義〉에 “‘維心亨, 乃以剛中也’者, 釋‘維心亨’義也. 以剛在於中, 故維得心亨也”라 함. 《集解》에 “侯果曰:「二五剛而居中, 則心亨也.」”라 함. 《傳》에 “維其心, 可以亨通者, 乃以其剛中也. 中實爲有孚之象, 至誠之道, 何所不通(一作亨)? 以剛中之道而行, 則可以濟險難, 而亨通也”라 함.

【「行有尚」, 往有功也】‘往有功’은 나서서 가면 功이 있음. ‘功’은 坎으로부터 벗어나 빠져나오는 공. 王弼 注에 “便習於坎, 而之坎地, 盡坎之宜, 故‘往必有功’也”라 하였고, 〈正義〉에 “‘行有尚, 往有功’者, 此釋‘行有尚’也. 旣便習於坎, 而往之險地, 必有其功, 故云‘行有尚, 往有功’也”라 함. 《集解》에 “虞翻曰:「功謂五, 二動應五, 故‘往有功’也.」”라 함. 《傳》에 “以其剛中之才, 而往則有功, 故可嘉尙. 若止而不行, 則常在險中矣(一作也). 坎以能行爲功”이라 하였고, 《本義》에 “以剛在中, 心亨之象, 如是而往, 必有功也”라 함.

【天險, 不可升也】‘天險’은 상괘의 坎(險). 王弼 注에 “不可得升, 故得保其威尊”이라 하였고, 〈正義〉에 “‘天險, 不可升’者已下, 廣明險之用也. 言天之爲險, 懸邈高遠, 不可升上, 此天之險也. 若其可升, 不得保其威尊, 故以不可升爲險也”라 함. 《集解》에 “虞翻曰:「謂五在天位, 五從乾, 來體屯難, 故‘天險, 不可升’也.」”라 함.

【地險, 山川丘陵也】‘地險’은 하괘의 險(坎)으로 구체적인 산천과 구릉으로 인한 험난함을 가리킴. 王弼 注에 “有山川丘陵, 故物得以保全也”라 하였고, 〈正義〉에 “‘地險, 山川丘陵也’者, 言地以山川丘陵而爲險也. 故使地之所載之物, 保守其全, 若无山川丘陵, 則地之所載之物, 失其性也. 故地以山川丘陵而爲險也”라 함. 《集解》에 “虞翻曰:「坤爲地, 乾二之坤, 故曰地險; 艮爲山, 坎爲川, 半山稱丘, 丘下稱陵, 故曰‘地險, 山川丘陵’也.」”라 함.

【王公設險以守其國】‘王公設險’은 통치자가 險阻한 要塞를 만들어 나라를 지킴. 王弼 注에 “國之爲衛, 恃於險也. 言自天地以下, 莫不須險也”라 하였고, 〈正義〉에 “王公設

險以守其國'者, 言王公法象天地, 固其城池, 嚴其法令, 以保守其國也"라 함. 《集解》에 "虞翻曰:「王公, 大人, 謂乾五. 坤爲邦, 乾二之坤, 成坎險震, 爲守有屯難象, 故'王公設險 以守其國'. 離言王用出征, 以正邦是也.」 ○案:「九五, 王也; 六三, 三公也. 艮爲山城, 坎 爲水也. 王公設險之象也.」"라 함.

【險之時用大矣哉!】 '險之時用'은 '坎之時用'과 같음. 즉 坎卦가 일려주는 원리에 의 해 이를 때에 맞게 適用함. '用'은 험난함을 뚫어내는 방법과 험난함을 이용하는 방법 두 가지를 함께 말한 것임. 王弼 注에 "非用之常, 用有時也"라 하였고, 〈正義〉에 "險之 時用大矣哉'者, 言天地已下, 莫不須險, 險難有時而用, 故其功盛大矣哉! '非用之常, 用有 時'者, 若天險地險, 不可暫无, 此謂人之設險, 用有時也. 若化治平, 治內外輯睦, 非用險 也. 若家國有虞, 須設險防難, 是用有時也"라 함. 《集解》에 "王肅曰:「守險以德, 據險以 時, 成功大矣.」"라 함. 《傳》에 "高不可升者, 天之險也; 山川丘陵, 地之險也. 王公君人 者, 觀坎之象, 知險之不可陵也. 故設爲城郭溝池之險, 以守其國, 保其民人, 是有用險之 時, 其用甚大, 故贊其'大矣哉!' 山河城池, 設險之大端也. 若夫尊卑之辨·貴賤之分, 明等 威異物采, 凡所以杜絶陵僭, 限隔上下者, 皆體險之用也"라 하였고, 《本義》에 "極言之而 贊其大也"라 함.

★【水洊至, 習坎】 '洊'은 거듭, 두 번. 再의 뜻. '水洊至'는 상하 모두 坎(水)으로 두 번이나 흘러와 어려움을 만나게 함. '習坎'은 習坎卦. 王弼 注에 "重險懸絶, 故水洊至也; 不以坎爲隔絶, 相仍而至, 習乎坎也"라 하였고, 〈正義〉에 "水洊至, 習坎'者, 重險懸絶其 水, 不以險之懸絶水, 亦相仍而至, 故謂爲習坎也. 以人之便習于坎, 猶若水之洊至, 水不以 險爲難也"라 함.

【君子以常德行·習敎事】 '以常德行'의 '以'는 '이 坎卦를 근거로'의 뜻. '常'은 尙과 같 음. 崇尙함, 높이 여김. 그러나 〈諺解〉에는 '떳떳이 하다'로 풀이하였음. '習敎事'는 백성을 교화, 교육하는 일을 익숙하도록 익힘. '習'은 閑習, 重習의 의미. '敎事'는 政敎 之事. 王弼 注에 "至險未夷, 敎不可廢, 故以常德行而習敎事也. 習於坎, 然後乃能不以險 難爲困, 而德行不失常也. 故則夫習坎, 以常德行而習敎事也"라 하였고, 〈正義〉에 "君子 以常德行, 習敎事'者, 言君子當法此, 便習於坎, 不以險難爲困, 常守德行, 而習其政敎之 事. 若能習其敎事, 則可便習於險也"라 함. 《集解》에 "陸績曰:「洊, 再; 重, 習也. 水再至 而益通流, 不舍晝夜. 重重習相, 隨以爲常, 有似於習, 故君子象之, 以常習敎事, 如水不息 也.」 ○虞翻曰:「君子, 謂乾五. 在乾稱大人, 在坎爲君子. 坎爲習爲常, 乾爲德震爲行, 巽 爲敎令, 坤爲事, 故以常德行習敎事也.」"라 함. 《傳》에 "坎爲水, 水流仍洊而至, 兩坎相 習, 水流仍洊之象也. 水自涓滴, 至於尋丈, 至於江海, 洊習而不驟(一作驤)者也. 其因勢就

下, 信而有常, 故君子觀坎水之象, 取其有常則, 常久其德行. 人之德行, 不常則僞也. 故當如水之有常, 取其洊習相受, 則以習熟其敎令之事. 夫發政行敎, 必使民熟於聞聽, 然後能從, 故三令五申之, 若驟告未喩, 遽責其從, 雖嚴刑, 以驅之(一无之字)不能也. 故當如水之洊習"이라 하였고, 《本義》에 "治己治人, 皆必重習, 然後熟而安之"라 함.

## (3) 爻辭와 象辭

初六: 習坎, 入于坎窞, 凶.
☆象曰:「習坎, 入坎」, 失道凶也.

〈언해〉 初六(초륙)은, 習坎(습감)애 坎窞(감담)애 入(입)홈이니 凶(흉)ᄒᆞ니라.
　　　☆象(상)애 ᄀᆞᆯ오디「習坎, 入坎」은 道(도)를 失(실)ᄒᆞᆫ 디라 凶(흉)홈이라.
〈해석〉 [初六](--): 겹친 감(험)이 깊은 구덩이 속으로 들어가는 것이니, 흉하다.
　　　☆象: "겹친 감이 구덩이 속으로 들어간다"함은, 길을 잃는 것이니, 흉하다는 뜻이다.

【初六】 이는 감괘의 첫 효이며 위아래 모두 坎(水)으로 물구덩이 밑에 갇혀있는 형상임. 음효로 位不當하며 약해서 어떤 일도 실행할 수 없음.
【習坎, 入于坎窞, 凶】 '習坎'은 重坎. 坎(水)이 중첩됨. '入于坎窞'의 '坎窞'은 험한 구덩이, 물구덩이, 토굴, 坎坑, 穴臼 등을 뜻하는 疊韻連綿語. 혹 坎의 窞. 즉 물구덩이. 李鏡池는 "像人在兩坎之中, 上穴下臼, 穴臼都是坎坑"이라 함. '凶'은 유약하며 가장 아래에 있어 자력으로는 구덩이에서 빠져 나올 수 없어 '凶'이라 한 것임. ○高亨은 "習坎者, 坎中又有坎也. 窞, 當讀爲臽. 《說文》:「臽, 小阱也. 從人在臼上.」臽之本義當爲人墜坎阱中, 故從人在臼上, 古人掘地爲臼, 臼卽坎也. …… 高下也者, 謂從高墜下也, 坎中有坎, 其險甚矣. 入于坎中而陷焉, 其出難矣. 故曰「習坎, 入于坎, 窞, 凶」"이라 함. 王弼注에 "習坎者, 習爲險難之事也. 最處坎底, 入坎窞者也. 處重險而復入坎底, 其道凶也. 行險而不能自濟習坎, 而入坎窞, 失道而窮在坎底, 上无應援, 可以自濟, 是以凶也"라 하였고, 〈正義〉에 "習坎入於坎窞, 凶'者, 旣處坎底, 上无應援, 是習爲險難之事, 无人應援, 故入於坎窞而至凶也"라 함. 《集解》에 "干寶曰:「窞, 坎之深者也. 江河淮濟, 百川之流行乎地中, 水之正也. 及其爲災, 則泛溢平地, 而入于坎窞, 是水失其道也. 刑獄之用,

必當于理, 刑之正也. 及其不平, 則枉濫无辜, 是法失其道也. 故曰'入于坎窞, 凶'矣.」라 함. 《傳》에 "初以陰柔(一无柔字)居, 坎險之下, 柔弱无援, 而處不得當, 非能出乎險也. 唯益陷於深險耳. 窞, 坎中之陷. 處已在習坎, 中更入坎窞, 其凶可知"라 하였고, 《本義》에 "以陰柔居, 重險之下, 其陷益深, 故其象占如此"라 함.

☆【「習坎, 入坎」, 失道凶也】 '失道'는 陽爻의 자리에 陰爻가 있음을 말함. 〈正義〉에 "以其失道, 不能自濟, 故〈象〉云'失道凶'也"라 함. 《集解》에 "虞翻曰:「習, 積也. 位下, 故習坎, 爲入坎中. 小穴稱窞, 上无其應, 初二失正, 故曰'失道凶'矣.」"라 함. 《傳》에 "由習坎而更入坎窞, 失道也, 是以凶. 能出於險, 乃不失道也"라 함.

# 九二: 坎有險, 求小得.
## ☆象曰:「求小得」, 未出中也.

〈언해〉九二(구이)는, 坎(감)애 險(험)이 이시나, 求(구)를 져기 得(득)ᄒ리라.
　　☆象(샹)애 ᄀᆞᆯ오디 「求(구)를 져기 得(득)홈」은 中(듕)애 出(츌)티 몯홀 시라.
〈해석〉[九二](一): 구덩이 속이어서 험난함이 있기는 하나, 빠져나올 길을 찾으면 조금은 소득이 있으리라.
　　☆象: "찾으면 조금은 소득이 있다"함은, 가운데에 위치하여 아직 빠져나오지 못하기 때문이다.

【九二】 이는 下卦(坎)의 중앙에 위치하며 陽爻로 位不當함. 陽剛하여 구덩이에서 빠져나오고자 하나 위아래 모두 陰爻로서 제대로 도움을 받지 못하고 있음.

【坎有險, 求小得】 坎은 險의 의미를 가지고 있으며, 陽爻이므로 어느 정도 힘은 있음. 이에 험지에서 빠져나오고자 하면 혹 약간의 소득이 있을 수 있음. ○高亨은 "《說文》:「險, 阻難也.」坎中有險, 有求不易, 僅可小得, 故曰「坎有險, 求小得」"이라 함. 王弼注에 "履失其位, 故曰坎; 上無應援, 故曰有險. 坎而有險, 未能出險之中也. 處中而與初三相得, 故可以'求小得'也. 初三未足以爲援, 故曰'小得'也"라 하였고, 〈正義〉에 "'坎有險'者, 履失其位, 故曰'坎'也. 上无應援, 故曰'有險.'"이라 함. 《集解》에 "虞翻曰:「陽陷陰中, 故'有險'; 據陰有實, 故'求小得'也.」"라 함. 《傳》에 "二當坎險之時, 陷上下二陰之中, 乃至險之地, 是有險也. 然其剛中之才, 雖未能出乎險中, 亦可小自濟, 不至如初, 益陷入于深險, 是所求小得也. 君子處險難, 而能自保者, 剛中而已. 剛則才足自衛, 中則動

不失宜"라 하였고, 《本義》에 "處重險之中, 未能自出, 故爲有險之象. 然剛而得中, 故其
占可以求小得也"라 함.

☆「求小得」, 未出中也】'未出中'은 陽陰(初六과 六三)의 가운데에 위치하고 있어 아
직 빠져나오지 못함. 〈正義〉에 "旣在坎難, 而又遇險, 未能出險之中, 故〈象〉云'未出中'
也. '求小得'者, 以陽處中, 初三來附, 故可以'求小得'也. 初三柔弱, 未足以爲大援, 故云'求
小得'也"라 함. 《集解》에 "荀爽曰:「處中而比, 初三未足爲援, 雖求小得, 未出於險中.」"이
라 함. 《傳》에 "方爲二陰所陷, 在險之地, 以剛中之才, 不至陷於深險, 是所求小得. 然未能
出坎中之險也"라 함.


# 六三: 來之坎坎, 險且枕, 入于坎窞, 勿用.
# ☆象曰:「來之坎坎」, 終无功也.

〈언해〉六三(륙삼)은, 來(리)ᄒᆞ욤과 之(지)ᄒᆞ욤매 坎(감)코 坎(감)ᄒᆞ며, 險(험)애 ᄯᅩ 枕
    (침)ᄒᆞ야 坎窞(감담)에 入(입)ᄒᆞ니 用(용)티 마롤 디니라.[《本義》: 險(험)ᄒᆞ고
    ᄯᅩ 枕(침)ᄒᆞ야]
    ☆象(샹)애 ᄀᆞᆯ오디 「來之坎坎」은 終(죵)애 功(공)이 업슬 이라.
〈해석〉[六三](--): 자신에게 다가오는 것과 가는 것이 험하고 험하며, 그 험한 속에
    또 깊기도 하여 구덩이로 들어가고 있으니, 이 효는 쓰지 말 것이니라.(험하고
    또 깊어)
    ☆象: "다가오는 것도, 나서서 마주치는 것도 험하고 험함"이란 끝내 공을 이룰
    수 없다는 뜻이다.


【六三】이는 下卦의 가장 위에 있으며 陰爻로 位不當함. 위로 올라가고자 하나 아
래 九二(陽爻)가 강하게 잡고 있어 아래로 빠져들고 있음. 그에게 끌려 내려가지 않도
록 움직이지 말고 견뎌야 함.

【來之坎坎, 險且枕, 入于坎窞, 勿用】'來之坎坎'의 '來之'는 '오고 가다'의 뜻. '之'는
實辭. 去, 適의 뜻. 아래 감에서 와서 다시 위에 있는 坎을 향해 나감. '坎坎'은 거듭된
坎. '險且枕'은 험하고 게다가 깊음. '枕'은 沈(同音)과 같으며 沈은 深(疊韻)의 뜻. '勿
用'은 이 효의 의미는 '쓰지 말라'의 뜻. ○高亨은 "來此坎上, 坎險且深, 入于坎中而陷
焉, 則不易出. 筮遇此爻, 不可有所施行, 故曰「來之坎, 坎險且枕, 入于坎窞, 勿用」"이라

함. 王弼 注에 "旣履非其位, 而又處兩坎之間, 出則之坎, 居則亦坎, 故曰'來之坎坎'也. '枕'者, 枝而不安之謂也. 出則无之, 處則无安, 故曰'險且枕'也. 來之皆坎, 无所用之, 徒勞而已"라 하였고, 〈正義〉에 "'來之坎坎'者, 履非其位, 而處兩坎之間, 出之與居, 皆在於坎, 故云'來之坎坎'也. '險且枕'者, 枕枝而不安之謂也. 出則无應, 所以'險', 處則不安, 故'且枕'也. '入于坎窞'者, 出入皆難, 故入于坎窞也. '勿用'者, 不可出行, 若其出行, 終必无功, 徒勞而已. 故〈象〉云'終无功'也"라 함. 《集解》에 "虞翻曰:「坎在內稱來, 在坎終坎, 故'來之坎坎'. 枕, 止也. 艮爲止三, 失位乘二, 則險承五隔四, 故'險且枕'. 入于坎窞, 體師三輿, 故'勿用'.」"이라 함. 《傳》에 "六三在坎陷(一作險)之時, 以陰柔而居, 不中正其處, 不善進退, 與居皆不可者也. 來下則入于險之中, 之上則重險也. 退來與進之, 皆險, 故云'來之坎坎'. 旣進退皆險, 而居亦險, 枕謂支倚, 居險而支倚, 以處不安之甚也. 所處如此, 唯益入於深險耳. 故云'入於坎窞'. 如三所處之道(一无之道字), 不可用也. 故戒'勿用'"이라 하였고, 《本義》에 "以陰柔不中正, 而履重險之間, 來往皆險. 前險而後枕, 其陷益深, 不可用也. 故其象占如此, 枕, 倚著, 未安之意"라 함.

☆【「來之坎坎」, 終无功也】 '終无功'은 끝마무리는 功이 없을 것임. 《集解》에 "干寶曰:「坎, 十一月卦也. 又失其位, 喩殷之執法者, 失中之象也. '來之坎'者, 斥周人觀釁於殷也. 枕, 安也. '險且枕'者, 言安忍以暴政加民, 而无哀矜之心, 淫刑濫罰, 百姓无所措手足, 故曰'來之坎坎, 終无功'也.」"라 함. 《傳》에 "進退皆險, 處又不安, 若用此道, 當益入於險, 終豈能有功乎? 以陰柔處不中正, 雖平易之地, 尙致悔咎, 況處險乎? 險者, 人之所欲出也. 必得其道, 乃能去之. 求去而失其道, 益困窮耳. 故聖人戒如三所處, 不可用也"라 함.

六四: 樽酒, 簋貳, 用缶, 納約自牖, 終无咎.
☆象曰:「樽酒, 簋貳」, 剛柔際也.

〈언해〉六四(륙사)는, 樽酒(준쥬)와 簋(게)ㅣ 貳(이)를 缶(부)를 用(용)ᄒ고 約(약)을 納(납)호ᄃ 牖(유)로브터 ᄒ면, ᄆᄎ내 咎(구)ㅣ 업스리라.[《本義》: 樽酒(준쥬)와 簋(게)오, 貳(이)호ᄃ 缶(부)를 用(용)ᄒ고 約(약)을 納(납)호ᄃ 牖(유)로브터 홈이니]

☆象(상)애 ᄀᆯ오ᄃ「樽酒, 簋貳」ᄂ 剛(강)과 柔(유)ㅣ 際(제)ᄒᆯ 시라.

〈해석〉[六四](--): 술 한 동와 밥을 담은 대그릇 둘을 질그릇을 사용하여 노끈으로 묶어 들여보내되 창문으로부터 하면, 마침내 허물이 없으리라.(한 동이 술이요,

덧붙이되 질그릇을 사용하고, 묶은 것을 들여보내되 창문으로부터 함이니)
☆象: "술 한 동이와 대그릇 둘의 밥"이란 강한 것과 유한 것이 서로 교제하기
때문이다.

【六四】 이는 음효로 位正當하며 상괘(坎)의 시작. 바로 위 帝位가 陽爻로 자신의
本領을 발휘할 것이므로, 아래 六三의 陰爻와 힘을 합해 그를 보좌하면 허물은 없을
것임.

【樽酒, 簋貳, 用缶, 納約自牖, 終无咎】 '樽酒'는 한 동이의 술. '簋貳'의 대나무 그릇
에 담은 밥. '簋'는 대나무 그릇. '貳'는 '資'의 오기. 자형이 비슷하여 誤寫한 것. '資'는
쌀밥. 粢와 같음. 《說文》에 "簋, 黍稷方器也"라 함. '缶'는 장군. 질그릇. '納約'은 노끈
이나 줄로 매어 들여보내 주어 안에서 받아먹도록 함. 聞一多는 "納, 猶取也. 酒食而必
自牖納取之者, 蓋亦就在獄者言之"라 하여 六四는 마치 전괘의 괘상에서 옥에 갇힌 자
(九五)에게 좁은 창틀을 통해 술과 밥을 넣어주는 형상이라 하였음. 그러나 《易傳》과
《易本義》 등에는 모두 祭祀와 관련지어 풀이하고 있음. 《集解》에 "虞翻曰:「震主祭器,
故有樽簋; 坎爲酒簋黍稷器, 三至五有頤口象, 震獻在中, 故爲簋. 坎爲木, 震爲足, 坎酒
在上, 樽酒之象. 貳, 副也. 坤爲缶, 禮有副樽, 故'貳用缶'耳.」"라 함. '牖'는 원형의 토기
로 만든 창틀(창문). ○高亨은 "納自牖, 謂獻其酒食自牖也. 嫁女之祭當筮之, 若遇此爻,
則依祭法而祭, 可終無咎, 故曰「樽酒簋, 貳用缶, 納自牖, 終无咎」"라 함. 王弼 注에 "處
重險而履正, 以柔居柔, 履得其位, 以承於五, 五亦得位, 剛柔各得, 其所不相犯位, 皆无
餘應, 以相承比, 明信顯著, 不存外飾, 處坎以斯, 雖復一樽之酒·二簋之食·瓦缶之器, 納
此至約, 自進於牖, 乃可羞之於王, 公薦之於宗廟, 故'終无咎'也"라 하였고, 〈正義〉에 "'樽
酒簋貳'者, 處重險而履得其位, 以承於五, 五亦得位, 剛柔各得其所, 皆无餘應, 以相承比,
明信顯著, 不假外飾, 處坎以此, 雖復一樽之酒·二簋之食, 故云'樽酒簋貳'也. '用缶'者,
旣有樽酒簋貳, 又用瓦缶之器, 故云'用缶'也. '納約自牖, 終无咎'者, 納此儉約之物, 從牖
而薦之, 可羞於王公, 可薦於宗廟, 故云'終无咎'也"라 함. 《集解》에 "虞翻曰:「坎爲納也.
四陰小, 故約艮爲牖, 坤爲戶, 艮小光照, 戶牖之象, 貳用缶, 故納約自牖, 得位承五, 故无
咎.」 ○崔憬曰:「於重險之時, 居多懼之, 地近三而得位, 比五而承, 陽修其絜誠, 進其忠
信, 則雖祭祀省薄, 明德惟馨, 故曰'樽酒簋貳, 用缶納約'. 文王於紂, 時行此道, 從羑里納
約, 卒免於難, 故曰'自牖, 終无咎'也.」"라 함. 《傳》에 "六四, 陰柔而下无助, 非能濟天下
之險者, 以其在高位, 故言爲臣處險之道, 大臣當險難之時, 唯至誠見信於君, 其交固而不
可間. 又能開明君心, 則可保无咎矣(一作也). 夫欲上之篤信, 唯當盡其質實而已. 多儀而

尙餚莫, 如燕享之禮, 故以燕享喩之. 言當不尙浮餚, 唯以質實, 所用一樽之酒·二簋之食, 復以瓦缶爲器, 質之至也. 其質實如, 此又須納約. '自牖納約', 謂進結於君之道; '牖(一有有字)', 開通之義, 室之暗也. 故設牖, 所以通明自牖, 言自通明之處, 以況君心所明處? 《詩》(板)云: 『天之牖民, 如壎如篪.』毛公訓: 「牖, 爲道.」亦開通之謂(一作義). 人臣以忠信, 善道結於君心, 必自其所明處, 乃能入也. 人心有所蔽, 有所通. 所蔽者, 暗處也; 所通者, 明處也. 當就其明處, 而告之求信, 則易也. 故云'納約自牖'. 能如是, 則雖艱險之時, 終得无咎也. 且如君心, 蔽於荒樂, 惟其蔽也故爾. 雖力詆其荒樂之非, 如其不省, 何必於所不蔽之事, 推而及之, 則能悟其心矣? 自古能諫其君者, 未有不因其所明者也. 故訐直强勁者, 率多取忤; 而溫厚明辯者, 其說多行. 且如漢祖愛戚姬, 將易太子, 是其所蔽也. 羣臣爭之者衆矣, 嫡庶之義長幼(一作少長)之序, 非不明也. 如其蔽而不察, 何? 四老者, 高祖素知其賢而重之, 此其不蔽之明心也. 故因其所明, 而及其事, 則悟之如反手. 且四老人之力, 孰與張良? 羣公卿及天下之士, 其言之切, 孰與周昌·叔孫通? 然而不從, 彼而從此者, 由攻其蔽, 與就其明之異耳.(《史記》《新序》등) 又如趙王太后愛其少子, 長安君不肯, 使質於齊, 此其蔽於私愛也. 大臣諫之, 雖强旣曰蔽矣. 其能聽乎愛其子, 而欲使之, 長久富貴者, 其心之所明也. 故左師觸讐, 因其(一有所字)明而導之, 以長久之計.(《戰國策》)故其聽也如響. 非惟告於君者如此, 爲敎者亦然, 夫敎必就人之所長, 所長者, 心之所明也. 從其心之所明而入, 然後推及其餘.《孟子》(盡心上)所謂『成德達才』, 是也"라 하였고, 《本義》에 "晁氏云: 「先儒讀'樽酒簋'爲一句, '貳用缶'爲一句, 今從之. 貳, 益之也.《周禮》(酒正): '大祭三貳'. 弟子職, 左執虛豆; 右執挾匕, 周旋而貳.」是也. 九五尊位, 六四近之, 在險之時, 剛柔相際, 故有但用薄禮, 益之誠心, 進結自牖之象. '牖', 非所由之正, 而室之所以受明也. 始雖艱阻, 終得无咎, 故其占如此"라 함.

☆【「樽酒, 簋貳」, 剛柔際也】'剛柔'는 강한 九五와 약한 六四를 가리킴. '際'는 그 사이에 눌려 있음. 즉 약한 이 六四가 위의 강한 九五에 짓눌려 고통을 당하고 있음. 王弼 注에 "剛柔相比, 而相親焉. 際之謂也"라 하였고, 〈正義〉에 "〈象〉曰'剛柔際'者, 釋'樽酒簋貳'義. 所以一樽之酒·二簋之食, 得進獻者, 以六四之柔, 與九五之剛, 兩相交際而相親, 故得以此儉約而爲禮也"라 함.《集解》에 "虞翻曰: 「乾剛坤柔, 震爲交, 故曰'剛柔際'也.」"라 함.《傳》에 "象只擧首句如此, 比多矣. '樽酒簋貳', 質實之至, 剛柔相際, 接之道能如此, 則可終保无咎. 君臣之交, 能固而常者, 在誠實而已. 剛柔指四與五, 謂君臣之交際也"라 하였고, 本義》에 "晁氏曰: 「陸氏(陸德明)〈釋文〉, 本无貳字, 今從之"라 함.

九五: 坎不盈, 祗旣平, 无咎.

☆象曰:「坎不盈」, 中未大也.

〈언해〉 九五(구오)는, 坎(감)이 盈(영)티 몯ᄒᆞ야시니, 임의 平(평)홈애 니르면 咎(구)ㅣ
업스리라.[《本義》: 坎(감)이 盈(영)티 몯ᄒᆞ여시나 임의 平(평)홈애 니를 디니]

☆象(샹)애 굴오디「坎不盈」은 中(듕)이 大(대)티 몯홈이라.

〈해석〉 [九五](一): 물이 구덩이에 차지 않았으나, 막고 있던 작은 언덕이 깎여 평평함
에 이르면 허물이 없으리라.(구덩이가 차지 못하였으나, 이미 평평함에 이를
것이니)

☆象: "구덩이에 차지 않았다"함은, 가운데에 자리 잡고 있는 군위이기는 하나
힘이 아직 크지 못함을 뜻한다.

【九五】이는 帝位이며 陽爻로 位正當하여 陽剛하기는 하나, 아래 짝이 되는 九二도
陽爻여서 완전히 큰 힘을 발휘할 수 없음. 그러나 흐름을 막고 있던 작은 언덕(上九)
이 陰爻이므로 柔弱하여 이를 뚫고 나갈 수 있음.

【坎不盈, 祗旣平, 无咎】'坎不盈'은 물(水, 坎)이 아직 구덩이를 가득 채우지 못함.
계속 흘러 채워야 함. '祗'는 坁의 假借. 작은 언덕. 〈石經〉에는 '祇'로 되어 있음. 〈釋
文〉에 "祇, 當爲坁, 小丘也"라 하였고, 《說文》에는 도리어 "坁, 小渚也"라 하였으며,
《爾雅》에는 "水中可居者曰洲, 小洲曰陼, 小陼曰沚, 小沚曰坁"라 하여, 작은 언덕이 아
니라 물 가운데의 작은 모래섬을 뜻함. '祗旣平'은 물을 막고 있던 작은 언덕(모래톱)
이 이윽고 평평해져서 물이 계속 흐를 수 있음. ○高亨은 "坎下之坎雖未盈, 而突起之
坁則已平, 此衰多盆寡, 損有餘補不足漸臻平均之象, 自可無咎. 故曰「坎不盈, 祗旣平, 无
咎」"라 함. 王弼 注에 "爲坎之主而无應輔, 可以自佐, 未能盈坎者也. 坎之不盈, 則險不盡
矣. 祗, 辭也. 爲坎之主, 盡平乃无咎, 故曰'祗旣, 平无咎'也. 說旣平, 乃无咎, 明九五未免
於咎也"라 하였고, 〈正義〉에 "'坎不盈'者, 爲坎之主而無應輔, 可以自佐, 險難未能盈坎,
猶險難未盡也. 故云'坎不盈'也. '祗旣平无'咎者, 祗, 辭也. 謂險難, 旣得盈滿而平, 乃得
无咎, 若坎未盈, 平仍有咎也"라 함. 《集解》에 "虞翻曰:「盈, 溢也. 艮爲止, 謂水流而不
盈, 坎爲平. 祗, 安也. 艮止坤安, 故'祗旣平'; 得位正中, 故'无咎'.」"라 함. 《傳》에 "九五,
在坎之中, 是不盈也. 盈則平而出矣. '祗', 宜, 音柢, 抵也. 〈復〉卦云:「无祗悔, 必抵於己.
平則无咎.」旣曰'不盈', 則是未平而(一无而字)尙在險中, 未得无咎也. 以九五剛中之才,
居尊位, 宜可以濟於險, 然下无助也. 二陷於險中, 未能出. 餘皆陰柔, 无(一作非)濟險之

才, 人君雖才, 安能獨濟天下之險? 居君位而不能致天下出於險, 則爲有咎, 必祗旣平, 乃得无咎"라 하였고, 《本義》에 "九五, 雖在坎中, 然以陽剛, 中正居尊位, 而時亦將出矣. 故其象占如此"라 함.

☆「坎不盈」, 中未大也' '中未大'는 九五가 가운데에 위치하고 있기는 하나 아직 큰 힘을 발휘하지는 못함. 위아래가 모두 陰爻로써 도움을 제대로 받지 못함. 〈正義〉에 "〈象〉曰'中未大'者, 釋'坎不盈'之義. 雖復居中而无其應, 未得光大, 所以'坎不盈滿'也"라 함. 《集解》에 "虞翻曰:「體屯五中, 故'未光大'也.」"라 함. 《傳》에 "九五, 剛中之才, 而得尊位, 當濟天下之險難, 而坎尙不盈, 乃未能平乎險難. 是其剛中之道, 未光大也. 險難之時, 非君臣協力, 其能濟乎? 五之道未, 大以无臣也. 人君之道, 不能濟天下之險難, 則爲未大, 不稱其位也"라 하였고, 《本義》에 "有中德而未大"라 함.


# 上六, 係用徽纆, 寘于叢棘, 三歲不得, 凶.
# ☆象曰: 上六「失道」, 凶三歲也.

〈언해〉 上六(샹륙)은, 係(계)호디 徽纆(휘믁)으로써 ᄒᆞ야, 叢棘(총극)에 寘(티)ᄒᆞ야, 三歲(삼세)라도 得(득)디 몯홈이니, 凶(흉)ᄒᆞ니라.

    ☆象(샹)애 ᄀᆞᆯ오디 上륙(샹륙)이 道(도)를 失(실)호믄 凶(흉)이 三歲(삼세)리라.

〈해석〉 [上六](--): 세 겹 노끈과 두 겹의 두꺼운 끈으로 죄인을 묶어 가시덤불로 둘러싼 구덩이(감옥)에 내버려두어, 3년이 되도록 나올 수 없는 것으로, 흉하다.

    ☆象: 上六이 "道를 잃었다"함은, 흉함이 3년까지 간다는 뜻이다.


【上六】이는 전괘의 가장 윗자리이며 마무리 위치. 陰爻로 位正當하나 감괘 전체에 陽爻가 둘 뿐이며, 그조차 가운데에 처하여 갇혀 있는 형상으로 마지막까지 해결에 도움이 되지 못함.

【係用徽纆, 寘于叢棘, 三歲不得, 凶】'係'는 묶음. 繫, 束, 縛의 뜻. 罪를 저질러 拘束을 당함을 뜻함. '徽纆'은 세 겹으로 꼰 노끈과 두 겹으로 굵게 꼰 노끈. 〈釋文〉에 "三股曰徽, 兩股曰纆, 皆索名"이라 함. ○高亨은 "徽纆, 所以拘繫罪人也"라 함. '寘'는 '置'의 異體字. '두다. 버리다, 가두다, 拘禁하다'의 뜻. '叢棘'은 叢生으로 나 있는 가시덤불. '監獄, 牢獄', 혹 송사의 판결을 내리는 公判場. ○高亨은 "叢棘, 聽獄之處也.《周禮》朝士:「掌建邦外朝之灋. 左九棘, 孤卿大夫位焉. 群士在其後; 右九棘, 公侯伯子男位焉; 群吏在其後,

三面槐, 三公位焉; 州長衆庶在其後, 左嘉石, 平罷民焉; 右肺石, 達窮民焉.」知二石爲訟獄
之標, 九棘爲聽獄之處, 其證一也. 《禮記》王制:「正以獄成告于大司寇. 大司寇聽之棘木之
下.」其證二也"라 함. '三歲不得'은 大司寇가 3년 동안 판결을 내리지 못하여 백성의
원성을 삼. ○高亨은 "有罪之人, 繫之以繩索, 置之於叢棘, 以聽其辭, 疑莫能斷, 歷時三
載, 不得其情, 如此稽遲, 足招百姓之怨, 而失萬民之心. 故曰「係用徽纆, 寘于叢棘, 三歲不
得, 凶」"이라 함. 王弼 注에 "險陷之極, 不可升也. 嚴法峻整, 難可犯也. 宜其囚執, 寘于思
過之地, 三歲險道之夷也. 險終乃反, 故三歲不得. 自修三歲, 乃可以求復, 故曰'三歲不得,
凶'也"라 하였고, 〈正義〉에 "'係用徽纆, 寘于叢棘'者, 險陷之極, 不可升上, 嚴法峻整, 難
可犯觸. 上六居此險陷之處, 犯其峻整之威, 所以被繫, 用其徽纆之繩, 寘於叢棘. 謂囚執之
處, 以叢棘而禁之也. '三歲不得, 凶'者, 謂險道未終, 三歲已來, 不得其吉, 而有凶也"라
함. 《集解》에 "虞翻曰:「徽纆, 黑索也. 觀巽爲繩, 艮爲手, 上變入坎, 故係用徽纆. 寘,
置也. 坎多心, 故叢棘. 獄外種九棘, 故稱'叢棘'. 二變則五, 體剝, 剝傷坤殺, 故'寘于叢棘'
也. '不得', 謂不得出獄. 艮止坎獄, 乾爲歲, 五從乾來, 三非其應, 故曰'三歲不得, 凶'矣.」"
라 함. 《傳》에 "上六, 以陰柔而居險之極, 其陷之深者也. 以其陷之深, 取牢獄爲喩, 如係縛
之以徽纆囚, 寘於叢棘之中. 陰柔而陷之深, 其不能出矣. 故云'至於三歲之久, 不得免也.
其凶可知.'"라 하였고, 《本義》에 "以陰柔居險極, 故其象占如此"라 함.

☆【上六「失道」, 凶三歲也】'上六失道'는 上六은 坎卦(陷, 窞)의 마무리를 해야 할 직무
를 제대로 수행하지 못함. 따라서 아직도 險坑에서 탈출하지 못함. 〈正義〉에 "險終乃反,
若能自修三歲後, 可以求復自新, 故〈象〉云'上六失道, 凶三歲'也. 言失道之凶, 唯三歲之
後, 可以免也"라 함. 《集解》에 "九家《易》曰:「坎爲叢棘, 又爲法律.」案:「《周禮》王之外
朝, 左九棘, 右九棘, 面三槐, 司寇公卿議獄於其下, 害人者, 加明刑, 任之以事. 上罪三年
舍, 中罪二年而舍, 下罪一年而舍也.」○案:「坎於木堅, 而多心叢棘之象也. 坎下巽爻, 巽
爲繩直, 係用徽纆也.」馬融云:「徽纆, 索也.」劉表云:「三股爲徽, 兩股爲纆, 皆索名. 以繫
縛其罪人矣.」"라 함. 《傳》에 "以陰柔而自處極險之地, 是其失道也. 故其凶至於三歲也. 三
歲之久, 而不得免焉. 終凶之辭也. 言久有曰'十'有曰'三', 隨其事也. 陷於獄, 至於三歲, 久
之極也. 他卦以年數言者, 亦各以其事也. 如「三歲不興」·「十年乃字」, 是也"라 함.

# 030 리離

䷝ 離爲火: ▶離下離上(☲下☲上)


 *離(리):〈音義〉에 "離, 列池反. 麗也. 麗著也"라 하여 '리(lí)'로 읽음. '離'는 팔괘의 離(火)가 겹친 것으로 '附麗'(붙다, 달라붙다, 붙어 의지하다), '相迭'(차례대로)의 뜻이며 同卦相疊의 '離爲火'의 괘체임.《爾雅》에 "離, 附也"라 함. 한편 '離'는 日(太陽)이며 이는 태양이 매일 차례대로 떠서 운행에 끊임없이 이어짐을 상징하기도 함. 나아가 태양은 하늘에 매달렸고, 초목은 땅에 의지하듯이 사람은 光明한 正道에 근거하여 행동해야 함을 상징하기도 함. 따라서 세상 만물은 서로 의지하여 존재하는 것이며, 인간 세상도 모든 것이 柔順과 謹愼의 정서 속에 서로 扶持(依附)하는 것임을 비유함. 앞의 '坎卦'는 '剛'으로 헤쳐 나올 것을 주장한 반면, 이 '離卦'는 '柔'에 의지하여 해결할 것을 권면한 것임. 그러나 '離'는 '离'의 假借이며《說文》에 "离, 山神獸也"라 하여, ○高亨은 이 神獸를 상징적으로 내세운 것이라 하였음.
 *《集解》에 "〈序卦〉曰:「陷必有所麗, 故受之以‘離’.」離者, 麗也.(崔憬曰:「物極則反, 坎雖陷於地, 必有所麗於天, 而受之以‘離’也.」)"라 함.
 *《傳》에 "離', 〈序卦〉:「坎者, 陷也. 陷必有所麗, 故受之以‘離’.」離者, 麗也. 陷於險難之中, 則必有所附麗, 理自然也. 離所以次坎也. 離, 麗也, 明也, 取其陰麗於上下之陽, 則爲附麗之義, 取其中虛, 則爲明義離爲火, 火體, 虛麗於物而明者也. 又爲日, 亦以虛明之象"이라 함.


## (1) 卦辭

# 離: 利貞, 亨. 畜牝牛, 吉.

〈언해〉離(리)는 貞(뎡)홈이 利(리)ᄒᆞ니, 亨(형)ᄒᆞ니, 牝牛(빈우)를 畜(휵)ᄃᆞᆺ ᄒᆞ면 吉(길)ᄒᆞ리라.
〈해석〉이(離, 이괘)는 곧게 하면 이롭고 형통하니, 제사에 쓸 암소를 기르면 길하리라.

【離】卦名이며, '모이다, 붙다, 附麗. 相逐' 등의 뜻. 小成卦 형상이 가운데 음효가
위아래 양효에게 보호를 받는 모습이어서 附麗의 뜻이 있는 것이며, 離卦가 火를 상
징함으로 明, 日, 燒로 의미가 넓혀진 것임.

【利貞, 亨】'利貞'은 곧게 함이 이로움. 혹, 이로운 貞辭, 즉 行事나 祭祀를 앞두고
점을 쳐 이 괘를 만나 그 점괘가 '이롭다'로 나온 것이라고도 함. ○高亨은 "筮遇此卦,
擧事則利, 故曰「利貞」"이라 함. '亨'은 '享'과 같음. '祭享'의 뜻. 王弼 注에 "離之爲卦,
以柔爲正, 故必貞; 而後乃亨, 故曰'利貞, 亨'也"라 하였고, 〈正義〉에 "離, 利貞, 亨'者,
離, 麗也. 麗謂附著也. 言萬物各得其所附著處, 故謂之離也. '利貞, 亨'者, 離卦之體, 陰
柔爲主, 柔則近於不正, 不正則不亨通, 故利; 在行正, 乃得亨通, 以此故亨. 在利貞之下,
故云'利貞, 亨'. '離之爲卦, 以柔爲正'者, 二與五俱是陰爻, 處於上下兩卦之中, 是以柔爲
正"이라 함. 《集解》에 "虞翻曰:「坤二五之乾, 與坎旁通. 於爻遯初之五, 柔麗中正, 故'利
貞, 亨'.」"이라 함.

【畜牝牛, 吉】'畜牝牛'는 고대 제사에 쓸 희생용으로 암소는 따로 분리해서 키웠음.
《周禮》(充人)에 "掌繫祭祀之牲牷, 祀五帝則繫于牢. 芻之三月, 享先王亦如之, 凡散祭祀
之牲, 繫于國門, 使養之"라 하였고, 《禮記》(祭義)에도 "君召牛納而視之, 擇其毛而卜之,
吉然後養之"라 함. '牝牛'는 얌전하고 온순한 柔(陰爻)를 대신하는 비유. 陰柔가 각기
두 陽剛 사이에 있어 剛에게 의지함을 뜻함. '畜'은 〈諺解〉에 "기르듯 하면"으로 풀이
하였음. ○高亨은 "古時祭祀之牲, 必卜而後畜之. 《禮記》祭義:「君召牛納而視之, 擇其
毛而卜之, 吉然後養之.」是其證也. 筮牲遇此卦, 則畜牝牛吉, 故曰「畜牝牛, 吉」"이라 함.
王弼 注에 "柔處于內, 而履正中, 牝之善也. 外彊而內順, 牛之善也. 離之爲體, 以柔順爲
主者也, 故不可以畜剛猛之物, 而吉於畜牝牛也"라 하였고, 〈正義〉에 "畜牝牛, 吉'者, 柔
處於內, 而履正中, 是牝之善者. 外彊內順, 是牛之善者也. 離之爲體, 以柔順爲主, 故畜
養牝牛, 乃得其吉. 若畜養剛健, 則不可也. 此云'畜牝牛', 假象以明人事也. 言離之爲德,
須內順外彊, 而行此德, 則吉也. 若內剛外順, 則反離之道也. '柔處於內, 而履正中, 牝之
善也'者, 若柔不處於內, 似婦人而預外事也. 若柔而不履正中, 則邪僻之行, 皆非牝之善
也. 若柔能處中, 行能履正, 是爲牝之善也. 云'外彊而內順, 牛之善'者, 明若內外俱彊, 則
失於猛害; 若外內俱順, 則失於劣弱. 唯外彊內順, 於用爲善, 故云'外彊內順, 牛之善也'.
'離之爲體, 以柔順爲主, 故不可以畜剛猛之物'者, 旣以柔順爲主, 若畜剛猛之物, 則反其
德, 故不可畜剛猛而畜牝牛也"라 함. 《集解》에 "虞翻曰:「畜, 養也. 坤爲牝牛, 乾二五之
坤成坎. 體頤養象, 故'畜牝牛, 吉.' 俗說: 皆'以離爲牝牛', 失之矣.」"라 함. 《傳》에 "離,
麗也. 萬物莫不皆有所麗, 有形則有麗矣. 在人則爲(一无爲字)所親附之人, 所由之道, 所

主之事, 皆其所麗也. 人之所麗, 利於貞正, 得其正, 則可以亨通, 故曰'離, 利貞, 亨'. '畜
牝牛, 吉', 牛之性順, 而又牝焉, 順之至也. 旣附麗於正, 必能順於正道, 如牝牛則吉也.
'畜牝牛', 謂養其順德(一无德字)之順德, 由養以成, 旣麗於正, 當養習以成其順德也"라 하
였고, 《本義》에 "離, 麗也. 陰麗於陽, 其象爲火體, 陰而用陽也. 物之所麗, 貴乎得正. 牝
牛, 柔順之物也. 故占者能正, 則亨; 而畜牝牛, 則吉也"라 함.


## (2) 彖辭와 象辭

彖曰: 離, 麗也. 日月麗乎天, 百穀草木麗乎土. 重明以麗乎
正, 乃化成天下.
柔麗乎中正, 故亨. 是以「畜牝牛, 吉」也.
★象曰: 明兩作, 離. 大人以繼明照于四方.

〈언해〉 彖(단)애 골오디 離(리)는 麗(리)홈이니, 日月(일월)이 天(텬)에 麗(리)ᄒ며, 百穀
草木(빅곡초목)이 土(토)애 麗(리)ᄒ니,
重明(듕명)으로뻐 正(졍)애 麗(리)ᄒ야, 天下(텬하)를 化(화)ᄒ야 成(셩)ᄒᄂ니
라. 柔(유)ㅣ 中正(듕졍)에 麗(리)ᄒᆫ 故(고)로 亨(형)ᄒ니, 일로뻐 「畜牝牛, 吉」ㅣ
니라.
★象(샹)애 골오디 明兩(명량)이 離(리)를 作(작)ᄒ니, 大人(대인)이 以(이)ᄒ야 明
(명)을 繼(계)ᄒ야 四方(ᄉ방)애 照(죠)ᄒᄂ니라.[《本義》: 明(명)이 두 번 作(작)홈
이 離(리)니]

〈해석〉 彖: '離'는 麗(붙다)의 뜻이다. 해와 달은 하늘에 붙어 있고、온갖 곡식과 초목은
땅에 붙있다. 중첩된 두 개의 밝음(離卦)으로 정당한 자리에 붙어 있어, 천하를
교육하여 이루나니라.
유(柔)한 두 음효가 가운데에 바라게 붙어 있어, 그 때문에 형통하니, 이로써
"암소를 기르는 것이 길한 것"이다.
★象: 밝은 것(離, 火) 둘이 밝음을 일으키니,(밝음이 두 번 솟아오르는 것이
이괘이니) 대인이 이를 바탕으로 밝음을 계속 이어 사방을 비추느니라.

【離, 麗也】'離'와 '麗'는 雙聲互訓. '붙다, 붙잡다'의 뜻. 王弼 注에 "麗, 猶著也. 各得
所著之宜"라 하였고, 〈正義〉에 "'離, 麗'者, 釋離卦之名. 麗, 謂附著也. 以陰柔之質, 附
著中正之位, 得所著之宜, 故云'麗'也"라 함. 《集解》에 "荀爽曰:「陰麗於陽, 相附麗也. 亦
爲別離, 以陰隔陽也. 離者, 火也. 託於木, 是其附麗. 煙燄飛升, 炭灰降滯, 是其別離
也.」"라 함.

【日月麗乎天, 百穀草木麗乎土】해와 달은 하늘에 매달렸고, 백곡과 초목은 땅에 붙
어 생장함. '日月麗乎天'은 《集解》에 "虞翻曰:「乾五之坤成, 坎爲月, 離爲日, 日月麗天
也.」"라 함. '百穀草木麗乎土'는 《集解》에 "虞翻曰:「震爲百穀, 巽爲草木, 坤爲地, 乾二五
之坤成, 坎震體屯, 屯者, 盈也. 盈天地之間者, 唯萬物. 萬物出震, 故'百穀草木麗乎土'.」"
라 함. 〈正義〉에 "'日月麗乎天, 百穀草木麗乎土'者, 此廣明附著之義, 以柔附著中正, 是附
得宜, 故廣言所附得宜之事也"라 함. 《傳》에 "'離, 麗也', 謂附麗也. 如日月則麗於天, 百穀
草木則麗於土, 萬物莫不各有所麗, 天地之中, 无无麗之物. 在人當審其所麗, 麗得其正則
能亨也"라 함.

【重明以麗乎正, 乃化成天下】'重明'은 離卦(明, 火)가 위아래로 둘이 겹쳐 있음. 혹은
밝음이 거듭됨. 즉 태양이 차례대로 떠오름. 이는 태양이 天道를 정확하게 지켜 따르기
때문이라 여긴 것임. '化成天下'는 이로써 天下를 敎化하여 이루고 있음. 〈正義〉에 "重
明以麗乎正, 乃化成天下'者, 此以卦象, 說離之功德也. 幷明利貞之義也. '重明', 謂上下俱
離. '麗乎正也'者, 謂兩陰在內, 旣有重明之德, 又附於正道, 所以化成天下也. 然陰居二位,
可謂爲正, 若陰居五位, 非其正位, 而云'重明麗乎正'者, 以五處於中正, 又居尊位, 雖非陰
陽之正, 乃是事理之正, 故總云'麗於正'也"라 함. 《集解》에 "虞翻曰:「兩象故重明, '正',
謂五陽. 陽變之坤, 來化乾, 以成萬物謂離. 日化成天下也.」"라 함. 《傳》에 "以卦才言也.
上下皆離, 重明也. 二五皆處中正, 麗乎正也. 君臣上下, 皆有明德而處中正, 可以化天
下·成文明之俗也"라 하였고, 《本義》에 "釋卦名義"라 함.

【柔麗乎中正, 故亨】'柔'는 상하 離卦의 가운데에 있는 六二와 六五가 陰爻(柔)임을
말함. '中正'은 가운데에 바르게 자리를 잡고 있음. 內外卦의 中央에 음효가 있음을
말함. 《集解》에 "虞翻曰:「柔, 謂五陰中; 正謂五伏陽, 出在坤中, 畜牝牛, 故中正而亨也.」"
라 함.

【是以「畜牝牛, 吉」也】'畜牝牛'는 內外卦 모두 中正의 陰爻(柔)를 밖에서 두 陽爻(剛)
가 감싸고 있음. 王弼 注에 "柔著于中正, 乃得通也. 柔通之吉, 極於畜牝牛, 不能及剛猛
也"라 하였고, 〈正義〉에 "柔麗乎中正, 故亨. 是以「畜牝牛, 吉」'者, 釋經亨義也. 又總釋「
畜牝牛, 吉」也. 柔麗於中正, 謂六五·六二之柔, 皆麗於中. 中則不偏, 故云'中正'. 以中正

爲德, 故萬事亨; 以中正得通, 故畜養牝牛而得吉也. 以牝牛有中正故也. 案諸卦之〈彖〉,
釋卦名之下, 乃釋卦下之義, 於後乃歎而美之. 此〈彖〉旣釋卦名, 卽廣歎爲卦之美, 乃釋卦
下之義, 與諸卦不例者. 此乃夫子隨義, 則言因文之便也. 此旣釋離名麗, 因廣說日月草木
所麗之事, 然後却明卦下之義, 更无義例"라 함. 《集解》에 "荀爽曰:「牛者, 土也. 生土於
火; 離者, 陰卦; 牝者, 陰性, 故曰‘畜牝牛, 吉’矣.」"라 함. 《傳》에 "二五, 以柔順麗於中
正, 所以能亨. 人能養其至順, 以麗中正, 則吉, 故曰‘畜牝牛, 吉’也. 或曰:「二則中正矣,
五以陰居陽, 得爲正乎?」曰:「離主於所麗, 五中正之位, 六麗於正位, 乃爲正也.」學者知
時義, 而不失輕重, 則可以言《易》矣"라 하였고, 《本義》에 "以卦體釋卦辭"라 함.

★【明兩作, 離】‘明兩作’의 明은 離卦(火, 明) 둘을 뜻하며, ‘作’은 升과 같음. 즉 밝은
태양 두 개가 솟아오르고 있는 卦象이 離卦임. 《集解》에 "虞翻曰:「兩, 謂日與月也.
乾五之坤成坎, 坤二之乾成離, 離坎日月之象, 故‘明兩作, 離’. 作, 成也. 日月在天, 動成
萬物, 故稱‘作’矣. 或以日與火爲明, 兩作也.」"라 함.

【大人以繼明照于四方】‘以繼明’의 ‘以’는 ‘이러한 (離卦의) 원리를 바탕으로’의 뜻.
‘繼明照’의 ‘繼’는 不斷과 같음. 끊임없이 사방을 비추어주고 있음. 王弼 注에 "繼, 謂不
絕也. 明照, 相繼不絕曠也"라 하였고, 〈正義〉에 "‘明兩作, 離’者, 離爲日, 日爲明, 今有上
下二體, 故云‘明兩作, 離’也. 案八純之卦, 論象不同. 各因卦體, 事義隨文而發. 乾坤不論
上下之體, 直總云‘天行健, 地勢坤’, 以天地之大, 故總稱上下二體也. 雷是連續之至, 水爲
流注不已. 義皆取連續相因, 故震云洊雷, 坎云‘水洊至’也. 風是搖動, 相隨之物故, 云‘隨風
巽’也. 山澤各自爲體, 非相入之物, 故云‘兼山艮’, 麗澤兌, 是兩物各行也. 今明之爲體, 前
後各照, 故云‘明兩作’. 離是積聚, 兩明乃作, 於離若一明, 暫絕其離, 未久必取兩明, 前後
相續, 乃得作離卦之義, 故云‘大人以繼明照于四方’. 是繼續其明, 乃得照于四方. 若明不
繼續, 則不得久爲照臨, 所以特云‘明兩作’, 離取不絕之義也"라 함. 《集解》에 "虞翻曰:「陽
氣稱大, 人則乾五, 大人也. 乾二五之光, 繼日之明, 坤爲方二五之坤. 震東, 兌西, 離南,
坎北, 故曰‘照于四方’.」"이라 함. 《傳》에 "若云‘兩明’, 則是二明, 不見繼明之義, 故曰‘明
兩’. 明而重兩, 謂相繼也. ‘作離’, 明兩而爲離, 繼明之義也. 震巽之類, 亦取‘洊隨’之義. 然
離之義, 尤重也. 大人以德言則聖, 人以位言則王者. 大人觀離明, 相繼之象, 以世繼其明
德, 照臨於四方. 大凡以明相繼, 皆繼明也. 擧其大者, 故以世襲繼照言之"라 하였고, 《本
義》에 "作, 起也"라 함.

## (3) 爻辭와 象辭

初九: 履錯然, 敬之, 无咎.
☆象曰: 「履錯之敬」, 以辟咎也.

〈언해〉 初九(초구)는 履(리)ㅣ 錯然(착연)ᄒ니, 敬(경)ᄒ면 咎(구)ㅣ 업스리라.
　　☆象(샹)애 골오디 「履錯의 敬홈」은 뻐 咎(구)를 辟(피)홈이라.
〈해석〉 [初九](一): 실행함에 조리가 있으니, 공경으로써 하면 허물이 없으리라.
　　☆象: "행동을 조리 있게 하는 공경함"이란 이로써 허물을 피함을 뜻한다.


　【初九】 이는 전괘의 시작이며 하괘(離)의 시작. 陽爻로 位正當하며 陽剛하여, 일을 벌여놓기를 좋아하나, 오직 공경으로써 해야 함.

　【履錯然, 敬之, 无咎】 '履'는 신. 혹은 '밟다, 실행하다, 履行하다'의 동사. '錯然'은 가로세로로 교차하여 잘 정리함. 條理가 있음을 말함. 그러나 《說文》에 "錯, 金塗也"라 하여 황금색으로 塗色하는 것이라 함. '敬之'는 자신의 임무, 즉 明照를 실행함에 자신은 가장 아래에 처해 있음으로, 먼저 공경스럽게 하는 것으로부터 시작함. '毋不敬'과 같음. 혹 '敬'을 儆의 假借로 보아 '儆戒(警戒)하다, 恭敬히 삼가다'의 뜻이라고도 함. 王弼과 孔穎達도 '警愼'의 뜻이라 하였음. ○高亨은 "此履貴人所服, 敬之乃無咎, 故曰「履錯然, 敬之, 无咎」"라 함. 王弼 注에 "錯然者, 警愼之貌也. 處離之始, 將進而盛, 未在旣濟, 故宜愼其所履, 以敬爲務, 辟其咎也"라 하였고, 〈正義〉에 "'履錯然'者, 身處離初, 將欲前進, 其道未濟, 故其所履踐, 恒錯然敬愼, 不敢自寧, 故云'履錯然'. '敬之. 无咎', 若能如此恭敬, 則得避其禍, 而无咎, 故〈象〉云'履錯之敬, 以辟咎'也"라 함. 《集解》에 "荀爽曰:「火性炎上, 故初欲履, 錯於三二, 爲三所據, 故敬之, 則无咎矣.」"라 함. 《傳》에 "陽固好動, 又居下而離體, 陽居下則欲進. 離性炎上, 志在上麗, 幾於躁動其履. '錯然', 謂交錯也. 雖未進而跡, 已動矣. 動則(一无則字)失居下之分而有咎也. 然其剛明之才, 若知其義, 而敬愼之, 則不至於咎矣. '初', 在下无位者也. 明其身之進退, 乃所麗之道也. 其志旣動, 不能敬愼, 則妄動. 是不明所麗, 乃有咎也"라 하였고, 《本義》에 "以剛居下而處明體, 志欲上進, 故有履錯然之象. 敬之, 則无咎矣. 戒占者, 宜如是也"라 함.

　☆【「履錯之敬」, 以辟咎也】 '以辟咎'의 '辟'는 '避'의 뜻. 이로써 허물을 피하기 위함임. 〈正義〉에 "'錯然者, 警愼之貌'者, 錯, 是警懼之狀, 其心未寧, 故'錯然'也. 言'處離之始, 將進而盛, 未在旣濟'者, 將進而盛, 謂將欲前進而向盛也. 若位在於三, 則得旣濟. 今

位在於初, 是未在旣濟, 謂功業未大, 故宜愼其所履, 恒須錯然避咎也"라 함. 《集解》에
"王弼曰:「錯然, 敬愼之貌也. 處離之始, 將進其盛, 故宜愼所履, 以敬爲務, 辟其咎也.」"
라 함. 《傳》에 "履錯然, 欲動而知敬愼不敢, 進所以求辟免過咎也. 居明而剛, 故知而能辟
不剛明, 則妄動矣"라 함.


六二: 黃離, 元吉.
☆象曰:「黃離, 元吉」, 得中道也.

〈언해〉 六二(륙이)는, 黃(황)혼 離(리)니, 元(원)코 吉(길)호니라.
　　　　☆象(샹)애 골오디「黃離, 元吉」은 中道(듕도)를 得(득)홈이라.
〈해석〉 [六二](--): 누런 빛깔을 띠고 위에 매달려 있는 것이니, 크게 길하다.
　　　　☆象: "누런 빛깔을 띠어 크게 길함"이란 가운데에 자리를 잡고 도를 얻었다는
　　　　뜻이다.


　　【六二】이는 하괘의 중앙이며 陰爻로 位正當함. 柔順하며 나서지 않음으로써 길함.
아울러 짝이 되는 六五 역시 陰爻로서 柔弱을 美德으로 삼고 있음.
　　【黃離, 元吉】'黃'은 中央. 五色으로 土에 해당하며 中央의 正色. 시간으로는 正午.
'離'는 역시 麗(附)의 뜻. 따라서 '黃離'는 노란색을 띠고 위의 陽剛에 붙어 있음. 離卦를
색으로 표현한 것. 그러나 ○高亨은 "按離皆借爲蟵, 龍也. 謂雲氣似龍形者, 虹之類也.
音轉而謂之霓. 黃離卽黃霓. 古人認爲黃霓出現天空, 是大吉之兆. 故曰「黃離, 元吉」"이라
하여, '무지개가 하늘에 뜬 것'이라 하였음. 王弼 注에 "居中得位, 以柔處柔, 履文明之盛,
而得其中, 故曰'黃離, 元吉'也"라 하였고, 〈正義〉에 "黃者, 中色; 離者, 文明. 居中得位,
而處於文明, 故'元吉'也. 故〈象〉云'得中道', 以其得中央·黃色之道也"라 함. 《傳》에 "二,
居中得正, 麗於中正也. 黃, 中之色·文之美也. 文明中正, 美之盛也, 故云'黃離'. 以文明中
正之, 德上同於文明, 中順之君, 其明如是, 所麗如是大, 善之吉也"라 하였고, 《本義》에
"黃, 中色. 柔麗乎中, 而得其正, 故其象占如此"라 함.
　　☆【「黃離, 元吉」, 得中道也】'得中道'는 이 효는 離卦의 中央에 자리하고 있음을 뜻
함. 《集解》에 "侯果曰:「此本坤爻, 故云'黃離'; 來得中道, 所以'元吉'也.」"라 함. 《傳》에
"所以'元吉'者, 以其得中道也. 不云'正'者, 離以中爲重, 所以成文明, 由中也. 正在其中
矣"라 함.

九三: 日昃之離, 不鼓缶而歌, 則大耋之嗟, 凶.
☆象曰:「日昃之離」, 何可久也?

〈언해〉 九三(구삼)은, 日(일)이 昃(측)흔 離(리)니 缶(부)를 皷(고)흐야 歌(가)티 아니면,
　　　 大耋(대딜)를 嗟(차)흐는 디라, 凶(흉)흐리라.
　　　☆象(샹)애 굴오디 「日昃之離」ㅣ 엇디 可(가)히 오라리오?
〈해석〉 [九三](一): 해가 넘어갈 때의 밝음이다. 질장구를 치면서 노래를 부르지 않으면,
　　　 70-80의 늙음을 탄식하는 것이 될 것이니, 흉하리라.
　　　☆象: "저녁의 밝음"이란 그 밝음이 어찌 오래 갈 수 있겠느냐의 뜻이다.


　　【九三】 이는 하괘의 가장 윗자리이며 陽爻로 位正當함. 陽剛하여 자신의 임무를
완수하여 이를 上卦로 넘겨주려 함. 그러나 아래 離卦의 마감으로 마치 황혼의 밝음
과 같아 곧 어두워질 것이므로 흉함.

　　【日昃之離, 不鼓缶而歌, 則大耋之嗟, 凶】 '日昃'은 해가 기욺. 오후(저녁, 황혼, 斜陽)
이 됨. '昃'은 '仄'과 같음. 下卦 離(火, 陽)이 소진함. 《集解》에 "荀爽曰:「初爲日出, 二爲
日中, 三爲日昃, 以喻君道衰也.」"라 함. 혹 '離'는 '螭'와 같으며 '무지개'라 하기도 함.
'缶'는 질그릇, 장군. 고대 민간의 투박한 樂器로도 사용하였음. 《說文》에 "缶, 瓦器,
所以盛酒漿, 秦人鼓之以節謌"라 함. '歌'는 노래를 불러 재앙을 물리침. 그러나 '늙었으
므로 모든 일을 남에게 넘겨주고 자신은 노래나 부르며 노년을 즐김'이라는 뜻으로도
풀이함. '耋'은 70세, 혹은 80세의 아주 늙은 老境. 《說文》에 "耋, 八十曰耋"이라 하였고,
《左傳》(僖公 9년) 杜預 注에는 "七十曰耋"이라 함. 그런가 하면 《公羊傳》(宣公 12년)
何休 注에는 도리어 "六十稱耋"이라 하는 등 여러 설이 있음. 한편 '耋'은 '昳'과 同音互訓
으로 쓴 것. '嗟'는 탄식함. ○高亨은 "余謂耋乃老之通稱. 爾雅 · 方言所訓至當, 漢儒强爲
指定年數, 非也. 蓋古人日昃見离, 以爲不祥, 必鼓缶而歌以厭之, 若不厭之, 則其禍主在大
耋之人, 而大耋之人悲歎矣, 故曰「日昃之離, 不鼓缶而歌, 則大耋之嗟, 凶」"이라 함. 王弼
注에 "嗟, 憂歎之辭也. 處下離之終, 明在將沒, 故曰'日昃之離'也. 明在將終, 若不委之於
人, 養志无爲, 則至於老而有嗟凶. 故曰'不鼓缶而歌, 則大耋之嗟, 凶'也"라 하였고, 〈正
義〉에 "'日昃之離'者, 處下離之終, 其明將沒, 故云'日昃之離'也. '不鼓缶而歌, 則大耋之
嗟, 凶'者, 時旣老耄, 當須委事任人, 自取逸樂, 若不委之於人, 則是'不鼓擊其缶而爲歌,
則至大耋'"이라 함. 《集解》에 "九家《易》曰:「鼓缶'者, 以目下視離爲大, 腹瓦缶之象, 謂不
取二也. '歌'者, 口仰向上, 謂兌爲口, 而向上取五也. '日昃'者, 向下也. 今不取二而上取五,

則上九棄之陽, 稱大也. '嗟'者, 謂上被三奪五, 憂嗟窮凶也. 火性炎上, 故三欲取五也.」라 함. 《傳》에 "八純卦, 皆有二體之義. 乾內外皆健, 坤上下皆順, 震威震相繼, 巽上下順, 隨坎重險, 相習離, 二明繼照, 艮內外皆止, 兌彼己相說, 而離之義, 在人事最大. 九三居下體之終, 是前明將盡, 後明當繼之時, 人之始終, 時之革易也. 故爲日昃之離日, 下艮之明也. 艮則將沒矣. 以理言之, 盛必有衰, 始必有終, 常道也. 達者, 順理爲樂. '缶', 常用之器也. 鼓缶而歌, 樂其常也. 不能如是, 則以大棄爲嗟憂, 乃爲凶也. '大棄', 傾沒也. 人之終盡, 達者則知其常理, 樂天而已. 遇常皆樂, 如鼓缶而歌; 不達者, 則恐怛有將盡之悲, 乃大棄之嗟, 爲其凶也. 此處死生之道也. '棄'與'昳'同"이라 하였고, 《本義》에 "重離之間, 前明將盡, 故有日昃之象. 不安常以自樂, 則不能自處而凶矣. 戒占者, 宜如是也"라 함.

☆【「日昃之離」, 何可久也?】 '何可久也'는 反語法으로 길지 않음. 곧 태양이 사라지듯 삶이 끝남. 〈正義〉에 "老耄而咨嗟, 何可久長? 所以凶也. 故〈象〉云'日昃之離, 何可久?'也"라 함. 《集解》에 "九家《易》曰:「日昃當降, 何可久長? 三當據二, 以爲鼓缶, 而今與四, 同取於五, 故曰'不鼓缶而歌'也.」"라 함. 《傳》에 "日旣傾昃, 明能久乎? 明者, 知其然也. 故求人以繼其事, 退處以休, 其身安常, 處順, 何足以爲凶也?"라 함.


# 九四: 突如其來如, 焚如, 死如, 棄如.
# ☆象曰: 「突如其來如」, 无所容也.

〈언해〉九四(구ᄉᆞ)는, 突(돌)히 그 來(리)ᄒᆞᄂᆞᆫ 디라, 焚(분)ᄒᆞ니 死(ᄉᆞ)ᄒᆞ며 棄(기)홈이니라.[《本義》: 突(돌)히 그 來(리)ᄒᆞ니 焚(분)ᄒᆞ며]

☆象(샹)애 ᄀᆞᆯ오디 「突如其來如」는 容(용)홀 빼 업ᄉᆞ니라.

〈해석〉[九四](一): 재앙이 갑자기 다가오는 것이라, 불 지르며, 죽이며, 버리는 것이니라.(갑자기 그 재앙이 오나니, 불 지르며)

☆象: "갑자기 오는 것"이라 함은, 제 몸조차 둘 곳이 없다는 것이다.


【九四】 이는 외괘(상괘)의 시작이며, 陽爻로 位不當함. 상배한 初九도 양이어서 급하게 서둘러 本領을 수행하고자 하나 적의 침략을 당하여 매우 힘든 상황을 겪게 됨.

【突如其來如, 焚如, 死如, 棄如】 다섯 '如'자는 모두 虛辭. 뜻이 없음. 그러나 ○高亨은 "如, 猶焉也"라 하였음. '突如'는 재앙이나 변고가 갑자기 들이닥침. '焚如' 역시 적들이 달려와 모든 것을 불사름. '死如'는 마구 죽임. '棄如'는 시신을 거두어주지 않고

마구 버림. 혹 廢墟가 되도록 함. 이 효는 아래 離의 光明도 소진하고, 다시 離의 初生임을 뜻함. 그러나 《漢書》(匈奴傳) "莽作焚如之刑"의 顔師古 注에 "應劭曰:「《易》有焚如‧死如‧棄如之言, 莽依此作刑名也.」如淳曰:「焚如‧死如‧棄如者, 謂不孝子也. 不畜於父母, 不容於朋友, 故燒殺棄之, 莽依此作刑名也.」"라 하였고, ○高亨은 이를 근거로 '突如'는 '불효자를 내쫓는 것'이며, '焚如', '死如', '棄如'는 '그 불효자에 대한 형벌'이라 하였음. 그러나 전체적으로 王弼과 孔穎達은 이 효의 위치와 변화에 맞추어 풀이하였음. 王弼 注에 "處於明道, 始變之際, 昏而始曉, 沒而始出, 故曰'突如其來如', 其明始進, 其炎始盛, 故曰'焚如'. 逼近至尊, 履非其位, 欲進其盛, 以炎其上, 命必不終, 故曰'死如'. 違離之義, 无應无承, 衆所不容, 故曰'棄如'也"라 하였고, 〈正義〉에 "'突如其來如'者, 四處始變之際, 三爲始昏, 四爲始曉; 三爲已沒, 四爲始出, 突然而至, 忽然而來, 故曰'突如其來如'也. '焚如'者, 逼近至尊, 履非其位, 欲進其盛, 以焚炎其上, 故云'焚如'也. '死如'者, 旣焚其上, 命必不全, 故云'死如'也. '棄如'者, 違於離道, 无應无承, 衆所不容, 故云'棄如'. 是以〈象〉云'无所容'也"라 함. 《集解》에 "荀爽曰:「陽升居五, 光炎宣揚, 故'突如'也. 陰退居四, 灰炭降墜, 故其'來如'也. 陰以不正居尊, 乘陽歷盡, 數終天命, 所誅位喪, 民畔下離所害, 故'焚如'也. 以離入坎, 故'死如'也. 火息灰損, 故'棄如'也.」"라 함. 《傳》에 "九四, 離下體而升上, 體繼明之初, 故言繼承之義. 在上而近君, 繼承之地也. 以陽居離體, 而處四剛躁, 而不中正且重剛, 以不正而剛盛之勢, 突如而來, 非善繼者也. 夫善繼者, 必有巽讓之誠, 順承之道, 若舜啓然. 今四突如其來, 失善繼之道也. 又承六五, 陰柔之君, 其剛盛陵, 爍之勢氣, 熖如焚然, 故云'焚如'. 四之所行, 不善如此, 必被禍害, 故曰'死如'. 失繼紹之義, 承上之道, 皆逆德也. 衆所棄絶, 故云'棄如'. 至於死棄, 禍之極矣, 故不假言'凶'也"라 하였고, 《本義》에 "後明將繼之時, 而九四以剛迫之, 故其象如此"라 함.

☆【「突如其來如」, 无所容也】'无所容'은 자신의 몸을 받아주는 곳이 없음. 자신의 몸조차 수용해 주는 곳이 없음. 六五와 九四 모두에게 용납을 받지 못함. 《集解》에 "九家《易》曰:「在五見奪, 在四見棄, 故'无所容'也.」"라 함. 《傳》에 "上陵其君, 不順所承, 人惡衆棄, 天下所不容也"라 하였고, 《本義》에 "'无所容', 言'焚'‧'死'‧'棄'也"라 함.

六五: 出涕沱若, 戚嗟若, 吉.
☆象曰: 六五之「吉」, 離王公也.

〈언해〉六五(륙오)는, 涕(톄)를 出(츌)홈을 沱(타)히 ᄒᆞ며, 戚嗟(쳑차)홈이니, 吉(길)ᄒᆞ리라.[《本義》: 戚嗟(쳑차)ᄒᆞ면]

☆象(상)애 ᄀᆞᆯ오디 六五之「吉」홈은 王公(왕공)애 離(리)홀 시라.

〈해석〉[六五](--): 눈물이 비 오듯 왈칵 쏟으며, 슬퍼하고 한탄하는 것이니, 길하리라. (슬퍼하고 한탄하면)

☆象: 육오의 "길함"은 은 왕공의 자리(五)에 딱 붙어 있기 때문이다.

【六五】 이는 君位이나 陰爻로 位不當하며, 아울러 상배한 六二조차 음효로 음양이 맞지 않음. 그러나 柔弱을 지켜 위아래 陽爻의 庇護를 받음으로서 결과는 길함. 혹 王座이므로 길함.

【出涕沱若, 戚嗟若, 吉】 '涕'는 눈물. '沱'는 큰 비 오듯 줄줄 흘리는 모습. 두 개의 '若'자는 '如'와 같으며 虛辭.《集解》에 「荀爽曰: 「六五陰柔, 退居於四, 出離爲坎, 故'出涕沱若', 而下以順陰陽也.」」라 함. '戚嗟'는 매우 슬퍼하며 嗟歎하는 모습을 표현하는 雙聲連綿語. '戚'은 '慽', '慼'과 같음. 비통해함.《說文》에 "慼, 憂也"라 하였고,《廣雅》에는 "慼, 悲也"라 함. 자신이 군위에 있으면서도 아래위 모두 陽剛의 壓迫을 받아 눈물을 흘리는 모습임을 비유한 것. '吉'은 혹 衍文으로 보기도 함. ○高亨은 "出涕沱若, 慼嗟若, 乃憂悲泣歎之象, 似不宜言'吉', '吉'字疑衍, 蓋卽若字複文而又譌變也. 或筮遇此爻, 在窮愁之時, 將有休祥之兆歟?"라 함. 王弼 注에 "履非其位, 不勝所履, 以柔乘剛, 不能制下, 下剛而進, 將來害己, 憂傷之深, 至于沱嗟也. 然所麗在尊, 四爲逆首, 憂傷至深, 衆之所助, 故乃沱嗟而獲吉也"라 하였고, 〈正義〉에 "'出涕沱若'者, 履非其位, 不勝其任, 以柔乘剛, 不能制下, 下剛而進, 將來害己, 憂傷之深, 所以出涕滂沱, 憂戚而咨嗟也. '若', 是語辭也; '吉'者, 以所居在尊位, 四爲逆首, 己能憂傷悲嗟, 衆之所助, 所以吉也"라 함.《集解》에 "虞翻曰: 「坎爲心, 震爲聲, 兌爲口, 故'戚嗟若', 動而得正, 尊麗陽, 故'吉'也.」"라 함.《傳》에 "六五, 居尊位而守中, 有文明之德, 可謂善矣. 然以柔居上, 在下无助, 獨附麗於剛强之間, 危懼之勢也. 唯其明也, 故能畏懼之深, 至於出涕, 憂慮之深, 至於戚嗟. 所以能保其吉也. 出涕戚嗟, 極言其憂懼之深耳. 時當然也. 居尊位而文明, 知憂畏如此, 故得吉. 若自恃其文明之德, 與所麗中正, 泰然不懼(一作慮), 則安能保其吉也?"라 하였고,《本義》에 "以陰居尊, 柔麗乎中, 然不得其正, 而迫於上下之陽, 故憂懼如此. 然後得吉, 戒占者宜如是也"라 함.

☆【六五之「吉」, 離王公也】'離王公'은 이 효는 上九 아래에서 있어, 마치 王公에게 매달려 있는 것과 같음 爻象임을 말함. 혹 자신이 왕좌를 차지하고 있음을 뜻하는 것이라고도 함. 〈正義〉에 "〈象〉曰'離王公'者, 此釋六五吉義也. 所以終得吉者, 以其所居在五, 離附於王公之位, 被衆所助, 故得吉也. 五爲王位, 而言公者, 此連王而言公取其便, 文以會韻也"라 함. 《集解》에 "九家《易》曰:「戚嗟順陽, 附麗於五, 故曰'離王公'也. 陽當居五, 陰退還四, 五當爲王, 三則三公也. 四處其中, 附上下矣.」"라 함. 《傳》에 "六五之吉'者, 所麗得王公之正位也. 據在上之勢, 而明察事理, 畏懼憂虞, 以持之, 所以能吉也. 不然豈能安乎?"라 함.

## 上九: 王用出征, 有嘉. 折首, 獲匪其醜, 无咎.
## ☆象曰:「王用出征」, 以正邦也. (「獲匪其醜」, 大有功也.)

〈언해〉上九(샹구)는, 王(왕)이 뻐 出(츌)ㅎ야 征(졍)ㅎ면 嘉(가) ㅣ 이실이니, 首(슈)를 折(졀)ㅎ고, 獲(획)이 그 醜(취) 아니면 咎(구) ㅣ 업스리라.[《本義》: 王(왕)이 뻐 出征(츌졍)ㅎ야 首(슈)만 折(졀)홈을 嘉(가)ㅎ고, 獲(획)이 그 醜(취) 아니니] ☆象(샹)애 ᄀᆞ로오디 「王用出征」은 뻐 邦(방)을 正(졍)ㅎ욤이라. (「獲匪其醜」, 大有功也.)

〈해석〉[上九](一): 임금(六五)이 이 효를 써서 정벌에 나서면, 훌륭한 결과가 있을 것이니, 적의 우두머리도 베고, 획득하는 것이 같은 동류가 아니면 허물이 없으리라.(왕이 이로써 출정하여, 상대 우두머리만 꺾음을 훌륭하다 여기고, 획득하는 것이 그 동류가 아니니)
☆象: "임금이 이로써 정벌에 나선다"함은, 이렇게 함으로써 나라를 바로잡는다는 뜻이다.("획득하는 것이 그 동류가 아니다"함은, 크게 공이 있을 것이라는 뜻이다.)

【上九】이는 離卦의 마무리이며 맨 위에 있음. 陽爻로 位不當하나 상배한 구삼 역시 양효이므로 양강한 힘으로, 아래 帝位 六五(陰爻)의 유약함을 庇護할 임무를 지니고 있음. 따라서 全卦를 위해 王(六五)의 명령으로 정벌에 나서면 공을 세울 수 있는 자리임.
【王用出征, 有嘉, 折首, 獲匪其醜, 无咎】'王用出征'은 王(九五)이 그(上九)를 출정에

사용함. '用'은 '이용하다, 사용하다, 등용하다'의 뜻. '有嘉'는 嘉賞(嘉尚)히 여김을 받을 일이 있음. 《傳》에 "九, 以陽居上, 在離之終, 剛明之極者也. 明則能照, 剛則能斷. 能照, 足以察邪惡; 能斷, 足以行威刑, 故王者宜用如是. 剛明以辨天下之邪惡, 而行其征伐, 則有嘉美之功也. 征伐, 用刑之大者"라 함. 그러나 沙少海는 "有, 語首助辭, 無義. 如虞稱有虞, 夏稱有夏. 有嘉, 周初國名. 這裏指上文所說的侵略者"라 하여, '有嘉'는 작은 나라 이름이며, 바로 위에서 언급한 '焚如, 死如, 棄如'의 일을 저지른 침략자라 하였음. '折首'는 적의 우두머리를 꺾음. 혹 구체적으로 적의 머리를 자름. 斬首와 같음. 그러나 '자신의 머리를 떨구다', 즉 '자신이 陽剛하나 아래 六五가 王인만큼 臣下로서의 자신의 지위를 스스로 인정하다'의 뜻이라고도 함. '獲匪其醜'의 '匪'는 '彼'의 뜻이라 함. '醜'는 醜類, 즉 俘虜라 함. 그러나 '醜'는 '類'로서, '獲非其類'로 보아 '자신과 동류가 아닌 자를 잡아 징벌하다'의 뜻으로 보기도 함. 혹 정벌에 나서서 적을 참수하고 그 외에도 다른 노획물을 많이 얻어왔음을 뜻하는 것이라고도 함. ○高亨은 "「獲匪其醜」, 謂敵類之外更有所獲也. 此殆古代故事, 蓋有王者出征, 斬首甚多, 且敵類之外更有所獲, 故記其事而斷其占曰「王用出征, 有嘉折首, 獲匪其醜, 无咎」"라 함. 王弼 注에 "離, 麗也. 各得安其所麗, 謂之離, 處離之極. 離道已成, 則除其非類, 以去民害, 王用出征之時也. 故必有嘉, 折首, 獲匪其醜, 乃得无咎也"라 하였고, 〈正義〉에 "'王用出征'者, 處離之極, 離道旣成, 物皆親附, 當除去其非類, 以去民害, 故王用出征也. '有嘉, 折首, 獲匪其醜'者, 以出征罪人, 事必克獲, 故有嘉美之功, 折斷罪人之首, 獲得匪其醜類, 乃得无咎也. 若不出征除害居, 在終極之地, 則有咎也"라 함. 《集解》에 "虞翻曰: 「王謂乾, 乾二五之坤成, 坎體師象, 震爲出, 故'王用出征'. '首', 謂坤, 二來折乾, 故'有嘉, 折首'. 醜, 類也. 乾征得坤陰類, 乾陽物, 故'獲非其醜, 无咎'矣.」"라 함. 《傳》에 "夫明極, 則无微不照; 斷極, 則无所寬宥. 不約之以中, 則傷於嚴察矣. 去天下之惡, 若盡究其漸染. 詿誤, 則何可勝? 誅所傷殘亦甚矣. 故但當折取其魁首, 所執獲者, 非其醜類, 則无殘暴之咎也. 《書》(夏書, 胤征)曰: 『殲厥渠魁, 脇從罔治.』"라 하였고, 《本義》에 "剛明及遠, 威震而刑, 不濫无咎之道也. 故其象占如此"라 함.

☆【「王用出征」, 以正邦也. (獲匪其醜, 大有功也.)】 '以正邦'은 이로써 나라를 바로잡음. '正'은 匡正의 뜻. 괄호 안의 구절은 〈王肅本〉에 있는 것으로, 《易》의 각 괘 爻象(爻의 小象傳)의 體例에 맞아, 흔히 附加的으로 인정하고 있음. 陸德明 〈音義〉에 "「以正邦也」下, 〈王肅本〉更有「獲匪其醜, 大有功也.」"라 함. '大有功'은 크게 공을 세울 것임을 뜻함. 〈正義〉에 "〈象〉曰'以正邦'者, 釋出征之義. 言所出征者, 除去民害, 以正邦國故也"라 함. 《集解》에 "虞翻曰: 「乾五出征坤, 故'正邦'也.」"라 함. 《傳》에 "王者用此上九之, 德明照而剛斷, 以察除天下之惡. 所以正治其邦國, 剛明居上之道也"라 함.

# 역주譯註

## 《주역周易》 下經

# 031 함咸

☷ 澤山咸: ▶艮下兌上(☶下☱上)


　*咸(함): 〈音義〉에 "咸, 如字. 彖云:「感也.」"라 하여 '함(xián)'으로 읽음. '咸'은 感(疊韻)과 같으며 交感, 感應을 뜻함. 하괘는 艮(山, 陽)이며 상괘는 兌(澤, 陰)로, 못 아래 산이 있는 異卦相疊의 '澤山'의 괘체임. 산 속에 못이 있어, 山은 氣를 발하고 물은 休息을 취하면서 서로 감응하며, 上陰下陽으로 음양이 만나 만물이 생성되므로 형통한 것임. 이는 남녀가 서로 交感하여 관계를 이루되 感情은 서로 다른 것이므로, 是非와 得失 및 그에 따른 感應은 마땅히 貞正함을 기본으로 하여야 함을 뜻함. 아울러 天地가 感應하여 萬物을 化生시키듯 성인은 사람의 마음에 감응하여 천하 화평을 이루며 이를 사회와 자연에 확대시켜야 함을 상징함. 鄭玄은 "咸, 感也. 艮爲山, 兌爲澤, 山氣下, 澤氣上, 二氣通而相應, 以生萬物, 故曰咸也"라 하였고, 孔穎達은 "此卦明人倫之始, 夫婦之義, 必須男女共相感應, 方成夫婦"라 하여, 男女感應, 陰陽相交의 의미라 하였음. 아울러 이 咸卦 이하를 《周易》의 下經으로 나눈 것은, 上經은 〈乾〉괘로 시작하여 우주만물의 創始를 다루었고, 이 下經은 人倫의 發端인 夫婦, 男女를 시작으로 하여, 완벽함을 보인 것이며, 특히 이 咸卦는 小成卦 〈艮〉과 〈兌〉의 初六(陰)과 九四(陽), 六二(陰)와 九五(陽), 九三(陽)과 上六(陰)이 각기 陰陽이 正應하여, 괘체와 爻象이 아주 이상적으로 배치되어 있어, 만물의 이치를 음양으로 설명하기에 가장 뛰어난 괘이기도 함. 그러나 孔穎達 〈正義〉에 "先儒以《易》之舊題, 分自此以上三十卦爲'上經'; 已下三十四卦爲'下經'. 〈序卦〉至此, 又別起端首, 先儒皆以上經明天道, 下經明人事. 然韓康伯注〈序卦〉破此義云:「夫《易》六畫成卦, 三才必備, 錯綜天人, 以效變化, 豈有天道人事, 偏於上下哉?」案上經之內, 明飮食必有〈訟〉. 〈訟〉必有衆起, 是兼於人事, 不專天道. 旣不專天道, 則'下經'不專人事, 理則然矣. 但孔子〈序卦〉, 不以咸繫離. 〈繫辭〉云:「二篇之策, 則是六十四卦. 舊分上下, 乾坤象天地, 咸恒明夫婦. 乾坤乃造化之本, 夫婦寔人倫之原.」因而擬之, 何爲不可天地, 各卦夫婦共卦者? 周氏云:「尊天地之道, 略於人事, 猶如三才, 天地爲二, 人止爲一也.」此必不然, 竊謂乾坤, 明天地初闢, 至屯乃剛柔始交, 故以純陽象天, 純陰象地, 則〈咸〉以明人事人物, 旣生共相感應. 若二氣不交, 則不成於相感, 自然天地, 各一夫婦共卦, 此不言可悉, 豈宜妄爲異端?"이라 하여 이런 구분에 의심을 나타내었음.

*《集解》에 "〈序卦〉曰:「有天地, 然後有萬物; 有萬物, 然後有男女; 有男女, 然後有夫婦; 有夫婦, 然後有父子; 有父子, 然後有君臣; 有君臣, 然後有上下; 有上下, 然後禮義有所錯.」(韓康伯曰:「言咸卦之義也. 咸柔上而剛下, 感應以相. 與夫婦之象, 莫美乎斯. 人倫之道, 莫大夫婦, 故夫子殷勤深述其義, 以崇人倫之始, 而不係之離也. 先儒以乾至離爲〈上經〉, 天道也; 咸至未濟爲〈下經〉, 人事也. 夫《易》六畫成卦, 三材必備, 錯綜天人, 以效變化, 豈有天道人事, 偏於上下哉? 斯蓋守文而不求義, 失之遠矣.」)"라 함.

*《傳》에 "咸', 〈序卦〉:「有天地, 然後有萬物; 有萬物, 然後有男女; 有男女, 然後有夫婦; 有夫婦, 然後有父子; 有父子, 然後有君臣; 有君臣, 然後有上下; 有上下, 然後禮義有所錯.」天地, 萬物之本; 夫婦, 人倫之始, 所以上經首乾坤, 〈下經〉首咸', 繼以恒也. 天地二物, 故二卦分爲天地之道, 男女交合而成夫婦, 故咸與恒, 皆二體合爲夫婦之義. 咸, 感也. 以說爲主. 恒, 常也. 以正爲本而說之道, 自有正也. 正之道, 固有說焉. 巽而動, 剛柔皆應, 說也. 咸之爲卦, 兌上艮下. 少女·少男也. 男女相感之深, 莫如少者, 故二少爲咸也. 艮體篤實, 止爲誠慤之義, 男志篤實, 以下交女, 心說而上應, 男感之先也. 男先以誠感, 則女說而應也"라 함.


# (1) 卦辭

# 咸: 亨, 利貞. 取女吉.

〈언해〉 咸(함)은 亨(형)ᄒᆞ니 貞(뎡)홈이 利(리)ᄒᆞ니, 女(녀)를 取(취)ᄒᆞ면 吉(길)ᄒᆞ리라.
〈해석〉 함(咸, 함괘)은 형통함이다. 곧게 행동하면 이로우니, 여자를 얻으면 길하리라.

【咸】卦名이며, '感'과 같음. 感應함. 交感함. 그러나 '咸'자는 形訓으로 '戌'와 '口'자가 결합된 口象物形으로 '戌'은 '戊'과 같으며 도끼(鉞)를 뜻함. 따라서 "도끼로 물건을 자르는 모습"(以戉斬物之象)이며, 본괘의 '咸'은 모두 '자르다'의 뜻이라 주장하기도 함.
【亨, 利貞】'亨'은 享과 같음. 점을 쳐 이 괘를 만나면 제사를 지내기에 이롭고 바름. ○高亨은 "亨卽享字, 古人擧行享祀, 曾筮遇此卦, 故記之曰'亨'"이라 함. '利貞'은 각기 '곧게 함을 이로운 것으로 여기다.' '이롭고 곧다.' '이롭다는 貞辭이다' 등 여러 뜻으로 풀이됨. ○高亨은 "又筮遇此卦, 擧事有利, 故曰「利貞」"이라 함.
【取女吉】'取'는 娶의 假借. 아내를 취함, 장가를 듦. ○高亨은 "取, 借爲娶. 筮遇此

卦, 娶女卽吉, 故曰「取女吉」"이라 함. 〈正義〉에 ""咸, 亨. 利貞, 取女吉'者, 咸, 感也. 此卦明人倫之始·夫婦之義, 必須男女共相感應, 方成夫婦. 旣相感應, 乃得亨通. 若以邪道相通, 則凶害斯及, 故利在貞正. 旣感通以正, 卽是婚媾之善, 故云'咸, 亨. 利貞, 取女吉'也"라 함. 《集解》에 "虞翻曰:「咸, 感也. 坤三之上成女, 乾上之三成男. 乾坤氣交, 以相與止而說, 男下女, 故通'利貞, 取女吉'.」○鄭玄曰:「咸, 感也, 艮爲山, 兌爲澤. 山氣下澤, 氣上二氣, 通而相應, 以生萬物, 故曰咸也. 其於人也, 嘉會禮通, 和順於義, 幹事能正, 三十之男, 有此三德, 以下二十之女, 正而相親, 說取之, 則吉也.」"라 함. 《傳》에 "咸, 感也. 不曰感者, 咸有皆義男女交相感也. 物之相感, 莫如男女, 而少復甚焉. 凡君臣上下以至萬物, 皆有相感之道. 物之相感, 則有亨通之理. 君臣能相感, 則君臣之道通. 上下能相感, 則上下之志通, 以至父子·夫婦·親戚·朋友, 皆情意相感, 則和順而亨通. 事物皆然, 故咸有亨之理也. '利貞', 相感之道, 利在於正也. 不以正, 則入於惡矣. 如夫婦之以淫姣, 君臣之以媚說, 上下之以邪僻, 皆相感之不以正也. '取女吉', 以卦才言也. 卦有'柔上剛下, 二氣感應, 相與, 止而說', 男下女之義, 以此義取女, 則得正而吉也"라 하였고, 《本義》에 "咸, 交感也. 兌柔在上, 艮剛在下, 而交相感應, 又艮止, 則感之專' 兌說, 則應之至. 又艮以少男, 下於兌之少女, 男先於女, 得男女之正, 婚姻之時, 故其卦爲咸. 其占亨而利貞, 取女則吉. 蓋感有必通之理, 然不以貞, 則失其亨, 而所爲皆凶矣"라 함.

## (2) 彖辭와 象辭

彖曰: 咸, 感也. 柔上而剛下, 二氣感應以相與. 止而說,
男下女, 是以「亨, 利貞, 取女吉」也.
天地感而萬物化生, 聖人感人心而天下和平. 觀其所感,
而天地萬物之情可見矣!
★象曰: 山上有澤, 咸. 君子以虛受人.

〈언해〉彖(단)애 ᄀᆞᆯ오ᄃᆡ 咸(함)은 感(감)ᄒᆞ요미니,

　　柔(유)ㅣ 上(샹)ᄒᆞ고 剛(강)이 下(하)ᄒᆞ야, 二氣(이긔)ㅣ 感(감)ᄒᆞ며 應(응)ᄒᆞ야
　　ᄡᅥ 서ᄅ 與(여)ᄒᆞ야, 止(지)코 說(열)ᄒᆞ고, 男(남)이 女(녀)애 下(하)ᄒᆞᄂᆞᆫ 디라,
　　일로ᄡᅥ「亨, 利貞, 取女吉也」ㅣ니라.

天地(텬디)ㅣ 感(감)호매 萬物(만믈)이 化生(화싱)ᄒ고, 聖人(셩인)이 人心(인심)을 感(감)호매 天下(텬하)ㅣ 和平(화평)ᄒ나니, 그 感(감)ᄒ논 바를 보매, 天地(텬디)와 萬物(만믈)의 情(졍)을 可(가)히 보리라!

★象(샹)애 ᄀᆞᆯ오디 山上(산샹)의 澤(퇴)이 이심이 咸(함)이니, 君子(군ᄌ)ㅣ 以(이)ᄒ야 虛(허)로 人(인)애 受(슈)ᄒᄂ니라.

〈해석〉 彖: 함(咸)은 감(感)이다. 유(柔)한 기운은 위에 있고, 강한 기운이 아래에 있어, 이기(二氣: 陰陽, 柔剛)가 감하며 응하여 이로써 서로 허여하여, 머물러있고(艮) 즐거워하여(兌), 남자(艮)가 여자(兌)의 아래에 있으므로, 이로써 "형통하며, 곧게 함이 이로우며, 여자를 취함에 길하다"한 것이니라.

천지가 감응하여 만물이 화생하고, 성인이 사람의 마음을 감동시켜 천하가 화평하니, 그 감응하는 바를 관찰함에, 천지만물의 정황을 가히 볼 수 있느니라.

★象: 산 위에 못이 있는 것이 함괘이다. 군자는 이를 바탕으로 비움으로써 남을 받아들이는 것이다.


【咸, 感也】咸과 感은 疊韻互訓. 《本義》에 "釋卦名義"라 함.

【柔上而剛下, 二氣感應以相與】'柔上而剛下'는 '柔'는 上卦(兌)로 陰이며 柔, 女, 弱을 상징함. '剛'은 下卦(艮)로 陽이며 剛, 男, 強을 상징함. 따라서 柔가 위에 있고, 剛이 아래에 있는 괘상임. '二氣感應'은 陰陽(柔剛) 二氣가 感應함. '以相與'는 이로써 서로 許與함. 交際함, 許諾함. 相交함. 結婚함. 王弼 注에 "是以亨也"라 하였고, 〈正義〉에 "'柔上而剛下, 二氣感應, 以相與'者, 此因上下二體, 釋咸亨之義也. 艮剛而兌柔, 若剛自在上, 柔自在下, 則不相交感, 无由得通. 今兌柔在上, 而艮剛在下, 是二氣感應, 以相授與, 所以爲咸亨也"라 함. 《集解》에 "蜀才曰:「此本〈否〉卦.」案:「六三升上, 上九降三, 是柔上而剛下. 二氣交感, 以相與也.」"라 함.

【止而說, 男下女, 是以「亨, 利貞, 取女吉」也】'止而說'은 下卦(艮, 山)는 止의 의미를 가지고 있으며, 上卦(兌, 澤)는 說(悅)의 의미를 가지고 있음. 王弼 주에 "故利貞也"라 하였고, 〈正義〉에 "'止而說'者, 此因二卦之義, 釋利貞也. 艮止而兌說也. 能自靜止, 則不隨動; 欲以止行說, 則不爲邪諂. 不失其正, 所以利貞也"라 함. '男下女'는 남자(艮, 山, 陽)가 여자(兌, 澤, 陰) 아래에 있음. 이 때문에 고대 婚姻의 親迎에서 남자가 직접 여자의 집까지 가서 '女子登車, 男子授綏', '女子乘車, 男子御車' 등의 '男以禮下求女'의 儀式을 여기에서 찾고 있음. 王弼 注에 "取女吉也"라 하였고, 〈正義〉에 "'男下女'者, 此因二卦之象, 釋取女吉之義. 艮爲少男, 而居於下; 兌爲少女, 而處於上. 是男下於女也. 婚姻

之義, 男先求女, 親迎之禮, 御輪三周, 皆是男先下於女, 然後女應於男, 所以取女得吉者也. '是以「亨利貞, 取女吉'者, 次第釋訖總擧緐辭, 以結之"라 함. 《集解》에 "王肅曰:「山澤以氣通, 男女以禮感. 男而下女, 初婚之所以爲禮也. 通義正, 取女之, 所以爲吉也.」"라 함. 《傳》에 "咸之義, 感也. 在卦, 則柔爻上, 而剛爻下. 柔上變剛, 而成兌. 剛下變柔而成艮. 陰陽相交, 爲男女交感之義. 又兌女在上, 艮男居下, 亦柔上剛下也. 陰陽二氣, 相感相應而和合, 是相與也. '止而說', 止於說爲堅慤之意, 艮止於下篤誠, 相下也. 兌說於上, 和說相應也. 以男下女, 和之至也. 相感之道如此, 是以能亨通, 而得正, 取女如是, 則吉也. 卦才如此, 大率感道, 利於正也"라 하였고, 《本義》에 "以卦體·卦德·卦象, 釋卦辭. 或以卦變, 言柔上剛下之義. 曰'咸自旅來, 柔上居六, 剛下居五'也. 亦通"이라 함.

【天地感而萬物化生】 '天地感而萬物化生'은 天地(陰陽)가 感應하여 만물이 化育生長함. 음양이 교접하지 없으면 만물이 화생할 수 없음. 王弼 注에 "二氣相與乃化生也"라 하였고, 〈正義〉에 "'天地感而萬物化生'者, 以下廣明感之義也. 天地二氣, 若不感應相與, 則萬物无由得變化而生"이라 함. 《集解》에 "荀爽曰:「乾下感坤, 故萬物化生於山澤.」○ 陸績曰:「天地因山澤, 孔竅以通, 其氣化生萬物也.」"라 함.

【聖人感人心而天下和平】 感人心'은 사람의 마음을 감동시킴. 〈正義〉에 "'聖人感人心而天下和平'者, 聖人設敎, 感動人心, 使變惡從善, 然後天下和平"이라 함. 《集解》에 "虞翻曰:「乾爲聖人, 初四易位, 成旣濟坎, 爲心爲平, 故聖人感人心而天下和平. 此保合太和, 品物流形也.」"라 함.

【觀其所感, 而天地萬物之情可見矣!】 '觀其所感'은 咸卦의 원리에 의해 감응하는 바를 관찰함. '可見'은 가히 드러남. 이로써 볼 수 있음. 알 수 있음. 王弼 注에 "天地萬物之情, 見於所感也. 凡感之爲道, 不能感, 非類者也. 故引取女以明同類之義也. 同類而不相感應, 以其各亢所處也. 故女雖應男之物, 必下之而後取女, 乃吉也"라 하였고, 〈正義〉에 "'觀其所感而天地萬物之情可見矣'者, 結歎咸道之廣大, 則包天地小, 則該萬物, 感物而動, 謂之情也. 天地萬物, 皆以氣類共相感應, 故觀其所感, 而天地萬物之情可見矣"라 함. 《集解》에 "虞翻曰:「謂四之初, 以離日見天, 坎月見地, 縣象著明, 萬物見離, 故天地萬物之情可見也.」"라 함. 《傳》에 "旣言男女相感之義, 復推極感道, 以盡天地之理. 聖人之用天地二氣, 交感而化生萬物. 聖人至誠以感億兆之心, 而天下和平. 天下之心, 所以和平, 由聖人感之也. 觀天地交感化生萬物之理, 與聖人感人心致和平之道, 則天地萬物之情, 可見矣. 感通之理, 知道者, 默而觀之, 可也"라 하였고, 《本義》에 "極言'感通'之理"라 함.

★【山上有澤, 咸】 山(艮) 위에 澤(兌)이 있는 卦象이 咸卦임.

【君子以虛受人】 '以'는 '이를 바탕으로, 이를 근거로'의 뜻. '人'은 '己'와 상대되는

의미. 자신을 비워 남을 받아들임. 王弼 注에 "以虛受人, 物乃感應"이라 하였고, 〈正義〉에 "山上有澤, 咸'. 澤性下流, 能潤於下; 山體上承, 能受其潤, 以山感澤, 所以爲'咸, 君子以虛受人'者, 君子法此, 咸卦下山上澤, 故能空虛, 其懷不自有實, 受納於物, 无所棄遺, 以此感人, 莫不皆應"이라 함. 《集解》에 "崔憬曰:「山高而降, 澤下而升, 山澤通氣, 咸之象也.」虞翻曰:「君子, 謂否乾, 乾爲人, 坤爲虛, 謂坤虛, 三受上, 故以虛受人. 艮山在地下爲謙, 在澤下爲虛.」"라 함. 《傳》에 "澤性潤下, 土性受潤. 澤在山上, 而其漸潤通徹, 是二物之氣, 相感通也. 君子觀山澤通氣之象, 而虛其中以受於人, 夫人中虛, 則能受; 實則不能入矣. 虛中者, 无我也. 中无私主, 則无感不通, 以量而容之, 擇合(一作交)而受之, 非聖人有感, 必通之道也"라 하였고, 《本義》에 "山上有澤, 以虛而通也"라 함.


## (3) 爻辭와 象辭

### 初六: 咸其拇.
### ☆象曰:「咸其拇」, 志在外也.

〈언해〉 初六(초륙)은, 咸(함)이 그 拇(무)ㅣ라.
　　　　☆象(샹)애 굴오디「咸其拇」는, 志(지)ㅣ 外(외)애 이심이라.
〈해석〉 [初六](--): 함괘의 감응이 그 엄지발가락에 있다.
　　　　☆象: "감응이 엄지발가락에 있다"함은, 뜻이 밖(九四)에 있음을 말한다.


【初六】이는 전괘와 下卦(艮)의 시작이며, 陰爻로 位不當함. 柔弱하여 感應이 아직 미미함. 따라서 본격적으로 許與하지 못함을 뜻함.

【咸其拇】'咸'는 咸卦의 感應. 그러나 朱駿聲은 '손상을 입히다'의 뜻이라 하였음. '拇'는 엄지발가락. 〈釋文〉에 "拇, 足之大指也"라 함. 신체의 가장 먼 곳을 뜻함. ○고형은 《易》之拇字, 亦謂足大指, 蓋初九之拇, 六二之腓, 六四之股, 九五之脢, 上六之輔頰, 正自下而上, 卽其證也. 咸其拇, 出門則小傷之象"이라 함. 王弼 注에 "四屬外卦"라 하였고, 〈正義〉에 "'咸其拇'者, 拇, 是足大指也. 體之最末, 初應在四, 俱處卦始, 爲感淺末, 取譬一身, 在於足指而已. 故曰'咸其拇'也. '如其本實, 未至傷靜'者, 六二咸道, 轉進所感在腓. 腓體動躁, 則成往而行. 今初六所感淺末, 則譬於拇指, 指雖小動, 未移其足, 以喩人心, 初感始有其志, 志雖小動, 未甚躁求, 凡吉凶悔吝, 生乎動者也. 以其本實, 未

傷於靜, 故‘无吉, 凶, 悔吝’之辭"라 함. 《傳》에 "初六在下, 卦之下與四相感, 以微處初, 其感未深, 豈能動於人? 故如人拇之動, 未足以進也. 拇, 足大指, 人之相感, 有淺深·輕重 之異, 識其時勢, 則所處不失其宜矣"라 하였고, 《本義》에 "拇, 足大指也. 咸以人身取象, 咸於最下, 咸拇之象也. 感之尙淺, 欲進未能, 故不言‘吉凶’. 此卦雖主於感, 然六爻皆宜靜 而不宜動也"라 함.

☆【「咸其拇」, 志在外也】‘志在外’는 初六이 感應을 원하는 것은 멀리 밖(九四)에 있음. 初六은 九四와 正應을 이루고 있음. 王弼 注에 "四屬外卦"라 하였고, 〈正義〉에 "〈象〉曰‘志在外’者, 外, 謂四也. 與四相應, 所感在外, 處於感初, 有志而已. 故云‘志在外’也"라 함. 《集解》에 "虞翻曰:「拇, 足大指也. 艮爲指, 坤爲拇, 故‘咸其拇’, 失位遠應之四 得正, 故‘志在外’, 謂四也.」"라 함. 《傳》에 "初志之動, 感於四也. 故曰‘在外志’. 雖動而感 未深, 如拇之動, 未足以進也"라 함.


# 六二: 咸其腓, 凶. 居吉.
# ☆象曰: 雖「凶, 居吉」, 順不害也.

〈언해〉 六二(륙이)는, 咸(함)이 그 腓(비)면 凶(흉)ᄒ니, 居(거)ᄒ면 吉(길)ᄒ리라.[《本 義》: 咸(함)이 그 腓(비)니]

　　☆象(샹)애 굴오디 비록 凶(흉)ᄒ여도 居(거)ᄒ면 吉(길)홈은, 順(슌)ᄒ면 害(해) 티 아니홈이라.

〈해석〉 [六二](--): 함괘의 감응이 그 장딴지에 있으면 흉하니, 평소대로 참고 있으면 길하리라.(함괘의 감응이 그 장딴지에 있으니)

　　☆象: 비록 "흉하나 그대로 있으면 길하다"함은, 순종하면 해롭지 않음을 뜻한다.


【六二】 이는 하괘(간 )의 중앙에 위치하였으며 中正(位正當)까지 얻고 있음. 그러나 아래도 음효로 초기 단계가 미약하여 감응이 신체의 종아리(장딴지)에 이른 정도임. 그러나 九五(帝位)와 陰陽이 正應함으로, 中道를 튼튼히 지키고 있으면 길할 것임.

【咸其腓, 凶. 居吉】 ‘腓’는 종아리(小腿). 장딴지(腿肚子). 아직 신체의 하부이기는 하나 몸을 움직임에 가장 활동이 격한 부위임. 따라서 조급하게 구오에게 잘려가려 하나 위에 두 陽爻(陽剛)가 막고 있으므로 움직이지 말아야 함. ‘居吉’의 ‘居’는 ‘安居不 動, 安居不進’을 뜻함. 마구 날뛰거나 조급히 굴지 않음. ○高亨은 "咸其腓, 大傷之象,

故凶矣. 然求其所止, 則可無傷, 故曰「咸其腓, 凶, 居貞吉」이라 함. 王弼 注에 "咸道轉進, 離拇升腓, 腓體動躁者也. 感物以躁, 凶之道也. 由躁, 故凶居, 則吉矣. 處不乘剛, 故可以居而獲吉"이라 하였고, 〈正義〉에 "'咸其腓, 凶, 居吉'者, 腓, 足之腓腸也. 六二應在九五, 咸道轉進, 離拇升腓, 腓體動躁, 躁以相感, 凶之道也. 由躁, 故凶, 靜居則吉, 故曰'咸其腓, 凶, 居吉'. 以不乘剛, 故可以居而獲吉. '腓體動躁'者, 王廙云: 「動於腓腸, 斯則行矣. 故言'腓體動躁'也.」"라 함. 《傳》에 "二, 以陰在下, 與五爲應, 故設咸腓之戒. 腓, 足肚, 行則先動足, 乃擧之, 非如腓之自動也. 二若不守道, 待上之求, 而如腓之動, 則躁妄自失, 所以凶也. 安其居而不動, 以待上之求, 則得進退之道, 而吉也. 二中正之人, 以其在咸, 而應五, 故爲此戒. 復云'居吉', 若安其分, 不自動, 則吉也"라 하였고, 《本義》에 "腓, 足肚也, 欲行則先, 自動躁妄, 而不能固守者也. 二當其處, 又以陰柔, 不能固守, 故取其象. 然有中正之德, 能居其所, 故其占, 動凶而靜吉也"라 함.

☆【雖「凶, 居吉」, 順不害也】'順不害'는 順從하면 害는 없음. '順'은 자신의 위치를 인정함과 아울러 바로 위의 九三과 九四(陽爻)에게 따름. 혹 이 爻의 貞辭를 그대로 잘 따르는 것이라고도 함. 王弼 注에 "陰而爲居順之道也. 不躁而居, 順不害也"라 하였고, 〈正義〉에 "〈象〉曰'雖凶居吉, 順不害'者, 雖者, 與奪之辭. 若旣凶矣, 何由得居而獲吉? 良由陰性本靜, 今能不躁, 而居順其本性, 則不有災害, 免凶而獲吉也"라 함. 《集解》에 "崔憬曰: 「腓, 脚膊, 次於拇上, 二之象也. 得位居中, 於五有應, 若感應相與, 失艮止之禮, 故凶. 居而承比於三順止, 而隨於當禮, 故吉也.」"라 함. 《傳》에 "二, 居中得正, 所應又中正, 其才本善, 以其在咸之時, 質柔而上應, 故戒以先動求君, 則凶; 居以自守, 則吉. 象復明之云: 「非戒之, 不得相感, 唯順理, 則不害.」 謂守道, 不先動也"라 함.


# 九三: 咸其股, 執其隨, 往吝.
## ☆象曰: 「咸其股」, 亦不處也; 志在隨人, 所執下也.

〈언해〉九三(구삼)은, 咸(함)이 그 股(고)ㅣ라. 執(집)이 그 隨(슈)홈이니 徃(왕)ᄒᆞ면 吝(린)ᄒᆞ리라.

　　☆象(샹)애 ᄀᆞᆯ오디 「咸其股」는 ᄯᅩ혼 處(쳐)티 아니홈이니, 志(지)ㅣ 人(인)을 수(슈)홈애 이시니, 執(집)혼 배 下(하)홈이라.

〈해석〉[九三](一): 함괘의 감응이 그 넓적다리에 있다. 잡히는 대로 따라감이니, 그대로 가면 재난이 있으리라.

☆象: "감응이 넓적다리에 있다"함은, 역시 그 자리를 자처하지 않는 것이요, 뜻이 남을 따르는 데에 있으니, 고집하는 바가 낮음을 뜻한다.

【九三】 이는 하괘의 가장 윗자리이며 첫 陽爻로 位正當함. 上行移動의 감응이 넓적다리에 해당하며 남녀 교합의 본령이 이루어지는 형상임.

【咸其股, 執其隨, 往吝】 '股'는 넓적다리(大腿部). 신체를 떠받치는 가장 중요한 위치. '執其隨'의 '執'은 咸과 같음. 李鏡池는 "執, 同咸. 換辭同義"라 함. '隨'는 隋자와 같으며, 《集韻》에 "隋, 順裂肉也"라 함. '順裂肉'은 넓적다리 아래 튀어나온 살덩어리를 뜻함. 따라서 '執其隨'는 '감응이 넓적다리 아래 살덩어리에 이름', 혹 그곳에 '상처를 입음'을 뜻함. 그러나 '隨'는 本義대로 '固定의 반대' 의미. 즉 마음을 잡지 못하고 初六과 六二의 두 陰에게 미혹됨을 뜻하기도 함. '往吝'은 그처럼 손상을 입은 상태로 나서면 재난이 있음을 말함. ○高亨은 "咸其股, 執其隋, 亦傷之象, 離於有所王, 故曰「咸其股, 執其隨, 往吝」"이라 함. 王弼 注에 "股之爲物, 隨足者也. 進不能制動, 退不能靜處. 所感在股, 志在隨人者也. 志在隨人, 所執亦以賤矣. 用斯以往吝其宜也"라 하였고, 〈正義〉에 "'咸其股, 執其隨, 往吝'者, 九三處二之上, 轉高至股, 股之爲體, 動靜隨足, 進不能制足之動, 退不能靜守其處. 股是可動之物, 足動則隨不能自處, 常執其隨足之志, 故云'咸其股, 執其隨'. 施之於人, 自無操持, 志在隨人, 所執卑下, 以斯而往鄙吝之道, 故言'往吝'"이라 함. 《集解》에 "崔憬曰:「股, 胜而次於腓上, 三之象也. 剛而得中, 雖欲感上, 以居艮極, 止而不前, 二隨於己, 志在所隨, 故'執其隨'. 下比二也, 而遂感上, 則失其正義, 故'往吝', 窮也.」"라 함. 《傳》에 "九三, 以陽居剛, 有剛陽之才, 而爲主於內, 居下之上, 是宜自得於正道, 以感於物, 而乃應於上六, 陽好上而說, 陰上居感, 說之極, 故三感而從之. 股者, 在身之下·足之上, 不能自由隨身而動者也. 故以爲象言'九三不能自主, 隨物而動, 如股', 然其所執守者, 隨於物也. 剛陽之才, 感於所說而隨之, 如此而徃, 可羞吝也"라 하였고, 《本義》에 "股, 隨足而動, 不能自專者也. '執'者, 主當持守之意, 下二爻, 皆欲動者, 三亦不能自守, 而隨之徃, 則吝矣. 故其象占如此"라 함.

☆「咸其股」, 亦不處也】 '亦不處'는 그 자리를 安處로 여기지 않음.

【志在隨人, 所執下也】 '隨人'는 남을 따름. '所執下'는 이 爻가 고집하는 것은 낮은 것임. 비천한 것임. '下'는 初六과 六二. 〈正義〉에 "〈象〉曰'咸其股, 亦不處也'者, 非但進不能制動, 退亦不能靜處也. '所執下'者, 旣志在隨人, 是其志意所執, 下賤也"라 함. 《集解》에 "虞翻曰:「巽爲股, 謂二也. 巽爲隨, 艮爲手, 故稱'執'. 三應於上, 初四已變歷險, 故'往吝'. 巽爲處女也. 男已下女, 以艮陽入兌陰, 故'不處'也. 凡士與女未用, 皆稱處矣.

志在於二, 故'所執下'也.」라 함. 《傳》에 "云'亦'者, 蓋象辭(一作體)本不與易, 相比自作
一處, 故諸爻之象, 辭意有相續者, 此言'亦'者, 承上爻(一有象字)辭也. 上云'咸其拇, 志在
外'也. 雖'凶, 居吉, 順不害'也. '咸其股', 亦不處也. 前(一作下)二陰爻, 皆有感而動, 三雖
陽爻, 亦然. 故云'亦不處'也. '不處', 謂動也. 有剛陽之質, 而不能自主(一作立一作處), 志
反在於隨人, 是所操執者, 卑下之甚也"라 하였고, 《本義》에 "言'亦'者, 因前二爻皆欲動
而云也. 二爻陰躁其動也. 宜九三陽剛, 居止之極, 宜靜而動, 可吝之甚也"라 함.


# 九四: 貞吉, 悔亡. 憧憧往來, 朋從爾思.
# ☆象曰: 「貞吉, 悔亡」, 未感害也; 「憧憧往來」, 未光大也.

〈언해〉 九四(구ᄉ)는, 貞(뎡)이면 吉(길)ᄒᆞ야 悔(회)ㅣ 亡(망)ᄒᆞ리니, 憧憧(동동)히 往來
(왕ᄅᆡ)ᄒᆞ면, 朋(븡)만 爾(이)의 思(ᄉ)를 從(죵)ᄒᆞ리라.
　　☆象(샹)애 ᄀᆞᆯ오ᄃᆡ 「貞吉, 悔亡」은, 感(감)에 害(해)티 아니홈이오, 「憧憧往來」는
光대(광대)티 몯홈이라.

〈해석〉 [九四](一): 정사(貞辭)가 길하여 회한(悔恨)이 사라질 것이니, 배회하며 왕래하
면, 친구(初六)가 너의 생각을 따라주리라.
　　☆象: "정사가 길하여 회한이 사라진다"함은, 아직 감동된 것에 해가 되지 않음
이요, "배회하며 왕래한다"함은, 아직 빛이 넓지 못하다는 뜻이다.


　【九四】 이는 상괘(兌)의 시작이며 陽爻로 位不當함. 陽剛하여 상배한 初六(陰)을 끌
어올리고 있음. 둘은 陰陽이 互應하나 모두 각 小成卦의 시작으로 힘을 발휘하지 못함.
　【貞吉, 悔亡】 '亡'은 사라짐. 없어짐. 喪(喪失됨, 消失됨)과 같으며 疊韻互訓.
　【憧憧往來, 朋從爾思】 '憧憧'은 안타까워 하며 마음의 안정을 얻지 못하여 '왔다갔다'
함. 徘徊함. '憁憁'과 같음. 《廣雅》에 "憧憧, 往來也"라 함. 〈繫辭傳〉(下)에 인용된 이
구절의 《本義》에는 '충'(憧, 音冲)으로, 〈音義〉에도 "憧本又作憁, 昌容反"이라 하여 '총
(충)'으로 읽도록 되어 있음. 그러나 〈諺解〉에는 '동으로 읽었음. '朋'은 朋友, 친구.
初六을 가리킴. '爾'는 인칭대명사, 你, 而, 汝. 九四 자신을 가리킴. '思'는 語助辭. 그러
나 原義대로 풀이하기도 함. 이 효는 양이 음의 자리에 있어 位不當하여 후회할 일이
있으나 貞正을 지켜 悔恨이 사라지도록 하여야 하며, 아울러 초륙과 음양이 호응하기
는 하나 바로 아래 위정당한 九三이 막고 있어 憂患에 憧憧한 자리임. 그럼에도 正應한

初六으로부터 위로를 받는 받음. ○高亨은 "「憧憧往來, 朋從爾思」, 乃多友相從之象. 筮
遇此爻, 擧事則吉, 悔可以亡, 有多友相從, 故曰「貞吉, 悔亡, 憧憧往來, 朋從爾思」"라 함.
王弼 注에 "處上卦之初, 應下卦之始, 居體之中, 在股之上. 二體始相交感, 以通其志, 心神
始感者也. 凡物始感, 而不以之於正, 則至於害, 故必貞然後乃吉. 吉然後乃得, 亡其悔也.
始在於感, 未盡感極, 不能至於无思, 以得其黨, 故有'憧憧往來', 然後朋從其思也"라 하였
고, 〈正義〉에 "貞吉, 悔亡'者, 九四居上卦之初, 應下卦之始, 居體之中, 在股之上. 二體始
相交感, 以通其志, 心神始感者也. 凡物始感, 而不以之於正, 則害之將及矣. 故必貞然後乃
吉, 吉然後乃得, 亡其悔也. 故曰'貞吉, 悔亡'也. '憧憧往來, 朋從爾思'者, 始在於感, 未盡
感極, 惟欲思運動, 以求相應, 未能忘懷息照, 任夫自然, 故有'憧憧往來', 然後'朋從爾之所
思'也"라 함. 《集解》에 "虞翻曰:「失位, 悔也. 應初動得正, 故貞吉而悔亡矣. '憧憧', 懷思
慮也. 之內爲來, 之外爲往. 欲感上隔五, 感初隔三, 故'憧憧往來'矣. 兌爲朋, 少女也. 艮初
變之四, 坎心爲思, 故曰'朋從爾思'也.」"라 함. 《傳》에 "感者, 人之動也. 故皆就人身取象.
拇取在下, 而動之微; 腓取先動, 股取其隨. 九四无所取, 直言感之道. 不言咸其心, 感乃心
也. 四在中而居上, 當心之位, 故爲感之主, 而言感之道, 貞正則吉, 而悔亡; 感不以正, 則
有悔也. 又四說體, 居陰而應初, 故戒於貞. 感之道无所不通, 有所私係, 則害於感通, 乃有
悔也. 聖人感天下之心, 如寒暑雨暘, 无不通·无不應者, 亦貞而已矣. '貞'者, 虛中无我之
謂也. '憧憧往來, 朋從爾思', 夫貞一, 則所感无不通, 若往來憧憧, 然用其私心以感物, 則思
之所及者, 有能感而動; 所不及者, 不能感也. 是其朋類, 則從其思也. 以有係之私心, 旣
主於一隅一事, 豈能廓然无所不通乎? 〈繫辭〉曰:「天下何思何慮? 天下同歸, 而殊塗一
致; 而百慮天下, 何思何慮?」夫子因咸, 極論感通之道, 夫以思之私心, 感物所感狹矣.
天下之理一也. 塗雖殊而其歸則同; 慮雖百而其致(一有極字一作極致)則一. 雖物有萬殊,
事有萬變, 統之以一, 則无能違也. 故貞其意, 則窮天下无不感通焉. 故曰「天下何思何慮?」
用其思慮之私心, 豈能无所不感也? 日往則月來, 月往則日來, 日月相推而明生焉. 寒往則
暑來, 暑往則寒來, 寒暑相推而歲成焉. 往者, 屈也; 來者, 信也. 屈信相感而利生焉. 此以
往來屈信, 明感應之理屈, 則有信. 信則有屈, 所謂感應也. 故日月相推而明生, 寒暑相推而
歲成, 功用由是而成. 故曰屈信相感而利生焉. 感, 動也. 有感必有應, 凡有動, 皆爲感. 感
則必有應, 所應復爲感(一有所字), 感復有應, 所以不已也. 尺蠖之屈, 以求信也; 龍蛇之蟄,
以存身也. 精義入神, 以致用也; 利用安身, 以崇德也. 過此以往, 未之或知也. 前云屈信之
理矣, 復取物以明之. 尺蠖之行先屈而後信, 蓋不屈則无信; 信而後有屈, 觀尺蠖, 則知感應
之理矣. 龍蛇之藏, 所以存息其身, 而後能奮迅也. 不蟄則不能奮矣. 動息相感, 乃屈信也.
君子潛心, 精微之義, 入於神妙, 所以致其用也. 潛心, 精微積也; 致用, 施也. 積與施, 乃屈

信也; 利用安身, 以崇德也. 承上文致用而言利, 其施用安處其身, 所以崇大其德業也. 所爲合理, 則事正而身安. 聖人(一作賢)能事, 盡於此矣. 故云'過此以往, 未之或知也'. 窮神知化, 德之盛也. 旣云'過此以往, 未之或知', 更以此語終之, 云'窮極至神之妙, 知化育之道', 德之至盛也. 无加於此矣"라 하였고, 《本義》에 "九四, 居股之上, 脢之下, 又當三陽之中之象, 咸之主也. 心之感物, 當正而固, 乃得其理. 今九四乃以陽居陰, 爲失其正, 而不能固, 故因占設, 戒以爲能正而固, 則吉而悔亡. 若憧憧往來, 不能正固, 而累於私感, 則但其朋類從之, 不復能及遠矣"라 함.

☆【「貞吉, 悔亡」, 未感害也】 '未感害'는 아직은 해를 입지 않음. '感'은 受, 蒙과 같음. 感應에는 손해 볼 일이 없음. 王弼 注에 "未感於害, 故可正之得, 悔亡也"라 함. 《集解》에 "虞翻曰:「坤爲害也. 今未感坤初, 體遯弑父, 故曰'未感害'也.」"라 함.

【「憧憧往來」, 未光大也】 '光'은 廣과 같음. 廣博함. 자신이 양효로써 내는 빛이 폭넓지 못함. 〈正義〉에 "〈象〉曰'未感害'者, 心神始感, 未至於害, 故不可不正. 正而故得悔亡也. '未光大'者, 非感之極, 不能无思无欲, 故'未光大'也"라 함. 《集解》에 "虞翻曰:「未動之離, 故'未光大'也.」"라 함. 《傳》에 "貞則吉而悔亡, 未爲私感所害也. 係私應, 則害於感矣. '憧憧往來', 以私心相感, 感之道狹矣. 故云'未光大'也"라 하였고, 《本義》에 "感害言, 不正而感, 則有害也"라 함.

# 九五: 咸其脢, 无悔.
# ☆象曰: 「咸其脢」, 志末也.

〈언해〉 九五(구오)는, 咸(함)이 그 脢(미)니, 悔(회) ㅣ 업스리라.
　　☆象(샹)애 ᄀᆞᆯ오ᄃᆡ 「咸其脢」는 志(지) ㅣ 末(말)홀 시라.[《本義》: 志(지) ㅣ 末(말)홈이라]

〈해석〉 [九五](一): 함괘의 감응이 그 등골에 있으니, 회한이 없으리라.
　　☆象: "감응이 그 등골에 있다"함은, 본(本)이 아닌 말(末)에 뜻을 두었기 때문이다.(뜻이 끝에 있음을 뜻한다.)

【九五】 이는 전괘의 主爻이며 帝位, 陽爻로 位正當하며 상배한 六二(陰)와 음양호응도 아주 이상적임. 따라서 그러나 감응이 닿는 곳은 가슴(심장, 本)의 반대편으로 末에 해당함.

【咸其脢, 无悔】 '脢'는 등심. 등골. 《說文》에 "脢, 背肉也"라 함. '无悔'는 脢는 心臟의
반대편에 있어, 감응이 민감하지 못한 부위이므로 겨우 悔恨이 없는 정도에 그침.
○高亨은 "咸其脢, 不敢有所負荷, 不敢有所負荷, 自可無悔. 卽小懲大戒, 不敢任重之意,
故曰「咸其脢, 无悔」"라 함. 王弼 注에 "脢者, 心之上·口之下. 進不能大感, 退亦不爲无志.
其志淺末, 故'无悔'而已"라 하였고, 〈正義〉에 "咸其脢, 无悔'者, 脢者, 心之上·口之下也.
四已居體之中, 爲心神所感; 五進在於四上, 故所感在脢. 脢已過心, 故進不能大感. 由在
心上, 退亦不能无志, 志在淺末, 故'无悔'而已. 故曰'咸其脢, 无悔'也. '脢者, 心之上·口之
下'者, 子夏《易傳》曰: 「在脊曰脢.」 馬融云: 「脢, 背也.」 鄭玄云: 「脢, 脊肉也.」 王肅云:
「脢, 在背而夾脊.」 《說文》云: 「脢, 背肉也.」 雖諸說不同, 大體皆在心上. 輔嗣以四爲心
神, 上爲輔頰. 五在上四之間, 故直云'心之上·口之下'也. 明其淺於心神, 厚於言語"라 함.
《集解》에 "虞翻曰: 「脢, 夾脊肉也. 謂四已變, 坎爲脊, 故'咸其脢'. 得正, 故'无悔'.」"라
함. 《傳》에 "九居尊位, 當以至誠感天下, 而應二比, 上若係二而說上, 則偏私淺狹, 非人君
之道, 豈能感天下乎? 脢, 背肉也. 與心相背, 而所不見也. 言能背其私心, 感非其所見而說
者, 則得人君感天下之正, 而'无悔'也"라 하였고, 《本義》에 "脢, 背肉, 在心上而相背, 不能
感物而无私, 係九五適當其處, 故取其象. 而戒占者, 以能如是, 則雖不能感物, 而亦可以
'无悔'也"라 함.

☆【「咸其脢」, 志末也】 '志末'은 그 뜻이 末端에 있음. '末'은 本에 상대하여 하찮은
것임을 비유함. 감응이 느린 부위임을 말함. 〈正義〉에 "〈象〉曰'志末也'者, 末猶淺也.
感以心爲深. 過心, 則謂之淺末矣"라 함. 《集解》에 "案: '末', 猶上也. 四感於初, 三隨其
二, 五比於上, 故'咸其脢, 志末'者, 謂五. 志感於上也.」"라 함. 《傳》에 "戒使背其心而咸
脢者, 爲其存心(一作志)淺末, 係二而說上, 感於私欲也"라 하였고, 《本義》에 "志末', 謂
不能感物"이라 함.


## 上六: 咸其輔·頰·舌.
## ☆象曰: 「咸其輔·頰·舌」, 滕口說也.

〈언해〉 上六(샹륙)은, 咸(함)이 그 輔(보)ㅣ며 頰(협)이며 舌(셜)이라.
　　　☆象(샹)애 골오디 「咸其輔·頰·舌」은 口說(구셜)에 滕(등)홈이라.
〈해석〉 [上六](--): 함괘의 감응이 그 위턱과 빰과 혀에 있다.
　　　☆象: "감응이 그 위턱과 빰과 혀에 있다"함은, 입으로 떠벌이는 것에만 들떠있

음을 뜻한다.

【上六】이는 전괘의 마무리이며 陰爻로 位正當함. 그러나 上末에 위치하여 辨說과 翻覆에 능함으로써 재앙을 초래하는 위치임.

【咸其輔·頰·舌】'輔'는 광대뼈. 혹은 위턱(上顎), 또는 보조개(口輔, 倚)라 함. 혹 '酺'의 借字.《說文》에 "酺, 頰也. 頰, 面旁也"라 함. '頰'은 뺨. '舌'은 혀. 모두 신체의 發聲器官을 담당하고 있는 末端 부위임을 비유함. 이 爻는 陰爻로 感應이 消盡하여 誠意도 사라짐을 비유함. ○高亨은 "輔借字, 酺本字.《說文》:「酺, 頰也. 頰, 面旁也」是酺頰同義. 「咸其輔頰舌」, 多言招禍之象.〈象傳〉曰:「咸其輔頰舌, 滕口說也.」得其恉矣. 但余疑'說'當作'吉'. 形近以譌. 咸其輔頰, 以小傷之警, 守愼言之戒. 則吉. 故曰「咸其輔頰吉」"이라 하여 '舌'은 '吉'자의 오류일 것이라 하였음. 王弼 注에 "咸道轉末, 故在口舌言語而已"라 하였고,〈正義〉에 "咸其輔·頰·舌'者, 馬融云:「輔上頷也.」輔·頰·舌者, 言語之具, 咸道轉末, 在於口舌言語而已. 故云'咸其輔·頰·舌'也"라 함.《集解》에 "虞翻曰:「耳目之間, 稱輔頰. 四變爲目, 坎爲耳, 兌爲口舌, 故曰'咸其輔·頰·舌',」"이라 함.《傳》에 "上陰柔而說, 體爲說之主. 又居感之極, 是其欲感物之極也. 故不能以至誠感物, 而發見於口舌之間, 小人女子之常態也. 豈能動於人乎? 不直云'口'而云'輔·頰·舌', 亦猶今人謂口過曰唇吻, 曰頰舌也. 輔·頰·舌, 皆所用以言也"라 하였고,《本義》에 "輔·頰·舌, 皆所以言者, 而在身之上. 上六以陰, 居說之終, 處咸之極, 感人以言, 而无其實. 又兌爲口舌, 故其象如此, 凶咎可知"라 함.

☆【「咸其輔·頰·舌」, 滕口說也】'滕'은 騰과 같음. 朱熹는 "滕·騰, 通用"이라 함. 沸騰함. 솟아 넘침. 솟구쳐 오름.《說文》에 "騰, 水超涌也"라 함. '口說'은 입으로 말함. 말로만 떠들어댐. 따라서 말을 신중히 할 것을 勸戒한 것이라 함. 그러나《集解》에는 鄭玄의 설을 따라 '媵'(잉)자로 바뀌어 있으며, "媵, 送也"라 함.〈正義〉에 "〈象〉曰'滕口說也'者, 舊說字作'滕'. 徒登反(등). '滕, 競與也.」所競者, 口无復心實, 故云'滕口說'也. 鄭玄又作'媵'. 「媵, 送也.」咸道極薄, 徒送口舌言語相感而已. 不復有志於其間, 王注義得, 兩通, 未知誰同其旨也"라 함.《集解》에 "虞翻曰:「媵, 送也. 不得之三, 山澤通氣, 故'媵口說'也.」"라 함.《傳》에 "唯至誠爲能感人, 乃以柔說, 滕揚於口舌言說, 豈能感於人乎?"라 하였고,《本義》에 "滕·騰, 通用"이라 함.

# 032 항恒

䷟ 雷風恒: ▶巽下震上(☴下☳上)

 *恒(항): 〈音義〉에 "恒, 如字. 久也"라 하여 '항(héng)'으로 읽음. '恒'은 '恆'자로도 표기하며 恒久함을 뜻함. 하괘는 巽(風, 陰)이며 상괘는 震(雷, 陽)으로, 위에는 우레가 치고 아래에는 바람이 부는 異卦相疊의 '雷風' 괘체임. 아울러 震(위)의 우레는 陽, 巽(아래)은 바람은 陰으로 우레와 바람이 음양을 이루어 격동하며, 사회질서로 보아서는 君臣, 男女, 夫婦, 夫子, 貴賤이 從으로 질서를 이루고 있는 모습임. 특히 이 괘는 1(陰)-4(陽), 2(陽)-5(陰), 3(陽)-6(陰)이 正應하여 조화를 이루고 있어, 恒常(常時) 안정된 모습이므로, 常(時), 長(空)의 恒(態)을 그 本領으로 띠게 됨. 이에 입신처세에 正道를 견지하고 이를 항상 떳떳하게 이끌어가며, 자연과 사회를 이로써 응대할 것을 권면한 것임. 《說文》에 "恒, 常也"라 하였으며, '恒', '常', '長'은 疊韻으로, 모두 '久'의 의미를 띠고 있음.
 *《集解》에 "〈序卦〉曰:「夫婦之道, 不可不久也. 故受之以'恒'.」恒者, 久也.(鄭玄曰:「言夫婦當有終身之義. 夫婦之道, 謂咸者也.」)"라 함.
 *《傳》에 "恒', 〈序卦〉:「夫婦之道, 不可以不久也. 故受之以'恒'.」恒, 久也. 咸, 夫婦之道, 夫婦(一有之道字)終身不(一有可字)變者也. 故咸之後, 受之以'恒'也. 咸, 少男在少女之下, 以男下女, 是男女交感之義. 恒, 長. 男在長女之上, 男尊女卑, 夫婦居室之常道也. 論交感之情, 則少爲親切; 論尊卑之序, 則長當謹正, 故兌艮爲咸, 而震巽爲恒也. 男在女上, 男動於外, 女順於內, 人理之常, 故爲恒也. 又剛上柔下, 雷風相與, 巽而動, 剛柔相應, 皆恒之義也"라 함.


## (1) 卦辭

## 恒: 亨, 无咎, 利貞. 利有攸往.

〈언해〉恒(흥)은 亨(형)ᄒ야 咎(구)ㅣ 업스니, 貞(뎡)홈이 利(리)ᄒ니 徃(왕)홀 빼를 두미
　　　利(리)ᄒ니라.[《本義》: 咎(구)ㅣ 업스나]

〈해석〉 항(恒, 항괘)은 형통하여 허물이 없으니(허물은 없으나), 곧게 함이 이롭다. 지향할 바를 두는 것이 이롭다.

【恒】卦名이며, '恆'. 恒久, 恒常, 固定, 確固 등의 의미를 담고 있음. 이 괘는 貞正과 恒久를 강조하고 있음.

【亨, 无咎, 利貞】'亨'은 享과 같음. ○高亨은 "亨卽享字. 故人擧行享祀, 曾筮遇此卦, 故記之曰「亨」이라 함. '利貞'은 이로운 점괘(貞辭)임. 王弼 注에 "恒而亨, 以濟三事也. 恒之爲道, 亨, 乃无咎也. 恒通无咎, 乃利正也"라 하였고, 〈正義〉에 "恒, 亨. 无咎, 利貞' 者, 恒, 久也. 恒久之道, 所貴變通, 必須變通隨時, 方可長久, 能久能通, 乃无咎也. 恒通 无咎, 然後利以行正, 故曰'恒, 亨. 无咎, 利貞也'라 함. 《集解》에 "虞翻曰:「恒, 久也. 與益旁通, 乾初之坤, 四剛柔皆應, 故通无咎, 利貞矣.」○鄭玄曰:「恒, 久也. 巽爲風, 震 爲雷. 雷風相須而養物, 猶長女承長男, 夫婦同心而成家, 久長之道也. 夫婦以嘉會禮通, 故无咎. 其能和順幹事, 所行而善矣.」"라 함.

【利有攸往】지향할 목표를 설정함이 이로움. ○高亨은 "筮遇此卦无咎, 擧事有利, 且 利有所往, 故曰「无咎, 利貞, 利有攸往」"이라 함. 王弼 注에 "各得所恒, 脩其常道, 終則有 始, 往而无違, 故'利有攸往'也"라 하였고, 〈正義〉에 "利有攸往'者, 得其常道, 何往不利? 故曰'利有攸往'也. 褚氏云:「三事, 謂无咎·利貞·利有攸往.」莊氏云:「三事者, 无咎一也, 利二也, 貞三也.」周氏云:「三事者, 一亨也, 二无咎也, 三利貞也.」注不明數, 故先儒各以 意說. 竊謂注云'恒而亨, 以濟三事'者, 明用此恒亨, 濟彼三事, 无疑. '亨'字在三事之中, 而 此注云'恒之爲道, 亨, 乃无咎. 恒通无咎, 乃利正也'. 又注〈象〉曰'道得所久, 則常通无咎, 而利貞也'. 此解皆以利正, 相將爲一事, 分以爲二, 恐非. 注旨驗此. 注云'恒之爲道亨, 乃无 咎', 此以恒亨濟无咎也. 又云'恒通无咎, 乃利正也', 此以恒亨濟利貞也. 下注'利有攸往'云: '各得所恒, 脩其常道, 終則有始, 往而无違, 故利有攸往'. 此以恒亨濟利, 有攸往也. 觀文驗 注, 褚氏爲長"이라 함. 《集解》에 "虞翻曰:「初利往之四, 終變成益, 則初四二五, 皆得其 正, 終則有始, 故'利有攸往'也.」"라 함. 《傳》에 "恒者, 常久也. 恒之道, 可以亨通, 恒而能 亨, 乃无咎也. 恒而不可以亨, 非可恒之道也, 爲有咎矣. 如君子之恒, 於善可恒之道也; 小 人恒於惡失, 可恒之道也. 恒所以能亨, 由貞正也. 故云'利貞'. 夫所謂恒謂可恒, 久之道, 非守一隅而不知變也. 故利於有往. 唯其有往, 故能恒也. 一定則不能常矣. 又常久之道, 何 往不利?"라 하였고, 《本義》에 "恒, 常久也. 爲卦震剛在上, 巽柔在下. 震雷巽風, 二物相 與, 巽順震動, 爲巽而動, 二體六爻, 陰陽相應. 四者, 皆理之常, 故爲恒. 其占爲能久於其 道, 則亨而无咎. 然又必利於守貞, 則乃爲得所常久之道, 而利有所往也"라 함.

## (2) 彖辭와 象辭

彖曰: 恒, 久也. 剛上而柔下, 雷風相與, 巽而動, 剛柔皆應, 恒.
「恒, 亨, 无咎, 利貞」, 久於其道也, 天地之道, 恒久而不已也.
「利有攸往」, 終則有始也.
日月得天而能久照, 四時變化而能久成, 聖人久於其道而天
下化成.
觀其所恒, 而天地萬物之情可見矣!
★象曰: 雷風, 恒. 君子以立不易方.

〈언해〉 彖(단)애 골오디 恒(ᄒᆞᆼ)은 久(구)하욤이니,
剛(강)이 上(샹)코 柔(유)ㅣ 下(하)ᄒᆞ고, 雷風(뢰ᄑᆞᆼ)이 서르 與(여)ᄒᆞ고, 巽(손)코
動(동)ᄒᆞ고, 剛柔(강유)ㅣ 다 應(응)ᄒᆞ요미 恒(ᄒᆞᆼ)이니,
「恒, 亨, 无咎, 利貞」은, 그 道(도)애 久(구)ᄒᆞ요미니, 天地(텬디)의 道(도)ㅣ 恒久
(ᄒᆞᆼ구)ᄒᆞ야 마디 아니ᄒᆞ니라.
「利有攸往」은 終(죵)ᄒᆞ면 始(시) 이실ᄉᆞ니라.
日月(일월)이 天(텬)을 得(득)ᄒᆞ야, 能(능)히 오래 照(죠)ᄒᆞ며, 四時(ᄉᆞ시)ㅣ 變化
(변화)ᄒᆞ야 能(능)히 오래 成(셩)ᄒᆞ며, 聖人(셩인)이 그 道(도)애 久(구)ᄒᆞ야 天下
(텬하)ㅣ 化(화)ᄒᆞ야 成(셩)ᄒᆞ나니, 그 恒(ᄒᆞᆼ)ᄒᆞᆫ 바를 보매 天地萬物(텬디만믈)의
情(졍)을 可(가)히 보리라!
★象(샹)애 골오디 雷(뢰)와 風(ᄑᆞᆼ)이 恒(ᄒᆞᆼ)이니, 君子(군ᄌᆞ)ㅣ 以(이)ᄒᆞ야 立
(닙)ᄒᆞ야 方(방)을 易(역)디 아니 ᄒᆞᄂᆞ니라.

〈해석〉 彖: 항괘는 장구함의 뜻이니, 강함이(震) 위에 있고 부드러운 것(巽)이 아래에
있어, 우레(雷, 震)와 바람(風, 巽)이 서로 허여하고, 겸손하고(巽)하고 움직이며
(震), 강유(剛柔)가 모두 정응(正應)하고 있는 괘상이 항괘이다.
"항괘는 형통하여 허물이 없으나 곧게 함이 이롭다", 이 괘가 그 가지고 있는
원리에 영구함이니, 하늘과 땅의 원리가 항구하여 그침이 없음을 뜻한다.
"지향할 바를 가지고 있는 것이 유리하다"함은, 끝이 나면 다시 시작함이 있기
때문이다.
해와 달은 하늘의 도리를 얻어 능히 오래도록 비추고 있는 것이며, 사시는 변화

하여 오래도록 그 임무를 이루고 있고, 성인은 오래도록 그 도에 맞추어 천하가 교회되어 이루어진 것이니, 그 항구한 바를 관찰하면 천지만물의 정황을 가히 알 수 있으리라!

★象: 우레(震)와 바람(巽)으로 이루어진 괘가 항괘이다. 군자가 이 원리를 바탕으로 하여 바르게 서서 그 도를 바꾸지 않는 것이니라.


【恒, 久也】 여기서는 '恒'을 '시간적으로 永久한 道'라 풀이한 것임. 〈正義〉에 "恒, 久也'者, 訓釋卦名也. 恒之爲名, 以長久爲義"라 함. 《傳》에 "恒者, 長久之義也"라 함.

【剛上而柔下】 '剛上而柔下'는 震(剛)이 위에 있고 巽(柔)이 아래에 있는 괘상을 뜻함. 王弼 注에 "剛尊柔卑, 得其序也"라 하였고, 〈正義〉에 "剛上而柔下'者, 旣訓恒爲久, 因名此卦, 得其恒名, 所以釋可久之意. 此就二體以釋恒也. 震剛而巽柔, 震則剛尊在上, 巽則柔卑在下, 得其順序, 所以爲恒也"라 함. 《集解》에 "王弼曰:「剛尊柔卑, 得其序也.」"라 함.

【雷風相與】 雷(震, 剛, 君, 夫, 男, 貴)와 風(巽, 柔, 臣, 婦, 女, 賤)이 서로를 許與함(肯許함, 認定함). 王弼 注에 "長陽長陰, 能相成也"라 하였고, 〈正義〉에 "雷風相與'者, 此就二象釋恒也. 雷之與風, 陰陽交感, 二氣相與, 更互而相成, 故得恒久也"라 함.

【巽而動】 상괘는 震으로 動, 하괘는 巽으로 遜의 뜻을 가지고 있음. 따라서 이 괘는 '謙遜하면서도 할 일은 한다'는 의미를 내포하고 있음. 王弼 注에 "動无違也"라 하였고, 〈正義〉에 "巽而動'者, 此就二卦之義, 因釋恒名. 震動而巽順, 无有違逆, 所以可恒也"라 함. 《集解》에 "蜀才曰:「此本〈泰〉卦.」案:「六四降初, 初九升四, 是'剛上而柔下'也. 分乾與坤, 雷也; 分坤與乾, 風也. 是'雷風相與, 巽而動'也.」"라 함.

【剛柔皆應, 恒】 이는 1(陰)-4(陽), 2(陽)-5(陰), 3(陽)-6(陰)이 正應하여 剛柔가 모두 互應하고 있으니 이것이 바로 이 恒卦라는 뜻. 王弼 注에 "不孤媲也"라 하였고, 〈正義〉에 "剛柔皆應'者, 此就六爻釋恒. 此卦六爻, 剛柔皆相應, 和无孤媲者, 故可長久也. 恒者, 歷就四義, 釋恒名訖, 故更擧卦名, 以結之也. 明上四事, 皆可久之道, 故名此卦爲恒. '剛尊柔卑, 得其序'者, 咸明感應, 故柔上而剛下, 取二義相交也. 恒明長久, 故剛上而柔下, 取尊卑得序也. '長陽長陰, 能相成'者, 震爲長男, 故曰長陽; 巽爲長女, 故曰長陰. 〈象〉曰'雷風相與', 雷之與風, 共相助成之義. 故褚氏云:「雷資風而益遠, 風假雷而增威.」是也. 今言'長陽長陰, 能相成'者, 因震爲長男, 巽爲長女, 遂以長陽長陰, 而名之作文之體也. 又此卦明夫婦, 可久之道, 故以二長相成, 如雷風之義也. 媲, 配也"라 함. 《集解》에 "九家《易》曰:「初四二五, 雖不正而剛柔皆應, 故通无咎矣.」"라 함. 《傳》에 "卦才有此四者, 成恒之義也. '剛上而柔下', 謂乾之初, 上居於四; 坤之初(一作四), 下居於初, 剛爻上而柔爻

下也. 二爻易處, 則成〈震〉·〈巽〉. 震上巽下, 亦剛上而柔下也. 剛處上而柔居下, 乃恒道也. '雷風相與', 雷震則風發, 二者相須交助其勢, 故云'相與', 乃其常也. 巽而動下, 巽順上震, 動爲以巽, 而動天地造化, 恒久不已者, 順動而已. 巽而動, 常久之道也. 動而不順, 豈能常也? '剛柔皆應'(一有恒字), 一卦剛柔之爻, 皆相應剛柔, 相應理之常也. 此四者, 恒之道也. 卦所以爲恒也"라 하였고,《本義》에 "以卦體·卦象·卦德, 釋卦名義. 或以卦變, 言剛上柔下之義, 曰:「恒自豐來, 剛上居二, 柔下居初也.」亦通"이라 함.

【「恒, 亨, 无咎, 利貞」, 久於其道也】'恒'은 王弼 注에 "皆可久之道"라 하였고, '久於其道'는 그 道(恒卦가 가지고 있는 本領)에 있어서 永久함. 王弼 注에 "道得所久, 則常通无咎而利正也"라 하였고, 〈正義〉에 "恒, 亨. 无咎, 利貞, 久於其道'者, 此就名釋卦之德. 言所以得亨. '无咎利貞'者, 更无別義, 正以得其恒久之道, 故言'久於其道'也"라 함.《集解》에 "荀爽曰:「恒, 震世也. 巽來乘之, 陰陽合會, 故通无咎. 長男在上, 長女在下, 夫婦道正, 故'利貞, 久於其道'也.」"라 함.《傳》에 "恒之道, 可致亨而无過咎. 但所恒宜得其正, 失正則非可恒之道也. 故曰'久於其道'. 其道, 可恒之正道也. 不恒其德, 與恒於不正, 皆不能亨而有咎也"라 함.

【天地之道, 恒久而不已也】'恒久而不已'는 천지의 도는 항구하면서 그친 적이 없음. '已'는 動詞. '끝내다, 그만두다, 그치다'의 뜻. 王弼 注에 "得其所久, 故不已也"라 하였고, 〈正義〉에 "天地之道, 恒久而不已'者, 將釋利有攸往. 先擧天地以爲證喩, 言天地得其恒久之道, 故久而不已也. '利有攸往, 終則有始'者, 擧經以結成也. 人用恒久之道, 會於變通, 故終則復始, 往无窮極, 同於天地之不已, 所以爲利也"라 함.《集解》에 "虞翻曰:「〈泰〉:乾坤爲天地, 謂終則復始, 有親則可久也.」"라 함.《傳》에 "天地之所以不已, 蓋有恒久之道; 人能恒於可恒之道, 則合天地之理也"라 하였고,《本義》에 "恒固能亨, 且无咎矣. 然必利於正, 乃爲久於其道, 不正則久非其道矣. 天地之道, 所以長久, 亦以正而已矣"라 함.

【「利有攸往」, 終則有始也】'終則有始'는 만물의 이치는 끝나면 다시 시작이 됨. 永遠한 循環의 고리로 연결되어 있음을 말함. '有'는 又의 뜻. 따라서 '有始'는 又始와 같음. 王弼 注에 "得其常道, 故終則復始, 往无窮極"이라 함.《集解》에 "荀爽曰:「謂乾氣下終, 始復升上, 居四也. 坤氣上終, 始復降下, 居初者也.」"라 함.《傳》에 "天下(一作地)之理, 未有不動而能恒者也. 動則終而復始, 所以恒而不窮. 凡天地所生之物, 雖山嶽之堅, 厚未有能不變者也. 故恒非一定之謂也. 一定則不能恒矣. 唯隨時變易, 乃常道也. 故云'利有攸往', 明理之如是, 懼人之泥於常也"라 하였고,《本義》에 "久於其道, 終也; 利有攸往, 始也. 動靜相生, 循環之理, 然必靜爲主也"라 함.

【日月得天而能久照】'日月'은 해와 달. '得天'은 天道를 旣得하고 있음. '能久照'는

능히 항구적으로 빛을 비춰주고 있음. 〈正義〉에 "'日月得天而能久照'者, 以下廣明恒義. 上言天地之道, 恒久而不已也. 故日月得天所以亦能久"라 함. 《集解》에 "虞翻曰:「動初成乾爲天, 至二離爲日, 至三坎爲月, 故'日月得天而能久照'也.」"라 함.

【四時變化而能久成】'四時變化'는 春生夏長秋收冬藏의 變化를 뜻함. 王弼 注에 "言各得其所恒, 故皆能長久"라 하였고, 〈正義〉에 "'照四時變化而能久成'者, 四時更代, 寒暑相變, 所以能久, 生成萬物"이라 함. 《集解》에 "虞翻曰:「春夏爲變, 秋冬爲化, 變至: 二離夏至, 三兌秋至, 四震春至, 五坎冬至, 故'四時變化而能久成', 謂乾坤成物也.」"라 함.

【聖人久於其道而天下化成】'天下化成'은 天下 人間 社會의 敎化가 이루어짐. 〈正義〉에 "'聖人久於其道, 而天下化成'者, 聖人應變隨時, 得其長久之道, 所以能光宅天下, 使萬物從化而成也"라 함. 《集解》에 "虞翻曰:「聖人謂乾, 乾爲道, 初二已正, 四五復位, 成旣濟定, 乾道變化, 各正性命, 有兩離象, 重明麗正, 故化成天下.」"라 함.

【觀其所恒, 而天地萬物之情可見矣!】'情'은 情況, 事情, 만물의 情態. '可見'은 드러난 상황을 보아 알 수 있음. 王弼 注에 "天地萬物之情, 見於所恒也"라 하였고, 〈正義〉에 "'觀其所恒, 而天地萬物之情可見矣'者, 總結恒義也"라 함. 《集解》에 "虞翻曰:「以離日照乾, 坎月照坤, 萬物出震, 故天地萬物之情可見矣. 與〈咸〉同義也.」"라 함. 《傳》에 "此極言常理. 日月, 陰陽之精(一有二字)氣耳. 唯其順天之道, 往來盈縮, 故能久照而不已. 得天, 順天理也. 四時, 陰陽之氣耳. 往來變化, 生成萬物, 亦以得天, 故常久不已. 聖人以常久之道, 行之有常, 而天下化之以, 成美俗也. '觀其所恒', 謂觀日月之久照·四時之久成, 聖人之道, 所以能常久之理. 觀此, 則天地萬物之情理, 可見矣. 天地常久之道, 天下常久之理, 非知道者, 孰能識之?"라 하였고, 《本義》에 "極言恒久之道"라 함.

★【雷風, 恒】雷(震)와 風(巽)의 두 小成卦가 만나 이루어진 것이 恒卦임. 王弼 注에 "長陽長陰, 合而相與, 可久之道也"라 함. 《集解》에 "宋衷曰:「雷以動之風, 以散之二者. 常相薄而爲萬物用, 故君子象之, 以立身守節, 而不易道也.」"라 함.

【君子以立不易方】'以'는 '이를 바탕으로, 이를 원리로 삼아' 등의 뜻. '立不易方'은 正道에 바로 서서 그 道를 바꾸지 않음. '方'은 孔穎達은 "方, 猶道也"라 함. 이 괘는 모든 효가 둘씩 陰陽(柔剛)으로 正應하여 움직이고 있음을 말한 것임. 王弼 注에 "得其所久, 故不易也"라 하였고, 〈正義〉에 "'雷風相與', 爲恒已如象, 釋'君子以立不易方'者. 君子立身, 得其恒久之道, 故不改易其方. 方, 猶道也"라 함. 《集解》에 "虞翻曰:「君子謂乾三也. 乾爲易爲立, 坤爲方乾, 初之坤四, 三正不動, 故'立不易方'也.」"라 함. 《傳》에 "君子觀雷風相與, 成恒之象, 以常久其德, 自立於大中, 常久之道, 不變易其方所也"라 함.

## (3) 爻辭와 象辭

初六: 浚恒, 貞凶, 无攸利.
☆象曰:「浚恒之凶」, 始求深也.

〈언해〉 初六(초륙)은, 浚(쥰)혼 恒(흥)이라, 貞(뎡)ᄒᆞ야 凶(흉)ᄒᆞ니, 利(리)혼 배 업스니
　　라.[《本義》: 貞(뎡)ᄒᆞ야도 凶(흉)ᄒᆞ야]
　　☆象(샹)애 굴오디「浚恒의　凶홈」은 始(시)에 求(구)홈을 深(심)히 ᄒᆞᆯ 시라.
〈해석〉 [初六](--): 항괘의 도를 너무 깊이 파고드는 위치로써 바르게 해도 흉하니,
　　이로울 바가 없다.
　　☆象: "항괘의 도를 너무 깊이 파고들어 흉하다"함은, 처음에 깊은 것을 요구하
　　기 때문이다.


【初六】이는 全卦와 아래 巽卦의 시작. 陰爻로 位不當하고 柔弱한데도 恒의 本領을
너무 깊이 파고들어 흉함. 짝이 되는 九四(陽)를 위해 달려가나 九四 역시 位不當하여
陰陽은 互應하나 차지한 자리가 맞지 않으며, 앞에 九二와 九三이 막고 있음.

【浚恒, 貞凶, 无攸利】'浚'은 '깊이 파다, 물속의 흙을 파내다, 浚渫하다'의 뜻. '濬'과
같음. 《說文》에 "浚, 抒也. 濬, 深通川也"라 함. '浚恒'은 恒卦의 본령을 파고듦. '貞凶'은
이 효의 점괘(貞辭)가 흉함. 혹 바르게 행동해도 흉함. 그러나 '흉을 방비하기 위해
정정하게 행동하다'의 뜻으로도 보아야 논리에 맞음. '无攸利'는 이로울 바가 없음.
점에서 이 효를 만나면 이로울 것이 없음. ○高亨은 "本卦恆字皆久義. 浚河浚井皆宜適可
而止, 浚久則過深, 過深則水益湧, 工必敗, 故曰「浚恆, 貞凶, 无攸利」"라 함. 王弼 注에
"處恒之初, 最處卦底, 始求深者也. 求深窮底, 令物无餘, 縕漸以至, 此物猶不堪, 而況始求
深者乎? 以此爲恒, 凶正害德, 无施而利也"라 하였고, 〈正義〉에 "浚, 深也. 最處卦底, 故
曰深也. 深恒者, 以深爲恒是也. 施之於仁義, 卽不厭深; 施之於正, 卽求物之情過深. 是凶
正害德, 无施而利, 故曰'浚恒, 貞凶, 无攸利'也"라 함. 《集解》에 "侯果曰:「浚, 深; 恒,
久也. 初本六四, 自四居初, 始求深厚之位者也. 位旣非正, 求乃涉邪, 以此爲正凶之道也.
故曰'浚恒, 貞凶, 无攸利'矣.」"라 함. 《傳》에 "初居下而四爲正應, 柔暗之人, 能守常而不能
度勢. 四震體而陽性, 以剛居高志, 上而不下, 又爲二三所隔應, 初之志異乎常矣. 而初乃求
望之深, 是知常而不知變也. 浚, 深之也. '浚恒', 謂求恒之深也. 守常而不度勢, 求望於上之
深, 堅固守此, 凶之道也. 泥常如此, 无所往而利矣. 世之責望, 故素而致悔. 咎(一作吝)者,

皆浚恒者也. 志旣上求之深, 是不能恒安其處者也. 柔微而不恒安其處, 亦致凶之道. 凡卦之初, 終淺與深, 微與盛之地也. 在下而求深, 亦不知時矣"라 하였고, 《本義》에 "初與四爲正應, 理之常也. 然初居下, 而在初未可以深有所求, 四震體而陽性, 上而不下, 又爲二三所隔應, 初之意異乎常矣. 初之柔暗, 不能度勢, 又以陰居巽下, 爲巽之主, 其性務入, 故深以常理, 求之浚恒之象也. 占者如此, 則雖貞亦凶, 而无所利矣"라 함.

☆「浚恒之凶」, 始求深也】 '始求深'은 시작부터 너무 깊이 파고들고자 함. 〈正義〉에 "始求深"者, 處卦之初一 故言'始'也; 最在於下, 故言'深'也. 所以致凶, 謂在於始而求深者也"라 함. 《集解》에 "虞翻曰:「浚, 深也. 初下稱浚, 故曰'浚恒'. 乾初爲淵, 故深矣. 失位變之, 正乾爲始, 故曰'始求深'也.」"라 함. 《傳》에 "居恒之始(一作常), 而求望於上之深, 是知常而不知(一无知字)度勢之甚也. 所以凶陰暗, 不得恒之宜也"라 함.


# 九二: 悔亡.
# ☆象曰: 九二「悔亡」, 能久中也.

〈언해〉 九二(구이)는, 悔(회)ㅣ 亡(망)ᄒᆞ리라.
　　　☆象(상)애 ᄀᆞᆯ오ᄃᆡ 九二「悔亡」은 能(능)히 中(듕)애 久(구)ᄒᆞ요미라.
〈해석〉 [九二](一): 회한이 사라지리라.
　　　☆象: 九二가 "회한이 사라진다"함은, 능히 중앙(가운데)에 자리를 잡고 오래도록 버티고 있음을 뜻한다.


【九二】 이는 下卦의 中央에 위치하여 허리에 해당하나, 陽爻로 位不當함. 아울러 상배한 六五와는 陰陽은 맞으나 六五 역시 陰爻로 位不當함. 그러나 陰上陽下이며 中央의 자리에 있음으로 해서 悔恨이 없어짐. 따라서 恒의 본령인 '久'를 지켜야 함.
【悔亡】 悔恨은 없음. 회한이 사라져 소실됨. '亡'은 '없어지다, 소실되다, 사라지다'의 뜻. 점을 쳐서 이 효를 만나면 회한이 사라짐. ○高亨은 "筮遇且爻者悔亡, 故曰「悔亡」"이라 함. 王弼 注에 "雖失其位, 恒位於中, 可以消悔也"라 하였고, 〈正義〉에 "失位, 故稱悔; 居中, 故'悔亡'也"라 함. 《集解》에 "虞翻曰:「失位, 悔也. 動而得正, 處中多譽, 故'悔亡'也.」"라 함. 《傳》에 "在恒之義, 居得其正, 則常道也. 九陽爻居陰位, 非常理也. 處非其常, 本當有悔, 而九二以中德, 而應於五, 五復居中, 以中而應中, 其處與動, 皆得中也, 是能恒久於中也. 能恒久(一无久字)於中, 則不失正矣. 中重於正中, 則正矣. 正不

必中也. 九二以剛中之德, 而應於中, 德之勝也. 足以亡其悔矣. 人能識重輕之勢, 則可以言《易》矣"라 하였고, 《本義》에 "以陽居陰, 本當有悔, 以其久中, 故得亡也"라 함.

☆【九二「悔亡」, 能久中也】 '能久中'은 中央의 자리(가운데)에서 恒久함을 지켜냄. 〈正義〉에 "〈象〉曰'能久中'者, 處恒, 故能久. 位在於中, 所以消悔也"라 함. 《集解》에 "荀爽曰:「乾爲久也. 能久行中和, 以陽據陰, 故曰'能久中'也.」"라 함. 《傳》에 "所以得'悔亡'者, 由其能恒久於中也. 人能恒久於中, 豈止亡其悔德之善也!"라 함.


# 九三: 不恒其德, 或承之羞, 貞吝.
# ☆象曰:「不恒其德」, 无所容也.

〈언해〉 九三(구삼)은, 그 德(덕)이 恒(항)티 아니혼 디라, 或(혹) 羞(슈)ㅣ 承(승)ᄒ리니 貞(뎡)ᄒ면 吝(린)ᄒ리라.[《本義》: 或(혹)이 羞(슈)를 承(승)홈이니, 貞(뎡)ᄒ야도 吝(린)ᄒ리라]

☆象(샹)애 ᄀᆞᆯ오디 그 德(덕)을 恒(항)티 아니 ᄒ니 容(용)홀 빼 업도다.

〈해석〉 [九三](-): 그 자신의 덕을 항구히 지키지 못하기에, 혹 수치를 받기도 하리니, 바르게 해도 난관을 만나리라.(혹 수치를 받는 것이니, 바르게 해도 난관을 만나리라.)

☆象: "그 자신의 덕을 항구히 지키고 있지 못한다"함은, 자신을 받아주는 곳이 없음을 뜻한다.


【九三】 이는 하괘의 가장 윗자리이며 하괘의 恒을 이끌고 위로 올라가야 하는 임무를 지닌 爻位임. 陽爻로 位正當하며 상배한 上六과 陰陽互應은 맞으나 陽下陰上으로 貴賤의 질서에 어긋나며, 아울러 過慾을 부리는 자리로, 덕을 항구히 견지하지 못함. 그 때문에 바르게 해도 난관(吝)을 만나게 됨.

【不恒其德, 或承之羞】 '不恒其德'은 그 덕을 항구히 지니지 못함. '其德'은 九三으로서 가지고 있는 덕. '承'은 '잇다, 이어받다'의 뜻. 《說文》에 "承, 受也"라 함. '之羞'는 其羞와 같음. 그 羞恥는 位正當함에도 불구하고 上六을 향해 躁急히 굴고 있다는 비난. 《論語》(子路)에 "子曰:「南人有言曰:『人而無恆, 不可以作巫醫.』善夫!」「不恆其德, 或承之羞.」子曰:「不占而已矣.」"라 하였음.

【貞吝】 곧게 해도 난관을 만남. '吝'은 難關, 哀惜함. 아직 災難에는 이르지 않은

상황을 '吝'이라 함. ○高亨은 "吝也者, 未至於凶也. 九五云:「恆其德, 貞婦人吉, 夫子凶.」則不貴恆之意"라 함. 王弼 注에 "處三陽之中, 居下體之上, 處上體之下, 上不全尊, 下不全卑. 中不在體, 體在乎恒, 而分无所定, 无恒者也. 德行无恒, 自相違錯, 不可致詰, 故'或承之'羞也. 施德於斯, 物莫之納, 鄙賤甚矣. 故曰'貞吝'也"라 하였고, 〈正義〉에 "'不恒其德, 或承之羞, 貞吝'者, 九三居下體之上, 處上體之下, 雖處三陽之中, 又在不中之位, 上不全尊, 下不全卑, 執心不定, 德行无恒, 故曰'不恒其德'. 德旣无恒, 自相違錯, 則爲羞辱, 承之所羞非一, 故曰'或承之羞'也. 處久如斯, 正之所賤, 故曰'貞吝'也. '中不在體'者, 雖在三陽之中, 非一體之中也. '不可致詰'者, 詰, 問也. 違錯處多, 不足問其事, 理所以明, 其羞辱之深, 如《論語》(公冶長)云:『於予與何誅?』"라 함. 《集解》에 "荀爽曰:「與初同象, 欲據初隔二; 與五爲兌, 欲悅之隔四. 意无所定, 故'不恒其德'. 與上相應, 欲往承之, 爲陰所乘, 故'或承之羞'也. '貞吝'者, 謂正乘其所不與陰通也. 无居自容, 故'貞吝'矣.」"라 함. 《傳》에 "三陽爻居陽位, 處得其位, 是其常處也. 乃志從於上六, 不唯陰陽相應, 風復從雷, 於恒處而不處, 不恒之人也. 其德不恒, 則'羞辱或承之'矣. '或承之'謂有時而至也. '貞吝', 固守不恒以爲恒, 豈不可羞吝乎?"라 하였고, 《本義》에 "位雖得正, 然過剛不中, 志從於上, 不能久於其所, 故爲'不恒其德, 或承之羞'之象. 或者不知其何人之辭. 承, 奉也. 言人皆得奉而進之, 不知其所自來也. '貞吝'者, 正而不恒, 爲可羞吝. 申戒占者之辭"라 함.

☆【「不恒其德」, 无所容也】 '无所容'은 용납을 받지 못함. 반복이 무상하여 남으로부터 신임을 받지 못함. 그 결과 자신의 몸도 용납할 수 없는 지경에 이르게 됨. 〈正義〉에 "〈象〉曰'无所容'者, 謂不恒之, 人所往之處, 皆不納之, 故'无所容'也"라 함. 《集解》에 "九家《易》曰:「言三取初隔二, 應上見乘, 是无所容. 无居自容, 故貞吝.」"이라 함. 《傳》에 "人旣无恒, 何所容? 處當處之地, 旣不能恒, 處非其據, 豈能恒哉? 是不恒之人, 无所容處其身也"라 함.


# 九四: 田无禽.
## ☆象曰: 久非其位, 安得禽也?

〈언해〉 九四(구ᄉ)는, 田(뎐)호매 禽(금)이 업스미라.
　　　☆象(샹)애 ᄀᆞᆯ오디 그 位(위) 아닌디 久(구)ᄒ거니 엇디 禽(금)을 得(득)ᄒ리오?
〈해석〉 [九四](─): 설령 사냥을 할지라도 잡을 짐승이 없다.
　　　☆象: 오랫동안 제 자리를 지키지 못함이니, 어찌 사냥감을 얻겠는가?

【九四】이는 상괘의 시작이며 陽爻로 位不當함. 初六과는 正應을 이루어 음양호응이 맞으나 위로 두 陰爻로 인해 임무만 크며 소득은 없음. 점을 쳐 이 효를 만나면 사냥을 나가도 얻는 것이 없음을 말한 것.

【田无禽】'田'은 '畋'과 같음. '사냥하다'의 뜻. '禽'은 사냥 대상의 날짐승. 이는 사냥을 비유로 든 것임. ○高亨은 "筮遇此爻, 獵不得禽獸, 故曰「田无禽」"이라 함. 王弼 注에 "恒於非位, 雖勞无獲也"라 하였고, 〈正義〉에 "田者, 田, 獵也. 以譬有事也. '无禽'者, 田獵不獲, 以喻有事无功也. 恒於非位, 故勞而無功也"라 함. 《傳》에 "以陽居陰, 處非其位, 處非其所, 雖常何益? 人之所爲得其道, 則久而成功; 不得其道, 則雖久何益? 故以田爲喻. 言九之居四, 雖使恒久, 如田獵而无禽獸之獲, 謂徒用力而无功也"라 하였고, 《本義》에 "以陽居陰, 久非其位, 故爲此象占者, 田无所獲, 而凡事亦不得其所求也"라 함.

☆【久非其位, 安得禽也?】'久非其位'는 그 자리가 양효로 맞지 않은데도 오래 버티고 있음. '安得禽也'는 사냥감을 얻을 수 없음. 〈正義〉에 "〈象〉曰'久非其位, 安得禽'者, 在恒而失位, 是久非其位, 田獵而无所獲, 是'安得禽也?'"라 함. 《集解》에 "虞翻曰:「田爲二. 二地上, 稱'田无禽', 爲五也. 九四失位, 利也. 上之五已變承之, 故曰'田无禽'. 言二五皆非其位, 故象曰'久非其位, 安得禽也?'.」"라 함. 《傳》에 "處非其位, 雖久何所得乎? 以田爲喻, 故云'安得禽也?'"라 함.


六五: 恒其德, 貞. 婦人吉, 夫子凶.
☆象曰:「婦人貞吉」, 從一而終也;「夫子制義」, 從婦凶也.

〈언해〉六五(륙오)는, 그 德(덕)을 恒(홍)ㅎ면 貞(뎡)ㅎ니, 婦人(부인)은 吉(길)코 夫子(부즈)는 凶(흉)ㅎ니라.[《本義》: 그 德(덕)을 恒(홍)홈이니 貞(뎡)ㅎ나]
　　☆象(샹)애 굴오디 "婦人(부인)은 貞(뎡)ㅎ야 吉(길)ㅎ니", 一(일)을 從(죵)ㅎ야 終(죵)홀 시오, 夫子(부즈)는 義(의)로 制(졔)홀 디어늘, 婦(부)를 從(죵)ㅎ면 凶(흉)ㅎ리라.

〈해석〉[六五](--): 그 자신의 덕을 항구히 지키니, 바르다. 부인은 길하고 남편은 흉하다.(그 덕을 항구히 지킴이니, 바르게 하나)
　　☆象: "부인이 바르게 하면 길하다"함은, 하나만을 따르면서 끝까지 가기 때문이요, 남편은 의로써 통제할 것이거늘, 아내를 따르면 흉하리라.

【六五】이는 帝王의 자리이나 陰爻로 位不當함. 그러나 震(剛)의 중앙에 자리한 陰
(柔)으로 '剛中柔'의 恒德을 지켜 곧은 태도임. 상배한 九二(陽爻, 夫)와 음양호응을
이루고 있으나 陰上陽下의 배치로 인해 부부사이 구조이며, 陰(婦)은 길하나 陽(夫)는
아래에 눌려 있어 흉함.

【恒其德, 貞】 '恒其德'은 그 德(柔, 中)을 항구히 지킴. '其德'는 六五 자신이 가지고
있는 帝位의 德을 가리킴.

【婦人吉, 夫子凶】 이는 陰上陽下의 배치를 두고 풀이한 것임. ○高亨은 "〈象傳〉曰:
「婦人貞吉, 從一而終也. 夫子制義, 從婦凶也.」其釋甚瑩. 蓋婦人以從夫爲義, 其道一軌,
恆則吉. 夫子以義制事, 其道多方, 恆則凶. 故曰「恆其德, 貞婦人吉, 夫子凶」"이라 하여,
부인은 一必從夫가 미덕이지만 남편은 여러 가지로 궁리해야 하므로 恆(久)만 지키는
것이 훌륭한 것이 아니라 하였음. 王弼 注에 "居得尊位, 爲恒之主, 不能制義, 而係應在
二, 用心專貞, 從唱而已. 婦人之吉, 夫子之凶也"라 하였고, 〈正義〉에 "'恒其德, 貞'者,
六五係應在二, 不能傍及他人, 是恒常貞一其德, 故曰'恒其德, 貞'也. '婦人吉'者, 用心專
貞, 從唱而已. 是婦人之吉也. '夫子凶'者, 夫子須制斷事宜, 不可專貞從唱, 故曰'夫子凶'
也"라 함. 《集解》에 "虞翻曰:「動正成乾, 故恒其德. 婦人謂初, 巽爲婦終, 變成益震, 四
復初婦, 得歸陽從一而終, 故'貞, 婦人吉'也. 震乾之子, 而爲巽夫, 故曰'夫子'. 終變成益,
震四從巽, 死於坤中, 故'夫子凶'也.」"라 함. 《傳》에 "五應於二, 以陰柔而應, 陽剛居中而
所應, 又中陰柔之正也. 故恒久其德, 則爲貞也(一則字在其字上). 夫以順從爲恒者, 婦人
之道, 在婦人則爲貞, 故吉. 若丈夫而以順從於人爲恒, 則失其剛陽之正, 乃凶也. 五君位
而不以君道, 言者, 如六五之義, 在丈夫猶凶, 況(一作豈)人君之道乎? 在它卦六居君位,
而應剛未爲失也. 在〈恒〉, 故不可耳. 君道豈可以柔順爲恒也?"라 하였고, 《本義》에 "以
柔中而應剛, 中常久不易正, 而固矣. 然乃婦人之道, 非夫子之宜也. 故其象占如此"라 함.

☆【婦人貞吉, 從一而終也】 '婦人貞吉'은 부인(陰, 柔)으로서 곧게 지켜 길함. '從一而
終'은 남편(九二) 한 사람만 종신토록 따름. 一은 첫 陽爻이며 正應을 이룬 九二를 가
리키며, '한결같이, 처음부터 끝까지'의 副詞의 의미도 있음. 《集解》에 "虞翻曰:「一謂
初終變成益, 以巽應初震, 故'從一而終'也.」"라 함.

【「夫子制義」, 從婦凶也】 '夫子制義'는 남편이 義로써 통제함. 모든 판단을 의를 기
준으로 함. '從婦凶'은 九二(陽, 男, 夫)는 아내(六五, 帝位, 婦)를 따라야 하므로 흉함.
〈正義〉에 "〈象〉曰'從一而終'者, 謂用心貞一, 從其貞一而自終也. '從婦凶'者, 五與二相
應, 五居尊位, 在震爲夫; 二處下體, 在巽爲婦. 五係於二, 故曰'從婦凶'也"라 함. 《集解》
에 "虞翻曰:「震沒, 從巽入坤, 故'從婦凶'矣.」"라 함. 《傳》에 "如五之從二, 在婦人, 則爲

正而吉. 婦人以從爲正, 以順爲德, 當終守於從一夫子, 則以義制者也. 從婦人之道, 則爲凶也"라 함.


## 上六: 振恒, 凶.
## ☆象曰: 「振恒」在上, 大无功也.

〈언해〉 上六(샹륙)은, 振(진)호 恒(홍)이니 凶(흉)호니라.
　　　☆象(샹)애 골오디 "振恒(진홍)"으로 上(샹)애 이시니 크게 功(공)이 업도다.
〈해석〉 [上六](--): 흔들리고 있는 항구의 도이니, 흉하다.
　　　☆象: "흔들리고 있는 항구의 도"로써 윗자리에 있으니, 크게 공적이 없도다.


【上六】 이는 전괘의 마무리이며 가장 윗자리. 陰爻로 位正當하며, 상배한 九三과 음양호응은 맞으나 자신이 유약하고 恒道가 消盡되어가는 자리이므로 흔들림. 그 때문에 恒道를 지켜내지 못함.

【振恒, 凶】 '振恒'은 흔들리고 있는 恒道. 혹은 恒道를 흔들고 있음. 恒久之道를 고정시키지 못함. '振'은 《爾雅》와 《廣雅》에 "振, 動也"라 함. 《說文》에 "楮, 柱砥, 古用木, 今以石, 從木, 耆聲"이라 하면서, 《易》을 인용하여 "楮恆凶"(숫돌은 오래 쓰면 닳으니 흉하다)이라 하여 고본 《周易》에는 '振恒'이 '楮恆'으로 되어 있었으며, 이에 따라 ○高亨은 "柱楮久則不固, 不固則室敗, 故曰「楮恆, 凶」. 此亦漢人古義, 兩解未知孰是"라 함. 王弼 注에 "夫靜爲躁, 君安爲動, 主故安者, 上之所處也. 靜者, 可久之道也. 處卦之上, 居動之極, 以此爲恒, 无施而得也"라 하였고, 〈正義〉에 "'振恒, 凶'者, 振, 動也. 凡處於上者, 當守靜以制動, 今上六居恒之上處, 動之極以振爲恒, 所以凶也"라 함. 《傳》에 "六居恒之極, 在震之終. 恒極則不常, 震終則動極, 以陰居上, 非其安處. 又陰柔不能堅固其守, 皆不常之義也. 故爲振恒, 以振爲恒也. 振者, 動之速也. 如振衣·如振書, 抖擻運動之意. 在上而其動, 无節以此, 爲恒其凶宜矣"라 하였고, 《本義》에 "振者, 動之速也. 上六居恒之極, 處震之終, 恒極則不常, 震終則過動. 又陰柔不能固守, 居上非其所安, 故有振恒之象, 而其占則凶也"라 함.

☆【「振恒」在上, 大无功也】 '在上'은 가장 윗자리. '振恒在上'은 윗자리에서 恒道를 흔들고 있음. 이는 군주가 朝令暮改, 政令無常하는 의미를 담고 있음. '大无功'은 공적을 이루지 못함이 큼. 큰 功績을 이루지 못함. 統治에 성공을 거두지 못함. 〈正義〉에

"〈象〉曰‘大无功’者, 居上而以振動爲恒, 无施而得, 故曰‘大无功’也"라 함. 《集解》에 "虞翻曰:「在震上, 故震恒. 五動乘陽, 故凶. 終在益, 上五遠應, 故‘无功’也.」"라 함. 《傳》에 "居上之道, 必有恒德, 乃能有功. 若躁動不常, 豈能有所成乎? 居上而不恒, 其凶甚矣. 〈象〉又言‘其不能有所成立’, 故曰‘大无功’也"라 함.

# 033 둔遯

☰ 天山遯: ▶艮下乾上(☶下☰上)

*遯(둔): 〈音義〉에 "遯, 徒巽反. …又作遁, 同, 隱退也. 匿迹避時, 奉身退隱之謂也"라
하여 '둔/돈(dùn)'으로 읽음. '遁'(同音)과 같음. '돈'이 원음이며 '둔'은 속음. 실제 漢
音에는 '온·운'의 구별이 없으며, '둔·돈'(dùn) 역시 같음. 〈諺解〉에 '돈'으로 읽었으
나 많은 역해본에 '둔'으로 읽고 있음. 물러서 은둔하여 피할 줄 아는 태도를 뜻함.
하괘는 艮(山)이며 상괘는 乾(天)으로, 하늘 아래 산이 있는 異卦相疊의 '天山' 괘체임.
하늘은 높고 산은 멀리까지 펼쳐져 있어, 현인군자가 광활한 자연의 모습을 보고,
재난을 피하며 질곡에서 벗어나기 위해 세속의 명리를 버리고 산림의 이상세계로 은
둔함을 뜻함. 따라서 '隱', '退', '遁', '避', '去', '逃'의 의미를 내포하고 있음. 사물은
발전 과정에서 좌절과 장애를 받을 수밖에 없으며, 이 때 응당 상황을 명확히 파악하
고 잠시 물러서 은둔하여 轉機의 때를 기다릴 줄 알아야 함을 상징함. 특히 소인에게
는 貞正을 지켜 妄動이 없기를 권면한 것이기도 함. 《說文》에 "遯, 逃也"라 함. 陸德明
〈音義〉에는 "遯, 徒巽反. 又作'遁'同, 隱退也. 匿迹避時, 奉身退隱之謂也. 鄭云: 「逃, 去
之名.」〈序卦〉云: 「遯者, 退也.」"라 함.
  *《集解》에 "〈序卦〉曰: 「物不可以久居其所, 故受之以'遯'.」(韓康伯曰: 「夫婦之道, 以
恒爲貴, 而物之所居, 不可以恒. 宜與世升降, 有時而遯者也.」)"이라 함.
  *《傳》에 "遯', 〈序卦〉: 「恒者, 久也. 物不可以久居其所, 故受之以'遯'.」遯者, 退也.
夫久則有去, 相須之理也. 遯所以繼恒也. 遯, 退也, 避也, 去之之謂也. 爲卦天下有山, 天
在上之物, 陽性上進, 山高起之物, 形雖高起, 體乃止, 物有上陵之象, 而止不進, 天乃上
進而去之, 下陵而上去, 是相違遯, 故爲遯去之義. 二陰生於下, 陰長將盛, 陽消而退, 小
人漸盛, 君子退而避之(一作避而去之), 故爲遯也"라 함.

## (1) 卦辭

# 遯: 亨, 小利貞.

〈언해〉 돈(遯)은 亨(형)ᄒᆞ니, 져기 貞(뎡)홈이 利(리)ᄒᆞ니라.[《本義》: 小(쇼)ᄂᆞᆫ 貞(뎡)홈
이 利(리)ᄒᆞ니라]

〈해석〉 둔(遯, 둔괘)은 형통하다. 적게나마 마음을 곧고 바르게 가져야 이롭다.(소인은
바르게 함이 이로우니라.)

　【遯】 卦名이며, '숨다. 은둔하다' 등의 뜻. '遁'과 같음.

　【亨, 小利貞】 '亨'은 '형통하다'의 뜻 외에 '享'(享祀)의 뜻으로도 봄. ○高亨은 "亨,
卽享字. 故人擧行享祀, 曾筮遇此卦, 故記曰「亨」. 又筮遇此卦, 擧事小利, 故曰「小利貞」"
이라 함. 《集解》에 「虞翻曰: 「陰消姤二也. 艮爲山, 巽爲入, 乾爲遠. 遠山入藏, 故遯. 以
陰消陽, 子弑其父, 小人道長, 避之乃通, 故遯而通. 則當位而應, 與時行之也.」라 함.
'小'는 程頤는 '적게, 적게나마'의 副詞로 보았으나, 朱熹는 '小人'으로 보았음. 그러나
○高亨은 '小'에 대해 "筮遇此卦, 擧事小利, 故曰小利貞"이라 하여, '약간, 조금'의 뜻으
로 보았음. 한편 이 '小'는 初六과 六二가 모두 음효임을 뜻함. 이들 小人이 점차 세력
을 키워 올라오고 있으므로, 군자가 밀려 피난하는 卦象을 보이고 있음. 또한 上卦
(乾, 天)는 하늘 높이 사라지는 형상이며, 아래 艮(山, 止)은 멈추어 쉬는 형상이므로,
陽剛한 것은 물러나 피하고, 유약한 자는 머물러 쉬어야 함을 상징함. 〈正義〉에 "'遯,
亨'者, 遯者, 隱退逃避之名. 陰長之卦, 小人方用, 君子日消. 君子當此之時, 若不隱遯避
世, 卽受其害. 須遯而後得通, 故曰'遯亨'. '小利貞'者, 陰道初始, 浸長正道, 亦未全滅, 故
曰'小利貞'"이라 함. 《集解》에 "虞翻曰: 「小陰謂二, 得位浸長, 以柔變剛, 故小利貞.」 鄭
玄曰: 「遯, 逃去之名也. 艮爲門, 闕乾有健德, 互體有巽. 巽爲進, 退君子出門, 行有進退,
逃去之象, 曰'五得位而有應', 是用正道得禮, 見召聘, 始任他國, 當尙謙謙, 小其和順之
道. 居小官, 幹小事, 其進以漸, 則遠妒忌之害. 昔陳敬仲奔齊, 辭卿是也.」"라 함. 《傳》에
"遯者, 陰長陽消, 君子遯藏之時也. 君子退藏以伸其道, 道不屈, 則爲亨. 故遯所以有亨
也. 在事亦有由遯避而亨者, 雖小人道長之時, 君子知幾退避, 固善也. 然事有不齊, 與時
消息, 无必同也. 陰柔方長, 而未至於甚盛, 君子尙有遲遲, 致力之道, 不可大貞, 而尙'利
小貞'也"라 하였고, 《本義》에 "遯, 退避也. 爲卦二陰浸長, 陽當退避, 故爲遯. 六月之卦
也. 陽雖當遯, 然九五當位, 而下有六二之應, 若猶可以有爲. 但二陰浸長於下, 則其勢不

可以不遯, 故其占爲君子能遯, 則身雖退而道亨. 小人則利於守正, 不可以浸長之, 故而遂侵迫於陽也. 小謂陰柔, 小人也. 此卦之占, 與〈否〉之初二兩爻, 相類"라 함.


## (2) 彖辭와 象辭

彖曰:「遯, 亨」, 遯而亨也. 剛當位而應, 與時行也.「小利貞」, 浸而長也. 遯之時義大矣哉!

★象曰: 天下有山, 遯. 君子以遠小人, 不惡而嚴.

〈언해〉 彖(단)애 ᄀᆞᆯ오디「遯, 亨」은 遯(돈)ᄒᆞ야 亨(형)ᄒᆞ나[《本義》: 遯(돈)ᄒᆞ야 亨(형)ᄒᆞ요미니]

剛(강)이 位(위)를 當(당)ᄒᆞ야 應(응)ᄒᆞᄂᆞᆫ 디라, 時(시)로 더브러 行(ᄒᆡᆼ)ᄒᆞᆯ 거시니라.[《本義》: 時(시)로 더브러 行(ᄒᆡᆼ)ᄒᆞ요미오]

「小利貞」은 浸(침)ᄒᆞ야 長(댱)ᄒᆞᆯ ᄉᆡ니,

遯(돈)의 時義(시의)ㅣ 크다!

★象(상)애 ᄀᆞᆯ오디 天下(텬하)애 山(산)이 이심이 遯(돈)이니, 君子(군ᄌᆞ)ㅣ 以(이)ᄒᆞ야 小人(쇼인)을 멀리 호디, 惡(악)디 아니코 嚴(엄)ᄒᆞᄂᆞ니라.

〈해석〉 彖: "둔(遯)이 형통하다"함은, 은둔하기에 형통한 것이기는 하나(은둔하여 형통함이니), 강한 기운(상괘 乾)이 제자리에서 호응을 하는 지라, 시의(時宜)와 더불어 운행하는 것이니라.(시의와 더불어 행함이요) "조금은 바르게 해야 이롭다"함은, 점차 자라기 때문이니,

둔괘의 시의에는 크도다!

★象: 하늘 밑에 산이 있는 것이 둔괘이니, 군자가 이러한 괘상을 바탕으로 해서 소인을 멀리하되 악으로 대하지 아니하고(미워하지 않고) 엄격하게 하느니라.


【「遯, 亨」, 遯而亨也】'遯而亨'은 은둔해야 형통함. 王弼 注에 "遯之爲義遯, 乃通也"라 하였고, 〈正義〉에 "遯而亨'者, 此釋遯之所以得亨通之義. 小人之道方長, 君子非遯不通, 故曰'遯而亨'也"라 함. 《集解》에 "侯果曰:「此本乾卦, 陰長剛殞, 君子遯避, 遯則通也.」"라 함. 《傳》에 "小人道長之時, 君子遯退, 乃其道之亨也. 君子遯藏, 所以伸道也. 此

言處遯之道, 自剛當位, 而應以下, 則論時與卦才, 尙有可爲之理也"라 함.

【剛當位而應, 與時行也】'剛當位而應'은 이 卦에서 九五(帝位)는 陽爻로 位正當하며 剛함. 그와 正應을 이루고 있는 六二는 陰爻로 역시 位正當하며 柔함. 이에 陰陽互應과 剛柔가 이상적으로 배치된 구조임. 그러나 이를 九五는 外卦(上卦)에 있고, 六二는 內卦(下卦)에 있어 在野에 군자(陽剛)가 있고, 朝廷에 小人(陰柔)이 있는 모습으로, 이 때문에 군자는 버림을 받고 소인이 득세한 구조라 함. '與時行'은 때에 맞게 隱遁을 行動에 옮김. 王弼 注에 "謂五也. 剛當位而應, 非否亢也. 遯不否亢, 能與時行也"라 하였고, 〈正義〉에 "剛當位而應, 與時行'者, 擧九五之爻, 釋所以能遯而致亨之由. 良由九五以剛而當其位, 有應於二, 非爲否亢, 遯不否亢, 卽是相時而動, 所以遯而得亨, 故云'剛當位而應, 與時行也'"라 함. 《集解》에 "虞翻曰:「剛謂五, 而應二, 艮爲時, 故'與時行'矣.」"라 함. 《傳》에 "雖遯之時, 君子處之, 未有必遯之義. 五以剛陽之德, 處中正之位, 又下與六二, 以中正相應, 雖陰長之時, 如卦之才尙當, 隨時消長, 苟可以致, 其力无不至誠, 自盡以扶持其道, 未必於遯(一作退)藏而不爲, 故曰'與時行'也"라 하였고, 《本義》에 "以九五一爻, 釋亨義"라 함.

【「小利貞」, 浸而長也】'浸而長'은 初六과 六二 爻象을 두고 한 것임. 初六은 陰爻로 位不當한데도, 이것이 점차 자라 위로 올라가 小成卦 艮의 六二, 즉 中央을 차지한 것이라 본 것임. '浸'은 漸과 같은 뜻. 沙少海는 "浸上當有'柔'字, 蓋轉寫誤脫. 浸, 訓漸"이라 하여, '柔浸而長也'가 되어야 한다 하였음. 王弼 注에 "陰道欲浸而長, 正道亦未全滅, 故'小利貞'也"라 하였고, 〈正義〉에 "'小利貞, 浸而長'者, 釋小利貞之義. 浸者, 漸進之名. 若陰德暴進, 卽消正道. 良由二陰漸長, 而正道亦未卽全滅, 故云'小利貞'也"라 함. 《集解》에 "荀爽曰:「陰稱小浸而長, 則將消陽, 故利正居, 是與五相應也.」"라 함. 《本義》에 "以下二陰, 釋小利貞"이라 함.

【遯之時義大矣哉!】'遯之時義'는 遯卦가 일러주는 '때에 맞게 은둔하라'의 큰 뜻. 〈正義〉에 "遯之時義大矣哉!'者, 歎美遯德, 相時度宜, 避世而遯, 自非大人, 照幾不能如此, 其義甚大, 故云'大矣哉!'"라 함. 《集解》에 "陸績曰:「謂陽氣退, 陰氣將害, 隨時遯避, 其義大矣哉!」○宋衷曰:「太公遯殷, 四皓遯秦之時也.」"라 함. 《傳》에 "當陰長之時, 不可大貞而尙小利貞者, 蓋陰長, 必以浸漸, 未能遽盛, 君子尙可小貞其道, 所謂'小利貞'. 扶持使未遂亡也. 遯者, 陰之始長, 君子知微, 故當深戒, 而聖人之意, 未便(一作使)遽已也. 故有與時行小利貞之敎, 聖賢之於天下, 雖知道之將廢, 豈肯坐視其亂而不救? 必區區致力於未極之間, 强此之衰艱, 彼之進圖, 其暫安苟得爲之. 孔孟之所屑爲也. 王允·謝安之於漢晉, 是也. 若有可變之道, 可亨之理, 更不假言也. 此處遯時之道也. 故聖人贊'其時義大矣哉!' 或久或速,

其義皆大也"라 하였고, 《本義》에 "陰方浸長, 處之爲難, 故其時義爲尤大也"라 함.

★【天下有山, 遯】'天下有山'은 上卦(乾, 天) 아래에 下卦(艮, 山)이 있는 구조가 遯卦의 卦象임을 말함. 王弼 注에 "天下有山, 陰長之象"이라 하였고, 〈正義〉에 "天下有山, 遯'者, 山者, 陰類, 進在天下, 卽是山勢欲上逼於天. 天性高遠, 不受於逼, 是遯避之象, 故曰'天下有山, 遯. '陰長之象'者, 積陽爲天, 積陰爲地. 山者, 地之高峻, 今上逼於天, 是陰長之象'이라 함. 《集解》에 "崔憬曰:「天喩君子, 山比小人. 小人浸長, 若山之侵天. 君子遯避, 若天之遠山, 故言'天下有山, 遯'也.」"라 함.

【君子以遠小人, 不惡而嚴】'以'는 '이를 근거로, 이러한 이치를 바탕으로'의 뜻. '不惡而嚴'은 그 소인을 惡하게 대하지 않지만 嚴하게는 다룸. '惡'은 '악'으로 읽으며, '惡聲厲色'의 뜻. 그러나 《集解》에는 '憎惡'의 뜻으로 보았으며, 이 경우 '오'로 읽어야 함. 〈正義〉에 "君子以遠小人, 不惡而嚴'者, 君子當此遯避之時, 小人進長. 理須遠避, 力不能討, 故不可爲惡, 復不可與之褻瀆, 故曰'不惡而嚴'"이라 함. 《集解》에 "虞翻曰:「君子謂乾, 乾爲遠爲嚴; 小人謂陰, 坤爲惡爲小人, 故以'遠小人, 不惡而嚴'也.」○侯果曰:「羣小浸盛, 剛德殞削, 故君子避之, 高尙林野, 但矜嚴於外, 亦不憎惡於內, 所謂'吾家耄遜於荒'也.」"라 함. 《傳》에 "天下有山, 山下(一作上)起而乃止. 天上進而相違, 是遯避之象也. 君子觀其象, 以避遠乎小人. 遠小人之道, 若以惡聲厲色, 適足以致其怨忿, 唯在乎矜莊威嚴, 使知敬畏, 則自然遠矣"라 하였고, 《本義》에 "天體无窮, 山高有限, 遯之象也. 嚴者, 君子自守之常, 而小人自不能近"이라 함.

## (3) 爻辭와 象辭

初六: 遯尾, 厲, 勿用有攸往.
☆象曰:「遯尾之厲」, 不往, 何災也?

〈언해〉 初六(초륙)은, 遯(돈)애 尾(미)라. 厲(려)ᄒ니 뻐 갈 빠를 두디 마롤 디니라.
　　　☆象(샹)애 굴오디「遯尾의 厲홈」은 徃(왕)티 아니ᄒ면 므슴 災(ᄌ)리오?
〈해석〉 [初六](--): 둔괘의 꼬리이다. 위태로우니, 지향할 바를 두지 말 것이니라.
　　　☆象: "둔괘의 꼬리로서의 위태로움"이란 가지 않으면 무슨 재앙이 있겠느냐는 뜻이다.

【初六】이는 遯卦의 시작이며 아래 艮卦의 출발. 陰爻로 位不當하여 아직 힘이 없으므로 은둔의 큰 뜻을 품을 수 있는 위치가 아님. 그러나 시작부터 군자들이 모두 은둔함을 뜻하기도 함.

【遯尾, 厲, 勿用有攸往】'遯尾'의 '尾'는 꼬리. 최초. 그러나 《方言》에 "尾, 盡也"라 하여 '꼬리까지 모두'의 뜻. 그러나 ○高亨은 '돼지꼬리'를 뜻하며, 돼지를 기르면서 새끼일 때 꼬리를 자르면 쉽게 살이 찐다고 여기는 예를 들고 있음. 즉 "遯, 疑借爲豚, 古字通用. ……本卦遯字皆借爲豚. 《說文》:「豚, 小豕也.」《小爾雅》(廣獸):「㹠, 豬也, 其子曰豚.」《方言》(八)曰:「豬, 其子謂之豚.」'遯尾', 卽豚尾耳. 今人爹小豕, 往往斷其尾, 問其故, 曰「易肥」, 故人蓋亦如此. 是豚尾有被斷之危, 故曰遯尾"라 함. '厲'는 상황이 심각함. '勿用有攸往'의 '用'은 '以'와 같으며 '이런 이유로 지향할 바를 두지 말라'의 뜻. 그러나 '군자가 모두 은둔해 사라져 나라가 더 이상 갈 바를 찾지 못하다'의 뜻으로도 풀이함. 그 외에도 '모두 은둔하러 사라지고 있는데 말미에 쳐져 위험에 노출되다'의 뜻이라고도 함. 이 효는 가장 아래에 있고 그 앞에 六二가 같은 陰爻로 막고 있어 은둔을 뜻대로 실행에 옮기지 못함을 상징함. 王弼 注에 "遯之爲義, 辟內而之外者也. 尾之爲物, 最在體後者也. 處遯之時, 不往何災, 而爲遯尾禍所及也. 危至而後求, 行難可免乎厲, 則'勿用有攸往'也"라 하였고, 〈正義〉에 "'遯尾, 厲'者, 爲遯之尾, 最在後遯者也. 小人長於內, 應出外以避之, 而最在卦內, 是遯之爲後也. 逃遯之世, 宜速遠而居, 先而爲遯尾禍所及也. 故曰'遯尾, 厲'也. '勿用有攸往'者, 危厲旣至, 則當固窮, 危行言遜, 勿用更有所往, 故曰'勿用有攸往'"이라 함. 《集解》에 "陸績曰:「陰氣已至於二, 而初在其後, 故曰'遯尾'也. 避難當在前而在後, 故厲往, 則與災難會, 故'勿用有攸往'.」"라 함. 《傳》에 "他卦以下, 爲初遯者, 往遯也. 在前者先進, 故初乃爲尾. 尾, 在後之物也. 遯而在後不及者也. 是以危也. 初以柔處, 微旣已後矣, 不可往也. 往則危矣. 微者, 易於晦藏, 往旣有危, 不若不往之无災也"라 하였고, 《本義》에 "遯而在後尾之象, 危之道也. 占者不可以有所往, 但晦處靜俟, 可免災耳"라 함.

☆「遯尾之厲」, 不往, 何災也? '不往'은 祿位(利祿)를 향해 나서지 않음. 그러나 '비록 위험은 있다 하나 그렇다고 은둔을 위해 나서지 않는다고 해서 무슨 재앙이 있겠는가?'의 뜻으로도 풀이함. '何災也'는 '어떤 재난도 없을 것임'을 말함. 〈正義〉에 "〈象〉曰'不往, 何災'者, 象釋當遯之時, 宜須出避, 而勿用有攸往者, 旣爲遯尾, 出必見執, 不如不往. 不往卽无災害. '何災'者, 猶言无災也. 與'何傷·何咎'之義同也"라 함. 《集解》에 "虞翻曰:「艮爲尾也. 初失位動而得正, 故遯尾厲之, 應成坎爲災, 在艮宜靜, 若不往於四, 則无災矣.」"라 함. 《傳》에 "見幾先遯, 固爲善也. 遯而爲尾, 危之道也. 往旣有危, 不若不往而晦

藏, 可免於災處微故也. 古人處微, 下隱亂世, 而不去者, 多矣"라 함.


## 六二: 執之用黃牛之革, 莫之勝說.
## ☆象曰:「執用黃牛」, 固志也.

〈언해〉 六二(륙이)는, 執(집)홈을 黃牛(황우)의 革(혁)을 뻐 ᄒᆞᆫᄂᆞ니라, 이긔여 說(셜)티
　　　 몯ᄒᆞ리니라.[《本義》: 이긔여 說(탈)티 몯ᄒᆞ리니라]
　　　 ☆象(샹)애 ᄀᆞᆯ오디「執用黃牛」는 志(지)ㅣ 固(고)홈이라.
〈해석〉 [六二](--): 이것을 얽어매기를 황소 가죽으로써 하기에, 이를 이겨내어 벗어나
　　　 지 못할 것이니라.
　　　 ☆象: "황소 가죽으로 잡아 맨다"함은, 뜻이 견고하다는 것이다.


　　【六二】이는 下卦 艮의 中央에 자리를 잡고 있으며, 陰爻로 位正當함. 아울러 九五
와 正應을 이루어 음양이 호응함으로, 도리어 九五에게 심하게 固定(束縛)되어 있음.
그 때문에 속박을 벗어나 은둔을 실현할 수 없음.
　　【執之用黃牛之革, 莫之勝說】 '執之'는 '잡히다(抓), 붙들리다, 묶이다'의 뜻. '黃牛之
革'은 황소가죽으로 만든 끈. 매우 튼튼함을 뜻함. '黃'은 五行으로 土이며 方位로는
中央, 즉 단단히 小成卦 艮의 가운데 자리를 차지하고 있음. ○高亨은 "執之, 卽繫之,
謂繫豚, 卽絆豚之足也"라 하여, 돼지의 다리를 묶는 것이라 하였음. '莫之勝說'은 그
묶음에서 벗어날 수 없음. '說'은 挩의 假借로 '脫'의 뜻이며 '탈'로 읽음. 그러나 〈諺
解〉에는 '셜'(程頤)과 '탈'(朱熹) 두 가지로 읽었음. ○高亨은 "說借爲挩. 《說文》:「挩,
解挩也.」 畜豚者絆其足, 所以防放逸也. 然以物小力弱之豚, 而絆以黃牛之革之勁, 則豚
必不勝, 是防其放逸, 適以害其行動, 唯有解挩其繫爲宜耳. 故曰「執之用黃牛之革, 莫之
勝, 說」"이라 함. 王弼 注에 "居內處中, 爲遯之主, 物皆遯己. 何以固之, 若能執乎? 理中
厚順之道, 以固之也. 則莫之勝解"라 하였고, 〈正義〉에 "'執之用黃牛之革, 莫之勝說'者,
逃遯之世, 避內出外, 二旣處中, 居內卽非遯之人也. 旣非遯之人, 便爲所遯之主, 物皆棄
己, 而遯, 何以執固留之? 惟有中和, 厚順之道, 可以固而安之也. 能用此道, 則无能勝己,
解脫而去也. 黃, 中之色, 以譬中和. 牛性順從. 皮體堅厚, 牛革以譬厚順也. 六二居中得
位, 亦是能用中和厚順之道, 故曰'執之用黃牛之革, 莫之勝說'也"라 함. 《集解》에 "虞翻
曰:「艮爲手, 稱執否. 坤爲黃牛, 艮爲皮, 四變之初, 則坎. 水濡皮, 離日乾之, 故'執之用

黃牛之革'. 莫, 无也; 勝, 能說解也. 乾爲堅剛, 巽爲繩, 艮爲手, 持革縛三在坎中, 故'莫之勝說'也.」라 함. 《傳》에 "二與五爲正應, 雖在相違, 遯之時, 二以中正, 順應於五, 五以中正, 親合於二, 其交自固. 黃, 中色; 牛, 順物; 革, 堅固之物. 二五以中, 正順道相與, 其固如執繫之以牛革也. '莫之勝說', 謂其交之固, 不可勝言也. 在遯之時, 故極言之"라 하였고, 《本義》에 "以中順自守, 人莫能解, 必遯之志也. 占者, 固守亦當如是"라 함.

☆【「執用黃牛」, 固志也】'固志'는 그 뜻이 견고함. 〈正義〉에 "〈象〉曰'固志'者, 堅固遯者之志, 使不去己也"라 함. 《集解》에 "侯果曰:「六二離爻, 離爲黃牛, 體艮履正, 上應貴主, 志在輔時, 不隨物遯, 獨守中直, 堅如革束. 執此之志, 莫之勝說. 殷之父師, 當此爻矣.」"라 함. 《傳》에 "上下以中順之道, 相固結其心, 志甚(一作其)堅, 如執之以牛革也"라 함.


# 九三: 係遯, 有疾厲. 畜臣妾, 吉.
# ☆象曰:「係遯之厲」, 有疾憊也;「畜臣妾, 吉」, 不可大事也.

〈언해〉九三(구삼)은, 係(계)혼 遯(돈)이라. 疾(질)이 이셔 厲(려)ᄒ니, 臣妾(신쳡)을 畜(혹)홈앤 吉(길)ᄒ니라.
　　☆象(샹)애 골오디「係遯의 厲홈」은 疾(질)이 이셔 憊(븨)ᄒ고,「畜臣妾, 吉」은 可(가)히 大事(대ᄉ)는 몯홀 거시니라.

〈해석〉[九三](一): 은둔생활을 하려 하나 묶여 있다. 질환이 있어 위험하니, 신하와 첩을 기름에는 길하리라.
　　☆象: "은둔생활을 하려 하나 묶여 있어 위험하다"함은, 질병이 있어 몸이 지쳐 있고, "신하와 첩을 기르면 길하다"함은, 가히 큰일을 할 수 없다는 뜻이다.


【九三】 이는 하괘(艮)의 가장 윗자리이며, 陽爻로 位正當함. 이에 은둔의 뜻이 매우 강하여 이를 실행에 옮기고자 하나, 아래 두 陰爻가 붙들고 있고 위 乾卦(天)의 세 陽爻가 강하게 막고 있어 나설 수 없음.

【係遯, 有疾厲. 畜臣妾, 吉】 '係遯'은 遯에 묶여 있음. '係'는 繫와 같음. 아래 두 음효에게 묶여 뜻대로 물러나 피할 수 없음. '有疾厲'는 가지고 있는 질병이 심각함. ○高亨은 "係豚者, 以繩繫小豕, 而又繫之於杙, 所以防其放逸也. 就小繫之豕以爲象, 人有疾纏身, 猶有繩在豚也, 故曰「係遯, 有疾厲」"라 함.

【畜臣妾, 吉】 신하나 첩(아래의 두 음효)을 기름. 부양함. ○高亨은 "就係豚之人以

爲象, 人之臣妾不得 逃亡, 猶豚之不得放逸也. 故曰「畜臣妾, 吉」이라 하여 달리 풀이하였음. 王弼 注에 "在內近二, 以陽附陰, 宜遯而係, 故曰'係遯'. 遯之爲義, 宜遠小人, 以陽附陰. 係於所在, 不能遠害, 亦已憊矣. 宜其屈辱, 而危厲也. 繫於所在, 畜臣妾可也. 施於大事凶之道也"라 하였고, 〈正義〉에 "'係遯'者, 九三无應於上, 與二相比, 以陽附陰, 係意在二. 處遯之世, 而意有所係, 故曰'係遯'. '有疾厲'者, 遯之爲義, 宜遠小人, 旣係於陰, 卽是有疾憊而致危厲, 故曰'有疾厲'也. '畜臣妾, 吉'者, 親於所近, 係在於下, 施之於人, 畜養臣妾, 則可矣. 大事則凶, 故曰'畜臣妾, 吉'"이라 함. 《集解》에 "虞翻曰:「厲, 危也. 巽繩爲係四, 變三體坎, 坎爲疾, 故'有疾厲'. 遯陰剝陽, 三消成坤, 與上易位. 坤爲臣, 兌爲妾, 上來之三, 據坤應兌, 故'畜臣妾, 吉'也.」"라 함. 《傳》에 "陽志說陰, 三與二切, 比係乎二者也. 遯貴速而遠, 有所係累, 則安能速且遠也? 害於遯矣, 故爲有疾也. 遯而不速, 是以危也. 臣妾小人, 女子懷恩, 而不知義親愛之, 則忠其上, 係戀之私, 恩懷小人, 女子之道也. 故以畜養臣妾, 則得其心爲吉也. 然君子之待小人, 亦不如是也. 三與二非正應, 以暱比相親, 非待君子之道, 若以正則, 雖係不得爲有疾. 蜀先主之不忍棄士民, 是也. 雖危爲无咎矣"라 하였고, 《本義》에 "下比二陰, 當遯而有所係之象. 有疾而危之道也. 然以畜臣妾則吉, 蓋君子之於小人, 唯臣妾, 則不必其賢而可畜耳. 故其占如此"라 함.

☆【「係遯之厲」, 有疾憊也】'有疾憊'는 疾患과 困憊함을 가지고 있음. 《集解》에 "王肅曰:「三上係于二, 而獲遯, 故曰'係遯'. 病此係執, 而獲危懼, 故'有疾憊'也. 此於六二, 畜臣妾之象, 足以畜其臣妾, 不可施爲大事也.」"라 함.

【「畜臣妾, 吉」, 不可大事也】'不可大事'는 큰일을 할 수 없음. 〈正義〉에 "〈象〉曰'不可大事'者, 釋此係遯之人, 以畜臣妾吉, 明其不可爲大事也"라 함. 《集解》에 "虞翻曰:「三動入坤, 坤爲事, 故'不可大事'也.」 ○荀爽曰:「大事, 謂與五同任天下之政, 潛遯之世. 但可居家畜養臣妾, 不可治國之大事.」"라 함. 《傳》에 "遯而有係累, 必以困憊, 致危其有疾, 乃憊也. 蓋力亦不足矣. 以此暱愛之心, 畜養臣妾, 則吉, 豈可以當大事乎?"라 함.


九四: 好遯, 君子吉, 小人否.
☆象曰:「君子好遯」, 小人否也.

〈언해〉 九四(구ᄉᆞ)는, 好(호)ᄒᆞ나 遯(돈)홈이니, 君子(군ᄌᆞ)는 吉(길)ᄒᆞ고, 小人(쇼인)은 否(비)ᄒᆞ니라.[《本義》: 小人(쇼인)은 몯ᄒᆞ리라]
　　☆象(샹)애 ᄀᆞᆯ오디 君子(군ᄌᆞ)는 好遯(호돈)ᄒᆞ고, 小人(쇼인)는 否(비)ᄒᆞ리라.

[《本義》: 小人(쇼인)은 몯ᄒᆞ리라]

〈해석〉 [九四](一): 은둔생활을 좋아함이니, 군자라면 길하고 소인이라면 그렇지 않으리라.(소인은 그렇지 않음을 뜻한다.)

☆象: 군자는 은둔을 좋아하고, 소인은 그렇지 않으리라.(소인은 그렇지 않음을 뜻한다.)


【九四】 이는 상괘(乾, 天)의 시작이며 양효로 位不當함. 다만 아울러 상배한 初六과 陰陽互應을 이루고 있어 그에게 연연함. 그러나 군자라면 강한 의지로 나서기에 吉하나 소인은 그렇지 않음.

【好遯, 君子吉, 小人否】 '好遯'은 은둔생활을 좋아함. 이 효를 만나면 군자일 경우 길하나 소인일 경우 그렇지 않음. '否'는 그렇지 않음. 좋지 않음. 王弼과 孔穎達은 "臧否의 否"라 하였음. 그러나 〈諺解〉에는 '비'(막히다)로 읽었음. ○高亨은 "好, 讀爲美好之好, 與愛好之好, 義皆不諧. 疑好者餽也. 《論語》陽貨篇: 「陽貨欲見孔子, 孔子不見, 歸爲豚.」 是其例也. 在小人大喪其財. 《禮記》內則: 「凡接子擇日, 冢子則大牢, 庶人特豚, 士特豕, 大夫少牢, 國君世子大牢.」 接子之大典, 庶人僅用特豚, 則庶人餽豚不徒財有不給, 亦禮所不許, 故曰「好豚, 君子吉, 小人否」"라 함. 王弼 注에 "處於外而有應於內, 君子好遯, 故能舍之小人繫戀, 是以否也"라 하였고, 〈正義〉에 "九四處在於外, 而有應於內. 處外卽意欲遠遯, 應內則未能棄捨. 若好遯君子, 超然不顧, 所以得吉. 小人有所係戀, 卽不能遯, 故曰'小人否'也"라 함. 《集解》에 "虞翻曰: 「否, 乾爲好爲君子, 陰稱小人動之初, 故'君子吉'. 陰在四多懼, 故'小人否'. 得位承五, 故无凶咎矣.」"라 함. 《傳》에 "四與初爲正應, 是所好愛者也. 君子雖有所好愛, 義苟當遯, 則去而不疑. 所謂克已復禮, 以道制欲, 是以吉也. 小人, 則不能以義處, 暱於所好, 牽於所私, 至於陷辱, 其身而不能已. 故在小人則否也. 否, 不善也. 四, 乾體能剛斷者, 聖人以其處陰而有係, 故設小人之戒, 恐其失於正也"라 하였고, 《本義》에 "下應初六, 而乾體剛健, 有所好而能絶之, 以遯之象也. 惟自克之君子能之, 而小人不能, 故占者, 君子則吉, 而小人否也"라 함.

☆【「君子好遯」, 小人否也】 '小人否'는 소인의 利祿에 연연하여 은둔할 수 없음. 王弼 注에 "音臧否之否"라 하였고, 〈正義〉에도 "音臧否之否者, 嫌讀爲圮, 故音之也"라 함. 《集解》에 "侯果曰: 「不處其位, 而遯於外, 好遯者也. 然有應在初, 情未能棄, 君子剛斷, 故能舍之; 小人係戀, 必不能矣. 故'君子吉, 小人凶'矣.」"라 함. 《傳》에 "君子雖有好而能遯, 不失於義; 小人則不能勝其私意, 而至於不善也"라 함.

九五: 嘉遯, 貞吉.
☆象曰: 「嘉遯, 貞吉」, 以正志也.

〈언해〉 九五(구오)는, 嘉(가)호 遯(돈)이니, 貞(뎡)호야 吉(길)호니라.
　　　　☆象(샹)애 골오디 「嘉遯, 貞吉」은 써 志(지)를 正(졍)홈이라.
〈해석〉 [九五](一): 훌륭한 은둔이니, 바르게 해서 길하도다.
　　　　☆象: "훌륭한 은둔"이란 그것으로 뜻을 바르게 하기 때문이다.

【九五】 이는 상괘(乾, 天)의 중앙에 위치한 帝位이며 陽爻로 位正當함. 아울러 遯卦의 主爻로서 六二와 음양호응도 맞아 그도 자신의 뜻을 따를 것이므로 원하던 은둔을 실행할 수 있음.

【嘉遯, 貞吉】 '嘉遯'은 은둔을 훌륭한 것으로 여김. 그러나 '嘉'는 흔히 경사스러운 일이 있을 경우에 표현하는 말이라 하여, ○高亨은 "嘉遯, 則喜豚. 喜豚者, 喜慶之事所用之豚也. 嘉豚自是吉象, 故曰「嘉遯, 貞吉」"이라 함. '貞吉'은 곧고 길함. 그러나 貞辭가 길함을 뜻하기도 함. 王弼 注에 "遯而得正, 反制於內, 小人應命, 率正其志, 不惡而嚴, 得正之吉, 遯之嘉也"라 하였고, 〈正義〉에 "嘉遯, 貞吉'者, 嘉, 美也. 五居於外, 得位居中, 是遯而得正. 二爲已應, 不敢違拒, 從五之命, 率正其志, 遯而得正. 反制於內, 不惡而嚴, 得正之吉, 爲遯之美, 故曰'嘉遯, 貞吉'也"라 함. 《集解》에 "虞翻曰:「乾爲嘉剛, 當位應二, 故'貞吉'. 謂三已變上, 來之三成坎. 〈象〉曰'以正志'也.」"라 함. 《傳》에 "九五, 中正遯之嘉美者也. 處得中正之道, 時止時行, 乃所謂嘉美也. 故爲貞正而吉. 九五, 非无係應, 然與二皆以中正自處, 是其心志, 及乎動止, 莫非中正, 而无私係之失, 所以爲嘉也. 在〈象〉則概言遯時, 故云'與時行, 小利貞', 尙有濟遯之意於爻, 至五遯將極矣. 故唯以中正處, 遯言之遯(一无遯字), 非人君之事, 故不主君位言. 然人君之所避遠, 乃遯也. 亦在中正而已"라 하였고, 《本義》에 "剛陽中正, 下應六二, 亦柔順而中正, 遯之嘉美者也. 占者, 如是而正, 則吉矣"라 함.

☆【「嘉遯, 貞吉」, 以正志也】 '以正志'는 그 뜻을 바르게 함. 은둔의 뜻을 正當하게 여김. 〈正義〉에 "〈象〉曰'以正志'者, 小人應命, 不敢爲邪. 是五能正二之志, 故成遯之美也"라 함. 《集解》에 "侯果曰:「時否德剛, 雖遯中正, 嘉遯者也. 故曰'貞吉'. 遯而得正, 則羣小應命, 所謂紐以茶之, 剛正羣小之志, 則殷之高宗, 當此爻矣.」"라 함. 《傳》에 "志正則動, 必由正. 所以爲遯之嘉也. 居中得正, 而應中正, 是其志正也. 所以爲吉人之遯也. 止也唯在, 正其志而已矣"라 함.

上九: 肥遯, 无不利.

☆象曰:「肥遯, 无不利」, 无所疑也.

〈언해〉 上九(상구)는, 肥(비)혼 遯(돈)이니, 利(리)티 아님이 업스니라.

　　　☆象(상)애 굴오디「肥遯, 无不利」는 疑(의)혼 배 업슴이라.

〈해석〉 [上九](一): 은둔으로 살이 찔 정도로 편안함이니, 이롭지 않음이 없도다.

　　　☆象: "편안하여 살이 찔 정도의 은둔이니 이롭지 않음이 없다"함은, 의심하는
바가 없기 때문인 것이다.


　　【上九】이는 전괘의 마무리이며 陽爻로 位不當하나 강한 의지를 가지고 있고, 가장
윗자리로서 은둔의 모든 것을 마무리함. 그 때문에 가장 높은 경지의 은둔을 누림을
상징함.

　　【肥遯, 无不利】'肥遯'의 '肥'는 '살찌다, 寬大하다, 여유있다'의 뜻. 따라서 '은둔을
통해 아무런 얽매임이 없어, 그 때문에 자유를 만끽함'을 뜻함. 그러나 '肥'는 '蜚',
'飛'의 假借로 '遠走高飛'의 뜻이라고도 함. 沙少海는 "肥, 當借爲飛, 古本亦作飛. '肥
遯', 猶言遠走高飛, 退隱山林.《淮南子》原道訓:「遯而能飛, 吉莫大焉.」《後漢書》張衡
傳:「利飛遯以保命.」都說明同一意義"라 함. 그런가 하면 ○高亨은 "此用其本義. 遯借
爲豚. 肥豚利於作祭物, 利於作餽物, 故曰「肥遯, 无不利」"라 하여, '살찐 돼지'라 하였
음. 王弼 注에 "最處外極, 无應於內. 超然絶志, 心无疑顧, 憂患不能累, 矰繳不能及, 是
以'肥遯, 无不利'也"라 하였고,〈正義〉에 "子夏《傳》曰:「肥, 饒裕也.」四五雖在於外, 皆
在內有應, 猶有反顧之心. 惟上九最在外, 極无應於內, 心无疑顧, 是遯之最優, 故曰'肥
遯'. 遯而得肥, 无所不利, 故云'无不利'也. '矰', 矢名也. 鄭注《周禮》:「結繳於矢, 謂之
矰.」'繳',《字林》及《說文》云:「繳生絲縷也.」"라 함.《集解》에 "虞翻曰:「乾盈爲肥, 二不
及上, 故'肥遯, 无不利'. 故〈象〉曰'无所疑'也.」"라 함.《傳》에 "肥者, 充大寬裕之意. 遯
者, 唯飄然遠逝, 无所係滯之爲善. 上九, 乾體剛斷, 在卦之外矣. 又下无所係, 是遯之遠
而无累, 可謂寬綽有餘裕也. 遯者, 窮困之時也. 善處則爲肥矣. 其遯如此, 何所不利?"라
하였고,《本義》에 "以剛陽居卦外, 下无係應, 遯之遠而處之裕者也. 故其象, 占如此. 肥
者, 寬裕自得之意"라 함.

　　☆【「肥遯, 无不利」, 无所疑也】'无所疑'는 世俗의 利祿에 얽매이지도 않을 뿐더러,
자신의 은둔 결정에 그 어떤 의혹이나 미련도 없음. '遁世无悶'의 뜻. 潁水 가의 許由
와 巢父가 이러한 경지라 하였음.《集解》에 "侯果曰:「最處外極, 无應於內, 心无疑戀,

超世高擧, 果行育德, 安時无悶, 遯之肥也. 故曰'肥遯, 无不利'. 則穎濱巢許, 當此爻矣.」
라 함. 《傳》에 "其遯之遠, 无所疑滯也. 蓋在外, 則已遠; 无應, 則无累. 故爲剛決无疑也"
라 함.

# 034 대장大壯

☳☰ 雷天大壯: ▶乾下震上(☰下☳上)


*大壯(대장): '壯'은 〈音義〉에 "壯, 莊亮反. 威盛强猛之名. 鄭云:「氣力浸强之名.」王肅云:「壯, 盛也.」馬云:「傷也.」郭璞云:「今淮南人呼壯爲傷.」"이라 하여 '대장(dàzhuàng)'으로 읽음. '大壯'은 아주 壯大하고 强盛함을 뜻함. 하괘는 乾(天)이며 상괘는 震(雷)으로, 하늘 위에서 우레의 聲威가 顯赫한 異卦相疊의 '雷天' 괘체임. 아래로부터 많은 陽氣가 盛壯함은 國勢가 등등함이며, 이에 따라 萬民이 떨쳐 일어나고 萬物이 생장함을 비유함. 그러나 陰氣가 위에서 마무리 하고 있어, 이는 사물이 아주 최고조의 강성함에 이르렀을 때일수록 의당 正道와 謙讓을 견지하여야 하며, 강함을 자부하거나 급하게 망동을 부리지 말아야 함을 상징함.

*《集解》에 "〈序卦〉曰:「物不可以終遯, 故受之以‘大壯’.」(韓康伯曰:「遯, 君子以遠小人, 遯而後通, 何可終耶? 陽盛陰消, 君子道勝也.」)"이라 함.

*《傳》에 "大壯, 〈序卦〉:「遯者, 退也. 物不可以終遯, 故受之以‘大壯’.」遯, 爲違去之義; 壯, 爲進盛之義. 遯者, 陰長而陽遯也. 大壯, 陽之壯盛也. 衰則必盛, 消息(一作長)相須, 故旣遯, 則必壯. 大壯所以次遯也. 爲卦震上乾下, 乾剛而震動, 以剛而動, 大壯之義也. 剛, 陽大也. 陽長已過中矣. 大者, 壯盛也. 又雷之威, 震而在天上, 亦大壯之義也"라 함.


## (1) 卦辭

# 大壯: 利貞.

〈언해〉 大壯(대장)은 貞(뎡)홈이 利(리)ᄒᆞ니라.
〈해석〉 대장(大壯, 대장괘)은 정사(貞辭)가 이롭다.


【大壯】卦名이며, '大'는 陽氣. 전괘에서 陽爻 넷이 아래로부터 힘차게 치솟고 있음을 비유함. 下卦(乾)는 剛健하고 上卦(震)는 振動하여, 강한 토대 위에서 활동함. 따라서 '大壯'이라는 괘명이 된 것임.

【利貞】곧게 처리해야 이로움. 혹 이 괘는 이로운 貞辭임. 이 괘를 얻으면 하는 일(처리야 할 일)이 有利하고 順調로울 것임. 역시 剛함이 지나치면 橫暴가 되므로 正義롭게 행동해야 함. 이에 劉沅은 "不用壯而彌壯, 此大壯之義也"라 함. ○高亨은 "'利貞', 猶利占也. 筮遇此卦, 擧事有利, 故曰「利貞」"이라 함. 〈正義〉에 "大壯, 卦名也. '壯'者, 强盛之名, 以陽稱大. 陽長旣多, 是大者盛壯, 故曰'大壯'. '利貞'者, 卦德也. 羣陽盛長, 小道將滅, 大者獲正, 故曰'利貞'也"라 함. 《集解》에 "虞翻曰:「陽息泰也. 壯, 傷也. 大, 謂四. 失位爲陰, 所乘兌, 爲毁折傷, 與五易位, 乃得正, 故'利貞'也.」"라 함. 《傳》에 "大壯之道, 利於貞正也. 大壯而不得其正, 强猛之爲耳, 非君子之道. 壯, 盛也"라 하였고, 《本義》에 "大謂陽也. 四陽盛長, 故爲大壯. 二月之卦也. 陽壯, 則占者吉. 亨不假言, 但利在正固而已"라 함.

## (2) 彖辭와 象辭

彖曰: 大壯, 大者壯也. 剛以動, 故壯. 「大壯, 利貞」, 大者正也. 正大而天地之情可見矣!

★象曰: 雷在天上, 大壯. 君子以非禮弗履.

〈언해〉 彖(단)애 골오디 大壯(대장), 大(대)혼 者(쟈) | 壯(장)홈이니 剛(강)으로뻐 動(동)ㅎ는 故(고)로 壯(장)ㅎ니,

「大壯, 利貞」은 大(대)혼 者(쟈) | 正(졍)홈이니 正(졍)ㅎ고 大(대)호매 天地(텬디)의 情(졍)을 可(가)히 보리라!

★象(샹)애 골오디 雷(뢰) | 天上(텬샹)의 이심이 大壯(대장)이니 君子(군ᄌ) | 以(이)ㅎ야 禮(례)아니어든 履(리)티 아니 ㅎᄂ니라.

〈해석〉 彖: 대장은 큰 것이 장대하다는 뜻이다. 강(剛, 양)이 행동함으로 그 때문에 장대한 것이다. "대장은 유리한 정사"라 함은, 큰 것일수록 정당해야 한다. 정당하고 크니 천지의 정황을 가히 볼 수 있으리라!

★象: 우레가 하늘 위에 있는 것이 대장괘이다. 군자는 이를 바탕으로 하여 예(禮)가 아니면 이행하지 않는 것이다.

【大壯, 大者壯也】 '大'는 剛大한 것, 陽剛을 가리킴. 王弼 注에 "大者, 謂陽爻, 小道將滅, 大者獲正, 故'利貞'也"라 하였고, 〈正義〉에 "'大者壯也'者, 就爻釋卦名. 陽爻浸長, 已至於四, 是大者盛壯, 故曰'大者壯也'. '大者獲正, 故利貞也'者, 釋名之下, 剩解'利貞成大'者之義也"라 함. 《集解》에 "侯果曰:「此卦本坤, 陰柔消弱, 剛大長壯, 故曰'大壯'也.」"라 함.

【剛以動, 故壯】 '剛以動'의 '剛'은 下卦(乾), '動'은 上卦 震(振動). 아울러 下卦 세 陽爻(剛)와 上卦(震)의 첫 爻(九四) 모두 陽剛하며 위로 움직이고 있음. 그 때문에 壯盛(壯剛)한 것임. 〈正義〉에 "'剛以動, 故壯'者, 就二體釋卦名. 乾剛而震動, 柔弱而動, 卽有退溺; 剛强以動, 所以成壯"이라 함. 《集解》에 "荀爽曰:「乾剛震動, 陽從下升, 陽氣大動, 故'壯'也.」"라 함. 《傳》에 "所以名大壯者, 謂大者, 壯也. 陰爲小, 陽爲大, 陽長以盛, 是'大者壯也'. 下剛而上動, 以乾之至剛而動, 故爲大壯, 爲大者壯, 與壯之大也"라 하였고, 《本義》에 "釋卦名義, 以卦體言, 則陽長過中, 大者壯也. 以卦德言, 則乾剛震動, 所以壯也"라 함.

【「大壯, 利貞」, 大者正也】 여기서의 '大'는 正, 正義, 正道, 正當함을 뜻함. 〈正義〉에 "大壯, 利貞, 大者正也'者, 就爻釋卦德. 大者獲正, 故得利貞"이라 함. 《集解》에 "虞翻曰:「謂四進之, 五乃得正, 故'大者正也'.」"라 함.

【正大而天地之情可見矣!】 이 大壯卦는 正義롭고 대단하여, 이로써 天地의 情況을 가히 알 수 있음. 王弼 注에 "天地之情, 正大而已矣. 弘正極大, 則天地之情可見矣"라 하였고, 〈正義〉에 "'正大而天地之情可見矣'者, 因大獲正, 遂廣美正大之義, 天地之道, 弘正極大, 故'正大卽見天地之情'. 不言'萬物'者, 壯大之名, 義歸天地, 故不與〈咸〉·〈恒〉同也"라 함. 《集解》에 "虞翻曰:「正大, 謂四之五成需, 以離日見天, 坎月見地, 故'天地之情可見也矣'.」"라 함. 《傳》에 "大者旣壯, 則利於貞正, 正而大者, 道也. 極正大之理, 則天地之情可見矣. 天地之道, 常久而不已者, 至大至正也. 正大之理, 學者默識心通, 可也. 不云'大正'而云'正大', 恐疑爲一事也"라 하였고, 《本義》에 "釋利貞之義, 而極言之"라 함.

★【雷在天上, 大壯】 상괘 震(雷)이 하괘 乾(天)의 위에 있는 卦象임을 말함. 王弼 注에 "剛以動也"라 하였고, 〈正義〉에 "雷在天上, 大壯'者, 震雷爲威動, 乾天主剛健, 雷在天上, 是剛以動, 所以爲大壯"이라 함. 《集解》에 "崔憬曰:「乾下震上, 故曰'雷在天上'. 一曰: '雷, 陽氣也. 陽至於上卦, 能助於天威, 大壯之象也'.」"라 함.

【君子以非禮弗履】 '以'는 '이러한 卦象과 본괘가 상징하는 바를 근거로'의 뜻. '非禮弗履'는 禮가 아니면 履行하지 않음. 반드시 禮에 맞아야 행동에 옮김. 예에 맞지 않은 것은 실행하지 않음. 이는 震雷의 소리가 天上에까지 울려 그 위력의 강성함에 천하가 떨고 있어, 마치 조정에서 무서운 형법으로 백성을 다스리는 것과 같음. 따라서

형벌보다는 예로써 다스려야 함을 말한 것. 王弼 注에 "壯而違禮, 則凶. 凶則失壯也. 故君子以大壯而順禮也"라 하였고, 〈正義〉에 "'君子以非禮弗履'者, 盛極之時, 好生驕溢, 故於大壯, 誡以非禮勿履也"라 함. 《集解》에 "陸績曰:「天尊雷卑, 君子見卑乘尊, 終必消除, 故象以爲戒'非禮不履'.」"라 함. 《傳》에 "雷震於天上, 大而壯也. 君子觀大壯之象, 以行其壯. 君子之大壯者, 莫若克己復禮. 古人云:「自勝之謂强. 中庸於和, 而不流中, 立而不倚, 皆曰强哉! 矯赴湯火蹈白刃, 武夫之勇可能也.」至於克己復禮, 則非君子之大壯, 不可能也. 故云'君子以非禮弗履'"라 하였고, 《本義》에 "自勝者强"이라 함.

## (3) 爻辭와 象辭

初九: 壯于趾, 征, 凶, 有孚.
☆象曰:「壯于趾」, 其孚窮也.

〈언해〉 初九(초구)는 趾(지)애 壯(장)홈이니, 征(졍)ᄒᆞ면 凶(흉)이 孚(부)ㅣ 이시리라.
　　　☆象(상)애 ᄀᆞᆯ오디 "趾(지)애 壯(장)ᄒᆞ니", 그 窮(궁)홈을 孚(부)ᄒᆞ리로다.
〈해석〉 [初九](-): 발뒤꿈치가 베인 것이니, 나서면 흉하리니 성신(誠信)을 다하며 그대로 있어야 한다.
　　　☆象: "발뒤꿈치가 베이니" 성신으로써 곤궁함에서 벗어남을 뜻한다.

　【初九】이는 全卦와 下卦(乾)의 시작이며 陽爻로 位正當함. 陽剛하나 맨 아래에 처해 있어 大壯의 시작부터 조건이 까다로우므로 오직 誠信(虔誠)함을 가지고 나서야 함.
　【壯于趾, 征, 凶, 有孚】 '壯'은 '戕'(베다)의 假借로 봄. 혹은 '傷'(疊韻)의 뜻. '趾'는 발뒤꿈치. 몸 전체의 가장 아래 끝 부위. 즉 初九는 大壯괘의 가장 아래에 있음을 말함. 혹 '城趾'의 뜻으로도 봄. '征, 凶'은 征伐에 나서면 흉함. 征伐은 대장괘의 본령을 실행하겠노라 初九가 나섬을 말함. '征'은 '나서다, 前往'의 뜻. '有孚'는 誠信(虔誠)함이 있어야 함. '孚'는 誠實, 虔誠, 誠信, 忠信, 信義, 信用, 미더움. 자신이 位正當함으로 해서 나서지 말고 誠信을 지키면 흉함을 피할 수 있음. 그러나 ○高亨은 "孚, 讀爲浮, 罰也. 壯于趾, 不可以行, 出征必敗, 兵敗則將士有罰, 故曰「壯于趾, 征, 凶, 有孚」"라 하여, '정벌에 나섰다가 패배하여 벌을 뒤집어씀'이라 하였음. 王弼 注에 "夫得大壯者, 必能自終成也. 未有陵犯於物, 而得終其壯者, 在下而壯, 故曰'壯于趾'也. 居下而用剛, 壯以斯而進

窮, 凶可必也. 故曰'征, 凶, 有孚'라 하였고, 〈正義〉에 "'壯于趾, 征, 凶, 有孚'者, 趾, 足也. 初在體下, 有如趾足之象, 故曰'壯于趾'也. 施之於人, 卽是在下而用壯也. 在下用壯, 陵犯於物, 以斯而行, 凶其信矣. 故曰'征, 凶, 有孚'"라 함. 《集解》에 "虞翻曰:「趾謂四. 征, 行也. 震足爲趾, 爲征初得位四, 不征之五, 故'凶'. 坎爲孚, 謂四上之, 五成坎, 已得應四, 故'有孚'.」"라 함. 《傳》에 "初陽剛乾體, 而處下壯于進者也. 在下而用壯, '壯于趾'也. 趾, 在下而進動之物. 九在下用壯, 而不得其中. 夫以剛處壯, 雖居上, 猶不可行, 況在下乎? 故征則其凶有孚. 孚, 信也. 謂以壯往, 則得凶, 可必也"라 하였고, 《本義》에 "趾, 在下而進動之物也. 剛陽處下, 而當壯時, 壯于進者也. 故有此象. 居下而壯于進, 其凶必矣. 故其占又如此"라 함.

☆【「壯于趾」, 其孚窮也】 '其孚窮'은 그 誠信(虔誠)함을 지켜 困窮함에서 벗어남. '窮'은 困窮한 상태에 있음을 말함. 王弼 注에 "言其信窮"이라 하였고, 〈正義〉에 "〈象〉曰 '其孚窮'者, 釋壯于趾者, 其人信有窮凶也"라 함. 《集解》에 "虞翻曰:「應在乾終, 故'其孚窮也'.」"라 함. 《傳》에 "在最下而用壯, 以行可必信, 其窮困而凶也"라 하였고, 《本義》에 "言必窮困"이라 함.


# 九二: 貞吉.
# ☆象曰: 九二「貞吉」, 以中也.

〈언해〉 九二(구이)는, 貞(뎡)ᄒᆞ야 吉(길)ᄒᆞ니라.

　　　☆象(샹)애 ᄀᆞᆯ오디 九二「貞吉」은 中(듕)으로 뻬라.

〈해석〉 [九二](ㅡ): 마음을 곧고 바르게 가져야 길하리라.

　　　☆象: 九二에 구이 효의 "마음을 곧고 바르게 가져야 이롭다"함은, 가운데에 위치하고 있기 때문이다.


　　【九二】 이는 하괘의 中央에 자리하고 있으나 陽爻로 位不當함. 그러나 상배한 六五가 陰爻로 陰陽이 正應하였고, 자신도 中央을 차지하고 있음으로 해서 吉함.

　　【貞吉】 바르게 행동해야 길함. 이 효는 位不當하기 때문임. 그러나 '貞辭가 吉함', 즉 '점을 쳐서 이 효가 나오면 길하다'의 뜻으로도 봄. '貞'은 卜問의 뜻. ○高亨은 "'貞吉', 猶占吉也. 筮遇此爻, 所占者吉, 故曰「貞吉」"이라 함. 王弼 注에 "居得中位, 以陽居陰, 履謙不亢, 是以'貞吉'"이라 함. 《傳》에 "二雖以陽剛, 當大壯之時. 然居柔而處中, 是

剛柔得中, 不過於壯, 得貞正而吉也. 或曰: 「貞非以九, 居二爲戒乎?」曰: 「《易》取所勝爲義, 以陽剛健體, 當大壯之時, 處得中道, 无不正也. 在四則有不正之, 戒人能識時義之輕重, 則可以學《易》矣」라 하였고, 《本義》에 "以陽居陰, 已不得其正矣. 然所處得中, 則猶可因以不失其正, 故戒占者, 使因中以求正, 然後可以得吉也"라 함.

☆【九二「貞吉」, 以中也】'以中也'는 吉한 이유는 이 효가 下卦(乾)의 가운데에 자리하고 있기 때문임. 《集解》에 "虞翻曰:「變得位, 故'貞吉'. 動體離, 故'以中也'.」"라 함. 《傳》에 "所以貞正而吉者, 以其得中道也. 中則不失正, 況陽剛(一有壯字)而乾體乎?"라 함.

# 九三: 小人用壯, 君子用罔. 貞厲. 羝羊觸藩, 羸其角.
# ☆象曰:「小人用壯」, 君子罔也.

〈언해〉 九三(구삼)은, 小人(쇼인)은 壯(장)을 쓰고, 君子(군ᄌᆞ)는 罔(망)을 씀이니, 貞(뎡)ᄒᆞ면 厲(려)ᄒᆞ니, 羝羊(뎨양)이 藩(번)을 觸(쵹)ᄒᆞ야 그 角(각)을 羸(리)ᄒᆞᆺ 도다.

☆象(샹)애 ᄀᆞᆯ오디 小人(쇼인)은 壯(장)을 쓰고, 君子(군ᄌᆞ)는 罔(망)ᄒᆞᄂᆞ니라.

〈해석〉 [九三](一): 소인은 대장의 양강(陽剛)함을 쓰지만, 군자는 그것을 쓰지 않는다. 정사(貞辭)가 위험하다. 숫양이 울타리를 들이받아 그 뿔이 걸린 형상이다.

☆象: "소인은 대장의 양강함을 쓰지만, 군자는 그 양강함을 쓰지 않는다.

【九三】 이는 하괘의 가장 윗자리이며 陽爻로 位正當함. 스스로 陽剛할 뿐더러 아래 두 陽爻가 받쳐주고 있어 大壯의 힘이 아주 격함. 그러나 바로 위 九四 역시 陽이어서 양효끼리의 충돌이 있을 수 있음.

【小人用壯, 君子用罔, 貞厲】 '小人用壯'은 소인은 자신의 陽剛과 주위 상황을 믿고 대장의 본령을 마구 휘두름. '用'은 以와 같음. '君子用罔'은 군자는 이 효를 만나면 도리어 아무것도 없음을 이용함. '罔'은 '없다'(無)의 뜻이며 壯과 疊韻을 이루고 있음. 혹 '用罔'은 '罔用'의 倒置로, '이 壯을 사용하지 않는다'의 뜻으로도 풀이함. 그러나 王弼과 孔穎達은 '소인은 壯(물리적인 힘)을 쓰지만, 군자는 网(網, 편리한 도구)을 사용하다'의 뜻이라고도 함. '貞厲'는 貞辭가 위험하다고 되어 있음. 점을 쳤더니 위험하다고 알려줌. 그러나 ○高亨은 "罔, 疑當讀爲惘, 憂也. …… 筮遇此爻, 有所擧事, 小人以傷, 君子以憂, 實爲危兆. 故曰「小人用壯, 君子用罔, 貞厲」"라 함. 《集解》에 "虞翻曰:「應

在震也. 三陽君子, 小人謂上, 上逆, 故'用壯'. 謂二已變離, 離爲罔, 三乘二, 故'君子用罔'. 體乾夕惕, 故'貞厲'也.」라 함.

【羝羊觸藩, 羸其角】'羝'는 수컷 양. 觸藩은 울타리를 들이 받음. 울타리에 뿔이 걸림. '藩'은 울타리(籬笆). '羸其角'의 '羸'는 '병들다, 罷羸하다'의 뜻. 혹 '累'와 雙聲互訓을 이루어 '뿔이 울타리에 걸리다'의 '纏繞'의 뜻으로도 봄. ○高亨은 이 '羝羊觸藩, 羸其角' 7자는 다음 九四 앞에 놓여야 할 것이 잘못 이곳에 삽입된 것이라 하였음. 王弼 注에 "處健之極, 以陽處陽, 用其壯者也. 故小人用之以爲壯; 君子用之以爲羅己者也. 貞厲以壯, 雖復羝羊以之觸藩, 能无羸乎?"라 하였고, 〈正義〉에 "罔, 羅罔也; 羝羊, 羖羊也; 藩, 藩籬也; 羸, 拘纍纏繞. 九三處乾之上, 是健之極也. 又以陽居陽, 是健而不謙也. 健而不謙, 必用其壯. 小人當此, 不知恐懼, 用以爲壯盛, 故曰'小人用壯'. 君子當此, 卽慮危難, 用以爲羅罔於己, 故曰'君子用罔, 以壯爲正'. 其正必危, 故云'貞厲'也. 以此爲正狀, 似羝羊觸藩也. 必拘羸其角矣"라 함. 《集解》에 "荀爽曰:「三與五同功爲兌, 故曰'羊'. 終始陽位, 故曰'羝藩', 謂四也. 三欲觸四, 而危之四反. '羸其角', 角謂五也.」"라 함. 《傳》에 "九三以剛居陽, 而處壯. 又當乾體之終, 壯之極者也. 極壯如此, 在小人則爲用壯, 在君子則爲用罔. 小人尙力, 故用其壯勇; 君子志剛, 故用罔. 罔, 无也. 猶云蔑也. 以其至剛, 蔑視於事, 而无所忌憚也. 君子·小人, 以地言: 如君子有勇而无義, 爲亂. 剛柔得中, 則不折不屈, 施於天下, 而无不宜. 苟剛之太過, 則无和順之德, 多傷莫與貞. 固守此, 則危道也. 凡物莫不用其壯. 齒者齧, 角者觸, 蹄者踶. 羊壯於首, 羝爲喜觸, 故取爲象. 羊, 喜觸藩籬, 以藩籬當其前也. 蓋所當必觸喜, 用壯如此, 必羸困其角矣. 猶人尙剛壯, 所當必用, 必至摧困也. 三壯甚如此, 而不至凶, 何也? 曰:「如三之爲其徤, 足以致凶, 而方言其危, 故未及於凶也. 凡可以致凶而未至者, 則曰厲也.」"라 하였고, 《本義》에 "過剛不中, 當壯之時, 是小人用壯, 而君子則用罔也. 罔, 无也. 視有如无君子之過於勇者也. 如此則雖正亦危矣. 羝羊剛壯, 喜觸之物. 藩, 籬也; 羸, 困也. 貞厲之占, 其象如此"라 함.

☆【「小人用壯」, 君子罔也】그러한 양을 빼어내려고 소인은 壯大한 힘을 쓰지만 군자는 그물로 우선 움직이지 못하도록 한 다음 해결함. 그러나 '罔'은 無, 无와 같으며, '군자는 그 陽剛함을 쓰지 않음'의 뜻으로도 풀이함. 〈正義〉에 "〈象〉曰'小人用壯, 君子罔也'者, 言小人用以爲壯者, 卽是君子所以爲羅罔也"라 함. 《集解》에 "侯果曰:「藩謂四也. 九四體震爲竹葦, 故稱藩也. 三互乾兌, 乾壯兌羊, 故曰'羝羊'. 四藩未決, 三宜勿往用壯, 觸藩求應於上, 故'角被拘羸矣.」 ○案:「自三至五, 體兌爲羊, 四旣是藩, 五爲羊角, 卽'羝羊觸藩, 羸其角'之象也.」"라 함. 《傳》에 "在小人則爲用其强壯之力, 在君子則爲用罔志氣剛, 强蔑視於事, 靡所顧憚也"라 하였고, 《本義》에 "小人以壯敗, 君子以罔困"이라 함.

九四: 貞吉, 悔亡. 藩決不羸, 壯于大輿之輹.

☆象曰:「藩決不羸」, 尚往也.

〈언해〉 九四(구亽)는, 貞(뎡)ㅎ면 吉(길)ㅎ야 悔(회) 亡(망)ㅎ리니, 藩(번)이 決(결)ㅎ야 羸(리)티 아니 ㅎ며, 大(대)호 輿(여)의 輹(복)이 壯(장)홈이로다.

☆象(샹)애 골오디「藩決不羸」는 오히려 徃(왕)홀 시라.

〈해석〉 [九四](一): 정사가 길하다 하였으니, 회한은 없어지리라. 울타리가 터져 얽힌 것이 없어질 것이나, 큰 수레의 수레바퀴에게 큰 상처를 입으리라.

☆象:「울타리가 터져 걸렸던 뿔이 풀린다」함은, 그래도 오히려 전진하기 때문이다.


【九四】 이는 上卦(震)의 시작이며 陽爻로 位不當함. 아래 乾(陽)의 힘을 이어받아 위로 솟구침. 大壯의 힘을 다하여 본령을 해결하려 함. ○高亨은 이 '羝羊觸藩, 羸其角' 7자는 이곳에 있어야 한다고 하였음.

【貞吉, 悔亡】 '貞吉'은 貞辭가 吉함. '悔亡'은 悔恨(後悔)이 사라짐. '亡'은 喪(疊韻)과 같음. 사라짐. 消盡됨. 消滅됨.

【藩決不羸, 壯于大輿之輹】 '決'은 '裂'의 뜻으로 疊韻互訓. '不羸'는 不累와 같음. 즉 울타리에 걸려 얽혔던 뿔이 울타리가 터짐으로 해서 살아남. '壯'은 壯大함. 튼튼하여 폭이 이탈되지 않음. 그러나 '壯'은 傷(疊韻互訓)으로 '손상을 입다'의 뜻으로도 봄. '于'는 被動法의 문장에서의 前置詞. '-에게, -으로부터'의 뜻. '輹'은 수레의 바퀴. 輻과 같음. '큰 수레의 바퀴로 인해 損傷(破損)을 당하다'의 뜻. 그러나 ○高亨은 "羝羊觸藩而繫其角, 乃見機預防之象. 能見機預防, 則吉且悔亡, 故曰「羝羊觸藩, 羸其角, 貞吉悔亡」. ……羝羊觸藩, 藩旣跛矣, 而仍不繫羊之角, 則羊將更觸傷大車之輹, 此不知懲前毖後之象也"라 하여, '양이 울타리에서 풀려났는데도 그 뿔을 다시 묶지 않아, 이번에는 장차 큰 수레의 바퀴를 들이 받아 상처를 입을 것'이라 하여, '懲前毖後'의 象이라 하였음. 王弼 注에 "下剛而進, 將有憂虞, 而以陽處陰, 行不違謙, 不失其壯, 故得'貞吉而悔亡'也. 已得其壯而上, 陰不罔己路, 故'藩決不羸'也. 壯于大輿之輹, 无有能說, 其輹者, 可以往也"라 하였고, 〈正義〉에 "'大輿'者, 大車也. 下剛而進, 將有憂虞, 而九四以陽處陰, 行不違謙, 居謙卽不失其壯, 故得'正吉而悔亡'也. 故云'貞吉, 悔亡'. 九三以壯健不謙. 卽被羸其角. 九四以謙而進, 謂之'上行'. 陰爻不罔己路, 故'藩決不羸'也. '壯于大輿之輹'者, 言四乘車而進, 其輹壯大, 无有能脫之者, 故曰'藩決不羸, 壯于大輿之輹'也"라 함. 《傳》

에 "四陽剛長盛, 壯已過中, 壯之盛也. 然居四爲不正, 方君子道長之時, 豈可有不正也? 故戒以貞, 則吉而悔亡. 蓋方道長之時, 小失, 則害亨進之勢, 是有悔也. 若在他卦, 重剛而居柔, 未必不爲善也. 〈大過〉是也. 藩, 所以限隔也. 藩籬決開, 不復羸困其壯也. 高大之車輪, 輹强壯, 其行之利可知, 故云'壯于大輿之輹'. 輹, 輪之要處也. 車之敗, 常在折輹, 輹壯則車强矣. 云'壯于輹', 謂壯于進也. 輹與輻同"이라 하였고, 《本義》에 "'貞吉, 悔亡', 與咸九四同. 占'藩決不羸', 承上文而言也. 決, 開也. 三前有四, 猶有藩焉; 四前二陰, 則藩決矣. '壯于大輿之輹', 亦可進之象也. 以陽居陰, 不極其剛, 故其象占如此"라 함.

☆【「藩決不羸」, 尙往也】'尙往'은 그래도 앞으로 전진해가기 때문임. 그러나 '尙'은 上과 같으며 '위로 향하다, 위로 향하기를 바라다'의 뜻으로도 풀이함. 위에 두 약한 陰爻가 있어 강하게 上向할 수 있음. 〈正義〉에 "〈象〉曰'尙往'者, 尙, 庶幾也. 言己不失其壯, 庶幾可以往也"라 함. 《集解》에 "虞翻曰:「失位悔也, 之正得中, 故'貞吉而悔亡'矣. 體夬象, 故藩決. 震四上處五, 則藩毀壞, 故'藩決不羸'. 坤爲大車爲腹, 四之五折坤, 故'壯于大車之腹', 而〈象〉曰'尙往'者, 謂上之五.」"라 함. 《傳》에 "剛陽之長, 必至於極. 四雖已盛, 然其往未止也. 以至盛之陽, 用壯而進, 故莫有當之. 藩決開而不羸, 困其力也. '尙往', 其進不已也"라 함.


# 六五: 喪羊于易, 无悔.
# ☆象曰:「喪羊于易」, 位不當也.

〈언해〉 六五(륙오)는, 羊(양)을 易(이)예 喪(상)ᄒᆞ면 悔(회) 업스리라.[《本義》: 羊(양)을 易(이)예 喪(상)ᄒᆞ나]
　　☆象(샹)애 글오디 「喪羊于易」는 位(위) 當(당)티 아니ᄒᆞᆯ ᄉᆡ라.
〈해석〉 [六五](--): 양을 목장에서 잃으면(양을 목장에서 잃지만), 회한은 없으리라.
　　☆象: "양을 목장에서 잃는다"함은, 자리가 맞지 않기 때문이다.


　【六五】이는 전괘의 帝位이나 陰爻로 位不當함. 다만 九二와 正應을 이루어 大壯의 힘을 사용하지 않음으로 해서 도리어 큰 상해를 입지 않음.
　【喪羊于易, 无悔】'喪羊于易'은 六五가 位不當하여 '易에서 양을 잃다'로 보아 〈諺解〉에는 '易'을 '이'로 읽었으나, 李鏡池는 '易'(역)으로 읽어 疊韻의 '狄'이라 하였음. '狄'은 狄人, 北狄, 匈奴의 전신인 獫狁, 獯鬻. 이에 따라 古公亶父가 豳(邠)에 살 때 狄人이

侵迫하자 '避狄遷岐' 하였다는 고사를 들고 있음. 그런가 하면 ○高亨은 '有易氏'의 部族 이름이며, 殷나라 王亥의 故事라 하여, 《山海經》(大荒東經) "王亥託於有易河伯僕牛, 有 易殺王亥, 取僕牛"의 郭璞이 인용한 古本 《竹書紀年》의 "殷王子亥, 賓於有易而淫焉, 有 易之君綿臣, 殺而放之, 是故殷主甲微假師於河伯, 以伐有易, 遂殺其君綿臣也"를 들고 있 으며, 《呂氏春秋》와 《楚辭》 등을 기록도 근거로 들고 있음. 그 외에 '易'은 '場'(域)과 같으며 牧場, 羊을 풀어놓은 放牧地를 가리키는 것이라고도 함. '无悔'는 悔恨은 없음. 이 효는 陽剛이 모두 끝나고 柔弱의 단계로 들어선 자리이며, 아울러 帝位에 있으면서 陰爻이므로 位不當하나 안전하게 柔弱함을 지키면 悔恨는 없음. 王弼 注에 "居于大壯, 以陽處陽, 猶不免咎, 而況以陰處陽, 以柔乘剛者乎? 羊壯也, 必喪其羊失其所居也. 能喪 壯于易, 不于險難, 故得'无悔'. 二履貞吉, 能幹其任而已. 委焉則得无悔, 委之則難不至, 居之則敵寇來, 故曰'喪羊于易'이라 하였고, 〈正義〉에 "喪羊于易, 无悔'者, 羊壯也. 居大 壯之時, 以陽處陽, 猶不免咎, 而況以陰處陽, 以柔乘剛者乎? 違謙越禮, 必喪其壯, 羣陽方 進, 勢不可止, 若於平易之時, 逆捨其壯, 委身任二, 不爲違拒, 亦剛所不害. 不害卽无悔矣. 故曰'喪羊于易, 无悔'也. 羊, 剛狠之物, 故以譬壯. 云'必喪其羊失其所居'者, 言違謙越禮, 理勢必然. 云'能喪壯于易, 不于險難'者, 二雖應己, 剛長則侵陰, 爲己寇難, 必喪其壯, 當在 於平易. 寇難未來之時, 勿於險難; 敵寇旣來之日, 良由居之, 有必喪其羊之理, 故戒其預 防, 而莊氏云'經止一言喪羊', 而注爲兩處分用, 初云'必喪其羊, 失其所居', 是自然應失, 後 云'能喪壯于易, 不於險難', 故'得无咎'. 自能喪其羊, 二理自爲矛盾, 竊謂莊氏此言, 全不識 注意"라 함. 《集解》에 "虞翻曰:「四動成泰, 坤爲喪也. 乾爲易, 四上之五, 兌還屬乾, 故'喪 羊於易'. 動各得正, 而處中和, 故'无悔'矣.」"라 함. 《傳》에 "羊羣行而喜觸, 以象諸陽竝進, 四陽方長, 而竝進五. 以柔居上, 若以力制, 則難勝而有悔. 唯和易以待之, 則羣陽无所用其 剛, 是喪其壯于和易也. 如此, 則可以无悔. 五, 以位言則正, 以德言則中, 故能用和易之道, 使羣陽, 雖壯无所用也"라 하였고, 《本義》에 "卦體似〈兌〉, 有羊象焉. 外柔而內剛者也. 獨六五以柔居中, 不能抵觸, 雖失其壯, 然亦无所悔矣. 故其象如此, 而占亦與〈咸〉九五同. '易', 容易之'易'. 言忽然不覺其亡也. 或作疆場之'場', 亦通. 《漢》食貨志'場'作'易'"이라 함.

☆【「喪羊于易」, 位不當也】 '位不當'은 九五는 陰爻로서 陽爻가 있을 '五'의 자리에 있음. 그 때문에 易(이)에게(혹 狄人에게) 양을 잃는 것임. 〈正義〉에 "〈象〉曰'位不當'者, 正由處不當位, 故須捨其壯也"라 함. 《集解》에 "案: 謂四五, 陰陽失正. 陰陽失正, 故曰'位 不當'也.」"라 함. 《傳》에 "所以必用柔和者, 以陰柔居尊位故也. 若以陽剛, 中正得(一作居) 尊位, 則下无壯矣. 以六五位不當也. 故設'喪羊于易'之義, 然大率治壯, 不可用剛. 夫君臣 上下之勢, 不相侔也. 苟君之權, 足以制乎下, 則雖有强壯, 跋扈之人, 不足謂之壯也. 必人

君之勢, 有所不足, 然後謂之治壯, 故治壯之道, 不可以剛也"라 함.


## 上六: 羝羊觸藩, 不能退, 不能遂, 无攸利, 艱則吉.
## ☆象曰:「不能退, 不能遂」, 不詳也;「艱則吉」, 咎不長也.

〈언해〉 上六(샹륙)은, 羝羊(뎨양)이 藩(번)을 觸(쵹)ᄒ야, 能(능)히 退(퇴)티 몯ᄒ며 能
(능)히 遂(슈)티 몯ᄒ야, 利(리)ᄒ 배 업스니, 艱(간)ᄒ면 吉(길)ᄒ리라.
　　☆象(샹)애 ᄀᆯ오ᄃᆡ「不能退, 不能遂」ᄂ 詳(샹)티 아니 홈이오,「艱則吉」은 咎(구)
| 長(댱)티 아니 ᄒᆯ 시라.

〈해석〉 [上六](--): 양이 뿔로 울타리를 들이받고는, 물러나지도 못하고 나아가지도
못하는 형상이다. 이로울 것이 없으니, 어려움을 참는다면 길하리라.
　　☆象: "물러서지도 못하고 나아가지도 못함"이란 상서롭지 못한 것이요, "어려
움을 참으면 길함"이란 어려움이 그렇게 오래 가지 않을 것이기 때문이다.


　　【上六】이는 전괘의 마무리이며 陰爻로 位正當함. 柔弱하여 이제껏 아래로부터 받
쳐주었던 陽氣를 제대로 발휘하지 못한 채 消盡시키고 끝을 맺는 자리임.
　　【羝羊觸藩, 不能退, 不能遂, 无攸利】'不能遂'의 '遂'는 退의 상대어로 '進'의 뜻. 혹
'不能遂'는 任務를 遂行하지 못함을 뜻함. 이는 陰爻이므로 힘을 쓰지 못함. 〈正義〉에
"退謂退避, 遂謂進往. 有應於三, 欽之不已, 故不能退避. 然懼於剛長, 故不能遂往. 故云
'羝羊觸藩, 不能退, 不能遂'也. '无攸利'者, 持疑猶豫, 不能自決, 以此處事, 未見其利, 故
曰'无攸利'也"라 함.
　　【艱則吉】어려움이 있어야 吉함. 난관을 겪고 참아내어야 길함. 力量이 부족하여
어려움이 있다는 것을 알고 惕戒하며 자신을 지켜냄. 이는 正應한 九三이 받쳐줌을
뜻하기도 함. ○高亨은 "羝羊觸藩, 其角爲藩所笮, 旣不能退, 又不能進, 此動不量力以致
進退兩困之象. 人行事如此, 自無所利, 故曰「羝羊觸藩, 不能退, 不能遂, 无攸利」. 然處艱
難之時, 存惕戒心, 不敢輕擧妄動, 則無此患, 故曰「艱則吉」"이라 함. 王弼 注에 "有應於
三, 故'不能退'; 懼於剛長, 故'不能遂'. 持疑猶豫, 志无所定, 以斯決事, 未見所利. 雖處剛
長, 剛不害正, 苟定其分, 固志在三, 以斯自處, 則憂患消亡, 故曰'艱則吉'也"라 하였고,
〈正義〉에 "艱則吉'者, 雖處剛長, 剛不害正, 但艱固, 其志不捨於三, 卽得吉, 故曰'艱則吉'
也"라 함. 《集解》에 "虞翻曰:「應在三, 故'羝羊觸藩'. 遂, 進也. 謂四已之五體, 坎上能變之

巽. 巽爲進退, 故'不能退, 不能遂'. 退則失位, 上則乘剛, 故'无攸利'. 坎爲艱, 得位應三利上, 故'艱則吉'.」이라 함. 《傳》에 "羝羊, 但取其用(一无用字)壯, 故陰爻亦稱之. 六以陰處震終, 而當壯極, 其過可知, 如羝羊之觸藩籬. 進則礙身, 退則妨角, 進退皆不可也. 才本陰柔, 故不能勝己, 以就義, 是不能退也. 陰柔之人, 雖極用壯之心, 然必不能終其壯, 有摧必縮, 是不能遂也. 其所爲如此, 无所往而利也. 陰柔處壯, 不能固其守, 若遇艱困, 必失其壯. 失其壯則反得(一有其字)柔弱之分矣. 是艱則得吉也. 用壯則不利, 知艱而處柔, 則吉也. 居壯之終, 有變之義也"라 하였고, 《本義》에 "壯終動極, 故觸藩而不能退. 然其質本柔, 故又不能遂其進也. 其象如此, 其占可知. 然猶幸其不剛, 故能艱以處, 則尙可以得吉也"라 함.

☆【「不能退, 不能遂」, 不詳也】 '不詳'은 不祥과 같음. 祥瑞롭지 못함. 그러나 '詳'의 原義대로 '상세히 살피지 않음'으로 풀이하기도 함. 《集解》에 "虞翻曰:「乾善爲詳, 不得三應, 故'不詳也'.」"라 함.

【「艱則吉」, 咎不長也】 '咎不長'은 그에 대한 허물(탓, 문책, 재난)이 길게 가지는 않음. 곧 그의 처지가 柔弱한 陰爻임을 이해하고 용납할 것임. 〈正義〉에 "〈象〉曰'不詳也'者, 詳者, 善也. 進退不定, 非爲善也, 故云'不詳'也. '咎不長也'者, 能艱固其志, 卽憂患消亡, 其咎不長, 釋所以得吉也"라 함. 《集解》에 "虞翻曰:「巽爲長, 動失位爲咎, 不變之巽, 故'咎不長也'.」"라 함. 《傳》에 "非其處而處, 故進退不能, 是其自處之不詳愼也. 艱則吉, 柔遇艱難, 又居壯終, 自當變矣. 變則得其分, 過咎不長, 乃吉也"라 함.

# 035 진晉

䷢ 火地晉: ▶坤下離上(☷下☲上)

*晉(진): 〈音義〉에 "晉, 象云: 「進也.」安也, 尊也, 廣也, 樂也"라 함. '진(jin)'으로
읽음. '晉'은 '進'(同音)과 같은 뜻으로 進長(발전하여 장성함), 晉升(나서서 위로 올라
감)을 의미함. 하괘는 坤(地)이며 상괘는 離(火, 日)로, 땅 위에서 불길이 타오르는
형상, 혹은 태양이 대지를 비춰 만물이 기쁨을 누리는 모습으로, 異卦相疊의 '火地'
괘체임. 이는 앞으로 내달리며 발전할 때일수록 반드시 그 美德을 굳게 지니고 柔順
과 中正을 견지하여 무리를 포용하여야 하며, 지나치게 앞서 나서지 말아야 함을 경
계한 것임.《說文》에 "晉, 進也. 日出而萬物進"이라 함.
*《集解》에 "〈序卦〉曰:「物不可以終壯, 故受之以‘晉’.」晉者, 進也.(崔憬曰:「不可以
終壯, 於陽盛自取觸藩, 當宜柔進而上行, 受玆錫馬.」)"라 함.
*《傳》에 "晉', 〈序卦〉:「物不可以終壯, 故受之以‘晉’.」晉者, 進也. 物无壯, 而終止之,
理旣盛壯, 則必進. 晉所以繼大壯也. 爲卦離在坤上, 明出地上也. 日出於地, 升而益明,
故爲晉. 晉, 進而光明盛大之意(一作義)也. 凡物漸盛爲進, 故〈象〉云‘晉, 進也’. 卦有有德
者, 有无德者, 隨其宜也. ‘乾坤’之外, 云‘元亨’者, 固有也. 云‘利貞’者, 所不足而可以有功
也. 有不同者, ‘革’·‘漸’是也, ‘隨’卦, 可見‘晉’之盛而无德者, 无用有也. 晉之明盛, 故更不
言亨, 順乎大明, 无用戒正也"라 함.


## (1) 卦辭

# 晉: 康侯用錫馬藩庶, 晝日三接.

〈언해〉晉(진)은 康(강)훈 侯(후)를 뻐 馬(마)를 錫(셕)홈이 藩庶(번셔)ᄒ고, 晝日(듀일)
  애 세 번 接(졉)ᄒᄂᆞ다.
〈해석〉진(晉, 진괘)은 강후(康侯, 훌륭한 신하)가 천자로부터 많은 말을 하사받고,
  하루에도 세 번 접견을 하는 괘이다.

【晉】卦名이며, 進의 뜻. 군자가 나서서 德業으로 萬事를 처리하고, 매일 向上을 꾀함을 의미하가도 함. 〈正義〉에 "晉者, 卦名也. 晉之爲義, 進長之名. 此卦明臣之昇進, 故謂之晉"이라 함.

【康侯用錫馬藩庶, 晝日三接】이 구절은 비유를 들어 晉卦의 占辭를 일러준 것임. '康侯'는 康叔. 姬封. 周文王(姬昌)의 아들이며 周武王(姬發)의 아우. 처음 康 땅을 봉지로 받아 康侯, 혹 康叔으로 불림. 뒤에 衛 땅으로 봉지를 옮겼음. 《史記》衛康叔世家를 참조할 것. 그러나 孔穎達은 "'康'者, 美之名也; '侯', 謂昇進之臣也"라 하여, '훌륭하여 승진을 시킨 신하'라 하였고, 程頤는 '治安之侯', 朱熹는 '安國之侯'라 하였음. 이에 따라 〈諺解〉에는 '康한 侯'라 하였음. '錫'은 '주다'(賜)의 뜻. 下賜함. 그러나 ○高亨은 "錫, 猶獻也. 蓋古者自上賞下曰錫, 自下貢上亦曰錫"이라 하여 고대에는 下賜와 獻貢이 함께 '錫'자로 쓰였다 하였음. '馬藩庶'는 하사받은 말이 매우 많음. 혹 말과 그 밖의 많은 下賜品이라고도 함. '晝日三接'은 하루 낮에 세 번씩 접견함. 총애를 입음을 뜻함. '接'은 上卦(離)가 附麗(接着)의 의미를 가지고 있음을 함께 표현한 것. '왕이 제후를 接見하다'의 뜻. 혹은 '말을 교미시키다'의 뜻이라고도 함. 그 밖에 '接'은 '捷'과 같으며 勝의 뜻으로도 봄. ○高亨은 "〈釋文〉:「接, 鄭音捷, 勝也.」……《詩》采薇:「一日三捷.」〈毛傳〉:「捷, 勝也.」蓋康叔曾奉王命, 攻伐異國, 一日三勝, 俘馬甚衆, 以獻於王, 故記之曰「康侯用錫馬藩庶, 晝日三接」"이라 하여 전혀 다른 의미로 풀이함. 〈正義〉에 "'康'者, 美之名也; '侯', 謂昇進之臣也. 臣旣柔進, 天子美之, 賜以車馬, 蕃多而衆庶, 故曰'康侯用錫馬蕃庶'也. '晝日三接'者, 言非惟蒙賜蕃多, 又被親寵頻數, 一晝之間, 三度接見也"라 함. 《集解》에 "虞翻曰:「〈觀〉四之五. 晉, 進也. 坤爲康. 康, 安也. 初動體屯, 震爲侯, 故曰'康侯'. 震爲馬, 坤爲用, 故'用錫馬'. 艮爲多, 坤爲衆, 故'繁庶'. 離日在上, 故'晝日'. 三陰在下, 故'三接'矣.」"라 함. 《傳》에 "晉, 爲進盛之時, 大明在上, 而下體順附, 諸侯承王之象也. 故爲康侯. 康侯者, 治安之侯也. 上之大明, 而能同德以順附, 治安之侯也. 故受其寵, 數錫之馬, 衆多也. 車馬, 重賜也; 蕃庶, 衆多也. 不唯錫與之厚, 又見親禮, 晝日之中, 至於三接, 言寵遇之至也. 晉, 進盛之時, 上明下順, 君臣相得, 在上而言, 則進於明盛; 在臣而言, 則進升高顯, 受其光寵也"라 하였고, 《本義》에 "晉, 進也. 康侯, 安國之侯也. '錫馬蕃庶, 晝日三接', 言多受大賜而顯被親禮也. 蓋其爲卦, 上離下坤, 有日出地上之象, 順而麗乎大明之德, 又其變自觀而來, 爲六四之柔進而上行, 以至于五. 占者, 有是三者, 則亦當有是寵也"라 함.

## (2) 彖辭와 象辭

彖曰: 晉, 進也. 明出地上, 順而麗乎大明, 柔進而上行.
是以「康侯用錫馬蕃庶, 晝日三接」也.
★象曰: 明出地上, 晉. 君子以自昭明德.

〈언해〉 彖(단)애 ᄀᆞᆯ오디 晉(진)은 進(진)홈이니,

明(명)이 地上(디샹)의 나, 順(순)ᄒᆞ야 大明(대명)애 麗(리)ᄒᆞ고, 柔(유)ㅣ 進(진)
ᄒᆞ야 上(샹)ᄒᆞ야 行(ᄒᆡᆼ)ᄒᆞᄂᆞᆫ 디라, 일로ᄡᅥ 「康侯用錫馬蕃庶, 晝日三接」也ㅣ라.
★象(샹)애 ᄀᆞᆯ오디 明(명)이 地上(디샹)애 出(츌)홈이 晉(진)이니, 君子(군ᄌᆞ)ㅣ
以(이)ᄒᆞ야 스스로 明(명)ᄒᆞᆫ 德(덕)을 昭(쇼)ᄒᆞᄂᆞ니라.

〈해석〉 彖: 진(晉)은 나아가다(進)의 뜻이다. 밝은 태양이 땅 위에서 나와, 순한 것(地)이
태양에 달려 있고, 부드러운 것(陰爻들)이 나서서 위로 향해 올라오고 있다.
이 까닭으로 "강후가 임금으로부터 하사 받은 말들을 많이 불어나게 하니, 하루
에 세 번 접견하였다"라 한 것이다.

★象: 밝은 빛(태양)이 땅 위로 솟아오르는 것이 진괘이니, 군자는 이를 바탕으
로 하여 스스로 밝은 덕을 밝히는 것이다.

【晉, 進也, 明出地上】'明出'은 日出과 같음. 下卦(坤, 地) 위로 上卦(離, 火, 日)이
떠오르는 卦象임을 말함. 그러나 '晉'은 '戩'의 假借이며 '戩伐하여 滅하다'의 뜻으로도
봄. 〈正義〉에 "晉, 進也'者, 以今釋古. 古之晉字, 卽以進長爲義. 恐後世不曉, 故以進釋
之. '明出地上'者, 此就二體釋得晉名. 離上坤下, 故言'明出地上'. 明旣出地, 漸就進長,
所以爲晉"이라 함. 《本義》에 "釋卦名義"라 함.

【順而麗乎大明, 柔進而上行】'順而麗乎大明'의 '順'은 下卦(坤, 順)을 뜻하며, '麗'는
附麗, 依附, 즉 '붙다'의 뜻. '大明'은 태양, 해, 離(日)를 가리킴. '柔進而上行'은 柔(坤,
柔, 順)가 나아가서(進, 晉), 離(火, 日)를 향해 위로 올라감. 즉 하괘 坤의 陰爻 셋이
모두 柔順하며 위로 향하여 上卦 六五(陰)의 군위에 오른 것임. 王弼 注에 "凡言'上行'
者, 所之在貴也"라 하였고, 〈正義〉에 "順而麗乎大明, 柔進而上行'者, 此就二體之義及
六五之爻, 釋'康侯用錫馬'已下也. 坤, 順也; 離, 麗也. 又爲明坤, 能順從而麗著於大明,
六五以柔而進上行, 貴位順而著明, 臣之美道也. 柔進而上行, 君上所與也. 故得厚賜而被
親寵也. '是以「康侯用錫馬蕃庶, 晝日三接」'者, 釋訖擧經以結君寵之意也"라 함. 《集解》

에 “崔憬曰:「渾天之義, 日從地出, 而升于天, 故曰‘明出地上’. 坤, 臣道也; 日, 君德也.
臣以功進, 君以恩接, 是以‘順而麗乎大明’. 雖一卦名晉, 而五爻爲主, 故言‘柔進而上行’
也.」蜀才曰:「此本〈觀〉卦.」案:「九五降四, 六四進五, 是‘柔進’.」”이라 함.

【是以「康侯用錫馬藩庶, 晝日三接」也】王弼 注에 “康, 美之名也. 順以著明, 臣之道也.
柔進而上行, 物所與也. 故得錫馬而蕃庶, 以〈訟〉受服, 則‘終朝三褫’; 柔進受寵, 則‘一晝
三接’也”라 하였고, 〈正義〉에 “云‘以〈訟〉受服, 終朝三褫, 柔進受寵, 一晝三接’, 擧此對
釋者, 盖〈訟〉言‘終朝’; 〈晉〉言‘一晝’, 俱不盡一日, 明黜陟之速, 所以示懲勸也”라 함.《集
解》에 “荀爽曰:「陰進居五, 處用事之位, 陽中之陰, 侯之象也. 陰性安靜, 故曰‘康侯馬’,
謂四也. 五以下羣陰, 錫四也. 坤爲衆, 故曰‘蕃庶’矣.」侯果曰:「康, 美也. 四爲諸侯, 五爲
天子, 坤爲衆, 坎爲馬. 天子至明於上, 公侯謙順於下, 美其治物有功, 故蕃錫車馬, 一晝
三覿也. 〈采菽〉(《詩》小雅)刺幽王侮諸侯詩曰:『雖無與之, 路車乘馬.』〈大行人〉(《周禮》)
職曰:『諸公三饗三問三勞, 諸侯三饗再問再勞, 子男三饗一問一勞.』卽天子三接諸侯之禮
也.」”라 함.《傳》에 “晉, 進也. 明進而盛也. 明出於地, 益進而盛, 故爲晉. 所以不謂之‘進’
者, 進爲前進, 不能包明盛之義. ‘明出地上’, 離在坤上也. 坤麗于離, 以順麗於大明, 順德
之臣, 上附於大明之君也. ‘柔進而上行’, 凡卦離在上者, 柔居君位, 多云柔進而上行. 〈噬
嗑〉·〈睽〉·〈鼎〉是也. 六五以柔居君位, 明而順麗, 爲能待下, 寵遇親密之義. 是以爲‘康侯
用錫馬蕃庶, 晝日三接’也. 大明之君, 安天下者也. 諸侯能順附天子之明德, 是康民安國之
侯也. 故謂之‘康侯’. 是以享寵錫而見親禮, 晝日之間三接見於天子也. 不曰‘公卿’而曰‘侯’,
天子治於上者也; 諸侯治於下者也. 在下而順附於大明之君, 諸侯之象也”라 하였고,《本
義》에 “以卦象·卦德·卦變, 釋卦辭”라 함.

★【明出地上, 晉】이는 卦象(卦形)을 설명한 것. 晉卦는 上卦 離(火, 明, 日)와 下卦
坤(地)의 두 小成卦로 이루어져 있음.

【君子以自昭明德】‘以’는 ‘晉卦의 이러한 卦象이 일러주는 원리를 근거로 하여’의
뜻. ‘自昭明德’은 군자 스스로 자신의 밝은 덕을 밝힘. 日(離)이 地(坤) 위로 떠올라
만물을 비추고 있음을 뜻함. 王弼 注에 “以順著明自顯之道”라 하였고, 〈正義〉에 “‘自昭
明德’者, 昭, 亦明也. 謂自顯明其德也. 周氏等爲照, 以爲自照己身.《老子》曰:「自知者
明.」用明以自照爲明德. 案: 王注此云‘以順著明自顯之道’. 又此卦與〈明夷〉正反. 〈明夷〉
象云:「君子以莅, 衆用晦而明.」王注:「彼云莅衆顯明, 蔽僞百姓, 藏明於內, 乃得明也.」
準此二注, 明王之注意, 以此爲自顯明 德. ‘昭’字宜爲昭‘之遙反’. 周氏等爲照‘之召反’, 非
注旨也”라 함.《集解》에 “鄭玄曰:「地雖生萬物, 日出於上, 其功乃著, 故君子法之, 而以
明自昭其德.」○虞翻曰:「君子謂觀乾, 乾爲德, 坤爲自, 離爲明. 乾五動已, 離日自照, 故

'以自昭明德'也.」라 함. 《傳》에 "昭, 明之也. 傳曰'昭德塞違', 昭其度也. 君子觀明出地上, 而益明盛之象, 而以自昭其明德, 去蔽致知, 昭明德於己也. 明明德於天下, 昭明德於外也. 明明德在已, 故云'自昭'"라 하였고, 《本義》에 "昭, 明之也"라 함.

## (3) 爻辭와 象辭

初六: 晉如摧如, 貞吉. 罔孚, 裕无咎.
☆象曰:「晉如摧如」, 獨行正也;「裕无咎」, 未受命也.

〈언해〉初六(초륙)은, 晉(진)커나 摧(최)커나 貞(뎡)ᄒ면 吉(길)ᄒ고 孚(부)티 아닐 디라도 裕(유)ᄒ면 咎(구)ㅣ 업스리라.[《本義》: 晉(진)ᄒ다가 摧(최)홈이니]
☆象(샹)애 ᄀᆞᆯ오디「晉如摧如」ᄂᆞᆫ 홀로 正(졍)을 行(ᄒᆡᆼ)홈이오,「裕无咎」ᄂᆞᆫ 命(명)을 受(슈)티 몯ᄒ야실 ᄉᆡ라.

〈해석〉[初六](--): 나아가거나 꺾이거나(나서다가 꺾임이니), 곧게 하면 길하리라. 성실함이 없더라도 마음을 너그럽게 가지면 허물이 없으리라.
☆象: "나아가거나 꺾이거나 함"은 홀로 바른 것을 행함을 뜻하는 것이요, "마음을 너그럽게 가지면 허물이 없다"는 것은 아직 명령을 받지 못하였기 때문이다.

【初六】이는 전괘의 시작이며 下卦(坤)의 출발. 陰爻로 位不當하고 앞에 두 음효가 가로막고 있어 아직 出進하기에 역량이 부족함. 그리하여 출진의 命令을 기다리고 있어야 할 위치임.
【晉如摧如, 貞吉】'晉如摧如'의 '如'는 虛辭. '晉'은 進, '摧'는 나섰다가 꺾여 퇴각하기도 함. 혹 '戩如摧如'로써 처음부터 '나서서 적국을 멸하고 꺾어버리다'의 뜻이라고도 함. '貞吉'은 곧게 하면 吉함. 또는 貞辭가 吉함.
【罔孚, 裕无咎】'罔孚'의 '罔'은 無(无). 雙聲互訓. '孚'는 俘와 같음. 俘虜. 그러나 '孚'는 信의 뜻으로 '罔孚'는 아직 신의를 얻지 못하고 있음을 뜻함. '裕无咎'의 '裕'는 '寬裕'의 의미로 급하게 나서지 말 것을 뜻하는 것으로도 풀이함. 《說文》에는 "裕, 衣物饒也"라 하여 입을 옷이 넉넉함을 뜻함. 그러나 ○高亨은 "用兵者, 筮遇此爻, 則進侵敵國, 摧折敵兵, 實爲吉占. 雖無所俘, 但裕而無咎也. 故曰「晉如摧如, 貞吉, 罔孚裕, 无咎」"라 함. 王弼 注에 "處順之初, 應明之始, 明順之德於斯, 將隆進明退順, 不失其正, 故曰'晉如摧如, 貞吉'

也. 處卦之始, 功業未著, 物未之信, 故曰'罔孚'. 方踐卦始, 未至履位, 以此爲足, 自喪其長者也. 故必裕之, 然後无咎"라 하였고, 〈正義〉에 "'晉如摧如, 貞吉'者, 何氏云:「摧, 退也; 裕, 寬也; 如, 辭也. 初六處順之初, 應明之始, 明順之德, 於斯將隆, 進則之明; 退則居順. 進之與退, 不失其正, 故曰'晉如摧如, 貞吉'也. '罔孚'者, 處卦之始, 功業未著, 未爲人所信服, 故曰'罔孚'. '裕无咎'者, 裕, 寬也. 方踐卦始, 未至履位, 不可自以爲足也. 若以此爲足, 是自喪其長也. 故必宜寬裕其德, 使功業弘廣, 然後无咎, 故曰'裕无咎'也"라 함. 《集解》에 "虞翻曰:「晉, 進. 摧, 憂愁也. 應在四, 故'晉如'; 失位, 故'摧如'. 動得位, 故'貞吉'. 應離爲罔. 四坎稱孚, 坤弱爲裕, 欲四之五成巽, 初受其命, 故'无咎'也.」"라 함. 《傳》에 "初居晉之下, 進之始也. '晉如', 升進也; '摧如', 抑退也. 於始進而言, 遂其進, 不遂其進, 唯得正則吉也. '罔孚'者, 在下而始進, 豈遽能深見信於上? 苟上未見信, 則當安中自守, 雍容寬裕, 无急於求上之信也. 苟欲信之心, 切非汲汲以失其守, 則悻悻以傷於義矣. 皆有咎也. 故裕則无咎, 君子處進退之道也"라 하였고, 《本義》에 "以陰居下, 應不中正, 有欲進見, 摧之象. 占者, 如是而能守正, 則吉. 設不爲人所信, 亦當處以寬裕, 則无咎也"라 함.

☆【「晉如摧如」, 獨行正也】'獨行正也'는 홀로 바른 행동을 함. 戰鬪에서 將帥 홀로 正道대로 행동함을 뜻함. 즉 戰勢를 보고 進退를 바르게 判斷함. 〈正義〉에 "〈象〉曰'獨行正'者, 獨, 猶專也. 言進與退, 專行其正也"라 함. 《集解》에 "虞翻曰:「初動震爲行, 初一稱'獨'也.」"라 함.

【「裕无咎」, 未受命也】'未受命'은 帝王(九五)으로부터 멀어 명령을 하달받지 않은 상태에서 나섰기 때문임. 王弼 注에 "注未得履位, 未受命也"라 하였고, 〈正義〉에 "'裕无咎, 未受命也'者, 處進之初, 未得履位, 未受錫命, 故宜寬裕進德, 乃得无咎也"라 함. 《集解》에 "虞翻曰:「五未之巽, 故'未受命'也.」"라 함. 《傳》에 "无進无抑, 唯獨行正道也. 寬裕, 則无咎者, 始欲進而未當位故也. 君子之於進退, 或遲或速, 唯義所當, 未嘗不裕也. 聖人恐後之人不達寬裕之義, 居位者廢職失守以爲裕, 故特云'初六裕', 則无咎者, 始進未受命, 當職任故也. 若有官守, 不信於上而失其職, 一日不可居也. 然事非一槩久速, 唯時亦容, 有爲之兆者"라 하였고, 《本義》에 "初居下位, 未有官守之命"이라 함.

六二: 晉如愁如, 貞吉. 受茲介福于其王母.
☆象曰:「受茲介福」, 以中正也.

〈언해〉 六二(륙이)는 晉(진)ᄒ요미 愁(수)ᄒ나, 貞(뎡)ᄒ면 吉(길)ᄒ리니, 이 介福(개복)
　　　을 그 王母(왕모)ᄭᅴ 受(슈)ᄒ리라.
　　　☆象(샹)애 ᄀᆞ로오디「受茲介福」은 中正(듕졍)으로 뻬라.

〈해석〉 [六二](--): 나서려 하다가 근심하는 것이지만, 마음을 곧게 가지면 길하리라.
　　　이에 왕모(王母)에게 큰 복을 받으리다.
　　　☆象: "이에 큰 복을 받는다"함은, 중정을 지키기 때문이다.

　　【六二】 이는 下卦(坤)의 陰爻로 중앙에 위치하여 位正當함. 그러나 위아래 모두 陰
爻(柔弱)로서 출진의 도움을 받지 못하여 晉卦의 本領을 감행할 수 없음.
　　【晉如愁如, 貞吉】 '愁如'는 음효 속에 갇혀 힘을 펴지 못하기에 수심에 차 있음. '貞
吉'은 역시 그럴수록 더욱 마음을 곧게 가짐. 혹 '貞辭가 吉함'의 뜻이라고도 함.《集
解》에 "虞翻曰:「坎爲應, 在坎上, 故'愁如'; 得位處中, 故'貞吉'也.」"라 함.
　　【受茲介福于其王母】 '茲'는 此, 斯와 같음. '介福'은 큰 복. '介'는 大의 뜻. 앞서 하사
받은 많은 말을 뜻함. '王母'는 六五를 가리킴. 陰爻이므로 '母'로 표현한 것. 그러나
○高亨은 "康叔乃文王之子, 則康叔之王母, 卽太任矣. 蓋康叔帥師, 進侵敵國, 迫之使降,
實得吉占, 太任嘉其功勞, 命文王或武王錫之爵祿, 故記之曰「晉如摧如, 貞吉, 受茲介福
于其王母」. 降叔之初封於康, 或卽由於戰功歟!"라 하여, '王母'는 구체적으로 康叔의 할
머니 太任(季歷의 아내이며 文王의 어머니)일 것이라 하였음. 王弼 注에 "進而无應,
其德不昭, 故曰'晉如愁如'. 居中得位, 履順而正, 不以无應, 而回其志, 處晦能致其誠者
也. 脩德以斯, 聞乎幽昧, 得正之吉也. 故曰'貞吉'. 母者, 處內而成德者也.『鳴鶴在陰, 則
其子和之』, 立誠於闇, 闇亦應之, 故其初愁如. 履貞不回, 則乃'受茲大福于其王母'也"라
하였고, 〈正義〉에 "晉如愁如'者, 六二進而无應於上, 其德不見昭明, 故曰'晉如愁如', 憂
其不昭也. '貞吉'者, 然履順居於中正, 不以无應, 而不脩其德, 正而獲吉, 故曰'貞吉'也.
'受茲介福于其王母'者, 介者, 大也; 母者, 處內而成德者也. 初雖愁如, 但守正不改, 終能
受此大福於其所脩, 故曰'受茲介福于其王母'.『鳴鶴在陰, 則其子和之』者, 此王用〈中孚〉
九二爻辭也"라 함.《集解》에 "虞翻曰:「乾爲介福, 艮爲手, 坤爲虛, 故稱受. 介, 大也,
謂五已正中, 乾爲王, 坤爲母, 故'受茲介福于其王母'.」"라 함.《傳》에 "六二在下, 上无應
援, 以中正柔和(一作順)之德, 非强於進者也. 故於進爲可憂愁, 謂其進之難也. 然守其貞

正, 則當得吉, 故云'晉如愁如, 貞吉'. 王母, 祖母也. 謂陰之至尊者, 指六五也. 二以中正
之道自守, 雖上无應援, 不能自進. 然其中正之德, 久而必彰. 上之人自當求之, 蓋六五大
明之君, 與之同德, 必當求之, 加之寵祿, 受介福于王母也. 介, 大也"라 하였고, 《本義》에
"六二中正, 上无應援, 故欲進而愁. 占者, 如是而能守正, 則吉而受福于王母也. 王母, 指
六五. 蓋享先妣之吉占, 而凡以陰居尊者, 皆其類也"라 함.

☆【「受茲介福」, 以中正也】 '以中正'의 '以'는 이유, 까닭, 원인. '中正'은 이 효가 중
앙(中)에 위치하여 位正當(正)함을 뜻함. 《集解》에 "九家《易》曰:「五動得正中, 故二受
大福矣. 大福, 謂馬與蕃庶之物是也.」"라 함. 《傳》에 "受茲介福, 以中正之道也. 人能守
中正之道, 久而必亨, 況大明在上而同德? 必受大福也"라 함.


# 六三: 衆允, 悔亡.
## ☆象曰:「衆允」之志, 上行也.

〈언해〉六三(륙삼)은, 衆(중)이 允(윤)ᄒᆞᄂᆞᆫ 디라 悔(회)ㅣ 亡(망)ᄒᆞ니라.
　　　☆象(샹)애 ᄀᆞᆯ오디「衆允」의 志(지)는 上(샹)ᄒᆞ야 行(ᄒᆡᆼ)홈이라.
〈해석〉[六三](--): 무리들을 믿어주기에, 회한이 사라지리라.
　　　☆象: "무리들이 믿어주는" 뜻을 위로 올려 실행함을 뜻한다.


【六三】이는 下卦(坤)의 가장 윗자리이며 陰爻로 位不當함. 그러나 晉卦의 本領인
'出進'을 더 이상 미룰 수 없어, 아래 두 효가 음효이지만 이들을 믿고 나서기로 결정
하는 위치임.

【衆允, 悔亡】 '衆允'은 모두(坤卦의 陰爻들)가 믿고 同意함. '允'은 '믿다, 신임하다,
信賴하다'의 뜻. 그러나 沙少海는 '進, 出陣, 攻擊'의 뜻이라 하였음. ○高亨은 "馭民者,
帥師者, 衆人信之, 則悔亡, 故曰「衆允, 悔亡」"이라 함. 王弼 注에 "處非其位, 悔也. 志在上
行, 與衆同信, 順而麗明, 故得'悔亡'也"라 하였고, 〈正義〉에 "六三處非其位, 有悔也. 志在
上行, 與衆同信, 順而麗明, 故得其'悔亡'"이라 함. 《集解》에 "虞翻曰:「坤爲衆. 允, 信也.
土性信, 故衆允. 三失正與上易位, 則悔亡, 故〈象〉曰'上行'也. 此則成小過, 小過, 故有飛
鳥之象焉. 臼杵之利, 見顧鼠出入. 坎, 穴, 蓋取諸此也.」"라 함. 《傳》에 "以六居三, 不得中
正, 宜有悔咎(一作咎), 而三在順體之上, 順之極者也. 三陰皆順上者也. 是三之順上, 與衆
同志, 衆所允從, 其悔所以亡也. 有順上向明之志, 而衆允從之, 何所不利? 或曰:「不由中

正, 而與衆同, 得爲善乎?」曰:「衆所允者, 必至當也. 況順上之大明, 豈有不善也? 是以悔
亡, 蓋亡其不中正之失矣. 古人曰:『謀從衆, 則合天心.』」이라 하였고, 《本義》에 "三不中
正, 宜有悔者, 以其與下二陰, 皆欲上進, 是以爲衆所信, 而悔亡也"라 함.

☆【「衆允」之志, 上行也】 '上行'은 위로 진출하여 실행하고자 뜻을 둠. 〈正義〉에 "
〈象〉曰'衆允之志, 上行'者, 居晉之時, 衆皆欲進, 已應於上, 志在上行, 故能與衆同信也"
라 함. 《集解》에 "虞翻曰:「坎爲志三, 之上成震, 故曰'上行'也.」"라 함. 《傳》에 "'上行',
上順麗於大明也. 上從大明之君, 衆志之所同也"라 함.


# 九四: 晉如鼫鼠, 貞厲.
# ☆象曰:「鼫鼠, 貞厲」, 位不當也.

〈언해〉 九四(구스)는, 晉(진)ᄒ욤이 鼫鼠(셕셔)ㅣ니, 貞(뎡)ᄒ면 厲(려)ᄒ리라.

　　☆象(샹)애 굴오디 「鼫鼠, 貞厲」는 位(위)ㅣ 當(당)티 아닐 ᄉ라.

〈해석〉 [九四](一): 나아가는 것이 석서(鼫鼠)와 같으니, 마음을 곧고 가져도 위태로우
리라.

　　☆象: "석서와 같아, 마음을 곧고 가져도 위태롭다"함은, 자리가 마땅치 않기
때문이다.


【九四】 이는 全卦의 첫 陽爻이며 上卦(離, 火)의 첫 출발. 陽爻로 位不當하며, 자신이
첫 陽爻라 하여 선뜻 나서지만 아래의 도움이 없어 晉(進)의 本領을 성공시키지 못함.
【晉如鼫鼠, 貞厲】 進擊하기를 마치 큰 쥐가 나서듯 함. '晉'은 進과 같음. '鼫鼠'는
田鼠라고도 하며 큰 쥐, 혹 날다람쥐, 청설모, 땅강아지(螻蛄) 등 여러 설이 있음. 《爾
雅》'鼫鼠'의 郭璞 注에 "形大如鼠, 頭如兔, 尾有毛, 靑黃色, 好在田中食粟豆"라 하였고,
《詩》(鼫鼠)에 "鼫鼠鼫鼠, 無食我黍. 鼫鼠鼫鼠, 無食我麥"이라 함. 한편 '鼫鼠'는 蔡邕
〈勸學篇〉注에 의하면 '能飛不能過屋', '能游不能渡谷', '能穴不能掩身', '能緣不能窮木',
'能走不能先人'의 '다섯 가지 長技를 가지고 있으나 하나도 성취하지 못한다'라 하였
음. 이에 《荀子》(勸學篇)에도 "鼫鼠五技而窮"이라 함. 《子夏傳》에는 '碩鼠'로 되어 있
음. '貞厲'는 바르게 해도 위험함. 혹 '貞辭가 위험하다'로 풀이하기도 함. ○高亨은
"進兵侵伐敵國, 如乘其不備而襲之, 出沒無常, 正似鼫鼠之食稼, 卽所謂'晉如鼫鼠'也. 用
兵如此, 亦有易敗之虞, 故曰「晉如鼫鼠, 貞厲」"라 함. 王弼 注에 "履非其位, 上承於五,

下據三陰, 履非其位, 又負且乘, 无業可安, 志无所據, 以斯爲進, 正之危也. 進如鼫鼠, 无所守也"라 하였고, 〈正義〉에 "'晉如鼫鼠'者, 鼫鼠, 有五能而不成, 伎之蟲也. 九四履非其位, 上承於五, 下據三陰, 上不許其承, 下不許其據, 以斯爲進, 无業可安, 无據可守, 事同鼫鼠, 无所成功也. 以斯爲進, 正之危也. 故曰'晉如鼫鼠, 貞厲'也. '晉如鼫鼠, 无所守也'者, 蔡邕〈勸學篇〉云: 「鼫鼠五能, 不成一伎.」 王注曰: 「能飛不能過屋, 能緣不能窮木, 能游不能度谷, 能穴不能掩身, 能走不能先人.」《本草經》云: 「螻蛄, 一名鼫鼠.」 謂此也. 鄭引《詩》云: 「碩鼠碩鼠, 無食我黍.」 謂大鼠也. 陸機以爲雀鼠. 案王以爲无所守蓋五伎者, 當之"라 함. 《集解》에 "九家《易》曰: 「鼫鼠喩貪, 謂四也. 體離欲升, 體坎欲降, 游不度瀆, 不出坎也. 飛不上屋, 不至上也. 緣不極木, 不出離也. 穴不掩身, 五坤薄也. 走不先足外, 震在下也. 五伎皆劣, 四爻當之, 故曰'晉如鼫鼠'也.」"라 함. 《傳》에 "以九居四, 非其位也. 非其位而居之貪, 據其位者也. 貪處高位, 旣非所安, 而又與上同德, 順麗於上三陰, 皆在已下, 勢必上進, 故其心畏忌之貪, 而畏人者, 鼫鼠也. 故云'晉如鼫鼠'. 貪於非據而存, 畏忌之心, 貞固守此, 其危可知. 言'貞厲'者, 開有改之道也"라 하였고, 《本義》에 "不中不正, 以竊高位, 貪而畏人, 蓋危道也. 故爲鼫鼠之象. 占者, 如是, 雖正亦危"라 함.

☆【「鼫鼠, 貞厲」, 位不當也】 '位不當'은 '四'는 陰爻의 자리인데 陽爻임을 뜻함. 《集解》에 "翟玄曰: 「鼫鼠, 晝伏夜行, 貪猥无已, 謂雖進承, 五然潛據, 下陰久居, 不正之位, 故有危厲也.」"라 함. 《傳》에 "賢者, 以正德宜在高位. 不正而處高位, 則爲非. 據貪而懼失, 則畏人. 固處其地, 危可知也"라 함.


# 六五: 悔亡, 失得勿恤. 往吉, 无不利.
# ☆象曰: 「失得勿恤」, 往有慶也.

〈언해〉六五(륙오)는, 悔(회)ㅣ 亡(망)ㅎ란디 失(실)ㅎ며 得(득)ㅎ욤을 恤(휼)티 마롤 디니, 徃(왕)애 吉(길)ㅎ야, 利(리)티 아님이 업스리라.[《本義》: 悔(회) 亡(망)ㅎ니, 失(실)ㅎ며 得(득)홈을 恤(휼)티 말면, 徃(왕)애 吉(길)ㅎ야]

☆象(샹)애 굴오디 「失得勿恤」은 徃(왕)ㅎ야 慶(경)이 이시리라.

〈해석〉[六五](--): 뉘우침이 없어질 것이니, 잃거나 얻거나 하는 것을 근심하지 말 것이니, 나서면 길하여, 이롭지 않음이 없으리라.(회한이 사라지니 잃으며 얻음을 근심하지 않으면 나서기에 길하여)

☆象: "잃고 얻는 것을 근심하지 말라"함은, 나서면 경사가 있다는 뜻이다.

【六五】이는 帝位이며 陰爻로 位不當함. 그러나 이 효는 진괘의 主爻로, 아래 陰爻들이 晉升하여 帝位를 차지한 것이므로 得失에 안타까워할 필요가 없음.

【悔亡, 失得勿恤】 '悔亡'은 悔恨이 사라짐. '失得'은 得失과 같음. 그러나 '잃었던 것을 되돌려 찾다'의 뜻이라고도 함. 한편《集解》에는 '矢得'으로 되어 있으며, "矢, 古'誓'字. 誓, 信也"라 함. '勿恤'은 '근심하지 말라, 안타까워하지 말라'의 뜻.《說文》에 "恤, 憂也"라 함.《集解》에는 '卹(邮)'로 되어 있음.

【往吉, 无不利】 '往吉'은 나서서 행동에 옮기면 길함이 있음. ○高亨은 "筮遇此爻, 悔可亡, 失物可得, 勿憂, 有所往吉且無不利, 故曰「悔亡, 失得, 勿恤, 往吉, 无不利」"라 함. 王弼 注에 "柔得尊位, 陰爲明主, 能不用察, 不代下任也. 故雖不當位, 能消其悔, 失得勿恤, 各有其司術, 斯以'往, 无不利'也"라 하였고, 〈正義〉에 "'悔亡, 失得勿恤, 往吉, 无不利'者, 居不當位, 悔也. 柔得尊位, 陰爲明主, 能不自用其明, 以事委任於下, 故得'悔亡'. 旣以事任下, 委物責成, 失之與得, 不須憂恤, 故曰'失得勿恤'也. 能用此道, 所往皆吉而无不利, 故曰'往吉, 无不利'也"라 함.《集解》에 "荀爽曰:「五從坤動, 而來爲離. 離者射出, 故曰'矢得'. 陰居尊位, 故有悔也. 以中盛明, 光照四海, 故'悔亡勿恤, 吉, 无不利'也.」"라 함.《傳》에 "六以柔居尊位, 本當有悔以大明, 而下皆順附, 故其悔得亡也. 下旣同德, 順附當推, 誠委任盡衆人之才, 通天下之志, 勿復自任其明, 恤其失德. 如此而往, 則吉而无不利也. 六五, 大明之主, 不患其不能, 明照患其用明之過, 至於察察, 失委任之道, 故戒以'失得勿恤'也. 夫私意偏任, 不察則有蔽, 蓋天下之公, 豈當(一作得)復用(一有其字)私察也?"라 하였고,《本義》에 "以陰居陽, 宜有悔矣. 以大明在上, 而下皆順從, 故占者得之, 則其悔亡. 又一切去其計功謀利之心, 則往吉而无不利也. 然亦必有其德, 乃應其占耳"라 함.

☆【「失得勿恤」, 往有慶也】 '往有慶'은 나서서 앞으로 가면 慶事가 있을 것임.〈正義〉에 "〈象〉曰'往有慶'者, 委任得人, 非惟自得无憂, 亦將人所慶說, 故曰'有慶'也"라 함.《集解》에 "虞翻曰:「動之乾, 乾爲慶也. 矢, 古'誓'字. 誓, 信也. 勿, 无; 邮, 憂也. 五變得正, 坎象不見, 故'誓得勿邮, 往有慶也'.」"라 함.《傳》에 "以大明之德, 得下之附, 推誠委任, 則可以成天下之大功. 是往而有福慶也"라 함.

上九: 晉其角, 維用伐邑, 厲吉, 无咎, 貞吝.
☆象曰:「維用伐邑」, 道未光也.

〈언해〉上九(상구)는, 晉(진)이 그 角(각)이니, 오직 뻐 邑(읍)을 伐(벌)호면, 厲(려)호나
　　　吉(길)호고, 咎(구)ㅣ 업스려니와, 貞(뎡)앤 吝(린)호니라.[《本義》: 貞(뎡)호야도
　　　吝(린)호리라]
　　　☆象(상)애 곧오디「維用伐邑」은 道(도)ㅣ 光(광)티 몯홀 시라.

〈해석〉[上九](一): 그 뿔까지 나선 것이니, 오직 이로써 읍(邑)을 쳐서 정벌하면 위험하
　　　기는 하나 길하고, 허물도 없으려니와, 정사에는 난관이 있다.(곧게 해도 어려
　　　우리라.)
　　　☆象: "오직 이로써 읍을 정벌한다"함은, 왕도가 아직 널리 펴지지 않았기 때문
　　　이다.


　　【上九】 이는 전괘의 마무리이며 陽爻로 位不當함. 그러나 陽剛을 띠고 있고 六三과
正應을 이루고 있어, 晉(進)의 본령을 수행하여 공을 세우고자 전쟁의 방법을 사용하
나, 실제 治道는 德으로 해야 함을 비유함.
　　【晉其角, 維用伐邑, 厲吉, 无咎, 貞吝】 '晉其角'의 '角'은 짐승의 뿔. 즉 進長의 極端
에 이른 것으로, 더 나설 곳이 없어 장차 衰微의 길로 들어설 것임을 비유함. 그러나
○高亨은 "晉其角者, 獸進其角而有所抵觸也. 進其兵而有所侵伐者似之. 角之堅, 猶兵之
堅也. 角之不銳, 猶兵之不銳也. 以堅而不銳之兵, 攻伐邑國, 以其堅也, 必無潰敗, 雖危
亦吉, 且無咎, 以其不銳也, 難於克敵, 故曰「晉其角, 維用伐邑, 厲吉, 无咎, 貞吝」"이라
하여, '동물에게 뿔은 가장 중요한 공격과 방어의 무기로, 이를 써서 전투를 벌임을
뜻하는 것'이라 하였음. 그런가 하면 沙少海는 "其, 這裏用同則. 角, 訓較量. 《孫子》虛
實篇:「角之而知有餘不足之處.」"라 함. 《集解》에 "虞翻曰:「五已變之乾, 爲首位在, 首
上稱角, 故「晉其角」也.」"라 함. '維'는 '惟'와 같으며 '思惟하다, 따져보다, 헤아리다'의
뜻. 혹 '오직'(唯)의 뜻, 또는 虛辭로도 봄. '邑'은 반란하여 자신을 따르지 않는 제후나
지역. '貞吝'은 貞辭가 '난관이 있을 것'이라 한 내용. 혹 '곧은 마음을 가져도 어려움은
있을 것'임을 말함. 王弼 注에 "處進之極, 過明之中, 明將夷焉. 已在乎角, 而猶進之, 非
亢如何? 失夫道化无爲之事, 必須攻伐, 然後服邑. 危乃得吉, 吉乃无咎, 用斯爲正, 亦以
賤矣"라 하였고, 〈正義〉에 "'晉其角'者, 西南隅也. 上九處進之極, 過明之中, 其猶日過於
中, 已在於角, 而猶進之, 故曰'進其角'也. '維用伐邑'者, 在角猶進, 過亢不已, 不能端拱

无爲, 使物自服, 必須攻伐其邑, 然後服之, 故云'維用伐邑'也. '厲吉, 无咎, 貞吝'者, 『兵者, 凶器』(《老子》(31)에 「兵者, 不祥之器」라 함) 伐而服之, 是危乃得吉, 吉乃无咎, 故曰'厲吉, 无咎'. 以此爲正, 亦以賤矣. 故曰'貞吝'也"라 함. 《集解》에 "虞翻曰:「坤爲邑, 動成震而體師, 象坎爲心, 故'維用伐邑'. 得位乘五, 故'厲吉, 无咎而貞吝'矣.」"라 함. 《傳》에 "角, 剛而居上之物. 上九以剛, 居卦之極, 故取角爲象, 以陽居上剛之極也. 在晉之上, 進之極也. 剛極, 則有强猛之過; 進極, 則有躁急之失. 以剛而極於進, 失中之甚也. 无所用而可, 維獨用於伐邑, 則雖厲而'吉且无咎'也. 伐四方者, 治外也; 伐其居邑者, 治內也. 言'伐邑', 謂內自治也. 人之自治, 剛極則守道愈固; 進極則遷善愈速. 如上九者, 以之自治, 則雖傷於厲, 而吉且无咎也. 嚴厲, 非安和之道, 而於自治, 則有功也. 復云'貞吝', 以盡其義, 極於剛進, 雖自治有功, 然非中和之德, 故於貞正之道, 爲可吝也. 不失中正爲貞"이라 하였고, 《本義》에 "角, 剛而居上, 上九剛進之極, 有其象矣. 占者得之, 而以伐其私邑, 則雖危而吉且无咎. 然以極剛治小邑, 雖得其正, 亦可吝矣"라 함.

☆【「維用伐邑」, 道未光也】'道未光'은 道가 아직 넓지 못함. 德道로 하지 않고 武力으로 함을 뜻함. '道'는 晉卦의 本領인 進道. '光'은 廣과 같음. 〈正義〉에 "〈象〉曰'道未光也'者, 用伐乃服, 雖得之其道, 未光大也"라 함. 《集解》에 "荀爽曰:「陽雖在上, 動入冥逸, 故'道未光'也.」"라 함. 《傳》에 "'維用伐邑', 旣得吉而无咎. 復云'貞吝'者, 其道未光大也. 以正理言之, 尤可吝也. 夫道旣光大, 則无不中正安, 有過也. 今以過剛自治, 雖有功矣. 然其道未光大, 故亦可吝. 聖人言盡善之道"라 함.

# 036 명이明夷

䷣ 地火明夷: ▶離下坤上(☲下☷上)

　*明夷(명이): 〈音義〉에 "夷, 傷也"라 함. '명이(míngyí)로 읽음. '明夷'는 光明이 손상을 입음. 《廣雅》에 "夷, 滅也"라 하였으며, 이 경우, '夷'는 '痍'의 통가자이며 '痍滅', '傷痍'의 뜻. 하괘는 離(火, 日)이며 상괘는 坤(地)으로, 땅 밑에서 불이 타오르는 異卦相疊의 '地火' 괘체임. 동시에 離는 日이므로, 태양이 땅 속으로 이미 져서 천지가 흑암에 빠져 나아갈 길을 찾지 못하는 형상임. 마찬가지로 정치가 昏暗하며, 백성이 도탄에 허덕여, 光明이 泯滅된 혼란한 세상을 상징함. 이 때 군자는 응당 守正不阿하며, 遵時養晦하여 기다림과 동시에, 기회를 보아 스스로 그 빛을 밝히고 정도로써 밝은 세상을 만들어야 함을 상징함. 특히 殷末 紂王의 黑暗 시대를 설명한 것으로 文王과 箕子를 거론하고 《周易》 전체에 인명이 거론된 유일한 괘임. 그러나 ○高亨은 "以「明夷于飛, 垂其翼」句觀之, 明夷爲鳥類, 可斷言也. '明'疑借爲'鳴', 古字通用; '夷'疑借爲'雉', 古字通用"이라 하여, '明夷'는 '鳴雉'가 아닌가 하였음.

　*《集解》에 "〈序卦〉曰:「進必有所傷, 故受之以'明夷'.」夷者, 傷也.」(九家《易》曰:「日在坤下, 其明傷也. 言進極當降, 復入于地, 故曰'明夷'也.」)"라 함.

　*《傳》에 "明夷', 〈序卦〉:「晉者, 進也. 進必有所傷, 故受之以'明夷'.」夷者, 傷也. 夫進之(一作而)不已, 必有所傷, 理自然也. 明夷, 所以次晉也. 爲卦坤上離下, 明入地中也. 反晉成明夷, 故義與晉正相反. 晉者, 明盛之卦. 明君在上, 羣賢竝進之時也. 明夷, 昏暗之卦, 暗君在上, 明者見傷之時也. 日入於地中, 明傷而昏暗也. 故爲明夷"라 함.


## (1) 卦辭

# 明夷: 利艱貞.

〈언해〉 明夷(명이)는 艱(간)호 제 貞(뎡)홈이 利(리)ᄒᆞ니라.[《本義》: 艱(간)ᄒᆞ야 貞(뎡)홈이 利(리)ᄒᆞ니라]

〈해석〉 명이(明夷, 명이괘)는 어려울수록 마음을 곧게 가져야 이로우리라.(어려워서 곧게 함이 이로우니라.)

【明夷】卦名이며, '어둠. 컴컴함. 흑암의 세상, 광명이 빛을 감춤', '밝음이 상해를 입어 천하가 어두움', '그러나 현인군자는 은퇴하여 자신의 덕을 養晦, 隱藏해하고 기다려야 함'을 뜻함.《集解》에 "虞翻曰:「夷, 傷也. 臨二之三, 而反晉也. 明入地中, 故傷矣.」"라 함.

【利艱貞】어려울 때일수록 바르게 행동함을 이롭게 여김. 艱難속에서 貞正을 堅持함. 혹 점을 쳐서 '艱難하다'는 貞辭이기에, 도리어 養晦로써 때를 기다려야 하므로 유리함. 이 明夷괘는 태양(離)이 땅(坤) 아래에 있어, 人事로 보면 위에 昏暗한 君主가 있고, 아래 明哲한 臣下가 있는 형상임. 따라서 이처럼 흑암의 시대에는 감히 자신의 明智를 자랑할 것이 아니라 艱難 속에 正道를 지켜야 함을 상징함. ○高亨은 "筮艱難之事者, 遇此卦則利, 故曰「利艱貞」"이라 함. 〈正義〉에 "明夷, 卦名. 夷者, 傷也. 此卦日入地中, 明夷之象. 施之於人事, 闇主在上, 明臣在下, 不敢顯其明智, 亦明夷之義也. 時雖至闇, 不可隨世傾邪, 故宜艱難, 堅固守其貞正之德, 故明夷之世, 利在艱貞"이라 함.《集解》에 "虞翻曰:「謂五也. 五失位變出, 成坎爲艱, 故'利艱貞'矣.」○鄭玄曰:「夷, 傷也. 日出地上, 其明乃光, 至其入地, 明則傷矣. 故謂之明夷. 日之明傷, 猶聖人君子有明德而遭亂世, 抑在下位, 則宜自艱无幹事政, 以避小人之害也.」"라 함.《傳》에 "君子當明夷之時, 利在知艱難而不失其貞正也. 在昏暗艱難之時, 而能不失其正. 所以爲明(一有爲字)君子也"라 하였고,《本義》에 "夷, 傷也. 爲卦下離上坤, 日入地中明而見傷之象, 故爲'明夷'. 又其上六爲暗之主, 六五近之. 故占者, 利於艱難以守正, 而自晦其明也"라 함.

## (2) 彖辭와 象辭

彖曰: 明入地中, 明夷; 內文明而外柔順, 以蒙大難, 文王以之.
「利艱貞」, 晦其明也. 內難而能正其志, 箕子以之.
★象曰: 明入地中, 明夷. 君子以莅衆, 用晦而明.

〈언해〉彖(단)애 글오디 明(명)이 地中(디듕)애 入(입)홈이 明夷(명이)니,
內(니)는 文明(문명)ᄒ고 外(외)는 柔順(유슌)ᄒ야, 뻐 大難(대난)을 蒙(몽)홈이니, 文王(문왕)이 以(이)ᄒ니라.
「利艱貞」은 그 明(명)을 晦(회)ᄒ욤이라. 內(니)ㅣ 難(난)호디 能(능)히 그 志(지)를 正(졍)ᄒ욤이니, 箕子(긔ᄌ)ㅣ 以(이)ᄒ니라.

★象(샹)애 굴오디 明(명)이 地中(디듕)에 入(입)홈이 明夷(명이)니, 君子(군ᄌᆞ)
ㅣ 以(이)ᄒᆞ야 衆(즁)을 莅(니)호매, 晦(회)를 뻐 明(명)ᄒᆞᄂᆞ니라.

〈해석〉 象: 밝은 빛(離)이 땅 속으로 들어가 있는 모습이 명이괘이다.

안은 文明하고 밖은 유순하여, 이로써 큰 어려움을 덮어쓰고 있으니, 문왕(文
王)이 이러한 이치로써 자신을 지켜낸 것이다.

"어려울수록 마음이 곧아야 이롭다"함은, 밝은 빛을 양회(養晦)함을 뜻한다.
안으로 어려우나 능히 그 뜻을 바르게 하는 것이니, 기자(箕子)가 이러한 이치
로써 자신을 지켜내었던 것이다.

★象: 밝은 빛이 땅 속에 들어가는 있는 것이 명이괘이니, 군자는 이러한 원리를
바탕으로 하여 백성들에게 임(臨)함에, 어두움으로써 밝음을 삼는다.


【明入地中, 明夷】 '明入地中'은 上卦(坤, 地) 아래에 下卦(離, 火, 日, 明)이 있어, 밝
음이 땅 속으로 들어가 덮여 있는 卦象임. 〈正義〉에 "'明入地中, 明夷'者, 此就二象以釋
卦名, 故此及〈晉〉卦, 皆象象同辭也"라 함. 《集解》에 "蜀才曰:「此本〈臨〉卦也.」 案:「夷,
滅也. 九二升三, 六三降二, 明入地中也. 明入地中, 則明滅也.」"라 함. 《本義》에 "以卦象
釋卦名"이라 함.

【內文明而外柔順, 以蒙大難, 文王以之】 '內文明而外柔順'은 內卦(下卦) 離는 文明을
의미하며, 外卦(上卦) 坤은 柔順함을 상징함. '以蒙大難'은 이러한 괘상으로 인해 큰
어려움을 뒤집어쓰고 있음. 《集解》에 "荀爽曰:「明在地下, 爲坤所蔽, 大難之象. 大難,
文王君臣相事, 故言大難也.」"라 함. '文王以之'는 일부 본에는 '文王似之'로 되어 있음.
文王(姬昌)이 艱難 속에서도 明夷괘의 이러한 깊은 원리에 따라 品德을 養晦하고 있음
을 상징함. 文王은 周나라 건국의 聖王. 姬昌. 后稷(姬棄)의 후손으로 季歷의 아들이며
古公亶甫의 손자. 殷(商)나라 말왕 紂임금 때 西伯이 되어 仁政을 베풀었으나, 紂의
미움을 받아 羑里(牖里, 지금의 河南 湯陰縣)의 감옥에 갇히는 등 고초를 겪기도 하였
으며, 특히 그 유리옥에 갇혔을 때 《易》을 정리하였다 하여, 이 明夷괘에서 특별히
다루고 있는 것임. 그 뒤 아들 武王(姬發)에 이르러 紂를 牧野에서 멸하고, 고공단보
를 太王으로, 季歷을 王季로, 姬昌(西伯)을 文王으로 追尊하여 周나라가 正統 天子國이
된 것임. 《尙書》(周書)와 《史記》(周本紀) 등을 참조할 것. 〈正義〉에 "內文明而外柔順,
以蒙大難, 文王以之'者, 旣釋明夷之義, 又須出能用明夷之人, 內懷文明之德, 撫教六州;
外執柔順之能, 三分事紂, 以此蒙犯大難, 身得保全, 惟文王能用之, 故云'文王以之'"라
함. 《集解》에 "虞翻曰:「以, 用也. 三喻文王, 大難謂坤. 坤爲弑父, 迷亂荒淫, 若紂殺比

干. 三幽坎中, 象文王之拘羑里, 震爲諸侯, 喩從文王者. 紂懼出之, 故以蒙大難, 得身全矣.」라 함. 《傳》에 "明入於地, 其明滅也. 故爲明夷. 內卦離, 離者, 文明之象; 外卦坤, 坤者, 柔順之象. 爲人內有文明之德, 而外能柔順也. 昔者, 文王如是, 故曰'文王以之'. 當紂之昏暗, 乃明夷之時, 而文王內有文明之德, 外柔順以事紂, 蒙犯大難, 而內不失其明聖, 而外足以遠禍患(一作害). 此文王所用之道也. 故曰'文王以之'"라 하였고, 《本義》에 "以卦德釋卦義. '蒙大難', 謂遭紂之亂而見囚也"라 함.

【「利艱貞」, 晦其明也】'晦其明'은 그 밝음(下卦 離, 火, 明)을 땅(上卦 坤, 地)이 덮어 어둡게 함. '晦'는 箕子의 佯狂을 뜻하는 것이라고도 함. 〈正義〉에 "'利艱貞, 晦其明也'者, 此又就二體釋卦之德. 明在地中, 是晦其明也. 旣處明夷之世, 外晦其明, 恐陷於邪道, 故利在艱固, 其貞不失其正. 言所以利艱貞者, 用晦其明也"라 함.

【內難而能正其志, 箕子以之】안에서 어려움을 당하고 있지만 그 품은 뜻은 능히 바르게 가짐. '內難'은 箕子가 紂에게 고통을 당하고 있음을 말함. '箕子以之'는 혹 '箕子似之'로도 표기되어 있음. 箕子는 이러한 원리로써 해냄. '箕子'는 이름은 胥餘. 箕 땅에 봉해진 子爵의 왕족. 紂임금의 諸父(叔父)로 알려짐. 紂의 무도함을 간언하였으나 듣지 않자 거짓 미친 체하며 살았다 함. 뒤에 武王이 殷을 멸하고 箕子를 周의 도읍 鎬京으로 돌아오도록 불렀으며, 이 때 〈洪範〉을 서술해 바쳤음. 《尙書》洪範篇 序에 "武王勝殷殺受, 立武庚, 以箕子歸, 作〈洪範〉"이라 함. 〈正義〉에 "內難而能正其志, 箕子以之'者, 旣釋艱貞之義, 又須出能用艱貞之人, 內有險難, 殷祚將傾, 而能自正其志, 不爲邪諂, 惟箕子能用之, 故云'箕子以之'"라 함. 《集解》에 "虞翻曰:「箕子, 紂諸父, 故稱內難. 五乾天位, 今化爲坤, 箕子之象. 坤爲晦, 箕子正之, 出五成坎, 體離重明, 麗正坎爲志, 故正其志. 箕子以之, 而紂奴之矣.」"라 함. 《傳》에 "明夷之時, 利於處艱戹, 而不失其貞正, 謂能晦藏其明也. 不晦其明, 則被禍患; 不守其正, 則非賢明. 箕子當紂之時, 身處其國內, 切近其難, 故云'內難'. 然箕子能(一无能字)藏晦其明, 而自守其正志. 箕子所用之道也. 故曰'箕子以之'"라 하였고, 《本義》에 "以六五, 一爻之義釋卦辭. '內難', 謂爲紂近親, 在其國內, 如六五之近於上六也"라 함.

★【明入地中, 明夷】明(離, 火)이 地(坤) 밑으로 들어가서 밖은 캄캄하나 땅 속은 밝음. 이는 內明外晦의 卦象을 두고 설명한 것임.

【君子以莅衆, 用晦而明】군자는 이 明夷괘의 원리를 바탕으로 群衆에게 臨하면서 晦를 이용하여 明이 되도록 함. '莅'는 涖로도 표기하며 雙聲互訓으로 '臨', '理' 등의 뜻이며, 다시 治의 뜻이 됨. '衆'은 백성. '用晦而明'은 '用晦如明'과 같음. 養晦의 방법을 쓰기를 밝은 것으로 여기듯 함. 즉 明智를 隱藏하는 방법으로함. 이는 통치자가 苛酷하

게 살피는 것을 '明'으로 여기지 아니하고 外愚內慧함을 이상의 통치방법으로 여김을 뜻함. 王弼 注에 "莅衆, 顯明蔽僞百姓者也. 故以蒙養正, 以明夷莅衆. 藏明於內, 乃得明也. 顯明於外, 巧所辟也"이라 하였고, 〈正義〉에 "莅衆, 顯明蔽僞百姓者也. 所以君子能用此明夷之道, 以臨於衆, 冕旒垂目, 黈纊塞耳, 无爲淸靜, 民化不欺. 若運其聰明, 顯其智慧, 民卽逃其密網, 姦詐愈生, 豈非藏明用晦, 反得其明也? 故曰'君子以莅衆, 用晦而明'也"라 함. 《集解》에 "虞翻曰:「而, 如也. 君子謂三, 體師象, 以坎莅坤. 坤爲衆爲晦, 離爲明, 故'用晦如明'也.」"라 함. 《傳》에 "明所以照君子, 无所不照. 然用明之過, 則傷於察. 太察, 則盡事而无含弘之度. 故君子觀'明入地中'之象於莅衆也. 不極其明察而用晦, 然後能容物和衆. 衆親而安, 是用晦乃所以爲明也. 若自任其明, 无所不察, 則已不勝其忿疾, 而无寬厚含容(一作弘)之德. 人情睽疑而不安, 失莅衆之道, 適所以爲不明也. 古之聖人, 設前旒屛樹者, 不欲明之盡乎隱也"라 함.

## (3) 爻辭와 象辭

初九: 明夷于飛, 垂其翼. 君子于行, 三日不食. 有攸往, 主人有言.
☆象曰:「君子于行」, 義不食也.

〈언해〉初九(초구)는 明夷(명이)예 飛(비)ᄒ요매, 그 翼(익)을 垂(슈)ᄒ욤이니, 君子(군즈) ㅣ 行(ᄒᆡᆼ)ᄒ요매 三日(삼일)을 食(식)디 몯ᄒ야 往(왕)홀 빠를 두매 主人(쥬인)이 言(언)을 두리로다.

　　☆象(샹)애 글오디「君子于行」은 義(의)라. 食(식)디 아니홈이라.

〈해석〉[初九](一): 밝은 지혜에 상처를 입은 채 날다가, 그 날개를 드리운 것이니, 군자가 길을 떠나서 사흘 동안 먹지 못하였다. 그래도 갈 곳이 있다고 하자, 그 집 주인이 질책하는 상황이다.

　　☆象: "군자가 길을 떠나는 것"이란, 의리로 보아 얻어먹을 수 없음을 뜻한다.

　【初九】이는 전괘의 시작이며 下卦(內卦) 離(火, 明, 日)의 출발. 陽爻로 位正當하여 매우 당당히 밝음을 실현하고자 나서려 함.

　【明夷于飛, 垂其翼. 君子于行, 三日不食】'明夷于飛'는 '明夷'(傷處를 주는 黑暗의 시대)의 괴로움으로부터 멀리 날아 떠나감. 明夷의 主爻는 上六이며 暗主. 그러나 이 四句

는 혹 고대 詩라 함. 따라서 4자씩 16자가 되어야 하며, 漢代〈帛書〉《周易》에는 '垂其翼'이 '左垂其翼'으로 되어 있음. 沙少海는 '明'은 鳴, '夷'는 鴺(제)이며 鴺는 다시 '鵜'이며 이는 鵜鶘라는 일종이며 속명이 淘河라는 水鳥라 하였음. 따라서 '明夷于飛, 左垂其翼'은 '제호가 날다가, 왼쪽으로 그 날개를 늘어뜨려 (물가로) 내려와 앉다'의 뜻이라 하였음. 그러나 '明夷'는 '손상을 당하다'의 뜻이므로 '明夷于飛'는 '날아야 할 새가 손상을 입어'의 뜻으로 보기도 함. '君子于行, 三日不食'은 군자가 길을 떠나, 사흘을 굶음. 혹 갈 길이 급해 밥을 먹을 겨를도 없음. '君子'는 初九 자신을 가리킴. ○高亨은 "鳴雉于飛, 垂其翼, 飢不得食之象. 君子于行, 飢不得食似之. 故曰「明夷于飛, 垂其翼」. 君子于行, 三日不食, 此殆亦古代故事也"라 함.〈正義〉에 "'明夷于飛'者, 明夷, 是至闇之卦. 上六旣居上極, 爲明夷之主. 云'飛'者, 借飛鳥爲喩, 如鳥飛翔也. 初九處於卦始, 去上六最遠, 是最遠於難, 遠難, 過甚明夷; 遠遯, 絶跡匿形, 不由軌路, 高飛而去, 故曰'明夷于飛'也. '垂其翼'者, 飛不敢顯, 故曰'垂其翼'也. '君子于行, 三日不食'者, 尙義而行, 故云'君子于行'. 志急於行, 饑不遑食, 故曰'三日不食'"이라 함.《集解》에 "荀爽曰:「火性炎上, 離爲飛鳥, 故曰'于飛'. 爲坎所抑, 故曰'垂其翼'. 陽爲君子, 三者陽, 德成也. 日以喩君, '不食'者, 不得君祿食也. 陽未居五, 陰暗在上, 初有明德, 恥食其祿, 故曰'君子于行, 三日不食'也.」"라 함.

【有攸往, 主人有言】군자가 목적지를 정해 놓았으나, 주인이 이를 질책함. '言'은 '譴責, 叱責, 꾸짖음, 노함, 말거리로 삼음, 참견을 함' 등의 뜻. '主人'은 제일 꼭대기에 있으며 陰爻인 暗主 上六을 가리킴. ○高亨은 "君子所以不得食者, 蓋主人怒之, 靳而不予也, 故又曰「有攸往, 主人有言.」"이라 함. 王弼 注에 "明夷之主, 在於上六, 上六爲至闇者也. 初處卦之始, 最遠於難也. 遠難, 過甚明夷; 遠遯, 絶跡匿形, 不由軌路, 故曰'明夷于飛'. 懷懼而行, 行不敢顯, 故曰'垂其翼'也. 尙義而行, 故曰'君子于行'也. 志急於行, 饑不遑食, 故曰'三日不食'也. 殊類過甚, 以斯適人, 人必疑之, 故曰'有攸往, 主人有言'"이라 하였고,〈正義〉에 "有攸往, 主人有言'者, 殊類過甚, 以此適人, 人必疑怪而有言, 故曰'有攸往, 主人有言'"이라 함.《集解》에 "九家《易》曰:「四者初應, 衆陰在上, 爲主人也. 初欲上居五, 則衆陰有言. 言, 謂震也. 四五體震爲雷聲, 故曰'有攸往, 主人有言'也.」"라 함.《傳》에 "初九, 明體而居明夷之初, 見傷之始也. 九, 陽明上升者也. 故取飛象, 昏暗在上, 傷陽之明, 使不得上進, 是于飛而傷其翼也. 翼見傷, 故垂朵. 凡小人之害君子, 害其所以行者. '君子于行, 三日不食', 君子明照見事之微, 雖始有見傷之端, 未顯也. 君子則能見之矣. 故行去避之. '君子于行', 謂去其祿位而退藏也; '三日不食', 言困窮之極也. 事未顯而處甚艱, 非見幾之明, 不能也. 夫知幾者, 君子之獨見, 非衆人所能識也. 故明夷之始, 其見傷未顯而去之, 則世俗孰不疑怪? 故有所往適, 則主人有言也. 然君子不以世俗之見怪,

而暹疑其行也. 若俟衆人盡識, 則傷己及而不能去矣. 此薛方所以爲明, 而揚雄所以不獲其去也. 或曰:「傷至於垂翼, 傷己明矣. 何得衆人猶未識也?」曰:「初傷之始也. 云'垂其翼', 謂傷其所以飛爾, 其事則未顯也. 君子見幾, 故亟去之. 世俗之人, 未能見也. 故異而非之. 如穆生之去楚, 申公·白公且非之, 況世俗之人乎? 但譏其責小禮, 而不知穆生之去避胥靡之禍也. 當其言曰'不去, 楚人將鉗我於市'. 雖二儒者, 亦以爲過甚之言也. 又如袁閎於黨事未起之前, 名德之士, 方鋒起而獨潛身土室, 故人以爲狂, 生卒免黨錮之禍. 所往而人有言胡足怪也?」라 하였고, 《本義》에 "飛而垂翼, 見傷之象. 占者, 行而不食, 所如不合時義當然, 不得而避也"라 함.

☆【「君子于行」, 義不食也】'義不食'은 예의상 밥을 얻어먹으면서 자신의 꿈을 실현하고자 할 수는 없음. 또는 갈 길이 급해 밥을 먹을 틈도 없음. 혹 '신하로서의 暗主의 조정의 俸祿을 먹을 수 없다'의 뜻이라고도 함. 〈正義〉에 "〈象〉曰'義不食也'者, 君子逃難惟速, 故'義不求食'也"라 함. 《集解》에 "荀爽曰:「暗昧在上, 有明德者, 義不食祿也.」"라 함. 《傳》에 "君子遯藏而困窮, 義當然也. 唯義之當然, 故安處而无悶, 雖不食可也"라 하였고, 《本義》에 "唯義所在, 不食可也"라 함.


## 六二: 明夷, 夷于左股, 用拯馬壯, 吉.
## ☆象曰: 六二之「吉」, 順以則也.

〈언해〉 六二(륙이)는 明夷(명이)예 左股(좌고)를 夷(이)홈이니, 뼈 拯(증)ᄒᆞᄂᆞᆫ 馬(마) ㅣ 壯(장)ᄒᆞ면 吉(길)ᄒᆞ리라.

☆象(상)애 ᄀᆞᆯ오ᄃᆡ 六二(륙이)의 吉(길)홈은 順(슌)ᄒᆞ고 뼈 則(측)홀 ᄉᆡ니라.

〈해석〉 [六二](--): 명이괘의 상황에서 왼쪽 다리를 다친 것이니, 이로써 그를 구하러 나섰을 때 말이 건장하면 길하리라.

☆象: "육이의 길함"이란, 유순함을 법칙으로 여기기 때문이다.


【六二】 이는 하괘의 中央이며 陰爻로 位正當함. 그러나 六五와 陰陽이 正應을 이루지 못하여 힘이 없으나, 위의 九三(陽剛)이 이끌고 올라가는 자리임. 그러므로 위정당한 자신의 밝음을 감추고 養晦하고 있어야 하는 효임.

【明夷, 夷于左股, 用拯馬壯, 吉】 '夷于左股'의 '夷'는 痍(傷)와 같음. 傷害를 입음. '用拯馬壯'의 '用'은 '因'의 뜻. 말(九三)이 건장하여 그 때문에 救援을 받음. '拯'은 '구출해내

다'의 뜻. 위의 九三(陽)이 약한 이 六二(陰)를 이끌고 올라가는 형상임을 말한 것. ○高亨은 "鳴雉傷于左股, 無害於翼, 仍可飛, 猶之馬割其勢, 無害於足, 仍可行. 故曰「明夷于左股, 用拯馬壯, 吉」"이라 함. 王弼 注에 "'夷于左股', 示行不能壯也. 以柔居中, 用夷其明, 進不殊類, 退不近難, 不見疑憚, 順以則也. 故可'用拯馬而壯吉'也. 不垂其翼, 然後乃免也"라 하였고, 〈正義〉에 "'明夷, 夷于左股'者, 左股被傷, 行不能壯. 六二以柔居中, 用夷其明, 不行剛壯之事者也. 故曰'明夷, 夷于左股'. 莊氏云:「言左者, 取其傷小, 則比夷右未爲切也.」夷于左股, 明避難不壯, 不爲闇主所疑, 猶得處位, 不至懷懼而行, 然後徐徐用馬, 以自拯濟, 而獲其壯吉. 故曰'用拯馬壯, 吉'也"라 함. 《集解》에 "九家《易》曰:「左股, 謂初爲二所夷也. 離爲飛鳥, 蓋取小過之義. 鳥飛舒翼而行, 夷者, 傷也. 今初傷, 垂翼在下, 故曰'明夷于左股'矣. 九三體坎, 坎爲馬也. 二應與五, 三與五同功, 二以中和應天, 應天合衆, 欲升上三, 以壯於五, 故曰'用拯馬壯, 吉'.」○案:「初爲足, 二居足上股也. 二互體坎, 坎主左方, 左股之象也.」"라 함. 《傳》에 "六二, 以至明之才, 得中正而體順. 順時自處, 處之至善也. 雖君子自處之善, 然當陰闇, 小人傷明之時, 亦不免爲其所傷. 但君子自處有道, 故不能深相傷害, 終能違避之爾. 足者, 所以行也. 股在脛足之上, 於行之用爲不甚切. 左又非便用者, 手足之用, 以右爲便. 唯蹶張用左, 蓋右立爲本也. '夷于左股', 謂傷害其行, 而不甚切也. 雖然, 亦必自免有道, 拯用(一作其字)壯健之馬, 則獲免之速而吉也. 君子爲陰闇所傷, 其自處有道, 故其傷不甚, 自拯有道, 故獲免之疾. 用拯之道不壯, 則被傷深矣. 故云'馬壯則吉'也. 二以明居陰闇之下, 所謂吉者, 得免傷害而已. 非謂可以有爲於斯時也"라 하였고, 《本義》에 "傷而未切, 救之速, 則免矣. 故其象占如此"라 함.

☆【六二之「吉」, 順以則也】'順以則'은 順從함을 法則으로 여김. 六二는 陰爻로 柔順함을 뜻하며, 위의 九三은 陽爻로 剛强함을 뜻함. 아울러 馬는 陰物이며 地에 매인 동물로, 역시 順에 해당하여 上六(暗主)을 가리킴. '則'은 말이 자신을 타고 몰고 있는 승마자(혹 暗主)의 뜻을 법칙으로 여겨, 다친 이를 구하러 가는 길에 잘 달려줌. 王弼 注에 "順之以則, 故不見疑"라 하였고, 〈正義〉에 "〈象〉曰'順以則也'者, 言順闇主之則, 不同初九, 殊類過甚, 故不爲闇主所疑, 故得'拯馬之吉'也"라 함. 《集解》에 "九家《易》曰:「二欲上三, 居五爲天子. 坎爲法律, 君有法則, 衆陰當順從之矣.」"라 함. 《傳》에 "六二之得吉者, 以其順處而有法則也. 則, 謂中正之道, 能順而得中正, 所以處明傷之時, 而能保其吉也"라 함.

九三: 明夷于南狩, 得其大首. 不可疾貞.

☆象曰:「南狩之志」, 乃得大也.

〈언해〉 九三(구삼)은, 明夷(명이)예 南(남)으로 狩(슈)ᄒ야 그 大首(대슈)를 得(득)홈이
니, 可(가)히 섈리 貞(뎡)티 몯홀 거시니라.

☆象(상)애 ᄀᆞᆯ오디「南狩(남슈)의 志(지)」를 이예 크게 得(득)홈이로다.

〈해석〉 [九三](一): 명이의 원리에 따라 남쪽을 순수하여, 그 큰 우두머리를 잡는 것이
니, 그러나 너무 급히 서둘다가는 바르게 할 수는 없으리라.

☆象: "남쪽으로 순수를 가는 뜻"이란, 이에 큰 것을 얻게 될 것임을 말한다.


【九三】 이는 하괘 離(火, 明)의 가장 윗자리이며, 陽爻로 位正當함. 아울러 上六과
음양이 正應함. 그 때문에 離(火, 明)의 본령을 수행하고자 정식으로 활동에 나서는
효임.

【明夷于南狩, 得其大首】 이 구절은 ○高亨은 '明夷于飛, 南狩得其大道'로서, '飛'자
가 누락되었고, '大首'는 '大道'라 하였음. 그러나 일반적으로 '南狩'는 '남쪽으로 巡狩
를 하다', 혹은 '순수를 핑계로 밝은 땅으로 피하다'의 뜻. 남쪽은 五行으로 火이며
그 때문에 南方을 지칭한 것. '大首'는 '魁首'와 같음. 그곳 남방의 우두머리. 그러나
沙少海는 이곳 '明夷'의 '夷'는 큰 활을 들고 사냥에 나서는 것이며, '南狩'는 남쪽 사냥
터(獵區)이며, '大頭'는 머리가 큰 野獸라 하였음. ○高亨은 이 구절의 의미를 "明夷于
飛, 南狩得其大道, 乃記一古代故事. 蓋鳴雉于飛, 南狩之人追之, 入於深山大林而迷路,
終能得其大道, 故記之曰「明夷于飛, 南狩得其大道」"라 풀이하였음. 〈正義〉에 "南方, 文
明之所. '狩'者, 征伐之類; '大首', 謂闇君. '明夷于南狩, 得其大首'者, 初藏明而往, 託狩
而行, 至南方而發其明也. 九三應於上六, 是明夷之臣, 發明以征. 闇君而得其大首, 故曰
'明夷于南狩, 得其大首'也"라 함.

【不可疾貞】 '可'는 聞一多는 "可, 亦利也"라 하였고, '疾'은 〈諺解〉에는 '빨리'로 풀이
하였음. 그러나 '貞'은 占問, 혹 貞辭. '疾'은 疾病, 疾患의 뜻으로도 보아, '점을 쳐서
질병을 물으면 이롭지 못하다'의 뜻이라 하였음. 한편 '疾貞'은 '疾正'과 같아 '급히
서둘러 바로잡다'의 뜻으로도 봄. 孔穎達은 '오랫동안 暗主(紂)에게 시달린 백성을 쉽
게 교화하여 바로잡을 수 없으니, 급하게 서둘지 말고 점진적으로 해야 한다'고 하였
음. 그러나 ○高亨은 "又占問疾病之事, 筮遇此爻, 則不可有所施行, 故曰「不可疾貞」"이
라 함. 王弼 注에 "處下體之上, 居文明之極, 上爲至晦, 入地之物也. 故夷其明, 以獲南狩

得大首也. '南狩'者, 發其明也. 旣誅其主, 將正其民, 民之迷也. 其日固已久矣. 化宜以漸, 不可速正, 故曰'不可疾貞'"이라 하였고, 〈正義〉에 "'不可疾貞'者, 旣誅其主, 將正其民, 民迷日久, 不可卒正, 宜化之以漸, 故曰'不可疾貞'"이라 함. 《集解》에 "九家《易》曰:「歲終田獵, 名曰'狩'也. 南者, 九五大陽之位, 故稱'南'也. 暗昧道終, 三可升上, 而獵於五, 得據大陽首位, 故曰'明夷于南狩, 得其大首'. 自暗復明, 當以漸次, 不可卒正, 故曰'不可疾貞'也.」"라 함. 《傳》에 "九三, 離之上明之極也. 又處剛而進, 上六, 坤之上暗之極也. 至明居下, 而爲下之上; 至暗在上, 而處窮極之地, 正相敵應, 將以明去暗者也. 斯義也, 其湯武之事乎? '南', 在前而明方也; '狩', 畋而去害之事也. '南狩', 謂前進而除害也. 當克獲其大首. '大首', 謂暗之魁首上六也. 三與上正相應爲至明, 克至暗之象. '不可疾貞', 謂誅其元惡, 舊染汚俗, 未能遽革, 必有其漸. 革之遽, 則駭懼而不安, 故〈酒誥〉(《尙書》)云: 『惟殷之廸諸臣惟工, 乃湎于酒, 勿庸殺之, 姑惟敎之.』 至於旣久, 尙曰餘風未殄, 是漸漬之俗, 不可以遽革也. 故曰'不可疾貞', 正之不可急也. 上六, 雖非君位, 以其居上而暗之極, 故爲暗之主, 謂之'大首'"라 하였고, 《本義》에 "以剛居剛, 又在明體之上, 而屈於至暗之下, 正與上六闇主爲應, 故有向明除害, 得其首惡之象, 然不可以亟也. 故有'不可疾貞'之戒. 成湯起於夏臺, 文王興於羑里, 正合此爻之義, 而小事亦有然者"라 함.

☆【南狩之志, 乃得大也】 '志'는 '어둠(暗主)'을 없애 밝은 세상을 되찾겠다'는 큰 뜻. '得大'는 阮元 〈校勘記〉에 여러 古本을 근거로 '大得'의 오류라 하였음. 大義를 얻는 큰 所得이 있을 것임을 뜻함. 暗主를 제거할 수 있을 것임. 王弼 注에 "去闇主也"라 하였고, 〈正義〉에 "〈象〉曰'南狩之志, 乃大得'者, 志欲除闇, 乃得大首, 是其志大得也"라 함. 《集解》에 "案: 冬獵曰狩也. 三互離坎, 離南坎北, 北主於冬, 故曰'南狩'. 五居暗主, 三處明終, 履正順時, 拯難興衰者也. 以臣伐君, 故假言'狩'. 旣獲五上之大首, 而三志乃大得也.」"라 함. 《傳》에 "夫以下之明, 除上之暗, 其志在去害而已. 如商周之湯武, 豈有意於利天下乎? 得其大首, 是能去害而大得其志矣. 志苟不然, 乃悖亂之事也"라 함.


## 六四: 入于左腹, 獲明夷之心, 于出門庭.
## ☆象曰: 「入于左腹」, 獲心意也.

〈언해〉 六四(륙사)는, 左腹(좌복)애 入(입)ᄒ야 明(명)을 夷(이)ᄒ 心(심)을 獲(획)ᄒ야, 門庭(문뎡)애 나미로다.[《本義》: 左腹(좌복)애 入(입)홈이니, 明夷(명이)의 心(심)을 獲(획)홈을 門庭(문뎡)애 出(츌)홈애 ᄒ두다]

☆象(상)애 골오디 「入于左腹」은 心意(심의)를 獲(획)홈이라.

〈해석〉 [六四](--): 왼쪽 배로 들어가서 밝음을 다치게 한 마음을 얻어서, 문 앞의 뜰로 나오는 효이다.(왼쪽 배에 들어가는 것이니, 명이의 마음을 얻음을 문 앞의 뜰로 나오는 것으로 하는 것이다.)

☆象: "왼쪽 배로 들어간다"함은, 그 마음의 의도를 획득함을 뜻한다.

【六四】 이는 상괘(坤)의 시작이며 陰爻로 位正當하며 初九와 陰陽이 正應함. 아울러 하괘 離(火, 明)가 坤(地)의 속 어둠을 향해 깊이 들어가기 시작함.

【入于左腹, 獲明夷之心, 于出門庭】 '左腹'은 배의 왼쪽. '左'는 '卑順不逆'을 의미함. 腹部는 신체 중에 가장 부드러운 부위로 '부드럽게 은퇴함'을 상징한다 함. 그러나 이 구절은 해석이 구구하여 구체적인 뜻을 알기가 어려움. 李鏡池는 '左腹'은 左室이며, 옛 穴居屍臺 반지하의 穴室. 그리고 '明夷'는 大弓, '心'은 활을 만드는 자목(柘木)의 木心을 뜻하며, 따라서 "좌실로 들어가 큰 활을 제작할 자목의 목심을 찾아 문 앞으로 나서다"라 하였음. 그런가 하면 ○高亨은 이 구절은 "入于左腹, 獲明夷. 之心于出門庭"으로 떼어야 하며, '左腹'은 左穴, '明夷'는 鳴雉, 즉 우는 꿩, '之心'은 小心의 오기. 따라서 "우는 꿩이 왼쪽 산의 굴로 들어가, 군자가 꿩을 잡았다. 그는 우는 이 꿩을 잡느라 고생을 하였다. 그러므로 점을 쳐 이 효를 만나면, 문을 나설 때 조심해야 한다"라 하였음. 그러나 이는 紂의 庶兄 微子가 紂의 포악함을 보고 여러 차례 간언을 하였으나 그가 고쳐지지 않을 것임을 알고, 殷나라를 떠나 周나라로 피신하여, 자신이 殷의 뒤를 잇게 된 것이라 풀이하기도 함. 그 외에도 이 明夷괘는 箕子가 겪었던 고통을 비유하여 풀이한 것으로, 사냥은 艱難을 상징하며 그 때문에 昏暗한 시대라면 물러나 숨은 것이 가장 훌륭한 良策임을 강조한 것이라고도 함. 혹 '出門庭'은 '昏暗한 傷光의 세상을 벗어나 광명한 세상으로 나서다'의 뜻이라고도 함. 이 구절은 문자로 풀이하기에는 어느 경우에도 여러 難點이 있음. 이에 ○高亨은 "此文義亦不可曉. 此文小心于出門庭句, 謂筮遇此爻, 在出門庭之時, 當小心勤愼也"라 함. 王弼 注에 "左者, 取其順也. 入于左腹, 得其心意, 故雖近不危, 隨時辟難門庭, 而已能不逆忤也"라 하였고, 〈正義〉에 "'入于左腹, 獲明夷之心'者, 凡右爲用事也. 從其左, 不從其右, 是卑順不逆也. 腹者, 懷淸之地, 六四體柔處坤, 與上六相近, 是能執卑順, 入于左腹, 獲明夷之心意也. '于出門庭'者, 旣得其意, 雖近不危, 隨時避難門庭而已, 故曰'于出門庭'"이라 함. 《集解》에 "荀爽曰:「陽稱左, 謂九三也. 腹者, 謂五居坤, 坤爲腹也. 四得位, 比三, 處於順, 首欲三上居五, 以陽爲腹心也. 故曰'入于左腹, 獲明夷之心'. 言三明當出門庭, 升五君

位.」○干寶曰:「一爲室, 二爲戶, 三爲庭, 四爲門, 故曰'于出門庭'矣.」라 함.《傳》에 "六四, 以陰居陰, 而在陰柔之體, 處近君之位, 是陰邪. 小人居高位, 以柔邪順於君者也. 六五, 明夷之君位, 傷明之主也. 四以柔邪順從之, 以固其交, 夫小人之事君, 未有由顯明以道合者也. 必以隱僻之道, 自結於上. 右當用, 故爲明顯之所. 左不當用, 故爲隱僻之所. 人之手足, 皆以右爲用, 世謂僻所, 爲僻左, 是左者, 隱僻之所也. 四由(一有是字)隱僻之道, 深入其君, 故云'入于左腹'. 入腹謂其交深也. 其交之深, 故得其心. 凡奸邪之見信於其君, 皆由奪其心也. 不奪其心, 能无悟乎! '于出(一作出于)門庭', 旣信之于心(一作旣奪其心), 而後行之於外也. 邪臣之事暗君, 必先蠱其心, 而後能行於外"라 하였고,《本義》에 "此爻之義未詳. 竊疑'左腹'者, 幽隱之處, '獲明夷之心, 于出門庭'者, 得意於遠去之義, 言筮而得此者, 其自處當如是也. 蓋離體爲至明之德, 坤體爲至闇之地. 下三爻, 明在闇外, 故隨其遠近高下, 而處之不同. 六四以柔正, 居闇地而尙淺, 故猶可以得意於遠去. 五以柔中, 居闇地而已迫, 故爲內難正志, 以晦其明之象. 上則極乎闇矣, 故爲自傷其明, 以至於闇, 而又足以傷人之明, 蓋下五爻, 皆爲君子, 獨上一爻爲闇君也"라 함.

☆【「入于左腹」, 獲心意也】'獲心意'는 마음속에 意圖하던 隱退의 목적을 획득함. 은퇴에 만족함. 그러나 비굴하지만 거역하지 않고 암주의 뜻을 임시로 묵인하고 따름을 뜻한다고도 함. 〈正義〉에 "〈象〉曰'獲心意'者, 心有所存, 旣不逆忤, 能順其旨, 故曰'獲心意'也"라 함.《集解》에 "九家《易》曰:「四欲上, 三居五爲坎, 坎爲心, 四以坤, 爻爲腹, 故曰'入于左腹, 獲心意'也.」"라 함.《傳》에 "入于左腹, 謂以邪僻之道, 入于君而得其心意也. 得其心, 所以終不悟也"라 함.


六五: 箕子之明夷, 利貞.
☆象曰:「箕子之貞」, 明不可息也.

〈언해〉六五(륙오)는, 箕子(긔ᄌᆞ)의 明夷(명이)니, 貞(뎡)홈이 利(리)ᄒᆞ니라.
　　　☆象(샹)애 ᄀᆞᆯ오디 「箕子의 貞」은 明(명)이 可(가)히 息(식)디 몯홀 거시라.
〈해석〉[六五](--): 기자가 겪은 명이의 세상이니, 마음을 곧게 함이 이로우리라.
　　　☆象: "기자의 곧음"이란, 그의 밝음(聲響)이 가히 사라지지 않을 것임을 뜻한다.

【六五】이는 군위이며 陰爻로 位不當함. 그러나 上卦(坤)의 중앙에 위치하였고 위아래 모두 음효로 柔弱을 적극적으로 실현하여 은퇴를 성취함.

【箕子之明夷, 利貞】箕子가 暗主 紂에 가까이 있다가 당한 고통을 뜻하는 것이라 함. 혹 여기서의 '明夷'는 은퇴를 뜻하며, '利貞'은 은퇴의 의지를 바르게 갖는 것이 이로운 것이라 함. 또는 貞辭가 이로움. 王弼 注에 "最近於晦, 與難爲比, 險莫如茲, 而在斯中, 猶闇不能沒, 明不可息, 正不憂危, 故'利貞'也"라 하였고, 〈正義〉에 "'箕子之明夷'者, 六五最比闇君, 似箕子之近殷紂, 故曰'箕子之明夷'也. '利貞'者, 箕子執志不回, 闇不能沒, 明不可息, 正不憂危, 故曰'利貞'"이라 함. 《集解》에 "馬融曰: 「箕子, 紂之諸父, 明於天道. 〈洪範〉之'九疇', 德可以王, 故以當五, 知紂之惡, 無可奈何. 同姓恩深, 不忍棄去, 被髮伴狂, 以明爲暗, 故曰'箕子之明夷'. 卒以全身, 爲武王師, 名傳無窮, 故曰'利貞'矣.」"라 함. 《傳》에 "五爲君位, 乃常也. 然《易》之取義變動, 隨時上六, 處坤之上, 而明夷之極, 陰暗傷明之極者也. 五切近之聖人, 因以五爲切近至暗之人, 以見處之之義, 故不專以君位(一作義). 言上六陰暗傷明之極, 故以爲明夷之主. 五切近傷明之主, 若顯其明, 則見傷害必矣. 故當如箕子之自晦藏, 則可以(一无以字)免於難. 箕子, 商之舊臣, 而同姓之親, 可謂切近於紂矣. 若不自晦其明, 被禍可必也. 故伴狂爲奴, 以免於害. 雖晦藏其明, 而內守其正, 所謂'內難而能正其志', 所以謂之仁與明也. 若箕子可謂貞矣, 以五陰柔, 故爲之戒. 云'利貞', 謂宜如箕子之貞固也. 若以君道, 言義亦如是, 人君有當含晦之時, 亦外晦其明而內, 正其志也"라 하였고, 《本義》에 "居至闇之地, 近至闇之君, 而能正其志, 箕子之象也, 貞之至也. 利貞以戒占者"라 함.

☆【「箕子之貞」, 明不可息也】'明不可息'은 은퇴하여 칩거하고 있으나 아래에서 올라오는 明(離, 火)은 꺼지지 않을 것임. 箕子의 聲響는 千古를 두고 사라지지 않을 것임을 비유함. 그러나 '箕子가 자신의 貞正함을 잘 지켜 몸이 죽지 않아 마침내 武王의 스승이 되었음을 말한 것'이라고도 함. 〈正義〉에 "〈象〉曰'明不可息'者, 息, 滅也. 〈象〉稱'明不可滅'者, 明箕子能保其貞, 卒以全身, 爲武王師也"라 함. 《集解》에 "侯果曰: 「體柔履中, 內明外暗, 群陰共掩, 以夷其明. 然以正爲明, 而不可息, 以爻取象箕子當之, 故曰'箕子之貞明, 不可息'也.」"라 함. 《傳》에 "箕子晦藏, 不失其貞, 固雖遭患難, 其明自存, 不可滅息也. 若逼禍患, 遂失其所守, 則是亡其明, 乃滅息也. 古之人如揚雄者, 是也"라 함.

上六: 不明, 晦. 初登于天, 後入于地.

☆象曰: 「初登于天」, 照四國也; 「後入于地」, 失則也.

〈언해〉 上六(샹륙)은, 明(명)티 아니ᄒᆞ야 晦(회)ᄒᆞ욤이니 初(초)애 天(텬)에 登(등)ᄒᆞ고 後(후)애 地(디)예 入(입)ᄒᆞ놋다.

　　☆象(샹)애 ᄀᆞᆯ오ᄃᆡ 「初登于天」은 四國(ᄉ국)에 照(죠)홈이오, 「後入于地」ᄂᆞᆫ 則(측)을 失(실)홈이라.

〈해석〉 [上六](--): 밝지 아니하여 캄캄함이니, 처음에는 해가 하늘을 솟아오르지만, 뒤에는 져서 땅속으로 들어간다.

　　☆象: "처음에 하늘로 솟아오름"이란, 해가 천하 사방을 비춤을 뜻함이요, "뒤에는 땅속으로 들어감"이란, 법칙을 잃었기 때문임을 뜻한다.

【上六】 이는 전괘의 가장 윗자리로서 마무리이며, 位正當하나 음효로써 아래 離(明, 火)가 너무 멀어 어둠이 걷혀지지 않음. 다만 九三과 陰陽이 正應을 이루어 처음에는 밝을 수 있으나 끝은 숨어야 하는 효임. 혹 暗主, 暴君을 뜻하는 明夷괘의 主爻로서 紂를 비유한 것이라고도 함.

【不明, 晦. 初登于天, 後入于地】 '不明, 晦'는 明(離)이 멀어 어둠이 계속됨. ○高亨은 '不明悔'로 '晦'는 '悔'의 오류일 것이라 함. '初登于天'은 태양이 처음에는 하늘로 향해 솟아오름. '後入于地'는 저녁이 되면 태양은 져서 땅속으로 들어감. 혹은 紂의 始末을 비유한 것으로, '紂가 처음에는 하늘에 오르는 제왕이었으나, 뒤에는 폭정을 저질러 武王에게 亡國滅誅를 당하고 땅 속으로 사라져 끝을 맺었음'을 뜻하는 것이라고도 함. ○高亨은 《大戴禮記》(夏小正), 《禮記》(月令), 《國語》(晉語), 《逸周書》(時訓), 《呂氏春秋》(孟冬記), 《淮南子》(時則) 등의 "孟冬之月, 雉入大水爲蜃"의 내용을 들어 "本爻亦以雉設象. 雉當不明之時, 卽處悔之日, 昔爲雉伊升於天, 今化蜃而入於淵, 非悔而何哉! 故曰'不明悔, 初登于天, 後入于淵'"이라 하여, '晦'는 悔, '地'는 淵의 오류일 것이라 함. 王弼 注에 "處明夷之極, 是至晦者也. 本其初也, 在乎光照, 轉至於晦, 遂入于地"라 하였고, 〈正義〉에 "'不明, 晦'者, 上六居明夷之極, 是至闇之主, 故曰'不明而晦'. 本其初也, 其意在於光照四國, 其後由乎不明, 遂入于地. 謂見誅滅也"라 함. 《集解》에 "虞翻曰:「應在三, 離滅坤下, 故'不明, 晦'. 〈晉〉時在上麗乾, 故'登于天, 照四國'. 今反在下, 故後入于地, 失其則.」"이라 함. 《傳》에 "上居卦之終, 爲明夷(一作夷明)之主. 又爲明夷之極, 上至高之地, 明在至高, 本當遠照, 明旣夷傷, 故不明而反昏晦也. 本居於高, 明當

及遠, 初登于天也. 乃夷傷其明, 而昏暗後入于地也. 上明夷之終, 又坤陰之終, 明傷之極者也"라 하였고, 《本義》에 "以陰居坤之極, 不明其德, 以至於晦. 始則處高位, 以傷人之明, 終必至於自傷, 而墜厥命, 故其象如此, 而占亦在其中矣"라 함.

☆【「初登于天」, 照四國也; 「後入于地」, 失則也】'照四國'은 태양이 하늘에 떴을 때는 천하 사방을 고루 비춤. '失則'은 태양이 져서 땅속으로 들어간 것은, 천하의 바른 법칙을 紂가 暴政으로 인해 모두 잃었기 때문임. 〈正義〉에 "〈象〉曰'失則'者, 由失法則, 故誅滅也"라 함. 《集解》에 "侯果曰:「最遠于陽, 故曰'不明, 晦'也. '初登于天', 謂明出地上, 下照于坤. 坤爲衆國, 故曰'照于四國'也. 喩陽之初興也. '後入于地', 謂明入地中, 晝變爲夜, 暗晦之甚, 故曰'失則'也. 況紂之亂世乎? 此之二象, 言〈晉〉與〈明夷〉, 往復不已, 故見暗則伐取之, 亂則治取之. 聖人因象設試也.」"라 함. 《傳》에 "初登于天, 居高而明, 則當照及四方也. 乃被傷而昏暗, 是後入于地, 失明之道也. '失', 則失其道也"라 하였고, 《本義》에 "照四國以位言"이라 함.

한편 柳宗元의 〈箕子碑〉(《柳河東集》(5))에 "凡大人之道有三: 一曰正蒙難, 二曰法授聖, 三曰化及民. 殷有仁人曰箕子, 實具玆道, 以立於世. 故孔子述六經之旨, 尤殷勤焉. 當紂之時, 大道悖亂, 天威之動不能戒, 聖人之言無所用. 進死以併命, 誠仁矣, 無益吾祀, 故不爲; 委身以存祀, 誠仁矣, 與亡吾國, 故不忍. 具是二道, 有行之者矣. 是用保其明哲, 與之俯仰, 晦是謩範, 辱於囚奴, 昏而無邪, 隤而不息. 故在《易》曰「箕子之明夷」, 正蒙難也. 及天命旣改, 生人以正, 乃出大法, 用爲聖師, 周人得以序彝倫而立大典. 故在《書》曰「以箕子歸, 作〈洪範〉」, 法授聖也. 及封朝鮮, 推道訓俗, 惟德無陋, 惟人無遠, 用廣殷祀, 俾夷爲華, 化及民也. 率是大道, 藂於厥躬, 天地變化, 我得其正, 其大人歟! 於虖! 當其周時未至, 殷祀未殄, 比干已死, 微子已去, 向使紂惡未稔而自斃, 武庚念亂以圖存, 國無其人, 誰與興理? 是固人事之或然者也. 然則先生隱忍而爲此, 其有志於斯乎! 唐某年作廟汲郡, 歲時致祀. 嘉先生獨列於《易》象, 作是頌云:『蒙難以正, 授聖以謩. 宗祀用繁, 夷民其蘇. 憲憲大人, 顯晦不渝. 聖人之仁, 道合隆汙. 明哲在躬, 不陋爲奴. 沖讓居禮, 不盈稱孤. 高而無危, 卑不可踰. 非死非去, 有懷故都. 時詘而伸, 卒爲世模. 《易》象是列, 文王爲徒. 大明宣昭, 崇祀式孚. 古闕頌辭, 繼在後儒.』"라 함.

# 037 가인家人

☶ 風火家人: ▶離下巽上(☲下☴上)

*家人(가인): 〈音義〉에 《說文》:「家, 居也.」案: 人所居稱家.《爾雅》:「室內謂之家」
是也"라 하여 집안(집안일, 부인, 주부, 가정, 가족)을 뜻함. '가인(jiārén)'으로 읽음.
'家人'은 가정을 이룬 한 집안 가족을 뜻함. 하괘는 離(火)이며 상괘는 巽(風)으로, 불
위에 바람이 부는 異卦相疊의 '風火' 괘체임. 이 괘는 六二와 九五가 正應하여 음양이
가장 훌륭하게 배합된 것이며, 이에 따라 남자는 外事(外卦)를, 婦女는 內事(內卦)를
主管하는 괘상으로, 이는 가정 안에서는 남녀의 역할이 다르므로, 함께 正道로 가정
을 이끌어 나가야 하며, 아울러 이러한 治家의 도를 넓혀 治國과 平天下를 이루어야
함을 상징함. 孔穎達 〈正義〉에 "明家內之道, 正一家之人, 故謂之'家人'"이라 하였음.
    *《集解》에 "〈序卦〉曰:「傷於外者, 必反於家, 故受之以'家人'.」(韓康伯曰:「傷於外者,
必反諸內也.」)"이라 함.
    *《傳》에 "家人', 〈序卦〉:「夷者, 傷也. 傷於外者, 必反於家, 故受之以'家人'.」夫傷困
於外, 則必反於內, 家人所以次明夷也. 家人者, 家內之道, 父子之親, 夫婦之義, 尊卑長
幼之序, 正倫理篤恩義, 家人之道也. 卦外巽內離, 爲風自火出. 火熾, 則風生; 風生自火,
自內而出也. 自內而出, 由家而(一无而字)及於外之象. 二與五, 正男女之位於內外, 爲家
人之道, 明於內而巽於外, 處家之道也. 夫人有諸身者, 則能施於家, 行於家者, 則能施於
國, 至於天下治, 治天下之道, 蓋治家之道也. 推而行之於外耳. 故取自內而出之象, 爲家
人之義也.《文中子》(禮樂篇)書以'明內齊外'爲義, 古今善之, 非取象之意也. 所謂齊乎巽,
言萬物潔齊於巽, 方非巽有齊義也. 如戰乎乾, 乾非有戰義也"라 함.


## (1) 卦辭

# 家人: 利女貞.

〈언해〉 家人(가인)은 女(녀)ㅣ 貞(뎡)홈이 利(리)ᄒᆞ니라.
〈해석〉 가인(家人, 가인괘)은 여자가 마음을 바르고 곧게 해야 이로운 괘이다.

【家人】卦名이며, 王通의 《文中子》(禮樂篇)에 "程元曰:「敢問『風自火出, 家人』, 何也?」子曰:「明內而齊外, 故家道正而天下正.」"이라 함.

【利女貞】여자가 家事에 곧게 해야 이로움. 혹 '여자가 점을 쳐 이 괘가 나오면 부녀의 일로서 매우 이롭다'의 뜻. ○高亨은 "女子筮遇此卦則利, 故曰「利女貞」"이라 함. 王弼 注에 "家人之義, 各自脩一家之道, 不能知家外他人之事也. 統而論之, 非元亨利, 君子之貞, 故'利女貞'. 其正在家內而已"라 하였고, 〈正義〉에 "'家人'者, 卦名也. 明家內之道, 正一家之人, 故謂之'家人'. '利女貞'者, 旣脩家內之道. 不能知家外他人之事. 統而論之, 非君子丈夫之正, 故但言'利女貞'"이라 함. 《集解》에 "虞翻曰:「遯初之四也. 女謂離巽, 二四得正, 故'利女貞'也.」○馬融曰:「家人, 以女爲奧, 主長女中女, 各得其正, 故特曰'利女貞矣.」"라 함. 《傳》에 "家人之道, 利在女正. 女正, 則家道正矣. 夫夫·婦婦, 而家道正, 獨云'利女貞'者, 夫正者, 身正也; 女正者, 家正也. 女正, 則男正, 可知矣"라 하였고, 《本義》에 "'家人'者, 一家之人, 卦之九五·六二, 外內各得其正, 故爲'家人'. 利女貞'者, 欲先正乎內也. 內正, 則外无不正矣"라 함.

## (2) 彖辭와 象辭

彖曰: 家人, 女正位乎內, 男正位乎外. 男女正, 天地之大義也. 家人有嚴君焉, 父母之謂也. 父父, 子子, 兄兄, 弟弟, 夫夫, 婦婦, 而家道正. 正家而天下定矣.

★象曰: 風自火出, 家人. 君子以言有物而行有恒.

〈언해〉(關) 彖曰家人, 女正位乎內, 男正位乎外; 男女正, 天地之大義也. 家人有嚴君焉, 父母之謂也. 父父, 子子, 兄兄, 弟弟, 夫夫, 婦婦, 而家道正; 正家而天下定矣.
　　★象(샹)애 굴오디 風(풍)이 火(화)로브터 出(츌)홈이 家人(가인)이니, 君子(군
　　　즈) ㅣ 以(이)ᄒᆞ야 言(언)이 物(믈)이 이시며, 行(ᄒᆡᆼ)이 恒(ᄒᆞᆼ)이 인ᄂᆞ니라.

〈해석〉 彖: 가인괘에서 아내(六二)는 안에서 자리를 바르게 하고, 남편(九五)은 밖에서 자리를 바로잡고 있다. 남편과 아내의 위치가 바른 것은, 천지의 큰 의리이다. 가인괘에 엄군(嚴君)이 있음은 부모를 두고 한 말이다. 아버지는 아버지답고, 아들은 아들다우며, 형은 형답고, 아우는 아우다우며, 남편은 남편답고, 아내는 아내답게 함으로써 가도(家道)가 바르게 되는 것이며, 집안을 바르게 하고 나서

야 천하가 안정되는 것이다.

★象: 바람이 불에서 나오는 것이 가인괘이다. 군자는 이것을 바탕으로 하여, 말을 함에는 실질이 있게 하고, 행동함에는 떳떳함이 있게 한다.

【家人, 女正位乎內, 男正位乎外】 '女正位乎內'는 六二가 下卦(離)의 가운데에 있으며, 陰爻로 位正當함. 아울러 下卦는 內卦이므로 家庭 내의 일로 여긴 것. '男正位乎外'는 九五가 上卦(巽)의 가운데에 있으며, 陽爻로 位正當함. 아울러 上卦는 外卦이므로 남자의 바깥일을 뜻함. '女正位乎內'는 王弼 注에 "謂二也"라 함. '男正位乎外'는 王弼 注에 "謂五也. 家人之義, 以內爲本, 故先說女也"라 하였고, 〈正義〉에 "'女正位乎內, 男正位乎外'者, 此因二五得正, 以釋'家人'之義. 幷明女貞之旨, 家人之道, 必須女主於內, 男主於外, 然後家道乃立. 今此卦六二柔而得位, 是女正位乎內也; 九五剛而得位, 是男正位乎外也. 家人以內爲本, 故先說'女'也"라 함. 《集解》에 "王弼曰:「謂二五也. 家人之義, 以內爲本者也. 故先說'女'矣.」"라 함.

【男女正, 天地之大義也】 '男女正'은 男(九五)과 女(六二)가 陰陽과 位置가 正應을 이루고 있음. '天地'는 男女, 陰陽, 上下, 內外 등 二分法的 구조를 의미함. 〈正義〉에 "'男女正, 天地之大義也'者, 因正位之, 言廣明家人之義, 乃道均. 二儀非惟人事而已. 家人卽女正於內, 男正於外, 二儀則天尊在上, 地卑在下, 同於男女正位, 故曰'天地之大義也'"라 함. 《集解》에 "虞翻曰:「遯乾爲天, 三動坤爲地, 男得天正於五, 女得地正於二, 故'天地之大義'也.」"라 함. 《傳》에 "彖以卦才而言, 陽居五, 在外也; 陰居二, 處內也. 男女各得其正位也. 尊卑內外之道, 正合天地陰陽之大義也"라 하였고, 《本義》에 "以卦體九五·六二, 釋'利女貞'之義"라 함.

【家人有嚴君焉, 父母之謂也】 '嚴君'은 엄한 부친, 가정을 이끌어나가는 家長. 九五를 가리킴. 〈正義〉에 "'家人有嚴君焉, 父母之謂'者, 上明義均天地, 此又言道齊, 邦國父母一家之主, 家人尊事同於國有嚴君, 故曰'家人有嚴君焉, 父母之謂也'"라 함. 《集解》에 "荀爽曰:「離巽之中, 有乾坤, 故曰'父母之謂'也.」 ○王肅曰:「凡男女所以能各得其正者, 由家人有嚴君也. 家人有嚴君, 故父子·夫婦各得其正. 家家咸正, 而天下之治大定矣.」 ○案:「二五相應, 爲卦之主. 五陽在外, 二陰在內, '父母之謂'也.」"라 함. 《傳》에 "家人(一无人字)之道, 必有所尊. 嚴而君長者, 謂父母也. 雖一家之小无尊嚴, 則孝敬衰; 无君長, 則法度廢. 有嚴君而後家道正. 家者, 國之則也"라 하였고, 《本義》에 "亦謂二五. (○雲峰胡氏曰: '本義指二五, 言在男女, 則九五·六二, 皆正在父母, 則九五之剛, 可謂之嚴; 六二之柔, 未必能嚴, 故夫子發〈彖〉辭, 言外之意, 曰『家人有嚴君焉, 父母之謂也』, 其旨深哉!')"라 함.

【父父, 子子, 兄兄, 弟弟, 夫夫, 婦婦, 而家道正. 正家而天下定矣】家庭에서 夫子, 兄弟, 夫婦는 각기 자신이 할 일이 있음. 《論語》(顏淵篇)에 "齊景公問政於孔子. 孔子對曰:「君君, 臣臣, 父父, 子子.」公曰:「善哉! 信如君不君, 臣不臣, 父不父, 子不子, 雖有粟, 吾得而食諸?」"라 함. '正家而天下定矣'는 집안을 바르게 하면 천하가 안정됨. 〈象辭〉의 이상 일부분은 現存本 〈諺解〉는 缺帳되었음. 〈正義〉에 "'父父, 子子, 兄兄, 弟弟, 夫夫, 婦婦, 而家道正. 正家而天下定矣'者, 此歎美正家之功, 可以定於天下. 申成道齊邦國, 旣家有嚴君, 卽父不失父道, 乃至婦不失婦道, 尊卑有序, 上下不失, 而後爲家道之正, 各正其家, 无家不正, 卽天下之治定矣"라 함. 《集解》에 "虞翻曰:「遯乾爲父, 艮爲子, 三五位正, 故'父父, 子子'. 三動時, 震爲兄, 艮爲弟. 初位正, 故'兄兄, 弟弟'. 三動時, 震爲夫, 巽四爲婦, 初四位正, 故'夫夫, 婦婦'也.」荀爽曰:「父謂五, 子謂四, 兄謂三, 弟謂初, 夫謂五, 婦謂二也. 各得其正, 故天下定矣.」○陸績曰:「聖人教先從家始家, 正而天下化之, 脩己以安百姓者也.」"라 함. 《傳》에 "父子兄弟夫婦, 各得其道, 則家道正矣. 推一家之道, 可以及天下, 故'家正則天下定矣.'"라 하였고, 《本義》에 "上父初子, 五三夫, 四二婦, 五兄三弟, 以卦畫推之, 又有此象"이라 함.

★【風自火出, 家人】上卦 바람(巽, 風)이 下卦 불(離, 火)로 부터 솟아나는 卦象이 家人卦임을 말함. 王弼 注에 "由內以相成熾也"라 하였고, 〈正義〉에 "'風自火出, 家人'者, 巽在離外, 是風從火出. 火出之初, 因風方熾; 火旣炎盛, 還復生風. 內外相成, 有似家人之義, 故曰'風自火出, 家人'也"라 함. 《集解》에 "馬融曰:「木生火, 火以木爲家, 故曰家人. 火生於木, 得風而盛, 猶夫婦之道, 相須而成.」"이라 함.

【君子以言有物而行有恒】'言有物'은 言語에는 반드시 물증이 있음. 여기서는 虛言을 하지 않음을 뜻함. '行有恒'은 行動에는 반드시 떳떳함이 있음. 恒心을 가지고 실행함을 뜻함. 이는 불이 처음 일어날 때 바람에 의해 불꽃이 커지는 것이며, 그 불꽃은 明德을, 바람은 風化를 비유하여 이른 것임. 王弼 注에 "家人之道, 修於近小而不妄也. 故君子以言必有物, 而口无擇言; 行必有恒, 而身無擇行"이라 하였고, 〈正義〉에 "君子以言有物而行有恒'者, 物, 事也. 言必有事, 卽口无擇言; 行必有常, 卽身无擇行. 正家之義, 修於近小, 言之與行, 君子樞機. 出身加人, 發邇見遠, 故擧言行以爲之誡. 言旣稱'物'而行稱'恒'者, 發言立行, 皆須合於可常之事, 互而相足也"라 함. 《集解》에 "荀爽曰:「風火相與, 必附於物, 物大火大, 物小火小. 君子之言必因其位, 位大言大, 位小言小, 『不在其位, 不謀其政』(《論語》泰伯), 故言有物也. 大暑爍金, 火不增其烈; 大寒凝冰, 火不損其熱, 故曰'行有恒'矣.」"라 함. 《傳》에 "正家之本, 在正其身. 正身之道, 一言一動, 不可易也. 君子觀風自火出之象, 知事之由內而出, 故所言必有物, 所行必有恆也. '物'謂事實; '恆'謂常

度法則也. 德業之著於外, 由言行之謹於內也. 言愼行脩, 則身正而家治矣"라 하였고, 《本義》에 "身脩, 則家治矣"라 함.

# (3) 爻辭와 象辭

初九: 閑有家, 悔亡.
☆象曰: 「閑有家」, 志未變也.

〈언해〉 初九(초구)는 有家(유가)애 閑(한)ᄒ면 悔(회)ㅣ 亡(망)ᄒ리라.[《本義》: 有家(유가)애 閑(한)홈이니, 悔(회)ㅣ 亡(망)ᄒ니라]
　　☆象(상)애 ᄀᆯ오디 「閑有家」ᄂᆞᆫ 志(지)ㅣ 變(변)티 안여신 제라.
〈해석〉 [初九](一): 집안에서 의외의 일을 막는 자리이니, 회한이 사라지리라.(집을 가지고 있으면서 방비하는 것이니, 회한이 없어지리라.)
　　☆象: "집안의 의외의 일을 막는다"함은, 경계의 뜻을 아직 바꾸지 아니하고 있을 때임을 말한다.

　【初九】 이는 전괘이 시작이며 陽爻로 位正當함. 아울러 六四와 陰陽이 正應하나 음이 위에 있어 가정에 의외의 일이 있을 수 있음. 따라서 이를 막아야 함.
　【閑有家, 悔亡】 '閑有家'의 '閑'은 '闌'과 疊韻互訓으로 '막다'의 뜻. '有'는 助詞 '于, 於'와 같음. 沙少海는 "閑, 訓'防'. 有, 用法同'于'. '閑有家', 即防于家, 是說一個人對有關家庭的意外事故, 都須未雨綢繆, 豫防防範"이라 함. 이 효는 家道(家風)를 처음 세우는 단계이므로 四惡함을 방지하여 뒷날 悔恨이 없도록 해야 함을 이름. 그러나 ○高亨은 "閑於家則盜莫能入, 故曰「閑有家, 悔亡」"이라 하여, 도둑을 막는 것이라 하였음. 王弼 注에 "凡教在初, 而法在始, 家瀆而後嚴之, 志變而後治之, 則悔矣. 處家人之初, 爲家人之始, 故宜必以閑有家, 然後悔亡也"라 하였고, 〈正義〉에 "'閑有家, 悔亡'者, 治家之道, 在初即須嚴正, 立法防閑, 若黷亂之後, 方始治之, 即有悔矣. 初九處家人之初, 能防閑有家, 乃得悔亡, 故曰'閑有家, 悔亡'也"라 함. 《傳》에 "初, 家道之始也. 閑, 謂防, 閑法度也. 治其有家之始, 能以法度爲之防閑, 則不至於悔矣. 治家者, 治乎衆人也. 苟不閑之以法度, 則人情流放, 必至於有悔, 失長幼之序, 亂男女之別, 傷恩義害, 倫理无所不至, 能以法度閑之於始, 則无是矣. 故'悔亡'也. 九, 剛明之才, 能閑其家者也. 不云'无悔'者, 羣

居必有悔以能閑, 故‘亡’耳”라 하였고,《本義》에 “初九, 以剛陽處有家之始, 能防閑之, 其悔亡矣. 戒占者, 當如是也”라 함.

☆【「閑有家」, 志未變也】‘志未變’은 아직 변고가 일어나지 않았을 때 미리 경계의 뜻을 늦추지 않음. 혹 ‘初九가 正位(位正當)의 뜻을 견지하다’의 뜻. 〈正義〉에 “〈象〉曰 ‘志未變也’者, 釋在初防閑之義, 所以 ‘在初, 防閑其家’者, 家人志未變瀆也”라 함.《集解》에 “荀爽曰: 「初在潛位, 未干國政, 閑習家事而已. 未得治官, 故悔. 居家理治, 可移於官, 守之以正, 故‘悔亡’而未變, 從國之事故, 曰‘志未變’也.」”라 함.《傳》에 “閑之於始家人, 志意未變動之前也. 正志未流散, 變動而閑之, 則不傷恩·不失義, 處家之善也. 是以悔亡志變而後治, 則所傷多矣, 乃有悔也”라 하였고,《本義》에 “志未變而豫防之”라 함.

## 六二: 无攸遂, 在中饋, 貞吉.
## ☆象曰: 六二之「吉」, 順以巽也.

〈언해〉 六二(륙이)는 遂(슈)홀 배 업고, 中(듕)에 이셔 饋(궤)ᄒ면 貞(뎡)ᄒ야 吉(길)ᄒ리라.[《本義》: 中(듕)에 이셔 饋(궤)홈이니, 貞(뎡)이라. 吉(길)ᄒ리라]

☆象(샹)애 ᄀᆞᆯ오디 六二의 「吉홈」은 順(슌)ᄒ야 뻐 巽(손)홀 시라.

〈해석〉 [六二](--): 어떤 일로 실추하는 바가 없으며, 가운데에 자리하고 있어, 음식을 장만하면, 주부로서 곧고 길하리라.(중앙에 위치하고 있어 음식을 마련함이니, 곧도다. 길하리라.)

☆象: “육이의 길함”이란, 음효로써 유순하여 겸손으로 하기 때문이다.

【六二】 이는 下卦의 가운데에 위치하여 中正을 지키고 있으며, 陰爻로 位正當함. 아울러 內卦의 중심이며 家人의 主婦에 해당함. 九五와 陰陽이 正應하여 자신이 어떤 일을 만들어 성취하기 보다는 九五를 따르며 家事를 맡아 主管함.

【无攸遂, 在中饋, 貞吉】 ‘遂’는 ‘完遂하다, 이루다’(成)의 뜻. 여기서의 ‘遂’는 남자가 해야 할 일을 뜻함. 따라서 자신은 主婦로, 남자의 일에 간섭하거나 공적을 이루겠다고 나서지 않음. 그러나 ‘遂’는 ‘墜’의 假借로 ‘失墜하다, 隕墜하다’의 뜻, 즉 ‘주부로서 잘못하는 일이 전혀 없다’로 보기도 함. ‘中’은 ‘안’(內)의 뜻. 內卦(下卦)의 中央에 있음을 말함. 따라서 家庭의 중심 자리에 主婦가 있어야 집안이 構成됨을 이름. ‘饋’는 ‘먹이다, 먹을 음식을 장만하다’의 뜻. 餉과 같음.《說文》에 “饋, 餉也”라 함. 주부가 음식

장만, 손님 대접 등을 전담함을 뜻함. '貞吉'은 主婦는 家事를 '業'으로, 柔順을 '德'으로 여기는 것이 理想으로 여기기에, 이 효는 이 두 가지를 그대로 가지고 있어 '貞辭가 吉하다'로 나온 것임. ○高亨은 "中饋卽內饋, 家中之饋也. 中饋, 婦人之職, 知此爻就婦人言, 無所隕失矣; 在何事乎? 在中饋也. 是克盡婦職, 自無不吉, 故曰「无攸遂, 在中饋, 貞吉」"이라 함. 王弼 注에 "居內處中, 履得其位, 以陰應陽, 盡婦人之正義, 无所必遂, 職乎中饋, 巽順而已. 是以'貞吉'也"라 하였고, 〈正義〉에 "'无攸遂, 在中饋, 貞吉'者, 六二履中居位, 以陰應陽, 盡婦人之義也. 婦人之道, 巽順爲常, 无所必遂, 其所職主, 在於家中, 饋食供祭而已. 得婦人之正吉, 故曰'无攸遂, 在中饋, 貞吉'也"라 함. 《集解》에 "荀爽曰: 「六二處和得正, 得正有應, 有應有實, 陰道之至美者也. 坤道順從, 故无所得遂. 供餉中饋, 酒食是議, 故曰'中饋'. 居中守正, 永貞其志, 則吉, 故曰'貞吉'也.」"라 함. 《傳》에 "人之處家, 在骨肉父子之間, 大率以情勝禮, 以恩奪義, 唯剛立之人, 則能不以私愛失其正理, 故〈家人〉卦, 大要以剛爲善, 初三上是也. 六二以陰柔之才, 而居柔, 不能治於家者也. 故'无攸遂', 无所爲而可也. 夫以英雄之才, 尙有溺情愛, 而不能自守者, 況柔弱之人, 其能勝妻子之情乎? 如二之才, 若爲婦人之道, 則其正也. 以柔順處中(它本无此五字), 正婦人之道也. 故'在中饋', 則得其正而吉也. 婦人, 居中而主饋者也. 故云'中饋'"라 하였고, 《本義》에 "六二, 柔順中正, 女之正位乎內者也. 故其象占如此"라 함.

☆【六二之「吉」, 順以巽也】 '順以巽'은 六二와 九三의 爻位와 爻象을 두고 말한 것임. 六二는 九三(陽) 아래에 있어 그에게 恭順을 다함. 〈正義〉에 "〈象〉曰'六二之吉, 順以巽'者, 擧爻位也. 言吉者, 明其以柔, 居中而得正位, 故能順以巽而獲吉也"라 함. 《集解》에 "九家《易》曰: 「謂二居貞, 巽順於五, 則吉矣.」"라 함. 《傳》에 "二以陰柔居中正, 能順從而卑巽者也. 故爲婦人之貞吉也"라 함.


# 九三: 家人嗃嗃, 悔厲, 吉; 婦子嘻嘻, 終吝.
# ☆象曰:「家人嗃嗃」, 未失也;「婦子嘻嘻」, 失家節也.

〈언해〉九三(구삼)은, 家人(가인)이 嗃嗃(학학)ᄒ니, 厲(려)애 悔(회)ᄒ나, 吉(길)ᄒ니, 婦子(부ᄌ)ㅣ 嘻嘻(희희)ᄒ면 ᄆᆞᄎᆞᆷ내, 吝(린)ᄒ리라.

☆象(상)애 ᄀᆞᆯ오디「家人嗃嗃」은, 失(실)홈이 아니오,「婦子嘻嘻」ᄂᆞᆫ 家(가)의 節(절)늘(을) 失(실)홈이라.

〈해석〉 [九三](一): 집안사람이 근심에 차서 학학하고 한숨을 지으니, 위태로움에 회한을 느끼지만 길하니, 부녀자가 희희낙락하여 경박한 웃음을 지으면 마침내 난관을 만나리라.

☆象: "집안사람들이 학학하며 근심함"이란, 그래도 가도를 잃지 않았음이요, "부녀자가 희희낙락하여 경박하게 웃는다"함은, 집안의 절도를 잃었음을 뜻한다.

【九三】 이는 下卦의 가장 위에 있으며 陽爻로 位正當함. 아울러 위의 巽(風)의 九四가 陰爻이므로 자신이 아래에 있으면서도 陽剛하다는 이유로 거칠고 시끄러우며 존재를 드러내려 함.

【家人嗃嗃, 悔厲, 吉】 '家人'은 집안사람들. 九三이 양강으로 집안의 어른이 되어 다스림으로 식구들이 힘들어함. 특히 아래 婦子와 상대하여 男子, 즉 陽爻. '嗃嗃'은 근심에 젖어 한숨을 내는 소리. '嗃'은 다른 본에는 '確確', 혹 '熇熇'으로 표기되어 있으며, 嗷의 뜻으로 봄. 《說文》에 "嗷, 衆口愁也"라 함. '悔厲'는 '悔勵'와 같으며 후회하면서 대신 자신의 일에 면려함.

【婦子嘻嘻, 終吝】 '婦子'는 아낙. '嘻嘻'는 여인들이 경박스럽고 시끄럽게 웃는 소리를 音寫한 것. '嘻嘻'는 嗃嗃과 반대로 嬉笑作樂하면서 웃는 소리. '終吝'은 그 끝은 難關(患難)이 있음. '吝'은 엉뚱한 구설수나 意外의 事故. 治家의 어려움을 뜻함. ○高亨은 "嘻嘻, 與嗃嗃正相反, 嘻嘻者, 樂而忘憂, 安而忘危, 存而忘亡, 以其驕佚之度, 終致患難之來, 故曰'婦子嘻嘻, 終吝'"이라 함. 王弼 注에 "以陽處陽, 剛嚴者也. 處下體之極, 爲一家之長者也. 行與其慢, 寧過乎恭; 家與其瀆, 寧過乎嚴, 是以家人, 雖'嗃嗃, 悔厲', 猶得其道, 婦子嘻嘻, 乃失其節也"라 하였고, 〈正義〉에 "'家人嗃嗃, 悔厲, 吉; 婦子嘻嘻, 終吝'者, '嗃嗃', 嚴酷之意也; '嘻嘻', 喜笑之貌也. 九三處下體之上, 爲一家之主, 以陽處陽, 行剛嚴之政, 故家人嗃嗃, 雖復嗃嗃, 傷猛悔其酷厲, 猶保其吉, 故曰'悔厲, 吉'. 若縱其婦子, 慢黷嘻嘻, 喜笑而无節, 則終有恨辱, 故曰'婦子嘻嘻, 終吝'也"라 함. 《集解》에 "王弼曰: 「以陽居陽, 剛嚴者也. 處下體之極, 爲一家之長, 行與其慢也, 寧過乎恭, 家與其瀆也. 寧過乎嚴, 是以家雖'嗃嗃, 悔厲', 猶得吉也. '婦子嘻嘻', 失家節也.」 ○侯果曰: 「嗃嗃, 嚴也; 嘻嘻, 笑也.」"라 함. 《傳》에 "嗃嗃, 未詳字義. 然以文義及音意觀之, 與'嗷嗷'相類. 又若(一作人苦)急束(一作速)之意. 九三在內卦之上, 主治乎內者也. 以陽居剛而不中, 雖得正而過乎剛者也. 治內過剛, 則傷於嚴急, 故家人嗃嗃然, 治家過嚴, 不能无傷, 故必悔於嚴厲. 骨肉恩勝嚴過, 故悔也. 雖悔於嚴厲, 未得寬猛之中, 然而家道齊肅, 人心祗畏, 猶爲

家之吉也. 若婦子嘻嘻, 則終至羞吝矣. 在卦非有嘻嘻之象, 蓋對嗃嗃而言, 謂與其失於放肆, 寧過於嚴也. 嘻嘻笑樂, 无節也. 自恣无節, 則終至敗家, 可羞吝也. 蓋嚴謹之過, 雖於人情不能无傷, 然苟法度立倫理, 正乃恩義之所存也. 若嘻嘻无度, 乃法度之所由廢, 倫理之所由亂, 安能保其家乎? 嘻嘻之甚, 則致敗家之凶, 但云'吝'者, 可吝之甚, 則至於凶, 故未遽言'凶'也"라 하였고, 《本義》에 "以剛居剛而不中, 過乎剛者也. 故有嗃嗃嚴厲之象. 如是則雖有悔厲而吉也. 嘻嘻者, 嗃嗃之反, 吝之道也. 占者, 各以其德爲應, 故兩言之"라 함.

☆「家人嗃嗃」, 未失也;「婦子嘻嘻」, 失家節也' '未失'의 目的語는 '家風'. 家風을 잃은 것은 아님. 治家의 正道를 잃은 것은 아님. '家節'은 집안에서 지켜야 할 節度. '失家節'은 節儉之道, 혹 家庭의 禮節을 잃음. 〈正義〉에 "〈象〉曰'未失也'者, 初雖悔厲, 似失於猛; 終无慢黷, 故曰'未失也'. '失家節'者, 若縱其嘻嘻, 初雖懽樂, 終失家節也"라 함. 《集解》에 "九家《易》曰:「別體異家, 陰陽相據, 喜樂過節也. 別體異家, 謂三五也. 陰陽相據, 三五各相據陰, 故言'婦子'也.」"라 함. 《傳》에 "雖嗃嗃於治家之道, 未爲甚失; 若婦子嘻嘻, 是无禮法, 失家之節, 家必亂矣"라 함.


# 六四: 富家, 大吉.
## ☆象曰:「富家, 大吉」, 順在位也.

〈언해〉 六四(륙사)는, 家(가)ㅣ 富(부)ᄒᆞ요미니, 크게 吉(길)ᄒᆞ니라.[《本義》: 家(가)를 富(부)ᄒᆞ요미니, 크게 吉(길)ᄒᆞ리라]

　　☆象(샹)애 ᄀᆞᆯ오디「富家, 大吉」은, 順(슌)으로 位(위)예 이실 시라.

〈해석〉 [六四](--): 집안을 부유하게 하니, 크게 길한 효이다.(집안을 부유하게 함이니, 크게 길하리라.)

　　☆象: "집을 부유하게 하여, 크게 길하다"함은, 유순(음효)의 덕으로써 정위(正位)에 있기 때문이다.


　　【六四】 이는 상괘(巽, 風)의 시작이며 陰爻로 位正當함. 아울러 初九와 陰陽 正應을 이루고 있으며, 陰爻의 柔順함을 통해 집안을 일으켜 경제적으로 부유하게 함.

　　【富家, 大吉】 '富家'는 집을 부유하게 함. 혹 '富'는 福과 같으며 '집안이 복을 받도록 하다'의 뜻. 李鏡池는 "上爻說的是富裕之家而'終吝', 此言'大吉', 可證'富'不是富裕之意, 而是借爲福"이라 함. 이는 陰虛하여 부유한 것이 아니나 位正當하며 아래로 初九와

正應하고 바로 위의 九五에게 인접하여 富를 이루게 된 것임. ○高亨은 "富家備物, 自爲大吉, 故曰「富家, 大吉」"이라 함. 王弼 注에 "能以其富, 順而處位, 故'大吉'也. 若但能富其家, 何足爲大吉? 體柔居巽, 履得其位, 明於家道, 以近至尊, 能富其家也"라 하였고, 〈正義〉에 "'富家, 大吉'者, 富, 謂祿位昌盛也. 六四體柔, 處巽得位, 承五能富其家者也. 由其體巽, 承尊長保, 祿位吉之大者也. 故曰'富家, 大吉'"이라 함. 《傳》에 "六以巽順之體, 而居四得其正位, 居得其正, 爲安處之義. 巽順於事, 而由正道, 能保有(一无有字)其富者也. 居家之道, 能保有(一无有字)其富, 則爲大吉也. 四高位而獨云'富'者, 於家而言, 高位家之尊也. 能有其富, 是能保其家也. 吉孰大焉?"이라 하였고, 《本義》에 "陽主義, 陰主利, 以陰居陰, 而在上位, 能富其家者也"라 함.

☆【「富家, 大吉」, 順在位也】 '順在位'는 六四와 九五의 爻位를 두고 한 말임. 六四는 陰爻로 位正當하며, 이것이 九五(陽剛, 位正當, 家長) 아래 있어 陰柔가 陽剛에게 순종하는 모습임. 〈正義〉에 "〈象〉曰'順在位'者, 所以致大吉, 由順承於君, 而在臣位, 故不見黜奪也"라 함. 《集解》에 "虞翻曰:「三變體艮, 艮爲篤實, 坤爲大業, 得位應初, 順五乘三, 比據三陽, 故曰'富家, 大吉'. '順在位也', 謂順於五矣.」"라 함. 《傳》에 "以巽順而居正位, 正而巽順, 能保有(一无有字)其富者也. '富', 家之大吉也"라 함.


# 九五: 王假有家, 勿恤, 吉.
## ☆象曰:「王假有家」, 交相愛也.

〈언해〉 九五(구오)는, 王(왕)이 家(가)를 둠애 지극홈이니 恤(휼)티 아녀 吉(길)ᄒ리라.
　　　　[《本義》: 王(왕)이 有家(유가)에 假(격)홈이니]
　　　　☆象(샹)애 ᄀᆞᆯ오ᄃᆡ「王假有家」는 서르 愛(익)홈이라.
〈해석〉 [九五](一): 왕이 한 가정을 가지게 되었다. 근심하지 말라. 길하리라.(왕이 집안에 이르러옴이니,)
　　　　☆象: "왕이 한 가정을 가지게 되었다"함은, 서로 소통하며 아껴줌을 뜻한다.


【九五】 이는 帝位(여기서는 家長)이며 家人卦의 主爻. 陽爻로 位正當하고, 아울러 六二와 正應하여 매우 이상적임.
　　【王假有家, 勿恤, 吉】 '王'은 九五를 가리킴. '假'은 '격'(更白反)으로 읽으며 '이르다'(至, 格, 到)의 뜻. '有'는 '于, 於'와 같음. '家'는 家廟, 즉 집의 祠堂. 따라서 '王假有

家'는 '家廟에 王(家長)이 이르다'의 뜻. 沙少海는 "家, 這裏當假爲'格', 訓到. 有, 這裏用法同于. 家, 這裏指家廟, 同于〈萃〉·〈渙〉卦中'王假有廟'之廟, 因本卦名〈家人〉, 故改廟稱家. 家廟是人們祭祖先的地方"이라 함. 그러나〈象辭〉에는 '家'를 '신하와 백성의 집'이라 하였고, 또 다른 견해는 '假(격)'을 大의 뜻이라 하여 '군왕이 그 집을 크게 소유하다'로 풀이하기도 함. 그러나 ○高亨은 "王至於民家, 民有不勝之觀念, 而筮其吉凶, 若遇此爻, 則勿憂, 是吉也, 故曰「王假有家, 勿恤, 吉」. 此或亦古代故事歟?"라 함. 王弼 注에 "假, 至也. 履正而應, 處尊體巽, 王至斯道, 以有其家者也. 居於尊位, 而明於家道, 則下莫不化矣. 父父, 子子, 兄兄, 弟弟, 夫夫, 婦婦, 六親和睦, 交相愛樂, 而家道正, 正家而天下定矣, 故王假有家, 則勿恤而吉"이라 하였고,〈正義〉에 "'王假有家'者, 假, 至也. 九五履正而應, 處尊體巽, 是能以尊貴, 巽接於物, 王至此道, 以有其家, 故曰'王假有家'也. '勿恤, 吉'者, 居於尊位, 而明於家道, 則在下莫不化之矣. 不須憂恤而得吉, 故曰'勿恤, 吉'也"라 함.《集解》에 "陸績曰:「假, 大也. 五得尊位, 據四應二, 以天下爲家, 故曰'王大有家'. 天下正之, 故无所憂, 則吉.」"이라 함.《傳》에 "九五, 男而在外, 剛而處陽, 居尊而中正, 又其應順, 正於內治, 家之至正至善者也. '王假有家', 五君位, 故以王言假至也. 極乎有家之道也. 夫王者之道, 脩身以齊家, 家正而天下治矣. 自古聖王, 未有不以恭己正家爲本, 故有家之道, 旣至則不憂勞而天下治矣, 勿恤而吉也. 五恭己於外, 二正家於內, 內外同德, 可謂至矣"라 하였고,《本義》에 "假, 至也. 如'假于太廟'之'假'. '有家', 猶言有國也. 九五, 剛健中正, 下應六二之柔順, 中正王者, 以是至于其家, 則勿用憂恤, 而吉可必矣. 蓋聘納后妃之. 吉而凡有是德者, 遇之皆吉也"라 함.

☆【「王假有家」, 交相愛也】 '交相愛'는 서로 交通(疏通)하고 사랑하고 아껴주어 모든 일에 和睦을 이룸.〈正義〉에 "〈象〉曰'交相愛也'者, 王旣明於家道, 天下化之, 六親和睦, 交相愛樂也"라 함.《集解》에 "虞翻曰:「乾爲愛也. 二稱家, 三動成震, 五得交二, 初得交四, 故交相愛. 震爲交也.」"라 함.《傳》에 "'王假有家'之道者, 非止能使之順從而已. 必致其心化, 誠合夫愛, 其內助婦. 愛其刑家, 交相愛也. 能如是者, 文王之妃乎? 若身脩法立, 而家未化, 未得爲假有家之道也"라 하였고,《本義》에 "程子曰:「夫愛其內助, 婦愛其刑家.」"라 함.

上九: 有孚, 威如, 終吉.
☆象曰:「威如之吉」, 反身之謂也.

〈언해〉 上九(샹구)는, 孚(부)늘 두고 威(위)로 ᄒ면 ᄆ춤애 吉(길)ᄒ리라.
　　　☆象(샹)애 ᄀᆯ오디「威如의 吉홈」은 身(신)애 反(반)호믈 닐옴이라.
〈해석〉 [上九](一): 성실함을 지닌 채 위엄을 갖춤이니, 끝마무리는 길하리라.
　　　☆象: "위엄을 갖춤의 길함"이란, 모든 것을 자신을 돌아보아 처리함을 일컫는다.

　【上九】 이는 전괘의 마무리이며 陽爻로 位不當함. 아울러 九三과도 같은 陽爻로 正
應을 이루지 못함. 極位에 처하였고 陽剛하기까지 하여 집안의 여러 문제를 위세로
해결하고자 함.

　【有孚, 威如, 終吉】 '孚'는 誠信(虔誠)함. 그러나 ○高亨은 '浮'와 같으며 罰의 뜻이라
하였고, '威如'는 威然과 같아 '嚴罰을 내림'이라 하였음. 이 효가 陽剛함을 뜻함. ○高
亨은 "嚴罰者, 當罰必罰, 決不阿私徇情也. 如此則罰行而民畏服, 自終吉矣, 故曰「有孚威
如, 終吉」"이라 함. 王弼 注에 "處家人之終, 居家道之成, 『刑于寡妻』(《詩》 大雅 思齊),
以著於外者也. 故曰'有孚'. 凡物以猛爲本者, 則患在寡恩; 以愛爲本者, 則患在寡威. 故家
人之道, 尙威嚴也. 家道可終, 唯信與威, 身得威敬, 人亦如之, 反之於身, 則知施於人也"
라 하였고, 〈正義〉에 "'有孚, 威如, 終吉'者, 上九處家人之終, 家道大成, 『刑于寡妻』, 以
著於外, 信行天下, 故曰'有孚'也. 威被海內, 故曰'威如'. 威信竝立, 乃得終於家道, 而吉
從之, 故曰'有孚, 威如, 終吉'也"라 함. 《集解》에 "虞翻曰:「謂三, 已變與上, 易位成坎,
坎爲孚, 故'有孚'. 乾爲威如, 自上之坤, 故'威如'. 易則得位, 故'終吉'也.」"라 함. 《傳》에
"上卦之終, 家道之成也. 故極言治家之本, 治家之道, 非至誠不能也. 故必中有孚信, 則能
常久而衆人自化爲善, 不由至誠, 己且不能常守也. 況欲使(一作使衆)人乎? 故治家以有孚
爲本. 治家者, 在妻孥情愛之間, 慈過, 則无嚴; 恩勝, 則掩義. 故家之患, 常在禮法不足,
而瀆慢生也. 長失尊嚴, 少忘恭順, 而家不亂者, 未之有也. 故必有威嚴, 則能終吉. 保家
之終, 在'有孚'·'威如'二者而已. 故於卦終言之"라 하였고, 《本義》에 "上九, 以剛居上, 在
卦之終, 故言正家久遠之道. 占者, 必有誠信嚴威, 則終吉也"라 함.

　☆【「威如之吉」, 反身之謂也】 '反身之謂'는 자신의 責務를 돌아보고 反求(모든 책임
을 자신에게서 찾음)의 태도로 처리함을 뜻함. 이는 자신이 陽剛하나, 실제 자신 아래
帝王(九五)이 있음을 알아차림을 뜻하기도 함. 〈正義〉에 "〈象〉曰'反身之謂'者, 身得人
敬, 則敬於人, 明知. 身敬於人, 人亦敬己, 反之於身, 則知施之於人, 故曰'反身之謂'也"라

함. 《集解》에 "虞翻曰: 「謂三. 動坤爲身上之三, 成〈旣濟〉定, 故'反身之謂'. 此家道正, 正家而天下定矣.」"라 함. 《傳》에 "治家之道, 以正身爲本, 故云'反身之謂'. 爻辭謂治家, 當有威嚴, 而夫子又復戒云'當先嚴其身'也. 威嚴不先行於已, 則人怨而不服, 故云'威如', 而吉者, 能自反於身也. 《孟子》(盡心下)所謂『身不行道, 不行於妻子也.』"라 하였고, 《本義》에 "謂非作威也. 反身自治, 則人畏服之也"라 함.

# 038 睽규

☲ 火澤睽: ▶兌下離上(☱下☲上)

*睽(규): 〈音義〉에 "睽, 苦圭反. … 乖也, 外也.《說文》云:「目不相視也.」"라 하여 '규 (kuí)'로 읽음. '睽'는 原義는 '두 눈동자가 서로 다른 곳을 보다', 즉 '어그러지고 등짐, 자꾸 멀어짐'을 뜻함. 이에 의미가 확대되어 乖背, 乖離, 反目, 嫉視, 歧視, 葛藤 등의 뜻을 가지고 있음. 이 卦는 小成卦 하괘는 兌(澤)이며 상괘는 離(火)로, 못 위에서 불 이 타는 異卦相疊의 '火澤' 괘체임. 못물(兌)은 아래로 흘러 내려가고자 하고, 불꽃(離) 은 위로 솟구치려 하는 성질이 있는데, 卦形에 위는 離, 아래는 兌로 서로 멀어지려 하고 있음. 이는 水火相剋으로 '氷炭不相容'의 원인 때문이나, 실제 相剋이 지나면 다 시 相生과 安協의 단계가 오듯이, 만물은 순환하는 것임을 강조하고 있음. 이에 서로 어그러지고 등지며 違逆하는 상황일 경우, 응당 柔和와 큰 도량으로 求同存異하며 점 차 격애(隔閡)와 대립을 해소하여 和諧의 단계에 이르도록 해야 함을 권면하고 있음.

*《集解》에 "〈序卦〉曰:「家道窮必乖, 故受之以'睽'.」睽者, 乖也.(崔憬曰:「婦子嘻嘻, 過在失節. 失節則窮, 窮則乖, 故曰'家道窮必乖'.」)"라 함.

*《傳》에 "睽', 〈序卦〉:「家道窮必乖, 故受之以'睽'.」睽者, 乖也. 家道窮, 則睽乖離散, 理必然也. 故家人之後, 受之以'睽'也. 爲卦上離下兌, 離火炎上, 兌澤潤下, 二體相違, 睽 之義也. 又中少二女, 雖同居而所歸各異, 是其志不同行也. 亦爲睽義"라 함.


## (1) 卦辭

## 睽: 小事吉.

〈언해〉 睽(규)는 小事(쇼亽)는 吉(길)ᄒ리라.
〈해석〉 규(睽, 규괘)는 작은 일을 처리하는 데에는 길하리라.

【睽】卦名이며, '노려보다, 反目하다, 歧視하다, 어긋나다, 다르다, 怪異하다, 乖異 하다, 등지다, 서로 용납하지 못하다, 배척하다, 자꾸 멀어지다, 疏遠해지다' 등 否定

과 葛藤의 의미를 담고 있음.

【小事吉】작은 일에서 睽卦의 사태는 吉한 것임. 長女와 中女(혹 中女와 少女)의
음식이나 의복 등 사소한 일. 〈正義〉에 "睽者, 乖異之名. 物情乖異, 不可大事. '大事',
謂興役動衆, 必須大同之世, 方可爲之. '小事', 謂飮食衣服, 不待衆力, 雖乖而可, 故曰'小
事吉'也"라 함. 그러나 '점을 쳐서 이 괘를 만나면 조심해서 일을 처리하면 길하다'의
뜻이 타당할 듯함. '小'는 '小心(조심하다), 愼重히 하다'의 뜻. '小事'는 '小心以處事',
즉 '조심해서 일을 처리하다'의 뜻. ○高亨은 "筮遇此卦, 小事則吉, 故曰「小事吉」"이라
함. 《集解》에 "虞翻曰:「大壯上之三在繫, 蓋取无妄二之五也. 小, 謂五, 陰稱小, 得中應
剛, 故吉.」 ○鄭玄曰:「睽, 乖也. 火欲上, 澤欲下, 猶人同居而志異也. 故謂之睽. 二五相
應, 君陰臣陽, 君而應臣, 故'小事吉'.」"이라 함. 《傳》에 "睽者, 睽乖離散之時, 非吉道也.
以卦才之善, 雖處睽時, 而小事吉也"라 하였고, 《本義》에 "睽, 乖異也. 爲卦上火下澤, 性
相違異, 中女·少女, 志不同歸, 故爲睽. 然以卦德言之, 內說而外明; 以卦變言之, 則自離
來者, 柔進居三, 自中孚來者, 柔進居五, 自家人來者兼之; 以卦體言之, 則六五得中, 而
下應九二之剛, 是以其占, 不可大事而小事, 尙有吉之道也"라 함.

## (2) 彖辭와 象辭

彖曰: 睽, 火動而上, 澤動而下. 二女同居, 其志不同行.
說而麗乎明, 柔進而上行, 得中而應乎剛, 是以「小事吉」.
天地睽而其事同也, 男女睽而其志通也, 萬物睽而其事類也,
睽之時用大矣哉!
★象曰: 上火下澤, 睽; 君子以同而異.

〈언해〉彖(단)애 ᄀᆞᆯ오디 睽(규), 火(화)ᄂᆞᆫ 動(동)ᄒᆞ야 上(샹)ᄒᆞ고, 澤(퇵)은 動(동)ᄒᆞ야
　　　下(하)ᄒᆞ며, 二女(이녀)ㅣ ᄒᆞᆫ디 居(거)ᄒᆞ나, 그 志(지)ㅣ ᄒᆞᆫ 가지로 行(ᄒᆡᆼ)티 아니
　　　ᄒᆞ니라.
　　　說(열)코 明(명)애 麗(리)ᄒᆞ고, 柔(유)ㅣ 進(진)ᄒᆞ야 上(샹)ᄒᆞ야 行(ᄒᆡᆼ)ᄒᆞ야, 中
　　　(듕)을 得(득)ᄒᆞ야 剛(강)을 應(응)ᄒᆞᄂᆞᆫ 디라, 일로ᄡᅥ "小事(쇼ᄉᆞ) 吉(길)"이니라.
　　　天地(텬디)ㅣ 睽(규)ᄒᆞ요디 그 事(ᄉᆞ)ㅣ 同(동)ᄒᆞ며, 男女(남녀)ㅣ 睽(규)ᄒᆞ요디

그 志(지)ㅣ 通(통)ᄒ며, 萬物(만믈)이 睽(규)ᄒ요티 그 事(ᄉ)ㅣ 類(류)ᄒ니, 睽(규)의 時(시)와 用(용)이 크다!

★象(샹)애 굴오티 上(샹)은 火(화)ㅣ오 下(하)ᄂᆞᆫ 澤(퇴)이 睽(규)ㅣ니, 君子(군ᄌᆞ)ㅣ 以(이)ᄒ야 同(동)호티 異(이)ᄒᄂ니라.

〈해석〉 象: 규괘는 불(離)이 움직여 올라가고, 못(兌)이 움직여 내려가고 있다. 두 여인(長女와 衆女)이 함께 있으나, 그 뜻은 길을 함께 하지 아니하는 것이다.

기꺼워하면서(兌) 밝은 것(離)에 달라붙고, 유(柔)하게 앞으로 나서서 위로 올라가며, 가운데 자리를 얻어(九二와 六五) 강한 것에 응하고 있어, 이 까닭으로 "일을 조심해서 처리하면 길하다"라 한 것이다.

천지는 서로 어긋나지만 그 하는 일은 같고, 남녀는 서로 판이하게 다르지만 그 뜻이 통하며, 만물은 서로 다르지만 그 본성과 원리는 유사한 것이니, 규괘가 일러주는 시간과 적용은 크도다!

★象: 위에는 불이 있고 아래는 못이 있는 것이 규괘이다. 군자는 이를 바탕으로 같을 것을 찾는 것으로써 다른 것의 존재를 인정하는 것이다.


【睽, 火動而上, 澤動而下】 '火動而上'은 上卦(離, 火)가 움직여 위로 올라가고 있음. '澤動而下'는 下卦(兌, 澤)가 움직여 아래로 내려가고 있음. 둘 사이가 자꾸 멀어짐. 《集解》에 "虞翻曰:「離火炎上, 澤水潤下也.」"라 함.

【二女同居, 其志不同行】 '二女同居'의 二女는 《易》에서 兌는 長女, 離는 中女에 해당하므로, 위아래 모두 여인으로 본 것임. 따라서 두 여인이 上下의 두 小成卦를 이룸으로 해서 반드시 反目과 嫉妬가 있게 마련임을 상징함. 그러나 〈正義〉에는 "睽, 火動而上, 澤動而下; 二女同居, 其志不同行'者, 此就二體釋卦名, 爲睽之義, 同而異者也. 水火二物, 共成烹飪, 理應相濟. 今火在上而炎上, 澤居下而潤下, 无相成之道, 所以爲乖. 中少二女, 共居一家, 理應同志, 各自出適, 志不同行, 所以爲異也"라 함. 《集解》에 "虞翻曰:「二女, 離兌也. 坎爲志離, 上兌下无妄, 震爲行, 巽爲同, 艮爲居, 二五易位, 震巽象壞, 故'二女同居, 其志不同行'也.」"라 함. 《傳》에 "〈彖〉先釋睽(一无睽字)義(一作意字), 次言卦才, 終言合睽之道, 而贊其時用之大. 火之性動而上, 澤之性動而下, 二物之性違異, 故爲睽義. 中少二女, 雖同居, 其志不同, 行亦爲睽義. 女之少也同處, 長則各適其歸, 其志異也. 言睽者, 本同也. 本不同, 則非睽也"라 하였고, 《本義》에 "以卦象釋卦名義"라 함.

【說而麗乎明, 柔進而上行, 得中而應乎剛, 是以「小事吉」】 '說而麗乎明'의 '說'은 悅의 뜻이며 아래 兌卦(悅)를 가리킴. '麗'는 '附麗', 즉 '달라붙다'의 뜻. '明'은 上卦 離(火,

明, 佚)를 가리킴. 이 괘는 신하(兌)가 아래에서 和悅한 마음으로 위의 君主(離)를 모시고 있는 괘상임. '柔進而上行'의 '柔'는 아래 兌卦를 가리키며 이가 나서서 위로 올라가고 있음. '得中而應乎剛'은 六五(陰柔)와 九二(陽剛)의 爻象을 두고 한 말임. 이 두 효는 각기 가운데에 자리하고 있어 '得中'이며, 陰陽이 互應하고 剛柔가 相應하여 '應乎剛'이라 한 것임. 《集解》에 "虞翻曰:「說, 兌; 麗, 離也. 明謂乾, 當言大明, 以麗於〈晉〉; 柔, 謂五. 〈无妄〉〈巽〉爲進, 從二之五, 故上行. 剛謂應乾, 五伏陽, 非應二也. 與〈鼎〉五同義也.」"라 함. '是以「小事吉」'은 작은 일에 이러한 反目이나 歧視를 조심해서 처리하면 길할 것임. 王弼 注에 "事, 皆相違害之道也. 何由得「小事吉」, 以有此三德也?"라 하였고, 〈正義〉에 "說而麗乎明, 柔進而上行, 得中而應乎剛, 是以小事吉'者, 此就二體及六五有應, 釋所以'小事得吉'. 說而麗乎明, 不爲邪僻; 柔進而上行, 所之在貴, 得中而應乎剛, 非爲全弱, 雖在乖違之時, 卦爻有此三德, 故可以行小事, 而獲吉也"라 함. 《集解》에 "荀爽曰:「小事者, 臣事也. 百官異體, 四民殊業, 故睽而不同. 剛者, 君也. 柔得其中而進於君, 故言'小事吉'也.」"라 함. 《傳》에 "卦才如此, 所以小事吉也. 兌, 說也; 離, 麗也, 又爲明. 故爲說順而附麗于明. 凡離在上, 而〈象〉欲見柔居尊者, 則曰'柔進而上行', 〈晉〉·〈鼎〉是也. 方睽乖之時, 六五以柔居尊位, 有說順麗明之善, 又得中道而應剛, 雖不能合天下之睽, 成天下之大事, 亦可以小濟, 是於小事吉也. 「五以明而應剛, 不能致大吉, 何也?」曰:「五陰柔雖應二, 而睽之時, 相與之道, 未能深固, 故二必遇主于巷, 五噬膚, 則无咎也. 天下睽散之時, 必君臣剛陽中正, 至誠協力, 而後能合也.」"라 하였고, 《本義》에 "以卦德·卦變·卦體釋卦辭"라 함.

【天地睽而其事同也, 男女睽而其志通也, 萬物睽而其事類也】'天地睽而其事同也'는 天地는 각기 判然히 달라 乖離되어 있지만 그 功能은 같음. 《集解》에 "王肅曰:「高卑雖異, 同育萬物.」 ○虞翻曰:「五動乾爲天, 四動坤爲地, 故天地. 睽坤爲事也. 五動體同人, 故'事同'矣.」"라 함. '男女睽而其志通也'도 역시 남녀는 판연히 다르지만 그 뜻은 서로 通함. 《集解》에 "侯果曰:「出處雖殊, 情通志合.」 ○虞翻曰:「四動艮爲男, 兌爲女, 故男女. 睽坎爲志爲通, 故'其志通'也.」"라 함. '萬物睽而其事類也' 역시 온 만물은 각기 판연히 다르지만 그 本城과 成物의 原理는 서로 類似함. 《集解》에 "崔憬曰:「萬物雖睽於形色, 而生性事類, 言亦同也.」 ○虞翻曰:「四動萬物, 出乎震, 區以別矣. 故萬物睽, 坤爲事爲類, 故'其事類'也.」"라 함.

【睽之時用大矣哉!】'睽之時, 用大矣哉'로 띄어 睽卦의 이러한 乖離와 反目이 생긴 때를 해결함에는, 큰 원리를 적용하는 것임. 그러나 〈諺解〉에는 '睽之時用, 大矣哉'로 띄어, '규괘가 일러주는 時와 用은 크도다'로 풀이하였음. 王弼 注에 "睽離之時, 非小人之所能

用也"라 하였고, 〈正義〉에 "'天地睽而其事同'以下, 歷就天地·男女·萬物, 廣明睽義, 體乖而用合也. 天高地卑, 其體懸隔, 是天地睽也, 而生成品物, 其事則同也; '男女睽而其志通'者, 男外女內, 分位有別, 是男女睽也, 而成家理事, 其志卽通也; 萬物殊形, 各自爲象, 是萬物睽也, 而均於生長, 其事卽類, 故曰'天地睽而其事同也, 男女睽而其志通也, 萬物睽而其事類也'. '睽之時用大矣哉', 旣明睽理, 合同之大, 又歎能用睽之人, 其德不小, 睽離之時, 能建其用, 使合其通, 理非大德之人, 則不可也. 故曰'睽之時用大矣哉'也"라 함.《集解》에 "九家《易》曰: 「乖離之卦, 於義不大, 而天地事同, 共生萬物, 故曰'用大'.」 ○盧氏曰: 「不言'義'而言'用'者, 明用睽之義, 至大矣.」"라 함.《傳》에 "推物理之同, 以明睽之時用, 乃聖人合睽之道也. 見同之爲同者, 世俗之知也. 聖人則明物理之本同, 所以能同天下而和合萬類也. 以天地·男女·萬物, 明之天高地下, 其體睽也. 然陽降陰升, 相合而成化育之事, 則同也. 男女異質, 睽也, 而相求之志, 則通也. 生物萬殊, 睽也, 然而得天地之和, 稟陰陽之氣, 則相類也. 物雖異而理本同, 故天下之大羣生之衆, 睽散萬殊, 而聖人爲能同之處, 睽之時合, 睽之用, 其事至大, 故云大矣哉!"라 하였고,《本義》에 "極言其理而贊之"라 함.

★【上火下澤, 睽】睽卦는 上卦 離(火, 明, 日, 陽, 剛)가 下卦 兌(澤, 水, 陰, 悅, 柔) 위에 있는 괘상임. 〈正義〉에 "'上火下澤, 睽'者, 動而相背, 所以爲睽也"라 함.《集解》에 "荀爽曰: 「火性炎上, 澤性潤下, 故曰睽也.」"라 함.

【君子以同而異】군자는 和同하는 것으로써 다름을 인정함. 혹 '異'(反目, 葛藤, 歧視)를 해결함에 자신과 같은 점을 찾아보는 것으로서 출발하여 문제를 해결하고자 함. 사물이 紛紜하여 복잡할 때 一律이나 一絲不亂을 강요하기 보다는 '求同存異'를 중시해야 함을 뜻함. 王弼 注에 "同於通理, 異於職事"이라 하였고, 〈正義〉에 "'君子以同而異'者, 佐主治民, 其意則同; 各有司存, 職掌則異, 故曰'君子以同而異'也"라 함.《集解》에 "荀爽曰: 「大歸雖同, 小事當異, 百官殊職, 四民異業, 文武並用, 威德相反, 共歸於治, 故曰'君子以同而異'也.」"라 함.《傳》에 "火下澤, 二物之性違異, 所以爲睽離之象. 君子觀睽異之象, 於大同之中, 而知所當異也. 夫聖賢之處世, 在人理之常, 莫不大同. 於世俗所同者, 則有時而獨異, 蓋於秉彝, 則同矣. 於世俗之失, 則異也. 不能大同, 者亂常拂理之人也. 不能獨異者, 隨俗習非之人也. 要在同而能異耳. 〈中〉庸曰: 『和而不流』, 是也"라 하였고,《本義》에 "二卦合體而性不同"이라 함.

## (3) 爻辭와 象辭

初九: 悔亡. 喪馬, 勿逐自復. 見惡人, 无咎.
☆象曰: 「見惡人」, 以辟咎也.

〈언해〉 初九(초구)는 悔(회)ㅣ 亡(망)ᄒᆞ니, 馬(마)를 喪(상)ᄒᆞ고, 逐(튝)디 아니ᄒᆞ야도
　　　스스로 復(복)홈이니, 惡人(악인)을 見(견)ᄒᆞ면, 咎(구)ㅣ 업스리라.[《本義》: 惡
　　　人(악인)을 見(견)ᄒᆞ야아]
　　　☆象(샹)애 ᄀᆞᆯ오디 「見惡人」은, 뻐 咎(구)를 辟(피)ᄒᆞ욤이라.
〈해석〉 [初九](一): 회한이 사라질 것이니, 말을 잃었더라도 좇아가지 않아도 스스로
　　　돌아오리라. 악인을 보면(악인을 보아야) 허물이 없으리라.
　　　☆象: "악인을 본다"함은, 허물을 피하게 됨을 뜻한다.

【初九】 이는 전괘의 시작이며 陽爻로 位正當함. 陽剛하여 출발부터 睽(괴리)의 문
제를 해결하겠노라 자신을 보임. 그러나 나서지 말고 惡人을 피해야 할 위치임.
　【悔亡】 悔恨이 사라짐. '悔'는 睽(괴리)를 해결하지 못함에 대한 안타까움. ○高亨은
"惡人如盜賊之類, 筮遇此爻, 其悔則亡"이라 함. 〈正義〉에 "'悔亡'者, 初九處睽離之初, 居
下體之下, 无應獨立, 所以'悔'也. 四亦處下, 无應獨立, 不乖於己, 與己合志, 故'得悔亡'"이
라 함.
　【喪馬, 勿逐自復】 '喪馬'의 '喪'은 '失'(雙聲互訓), '亡'(疊韻互訓)의 뜻. 말을 잃음. '勿
逐自復'은 말을 찾으러 뒤쫓아 가지 않아도 말이 되돌아 올 것임. '逐'은 '追'(雙聲)와
같음. 〈正義〉에 "'喪馬, 勿逐自復'者, 時方睽離, 觸目乖阻, 馬之爲物, 難可隱藏. 時或失
之, 不相容隱, 不須尋求, 勢必自復, 故曰'喪馬, 勿逐自復'"이라 함. 《集解》에 "虞翻曰:
「无應, 悔也. 四動得位, 故'悔亡'. 應在于坎, 坎爲馬四, 而失位之正入坤, 坤爲喪, 坎象不
見, 故'喪馬'; 震爲逐, 艮爲止, 故'勿逐'. 坤爲自二至, 五體復象, 故'自復'. 四動震馬來,
故'勿逐自復'也"라 함.
　【見惡人, 无咎】 '見惡人'은 악인을 만남. 그러한 상황을 통해 사안의 심각성을 인지
하고 덤비지 않음. 혹 악인을 만나도 歧視하지 않음. 그 때문에 허물이 없는 것임.
○高亨은 "失馬勿尋求, 馬將自返, 遇惡人亦无咎, 故曰「悔亡, 喪馬, 勿逐自復, 見惡人无
咎」"라 함. 王弼 注에 "處睽之初, 居下體之下, 无應獨立, 悔也. 與人合志, 故得'悔亡'.
馬者, 必顯之物, 處物之始, 乖而喪其馬, 物莫能同, 其私必相顯也. 故'勿逐而自復'也. 時

方乖離, 而位乎窮, 下上无應可援, 下无權可恃, 顯德自異, 爲惡所害, 故‘見惡人, 乃得免
咎’也”라 하였고, 〈正義〉에 “‘見惡人无咎’者, 處於窮下, 上无其應. 无應則无以爲援, 窮下
則无權可恃, 若標顯自異, 不能和光同塵, 則必爲惡人所害, 故曰‘見惡人, 无咎’. 見, 謂遜
接之也”라 함. 《傳》에 “九居卦初, 睽之始也. 在睽乖之時, 以剛動於下, 有悔可知, 所以得
亡者. 九四在上, 亦以剛陽, 睽離无與自然, 同類相合同, 是陽爻同居, 下又當相應之位.
二陽本非相應者, 以在睽, 故合也. 上下相與, 故能‘亡其悔’也. 在睽諸爻, 皆有應. 夫合則
有睽, 本異則何睽? 唯初與四, 雖非應而同德相與, 故‘相遇馬’者, 所以行也. 陽, 上行者
也. 睽獨无與, 則不能行, 是‘喪其’馬也. 四旣與之合, 則能行矣. 是‘勿逐而馬復得’也. ‘惡
人’, 與己乖異者也; 見者, 與相通也. 當睽之時, 雖同德者相與, 然小人乖異者至, 衆若棄
絶之, 不幾盡天下, 以仇君子乎! 如此則失含弘之義, 致凶咎之道也. 又安能化不善, 而使
之合乎? 故必見惡人, 則无咎也. 古之聖王, 所以能化奸凶爲善良, 革仇敵爲臣民者, 由弗
絶也”라 하였고, 《本義》에 “上无正應, ‘有悔’也; 而居睽之時, 同德相應, 其‘悔亡’矣. 故有
‘喪馬勿逐而自復’之象. 然亦必見惡人, 然後可以辟咎, 如孔子之於陽貨也”라 함.

☆【「見惡人, 以辟咎也」】‘以辟咎’의 ‘辟’는 ‘피’로 읽으며 ‘避’와 같음. 〈正義〉에 “〈象〉
曰‘以辟咎也’者, 惡人, 不應與之相見, 而遜接之者, 以辟咎也”라 함. 《集解》에 “離爲見,
‘惡人’謂四, 動入坤初, 四復正, 故‘見惡人以避咎’矣.」”라 함. 《傳》에 “睽離之時, 人情乖
違, 求和合之且病, 其不(一作未)能得也. 若以惡人而拒絶之, 則將衆仇於君子, 而禍咎至
矣. 故必見之, 所以免辟怨咎也. 无怨咎, 則有可合之道”라 함.


## 九二: 遇主于巷, 无咎.
## ☆象曰:「遇主于巷」, 未失道也.

〈언해〉 九二(구이)는, 主(쥬)를 巷(항)애 遇(우)ᄒᆞ면 咎(구)ㅣ 업스리라.[《本義》: 主(쥬)
를 巷(항)애 遇(우)ᄒᆞ야]
　　☆象(샹)애 ᄀᆞᆯ오디「遇主于巷」이 道(도)를 失(실)홈이 아니라.
〈해석〉 [九二](一): 골목에서 임금을 만나면(임금을 골목에서 만나야), 허물이 없으리라.
　　☆象: “임금을 골목에서 만난다”함은, 아직도 도를 잃지 않음을 뜻한다.

【九二】 이는 下卦(兌)의 중앙에 위치하여 ‘得中’하였으나 陰爻로 位不當함. 그러나
六五(君主)와 陰陽이 正應하여 ‘睽’(乖離)의 사안을 直訴할 수 있는 爻位임.

【遇主于巷, 无咎】'主'는 六五를 가리킴. '五'는 君位의 자리. 자신 九二와 正應하고 있음. '巷'은 六五가 九四와 上九의 두 陽爻 사이에 갇혀 있음을 말함. '无咎'는 陽으로써 中央의 陰位에 앉아 있음으로 해서 柔順함. 그 때문에 无咎한 것임. ○高亨은 "遇主人于 巷則旅人得所, 故曰「遇主于巷, 无咎」"라 함. 王弼 注에 "處睽失位, 將无所安. 然五亦失 位, 俱求其黨, 出門同趣, 不期而遇, 故曰'遇主于巷'也"라 하였고, 〈正義〉에 "遇主于巷, 无咎'者, 九二處睽之時, 而失其位, 將无所安, 五亦失位, 與己同黨, 同趣相求, 不假遠涉, 而自相遇, 適在於巷, 言遇之不遠, 故曰'遇主於巷'. 主, 謂五也. 處睽得援, 咎悔可亡, 故'无 咎'也"라 함. 《集解》에 "虞翻曰:「二動體震, 震爲主爲大塗, 艮爲徑路, 大道而有徑路, 故稱 巷. 變而得正, 故'无咎而未失道也'.」"라 함. 《傳》에 "二與五正應, 爲相與者也. 然在睽乖之 時, 陰陽相應之道衰, 而剛柔相戾之意勝. 學《易》者識此, 則知變通矣. 故二五雖正應, 當委 曲以相求也. 二以剛中之德居下, 上應六五之君道合, 則志行成濟, 睽之功矣, 而居睽離之 時, 其交非固, 二當委曲, 求於相遇, 覬其得合也. 故曰'遇主于巷', 必能合而後无咎, 君臣睽 離, 其咎大矣. '巷'者, 委曲之途也; '遇'者, 會逢之謂也. 當委曲相求, 期於會遇, 與之合也. 所謂委曲者, 以善道宛轉, 將就使合而已. 非枉己屈道也"라 하였고, 《本義》에 "二五陰陽 正應, 居睽之時, 乖戾不合, 必委曲相求, 而得會遇, 乃爲无咎. 故其象占如此"라 함.

☆【「遇主于巷」, 未失道也】'未失道'의 '道'는 구체적으로 길(路). 혹은 '睽'(乖離)를 해결하고자 하는 正道. 王弼 注에 "處睽得援, 雖失其位, 未失道也"라 하였고, 〈正義〉에 "〈象〉曰'未失道'者, 旣遇其主, 雖失其位, 亦未失道也"라 함. 《集解》에 "虞翻曰:「動得正, 故未失道.」○崔憬曰:「處睽之時, 與五有應, 男女雖隔, 其志終通, 而三比焉. 近不相得遇 者, 不期而會主者, 三爲下卦之主. 巷者, 出門近遇之象. 言二遇三, 明非背五, 未爲失道 也.」"라 함. 《傳》에 "當睽之時, 君心未合賢臣, 在下竭力盡誠, 期使之信合而已. 至誠以 感, 動之盡力, 以扶持之明, 義理以致, 其知杜蔽惑, 以誠其意, 如是宛轉以求其合也. 遇 非枉道迎逢也. '巷', 非邪僻曲徑也. 故夫子特云'遇主于巷, 未失道'也. 未, 非必也. 非必 謂失道也"라 하였고, 《本義》에 "本其正應, 非有邪也"라 함.


六三: 見輿曳, 其牛掣, 其人天且劓, 无初有終.
☆象曰:「見輿曳」, 位不當也;「无初有終」, 遇剛也.

〈언해〉 六三(륙삼)은, 輿(여)ㅣ 曳(예)ᄒ고, 그 牛(우)ㅣ 掣(체)ᄒ며, 그 人(인)이 天(텬)ᄒ 고 또 劓(의)홈을 見(견)홈이니, 初(초)ㅣ 업고 終(죵)이 이시리라.

☆象(상)애 굴오디「見輿曳」는 位(위)ㅣ 當(당)티 아님이오,「无初有終」은 剛(강)을 遇(우)ᄒᆞ릴 시라.

〈해석〉[六三](--): 수레가 끌려가면서, 그 소는 제지를 당하고, 그 수레를 끌고 가는 사람은 이마에 묵형을 받고 게다가 코가 베어지는 모습을 보는 형상이니, 처음 시작은 없으나 좋은 끝마무리가 있을 것이다.

☆象: "그 수레가 끌리는 것을 본다"함은, 자리가 마땅치 않기 때문이라는 것이요, "처음은 없으나 좋은 끝마무리는 있을 것"이라 함은, 강한 것(上九)을 만날 것이기 때문이다.


【六三】이는 하괘(兌, 澤)의 가장 윗자리이며 陰爻로 位不當함. 다만 上九와 陰陽이 正應을 이루어 그를 믿고 나섰다가 험한 일을 당함.

【見輿曳, 其牛掣】'曳'는 '끌다, 끌리다, 끌려가다'(拖)의 뜻. '掣'는 '막히다, 머물다, 제지를 당하다, 牽制를 당하다'(滯) 등의 뜻. 그러나 소가 수레를 힘들게 끌고 가는 것이라고도 함. 이 효는 正應한 上九를 향해 자신의 수레를 끌고 가지만, 下卦의 九二가 뒤에서 잡아당기고 있고, 앞에서 끄는 소는 九四에게 억제 당하여 힘들게 오르막을 오르는 형세임. 王弼 注에 "凡物近而不相得, 則凶. 處睽之時, 履非其位, 以陰居陽, 以柔乘剛, 志在於上, 而不和於四. 二應於五, 則近而不相比, 故'見輿曳'. '輿曳'者, 履非其位, 失所載也. '其牛掣'者, 滯隔所在, 不獲進也"라 하였고, 〈正義〉에 "見輿曳, 其牛掣'者, 處睽之時, 履非其位, 以陰居陽, 以柔乘剛, 志在上九, 不與四合, 二自應五, 又與己乖, 欲載其輿, 被曳失己, 所載也. 欲進其牛, 被牽滯膈所在, 不能得進也. 故曰'見輿曳, 其牛掣'也"라 함.《集解》에 "虞翻曰:「離爲見, 坎爲車. 爲曳, 故見輿曳. 四動坤爲牛, 爲類牛角, 一低一仰, 故稱掣. 離上而坎下, '其牛掣'也.」"라 함.

【其人天且劓, 无初有終】'天'은 '머리가 깎이다'(剃, 髠首), 혹은 '이마에 낙인을 찍다, 이마에 墨刑을 받다' 등의 뜻. 李鏡池는 "天, 通顚, 額. 這裏指烙額. 〈釋文〉:「天, 剠也.」馬云:「剠鑿其額曰天.」"이라 함. '劓'(의)는 코를 벰(截鼻). 劓刑을 당함. '无初有終'은 시작은 없고 결과만 있음. '처음에는 睽의 해결에 미흡하지만 끝에는 좋은 결과를 얻다'의 뜻. 즉 正應한 上九를 위해 가는 길이 험하지만 끝내 목적한 바를 얻을 것임을 말함. ○高亨은 "此言馭牛車者, 欲退其車, 從後曳之, 而牛則掣而前進. 夫倒曳其車, 其勢不順也. 其牛掣之, 其力不勝也. 勢旣不順, 力又不勝, 足致天劓之刑. 然車非決不能移, 牛非決不可制, 失之於前, 可得之於後, 敗之於始, 可成之於終, 故曰「其車曳, 其牛掣, 其人天且劓, 无初有終」"이라 함. 王弼 注에 "'其人天且劓'者, 四從上取, 二從下取, 而應在上九,

執志不回, 初雖受困, 終獲剛助"라 하였고, 〈正義〉에 "'其人天且劓, 无初有終'者, 剠額爲天, 截鼻爲劓. 旣處二四之間, 皆不相得其爲人也. 四從上刑之, 故剠其額; 二從下刑之, 又截其鼻, 故曰'其人天且劓', 而應在上九, 執志不回, 初雖受困, 終獲剛助, 故曰'无初有終'"이라 함. 《集解》에 "虞翻曰: 「其人, 謂四, 惡人也. 黥額爲天, 割鼻爲劓. 〈无妄〉乾爲天, 震二之乾, 五以陰墨其天, 乾五之震, 二毁艮, 割其鼻也. 兌爲刑人, 故'其人天且劓', 失位, 動得正成乾, 故'无初有終'. 〈象〉曰'遇剛', 是其義也.」"라 함. 《傳》에 "陰柔於平, 時且不足以自立, 況當睽離之際乎? 三居二剛之間, 處不得其所安, 其見侵陵可知矣. 三以正應, 在上欲進, 與上合志, 而四阻于前, 二牽於後. '車牛', 所以行之具也. 輿曳牽於後也. 牛掣阻於前也. 在後者, 牽曳之而已. 當前者, 進者之所力犯也. 故重傷於上, 爲四所傷也. '其人天且劓', '天', 髡首也; '劓', 截鼻也. 三從正應, 而四隔止之, 三雖陰柔, 處剛而志行, 故力進以犯之, 是以傷也. 天而又劓, 言重傷也. 三不合於二, 與四睽之時, 自无合義, 適合居剛, 守正之道也. 其於正應, 則睽極有終, 合之理始, 爲二陽所厄, 是'无初'也; 後必得合, 是'有終'也. '掣', 從制從手, 執止之義也"라 하였고, 《本義》에 "三上九正應, 而三居二陽之間, 後爲二所曳, 前爲四所掣, 而當睽之時, 上九猜狠方深, 故又有髡劓之傷. 然邪不勝, 正終必得合, 故其象占如此"라 함.

☆【「見輿曳」, 位不當也; 「无初有終」, 遇剛也】 '位不當'은 이 六三은 陽爻의 자리에 陰爻가 있음을 말함. '遇剛'은 자신과 正應한 上九가 陽剛함을 뜻함. 혹은 자신이 柔弱한 下卦(兌)를 이끌고 위로 올라가려 하나, 위의 離卦가 火盛하고 陽剛함을 뜻함. 또는 正應한 上九가 陽剛함으로 인해, 无初有終의 좋은 결과, 즉 配匹을 만날 것임을 말함. 〈正義〉에 "〈象〉曰'位不當'者, 由位不當, 故輿被曳. '遇剛'者, 由遇上九之剛, 所以有終也"라 함. 《集解》에 "虞翻曰: 「動正成乾, 故'遇剛'.」"이라 함. 《傳》에 "以六居三, 非正也. 非正則不安, 又在二陽之間, 所以有如是艱厄, 由位不當也. '无初(一有而字)有終'者, 終必與上九相遇而合, 乃遇剛也. 不正而合, 未有久, 而不離者也. 合以正道, 自无終睽之理, 故賢者順理, 而安行智者, 知幾而固守"라 함.


九四: 睽孤, 遇元夫, 交孚, 厲无咎.
☆象曰: 「交孚, 无咎」, 志行也.

〈언해〉 九四(구ᄉᆞ)는, 睽(규)애 孤(고)ᄒᆞ야, 元夫(원부)를 遇(우)ᄒᆞ야, 서ᄅᆞ 孚(부)홈이니, 厲(려)ᄒᆞ나 咎(구) ] 업스리라.

☆象(상)애 글오디 「交孚, 无咎」는 志(지)ㅣ 行(힝)ᄒᆞ리라.

〈해석〉 [九四](一): 睽(乖離)를 해결함에 홀로 외로우나, 훌륭한 대장부(初九)를 만나서, 믿음으로 교유하는 것이니, 허물은 없으리라.

☆象: "믿음으로 교유하니 허물은 없다"함은, 의지대로 실행될 수 있음을 뜻한다.


【九四】 이는 上卦(離, 火, 日, 陽, 剛)의 시작이며 陽爻로 位不當함. 그럼에도 睽(乖離)를 해결하고자 강하게 나섬. 그러나 바로 위의 主爻인 六五와 아래에서 받쳐주는 六三 모두가 陰爻로 柔弱하여 도움을 받지 못함.

【睽孤, 遇元夫, 交孚, 厲无咎】 '睽孤'는 자신이 陽으로써 六三과 六五 사이에 자리하여 孤獨함. ○高亨은 "遺腹孤與其父未曾相見, 故曰「睽孤,」若夏少康者是也"라 하여 夏나라 때 少康과 같은 遺腹子라 함. 그러나 沙少海는 "睽, 訓乖離, 這裏指旅人. 睽孤, 猶言旅人孤單地走路"라 함. '遇元夫'는 元夫를 만남. '元夫'는 훌륭한 사나이. ○高亨은 "元, 大也, 元夫, 大夫也"라 하여, 大夫, 혹 大丈夫 初九를 가리킴. 한편 聞一多는 "元, 應讀兀. 兀夫, 卽跛子"라 하여, '다리를 저는 자'라 하였음. '交孚'는 信義로써 사귐. 그러나 聞一多는 '交'는 俱이며 '孚'는 俘로써 '모두 포로가 됨'이라 하였음. ○高亨도 "交, 俱也. 孚, 卽俘字, 被虜也"라 함. '厲无咎'는 어려움(厲)은 있으나 허물은 없음. ○高亨은 "此乃古代故事. 蓋有睽孤者, 遭難在外, 遇一大夫, 與之同行, 偶爲人所俘, 其危甚矣, 然終脫於禍, 故記之曰「睽孤, 遇元夫, 交孚厲, 无咎」. 或卽夏少康之故事乎?"라 하여, '交孚厲'도 붙여 읽었음. 王弼 注에 "无應獨處, 五自應二, 三與己睽, 故'睽孤'也. 初亦无應, 特立處睽之時, 俱在獨立, 同處體下, 同志者也. 而己失位, 比於三五, 皆與己乖, 處無所安, 故求其疇類, 而自託焉, 故曰'遇元夫'也. 同志相得, 而无疑焉, 故曰'交孚'也. 雖在乖隔, 志故得行, 故雖危无咎"라 하였고, 〈正義〉에 "'元夫', 謂初九也. 處於卦始, 故云'元'也. 初四俱陽, 而言夫者, 蓋是丈夫之'夫', 非夫婦之'夫'也"라 함. 《集解》에 "虞翻曰:「孤, 顧也. 在兩陰間, 睽五顧三, 故曰'睽孤'. 震爲元夫, 謂二. 已變動而應震, 故'遇元夫'也. 震爲交, 坎爲孚, 動而得正, 故'交孚, 厲无咎'矣.」"라 함. 《傳》에 "九四當睽時, 居非所安, 无應而在二陰之間, 是睽離孤處者也. 以剛陽之德, 當睽離之時, 孤立无與, 必以氣類相求而合, 是以'遇元夫'也. '夫', 陽, 稱'元', 善也. 初九當睽之初, 遂能與同德而亡睽之悔, 處睽之至善者也. 故目之爲'元夫', 猶云善士也. 四則過中, 爲睽已甚, 不若初之善也. 四與初, 皆以陽處一卦之下, 居相應之位, 當睽乖之時, 各无應援, 自然同德相親, 故會遇也. 同德相遇, 必須至誠, 相與交孚, 各有孚誠也. 上下二陽, 以至誠相合, 則何時之不能行? 何危之不能濟? 故雖處

(一无處字)危厲, 而无咎也. 當睽離之時, 孤居二陰之間, 處不當位, 危且有咎也. 以遇元夫而交孚, 故得无咎也"라 하였고, 《本義》에 "'睽孤', 謂无應; '遇元夫', 謂得初九; '交孚', 謂同德相信. 然當睽時, 故必危厲, 乃得无咎. 占者亦如是也"라 함.

☆【「交孚, 无咎」, 志行也】 '志行'은 자신이 가지고 있는 陽剛의 뜻(睽를 해결하고자 하는 의지)을 그대로 밀고 나갈 수밖에 없는 위치임을 뜻함. 《集解》에 "虞翻曰: 「坎動成震, 故'志行'也.」"라 함. 《傳》에 "初四皆陽剛, 君子當睽乖之時, 上下以至誠相交, 協志同力, 則其志可以行, 不止无咎而已. 卦辭但言'无咎', 夫子又從而明之, 云可以'行其志', 救時之睽也. 蓋以君子, 陽剛之才, 而至誠相輔, 何所不能濟也? 唯有君子, 則能行其志矣"라 함.


# 六五: 悔亡, 厥宗噬膚, 往何咎?
# ☆象曰: 「厥宗噬膚」, 往有慶也.

〈언해〉 六五(륙오)는, 悔(회) 亡(망)ᄒᆞ니, 그 宗(종)이 膚(부)를 噬(셰)ᄒᆞ면, 往(왕)홈애 므슴 咎(구)ㅣ리오?[《本義》: 膚(부)를 噬(셰)홈이니]

☆象(샹)애 ᄀᆞᆯ오디 「厥宗噬膚」는 往(왕)애 慶(경)이 이시리라.

〈해석〉 [六五](--): 회한이 사라지리니, 그 종친(九二)가 씹기 쉬운 피부 살을 씹고 있으면(피부 살을 씹고 있음이니), 그대로 가면 무슨 허물이 있겠는가?

☆象: "그 종친이 약한 피부 살을 씹는다"함은, 그대로 가면 경사가 있을 것임을 뜻한다.


【六五】 이는 君位이며 陰爻로 位不當하여 柔弱하나 得中하며, 九二와 正應을 이룸으로 인해, 도리어 柔弱을 粧點으로 전괘의 睽(乖離, 反目, 歧視)의 난제를 풀어나가면 허물은 없는 爻位임.

【悔亡, 厥宗噬膚, 往何咎?】 '悔亡'은 悔恨이 사라짐. '悔'는 陰으로서 陽位에 있어 位不當함으로 '悔'라 한 것임. ○高亨은 "筮遇此爻, 其悔可亡, 故曰「悔亡」"이라 함. '厥宗噬膚'는 연약하여 씹기 쉬운 피부 살을 宗親(九二)이 씹고 있음. 따라서 睽(乖離)의 난제를 쉽게 해결할 수 있음을 뜻함. 그러나 沙少海는 "厥, 同其, 表領屬關係. 這裏指代旅人. 厥宗, 猶言跟旅人同族的宗人. 噬, 訓吃. 膚, 這裏訓肉"이라 하여, '여행 중인 자가 함께 따르던 동족이 고기를 먹음'이라 하였음. '往何咎'는 '의지대로 추진하면 무슨

허물이 있겠는가?'의 뜻. 약한 陰爻지만 得中하였으니 君位의 자리를 이용하여 睽(乖離)를 해결함. 그러나 ○高亨은 "「厥宗噬膚」, 疑指宴饗之事而言. 古人宴饗之禮, 在宗廟行之. 宴饗於宗廟, 往有何咎哉? 故曰「厥宗噬膚, 往何咎?」"라 함. 王弼 注에 "非位悔也. 有應故亡. '厥宗', 謂二也. 噬膚'者, 齧柔也. 三雖比二, 二之所噬, 非妨己應者也. 以斯而往, 何咎之有? 往必合也"라 하였고, 〈正義〉에 "'悔亡'者, 失位悔也. 有應故悔亡也. '厥宗噬膚, 往何咎'者, 宗, 主也; 謂二也. 噬膚, 謂噬三也. 三雖隔二, 二之所噬, 故曰'厥宗噬膚'也. 三是陰爻, 故以膚爲譬, 言柔脆也. 二旣噬三, 卽五可以往, 而无咎矣. 故曰'往无咎'"라 함. 《集解》에 "虞翻曰:「往得位, '悔亡'也. 動而之乾, 乾爲宗, 二體〈噬嗑〉, 故曰'噬'. 四變時艮爲膚, 故曰'厥宗噬膚'也. 變得正成乾, 乾爲慶, 故'往无咎而有慶'矣.」"라 함. 《傳》에 "六以陰柔, 當睽離之時, 而居尊位, 有悔可知. 然而下有九二, 剛陽之賢, 與之爲應, 以輔翼之, 故得'悔亡'. '厥宗', 其黨也. 謂九二正應也. '噬膚', 噬齧其肌膚, 而深入之也. 當睽之時, 非入之者深, 豈能合也? 五雖陰柔之才, 二輔以陽剛之道, 而深入之, 則可往而有慶(一有也字), 復何過咎之有? 以成周之幼稚, 而興盛王之治, 以劉禪之昏弱, 而有中興之勢, 蓋由任聖賢之輔, 而姬公·孔明, 所以入之者深也"라 하였고, 《本義》에 "以陰居陽, 悔也. 居中得應, 故能亡之. '厥宗', 指九二; '噬膚', 言易合. 六五有柔中之德, 故其象占如是"라 함.

　　☆【「厥宗噬膚」, 往有慶也】 '往有慶'은 가는 길(睽를 해결하고자 하는 일)을 계속하면 慶事가 있을 것임. 〈正義〉에 "〈象〉曰'往有慶'者, 有慶之言善功, 被物爲物所賴也. 五雖居尊, 而不當位, 與二合德, 乃爲物所賴, 故曰'往有慶'也"라 함. 《集解》에 "王弼曰:「非位, 悔也. 有應故'悔亡'. 厥宗, 謂二也. '噬膚'者, 齧柔也. 三雖比二, 二之所噬, 非妨己應者也. 以斯而往, 何咎之有? 往必見合, 故有慶也.」 ○案:「二兌爲口, 五爻陰柔, '噬膚'之象也.」"라 함. 《傳》에 "爻辭但言'厥宗噬膚', 則可以往而无咎. 象復推明其義, 言人君雖己才不足, 若能信任賢輔, 使以其道深入於己, 則可以有爲是, 往而有福慶也"라 함.

## 上九: 睽孤, 見豕負塗, 載鬼一車. 先張之弧, 後說之弧; 匪寇, 婚媾. 往遇雨則吉.

## ☆象曰:「遇雨之吉」, 羣疑亡也.

〈언해〉 上九(샹구)는, 睽(규)애 孤(고)ᄒᆞ야, 豕(시)의 塗(도)를 負(부)홈과, 鬼(귀)ㅣ 一車(일거)를 載(지)홈을 보니라.

　　몬져 弧(호)를 張(댱)ᄒᆞ얏짜가, 後(후)에 弧(호)를 說(탈)ᄒᆞ야, 寇(구)ㅣ 아니라

婚媾(혼구)ㅣ니, 往(왕)ㅎ야 雨(우)를 遇(우)ㅎ면 吉(길)ㅎ리라.

☆象(상)애 줄오딕 「遇雨의 吉홈」은, 모든 疑(의)ㅣ 亡(망)홈이라.

〈해석〉[上九](ㅡ): 睽(乖離)를 홀로 해결함에는 외로워, 돼지가 등에 진흙을 뒤집어
쓴 모습과 수레 하나에 귀신을 싣고 옴을 보는 형상이다.

이에 먼저는 활을 당겼으나 나중에는 활을 벗겨놓으니, 그가 도둑이 아니라,
자신에게 청혼을 하러 오는 자였기 때문이니, 가다가 비를 만나기에 길하리라.

☆象: "비를 만나기에 길하다"함은, 모든 의심이 사라졌기 때문이다.

【上九】이는 전괘의 가장 윗자리이며 마무리를 맡은 爻位. 陽爻로 位不當하나 六三
과는 陰陽이 正應함. 그러나 六五(陰爻, 君位)가 나약하여 睽(乖離)의 문제를 해결하지
못한 채 자신에게 떠넘긴 형상임. 따라서 자신의 陽剛을 내세워 나서기는 하나 온갖
시련을 당하지만 끝내는 '睽'의 문제를 해결하는 爻位임.

【睽孤, 見豕負塗, 載鬼一車, 先張之弧, 後說之弧】'睽孤'는 규괘에서의 외로운 여행
자를 비유함. 앞의 九四와 同一人임. 〈正義〉에 "睽孤'者, 處睽之極, 睽道未通, 故曰'睽
孤'也"라 함. '豕'는 돼지. '負塗'는 돼지가 진흙을 뒤집어쓰고 있음. '塗'는 泥의 뜻.
그러나 ○高亨은 '負'는 伏의 假借, '塗'는 途의 뜻으로 '길에 돼지가 엎드려 있음'으로
보기도 함. 〈正義〉에 "見豕負塗'者, 火動而上, 澤動而下, 己居炎極, 三處澤盛, 睽之極
也. 離爲文明, 澤爲卑穢. 以文明之極, 而觀至穢之物, 事同豕而負塗泥穢, 莫斯甚矣. 故
曰'見豕負塗'"라 함. '載鬼一車'는 한 수레에 귀신을 싣고 있음. 여기서 '鬼'는 자신과
正應한 六三을 가리킴. 그러나 혹 奇異(奇特)한 扮裝을 한 사람을 의미하는 것이라고
도 함. 《集解》에 "虞翻曰:「睽三顧五, 故曰'睽孤'也. 離爲見, 坎爲豕, 爲雨四, 變時坤爲
土. 土得雨爲泥塗, 四動艮爲背, 豕背有泥, 故'見豕負塗'矣. 坤爲鬼, 坎爲車, 變在坎上,
故'載鬼一車'也.」"라 함. '弧'는 활. 《集解》에는 '壺'자로 되어 있음. '說'은 脫, 挩. 활을
벗어놓음. 《說文》에 "挩, 解挩也"라 함. 그 鬼를 향해 활을 쏘고자 하다가 활을 내려놓
음. 〈正義〉에 "載鬼一車, 先張之弧, 後說之弧'者, 鬼魅盈車, 怪異之甚也. 至睽將合, 至
殊將通, 未至於洽, 先見殊怪, 故又'見載鬼一車'. 載鬼不言'見'者, 爲豕上有'見'字也. 見怪
若斯, 懼來害己, 故'先張之弧', 將攻害也, 物極則反, 睽極則通, 故'後說之弧', 不復攻也"
라 함. 《集解》에 "虞翻曰:「謂五已變, 乾爲先應, 在三坎爲弧, 離爲矢腹, 張弓之象也. 故
'先張之弧'. 四動震爲後, 說, 猶置也. 兌爲口, 離爲大腹, 坤爲器, 大腹有口, 坎酒在中壺
之象也. 之應歷險以與兌, 故'後說之壺'矣.」"라 함.

【匪寇, 婚媾】'匪寇, 婚媾'는 '鬼'(특이한 분장을 한 사람)는 도둑이 아니라 請婚하러

온 사람임. 즉 鬼(六三)가 墨刑과 劓刑을 받아 귀신처럼 헝클어진 모습으로 다가와, 도둑(도적, 자신에게 해코지를 하려는 사람)으로 여겼으나 자신의 훌륭한 배필이었음을 알아차린 것. 따라서 '婚媾'는 六三과 陰陽이 正應을 이루어 配匹이 됨을 뜻함. 그러나 ○高亨은《左傳》(哀公 元年)의 고사를 들어 有仍氏가 少康을 낳은 고사를 들고 있음. 〈正義〉에 "匪寇, 婚媾者, 四剋其應, 故謂四爲寇, 睽志旣通, 匪能爲寇, 乃得與三爲婚媾矣. 故曰'匪寇, 婚媾'也"라 함. 《集解》에 "虞翻曰:「匪, 非. 坎爲寇之三歷坎, 故'匪寇'. 陰陽相應, 故'婚媾'"라 함.

【往遇雨則吉】 가다가 비를 만나기에 吉함. '雨'는 陰陽이 교합하여야 내리는 것임을 비유함. 따라서 '遇雨'는 자신(陽)이 六三(陰)을 만날 것이기에 吉함. 王弼 注에 "處睽之極, 睽道未通, 故曰'睽孤'. 己居炎極, 三處澤盛, 睽之極也. 以文明之極, 而觀至穢之物, 睽之甚也. 豕而負塗, 穢莫過焉. 至睽將合, 至殊將通, 恢詭譎怪, 道將爲一, 未至於洽, 先見殊怪, 故'見豕負塗', 甚可穢也; '見鬼盈車', 吁可怪也. '先張之弧', 將攻害也; '後說之弧', 睽怪通也. 四剋其應, 故爲寇也. 睽志將通, 匪寇婚媾, 往不失時, 睽疑亡也. 貴於遇雨, 和陰陽也. 陰陽旣和, 羣疑亡也"라 하였고, 〈正義〉에 "'往遇雨則吉'者, 雨者, 陰陽交和之道也. 衆異倂消, 无復疑阻, 往得和合, 則吉從之, 故曰'往遇雨則吉'. '恢詭譎怪, 道將爲一'者, 《莊子》(內篇)〈齊物論〉曰:『无物不然, 无物不可, 故爲擧莛與楹, 厲與西施, 恢詭譎怪, 道通爲一.』郭象注云:『夫莛, 橫而楹, 縱厲醜而西施, 好所謂齊者, 豈必齊形狀·同規矩哉!』擧縱橫好醜, 恢詭譎怪, 各然其所然, 各可其所可. 卽形雖萬殊, 而性本得同, 故曰'道通爲一'也. 《莊子》所言, 以明齊物, 故擧恢詭譎怪, 至異之物, 道通爲一, 得性則同. 王輔嗣用此文, 而改通爲'將'字者, 明物極則反, 睽極則通, 有似引詩斷章, 不必與本義同也"라 함. 《集解》에 "虞翻曰:「三在坎下, 故'遇雨'. 與上易位, 坎象不見, 各得其正, 故'則吉'也.」"라 함. 《傳》에 "上居卦之終, 睽之極也. 陽剛居上, 剛之極也. 在離之上, 用明之極也. 睽極則咈戾而難合, 剛極則躁暴而不詳, 明極則過察而多疑, 上九有六三之正應, 實不孤而其才性如此, 自睽孤也. 如人雖有親黨, 而多自疑猜, 妄生乖離, 雖處骨肉親黨之間, 而常孤獨也. 上之與三, 雖爲正應, 然居睽極, 无所不疑, 其見三如豕之污穢, 而又背負泥塗, 見其可惡之甚也. 旣惡之甚, 則猜成其罪惡, 如見載鬼滿一車也. 鬼, 本无形而見載之一車, 言其以无爲有, 妄之極也. 物理極而必反, 以近明之, 如人適東, 東極矣動, 則西也; 如升高, 高極矣動, 則下也. 旣極則動, 而必反也. 上之睽乖, 旣極三之所處者正理; 大凡失道, 旣極則必反正理. 故上於三, 始疑而終必合也. '先張之弧;, 始疑惡而欲射之也. 疑之者, 妄也. 妄安能常? 故終必復於正, 三實无惡, 故'後說弧', 而弗射. 睽極而反, 故與三, 非復爲寇讎, 乃婚媾也. 此'匪寇婚媾'之語, 與他(一作屯)卦同, 而義則殊也. 陰陽交而

和暢, 則爲雨. 上於三始疑而睽, 睽極則不疑, 而合陰陽, 合而益和, 則爲雨. 故云'往遇雨則吉'. 往者, 自此以往也. 謂旣合而益和, 則吉也"라 하였고, 《本義》에 "'睽孤', 謂六三, 爲二陽所制而已. 以剛處明極, 睽極之地, 又自猜狼而乖離也. '見豕負塗', 見其汚也; '載鬼一車', 以无爲有也. '張弧欲射之'也, 說弧疑'稍'釋也. '匪寇婚媾', 知其非寇而實親也. '往遇雨則吉', 疑盡釋而睽合也. 上九之與六三, 先睽後合, 故其象占如此"라 함.

☆【「遇雨之吉」, 羣疑亡也】'羣疑亡'은 많은 이들이 의심하던 것들이 모두 없어짐. 더 이상 의심을 하지 않음. '羣疑'는 睽(乖離, 反目, 嫉視, 葛藤, 歧視)를 뜻함. 즉 이러한 이제까지의 모든 睽의 문제가 모두 해결됨을 뜻함. 〈正義〉에 "〈象〉曰'羣疑亡也'者, 往與三合, 如雨之和, 向之見豕·見鬼, 張弧之疑, 幷消釋矣, 故曰'羣疑亡'也"라 함. 《集解》에 "虞翻曰:「物三稱羣, 坎爲疑三變坎敗, 故'羣疑亡'矣.」"라 함. 《傳》에 "雨者, 陰陽和也. 始睽而能終和, 故吉也. 所以能和者, 以羣疑盡亡也. 其始睽也, 无所不疑, 故云'羣疑', 睽極而合, 則皆'亡'也"라 함.

# 039 건蹇

☷ 水山蹇: ▶艮下坎上(☶下☵上)

*蹇(건): 〈音義〉에 "蹇, 紀免反. 或紀偃反. 難也"라 하여 '견/건(jiǎn)'으로 읽으며, '難'의 뜻이라 하였음. '蹇'은 '절뚝거리며 걷기가 험난함'을 뜻함. 즉 상괘(坎)는 險을 뜻하며, 하괘(艮)는 '止'를 뜻하여, '발이 앞으로 나가지 못함'을 비유하여 '蹇'자를 사용한 것임. 건괘는 하괘는 艮(山)이며 상괘는 坎(水)으로, 힘들게 산 위에 올랐으나 다시 물이 있으며, 山石은 岐峻하고 물은 건너기 어려워, 山高水險의 모습을 한 異卦相疊의 '山水' 괘체임. 이는 行路가 험난하며 갈 길은 끝이 없는 삶의 旅情과 德業의 修行이 힘듦을 비유함. 따라서 험난한 경우에 처했을 때는 의당 柔順함을 바탕으로, 끈질기게 기다렸다가 적당한 시기에 前進, 혹 물러섬을 선택해야 하며, 동시에 함께 하는 이들은 마음을 서로 같이 하여 난관을 건너야 함을 상징함. 한편 《一切經音義》와 《楚辭》注 등에는 이 괘를 인용하면서 '蹇'자를 '謇'자로 표기하였음.

*《集解》에 "〈序卦〉曰:「乖必有難, 故受之以'蹇'」 蹇者, 難也.(崔憬曰:「二女同居, 其志乖而難生, 故曰'乖必有難'也.」)"라 함.

*《傳》에 "蹇', 〈序卦〉:「睽者, 乖也. 乖必有難, 故受之以'蹇'」 蹇者, 難也. 睽乖之時, 必有蹇難. 蹇, 所以次睽也. 蹇, 險阻之義, 故爲蹇. 難爲卦坎上艮下. 坎, 險也; 艮, 止也. 險在前而止, 不能進也. 前有險陷, 後有峻阻, 故爲蹇也"라 함.

## (1) 卦辭

## 蹇: 利西南, 不利東北; 利見大人, 貞吉.

〈언해〉 蹇(건)은 西南(셔남)이 利(리)ᄒ고, 東北(동븍)이 利(리)티 아니ᄒ며, 大人(대인) 을 보미 利(리)ᄒ니, 貞(뎡)ᄒ면 吉(길)ᄒ리라.

〈해석〉 건(蹇, 건괘)은 서남쪽 평지로 가면 이롭고, 동북쪽 산악지역으로 가면 이롭지 못하다. 대인을 만나 보는 것이 이로우니, 마음이 곧게 가지면 길하리라.

【蹇】卦名이며, 音은 '건'. '발을 절다. 어렵다. 고생하다, 절뚝거리다' 등의 뜻. 〈正義〉에 "蹇, 難也. 有險在前, 畏而不進, 故稱爲蹇"이라 함.

【利西南, 不利東北】西南은 平地를 뜻함.《集解》에 "虞翻曰:「觀上反三也. 坤, 西南. 卦五在坤, 中坎爲月, 月生西南, 故'利西南'. 往得中, 謂'西南得朋'也.」"라 함. 東北은 山嶽地域을 비유함.《集解》에 "虞翻曰:「謂三也. 艮東北之卦, 月消於艮, 喪乙滅癸, 故'不利東北'. 其道窮也, 則'東北喪朋'矣.」"라 함. 王弼 注에 "西南, 地也; 東北, 山也. 以難之平, 則難解; 以難之山, 則道窮"이라 하였고, 〈正義〉에 "'利西南, 不利東北'者, 西南順位平易之方, 東北險位阻礙之所, 世道多難, 率物以適平易, 則蹇難可解; 若入於險阻, 則彌加擁塞. 去就之宜, 理須如此, 故曰'蹇, 利西南, 不利東北'也"라 함.《集解》에 "虞翻曰:「觀上反三也. 坤, 西南. 卦五在坤, 中坎爲月, 月生西南, 故'利西南'. 往得中, 謂'西南得朋'也.」"라 함.

【利見大人, 貞吉】'大人'은 자신을 도와주고 길을 안내해 줄 훌륭한 분. 九五를 가리킴. 王弼 注에 "往則濟也"라 하였고, 〈正義〉에 "'利見大人'者, 能濟衆難, 惟有大德之人, 故曰'利見大人'"이라 함.《集解》에 "虞翻曰:「離爲見大人, 謂五二得位應五, 故'利見大人, 往有功'也.」"라 함. '貞吉'은 貞辭가 길함. 王弼 注에 "爻皆當位, 各履其正. 居難履正, 正邦之道也. 正道未否, 難由正濟, 故貞吉也. 遇難失正, 吉可得乎?"라 하였고, 〈正義〉에 "'貞吉'者, 居難之時, 若不守正, 而行其邪道, 雖見大人, 亦不得吉. 故曰'貞吉'也"라 함. ○高亨은 "筮遇此卦, 有所往利於西南, 不利於東北, 又利見大人, 又此卦爲吉占, 故曰「利西南, 不利東北, 利見大人, 貞吉」"이라 함.《集解》에 "虞翻曰:「謂五當位正邦, 故'貞吉'也.」"라 함.《傳》에 "西南坤方. 坤, 地也. 體順而易; 東北艮方. 艮, 山也. 體止而險. 在蹇難之時, 利於順處平易之地, 不利止於危險也. 處順易, 則難可紓; 止於險, 則難益甚矣. 蹇難之時, 必有聖賢之人, 則能濟天下之難, 故'利見大人'也. 濟難者, 必以大正之道, 而堅固其守, 故貞則吉也. 凡處難者, 必在乎(一无乎字)守貞正(一无正字), 設使難不解, 不失正德, 是以吉也. 若遇難而不能固其守, 入於邪濫, 雖使苟免, 亦惡德也. 知義命者, 不爲也"라 하였고,《本義》에 "蹇, 難也. 足不能進行之難也. 爲卦艮下坎上, 見險而止, 故爲蹇. 西南平易, 東北險阻, 又艮方也. 方在蹇中, 不宜走險. 又卦自小過而來陽, 進則往居五而得中, 退則入於艮而不進, 故其占曰'利西南而不利東北'. 當蹇之時, 必見大人, 然後可以濟難. 又必守正, 然後得吉, 而卦之九五, 剛健中正, 有大人之象. 自二以上五爻, 皆得正位, 則又貞之義也. 故其占又曰'利見大人, 貞吉'. 蓋見險者, 貴於能止, 而又不可終於止. 處險者, 利於進而不可失其正也"라 함.

## (2) 彖辭와 象辭

彖曰: 蹇, 難也, 險在前也. 見險而能止, 知矣哉!

「蹇, 利西南」, 往得中也;

「不利東北」, 其道窮也.

「利見大人」, 往有功也;

當位「貞吉」, 以正邦也.

蹇之時用大矣哉!

★象曰: 山上有水, 蹇. 君子以反身脩德.

〈언해〉 彖(단)애 ᄀᆞᆯ오ᄃᆡ 蹇(건)은 難(난)이니, 險(험)이 前(전)애 이심이니, 險(험)을 보고 能(능)히 止(지)ᄒᆞ니, 知(디)ᄒᆞ다!

「蹇, 利西南」은 往(왕)ᄒᆞ야 中(듕)을 得(득)홈이오, 「不利東北」은 그 道(도)ㅣ 窮(궁)홈이오,

「利見大人」은 往(왕)ᄒᆞ야 功(공)이 이쇼미오, 位(위)예 當(당)ᄒᆞ야 「貞吉」ᄒᆞ욤은 ᄡᅥ 邦(방)을 正(졍)홈이니,

蹇(건)의 時(시)와 用(용)이 크다!

★象(샹)애 ᄀᆞᆯ오ᄃᆡ 山上(산샹)애 水(슈)ㅣ 이심이 蹇(건)이니, 君子(군ᄌᆞ)ㅣ 以(이)ᄒᆞ야 身(신)애 反(반)ᄒᆞ야 德(덕)을 脩(슈)ᄒᆞᄂᆞ니라.

〈해석〉 彖: 건(蹇)은 험난함이니, 험난함이 앞에 있도다. 험난한 것을 보고 능히 멈출 수 있으니 지혜롭도다!

"건은 서남쪽으로 가면 이롭다"함은, 앞으로 나가면 가운데 자리를 얻는다는 뜻이요, "동북쪽으로 가면 이롭지 못하다"라 한 것은, 그 길이 궁벽하기 때문이다.

"대인을 만나 봄이 이롭다"함은, 가면 공이 있을 것이라는 뜻이요, 제자리에 마땅하여 "마음을 곧게 가지면 길하다"함은, 그렇게 함으로써 나라를 바로잡는다는 뜻이다.

건의 시기와 효용은 크도다!

★象: 蹇은 산 위에 물이 있는 것이 건괘이니, 군자는 이를 근거로 하여 자신에게 되돌려 모든 것을 찾아, 덕을 닦는 것이다.

【蹇, 難也, 險在前也】'險在前'은 下卦(艮)이 위로 올라가고자 하나 앞의 上卦 坎(險)이 가로막고 있음. 《傳》에 "蹇, 難也. 蹇之爲難, 如乾之爲健. 若易之爲難, 則義有未足(一作盡)蹇有險阻之義. '屯', 亦難也; '困', 亦難也. 同爲難而義則異. '屯'者, 始難而未得通; '困'者, 力之窮. '蹇', 乃險阻艱難之義, 各不同也. '險在前也', 坎險在前下, 止而不得進, 故爲蹇"이라 함.

【見險而能止, 知矣哉!】上卦 '坎'은 險의 뜻을, 하괘 '艮'은 止의 뜻을 가지고 있음. 따라서 험한 지형을 만나면 멈추게 됨을 뜻함. 그렇게 멈추는 것이 지혜로운 것임. '知'는 智의 뜻. 〈正義〉에 "蹇, 難也, 險在前也, 見險而能止, 知矣哉'者, 釋卦名也. 蹇者, 有難而不進能止而不犯, 故就二體有險有止, 以釋蹇名. 坎在其外, 是險在前也; 有險在前, 所以爲難. 若冒險而行, 或羅其害. 艮居其內, 止而不往, 相時而動, 非知不能, 故曰'見險而能止知矣哉'也"라 함. 《集解》에 "虞翻曰:「離見坎險艮爲止, 觀乾爲智, 故'知矣哉!'」"라 함. 《傳》에 "以卦才言, 處蹇之道也. 上險而下止, 見險而能止也. 犯險而進, 則有悔咎(一作咎), 故美其能止爲知也. 方蹇難之時, 唯能止爲善, 故諸爻除五與二外, 皆以'往爲失, 來爲得'也"라 하였고, 《本義》에 "以卦德釋卦名義, 而贊其美"라 함.

【「蹇, 利西南」, 往得中也】'往得中'은 서남쪽 평지로 가면 적중할 것임. '中'은 適中, 適宜의 뜻. 〈正義〉에 "蹇, 利西南, 往得中也'者, 之於平易, 救難之理, 故云'往得中'也"라 함. 《集解》에 "荀爽曰:「西南謂坤, 升二往居坤五, 故'得中'也.」"라 함.

【「不利東北」, 其道窮也】'其道窮'은 동북으로 가면 불리한 이유는 그 도(건을 만나면 멈추어야 하는 원리)가 모두 궁해졌기 때문. 〈正義〉에 "不利東北, 其道窮'者, 之於險阻, 更益其難, 其道彌窮, 故曰'其道窮'也"라 함. 《集解》에 "荀爽曰:「東北艮也. 艮在坎下, 見險而止, 故'其道窮'也.」"라 함. 《傳》에 "蹇之時, 利於處平易. 西南坤方, 爲順易; 東北艮方, 爲險阻. 九上居五, 而得中正之位, 是往而得平易之地, 故爲利也. 五居坎險之中, 而謂之平易者, 蓋卦本坤由五往而成坎, 故但取往而得中, 不取成坎之義也. 方蹇而又止危險之地, 則蹇益甚矣. 故'不利東北, 其道窮也'. 謂蹇之極也"라 함.

【「利見大人」, 往有功也】'往有功'은 大人(九五)을 만나 이로운 이유는, 그에게로 가면 성공할 수 있기 때문임. 〈正義〉에 "利見大人, 往有功也'者, 往見大人, 必能除難, 故曰'往有功'也"라 함. 《集解》에 "虞翻曰:「大人謂五. 二往應五, 五多功, 故'往有功'也.」"라 함.

【當位「貞吉」, 以正邦也】'當位「貞吉」'은 六二(陰)와 九五(陽)의 爻位를 두고 한 말임. 두 효 모두 位正當하며 아울러 陰陽이 正應하여 그 힘으로 나라를 바르게 할 수 있음. 그러나 全卦에서 初六만 不當위할 뿐 나머지 다섯 효는 모두 位正當하여, 모두가 힘을 합하면 '나라를 바르게 할 수 있다'는 뜻으로 보기도 함. 즉 初六은 가장 아래에 있어

당초 힘이 미약함으로 해서 位不當이 큰 문제가 되지 않음. 〈正義〉에 "當位貞吉, 以正邦也'者, 二三四五爻, 皆當位. 所以得正而吉. 故曰'當位貞吉'也. '以正邦也'者, 居難守正, 正邦之道, 故曰'以正邦也'"라 함. 《集解》에 "荀爽曰:「謂五. 當尊位正居, 是羣陰順從, 故能'正邦國'.」"이라 함. 《傳》에 "蹇難之時, 非聖賢(一有大人字), 不能濟天下之蹇, 故'利於見大人'也. 大人當位, 則成濟蹇之功矣. 往而有功也, 能濟天下之蹇者, 唯大正之道, 夫子又取卦才, 而言蹇之諸爻除初外, 餘皆當正位, 故爲貞正而吉也. 初六, 雖以陰居陽而處下, 亦陰之正也. 以如(一作如以)此正道, 正其邦, 可以濟於蹇矣"라 함.

【蹇之時用大矣哉!】'蹇之時'는 '건괘처럼 험난함을 만났을 때'의 뜻. '用大矣哉'는 이러한 '見險而止'의 지혜를 사용하라는 뜻이니 '매우 큰 의미가 있도다'의 뜻. 王弼 注에 "蹇難之時, 非小人之所能用也"라 하였고, 〈正義〉에 "'蹇之時用大矣哉'者, 能於蹇難之時, 建立其功, 用以濟世者, 非小人之所能, 故曰'蹇之時用大矣哉'也"라 함. 《集解》에 "虞翻曰:「謂坎. 月生西南而終東北, 震象出庚, 兌象見丁, 乾象盈甲, 巽象退辛, 艮象消丙, 坤象窮乙, 喪滅於癸, 終則復始, 以生萬物, 故用大矣.」"라 함. 《傳》에 "蹇之時, 濟蹇之道, 其用至大, 故云'大矣哉'. 天下之難, 豈易平也? 非聖賢, 不能其用, 可謂大矣. 順時而處, 量險而行, 從平易之道, 由至正之理, 乃蹇之時用也"라 하였고, 《本義》에 "以卦變卦體釋卦辭, 而贊其時用之大也"라 함.

★【山上有水, 蹇】下卦 山(艮) 위에 上卦 水(坎)가 있는 卦形이 바로 蹇卦임. 王弼 注에 "山上有水, 蹇難之象"이라 하였고, 〈正義〉에 "'山上有水, 蹇'者, 山者, 是巖險水, 是阻難水積山上, 彌益危難, 故曰'山上有水, 蹇'"이라 함. 《集解》에 "崔憬曰:「山上至險, 加之以水, 蹇之象也.」"라 함.

【君子以反身脩德】'反身脩德'은 이러한 괘형을 근거로 하여 군자는 자신에게 찾아서 덕을 수양함. '反身'은 '反求諸己'의 뜻이며, '脩德'은 '修養德行'의 의미. 王弼 注에 "除難莫若反身脩德"이라 하였고, 〈正義〉에 "'君子以反身脩德'者, 蹇難之時, 未可以進, 惟宜反求諸身, 自脩其德, 道成德立, 方能濟險, 故曰'君子以反身脩德'也. 陸績曰:「水在山上, 失流通之性, 故曰蹇. 通水流下, 今在山上, 不得下流, 蹇之象.」陸績又曰:「水本應山下, 今在山上, 終應反下, 故曰'反身'. 處難之世, 不可以行, 只可反自省, 察脩己德, 用乃除難, 君子通達, 道暢之時, 並濟天下; 處窮之時, 則獨善其身也.」"라 함. 《集解》에 "虞翻曰:「君子謂觀. 乾坤爲身, 觀上反三, 故反身. 陽在三. 進德脩業, 故以反身脩德. 孔子(《論語》述而)曰:『德之不脩, 是吾憂也.』」"라 함. 《傳》에 "山之峻阻, 上復有水, 坎水爲險陷之象. 上下險阻, 故爲蹇也. 君子觀蹇難之象, 而以反身脩德, 君子之遇艱阻, 必反求諸己而益自脩.《孟子》(離婁上)曰:「行有不得者, 皆反求諸己.」故遇艱蹇, 必自省於身有

失, 而致之乎是反身也. 有所未善, 則改之, 无歉於心, 則加勉乃自脩其德也. 君子脩德, 以俟時而已'라 함.


## (3) 爻辭와 象辭

初六: 往蹇來譽.
☆象曰:「往蹇來譽」, 宜待也.

〈언해〉初六(초륙)은, 往(왕)ᄒᆞ면 蹇(건)ᄒᆞ고 來(리)ᄒᆞ면 譽(여)ᄒᆞ리라.
　　☆象(상)애 굴오ᄃᆡ「往蹇來譽」는 맛쌍히 待(ᄃᆡ)홀 디니라.
〈해석〉[初六](--): 가면 어려움을 만날 것이나 되돌아오면 칭찬을 받을 것이다.
　　☆象: "가면 어려움을 만나고 되돌아오면 칭찬을 받는다"함은, 마땅히 때를 기
　　다려야 한다는 뜻이다.


　【初六】이는 전괘의 시작이며 陰爻로 位不當함. 아울러 六四와도 正應을 이루지 못
하므로 蹇(難)을 만났을 때 나서지 말고 되돌아와야 함.
　【往蹇來譽】 가면 어려울 것이며, 오면 명예로울 것임. '來'는 歸來, 되돌아 옴. '譽'
는 칭찬을 받음. 그러나 聞一多는 '편안히 걸어가는 것'(安行)이라 하였고, ○高亨은
'謇'자로 보아 "謇謇, 忠貞貌. 不阿順之意也"라 함. 《廣韻》에는 "謇, 正言也"라 함. 이에
○高亨은 "「往謇來譽」, 言我直諫於君而人譽我也"라 하여, '蹇'은 '謇'이며 '直諫'의 뜻이
라 함. 王弼 注에 "處難之始, 居止之初, 獨見前識, 覩險而止, 以待其時, 知矣哉! 故往則
遇蹇, 來則得譽"라 하였고, 〈正義〉에 "往蹇來譽'者, 初六處蹇之初, 往則遇難, 來則得
譽. 初居艮始, 是能見險而止, 見險不往, 則是來而得譽, 故曰'往蹇來譽'"라 함. 《集解》에
"虞翻曰:「譽謂二. 二多譽也. 失位應陰, 往歷坎險, 故'往蹇'. 變而得位, 以陽承二, 故'來
而譽'矣.」"라 함. 《傳》에 "六居蹇之初, 往進則益入於蹇, 往蹇也. 當蹇之時, 以陰柔无援,
而進其蹇, 可知來者, 對往之辭. 上進則爲往, 不進則爲來, 止而不進, 則有見幾, 知時之
美來則有譽也"라 하였고, 《本義》에 "往遇險, 來得譽"라 함.
　☆【「往蹇來譽」, 宜待也】'宜待'는 마땅히 기다려야 함. 〈正義〉에 "〈象〉曰'宜待'者, 既
往則遇蹇, 宜止以待時也"라 함. 《集解》에 "虞翻曰:「艮爲時, 謂變之正, 以待四也.」"라
함. 《傳》에 "方蹇之初, 進則益蹇, 時之未可進也. 故宜見幾而止, 以待時可行, 而後行也.

諸爻皆蹇往而善來, 然則无出蹇之義乎! 曰在蹇而往, 則蹇也. 蹇終則變矣, 故上己(一作六)有碩義"라 함.


## 六二: 王臣蹇蹇, 匪躬之故.
## ☆象曰:「王臣蹇蹇」, 終无尤也.

〈언해〉 六二(륙이)는, 王臣(왕신)이 蹇(건)애 蹇(건)ᄒᆞ욤이, 躬(궁)의 故(고)ㅣ 아니라.
　　　　[《本義》: 蹇(건)ᄒᆞ고 蹇(건)ᄒᆞ욤이]
　　　　☆象(샹)애 ᄀᆞᆯ오ᄃᆡ「王臣蹇蹇」은 ᄆᆞᄎᆞᆷ내 尤(우)ㅣ 업스리라.
〈해석〉 [六二](--): 왕의 신하가 건(難)을 만나 고생을 한다. 이는 자신의 일 때문이
　　　　아니다.(어렵고 어려움이,)
　　　　☆象: "왕의 신하가 건을 만나 고생을 한다"함은, 마침내는 허물이 없으리라는
　　　　것이다.


　　【六二】이는 하괘(艮)의 중앙에 위치하고 있어 得中이며 陰爻로 柔弱하나 位正當
함. 아울러 九五(임금)와 正應을 이루어, 군신과 같은 관계이며, 그를 위해 柔弱한 자
신의 힘을 무릅쓰고 蹇(難)을 해결하고자 고생을 함.
　　【王臣蹇蹇, 匪躬之故】'王臣'은 九五와 이 효는 王과 臣下의 관계임을 말함. '蹇蹇'의
앞 글자는 動詞로 '힘듦을 무릅쓰다'의 뜻. 뒤는 名詞로 '難'의 뜻. 目的語. 그러나 朱熹
는 蹇(難)의 强調로 보았음. '匪躬之故'는 자신을 위해서 고생하는 것이 아님. 고생하
는 이유가 자신을 위해서 하는 것이 아님. 그러나 ○高亨은 "「王臣蹇蹇, 匪躬之故」,
言王臣謇謇忠告直諫者, 匪其身之事, 乃君國之事也. 以本爻觀之, 知本卦'蹇'字, 皆謂臣
直諫於君矣"라 함. 王弼 注에 "處難之時, 履當其位, 居不失中, 以應於五. 不以五在難中,
私身遠害, 執心不回, 志匡王室者也. 故曰'王臣蹇蹇, 匪躬之故'. 履中行義, 以存其上處
蹇, 以此未見其尤也"라 하였고, 〈正義〉에 "王臣蹇蹇, 匪躬之故'者, 王謂五也; 臣謂二
也. 九五居於王位, 而在難中; 六二是五之臣, 往應於五, 履正居中, 志匡王室, 能涉蹇難,
而往濟, 故曰'王臣蹇蹇'也. 盡忠於君, 匪以私身之故, 而不往濟君, 故曰'匪躬之故'"라
함.《集解》에 "虞翻曰:「觀乾爲王, 坤爲臣. 爲躬坎爲蹇也. 之應涉坤, 二五俱坎, 故'王臣
蹇蹇'. 觀上之三, 折坤之體, 臣道得正, 故'匪躬之故'. 〈象〉曰: '終无尤也.」"라 함.《傳》
에 "二以中正之德, 居艮體, 止於中正者也. 與五相應, 是中正之人, 爲中正之君所信任,

故謂之'王臣'. 雖上下同德, 而五方在大蹇之中, 致力於蹇難之時, 其艱蹇至甚, 故爲蹇於蹇也. 二雖中正, 以陰柔之才, 豈易勝其任? 所以蹇於蹇也. 志在濟君, 於蹇(一作艱)難之中, 其蹇蹇者, 非爲身之故也. 雖使不勝, 志義可嘉, 故稱其忠, 蓋不爲己也. 然其才不足, 以濟蹇也. 小可濟, 則聖人當盛稱, 以爲勸矣"라 하였고, 《本義》에 "柔順中正, 正應在上, 而在險中, 故蹇而又蹇, 以求濟之, 非以其身之故也. 不言'吉凶'者, 占者, 但當鞠躬盡力而已. 至於成敗利鈍, 則非所論也"라 함.

☆【「王臣蹇蹇」, 終无尤也】'終无尤'는 끝마무리는 허물이 없을 것임. 〈正義〉에 "〈象〉曰'終无尤'者, 處難以斯, 豈有過尤也?"라 함. 《集解》에 "侯果曰:「處艮之二, 上應於五, 五在坎中, 險而又險, 志在匡弼, 匪惜其躬, 故曰'王臣蹇蹇, 匪躬之故'. 輔君以此, '終无尤'也.」"라 함. 《傳》에 "雖艱(一作蹇)厄於蹇時, 然其志在濟君, 難雖未成功, 然(一无然字)終无過尤也. 聖人取其志義, 而謂其无尤, 所以勸忠藎也"라 하였고, 《本義》에 "事雖不濟, 亦无可尤"라 함.


# 九三: 往蹇來反.
## ☆象曰:「往蹇來反」, 內喜之也.

〈언해〉九三(구삼)은, 徃(왕)ᄒᆞ면 蹇(건)ᄒᆞ고 來(리)ᄒᆞ면 反(반)ᄒᆞ리라.
　　☆象(샹)애 ᄀᆞᆯ오디 「徃蹇來反」은 內(ᄂᆡ)ㅣ 喜(희)홀 시라.
〈해석〉[九三](一): 앞으로 가면 어려움을 만나고 되돌아오면 편안하리라.
　　☆象: "가면 어려움을 만나고 되돌아오면 편안하다"함은, 안에 있는 다른 이들이 내심 그렇게 하기를 즐거워하기 때문이다.


【九三】이는 하괘의 가장 위에 있어 산꼭대기에 있는 것과 같으며, 앞에는 坎(水, 險)이 가로막고 있음. 陽爻로 位正當하며 上六과 正應을 이루고 있어, 陽剛을 실현하고자 함. 즉 蹇(難)에 강하게 도전하가고자 하여 위험을 초래할 수 있음.

【往蹇來反】계속 나서면 더욱 어려울 것이며, 되돌아오면 즐거울 것임. '反'은 返과 같음. '反'은 〇高亨은 "反, 借爲昇. 昇, 喜樂也"라 함. '昇'은 '忭'과 같은 뜻, 혹은 辯(辯駁)의 뜻이라 하였음. 이에 "「往蹇來反」, 言我直諫於君而君辯駁之也"라 함. 王弼 注에 "進則入險, 來則得位, 故曰'往蹇來反'. 爲下卦之主, 是內之所恃也"라 하였고, 〈正義〉에 "'往蹇來反'者, 九三與坎爲鄰, 進則入險, 故曰'往蹇來則得位', 故曰'來反'"이라 함. 《集

解》에 "虞翻曰:「應正歷險, 故'往蹇'; 反身據二, 故'來反'也.」"라 함. 《傳》에 "九三, 以剛居正, 處下體之上, 當蹇之時, 在下者皆柔, 必依於三, 是爲下所附者也. 三與上爲正應, 上陰柔而无位, 不足以爲援, 故上往則蹇也. '來', 下來也; '反', 還歸也. 三爲下二陰所喜, 故來爲反其所也, 稍安之地也"라 하였고, 《本義》에 "反就二陰, 得其所安"이라 함.

☆【往蹇來反」, 內喜之也】'內喜之'는 內心으로 기쁘게 여김. '內'는 內卦(下卦)의 初六과 六二의 두 陰爻를 가리킴. 이 두 효는 유약하여 나서지 않기를 바라고 있었음. '喜'는 〈音義〉에 "喜, 猶好也"라 함. 〈正義〉에 "〈象〉曰'內喜之'者, 內卦三爻, 惟九三一陽, 居二陰之上, 是內之所恃, 故云'內喜之'也"라 함. 《集解》에 "虞翻曰:「內喜, 謂二陰也.」"라 함. 《傳》에 "'內', 在下之陰也. 方蹇之時, 陰柔不能自立, 故皆附於九三之陽, 而喜愛之. 九之處三, 在蹇爲得其所也. 處蹇而得下之心, 可以求安, 故以來爲反, 猶《春秋》之言'歸'也"라 함.


六四: 往蹇來連.
☆象曰: 「往蹇來連」, 當位實也.

〈언해〉六四(륙사)는, 往(왕)ᄒ면 蹇(건)ᄒ고 來(릭)ᄒ면 連(련)ᄒ리라.
　　　☆象(샹)애 골오딕 「往蹇來連」은, 當(당)ᄒᆫ 位(위)ㅣ 實(실)홀 시라.
〈해석〉[六四](--): 가면 어려움을 만나고 되돌아오면 수레를 타고 오게 될 것이다.
　　　☆象: "가면 어려움을 만나고 되돌아오면 수레를 탄다"함은, 이 효의 자리가 맞고 그 실질에 걸맞게 하기 때문이다.


【六四】이는 上卦(坎)의 시작이며 陰爻로 位正當함. 그러나 初六과 正應을 이루지 못하나 같은 陰爻이므로 同志로 여겨, 蹇(難)을 해결하겠다고 나서지 말고 되돌아서서 기다려야 함.

【往蹇來連】나서면 어려움을 당할 것이나, 되돌아올 때면 수레를 타게 될 것임. '連'은 '輦'(疊韻)과 같으며, 수레. 《集解》에 "連, 輦也"라 함. 《周禮》(地官, 鄕師)에 "大軍旅會同, 正治其徒役與其輦輂"이라 하였고, 鄭玄 注에 "輦, 挽車也"라 함. 《說文》에는 "連, 負車也"라 함. 이에 沙少海는 "來輦, 猶言來時乘車"라 함. 그러나 혹 '同類, 同志와 연결하다, 連帶하다'의 뜻으로도 봄. 즉 이는 음효로 이미 坎(險)의 구역으로 들어섰으니, 의당 되돌아와서 아래 九三(陽剛)을 동지로 여겨 連帶해야 險路를 헤쳐 나갈 수

있음. 그러나 ○高亨은 '連'은 '讕'의 뜻이며, '讕'은 《說文》에 "讕, 詆讕也"라 하였고, 《漢書》谷永傳 '滿讕誣天'의 注 "讕, 謂誣罔也"를 들어 '連'은 결국 '僞詞飾過'의 뜻이라 하면서, "「往蹇來連」, 言我直諫於君, 而君僞詞飾過也"라 함. 王弼 注에 "往則無應, 來則乘剛, 往來皆難, 故曰'往蹇來連'. 得位履正, 當其本實, 雖遇於難, 非妄所招也"라 하였고, 〈正義〉에 "馬云: '連, 亦難也'. 鄭云: '遲久之意'. 六四往則无應, 來則乘剛, 往來皆難, 故曰'往蹇來連'也"라 함. 《集解》에 "虞翻曰:「連, 輦; 蹇, 難也. 在兩坎間, 進則无應, 故'往蹇'; 退初介三, 故'來連'也.」"라 함. 《傳》에 "往則益入於坎險之深, 往蹇也. 居蹇難之時, 同處艱 戹者, 其志不謀而同也. 又四居上位, 而與在下者, 同有得位之正, 又與三相比, 相親者也. 二與初, 同類相與者也. 是與下同志, 衆所從附也. 故曰'來連'. 來則與在下之衆, 相連合也. 能與衆合, 得處蹇之道也"라 하였고, 《本義》에 "連於九三, 合力以濟"라 함.

☆【「往蹇來連」, 當位實也】'當位實'은 陰爻로 陰位에 있어 位正當함. '實'은 實質에 符合함. 혹은 험난함을 극복하고자 함이 切實함. 〈正義〉에 "〈象〉曰'當位實'者, 明六四 得位履正, 當其本實, 而往來遇難者, 乃數之所招, 非邪妄之所致也. 故曰'當位實'也"라 함. 《集解》에 "荀爽曰:「蹇難之世, 不安其所, 欲往之三, 不得承陽, 故曰'往蹇'也; 來還承 五, 則與至尊相連, 故曰'來連'也. 處正承陽, 故曰'當位實'也.」"라 함. 《傳》에 "四, 當蹇之 時, 居上位, 不往而來, 與下同志, 固足以得衆矣. 又以陰居陰, 爲得其實, 以誠實與下, 故 能連合, 而下之二三, 亦各得其實, 初以陰居下, 亦其實也. 當同患之時, 相交以實, 其合 可知, 故來而連者, 當位以實也. 處蹇難, 非誠實, 何以濟? 當位, 不曰'正'而曰'實', 上下之 交主於誠實, 用各有其所也"라 함.


# 九五: 大蹇朋來.
## ☆象曰:「大蹇朋來」, 以中節也.

〈언해〉 九五(구오)는, 큰 蹇(건)에 朋(붕)이 來(리)홈이로다. [《本義》: 朋(붕)이 來(리)ᄒ 리라]

　　☆象(상)애 ᄀᆞᆯ오ᄃᆡ「大蹇朋來」ᄂᆞᆫ 中(듕)ᄒᆞᆫ 節(절)로써 홈이라.

〈해석〉 [九五](-): 큰 어려움에 도와줄 벗이 오는 것이로다. (벗이 오리라.)

　　☆象: "큰 어려움에 처하여 벗이 온다"함은, 가운데에 자리하여 절조로써 하기 때문이다.

【九五】이는 君位임. 陽位에 陽爻가 있어 양강하며, 位正當할 뿐더러 가운데에 있어 得中을 이루고 있음. 아울러 六二와 正應을 이루어 매우 이상적임. 따라서 본괘의 主爻이며 蹇(難)을 해결하기에 많은 어려움을 겪게 되나, 친구가 있음으로 해서 성공을 거둘 것임. 혹 資金이 생기게 됨.

【大蹇朋來】'大蹇'은 크게 어려움. 크게 고생을 함. '朋'은 貝(朋貝), 즉 錢을 뜻함. 그러나 〈象辭〉에는 朋友로 보았으며, 구체적으로 正應을 이룬 六二를 가리키는 것이라 하였음. ○高亨은 大蹇(大謇)은 '충성을 다해 직간하는 것'(大謇, 極進直諫也)이라 하면서, "大蹇則忠直之節章, 而欽服之人至矣, 故曰「大蹇朋來」"라 함. 王弼 注에 "處難之時, 獨在險中, 難之大者也. 故曰'大蹇'. 然居不失正, 履不失中, 執德之長, 不改其節. 如此, 則同志者, 集而至矣. 故曰'朋來'也"라 하였고, 〈正義〉에 "九五處難之時, 獨在險中, 難之大者也. 故曰'大蹇'. 然得位履中, 不改其節, 如此, 則同志者, 自遠而來, 故曰'朋來'. '同志'者, 集而至矣者, 此以同志, 釋朋來之義, 鄭注:「《論語》云:『同門曰朋, 同志曰友.』此對文也.」通而言之, 同志亦是朋黨也"라 함. 《集解》에 "虞翻曰:「當位正邦, 故'大蹇'; 睽兌爲朋, 故'朋'來也.」"라 함. 《傳》에 "五, 居君位而在蹇難之中, 是天下之大蹇也. 當蹇而又在險中, 亦爲大蹇. 大蹇之時, 而二在下, 以中正相應, 是其朋助之來也. 方天下之蹇, 而得中正之臣, 相輔其助, 豈小也? 「得朋來而无吉, 何也?」曰:「未足以濟蹇也. 以剛陽中正之君, 而方在大蹇之中, 非得剛陽. 中正之臣相輔之, 不能濟天下之蹇也. 二之中正, 固有助也. 欲以陰柔之助, 濟天下之難, 非所能也. 自古聖王, 濟天下之蹇, 未有不由賢聖之臣爲之助者. 湯武得伊·呂是也. 中常之君, 得剛明之臣, 而能濟大難者, 則有矣. 劉禪之孔明, 唐肅宗之郭子儀, 德宗之李晟, 是也. 雖賢明之君, 苟无其臣, 則不能濟於難也. 故凡六居五, 九居二者, 則多由助而有功, 〈蒙〉〈泰〉之類, 是也. 九居五, 六居二, 則其功(一作助)多, 不足〈屯〉〈否〉之類, 是也. 蓋臣賢於君, 則輔君以君所不能, 臣不及君, 則贊助之而已. 故不能成大功也.」"라 하였고, 《本義》에 "大蹇者, 非常之蹇也. 九五居尊, 而有剛健, 中正之德, 必有朋來, 而助之者. 占者, 有是德, 則有是助矣"라 함.

☆【「大蹇朋來」, 以中節也】'以中節'은 上卦(坎)의 중앙에 있어 得中을 이루고 있음을 뜻함. '節'은 節操(貞正)를 지키고 있음. 〈正義〉에 "〈象〉曰'以中節'者, 得位居中, 不易其節, 故致朋來, 故云'以中節'也"라 함. 《集解》에 "干寶曰:「在險之中, 而當王位, 故曰'大蹇'. 此蓋以託文王爲紂所囚也. 承上據四應三, 衆陰竝至, 此蓋以託四臣, 能以權智相救也. 故曰'以中節'也.」"라 함. 《傳》에 "朋者, 其朋類也. 五有中正之德, 而二亦中正, 雖大蹇之時, 不失其守蹇, 於蹇以相應助, 是以其中正之節也. 上下中正而弗濟者, 臣之才不足也. 自古守節秉義, 而才不足以濟者, 豈少乎? 漢李固·王允, 晉周顗·王導之徒, 是也"라 함.

上六: 往蹇來碩, 吉. 利見大人.

☆象曰:「往蹇來碩」, 志在內也;「利見大人」, 以從貴也.

〈언해〉上六(샹륙)은, 往(왕)ᄒᆞ면 蹇(건)ᄒᆞ고 來(리)ᄒᆞ면 碩(셕)ᄒᆞᆯ 디라, 吉(길)ᄒᆞ리니,
　　　大人(대인)을 보미 利(리)ᄒᆞ니라.
　　　☆象(샹)애 ᄀᆞᆯ오디 「往蹇來碩」은, 志(지)ㅣ 內(ᄂᆡ)예 이슘이오,「利見大人」은,
　　　뻐 貴(귀)를 從(죵)홈이라.

〈해석〉[上六](--): 앞으로 가면 험난함을 만나고 되돌아오면 큰 공이 있게 될 것이니,
　　　길하리라. 대인을 만나 보는 것이 이로우리리라.
　　　☆象: "가면 어려움을 당하고 오면 큰 공을 이룬다"함은, 뜻을 안에다 두기 때문
　　　이요, "대인을 만나봄이 이롭다"함은, 그렇게 함으로써 귀함을 따른다는 것이기
　　　때문이다.


　　【上六】 이는 본괘의 가장 윗자리에 있어 마무리를 담당함. 陰爻로 位正當하며 九三
과 正應을 이루고 있어 장차 험난함을 통과하게 될 것임. 그러나 柔弱하므로 자신은
謙弱을 지키고 大人(九五)의 기다려 도움을 받아야 함.

　　【往蹇來碩, 吉. 利見大人】 '往蹇'은 陰爻이므로 나서면 蹇(難)을 만남. '碩'은 '크다'
(大)의 뜻. 漢代〈帛書〉에는 '石'으로 되어 있음. ○高亨은 "碩, 借爲蹠"이라 하였음.
《說文》에 "蹠, 楚人謂跳躍曰蹠"이라 하였고, 《方言》에도 "蹠, 跳也. 楚曰蹠"이라 함.
따라서 '來碩'은 '來蹠'이며 "올 때는 펄펄 뛰며 매우 신이 나서 즐거워함"의 뜻이라
하였음. '利見大人'의 '大人'은 군주(九五)를 가리킴. 그러나 ○高亨은 '碩'은 '度'(탁)의
뜻이라 하면서, 이 구절의 뜻을 ○高亨은 "往蹇來度, 言我直諫於君, 而君自詢謀訪於我
也. 如是者, 乃君信其臣, 故曰「往蹇來碩, 吉. 利見大人」. 綜觀本卦六爻, 臣直諫之事情,
大略備矣"라 하여 전혀 달리 보았음. 王弼 注에 "往則長難, 來則難終. 難終則衆難, 皆濟
志大得矣. 故曰'往蹇來碩, 吉'. 險夷難解, 大道可興, 故曰'利見大人'也"라 하였고, 〈正義〉
에 "碩, 大也. 上六難終之地, 不宜更有所往, 往則長難, 故曰'往蹇'也; 來則難終, 難終則衆
難, 皆濟志大得矣, 故曰'來碩, 吉'也. 險夷難解, 大道可興, 宜見大人, 以弘道化, 故曰'利見
大人'也"라 함. 《集解》에 "虞翻曰:「陰在險上, 變失位, 故'往蹇'. 碩, 謂三艮爲碩, 退來之
三, 故'來碩'. 得位有應, 故'吉'也. 離爲見, 大人謂五, 故'利見大人'矣.」"라 함. 《傳》에 "六,
以陰柔居, 蹇之極, 冒極(一作陰)險(一作蹇), 而往所以蹇也. 不往而來, 從五求三, 得剛陽
之助, 是以碩也. 蹇之道, 厄塞窮蹇. 碩, 大也. 寬裕之稱. 來則寬大, 其蹇紓矣. 蹇之極,

有出蹇之道, 上六以陰柔, 故不得出(一作能耳). 得剛陽之助, 可以紓蹇而已. 在蹇極之時, 得紓則爲吉矣. 非剛陽中正, 豈能出乎? 蹇也, 利見大人, 蹇極之時, 見大德之人, 則能(一作利)有濟於蹇也. '大人', 謂五以相比. 發此義, 五剛陽中正, 而居君位, 大人也. 「在五不言'其濟蹇之功', 而上六'利見'之, 何也?」 曰: 「在五不言以其居坎險之中, 无剛陽之助, 故无能濟蹇之義. 在上六蹇極, 而見大德之人, 則能濟於蹇, 故爲利也. 各爻取義不同, 如〈屯〉初九之志, 正而於六二, 則目之爲寇也. 諸爻皆不言'吉', 上獨言'吉'者, 諸爻皆得正, 各有所善. 然皆未能出於蹇, 故未足爲吉. 唯上處蹇極, 而得寬裕, 乃爲吉也.」 라 하였고, 《本義》에 "已在卦極, 往无所之, 益以蹇耳. 來就九五, 與之濟蹇, 則有碩大之功. 大人, 指九五. 曉占者, 宜如是也"라 함.

☆【「往蹇來碩」, 志在內也】 '志在內'는 속으로 蹇(難)을 극복하여 해결하고자 하는 意志를 품고 있음. 그러나 이 爻가 건(난)을 뿌리치고 밖으로 사라지지 않고, 안(六五 이하)의 어려운 사정을 해결하고자 함에 뜻을 두고 있음을 말함. 王弼 注에 "有應在內, 往則失之, 來則志獲, '志在內'也"라 하였고, 〈正義〉에 "〈象〉曰'志在內也'者, 有應在三, 是'志在內'也. 應旣在內, 往則失之, 來則得之, 所以往則有蹇, 來則碩吉也"라 함.

【「利見大人」, 以從貴也】 '以從貴'는 귀한 자를 따르고 있기 때문임. '貴'는 귀한 신분인 九五를 가리키며 자신(上六 陰)이 九五(陽)을 따름을 뜻함. 〈正義〉에 "'以從貴'者, 貴, 謂陽也. 以陰從陽, 故云'以從貴'也"라 함. 《集解》에 "侯果曰: 「處蹇之極, 體猶在坎, 水无所之, 故曰'往蹇', 來而復位, 下應於三, 三德碩大, 故曰'來碩'. 三爲內主, 五爲大人, 若志在內, 心附於五, 則'利見大人'也.」 ○案: 「三互體離, 離爲明目, 五爲大人, '利見大人'之象也.」"라 함. 《傳》에 "上六, 應三而從五, 志在內也. 蹇旣極而有助, 是以碩而吉也. 六以陰柔, 當蹇之極, 密近剛陽, 中正之君, 自然其志, 從附以求自濟, 故'利見大人', 謂從九五之貴也. 所以云'從貴', 恐人不知. 大人爲指'五'也"라 함.

# 040 해解

䷧ 雷水解: ▶坎下震上(☵下☳上)

*解(해): 〈音義〉에 "解, 音蟹. 〈序卦〉云:「緩也.」"라 하여 '해(xiè)'로 읽음. '解'는 험난함을 해결함. 解消됨. 험지를 벗어나 안전을 획득함. 혹 '懈'(緩)의 뜻도 함께 가지고 있음. 하괘는 坎(水, 雨)이며 상괘는 震(雷)으로, 물 위에 우레가 치는 형상, 혹은 우레와 비가 교차하여 깨끗이 씻어내며, 陰陽이 交合하여 蟄伏해 있던 모든 것을 놀라 깨어나게 하는 모습을 한 異卦相疊의 '雷水' 괘체임. 따라서 萬象을 새롭게 하며 萬物을 育生시키는 의미를 담고 있어, 人事에는 어려움을 해결되고, 나아가 내부에 숨어있던 환난조차 소멸될 때는 誠信(敬虔至誠)을 견지하고 후환이 없도록 신속히 나서야 함을 상징함. 한편 孔穎達 〈正義〉에 "解者, 卦名也. 然'解'有兩音: 一音'佳買反', 一音'諧買反'. '解'(개), 謂解難之初; '解'(해), 謂旣解之後. 〈彖〉稱'動而免乎險', 明非救難之時, 故先儒, 皆讀爲解(해). 〈序卦〉云:「物不可以終難, 故受之以'解'. 解者, 緩也.」然則解者, 險難解釋, 物情舒緩, 故爲解也"라 하여, '개'(佳買反)와 '해'(諧買反) 두 음이 있으며, '험난을 해결한 초기'를 '개', '이윽고 벗어난 뒤'를 '해'로 읽는다 하였음. 이에 어려움에서 벗어난 뒤이기 때문에 '해'로 읽으며, 따라서 이 괘는 '험난함을 벗어나 안정된 상황에서의 뒷정리 및 미래에 대한 설계'를 다룬 것임.

*《集解》에 "〈序卦〉曰:「物不可以終難, 故受之以'解'.」解者, 緩也.(崔憬曰:「蹇終則來碩吉, 利見大人, 故言'物不可以終難, 故受之以解'.」)"라 함.

*《傳》에 "解', 〈序卦〉:「蹇者, 難也. 物不可以終難, 故受之以'解'.」物无終難之理, 難極則必散. 解者, 散也. 所以次蹇也. 爲卦震上坎下. 震, 動也; 坎, 險也. 動於險, 外出乎險也. 故爲患難解散之象. 又震爲雷, 坎爲雨, 雷雨之作, 蓋陰陽交感, 和暢而緩散, 故爲'解'. 解者, 天下患難, 解散之時也"라 함.

# (1) 卦辭

## 解: 利西南, 无所往, 其來復吉. 有攸往, 夙吉.

〈언해〉解(희)는 西南(셔남)이 利(리)ᄒ니, 갈 빼 업슨 디라, 그 來(릭) 復(복)홈이 吉(길)
ᄒ니, 갈 빼 잇거든 夙(슉)ᄒ면, 吉(길)ᄒ리라.[《本義》: 往(왕)홀 빼 업거든, 그
來(릭) 復(복)홈이 吉(길)ᄒ고, 往(왕)홀 빼 잇거든 夙(슉)홈이 吉(길)ᄒ니라]

〈해석〉해(解, 해괘)는 서남쪽이 이로우니, 갈 데가 없으니, 그 길에서 다시 되돌아오면
길하다. 만약 가고자 하는 곳이 있으면 서두르면 길하리라.(갈 곳이 없으면 되돌
아 복귀함이 길하고, 갈 곳이 있으면 서두르는 것이 길하니라.)


【解】卦名이며, 험난함이 해결됨. 아래 坎卦(險)에서 위의 震卦가 振動하여 빠져나
옴. 그리하여 안정된 경지에 이름.

【利西南】西南은 평지, 순탄한 곳. 西南은 坤方으로 坤은 地(平地)를 뜻함. 험난을
벗어나 갈 곳을 생각했다면 서남쪽으로 가는 것이 이로움. ○高亨은 "筮遇此卦, 如有
所往則利西南. 故曰「利西南」"이라 함. 王弼 注에 "西南, 衆也. 解難濟險, 利施於衆也.
亦不困于東北, 故不言'不利東北'也"라 하였고, 〈正義〉에 "'解, 利西南'者, 西南坤位, 坤
是衆也. 施解於衆, 則所濟者弘, 故曰'解, 利西南'也"라 함. 《集解》에 "虞翻曰:「臨初之
四, 坤西南. 卦初之四得坤衆, 故'利西南', 往得衆也.」"라 함.

【无所往, 其來復吉】'无所往'은 만약 갈 바를 두지 않았다면, 서남쪽으로 되돌아오
면 길함. ○高亨은 "如無所往而歸還則吉, 故曰「无所往, 其來復吉」"이라 함. 《集解》에
"虞翻曰:「謂四, 本從初之四, 失位於外, 而无所應, 宜來反初, 故'無所往'; 復得正位, 故
'其來復吉'也. 二往之五, 四來之初, 成屯體復象, 故稱'來復吉'矣.」 荀爽曰:「陰處尊位,
陽无所往也.」"라 함.

【有攸往, 夙吉】'有攸往'은 갈 곳을 정해 두었다면 서둘러 실행에 옮기는 것이 길함.
'夙'은 早, 速과 같으며 서둘러 결단을 내림을 뜻함. 이 효는 하괘 坎(險, 陷) 위에 상괘
震(雷, 動)이 위험을 벗어나고 있는 모습으로, 서남쪽 평지에 이른 것이며 이 때문에
다른 어디로 더 가지 않아도 됨. 그리하여 다시 원위치로 돌아온 것이므로 길하며,
만약 갈 곳이 있다면 서둘러 결정을 내리는 것이 유리함. ○高亨은 "如必有所往, 則早
行乃吉, 故曰「有攸往, 夙吉」"이라 함. 王弼 注에 "未有善於解難, 而迷於處安也. 解之爲
義, 解難而濟厄者也. 无難, 可往以解; 來復, 則不失中. 有難而往, 則以速爲吉也. 无難,

則能復其中; 有難, 則能濟其厄也"라 하였고, 〈正義〉에 "'无所往'者, 上言解難濟險, 利施
於衆, 此下明救難之時, 誠其可否, 若无難可往, 則以'來復爲吉'; 若有難可往, 則以速赴爲
善. 故云'无所往, 其來復吉; 有攸往, 夙吉'. 設此誠者, 褚氏云: 「世有无事求功, 故誠. 以
无難宜靜, 亦有待敗乃救, 故誠以有難須速也.」라 함. 《集解》에 "虞翻曰: 「謂二也. 夙,
早也. 離爲日爲甲, 日出甲上, 故早也. 九二失正, 早往之五, 則吉. 故'有攸往, 夙吉'. 往有
功也.」라 함. 《傳》에 "西南, 坤方. 坤之體廣, 大平易, 當天下之難, 方解人. 始離艱苦,
不可復以煩苛, 嚴急治之, 當濟以寬大簡易, 乃其宜也. 如是則人心懷而安之, 故'利於西
南'也. 湯除桀之虐, 而以寬治; 武王誅紂之暴, 而反商政, 皆從寬易也. '无所往, 其來復吉,
有攸往, 夙吉'. '无所往', 謂天下之難已解散, 无所爲也; '有攸往', 謂尙有所當解之事也.
夫天下國家, 必紀綱法度, 廢亂而後禍患生. 聖人旣解其難, 而安平无事矣. 是'无所往'也.
則當脩復治道, 正紀綱明, 法度進復先代明王之治, 是來復也. 謂反正理也, 天下之吉也.
其發語辭, 自古聖王救難, 定亂其始, 未暇遽爲也. 旣安定, 則爲可久, 可繼之治. 自漢以
下, 亂旣除, 則不復有爲, 姑隨時維持而已. 故不能成善治, 蓋不知來復之義也. '有攸往,
夙吉', 謂尙有當解之事, 則早爲之, 乃吉也. 當解而未盡者, 不早去, 則將復盛, 事之復生
者, 不早爲, 則將漸大, 故'夙則吉'也"라 하였고, 《本義》에 "解, 難之散也. 居險能動, 則
出於險之外矣, 解之象也. 難之旣解, 利於平易安靜, 不欲久爲煩擾, 且其卦自升來三, 往
居四入於坤體, 二居其所而又得中, 故利於西南平易之地. 若无所往, 則宜來復其所, 而安
靜; 若尙有所往, 則宜早往早復, 不可久煩擾也"라 함.


## (2) 彖辭와 象辭

彖曰: 解, 險以動, 動而免乎險, 解.
「解, 利西南」, 往得衆也; 「其來復吉」, 乃得中也; 「有攸往,
夙吉」, 往有功也.
天地解而雷雨作, 雷雨作而百果草木皆甲坼. 解之時大矣哉!
★象曰: 雷雨作, 解. 君子以赦過宥罪.

〈언해〉彖(단)애 골오디 解(히)는 險(험)ᄒ고 써 動(동)홈이니, 動(동)ᄒ야 險(험)에 免
      (면)ᄒ욤이, 解(히)라.

「解, 利西南」은, 往(왕)ᄒ면 衆(중)을 得(득)홈이오,

「其來復吉」은, 이예 中(듕)을 得(득)홈이오,

「有攸往, 夙吉」은, 往(왕)ᄒ야 功(공)이 이숌이라.

天地(텬디)ㅣ 解(ᄒᆡ)호매 雷雨(뢰우)ㅣ 作(작)ᄒ며, 雷雨(뢰우)ㅣ 作(작)호매 百果草木(빅과초목) 다 甲(갑)이 坼(탁)ᄒᄂ니, 解(ᄒᆡ)의 時(시)ㅣ 크다!

★象(상)애 굴오디 雷(뢰)와 雨(우)ㅣ 作(작)홈이 解(ᄒᆡ)니, 君子(군ᄌ)ㅣ 以(이)ᄒ야 過(과)를 赦(샤)ᄒ며 罪(죄)를 宥(유)ᄒᄂ니라.

〈해석〉象: 해괘는 험난한 곳에서 진동으로 하여, 움직임으로써 험지에서 면탈해 나오는 것이 해괘이다.

"해괘는 서남쪽이 이롭다"함은, 그곳으로 가면 많은 무리를 얻기 때문이요,

"그것이 다시 되돌아오면 길하다"함은, 가운데 자리를 얻었기 때문이요,

"갈 곳이 있으면 서둘러 나서는 것이 길하다"함은, 가면 공이 있다는 것이다.

천지가 풀려남에 우레와 비가 일어나며, 우레와 비가 일어나기에, 온갖 과실과 초목이 모두 씨앗 껍질이 터지고 새싹이 돋는 것이니, 해괘의 원리가 때에 맞춤이 위대하도다!

★象: 우뢰와 비가 일어나는 것이 해괘이다. 군자는 이러한 원리를 바탕으로 하여 과실을 용서하고 죄 있는 자에게 관용을 베푼다.


【解, 險以動, 動而免乎險, 解】'險而動'의 '險'은 하괘(坎)를 가리키며, '動'은 상괘(震)를 뜻함. '坎'은 險의 의미를 담고 있으며, 震은 動(振)의 의미를 가지고 있음. '動而免乎險'은 재빨리 행동해서 險으로부터 免脫해 나옴. 상괘(震)이 하괘(坎, 險, 구덩이)에 빠지고 있는 모습인데, 震이 動의 의미를 가져, 구덩이에 빠지지 않고 脫出해 나옴을 뜻함. '解'는 이러한 卦象이 바로 이 解卦임을 말함. 王弼 注에 "動乎險外, 故謂之免. 免險則解, 故謂之解"라 하였고, 〈正義〉에 "解, 險以動, 動而免乎險, 解'者, 此就二體以釋卦名. 遇險不動, 无由解難, 動在險中, 亦未能免咎. 今動於險外, 卽是免脫於險, 所以爲解也"라 함. 《集解》에 "虞翻曰:「險坎動震, 解. 二月雷以動之, 雨以潤之, 物咸孚甲, 萬物生震, 震出險上, 故'免乎險'也.」"라 함. 《傳》에 "坎險震動, 險以動也. 不險則非難, 不動則不能出難. 動而出於險外, 是免乎險難也. 故爲解"라 하였고, 《本義》에 "以卦德, 釋卦名義"라 함.

【「解, 利西南」, 往得衆也】'往得衆'은 서남쪽으로 가면 많은 무리의 도움을 얻을 수 있음. 西南은 坤方이며 坤(地)은 '衆'을 의미함. 〈正義〉에 "'解利西南, 往得衆'者, 解之

爲義, 兼濟爲美, 往之西南, 得施解於衆, 所以爲利也”라 함. 《集解》에 “荀爽曰:「乾動之坤而得衆, 西南, 衆之象也.」”라 함. 《傳》에 “解難之道, 利在廣大平易, 以寬易而往濟解, 則得衆心之歸也”라 함.

【「其來復吉」, 乃得中也】 ‘乃得中’은 되돌아오면 이것이 맞는 것임. ‘中’은 맞음. 옳음. 適宜함. 〈正義〉에 “‘其來復吉, 乃得中也’者, 无難可解, 退守靜默, 得理之中, 故云‘乃得中’也”라 함. 《集解》에 “荀爽曰:「來復居二, 處中成險, 故曰‘復吉’也.」”라 함. 《傳》에 “不云‘无所往’, 省文爾. 救亂除難, 一時之事, 未能成治道也. 必待難解, 无所往, 然後來復先王之治乃得. ‘中道’, 謂合宜也”라 함.

【「有攸往, 夙吉」, 往有功也】 ‘往有功’은 일찍 서둘러 결단을 내려, 목적지로 가면 도착해서 큰 공을 세울 수 있음. ‘功’은 解卦의 本領인 解決의 공을 뜻함. 〈正義〉에 “‘有攸往, 夙吉. 往有功也’者, 解難能速, 則不失其幾, 故‘往有功’也”라 함. 《集解》에 “荀爽曰:「五位无君, 二陽又卑, 往居之者, 則‘吉’. 據五解難, 故‘有功’也.」”라 함. 《傳》에 “有所爲, 則夙吉也. 早則往而有功, 緩則惡滋而害深矣”라 하였고, 《本義》에 “以卦變釋卦辭. 坤爲衆得衆, 謂九四入坤體, 得中有功, 皆指九二”라 함.

【天地解而雷雨作, 雷雨作而百果草木皆甲坼】 ‘天地解而雷雨作’은 天地가 이 解卦의 원리에 의해 풀어침. ‘雷雨’는 ‘上震下坎’의 두 小成卦를 말함. 《集解》에 “荀爽曰:「謂乾坤交通, 動而成解卦. 坎下震上, 故‘雷雨作’也.」”라 함. ‘雷雨作而百果草木皆甲坼’은 雷雨가 생겨나고 百果와 草木이 모두 發芽하고 여린 잎이 나는 것임. ‘甲坼’의 ‘甲’은 甲骨文과 金文에 ‘十’으로 쓰며, 초목의 씨앗이 發芽하는 모습을 형상화한 것임. 따라서 ‘發芽’의 뜻. ‘坼’은 ‘乇’(탁)의 假借. 즉 잎이 돋아나는 모습을 형상화한 것. 그러나 ‘甲’은 껍질, ‘坼’은 터짐의 뜻으로도 봄. 〈釋文〉에는 ‘宅’이라 하였으며, 王引之는 “坼·宅, 皆借爲乇. 草木生葉也”라 함. 따라서 ‘甲坼’은 ‘흙은 뚫고 발아하여 잎이 나는 모습’을 뜻함. 王弼 注에 “天地否結, 則雷雨不作. 交通感散, 雷雨乃作也. 雷雨之作, 則險厄者亨, 否結者散, 故百果草木皆甲坼也”라 하였고, 〈正義〉에 “‘天地解而雷雨作, 雷雨作而百果草木皆甲坼’者, 此因震坎有雷雨之象, 以廣明解義天地. 解緩, 雷雨乃作, 雷雨旣作, 百果草木, 皆孚甲開坼, 莫不解散也”라 함. 《集解》에 “荀爽曰:「解者, 震世也. 仲春之月, 草木萌牙, 雷以動之, 雨以潤之, 日以烜之, 故甲坼也.」”라 함.

【解之時大矣哉!】 ‘解之時’는 解卦의 원리에 의해 때에 맞추어 萬象이 解坼하는 현상을 뜻함. 王弼 注에 “无所而不釋也. 難解之時, 非治難時, 故不言用體, 盡於解之名, 无有幽隱, 故不曰‘義’”라 하였고, 〈正義〉에 “‘解之時大矣哉’者, 結歎解之大也. 自天地至於草木, 无不有解, 豈非大哉!”라 함. 《集解》에 “王弼曰:「无所而不釋也. 難解之時,

非治難時也. 故不言用也. 體盡於解之名, 无有幽隱, 故不曰'義'也.」라 함. 《傳》에 "旣明處解之道, 復言天地之解, 以見解時之大. 天地之氣開散, 交感而和暢, 則成雷雨. 雷雨作而萬物皆生發甲拆, 天地之功, 由解而成, 故贊'解之時大矣哉!'. 王者法天道, 行寬宥施恩惠, 養育兆民, 至於昆蟲草木, 乃順解之時, 與天地合德也"라 하였고, 《本義》에 "極言而贊其大也"라 함.

★【雷雨作, 解】'雷雨作'은 上卦(震, 雷)와 下卦(坎, 水, 雨)로 이루진 解卦의 卦象을 말함.

【君子以赦過宥罪】'君子以'의 '以'는 '이를 바탕으로, 이를 근거로'의 뜻. '赦過宥罪'는 과실을 용서하고 죄 지은 이에게는 관용을 베풂. 〈正義〉에 "赦, 謂放免; 過, 謂誤失; 宥, 謂寬宥; 罪, 謂故犯. 過輕則赦, 罪重則宥, 皆解緩之義也"라 함. 《集解》에 "虞翻曰:「君子, 謂三. 伏陽出成大過, 坎爲罪. 入則大過象壞, 故以赦過. 二四失位, 皆在坎獄中, 三出體乾, 兩坎不見震喜, 兌悅罪人皆出, 故以'宥罪'. 謂三入則赦過, 出則宥罪, 公用射隼以解悖, 是其義也.」"라 함. 《傳》에 "天地解散而成雷雨, 故雷雨作而爲解也. 與明兩而作〈離〉語不同. 赦, 釋之; 宥, 寬之. 過失則赦之可也. 罪惡而赦之, 則非義也. 故寬之而已. 君子觀雷雨作, 解之. 象體其發育, 則施恩仁; 體其解散, 則行寬釋也"라 함.


# (3) 爻辭와 象辭

## 初六: 无咎.
## ☆象曰: 剛柔之際, 義无咎也.

〈언해〉 初六(초륙)은, 咎(구)ㅣ 업스니라.
　　　☆象(샹)애 굴오디 剛(강)과 柔(유)의 際(제)라. 義(의)ㅣ 咎(구)ㅣ 업스니라.
〈해석〉 [初六](--): 허물이 없다.
　　　☆象: 센 것(九五)과 부드러운 것(六二)이 교제하는 것이니, 의의로 보아 허물이 없는 것이다.


【初六】 이는 전괘의 시작이며, 陰爻로 位不當함. 그러나 九四와 正應을 이루어 陰陽의 互應이 매우 이상적임. 따라서 柔弱을 지켜, 나서지 않고 있으면 순탄함.
【无咎】 점을 쳐 이 효를 만나면 허물이 없음. 貞辭를 기록한 것. ○高亨은 "筮遇此

爻, 可以无咎, 故曰「无咎」라 함. 王弼 注에 "解者, 解也. 屯難盤結, 於是乎解也. 處蹇難始, 解之初, 在剛柔始, 散之際, 將赦罪厄以夷其險. 處此之時, 不煩於位而无咎也"라 하였고, 〈正義〉에 "夫險難未夷, 則賤弱者受害. 然則蹇難未解之時, 柔弱者, 不能无咎. 否結旣釋之後, 剛强者不復陵暴. 初六處蹇難, 始解之初, 在剛柔始散之際, 雖以柔弱, 處无位之地, 逢此之時, 不慮有咎, 故曰'初六无咎'也"라 함. 《集解》에 "虞翻曰:「與四易位, 體震得正, 故'无咎'也.」"라 함. 《傳》에 "六居解初, 患難旣解之時, 以柔居剛, 以陰應陽, 柔而能剛之義, 旣无患難而自處, 得剛柔之, 宜(一有也字)患難旣解, 安寧无事, 唯自處得宜, 則爲'无咎'矣. 方解之初, 宜安靜以休息之, 爻之辭寡, 所以示意"라 하였고, 《本義》에 "難旣解矣, 以柔在下, 上有正應, 何咎之有? 故其占如此"라 함.

☆【剛柔之際, 義无咎也】'剛柔之際'의 '剛'은 九四(陽剛)를, '柔'는 자신(陰柔)을 가리킴. '際'는 交際함. 둘 사이가 正應을 이루고 있음을 말함. 이는 人事에서 君臣, 夫婦, 上下 등의 관계가 매우 圓滿하고 適宜함을 비유함. '義无咎'는 意義로 보아 허물이 있을 수 없음. '義'는 '理'(이치, 이유)의 뜻. 王弼 注에 "或有過咎, 非其理也. 義, 猶理也"라 하였고, 〈正義〉에 "〈象〉曰'義无咎'者, 義, 猶理也. 剛柔旣散, 理必无咎, 或有過咎, 非理之常也, 故曰'義无咎'也. '或有過咎, 非其理也', 或本无此八字"라 함. 《集解》에 "虞翻曰:「體屯初震, 剛柔始交, 故'无咎'也.」"라 함. 《傳》에 "初四相應, 是剛柔相際接也. 剛柔相際, 爲得其宜, 難旣解而處之, 剛柔得宜, 其義无咎也"라 함.


# 九二: 田獲三狐, 得黃矢, 貞吉.
# ☆象曰: 九二「貞吉」, 得中道也.

〈언해〉 九二(구이)는, 田(뎐)애 三狐(삼호)를 獲(획)ᄒᆞ야, 黃矢(황시)를 得(득)ᄒᆞ니, 貞(뎡)ᄒᆞ야 吉(길)토다.

　　☆象(샹)애 ᄀᆞᆯ오디 九二「貞吉」은 中道(듕도)를 得(득)홀 시라.

〈해석〉 [九二](一): 사냥에서 세 마리의 여우를 잡고, 구리 화살을 얻은 것이니, 정사(貞辭)가 길하도다.

　　☆象: 구이(九二)가 "정사가 길하다"함은, 중도를 얻었기 때문이다.

　【九二】 이는 下卦(坎)의 中央에 위치하여 得中을 이루었으나 陽爻로 位不當함. 그러나 六五와 正應을 이루어 陰陽 互應이 이상적이며, 解決의 重任을 수행할 수 있음.

【田獲三狐, 得黃矢, 貞吉】'田獲三狐'의 '田'은 畋(獵)과 같음. 사냥을 뜻함. '三狐'는 숨어 교활한 짓을 하는 환난을 뜻함. '三'은 단순한 한 가지가 아님을 비유함. '三狐'는 혹 임금(六五)을 제외한 나머지 세 陰爻를 가리키는 것이라고도 함. '黃矢'는 구리로 만든 화살. 〈噬嗑〉괘 九四의 金矢와 같음. '黃'은 五行으로 土(中)를 상징함. '貞吉'은 貞辭가 吉함. ○高亨은 "此殆古代故事, 蓋有人獵獲三狐, 且拾得金矢, 自是吉事, 故曰「田獲三狐, 得黃矢貞吉」"이라 함. 王弼 注에 "狐者, 隱伏之物也. 剛中而應爲五, 所任處於險中, 知險之情, 以斯解物, 能獲隱伏也. 故曰'田獲三狐'也. 黃, 理中之稱也. 矢, 直也. 田而獲三狐, 得乎理中之道, 不失枉直之實, 能全其正者也. 故曰'田獲三狐, 得黃矢, 貞吉'也"라 하였고, 〈正義〉에 "田獲三狐者, 狐, 是隱伏之物. 三爲成數, 擧三言之, 搜獲備盡. 九二以剛居中, 而應於五. 爲五所任, 處於險中, 知險之情, 以斯解險. 无險不濟, 能獲隱伏, 如似田獵, 而獲窟中之狐, 故曰'田獲三狐'. '得黃矢, 貞吉'者, 黃, 中之稱; 矢, 直也. 田而獲三狐, 得乎理中之道, 不失枉直之實, 能全其正者也. 故曰'得黃矢, 貞吉'也"라 함. 《集解》에 "虞翻曰:「二稱田. 田, 獵也. 變之正艮爲狐, 坎爲弓離爲黃矢. 矢貫狐體, 二之五歷三爻, 故'田獲三狐, 得黃矢之正', 得中, 故'貞吉'.」"이라 함. 《傳》에 "九二以陽剛得中之才, 上應六五之君, 用於時者也. 天下小人, 常衆剛明之君在上, 則明足以照之, 威足以懼之, 剛足以斷之, 故小人不敢用其情. 然尤常存警戒慮, 其有間而害正(一作政)也. 六五以陰柔居尊位, 其明易蔽其威, 易犯其斷, 不果而易惑. 小人一近之, 則移其心矣. 況難方解而治之? 初其變尙易, 二旣當用, 必須能去小人, 則可以正君心, 而行其剛中之道. 田者, 去害之事; 狐者, 邪媚之獸. 三狐, 指卦之三陰, 時之小人也. 獲, 謂能變化除去之, 如田之獲狐也. 獲之, 則得中直之道, 乃貞正而吉也. 黃, 中色; 矢, 直物. 黃矢, 謂中直也. 羣邪不去君心, 一入則中直之道无由行矣. 桓敬之不去武三思, 是也"라 하였고, 《本義》에 "爻取象之意未詳. 或曰:「卦凡四陰, 除六五君位, 餘三陰, 卽三狐之象也.」大抵, 此爻爲卜田之吉, 占亦爲去邪媚而得中直之象. 能守其正, 則无不吉矣"라 함.

☆【九二「貞吉」, 得中道也】'得中道'는 이 효가 아래 坎卦의 中央에 자리하고 있음을 말함. 〈正義〉에 "〈象〉曰'得中道也'者, 明九二, 位旣不當, 所以得貞吉者, 由處於中, 得乎理中之道故也"라 함. 《集解》에 "虞翻曰:「動得正, 故得中道.」"라 함. 《傳》에 "所謂'貞吉'者, 得其中道也. 除去邪惡, 使其(一无其字)中直之道, 得行乃正而吉也"라 함.

六三: 負且乘, 致寇至, 貞吝.
☆象曰:「負且乘」, 亦可醜也. 自我致戎, 又誰咎也?

〈언해〉六三(륙삼)은, 負(부)홀 거시 쏘 乘(승)호 디라, 寇(구) ㅣ 至(지)홈을 닐위니, 貞(뎡)ᄒᆞ야도 吝(린)ᄒᆞ리라.

　　☆象(샹)애 굴오디 「負且乘」이, 쏘 可(가)히 醜(취)ᄒᆞ며, 我(아)로브터 戎(융)을 닐위어니, 쏘 誰(슈)를 咎(구)ᄒᆞ리오?

〈해석〉[六三](--): 짐을 지고 게다가 수레를 타고 있는지라, 도둑이 이르도록 한 것이니, 마음을 바르게 갖더라 도 어려움을 당하리라.

　　☆象: "짐을 지고 게다가 수레를 탔다"함은, 역시 추악한 것이요, 나로부터 도둑을 불러들인 것이니, 다시 누구를 탓하겠는가?

【六三】이는 下卦(坎)의 가장 윗자리이며, 陰爻로 位不當함. 上六과 같은 음효로 正應을 이루지 못하여 둘 모두 '解卦'(解決, 免脫)의 本領에 맞지 않음. 아울러 이 효는 아래 九二를 무시하고 九四를 흠모하는 형상임.

【負且乘, 致寇至, 貞吝】'負且乘'은 등에 짐을 진 채 수레에 탐. '負'는 小人이 하는 일이며, '乘'은 군자가 받는 혜택. 따라서 소인이면서 군자의 혜택을 누림. 즉 이 효는 下卦의 가장 위에 있으면서 자신이 높은 지위인 줄로 잘못 알고 있음을 비유함. 《集解》에 "虞翻曰:「負, 倍也. 二變時艮爲背, 謂三以四艮倍五也. 五來寇三, 時坤爲車, 三在坤上, 故'負且乘'. 小人而乘君子之器, 故〈象〉曰'亦可醜'也.」"라 함. '致'는 '이르다, 되다, 부르다' 등의 뜻. 따라서 '致寇至'는 귀한 물건을 등에 지고 수레에 탔으므로 도적을 이를 알고 노림. 따라서 스스로 도적을 불러온 셈이 됨. '貞吝'은 貞辭에 '안타깝다, 災殃의 象'이라 함. 혹 바르게 해도 難關을 만남. ○高亨은 "負, 負物也; 乘, 乘車也. 負物而乘車, 所以致盜也. 蓋車旣可載人, 亦可載物, 今乘車而負物, 則其物之寶貴, 人盡知之矣. 盜思奪之矣, 其患難由此生矣. 故曰「負且乘, 致寇至, 貞吝」"이라 함. 王弼 注에 "處非其位, 履非其正, 以附於四, 用夫柔邪, 以自媚者也. 乘二負四, 以容其身, 寇之來也. 自己所致, 雖幸而免, 正之所賤也"라 하였고, 〈正義〉에 "'負且乘, 致寇至'者, 六三失正, 无應下乘, 於二上附, 於四卽是, 用夫邪佞, 以自說媚者也. 乘者, 君子之器也; 負者, 小人之事也. 施之於人, 卽在車騎之上, 而負於物也. 故寇盜知其非己所有, 於是競欲奪之, 故曰'負且乘, 致寇至'也. '貞吝'者, 負乘之人, 正其所鄙, 故曰'貞吝'也"라 함. 《集解》에 "虞翻曰:「五之二成坎, 坎爲寇盜. 上位慢五, 下暴於二, 慢藏誨盜, 故'致寇至, 貞吝'. 〈象〉曰

'自我致戎, 又誰咎也?'」라 함.《傳》에 "六三陰柔居下之上, 處非其位, 猶小人宜在下, 以負荷而且乘車, 非其據也. 必致寇奪之至, 雖使所爲得正, 亦可鄙吝也. 小人而竊盛位, 雖勉爲正事, 而氣質卑下, 本非在上之物, 終可吝也.「若能大正, 則如何?」曰:「大正, 非陰柔所能也. 若能之, 則是化爲君子矣. 三陰柔小人宜在下, 而反處下之上, 猶小人宜負而反乘, 當致寇奪也. 難解之時, 而小人竊位, 復致寇矣.」라 하였고,《本義》에 "〈繫辭〉備矣. '貞吝', 言雖以正得之, 亦可羞也. 唯避而去之, 爲可免耳"라 함.

☆【「負且乘」, 亦可醜也. 自我致戎, 又誰咎也?】'亦可醜'는 역시 어리석고 우둔한 짓. '醜'는 이 六三(陰)이 아래 九二(陽)를 무시하고 대신 위의 九四(陽)를 흠모함을 비유하는 것이라 함. '自我致戎'은 자신이 스스로 도적을 불러온 것임. '戎'은 爻辭의 '寇'를 가리킴. '又誰咎也?'는 '다시 누구를 탓하겠는가?'의 뜻.〈正義〉에 "〈象〉曰'亦可醜也'者, 天下之醜多矣, 此是其一. 故曰'亦可醜'也. '自我致戎, 又誰咎也'者, 言此寇難, 由己之招, 非是他人, 致此過咎, 故曰'又誰咎也?'"라 함.《集解》에 "虞翻曰:「臨坤爲醜也. 坤爲自我, 以離兵伐三, 故轉寇爲戎, 艮手招盜, 故'誰咎'也.」"라 함.《傳》에 "負荷之人, 而且乘載, 爲可醜惡也. 處非其據, 德不稱(一作勝)器, 則寇戎之致, 乃己招取, 將誰咎乎? 聖人又於〈繫辭〉明其致寇之道, 謂作《易》者, 其知盜乎? 盜者, 乘釁而至, 苟无釁隙, 則盜安能犯? 負者, 小人之事; 乘者, 君子之器. 以小人而乘君子之器, 非其所能安也. 故盜乘釁而奪之, 小人而居君子之位, 非其所能堪也. 故滿假, 而陵慢其上, 侵暴其下, 盜, 則乘其過惡而伐之矣. 伐者, 聲其罪也. 盜, 橫暴而至者也. 貨財而輕慢其藏, 是敎誨乎盜, 使取之也. 女子而妖冶其容, 是敎誨淫者, 使暴之也. 小人而乘君子之器, 是招盜使奪之也. 皆自取之之謂也"라 함.


九四: 解而拇, 朋至斯孚.
☆象曰:「解而拇」, 未當位也.

〈언해〉九四(구亽)는, 네 拇(무)를 解(ᄒᆡ)ᄒᆞ면, 朋(붕)이 至(지)ᄒᆞ야 이예 孚(부)ᄒᆞ리라.
　　☆象(샹)애 ᄀᆞᆯ오ᄃᆡ「解而拇」는, 位(위)예 當(당)티 아닐 ᄉᆡ라.
〈해석〉[九四](一): 너의 엄지발가락을 편안히 풀면, 친구가 이르러서 이에 믿음으로 대해 줄 것이다.
　　☆象: "엄지발가락을 풀어 놓는다"함은, 아직 자리가 마땅치 않기 때문이다.

【九四】이는 上卦(震, 雷, 動, 陽)의 시작으로 陽爻로 位不當하나, 아래 初六이 陰爻이므로 正應을 이루고 있음. 그럼에도 바로 아래 六三과 사랑에 빠져 마치 발가락에 질환이 있어, 선뜻 어려움을 해결하러 나서지 못하는 형상임. 따라서 '拇'(六三)을 포기하고 이제껏 겪어왔던 과정을 지나 解卦의 本領으로 들어서며, 陽剛하여 振動을 시작하면 원래 正應인 初六이 믿어줄 것임.

【解而拇, 朋至斯孚】'解而拇'는 '너의(그) 엄지손가락의 긴장을 풀라'의 뜻. '而'는 '너'(汝)의 뜻. 그러나 漢代〈帛書〉에는 '其'로 되어 있음. '拇'는 엄지손가락(발가락). 여기서는 六三을 가리킴. 혹 難題를 解決(解卦)하려 잔뜩 긴장한 엄지를 편안히 함. 그러나 沙少海는 "'解', 聲借爲懈, 訓懈怠. '而', 漢帛書周易作其, 當從之. '拇', 通踇. 訓脚大指, 這裏代脚. '解而拇', 猶言懶動脚, 卽不想走"라 하여, '게을러서 움직이는 것조차 싫어하다'의 뜻이라 하였음. '朋至斯孚'는 '친구가 오면 성실하게 대함'의 뜻. '朋'은 자신과 正應을 이루고 있는 初六을 가리킴. 九三을 포기하고 初六에게 믿음을 보여야 함. 그러나 혹 '朋'은 朋貝. 즉 돈(錢), 財物. '斯'는 則과 같음. '孚'는 '俘', 혹은 '浮'(罰)와 같다 하였음. ○高亨은 "解而罟, 猶云解汝網. 解汝網者何人? 乃汝友也. 汝之友乃敗汝事, 是當因其來而罰之. 故曰「解而拇, 朋至斯孚」. 此殆亦古代故事歟?"라 하여, '拇'는 '罟'(網), '孚'는 '浮'(罰)라 하여, '그물에서 벗어나다'라 하였음. 王弼 注에 "失位不正, 而比於三, 故三得附之爲其拇也. 三爲之拇, 則失初之應, 故'解其拇', 然後朋至而信矣"라 하였고, 〈正義〉에 "'解而拇, 朋至斯孚'者, 而, 汝也; 拇, 足大指也. 履於不正, 與三相比, 三從下來, 附之如指之附足. 四有應在初, 若三爲之拇, 則失初之應, 故必解其拇, 然後朋至而信, 故曰'解而拇, 朋至斯孚'"라 함.《集解》에 "虞翻曰:「二動時艮爲指, 四變之坤爲拇, 故'解而拇'. 臨兌爲朋, 坎爲孚, 四陽從初, 故'朋至斯孚'矣.」"라 함.《傳》에 "九四, 以陽剛之才, 居上位, 承六五之君, 大臣也, 而下與初六之陰爲應. 拇, 在下而微者, 謂初也. 居上位而親小人, 則賢人正士遠退矣. 斥去小人, 則君子之黨, 進而誠相得也. 四能解去初六之陰柔, 則陽剛君子之朋來至, 而誠合矣. 不解去小人, 則己之誠未至, 安能得人之孚也? 初六其應, 故謂遠之爲解"라 하였고,《本義》에 "拇, 指初. 初與四, 皆不得其位而相應, 應之不以正者也. 然四陽而初陰, 其類則不同矣. 若能解而去之, 則君子之朋至, 而相信也"라 함.

☆【「解而拇」, 未當位也】'未當位'는 陽爻로 陰爻의 자리에 있어 位不當함을 말함. 人事의 경우 그 자리에 맞지 않음을 비유함. 〈正義〉에 "〈象〉曰'未當位'者, 四若當位履正, 卽三爲邪媚之身, 不得附之也. 旣三不得附四, 則无所解. 今須解拇, 由不當位也"라 함.《集解》에 "王弼曰:「失位不正, 而比於三, 故三得附之爲其拇也. 三爲之拇, 則失初之

應, 故'解其拇', 然後朋至斯孚而信矣.」○案:「九四體震, 震爲足, 三在足下拇之象.」이
라 함. 《傳》에 "雖陽剛, 然居陰於正, 疑不足, 若復親比小人, 則其失正必矣. 故戒必解其
拇, 然後能來君子, 以其處未當位也. 解者, 本合而離之也. 必解拇而後朋孚. 蓋君子之交,
而小人容於其間, 是與君子之誠, 未至也"라 함.


## 六五: 君子維有解, 吉. 有孚于小人.
## ☆象曰:「君子有解」, 小人退也.

〈언해〉 六五(륙오)는, 君子(군ᄌ)ㅣ 解(히)홈이 이시면 吉(길)ᄒ니, 小人(쇼인)애 孚(부)
　　　홈이 이시리라.
　　　☆象(샹)애 ᄀᆞᆯ오ᄃᆡ「君子有解」는, 小人(쇼인)의 退(퇴)홈이라.
〈해석〉 [六五](--): 군자가 얽혀 있다가 벗어나 길한 것이니, 소인에게 믿음을 베풂이
　　　있으리라.
　　　☆象: "군자가 벗어남이 있다"함은, 소인이 물러간다는 것이다.


　【六五】 이는 君位이며 陰爻로 位不當함. 그러나 가운데에 위치하여 得中을 이루었
고, 九二와 正應하여 문제 解決의 도움이 되며, 主爻로써 '解'의 本領을 성취함.
　【君子維有解, 吉, 有孚于小人】 '維'는 얽매임. 혹 語助辭로 보기도 함. '解'는 묶임에서
풀림. 聞一多는 "維, 猶繫也. 解, 釋也. '維有解', 卽繫而得釋"이라 함. '有孚于小人'의
'孚'는 誠信(虔誠)의 뜻. '소인에게 믿음을 베풀다, 소인들이 그를 믿어줌'의 뜻. 그러나
程頤와 朱熹는 '孚'는 '驗'의 뜻으로 '小人에게 證驗이 되다'라 하였음. 한편 ○高亨은
'孚'는 浮와 같으며 罰의 뜻. 즉 소인은 벌을 받음이라 하였음. 즉 "君子因故被上級縛繫
之, 筮遇此爻, 則將解脫. 孚讀爲浮, 罰也. 筮遇此爻, 小人則將受罰"이라 함. 王弼 注에
"居尊履中, 而應乎剛, 可以有解而獲吉矣. 以君子之道, 解難釋險, 小人雖闇, 猶知服之而
无怨矣. 故曰'有孚于小人'也"라 하였고, 〈正義〉에 "'君子維有解, 吉'者, 六五居尊履中,
而應於剛, 是有君子之德. 君子當此之時, 可以解於險難. 維, 辭也. 有解於難, 所以獲吉,
故曰'君子維有解, 吉'也. '有孚于小人'者, 以君子之道解難, 則小人皆信服之, 故曰'有孚于
小人'也"라 함. 《集解》에 "虞翻曰:「君子, 謂二之五, 得正成坎. 坎爲心, 故'君子維有解,
吉'. 小人, 謂五. 陰爲小人, 君子升位, 則小人退. 在二故有孚, 于小人坎爲孚也.」"라 함.
《傳》에 "六五, 居尊位爲解之主, 人君之解也. 以君子通, 言之君子所親比者, 必君子也. 所

解去者, 必小人也. 故君子維有解, 則吉也. 小人去, 則君子進矣. 吉孰大焉? '有孚'者, 世云見驗也. 可驗之於小人, 小人之黨去, 則是君子能有解也. 小人去, 則君子自進正道, 自行天下, 不足治也"라 하였고,《本義》에 "卦凡四陰, 而六五當君位, 與三陰同類者, 必解而去之, 則吉也. 孚, 驗也. 君子有解, 以小人之退, 爲驗也"라 함.

☆【「君子有解」, 小人退也】'小人退也'는 소인은 물러남. 小人들이 군자의 덕을 보고 畏服하여 스스로 물러남. 〈正義〉에 "〈象〉曰'君子有解, 小人退'者, 小人, 謂作難者. 信君子之德, 故退而畏服之"라 함.《集解》에 "虞翻曰:「二陽上之五, 五陰小人退之二也.」"라 함.《傳》에 "君子之所解者, 謂退去小人也. 小人去, 則君子之道行, 是以吉也"라 함.


上六: 公用射隼于高墉之上, 獲之, 无不利.
☆象曰:「公用射隼」, 以解悖也.

〈언해〉上六(샹륙)은, 公(공)이 뻐 隼(쥰)을 高(고)흔 墉(용) 우희 射(셕)ᄒ야, 獲(획)홈이니, 利(리)티 아니미 업도다.
　　☆象(샹)애 ᄀᆞᆯ오디「公用射隼」은, 뻐 悖(패)를 解(히)홈이라.
〈해석〉[上六](--): 공(公)이 높은 성 위에서 매를 쏘아서 잡아 이를 획득함으로써, 이롭지 않음이 없도다.
　　☆象: "공이 새매를 쏜다"함은, 이로서 포악한 것을 제거한다는 것이다.


【上六】이는 解卦의 마무리이며, 上卦(震)의 가장 윗자리. 陰爻로서 位正當함. 아울러 六三과 正應을 이루지 못하여 문제를 뒤처리하며 마감하는 임무를 맡음. 그 때문에 이롭지 않음이 없음.

【公用射隼于高墉之上, 獲之, 无不利】'公'은 신하로서의 가장 높은 작위. 즉 公侯伯子男의 公. 이 효가 가장 높은 자리에 있음을 말함. '隼'은 새매(鷹). 惡鳥. 六三을 가리킴.《國語》(魯語) "有隼集於陳侯之庭而死"의 韋劭 注에 "隼, 鷙鳥, 今之鶚也"라 함. '墉'은 담.《說文》에 "墉, 城垣也"라 함. ○高亨은 "此殆古代故事, 蓋有某國某公曾射隼於高墉之上, 射中而獲隼, 自是大利之事, 筮遇此爻, 當亦無不利, 故曰「公用射隼于高墉之上, 獲之, 无不利」"라 함. 王弼 注에 "初爲四應, 二爲五應, 三不應上, 失位負乘, 處下體之上, 故曰'高墉墉'. 非隼之所處, 高非三之所履, 上六居動之上, 爲解之極, 將解荒悖而除穢亂者也. 故用射之極而後動, 成而後擧, 故必獲之, 而无不利也"라 하였고, 〈正義〉에 "隼者, 貪殘之

鳥, 鸇鴿之屬. 墉, 牆也. 六三失位, 負乘不應於上, 卽是罪釁之人, 故以譬於隼. 此借飛鳥爲喩, 而居下體之上, 其猶隼處高墉. 隼之爲鳥, 宜在山林, 集於人家高墉, 必爲人所繳射. 以譬六三處於高位, 必當被人所誅討. 上六居動之上爲解之極, 將解荒悖而除穢亂, 故‘用射之’也. 極而後動, 成而後擧, 故必‘獲之而无不利’. 故曰‘公用射隼于高墉之上, 獲之, 无不利’也. 公者, 臣之極上. 六以陰居上, 故謂之公也”라 함.《集解》에 “虞翻曰:「上應在三, 公謂三伏陽也. 離爲隼, 三失位, 動出成乾, 貫隼入大過, 故‘公用射隼于高墉之上, 獲之, 无不利’也.」○案:「二變時體艮, 艮爲山爲宮闕, 三在山, 半高墉之象也.」”라 함.《傳》에 “上六, 尊高之地而非君位, 故曰‘公’. 但據解終而言也. 隼, 鷙, 害之物象, 爲害之小人. 墉, 牆, 內外之限也. 害若在內, 則是未解之時也; 若出墉外, 則是无害矣, 復何所解? 故在墉上, 離乎內而未去也. 云‘高’, 見防限之嚴, 而未去者, 上解之極也. 解極之時, 而獨有未解者, 乃害之堅强者也. 上居解極, 解道已至器已成也, 故能射而獲之. 旣獲之, 則天下之患, 解已盡矣, 何所不利? 夫子於〈繫辭〉復伸其義曰:「隼者, 禽也; 弓矢者, 器也; 射之者, 人也. 君子藏器於身, 待時而動, 何不利之有? 動而不括, 是以出而有獲, 語成器而動者也. 鷙害之物, 在墉上, 苟无其器, 與不待時而發, 則安能獲之? 所以解之道, 器也. 事之當解, 與已解之之道至者, 時也. 如是而動, 故无括結, 發而无不利矣. 括結, 謂阻礙聖人, 於此發明藏器, 待時之義. 夫行一身, 至於天下之事, 苟无其器, 與不以時, 而動小則括塞, 大則喪敗. 自古喜有爲, 而无成功, 或顚覆者, 皆由是也”라 하였고,《本義》에 “〈繫辭〉備矣”라 함.

　☆【「公用射隼」, 以解悖也】 ‘以解悖’는 ‘이로써 강포함에서 풀려남’. 혹 ‘이로써 강포함을 제거함’의 뜻. ‘悖’는 강퍅함. 六三을 가리킴.《爾雅》에 “悖, 强也”라 함.《正義》에 “〈象〉曰‘解悖也’者, 悖, 逆也. 六三失位, 負乘不應於上, 是悖逆之人也. 上六居動之上, 能除解六三之荒悖, 故云‘以解悖’也”라 함.《集解》에 “虞翻曰:「坎爲悖, 三出成乾, 而坎象壞, 故‘解悖’也.」○九家《易》曰:「隼, 鷙鳥也. 今捕食雀者, 其性疾害, 喩暴君也. 陰盜陽位, 萬事悖亂, 今射去之, 故曰‘以解悖’也.」”라 함.《傳》에 “至解, 終而未解者, 悖亂之大者也. 射之, 所以解之也. 解則天下平矣”라 함.

# 041 損

䷨ 山澤損: ▶兌下艮上(☱下☶上)

*損(손): 〈音義〉에 "損, 孫本反. 虧減之義也. 又訓失. 〈序卦〉曰:「緩必有所失.」是也"라 하여 '손(sǔn)'으로 읽음. '損'은 減損, 損害, 損傷, 損失, 減省, 虧減, 덜어내어야 할 일, 남에게 손실을 주는 일, 남의 것을 덜어 나에게 보탬 등을 뜻하며, 특히 백성으로부터 세금을 거둠으로 인해 백성에게 손실을 끼치는 일을 비유하기도 함. 한편 다음의 〈益卦〉(042)와 짝을 이루고 있음. 하괘는 兌(澤)이며 상괘는 艮(山)으로, 산 아래에 못이 있는 異卦相疊의 '山澤' 괘체임. 즉 損下益上, 損剛益柔의 卦形임. 이는 큰 못물이 산 아래에서 산을 계속 침식하여 깎아내어 산은 자꾸 높아 보이지며, 물은 자꾸 줄어드는 형상으로, 나라가 백성에게 가혹하게 하면 國基가 깎이고, 사람이 남에게 각박하게 굴면 덕행이 손상을 입음을 뜻함. 따라서 스스로를 덜어내어 타인에게 채워주며, 백성에게 은혜를 베풀어 그것을 자신의 이익으로 여겨야 함을 경계함. 한편 손해가 가중될 때는 더욱 誠信함을 견지하며, 때를 기다리되 원칙을 기본으로 하여, 지나친 손상이 없도록 주의해야 함도 아울러 상징함.

*《集解》에 "〈序卦〉曰:「緩必有所失, 故受之以'損'.」(崔憬曰:「宥罪緩死, 失之於僥倖, 有損於政刑. 故言'緩必有所失, 故受之以損'者也.」)"이라 함.

*《傳》에 "'損', 〈序卦〉:「解者, 緩也. 緩必有所失, 故受之以'損'.」縱緩則必有所失, 失則損也. 損, 所以繼解也. 爲卦艮上兌下, 山體高澤, 體深下深, 則上益高, 爲損下益上之義. 又澤在山下, 其氣上通, 潤及草木百物, 是損下而益上也. 又下爲兌說, 三爻皆上應, 是說以奉上, 亦損下益上之義. 又下兌之成, 兌由六三之變也. 上艮之成, 艮自上九之變也. 三本剛而成柔, 上本柔而成剛, 亦損下益上之義. 損上而益於下, 則爲益取下, 而益於上, 則爲損. 在人上者, 施其澤以及下, 則益也. 取其下以自厚, 則損也. 譬諸壘土, 損於上以培, 厚其基本, 則上下安固矣. 豈非益乎? 取於下以增上之高, 則危墜至矣. 豈非損乎? 故損者, 損下益上之義, 益則反是"라 함.

# (1) 卦辭

## 損: 有孚, 元吉, 无咎, 可貞, 利有攸往. 曷之用? 二簋可用享.

〈언해〉損(손)은 孚(부)를 두워 ᄒ면, 元(원)ᄒ야 吉(길)ᄒ고, 咎(구)ㅣ 업서, 可(가)히 貞(뎡)홀 디라. 往(왕)홀 빠를 두미 利(리)ᄒ니,[《本義》: 咎(구)ㅣ 업고 可(가)히 貞(뎡)홀 디오] 어듸 쓰리오? 二簋(이게)ㅣ 可(가)히 뻐 享(향)홀 디니라.

〈해석〉손(損, 손괘)은 성신(誠信)함을 가지고 행하면 크게 길하고, 허물이 없어, 가히 정사(貞辭)대로 하면 되리라. 갈 곳을 지정해 주는 것이 이로울 것이니(허물이 없고, 가히 바르게 할 것이요), 어디에 쓰겠는가? 두 궤(簋)의 적은 제물일도 가히 이로써 제사를 올릴 지니라.

【損】卦名이며, 減損, 損害, 損失, 減省 등을 의미함. '益'과 상대됨.《集解》에 "鄭玄曰:「艮爲山, 兌爲澤. 互體坤, 坤爲地, 山在地上, 澤在地下. 澤以自損, 增山之高也. 猶諸侯損其國之富, 以貢獻於天子, 故謂之'損'矣」라 함.

【有孚, 元吉, 无咎, 可貞, 利有攸往】'孚'는 誠信(虔誠)의 뜻. 그러나 ○高亨은 "孚, 卽俘字. 虜獲敵方之人員財物也"라 하였음. '元吉'은 크게 길함. '可貞'은 점을 쳐 이 괘를 만나면 그 貞辭대로 해도 됨. '利有攸往'은 갈 목적지를 정해두면 유리함. 孔穎達〈正義〉에 "損者, 減損之名. 此卦明損下益上. 故謂之損. 損之爲義, 損下益上, 損剛益柔. 損下益上. 非補不足者也; 損剛益柔, 非長君子之道者也. 若不以誠信, 則涉諂諛而有過咎, 故必有孚, 然後「大吉, 无咎, 可正, 而利有攸往」矣. 故曰'損有孚, 元吉, 无咎, 可貞, 利有攸往'也. 先儒皆以无咎可貞, 各自爲義. 言旣吉而无咎, 則可以爲正, 準下王注.〈彖辭〉云:「損下而不爲邪, 益上而不爲諂, 則何咎而可正?」然則王意以无咎, 可貞, 共成一義. 故莊氏云:「若行損有咎, 則須補過, 以正其失. 今行損用信, 則是无過可正, 故云无咎, 可貞.」竊謂:「莊氏之言, 得正旨矣.」라 함.《集解》에 "虞翻曰:「泰初之上, 損下益上, 以據二陰, 故'有孚, 元吉, 无咎'. 艮男居上, 兌女在下, 男女位正, 故'可貞, 利有攸往'矣.」"라 함.《傳》에 "損, 減損也. 凡損抑其過, 以就義理, 皆損之道也. 損之道, 必有孚誠, 謂至誠, 順於理也. 損而順理, 則大善而吉. 所損无過差可貞固常行, 而利, 有所往也. 人之所損, 或過或不及(一有或常字), 或不常(一作當), 皆不合正理, 非有孚也. 非有孚, 則无吉而有咎, 非可貞之道, 不可行也"라 하였고,《本義》에 "損, 減省也. 爲卦損下, 卦上畫之, 陽益上卦, 上畫之陰, 損兌澤之深, 益艮山之高, 損下益上, 損內益外, 剝民奉君之象. 所以爲'損'也. 損所當損, 而有孚

信, 則其占當有此, 下四者之應矣"라 함.

【曷之用? 二簋可用享】'曷之用'은 '아래로부터 받아 자신에게 올려주어 많아진 두 궤의 제물을 어디에 쓰겠는가?'의 뜻. '曷'은 何와 같음. 王弼 注에 "曷, 辭也. '曷之用', 言「何用豐爲?」也"라 함. '어찌 꼭 풍성하게 하여야 제사에 올리겠는가?'의 뜻. 그러나 ○高亨은 "曷, 此爲饁, 饋食也. 古字通用.《禮記》月令:「曷旦不鳴.」〈坊記〉:「相彼盍旦.」曷旦卽盍旦. 此其左證.《說文》:「饁, 餉田也.」《廣雅》釋詁:「饁, 饋也.」《左傳》僖公三十三年〈傳〉釋文引《字林》:「饁, 野饋野.」《詩》七月:「饁彼南畝.」〈毛傳〉:「饁, 饋野」라 하여 '들에서 일하는 자에게 참을 날라 먹여주다'의 뜻이라 하였음. '二簋可用享'은 王弼注에 "二簋, 質薄之器也. 行損以信, 雖二簋而可用享"이라 함. '二簋'의 '二'는 損益의 두 가지를 뜻함. 즉 채운 그릇과 빈 그릇. 혹 아주 소박한 제물을 뜻함. '簋'는 둥글게 만든 대나무 食器. 혹 서직을 담는 제사용 그릇. 혹 두 궤밖에 되지 않을지라도 이를 가지고 제사를 올림의 뜻에 가까움. ○高亨은 "黍稷圜器也"라 함. '可用享'은 그 음식을 享有함. 幸福을 누림. 그러나 '享'은 祭享, 즉 '귀신에게 제사를 올리다'의 뜻으로도 봄. 艮(山) 아래 兌(澤)이 있으며, 下卦 세 효(百姓)는 스스로 덜어, 상괘 세 효(나라와 군주)에게 보태주는 형상임. 따라서 군주에게 중요한 것은 孚(誠信)에 있으며, 실물의 多寡에 있지 않음. 그 때문에 소박한 두 궤의 밥일지라도 제사를 올림. ○高亨은 "筮遇此卦, 有孚, 大吉無咎, 故曰「有孚元吉无咎」. 又所占事則可行, 故曰「可貞」. 又利有所往, 將有人饋之以二簋, 故曰「利有攸往, 曷之用二簋」. 又可以擧行享祀, 故曰「可用享」"이라 함. 〈正義〉에 "'曷之用, 二簋可用享'者, 明行損之禮貴, 夫誠信不在於豐, 旣行損以信, 何用? 豐爲二簋, 至約可用享祭矣. 故曰'曷之用, 二簋可用享'也"라 함.《集解》에 "崔憬曰:「曷, 何也. 言其道上行, 將何所用? 可用二簋而享也. 以喩損下益上, 惟在乎心, 何必竭於不足, 而補有餘者也?」"라 함.《傳》에 "損者, 損過而就中, 損浮末而就本實也. 聖人'以寧儉爲禮之本', 故於損發明其義, 以享祀言之. 享祀之禮, 其文最繁, 然以誠敬爲本, 多儀備物, 所以將飾其誠敬之心, 飾過其誠, 則爲僞矣. 損飾, 所以存誠也. 故云'曷之用? 二簋可用享'. 二簋之約, 可用享祭, 言在乎誠而已. 誠爲本也. 天下之害, 无不由末之勝也. 峻宇雕牆, 本於宮室; 酒池肉林, 本於飮食' 淫酷殘忍, 本於刑罰; 窮兵黷武, 本於征討. 凡人欲之過者, 皆本於奉養. 其流之遠, 則爲害矣. 先王制其本者, 天理也. 後人流於末者, 人欲也. 損之義, 損人欲以復天理而已"라 하였고,《本義》에 "言當損時, 則至薄无害"라 함.

## (2) 彖辭와 象辭

彖曰: 損, 損下益上, 其道上行. 損而有孚, 「元吉, 无咎, 可貞, 利有攸往.」

「曷之用? 二簋可用享」, 二簋應有時, 損剛益柔有時. 損益盈虛, 與時偕行.

★象曰: 山下有澤, 損. 君子以懲忿窒欲.

〈언해〉 彖(단)애 글오디 損(손)은, 下(하)를 損(손)ㅎ야 上(샹)을 益(익)ㅎ야, 그 道(도)ㅣ 上(샹)ㅎ야 行(힝)홈이니,

損(손)호디 孚(부)ㅣ 이시면, 「元吉, 无咎, 可貞, 利有攸往」이니, 「曷之用? 二簋可用享」온, 二簋(이게)ㅣ 맛당이 時(시)ㅣ 이시며, 剛(강)을 損(손)ㅎ야 柔(유)를 益(익)ㅎ요미 時(시)ㅣ 이시니,

損(손)ㅎ며 益(익)ㅎ며 盈(영)ㅎ며 虛(허)ㅎ요믈, 時(시)로 더브러 홈믜 行(힝)홀 디니라.

★象(샹)애 글오디 山下(산하)에 澤(턱)이 이시미 損(손)이니, 君子(군즈)ㅣ 以(이)ㅎ야 忿(분)을 懲(딩)ㅎ며 欲(욕)을 窒(딜)ㅎᄂ니라.

〈해석〉 彖: 損卦는 아래를 덜어서 위를 보태는 것이기에, 그 도는 위로 행하는 것이니, 그렇게 손해를 보게 하되 믿음이 있게 하면, "크게 길하고, 허물이 없으며, 가히 정사(貞辭)대로 하면 되리니, 갈 곳을 두는 것이 이롭다"하는 것이니, "어디에 쓰겠는가? 두 궤의 적은 제물이지만 이로써 가히 제사를 올릴 수 있다"함은, 두 궤의 적은 제물이 마땅히 적시에 올려준 것이며, 강(剛)한 것은 덜어내고, 유(柔)한 것에게는 보태어주는 것도 때에 맞추어 해준 것이니,

덜어내고 보태주며, 채우고 비게 함을, 때를 맞춤과 더불어 함께 실행할 지니라.

★象: 산 아래 못이 있는 것이 손괘이니, 군자는 이러한 괘상을 바탕으로 하여, 분함을 징계하고 욕심을 억제하여 막는 것이다.

【損, 損下益上, 其道上行】 '損下益上'은 아래를 덜어서 위를 보태줌. 위의 통치자가 아래 백성들의 재물을 덜어감. 즉 租稅(征賦) 제도를 뜻함. 이는 국가가 있고나서 당연한 것이지만 신중히 해야 함을 말함. '其道上行'은 백성이 자신의 것을 덜어 위로

바침. 혹 이러한 제도는 윗사람이 정해서 비롯된 것임. 王弼 注에 "艮爲陽, 兌爲陰. 凡陰順於陽者也. 陽止於上, 陰說而順, 損下益上, 上行之義也"라 하였고, 〈正義〉에 "損, 損下益上. 其道上行'者, 此就二體, 釋卦名之義. 艮陽卦爲止, 兌陰卦爲說. 陽止於上, 陰說而順之, 是下自減損以奉於上, 上行之謂也"라 함. 《集解》에 "蜀才曰:「此本〈泰〉卦.」 案:「坤之上九, 下處乾三. 乾之九三, 上升坤六, 損下益上者也. 陽德上行, 故曰'其道上行'矣.」"라 함. 《傳》에 "損之所以爲損者, 以損於下而益於上也. 取下以益上, 故云'其道上行'. 夫損上而益下, 則爲益; 損下而益上, 則爲損. 損基本以爲高者, 豈可謂之益乎?"라 하였고, 《本義》에 "以卦體釋卦名義"라 함.

【損而有孚,「元吉, 无咎, 可貞, 利有攸往.」】'損而有孚'는 損(稅金, 供物)의 원리대로 하되 믿음이 있어야 함. 백성에게 손실을 주되 믿음을 주어야 함. 王弼 注에 "損之爲道, 損下益上, 損剛益柔也. 損下益上, 非補不足也; 損剛益柔, 非長君子之道也. 爲損而可以獲吉, 其唯有孚乎損, 而有孚, 則'元吉, 无咎而可正, 利有攸往'矣. 損剛益柔, 不以消剛; 損下益上, 不以盈上. 損剛而不爲邪, 益上而不爲諂, 則何咎而可正? 雖不能拯濟大難, 以斯有往, 物无距也"라 하였고, 〈正義〉에 "損而有孚, 元吉, 无咎, 可貞. 利有攸往'者, 卦有元吉已下等事, 由於有孚, 故加一'而'字. 則其義可見矣"라 함. 《集解》에 "荀爽曰:「謂損乾之三居上, 孚二陰也.」"라 함. '元吉, 无咎'에 대해서는 《集解》에 "荀爽曰:「居上據陰, 故'元吉, 无咎'. 以未得位, 嫌於咎也.」"라 함. '可貞'에 대해서는 《集解》에 "荀爽曰:「少男在下, 少女雖年尙紉, 必當相承, 故曰'可貞'.」"이라 함. '利有攸往'에 대해서는 《集解》에 "荀爽曰:「謂陽利往居上損者, 損下益上, 故利往居上.」"이라 함. 《傳》에 "謂損而以至誠, 則有此'元吉'. 以下四者, 損道之盡善也"라 함.

【「曷之用? 二簋可用享.」】二簋應有時, 損剛益柔有時】'曷之用? 二簋可用享'는 〈正義〉에 "'曷之用? 二簋可用享'者, 擧經明之, 皆爲損而有孚, 故得如此"라 함. 《集解》에 "荀爽曰:「二簋, 謂上體二陰也. 上爲宗廟. 簋者, 宗廟之器, 故可享獻也.」"라 함. '二簋應有時'는 덜고 보태는 두 그릇의 상징도 응당 때에 맞추어야 함. '有時'는 適時와 같음. 王弼 注에 "至約之道, 不可常也"라 하였고, 〈正義〉에 "二簋, 應有時'者, 申明二簋之禮, 不可爲常. 二簋至約, 惟在損時, 應時行之, 非時不可也"라 함. 《集解》에 "虞翻曰:「時, 謂春秋也. 損二之五, 震二月. 益正月春也. 損七月, 兌八月秋也. 謂春秋祭祀, 以時思之, 艮爲時, 震爲應, 故'應有時'也.」"라 함. '損剛益柔有時'는 강한 것은 덜어내고, 약한 것은 보태줌에도 때에 맞추어야 함. 王弼 注에 "下不敢剛貴於上行, 損剛益柔之謂也. 剛爲德長, 損之不可以爲常也"라 하였고, 〈正義〉에 "'損剛益柔有時'者, 明損下益上之道, 亦不可爲常. 損之所以能損下益上者, 以下不敢剛亢, 貴於奉上, 則是損於剛亢, 而益柔順也.

損剛者, 謂損兌之陽爻也; 益柔者, 謂益艮之陰爻也. 人之爲德, 須備剛柔, 就剛柔之中, 剛爲德長. 旣爲德長, 不可恒減, 故損之有時"라 함. 《集解》에 "虞翻曰:「謂冬夏也. 二五已易成, 益坤爲柔, 謂損益上之三成, 旣濟坎冬離夏, 故'損剛益柔有時'.」"라 함. 구체적으로 上卦(艮, 山)는 아래 두 陽爻(初九와 九二)를 柔하게 해주고, 下卦(兌, 澤)는 위의 두 陰爻(六四와 六五)를 剛하게 해줌. 《傳》에 "夫子特釋'曷之用, 二簋可用享'. 卦辭簡直, 謂當損去浮飾, 曰'何所用哉?' 二簋可以享也. 厚本損末之謂也. 夫子恐後人不達, 遂以爲文飾, 當盡去, 故詳言之. 有本必有末, 有實必有文, 天下萬事, 无不然者. 无本不立, 无文不行, 父子主恩, 必有嚴順之體; 君臣主敬, 必有承接之儀. 禮讓存乎內, 待威儀而後行, 尊卑有其序, 非物采則(一作而)无別文之與實, 相須而不可缺也. 及夫文之勝末之流, 遠本喪實, 乃當損之時也. 故云'曷所用哉? 二簋足以薦其誠矣'. 謂當務實而損飾也. 夫子恐人之泥言也. 故復明之曰「二簋之質, 用之當有時, 非其所用而用之, 不可也.」謂文飾未過, 而損之, 與損之至於過甚, 則非也. '損剛益柔有時', 剛爲過柔, 爲不足損益, 皆損剛益柔也. 必順時而行, 不當時而損益之, 則非也"라 함.

【損益盈虛, 與時偕行】'損益盈虛'는 각기 상대적인 것, 즉 '損益'과 '盈虛'. '與時偕行'은 同時에 施行되어야 함. 均衡과 衡平을 이루어야 함을 뜻함. 王弼 注에 "自然之質, 各定其分. 短者不爲不足, 長者不爲有餘, 損益將何加焉? 非道之常, 故必'與時偕行'也"라 하였고, 〈正義〉에 "損益盈虛, 與時偕行'者, 盈虛者, 鳧足短而任性, 鶴脛長而自然. 此又云'與時偕行'者, 上旣言'損剛益柔, 不可常用', 此又汎明損益之事, 體非恒理自然之質, 各定其分. 鳧足非短, 鶴脛非長, 何須損我以益人虛? 此以盈彼, 但有時宜用, 故應時而行, 故曰'損益盈虛, 與時偕行'也"라 함. 《集解》에 "虞翻曰:「乾爲盈, 坤爲虛. 損剛益柔, 故'損益盈虛'; 謂泰初之上, 損二之五, 益上之時, 變通趨時, 故'與時偕行'.」"이라 함. 《傳》에 "傳或損或益, 或盈或虛, 唯隨時而已. 過者損之, 不足(一作及)者益之, 虧者盈之, 實者虛之, 與時偕行也"라 하였고, 《本義》에 "此釋卦辭. 時, 謂當損之時"라 함.

★【山下有澤, 損】上卦 艮(山)과 下卦 兌(澤)의 卦象을 설명한 것. 王弼 注에 "山下有澤, 損之象也"라 하였고, 〈正義〉에 "山下有澤, 損. 君子以懲忿窒欲'者, 澤在山下, 澤卑山高, 似澤之自損, 以崇山之象也"라 함.

【君子以懲忿窒欲】'懲忿窒欲'은 懲忿窒慾과 같음. 분함은 징계하고 욕심은 막음. 忿怒는 抑制하고 慾心은 杜塞함. 아래의 못물(兌)이 스스로 그 물을 흘려보내, 산(艮)으로 하여금 높아지도록 함을 뜻함. 王弼 注에 "可損之善, 莫善忿欲也"라 하였고, 〈正義〉에 "君子以法此損道, 以懲止忿怒, 窒塞情慾, 夫人之情也. 感物而動, 境有順逆, 故情有忿欲懲者, 息其旣往窒者, 閉其將來忿欲, 皆有往來懲窒, 互文而相足也"라 함. 《近思錄》에 "懲

忿如救火, 窒慾如防水"라 하였고,《性理大全》에도 "修身之要, 言忠信, 行篤敬, 懲忿窒慾, 遷善改過"라 함.《集解》에 "虞翻曰:「君子泰乾, 乾陽剛武, 爲忿坤陰, 各嗇爲欲損, 乾之初成, 兌說, 故懲忿; 初上據坤, 艮爲山, 故'欲窒'也.」"라 함.《傳》에 "山下有澤, 氣通上潤, 與深下以增高, 皆損下之象. 君子觀損之象, 以損於己在, 脩己之道, 所當損者, 唯忿與欲, 故以懲戒其忿怒, 窒塞其意欲也"라 하였고,《本義》에 "君子終身, 所當損者, 莫切於此"라 함.


## (3) 爻辭와 象辭

初九: 已事遄往, 无咎, 酌損之.
☆象曰:「已事遄往」, 尙合志也.

〈언해〉 初九(초구)는 事(ᄉ)를 已(이)ᄒ거든 샐리 往(왕)ᄒ야아 咎(구)ㅣ 업스리니, 酌(쟉)ᄒ야 損(손)홀 디니라.[《本義》: 事(ᄉ)를 已(이)ᄒ고]

☆象(샹)애 ᄀᆞ오디「已事遄往」은 尙(샹)과 志(지) 合(합)홀 시라.

〈해석〉 [初九](一): 하던 일을 그쳤거든(일를 그치고) 빨리 나서야, 허물이 없으리니, 양을 잘 짐작하여 덜어낼 것이니라.

☆象: "일을 그치고 빨리 나선다"함은, 윗사람과 뜻이 합치되었기 때문이다.


【初九】 이는 전괘의 시작이며, 陽爻로 位正當함. 아울러 六四와 正應을 이루어 본괘 '損'(減損)의 시작이 강함.

【已事遄往, 无咎】 '已'는 '끊다, 停止하다, 그치다'의 뜻. 그러나 〈釋文〉에는 "已, 祀"라 하여 '已'자를 '巳'자로 보았으며, 같은 음의 '祀'자로서 '제사'를 뜻한다 하였음. '遄'은 '빠르다, 곧, 자주, 즉시' 등의 뜻.《爾雅》와 〈釋文〉에 "遄, 速也"라 함. '하던 일을 그만두고 서둘러 앞으로 감', 혹 '제사에 빨리 가서 참석함'의 뜻. 〈正義〉에 "已事遄往, 无咎'者, 已, 竟也; 遄, 速也. 損之爲道, 損下益上, 如人臣欲自損已奉上. 然各有職掌, 若廢事而往, 咎莫大焉. 若事已不往, 則爲傲慢. 竟事速往, 乃得无咎, 故曰'已事遄往, 无咎'也"라 함.

【酌損之】 덜어내어야 할 술의 양을 잘 짐작함. 혹 술을 덜어냄. 제사의 술의 양을 줄여 소박하게 함. '酌'은 '술의 양을 헤아려 술동이에서 술을 떠내는 행동'을 뜻함. 뒤에 '斟酌'의 雙聲連綿語가 생겨난 것임. 여기서는 혹 '제사에서 제수가 지나치게 풍

부한 것은 백성으로부터 지나치게 많은 부세를 거둔 것이 아닌가 헤아려봄'이라 보기도 함. 이 효는 陽剛으로써 맨 아래에 있으며 六四와 正應하여 스스로 덜어내는 형상임. 따라서 자신의 陽剛을 덜어낼 정도를 헤아림. ○高亨은 "筮遇此卦 祀事則速往, 乃無咎, 所獻之酒則減損之, 故曰「已事遄往无咎, 酌損之」. 或曰:「酌損之, 謂將其祭品斟酌減損之」"라 함. 王弼 注에 "損之爲道, 損下益上, 損剛益柔, 以應其時者也. 居於下極, 損剛奉柔, 則不可以逸; 處損之始, 則不可以盈. 事已則往, 不敢宴安, 乃獲无咎也. 剛以奉柔, 雖免乎咎, 猶未親也. 故旣獲无咎, 復自酌損, 乃得合志也. 遄, 速也"라 하였고, 〈正義〉에 "'酌損之'者, 剛勝則柔危, 以剛奉柔, 初未見親也. 故須酌而減損之, 乃得合志, 故曰'酌損之'"라 함. 《集解》에 "虞翻曰:「祀祭, 祀坤; 爲事, 謂二也. 遄, 速; 酌, 取也. 二失正初利二, 速往合志, 於五得正, 无咎已得之應, 故'遄往, 无咎, 酌損之', 故〈象〉曰'上合志也'. '祀', 舊作'已'也.」"라 함. 《傳》에 "損之義, '損剛益柔'·'損下益上'也. 初以陽剛, 應於四. 四以陰柔, 居上位, 賴初之益者也. 下之益上, 當損己而不自以爲功, 所益於上者, 事旣已則速去之. 不居其功, 乃无咎也. 若享其成功之美, 非損己益上也. 於爲下之道, 爲有咎矣. 四之陰柔, 賴初者也. 故聽於初, 初當酌度其宜, 而損己以益之. 過與不及, 皆不可也"라 하였고, 《本義》에 "初九, 當損下益上之時, 上應六四之陰, 輟所爲之事, 而速往以益之, 无咎之道也. 故其象占如此. 然居下而益上, 亦當斟酌其淺深也"라 함.

☆【「已事遄往」, 尙合志也】'尙合志'는 損과 益의 두 사람 뜻이 합치됨을 숭상함. 意見一致를 보는 것을 높이 여김. 그러나 '尙'은 '上'(통치자, 혹 神)의 뜻으로, 윗사람과 뜻이 합함을 이른 것이라고도 함. 따라서 尙(上)은 六四를 가리킴. 그러나 孔穎達은 '尙'은 '庶幾'(바라다)의 뜻이라 하였음. 王弼 注에 "尙合於志, 故速往也"라 하였고, 〈正義〉에 "〈象〉曰'尙合志'者, 尙, 庶幾也. 所以竟事速往, 庶幾與上合志也"라 함. 《集解》에 "虞翻曰:「終成旣濟, 謂二上合志於五也.」"라 함. 《傳》에 "尙, 上也. 時之所崇用爲尙, 初之所尙者, 與上合志也. 四賴於初, 初益於四, 與上合志也"라 하였고, 《本義》에 "尙·上通"이라 함.

九二: 利貞, 征凶; 弗損益之.
☆象曰: 九二「利貞」, 中以爲志也.

〈언해〉 九二(구이)는, 貞(뎡)홈이 利(리)ᄒ고, 征(졍)ᄒ면 凶(흉)ᄒ니, 損(손)티 아니ᄒ
야아 益(익)ᄒ리라.

☆象(샹)애 ᄀᆞᆯ오디 九二「利貞」은 中(듕)으로뻐 志(지)를 삼음이라.

〈해석〉 [九二](一): 정사가 이롭다 하였으나, 정벌에 나서면 흉하리니, 덜어내지 아니하
여야 이익이 되리라.

☆象: 구이의 "정사가 이롭다"함은, 중앙에 자리하여 그것을 의지로 삼고 있기
때문이다.


　【九二】 이는 하괘(兌, 澤)의 중앙으로 陽爻, 이에 位不當하나 六五와 正應을 이루었
고 得中하여 損(백성에게 손실을 끼치는 일, 賦稅)을 실천하고자 하는 의지가 매우
강함.

　【利貞, 征凶, 弗損益之】 '利貞'은 이로운 貞辭. 이 효를 얻으면 그 貞辭가 '이롭다'고
풀이됨. '征凶'은 다른 나라 정벌에 나서면 흉함. 그러나 '征'은 이 효가 陽剛함을 믿고
六五를 보태주겠다고 강하게 앞으로 나섬을 뜻하는 것으로 봄. '弗損益之'는 '征凶'에
대한 이유임. 즉 '(다른 나라를 정벌하면 흉한 이유는) 그들에게 손해를 끼치지 못하
고 도리어 이익을 주게 되기 때문임. 그러나 그에게 손해를 끼치지 않아야 나에게
이익이 됨의 뜻도 됨. 한편 ○高亨은 "不損益之, 謂於事物仍其舊貫, 勿損之亦勿益之也"
라 하여 손해도 이익도 끼치지 말아야 한다고 하였음. 그러나 이 효는 六五와 正應을
이루고 있으나, 陽爻로 陰位에 있어 位不當함으로 인해, 여유가 없음. 그런데도 급하
게 나서서 자신을 덜어 六五를 보태주겠다고 하면, 도리어 충분치 못하다고 질책을
받게 됨. 따라서 得中의 유리함을 지키고 있으면, 비록 자신을 덜지 않더라도 위(六
五)를 도와주는 것이 됨의 뜻으로 봄. 그러나 ○高亨은 "筮遇此卦, 擧事有利, 實爲吉
占. 但出師征伐則凶. 於事物宜勿損益之, 故曰「利貞征凶, 弗損益之」"라 함. 王弼 注에
"柔不可全益, 剛不可全削. 下不可以无正, 初九已損剛以順柔, 九二履中而復損. 已以益
柔, 則剝道成焉. 故不可遄往而利貞也. 進之於柔, 則凶矣. 故曰'征凶'也. 故九二不損而務
益, 以中爲志也"라 하였고, 〈正義〉에 "'利貞, 征凶, 弗損益之'者, 柔不可以全, 益剛不可
以全削, 下不可以无正, 初九已損剛, 以益柔爲順六四, 爲初六·九二, 復損己以益六五, 爲
六二, 則成〈剝〉卦矣. 故九二利以居而守正, 進之於柔, 則凶. 故曰'利貞, 征凶'也. 既征凶,

故九二不損己而務益, 故曰‘不損益之’也」함. 《集解》에 "虞翻曰: 「失位當之正, 故‘利貞’. 征, 行也. 震爲征, 失正毁折, 故不征之五, 則凶. 二之五成益, 小損大益, 故‘弗損益之’矣.」"라 함. 《傳》에 "二以剛中, 當損剛之時, 居柔而說. 體上應六五, 陰柔之君, 以柔說應上, 則失其剛中之德. 故戒所利在貞正也. 征, 行也. 離乎中, 則失其貞正而凶矣. 守其中乃貞也. ‘弗損益之’, 不自損其剛貞, 則能益其上, 乃益之也. 若失其剛貞而用柔說, 適足以損之而已. 非損己而一无, 而己字(一有以字)益上也. 世之愚者, 有雖无邪心, 而唯知竭力. 順上爲忠者, 蓋不知弗損益之之義也"라 하였고, 《本義》에 "九二剛中, 志在自守, 不肯妄進, 故占者利貞, 而征則凶也. ‘弗損益之’, 言不變其所守, 乃所以益上也"라 함.

☆【九二「利貞」, 中以爲志也】 ‘中以爲志’는 九二가 下卦의 中央에 위치하여 得中을 이루어, 그 자체를 의지로 삼고 있음. 이는 마치 사람이 뜻을 지켜 중심을 잡고 있는 것과 같기 때문임. 〈正義〉에 "〈象〉曰‘中以爲志’者, 言九二所以能居而守貞, 不損益之, 良由居中, 以中爲志, 故損益, 得其節適也"라 함. 《集解》에 "虞翻曰: 「動體離中, 故‘爲志’也.」"라 함. 《傳》에 "九居二, 非正也; 處說非剛也, 而得中爲善, 若守其中, 德何有不善? 豈有中而不正者? 豈有中而有過者? 二所謂利貞, 謂以中爲志也. 志存乎中, 則自正矣. 大率中重於正中, 則正矣. 正不必中也, 能守中, 則有益於上矣"라 함.


六三: 三人行則損一人, 一人行則得其友.
☆象曰: 「一人行」, 三則疑也.

〈언해〉六三(륙삼)은, 三人(삼인)이 行(힝)ᄒ요맨 一人(일인)을 損(손)ᄒ고, 一人(일인)이 行(힝)ᄒ요맨 그 友(우)를 得(득)홈이로다.
　　☆象(샹)애 골오ᄃᆡ「一人行」은 三(삼)이면 疑(의)ᄒ리라.
〈해석〉[六三](--): 세 사람이 가면 한 사람을 잃게 되고, 한 사람이 가면 그 벗을 얻게 되리라.
　　☆象: "한 사람이 가는 것"이라 함은, 셋이면 의혹을 받게 될 것이기 때문이다.

　【六三】 이는 下卦(兌)의 가장 윗자리이며 陰爻로 位不當하나 上九와 正應을 이루고 있음.
　【三人行則損一人, 一人行則得其友】 ‘三人行則損一人’에 대해 《集解》에 "虞翻曰: 「泰乾三爻爲三人, 震爲行, 故‘三人行’. 損初之上, 故‘則損一人’.」"이라 하였고, ‘一人行則得

其友'에 대해서는 《集解》에 "虞翻曰:「一人, 謂泰初之上, 損剛益柔, 故'一人行'. 兌爲友, 初之上據, 坤應兌, 故'則得其友'. 言致一也.」"라 함. 즉 셋이 나서서 남에게 손실을 주는 일을 하면 그 중 한 사람을 잃게 됨. 그러나 한 사람만 나서서 그 일을 실행하게 되면 그 친구를 얻을 수 있음. '三人'은 六三, 六四, 六五의 세 陰爻를 가리킴. 이 세 효는 각기 六三은 上九, 六四는 初九, 六五는 九二의 陽爻와 正應하고 있음. 따라서 그 중 하나는 陽爻와 만나 사라지게 됨. '其友'는 上九를 가리킴. 즉 上九는 陽爻로써 아래에는 세 陰爻가 있으나, 그 세 陰爻 중에 六三만이 그와 正應을 이루어, 그 때문에 친구(배필)라 한 것임. ○高亨은 "此殆亦古代故事, 蓋某人欲有所爲, 使三人往甲處, 結果失其一人, 使一人往乙處, 結果遇其友同來, 故記之如此"라 함. 王弼 注에 "損之爲道, 損下益上, 其道上行. 三人, 謂自六三已上三陰也. 三陰竝行, 以承於上, 則上失其友, 內无其主. 名之曰益, 其實乃損, 故天地相應, 乃得化醇, 男女匹配, 乃得化生. 陰陽不對, 生可得乎? 故六三獨行, 乃得其友, 三陰俱行, 則必疑矣"라 하였고, 〈正義〉에 "三人行則損一人, 一人行則得其友'者, 六三處損之時, 居於下體, 損之爲義, 其道上行. 三人謂自六三已上三陰上, 一人謂上九也. 下一人謂六三也. 夫陰陽相應, 萬物化醇, 男女匹配, 故能生育. 六三應於上九, 上有二陰, 六四·六五也. 損道上行, 有相從之, 義若與二陰, 并己俱行, 雖欲益上九一人, 更使上九懷疑, 疑則失其適匹之義也. 名之曰益, 卽不是減損, 其實損之也. 故曰'三人行則損一人'. 若六三一人獨行, 則上九納己無疑, 則得其友矣. 故曰'一人行則得其友'也"라 함. 《傳》에 "損者, 損所餘也; 益者, 益不足也. 三人謂下三陽, 上三陰, 三陽同行, 則損九三, 以益上. 三陰同行, 則損上六. 以爲三, 三人行, 則損一人也. 上以柔易剛, 而謂之損. 但言其減一耳, 上與三, 雖本相應, 由二爻升降, 而一卦皆成兩, 相與也. 初二, 二陽四五, 二陰同德, 相比三與上應, 皆兩相與, 則其志專, 皆爲得其友也. 三雖與四相比, 然異體而應上, 非同行者也. 三人則損一人, 一人則得其友, 蓋天下无不二者, 一與二相對, 待生生之本也. 三則餘而當損矣. 此損益之大義也. 夫子又於〈繫辭〉盡其義曰:「天地絪縕, 萬物化醇, 男女構精, 萬物化生. 《易》曰『三人行則損一人, 一人行則得其友』.」言致一也, 絪縕, 交密之狀, 天地之氣, 相交而密, 則生萬物之化醇. 醇謂醲厚, 醲厚猶精一也. 男女精氣交構, 則化生萬物. 唯精醇專一, 所以能生也. 一陰一陽, 豈可二也? 故三則當損, 言專致乎一也. 天地之間, 當損益之明且大者, 莫過此也"라 하였고, 《本義》에 "下卦本乾而損, 上爻以益坤, 三人行而損一人也. 一陽上而一陰下, 一人行而得其友也. 兩相與則專; 三則雜而亂. 卦有此象, 故戒占者, 當致一也"라 함.

☆【「一人行」, 三則疑也】 '一人行'은 ○高亨은 "行上疑脫'志'字. 志行, 謂其主張得以實行. 疑, 謂主張分岐, 不得不實行, 意見相對"라 하여, '志一人行'이 아닌가 하였음. '三則

疑'는 세 陰爻에 대해 上九가 의혹을 가짐. 즉 上九는 자신과 正應한 九三에게 이익을 받으면 그 뿐인데 아래 세 陰爻가 한꺼번에 올라옴에 대해 의혹을 품음. 〈正義〉에 "〈象〉曰'三則疑'者, 言一人則可, 三人益加疑惑也"라 함. 《集解》에 "虞翻曰:「坎爲疑上, 益三成坎, 故三則疑.」 ○荀爽曰:「一陽在上, 則教令行, 三陽在下, 則民衆疑也.」"라 함. 《傳》에 "一人行而得一人, 乃得友也. 若三人行, 則疑所與矣. 理當損去, 其一人損其餘也"라 함.


## 六四: 損其疾, 使遄有喜, 无咎.
## ☆象曰:「損其疾」, 亦可喜也.

〈언해〉 六四(륙사)는, 그 疾(질)을 損(손)호디, ᄒᆞ여곰 遄(쳔)ᄒᆞ면 喜(희) 이셔, 咎(구)ㅣ 업스리라.
　　　☆象(샹)애 골오디 其疾(기질)를 損(손)ᄒᆞ니, ᄯᅩ 可(가)히 喜(희)홉도다.
〈해석〉 [六四](--): 그 질환(병폐)을 덜어 없애되, 그로 하여금 빨리 달려가 병이 낫는 기쁨을 누릴 수 있도록 하면 허물이 없으리라.
　　　☆象: "그 질환을 덜어 없애버리는 것"이니, 역시 기뻐할 만하다는 것이다.

　　【六四】 이는 上卦(艮)의 시작이며 陰爻로 位正當함. 아울러 初九와 正應을 이루어 그가 自損하여 자신은 그로부터 보탬을 받는 자리임.
　　【損其疾, 使遄有喜, 无咎】 '損其疾'은 疾患(病廢)으로 여겼던 것을 덜어 없애줌. 孔穎達은 '疾'은 相思病이라 하였음. '使遄有喜'는 서둘러 그렇게 하도록 하면 病이 낫는 기쁨이 있음. '使'는 '使之'의 뜻. 즉 初九로 하여금 서둘러 自損하여 자신에게 보탬을 주도록 시킴. 그러나 '使'는 '祀'의 假借로 '제사를 올리도록 하다'의 뜻이라고도 함. 李鏡池는 "卜辭說使人于某, 是使人往祭之意. 如'使人于沚', '使人于河'"라 함. '有喜'는 ○高亨은 "古人謂病癒爲有喜, 因其爲可喜之事也"라 함. 이 효는 세 陰爻의 중간에 있어, 스스로 그 위치가 잘못된 것이라 여기고 있으나, 초구의 陽剛이 도움을 줌으로 인해 그 약점이 사라짐. ○高亨은 "古謂疾愈曰有喜. 有病者醫之以減其病, 使人速愈, 自無咎, 故曰「損其疾, 使遄愈喜, 无咎」"라 함. 王弼 注에 "履得其位, 以柔納剛, 能損其疾也. 疾何可久? 故速乃有喜. 損疾以離其咎, 有喜乃免, 故使速乃有喜, 有喜乃无咎也"라 하였고, 〈正義〉에 "損其疾, 使遄有喜, 无咎'者, 疾者, 相思之疾也. 初九自損, 己遄往,

己以正道速納, 陰陽相會, 同志斯來, 无復企予之疾, 故曰'損其疾'. 疾何可久? 速乃有喜. 有喜乃无咎, 故曰'使遄有喜, 无咎.'速乃有喜, 有喜乃无咎'者, 相感而久不相會, 則有勤望之憂, 故速乃有喜. 初九自損, 以益四. 四不速納, 則有失益之咎也. 故曰'有喜, 乃无咎'也"라 함. 《集解》에 "虞翻曰:「四謂二也. 四得位遠, 應初二疾, 上五已得承之, 謂二之五, 三上復坎爲疾也. 陽在五稱喜, 故'損其疾, 使遄有喜'. 二上體觀, 得正承五, 故'无咎'矣.」"라 함. 《傳》에 "四以陰柔居上, 與初之剛陽相應. 在損時而應剛, 能自損以從剛陽也. 損不善以從善也. 初之益四, 損其柔而益之以剛, 損其不善也. 故曰'損其疾'. 疾, 謂疾病不善也. 損於不善, 唯使之遄速, 則有喜而无咎. 人之損過, 惟患不速, 速則不致於深, 過爲可喜也"라 하였고, 《本義》에 "以初九之陽剛, 益己而損其陰, 柔之疾唯速, 則善. 戒占者如是, 則无咎矣"라 함.

☆【「損其疾」, 亦可喜也】 자신의 疾患(病廢, 弱點)을 덜어 없애는 것은 역시 가히 기꺼위할 일임. 〈正義〉에 "〈象〉曰'亦可喜'者, 《詩》(召南〈草蟲〉)曰:『亦旣見止, 我心則降.』不亦有喜乎?"라 함. 《集解》에 "蜀才曰:「四當承上, 而有初應, 必上之所疑矣. 初, 四之疾也. 宜損去其初, 使上遄喜.」○虞翻曰:「二上之五, 體大觀象, 故'可喜'也.」"라 함. 《傳》에 "損其所疾, 固可喜也. 云'亦', 發語辭"라 함.


# 六五: 或益之十朋之龜, 弗克違, 元吉.
## ☆象曰: 六五「元吉」, 自上祐也.

〈언해〉六五(륙오)는, 或(혹) 益(익)ᄒᆞ면 十(십)이 朋(붕)ᄒᆞᄂᆞᆫ 디라 龜(귀)도 능히 違(위)티 몯ᄒᆞ리니, 元(원)ᄒᆞ야 吉(길)ᄒᆞᄂᆞ니라.[《本義》: 或(혹) 十朋龜(십붕귀)로 益(익)ᄒᆞ거든 능히 違(위)티 몯ᄒᆞ미니]
　　☆象(샹)애 ᄀᆞᆯ오ᄃᆡ 六五(륙오)「元吉」은, 上(샹)으로브터 祐(우)홈이라.

〈해석〉[六五](--): 혹자가 십붕(十朋)의 귀한 값이 나가는 거북으로써 보태주어, 그의 이런 선물을 능히 거부할 수 없을 것이니, 크게 길하리라.(혹 십붕의 거북으로 보태주거든 능히 위배하지 못함이니,)
　　☆象: 육오의 "크게 길함"이란, 하늘로부터 돕는 것이기 때문이다.


　【六五】 이는 君位이며 上卦(艮)의 中央에 위치하여 得中을 이루었으나 陰爻로 位不當함. 그러나 九二와 正應을 이루어 '損'의 本領이 실현될 수 있음.

【或益之十朋之龜, 弗克違, 元吉】 '或'은 或者, 어떤 이(有人)의 뜻. 구체적으로는 자신과 正應한 九二를 가리킴. '十朋之龜'는 값이 十朋이나 되는 큰 거북. '朋'은 朋貝. 조개(貨幣) 10씩을 묶어 꿴 것을 1朋이라 했다 함. 따라서 10朋은 조개 1백 개의 값. 그러나 '朋'은 雙貝이므로 모두 20貝라고도 함. 여기서는 그러한 비싼 거북으로 친 占. 그러나 王弼과 孔穎達은 '朋'은 朋黨이라 하였음. '克'은 '能'의 뜻. '弗克違'는 능히 거절할 수 없음. 어떤 자가 10朋 값에 해당하는 거북을 주면 이를 받게 됨. 그러나 程頤는 龜策도 이러한 길점을 위배하지는 않을 것이라 풀이하였음. '元吉'은 이 거북으로 점을 쳐서 얻은 貞辭가 '크게 길하다'로 나옴. 그러나 〈諺解〉의 구절은 '龜弗克違'로 끊어 풀이하고 있음. 이 효는 자신이 君位에 있으나 陰爻이므로 텅 빈 상태였는데, 아래 九二가 自損하여 보태줌으로 인해 富貴를 누리는 爻位임. ○高亨은 "筮遇此爻, 則不能拒而不購, 乃大吉也. 故曰「或益之十朋之龜, 弗克違, 元吉」"이라 함. 王弼 注에 "以柔居尊, 而爲損道. 江海處下, 百谷歸之, 履尊以損, 則或益之矣. 朋, 黨也; 龜者, 決疑之物也. 陰非先唱, 柔非自任, 尊以自居, 損以守之, 故人用其力, 事竭其功. 知者慮能, 明者慮策, 弗能違也, 則衆才之用盡矣. 獲益而得十朋之龜, 足以盡天人之助也"라 하였고, 〈正義〉에 "'或益之十朋之龜, 弗克違, 元吉'者, 六五居尊, 以柔而在乎損, 能自抑損者也. 居尊而能自抑損, 則天下莫不歸而益之. 故曰'或益之'也. 或者, 言有人也. 言其不自益之, 有人來益之也. 朋者, 黨也; 龜者, 決疑之物也. 陰不先唱, 柔不自任, 尊以自居, 損以守之, 則人用其力, 事竭其功. 智者慮能, 明者慮策, 而不能違也. 朋至不違, 則羣才之用盡矣. 故曰'十朋之龜, 弗克違'也. 羣才畢用, 自尊委人, 天人竝助, 故曰'元吉'. '朋, 黨也'者, 馬·鄭皆案《爾雅》云:「十朋之龜者: 一曰神龜, 二曰靈龜, 三曰攝龜, 四曰寶龜, 五曰文龜, 六曰筮龜, 七曰山龜, 八曰澤龜, 九曰水龜, 十曰火龜.」"라 함. 《集解》에 "虞翻曰:「謂二五已變成〈益〉, 故'或益之'. 坤數十, 兌爲朋三, 上失位, 三動離爲龜. 十謂神靈, 攝寶文筮, 山澤水火之龜也. 故十朋之龜, 三上易位成〈既濟〉, 故'弗克違, 元吉'矣.」"라 함. 《傳》에 "六五於損時, 以中順居尊位, 虛其中以應乎二之剛陽. 是人君能虛中, 自損以順從在下之賢也. 能如是天下, 孰不損己自盡, 以益之? 故或有益之之事, 則十朋助之矣. 十, 衆. 辭龜者, 決是非吉凶之物, 衆人之公論, 必合正理, 雖龜筮不能違也. 如此可謂大善之吉矣. 古人曰『謀從衆, 則合天心.』"이라 하였고, 《本義》에 "柔順虛中, 以居尊位, 當損之時, 受天下之益者也. 兩貝爲朋, 十朋之龜, 大寶也. 或以此益之, 而不能辭其吉, 可知占者, 有是德, 則獲其應也"라 함.

☆【六五「元吉」, 自上祐也】 '自上祐'는 上(하늘)으로부터 내려주신 복이기 때문임. 혹 하늘이 그를 保佑하여 이 큰 거북을 내려준 것이기 때문임. 君位와 得中을 함께 하고 있기 때문임을 말함. '祐'는 佑와 같음. 그러나 程頤는 '福祐'의 뜻이라 하였음. 〈正義〉에

"〈象〉曰‘自上祐’者, 上, 謂天也. 故與自天祐之吉, 无不利, 義同也"라 함. 《集解》에 "侯果曰:「內柔外剛, 龜之象也. 又體兌艮, 互有坤震, 兌爲澤龜, 艮爲山龜, 坤爲地龜, 震爲木龜, 坤數又十, 故曰‘十朋’. 朋, 類也. 六五處尊, 損己奉上, 人謀允叶, 龜墨不違, 故能延上九之祐而來, 十朋之益, 所以‘大吉’也.」○崔憬曰:「或之者, 疑之也. 故用元龜, 價直二十大貝, 龜之最神貴者, 以決之不能違, 其益之義, 故獲‘元吉’. 雙貝曰‘朋’也.」"라 함. 《傳》에 "所以得元吉者, 以其能盡, 衆人之見, 合天地之理, 故‘自上天降之福祐’也"라 함.


## 上九: 弗損益之, 无咎, 貞吉, 利有攸往, 得臣无家.
## ☆象曰:「弗損益之」, 大得志也.

〈언해〉 上九(샹구)는, 損(손)티 말오 益(익)ᄒ면 咎(구)ㅣ 업고, 貞(뎡)ᄒ고 吉(길)ᄒ니, 往(왕)홀 빼를 두미 利(리)ᄒ니, 臣(신)을 得(득)홈이 家(가)ㅣ 업스리라.[《本義》: 損(손)티 아녀도 益(익)홀 디니, 咎(구)ㅣ 업스려니와 貞(뎡)ᄒ면 吉(길)ᄒ야]
　　　☆象(샹)애 ᄀᆮ오디 「弗損益之」는 크게 志(지)를 得(득)홈이라.

〈해석〉 [上九](一): 덜지 않고 도리어 더해 주면, 허물이 없을 것이며, 정사가 길하여,(덜지 않아도 이익이 될 것이니, 허물이 없으려니와 곧고 길하니) 갈 곳을 두면 이롭고, 집이 없는 신복(臣僕)을 얻게 되리라.
　　　☆象: "손해를 보지 않고 유익하게 한다"함은, 아주 큰 뜻을 이루게 됨을 뜻한다.


　　【上九】 이는 전괘의 마감이며 上卦(艮)의 가장 윗자리. 陽爻로 位不當하나 六三과 正應을 이루고 있음. 아래 六五(君主)와 六四(臣下) 모두 陰爻로 유약하여 ‘損’(남으로부터 덜어옴)의 실행에 소극적이었으나, 자신이 陽爻로 이 損卦를 마감하면서 損益을 균등하게 하여 평형을 맞춰주는 임무를 맡음.
　　【弗損益之, 无咎, 貞吉, 利有攸往, 得臣无家】 ‘弗損益之’는 남에게 손해도 이익도 되지 않도록 함. ○高亨은 "弗損益之, 謂於事物仍其舊貫, 勿損之亦勿益之也"라 함. 혹 ‘損을 실행하지 말고 남에게 이익이 되도록 하다’의 뜻으로도 봄. 즉 자신은 陽剛하면서 최고의 자리에 있으므로, 아래로부터 자손하여 자신에게 보태주는 복을 한없이 누릴 것이 아니라 도리어 백성들에게 보태주는 역할을 해야 함을 뜻함. 《集解》에 "虞翻曰:「損上益三也. 上失正之三得位, 故‘弗損益之, 无咎, 貞吉’. 動成旣濟, 故大得志.」"라 함. ‘利有攸往, 得臣无家’의 ‘得臣无家’는 집이 없는 노예를 얻게 됨. ○高亨은 "臣, 猶僕也. 无家,

謂臣無家室也"라 함. '臣'은 노예로 봄. 그러나 '臣'은 아래 兌卦, 즉 백성들로 보아, '上九는 그들이 윗사람에게 바치는 충심에 매달려, 자신들은 집도 없이 살고 있다'의 뜻이라고도 함. ○高亨은 "筮遇此爻, 於事物弗損益之, 乃無咎, 故曰「弗損益之, 无咎」. 又擧事則吉, 可稱吉占, 故曰「貞吉.」又利有所往, 故曰「利有攸往」. 又可得一無家室之臣僕, 故曰「得臣无家」"라 함. 그러나 王弼과 孔穎達은 '천하가 하나로 됨으로 해서 왕의 덕이 미치지 않는 집이 없음'의 뜻이라 하였음. 王弼 注에 "處損之終, 上无所奉, 損終反益, 剛德不損, 乃反益之, 而不憂於咎, 用正而吉, 不制於柔, 剛德遂長, 故曰'弗損益之, 无咎, 貞吉, 利有攸往'也. 居上乘柔, 處損之極, 尙夫剛德, 爲物所歸, 故曰'得臣'. 得臣, 則天下爲一, 故无家也"라 하였고, 〈正義〉에 "弗損益之, 无咎, 貞吉'者, 損之爲義, 損下益上, 上九處損之極, 上无所奉, 損終反益, 故曰'弗損益之'也. 旣剛德不損, 乃反益之, 則不憂於咎, 用正而吉, 故曰'无咎, 貞吉'也. '利有攸往'者, 不制於柔, 不使三陰俱進, 不疑其志, 剛德遂長, 故曰'利有攸往'也. 又能自守剛陽, 不爲柔之所制, 豈惟无咎貞吉而已? 所往亦无不利, 故曰'利有攸往', 義兩存也. '得臣无家'者, 居上乘柔, 處損之極, 尊夫剛德, 爲物所歸, 故曰'得臣'. 得臣則以天下爲一, 故曰'无家'. 无家者, 光宅天下, 无適一家也"라 함. 《集解》에 "虞翻曰: 「謂三往之上, 故'利有攸往'. 二五已動成〈益〉, 坤爲臣, 三變據坤, 成家人故, 曰'得臣'. 動而應三成〈旣濟〉, 則家人壞, 故曰'无家'.」○王肅曰: 「處損之極, 損極則益, 故曰'不損益之', 非无咎也. 爲下所益, 故'无咎', 據五應三, 三陰上附, 外內相應, 上下交接, 正之吉也. 故'利有攸往'矣. 剛陽居上, 羣下共臣, 故曰'得臣'矣. 得臣, 則萬方一軌, 故'无家'也.」"라 함. 《傳》에 "凡損之義, 有三: 損己從人也. 自損以益於人也. 行損道以損於人也. 損己從人, 徙於義也. 自損益人及於物也. 行損道以損於人, 行其義也. 各因其時, 取大者, 言之四五二爻, 取損己從人; 下體三爻, 取自損以益人. 損時之用, 行損道以損, 天下之當損者也. 上九則取不行其損爲義, 九居損之終, 損極而當變者也. 以剛陽居上, 若用剛以損削於下, 非爲上之道, 其咎大矣. 若不行其損, 變而以剛陽之道, 益於下, 則无咎而得其正且吉也. 如是, 則宜有所往, 往則有益矣. 在上能不損其下, 而益之天下, 孰不服從? 從服之衆, 无有內外也. 故曰'得臣无家'. 得臣, 謂得人心歸服. '无家', 謂无有遠近內外之限也. 一无'者'字, 一有'其'字"라 하였고, 《本義》에 "九當損下益上之時, 居卦之上, 受益之極, 而欲自損以益人也. 然居上而益下, 有所謂惠而不費者, 不待損己, 然後可以益人也. 能如是, 則无咎. 然亦必以正, 則吉而利有所往, 惠而不費, 其惠廣矣. 故又曰'得臣无家'"라 함.

☆【「弗損益之」, 大得志也】 '大得志'는 자신(上九)이 품고 있던 뜻을 폄으로써 民心을 크게 얻음. '大'는 자신이 陽爻이며 가장 윗자리에 있음을 말함. 이 효는 陽剛하면서 최고의 자리에 있어, 밑에서 올려주는 이익을 누리고 있음에도, 도리어 아래 백성

에게 이익이 되도록 해 줌으로써 民心을 얻음. 〈正義〉에 "〈象〉曰‘大得志’者, 剛德不損, 爲物所歸, 故‘大得志’也"라 함. 《集解》에 "虞翻曰:「謂二五, 己變上下, 益三成〈旣濟〉, 定離坎體正, 故‘大得志’.」"라 함. 《傳》에 "居上不損下而反益之, 是君子大得行其志也. 君子之志, 唯在益於人而已"라 함.

# 042 익益

**䷩ 風雷益: ▶震下巽上(☳下☴上)**


*益(익): 〈音義〉에 "益, 增長之名. 又以弘裕爲義. 〈繫辭〉云:「益長裕而不設.」是也"
라 하여 '익(yì)'으로 읽음. '益'은 增益, 增長, 利益, 弘裕를 뜻하며 앞의 損卦와 상대
됨. 하괘는 震(雷)이며 상괘는 巽(風)으로, 우레 위에 바람이 부는 異卦相疊의 '風雷'
괘체임. 風雷가 激蕩하여 그 세력이 갈수록 증가하여 '더해지다'(益甚)의 '益'이 괘명
이 된 것임. 損卦와 반대로 '損上益下'의 괘형임. 이는 군주가 자신의 것을 덜어 아래
백성에게 은혜를 베풀어 이로써 민심을 얻어 근본을 견고하게 하는 것임. 이처럼 위
에는 덜어냄이 있고 아래에서 혜택을 받음이 있을 때, 의당 마음속에 誠信을 품고
中道를 견지하며, 스스로 손해를 본다는 것은 반드시 이익이 되며, 마찬가지로 스스
로 이익을 누리는 자는 결국 손해가 찾아옴을 인지하여, 절대로 남에게 손해를 끼치
면서 자신만 이익을 누리려는 탐심을 버려야 함을 상징함.

*《集解》에 "〈序卦〉曰:「損而不已必益, 故受之以'益'.」"(崔憬曰:「損終則弗損益之, 故
言'損而不已必益'也.」)"이라 함.

*《傳》에 "益', 〈序卦〉:「損而不已必益, 故受之以'益'.」" 盛衰損益, 如循環. 損極必益,
理之自然, 益所以繼損也. 爲卦巽上震下, 雷風二物, 相益者也. 風烈則雷迅, 雷激則風怒,
兩相助益, 所以爲益, 此以象言也. 巽震二卦, 皆由下變而成陽, 變而爲陰者, 損也. 陰變
而爲陽者, 益也. 上卦損而下卦益, 損上益下所以爲益, 此以義言也. 下厚則上安, 故益下
爲益"이라 함.


## (1) 卦辭

## 益: 利有攸往, 利涉大川.

〈언해〉 益(익)은 往(왕)홀 빠를 두미 利(리)ᄒ며, 大川(대천)을 涉(섭)홈이 利(리)ᄒ니라.
〈해석〉 익(益, 익괘)은 갈 곳을 정해 둠이 이로우며, 큰 내를 건넘이 이롭다.

【益】卦名이며, 益甚, 더 심해짐. 점점 증익됨의 뜻. 〈正義〉에 "益者, 增足之名. 損上益下, 故謂之益, 下已有矣, 而上更益之, 明聖人利物之无已也. 損卦, 則損下益上; 益卦, 則損上益下, 得名皆就下, 而不據上者. 向秀云:「明王之道, 志在惠下, 故取下謂之損; 與下謂之益.」"이라 함.

【利有攸往, 利涉大川】'利有攸往'은 지향할 바를 정해두면 유리함. 《集解》에 "虞翻曰:「否上之初也. 損上益下, 其道大光. 二利往, 坎應五, 故'利有攸往, 中正有慶'也.」"라 함. '利涉大川'은 대천(어려움, 난관)을 건너기에 이로움. ○高亨은 "筮遇此卦, 有所往則利, 涉大川亦利, 故曰「利有攸往, 利涉大川」"이라 함. 〈正義〉에 "旣上行惠下之道, 利益萬物, 動而无違, 何往不利? 故曰'利有攸往', 以益涉難, 理絕險阻, 故曰'利涉大川'"이라 함. 《集解》에 "虞翻曰:「謂三失正, 動成坎體渙, 坎爲大川, 故'利涉大川'. 渙舟楫象, 木道乃行也.」○鄭玄曰:「陰陽之義, 陽稱爲君, 陰稱爲臣. 今震一陽二陰, 臣多於君矣, 而四體巽之不應初, 是天子損其所有以下諸侯也. 人君之道, 以益下爲德, 故謂之益也. 震爲雷, 巽爲風. 雷動風行, 二者相成, 猶人君出敎令, 臣奉行之, 故'利有攸往'; 坎爲大川, '利涉大川'矣.」"라 함. 《傳》에 "益者, 益於天下之道也. 故'利有攸往', 益之道可以濟險難, '利涉大川'也"라 하였고, 《本義》에 "益, 增益也. 爲卦損上, 卦初畫之陽益, 下卦初畫之陰自上卦, 而下於下卦之下, 故爲益卦之九五·六二, 皆得中正, 下震上巽, 皆木之象, 故其占'利有所往, 而利涉大川'也"라 함.


## (2) 彖辭와 象辭

彖曰: 益, 損上益下, 民說无疆. 自上下下, 其道大光.
「利有攸往」, 中正有慶;「利涉大川」, 木道乃行.
益動而巽, 日進无疆. 天施地生, 其益无方. 凡益之道, 與時偕行.
★象曰: 風雷, 益. 君子以見善則遷, 有過則改.

〈언해〉 彖(단)애 굴오디 益(익)은 上(샹)을 損(손)ᄒᆞ야 下(하)를 益(익)ᄒᆞ니, 民(민)이 說(열)ᄒᆞ요미 疆(강)이 업고, 上(샹)으로브터 下(하)애 下(하)ᄒᆞ니, 그 道(도)ㅣ 크게 光(광)홈이라.

「利有攸往」은, 中(듕)호고 正(졍)호야 慶(경)이 이시미오,

「利涉大川」은, 益(익)홀 道(도) ] 이예 行(힝)홈이라.[《本義》: 木(목)의 道(도) ] ]

益(익)은 動(동)호고 巽(손)호야, 日(일)로 進(진)홈이 疆(강)이 업스며, 天(텬)이

施(시)호며 地(디) ] 生(싱)호야, 그 益(익)호요미 方(방)이 업스니,

믈론 益(익)의 道(도) ], 時(시)와 더브러 홈믜 行(힝)호느니라.

★象(샹)애 굴오디 風(풍)과 雷(뢰) ] 益(익)이니, 君子(군즈) ] 以(이)호야 善

(션)을 보와든 遷(쳔)하고, 過(과) ] 잇거든 改(기)호느니라.

〈해석〉象: 익은 위의 것을 덜어 아래에게 보태주는 것이니, 그 때문에 백성들이 즐거워
함이 끝이 없고, 위로부터 아래에게 내려주니, 그 도가 크게 넓은 것이다.

"갈 데를 둠이 이롭다"함은, (九五와 六二가) 득중(得中)하고 위정당(位正當)하
여 경사가 있음을 말한 것이요,

"큰 냇물을 건넘이 이롭다"함은, 이익을 주는 도가(木의 道가) 이에 실행됨을
뜻하는 것이다.

익괘는 아래(震, 動)가 움직여 위(巽)으로 향하여, 날로 나아감이 끝이 없으며,
하늘이 베풀고 땅은 낳아, 그 유익됨이 한정된 장소가 없으니, 무릇 익괘의
도는 때에 맞추어 함께 행하여지는 것이다.

★象: 바람(巽, 風)과 우레(震, 雷)로 이루어진 것이 익괘이다. 군자는 이를 바탕
으로 선(善)을 보면 그리로 옮겨가고, 허물이 있으면 고친다.

【「益」, 損上益下, 民說无疆】 '損上益下'는 위의 것을 덜어 아래에게 보태줌. 앞의
〈損〉卦의 '損下益上'과 상반되는 원리임. 《集解》에 "蜀才曰:「此本〈否〉卦.」案:「乾之
上九, 下處坤初. 坤之初六, 上升乾四, '損上益下'者也.」"라 함. '民說无疆'은 백성들은
기꺼워함이 끝이 없음. '說'은 悅과 같음. 王弼 注에 "震, 陽也; 巽, 陰也. 巽非違震者也.
處上而巽, 不違於下, 損上益下之謂也"라 하였고, 〈正義〉에 "益, 損上益下, 民說无疆'
者, 此就二體釋卦名之義, 柔巽在上, 剛動在下, 上巽不違於下, 損上益下之義也. 旣居上
者, 能自損以益下, 則下民歡說, 无復疆限, 益卦所以名, 益者. 正以損上益下, 民說无疆
者也"라 함. 《集解》에 "虞翻曰:「上之初, 坤爲无疆, 震爲喜笑, 以貴下賤, 大得民, 故'說
无疆'矣.」"라 함.

【自上下下, 其道大光】 '自上下下'는 위로부터 아래로 내려줌. 앞의 '下'는 動詞, 뒤의
'下'는 위치, 처소를 뜻하는 명사, 즉 百姓을 가리킴. '其道大光'은 그 도는 크게 넓음.
'光'은 廣과 같음. 《集解》에 "虞翻曰:「乾爲大明, 以乾照坤, 故'其道大光'. 或以上之三,

離爲大光矣.」라 함.《傳》에 "以卦義與卦才言也. 卦之爲益, 以其損上益下也. 損於上而益下, 則民說之无疆, 謂无窮極也. 自上而降已以下下, 其道之大光顯也. 陽下居初, 陰上居四, 爲自上下下之義"라 하였고,《本義》에 "以卦體釋卦名義"라 함.

【「利有攸往」, 中正有慶】 '中正有慶'의 '中正'은 六二와 九五 두 효가 位正當하며, 동시에 得中하였음을 가리킴. 즉 六二는 陰爻로 陰位에 있으며, 九二 역시 陽爻로 陽位에 있고, 둘은 각기 小成卦의 中央에 자리하여 得中함. 둘 관계 역시 陰陽 互應의 正應임. 이 때문에 '有慶'이라 한 것임. 王弼 注에 "五處中正, 自上下下, 故有慶也. 以中正有慶之德, 有攸往也, 何適而不利哉?"라 하였고, 〈正義〉에 "'自上下下, 其道大光, 利有攸往, 中正有慶'者, 此就九五之爻, 釋'利有攸往, 中正有慶'也. 五處中正, 能自上下下, 則其道光大, 爲天下之所慶賴也. 以中正有慶之德, 故所往无不利焉. 益之所以'利有攸往'者, 正謂中正有慶故也"라 함.《集解》에 "虞翻曰:「中正謂五, 而二應之乾爲慶也.」"라 함.《傳》에 "五以剛陽, 中正居尊位, 二復以中正應之, 是以中正之道, 益天下. 天下受其福慶也"라 함.

【「利涉大川」, 木道乃行】 '木道乃行'의 木道는 上卦(巽)는 五行의 木에 해당하며, '木'은 船을 뜻함. 그러나《易傳》(程頤)에는 '木'자는 '益'자의 오류라 하여 〈諺解〉에도 그렇게 풀었으나,《易本義》(朱熹)에는 '木'을 그대로 풀이하여 '木(목)의 道(도) ㅣ'라 하였음. '乃行'은 下卦(震)이 動을 의미하여, '대천을 건넘에 나무로 배를 만들어 물을 건넘'을 뜻함. 매우 순조로움을 비유함. 王弼 注에 "木者, 以涉大川, 爲常而不溺者也, 以益涉難, 同乎木也"라 하였고, 〈正義〉에 "'利涉大川, 木道乃行'者, 此取譬以釋'利涉大川'也. 木體輕浮, 以涉大川, 爲常而不溺也. 以益涉難, 如木道之涉川. 涉川无害, 方見益之爲利, 故云'利涉大川, 木道乃行'也"라 함.《集解》에 "虞翻曰:「謂三動成渙, 渙舟檝象, 巽木得水, 故'木道乃行'也.」"라 함.《傳》에 "益之爲(一无爲字一作於)道, 於平常无事之際, 其益猶小; 當艱危險難, 則所益至大, 故'利涉大川'也. 於濟艱險, 乃益道大行之時也. '益'誤作'木', 或以爲上巽下震, 故云'木道', 非也"라 하였고,《本義》에 "以卦體卦象釋卦辭"라 함.

【益動而巽, 日進无疆】 '益動而巽'은 益卦는 아래 震(雷)이 움직여 위 巽(風, 遜)으로 향해 올라가는 卦象임. '日進无疆'은 날로 나가면서 끝이 없음. 사업이나 하는 일이 날로 發展하여 無窮함을 뜻함. 〈正義〉에 "'益動而巽, 日進无疆'者, 自此已下, 廣明益義, 前則就二體明'損上益下', 以釋卦名; 以下有動求, 上能巽接, 是'損上益下'之義. 今就二體, 更明得益之方也. 若動而驕盈, 則被損无已; 若動而卑巽, 則進益无疆, 故曰'益動而巽, 日進无疆'"이라 함.《集解》에 "虞翻曰:「震三動爲離, 離爲日, 巽爲進, 坤爲疆. 日與巽俱進, 故'日進无疆'也.」"라 함.《傳》에 "又以二體言卦才. 下動而上巽, 動而巽也. 爲益之道, 其動巽順於理, 則其益日進(一本益字在日進下)廣大无有疆限也. 動而不順於理, 豈

能成大益也?"라 함.

【天施地生, 其益无方】'天施地生'은 하늘은 만물에게 윤택함을 베풀고, 땅은 이를 받아 생육시킴. 天은 上卦, 地는 下卦를 비유함. '其益无方'은 그 이익 됨에 정해진 방향이 없음. 어디나 혜택을 받음. '方'은 《爾雅》에 "方, 類也"라 하여, 어떤 한 部類나 地域에 빠짐없이 널리 퍼짐을 뜻함. 王弼 注에 "損上益下"라 하였고, 〈正義〉에 "天施地生, 其益无方'者, 此就天地廣明, 益之大義也. 天施氣於地, 地受氣而化生, 亦是損上益下義也. 其施化之益, 无有方所, 故曰'天施地生, 其益无方'"이라 함. 《集解》에 "虞翻曰:「乾下之坤, 震爲出生, 萬物出震, 故'天施地生'. 陽在初, 坤爲无方, 日進无疆, 故'其益无方'也.」"라 함. 《傳》에 "以天地之功, 言益道之大. 聖人體之, 以益天下也. 天道資始, 地道生物; 天施地生, 化育萬物, 各正性命, 其益可謂无方矣. 方, 所也. 有方所(一无所字), 則有限量. 无方, 謂廣大无窮極也. 天地之益萬物, 豈有窮際乎?"라 함.

【凡益之道, 與時偕行】'與時偕行'은 주어진 때에 맞추어 함께 실행됨. 王弼 注에 "益之爲用, 施未足也. 滿而益之, 害之道也. 故凡益之道, 與時偕行也"라 하였고, 〈正義〉에 "凡益之道, 與時偕行'者, 雖施益无方, 不可恒用, 當應時行之, 故擧'凡益'總結之. 故曰'凡益之道, 與時偕行'也"라 함. 《集解》에 "虞翻曰:「上來益三, 四時象正, 艮爲時, 震爲行, 與損同義, 故'與時偕行'也.」"라 함. 《傳》에 "天地之益, 无窮者, 理而已矣. 聖人利益天下之道, 應時順理, 與天地合·與時偕行也"라 하였고, 《本義》에 "動巽二卦之德, 乾下施, 坤上生, 亦上文卦體之義. 又以此極言贊益之大"라 함.

★【風雷, 益】上卦 巽(風)과 下卦 震(雷)의 두 小成卦로 이루어진 것이 益卦의 卦象임을 말한 것.

【君子以見善則遷, 有過則改】'見善則遷, 有過則改'는 훌륭함을 보면 그리로 옮겨가 자신도 그렇게 하고자 하고, 허물이 있으면 즉시 고침. 바람이 강하면 우레가 빨라지고, 우레가 격하면 바람이 노함. 이는 서로 그 세력을 상승시켜 '遷'과 '改'가 힘차게 빨라짐을 뜻함. 《論語》(述而篇)에 "子曰:「德之不修, 學之不講, 聞義不能徙, 不善不能改, 是吾憂也.」"라 함. 王弼 注에 "遷善改過, 益莫大焉"이라 하였고, 〈正義〉에 "風雷, 益; 君子以見善則遷, 有過則改'者, 〈子夏傳〉云:「雷以動之, 風以散之, 萬物皆益.」 孟僖亦與此, 同其意言:「必須雷動於前, 風散於後, 然後萬物皆益, 如二月啓蟄之後, 風以長物; 八月收聲之後.」 風以殘物. 風之爲益, 其在雷後, 故曰'風雷, 益'也. 遷謂遷徙, 慕尙改謂改, 更懲止, 遷善改過, 益莫大焉. 故'君子求益以見善則遷, 有過則改'也. 六子之中, 竝有益物, 獨取風雷者, 何晏云:「取其最長可久之義也.」"라 함. 《集解》에 "虞翻曰:「君子謂乾也. 上之三, 離爲見, 乾爲善, 坤爲過. 坤三進之乾四, 故'見善則遷'. 乾上之坤初, 改

坤之過, 體復象. 復以自知, 故'有過則改'也.」"라 함. 《傳》에 "風烈則雷迅, 雷激則風怒, 二物相益者也. 君子觀風雷相益之象, 而求益於己, 爲益之道无, 若見善則遷, 有過則改也. 見善能遷, 則可以見天下之善; 有過能改, 則无過矣. 益於人者, 无大於是"라 하였고, 《本義》에 "風雷之勢, 交相助益, 遷善改過, 益之大者, 而其相益, 亦猶是也"라 함.

## (3) 爻辭와 象辭

### 初九: 利用爲大作, 元吉, 无咎.
### ☆象曰: 「元吉, 无咎」, 下不厚事也.

〈언해〉 初九(초구)는, 뻐 大作(대작)을 ᄒᆞ욤이 利(리)ᄒᆞ니, 元(원)ᄒᆞ야 吉(길)ᄒᆞ야아, 咎(구)ㅣ 업스리라.

☆象(샹)애 ᄀᆞᆯ오ᄃᆡ 「元吉, 无咎」는, 下(하)ㅣ 厚(후)ᄒᆞᆫ 事(ᄉᆞ)를 몯홀 거실 ᄉᆡ라.

〈해석〉 [初九](一): 큰일을 하기에 이로우니, 크게 길하게 해야, 허물이 없으리라.

☆象: "크게 길하게 해야 허물이 없다"함은, 아랫사람이기에 큰일을 해낼 수 없기 때문이다.

【初九】 이는 전괘의 시작이며, 陽爻로 位正當하고 아울러 六四와 正應하여 益卦의 本領을 출발부터 자신 있게 수행할 수 있음.

【利用爲大作, 元吉, 无咎】 '利用'은 위에서 내려주는 利益을 이용함. 혹은 '用'은 于(於)와 같은 용법임. '大作'은 큰 일, 大事. 큰 토목공사 등. 혹 나라를 일으키는 일. 沙少海는 "益卦則根據周室興衰的史實, 着重闡述主室由興到衰, 卽由〈益〉到〈損〉的變遷情況"이라 하였고, 李鏡池는 "聯繫下文及周人的歷史看, 這個'大作'似指太王遷岐後作廟築城, 文王作豐, 主公營建洛邑等. 這些'大作'必然要占卜. 《周易》卽根據占卜材料編選入書"라 하여, 이 益卦는 太空(古公亶父)이 岐山으로 옮긴 다음 종묘와 성곽 축조, 文王(姬昌)의 豐邑 건설, 周公(姬旦)의 洛邑 營建 때 친 점의 내용을 모은 것이라 하였음. ○高亨은 이를 고대 建築工事에 친 점이라 여겨 "古人興大建築, 亦問諸龜著. 若筮遇此爻, 則利; 大吉無咎, 故曰「利用爲大作, 元吉无咎」"라 함. 王弼 注에 "處益之初, 居動之始, 體夫剛德, 以莅其事而之乎巽, 以斯大作, 必獲大功. 夫居下非厚事之地, 在卑非任重之處, 大作非小功所濟, 故'元吉, 乃得无咎'也라 하였고, 〈正義〉에 "'利用爲大作, 元吉,

无咎'者, 大作, 謂興作大事也. 初九處益之初, 居動之始, 有興作大事之端, 又體剛能幹, 應巽不違, 有堪建大功之德, 故曰'利用爲大作'也. 然有其才而无其位, 得其時而无其處, 雖有殊功, 人不與也. 時人不與, 則咎過生焉. 故必'元吉, 乃得无咎', 故曰'元吉, 无咎'"라 함. 《集解》에 "虞翻曰:「大作, 謂耕播未耨之利, 蓋取諸此也. 坤爲用, 乾爲大, 震爲作, 故'利用爲大作'. 體復初得正, 朋來无咎, 故'元吉, 无咎'. 震三月卦, 日中星鳥, 敬授民時, 故以耕播也.」"라 함. 《傳》에 "初九, 震動之主, 剛陽之盛也. 居益之時, 其才足以益物, 雖居至(一无至字)下, 而上有六四之大臣, 應於己. 四巽順之主, 上能巽於君, 下能順(一作巽)於賢才也. 在下者, 不能有爲也. 得在上者, 應從之, 則宜以其道輔於上, 作大益天下之事, 利用爲大作也. 居下而得上之用, 以行其志, 必須所爲大善而吉, 則无過咎. 不能元吉, 則不唯在己有咎, 乃累乎上, 爲上之咎也. 在至下而當大任, 小善不足以稱也. 故必'元吉', 然後得'无咎'"라 하였고, 《本義》에 "初雖居下, 然當益下之時, 受上之益者也. 不可徒然, 无所報效, 故'利用爲大作', 必'元吉', 然後得'无咎'"라 함.

☆【「元吉, 无咎」, 下不厚事也】 '下不厚事'는 '下'는 下民, 즉 庶民. '厚'는 後의 假借. 兪樾은 "厚, 讀爲後"라 함. 따라서 '아래 서민들이 太公, 文王, 周公의 일을 뒤로 미루지 않음'의 뜻. 모두 나서서 자신의 일처럼 적극성을 보였음을 말함. 그러나 이 효는 '맨 아래에 있어 큰일(厚事)을 할 수 없으나, 六四가 내래주는 益을 받음으로서 큰일이라 여기지 않을 정도로 쉽게 해낼 수 있다'는 뜻이라고도 함. 王弼 注에 "時可以大作, 而下不可以厚事, 得其時而无其處, 故'元吉, 乃得无咎'也라 하였고, 〈正義〉에 "〈象〉曰'下不厚事'者, 厚事, 猶大事也"라 함. 《集解》에 "侯果曰:「大作爲耕植也. 處益之始, 居震之初, 震爲稼穡. 又爲大作, 益之大者, 莫大耕植, 故初九之利, 利爲大作. 若能不厚, 勞於下民, 不奪時於農畯, 則'大吉, 无咎'矣.」"라 함. 《傳》에 "在下者, 本不當處厚事. 厚事, 重大之事也. 以爲在上所任, 所以當大事, 必能濟大事而致元吉, 乃爲无咎. 能致元吉, 則在上者任之. 爲知人己當之爲勝任, 不然則上下皆有咎也"라 하였고, 《本義》에 "下本不當任厚事, 故不如是不足, 以塞咎也"라 함.


六二: 或益之十朋之龜, 弗克違, 永貞吉. 王用享于帝, 吉.
☆象曰:「或益之」, 自外來也.

〈언해〉六二(륙이)는, 或(혹) 益(익)ᄒᆞ면 十(십)이 朋(붕)ᄒᆞᄂᆞᆫ 디라, 龜(귀)도 능히 違(위)
티 몯ᄒᆞ나, 永(영)ᄒᆞ고 貞(뎡)ᄒᆞ면 吉(길)ᄒᆞ니, 王(왕)이 뻐 帝(뎨)ᄭᅴ 享(향)ᄒᆞ야

도, 吉(길)호리라.[《本義》: 或(혹)이 益(익)호믈 十朋龜(십붕귀)로 호거든]

☆象(상)애 굴오디 「或益之(혹익지)」는, 外(외)로브터 來(리)홈이라.

〈해석〉 [六二](--): 혹자가 보태주면 붕(朋)으로 하는지라, 거북점도(혹자가 보태줌을 십붕의 거북으로 하거든) 능히 어긋나지 아니할 것이나, 길이 마음을 곧게 가지면 길할 것이다. 왕께서 상제에게 제사를 지내도 길하리라.

☆象: "보람이 있을지도 모른다"함은, 밖에서 온다는 것이다.

【六二】 이는 하괘(震)의 가운데에 있어 得中을 이루었고, 陰爻로 位正當하며, 九五와 正應하여 매우 안정적인 위치임. 따라서 益卦의 本領을 수행함에 매우 이상적임.

【或益之十朋之龜, 弗克違, 永貞吉】 이 구절은 《易傳》(程頤)에는 '龜弗克違'로 끊어 읽었고, '朋'을 朋友로 여겼으며, 〈諺解〉에도 그에 따라 풀었으나 오류로 여겨짐. 《易本義》(朱熹)에는 달리 의견을 제시하였음. 한편 이 구절은 앞의 〈損〉卦 六五와 같은 문자로 이루어졌으나 혹 文意로 보아 文王과 관련이 있는 것으로 여기고 있음. 《尙書》(大誥)에 "予不敢閉于天降威, 用寧王遺我大寶龜, 紹天命"이라 하여 "문왕이 우리에게 大寶의 점치는 거북을 보내어 우리로 하여금 천명을 계승하도록 하였다" 하였음. 《集解》에 "虞翻曰:「謂上從外來益三, 故'或益之'. 二得正遠應, 利三之正, 己得承之坤數十. 損兌爲朋, 謂三變離爲龜, 故'十朋之龜'. 坤爲永, 上之三得正, 故'永貞吉',」"이라 함.

【王用享于帝, 吉】 왕께서 이를 가지고 上帝에게 제사를 지냄. '用'은 以와 같으며 '享'은 祭享. '帝'는 上帝, 天帝. 혹 이 효는 음효로 中正(得中)하였으며 위로 군주(구오)로부터 총애를 받는 신하. 그 때문에 十朋의 寶龜까지 받았으며 아울러 자신 군주를 대신해서 천제에게 제사까지 올리도록 하여, 그 때문에 길한 것이라 함. ○高亨은 "筮遇此爻, 或益之十朋之龜, 不能拒而不購, 故曰「或益之十朋之龜, 弗克違」. 又占問長期之休咎者吉, 故曰「永貞吉」. 又王者享祀上帝亦吉, 故曰「王用享于帝吉」. 疑'王用享于帝吉', 亦古代故事也"라 함. 王弼 注에 "以柔居中而得其位, 處內履中, 居益以沖益自外來, 不召自至, 不先不爲, 則朋龜獻策, 同於〈損〉卦六五之位, 位不當尊, 故吉在永貞也. 帝者, 生物之主, 興益之宗, 出震而齊巽者也. 六二居益之中, 體柔當位, 而應於巽, 享帝之美, 在此時也"라 하였고, 〈正義〉에 "'或益之十朋之龜, 弗克違, 永貞吉, 王用享于帝, 吉'者, 六二體柔居中, 當位應巽, 是居益而能用謙沖者也. 居益用謙, 則物自外來, 朋龜獻策, 弗能違也. 同於〈損〉卦六五之位, 故曰'或益之十朋之龜, 弗克違'也. 然位不當尊, 故永貞乃吉, 故曰'永貞吉'. 帝, 天也. 王用此時以享祭於帝, 明靈降福, 故曰'王用享於帝, 吉'也"라 함. 《集解》에 "虞翻曰:「震稱帝王謂五. 否乾爲王體, 觀象艮爲宗廟, 三乾折坤牛體. 〈噬嗑〉

食, 故‘王用享于帝’, 得位故‘吉’.」○干寶曰:「聖王先成其, 民而後致力于神, 故‘王用享于帝’. 在巽之宮, 處震之象, 是則蒼精之帝, 同始祖矣.」라 함. 《傳》에 “六二處中正, 而體柔順, 有虛中之象. 人處中正之道, 虛其中以求益, 而能順從, 天下孰不願告而益之?《孟子》(告子下)曰:「夫苟好善, 則四海之內, 皆將輕千里而來告之以善.」夫滿則不受, 虛則來物, 理自然也. 故或有可益之事, 則衆朋助而益之十者, 衆, 辭衆人所是, 理之至當也. 龜者, 占吉凶·辨是非之物, 言其至是, 龜不能違也. ‘永貞吉’, 就六二之才而言. 二中正虛中, 能得衆人之益者也. 然而質本陰柔, 故戒在常永貞固, 則吉也. 求益之道, 非永貞, 則安能守也? 損之六五, 十朋之, 則元吉者, 蓋居尊自損應下之剛, 以柔而居剛, 柔爲虛受, 剛爲固守, 求益之至善, 故元吉也. 六二虛中求益, 亦有剛陽之應, 而以柔居柔, 疑益之未固也. 故戒能常永貞固, 則吉也. ‘王用享于帝, 吉’, 如二之虛中, 而能永貞, 用以享上帝, 猶當獲吉, 況與人接物, 其意有不通乎? 求益於人, 有不應乎祭天, 天子之事, 故云‘王用’也.(一作之)”라 하였고, 《本義》에 “六二, 當益下之時, 虛中處下, 故其象占與〈損〉六五同. 然爻位皆陰, 故以永貞爲戒, 以其居下而受上之益, 故又爲卜郊之吉占”이라 함.

☆【「或益之」, 自外來也】 ‘益之’는 보내줌. 나에게 보태줌. 점을 치기에 도움이 되도록 거북을 보내주었음을 말함. ‘自外來’는 밖으로부터 보내준 것임. ‘外’는 外卦의 九五를 가리킴. 〈正義〉에 “〈象〉曰‘自外來’者, 明益之者, 從外自來, 不召而至也”라 함. 《集解》에 “虞翻曰:「乾上稱外來, 益三也.」”라 함. 《傳》에 “旣中正虛中, 能受天下之善, 而固守, 則有有益之事, 衆人自外來, 益之矣. 或曰「自外來」, 豈非謂五乎?」曰:「如二之中正虛中, 天下孰不願益之? 五爲正應, 固在其中矣.」”라 하였고, 《本義》에 “或者, 衆无定主之辭”라 함.


# 六三: 益之用凶事, 无咎. 有孚中行, 告公用圭.
## ☆象曰:「益用凶事」, 固有之也.

〈언해〉 六三(륙삼)은, 益(익)홈믈 凶事(흉ᄉᆞ)애 쓰맨, 咎(구)ㅣ 업스려니와, 孚(부)를 두고 中行(듕ᅙᅵᆼ)ᄒᆞ야아, 公(공)애 告(고)호ᄃᆡ 圭(규)를 쓰ᄃᆞᆺ ᄒᆞ리라.[《本義》: 益(익)호ᄃᆡ 凶事(흉ᄉᆞ)로써 홈이라. 咎(구)ㅣ 업스니, 孚(부)를 두고 中行(듕ᅙᅵᆼ)으로 ᄒᆞ야, 公(공)애 告(고)ᄒᆞᄃᆡ 圭(규)로써 홀 디니라]

☆象(상)애 ᄀᆞᆯ오ᄃᆡ 「益用凶事」ᄂᆞᆫ 구디 둘 시라.[《本義》: 구디 둘 디라]

〈해석〉 [六三](--): 보태줌을 흉사에 쓰면, 허물이 없으려니와, 믿음을 두고 중도로
행해야, 공에게 고하되 규(圭)를 쓰듯 하리라.(보태주되, 흉사로써 하는 것이다.
허물이 없으니, 믿음을 주고 중도로 하여, 공에게 고하되 규로써 할지니라.)
☆象: "보태줌을 흉사로써 한다"함은, 굳게 이를 지니고 있기 때문이다.(굳게
가지고 있을 지니라.)


　　【六三】 이는 下卦(震)의 가장 윗자리이며 陰爻로 位不當함. 그러나 上九와 正應하였
고, 특히 세 陰爻(六二, 六三, 六四)의 가운데에 위치하여 자신의 柔弱함을 그대로 지
켜 이제껏 얻은 이익을 凶事에 사용하면 큰 허물이 없음.
　　【益之用凶事, 无咎】 '益之用凶事'는 자신을 지지해주어 利益이 된 權力과 財物을 凶
事에 사용함. 그러나 '凶事'는 구체적으로 武王의 죽음을 뜻하는 것이라고도 함.《集
解》에 "虞翻曰:「坤爲事, 三多凶, 上來益, 三得正, 故'益用凶事, 无咎'.」"라 함.
　　【有孚中行, 告公用圭】 '有孚中行'은 믿음을 가지고 柔弱(陰爻)함을 지켜 中央에서
이를 실행함. '中行'은 ○高亨은 "似爲人名, 疑卽仲衍. …… 仲衍, 乃微子啓之弟"라 하여,
微子(啓, 開)의 아우 微仲(仲衍, 中衍)일 것이라 하였음. 그러나 ○高亨은 "中行, 中道
也"라 함. '告公用圭'는 공에게 告하되 圭로써 함. '圭'는 珪와 같음. 고대 祭祀나 朝見
에 신하가 들고 사용하는 禮器. 제사에 珪를 잡고 하므로 祭祀를 대신하는 말로 쓴
것. 이는 周公이 武庚의 亂을 진압할 때의 친 占辭를 기록한 것이 아닌가 함. ○高亨은
"中行告公用圭, 謂有凶事者使人在中道以圭告公, 乞其援助也. 此古代故事, 詳見六四"라
함. 王弼 注에 "以陰居陽, 求益者也. 故曰'益之'. 益不外來, 己自爲之, 物所不與, 故在謙
則劓; 救凶則免. 以陰居陽, 處下卦之上, 壯之甚也. 用救衰危, 物所恃也. 故'用凶事, 乃得
无咎'也. 若能益不爲私志, 在救難壯不至, 亢不失, 中行以此, 告公國主所任也. 用圭之禮,
備此道矣. 故曰'有孚中行, 告公用圭'也. 公者, 臣之極也. 凡事足以施天下, 則稱王; 次天
下之大者, 則稱公. 六三之才, 不足以告王, 足以告公, 而得用圭也. 故曰'中行, 告公用圭'
也"라 하였고, 〈正義〉에 "'益之用凶事, 无咎, 有孚中行, 告公用圭'者, 六三以陰居陽, 不
能謙退, 是求益者也. 故曰'益之'. 益不外來, 己自爲之, 物所不與, 若以謙道責之, 則理合
誅戮; 若以救凶原之, 則情在可恕. 然此六三, 以陰居陽, 處下卦之上, 壯之甚也. 用此以
救衰危, 則物之所恃, 所以'用凶事而得免咎'. 故曰'益之用凶事, 无咎'. 若能求益不爲私
己, 志在救難, 爲壯不至, 亢極能適於時, 是有信實而得中行, 故曰'有孚中行'也. 用此有孚
中行之德, 執圭以告於公, 公必任之, 以救衰危之事, 故曰'告公用圭'. '六三之才, 不足以
告王'者, 告王者, 宜以文德燮理, 使天下人寧, 不當恒以救凶, 用志褊狹也"라 함.《集解》

에 "虞翻曰:「公謂三, 伏陽也. 三動體坎, 故'有孚'. 震爲中行, 爲告位在中, 故曰'中行'. 三公位乾爲圭, 乾之三, 故'告公用圭', 圭, 桓圭也.」○九家《易》曰:「天子以尺二寸玄圭事天, 以九寸事地也. 上公執桓圭九寸, 諸侯執信圭七寸, 諸伯執躬圭七寸, 諸子執穀璧五寸, 諸男執蒲璧五寸, 五等諸侯, 各執之以朝見天子也.」라 함. 《傳》에 "三居下體之上, 在民上者也. 乃守令也. 居陽應剛, 處動之極, 居民上而剛, 決果於爲益者(一无者字)也. 果於爲益, 用之凶事, 則无咎. 凶事, 謂患難非常之事. 三居下之上, 在下當承稟於上, 安得自任擅爲益乎? 唯於患難非常之事, 則可量宜應卒奮, 不顧身力庇其民, 故无咎也. 下專自任, 上必忌疾, 雖當凶難, 以(一无以字)義在可爲然, 必有其孚誠, 而所爲合於中道, 則誠意通於上, 而上信與之矣. 專爲而无爲, 上愛民之至誠, 固不可也. 雖有誠意而所爲, 不合中行, 亦不可也. 圭者, 通信之物. 《禮》(郊特牲)云:「大夫執圭而使, 所以申信也.」凡祭祀朝聘, 用圭玉, 所以通達誠信也. 有誠孚而得中道, 則能使上信之, 是猶告公, 上用圭玉也. 其孚能通達於上矣. 在下而有爲之道, 固當有孚中行, 又三陰爻而不中, 故發此義. 或曰:「三乃陰柔, 何得反以剛果, 任事爲義?」曰:「三質雖本陰, 然其居陽, 乃自處以剛也.」應剛, 乃志在乎剛也. 居動之極, 剛果於行也. 以此行益非剛果, 而何易以所勝爲義? 故不論其本質也.」라 하였고, 《本義》에 "六三陰柔, 不中不正, 不當得益者也. 然當益下之時, 居下之上, 故有益之以凶事者, 蓋警戒震動, 乃所以益之也. 占者如此, 然後可以无咎. 又戒以有孚中行, 而告公用圭也. 用圭, 所以通信"이라 함.

☆【「益用凶事」, 固有之也】'固有之'는 자신이 柔弱하나 위에서 내려주는 益을 굳게 가지고 있음. 王弼 注에 "用施凶事, 乃得'固有之'也"라 하였고, 〈正義〉에 "〈象〉曰'固有之'者, 明非爲救凶, 則不可求益, 施之凶事, 乃得固有其功也"라 함. 《集解》에 "虞翻曰:「三上失正, 當變, 是'固有之'.」○干寶曰:「固有如桓文之徒, 罪近簒弑, 功實濟世, 六三失位, 而體姦邪, 處震之動, 懷巽之權, 是矯命之士, 爭奪之臣, 桓文之爻也. 故曰'益之用凶事'. 在益之家, 而居坤中, 能保社稷, 愛撫人民, 故曰'无咎'. 旣乃中行近仁, 故曰'有孚, 中行', 然後俯列盟會, 仰致錫命, 故曰'告公用圭'.」"라 함. 《傳》에 "六三, 益之獨可用於凶事者, 以其固有之也. 謂專固自任其事也. 居下, 當稟承於上, 乃專任其事, 唯救民之凶災, 拯時之艱急, 則可也. 乃處急難變故之權, 宜故得无咎. 若平時, 則不可也"라 하였고, 《本義》에 "益用凶事, 欲其困心, 衡慮而固有之也"라 함.

六四: 中行告公從, 利用爲依遷國.

☆象曰: 「告公從」, 以益志也.

〈언해〉 六四(륙사)는, 中行(듕힝)이면 公(공)애 告(고)ᄒᆞ야 從(죵)ᄒᆞ리니, 써 依(의)를
ᄒᆞ며 國(국)을 遷(쳔)홈이 利(리)ᄒᆞ니라.[《本義》: 써 依(의)를 ᄒᆞ야]

☆象(상)애 ᄀᆞᆯ오디 「告公從」은, 益(익)ᄒᆞᆯ 志(지)로써 홈이라.

〈해석〉 [六四](--): 중용의 도를 행하면 公(공)에게 일러 공이 자신의 의견을 따르게
되리니, 이로써 의탁하며(이로써 의지를 하여) 나라를 옮기기에 이로우니라.

☆象: "공에게 고하여 그가 자신의 뜻을 따르게 된다"함은, 보태줄 뜻으로써
함을 말한다.


【六四】이는 上卦(巽)의 시작이며 陰爻로 位正當함. 아울러 初九와 正應을 이루어
안정적임. 다만 자신이 상괘에 있으므로 해서 損上益下의 임무를 수행해야 함. 따라
서 陰爻이며 巽(遜, 謙遜)의 시작이므로 陰爻의 柔弱함을 지켜 益卦의 主爻인 九五를
따르는 임무에 충실하면 되는 위치임.

【中行告公從, 利用爲依遷國】 '中行告公從'은 微仲(中行)이 周公에게 고하고 그의 武庚
진압을 위한 출정에 따라나섬. 그러나 혹 '中行이 殷나라 遺民의 처리 문제를 周公에게
고하자 周公이 그의 건의를 따르다'의 뜻이라고도 함.《集解》에는 "虞翻曰:「中行謂正位
在中, 震爲行爲從, 故曰'中行'. 公謂三, 三上失位, 四利三之正, 己得以爲實, 故曰'告公從'
矣.」"라 함. '利用爲依遷國'의 '利用'은 '순조롭게 이로써'의 뜻. '爲依'의 '依'는《尙書》(康
誥)에는 '殪戎殷'(큰 은나라를 멸하다)이라 하였고,《中庸》(18장)에는 "壹戎衣"(한 번
군복을 입음)라 하여, '依'는 '依', '殷' 등으로 바꾸어 표기하였으며 '殷'의 뜻(雙聲互訓).
따라서 이 구절은 '주공이 성왕의 명령에 따라 은나라 유민들을 각 제후들에게 나누어
주어 옮겨 살도록 한 내용'이 아닌가 함. 그러나 '遷國'은 遷都와 같으며, 平王(姬宜臼)의
洛邑 遷都나 殷의 盤庚(《尙書》盤庚篇)이 도읍을 옮긴 예가 바로 아래 백성에게 惠澤(益)
을 주기 위한 것과 같은 것이라고도 함. 이는 역사적인 사건을 기록한 것으로 보임.
이에 ○高亨은 "中行告公從, 謂有凶事者, 中道告公, 有所乞請, 而公從其乞請也. '衣'疑當
讀爲'殷', 古字通用.《書》康誥'殪戎殷.'《禮記》中庸引作「壹戎衣」. 鄭注:「衣讀如殷, 聲之
誤也. 齊人言'殷'聲如'衣'.」《呂氏春秋》愼人篇:「湯爲天子, 夏民親郼如夏.」高注:「郼讀
如'衣', 今兗州人謂'殷'氏皆曰'衣'.」殷墟卜辭殷祭之'殷'皆作'衣', 並其證. 此文以'依'爲
'殷', 猶《禮記》以'衣'爲'殷'矣. 六三及本爻所記, 乃一古代故事, 或卽殷周之故事也. 蓋殷某

王時, 國有凶事, 遣使持圭告周某公, 而乞請援助. 周某公從其乞請, 遂以財物力役助之遷都, 故六三記之曰「益之用凶事无咎, 有孚, 中行告公用圭.」本爻記之曰「中行告公從, 利用爲依遷國」. 考今本《竹書紀年》:「武乙三年, 自殷遷于河北, 命周公亶父, 賜以岐邑. 十五年, 自河北遷于沬. 二十一年, 周公亶父薨.」此書雖出於後人纂輯, 然亦多有所本, 武乙與古公亶父年代亦相值, 則《易》所記蓋武乙亶父故事, 所謂公卽古公亶父歟!」라 함. 그러나 程頤와 朱熹는 '依'를 '依附', '所依'의 뜻으로 보았음. 王弼 注에 "居益之時, 處巽之始, 體柔當位, 在上應下, 卑不窮下, 高不處亢, 位雖不中, 用中行者也. 以斯告公, 何有不從? 以斯依遷, 誰有不納也?"라 하였고, 〈正義〉에 "'中行告公從, 利用爲依遷國'者, 六四居益之時, 處巽之始, 體柔當位, 在上應下, 卑不窮下, 高不處亢, 位雖不中, 用中行者也. 故曰 '中行'也. 以此中行之德, 有事以告於公, 公必從之, 故曰'告公從'也. 用此道, 以依人而遷國者, 人无不納, 故曰'利用爲依遷國'也. 遷國, 國之大事, 明以中行, 雖有大事而无不利, 如周之東遷, 晉·鄭焉依之義也"라 함. 《集解》에 "虞翻曰:「坤爲國. 遷, 徙也. 三動坤從, 故'利用爲依遷國'也.」"라 함. 《傳》에 "四當益時, 處近君之位, 居得其正, 以柔巽輔, 上而下順, 應於初之剛陽, 如是可以益於上也. 唯處不得其中, 而所應又不中, 是不足於中也. 故云若行得中道, 則可以益於君上, 告於上而獲信從矣. 以柔巽之體, 非有剛特之操, 故'利用爲依遷國'. '爲依', 依附於上也; '遷國', 順下而動也. 上依剛中之君, 而致其益下, 順剛陽之才, 以行其事, 利用如是也. 自古國邑, 民不安其居則遷. 遷國者, 順下而動也"라 하였고, 《本義》에 "三四皆不得中, 故皆以中行爲戒. 此言以益下爲心, 而合於中行, 則告公而見從矣. 傳曰: '周之東遷, 晉·鄭焉.' '依', 蓋古者, 遷國以益下, 必有所依, 然後能立. 此爻又爲遷國之吉占也"라 함.

☆【「告公從」, 以益志也】'以益志'는 본괘(益卦)의 뜻에 따라 한 것임. 보태줄 뜻으로써 공에게 일러 공이 자신의 그러한 뜻을 따라줌. 王弼 注에 "志得益也"라 하였고, 〈正義〉에 "〈象〉曰'以益志'者, 旣爲公所從, 其志得益也"라 함. 《集解》에 "虞翻曰:「坎爲志三之上, 有兩坎象, 故'以益志'也.」○崔憬曰:「益其勤王之志也. 居益之時, 履當其位, 與五近比, 而四上公, 得藩屛之寄, 爲依從之國. 若周平王之東遷, 晉·鄭是從也. 五爲天子, 益其忠志以勑之, 故言'中行告公從, 利用爲依遷國'矣.」"라 함. 《傳》에 "〈爻辭〉但云'得中行, 則告公而獲從'. 象復明之曰'告公而獲從'者, 告之以益天下之志也. 志苟在於益天下, 上必信而從之事君者, 不患上之不從·患其志之不誠也"라 함.

九五: 有孚惠心, 勿問, 元吉. 有孚, 惠我德.
☆象曰:「有孚惠心」, 勿問之矣;「惠我德」, 大得志也.

〈언해〉 九五(구오)는, 惠心(혜심)애 孚(부)를 두어 ᄒᆞᄂᆞᆫ 디라, 問(문)티 아니 ᄒᆞ야도 元
(원)코 吉(길)ᄒᆞ니, 孚(부)를 두워, 내의 德(덕)을 惠(혜)ᄒᆞ리라.
☆象(상)애 ᄀᆞᆯ오디「有孚惠心」이라, 묻디 아니 ᄒᆞ며,「惠我德」이, 크게 志(지)를
得(득)홈이라.

〈해석〉 [九五](一): 성심으로 은혜를 베풀고자 하는 마음을 가지고 있기 때문에, 묻지
않아도 크게 길한 것이니, 성신함을 가졌기에, 나의 덕을 은혜로 여기리라.
☆象: "믿음을 가지고 은혜를 베풀고자 하는 마음"이기에, 묻지 않아도 알 수
있는 것이요, "나의 덕을 은혜로 여길 것"이라 함은, 크게 뜻을 얻음을 말한다.

【九五】 이는 益卦의 主爻이며 君位. 陽爻로 위정당하며 上卦(巽)의 가운데에 위치
하여 得中을 이룸. 아울러 六二와 正應을 이루어 본괘의 本領을 수행함에 아주 이상적
인 위치를 차지하고 있음.

【有孚惠心, 勿問, 元吉】 '有孚'는 誠信(虔誠)함이 있음. 그러나 혹 '孚'는 俘(俘虜)라
고도 함. '惠心'은 은혜(益)를 베풀고자 하는 마음을 품고 있음. 그러나 '心'은 '之'자의
誤記가 아닌가 함. ○高亨은 "心當作之, 形近而誤"라 함. '惠'는 賈誼《新書》(道篇)에
"心省恤人謂之惠"라 하여 俘虜들을 위문함을 뜻한다 함. '勿問'은 점괘에 물어보지 않
아도 됨. 그러나 '孚'를 俘(俘虜)로 보아 '그 俘虜들에게 罪科를 묻지 않음'의 뜻이라고
도 함. '元吉'은 이 효는 크게 길함.《集解》에 "虞翻曰:「謂三上也. 震爲問三, 上易位三,
五體坎已成〈旣濟〉. 坎爲心, 故'有孚惠心, 勿問, 元吉'. 故〈象〉曰'勿問之矣'.」"라 함.

【有孚, 惠我德】 믿음으로서 함으로써 혜택을 받은 무리들이 나(九五)의 덕을 은혜
롭게 생각함. 그러나 '德'은 '得'의 뜻으로 보아야 함. ○高亨은 "軍出得俘, 君上賞之,
不必問, 乃大吉. 得俘之賞, 我得之矣. 故曰'有孚惠止(之), 勿問, 元吉, 有孚惠我德'"이
라 함. 王弼 注에 "得位履尊, 爲益之主者也. 爲益之大, 莫大於信; 爲惠之大, 莫大於心.
因民所利, 而利之焉. 惠而不費惠心者也. 信以惠心, 盡物之願, 固不待問而元吉, 有孚惠
我德也. 以誠惠物, 物亦應之, 故曰'有孚, 惠我德'也"라 하였고,〈正義〉에 "'有孚惠心, 勿
問, 元吉; 有孚, 惠我德'者, 九五得位, 處尊爲益之主, 兼弘德義以益物者也. 爲益之大, 莫
大於信; 爲惠之大, 莫大於心. 因民所利, 而利之焉. 惠而不費惠心者也. 有惠有信, 盡物
之願, 必獲元吉, 不待疑問, 故曰'有孚惠心, 勿問, 元吉'. 我旣以信, 惠被於物, 物亦以信,

惠歸於我, 故曰'有孚, 惠我德'也"라 함. 《集解》에 "虞翻曰:「坤爲我, 乾爲德. 三之上體, 坎爲孚, 故'惠我德'. 〈象〉曰'大得志'.」"라 함. 《傳》에 "五剛陽中正居尊位, 又得六二之(一无之字)中正, 相應以行其益, 何所不利? 以陽實在中, 有孚之象也. 以九五之德之才之位, 而中心至誠, 在惠益於物, 其至善大吉, 不問可知. 故云'勿問, 元吉'. 人君居得, 致之位操, 可致之權, 苟至誠益於(一作於益)天下, 天下受其大福, 其元吉不假言也. '有孚, 惠我德', 人君至誠益於(一作於益)天下, 天下之人, 无不至誠愛戴, 以君之德澤爲恩惠也"라 하였고, 《本義》에 "上有信以惠于下, 則下亦有信以惠於上矣. 不問而元吉可知"라 함.

☆【「有孚惠心」, 勿問之矣】'勿問志矣'은 점을 쳐서 길흉을 물어볼 필요도 없이 좋은 효임.

【「惠我德」, 大得志也】'大得志'는 아래로 이익을 베풀고자하는 큰 뜻을 실행할 수 있는 君位임을 말함. 〈正義〉에 "〈象〉曰'大得志'者, 天下皆以信, 惠歸我, 則可以得志於天下, 故曰'大得志'也"라 함. 《集解》에 "崔憬曰:「居中履尊, 當位有應, 而損上之時, 自一以損己爲念, 雖有孚于國, 惠心及下, 終不言以彰己功, 故曰'有孚惠心, 勿問'. 問, 猶言也. 如是, 則獲元吉, 且爲下所信, 而懷己德, 故曰'有孚惠我德'. 君雖不言, 人惠其德, 則我'大得志'也.」"라 함. 《傳》에 "人君有至誠, 惠益天下之心, 其元吉不假言也. 故云'勿問之矣'. 天下至誠, 懷吾德以爲惠, 是其道大行, 人君之志得矣"라 함.


上九: 莫益之, 或擊之, 立心勿恆, 凶.
象曰:「莫益之」, 偏辭也;「或擊之」, 自外來也.

〈언해〉 上九(상구)는, 益(익)호 리 업손 디라, 或(혹)이 擊(격)호리니, 心(심)을 立(닙)호 디 恒(흥)티 마롤 디니, 凶(흉)호니라.

☆象(상)애 골오디「莫益之」는, 偏(편)타 호는 辭(亽)ㅣ오,「或擊之」는, 外(외)로 브터 來(리)홈이라.[《本義》: 偏(편)호 辭(亽)ㅣ오]

〈해석〉 [上九](一): 더 보태줄 사람이 없는 지라, 혹 어떤 이는 공격까지 하리니, 마음을 세우되, 항심을 갖지 못하니, 흉한 것이다.

☆象: "더 보태줌이 없다"함은, 치우치다 하는 말이기 때문이요(치우친 말이요), "혹 어떤 이는 공격을 한다"함은, 외부로부터 옴을 뜻한다.

【上九】이는 全卦의 가장 윗자리이며 陽爻로 位不當하나, 六三과 正應을 이루어 陽剛亢盛하여 자신도 益을 베풀고자 지나치게 의욕을 부림.

【莫益之, 或擊之, 立心勿恆, 凶】'莫益之'는 누구도 그(上九)에게 이익(도움)을 주려 하지 않음. 《集解》에 "虞翻曰:「莫, 无也. 自非上无益三者, 唯初當无應, 故'莫益之'矣.」"라 함. '或擊之'는 어떤 이는 그를 공격하려 함. 《集解》에 "虞翻曰:「謂上不益初, 則以剝滅乾, 艮爲手, 故'或擊之'.」"라 함. '立心勿恆'의 '恆'은 恒의 異體字. '勿'은 無와 같음. 따라서 '마음을 세우되 恒心이 없음'의 뜻. 《集解》에 "虞翻曰:「上體巽爲進退, 故'勿恒'. 動成坎心, 以陰乘陽, 故'立心勿恒, 凶'矣.」"라 함. 그러나 ○高亨은 "勿猶弗也. 此言人之處事, 旣無人襄助輔益之, 且有人攻擊破壞之, 若立心不恆, 守之不堅, 因而改其故行, 輟其宿業, 食其舊德, 渝其大節, 則事敗功虧, 身隕命裂, 是凶矣. 故曰「莫益之, 或擊之, 立心勿恆, 凶」"이라 함. 王弼 注에 "處益之極, 過盈者也. 求益无已, 心无恬者也. 无厭之求, 人弗與也. 獨唱莫和, 是偏辭也. 人道惡盈, 怨者非一, 故曰'或擊之'也"라 하였고, 〈正義〉에 "上九處益之極, 益之過甚者也. 求益无厭, 怨者非一, 故曰'莫益之, 或擊之'也. 勿, 猶无也. 求益无已, 是立心无恒者也. 无恒之人, 必凶咎之所集, 故曰'立心勿恒, 凶'"이라 함. 《傳》에 "上居无位之地, 非行益於人者也. 以剛處益之極, 求益之甚者也. 所應者, 陰非取善自益者也; 利者, 衆人所同欲也. 專欲益己, 其害大矣. 欲之甚, 則昏蔽而忘義理; 求之極, 則侵奪而致仇怨. 故夫子(《論語》里仁篇)曰:「放於利而行, 多怨.」《孟子》(梁惠王上)謂:「先利則不奪不饜.」聖賢之深戒也. 九以剛而求益之極, 衆人所共惡, 故无益之者, 而或攻擊之矣. '立心勿恒, 凶', 聖人戒人存心, 不可專利. 云勿'恒如', 是凶之道也. 所(一作謂)當速改也"라 하였고, 《本義》에 "以陽居益之極, 求益不已, 故'莫益而或擊之', '立心勿恒', 戒之也"라 함.

☆【「莫益之」, 偏辭也】'偏辭也'의 '偏'은 遍과 같음. '두루, 널리'의 뜻. '偏辭'는 두루 누구나 하는 말. 모두가 그렇다고 의견을 냄. 그러나 '자신의 損上益下의 임무에 대해 거부하며 고집을 부리는 말만 되풀이하다'의 뜻이라고도 함. 《集解》에 "虞翻曰:「偏, 周匝也. 三體剛凶, 故至上應, 乃益之矣.」"라 함.

【「或擊之」, 自外來也】'自外來'는 그렇게 공격하는 것은 밖으로부터 온 것임. 〈正義〉에 "〈象〉曰'偏辭'者, 此有求而彼不應, 是偏辭也. '自外來'者, 怨者非一, 不待召也. 故曰'自外來'也"라 함. 《集解》에 "虞翻曰:「外謂上, 上來之三, 故曰'自外來'也.」"라 함. 《傳》에 "理者, 天下之至公; 利者, 衆人所同欲. 苟公其心不失其正理, 則與衆同利无侵於人. 人亦欲與之, 若切於好. 利蔽於自, 私求自益, 以損於人, 則人亦與之力爭, 故莫肯益之, 而有擊奪之者矣. 云'莫益之'者, 非有偏己之辭也. 苟不偏己合於公道, 則人亦益之, 何

爲擊之乎? 旣求益於人, 至於甚極, 則人皆惡而欲攻之, 故擊之者, ‘自外來’也. 人爲善, 則千里之外應之, 六二中正虛己益之者, 自外而至是也; 苟爲不善, 則千里之外違之, 上九求益之極擊之者, 自外而至是也. 〈繫辭〉曰:「君子安其身而後動. 易其心而後語, 定其交而後求, 君子修此三者, 故全也. 危以動, 則民不與也; 懼以語, 則民不應也; 无交而求, 則民不與也; 莫之與, 則傷之者至矣. 《易》曰:『莫益之, 或擊之, 立心勿恒, 凶.』」君子言動與求, 皆以其道, 乃完善也. 不然, 則取傷而凶矣"라 하였고, 《本義》에 "‘莫益之’者, 猶從其求益之偏辭而言也. 若究而言之, 則又有‘擊之’者矣"라 함.

# 043 夬夬

### 澤天夬: ▶乾下兌上(☰下☱上)

 *夬(쾌): 〈音義〉에 "夬, 古快反. 決也"라 하여 '쾌/쾌(guài)'로 읽음. '夬'는 決(雙聲)
과 같음. 決斷, 決定, 判決, 處斷, 決裂, 掃除, 터짐, 判斷 등을 의미함. 하괘는 乾(天)이
며 상괘는 兌(澤)로, 하늘 위까지 못물이 솟아 있는 異卦相疊의 '澤天' 괘체임. 이는
못물이 넘쳐 하늘까지 뻗친 洪水滔天의 형상으로, 그로 인해 제방이 터져 모든 것을
휩쓸고 掃除해 지나가는 모습을 비유함. 따라서 군자가 소인을 소제하여 制裁함에는
마땅히 正義로써 邪惡함을 소멸시키되, 공명정대해야 하며, 용기와 과감함으로서 결
단을 내리되, 中道를 지키고 덕으로써 승리를 취해야 함을 상징함. 아울러 비록 正義
라는 명분으로 할지라도 반드시 두려움과 신중을 기하여야 하며, 경솔히 일을 처리하
지 않도록 경계하고 있음.
 *《集解》에 "〈序卦〉曰:「益而不已必決, 故受之以'夬'.」夬者, 決也(韓康伯曰:「益而不
已, 則盈, 故'必決'矣.」)"라 함.
 *《傳》에 "夬', 〈序卦〉:「益而不已必決, 故受之以'夬'.」夬者, 決也. 益之極, 必決而後
止, 理無常益. 益(一无下益字)而不已, 已乃決也. 夬所以次益也. 爲卦兌上乾下, 以二體
言之, 澤水之聚也. 乃上於至高之處, 有潰決之象, 以爻言之, 五陽在下, 長而將極, 一陰
在上, 消而將盡, 衆陽上進, 決去一陰, 所以爲夬也. 夬者, 剛決之義, 衆陽進而決去一陰,
君子道長, 小人道消, 將盡之時也"라 함.

## (1) 卦辭

# 夬: 揚于王庭, 孚號有厲. 告自邑, 不利卽戎, 利有攸往.

〈언해〉 夬(쾌)는 王庭(왕뎡)애 揚(양)홈이니, 孚(부)로 號(호)ㅎ야 厲(려)호믈 읻께 홀 디니
라.[《本義》: 王庭(왕뎡)애 揚(양)ㅎ야, 孚(부)로 號(호)ㅎ나 厲(려)호미 이시며,]
邑(읍)으로브터 告(고)ㅎ고, 戎(융)애 卽(즉)홈이 利(리)티 아니ㅎ며, 徃(왕)홀
빠를 두미 利(리)ㅎ니라.[《本義》: 戎(융)에 卽(즉)호믈 利(리)티 아니면 徃(왕)홀

빠를 두미 利(리)호리라]

〈해석〉 쾌(夬, 쾌괘)는 임금의 조정에서 (소인의 잘못을) 널리 들춰내는 것이니, 성신(誠信)을 다해서 부르짖으니 엄려(嚴厲)함이 있게 할지니라.(왕의 조정에서 드러내어, 믿음이 있게 호령하나, 엄려함이 있으며,)

먼저 자신의 고을 사람들에게 알려주고, 군사행동에 나아감이 이롭지 않으며, 갈 곳을 정해두는 것이 이로우니라.(군사행동에 나서는 것이 이롭지 아니하며, 갈 곳을 정해 두는 것이 이로우니라.)

【夬】卦名이며, 결단, 판결, 시원한 해결을 뜻함. 〈正義〉에 "夬, 決也. 此陰消陽息之卦也. 陽長至五, 五陽共決一陰, 故名爲夬也라 함.

【揚于王庭】'揚'은 드러냄. 宣揚의 뜻. 그러나 武舞를 뜻하는 것으로도 봄. 《禮記》樂記에 "樂者, 非謂黃鐘, 大呂, 弦歌, 干揚也"라 하였으며 '干揚'은 武器를 들고 추는 춤. 즉 干舞. 그러나 ○高亨은 "揚, 疑借爲詳, 古字通用. 《詩》牆有茨:「中冓之言, 不可詳也.」 〈釋文〉:「詳, 〈韓詩〉作揚.」 卽其證. ……《說文》:「詳, 審議也.」"라 함. '王庭'은 朝廷. 〈正義〉에 "揚于王庭'者, 明行決斷之法. 夬以剛決柔, 施之於人, 則是君子決小人也. 王庭, 是百官所在之處, 以君子決小人, 故可以顯. 然發揚決斷之事於王者之庭, 示公正而無私隱也. 故曰'揚于王庭'也"라 함. 《集解》에 "虞翻曰:「陽決陰息卦也. 剛決柔與〈剝〉旁通. 乾爲陽爲王, 剝艮爲庭, 故'揚于王庭'矣.」 ○鄭玄曰:「夬, 決也. 陽氣浸長 至於五, 五尊位也, 而陰先之, 是猶聖人積德, 說天下以漸消去小人, 至於受命爲天子, 故謂之決. 揚, 越也. 五互體乾, 乾爲君, 又居尊位王庭之象也. 陰爻越其上, 小人乘君, 子罪惡上聞於聖人之朝, 故曰'夬, 揚于王庭'也.」"라 함.

【孚號有厲】'孚號'는 呼號, 즉 부르짖음. 혹 號令함. 命令함. 令을 내림. 그러나 ○高亨은 "孚, 借爲俘. 《說文》:「俘, 軍所獲也.」"라 함. '有厲'는 지독함. 嚴厲함. 심함. 危險함. 危殆로움. 부정적인 영향이 큼을 뜻함. ○高亨은 이 구절에 대해 "揚于王庭'句, 言審議俘虜於王庭也. '孚號'句, 言俘虜被刑而哭號也"라 함. 〈正義〉에 "孚號有厲'者, 號, 號令也. 行決之法, 先須號令. 夬以剛決柔, 則是用明信之法, 而宣其號令. 如此卽柔邪者危, 故曰'孚號有厲'也"라 함. 《集解》에 "虞翻曰:「陽在二五稱孚, 孚謂五也. 二失位動體巽, 巽爲號, 離爲光, 不變則危, 故'孚號有厲', 其危乃光也.」"라 함. 《傳》에 "小人方盛之時, 君子之道未勝. 安能顯然以正道決去之? 故含晦俟時, 漸圖消之之道, 今旣小人衰微, 君子道盛, 當顯行之於公. 朝使人明知善惡, 故云'揚于王庭', 孚信之在中, 誠意也. 號者, 命衆之辭. 君子之道, 雖長盛而不敢忘戒備, 故至誠以命衆, 使知尙有危道, 雖以此之甚

盛, 決彼之甚衰, 若易而無備, 則有不虞之悔, 是尙有危理, 必有戒懼之心, 則无患也. 聖人設戒之意, 深矣"라 함.

【告自邑, 不利卽戎】'自邑'은 자신의 封地. '卽'은 '나아가다'(進). 혹 '좇다'(追)의 뜻. '戎'은 武裝, 軍事行動. '卽戎'은 전투에 투입함. 그러나 ○高亨은 '告自邑'은 앞 구절에 연결하여 "'有厲告自邑'句, 言有危急之事自邑來告. 所謂危急之事, 疑是隣敵入寇也"라 함. 〈正義〉에 "以剛制斷, 行令於邑, 可也. 若用剛卽戎, 尙力取勝, 爲物所疾, 以此用師, 必有不利, 故曰'告自邑, 不利卽戎'"이라 함. 《集解》에 "虞翻曰:「陽息動復, 剛長成夬, 震爲告, 坤爲自邑, 夬從復升, 坤逆在上, 民衆消滅, 二變時離爲戎, 故'不利卽戎', 所尙乃窮也.」"라 함.

【利有攸往】목적한 바를 둠이 유리함. 李鏡池는 "是占行旅, 不連上讀"이라 함. ○高亨은 "此殆古代故事, 蓋有王者, 坐朝審議俘虜, 加之以刑, 俘虜哭號, 正在此時, 隣敵入寇, 邑人來告, 其事之象徵, 乃不利卽戎, 利有攸往. 故曰「揚于王庭, 孚號, 有厲告自邑, 不利卽戎, 利有攸往」"이라 함. 王弼 注에 "夬與剝, 反者也. 剝以柔變, 剛至於剛幾盡, 夬以剛決柔, 如剝之消剛. 剛隕, 則君子道消; 柔消, 則小人道隕. 君子道消, 則剛正之德, 不可得; 直道而用刑罰之威, 不可得, 坦然而行, 揚于王庭, 其道公也"라 하였고, 〈正義〉에 "雖不利卽戎, 然剛德不長, 則柔邪不消, 故陽爻宜有所往, 夬道乃成, 故曰'利有攸往'也"라 함. 《集解》에 "虞翻曰:「陽息陰消, 君子道長, 故'利有攸往', 剛長乃終.」"이라 함. 《傳》에 "君子之治小人, 以其不善也, 必以己之善道, 勝革之, 故聖人誅亂, 必先修己, 舜之敷文德是也. 邑, 私邑. '告自邑', 先自治也. 以衆陽之盛, 決於一陰, 力固有餘, 然不可極其剛. 至於太過, 太過乃如〈蒙〉上九之爲寇也. 戎, 兵者, 強武之事; '不利卽戎', 謂不宜尙壯武也. 卽, 從也. 從戎尙武也. '利有攸往', 陽雖盛, 未及乎上; 陰雖微, 猶有未去. 是小人尙有存者, 君子之道, 有未至也. 故宜進而往也. 不尙剛武, 而其道益進, 乃夬之善也"라 하였고, 《本義》에 "夬, 決也. 陽決陰也. 三月之卦也. 以五陽去一陰, 決之而已. 然其決之也, 必正名其罪, 而盡誠以呼號, 其衆相與合力, 然亦尙有危厲, 不可安肆, 又當先治其私, 而不可專尙威武, 則'利有所往'也. 皆戒之之辭"라 함.

## (2) 彖辭와 象辭

彖曰: 夬, 決也, 剛決柔也. 健而說, 決而和.
「揚于王庭」, 柔乘五剛也;
「孚號有厲」, 其危乃光也;
「告自邑, 不利卽戎」, 所尙乃窮也;
「利有攸往」, 剛長乃終也.
★象曰: 澤上於天, 夬. 君子以施祿及下, 居德則忌.

〈언해〉 彖(단)애 굴오디 夬(쾌)는 決(결)홈이니, 剛(강)이 柔(유)를 決(결)홈이니, 健(건)
코 說(열)ᄒᆞ고, 決(결)코 和(화)ᄒᆞ니라.
「揚于王庭」은 柔(유)ㅣ 五剛(오강)을 乘(승)홈이오,
「孚號有厲」는 그 危(위)ㅣ 이예 光(광)홈이오,
「告自邑, 不利卽戎」은 尙(상)호 배 이예 窮(궁)홈이오,
「利有攸往」은 剛(강)의 長(댱)ᄒᆞ욤이 이예 終(죵)ᄒᆞ리라.
★象(샹)애 굴오디 澤(퇵)이 天(텬)의 上(샹)호미 夬(쾌)니, 君子(군ᄌᆞ)ㅣ 以(이)
ᄒᆞ야 祿(록)을 施(시)ᄒᆞ야 下(하)애 미치며, 德(덕)애 居(거)ᄒᆞ야셔 忌(긔)를 則
(측)ᄒᆞᄂᆞ니라.

〈해석〉 彖: 쾌(夬)는 판결하는 것이니, 강한 다섯 양효(군자들)가 약한 하나의 음효(소
인)를 판결하는 것이니, 건(健, 乾)하면서 열(說, 兌, 悅)하고, 판결을 내리면서
도 화흡(和洽)하는 괘상이다.
"왕의 조정에서 (소인의 악을) 들춰낸다"는 것은, 유(柔)한 하나(上六, 陰爻, 小
人)가 강(剛)한 다섯(陽爻 다섯, 君子)을 타고 있음을 성토하는 것이요,
"성신을 다하여 부르짖되 엄려하게 한다"함은, 그 상륙(소인)의 위태로움이 이
에 널리 퍼지고 있음을 말하는 것이요,
"자신의 고을에 고하고, 함부로 전쟁을 일으키지 않는다"는 것은, 숭상하는 바
가 이에 궁할 때나 쓰는 것임을 말하는 것이요,
"갈 곳을 정해 둠이 이롭다"함은, 강한 다섯 효(군자)가 점차 커져서 이에 끝을
맺게 됨을 말한 것이다.
★象: 못물(兌)이 하늘(乾) 위로 오르는 것이 쾌괘이다. 군자는 이를 바탕으로

하여 녹(祿)을 베풀어 아랫사람에게 미치도록 하되, 덕을 베푸는 자리에 있을 때는 꺼리면서 신중히 함을 법으로 여긴다.

【「夬」, 決也, 剛決柔也】'剛決柔'는 剛한 것이 柔한 것을 決斷냄. 즉 下卦(乾, 天)의 세 爻와 上卦(兌, 澤)의 九四, 九五 모두 陽爻이며 上六 하나만 陰爻임. 따라서 양효(剛) 5개가 음효(柔) 하나를 판결하여 무너뜨림. 《集解》에 "虞翻曰: 「乾決坤也.」"라 함.

【健而說, 決而和】'健而說'의 '健'은 下卦(乾, 天, 健)으로 강하게 판결에 나섬. '說'(열)은 上卦(兌, 澤, 悅)로써 판결을 받으면서도 기꺼워함. 剛健하면서 悅懌한 卦象임을 뜻함. '決而和'은 본괘는 決斷에 果敢하면서도 능히 和悅한 모습도 동시에 갖추고 있음. 王弼 注에 "健而說, 則決而和矣"라 하였고, 〈正義〉에 "夬, 決也. 剛決柔'者, 此就爻釋卦名也. '健而說, 決而和'者, 此就二體之義, 明決而能和. 乾健而兌說, 健則能決, 說則能和, 故曰'決而和'也"라 함. 《集解》에 "虞翻曰: 「健, 乾; 說, 兌也. 以乾陽獲陰之和, 故'決而和'也.」"라 함. 《傳》에 "夬, 爲決義. 五陽決上之一陰也. '健而說, 決而和', 以二體言卦才也. 下健而上說, 是'健而能說決而能和', 決之至善也. '兌', 說爲和"라 하였고, 《本義》에 "釋卦名義, 而贊其德"이라 함.

【「揚于王庭」, 柔乘五剛也】'柔乘五剛'은 하나의 柔(上六)가 다섯 剛(陽爻 다섯)을 타고 능멸하고 있음. 즉 小人 하나가 많은 군자 위에서 得勢하고 있음. 王弼 注에 "剛德齊長, 一柔爲逆, 衆所同誅而无忌者也. 故可揚于王庭"이라 하였고, 〈正義〉에 "揚于王庭, 柔乘五剛'者, 此因一陰而居五陽之上, 釋行決之法, 以剛德齊長, 一柔爲逆, 衆所同誅, 誅而无忌也. 故曰'揚于王庭'. 言所以得顯, 然'揚于王庭'者, 只謂'柔乘五剛'也"라 함. 《集解》에 "王弼曰: 「剛德浸長, 一柔爲逆, 衆所同誅, 而无忌者也. 故可'揚于王庭'.」"이라 함. 《傳》에 "柔雖消矣, 然居五剛之上, 猶爲乘陵之象. 陰而乘陽, 非理之甚, 君子勢旣足以去之, 當顯陽其罪於王朝大庭, 使衆知善惡也"라 함.

【「孚號有厲」, 其危乃光也】'其危乃光'은 그(上六)의 위험이 이에 널리 영향을 미치고 있음. '光'은 廣과 같음. 王弼 注에 "剛正明信, 以宣其令, 則柔邪者危, 故曰'其危乃光'也"라 하였고, 〈正義〉에 "'孚號有厲, 其危乃光'者, 以明信而宣號令, 卽柔邪者危厲. 危厲之理, 分明可見, 故曰'其危乃光'也"라 함. 《集解》에 "荀爽曰: 「信其號令於下, 衆陽危去上六, 陽乃光明也.」○干寶曰: 「夬九五, 則飛龍在天之爻也. 應天順民, 以發號令, 故曰'孚號'. 以柔決剛, 以臣伐君, 君子危之, 故曰'有厲'. 德大卽心小, 功高而意下, 故曰'其危乃光'也.」"라 함. 《傳》에 "盡誠信以命, 其衆而知有危懼, 則君子之道, 乃无虞而光大也"라 함.

【「告自邑, 不利卽戎」, 所尙乃窮也】'告自邑'은 《集解》에 "翟玄曰: 「坤, 稱邑也.」○干

寶曰: 「殷民告周, 以紂无道.」라 함. '所尙乃窮'은 숭상하는 바가 궁한 것임. 武力을 崇尙하는 것은 窮困해서 하는 마지막 수단임. 王弼 注에 "以剛斷制, 告令可也. '告自邑', 謂行令於邑也. 用剛卽戎, 尙力取勝也. 尙力取勝, 物所同疾也"라 하였고, 〈正義〉에 "'告自邑, 不利卽戎, 所尙乃窮'者, 剛克之道, 不可常行, 若專用威猛, 以此卽戎, 則便爲尙力取勝, 卽是決而不和, 其道窮矣. 行決所以惟'告自邑, 不利卽戎'者, 只謂所尙乃窮故也"라 함. 《集解》에 "荀爽曰: 「不利卽尙兵戎, 而與陽爭, 必困窮.」"이라 함. 《傳》에 "當先自治, 不宜專向剛武, 卽戎則所尙, 乃至窮極矣. 夬之時所尙, 謂剛武也"라 함.

【「利有攸往」, 剛長乃終也】 '剛長乃終'은 剛한 다섯 陽爻가 점점 자라 올라가 그 끝(上六)을 해결할 것이기 때문임. '長'은 漸長. 王弼 注에 "剛德愈長, 柔邪愈消, 故'利有攸往', 道乃成也"라 하였고, 〈正義〉에 "'利有攸往, 剛長乃終'者, 剛長柔消, 夬道乃成也"라 함. 《集解》에 "虞翻曰: 「乾體大成, 以決小人, 終乾之剛, 故'乃以終'也.」"라 함. 《傳》에 "陽剛雖盛, 長猶未終, 尙有一陰, 更當決去, 則君子之道, 純一而无害之者矣. 乃剛長之終也"라 하였고, 《本義》에 "此釋卦辭'柔乘五剛', 以卦體言謂'以一小人, 加于衆君子之上, 是其罪也'. '剛長乃終', 謂一變, 則爲純乾也"라 함.

★【澤上於天, 夬】 하늘(下卦, 乾, 天) 위에 못(上卦, 兌, 澤)이 있는 괘상을 하고 있는 것이 夬卦임. 〈正義〉에 "'澤上於天, 夬'者, 澤性潤下, 雖復澤上於天, 決來下潤, 此事必然, 故是夬之象也"라 함. 《集解》에 "陸績曰: 「水氣上天, 決降成雨, 故曰夬.」"라 함.

【君子以施祿及下, 居德則忌】 '施祿及下'는 높은 자리에 있을 때 녹이 아래에 미치도록 해야 함. '居德則忌'는 덕을 베풀어야 할 자리에 있다면 늘 꺼리고 조심하는 忌諱를 생각해야 함. 혹 덕에 거해여 꺼리며 신중히 하는 것을 법으로 삼음. 上六을 警戒한 것이며, 동시에 전괘의 괘상을 두고 군자가 세운 德目임. 王弼 注에 "澤上於天, 夬之象也. 澤上於天, 必來下潤, 施祿及下之義也. 夬者, 明法而決斷之象也. 忌, 禁也. 法明斷嚴, 不可以慢, 故居德以明禁也. 明而能嚴, 嚴而能施, 健而能說, 決而能和, 美之道也"라 하였고, 〈正義〉에 "'君子以施祿及下, 居德則忌'者, 忌, 禁也. 夬有二義, 〈象〉則澤來潤下, 〈象〉則明法決斷, 所以君子法此, 夬義威惠兼施, 雖復施祿及下, 其在身居德, 復須明其禁令, 合於健而能說, 決而能和, 故曰'君子以施祿及下, 居德則忌'也"라 함. 《集解》에 "虞翻曰: 「君子謂乾, 乾爲施祿下, 謂剝坤. 坤爲衆臣, 以乾應坤, 故'施祿及下'; 乾爲德, 艮爲居, 故'居德則忌'. 陽極陰生, 謂陽忌陰.」"이라 함. 《傳》에 "澤, 水之聚也, 而上於天, 至高之處, 故爲夬象. 君子觀澤決於上, 而注漑於下之象, 則以'施祿及下', 謂施其祿澤, 以及於下也. 觀其決潰之象, 則以'居德則忌'. 居德, 謂安處其德, 則約也. 忌, 防也. 謂約立防禁, 有防禁, 則无潰散也. 王弼作'明忌', 亦通. 不云'澤在天上', 而云'澤上於天'. 上於天,

則意不安, 而有決潰之勢. 云在天上, 乃安辭也"라 하였고, 《本義》에 "'澤上於天', 潰決之勢也; '施祿及下', 潰決之意也. '居德則忌', 未詳"이라 함.


## (3) 爻辭와 象辭

初九: 壯于前趾, 往不勝, 爲咎.
☆象曰: 「不勝而往」, 咎也.

〈언해〉 初九(초구)는 前趾(젼지)애 壯(장)홈이니, 往(왕)ᄒ야 勝(승)티 몯ᄒ면 咎(구)ㅣ
　　　되리라. [《本義》: 往(왕)ᄒ야 勝(승)티 몯ᄒ야]
　　　☆象(샹)애 ᄀᆞᆯ오디 「勝(승)티 몯홀 거슬 往(왕)홈」이 咎(구)ㅣ라.
〈해석〉 [初九](一): 앞 발가락이 찔린 것이니, 나아간다 해도 승리하지 못하면(나아가서
　　　이기지 못하여) 그것이 허물이 될 것이다.
　　　☆象: "승리하지 못할 곳을 가는 것"이 허물인 것이다.


　　【初九】 이는 전괘의 시작이며 陽爻로 位正當함. 陽剛하여 힘차게 나서지만, 맨 아
래 위치하여 큰 공을 이루지 못함.
　　【壯于前趾, 往不勝, 爲咎】 '壯'은 씩씩함. 그러나 혹 '戕'의 假借로 '傷', 즉 '찔려 상처
를 입다'의 뜻이라고도 함. '前趾'는 앞에 붙은 발가락. 혹 앞으로 나서는 발가락. 발가
락의 前端部. 첫발을 떼는 시작을 의미함. '往不勝'은 앞으로 나섰으나 임무를 이겨내
지 못함. 이 효는 발가락의 전단부처럼 혈기가 왕성하여(혹 발가락을 다쳐) 앞으로
나서서 결단의 임무를 하고자 하나 가장 낮은 지위여서(혹 다친 상태로) 조급할 뿐
그 임무를 해내지 못함. ○高亨은 "傷於前趾, 不利於行, 如此有所征伐, 往卽不勝, 適以
爲咎, 故曰「壯于前趾, 往不勝, 爲咎」"라 함. 王弼 注에 "居健之初, 爲決之始, 宜審其策,
以行其事. 壯其前趾, 往而不勝, 宜其咎也"라 하였고, 〈正義〉에 "初九, 居夬之初, 當須審
其籌策, 然後乃往, 而體健處下, 徒欲果決, 壯健前進, 其趾以此而往, 必不克勝, 非夬之
謀, 所以爲咎, 故曰'初九, 壯于前趾, 往不勝, 爲咎'也"라 함. 《集解》에 "虞翻曰:「夬變
〈大壯〉. 大壯震爲趾, 位在前, 故'壯于前', 剛以應剛, 不能克之, 往如失位, 故'往不勝, 爲
咎'.」"라 함. 《傳》에 "陽爻而乾體, 剛健在上之物, 乃在下而居, 決時壯于前進者也. '前
趾', 謂進行人之決於行也. 行而宜則其決爲是, 往而不宜則決之過也. 故往而不勝, 則爲咎

也. 夬之時而往, 往決也, 故以勝負言. 九居初而壯于進, 躁于動者也. 故有不勝之戒, 陰雖將盡, 而己之躁動, 自宜有不勝之咎, 不計彼也"라 하였고,《本義》에 "前, 猶進也. 當決之時, 居下任壯, 不勝宜矣. 故其象占如此"라 함.

☆【「不勝而往」, 咎也】 이겨내지도 못할 것에 대들어 나서는 것은 허물이 됨. 王弼 注에 "不勝之理, 在往前也"라 하였고, 〈正義〉에 "〈象〉曰'不勝而往咎'者, 經稱'往不勝, 爲咎'. 〈象〉云'不勝而往咎', 翻其文者, 蓋暴虎馮河, 孔子所忌, 謬於用壯, 必无勝理, 孰知不勝, 果決而往? 所以致於咎過, 故注云'不勝之理, 在往前也.'"라 함.《集解》에 "虞翻曰: 「往失位應陽, 故咎矣.」"라 함.《傳》에 "人之行必度其事可爲, 然後決之, 則无過矣. 理不能勝而且往, 其咎可知. 凡行而有咎者, 皆決之過也"라 함.


# 九二: 惕號, 莫夜有戎, 勿恤.
## ☆象曰:「有戎, 勿恤」, 得中道也.

〈언해〉 九二(구이)는, 惕(텩)ᄒᆞ야 號(호)홈이니, 莫夜(모야)애 戎(융)이 이실 디라도 恤(휼)티 마롤 디로다.

　　☆象(샹)애 ᄀᆞᆯ오디「有戎, 勿恤」은 中道(듕도)를 得(득)홀 시라.

〈해석〉 [九二](一): 두려워서 부르짖는 것이니, 저녁 한 밤중에 전쟁이 있어도, 근심하지는 말라.

　　☆象: "전쟁이 있을지라도 근심하지 말라"함은, 중도(中道, 득중)를 얻었기 때문이다.


【九二】 이는 下卦(乾)의 중앙에 자리하고 있으나 陽爻로 位不當하며, 아울러 九五와도 正應을 이루지 못하여 지나치게 陽剛할 뿐임.

【惕號, 莫夜有戎, 勿恤】'惕號'는 두려워서 부르짖음. 驚呼와 같음. '莫'는 '모'로 읽으며, '저녁'(暮)의 뜻. '有戎'은 전투가 벌어짐. ○高亨은 "有戎, 謂有寇兵也"라 함. '勿恤'은 걱정하지 않음. 이 효는 陽剛하면서 중앙에 위치하여 武勇이 果決하며, 비록 밤중에 적이 쳐들어와 전투가 벌어진다 해도 능히 患難을 면할 수 있음. ○高亨은 "筮遇此爻, 惕懼焉, 哭號焉, 暮夜之中有寇兵至焉, 其禍似將不測, 然而勿憂焉, 將不足爲患也, 故曰「惕號, 莫夜有戎, 勿恤」"이라 함. 王弼 注에 "居健履中, 以斯決事, 能審己度而不疑者也. 故雖有惕懼號呼, 莫夜有戎, 不憂不惑, 故'勿恤'也"라 하였고, 〈正義〉에 "'惕號, 莫夜有戎,

勿恤'者, 九二體健居中, 能決其事, 而无疑惑者也. 雖復有人惕懼號呼, 語之云: '莫夜必有戎寇來害己.', 能審己度, 不惑不憂, 故'勿恤'也"라 함. 《集解》에 "虞翻曰:「惕, 懼也. 二失位故惕, 變成巽故號. 剝坤爲莫夜, 二動成離, 離爲戎變而得正, 故'有戎'. 四變成坎, 坎爲憂, 坎又得正, 故'勿恤'. 謂成〈旣濟〉定也.」"라 함. 《傳》에 "夬者, 陽決陰. 君子決小人之時, 不可忘戒備也. 陽長將極之時, 而二處中居柔, 不爲過剛, 能知戒備, 處夬之至善也. 內懷兢惕, 而外嚴誡號, 雖莫夜有兵戎, 亦可勿恤矣"라 하였고, 《本義》에 "九二當決之時, 剛而居柔, 又得中道, 故能憂惕號呼, 以自戒備, 而莫夜有戎, 亦可无患也"라 함.

　　☆【「有戎, 勿恤」, 得中道也】'得中道'는 下卦(乾)의 가운데에 자리를 잡고 있음을 말함. 〈正義〉에 "〈象〉曰'得中道'者, 決事而得中道, 故不以有戎爲憂, 故云'得中道'也"라 함. 《集解》에 "虞翻曰:「動得正應五, 故'得中道'.」"라 함. 《傳》에 "莫夜有兵戎, 可懼之甚也. 然可勿恤者, 以自處之善也. 旣得中道, 又知惕懼, 且有戒備, 何事之足恤也? 「九居二雖得中, 然非正其爲至善, 何也?」曰:「陽決陰, 君子決小人, 而得中, 豈有不正也? 知時識勢, 學《易》之大方也.」"라 함.


# 九三: 壯于頄, 有凶. 君子夬夬獨行, 遇雨若濡, 有慍, 无咎.
# ☆象曰:「君子夬夬」, 終无咎也.

〈언해〉九三(구삼)은, 頄(귀)애 壯(장)ᄒᆞ야, 凶(흉)이 잇고, 홀로 行(ᄒᆡᆼ)ᄒᆞ면 雨(우)를 만나미니, 君子(군ᄌᆞ)는 夬(쾌)를 夬(쾌)ᄒᆞᄂᆞᆫ 디라, 濡(유)틋 ᄒᆞ야 慍(온)을 두면 咎(구)ㅣ 업스리라. [《本義》: 頄(귀)애 壯(장)홈이니, 凶(흉)이 이시나, 君子(군ᄌᆞ)ㅣ 夬(쾌)를 夬(쾌)ᄒᆞ면, 홀로 行(ᄒᆡᆼ)호매 雨(우)를 만나 濡(유)틋 ᄒᆞ야 慍(온)이 이시나 咎(구)ㅣ 업스리라]

　　☆象(샹)애 ᄀᆞᆯ오디「君子(군ᄌᆞ)는 夬(쾌)를 夬(쾌)ᄒᆞᄂᆞᆫ 디라」, ᄆᆞᄎᆞᆷ애 咎(구)ㅣ 업스니라.

〈해석〉[九三](一): 광대뼈에 용맹이 가득 차서, 흉함이 있어, 홀로 길을 나섰다가 비를 만남과 같으니, 군자는 판결할 것을 판결하는 까닭에, 비에 젖은 듯하여 노여운 기색을 가지면 허물이 없으리라.(광대뼈에 용맹의 기색이 가득한 것이니, 흉함이 있으나, 군자가 판결할 것을 판결하면, 홀로 길을 나섬에 빛 만나 젖듯하여, 노여움이 있으나, 허물은 없으리라.)

　　☆象: "군자는 판결할 것을 판결하는 까닭에", 끝마무리에는 허물이 없는 것이다.

【九三】이는 하괘(乾)의 가장 윗자리이며 陽爻로 位正當함. 이제껏 올라온 陽剛을 이끌고 위로 올라가 決斷의 本領을 강하게 실행코자 함. 아울러 上六과 正應을 이루어 果斷함을 상징함.

【壯于頄, 有凶】'壯'은 역시 戕의 假借로도 봄. '頄'는 광대뼈, 顴骨, 혹 뺨 부위. '有凶'은 지나친 과단성 때문에 초래한 환난임. 〈正義〉에 "'壯于頄, 有凶'者, 頄, 面權也. 謂上六也. 言九三處夬之時, 獨應上六, 助於小人, 是以凶也. 若〈剝〉之六三, 處陰長之時而應上, 是助陽爲善, 今九三處剛長之時, 獨助陰爲凶也"라 함. 《集解》에 "翟玄曰:「頄, 面也. 謂上處乾, 首之前稱頄. 頄頰間骨, 三往壯上, 故'有凶'也.」"라 함.

【君子夬夬獨行, 遇雨若濡, 有慍, 无咎】'夬夬'는 몹시 과단성 있는 모습. 趹趹과 같음. ○高亨은 "本卦夬夬, 皆借爲趹趹, 行疾之貌也"라 함. 그러나 胡瑗과 程頤, 朱熹 모두 이 구절은 얽혀 잘못된 것이라 하여 순서를 달리 하였으며,(아래 程頤《易傳》과 朱熹《易本義》를 참조할 것.) 〈諺解〉도 이를 따라 풀이한 것임. 아울러 '夬夬'는 '夬할 것을 夬하다'(판결할 것을 판결하다)로 풀이하고 있음. '若濡'는 비에 젖음. '若'은 而와 같음. 처단해야 할 小人(上六)이 자신과 呼應하는 관계이므로 사사롭게 대할 것이라는 타인의 의심이 비에 젖듯이 조금씩 젖어듦을 말함. 《集解》에 "荀爽曰:「九三體乾, 乾爲君子, 三五同功, 二爻俱欲決上, 故曰'君子夬夬'也. 獨行, 謂一爻獨上, 與陰相應, 爲陰所施, 故'遇雨'也.」"라 함. '有慍'은 분노를 표출함. 이 효는 이미 中道를 넘어서 위의 소인(上六)을 결단하고자 조급하여 분노까지 표출하는 爻象임. 그러나 상륙과는 호응하는 관계이므로 남으로부터 사사롭게 대할 것이라는 의심에 부담을 느껴 군자답게 행동함. 그 때문에 허물은 없음. ○高亨은 "君子趹趹然獨行, 遇雨而濡, 只使人怒耳, 故無咎也. 故曰「君子夬夬獨行, 遇雨若濡, 有慍, 无咎」"라 함. 王弼 注에 "頄, 面權也. 謂上六也. 最處體上, 故曰權也. 〈剝〉之六三, 以應陽爲善夫, 剛長則君子道興, 陰盛則小人道長. 然則處陰長而助陽, 則善; 處剛長而助柔, 則凶矣. 夬爲剛長, 而三獨應上六, 助於小人, 是以凶也. 君子處之, 必能棄夫情累, 決之不疑, 故曰'夬夬'也. 若不與衆陽爲羣, 而獨行殊志, 應於小人, 則受其困焉. 遇雨若濡, 有恨而無所咎也"라 하였고, 〈正義〉에 "'君子夬夬'者, 君子之人, 若於此時, 能棄其情, 累不受於應, 在於決斷而无滯, 是'夬夬'也. '獨行, 遇雨若濡, 有慍, 无咎'者, 若不能決斷, 殊於衆陽, 應於小人, 則受濡濕其衣, 自爲怨恨, 无咎責於人, 故曰'有慍, 无咎'也"라 함. 《集解》에 "荀爽曰:「雖爲陰所濡, 能慍不說, 得无咎也.」"라 함. 《傳》에 "爻辭差錯. 安定胡公(胡瑗. 993-1059)移其文曰:「壯于頄, 有凶. 獨行, 遇雨若濡, 有慍, 君子夬夬, 无咎.」亦未安也. 當云:「壯于頄, 有凶. 獨行. 遇雨. 君子夬夬, 若濡有慍, 无咎.」夬, 決尙剛健之時, 三居下體之上, 又處健體之極,

剛果於決者也. 頄, 顴骨也. 在上而未極於上者也. 三居下體之上, 雖在上而未爲最上, 上有君而自任其剛, 決壯于頄者也. 有凶之道也. 獨行遇雨, 三與上六爲正應, 方羣陽共決一陰之時, 己若以私應之, 故不與衆同而獨行, 則與上六陰陽和合, 故云‘遇雨’.《易》中言‘雨’者, 皆謂陰陽和也. 君子道長, 決去小人之時, 而己獨與之和, 其非可知, 唯君子處斯時, 則能夬夬. 謂‘夬’, 其夬果決其斷也. 雖其私與當遠絶之, 若見濡汙有慍惡之色, 如此則无過咎也. 三健體而處正, 非必有是失也. 因此義以爲敎耳. 爻文所以‘交錯’者, 由有遇‘雨’字, 又有‘濡’字, 故誤以爲連也"라 하였고,《本義》에 "頄, 觀也. 九三當決之時, 以剛而過乎中, 是欲決小人, 而剛壯見于面目也. 如是則有凶道矣. 然在衆陽之中, 獨與上六爲應, 若能果決, 其決不係私愛, 則雖合於上六, 如獨行遇雨, 至於若濡, 而爲君子所慍. 然終必能決去小人, 而无所咎也. 溫嶠之於王敦, 其事類此"라 함.

☆【「君子夬夬」, 終无咎也】 ‘夬夬’는 역시 ‘趹趹’과 같음. 급하게 내닫는 모습. ‘終无咎’는 陽爻의 군자답게 행동하여 끝내 허물은 없음.〈正義〉에 "〈象〉曰‘君子夬夬, 終无咎’者, 衆陽決陰, 獨與上六相應, 是有咎也. 若能夬夬決之不疑, 則終无咎矣. 然則〈象〉云‘无咎’, 自釋‘君子夬夬’, 非經之‘无咎’也"라 함.《集解》에 "王弼曰:「頄, 面顴也. 謂上六矣. 最處體上, 故曰頄也.〈剝〉之六三, 以應陽爲善夫, 剛長則君子道興, 陰盛則小人道長. 然則處陰長而助陽, 則善; 處剛長而助柔, 則凶矣. 而三獨應上, 助小人, 是以凶也. 君子處之, 必能棄夫情累, 決之不疑, 故曰‘夬夬’也. 若不與陽爲羣, 而獨行殊志, 應於小人, 則受其困焉. 遇雨若濡, 有慍而終无所咎也.」"라 함.《傳》에 "牽梏於私好, 由无決也. 君子義之與比, 決於當決, 故終不至於有咎也"라 함.

九四: 臀无膚, 其行次且. 牽羊悔亡, 聞言不信.
☆象曰:「其行次且」, 位不當也;「聞言不信」, 聰不明也.

〈언해〉九四(구ᄉᆞ)는, 臀(둔)애 膚(부)ㅣ 업스며, 그 行(ᄒᆡᆼ)홈이 次且(ᄌᆞ져)ᄒᆞ니, 羊(양)을 牽(견)툿 ᄒᆞ면 悔(회) 亡(망)ᄒᆞ련마ᄂᆞᆫ, 言(언)을 聞(문)ᄒᆞ야도 信(신)티 아니ᄒᆞ리로다.
    ☆象(샹)애 ᄀᆞᆯ오ᄃᆡ「其行次且」ᄂᆞᆫ 位(위) 當(당)티 아님이오,「聞言不信」은 聰(총)이 明(명)티 아님이라.

〈해석〉[九四](─): 볼기에 살이 없으며, 그 가는 모습이 뒤뚱거리는 형상이니, 양을 끌고 가듯이 하면 회한이 없어질 것이지만, 그 말을 듣고도 믿지 않을 것이다.

☆象: "그 가는 모습이 뒤뚱거린다"함은, 자리가 마땅치 못함을 이른 것이요, "그 말을 들어도 믿지 않는다"함은, 귀가 밝지 못함을 말한 것이다.

【九四】이는 상괘(兌)의 시작이며, 陽爻로 位不當함. 아래 乾의 세 양효가 강하게 결단을 요구하며 올라오고 있어, 이를 받아 자신 兌(悅, 和)의 가장 높은 위치인 小人(上六)을 판결해야 하므로 부담을 느껴 더디게 행동함.

【臀无膚, 其行次且】'臀'은 볼기. 궁둥이, 臀部. 궁둥이를 노출하는 것은 笞杖을 맞거나 스스로 責罰을 받겠다는 의미를 내포함. '次且'는 '자저'로 읽으며, '趑趄'와 같음. '꾸물거림, 걷기가 힘듦, 뒤뚱거림'을 뜻하는 雙聲連綿語. 馬融은 "却行不前也"라 함. 〈正義〉에 "'臀无膚, 其行次且'者, 九四據下, 三陽位又不正, 下剛而進, 必見侵傷. 侵傷則居不得安, 若'臀无膚'矣. '次且', 行不前進也. 臀之无膚, 居旣失安, 行亦不進, 故曰'臀无膚, 其行次且'也"라 함. 《集解》에 "虞翻曰:「二四已變, 坎爲臀, 〈剝〉艮爲膚, 毁滅不見, 故'臀无膚'. 〈大壯〉震爲行, 坎爲破爲曳, 故'其行次且'也.」"라 함.

【牽羊悔亡, 聞言不信】'牽羊悔亡'은 양을 끌고 가면 悔恨이 사라질 것임. '羊'은 '陽'과 同音이며 '剛'과 疊韻. 陽剛한 동물로 끌고 가기 힘든 물건임을 상징함. 즉 九五를 가리킴. 그러나 '羊'은 《說文》에 "羊, 祥也"라 하여, 吉祥의 상징이었으며, 양을 끌고 가면 逢凶化吉의 습속이 있었거나, 혹 스스로 臣僕이 되겠다는 의미와 연관이 있는 것이 아닌가 함. 《左傳》宣公 12년 "楚子圍鄭, 克之, 入自皇門, 至于逵路, 鄭伯肉袒牽羊而逆"의 杜預 注에 "肉袒牽羊, 示服爲臣僕"이라 함. '聞言不信'의 '言'은 '양을 끌고 가면 회한이 없으리라'는 권고의 말. 이 효는 양효로 陰位에 있어 位不當하며 상괘(兌)의 시작으로 陽剛하나 결단력이 부족함. 마치 궁둥이에 살갗이 없어 걷기가 힘든 모습임. 이에 위의 陽剛한 九五(군주)에 의지하도록 권고를 받고 있지만, 자신이 位不當하여 그 말을 믿지 못하여 결국 화를 자초할 것임. 이 때문에 듣는 힘이 부족한 것임. ○高亨은 "筮遇此爻, 有臀部受杖之兆, 唯牽羊而往, 可以解免, 故曰「臀无膚, 其行次且, 牽羊悔亡」. 又古人聞言不能定其誠否, 蓋亦筮之, 若又此爻, 則其言不誠, 故曰「聞言不信」"이라 함. 王弼 注에 "下剛而進, 非己所據, 必見侵食, 失其所安, 故'臀无膚, 其行次且也'. 羊者, 牴狠難移之物, 謂五也. 五爲夬主, 非下所侵, 若牽於五, 則可得悔亡而已. 剛亢不能納言, 自任所處, 聞言不信, 以斯而行凶, 可知矣"라 하였고, 〈正義〉에 "'牽羊悔亡, 聞言不信'者, 羊者, 牴狠難移之物, 謂五也. 居尊當位, 爲夬之主, 下不敢侵, 若牽於五, 則可得悔亡, 故曰'牽羊悔亡'. 然四亦是剛陽, 各亢所處, 雖復聞牽羊之言, 不肯信, 服事於五, 故曰'聞言不信'也"라 함. 《集解》에 "虞翻曰:「兌爲羊, 二變巽爲繩, 〈剝〉艮手持繩, 故牽羊. 謂四之正, 得位承

五, 故‘悔亡’. 震爲言, 坎爲耳, 震坎象不正, 故‘聞言不信’也.”라 함. 《傳》에 “‘臀无膚’, 居不安也; ‘行次且’, 進不前也. 次且, 進難之狀. 九四以陽居陰, 剛決不足. 欲止, 則衆陽竝進, 於下勢不得安, 猶臀傷而居不能安也; 欲行, 則居柔失其剛壯, 不能强進. 故其行次且也. ‘牽羊悔亡’, 羊者, 羣行之物; 牽者, 挽拽之義. 言若能自强而牽挽, 以從羣行, 則可以亡其悔. 然旣處柔, 必不能也. 雖使聞是言, 亦必不能信用也. 夫過而能改, 聞善而能用, 克己以從義, 唯剛明者能之. 在它卦九居四, 其失未至如此之甚, 在夬而居柔, 其害大矣”라 하였고, 《本義》에 “以陽居陰, 不中不正, 居則不安, 行則不進, 若不與衆陽競進, 而安出其後, 則可以亡其悔. 然當決之時, 志在上進, 必不能也. 占者聞其言而信, 則轉凶而吉矣. 牽羊者, 當其前則不進, 縱之使前而隨其後, 則可以行矣”라 함.

☆【「其行次且」, 位不當也】‘位不當’은 이 효는 陽爻로 陰位에 있음을 말함.

【「聞言不信」, 聽不明也】‘聽不明’은 귀로 듣는 능력이 총명하지 못함. ‘聰’은 남의 말을 똑똑하게 듣는 능력을 말함. 王弼 注에 “同於〈噬嗑〉‘滅耳之凶’”이라 하였고, 〈正義〉에 “〈象〉曰‘聽不明’者, 聽, 聽也. 良由聽之不明, 故‘聞言不信’也. 同於〈噬嗑〉‘滅耳之凶’者, 四旣‘聞言不信’, 不肯牽. 係於五, 則必被侵, 克致凶, 而經无凶文. 〈象〉稱‘聽不明’者, 與〈噬嗑〉上九辭同, 彼以不明釋凶, 知此亦爲凶也”라 함. 《集解》에 “虞翻曰:「坎耳離目, 折入於兌, 故‘聰不明’矣.」案:「兌爲羊, 四五體兌故也. 凡卦初爲足, 二爲腓, 三爲股, 四爲臀. 當陰柔, 今反剛陽, 故曰‘臀无膚’. 九四震爻, 震爲足, 足旣不正, 故‘行次且’矣.」”라 함. 《傳》에 “九處陰, 位不當也. 以剛居柔, 失其剛決, 故不能强進, 其行次且, 剛然後能明. 處柔則遷失其正性, 豈復有明也? 故聞言而不能信者, 蓋其聰聽之不明也”라 함.


九五: 莧陸夬夬, 中行无咎.
☆象曰:「中行无咎」, 中未光也.

〈언해〉 九五(구오)는, 莧陸(현륙)이 夬夫(쾌쾌)틋 ᄒᆞ면, 中行(듕ᄒᆡᆼ)애 咎(구)ㅣ 업스리라.[《本義》: 莧陸(현륙)이 夬(쾌)ᄒᆞ고 夬(쾌)호ᄃᆡ 中行(듕ᄒᆡᆼ)애 ᄒᆞ면 咎(구)ㅣ 업스리라]

☆象(샹)애 ᄀᆞᆯ오ᄃᆡ 「中行无咎」ㅣ나 中(듕)이 光(광)티 몯홈이라.

〈해석〉 [九五](一): 가리공(비름)을 부러뜨리듯 과감히 나서듯 하면, 중앙의 자리를 잡고 있기 때문에 허물은 없으리라.(비름이 과감하고 과감하게 하면 쉽게 부러지듯 하되, 중앙에 자리 잡고 있어 실행에 옮기면 허물이 없으리라.)

☆象: "중앙에 자리 잡고 행하므로 허물이 없다"함은, 중앙에서의 펼치고 있는 도(道)가 아직 널리 퍼지지 못하고 있음을 말한 것이다.

【九五】이는 君位이며 陽爻로 位正當함. 본 夬卦의 奏效이며, 上卦(兌)의 가운데를 차지하고 있어 得中을 이룸. 따라서 결단의 과감함을 실현하되 中道(得中)를 견지하여야 함.

【莧陸夬夬, 中行无咎】'莧陸'은 비름(자리공). 풀이름. '馬齒莧', '赤莧'이라고도 하며, 脆弱하고 잘 부러짐. 그러나 王夫之《周易稗疏》에는 "'莧'은 '++(艸)'部가 아니며 음은 '환'(胡官切), 山羊의 가는 두 뿔을 뜻함"(山羊細角者也)라 하였고, 《說文》에도 "莧, 山羊細角者"라 하였음. '陸'은 '踛'의 假借로 양이 날뛰는 모습. ○高亨은 "陸者, 躍馳也"라 함. 따라서 '莧陸(莧踛)夬夬中行'으로 끊어 읽었으며, '뿔이 가는 산양이 도로 가운데에서 날뛰는 것'이라 풀이하였음. 《路史》(後紀) 注에도 "莧陸, 獸名"이라 하였으며, '源'으로도 표기함. 《爾雅》에 "源, 如羊"이라 하였고, 郭璞 注에 "源羊似吳羊而大角, 角椯, 出西方"이라 함. 그러나 《集解》에 "荀爽曰:「莧, 謂五; 陸, 謂三. 兩爻決上, 故曰'夬夬'也. 莧者, 葉柔而根堅, 且赤以言陰, 在上六也. 陸, 亦取葉柔根堅也. 去陰遠, 故言陸, 言差堅於莧. 莧根小陸根大, 五體兌, 柔居上莧也. 三體乾剛, 在下根深, 故謂之陸也.」"라 함. '夬夬'는 여기에서는 '과감히 나섬'의 뜻. '中行'은 이 효가 上卦(兌)의 가운데에 있고 陽爻이므로 位正當하고 得中하였음을 말함. 그러나 ○高亨은 "中行, 人名"이라 하였음. '无'는 금지명령 '勿'과 같음. 그러나 일반적으로 이 효는 中正陽剛하며 위로 上六(小人) 바로 밑에 있으나 尊位(君位)에 있으므로 소인을 제거하는 일에 마치 '취약한 비름을 잘라 없애듯이' 과감히 나서야 하지만, 이러한 방법은 지나치게 剛暴하므로 中道(得中)의 덕으로 해야 함으로 풀이함. 王弼 注에 "莧陸, 草之柔脆者也. 決之至易, 故曰'夬夬'也. 夬之爲義, 以剛決柔, 以君子除小人者也. 而五處尊位, 最比小人, 躬自決者也. 以至尊而敵至賤, 雖其克勝, 未足多也. 處中而行, 足以免咎而已, 未足光也"라 하였고, 〈正義〉에 "'莧陸夬夬, 中行无咎'者, 莧陸, 草之柔脆者也. 夬之爲義, 以剛決柔, 以君子除小人者也. 五處尊位, 爲夬之主, 親決上六, 決之至易也. 如決莧草然, 故曰'莧陸夬夬'也. 但以至尊而敵於至賤, 雖其克勝, 不足貴也. 特以'中行'之故, 纔得无咎, 故曰'中行无咎'. '莧陸, 草之柔脆'者, 〈子夏傳〉云:「莧陸, 木根草莖, 剛下柔上也.」馬融·鄭玄·王肅皆云:「莧陸, 一名商陸. 皆以莧陸爲一, 董遇云: '莧人, 莧也; 陸商, 陸也.' 以莧陸爲二.」案: 注直云'草之柔脆'者, 亦以爲一同於子夏等也"라 함. 《集解》에 "虞翻曰:「莧, 說也. 莧, 讀夫子'莞爾而笑'之莧. 陸, 和睦也. 震爲笑, 言五得正位, 兌爲說故, 莧陸

夬夬. 〈大壯〉震爲行, 五在上中, 動而得正, 故'中行无咎'. 舊讀言'莧', 陸字之誤也. 馬君·苟氏, 皆從俗言莧陸, 非也.」라 함. 《傳》에 "五雖剛陽, 中正居尊位, 然切近於上六. 上六說體, 而卦獨一陰, 陽之所比也. 五爲決陰之主, 而反比之, 其咎大矣. 故必決, 其決如莧陸. 然則於其中行之德, 爲无咎也. 中行, 中道也. '莧陸', 今所謂'馬齒莧'是也. 曝之難乾, 感陰氣之多者也, 而脆易折, 五若如莧陸. 雖感於陰, 而決斷之易, 則於中行, 无過咎矣. 不然則失其中正也. 感陰多之物, 莧陸爲易斷, 故取爲象"이라 하였고, 《本義》에 "莧陸', 今'馬齒莧', 感陰氣之多者. 九五當決之時, 爲決之主, 而切近上六之陰, 如莧陸. 然若決而決之, 而又不爲過暴, 合於中行, 則无咎矣. 戒占者, 當如是也"라 함.

☆【「中行无咎」, 中未光也】'中未光'은 이 효가 가지고 임금으로서의 '中道의 德'이 널리 미치지 못함. '光'은 廣의 뜻. 〈正義〉에 "〈象〉曰'中未光'者, 雖復居中而行, 以其親決上六, 以尊敵卑, 未足以爲光大也"라 함. 《集解》에 "虞翻曰:「在坎陰中, 故未光也.」○王弼曰:「莧, 草之柔脆者也. 夬之至易, 故曰'夬夬'也. 夬之爲義, 以剛決柔, 以君子除小人也. 而五處尊位, 最比小人, 躬自決者也. 夫以至尊而敵於至賤, 雖其克勝未足多也. 處中而行, 足以免咎而已. 未爲光益也.」라 함. 《傳》에 "卦辭言夬, 夬則於中行爲无咎矣. 〈象〉復盡其義, 云'中未光也'. 夫人心正意誠, 乃能極中正之道, 而充實光輝. 五心有所比以義之, 不可而決之, 雖行於外, 不失中正之義, 可以无咎. 然於中道, 未得爲光大也. 蓋人心一有所欲, 則離道矣. 夫子於此, 示人之意, 深矣"라 하였고, 《本義》에 "程傳備矣"라 함.


# 上六: 无號, 終有凶.

## ☆象曰:「无號之凶」, 終不可長也.

〈언해〉上六(샹륙)은, 號(호)티 마롤 디니, ᄆᆞᆾ내 凶(흉)이 인ᄂᆞ니라.[《本義》: 號(호)홈이 업스니, ᄆᆞᆾ내 凶(흉)이 이시리라]

☆象(샹)애 ᄀᆞᆯ오디「无號의 凶홈」은 ᄆᆞᆾ애 可(가)히 長(댱)티 몯홀 디니라.

〈해석〉[上六](--): 부르짖어도 소용이 없으니, 끝내는 흉함이 있도다.(부르짖음이 없으니, 마침내 흉함이 있으리라.)

☆象: "부르짖음이 없는 흉함"이란, 마침내 소인의 악은 길게 갈 수 없음을 말한 것이다.

【上六】이는 전괘의 가장 윗자리에 있으며, 전괘의 유일한 陰爻로 位正當하나, 다섯 陽爻(群賢)를 아래로 짓누르고 있는 형상이므로 小人으로 지목되어 처단 대상이 되며, 소인의 악행은 결국 길게 가지 못함을 경고한 것임.

【无號, 終有凶】 '无號'는 울부짖어도 소용이 없음. 그러나 ○高亨은 '无號'는 '犬號'의 오기이며 '无'와 '犬'은 글자가 비슷하여 오류를 일으킨 것이라 하면서, "古人以犬號爲凶兆.《墨子》兼愛下篇:「昔者三苗大亂, 犬哭于市.」是其例. 故爻辭言「犬號, 終有凶」"이라 하였음. '終有凶'은 끝마침에 흉함이 있음. 흉하게 끝을 맺음. 이 효는 아래 다섯 양효(群賢)들이 공동으로 처단하여 올라오고 있어, 애처롭게 울부짖으나 處斷의 終末을 맞게 됨. 그러나 ○高亨은 "无號, 義不可通. 疑'无'當作'犬', 形近而譌. 犬號者, 凶兆也. 今吾鄕猶以犬號爲凶兆, 殆古之遺俗也. 故曰「犬號, 終有凶」"이라 함. 王弼 注에 "處夬之極, 小人在上, 君子道長, 衆所共棄, 故非號咷所能延也"라 하였고, 〈正義〉에 "上六, 居夬之極, 以小人而居羣陽之上, 衆共棄也. 君子道長, 小人必凶, 非號咷所免, 故禁其號咷, 曰 '无號, 終有凶'也"라 함.《集解》에 "虞翻曰:「應在於三, 三動時體巽, 巽爲號令, 四已變坎之應, 歷險巽象不見, 故'无號'; 位極乘陽, 故'終有凶'矣.」"라 함.《傳》에 "陽長將極, 陰消將盡, 獨一陰處窮極之地, 是衆君子得時, 決去危極之小人也. 其勢必須消盡, 故云'无用號咷'. 畏懼, 終必有凶也"라 하였고,《本義》에 "陰柔小人, 居窮極之時, 黨類已盡, 无所號呼, 終必有凶也. 占者有君子之德, 則其敵當之, 不然反是"라 함.

☆【「无號之凶」, 終不可長也】 '終不可長'은 소인의 득세는 끝내 길게 갈 수가 없음. 덕 없는 득세는 길지 못함. 〈正義〉에 "〈象〉曰'終不可長'者, 長, 延也. 凶危若此, 非號咷所能延, 故曰'終不可長'也"라 함.《集解》에 "虞翻曰:「陰道消滅, 故'不可長'也.」"라 함.《傳》에 "陽剛, 君子之道, 進而益盛, 小人之道旣已窮極, 自然消亡, 豈復能長久乎? 雖號咷, 无以爲也. 故云'終不可長'也. 先儒以卦中, '有孚號惕', 號, 欲以无號, 爲无號作去聲, 謂无用, 更加號令, 非也. 一卦中適有兩去聲字, 一平聲字, 何害? 而讀《易》者, 率皆疑之. 或曰:「聖人之於天下, 雖大惡, 未嘗必絶之也. 今直使之无號, 謂'必有凶', 可乎?」曰:「夬者, 小人之道消亡之時也. 決去小人之道, 豈必盡誅之乎? 使之變革, 乃小人之道亡也. 道亡, 乃其凶也.」"라 함.

# 044 구姤

≡≡ 天風姤: ▶巽下乾上(☴下☰上)

*姤(구): 〈音義〉에 "姤, 古豆反. 古文作遘. 遇也"라 하여 '구(gòu)'로 읽음. '姤'는 遇合, 媾合(姤合), 遘遇를 뜻함. '姤'와 '遇'는 疊韻, '遘'와는 同音. 聲訓(音訓)으로 풀이한 것임. 하괘는 巽(風)이며 상괘는 乾(天)으로, 하늘 아래에서 바람이 불어 만물이 바람을 맞으며, 음양이 交遇하여 크게 성장하는 모습을 보이는 異卦相疊의 '天風' 괘체임. 이는 군주의 명령이 천하에 널리 퍼져 백성의 洽合하여 환희하는 卦象이며, 人事에서는 남녀 사이는 물론, 벼슬길에 나선 선비가 서로 만나 교유할 때는, 의당 中正을 堅持하여 경솔한 행동이나 교언영색(巧言令色)으로서 하지 말 것을 권고한 것임.

*《集解》에 "〈序卦〉曰:「決必有遇, 故受之以'姤'.」姤者, 遇也.(崔憬曰:「君子夬, 夬獨行遇雨, 故言'決必有遇'也.」)"라 함.

*《傳》에 "姤', 〈序卦〉:「夬, 決也. 決必有遇, 故受之以'姤'.」姤, 遇也; 決, 判也. 物之決判, 則有遇合. 本合則何遇? 姤所以次夬也. 爲卦乾上巽下, 以二體言之, 風行天下. 天之下者, 萬物也. 風之行, 无不經觸, 乃遇之象. 又一陰始生於下, 陰與陽遇也. 故爲姤"라 함.

## (1) 卦辭

## 姤: 女壯, 勿用取女.

〈언해〉 姤(구)는 女(녀)ㅣ 壯(장)홈이니, 뻐 女(녀)를 取(취)티 마롤 띠니라.
〈해석〉 구(姤, 구괘)는 여자가 씩씩함이니, 이로써 그런 여자에게 장가들지 말 것이니라.

【姤】卦名이며, '만나다', 혹 '꾸짖다'의 뜻.
【女壯, 勿用取女】'女壯'은 《集解》에 "虞翻曰:「消卦也. 與〈復〉旁通. 巽長女. 女壯傷也. 陰傷陽柔消剛, 故'女壯'也.」"라 함. 初六을 가리킴. '壯'은 씩씩함. 全卦에서 유일한 陰爻(初九) 하나가 다섯 陽爻를 상대하고 있고, 게다가 맨 아래에 처해 있으면서 姤卦를 버티고 있음. 이는 정상이 아니며 예에도 어긋남. 그 때문에 '勿娶'라 한 것임. 그러

나 혹 '戕', '傷'의 뜻이라고도 함. '取'는 娶와 같음. 장가듦. 아내로 취함. ○高亨은 "筮遇此卦, 女雖壯亦勿娶, 故曰「女壯, 勿用取女」. 或曰: '壯亦借爲戕, 傷也. 因娶女則女傷, 故不可娶女也"라 함. 〈正義〉에 "姤, 遇也. 此卦一柔而遇五剛, 故名爲姤. 施之於人, 則是一女而遇五男, 爲壯至甚, 故戒之曰'此女壯甚, 勿用取此女'也"라 함. 《集解》에 "虞翻曰:「陰息剝陽, 以柔變剛, 故'勿用取女', 不可與長也.」"라 함. 《傳》에 "一陰始生, 自是而長, 漸以盛大, 是女之將長壯也. 陰長則陽消, 女壯則男弱, 故戒勿用取如是之女. 取女者, 欲其柔和順從, 以成家道, 姤乃方進之陰, 漸壯而敵陽者, 是以不可取也. 女漸壯, 則失男女之正, 家道敗矣. 姤雖一陰甚微, 然有漸壯之道, 所以戒也"라 하였고, 《本義》에 "姤, 遇也. 決盡則爲純, 乾四月之卦. 至姤然後, 一陰可見, 而爲五月之卦, 以其本非所望, 而卒然値之, 如不期而遇者, 故爲遇. 遇已非正, 又一陰而遇五陽, 則女德不貞, 而壯之甚也. 取以自配, 必害乎陽, 故其象占如此"라 함.

## (2) 彖辭와 象辭

彖曰: 姤, 遇也, 柔遇剛也.
「勿用取女」, 不可與長也.
天地相遇, 品物咸章也. 剛遇中正, 天下大行也. 姤之時義大矣哉!
★象曰: 天下有風, 姤. 后以施命誥四方.

〈언해〉 彖(단)애 굴오디 姤(구)는 遇(우)홈이니, 柔(유)ㅣ 剛(강)을 遇(우)홈이라.
「勿用取女」는, 可(가)히 더브러 長(댱)티 몯홀 시라.
天地(텬디)ㅣ 서르 遇(우)ᄒᆞ니, 品物(품믈)이 다 章(쟝)ᄒᆞ고, 剛(강)이 中正(듕졍)을 遇(우)ᄒᆞ니, 天下(텬하)애 크게 行(ᄒᆡᆼ)홈이니, 姤(구)의 時(시)와 義(의) 크다!
★象(샹)애 굴오디 天下(텬하)에 風(풍)이 이시미 姤(구)ㅣ니, 后(후)ㅣ 以(이)ᄒᆞ야 命(명)을 施(시)ᄒᆞ야 四方(ᄉᆞ방)애 誥(고)ᄒᆞᄂᆞ니라.

〈해석〉 彖: 구괘는 만남을 다룬 것이니, 유(柔)한 것이 강(剛)한 것을 만난 것이다.
"그런 여자에게 장가들지 말라"함은, 더불어 길이 살 수 없을 것이기 때문이다.
하늘과 땅이 서로 만나니, 만물이 모두 빛나고, 강한 것이 중정(中正)의 자리에 있음을 만나니, 천하가 크게 행하여진다. 구괘의 때에 맞춤과 원리는 위대하도다!

★象: 하늘(乾, 天) 아래 바람(巽, 風)이 부는 형상이 구괘이다. 임금은 이를 근거로 하여 명령을 베풀어 백성들에게 널리 알려 주는 것이니라.

【姤, 遇也, 柔遇剛也】'姤'와 '遇'는 雙聲關係임. '柔遇剛'은 柔한 陰爻 하나(初九)가 다섯 陽爻를 만남. 王弼 注에 "施之於人, 卽女遇男也. 一女而遇五男, 爲壯至甚, 故不可取也"라 하였고, 〈正義〉에 "姤, 遇也. '柔遇剛'者, 此就爻釋卦名. 以初六一柔而上遇五剛, 所以名遇而用釋卦辭. '女壯, 勿用取女'之義也"라 함. 《傳》에 "姤之義, 遇也. 卦之爲姤, 以柔遇剛也. 一陰方生, 始與陽相遇也"라 하였고, 《本義》에 "釋卦名"이라 함.

【「勿用取女」, 不可與長也】'不可與長'은 음효 하나에 양효 다섯의 만남은 함께 길게 갈 수가 없음. 그러한 상황은 오래갈 수 없음. 〈正義〉에 "'勿用取女, 不可與長'者, 女之爲體, 婉娩貞順, 方可期之偕老. 淫壯若此, 不可與之長久, 故'勿用取女'"라 함. 《集解》에 "鄭玄曰:「姤, 遇也. 一陰承五陽, 一女當五男, 苟相遇耳, 非禮之正, 故謂之'姤, 女壯'. 如是壯健以淫, 故不可取. 婦人以婉娩爲其德也. 王肅曰:「女不可取, 以其不正, 不可與長久也.」"라 함. 《傳》에 "一陰旣生, 漸長而盛, 陰盛則陽衰矣. 取女者, 欲長久而成家也. 此漸盛之陰, 將消勝於陽, 不可與之長久也. 凡女子·小人·夷狄, 勢苟漸盛, 何可與久也? 故戒勿用取如是之女"라 하였고, 《本義》에 "釋卦辭"라 함.

【天地相遇, 品物咸章也】'天地相遇'는 천지 만물은 모두가 만남에 의해 이루어지는 것임. '品物咸章'은 모든 物類가 함께 彰盛함. '章'은 彰의 뜻. 茂盛함, 昌盛함. 彰明함. 王弼 注에 "正乃功成也"라 하였고, 〈正義〉에 "'天地相遇, 品物咸章'者已下, 廣明遇義卦得遇名, 本由一柔與五剛相遇, 故遇辭非美, 就卦而取. 遂言遇不可用, 是勿用取女也. 故孔子更就天地, 歎美遇之爲義, 不可廢也. 天地若各亢所處, 不相交遇, 則萬品庶物, 无由彰顯, 必須二氣相遇, 乃得化生, 故曰'天地相遇, 品物咸章也'"라 함. 《集解》에 "荀爽曰:「謂乾成於巽, 而舍於離, 坤出於離, 與乾相遇, 南方夏位, 萬物章明也.」○九家《易》曰:「謂陽起子運行, 至四月. 六爻成乾, 巽位在巳, 故言乾成於巽, 旣成轉舍於離, 萬物皆盛大, 坤從離出, 與乾相遇, 故言'天地遇'也.」"라 함. 《傳》에 "陰始生於下, 與陽相遇, 天地相遇也. 陰陽不相交遇, 則萬物不生; 天地相遇, 則化育庶類, 品物咸章, 萬物章明也"라 하였고, 《本義》에 "以卦體言"이라 함.

【剛遇中正, 天下大行也】'剛遇中正'은 下卦(巽)의 九二와 上卦(乾)의 九五가 모두 陽爻(剛)이면서 가운데에 자리하여 中正(得中)을 이루고 있음을 말함. 天下(乾)에 바람

(巽)이 불어 퍼지듯 政令과 敎化를 널리 펼 수 있음. '天下大行'은 그에 따른 九五(君位)의 正道가 천하에 크게 행해지게 됨. 王弼 注에 "化乃大行也"라 하였고, 〈正義〉에 "'剛遇中正, 天下大行'者, 莊氏云:「一女而遇五男, 旣不可取, 天地匹配, 則能成品物, 由是言之. 若剛遇中正之柔, 男得幽貞之女, 則天下人倫之化, 乃得大行也.」"라 함. 《集解》에 "翟玄曰:「剛謂九五, 遇中處正, 敎化大行於天下也.」"라 함. 《傳》에 "以卦才言也. 五與二皆以陽剛居中, 與正以中正相遇也. 君得剛中之臣, 臣遇中正之君, 君臣以剛陽遇中正, 其道可以大行於天下矣"라 하였고, 《本義》에 "指九五"라 함.

【姤之時義大矣哉!】 '時義'는 때에 맞는 義. 姤卦가 실행될 수 있는 原理가 偉大함. 王弼 注에 "凡言義者, 不盡於所見, 中有意謂者也"라 하였고, 〈正義〉에 "'姤之時義大矣哉!'者, 上旣博美, 此又結歎, 欲就卦而取義. 但是一女而遇五男, 不足稱美, 博論天地相遇, 乃致品物咸章, 然後姤之時義大矣哉! '凡言義'者, 注總爲稱義發例, 故曰'凡言'也. 就卦以驗, 名義只是女遇於男, 博尋遇之深旨, 乃至道該天地, 故云'不盡於所見, 中有意謂者'也"라 함. 《集解》에 "陸績曰:「天地相遇, 萬物亦然, 故其義大也.」"라 함. 《傳》에 "贊姤之時與姤之義, 至大也. 天地不相遇, 則萬物不生; 君臣不相遇, 則政治不興; 聖賢不相遇, 則道德不亨; 事物不相遇, 則功用不成. 姤之時與義, 皆甚大也"라 하였고, 《本義》에 "幾微之際, 聖人所謹"이라 함.

★【天下有風, 姤】 하늘(乾, 天) 아래 바람(巽, 風)이 일고 있는 괘상이 姤卦임. 《集解》에 "翟玄曰:「天下有風, 風无不周布, 故君以施令, 告化四方之民矣.」"라 함.

【后以施命誥四方】 '后'는 君王, 임금, 군주, 九五를 가리킴. '施命'은 政令(政敎, 敎化)이 베풀어짐. '誥'는 告와 같음. 君主의 命令(政令)의 施行이 四方에 널리 알려짐. 천하에 바람이 불면 영향을 받지 않는 것이 없음을 뜻함. 《論語》(顏淵)에 "君子之德風, 小人之德草. 草上之風, 必偃"이라 함. 〈正義〉에 "風行天下, 則无物不遇, 故爲遇象. '后以施命, 誥四方'者, 風行草偃, 天之威令, 故人君法此以施敎命, 誥於四方也"라 함. 《集解》에 "虞翻曰:「后, 繼體之君. 姤陰在下, 故稱'后'. 與〈泰〉稱'后', 同義也. 乾爲施, 巽爲命爲誥, 復震二月東方, 姤五月南方, 巽八月西方, 復十一月北方, 皆總在初, 故以誥四方也. 孔子行夏之時, 經用周家之月, 夫子傳〈彖〉·〈象〉以下, 皆用夏家月, 是故復爲十一月, 姤爲五月矣.」"라 함. 《傳》에 "風行天下, 无所不周. 爲君后者, 觀其周徧之象, 以施其命令, 周誥四方也. 風行地上, 與天下有風, 皆爲周徧庶物之象, 而行於地上, 徧觸萬物, 則爲觀經歷, 觀省之象也. 行於天下, 周徧四方, 則爲姤施發, 命令之象也. 諸象或稱'先王', 或稱'后', 或稱'君子大人'. 稱'先王'者, 先王所以立法, 制建國作樂, 省方救法, 閉關育物, 享帝皆是也; 稱'后'者, 后王之所爲也. 財成天地之道, 施命誥四方是也. '君子'則上下之通; 稱'大人'者, 王公之通

稱"이라 함.

## (3) 爻辭와 象辭

初六: 繫于金柅, 貞吉. 有攸往, 見凶, 羸豕孚蹢躅.
☆象曰: 「繫于金柅」, 柔道牽也.

〈언해〉初六(초륙)은, 金柅(금니)예 繫(계)ᄒ면, 貞(뎡)이 吉(길)ᄒ고, 徃(왕)홀 빼 이시
면 凶(흉)을 보리니, 羸(리)ᄒ 豕(시)ㅣ 蹢躅(텩튝)호매 孚(부)ᄒ니라.[《本義》:
金柅(금니)로 繫(계)홈이니 貞(뎡)ᄒ면]
☆象(샹)애 ᄀᆞᆯ오디 「繫于金柅」는, 柔道(유도)ㅣ 牽(견)홀 시라.

〈해석〉[初六](--): 금니(金柅)에 매여 있으면, 정사(貞辭)가(금니로 묶는 것이니, 바르
게 하면) 길하고, 갈 곳을 정해두면 흉함을 만나게 되리니, 척촉하며 날뛰는
여윈 돼지를 끌고 가는 꼴이다.
☆象: "금니에 매여 있다"함은, 유한 도가 견제를 당하기 때문이다.

【初六】이 爻는 全卦의 시작이며 유일한 陰爻. 下卦의 시작이며 陰爻로 位不當함.
아울러 다섯 陽爻에게 만남(姤, 遇)의 요구를 받아 홀로 대처하기에 힘이 벅찬 爻象임.
【繫于金柅, 貞吉】'金柅'는 구리로 만든 수레의 制御 막대. '鬧子'로도 불림. 수레를
멈추게 하는 制動裝置의 일종. ○高亨은 "織布帛的一種工具, 纆線于其上, 線之一端繫于
機. 此物東北人呼爲'鬧子', 鬧卽柅之轉音"이라 함. '繫于金柅'는 이 爻는 금니에 매달려
있음. 그러나 '柅'는 《說文》에는 '檷'로 되어 있으며, "檷, 絡絲柎也, 讀若柅"라 하여,
'나무를 감고 오르는 攀登植物에 얽힌 柑나무'라 하였음. 이는 꿈을 풀이한 것으로
여김. 그러나 馬融과 王肅의 설은 각기 다름. 한편 본괘의 여섯 爻는 모두 占夢에 해당하
는 것으로 봄. '貞吉'은 점을 쳐서 얻은 貞辭가 '길하다' 함. ○高亨은 "繫于金柅, 謂絡絲
者繫絲於金檷也. 金爲貴物. 黃爲吉色, 則繫於金檷, 自是吉象, 故曰「繫于金柅, 貞吉」"이
라 함. 王弼 注에 "金者, 堅剛之物; 柅者, 制動之主, 謂九四也. 初六處遇之始, 以一柔而承
五剛, 體夫躁質, 得遇而通, 散而無主, 自縱者也. 柔之爲物, 不可以不牽; 臣妾之道, 不可
以不貞, 故必繫于正應, 乃得貞吉也"라 하였고, 〈正義〉에 "'繫于金柅, 貞吉'者, 金者, 堅剛
之物; 柅者, 制動之主, 謂九四也. 初六陰質, 若繫於正, 應以從於四, 則貞而吉矣. 故曰'繫

于金柅, 貞吉'也. '柅者, 制動之主'者, 柅之爲物. 衆說不同, 王肅之徒, 皆爲織績之器, 婦人所用. 惟馬云:「柅者, 在車之下, 所以止輪, 令不動者也.」王注云'柅制動之主', 蓋與馬同」이라 함.《集解》에 "虞翻曰:「柅, 謂二也. 巽爲繩, 故繫柅; 乾爲金, 巽木入金, 柅之象也. 初四失正, 易位乃吉, 故'貞吉'矣.」"라 함.

【有攸往, 見凶, 羸豕孚蹢躅】'見凶'은 現凶과 같음. 흉함이 드러남.《集解》에 "九家《易》曰:「絲繫於柅, 猶女繫於男, 故以喩, 初宜繫二也. 若能專心順二, 則吉. 故曰'貞吉'. 今旣爲二所據, 不可往應四, 往則有凶, 故曰'有攸往, 見凶'也.」"라 함. '羸豕'는 여윈 돼지. '羸'는 罷羸함, 여윔, '瘦'의 뜻. 그러나 王弼과 孔穎達은 "'羸豕', 謂牝豕也. 羣豕之中, 豭强而牝弱, 故謂之羸豕也"라 하였음. 初六을 가리킴. '孚'는 '稃'와 같으며, 이끌어 줌. 牽과 같음. 그러나 '浮'와 같으며 浮薄함, 輕薄함의 뜻이라고도 함. 한편 王弼은 "'孚', 猶務躁也"라 하여 조급하게 굴다의 뜻이라 하였음. '蹢躅'(척촉)은 '배회하면서 앞으로 나가지 못하는 모습'의 雙聲連綿語이며, 흔히 '躑躅'으로 표기함. 이 효는 전괘에 유일한 陰爻로 수레의 속도제어기와 같아 조용히 기다려야 함. 혹 여윈 돼지가 짝을 만나고자 배회하듯 하면 흉사가 있을 것임을 경계한 것임. ○高亨은 "筮遇此爻, 有所往見則凶, 其凶象如豕之將就戮也, 故曰「有攸往見凶, 羸豕孚蹢躅」"이라 하여 도살장으로 끌려가는 돼지의 형상이라 하였음. 王弼 注에 "若不牽于一, 而有攸往行, 則唯凶是見矣. '羸豕', 謂牝豕也. 羣豕之中, 豭强而牝弱, 故謂之羸豕也. '孚', 猶務躁也. 夫陰質而躁恣者, 羸豕特甚焉. 言以不貞之陰, 失其所牽, 其爲淫醜, 若羸豕之孚務蹢躅也"라 하였고, 〈正義〉에 "'有攸往, 見凶'者, 若不牽於一, 而有所往, 則唯凶是見矣. 故曰'有攸往, 見凶'. '羸豕孚蹢躅'者, 初六處遇之初, 以一柔而承五剛, 是不繫金柅, 有所往者也. 不繫而往, 則如羸豕之務躁, 而蹢躅然也. 故曰'羸豕孚蹢躅'. 羸豕, 謂牝豕也. 羣豕之中, 豭强而牝弱也. 故謂'牝豕爲羸豕, 陰質而淫躁', 牝豕特甚焉. 故取以爲喩"라 함.《集解》에 "虞翻曰:「以陰消陽, 往謂成坤, 遯子弑父, 否臣弑君, 夬時三動, 離爲見, 故'有攸往, 見凶'矣. 三夬之四, 在夬動而體坎, 坎爲豕爲孚, 巽繩操之, 故稱'羸'也. 巽爲舞爲進退, 操而舞, 故'羸豕孚蹢躅'以喩. 姤女望於五陽, 如豕蹢躅也.」○宋衷曰:「羸大索, 所以繫豕者也. 巽爲股, 又爲進退, 股而進退, 則蹢躅也. 初應於四, 爲二所據, 不得從應, 故不安矣. 體巽爲風, 動搖之貌也.」"라 함.《傳》에 "姤陰始生, 而將長之, 卦一陰生, 則長而漸盛. 陰長則陽消, 小人道長也. 制之當於其微, 而未盛之時. 柅, 止車之物; 金, 爲之堅强之至也. 止之以金柅, 而又繫之, 止之固也. 固止使不得進, 則陽剛貞正之道吉也. 使之進往, 則漸盛而害於陽, 是見凶也. '羸豕孚蹢躅', 聖人重爲之戒, 言陰雖甚微, 不可忽也. 豕, 陰躁之物, 故以爲, 況羸弱之豕, 雖未能强猛, 然其中心, 在乎蹢躅? 蹢躅, 跳躑也. 陰微而在下, 可謂羸矣, 然其中心, 常在乎(一无乎

字)消陽也. 君子小人異道, 小人雖微弱之時, 未嘗无害君子之心. 防於微, 則无能爲矣"라
하였고, 《本義》에 "柅, 所以止車, 以金爲之, 其剛可知. 一陰始生, 靜正則吉, 往進則凶.
故以二義, 戒小人. 使不害於君子, 則有吉而无凶. 然其勢不可止也. 故以'羸豕蹢躅', 曉君
子使深爲之備云"이라 함.

　　☆【「繫于金柅」, 柔道牽也】'柔道牽'은 이 효는 陰爻로 柔弱하며, 아울러 下卦(巽) 역
시 柔의 의미를 가지고 있음. 따라서 음효이며 巽卦의 시작이므로 다섯 陽爻에게 묶
여 있음. 〈正義〉에 "〈象〉曰'柔道牽'者, 陰柔之道, 必須有所牽繫也"라 함. 《集解》에 "虞
翻曰:「陰道柔巽, 爲繩牽於二也.」"라 함. 《傳》에 "牽者, 引而進也. 陰始生而漸進, 柔道
方牽也. 繫之于金柅, 所以止其進也. 不使進則不能消正道, 乃貞吉也"라 하였고, 《本義》
에 "牽, 進也. 以其進, 故止之"라 함.

# 九二: 包有魚, 无咎, 不利賓.
# ☆象曰:「包有魚」, 義不及賓也.

〈언해〉 九二(구이)는, 包(포)애 魚(어)ㅣ 잇듯 ᄒ면, 咎(구)ㅣ 업스리니, 賓(빈)애 利(리)
　　　티 아니 ᄒ니라.[《本義》: 包(포)애 魚(어)ㅣ 이시미니, 咎(구)ㅣ 업스려니와]
　　☆象(상)애 ᄀᆞᆯ오디 「包有魚」는 義(의)ㅣ 賓(빈)애 믿디 몯홈이라.
〈해석〉 [九二](一): 부엌에 생선이 있듯이 하면,(부엌에 생선이 있음이니, 허물은 없으
　　　리녀와) 손님을 대접하기에는 이롭지 못하다.
　　☆象: "부엌에 생선이 있다"함은, 그것이 의로 보아 손님에게까지 미쳐서는 안
　　　되기 때문이다.

　　【九二】이는 下卦(巽)의 中央에 위치하여 得中(中正)을 이루었으나, 陽爻로 位不當
하며, 九五 역시 陽爻로 正應을 이루지 못하고 있음.
　　【包有魚, 无咎】'包'는 '庖'의 假借字. 푸줏간, 혹 조리를 하는 부엌(廚). '魚'는 陰物
이며 初六을 가리킴. '包有魚'는 역시 占夢을 말함. 王弼 注에 "初陰而窮下, 故稱魚. 不
正之陰, 處遇之始, 不能逆近者也. 初自樂來, 應己之廚, 非爲犯奪, 故'无咎'也"라 하였
고, 〈正義〉에 "'庖有魚, 无咎'者, 初六以陰而處下, 故稱'魚'也. 以不正之陰, 處遇之始, 不
能逆於所近, 故捨九四之正應, 樂充九二之庖廚, 故曰九二庖有魚. 初自樂來, 爲己之廚,
非爲犯奪, 故得'无咎'也"라 함.

【不利賓】'賓'은 動詞. 손님을 초대함. 九二는 바로 아래 初六이 붙잡고 있으며, 그 초륙은 浮薄하여 마치 도마에 오른 생선처럼 뛰고 있음. 이에 九二는 下卦의 가운데에 得中하고 있어 中正하며, 初六이 붙잡고 있어 자신에게 책임이 있는 것은 아님. 그 때문에 无咎한 것이며, 또한 初六은 九四와 正應이므로 자신의 배필이 아님. 그 때문에 잔치를 열어 손님을 초대할 수 없음. ○高亨은 "庖有魚, 口腹之福, 自無咎, 但舍其庖中之 味, 而作它人之客, 則不利矣, 故曰「包有魚, 无咎, 不利賓」"이라 함. 王弼 注에 "擅人之物, 以爲己惠, 義所不爲, 故'不利賓'也"라 하였고, 〈正義〉에 "'不利賓'者, 夫擅人之物, 以爲已 惠, 義所不爲, 故'不利賓'也"라 함. 《集解》에 "虞翻曰:「巽爲白茅, 在中稱包.《詩》(野有死 麕)云「白茅包之」. 魚謂初陰, 巽爲魚二, 雖失位, 陰陽相承, 故'包有魚, 无咎'. 賓謂四, 乾尊 稱賓, 二據四應, 故'不利賓'. 或以'包'爲'庖廚'也.」"라 함. 《傳》에 "姤, 遇也. 二與初, 密比 相遇者也. 在他卦, 則初正應於四; 在姤, 則以遇爲重, 相遇之道, 主於專一, 二之剛中, 遇 固以誠. 然初之陰柔, 羣陽在上, 而又有所應者, 其志所求也. 陰柔之質, 鮮克貞固, 二之於 初, 難得其誠心矣. 所遇不得其誠心, 遇道之乖也. '包'者, 苴裹也; '魚', 陰物之美者. 陽之 於陰, 其所悅美, 故取魚象. 二於初, 若能固畜之, 如包苴之有魚, 則於遇爲无咎矣. '賓', 外來者也. '不利賓', 包苴之魚, 豈能及賓? 謂不可更及外人也. 遇道當專一, 二則雜矣"라 하였고, 《本義》에 "魚, 陰物. 二與初遇, 爲包有魚之象. 然制之在己, 故猶可以无咎. 若不 制而使遇於衆, 則其爲害廣矣. 故其象占如此"라 함.

☆【「包有魚」, 義不及賓也】'義不及賓'의 '義'는 '宜'의 通假. 의당 손님을 초청하기에 는 미치지 못함. 그 물고기(初六)는 자신의 짝이 아님. 남의 물건으로 잔치를 하는 것은 義로 보아 옳지 않음. 〈正義〉에 "〈象〉曰'義不及賓'者, 言有他人之物, 於義不可及 賓也"라 함. 《集解》에 "王弼曰:「初陰而窮下, 故稱魚也. 不正之陰, 處遇之始, 不能逆近 者也. 初自樂來, 應己之廚, 非爲犯應, 故'无咎'也. 擅人之物, 以爲己惠, 義所不爲, 故'不 及賓'.」"이라 함. 《傳》에 "二之遇初, 不可使有二於外. 當如包苴之有魚, 包苴之魚, 義不 及於賓客也"라 함.

九三: 臀无膚, 其行次且, 厲, 无大咎.
☆象曰: 「其行次且」, 行未牽也.

〈언해〉九三(구삼)은, 臀애 膚(부)ㅣ 업스나 그 行(힝)은 次且(ᄌ져)홈이니, 厲(려)ᄒ면
큰 咎(구)ㅣ 업스리라.[《本義》: 臀애 膚(부)ㅣ 업스며, 그 行(힝)이 次且(ᄌ져)홈
이니, 厲(려)ᄒ나]

☆象(샹)애 ᄀᆞᆯ오ᄃᆡ 「其行次且」는, 行(힝)을 牽(견)티 아니홈이라.

〈해석〉[九三](一): 둔부에 살갗이 없으나, 그 걷는 행동은 뒤뚱거림이니, 위태롭다
여기면,(둔부에 살갗이 없으며, 그 걷는 행동이 뒤뚱거림이니, 위태롭기는 하
나) 허물은 없으리라.

☆象: "그 가는 행동이 뒤뚱거린다"함은, 가는 행동을 이끌어주지 않기 때문이다.

【九三】 이는 하괘의 가장 위에 있으며, 陽爻로 位正當함. 하괘(巽)의 柔弱함을 이끌
고 상괘(乾)로 향하고자 하나 힘이 부치는 爻象임. 아울러 자신과는 姤(遇)의 상대가
없음. 짝이 되는 上六 역시 陽爻로 陰陽이 互應하지 않음.

【臀无膚, 其行次且, 厲, 无大咎】 '臀无膚'는 둔부에 살이 없음. 正應할 상대가 없음을
말함. 앞의 〈夬卦〉九四를 볼 것. '次且'는 '자저'로 읽으며 趑趄와 같음. '꾸물거림,
걷기가 힘듦, 뒤뚱거림'을 뜻하는 雙聲連綿語. 이 구절 역시 占夢을 말한 것임. ○高亨은
"此臀部受杖之象也. 臀部受杖, 固爲困厄, 然此本輕刑, 自无大咎, 故曰「臀无膚, 其行次
且, 厲, 无大咎」"라 함. 王弼 注에 "處下體之極, 而二據於初, 不爲己乘, 居不獲安, 行无其
應, 不能牽據, 以固所處, 故曰'臀无膚, 其行次且'也. 然履得其位, 非爲妄處, 不遇其時,
故使危厲, 災非己招, 是以'无大咎'也"라 하였고, 〈正義〉에 "陽之所據者, 陰也. 九三處下,
體之上爲內卦之主, 以乘於二, 无陰可據, 居不獲安, 上又无應, 不能牽據, 以固所處, 同於
〈夬〉卦九四之失據, 故曰'臀无膚, 其行次且'也. 然履得其位, 非爲妄處, 特以不遇其時, 故
致此危厲, 災非己招, 故'无大咎'. 故曰'厲, 无大咎'"라 함. 《集解》에 "虞翻曰: 「夬時動之,
坎爲臀, 艮爲膚, 二折艮體, 故'臀无膚'. 復震爲行, 其象不正, 故'其行次且'. 三得正位, 雖
則危厲, 故'无大咎'矣.」 ○案: 「巽爲股, 三居上臀也. 爻非'柔无膚, 行次且'也.」라 함.
《傳》에 "二與初, 旣相遇, 三說初而密比, 於二非所安也. 又爲二所忌惡, 其居不安, 若臀之
无膚也. 處旣不安, 則當去之, 而居姤之時, 志求乎遇, 一陰在下, 是所欲也. 故處雖不安而
其行, 則又'次且'也. '次且', 進難之狀, 謂不能遽舍也. 然三剛正, 而處巽有不終, 迷之義若
知其不正, 而懷危懼, 不敢妄動, 則可以无大咎也. 非義求遇, 固己有咎矣. 知危而止, 則不

至於大(一有咎字)也"라 하였고, 《本義》에 "九三過剛不中, 下不遇於初, 上无應於上, 居則不安, 行則不進, 故其象占如此. 然旣无所遇, 則无陰邪之傷, 故雖危厲而无大咎也"라 함.

　　☆【「其行次且」, 行未牽也】 '行未牽'은 행동에 나서려 하나 이끌어주는 자가 없음. 혹 '牽'은 '牽制하다', 未牽은 '붙잡을 데가 없다'의 뜻으로도 봄. '未'는 無와 같음. 〈正義〉에 "〈象〉曰'行未牽'者, 未能牽據, 故'其行次且', 是'行未牽'也"라 함. 《集解》에 "虞翻曰:「在夬失位, 故牽羊; 在姤得正, 故'未牽'也.」"라 함. 《傳》에 "其始志在求遇於初, 故其行遲遲, 未牽不促其行也. 旣知危而改之, 故未至於大咎也"라 함.


## 九四: 包无魚, 起凶.
## ☆象曰:「无魚之凶」, 遠民也.

〈언해〉 九四(구ᄉ)는, 包(포)애 魚(어)ㅣ 업스니, 凶(흉)이 起(긔)ᄒ리라.
　　　　☆象(샹)애 ᄀᆯ오디 「无魚의 凶홈」은, 民(민)을 멀리 홀 ᄉ라.
〈해석〉 [九四](−): 부엌에 생선이 없으니, 흉한 일이 일어나리라.
　　　　☆象: "생선이 없어 흉함"이란, 백성들을 멀리 하기 때문이다.


　　【九四】 이는 상괘(天)의 시작이며 陽爻로 位不當함. 初六과 正應을 이루고 있어 姤(遇)의 본령에 맞으나, 자신이 다섯 양효의 正中央에 갇혀 있어 견제가 심함. 그 때문에 配匹(初九)을 빼앗길 수도 있음.

　　【包无魚, 起凶】 '包无魚'는 이 효는 初九와 正應을 이루고 있는데, 그 初九를 九二가 빼앗아 갔으므로 자신의 몫(魚)이 없어진 것임. '起凶'의 '起'는 孔穎達은 "起, 動也"라 하여 백성이 없는데 행동을 함이라 하였음. 따라서 하는 행동이 흉하게 됨. 그러나 ○高亨은 '起'자는 巳(祀)라 하면서, "此起字本亦作巳, 後人不知爲祀字, 而誤加走旁也. 魚者易得之物, 祀者敬神之禮, 夫困於家貧, 祀無牛羊豕, 神所不責也. 若魚者垂鉤可出, 擧網可得, 而亦無之, 則神怒其慢, 而降之殃矣. 故曰「包无魚, 起凶」"이라 함. 王弼 注에 "二有其魚, 故失之也. 无民而動, 失應而作, 是以凶也"라 하였고, 〈正義〉에 "'庖無魚'者, 二擅其應, 故曰'庖無魚'也. 庖之无魚, 則是无民之義也. '起凶'者, 起, 動也. 无民而動, 失應而作, 是以凶也"라 함. 《集解》에 "王弼曰:「二有其魚, 四故失之也. 无民而動, 失應而作, 是以凶矣.」"라 함. 《傳》에 "包者, 所裹畜也; 魚, 所美也. 四與初爲正應, 當相遇者也, 而初已遇於二矣. 失其所遇, 猶包之无魚, 亡其所有也. 四當姤遇之時, 居上位而失其下, 下之離

由己之失德也. 四之失者, 不中正也. 以不中正而失其民, 所以凶也. 曰:「初之從二, 以比近也, 豈四之罪乎?」曰:「在四而言, 義當有咎, 不能保其下, 由失道也. 豈有上不失道, 而下離者乎? 遇之道, 君臣民主, 夫婦朋友, 皆在焉. 四以下〈睽〉, 故主民而言, 爲上而下, 離必有凶, 變起者, 將生之. 謂民心旣離, 難將作矣.」라 하였고, 《本義》에 "初六正應己, 遇於二而不及於己, 故其象占如此"라 함.

☆【无魚之凶, 遠民也】 '遠民'은 백성으로부터 멀어짐. 民心을 얻지 못함. 백성을 멀리하는 행위임. 民心을 이탈함. '民'은 初六을 가리킴. 자신과 正應을 이루고 있으나 九二와 九三 두 陽爻에 막혀 멀리 두고 있음. 〈正義〉에 "〈象〉曰'遠民'者, 陰爲陽之, 民爲二所據, 故曰'遠民'也"라 함. 《集解》에 "崔憬曰:「雖與初應, 而失其位, 二有其魚, 而賓不及, 若起於競, 涉遠必難, 終不遂心, 故曰'无魚之凶, 遠民'也. 謂初六矣.」"라 함. 《傳》에 "下之離由己致之遠民者, 己遠之也. 爲上者, 有以使之離也"라 하였고, 《本義》에 "民之去己, 猶己遠之"라 함.


# 九五: 以杞包瓜, 含章, 有隕自天.
## ☆象曰: 九五「含章」, 中正也;「有隕自天」, 志不舍命也.

〈언해〉 九五(구오)는, 杞(긔)로뻐 瓜(과)를 包(포)ᄒ요미니, 章(쟝)을 含(함)ᄒ면, 天(텬)으로브터 隕(운)홈이 이시리라.

☆象(샹)애 굴오뎌 九五(구오)의 含章(함쟝)은, 中正(듕졍)홈이오,「有隕自天」은, 志(지)ㅣ 命(명)을 舍(샤)티 아닐 시라.

〈해석〉[九五](一): 산 버들이 박덩굴이 타고 오름을 포용함이니, 빛을 머금고 있으면, 하늘로부터 떨어뜨려줌이 있으리라.

☆象: 구오가 "빛을 머금고 있다"함은, 중정의 덕이 가지고 있음을 말하는 것이요, "하늘로부터 떨어뜨려줌이 있다"함은, 뜻이 천명을 저버리지 아니하고 지키고 있기 때문이다.


【九五】이는 君位로 上卦(天)의 가운데에 위치한 양효로써 位正當하며 得中을 이루었음. 따라서 姤卦의 主爻이며 동시에 큰 임무를 맡고 있음.

【以杞包瓜, 含章, 有隕自天】 '杞'는 산 버들. 喬木의 일종. '瓜'는 참외, 오이. '章'은 '아름답다, 문채가 나다'의 뜻. '彰'과 같음. 《集解》에 "虞翻曰:「杞', 杞柳, 木名也. 巽

爲杞爲包, 乾圓稱瓜, 故'以杞包瓜'矣. '含章', 謂五也. 五欲使初四易位, 以陰含陽, 己得乘之, 故曰'含章'. 初之四體, 兌口, 故稱'含'也."라 함. '隕'은 '떨어지다'의 뜻.《集解》에 "虞翻曰:「隕, 落也. 乾爲天, 謂四隕之初, 初上承五, 故'有隕自天'矣.」"라 함. 이 구절에 대해 沙少海는 "以, 這裏通恀, 訓纏着. 包, 這裏通匏, 包瓜, 猶言匏瓜. 章, 訓文彩. 含章, 猶言很有文彩. 天, 這裏聲假爲顚, 訓爲頂. 隕, 訓掉下"라 하여, '匏瓜(박)가 버드나무를 휘감아 오르며 자라고 있어 문채가 대단하더니, 홀연히 꼭대기 열렸던 포과 하나가 아래로 떨어졌다'의 뜻이라 하였음. 이 효는 君位이면서 배필이 없음. 그러나 만남을 강구하지 않고 득중의 위치이므로 자신의 미덕을 키워 기다리면 하늘로부터 좋은 짝이 내려올 것임을 뜻함. ○高亨은 본효는 武王이 殷紂를 쳐서 멸한 내용일 것이라 하였음. 즉 "言武王之克商, 乃是天隕滅商之祚也. …… 紂嬖妲己, 囚戮忠信, 以博達己之歡, 屠毒萬民, 以滿達己之欲, 是亦因所愛而害其所以養, 猶之以芑包瓜矣. 故曰「以杞包瓜, 含章, 有隕自天」"이라 함. 王弼 注에 "杞之爲物, 生於肥地者也; 包瓜爲物, 繫而不食者也. 九五履得尊位, 而不遇其應, 得地而不食. 含章而未發, 不遇其應, 命未流行, 然處得其所, 體剛居中, 志不舍命, 不可傾隕, 故曰'有隕自天'也"라 하였고, 〈正義〉에 "以杞匏瓜'者, 杞之爲物, 生於肥地; 匏瓜爲物, 繫而不食. 九五處得尊位, 而不遇其應, 是得地而不食, 故曰'以杞匏瓜'也. '含章, 有隕自天'者, 不遇其應, 命未流行, 无物發起其美, 故曰'含章'. 然體剛居中, 雖復當位, 命未流行, 而能不改其操, 无能傾隕之者, 故曰'有隕自天'. 蓋言惟天能隕之耳. '杞之爲物, 生於肥地'者, 先儒說杞亦有不同. 馬云:「杞, 大木也.《左傳》(襄公 26년)云:『杞梓‧皮革, 自楚往.』則爲杞梓之杞.」〈子夏傳〉曰:「作杞匏瓜.」〈薛虞記〉云:「杞, 杞柳也. 杞性柔韌, 宜屈橈似匏瓜, 又爲杞柳之杞.」案: 王氏云:『生於肥地.』, 蓋以杞爲今之枸杞也"라 함.《集解》에 "干寶曰:「初二體巽爲草木, 二又爲田, 田中之果, 柔而蔓者, 瓜之象也.」"라 함.《傳》에 "九五, 下亦无應, 非有遇也. 然得遇之(一有之字)道, 故終必有遇. 夫上下之遇, 由相求也. '杞', 高木而葉大, 處高體大, 而可以包物者, 杞也; 美實之在下者, 瓜也. 美而居下者, 側微之賢之象也. 九五尊居君位, 而下求賢才, 以至高而求至下, 猶以杞葉而包瓜, 能自降屈如此. 又其內蘊中正之德, 充實章美. 人君如是, 則无有不遇所求者也. 雖屈己求賢, 若其德不正賢者, 不屑也. 故必含蓄章美, 內積正誠, 則有隕自天矣. 猶云'自天而降', 言必得之也. 自古人君, 至誠降屈, 以中正之道, 求天下之賢, 未有不遇者也. 高宗感於夢寐, 文王遇於漁釣, 皆由是道也"라 하였고,《本義》에 "瓜, 陰物之在下者, 甘美而善潰; 杞, 高大堅實之木也. 五以陽剛中正, 主卦於上, 而下防始生, 必潰之陰, 其象如此. 然陰陽迭勝, 時運之常, 若能含晦, 章美靜以制之, 則可以回造化矣. '有隕自天', 本无而倏有之象也"라 함.

☆【九五「含章」, 中正也】 '中正'은 이 효가 上卦(天)의 가운데에 자리잡고 있으며, 君位임을 말함. 〈正義〉에 "〈象〉曰'中正'者, 中正, 故有美; 无應, 故含章而不發. 若非九五中正, 則无美可含, 故擧爻位而言'中正'也"라 함. 《傳》에 "所謂'含章', 謂其含蘊(一无蘊字)中正之德也. 德充實, 則成章而有輝光"이라 함.

【「有隕自天」, 志不舍命也】 '志不舍命'은 천명을 버리지 않겠다는 뜻을 가지고 있음. 그러나 ○高亨은 "不, 當讀爲否(비), 否, 閉塞不通也. 舍, 借爲捨. '志不舍命', 卽志否捨命, 謂其志閉塞不得行, 則捨棄生命也"라 하여, '자신의 뜻이 폐색되어 행동할 수 없으면, 자신의 생명을 포기하는 것'이라 하였음. 이 역시 占夢을 기록한 것이라 함. 〈正義〉에 "'志不舍命'者, 雖命未流行, 而居尊當位, 志不舍命, 故曰'不可傾隕'也"라 함. 《集解》에 "虞翻曰: 「巽爲命也. 欲初之四承己, 故'不舍命'矣.」"라 함. 《傳》에 "命, 天理也; 舍, 違也. 至誠中正, 屈己求賢, 存志合於天理, 所以'有隕自天', 必得之矣"라 함.


# 上九: 姤其角; 吝, 无咎.
# ☆象曰: 「姤其角」, 上窮吝也.

〈언해〉上九(샹구)는, 姤(구)애 그 角(각)이라. 吝(린)ᄒ니, 咎(구)홀 디 업스리라.[《本義》: 姤(구)애 그 角(각)이니, 吝(린)ᄒ나 咎(구) ㅣ 업스리라]

☆象(샹)애 ᄀᆞᆯ오ᄃᆡ「姤其角」은, 上(샹)애 窮(궁)ᄒ야 吝(린)홈이라.

〈해석〉[上九](一): 그 뿔에서 만나는 형상이다. 안타깝겠지만, 허물이 없으리라.(만남이 뿔에서 이루어지는 것이니, 안타깝겠지만, 허물은 없으리라.)

☆象: "그 뿔에서 만남"이란, 위에서 있어 곤궁하니 안타깝다는 뜻이다.


【上九】 이는 전괘의 마무리이며 동시에 가장 윗자리. 陽爻로 位不當하며 姤(遇)의 상대를 만나지 못한 채 끝을 맺음.

【姤其角; 吝, 无咎】 '姤'는 遇의 뜻으로, '만나다'의 動詞. 만나기 위해 뿔 꼭대기에 이름. 만남을 위해 뿔 꼭대기까지 감. 더 이상 만날 것이 없음. 極位의 爻임을 말함. 이 역시 占夢을 기록한 것이라 함. '吝'은 안타까움. 만남의 뜻을 이루지 못함. 아래 正應을 이룰 음효가 없음을 뜻함. ○高亨은 '姤其角'의 '姤'는 '冓'와 같으며, "冓其角者, 謂架木於獸角之上也. 角箸橫木, 卽此所謂冓其角也. 〈大畜〉六四云:「童牛之牿」, 牿, 卽此所謂冓也. 吝无咎, 謂雖吝無咎也. 架木於獸角, 獸雖有觸人之事, 觸不傷人, 亦不爲害,

故曰「姤其角; 吝, 无咎」라 함. 王弼 注에 "進之於極, 无所復遇, 遇角而已, 故曰'姤其角' 也. 進而无遇, 獨恨而已. 不與物爭, 其道不害, 故无凶咎也"라 하였고, 〈正義〉에 "'姤其 角'者, 角者, 最處體上, 上九進之於極, 无所復遇, 遇角而已. 故曰'姤其角'也. '吝, 无咎' 者, 角非所安, 與无遇等, 故獨恨而鄙吝也. 然不與物爭, 其道不害, 故无凶咎, 故曰'无咎' 也"라 함. 《集解》에 "虞翻曰:「乾爲首, 位在首上, 故稱'角'. 動而得正, 故'无咎'.」"라 함. 《傳》에 "至剛而在最上者, 角也. 九以剛居上, 故以角爲象. 人之相遇, 由降屈以相從, 和 順以相接, 故能合也. 上九, 高亢而剛極人, 誰與之以此求遇? 固可'吝'也. 己則如是, 人之 遠之, 非他人之罪也. 由己致之, 故无所歸咎"라 하였고, 《本義》에 "角, 剛乎上者也. 上 九, 以剛居上而无位, 不得其遇, 故其象占, 與九三類"라 함.

☆【「姤其角」, 上窮吝也】 '上窮吝'은 가장 윗자리 궁한 곳에 있어 난관이 됨. '吝'은 '난관, 안타까움, 재앙'의 뜻. 이는 전괘의 유일한 陰爻(初六)와는 아주 멀어, 도리어 경박한 소인과 멀리 있으므로 허물을 입을 염려가 없음. 〈正義〉에 "〈象〉曰'上窮吝'者, 處於上窮, 所以遇角而吝也"라 함. 《集解》에 "王弼曰:「進之於極, 无所復遇, 遇角而已. 故曰'姤其角'也. 進而无遇, 獨恨而已. 不與物牽, 故曰'上窮吝'也.」"라 함. 《傳》에 "旣處 窮上, 剛亦極矣. 是上窮而致吝也. 以剛極居, 高而求遇, 不亦難乎!"라 함.

# 045 췌萃

䷬ 澤地萃: ▶坤下兌上(☷下☱上)

　*萃(췌): 〈音義〉에 "萃, 在季反. 聚也"라 하여 '췌(cui)'로 읽음. '萃'는 聚의 뜻으로 함께 모이거나 무리를 모음을 의미함. 하괘는 坤(地)이며 상괘는 兌(澤)로, 땅 위에 못이 있는 異卦相疊의 '澤地' 괘체임. 이는 못물이 사방 땅에 넘쳐 홍수를 이루고 있는 형상이며, 政事에 비유하여 위기가 사방에 숨어 있으니 위정자는 하늘의 뜻에 순응하여 훌륭한 이를 모으고 임용하여 사전에 방비하여야 함을 의미함. 한편 개인의 사회 생활에서도 여러 사람을 모아 어떤 일을 수행할 경우, 마땅히 誠信을 바탕으로 길이 正道를 지켜야 하며, 아울러 경계심을 가지고 이러한 모임이 邪僻한 곳으로 변질되지 않도록 하여야 함을 상징한 것임.

　*《集解》에 "〈序卦〉曰:「物相遇而後聚, 故受之以'萃'」. 萃者, 聚也(崔憬曰:「天地相遇, 品物咸章, 故言'物相遇而後聚'」)"라 함.

　*《傳》에 "萃', 〈序卦〉:「姤者, 遇也. 物相遇而后聚, 故受之以'萃'」. 萃者, 聚也. 物相會遇, 則成羣萃, 所以次姤也. 爲卦兌上坤下, 澤上於地, 水之聚也. 故爲萃. 不言'澤在地上' 而云'澤上於地', 言上於地, 則爲方聚之義也"라 함.


## (1) 卦辭

## 萃: 亨. 王假有廟, 利見大人, 亨, 利貞. 用大牲吉, 利有攸往.

〈언해〉萃(췌)는 亨(衍文); 王(왕)이 廟(묘)를 둠애 지극홈이니[《本義》: 유묘(有廟)애 假(격)홈이니]

　　大人(대인)을 見(견)홈이 利(리)ᄒ니, 亨(형)ᄒ니 貞(뎡)홈이 利(리)ᄒ니라.[《本義》: 亨(형)ᄒ고 貞(뎡)홈이 利(리)ᄒ니]

　　大牲(대싱)을 用(용)홈이 吉(길)ᄒ니, 往(왕)홀 빠를 두미 利(리)ᄒ니라.[《本義》: 吉(길)ᄒ고]

〈해석〉 췌(萃, 췌괘)는 (제사를 올림이니), 왕이 묘당을 세워 가지고 있음이 지극함이니 (왕에 묘당에 이르는 것이니),

대인을 만나보는 것이 이로우니, 형통하고 마음을 바르게 가지는 것이 이로우니라.(형통하고 정사(貞辭)가 이로우니,

큰 희생을 사용하는 것이 길하니(길하고), 지향할 바를 정해두는 것이 이로우니라.

【萃】卦名이며, 聚, 悴, 瘁, 顇, 聚集 등의 뜻. 훌륭하고 능력 있는 이들을 모아, 위험을 제거하고 바른 행정을 펴되 勞心焦思하며 憂慮할 것을 주문한 것임. 〈正義〉에 "萃, 卦名也. 又萃聚也, 聚集之義也. 能招民聚物, 使物歸而聚己, 故名爲萃也"라 함.

【亨】'享'과 같음. 祭享의 뜻. 그러나 程頤와 朱熹는 여기의 '亨'자는 衍文이라 하였음. 王弼 注에 "聚, 乃通也"라 하였고, 〈正義〉에 "'亨'者, 通也. 壅隔不通, 无由得聚, 聚之爲事, 其道必通, 故曰'萃, 亨'"이라 함. 《傳》에 "王者, 萃, 聚. 天下之道, 至於有廟, 極 (一无極字)也. 羣生至衆也, 而可一其歸仰; 人心莫知其鄕也, 而能致其誠敬; 鬼神之不可度也, 而能致其來格. 天下萃合人心, 總攝衆志之道非一, 其至大莫過於宗廟, 故王者, 萃天下之道, 至於有廟, 則萃道之至也. 祭祀之報, 本於人心, 聖人制禮, 以成其德耳. 故豺獺能祭, 其性然也. 萃下有'亨'字, 羡文也. '亨'字, 自在下與'渙'不同. '渙'則先言卦才. 萃乃先言卦義. 〈彖〉辭甚明"이라 함.

【王假有廟, 利見大人, 亨, 利貞】'假'은 '지극하다'의 뜻. 그러나 '격'으로 읽어, '이르다'(至, 格)의 뜻. 혹 '大'의 뜻이라고도 함. 그러나 ○高亨은 "假, 猶於也"라 하여, 處所格 '于', '於'와 같다고 하였음. 王弼 注에 "假, 至也. 王以聚至有廟也"라 하였고, 〈正義〉에 "'王假有廟'者, 假, 至也. 天下崩離, 則民怨神怒. 雖復享祀, 與无廟同. 王至大聚之時, 孝德乃洽, 始可謂之有廟矣. 故曰'王假有廟'"라 함. 《集解》에 "虞翻曰:「觀上之四也. 觀乾爲王. 假, 至也. 艮爲廟體, 觀享祀上之四, 故'假有廟, 致孝享'矣.」"라 함. '大人'은 난관을 해결할 훌륭한 인재를 뜻함. '有廟'는 宗廟에서의 행사, 즉 祭祀, 宗廟祭享을 뜻함. ○高亨은 "古有王者, 筮遇此卦, 而擧行享祀, 而至於廟, 故記之曰「亨, 王假有廟」. 又筮遇此卦, 見大人則利, 故曰「利見大人」. 更有古人擧行享祀, 筮遇此卦, 故再記之曰「亨」. 又此卦乃吉占, 故曰「利貞」"이라 함. 王弼 注에 "聚得大人, 乃得通而利正也"라 하였고, 〈正義〉에 "'利見大人, 亨, 利貞'者, 聚而无主, 不散則亂, 惟有大德之人, 能弘正道, 乃得常通而利正, 故曰'利見大人, 亨, 利貞'也"라 함. 《集解》에 "虞翻曰:「大人謂五. 三四失位, 利之正變成離, 離爲見, 故'利見大人, 亨利貞', 聚以正也.」"라 함. 《傳》에 "天下之聚,

必得大人以治之. 人聚則亂, 物聚則爭, 事聚則紊, 非大人治之, 則萃所以致爭亂也. 萃以不正, 則人聚爲苟合, 財聚則悖入, 安得亨乎? 故‘利貞’”이라 함.

【用大牲吉, 利有攸往】‘大牲’은 큰 犧牲物. 제사에 소를 犧牲으로 함을 뜻함. 萃卦는 위의 못물이 넓은 대지를 적셔주어 만물이 번성하고 소득이 풍성함. 이에 먼저 사람들을 모아 종묘에 크게 제사를 올리고 아래로 誠信함을 보여주어 그 길함을 얻음으로써 장차 정치를 펴 나갈 방향을 정해두면 매우 유리할 것임을 비유한 것임. ○高亨은 “又筮遇此卦, 祭祀用大牲則吉, 故曰「用大牲吉」. 又利有所往, 故曰「利有攸往」”이라 함. 王弼 注에 “全夫聚道, 用大牲乃吉也. 聚道不全, 而用大牲, 神不福也”라 하였고, 〈正義〉에 “‘用大牲吉’者, 大人爲主, 聚道乃全. 以此而用大牲, 神明降福, 故曰‘用大牲吉’也. ‘利有攸往’者, 人聚神祐, 何往不利? 故曰‘利有攸往’也”라 함. 《集解》에 “虞翻曰:「坤爲牛, 故曰大牲. 四之三折, 坤得正, 故‘用大牲吉’. 三往之四, 故‘利有攸往’, 順天命也.」○鄭玄曰:「萃, 聚也. 坤爲順, 兌爲悅, 臣下以順道承事, 其君說德, 居上待之, 上下相應, 有事而和通, 故曰‘萃, 亨’也. 假, 至也. 互有艮巽, 巽爲木, 艮爲闕, 木在闕上, 宮室之象也. 四本震爻, 震爲長子; 五本坎爻, 坎爲隱伏, 居尊而隱, 伏鬼神之象. 長子入闕, 升堂祭祖, 禘之禮也. 故曰‘王假有廟’. 二本離爻也. 離爲目, 居正應五, 故‘利見大人’矣. 大牲, 牛也. 言大人有嘉會時, 可幹事, 必殺牛而盟, 旣盟則可以往, 故曰‘利往’.」案: ‘坤爲牛, 巽木下剋, 坤土殺牛之象也.’」라 함. 《傳》에 “萃者, 豐厚之時也. 其用宜稱, 故‘用大牲吉’. 事莫重於祭, 故以祭享而言, 上交鬼神, 下接民物, 百用莫不皆(一作當)然. 當萃之時, 而交物以厚, 則是享豐富之吉也. 天下莫不同其富樂矣. 若時之(一无之字)厚而交物以薄, 乃不享其豐美, 天下莫之與而晦咎生矣. 蓋隨時之宜, 順理而行, 故〈彖〉云‘順天命’也. 夫不能有爲者, 力之不足也. 當萃之時, 故‘利有攸往’. 大凡興功立事, 貴得可爲之時, 萃而後用, 是以動而有裕, 天理然也”라 하였고, 《本義》에 “萃, 聚也. 坤順兌說, 九五剛中, 而二應之. 又爲澤上於地, 萬物萃聚之象, 故爲萃. ‘亨’, 字衍文. ‘王假有廟’, 言王者可以至乎宗廟之中. 王者, 卜祭之吉占也. 〈祭義〉曰「公假于太廟」, 是也. 廟所以聚祖考之精神, 又人必能聚己之精神, 則可以至于廟, 而承祖考也. 物旣聚, 則必見大人, 而後可以得亨. 然又必利於正, 所聚不正, 則亦不能亨也. 大牲必聚, 而後有聚, 則可以有所往, 皆占吉而有戒之辭”라 함.

## (2) 彖辭와 象辭

彖曰: 萃, 聚也; 順以說, 剛中而應, 故聚也.

「王假有廟」, 致孝享也;

「利見大人, 亨」, 聚以正也;

「用大牲吉, 利有攸往」, 順天命也.

觀其所聚, 而天地萬物之情可見矣!

★象曰: 澤上於地, 萃. 君子以除戎器, 戒不虞.

〈언해〉 彖(단)애 굴오디 萃(췌)는 聚(취)홈이니, 順(슌)코 뻐 說(열)ᄒ고, 剛(강)이 中(듕)
ᄒ고 應(응)ᄒᆞᆫ 디라, 故(고)로 聚(취)ㅣ ᄒᄂᆞ니라.
「王假有廟」는 孝享(효향)을 致(티)홈이오,
「利見大人, 亨」은 聚(취)호디 正(졍)으로뻐 홀 시오,
「用大牲吉, 利有攸徃」은 天命(텬명)을 順(슌)홈이니,
그 聚(취)ᄒᆞᆫ 바를 보면 天地(텬디)와 萬物(만믈)의 情(졍)을 可(가)히 보리라!
★象(샹)애 굴오디 澤(튁)이 地(디)예 上(샹)홈이 萃(췌)니, 君子(군ᄌᆞ)ㅣ 以(이)
ᄒᆞ야 戎器(융긔)를 除(뎨)ᄒᆞ야 不虞(블우)를 戒(계)ᄒᄂᆞ니라.

〈해석〉 彖: 췌(萃)는 모이는 것이니, 순함(坤, 順)으로 기꺼워하고(兌, 悅), 강(剛)한
것(九五)이 가운데에 자리를 잡아 정응(六二)을 이루고 있어, 그 때문에 모으는
것이다.
"왕이 묘당에 이른다"함은, 효성을 다하여 제사를 올린다는 것이요,
"대인을 만나봄이 이로우니 형통하다"함은, 정도로써 모으기 때문이요,
"큰 희생을 사용하면 길하고, 갈 곳을 정해둠이 이롭다"함은, 천명에 순응함을
말한다.
그 모이는 바를 관찰하면, 천지만물의 정황을 가히 볼 수 있도다!
★象: 못(兌, 澤)이 땅(坤, 地) 위에 있는 것이 췌괘이니, 군자는 이를 바탕으로
하여 무기를 잘 수선하여 뜻밖의 일을 경계하여 대비하는 것이니라.

【「萃」, 聚也】 '萃'와 '聚'는 雙聲關係임. 〈正義〉에 "萃, 聚者, 訓萃名也"라 함.
【順以說, 剛中而應, 故聚也】 '順以說'은 下卦(坤)는 '順'을 뜻하며, 上卦(兌)는 '說'

(悅)을 뜻함. 따라서 下卦가 順하게 위로 올라가며 上卦는 이를 기꺼이 받아들임. '剛中而應'은 九五를 가리킴. 九五는 君位이며 萃卦의 主爻이며, 陽爻로 陽剛하고 아울러 中央에 자리하고 있어 位正當함. 아울러 六二와 正應을 이루고 있어 '剛中而應'이라 한 것임. 이처럼 괘상이 위의 군주와 아래 신하가 바르게 배치되어 있어 團結, 積聚의 의미를 담고 있음. 王弼 注에 "但順而說, 則邪佞之道也. 剛而違於中應, 則强亢之德也. 何由得聚, 順說而以剛爲主? 主剛而履中, 履中以應, 故得聚也"라 하였고, 〈正義〉에 "順以說, 剛中而應, 故聚'者, 此就二體及九五之爻釋, 所以能聚也. 若全用順說, 則邪佞之道, 興全用剛陽, 而違於中應, 則强亢之德著. 何由得聚? 今順以說而剛爲主, 則非邪佞也; 應不失中, 則非偏亢也. 如此方能聚物, 故曰'順以說, 剛中而應, 故聚'也"라 함. 《集解》에 "荀爽曰:「謂五以剛居中, 羣陰順說而從之, 故能聚衆也.」"라 함. 《傳》에 "萃之義, 聚也. '順以(一作而)說', 以卦才言也. 上說而下順, 爲上以說道, 使民而順於人心. 下說上之政令, 而順從於上. 旣上下順說, 又陽剛處中正之位, 而下有應助如此, 故能聚也. 欲天下之萃才, 非如是不能也"라 하였고, 《本義》에 "以卦德卦體, 釋卦名義"라 함.

【「王假有廟」, 致孝亨也】'王假有廟'는 《集解》에 "陸績曰:「王五廟上也. 王者, 聚百物以祭其先, 諸侯助祭于廟中. 假, 大也. 言五親奉上矣.」"라 함. '致孝亨'은 후손으로서 孝誠을 다하여 祭祀를 올림. '亨'은 祭享의 뜻. 王弼 注에 "全聚乃得, 致孝之亨也"라 하였고, 〈正義〉에 "王假有廟, 致孝亨'者, 亨, 獻也. 聚道旣全, 可以至於有廟, 設祭祀而致孝亨也"라 함. 《集解》에 "虞翻曰:「亨, 亨祀也. 五至初有觀象, 謂亨坤牛, 故'致孝亨'矣.」"라 함. 《傳》에 "王者, 萃人心之道, 至於建立宗廟, 所以致其孝亨之誠也. 祭祀, 人心之所自盡也. 故萃天下之心者, 无如孝亨. 王者, 萃天下之道, 至於有廟, 則其極也"라 함.

【「利見大人, 亨」, 聚以正也】'聚以正'은 聚(萃)의 의미는 바르게 하는 것으로 이루어져 있음. 正道로써 사람을 모음. 王弼 注에 "大人, 體中正者也. 通聚以正聚, 乃得全也"라 하였고, 〈正義〉에 "利見大人, 亨, 聚以正也'者, 釋聚所以利見大人, 乃得通而利正者, 良由大人, 有中正之德, 能以正道, 通而化之, 然後聚道得全, 故曰'聚以正'也"라 함. 《集解》에 "虞翻曰:「坤爲聚, 坤三之四, 故'聚以正'也. 九家《易》曰:「五以正聚陽, 故曰'利貞'.」"이라 함. 《傳》에 "萃之時, 見大人, 則能亨, 蓋聚以正道也. 見大人, 則其聚以正道, 得其正, 則亨矣. 萃不以正, 其能亨乎?"라 함.

【「用大牲吉, 利有攸往」, 順天命也】'順天命'은 卦象에 따라 하늘의 命에 順應함. 王弼 注에 "順以說而不損剛, 順天命者也. 天德剛而不違中順天, 則說而以剛爲主也"라 하였고, 〈正義〉에 "用大牲吉, 利有攸往, 順天命'者, 天之爲德, 剛不違中. 今順以說而以剛爲主, 是順天命也. 動順天命, 可以享於神明, 无往不利, 所以得用大牲吉利. '有攸往'者,

只爲順天命也"라 함.《集解》에 "虞翻曰:「坤爲順, 巽爲命, 三往之四, 故'順天命'也.」"라
함.《傳》에 "'用大牲', 承上有廟之文, 以享祀而言, 凡事莫不如是. 豐聚之時, 交於物者,
當厚稱其宜也. 物聚而力贍, 乃可以有爲, 故'利有攸往', 皆天理然也. 故云'順天命'也"라
하였고,《本義》에 "釋卦辭"라 함.

【觀其所聚, 而天地萬物之情可見矣!】'見'은 現과 같음. 드러남. 表現됨. 示現됨. 王弼
注에 "方以類聚物以羣分, 情同而後乃聚, 氣合而後乃羣"이라 하였고,〈正義〉에 "'觀其所
聚, 而天地萬物之情可見矣'者, 此廣明萃義而歎美之也. 凡物所以得聚者, 由情同也. 情志
若乖, 无由得聚, 故觀其所聚, 則天地萬物之情可見矣"라 함.《集解》에 "虞翻曰:「三四易
位成離坎, 坎月離日, 日以見天, 月以見地, 故'天地之情可見'也. 與〈大壯〉·〈咸〉·〈恒〉同
義也.」"라 함.《傳》에 "觀萃之理, 可以見天地萬物之情也. 天地之化育, 萬物之生成. 凡有
者, 皆聚也. 有无動靜, 終始之理, 聚散而已. 故觀其所以聚, 則'天地萬物之情可見矣'"라
하였고,《本義》에 "極言其理而贊之"라 함.

★【澤上於地, 萃】'澤上於地'는 上卦(兌, 澤)가 下卦(坤, 地) 위에 있는 괘상을 하고
있는 것이 萃卦임.〈正義〉에 "澤上於地, 則水潦聚, 故曰'澤上於地, 萃'也"라 함.《集解》
에 "荀爽曰:「澤者, 卑下流潦, 歸之萬物生焉, 故謂之'萃'也.」"라 함.

【君子以除戎器, 戒不虞】'以除戎器'는 武器(兵器, 戎器)를 수리함. '除'는 '修理하다,
修繕하다, 다스리다'의 뜻. 程頤는 "除, 謂簡治也, 去弊惡也"라 하였고, 朱熹는 "修而聚
之"라 함. '戒不虞'는 생각지 않았던 의외의 사안을 경계함. '不虞'는 意外之患, 不測之
災를 뜻함. 사람이 많이 모이면 의외의 분란이 일어날 수 있음을 뜻함. 王弼 注에 "聚
而无防, 則衆生心"이라 하였고,〈正義〉에 "'除'者, 治也. 人旣聚會, 不可无防備, 故君子
於此之時, 修治戎器, 以戒備不虞也"라 함.《集解》에 "虞翻曰:「君子謂五. 除, 修戎兵也.
《詩》(大雅〈抑〉)曰:『脩爾車馬, 弓矢戎兵.』陽在三, 四爲脩, 坤爲器, 三四之正. 離爲戎
兵, 甲冑飛矢, 坎爲弓弧, 巽爲繩, 艮爲石, 謂敕甲冑鍛厲矛矢, 故'除戎器'也. 坎爲寇, 坤
爲亂, 故'戒不虞'也.」"라 함.《傳》에 "澤上於地, 爲萃聚之象. 君子觀萃象, 以除治戎器,
用戒備於不虞. 凡物之萃, 則有不虞度之事, 故衆聚則有爭; 物聚則有奪; 大率旣聚則多故
矣. 故觀萃象而戒也. 除, 謂簡治也, 去弊惡也. 除而聚之, 所以戒不虞也"라 하였고,《本
義》에 "除者, 修而聚之之謂"라 함.

## (3) 爻辭와 象辭

初六: 有孚不終, 乃亂乃萃. 若號, 一握爲笑, 勿恤, 往无咎.
☆象曰:「乃亂乃萃」, 其志亂也.

〈언해〉 初六(초륙)은, 孚(부) ㅣ 이시나, 終(죵)티 아니ᄒ면 이예 亂(란)ᄒ야 이예 萃(췌)
ᄒ릴 시, 만일에 號(호)ᄒ면, 一握(일악)이 笑(쇼)를 삼ᄋ리니, 恤(휼)티 말고,
往(왕)ᄒ면, 咎(구) ㅣ 업스리라.[《本義》: 孚(부) ㅣ 이쇼ᄃ 終(죵)티 아니ᄒᄂ 디
라, 이예 亂(란)ᄒ야 이예 萃(췌)ᄒ니, 만일에 號(호)ᄒ면, 一握(일악)이 笑(쇼)를
삼ᄋ려니와]

☆象(샹)애 ᄀᆯ오ᄃ 「乃亂乃萃」ᄂ 그 志(지) ㅣ 亂(란)ᄒ 시라.

〈해석〉 [初六] 이 효는 성신함이 있으나 끝을 잘 맺지 않으면, 이에 미란(迷亂)에 빠지고
이에 병들게 될 것이니, 만일 부르짖으면, 모두가 한 덩어리가 되어 웃음거리로
삼을 것이니(믿음을 가지고 있되, 끝을 잘 맺지 않기 때문에, 이에 미란에 빠쳐
병들게 되니, 만일에 부르짖으면, 한 덩어리가 되어 웃음거리로 삼으려니와),
걱정하지 말고 그대로 나아가면 허물은 없으리라.

☆象: "이에 미란에 빠지고 이에 병들게 된다"함은, 그 뜻이 어지럽기 때문이다.

【初六】 이는 萃卦의 시작이며 陰爻로 位不當하며 柔弱함. 그러나 九四(陽剛)와 正應
을 이루어 安定的임.

【有孚不終, 乃亂乃萃】 '有孚不終'의 '孚'는 俘와 같음. 俘虜, 捕虜의 뜻. 포로를 잡았
으나, 끝까지 붙들고 있지 못함. 그러나 '誠信(虔誠)함으로 하였으나 끝을 잘 맺지 못
하다'의 뜻이라고도 하며, 또는 ○高亨은 "孚, 讀爲浮, 罰也. '有孚不終', 謂有罰不果行
也"라 함. '乃亂乃萃'의 '亂'은 紛亂을 일으킴. '萃'는 悴, 頴의 假借, 憔悴함. 혹은 憂慮
함, 걱정함. 병이 듦. 이 효는 九四와 正應을 이루고 있으나, 九五에게 믿음(사랑)을
사려 하다가 혼란에 빠짐을 뜻함.《集解》에 "虞翻曰:「孚謂五也. 初四易位, 五坎中, 故
'有孚'. 失正當, 變坤爲終, 故'不終'. 萃, 聚也. 坤爲亂爲聚, 故'乃亂乃萃'. 失位不變, 則相
聚爲亂, 故〈象〉曰'其志亂'也.」"라 함.

【若號, 一握爲笑, 勿恤, 往无咎】 '若狐'의 '若'은 ○高亨은 "若, 猶而也"라 하여, 語助辭
'號'는 九四를 소리쳐 부름. '而'. '一握'은 다른 효들이 모두 한 덩어리가 됨. '一團'과
같음. 혹은 한 번 손으로 움켜 쥠. 서로 악수를 하며 웃음. 그러나 聞一多는 "握, 喔喔,

咿喔, 笑聲"이라 하여 웃음소리를 寫聲한 것. '낄낄댐'이라 하였음. '往无咎'는 대담하게 그대로 나아가면 허물은 없음. 이 효는 九四에게 호응하려 하나 위에 두 음효가 있어 의심을 받음. 그 때문에 강하게 九四를 불러 도움을 요청하여 그를 움켜잡고 신이 나서 웃음. ○高亨은 "此殆古代故事, 蓋有某人得罪, 其上欲罰至, 而未果行, 其人大懼, 因而發狂, 因而得病, 而哭號, 一室之人皆笑之, 遂筮之, 其斷曰'勿憂, 但往无咎, 不致被罰', 故記之曰「有孚不終, 乃亂乃萃, 若號, 一握(室)爲笑, 勿恤, 往无咎」"라 함. 王弼 注에 "有應在四, 而三承之, 心懷嫌疑, 故'有孚不終'也. 不能守道, 以結至好, 迷務競爭, 故'乃亂乃萃'也. '一握'者, 小之貌也; '爲笑'者, 儒劣之貌也. 己爲正妃, 三以近寵, 若安夫卑, 退謙以自牧, 則'勿恤而往无咎'也"라 하였고, 〈正義〉에 "'有孚不終, 乃亂乃萃'者, 初六有應在四, 而三承之, 萃聚之時, 貴於近合, 見三承四, 疑四與三, 始以正應, 相信未以他意相阻, 故曰'有孚不終'也. 旣心懷嫌疑, 則情意迷亂, 奔馳而行, 萃不以禮, 故曰'乃亂乃萃'. '一握'者, 小之貌也. 自比一握之間, 言至小也. '爲笑'者, 非嚴毅之容, 言儒劣也. 己爲正配, 三以近寵, 若自號比, 於一握之小執, 其謙退之容, 不與物爭, 則不憂於三, 往必得合, 而无咎矣. 故曰'若號, 一握爲笑, 勿恤, 往无咎'也"라 함. 《集解》에 "虞翻曰:「巽爲號, 艮爲手, 初稱一, 故'一握'. 初動成震, 震爲笑, 四動成坎, 坎爲恤, 故'若號, 一握爲笑, 勿恤'. 初之四得正, 故'往无咎'矣.」"라 함. 《傳》에 "初與四爲正應, 本有孚以相從者也. 然當萃時, 三陰聚處柔, 无守正之節, 若捨正應而從其類, 乃有孚而不終也. '乃亂', 惑亂其心也; '乃萃', 與其同類聚也. 初若守正, 不從號呼以求正應, 則一握笑之矣. '一握', 俗語一團也. 謂衆(一有聚字)以爲笑也. 若能勿恤而往, 從剛陽之正應, 則无過咎. 不然則入小人之羣矣"라 하였고, 《本義》에 "初六上應九四, 而隔於二陰. 當萃之時, 不能自守, 是有孚而不終, 志亂而妄聚也. 若呼號正應, 則衆以爲笑. 但勿恤而往從正應, 則无咎矣. 戒占者, 當如是也"라 함.

☆【「乃亂乃萃」, 其志亂也】'其志亂'은 六二와 六三에 막혀 九四에 응하고자 하는 뜻에 확신을 갖지 못하고 혼란스러워 함. 〈正義〉에 "〈象〉曰'其志亂'者, 只爲疑四與三, 故志意迷亂也"라 함. 《集解》에 "虞翻曰:「坎爲志初, 不之四, 其志亂也.」"라 함. 《傳》에 "其心志, 爲同類所惑亂, 故乃萃於羣陰也. 不能固其守, 則爲小人所惑亂, 而失其正矣"라 함.

六二: 引吉, 无咎. 孚乃利用禴.

☆象曰:「引吉, 无咎」, 中未變也.

〈언해〉 六二(륙이)는, 引(인)ᄒ면 吉(길)ᄒ야 咎(구) ㅣ 업스리니, 孚(부)ᄒ야아 이에 禴(약)을 쓰미 利(리)ᄒ리라.

☆象(샹)애 ᄀᆞᆯ오디「引吉, 无咎」는 中(듕)ᄒ야 變(변)티 아닐 ᄉᆡ라.

〈해석〉 [六二](--): 이끌어 주면, 길하여 허물이 없으리니, 성실함을 가지고 있어야 이에 간소하게 제사를 지내도 이로우리라.

☆象: "이끌어 주면 길하고 허물이 없다"함은, 가운데에 자리를 잡고 있어 (九五에 대한) 뜻을 변하지 않고 있기 때문이다.

【六二】이는 陰爻로 位正當하며 下卦(坤)의 中央에 위치하여 得中을 이루었고, 九五와 陰陽이 正應을 이루고 있어, 성실하게 자신의 임무를 수행해 낼 수 있음.

【引吉, 无咎】 '引吉'은 이끌리어 그 吉함을 길이 유지할 수 있음. 沙少海는 "引, 聲假作永, 訓長期. '引吉', 猶言永吉, 即長期吉利, 同于'永貞吉', '永利貞'"이라 하여, '引'은 '永'(雙聲)의 뜻이며, '永貞吉'이나 '永利貞'의 표현과 같다고 하였음. 그러나 正應한 九四가 牽引해 줌으로 인해 吉한 것이라 보기도 함. 《集解》에 "虞翻曰:「應巽爲繩, 艮爲手, 故'引吉'. 得正應五, 故'无咎'. 利引四之初, 使避己, 己得之五也.」"라 함.

【孚乃利用禴】 '孚'는 俘虜. 혹 誠信(虔誠)함의 의미라고도 함. '禴'은 殷나라 때의 봄에 올리는 제사. '礿'의 異體字. 《禮記》王制에 "春曰礿"라 하였고, 〈祭統〉에도 "春祭曰礿"이라 함. 四時 제사 중에 가장 省薄(儉素)하게 지내는 제사라 함. 誠信(虔誠)함을 가지고 이에 제사에 참여하면 이로움. ○高亨은 "祭祀鬼神, 貴有忠信, 果有忠信, 祭物雖薄, 而鬼神享之, 故曰「孚乃利用禴」"이라 함. 王弼 注에 "居萃之時, 體柔當位, 處坤之中, 己獨處正, 與衆相殊, 異操而聚, 民之多僻, 獨正者危, 未能變體, 以遠於害, 故必見引, 然後乃吉而无咎也. 禴, 殷春祭名也. 四時祭之省者也. 居聚之時, 處於中正, 而行以忠信, 故可以省薄薦於鬼神也"라 하였고, 〈正義〉에 "'引吉无咎'者, 萃之爲體, 貴相從就, 聚道乃成. 今六二以陰居陰, 復在坤體, 志於靜退, 則是守中未變, 不欲相就者也. 乖衆違時, 則致危害, 故須牽引, 乃得吉而无咎也. 故曰'引吉, 无咎'. '孚乃利用禴'者, 禴, 殷春祭之名也. 四時之祭, 最薄者也. 雖乖於衆, 志須牽引. 然居中得正, 忠信而行, 故可以省薄薦於鬼神也. 故曰'孚乃利用禴'"이라 함. 《集解》에 "虞翻曰:「孚謂五. 禴, 夏祭也. 體觀象, 故'利用禴'. 四之三, 故'用大牲'. 離爲夏, 故禴祭. 《詩》(小雅 〈天保〉)曰:『禴祠烝嘗.』

是其義.」라 함. 《傳》에 "初陰柔又非中正, 恐不能終其孚, 故因其才而爲之戒. 二雖陰柔
而得中正, 故雖戒而微辭(一作其辭微). 凡爻之辭, 關(一作開)得失, 二端者, 爲法爲戒, 亦
各隨其才而設也. '引吉, 无咎', 引者, 相牽也. 人之交相求, 則合; 相待, 則離. 二與五爲正
應, 當萃者也, 而相遠又在羣陰之間, 必相牽引, 則得其萃矣. 五居尊位, 有中正之德, 二
亦以中正之道, 往與之萃, 乃君臣和合也. 其(一作持)所共致, 豈可量也? 是以吉而无咎也.
'无咎'者, 善補過也. 二與五不相引, 則過矣. '孚乃利用禴', 孚, 信之在中, 誠之謂也. 禴,
祭之簡薄者也. 菲薄而祭, 不尙備物, 直以誠意交於神明也. '孚乃'者, 謂有其(一作其有)
孚, 則可不用文飾, 專以至誠, 交於上(一有下字)以禴. 言者, 謂薦其誠而已. 上下相聚而
尙飾焉, 是未誠也. 蓋其中實者, 不假飾於外, 用禴之義也. 孚信者, 萃之本也. 不獨君臣
之聚, 凡天下之聚, 在誠而已"라 하였고, 《本義》에 "二應五而雜於二陰之間, 必牽引, 以
萃乃吉而无咎. 又二中正, 柔順虛中, 以上應九五剛健中正, 誠實而下交, 故卜祭者, 有其
孚誠, 則雖薄物, 亦可以祭矣"라 함.

☆【「引吉, 无咎」, 中未變也】'中未變'은 이 효는 下卦(坤)의 중앙에 위치하여 자신의
임무와 뜻을 바꾸지 않음. 中正을 그대로 지킴. 〈正義〉에 "〈象〉曰'中未變也'者, 釋其所
以須引乃吉, 良由居中未變"이라 함. 《集解》에 "虞翻曰: 「二得正, 故'不變'也.」 ○王弼
曰: 「居萃之時, 體柔當位, 處坤之中, 己獨履正, 與衆相殊, 異操而聚, 民之多僻獨, 正者
危, 未能變體, 以遠於害, 故必待五引, 然後乃吉而无咎, 禴, 殷春祭名. 四時之祭, 省者
也. 居聚之時, 處於中正, 而行以忠信, 可以省薄於鬼神矣.」라 함. 《傳》에 "萃之時, 以得
聚爲吉, 故九四爲得上下之萃, 二與五雖正應, 然異處有間, 乃當萃而未合者也. 故能相引
而萃, 則吉而无咎. 以其有中正之德, 未遽至改變也. 變則不相引矣. 或曰: 「二旣有中正之
德, 而〈象〉云'未變', 辭若不足, 何也?」 曰: 「羣陰比處, 乃其類聚, 方萃之時, 居其間能自
守不變, 遠須正應, 剛立者能之, 二陰柔之才, 以其有中正之德, 可覬其未至於變耳. 故
〈象〉含其意, 以存戒也.」라 함.


六三: 萃如嗟如, 无攸利, 往无咎, 小吝.
☆象曰: 「往无咎」, 上巽也.

〈언해〉六三(륙삼)은, 萃(췌)ᄒᆞ다가 嗟(차)홈이라. 利(리)ᄒᆞᆫ 배 업스니, 往(왕)ᄒᆞ면 咎
(구)ㅣ 업스려니와, 져기 吝(린)ᄒᆞ니라.
☆象(상)애 ᄀᆞᆯ오ᄃᆡ 「往无咎」는 上(상)이 巽(손)ᄒᆞᆯ 시라.

〈해석〉 [六三](--): 초췌함에 빠지고 한탄을 하는 위치이다. 이로울 것이 없으니, 그래
도 갈 길을 가면 허물은 없겠지만 약간의 안타까움은 있으리라.
　　☆象: "그래도 갈 길을 가면 허물은 없다"함은, 바로 위의 九四에게 순종하고
있기 때문이다.


【六三】 이는 下卦(坤)의 가장 윗자리이며 陰爻로 位不當함. 아울러 上六과 같은 陰
爻로 正應을 이루지 못하고 있음. 둘 모두 柔弱하여 자신 있게 나서지 못하나 坤卦(順)
의 本領을 지켜나가면 큰 허물은 없음.

【萃如嗟如, 无攸利】 '悴如嗟如'의 '萃'는 悴, 顇, 瘁와 같음. 걱정함. ○高亨은 "萃,
讀如顇, 爲瘁, 病也"라 함. '걱정하고 탄식하며 병폐로 여김'을 뜻하는 '悴嗟'(췌차)의
雙聲連綿語를 풀어서 표현하면서 語助辭 '如'를 부가한 것.

【往无咎, 小吝】 '往无咎'는 坤卦(順)의 柔弱, 柔順함을 그대로 지키면서 계속 나아감.
'小吝'은 약간의 난관. 안타까움. 이 효는 위로 도움이 없고 位不當하여 사람들을 모으
고자 하나 호응이 매우 약함. 그 때문에 한탄을 하는 것이며, 가까운 九四(陽)에게
나아가 가까이 하면 허물은 없으나 正應이 아니므로 약간의 안타까움이 있음. 그러나
○高亨은 "此乃疾苦之象, 自無所利, 故曰「萃如嗟如, 无攸利」. 但疾病之災, 出門可解, 特
扶病而行, 不無稍難耳, 故又曰「往无咎, 小吝」"이라 함. 王弼 注에 "履非其位, 以比於四,
四亦失位, 不正相聚, 相聚不正, 患所生也. 干人之應, 害所起也. 故'萃如嗟如, 无攸利'也.
上六亦无應, 而獨立處極, 而憂危思援, 而求朋巽, 以待物者也. 與其萃於不正, 不若之於同
志, 故可以往而无咎也. 二陰相合, 猶不若一陰一陽之應, 故有'小吝'也"라 하였고, 〈正義〉
에 "居萃之時, 履非其位, 以比於四, 四亦失位, 不正相聚, 相聚不正, 患所生也. 干人之應,
害所起也. 故曰'萃如嗟如, 无攸利'也. '往无咎, 小吝'者, 上六亦无應, 而獨立處極, 而憂危
思援, 而求朋巽, 以待物者也. 與其萃於不正, 不若之於同志, 故可往而无咎. 但以上六是
陰, 己又是陰, 以二陰相合, 猶不若一陰一陽之應, 故有'小吝'也"라 함. 《集解》에 "虞翻曰:
「坤爲萃, 故'萃如'; 巽爲號, 故'嗟如'. 失正, 故'无攸利'; 動得位, 故'往无咎, 小吝', 謂往之
四.」"라 함. 《傳》에 "三, 陰柔不中正之人也. 求萃於人, 而人莫與求. 四則非其正應, 又非
其類, 是以不正, 爲四所棄也. 與二, 則二自以中正應五, 是以不正, 爲二所不與也. 故欲(一
无欲字)萃如, 則爲人棄絕, 而'嗟如', 不獲萃而嗟恨也. 上下皆不與无所利也. 唯往而從上
六, 則得其萃, 爲无咎也. 三與上, 雖非陰陽正應, 然萃之時, 以類相從, 皆以柔居一體之上,
又皆无與居相應之地, 上復處說順之極, 故得其萃而无咎也. 《易》道變動, 无常在人識之,
然而'小吝', 何也? 三始求萃於四, 與二不獲而後, 往從上六, 人之動爲如此, 雖得所求, 亦

可小羞吝也"라 하였고, 《本義》에 "六三陰柔不中不正, 上无應與, 欲求萃於近而不得, 故 '嗟如', 而无所利. 唯往從於上, 可以无咎. 然不得其萃, 困然後往復, 得陰極无位之交, 亦可 小羞矣. 戒占者, 當近捨不正之强, 援而遠結, 正應之窮交, 則无咎也"라 함.

☆【往无咎】, 上巽也】 '上巽'의 '巽'은 遜과 같음. '巽上'(遜上)의 倒置型. 윗사람에게 순종함. 上은 九四를 가리킴. 〈正義〉에 "〈象〉曰'上巽也'者, 以上體柔巽, 以求其朋, 故三 可以往而无咎也"라 함. 《集解》에 "虞翻曰: 「動之四, 故上巽.」"이라 함. 《傳》에 "上居柔說 之極, 三往而无咎者, 上六巽順而受之也"라 함.


# 九四: 大吉, 无咎.
## ☆象曰:「大吉, 无咎」, 位不當也.

〈언해〉 九四(구亽)는, 크게 吉(길)ᄒ야아 咎(구)ㅣ 업스리라.
　　　☆象(샹)애 골오디「大吉, 无咎」는 位(위)ㅣ 當(당)티 아닐 시라.
〈해석〉 [九四](−): 크게 길하여야 허물이 없으리라.
　　　☆象: "크게 길하여야 허물이 없다"함은, 자리가 정당하지 않기 때문이다.


【九四】 이는 上卦(兌)의 시작이며 陽爻로 位不當하나 萃卦의 첫 陽爻이며, 동시에 初六과 음양이 正應하고, 아래 坤卦의 柔順함이 받쳐주고 있어, 萃(聚)의 임무를 본격 적으로 실행할 수 있음.

【大吉, 无咎】 '大吉'은 아주 크게 길함을 지켜냄. 이 효는 아래로 세 개의 陰爻를 거느리고 있어 많은 下民을 聚(萃)하고 있는 모습임. 그 때문에 大吉하며 无咎한 것임. ○高亨은 "筮遇此爻, 大吉无咎, 故曰「大吉无咎」"라 함. 王弼 注에 "履非其位, 而下據三 陰, 得其所據, 失其所處, 處聚之時, 不正而據, 故必'大吉'. 立夫大功, 然後'无咎'也"라 하 였고, 〈正義〉에 "'大吉, 无咎'者, 以陽處陰, 明履非其位, 又下據三陰, 得其所據, 失其所 處. 處聚之時, 不正而據, 是其凶也. 若以萃之時, 立夫大功, 獲其大吉, 乃得无咎, 故曰'大 吉, 无咎'"라 함. 《傳》에 "四當萃之時, 上比九五之君, 得君臣之聚也; 下比下體羣陰, 得下 民之聚也. 得上下之聚, 可謂善矣. 然四以陽居陰, 非正也. 雖得上下之聚, 必得'大吉', 然後 爲无咎也. '大', 爲周遍之義, 无所不周, 然後爲大无所不正, 則爲大吉. 大吉則无咎也(一作 矣). 夫上下之聚, 固有不由正道而得者, 非理枉道而得君者, 自古多矣. 非理枉道而得民 者, 蓋亦有焉. 如齊之陳恒, 魯之季氏, 是也. 然得爲大吉乎? 得爲无咎乎? 故九四必能'大

吉', 然後爲(一作能)'无咎'也"라 하였고, 《本義》에 "上比九五, 下比衆陰, 得其萃矣. 然以 陽居陰不正, 故戒占者, 必'大吉', 然後得'无咎'也"라 함.

☆【「大吉, 无咎」, 位不當也】'位不當'은 陽爻로써 陰爻의 자리를 차지하고 있음. 大 吉하나 位不當함으로 인해, 겨우 허물이 없는 정도에 그침. 〈正義〉에 "〈象〉曰'位不當' 者, 謂以陽居陰也"라 함. 《集解》에 "虞翻曰:「以陽居陰, 故位不當. 動而得正, 承五應初, 故'大吉而无咎'矣.」"라 함. 《傳》에 "以其位之不當, 疑其所爲未能盡善, 故云必得大吉, 然 後爲(一作能)无咎也. 非盡善, 安得爲大吉乎?"라 함.


# 九五: 萃有位, 无咎. 匪孚, 元永貞, 悔亡.
# ☆象曰:「萃有位」, 志未光也.

〈언해〉 九五(구오)는, 萃(췌)예 位(위)를 두고 咎(구)ㅣ 업스나, 孚(부)티 아니커든 元 (원)ᄒ고 永(영)ᄒ고 貞(뎡)ᄒ면 悔(회) 亡(망)ᄒ리라.[《本義》: 萃(췌)예 位(위)를 둔는 디라, 咎(구)ㅣ 업스니]

☆象(상)애 ᄀᆞᆯ오디 「萃有位」는 志(지)ㅣ 光(광)티 몯홀 시라.

〈해석〉 [九五](−): 여러 사람을 모이게 하는 임금 자리를 차지하고 있으니, 허물이 없으나(췌괘의 임금 자리를 차지하고 있어, 허물이 없으니), 형벌을 마구 끄지 아니하면, 크고 길이 올곧아 회한이 사라지리라.

☆象: "모이게 하는 지위에 있다"함은, 자신의 뜻이 아직 널리 펴지지 못하고 있기 때문이다.


【九五】 이는 君位로 췌괘의 主爻이며 陽爻로 位正當하고, 上卦(兌)의 中央에 위치하 여 得中을 이룸. 아울러 六二와 陰陽이 正應을 이루고 있어, 그 때문에 췌괘의 本領을 실천함에 매우 이상적인 배치로 이루어져 있음.

【萃有位, 无咎】'萃有位'의 萃는 瘁의 뜻. 임금의 자리에 있으면서 勞心焦思함을 뜻함.

【匪孚, 元永貞, 悔亡】'匪孚'는 '匪'는 非와 같음. 마구 형벌을 내리지 않음. 형벌을 마구 쓰지 않음. '孚'는 浮, 浮罰, 刑罰을 내림. ○高亨은 "孚, 罰也"라 함. 그러나 본괘에 서는 음효를 하민(백성)으로 보아, 九四에 막혀 下卦(坤)의 세 음효와 자신의 誠信(虔誠) 이 바로 소통이 되지 않음을 뜻하는 것이라고도 함. '元永貞'은 크고 길게 안정됨. '悔亡' 은 悔恨이 사라짐. ○高亨은 "筮遇此爻, 非有罰來, 乃大吉, 故曰「匪孚, 元吉」. 占問長期

之休咎, 謂之永貞. 筮遇此爻, 永貞者其悔可去, 故曰「永貞, 悔亡」'이라 하여, '匪孚, 元,
永貞悔亡'으로 읽었음. 王弼 注에 "處聚之時, 最得盛位, 故曰'萃有位'也. 四專而據, 已德
不行, 自守而已, 故曰'无咎, 匪孚'. 夫修仁守正, 久必悔消, 故曰'元永貞, 悔亡'"이라 하였
고, 〈正義〉에 "九五處聚之時, 最得盛位, 故曰'萃有位'也. 旣得盛位, 所以'无咎'. '匪孚'者,
良由四專, 而據己德, 化不行信, 不孚物自守而已, 故曰'无咎, 匪孚'. 若能修夫大德, 久行其
正, 則其悔可消, 故曰'元永貞, 悔亡'"이라 함. 《集解》에 "虞翻曰:「得位居中, 故'有位, 无
咎'. '匪孚', 謂四也. 四變之正, 則五體皆正, 故'元永貞', 與〈比〉象同義. 四動之初, 故'悔
亡'.」"이라 함. 《傳》에 "九五居天下之尊, 萃天下之衆, 而君臨之. 當正其位, 修其德以陽
剛, 居尊位, 稱其位矣, 爲有其位矣(一作也). 得中正之道, 无過咎也. 如是而有不信而未歸
者, 則當自反, 以修其元永貞之德, 則无思不服, 而悔亡矣. '元永貞'者, 君之德, 民所歸也.
故比天下之道, 與萃天下之道, 皆在此三者. 王者旣有其位, 又有其德中正, 无過咎, 而天下
尙有未信服歸附者, 蓋其道未光大也, 元永貞之道未至也. 在修德以來之, 如苗民逆命, 帝
乃誕敷文德, 舜德非不至也. 蓋有遠近昏明之異, 故其歸有先後, 旣有未歸, 則當修德也. 所
謂德'元永貞'之道也. 元, 首也, 長也. 爲君德首出庶物, 君長羣生, 有尊大之義焉. 有主統之
義焉, 而又恒永貞固, 則通於神明, 光於四海, 无思不服矣. 乃无匪孚而其悔亡也. 所謂悔志
之未光, 心之未慊也"라 하였고, 《本義》에 "九五剛陽中正, 當萃之時, 而居尊, 固无咎矣.
若有未信, 則亦修其元永貞之德, 而悔亡矣. 戒占者, 當如是也"라 함.

☆【「萃有位」, 志未光也】'志未光'은 임금의 자리에 있으면서 勞心焦思하는 이유는
자신의 뜻이 널리 미치지 못할까 해서임. 혹은 '현재로서는 자신의 덕을 널리 펼 수
없음'의 뜻이라고도 함. 〈正義〉에 "〈象〉曰'志未光也'者, 雖有盛位, 信德未行, 久乃悔亡.
今時志意, 未光大也"라 함. 《集解》에 "虞翻曰:「陽在坎中, 故'志未光', 與〈屯〉五同義.」"
라 함. 《傳》에 "〈象〉擧爻上句王者之志, 必欲誠信著於天下, 有感必通含生之類, 莫不懷
歸, 若尙有匪孚, 是其志之未光大也"라 하였고, 《本義》에 "未光, 謂匪孚"라 함.


## 上六: 齎咨涕洟, 无咎.
## ☆象曰:「齎咨涕洟」, 未安上也.

〈언해〉 上六(샹륙)은, 齎咨(ᄌᆞᄌᆞ)ᄒᆞ며 涕洟(톄이)홈이니, 咎(구)홀 디 업스니라.[《本
　　　義》: 齎咨(ᄌᆞᄌᆞ)ᄒᆞ며 涕洟(톄이)ᄒᆞ야아, 咎(구)ㅣ 업스리라]
　　☆象(샹)애 ᄀᆞᆯ오디「齎咨涕洟」ᄂᆞᆫ 上(샹)애 安(안)티 몯홈이라.

〈해석〉 [上六](--): 크게 탄식하며 눈물 콧물을 흘리는 자리이니, 허물은 없으리라.(크게 탄식하고 눈물 콧물을 흘리며 울어야, 허물이 없으리라,)

☆象: "크게 탄식하고 눈물 콧물을 흘린다"함은, 가장 윗자리를 편안히 여기지 못하기 때문이다.


【上六】이는 전괘의 極位이며, 陰爻로 位正當하나 六三과 正應을 이루지 못하면서 아울러 柔弱하여, 萃卦의 本領을 제대로 마무리를 짓지 못함. 그 때문에 한숨을 짓지만 허물은 없음.

【齎咨涕洟, 无咎】'齎咨'는 '咨嗟'와 같으며, 안타까워 슬퍼하는 모습을 뜻하는 雙聲連綿語, 〈諺解〉에는 '자자'로 읽었으며, 혹 '재자'로도 읽음. '涕洟'는 '涕'는 눈물, '洟'는 콧물. 눈물과 콧물을 흘리며 우는 모습. 그러나 ○高亨은 "此處專指助喪之貨財而言. 齎咨涕洟, 弔他人之喪之象也. 弔他人之喪, 古人蓋亦占其可否, 筮遇此爻, 則無咎, 故曰「齎咨涕洟, 无咎」"라 함. 王弼 注에 "處聚之時, 居於上極, 五非所乘, 內无應援. 處上獨立, 近遠无助, 危莫甚焉. '齎咨', 嗟歎之辭也. 若能知危之至, 懼禍之深, 憂病之甚, 至于涕洟, 不敢自安, 亦衆所不害, 故得'无咎'也"라 하였고, 〈正義〉에 "'齎咨'者, 居萃之時, 最處上極, 五非所乘, 內又无應, 處上獨立, 无其援助, 危亡之甚, 居不獲安, 故齎咨而嗟歎也. 若能知有危亡懼, 害之深, 憂危之甚, 至於涕洟, 滂沱如此, 居不獲安, 方得衆所不害, 故'无咎'也. 自目出曰涕, 自鼻出曰洟"라 함. 《集解》에 "虞翻曰:「齎, 持; 資, 賻也. 貨財喪稱賻. 自目曰涕, 自鼻稱洟. 坤爲財, 巽爲進 故'齎資'也. 三之四體離坎, 艮爲鼻涕, 淚流鼻目, 故'涕洟'. 得位應三, 故'无咎'. 上體〈大過〉死象, 故有'齎資涕洟'之哀.」"라 함. 《傳》에 "六說之主陰柔小人, 說高位而處之天下, 孰肯與也? 求萃而人莫之與, 其窮至於齎咨而涕洟也. '齎咨', 咨嗟也, 人之絶之, 由己自取, 又將誰咎? 爲人惡絶, 不知所爲, 則隕穫而至. 嗟涕, 眞小人之情狀也"라 하였고, 《本義》에 "處萃之終, 陰柔无位, 求萃不得. 故戒占者, 必如此而後, 可以无咎也"라 함.

☆【齎咨涕洟, 未安上也】'未安上'은 가장 높은 윗자리에 있음을 편안히 여기지 못함. 如履薄氷의 勤愼하며 驚恐의 상태로 나날을 보냄. 〈正義〉에 "〈象〉曰'未安上'者, 未敢安居, 其上所乘也"라 함. 《集解》에 "虞翻曰:「乘剛遠應, 故'未安上'也.」 ○荀爽曰:「此本〈否〉卦上九陽爻, 見滅遷移, 以喩夏桀殷紂, 以上六陰爻代之, 若夏之後封東婁公於杞; 殷之後封微子於宋. 去其骨肉, 臣服異姓, 受人封土, 未安居位, 故曰'齎咨涕洟, 未安上也'.」"라 함. 《傳》에 "小人所處, 常失其宜, 旣貪而從欲, 不能自擇安地, 至於困窮, 則顚沛不知所爲. 六之涕洟, 蓋不安於處上也. 君子愼其所處, 非義不居. 不幸而有危困, 則泰然

自安, 不以累其心; 小人居不擇安常, 履非據, 及其窮迫, 則隕穫躁橈, 甚至涕洟爲可羞也. 未者, 非遽之辭, 猶俗云'未便'也. 未便, 能安於上也. 陰而居上, 孤處无與, 旣非其據, 豈能安乎?"라 함.

# 046 승升

**䷭ 地風升: ▶巽下坤上(☴下☷上)**

　*升(승): 〈音義〉에 "升, 式陵反. 上也, 高也"라 하여 '승(shēng)'으로 읽음. '升'은 昇과 같으며 '上昇(上升)하다, 높이 올라가다'의 의미. 하괘는 巽(風)이며 상괘는 坤(地)으로, 땅 아래에서 바람이 부는 異卦相疊의 '地風' 괘체임. 이는 어떤 일이 상승 기류를 타고 오를 때, 의당 그 본성에 순응하고 誠信(虔誠)과 貞正을 견지하여 陽剛을 의지하여 정정당당하게 일을 처리해야 함을 상징함. 혹은 遜은 五行으로 木이므로, 땅에 심어진 나무가 자라서 크며 낮은 곳에서 높은 곳으로 향하므로 '升'이라고도 함.

　*《集解》에 "〈序卦〉曰:「聚而上者, 謂之升. 故受之以'升'也.」(崔憬曰:「用大牲而致孝享, 故順天子而升爲王矣. 故言'聚而上者, 謂之升'也.」)"라 함.

　*《傳》에 "升, 〈序卦〉:「萃者, 聚也. 聚而上者, 謂之升. 故受之以'升'.」物之積聚, 而益高大, 聚而上也, 故爲升, 所以次於萃也. 爲卦坤上巽下, 木在地下, 爲地中生木, 木生地中, 長而益高, 爲升之象也"라 함.

## (1) 卦辭

# 升: 元亨. 用見大人, 勿恤, 南征吉.

〈언해〉 升(승)은 元(원)코 亨(형)ᄒᆞ니, 뻐 大人(대인)을 見(견)호ᄃᆡ, 恤(휼)티 말고, 南(남)으로 征(졍)ᄒᆞ면 吉(길)ᄒᆞ리라.[《本義》: 크게 亨(형)ᄒᆞ니]

〈해석〉 승(升, 승괘)은 원(元)하고 형통하니(크게 형통하니), 대인을 만나 보되, 걱정하지 말고, 남쪽으로 나서면 길하리라.

　【升】 '升'은 卦名으로, 나무가 자꾸 자라 위로 올라감을 상징. 혹은 땅 밑에 바람이 불어 위로 올라옴. 《集解》에 "鄭玄曰:「升, 上也. 坤地巽木, 木生地中, 日長而上, 猶聖人在諸侯之中, 明德日益高大也. 故謂之升. 升, 進益之象矣.」"라 함.

　【元亨】 크게 亨通함. 혹은 큰 제사. 이 경우 '亨'은 享(祭享)의 의미. ○高亨은 "元,

大也. 亨卽享字. 古人擧行大享之祭, 曾筮遇此卦, 故記之曰「元亨」이라 함. 〈正義〉에
"'升, 元亨'者, 升, 卦名也. 升者, 登上之義, 升而得大通, 故曰'升, 元亨'也"라 함. 《集解》
에 "虞翻曰:「臨初之三, 又有巽象, 剛中而應, 故'元亨'也.」"라 함.

【用見大人, 勿恤】 '用見大人'은 漢代 〈帛書〉에는 '利見大人'으로 되어 있으며, 〈釋
文〉에도 "'用見', 本或作'利見'"이라 함. 그러나 '用'은 '宜'와 雙聲互訓으로 '마땅히'의
의미라고도 함. '勿恤'은 걱정할 것 없음. '걱정하지 말라'의 뜻. 王弼 注에 "巽順可以
升, 陽爻不當尊位, 无嚴剛之正, 則未免於憂. 故'用見大人, 乃勿恤'也"라 하였고, 〈正義〉
에 "用見大人, 勿恤'者, 升者, 登也. 陽爻不當尊位, 无剛嚴之正, 則未免於憂. 故用見大
德之人, 然後乃得无憂恤. 故曰'用見大人, 勿恤'"이라 함. 《集解》에 "虞翻曰:「謂二當之, 五
爲大人. 離爲見, 坎爲恤, 二之五得正, 故'用見大人, 勿恤', 有慶也.」"라 함.

【南征吉】 '南'은 光明, 赤, 兵事, 火를 상징함. 上昇은 모든 것이 光明을 향한 것임을
뜻함. 王弼 注에 "以柔之南, 則麗乎大明也"라 하였고, 〈正義〉에 "'南征吉'者, 非直須見
大德之人, 復宜適明陽之地, 若以陰之陰, 彌足其闇也. 南, 是明陽之方, 故曰'南征吉'也"
라 함. 그러나 李鏡池는 "似指木王伐楚之事"라 하여 역사적 사실과 연관을 지었음. 升
卦는 하괘(巽)는 木, 상괘(坤)은 地로 地中에 나무가 자라 점점 위로 올라가는 모습임.
만물을 상승하면 통하게 되어 있고, 게다가 상하괘가 모두 遜順의 의미를 지녀 '元亨'
한 것이며, 괘중에 九二와 六五가 正應과 得中을 이루어 서로 끌어주는 형상이어서
'用見大人'이라 한 것임. ○高亨은 "筮遇此卦, 見大人則利, 可勿憂, 南征亦吉, 故曰「利
見大人, 勿恤, 南征吉」"이라 함. 《集解》에 "虞翻曰:「離南方, 卦二之五成離, 故'南征吉'.
志行也.」"라 함. 《傳》에 "升者, 進而上也. 升進(一作進升), 則有亨義, 而以卦才之善, 故
'元亨'也. 用此道以見大人, 不假憂恤, 前進則吉也. '南征', 前進也"라 하였고, 《本義》에
"升, 進而上也. 卦自解來. 柔上居四, 內巽外順, 九二剛中, 而五應之. 是以其占如此. '南
征', 前進也"라 함.

## (2) 彖辭와 象辭

彖曰: 柔以時升, 巽而順, 剛中而應, 是以大亨.
「用見大人, 勿恤」, 有慶也;「南征吉」, 志行也.
★象曰: 地中生木, 升. 君子以順德, 積小以高大.

〈언해〉 彖(단)애 ᄀᆞᆯ오디 柔(유)ㅣ 時(시)로써 升(승)ᄒᆞ야,
　　　 巽(손)코 順(순)ᄒᆞ고, 剛中(강듕)으로 應(응)ᄒᆞᆫ 디라, 일로써 大亨(대형)ᄒᆞ니라.
　　　 [《本義》: 剛中(강듕)을 應(응)ᄒᆞᆫ 디라]
　　　 「用見大人, 勿恤」은, 慶(경)이 이심이오,
　　　 「南征吉」은, 志(지)ㅣ 行(힝)홈이라.
　　　 ★象(샹)애 ᄀᆞᆯ오디 地中(디듕)에 木(목)이 生(ᄉᆡᆼ)홈이 升(승)이니, 君子(군ᄌᆞ)ㅣ
　　　 以(이)ᄒᆞ야 德(덕)을 順(순)ᄒᆞ야, 小(쇼)를 積(젹)ᄒᆞ야 ᄡᅥ 高大(고대)케 ᄒᆞᄂᆞ니
　　　 라.[《本義》: 德(덕)을 愼(신)ᄒᆞ야]

〈해석〉 彖: 부드러운 네 음효가 때에 맞추어 올라와서,
　　　 겸손하고 순응하고, 강한 구이(九二)가 득중(得中)하여 육오(六五)가 정응(正應)
　　　 을 이루고 있기 때문에(강중이 응하고 있기 때문에), 이로써 크게 형통한 것이다.
　　　 "대인을 보는 것으로써, 걱정하지 말라"함은, 경사가 있을 것이기 때문이요,
　　　 "남쪽으로 나서면 길하다"함은, 뜻을 실행에 옮길 수 있기 때문이다.
　　　 ★象: 땅 속에 나무가 나 있는 형상이 승괘이다. 군자는 이를 바탕으로 덕을
　　　 순종하여(덕을 신중히 하고), 작은 것을 쌓아 이로써 큰 것을 이루느니라.

　　【象曰】〈十三經〉本 등 지금의 많은 판본에는 '象曰'로 잘못되어 있으나, 이는 '彖曰'
의 오기임. 阮元〈校勘記〉에 "石經, 岳本, 宋本, 閩本, 監本, 古本, 足利本, '象'作'彖',
按'象'字誤也"라 함.
　　【柔以時升】이 升卦는 初九와 九四, 九五, 上六 등 네 爻가 陰爻임. 이 陰爻는 柔를
의미하며, 柔의 성질을 띤 채 때맞추어 올라가고 있음. 王弼 注에 "柔以其時, 乃得升
也"라 하였고,〈正義〉에 "'柔以時升'者, 升之爲義, 自下升高, 故就六五居尊, 以釋名升之
意. 六五以陰柔之質, 超升貴位, 若不得時, 則不能升耳. 故曰'柔以時升'也"라 함.《集解》
에 "虞翻曰:「柔謂五, 坤也; 升謂二, 坤邑无君. 二當升五虛, 震兌爲春秋, 二升坎離, 爲冬
夏四時象正, 故'柔以時升'也.」"라 함.《本義》에 "以卦變釋卦名"이라 함.

【巽而順, 剛中而應, 是以大亨】'巽而順'은 下卦가 巽(風)이며 遜의 의미를, 그리고
上卦가 坤(地)이며 地는 順의 성질을 띠고 있음. 따라서 謙遜하면서 和順함이 升卦의
涵義임을 말함. '剛中而應'의 '剛中'은 下卦 九二가 陽剛하면서 得中하였음을 말함. '應'
은 上卦 六五가 陰爻로서 得中하였고 九二와 正應을 이루고 있음. '是以大亨'은 이러한
卦象의 구조로 인해 크게 형통함. '大亨'은 혹 '亨'을 '享'으로 보아, 이 괘를 만나면
크게 祭享을 올릴 수 있음. 王弼 注에 "純柔則不能自升, 剛亢則物不從. 旣以時升, 又巽而
順, 剛中而應, 以此而升, 故得大亨"이라 하였고, 〈正義〉에 "'巽而順, 剛中而應, 是以大亨'
者, 此就二體及九二之爻, 釋元亨之德也. 純柔則不能自升, 剛亢則物所不從. 卦體旣巽且
順, 爻又剛中而應, 於五有此衆德, 故得元亨"이라 함. 《集解》에 "荀爽曰:「謂二以剛居中
而來應五, 故能大亨. 上居尊位也.」"라 함. 《傳》에 "以二體言柔升謂坤上行也. 巽旣體卑,
而就下坤乃, 順時而上, 升以時也. 謂時當升也. 柔旣上而成升, 則下巽而上順, 以巽順之道
升, 可謂時矣. 二以剛中之道, 應於五; 五以中順之德, 應於二. 能巽而順其升以時, 是以'元
亨'也. 〈象〉文誤作'大亨'. 解在〈大有〉卦"라 하였고, 《本義》에 "以卦德卦體釋卦辭"라 함.
　【「用見大人, 勿恤」, 有慶也】'有慶'은 장차 큰 慶事가 있을 것임. 〈正義〉에 "用見大人,
勿恤有慶'者, 以大通之德, 用見大人, 不憂否塞, 必致慶善, 故曰'有慶'也"라 함. 《集解》에
"荀爽曰:「大人, 天子. 謂升居五, 見爲大人, 羣陰有主, 无所復憂, 而有慶也.」"라 함. 《傳》
에 "凡升之道, 必由大人. 升於位, 則由上公; 升於道, 則由聖賢. 用巽順剛中之道, 以見大
人, 必遂其升, 勿恤不憂, 其不遂也. 遂其升, 則己之(一作有)福慶, 而福慶及物也"라 함.
　【「南征吉」, 志行也】'志行'은 뜻한 대로 실행에 옮김. 王弼 注에 "巽順以升. 至于大
明, 志行之謂也"라 하였고, 〈正義〉에 "南征吉, 志行'者, 之於闇昧, 則非其本志; 今以柔
順而升大明, 其志得行也"라 함. 《集解》에 "虞翻曰:「二之五, 坎爲志, 震爲行.」"이라 함.
《傳》에 "南, 人之所向. 南征, 謂前進也. 前進, 則遂其升, 而得行其志, 是以吉也"라 함.
　★【地中生木, 升】'地中生木'은 上卦(坤, 地) 밑에(속에, 가운데에) 下卦(巽, 風, 木)
이 있으며, 이는 땅에 나무가 심어져 자라고 있는 형상임. 〈正義〉에 "地中生木, 升'者,
地中生木, 始於細微, 以至高大, 故爲升象也"라 함. 《集解》에 "荀爽曰:「地謂坤, 木謂巽.
地中生木, 以微至著, 升之象也.」"라 함.
　【君子以順德, 積小以高大】'君子以順德'은 '君子는 德義에 順應하는 것으로써'의 뜻.
'積小以高大'는 나무가 자라듯 작은 것을 누적하여 높고 큰 것을 만들어냄. 肯定的인
上昇을 의미함. 그러나 〈王肅本〉 등에는 '順'이 '愼'으로 되어 있어 뜻이 더욱 명확함.
〈正義〉에 "君子以順德, 積小以高大'者, 地中生木, 始於毫末, 終至合抱. 君子象之, 以順
行其德, 積其小善, 以成大名. 故〈繫辭〉云:「善不積, 不足以成名.」是也"라 함. 《集解》에

"虞翻曰:「君子謂三. 小謂陽, 息復時復, 小爲德之本. 至二成臨, 臨者大也. 臨初之三, 巽爲高二之五, 艮爲順, 坤爲積, 故'順德, 積小成高大'.」"라 함. 《傳》에 "生地中長而上升, 爲升之象. 君子觀升之象, 以順修其德, 積累微小, 以至高大也. 順則可進, 逆乃退也. 萬物之進, 皆以順道也. 善不積, 不足以成名, 學業之充實, 道德之崇高, 皆由積累而至積小, 所以成高大, 升之義也"라 하였고, 《本義》에 "王肅本: '順'作'愼'. 今按他書引此, 亦多作愼, 意尤明白. 蓋古字通用也. 說見上篇〈蒙〉卦"라 함.

# (3) 爻辭와 象辭

## 初六: 允升, 大吉.
## ☆象曰:「允升, 大吉」, 上合志也.

〈언해〉 初六(초륙)은, 允(윤)ᄒᆞ야 升(승)홈이니 크게 吉(길)ᄒᆞ니라.[《本義》: 크게 吉(길)ᄒᆞ리라]

　　☆象(상)애 ᄀᆞᆯ오디「允升, 大吉」은 上(상)과 志(지)ㅣ 合(합)홈이라.

〈해석〉 [初六](--): 전진 발전하여 올라감이니, 크게 길한 것이다.(크게 길하리라.)

　　☆象: "전진 발전하여 올라감이니, 크게 길하다"함은, 위의 두 양효와 뜻을 합함을 말한다.

　【初六】이는 전괘의 출발이며 下卦(巽, 風, 木)의 시작. 陰爻로 位不當하며, 六四와도 正應을 이루지 못하고 있음. 그러나 바로 위의 九二와 陰陽의 접근으로 인해 크게 길함.

　【允升, 大吉】 '允升'은 올라감을 허락 받음. 允은 升, 進의 뜻. 그러나 王弼과 孔穎達은 "允, 當也"라 함. '允升'은 前進發展을 뜻함. 이는 음효로 가장 낮은 자리에 있고 位不當하며 위에 互應하는 이도 없어 상승할 수 없음. 다만 위의 九二와 九三의 陽爻에게 의지하여야 함. ○高亨은 "允升者, 前行而登高也. 自是大吉之象, 故曰「允升, 大吉」"이라 함. 王弼 注에 "允, 當也. 巽卦三爻, 皆升者也. 雖无其應, 處升之初, 與九二·九三合志俱升. 當升之時, 升必大得, 是以'大吉'也"라 하였고, 〈正義〉에 "允升大吉'者, 允, 當也. 巽卦三爻, 皆應升上, 而二三有應, 於五六升之不疑. 惟初无應, 於上恐不得升, 當二三升時, 與之俱升, 必大得矣. 故曰'允升, 大吉'也"라 함. 《集解》에 "荀爽曰:「謂一體相隨允然, 俱升

初, 欲與巽一體升, 居坤上, 位尊得正, 故‘大吉’也.」라 함. 《傳》에 “初以柔居巽體之下,
又巽之主, 上承於九二之剛, 巽之至者也. 二以剛中之德, 上應於君, 當升之任者也. 允者,
信從也. 初之柔巽, 唯信從於二, 信二而從之, 同升乃大吉也. 二以德言則剛中, 以力言則當
任. 初之陰柔, 又无應援, 不能自升, 從於剛中之賢以進, 是由剛中之道也. 吉孰大焉?”이라
하였고, 《本義》에 “初以柔順居下, 巽之主也. 當升之時, 巽於二陽. 占者如之, 則信能升而
大吉矣”라 함.

☆【「允升, 大吉」, 上合志也】 ‘上合志’의 ‘上’은 위의 九二와 九三(陽爻)을 가리킴. 혹
‘尚合志’와 같은 것으로 보아 위의 두 양효와 뜻을 합함을 높이 여김이라 함. 〈正義〉에
“〈象〉曰‘上合志也’者, 上謂二三也. 與之合志俱升, 乃得大吉也”라 함. 《集解》에 “九家
《易》曰:「謂初失正, 乃與二陽, 允然合志, 俱升五位, 上合志也.」”라 함. 《傳》에 “與在上
者, 合志同升也. 上謂九二, 從二而升, 乃與二同志也. 能信從剛中之賢, (一作道)所以大
吉”이라 함.


## 九二: 孚乃利用禴, 无咎.
## ☆象曰: 九二之「孚」, 有喜也.

〈언해〉 九二(구이)는, 孚(부)ᄒᆞ야아 이예 禴(약)을 ᄡᅮᆷ이 利(리)ᄒᆞ니, 咎(구) ㅣ 업스리라.
　　　☆象(상)애 굴오ᄃᆡ 九二(구이)의 「孚(부)」는, 喜(희) ㅣ 이시미라.
〈해석〉 [九二](-): 성신함을 가지고 해야 약제(禴祭)를 지내기에 이로울 것이니, 허물
　　　이 없으리라.
　　　☆象: 구이의 “성신함”이란, 장차 즐거움이 있을 것이라는 뜻이다.


【九二】 이는 하괘의 中央에 위치하였고 陽爻로 位不當하나, 六五와 正應을 이루고
있어, 禴祭를 거행함에 허물이 없음.

【孚乃利用禴, 无咎】 ‘孚乃利用禴’은 믿음(誠信, 虔誠)을 가지고 해야, 이에 禴祭를
거행함에 이로움. 위 萃卦 六二와 같음. 혹 ‘孚’를 ‘俘’(俘虜)로 보아 포로를 희생으로
바치면서 禴祭를 올림이라 함. 이는 陽爻로 居中(得中)하였고, 六五와 正應을 이루었으
므로, 제사의 방법으로 中道와 聖心을 지켜 윗사람에게 신임을 받아야 함. ○高亨은
“筮遇此爻, 可無咎, 故曰「无咎」”라 함. 王弼 注에 “與五爲應, 往必見任, 體夫剛德, 進不求
寵, 閑邪存誠, 志在大業, 故乃利用納約于神明矣”라 하였고, 〈正義〉에 “‘孚乃利用禴, 无

咎'者, 九二與五爲應, 往升於五, 必見信任, 故曰'孚'. 二體剛德, 而履乎中, 進不求寵, 志在大業, 用心如此. 乃可薦其誠, 約於神明, 而无咎也. 故曰'孚乃利用禴, 无咎'"라 함. 《集解》에 "虞翻曰: 「禴, 夏祭也. 孚, 謂二之五成, 坎爲孚, 離爲夏, 故'乃利用禴, 无咎'矣.」"라 함. 《傳》에 "二陽剛而在下, 五陰柔而居上. 夫以剛而事柔, 以陽而從陰, 雖有時而然, 非順道也. 以暗而臨明, 以剛而事弱, 若黽勉於事勢, 非誠服也. 上下之交, 不以誠, 其可以(一无以字)久乎? 其可以有爲乎? 五雖陰柔, 然居尊位; 二雖剛陽, 事上者也. 當內存至誠, 不假文飾於外, 誠積於中, 則自不事外飾, 故曰'利用禴', 謂尚誠敬也. 自古剛强之臣, 事柔弱之君, 未有不爲矯飾者也. 禴祭之簡, 質者也. 云'孚乃', 謂旣孚乃宜不用文飾, 專以其誠, 感通於上也. 如是則得无咎. 以剛强之臣, 而事柔弱之君, 又當升之時, 非誠意相交, 其能免於咎乎?"라 하였고, 《本義》에 "義見〈萃〉卦"라 함.

☆【九二之「孚」, 有喜也】 '有喜'는 장차 喜事(慶事)가 있을 것임. 〈正義〉에 "〈象〉曰'有喜也'者, 上升則爲君所任, 薦約則爲神所享. 斯之爲喜, 不亦宜乎?"라 함. 《集解》에 "虞翻曰: 「升五得位, 故有喜.」 ○干寶曰: 「剛中而應, 故孚也. 又言'乃利用禴', 於春時也. 非時而祭曰禴, 然則文王儉以恤民, 四時之祭, 皆以禴. 禮神享德, 與信不求備也. 故〈旣濟〉九五曰: '東郊殺牛, 不如西郊之禴'. 祭實受其福, 九五坎, 坎爲豕, 然則禴祭, 以豕而已. 不奢盈於禮, 故曰'有喜'矣.」"라 함. 《傳》에 "二能以孚誠事上, 則不唯爲臣之道无咎而已, 可以行剛中之道, 澤及天下, 是有喜也. 凡〈象〉言'有慶'者, 如是則有福慶, 及於物也; 言'有喜'者, 事旣善, 而又(一无又字)有可(一无可字)喜也. 如〈大畜〉「童牛之牿, 元吉」, 〈象〉曰「有喜」. 蓋牿於童則易, 又免强制之難, 是'有可喜'也"라 함.


九三: 升虛邑.
☆象曰: 「升虛邑」, 无所疑也.

〈언해〉 九三(구삼)은, 虛邑(허읍)에 升(승)홈이로다.
　　　☆象(상)애 굴오디 「升虛邑」은 疑(의)혼 배 업스미라.
〈해석〉 [九三](一): 높은 언덕의 빈 고을로 올라감이로다.
　　　☆象: "높은 언적의 빈 고을로 올라간다"함은, 아무것도 걸릴 것이 없다는 뜻이다.

　　【九三】 이는 下卦(巽)의 가장 윗자리이며 陽爻로 位正當함. 아울러 上六과 正應을 이루고 있고 위의 坤卦가 모두 陰爻여서 上昇하기에 어떤 障碍도 없음.

【升虛邑】'虛邑'은 丘墟의 높은 언덕에 있는 邑城. 虛는 墟와 같으며, 丘의 뜻. ○高亨은 "虛, 大丘也. 虛邑, 邑在大丘之上者也"라 함. 그러나 이는 위의 坤卦가 모두 陰爻로 텅 비어 있는 형상이며, 그리로 上昇함을 뜻함. 따라서 '虛邑'은 원의대로 '텅 비어 있는 성읍'을 뜻함. ○高亨은 "虛邑, 邑在丘者, 故云升也. 升虛邑者, 不畏水患. 古者洪水爲災, 徙家遷國, 利升虛邑, 本爻或爲徙家遷國者言歟!"라 하여, '徙家遷國'의 기록이 아닌가 하였음. 王弼 注에 "履得其位, 以陽升陰, 以斯而擧, 莫之違距, 故若'升虛邑'也"라 하였고, 〈正義〉에 "'升虛邑'者, 九三履得其位, 升於上六, 上六體是陰柔, 不距於己, 若升空虛之邑也"라 함. 《集解》에 "荀爽曰:「坤稱邑也. 五虛无君, 利二上居之, 故曰'升虛邑, 无所疑也'.」"라 함. 《傳》에 "〈傳〉三以陽剛之才, 正而且巽, 上皆順之, 復有援應(一作者), 以是而升如入无人之邑, 孰禦哉?"라 하였고, 《本義》에 "陽實陰虛, 而坤有國邑之象. 九三以陽, 剛當升時, 而進臨於坤, 故其象占如此"라 함.

☆【「升虛邑」, 无所疑也】'无所疑'는 의혹을 가질 바가 없음. 그러나 '疑'는 礙의 假借字이며 '障碍(障礙), 隘路, 隘阻, 막힘'를 뜻하여, '无所疑'는 '막힘이 없음'의 뜻이라고도 함. 王弼 注에 "往必得邑"이라 하였고, 〈正義〉에 "〈象〉曰'无所疑'者, 往必得邑, 何所疑乎?"라 함. 《集解》에 "虞翻曰:「坎爲疑, 上得中, 故'无所疑'也.」"라 함. 《傳》에 "入无人之邑, 其進无疑阻也"라 함.


六四: 王用亨于岐山, 吉, 无咎.
☆象曰:「王用亨于岐山」, 順事也.

〈언해〉六四(륙사)는, 王(왕)이 뻐 岐山(기산)애 亨(형)툿 ᄒ면 吉(길)ᄒ고 咎(구)ㅣ 업스리라.[《本義》: 王(왕)이 뻐 岐山(기산)애 亨(형)홈이니]
　　☆象(상)애 ᄀᆞᆯ오디「王用亨于岐山」은 順(슌)ᄒᆞᆫ 事(ᄉ)ㅣ라.
〈해석〉[六四](--): 왕이 기산(岐山)에서 제사를 올리듯 하면(왕이 이로써 기산에 제사를 올림이니), 길하고 허물이 없으리라.
　　☆象: "왕이 기산에서 제사를 올린다"함은, 사리에 순종함을 뜻한다.


【六四】이는 상괘(坤, 地, 順)의 시작이며 陰爻로 位正當함. 나무(巽, 風, 木)가 뿌리를 내려 땅으로 들어온 것. 六五(君位)의 바로 아래에 있어 그의 신임을 받아 제사를 올릴 수 있음. 順의 본령을 기본으로, 소리 없이 조용히 상승하고 있음.

【王用亨于岐山, 吉, 无咎】'王用亨于岐山'은 王이 岐山에세 제사를 올림. '왕'은 周王 (古公亶父)으로 周나라가 豳에서 岐山으로 옮기듯 상승발전함을 비유함. 혹 文王(姬昌)이 岐山에서 豐으로 옮기기 전에, 岐山을 떠나면서 올린 제사를 가리키는 것일 수도 있음. '岐山'은 지금의 陝西 岐山縣 東北. '亨'은 '享'과 같음. 祭享. '无咎'는 계속 前進上昇해도 허물이 없음. 馬其昶은 "五以四有順德而使之主祭, 所以吉无咎也"라 함. ○高亨은 "此乃周初故事, 蓋大王或王季或文王或武王享祭于岐山, 筮遇此爻, 而獲介福, 故記之曰「王用亨于岐山, 吉无咎」"라 함. 王弼 注에 "處升之際, 下升而進, 可納而不可距也. 距下之進, 攘來自專, 則殃咎至焉. 若能不距而納, 順物之情, 以通庶志, 則得吉而无咎矣. 岐山之會, 順事之情, 无不納也"라 하였고, 〈正義〉에 "'王用亨于岐山'者, 六四處升之際, 下體三爻, 皆來上升, 可納而不可距. 事同文王岐山之會, 故曰'王用亨於岐山'也. '吉, 无咎'者, 若能納而不距, 順物之情, 則得吉而无咎, 故曰'吉, 无咎'也"라 함. 《集解》에 "荀爽曰:「此本升卦也. 巽升坤, 上據三成艮, 巽爲岐, 艮爲山, 王謂五也. 通有兩體, 位正衆服, 故吉也. 四能與衆陰, 退避當升者, 故'无咎'也.」"라 함. 《傳》에 "四柔順之才, 上順君之升, 下順下之進. 己則止其所焉. 以陰居柔, 陰而在下, 止其所也. 昔者, 文王之居岐山之下, 上順天子, 而欲致之有道; 下順天下之賢, 而使之升進. 己則柔順謙恭, 不出其位, 至德如此, 周之王業, 用是而亨也. 四能如是, 則亨而吉且无咎矣. 四之才, 固自善矣.「復有无咎之辭, 何也?」曰:「四之才, 雖善而其位當戒也. 居近君之位, 在升之時, 不可復升. 升則凶咎可知, 故云如文王, 則吉而无咎也. 然處大臣之位, 不得无事於升, 當上升其君之道, 下升天下之賢, 己則止其分焉. 分雖當止, 而德則當升也; 道則當亨也. 盡斯道者, 其唯文王乎?」"라 하였고, 《本義》에 "義見〈隨〉卦"라 함.

☆【「王用亨于岐山」, 順事也】'順事'는 일을 순리에 맞게 함. '順'은 자신이 陰爻로서의 순함을 뜻함. '事'는 天理之事를 의미함. 〈正義〉에 "〈象〉曰'順事'者, 順物之情, 而立功立事, 故曰'順事'也"라 함. 《集解》에 "崔憬曰:「爲順之初, 在升當位, 近比於五, 乘剛於三, 宜以進德, 可修守. 此象太王爲狄所逼, 徙居岐山之下, 一年成邑, 二年成都, 三年五倍其初, 通而王矣. 故曰'王用享于岐山', 以其用通, 避於狄難, 順於時事, 故'吉, 无咎'.」"라 함. 《傳》에 "四居近君之位, 而當升時, 得吉而无咎者, 以其有順德也. 以柔居坤, 順之至也. 文王之亨于岐山, 亦以順時而已. 上順於上, 下順乎下, 己順處其義, 故云'順事'也"라 하였고, 《本義》에 "以順而升, 登祭于山之象"이라 함.

六五: 貞吉, 升階.
☆象曰:「貞吉, 升階」, 大得志也.

〈언해〉 六五(륙오)는, 貞(뎡)이라아 吉(길)ᄒ리니, 階(계)예 升(승)ᄃᆺ ᄒ리로다.[《本義》: 貞(뎡)ᄒ면 吉(길)ᄒ야, 階(계)예 升(승)ᄒ리라]

☆象(샹)애 ᄀᆯ오ᄃᆡ「貞吉, 升階」는, 크게 志(지)를 得(득)ᄒ리라.

〈해석〉 [六五](--): 곧게 해야 길하리니, 계단을 밟고 오르듯 쉽게 하리라.(곧게 하면 길하여, 계단에 오를 것이라.)

☆象: "곧고 하면 길하여, 계단에 오르듯 쉽다"함은, 크게 그 뜻을 얻게 될 것임을 뜻한다.


【六五】 이는 전괘의 主爻이며 君位. 상괘(坤, 地, 順)의 중앙에 위치하여 得中하였음. 다만 陰爻로 位不當하여 虛尊位에 해당하나 九二와 正應을 이루어, 貞正하게 행동하면 계단에 오를 수 있음.

【貞吉, 升階】 '貞吉'은 貞正하게 행동해야 吉함. 혹 貞辭가 '길하다'로 나옴. '升階'는 계단에 오름. 九二의 忠信하고 陽剛한 신하를 두어, 자신은 虛尊位지만 순서대로 계단을 따라 오름. 階段은 오르기 쉬움을 비유함. ○高亨은 "貞吉, 猶占吉也. 升階, 步步上進, 路無坎坷之象也. 筮遇此爻則吉, 以其象爲升階, 故曰「貞吉, 升階」"라 함. 王弼 注에 "升得尊位, 體柔而應, 納而不距, 任而不專, 故得'貞吉, 升階'而尊也"라 하였고, 〈正義〉에 "貞吉, 升階'者, 六五以柔居尊位, 納於九二, 不自專權, 故得'貞吉, 升階'. 保其尊貴, 而踐阼矣. 故曰'貞吉, 升階'也"라 함. 《集解》에 "虞翻曰:「二之五, 故貞吉. 巽爲高, 坤爲土, 震升高, 故'升階'也.」"라 함. 《傳》에 "五以下有剛中之應, 故能居尊位而吉. 然質本陰柔, 必守貞固, 乃得其吉也. 若不能貞固, 則信賢不篤, 任賢不終, 安能吉也? 階, 所由而升也. 任剛中之賢, 輔之而升, 猶登進自階, 言有由而易也. 指言九二正應, 然在下之賢, 皆用升之階也. 能用賢, 則彙升矣"라 하였고, 《本義》에 "以陰居陽, 當升而居尊位, 必能正固, 則可以得吉而升階矣. 階升之易者"라 함.

☆【貞吉, 升階, 大得志也】 '大得志'는 升卦 上昇發展의 큰 뜻을 君位에서 실행에 옮길 수 있음. 〈正義〉에 "〈象〉曰'大得志'者, 居中而得其貞吉, 處尊而保其升階, 志大得矣. 故曰'大得志'也"라 함. 《集解》에 "荀爽曰:「陰正居中, 爲陽作階, 使升居五, 已下降二, 與陽相應, 故吉而得志.」"라 함. 《傳》에 "倚任賢才, 而能貞固, 如是而升, 可以致天下之大治, 其志可大得也. 君道之升(一作興), 患无賢才之助爾. 有助則猶自階而升也"라 함.

上六: 冥升, 利于不息之貞.
☆象曰:「冥升」在上, 消不富也.

〈언해〉上六(샹륙)은, 升(승)애 冥(명)홈이니, 息(식)디 아닐 貞(뎡)애 利(리)ㅎ니라.
☆象(샹)애 글오디「升(승)애 冥(명)ㅎ야」上(샹)애 이시니, 消(쇼)ㅎ야 富(부)티
몯ㅎ리로다.

〈해석〉[上六](--): 어둠 속에서 오르는 것이니, 쉬지 않아 정사(貞辭)괘에 길한 것이다.
☆象: "어둠 속에 오르면서" 가장 윗자리에 있으니, 힘만 소모하면서 부유해지지
는 못할 것이로다.

【上六】이는 전괘의 마무리이며 極位에 있고, 陰爻로 位正當함. 아울러 九三과 正應
을 이루고 있어 그 힘으로 쉬지 않고 계속 상승하여 轉機를 낮을 수 있음. 그러나
陰爻이므로 柔弱하여 큰 성과(富)는 없음.

【冥升, 利于不息之貞】'冥'은 '어두움'(昏暗)의 뜻. 허공으로 오름을 뜻함. 방향을 알
지 못한 채 올라감. 자신이 陰爻임을 말함. '利于不息之貞'은 '그럼에도 쉬지 말고 상
승함이 이롭다'라는 貞辭. '貞'은 占卦의 貞辭. ○高亨은 "冥升者, 昏夜不休, 以求上進
之象也. 人之從事亦昏夜不休, 以求上進, 則必有成功, 故曰「冥升, 利于不息之貞」"이라
함. 王弼 注에 "處升之極, 進而不息者也. 進而不息, 故雖冥, 猶升也. 故施於不息之正,
則可; 用於爲物之主, 則喪矣. 終於不息, 消之道也"라 하였고, 〈正義〉에 "'冥升'者, 冥,
猶昧也. 處升之上, 進而不已, 則是雖冥, 猶升也. 故曰'冥升'. '利于不息之貞'者, 若冥升
在上, 陵物爲主, 則喪亡斯. 及若潔己修身, 施於爲政, 則以不息爲美, 故曰'利于不息之
貞'"이라 함. 《集解》에 "荀爽曰:「坤性暗昧, 今升在上, 故曰'冥升'也. 陰用事爲消, 陽用
事爲息, 陰正在上, 陽道不息, 陰之所利, 故曰'利于不息之貞'.」"이라 함. 《傳》에 "六以陰
居升之極, 昏冥於升, 知進而不知止者也. 其爲不明甚矣. 然求升不已之心, 有時而用於貞
正, 而當不息之事, 則爲宜矣. 君子於貞正之德, 終日乾乾, 自强不息, 如(一作以)上六不
已之心, 用之於此, 則利也. 以小人貪求无已之心, 移於進德, 則何善如之?"라 하였고,
《本義》에 "以陰居升極, 昏冥不已者也. 占者遇此, 无適而利. 但可反其不已於外之心, 施
之於不息之正而已"라 함.

☆【「冥升」在上, 消不富也】'冥升在上'은 가장 윗자리에서 어둠 속에서 상승하고 있
음. '消不富'는 체력의 소모만 있고 富는 이루지 못함. 그러나 ○高亨은 "富, 字義可通,
但不確切, 疑富當借爲福"이라 하여 '福'의 假借가 아닌가 하였음. 王弼 注에 "勞不可久

也"라 하여 '힘듦이 오래가지 않을 것'이라 하였고, 〈正義〉에도 "〈象〉曰'消不富'者, 雖
爲政不息, 交免危咎, 然勞不可久, 終致消衰, 故曰'消不富'也"라 함. 《集解》에 "荀爽曰:
「陰升失實, 故'消不富'也.」"라 함. 《傳》에 "昏冥於升, 極上而不知已. 唯有消亡, 豈復有
加益也? '不富', 无復增益也. 升旣極, 則有退而无進也"라 함.

# 047 곤困

**☰ 澤水困: ▶坎下兌上(☵下☱上)**

* 困(곤): 〈音義〉에 "困, 窮也. 窮悴掩蔽之義. 故象云:「剛掩也.」《廣雅》云:「困, 悴也.」"라 하여 '곤(kùn)'으로 읽음. '困'은 困悴, 窮悴, 困厄, 困憊, 困窮, 困苦, 困難 등에 처함을 뜻함. 하괘는 坎(水, 陽)이며 상괘는 兌(澤, 陰)로, 물 위에 못이 있는 異卦相疊의 '澤水' 괘체임. 물 위에 못이 있다는 것은 못물이 크게 漏水되고 있어, 두 곳 물의 水草와 魚鼈, 蝦蛙가 모두 곤경에 처한 형상이며, 陽이 陰 아래에 있어 剛이 柔에게 가려져 있는 모습이어서 군자가 소인에게 가려져 곤경에 처했음을 비유함. 이에 人事에서 困苦와 窮厄에 처했을 때일수록 군자라면 오직 正道만을 지켜 구제를 바라며, 또는 그조차 어려울 경우, 조심스럽게 剛毅를 살피고 있다가, 때를 보아 과감히 전진하여 곤액에서 벗어나 亨通을 획득하여야 함을 상징함.

* 《集解》에 "〈序卦〉曰:「升而不已必困, 故受之以'困'.」(崔憬曰:「冥升在上, 以消不富, 則窮. 故言'升而不已必困'也.」)"이라 함.

* 《傳》에 "困', 〈序卦〉:「升而不已必困, 故受之以'困'.」升者, 自下而上, 自下升上, 以力進也, 不已必困矣. 故升之後, 受之以困也. 困者, 憊乏之義. 爲卦兌上而坎下, 水居澤上, 則澤中有水也. 乃在澤下枯涸, 无水之象, 爲困乏之義. 又兌以陰在上坎, 以陽居下, 與上六在二陽之上, 而九二陷於二陰之中, 皆陰柔揜於陽剛, 所以爲困也. 君子爲小人所揜蔽, 窮困之時也"라 함.

## (1) 卦辭

# 困; 亨, 貞. 大人吉, 无咎, 有言不信.

〈언해〉 困(곤)은 亨(형)ㅎ고 貞(뎡)ㅎ니, 大人(대인)이라 吉(길)ㅎ고, 咎(구) ㅣ 업스니, 言(언)을 두면 信(신)티 아니 ㅎ리라.[《本義》: 貞(뎡)ㅎ 大人(대인)이라]

〈해석〉 곤(困, 곤괘)은 형통하고 정(貞)하다. 대인이기에(貞한 大人이기에) 길하며, 허물이 없으니, 말을 해도 믿어주지 아니 하는 것이다.

【困】卦名이며, 字形이 사방이 꽉 막힌 속에 갇혀 겨우 자라고 있는 나무를 형상함. 이에 매우 곤궁하며 곤액에 처해 있음을 뜻함.

【亨, 貞】'亨'은 형통함. 그러나 享으로 보아 祭享을 지낼 수 있음. '貞'은 貞辭. 占辭에 아래와 같이 일러줌. ○高亨은 "亨卽享字. 古人擧行享祀, 曾筮遇此卦, 故記之曰「亨」"이라 함. 王弼 注에 "窮必通也. 處窮而不能自通者, 小人也"라 하였고, 〈正義〉에 "困者, 窮厄, 委頓之名. 道窮力竭, 不能自濟, 故名爲困. '亨'者, 卦德也. 小人遭困, 則窮斯濫矣. 君子遇之, 則不改其操. 君子處困, 而不失其自通之道, 故曰'困, 亨'也"라 함. 《集解》에 "鄭玄曰:「坎爲月, 互體離; 離爲日, 兌爲暗, 昧日所入也. 今上掩日月之明, 猶君子處亂代, 爲小人所不容, 故謂之困也. 君子雖困, 居險能悅, 是以通而无咎也.」 ○虞翻曰:「否二之上, 乾坤交, 故通也.」"라 함.

【大人吉, 无咎, 有言不信】이 구절은 貞辭를 기록한 것으로 여김. '大人吉, 无咎'는 王弼 注에 "處困而得无咎吉, 乃免也"라 하였고, 《集解》에 "虞翻曰:「貞, 大人吉', 謂五也. 在困无應, 宜靜則无咎, 故'貞, 大人吉, 无咎'.」"라 함. '有言不信'은 王公大人에게는 困卦를 만나도 길하며 허물이 없으나, 죄인에게는 하소연하고 싶은 변론이 있어도 이를 제대로 펼 수 없음. '信'은 伸의 假借. 申述함. 자신의 억울함을 변론함. 그러나 여기서의 '大人'은 九二와 九五를 가리키며, 군자가 곤액 속에 得中을 지켜 貞正을 堅持하는 모습을 거론한 것이라 함. ○高亨은 "筮遇此卦, 大人則吉而無咎, 故曰「貞, 大人吉, 无咎」. 筮遇此卦, 所聞之言不誠, 故曰「有言不信」"이라 함. 〈正義〉에 "貞, 大人吉, 无咎'者, 處困而能自通, 必是履正體大之人, 能濟於困, 然後得吉而无咎. 故曰'貞, 大人吉, 无咎'也. '有言不信'者, 處困求濟, 在於正身修德, 若巧言飾辭, 人所不信, 則其道彌窮, 故誠之以'有言不信'也"라 함. 《集解》에 "虞翻曰:「震爲言, 折入兌, 故'有言不信, 尙口乃窮'.」"이라 함. 《傳》에 "如卦之才, 則困而能亨, 且得貞正, 乃大人處困之道也. 故能吉而无咎. 大人處困, 不唯其道自吉, 樂天安命(一作知命, 一作安義), 乃不失其吉也. 況隨時善處, 復有裕乎? '有言不信', 當困而言, 人誰信之?"라 하였고, 《本義》에 "困者, 窮而不能自振之義. 坎剛爲兌, 柔所揜九二, 爲二陰所揜, 四五爲上六所揜, 所以爲困. 坎險兌說, 處險而說, 是身雖困, 而道則亨也. 二五剛中, 又有大人之象. 占者, 處困能亨, 則得其正矣. 非大人, 其孰能之? 故曰'貞'. 又曰'大人'者, 明不正之小人, 不能當也. '有言不信', 又戒以當務, 晦黙不可尙口, 益取困窮"이라 함.

## (2) 彖辭와 象辭

彖曰: 困, 剛揜也. 險以說, 困而不失其所亨, 其唯君子乎!
「貞, 大人吉」, 以剛中也;
「有言不信」, 尙口乃窮也.
★象曰: 澤无水, 困. 君子以致命遂志.

〈언해〉 彖(단)애 굴오디 困(곤)은 剛(강)이 揜(엄)히임이니,
　　　　險(험)호디 써 說(열)ᄒ야, 困(곤)호디 그 亨(형)호 바를 失(실)티 아니 ᄒ니,
　　　　그 오직 君子(군ᄌ)ㅣ뎌!
　　　　「貞, 大人吉」은, 剛中(강듕)으로써오,
　　　　「有言不信」은, 口(구)를 尙(샹)홈이 이예 窮(궁)홈이라.
　　　　★象(샹)애 굴오디 澤(퇴)애 水(슈)ㅣ 업스미 困(곤)이니, 君子(군ᄌ)ㅣ 以(이)ᄒ
　　　　야 命(명)을 致(티)ᄒ야 志(지)를 遂(슈)ᄒᄂ니라.

〈해석〉 彖: 곤괘는 강한 것에 가리어져 있는 괘상이다. 험하여도 기꺼워하고, 곤궁하여
　　　　도 그 형통한 바를 잃지 않고 있으니, 그 오직 군자만이 그렇게 할 수 있도다!
　　　　"마음이 곧고 가지니 대인이기에 길하다"함은, 강한 것(九二, 九五)이면서 가운
　　　　데 자리를 차지하고 있기 때문이요,
　　　　"말을 해도 믿어주지 않는다"함은, 입(말)만 숭상하여 이에 궁하기 때문이다.
　　　　★象: 못(兌)에 물이 없는 것이 곤괘이다. 군자는 이를 바탕으로 자기의 목숨을
　　　　바쳐 뜻을 이루어낸다.

【「困」, 剛揜也】'剛揜也'은 內卦(下卦) 剛(坎, 水, 陽)이 外卦(上卦) 陰(兌, 澤, 陰)에게
가려져 있음. '揜'은 掩(弇)과 같음. 掩蔽됨, 덮어 씌어 가려짐. 《說文》에 "弇, 蓋也.
掩, 覆也"라 함. 혹은 九二는 初六과 六三에게, 九四와 九五는 上六에게 엄폐된 卦象을
가리키는 것이라고도 함. 王弼 注에 "剛見揜於柔也"라 하였고, 〈正義〉에 "'困, 剛揜'者,
此就二, 體以釋卦名. 兌陰卦爲柔, 坎陽卦爲剛, 坎在兌下, 是剛見揜於柔也. 剛應升進,
今被柔揜, 施之於人, 其猶君子爲小人所蔽, 以爲困窮矣"라 함. 《集解》에 "荀爽曰:「謂
二. 五爲陰所揜也.」"라 함. 《傳》에 "卦所以爲困, 以剛爲柔所掩蔽也. 陷於下而掩於上,
所以困也. 陷亦掩也. 剛陽君子, 而爲陰柔小人所掩蔽, 君子之道, 困窒之時也"라 하였고,

《本義》에 "以卦體釋卦名"이라 함.

【險以說, 困而不失其所亨】 '險以說'은 坎은 險의 뜻, 兌는 說(悅)의 뜻. 따라서 坤卦는 下卦(坎, 險)가 上卦(兌, 悅)를 떠받치고 있는 모습으로 이루어져 있음. 《集解》에 "荀爽曰:「此本〈否〉卦. 陽降爲險, 陰升爲悅也.」"라 함. '困而不失其所'는 困卦는 困窮하면서도 그 내심으로는 자신의 위치 속에서 悅(兌)를 잃지 않고 있음. 즉 '군자가 곤궁에 빠졌으면서도 자신의 화평과 희열을 잃지 않고 때를 기다리고 있음'을 뜻함. '亨'은 그 때문에 형통한 것임. 그러나 '因而不失其所, 亨'으로 표점을 달리한 해석본도 있음. 王弼 注에 "處險而不改其說, 困而不失其所, 亨也"라 하였고, 〈正義〉에 "'險以說, 困而不失其所, 亨'者, 此又就二體名, 訓以釋亨德也. 坎險而兌說, 所以困而能亨者, 良由君子遇困, 安其所遇, 雖居險困之世, 不失暢說之心, 故曰'險以說, 困而不失其所, 亨'也"라 함.

【其唯君子乎!】 '其唯君子乎'는 오직 군자만이 그러한 品德을 지닐 수 있음. 〈正義〉에 "'其唯君子乎'者, 結歎處困能通, 非小人之事, 唯君子能然也"라 함. 《集解》에 "荀爽曰:「謂二. 雖揜陰陷, 險猶不失中, 與正陰合, 故通也. 喩君子雖陷險中, 不失中和之行也.」"라 함. 《傳》에 "以卦才言, 處困之道也. 下險而上說, 爲處險而能說, 雖在困窮艱險(一作險艱)之中, 樂天安義, 自得其說樂也. 時雖困也, 處不失義, 則其道自亨, 困而不失其所亨也. 能如是者, 其唯君子乎! 若時當困, 而反亨身, 雖亨, 乃其道之困也. '君子', 大人通稱"이라 함.

【「貞, 大人吉」, 以剛中也】 '以剛中'은 下卦(坎, 水, 險, 陽, 君子)의 九二가 中央에 위치하여 得中하여 버티고 있으며, 上卦(兌, 澤, 陰, 悅, 小人)에도 九五(君位)가 得中하면서 位正當하게 자리를 잡고 있음. 王弼 注에 "處困而用剛, 不失其中, 履正而能, 體大者也. 能正而不能大, 博未能濟, 困者也. 故曰'貞, 大人吉'也"라 하였고, 〈正義〉에 "'貞, 大人吉, 以剛中'者, 此就二五之爻, 釋'貞, 大人'之義. 剛則正直, 所以爲貞; 中而不偏, 所以能大. 若正而不大, 未能濟困, 處困能濟, 濟乃得吉而无咎也. 故曰'貞, 大人吉, 以剛中'也"라 함. 《集解》에 "荀爽曰:「謂五. 雖揜於陰, 近无所據, 遠无所應, 體剛得中, 正居五位, 則吉无咎也.」"라 함. 《傳》에 "困而能貞, 大人所以吉也, 蓋其以剛中之道也. 五與二, 是也. 非剛中, 則遇困而失其正矣"라 함.

【「有言不信」, 尙口乃窮也】 '有言不信'의 '信'은 여기서는 '미덥다, 신임을 얻다'의 뜻임. 따라서 "의견을 내어도 믿음을 얻지 못함"의 뜻. '尙口乃窮'은 "口(言, 提言, 言辭, 提案)만 숭상할 뿐, 信實함은 궁하기 때문임"의 뜻. 못에 물이 없어 말라가고 있어 이는 곤경에 처한 모습임. 王弼 注에 "處困而言, 不見信之時也. 非行言之時, 而欲用言以免, 必窮者也. 其吉在於貞, 大人口何爲乎?"라 하였고, 〈正義〉에 "'有言不信, 尙口乃窮'者, 處困求通, 在於修德, 非用言以免. 困徒尙口說, 更致困窮, 故曰'尙口乃窮'也"라

함. 《集解》에 "虞翻曰:「兌爲口, 上變口滅, 故'尙口乃窮'.」○荀爽曰:「陰從二升, 上六成兌, 爲有言失, 中爲不信, 動而乘陽, 故曰'尙口乃窮'也.」"라 함. 《傳》에 "當困而言, 人所不信, 欲以口免, 困乃所以致窮也. 以說處困, 故有尙口之戒"라 하였고, 《本義》에 "以卦德·卦體, 釋卦辭"라 함.

★【澤无水, 困】'澤无水'는 上卦(兌, 澤)의 물이 모두 漏水되어 下卦(坎, 水)가 되어 澤(兌)에는 물이 없는 형상을 하고 있는 괘상이 困卦임. 〈正義〉에 "澤无水, 困'者, 謂水在澤下, 則澤上枯槁, 萬物皆困, 故曰'澤无水, 困'也"라 함. 《集解》에 "王弼曰:「澤无水, 則水在澤下也. 水在澤下, 困之象也. 處困而屈其志者, 小人也. 君子固窮, 道可忘乎?.」"라 함.

【君子以致命遂志】'君子以致命遂志'는 군자는 이로써 목숨을 내놓고 뜻을 완수하고자 함. 군자는 자신의 뜻을 완수하기에 '窮且益堅하고 捨身捐命함'을 강하게 표현한 것. '致命'은 목숨을 버림. '遂志'는 품은 뜻을 성취시킴. 殺身成仁, 舍生取義를 말함. 王弼 注에 "澤无水則水在澤下, 水在澤下, 困之象也. 處困而屈其志者, 小人也. 君子固窮, 道可忘乎?"라 하였고, 〈正義〉에 "'君子以致命遂志'者, 君子之人, 守道而死, 雖遭困厄之世, 期於致命喪身必當, 遂其高志, 不屈橈而移改也. 故曰'致命遂志'也"라 함. 《集解》에 "虞翻曰:「君子謂三, 伏陽也. 否坤爲致, 巽爲命, 坎爲志, 三入陰中, 故'致命遂志'也.」"라 함. 《傳》에 "澤无水, 困乏之象也. 君子當困窮之時, 旣盡其防慮之道, 而不得免, 則命也. 當推致其命, 以遂其志, 知命之當然也, 則窮塞禍患, 不以動其心, 行吾義而已. 苟不知命, 則恐懼於險難, 隕穫於窮厄, 所守亡矣. 安能遂其爲善之志乎?"라 하였고, 《本義》에 "水下漏, 則澤上枯, 故曰'澤无水', 致命, 猶言授命, 言持以與人, 而不之有也. 能如是, 則雖困而亨矣"라 함.


## (3) 爻辭와 象辭

初六: 臀困于株木, 入于幽谷, 三歲不覿.
☆象曰:「入于幽谷」, 幽不明也.

〈언해〉 初六(초륙)은, 臀(둔)이 株木(듀목)애 困(곤)호 디라, 幽谷(유곡)애 入(입)호야,
    三歲(삼세)라도 覿(뎍)디 몯호리로다.
    ☆象(샹)애 골오디 「入于幽谷」은 幽(유)호야 明(명)티 아니 홈이라.

〈해석〉[初六](--): 나무 등걸에 궁둥이가 걸려 곤궁에 당한지라, 깊은 골짜기로 들어가
　　서 3년이 지날지라도 사람을 보지 못하리라.
　　☆象: "깊은 골짜기에 들어간다"함은, 유폐되어 밝지 못하다는 뜻이다.


【初六】이는 전괘의 시작이며 下卦(坎, 水)의 출발. 陰爻로 位不當하며 柔弱하여 困
窮을 헤쳐 나가기에 매우 역부족임. 그러나 九四와 正應을 이루어 긴 기간 참고 기다
리면 끝내 도움을 받을 수 있음.

【臀困于株木, 入于幽谷, 三歲不覿】'臀困于株木'은 궁둥이가 나무 몽둥이에 맞는 곤
액을 당함. '株木'은 나무 몽둥이. 木棍. 孔穎達은 '杌木'이라 하였음. ○高亨은 "臀困于
株木者, 蓋謂臀部受刑杖也. 杖以木株爲之, 故謂「株木」"이라 함. 그러나 나무를 베고 남
은 그루터기라고도 함. 《集解》에 "九家《易》曰:「臀謂四, 株木, 三也. 三體爲木, 澤中无
水, 兌金傷木, 故枯爲株也. 初者四應, 欲進之四, 四困於三, 故曰'臀困于株木'.」○干寶
曰:「兌爲孔穴, 坎爲隱伏隱, 伏在下而漏, 孔穴臀之象也.」"라 함. '入于幽谷'은 깊은 골
짜기에 들어가 매몰되어 있음. 혹 '幽谷'은 監獄을 뜻한다고도 함. 가장 아래 비위에
있음을 뜻함. ○高亨은 "入于幽谷者, 蓋謂入於圜土也. 《周禮》司救:「掌萬民之衰惡過
失, 其有過失者, 三讓而罰, 三罰而歸於圜土.」鄭注:「圜土, 獄城也.」"라 함. '三歲不覿'
은 3년을 두고 사람을 볼 수 없음. '覿'은 '보다'의 뜻. ○高亨은 "三年不覿, 謂三年不見
其人, 卽囚於圜土三年之久也"라 하여 '3년 동안 그 사람을 볼 수 없다'라 하였음. 이
효는 맨 아래에 있어 柔弱하며, 다만 九四와 正應을 이루고 있으나 九四 역시 位不當
하여 도움을 줄 수 없음. 이 경우 깊이 감추어 드러내지 말고 있어야 재앙을 면할
수 있음. ○高亨은 "筮遇此爻, 將得重罪, 受刑杖, 入圄圉三年, 故曰「臀困于株木, 入于幽
谷, 三年不覿」. 此亦凶象也"라 함. 王弼 注에 "最處底下, 沈滯卑困, 居无所安, 故曰'臀困
于株木'也. 欲之其應, 二隔其路, 居則困于株木, 進不獲拯, 必隱遯者也. 故曰'入于幽谷'
也. 困之爲道, 不過數歲者也. 以困而藏, 困解乃出, 故曰'三歲不覿'也"라 하였고, 〈正義〉
에 "臀困于株木'者, 初六處困之時, 以陰爻最居窮下, 沈滯卑困, 居不獲安, 若臀之困于株
木, 故曰'臀困于株木'也. '入于幽谷'者, 有應在四, 而二隔之. 居則困株, 進不獲拯, 勢必
隱遯者也. 故曰'入于幽谷'也. '三歲不覿'者, 困之爲道, 不過數歲, 困解乃出, 故曰'三歲不
覿'也"라 함. 《集解》에 "九家《易》曰:「幽谷, 二也. 此本〈否〉卦, 謂'陽來入坎', 與初同體,
故曰'入幽谷'. 三者陽數, 謂陽陷險中, 爲陰所揜, 終不得見, 故曰'三歲不覿'也.」"라 함.
《傳》에 "六以陰柔, 處於至卑, 又居坎險之下, 在困不能自濟者也. 必得在上剛明之人爲援
助, 則可以濟其困矣. 初與四爲正應, 九四以陽而居陰, 爲不正, 失(一作夫)剛而不中. 又

方困於陰揜, 是惡能濟人之困, 猶株木之下, 不能蔭覆於物. '株木', 无枝葉之木也. 四近君
之位, 在他卦不爲无助, 以居困而不能庇物, 故爲株木臀所以居也. '臀困於株木', 謂无所
庇而不得安其居. 居安則非困也. '入于幽谷', 陰柔之人, 非能安其所遇, 旣不能免於困, 則
亦迷暗妄動, 入於深困. '幽谷', 深暗之所也. 方益入於困, 无自出之勢, 故至於'三歲不覿',
終困者也. '不覿', 不遇其所亨也"라 하였고, 《本義》에 "臀, 物之底也. '困于株木', 傷而不
能安也. 初六以陰柔處困之底, 居暗之甚, 故其象占如此"라 함.

☆【「入于幽谷」, 幽不明也】 '幽不明'은 幽閉되어 밝은 세상을 보지 못함. 혹 자신을
顯彰할 수 없음. 王弼 注에 "言'幽'者, 不明之辭也. 入于不明, 以自藏也"라 하였고, 〈正
義〉에 "〈象〉曰'幽不明'者, 象辭惟釋'幽'字. 言'幽'者, 正是不明之辭, 所以入不明, 以自藏
而避困也. 釋'株'者, '杌木'謂之株也"라 함. 《集解》에 "荀爽曰:「爲陰所揜, 故不明.」"이라
함. 《傳》에 "幽, 不明也. 謂益入昏暗, 自陷於深困也. 明則不至於陷矣"라 함.


# 九二: 困于酒食, 朱紱方來, 利用享祀; 征凶, 无咎.
## ☆象曰:「困于酒食」, 中有慶也.

〈언해〉 九二(구이)는, 酒食(쥬식)에 困(곤)ᄒᆞ나, 朱紱(쥬블)이 보야호로 來(리)ᄒᆞ리니,
     뻐 享祀(향ᄉᆞ)홈이 利(리)ᄒᆞ니, 征(졍)ᄒᆞ면 凶(흉)ᄒᆞ니, 咎(구)홀 디 업스니라.
     [《本義》: 朱紱(쥬블)이 보야호로 來(리)ᄒᆞ니, 뻐 享祀(향ᄉᆞ)홈이 利(리)ᄒᆞ고, 征
     (졍)ᄒᆞ면 凶(흉)커니와, 咎(구)홀 디 업스니라]
     ☆象(샹)애 ᄀᆞᆯ오디「困于酒食」은, 中(듕)이라 慶(경)이 이시리라.
〈해석〉 [九二](一): 술과 밥에 괴로움을 당하는 효상이나, 붉은 옷(九五)을 입은 임금이
     바야흐로 오려니, 이로써 제사를 올림이 이로울 것이니, 정벌에 나서면 흉하
     니, 허물을 삼을 데가 없으리라.(붉은 옷을 입은 이가 바야흐로 올 것이니,
     이로써 제사를 올림이 이롭고, 정벌에 나서면 흉하거니와, 허물을 삼을 데가
     없으리라.)
     ☆象: "술과 밥에 괴로움을 당한다"함은, 득중(得中)한 터라 경사가 있으리라.

【九二】이는 下卦(坎, 水)의 가운데에 위치한 陽爻로 得中을 이루었으며 位不當함.
그러나 九五(君位)가 같은 陽爻로 正應을 이루지는 못하였으나, 陽剛하여 함께 困厄에
서 救出해주고자 강한 힘을 발휘할 것임.

【困于酒食, 朱紱方來, 利用享祀】 '困于酒食'은 酒食조차 제대로 없는 困厄에 처해 있는 효임. 그러나 혹 자신이 中央에 위치한 陽爻이므로, 九五의 강한 臣下라 자처하며 아울러 위아래 두 陰爻에게 빠져 酒食에 혼미함을 뜻하기도 함. ○高亨은 "困于酒食者, 飮過量, 食過飽, 爲酒食所困也"라 함. '朱紱方來'의 '朱紱'은 天子(九五)가 侯王이나 恭敬에게 하사하는 붉은 정복. 王弼은 남방의 물건이라 하였으며, 孔穎達도 '南方色(朱)의 祭服'이라 하였음. ○高亨은 "朱紱方來, 謂君加之以寵命, 命服朱紱也. 有慶指朱紱之來而言也"라 함. 혹 자신이 九五의 대단한 신하라 여김을 비유함. 그러나 李鏡池는 "紅色的服裝, 代指穿紅色服裝的民族. 不是國名, '紱', 借爲袚. 《說文》: 「紱, 蠻夷衣.」"라 하여, '蠻夷의 服裝'으로 뜻을 달리 보았음. 《集解》에 "案: 二本陰位, 中饋之職. 坎爲酒食, 上爲宗廟. 今二陰升上, 則酒食入廟, 故'困于酒食'也. 上九降二, 故'朱紱方來'. 朱紱, 宗廟之服. 乾爲大赤, 朱紱之象也.」"라 함. '利用享祀'는 이 때문에 급히 나서서 서둘러 享祀를 올려야 이로움. ○高亨은 "筮遇此爻, 將設宴以慶, 爲酒食所困, 其慶維何, 乃朱紱之寵命方來耳, 故曰「困於酒食, 朱紱方來」. 又筮遇此爻, 享祀則利, 故曰「利用享祀」라 함. 王弼 注에 "以陽居陰, 尙謙者也. 居困之時, 處得其中, 體夫剛質, 而用中履謙. 應不在一心无所私, 盛莫先焉. 夫謙以待物, 物之所歸剛, 以處險難之所濟. 履中則不失其宜, 无應則心无私, 恃以斯處困, 物莫不至, 不勝豐衍, 故曰'困于酒食', 美之至矣. 坎, 北方之卦也; 朱紱, 南方之物也. 處困以斯, 能招異方者也. 故曰'朱紱方來'也. 豐衍盈盛, 故'利用享祀'"라 하였고, 〈正義〉에 "'困于酒食'者, 九二體剛, 居陰處中, 无應體剛, 則健能濟險也. 居陰, 則謙物所歸也; 處中, 則不失其宜; 无應, 則心无私黨, 處困以斯, 物莫不至, 不勝豐衍, 故曰'困于酒食'也. '朱紱方來, 利用享祀'者, '紱', 祭服也; 坎, 北方之卦; 朱紱, 南方之物. 處困用謙, 能招異方者也. 故曰'朱紱方來'也. 擧異方者, 明物无不至, 酒食豐盈, 異方歸向祭, 則受福. 故曰'利用享祀'"라 함.

【征凶, 无咎】 '征凶, 无咎'는 凶(困厄)에서 급히 빠져나오면, 허물은 없음. 九二가 陽剛하며 得中을 이루었음을 뜻함. 그러나 여기의 '无咎'는 다른 곳의 貞辭가 잘못 끼어들었을 것이라 여기기도 함. 이 효는 곤액에 처하여 酒食조차 제대로 없음. 다만 陽剛하고 得中하여 제사로써 자신의 誠信을 표하면 장차 榮祿이 이를 것임. 따라서 宗廟祭祀의 방식으로 복을 구하면 有利하며, 급히 나서면 흉험이 있으나 재앙은 없음. ○高亨은 "又筮遇此爻, 征伐則凶, 故曰'征凶'. 旣言'征凶', 不宜又言'无咎', 疑'无咎'二字衍文, 蓋今文經之所無也"라 하여, '无咎'는 宴文이라 하였음. 王弼 注에 "盈而又進, 傾之道也. 以此而征凶, 誰咎乎? 故曰'征凶, 无咎'"라 하였고, 〈正義〉에 "'征凶, 无咎'者, 盈而又進, 傾敗之道, 以征必凶, 故曰'征凶'. 自進致凶, 无所怨咎, 故曰'无咎'也"라 함.

《集解》에 "荀爽曰:「二升在廟, 五親奉之, 故'利用享祀'. 陰動而上, 失中乘陽, 陽下而陷, 爲陰所掩, 故曰'征凶'. 陽降來二, 雖位不正, 得中有實, 陰雖去中, 上得居正而皆免咎, 故曰'无咎'也.」"라 함. 《傳》에 "酒食, 人所欲而所以施惠也. 二以剛中之才, 而處困之時, 君子安其所遇, 雖窮厄險難, 无所動其心, 不恤其爲困也. 所困者, 唯困於所欲耳. 君子之所欲者, 澤天下之民, 濟天下之困也. 二未得逐其欲·施其惠, 故爲困于酒食也. 大人君子, 懷其道而困於下, 必得有道之君, 求而用之, 然後能施其所蘊. 二以剛中之德, 困於下, 上有九五, 剛中之君, 道同德合, 必來相求, 故云'朱紱方來'. '方來', 方且來也. '朱紱', 王者之服, 蔽膝也. 以行來爲義, 故以蔽膝言之. '利用享祀', '享祀', 以至誠通神明也. 在困之時, 利用至誠, 如享祀然, 其德旣誠(一作成), 自能感通於上, 自昔賢哲, 困於幽遠, 而德卒升聞, 道卒爲用者, 唯自守至誠而已. '征凶, 无咎', 方困之時, 若不至誠, 安處以俟命, 往而求之, 則犯難得凶, 乃自取也, 將誰咎乎? 不度時而征, 乃不安其所爲, 困所動也. 失剛中之德, 自取凶悔, 何所怨咎? 諸卦二五, 以陰陽相應而吉, 唯〈小畜〉與〈困〉乃厄於陰, 故同道相求. 〈小畜〉, 陽爲陰所畜, 困陽爲陰所掩也"라 하였고, 《本義》에 "困于酒食厭, 飫苦惱之意. 酒食人之所欲, 然醉飽過宜, 則是反爲所困矣. '朱紱方來', 上應之也. 九二有剛中之德, 以處困時, 雖無凶害, 而反困於得其所欲之多, 故其象如此, 而其占'利以享祀', 若征行, 則非其時, 故凶而於義, 爲无咎也"라 함.

☆【「困于酒食」, 中有慶也】 '中有慶'는 이 爻는 得中을 이루었기 때문에 장차 慶事가 있을 것임. 〈正義〉에 "〈象〉曰'中有慶'者, 言二以中德被物, 物之所賴, 故曰'有慶'也"라 함. 《集解》에 "翟玄曰:「陽從上來, 居中得位, 富有二陰, 故'中有慶'也.」"라 함. 《傳》에 "雖困于所欲, 未能施惠於人. 然守其剛中之德, 必能致亨而有福慶也. 雖使時未亨通, 守其中德, 亦君子之道, 亨乃有慶也"라 함.


六三: 困于石, 據于蒺藜; 入于其宮, 不見其妻, 凶.
☆象曰: 「據于蒺藜」, 乘剛也;
「入于其宮, 不見其妻」, 不祥也.

〈언해〉 六三(륙삼)은, 石(셕)애 困(곤)ᄒᆞ며, 蒺藜(질려)애 據(거)ᄒᆞᄂᆞᆫ디라, 그 宮(궁)애 入(입)ᄒᆞ야도, 그 妻(쳐)를 見(견)티 몯홈이니, 凶(흉)토다.
    ☆象(샹)애 ᄀᆞᆯ오ᄃᆡ 「據于蒺藜」ᄂᆞᆫ, 剛(강)을 乘(승)홀 시오,
    「入于其宮, 不見其妻」ᄂᆞᆫ, 祥(샹)티 아니미라.

〈해석〉[六三](--): 돌에 차이어 고통을 당하며, 찔레에 의지하고 있다. 그 집으로 들어
가도, 그 아내를 보지 못하니, 흉하다.
　　☆象: "찔레에 의지한다"함은, 강한 것(九二)을 타고 있기 때문이요,
　"그 집에 들어가도, 그 아내를 보지 못한다"함은, 상서롭지 아니한 것이니라.


　【六三】이는 下卦(坎, 水)의 가장 윗자리이며 陰爻로 位不當함. 上六과도 正應을 이
루지 못하고 있으며, 특히 위아래 두 陽爻 사이에 있어, 그들에게 의지하려 함.
　【困于石, 據于蒺藜】'困于石'은 돌 뿌리에 차여 곤액을 당함. 石은 九四를 가리킴.
'困'은 '綑'과 같으며 얽혀 고꾸라짐. 綑倒. '據于蒺藜'는 찔레가시에 찔림. '蒺藜'는 '蒺
藜'로도 표기하며, 찔레가시나무. 連綿語 植物名. 여기서는 九二를 가리킴. ○高亨은
"困於石者, 足躓於石也. 據於蒺藜者, 手據於刺木也"라 함. 王弼 注에 "石之爲物, 堅而不
納者也, 謂四也. 三以陰居陽, 志武者也; 四自納初, 不受己者也. 二非所據, 剛非所乘, 上
比困石, 下據蒺藜"라 하였고, 〈正義〉에 "'困于石, 據于蒺藜'者, 石之爲物, 堅剛而不可入
也. 蒺藜之草, 有刺而不可踐也. 六三以陰居陽, 志懷剛武, 己又无應, 欲上附於四, 四自
納於初, 不受己者也. 故曰'困于石'也. 下欲比二, 二又剛陽, 非己所據, 故曰'據于蒺藜'也"
라 함. 《集解》에 "虞翻曰:「二變正時三, 在艮山下, 故'困于石'. 蒺藜, 木名. 坎爲蒺藜,
二變艮, 手據坎, 故'據蒺藜'者也.」"라 함.
　【入于其宮, 不見其妻, 凶】'入于其宮'의 온갖 고생 끝에 집을 찾아 들어감. '宮'은
집. 고대에는 서민의 집도 '宮'이라 하였음. '不見其妻'는 집에 아내가 없음. 이 효는
柔弱하며 位不當함에도 하괘의 가장 윗자리라 해서, 貞正함을 잃고 마구 나서고자
하며, 급히 곤액에서 탈출하고자 하는 爻象임. 다만 바로 위의 九四는 初六과 正應을
이루고 있어 마치 巨石이 가로막고 있고, 아래 구이는 陽剛하면서 得中하여 찔레가
받치고 있는 형상임. 아울러 짝이 되는 上六 역시 음효로 도움을 주지 못하여 끝내
집에 아내가 없는 것과 같음. 그 때문에 흉한 것임. ○高亨은 "入于其宮, 不見其妻者,
喪失其婦也. 足旣躓於石, 手又據於刺木, 譬人之遭乎坎坷之境, 而依乎奸宄之人, 其將喪
失其婦, 必矣. 故曰「困于石, 據于蒺藜, 入于其宮, 不見其妻, 凶」"이라 함. 王弼 注에 "无
應而入焉. 得配偶在困處, 斯凶其宜也"라 하였고, 〈正義〉에 "'入于其宮, 不見其妻, 凶'
者, 无應而入, 難得配偶, 譬於入宮不見其妻, 處困以斯, 凶其宜也. 故曰'入於其宮, 不見
其妻, 凶'也"라 함. 《集解》에 "虞翻曰:「巽爲入, 二動艮爲宮, 兌爲妻, 謂上无應也. 三在
陰下, 離象毁壞, 隱在坤中, 死期將至, 故'不見其妻, 凶'也.」"라 함. 《傳》에 "六三以陰柔
不中正之質, 處險極而用剛, 居陽用剛也. 不善處困之甚者也. 石, 堅重難勝之物; 蒺藜,

刺(一无刺字)不可據之物. 三以剛險而上進, 則二陽在上, 力不能勝堅, 不可犯, 益自困耳. '困于石'也, 以不善之德, 居九二剛中之上, 其不安, 猶藉刺據于蒺藜也. 進退旣皆益困, 欲安其所, 益不能矣(一作也). 宮, 其居所安也; 妻, 所安之主也. 知進退之不可, 而欲安其居, 則失其所安矣. 進退與處, 皆不可(一有則字), 唯死而已, 其凶可知. 〈繫辭〉曰:「非所困而困焉, 名必辱; 非所據而據焉, 身必危. 旣辱且危, 死期將至, 妻其可得見耶?」二陽不可犯也, 而犯之以取, 困是非所困而困也. 名辱其事, 惡也. 三在二上, 困爲據之, 然苟能謙柔以下之, 則无害矣. 乃用剛險以乘之, 則不安而取困, 如據蒺藜也. 如是死期將至, 所安之主, 可得而(一无而字)見乎?"라 하였고, 《本義》에 "陰柔而不中正, 故有此象, 而其占, 則凶. 石指四, 蒺藜指二. 宮謂三, 而妻則六也. 其義則〈繫辭〉備矣"라 함.

☆【「據于蒺藜」, 乘剛也】 '乘剛'은 자신이 陰爻이면서 九二의 양효를 타고 위에 있음을 말함. 〈正義〉에 "〈象〉曰'乘剛'者, 明二爲蒺藜也"라 함. 《集解》에 "案: 三居坎上, 坎爲蒺棘, 而木多心, 蒺藜之象」"이라 함.

【「入于其宮, 不見其妻」, 不祥也】 '不祥'은 상서롭지 못함. 〈正義〉에 "'不祥也'者, 祥, 善也, 吉也. 不吉, 必有凶也"라 함. 《集解》에 "九家《易》曰:「此本〈否〉卦, 二四同功爲艮. 艮爲門, 闕宮之象也. 六三居困, 而位不正, 上困於民, 內无仁恩, 親戚叛逆, 誅將加身, 入宮无妻, 非常之困, 故曰'不祥'也.」"라 함. 《傳》에 "據于蒺藜, 謂乘九二之剛, 不安猶藉刺也. '不祥'者, 不善之徵, 失其所安者, 不善之效, 故云'不見其妻, 不祥'也"라 함.


# 九四: 來徐徐, 困于金車, 吝, 有終.
## ☆象曰:「來徐徐」, 志在下也; 雖不當位, 有與也.

〈언해〉 九四(구ᄉ)는, 來(래)홈이 徐徐(셔셔)ᄒ요믄, 金車(금거)애 困(곤)ᄒᆞᆯ 시니, 吝(린)ᄒ나, 終(죵)이 이시리라.

☆象(샹)애 ᄀᆞᆯ오디「來徐徐」는, 志(지)ㅣ 下(하)애 이심이니, 비록 位(위)ㅣ 當(당)티 아니ᄒ나, 與(여)ᄒ 리 인ᄂᆞ니라.

〈해석〉 [九四](-): 오는 것이 느리고 느린 것은, 쇠수레에 곤란을 당하고 있기 때문이니, 어려움이 있으나, 끝마침이 있으리라.

☆象: "오는 것이 느리고 느리다"함은, 뜻이 아래(初六)에 있다는 것이니, 비록 맞는 자리를 가지고 있지 못하지만, 함께 할 사람이 있다는 것이다.

【九四】이는 上卦 兌(澤)의 시작이며 陽爻로 位不當하나 初六과 正應을 이루고 있어 곤액으로부터 탈출할 힘을 가지고 있음.

【來徐徐, 困于金車, 吝, 有終】'來徐徐'는 이제까지의 아래 세 효가 겪은 곤액이 서서히 여기까지 옴. 그러나 〈子夏本〉에는 '茶茶'로 되어 있으며, 〈集解〉에 "茶茶, 徐遲也"라 함. '困于金車'는 金車에 갇혀 곤액을 당함. '金'은 禁의 同音假借. 金車는 禁車, 즉 囚車(죄수를 실은 수레). 九二를 가리킴. '吝'은 아직도 안타까움. '有終'은 좋은 終結이 있을 것임. 이 효는 初六과 正應을 이루고 있으나 둘 모두 位不當하며, 九二에게 막혀 곤액에 陷入되어 있음. 그러나 겸손한 덕을 가지고 있고 급히 나서지 않아 마침내 만나게 될 것임. ○高亨은 "來徐徐者, 其來遲緩也. 困于金車者, 金車或逢峻坂而不能上, 或陷深淖而不能出, 其人爲此所困也. 其人之來徐徐而遲緩者, 因爲金車所困也. 此僅是路上遇一艱難耳, 終可逢其所期之地, 故曰「來徐徐, 困于金車, 吝, 有終」"이라 함. 王弼 注에 "金車, 謂二也. 二剛以載者也. 故謂之'金車'. '徐徐'者, 疑懼之辭也. 志在於初, 而隔於二, 履不當位, 威命不行. 棄之則不能, 欲往則畏二, 故曰'來徐徐, 困于金車'也. 有應而不能濟之, 故曰'吝'也. 然以陽居陰, 履謙之道, 量力而處, 不與二爭, 雖不當位, 物終與之, 故曰'有終'也"라 하였고, 〈正義〉에 "'九四: 來徐徐, 困於金車, 吝, 有終'者, 何氏云: 「九二以剛德勝, 故曰'金車'也.」 '徐徐'者, 疑懼之辭. 九四有應於初, 而礙於九二, 故曰'困于金車'. 欲棄之, 惜其配偶, 疑懼而行, 不敢疾速, 故'來徐徐'也. 有應而不敢往, 可恥可恨, 故曰'吝'也. 以陽居陰, 不失謙道, 爲物之所與, 故曰'有終'也"라 함. 《集解》에 "虞翻曰: 「來欲之初, 徐徐, 舒遲也. 見險, 故來徐徐. 否乾爲金, 坤爲車之應歷險, 故'困于金車'. 易位得正, 故'吝, 有終'矣.」"라 함. 《傳》에 "唯力不足, 故困亨困之道, 必由援助. 當困之時, 上下相求, 理當然也. 四與初爲正應, 然四以不中正處困, 其才不足, 以濟人之困. 初比二, 二有剛中之才, 足以拯困, 則宜爲初所從矣. 金, 剛也; 車, 載物者也. 以二剛在下載己, 故謂之'金車'. 四欲從初, 而阻於二, 故其來遲, 疑而徐徐, 是'困于金車'也. 己之所應, 疑其少己, 而之他將從之, 則猶豫不敢遽前, 豈不可羞吝乎? '有終'者, 事之所歸者正也. 初四正應, 終必相從也. 寒士之妻, 弱國之臣, 各安其正而已. 苟擇勢而從, 則惡之大者, 不容於世矣. 二與四, 皆以陽居陰, 而二以剛中之才, 所以能濟困也. 居陰者, 尙柔也; 得中者, 不失剛柔之宜也"라 하였고, 《本義》에 "初六, 九四之正應; 九四, 處位不當, 不能濟物, 而初六, 方困於下, 又爲九二所隔, 故其象如此. 然邪不勝正, 故其占雖爲可吝, 而必有終也. '金車', 爲九二. 象未詳, 疑〈坎〉有輪象也"라 함.

☆【「來徐徐」, 志在下也】'志在下'는 아래 正應한 初六에게 뜻을 두어, 謙卑하게 행동함. '下'는 혹 謙下의 뜻이라고도 함. 王弼 注에 "下謂初也"라 하였고, 《集解》에도 "王弼

曰: 「下謂初.」라 함.

【雖不當位, 有與也】 '雖不當位'는 이 효는 陽爻로서 陰位에 있음. '有與'는 그와 함께 할 자가 있음. 與는 應과 같음. 初六을 가리킴. 혹 九五(君位)가 자신을 陽剛한 신하로 믿어줌을 뜻함. 〈正義〉에 "〈象〉曰'有與'者, 位雖不當, 執謙之, 故物所與也"라 함. 《集解》에 "崔憬曰: 「位雖不當, 故'吝'也; 有與於援, 故'有終'也.」"라 함. 《傳》에 "四應於(一无於字)初, 而隔於二. 志在下求, 故徐徐而來. 雖居不當位, 爲未善然, 其正應相與, 故'有終'也"라 함.


九五: 劓刖, 困于赤紱; 乃徐有說, 利用祭祀.
☆象曰: 「劓刖」, 志未得也;
「乃徐有說」, 以中直也;
「利用祭祀」, 受福也.

〈언해〉 九五(구오)는, 劓(의)ᄒ고 刖(월)홈이니, 赤紱(젹블)애 困(곤)ᄒ나, 이예 徐(셔)히 說(열)이 이시리니, 뻐 祭祀(졔ᄉ)홈이 利(리)ᄒ니라.
　　☆象(샹)애 굴오디 「劓刖」은 志(지)를 得(득)디 몯홈이오,
　　「乃徐有說」은, 中直(듕딕)으로 뻬오,
　　「利用祭祀」는, 福(복)을 受(슈)ᄒ리라.

〈해석〉 [九五](一): 코를 베이고 뒤꿈치가 잘리는 형벌이니, 천자의 옷이기에 고통을 당하는 것이기는 하나, 이에 천천히 기꺼워할 일이 있으리니, 이로써 제사를 올리는 것이 이로우니라.
　　☆象: "코가 베이고 뒤꿈치가 잘린다"함은, 아직 뜻을 얻지 못하였다는 것이요, "이에 천천히 기꺼워할 일이 있다"함은, 상괘의 중앙(君位)에 자리를 잡아 곧게 하기 때문이요,
　　"이로써 제사를 올림이 이롭다"함은, 복을 받을 것임을 뜻한다.


　　【九五】 이는 전괘의 主爻이며 君位. 上卦(兌, 澤)의 중앙에 위치하여 得中하였고, 양효로서 位正當하며 陽剛하여 전체를 곤액으로부터 구출할 수 있음.
　　【劓刖, 困于赤紱】 '劓刖'은 코를 베이고 뒤꿈치가 잘리는 형벌. 그러나 이는 '劓脆'

(얼올), 혹 '倪伉'(예올), '陧阢'(날올) 劓劊(의회)를 음에 맞추어 표기한 것으로 '불안에 떠는 모습'(山阜危而欲崩之義)을 뜻하는 雙聲連綿語, 혹 疊韻連綿語라고도 함. ○高亨은 여러 증거를 들어 "總之, 劓劊也, 甈㐫也, 倪伉也, 劓劊也, 並字異而音義同, 依《說文》皆當讀爲陧阢也"라 함. '困于赤紱'은 적불(赤紱)에게 곤액을 당함. ○高亨은 "赤紱者, 自諸侯達於大夫之命服也"라 함. '赤紱'은 九二의 朱紱과 같음. 蠻夷의 복장을 한 상대에게 포로가 되어 곤액을 당함. 그러나 '赤紱'은 존귀한 복장을 뜻하며, 자신이 君位에 있으면서 坤卦의 主爻이기에 그 임무 때문에 도리어 고통을 당하는 것이라고도 함. ○高亨은 "劓劊, 困橜赤紱者, 言危而不安, 爲赤紱所困, 卽因服赤紱之服, 而處於不安之境也"라 함. 《集解》에 "虞翻曰:「割鼻曰劓, 斷足曰劊. 四動時, 震爲足, 艮爲鼻, 離爲兵, 兌爲刑, 故'劓劊'也. '赤紱', 謂二. 否乾爲朱, 故赤. 坤爲紱, 二未變應, 五故'困于赤紱'也.」"라 함.

【乃徐有說, 利用祭祀】'乃徐有說'은 천천히 기쁨이 찾아옴. 說은 悅, 上卦(兌)의 본령. 자신의 兌卦 본령의 說(悅)이 금방 오지는 않음. 그러나 '有'는 或의 뜻이며, '說'은 挩(脫)로 '혹 (곤액에서) 벗어날 수도 있다'의 뜻이라고도 함. 《集解》에 "虞翻曰:「兌爲說, 坤爲徐. 二動應己, 故'乃徐有說'也.」"라 함. '利用祭祀'은 이에 제사를 올려 神에게 도움을 祈願하면 마침내 곤액에서 벗어날 수 있음. ○高亨은 "筮遇此爻, 或能徐徐解其赤紱, 而脫於危險, 故曰「劓劊, 困于赤紱, 乃徐有說」. '有'猶'或'也. 筮遇此爻, 擧行享祀則利, 故曰「利用享祀」"라 함. 王弼 注에 "以陽居陽, 任其壯者也. 不能以謙致物, 物則不附, 忿物不附, 而用其壯猛, 行其威刑, 異方愈乖, 遐邇愈叛, 刑之欲以得, 乃益所以失也. 故曰'劓劊, 困于赤紱'也. 二以謙得之, 五以剛失之, 體在中直, 能不遂迷, 困而後能用其道者也. 致物之功, 不在於暴, 故曰'徐'也. 困而後乃徐徐, 則有說矣. 故曰'困于赤紱, 乃徐有說'也. '祭祀', 所以受福也. 履夫尊位, 困而能改, 不遂其迷, 以斯祭祀, 必得福焉. 故曰'利用祭祀'也"라 하였고, 〈正義〉에 "九五以陽居陽, 用其剛壯, 物不歸己, 見物不歸, 而用威刑, 行其劓劊之事, 旣行此威刑, 則異方愈乖, 遐邇愈叛. 兌爲西方之卦, 赤紱南方之物, 故曰'劓劊, 困于赤紱'也. 此卦九二, 爲以陽居陰, 用其謙退, 能招異方之物也. 此言九五, 剛猛不能感異方之物也. 若但用其中正之德, 招致於物, 不在速暴而徐徐, 則物歸之而有說矣. 故曰'乃徐有說'也. 居得尊位, 困而能反, 不執其迷, 用其祭祀, 則受福也"라 함. 《集解》에 "崔憬曰:「劓劊, 刑之小者也. 於困之時, 不崇柔德, 以剛遇剛, 雖行其小刑, 而失其大柄, 故言'劓劊'也. '赤紱', 天子祭服之飾, 所以稱困者, 被奪其政, 唯得祭祀. 若《春秋傳》(襄公 26年 傳)曰:『政由甯氏, 祭則寡人.』故曰'困于赤紱'. 居中以直, 在困思通, 初雖暫窮, 終則必喜, 故曰'乃徐有說'. 所以險而能說, 窮而能通者, 在困於赤紱乎? 故曰'利用祭祀'也.」案:「五

應在二, 二互體離, 離爲文明, 赤紱之象也.」라 함. 《傳》에 "截鼻曰劓, 傷于上也; 去足爲刖, 傷於下也. 上下皆揜於陰, 爲其傷害劓刖之象也. 五, 君位也. 人君之困, 由上下無與也. '赤紱', 臣下之服, 取行來之義, 故以紱言, 人君之困, 以天下不來也. 天下皆來, 則非困也. 五雖在困, 而有剛中之德, 下有九二, 剛中之賢. 道同德合, 徐必相應而來, 共濟天下之困, 是始困而徐有喜說也. '利用祭祀', 祭祀之事, 必致其誠敬, 而後受福. 人君在困時, 宜念天下之困, 求天下之賢, 若祭祀然, 致其誠敬(一作至誠), 則能致天下之賢, 濟天下之困矣. 「五與二同德, 而云'上下无與', 何也?」曰: 「陰陽相應者, 自然相應也. 如夫婦‧骨肉, 分定也. 五與二, 皆陽爻以剛中之德同, 而相應相求而後, 合者(一无者字)也. 如君臣‧朋友義, 合也. 方其始困, 安有上下之與, 有與則非困, 故徐合而後, 有(一无有字)說也. 二云'享祀', 五云'祭祀', 大意則宜用至誠, 乃受福也. '祭'與'祀', 享泛言之, 則可通; 分而言之, 祭天神, 祀地示, 享人鬼. 五君位言祭, 二在下; 言享, 各以其所當用也.」라 하였고, 《本義》에 "劓刖者, 傷於上下, 下旣傷, 則赤紱無所用, 而反爲困矣. 九五當困之時, 上爲陰揜, 下則乘剛, 故有此象. 然剛中而說體, 故能遲久而有說也. 占具象中, 又'利用祭祀', 久當獲福"이라 함.

☆【「劓刖」, 志未得也】「劓刖」, '志未得'은 자신이 君位에 있으나 困厄에 처해 뜻을 제대로 펼 수 없음을 뜻함. 〈正義〉에 "〈象〉曰'志未得也'者, 由物不附己, 已志未得, 故曰'志未得也'"라 함. 《集解》에 "陸績曰: 「无據无應, 故'志未得'也. 二言'朱紱', 此言'赤紱'; 二言'享祀', 此言'祭祀', 傳互言耳, 无他義也. 謂二困五, 三困四五, 初困上, 斯乃迭困之義也.」"라 함.

【「乃徐有說」, 以中直也】'以中直'은 兌卦 중앙에 위치하여 得中을 이루었으며, 이는 立身이 '正直'함을 비유함. 〈正義〉에 "'乃徐有說, 以中直也'者, 居中得直, 不貪不暴, 終得其應, 乃寬緩修其道德, 則得喜說, 故云'乃徐有說, 以中直'也"라 함. 《集解》에 "崔憬曰: 「以其居中當位, 故有悅.」"이라 함.

【「利用祭祀」, 受福也】'受福'은 제사를 올렸기에, 그 결과로 복을 받게 됨. 〈正義〉에 "'利用祭祀, 受福'者, 若能不遂迷志, 用其中正, 則異方所歸, 祭則受福, 故曰'利用祭祀, 受福'也"라 함. 《集解》에 "荀爽曰: 「謂五爻. 合同據國當位, 而主祭祀, 故受福也.」"라 함. 《傳》에 "始爲陰揜, 无上下之與, 方困未得志之時也. 徐而有說, 以中直之道, 得在下之賢, 共濟於困也. 不曰'中正', 與二合者云'直', 乃宜也. '直'比正意差緩, 盡其誠意, 如祭祀然, 以求天下之賢, 則能(一无能字)亨天下之困, 而享受其福慶也"라 함.

上六: 困于葛藟, 于臲卼; 曰動悔有悔, 征吉.

☆象曰:「困于葛藟」, 未當也;

「動悔有悔」, 吉行也.

〈언해〉 上六(샹륙)은, 葛藟(갈류)와 臲卼(얼올)애 困(곤)홈이니, 길오디 動(동)ᄒ다마다
悔(회)ᄒ리라 ᄒ야 悔(회)를 두워 ᄒ면, 征(졍)ᄒ야 吉(길)ᄒ리라.[《本義》: 臲卼
(얼올)에 困(곤)ᄒ야, 길오디 動(동)호매 悔(회)홈이니]

☆象(샹)애 길오디「困于葛藟」는, 當(당)티 아니미오,

「動悔有悔」는, 行(ᄒᆡᆼ)홈애 吉(길)홈이라.

〈해석〉 [上六](--): 칡덩굴(머루덩굴)에 곤액을 당하고, 얼올함에 의지하고 있는 효상이
니, 이르되 움직이면 회한을(얼올에 곤액을 당하야, 이르되 움직이면 회한을
느끼는 것이니), 또 회한을 느낀다 하니, 그래도 나서야 길하리라.

☆象: "칡덩굴(머루덩굴)에 곤액을 당한다"함은, 아직도 정당하지 않음을 뜻하
는 것이요,

"움직이면 회한이 또 회한을 느낀다"함은, 그래도 나서는 것이 길하다는 뜻이다.

【上六】 이는 전괘의 極位에 처하였으며 陰爻로 位正當함. 그러나 困厄에서 탈출할
마지막 임무를 맡았으나 柔弱하여 힘을 발휘하지 못함.

【困于葛藟, 于臲卼】 '困于葛藟'는 葛藟덩굴에 얽혀 곤액을 당함. '葛藟'는 칡덩굴,
혹은 머루 덩굴. 《詩》 國風(周南) 樛木의 "南有樛木, 葛藟纍之"에서 '葛藟'에 대해 '推
虆', '千歲虆', '千歲木', '萬世藤', '恬茶' 등으로도 불리는 葡萄科 蔓生 식물로 四川 지역
에서는 이 잎을 차로 사용한다 함. 한편 王念孫의 《廣雅疏證》에 "藟, 一名巨苽, 似虆
薁, 連蔓而生"이라 하였고, 宋開寶의 《本草》注에는 "虆薁, 是山葡萄"라 하여 '머루'라
하였음. 〈詩經諺解〉 物名에도 "藟: 멀에 ○묏멀외"라 하여 '머루'로 보았음. 〈鄭箋〉에
는 '칡과 松蔓'이라 하였음. 〈集傳〉에 에는 '藟, 葛類'라 함. '于臲卼'은 '據于臲卼'이어
야 함. ○高亨은 "以六三爻辭例之, 此文當作「困于葛藟, 據于臲卼」. 脫'據', 應據補"라
함. 한편 '臲卼'는 '얼올'로 읽으며, 위태로움을 뜻하는 雙聲連綿語. 王弼 注에 "居困之
極, 而乘於剛, 下无其應, 行則愈繞者也. 行則纏繞, 居不獲安, 故曰'困于葛藟, 于臲卼'也.
下句无困, 因於上也. 處困之極, 行无通路, 居无所安, 困之至也. 凡物窮則思變, 困則謀
通, 處至困之地, 用謀之時也"라 하였고, 〈正義〉에 "'葛藟', 引蔓繩繞之草; '臲卼', 動搖不
安之貌. 上六處困之極, 極困者也, 而乘於剛, 下又无應, 行則纏繞, 居不得安, 故曰'困于

葛藟, 于臲卼'也. 〈象〉不言'困於臲卼', 困因於上, 省文也. 凡物窮則思變, 困則謀通, 處至困之地, 是用謀策之時也"라 함. 《集解》에 "虞翻曰:「巽爲草莽, 稱葛藟, 謂三也. 兌爲刑人, 故'困于葛藟, 于臲卼'也.」"라 함.

【曰動悔有悔, 征吉】 '曰'은 뜻이 없는 語助辭. 王引之는 "曰之言聿, 語助也. 有讀爲又"라 함. 혹은 '貞兆(貞辭)에 이르되'의 뜻이라고도 함. '動悔有悔'의 '有'는 又의 假借. 움직였다가는 悔恨에 또 悔恨을 당함. '征吉'은 그래도 나아가야 길함. 征伐에 나서면 吉함. ○高亨은 "困于葛藟者, 足爲葛藟所絆而躓也. 據于臲卼者, 手抓在木橛之上也. 葛藟木橛, 皆小物, 如此者動必悔而又悔, 故曰「困又葛藟, 于臲卼, 曰動悔有悔」. 征伐之事, 步步削除障礙物. 葛藟木橛, 皆易刈斬而去之, 故曰「征吉」"이라 함. 王弼 注에 "'曰'者, 思謀之辭也. 謀之所行, 有隙則獲言, 將何以通至困乎? 曰動悔, 令生有悔, 以征則濟矣. 故'曰動悔有悔, 征吉'也"라 하였고, 〈正義〉에 "'曰'者, 思謀之辭也. 謀之所行, 有隙則獲言, 將何以通至困乎? 爲之謀曰, 必須發動, 其可悔之事, 令其有悔, 可知. 然後處困, 求通可以行而獲吉, 故'曰動悔有悔, 征吉'"이라 함. 《集解》에 "虞翻曰:「乘陽, 故動悔; 變而失正, 故'有悔'. 三已變正, 已得應之, 故'征吉'也.」"라 함. 《傳》에 "物極則反, 事極則變, 困旣極矣, 理當變矣. '葛藟', 纏束之物; '臲卼', 危動之狀. 六處困之極, 爲困所纏束, 而居最高危之地, '困于葛藟'與'臲卼'也. '動悔', 動輒有悔, 无所不困也; '有悔', 咎前之失也, '曰', 自謂也. 若能曰如是, 動皆得悔, 當變前之所爲, 有悔也. 能悔則往而得吉也. 困極而征, 則出於困矣. 故'吉'. '三以陰在下卦之上, 而凶; 上居一卦之上, 而无凶, 何也?' 曰:「三居剛而處險困, 而用剛險, 故凶. 上以柔居說, 唯爲困極耳. 困極則有變, 困之道也. 〈困〉與〈屯〉之上, 皆以無應居卦終, 〈屯〉則'泣血漣如'; 〈困〉則'有悔征吉'. 〈屯〉險極而〈困〉說體, 故也. 以說順進, 可以離乎困也」"라 하였고, 《本義》에 "以陰柔處困極, 故有'困于葛藟, 于臲卼, 曰動悔'之象. 然物窮則變, 故其占'曰若能有悔', 則可以征而吉矣"라 함.

☆【「困于葛藟」, 未當也】 '未當'은 행동이 정당함을 얻지 못함. 음효로 柔弱함에도 전괘를 곤액에서 탈출시키려는 것은 사리에 맞지 않음. 王弼 注에 "所處未當, 故致此困也"라 하였고, 〈正義〉에 "〈象〉曰'未當也'者, 處於困極, 而又乘剛, 所處不當, 故致此困也"라 함. 《集解》에 "虞翻曰:「謂三. 未變當位, 應上故也.」"라 함.

【「動悔有悔」, 吉行也】 '吉行'은 겸손하게 행동하여 길함을 얻을 수 있음. 〈正義〉에 "吉行'者, 知悔而征, 行必獲吉也"라 함. 《集解》에 "虞翻曰:「行謂三. 變乃得當位之應, 故'吉行'者也.」"라 함. 《傳》에 "爲困所纏, 而不能變, 未得其道也. 是處之未當也. 知動則得悔, 遂有悔而去之, 可出於困, 是'其行而吉'也"라 함.

# 048 정井

䷯ 水風井: ▶巽下坎上(☴下☵上)

  *井(정): 〈音義〉에 "精領反. 通也, 養而不窮"이라 하여 '정(jǐng)'으로 읽음. '井'은 물을 긷는 우물. 하괘는 巽(風, 木)이며 상괘는 坎(水)으로, 나무가 물을 만나 신나게 성장하는 괘상, 혹 바람 위에 물이 있는 異卦相疊의 '水風' 괘체임. 이는 우물의 물은 궁함이 없어 사람에 이에 의해 살아감을 비유한 것으로, 인류의 勞動과 공동생활을 연관지어, 자연의 혜택 속에 養育의 도움을 받는 '井養(養井)'의 특이한 의미를 내포하고 있음. 이에 군자는 마땅히 자신의 美德을 수양하여, 사사로움을 없애고 恒久히 백성에게 혜택을 베풀어야 함을 권면한 것임.
  *《集解》에 "〈序卦〉曰:「困于上必反下, 故受之以'井'.」(崔憬曰:「困極於剝削, 則反下以求安, 故言'困乎上必反下'也.」)"이라 함.
  *《傳》에 "'井', 〈序卦〉:「困乎上者, 必反下, 故受之以'井'.」承上升而不已, 必困. 爲言謂'上升不已而困, 則必反於下'也. 物之在下者, 莫如井, 井所以次困也. 爲卦坎上巽下, 坎, 水也. 巽之象, 則木也. 巽之義, 則入也. 木器之象, 木入於水, 下而上乎水, 汲井之象也"라 함.

## (1) 卦辭

井: 改邑不改井, 无喪无得, 往來井井.
汔至亦未繘井, 羸其瓶, 凶.

〈언해〉井(졍)은 邑(읍)은 改(기)호더 井(졍)을 改(기)티 몯ᄒᆞᄂᆞ니, 喪(상)도 업스며 得(득)도 업스며, 往(왕)ᄒᆞ 리 來(릭)ᄒᆞ 리 井(졍)을 井(졍)ᄒᆞᄂᆞ니,[《本義》: 井(졍)을 改(기)티 아닌ᄂᆞ 디라, 喪(상)도 업스며 得(득)도 업서]
    거의 至(지)ᄒᆞ요미 ᄯᅩ 井(졍)애 繘(귤)티 몯홈이니, 그 瓶(병)을 羸(릭)ᄒᆞ면, 凶(흉)ᄒᆞ니라.[《本義》: 거의 至(지)ᄒᆞ야도 ᄯᅩ 井(졍)애 繘(귤)티 몯ᄒᆞ야셔]

〈해석〉 정(井, 정괘)은 고을(邑)을 고치되 우물을 고칠 수 없는 것이니, 잃은 것도 없고 얻을 것도 없으며(우물을 고치지 이니 하는 지라, 잃을 것도 없으며, 얻을 것도 없어), 가는 이와 오는 사람이 모두 우물을 우물로 쓴다.

두레박이 우물 수면에 거의 이르렀을 때 역시 아직 줄을 다 펴지 못하는 형상이니(거의 이르렀어도 우물에 줄을 펴지 못하여서), 두레박으로 쓰는 병을 깨뜨리면, 흉하리라.[우물이 진흙으로 막혔음에도 역시 아직 우물을 치지 않고 있으며, 그렇다고 두레박 병조차 깨뜨려버린다면, 흉하리라.]

【井】 卦名이며, 井養의 의미. 사람을 살리기 위한 우물의 정리를, 군자의 德業에 비유한 것임. 〈正義〉에 "井者, 物象之名也. 古者, 穿地取水, 以瓶引汲, 謂之爲井. 此卦明君子修德養民, 有常不變, 終始无改, 養物不窮, 莫過乎井, 故以修德之卦, 取譬名之井焉"이라 함. 《集解》에 "鄭玄曰:「坎, 水也. 巽木, 桔槹也. 互體離兌, 離外堅中虛, 瓶也; 兌爲暗澤泉, 口也. 言桔槹引瓶, 下入泉口, 汲水而出井之象也. 井以汲人, 水无空竭, 猶人君以政敎, 養天下惠澤, 无窮也.」"라 함.

【改邑不改井】 邑은 새로 건설할 수 있으나, 우물은 옮겨갈 수 없음. ○高亨은 "改邑不改井者, 謂改建其邑而不改造其井也"라 함. 王弼 注에 "井, 以不變爲德者也"라 하였고, 〈正義〉에 "'改邑不改井'者, 以下明井有常德, 此名井, 體有常, 邑雖遷移, 而井體无改, 故云'改邑不改井'也"라 함. 《集解》에 "虞翻曰:「〈泰〉初之五也. 坤爲邑乾, 初之五折坤, 故'改邑'. 初爲舊井, 四應甃之, 故'不改井'.」"이라 함.

【无喪无得, 往來井井】 '无喪无得'은 잃을 것도 얻을 것도 없음. 王弼 注에 "德有常也"라 하였고, 〈正義〉에 "'无喪无得'者, 此明井用有常德, 終日引汲, 未嘗言損; 終日泉注, 未嘗言益, 故曰'无喪无得'也"라 함. ○高亨은 "无喪无得者, 謂無造新井之勞費, 亦不得新井之利益也"라 하여, '새로 우물을 만드는 노고와 비용도 없고, 또한 새 우물을 통해 얻을 이익도 없음'이라 하였음. '往來井井'은 오고가면서 우물은 우물로 써야 함. '井井'은 우물에서 물을 길어 사용함의 뜻. 王弼 注에 "不渝變也"라 하였고, 〈正義〉에 "'往來井井'者, 此明性常. 井井, 潔靜之貌也. 往者來者, 皆使潔靜, 不以人有往來, 改其洗濯之性, 故曰'往來井井'也"라 함. 그러나 현대 많은 해석본에는 아래 구절과 연결하여 "往來井, 井汔至, 亦未繘井"으로 되어 있어, '우물에 왕래하고 있으며, 우물이 마르고 막혔음에도 이를 준설하지 않고 있다'라 풀이하고 있음. ○高亨도 "往來井句. 井汔至句. 舊讀皆誤, 往來井者, 謂邑人往來井上而汲水也"라 함. 《集解》에 "虞翻曰:「无喪, 泰初之五. 坎象毁壞, 故'无喪'. 五來之初, 失位无應, 故'无得'. 坎爲通, 故'往來井井'. '往謂

之五; ‘來’謂之初也.」荀爽曰:「陰來居初, 有實爲‘无喪’, 失中爲‘无得’也. 此本〈泰〉卦. 陽往居五, 得坎爲井, 陰來在下亦爲井, 故曰‘往來井井’也.」라 함. 《傳》에 “井之爲物, 常而不可改也. 邑可改而之他, 井不可遷也. 故曰‘改邑不改井’. 汲之而不竭, 存之而不盈, ‘无喪无得’也; 至者皆得其用, ‘往來井井’也. ‘无喪无得’, 其德也; 常‘往來井井’, 其用也. 周, 常也, 周也, 井之道也”라 함.

【汔至亦未繘井】 ‘汔’(其乞反)은 ‘거의’(幾)의 뜻. 그러나 우물이 말라 물이 없음의 뜻이라고도 함. ‘至’는 窒의 假借로 ‘淤塞’(진흙이나 앙금에 의해 막힘)의 뜻. 물이 나오는 곳이 막힘. ○高亨은 《說文》:「汔, 涸也.」 《廣雅》 釋詁:「汔, 盡也.」 至借爲窒. 《說文》:「窒, 塞也.」 井汔窒者, 謂井水涸竭而泥塞其中也”라 함. ‘繘’은 ‘귤’(繘音橘)로 읽으며, 두레박줄. 〈音義〉에 “鄭云:「綆也.」《方言》云:「關西謂綆爲繘」 郭璞云:「汲水索也.」”라 함. ‘繘井’은 두레박줄을 내려 물을 퍼 올림. 그러나 挖井, 淘井, 修井(脩井), 즉 우물을 퍼서 물이 나오도록 浚渫함의 뜻이라고도 함. 따라서 ‘汔至亦未繘井’은 ‘우물이 마르고 막혀도 역시 준설하지 않음’의 뜻. 그러나 王弼은 ‘出’의 뜻이라 하였음. 그 외에도 ‘繘’은 矞과 같으며 ‘掘’(疊韻互訓), ‘穿’의 뜻으로, ○高亨은 “矞井與掘井同義, ‘亦未矞井’, 謂井水涸塞而亦未穿之也”라 함. 王弼 注에 “已來至而未出井也”라 함. 《集解》에 “虞翻曰:「巽繩爲繘. 汔, 幾也, 謂二也. 幾至初改, 未繘井, 未有功也.」”라 함.

【羸其瓶, 凶】 ‘羸其瓶’의 ‘羸’는 ‘깨어지다’(破)의 뜻. 聞一多와 ○高亨은 “羸, 當讀爲儡. 《說文》:「儡, 相敗也.」 敗毁義相近, 則儡可訓毁, 儡其瓶, 謂毁其甕也”라 함. ‘瓶’은 ‘두레박’으로 사용하는 질그릇 병. ‘罐’의 뜻. 따라서 ‘羸其瓶’은 ‘그 두레박을 깨뜨리다’ 뜻임. 정괘는 坎은 入의 뜻이 들어있어, 들어가 물을 구하는 형상, 즉 물을 긷는 모습임. 우물의 효용을 말하면서 물을 길어 올리다가 중도에 두레박이 깨어짐을 두고, 군자는 중도에 폐함이 없도록 경계한 것이라 함. ○高亨은 “皆邑不改井, 無喪無得, 未嘗不可. 但若汲水人多, 井旣涸塞, 則宜穿井, 苟不穿井, 反以瓶爲無用而毀之, 是無汲水之處, 且無汲水之器, 將無以爲飲食也. 故曰‘改邑不改井, 无喪无得, 往來井, 井汔至, 亦未繘井, 羸其瓶, 凶’”이라 함. 王弼 注에 “井道以已出爲功也. 幾至而覆, 與未汲同也”라 하였고, 〈正義〉에 “‘汔至亦未繘井, 羸其瓶, 凶’者, 此下明井誠, 言井功難成也. 汔, 幾也, 幾近也. 繘, 綆也. 雖汲水以至井上, 然綆出猶未離井口, 而鉤羸其瓶而覆之也. 棄其方成之功, 雖有出井之勞, 而與未汲不異. 喻今人行常德, 須善始令, 終若有初无終, 則必致凶咎, 故曰‘汔至亦未繘井, 羸其瓶, 凶’. 吉亦者不必之辭, 言不必有如此, 不克終者, 計覆一瓶之水, 何足言凶, 以喻人之修德不成? 又云但取喻人之德行, 不恒不能愼終如始, 故就人言凶也”라 함. 《集解》에 “虞翻曰:「羸, 鉤羅也. 艮爲手, 巽爲繘離, 爲瓶手, 繘折其

中, 故'羸其瓶'. 體兌毀缺, 瓶缺漏, 故'凶'矣.」干寶曰:「水, 殷德也; 木, 周德也. 夫井德之地也. 所以養民性命, 而淸潔之主者也. 自震化行, 至於五世, 改殷紂, 比屋之亂俗, 而不易, 成湯昭假之法度也. 故曰'改邑不改', 井二代之制, 各因時宜, 損益雖異, 括囊則同, 故曰'无喪无得, 往來井井'也. 當殷之末, 井道之窮, 故曰'汔至'. 周德雖興, 未及革正, 故曰'亦未繘井'. 井泥爲穢, 百姓無聊, 比者之間, 交受塗炭, 故曰'羸其瓶, 凶'矣.」라 함. 《傳》에 "汔, 幾也; 繘, 綆也. 井以濟用爲功, 幾至而未及用, 亦與未下繘於井同也. 君子之道, 貴乎有成, 所以五穀不熟, 不如荑稗; 掘井九仞而不及, 泉猶爲棄井; 有濟物之用而未及物, 猶无有也. 羸敗其瓶, 而失之, 其用喪矣. 是以凶也. 羸, 毀敗也"라 하였고, 《本義》에 "井者, 穴地出水之處. 以巽木, 入乎坎, 水之下而上出其水, 故爲井. '改邑不改井', 故'无喪无得', 而往者來者, 皆井其井也. 汔, 幾也; 繘, 綆也; 羸, 敗也. 汲井幾至未盡綆, 而敗其瓶, 則凶也. 其占爲事仍, 舊无得喪, 而又當敬勉. 不可幾成而敗也"라 함.

## (2) 彖辭와 象辭

彖曰: 巽乎水而上水, 井. 井養而不窮也.
「改邑不改井」, 乃以剛中也;
「(往來井, 井)汔至亦未繘井」, 未有功也;
「羸其瓶」, 是以凶也.
★象曰: 木上有水, 井. 君子以勞民勸相.

〈언해〉 彖(단)애 글오디 水(슈)애 巽(손)ㅎ야 水(슈)를 上(샹)ㅎ욤이 井(졍)이니, 井(졍)은 養(양)ㅎ야 窮(궁)티 아니 ㅎ니라.

「改邑不改井」은, 이예 剛中(강듕)으로 뻐오,

「(往來井, 井)汔至亦未繘井」은, 功(공)이 잇디 몯홈이오,

「羸其瓶」이라, 일로뻐 凶(흉)ㅎ니라.

★象(샹)애 글오디 木上(목샹)에 水(슈) ㅣ 이시미 井(졍)이니, 君子(군ᄌ) ㅣ 以(이)ㅎ야 民(민)을 勞(로)ㅎ야 相(샹)으로 勸(권)ㅎᄂ니라.[《本義》: 民(민)을 勞(로)ㅎ며]

〈해석〉彖: 물에 두레박을 넣어서 물을 위로 올리는 것이 우물이다. 우물은 사람을 길러주면서 궁함이 없는 것이다.

"고을을 고치되 우물은 고치지 않는다"함은, 바로 양강(陽剛)한 두 효(구이, 구삼)이 득중(得中)하였기 때문이요,

"(우물을 왕래하면서, 우물이 오니(汚泥)로 막혔음에도 역시 아직 우물을 치지 않는다"함은, 아무런 공효(功效)를 이룸이 있지 않음이요,

"그 질그릇 병의 두레박을 깨뜨린다"함은, 그 때문에 흉함을 뜻한다.

★象: 나무 위에 물이 있는 것이 정괘이니, 군자는 이를 근거로 하여 백성들로 하여금 힘쓰게 하여(백성들에게 노동을 시켜) 서로 돕도록 권면하느니라.


【巽乎水而上水, 井】下卦(巽, 木, 順)가 上卦(坎, 水)를 받치고 있어, 물을 길어 올리는 구조로 된 것이 '井卦'의 卦形임. 그러나 ○高亨은 "巽上當有木字, 轉寫脫去"라 하여 '木巽乎水而上水'여야 한다고 하였음. 王弼 注에 "音擧上之上"이라 하였고, 〈正義〉에 "'巽乎水而上水, 井'者, 此就二體釋井之名義. 此卦坎爲水在上, 巽爲木在下, 又巽爲入以木入於水, 而又上水井之象也. '音擧上之上'者, 嫌讀爲去聲, 故音之也"라 함. 《集解》에 "荀爽曰:「巽乎水謂陰, 下謂巽也, 而上水謂陽, 上爲坎也. 木入水, 出井之象也.」"라 함. 《本義》에 "以卦象, 釋卦名義"라 함.

【井養而不窮也】'井養'은 우물에 의해 養育을 받고 있음. 사람들이 우물물에 의지하여 살아가고 있음. '不窮'은 영원히 궁함이 없음. 우물이 있어야 살아갈 수 있음을 뜻함. 〈正義〉에 "'井養而不窮'者, 歎美井德, 愈汲愈生, 給養於人, 无有窮已也"라 함. 《集解》에 "虞翻曰:「兌口飲水, 坎爲通, 往來井井, 故'養不窮'也.」"라 함.

【「改邑不改井」, 乃以剛中也】'乃以剛中'은 이에 陽剛한 두 효(九二와 九五)가 각기 가운데에 자리하여 得中하고 있음을 말하며, 군자를 비유함. 王弼 注에 "以剛處中, 故能定居其所, 而不變也"라 하였고, 〈正義〉에 "改邑不改井, 乃以剛中也'者, 此釋井體有常, 由於二五也. 二五以剛居中, 故能定居其所, 而不改變也"라 함. 《集解》에 "荀爽曰:「剛得中, 故爲'改邑'; 柔不得中, 故爲'不改井'也.」"라 함. 《傳》에 "巽入於水下, 而上其水者, 井也. 井之養於物, 不有窮已(一作无有窮也). 取之而不竭, 德有常也. 邑可改, 井不可遷, 亦其德之常也. 二五之爻, 剛中之德, 其常乃如是, 卦之才與義合也"라 함.

【(「往來井, 井)汔至亦未繘井」, 未有功也】'(往來井, 井)'의 4자는 〈王弼本〉(十三經 및 程朱의 《易傳》과 《易本義》)에는 없으며, 《集解》에는 있음. '未有功'은 '(준설하지 않으니) 사람들에게 우물로서의 공효가 없음'을 뜻함. 우물이 우물의 구실을 못함.

'未有功也'에 대해 王弼 注에 "井以已成爲功"이라 하였고, 〈正義〉에 "不釋'往來'二德者, '无喪无得, 往來井井', 皆由以剛居中, 更无他義, 故不具擧經文也. '汔至亦未繘井, 未有 功也'者, 水未及用, 則井功未成, 其猶人德未被物, 亦是功德未就也"라 함. 《集解》에 "荀 爽曰:「汔, 至者. 陰來居初, 下至汔竟也. 繘者, 所以出水, 通井道也. 今乃在初, 未得應 五, 故'未繘'也. 繘者, 綆汲之具也.」虞翻曰:「謂二未變應五, 故'未有功'也.」"라 함.

【「羸其瓶」, 是以凶也】'是以凶'은 이 까닭으로 흉함. 일상생활에 필수용품인 두레박 을 깨뜨렸으므로 흉함. 〈正義〉에 "'羸其瓶, 是以凶也'者, 汲水未用而覆, 喻修德未成而 止, 所以致凶也"라 함. 《集解》에 "荀爽曰:「井謂二, 瓶謂初. 初欲應五, 今爲二所拘羸, 故凶也.」○孔穎達曰:「計覆一瓶之水, 何足言凶? 但此喻人德行不恒, 不能善始令終, 故 就人言之'凶'也.」"라 함. 《傳》에 "雖使幾至, 旣未爲用, 亦與未繘井同. 井以濟用爲功, 水 出乃爲用, 未出, 則何功也? 瓶所以上水而致用也. 羸敗其瓶, 則不爲用矣. 是以凶也"라 하였고, 《本義》에 "以卦體釋卦辭. '无喪无得, 往來井井'兩句, 意與不改井同, 故不復出 剛中, 以二五而言, 未有功而敗, 其瓶所以凶也"라 함.

★【木上有水, 井】木(巽)이 水(坎) 위에 있는 卦形이 井卦임. 王弼 注에 "木上有水, 井之象也"라 하였고, 〈正義〉에 "木上有水, 則是上水之象, 所以爲井"이라 함. 《集解》에 "王弼曰:「木上有水, 上水之象也. 水以養而不窮也.」"라 함.

【君子以勞民勸相】'以勞民勸相'은 군자가 이러한 괘상을 바탕으로 사람들을 위해 勞力을 기울이며 돕고 勸勉하도록 함. 사람들이 함께 노동하며, 노동의 가치를 권면 하도록 한 것은 이 井卦의 원리에서 생겨난 것임을 말함. '民'은 人(疊韻互訓)의 뜻. '相'은 助의 뜻. 王弼 注에 "上水以養, 養而不窮者也. 相, 猶助也. 可以勞民勸助, 莫若養 而不窮也"라 하였고, 〈正義〉에 "'君子以勞民勸相'者, 勞, 謂勞賚; 相, 猶助也. 井之爲義, 汲養而不窮. 君子以勞來之恩, 勤恤民隱, 勸助百姓, 使有成功, 則此養而不窮也"라 함. 《集解》에 "虞翻曰:「君子謂泰, 乾也. 坤爲民, 初上成坎爲勸, 故'勞民勸相'. 相, 助也. 謂 以陽助坤矣.」"라 함. 《傳》에 "木承水而上之(一作來), 乃器汲水而出, 井之象. 君子觀井 之象, 法井之德, 以勞倈其民, 而勸勉以相助之道也. 勞倈其民, 法井之用也. 勸民使相助, 法井之施也"라 하였고, 《本義》에 "木上有水, 津潤上行, 井之象也. '勞民'者, 以君養民, 勸相者使民相養, 皆取井養之義"라 함.

## (3) 爻辭와 象辭

初六: 井泥不食, 舊井无禽.
☆象曰:「井泥不食」, 下也;
「舊井无禽」, 時舍也.

〈언해〉 初六(초륙)은, 井(졍)이 泥(녜)ᄒ야 食(식)디 몯ᄒᄂᆫ 디라, 녯 井(졍)애 禽(금)이
업도다.
☆象(샹)애 ᄀᆞᆯ오디「井泥不食」은, 下(하)ᄒᆯ 시오,
「舊井无禽」은 時(시)의 舍(샤)홈이라.

〈해석〉 [初六](‒‒): 우물이 진흙으로 막혀 마실 수 없으므로, 오래 묵은 우물이라 새조차
찾아오지 않는다.
☆象: "우물이 진흙으로 막혀 마실 수 없다"함은, 이 효가 맨 아래에 있기 때문
이요,
"오래 묵은 우물이라 새조차 찾아오지 않는다"함은, 때의 상황이 이러하여 우물
이 버려진 것이다.

【初六】이 효는 전괘의 시작이며, 下卦(巽, 木)의 출발. 陰爻로 位不當하며 柔弱하
고 六四와도 正應을 이루지 못하여 井養의 기능을 제대로 발휘하지 못함.
【井泥不食, 舊井无禽】'井泥不食'은 우물에 진흙과 汚泥가 가라앉아 있어 먹을 수
없음. '舊井无禽'은 오래된 우물이어서 새들조차 와서 물을 먹으려 하지 않음. 그러나
혹 '오래 된 陷穽이기에 짐승을 잡을 수 없다'의 뜻이라고도 함. 이 경우 '井'은 새를
잡는 '穽'(陷穽)을 뜻하며, '禽'은 野禽, 野獸의 총칭. ○高亨은 "王引之曰:「《易》爻凡言
『田有禽, 田无禽, 失前禽』, 皆指'獸'言之, 此'禽'字不當有異. 井當讀爲阱(穽), 阱字以井
爲聲, 故阱通作井, 與井泥不食之井不同, 井泥不食, 一義也. 舊阱无禽, 又一義也. 阱與
井相似, 故因井而類言之耳.《柴誓》『杜乃擭, 敜乃穽.』鄭注曰:『山林之田, 春始穿之爲
阱, 或投擭其中以遮獸.』秋官雛氏:『春令爲阱擭溝瀆之利於民者, 秋令塞阱杜擭.』鄭注
曰:『阱, 穿地爲塹, 所以禦禽獸, 其或超踰, 則陷焉, 世謂之陷穽.』又冥氏:『爲阱擭以攻
猛獸, 以靈鼓敺之.』注曰:『敺之使驚趨阱擭.』魯語:『鳥獸成, 於是乎設穽鄂, 以實廟庖.』
韋注曰:『穽, 陷也. 鄂作格, 所以誤獸也, 謂立夏鳥獸已成, 設取獸之物.』是阱所以陷獸
也. 舊阱, 湮廢之阱也, 阱舊則淤淺, 不足以陷獸, 故无禽也.」亨按王說是也. 古者汲水之

井, 陷獸之井, 其物相似, 其名不異, 其字無二, 後乃別制阱字, 以爲陷獸之井字耳. '井泥不食'者, 汲水之井不可用也. '舊井无禽'者, 陷獸之井不可用也. 此二句皆物不可用之象, 筮者當從事改造也"라 함. 王弼 注에 "最在井底, 上又无應, 沈滯汙穢, 故曰'井泥不食'也. 井泥而不可食, 則是久井不見渫治者也. 久井不見渫治, 禽所不嚮, 而況人乎? 一時所共棄舍也. 井者, 不變之物, 居德之地, 恒德至賤, 物无取也"라 하였고, 〈正義〉에 "'井泥不食, 舊井无禽'者, 初六最處井底, 上又无應, 沈滯汙穢, 卽是井之下, 泥汚不堪食也. 故曰'井泥不食'也. 井泥而不可食, 卽是久井不見渫治, 禽所不嚮, 而況人乎? 故曰'舊井无禽'也. '井者不變之物, 居德之地'者, 繫辭稱'改邑不改井', 故曰'井者不變之物, 居德'者, 〈繫辭〉又云: 『井德之地, 故曰居德之地也.』注言此者. 明井旣有不變, 卽是有恒, 旣居德地, 卽是用德也. 今居窮下, 卽是恒德至賤, 故'物无取'也. 禽之與人, 皆共棄舍也"라 함. 《集解》에 "干寶曰: 「在井之下, 體本土爻, 故曰'泥'也. 井而爲泥, 則不可食, 故曰'不食'. 此託紂之穢政, 不可以養民也. '舊井', 謂殷之末, 喪師也. 亦皆淸潔, 无水禽之穢, 又況泥土乎? 故'舊井无禽矣'.」라 함. 《傳》에 "井與鼎, 皆物也. 就物以爲義, 六以陰柔居下, 上无應援, 无上水之象, 不能濟物, 乃井之不可食也. 井之不可(一无可字)食, 以泥汙也. 在井之下, 有泥之象, 井之用, 以其水之養人也. 无水則舍置不用矣, 井水之上, 人獲其用, 禽鳥亦就而求焉. 舊廢之井, 人旣不食, 水不復上, 則禽鳥亦不復往矣. 蓋无以濟物也. 井本濟人之物, 六以陰居下, 无上水之象, 故爲不食. 井之不食, 以泥也. 猶人當濟物之時, 而才弱无援, 不能及物, 爲時舍也"라 하였고, 《本義》에 "井以陽剛爲泉, 上出爲功初. 六以陰居下, 故爲此象. 蓋不泉而泥, 則人所不食, 而禽鳥亦莫之顧也"라 함.

☆【「井泥不食」, 下也】 '下也'는 이 爻가 가장 아래에 있어, 汚泥가 아래로 가라앉는 위치임. 〈正義〉에 "〈象〉曰'下也'者, 以其最在井下, 故爲'井泥'也"라 함.

【「舊井无禽」, 時舍也】 '時舍'는 때의 상황으로 보아 버려진지 오래임. '舍'는 捨(棄)와 같음. 〈正義〉에 "時舍也'者, 人旣不食, 禽又不向, 卽是一時共棄舍也"라 함. 《集解》에 "虞翻曰: 「食, 用也. 初下稱泥, 巽爲木果, 无〈噬嗑〉食象, 下而多泥, 故'不食'也. 乾爲舊, 位在陰下, 故'舊井无禽'. 時, 舍也, 謂時舍於初, 非其位也. 與乾二同義.」○崔憬曰: 「處井之下, 无應於上, 則是所用之井, 不汲以其多, 塗久廢之井, 不獲以其時舍, 故曰'井泥不食, 舊井无禽'. '禽'古'擒'字. 禽, 猶獲也.」라 함. 《傳》에 "以陰而居井之下, 泥之象也. 无水而泥, 人所不食也. 人不食, 則水不上, 无以及禽鳥, 禽鳥亦不至矣. 見其不能濟物, 爲時所舍, 置不用也. 若能及禽鳥, 是亦有所濟也. '舍', 上聲, 與乾之時'舍', 音不同"이라 하였고, 《本義》에 "言爲時所棄"라 함.

九二: 井谷射鮒, 甕敝漏.

☆象曰: 「井谷射鮒」, 无與也.

〈언해〉 九二(구이)는, 井(졍)이 谷(곡)이라 鮒(부)애 射(셕)홈이오, 甕(옹)이 敝(패)ᄒᆞ야
漏(루)홈이로다.

　　☆象(샹)애 ᄀᆞᆯ오디 「井谷射鮒」는 與(여)ᄒᆞ리 업슬 시라.

〈해석〉 [九二](一): 우물의 입구에 해당하여, 흘러나온 물이 붕어에게나 쏟아 부어지는
형상이요, 두레박 물동이가 해어져 물이 새는 효상이다.

　　☆象: "우물의 입구에서 나오는 물이 붕어에게나 쏟아 부어진다"함은, 그와 함께
해 줄 자가 없기 때문이다.


　　【九二】 이는 下卦(巽)의 가운데에 있으며, 陽爻로 位不當하나 得中하였고, 九五(君
位)와 正應을 이루고 있지는 못하나 둘 모두 陽剛하여, 우물이 넘쳐흐르기만 할 뿐
효용은 적은 爻象임.

　　【井谷射鮒, 甕敝漏】 '井谷射鮒'의 '井谷'은 井口, 즉 우물의 입구. '射'(석. 射,
食亦反)은 '물을 쏟아 붓다'(瀉, 注)의 뜻. 그러나 원의대로 '화살을 쏘다'의 뜻이라고도 함.
'鮒'는 붕어(鮒魚). 따라서 이 구절은 "우물 입구에서 붕어를 향해 화살을 쏘다"의 뜻.
고대 활을 사용하여 물고기를 잡는 방법이 있었으며, 뒤에 놀이로 바뀌었다 함. ○高
亨은 《說苑》(正諫篇)의 "昔白龍下淸泠之淵, 化爲魚, 漁者豫且射中其目, 白龍上訴天帝,
天帝曰:「魚固人之所射也.」"의 고사를 들어, "是古有射魚之法也"라 함. 혹은 "우물 입
구의 물이 붕어에게 쏟아 내리다"의 뜻이라고도 함. 그러나 '谷'은 壑의 뜻이며, 물이
고이는 부분. '鮒'는 小魚로 '물의 양이 적어 겨우 붕어정도의 작은 물고기만 있을 뿐'
이라는 뜻이라 함. '甕敝漏'의 '甕'은 질그릇의 큰 두레박. '甕'자와 같으며 《說文》에
"甕, 汲甁也"라 함. '敝漏'는 낡아 물이 샘. ○高亨은 "射魚者必臨乎大水, 施於大魚, 若
井谷射鮒, 不能中魚, 適穿其甕, 而甕以破漏耳. 故曰「井谷射鮒, 甕敝漏」. 人之從事, 亦多
有似於此者也"라 하여, '우물 좁은 구석에 있는 잡기 쉬운 붕어를 쏘았는데도 맞추지
못하고 마침 두레박이 맞아, 깨어져 물이 새는 것을 이른 것이며, 사람도 일을 하다가
유사한 경우가 많음'이라 함. 王弼 注에 "谿谷出水, 從上注下, 水常射焉. 井之爲道, 以
下給上者也, 而无應於上, 反下與初, 故曰'井谷射鮒'. 鮒, 謂初也. 失井之道, 水不上出,
而反下注, 故曰'甕敝漏'也. 夫處上宜下, 處下宜上, 井已下矣, 而復下注, 其道不交, 則莫
之與也"라 하였고, 〈正義〉에 "'井谷射鮒'者, 井之爲德, 以下汲上. 九二上无其應, 反下比

初, 施之於事, 正似谷中之水, 下注徹鮒, 井而似谷, 故曰'井谷射鮒'也. 鮒, 謂初也. 〈子夏傳〉云:「井中蝦蟆, 呼爲鮒魚也.」'甕敝漏'者, 井而下注, 失井之道, 有似甕敝漏水, 水漏下流, 故曰'甕敝漏'也」라 함. 《集解》에 "虞翻曰:「巽爲谷爲鮒, 鮒, 小鮮也. 離爲甕, 甕瓶毀缺, 羸其瓶凶, 故'甕敝漏'也.」"라 함. 《傳》에 "二雖剛陽之才, 而居下上无應, 而比於初, 不上而下之象也. 井之道, 上行者也. 澗谷之水, 則旁出而就下. 二居井而就下, 失井之道, 乃井而如谷也. 井上出, 則養人而濟物(一作上出而養人濟物), 今乃下就汚泥, 注於鮒而已. 鮒, 或以爲蝦; 或以爲蟆, 井泥中微物耳. 射, 注也. 如谷之下, 流注於鮒也. '甕敝漏', 如甕之破漏也. 陽剛之才, 本可以養人濟物, 而上无應援, 故不能上而就下, 是以无濟用之功, 如水之在甕, 本可爲用, 乃破敝而漏之, 不爲用也. 井之初二, 无功而不言, 悔咎何也. 曰:「失則有悔, 過則爲咎, 无應援而不能成, 用非悔咎乎? 居二比初, 豈非過乎?」曰:「處中, 非過也. 不能上, 由无援, 非以比初也.」"라 하였고, 《本義》에 "九二剛中, 有泉之象. 然上无正應, 下比初六, 功不上行, 故其象如此"라 함.

☆【井谷射鮒】, 无與也】 '无與'는 더불어 함께 해 주는 자가 없음. 위에서 호응해 주지 않음. 〈正義〉에 "〈象〉曰'无與也'者, 井旣處下, 宜應汲上. 今反養下, 則不與上交, 物莫之與, 故曰'无與'也"라 함. 《集解》에 "崔憬曰:「唯得於鮒, 无與於人也. 井之爲道, 上汲者也. 今與五非應, 與初比, 則是若谷水不注, 唯及於魚, 故曰'井谷射鮒'也. '甕敝漏'者, 取其水, 下注不汲之義也.」案:「魚, 陰蟲也. 初處井下, 體又陰爻, 魚之象也.」"라 함. 《傳》에 "井以上出爲功, 二陽剛之才, 本可濟用, 以在下而上无應援, 是以下比而射鮒. 若上有與之者, 則當汲引而上, 成井之功矣"라 함.


九三: 井渫不食, 爲我心惻. 可用汲, 王明, 並受其福.
☆象曰:「井渫不食」, 行惻也;
「求王明」, 受福也.

〈언해〉九三(구삼)은, 井(졍)이 渫(셜)호디 食(식)ᄒ이디 몯ᄒ야 내의 心(심)애 惻(측)홈이 되야, 可(가)히 ᄡᅥ 汲(급)홈이니, 王(왕)이 明(명)ᄒ면 그 福(복)을 글와 受(슈)ᄒ리라.[《本義》: 나ᄂᆞᆯ 爲(위)ᄒ야 心(심)애 惻(측)ᄒ니, 可(가)히 ᄡᅥ 汲(급)홀디라]
☆象(샹)애 ᄀᆞᆯ오디 「井渫不食」은, 行(ᄒᆡᆼ)을 惻(측)홈이오,
「王明을 求(구)홈」은, 福(복)을 受(슈)홈이라.[《本義》: 行(ᄒᆡᆼ)이 惻(측)홈이오]

〈해석〉 [九三](一): 우물을 준설하였으나 먹어주지 않으니, 내 마음으로 하여금 슬프게
한다. 가히 물을 길어 먹을 수도 있으니(나를 위하여 마음에 불쌍히 여길 것이
니, 가히 이로써 물을 길어 먹을 지라), 왕께서 명석하다면 함께 그 복을 받을
수 있으리라. 임금이 총명하시면 함께 그 복을 받으실 것이다.

☆象: "우물을 쳤건만 먹어주지 않는다"함은, 길 가는 사람을 측은이 여기는
것이요(길 가는 사람이 측은이 여긴다는 것이요),

"왕이 총명하기를 바란다"함은, 복을 받으려는 것이다.


【九三】 이는 하괘의 가장 위에 있으며, 陽爻로 位正當함. 아울러 上六과 正應을 이
루어 안정적임. 이는 자신이 賢臣으로서 등용될 것임을 비유함.

【井渫不食, 爲我心惻】 '井渫不食'은 우물을 浚渫하여 쳤으나 먹어 주는 자가 없음.
그러나 '渫'은《漢書》王褒傳의 張晏 注에 "渫, 汚也"라 하여, '汚泥가 쌓여 혼탁하다'의
뜻이라고도 함.《說文》에는 "渫, 除去也"라 하였고, ○高亨은 "蓋渫者, 除去井中之汚泥,
使復於清也, 今人所謂淘井是也"라 함.〈正義〉에 "'井渫不食'者, 渫治去穢汙之名也. 井被
渫治, 則清潔可食. 九三處下卦之上, 異初六井泥之時, 得位而有(無)應於上, 非射鮒之象.
但井以上出爲用, 猶在下體未有成功, 功旣未成, 井雖渫治, 未食也. 故曰'井渫不食'也"라
함. '爲我心惻'은 나로 하여금 슬프게 함. 王弼과 孔穎達은 "爲, 猶使也"라 함.《說文》에
"惻, 痛也"라 함.〈正義〉에 "'爲我心惻'者, 爲, 猶使也. 井渫而不見食, 猶人修己全潔而不
見用, 使我心中惻愴, 故曰'爲我心惻'也"라 함.《集解》에 "荀爽曰:「渫去穢濁, 清潔之意也.
三者得正, 故曰'井渫'. 不得據陰, 喩不得用, 故曰'不食'. 道旣不行, 故'我心惻'.」"이라 함.

【可用汲, 王明, 並受其福】 '可用汲'은 가히 물을 길어 사용할 수 있음. '王明'은 임금
이 명석함. 王은 九五를 가리킴. '並受其福'은 모든 사람들이 그 복을 받고 있음. '其福'
은 우물을 쳐서 깨끗한 물을 먹을 수 있는 복. ○高亨은《史記》(屈原傳)에는 이 구절을
인용하여 "人君無愚智賢不肖, 莫不欲求忠以自爲, 擧賢以自佐, 然亡國破家相隨屬, 而聖
君治國累世而不見者, 其所謂忠者不忠, 而所謂賢者不賢也. 懷王以不知忠臣之分, 故內惑
於鄭袖, 外欺於張儀, 疏屈平而信上官大夫·令尹子蘭. 兵挫地削, 亡其六郡, 身客死於秦,
爲天下笑. 此不知人之禍也.《易》曰:『井泄不食, 爲我心惻, 可以汲. 王明, 並受其福.』王
之不明, 豈足福哉!"라 함. 王弼 注에 "渫, 不停汙之謂也. 處下卦之上, 履得其位, 而應於
上, 得井之義也. 當井之義, 而不見食, 修己全潔而不見用, 故'爲我心惻'也. 爲, 猶使也.
不下注而應上, 故可用汲也. 王明則見昭明, 旣嘉其行, 又欽其用, 故曰'王明, 並受其福'
也"라 하였고,〈正義〉에 "'可用汲, 王明, 竝受其福'者, 不同九二下注而不可汲也. 有應於

上, 是可汲也. 井之可汲, 猶人可用. 若不遇明王, 則滯其才用; 若遭遇賢主, 則申其行能.
賢主旣嘉其行, 又欽其用, 故曰'可用汲, 王明, 並受其福'也"라 함.《集解》에 "荀爽曰:「謂
五. 可用汲三, 則王道明而天下並受其福.」"이라 함.《傳》에 "三以陽剛居得其正, 是有濟
用之才者也. 在井下之上, 水之淸潔, 可食者也. 井以上爲用, 居下未得其用也. 陽之性上,
又志應上六, 處剛而過中, 汲汲於上進, 乃有才用而切於施, 爲未得其用, 則如井之渫治淸
潔, 而不見食, 爲心之惻怛也. 三居井之時, 剛而不中, 故切於施爲異乎! 用之則行; 舍之
則藏者也. 然明王用人, 豈求備也? 故王明則受福矣. 三之才足, 以濟用如井之淸潔, 可用
汲而食也. 若上有明王, 則當用之, 而得其效. 賢才見用, 則已得行其道, 君得享其功, 下
得被其澤, 上下並受其福也"라 하였고,《本義》에 "渫, 不停汙也. 井渫不食, 而使人心惻,
可用汲矣, 王明則汲井以及物, 而施者·受者, 並受其福也. 九三以陽居陽, 在下之上, 而未
爲時用, 故其象占如此"라 함.

☆【「井渫不食」, 行惻也】'行惻也'는 자신이 우물 치는 일을 실행했으나 먹어주는 이
가 없어 측은하게 느낌. 그러나 朱熹는 '길가는 사람 누구나 측은히 여긴다'의 뜻으로
보았음. 王弼 注에 "行感於誠, 故曰惻也"라 함.《本義》에 "'行惻'者, 行道之人, 皆以爲惻
也"라 함.

【「求王明」, 受福也】'求王明, 受福'은 왕이 명석하기를 바라는 것(자신이 남을 위해
우물을 친 일을 알아주기를 바람)은 복을 받기 위한 것임. 혹 微子와 箕子의 사례라
함.《集解》에 "干寶曰:「此託殷之公侯, 時有賢者, 獨守成湯之法度, 而不見任, 謂微·箕
之倫也. 故曰'井渫不食, 爲我心惻'. 惻, 傷悼也. 民乃外附, 故曰'可用汲'. 周德來被, 故曰
'王明'. 王得其民, 民得其主, 故曰'求王明, 受福'也.」"라 함.《傳》에 "井渫治而不見食, 乃
人有才知而不見用, 以不得行爲憂惻也. 旣以不得行爲惻, 則豈免有求也? 故求王明而受
福, 志切於行也"라 함.


# 六四: 井甃, 无咎.
# ☆象曰:「井甃, 无咎」, 脩井也.

〈언해〉 六四(륙사)는, 井(졍)을 甃(츄)ᄒ면 咎(구)ㅣ 업스리라.[《本義》: 井(졍)을 甃(츄)
홈이니]
☆象(샹)애 ᄀᆞᆯ오디 「井甃, 无咎」는 井(졍)을 脩(슈)홀 시라.

〈해석〉 [六四](--): 우물에 벽돌을 쌓아올리고 있으면(우물에 벽돌로 脩築함이니), 허물이 없으리라.

　　☆象: "우물에 돌을 쌓아올리니 허물이 없다"함은, 우물을 고치고 있기 때문이다.


　【六四】 이는 상괘(坎, 水)의 시작이며 陰爻로 位正當함. 初六과 正應을 이루지 못하였고 둘 모두 柔弱하여 힘과 덕이 충족하지 못함. 그 때문에 바로 위의 군주(九五)를 위해 조용히 자신의 임무를 수행함.

　【井甃, 无咎】 '井甃'는 우물 벽에 벽돌을 쌓아 진흙이나 汚水가 스며들지 못하게 함. '甃'는 우물을 쌓는 구운 벽돌. 甄石.《說文》에 "甃, 井壁也"라 함. ○高亨은 "井甃則水可長淸, 故曰「井甃, 无咎」"라 함. 王弼 注에 "得位而无應, 自守而不能給上, 可以修井之壞, 補過而已"라 하였고,〈正義〉에 "'六四: 井甃, 无咎'者, 案〈子夏傳〉云: 「甃, 亦治也. 以甄壘井, 修井之壞, 謂之爲甃.」六四得位而无應, 自守而已. 不能給上, 可以修井崩壞, 施之於人, 可以修德補過, 故曰'井甃, 无咎'也"라 함.《集解》에 "荀爽曰: 「坎性下降, 嫌於從三, 能自脩正, 以甃輔五, 故'无咎'也.」"라 함.《傳》에 "四雖陰柔而處正, 上承九五之君, 才不足以廣施利物, 亦可自守者也. 故能修治, 則得无咎. 甃, 砌累也, 謂修治也. 四雖才弱, 不能廣濟物之功, 修治其事, 不至於廢可也. 若不能修治, 廢其養人之功, 則失井之道, 其咎大矣. 居高位而得剛陽, 中正之君, 但能處正承上, 不廢其事, 亦可以免咎也"라 하였고,《本義》에 "以六居四, 雖得其正, 然陰柔不泉, 則但能修治, 而无及物之功, 故其象爲井甃, 而占則无咎. 占者能自修治, 則雖无及物之功, 而亦可以无咎矣"라 함.

　☆【「井甃, 无咎」, 脩井也】 '脩井'은 우물을 치고 벽돌로 쌓아 진흙이 들어오지 못하게 한 일.〈正義〉에 "〈象〉曰'脩井'者, 但可修井之壞, 未可上汲養人也"라 함.《集解》에 "虞翻曰: 「修, 治也. 以瓦甓壘井, 稱甃. 坤爲土, 初之五成離, 離火燒土, 爲瓦治象, 故曰'井甃无咎', 修井'也.」"라 함.《傳》에 "甃者, 修治於井也. 雖不能大其濟物之功, 亦(一作若)能修治(一有亦字)不廢也. 故'无咎', 僅能免咎而已. 若在剛陽, 自不至如是, 如是則可咎矣"라 함.

九五: 井洌, 寒泉食.
☆象曰:「寒泉之食」, 中正也.

〈언해〉 九五(구오)는, 井(정)이 洌(녈)ᄒᆞ야 寒(한)ᄒᆞᆫ 泉(쳔)을 食(식)ᄒᆞᄂᆞ다.
　　☆象(샹)애 ᄀᆞᆯ오ᄃᆡ「寒泉의 食홈」은 中(듕)ᄒᆞ고 正(졍)ᄒᆞᆯ 신라.

〈해석〉 [九五](一): 맑아, 차가운 샘물을 먹는다.
　　☆象: "차가운 샘물을 먹는다"함은, 가운데 자리에 있어 위정당하고 득중하였기 때문이다.


　【九五】 이는 君位이며 전괘의 主爻. 가운데에 자리하여 得中하였고, 陽爻로 位正當하며 陽剛함. 주체적으로 우물의 功用을 널리 펴 실천에 옮길 수 있음.
　【井洌, 寒泉食】 '井洌'은 '맑으면서 차다'의 뜻. '洌'과 같음.《說文》에 "洌, 水淸也"라 함. '寒泉食'은 찬 우물을 먹음. 양질의 우물물을 공급하고 있음을 뜻함. 사람이 훌륭하면 신하로 등용함을 비유함. ○高亨은 "古人或取泉造井, 故此井泉並言, 井淸而泉寒則食之, 故曰「井洌, 寒泉食」, 殆亦臣賢則用之意也"라 함. 王弼 注에 "洌, 潔也. 居中得正, 體剛不撓, 不食不義, 中正高潔, 故'井洌, 寒泉', 然後乃食也"라 하였고, 〈正義〉에 "井洌, 寒泉食'者, 餘爻不當貴位, 但修德以待用. 九五爲卦之主, 擇人而用之. 洌, 潔也. 九五居中, 得正而體剛. 直旣體剛, 直則不食汙穢, 必須井潔而寒泉, 然後乃食. 以言剛正之主, 不納非賢, 必須行潔才高, 而後乃用, 故曰'井洌, 寒泉食'也"라 함.《集解》에 "虞翻曰:「泉自下出稱井, 周七月, 夏之五月. 陰氣在下, 二已變坎, 十一月爲寒泉, 初二已變, 體〈噬嗑〉食, 故'洌, 寒泉食'矣.」"라 함.《傳》에 "五以陽剛中正居尊位, 其才其德盡善盡美, 井洌寒泉食也. 洌, 謂甘潔也. 井泉以寒爲美, 甘潔之寒泉, 可以人食也. 於井道爲至善也, 然而不言吉者, 井以上出爲成功, 未至於上未及用也. 故至上而後言'元吉'"이라 하였고,《本義》에 "洌, 潔也. 陽剛中正, 功及於物, 故爲此象. 占者, 有其德, 則契其象也"라 함.
　☆【「寒泉之食」, 中正也】 '中正'은 陽爻로 位正當하고, 가운데에 있어 得中하였음을 말함. 〈正義〉에 "〈象〉曰'以中正'者, 若非居中得王, 則任用非賢, 不能要待寒泉, 然後乃食也. 必言'寒泉'者, 淸而冷者, 水之本性, 遇物然後濁而溫, 故言'寒泉'以表潔也"라 함.《集解》에 "崔憬曰:「洌, 淸潔也. 居中得正, 而比於上, 則是井渫水淸, 旣寒且潔, 汲上可食於人者也.」"라 함.《傳》에 "寒泉而可食, 井道之至善者也. 九五中正之德, 爲至善之義"라 함.

上六: 井收勿幕, 有孚, 元吉.
☆象曰:「元吉」在上, 大成也.

〈언해〉 上六(샹륙)은, 井(졍)을 收(슈)ᄒᆞ야, 幕(막)디 아니코 孚(부)ㅣ 인ᄂᆞᆫ 디라, 元(원)
ᄒᆞᆫ 吉(길)이니라.[《本義》: 井(졍)을 收(슈)ᄒᆞ야 幕(막)디 아니 호미니]
☆象(샹)애 ᄀᆞᆯ오디 「元吉」로 上(샹)애 이슘이 크게 成(셩)홈이라.

〈해석〉 [上六](--): 우물에서 물을 긷고 나서 뚜껑을 덮지 않아(우물에서 물을 길어내고
나서 뚜껑을 덮지 않니 하는 것이니), 성신함이 가지고 있기에, 크게 길하리라.
☆象: "크게 길함"으로써 가장 윗자리에 있음이, 크게 성취를 이룬 것이다.


【上六】 이는 전괘의 가장 위에 자리하고 있음. 陰爻로 位正當하고, 九三과도 正應
을 이루어 우물을 완성하는 임무를 무난하게 마무리할 수 있음.

【井收勿幕, 有孚, 元吉】 '井收勿幕'은 收는 成의 의미로 '우물 갖추기를 성취함'의
뜻으로도 봄. 또는 '轆轤(도르레)를 이용하여 줄을 끌어 올려 마무리 함'을 뜻한다고
도 함. ○高亨은 "收, 謂汲畢而收其綆也"라 함. 그러나 혹 '井'은 함정을 뜻하며, '收'는
入口를 좁게 함을 뜻한다 함. 따라서 '井收'는 收井과 같으며, '함정의 속은 넓게, 입구
는 좁게 하여' 사냥감이 알아차리지 못하도록 함. '勿幕'은 위를 덮지 않음. 누구나
물을 사용할 수 있도록 함을 뜻함. '幕'은 覆(부)와 같음. '孚'는 俘, 즉 俘虜, 노획물,
사냥감을 뜻한다 하나, 그 보다는 '浮', 즉 誠信(虔誠)의 뜻으로, '우물의 공용성에 대
해 敬虔한 믿음으로 지켜나감'의 의미로 보는 것이 타당함. 그 외 '孚'는 浮와 같으며
罰의 뜻이라고도 함. ○高亨은 "孚, 讀爲浮, 罰也. 蓋古人汲水旣畢, 必蓋其井, 以防雨水
穢物之侵入, 若有不蓋者則罰之, 所以保淸潔而重衛生, 因此食者無疾病, 故曰「井水勿幕,
有孚, 元吉」"이라 함. 王弼 注에 "處井上極, 水已出井, 井功大成, 在此爻矣. 故曰'井收'
也. 羣下仰之, 以濟淵泉, 由之以通者也. 幕, 猶覆也. 不擅其有, 不私其利, 則物歸之往无
窮矣. 故曰'勿幕, 有孚, 元吉'也"라 하였고, 〈正義〉에 "收, 式冑反. 凡物可收成者, 則謂之
收, 如五穀之有收也. 上六處井之極, 水已出井, 井功大成者也. 故曰'井收'也. '勿幕, 有
孚, 元吉'者, 幕, 覆也. 井功已成, 若能不擅其美, 不專其利, 不自掩覆, 與衆共之, 則爲物
所歸, 信能致其大功, 而獲元吉故, 曰'勿幕, 有孚, 元吉'也"라 함. 《集解》에 "虞翻曰:「幕,
蓋也. 收, 謂以轆轤收綆也. 坎爲車, 應巽繩爲綆, 故'井收, 勿幕, 有孚'. 謂五坎, 坎爲孚,
故'元吉'也.」"라 함. 《傳》에 "井以上出爲用, 居井之上, 井道之成也. 收, 汲取也; 幕, 蔽覆
也. 取而不蔽其利, 无窮井之施廣矣, 大矣! 有孚有常, 而不變也. 博施而有常, 大善之吉

也. 夫(一作人)體井之用, 博施而有常, 非大人孰能? 他卦之終, 爲極爲變, 唯〈井〉與〈鼎〉
終, 乃爲成功, 是以吉也"라 하였고, 《本義》에 "收, 汲取也. 晁氏云:「收, 鹿盧收繘者也.」
亦通. 幕, 蔽覆也. 有孚, 謂其出有源而不窮也. 井以上出爲功, 而坎口不揜, 故上六雖非
陽剛, 而其象如此. 然占者, 應之必有孚, 乃元吉也"라 함.

　☆【「元吉」在上, 大成也】 '「元吉」在上'은 가장 윗자리에 있으면서 크게 길함을 뜻
함. '大成'은 큰 성취를 이룸. 〈正義〉에 "〈象〉曰「元吉」在上, 大成'者, 上六所以能獲元
吉者, 只爲居井之上, 井功大成者也"라 함. 《集解》에 "虞翻曰:「謂初二, 已變成〈旣濟〉
定, 故'大成'也.」 ○干寶曰:「處井上位, 在瓶之水也. 故曰'井收'. 幕, 覆也. 井以養生,
政以養德, 无覆水泉, 而不惠民, 无蘊典禮, 而不興敎, 故曰'井收, 勿幕'. 勿幕則敎信於
民, 民服敎, 則大化成也.」"라 함. 《傳》에 "以大善之吉, 在卦之上, 井道之大成也. 井以
上爲成功"이라 함.

# 049 혁革

䷰ 澤火革: ▶離下兌上(☲下☱上)

*革(혁): 〈音義〉에 "革, 改也"라 하였으며, '혁(gé)'으로 읽음. '革'은《說文》에 "革,
獸皮治去其毛革更之"라 하여, '짐승의 가죽을 벗기다'의 뜻으로 改革, 變革, 革罷(革
破), 革命을 의미함. 하괘는 離(火)이며 상괘는 兌(澤)로, 물은 위에서 쏟아 내리고 불
은 아래에서 위로 치솟아, 심한 相剋의 모습을 보이는 異卦相疊의 '澤火' 괘체임. 이는
물과 불의 심한 격동으로 인하여 만물에 생명이 있는 것은 모두 죽고, 죽은 것은 새로
운 것으로 탄생하는 만물순황의 대변혁을 상징함. 따라서 人事에서도 혁명과 개혁이
라는 것이 있을 수밖에 없으며, 이처럼 개혁을 실행할 때는 時運을 바르게 파악하여
무리에게 믿음을 얻어야 하며, 분위기가 성숙되었을 때는 과감하게 결단을 내려, 마
치 무서운 바람이 불듯 해야 함. 아울러 때와 형세를 살펴 기회를 놓치지 않되 妄動을
부리지 말아야 함을 경계한 것임.

*《集解》에 "〈序卦〉曰:「井道, 不可不革也. 故受之以'革'.」(韓康伯曰:「井久則濁穢,
宜革易其故也.」)"라 함.

*《傳》에 "'革', 〈序卦〉:「井道, 不可不革, 故受之以'革'.」井之爲物, 存之則穢敗, 易之
則清潔, 不可不革者也. 故井之後, 受之以革也. 爲卦兌上離下, 澤中有火也. 革, 變革也.
水火相息之物, 水滅火, 火涸水, 相變革者也. 火之性上, 水之性下, 若相違行, 則睽而已.
乃火在下, 水在上, 相就而相剋, 相滅息者也, 所以爲革也. 又二女同居, 而其歸各異, 其
志不同, 爲不相得也. 故爲革也"라 함.


## (1) 卦辭

# 革: 已日乃孚, 元亨, 利貞, 悔亡.

〈언해〉 革(혁), 日(일)이 已(이)ᄒ야아 이예 孚(부)ᄒ리니 크게 亨(형)ᄒ고, 貞(뎡)홈이
   利(리)ᄒ야 悔(회)ㅣ 亡(망)ᄒᄂ니라.

〈해석〉 혁(革, 혁괘)은 개혁(혁명)을 그 날에 끝을 내어야 이에 믿음을 얻을 수 있으니,
크게 형통하고, 바르게 하는 것이 유리하여, 회한이 사라지리라.

【革】卦名이며 變革, 革新, 改革, 革命을 뜻함. 孔穎達 〈正義〉에 "革者, 改變之名也.
此卦明改制革命, 故名革也"라 하였고, 《集解》에는 "鄭玄曰: 「革, 改也. 水火相息, 而更
用事, 猶王者受命, 改正朔·易服色, 故謂之革也.」"라 함.

【巳日乃孚】'巳日'은 그 날 하루가 끝남. '혁명을 시작한 그 날 하루가 끝나기 전에
즉시 끝냄'의 뜻. 그러나 '巳日'로 보아 十二支(子丑寅卯辰巳午未申酉戌亥)의 중간 위치
에 있는 여섯 번째의 날을 뜻하는 것이라고도 하며, 사일이면 12일에서 이미 반을
지나 새로운 날짜가 시작되어 사람들에게 변혁에 대한 믿음을 얻을 수 있다 함. 또는
'祀'의 假借로 '제사를 올리다'의 뜻이라고도 함. 〈諺解〉에는 '이'로 읽어 '끝나다'의
뜻으로 풀이하였음. '乃孚'의 孚는 '俘'(俘虜, 捕虜)이며, '이에 포로를 제물로 바치다'의
뜻. 그러나 ○高亨은 "巳, 疑借爲祀. 孚讀爲浮, 罰也. '巳日乃孚', 謂祀社之日乃行罰也.
古人行罰在社"라 함. 王弼 注에 "夫民可與習常, 難與適變; 可與樂成, 難與慮始. 故革之爲
道, 卽日不孚, 巳日乃孚也"라 하였고, 〈正義〉에 "'巳日乃孚'者, 夫民情可與習常, 難與適
變; 可與樂成, 難與慮始. 故革命之初, 人未信服, 所以卽日不孚巳日, 乃孚也"라 함.

【元亨, 利貞, 悔亡】'元亨, 利貞'의 '元'은 '크다'의 뜻. '亨'은 형통함. 혹 '享'으로 보
아 '제사를 올리다'의 뜻이라고도 함. '利貞'은 '貞辭가 이롭다고 나옴'. 그러나 '곧고
정직하게 함이 유리하다'의 뜻으로도 풀이함. 혹은 '元, 亨, 利, 貞'은 각기 독립된 貞
辭로 '으뜸이며, 형통하고, 이롭고, 바르다'의 뜻이라고도 함. 變革(改革, 革命)은 새
로운 시작이며 斬新한 출발을 의미함. 그 때문에 元亨利貞의 네 가지 美德을 갖추게
되는 것임. '悔亡'은 悔恨(後悔)이 없음. 그러나 ○高亨은 "元, 大也. 亨則享字. 古人擧
行大亨之祭, 曾筮遇此卦, 故記之曰「元亨」. 又筮遇此卦, 擧事有利, 其悔則亡, 故曰「利貞
悔亡」"라 하여 '利貞悔亡'을 묶어서 풀이하였음. 王弼 注에 "孚然後乃得'元亨利貞, 悔
亡'也. 巳日而不孚, 革不當也. 悔吝之所生, 生乎變動者也. 革而當, 其悔乃亡也"라 하였
고, 〈正義〉에 "'元亨利貞, 悔亡'者, 爲革而民信之, 然後乃得大通, 而利正也. 悔吝之所
生, 生乎變動. 革之爲義, 變動者也. 革若不當, 則悔吝交及, 如能大通利貞, 則革道當矣.
爲革而當, 乃得亡其悔吝, 故曰'元亨利貞, 悔亡'"이라 함. 《集解》에 "虞翻曰:「〈遯〉上之
初與〈蒙〉旁通. 悔亡, 謂四也. 四失正, 動得位, 故悔亡. 離爲日, 孚謂坎, 四動體離, 五在
坎中, 故'巳日乃孚'. 以成〈旣濟〉,〈乾〉道變化, 各正性命, 保合太和, 乃利貞, 故'元亨利
貞, 悔亡'矣. 與乾〈彖〉同義也.」"라 함. 《集解》에 "虞翻曰:「〈遯〉上之初與〈蒙〉旁通. 悔

亡, 謂四也. 四失正, 動得位, 故悔亡. 離爲日, 孚謂坎, 四動體離, 五在坎中, 故'已日乃
孚'. 以成〈旣濟〉, 〈乾〉道變化, 各正性命, 保合太和, 乃利貞, 故'元亨利貞, 悔亡'矣. 與乾
〈彖〉同義也."라 함. 《傳》에 "革者, 變其故也. 變其故, 則人未能遽信, 故必已日, 然後人
心信從. '元亨, 利貞, 悔亡', 弊壞而後革之, 革之所以致其通也. 故革之而可以大亨, 革之
而利於正道, 則可久而得去, 故之義无變動之, 悔乃悔亡也. 革而无甚益, 猶(一有有字)可
悔也, 況反害乎? 古人所以重改作也"라 하였고, 《本義》에 "革, 變革也. 兌澤在上, 離火
在下火, 然則水乾. 水決則火滅, 中少二女合爲一卦, 而少上中下, 志不相得, 故其卦爲革
也. 變革之初, 人未之信, 故必已日而後信. 又以其內有文明之德, 而外有和說之氣, 故其
占爲有所更革, 皆大亨而得其正. 所革皆當而所革之, 悔亡也. 一有不正, 則所革不信不
通, 而反有悔矣"라 함.


## (2) 彖辭와 象辭

彖曰: 革, 水火相息. 二女同居, 其志不相得, 曰革.
「已日乃孚」, 革而信之.
文明以說, 大亨以正, 革而當, 其悔乃亡.
天地革而四時成, 湯武革命, 順乎天而應乎人, 革之時大矣哉!
★象曰: 澤中有火, 革. 君子以治厤明時.

〈언해〉 彖(단)애 골오디 革(혁)은 水火(슈화)이 서르 息(식)ᄒ며, 二女(이녀)ㅣ ᄒᆞᆫ디 居
(거)호디, 그 志(지)ㅣ 서르 得(득)디 아니홈이, 골온 革(혁)이라.
「已日乃孚」ᄂᆞᆫ, 革(혁)ᄒ야 信(신)케 홈이라.
文明(문명)ᄒ고 뻐 說(열)ᄒ야, 크게 亨(형)ᄒ고 뻐 正(졍)ᄒ니, 革(혁)ᄒ야 當
(당)ᄒᆯ 시, 그 悔(회)ㅣ 이예 亡(망)ᄒ니라.
天地(텬디)ㅣ 革(혁)홈애 四時(ᄉ시)ㅣ 成(셩)ᄒ며, 湯武(탕무)ㅣ 命(명)을 革(혁)
ᄒ야, 天(텬)을 順(슌)ᄒ고 人(인)을 應(응)ᄒ니, 革(혁)의 時(시)ㅣ 크다!
★象(샹)애 골오디 澤中(텩듕)애 火(화)ㅣ 이숌이 革(혁)이니, 君子(군ᄌ)ㅣ 以
(이)ᄒ야 歷(력)을 治(티)ᄒ야 時(시)를 明(명)ᄒᄂ니라.
〈해석〉 彖: 물과 불이 서로를 멸식시키며, 두 여자가 같이 있으되, 그 뜻을 서로 얻지 못하는 것이 혁괘이다.

"그 날에 끝을 내어야 믿게 한다"함은, 혁명을 하여 믿게 하고자 함이라.

문명(離)하기에 이 때문에 즐거워(兌)하여, 크게 형통하고 정의로써 하니, 혁명을 해도 정당하기에, 그 회한이 사라지는 것이다.

천지가 변혁하기에 사시가 이루어지는 것이요, 탕임금과 무왕이 혁명을 하되, 천명에 순응하고 인심에 호응하니, 혁괘의 때에 맞춤이 지대하도다!

★象: 못 속에 불이 있는 것이 혁괘의 괘상이다. 군자는 이를 바탕으로 하여 역수(歷數)를 다스리고 시기(時機)를 밝힌다.


【革, 水火相息】革卦는 위는 兌(澤, 水)이며 아래는 離(火)의 구조로 되어 있어 서로를 熄滅하는 괘상임. '息'은 熄과 같음. 《集解》에 "虞翻曰:「息, 長也. 離爲火, 兌爲水. 繫曰:『潤之以風雨, 風巽雨兌也.』四革之正坎見, 故獨於此稱'水'也.」"라 함.

【二女同居, 其志不相得, 曰革】'二女同居'는 하괘(離)는 中女이며, 上卦(兌)는 (少女, 小女)를 상징함. 아울러 각기 六二와 上六 두 陰爻(女)가 있으며 나머지는 모두 陽爻임을 뜻함. '其志不相得'은 六二는 離의 중앙에 위치하여 得中을 이루었고 陰爻로 位正當하며, 上六은 位正當하나 陰爻로 가장 위에 있어 서로 맞지 않음. 王弼 注에 "凡不合而後乃變生, 變之所生, 生於不合者也. 故取不合之象, 以爲革也. 息者, 生變之謂也. 火欲上而澤欲下, 水火相戰而後生變者也. 二女同居, 而有水火之性, 近而不相得也"라 하였고, 〈正義〉에 "'革: 水火相息, 二女同居, 其志不相得, 曰革'者, 此就二體釋卦名也. 水火相息, 先就二象, 明革息生也. 火本乾燥, 澤本潤濕, 燥濕殊性, 不可共處, 若其共處, 必相侵剋, 旣相侵剋, 其變乃生, 變生則本性改矣. 水熱而成湯, 火滅而氣冷, 是謂革也. '二女同居'者, 此就人事, 明革也. 中少二女, 而成一卦比, 雖形同而志革也. 一男一女, 乃相感應, 二女雖復同居, 其志終不相得. 志不相得, 則變必生矣"라 함. 《集解》에 "虞翻曰:「二女離兌, 體同人象. 蒙艮爲居, 故二女同居. 四變體兩坎象, 二女有志, 離火志上, 兌水志下, 故其'志不相得', 坎爲志也.」"라 함. 《傳》에 "澤火相滅息, 又二女志不相得, 故爲革. 息爲止息, 又爲生息, 物止而後有生, 故爲生義, 革之相息, 謂止息也"라 하였고, 《本義》에 "以卦象釋卦名義. 大略與〈睽〉相似, 然以相違而爲〈睽〉, 相息而爲革也. 息, 滅息也, 又爲生息之義, 滅息而後生息也"라 함.

【「已日乃孚」, 革而信之】'已日乃孚'의 '孚'는 忠信(誠信)의 뜻으로 위 經義(포로)와는 다름. '革而信之'는 改革에 대해 이를 믿도록 함. 〈正義〉에 "所以爲革'已日乃孚, 革而信'者, 釋革之爲義. 革初未孚, 已日乃信也"라 함. 《集解》에 "干寶曰:「天命已至之日也. 乃孚

大信著也. 武王陳兵孟津之上, 諸侯不期而會者八百國, 皆曰:『紂可伐矣!』武王曰:『爾未知天命. 未可也.』還歸二年, 紂殺比干·囚箕子, 爾乃伐之. 所謂'已日乃孚', 革而信也.」라 함. 《傳》에 "事之變革, 人心豈能便信? 必終日而後孚. 在上者於改爲之際, 當詳告申令, 至於已日, 使人信之. 人心不信, 雖强之行, 不能成也. 先王政令人心始, 以爲疑者有矣, 然其久也, 必信. 終不孚而成, 善治者未之有也"라 함.

【文明以說, 大亨以正, 革而當, 其悔乃亡】 '文明以說'은 아래 離(火)는 문명을 뜻하며, 위의 兌(澤)는 '說', 즉 '悅'의 뜻을 가지고 있음. '大亨以正, 革而當'은 크게 형통한 이유는 正義으로써 하기 때문이며, 이렇게 改革(革命)하여 정당함. '其悔乃亡'은 그 災難이 사라짐. '悔'는 災의 뜻. '亡'은 喪의 뜻. 王弼 注에 "夫所以得革而信者, 文明以說也. 文明以說, 履正而行, 以斯爲革, 應天順民, 大亨以正者也. 革而大亨以正, 非當如何?"라 하였고, 〈正義〉에 "'文明以說'者, 此擧二體, 上釋革而信, 下釋四德也. 能用文明之德, 以說於人, 所以革命而爲民所信也. '大亨以正'者, 民旣說文明之德而從之, 所以大通而利正也. '革而當, 其悔乃亡'者, 爲革若合於大通而利正, 可謂當矣. 革而當理, 其悔乃亡消也"라 함. 《集解》에 "虞翻曰:「文明謂離, 說, 兌也. 大亨謂乾四. 動成〈旣濟〉定, 故'大亨以正, 革而當位', 故'悔乃亡'也.」"라 함. 《傳》에 "以卦才言革之道也. 離爲文明, 兌爲說. 文明則理无不盡, 事无不察; 說則人心和順, 革而能照察事理, 和順人心, 可致大亨而得貞正, 如是變革得其至當, 故悔亡也. 天下之事, 革之不得其道, 則反致弊害, 故革有悔之道. 唯革之至當, 則新舊之悔, 皆亡也"라 하였고, 《本義》에 "以卦德釋卦辭"라 함.

【天地革而四時成】 '天地革而四時成'은 天地가 계속 변혁해 나가기에 四時가 이루어지는 것임. 〈正義〉에 "'天地革而四時成'者, 以下廣明革義. 此先明天地, 革者. 天地之道, 陰陽升降, 溫暑涼寒, 迭相變革, 然後四時之序, 皆有成也"라 함. 《集解》에 "虞翻曰:「謂五. 位成乾爲天, 蒙坤爲地. 震春兌秋, 四之正, 坎冬離夏, 則四時具. 坤革而成乾, 故'天地革而四時成'也.」"라 함.

【湯武革命, 順乎天而應乎人】 '湯武革命'은 殷湯과 周武王의 革命. '湯'은 殷나라 시조 湯王. 子姓. 이름은 履. 武湯, 成湯, 天乙로도 불림. 湯은 원래 夏나라 때의 諸侯. 亳을 근거로 발전하여 夏나라 末王 桀의 무도함을 제거하고 伊尹을 등용하여 殷(商)을 세운 개국군주. 儒家에서 聖人으로 받듦. 《史記》殷本紀를 참조할 것. 《十八史略》(1)에는 "殷王成湯: 子姓, 名履. 其先曰契, 帝嚳子也. 母簡狄, 有娀氏女, 見玄鳥墮卵呑之, 生契. 爲唐虞司徒, 封於商, 賜姓"이라 함. '武王'은 姬發. 古公亶父의 증손이며 季歷의 손자. 文王(姬昌, 西伯)의 아들. 殷末 周民族의 領袖. 아버지의 뜻을 이어 庸, 蜀, 羌 등 부족과 연합하여 殷의 紂를 멸하고 西周의 封建王朝를 건립하였으며, 즉시 고조를 태공

(태왕)으로, 조부 계력을 왕계로, 아버지 희창을 문왕으로 추증함. 周公(姬旦)의 형이며 成王(姬誦)의 아버지. 周初의 文物制度를 완비하여 儒家에서 흔히 三代의 개국시조 夏禹, 商湯, 周文武로 칭하며 추앙받기도 함. 《史記》周本紀 등을 참조할 것. '革命'은 天命을 내세워 왕조를 멸하고 새롭게 나라를 세움. 이에 비해 舊態를 日新하여 다시 새롭게 變革을 실시하는 것을 '維新'이라 함. '順乎天而應乎人'은 天命에 순응하고 사람들의 뜻에 互應함. 〈正義〉에 "湯武革命, 順乎天而應乎人'者, 次明人革也. 夏桀殷紂, 凶狂无度, 天旣震怒, 人亦叛亡. 殷湯·周武, 聰明睿智, 上順天命, 下應人心, 放桀鳴條; 誅紂牧野. 革其王命, 改其惡俗, 故曰'湯武革命, 順乎天而應乎人'. 計王者, 相承改正, 易服皆有變革, 而獨擧湯·武者, 蓋舜·禹禪讓, 猶或因循, 湯·武干戈, 極其損益, 故取相變甚者, 以明人革也"라 함. 《集解》에 "虞翻曰:「湯武謂乾, 乾爲聖人; 天謂五, 人謂三, 四動順, 五應三, 故'順天應人', 巽爲命也.」"라 함.

【革之時大矣哉!】'革之時大矣哉!'는 혁명(개혁)이 때에 맞추어짐은 위대한 것임. 〈正義〉에 "革之時大矣哉!'者, 備論革道之廣, 訖總結歎其大, 故曰'大矣哉!'也"라 함. 《集解》에 "虞翻曰:「革, 天地成四時, 誅二叔, 除民害, 天下定, 武功成, 故'大矣哉'也.」"라 함. 《傳》에 "推革之道, 極乎天地, 變易時運, 終始也. 天地陰陽, 推遷改易, 而成四時, 萬物於是生長成, 終各得其宜, 革而後四時成也. 時運旣終, 必有革而新之者. 王者之興, 受命於天, 故易世謂之革命. 湯武之王, 上順天命, 下應人心, 順乎天而應乎人也. 天道變改, 世故(一作事)遷易, 革之至大也. 故贊之曰'革之時大矣哉!'"라 하였고, 《本義》에 "極言而贊其大也"라 함.

★【澤中有火, 革】上卦(兌, 澤, 水) 속에 하괘(離, 火)가 있는 괘상이 革卦임. 〈正義〉에 "澤中有火, 革'者, 火在澤中, 二性相違, 必相改變, 故爲革象也"라 함. 《集解》에 "崔憬曰:「火就燥, 澤資濕, 二物不相得, 終宜易之, 故曰'澤中有火, 革'也.」"라 함.

【君子以治厤明時】'以'는 이러한 혁괘의 괘상에서 일러주는 원리를 바탕으로 함. '治厤明時'의 '厤'은 曆(歷)의 本字. 曆數(歷數)를 뜻함. 曆數(歷數)는 시대나 역사 상황에서의 運數. 혹 曆法을 뜻하는 것이라고도 하여, 날짜와 절기를 알 수 있는 曆法을 정확하게 만들고자 하였음. 우리나라 板本과 〈諺解〉 등에는 '歷'자로 표기되어 있음. '時'는 時機, 時運, 時會의 機微(幾微). 따라서 '治厤明時'는 歷數를 다스리고 時機를 명확히 하여 혁명의 때를 놓치지 않음. 王弼 注에 "歷數時會, 存乎變也"라 하였고, 〈正義〉에 "君子以治歷明時'者, 天時變改, 故須歷數, 所以君子觀玆革象, 修治歷數, 以明天時也"라 함. 《集解》에 "虞翻曰:「君子遯乾也. 歷象謂日月星辰也. 離爲明, 坎爲月, 離爲日, 蒙艮爲星, 四動成坎, 離日月得, 正天地革而四時成, 故'君子以治歷明時'也.」"라 함.

《傳》에 “水火相息爲革. 革, 變也. 君子觀變革之象, 推日月星辰之遷易, 以治歷數·明四時之序也. 夫變易之道, 事之至大, 理之至明, 跡之至著, 莫如四時. 觀四時而順變革, 則與天地合其序矣”라 하였고, 《本義》에 “四時之變革之大者”라 함.


# (3) 爻辭와 象辭

初九: 鞏用黃牛之革.
☆象曰: 「鞏用黃牛」, 不可以有爲也.

〈언해〉 初九(초구)는 鞏(공)호디 黃牛(황우)의 革(혁)으로 用(용)홀 디니라.
　　　☆象(상)애 골오디 「鞏用黃牛」는 可(가)히 뻐 호욤을 두디 몯홀 시라.
〈해석〉 [初九](一): 가죽으로써 혁명에 필요한 무기를 단단히 묶는데에 사용할 지니라.
　　　☆象: “황소의 가죽을 사용한다”함은, 가히 할 일이 있을 수 없기 때문이다.


　　【初九】 이는 전괘의 시작이며 陽爻로 位正當함. 아울러 九四 역시 양효로 개혁에 대한 첫 의지가 강하나 가장 아래에 있어 개혁의 힘을 발휘하지 못함.
　　【鞏用黃牛之革】 '鞏'은 질긴 가죽 테. 혹은 '굳다, 질기다, 鞏固하다'의 뜻. '用'은 '以'와 같음. '黃牛之革'은 누런 소의 가죽. '黃'은 中央을 뜻하며 '黃牛'는 아주 가죽이 강한 소를 의미함. 이는 革命의 戰鬪에 나설 때 '견고히 하기를 戰車를 황우의 가죽으로 단단히 매어 전투에서 실패가 없도록 미리 준비를 면밀히 함'을 뜻하는 것이라 함. 이는 혁괘의 시작으로 위에서 응원이 없어 즉시 개혁에 나설 수 없음. 그 때문에 우선 근본부터 공고히 해야 하여, 有爲보다는 守成에 치중하고 있어야 할 爻位임을 말함. ○高亨은 “鞏用黃牛之革, 謂以黃牛之革束物也. 黃爲吉祥之色, 革爲堅靭之物, 知此乃吉祥堅固之象矣”라 함. 王弼 注에 “在革之始, 革道未成固, 夫常中未能應變者也. 此可以'守成', 不可以'有爲'也. 鞏, 固也; 黃, 中也. 牛之革, 堅靭不可變也. 固之所用, 常中堅靭, 不肯變也”라 하였고, 〈正義〉에 “鞏, 固也; 黃, 中也; 牛革, 牛皮也. 革之爲義, 變改之名, 而名皮爲革者, 以禽獸之皮, 皆可從革, 故以喻焉. 皮雖從革之物, 然牛皮堅靭難變. 初九在革之始, 革道未成守, 夫常中未能應變, 施之於事, 有似用牛皮, 以自固未肯, 造次以從變者也. 故曰'鞏用黃牛之革'也”라 함. 《集解》에 “干寶曰:「鞏, 固也. 離爲牝牛, 離爻本坤, 黃牛之象也. 在革之初, 而无應據, 未可以動, 故曰'鞏用黃牛之革'. 此喻文王雖有聖德, 天下歸

周, 三分有二, 而服事殷, 其義也.」라 함. 《傳》에 "變革, 事之大也. 必有其時·有其位·有其才, 審慮而愼動, 而後可以无悔. 九以時則初也. 動於事初, 則无審愼之意, 而有躁易之象, 以位則下也. 无時无援而動於下, 則有潛妄之咎, 而无體勢之重, 以才則離體而陽也. 離性上而剛, 體健皆速於動也. 其才如此, 有爲則凶咎至矣. 蓋剛不中而體躁, 所不足者, 中與順也. 當以中順自固, 而无妄動, 則可也. 鞏, 局束也. 革所以包束. 黃, 中色; 牛, 順物. 鞏用黃牛之革, 謂以中順之道, 自固不妄動也.「不云'吉凶', 何也?」曰:「妄動則有凶咎, 以中順自固, 則不革而已. 安得便有'吉凶'乎!」라 하였고, 《本義》에 "雖當革時, 居初无應, 未可有爲, 故爲此象. 鞏, 固也. 黃, 中色, 牛順物. 革所以固物, 亦取卦名而義不同也. 其占爲當堅確, 固守而不可以有爲, 聖人之於變革, 其謹如此"라 함.

☆【「鞏用黃牛」, 不可以有爲也】'不可以有爲'는 꼭꼭 묶어 어떤 일도 할 수 없음. 이 효는 가장 아래에 있어 아직 직접 혁명에 나서지 못함을 뜻함. '有爲'는 의도적으로 어떤 일을 함. 혁명을 뜻함. 혹 '革命의 전투에서 상대가 자신을 어떻게 할 수 없도록 함'을 뜻하는 것이라고도 함. 〈正義〉에 "〈象〉曰'不可以有爲'者, '有爲', 謂適時之變, 有所云爲也. 旣堅靭自固, 可以'守常', 不可以'有爲'也"라 함. 《集解》에 "虞翻曰:「得位无應, 動而必凶, 故'不可以有爲'也.」"라 함. 《傳》에 "以初九時位才, 皆不可以有爲, 故當以中順自固也"라 함.


# 六二: 已日乃革之, 征吉, 无咎.
# ☆象曰:「已日革之」, 行有嘉也.

〈언해〉 六二(륙이)는, 日(일)이 已(이)ᄒᆞ게아 이예 革(혁)홀 디니, 征(졍)ᄒᆞ면 吉(길)ᄒᆞ
　　　　야, 咎(구)ㅣ 업스리라.[《本義》: 日(일)이 已(이)ᄒᆞ야아 이예 革(혁)ᄒᆞ면 征(졍)호
　　　　매 吉(길)ᄒᆞ야]
　　　　☆象(상)애 ᄀᆞᆯ오디 「已日革之」는 行(ᄒᆡᆼ)호매 嘉(가)ㅣ 이슘이라.
〈해석〉 [六二](--): 그 날에 끝을 내어야 이에 혁명을 할 수 있을 것이니, 나서면 길하여
　　　　(그 날에 끝내어야 이에 혁명을 하면 나서기에 길하여), 허물이 없으리라.
　　　　☆象: "그 날에 끝내면서 이에 혁명을 한다"함은, 행동함에 경사가 있음을
　　　　뜻한다.

【六二】이는 下卦(離, 火)의 중앙에 위치하여 得中하였고, 음효로 位正當하고 九五(君位)와 正應을 이루어 장차 革命의 主體(九五)를 위해 아래에서 직접 거사에 나서서 革(變革, 改革, 革命)의 역할을 해낼 수 있음.

【己日乃革之, 征吉, 无咎】'己日乃革之'는 이제까지 반이 지났으므로 이때를 거사의 날짜를 정함. 혹 전투 전에 제사를 지내고 이에 혁명에 나섬. 그러나 ○高亨은 "革, 改也. '革之', 謂改祀日也. 古者祭先筮日, 不吉則筮遠日"이라 하여, 그 날짜를 바꾸는 것이라 하였음. '征吉, 无咎'는 六二는 九五와 正應을 이루었으므로 나서기만 하면 받아줄 것이며 허물은 없음. '征'은 征伐(實行)에 나섬. 그러나 ○高亨은 "祭者筮日, 遇此爻, 則改筮它日, 故曰「己日乃革之」. 又筮遇此爻, 征伐則吉而無咎, 故曰「征吉, 无咎」"라 함. 王弼 注에 "陰之爲物, 不能先唱, 順從者也. 不能自革, 革已乃能從之, 故'已日乃革之'也. 二與五, 雖有水火, 殊體之異, 同處厥中, 陰陽相應, 往必合志, 不憂咎也是. 以'征吉而无咎'"라 하였고, 〈正義〉에 "'己日乃革之'者, 陰道柔弱, 每事順從, 不能自革, 革已日乃能從之, 故曰'己日乃革之'. '征吉, 无咎'者, 與五相應, 同處厥中, 陰陽相應, 往必合志, 不憂咎也. 故曰'征吉, 无咎'. 二五雖是相應, 而水火殊體, 嫌有相剋之過, 故曰'无咎'"라 함. 《集解》에 "荀爽曰:「日以喩君也, 謂五. 己居位爲君, 二乃革意, 去三應五, 故曰'己日乃革之'. 上行應五, 去卑事尊, 故曰'征吉, 无咎'也.」"라 함. 《傳》에 "以六居二, 柔順而得中正, 又文明之主, 上有剛陽之君, 同德相應. 中正則无偏蔽, 文明則盡事理, 應上則得權勢, 體順則无違悖, 時可矣, 位得矣, 才足矣, 處革之至善者也. 然臣道不當爲革之先, 又必待上下之信, 故'己日乃革之'也. 如二之才德, 所居之地, 所逢之時, 足以革天下之弊, 新天下之治. 當進而上輔於君, 以行其道, 則吉而无咎也. 不進則失可爲之時, 爲有咎也. 以二體柔而處當位, 體柔則其進緩, 當位則其處固. 變革者, 事之大, 故有此戒. 二得中而應剛, 未至失於柔也. 聖人因其有可戒之疑, 而明其義耳. 使賢才不失可爲之時也"라 하였고, 《本義》에 "六二柔順中正, 而爲文明之主. 有應於上, 於是可以革矣. 然必已日, 然後革之, 則征吉而无咎. 戒占者, 猶未可遽變也"라 함.

☆【「己日革之」, 行有嘉也】'行有嘉'는 실제 행동에 나서기만 하면 九五가 받아주어 장차 慶賀할 일이 있을 것임. '嘉'는 慶事. 혁명에 성공할 것이며, 九五에게 칭송을 받을 것임을 뜻함. 〈正義〉에 "〈象〉曰'行有嘉'者, 往應見納, 故'行有嘉慶'也"라 함. 《集解》에 "崔憬曰:「得位以正, 居中有應, 則是湯武行善, 桀紂行惡, 各終其日, 然後革之, 故曰'己日乃革之, 行此有嘉'.」 ○虞翻曰:「嘉謂五. 乾爲嘉, 四動承五, 故'行有嘉'矣.」"라 함. 《傳》에 "己日而革之, 征則吉而无咎者, 行則有嘉慶也. 謂可以革天下之弊, 新天下之事, 處而不行, 是无救弊濟世之心, 失時而有咎也"라 함.

九三: 征凶, 貞厲; 革言三就, 有孚.

☆象曰:「革言三就」, 又何之矣!

〈언해〉九三(구삼)은, 征(졍)ᄒᆞ면 凶(흉)ᄒᆞ니, 貞(뎡)ᄒᆞ고 厲(려)홀 디니, 革(혁)홀 言(언)이 세 번 就(취)ᄒᆞ면 孚(부)홈이 이시리라.

　　☆象(샹)애 골오ᄃᆡ「革言三就」어니, ᄯᅩ 어ᄃᆡ 가리오!

〈해석〉[九三](一): 나서면 흉하니, 곧게 하며 위험하다고 여길 것이니, 혁명을 한다는 말을 세 번 이루어지고 나면, 믿어줌이 있으리라.

　　☆象: "혁명을 일으켜야 한다는 말이 세 번 이루어진다"하였으니, 또 달리 어디를 가겠는가!

　【九三】 이는 하괘(離, 火)의 가장 윗자리에 있으며, 陽爻로 位正當하고 上六과 正應을 이루어 위로 솟구치는 불꽃의 火焰에 해당함. 그러나 위가 兌(澤, 水)인만큼 水火相剋의 위험을 안고 있으므로 愼重을 기해야 함.

　【征凶, 貞厲】 '征凶, 貞厲'는 征伐(出征)에 나서면 凶하며, 貞辭도 '위험하다'라고 나옴. ○高亨은 "筮遇此爻, 征伐則凶, 占問它事則危, 故曰「征凶, 貞厲」"라 함. 《集解》에 "荀爽曰:「三應於上, 欲往應之, 爲陰所乘, 故曰'征凶'. 若正居三, 而據二陰, 則五來危之, 故曰'貞厲'也.」"라 함.

　【革言三就, 有孚】 '革言'은 革命에 대한 언급. 그러나 聞一多는 "言, 讀爲靳"이라 하여 '靳'(근)의 假借라 하였으며, 《說文》에 "靳, 當膺야"라 하여, 말의 胸帶를 뜻함. '三就'는 上卦(兌)의 세 효를 가리키는 것이라 함. 그러나 《儀禮》士喪禮 "薦馬, 纓三就, 入門, 北面交轡, 圉人夾牽之"의 注에 "纓, 當胸, 以削革爲之. 三就, 三匝三重也"라 하여, 세 번 감아 거듭 묶음을 뜻함. 따라서 '言革三就'는 '말의 가슴 胸帶를 세 번 감아 거듭 묶어' 전투에 나섬을 뜻함. 그러나 '言'은 語助辭로 뜻이 없으며, '三就'는 '세 차례 전투를 겪어야 성취할 수 있다'의 뜻이라고도 하며, 그 외 '革言'은 '죄인이 진술을 바꾸는 것'이며, '三就'는 '三次(三處)와 같은 것으로, 이는 '裁判에서의 三審制'를 뜻하는 것이라고도 함. 즉 ○高亨은 "'革言三就, 有孚', 似指斷獄定罪而言. 革, 改也, '革言', 謂有罪者更改其供辭也. '三就'者, 《書》舜典:「五刑有服, 五服三就.」《國語》魯語:「大刑用兵甲, 其次用斧鉞, 中刑用刀鋸, 其次用鑽笮, 薄刑用鞭朴. 故大者陳之原野, 小者致之市朝. 五刑三次.」韋注:「次, 處也. 三處, 野·朝·市也.」《易》之三就, 蓋卽《書》之三就, 《書》之三就, 蓋卽《國語》之三次也. 據此, 三就者, 或就刑於野, 或就刑於朝, 或就刑於市

也. 孚讀爲浮, 罰也. 革言者將致之於野朝市而加罰, 故曰「革言三就, 有孚」라 함. 그런가 하면《集解》의 崔憬은 "武王이 殷紂를 멸한 다음 베푼 세 가지 의로운 행동"을 말한 것이라 하였음. 이 爻는 아래 離(火)를 이끌고 혁명을 수행하며, 아울러 上六의 호응도 있어 임무를 급히 수행하여 결과를 얻고자 함. 혹 역사적으로 吳起, 商鞅, 王安石 같은 경우가 이에 해당한다 함. 王弼 注에 "己處火極, 上卦三爻, 雖體水性, 皆從革者也. 自四至上, 從命而變, 不敢有違, 故曰'革言三就'. 其言實誠, 故曰'有孚'. '革言三就, 有孚, 而猶征之凶', 其宜也"라 하였고, 〈正義〉에 "'征凶, 貞厲; 革言三就, 有孚'者, 九三陽爻剛壯, 又居火極, 火性炎上, 處革之時, 欲征之使革, 征之非道, 則正之危也. 故曰'征凶, 貞厲'. 所以征凶, 致危者, 正以水火相息之物, 旣處於火極, 上之三爻, 水在火上, 皆從革者也. 自四至上, 從命而變, 不敢有違, 則從革之言, 三爻竝成就不虛, 故曰'革言三就'. 其言實誠, 故曰'有孚'也. 旣革言三就有孚, 從革己矣, 而猶征之, 則凶. 所以'征凶而貞厲'"라 함.《集解》에 "翟玄曰:「言三就上, 二陽乾得, 共有信據於二陰, 故曰'革言三就, 有孚於二'矣.」"라 함.《傳》에 "九三以剛陽爲下之上, 又居離之上, 而不得中, 躁動於革者也. 在下而躁於變革, 以是而行則有凶也. 然居下之上, 事苟當革, 豈可不爲也在乎? 守貞正而懷危懼, 順從公論, 則可行之不疑. '革言', 猶當革之論; '就', 成也, 合也. 審察當革之言, 至於三而皆合, 則可信也. 言重愼之至能如, 是則必得至當, 乃有孚也. 已可信而衆所信也. 如此則可以革矣. 在革之時, 居下之上, 事之(一作有)革, 若畏懼而不爲, 則失時爲害, 唯當愼重之至, 不自任其剛, 明審稽公論, 至於三就(一作復), 而後革之, 則无過矣"라 하였고,《本義》에 "過剛不中, 居離之極, 躁動於革者也. 故其占有征凶, 貞厲之戒. 然其時則當革, 故至於'革言三就', 則亦'有孚'而可革也"라 함.

☆【「革言三就」, 又何之矣!】'又何之矣'는 '또 어디로 갈 것인가!'의 뜻. 혁명의 전투에 나설 수밖에 없음. 改革(變革, 革命) 이외에는 다른 길이 없음. 〈正義〉에 "〈象〉曰'又何之矣'者, 征之本爲不從, 旣革言三就, 更又何往征伐矣?"라 함.《集解》에 "崔憬曰:「雖得位以正, 而未可頓革, 故以言就之. 夫安者, 有其危也. 故受命之君, 雖誅元惡, 未改其命者, 以卽行改命, 習俗不安, 故曰'征凶'. 猶以正自危, 故曰'貞厲'. 是以武王克紂, 不卽行周命, 乃反商政, 一就也. 釋箕子囚, 封比干墓, 式商容閭, 二就也. 散鹿臺之財, 發鉅橋之粟, 大賚于四海, 三就也. 故曰'革言三就.」○《集解》에 "虞翻曰:「四動成〈旣濟〉定, 故'又何之矣!'.」"라 함.《傳》에 "稽之衆論, 至於三就, 事至當也. '又何之矣!', 乃俗語'更何往也!' 如是而行, 乃順理時行, 非己之私意所欲爲也, 必得其宜矣"라 하였고,《本義》에 "言己審"이라 함.

九四: 悔亡. 有孚, 改命, 吉.
☆象曰:「改命之吉」, 信志也.

〈언해〉 九四(구ᄉ)는, 悔(회) 亡(망)ᄒ니, 孚(부)를 두면, 命(명)을 改(기)ᄒ야 吉(길)ᄒ
리라.

　　☆象(샹)애 ᄀᆞ로오ᄃᆡ「改命의 吉」은 志(지)를 信(신)홀 시라.
〈해석〉 [九四](一): 회한이 사라질 것이니, 믿음을 두면, 개혁하고 혁명하여, 길하리라.

　　☆象: "개혁하고 혁명을 일으키면 길하다"함은, 뜻을 더욱 펼쳐나기기 때문이다.

【九四】이는 상괘(兌, 澤, 水)의 시작이며 陽爻로 位不當함. 陽剛하여 아래에서 올
라오는 火焰을 직접 대하고 있으며, 위로는 九五(君位)의 혁명 主爻를 받치고 있음.
【悔亡. 有孚, 改命, 吉】'改命'은 임명했던 將帥를 바꿈. 그러나 개명은 혁명과 같은
뜻으로 보기도 함. 이는 位不當하여 결점이 있으나, 이미 본격적인 개혁의 중간에 이르
렀고, 아울러 바로 위에 구오가 있어 改命(革命)에 나서야만 회한이 사라질 것(悔亡)임
을 뜻함. ○高亨은 "孚讀爲浮, 罰也. 有孚改命, 言君子有所罰, 其命旣下而又改之也. 筮遇
此爻, 其悔可亡, 故曰「悔亡」. 君子有孚, 改命乃吉, 故曰「有孚, 改命, 吉」"이라 함. 王弼
注에 "初九處下卦之下, 九四處上卦之下, 故能變也. 无應, 悔也. 與水火相比, 能變者也.
是以'悔亡'. 處水火之際, 居會變之始, 能不固吝, 不疑於下, 信志改命, 不失時願, 是以吉
也. 有孚則見信矣, 見信以改命, 則物安而无違, 故曰'悔亡, 有孚改命, 吉'也. 處上體之下,
始宣命也"라 하였고, 〈正義〉에 "'悔亡, 有孚改命, 吉'者, 九四與初, 同處卦下. 初九處下卦
之下, 革道未成, 故未能變; 九四處上卦之下, 所以能變也. 无應, 悔也. 能變, 故'悔亡'也.
處水火之際, 居會變之始, 能不固吝, 不疑於下, 信彼改命之志, 而能從之, 合於時願, 所以
得吉. 故曰'有孚改命, 吉'也"라 함.《集解》에 "虞翻曰:「革而當其悔乃亡. 孚謂五也. 巽爲
命, 四動五坎改巽, 故'改命, 吉'. 四乾爲君, 進退无恒, 在離焚棄, 體大過死, 傳以比桀紂,
湯武革命, 順天應人, 故'改命, 吉'也.」"라 함.《傳》에 "九四, 革之盛也. 陽剛, 革之才也.
離下體而進上, 體革之時也. 居水火之際, 革之勢也. 得近君之位, 革之任也. 下无係(一有
无字), 革之志也. 以九居四, 剛柔相際, 革之用也. 四旣具此, 可謂當革之時也. 事之可悔而
後革之, 革之而當, 其悔乃亡也. 革之旣當, 唯在處之以至誠, 故'有孚'. 則改命吉改, 命改爲
也, 謂革之也, 旣事當而弊革行之, 以誠上信而下順其吉可知.「四非中正而至善, 何也?」
曰:「唯其處柔也, 故剛而不過, 近而不逼, 順承中正之君, 乃中正之人也.《易》之取義, 无
常也, 隨時而已.」"라 하였고,《本義》에 "以陽居陰, 故有悔. 然卦已過中水火之際, 乃革之

時, 而剛柔不偏, 又革之用也. 是以悔亡, 然又必有孚, 然後革乃, 可獲吉. 明占者, 有其德而當其時, 又必有信, 乃悔亡而得吉也"라 함.

☆【「改命之吉」, 信志也】 '信志也'는 意志를 믿음. 혹 '信'은 '伸'과 같으며 '자신의 뜻을 널리 伸張시킴'의 뜻이라고도 함. 王弼 注에 "信志而行"이라 하였고, 〈正義〉에 "〈象〉曰 '信志'者, 信下之志, 而行其命也"라 함.《集解》에 "虞翻曰:「四動成坎, 故'信志'也.」○干寶曰:「爻入上象, 喩紂之郊也. 以逆取而四海, 順之動凶器, 而前歌後舞, 故曰'悔亡'也. 中流而白魚入舟, 天命信矣, 故曰'有孚'. 甲子夜陣, 雨甚至水, 德賓服之祥也. 故曰'改命之吉, 信志'也.」"라 함.《傳》에 "改命而吉, 以上下信其志也. 誠旣至, 則上下信矣(一作也). 革之道, 以上下之信爲本. 不當不孚, 則不信, 當而不信, 猶不可行也, 況不當乎!"라 함.

# 九五: 大人虎變, 未占有孚.
## ☆象曰:「大人虎變」, 其文炳也.

〈언해〉 九五(구오)는, 大人(대인)이 虎(호)ㅣ 變(변)홈이니, 占(점)티 아녀심애 孚(부)ㅣ 인ᄂ니라.[《本義》: 占(점)티 아녀신 제]

　　☆象(샹)애 골오디「大人虎變」은, 그 文(문)이 炳(병)홈이라.

〈해석〉 [九五](−): 대인이 범처럼 변하는 것이니, 점을 치기도 전(점을 치지 아니 하였을 때)에 믿음이 있다.

　　☆象: "대인이 범같이 변한다"함은, 그 문채가 빛을 냄을 뜻한다.

【九五】 이는 전괘의 主爻이며 君位. 陽爻로 位正當하고 得中하였으며, 六二와도 正應을 이루어 革命(改革)의 임무를 수행함에 아무런 장애가 없음.

【大人虎變, 未占有孚】 '大人虎變'은 九五(大人, 君主, 主宰者)는 猛虎처럼 변화와 용맹을 발휘함. 湯王과 武王의 결단을 칭송한 것으로 봄. '未占有孚'은 점을 쳐 보기도 전에 큰 성과가 있을 것임을 믿음. '孚'는 승리에 대한 믿음. 승리할 것임을 확신함. 혹 '백성들로부터 혁명에 대한 믿음을 얻다'의 뜻이라고도 함. 그러나 ○高亨은 "大人虎變, 喩其政威猛, 民視之如虎也. 孚讀爲浮, 罰也. 大人之政威猛如虎, 是以筮遇此爻者, 在未筮之前已有罰加於其身, 故曰'大人虎變, 未占有孚'"라 함. 王弼 注에 "未占而孚, 合時心也"라 하였고, 〈正義〉에 "'大人虎變, 未占有孚'者, 九五居中處尊, 以大人之德, 爲革之主. 損益前王, 創制立法, 有文章之美, 煥然可觀, 有似虎變, 其文彪炳, 則是湯武革命,

順天應人, 不勞占決, 信德自著, 故曰'大人虎變, 未占有孚'也"라 함. 《集解》에 "虞翻曰: 「乾爲大人, 謂五也. 蒙坤爲虎變. 傳論湯武以坤臣爲君. 占, 視也. 離爲占, 四未之正, 五未在坎, 故'未占有孚'也.」○馬融曰: 「大人虎變, 虎變威德, 折衝萬里, 望風而信, 以喩舜舞干羽, 而有苗自服. 周公修文德, 越裳獻雉, 故曰'未占有孚'矣.」"라 함. 《傳》에 "九五以陽剛之才, 中正之德, 居尊位大人也. 以大人之道, 革天下之事, 无不當也, 无不時也. 所過變化, 事理炳著, 如虎之文采, 故云'虎變'. 龍虎, 大人之象也. '變者, 事物之變, 曰虎, 何也?」曰: 「大人變之, 乃大人之變也.」以大人中正之道(一作德), 革之炳然, 昭著不待占決, 知其至當, 而天下必信也. 天下蒙大人之革, 不待占決, 知其至當而信之也"라 하였고, 《本義》에 "虎, 大人之象; 變, 謂希革而毛毨也. 在大人則自新, 新民之極, 順天應人之時也. 九五以陽剛中正, 爲革之主, 故有此象. 占而得此, 則有此應, 然亦必自其未占之時, 人已信其如, 此乃足以當之耳"라 함.

☆【「大人虎變」, 其文炳也】'其文炳'은 그 文彩가 빛을 발함. 하괘(離, 火)는 文을 상징하여 이렇게 말한 것임. '炳'은 불꽃이 타오르듯 환함. 역시 離卦를 두고 한 말임. 〈正義〉에 "〈象〉曰'其文炳'者, 義取文章炳著也"라 함. 《集解》에 "宋衷曰: 「陽稱大, 五以陽居中, 故曰'大人'. 兌爲白虎, 九者變爻, 故曰'大人虎變, 其文炳'也.」○《集解》에 "虞翻曰: 「乾爲大, 明動成離, 故'其文炳'也.」"라 함. 《傳》에 "事理明著, 若虎文之炳, 煥明盛也. 天下有不孚乎?"라 함.


## 上六: 君子豹變, 小人革面; 征凶, 居貞吉.
## ☆象曰: 「君子豹變」, 其文蔚也; 「小人革面」, 順以從君也.

〈언해〉上六(샹륙)은, 君子(군즈)는 豹(표)ㅣ 變(변)홈이오, 小人(쇼인)은 面(면)을 革(혁)홈이니, 征(졍)ᄒ면 凶(흉)ᄒ고, 貞(뎡)애 居(거)ᄒ면 吉(길)ᄒ리라.
　　☆象(샹)애 ᄀᆞᆯ오디「君子豹變」은 그 文(문)이 蔚(위)홈이오, 「小人革面」은 順(슌)ᄒ야 뼈 君(군)을 從(죵)홈이라.
〈해석〉[上六](--): 군자는 표범처럼 변함이요, 소인이 안색을 바꾸는 것이니, 그런데도 자꾸 나서면 흉하고, 자리를 잡아 정사대로 함이 길하리라.
　　☆象: "군자가 표범같이 변한다"함은, 그 문채가 번쩍이며 빛나는 것이요, "소인이 안색을 바꾼다"함은, 순순히 하여 임금을 따름을 뜻한다.

【上六】이는 전괘의 가장 윗자리이며 陰爻로 位正當함. 아울러 九三과 正應을 이루어 개혁(혁명)을 조용히 마무리하여 새로운 세상을 열 수 있음.

【君子豹變, 小人革面】'君子豹變'은 군자는 표범처럼, 자신이 행동에 나서야 할 때 과감하게 즉시 실행함을 비유함. '豹變'은 표범 무늬가 지극히 아름답듯 革命에 色을 입혀 그 당위성을 확보하고 그 과정을 정당화함을 뜻함. '小人革面'은 대인에 상대하여 소인은 얼굴빛을 바꿀 뿐임. 상황에 따라 이제껏 지켜왔던 구태를 벗고 강한 자를 좇음을 뜻함. 혹 '小人의 無恥'를 뜻하는 것이라고도 함. 혁명을 완성하고 나서의 君子와 小人의 태도를 구분한 것. ○高亨은 "變疑借爲辨. 君子豹變, 猶云君子豹文, 喩其政威猛, 民視之如豹也. 革, 韋也, 小人革面, 言小人之面如革韋, 而不知恥也.《論語》爲政篇:「道之以政, 齊之以刑, 民免而無恥.」君子豹變, 卽道以政, 齊以刑之意. 小人革面, 卽民免無恥之意"라 함. 王弼 注에 "居變之終, 變道已成. 君子處之, 能成其文; 小人樂成, 則變面以順上也"라 하였고, 〈正義〉에 "君子豹變, 小人革面'者, 上六居革之終, 變道已成. 君子處之, 雖不能同九五, 革命創制, 如虎文之彪, 炳然亦潤色; 鴻業如豹, 文之蔚縟. 故曰'君子豹變'也. '小人革面'者, 小人處之, 但能變其顔面容色, 順上而已. 故曰'小人革面'也"라 함.《集解》에 "虞翻曰:「蒙艮爲君子, 爲豹從乾而更, 故'君子豹變'也. 陰, 稱小人也. 面, 謂四, 革爲離, 以順承五, 故'小人革面'.」"이라 함.

【征凶, 居貞吉】'征凶'은 이 효는 陰爻이므로 더 나설 것이 아니라 마무리에 힘써야 함을 말함. '居貞吉'은 貞辭에 일러주는 곳에 처하면 길할 것임. 그러나 '卜居를 점쳐서 살 곳을 정함'의 뜻이라고도 함. 즉 혁명이 이미 완성되었으므로 더 이상 정벌에 나서면 흉하며, 조용히 安居하여야 길함. ○高亨은 "上下如此, 有所征伐, 則民不用命, 必致敗績. 故曰「君子豹變, 小人革面, 征凶」. 又卜居者筮遇此爻則吉, 故曰「居貞吉」. '居貞', 非承上文言也"라 함. 王弼 注에 "改命創制, 變道已成, 功成則事損, 事損則无爲, 故居則得正而吉; 征則躁擾而凶也"라 하였고, 〈正義〉에 "征凶, 居貞吉'者, 革道已成, 宜安靜守正, 更有所征, 則凶; 居而守正, 則吉. 故曰'征凶, 居貞吉'也"라 함.《集解》에 "虞翻曰:「乘陽失正, 故'征凶'. 得位故'居貞吉'. 蒙艮爲居也.」"라 함.《傳》에 "革之終, 革道之成也. 君子, 謂善人良善, 則已從革, 而變其著見, 若豹之彬蔚也. 小人昏愚, 難遷者, 雖未能心化, 亦革其面以從上之敎令也. 龍虎, 大人之象, 故大人云虎; 君子云豹也. 人性本善, 皆可以變化, 然有下愚, 雖聖人不能移者, 以堯舜爲君, 以聖繼聖, 百有餘年, 天下被化, 可謂深且久矣, 而有苗有象其, 來格烝乂, 蓋亦革面而已. 小人旣革, 其外革道, 可以爲成也. 苟更從而深治之, 則爲已甚, 已甚非道也. 故至革之終而又征, 則凶也. 當貞固以自守, 革至於極, 而不守以貞, 則所革隨復變矣. 天下之事, 始則患乎難; 革已, 革則患乎不能守

也. 故革之終, 戒以居貞則吉也.「居貞, 非爲六戒乎?」曰:「爲革終言也. 莫不在其中矣.」
「人性本善, 有不可革者, 何也?」曰:「語其性則皆善也, 語其才則有下愚之不移. 所謂下愚
有二焉. 自暴也(一无也字)棄. 人苟以善自治, 則无不可移者. 雖昏愚之至, 皆可漸磨而
進也. 唯自暴者, 拒之以不信; 自棄者, 絶之以不爲. 雖聖人與居, 不能化而入也. 仲尼之
所謂'下愚'也. 然天下自棄自暴者, 非必皆昏愚也. 往往强戾, 而才力有過人者, 商辛是也.
聖人以其自絶於善, 謂之'下愚'. 然考其歸, 則誠愚也.」「旣曰'下愚其能革面', 何也?」曰:
「心雖絶於善道, 其畏威而寡罪, 則與人同也. 唯其有與人同, 所以知其非, 性之罪也.」라
하였고,《本義》에 "革道已成, 君子如豹之變; 小人亦革面以聽從矣. 不可以往而居正, 則
吉變革之事, 非得已者, 不可以過而上六之才, 亦不可以有行也. 故占者如之"라 함.

☆【「君子豹變」, 其文蔚也】「君子豹變」, '其文蔚'은 그 文彩가 淸明하고 雍容(暎蔚, 蔚
縟)함. 즉 혁명을 이루고 나서 포용을 중시함.〈正義〉에 "〈象〉曰'其文蔚'者, 明其不能
大變, 故文細而相暎蔚也"라 함.《集解》에 "陸績曰:「兌之陽爻稱虎, 陰爻稱豹, 豹虎類而
小者也. 君子小於大人, 故曰'豹變, 其文蔚'也.」○虞翻曰:「蔚, 蔜也. 兌小, 故'其文蔚'
也.」"라 함.

【「小人革面」, 順以從君也】'順以從君'은 순순히 임금(九五)을 따름. 惡을 버리고 善
을 좇아 군주가 이룬 혁명을 인정하고 따르는 '去惡從善'을 뜻함.〈正義〉에 "'順以從君'
者, 明其不能潤色立制, 但順面從君也"라 함.《集解》에 "虞翻曰:「乾君, 謂五也. 四變順
五, 故'順以從君'也.」○干寶曰:「君子, 大賢, 次聖之人謂. 若大公, 周召之徒也. 豹, 虎之
屬; 蔚, 炳之次也. 君聖臣賢, 殷之頑民, 皆改志從化, 故曰'小人革面'. 天下旣定, 必倒載
干戈, 包之以虎皮, 將卒之士, 使爲諸侯, 故曰'征凶, 居貞吉'. 得正有應君子之象也.」案:
「兌爲口, 乾爲首. 今口在首上, 面之象也. 乾爲大人, '虎變'也; 兌爲小人, '革面'也.」라
함.《傳》에 "君子從化遷善, 成文彬蔚章, 見於外也. 中人以上, 莫不變革, 雖(一作唯)不移
之小人, 則亦不敢肆其惡. 革易其外, 以順從君上之敎令, 是'革面'也. 至此革道成矣, 小人
勉而假善, 君子所容也. 更往而治之, 則凶矣"라 함.

# 050 정鼎

☰ 火風鼎: ▶巽下離上(☴下☲上)


*鼎(정): 〈音義〉에 "鼎, 丁泠反. 法象也, 卽鼎器也"라 하여 '정(dǐng)'으로 읽음. '鼎'은 조리용 솥을 뜻하며, 동시에 곁에 사물의 象을 함께 그려넣어 法으로 삼도록 하였음. 三足兩耳의 모습으로 고대 지극히 중시했던 器皿의 하나임. 조리를 넘어 明器로도 널리 사용되었으며, 舜임금 때 천하의 銅을 모아 九鼎을 만들어 王朝의 法統을 상징하기도 하였음. 이 鼎卦는 하괘는 巽(風, 木, 順)이며 상괘는 離(火, 明)로, 불 밑에 바람과 나무가 있어 매우 순조롭게 불을 피워 조리를 할 수 있음을 비유하는 異卦相疊의 '火風' 괘체임. 이는 음식의 조화를 뜻함과 동시에 '革古鼎新' 및 '三足鼎立'의 含意도 담고 있어, 烹飪, 鼎革, 養賢, 變化, 安定 등의 고차원적 여러 사상을 표상함. 이에 조화롭게 일을 성취해 낼 수 있는 力量과 權衡을 함께 상징하고 있음.

*《集解》에 "〈序卦〉曰:「革物者莫若鼎, 故受之以'鼎'.」(韓康伯曰:「革去故鼎, 取新以去故, 則宜制器立法, 以治新也. 鼎所和齊生物成新之器也. 故取象焉.」)"이라 함.

*《傳》에 "鼎', 〈序卦〉:「革物者莫若鼎, 故受之以'鼎'.」鼎之爲用, 所以革物也. 變腥而爲熟, 易堅而爲柔, 水火不可同處也. 能使相合爲用, 而不相害, 是能革物也. 鼎, 所以次革也. 爲卦上離下巽, 所以爲鼎, 則取其象焉, 取其義焉. 取其象者, 有二以全, 體言之, 則下植爲足, 中實爲腹, 受物在中之象, 對峙於上者耳也. 橫亘乎上者, 鉉也, 鼎之象也. 以上下二體言之, 則中虛在上, 下有足以承之, 亦(一无亦字)鼎之象也. 取其義, 則木從火也. 巽, 入也. 順從之義, 以木從火爲然之象, 火之用, 唯燔與烹, 燔不假器, 故取烹. 象而爲鼎, 以木巽火, 烹飪之象也. 制器, 取其(一作諸)象也. 乃象器以爲卦乎? 曰'制器', 取於象也. 象存乎卦, 而卦不必先器, 聖人制器, 不待見卦, 而後知象, 以衆人之不能知象也. 故設卦(一无卦字)以示之卦, 器之先後, 不害於義也. 或疑鼎非自然之象, 乃人爲也. 曰'固人爲也, 然烹飪, 可以成物, 形制如是, 則可用, 此非人爲自然也'. 在井亦然, 器雖在卦, 先而所取者, 乃卦之象, 卦復用器, 以爲義也"라 함.

# (1) 卦辭

## 鼎: 元吉, 亨.

〈언해〉鼎(뎡)은 元(원)코 吉(길) 衍文 亨(형)ᄒᆞ니라.[《本義》: 크게 亨(형)ᄒᆞ니라]
〈해석〉정(鼎, 정괘)은 크게 (吉, 衍文)하고 형통하리라(크게 형통하니라).

【鼎】卦名이며, 原義는 큰 솥. 釜나 鬲, 鬲 등과는 달리 三足兩耳로 되어 있으며, 구체적인 조리기구, 즉 鼎煮와 烹飪는 물론, 나라의 重寶, 鼎革, 革新, 改革, 遷移, 安定, 壓重, 穩重 등의 다양한 의미도 담고 있음. '三足'은 가장 안정적임을 상징하며, '兩耳'는 남의 말을 두 귀로 다 들어야 함을 뜻하기도 함. 이에 王弼 注에 "革去, 故而鼎取新, 取新而當其人, 易故而法制齊明"이라 하였고, 孔穎達 〈正義〉에는 "此卦明聖人革命, 示物法象. 惟新其制, 有鼎之義"라 하였으며, 朱熹 〈易本義〉에는 괘형을 두고 初六은 '鼎足', 九二, 九三, 九四는 '鼎腹', 六五는 '鼎耳', 上九는 '鼎杠'(鼎鉉, 솥을 들 수 있는 손잡이 부분)이라 하였음. 《集解》에 "鄭玄曰:「鼎, 象也. 卦有木火之用, 互體乾兌. 乾爲金, 兌爲澤. 澤鍾金而含水, 爨以木火, 鼎亨孰物之象. 鼎亨孰以養人, 猶聖君興仁義之道, 以敎天下也. 故謂之鼎矣.」"라 함.

【元吉, 亨】'元吉'은 크게 吉함. 그러나 程頤는 《傳》에 "以卦才言也. 如卦之才, 可以致元亨也. 止當云'元亨', 文羨'吉'字. 卦才可以致元亨, 未便有元亨也. 〈彖〉復止云'元亨', 其羨明矣"라 하였고, 朱熹《本義》에도 "鼎烹飪之器, 爲卦下陰爲足, 二三四陽爲腹, 五陰爲耳, 上陽爲鉉, 有鼎之象. 又以巽木入離火, 而致烹飪鼎之用也. 故其卦爲鼎, 下巽, 巽也; 上離爲目, 而五爲耳. 有內巽順而外聰明之象. 卦自巽來, 陰進居五, 而下應九二之陽, 故其占曰'元亨'. 吉, 衍文也"라 하여, 이 구절은 '元亨'이어야 하며 '吉'은 衍文이라 하였음. '亨'은 형통함. 혹 '享'의 뜻으로 祭享. ○高亨은 "元, 大也. 筮遇此卦者, 大吉, 故曰「元吉」. 亨卽享字. 古人擧行享祀, 曾筮遇此卦, 故記之曰「亨」"이라 함. 王弼 注에 "吉然後, 乃亨. 故先'元吉'而後'亨'也. 鼎者, 成變之卦也. 革旣變矣, 則制器立法以成之焉. 變而无制亂, 可待也法. 制應時然後乃吉. 賢愚有別, 尊卑有序, 然後乃亨. 故先'元吉'而後乃'亨'"이라 하였고, 〈正義〉에 "鼎者, 器之名也. 自火化之後, 鑄金而爲此器, 以供亨飪之用, 謂之爲鼎. 亨飪成新, 能成新法. 然則鼎之爲器, 具有二義: 一有亨飪之用, 二有物象之法, 故〈象〉曰'鼎象也'. 明其有法象也. 〈雜卦〉曰:「革去, 故而鼎取新, 明其亨飪, 有成新之用. 此卦明聖人革命, 示物法象, 惟新其制, 有鼎之義. 以木巽火, 有鼎之象, 故名爲鼎焉. 變故成新,

必須當理, 故先'元吉'而後乃'亨'. 故曰'鼎: 元吉, 亨'也"라 함.《集解》에 "虞翻曰:「〈大壯〉
上之初, 與〈屯〉旁通. 天地交柔, 進上行得中, 應乾五剛, 故'元吉, 亨'也.」"라 함.


## (2) 彖辭와 象辭

彖曰: 鼎, 象也. 以木巽火, 亨飪也.
聖人亨以享上帝, 而大亨而養聖賢.
巽而耳目聰明, 柔進而上行, 得中而應乎剛, 是以元亨.
★象曰: 木上有火, 鼎. 君子以正位凝命.

〈언해〉彖(단)애 골오디 鼎(뎡)은 象(샹)이니, 木(목)으로써 火(화)를 巽(손)홈이, 亨飪
(펑임)홈이니,

聖人(셩인)이 亨(펑)ᄒ야 뻐 上帝(샹뎨)끠 享(향)ᄒ고, 大亨(대펑)ᄒ야 뻐 聖賢
(셩현)을 養(양)ᄒ니라.

巽(손)ᄒ고 耳目(이목)이 聰明(총명)ᄒ며, 柔(유)ㅣ 進(진)ᄒ야 上行(샹힝)ᄒ고,
中(듕)을 得(득)ᄒ야 剛(강)을 應(응)혼 디라, 일로써 元亨(원형)ᄒ니라.

★象(샹)애 골오디 木上(목샹)애 火(화)ㅣ 이숌이, 鼎(뎡)이니, 君子(군ᄌ)ㅣ 以
(이)ᄒ야 位(위)를 正(졍)ᄒ야 命(명)을 凝(응)ᄒᄂ니라.

〈해석〉彖: 정괘는 상징을 가지고 있다. 나무(巽)로서 불(利)에 넣어 순종하며 타서
음식을 만들어내는 것이니,

성인이 음식을 만들어 이로써 하느님께 제사를 드리고, 많은 양의 음식을 만들
어 이로서 성현을 길러낸다.

순종(巽)하여 귀와 눈이 총명하며, 부드러움(巽)이 나서서 위로 올라가고, 가운
뎃자리(九二와 六五)를 차지하여 강한 것에 호응하고 있기 때문에, 이 까닭으로
크게 형통한 것이다.

★象: 나무(巽) 위에 불(利)이 위에 있는 구조가 정괘의 괘상이다. 군자는 이러한
원리를 바탕으로 하여 자리를 바르게 하고 명령을 엄정하게 수행하는 것이다.

【鼎, 象也】鼎은 象徵임. 정은 여러 가지 상징적 의미를 담고 있음. 王弼 注에 "法象也"라 하였고, 〈正義〉에 "'鼎, 象也'者, 明鼎有亨飪, 成新之法象也"라 함. 《傳》에 "卦之爲鼎, 取鼎之象也. 鼎之爲器, 法卦之象也(一作法象之器也). 有象而後有器, 卦復用器而爲義也. 鼎, 大器也, 重寶也. 故其制作形模, 法象无嚴, 鼎之名正也. 古人訓方. 方, 實正也. 以形言則耳, 對植於上, 足分峙於下, 周圓內外, 高卑厚薄, 莫不有法而至正. 至正然後, 成安重之象, 故鼎者法象之器. 卦之爲鼎, 以其象也"라 함.

【以木巽火, 亨飪也】'以木巽火'는 木巽으로, 火(離)를 받치고 있음. 즉 하괘(巽)는 木을, 상괘(離)는 火를 의미함. 즉 불이 타고 있는데 밑에서 계속 땔감을 넣어주고 있음. 이는 음식물을 조리하기 위해 불을 지키고 있는 형상임을 말함. '亨飪'은 烹飪, 즉 조리를 함. '亨'은 烹의 初文. 王弼 注에 "亨飪, 鼎之用也"라 하였고, 〈正義〉에 "'以木巽火, 亨飪也'者, 此明上下二象, 有亨飪之用, 此就用釋卦名也"라 함. 《集解》에 "荀爽曰:「震入離下, 中有乾象, 木火在外, 金在其內, 鼎鑊烹飪之象也.」 ○虞翻曰:「六十四卦, 皆觀〈繫辭〉而獨於鼎言'象', 何也? 象事知器. 故獨言象也.」 ○九家《易》曰:「鼎言象者, 卦也. 木火互有乾兌, 乾金兌澤. 澤者, 水也. 爨以木火, 是鼎鑊烹飪之象. 亦象三公之位, 上則調和陰陽, 下而撫毓百姓, 鼎能熟物養人, 故云'象'也. 牛鼎受一斛, 天子飾以黃金, 諸侯白金. 三足以象三台, 足上皆作鼻目爲飾也. 羊鼎五斗, 天子飾以黃金, 諸侯白金, 大夫以銅. 豕鼎三斗, 天子飾以黃金, 諸侯白金, 大夫銅士鐵, 三鼎形同. 烹飪煮肉, 上離陰炙, 爲肉也.」"라 함.

【聖人亨以享上帝, 而大亨而養聖賢】'聖人亨以享上帝'는 성인은 이처럼 亨(烹)하여 이로써 上帝에게 祭享을 올림. '亨'은 烹의 初文이며 烹飪(調理, 料理)을 뜻함. '而大亨而養聖賢'은 임금은 이렇게 크게 음식을 마련하여(大亨, 大烹), 聖賢을 기름. '大亨'(大烹)은 군주가 많은 음식을 조리함을 뜻함. '養聖賢'은 養賢에 聖자를 더 추가한 것. 나라를 다스림은 성현에게 먹을 것을 풍족하게 공급하는 일이 우선임을 비유함. 王弼 注에 "亨者, 鼎之所爲也. 革去, 故而鼎; 成新, 故爲亨飪, 調和之器也. 去故取新, 聖賢不可失也. 飪, 熟也. 天下莫不用之, 而聖人用之, 乃上以享上帝, 而下以大亨, 養聖賢也"라 하였고, 〈正義〉에 "聖人亨以享上帝, 而大亨以養聖賢'者, 此明鼎用之美, 亨飪所須, 不出二種: 一供祭祀, 二當賓客. 若祭祀, 則天神爲大; 賓客, 則聖賢爲重, 故擧其重大, 則輕小可知. 享帝直言亨, 養人則言大亨者, 享帝尙質特牲而已. 故直言亨, 聖賢旣多養, 須飽飫, 故'亨'上加'大'字也"라 함. 《集解》에 "虞翻曰:「聖人謂乾, 初四易位, 體大畜. 震爲帝, 在乾天上, 故曰'上帝'. 體〈頤〉象, 三動〈噬嗑〉食, 故以享上帝也. 大亨, 謂天地養萬物, 聖人養賢, 以及萬民. 賢之能者, 稱聖人矣.」"라 함. 《本義》에 "以卦體二象, 釋卦名義. 因極其大而言之, 享帝貴誠, 用犢而已. 養賢, 則饔飧牢, 禮當極其盛, 故曰'大亨'"이라 함.

【巽而耳目聰明】巽(火, 明, 文明, 順)이 상괘에 있으며, 그런 불빛으로 인해 귀와 눈이 順理에 따라 총명함. '聰明'의 原義는 귀로 듣고 잘 알아차리는 똑똑함을 '聰'이라 하고, 눈으로 보아 민첩하게 깨닫는 것을 '明'이라 하였으나, 이를 묶어 사리에 밝고 靈敏함을 뜻하는 말로 쓰임.《尙書》堯典에 "昔在帝堯, 聰明文思, 光宅天下"라 하였고, 孔穎達 疏에 "言聰明者, 據人近驗, 則聽遠爲聰, 見微爲明. ……以耳目之聞見, 喩聖人之智慧, 兼知天下之事"라 함. 따라서 신하를 의미하는 하괘 '巽'은 遜(謙遜), 順의 뜻이 있어, 군주 상괘(離)의 빛을 받아 총명함을 다해 順從하며 받들고 있음. 王弼 注에 "聖賢獲養, 則己不爲而成矣. 故巽而耳目聰明也"라 하였고, 〈正義〉에 "'巽而耳目聰明'者, 此明鼎用之益. 言聖人旣能謙巽, 大養聖賢. 聖賢獲養, 則憂其事而助, 於己明目達聰. 不勞己之聰明, 則不爲而成矣"라 함.《集解》에 "虞翻曰:「謂三也. 三在巽上, 動成坎, 離有兩坎·兩離. 象乃稱聰明, 日月相推而明生焉. 故巽而耳目聰明, 眇能視不足, 以有明聞. 言不信聰不明, 皆有一離一坎象, 故也.」"라 함.

【柔進而上行, 得中而應乎剛, 是以元亨】'柔進而上行, 得中而應乎剛'은 下卦(遜)의 初六이 陰爻로 柔弱함에도 앞으로 나아가, 위의 上卦(離)의 六五(君位)로 올라가 得中함과 아울러, 자신의 配匹인 九四(陽爻)에게 正應을 이루고 있음. '是以元亨'은 이러한 괘상으로 인해 크게 형통한 것임. 그러나 ○高亨은 "'元'下當有'吉'字, 轉寫脫去. 〈經文〉曰'元吉', 〈傳文〉亦當曰'元吉, 亨', 明矣. 〈卦辭〉云'元吉, 亨'者, 元, 大也; 亨, 通也. 此言大吉而亨通也"라 하여, '是以元吉亨'이어야 한다 하였음. 王弼 注에 "謂五也. 有斯二德, 故能成新而獲大亨也"라 하였고, 〈正義〉에 "'柔進而上行, 得中而應乎剛, 是以元亨'者, 此就六五釋, 元吉亨以柔進上行體, 已獲通得中應剛, 所通者大, 故能制法成新, 而獲大亨也"라 함.《集解》에 "虞翻曰:「柔謂五. 得上中應, 乾五剛巽爲進, 震爲行非, 謂應二剛與〈睽〉五, 同義也.」"라 함.《傳》에 "上旣言鼎之用矣, 復以卦才. 言人能如卦之才, 可以致元亨也. 下體巽爲巽順於理, 離明而中虛, 於上爲耳目聰明之象. 凡離在上者, 皆云柔進而上行. 柔在下之物, 乃居尊位, 進而上行也. 以明居尊, 而得中道, 應乎剛能, 用剛陽之道. 五居中而又以柔, 而應剛爲得中道, 其才如是, 所以能'元亨'也"라 하였고,《本義》에 "以卦象卦體卦變, 釋卦辭"라 함.

★【木上有火, 鼎】木(巽) 위에 火(離)가 있는 구조로 되어 있는 것이 鼎卦의 卦形임을 말함. 〈正義〉에 "木上有火, 卽是以木巽火, 有亨飪之象, 所以爲鼎也"라 함.《集解》에 "荀爽曰:「木火相因, 金在其間, 調和五味, 所以養人, 鼎之象也.」"라 함.

【君子以正位凝命】군자는 이 鼎卦의 원리를 근거로 秩位를 정확히 하고 命令을 굳건히 받듦. '正位'는 端正하게 그 地位에 거하고 있음. '凝'은 〈釋文〉에 "凝, 成也"라 하였으

며, 嚴正함을 뜻함. ‘正位凝命’은 나무가 위로 불타고 올라 팽임의 상징을 바르게 하고 있어 단정하게 그 위치에 있으며, 엄정하게 명령을 지키고 있음을 뜻함. 王弼 注에 “凝者, 嚴整之貌也; 鼎者, 取新成變者也. 革去, 故而鼎成. 新正位者, 明尊卑之序也; 凝命者, 以成敎命之嚴也”라 하였고, 〈正義〉에 “‘君子以正位凝命’者, 凝者, 嚴整之貌也. 鼎旣成新, 卽須制法制, 法之美, 莫若上下有序. 正尊卑之位, 輕而難犯, 布嚴凝之命, 故君子象此, 以正位凝命也”라 함. 《集解》에 “虞翻曰:「君子謂三也. 鼎五爻失正, 獨三得位, 故以正位. 凝, 成也. 體〈姤〉謂陰始凝初, 巽爲命, 故‘君子以正位凝命’也.」”라 함. 《傳》에 “木上有火, 以木巽火也. 亨飪之象, 故爲鼎. 君子觀鼎之象, 以正位凝命. 鼎者, 法象之器, 其形端正. 其體安重, 取其端正之象, 則以正其位, 謂正其所居之位. 君子所處, 必正其小至於席, 不正不坐, 毋跛·毋倚, 取其安重之象, 則以凝其命令, 安重其命令也. 凝, 聚止之義, 謂安重也. 今世俗有‘凝然’之語, 以命令而言耳. 凡動爲皆當安重也”라 하였고, 《本義》에 “鼎, 重器也. 故有正位凝命之意. 凝, 猶至道不凝之凝. 傳所謂協于上下, 以承天休者也”라 함.

## (3) 爻辭와 象辭

初六: 鼎顚趾, 利出否. 得妾以其子, 无咎.
☆象曰:「鼎顚趾」, 未悖也;「利出否」, 以從貴也.

〈언해〉 初六(초륙)은, 鼎(뎡)이 趾(지)ㅣ 顚(뎐)ᄒᆞ나, 否(비)를 出(츌)홈이 利(리)ᄒᆞ니, 妾(쳡)을 得(득)ᄒᆞ면 그 子(ᄌ)로ᄡᅥ, 咎(구)ㅣ 업게 ᄒᆞ리라.[《本義》: 否(비)를 出(츌)호미 利(리)ᄒᆞ고, 妾(쳡)을 得(득)ᄒᆞ야 ᄡᅥ 그 子(ᄌ)를 홈이니 咎(구)ㅣ 업ᄉᆞ리라]
☆象(상)애 ᄀᆞᆯ오디 「鼎顚趾」나, 悖(패)티 아니ᄒᆞ고,
「利出否」는, ᄡᅥ 貴(귀)를 從(죵)홈이라.

〈해석〉 [初六](--): 솥의 발을 뒤집어 놓은 것이지만, 솥 안에 남았던 나쁜 찌꺼기를 쏟아버리는 것이 이로우니(더러운 것을 없애버리는 것이 이롭고), 첩을 얻으면 그 아들로 인해 허물이 없게 하리라(첩을 얻어서 이로써 그 아들을 삼는 것이니, 허물은 없을 것이다).
☆象: “솥발이 뒤집어진다”하였으나, 어긋나지 아니하고,
“더러운 것을 없애버림이 이롭다”함은, 이로써 귀한 자를 따름을 말한다.

【初六】이는 전괘의 시작이며, 下卦(巽, 風, 木, 遜)의 시작. 陰爻로 位不當하나 九四와 正應을 이루어 謙讓과 柔弱을 지켜 조리의 준비와 시작에 만반의 준비로 끝나야 함. 한편 이 괘의 여섯 효는 모두 占辭이며 꿈을 꾼 것을 점으로 친 것이라 함.

【鼎顚趾, 利出否】'鼎顚趾'는 鼎의 세 발이 거꾸로 됨. 위로 향함. '顚'은 '쏟아버리다'의 뜻. '趾'는 솥 발. 솥을 거꾸로 하여 솥 안에 남은 음식물을 모두 쏟아버리며 씻어내는 꿈을 꾼 것임. ○高亨은 "鼎顚趾者, 漑鼎之時, 鼎口在下, 鼎足在上, 以傾除其中之穢汚也"라 함.《集解》에 "虞翻曰:「趾, 足也. 應在四.〈大壯〉·〈震〉爲足, 折入大過, 大過, 顚也. 故'鼎顚趾'也.」"라 함. '利出否'는 솥 안에 남아있던 묵은 음식물을 말끔히 쏟아버리는 것이 유리함. '惡人을 逐出(逐黜)하는 것이 이롭다'의 뜻. '出'은 黜의 뜻. '否'는 '나쁜 자', 朝廷의 惡人을 뜻함. ○高亨은 "此'否'字, 指奸惡之臣. '出否', 謂貶黜奸惡之臣也"라 함. 王弼 注에 "凡陽爲實而陰爲虛. 鼎之爲物, 下實而上虛, 而今陰在下, 則是爲覆鼎也. 鼎覆, 則趾倒矣. 否, 謂不善之物也"라 하였고,〈正義〉에 "'鼎顚趾', 趾, 足也. 凡陽爲實而陰爲虛, 鼎之爲物, 下實而上虛. 初六居鼎之始, 以陰處下, 則是下虛. 下虛而鼎足倒矣. 故曰'鼎顚趾'也. '利出否'者, 否者, 不善之物. 鼎之倒趾, 失其所利, 鼎覆而不失其利, 在於寫出否穢之物也. 故曰'利出否'也"라 함.

【得妾以其子, 无咎】'得妾以其子'는 아들이 없어 첩을 맞아들여 아들을 낳음. 妾이 아들을 낳아 그를 正妻로 세움. '无咎'는 허물은 없음. 常理에 어긋나지 않음. ○高亨은 "得妾以其子者, 以, 猶與也. 蓋妾固曾爲人婦, 且有子焉, 今携其子歸我也. 此殆古代故事, 蓋有人娶妾, 有其先夫之子從焉, 筮遇此爻, 終歸无咎, 故記之曰「得妾以其子, 无咎」"라 하여, 첩을 얻었는데 그가 전 남편 所生의 아들을 함께 데리고 온 상황에서 친 점일 것이라 하였음. 그러나 孔穎達은 '以'는 '이유, 때문'의 뜻으로, '첩을 정처로 삼는 것은 常理에 어긋나지만, 아이를 귀하게 여기는 이유로 그 첩을 정처로 삼는 것은 허물이 되지 않음'의 뜻으로 보기도 함. 이 효는 鼎足에 해당하며 위로 九四와 正應하여, 그 때문에 옛 것을 버리고 새롭게 첩을 맞아 새롭게 시작함을 뜻함. 王弼 注에 "取妾以爲室主, 亦顚趾之義也. 處鼎之初, 將在納新, 施顚以出穢, 得妾以爲子, 故'无咎'也"라 하였고,〈正義〉에 "'得妾以其子, 无咎'者, 妾者, 側媵, 非正室也. 施之於人正室, 雖亡妾, 猶不得爲室主. 妾爲室主, 亦猶鼎之顚趾而有咎過. 妾若有賢子, 則母以子貴, 以之繼室, 則得无咎, 故曰'得妾以其子, 无咎'也"라 함.《集解》에 "虞翻曰:「初陰在下, 故'否'. 利出之四, 故曰'利出'. 兌爲妾, 四變得正成震. 震爲長子, 繼世守宗廟, 而爲祭主, 故'得妾以其子, 无咎'矣.」"라 함.《傳》에 "六, 在鼎下趾之象也. 上應於四, 趾而向上, 顚之象也. 鼎覆則趾顚, 趾顚則覆其實矣, 非順道也. 然有當顚之時, 謂傾出敗惡以致潔, 取新則可也. 故顚趾利在於出否.

否, 惡也. 四近君大臣之位, 初在下之人而相應, 乃上求於下, 下從其上也. 上能用下之善, 下能輔上之爲, 可以成事, 功乃善道, 如鼎之顚趾. 有當顚之時, 未爲悖理也. '得妾以其子, 无咎', 六陰而卑, 故爲妾. 得妾, 謂得其人也. 若得良妾, 則能輔助其主, 使无過咎也. 子, 主也. 以其子, 致其主於无咎也. 六陰居下而卑, 巽從陽妾之象也. 以六上應四, 爲顚趾而發 此義, 初六本无才德可取, 故云'得妾', 言得其人, 則如是也"라 하였고, 《本義》에 "居鼎之 下, 鼎趾之象也. 上應九四, 則顚矣. 然當卦初, 鼎未有實, 而舊有否惡之積焉. 因其顚而出 之, 則爲利矣. 得妾而因得其子, 亦由是也. 此爻之象如此, 而其占无咎. 蓋因敗以爲功, 因 賤以致貴也"라 함.

☆【「鼎顚趾」, 未悖也】 '未悖'는 아직은 어그러진 상황은 아님. '悖'는 悖亂의 뜻. 常理 에 벗어나는 것이 아님. 王弼 注에 "倒以寫否, 故未悖也"라 하였고, 〈正義〉에 "〈象〉曰'未 悖也'者, 倒趾以出否, 未爲悖逆也"라 함. 《集解》에 "荀爽曰:「以陰乘陽, 故未悖也.」"라 함. 《傳》에 "鼎覆而趾顚, 悖道也. 然非必爲悖者, 蓋有傾出否惡之時也"라 함.

【「利出否」, 以從貴也】 '以從貴'는 이유는 귀한 자를 좇기 때문. 귀한 자는 정을 이루 고 있는 九四를 가리킴. 〈正義〉에 "'以從貴'者, 舊, 穢也; 新, 貴也. 棄穢納新, 所以從貴 也. 然則去妾之賤名, 而爲室主, 亦從子貴也"라 함. 《集解》에 "虞翻曰:「出初之四, 承乾 五, 故'以從貴'也.」"라 함. 《傳》에 "去過而納新, 瀉惡而受美, 從貴之義也. 應於四, 上從 於貴者也. 本義鼎而顚趾, 悖道也, 而因可出否以從貴, 則未爲悖也. '從貴', 謂應四亦爲取 新之意"라 함.


## 九二: 鼎有實. 我仇有疾, 不我能卽, 吉.
## ☆象曰:「鼎有實」, 愼所之也;「我仇有疾」, 終无尤也.

〈언해〉 九二(구이)는, 鼎(뎡)애 實(실)이 이시나, 내 仇(구)ㅣ 疾(질)이 이시니, 내게 能 (능)히 卽(즉)디 몯게 ᄒᆞ면, 吉(길)ᄒᆞ리라.[《本義》: 鼎(뎡)애 實(실)이 인ᄂᆞᆫ 디 라, 내 仇(구)ㅣ 疾(질)이 이시니, 내게 能(능)히 卽(즉)디 몯홈이니]
　　　☆象(샹)애 ᄀᆞᆯ오디「鼎有實」이나, 나갈 빠를 愼(신)홀 디니,
　　　「我仇有疾」은 ᄆᆞᄎᆞᆷ내 尤(우)ㅣ 업스리라.
〈해석〉 [九二](-): 솥에 실제 음식물이 들어있으나, 내 짝(六五)이 병에 들어, 능히 나에게 다가오지 못하게 하면, 길하리라.(솥 안에 실제 음식물이 있는 지라, 내 짝이 질환이 있으니, 나에게 능히 다가오지 못함이니)

☆象: "솥에 실제 음식물이 있다"하였으나, 나가는 것을 삼갈 것이니,
"내 짝이 질병이 있다"함은, 마침내 탓할 것이 없으리라.


【九二】이는 하괘(巽)의 중앙에 위치하여 得中함. 그러나 陽爻로 陰位에 있어 位不
當함. 다만 六五(君位)와 正應을 이루어 끝내 허물은 없음.

【鼎有實】'鼎有實'은 솥 안에 음식물 實物이 있음. 빈 솥인 줄 알았으나 솥 안에 밥
이 있는 꿈을 꾼 것임.

【我仇有疾, 不我能卽, 吉】'我仇有疾'은 나의 짝인 六五가 아래 세 陽爻(九二, 九三,
九四)가 치고 올라옴에 지쳐 병이 들었음. 역시 꿈속의 일임. 그러나 '疾'은 疾視(嫉視,
反對, 嫌猜)의 뜻으로 봄. '仇'는 짝. 배필. 《爾雅》에 "仇, 匹也"라 하였고, 《詩》(關雎)
"君子好逑"의 〈毛傳〉에 "逑, 匹也"라 함. 혹 '원수'(讐), 적대관계에 있는 자. 革新을 반대
하는 자. 또는 곁에 있는 자라고도 함. '不我能卽'은 나에게 능히 가까이 다가와서 해를
끼치지 못하도록 함. '卽'은 가까이 접근함. 그러나 《說文》에는 "卽, 就食也"라 하였음.
이 효는 陽剛하고 充實하며 六五와 正應하여 강하게 革新을 추진하는 重臣임. 반대하는
자가 있으나 끝내 해를 면하고 좋은 결과를 얻게 될 것임. 그러나 ○高亨은 "此殆古代故
事. 蓋有人陳鼎, 鼎中有食物, 方將食之, 而其妻病, 不能與之就食. 筮遇此爻, 終歸於吉,
故記之曰「鼎有實, 我仇有疾, 不我能卽, 吉」"이라 함. 王弼 注에 "以陽之質, 處鼎之中,
有實者也. 有實之物, 不可復加益之, 則溢反傷其實. 我仇, 謂五也. 困於乘剛之疾, 不能就
我, 則我不溢, 得全其吉也"라 하였고, 〈正義〉에 "'鼎有實, 我仇有疾, 不我能卽, 吉'者,
實, 謂陽也; 仇, 是匹也; 卽, 就也. 九二以陽之質, 居鼎之中, 有實者也. 故曰'鼎有實'也.
有實之物, 不可復加也. 加之則溢而傷其實矣. 六五我之仇匹, 欲來應我, 困於乘剛之疾, 不
能就我, 剛我不溢, 而全其吉也. 故曰'我仇有疾, 不我能卽, 吉'也"라 함. 《集解》에 "虞翻
曰:「二爲實, 故'鼎有實'也, 坤爲我, 謂四也. 二據四婦, 故相與爲仇. 謂三變時四體坎, 坎
爲疾, 故'我仇有疾'. 四之二歷險, 二動得正, 故'不我能卽, 吉'.」"이라 함. 《傳》에 "二以剛
實, 居中鼎中, 有實之象. 鼎之有實, 上出則爲用, 二陽剛有濟用之才, 與五相應, 上從六五
之君, 則得正而其道可亨. 然與初密比, 陰從陽者也. 九二居中而應中, 不至失正己, 雖自守
彼必相求, 故戒能遠之, 使不來卽我, 則吉也. 仇, 對也. 陰陽相對之物, 謂初也. '相從',
則非正而害義, 是有疾也. 二當以正自守, 使之不能來就己. 人能自守以正, 則不正不能(一
有以字)就之矣, 所以吉也"라 하였고, 《本義》에 "以剛居中, 鼎有實之象也. '我仇', 謂初.
陰陽相求而非正, 則相陷於惡而爲仇矣. 二能以剛中自守, 則初雖近不能以就之矣. 是以其
象如此, 而其占爲如是, 則吉也"라 함.

☆【「鼎有實」, 愼所之也】 '愼所之'는 가는 바를 신중히 생각함. 신중하게 나섬. 王弼注에 "有實之鼎, 不可復有所取, 才任已極, 不可復有所加"라 하였고, 〈正義〉에 "〈象〉曰 '愼所之'者, 之, 往也. 自此已往, 所宜愼之也"라 함. 《集解》에 "虞翻曰:「二變之正, 艮爲愼.」"이라 함. 《傳》에 "鼎之有實, 乃人之有才業也. 當愼所趨向, 不愼所往, 則亦陷於非義. 二能不暱於初, 而上從六五之正應, 乃是'愼所之'也"라 함.

【「我仇有疾」, 終无尤也】 '終无尤'는 끝마침은 허물이나 災害가 없음. 〈正義〉에 "終无尤也'者, 五旣有乘剛之疾, 不能加我, 則我終无尤也"라 함. 《集解》에 "虞翻曰:「不我能卽, 吉', 故'終无尤'也.」"라 함. 《傳》에 "'我仇有疾', 擧上文也. 我仇對己者, 謂初也. 初比己而非正, 是有疾也. 旣自守以正, 則彼不能卽我, 所以'終无過尤'也"라 하였고, 《本義》에 "有實而不愼(一作謹)其所往, 則爲仇, 所卽而陷於惡矣"라 함.

## 九三: 鼎耳革, 其行塞, 雉膏不食, 方雨, 虧, 悔, 終吉.
## ☆象曰:「鼎耳革」, 失其義也.

〈언해〉 九三(구삼)은, 鼎(뎡)의 耳(이) ] 革(혁)ᄒ야, 그 行(ᄒᆡᆼ)이 塞(식)ᄒ야, 雉膏(티고)를 食(식)디 몯ᄒ나 뵈야호로 雨(우)ᄒ야, 虧(휴)ᄒ 悔(회) ] ᄆᆞᄎᆞ매 吉(길)ᄒ리라.[《本義》: 鼎(뎡)의 耳(이) ] 革(혁)ᄒ 디라, 그 行(ᄒᆡᆼ)이 塞(식)ᄒ야, 雉膏(티고) ] 食(식)ᄒ이디 몯ᄒ나, 뵈야호로 雨(우)ᄒ야, 悔(회) ] 虧(휴)홈이니]
☆象(샹)애 ᄀᆞᆯ오디 「鼎耳革」은, 그 義(의)를 失(실)홀 시라.

〈해석〉 [九三](一): 솥의 귀가 떨어져나가, 그 행동이 막혀, 꿩고기 기름진 것을 먹을 수 없으나, 바야흐로 비가 오려 하여, 떨어져 사라진 솥의 귀에 대한 회한이 있지만 마침내 길하리라.(솥의 귀가 떨어져나갔기에 그 행동이 막혀, 꿩의 기름진 음식을 먹어주는 자가 없으나, 바야흐로 비가 내려, 안타까워하는 것이 그 잃은 솥의 귀이니)
☆象: "솥의 귀가 떨어져 나갔다"함은, 그 마땅함을 상실했기 때문이다.

【九三】 이는 하괘(巽)의 가장 윗자리이며 陽爻로 位正當함. 나무를 다 태우고 위로 향해 조리를 센 불로 익힘. 그러나 上九와 正應을 이루지 못함.
【鼎耳革, 其行塞, 雉膏不食】 '鼎耳革'의 革은 떨어져 나감. 솥귀가 떨어져나가는 꿈을 꾼 것임. 鼎耳는 六五(君位, 主爻)를 가리킴. '其行塞'은 그 가는 길이 막혀 있음.

○高亨은 "鼎耳革者, 鼎之耳脫去也. 凡鼎其實, 則以鉉貫耳而擧之, 移之食處, 其耳脫去, 則不能行, 故曰「鼎耳革, 其行塞」也"라 함. 그러나 '사냥에 나갔으나 아무런 소득이 없음'의 뜻이라고도 함. '雉膏不食'은 꿩고기가 기름져 좋은 맛이지만 먹어주는 자가 없음. 〈正義〉에 "'鼎耳革, 其行塞'者, 鼎之爲義, 下實上虛, 是空以待物者也. 鼎耳之用, 亦宜空以待鉉. 今九三處下, 體之上當, 此鼎之耳, 宜居空之地, 而以陽居陽, 是以實處實者也. 旣實而不虛, 則變革, 鼎耳之常義也. 常所納物, 受鉉之處, 今則塞矣. 故曰'鼎耳革, 其行塞'也. '雉膏不食'者, 非直體實不受, 又上九不應於已, 亦无所納, 雖有其器, 而无所用; 雖有雉膏, 而不能見食也. 故曰'雉膏不食'"이라 함. 《集解》에 "虞翻曰:「動成兩坎, 坎爲耳, 而革在乾, 故'鼎耳革'. 初四變時, 震爲行鼎以耳行, 伏坎震折而入乾, 故'其行塞'. 離爲雉, 坎爲膏, 初四已變, 三動體頤, 頤中无物, 離象不見, 故'雉膏不食'.」"이라 함.

【方雨, 虧, 悔, 終吉】바야흐로 비가 오니, 그 상실한 솥귀에 대한 회한이 있지만 마침내는 길할 것임. '虧'는 '減少하다, 消失되다'의 뜻. '悔, 終吉' 애석함을 느끼지만 끝내 허물은 없을 것임. 이 효는 陽剛하며 勢盛하여 革新에 대한 강한 욕망을 가지고 있으나 六五(군주)와 짝이 되는 爻가 아님으로 인해 互應해주지 않아 갈등을 빚고 있음. 이에 막혀서 자신이 꿩고기의 좋은 음식을 마련해 두었으나 받아주는 이가 없음. 그러나 끝내 陰陽交和의 상징인 비가 내리지만 이조차 줄어들어 회한을 느끼나 결과는 좋을 것임. ○高亨은 "以鉉擧鼎, 將移食處, 而鼎耳脫去, 其行塞止, 鼎中雉膏猶未食, 適値天之方雨, 鼎耳旣損, 雉膏亦虧, 可謂悔矣. 然鼎耳可重修, 雉膏可更調, 是爲終吉. 故曰「鼎耳革, 其行塞, 雉膏不食, 方雨虧悔, 終吉」"이라 함. 王弼 注에 "鼎之爲義, 虛中以待物者也, 而三處下體之上, 以陽居陽, 守實无應无, 所納受耳. 宜空以待鉉, 而反全其實塞, 故曰'鼎耳革, 其行塞'. 雖有雉膏, 而終不能食也. 雨者, 陰陽交和, 不偏亢者也. 雖體陽爻, 而統屬陰卦, 若不全任剛亢, 務在和通. 方雨則悔, 虧終則吉也"라 하였고, 〈正義〉에 "'方雨, 虧, 悔, 終吉'者, 雨者, 陰陽交和, 不偏亢者也. 雖體陽爻而統屬陰卦, 若不全任剛亢, 務在和通, 方欲爲此. 和通則悔, 虧而終獲吉, 故曰'方雨, 虧, 悔, 終吉'也"라 함. 《集解》에 "虞翻曰:「謂四已變, 三動成坤, 坤爲方, 坎爲雨, 故曰'方雨'. 三動虧乾, 而失位悔也. 終復之正, 故'方雨, 虧, 悔, 終吉'也.」"라 함. 《傳》에 "鼎耳, 六五也. 爲鼎之主, 三以陽居巽之上, 剛而能巽, 其才足以濟務. 然與五非應, 而不同五中而非正. 三正而非中, 不同也, 未得於君者也. 不得於君, 則其道何由而行革, 變革爲(一作謂)也? 三與五異而不合也. 其行塞不能亨也. 不合於君, 則不得其任, 无以施其用. 膏, 甘美之物, 象祿位雉, 指五也. 有文明之德, 故謂之雉. 三有才用而不得六五之祿位, 是不得雉膏食之也. 君子蘊其德, 久而必彰, 守其道, 其終必亨. 五有聰明之象, 而三終上進之物, 陰陽交暢, 則雨方. 雨且將雨也, 言五與三,

方將和合. 虧悔終吉(一无此二字), 謂不足之悔(一再有不足之悔字), 終當獲吉也. 三懷才而不偶, 故有不足之悔. 然其有陽剛之德, 上聰明而下巽, 正終必相得, 故吉也. 三雖不中, 以巽體, 故无過剛之失. 若過, 剛則豈能終吉?"이라 하였고,《本義》에 "以陽居鼎腹之中, 本有美實者也. 然以過剛失中, 越五應上, 又居下之極, 爲變革之時, 故爲鼎耳. 方革而不可擧移, 雖承上卦文明之腴, 有雉膏之美, 而不得以爲人之食. 然以陽居陽, 爲得其正, 苟能自守, 則陰陽將和而失其悔矣. 占者如是, 則初雖不利, 而終得吉也"라 함.

☆【「鼎耳革」, 失其義也】'失其義'는 그 마땅함을 잃음. '義'는 宜와 같음. 이는 鼎腹에 해당하므로 '비어있고 받아들이기만 하는 위치임에도 이 원리를 잊고 陽剛하여 마구 나섬'을 뜻함. 〈正義〉에 "〈象〉曰'失其義也'者, 失其虛中, 納受之義也"라 함.《集解》에 "虞翻曰:「鼎以耳行, 耳革行塞, 故'失其義'也.」"라 함.《傳》에 "始與鼎耳, 革異者, 失其相求之義也. 與五非應, 失求合之道也. 不中非同志之象也. 是以其行塞而不通. 然上明而下才, 終必和合, 故方雨而吉也"라 함.


## 九四: 鼎折足, 覆公餗, 其形渥, 凶.
## ☆象曰:「覆公餗」, 信如何也!

〈언해〉 九四(구亽)는, 鼎(뎡)이 足(죡)을 折(졀)ᄒ야 公(공)의 餗(속)을 覆(복)ᄒ니 그 形(형)이 渥(악)ᄒ 디라 凶(흉)토다.[《本義》: 刑(형)이 剸(옥)이라] 形渥作刑剸]
　　☆象(샹)애 ᄀᆞᆯ오디「覆公餗」ᄒ니, 信(신)이 엇더ᄒ뇨!

〈해석〉 [九四](一): 솥의 다리가 부러져, 임금의 진찬(珍饌)을 엎지르니, 그 모습이 모두 젖은 지라, 흉하도다.(형벌이 중하다.)
　　☆象: "임금의 진찬을 엎질렀다"하였으니, 그에 대한 믿음이 어떻겠는가!


【九四】 이는 상괘(離, 火)의 시작이며, 陽爻로 位不當함. 鼎腹에 해당하는 위치이며, 初六(鼎足)과 正應을 이루고 있음에도 바로 위의 六五(君位)에게 매달려 흉함.

【鼎折足, 覆公餗, 其形渥, 凶】'鼎折足, 覆公餗'은 솥의 다리가 부러져 王公에게 올릴 음식이 쏟아짐. 初六(鼎足)을 배신함을 뜻함. '公'은 王公, 貴人, 君王. 六五를 가리킴. '餗'은 珍饌. 八珍味를 갖춘 훌륭한 음식이라 함. 呂祖謙은 "八珍之具也"라 함. '其形渥, 凶'의 '渥'은 '젖다, 윤택하다' 또는 '부끄러워 땀이 나다, 음식에 젖다, 쏟아진 음식에 바닥에 낭자하다' 등의 뜻이라 함. 그러나 朱熹《本義》에는 "晁氏曰:「'形渥', 諸本作'刑

劇', 謂重刑也.」今從之"라 하여, '중형을 받다'의 뜻이라 하였으며, 〈諺解〉도 이를 따르고 있음. 이 역시 꿈을 꾼 내용이라 하며, 내용은 '덕이 박한 자가 허투루 행동하였음'을 의미한다 함. ○高亨은 "鼎之足折斷, 公之餗傾覆, 其餗之形渥然而沾濡, 此因不勝任以致債事之象也. 故曰「鼎折足, 覆公餗, 其形渥, 凶」"이라 함. 이 효는 六五 바로 밑에 있으며 初六과 正應함에도 陽爻로 陰位에 있어 位不當함. 이에 강한 革新의 욕구를 앞세우지만 자신의 임무를 감당하지 못하여, 거칠게 행동하다가 임금에게 바칠 음식을 쏟아 鼎에게 汚穢를 입히는 결과를 낳음. 王弼 注에 "處上體之下, 而又應初. 旣承且施, 非己所堪, 故曰'鼎折足'也. 初已出否, 至四所盛, 則已潔矣. 故曰'覆公餗'也. 渥, 沾濡之貌也. 旣覆公餗, 體爲渥沾, 知小謀大, 不堪其任, 受其至辱, 災及其身, 故曰'其形渥, 凶'也"라 하였고, 〈正義〉에 "'鼎折足, 覆公餗'者, 餗, 糝也, 八珍之膳, 鼎之實也. 初以出否, 至四所盛, 故當馨潔矣. 故以餗言之初, 處下體之下, 九四處上體之下, 上有所承, 而又應初, 下有所施, 旣承且施, 非己所堪, 故曰'鼎折足'. 鼎足旣折, 則覆公餗也. , 渥霑濡之貌也. 旣覆公餗, 體則渥霑也. 施之於人, 知小而謀大, 力薄而任重, 如此必受其至辱, 災及其身也. 故曰'其形渥, 凶'"이라 함. 《集解》에 "虞翻曰:「謂四變時. 震爲足, 足入折入兌, 故'鼎折足'. 兌爲形渥, 大形. 鼎足折, 則公餗覆, 言不勝任象, 入大過死凶, 故'鼎足折覆, 公餗其形渥, 凶'.」 ○九家《易》曰:「鼎者, 三足一體, 猶三公承天子也. 三公謂調陰陽, 鼎謂調五味, 足折餗覆, 猶三公不勝其任, 傾敗天子之美, 故曰'覆餗'也.」 ○案:「餗者, 雉膏之屬; 公者, 四爲諸侯, 上公之位, 故曰'公餗'.」"이라 함. 《傳》에 "四大臣之位, 任天下之事者也. 天下之事, 豈一人所能獨任? 必當求天下之賢智, 與之叶力. 得其人, 則天下之治, 可不勞而致也. 用非其人, 則敗國家之事, 貽天下之患. 四下應於初, 初陰柔小人, 不可用者也, 而四用之, 其不勝任而敗事, 猶鼎之折足也. 鼎折足, 則傾覆公上之餗. 餗, 鼎實也. 居大臣之位, 當天下之任, 而所用非人, 至於覆敗, 乃不勝其任, 可羞愧之甚也. '其形渥', 謂赧汗也. 其凶可知. 〈繫辭〉曰:「德薄而位尊, 知小而謀大, 力小而任重, 鮮不及矣.」 言不勝其任也. 蔽於所私, 德薄知小也"라 하였고, 《本義》에 "晁氏曰:「'形渥', 諸本作'刑劓, 謂重刑也', 今從之. 九四, 居上任重者也, 而下應初六之陰, 則不勝其任矣. 故其象如此, 而其占凶也"라 함.

☆【'覆公餗', 信如何也!】'信如何也'는 '진실로 그 결과가 어떠했겠는가!'의 뜻. 그러나 '信'은 원의대로 '그에 대한 신임이 어떠하겠는가!'의 뜻으로도 봄. 〈卦辭傳〉(下)에 "子曰:「德薄而位尊, 知小而謀大, 力小而任重, 鮮不及矣. 《易》曰:『鼎折足, 覆公餗, 其形渥, 凶.』言不勝其任也.」"라 함. 王弼 注에 "不量其力, 果致凶災, 信如之何!"라 하였고, 〈正義〉에 "〈象〉曰'信如何也'者, 言不能治之於未亂, 旣敗之後乃責之, 云'不量其力, 果致凶災, 災旣及矣. 信如之何也!'. 言信有此, 不可如何之事也"라 함. 《集解》에 "九家

《易》曰:「渥者, 厚大. 言皋重也. 旣覆公餗, 信有大皋, 刑罰當加, 无可如何也.」」라 함.
《傳》에 "大臣當天下之任, 必能成天下之治安, 則不誤君上之所倚·下民之所望. 與己致身, 任道之志, 不失所期, 乃所謂'信'也. 不然則失其職·誤上之委任, 得爲信乎? 故曰'信如何也!'"라 하였고, 《本義》에 "言失信也"라 함.


# 六五: 鼎黃耳·金鉉, 利貞.
## ☆象曰:「鼎黃耳」, 中以爲實也.

〈언해〉 六五(륙오)는, 鼎(뎡)이 黃(황)호 耳(이)오, 金(금)으로 호 鉉(현)이니, 貞(뎡)홈이 利(리)호니라.
　　☆象(샹)애 굴오디「鼎黃耳」는 中(듕)으로뻐 實(실)사므니라.
〈해석〉 [六五](--): 솥이 누런색의 귀요, 금(구리)로 만든 솥귀이니, 곧게 함이 이로우니라.
　　☆象: "솥의 누런색의 귀"라 함은, 가운데 자리로 실덕(失德)을 삼고 있다는 뜻이다.


　　【六五】 이는 君位이며 上卦(離)의 중앙에 위치하여 得中하였음. 鼎鉉(鼎杠)에 해당하는 부위이며, 다만 陰爻로 陽位에 있어 位不當함. 그러나 九二와 正應을 이루어 자신의 권위를 곧게 지키고 있어야 함.

　　【鼎黃耳金鉉, 利貞】 '鼎黃耳·金鉉'은 꿈에 본 그 鼎은 귀는 노란 색이며, 金(구리)로 된 솥귀였음. '黃'은 中央을 뜻하며 五行으로는 土에 해당함. 金은 剛堅한 물건임을 상징함. '鉉'은 솥귀(鼎杠, 솥을 들 수 있는 손잡이 부분). 《說文》에 "鉉, 擧鼎具也"라 함. '利貞'은 곧게 행동함이 유리함. ○高亨은 "金黃色, 云黃耳, 其質金可知也; 云金鉉, 其色黃可知也. 金爲堅貴之物, 黃爲吉祥之色. 是鼎黃耳金鉉者, 堅貴吉祥之象. 故曰「鼎黃耳金鉉, 利貞」"이라 함. 이 효는 솥을 들어 옮기는 革新의 상징에서 손잡이 부분에 해당하여 힘의 重心이 中央이며 剛堅하여 鼎革의 본령을 수행하기에 유리함. 王弼 注에 "居中以柔, 能以通理, 納乎剛正, 故曰'黃耳金鉉, 利貞'也. 耳黃則能納, 剛正以自擧也"라 하였고, 〈正義〉에 "'鼎黃耳金鉉, 利貞'者, 黃, 中也; 金, 剛也. 鉉, 所以貫鼎而擧之也. 五爲中位, 故曰'黃耳'. 應在九二, 以柔納剛, 故曰'金鉉'. 所納剛正, 故曰'利貞'也"라 함. 《集解》에 "虞翻曰:「離爲黃, 三變坎爲耳, 故'鼎黃耳'. 鉉謂三, 貫鼎兩耳. 乾爲金, 故'金

鉉'. 動而得正, 故'利貞'.」○干寶曰:「凡擧鼎者, 鉉也; 尙三公者, 王也. 金喩可貴中之美
也. 故曰'金鉉'. 鉉鼎, 得其物; 施令, 得其道, 故曰'利貞也.」라 함. 《傳》에 "五在鼎上,
耳之象也. 鼎之擧措在耳, 爲鼎之主也. 五有中德, 故曰'黃耳'. 鉉, 加耳者也. 二應於五,
來從於耳(一作五)者, 鉉也. 二有剛中之德, 陽體剛中色黃, 故爲'金鉉'. 五文明得中, 而應
剛二, 剛中巽體, 而上應才, 无不足也. 相應至善矣. 所利在貞固而已. 六五居中, 應中不
至於失正, 而質本陰柔, 故戒以貞固於中也"라 하였고, 《本義》에 "五於象爲耳, 而有中德,
故云'黃耳'. 金, 堅剛之物; 鉉, 貫耳以擧鼎者也. 五虛中以應九二之堅剛, 故其象如此, 而
其占則利在貞固而已. 或曰'金鉉', 以上九而言, 更詳之"라 함.

☆【鼎黃耳】, 中以爲實也】'中以爲實'은 이 효는 중앙에 위치하여 得中하였으며, 九
二(陽剛)과 正應을 이루어 그의 도움이 있으므로 해서 이를 實權으로 여김. 王弼 注에
"以中爲實, 所受不妄也"라 하였고, 〈正義〉에 "〈象〉曰'中爲實也'者, 言六五, 以中爲實,
所受不妄也"라 함. 《集解》에 "陸績曰:「得中承陽, 故曰'中以爲實'.」○宋衷曰:「五當耳,
中色黃, 故曰'鼎黃耳'. 兌爲金, 又正秋, 故曰'金鉉'. 公侯, 謂五也. 上尊故玉, 下卑故金.
金和良可柔屈, 喩諸侯順天子.」라 함. 《傳》에 "六五以得中爲善, 是以中爲實德也. 五之
所以聰明, 應剛爲鼎之主, 得鼎之道, 皆由得中也"라 함.


# 上九: 鼎玉鉉, 大吉, 无不利.
# ☆象曰:「玉鉉」在上, 剛柔節也.

〈언해〉上九(상구)는, 鼎(뎡)이 玉(옥)으로 혼 鉉(현)이니, 크게 吉(길)ᄒ야, 利(리)티
　　　아니미 업스니라.
　　　☆象(상)애 굴오디 玉鉉(옥현)이 上(상)애 이슘온 剛柔(강유)ㅣ 節(졀)홀 시라.
〈해석〉[上九](-): 솥에 옥으로 만든 귀가 있는 것이니, 크게 길하여, 이롭지 않음이
　　　없도다.
　　　☆象: "옥으로 만든 솥귀가 위에 있다"함은, 강한 것과 유한 것이 잘 조절하고
　　　있기 때문이다.


【上九】 이는 전괘의 極位에 있으며, 陽爻로 位不當함. 鼎耳에 해당하며 이제껏 烹
飪, 혹 革新을 완성한 위치임. 그러나 가장 윗자리로서 陽剛하여 아래 六五(君位)가
陰爻로서 柔弱한 임금임에, 자신이 대신 나서서 鼎卦의 鎭重함을 실천하되 溫潤한 덕

으로 해야 함.

【鼎玉鉉, 大吉, 无不利】'鼎玉鉉'은 鼎의 솥귀가 玉으로 되어 있는 꿈을 꾼 것임.
'玉'은 溫潤을 상징함. 陽剛에 溫潤을 더해야 함을 권고한 것. '大吉, 无不利'는 陽爻로
極位에 있어 크게 길함. ○高亨은 "玉鉉者, 以玉爲鉉也. 玉, 寶物也. 貞以玉鉉, 則爲寶鼎
可知矣. 寶鼎乃吉利之品. 筮遇此爻, 大吉而無不利, 故曰「鼎玉鉉, 大吉, 无不利」"라 함.
王弼 注에 "處鼎之終, 鼎道之成也. 居鼎之成, 體剛履柔, 用勁施鉉, 以斯處上, 高不誡亢,
得夫剛柔之節, 能擧其任者也. 應不在一, 則靡所不擧, 故曰'大吉, 无不利'也"라 하였고,
〈正義〉에 "'鼎玉鉉'者, 玉者, 堅剛而有潤者也. 上九居鼎之終, 鼎道之成, 體剛處柔, 則是
用玉鉉, 以自擧者也. 故曰'鼎玉鉉'也. '大吉, 无不利'者, 應不在一, 卽靡所不擧, 故得吉而
无不利"라 함. 《集解》에 "虞翻曰:「鉉謂三, 乾爲玉, 鉉體〈大有〉上九. 自天祐之位, 貴據
五, 三動承上, 故'大吉, 无不利'. 謂三虧悔, 應上成〈未濟〉, 雖不當位, 六位相應, 故剛柔
節. 〈象〉曰'巽耳目聰明', 爲此九三發也.」 ○干寶曰:「玉, 又貴於金者. 凡烹飪之事, 自鑊升
於鼎, 載於俎, 自俎入於口, 馨香上達, 動而彌貴, 故鼎之義, 上爻愈吉也. 鼎主烹飪, 不失
其和, 金玉鉉之, 不失其所, 公卿仁賢, 天王聖明之象也. 君臣相臨, 剛柔得節, 故曰'吉, 无
不利'.」라 함. 《傳》에 "〈井〉與〈鼎〉, 以上出爲用, 處終鼎功之成也. 在上鉉之象, 剛而溫者
玉也. 九雖剛陽, 而居陰履柔, 不極剛而能溫者也. 居成功之道, 唯善處而已. 剛柔適宜, 動
靜不過, 則爲'大吉, 无所不利'矣. 在上爲鉉, 雖居无位之地, 實當用也. 與他卦異矣, 〈井〉
亦然"이라 하였고, 《本義》에 "上於象爲鉉, 而以陽居陰, 剛而能溫, 故有玉鉉之象, 而其占
爲'大吉, 无不利'. 蓋有是德, 則如其占也"라 함.

☆【「玉鉉」在上, 剛柔節也】'玉鉉在上'은 玉鉉으로 가장 윗자리를 차지함. '剛柔節'은
자신의 陽剛과 六五의 柔弱을 잘 調節하여 調和시키고 있음. 〈正義〉에 "〈象〉曰'剛柔節'
者, 以剛履柔, 雖復在上, 不爲乾之亢龍, 故曰'剛柔節'也"라 함. 《集解》에 "宋衷曰:「以金
承玉, 君臣之節, 上體乾爲玉, 故曰'玉鉉'. 雖非其位, 陰陽相承, '剛柔之節'也.」"라 함.
《傳》에 "剛而溫, 乃有節也. 上居成功, 致用之地, 而剛柔中節, 所以'大吉, 无不利'也.「
〈井〉〈鼎〉皆以上出爲成功, 而〈鼎〉不云'元吉', 何也?」曰:「〈井〉之功用, 皆在上出, 又有
博施, 有常之德, 是以'元吉';〈鼎〉以烹飪爲功, 居上爲成德, 與〈井〉異, 以剛柔節, 故得'大
吉'也.」"라 함.

# 051 진震

䷲ 震爲雷: ▶震下震上(☳下☳上)

　*震(진): 〈音義〉에 "震, 止愼反. 動也"라 하여 '진(zhèn)'으로 읽음. '震'은 震動(振動), 震驚, 震懼, 恐怖 등 놀람과 두려움을 의미함. 아래위 모두 같은 小成卦 震(雷)으로 되어 있는 同卦相疊의 '震爲雷'의 괘체임. 거대한 우레가 연속해서 울려와 백 리 밖까지 들리는 형상임. 이로써 하늘의 위엄은 측량하기 어렵고, 災禍도 헤아리기 어려우니 오직 敬天脩德할 것을 경계한 것임. 또한 나라도 엄격한 법령으로 천하를 두렵고 놀라게 하여, 악을 눌러 안정을 이루려는 통치 방법을 뜻하며, 개인에게도 마땅히 법에 대한 두려움을 늘 생각하여 자신의 과오를 살피되 修身하여 위험에 빠지지 않도록 해야 함을 권고한 것임.

　*《集解》에 "〈序卦〉曰:「主器者, 莫若長子, 故受之以'震'.」震者, 動也.(崔憬曰:「鼎所以烹飪, 享於上帝主. 此器者, 莫若冢嫡以爲其祭主也. 故言'主器者, 莫若長子'也.」)"라 함.

　*《傳》에 "震', 〈序卦〉:「主器者, 莫若長子, 故受之以'震'.」鼎者, 器也. 震爲長男, 故取主器之義, 而繼鼎之後. 長子, 傳國家繼位號者也. 故爲主器之主. 〈序卦〉取其一義之大者, 爲相繼之義. 震之爲卦, 一陽生於二陰之下, 動而上者也. 故爲震. 震, 動也. 不曰'動'者, 震有動而奮發, 震驚之義. 乾坤之交, 一索而成震, 生物之長也. 故爲長男其象, 則爲雷. 其義則爲動雷, 有震奮之象, 動爲驚懼之義"라 함.


## (1) 卦辭

震: 亨. 震來虩虩, 笑言啞啞. 震驚百里, 不喪匕鬯.

〈언해〉震(진)은 亨(형)ᄒᆞ니, 震(진)이 來(리)ᄒᆞ욤애 虩虩(혁혁)ᄒᆞ면, 笑言(쇼언)이 啞啞(익익)ᄒᆞ리니,

　　　　震(진)이 百里(ᄇᆡ리)를 驚(경)ᄒᆞ욤애, 匕鬯(비챵)을 喪(상)티 아니 ᄒᆞᄂᆞ니라.

〈해석〉진(震, 진괘)은 형통하니, 우레가 다가옴에 두려워 혁혁(虩虩)하며 삼가야 하리

니, 웃음소리가 액액(啞啞)하고 있다.

우레가 백 리 먼 곳까지 놀라게 함에도, 제사를 올리며 비(匕)와 울창주를 놓치지 않고 계속 진행한다.

【震】卦名이며, 우레. 두 개의 우레를 겹쳐 놓아, 무섭고 두려운 震動, 震懼, 震驚을 의미하며, 법령의 두려움으로도 비유함.

【亨】亨通함. 그러나 ○高亨은 享(享祀)의 뜻이라 하였음. 이 상황은 제사를 올리려 할 때 우레가 연달아 울려와 점을 친 것이라 함. 王弼 注에 "懼以成, 則是以亨"이라 하였고, 〈正義〉에 "震, 亨'者, 震, 動也. 此象雷之卦, 天之威動, 故以震爲名. 震旣威動, 莫不驚懼, 驚懼以威, 則物皆整齊. 由懼而獲通, 所以震有亨德, 故曰'震, 亨'也"라 함. 《集解》에 "鄭玄曰:「震爲雷, 雷動物之氣也. 雷之發聲, 猶人君出政敎, 以動中國之人也. 故謂之震人君, 有善聲敎, 則嘉會之禮通矣.」"라 함. 《傳》에 "陽生於下而上進, 有亨之義. 又震爲動, 爲恐懼, 爲有主, 震而奮發, 動而進, 懼而脩, 有主而保, 大皆可以致亨, 故震而有亨"이라 함.

【震來虩虩, 笑言啞啞】우레가 몰려옴에 두려워하고 삼가야 함에도, 깔깔대며 웃는 이가 있음. '虩虩'는 두려워하여 삼감. 《集解》에 "虞翻曰:「臨二之四, 天地交, 故通. 虩虩, 謂四也. 來應初命, 四變而來應已. 四失位多懼, 故虩虩之. 內曰來也.」"라 함. '啞啞'은 웃음소리. '啞'은 '액'(烏客反)으로 읽음. 이 구절은 初九에도 있어 ○高亨은 "兩句, 與初九爻辭重複, 此當是衍文"이라 하였음. 한편 初九 爻辭에는 '後笑言啞啞'라 하여 '後'자가 더 있음으로 해서, "평상시처럼 아무 일 없다는 듯이 즐거워함"(乃言燕居之樂)이라 함. 王弼 注에 "震之爲義, 威至而後, 乃懼也. 故曰'震來虩虩', 恐懼之貌也. 震者, 驚駭怠惰, 以肅解慢者也. 故'震來虩虩, 恐致福也', '笑言啞啞, 後有則也'"라 하였고, 〈正義〉에 "震來虩虩, 笑言啞啞'者, 虩虩, 恐懼之貌也; 啞啞, 笑語之聲也. 震之爲用, 天之威怒, 所以肅整. 怠慢故迅雷風烈, 君子爲之變容, 施之於人事, 則是威嚴之敎, 行於天下也. 故震之來也, 莫不恐懼, 故曰'震來虩虩'也. 物旣恐懼, 不敢爲非保安其福, 遂至笑語之盛, 故'笑言啞啞'也"라 함. 《集解》에 "虞翻曰:「啞啞, 笑且言, 謂初也. 得正有則, 故笑言啞啞, 後有則也.」"라 함. 《傳》에 "當震動之來, 則恐懼不敢自寧, 旋顧周慮(一作周旋顧慮), 虩虩然也. 虩虩, 顧慮不安之貌. 蠅虎謂之虩者, 以其周環顧慮, 不自寧也. 處震如是, 則能保其安裕, 故'笑言啞啞'. 啞啞言笑, 和適之貌"라 함.

【震驚百里 不喪匕鬯】'震驚百里'는 우레 소리가 백 리 밖까지 놀라게 함. '百里'는 범위가 넓음을 말함. '不喪匕鬯'는 숟가락과 술은 놓치지 않음. '喪'은 失(雙聲互訓)과

같음. '匕'는 술을 퍼서 담는 국자. '鬯'은 鬱鬯酒. 고대 黑黍와 鬱金을 넣어 빚은 술로 제사에 쓰임. 우레가 침에도 莊重하게 제사를 올림을 뜻함. 이 괘는 준엄한 법령을 의미하여 천자가 법을 내려 천하 만민과 제후들이 놀라 삼가 법을 지킴으로써 복을 받음. 그 때문에 질서가 있어 웃는 것이며 동시에 제후들로 하여금 두려움에 명령을 따르도록 함으로써 국가의 사직을 보존하게 됨을 뜻함. ○高亨은 "古人擧行享祝, 適巨雷方作, 遠驚百里, 而祭者仍能從容行禮, 不失其匕鬯, 故記之曰「亨, 震驚百里, 不喪匕鬯」"이라 함. 王弼 注에 "威震驚乎百里, 則是可以不喪匕鬯矣. 匕, 所以載鼎實; 鬯, 香酒, 奉宗廟之盛也"라 하였고, 〈正義〉에 "'震驚百里, 不喪匕鬯'者, 匕, 所以載鼎實; 鬯, 香酒也, 奉宗廟之盛者也. 震卦施之於人, 又爲長子. 長子則正體於上, 將所傳重. 出則撫軍, 守則監國. 威震驚於百里, 可以奉承宗廟, 彝器粢盛, 守而不失也. 故曰'震驚百里, 不喪匕鬯'. 先儒皆云'雷之發聲, 聞乎百里'. 故古帝王, 制國公侯, 地方百里, 故以象焉. 竊謂天之震雷, 不應止聞百里, 蓋以古之啓土百里爲極. 文王作繇在殷時, 明長子. 威震於一國, 故以百里言之也. '匕', 所以載鼎實; '鬯', 香酒者, 陸績云:「匕者, 棘匕, 橈鼎之器.」先儒皆云:「匕形似畢. 但不兩岐耳. 以棘木爲之, 長二尺, 刊柄與末. 《詩》云『有捄棘匕』是也. 用棘者, 取其赤心之義. 祭祀之禮, 先烹牢於鑊, 旣納諸鼎而加羃焉. 將薦乃擧羃, 而以匕出之, 升于俎上, 故曰'匕所以載鼎實也'. 鬯者, 鄭玄之義, 則爲秬黍之酒, 其氣調暢, 故謂之鬯. 《詩》傳則爲鬯, 是香草. 案《王度記》云:「天子鬯, 諸侯薰, 大夫蘭, 以例而言之則鬯.」是草明矣. 今特言'匕鬯'者, 鄭玄云:「人君於祭祀之禮, 尙牲薦鬯而已. 其餘不足觀也.」"라 함. 《集解》에 "虞翻曰:「謂陽從臨二, 陰爲百二十, 擧其大數, 故當震百里也. 坎爲棘, 匕上震爲鬯, 坤爲喪, 二上之坤, 成震體坎, 得其匕鬯, 故'不喪匕鬯'也.」○鄭玄曰:「雷發聲, 聞于百里, 古者諸侯之象. 諸侯出教令, 能警戒其國內, 則守其宗廟社稷, 爲之祭主, 不亡匕與鬯也. 人君於祭之禮, 匕牲體薦鬯而已, 其餘不親也. 升牢於俎, 君匕之臣, 載之鬯, 秬酒芬芳, 修鬯因名焉.」"이라 함. 《傳》에 "言震動之大, 而處之之道. 動之大者, 莫若雷震爲雷, 故以雷言雷之震動, 驚及百里之遠, 人无不懼而自失, 雷聲所及百里也. 唯宗廟祭祀, 執匕鬯者, 則不致於喪失, 人之致其誠敬, 莫如祭祀. 匕以載鼎, 實升之於俎; 鬯以灌地而(一无而字)神. 方其酌祼, 以求神薦牲, 而祈享, 盡其誠敬之心, 則雖雷震(一作霆之)之威, 不能使之懼而失守, 故臨大震懼, 能安而不自失者, 唯誠敬而已. 此處震之道也. 卦才无取, 故但言處震之道"라 하였고, 《本義》에 "震, 動也. 一陽始生於二陰之下, 震而動也. 其象爲雷, 其屬爲長子. 震有亨道, 震來當震之來時也. 虩虩, 恐懼驚顧之貌. 震驚百里, 以雷言匕, 所以擧鼎實, 鬯以秬黍酒, 和鬱金, 所以灌地降神者也. '不喪匕鬯', 以長子言也. 此卦之占爲能恐懼, 則致福而不失其所主之重"이라 함.

## (2) 彖辭와 象辭

彖曰:「震, 亨, 震來虩虩」, 恐致福也;
「笑言啞啞」, 後有則也;
「震驚百里」, 驚遠而懼邇也.
出, 可以守宗廟社稷, 以爲祭主也.
★象曰: 洊雷, 震. 君子以恐懼脩省.

〈언해〉 彖(단)애 굴오디 震(진)은 亨(형)하니,
　　　「震來虩虩」은 恐(공)하야 福(복)을 致(티)홈이오,
　　　「笑言啞啞」은 後(후)에아 則(측) 이심이라.
　　　「震驚百里」는 遠(원)을 驚(경)하고 邇(이)를 懼(구)하욤이니,
　　　出(츌)홈애 可(가)히 뻐 宗廟(종묘)와 社稷(샤직)을 守(슈)하야, 뻐 祭(제)예 主
　　　(쥬)ㅣ 되리라.[《本義》: 出(츌)하야]
　　　★象(샹)애 굴오디 洊(천)혼 雷(뢰)ㅣ 震(진)이니, 君子(군ㅈ)ㅣ 以(이)하야 恐懼
　　　(공구)하야 脩(슈)하며 省(셩)하느니라.

〈해석〉 彖: 震卦는 형통하니,
　　　"우레가 다가옴에 혁혁하며 삼간다"함은, 두려워함은 복을 부르는 것이요,
　　　"웃음소리가 액액한다"함은, 그렇게 한 뒤에라야 이러한 것을 법으로 삼음을
　　　뜻한다.
　　　"우레가 백 리 먼 곳까지 놀라게 함"은, 멀리 있는 자는 놀라고, 가까이 있는
　　　자는 두려워하는 것이니,
　　　나아가서는 가히 이로써 종묘와 사직을 지켜, 그러한 자는 제주(祭主)가 될
　　　수 있을 것이다.(나아감에)
　　　★象: 뢰(雷, 震)이 겹친 것이 진괘이니, 군자는 이를 바탕으로 하여 두려워하면
　　　서 자신을 수양하고 반성하느니라.

　　【震, 亨, 「震來虩虩」, 恐致福也】'震, 亨'은 앞의 卦辭를 이어받은 말. "진괘는 제사
를 올릴 때"의 뜻. 그러나 일부 본에는 이 두 글자가 없었다 함. 〈正義〉에 "'震, 亨'者,
卦之名德, 但舉經而不釋名. 德所由者正明, 由懼得通, 故曰'震, 亨', 更无他義. 或本无此

二字"라 함. 《本義》에 "震有亨道, 不待言也"라 함. '恐致福也'는 우레를 두려워해야 화를 면해주고 복을 이루게 해 줄 것임을 뜻함. 〈正義〉에 "'震來虩虩, 恐致福也'者, 威震之來, 初雖恐懼, 能因懼自脩, 所以致福也"라 함. 《集解》에 "虞翻曰:「懼變承五應初, 故恐致福也.」"라 함.

【「笑言啞啞」, 後有則也】「笑言啞啞」, '後有則也'는 뒷사람들이 이러한 일을 겪을 때의 법칙을 본받도록 함. 혹 법칙을 준수하는 분위기가 됨을 말함. 그러나 이 〈象辭〉에서의 '震來虩虩, 笑言啞啞' 8자도 初九에 있으므로 ○高亨은 "'「震來虩虩」, 恐致福也; 「笑言啞啞」, 後有則也'四句, 初九〈象〉傳重複, 此處當是衍文"이라 함. 〈正義〉에 "'笑言啞啞, 後有則也'者, 因前恐懼, 自脩未敢寬逸. 致福之後, 方有笑言. 以曾經戒, 懼不敢失, 則必時然後言, 樂然後笑, 故曰'笑言啞啞, 後有則也'"라 함. 《集解》에 "虞翻曰:「則, 法也. 坎爲則也.」"라 함. 《傳》에 "震自有亨之(一无之字)義, 非由卦才. 震來而能恐懼, 自脩自愼, 則可反致福吉也. 笑言啞啞, 言自若也(一作啞啞笑言自若也). 由能恐懼, 而後自處, 有法則也. 有則, 則安而不懼矣. 處震之道也"라 하였고, 《本義》에 "恐致福, 恐懼以致福也. 則, 法也"라 함.

【「震驚百里」, 驚遠而懼邇也】'驚遠而懼邇也'는 멀리 있는 자는 놀라게 하고 가까이 있는 자는 두렵도록 함. 우레 소리를 듣고 벌어지는 상황을 말한 것. 王弼 注에 "威震驚乎百里, 則惰者懼於近也"라 하였고, 〈正義〉에 "'震驚百里, 驚遠而懼邇'者, 言威震驚於百里之遠, 則惰者恐懼於近也"라 함. 《集解》에 "虞翻曰:「遠謂四, 近謂初. 震爲百, 謂四出驚遠, 初應懼近也.」"라 함. 《傳》에 "雷之震, 及於百里, 遠者驚邇者懼, 言其威遠大也"라 함.

【出, 可以守宗廟社稷, 以爲祭主也】程頤는 이 구절에서 '不喪匕鬯'의 구절이 누락된 것이라 하였음. 이 구절의 뜻은 '天子(혹 長子)가 나서서는 宗廟司直을 지켜낼 수 있음'을 말함. 나라의 위엄을 우레처럼 폄으로써 나라를 지켜냄을 말함. '以爲祭主也'는 그렇게 할 수 있는 자, 즉 天子(長子)를 이 제사의 주관자로 삼음. 그러한 권위를 가져야 나라를 지켜내며 통치를 할 수 있음. 王弼 注에 "明所以堪長子之義也. 不喪匕鬯, 則已出可以守宗廟"라 하였고, 〈正義〉에 "'出可以守宗廟社稷, 以爲祭主也'者, 釋'不喪匕鬯'之義也. '出', 謂君出巡狩等事也. 君出, 則長子留守, 宗廟社稷, 攝祭主之禮事也. '已出', 謂君也"라 함. 《集解》에 "虞翻曰:「爲五出之正, 震爲守. 艮爲宗廟社稷, 長子主祭器, 故以爲祭主也.」 ○干寶曰:「周木德, 震之正象也. 爲殷諸侯, 殷諸侯之制, 其地百里, 是以文王, '小心翼翼, 昭事上帝, 聿懷多福, 厥德不回, 以受方國', 故以百里而臣諸侯也. 爲諸侯, 故主社稷, 爲長子而爲祭主也. 祭禮薦陳甚多, 而經獨言'不喪匕鬯'者, 匕牲體薦鬯酒,

人君所自親也.」라 함. 《傳》에 "〈象〉文脫, ‘不喪匕鬯’一句, 〈卦辭〉云:『不喪匕鬯』, 本謂誠敬之至, 威懼不能使之自失. 〈象〉以長子宜如是, 因(一有以字)承上文, 用長子之義, 通解之. 謂其誠敬, 能‘不喪匕鬯’, 則君出而可以守宗廟社稷, 爲祭主也. 長子如是, 而後可以守世祀承國家也"라 하였고, 《本義》에 "程子以爲逼也. 下脫‘不喪匕鬯’四字. 今從之. 出謂繼世而主祭也. 或云出卽‘鬯’字之誤"라 함.

★【洊雷, 震】 ‘洊’은 重複됨. 重疊됨. 겹침. 孔穎達은 "洊者, 重也"라 함. 우레(雷)가 아래위로 중첩되어 있는 구조가 震卦의 卦象임을 말함. 〈正義〉에 "‘洊雷, 震’者, 洊者, 重也. 因仍也. 雷相因仍, 乃爲威震也. 此是重震之卦, 故曰‘洊雷, 震’也"라 함.

【君子以恐懼脩省】 군자는 이러한 震卦의 원리를 바탕으로 하여, 두려워하며 脩身省咎함. ‘恐懼’는 두려워함을 뜻하는 連綿語. ‘脩省’은 脩身省咎의 줄인 말. 즉 자신을 닦고 자신을 살펴 反省함. 사람들이 脩身省咎하는 것은 이 震卦의 원리에서 비롯된 것임을 말함. 〈正義〉에 "‘君子以恐懼脩省’者, 君子恒自戰戰兢兢, 不敢懈惰. 今見天之怒, 畏雷之威, 彌自修身, 省察己過, 故曰‘君子以恐懼脩省’也"라 함. 《集解》에 "虞翻曰:「君子謂臨二, 二出之坤, 四體以修身. 坤爲身, 二之四, 以陽照坤, 故‘以恐懼修省’. 《老子》(45장)曰『修之身, 德乃眞』也.」"라 함. 《傳》에 "洊, 重襲也. 上下皆震, 故爲洊. 雷雷重仍, 則威益盛. 君子觀洊雷威震之象, 以恐懼自脩, 飭循省也. 君子畏天之威, 則脩正其身, 思省其過, 咎而改之, 不唯雷震, 凡遇驚懼之事, 皆當如是"라 함.


# (3) 爻辭와 象辭

初九: 震來虩虩, 後笑言啞啞, 吉.
☆象曰:「震來虩虩」, 恐致福也;
「笑言啞啞」, 後有則也.

〈언해〉 初九(초구)는 震(진)이 來(릭)홈애 虩虩(혁혁)ᄒᆞ야아, 後(후)에 笑言(쇼언)이 啞啞(익익)ᄒᆞ리니, 吉(길)ᄒᆞ니라.
　　☆象(샹)애 굴오디 「震來虩虩」은, 恐(공)ᄒᆞ야 福(복)을 致(티)홈이오,
　「笑言啞啞」은, 後(후)에아 則(측)이 이시미라.
〈해석〉 [初九](一): 우레 소리가 진동해 올 때 두려워한 뒤라야, 웃음소리가 "액액"하게
　　되는 것이니, 길하리라.

☆象: "우레 소리가 진동해 온다"함은, 두려워해야, 복을 불러오는 것이요, "웃음소리가 액액 한다"함은, 그런 뒤에야 그것을 법으로 삼게 되는 것임이니라.

【初九】이는 전괘의 시작이며 하괘(震)의 출발. 陽爻로 位正當하며 陽剛한 진동을 처음부터 울림. 九四와 正應을 이루지 못하였고, 도리어 둘 모두 陽爻로 아주 크게 天動威嚴의 陽剛함을 숨김없이 표출함. 이에 천하에 두려움이라는 것이 있음을 널리 알려줌.

【震來虩虩, 後笑言啞啞, 吉】우레가 우르릉우르릉 치고 있어, 한참 뒤에 웃음소리가 평상시와 같음. ○高亨은 "震雷虩虩, 後笑言啞啞자, 先懼後喜之象. 故曰「震雷虩虩, 後笑言啞啞, 吉」"이라 함. 王弼 注에 "體夫剛德, 爲卦之先, 能以恐懼, 脩其德也"라 하였고, 〈正義〉에 "初九剛陽之德, 爲一卦之先. 剛則不闇於幾, 先則能有前識, 故處震驚之始, 能以恐懼自脩, 而獲其吉, 故曰'震來虩虩, 後笑言啞啞, 吉'. 此爻辭兩句, 旣與卦同"이라 함. 《集解》에 "虞翻曰:「虩虩, 謂四也. 初位在下, 故言'後笑啞啞', 得位吉故也.」"○干寶曰: 「得震之正, 首震之象者, 震來虩虩, 羑里之厄也. 笑言啞啞, 後受方國也.」"라 함. 《傳》에 "初九成震之主, 致震者也. 在卦之下處, 震之初也. 知震之來, 當震之始, 若能以爲恐思而周旋. 顧慮虩虩然, 不敢寧止, 則終必保其安吉, 故(一作然)'笑言啞啞'也"라 하였고, 《本義》에 "成震之主, 處震之初, 故其占如此"라 함.

☆【「震來虩虩」, 恐致福也】우레가 치고 있으나, 이 효는 가장 멀리 있어 재앙이 없으며, 그러한 天威를 두려워해야 뒤에 복이 다가옴. 《集解》에 "虞翻曰:「陽稱福.」"이라 함.

【「笑言啞啞」, 後有則也】'後有則也'는 이렇게 아무 일 없는 듯이 하던 제사를 멈추지 않은 것이 뒷사람에게는 법칙이 됨. 〈正義〉에 "〈象〉辭釋之. 又與〈彖〉不異者, 盖卦舉威震之功, 令物恐懼致福. 爻論遇震而懼, 脩省致福之人, 卦則自震言人. 爻則據人威震, 所說雖殊, 其事一也. 所以爻卦二辭, 本末俱等, 其猶〈屯〉卦初九, 與卦俱稱'利建侯'. 然卦則汎擧〈屯〉時, 宜其有所封建. 爻則以貴下賤, 則是堪建之人. 此〈震〉之初九, 亦其類也"라 함. 《集解》에 "虞翻曰:「得正, 故有則也.」"라 함. 《傳》에 "震來而能恐懼周顧, 則无患矣. 是能因恐懼, 而反致福也. 因恐懼而自脩省, 不敢違于法度, 是由震而後, 有法則故能保其安吉, 而'笑言啞啞'也"라 함.

六二: 震來, 厲. 億喪貝, 躋于九陵, 勿逐, 七日得.

☆象曰: 「震來, 厲」, 乘剛也.

〈언해〉 六二(륙이)는, 震(진)이 來(리)홈이 厲(려)혼 디라, 貝(패)를 喪(상)홀 주를 億(억)
ᄒ야, 九陵(구능)에 躋(졔)ᄒ욤이니, 逐(튝)디 말면, 七日(칠일)애 得(득)ᄒ리
라.[《本義》: 震(진)이 來(리)홈에 厲(려)ᄒ야 貝(패)를 喪(상)ᄒ고 九陵(구능)에
躋(졔)ᄒ욤이니, 逐(튝)디 마라도]

☆象(샹)애 ᄀᆞ로오디 「震來(진래), 厲(려)」는, 剛(강)을 乘(승)홀 시라.

〈해석〉 [六二](--): 우레 소리가 다가오니 위태롭다. 재산을 잃고 아홉 구릉을 오르나,
뒤쫓지 않으면, 이레 만에 다시 얻으리라.(우레가 다가옴에 위태로워, 재화를
잃고 아홉 구릉에 오름이니, 뒤쫓지 말아도)

☆象: "우레소리가 다가오니 위태롭다"함은, 강한 것(初九)을 타고 있기 때문
이다.

【六二】 이는 하괘(震)의 중앙에 자리한 陰爻로 位正當하며 得中하였음. 六五(君位)
와도 正應을 이루지 못한 채 가운데에 묻힌 채로 우레 소리를 듣고 있어, 나서서 활동
할 수가 없음.

【震來, 厲. 億喪貝】 우레 소리가 몰려옴으로 해서 위험한 상황이 됨. '億喪貝'의 '億'
은 維, 惟, 唯와 같음. 發語辭, 助辭. 뜻은 없음. 沙少海는 "億, 這裏用法同唯, 助辭,
無義"라 함. 혹 '億'은 '憶'과 같으며, '미리 생각하다'의 뜻이라고도 함. '貝'는 고대
貨幣. 재화나 식량, 용품 등을 가리킴. 王弼 注에 "震之爲義, 威駭怠解, 肅整惰慢者也.
初幹其任, 而二乘之震來, 則危. 喪其資貨, 亡其所處矣. 故曰'震來, 厲. 億喪貝'. 億, 辭
也; 貝, 資貨糧用之屬也"라 하였고, 〈正義〉에 "'震來, 厲. 億喪貝'者, 億, 辭也. 貝, 資貨
糧用之屬. 震之爲用, 本威惰慢者也. 初九以剛處下, 聞震而懼, 恐而致福. 卽是有德之人.
六二以陰賤之體, 不能敬於剛陽, 尊其有德, 而反乘之. 是傲尊陵貴, 爲天所誅. 震來則有
危亡, 喪其資貨, 故曰'震來, 厲. 億喪貝'也"라 함.

【躋于九陵, 勿逐, 七日得】 '躋于九陵'은 아홉 언덕을 넘어 오름. 아주 먼 곳을 뜻함.
'躋'는 '오르다'의 뜻. '축'은 뒤쫓아 가서 찾음. '七日'의 '七'은 하나의 괘는 여섯 개의
爻로 이루어져 있으며, 이에 따라 '七'은 다시 되돌아와 제자리가 됨을 비유함. '七日
得'은 이레가 지나면 다시 얻게 될 것임. ○高亨은 "此殆古代故事, 蓋巨雷來若欲擊人,
其勢甚急, 有人因驚而喪其貝, 緣其時方登於九陵, 乃筮之, 其斷曰'勿逐, 七日得', 故記之

曰「震雷厲, 億喪貝, 躋于九陵, 勿逐, 七日得」. 古人失物往往問諸卜筮, 今人猶然也"라
함. 王弼 注에 "犯逆受戮, 无應而行, 行无所舍, 威嚴大行, 物莫之納, 无糧而走, 雖復超
越陵險, 必困于窮匱, 不過七日. 故曰'勿逐, 七日得'也"라 하였고, 〈正義〉에 "'躋于九陵,
勿逐, 七日得'者, 躋, 升也. 犯逆受戮, 无應而行, 行无所舍, 威嚴大行, 物莫之納, 既喪資
貨, 无糧而走, 雖復超越陵險, 必困於窮匱. 不過七日, 爲有司所獲矣. 故曰'躋於九陵, 勿
逐, 七日得'"이라 함. 《集解》에 "虞翻曰:「厲, 危也. 乘剛故厲. 億, 惜辭也. 坤爲喪三,
動離爲蠃蚌, 故稱貝. 在艮山下, 故稱陵, 震爲足, 足乘初九一 故'躋于九陵震'. 爲逐謂四,
己體復象, 故喪. 且勿逐, 三動時, 離爲日, 震數七, 故'七日得'者也.」"라 함. 《傳》에 "六二
居中得正, 善處震者也. 而乘初九之剛, 九震之主, 震剛動而上奮, 孰能禦之? 厲, 猛也, 危
也. 彼來既猛, 則己處危矣. 億, 度也; 貝, 所有之資也. 躋, 升也; 九陵, 陵之高也. 逐,
往追也. 以震來之厲, 度不能當, 而必喪其所有, 則升至高, 以避之也. 九, 言其重, 岡陵之
重, 高之至也. 九, 重之多也. 如九天・九地也. '勿逐, 七日得', 二之所貴者, 中正也. 遇震
懼之來, 雖量勢巽避, 當守其中正, 无自失也. 億之必喪也, 故遠避以自守過, 則復其常矣.
是勿逐而自得也. 逐, 即物也. 以己即物, 失其守矣. 故戒勿逐, 避遠自守, 處震之大方也.
如二者, 當危懼而善處者也. 卦位有六, 七乃更始, 事既終時, 既易也. 不失其守, 雖一時
不能禦其來, 然時過事已, 則復其常, 故云'七日得'"이라 하였고, 《本義》에 "六二乘初九
之剛, 故當震之來, 而危厲也. 億字未詳. 又當喪其貨貝, 而升於九陵之上. 然柔順中正,
足以自守, 故不求而自獲也. 此爻占具象中, 但九陵七日之象, 則未詳耳"라 함.

☆【「震來, 厲」, 乘剛也】'乘剛也'는 이 六二는 陰爻로 柔弱하면서 바로 아래 初九(陽
爻, 陽剛)를 타고 앉아 있는 위치임. 그러나 得中하였으므로 진중히 자신의 위치를
지켜 잃은 것에 대해 기다리면 다시 찾을 수 있음. 〈正義〉에 "〈象〉曰'乘剛也'者, 只爲
乘於剛陽, 所以犯逆受戮也"라 함. 《集解》에 "干寶曰:「六二木, 爻震之身也. 得位無應,
而以乘剛, 爲危此託文王, 積德累功, 以被凶爲禍也. 故曰震來厲. 億, 歎辭也; 貝, 寶貨
也. 産乎東方, 行乎大塗也. 此以喩紂拘文王, 閎夭之徒, 乃於江淮之浦, 求盈箱之貝, 而
以賂紂也. 故曰'億喪貝'. 貝水物而方升于九陵, 今雖喪之, 猶外府也. 故曰'勿逐, 七日得'.
七日得者, 七年之日也. 故《書》(周書 洛誥)曰『誕保文武, 受命, 惟七年』, 是也.」"라 함.
《傳》에 "當震而乘剛, 是以彼厲而己危. 震剛之來, 其可禦乎?"라 함.

六三: 震蘇蘇, 震行无眚.

☆象曰:「震蘇蘇」, 位不當也.

〈언해〉 六三(륙삼)은, 震(진)ᄒᆞ야 蘇蘇(소소)홈이니, 震(진)ᄒᆞ야 行(힝)ᄒᆞ면 眚(싱)이 업
스리라.

　　☆象(샹)애 ᄀᆞᆯ오ᄃᆡ「震蘇蘇」ᄂᆞᆫ 位(위) 當(당)티 아니 홀 ᄉᆡ라.

〈해석〉 [六三](--): 우레 소리에 두려워 불안해함이니, 우레가 울려도 행동을 계속하면
　　재앙은 없으리라.

　　☆象: "우레 소리에 두려워 불안해 한다"함은, 효위(爻位)가 맞지 않기 때문이다.

　　【六三】 이는 하괘의 가장 윗자리이며 陰爻로 柔弱하며 位不當함. 그 때문에 우레
소리를 무서워하며 머뭇거림.

　　【震蘇蘇, 震行无眚】 '震蘇蘇'의 '蘇蘇'는 두려워 안정을 찾지 못하는 상태. '震'은 '懼'
의 뜻. 〈釋文〉에 "蘇蘇, 疑懼貌. 鄭云:「不安也.」"라 하였고, 孔穎達 〈正義〉에도 "驗注
似訓'震'爲'懼', 盖懼不自爲, 懼由震, 故'懼'也. 自下爻辭, 皆以'震'言'懼'也"라 함. '震行无
眚'은 우레가 울려도 조심해서 행동함. 그러면 재앙은 없음. '眚'은 재앙. 이 효는 陰爻
로 柔弱하며 位不當하여 불안 속에 처하고 있음. 그러나 아래가 음효로 강하게 치받
지 않아 재앙은 없음. ○高亨은 "古人畏懼, 蓋或筮之, 若遇此爻者無災, 故曰「震蘇蘇,
震行无眚」"이라 함. 王弼 注에 "不當其位, 位非所處, 故懼蘇蘇也. 而无乘剛之逆, 故可以
懼, 行而无眚也"라 하였고, 〈正義〉에 "蘇蘇, 畏懼不安之貌. 六三居不當位, 故震懼而蘇
蘇然也. 雖不當位, 而无乘剛之逆, 故可以懼, 行而无災眚也. 故曰'震蘇蘇, 震行无眚'也"
라 함. 《傳》에 "蘇蘇, 神氣緩散自失之狀. 三以陰居陽, 不正處不正於平, 時且不能安, 況
處震乎? 故其震懼而蘇蘇然. 若因震懼, 而能行去不正而就正, 則可以无過. 眚, 過也. 三
行則至四, 正也. 動以就正爲善, 故二勿逐, 則自得三. 能行則无眚, 以不(一有中字)正而
處震懼, 有眚可知"라 하였고, 《本義》에 "蘇蘇, 緩散自失之狀. 以陰居陽, 當震時而居不
正, 是以如此. 占者, 若因懼而能行以去其不正, 則可以无眚矣"라 함.

　　☆【「震蘇蘇」, 位不當也】 '位不當'은 이 효는 陰爻로 陽位에 있음. 〈正義〉에 "〈象〉曰
'位不當'者, 其猶竊位者, 遇威嚴之世, 不能自安也"라 함. 《集解》에 "虞翻曰:「死而復生
稱蘇. 三死坤中, 動出得正, 震爲生, 故'蘇蘇'. 坎爲眚, 三出得正, 坎象不見, 故'无眚'. 《春
秋傳》(宣公 8年傳)曰『晉獲秦諜, 六日而蘇』也.」"라 함. 《傳》에 "其恐懼自失, 蘇蘇然, 由
其所處不當故也. 不中不正, 其能安乎?"라 함.

九四: 震遂泥.

☆象曰:「震遂泥」, 未光也.

〈언해〉 九四(구ᄉᆞ)는, 震(진)이 드의여 泥(녜)홈이라.

　　☆象(샹)애 ᄀᆞᆯ오ᄃᆡ「震遂泥」는 光(광)티 몯ᄒᆞ리로다.

〈해석〉 [九四](-): 우레가 진흙탕에 내려치는 것이다.

　　☆象: "우레가 진흙탕에 내려친다"하였으나, 강한 힘이 널리 퍼지지는 못할 것이다.

　　【九四】이는 上卦(震)의 첫 시작이며 陽爻로 位不當함. 陽剛하여 우레 소리를 상징하며 위아래 두 개씩 陰爻가 있어 그 중간 자리. 따라서 그들 가운데로 천둥이 치며 벼락이 떨어짐.

　　【震遂泥】'遂'는 隊의 假借. 《說文》에 "隊, 從高隕也"라 하여, '隊'는 다시 墜의 뜻. 墜落함. 떨어짐. 電光이 땅으로 내리침. '泥'는 진흙탕. 번개가 쳐서 어른도 진흙탕에 추락함. 이 효는 陽爻로써 陰位에 있어 剛德을 제대로 펼 수 없으며, 네 음효 속에 갇혀 있어 음약에 물들어 있음. 그 때문에 스스로 振拔할 수 없음. ○高亨은 "震隊泥者, 巨雷作, 人驚而隕落於泥中也. 此不堪物驚以致隕敗之象, 當非吉占也"라 함. 王弼 注에 "處四陰之中, 居恐懼之時, 爲衆陰之主, 宜勇其身, 以安於衆, 若其震也. 遂, 困難矣"라 하였고, 〈正義〉에 "九四處四陰之中, 爲衆陰之主, 當恐懼之時, 宜勇其身, 以安於衆, 若其自懷. 震懼則遂, 滯溺而困難矣. 故曰'震遂泥'也. 然四失位, 違中則是有罪, 自懼遂沈泥者也"라 함. 《集解》에 "虞翻曰: 「坤土得雨爲泥, 位在坎中, 故'遂泥'也.」"라 함. 《傳》에 "九四居震動之時, 不中不正, 處柔失剛健之道. 居四无中正之德, 陷溺於重陰之間, 不能自震奮者也. 故云'遂泥'. 泥, 滯溺也. 以不正之陽, 而上下重陰, 安能免於泥乎? 遂无反之意, 處震懼, 則莫能守也; 欲震動, 則莫能奮也. 震道亡矣, 豈復能光亨乎?"라 하였고, 《本義》에 "以剛處柔, 不中不正, 陷於二陰之間, 不能自震也. 遂者, 无反之意; 泥, 滯溺也"라 함.

　　☆【「震遂泥」, 未光也】'光'은 廣의 뜻. '未光'은 '아직 震懼의 威嚴이 널리 퍼지지 못함'의 뜻. 王弼 注에 "履夫不正, 不能除恐, 使物安己, 德未光也"라 하였고, 〈正義〉에 "〈象〉曰'未光也'者, 身旣不正, 不能除恐, 使物安己, 是道德未能光大也"라 함. 《集解》에 "虞翻曰: 「在坎陰中, 與〈屯〉五同義, 故'未光'也.」"라 함. 《傳》에 "陽者剛物, 震者動義. 以剛處動, 本有光亨之道. 乃失其剛正, 而陷於重陰, 以致遂泥, 豈能光也? 云'未光'. 見陽剛, 本能震也. 以失德, 故泥耳"라 함.

六五: 震往來, 厲. 意(億)无喪, 有事.

☆象曰:「震往來, 厲」, 危行也; 其事在中, 大无喪也.

〈언해〉 六五(륙오)는, 震(진)이 往(왕)ᄒ며 來(리)홈이 厲(려)ᄒ니, 億(억 意)ᄒ야 인ᄂ 事(ᄉ)를 喪(상)홈이 업게 홀 디니라.[《本義》: 震(진)에 往來(왕리)ㅣ 厲(려)ᄒ나 喪(상)홈이 업고 事(ᄉ)ㅣ 잇도다]

☆象(샹)애 ᄀᆯ오디「震往來, 厲」는, 行(ᄒᆡᆼ)홈이 危(위)ᄒ고 그 事(ᄉ)ㅣ 中(듕)에 이시니 크기 喪(상)홈이 업스리라.

〈해석〉 [六五](--): 우레 소리가 오고가니, 위태롭기는 하나, 억에 하나도 하는 일에 손상됨이 없게 될 것이니라.(우레 소리가 왕래함이 위태롭기는 하나, 잃을 것이 없고, 할 일이 있도다.)

☆象: "우레 소리가 왕래하니 위태롭다"함은, 가는 것이 위태하다는 것이요, 가운데에서 그 일을 하고 있으니, 크게 잃을 것이 없다는 뜻이다.


【六五】 이는 君位이며 陰爻로 位不當하나 得中하여, 자신의 柔弱함을 지켜 震懼의 威嚴을 펴면 큰 무리는 없는 爻位임.

【震往來, 厲】 '震往來'는 우레가 오고 감. 天威나 法令이 交叉하며 몰려옴. '厲'는 위험하고 힘든 상황이 됨. 〈正義〉에 "'震往來, 厲'者, 六五往則无應, 來則乘剛, 恐而往來, 不免於咎, 故曰'震往來, 厲'也"라 함. 《集解》에 "虞翻曰:「往謂乘陽, 來謂應陰. 失位乘剛, 故'往來, 厲'也.」"라 함.

【意(億)无喪, 有事】 '意'는 〈注〉(王弼), 〈正義〉(孔穎達), 《集解》(李鼎祚), 《易傳》(程頤), 《易本義》(朱熹)에는 모두 '億'자로 되어 있으며, 이에 따라 〈諺解〉에도 '億(억)'으로 풀이하였음. '意(億)'는 語助辭. ○高亨은 "意, 猶惟也; 有, 猶於也"라 하여, '惟无喪於事'라 하였음. 그러나 '億无喪'은 '억에 하나도 잃음이 없다', 즉 '萬無一失'의 뜻이라 보기도 함. '有事'의 '有'는 於와 같음. 따라서 '億无喪有事'로 붙여 읽어, '하고 있는 일에 만에 하나도 잃음이 없다'의 뜻이라고도 함. 이 爻는 君位이지만 陰爻로 陽位에 처했으며, 바로 위에 上六이 같은 陰爻로 막고 있고, 아래로는 九四의 陽剛을 타고 있어 오고감에 위험이 있음. 그러나 자신이 柔弱하고 得中하였으므로 中道를 지켜 祭主로서의 역할을 다할 수 있음. ○高亨은 "巨雷往來, 其勢甚危, 故曰「震往來厲」. 古人懼雷, 蓋或筮之, 若遇此爻, 惟無害於事, 故曰「意無喪有事」"라 함. 王弼 注에 "往則无應, 來則乘剛, 恐而往來, 不免於危. 夫處震之時, 而得尊位, 斯乃有事之機也. 而懼往來, 將喪其事, 故曰'億无

喪, 有事'也"라 하였고, 〈正義〉에 "億无喪, 有事'者, 夫處震之時, 而得尊位, 斯乃有事之機, 而懼以往來, 將喪其事, 故戒之曰'億无喪, 有事'也"라 함. 《集解》에 "虞翻曰: 「坤爲喪也. 事謂祭祀之事, 出而體隨, 王享于西山, 則可以守宗廟社稷, 爲祭主, 故'无喪, 有事'也.」"라 함. 《傳》에 "六五, 雖以陰居陽, 不當位爲不正, 然以柔居剛, 又得中, 乃有中德者也. 不失中, 則不違於正矣. 所以中爲貴也. 諸卦二五, 雖不當位, 多以中爲美; 三四雖當位, 或以不中爲過, 中常重於正也. 蓋中則不違於正, 正不必中也. 天下之理, 莫善於中. 於六二·六五, 可見五之動, 上往則柔, 不可居動之極; 下來則犯剛, 是往來皆危也. 當君位, 爲動之主, 隨宜應變, 在中而已. 故當億度无喪失, 其所有之事而已. 所有之事, 謂中德, 苟不失中, 雖有危(一有終字)至於凶也. 億度, 謂圖慮求不失中也. 五所以危, 由非剛陽, 而无助, 若以剛陽有助, 爲動之主, 則能亨矣. 往來皆危時, 則甚難(一作艱). 但期於不失中, 則可自守. 以柔主動, 固不能致亨濟也"라 하였고, 《本義》에 "以六居五, 而處震時, 无時而不危也. 以其得中, 故无所喪而能有事也. 占者, 不失其中, 則雖危无喪矣"라 함.

☆【「震往來, 厲」, 危行'也】'危行'은 하는 행동에 위험이 있음. 〈正義〉에 "〈象〉曰危行也'者, 懷懼往來, 是致危之行"라 함. 《集解》에 "虞翻曰: 「乘剛山頂, 故'危行'也.」"라 함.

【其事在中, 大无喪也】'其事在中'은 그가 上卦의 가운데에 위치하여, 일을 하고 있음. 이 효는 得中하고 있음을 말함. '大无喪'은 君位(尊位)의 큰 자리여서 잃을 것이 없음. 王弼 注에 "大則无喪, 往來乃危也"라 하였고, 〈正義〉에 "其事在中, 大无喪也'者, 六五居尊, 當有其事, 在於中位, 得建大功, 若守中建大, 則无喪有事. 若恐懼往來, 則致危无功也"라 함. 《集解》에 "虞翻曰: 「動出得正, 故'无喪'.」"이라 함. 《傳》에 "往來皆厲, 行則有危也. 動皆有危, 唯在无喪其事而已. 其事, 謂中也. 能不失其中, 則可自守也. 大无喪, 以无喪爲大也"라 함.


上六: 震索索, 視矍矍, 征凶. 震不于其躬, 于其鄰, 无咎; 婚媾有言.
☆象曰: 「震索索」, 中未得也;
雖「凶, 无咎」, 畏鄰戒也.

〈언해〉上六(상륙)은, 震(진)이 索索(삭삭)ᄒᆞ야, 視(시)ㅣ 矍矍(확확)ᄒᆞ니, 征(졍)ᄒᆞ면 凶(흉)ᄒᆞ니, 震(진)늘 그 躬(궁)애 아니ᄒᆞ고, 그 鄰(린)인제 ᄒᆞ면 咎(구)ㅣ 업스리

니 婚媾(혼구)는 言(언)을 두리라.[《本義》: 咎(구) l 업스려니와]

☆象(샹)애 글오디 「震索索」은, 中(듕)을 得(득)디 몯홀 시오,

비록 「凶(흉)ᄒ나 咎(구) l 업슴」은, 鄰(린)에 戒(계)를 畏(외)홀 시라.[《本義》: 中(듕)이]

〈해석〉 [上六](--): 우레 소리에 위축되어 조심스럽게 걸으면서, 보는 것도 두리번거리는 것이니, 나서면 흉하다. 우레가 자신의 몸에 치는 것이 아니라 이웃에게 쳐 허물은 없으나(허물이 없으려니와), 혼인에는 말이 많을 것이다.

☆象: "우레 소리에 위축되어 조심스럽게 걷는다"함은, 효위가 가운데에(가운데가) 있지 않기 때문이요,

비록 "흉하나, 허물은 없다"함은, 우레가 이웃을 친 것을 두려워하기 때문이다.

【上六】 이는 전괘의 가장 윗자리이며, 높은 위치에서 울리는 우레를 상징함. 陰爻로 位不當하며 柔弱하여 은은하게 울리는 우레 소리. 아울러 자신이 찾는 陽爻도 九四와 初九로 正應을 이루지 못하여 혼인에 원만하지 않음.

【震索索, 視矍矍, 征凶】 '震索索'의 '索索'은 縮縮(蹜蹜)과 같음. '삭'(桑落反)으로 읽음. 萎縮되어 제대로 걷지 못함. 우레 소리가 희미함, 은은함. 작은 보폭으로 걸으면서 공손한 태도를 취하듯 勤愼畏戒함을 뜻함. '矍矍'은 목표물을 뚫어지게 노려봄. '곽'(俱縛反)으로 읽어야 하나 〈諺解〉에는 '확'으로 읽었음. '矐'의 假借字.《說文》에 "矍矍, 鷹隼之視也"라 함. 그러나 左顧右眄하면서 불안해하는 모습이라고도 함. '征凶'은 나서면 흉할 것임. ○高亨은 "矍矍者, 恐懼存於心而形於目也. 巨雷作而足則蹜蹜, 視則矍矍, 此怯懦者之象也. 怯懦者行兵則敗, 故曰「震索索, 視矍矍, 征凶」"이라 함. 〈正義〉에 "震索索, 視矍矍'者, 索索, 心不安之貌; 矍矍, 視不專之容. 上六處震之極, 極震者也. 旣居震位, 欲求中理以自安, 而未能得, 故懼而索索, 視而矍矍, 无所安親. '征凶'者, 夫處動懼之極, 而復征焉. 凶其宜也. 故曰'征凶'也"라 함.《集解》에 "虞翻曰:「上謂四也. 欲之三隔坎, 故'震索索'. 三已動應在離, 故'矍矍'者也.」"라 함.

【震不于其躬, 于其鄰, 无咎】 '震不于其躬'은 우레가 자신의 몸에 직접 닿지는 않음. '于其鄰, 无咎'은 우레가 그 이웃에게 닥칠 것이므로, 자신에게는 책임이나 허물, 재앙이 없음. ○高亨은 "巨雷不擊其身而擊其鄰, 是災不在己而在它人之象也. 故曰「震不于其躬于其鄰, 无咎」"라 함. 〈正義〉에 "震不于其躬, 于其鄰, 无咎'者, 若恐非己造彼動, 故懼懼. 鄰而戒合於備豫, 則得无咎, 故曰'震不于其躬, 于其鄰, 无咎'也"라 함.

【婚媾有言】 '婚媾'는 혼인. 그러나 자신 주위의 친척들이라고도 함. '言'은 愆(疊韻

互訓)의 뜻이라 함. 따라서 '婚媾有言'은 '그 친척들에게 허물이 있다'의 뜻. 그러나 '言'자의 원의대로 '말이 많음', 즉 '비난이 있거나 입방아를 찧다'의 뜻이라고도 함. 이 효는 恐怖가 극에 달한 위치임. 그 때문에 걸음도 索索하며 눈빛도 矍矍하여 앞으로 더 나서면 흉한 상임. 다만 이웃에 같은 陰爻로 柔弱함을 따라하여 근신하면 허물을 벗을 수 있음. ○高亨은 "言, 訶譴也. 筮遇此爻, 婚媾之家將有訶譴之言, 故曰「婚媾有言」"이라 함. 王弼 注에 "處震之極, 極震者也. 居震之極, 求中未得, 故懼而索索, 視而矍矍, 无所安親也. 已處動極, 而復征焉. 凶其宜也, 若恐非己造彼動, 故懼懼. 鄰而戒合於備豫, 故'无咎'也. 極懼相疑, 故雖婚媾而有言也"라 하였고, 〈正義〉에 "'婚媾有言'者, 居極懼之地, 雖復婚媾相結, 亦不能无相疑之言, 故曰'婚媾有言'也"라 함. 《集解》에 "虞翻曰:「上得位, 震爲征, 故征凶. 四變時, 坤爲躬, 鄰謂五也. 四上之五, 震東兌西, 故稱鄰之五得正, 故'不於其躬, 於其鄰'. '无咎'謂三, 已變上應, 三震爲言, 故'婚媾有言'.」"이라 함. 《傳》에 "'索索', 消索不存之狀. 謂其志氣如是, 六以陰柔居, 震動之極. 其驚懼之甚, 志氣殫索也. '矍矍', 不安定貌. 志氣索索, 則視瞻徊徨, 以陰柔不中正之質, 而處震動之極, 故征則凶也. 震之及身, 乃于其躬也. 不于其躬, 謂未及身也. 鄰者, 近於身者也. 能震懼於未及身之前, 則不至於極矣, 故得无咎. 苟未至於極, 尚有可改之道. 震終當變柔不固守, 故有畏(一作見)鄰戒, 而能變之義. 聖人於震終, 示人知懼能改之義, 爲勸深矣. 婚媾, 所親也. 謂同動者, '有言', 有怨咎之言也. 六居震之上, 始爲衆(一作震)動之首, 乃今畏鄰戒, 而不敢進. 與諸處震者, 異矣. 故'婚媾有言'也"라 하였고, 《本義》에 "以陰柔處震極, 故爲索索矍矍之象, 以是而行其凶必矣. 然能及其震, 未及其身之時, 恐懼脩省, 則可以无咎, 而亦不能免於婚媾之有言, 戒占者當如是也"라 함.

☆【「震索索」, 中未得也】'中未得'은 이 효는 得中은 하였으나 陰爻로 陽位에 있어 位不當함을 뜻함. 〈正義〉에 "〈象〉曰'中未得也'者, 猶言未得中也"라 함. 《集解》에 "虞翻曰:「四未之五, 故'中未得'也.」"라 함.

【雖「凶, 无咎」, 畏鄰戒也】비록 흉하기는 하나 허물이 없지만, 이웃의 警戒를 두렵게 여겨야 함. 〈正義〉에 "'畏鄰戒也'者, 畏鄰之動, 懼而自戒, 乃得无咎"라 함. 《集解》에 "虞翻曰:「謂五正位, 已乘之逆, '畏鄰戒也'.」"라 함. 《傳》에 "所以恐懼自失如此, 以未得於中道也. 謂過中也, 使之得中, 則不至於索索矣. 極而復征, 則凶也. 若能見鄰戒而知懼, 變於未極之前, 則无咎也. 上六動之極, 震極則(一作之終)有變義也"라 하였고, 《本義》에 "中, 謂中心"이라 함.

# 052 간艮

䷳ 艮爲山: ▶艮下艮上(☶下☶上)

*艮(간): 〈音義〉에 "艮, 根恨反. 止也. 鄭云:「艮之言, 很也.」"라 하여 '간(gèn)'으로 읽음. '艮'은 抑制, 節制, 抑止, 停止, 退息, 止息, 引退, 考慮, 自制力 등을 뜻함. 상하 내외 괘가 모두 팔괘의 艮(山)으로 同卦相疊의 '艮爲山' 괘체임. 山은 隱退之處이며, 동시에 停止穩重을 의미함. 인사에 있어서는 스스로 물러나 明哲保身해야 함을 상징함. 따라서 모든 행동에는 마땅히 자제력을 우선으로 해야 하며, 행할 바를 힘써 행하며 동시에 하지 말아야 할 행동은 절제함으로써 '宜'를 얻음을 상징함. 특히 일을 마무리 지을 때 妄動을 삼가고 그칠 때 그칠 줄을 알아야 함.

*《集解》에 〈序卦〉曰:「物不可以終動, 動必止之, 故受之以'艮'.」艮者, 止也.(崔憬曰:「震極則征凶, 婚媾有言, 當須止之. 故'言物不可以終動, 止之'矣.」)"라 함.

*《傳》에 "艮', 〈序卦〉:「震者, 動也. 物不可以終, 動止之, 故受之以'艮'.」艮者, 止也. 動靜相因, 動則有靜; 靜則有動, 物无常動之理, 艮所以次震也. 艮者, 止也. 不曰'止'者, 艮山之象, 有安重堅實之意, 非'止'義, 可盡也. 乾坤之交, 三索而成艮, 一陽居二陰之上, 陽動而上, 進之物旣至於上, 則止矣. 陰者, 靜也. 上止而下靜, 故爲艮也. 然則, 與'畜止'之義, 何異? 曰'畜止者, 制畜之義. 力止之也; 艮止者, 安止之義'. 止其所也"라 함.

## (1) 卦辭

# (艮): 艮其背, 不獲其身; 行其庭, 不見其人, 无咎.

〈언해〉 (艮)은 그 背(비)예 艮(곤)ᄒ면, 그 身(신)을 獲(획)디 몯ᄒ며, 그 庭(뎡)에 行(ᄒᆡᆼ)ᄒ야도, 그 人(인)을 보디 몯ᄒ야, 咎(구)ㅣ 업스리라.

〈해석〉 (간, 艮, 간괘)는 그 자신의 등에서 그치면, 그 몸을 볼 수 없으며, 그 뜰로 나가서 움직이고 있어도 그 사람을 보지 못하니, 허물이 없으리라.

【(艮)】卦名이며,《周易正義》(十三經)에는 '艮'자가 없음. 後人의 轉寫 과정에서 누락한 것임. 이에 ○高亨도 "艮字當重. '艮, 艮其背'者, 上艮字乃卦名, 下艮字乃卦辭, 此全書之通例也"라 함. 아울러 '艮'의 의미에 대해 ○高亨은 "本卦艮字, 皆當訓顧, 其訓止者, 當謂目有所止耳"라 하여, '顧'의 뜻이며, 눈으로 보기만 하는 것이라 하여, 이 卦의 모든 '艮'자는 모두 '顧'의 뜻이라 하였음. 王弼 注에 "目无患也"라 하였고, 〈正義〉: "'目无患也'者, 目者, 能見之物, 施止於面, 則抑割所見, 强隔其欲, 是目見之所患, 今施止於背, 則'目无患'也"라 함.《集解》에 "鄭玄曰:「艮爲山, 山立峙, 各於其所, 无相順之時, 猶君在上臣在下. 恩敬不相與通, 故謂之艮也.」"라 함.

【艮其背, 不獲其身】'艮其背'는 그 하던 일을 그치고 등을 돌림. 혹 등 부위로 正面의 책임에서 벗어남. '背'는 〈彖辭〉에 "艮, 止也"의 '止'자가 '北'자의 오류로 보아, 고대 '背'와 '北'은 같은 뜻의 글자였음. 따라서 이제껏 많은 이들의 "艮, 止也"는 모두가 "艮, 北也"여야 함. ○高亨은 "朱熹說, 俞樾說, 朱駿聲說, '艮其止', 當作'艮其背'. 蓋'背'古字作'北', 因形近誤爲止, 或背字筆劃損缺成北, 因形近誤爲止也"라 함. 漢代 帛書《周易》에는 '北'자로 되어 있음. '不獲其身'은 그 사람을 찾을 수 없음. 그가 물러나 사라짐으로써 朝廷에서 더 이상 그를 볼 수 없음. '獲'은 '찾아내다'(找到), '보다'(看到)의 의미. 그러나 신체의 욕구와 본능에 따라 행동하는 것이 아님을 뜻하기도 함. 王弼 注에 "所止在後, 故不得其身也"라 함.

【行其庭, 不見其人, 无咎】'行其庭, 不見其人'은 가정에서 늘 하던 행동에서도 그를 볼 수 없음. 그러나 '행동에 자유를 얻음, 남의 평가에 연연하지 않음'의 뜻이라고도 함. 王弼 注에 "相背故也"라 함. '无咎'는 그가 그처럼 高飛遠走하였기에 어떠한 허물이나 재앙이 없음. 艮卦는 산을 상징하며 산은 停止하여 있고 鎭重하듯 사람도 妄念에 흔들림 없이 자신의 모든 動靜을 正道를 기준으로 삼음을 뜻함. 한편 ○高亨은 "獲, 疑借爲護, 同聲系, 古通用. '艮其背, 不獲其身', 猶云'顧其背, 不護其身', 顧其小者忘其大者, 身之將亡, 背何能有? 故曰「艮其背, 不獲其身; 行其庭, 不見其人」. 此當謂凶象, 不宜再言'无咎', 疑'无咎'二字衍文, 蓋今文經之所無也"라 함. 王弼 注에 "凡物對面而不相通, 否之道也. 艮者, 止而不相交通之卦也. 各止而不相與, 何得无咎? 唯不相見, 乃可也. 施止於背, 不隔物欲, 得其所止也. 背者, 无見之物, 无見, 則自然靜止, 靜止而无見, 則不獲其身矣. 相背者, 雖近而不相見, 故「行其庭, 不見其人」也. 夫施止不於无見, 令物自然而止, 而强止之, 則姦邪並興; 近而不相得, 則凶. 其得无咎, 「艮其背, 不獲其身; 行其庭, 不見其人」故也"라 하였고, 〈正義〉에 "'艮其背, 不獲其身; 行其庭, 不見其人, 无咎'者, 艮, 止也, 靜止之義. 此是象山之卦, 故以艮爲名. 施之於人, 則是止物之情, 防其動欲, 故

謂之止. ‘艮其背’者, 此明施止之所也. 施止得所, 則其道易成. 施止不得其所, 則其功難成. 故《老子》曰『不見可欲, 使心不亂』也. 背者, 无見之物也. 夫无見, 則自然靜止. 夫欲防止之法, 宜防其未兆. 旣兆而止, 則傷物情, 故施止於无見. 之所, 則不隔物欲, 得其所止也. 若施止於面, 則對面而不相通, 强止其情, 則姦邪並興, 而有凶咎. 止而无見, 則所止在後, 不與面相對, 言有物對面而來, 則情欲有私於己. 旣止在後, 則是施止无見, 所止无見, 何及其身? 故不獲其身. 旣不獲其身, 則相背矣. 相背者, 雖近而不相見, 故‘行其庭, 不見其人’. 如此乃得无咎, 故曰‘艮其背, 不獲其身; 行其庭, 不見其人, 无咎’也. 又若能止於未兆, 則是治之於未萌, 若對面不相交通, 則是否之道也. 但止其背, 可得无咎也”라 함. 《集解》에 “虞翻曰:「觀五之三也. 艮爲多節, 故稱背觀. 坤爲身, 觀五之三, 折坤爲背, 故艮其背. 坤象不見, 故不獲其身. 震爲行人, 艮爲庭, 坎爲隱伏, 故‘行其庭, 不見其人’. 三得正, 故‘无咎’.」 ○案: ‘艮爲門闕, 今純艮重其門闕, 兩門之間, 庭中之象也.」”라 함. 《傳》에 “人之所以不能安其止者, 動於欲也. 欲牽於前, 而求其止, 不可得也. 故艮之道, 當艮其背所見者, 在前而背乃背之, 是所不見也. 止於所不見, 則无欲, 以亂其心而止, 乃安不獲其身, 不見其身也? 謂忘我也. 无我則止矣. 不能无我, 无可止之道. ‘行其庭, 不見其人’, 庭除之間, 至近也. 在背, 則雖至近不見, 謂不交於物也. 外物不接, 內欲不萌, 如是而止, 乃得止之道於止, 爲无咎也”라 하였고, 《本義》에 “艮, 止也. 一陽止於二陰之上, 陽自下升, 極上而止也. 其象爲山, 取坤地而隆其上之狀, 亦止於極而不進之意也. 其占則必能止于背, 而不有其身, 行其庭而不見其人, 乃无咎也. 蓋身動物也. 唯背爲止, 艮其背, 則止於所當止也. 止於所當止, 則不隨身而動矣. 是不有其身也. 如是則雖行於庭除, 有人之地, 而亦不見其人矣. 蓋‘艮其背而不獲其身’者, 止而止也. ‘行其庭而不見其人’者, 行而止也. 動靜各止其所, 而皆主夫靜焉. 所以得‘无咎’也”라 함.

## (2) 彖辭와 象辭

彖曰: 艮, 止也. 時止則止, 時行則行. 動靜不失其時, 其道光明.
「艮其止」, 止其所也.
上下敵應, 不相與也, 是以「不獲其身, 行其庭, 不見其人, 无
咎」也.
★象曰: 兼山, 艮. 君子以思不出其位.

〈언해〉 彖(단)애 굴오디 艮(간)은 止(지)홈이니, 時(시) | 止(지)ᄒ염즉거든 止(지)ᄒ고,
　　　　 時(시) | 行(힝)ᄒ염즉거든 行(힝)ᄒ야, 動(동)ᄒ며 靜(졍)ᄒ욤애 그 時(시)를 失
　　　　 (실)티 아니 ᄒ욤이, 그 道(도) | 光明(광명)ᄒ니,
　　　　 그 止(지)예 艮(간)ᄒ욤은 그 所(소)애 止(지)홀 시라.
　　　　 上(샹)과 下(하) | 敵(뎍)으로 應(응)ᄒ야, 서르 與(여)티 아닐 시, 일로뼈 「不獲其
　　　　 身, 行其庭, 不見其人, 无咎」ᄒ니라.
　　　　 ★象(샹)애 굴오디 兼(겸)ᄒ 山(산)이 艮(간)이니, 君子(군ᄌ) | 以(이)ᄒ야 思
　　　　 (ᄉ)를 그 位(위)예 出(츌)티 아니 ᄒᄂ니라.

〈해석〉 彖: 艮은 그치는 것이다. 때가 그칠 만하거든 그치고, 때가 나설 만하거든 나서
　　　　서, 동정(動靜)에 있어서 그 때를 놓치지 아니함이, 그 도를 넓게 밝힘이니라.
　　　　그 그칠 곳에 그치는 것은 그 처소에서 그치기 때문이다.
　　　　위아래 각기 상응하는 두 효가 대적하여 응하고 있어, 서로 허여하지 아니하기
　　　　에, 이로써 "그 몸을 볼 수 없고, 그 뜰에서 움직여도 그 사람을 볼 수 없는
　　　　것"이니라.
　　　　★象: 겹친 산(간)의 괘형이 간괘이다. 군자는 이를 근거로 하여, 모든 생각을
　　　　그 직위에 나서지 않는 것이니라.


　　【艮, 止也】 '艮, 止也'의 '止'는 北(배)의 오류로 봄. '艮'은 '등지다, 벗어나다, 등을
돌리고 떠나다'의 뜻. 그러나 글자 그대로 "艮은 그치다"의 의미로 널리 풀이되어 왔
음. 이 경우 '止'는 止息, 休息, 退息의 뜻. 〈正義〉에 "'艮, 止也'者, 訓其名也"라 함. 《集
解》에 "虞翻曰:「位窮於上, 故止也.」"라 함.
　　【時止則止, 時行則行】 隨時의 뜻. "때가 그쳐야 할 때면 그치고, 때가 행동에 나서

야 할 때라면 행동에 옮기다"의 뜻.《集解》에 "虞翻曰:「時止, 謂上陽窮止, 故止時. 行謂三體, 處震爲行也.」"라 함.

【動靜不失其時, 其道光明】 '動靜不失其時'는 動靜이 그 때를 놓치지 않음. '其道光明'은 그 도리가 널리 밝음. '光'은 廣의 뜻. 王弼 注에 "止道不可常用, 必施於不可以行, 適於其時, 道乃光明也"라 하였고, 〈正義〉에 "時止則止, 時行則行, 動靜不失其時, 其道光明'者, 將釋施止, 有所先明施止有時. 凡物之動息, 自各有時. 運用止之法, 不可爲常. 必須應時行止, 然後其道乃得光明也"라 함.《集解》에 "虞翻曰:「動謂三, 靜謂上. 艮止則止, 震行則行, 故不失時. 五動成離, 故其道光明.」"이라 함.《傳》에 "艮爲止, 止之道, 唯其時行止. 動靜不以時, 則妄也. 不失其時, 則順理而合義, 在物爲理, 處物爲義, 動靜合理義, 不失其時也, 乃其道之光明也. 君子所貴乎時, 仲尼行止, 久速是也. 艮體篤實, 有光明之義"라 하였고,《本義》에 "此釋卦名. 艮之義, 則止也. 然行止各有其時, 故時止而止, 止也. 時行而行, 亦止也. 艮體篤實, 故又有光明之義. 〈大畜〉於艮, 亦以輝光言之"라 함.

【「艮其止」, 止其所也】 '止其所也'은 그 상태, 위치에서 止息함. '所'는 處所. 해당되는 곳. 王弼 注에 "易背曰止, 以明背, 卽止也. 施止不可於面, 施背乃可也. 施止於止, 不施止於行, 得其所矣. 故曰'艮, 其止. 止其所'也"라 하였고, 〈正義〉에 "'艮其止, 止其所'者, 此釋施止之所也. '艮其止'者, 疊經文, 艮其背也. 易背曰止, 以明背者, 无見之物, 卽是可止之所也. 旣時止卽宜止, 時行則行, 所以施止, 須得所艮. 旣訓止, 今言艮其止, 是止其所止也. 故曰'艮其止, 止其所也'"라 함.《集解》에 "虞翻曰:「謂兩象各止其所.」"라 함.《傳》에 "'艮其止', 謂止之而止. 止之而能止者, 由止得其所也. 止而不得其所, 則无可止之理. 夫子曰:「於止知其所止, 謂當止之所也.」夫有物必有則, 父止於慈, 子止於孝, 君止於仁, 臣止於敬. 萬物庶事, 莫不各有其所. 得其所則安, 失其所則悖. 聖人所以能使天下順治, 非能爲物作則也. 唯止之各於其所而已"라 함.

【上下敵應, 不相與也】 본괘에서 세 효(六二, 九三, 六四)는 位正當하고, 나머지 세 효(初六, 六五, 上九)는 位不當하여, 서로 맞서 대응하고 있으면서 하나도 正應(陰陽互應)은 이루지 못함. 그 때문에 서로 어그러져 許與하지 못하고 있는 卦象임. 〈正義〉에 "'上下敵應, 不相與也'者, 此就六爻, 皆不相應. 釋艮卦之名, 又釋不獲其身以下之義. 凡應者, 一陰一陽, 二體不敵, 今上下之位, 雖復相當, 而爻皆峙敵, 不相交與, 故曰'上下敵應, 不相與也'. 然八純之卦, 皆六爻不應, 何獨於此言之者? 謂此卦旣止而不交, 爻又峙而不應與, 止義相協, 故兼取以明之也"라 함.《集解》에 "虞翻曰:「艮其背, 背也兩象相背, 故不相與也.」"라 함.《傳》에 "以卦才言也. 上下二體, 以敵相應, 无相與之義. 陰陽相應, 則情通而相與, 乃以其敵, 故不相與也. 不相與, 則相背爲(一作與)'艮其背止'之義(一有同

字)也"라 함.

【是以「不獲其身, 行其庭, 不見其人, 无咎」也】이 때문에 '그 몸을 조정에서 찾을 수 없으며, 집에서 하던 모습도 그 사람을 찾을 수 없어 허물이 없다'라 한 것임. 〈正義〉에 "'是以「不獲其身, 行其庭, 不見其人, 无咎」也'者, 此擧經文以結之, 明相與而止之, 則有咎也"라 함. 《集解》에 "案: 其義已見. 繇辭也."라 함. 《傳》에 "相背, 故不獲其身. 不見其人, 是以能止. 能止則无咎也. 〈本義〉此釋卦辭. 易背爲止, 以明背卽止也. 背者, 止之所也. 以卦體言內外之卦, 陰陽敵應而不相與也. 不相與, 則內不見己, 外不見人, 而无咎矣. 晁氏云:「艮其止, 當依卦辭作背.」"라 함.

★【兼山, 艮】山(艮)이 위아래로 겸하여 중첩된 卦形이 艮卦임. 〈正義〉에 "'兼山, 艮'者, 兩山兼重, 謂之兼山也. 直置一山, 已能鎭止. 今兩山重疊, 止義彌大, 故曰'兼山, 艮'也"라 함.

【君子以思不出其位】'思不出其位'는 생각하는 것이란 그 지위에 나서지 않음만을 목표로 삼음. 즉 은퇴함을 뜻함. 군자는 이 卦形을 바탕으로 하여 깊이 생각한 끝에 退息함을 말함. 艮卦의 山이 둘이나 겹쳐 더욱 진중히 하여, 욕망을 停止시켜 地位(벼슬길, 出頭)에 나가지 않음을 곱절로 思慮함. 王弼 注에 "各止其所, 不侵害也"라 하였고, 〈正義〉에 "'君子以思不出其位'者, 止之爲義, 各止其所, 故君子於此之時, 思慮所及, 不出其己位也"라 함. 《集解》에 "虞翻曰:「君子謂三也. 三君子位震爲出, 坎爲隱伏爲思, 故以思不出其位也.」"라 함. 《傳》에 "上下皆山, 故爲兼山. 此而幷彼爲兼, 謂重復(一作複)也. 重艮之象也. 君子觀艮止之象, 而思安所止, 不出其位也. 位者, 所處之分也. 萬事各有其所, 得其所, 則止而安. 若當行而止, 當速而久, 或過或不及, 皆出其位也. 況踰分非據乎!"라 함.

## (3) 爻辭와 象辭

初六: 艮其趾, 无咎. 利永貞.
☆象曰:「艮其趾」, 未失正也.

〈언해〉 初六(초륙)은, 그 趾(지)예 艮(ᄀᆞᆫ)홈이라. 咎(구) ] 업스니, 永(영)ᄒᆞ고 貞(뎡)홈이 利(리)ᄒᆞ니라.
   ☆象(샹)애 ᄀᆞᆯ오ᄃᆡ「艮其趾」ᄂᆞᆫ, 正(졍)을 失(실)티 아님이라.

〈해석〉 [初六](--): 몸의 힘이 그 발에 멈추어 있다. 허물이 없으니, 이를 길게 가지고
　　　가며 바르게 함이 이로우니라.

　　　☆象: "그 몸의 힘이 발에서 멈추어 있다"함은, 아직 바른 것을 잃지 않았다는
　　　뜻이다.


　　【初六】이는 전괘의 시작이며 음효로 位不當하나, 柔弱함을 지켜 止息하며 나서지
않음. 상배한 六四는 位正當하나 같은 陰爻로 이 효가 나서도록 강요하지 않아 허물이
없음.
　　【艮其趾, 无咎】'艮其趾'의 '趾'는 발뒤꿈치. 혹 다리(脚, 足). 신체의 가장 아래쪽.
즉 전괘의 맨 아래에 있음을 뜻함. 따라서 休息하며 다리의 힘을 기르고 있음. 〈正義〉
에 "'艮其趾, 无咎'者, 趾, 足也. 初處體下, 故謂之足. 居止之初, 行无所適止, 其足而不
行, 乃得无咎, 故曰'艮其趾, 无咎'也"라 함.
　　【利永貞】길이 곧음을 지킴을 이롭다 여김. 이 효는 가장 아래에 있어 애초부터
지식을 염두에 두어야 함을 뜻함. 그러나 柔弱하여 혹 중간에 다시 머리를 내밀고
싶은 욕구가 일어날 수 있으므로 길게 곧음을 지키는 것이 이로움. ○高亨은 "艮, 猶顧
也. 艮其趾, 猶言顧其足也. 顧其足者不敢妄行, 可以無咎, 可以長無咎, 故曰「艮其趾, 无
咎, 利永貞」"이라 함. 王弼 注에 "處止之初, 行无所之, 故止其趾, 乃得'无咎'. 至靜而定,
故'利永貞'"이라 하였고, 〈正義〉에 "'利永貞'者, 靜止之初, 不可以躁動, 故利在永貞也"라
함. 《集解》에 "虞翻曰:「震爲趾, 故艮其趾矣. 失位變得正, 故'无咎, 永貞'也.」"라 함. 《傳》
에 "六在最下趾之象. 趾, 動之先也. '艮其趾', 止於動之初也. 事止於初, 未至失正, 故'无
咎'也. 以柔處下, 當趾之時也. 行則失其正矣. 故止乃无咎. 陰柔患其不能常也. 不能固也,
故方止之初, 戒以利在常永貞, 固則不失止(一作正)之道也"라 하였고, 《本義》에 "以陰柔
居艮初, 爲艮趾之象. 占者如之, 則无咎, 而又以其陰柔, 故又戒其'利永貞'也"라 함.
　　☆【「艮其趾」, 未失正也】'未失正也'는 자신이 맨 아래임을 正道로 여겨 그 정도를
잃지 않음. 〈正義〉에 "〈象〉曰'未失正也'者, 行則有咎, 止則不失其正, 釋所以'利永貞'"이
라 함. 《集解》에 "虞翻曰:「動而得正, 故未失正也.」"라 함. 《傳》에 "當止而行, 非正也.
止之於初, 故未至失正. 事止於始, 則易而未至於失也"라 함.

六二: 艮其腓, 不拯其隨, 其心不快.
象曰:「不拯其隨」, 未退聽也.

〈언해〉 六二(륙이)는, 그 腓(비)예 艮(곤)홈이니, 拯(증)티 몯ᄒᆞ고 그 隨(슈)ᄒᆞᄂᆞᆫ 디라, 그 心(심)이 快(쾌)티 아니 ᄒᆞ도다.[《本義》: 그 隨(슈)를 拯(증)티 몯ᄒᆞᄂᆞᆫ 디라]
☆象(샹)애 ᄀᆞᆯ오디 「不拯其隨」는 退(퇴)ᄒᆞ야 聽(텽)티 아니 홀 시라.

〈해석〉 [六二](--): 몸의 힘이 그 종아리에 멈추어 있다. 그것을 구원하지 못하고 따르기에(그 쳐진 힘을 구원하지 못하는 지라), 그 마음이 유쾌하지 못한 것이다.
☆象: "그 쳐진 힘을 구언하지 못한다"함은, 물러나서 남의 말을 아직 듣지 않고 있기 때문이다.

【六二】 이는 음효로 位正當하며 아울러 하괘의 中央에 있어 中正을 이루고 있어 得中함. 그러나 六五(君位)가 得中하였으나 位不當하며 正應을 이루지 못하고 있음. 그 때문에 止息의 본령을 추진하지 못하여 마음에 滿足을 얻지 못함.

【艮其腓, 不拯其隨, 其心不快】 '艮其腓'는 그 止息이 大腿部에 있음. '腓'는 대퇴부, 장딴지, 종아리. 내달리거나 피할 때 가장 힘을 발휘하는 부위. 그러나 孔穎達은 '腸'이라 하였음. '趾'보다 위쪽. '不拯其隨'의 '拯'은 '承'의 뜻이며, 위 九三의 뜻을 이어받음. 그러나 혹 '보호하다, 구제하다, 들어 올리다, 위의 뜻을 이어받다'의 뜻이기도 함. '隨'는 墮의 뜻. 즉 垂肉(늘어진 살덩어리). '不拯其隨'는 장딴지에 늘어진 살덩어리 때문에 종아리를 들어 올리지 못함. 즉 어서 退息하고자 하나 장딴지의 힘이 모자람. 그러나 〈正義〉에 "'艮其腓, 不極其隨'者, 腓, 腸也. 在足之上, 腓體或屈或伸, 躁動之物. 腓動則足隨之, 故謂足爲隨. 拯, 擧也. 今旣施止於腓, 腓不得動, 則足无由擧, 故曰'艮其腓, 不拯其隨'也"라 함. '其心不快'는 그 마음만 급할 뿐 시원스럽게 움직이지 못함. '快'는 疾의 뜻. 迅速히 도망하여 은퇴함. 그러나 마음이 '불쾌하다'의 뜻으로도 봄. 이 효는 得中과 位正當을 함께 얻고 있으나, 六五와 正應을 이루지 못하여 대신 九三의 뜻을 이어받아야 함. 그러나 장딴지의 억제를 받아 나설 수 없으므로 暢快하지 못한 것임. ○高亨은 "艮, 猶顧也. 顧其腓者, 欲其腓肉之增益. 其腓肉竟不增益, 是以其心不快, 故曰「艮其腓, 不拯其隨, 其心不快」. 此事實反於希望之象也"라 함. 王弼 注에 "隨, 謂趾也. 止其腓, 故其趾不拯. 腓體躁而處止, 旣不得拯其隨, 又不能退聽安靜, 故'其心不快'也"라 하였고, 〈正義〉에 "'其心不快'者, 腓是躁動之物, 而强止之貪, 進而不得動, 則情與質乖也. 故曰'其心不快'. 此爻明施止不得其所也"라 함. 《集解》에 "虞翻曰:「巽長爲股, 艮

小爲腓, 拯, 取也. 隨謂下二陰, 艮爲止, 震爲動, 故'不拯其隨'. 坎爲心, 故'其心不快'.」라 함. 《傳》에 "六二居中得正, 得止之道者也. 上无應援, 不獲其君矣. 三居下之上, 成止之主, 主乎止者也. 乃剛而失中, 不得止之宜, 剛止於上, 非能降而下. 求二雖有中正之德, 不能從也. 二之行止, 係乎所主, 非得自由, 故爲腓之象. 股動則腓隨, 動在股, 而不在腓也. 二旣不得以中正之道, 拯救三之不中, 則必勉而隨之. 不能拯而唯隨也. 雖咎不在己, 然豈其所欲哉! 言不聽道, 不行也. 故其心不快, 不得行其志也. 士之處高位, 則有拯而无隨; 在下位, 則有當拯有, 當隨有拯之, 不得而後隨"라 하였고, 《本義》에 "六二居中得正, 旣止其腓矣. 三爲限, 則腓所隨也, 而過剛不中, 以止乎上. 二雖中正而體柔弱, 不能往而拯之. 是以其心不快也. 此爻占在象中, 下爻放此"라 함.

☆「不拯其隨」, 未退聽也】'未退聽也'는 아직 물러서 은퇴하지 못하고 남의 의견만 聽從하고 있는 爻位임. 〈正義〉에 "〈象〉曰'不拯其隨, 未退聽也'者, 聽, 從也. 旣不能拯, 動又不能靜, 退聽從其見止之命, 所以'其心不快'矣"라 함. 《集解》에 "虞翻曰:「坎爲耳, 故'未退聽'也.」"라 함. 《傳》에 "所以不拯之而唯隨者, 在上者未能下從也. 退聽下從也"라 하였고, 《本義》에 "三止乎上, 亦不肯退, 而聽乎二也"라 함.


# 九三: 艮其限, 列其夤, 厲, 薰心.
## ☆象曰:「艮其限」, 危薰心也.

〈언해〉 九三(구삼)은, 그 限(훈)애 艮(곤)혼 디라 그 夤(인)을 列(렬)홈이니, 厲(려)ㅣ 心(심)애 薰(훈)ㅎ놀짜.

　　☆象(샹)애 골오디「艮其限」이라, 危(위)ㅣ 心(심)에 薰(훈)홈이라.

〈해석〉 [九三](−): 몸의 힘이 허리에 멈추어 있다. 그 등뼈의 살이 찢어짐이니, 위태로움이 마음을 태우고 있도다.

　　☆象: "몸의 힘이 허리에 멈추어 있다"함은, 위태로움이 마음을 태운다는 뜻이다.


【九三】 이는 하괘 艮의 가장 윗자리이며 陽爻로 位正當함. 퇴식의 단계 중에 허리쯤에 해당함. 陽剛하여 退息의 本領에 조급하나 위에 두 陰爻가 가로막고 있어 허리를 펴지 못하는 형상임.

【艮其限, 列其夤, 厲, 薰心】'艮其限'의 '限'은 〈釋文〉에 모두 要(腰)라 함. 허리. 그러나 아래 간괘의 限界를 뜻하기도 함. '列其夤'의 '列'은 裂의 本字. 찢어짐. '夤'은 등뼈

사이 좁은 부위의 살(脅). 혹 옆구리 살. '薰心'은 마음만 태우고 있음. 이 효는 전괘의 중간 부위에 있어 신체의 허리라 한 것이며, 네 개 음효 사이에 끼어 마치 등뼈 사이에 끼인 살과 같다고 한 것임. 아울러 자신의 가지고 있는 陽剛함은 네 음효에 의해 抑止를 당하고 있음. 그 때문에 애만 태우고 있는 형상임. 그러나 虞翻은 '闇'(문지기)로 표기하였음. ○高亨은 "艮, 猶顧也. 顧其要而傷其脊肉, 是顧此失彼, 以此處事, 危矣, 誠心中迷亂者矣. 故曰「艮其限, 列其夤, 厲, 薰心」"이라 함. 王弼 注에 "限, 身之中也. 三當兩象之中, 故曰'艮其限'. 夤, 當中脊之肉也. 止加其身, 中體而分, 故'列其夤', 而憂危薰心也. 艮之爲義, 各止於其所, 上下不相與, 至中則列矣. 列加其夤, 危莫甚焉. 危亡之憂, 乃薰灼其心也. 施止體中, 其體分焉, 體分兩主, 大器喪矣"라 하였고, 〈正義〉에 "'艮其限, 列其夤, 厲, 薰心'者, 限, 身之中. 人繫帶之處, 言三當兩象之中, 故謂之限. 施止於限, 故曰'艮其限'也. 夤, 當中脊之肉也. 薰, 澆灼也. 旣止加其身之中, 則上下不通之義也. 是分列其夤, 夤旣分列, 身將喪亡, 故憂危之切, 薰灼其心矣. 然則君臣共治, 大體若身, 大體不通, 則君臣不接. 君臣不接, 則上下離心, 列夤則身亡, 離心則國喪, 故曰'列其夤, 厲, 薰心'. '體分兩主, 大器喪矣'者, 大器, 謂國與身也. 此爻亦明施止不得其所也"라 함. 《集解》에 "虞翻曰:「限, 腰帶處也. 坎爲腰, 五來之三, 故'艮其限'. 夤, 脊肉. 艮爲背, 坎爲脊, 艮爲手, 震起艮止, 故'裂其夤'. 坎爲心, 厲, 危也. 艮爲闇, 闇守門人, 坎盜動門, 故厲. 闇心, 古'闇'作'熏'字. 馬因言'熏灼其心'未聞. 易道以坎水, 熏灼人也. 荀氏以'熏'爲'動', 或誤作'動', 皆非也.」"라 함. 《傳》에 "限, 分隔也. 謂上下之際, 三以剛居剛, 而不中爲成艮之主, 決止之極. 己在下體之上, 而隔上下之限, 皆爲止義, 故爲艮其限, 是確乎止, 而不復能進退者也. 在人身, 如列其夤. 夤, 膂也. 上下之際也. 列絶其夤, 則上下不相從屬, 言止於下之堅也. 止道貴乎得宜, 行止不能以時, 而定於一其堅强. 如此則處世乖戾, 與物睽絶, 其危甚矣. 人之固止一隅而擧世, 莫與宜者, 則艱蹇忿畏, 焚撓其中, 豈有安裕之理? '厲, 薰心', 謂不安之(一作其)勢. 薰爍其中(一有心字)也"라 하였고, 《本義》에 "限, 身上下之際, 卽腰胯也. 夤, 膂也. 止於腓, 則不進而已. 九三以過剛不中, 當限之處而艮其限, 則不得屈伸, 而上下判隔, 如列其夤矣. 危厲薰心, 不安之甚也"라 함.

☆【「艮其限」, 危薰心也】 '危薰心也'는 위험에 처한 채 마음만 태우고 있음. 《集解》에 "虞翻曰:「坎爲心, 坎盜動門, 故'危闇心'也.」"라 함. 《傳》에 "謂其固止, 不能進退, 危懼之慮, 常薰爍其中心也"라 함.

六四: 艮其身, 无咎.
☆象曰:「艮其身」, 止諸躬也.

〈언해〉 六四(륙사)는, 그 身(신)에 艮(곤)홈이니 咎(구) ] 업스니라.
　　　☆象(샹)애 골오디 「艮其身」은, 躬(궁)애 止(지)홈이라.
〈해석〉 [六四](--): 힘이 몸 상체에 멈추어 있음이니, 허물은 없으리라.
　　　☆象: "힘이 몸 상체에 멈추어 있다"함은, 그 자신에게서 그치고 있다는 뜻이다.

【六四】이는 上卦 艮의 시작이며 陰爻로 位正當함. 전괘의 중간에 위치하여 引退의 과정을 몸에 담고 있음. 柔弱함을 지켜 退息하여 몸을 保全함.

【艮其身, 无咎】'艮其身'은 退息의 의지가 몸에 있음. 退息하여 자신의 몸을 保全함의 뜻이라고도 함. 이는 전괘의 중간쯤에 있는 爻位임을 말함. 이 효는 이미 상괘 艮에 진입하였으므로 上身의 抑止를 담당함. 陰爻로 位正當하며 柔弱하여 스스로 자신을 統制하여 마구 나서지 않음. 그 때문에 无咎한 것임. ○高亨은 "艮, 猶顧也. 身統四肢五官百骸而言. 顧其身則善保之, 斯無咎矣. 故曰「艮其身, 无咎」"라 함. 王弼 注에 "中上稱身, 履得其位, 止求諸身, 得其所處, 故不陷於咎也"라 하였고, 〈正義〉에 "'艮其身, 无咎'者, 中上稱身, 六四居止之時, 已入上體, 履得其位, 止求諸身, 不陷於咎, 故曰'艮其身, 无咎'也. 求, 責也; 諸, 之也. '自止其躬, 不分全體'者, 艮卦總其兩體以爲一身, 兩體不分, 乃謂之全. 全乃謂之身, 以九三居兩體之際, 在於身中, 未入上體, 則是止於下體, 不與上交, 所以體分貿列. 六四已入上體, 則非上下不接, 故能總止其身, 不分全體. 然則身是總名而言. 中上稱身者, 何也? 盖至中則體分而身喪, 入上體則不分而身全. 九三施止於分體, 故謂之限. 六四施止於全體, 故謂之身. 非中上獨是其身, 而中下非身也"라 함. 《集解》에 "虞翻曰:「身, 腹也. 觀坤爲身, 故'艮其身'. 得位承五, 故'无咎'. 或謂妊身也. 五動則四體離婦, 離爲大腹, 孕之象也. 故'艮其身'. 得正承五, 而受陽施, 故'无咎'. 《詩》(大雅〈大明〉)曰:『大任有身, 生此文王』也.」"라 함. 《傳》에 "四大臣之位, 止天下之當止者也. 以陰柔而不遇剛陽之君, 故不能止物, 唯自止其身, 則可无咎. 所以能无咎者, 以止於正也. 言止其身无咎, 則見其不能止物, 施於政, 則有咎矣. 在上位而僅能善其身, 无取之甚也"라 하였고, 《本義》에 "陰居陰, 時止而止, 故爲艮其身之象, 而占得无咎也"라 함.

☆【「艮其身」, 止諸躬也】'止諸躬也'의 '諸'는 之於, 之乎의 合音字. 지식이 그 몸에 있음. 자신의 몸을 잘 보전함. 明哲保身을 뜻함. 王弼 注에 "自止其躬, 不分全體"라 하였고, 〈正義〉에 "〈象〉曰'止諸躬也'者, 躬, 猶身也. 明能靜止, 其身不爲躁動也"라 함. 《集解》

에 "虞翻曰:「艮爲止, 五動乘四, 則任身, 故'止諸躬'也.」"라 함. 《傳》에 "不能爲天下之止, 能止於其身而已. 豈足稱大臣之位也?"라 함.


# 六五: 艮其輔, 言有序, 悔亡.
## ☆象曰:「艮其輔」, 以中正也.

〈언해〉六五(류오)는, 그 輔(보)애 艮(근)홈이라, 言(언)이 序(셔)ㅣ 이심이니, 悔(회)ㅣ
亡(망)ᄒ리라.
☆象(샹)애 ᄀᆯ오디「艮其輔」는 中(듕)으로써 正(졍)홈이라.

〈해석〉[六五](--): 힘이 볼에 멈추어 있다. 말에 순서가 있음이니, 회한이 사라지리라.
☆象: "힘이 볼에 멈추어 있다"함은, 득중(得中)하여 정도로서 함을 뜻한다.


【六五】이는 君位이며 상괘의 중앙에 위치하여 得中하였으나 位不當함. 퇴식의 과
정이 볼의 위치쯤에 있음.

【艮其輔, 言有序, 悔亡】'艮其輔'의 輔는 뺨(頰腮), 혹 보조개(口輔). '酺'의 가차자.
혹 턱(顎)이라고도 함. '言有序'말에 순서가 있음. 말에 조리가 있음. 그러나 말을 할
때 말을 하고 하지 말아야 할 때 입을 닫고 말을 하지 않음. 閉口少言, 口無擇言을 뜻함.
그러나 虞翻은 '言有序'를 '言有孚'로 보았음. '悔亡'은 悔恨이 사라짐. 이 효는 陰爻로
位正當하고 尊位에 해당하면서 위(上九)는 陽爻, 아래(六四)는 陰爻로 不偏不黨한 모습
임. 그 때문에 회한이 없음. ○高亨은 《論語》爲政篇:「多聞闕疑, 愼言其餘, 卽寡尤」.
言有序, 悔亡, 卽愼言寡尤之意. 故曰「艮其輔, 悔亡」이라 함. 王弼 注에 "施止於輔, 以處
於中, 故口无擇言, 能亡其悔也"라 하였고, 〈正義〉에 "'艮其輔, 言有序, 悔亡'者, 輔, 頰車
也. 能止於輔頰也. 以處其中, 故口无擇言也. 言有倫序, 能亡其悔, 故曰'艮其輔, 言有序,
悔亡'也"라 함. 《集解》에 "虞翻曰:「輔, 面頰骨, 上頰車者也. 三至上體, 頤象. 艮爲止,
在坎車上, 故'艮其輔'. 謂輔車相依, 震爲言五, 失位悔也. 動得正, 故'言有孚, 悔亡'也.」"라
함. 《傳》에 "五君位, 艮之主也. 主天下之止者也, 而陰柔之才, 不足以當此義. 故止以在上
取輔(一有之字)義言之(一无之字). 人之所當, 愼而止者, 唯言行也. 五在上, 故以輔言. 輔,
言之所由出也. 艮於(一作其)輔, 則不妄出而有序也. 言輕發而无序, 則有悔. 止之於輔, 則
(一作故)悔亡也. 有序, 中節有次序也. 輔與頰舌, 皆言所由出, 而輔在中. 艮其輔, 謂止於
中也"라 하였고, 《本義》에 "六五當輔之處, 故其象如此, 而其占悔亡也. 悔, 謂以陰居陽"

이라 함.

☆【「艮其輔」, 以中正也】'以中正也'는 이 효가 중앙에 있어 得中하였음을 말함. 그러나 朱熹는 '正'자는 衍文이라 함. 王弼 注에 "能用中正, 故'言有序'也"라 하였고, 〈正義〉에 "〈象〉曰'以中正'者, 位雖不正, 以居得其中, 故不失其正. 故'言有序'也"라 함. 《集解》에 "虞翻曰:「五動之中, 故'以正中'也.」"라 함. 《傳》에 "五之所善者, 中也. '艮其輔', 謂止於中也. 言以得中爲正, 止之於輔, 使不失中, 乃得正也"라 하였고, 《本義》에 "正字羨文, 叶韻可見"이라 함.


# 上九: 敦艮, 吉.
## ☆象曰:「敦艮之吉」, 以厚終也.

〈언해〉 上九(샹구)는, 艮(ㄱ)애 敦(돈)ㅎ욤이니, 吉(길)ㅎ니라.

　　☆象(샹)애 굴오디 「敦艮의 吉홈」은, 終(죵)애 厚(후)홀 시라.

〈해석〉 [上九](一): 멈춤의 도리를 돈후하게 하니, 길하다.

　　☆象: "돈후하게 하여 길하다"함은, 마무리를 후하게 하기 때문이다.


　　【上九】이는 전괘의 맨 윗자리로서 止息의 마무리를 의미함. 陽爻로 位不當하며 陽剛하여 강하게 지식의 의지를 실현하여 마무리 지음.

　　【敦艮, 吉】'敦艮'의 '敦'은 敦厚함. 그러나 머리(頭, 顚), 혹은 이마(額, 題)를 뜻한다고도 풀이함. 가장 윗자리임을 말함. 李鏡池는 "敦, 借爲耑, 聲通. 《說文》:「耑, 物初生之題也.」徐灝《說文注箋》:「耑之言, 顚也. 頁部. 題, 額也. 額亦顚也.」段注:「顚, 猶頭也.」統言之, 耑指頭; 分言之, 耑指額"이라 함. 그러나 ○高亨은 "敦, 猶多也. 是'敦艮'卽'多顧'之意. 人處事多所顧及, 則考慮周詳, 不致顧此失彼, 顧前失後, 庶無債事, 故曰「敦艮, 吉」"이라 함. 王弼 注에 "居止之極, 極止者也. 敦重在上, 不陷非妄, 宜其吉也"라 하였고, 〈正義〉에 "'敦艮, 吉'者, 敦, 厚也. 上九居艮之極, 極止者也. 在上能用敦厚, 以自止不陷非妄, 宜其吉也. 故曰'敦艮, 吉'也"라 함. 《集解》에 "虞翻曰:「无應靜止, 下據二陰, 故'敦艮, 吉'也.」"라 함. 《傳》에 "九以剛實居上, 而又成艮之主. 在艮之終, 止之至堅篤者也. 敦, 篤實也. 居止之極, 故不過而爲敦人之, 止難於久終, 故節或移於晩守, 或失於終事, 或廢於久, 人之所同患也. 上(一无上字)九能敦厚於終, 止道之至善, 所以吉也. 六爻之德, 唯此爲吉"이라 하였고, 《本義》에 "以陽剛居止之極, 敦厚於止者也"라 함.

☆【「敦艮之吉」, 以厚終也】 '以厚終也'는 厚德스럽게 마무리를 지음. '厚'는 敦자를 풀이한 것으로 가장 윗자리에서 退息의 本領을 敦厚하게 마침을 뜻함. 〈正義〉에 "〈象〉曰'以厚終'者, 言上九能以敦厚自終, 所以獲吉也"라 함. 《集解》에 "虞翻曰:「坤爲厚, 陽上據坤, 故'以厚終'也.」"라 함. 《傳》에 "天下之事, 唯終守之爲難, 能敦於止, 有終者也. 上之吉, 以其能厚於終也"라 함.

# 053 점漸

**☰ 風山漸: ▶艮下巽上(☰下☰上)**

\* 漸(점): 〈音義〉에 "漸, 捷檢反. 以之前爲義, 卽階漸之道"라 하여 '점(jiàn)'으로 읽음. '漸'은 漸進의 뜻. 하괘는 艮(山)이며 상괘는 巽(木, 風)으로, 산 위에 나무가 있어 생장이 끊임없이 계속되는 형상의 異卦相疊의 '風山' 괘체임. 이는 人事에 있어서 사람이 道義에 몸을 세워 그 덕행을 배양하여 남에게 모범이 되며, 한편 巽은 風을 상징하기도 하여, 이로써 移風易俗의 영향을 줌을 뜻함. 이에 따라서 '漸'은 '進'(雙聲)의 의미가 내포되어 있으며, 이는 '急變'의 상대적 의미로 보았음. 모든 사물의 발전과 변화란 반드시 急變이나 急進이 아닌 漸進的으로 자연에 순응하여 生長消息하는 것이며, 그 영향이 널리 미치게 되는 것으로서, 천지자연의 규율을 위반할 수 없음을 상징함. 그러나 혹 순조롭게 점차 循禮를 지켜 혼인을 원만히 성취하는 과정을 비유한 것이라고도 함. 특히 '鴻'을 들어 비유한 것은 '鴻'(큰기러기)은 隨陽鳥이므로 '喩女從夫', 즉 여자 (陰)가 남자(陽)를 따라가는 것을 비유함으로써 혼인의 의미를 상징한 것이라 함.

\* 《集解》에 "〈序卦〉曰:「物不可以終止, 故受之以'漸'.」漸者, 進也.(崔憬曰:「終止雖獲, 敦艮時行, 須漸進行, 故曰'物不可終止, 故受之以漸'. 漸者, 進也.」)"라 함.

\* 《傳》에 "'漸', 〈序卦4理也. 止之所生, 亦進也. 所反, 亦進也. 漸, 所以次艮也. 進以序爲漸, 今人以緩進爲漸進, 以序不越次, 所以緩也. 爲卦上巽下艮, 山上有木, 木之高, 而因山其高(一有而字), 有因也. 其高有因, 乃其進有序也. 所以爲漸也"라 함.


## (1) 卦辭

# 漸: 女歸吉, 利貞.

〈언해〉 漸(점)은 女(녀)의 歸(귀)ㅣ 호욤이 吉(길)호니, 利(리)홈이 貞(뎡)이니라.[《本義》: 貞(뎡)홈이 利(리)호니라]

〈해석〉 점(漸, 점괘)은 여자가 시집감이 길한 것이니, 이롭게 함이 곧은 것이다.(곧게 함이 이로우니라.)

【漸】山上有木, 山上有風의 괘형으로 만물의 漸進的인 屈伸消息의 의미를 가지고 있음. 전체적으로는 進(漸進)의 뜻을 내포하고 있음. '漸'은 '𨑔'의 뜻. 《說文》에 "𨑔, 進也"라 함. 王弼 注에 "漸者, 漸進之卦也"라 하였고, 〈正義〉에 "漸者, 不速之名也. 凡物有變移, 徐而不速, 謂之漸也"라 함.

【女歸吉, 利貞】'女歸吉'의 '歸'는 시집감. 嫁의 뜻. '利貞'은 길하고 이로운 貞辭임. 여자가 자라서 시집갈 때의 점괘로 이 괘를 만나면 이롭고 길함. 점괘는 하괘는 艮(山)이며 상괘는 巽(木)으로, 산 위에서 나무가 조금씩 자라듯 여자가 자라 禮에 따라 출가함을 비유함. ○高亨은 "漸, 卦名也. 筮遇此卦, 女嫁則吉, 擧事有利, 故曰「女歸吉, 利貞」"이라 함. 王弼 注에 "止而巽, 以斯適進, 漸進者也. 以止巽爲進, 故'女歸吉'也. 進而用正, 故'利貞'也"라 하였고, 〈正義〉에 "'女歸吉'者, 歸, 嫁也. 女人生, 有外成之義, 以夫爲家, 故謂嫁曰歸也. 婦人之嫁, 備禮乃動, 故漸之所施, 吉在女嫁, 故曰'女歸吉'也. '利貞'者, 女歸有漸得禮之正, 故曰'利貞'也"라 함. 《集解》에 "虞翻曰:「〈否〉三之四, 女謂四. 歸, 嫁也. 〈坤〉三之四, 承五進得位, 往有功, 反成〈歸妹〉. 〈兌〉女歸吉, 初上失位, 故'利貞'. 可以正邦也.」"라 함. 《傳》에 "以卦才兼漸義而言. 乾坤之變爲巽艮, 巽艮重而爲漸. 在漸體而言, 中二爻交也. 由二爻之交, 然後男女各得正位. 初終二爻, 雖不當位, 亦陽上陰下, 得尊卑之正, 男女各得其正, 亦得位也. 與〈歸妹〉正相對. 女之歸, 能如是之正, 則吉也. 天下之事, 進必以(一作有)漸者, 莫如女歸. 臣之進於朝, 人之進於事, 固當有序, 不以其序(一作漸), 則陵節犯義, 凶咎隨之. 然以義之輕重, 廉恥之道, 女之從人, 最爲大也. 故以女歸爲義, 且男女萬事之先也(一有利貞字). 諸卦多有'利貞', 而所施或不同, 有涉不正之疑, 而爲之戒者, 有其事必貞, 乃得其宜者, 有言所以利者, 以其有貞也. 所謂涉不正之疑, 而爲之戒者, 〈損〉之九二是也. 處陰居說, 故戒以宜貞也. 有其事必貞, 乃得宜者, 〈大畜〉是也. 言所畜利於貞也. 有言所以利者, 以其有貞者, 漸是也. 言女歸之, 所以吉利於如此. 貞, 正也. 蓋其固有, 非設戒也. 漸之義宜, 能亨而不云'亨'者, 蓋'亨'者, 通達之義, 非漸進之義也"라 하였고, 《本義》에 "漸, 漸進也. 爲卦止於下, 而巽於上, 爲不遽進之義, 有女歸之象焉. 又自二至五, 位皆得正, 故其占爲女歸吉, 而又戒以'利貞'也"라 함.

## (2) 彖辭와 象辭

彖曰: 漸之進也, 女歸吉也.

進得位, 往有功也;

進以正, 可以正邦也.

其位剛, 得中也;

止而巽, 動不窮也.

★象曰: 山上有木, 漸. 君子以居賢德善俗.

〈언해〉 彖(단)애 골오디 漸(졈)의 進(진)ᄒᆞ욤이, 女(녀)ㅣ 歸(귀)ᄒᆞ욤의 吉(길)홈이라.

　　進(진)ᄒᆞ야 位(위)를 得(득)ᄒᆞ니, 徍(왕)ᄒᆞ야 功(공)이 이슘이오,

　　進(진)ᄒᆞ욤애 正(졍)오로써 ᄒᆞ니, 可(가)히 써 邦(방)을 正(졍)홀 디니,

　　그 位(위)ᄂᆞᆫ 剛(강)이, 中(듕)을 得(득)홈이라.

　　止(지)ᄒᆞ고 巽(손)홀 시, 動(동)홈이 窮(궁)티 아니 ᄒᆞ니라.

　　★象(상)애 골오디 山上(산샹)애 木(목)이 이슘이 漸(졈)이니, 君子(군ᄌᆞ)ㅣ 以(이)ᄒᆞ야 賢德(현덕)에 居(거)ᄒᆞ야 俗(쇽)을 善(션)ᄒᆞᄂᆞ니라.[《本義》: 賢德(현덕)에 居(거)ᄒᆞ며 俗(쇽)을 善(션)ᄒᆞᄂᆞ니라]

〈해석〉 彖: 漸卦는 나아간다는 뜻이다. 여자가 시집감에 있어 길함이라.

　　나아가서 바른 지위가 있으니, 가서는 공이 있음이요,

　　나아감에 바른 길로써 하니, 나라를 바로잡을 수 있을 것이니,

　　그 자리(九五)는 강(剛)이 중(中)을 얻는 것이다.

　　그쳐서는(艮, 山) 공손히 하기(巽, 遜順) 때문에, 움직임에 궁함이 없을 것이다.

　　★象: 산 위에 나무가 있는 것이 점괘이다. 군자는 이를 근거로 하여 현명한 덕에 거(居)하여 풍속을 개선하느니라.(현명한 덕에 거하며 풍속을 개선하느니라.)

【漸之進也, 女歸吉也】 '漸之進也'에서 朱熹는 '之'자는 衍文이라 보았음. 따라서 '漸, 進也'가 되어야 함. '女歸吉也'는 여자가 자라 시집갈 때 친 점으로 길함. 王弼 注에 "之, 於進也"라 하였고, 〈正義〉에 "'漸之進也'者, 釋卦名也. 漸是徐動之名, 不當進退. 但卦所名, 漸是之於進也, '女歸吉也'者, 漸漸而進之, 施於人事, 是女歸之吉也"라 함. 《集

解》에 "虞翻曰:「三進四得位, 陰陽體正, 故吉也.」"라 함. 《傳》에 "如漸之義而進, 乃女歸
之吉也. 謂正而有漸也, 女歸爲大耳, 他進亦然"이라 하였고, 《本義》에 "'之'字疑衍, 或是
'漸'字"라 함.

【進得位, 往有功也】 이 괘의 初六은 陰爻로 陽位에 있음. 따라서 이 효가 올라가
六二와 六四가 되어 陰爻의 자리를 되찾는 형상임. 이는 여자가 시집가사 자신의 자리
를 바르게 얻음(位正當)으로써 부인의 지위를 온당하게 지켜내게 될 것임을 뜻함. 아울
러 九五 역시 尊位, 位正當, 得中, 正應을 모두 이루고 있음을 말함. 王弼 注에 "以漸進得
位也"라 함. 《集解》에 "虞翻曰:「功謂五. 四進承五, 故往有功, 巽爲進也.」"라 함. 《傳》에
"進之時而陰陽各得正位, 進而有功也. 四復由上進, 而得正位. 三離下而爲上, 遂得正位,
亦爲進得位之義"라 함.

【進以正, 可以正邦也】 '進以正'은 昇進하여 位正當한 자리로 옮겨감. '可以正邦也'는
이처럼 君王이 자신의 위치에 바르게 오름으로써 나라를 바로잡음. 〈正義〉에 "進得
位, 往有功也; 進以正, 可以正邦也'者, 此就九五得位剛中, 釋'利貞'. 言進而得於貴位,
是往而有功也. 以六二適九五, 是進而以正. 身既得正, 可以正邦也"라 함. 《傳》에 "以正
道而進, 可以正邦國, 至於天下也. 凡進於事, 進於德, 進於位, 莫不皆當以正也"라 하였
고, 《本義》에 "以卦變釋利貞之意. 蓋此卦之變, 自〈渙〉而來. 九進居三, 自〈旅〉而來. 九
進居五, 皆爲得位之正"이라 함.

【其位剛, 得中也】 이는 九五를 두고 한 말임. 九五는 君位이며 陽爻로서 陽位에 있어
位正當하며, 상괘의 중앙에 있어 得中을 이루고 있으며, 아울러 六二와 正應까지 이루
고 있어 아주 이상적임. 〈正義〉에 "其位, 剛得中'者, 此卦爻皆得位. 上言'進得位', 嫌是兼
二三四等, 故特言'剛得中', 以明得位之言, 唯是九五也"라 함. 《集解》에 "虞翻曰:「謂初已
變爲〈家人〉. 四進已正, 而上不正, 三動成〈坤〉, 爲邦上來反三, 故進以正, 可以正邦, 其位
剛得中, 與〈家人〉道正同義. 三在外體之中, 故稱'得中'. 〈乾·文言〉曰:『中不在人, 謂三
也.』此可謂上變〈既濟〉定者也.」"라 함. 《傳》에 "上云'進得位, 往有功'也. 統言陰陽得位,
是以進而有功. 復云'其位剛, 得中也', 所謂位者, 五以剛陽中正得尊位也. 諸爻之得正, 亦
可謂之得位矣. 然未若五之得尊位, 故特言之"라 하였고, 《本義》에 "以卦體, 言謂九五也"
라 함.

【止而巽, 動不窮也】 '止而巽'은 下卦(艮)는 '止'를, 上卦(巽)은 遜, 風, 木을 상징하고
있음. '動不窮'은 이처럼 두 괘는 서로 유기적인 관계를 이루어 끝없이 움직이며 순환
하고 있음. 〈正義〉에 "止而巽, 動不窮'者, 此就二體, 廣明漸進之美也. 止不爲暴, 巽能
用謙, 以斯適進, 物无違拒, 故能漸而動, 進不有困窮也"라 함. 《集解》에 "虞翻曰:「止,

艮也. 三變震爲動, 上之三據〈坤〉. 動〈震〉成〈坎〉, 〈坎〉爲通, 故動不窮. 往來不窮, 謂之通.」이라 함. 《傳》에 "內艮止·外巽順, 止爲安靜之象, 巽爲和順之義, 人之進也, 若以欲心之動, 則躁而不得其漸, 故有困窮. 在漸之義, 內止靜而外巽順, 故其進動不有(一作至)困窮也"라 하였고, 《本義》에 "以卦德, 言漸進之義"라 함.

★【山上有木, 漸】山(艮)이 아래에 있고, 그 위에 巽(木)이 있는 卦形이 漸卦임. 〈正義〉에 "'山上有木, 漸'者, 木生山上, 因山而高, 非是從下忽高, 故是漸義也"라 함.

【君子以居賢德善俗】군자는 이 점괘의 괘상을 바탕으로 賢德善俗을 축적함. '居'는 蓄積의 뜻. '善俗'은 풍속을 개선함. 〈釋文〉에 "善俗, 〈王肅本〉作'善風俗'"이라 함. 그러나 朱熹는 '賢'자는 衍文이거나 '善'자 다음에 어떤 글자가 탈락된 것이 아닌가 하였음. 따라서 '居德善俗'이거나 '居賢德·善□俗'이어야 함. 王弼 注에 "賢德以止巽, 則居風俗, 以止巽乃善"이라 하였고, 〈正義〉에 "'君子以居賢德善俗'者, 夫止而巽者, 漸之美也. 君子求賢德, 使居位·化風俗·使淸善, 皆須文德謙下, 漸以進之, 若以卒暴威刑, 物不從矣"라 함. 《集解》에 "虞翻曰: 「君子謂〈否〉〈乾〉, 〈乾〉爲賢德, 坤陰小人, 柔弱爲俗, 〈乾〉四之〈坤〉爲〈艮〉, 爲居以陽善陰, 故'以居賢德善俗'也.」"라 함. 《傳》에 "山上有木, 其高有因漸之義也. 君子觀漸之象, 以居賢善之德化, 美於風俗, 人之進於賢德, 必有其漸習而後能安, 非可陵節而遽至也. 在己且然, 敎化之於人, 不以漸, 其能入乎? 移風易俗, 非一朝一夕所能成, 故善俗必以漸也"라 하였고, 《本義》에 "二者皆當以漸而進. 疑'賢'字衍, 或'善'下有脫字"라 함.


# (3) 爻辭와 象辭

初六: 鴻漸于干, 小子厲, 有言, 无咎.
☆象曰:「小子之厲」, 義无咎也.

〈언해〉 初六(초륙)은, 鴻(홍)이 干(간)애 漸(졈)홈이니, 小子(쇼즈)ㅣ 厲(려)ㅎ야, 言(언)을 두나, 咎(구)ㅣ 업스니라.
　　☆象(상)애 ᄀᆞᆯ오디「小子의 厲홈」이나, 義(의)에 咎(구)ㅣ 업스니라.
〈해석〉[初六](--): 큰기러기가 물가로 점차 다가감이니, 어린아이의 경우 위태로워, 말은 있으나 허물이 없으리라.
　　☆象: "어린아이가 위태롭기는" 하나, 의당 허물은 없을 것이다.

【初六】이는 전괘의 시작이며 陰爻로 陽位에 있어 位不當함. 그러나 출발에서 柔弱하여 漸進의 本領에 맞음.

【鴻漸于干】'鴻漸于干'의 '鴻'은 鴻雁. 큰기러기. '鴻'을 내세운 것은 기러기가 순서를 지켜 雁行하듯, 여자는 점차 성장함에 따라 禮에 맞추어 출가하는 循禮를 비유하기 위한 것임. '漸'은 進, '干'은 물가. '岸'(疊韻)과 같음. 水涯. 山澗. 따라서 '기러기가 산골짜기로 점점 깊이 들어가고 있다'의 뜻. 이는 占辭임. 〈正義〉에 "'鴻漸于干'者, 鴻, 水鳥也; 干, 水涯也. 漸進之道, 自下升高, 故取譬鴻飛自下而上也. 初之始進, 未得祿位, 上无應援, 體又窮下, 若鴻之進, 于河之干, 不得安寧也. 故曰'鴻漸于干'也"라 함.

【小子厲, 有言, 无咎】'小子厲'는 어린아이가 이런 占辭를 만나면 위험함. '小子'는 童子. 初六을 가리킴. 아직 어리고 약하여 이렇게 칭한 것임. '有言'은 말들이 많음. 아이를 위험한 곳으로 보낸다하여 責言을 함. 그러나 '小子가 하는 말은 군자에게 손상이 가지 않기에 无咎'라 풀이하기도 함. '无咎'는 그러나 허물은 없을 것임. '咎'는 事故를 뜻함. 이 효는 가장 아래에 있어 점진의 힘이 약해 겨우 물가에 다다라 있음. 아울러 위의 강한 도움도 없고 힘도 약한 童子여서 나서기에 위험함. 그러나 자신의 유순함을 지켜 조급히 굴지 않기에 허물은 없음. ○高亨은 "鴻爲水鳥, 進於水岸, 固無不可, 其在成人, 進於水岸, 亦無不可. 若在小子, 進於水岸, 則有落水之虞, 危矣. 但若有大人訶譴之, 則不及於險, 可無咎, 故曰「鴻漸于干, 小子厲, 有言, 无咎」"라 함. 王弼 注에 "鴻, 水鳥也. 適進之義, 始於下而升者也. 故以鴻爲喩. 六爻皆以進, 而履之爲義焉. 始進而位乎窮, 下又无其應, 若履于干危, 不可以安也. 始進而未得其位, 則困於小子, 窮於謗言, 故曰'小子厲, 有言'也. 困於小子, 讒諛之言, 未傷君子之義, 故曰'无咎'也"라 하였고, 〈正義〉에 "'小子厲, 有言, 无咎'者, 始進未得顯位, 易致陵辱, 則是危於小子, 而被毁於謗言, 故曰'小子厲, 有言'. 小人之言, 未傷君子之義, 故曰'无咎'也"라 함. 《集解》에 "虞翻曰:「鴻, 大鴈也. 離五鴻漸進也. 小水從山流下稱干. 〈艮〉爲山爲小徑, 〈坎〉水流下山, 故'鴻漸于干'也. 〈艮〉爲小子, 初失位, 故厲. 變得正, 三動受上成〈震〉. 〈震〉爲言, 故'小子厲, 有言, 无咎'也.」"라 함. 《傳》에 "漸諸爻皆取鴻象. 鴻之爲物, 至有時而羣, 有序不失其時序, 乃爲漸也. 干, 水涯. 水鳥止於水之涯, 水至近也. 其進可謂漸矣, 行而以時, 乃所謂漸. 漸(一无漸字)進不失漸, 得其宜矣. 六居初, 至下也. 陰之才, 至弱也, 而上无應援. 以此而進, 常情之所憂也. 君子則深識遠照, 知義理之所安, 時事之所宜, 處之不疑, 小人幼子, 唯能見已然之事, 從衆人之(一有所字)知, 非能燭理也. 故危懼而有言. 蓋不知在下, 所以有進也. 用柔, 所以不躁也; 无應, 所以能漸也. 於義自无咎也. 若漸之初, 而用剛急進, 則失漸之義, 不能進而有咎必矣"라 하였고, 《本義》에 "鴻之行有序, 而進有漸. 干, 水涯也. 始進於下, 未得所安, 而上

復无應, 故其象如此, 而其占, 則爲小子厲, 雖有言, 而於義則无咎也"라 함.

☆【「小子之厲」, 義无咎】'義无咎'는 마땅히 事故가 나지는 않을 것임. '義'는 宜와 같음. 〈正義〉에 "〈象〉曰'義无咎'者, 備如經釋"이라 함. 《集解》에 "虞翻曰: 「動而得正, 故'義无咎'也.」"라 함. 《傳》에 "雖小子以爲危厲, 在義理, 實无咎也"라 함.


# 六二: 鴻漸于磐, 飮食衎衎, 吉.
# ☆象曰: 「飮食衎衎」, 不素飽也.

〈언해〉六二(륙이)는, 鴻(홍)이 磐(반)애 漸(졈)홈이라. 飮食(음식)홈이 衎衎(간간)ᄒᆞ니, 吉(길)ᄒᆞ니라.

☆象(샹)애 ᄀᆞᆯ오ᄃᆡ「飮食衎衎」은, 素(소)히 飽(포)티 아니 홈이라.

〈해석〉[六二](--): 큰기러기가 반석 위로 점점 다가감이다. 마시고 먹는 것이 화락하니, 길하다.

☆象: "마시고 먹는 것이 화락하다"함은, 하는 일도 없이 배불리 먹는 것이 아님을 뜻한다.


【六二】이는 陰爻로 陰位에 있어 位正當하며, 중앙에 있어 得中함. 아울러 九五와도 正應을 이루어 內助로서 이상적임.

【鴻漸于磐, 飮食衎衎, 吉】'鴻漸于磐'은 기러기가 점차 磐石 위로 옮겨감. '磐'은 '般'으로도 표기하며 물가 모래톱. 《史記》武帝紀와 封禪書 및 《漢書》郊祀志의 '鴻漸于般'의 孟康 注에 "般, 水涯堆也"라 함. 혹 '磐'은 泮의 가차라고도 함. '飮食衎衎'은 기러기가 먹고 마심이 화락함. 《禮記》檀弓(上) '飮食衎爾'의 鄭玄 注에 "衎爾, 自得貌"라 함. 그러나 '衎衎'은 關關과 같으며, 기러기가 즐거워 내는 낮은 소리라고도 함. 이 효는 물가에서 반석에 오른 위치이며, 아울러 下卦의 중앙에 있어 得中하였고, 九五와 正應을 이루어 安穩한 상태로 漸進을 실행하며 음식도 즐겁게 막고 있음. ○高亨은 "鴻漸於泮, 無繒繳之害, 有飮食之利, 自是吉象, 故曰「鴻漸于磐, 飮食衎衎, 吉」"이라 함. 王弼 注에 "磐, 山石之安者也. 進而得位, 居中而應, 本无祿養, 進而得之, 其爲歡樂, 顧莫先焉"이라 하였고, 〈正義〉에 "鴻漸于磐, 飮食衎衎, 吉'者, 磐, 山石之安者也. 衎衎, 樂也. 六二進而得位, 居中而應, 得可安之地, 故曰'鴻漸于磐'. 旣得可安之地, 所以'飮食衎衎'然. 樂而獲吉福也. 故曰'鴻漸于磐, 飮食衎衎, 吉'也. '磐, 山石之安'者, 馬季長云: 「山中

石磐紆, 故稱磐也. 鴻, 是水鳥, 非是集於山石, 陵陸之禽, 而爻辭以此言. '鴻漸'者, 盖漸
之爲義, 漸漸之於高, 故取山石, 陵陸以應, 漸高之義, 不復係水鳥也.」라 함. 《集解》에
"虞翻曰:「〈艮〉爲山石, 〈坎〉爲聚, 聚石稱磐. 初已之正體, 〈噬嗑〉食〈坎〉. 水陽物, 並在
頤中, 故'飮食衎衎'. 得正應五, 故吉.」"이라 함. 《傳》에 "二居中得正, 上應於五, 進之安
裕者也. 但居漸, 故進不速. 磐, 石之安平者. 江河之濱, 所有象進之安, 自干之磐, 又漸進
也. 二與九五之君, 以中正之道, 相應其進之, 安固平易, 莫加焉. 故其飮食和樂, 衎衎然,
吉可知也"라 하였고, 《本義》에 "磐, 大石也. 漸遠於水, 進於磐而益安矣. 衎衎, 和樂意.
六二柔順中正, 進以其漸, 而上有九五之應, 故其象如此, 而占則吉也"라 함.

☆【「飮食衎衎」, 不素飽也】'不素飽也'는 헛되이 밥만 축내는 것이 아님. 자신의 할
일을 하고 그 대가로 배불리 먹음. 《詩》(伐檀)의 "彼君子兮, 不素餐兮"와 같음. 〈正義〉
에 "〈象〉曰'不素飽'者, 素, 故也. 故无祿養, 今日得之, 故願莫先焉"이라 함. 《集解》에
"虞翻曰:「素, 空也. 承三應五, 故'不素飽'.」"이라 함. 《傳》에 "爻辭以其進之安平, 故取飮
食和樂爲言. 夫子恐後人之未喩, 又釋之云中正. 君子遇中正之主, 漸進于上, 將行其道,
以及天下, 所謂'飮食衎衎', 謂其得志和樂. 不謂空飽飮(一无飮字)食, 而已素空也"라 하였
고, 《本義》에 "'素飽', 如《詩》(伐檀)言'素飧'. 得之以道, 則不爲徒飽, 而處之安矣"라 함.


九三: 鴻漸于陸, 夫征不復, 婦孕不育, 凶. 利禦寇.
☆象曰:「夫征不復」, 離羣醜也;
「婦孕不育」, 失其道也;
「利用禦寇」, 順相保也.

〈언해〉 九三(구삼)은, 鴻(홍)이 陸(륙)에 漸(졈)홈이니, 夫(부)ㅣ 征(졍)ᄒ면 復(복)디
몯ᄒ고, 婦(부)ㅣ 孕(잉)ᄒ야도 育(육)디 몯ᄒ야, 凶(흉)ᄒ니, 寇(구)를 禦(어)홈
이 利(리)ᄒ니라.[《本義》: 婦(부)ㅣ 孕(잉)ᄒ면]
☆象(샹)애 ᄀᆞᆯ오디 「夫征不復」은, 羣(군)애 離(리)ᄒ야 醜(츄)홈이오,
「婦孕不育」은, 그 道(도)를 失(실)홈이오,
「利用禦寇」는, 順(슌)으로 서르 保(보)홈이라.
〈해석〉 [九三](-): 큰기러기가 뭍으로 점점 다가가는 것이니, 남편이 원정에 나가 돌아
오지 못하고, 아내는 임신을 하였어도(아내가 아이를 임신하면) 낳아 기르지

못하여, 흉하니, 도적을 막는 것이 이로우니라.

☆象: "남편이 원정에서 돌아오지 못한다"함은, 무리(初九, 九二)를 떠났음을 말한 것이요,

"아내가 아이를 배고서도 낳아 기르지 않는다"함은, 도리를 잃었음을 말한 것이며,

"도둑을 막는 것이 이롭다"함은, 공순히 하여 서로 보호함을 말한다.

【九三】이는 下卦(艮)의 가장 윗자리이며 陽爻로 陽位에 있어 位正當함. 그러나 陽剛하여 漸進에 過하며 上九와도 正應을 이루지 못한 채 둘 모두 지나치게 剛함. 한편 九三은 九四와 짝이 初六과 六二를 버리는 위치이며, 이는 정상적이지 않은 남녀관계가 됨.

【鴻漸于陸, 夫征不復, 婦孕不育, 凶】'鴻漸于陸'은 기러기가 점차 뭍으로 오름.《集解》에 "虞翻曰:「高平稱陸, 謂初已變〈坎〉, 水爲平, 三動之〈坤〉, 故'鴻漸于陸'.」"이라 함. '夫征不復'은 남편이 遠征에 가서 돌아오지 못함.《集解》에 "虞翻曰:「謂初已之正, 三動成〈震〉. 〈震〉爲征爲夫, 而體復象. 〈坎〉陽死, 〈坤〉中〈坎〉象不見, 故'夫征不復'也.」"라 함. '婦孕不育'은 아내가 임신을 하였다가 유산함. '不育'은 뱃속에 아이를 제대로 기르지 못함. 혹 정상적인 부부관계가 아니므로 기르지 않음. 이 爻는 下卦의 가장 위에 있으면서 六四와 배필이 되는 형상으로 이는 비정상적인 婚姻이므로 아이를 낳아 기를 수 없고 남편은 원정을 떠나 돌아오지 못하는 것임. 혹 鴻은 水鳥인데 뭍에 올라 있으므로 凶한 것이라고도 함.《集解》에 "虞翻曰:「孕, 妊娠也; 育, 生也. 〈巽〉爲婦, 〈離〉爲孕. 三動成〈坤〉, 〈離〉毀夫位, 故'婦孕不育, 凶'.」"이라 함. ○高亨은 "鴻本水鳥, 而進於陸, 是物失其宜之象也. 夫征而不返家, 婦孕而不生子, 亦物失其宜者也. 是以筮遇此爻, 則夫征不復, 婦孕不育, 是爲凶, 故曰「鴻漸于陸, 夫征不復, 婦孕不育, 凶」"이라 함. 〈正義〉에 "'鴻漸于陸, 夫征不復, 婦孕不育, 凶'者, 陸, 高之頂也. 九三居下體之上, 是進而得高之象, 故曰'鴻漸于陸'也. 進而之陸, 无應於上, 與四相比, 四亦无應, 近而相得, 三本是艮體, 與初二相同一家, 棄其輩類, 而與四合好, 卽是夫征而不反復也. 夫旣樂於邪配, 妻亦不能保其貞, 非夫而孕, 故'不育'也. 見利忘義, 貪進忘舊, 凶之道也. 故曰'夫征不復, 婦孕不育, 凶'也"라 함.

【利禦寇】'利禦寇'는 도둑을 막는 것이 이로움. 陽爻이므로 陽剛하여 武人의 기상이 있음을 말한 것. ○高亨은 "但鴻進於陸, 處高視闊, 弋射之人, 不能襲取, 故又曰「利禦寇」"라 함. 王弼 注에 "陸, 高之頂也. 進而之陸, 與四相得, 不能復反者也. 夫征不復, 樂於邪配,

則婦亦不能執貞矣. 非夫而孕, 故'不育'也. 三本艮體, 而棄乎羣醜, 與四相得, 遂乃不反至,
使婦孕不育, 見利忘義, 貪進忘舊, 凶之道也. 異體合好, 順而相保, 物莫能間, 故'利禦寇'
也"라 하였고, 〈正義〉에 "'利禦寇'者, 異體合好, 恐有寇難離間之者, 然和比相順, 共相保
安, 物莫能間, 故曰'利用禦寇'也. '陸, 高之頂也'者,《爾雅》云:「高平曰陸.」故曰'高之頂
也'"라 함.《集解》에 "虞翻曰:「禦, 當也.〈坤〉爲用,〈巽〉爲高,〈艮〉爲山,〈離〉爲戈兵甲
冑,〈坎〉爲寇, 自上禦下, 三動〈坤〉順,〈坎〉象不見, 故'利用禦寇, 順相保'. 保, 大也.」"라
함.《傳》에 "平高曰陸, 平原也. 三在下卦之上, 進至於陸也. 陽上進者也. 居漸之時, 志將
漸進, 而上无應援, 當守正以俟時, 安處平地, 則(一无則字)得漸之道. 若或不能自守, 欲有
所牽, 志有所就, 則失漸之道. 四陰在上, 而密比陽所說也; 三陽在下, 而相親陰所從也. 二
爻相比而无應, 相比則相親, 而易合. 无應, 則无適而相求, 故爲之戒夫陽也. 夫謂三, 三若
不守正, 而與四合, 是知征而不知復征行也. 復, 反也. 不復, 謂不反顧義理. 婦謂四, 若以
不正而合, 則雖孕而不育, 蓋非其道也. 如是, 則凶也. 三之所利, 在於禦寇, 非理(一作禮)
而至者, 寇也; 守正以閑邪, 所謂禦寇也. 不能禦寇, 則自失而凶矣"라 하였고,《本義》에
"鴻, 水鳥. 陸, 非所安也. 九三過剛, 不中而无應, 故其象如此, 而其占, 夫征則不復, 婦孕
則不育, 凶莫甚焉. 然以其過剛也, 故利禦寇"라 함.

☆【「夫征不復」, 離羣醜也】'離羣醜也'는 무리를 떠났기 때문임. '醜'는 衆, 類의 뜻.
《爾雅》에 "醜, 衆也"라 함. 初六과 六二를 가리킴. 이를 멀리하고 대신 六四와 결합한
것을 말함.〈正義〉에 "〈象〉曰'離羣醜'者, 醜, 類也. 言三與初二, 雖有陰陽之殊, 同體艮卦,
故謂之'羣醜'也"라 함.《集解》에 "虞翻曰:「〈坤〉三爻爲醜物, 三稱羣也.」"라 함.

【「婦孕不育」, 失其道也】'失其道也'는 임신 중의 주의해야 할 사항을 제대로 지키지
못함. 혹 정상적인 혼인이 아니므로 낳아서 기르지 않음.〈正義〉에 "'失其道也'者, 非夫
而孕, 孕而不育, 失道故也"라 함.《集解》에 "虞翻曰:「三動〈離〉毁, 陽陷坤中, 故'失其道'
也.」"라 함.

【「利用禦寇」, 順相保也】'順相保也'는 순순히 서로 보호해주어 나라를 지켜내어야
함을 뜻함.〈正義〉에 "'順相保也'者, 謂四以陰乘陽, 嫌其非順, 然好合相得, 和比相安,
故曰'順相保'也"라 함.《集解》에 "虞翻曰:「三動〈坤〉順,〈坎〉象不見, 故以'順相保也'.」"라
함.《傳》에 "夫征不復, 則失漸之正. 從欲而失正, 離叛其羣類, 爲可醜也. 卦之諸爻, 皆无
不善, 若獨失正, 是離其羣類. 婦孕不由其道, 所以不育也. 所利在禦寇, 謂以順道相保, 君
子之與小人, 比也. 自守以正, 豈唯君子自完其己而已乎? 亦使小人得不陷於非義, 是以順
道相保, 禦止其惡, 故曰'禦寇'"라 함.

六四: 鴻漸于木, 或得其桷, 无咎.

☆象曰:「或得其桷」, 順以巽也.

〈언해〉 六四(륙사)는, 鴻(홍)이 木(목)애 漸(졈)홈이니, 或(혹) 그 桷(각)을 得(득)ᄒ면,
    咎(구) l 업스리라.

　　☆象(샹)애 ᄀᆞᆯ오디「或得其桷」은 順(슌)ᄒ고 뻐 巽(손)홀 시라.

〈해석〉 [六四](--): 큰기러기가 나무 위로 점차 다가가는 것이니, 혹 네모난 나무를
    만나면 허물이 없으리라.

　　☆象: "혹 네모난 나무를 만난다"함은, 상괘(巽)가 순종하고 손(巽, 遜)하기 때문
    이다.


　　【六四】 이는 상괘(巽)의 시작이며 陰爻로 陰位에 있어 位正當함. 다시 점진적으로
나섬을 의미함.

　　【鴻漸于木, 或得其桷, 无咎】 '鴻漸于木'은 기러기가 나무 위에까지 차츰 올랐음. '木'
은 九三의 陸 위에 있음을 말함. '或得其桷'의 '桷'은 네모난 각목. 기러기는 발이 물갈
퀴(蹼)로 되어 있어 나무에 앉을 수 없음. 그 때문에 角木의 桷을 얻어 앉게 된 것임.
《說文》에 "桷, 榱也. 椽方曰桷. 秦曰榱, 周謂之椽, 齊魯謂之桷"이라 하여, 네모지게 다
듬은 서까래를 뜻한다 하였음. 이 爻는 陰爻로 位正當하며, 九五(帝位)의 바로 아래까
지 왔으나 좋은 위치는 아님. ○高亨은 "鴻之足蹼, 不能棲於木枝, 今漸於木, 難得所止,
然或得人所伐之桷, 則可棲息, 此進非其所, 偶得其所之象也, 可無咎, 故曰「鴻漸于木, 或
得其桷, 无咎」"라 함. 王弼 注에 "鳥而之木, 得其宜也. 或得其桷, 遇安棲也. 雖乘于剛,
志相得也"라 하였고, 〈正義〉에 "'鴻漸于木'者, 鳥而之木, 得其宜也. 六四進而得位, 故曰
'鴻漸于木'也. '或得其桷, 无咎'者, 桷, 榱也. 之木而遇堪爲桷之枝, 取其易直, 可安也. 六
四與三, 相得順而相保, 故曰'或得其桷'. 旣與相得, 无乘剛之咎, 故曰'无咎'"라 함. 《集
解》에 "虞翻曰:「巽爲木. 桷, 椽也. 方者, 謂之桷. 巽爲交爲長木, 艮爲小木. 坎爲脊, 離
爲麗, 小木麗長木. 巽繩束之象, 脊之形椽桷象也. 故'或得其桷'. 得位順五, 故无咎四已承
五, 又顧得三, 故'或得其桷'也矣.」"라 함. 《傳》에 "當漸之時, 四以陰柔, 進據剛陽之上,
陽剛而上進, 豈能安處陰柔之下? 故四之處, 非安地, 如鴻之進(一作漸)于木也. 木漸高矣
(一无矣字), 而有不安之象. 鴻趾連, 不能握枝, 故不木棲. 桷, 橫平之柯, 唯平柯之上, 乃
能安處, 謂四之處本危, 或能自得安寧之道, 則无咎也. 如鴻之于木, 本不安, 或得平柯而
處之, 則安也. 四居正而巽順, 宜无咎者也. 必以得失言者, 因得失以明其義也"라 하였고,

《本義》에 "鴻, 不木棲. 桷, 平柯也. 或得平柯, 則可以安矣. 六四乘剛而順巽, 故其象如此. 占者, 如之則无咎也"라 함.

　　☆「或得其桷」, 順以巽也」 '順以巽也'는 上卦(巽)는 順, 遜의 의미를 가지고 있으며, 이 효는 順從함으로써 巽卦를 받치고 있음. 이는 六四가 九五를 公孫히 順從함을 뜻함. 〈正義〉에 "〈象〉曰'順以巽也'者, 言四雖乘三, 體巽而附下, 三雖被乘, 上順而相保, 所以六四得其安栖, 由順以巽也"라 함. 《集解》에 "虞翻曰:「坤爲順, 以巽順五.」 ○案:「四居巽木, 爻陰位正, 直桷之象也. 自二至五, 體有離坎, 離爲飛鳥而居坎, 水鴻之象也. 鴻, 隨陽鳥, 喩女從夫. 卦明漸義, 爻皆稱焉.」"이라 함. 《傳》에 "桷者, 平安之處, 求安之道. 唯順與巽, 若其義順, 正其處卑, 巽何處而不安? 如四之順正, 而巽乃得桷也"라 함.


九五: 鴻漸于陵, 婦三歲不孕, 終莫之勝, 吉.
☆象曰: 「終莫之勝, 吉」, 得所願也.

〈언해〉 九五(구오)는, 鴻(홍)이 陵(능)애 漸(점)홈이니, 婦(부)ㅣ 三歲(삼세)를 孕(잉)티 몯ᄒᆞ나, ᄆᆞ촘내 勝(승)티 몯홀 ᄯᆡ라, 吉(길)ᄒᆞ리라.
　　☆象(상)애 ᄀᆞᆯ오디 「終莫之勝, 吉」은, 願(원)ᄒᆞᄂᆞᆫ 바늘(를) 得(득)홈이라.
〈해석〉 [九五](-): 큰기러기가 언덕 위로 점차 다가감이니, 아내가 3년 동안 잉태하지 못하나, 끝내 그 지위를 빼앗기지 않을 것이기에, 길하리라.
　　☆象: "끝내 그 지위를 빼앗기지 않기에 길하다"함은, 원하던 바를 얻을 수 있다는 것이다.


　　【九五】 이는 君位이며 陽爻로 陽位에 있어 位正當하며, 가운데에 있어 得中하였고, 아울러 六二와 正應을 이루고 있어 이상적인 爻位임.
　　【鴻漸于陵, 婦三歲不孕, 終莫之勝, 吉】 '鴻漸于陵'은 기러기가 언덕(구릉, 山峰)으로 점차 올라가고 있음. '婦三歲不孕, 終莫之勝'은 자신의 부인(六二)이 3년이 되도록 임신을 하지 못하였으나, 끝내 누구도 그를 대신하지 않음. 즉 그래도 그에게 부인의 지위를 잃지 않도록 해 주고 있음. 그러나 王弼은 '勝'을 '塞'의 뜻이라 하였음. 이 효는 六二와 正應을 이루고 있으나 六四와 九三이 막고 있어 직접 만날 수 없음. 그 때문에 3년을 임신하지 못한다고 한 것임. 한편 ○高亨은 "鴻本水鳥, 而進於陵, 是物失其宜之象也. 婦久不孕, 亦物失其宜者也. 是以筮遇此爻, 則婦三歲不孕, 故曰「鴻漸于陵, 婦三歲不孕」.

但鴻漸於陵, 其視益闊, 弋射之人, 莫能簒之, 故又曰「終莫之勝, 吉」이라 함. 《集解》에 "虞翻曰:「陵, 丘. 婦, 謂四也. 三動受上, 時而四體半艮山, 故稱陵. 巽爲婦, 離爲孕, 坎爲歲. 三動離壞, 故‘婦三歲不孕’.」"이라 함. 王弼 注에 "陵, 次陸者也. 進得中位, 而隔乎三四, 不得與其應合, 故‘婦三歲不孕’也. 各履正而居中, 三四不能久塞其塗者也. 不過三歲, 必得所願矣. 進以正邦, 三年有成, 成則道濟, 故‘不過三歲’也"라 하였고, 〈正義〉에 "‘鴻漸于陵’者, 陵, 次陸者也. 九五進乎中位, 處於尊高, 故曰‘鴻漸于陵’. ‘婦三歲不孕’者, 有應在二, 而隔乎三四, 不得與其應合, 是二五情意, 徒相感說, 而隔礙不交, 故曰‘婦三歲不孕’也. ‘終莫之勝吉’者, 然二與五合, 各履正而居中, 三四不能久塞其路, 終得遂其所懷, 故曰‘終莫之勝吉’也. ‘進以正邦, 三年有成’者, 九五居尊得位, 故曰‘進以正邦’也. 三歲有成, 則三四不敢塞其路, 故曰‘不過三歲’也"라 함. 《集解》에 "虞翻曰:「莫, 无; 勝, 陵也. 得正居中, 故‘莫之勝, 吉’. 上終變之, 三成〈旣濟〉. 定坎爲心, 故〈象〉曰‘得所願也’.」"라 함. 《傳》에 "陵, 高阜也. 鴻之所止, 最高處也. 象君之位, 雖得尊位, 然漸之時, 其道之行, 固亦非遽. 與二爲正應, 而中正之德同, 乃隔於三四. 三比二, 四比五, 皆隔其交者也. 未能卽合, 故三歲不孕. 然中正之道, 有必亨之理. 不正, 豈能隔害之? 故終莫之能勝. 但其合有漸耳, 終得其吉也. 以不正而敵, 中正一時之爲耳, 久其能勝乎?"라 하였고, 《本義》에 "陵, 高阜也. 九五居尊, 六二正應, 在下而爲三四所隔. 然終不能奪其正也. 故其象如此, 而占者如是, 則吉也"라 함.

☆【「終莫之勝, 吉」, 得所願也】 ‘得所願也’는 원하던 바를 얻음. ‘所願’은 아내(六二)를 만나 偕老하자 하는 소원. 〈正義〉에 "〈象〉曰‘得所願也’者, 所願在於與二合好, 旣備履中正, 无能勝之, 故終得其所願也"라 함. 《集解》에 "虞翻曰:「上之三〈旣濟〉定, 故‘得所願’也.」"라 함. 《傳》에 "君臣以中正相交, 其道當行, 雖有間其間者, 終豈能勝哉? 徐必得其所願, 乃漸之吉也"라 함.


上九: 鴻漸于陸, 其羽可用爲儀, 吉.
☆象曰:「其羽可用爲儀, 吉」, 不可亂也.

〈언해〉 上九(샹구)는, 鴻(홍)이 陸(규. 陸當作逵)애 漸(졈)홈이니, 그 羽(우)ㅣ 可(가)히 뻐 儀(의)를 삼음이니, 吉(길)ᄒᆞ니라.

☆象(샹)애 ᄀᆞᆯ오ᄃᆡ「其羽可用爲儀, 吉」은, 可(가)히 亂(란)티 몯ᄒᆞ릴 시라.

〈해석〉 [上九](一): 큰기러기가 저 하늘 넓은 길로 다가감이니, 그 깃은 가히 의식(儀式)

에 쓸 수 있으니, 길하다.

☆象: "그 깃을 의식에 쓸 수 있어 길하다"함은, 가히 혼란에 빠뜨릴 수 없기 때문이다.


【上九】이는 점괘의 마무리이며 陽爻로 陰位에 있어 位不當함. 陽剛하여 占卦의 '漸進'의 의무를 벗어나 사라짐.

【鴻漸于陸, 其羽可用爲儀, 吉】'鴻漸于陸'의 '陸'은 孔穎達은 上卦(巽)의 가장 위에 있어 '陸'이라 하였다 하였음. 그러나 江永, 王引之, 兪樾 등은 모두 '阿'의 오류라 하였음. '阿'는 큰 언덕.《說文》에 "阿, 大陵也"라 함. 그러나 程頤, 朱熹, 胡瑗 등은 '陸'은 '逵'의 誤字라고도 함. '逵'는 사통팔달의 거리. 雲路. 마음 놓고 갈 수 있는 자유로움을 비유함.《集解》에는 "虞翻曰:「陸, 謂三也, 三坎爲平, 變而成坤, 故稱'陸'也.」"라 함. 그러나 ○高亨은 '陂(池)'자여야 한다고 보았음. '其羽可用爲儀'의 '儀'는 儀式, 行事에서 추는 文舞의 춤. 그 기러기의 깃은 儀式에서 文舞 춤의 裝飾으로 사용할 수 있음. 이 효는 최상위에 있으면서 無位之位를 누리는 위치임. 그 때문에 漸進의 義務서 벗어나 脫俗의 경지에 오른 것임. ○高亨은 "鴻漸于陂, 可以弋取, 而用其羽爲舞具, 此就鴻言之則凶, 就人言之則吉. 故曰「鴻漸于陂, 其羽可用爲儀, 吉」. 就人之言也"라 하여, 기러기가 못에 이르자 이를 잡으러 기다렸던 사람이 잡아 그 깃을 얻은 것이며, 여기서의 '吉'이란 사람의 입장에서 한 말이라 하였음. 王弼 注에 "進處高潔, 不累於位, 无物可以屈其心而亂其志. 峩峩淸遠, 儀可貴也. 故曰'其羽可用爲儀, 吉'"이라 하였고, 〈正義〉에 "'鴻漸于陸'者, 上九與三, 皆處卦上, 故並稱陸. 上九最居上極, 是進處高潔, 故曰'鴻漸于陸'也. '其羽可用爲儀, 吉'者, 然居无位之地, 是不累於位者也. 處高而能不以位自累, 則其羽可用爲物之儀表, 可貴可法也. 故曰'其羽可用爲儀, 吉'也. 必言羽者, 旣以鴻明漸, 故用羽表儀也"라 함.《集解》에 "虞翻曰:「謂三變受成〈旣濟〉, 與〈家人〉象同義. 上之二得正, 離爲鳥, 故'其羽可用爲儀, 吉'. 三動失位, 坎爲亂, 乾四止坤. 〈象〉曰'不可亂'. 〈象〉曰'進以正邦', 爲此爻發也. 三已得位, 又變受上權也. 孔子(《論語》子罕)曰:『可與適道, 未可與權.』宜无怪焉.」"이라 함.《傳》에 "安定胡公(胡瑗)以'陸'爲'逵'. 逵, 雲路也. 謂虛空之中.《爾雅》:「九達謂之逵.」逵, 通達无阻蔽之義也. 上九在至高之位, 又益上進, 是出乎位之外. 在他時則爲過矣. 於漸之時, 居巽之極, 必有其序, 如鴻之離所, 止而飛于雲空. 在人, 則超逸乎常事之外者也. 進至於是而不失其漸, 賢達之高致也. 故可用爲儀法而吉也. 羽, 鴻之所用進也. 以其進之用, 況上九進之道?"라 하였고,《本義》에 "胡氏·程氏, 皆云'陸'當作'逵', 謂雲路也. 今以韻讀之良, 是儀羽毛旄纛之節也. 上九至高出乎人位之外, 而其羽毛可用以爲儀飾位,

雖極高而不爲无用之象. 故其占爲如是, 則吉也"라 함.

☆【「其羽可用爲儀, 吉.」, 不可亂也】'不可亂也'는 사람의 마음을 迷亂하게 하지 않음. 〈正義〉에 "〈象〉曰'不可亂也'者, 進處高潔, 不累於位, 无物可以亂其志也"라 함. 《集解》에 "虞翻曰:「坤爲亂, 上來正坤, 六爻得位, 成〈旣濟〉定, 故'不可亂'也.」○干寶曰:「處漸高位, 斷漸之進, 順艮之言, 謹巽之全, 履坎之通, 據離之耀, 婦德旣終, 母敎又明, 有德而可受, 有儀而可象, 故曰'其羽可以爲儀, 不可亂'也.」"라 함. 《傳》에 "君子之進, 自下而上, 由微而著. 跬步造次, 莫不有序. 不失其序, 則无所不得其吉, 故九雖窮高, 而不失其吉, 可用爲儀法者, 以其有序, 而不可亂也"라 하였고, 《本義》에 "漸進愈高, 而不爲无用. 其志卓然, 豈可得而亂哉?"라 함.

# 054 귀매歸妹

☳ 雷澤歸妹: ▶兌下震上(☱下☳上)

*歸妹(귀매): 〈音義〉에 "婦人謂嫁曰歸. 妹者, 少女之稱"라 하여 '어린 소녀를 시집보 내다'의 뜻. '귀매(guīmèi)'로 읽음. '歸妹'는 하괘는 兌(澤, 悅)이며 상괘는 震(雷, 動) 으로, 못 위에 우레가 치는 異卦相疊의 '雷澤' 괘체임. 특히 兌卦는 小女(少女)를, 震卦 는 長男을 뜻하여, 서로 다른 집안의 남녀가 혼인을 진행함을 상징함. 나아가 兌는 悅, 震은 動의 또 다른 의미를 가지고 있어, 남녀가 마음이 움직여 사람의 감정을 느 끼며, 이는 자연스럽게 혼인의 단계로 가는 과정이기도 함. 따라서 여자로서의 혼인 은 급히 나서서 억지로 해서는 불가한 것이며, 남자 역시 격동에 의해 여자를 상대해 서는 옳지 않음을 일러주는 것임. 이에 마땅히 正道를 지키고 그 유순함을 갖추어 柔靜恬淡하게 기다려, 자연에 순응하여 이루어져야 함을 상징함. 한편 이는 앞 〈漸 卦〉(053)를 이어 받아, 漸進的인 결과에 온 것으로 順序의 循環을 이루고 있음.

*《集解》에 "〈序卦〉曰:「進必有所歸, 故受之以'歸妹'.」(崔憬曰:「鴻漸于磐, 飲食衎衎, 言六比三女, 漸歸夫之象也. 故云'進必有所歸'也.」)"라 함.

*《傳》에 "歸妹', 〈序卦〉:「漸者, 進也. 進必有所歸, 故受之以'歸妹'.」進則必有所至, 故'漸'有歸義, 歸妹所以繼漸也. 歸妹者, 女之歸也. 妹, 少女之稱. 爲卦震上兌下, 以少女從 長男也. 男動而女說, 又以說而動, 皆男說女; 女, 從男之義. 卦有男女配合之義者四, '咸'· '恒'漸歸妹也; '咸', 男女之相感也. 男下女二氣, 感應止而說, 男女之情, 相感之象. '恒', 常也. 男上女下, 巽順而動, 陰陽皆相應, 是男女居室, 夫婦唱隨之常道. '漸', 女歸之得其正 也. 男下女而各得正位, 止靜而巽順, 其進有'漸', 男女配合得其道也. '歸妹', 女之嫁歸也. 男上女下女(一无女字), 從男也. 而有說少之義, 以說而動, 動以說, 則不得其正矣. 故位皆 不當, 初與上, 雖當陰陽之位, 而陽在下, 陰在上, 亦不當位也. 與'漸'正相對, '咸'·'恒', 夫 婦之道. 漸·歸妹, 女歸之義, '咸'與'歸妹', 男女之情也. '咸'止而說. 歸妹動於說, 皆以說 也. '恒'與'漸', 夫婦之義也. '恒', 巽而動; '漸', 止而巽, 皆以巽順也. 男女之道·夫婦之義, 備於是矣. '歸妹'爲卦澤上有雷, 雷震而澤, 動從之象也. 物之隨動, 莫如水, 男動於上, 而女 從之, 嫁歸從男之象. 震長男·兌少女, 少女從長男, 以說而動, 動而相說也. 人之所說者少 女, 故云妹爲女歸之象. 又有長男說少女之義, 故爲'歸妹'也"라 함.

# (1) 卦辭

## 歸妹: 征凶, 无攸利.

〈언해〉 歸妹(귀믹)는 征(졍)ㅎ면 凶(흉)ㅎ니, 利(리)호 배 업스니라.
〈해석〉 귀매(歸妹, 귀매괘)는 서두르면 흉하다. 이로울 바가 없다.

【歸妹】卦名이며, '歸'는 出嫁, '妹'는 少女의 총칭. 王弼 注에 "妹者, 少女之稱也. 兌爲少陰, 震爲長陽. 少陰而承長陽, 說以動嫁妹之象也"라 하였고, 〈正義〉에 "歸妹者, 卦名也. 婦人謂嫁曰歸. 歸妹, 猶言嫁妹也. 然《易》論歸妹, 得名不同. 〈泰〉卦六五云:「帝乙歸妹.」彼遽兄嫁妹謂之歸妹, 此卦名歸妹以妹從娣而嫁謂之歸妹. 故初九爻辭云「歸妹以娣」, 是也. 上〈咸〉卦明二少相感, 〈恒〉卦明二長相承, 今此卦以少承長, 非是匹敵, 明是妹從娣嫁, 故謂之'歸妹'焉. 古者, 諸侯一取九女, 嫡夫人及左右媵, 皆以姪娣從, 故以此卦當之矣. 不言歸姪者, 女娣是兄弟之行, 亦擧尊以包之也"라 함. 《集解》에 "虞翻曰:「歸, 嫁也. 兌爲妹, 泰三之四. 坎月離日, 俱歸妹象. 陰陽之義, 配日月, 則天地交而萬物通, 故以嫁娶也.」"라 함.

【征凶, 无攸利】'征凶'은 점을 쳐서 이 괘를 만난 경우, 출정에 나서면 흉함. 《集解》에 "虞翻曰:「謂四也. 震爲征, 三之四不當位, 故'征凶'也.」"라 하여 九四를 두고 한 말이라 함. '无攸利'는 출정에 나선다면 유리할 것이 없음. 불리함. 그러나 '征'은 '급히 나서서 서두르다'의 뜻이라고도 함. 즉 漸卦를 이어 점진적으로 단계를 밟아 혼인을 진행해야 하며 급히 나서면 불리함. 《集解》에 "虞翻曰:「謂三也. 四之三失正, 无應以柔乘剛, 故'无攸利'也.」"라 하여 六三을 두고 한 말이라 함. ○高亨은 "筮遇此卦, 征則凶, 且無所利, 故曰「征凶, 无攸利」"라 함. 〈正義〉에 "'征凶, 无攸利'者, 歸妹之戒也. 征謂進有所往也. 妹從娣, 嫁本非正匹, 惟須自守卑退, 以事元妃若, 妾進求寵, 則有竝后, 凶咎之敗, 故曰'征凶, 无攸利.'"라 함. 《傳》에 "以說而動, 動而不當, 故凶. 不當, 位不當也. '征凶', 動則凶也. 如卦之義, 不獨女歸, 无所往而利也"라 하였고, 《本義》에 "婦人謂嫁曰歸. 妹, 少女也. 兌以少女, 而從震之長男, 而其情又爲以說而動, 皆非正也. 故卦爲歸妹, 而卦之諸爻, 自二至五, 皆不得正. 三五又皆以柔乘剛, 故其占征凶, 而无所利也"라 함.

## (2) 彖辭와 象辭

彖曰: 歸妹, 天地之大義也. 天地不交, 而萬物不興.

歸妹, 人之終始也.

說以動, 所歸妹也.

「征凶」, 位不當也;「无攸利」, 柔乘剛也.

★象曰: 澤上有雷, 歸妹. 君子以永終知敝.

〈언해〉 彖(단)애 골오디 歸妹(귀미)는 天地(텬디)의 큰 義(의)ㅣ니, 天地(텬디) 交(교)티
아니 ᄒᆞ면 萬物(만믈)이 興(훙)티 몯ᄒᆞᄂᆞ니,

歸妹(귀미)는 人(인)의 終(죵)이며, 始(시)ㅣ니라.

說(열)로써 動(동)ᄒᆞ야, 歸(귀)ᄒᆞ는 배 妹(미)ㅣ니,

「征凶」은 位(위)ㅣ 當(당)티 아니 홈이오, 「无攸利」는, 柔(유)ㅣ 剛(강)을 乘(승)
홀 시라.

★象(샹)애 골오디 澤上(ᄐᆡᆨ샹)에 雷(뢰)ㅣ 이숌이, 歸妹(귀미)니, 君子(군즈)ㅣ
以(이)ᄒᆞ야 終(죵)을 永(영)ᄒᆞ야 敝(폐)를 知(디)ᄒᆞᄂᆞ니라.

〈해석〉 彖: 귀매괘는 천지의 큰 의리이다. 천지가 교합하지 않으면 만물이 흥성하지
못하니,

소녀가 시집을 가는 것은, 사람으로서의 끝이며 처음이니라.

기뻐함으로(兌) 움직여(震), 시집가는 소녀가 그에 해당하는 것이다.

"서두르면 흉하다"함은, 각 효들의 그 자리가 부당함이요, "이로울 것이 없다"라
함은, 유(柔)한 것(陰爻)이 강한 것(陽爻)을 타고 있기 때문이다.

★象: 못(兌, 澤) 위에 우레(震, 雷)가 있는 것이 귀매괘이니, 군자는 이를 바탕로
하여 끝마침을 영원히 하여 낡아짐을 아는 것이니라.

【歸妹, 天地之大義也】 '天地之大義也'는 소녀가 점차 성장하여 시집을 가는 것은 天地
(陰陽)의 큰 원리임을 뜻함. 《集解》에 "虞翻曰:「乾天坤地, 三之四天地交, 以離日坎月,
戰陰陽. 陰陽之義, 配日月, 則萬物興, 故天地之大義. 乾主壬坤主癸, 日月會北, 震爲玄黃,
天地之雜, 震東兌西, 離南坎北, 六十四卦, 此象最備, 四時正卦, 故'天地之大義'也.」"라
함. 《傳》에 "一陰一陽之謂道, 陰陽交感, 男女配合, 天地之常理也. 歸妹, 女歸於男也. 故

云'天地之大義'也. 男在女上, 陰從陽動, 故爲女歸之象"이라 함.

【天地不交, 而萬物不興】'天地不交'는 천지가 교합하지 않음. 즉 天地는 陰陽, 男女를 뜻함. '而萬物不興'은 만물은 홍성할 수 없음. 만물은 모두 음양 교합에 의해 번성하고 대를 잇는 것임을 비유함. 〈正義〉에 "歸妹, 天地之大義也. 天地不交, 而萬物不興'者, 此擧天地交合, 然後萬物蕃興, 證美歸妹之義. 所以未及釋卦名, 先引證者, 以歸妹之義, 非人情所欲, 且違於匹對之理. 盖以聖人制禮, 令姪娣從其姑姊, 而充妾滕者, 所以廣其繼嗣, 以象天地, 以少陰少陽, 長陰長陽之氣, 共相交接, 所以蕃興萬物也"라 함. 《集解》에 "虞翻曰: 「乾三之坤四, 震爲興天地, 以離坎交陰陽, 故'天地不交, 則萬物不興'矣.」 ○王肅曰: 「男女交而後人民蕃, 天地交然後萬物興, 故歸妹以及天地交之義也.」"라 함.

【歸妹, 人之終始也】'人之終始也'는 人類에게 있어서도 시작과 끝이 바로 음양교합에 의해 지속됨. 王弼 注에 "陰陽旣合, 長少又交, 天地之大義, 人倫之終始"라 하였고, 〈正義〉에 "歸妹, 人之終始也'者, 上旣引天地交合爲證, 此又擧人事, 歸妹結合其義也. 天地, 以陰陽相合, 而得生物不已; 人倫以長少相交, 而得繼嗣不絶. 歸妹, 豈非天地之大義·人倫之終始也?"라 함. 《集解》에 "虞翻曰: 「人始生乾而終於坤, 故人之終始. 〈雜卦〉曰: 『歸妹, 女之終.』謂陰終坤癸, 則乾始震庚也.」 ○干寶曰: 「歸妹者, 衰落之女也. 父旣沒矣, 兄主其禮, 子續父業, 人道所以相終始也.」"라 함. 《傳》에 "天地不交, 則萬物何從而生? 女之歸男, 乃生生相續之道. 男女交而後有生息, 有生息而後其終. 不窮前者, 有終而後者, 有始相續不窮, 是人之終始也"라 하였고, 《本義》에 "釋卦名義也. 歸者, 女之終; 生育者, 人之始"라 함.

【說以動, 所歸妹也】'說以動'의 '說'은 '悅'. 下卦(兌)는 悅을, 上卦(震)은 動의 의미를 가지고 있음. '所歸妹也'는 〈釋文〉에는 "'所歸妹也', 或本作'所以歸妹'"라 하여, 훨씬 순통함. '그 때문에 귀매괘가 되는 것이다'의 뜻. 王弼 注에 "少女而與長男交, 少女所不樂也, 而今說以動, 所歸必妹也. 雖與長男交, 嫁而係娣, 是以說也"라 하였고, 〈正義〉에 "說以動, 所歸妹也'者, 此就二體釋歸妹之義. 少女而與長男交, 少女所不樂也, 而今說以動, 所歸必妹也. 雖與長男交, 嫁而係於娣, 是以說也. 係娣所以說者, 旣係娣爲滕, 不得別適, 若其不以備數, 更有動望之憂, 故係娣而行合禮, 說以動也"라 함. 《集解》에 "虞翻曰: 「說兌動震也. 謂震嫁兌, 所歸必妹也.」"라 함. 《本義》에 "又以卦德言之"라 함.

【「征凶」, 位不當也】'「征凶」, 位不當也'는 정벌에 나서면 흉한 이유는 位不當하기 때문임. 즉 歸妹괘의 九二, 九四, 六三, 六五 네 효가 각기 位不當함. 王弼 注에 "履於不正, 說動以進, 妖邪之道也"라 하였고, 〈正義〉에 "征凶位, 不當也'者, 此因二三四五, 皆不當位, 釋征凶之義. 位旣不當, 明非正嫡, 因說動而更求進, 妖邪之道也. 故戒其征凶也"라

함. 《集解》에 "崔憬曰:「中四爻皆失位, 以象歸妹非正嫡, 故'征凶'也.」"라 함. 《傳》에 "以二體釋歸妹之義. 男女相感說而動者, 少女之事, 故以說而動. 所歸者, 妹也. 所以征則凶者, 以諸爻皆不當位也. 所處皆不正, 何動而不凶? 大率以說而動, 安有不失正者?"라 함.

【'无攸利', 柔乘剛也】 ''无攸利', 柔乘剛也'는 이로울 바가 없는 이유는 柔(陰)가 剛(陽)을 타고 있는 卦象이기 때문임. 즉 六三은 初九와 九二를 타고 있고, 六五와 上六은 九四를 타고 있음. 王弼 注에 "以征, 則有不正之凶; 以處, 則有乘剛之逆"이라 하였고, 〈正義〉에 "'无攸利, 柔乘剛也'者, 此因六三·六五乘剛, 釋无攸利之義. 夫陽貴而陰賤, 以妄媵之賤, 進求殊寵, 卽是以賤陵貴, 故无施而利也. '以征, 則有不正之凶; 以處, 則有乘剛之逆'者, 〈象〉以失位, 釋征凶; 乘剛, 釋无攸利, 而注連引言之者. 畧例云:「去初上而論位, 分則三五各在一卦之上, 何得不謂之陽? 二四各在一卦之下, 何得不謂之陰? 然則二四陰位也, 三五陽位也. 陽應在上, 陰應在下, 今二三四五竝皆失位, 其勢自然柔, 皆乘剛, 其猶妄媵求寵, 其勢自然. 以賤陵貴, 以明柔之乘剛, 緣於失正而進也.」"라 함. 《集解》에 "王肅曰:「以征, 則有不正之凶; 以處, 則有乘剛之進也. 故'无所利'矣.」"라 함. 《傳》에 "不唯位不當也. 又有乘剛之過, 三五皆乘剛. 男女有尊卑之序, 夫婦有唱隨之禮, 此(一无此字)常理也. 如〈恒〉是也. 苟不由常正之道, 徇情肆欲唯說, 是動則夫婦瀆亂, 男牽欲而失其剛, 婦狃說而忘其順, 如歸妹之乘剛是也. 所以凶. 无所往而利也. 夫陰陽之配合, 男女之交媾, 理之常也. 然從欲而流放, 不由義理, 則淫邪无所不至, 傷身敗德, 豈人理哉? 歸妹之所以(一有征字)凶也"라 하였고, 《本義》에 "又以卦體釋卦辭. 男女之交, 本皆正理, 唯若此卦, 則不得其正也"라 함.

★【澤上有雷, 歸妹】 '澤上有雷'는 하괘 澤(兌) 위에 상괘 雷(震)가 있는 괘상임. 이가 歸妹괘임. 《集解》에 "干寶曰:「雷薄於澤, 八月九月將藏之時也. 君子象之, 故不敢恃當, 今之虞, 而慮將來禍也.」"라 함.

【君子以永終知敝】 '永終知敝'는 길이 끝날 때까지 그(婚姻) 弊端을 잘 살펴 알고 있음. '終'은 始終. '敝'는 弊와 같음. 病弊, 弊端. 온갖 事端. 남녀가 일생을 함께 하여 혼인생활을 지속하는 동안 온갖 폐단이 있을 수 있음을 말한 것임. 王弼 注에 "歸妹, 相終始之道也, 故'以永終知敝'"라 하였고, 〈正義〉에 "澤上有雷, 說以動也. 故曰'歸妹, 君子以永終知敝'者, 歸妹相終始之道也. 故君子象此, 以永長其終知應有不終之敝, 故也"라 함. 《集解》에 "虞翻曰:「君子謂乾也. 坤爲永終爲敝, 乾爲知三之四爲永終, 四之三兌爲毁折, 故'以永終知敝'.」 ○崔憬曰:「歸妹, 人之始終也. 始則征凶, 終則无攸利, 故'君子以永終知敝', 爲戒者也.」"라 함. 《傳》에 "雷震於上澤, 隨而動陽, 動於上陰, 說而從女從男之象也. 故爲歸妹, 君子觀男女配合, 生息相續之象, 而以永其終知有敝也. 永終謂生息, 嗣

續永久其傳也. '知敝', 謂知物有敝壞, 而爲相繼之道也. 女歸, 則有生息, 故有永終之義.
又夫婦之道, 當常永有終, 必知其有敝壞之理, 而戒愼之敝壞. 謂離隙歸妹, 說以動者也.
異乎〈恒〉之巽而動, 漸之止而巽也. 少女之說, 情之感動, 動則失正, 非夫婦正, 而可常之
道, 久必敝壞, 知其必敝, 則當思永其終也. 天下之反目者, 皆不能永終者也. 不獨夫婦之
道, 天下之事, 莫不有終. 有敝莫不有可繼, 可久之道. 觀歸妹, 則當思永終之戒也"라 하
였고, 《本義》에 "雷動澤隨, 歸妹之象. 君子觀其合之不正, 知其終之有敝也. 推之事物,
莫不皆然"이라 함.


## (3) 爻辭와 象辭

初九: 歸妹以娣, 跛能履, 征吉.
☆象曰:「歸妹以娣」, 以恒也;「跛能履, 吉」, 相承也.

〈언해〉初九(초구)는 妹(미)를 歸(귀)ᄒᆞ욤애 娣(뎨)로뻐 ᄒᆞ요미니, 跛(파)ㅣ 能(능)히 履
(리)홈이라. 征(졍)ᄒᆞ면 吉(길)ᄒᆞ리라.
☆象(샹)애 글오디「歸妹以娣」나 恒(흥)으로뻐 홈이오,「跛能履, 吉」은 서ᄅᆞ 承
(승)홀 시라.

〈해석〉[初九](一): 시집을 감에 누이를 딸려 보내는 것이니, 절름발이지만 능히 신을
신고 걸을 수 있는 것으로서 가면 길하리라.
☆象: "시집보냄에 누이를 딸려 보낸다"함은, 떳떳함으로 하기 때문이요, "절름
발이이지만 신을 신고 걸을 수 있어 길하다"함은, 뜻을 서로 이어받을 것이기
때문이다.

【初九】이는 전괘의 시작이며 소녀가 婚姻의 길에 나서는 출발함. 陽爻로 位正當하
며 陽剛하여 意慾을 가지고 자신 있게 나섬.
【歸妹以娣, 跛能履, 征吉】'歸妹以娣'의 '娣'는 여동생. 또는 첩. 혹은 媵妾. 이는 群婚
制의 遺習임.〈正義〉에 "歸妹以娣'者, 少女, 謂之妹. 從娣而行, 謂之歸. 初九以兌適震,
非夫婦匹敵, 是從娣之義也. 故曰'歸妹以娣'也"라 함. '跛能履'의 '跛'는 절름발이. '履'는
신. 動詞로 '신을 신다'의 뜻.〈正義〉에 "跛能履'者, 妹而繼姊爲娣, 雖非正配, 不失常道,
譬猶跛人之足然. 雖不正, 不廢能履, 故曰'跛能履'也"라 함. '征吉'은〈正義〉에 "征吉'者,

少長非偶, 爲妻而行, 則凶焉. 爲娣而行則吉, 故曰'征吉'也"라 함. 이 효는 가장 아래에 있으며, 위로 正應을 이루지 못하여 언니를 따라 남편을 모셔 婦道를 성취하는 爻象임. ○高亨은 "歸妹以娣, 謂嫁女以其娣爲媵也. 跛能履者, 足疾愈也. 足疾愈者, 利於征也. 故曰「跛能利, 征吉」"이라 함. 王弼 注에는 "少女而與長男爲耦, 非敵之. 謂是娣從之義也. 娣, 少女之稱也. 少女之行, 善莫若娣. 夫承嗣以君之子, 雖紦而不妄行, 少女以娣, 雖跛能履, 斯乃恒久之義, 吉而相承之道也. 以斯而進, 吉其宜也"라 하였고, 〈正義〉에 "夫承嗣以君之子, 雖幼而不妄行'者, 此爲少女作比例也. 言君之子宜, 爲嗣承以類, 妃之妹, 應爲娣也. 立嗣, 宜取長. 然君之子, 雖紦而立之, 不爲妄也. 以言行嫁宜匹敵, 然妃之妹, 雖至少而爲娣, 則可行也"라 함. 《集解》에 "虞翻曰:「震爲兄, 故嫁妹, 謂三也. 初在三下, 動而應四, 故稱娣. 履, 禮也. 初九應變成坎, 坎爲曳, 故跛而履. 應在震爲征, 初爲娣變爲陰, 故'征吉'也.」"라 함. 《傳》에 "女之歸居下, 而无正應, 娣之象也. 剛陽, 在婦人爲賢(一作堅)貞之德, 而處卑順, 娣之賢正者也. 處說居下爲順, 義娣之卑下, 雖賢何所能爲不過? 自善其身, 以承助其君而已. 如跛之能履, 言不能及遠也. 然在其分爲善, 故以是而行, 則吉也"라 하였고, 《本義》에 "初九居下, 而无正應, 故爲娣象. 然陽剛, 在女子爲賢正之德, 但爲娣之賤, 僅能承助其君而已. 故又爲跛能履之象, 而其占則征吉也"라 함.

☆【「歸妹以娣」, 以恒也】'以恒也'는 그렇게 함으로써 떳떳하게 恒心으로 가지고 살아갈 수 있도록 해 줌. '恒'은 '恆'으로도 표기하며, 恒道, 恒心. 〈正義〉에 "〈象〉曰'以恒也'者, 妹而爲娣, 恒久之道也"라 함.

【「跛能履, 吉」, 相承也】'相承也'는 자매, 혹 처첩끼리 서로 도우며 남편을 모심. '承'은 助의 뜻. 〈正義〉에 "吉相承也'者, 行得其宜, 是相承之吉也"라 함. 《集解》에 "虞翻曰:「陽得位, 故以恒. 恒動, 初承二, 故'吉, 相承'也.」"라 함. 《傳》에 "歸妹之義, 以說而動, 非夫婦能常之道. 九乃剛陽, 有賢(一作堅)之德, 雖娣之微, 乃能以常者也. 雖在下不能有所爲, 如跛者之能履. 然征而吉者, 以其能相承助也. 能助其君, 娣之吉也"라 하였고, 《本義》에 "恆, 謂有常久之德"이라 함.


## 九二: 眇能視, 利幽人之貞.
## ☆象曰: 「利幽人之貞」, 未變常也.

〈언해〉 九二(구이)는, 眇(묘)ㅣ 能(능)히 보미니, 幽人(유인)의 貞(뎡)이 利(리)ᄒᆞ니라.
　　☆象(샹)애 ᄀᆞᆯ오디 「利幽人之貞」은 常(샹)을 變(변)티 아니 홈이라.

〈해석〉 [九二](一): 애꾸눈(맹인)이지만 능히 볼 수 있는 것이니, 깊이 숨어있는 이가 곧은 마음을 지킴을 이롭게 여긴다.

☆象: "깊이 숨어있는 이가 곧은 마음을 지킴을 이롭게 여긴다"함은, 아직 상도 (傷悼)를 변하지 않고 있음을 뜻한다.

【九二】 이는 하괘(兌, 悅, 澤)의 중앙에 위치하여 得中하였으나 陽爻로 陰位에 있어 位不當함. 그러나 六五(帝位)와 正應을 이루고 있어 陽이 숨어서 陰을 받들고 있는 위치임.

【眇能視, 利幽人之貞】 '眇能視'의 '眇'는 盲人(瞎). 혹 애꾸눈. 맹인이 능히 볼 수 있음. '能'은《集解》에는 '而'로 되어 있음. '利幽人之貞'은 숨어사는 사람이 곧음을 지키는 것이 유리함. 그러나 이는 꿈속의 상황으로 어떤 이가 옥에 갇혔다가 풀려나 다시 밝은 세상을 보는 것이라고도 함. '幽人'은 깊은 곳에 숨어 사는 사람. 혹은 囚人, 罪囚이라고도 함. 이 효가 가운데에 깊이 숨어 있음을 말함. '貞'도 역시 貞辭라고도 함. ○高亨은 "幽, 囚也. 眇能視者, 目疾愈也. 目疾愈者, 由晦返明也. 囚人脫囹圄者似之, 故曰「眇能視, 利幽人之貞」"이라 함. 王弼 注에 "雖失其位而居, 內處中眇, 猶能視, 足以保常也. 在內履中, 而能守其常, 故'利幽人之貞'也"라 하였고, 〈正義〉에 "九二不云'歸妹'者, 旣在歸妹之卦, '歸妹'可知, 故畧不言也. 然九二雖失其位, 不廢居內, 處中以言歸妹, 雖非正配, 不失交合之道, 猶如眇目之人, 視雖不正, 不廢能視耳. 故曰'眇能視'也. '利幽人之貞'者, 居內處中, 能守其常, 施之於人, 是處幽而不失其貞正也. 故曰'利幽人之貞'也"라 함.《集解》에 "虞翻曰:「視應五也. 震上兌下, 離目不正, 故眇而視. 幽人, 謂二之初, 動二在坎中, 故稱幽人. 變得正, 震喜兌說, 故'利幽人之貞'. 與履二同義也.」"라 함.《傳》에 "九二陽剛而得中, 女之賢正(一作貞)者也. 上有正應, 而反陰柔之質, 動於說者也. 乃女賢而配不良, 故二雖(一作之)賢不能自遂, 以成其內助之功, 適可以善其身, 而小施之如眇者之能視而已, 言不能及遠也. 男女之際, 當以正禮, 五雖不正, 二自守其幽靜貞正, 乃所利也. 二有剛正之德, 幽靜之人也. 二之才如是, 而言利貞者(一无此五字), 利言宜於如是之貞(一无之貞字), 非不足而爲之戒也"라 하였고,《本義》에 "'眇能視', 承上爻而言. 九二陽剛得中, 女之賢也. 上有正應, 而反陰柔不正, 乃女賢而配不良, 不能大成, 內助之功, 故爲'眇能視'之象, 而其占, 則'利幽人之貞'也. 幽人, 亦抱道守正, 而不偶者也"라 함.

☆【「利幽人之貞」, 未變常也】 '未變常也'은 傷悼를 변치 않음. '常'은 이 효는 六五와 正應을 이루고 있음을 말함. 즉 자신의 혼인 상대가 六五임을 지켜 六三의 유혹을 뿌리침. 〈正義〉에 "〈象〉曰'未變常也'者, 貞正者, 人之常也. 九二失位, 嫌其變常, 不貞也.

能以履中不偏, 故云'未變常'也"라 함.《集解》에 "虞翻曰:「常, 恒也. 乘初未之五, 故'未變常'矣.」"라 함.《傳》에 "守其幽貞, 未失夫婦常正之道也. 世人以媟狎爲常, 故以貞靜爲變常不知, 乃常久之道也"라 함.


六三: 歸妹以須, 反歸以娣.
☆象曰:「歸妹以須」, 未當也.

〈언해〉 六三(륙삼)은, 妹(미)를 歸(귀)호욤애 뻐 須(슈)홈이니, 도로혀 歸(귀)ᄒ야 娣(뎨)로뻐 홈이니라.

　　☆象(샹)애 ᄀᆞᆯ오디「歸妹以須」는, 當(당)티 몯홀 시라.

〈해석〉 [六三](--): 소녀를 시집보냄에 있어 자신은 기다리고 있는 것이니, 오히려 돌아와서 여동생을 대신 보내는 것이다.

　　☆象: "누이를 시집보냄에 있어 자신은 기다리고 있다"함은, 혼인 상대가 마땅치 않기 때문이다.


　　【六三】이는 하괘(兌, 澤, 悅)의 가장 위에 있으며, 陰爻로 陽位에 있어 位不當함. 따라서 이제껏 初九와 九二가 강하게 추진하던 혼인을 주춤거림. 아울러 上六과도 正應을 이루지 못하여 정당한 배필이 되지 못함.

　　【歸妹以須, 反歸以娣】'歸妹以須'의 '須'는 '기다리다'(待, 等), 혹 '企待하다'의 뜻. '反歸以娣'는 돌아와 기다림. 혹 '反'은 副詞로 '도리어'의 뜻이라고도 함. 즉 '훌륭한 혼인을 기대했으나 도리어 언니를 따라가는 媵妾의 지위가 됨'을 뜻한다 함. 그러나 ○高亨은 '須'는 嬃의 假借이며, '姊'(姉)의 뜻이라 하였음. 즉 언니를 대신 시집보냄. 그 밖에 '嬬'의 假借이며 妾이라고도 함. 혹 '反歸以娣'는 자신은 여동생과 함께 친정으로 돌아옴이라 함. ○高亨은 "反歸以娣者, 謂被出而與其娣返歸母家也"라 함. 王弼 注에 "室主猶存, 而求進焉. 進未値時, 故有須也. 不可以進, 故反歸待時, 以娣乃行也"라 하였고, 〈正義〉에 "歸妹以須'者, 六三在歸妹之時, 處下體之上, 有欲求爲室主之象, 而居不當位, 則是室主猶存. 室主旣存, 而欲求進, 爲未値其時也. 未當其時, 則宜有待, 故曰'歸妹以須'也. '反歸以娣'者, 旣曰'有須', 不可以進, 宜反歸待時, 以娣乃行, 故曰'反歸以娣'"라 함.《集解》에 "虞翻曰:「須, 需也. 初至五, 體需象, 故'歸妹以須'. 娣, 謂初也. 震爲反, 反爲歸也. 三失位四, 反得正, 兌進在四, 見初進之, 初在兌後, 故'反歸以娣'.」"라 함.

《傳》에 "三居下之上, 本非賤者, 以失德而无正應, 故爲欲有歸, 而未得其歸. 須, 待也. 待者, 未有所適也. 六居三不當位, 德不正也. 柔而尙(一作上)剛, 行不順也. 爲說之主, 以說求歸動, 非禮也. 上无應, 无受之者也. 无所適, 故須也. 女子之處如是, 人誰取之? 不可以爲人配矣. 當反歸而求爲娣媵, 則可也. 以不正而失其所也"라 하였고, 《本義》에 "六三, 陰柔而不中正, 又爲說之主, 女之不正, 人莫之取者也. 故爲未得所適, 而反歸爲娣之象. 或曰:「須, 女之賤者.」"라 함.

☆【「歸妹以須」, 未當也】'未當也'는 이 혼인은 타당치 않음. 자신이 位不當하며 아래로 九二를 타고 있음. 〈正義〉에 "〈象〉曰'未當也'者, 未當其時, 故宜有待也"라 함. 《集解》에 "虞翻曰:「三未變之陽, 故位未當.」"이라 함. 《傳》에 "'未當'者, 其處其德, 其求歸之道, 皆不當. 故无取之者, 所以須也"라 함.


# 九四: 歸妹愆期, 遲歸有時.
# ☆象曰:「愆期」之志, 有待而行也.

〈언해〉 九四(구ᄉᆞ)는, 妹(ᄆᆡ)를 歸(귀)홈애 期(긔)ㅣ 愆(건)홈이니, 遲(디)ᄒᆞ야 歸(귀)ᄒᆞ욤이 時(시)ㅣ 인ᄂᆞ니라.[《本義》: 歸(귀)홀 디롤 遲(디)홈이]

☆象(샹)애 ᄀᆞᆯ오디 「愆期」ᄒᆞᄂᆞᆫ 志ᄂᆞᆫ 기드림이 이셔 行(ᄒᆡᆼ)홈이라.

〈해석〉 [九四](−): 소녀를 시집보냄에 시기를 늦추는 것이니, 늦게 시집을 보내는 것은 때가 있어서이다.(시집보낼 곳을 늦추는 것이니)

☆象: "시기를 늦추고자 하는" 뜻은, 마땅한 기다린 뒤에 시집을 보내는 것이다.


【九四】 이는 상괘(震, 雷, 動)의 시작이며 陽爻로 陰位에 있어 位不當함. 아울러 震이 動을 상징함에도 홀로 陽爻이므로 행동의 방향을 바꾸는 역할을 함.

【歸妹愆期, 遲歸有時】 '愆期'는 시기를 넘김. '愆'은 過의 뜻. 혼인 시기를 넘김. '遲歸有時'는 늦게 시집을 가는 이유는 기다리는 이가 있기 때문. '時'는 須(雙聲)와 같으며, '기다리다'(待)의 뜻. 《穀梁傳》隱公 7년 范寧 注에 "時, 待"라 함. 이는 陽爻로서 陰位에 있어 位不當하여 좋은 배필을 만날 때까지 기다려야 함. ○高亨은 "歸妹愆期, 遲歸有時'者, 謂嫁女延期而遲歸者, 因有所待也"라 함. 王弼 注에 "夫以不正, 无應而適人也. 必須彼道窮盡, 无所與交, 然後乃可以徃. 故'愆期, 遲歸以待時'也"라 하였고, 〈正義〉에 "歸妹愆期, 遲歸有時'者, 九四居不得位, 又无其應, 以斯適人, 必待彼道窮盡, 无所與

交, 然後乃可以往, 故曰'愆期, 遲歸有時'也"라 함. 《集解》에 "虞翻曰:「愆, 過也. 謂二變三, 動之正體大過象. 坎月離日, 爲期三變, 日月不見, 故愆期. 坎爲曳, 震爲行, 行曳故遲也. 歸, 謂反三. 震春兌秋, 坎冬離夏, 四時體正, 故'歸有時'也.」"라 함. 《傳》에 "九以陽居四, 四上體地之高也. 陽剛, 在女子爲正德賢明者也. 无正應, 未得其歸也. 過時未歸, 故云'愆期'. 女子居貴高之地, 有賢明之資, 人情所願娶, 故其愆期, 乃爲有時. 蓋'自有待, 非不售'也. 待得佳配, 而後行也. 九居四, 雖不當位, 而處柔, 乃婦人之道(一有也字), 以无應, 故爲愆期之義. 而聖人推理, 以女賢而愆期, 蓋有待也"라 하였고, 《本義》에 "九四, 以陽居上體, 而无正應. 賢女不輕從人, 而愆期以待所歸之象. 正與六三相反"이라 함.

☆【「愆期」之志, 有待而行也】'有待而行也'은 기다렸다가 시집을 하고자 하기 때문임. '行'은 시집감을 뜻함. ○高亨은 "行, 猶嫁也. 古語謂婚曰行, 後人謂嫁曰適, 均以女嫁是行往夫家也"라 함. 〈正義〉에 "〈象〉曰'愆期之志, 有待而行'者, 嫁宜及時, 今乃過期, 而遲歸者, 此嫁者之志, 正欲有所待, 而後乃行也"라 함. 《集解》에 "虞翻曰:「待男行矣.」"라 함. 《傳》에 "所以'愆期'者, 由己而不由彼, 賢女人所願娶, 所以愆期乃其志欲有所待. 待得佳配, 而後行也"라 함.


# 六五: 帝乙歸妹, 其君之袂, 不如其娣之袂良. 月幾望, 吉.
# ☆象曰: 「帝乙歸妹, 不如其娣之袂良」也; 其位在中, 以貴行也.

〈언해〉六五(륙오)는, 帝乙(뎨을)의 妹(미)를 歸(귀)홈이니, 그 君(군)의 袂(몌)ㅣ 그 娣(뎨)의 袂(몌)ㅣ 良(냥)홈만 곧디 아니ᄒᆞ니, 月(월)이 거의 望(망)ᄒᆞ면, 吉(길)ᄒᆞ리라.[《本義》: 帝乙(뎨을)의 妹(미)를 歸(귀)홈애, 그 君(군)의 袂(몌)ㅣ 그 娣(뎨)의 袂(몌)ㅣ 良(냥)홈만 곧디 몯ᄒᆞ고, 月(월)이 거의 望(망)이니]

☆象(샹)애 골오디 「帝乙歸妹, 不如其娣之袂良也」ᄂᆞᆫ, 그 位(위)ㅣ 中(듕)애 이셔, 貴(귀)로뻐 行(힝)홈이라.

〈해석〉[六五](--): 제을(帝乙)이 누이동생을 시집보내는 것이니, 그 신부의 옷소매가 그 첩의 옷소매만큼 좋지 않다. 달이 거의 보름에 가까우면 길하리라.(제을의 누이를 시집보냄에, 그 신부의 옷소매가 그 첩의 오소매만 같지 못하고, 달이 거의 보름에 가까우니)

☆象: "제을이 누이동생을 시집보냄에, 그 신부의 옷소매가 첩의 옷소매만 못하다"함은, 그 자리가 득중하여, 귀한 신분임에도 그렇게 행함을 뜻한다.

【六五】이는 上卦(震)의 중앙에 있어 得中하였으나, 陰爻로 陽位에 있어 位不當함. 그러나 九二와 正應을 이루어 中庸의 덕을 지켜낼 수 있음.

【帝乙歸妹, 其君之袂, 不如其娣之袂良】'帝乙歸妹'의 '帝乙'은 殷(商)나라 제 30대 임금으로 이름은 乙. 末王 폭군 帝辛(紂)의 아버지. 동시에 微子(啓)의 아버지. 微子 啓는 紂의 庶兄이기도 하며 망한 殷나라를 이어받아 宋나라의 시조가 됨. '歸妹'의 '歸'는 嫁, '시집보내다'의 뜻. 妹는 여동생, 구체적으로는 微子啓의 여동생임. 혹 少女의 통칭이며 "딸을 시집보내다"의 뜻. 六五는 九二와 正應을 이루었으며, 陰(女)이 위에 있으므로 제왕의 딸이 아래로 시집보냄을 뜻함. 이 구절은 〈泰卦〉(011) 六五에도 있음. '其君之袂不如其娣之袂良'의 '君'은 帝乙의 누이를 가리킴. '袂'는 옷소매. 新婦의 治粧을 뜻함. 시집가는 당사자가 잉첩으로 가는 여동생 소매보다 훌륭하지 못함. ○高亨은 "帝乙歸妹, 以庶姊爲媵, 其後妹娣皆因故返歸, 僅其姊仍留也"라 함. 王弼 注에 "歸妹之中, 獨處貴位, 故謂之'帝乙歸妹'也. 袂, 衣袖. 所以爲禮容者也. '其君之袂', 謂帝乙所寵也, 即五也. 爲帝乙所崇飾, 故謂之'其君之袂'也. 配在九二, 兌少震長, 以長從少, 不若以少從長之爲美也. 故曰'不若其娣之袂良'也"라 하였고, 〈正義〉에 "'帝乙歸妹'者, 六五居歸妹之中, 獨處貴位, 是帝王之所嫁妹也. 故曰'帝乙歸妹, 其君之袂, 不如其娣之袂良'者, 六五雖處貴位, 卦是長陽之卦, 若以爻爲人, 即是婦人之道, 故爲'帝乙之妹'. 既居長卦, 乃是長女之象, 其君即五也. 袂, 衣袖也. 所擧歛以爲禮容, 帝王嫁妹爲之崇飾, 故曰'其君之袂'也. 配在九二, 兌少震長, 以長從少者, 可以從少, 雖有其君崇飾之袂, 猶不若以少從長之爲美, 故曰'不如其娣之袂良'也"라 함. 《集解》에 "虞翻曰:「三四已正, 震爲帝, 坤爲乙, 故曰帝乙. 泰乾爲良爲君, 乾在下爲小君, 則妹也. 袂, 口袂之飾也. 兌爲口乾爲衣, 故稱袂. 謂三失位无應, 娣袂謂二得中應五, 三動成乾爲良, 故'其君之袂, 不如其娣之袂良'. 故〈象〉曰'以貴行也'矣.」"라 함.

【月幾望, 吉】'月幾望'은 달이 거의 보름에 이름. 따라서 13일, 혹 14일쯤을 가리킴. 달이 아직 완전히 차지 않은 것은, 남편에게 순종할 것임을 높이 여긴 것.《易》에서는 滿月은 剛亢(强抗)함을 뜻함. 王弼 注에 "位在乎中, 以貴而行, 極陰之盛, 以斯適配, 雖不若少, 往亦必合, 故曰'月幾望, 吉'也"라 하였고, 〈正義〉에 "'月幾望, 吉'者, 陰而貴盛, 如月之近望, 以斯適配, 雖不如以少從長, 然以貴而行, 往必合志, 故得吉也. 故曰'月幾望, 吉'也"라 함. 《集解》에 "虞翻曰:「幾, 其也. 坎月離日, 兌西震東, 日月象對, 故曰'幾望'. 二之五, 四復三得正, 故吉也. 與〈小畜〉·〈中孚〉'月幾望', 同義也.」"라 함.《傳》에 "六五居尊位, 妹之貴高者也. 下應於二, 爲下嫁之象. 王姬下嫁, 自古而然. 至帝乙而後, 正婚姻之禮, 明男女之分. 雖至貴之女, 不得失柔巽之道, 有貴驕之志, 故《易》中陰尊而謙降者, 則曰'帝乙'.〈歸妹〉·〈泰〉六五是也. 貴女之歸, 唯謙降以從禮, 乃尊高之德也. 不事容

飾, 以說於人也. 娣媵者, 以容飾爲事者也. 衣袂, 所以爲容飾也. 六五尊貴之女, 尙禮而
不尙飾, 故其袂不及其娣之袂良也. 良, 美好也. 月望, 陰之盈也. 盈則敵陽矣, 幾望未至
於盈也. 五之貴高, 常不至於盈極, 則不亢其夫, 乃爲吉也. 女之處尊貴之道也”라 하였고,
《本義》에 “六五, 柔中居尊, 下應九二, 尙德而不貴飾, 故爲帝女下嫁, 而服不盛之象. 然
女德之盛, 无以加此, 故又爲月幾望之象, 而占者如之, 則吉也”라 함.

☆【「帝乙歸妹, 不如其娣之袂良」也; 其位在中, 以貴行也】‘其位在中’은 이 爻의 자리
가 得中하였음을 말함. 《集解》에 “虞翻曰:「三四復正, 乾爲良.」”이라 함. ‘以貴行也’는
귀한 공주의 신분으로 낮은 九二에게 시집가기 때문임. 〈正義〉에 “〈象〉曰‘帝乙歸妹,
不如其姊之袂良’者, 釋其六五雖所居貴位, 然長不如少也. 言不如少女, 而從於長男也.
‘其位在中, 以貴行也’者, 釋‘月幾望, 吉’也. 旣以長適少, 非歸妹之美, 而得吉者, 其位在
五之中, 以貴盛而行, 所往必得, 合而獲吉也”라 함. 《集解》에 “虞翻曰:「三四復二之五,
成〈旣濟〉五貴, 故‘以貴行’也.」”라 함. 《傳》에 “以帝乙歸妹之道, 言其袂不如其娣之袂良,
尙禮而不尙飾也. 五以柔中, 在尊高之位, 以尊貴而行中道也. 柔順降屈, 尙禮而不尙飾,
乃中道也”라 하였고, 《本義》에 “其有中德之貴而行, 故不尙飾”이라 함.


# 上六: 女承筐, 无實; 士刲羊, 无血. 无攸利.
# ☆象曰: 上六「无實」, 承虛筐也.

〈언해〉上六(샹륙)은, 女(녜)ㅣ 筐(광)을 承(승)홈애, 實(실)이 업슨디라, 士(ᄉ)ㅣ 羊(양)
　　　을 刲(규)홈애, 血(혈)이 업슴이니, 利(리)혼 배 업스니라.[《本義》: 女(녜)ㅣ 筐
　　　(광)을 承(승)홈애, 實(실)이 업스며, 士(ᄉ)ㅣ 羊(양)을 刲(규)홈애, 血(혈)이 업
　　　슴이니, 利(리)홀 배 업스리라]
　　　☆象(샹)애 ᄀᆞᆯ오디 上六의 「无實」은 虛(허)흔 筐(광)을 承(승)홈이라.
〈해석〉[上六](--): 여자가 광주리를 받들고 있음에, 비어 있는지라, 신랑이 양을 잡았
　　　으나, 피가 나지 않는 것이니, 이로울 바가 없다.(여자가 광주리를 받듦에, 비어
　　　있으며, 남편이 양을 잡음에, 피가 나지 않으니, 이로울 바가 없다.)
　　　☆象: 상육에서 “실물이 없다”함은, 빈 광주리를 받들고 있음을 뜻한다.

　　【上六】이는 전괘의 마무리이며 陰爻로 陰位에 있어 位正當함. 그러나 六三과 正應
을 이루지 못하였고, 아울러 六五가 이미 혼인의 결과를 다 마쳤으므로 柔弱한 상태

로 홀로 남아 있는 爻位임. 점에서 이 효를 만나면 婚姻을 이룰 수 없음.

【女承筐, 无實】'女承筐'의 '女'는 아내. 承筐은 祭需를 담는 광주리를 받들고 있음. '承'은 捧의 뜻. '无實'은 실물이 없음. 빈 광주리임. '筐'은 乾果를 담는 그릇. 이는 여자로서 제사에 필요한 물품을 제대로 비치해두지 못하여, 婦行을 완수하지 못함을 뜻하는 것으로 풀이함. 《集解》에 "虞翻曰:「女謂應三兌也. 自下受上稱承, 震爲筐, 以陰應陰, 三四復位, 坎爲虛, 故无實. 〈象〉曰'承虛筐也'.」"라 함.

【士刲羊, 无血. 无攸利】'士刲羊'의 '士'는 남편. '刲'는 양을 잡음. '羊'은 六三을 가리킴. '割'의 뜻. '无血'은 피도 얻지 못함. 아무런 소득이 없음. 羊은 祭祀를 올리기 위한 것. 그런데 피를 받아 올려야하나 피를 얻지 못함. 제사를 제대로 받들지 못함을 뜻함. 혹 고대 婚禮의 한 儀式이 아닌가 함. ○高亨은 "今女之筐而無實, 士刺羊而無血, 則無以成其婚禮, 乃大不利之象也. 故曰「女承筐, 无實; 士刲羊, 無血, 无攸利」.《易》中往往有周初之禮制習俗與後代不同者, 此其一端也"라 함. 王弼 注에 "羊, 謂三也. 處卦之窮, 仰无所承, 下又无應, 爲女而承命, 則筐虛而莫之與, 爲士而下命, 則刲羊而无血. 刲羊而无血, 不應所命也. 進退莫與, 故曰'无攸利'也"라 하였고, 〈正義〉에 "'女承筐, 无實; 士刲羊, 无血. 无攸利'者, 女之爲行, 以上有承順爲美, 士之爲功, 以下有應命爲貴. 上六處卦之窮, 仰則无所承受, 故爲女承筐, 則虛而无實. 又下无其應, 下命則无應之者, 故爲士刲羊, 則乾而无血, 故曰'女承筐, 无實; 士刲羊, 无血', 則進退莫與, 故'无所利'"라 함. 《集解》에 "虞翻曰:「刲, 刺也. 震爲士, 兌爲羊, 離爲刀, 故'士刲羊'. 三四復位成〈泰〉, 〈坎〉象不見, 故'无血'. 三柔承剛, 故'无攸利'也.」"라 함. 《傳》에 "上六, 女歸之終, 而无應, 女歸之无終者也. 婦者, 所以承先祖奉祭祀, 不能奉祭祀, 則不可以爲婦矣. 筐篚之實, 婦職所供也. 古者, 房中之俎, 葅歜(一作醢)之類, 后夫人職之. 諸侯之祭, 親割牲, 卿大夫皆然. 割取血以祭.《禮》(郊特牲)云:『血祭, 盛氣也.』女當承事, 筐篚而充實. 无實則无以祭, 謂不能奉祭祀也. 夫婦共承宗廟, 婦不能奉祭祀, 乃夫不能承祭祀也. 故刲羊而无血, 亦无以祭也. 謂不可以承祭祀也. 婦不能奉祭祀, 則當離絶矣(一无矣字). 是夫婦之无終者也, 何所往而利哉?"라 하였고, 《本義》에 "上六, 以陰柔居. 歸妹之中, 而无應約婚, 而不終者也. 故其象如此, 而於占爲无所利也"라 함.

☆【上六「无實」, 承虛筐也】'承虛筐也'은 아무런 실권이나 이익도 없이 맨 윗자리에 있어 빈 광주리가 매달려 있는 형상임. 〈正義〉에 "〈象〉曰'承虛筐'者, 筐, 本盛幣, 以幣爲實, 今之无實, 正是承捧虛筐, 空无所有也"라 함. 《集解》에 "虞翻曰:「〈泰〉・〈坤〉爲虛, 故'承虛筐'也.」"라 함. 《傳》에 "筐无實, 是空筐也. 空筐可以祭乎? 言不可以奉祭祀也. 女不可以承祭祀, 則離絶而已. 是女歸之无終者也"라 함.

# 055 풍豐

䷶ 雷火豐: ▶離下震上(☲下☳上)

* 豐(풍): 〈音義〉에 "豐, 芳忠反. … 大也. 案: 豐是腆厚光大之義. 鄭云: 「豐之言, 佷充滿義也」라 하여 '풍(fēng)'으로 읽음. '豐'은 豐盛, 豐饒, 豐大, 豐沛, 豐足함을 뜻함. 字形은 宗廟에 수확한 곡물 이삭을 풍성히 차려놓은 모습, 혹 잔치상 등에 음식을 풍성히 차려놓은 모습을 뜻함. 하괘는 離(火)이며 상괘는 震(雷)으로, 불 위에 우레가 치는 異卦相疊의 '雷火' 괘체임. '離'는 火이기에 빛(光, 明), 번개(電)를 의미하여, 따라서 하늘에서 우레가 치며 번개가 번쩍임을 상징함. 이에 하늘이 위엄과 명확함을 보여주어 사람으로 하여금 공경하며 수신토록 흐는 것이며, 그렇게 하면 그 성취가 분명 巨大할 것임을 말함. 는 이는 사물이 풍성하고 광대하게 발전 변화할 때는 마땅히 밝은 誠信과 미덕을 지닌 채 그 풍성함을 조심스럽게 지켜 나가야 함을 비유하며, 동시에 사물이 극에 달하면 뒤이어 쇠락함이 오게 된다는 원리를 상징하기도 함.

* 《集解》에 "〈序卦〉曰: 「得其所歸者, 必大, 故受之以'豐'.」 豐者, 大也.(崔憬曰: 「歸妹者, 姪娣媵國, 三人凡九, 女爲大援, 故言'得其所歸者, 必大'也.」)"라 함.

* 《傳》에 "豐', 〈序卦〉: 「得其所歸者, 必大, 故受之以'豐'.」 物所歸聚, 必成其大, 故歸妹之後, 受之以豐也. 豐, 盛大之義. 爲卦震上離下, 震, 動也; 離, 明也. 以明而動, 動而能(一无能字)明, 皆致豐之道, 明足以照, 動足以亨, 然後能致豐大也"라 함.


## (1) 卦辭

豐: 亨, 王假之. 勿憂, 宜日中.

〈언해〉 豐(풍)은 亨(형)ᄒ니, 王(왕)이아 닐위ᄂᆞ니, 憂(우)를 말오려 홀뎐, 맛당히 日(일)이 中(듕)텻 홀 디니라.[《本義》: 王(왕)이 假(격)ᄒ야 憂(우)를 말고]

〈해석〉 풍(豐, 풍괘)은 형통하니, 왕이어야 이를 수 있다.(왕이 이르러 걱정을 말고) 근심하지 말라. 의당 정오의 해처럼 하면 될 것이니라.

【豊】卦名이며, 下卦(離)의 明이 비추고 上卦(震)의 動이 활동하여, 충만한 생명력을 발휘하고 있으며, 이에 따라 豊沛充溢함을 상징함. 〈正義〉에 "'豊, 亨'者, 豊, 卦名也. 〈彖〉及〈序卦〉, 皆以大訓豊也. 然則豊者, 多大之名, 盈足之義. 財多德大, 故謂之爲豊. 德大, 則无所不容; 財多, 則无所不濟. 无所壅礙, 謂之爲亨. 故曰'豊'"이라 함. 《集解》에 "虞翻曰:「此卦三陰三陽之例, 當從〈泰〉二之四, 而豊三從〈噬嗑〉. 上來之三折, 四於五獄, 中而成豊, 故'君子以折獄致刑'. 陰陽交, 故通〈噬嗑〉, 所謂利用獄者, 此卦之謂也.」"라 함.

【亨, 王假之】'亨'은 享의 뜻. 祭享. 제사를 뜻함. '王假之'의 '假'은 '격'(庚白反)으로 읽으며, '假'의 假借. '이르다'(至, 格)의 뜻. 《說文》에 "假, 至也"라 함. '之'는 제사를 지내는 곳. 王弼 注에 "大而亨者, 王之所至"라 하였고, 〈正義〉에 "'亨, 王假之'者. 假, 至也. 豊亨之道, 王之所尙, 非有王者之德, 不能至之, 故曰'王假之'也"라 함. 《集解》에 "虞翻曰:「乾爲王. 假, 至也. 謂四宜上至五, 動之正成乾, 故'王假之, 尙大'也.」"라 함.

【勿憂, 宜日中】'勿憂'는 '걱정하지 말라, 걱정할 것 없다'의 貞辭임. '宜日中'의 '日中'은 正午를 뜻함. 임금이 제사를 지내는 시각은 正午여야 함. 혹 周나라가 殷을 멸하고 王位에 居할 것임을 말한 것이라고도 함. ○高亨은 "此殆古代故事, 蓋有王者, 遇遘眚災, 筮遇此卦, 乃於日中舉行享祀, 以禳祈焉. 終以得福, 故記之曰「亨, 王假之, 勿憂, 宜日中」"이라 함. 王弼 注에 "豊之爲義, 闡弘微細, 通夫隱滯者也. 爲天下之主, 而令微隱者, 不亨憂未已也. 故至豊, 亨, 乃得勿憂也. 用夫豊亨不憂之德, 宜處天中, 以徧照者也. 故曰'宜日中'也"라 하였고, 〈正義〉에 "'勿憂, 宜日中'者, 勿, 无也. 王能至於豊亨, 乃得无復憂慮, 故曰'勿憂'也. 用夫豊亨无, 憂之德然, 後可以居臨萬國, 徧照四方, 如日中之時, 徧照天下, 故曰'宜日中'也"라 함. 《集解》에 "虞翻曰:「五動之正, 則四變成離. 離日中, 當五在坎, 中坎爲憂, 故'勿憂, 宜日中'. 體兩離象, 照天下也. 日中則昃, 月盈則蝕, 天地盈虛, 與時消息.」○干寶曰:「豊坎宮陰, 世在五以其宜中, 而憂其側也. 坎爲夜, 離爲晝, 以離變坎, 至于天位, 日中之象也. 殷水德, 坎象晝敗, 而離居之. 周伐殷居, 王位之象也. 聖人德大而心小, 旣居天位, 而戒懼不怠. 勿憂者, 勸勉之言也. 猶《詩》(大明)曰:『上帝臨汝, 無貳爾心.』言周德當天人之心, 宜居王位, 故'宜日中'.」"이라 함. 《傳》에 "豊爲盛大其義, 自亨極天下之光大者. 唯王者, 能至之. 假, 至也. 天位之尊, 四海之富, 羣生之衆, 王道之大極, 豊之道, 其唯王者乎! 豊之時, 人民之繁, 庶事物之殷盛, 治之豈易? 周爲可憂(一作患)慮, 宜如日中之盛, 明廣照无所不及, 然後无憂也"라 하였고, 《本義》에 "豊, 大也. 以明而動, 盛大之勢也. 故其占有亨道焉. 然王者至此, 盛極當衰, 則又有憂道焉. 聖人以爲徒憂无盆, 但能守常, 不至於過盛, 則可矣. 故戒以'勿憂, 宜日中'也"라 함.

## (2) 彖辭와 象辭

彖曰: 豐, 大也. 明以動, 故豐.

「王假之」, 尚大也;「勿憂, 宜日中」, 宜照天下也.

日中則昃, 月盈則食.

天地盈虛, 與時消息, 以況於人乎? 況於鬼神乎?

★象曰: 雷電皆至, 豐. 君子以折獄致刑.

〈언해〉 彖(단)애 골오디 豐(풍)은 大(대)홈이니, 明(명)하고 뻐 動(동)하는 디라, 故(고)
로 豐(풍)이니,

「王假之」는, 尙(샹)이 大(대)홈이오,

「勿憂, 宜日中」은, 맛당히 天下(텬하)애 照(죠)홈이라.

日(일)이 中(듕)하면 昃(칙)하며, 月(월)이 盈(영)하면 食(식)하느니,

天地(텬디)의 盈(영)하며 虛(허)하욤도, 時(시)로 더브러 消(쇼)하며 息(식)하곤,

하물며 사룸이며, 하물며 鬼神(귀신)이쪼녀?

★象(상)애 골오디 雷電(뢰뎐)이 다 니름이, 豐(풍)이니, 君子(군즈)ㅣ 以(이)하
야 獄(옥)을 折(졀)하며 刑(형)을 致(티)하느니라.

〈해석〉 彖: 풍(豐)은 풍대(豐大)함이니, 밝고(離) 이로써 움직이는(震) 것이라, 그 까닭
으로 풍괘이다.

"왕이어야 다가간다"함은, 그 숭상하는 것이 크게 함이요,

"걱정하지 말라, 마땅히 정오의 해처럼 하라"함은, 마땅히 천하를 널리 비춰야
한다는 것이다.

해가 하늘 가운데에 오르고 나면 기울어지고, 달이 차면 이지러지나니,

천지가 차고 비는 것도, 시간과 더불어 소식(消息)하거늘,

하물며 사람이며, 하물며 귀신에게 있어서랴?

★象: 우레(震, 雷)와 번개(離, 火, 電)가 한꺼번에 이르는 것이 풍괘이니, 군자는
이를 바탕으로 옥사(獄事)를 판결하며 형벌을 집행하느니라.

【豐, 大也】'豐, 大也'는 豐은 '豐大함, 巨大함'을 의미함. 王弼 注에 "音闡大之大也"라
하였고, 〈正義〉에 "'豐, 大也'者, 釋卦名, 正是弘大之義也. '音闡大之大'者, 闡者, 弘廣之

言. 凡物之大共有二種: 一者自然之大, 一者由人之闡弘, 使大豐之爲義, 旣闡弘微細, 則豐之稱大, 乃闡大之大, 非自然之大, 故音之也"라 함.

【明以動, 故豐】'明以動'의 '明'은 下卦(離)는 火를 뜻하며, 火는 밝음(明, 文明)을 상징함. '動'은 上卦(震, 雷)가 動(행동, 동작, 운동)을 의미함. 豐卦의 구조와 卦形을 해석한 것임. 〈正義〉에 "'明以動, 故豐'者, 此就二體釋卦得名爲豐之意. 動而不明, 未能光大, 資明以動, 乃能致豐, 故曰'明以動'"이라 함. 《集解》에 "崔憬曰: 「離下震上, 明以動之象. 明則見微, 動則成務, 故能大矣.」"라 함. 《傳》에 "豐者, 盛大之義, 離明而震動, 明動相資, 而成豐大也"라 하였고, 《本義》에 "以卦德釋卦名義"라 함.

【「王假之」, 尙大也】'尙大也'는 豐大한 것을 崇尙함. '尙'은 崇尙함, 重視함. 그 때문에 제사를 올리는 것임. 王弼 注에 "大者, 王之所尙, 故至之也"라 하였고, '故豐也, 王假之, 尙大也'者, 豐大之道, 王所崇尙, 所以王能至之, 以能尙大故也"라 함. 《集解》에 "姚信曰: 「四體震王. 假, 大也. 四上之五, 得其盛位, 謂之大.」"라 함. 《傳》에 "王者有四海之廣, 兆民之衆, 極天下之大也. 故豐大之道, 唯王者能致之, 所有旣大, 其保之治之之道, 亦當大也. 故王者之所尙, 至大也"라 함.

【勿憂, 宜日中」, 宜照天下也】'勿憂, 宜日中'에 대해《集解》에는 "九家《易》曰: 「震動而上, 故勿憂也. 日者, 君中者, 五君宜居五也. 謂陰處五, 日中之位, 當傾昃矣.」"라 함. '宜照天下也'는 의당 천하를 비추기 위한 것임. 正午에 해의 빛과 볕 가장 널리 퍼지듯, 풍성함의 보급이 가장 넓기를 바란 것. 王弼 注에 "以勿憂之德, 故'宜照天下'也"라 하였고, 〈正義〉에 "'「勿憂, 宜日中」, 宜照天下'者, 日中之時, 徧照天下, 王无憂慮德, 乃光被同於日中之盛, 故曰'勿憂, 宜日中. 宜照天下'也"라 함. 《集解》에 "虞翻曰: 「五動成乾, 乾爲天, 四動成兩離, 重明麗正, 故宜照天下, 謂化成天下也.」"라 함. 《傳》에 "所有旣廣, 所治旣衆, 當憂慮其不能周及, 宜如日中之盛明, 普照天下无所不至, 則可勿憂矣. 如是, 然後能保其豐大, 保有豐大, 豈小才小知之所能也?"라 하였고, 《本義》에 "釋卦辭"라 함.

【日中則昃, 月盈則食】'日中則昃'은 해는 正午를 지나면 기울기 시작함. '昃'은 해가 짧아짐. 해가 서쪽을 기울어 비껴짐을 뜻함. 《集解》에 "荀爽曰: 「豐者至盛, 故日中. 下居四日, 昃之象也.」"라 함. '月盈則食'은 달은 차서 보름이 지나면 그 뒤부터는 둥근달이 아님. '食'은 蝕과 같음. 그러나 月蝕과는 다름. 여기서는 보름 이후로는 점차 크기가 줄어듦을 뜻함. 月虧와 같음. 《集解》에 "虞翻曰: 「月之行, 生震見兌, 盈於乾甲, 五動成乾, 故月盈. 四變體〈噬嗑〉食, 故則食. 此'豐其屋, 蔀其家'也.」"라 함.

【天地盈虛, 與時消息, 以況於人乎? 況於鬼神乎?】'天地盈虛'는 천지만물은 차고 기울고 함, '與時消息'은 시간의 경과에 따라 사라짐. '消息'은 사물이 차츰 줄어드는 현상을

표현하는 雙聲連綿語. '以況於人乎? 況於鬼神乎?'은 시공의 변화에 따라 萬物은 盈虛와 消息을 계속하고 있으며, 사람과 귀신에게도 같은 이치가 적용됨을 말함. 王弼 注에 "豐之爲用, 困於昃食者也. 施於未足, 則尙豐; 施於已盈, 則方溢不可以爲常, 故具陳消息 之道者也"라 하였고, 〈正義〉에 "'日中則昃, 月盈則食'者, 此孔子因豐設戒以上言'王者, 以 豐大之德, 照臨天下, 同於日中然'. 盛必有衰, 自然常理, 日中至盛過中則昃, 月滿則盈. 過盈則食天之寒暑往來, 地之陵谷遷貿, 盈則與時而息, 虛則與時而消, 天地日月, 尙不能 久, 況於人與鬼神而能長保其盈盛乎? 勉令及時, 修德仍戒, 居存慮亡也. 此辭先陳天地, 後言人鬼神者, 欲以輕譬重, 亦先尊後卑也. 而日月先天地者, 承上宜日中之文, 遂言其昃 食, 因擧日月以對之, 然後並陳天地, 作文之體也"라 함. 《集解》에 "虞翻曰:「五息成乾爲 盈, 四消入坤爲虛, 故天地盈虛也. 豐之〈旣濟〉四時象. 具乾爲神人, 坤爲鬼, 鬼神與人, 亦 隨時消息. 謂人謀鬼謀, 百姓與能與時, 消息.」"이라 함. 《傳》에 "旣言豐盛之至, 復言其難 常, 以爲誡也. 日中盛極, 則當昃; 昳月旣盈滿, 則有虧缺, 天地之盈虛, 尙與時消息, 況人 與鬼神乎? 盈虛, 謂盛衰; 消息, 謂進退. 天地之運, 亦隨時進退也. 鬼神, 謂造化之迹於萬 物, 盛衰可見其消息也. 於豐盛之時, 而爲此誡, 欲其守中, 不至過盛, 處豐之道, 豈易也 哉?"라 하였고, 《本義》에 "此又發明卦辭外意, 言不可過中也"라 함.

★【雷電皆至, 豐】 '雷電皆至'는 상괘(震)의 우레(雷)와 하괘(離, 火)의 번개(電)가 한 꺼번에 나타남. 이것이 豐卦의 괘상임. 〈正義〉에 "雷電皆至, 豐'者, 雷者, 天之威動; 電者, 天之光耀. 雷電俱至, 則威明備足, 以爲豐也"라 함. 《集解》에 "荀爽曰:「豐者, 陰 據不正, 奪陽之位, 而行以豐, 故'折獄致刑', 以討除之也.」"라 함.

【君子以折獄致刑】 '折獄致刑'의 '折獄'은 獄事(訟事)를 판결함. '致刑'은 형벌을 집행 함. 즉 재판과정을 거쳐 죄인에게 벌을 내리는 일. 군자는 형법에 대해 삼가며, 세밀히 살펴 억울하거나 빠뜨림이 없도록 함. 이는 풍괘가 震(우레)으로는 위엄을, 離(번개)로 는 밝게 살피도록 빛을 냄을 비유한 것. 〈正義〉에 "君子以折獄致刑'者, 君子法象天威而 用刑罰, 亦當文明以動, 折獄斷決也. 斷決獄訟, 須得虛實之情, 致用刑罰, 必得輕重之中. 若動而不明, 則淫濫斯及, 故君子象於此卦, 而折獄致刑"이라 함. 《集解》에 "虞翻曰:「君 子謂三. 〈噬嗑〉四失正. 繫在坎獄中, 故上之三折四, 入大過死象, 故以'折獄致刑'. 兌折爲 刑, 賁三得正, 故无敢折獄也.」"라 함. 《傳》에 "雷電皆至, 明震竝行也. 二體相合, 故云皆 至. 明動相資, 成豐之象. 離, 明也, 照察之象; 震, 動也, 威斷之象. 折獄者, 必照其情實, 唯明克允. 致刑者, 以威於(一作其)姦惡, 唯斷乃成, 故君子觀雷電, 明動之象, 以折獄致刑 也. 〈噬嗑〉言'先王飭法', 豐言'君子折獄', 以明在上, 而麗於威震. 王者之事, 故爲制刑立 法, 以明在下, 而麗於威震, 君子之用, 故爲折獄致刑. 〈旅〉明在上, 而云君子者, 〈旅〉取愼

用刑, 與不留獄, 君子皆當然也”라 하였고, 《本義》에 “取其威照竝行之象”이라 함.


## (3) 爻辭와 象辭

初九: 遇其配主, 雖旬无咎, 往有尙.
☆象曰:「雖旬无咎」, 過旬災也.

〈언해〉 初九(초구)는, 그 配主(비쥬)를 遇(우)호디, 비록 旬(슌)하나 咎(구) ㅣ 업스니, 往(왕)하면 尙(샹)이 이시리라.

☆象(샹)애 골오디「雖旬无咎」ㅣ니, 旬(슌)애 過(과)하면 災(지)하리라.

〈해석〉 [初九](一): 그 배필이 되는 주인(九四)을 만나되, 비록 동등(陽爻)하나 허물이 없으니, 다가가면 상을 받게 되리라.

☆象: “비록 동등하나 허물이 없다”함은, 동등함을 넘어서면 재앙이 있게 됨을 뜻한다.


【初九】 이는 전괘의 시작이며 陽爻로 位正當함. 아울러 九四와도 正應을 이루지 못함. 그 때문에 맨 아래에 위치함에도 陽剛하여 번개를 번쩍이고자 함. 그에 따라 配匹을 잘못 만나면 재앙을 입을 수 있음.

【遇其配主, 雖旬无咎, 往有尙】 ‘遇其配主’의 ‘配主’는 배필이 되는 여자 주인. 九四를 가리킴. 初九는 九四를 ‘配主’라 부르고, 九四는 初九를 ‘夷主’라 부른 것임. 그러나 서로가 陽爻로 陰陽이 맞지 않음. 《集解》에 “虞翻曰:「妃嬪謂四也. 四失位, 在震爲主, 五動體姤遇, 故‘遇其配主’也.」”라 함. ‘雖旬无咎’의 ‘旬’은 열흘. 事物의 週期를 비유함. 그러나 함께 동거함의 뜻이라고도 함. 한편 王弼은 ‘旬’은 均의 뜻으로, ‘九四와 初九가 同等한 陽爻임을 말하는 것’이라 하였음. 李鏡池는 “旬, 借爲姁. 《說文》:「姁, 男女幷也.」指男女姁居結合”이라 함. ‘往有尙’은 가면 도움을 주며 찬동할 것임. 이 표는 여러 설이 있음. 이는 행상을 나선 사람을 예로 들어 그가 겪는 여러 어려움을 표현한 것이라고도 함. 즉 혹 외지에서 과부가 된 옛 주인의 아내를 만나 동거하면서 행상의 일을 그만두게 된 것. 또는 너무 힘든 행상의 고통에 정신착란을 일으켜 낡은 가게에 빌붙어 지내다가 몇 년 후 그 집이 재앙을 만나 그도 간 곳을 모르게 된 것. 또는 그 상인이 큰 美玉을 얻어 갑자기 큰 부자가 된 것 등의 어느 事例일 것이라 함. ○高亨은 “筮遇此

卦, 出行之人遇其女主人, 十日之內無咎, 且可得賞, 故曰「遇其配主, 雖旬无咎, 往有尙」
이라 하여, '雖'는 唯, '尙'은 賞의 뜻이라 함. 王弼 注에 "處豐之初, 其配在四, 以陽適陽,
以明之動, 能相光大者也. 旬, 均也. 雖均无咎, 往有尙也. 初四俱陽爻, 故曰均也"라 하였
고, 〈正義〉에 "'遇其配主'者, 豐者, 文明以動, 尙乎光大者也. 初配在四, 俱是陽爻, 以陽適
陽, 以明之動, 能相光大者也. 故曰'遇其配主'也. '雖旬无咎, 往有尙'者, 旬, 均也. 俱是陽
爻, 謂之爲均. 非是陰陽相應, 嫌其有咎, 以其能相光大, 故雖均, 可以无咎, 而往有嘉尙也.
故曰'雖均无咎, 往有尙'也"라 함. 《集解》에 "虞翻曰:「謂四失位, 變成坤應初. 坤數十四,
上而之五成離, 離爲日.」"이라 함. 《傳》에 "雷電皆至, 成豐之象; 明動相資, 致豐之道. 非
明无以照, 非動无以行(一作亨). 相須猶形影, 相資猶表裏. 初(一无初字)九明之初, 九(一
无九字)四動之初宜相須, 以成其用, 故雖旬而相應. 位則相應, 用則相資, 故初謂四爲配
主, 己所配也. 配雖匹稱, 然就之者也. 如配天以配君子, 故初於四云'配'. 四於初云'夷'也.
'雖旬无咎', 旬, 均也. 天下之相應者, 常非均敵, 如陰之應陽, 柔之從剛, 下之附上. 敵則安
肯相從? 唯豐之初四, 其用則相資, 其應則相成, 故雖均. 是陽剛相從, 而无過咎也. 蓋非(一
有剛字)明則動, 无所之非動, 則明无所用, 相資而成, 用同舟則吳越一心, 共難則仇怨協
力, 事勢使然也. 往而相從, 則能成其豐, 故云'有尙', 有可嘉尙也. 在他卦, 則不相下而離隙
矣"라 하였고, 《本義》에 "配主, 謂四. 旬, 均也, 謂皆陽也. 當豐之時, 明動相資, 故初九之
遇九四, 雖皆陽剛, 而其占如此也"라 함.

☆【「雖旬无咎」, 過旬災也】'過旬災也'는 初九와 九四가 균등함이 과하면 재앙이 생
김. 그러나 '열흘을 초과하면 재앙이 닥칠 것임. 열흘 이상은 함께 있어서는 안 됨'의
뜻으로도 봄. 王弼 注에 "過均則爭, 交斯叛也"라 하였고, 〈正義〉에 "〈象〉曰'過旬災也'
者, 言勢若不均, 則相傾奪. 旣相傾奪, 則爭競乃興, 而相違背, 災咎至焉. 故曰'過旬災'也.
'過均則爭, 交斯叛'者, 初四應配, 謂之爲交, 勢若不均, 則初四之相交, 於斯乖叛矣"라 함.
《集解》에 "虞翻曰:「體大過, 故過旬災. 四上之五, 坎爲災也.」"라 함. 《傳》에 "聖人因時
而處宜, 隨事而順理. 夫勢均, 則不相下者, 常理也. 然有雖敵而相資者, 則相求也. 初四
是也. 所以雖旬而无咎也. 與人同而力均者, 在乎降己以相求, 協力(一作心)以從事, 若懷
先(一作先懷)之私, 有加上之意, 則患當至矣. 故曰'過旬災'也. 均而先己, 是過旬也. 一求
勝, 則不能同矣"라 하였고, 《本義》에 "戒占者, 不可求勝, 其配亦爻辭外意"라 함.

六二: 豐其蔀, 日中見斗, 往得疑疾, 有孚發若, 吉.
☆象曰:「有孚發若」, 信以發志也.

〈언해〉六二(륙이)는, 그 蔀(부)ㅣ 豐(풍)혼 디라, 日中(일듕)애 斗(두)를 봄이니, 往(왕)
ᄒ면 疑疾(의질)을 得(득)ᄒ리니, 孚(부)를 두어 發(발)ᄒ면 吉(길)ᄒ리라.
☆象(상)애 골오디「有孚發若」은 信(신)으로써 志(지)를 發(발)홈이라.

〈해석〉 [六二](--): 그 가리는 것이 거대한지라, 한낮 정오에 북두성(北斗星)을 보는
것이니, 구오에게 다가가면 의심을 받게 되리니, 믿음을 두어 자신의 뜻을 펴
보이면, 길하리라.
☆象: "성의를 다해서 자신의 뜻을 펴보인다"함은, 믿음으로써 자신의 뜻을 펴
보여준다는 것이다.

【六二】 이는 하괘의 中央에 있어 得中하였으며, 陰爻로 陰位에 있어 位正當함. 아울
러 九五(帝位)와 正應을 이루어, 豐卦의 주된 역할을 하는 爻位임.

【豐其蔀, 日中見斗】'豐其蔀'의 '豐'은 動詞. '豐大하게 바꿈'의 뜻. '蔀'는 작은 자리
(小席). 〈釋文〉에 "蔀, 菩, 云小席"이라 함. 그러나 해가 구름에 가려 보이지 않음을
뜻한다고도 함. '日中見斗'는 正午에 北斗星(北斗七星)의 별을 봄. 幻覺, 幻視를 뜻함.
정신착란을 의미한다고도 함.

【往得疑疾, 有孚發若, 吉】'往得疑疾'의 '往'은 外出함. 出他함. 혹 同伴, 旅伴, 同行者
를 뜻하는 것이라고도 함. '疑疾'은 남을 심하게 의심하는 질환. ○高亨은 "疑疾, 多疑之
病, 精神病之一種"이라 함. '有孚發若'은 벌을 주어 그와 化解함. '孚'는 俘와 같으며
罰의 뜻. '發'은 化, 淸醒(맑은 정신으로 되돌아오도록 함)의 뜻. '若'은 그 사람. 疑疾者
를 가리킴. 그러나 '孚'는 誠信의 뜻이며, '發'은 表達함, '若'은 語尾詞로 뜻이 없음으로
달리 풀이하기도 함. '吉'은 길함. 여기서는 '병을 낫도록 하다'의 뜻. 《集解》에 "虞翻曰:
「坎爲孚, 四發之五成坎, 孚動而得位, 故'有孚發若, 吉'也.」"라 함. 이 효는 初九와 九三의
두 陽爻 사이 끼인 陰爻이므로 자신의 배필인 九五에게 의심을 받고 있음. ○高亨은
"蔽其大明, 用其微光, 則所見不瞭. 所見不瞭, 則中心迷亂, 而擧措失宜. 心中迷亂者, 疑疾
之徵也. 擧措失宜者, 致罰之端也. 但去其蔀則吉矣. 故曰「豐其蔀, 日中見斗, 往得疑疾,
有孚發若, 吉」. 此或亦古代故事也"라 함. 王弼 注에 "蔀, 覆曖鄣光明之物也. 處明動之時,
不能自豐, 以光大之德, 旣處乎內, 而又以陰居陰, 所豐在蔀幽而无覩者也. 故曰'豐其蔀,
日中見斗'也. '日中'者, 明之盛也; '斗見'者, 闇之極也. 處盛明而豐其蔀, 故曰'日中見斗'.

不能自發, 故‘往得疑疾’. 然履中當位, 處闇不邪, 有孚者也. 若, 辭也. 有孚可以發其志,
不困於闇, 故獲吉也”라 하였고, 〈正義〉에 “‘豐其蔀’者, 二以陰居陰, 又處於內, 幽闇无所
覲見, 所豐在於覆蔽, 故曰‘豐其蔀’也. 蔀者, 覆曖障光明之物也. ‘日中見斗’者, 二居離卦之
中, 如日正中則至極盛者也. 處日中盛明之時, 而斗星顯見, 是二之至闇, 使斗星見明者也.
處光大之世, 而爲極闇之行, 譬日中而斗星見, 故曰‘日中見斗’也. 二五俱陰, 二已見斗之
闇, 不能自發. 以自求於五往, 則得見疑之疾, 故曰‘往得疑疾’也. 然居中履正, 處闇不邪,
是有信者也. 有信以自發其志, 不困於闇, 故獲吉也. 故曰‘有孚發若, 吉’也”라 함. 《集解》
에 “虞翻曰:「日蔽雲中稱蔀. 蔀, 小也. 謂四. 二利四之五, 故豐其蔀. 〈噬嗑〉離爲見, 象在
上爲日中, 艮爲斗, 斗, 七星也. 〈噬嗑〉艮爲星爲止, 坎爲北中, 巽爲高舞, 星上於中而舞者,
北斗之象也. 離上之三, 隱坎雲下, 故‘日中見斗’. 四往之五, 得正成坎, 坎爲疑疾, 故‘往得
疑疾’也.」라 함. 《傳》에 “明動相資— 乃能成豐. 二爲明之主, 又得中正, 可謂明者也. 而五
在正應之地, 陰柔不正, 非能動者. 二五雖皆陰, 而在明動, 相資之時, 居相應之地. 五(一作
乃)才不足(一有耳字), 旣其應之才(一无才字)不足資, 則獨明不能成豐. 旣不能成豐, 則喪
其明功, 故爲‘豐其蔀’. 日中見斗, 二至明之才, 以所應不足, 與而不能成其豐, 喪其明功.
无明功, 則爲昏暗, 故云‘見斗’. 斗, 昏見者也. 蔀, 周匝之義, 用障蔽之物, 掩晦於明者也.
斗, 屬陰而主運乎上, 五以陰柔而當君位, 日中盛明之時, 乃見斗, 猶豐大之時, 乃(一作而)
遇柔弱之主, 斗以昏見, 言見斗則是明喪(一作喪明)而暗矣, 二雖至明中正之才, 所遇乃柔
暗不正之君, 旣不能下求於已. 若往求之, 則反得疑猜, 忌疾暗主如是也. 然則如之何而可?
夫君子之事, 上也. 不得其心, 則盡其至誠, 以感發其志意而已. 苟誠意能動, 則雖昏蒙, 可
開也; 雖柔弱, 可輔也; 雖不正, 可正也. 古人之事, 庸君常主, 而克行其道者, 已之誠意(一
无意字)上達, 而君見信之篤耳. 管仲之相桓公, 孔明之輔後主, 是也. 若能以誠信, 發其志
意, 則得行其道, 乃爲吉也”라 하였고, 《本義》에 “六二居豐之時, 爲離之主, 至明者也. 而
上應六五之柔暗, 故爲‘豐蔀, 見斗’之象. 蔀, 障蔽也. 大其障蔽, 故日中而昏也. 往而從之,
則昏暗之主, 必反見疑, 唯在積其誠意, 以感發之, 則吉. 戒占者, 宜如是也. 虛中有孚之象”
이라 함.

☆【「有孚發若」, 信以發志也】 ‘信以發志也’의 ‘信’은 副詞로 ‘진실로’의 뜻. 혹 誠信의
뜻으로도 봄. ‘發志’는 자신의 뜻을 表達하여 펴 보임. 〈正義〉에 “〈象〉曰‘信以發志’者,
雖處幽闇, 而不爲邪, 是有信以發其豐大之志, 故得吉也”라 함. 《集解》에 “虞翻曰:「四發
之五, 坎爲志也.」 ○九家《易》曰:「信著於五, 然後乃可發其順志.」라 함. 《傳》에 “有孚
發若, 謂以已之孚信, 感發上之心志也. 苟能發, 則其吉, 可知. 雖柔(一作昏)暗, 有可發之
道也”라 함.

九三: 豐其沛, 日中見沬, 折其右肱, 无咎.

☆象曰:「豐其沛」, 不可大事也;「折其右肱」, 終不可用也.

〈언해〉 九三(구삼)은, 그 沛(패)ㅣ 豐(풍)혼 디라, 日中(일듕)애 沬(미)를 보고, 그 右肱(우굉)을 折(졀)홈이니, 咎(구)홀 디 업스니라.[《本義》: 그 右肱(우굉)을 折(졀)호나 咎(구)ㅣ 아니니라]

☆象(상)애 골오디「豐其沛」라, 大事(대ㅅ)애 可(가)티 아니 호고, 「折其右肱」이라 ᄆᆞ춤내 可(가)히 쓰디 몯호리라.

〈해석〉 [九三](一): 풀로 엮은 집에 덮여 있는 것이다. 한낮 정오에 귀신을 보고, 자신의 오른쪽 팔이 부러지는 것이니, 허물은 물을 데가 없다.(그 오른팔을 부러뜨리나 허물이 아니니라.)

☆象: "풀로 엮은 집에 덮여있는지라", 큰일을 함에는 가하지 아니하고, "그 오른 팔을 부러뜨렸으니", 끝내 그 팔은 쓰지 못할 것이니라.


【九三】이는 下卦(離, 火, 電, 明)의 맨 윗자리이며 陽爻로 位正當함. 아울러 上六과 正應을 이루어 자신 있게 閃光을 발함. 그러나 위에 두 陽爻(九四, 九五)가 가로막고 있어 陽剛이 지나쳐 화를 입을 수 있음.

【豐其沛, 日中見沬】'豐其沛'는 그 沛를 풍성하게 함. '沛'는 혹 '斾'로도 표기하며, 《子夏易》에는 '茇'로 되어 있음. '茇'은 '芨'과 같음. 《詩》 甘棠 "召伯所芨"의 〈毛傳〉에 "芨, 草舍也"라 하여, 草廬, 즉 '풀로 엮은 집'을 뜻함. 그러나 혹 풀뿌리라고도 함. 《說文》에 "芨, 草根也"라 함. 그러나 '沛'는 해 아래 두터운 구름이 끼인 것을 의미한다 함. '日中見沬'는 정오 대낮에 '沬'를 봄. '沬'는 작은 별. 혹은 '沬'는 '祙'의 假借로 《玉篇》에 "祙, 即鬼魅也"라 하였고, 《山海經》 海內北經 "祙, 其爲物人身, 黑首, 從目"의 郭璞 注에 "祙, 即魅也"라 하여, 魅의 假借이며 鬼魅, 魍魎, 鬼怪. 이 역시 幻覺이나 幻視, 幻影을 뜻함. 〈正義〉에 "'豐其沛, 日中見沬'者, 沛, 幡幔, 所以禦盛光也. 沬, 微昧之明也. 以九三應在上六, 志在乎陰, 雖愈於六二, 以陰處陰, 亦未見免於闇也. 是所以'豐在沛, 日中見沬'也"라 함. 《集解》에 "虞翻曰:「日在雲下稱沛. 沛, 不明也. 沬, 小星也. 〈噬嗑〉離爲日, 艮爲沬, 故'日中見沬'. 上之三, 日入坎雲下, 故'見沬'也.」○九家《易》曰:「大暗謂之沛. 沬, 斗杓後小星也.」"라 함.

【折其右肱, 无咎】'折其右肱'은 오른쪽 팔을 꺾음. 역시 환각 속에 겪은 일을 가리킴. '无咎'는 실제 상황이 아니므로 허물은 없음. 이 효는 離(光明)의 위에 있어 빛을 발해야

하나 상배한 상륙이 음효이므로 높은 구름 속에 갇힌 빛과 같음. ○高亨은 "此殆古代故事, 蓋有人在大草舍中, 一日日中見魅, 大駭而仆, 以致折其右肱, 醫之而瘥, 終歸於無咎, 故記之曰「豐其蔀, 日中見斗, 折其右肱, 无咎」"라 함. 王弼 注에 "沛, 幡幔, 所以禦盛光也. 沬, 微昧之明也. 應在上六, 志在乎陰, 雖愈乎以陰處陰, 亦未足以免於闇也. 所豐在沛, 日中, 則見沬之謂也. 施明, 則見沬而已. 施用則折其右肱, 故可以自守而已. 未足用也"라 하였고, 〈正義〉에 "處光大之時, 而豐沛見沬, 雖愈於豐蔀見斗, 然施於大事, 終不可用. 假如折其右肱, 自守而已, 乃得无咎, 故曰'折其右肱, 无咎'"라 함. 《集解》에 "虞翻曰:「兌爲折爲右, 〈噬嗑〉艮爲肱, 上來之三, 折艮入兌, 故'折其右肱'. 之三得正, 故'无咎'也.」"라 함. 《傳》에 "沛字, 〈古本〉有作旆字者, 王弼以爲幡幔, 則是旆也. 幡幔圍蔽於內者, 豐其沛, 其暗更甚於蔀也. 三明體而反暗於四者, 所應陰暗故也. 三居明體之上, 陽剛得正, 本能明者也. 豐之道, 必明動相資而成. 三應於上, 上陰柔又无位, 而處震之終, 旣終則止矣. 不能動者也. 他卦至終, 則極震至, 終則止矣. 三无上之應, 則不能成豐. 沬, 星之微小, 无名數者(一有是字), 見沬暗之甚也. 豐之時, 而遇上六, 日中而見沬者也. 右肱, 人之所用, 乃折矣. 其无能爲可知, 賢智之木, 遇明君, 則能有爲於天下上. 无可賴之主, 則不能有爲, 如人之折其右肱也. 人之爲有所失, 則有所歸咎. 曰由是, 故致是若. 欲動而无右肱, 欲爲而上无所賴, 則不能而已. 更復何言? 无所歸咎也"라 하였고, 《本義》에 "沛一作旆, 謂幡幔也. 其蔽甚於蔀矣. 沬, 小星也. 三處明極, 而應上六, 雖不可用, 而非咎也. 故其象占如此"라 함.

☆【「豐其沛」, 不可大事也】'不可大事也'는 큰 작용을 할 수 없음. 별것 아닌 작용일 뿐임. 王弼 注에 "明不足也"라 하였고, 〈正義〉에 "〈象〉曰'不可大事'者, 當光大之時, 可爲大事, 而明不足, 故不可爲大事也"라 함. 《集解》에 "虞翻曰:「利四之陰, 故不可大事.」"라 함.

【「折其右肱」, 終不可用也】'終不可用也'는 끝내 그 팔을 쓸 수 없음. 종신토록 장애가 된 채로 살아갈 것임. 王弼 注에 "雖有左在, 不足用也"라 하였고, 〈正義〉에 "終不可用'者, 凡用事在右肱, 右肱旣折, 雖有左在, 終不可用也"라 함. 《集解》에 "虞翻曰:「四死大過, 故終不可用.」"이라 함. 《傳》에 "三應於上, 上應而无位, 陰柔无勢力, 而處旣終, 其可共濟大事乎? 旣无所賴, 如右肱之折, 終不可用矣"라 함.

九四: 豐其蔀, 日中見斗, 遇其夷主, 吉.

☆象曰:「豐其蔀」, 位不當也;

「日中見斗」, 幽不明也;

「遇其夷主」, 吉行也.

〈언해〉 九四(구ᄉ)는, 그 蔀(부)ㅣ 豐(풍)혼 디라, 日中(일듕)에 斗(두)를 봄이니, 그 夷主
　　　　(이쥬)를 遇(우)ᄒ면, 吉(길)ᄒ리라.

　　　☆象(샹)애 ᄀᆯ오디「豐其蔀」는 位(위)ㅣ 當(당)티 몯홀 ᄉ이오,

　　「日中見斗」는 幽(유)ᄒ야 明(명)티 몯홀 ᄉ이오,

　　「遇其夷主」는 吉(길)혼 行(ᄒ)이라.

〈해석〉 [九四](一): 그 가리는 것이 거대한지라, 한낮 정오에 북두성을 보는 것이니,
　　　　이주(夷主, 初九)를 만나면, 길하리라.

　　　☆象: "가리는 것이 거대하다"함은, 자리가 부당하다는 것이요,

　　"대낮 정오에 북두성을 본다"함은, 어둠속에 갇혀 밝지 않다는 것이요,

　　"그 이주를 만난다"함은, 둘 모두 강한 힘(陽剛)으로 가기에 길한 것이다.


　　【九四】 이는 상괘(震)의 시작이며 陽爻로 位不當함. 初九와도 正應을 이루지 못한
채 우레의 소리만 크게 내는 爻位임.

　　【豐其蔀】 이는 六二의 爻辭와 중복됨. 〈正義〉에 "'豐其蔀'者, 九四以陽居陰, 闇同於
六二, 故曰'豐其蔀'也"라 함. 《集解》에 "虞翻曰:「蔀, 蔽也. 〈噬嗑〉離日之坎雲中, 故'豐
其蔀'. 〈象〉曰'位不當'也.」"라 함.

　　【日中見斗, 遇其夷主, 吉】 '日中見斗'에 대해 《集解》에는 "虞翻曰:「〈噬嗑〉日在上爲
中, 上之三爲巽. 巽爲入日, 入坎雲下, 幽伏不明, 故'日中見斗'. 〈象〉曰'幽不明', 是其義
也.」"라 함. '遇其夷主'의 '夷'는 平, 等의 뜻. 平凡하고 正常的인 사람. 對等한 陽爻의
初九를 가리킴. '吉'은 이러한 정상인을 만나므로 길함. 둘 모두 陽剛하여 함께 어둠을
헤쳐 나갈 수 있음. ○高亨은 "夷主者, 作客者所常寄寓之主人也. 此殆亦古代故事, 蓋有
人爲大蔀以蔽夏日, 一日正午日食, 北斗星見, 其人適有所往, 似非吉兆, 而遇其夷主, 終歸
於吉, 故記之曰「豐其蔀, 日中見斗, 遇其夷主, 吉」"이라 함. 王弼 注에 "以陽居陰, 豐其蔀
也. 得初以發, 夷主吉也"라 하였고, 〈正義〉에 "'日中見斗, 遇其夷主, 吉'者, 夷, 平也.
四應在初, 而同是陽爻, 能相顯發, 而得其吉, 故曰'遇其夷主, 吉'也. 言四之與初交, 相爲主

者, 若賓主之義也. 若據初適四, 則以四爲主, 故曰'遇其配主', 自四之初, 則以初爲主, 故曰'遇其夷主'也. 二陽體敵, 兩主均平, 故初謂四爲旬, 而四謂初爲夷也"라 함. 《集解》에 "虞翻曰: 「震爲主四, 行之正成〈明夷〉, 則三體震爲夷主, 故'遇其夷主, 吉'也.」 ○案: 「四處上卦之下, 以陽居陰, 履非其位, 而比於五, 故曰遇也. 夷者, 傷也; 主者, 五也. 謂四不期相遇, 而能上行傷五, 則吉. 故曰'遇其夷主, 吉行'也.」"라 함. 《傳》에 "四雖陽剛, 爲動之主, 又得大臣之位. 然以不中正, 遇陰暗柔弱之主, 豈能致豐大也? 故爲'豐其蔀'. 蔀, 周圍掩蔽之物. 周圍, 則不大; 掩蔽, 則不明. 日中見斗, 當盛明之時, 反昏暗也. 夷主, 其等夷也. 相應, 故謂之主. 初四皆陽而居初, 是其德同, 又居相應之地, 故爲夷主. 居大臣之位, 而得 (一作德又有同字)在下之賢, 同德相輔, 其助豈小也哉? 故吉也. 如四之才, 得在下之賢, 爲之助, 則能致豐大乎! 曰: 「在下者, 上有當位, 爲之與在上者, 下有賢才爲之助, 豈无益乎?」 「故吉也. 然而致天下之豐, 有君而後能也. 五陰柔居尊, 而震體无虛中, 巽順下賢之象. 下雖多賢, 亦將何爲? 蓋非陽剛中正, 不能致天下之豐也.」"라 하였고, 《本義》에 "象與六二同. 夷, 等夷也. 謂初九也. 其占爲當豐而遇暗主, 下就同德則吉也"라 함.

☆【「豐其蔀」, 位不當也】 '位不當也'는 陽爻로서 陰位에 있어 位不當함. 〈正義〉에 "〈象〉曰'位不當'者, 正謂以陽居陰, 而位不當, 所以豐蔀而闇者也"라 함. 《傳》에 "位不當, 謂以不中正居高位, 所(一作非)以闇而不能致豐(一有乎字)"이라 함.

【「日中見斗」, 幽不明也】 '幽不明也'는 위아래 두 陽爻(九三, 九五)에 갇혀 밝히 볼 수 없는 자리임을 뜻함. 〈正義〉에 "幽不明也'者, 日中盛, 則反而見斗, 以譬當光大而居陰. 是應明而幽闇不明也"라 함. 《集解》에 "虞翻曰: 「離上變, 入坎雲下, 故'幽不明'. 坎, 幽也.」"라 함. 《傳》에 "謂幽暗不能光. 明君陰柔, 而臣不中正, 故也"라 함.

【「遇其夷主」, 吉行也】 '吉行也'는 '吉한(다행스러운) 여행임'을 뜻함. 갇혀 있고, 보이지 않기 때문에 엉뚱한 일을 저지르지 못함. 〈正義〉에 "吉行也'者, 處於陰位, 爲闇已甚, 更應於陰, 无由獲吉, 猶與陽相遇, 故得'吉行'也"라 함. 《集解》에 "虞翻曰: 「動體〈明夷〉, 震爲行, 故曰'吉行'.」"이라 함. 《傳》에 "陽剛相遇, 吉之行也. 下就於初, 故云行下求, 則爲吉也"라 함.

六五: 來章, 有慶譽, 吉.
☆象曰: 六五之「吉」, 有慶也.

〈언해〉 六五(륙오)는, 章(쟝)을 來(리)케 ᄒ면, 慶(경)과 譽(예)ㅣ 이셔, 吉(길)ᄒ리라.
　　　☆象(샹)애 ᄀᆞᆯ오ᄃᆡ 六五의 「吉」홈은 慶(경)이 이심이라.
〈해석〉 [六五](--): 아름다운 구슬을 가지고 오도록 하면, 경사스러움과 칭찬이 있어,
　　　길하리라.
　　　☆象: 육오의 "길함"이란, 경사스러움 일이 있을 것이기 때문이다.


【六五】 이는 君位이며 상괘(震)의 중앙에 있어 得中함. 아울러 陽爻로 陽位에 있어
位正當하며, 六二와도 正應을 이루어, 豐卦의 主爻로서 역할을 다할 수 있음.
　【來章, 有慶譽, 吉】 '來章'은 좋은 구슬을 바쳐옴. '章'은 璋과 같음. 美玉. 혹 '彰'의
가차로 '光明'의 뜻함. 또는 자신을 輔弼할 賢才를 비유함. 六二와 正應을 이루고 있음
을 말함. '有慶譽'는 慶事와 稱誦이 있음. ○高亨은 "此殆周人故事, 蓋克殷以前, 周王或
周臣來朝於商, 商王賞之, 商人譽之, 故記之曰「來章有慶譽, 吉」, 或卽文王之事歟? 又此
辭乃在商時所繫, 故不曰往商, 如商·朝商, 而曰來商也"라 함. 王弼 注에 "以陰之質, 來
適尊陽之位, 能自光大, 章顯其德, 獲慶譽也"라 하였고, 〈正義〉에 "六五處豐大之世, 以
陰柔之質, 來適尊陽之位, 能自光大, 章顯其德, 而獲慶善也. 故曰'來章, 有慶譽, 吉'也"라
함. 《集解》에 "虞翻曰:「在內稱來. 章, 顯也. 慶謂五. 陽出稱慶也. 譽謂二, 二多譽, 五發
得正, 則來應二, 故'來章, 有慶譽, 吉'也.」"라 함. 《傳》에 "五以陰柔之才, 爲豐之主, 固不
能成其豐大. 若能來致在下章美之才而用之, 則有福慶. 復得美譽, 所謂吉也. 六二文明中
正, 章美之才也. 爲五者, 誠能致之, 在位而委任之, 可以致豐大之慶, 名譽之美, 故吉也.
章美之才, 主二而言. 然初與三四, 皆陽剛之才, 五能用賢, 則彙征矣. 二雖陰, 有文明中
正之德, 大賢之在下者也. 五與二, 雖非陰陽正應, 在明動相資之時, 有相爲用之義. 五若
能來章, 則有慶譽而吉也. 然六五, 无虛己下賢之義, 聖人設此義, 以爲敎耳"라 하였고,
《本義》에 "質雖柔暗, 若能來致天下之明, 則有慶譽而吉矣. 蓋因其柔暗, 而設此, 以開之
占者, 能如是, 則如其占矣"라 함.
　☆【六五之「吉」, 有慶也】 '有慶也'는 慶事스러운 일이 있음. 〈正義〉에 "〈象〉曰'有變
也'者, 言六五以柔處尊, 履得其中, 故致慶譽也"라 함. 《集解》에 "虞翻曰:「動而成乾, 乾
爲慶.」"이라 함. 《傳》에 "其所謂吉者, 可以有慶福及于天下也. 人君雖柔暗, 若能用賢才,
則可以爲天下之福, 唯患不能耳"라 함.

上六: 豐其屋, 蔀其家, 闚其戶, 闃其无人, 三歲不覿, 凶.
☆象曰:「豐其屋」, 天際翔也;「闚其戶, 闃其无人」, 自藏也.

〈언해〉 上六(샹륙)은, 그 屋(옥)을 豐(풍)ᄒ고, 그 家(가)를 蔀(부)ᄒᄂᆫ 디라, 그 戶(호)를 闚(규)ᄒ니, 闃(격)히 그 人(인)이 업서, 三歲(삼셰)라도 覿(뎍)디 몯ᄒ리로소니 凶(흉)ᄒ니라.

　　☆象(샹)애 ᄀᆞᆯ오디「豐其屋」은, 天際(텬졔)예 翔(샹)ᄐᆞᆺ 홈이오,「闚其戶, 闃其无人」은 스스로 藏(장)홈이라.

〈해석〉 [上六](--): 그 집 건물을 거대하게 하고, 그 집을 크게 덮었는지라, 그 집 안을 엿보아도, 적적하기만 할 뿐 사람이 없어, 3년을 두고 사람을 볼 수 없으니, 흉하도다.

　　☆象: "그 집 규모를 거대하게 한다"함은, 하늘가에 날아가는 것처럼 한다 함이요, "그 집 안을 엿보아도, 적적하기만 할 뿐 사람이 없다"함은, 스스로 자신을 감추고 있음을 뜻한다.


【上六】 이는 전괘의 가장 윗자리이며 陰爻로 陰位에 있어 位正當함. 이에 집 규모만 크게 하여 사람은 없고 적적하기만 한 효상임. 아울러 九三과 正應을 이루고 있어 陰陽이 맞으나 柔弱하여 우레를 땅을 향해 치지 못하고 허공으로 날리는 효위임.

【豐其屋, 蔀其家, 闚其戶, 闃其无人, 三歲不覿, 凶】 '豐其屋'은 그 집을 텅 비게 함. 여기서의 '豐'은 '空弊하게 하다'의 뜻. 그러나 '수리하다, 보수하다, 거대하게 增修하다'의 뜻이라고도 함. '蔀其家'은 그 집안에 작은 자리를 산란하게 펼쳐놓음.《集解》에 "虞翻曰:「豐, 大, 蔀, 小也. 三至上體〈大壯〉屋象, 故豐其屋, 謂四五已變, 上動成〈家人〉. 大屋見, 則家人懷, 故'蔀其家'. 與〈泰〉二同義, 故〈象〉曰'天降祥明, 以〈大壯〉'. 爲屋象故也.」"라 함. '闚其戶'는 그 집안을 엿보는 자가 있음. '闚'는 窺와 같음. '闃其无人'은 적적하게 텅 비어 사람이 없음. '闃'은 고요하고 적적하며 인기척도 없는 상태를 뜻함. '三歲不覿'의 '覿'(적)은 '보다'의 뜻. 3년을 두고 사람의 흔적을 볼 수 없음. ○高亨은 "旣大其屋, 又蔀其家, 其爲巨室可知矣. 而闚其戶, 則空靜無人, 且三年之久, 不見有人, 其或囚, 或流, 或逃, 或死, 可知矣. 此巨家被禍之象也. 故曰「豐其屋, 蔀其家, 闚其戶, 闃其无人, 三歲不覿, 凶」"이라 함. 王弼 注에 "屋, 藏蔭之物, 以陰處極, 而最在外, 不履於位, 深自幽隱, 絶跡深藏者也. 旣豐其屋, 又蔀其家, 屋厚家覆闇之甚也. 雖闚其戶, 闃其无人, 棄其所處, 而自深藏也. 處於明動, 尙大之時, 而深自幽隱, 以高其行, 大道旣

濟, 而猶不見隱, 不爲賢, 更爲反道, 凶其宜也. 三年豐道之成, 治道未濟, 隱猶可也. 旣濟而隱, 是以治爲亂也”라 하였고, 〈正義〉에 “屋者, 藏蔭隱蔽之物也. 上六以陰處陰, 極以處外, 不履於位, 是深自幽隱, 絶跡深藏也. 事同豐厚於屋者也. 旣豐厚其屋, 而又覆鄣其家屋, 厚家闇蔽鄣之甚也. 雖闚視其戶, 而闃寂无人, 棄其所處, 而自深藏也. 處於豐大之世, 隱不爲賢, 治道未濟, 隱猶可也. 三年豐道已成, 而猶不見, 所以爲凶, 故曰‘豐其屋, 蔀其家, 闚其戶, 闃其无人, 三歲不覿, 凶’”이라 함. 《集解》에 “虞翻曰:「謂從外闚三應. 闚, 空也. 四動時坤爲闇. 戶闇, 故‘闚其戶’. 坤爲空虛, 三隱伏坎中, 故‘闃其無人’. 〈象〉曰‘自藏也’. 四五易位, 〈噬嗑〉離目爲闚, 闚人者, 言皆不見. 坎爲三歲, 坤冥在上, 離象不見, 故‘三歲不覿, 凶’.」○干寶曰:「在豐之家, 居乾之位, 乾爲屋宇, 故曰‘豐其屋’. 此蓋記紂之侈, 造爲璿室玉臺也. ‘蔀其家’者, 以記紂多傾國之女也. 社稷旣亡, 宮室虛曠, 故曰‘闚其戶, 闃其无人’. 闃, 无人貌也. 三者, 天地人之數也. 凡國於天地, 有興亡焉. 故王者之亡其家也, 必天示其祥. 地出其妖, 人反其常, 非斯三者, 亦弗之亡也. 故曰‘三歲不覿, 凶’. 然則璿室之成, 三年而後亡國矣.」○案: 上應於三, 三互離, 巽爲戶, 離爲目, 目而近戶闚之象也. 旣屋豐家蔀, 若闚地戶, 闃寂无人, 震木數三, 故三歲, 致凶於災.」라 함. 《傳》에 “六以陰柔之質, 而居豐之極. 處動之終, 其滿假躁動甚矣. 處豐大之時, 宜乎謙屈, 而處極高, 致豐大之功. 在乎剛健, 而體陰柔, 當豐大之任, 在乎得時, 而不當位, 如上(一无上字)六者, 處无一當, 其凶可知. ‘豐其屋’, 處太高也; ‘蔀其家’, 居不明也. 以陰柔居豐大, 而在无位之地, 乃高亢昏暗, 自絶於人. 人誰與之? 故‘闚其戶, 闃其无人’也. 至於三歲之久, 而不知變, 其凶宜矣. 不覿, 謂尙不見, 人蓋不變也. 六居卦終, 有變之義, 而不能遷, 是其才不能也”라 하였고, 《本義》에 “以陰柔居豐極處, 動終明極, 而反暗者也. 故爲豐大其屋, 而反以自蔽之象. 无人不覿, 亦言障蔽之深, 其凶甚矣”라 함.

☆【「豐其屋」, 天際翔也】 ‘豐其屋’은 집을 거대하게 증수함. ‘天際翔也’는 하늘 가로 날아가 사라짐. 보이지 않음. 자신이 豐卦의 가장 위에 있음을 말함. 이 사람은 뜻이 하늘에 닿고 큰 재산을 얻음을 뜻하는 것이라고도 함. 王弼 注에 “翳光, 最甚者也”라 하였고, 〈正義〉에 “〈象〉曰‘天際翔也’者, 如鳥之飛翔於天際, 言隱翳之深也”라 함. 그러나 이 ‘天際翔也’는 《集解》에는 ‘天降祥也’로 되어 있고, “孟喜曰:「天降下惡祥也.」”라 함.

【「闚其戶, 闃其无人」, 自藏也】 ‘自藏也’는 자신을 감춤. 숨어서 살아감. 혹 자랑하지 않음. 자신을 드러내지 않음. 王弼 注에 “可以出而不出, 自藏之謂也. 非有爲而藏, 不出戶庭, 失時致凶, 況自藏乎? 凶其宜也”라 하였고, 〈正義〉에 “‘自藏也’者, 言非有爲, 而當自藏也. 以出而不出, 无事自爲, 隱藏也”라 함. 《集解》에 “虞翻曰:「謂三隱伏坎中, 故‘自藏’者也.」”라 함. 《傳》에 “六處豐大之極, 在上而自高, 若飛翔於天際. 謂其高大之甚. ‘闚

其戶而无人'者, 雖居豐大之極, 而實无位之地, 人以其昏暗, 自高大, 故皆棄絶之, 自藏避
而弗與親也"라 하였고, 《本義》에 "藏, 謂障蔽"라 함.

# 056 려旅

䷝ 火山旅: ▶艮下離上(☶下☲上)

    *旅(려): 〈音義〉에 "旅, 力擧反. 羇旅也. 〈序卦〉云:「旅而无所容.」〈雜卦〉云:「親寡旅.」是也"라 하여 '려(lǚ)'로 읽음. '旅'는 行旅, 旅行, 羇旅, 旅客, 流旅, 流浪 등을 의미함. 하괘는 艮(山)이며 상괘는 離(火)로, 산 위에 불이 일어남을 형상하는 異卦相疊의 '火山' 괘체임. 이는 산 속에서 불을 피우는 모습으로, 安居하는 바가 없이 떠돌이가 되어 밖을 다니고 있음을 비유하여 旅의 의미가 됨. 이때는 응당 貞正을 견지하고 柔順으로 자신을 지키되 지나치게 자신을 卑下하거나 自尊을 내세우지 않아야 함을 상징한 것임. 그러나 ○高亨은 이 괘는 전적으로 殷나라 王亥의 고사를 기록한 것이라 여겼음.

    *《集解》에 "〈序卦〉曰:「窮大者, 必失其居, 故受之以'旅'.」"(崔憬曰:「諺云'作者不居', 況窮大甚而能久處乎? 故必獲罪去邦, 羇旅於外矣.」)"라 함.

    *《傳》에 "旅', 〈序卦〉:「豐, 大也. 窮大者, 必失其居, 故受之以'旅'.」豐盛至於窮極, 則必失其所安, '旅'所以次'豐'也. 爲卦離上艮下山, 止而不遷, 火行而不居, 違去而不處之象, 故爲旅也. 又麗乎外, 亦旅之象"이라 함.


## (1) 卦辭

# 旅: 小亨, 旅貞吉.

〈언해〉 旅(려)는 져기 亨(형)호고, 旅(려) ㅣ 貞(뎡)호야 吉(길)호니라.[《本義》: 져기 亨(형)호니, 旅(려) ㅣ 貞(뎡)호면]

〈해석〉 려(旅, 려괘)는 조금 형통하고, 여행에 나섬이 옳은 것이어서(조금 형통하니, 여행이 옳은 것이면) 길하다.

    【旅】卦名이며, 살던 곳을 떠나 行旅함. 나그네 생활을 함을 뜻함. 〈正義〉에 "旅者, 客寄之名, 羇旅之稱, 失其本居, 而寄他方, 謂之爲旅"라 함.

【小亨, 旅貞吉】'小亨'은 약간은 형통함. 그러나 ○高亨은 "亨卽享字, 古人擧行小享之 祭, 曾筮遇此卦, 故記之曰「小享」"이라 하여, '小亨'은 작게 치르는 제사라 하였음. '旅貞 吉'은 여행을 떠남에 물어본 貞辭가 '吉하다'고 나옴. ○高亨은 "本卦旅字多謂客人. 旅貞 者, 客人有所占問也. 客人有所占問, 筮遇此卦則吉, 故曰「旅貞吉」"이라 함. 이 괘는 산 (艮) 아래 있으며 위에 불(離, 火)이 붙어 불안하여 급히 집을 떠나는 위치로 불길을 피했으므로 약간 형통한 것이며, 그곳을 떠나 삶을 찾는 것이므로 貞辭가 길함. 즉 重耳(晉文公)이나 伍子胥가 조국의 난을 피해 처음 길을 나서는 것과 같음. 王弼 注에 "不足全, 夫貞吉之道, 唯足以爲旅之貞吉, 故特重曰'旅貞吉'也"라 하였고, 〈正義〉에 "旣爲 羈旅, 苟求僅序, 雖得自通, 非甚光大, 故旅之爲義小亨而已. 故曰'旅小亨'. 羈旅而獲小亨, 是旅之正吉, 故曰'旅貞吉'也"라 함. 《集解》에 "虞翻曰:「〈賁〉初之四, 〈否〉三之五, 非乾坤 往來也. 與〈噬嗑〉之豐, 同義. '小'謂柔得貴位, 而順剛麗乎大明, 故'旅, 小亨, 旅貞吉'. 再 言'旅'者, 謂四凶惡, 進退无恒, 無所容處, 故再言'旅;, 惡而愍之.」"라 함. 《傳》에 "以卦才 言也. 如卦之才, 可以小亨, 得旅之貞正而吉也"라 하였고, 《本義》에 "旅, 羈旅也. 山止於 下, 火炎於上, 爲去其所止, 而不處之象. 故爲旅. 以六五得中於外, 而順乎上下之二陽, 艮 止而離麗於明, 故其占可以小亨, 而能守其旅之貞, 則吉. 旅, 非常居, 若可苟者, 然道无不 在, 故自有其正, 不可須臾離也"라 함.

# (2) 彖辭와 象辭

彖曰:「旅, 小亨」, 柔得中乎外, 而順乎剛, 止而麗乎明, 是以 「小亨, 旅貞吉」也.
旅之時義大矣哉!
★象曰: 山上有火, 旅.
君子以明愼用刑, 而不留獄.

〈언해〉 彖(단)애 골오디 「旅, 小亨」은, 柔(유) ] 外(외)예 中(듕)을 得(득)ᄒ야, 剛(강)의 順(순)ᄒ고, 止(지)ᄒ고 明(명)애 麗(리)홀 ᄉᆡ, 일로써 「小亨, 旅貞吉」ᄒ니, 旅(려)의 時(시)와 義(의) ] 크다!
　　★象(샹)애 골오디 山上(산샹)의 火(화) ] 이숌이, 旅(려) ] 니,

君子(군天)ㅣ 以(이)호야 刑(형) 쓰믈 明(명)호고 愼(신)호며, 獄(옥)을 留(류)티
아니 호느니라.

〈해석〉 象: "려괘는 조금 형통하다"함은, 유(柔)한 것(九五)이 밖(外卦)에서 득중(得中)
하여, 강한 것(上九)에게 순종하고, 아래에는 멈추고(止, 艮, 山) 있으면서 밝은
(離, 火, 明)에 붙어 있기에, 이 때문에 "조금 형통하니, 여행이 바르면 길하다"한
것이다.

려괘의 시의(時義)는 참으로 크도다!

★象: 산 위에 불이 있는 것이 려괘이다.

군자는 이를 바탕으로 하여 형벌을 사용함에 명확하고 신중히 하였으며, 옥사
를 지체하지 아니 하는 것이니라.


【「旅, 小亨」, 柔得中乎外, 而順乎剛】 '旅, 小亨'에 대해 《集解》에 "姚信曰:「此本〈否〉
卦三五交, 易去其本體, 故曰'客旅'.」 ○荀爽曰:「謂陰升居五, 與陽通者也.」"라 함. '柔得
中乎外'는 主爻인 六五가 柔弱한 陰爻로 得中하여 밖을 여행하고 있음. '外'는 外卦(上
卦)임을 뜻함. '而順乎剛'은 그러면서 上九의 陽剛한 陽爻 밑에 있어 그에게 순종함.
이는 여행 중에 강하게 이끄는 자에게 순종하며 따름을 뜻함. 〈正義〉에 "'旅, 小亨'者,
擧經文也. 柔得中乎外, 而順乎剛止, 而麗乎明, 是以'小亨'"이라 함.

【止而麗乎明, 是以「小亨, 旅貞吉」也】 '止而麗乎明'은 下卦 艮은 山을 뜻하며, 山은
止의 의미를 가지고 있음. 上卦 離(火)는 麗의 의미가 있으며, 아울러 밝음(明)을 뜻
함. 따라서 큰 산이 鎭重하게 자리를 잡고 있고, 그 위에 밝은 빛이 비춰주고 있는
卦象임. '是以「小亨, 旅貞吉」也'는 이 까닭으로 약간 형통하며 여행의 정사가 길하게
나온 것임. 王弼 注에 "夫物失其主, 則散. 柔乘於剛, 則乖. 旣乖且散. 物皆羈旅, 何由得
小亨而貞吉乎? 夫陽爲物長, 而陰皆順陽, 唯六五乘剛, 而復得中乎外, 以承于上陰, 各順
陽不爲乖逆, 止而麗明, 動不履妄, 雖不及剛得尊位, 恢弘大通, 是以'小亨'. 令附旅者, 不
失其正, 得其所安也"라 하였고, 〈正義〉에 "'旅貞吉'者, 此就六五及二體, 釋旅得'亨貞'之
義. 柔處於外, 弱而爲客之象. 若所託不得其主, 得主而不能順從, 則乖逆而離散, 何由得
自通而貞吉乎? 今柔雖處外而得中, 順陽則是得其所說而順從於主, 又止而麗明動不履妄,
故能於寄旅之時, 得通而正不失所安也"라 함. 《集解》에 "蜀才曰:「〈否〉三升五, 柔得中
於外, 上順於剛九五, 降三降不失正, 止而麗乎明, 所以'小亨, 旅貞吉'也.」"라 함. 《傳》에
"六上, 居五柔得中乎外也. 麗乎上下之剛, 順乎剛也. 下艮止, 上離麗, 止而麗於明也. 柔
順而得在外之中, 所止能麗於明, 是以小亨, 得旅之貞正, 而吉也. 旅困之時, 非陽剛中正,

有助於下, 不能致大亨也. 所謂得在外之中, 中非一揆旅, 有旅之中也. 止麗於明, 則不失時宜, 然後得(一作能)處旅之道"라 하였고, 《本義》에 "以卦體卦德, 釋卦辭"라 함.

【旅之時義大矣哉!】旅卦가 일러주는 時義는 참으로 큰 것임. '時義'는 여행 중의 處身과 그 旅卦의 意義. 그러나 이는 '旅之時, 義大矣哉!'로 句讀를 찍어, '려괘의 때를 만났을 때의 그 의의가 크다'로 해석하기도 함. 王弼 注에 "旅者, 大散物皆失其所居之時也. 咸失其居, 物願所附, 豈非知者, 有爲之時?"라 하였고, 〈正義〉에 "'旅之時義大矣哉!'者, 此歎美寄旅之時, 物皆失其所居. 若能與物爲附使亦者, 獲安非小才可濟, 惟大智能然, 故曰'旅之時義大矣哉!'"라 함. 《集解》에 "虞翻曰:「以離日麗天, 縣象著明, 莫大日月, 故義大也.」 ○王弼曰:「旅者, 物失其所居之時也. 物失所居, 則咸願有附, 豈非智者, 有爲之時? 故曰'旅之時義大矣哉!'」"라 함. 《傳》에 "天下之事, 當隨時各適其宜, 而旅爲難處, 故稱其時義之大"라 하였고, 《本義》에 "旅之時爲難處"라 함.

★【山上有火, 旅】이는 괘형을 풀이한 것임. '山'은 下卦 艮, '火'는 上卦 離.

【君子以明愼用刑, 而不留獄】'明愼用刑'은 형벌을 사용할 때 명확히 하고 신중히 함. '不留獄'은 재판의 판결을 길게 끌지 않음. 판결을 지체하면서 고통을 주는 일이 없음. '留'는 滯留, 遲滯, 留保 등의 뜻. 王弼 注에 "止以明, 之刑戮詳也"라 하였고, 〈正義〉에 "火在山上, 逐草而行, 勢不久留, 故爲旅. 〈象〉又上下二體, 艮止離明, 故君子象此, 以靜止明察, 審愼用刑, 而不稽留獄訟"이라 함. 《集解》에 "虞翻曰:「君子謂三. 離爲明, 艮爲愼, 兌爲刑, 坎爲獄. 〈賁〉初之四, 獄象不見, 故以'明愼用刑而不留獄'. 與〈豐〉'折獄'同義者也.」 侯果曰:「火在山上, 勢非長久, 旅之象也.」"라 함. 《傳》에 "火之在高, 明无不照. 君子觀明照之象, 則以明愼用刑. 明不可恃, 故戒於愼. 明而止亦愼象, 觀火行, 不處之象, 則不留獄獄者, 不得已而設, 民有罪而入, 豈可留滯淹久也?"라 하였고, 《本義》에 "愼刑如山, 不留如火"라 함.


## (3) 爻辭와 象辭

初六: 旅瑣瑣, 斯其所取災.

☆象曰:「旅瑣瑣」, 志窮災也.

〈언해〉 初六(초륙)은, 旅(려)ㅣ 瑣瑣(쇄쇄)ᄒᆞ욤이니, 이 그 災(지)를 取(ᄎᆔ)홀 빼니라.

　☆象(상)애 골오디 「旅瑣瑣」는, 志(지)ㅣ 窮(궁)ᄒᆞ야 災(지)홈이니라.

〈해석〉[初六](--): 여행을 시작할 때에 사사로운 일에 얽매임이니, 이것이 바로 그 재앙을 불러오는 바가 된다.

☆象: "여행을 시작할 때 사사로운 일에 얽매인다"함은, 뜻이 궁하여 재앙이 됨을 말한다.

【初六】이는 전괘의 시작이며 陰爻로 位不當함. 九四와 正應을 이루고 있으나 맨 아래에 위치하였고 陰爻로 柔弱하여 선뜻 여행을 결정하지 못하고 망설이는 爻位임.

【旅瑣瑣, 斯其所取災】'旅瑣瑣'의 '瑣瑣'는 자질구레함. '㥄㥄'와 같음.《說文》에 "㥄, 心疑也"라 함. 여행을 떠날 때 자질구레한 일에 얽매어 쉽게 결정을 내리지 못함. '斯其所取災'는 이것이 재앙을 불러오는 바가 됨. 그러나 '斯'에 대해 毛奇齡은 "斯, 本作分析解, 故《說文》以斯爲分.《爾雅》以斯爲離"라 하여, 分, 離의 뜻이라 하였음. '所'는 여행 중에 머물고 있는 그곳, 處所. 따라서 '여행을 떠날 것인가에 대해 선뜻 결정을 내리지 못했으나, 결국 여행을 떠나 다른 곳에 있게 되어 재앙을 부른 것'으로 풀이하였음. ○高亨은 "旅人瑣瑣然, 離其故居, 見恨於人, 災害遂至, 故曰「旅瑣瑣, 斯其所, 取災」, 疑此亦記殷王亥旅於有易之故事也"라 함. 이 효는 음효로서 가장 아래에 처하여 힘이 약하고 의지도 강하지 못하여, 머뭇거리며 행동에 나서지 못함. 그 때문에 이미 벌어진 난을 뒤집어 쓸 위험이 있음. 王弼 注에 "最處下極, 寄旅不得所安, 而爲斯卑賤之役, 所取致災, 志窮且困"이라 하였고, 〈正義〉에 "'旅瑣瑣, 斯其所取災'者, 瑣瑣者, 細小卑賤之貌也. 初六當旅之時, 最處下拯, 是寄旅不得所安, 而爲斯卑賤之役, 然則爲斯卑賤勞役, 由其處於窮下, 故致此災. 故曰'旅瑣瑣, 斯其所取災'也"라 함.《集解》에 "陸績曰: 「瑣瑣, 小也. 艮爲小石, 故曰'旅瑣瑣'也. 履非其正, 應離之始. 離爲火, 艮爲山, 以應火災焚自取也. 故曰'斯其所取災'也.」"라 함.《傳》에 "六以陰柔在旅之時, 處於卑下, 是柔弱之人, 處旅困而在卑賤, 所存汚下者也. 志卑之人, 旣處旅困鄙, 猥瑣細无所不至, 乃其所以致悔辱, 取災咎也. 瑣瑣, 猥細之狀. 當旅困之時, 才質如是, 上雖有援, 无能爲也. 四陽性而離體, 亦非就下者也. 又在旅與他卦, 爲大臣之位者, 異矣"라 하였고,《本義》에 "當旅之時, 以陰柔居下位, 故其象占如此"라 함.

☆【「旅瑣瑣」, 志窮災也】'志窮災也'은 意志가 窮하여 결국 재앙을 만남. 〈正義〉에 "〈象〉曰'志窮災'者, 志意窮極, 自取此災也"라 함.《集解》에 "虞翻曰: 「瑣瑣, 最蔽之貌也. 失位遠應之正介坎, 坎爲災眚, 艮手爲取, 謂三動應坎, 坎爲志, 坤稱窮, 故曰'志窮災也'.」"라 함.《傳》에 "志意窮迫, 益自取災也. 災眚, 對言則有分, 獨言則謂災患耳"라 함.

六二: 旅卽次, 懷其資, 得童僕, 貞(吉).

☆象曰:「得童僕, 貞(吉)」, 終无尤也.

〈언해〉 六二(륙이)는, 旅(려)ㅣ 次(ᄎ)애 나아가, 그 資(ᄌ)를 懷(회)ᄒᆞ고, 童僕(동복)의
貞(뎡)을 得(득)홈이로다.

　　☆象(상)애 ᄀᆞᆯ오디 「得童僕, 貞」은, ᄆᆞᄎ매 尤(우)ㅣ 업스리라.

〈해석〉 [六二](--): 여행에 자서서 숙사에 다다라, 노자를 가지고 있고, 어린 종도 얻게
되니, 정사(貞辭)가 (길하다.)

　　☆象: "어린 종을 얻으니 정사가 (길하다)"함은, 마침내 허물이 없을 것이라는
뜻이다.


【六二】 이는 下卦(艮)의 중앙에 위치하여 得中하였고, 陰爻로 位正當함. 그 때문에
여행 중에 해당하며 조건이 비교적 잘 구비된 爻位임.

【旅卽次, 懷其資, 得童僕, 貞(吉)】 '旅卽次'는 여행 중에 市場에 다다름. '卽'은 '도착하
다, 이르다, 다가가다'의 뜻. '至'(雙聲)와 같음. 혹은 '止宿하다'의 뜻으로도 봄. '次'는
'肆'(疊韻)의 假借로 봄. 店鋪, 市場을 뜻함. 그러나 움막, 廬舍, 客舍, 旅舍라고도 함.
'懷其資'는 資金을 가지고 있음. '懷'는 携(雙聲)와 같음. 그러나 ○高亨은 "資下有斧字,
是也. 蓋轉寫挩去. 九四云: '得其資斧.' 正承此爻言, 卽其證"이라 하여 '懷其資'는 '懷其資
斧'여야 한다 하였음. 그런가 하면 陸德明〈音義〉에는 "資本或作資斧非"라 하여 '資斧'는
잘못된 것이라 하였음. '得童僕'은 심부름을 해줄 어린 종을 얻게 됨. '貞'은 '貞吉'이어
야 함. ○高亨은 "貞下當有吉字, 轉寫脫去"라 함. '貞'은 貞辭. 따라서 '貞辭가 吉하다로
나옴'의 뜻. 이는 고대 종이나 첩을 얻을 때 점을 치는 풍습이며, 여기서의 '貞吉'은
童僕을 구하면서 친 점의 貞辭가 '길하다'라 나옴. 이 爻는 위로는 九三의 陽剛이 보호해
주고, 아래로는 初六을 타고 있어 마치 동복이 옹위해주는 것과 같음. 이처럼 客舍,
旅費, 童僕이 모두 갖추어져 있고, 게다가 得中하여 貞正함으로써 여행에 가장 안정된
위치임. 그러나 ○高亨은 "王亥初旅有易, 所遇甚善, 得童僕尤可喜之事, 是吉也. 故記之
曰「旅卽次, 懷其資斧, 得童僕, 貞吉」"이라 하여, 殷나라 王亥가 有易에서 겪은 일을 기록
한 것이라 하였음. 참고로 王亥의 故事는《山海經》(大荒東經)과《竹書紀年》및〈楚辭〉
(天問篇)에 실려 있으며, 殷王(亥)가 有易이라는 나라에 가서 牧畜을 하면서, 그곳 有易
의 아내와 사통하자 有易의 군주 縣臣이 그를 죽이고 우양을 모두 빼앗아 버린 사건을
말함. 王弼 注에 "次者, 可以安行旅之地也. 懷, 來也. 得位居中, 體柔奉上, 以此寄旅,

必獲次舍, 懷來資貨, 得童僕之所正也. 旅不可以處盛, 故其美盡於童僕之正也. 過斯以往, 則見害矣. 童僕之正, 義足而已"라 하였고, 〈正義〉에 "'旅卽次, 懷其資, 得童僕, 貞'者, 得位居中, 體柔承上, 以此而爲寄旅, 必爲主君所安, 故得次舍, 懷來資貨, 又得童僕之正, 不同初六賤役, 故曰'旅卽次, 懷其資, 得童僕, 貞'"이라 함. 《集解》에 "九家《易》曰: 「卽, 就; 次, 舍; 資, 財也. 以陰居二, 卽就其舍, 故'旅卽次'. 承陽有實, 故'懷其資'也. 初者, 卑賤二得履之, 故得僮僕. 處和得位正居, 是故曰'得僮僕, 貞矣.」"라 함. 《傳》에 "二有柔順中正之德. 柔順則衆與之, 中正則處不失當. 故能保其所有, 童僕亦盡其忠信, 雖不若五有文明之德, 上下之助, 亦處旅之善者也. 次, 舍, 旅所安也. 財貨, 旅所資也; 童僕, 旅所賴也. 得就次舍, 懷畜其資財, 又得童僕之貞良, 旅之善也. 柔弱在下者, 童也; 强壯處外者, 僕也. 二柔順中正, 故得內外之心, 在旅所親比者, 童僕也. 不云'吉'者, 旅寓之際, 得免於災厲, 則已善矣"라 하였고, 《本義》에 "卽次則安, 懷資則裕. 得其童僕之貞信, 則无欺而有賴旅之最吉者也. 二有柔順中正之德, 故其象占如此"라 함.

☆【「得童僕, 貞(吉)」, 終无尤也】'終无尤也'는 동복을 잘 만나 끝마칠 때까지 어떤 우환도 없음. '尤'는 '咎'(疊韻)와 같음. 〈正義〉에 "〈象〉曰'終无尤'者, 旅不可以處盛, 盛則爲物所害. 今惟正於童僕, 則終保无咎也"라 함. 《集解》에 "虞翻曰: 「艮爲僮僕, 得正承三, 故'得僮僕貞', 而'終无尤'也.」 ○案: 「六二履正體艮, 艮爲閹寺, 僮僕貞之象也.」"라 함. 《傳》에 "羈旅之人, 所賴者, 童僕也. 旣得童僕之忠貞, 終无尤悔矣"라 함.


# 九三: 旅焚其次, 喪其童僕, 貞厲.
## ☆象曰: 「旅焚其次」, 亦以傷矣;
## 以旅與下, 其義喪也.

〈언해〉九三(구삼)은, 旅(려)ㅣ 그 次(ᄎ)를 焚(분)ᄒ고, 그 童僕(동복)의 貞(뎡)을 喪(상)ᄒᆞ니 厲(려)ᄒᆞ니라.[《本義》: 그 童僕(동복)을 喪(상)ᄒᆞ니 貞(뎡)이라도 厲(려)ᄒᆞ니라]
　　☆象(샹)애 ᄀᆞᆯ오디 「旅焚其次」ᄒᆞ니, 또 ᄡᅥ 傷(샹)ᄒ고, 旅(려)로ᄡᅥ 下(하)를 與(여)ᄒᆞ니, 그 義(의)ㅣ 喪(상)홈이라.

〈해석〉[九三](−): 여행에서 그 숙사에 불이 나고, 그 어린 종도 잃게 되니, 정사가 위험하다.(그 어린 종을 잃게 되니, 바르게 해도 위험하다.)
　　☆象: "여행에서 그 숙사가 불이 났다"함은, 역시 상심할 일이라는 것이요, 여행 중에 아랫사람 종에게 그렇게 하대하였으니, 마땅히 종을 잃은 것이다.

【九三】 이는 下卦(艮, 山)의 가장 위에 있으며, 陽爻로 位正當함. 그러나 上九와 正應을 이루지 못하였고, 둘 모두 陽剛하여 한창 여행 중에 바로 위의 離(火)에 너무 가까워 화재를 만나 데리고 다니던 童僕을 잃음.

【旅焚其次, 喪其童僕, 貞厲】 '旅焚其次'는 그 머물던 市場(客舍)에 화재가 일어남. '喪其童僕'은 그 데리고 다니던 동복에 화재를 틈타 도망가 사라짐. '喪'은 '失'(雙聲), '亡'(疊韻)과 같음. '貞厲'는 貞辭가 '위험하다'고 나옴. 이 爻는 下卦의 가장 위에 있고 陽爻로 陽剛하며 位正當하여 여행에 지나치게 자신감을 보이다가 위험을 당하는 爻位임. ○高亨은 "此殆亦王亥故事. 蓋王亥旅有易時, 所居客舍, 忽遭火焚, 而失其童僕, 其事甚危, 故記之曰「旅焚其次, 喪其童僕, 貞厲」. 其客舍之所以焚, 童僕之所以喪, 無由知也. 〈楚辭〉天問篇述王亥之事曰: '擊牀先出, 其命何從?' 似客舍被焚時, 有人擊牀先出, 其爲何人, 亦無由知也"라 함. 王弼 注에 "居下體之上, 與二相得, 以寄旅之身, 而爲施下之道, 與萌侵權主之所疑也. 故次焚僕喪, 而身危也"라 하였고, 〈正義〉에 "旅焚其次, 喪其童僕, 貞厲'者, 九三居下體之上, 下遠於二, 上无其應, 與二相得, 是欲自尊而惠施於下也. 以羈旅之身, 而爲惠下之道, 是與萌侵權, 爲主君之所疑也. 爲主君所疑, 則被黜而見害. 故焚其次舍, 喪其童僕之正, 而身危也. '與萌侵權'者, 言與得政事之萌, 漸侵奪主君之權勢, 若齊之田氏, 故爲主所疑也"라 함. 《集解》에 "虞翻曰: 「離爲火, 艮爲僮僕. 三動艮壞, 故'焚其次'. 坤爲喪, 三動艮滅入坤, 故'喪其僮僕'. 動而失正, 故'貞厲'矣.」"라 함. 《傳》에 "處旅之道, 以柔順謙下爲先. 三剛而不中, 又居下體之上, 與艮之上, 有自高之象. 在旅而過剛, 自高致困災之道也. 自高則不順於上, 故上不與而焚其次, 失所安也. 上離爲焚象, 過剛則暴下, 故下離而喪其童僕之貞信, 謂失其心也. 如此則(一作者)危厲之道也"라 하였고, 《本義》에 "過剛不中, 居下之上, 故其象占如此. 喪其童僕, 則不止於失其心矣. 故'貞'字, 連下句爲義"라 함.

☆「旅焚其次', 亦以傷矣】 '亦以傷矣'는 역시 이로써 큰 傷心을 느낌. 〈正義〉에 "〈象〉曰'亦以傷矣'者, 言失其所安, 亦可悲傷也"라 함. 《集解》에 "虞翻曰: 「三動體〈剝〉, 故傷也.」"라 함.

【以旅與下, 其義喪也】 '以旅與下'는 아랫사람(童僕)을 데리고 여행을 다님. 혹 자신이 陽剛하여 童僕에게 지나치게 下待하고 無禮하게 부림. '其義喪也'는 그러한 태도는 意義로 보아 동복을 잃을 수밖에 없는 것임. 동복이 달아난 것은 당연한 것임. 〈正義〉에 "'其義喪'者, 言以旅與下, 理是喪亡也"라 함. 《集解》에 "虞翻曰: 「三變成〈坤〉, 坤爲下爲喪, 故'其義喪'也.」"라 함. 《傳》에 "旅焚失其次舍, 亦以困傷矣. 以旅之時, 而與下之道如此, 義當喪也. 在旅而以過剛, 自高待下, 必喪其忠貞, 謂失其心也. 在旅而失其童僕之

心, 爲可危也"라 하였고, 《本義》에 "以旅之時, 而與下之道如此, 義當喪也"라 함.


## 九四: 旅于處, 得其資斧, 我心不快.
## ☆象曰:「旅于處」, 未得位也;「得其資斧」, 心未快也.

〈언해〉九四(구ᄉᆞ)는, 旅(려)ㅣ 處(쳐)ᄒᆞ고, 그 資(ᄌᆞ)와 斧(부)를 得(득)ᄒᆞ나, 我心(아심)
은 快(쾌)티 아니 ᄒᆞ도다.

　　☆象(샹)애 골오디「旅于處」는, 位(위)를 得(득)디 몯홈이니, 그 資斧(ᄌᆞ부)를
得(득)ᄒᆞ나, 心(심)이 快(쾌)티 아니 ᄒᆞ니라.

〈해석〉[九四](一): 여행하다가 한 곳에 처하여, 그 여비와 도끼를 얻었으나, 나의 마음
이 상쾌하지 않도다.

　　☆象: "여행하다가 한 곳에 처해 있다"함은, 자리를 얻지 못하였다는 것이니,
그 여비와 도끼를 얻었으나, 마음이 상쾌하지 못하다는 것이다.


　　【九四】이는 上卦(離, 火, 明)의 시작이며, 陽爻로 位不當함. 初六과 正應을 이루어
그 때문에 旅費와 錢幣를 얻은 모습임.

　　【旅于處, 得其資斧, 我心不快】'旅于處'는 여행 중에 한 곳에 머묾. '處'는 居, 所와
같음. 여행 중 잠시 머묾. 九三의 次(客舍, 安居)에 비해 불안전한 곳임. '得其資斧'는
재물과 전폐를 얻음. '資'는 財物, 斧는 錢幣의 일종. 모습이 도끼처럼 생겼음. 그러나
처한 곳의 가시와 나무 등을 베어 편한 자리로 만들기 위한 도끼(연장)라고도 함. '我
心不快'은 내 마음이 불쾌함. '我'는 九四 자신. 머물고 있는 자리가 편안치 않음을
뜻함. ○高亨은 "此殆亦王亥故事,「旅于處」者, 蓋王亥在客舍被焚之後, 自造室屋而居之
也.「得其資斧」者, 蓋前客舍被焚之時, 資斧被人盜去或劫去, 今復得之也.「我心不快」者,
蓋客舍被焚, 童僕亦喪, 資斧又失, 明是有人暗害之, 今雖復得資斧, 而我仍不快也. 至資
斧所以復得, 無由知也"라 함. 이 효는 陽爻로 陰位에 있어 位不當함으로 해서 자신의
자리에 대해 불안을 느끼는 것임. 王弼 注에 "斧, 所以斫除莉棘, 以安其舍者也. 雖處上
體之下, 不先於物, 然而不得其位, 不獲平坦之地, 客于所處不得其次, 而得其資斧之地,
故其心不快也"라 하였고, 〈正義〉에 "'旅于處, 得其資斧, 我心不快'者, 九四處上體之下,
不同九三之自尊, 然不得其位, 猶寄旅之人, 求其次舍, 不獲乎坦之所, 而得用斧之地. 言
用斧除莉棘, 然後乃處, 故曰'旅于處, 得其資斧'也. 求安處而得資斧之地, 所以其心不快

也"라 함. 《集解》에 "虞翻曰:「巽爲處四, 焚棄惡人, 失位遠應, 故'旅于處'. 言無所從也. 離爲資斧, 故得其資斧. 三動四坎爲心, 其位未至, 故'我心不快'也.」"라 함. 《傳》에 "四陽剛, 雖不居中, 而處柔在上體之下, 有用柔能下之象, 得旅之宜也. 以剛明之才, 爲五所與, 爲初所應, 在旅之善者也. 然四非正位, 故雖得其處, 止不若二之就次舍也. 有剛明之才, 爲上下所與, 乃旅而得貨財之貲·器用之利也. 雖在旅爲善, 然上无剛陽之與, 下唯陰柔之應, 故不能伸其才·行其志, 其心不快也. 云'我者, 據四而言"이라 하였고, 《本義》에 "以陽居陰, 處上之下, 用柔能下, 故其象占如此. 然非其正位, 又上无剛陽之與, 下唯陰柔之應, 故其心有所不快也"라 함.

☆【「旅于處」, 未得位也】'未得位也'는 陽爻로 陰位에 있어 位不當함. 처한 환경이 좋지 않음을 뜻함. 한 곳에 머물렀으나 그 곳은 위험한 곳임을 말함.

【「得其資斧」, 心未快也】'心未快也'는 재물과 전폐를 가지고 있어 도리어 강도를 만날 위험을 걱정한 것이라 함. 《集解》에 "王弼曰:「斧, 所以斫除荊棘, 以安其舍者也. 雖處上體之下, 不先於物, 然而不得其位, 不獲平坦之地者也. 客子所處, 不得其次, 而得其資斧之地, 故其心不快.」 ○案:「九四失位, 而居艮上. 艮爲山, 山非平坦之地也. 四體兌巽, 巽爲木, 兌爲金. 木貫於金, 即資斧斫除荊棘之象者也.」"라 함. 《傳》에 "四以近君爲當, 位在旅五, 不取君義, 故四爲未得位也. 曰:「然則以九居四, 不正爲有咎矣.」 曰:「以剛居柔, 旅之宜也. 九以剛明之才, 欲得時而行其志, 故雖得資斧, 於旅爲善, 其心志未快也.」"라 함.


# 六五: 射雉, 一矢亡, 終以譽命.
# ☆象曰: 「終以譽命」, 上逮也.

〈언해〉 六五(륙오)는, 雉(티)를 射(셕)호디, 一矢(일시)애 亡(망)혼 디라, ᄆᆞᄎᆞᆷ애 譽(예)과 命(명)으로써 ᄒᆞ리라.[《本義》: 雉(티)를 射(셕)홈이니 一矢(일시)ㅣ 亡(망)ᄒᆞ야도]

☆象(샹)애 ᄀᆞᆯ오디 「終以譽命」은 上(샹)으로 逮(톄)홀 시라.[《本義》: 上(샹)애 逮(톄)홀 시라]

〈해석〉 [六五](--): 꿩을 쏘았다가 화살 하나를 잃어버렸으나(꿩을 쏘는 것이니, 화살 하나를 잃을지라도), 마침내는 칭찬과 복록(爵命)을 얻게 되리라.

☆象: "마침내 칭찬과 작명을 얻으리라"함은, 위에서 미쳐오기 때문이다.

【六五】이는 전괘의 主爻이며 君位. 陰爻로 陽位에 있어 位不當하나, 上卦의 중앙에 있어 得中함. 柔弱함을 가지고 여행에서 생길 수 있는 여러 가지 사안을 小心하게 조심함.

【射雉, 一矢亡】'射雉'는 꿩을 잡고자 화살을 쏨. '꿩'을 비유한 것은, 꿩은 새 중에 무늬가 아름다워 상괘(離)의 火, 明, 文彩를 취한 것이라 함. 朱熹《本義》에 "雉, 文明之物, 離之象也"라 함. '一矢亡'은 화살을 하나밖에 잃지 않음. 하나만 잃음. ○高亨은 "「射雉, 一矢亡」者, 蓋射中而雉未死, 帶矢飛去也"라 함.《集解》에 "虞翻曰:「三變坎爲弓, 離爲矢, 故'射雉'. 五變乾體, 矢動雉飛, 雉象不見, 故'一矢亡'矣.」"라 함.

【終以譽命】'終以譽命'은 마침내 꿩을 명중시켰다는 찬사를 받음. '命'은 命中. 그러나 '譽命'은 榮譽와 爵命이라고도 함. 즉 장차 稱頌과 높은 爵位의 任命을 받을 것임을 뜻함. 程頤는 "譽, 令聞也; 命, 福祿也"라 하여, 稱頌과 福祿이라 하였음. ○高亨은 "此殆古代故事, 蓋有人射雉而中, 雉未死, 帶矢飛去. 雖有亡矢之失, 而得善射之譽, 其上因而錫以爵命, 故記之曰「射雉, 一矢亡, 終以譽命」. 疑此事亦與王亥有關也"라 함. 王弼 注에 "射雉以一矢, 而復亡之明, 雖有雉, 終不可得矣. 寄旅而進, 雖處于文明之中, 居于貴位, 此位終不可有也. 以其能知禍福之萌, 不安其處, 以乘其下, 而上承於上, 故終以譽而見命也"라 하였고, 〈正義〉에 "'射雉, 一矢亡; 終以譽命'者, 羈旅不可以處盛位, 六五以羈旅之身, 進居貴位, 其位終不可保. 譬之射雉, 惟有一矢射之, 而復亡失其矢. 其雉終不可得, 故曰'射雉, 一矢亡'也. 然處文明之內, 能照禍福之幾, 不乘下以侵權, 而承上以自保, 故得終以美譽而見爵命, 故曰'終以譽命'也"라 함.《集解》에 "虞翻曰:「譽謂二, 巽爲命. 五終變成乾, 則二來應己, 故'終以譽命'.」"이라 함.《傳》에 "六五有文明柔順之德, 處得中道, 而上下與之, 處旅之至善者也. 人之處旅, 能合文明之道, 可謂善矣. 羈旅之人, 動而或失, 則困辱隨之; 動而无失, 然後爲善. 離爲雉, 文明之物. 射雉, 謂取則於文明之道, 而必合如射雉. 一矢而亡之, 發无不中, 則終能致譽命也. 譽, 令聞也; 命, 福祿也. 五居文明之位, 有文明之德, 故動必中文明之道也. 五君位, 人君无旅, 旅則失位, 故不取君義"라 하였고,《本義》에 "雉, 文明之物, 離之象也. 六五柔順文明, 又得中道, 爲離之主, 故得此爻者, 爲射雉之象. 雖不无亡矢之費, 而所喪不多, 終有譽命也"라 함.

☆【「終以譽命」, 上逮也】'上逮也'는 찬사가 위에서 내려줌. '上'은 上九를 가리킴. '逮'는 及, 與의 뜻. 六五는 陰爻이며 君位로써 그 자리를 떠날(旅) 수 없어, 上九가 대신 그에게 榮譽와 爵命을 줌. 干寶는 이를 武庚 녹보(祿父)와 관련을 지었음. 〈正義〉에 "〈象〉曰'上逮'者, 逮, 及也. 以能承及於上, 故得終以譽命也"라 함.《集解》에 "虞翻曰:「逮, 及也. 謂二上及也.」○干寶曰:「離爲雉爲矢, 巽爲木爲進退, 艮爲手, 兌爲決. 有木在

手, 進退其體, 矢決于外, 躬之象也. 一陰升乾, 故曰'一矢'. 履非其位, 下又无應, 雖復射雉, 終亦失之. 故曰'一矢亡'也. 一矢亡者, 喩有損而小也. 此記祿父爲王者, 後雖小叛擾, 終逮安周室, 故曰'終以譽命'矣.」라 함. 《傳》에 "有文明柔順之德, 則上下與之. 逮, 與也. 能順承於上, 而上與之, 爲上所逮也. 在上而得乎下, 爲下所上(一无上字)逮也. 在旅而上下與之, 所以致譽命也. 旅者, 困而未得所安之時也. 終以譽命, 終當致譽命也. 已譽命, 則非旅也. 困而親寡, 則爲旅不必在外也"라 하였고, 《本義》에 "上逮, 言其譽命聞於上也"라 함.

## 上九: 鳥焚其巢, 旅人先笑, 後號咷. 喪牛于易, 凶.
## ☆象曰: 以旅在上, 其義焚也;「喪牛于易」, 終莫之聞也.

〈언해〉 上九(샹구)는, 鳥(됴)ㅣ 그 巢(소)를 焚(분)홈이니, 旅人(려인)이 몬져 笑(쇼)ᄒ
고, 後(후)애 號咷(호도)홈이라. 牛(우)를 易(이)애 喪(상)홈이니, 凶(흉)ᄒ니라.
☆象(샹)애 ᄀᆞᆯ오디 旅(려)로뻐 上(샹)애 이시니, 그 義(의)ㅣ 焚(분)홈이오,「喪牛
于易」ᄒ니, ᄆᆞᄎᆞᆷ내 聞(문)티 몯ᄒ리로다.

〈해석〉 [上九](─): 새가 그 둥지를 불태우는 형상이니, 여행 중인 사람이 처음에는
신이 나서 웃었으나, 뒤에는 울부짖는 효위이다. 이(易) 땅에서 소를 잃은 것이
니, 흉하다.
☆象: 려괘의 가장 윗자리에 있으니, 그 뜻이 불사른다(離, 火)는 것이요, "소를
이 땅에서 잃었음에도", 끝내 그는 위문의 말도 듣지 못하리라.

【上九】 이는 전괘의 마무리이며 가장 위에 있는 효. 陽爻로 陰位에 있어 位不當함.
九三과 正應을 이루지 못하였으며, 둘 모두 陽剛하여 아주 먼 여행길을 떠나는 형상
임. 더구나 離(火)의 맨 윗자리여서 불 위에 있는 모습이기도 함.

【鳥焚其巢, 旅人先笑, 後號咷】'鳥焚其巢'는 새의 둥지가 불태워짐을 당함. 새가 화
재를 당함. '旅人先笑, 後號咷'는 여행객으로서 먼저는 웃고, 나중에는 울부짖음. '號
咷'는 울부짖음. 《集解》에 "虞翻曰:「離爲鳥爲火, 巽爲木爲高. 四失位變震, 爲筐巢之象
也. 今巢象不見, 故'鳥焚其巢'. 震爲笑, 震在前, 故'先笑'. 應在巽, 巽爲'號咷', 巽象在後,
故'後號咷'.」"라 함.

【喪牛于易, 凶】'喪牛于易'소를 易(이) 땅에서 잃어버림. '易'는 지명. 陸德明 〈音義〉에
"易: 以豉反, 注同. 王肅音亦"이라 하여 '이'(以豉反)와 '역'(音亦) 두 가지가 있으나, 〈諺

解〉에 따라 '이'로 읽음. 그러나 혹 '易'는 '場'과 같으며, 농지, 밭을 뜻한다고도 함. 그 밖에 '狄'(疊韻)과 같다 하였으므로, '역'으로 읽는 것이 마땅할 듯함. 그 밖에 李鏡池 는 "這是寫周人歷史上的一件大事, 說大王被人侵迫, 從邠遷到岐山周原, 狄人侵犯時, 燒 殺搶掠, 周人像鳥被燒了巢一樣, 無家可歸, 全族遷徙, 成了旅人. 他們原先生活過得很快 樂, 後來就够悲慘了, 呼號哭泣, 不但家園被毁壞, 連牛羊等牲畜也給狄人搶了去, 這眞是 一次大災難"이라 하여, 太王(古公亶父)가 邠(豳) 땅에서 狄人에게 괴롭힘을 당하다가 모든 것을 잃고 岐山의 周原으로 옮겨온 사건을 말한 것이라 하였음. 그러나 ○高亨은 "此亦王亥故事, '鳥焚其巢'者, 喩旅人之焚其居也. 「號咷」, 哭也. 「易」卽有易, 國名. 「鳥焚 其巢」者, 王亥之居被焚也. 「旅人先笑, 後號咷」者, 王亥先逞淫樂而歡笑, 後臨被殺而號哭 也. 「喪牛于易」者, 失其牛於有易也. 此誠凶事, 故記之曰「鳥焚其巢, 旅人先巢, 後號咷, 喪牛于易, 凶」. 綜觀〈大壯〉及本卦所記, 王亥之事, 經過頗爲複雜, 失資斧又得資斧, 得童 僕又喪童僕, 焚其次又焚其巢, 喪其羊又喪其牛, 諸書闕載, 莫知其詳, 僅於《易》辭略見端 倪而已"라 함. 이 효는 陽剛함을 믿고 여행 중에 너무 높이 올라가서 처음에는 성취감에 도취되었으나 뒤에는 재앙을 만나 울부짖는 형상으로, 荒田에서 소도 잃고 남의 위문 도 받지 못하는 흉한 효위임. 王弼 注에 "居高危, 而以爲宅巢之謂也. 客旅得上位, 故先笑 也; 以旅而處于上極, 衆之所嫉也. 以不親之身, 而當嫉害之地, 必凶之道也. 故曰'後號咷'. 牛者, 稼穡之資, 以旅處上, 衆所同嫉, 故'喪牛于易'. 不在於難, 物莫之與, 危而不扶, 喪牛 于易, 終莫之聞. 莫之聞, 則傷之者, 至矣"라 하였고, 〈正義〉에 "'鳥焚其巢, 旅人先笑, 後 號咷, 喪牛于易, 凶'者, 最居於上, 如鳥之巢, 以旅處上, 必見傾奪, 如鳥之巢被焚, 故曰'鳥 焚其巢'也. 客得上位, 所以'先笑'. 凶害必至, 故後'號咷'. 衆所同嫉, 喪其稼穡之資, 理在不 難, 故曰'喪牛于易'. 物莫之與, 則傷之者, 至矣, 故曰'凶'也"라 함. 《集解》에 "虞翻曰: 「謂 三動時, 坤爲牛; 五動成乾. 乾爲易上, 失三五動應二, 故'喪牛于易'. 失位无應, 故凶也. 五動成〈遯〉六二'執之用黃牛之革', 則旅家所喪牛也.」"라 함. 《傳》에 "鳥, 飛騰處高者也. 上九剛不中, 而處最高. 又離體其亢可知, 故取鳥象. 在旅之時, 謙降柔和, 乃可自保, 而過 剛自高, 失其所宜安矣. 巢, 鳥所安止(一有上字). 焚其巢, 失其所安, 无所止也. 在離上爲 焚象, 陽剛自處於至高, 始快其意, 故'先笑', 旣而失安莫與, 故'號咷'. 輕易以喪其順德, 所 以凶也. 牛, 順物. '喪牛于易', 謂忽易以失其順也. 離火性, 上爲躁易之象, 上承鳥焚其巢, 故更加'旅人'字. 不云'旅人', 則是鳥笑哭也"라 하였고, 《本義》에 "上九過剛, 處旅之上·離之極, 驕而不順, 凶之道也. 故其象占如此"라 함.

　☆【以旅在上, 其義焚也】'以旅在上'의 '上'은 윗사람. 高官大爵. 上官. 그러나 혹 '여 행에 떠돌던 자가 고관에게 알려져 높은 벼슬을 얻게 됨을 말한 것'이라 하고도 함.

'其義焚也'는 이 효는 陽剛하면서 가장 위에 있어 마치 떠돌이 여행자가 높은 벼슬에 오른 것이므로 남의 嫉妬와 猜忌를 받으며, 그 때문에 자신의 둥지가 불태워지는 재앙을 만났으니 당연히 그럴 수 있는 것임. '義'는 宜와 같음. 의당 그러함. 《集解》에 "虞翻曰:「離火焚巢, 故'其義焚也'.」"라 함.

【'喪牛于易', 終莫之聞也】'終莫之聞也'는 끝내 아무도 그에게 위로의 말을 해 주는 자가 없음. '聞'은 問과 같음. 慰問. 問安. 王念孫은 "聞, 讀爲問, 相恤問也"라 함. 〈正義〉에 "〈象〉曰'終莫之開也'者, 衆所同嫉, 危而不扶, 至于'喪牛于易'. 終无以一言告之, 使聞而悟也"라 함. 《集解》에 "虞翻曰:「坎耳入兌, 故終莫之聞.」○侯果曰:「離爲鳥爲火, 巽爲木爲風. 鳥居木上巢之象也. 旅而瞻賚, 物之所惡也. 喪牛, 甚易求之也. 雖雖有智者, 莫之吉也.」"라 함. 《傳》에 "以旅在上, 而以尊高自處, 豈能保其居? 其義當有焚巢之事, 方以極剛自高爲得志, 而笑不知喪其順德於躁易, 是終莫之聞, 謂終不自聞知也. 使自覺知, 則不至於極而號咷矣. 陽剛不中, 而處極, 固有高亢躁動之象, 而火復炎上, 則又甚焉"이라 함.

# 057 손巽

☰☰ 巽爲風: ▶巽下巽上(☴下☴上)

---

  *巽(손): 〈音義〉에 “巽, 孫問反. 入也.《廣雅》云:「順也.」”라 하여 ‘손(xùn)’으로 읽음. ‘巽’은 ‘遜’, ‘順’(同音)과 같은 뜻으로 謙順, 遜讓, 遜退, 服從, 順從, 順應 등을 의미함. 篆書에 ‘巽’자는 두 사람이 땅 위에 꿇어 앉아 있는 모습으로 謙遜과 順從을 의미함. 상하(내외)괘 모두 팔괘의 巽(風)으로 同卦相疊의 ‘巽爲風’ 괘체임. 이는 처세에는 의당 겸양과 순종으로써 亨通을 이루어야 하나, 다만 맹목적인 순종이나 우유부단함, 혹 지나친 자기 비하로 인한 위축감은 가지지 말아야 함을 상징함.

  *《集解》에 “〈序卦〉曰:「旅而无所容, 故受之以‘巽’.」 巽者, 入也.(崔憬曰:「旅寄於外而无所容, 則必入矣. 故曰‘旅无所容受’之以巽.」)”이라 함.

  *《傳》에 “巽’, 〈序卦〉:「旅而无所容, 故受之以‘巽’.」 ‘巽’者, 入也. 羈旅親寡, 非巽順, 何所取容? 苟能巽順, 雖‘旅’困之中, 何往而不能入? ‘巽’所以次‘旅’也. 爲卦一陰在二陽之下, 巽順於陽, 所以爲‘巽’也”라 함.

## (1) 卦辭

# 巽: 小亨, 利有攸往, 利見大人.

〈언해〉 巽(손)은 져기 亨(형)ᄒ니, 徃(왕)홀 빠를 둠이 利(리)ᄒ며, 大人(대인)을 봄이
        利(리)ᄒ니라.
〈해석〉 손(巽, 손괘)은 약간 형통하니, 갈 곳이 있는 것이 이로우며, 대인을 만남이
        이로우리라.

  【巽】 卦名이며, ‘順從하다, 服從하다, 엎드리다, 들어가다’ 등의 뜻. 〈正義〉에 “巽者, 卑順之名, 〈說卦〉云:「巽, 入也.」 蓋以巽是象風之卦, 風行无所不入, 故以入爲訓”이라 함.
  【小亨】 ‘小亨’은 점에서 이 괘를 만나면 조금 형통함. 그러나 ‘亨’은 ‘享’(祭享)자로 보아, ○高亨은 “亨卽享字, 古人擧行小享之祭, 曾筮遇此卦, 故記之曰「小亨」”이라 함.

王弼 注에 "全以巽爲德, 是以小亨也. 上下皆巽, 不違其令命, 乃行也. 故申命行事之時, 上下不可以不巽也"라 하였고, 〈正義〉에 "若施之於人事, 能自卑巽者, 亦无所不容. 然巽之爲義, 以卑順爲體, 以容入爲用, 故受巽名矣. 上下皆巽, 不爲違逆. 君唱臣和, 敎令乃行, 故於重巽之卦, 以明申命之理. 雖上下皆巽, 命令可行, 然全用卑巽, 則所通非大, 故曰'小亨'"이라 함.

【利有攸往】갈 곳을 두고 있으면 이로움. 겸손함으로 행하면 누구도 거부하지 않음. 王弼 注에 "巽悌以行, 物无距也"라 하였고, 〈正義〉에 "'利有攸往'者, 巽悌以行, 物无違距, 故曰'利有攸往'"이라 함.

【利見大人】'利見大人'은 일을 추진하는 과정에서 대인을 만나면 이로움. '大人'은 王公이나 貴族, 자신을 이끌어 줄 先導者, 혹 어려움을 해결해 줄 解決士. ○高亨은 "又筮遇此卦, 有所往則利, 見大人亦利, 故曰「利有攸往, 利見大人」"이라 함. 이 괘는 위아래 같은 巽卦이며, 모두가 두 陽爻 밑에 陰爻 하나씩이 있어, 柔弱한 것이 陽剛한 것에게 복종함을 강조하고 있음. 그 때문에 약간 형통한 것이며, 그러한 상태로 계속 나아감이 유리함. 단 謙順이란 盲從이 아니며 좋은 것을 선택해야 하므로 大人을 만남이 유리한 것임. 王弼 注에 "大人用之道, 愈隆也"라 하였고, 〈正義〉에 "'利見大人'者, 但能用巽者, 皆无徃不利. 然大人用巽, 其道愈隆, 故'曰利見大人'. 明上下皆須用巽也"라 함. 《集解》에 "虞翻曰:「〈遯〉二之四, 柔得位而順五剛, 故'小亨'也. '大人', 謂五. 離目爲見, 二失位, 利在往應五, 故'利有攸往, 利見大人'矣.」"라 함. 《傳》에 "卦之才可以'小亨, 利有攸往, 利見大人'也. 〈巽〉與〈兌〉, 皆剛中正, 〈巽〉說(一作兌)義亦相類, 而〈兌〉則亨, 〈巽〉乃小亨者, 〈兌〉陽之爲也; 〈巽〉陰之爲也. 〈兌〉柔在外, 用柔也; 〈巽〉柔在內, 性柔也. 〈巽〉之亨所以小也"라 하였고, 《本義》에 "巽, 入也. 一陰伏於二陽之下, 其性能巽以入也. 其象爲風, 亦取入義. 陰爲主, 故其占爲'小亨', 以陰從陽, 故又'利有所往'. 然必知所從, 乃得其正, 故又曰'利見大人'也"라 함.

## (2) 彖辭와 象辭

彖曰: 重巽以申命. 剛巽乎中正而志行, 柔皆順乎剛, 是以「小亨, 利有攸往, 利見大人」.

★象曰: 隨風, 巽. 君子以申命行事.

〈언해〉 彖(단)애 골오디 重(듕)한 巽(손)으로써 命(명)을 申(신)하나니,

剛(강)이 中正(듕졍)애 巽(손)하야 志(지)ㅣ 行(힝)하며, 柔(유)ㅣ 剛(강)애 다 順(순)한 디라, 일로써 「小亨」하니, 「利有攸往」하며, 「利見大人」하니라.

★象(샹)애 골오디 隨(슈)한 風(풍)이 巽(손)이니, 君子(군즈)ㅣ 以(이)하야 命(명)을 申(신)하야 事(ᄉ)를 行(힝)하ᄂᆞ니라.

〈해석〉 彖: 손(巽, 謙遜)을 거듭하는 것은 명령을 자상하게 일러줌이니,

강한 것(九五)이 중정(위정당, 득중)함에, 겸손하여 뜻이 실행되며, 유한 것(初六, 六四)이 모두 강한 것에 순종하고 있기에, 이 때문에 "약간 형통한 것"이니, "갈 곳을 둠이 이로우며", "대인을 만남이 이로운 것"이다.

★象: 바람이 바람을 따라 계속 불어오는 것이 손괘이니, 군자는 이를 근거로 하여 명령을 거듭하여 자상히 일러주어 일을 실행하는 것이다.

【重巽以申命】 '重巽'은 巽卦가 둘 중복됨. 바람(巽, 風)이 계속 불어오고 있는 모습임. '以申命'은 상대(百姓)가 할 使命(任務)을 일러줌. '申'은 申述함. 거듭 仔詳(丁寧)하게 일깨워줌. 申申告述함. 王弼 注에 "命, 乃行也. 未有不巽而命行也"라 하였고, 〈正義〉에 "'重巽以申命'者, 此卦以卑巽爲名, 以申命爲義. 故就二體, 上下皆巽, 以明可以申命也. 上巽能接於下, 下巽能奉於上, 上下皆巽, 命乃得行, 故曰'重巽以申命'也"라 함. 《集解》에 "陸績曰:「巽爲命令, 重命令者, 欲丁寧也.」"라 함. 《傳》에 "重巽者, 上下皆巽也. 上順道以出命, 下奉命而順從, 上下皆順重, 巽之象也. 又重爲重複之義. 君子體重巽之義, 以申復其命令, 申重復也. 丁寧之謂也"라 하였고, 《本義》에 "釋卦義也. 巽順而入, 必究乎下命令之象. 重巽, 故爲申命也"라 함.

【剛巽乎中正而志行】 이 괘에서 九二와 九五는 陽爻로 陽剛하며, 둘 모두 중앙에 있어 得中함. 그리고 특히 九五는 君位이며 主爻로서, 陽爻로 陽位에 있어 位正當함. 王弼 注에 "以剛而能用巽, 處于中正, 物所與也"라 하였고, 〈正義〉에 "'剛巽乎中正而志行'者, 須上下皆巽, 若命不可從, 則物所不與也. 故又因三五之爻, 剛而能巽, 不失其中, 所

以志意得行, 申其命令也"라 함. 《集解》에 "陸績曰:「二得中, 五得正, 體兩巽, 故曰'剛巽乎中正'也. 皆據陰, 故'志行'也.」○虞翻曰:「剛中正, 謂五也. 二失位, 動成坎, 坎爲'志', 終變成震, 震爲'行'也.」"라 함.

【柔皆順乎剛】初六과 六四는 陰爻로서 각기 두 陽爻 아래에 있어 順從하고 있는 모습의 卦形임. 특히 〈說卦傳〉에 "巽, 入也"라 하여, 두 음효가 자신이 처할 위치에 들어가 안정을 이루고 있음을 뜻함. 王弼 注에 "明无違逆, 故得小亨"이라 하였고, 〈正義〉에 "'柔皆順乎剛'者, 剛雖巽爲中正, 柔若不順乎剛, 何所申其命乎? 故又就初四, 各處卦下. 柔皆順剛, 无有違逆, 所以敎命, 得中成小亨, 以下之義也. 是以小亨, 以下擧經結也"라 함.

【是以「小亨」】《集解》에 "陸績曰:「陰爲卦主, 故'小亨'.」"이라 하였고, '利有攸往, 利見大人'에 대해서는 《集解》에 "案: 其義已見繇辭.」"라 함. 《傳》에 "以卦才言也. 陽剛居巽而得中正, 巽順於中正之道也. 陽性上, 其志在以中正之道, 上行也. 又上下之柔, 皆巽順於剛, 其才如是, 雖內柔可以'小亨'也"라 함.

【利有攸往, 利見大人】〈正義〉에 "案: 彖倂擧'小亨, 利有攸往, 利見大人'以結之, 則柔皆順剛之意. 不專釋'小亨'二字, 而注獨言'明无違逆', 故得'小亨'者, 褚氏云:「夫獻可替否, 其道乃弘, 柔皆順剛, 非失通之道. 所以文王係小亨之辭, 孔子致皆順之釋.」案: 王注上下卦之體, 皆以巽. 言之柔不違剛正, 是巽義, 故知皆順之言, 通釋詣辭也"라 함. 《傳》에 "巽順之道, 无往不能入, 故'利有攸往'. 巽順雖善道, 必知所從, 能巽順於陽剛, 中正之大人, 則爲利, 故'利見大人'也. 如五二之陽剛, 中正大人也. 巽順不於大人, 未必不爲過也"라 하였고, 《本義》에 "以卦體釋卦辭. 剛巽乎中正, 而志行, 指九五; 柔, 謂初四"라 함.

★【隨風, 巽】'隨風'은 風化를 따름. '風'은 巽卦의 뜻이며, 윗사람의 敎化에 순종함을 말함. 이는 卦象을 풀이한 것임. 〈正義〉에 "隨風, 巽'者, 兩風相隨, 故曰'隨風'. 風旣相隨, 物无不順, 故曰'隨風, 巽'"이라 함.

【君子以申命行事】'申命行事'는 命令(任務)을 申述하여, 맡은 일을 實行함. 〈正義〉에 "君子以申命行事'者, 風之隨至, 非是令初, 故君子訓之, 以申命行事也"라 함. 《集解》에 "虞翻曰:「君子, 謂遯乾也. 巽爲命, 重象, 故'申命'. 變至三, 坤爲事, 震爲行, 故'行事'也.」○荀爽曰:「巽爲號令, 兩巽相隨, 故'申命'也. 法敎百端, 令行爲上, 貴其必從, 故曰'行事'也.」"라 함. 《傳》에 "兩風相重(一作從), 隨風也. 隨相繼之義. 君子觀重巽相繼以順之象, 而以申命令行政, 事隨與重上下, 皆順也. 上順下而出之, 下順上而從之, 上下皆順重巽之義也. 命令政事順理, 則合民心, 而民順從矣"라 하였고, 《本義》에 "隨, 相繼之義"라 함.

## (3) 爻辭와 象辭

初六: 進退, 利武人之貞.

☆象曰:「進退」, 志疑也;「利武人之貞」, 志治也.

〈언해〉 初六(초륙)은, 進(진)ㅎ며 退(퇴)ㅎ욤이니, 武人(무인)의 貞(뎡)이 利(리)ㅎ니라.

　　☆象(샹)애 굴오디「進退」는 志(지) ㅣ 疑(의)홈이오,「利武人之貞」은 志(지) ㅣ 治(티)홈이라.

〈해석〉 [初六](--): 앞으로 나아가려고도 하고 뒤로 물러서려고도 하는 자리이니, 무인의 곧음이 이롭다.

　　☆象: "앞으로 나아가려고도 하고 뒤로 물러서려고도 한다"함은, 자신의 의지를 의심한다는 것이요, "무인의 곧음이 이롭다"함은, 뜻이 다스려지기 때문이다.

【初六】이는 전괘의 시작이며 陰爻로 陽位에 있어 位不當함. 이에 윗사람에게 謙遜을 다하고자 하면서도 뜻을 굳게 가지지 못함.

【進退, 利武人之貞】'進退'는 나아가고 물러감. 첫 시작에 확신을 갖지 못한 상태임을 말함. 進退猶豫의 뜻. '利武人之貞'은 武人이 점을 치고 결정을 굳히듯이 함. 혹 이 효는 武人이 점을 치면 이로움. '武人'은 武勇之人을 뜻함. '貞'은 卜問. '점을 쳐서 묻다'의 뜻. 진퇴를 결정하지 못하고 있을 때 무인이 점을 쳐서 이 효를 만나면 이로울 것임. 그러나 ○高亨은 "武人占問行軍, 筮遇此爻, 則或進或退皆利, 故曰「進退, 利武人之貞」"이라 함. 이 효는 巽卦 전체가 謙遜임에도 가장 밑에 있고 陰爻여서 지나치게 謙卑함을 뜻함. 그 때문에 무용을 지닌 자가 결단을 내리 듯 확신을 가져야 함. 王弼 注에 "處令之初, 未能服令者也. 故進退也. 成命齊邪, 莫善武人, 故'利武人之貞', 以整之"라 하였고, 〈正義〉에 "初六處令之初, 法未宣著, 體於柔巽, 不能自決, 心懷進退未能從令者也. 成命齊邪, 莫善威武, 旣未能從令, 則宜用武人之正, 以整齊之, 故曰'進退, 利武人之貞'也"라 함.《集解》에 "虞翻曰:「巽爲進退, 乾爲武人, 初失位, 利之正爲乾, 故'利武人之貞'矣.」"라 함.《傳》에 "六以陰柔居卑巽而不中, 處最下而承, 剛過於卑巽者也. 陰柔之人, 卑巽太過, 則志意恐畏, 而不安. 或進或退, 不知所從, 其所利在武人之貞, 若能用武人, 剛貞之志, 則爲宜也. 勉爲剛貞, 則无過卑恐畏之失矣"라 하였고,《本義》에 "初以陰居下, 爲巽之主, 卑巽之過, 故爲進退不果之象. 若以武人之貞處之, 則有以濟其所不及, 而得所宜矣"라 함.

☆【「進退」, 志疑也】'志疑也'는 謙讓(退讓)의 도를 다할 것인가에 대한 뜻에 의혹을 품음. 王弼 注에 "巽順之志, 進退疑懼"라 하였고, 〈正義〉에 "〈象〉曰'志疑'者, 欲從之, 則未明其令; 欲不從, 則懼罪及己. 志意懷疑, 所以進退也"라 함. 《集解》에 "荀爽曰:「風性動, 進退欲承, 五爲二所據, 故'志以疑'也.」"라 함.

【「利武人之貞」, 志治也】'志治也'는 망설였던 의지를 다스림. 確定함. 결단을 내림. 〈正義〉에 "'志治也'者, 武非行令, 所宜而言. '利武人'者, 志在使人從治, 故曰'利武人', 其猶〈蒙卦〉初六. 〈象〉曰'利', 用刑人, 以正法也"라 함. 《集解》에 "虞翻曰:「動而成乾, 乾爲大明, 故'志治'. 乾元用九, 天下治, 是其義也.」"라 함. 《傳》에 "進退不知所安者, 其志疑懼也. 利用武人之剛貞, 以立其志, 則其志治也. 治, 謂修立也"라 함.


# 九二: 巽在牀下, 用史巫紛若, 吉, 无咎.
# ☆象曰:「紛若之吉」, 得中也.

〈언해〉 九二(구이)는, 巽(손)이 牀(상) 아래 이숌이니, 史(ᄉ)와 巫(무)를 쓰미 紛(분)케
　　　 ᄒ면 吉(길)ᄒ고, 咎(구)ㅣ 업스리라.
　　　 ☆象(상)애 ᄀᆞᆯ오디 「紛若의 吉홈」은 中(듕)을 得(득)홀 시라.
〈해석〉 [九二](一): 침상 아래에서 겸손을 다하는 것이니, 사축과 무당을 써서 왁자지껄
　　　 푸닥거리를 하면, 길하고, 허물이 없으리라.
　　　 ☆象: "와자지껄 푸닥거리를 함이 길하다"함은, 중도(위정당)를 얻었기 때문이다.


【九二】 이는 하괘의 중앙에 있어 得中하였으나 陽爻로 位不當함.

【巽在牀下】'巽在牀下'는 病者가 상 아래에서 누워 일어나지 못함. 여기서의 '巽'은 '俯順, 俯臥'의 뜻으로 엎어져 누워있음. 〈說卦傳〉에 "巽, 伏也"라 함. 그러나 '겸손함을 표하기를 상(침상, 침대) 아래에서 하다'의 뜻으로도 봄. 王弼 注에 "處巽之中, 旣在下位, 而復以陽居陰, 卑巽之甚, 故曰'巽在牀下'也"라 하였고, 〈正義〉에 "'巽在牀下'者, 九二處巽下體, 而復以陽居陰, 卑巽之甚, 故曰'巽在牀下'"라 함. 《集解》에 "宋衷曰:「巽爲木, 二陽在上, 初陰在下, 牀之象也. 二无應於上, 退而據初, 心在於下, 故曰'巽在牀下'也.」○ 荀爽曰:「牀下, 以喩近也. 二者, 軍帥; 三者, 號令, 故言'牀下'. 以明將之所專, 不過軍中事也.」"라 함.

【用史巫紛若, 吉, 无咎】'用史巫紛若'의 '史'는 고대 迷信活動을 하는 祝史, 司祭. 祭文

(祈禱文)을 짓는 일을 담당함. '巫' 역시 무당으로 降神의 임무를 맡은 巫祝, '紛若'은 뒤얽혀 혼란한 상태. 푸닥거리를 하느라 왁자지껄함. 그러나 ○高亨은 "紛, 疑借爲釁(釁). 釁是一種巫術, 用牲血塗人身或器物等, 以驅逐鬼魅, 淸除不祥"이라 하여 '釁(釁)'의 假借로, 피를 바르는 巫術行爲라 함. '若'은 語助辭. '吉, 无咎'는 이러한 활동이 길하며 허물은 없음. ○高亨은 "巽在牀下, 指人而言, 則釁若當亦謂釁其人. 釁人者先塗以牲血, 而後浴之, 所以厭鬼魅, 除不祥也. 人居室中, 偶見鬼物, 驚懼而伏於牀下, 則用史巫釁之, 可吉而無咎, 故曰「巽在牀下, 用史巫紛若, 吉, 无咎」"라 함. 이 효는 陽爻로 陰位에 있어 位不當함. 그에 따라 침상 아래에서 비굴할 정도로 겸손을 보이고 있음. 그러나 陽剛하고 得中하였으므로 자신 있게 마치 史巫가 푸닥거리를 하듯 勤敏하게 활동하여야 마침내 길함을 얻고 허물이 없을 것임. 王弼 注에 "卑甚失正, 則入于咎過矣. 能以居中而施, 至卑於神祇, 而不用之於威勢, 則乃至'紛若'之吉, 而亡其過矣. 故曰'用史巫紛若, 吉, 无咎'也"라 하였고, 〈正義〉에 "用史巫紛若, 吉, 无咎'者, 史, 謂祝史; 巫, 謂巫覡. 竝是接事鬼神之人也. '紛若'者, 盛多之貌. 卑甚失正, 則入於過咎, 人有威勢, 易爲行恭, 神道无形, 多生怠慢, 若能用居中之德, 行至卑之道, 用之於神祇, 不行之於威勢, 則能致之於盛多之吉而无咎過, 故曰'用史巫紛若, 吉, 无咎'也"라 함. 《集解》에 "荀爽曰:「史, 以書勳; 巫, 以告廟. 紛變若順也. 謂二以陽應陽, 君所不臣, 軍帥之象, 征伐旣畢, 書勳告廟, 當變而順, 五則吉, 故曰'用史巫紛若, 吉, 无咎'矣.」"라 함. 《傳》에 "二居巽時, 以陽處陰, 而在下過於巽者也. 牀, 人之所安. '巽在牀下', 是過於巽, 過所安矣. 人之過於卑, 巽非恐怯, 則諂說, 皆非正也. 二實剛中, 雖巽體而居柔, 爲過於巽, 非有邪心也. 恭巽之過, 雖非正禮, 可以遠恥辱·絶怨咎, 亦吉道也. '史巫'者, 通誠意於神明者也. '紛若', 多也. 苟至誠安於謙巽, 能使通其誠意者多, 則吉而无咎. 謂其誠足, 以動人也. 人不察其誠意, 則以過巽爲諂矣"라 하였고, 《本義》에 "二以陽處陰, 而居下有不安之意. 然當巽之時, 不厭其卑, 而二又居中, 不至已甚, 故其占爲能過於巽, 而丁寧煩悉其辭, 以自道達, 則可以吉而无咎. 亦竭誠意, 以祭祀之吉占也"라 함.

☆【「紛若之吉」, 得中也】 '得中也'는 이 효는 下卦(巽)의 中央에 있어 得中하였음. 이는 病이 好轉됨을 뜻함. 〈正義〉에 "〈象〉曰'得中'者, 用卑巽於神祇, 是行得其中, 故能致紛若之吉也"라 함. 《集解》에 "荀爽曰:「謂二以處中和, 故能變.」"이라 함. 《傳》에 "二以居柔在下, 爲過巽之象, 而能使通其誠意者, 衆多紛然, 由得中也. 陽居中爲中實之象, 中旣誠實, 則(一无則字)人自當. 信之以誠意, 則非諂畏也. 所以吉而无咎"라 함.

九三: 頻巽, 吝.

☆象曰:「頻巽之吝」, 志窮也.

〈언해〉 九三(구삼)은, 頻(빈)혼 巽(손)이니, 吝(린)ᄒᆞ니라.

　　☆象(샹)애 ᄀᆞᆯ오디「頻巽의 吝흠」은 志(지)ㅣ 窮(궁)흠이라.

〈해석〉 [九三](一): 공손히 하면서도 입을 삐죽거리며 불만을 가진 것이니, 안타깝게
　　여기는 것이다.

　　☆象: "입을 삐죽거리니 안타깝다"함은, 의지가 곤궁하다는 뜻이다.

【九三】 이는 下卦의 가장 윗자리이며 陽爻로 陽位에 있어 位正當함.

【頻巽, 吝】 '頻巽'의 '頻'은 嚬, 顰의 假借. 입을 삐죽거림(蹙口). 눈살을 찌푸림(皺
眉). 자신의 巽(謙遜)에 대해 못마땅하게 여김. '吝'은 안타까움, 거부감을 가짐. 쉽게
굴복하려 들지 않음. ○高亨은 "頻巽者, 被人強制不得不伏, 故蹙眉而伏也. 此難加於身
之象, 故曰「頻巽, 吝」"이라 함. 이 효는 하괘의 가장 위에 있고 陽爻로 位正當하며 陽剛
함. 그 때문에 바로 위 六四의 遜順함을 못마땅히 여겨, 달갑게 보지 않음. 王弼 注에
"頻, 頻蹙不樂, 而窮不得已之謂也. 以其剛正而爲四所乘, 志窮而巽, 是以吝也"라 하였
고, 〈正義〉에 "'頻巽, 吝'者, 頻者, 頻蹙憂戚之容也. 九三體剛, 居正爲四所乘, 是志意窮
屈, 不得申遂也. 旣處巽時, 只得受其屈辱也. 頻蹙而巽, 鄙吝之道, 故曰'頻巽, 吝'也"라
함. 《集解》에 "虞翻曰:「頻, 頞也. 謂二已變, 三體坎艮. 坎爲憂, 艮爲鼻, 故頻. 巽無應在
險, 故'吝'也.」"라 함. 《傳》에 "三以陽處剛, 不得其中, 又在下體之上, 以剛亢之質. 而居巽
順之時, 非能巽者, 勉而爲之, 故屢失也. 居巽之時, 處下而上, 臨之以巽, 又四以柔, 巽相
親所乘者剛, 而上復有重剛, 雖欲不巽, 得乎? 故頻失而頻巽, 是可吝也"라 하였고, 《本
義》에 "過剛不中, 居下之上, 非能巽者, 勉爲屢失, 吝之道也. 故其象占如此"라 함.

　　☆【「頻巽之吝」, 志窮也】 '志窮也'은 순종하고자 하는 의지가 궁함. 〈正義〉에 "〈象〉曰
'志窮'者, 志意窮屈, 所以爲吝也"라 함. 《集解》에 "荀爽曰:「乘陽无據, 爲陰所乘, 號令不
行, 故'志窮'也.」"라 함. 《傳》에 "三之才質, 本非能巽, 而上臨之以, 巽承重剛, 而履剛勢,
不得行其志, 故頻失而頻巽, 是其志窮困, 可吝之甚也"라 함.

六四: 悔亡, 田獲三品.

☆象曰: 「田獲三品」, 有功也.

〈언해〉 六四(륙사)는, 悔(회)ㅣ 亡(망)ㅎ니, 田(뎐)애 三品(삼품)을 獲(획)홈이로다.

　　　☆象(샹)애 굴오디 「田獲三品」은, 功(공)이 이숌이라.

〈해석〉 [六四](--): 회한이 사라짐이니, 사냥에 나서서 세 가지 사냥물을 잡아옴이다.

　　　☆象: "사냥에 나서서 세 가지 물건을 잡아 온다"함은, 공이 있다는 것이다.

　　【六四】 이는 上卦(巽)의 시작이며 陰爻로 陰位에 있어 位正當함. 스스로 柔弱함을 인정하고 겸손하게 행동함.

　　【悔亡, 田獲三品】 '悔亡'은 悔恨이 사라짐. 회한이 없음. 기꺼이 굴복함. 자신의 처지를 인정함. '田獲三品'의 '田'은 새 사냥. '畋', '弋'과 같음. '三品'은 많은 사냥감을 얻음. 수확이 좋음. 그러나 王弼과 孔穎達, 李鼎祚, 程頤, 朱熹 등은 모두《穀梁傳》(桓公 4년)을 근거로 '乾豆', '賓客', '充君之庖'라 하여, 祭祀用, 宴會用, 임금의 주방에 채울 고기 등 세 가지라고도 하였음. 또는 '狼, 豕, 雉', 혹은 '雞, 羊, 雉'라고도 함. ○高亨은 "筮遇 此爻, 其悔可亡, 故曰「悔亡」. 筮遇此爻, 獵則得禽獸三品, 故曰「田獲三品」"이라 함. 이 효는 九三의 陽剛을 타고 있어 悔恨이 있으나, 位正當하고 위로 九五의 至尊을 받들고 있어 그를 위한 사업에 공을 세우는 효위임. 王弼 注에 "乘剛, 悔也. 然得位承五, 卑得所 奉, 雖以柔御剛, 而依尊履正, 以斯行命, 必能獲强暴, 遠不仁者也. 獲而有益, 莫善三品, 故曰'悔亡'. 田獲三品': 一曰乾豆, 二曰賓客, 三曰充君之庖"라 하였고, 〈正義〉에 "'悔亡, 田獲三品'者, 六四有乘剛之悔, 然得位承尊, 得其所奉, 雖以柔乘剛, 而依尊履正, 以斯行 命, 必能有功. 取譬田獵, 能獲而有益, 莫善三品. 所以得悔亡, 故曰'悔亡, 田獲三品'也. 三 品者, 一曰乾豆, 二曰賓客, 三曰充君之庖廚也"라 함.《集解》에 "虞翻曰:「田, 謂二也. 地 中稱田, 失位无應, 悔也. 欲二之初, 已得應之, 故'悔亡'. 二動得正, 處中應五, 五多功, 故 〈象〉曰'有功'也. 二動艮爲手, 故稱'獲'. 謂艮爲狼, 坎爲豕, 艮二之初, 離爲雉, 故'獲三品' 矣.」○翟玄曰:「田獲三品', 下三爻也. 謂初巽爲雞, 二兌爲羊, 三離雉也.」○《集解》에 "案:《穀梁傳》(桓公 4年)曰:『春獵曰田, 夏曰苗, 秋曰蒐, 冬曰狩. 田獲三品: 一爲乾豆, 二爲賓客, 三爲充君之庖.』注云:『上殺中心, 乾之爲豆實; 次殺中髀, 骼以供賓客; 下殺中 腹, 充君之庖廚. 尊神敬客之義也.』」"라 함.《傳》에 "陰柔无援而承乘, 皆剛宜有悔也. 而四 以陰居陰, 得巽之正在, 上體之下, 居上而能下也. 居上之下, 巽於上也. 以巽臨下, 巽於下 也. 善處如此, 故得'悔亡'. 所以得悔亡, 以如田之獲三品也. 田獲三品, 及於上下也. 田獵之

獲, 分三品: 一爲乾豆, 一供賓客與充庖, 一頒徒御. 四能巽於上下之陽, 如田之獲三品, 謂遍及上下也. 四之地本有悔, 以處之至善, 故悔(一无悔字)亡而復, 有功天下之事. 苟善處, 則悔或可以爲功也"라 하였고, 《本義》에 "陰柔无應, 承乘皆剛, 宜有悔也, 而以陰居陰, 處上之下, 故得'悔亡', 而又爲卜田之吉占也. 三品者, 一爲乾豆, 一爲賓客, 一以充庖"라 함.

☆【「田獲三品」, 有功也】'有功也'는 공을 이룸. 〈正義〉에 "〈象〉曰'有功'者, 田獵有獲, 以喩行命有功也"라 함. 《集解》에 "王弼曰:「得位承五, 而依尊履正, 以斯行命, 必能獲强暴, 遠不仁者也. 獲而有益, 莫若三品, 故曰'有功'也.」"라 함. 《傳》에 "巽於上下, 如田之獲三品, 而遍及上下, 成巽之功也"라 함.


# 九五: 貞吉, 悔亡, 无不利, 无初有終. 先庚三日, 後庚三日, 吉.
# ☆象曰: 九五之「吉」, 位正中也.

〈언해〉九五(구오)는, 貞(뎡)ᄒᆞ면 吉(길)ᄒᆞ야, 悔(회)ㅣ 亡(망)ᄒᆞ야, 利(리)티 아니미 업스니, 初(초)ㅣ 업고 終(죵)이 이실 디라, 庚(경)으로 몬져 三日(삼일)을 ᄒᆞ며, 庚(경)으로 後(후) ㄷ 三日(삼일)을 ᄒᆞ면 吉(길)ᄒᆞ리라.[《本義》: 貞(뎡)ᄒᆞ여 吉(길)ᄒᆞ니]

☆象(샹)애 굴오디 九五의 「吉」홈은 位(위)ㅣ 正(졍)히 中(듕)홀 시라.

〈해석〉[九五](-): 마음을 곧게 가지면 길하여(곧게 하여 길하니), 회한이 사라져 이롭지 않음이 없고, 처음은 없으나 나중에는 성취가 있게 될 것이니, 경일(庚日)보다 사흘 앞선 정일(丁日)이나, 경일보다 사흘 뒤인 계일(癸日)에 하면 길하리라.

☆象: 구오의 효가 "길하다"함은, 자리가 위정당하고 득중하였기 때문이다.


【九五】이는 君位이며 전괘의 主爻. 중앙에 위치하여 得中하였고, 아울러 陽爻로 陽位에 있어 位正當함. 이에 겸퇴의 도를 실천함에 있어서 적극적임.

【貞吉, 悔亡, 无不利】'貞吉'은 貞辭가 '길하다'라 나옴. '无不利'는 이롭지 않음이 없음. 王弼 注에 "以陽居陽, 損於謙巽. 然秉乎中正, 以宣其令, 物莫之違, 故曰'貞吉, 悔亡, 无不利'也"라 하였고, 〈正義〉에 "九五以陽居陽, 違於謙巽, 是悔也. 然執乎中正, 以宣其令, 物莫之違, 是由貞正獲吉, 故得悔亡而无不利, 故曰'貞吉, 悔亡, 无不利'也"라 함.

【无初有終】처음 시작에는 아무런 소득이 없으나 끝은 매우 훌륭함. 결과가 좋음을 뜻함. 王弼 注에 "化不以漸, 卒以剛直, 用加於物, 故初皆不說也. 終於中正, 邪道以消,

故'有終'也"라 하였고, 〈正義〉에 "'无初有終'者, 若卒用剛直, 化不以漸, 物皆不說, 故曰'无初'也. 終於中正, 物服其化, 故曰'有終'也"라 함. 《集解》에 "虞翻曰:「得位處中, 故'貞吉, 悔亡, 无不利'也. 震巽相薄, 雷風无形, 當變之震矣. 巽究爲躁, 卦故'无初有終'也.」"라 함.

【先庚三日, 後庚三日, 吉】'先庚三日'의 '庚日'은 十干(甲乙丙丁戊己庚辛壬癸)에서 7번째의 날. 이 날은 이미 어떤 사안이 중간을 넘어 變革의 길로 들어선 과정에 해당함. 이에 '先庚三日'은 丁日이 되며, '後庚三日'은 癸日이 됨. ○高亨은 "先庚三日者, 丁日也. 後庚三日者, 癸日也. 言擧事在丁癸二日則吉也"라 함. 丁日부터 癸日까지는 모두 7일이 되며, 周나라 때 점은 대체로 7일을 순환으로 하여 이 기간 안에 일을 처리하면 吉할 것임을 뜻함. 혹 丁日이나 癸日에 일을 처리하면 길함. 〈蠱卦〉(018)와 〈復卦〉(024)를 참조할 것. ○高亨은 "筮遇此爻, 所占者吉, 其悔可亡, 無不利, 有所爲雖無初可有終, 擧事在庚前三日, 庚後三日則吉. 故曰「貞吉, 悔亡, 无不利. 无初有終. 先庚三日, 後庚三日, 吉」"이라 함. 이 효는 陽剛, 得中, 位正當, 君位 등 4가지를 갖추고 있어, 남에게 申命의 임무를 실행함에 이상적임. 처음에는 자신의 주장(申, 巽)을 들어주는 자가 없으나 끝내 좋은 결과를 얻음. 庚日을 비유하여, 變革求新을 이룰 수 있으므로 상하 모두에게 능히 和平과 順從을 성취시킴. 王弼 注에 "申命令, 謂之庚. 夫以正齊, 物不可卒也. 民迷固久直, 不可肆也. 故先申三日, 令著之; 後復申三日, 然後誅, 而无咎怨矣. 甲庚, 皆申命之謂也"라 하였고, 〈正義〉에 "'先庚三日, 後庚三日, 吉'者, 申命令謂之庚. 民迷固久, 申不可卒, 故先申之三日, 令著之; 後復申之三日, 然後誅之. 民服其罪, 无怨而獲吉矣. 故曰'先庚三日, 後庚三日, 吉'也"라 함. 《集解》에 "虞翻曰:「震, 庚也. 謂變初至二成離, 至三成震, 震主庚離, 爲日震. 三爻在前, 故'先庚三日', 謂益時也. 動四至五成離, 終上成震, 震爻在後, 故'後庚三日'也. 巽初失正, 終變成震得位, 故'无初有終, 吉'. 震究爲蕃, 鮮白謂巽也. 巽究爲躁, 卦躁卦謂震也. 與〈蠱〉'先甲三日, 後甲三日'同義. 五動成〈蠱〉, 乾成於甲, 震成於庚, 陰陽天地之始終, 故經擧'甲庚'. 於〈蠱〉象巽五也.」"라 함. 《傳》에 "五居尊位, 爲巽之主, 命令之所出也. 處得中正, 盡巽之善. 然巽者, 柔順之道, 所利在貞, 非五之不足, 在巽當戒也. 旣貞則吉而悔亡, 无所不利. 貞, 正中也. 處巽出令, 皆以中正爲吉, 柔巽而不貞, 則有悔, 安能无所不利也? 命令之出, 有所變更也. '无初', 始未善也; '有終', 更之使善也. 若已善, 則何用命也? 何用更也? '先庚三日, 後庚三日, 吉', 出命更改(一作故)之道, 當如是也. '甲'者, 事之端也; '庚'者, 變更之始也. 十干戊己爲中, 過中則變, 故謂之'庚'. 事之改更, 當原始要終, 如'先甲'後甲'之義, 如是則吉也. 解在〈蠱〉卦"라 하였고, 《本義》에 "九五剛健中正, 而居巽體, 故有悔, 以有貞而吉也. 故得亡其悔, 而无不利. '有悔', 是无初也; '亡之', 是有終也. 庚, 更也, 事之變也. 先庚三日, 丁也; 後庚三日, 癸也. '丁', 所以丁寧於

其變之前; 癸, 所以揆度於其變之後. 有所變更, 而得此占者, 如是則吉也"라 함.

☆【九五之「吉」, 位正中也】'位正中也'는 자리가 得中하였고, 位正當함을 말함. 〈正義〉에 "〈象〉曰'位正中'者, 若不以九居五位, 則不能以中正齊物. 物之不齊, 无由致吉. 致吉, 是由九居五位, 故擧爻位言之"라 함. 《集解》에 "虞翻曰:「居中得正, 故'吉'矣.」"라 함. 《傳》에 "九五之吉, 以處正中也. 得正中之道, 則吉而其悔亡也. 正中, 謂不過无不及 (一作无過不及), 正得其中也. 處柔巽與出命令, 唯得中爲善, 失中則悔也"라 함.


# 上九: 巽在牀下, 喪其資斧, 貞凶.
# ☆象曰:「巽在牀下」, 上窮也;「喪其資斧」, 正乎? 凶也.

〈언해〉 上九(샹구)는, 巽(손)이 牀(상) 아래 이셔, 그 資(ㅈ)혼 斧(부)를 喪(상)ᄒ니, 貞(뎡)에 凶(흉)ᄒ니라.

　　☆象(샹)애 굴오디「巽在牀下」는, 上(샹)ᄒ야 窮(궁)ᄒ고,「喪其資斧」는 正(졍)ᄒ랴? 凶(흉)ᄒ니라.[《本義》: 正(졍)히 凶(흉)홈이라]

〈해석〉 [上九](一): 침상 아래에서 공손히 함이니, 그 재물과 도끼를 잃는 자리이니, 바르게 해도 흉하다.

　　☆象: "침상 아래에서 공손하게 한다"함은, 가장 높은 자리에 있어, 곤궁하고, "재물과 도끼를 잃는다"함은, 옳을 수 있겠는가? 흉할 뿐이니라.(틀림없이 흉하다는 것이다.)


　　【上九】 이는 전괘의 마무리이며 陽爻로 陰位에 있어 位不當함. 지나치게 陽剛하여 謙遜의 도를 제대로 이루지 못하며, 極位의 末路에 있어 謙讓의 拘束을 벗어나면 된다는 剛亢의 의지를 가지고 있어 凶함.

　　【巽在牀下, 喪其資斧. 貞凶】 '巽在牀下'는 앞의 九二 爻辭와 같음. '巽'은 엎드리다(伏, 俯)의 뜻이라 하나 역시 '겸손함을 침상 아래에서 행하다'의 뜻. '喪其資斧'는 〈旅卦〉九四 爻辭의 '得其資斧'에 상대되는 표현. 《集解》에 "虞翻曰:「牀下, 爲初也. 窮上反下成震, 故巽在牀下, 〈象〉曰'上窮'也. 明當變窮, 上而復初也.」○九家《易》曰:「上爲宗廟禮, 封賞出軍, 皆先告廟, 然後受行, 三軍之命, 將之所專, 故曰'巽在牀下'也.」"라 함. '資'는 財物, '斧'는 생활에 필요한 각종 도구들을 뜻함. ○高亨은 "資斧, 猶今言錢財也. '巽在牀下, 喪其資斧'者, 盜賊入室, 主人恐懼, 伏於牀下, 盜賊掠其錢財而去也"라 함. 그러나 王

弼과 孔穎達은 刑具로 보았음. '貞凶'의 '貞'은 貞辭. 이 효의 貞辭는 '흉하다'임. ○高亨은 "有外寇之來, 無自衛之勇, 喪室中之財, 非凶而何? 故曰「巽在牀下, 喪其資斧, 貞凶」"이라 함. 이 효는 巽卦의 極位에 있어 겸손함이 지극하였음에도 自卑를 내세움. 그 때문에 아래 구이처럼 巽在牀下라 한 것이며, 그에 치중하다가 재물과 생활도구를 잃음으로, 스스로 정도를 지켜 흉을 방비할 것을 권고한 것임. 王弼 注에 "處巽之極, 極巽過甚, 故曰'巽在牀下'也. 斧, 所以斷者也. 過巽失正, 喪所以斷, 故曰'喪其資斧, 貞凶'也"라 하였고, 〈正義〉에 "'巽在牀下'者, 上九處巽之極, 巽之過甚, 故曰'巽在牀下'. '喪其資斧'者, 斧, 能斬決以喩威斷也. 巽過, 則不能行威命, 命之不行, 是喪其所用之斧, 故曰'喪其資斧'也. '貞凶'者, 失其威斷, 是正之凶, 故曰'貞凶'也"라 함. 《集解》에 "虞翻曰:「變至三時, 離毀入坤, 坤爲喪, 離爲斧, 故'喪其資斧'. 三變失位, 故'貞凶'.」"○荀爽曰:「軍罷師旋, 亦告於廟, 還斧於君, 故'喪資斧'正如. 其故不執臣節, 則凶, 故曰'喪其資斧, 貞凶'.」"이라 함. 《傳》에 "牀, 人所安也. 在牀下過, 所安之義也. 九居巽之極, 過於巽者(一无者字)也. 資, 所有也; 斧, 以斷也. 陽剛本有斷, 以過巽而失其剛, 斷失其所有, 喪資斧也. 居上而過巽, 至於自失, 在正道爲凶也"라 하였고, 《本義》에 "巽在牀下, 過於巽者也. 喪其資斧, 失所以斷也. 如是則雖貞, 亦凶矣. 居巽之極, 失其陽剛之德, 故其象占如此"라 함.

☆【「巽在牀下」, 上窮也】'上窮也'은 巽卦의 가장 위에서 더 해볼 것이 없음. 마지막 궁함에 이름. 末路에 이름. 가장 궁극에 이르렀기 때문임. 〈正義〉에 "〈象〉曰'上窮'者, 處上窮巽, 故過在牀下也"라 함. 《集解》에 "虞翻曰:「陽窮上反下, 故'上窮'也.」"라 함.

【「喪其資斧」, 正乎? 凶也】'正乎? 凶也'는 "바를 수 있겠는가? 凶할 뿐이다"의 뜻으로, 反語文에 대한 답의 강한 否定의 의미. 그러나 朱熹는 "틀림없이 흉하다"의 平敍文으로 풀이하였음. 〈正義〉에 "'正乎凶'者, 正理須當威斷而喪之, 是'正乎凶'也"라 함. 《集解》에 "虞翻曰:「上應於三, 三動失正, 故曰'正乎凶'也.」"라 함. 《傳》에 "巽在牀下, 過於巽也. 處卦之上, 巽至於窮極也. 居上而過極於巽, 至於自失, 得爲正乎? 乃凶道也. 巽本善行, 故疑之曰:「得爲正乎?」復斷之曰:「乃凶也.」"라 하였고, 《本義》에 "正乎凶, 言必凶"이라 함.

# 058 태兌

≣ 兌爲澤: ▶兌下兌上(☱下☱上)

    * 兌(태): 〈音義〉에 "兌, 徒外反. 悅也"라 하여 '태(dui)'로 읽음. '兌'는 說(열)과 같은 뜻으로 欣悅, 和悅, 悅樂 등 기꺼워하며 즐거워함을 의미함. 상하(내외)괘가 모두 팔괘의 兌(澤)로써 同卦相疊의 '兌爲澤' 괘체임. 두 못의 물이 서로 통하여 상하가 화합하며, 단결을 이루고 있으며, 한편으로는 못물은 만물을 적셔 자라게 해 주어 만물이 모두 즐거워하는 것임. 사람도 마치 친구가 서로 그리워하며 切磋하여 공부하는 의미를 함께 지니고 있음. 따라서 사람과 사람 사이에서는 의당 서로가 편안하고 즐거워할 수 있는 분위기를 만들어야 하나, 다만 아첨으로 미쁨을 사거나 邪曲된 행동으로 사랑을 받고자 하는 것은 배제하며, 오직 純正과 誠信이 기본이 되어야 함과 아울러 자신에게는 外柔內剛, 타인과의 처신에는 和而不同해야 함을 상징함. 아울러 지도자가 누구에게나 즐거움으로, 기꺼이 일을 하도록 하면 천하가 순종해올 것임을 강조하고 있기도 함.

    *《集解》에 "〈序卦〉曰:「入而後說之, 故受之以'兌'.」兌者, 說也.(崔憬曰:「巽以申命, 行事入於刑者也入. 刑而後說之, 所謂人忘其勞死也.」)"라 함.

    *《傳》에 "'兌', 〈序卦〉:「巽者, 入也. 入而後說之, 故受之以'兌'.」兌者, 說也. 物相入則相說, 相說則相入, '兌'所以次'巽'也"라 함.


## (1) 卦辭

# 兌: 亨, 利貞.

〈언해〉 兌(태)는 亨(형)ᄒ니, 貞(뎡)홈이 利(리)ᄒ니라.
〈해석〉 태(兌, 태괘)는 형통하니, 곧은 마음을 가지는 것이 이롭다.

    【兌】卦名이며, '說(悅)'의 뜻. 혹 '서로 믿고 매매하다'의 의미에서 '兌換'이라는 어휘도 있음. 그러나 ○高亨은 본괘의 '說'은 원의대로 '말하다'의 뜻이라 하였음.

【亨, 利貞】‘亨’은 亨通함. 혹 ‘享’(祭享)의 뜻이라고도 함. ‘利貞’은 ‘이롭다, 유리하다’의 貞辭. 점을 쳐서 이 괘를 만나면 하는 일이 이롭게 해결됨. ○高亨은 “亨卽享字, 古人擧行享祀, 曾筮遇此卦, 故記之曰「亨」又筮遇此卦, 所占者利, 故曰「利貞」”이라 함. 〈正義〉에 “兌, 說也. 〈說卦〉曰: 「說萬物者, 莫說乎澤. 以兌是象澤之卦, 故以兌爲名.」澤以潤生萬物, 所以萬物皆說. 施於人事, 猶人君以恩惠養民, 民莫不說也. 惠施民說, 所以爲亨以說. 說物恐陷諂邪, 其利在於貞正, 故曰‘兌, 亨, 利貞’”이라 함. 《集解》에 “虞翻曰: 「〈大壯〉五之三也. 剛中而柔外, 二失正動, 應五承三, 故‘亨, 利貞’也.」”라 함. 《傳》에 “兌, 說也. 說致亨之道也. 能說於物, 物莫不說, 而與之足, 以致亨. 然爲說之道, 利於貞正, 非道求說, 則爲邪諂, 而有悔咎(一作咎), 故戒‘利貞’也”라 하였고, 《本義》에 “兌, 說也. 一陰進乎二陽之上, 喜之見乎外也. 其象爲澤, 取其說萬物, 又取坎水, 而塞其下流之象. 卦體‘剛中而柔外’. 剛中故說而亨, 柔外故利於貞. 盖說有亨道, 而其妄說, 不可以不戒, 故其占如此. 又柔外, 故爲說亨; 剛中, 故利於貞, 亦一義也”라 함.

## (2) 彖辭와 象辭

彖曰: 兌, 說也.
剛中而柔外, 說以利貞, 是以順乎天而應乎人.
說以先民, 民忘其勞; 說以犯難, 民忘其死. 說之大, 民勸矣哉!
★象曰: 麗澤, 兌. 君子以朋友講習.

〈언해〉 彖(단)애 골오디 兌(태)는 說(열)홈이니,
　　　剛(강)이 中(듕)ᄒ고 柔(유) ㅣ 外(외)ᄒ야, 說(열)ᄒ고 뻐 貞(뎡)홈이 利(리)ᄒ다라, 일로뻐 天(텬)을 順(슌)ᄒ고 人(인)을 應(응)ᄒ야,
　　　說(열)로뻐 民(민)을 先(선)ᄒ고, 民(민)이 그 勞(로)를 忘(망)ᄒ고, 說(열)로뻐 難(난)을 犯(범)ᄒ면, 民(민)이 그 死(ᄉ)를 忘(망)ᄒᄂ니, 說(열)의 大(대) ㅣ 民(민)이 勸(권)ᄒᄂ니라!
　　　★象(샹)애 골오디 麗(리)ᄒ 澤(퇵)이 兌(태)니, 君子(군ᄌ) ㅣ 以(이)ᄒ야 朋友(븡우)로 講習(강습)ᄒᄂ니라.

〈해석〉 彖: 태괘는 즐거워함을 뜻한다.

강한 것(陽爻)은 중을 얻고(九二, 九五), 유한 것(陰爻)은 밖(六三, 上六)에 있어,
즐거움으로써 마음을 곧게 가지면 이롭기에, 이 까닭으로 하늘에 순종하고
사람에게 응하는 것이다.
즐거운 마음으로 백성에게 먼저 하기에, 백성들은 그 힘듦을 잊는 것이요, 즐거
운 마음으로 어려운 일에 맞서면, 백성들은 그 자신들의 죽음도 잊는 것이니,
즐거움의 위대함이 백성들을 권면토록 하는 것이다.
★象: 연결된 두 못의 모습이 태괘이다. 군자는 이를 바탕으로 하여 벗을 모아
강론하고 익히며 공부하느니라.

【兌, 說也】 '兌'는 '즐겁다, 기꺼워하다, 和悅하다'의 뜻임. '說'은 悅(疊韻, 同音)과
같음. 그러나 ○高亨은 "〈彖傳〉等訓兌爲說, 當取談說之義, 非喜悅之悅也"라 하여, 이
〈兌卦〉의 '說'자는 모두 原義대로 '말하다'의 뜻이어야 한다 하였음. 〈正義〉에 "'兌, 說
也'者, 訓卦名也"라 함. 《集解》에 "虞翻曰:「兌口, 故說也.」"라 함. 《本義》에 "釋卦名義"
라 함.

【剛中而柔外, 說以利貞】 '剛中而柔外'은 陽剛이 가운데에 있고, 柔弱이 밖에 있음.
'剛中'은 九二와 九五를 가리킴. 두 효는 陽爻이므로 '剛'이며 가운데에 있어 得中하였으
므로 '中'이라 한 것임. '柔'는 六三과 上六을 가리킴. 陰爻이므로 '柔'이며 각기 위(밖)에
있어 '外'라 한 것임. '說以利貞'은 기쁜 마음으로 남과 이익에 있어서 바르게 처리함.
'利'는 謀利, '貞'은 正과 같은 뜻이며 正道. 王弼 注에 "說而違剛則諂, 剛而違說則暴.
剛中而柔外, 所以說以利貞也. 剛中故利貞, 柔外故說亨"이라 하였고, 〈正義〉에 "'剛中而
柔外, 說以利貞'者, 此就二五, 以剛居中; 上六六三, 以柔處外, 釋'兌: 亨, 利貞'之義也.
外雖柔說而內德, 剛正則不畏邪諂; 內雖剛正而外迹, 柔說則不憂侵暴, 只爲剛中而柔外,
中外相濟, 故得說亨而利貞也"라 함. 《集解》에 "虞翻曰:「剛中謂二五, 柔外謂三上也. 二
三四利之正, 故'說以利貞'也.」"라 함.

【是以順乎天而應乎人】 이 까닭으로 하늘의 뜻에 순응하고, 사람의 도리에 응당히
함. 王弼 注에 "天剛而不失說者也"라 하였고, 〈正義〉에 "'是以應乎天而順乎人'者, 廣明
說義. 合於天人, 天爲剛德而有柔克是剛, 而不失其說也. 今說以利貞, 是上順乎天也; 人
心說於惠澤, 能以惠澤說人, 是下應乎人也"라 함. 《集解》에 "虞翻曰:「〈大壯〉乾爲天, 謂
五也. 人謂三矣. 二變順五承三, 故'順乎天應乎人', 坤爲順也.」"라 함.

【說以先民, 民忘其勞】 '說以先民'은 기쁜 마음으로 백성을 先導함. 백성보다 앞서서
함. '民忘其勞'은 백성들은 힘듦을 잊음. 〈正義〉에 "'說以先民, 民忘其勞', 以下歎美說

之所致, 亦申明應人之法, 先以說豫撫民, 然後使之從事, 則民皆竭力, 忘其從事之勞, 故曰'說以先民, 民忘其勞'也"라 함. 《集解》에 "虞翻曰:「謂二四, 已變成〈屯〉, 故爲勞. 震喜兌說, 坤爲民, 坎爲心, 民心喜說, 有順比象, 故忘其勞也.」"라 함.

【說以犯難, 民忘其死】 '說以犯難'은 지도자(위정자)가 기쁜 마음으로 어려움에 맞섬. '犯難'은 난관이 있을 때 맞서서 해결함. 난관을 피하지 않음. '民忘其死'은 백성들은 그에 따라 자신의 죽음도 잊은 채 따름. 〈正義〉에 "'說以犯難, 民忘其死'者, 先以說豫勞民, 然後使之犯難, 則民皆授命, 忘其犯難之死, 故曰'說以犯難, 民忘其死'也"라 함. 《集解》에 "虞翻曰:「體〈屯〉, 故難也. 三至上體〈大過〉, 死變成〈屯〉, 民說無疆, 故民忘其死. 坎心爲忘, 或以坤爲死也.」"라 함.

【說之大, 民勸矣哉!】 기쁨의 위대함으로써 백성들에게 勸勉함. 즐거움이 곧 백성을 힘쓰게 하는 원동력임을 뜻함. 〈正義〉에 "施說於人, 所致如此, 豈非說義之大能使民勸勉矣哉? 故曰'說之大, 民勸矣哉!'"라 함. 《集解》에 "虞翻曰:「體比順象, 故勞而不怨, 震爲喜笑, 故人勸也.」"라 함. 《傳》에 "兌之義, 說也. 一陰居二陽之上, 陰說於陽, 而爲陽所說也. 陽剛居中, 中心誠實之象; 柔爻在外, 接物和柔之象, 故爲說而能貞也. 利貞, 說之道, 宜正(一作貞)也. 卦有剛中之德, 能貞者也. 說而能貞, 是以上順天理, 下應人心, 說道之至, 正至善者也. 若夫違道以干百姓之譽者, 苟說之道, 違道不順天, 干譽非應人, 苟取一時之說耳, 非君子之正道. 君子之道, 其說於民, 如天地之施, 感於其心, 而說服无斁, 故以之先民, 則民心說隨, 而忘其勞. 率之以犯難, 則民心(一无心字)服於義, 而不恤其死, 說道之大, 民莫不知勸. 勸, 謂信之而勉力, 順從人君(一作君人)之道, 以人心說服爲本, 故聖人贊其大"라 하였고, 《本義》에 "以卦體釋卦辭, 而極言之"라 함.

★【麗澤, 兌】 '麗澤'은 澤(兌)이 서로 연결됨. '麗'는 連(雙聲)의 뜻. '붙다, 연결되다'의 뜻. 王弼은 "麗, 猶連也"라 함. 이처럼 小成卦 둘의 태(兌)괘가 위아래로 연결되어 있는 것이 大成卦 兌卦임. 王弼 注에 "麗, 猶連也"라 하였고, 〈正義〉에 "'麗澤兌'者, 麗, 猶連也. 兩澤相連, 潤說之盛, 故曰'麗澤, 兌'也"라 함.

【君子以朋友講習】 '朋友講習'은 친구사이에 서로 강(講)하고 습(習)함. '講習'은 서로 열심히 공부함을 뜻함. '講'은 강론, 토론. '習'은 이미 배우고 익힌 것을 복습함. 붕우가 함께 공부하는 것은 서로 즐거움을 맛보는 경지를 얻기 위한 것임. 王弼 注에 "施說之道, 莫盛於此"라 하였고, 〈正義〉에 "'君子以朋友講習'者, 同門曰朋, 同志曰友. 朋友聚居講習道義, 相說之盛莫過於此也. 故君子象之以朋友講習也"라 함. 《集解》에 "虞翻曰:「君子, 〈大壯〉乾也. 陽息見兌, 學以聚之, 問以辯之, 兌二陽, 同類爲朋, 伏艮爲友, 坎爲習, 震爲講. 兌兩口對, 故'朋友講習'也.」"라 함. 《傳》에 "麗澤, 二澤相附麗也. 兩澤

相麗, 交相浸潤, 互有滋益之象, 故君子觀其象, 而以朋友講習. 朋友講習, 互相益也. 先儒謂天下之可說, 莫若朋友講習. 朋友講習, 固可說之大者, 然當明相益之象"이라 하였고, 《本義》에 "兩澤相麗, 互相滋益, 朋友講習, 其象如此"라 함.


## (3) 爻辭와 象辭

初九: 和兌, 吉.
☆象曰:「和兌之吉」, 行未疑也.

〈언해〉 初九(초구)는 和(화)ᄒ야 兌(태)홈이니, 吉(길)ᄒ니라.
　　　☆象(상)애 ᄀᆞᆯ오ᄃᆡ「和兌의 吉홈」은, 行(ᄒᆡᆼ)이 疑(의)티 아니 홀 시라.
〈해석〉 [初九](一): 화목하게 하여 즐거워함이니, 길하다.
　　　☆象: "화목하여 즐거워함이니, 길하다"함은, 행하는 바를 의심하지 않기 때문이다.


【初九】 이는 전괘의 시작이며 下卦(兌)의 첫 출발. 陽爻로 位正當함.

【和兌, 吉】 '和兌'는 和悅함을 즐겁게 여김. 그 때문에 길한 것임. 그러나 ○高亨은 "本卦兌字皆爲談說. '和兌'者, 以溫和之度, 向人談說也. 如是者'吉', 故曰「和兌, 吉」"이라 하여, '남에게 온화한 태도로 말해주는 사람은 길하다'의 뜻이라 하였음. 이 효는 陽剛하면서 아래에 처하여 마구 나서지 않고, 사심에도 얽매이지 않음. 陽剛의 자신감이 있어 널리 和平으로 남을 대함. 王弼 注에 "居兌之初, 應不在一, 无所黨係, 和兌之謂也. 說不在諂, 履斯而行, 未見有疑之者, 吉其宜矣"라 하였고, 〈正義〉에 "初九居兌之初, 應不在一无所私說, 說之和也. 說物以和, 何往不吉? 故曰'和兌, 吉'也"라 함. 《集解》에 "虞翻曰:「得位, 四變應已, 故'和兌, 吉'矣.」"라 함. 《傳》에 "初雖陽爻, 居說體而在最下, 无所係應, 是能卑下, 和順以爲說, 而无所偏私者也. 以和爲說, 而无所偏(一无偏字)私, 說之正也. 陽剛, 則不卑; 居下, 則能巽; 處說, 則能和; 无應, 則不偏. 處說如是, 所以吉也"라 하였고, 《本義》에 "以陽爻居說體而處最下, 又无係應, 故其象占如此"라 함.

☆【「和兌之吉」, 行未疑也】 '行未疑也'는 행동에 의심이 없음. 그러나 ○高亨은 "疑, 借爲碍. 《說文》:「碍, 止也.」 卽阻止之義"라 하여, '막힘이 없다'라 하였음. 〈正義〉에 "〈象〉曰'行未疑'者, 說不爲諂, 履斯而行, 未見疑之者也. 所以得吉也"라 함. 《集解》에

"虞翻曰:「四變應初, 震爲行, 坎爲疑, 故'行未疑'.」"라 함. 《傳》에 "有求而和, 則涉於邪諂. 初隨時順, 處(一作處順)心无所係, 无所爲也, 以和而已, 是以吉也. 〈象〉又以其處說, 在下而非中正, 故云'行未疑'也. 其行未有可疑, 謂未見其有失也. 若得中正, 則无是言也. 說以中正爲本, 爻直陳其義, 〈象〉則推而盡之"라 하였고, 《本義》에 "居卦之初, 其說也正, 未有所疑也"라 함.


# 九二: 孚兌, 吉, 悔亡.
# ☆象曰:「孚兌之吉」, 信志也.

〈언해〉 九二(구이)는, 孚(부)ᄒᆞ야 兌(태)홈이니, 吉(길)ᄒᆞ고, 悔(회)ㅣ 亡(망)ᄒᆞ니라.
　　　☆象(샹)애 ᄀᆞᆯ오디「孚兌의 吉홈」은 志(지)ㅣ 信(신)홀 시라.
〈해석〉 [九二](-): 성신하여 즐겁게 여기는 것이니, 길하고, 회한이 사라진다.
　　　☆象: "성신하여 즐겁게 여기니 길하다"함은, 뜻을 미덥게 하기 때문이다.


　【九二】이는 下卦의 중앙에 위치하여 得中하였으나, 陽爻로 陰位에 있어 位不當함. 그러나 得中을 잡고 誠信(미더움)을 위주로 행하기에 길함.
　【孚兌, 吉, 悔亡】'孚兌'는 미더움이 있어 즐거움. 그러나 혹 '포로가 되었으나 기쁨을 누림'의 뜻으로도 봄. 이 경우 '孚'는 俘와 같음. 俘虜, 捕虜가 됨. 따라서 吉함. '悔亡'은 회한이 사라짐. '悔'는 位不當함을 말함. ○高亨은 "孚, 信也. '孚兌'者, 以誠信之度, 向人談說也. 如是者吉, 其悔可亡, 故曰「孚兌, 吉, 悔亡」"이라 함. 이 효는 位不當하나 陽剛하고 또한 得中하여 남에게 믿음을 주어 즐거움을 맛보도록 함. 王弼 注에 "說不失中, 有孚者也. 失位而說, 孚吉乃悔亡也"라 하였고, 〈正義〉에 "九二說不失中有, 信者也. 說而有信, 則吉從之, 故曰'孚兌, 吉'也. 然履失其位, 有信而吉, 乃得亡悔, 故曰'孚兌, 吉, 悔亡'也"라 함. 《集解》에 "虞翻曰:「孚謂五也. 四已變五在坎中, 稱孚二動, 得位應之, 故'孚兌, 吉, 悔亡'矣.」"라 함. 《傳》에 "二承比陰柔, 陰柔小人也. 說之則當有悔. 二剛中之德, 孚信內充, 雖比小人, 自守不失君子, 和而不同說, 而不失剛中, 故吉而悔亡. 非二之剛中, 則有悔矣. 以自守而亡也"라 하였고, 《本義》에 "剛中爲孚, 居陰爲悔, 占者以孚而說, 則吉而悔亡矣"라 함.
　☆【「孚兌之吉」, 信志也】'信志也'는 그 뜻을 믿음. 서로 사이에 믿음이 있음. 그러나 沙少海는 "志, 借志之爲, 用如代詞"라 하여, '志'는 指示代名詞 '之'와 같다 하였음. 王弼

注에 "其志信也"라 하였고, 〈正義〉에 "〈象〉曰'信志也'者, 失位而得吉, 是其志信也"라 함.
《集解》에 "虞翻曰:「二變應五, 謂四已, 變坎爲志, 故'信志'也.」"라 함. 《傳》에 "心之所存,
爲志二剛, 實居中孚, 信存於中也. 志存誠信, 豈至說小人而自失乎? 是以吉也"라 함.


# 六三: 來兌, 凶.
# ☆象曰:「來兌之凶」, 位不當也.

〈언해〉 六三(륙삼)은, 來(리)ᄒᆞ야 兌(태)홈이니, 凶(흉)ᄒᆞ니라.
　　　☆象(상)애 굴오디 「來兌의 凶홈」은 位(위)ㅣ 當(당)티 아니 홀 시라.
〈해석〉 [六三](--): 다가오도록 하여 즐거워함이니, 흉하다.
　　　☆象: "다가오도록 하여 즐거워함이니 흉하다"함은, 자리가 맞지 않기 때문
이다.


　　【六三】 이는 下卦의 맨 위에 있으며, 陰爻로 陽位에 있어 位不當함. 그 때문에 자신
이 즐거움을 만들지 못하고 남이 오도록 하여 즐거움을 삼음. 따라서 흉함.
　　【來兌, 凶】 '來兌'는 남으로 하여금 자신에게 오도록 하여 즐거움을 누림. 그러나
'자신에게 다가와 자상하게 말해줌'의 뜻이며, 그 경우 '말이 많을 것이므로 이는 흉
한 것'라고도 함. '凶'은 자신의 지위에 걸맞지 않으므로 흉함. ○高亨은 "來兌'者, 必
多言; 多言者必多敗, 故曰「來兌, 凶」. 其戒人者深矣"라 함. 이 효는 역시 位不當하며
上六도 陰爻로, 그로부터 도움을 받지 못해 대신 初九와 九二에게 邪佞을 부림. 그
때문에 흉한 것임. 王弼 注에 "以陰柔之質, 履非其位, 來求說者也. 非正而求說, 邪佞者
也"라 하였고, 〈正義〉에 "三爲陽位, 陰來居之, 是進來求說, 故言'來兌', 而以不正來說,
佞邪之道, 故曰'來兌, 凶'也"라 함. 《集解》에 "虞翻曰:「從〈大壯〉來, 失位, 故'來兌, 凶'
矣.」"라 함. 《傳》에 "六三陰柔不中正之人, 說不以道者也. '來兌', 就之以求說也. 比於在
下之陽, 枉己非道, 就以求說, 所以凶也. 之內爲來, 上下俱陽, 而獨之內者, 以同體而陰
性(一作性陰)下也. 失道下行也"라 하였고, 《本義》에 "陰柔不中正, 爲兌之主, 上无所應,
而反來就二陽, 以求其說, 凶之道也"라 함.
　　☆【「來兌之凶」, 位不當也】 '位不當也'는 陰爻로 陽位에 있으며 下卦의 맨 윗자리임.
이는 누림과 지위가 맞지 않음을 비유함. 〈正義〉에 "〈象〉曰'位不當'者, 由位不當, 所以
致凶也"라 함. 《集解》에 "案: 以陰居陽, 故'位不當'. 諂邪求悅, 所以必'凶'.」"이라 함.

《傳》에 "自處不中正, 无與而妄求說, 所以凶也"라 함.


## 九四: 商兌未寧, 介疾有喜.
## ☆象曰: 九四之「喜」, 有慶也.

〈언해〉九四(구ᄉ)는, 兌(태)를 商(샹)ᄒ야 寧(령)티 몯ᄒ니, 介(개)ᄒ야 疾(질)ᄒ면 喜(희) 이시리라.[《本義》: 兌(태)를 商(샹)ᄒ는 디라 寧(령)티 몯ᄒ나, 介(개)ᄒ야 疾(질)홈이니]

☆象(샹)애 ᄀᆯ오디 九四의 「喜」홈은, 慶(경)이 이심이라.

〈해석〉[九四](一): 즐거움을 헤아리나 아직 결정을 하지 못하니, 막아서 미워하면(즐거움을 헤아리는 지라 결정하지 못하나, 막아서 미워함이니) 기쁨이 있으리라.

☆象: 구사의 "기쁨"이란, 경사가 있을 것이라는 뜻이다.


【九四】이는 상괘(兌)의 시작이며, 陽爻로 陰位에 있어 位不當함.

【商兌未寧, 介疾有喜】'商兌未寧'의 '商'은 商議, 商談함. 그 외 '計, 度, 商量' 등의 뜻이 있음. 따라서 '商兌'는 서로 물건의 거래를 상담하여 즐겁게 이루어짐을 뜻함. '未寧'은 원만하게 이루어지지 않음. '寧'은 定(疊韻)과 같음. '介疾有喜'의 '介'는 小의 뜻. '介疾'은 별것 아닌 문제. '介'는 疥의 假借로 옴병. 사소한 문제점을 비유함. 즉 六三을 가리킴. 혹 '介'는 개입함, 또는 隔의 뜻이라고도 함. '疾'은 혹 '미워하다, 嫉視하다'의 뜻이라고도 함. ○高亨은 "商談者, 其事未定, 故曰「商兌未寧」. 筮遇此爻, 所占之事亦在未定中也. 筮遇此爻, 疥疾將愈, 故曰「介疾有喜」"라 함. 이 효는 역시 位不當하며, 아래로 六三에게 사사롭게 사랑을 구하면서 그의 눈치를 살피는 爻位임. 또한 바로 위에 九五가 막고 있어 六三의 유혹을 뿌리치지 못하고 있음. 王弼 注에 "商, 商量裁制之謂也. 介, 隔也. 三爲佞說, 將近至尊, 故四以剛德, 裁而隔之. 匡內制外, 是以未寧也. 處於幾近, 閑邪介疾, 宜其有喜也"라 하였고, 〈正義〉에 "'商兌未寧'者, 商, 商量裁制之謂也. 夫佞邪之人, 國之疾也. 三爲佞說, 將近至尊, 故四以剛德, 裁而隔之, 使三不得進, 匡內制外, 未遑寧處, 故曰'商兌未寧'. 居近至尊, 防邪隔疾, 宜其有喜, 故曰'介疾有喜'"라 함. 《集解》에 "虞翻曰:「巽爲近利, 市三倍, 故稱'商兌'. 變之坎水, 性流震爲行, 謂二已變體比象, 故'未寧'. 與比不寧, 方來同義也. 坎爲疾, 故'介疾'. 得位承五, 故'有喜'.」"라 함. 《傳》에 "四上承中正之五, 而下比柔邪之三. 雖剛陽而處非正, 三陰柔陽所說也. 故不能決, 而商度

未寧, 謂擬議所從而未決, 未能有定也. 兩間謂之介, 分限也. 地之界, 則加田, 義乃同也. 故人有節守, 謂之介. 若介然守正, 而疾遠邪惡, 則有喜也. 從五正也, 說三邪也. 四近君之位, 若剛介守正, 疾遠邪惡, 將得君以行道, 福慶及物, 爲有喜也. 若四者得失, 未有定繫, 所從耳"라 하였고,《本義》에 "四上承九五之中正, 而下比六三之柔邪, 故不能決而商度, 所說未能有定, 然質本陽剛, 故能介然守正, 而疾惡柔邪也. 如此則有喜矣. 象占如此, 爲戒深矣"라 함.

☆【九四之「喜」, 有慶也】 '有慶也'는 경사스러운 일이 있을 것임. 자신이 안에서 내외를 匡制하여 九五(至尊)를 위함으로 해서 경사가 있을 것임. 〈正義〉에 "〈象〉曰'有慶'者, 四能匡內制外, 介疾除邪, 此之爲喜, 乃爲至尊, 所善天下蒙賴, 故言'有慶'也"라 함.《集解》에 "虞翻曰:「陽爲慶, 謂五也.」"라 함.《傳》에 "所謂喜者, 若守正而君說之, 則得行其剛陽之道, 而福慶及物也"라 함.


# 九五: 孚于剝, 有厲.
## ☆象曰:「孚于剝」, 位正當也.

〈언해〉 九五(구오)는, 剝(박)애 孚(부)ᄒᆞ면, 厲(려)ㅣ 이시리라.

　　☆象(샹)애 ᄀᆞᆯ오ᄃᆡ「孚于剝」은, 位(위)ㅣ 正(졍)히 當(당)홀 시라.

〈해석〉 [九五](-): 양(陽)을 갉아 소멸시키는 자를 믿으면, 위태로움이 있을 것이다.

　　☆象: "양을 갉아 소멸시키는 자를 믿는다"함은, 자리가 정당하기 때문이다.


【九五】 이는 君位이며 陽爻로 陽位에 있어 位正當하고, 上卦의 가운데에 있어 得中함. 그러나 九二와 正應을 이루지 못하였고, 둘 모두 陽爻이며 得中하여 警戒 대상이 됨. 그 때문에 陰爻를 찾다가 上六에게 관심을 가짐.

【孚于剝, 有厲】 '孚于剝'은 자신의 몸을 갉어가는 자에게 믿음을 줌. '孚'는 誠信의 뜻. '剝'은 '긁다, 剝奪하다, 削剝하다'의 뜻. 程頤는 "剝者, 消陽之名, 陰消陽者也, 蓋指上六"이라 하였고, 朱熹는 "剝, 謂陰能剝陽者也"라 하여, '陽을 갉어 소멸시키는 것이며, 上六을 가리킨다'라 하였음. 그러나 벌을 각박하게 사용함의 뜻이라고도 함. 혹 이는 나라 사이의 외교를 기록한 것으로도 봄. 李鏡池는 "句式同〈隨〉九五「孚于嘉」, 意卽被剝國所俘虜"라 하여 '박탈하는 나라의 포로가 되다'의 뜻이라 하였음. ○高亨은 "孚, 讀爲浮, 罰也. 君子行罰於剝, 則臣下怨叛. 小人被罰於剝, 則境遇益困. 其勢皆危, 故曰「孚於

剝, 有厲」라 함. 이 효는 바로 위 上六의 小人이 자신의 陽剛을 갉아먹고 있으며, 그
음효에게 유혹을 받아 뿌리치지 못함으로 해서 위험을 안고 있음. 王弼 注에 "比於上六,
而與相得, 處尊正之位, 不說信乎陽, 而說信乎陰, ‘孚于剝’之義也. 剝之爲義, 小人道長之
謂"라 하였고, 〈正義〉에 "剝者, 小人道長, 消君子之正, 故謂小人爲剝也. 九五處尊, 正之
位, 下无其應, 比於上六, 與之相得, 是說信於小人, 故曰‘孚于剝’. 信而成剝, 危之道也.
故曰‘有厲’"라 함. 《集解》에 "虞翻曰:「孚謂五也. 二四變體剝象, 故‘孚于剝’. 在坎未光,
有厲也.」"라 함. 《傳》에 "九五得尊位, 而處中正, 盡說道之善矣, 而聖人復設有厲之戒, 蓋
堯舜之盛, 未嘗无戒也. 戒, 所當戒而已. 雖聖賢在上, 天下未嘗无小人, 然不敢肆其惡也.
聖人亦說其能, 勉而革面也. 彼小人者, 未嘗不知聖賢之可說也. 如四凶處, 堯朝隱惡, 而順
命是也. 聖人非不知其終惡也, 取其畏罪而强仁耳. 五若誠心, 信小人之假善爲實善, 而不
知其包藏, 則危道也. 小人者, 備之不至, 則害於善, 聖人爲戒之意, 深矣! 剝者, 消陽之名,
陰消陽者也, 蓋指上六. 故‘孚于剝’, 則危也. 以五在說之時, 而密比於上六, 故爲之戒. 雖舜
之聖, 且畏巧言令色, 安得不戒也? 說之惑人, 易入而可懼也, 如此"라 하였고, 《本義》에
"剝, 謂陰能剝陽者也. 九五陽剛中正, 然當說之時, 而居尊位, 密近上六. 上六陰柔爲說之
主, 處說之極, 能妄說以剝陽者也. 故其占, 但戒以信于上六, 則有危也"라 함.

☆「孚于剝, 位正當也」‘位正當也’은 陽爻로 陽位에 있어 자리가 맞음을 뜻함. 이를
힘으로 여겨 小人(上六)을 신임함. 王弼 注에 "以正當之位, 信於小人, 而疏君子, 故曰
‘位正當’也"라 하였고, 〈正義〉에 "〈象〉曰‘位正當’者, 以正當之位, 宜任君子, 而信小人,
故以當位責之也"라 함. 《集解》에 "案: 以陽居尊位, 應二比四, 孚剝有厲, ‘位正當也’.」"라
함. 《傳》에 "戒孚于剝者, 以五所處之位正當, 戒也. 密比陰柔, 有相說之道, 故戒在信之
也"라 하였고, 《本義》에 "與〈履〉九五同"이라 함.


## 上六: 引兌.
## ☆象曰: 上六「引兌」, 未光也.

〈언해〉 上六(샹륙)은, 引(인)ᄒᆞ야 兌(태)홈이라.

　　　☆象(샹)애 ᄀᆞᆯ오ᄃᆡ 上六「引兌」ㅣ, 光(광)티 몯홈이라.

〈해석〉 [上六](--): 이끌어 감을 즐거움으로 삼는 것이다.

　　　☆象: 上六이 "이끌어 감을 즐거움으로 삼는다"함은, 아직 널리 뜻을 펴지 못함
　　　을 뜻한다.

【上六】이는 전괘의 마무리이며 陰爻로 陰位에 있어 位正當함. 그러나 六三과 正應을 이루지 못하였고, 陰爻로 柔弱함.

【引兌】태괘의 九五와 九四를 이끌어 감(끌어들임). 자신이 음효이므로 양효 둘을 이끌어 즐거움을 삼고자 함. '引'은 '끌다, 이끌다'의 뜻. ○高亨은 "'引兌'者, 言及於我而我乃說也. 卽有人牽引我言, 而我乃言也"라 하여, '나에 대해 언급함으로써 내가 말을 할 수밖에 없도록 함'이라 하였음. 이 효는 極位에 있어 孤立된 상태이며, 陰爻이기에 柔弱함. 그 때문에 전체를 이끌고는 있으나 자신의 영향력을 널리 펴지는 못함. 이 효는 아래 九五와 九四를 끌어들여 기쁨을 삼고자 하여, 그 결과를 알 수 없으므로 吉凶을 언급하지 않은 것임. 王弼 注에 "以夫陰質, 最處說後, 靜退者也. 故必見引, 然後乃說也"라 하였고, 〈正義〉에 "上六以陰柔之質, 最在兌後, 是自靜退, 不同六三自進求說, 必須他人見引, 然後乃說, 故曰'引兌'也"라 함. 《集解》에 "虞翻曰:「无應乘陽動而之, 巽爲繩, 艮爲手, 應在三, 三未之正, 故'引兌'也.」"라 함. 《傳》에 "他卦至極, 則變. 〈兌〉爲說極則愈說, 上六成說之主, 居說之極, 說不知己者也. 故說旣極矣.「又引而長之, 然而不至悔咎, 何也?」曰:「方言其說, 不知己, 未見其所說善惡也. 又下乘九五之中正, 无所施其邪說, 六三則承乘皆非正, 是以有凶.」"이라 하였고, 《本義》에 "上六成說之主, 以陰居說之極, 引下二陽, 相與爲說, 而不能必其從也. 故九五當戒, 而此爻不言其'吉凶'"이라 함.

☆【上六「引兌」, 未光也】'未光也'는 널리 모든 것을 해결하지는 못함. '光'은 廣과 같음. 〈正義〉에 "〈象〉曰'未光也'者, 雖免躁求之凶, 亦有後時之失, 所以經无吉. 文以其道, 未光故也"라 함. 《集解》에 "虞翻曰:「二四已變, 而體屯上, 三未爲離, 故'未光'也.」"라 함. 《傳》에 "說旣極矣, 又引而長之, 雖說之之心不已, 而事理已過, 實无所說, 事之盛, 則有光輝. 旣極而强引之長, 其无意味甚矣, 豈有光也? 未非必之辭. 〈象〉中多用非必, 能有光輝, 謂'不能光'也"라 함.

# 059 渙

☰☱ 風水渙: ▶坎下巽上(☵下☴上)

*渙(환): 〈音義〉에 "渙, 呼亂反. 散也. 〈序卦〉云: 「離也.」"라 하여 '환(huàn)'으로 읽음. '渙'은 散(疊韻)의 뜻. 渙散, 散開됨. 積聚에 상대되는 개념임. 《說文》에 "渙, 水流散也"라 함. '渙'은 '散'(疊韻)의 뜻. 하괘는 坎(水)이며 상괘는 巽(風)으로, 물 위에 바람이 불어 시원하게 고란(鼓瀾)하는 모습의 異卦相疊 '風水' 괘체임. 이는 임금의 德教가 사방으로 퍼져 널리 선포되는 의미를 담고 있음. 창고에 쌓아둔 재물은 풀어서 나누어주어야 하며, 그 과정이 끝나면 다시 積聚에 힘써야 하는 순환과정을 뜻하기도 함. 한편 사물이란 변화 과정에서 흩어질 때도 있고 모일 때도 있으므로 흩어질 때는 혼란이 없도록 하며, 모일 때는 질서가 있도록 하여 순리에 맞도록 처리해야 함을 상징함. 또한 흩어진 민심을 되돌리는 것은 오직 위정자의 교화에 달려 있음을 강조한 것이기도 함. 그러나 沙少海는 "全卦是一個講水災的專卦. …… 全部爻辭, 都講與水災有關的事情, 首先講洪水成災, 衝毀房屋. 中間提到殃及人畜. 最後提到人們要吸取教訓, 加強防範, 以免災難重臨"이라 하여, 이 괘는 홍수로 인한 재해를 기록한 것이라 하였으며, '渙'을 洪水, 大水, 水災, 洚水로 보았음.

*《集解》에 "〈序卦〉曰: 「說而後散之, 故受之以'渙'.」渙者, 離也.(崔憬曰: 「人說忘其勞死而後, 可散之征役, 離之以家邦, 故曰'說而後散之, 故受之渙'. 渙者, 離也.」)"라 함.

*《傳》에 "渙', 〈序卦〉: 「兌者, 說也. 說而後散之, 故受之以'渙'.」說則舒散也. 人之氣, 憂則結聚, 說則舒散, 故說有散義. 渙所以繼兌也. 爲卦巽上坎下, 風行於水上, 水遇風則渙散, 所以爲'渙'也"라 함.


## (1) 卦辭

# 渙: 亨, 王假有廟, 利涉大川, 利貞.

〈언해〉渙(환)은 亨(형)ㅎ니, 王(왕)이 有廟(유묘)애 假(격)ㅎ며, 大川(대천)을 涉(셥)홈이 利(리)ㅎ니, 貞(뎡)홈이 利(리)ㅎ니라.

〈해석〉 환(渙, 환괘)은 형통하니, 왕이 묘당(廟堂)에 이르며, 큰 내를 건넘이 이로우니,
　　　곧음을 지키는 것이 이롭다.

【渙, 亨】 '渙'은 卦名이며, 시원하게 흩어져 널리 퍼짐. 혹 '물이 흘러 시원하게 씻어
내다', 또는 '홍수가 몰려오다'의 뜻이라고도 함. '亨'은 형통함. 혹 '享'(祭享)의 뜻.
그러나 孔穎達 〈正義〉에는 "'渙, 亨'者, 渙卦名也. 〈序卦〉曰: 「說而後散之, 故受之以
〈渙〉.」然則渙者, 散釋之名. 〈雜卦〉曰: 「渙, 離也.」此又渙是離散之號也. 盖渙之爲義,
小人遭難, 離散奔迸而逃避也. 大德之人, 能於此時, 建功立德, 散難釋險, 故謂之爲〈渙〉.
能釋險難, 所以爲亨, 故曰'渙, 亨'"이라 하여, '험난함을 만나 이를 헤쳐 나와 禍를 免하
다'의 뜻으로 보았음. 《集解》에 "虞翻曰: 「〈否〉四之二成坎, 震天地交, 故'亨'也.」"라 함.
　　【王假有廟】 '王假有廟'의 '假'은 '격'으로 읽으며, '가다, 다가가다, 이르다(至)'의 뜻.
'假'의 假借. 《說文》에 "假, 至也"라 함. 그러나 '於'자와 같은 용법이라고도 함. '廟'는
廟堂, 祠堂, 宗廟. 왕이 廟堂을 지어 그곳에서 제사를 올리기 위해 도착함. ○高亨은
"古有王者擧行享祀, 親至於廟, 筮遇此卦, 故記之曰「亨, 王假有廟」"라 함. 〈正義〉에 "'王
假有廟'者, 王能渙難而亨, 可以至於建立宗廟, 故曰'王假有廟'也"라 함. 《集解》에 "虞翻
曰: 「乾爲王. 假, 至也. 否體觀艮爲宗廟, 乾四之坤二, 故'王假有廟, 王乃在中'也.」"라 함.
　　【利涉大川, 利貞】 '利涉大川'은 큰 냇물을 건넘이 이로움. 政事에서 懸案의 문제를
해결함이 이로움. '利貞'은 곧음을 지키는 것이 이로움. 혹 貞辭가 '이롭다'로 나옴.
○高亨은 "又筮遇此卦, 涉大川則利, 且擧行它事亦利, 故曰'利涉大川, 利貞'"이라 함.
〈正義〉에 "'利涉大川'者, 德洽神人, 可濟大難, 故曰'利涉大川'. '利貞'者, 大難旣散, 宜以
正道而柔集之, 故曰'利貞'"이라 함. 《集解》에 "虞翻曰: 「坎爲大川, 渙舟楫象, 故'涉大
川'. 乘木有功, 二失正, 變應五, 故'利居貞'也.」"라 함. 《傳》에 "渙, 離散也. 人之離散,
由乎中, 人心離則散矣; 治乎散, 亦本於(一作必由)中, 能(一有利貞字)收合人心, 則散可
聚也. 故卦之義, 皆主於中, 利貞合渙散之道, 在乎正固也"라 하였고, 《本義》에 "渙, 散
也. 爲卦下坎上巽, 風行水上, 離披解散之象, 故爲渙. 其變, 則本自〈渙〉卦九, 來居二而
得中, 六往居三, 得九之位, 而上同於四, 故其占可亨. 又以祖考之精神旣散, 故王者當至
於廟以聚之. 又以巽木坎水, 舟楫之象, 故'利涉大川'. 其曰'利貞', 則占者之深戒也"라 함.

## (2) 彖辭와 象辭

彖曰:「渙, 亨」, 剛來而不窮, 柔得位乎外而上同.
「王假有廟」, 王乃在中也;「利涉大川」, 乘木有功也.
★象曰: 風行水上, 渙. 先王以享于帝, 立廟.

〈언해〉 彖(단)애 골오디「渙, 亨」은 剛(강)이 來(리)ᄒᆞ야 窮(궁)티 아니ᄒᆞ고, 柔(유)ㅣ
外(외)예 位(위)를 得(득)ᄒᆞ야 上(샹)으로 同(동)홀 시라.
「王假有廟」ᄂᆞᆫ, 王(왕)이 이예 中(듕)에 在(지)홈이오,
「利涉大川」은, 木(목)을 乘(승)ᄒᆞ야 功(공)이 이슘이라.
★象(샹)애 골오디 風(풍)이 水上(슈샹)애 行(ᄒᆡᆼ)홈이 渙(환)이니, 先王(션왕)이
以(이)ᄒᆞ야 帝(뎨)ᄭᅴ 享(향)ᄒᆞ며, 廟(묘)를 立(닙)ᄒᆞ니라.

〈해석〉 彖: "환괘는 형통하다" 한 것은, 강한 것(九二, 九五)이 와서 궁하지 않고, 유한
것(初九, 六三)이 밖에서 자리를 얻어서 위와 뜻을 같이 하기 때문이다.
"왕이 종묘에 이른다"함은, 왕(九五)이 득중(得中)하고 있다는 것이요,
"큰 냇물을 건넘이 이롭다"함은, 나무 배(巽)를 타고 있어 공이 있다는 것이다.
★象: 바람이 물 위에 가고 있음이 환괘이니, 선왕은 이를 근거로 하여 천제께는
제향을 올리며, 조상을 위해서는 사당을 세운 것이니라.

【「渙, 亨」, 剛來而不窮, 柔得位乎外而上同】 '剛來而不窮'은 下卦(坎)에서는 九二(陽
剛)가 得中하여 있고, 上卦(巽)에도 역시 九五(陽剛)도 得中과 位正當을 이루고 있어,
上下의 主位가 모두 陽剛하여 사방으로 끊임없이 渙散하고 있는 모습임. '得位乎外而上
同'은 六四가 陰爻로 位正當하며, 두 陽爻(九五, 上九) 아래에 있고, 初六과 六三은 둘
모두 位不當하므로 위로 九二와 九五 아래에 있어 陰陽의 呼應을 이루고자 하고 있음.
이는 百官가 守職하면서 君王을 擁戴하고 있는 형상임. 王弼 注에 "二以剛來居內, 而不
窮於險, 四以柔得位乎外, 而與上同. 內剛而无險困之難, 外順而无違逆之乖, 是以'亨, 利
涉大川, 利貞'也. 凡剛得暢而无忌回之累, 柔履正而同志乎剛, 則皆'亨, 利涉大川, 利貞'也"
라 하였고, 〈正義〉에 "渙, 亨'者, 疊經文畧擧名德也. '剛來而不窮, 柔得位乎外而上同'者,
此就九二剛德居險, 六四得位從上, 釋所以能散, 釋險難而致亨通, 乃至'利涉大川, 利貞'等
也. 二以剛德來居險中, 而不窮於險; 四以柔順得位於外, 而上與五同. 內剛无險困之難, 外
柔无違逆之乖, 所以得散. 釋險難而通亨, 建立宗廟而祭享, 利涉大川而克濟, 利以正道而

鳩民也. '凡剛得暢而无忌回之累'者, 此還言九二居險不窮, 是剛得暢逶, 剛旣得暢, 无復畏忌回邪之累也. '柔履正而同志乎剛'者, 此還言六四得位, 履正同志乎五也. 剛德不暢, 柔不同剛, 何由得亨通, 而濟難利貞, 而不邪乎? 故言則皆'亨, 利涉大川, 利貞'也. 注於此言, 皆者凡有二意: 一則〈彖〉雖疊'渙亨'二字, 卽以剛來而不窮, 柔得位乎外而上同, 釋之. 下別言'王假有廟, 王乃在中; 利涉大川, 乘木有功', 恐剛來之言, 惟釋亨德, 不通在下. 二則先儒有以剛來不窮, 釋亨德柔得位乎外, 釋利貞. 故言皆以通之明剛柔, 皆釋亨以下, 至于利貞也. '乘木卽涉難也'者, 先儒皆以此卦, 坎下巽上, 以爲乘木, 水上涉川之象, 故言'乘木有功'. 王不用, 〈象〉直取況喩之義, 故言此以序之也"라 함. 《集解》에 "盧氏曰: 「此本〈否〉卦乾之九四, 來居坤中, 剛來成坎, 水流而不窮也. 坤之六二, 上升乾四, 柔得位乎外, 上承貴王, 與上同也.」"라 함. 《傳》에 "渙之能亨者, 以卦才如是也. 渙之成渙, 由九來居二, 六上居四也. 剛陽之來, 則不窮極於下, 而處得其中. 柔之徃, 則得正位於外, 而上同於五之中, 巽順於五, 乃上同也. 四五君臣之位, 當渙而比, 其義相通, 同五乃從中也. 當渙之時, 而守其中, 則不至於離散, 故能亨也"라 하였고, 《本義》에 "以卦變釋卦辭"라 함.

【「王假有廟」, 王乃在中也】 '王乃在中也'의 王은 九五를 가리키며 陽爻로 位正當하고 또한 가운데에 있어 得中하고 있음을 말함. 王弼 注에 "王乃在乎渙然之中, 故至有廟也"라 하였고, 〈正義〉에 "王假有廟, 王乃在中者, 此重明渙時, 可以有廟之義. 險難未夷, 方勞經畧, 今在渙然之中, 故至於有廟也"라 함. 《集解》에 "荀爽曰: 「謂陽來居, 二在坤之中, 爲立廟. 假, 大也. 言受命之王, 居五大位, 上體之中, 上享天帝, 下立宗廟也.」"라 함. 《傳》에 "'王假有廟'之義, 在〈萃〉卦詳矣. 天下離散之時, 王者收合人心, 至於有廟, 乃是在其中也. 在中謂求得其中, 攝其心之謂也. 中者, 心之象, 剛來而不窮, 柔得位而上同, 卦才之義, 皆主於中也. 王者, 拯渙之道, 在得其中而已. 《孟子》(離婁上)曰: 『得其民有道, 得其心, 斯得民矣.』享帝立廟, 民心所歸從也. 歸人心之道, 无大於此, 故云'至于有廟', 拯渙之道, 極於此也"라 하였고, 《本義》에 "中謂廟中"이라 함.

【「利涉大川」, 乘木有功也】 '乘木有功也'는 上卦(巽)은 五行의 木, 下卦(坎)은 水에 해당함. 따라서 木은 배를 만드는 材材. 이에 배를 타고 물을 건너 平安無事함을 의미함. 王弼 注에 "乘木, 卽涉難也. 木者, 專所以涉川也. 涉難而常用渙道, 必有功也"라 하였고, 〈正義〉에 "利涉大川, 乘木有功者, 重明用渙可以濟難之事, 乘木涉川, 必不沉溺, 以渙濟難, 必有成功, 故曰'乘木有功'也"라 함. 《集解》에 "虞翻曰: 「巽爲木, 坎爲水, 故'乘木有功'也.」"라 함. 《傳》에 "治渙之道, 當濟於險難, 而卦有乘木, 濟川之象. 上巽木也, 下坎水也, 大川也. 利涉險以濟渙也. 木在水上, 乘木之象, 乘木所以涉川也. 涉則有濟渙之功. 卦有是義, 有是象也"라 함.

★【風行水上, 渙】上卦(巽)의 風, 下卦(坎)은 水로 물 위로 바람이 시원하게 불어감을 뜻함. 이러한 괘상이 〈渙卦〉임을 말함. 〈正義〉에 "風行水上, 渙者, 風行水上, 激動波濤, 散釋之象, 故曰'風行水上, 渙'"이라 함. 《傳》에 "風行水上, 有渙散之象. 先王觀是象, 救天下之渙散, 至于享帝立廟也. 收合人心, 无如宗廟祭祀之報, 出於其心. 故享帝立廟, 人心之所歸也. 係人心合離散之道, 无大於此"라 하였고, 《本義》에 "皆所以合其散"이라 함.

【先王以享于帝, 立廟】'先王以享于帝'의 '先王'은 古代 帝王. 이 괘의 괘상을 보고 天帝에게 제사를 올림. '立廟'은 자신들의 종묘를 세움. 위로는 天帝에게 祭祀를, 아래로는 자신들 宗族의 사당을 세워 敎化함을 뜻함. 〈正義〉에 "先王以享于帝, 立廟者, 先王以渙然无難之時, 享于上帝, 以告太平. 建立宗廟, 以祭祖考, 故曰'先王以享于帝, 立廟'也"라 함. 《集解》에 "虞翻曰:「謂受命之王, 收集散民, 上享天帝, 下立宗廟也. 陰上至四, 承五爲享, 帝陽下至二, 爲立廟也. 離日上爲宗廟, 而謂天帝, 宗廟之神, 所配食者, 王者所奉, 故繼於上, 至於宗廟, 其實在地. 地者, 陰中之陽. 有似廟中之神.」○虞翻曰:「〈否〉乾爲先王, 享, 祭也. 震爲帝爲祭, 艮爲廟, 四之二殺坤大牲, 故以'享帝立廟', 謂成〈既濟〉有〈噬嗑〉食象, 故也.」"라 함. 《傳》에 "風行水上, 有渙散之象. 先王觀是象, 救天下之渙散, 至于享帝立廟也. 收合人心, 无如宗廟祭祀之報, 出於其心. 故享帝立廟, 人心之所歸也. 係人心合離散之道, 无大於此"라 하였고, 《本義》에 "皆所以合其散"이라 함.


## (3) 爻辭와 象辭

初六: 用拯馬壯, 吉.
☆象曰: 初六之「吉」, 順也.

〈언해〉初六(초륙)은, 뻐 拯(증)호디 馬(마)ㅣ 壯(장)호니, 吉(길)호니라.
　　　☆象(샹)애 굴오디 初六의 「吉홈」은, 順(슌)홀 시라.
〈해석〉 [初六](--): 사람을 구제함에 있어 말이 씩씩하니, 길하니라.
　　　☆象: 초륙의 "길하다"함은, 구이에게 순종하기 때문이다.


【初六】이는 전괘의 시작이며 陰爻로 位不當함. 그러나 맨 아래 처하여 유약함을 지켜 길함.
【用拯馬壯, 吉】'用拯馬壯'의 '拯'은 乘(疊韻)의 假借로 '말을 타다'의 뜻. 그러나 '건

지다, 구제하다'의 뜻. 재난에 처한 자를 구제하여 건져 올림의 뜻이라 함. '馬壯'의 '馬'는 九二를 기리키며, '壯'은 '戕'의 假借로 '傷'(疊韻)의 뜻. 말이 상처를 입음. ○高亨은 '拯'은 '騬'의 假借가 아닌가 하였음. '騬'은 숫말을 거세함.《說文》에 "騬, 犗馬也"라 함. 이에 따라 ○高亨은 "古人騬馬則箠之, 若遇此爻, 則馬強壯而吉, 故曰「用拯馬壯, 吉」"이라 함. 그러나 이는 '用壯馬拯'이어야 하며, '壯馬'는 九二를 가리킴. 즉 이 효는 陰爻로 맨 아래 있으나 바로 올라가면 九二(壯馬)의 陽剛이 있어 흩어져 遊離됨을 구제할 수 있음. 王弼 注에 "渙, 散也. 處散之初, 乖散未甚, 故可以遊行, 得其志而違於難也. 不在危劇, 而後乃逃竄, 故曰'用拯馬壯, 吉'"이라 하였고, 〈正義〉에 "初六處散之初, 乖散未甚, 可用馬以自拯而得壯, 吉也. 故曰'用拯馬壯, 吉'"이라 함.《集解》에 "虞翻曰:「坎爲馬, 初失正, 動體〈大壯〉得位, 故'拯馬壯, 吉', 悔亡之矣.」"라 함.《傳》에 "六居卦之初, 渙之始也. 始渙而拯之, 又得馬壯, 所以吉也. 六爻獨初不云'渙'者, 離散之勢, 辨之宜早, 方始而拯之, 則不至於渙. 爲敎深矣. 馬, 人之所託也. 託於壯馬, 故能拯渙. 馬, 謂二也. 二有剛中之才, 初陰柔順, 兩皆无應. 无應則親比, 相求初之, 柔順而託於剛中之才, 以拯其渙, 如得壯馬以致遠, 必有濟矣. 故'吉'也. 渙拯於始, 爲力, 則易時之順也"라 하였고,《本義》에 "居卦之初, 渙之始也. 始渙而拯之, 爲力旣易, 又有壯馬, 其吉可知. 初六非有濟渙之才, 但能順乎九二, 故其象占如此"라 함.

☆【初六之「吉」, 順也】 '順也'은 下卦의 맨 아래 있으며 陰爻로 柔弱하고 位不當함으로 인해 과욕을 부리지 않고 九二에게 順從함. 그 때문에 吉한 것임. 王弼 注에 "觀難而行, 不與險爭, 故曰'順'也"라 하였고, 〈正義〉에 "〈象〉曰'初六之吉, 順也'者, 觀難而行, 不與險爭, 故曰'順'也"라 함.《集解》에 "虞翻曰:「承二, 故'順'也.」"라 함.《傳》에 "初之所以吉者, 以其能順從剛中之才也. 始渙而用拯, 能順乎時也"라 함.


# 九二: 渙奔其机, 悔亡.
# ☆象曰:「渙奔其机」, 得願也.

〈언해〉 九二(구이)는, 渙(환)애 그 机(궤)예 奔(분)ᄒᆞ면, 悔(회)ㅣ 亡(망)ᄒᆞ리라.[《本義》: 渙(환)애 그 机(궤) 奔(분)홈이니]

   ☆象(샹)애 ᄀᆞᆯ오디「渙奔其机」는, 願(원)을 得(득)홈이라.

〈해석〉 [九二](一): 시원하게 씻어줌을 그 안궤로 달려가면(씻어줌에 그 안궤로 달려감이니), 회한이 사라지리라.

☆象: "씻어줌을 그 안궤로 달려간다"함은, 원하던 바를 얻는다는 것이다.

【九二】이는 下卦(坎)의 가운데에 있어 得中하였으나, 陽爻로 陰位에 있어 位不當함. 그러나 得中과 陽剛의 힘으로 인해 〈渙卦〉의 本領을 遂行해 낼 수 있음.

【渙奔其机, 悔亡】'渙奔其机'의 '渙'은 洪水. '奔'은 崩(雙聲)의 假借. 무너뜨림. 그러나 '내달리다'의 뜻으로도 봄. '机'는 몸을 기대는 机床, 几案. 初六을 가리킴. '几'와 같음. 그러나 惠士奇의 《易說》에는 "机, 當作兀"이라 하여 '兀'자였으며, 이는 '兀'의 오류라 하였음. 《說文》에 "兀, 下基也"라 하여, 집의 기초. 가옥들을 뜻함. '悔亡'은 회한이 없어짐. '悔'는 位不當함을 뜻함. 이 효는 位不當하여 悔恨이 있으나 得中하였고, 아래 陰爻(初六)가 几案처럼 기댈 수 있어 陰陽이 呼應하므로 그 悔恨이 사라지는 것임. 그러나 ○高亨은 '机'는 杌이며, 杌은 廐, 즉 마구간이라 하였음. 이에 따라 "渙奔其机(杌), 卽渙償其廐, 謂水流沖到其馬廐也. 渙償其廐, 則糞穢盡滌盪而去, 人之悔亡似之, 故曰「渙奔其机, 悔亡」"이라 하였음. 王弼 注에 "机, 承物者也, 謂初也. 二俱无應, 與初相得, 而初得散道, 離散而奔, 得其所安, 故'悔亡'也"라 하였고, 〈正義〉에 "渙奔其机'者, 机, 承物者也. 初承於二, 謂初爲机二, 俱无應與初, 相得而初, 得遠難之道. 今二散奔歸初, 故曰'渙奔其机'也. '悔亡'者, 初得散道, 而二往歸之, 得其所安, 故'悔亡'也"라 함. 《集解》에 "虞翻曰:「震爲奔, 坎爲棘, 爲矯輮震, 爲足輮來. 有足艮肱, 據之憑机之象也. 渙宗廟中, 故設机二, 二失位變得正, 故'渙奔其机, 悔亡'也.」"라 함. 《傳》에 "諸爻皆云'渙', 謂渙之時也. 在渙離之時, 而處險中, 其有悔可知. 若能奔就所安, 則得悔亡也. 机者, 俯憑以爲安者也. 俯, 就下也; 奔, 急往也. 二與初雖非正應, 而當渙離之時, 兩皆无與, 以陰陽親比, 相求則相賴者也. 故二目初爲机, 初謂二爲馬. 二急就於初, 以爲安, 則能亡其悔矣. 初雖坎體, 而不在險中也. 或疑「初之柔微, 何足賴?」蓋渙之時, 合力爲(一作而)勝, 先儒皆以五爲机, 非也. 方渙離之時, 二陽豈能同也? 若能同, 則成濟渙之功當大(一有吉字), 豈止悔亡而已? 机, 謂俯就也"라 하였고, 《本義》에 "九而居二, 宜有悔也. 然當渙之時, 來而不窮, 能亡其悔者也. 故其象占如此, 蓋九奔而二机也"라 함.

☆【「渙奔其机, 得願也】'得願也'는 원하던 바를 획득함. 〈正義〉에 "〈象〉曰'得願'者, 違難奔散, 願得所安, 奔初獲安, 是得其願也"라 함. 《集解》에 "虞翻曰:「動而得位, 故'得願'也.」"라 함. 《傳》에 "渙散之時, 以合爲安, 二居險中, 急就於初, 求安也. 賴之如机, 而亡其悔, 乃得所願也"라 함.

六三: 渙其躬, 无悔.

☆象曰:「渙其躬」, 志在外也.

〈언해〉 六三(륙삼)은, 渙(환)애 그 躬(궁)이, 悔(회)ㅣ 업스니라.[《本義》: 그 躬(궁)을 渙(환)홈이니, 悔(회)ㅣ 업스리라]

　　☆象(샹)애 ᄀᆞᆯ오디「渙其躬」은, 志(지)ㅣ 外(외)예 이실 시라.

〈해석〉 [六三](--): 씻어주는 것이 그 자신의 몸이니, 회한이 없으리라.((그 자신 몸을 씻어줌이니, 회한이 없으리라.)

　　☆象: "그 자신의 몸을 씻는다"함은, 뜻이 밖에 있기 때문이다.


　　【六三】 이는 下卦(坎)의 맨 위에 있으며, 陰爻로 位不當함. 그러나 上九와 正應을 이루어 도움을 받고 있음.

　　【渙其躬, 无悔】 '渙其躬'은 홍수가 자신에게 닥침. 혹 자신의 몸을 시원하게 씻음. '无悔'는 회한이 없음. '悔'는 자신의 位不當함을 말함. 그러나 上九와 正應일 이루어, 그 때문에 자신을 渙散하게 씻을 수 있으며, 私利를 포기하고 上九의 陽剛을 따름으로 해서 陰陽이 呼應하여 悔恨이 없음. ○高亨은 "渙其躬者, 水流盪滌其身也. 水流盪滌其身, 則其身之汚垢皆去, 人之自新其德似之.《禮記》大學引湯之盤銘曰:『苟日新, 日日新, 又日新.』盤爲浴器, 其銘如此. 可見古人以滌其身喻新其德, 由來已久. 自新其德者, 當可無悔, 故曰「渙其躬, 无悔」"라 함. 王弼 注에 "渙之爲義, 內險而外安者也. 散躬志外, 不固所守, 與剛合志, 故得'无悔'也"라 하였고, 〈正義〉에 "渙其躬, 无悔'者, 渙之爲, 義內險外安. 六三內不比二, 而外應上九, 是不固所守, 能散其躬, 故得'无悔'. 故曰'渙其躬, 无咎'"라 함. 《集解》에 "荀爽曰:「體中曰躬, 謂渙三使承上, 爲志在外, 故'无悔'.」"라 함. 《傳》에 "三在渙時, 獨有應與, 无渙散之悔也. 然以陰柔之質, 不中正之才, 上居无位之地, 豈能拯時之渙而及人也? 止於其身, 可以无悔而. 已上加'渙'字, 在渙之時, 躬无渙之悔也"라 하였고, 《本義》에 "陰柔而不中正, 有私於己之象也. 然居得陽位, 志在濟時, 能散其私, 以得无悔, 故其占如此. 大率此上四爻, 皆因渙以濟渙者也"라 함.

　　☆【渙其躬, 志在外也】 '志在外也'는 뜻이 밖에 있음. 즉 더 큰 일을 이루고자 원대한 뜻을 가지고 있음. 〈正義〉에 "〈象〉曰'志在外'者, 釋六三所以能渙其躬者, 正爲身在於內, 而應在上九, 是'志意在外'也"라 함. 《集解》에 "王弼曰:「渙之爲義, 內險而外安者也. 散躬志外, 不固所守, 與剛合志, 故得无咎.」"라 함. 《傳》에 "志應於上, 在外也. 與上相應, 故其身得免於渙, 而无悔. '悔亡'者, 本有而得亡, 无悔者, 本无也"라 함.

六四: 渙其羣, 元吉; 渙有丘, 匪夷所思.
☆象曰:「渙其羣, 元吉」, 光大也.

〈언해〉 六四(륙사)는, 渙(환)애 그 羣(군)홈이라, 元(원)흔 吉(길)이니, 渙(환)애 丘(구)ㅣ
    이쇼미, 夷(이)의 思(ᄉ)홀 빼 아니니라.[《本義》: 그 羣(군)을 渙(환)홈이, 元(원)
    ᄒ야 吉(길)ᄒ니]
    ☆象(상)애 ᄀᆞᆯ오디「渙其羣, 元吉」은, 光大(광대)홈이라.

〈해석〉 [六四](--): 씻어줌에 그 무리에게 하는 것이라, 크게 길하니(그 무리를 씻어줌
    이, 으뜸이어서 길하니), 씻어줌에 그 언덕이 있음이, 평소 생각지도 못했던
    바이니라.
    ☆象: "자신의 무리를 시원하게 씻어줌이니, 크게 길하다"함은, 공덕이 넓고
    크게 퍼짐을 뜻한다.


【六四】 이는 상괘(巽)의 시작이며 陰爻로 位正當함.
【渙其羣】 홍수가 그 무리에게 닥침. 혹 그 자신이 거느린 무리들을 시원하게 해줌.
그러나 ○高亨은 "渙其羣者, 水流盪滌其衆也. 水流盪滌其衆, 則其衆之汚垢皆去, 百姓
皆自新其德似之, 百姓皆自新其德, 則新民之意也"라 함. 〈正義〉에 "'渙其羣'者, 六四出在
坎上, 已踰於險, 得位體巽, 與五合志, 內掌機密, 外宣化命者也. 能爲羣物, 散其險害, 故
曰'渙其羣'也"라 함. 《集解》에 "虞翻曰:「謂二已變成坤, 坤三爻稱羣, 得位順五, 故'元吉'
也.」"라 함.
【元吉; 渙有丘, 匪夷所思】 '元吉'은 크게 길함. '渙有丘'는 홍수가 언덕에 이름. '匪夷
所思'는 평상시 상상하지 못했던 것임. '匪'는 非와 같음. '夷'는 平夷, 平常의 뜻. ○高
亨은 "渙有丘者, 水流盪滌於丘也. 夷, 常也. 匪夷所思者, 非平常所想像者也. 本卦'渙'字,
皆不函淹沒之義, 唯水之所渙, 上及於丘, 則其水之大可知, 而其患之大出乎平常想像之外
矣, 故曰「渙有丘, 匪夷所思」"라 함. 이 효는 位正當하였으나 아래 初六도 陰爻여서 正
應을 이루지 못함. 그러나 九五(陽剛)에게로 상승하여 그를 따름으로 해서 작은 집단
을 떠나 큰 무리에게 다가가는 爻位임. 王弼 注에 "踰乎險難, 得位體巽, 與五合志, 內掌
機密, 外宣化命者也. 故能散羣之險, 以光其道. 然處於卑順, 不可自專而, 爲散之任, 猶
有丘墟, 匪夷之慮, 雖得'元吉', 所思不可忘也"라 하였고, 〈正義〉에 "'元吉渙, 有丘, 匪夷
所思'者, 能散羣險, 則有大功, 故曰'元吉'. 然處上體之下, 不可自專, 而得位承尊, 憂責復
重, 雖獲元吉, 猶宜於散難之中, 有丘墟未平之慮, 爲其所思, 故曰'渙有丘, 匪夷所思'也"

라 함. 《集解》에 "虞翻曰:「位半艮山, 故稱丘. 匪, 非也. 夷謂震四, 應在初三變, 坎爲思, 故'匪夷所思'也.」○盧氏曰:「自二居四, 離其羣侶, '渙其羣'也. 得位承尊, 故'元吉'也. 互 體有艮, 艮爲山, 丘渙羣, 雖則光大, 有丘則非平易, 故'有匪夷之思'也.」"라 함. 《傳》에 "渙四五二, 爻義相須, 故通言之. 〈象〉故曰'上同'也. 四巽順而正, 居大臣之位, 五剛中而 正, 居君位. 君臣合力, 剛柔相濟, 以拯天下之渙者也. 方渙散之時, 用剛, 則不能使之懷 附; 用柔, 則不足爲之依歸. 四以巽順之正道, 輔剛中正之君, 君臣同功, 所以能濟渙也. 天下渙散, 而能(一无能字)使之羣聚, 可謂大善之吉也. '渙有丘, 匪夷所思', 贊美之辭也. 丘, 聚之大也. 方渙散而能致其大聚, 其功甚大. 其事甚難, 其用至妙. 夷, 平常也. 非平常 之見所能思及也. 非大賢智, 孰能如是?"라 하였고, 《本義》에 "居陰得正, 上承九五, 當濟 渙之任者也. 下无應與, 爲能散, 其朋黨之象. 占者如是, 則大善而吉. 又言能散其小羣, 以成大羣, 使所散者, 聚而若丘, 則非常人思, 慮之所及也"라 함.

☆【「渙其羣, 元吉」, 光大也】'光大也'는 왕의 治道와 德敎가 넓고 크게 퍼짐. 〈正義〉 에 "〈象〉曰'光大也'者, 能散羣險而獲元吉, 是其道'光大'也"라 함. 《集解》에 "虞翻曰:「謂 三已變成離, 故四光大也.」"라 함. 《傳》에 "稱'元吉'者, 謂其功德光大也. 元吉光大, 不在 五而在四者, 二爻之義通言也. 於四言其施用於五, 言其成功君臣之分也"라 함.


## 九五: 渙汗其大號, 渙王居, 无咎.
## ☆象曰:「王居, 无咎」, 正位也.

〈언해〉九五(구오)는, 渙(환)애 그 大號(대호)를 汗(한)툿 ᄒ면, 渙(환)애 王(왕)의 居(거)
ㅣ니, 咎(구)ㅣ 업스리라.[《本義》: 大號(대호)를 汗(한)ᄒ며, 王(왕)의 居(거)를
渙(환)ᄒ면]
　　☆象(상)애 골오ᄃᆡ「王居, 无咎」는 正(졍)ᄒ 位(위)ㅣ라.

〈해석〉[九五](一): 시원하게 씻어줌에 그 큰 호령을 땀을 쏟듯 하면, 시원하게 씻어줌에
왕이 거처이니(큰 호령을 땀을 흘리듯 하며, 왕의 거처를 씻어내면), 허물이
없으리라.
　　☆象: "왕의 거처를 씻어내면, 허물이 없다"함은, 정당한 위치에 있다는 뜻이다.

【九五】이는 君位이며 陽爻로 陽位에 있어 位正當함. 아울러 上卦의 가운데에 있어
得中하고 있음. 다만 九二도 陽爻여서 正應은 이루지 못하고 있음. 그러나 아래 두

陰爻가 있어 마치 훌륭한 신하가 보좌하고 있는 형상임.

【渙汗其大號, 渙王居, 无咎】'渙汗其大號'의 '渙汗'은 엄청난 홍수. '大號'는 國道라 함. 그러나 '渙汗'은 '땀을 씻어내듯 시원하게 해줌'의 뜻이기도 하며, '大號'는 임금의 큰 호령, 大政令의 뜻. 《集解》에 "九家《易》曰:「謂五. 建二爲諸侯, 使下君國, 故宣布號令, 百姓被澤, 若汗之出身, 不還反也. 此本〈否〉卦, 體乾爲首, 來下處二, 成坎水汗之象也. 陽稱大, 故曰'渙汗其大號'也.」"라 함. '渙王居'는 홍수가 임금이 거하는 궁궐까지 들어옴. 혹 '임금이 거하는 궁궐이 시원하고 깨끗이 함'의 뜻이라고도 함. 한편 ○高亨은 이 구절이 '渙其汗大號'여야 한다고 보았으며, 이에 따라 "水流曰渙, 因而汗流亦曰渙, 所施不同, 其義無殊. 然則'渙其汗', 猶云流其汗矣. '渙其汗大號'者, 遘禍變, 抱病痛之象也. 筮遇此爻, 當爲凶徵. '渙王居'之渙, 水流有所盪滌也. '渙王居'者, 水流盪滌王之居處也. 渙不函淹沒之義, 則水渙王居, 仍可無咎, 故曰「渙王居, 无咎」"라 함. 이 효는 陽剛과 中正, 尊位를 갖추고 있어 덕이 풍성한 군왕과 같음. 따라서 號令(政令, 法令)을 내놓으면 실행하며 쌓아둔 재물을 백성들에게 분산시켜 나누어줌으로써 그 덕을 널리 베푸는 爻位임. 王弼 注에 "處尊履正, 居巽之中, 散汗大號, 以盪險阨者也. 爲渙之主, 唯王居之, 乃得'无咎'也"라 하였고, 〈正義〉에 "'渙汗其大號'者, 人遇險阨, 驚怖而勞, 則汗從體出, 故以汗喩險阨也. 九五處尊履正, 在號令之中, 能行號令, 以散險阨者也. 故曰'渙汗其大號'也. '渙王居, 无咎'者, 爲渙之主, 名位不可假人, 惟王居之, 乃得无咎, 故曰'渙王居, 无咎'"라 함. 《集解》에 "荀爽曰:「布其德教, 王居其所, 故'无咎'矣.」"라 함. 《傳》에 "五與四, 君臣合德, 以剛中正, 巽順之道, 治渙得其道矣. 唯在渙洽於人心, 則順從也. 當使號令治(一作洽)於民心, 如人身之汗浹. 於四體, 則信服而從矣. 如是則可以濟天下之渙, 居王位爲稱而无咎, 大號大政令也. 謂新民之大命, 救渙之大政, 再云'渙'者, 上謂渙之時, 下謂處渙如是, 則无咎也. 在四已言'元吉', 五唯言稱其位也. 渙之四五, 通言者, 渙以離散爲害, 拯之使合也. 非君臣同功合力, 其能濟乎? 爻義相須時之宜也"라 하였고, 《本義》에 "陽剛中正, 以居尊位, 當渙之時, 能散其號令, 與其居積, 則可以濟渙而无咎矣. 故其象占如此, 九五巽體, 有號令之象. 汗, 謂如汗之出而不反也. 渙王居, 如陸贄所謂『散小儲而成大儲』之意"라 함.

☆【「王居, 无咎」, 正位也】'正位也'의 '正'은 得中을, '位'는 位正當을 뜻함. 왕의 자리는 누구에게도 빌려줄 수 없음. 王弼 注에 "'正位', 不可以假人"이라 하였고, 〈正義〉에 "〈象〉曰'正位'者, 釋王居无咎之義. 以九五是王之正位, 若非王居之, 則有咎矣"라 함. 《集解》에 "虞翻曰:「五爲王, 艮爲居, 正位居五, 四陰順命, 故'王居无咎, 正位'也.」"라 함. 《傳》에 "王居, 謂正位, 人君之尊位也. 能如五之爲, 則居尊位, 爲稱而无咎也"라 함.

上九: 渙其血去, 逖出, 无咎.
☆象曰:「渙其血」, 遠害也.

〈언해〉 上九(샹구)는, 渙(환)애 그 血(혈)이 去(거)ㅎ며 逖(텩)에 出(츌)ㅎ면 咎(구) |
　　　 업스리라.[《本義》: 그 血(혈)을 渙(환)ㅎ야 去(거)ㅎ며 逖(텩)에 出(츌)홈이니]
　　　 ☆象(샹)애 굴오디「渙其血」은 害(해)를 멀리 홈이라.

〈해석〉 [上九](一): 씻어냄에 그 피를 제거하며, 멀리 겁을 내어 빠져나오면 (그 피를
　　　 씻어내어 제거하며, 멀리 빠져 나옴이니), 허물이 없으리라.
　　　 ☆象: "그 피를 씻는다"함은, 두려운 곳을 벗어나서 멀리한다는 것이다.

　　【上九】 이는 전괘의 마무리이며 極位. 陽爻로 陰位에 있어 位不當하나 六三과 正應
을 이루고 있어 도움을 받고 있음.

　　【渙其血去, 逖出, 无咎】 '渙其血'은 그 근심거리를 시원하게 씻어줌. '血'은 恤의 假借.
혹 洪水가 그 피를 씻어냄. 또는 위험을 뜻하는 것이라고도 함. '去逖出'의 '逖'은 놀라
겁을 내며 삼감. '惕'(疊韻), 警惕의 뜻. 근심함. 혹은 '迪', '逖'(遠)의 뜻. '去逖出'은
怵(惕)에서 벗어나 머리 탈출해 나옴. ○高亨은 "'血去', 謂血流去其身也. 《說文》:「逖,
遠也.」古文作'逷'. 《爾雅》釋詁:「逷, 遠也.」 '出', 猶走也. '渙其血去' 傷衄之象. 然此禍可
避而免也. 避之之道, 當去而遠走. 去而遠走則無咎矣. 故曰「渙其血去, 逖出, 无咎」. 〈小
畜〉六四云「有孚血去, 惕出, 无咎」, 大義與此同"이라 함. 이 효는 渙散을 종료하고 다시
積聚하는 爻位임. 王弼 注에 "逖, 遠也. 最遠於害不近侵, 克散其憂, 傷遠出者也. 散患於
遠害之地, 誰將咎之哉?"라 하였고, 〈正義〉에 "'渙其血去, 逖出'者, 血, 傷也; 逖, 遠也.
上九處於卦上最, 遠於險, 不近侵害, 是能散其憂, 傷去而逖出者也. 故曰'渙其血去, 逖出'
也. '无咎'者, 散患於遠害之地, 誰將咎之矣? 故曰'无咎'"라 함. 《集解》에 "虞翻曰:「應在
三. 坎爲血爲逖, 逖, 憂也. 二變爲觀, 坎象不見, 故其'血去逖出, 无咎'.」"라 함. 《傳》에
"渙之諸爻, 皆无係應, 亦渙離之象. 唯上應於三, 三居險陷之極, 上若下從於彼, 則不能出
於渙也. 險有傷害, 畏懼之象, 故云'血'. 惕然, 九以陽剛, 處渙之外, 有出渙之象. 又居巽之
極, 爲能巽順於事理, 故云若能使其血去, 其惕出, 則无咎也. '其'者, 所有也. 渙之時, 以能
合爲功, 獨九居渙之極, 有係而臨險, 故以能出渙, 遠害爲善也"라 하였고, 《本義》에 "上九
以陽居渙極, 能出乎渙, 故其象占如此. 血, 謂傷害; '逖', 當作'惕', 與〈小畜〉六四同. 言渙
其血, 則去; 渙其惕, 則出也"라 함.

　　☆【「渙其血」, 遠害也】 '遠害也'는 災害로 부터 멀리 벗어남. 程頤는 '渙其血去'여야

한다 하였음. 〈正義〉에 "〈象〉曰'遠害'者, 釋'渙其血'也, 是居遠害之地, 故也"라 함.《集解》에 "虞翻曰:「乾爲遠, 坤爲害, 體〈遯〉上, 故'遠害'也.」"라 함.《傳》에 "若如象文, 爲渙其血, 乃與「屯其膏」同也. 義則不然, 盖'血'字下, 脫'去'字. '血去惕出', 謂能遠害, 則无咎也"라 함.

# 060 절節

䷬ 水澤節: ▶兌下坎上(☱下☵上)

  *節(절): 〈音義〉에 "節, 薦絜反. 止也. 明禮有制度之名, 一云分段支節之義"라 하여 '절(jié)'로 읽음. '節'은 節制, 節約, 節儉, 節度, 節止, 調節, 禮節, 支節의 의미. 하괘는 兌(澤)이며 상괘는 坎(水)으로, 못 위에 다시 물이 있어, 물이 넘치는 형상의 異卦相疊 '水澤' 괘체임. 따라서 제방을 더욱 높이 쌓아 물을 막아야 하기에 이름을 '節'이라 한 것임. 천지는 절도가 있음으로 해서 유지되는 것이며, 나라도 조절이 있어 안전한 것이며, 사람도 절약이 있어야 집안을 꾸려 나갈 수 있는 것임을 비유함. 아울러 절제는 사물의 발전과 변화에 중요한 요소가 되며, 절제가 상황에 맞지 않거나 혹 지나칠 경우 도리어 凶咎를 초래함으로, 반드시 이러한 자연에 절제원리에 순응하여야 함을 상징함.

  *《集解》에 "〈序卦〉曰:「物不可以終離, 故受之以'節'.」(崔憬曰:「離散之道, 不可終行, 當宜節止之, 故言'物不可以終離, 受之以節'.」)"이라 함.

  *《傳》에 "節', 〈序卦〉:「渙者, 離也. 物不可以終離, 故受之以'節'.」物旣離散, 則當節止之, '節'所以次'渙'也. 爲卦澤上有水, 澤之容有限, 澤上置水, 滿則不容, 爲有節之象, 故爲節"이라 함.


## (1) 卦辭

# 節: 亨. 苦節, 不可貞.

〈언해〉節(절)은 亨(형)ᄒᆞ니, 苦(고)호 節(절)은, 可(가)히 貞(뎡)티 몯홀 거시니라.
〈해석〉절(節, 절괘)은 형통하니, 괴로운 절제는, 가히 바른 것이 될 수 없을 것이다.

  【節】卦名이며, 調節, 節制, 節儉의 의미를 담고 있음. ○高亨은 "節者, 儉也. 本卦節字, 皆儉義. 古聖人貴儉"이라 함. 〈正義〉에 "節, 卦名也. 〈彖〉曰:「節以制度.」〈雜卦〉云:「節, 止也.」然則節者, 制度之名, 節止之義"라 함.

【亨】형통함. 혹 '享'(祭享)의 뜻으로 제사를 거행하고자 점을 침. ○高亨은 "亨卽享字, 古人擧行享祀, 曾筮遇此卦, 故記之曰「亨」. 節者, 儉也"라 함. 《集解》에 "虞翻曰:「〈泰〉三之五, 天地交也. 五當位以節, 中正以通, 故'節: 亨'也.」"라 함.

【苦節, 不可貞】'苦節'은 節制(節儉)를 지키느라 겪는 고통. 절제를 고통으로 여김. '不可貞'은 (절제를 고통으로 여긴다면) '정당한 것이 될 수 없음'의 뜻. 또는 그 길흉은 점을 쳐서 해결할 수 없음. '貞'은 貞卜, 점을 침. ○高亨은 "苦節者, 以儉爲苦也. 苦節則必奢, 君子奢則病國, 小人奢則敗家, 是故節乃不可之事, 故曰「苦節, 不可貞」"이라 함. 이 〈節卦〉는 못 위에 물이 넘쳐 과도함을 뜻함. 따라서 이를 조절하여 평형을 이루도록 해야 하며, 그러기 위해서는 절제를 과도하게 하면 도리어 傷害를 입히므로 적절한 절제가 필요함. 〈正義〉에 "制事有節, 其道乃亨, 故曰'節, 亨'. 節須得中爲節, 過苦傷於刻薄, 物所不堪, 不可復正, 故曰'苦節, 不可貞'也"라 함. 《集解》에 "虞翻曰:「謂上也. 應在三, 三變成離, 火炎上作苦, 位在火上, 故'苦節'. 雖得位乘陽, 故'不可貞'.」"이라 함. 《傳》에 "事旣有節, 則能致亨通, 故節有亨義. 節貴適中, 過則苦矣. 節至於苦, 豈能常也? 不可. 固守以爲常, 不可貞也"라 하였고, 《本義》에 "節, 有限而止也. 爲卦下兌上坎, 澤上有水, 其容有限, 故爲節. 節固自有亨道矣. 又其體陰陽各半, 而二五皆陽, 故其占得亨. 然至於太甚, 則苦矣. 故又戒以不可, 守以爲貞也"라 함.


## (2) 彖辭와 象辭

彖曰:「節, 亨」, 剛柔分而剛得中;
「苦節, 不可貞」, 其道窮也.
說以行險, 當位以節, 中正以通.
天地節而四時成. 節以制度, 不傷財, 不害民.
★象曰: 澤上有水, 節. 君子以制數度·議德行.

〈언해〉 彖(단)애 길오디 「節, 亨」은, 剛(강)과 柔(유)ㅣ 分(분)ᄒ고 剛(강)이 中(듕)을 得(득)홀 시오,
「苦節, 不可貞」은, 그 道(도)ㅣ 窮(궁)홀 시라.
說(열)ᄒ야 뼈 險(험)애 行(ᄒᆡᆼ)ᄒ고, 位(위)예 當(당)ᄒ야 뼈 節(졀)ᄒ고, 中正(듕

정)ᄒ야 ᄡᅥ 通(통)ᄒᄂ니라.

天地(텬디)ᅵ 節(졀)홈애 四時(ᄉ시)ᅵ 成(셩)ᄒᄂ니, 制度(졔도)로ᄡᅥ 節(졀)ᄒ야, 財(ᄌ)를 傷(샹)티 아니 ᄒ며, 民(민)을 害(해)티 아니 ᄒᄂ니라.

★象(샹)애 ᄀᆞᆯ오ᄃᆡ 澤上(ᄐᆡᆨ샹)의 水(슈)ᅵ 이숌이, 節(졀)이니, 君子(군ᄌ)ᅵ 以(이)ᄒ야 數度(수도)를 制(졔)ᄒ며, 德行(덕ᄒᆡᆼ)을 議(의)ᄒᄂ니라.

〈해석〉象: "절(절괘)이 형통하다"는 것은, 강한 것(上卦 坎)과 유(柔)한 것(下卦 兌)이 나뉘어 있고, 강한 것이 득중(得中, 九五)하고 있기 때문이요,

"괴로운 절제는 옳지 못하다"함은, 그 도(道)가 궁하기 때문이다.

기쁨으로 험한 것을 행하고, 절약함으로 자리를 감당하고 있으며, 중정(中正)으로써 통하게 한다.

천지가 조절하기에 사시가 이루어지나니, 제도로써 절제하여, 재물을 상하지 않고, 백성을 해치지 아니하느니라.

★象: 못 위에 물이 있는 것이 절괘이다. 군자는 이를 바탕으로 하여 수(數)와 도(度)를 제정하고 덕과 행동에 대해 논의하느니라.


【「節, 亨」, 剛柔分而剛得中】'剛柔分而剛得中'의 '剛柔分'은 상괘(坎, 水)는 陽卦이며 剛을 의미함. 하괘(兌, 澤)는 陰卦이며 柔를 상징함. 따라서 上陽下陰으로 나뉘어 각기 자신의 본령을 다하고 있음. '剛得中'은 九二와 九五가 모두 陽爻(剛)로 중앙에 있어 위치하여 得中하고 있어, 君臣이 각기 자신의 職分을 지키고 있는 卦象임. 王弼 注에 "坎陽而兌陰也. 陽上而陰下, 剛柔分也. 剛柔分而不亂, 剛得中而爲制, 主節之義也. 節之大者, 莫若剛柔分・男女別也"라 하였고, 〈正義〉에 "'節: 亨, 剛柔分而剛得中'者, 此就上下二體, 及二五剛中, 釋所以爲節, 得亨之義也. 坎剛居上, 兌柔處下, 是剛柔分也. 剛柔分・男女, 別節之大義也. 二五以剛居中, 爲制之主, 所以得節. 節不違中, 所以得亨, 故曰'節: 亨, 剛柔分而剛得中'也"라 함. 《集解》에 "盧氏曰: 「此本〈泰〉卦. 分乾九三, 升坤五分, 坤六五下, 處乾三, 是'剛柔分而剛得中'也.」"라 함. 《傳》에 "節之道, 自有亨義, 事有節, 則能亨也. 又卦之才, 剛柔分處, 剛得中而不過, 亦所以爲節, 所以能亨"라 하였고, 《本義》에 "以卦體釋卦辭"라 함.

【「苦節, 不可貞」, 其道窮也】'其道窮也'는 그 도리(절을 고통으로 여김)가 궁벽하기 때문임. '其道'는 節制에 대한 道. 王弼 注에 "爲節過苦, 則物所不能堪也. 物不能堪, 則不可復正也"라 하였고, 〈正義〉에 "'苦節, 不可貞, 其道窮'者, 爲節過苦, 不可爲正. 若以苦節爲正, 則其道困窮, 故曰'苦節, 不可貞, 其道窮'也"라 함. 《集解》에 "虞翻曰: 「位極於

上, 乘陽, 故'窮'也.」라 함. 《傳》에 "節至於極而苦, 則不可堅, 固常守其道, 已窮極也"라 하였고, 《本義》에 "又以理言"이라 함.

【說以行險, 當位以節, 中正以通】'說以行險'은 下卦(兌, 澤)는 說(悅)을 의미하며, 上卦(坎, 水)는 險을 의미함. 따라서 하괘가 즐거움을 가지고 상괘 험난함을 향해 가고 있음. 《集解》에 "虞翻曰:「兌說坎險, 震爲行, 故'說以行險'也.」"라 함. '當位以節, 中正以通'은 上卦(坎)의 六四, 九五, 上六은 모두 각기 爻位에 맞아 位正當함을 이루고 있음. 그리고 그 중 主爻인 九五는 得中과 位正當을 모두 이루었으므로, 이는 군신이 각기 자신의 절도에 맞는 위치임을 상징함. 王弼 注에 "然後, 乃亨也. 无說而行險, 過中而爲節, 則道窮也"라 하였고, 〈正義〉에 "說以行險, 當位以節, 中正以通'者, 上言苦節, 不可貞其道, 窮者, 正由爲節不中, 則物所不說, 不可復正, 其道困窮, 故更就二體及四五當位, 重釋行節, 得亨之義, 以明苦節之窮也. 行險以說, 則爲節得中, 當位以節, 則可以爲正, 良由中而能正, 所以得通, 故曰'中正以通'. 此其所以爲亨也"라 함. 《集解》에 "虞翻曰:「中正謂五, 坎爲通也.」"라 함. 《傳》에 "以卦才言也. 內兌外坎, 說以行險也. 人於所說, 則不知己遇艱險, 則思止. 方說而止爲節之義, 當位以節, 五居尊當位也. 在澤上有節也, 當位而以節, 主節者也. 處得中正, 節而能通也. 中正則通; 過則苦矣"라 하였고, 《本義》에 "又以卦德卦體言之. 當位中正, 指五. 又坎爲通"이라 함.

【天地節而四時成】天地가 조절하여 四時(四季)가 이루어짐. 〈正義〉에 "'天地節而四時成'者, 此下就天地, 與人廣明, 節義天地, 以氣序爲節, 使寒暑往來, 各以其序, 則四時之功成也"라 함. 《集解》에 "虞翻曰:「〈泰〉乾天坤地, 震春兌秋坎冬, 三動離爲夏, 故'天地節而四時成'也.」"라 함.

【節以制度, 不傷財, 不害民】'節以制度'은 節로써 제도를 제정함. '不傷財, 不害民'은 그렇게 함으로써 재물에 손상이 없도록 하고, 백성들에게 해가 되지 않도록 함. 〈正義〉에 "王者, 以制度爲節, 使用之有道, 役之有時, 則'不傷財, 不害民'也"라 함. 《集解》에 "虞翻曰:「艮手稱制坤, 數十爲度, 坤又爲害爲民爲財, 二動體剝, 剝爲傷, 三出復位成〈旣濟〉, 定坤剝不見, 故'節以制度, 不傷財, 不害民'.」"이라 함. 《傳》에 "推言節之道, 天地有節, 故能成四時. 无節則失序也. 聖人立制度以爲節, 故能不傷財害民, 人欲之无窮也. 苟非節以制度, 則侈肆至於傷財害民矣"라 하였고, 《本義》에 "極言節道"라 함.

★【澤上有水, 節】'澤上有水'는 下卦(兌, 澤) 위에 上卦(坎, 水)가 있는 괘형이 〈節卦〉임. 〈正義〉에 "'澤上有水, 節'者, 水在澤中, 乃得其節, 故曰'澤上有水, 節'也"라 함. 《集解》에 "侯果曰:「澤上有水, 以堤防爲節.」"이라 함.

【君子以制數度·議德行】'制數度, 議德行'은 數와 度를 제정하고, 덕행에 대해 논의

함. '數度'는 문물제도에서 절도, 표준. 尊卑와 禮命의 多少. 禮數와 法度. '德行'은 禮儀와 心性에서의 인간 사회에서 갖추어야 할 도리. 임무를 勘當해 낼 수 있는 才能의 優劣. 〈正義〉에 "'君子以制數度, 議德行'者, 數度, 謂尊卑禮命之多少; 德行, 謂人才堪任之優劣. 君子象節, 以制其禮數等差, 皆使有度議人之德行, 任用皆使得宜"라 함. 《集解》에 "虞翻曰:「君子泰乾也. 艮止爲制, 坤爲度, 震爲議爲行, 乾爲德, 故'以制數度, 議德行'. 乾三之五爲制數度, 坤五之乾爲議德行也.」"라 함. 《傳》에 "澤之容水有限. 過則盈溢, 是有節, 故爲節也. 君子觀節之象, 以制立數度. 凡物之大小·輕重·高下·文質, 皆有數度, 所以爲節也. '數', 多寡; '度', 法制. '議德行'者, 存諸中爲德, 發於外爲行. 人之德行, 當義則中節, '議'謂商度, 求中節也"라 함.


# (3) 爻辭와 象辭

初九: 不出戶庭, 无咎.
☆象曰:「不出戶庭」, 知通塞也.

〈언해〉 初九(초구)는 戶庭(호뎡)에 出(츌)티 아니 ᄒ면, 咎(구)ㅣ 업스리라.[《本義》: 戶庭(호뎡)에 出(츌)티 아니미니, 咎(구)ㅣ 업스니라]
　　　☆象(상)애 ᄀᆞᆯ오디「不出戶庭」ᄒ나, 通(통)과 塞(식)을 知(디)홀 디니라.
〈해석〉 [初九](─): 문 밖 뜰에 나가지 않으면, 허물이 없을 것이다.(문 밖 뜰에 나가지 않음이니, 허물이 없으리라.)
　　　☆象: "문 밖 뜰에 나가지 않는다"함은, 통함과 막힘을 알지니라.


　【初九】 이는 全卦의 시작이며 下卦(兌)의 맨 아래에 위치함. 陽爻로 陽位에 있어 位正當하며, 六四와 正應을 이루고 있어, 절제를 강하게 수행함.
　【不出戶庭, 无咎】 '不出戶庭'은 문밖의 뜰에도 나가보지 않음. '戶'는 안방의 문. 房門. 집 안의 뜰. 內院. '无咎'는 허물이 없음. 집안에 있어도 시운의 통색(通塞)을 알 수 있음. ○高亨은 "筮遇此爻, 不出門庭乃無咎, 故曰「不出戶庭, 无咎」, 今俗間卜書云「不利出門」. 意與此同"이라 함. 이 효는 陽剛하면서 첫 시작으로, 비록 六四와 正應을 이루고는 있으나, 맨 밑에 있어 약하고 九二가 가로막고 있음. 이에 言行을 節制하고 집안에서 삼가고 있어야 허물이 없음. 王弼 注에 "爲節之初, 將整離散, 而立制度者也.

故明於通塞, 慮於險僞, 不出戶庭, 愼密不失, 然後事濟而无咎也"라 하였고, 〈正義〉에 "初九處節之初, 將立制度, 宜其愼密, 不出戶庭. 若不愼而泄, 則民情姦險應之以僞, 故愼密不出, 然後事濟而无咎, 故曰'不出戶庭, 无咎'. '將整離散, 而立制度'者, 〈序卦〉云「物不可以終離, 故受之以'節'.」此卦承〈渙〉之後, 初九居節之初, 故曰'將整離散, 而立法度'也"라 함. 《集解》에 "虞翻曰:「泰坤爲戶, 艮爲庭, 震爲出. 初得位應四, 故'不出戶庭, 无咎'矣.」"라 함. 《傳》에 "'戶庭', 戶外之庭; '門庭', 門內(一作外)之庭. 初以陽在下, 上復有應, 非能節者也. 又當節之初, 故(一无故字)戒之謹守, 至於不出戶庭, 則无咎也. 初能固守, 終或渝之, 不謹於初, 安能有卒? 故於節之初, 爲戒甚嚴也"라 하였고, 《本義》에 "'戶庭', 戶外之庭也. 陽剛得正, 居節之初, 未可以行, 能節而止者也. 故其象占如此"라 함.

☆【「不出戶庭」, 知通塞也】'知通塞也'는 통함과 막힘을 다 알 수 있음. '塞'은 九二를 가리킴. '通塞'은 好惡, 緩急, 吉凶, 安危 등의 뜻. 그러나 이를 偏義複詞로 보아 '통해야 할 것이 막혀 있음'의 의미라고도 함. 〈正義〉에 "〈象〉曰'知通塞'者, 識時通塞, 所以不出也"라 함. 《集解》에 "虞翻曰:「坎爲通, 二變坤土壅, 初爲塞.」○崔憬曰:「爲節之始, 有應於四. 四爲坎, 險不通之象. 以節崇塞, 雖不通, 可謂知通塞矣. 戶庭, 室庭也. 愼密守節, 故不出焉, 而无咎也.」○案:「初九應四, 四互坎艮, 艮爲門闕, 四居艮中, 是爲內戶, 戶庭之象也.」"라 함. 《傳》에 "爻辭於節之初, 戒之謹守, 故云'不出戶庭, 則无咎'也. 〈象〉恐人之泥於言也. 故復明之云'雖當謹守, 不出戶庭, 又必知時之通塞也'. 通則行, 塞則止, 義當出, 則出矣. 尾生之信(一无信字)(《莊子》盜跖), 水至不去, 不知通塞也. 故君子貞而不諒. 〈繫辭〉所解獨以'言'者, 在人所節, 唯言與行, 節於言則行, 可知言當在先也"라 함.


# 九二: 不出門庭, 凶.
# ☆象曰:「不出門庭, 凶」, 失時極也.

〈언해〉 九二(구이)는, 門庭(문뎡)애 出(츌)티 아니홈이라, 凶(흉)ᄒ니라.
　　　☆象(샹)애 ᄀᆞᆯ오디「不出門庭, 凶」은, 時(시)를 失(실)ᄒ욤이 極(극)홀 ᄉᆡ라.
〈해석〉 [九二](−): 대문 안의 뜰에도 나가지 않음이니, 흉하도다.
　　　☆象: "대문 안의 뜰에도 나가지 않으니, 흉하다"함은, 때를 놓침이 극에 달했기 때문이다.

【九二】이는 下卦(兌)의 중앙에 위치하여 得中하였으나, 陽爻로 陰位에 있어 位不當함. 아울러 九五와도 正應을 이루지 못하고 있음.

【不出門庭, 凶】 '不出門庭'의 '門'은 大門. 대문 밖의 뜰, 즉 外院에도 나가보지 않음. 즉 九五를 따라나서지 않음. '凶'은 자신이 得中하여 나서야 할 때임에도 나서지 않음으로 해서 凶함. ○高亨은 "筮遇此爻, 不出門庭則凶, 宜去家外遊也. 故曰「不出門庭, 凶」. 今俗間《卜書》云「不利在家」, 意與此同"이라 함. 이 효는 位不當하나 앞에 두 陰爻(六三, 六四)가 있어 막힘이 없으며 得中하고 있음. 그럼에도 과감하게 나서지 않아 기회를 놓침. 王弼 注에 "初已造之至二, 宜宣其制矣, 而故匿之, 失時之極, 則遂廢矣. 故'不出門庭, 則凶'也"라 하였고, 〈正義〉에 "初已制法, 至二宜宣. 若猶匿之, 則失時之極, 可施之事, 則遂廢矣. 不出門庭, 所以致凶, 故曰'不出門庭, 凶'"이라 함. 《集解》에 "虞翻曰: 「變而之坤, 艮爲門庭, 二失位不變, 出門應五, 則凶. 故言'不出門庭, 凶'矣.」"라 함. 《傳》에 "二雖剛中之質, 然處陰居說而承柔, 處陰不正也, 居說失剛也, 承柔近邪也. 節之道, 當以剛中正. 二失其剛中之德, 與九五剛中正異矣. '不出門庭', 不之於外也, 謂不從於五也. 二五非陰陽正應, 故不相從. 若以剛中之道相合, 則可以成節之功, 唯其失德失時, 是以凶也. 不合於五, 乃不正之節也. 以剛中正爲節, 如懲忿窒慾, 損過抑有餘(一作益不及)是也. 不正之節, 如嗇節於用懦, 節於行是也"라 하였고, 《本義》에 "'門庭', 門內之庭也. 九二當可行之時, 而失剛不正, 上无應與, 知節而不知通, 故其象占如此"라 함.

☆【「不出門庭, 凶」, 失時極也】 '失時極也'는 때를 놓침이 아주 極에 달함. 기회를 잃음이 지극함. 그러나 '極'은 中의 뜻. 자신이 得中하여 좋은 조건을 가지고 있음을 말함. 그러한 좋은 조건을 놓침. 혹은 '時極'은 '時宜의 極點'으로 풀이하기도 함. 節制의 本領을 강하게 추진해야 함에도 집안에 있은 채 나서지 않음을 말함. 〈正義〉에 "〈象〉曰'失時極'者, 極, 中也. 應出不出, 失時之中, 所以爲凶"이라 함. 《集解》에 "虞翻曰: 「極, 中也. 未變之正, 失時極矣.」"라 함. 《傳》에 "不能上從九五, 剛中正之道, 成節之功, 乃係於私暱之陰柔, 是失時之至極, 所以凶也. 失時, 失其所宜也"라 함.


六三: 不節若, 則嗟若, 无咎.
☆象曰: 「不節之嗟」, 又誰咎也!

〈언해〉 六三(륙삼)은, 節(졀)티 아니 ᄒᆞ면 嗟(차)ᄒᆞ리니, 咎(구)ᄒᆞᆯ 디 업스니라.[《本義》: 節(졀)티 몯ᄒᆞᄂᆞᆫ 디라 嗟(차)홈이니]

☆象(상)애 골오디 「不節의 嗟홈」은, 또 누롤 咎(구)호리오!

〈해석〉[六三](--): 절제하지 않으면 탄식하리니(절제하지 못하기에 한탄함이니), 허물을 물을 데가 없으리라.

☆象: "절제하지 않아 탄식한다"함은, 또 누구를 탓하리오!


【六三】이는 下卦(兌)의 가장 위에 있으며, 陰爻로 陽位에 있어 位不當함. 아울러 上六과도 正應을 이루지 못하여, 둘 모두 도움을 주고받지 못한 채 주춤함. 그러나 유약함을 지킴으로 해서 허물을 물을 수는 없음.

【不節若, 則嗟若, 无咎】'不節若, 則嗟若'은 절검을 지키지 않으면 한탄할 일만 있음. 여기서의 '節'은 節儉, '嗟若'은 곤궁함을 슬퍼하여 탄식함. 두 글자 '若'은 모두 虛辭. ○高亨은 "若, 猶焉也"라 함. '无咎'는 허물은 없음. 그러나 ○高亨은 "不節則多費, 多費則窮困, 窮困則愁歎, 故曰「不節若, 則嗟若」. 旣言'嗟若', 則不宜又言'无咎', 疑'无咎'二字衍文, 蓋〈今文經〉之所無也"라 하여, '无咎'는 〈今文經〉에는 없으며, 의미로 보아 '无咎' 2자는 衍文일 것이라 하였음. 이에 程頤와 朱熹는 '누구를 탓할 수도 없음'의 뜻으로 풀이하였음. 이는 位不當하며, 두 陽爻를 타고 있어, 거만한 행동을 하면서 절제를 지키지 못하는 象임. 그러나 스스로 불러온 것이므로 누구를 원망할 수도 없음. 王弼 注에 "若, 辭也. 以陰處陽, 以柔乘剛, 違節之道, 以至哀嗟, 自己所致, 无所怨咎, 故曰无咎也"라 하였고, 〈正義〉에 "節者, 制度之卦, 處節之時, 位不可失. 六三以陰處陽, 以柔乘剛, 失位驕逆, 違節之道, 禍將及己. 以至哀嗟, 故曰'不節若, 則嗟若'也. 禍自己致, 无所怨咎, 故曰'无咎'"라 함. 《集解》에 "虞翻曰:「三, 節家君子也. 失位, 故'節若嗟'. 哀號聲, 震爲音, 聲爲出, 三動得正而體離. 坎涕流出目, 故'則嗟若'. 得位乘二, 故'无咎'也.」"라 함. 《傳》에 "六三不中正, 乘剛而臨險, 固宜有咎. 然柔順而和說, 若能自節而順於義, 則可以无過. 不然則凶咎必至, 可傷嗟也. 故'不節若, 則嗟若'. 己所自致, 无所歸咎也"라 하였고, 《本義》에 "陰柔而不中正, 以當節時, 非能節者, 故其象占如此"라 함.

☆【「不節之嗟」, 又誰咎也?】'又誰咎也'은 '누구를 탓하랴?'의 뜻. '咎'는 尤(疊韻)와 같음. 탓함. 이 효의 '无咎'는 다른 곳의 '无咎'와 뜻이 다름. 〈正義〉에 "〈象〉曰'又誰咎'者, 由己不節, 自致禍災, 又欲怨咎誰乎?"라 함. 《集解》에 "王弼曰:「若, 辭也. 以陰處陽, 以柔乘剛, 違節之道, 以至哀嗟, 自己所致, 无所怨咎, 故曰'又誰咎'矣.」"라 함. 《傳》에 "節則可以免(一作无)過, 而不能自節, 以致可嗟, 將誰咎乎?"라 하였고, 《本義》에 "此'无咎'與諸爻異, 言'无所歸咎'也"라 함.

六四: 安節, 亨.
☆象曰:「安節之亨」, 承上道也.

〈언해〉 六四(륙사)는, 節(절)애 安(안)홈이니, 亨(형)ᄒ니라.
　　　☆象(샹)애 ᄀᆞᆯ오ᄃᆡ「安節의 亨」홈은, 上(샹)의 道(도)를 承(승)홈이라.
〈해석〉 [六四](--): 절제를 편안히 여김이니, 형통하도다.
　　　☆象: "절제를 편안히 여기기에 형통하다"함은, 윗사람(九五)의 도를 이어 받는
　　다는 것이다.

【六四】 이는 上卦(坎, 水)의 시작이며, 陰爻로 陰位에 있어 位正當함. 아울러 九五
(帝位) 아래에 있어 그 뜻을 받들고 있는 형상이며, 初九와도 正應을 이루어 도움을
받고 있음.

【安節, 亨】 절약(절제)을 편안히 여김으로 인해 형통함. ○高亨은 "「安節」者, 安於
節儉也. 此示人宜安於節儉也. 亨卽享字, 古人擧行享祀, 曾筮遇此爻, 故記之曰「亨」"이
라 함. 이 효는 位正當하며, 陰爻로 柔順하면서 上九의 感化를 받듦. 이 때문에 節制를
편안히 여겨, 그 때문에 亨通한 것임. 王弼 注에 "得位而順, 不改其節, 而能亨者也. 承
上以斯, 得其道也"라 하였고, 〈正義〉에 "六四得位, 而上順於五, 是得節之道. 但能安行
此節, 而不改變, 則何往不通? 故曰'安節, 亨'. 明六三以失位乘剛, 則失節而招咎. 六四以
得位承陽, 故安節而致亨"이라 함. 《集解》에 "虞翻曰:「二已變艮止, 坤安得正, 承五有應
於初, 故'安節, 亨'.」"이라 함. 《傳》에 "四順承九五剛中正之道, 是以中正爲節也. 以陰居
陰, 安於正也. 當位爲有節之象, 下應於初四, 坎體水也. 水上溢爲无節, 就下有節也. 如
四之義非, 强節之安於節者也. 故能致亨, 節以安爲善, 强守而不安則不能常, 豈能亨也?"
라 하였고, 《本義》에 "柔順得正, 上承九五, 自然有節者也. 故其象占如此"라 함.

☆【「安節之亨」, 承上道也】 '承上道也'은 上道(九五, 君位, 陽剛)를 잘 받들고 있음.
바로 위에 九五가 있어 이를 잘 받들고 節儉의 道를 지킴. 〈正義〉에 "〈象〉曰'承上道'者,
以能承於上, 故不失其道也"라 함. 《集解》에 "九家《易》曰:「言四得正奉五, 上通於君, 故
曰'承上道'也.」"라 함. 《傳》에 "四能安節之義, 非一象獨擧其重者. 上承九五剛中正之道,
以爲節, 足以亨矣(一作是以亨也). 餘善亦不出於中正也"라 함.

九五: 甘節, 吉. 往有尙.

☆象曰: 「甘節之吉」, 居位中也.

〈언해〉 九五(구오)는, 甘(감)훈 節(졀)이라, 吉(길)ᄒ니, 往(왕)ᄒ면 尙(샹)이 이시리라.

　　[《本義》: 往(왕)홈애 尙(샹)이 이시리라]

　　☆象(샹)애 ᄀᆞᆯ오디 「甘節의 吉」홈은, 居(거)훈 位(위)ㅣ 中(듕)홀 시라.

〈해석〉 [九五](―): 달게 여기는 절제이기에, 길하니, 나아가면 존숭을 받으리라.(나아

　　감에 존숭이 있으리라.)

　　☆象: "달게 여기는 절제의 길함"이란, 차지하고 있는 자리가 득중하였기 때문

　　이다.


　　【九五】 이는 君位이며 陽爻로 陽位에 있어 位正當함. 아울러 上卦(坎)의 중앙에 있
어 得中하였고, 아래로 柔順한 六四와 六三의 臣下가 있어 尊位를 인정받고 있음.

　　【甘節, 吉. 往有尙】 '甘節, 吉'은 절약, 절제, 절검을 달게 여김으로 인해 길함. '往有
尙'은 도움이 있는 곳을 향하여 나아감. 혹은 나아가면 賞을 받을 것임. '尙'은 도움,
보필, 혹은 崇尙, 尊尙을, 또는 '賞'의 뜻이라 함. ○高亨은 "「甘節」者, 以儉爲甘也. 與〈卦
辭〉及上六之「苦節」, 義正相反. 人之於儉也, 樂而甘之, 其上者也. 習而安之, 其次者也.
行而苦之, 則不能儉矣. 故曰「甘節, 吉」. 尙, 借爲賞. 筮遇此爻, 往則有賞, 故曰「往有尙」"
이라 함. 이 爻는 陽剛, 中正, 位正當, 尊位를 모두 갖추고 있어 능히 절제를 천하에
즐겁게 여기도록 할 수 있음. 아울러 자신을 절제하여, 崇尙(賞)을 받을 수 있는 곳으로
시원스럽게 향함. 王弼 注에 "當位居中, 爲節之主, 不失其中, 不傷財·不害民之謂也. 爲
節而不苦, 非甘而何? 術斯以往, 往有尙也"라 하였고, 〈正義〉에 "甘者, 不苦之名也. 九五
居於尊位, 得正履中, 能以中正, 爲節之主, 則當. 〈象〉曰'節以制度, 不傷財·不害民'之謂
也. 爲節而无傷害, 則是不苦而甘, 所以得吉. 故曰'甘節, 吉'. 以此而行, 所往皆有嘉尙,
故曰'往有尙'也"라 함. 《集解》에 "虞翻曰: 「得正居中, 坎爲美, 故'甘節, 吉'. 往謂二, 二失
正變, 往應五, 故'往有尙'也.」"라 함. 《傳》에 "九五剛中, 正居尊位, 爲節之主. 所謂當位以
節, 中正以通者也. 在己則安行, 天下則說從, 節之甘美者也. 其吉可知, 以此而行, 其功大
矣. 故往則有可嘉尙也"라 하였고, 《本義》에 "所謂當位以節中, 正以通者也. 故其象占如
此"라 함.

　　☆【「甘節之吉」, 居位中也】 '居位中也'은 그 자리가 位正當하고 得中하였음을 말함.
〈正義〉에 "〈象〉曰'居位中'者, 以居尊位, 而得中, 故致'甘節之吉'也"라 함. 《集解》에 "虞

翻曰:「艮爲居, 五爲中, 故‘居位中’也.」라 함.《傳》에 "旣居尊位, 又得中道, 所以吉而有功. 節以中爲貴, 得中則正矣. 正不能盡中也"라 함.


# 上六: 苦節, 貞凶, 悔亡.
# ☆象曰:「苦節, 貞凶」, 其道窮也.

〈언해〉上六(샹륙)은, 苦(고)ᄒᆞᆫ 節(절)이니, 貞(뎡)ᄒᆞ면 凶(흉)ᄒᆞ고, 悔(회)ᄒᆞ면 亡(망)ᄒᆞ리라.

　　☆象(샹)애 ᄀᆞᆯ오디「苦節, 貞凶」은, 그 道(도)ㅣ 窮(궁)ᄒᆞᆯ 시라.

〈해석〉[上六](--): 괴로운 절제이니, 바르게 하면 흉하고, 후회하면 패망하리라.

　　☆象: "괴로운 절제이니, 바르게 하면 흉하다"함은, 그 도가 곤궁하기 때문이다.


　　【上六】이는 전괘의 極位이며 陰爻로 陰位에 있어 位正當함.

　　【苦節, 貞凶, 悔亡】‘苦節’은 고통스러운 절약. 혹 절약(절검)을 고통스럽게 여김. ‘貞凶’는 貞辭가 ‘흉하다’임. 悔亡’은 곧게 해도 흉하며, 후회해도 패망함. 혹 망함을 회한으로 여김. 다른 곳의 ‘悔亡’은 ‘회한이 사라지다’였으나, 이곳은 의미가 다른 것으로 여기고 있음. 이에 程頤도 "〈節〉之‘悔亡’, 與他卦之‘悔亡’, 辭同而義異也"라 하였음. 한편 ○高亨은 "「苦節」者, 以儉爲苦也. 〈卦辭〉云:「苦節, 不可貞」, 言苦節之不可也. 苦節所以不可者, 蓋苦節則奢, 貧而苦節, 則爲盜賊而蹈刑戮. 富而苦節, 則蕩家財或蠹邦國. 故此爻又申之曰:「苦節, 貞凶」旣言‘貞凶’, 不宜又言‘悔亡’, 疑‘悔亡’二字衍文, 〈今文經〉之所無也"라 하여, ‘悔亡’ 2자는 〈今文經〉에 없으며 역시 衍文일 것이라 하였음. 이 효는 極位에 있어, 극단적인 節制를 폄으로 인해 도리어 과오를 불러옴. 단 陰爻로 柔弱하고 位正當하여 守正防凶을 함으로써 悔恨을 사라지게 할 수 있음. 王弼 注에 "過節之中, 以至六極, 苦節者也. 以斯施人, 物所不堪, 正之凶也; 以斯修身, 行在无妄, 故得悔亡"이라 함.《集解》에 "虞翻曰:「二三變在兩離, 火炎上作苦, 故‘苦節’; 乘陽, 故‘貞凶’; 得位, 故‘悔亡’.」○干寶曰:「〈象〉稱‘苦節, 不可貞’, 在此爻也. 禀險伏之敎, 懷貪狼之志, 以苦節之性, 而遇甘節之主, 必受其誅. 華士·少正卯之爻也. 故曰‘貞凶’. 苦節旣凶, 甘節志得, 故曰‘悔亡’.」"이라 함.《傳》에 "上六居節之極, 節之苦者也. 居險之極, 亦爲苦義. 固守則凶, 悔則凶亡. 悔, 損過從中之謂也. 〈節〉之‘悔亡’, 與他卦之‘悔亡’, 辭同而義異也"라 하였고,《本義》에 "居節之極, 故爲苦節. 旣處過極, 故雖得正而不免於凶."

然禮奢寧儉, 故雖有悔, 而終得亡之也”라 함.

☆【「苦節, 貞凶」, 其道窮也】'其道窮也'는 그 節에 대한 道가 消盡되어 窮함에 이름. 가장 높은 곳에 있고 六三과도 正應을 이루지 못하여 도움을 받지 못함을 말함. 〈正義〉에 “上六處節之極, 過節之中節, 不能甘以至於苦, 故曰'苦節'也. 爲節過苦, 物所不堪, 不可復正, 正之凶也, 故曰'貞凶'. 若以苦節施人, 則是正道之凶, 若以苦節修身, 則儉約无妄, 可得亡悔, 故曰'悔亡'也”라 함. 《集解》에 “荀爽曰: 「乘陽於上, 无應於下, 故'其道窮'也.」”라 함. 《傳》에 “節旣苦而貞, 固守之, 則凶. 蓋節之道, 至於窮極矣”라 함.

# 061 중부中孚

䷼ 風澤中孚: ▶兌下巽上(☱下☴上)

\* 中孚(중부): 〈音義〉에 "孚, 芳夫反. 信也"라 하여 '중부(zhōngfú)'로 읽음. '中孚'의 '中'은 心中, 中心의 뜻이며 '忠'(疊韻)의 假借. 《孝經》에 인용된 《詩》의 "中心藏之"에 대해 〈釋文〉에 "中, 本亦作忠"이라 함. '孚'는 誠信, 信實, 信賴의 뜻. 〈萃卦〉에 "孚, 信也"라 함. 따라서 속마음이 誠信함을 뜻함. 하괘는 兌(澤)이며 상괘는 巽(風)으로, 못 위에 바람이 불어 물결을 일으키는 異卦相疊의 '風澤' 괘체임. 군자가 위에 있으면, 바람이 풀을 눕히듯 교화를 베푸는 의미이며, 이때에 반드시 誠信함을 가지고 임해야 함을 강조한 것임. 역시 개인에게도 立身과 治事에는 반드시 마음속에 미더움을 품고 이를 널리 남에게 베풀되, 자신이 베푼 덕을 마음속에 담아두지 말 것을 상징함.

\* 《集解》에 "〈序卦〉曰: 「節而信之, 故受之以'中孚'.」(崔憬曰: 「節以制度, 不傷財不害民, 則人信之. 故言'節而信之, 故受之中孚'也.」)"라 함.

\* 《傳》에 "中孚', 〈序卦〉: 「節而信之, 故受之以'中孚'.」 節者, 爲之制節, 使不得過越也. 信而後能行, 上能信守之, 下則信從之, 節而信之也. 中孚, 所以次節也. 爲卦澤上有風, 風行澤上, 而感于水中, 爲中孚之象, 感謂感而動也. 內外皆實而中虛, 爲中孚之象. 又二五皆陽(一有而字), 中實亦爲孚義, 在二體則中實, 在全體則中虛. 中虛信之, 本中實信之質"이라 함.

## (1) 卦辭

# 中孚: 豚魚吉, 利涉大川, 利貞.

〈언해〉 中孚(듕부)는 豚(돈)과 魚(어)ㅣ면 吉(길)ᄒ니, 大川(대쳔)을 涉(셥)홈이 利(리)ᄒ고, 貞(뎡)홈이 利(리)ᄒ니라.

〈해석〉 중부(中孚, 중부괘)는 돼지와 물고기만으로도 길하니, 큰 냇물을 건너는 것이 이로우며, 마음을 곧게 함이 이로우니라.

【中孚】卦名이며, 마음속에 信實(誠信)함을 가지고 모든 일에 임함.《集解》에 "虞翻曰:「〈訟〉四之初也. 坎孚象在中, 謂二也. 故稱'中孚'. 此當從四陽二陰之例,〈遯〉陰未及, 三而〈大壯〉陽已至四, 故從〈訟〉來. 二在〈訟〉時, 體〈離〉爲鶴在坎陰中, 故有'鳴鶴在陰'之義也.」라 함.

【豚魚吉】'어린 돼지나 물고기 정도의 예물만으로도 길하다'의 뜻. 소박하나 마음속에 신실함이 있음을 뜻함. '豚魚'는 돼지와 물고기. 고대 士와 庶人들이 禮를 표할 때의 禮物.《禮記》(士昏禮, 士喪禮, 王制)와《國語》(楚語)등을 참조할 것. 王引之는 "豚魚者, 士庶人之禮也.〈士昏禮〉:「特豚合升去蹄, 魚十有四.」〈士喪禮〉:「豚合升, 魚鱄鮒九, 朔月薦用特豚魚腊.」〈楚語〉:「士有豚犬之奠, 庶人有語炙之薦.」〈王制〉:「庶人夏薦麥, 秋薦黍. 麥以魚, 黍以豚.」豚魚乃禮之薄者, 然苟有中信之德, 則人感其誠, 而神降其福. 故曰'豚魚, 吉'. 言雖豚魚之賤, 亦吉也"라 함.〈正義〉에 "'中孚: 豚魚吉'者, 中孚卦名也. 信發於中謂之中孚. 魚者, 蟲之幽隱; 豚者, 獸之微賤. 人主內有誠信, 則雖微隱之物, 信皆及矣. 莫不得所而獲吉, 故曰'豚魚吉'也"라 함.《集解》에 "案: 坎爲豕, 訟四降初, 折坎稱豚. 初陰升四, 體巽爲魚中二. 孚, 信也. 謂二變應五, 化坤成邦, 故信及'豚魚吉'矣.」○虞氏:「以三至上體〈遯〉, 便以豚魚爲〈遯〉, 魚雖生曲, 象之異見, 乃失化邦之中信也.」라 함.

【利涉大川, 利貞】'利涉大川'은 해결해야 할 일을 처리함이 유리함.《集解》에 "虞翻曰:「坎爲大川, 謂二已化邦, 三利出涉, 坎得正體〈渙〉. 渙舟楫象, 故'利涉大川, 乘木舟虛'也.」라 함. '利貞'은 이로운 貞辭임. 혹 '貞'(正道)으로 함이 유리함.《集解》에 "虞翻曰:「謂二利之正, 而應五也. 中孚以利貞, 乃應於天也.」라 함. 이 卦는 上下가 모두 陽爻이며 가운데에 陰爻가 있음. 陽은 實, 飮은 虛를 뜻함. 따라서 마음을 비워 성신함을 전제로 하여 사물을 처리하는 象임. ○高亨은 "此文'中孚豚魚吉'五字爲句, 指祭祀言, 謂事神有忠信之心, 雖豚魚之薄祭亦吉也. 古人事神, 貴有誠心, 不貴厚物, 故曰「中孚, 豚魚吉」.〈萃〉六二云:「孚乃利用禴.」大恉相同"이라 함.〈正義〉에 "'利涉大川, 利貞'者, 微隱獲吉顯者, 可知旣有誠信, 光被萬物, 萬物得宜以斯涉難, 何往不通? 故曰'利涉大川'. 信而不正凶邪之道, 故利在貞也"라 함.《傳》에 "豚躁魚冥, 物之難感者也. 孚信能感於豚魚, 則无不至矣, 所以吉也. 忠信可以蹈水火, 況涉川乎? 守信之道, 在乎堅正, 故利於貞也"라 하였고,《本義》에 "孚, 信也. 爲卦二陰在內, 四陽在外, 而二五之陽, 皆得其中. 以一卦言之爲中虛; 以二體言之爲中實, 皆孚信之象也. 又下說以應上, 上巽以順下, 亦爲孚義. 豚魚, 无知之物, 又木在澤上, 外實內虛, 皆舟楫之象. 至信可感豚魚, 涉險難而不可以失其貞. 故占者, 能致豚魚之應則吉, 而利涉大川, 又必利於貞也"라 함.

## (2) 彖辭와 象辭

彖曰: 中孚, 柔在內而剛得中, 說而巽, 孚, 乃化邦也.
「豚魚吉」, 信及豚魚也;
「利涉大川」, 乘木舟虛也;
中孚以「利貞」, 乃應乎天也.
★象曰: 澤上有風, 中孚. 君子以議獄緩死.

〈언해〉 彖(단)애 골오딕 中孚(듕부)는, 柔(유) ㅣ 內(닉)예 잇고 剛(강)이 中(듕)을 得(득)
   홀 스니,
   說(열)ᄒᆞ고 巽(손)홀 시, 孚(부) ㅣ 이예 邦(방)을 化(화)홈이니라.
   「豚魚吉」은, 信(신)이 豚魚(돈어)에 미춤이오.
   「利涉大川」은, 木(목)을 乘(승)ᄒᆞ고 舟(쥬) ㅣ 虛(허)홈이오,
   中(듕)이 孚(부)ᄒᆞ고 뻐 「利貞(리뎡)」ᄒᆞ면, 이에 天(텬)을 應(응)ᄒᆞ리라.
   ★象(샹)애 골오딕 澤上(틱샹)의 風(풍)이 이슘이, 中孚(듕부) ㅣ 니, 君子(군ᄌ) ㅣ
   以(이)ᄒᆞ야 獄(옥)을 議(의)ᄒᆞ며 死(ᄉ)를 緩(완)ᄒᆞᄂᆞ니라.

〈해석〉 彖: 중부괘는 유(柔)한 것(六三, 六四)이 안에서 있고, 강한 것(九二, 九五)이
   가운데 자리를 얻어 득중하고 있기 때문에, 기뻐하면서 유순하므로, 믿음이
   있어 이에 나를 교화시키는 것이니라.
   "돼지와 물고기 정도만으로도 길하다"함은, 믿음이 돼지와 물고기까지 미침을
   말한 것이요,
   "큰 냇물을 건넘이 이롭다"함은, 나무(巽, 木)가 물을 타고 있어 그 배가 속이
   비었음을 말하는 것이요,
   중심이 미덥고 이로써 "곧게 함이 이로우면", 이에 하늘에 응하게 되는 것이다.
   ★象: 못(兌, 澤) 위에 바람(巽, 風)이 있음이, 중부괘이다. 군자는 이를 바탕으로
   하여 옥사(獄事)를 논의하며 사형(死刑)을 늦추는 것이다.


   【「中孚」, 柔在內而剛得中, 說而巽, 孚】 '柔在內'는 이는 下卦(兌, 澤)의 六三과 上卦
(巽, 風)의 六四 두 陰爻(柔)가 가운데에 있으며, 밖으로는 모두 陽爻가 둘 씩 에워싸고
있는 대칭형임. '剛得中'은 下卦의 九二와 上卦의 九五가 각기 陽爻(剛)로 得中하였고,

특히 九五는 位正當함. '說而巽'은 下卦(兌, 澤)의 說(悅)을, 上卦(巽, 風)의 巽(遜, 順)을 의미함. '孚'는 미더움, 誠信, 信義. 王弼 注에 "有上四德, 然後乃孚"라 하였고, 〈正義〉에 "中孚, 柔在內而剛得中, 說而巽, 孚'者, 此就三四陰柔, 倂在兩體之內; 二五剛德, 各處一卦之中, 及上下二體, 說而以巽, 釋此卦名爲中孚之義也. 柔內剛中, 各當其所說而以巽, 乖爭不作, 所以信發於內, 謂之中孚. 故曰'柔在內而剛得中. 說而巽, 孚'也"라 함. 《集解》에 "王肅曰:「三四在內, 二五得中, 兌說而巽順, 故孚也.」"라 함. 《傳》에 "二柔在內, 中虛爲誠之象. 二剛得上下體之中, 中實爲孚之象. 卦所以爲'中孚'也"라 함.

【乃化邦也】이에 나라를 교화시키는 원동력이 됨. 王弼 注에 "信立而後, 邦乃化也. 柔在內而剛得中, 各當其所也. 剛得中, 則直而正; 柔在內, 則靜而順; 說而以巽, 則乖爭不作. 如此則物无巧競, 敦實之行, 著而篤信, 發乎其中矣"라 하였고, 〈正義〉에 "'乃化邦'者, 誠信發於內, 則邦國化於外, 故曰'乃化邦'也"라 함. 《集解》에 "虞翻曰:「二化應五成坤, 坤爲邦, 故'化邦'也.」"라 함. 《傳》에 "以二體言卦之用也. 上巽下說, 爲上至誠以順巽於下, 下有孚以說從其上, 如是其孚乃能化於邦國也. 若人不說, 從或違拂, 事理豈能化天下乎?"라 하였고, 《本義》에 "以卦體卦德, 釋卦名義"라 함.

【「豚魚吉」, 信及豚魚也】'信及豚魚也'는 믿음이 豚魚에게까지 미침. 薄弱한 穢物이지만 거기에도 믿음이 있어야 그 뜻이 존숭을 받을 수 있음. 王弼 注에 "魚者, 蟲之隱者也; 豚者, 獸之微賤者也. 爭競之道不興, 中信之德淳著, 則雖微隱之物, 信皆及之"라 하였고, 〈正義〉에 "'豚魚吉, 信及豚魚'者, 釋所以'得吉由, 信及豚魚'故也"라 함. 《集解》에 "虞翻曰:「豚魚, 謂四三也. 艮爲山, 陸豚所處, 三爲兌, 澤魚所在. 豚者卑賤, 魚者幽隱, 中信之道, 皆及之矣.」"라 함. 《傳》에 "信能及於豚魚, 信道至矣, 所以吉也"라 함.

【「利涉大川」, 乘木舟虛也】'乘木舟虛也'는 상괘 巽(風)은 '木'을, 하괘 兌(澤)의 水를 의미함. '木'은 배를 만드는 목재로, 이에 따라 물 위에 배를 띄운 것과 같음. '虛'는 全卦에서 속이 비어 있어, 배는 속이 비어야 하며, 아울러 허공에 막힘없이 운행함을 함께 비유함. 王弼 注에 "乘木於用舟之虛, 則終已无溺也. 用中孚以涉難, 若乘木舟虛也"라 하였고, 〈正義〉에 "'利涉大川, 乘木舟虛'者, 釋涉川所以得利以中, 信而濟難, 若乘虛舟以涉川也"라 함. 《集解》에 "王肅曰:「中孚之象, 外實內虛, 有似可乘虛木之舟也.」"라 함. 《傳》에 "以中孚(一作虛)涉險難, 其利如乘木濟川, 而以虛舟也. 舟虛(一有中字), 則无沈覆之患(一无之患二字). 卦虛中, 爲虛舟之象"이라 하였고, 《本義》에 "以卦象言"이라 함.

【中孚以「利貞」, 乃應乎天也】중심이 미더움을 가지고 바르게 함이 이롭다 함은, 뜻이 하늘에 응하고 있기 때문임. 王弼 注에 "盛之至也"라 하였고, 〈正義〉에 "'中孚以利貞, 乃應乎天'者, 釋中孚所以利貞者, 天德剛正而氣序不差, 是正而信也. 今信不失正乃,

得應於天, 是中孚之盛, 故須濟以利貞也"라 함. 《集解》에 "虞翻曰:「訟乾爲天, 二動應乾, 故'乃應乎天'也.」"라 함. 《傳》에 "中孚而貞, 則應乎天矣. 天之道孚貞而已"라 하였고, 《本義》에 "信而正, 則應乎天矣"라 함.

　★【澤上有風, 中孚】못(下卦, 兌, 澤) 위에 바람(上卦, 巽, 風)이 있는 구조가 中孚卦의 卦象임. 〈正義〉에 "'澤上有風, 中孚'者, 風行澤上, 无所不周, 其猶信之被物, 无所不至, 故曰'澤上有風, 中孚'"라 함. 《集解》에 "崔憬曰:「流風令於上, 布澤惠於下, 中孚之象也.」"라 함.

　【君子以議獄緩死】군자는 이러한 중부괘의 원리를 근거로 하여, 獄事를 신중히 논의하고 사형을 느슨하게 하여 관용을 베풂. '議獄緩死'는 獄事(訟事, 訟獄)에 대해 신중히 할 것을 논의하고, 死(사형에까지 이르는 범죄)에 해당한다 해도 이를 느슨히 늦추도록 세심하게 살핌. '緩'은 寬(疊韻)의 뜻. 王弼 注에 "信發於中, 雖過可亮"이라 하였고, 〈正義〉에 "'君子以議獄緩死'者, 中信之世必非, 故犯過失爲辜, 情在可恕, 故君子以議其過失之獄, 緩捨當死之刑也"라 함. 《集解》에 "虞翻曰:「君子, 謂乾也. 訟坎爲獄, 震爲議, 爲緩坤, 爲死乾. 四之初則二出坎獄, 兌說震喜, 坎獄不見, 故'議獄緩死'也.」"라 함. 《傳》에 "澤上有風感于澤, 中水體虛, 故風能入之. 人心虛, 故物能感之, 風之動乎澤, 猶物之感于中, 故爲中孚之象. 君子觀其象以議獄與緩死. 君子之於議獄, 盡其忠而已, 於決死極於惻而已. 故誠意常求於緩. 緩, 寬也. 於天下之事, 无所不盡其忠, 而議獄緩死, 最其大者也"라 하였고, 《本義》에 "風感水受, 中孚之象. 議獄緩死, 中孚之意"라 함.


## (3) 爻辭와 象辭

初九: 虞, 吉, 有它不燕.
☆象曰: 初九「虞, 吉」, 志未變也.

〈언해〉 初九(초구)는 虞(우)ᄒ면 吉(길)ᄒ니, 它(他, 타)를 두면 燕(연)티 몯ᄒ리라.
　　☆象(상)애 굴오디 初九「虞, 吉」은, 志(지)ㅣ 變(변)티 아녀실 식라.
〈해석〉 [初九](−): 잘 헤아려서 하면 길하니, 다른 의외의 걱정이 있으면 편안하지 못할 것이다.
　　☆象: 초구의 "잘 헤아려 하면 길하다"함은, 뜻이 아직까지는 변치 않았기 때문이다.

【初九】이는 전괘의 시작이며 下卦(兌)의 출발. 陽爻로 位正當하며, 六四와도 正應을 이루고 있음.

【虞, 吉, 有它不燕】'虞'는 虞慮함, 헤아림. 혹은 '安'(雙聲), 또는 '娛'(同音)의 뜻. 《廣雅》(釋詁)에 "虞, 安也"라 함. 그런가 하면 王弼과 孔穎達은 '專'의 뜻이라 하였음. 그 외 혹 喪禮에서 安葬을 뜻한다고도 함. 《公羊傳》文公 2년 何休 注에 "虞, 安神也"라 하였으며, '安神'은 安葬과 같음. '有它不燕'은 다른 일을 벌이면 편안치 못함. 그러나 '它'는 意外의 일이라고도 함. ○高亨은 "有它, 有意外之患也"라 함. '燕'은 편안함. 宴(同音). 燕居의 뜻. 그러나 혹 '燕'은 讌과 같으며, 讌飮之禮를 뜻하는 것이라고도 함. ○高亨은 "有它不燕者, 有意外之患則不安也. 筮遇此爻者, 安而吉, 但如有意外之患則不安, 故曰「虞吉, 有它不燕」"이라 함. 이는 陽剛하면서 맨 아래에 처하였고, 六四와 正應을 이루어, 편안히 中孚를 지키기에 길함. 王弼 注에 "虞, 猶專也. 爲信之始, 而應在四, 得乎專吉者也. 志未能變, 繫心於一, 故'有它不燕'也"라 하였고, 〈正義〉에 "虞, 猶專也. 燕, 安也. 初爲信始, 應在于四, 得其專一之吉, 故曰'虞吉'. 旣係心於一, 故更有它求, 不能與之共相燕安也. 故曰'有它不燕'也"라 함. 《集解》에 "荀爽曰:「震, 宴也. 初應於四, 宜自安虞, 无意於四, 則吉. 故曰'虞吉'也. 四者乘五, 有它意於四, 則不安, 故曰'有它不燕'也.」"라 함. 《傳》에 "九當中孚之初, 故戒在審其所信. 虞, 度也. 度其可信而後從也. 雖有至信, 若不得其所, 則有悔咎, 故虞度而後信, 則吉也. 旣得所信, 則當誠一, 若有它, 則不得其燕安矣. 燕, 安裕也. 有它志, 不定也. 人志不定, 則惑而不安. 初與四爲正應, 四巽體而居正, 无不善也. 爻以謀始之義大, 故不取相應之義. 若用應, 則非虞也"라 하였고, 《本義》에 "當中孚之初, 上應六四, 能度其可信, 而信之, 則吉. 復有它焉, 則失其所以度之之正, 而不得其所安矣. 戒占者之辭也"라 함.

☆【初九「虞, 吉」, 志未變也】'志未變也'는 그 뜻이 아직 변하지 않음. 죽은 이에 대한 그리움이 아직 그대로 남아있음을 뜻함. 〈正義〉에 "〈象〉曰'志未變'者, 所以得專一之吉, 以志未改變, 不更親於它也"라 함. 《集解》에 "荀爽曰:「初位潛藏, 未得變而應四也.」"라 함. 《傳》에 "當信之始, 志(一无志字)未有所從, 而虞度所信, 則得其正, 是以吉也. 盖其志未有變動, 志有所從, 則是變動, 虞之不得其正矣. 在初, 言求所信之道也"라 함.

九二: 鶴鳴在陰, 其子和之; 我有好爵, 吾與爾靡之.
☆象曰: 「其子和之」, 中心願也.

〈언해〉 九二(구이)는, 鳴(명)ᄒᆞᄂᆞᆫ 鶴(학)이 陰(음)애 잇거눌, 그 子(ᄌᆞ)ㅣ 和(화)ᄒᆞᆺ다.
　　　我(아)ㅣ 好(호)ᄒᆞᆫ 爵(쟉)을 두어, 吾(오)ㅣ 爾(이)로 더브러 靡(미)ᄒᆞ노라.
　　　☆象(상)애 ᄀᆞᆯ오디 「其子和之」ᄂᆞᆫ 中心(듕심)애 願(원)홈이라.
〈해석〉 [九二](一): 우는 학이 그늘에 있거늘, 그 새끼가 이에 화답하도다. 내가 좋아하
　　　는 술잔이 있으니, 내 너와 더불어 함께 하노라.
　　　☆象: "그 새끼가 화답한다"함은, 중심으로 원하기 때문인 것이다.


　　【九二】 이는 下卦(兌)의 中央에 있어, 得中하였으며, 아래 初九의 陽剛이 받쳐주고,
위로 六三의 陰爻(柔順)가 있어 이상적인 爻位임.
　　【鶴鳴在陰, 其子和之】 '鶴鳴在陰'의 '鶴鳴'은 〈傳義本〉 등에는 모두 '鳴鶴'으로 되어
있으며, 〈諺解〉에도 이를 따라 '鳴鶴'으로 되어 있음. 〈十三經注疏本〉에는 '鶴鳴'으로
되어 있어 이를 따름. 鶴이 그늘에서 울고 있음. '陰'은 蔭과 같음. 혹 산의 북쪽. 《說
文》에 "陰, 山之北, 水之南也"라 함. '其子和之'은 그 새끼가 어미의 울음에 화답함.
〈正義〉에 "鳴鶴在陰, 其子和之'者, 九二體剛, 處於卦內, 又在三四重陰之下, 而履不失
中, 是不徇於外, 自任其眞者也. 處於幽昧, 而行不失信, 則聲聞於外, 爲同類之所應焉.
如鶴之鳴於幽遠, 則爲其子所和, 故曰'鳴鶴在陰, 其子和之'也"라 함. 《傳》에 "二剛, 實於
中孚之至者也. 孚至則能感通. 鶴鳴於幽隱之處不聞也, 而其子相應和中心之, 願相通也.
好爵我有, 而彼亦係慕, 說好爵之意同也. 有孚於中, 物无不應, 誠同故也. 至誠无遠近幽
深之間. 故〈繫辭〉云『善則千里之外應之, 不善則千里違之』, 言誠通也. 至誠感通之理, 知
道者爲能識之"라 함.
　　【我有好爵, 吾與爾靡之】 '我有好爵'은 내가 좋은 술잔을 가지고 있음. '爵'은 고대
술잔. 참새 모양의 酒杯. '吾與爾靡之'는 '내 너와 함께 하리라'의 뜻. '爾'는 인칭대명사
你, 汝, 而, 若와 같음. '靡'는 '함께'(共)의 뜻. ○高亨은 "鳴鶴在陰'者, 鳴鶴在樹蔭之下
也. '其子', 鶴之雛也. '爵'者, 飮酒之器, '好爵', 美爵也. '我有好爵, 與爾靡之', 言我有美
爵, 與爾共之, 卽共飮此酒也. 鶴之鳴和, 猶人之酬酢, 故曰「鳴鶴在陰, 其子和之, 我有好
爵, 與爾靡之」. 此與嘉惠它人之象也. 《詩》之〈伐木〉·〈鹿鳴〉, 是其類矣"라 함. 이 효는
陽剛하면서 得中하여, 그 誠信한 덕이 마치 학의 울음소리가 멀리까지 퍼져나감과
같음. 그리고 六三과 六四의 밑에 있어 陰(그늘 아래)에 있다 한 것임. 아울러 九五

역시 같은 陽爻로 그 때문에 '그 새끼가 화답한다'라 한 것이며, 이처럼 陽爻 둘이 각기 得中하였으므로 '함께 술잔을 들고 마신다'라 한 것임. 王弼 注에 "處內而居重陰之下, 而履不失中, 不徇於外, 任其眞者也. 立誠篤志, 雖在闇昧, 物亦應焉. 故曰'鳴鶴在陰, 其子和之'也. 不私權利, 唯德是與, 誠之至也. 故曰'我有好爵', 與物散之"라 하였고, 〈正義〉에 "我有好爵, 吾與爾靡之'者, 靡, 散也. 又无偏應, 是不私權利, 惟德是與, 若我有好爵, 吾願與爾賢者, 分散而共之, 故曰'我有好爵, 吾與爾靡之'"라 함. 《集解》에 "虞翻曰:「靡, 共也. 震爲鳴, 訟離爲鶴, 坎爲陰, 夜鶴知夜半, 故'鳴鶴在陰'. 二動成坤體, 益互艮爲子, 震巽同聲者相應, 故'其子和之'. 坤爲身, 故稱我. 吾, 謂五也. 離爲爵. 爵, 位也. 坤爲邦國, 五在艮, 闇寺庭闕之象, 故稱'好爵'. 五利二, 變之正應, 以故'吾與爾靡之'矣.」"라 함. 《本義》에 "九二中孚之實, 而九五亦以中孚之實應之, 故有鶴鳴子和, 我爵爾靡之象. 鶴在陰, 謂九居二; 好爵, 謂得中. 靡與縻同. 言懿德人之所好, 故好爵. 雖我之所獨有, 而彼亦繫戀之也"라 함.

☆【「其子和之」, 中心願也】'中心願也'는 마음속으로 원하던 것이었음. '中心'은 이 효가 得中하고 있음을 뜻함. 〈正義〉에 "〈象〉曰'中心願'者, 誠信之人, 願與同類, 相應得誠信而應之, 是'中心願'也"라 함. 《集解》에 "虞翻曰:「坎爲心動, 得正應五, 故'中心願也'.」"라 함. 《傳》에 "'中心願', 謂誠意所願也. 故通而相應"이라 함.


六三: 得敵, 或鼓或罷, 或泣或歌.
☆象曰:「或鼓或罷」, 位不當也.

〈언해〉六三(륙삼)은, 敵(뎍)을 得(득)ᄒ야, 或(혹) 皷(고)ᄒ며 或(혹) 罷(파)ᄒ며, 或(혹) 泣(읍)ᄒ며 或(혹) 歌(가)ᄒ놋다.
　　☆象(샹)애 ᄀᆞ로오디 「或皷或罷」는 位(위) ㅣ 當(당)티 아니 홀 시라.
〈해석〉[六三](--): 적을 만나서, 혹 북을 치며 진격하기도 하고 혹 진격을 멈추기도 하며, 혹 울기도 하고 혹 노래를 부르기도 하도다.
　　☆象: "혹 북을 치며 진격하기도 하고 혹 진격을 멈추기도 한다"함은, 자리가 마땅치 않기 때문이다.

【六三】이는 하괘(兌)의 가장 위에 있으며, 陰爻로 位不當하고, 위에 陰爻가 가로막아 九五(帝王)에게 접근하기가 어려움. 그러나 上九와 正應을 이루었고, 아래로 두

양효를 타고 있어 절망적이지는 않은 효위임.

【得敵, 或鼓或罷, 或泣或歌】 '得敵'은 적을 쳐부숨. 그러나 ○高亨은 '적을 포로로 잡은 것'이라 하였음. '得'은 《說文》에 "得, 取也"라 하였으며, 여기서는 적을 맞서 이겨냄을 뜻함. '敵'은 六四를 가리킴. '或鼓或罷'는 어떤 이는 북을 울리기도 하고, 어떤 이는 휴식하기도 함. '鼓'는 전투에서 진격의 신호이며, '罷'는 하던 전투를 그치고 군대를 되돌림. '或泣或歌'는 어떤 이는 울기도 하고 어떤 이는 노래를 부르기도 함. ○高亨은 "得敵者, 虜得敵人也. 鼓者, 勇有餘也. 罷者, 力已竭也. 泣者, 有所哀哀. 歌者, 有所樂也. 戰爭得敵, 其事可慶, 然其士卒或鼓焉, 或罷焉, 或泣焉, 或歌焉, 可見戰勝有利有害, 戰敗則有害而無利矣. 故曰「得敵, 或鼓或罷, 或泣或歌」. 其爲好戰者警, 深矣"라 하여, 好戰者에게 깊이 경계하는 것이라 하였음. 이 효는 位不當하여 위로 九五에게 다가가려 하나 六四가 막고 있어 敵이라 한 것이며, 그 때문에 誠信함을 잃고 조급히 구는 爻位임. 그 때문에 강한 적(六四)에게 맞서면서 공격과 후퇴를 반복하며, 승패에 따라 울기도 하고 환호를 지르기도 하는 것임. 王弼 注에 "三居少陰之上, 四居長陰之下, 對而不相比, '敵'之謂也. 以陰居陽, 欲進者也. 欲進而閡敵, 故'或鼓'也. 四履正而承五, 非己所克, 故'或罷'也. 不勝而退, 懼見侵陵, 故'或泣'也. 四履乎順, 不與物校, 退而不見害, 故'或歌'也. 不量其力, 進退无恒, 憊可知也"라 하였고, 〈正義〉에 "六三與四, 俱是陰爻, 相與爲類. 然三居少陰之上, 四居長陰之下, 各自有應對, 而不相比, 敵之謂也. 故曰'得敵'. 欲進礙四, 恐其害己, 故'或鼓'而攻之, 而四履正承尊, 非己所勝, 故'或罷'而退敗也. 不勝而退, 懼見侵陵, 故'或泣'而憂悲也. 四履于順, 不與物校, 退不見害, 故'或歌'而歡樂也. 故曰'或鼓或罷, 或泣或歌'也"라 함. 《集解》에 "荀爽曰:「三四俱陰, 故稱得也, 四得位有位, 故鼓而歌, 三失位無實, 故罷而泣之也.」"라 함. 《傳》에 "敵, 對敵也. 謂所交孚者正應, 上九是也. 三四皆以虛中, 爲成孚之主. 然所處則異, 四得位居正, 故亡匹; 以從上三, 不中失正, 故'得敵'. 以累志(一作心)以柔, 說之質, 旣有所係, 唯所信是從. 或鼓張, 或罷廢, 或悲泣, 或歌樂, 動息憂樂, 皆係乎所信也. 唯係所信, 故未知吉凶, 然非明達君子之所爲也"라 하였고, 《本義》에 "敵, 謂上九. 信之窮者, 六三陰柔, 不中正以居說極, 而與之爲應, 故不能自主, 而其象如此"라 함.

☆【「或鼓或罷」, 位不當也】 '位不當也'은 이 효가 陰爻로 陽位에 있어 位不當함을 말함. 〈正義〉에 "〈象〉曰'位不當'者, 所以或鼓或罷, 進退无恒者. 止爲不當其位, 妄進故也"라 함. 《集解》에 "王弼曰:「三四俱陰, 金水異性, 敵之謂也. 以陰居陽, 自彊而進, 進而礙敵, 故'或鼓'也. 四履正位, 非三敵所剋, 故'或罷'也. 不勝而退, 懼見侵陵, 故'或泣'也. 四履謙巽, 不報讐敵, 故'或歌'也. 歌泣无恒, 位不當也.」"라 함. 《傳》에 "居不當位, 故无所

主. 唯所信是從, 所處得正, 則所信有方矣"라 함.


## 六四: 月幾望, 馬匹亡, 无咎.
## ☆象曰:「馬匹亡」, 絶類上也.

〈언해〉六四(륙사)는, 月(월)이 거의 望(망)이니, 馬匹(마필)이 亡(망)ᄒ면 咎(구)ㅣ 업스
　　　리라.[《本義》: 月(월)이 거의 望(망)ᄒ고, 馬匹(마필)이 亡(망)홈이니]
　　　☆象(샹)애 ᄀᆞᆯ오디「馬匹亡」은 類(류)를 絶(졀)ᄒ야 上(샹)홈이라.
〈해석〉[六四](--): 달이 거의 보름에 가까우니, 말이 짝을 잃으면(달이 거의 망월에
　　　가깝고, 말이 짝을 잃음이니), 허물이 없을 것이다.
　　　☆象: "말이 짝을 잃는다"함은, 같은 동류를 끊어버리고 위로 올라간다는 뜻이다.


　　【六四】 이는 上卦(巽, 風)의 시작이며 陰爻로 陰位에 있어 位正當하고, 初九와도 正
應을 이루고 있으나, 자신이 가까운 九五에게 관심을 보여 初九를 잃게 되는 爻位임.
　　【月幾望, 馬匹亡, 无咎】 '月幾望'는 달이 거의 보름에 이름. 음력 13, 14일쯤을 가리킴.
그러나 ○高亨은 "幾, 讀爲旣. 月旣望者, 十五日以後也"라 하여 보름이 지난 16, 17일쯤
이라 하였음. 〈正義〉에 "'月幾望'者, 六四居中孚之時, 處巽應說得位, 履順上承於五, 內毗
元首, 外宣德化, 充乎陰德之盛, 如月之近望, 故曰'月幾望'也"라 함. '馬匹亡'은 말이 그
짝을 잃음. 짝은 初九를 가리킴. '无咎'는 그러나 허물은 없음. ○高亨은 "筮遇此爻,
在月之十五日以後, 喪失馬匹, 可無咎, 其馬當復得也. 故曰「月幾望, 馬匹亡, 无咎」"라 함.
이는 九五(君王) 아래에 있어서 높은 직위의 신하이므로 '月幾望'이라 한 것임. 그러나
강한 九五 아래에서 誠信을 지킴으로서 허물은 없을 것임. 王弼 注에 "居中孚之時, 處巽
之始, 應說之初, 居正履順, 以承於五, 內毗元首, 外宣德化者也. 充乎陰德之盛, 故曰'月幾
望'. '馬匹亡'者, 棄群類也. 若夫居盛德之位, 而與物校其競爭, 則失其所盛矣. 故曰'絶類而
上'. 履正承尊, 不與三爭, 乃得无咎也"라 하였고, 〈正義〉에 "'馬匹亡, 无咎'者, 三與己敵,
進來攻己, 己若與三校戰, 則失其所盛, 故棄三之類, 如馬之亡匹. 上承其五, 不與三爭, 乃
得无咎, 故曰'馬匹亡, 无咎'也"라 함. 《集解》에 "虞翻曰:「訟坎爲月, 離爲日, 兌西震東,
月在兌二, 離在震三, 日月象對, 故'月幾望'. 乾坎兩馬匹, 初四易位, 震爲奔走, 體遯山中,
乾坎不見, 故'馬匹亡'. 初四易位, 故'无咎'矣.」"라 함. 《傳》에 "四爲成孚之主, 居近君之位,
處得其正, 而上信之, 至(一作位)當孚之任者也. 如月之幾望, 盛之至也. 己望則敵矣, 臣而

敵君, 禍敗必至, 故以幾望爲至盛. '馬匹亡', 四與初爲正應, 匹也. 古者, 駕車用四馬, 不能備純色, 則兩服兩驂, 各一色. 又小大必相稱, 故兩馬爲匹, 謂對也. 馬者, 行物也. 初上應四, 而四亦進從五, 皆上行, 故以馬爲象. 孚道在一, 四旣從五, 若復下係於初. 則不一而害於孚爲有咎矣. 故'馬匹亡', 則无咎也. 上從五而不係於初, 是亡其匹. 係初, 則不進, 不能成孚之功也"라 하였고, 《本義》에 "六四居陰, 得正位近於君, 爲月幾望之象. 馬匹, 謂初與己爲匹. 四乃絶之, 而上以信於五, 故爲馬匹亡之象. 占者如是, 則无咎也"라 함.

☆【「馬匹亡」, 絶類上也】'絶類上也'의 '絶'은 끊어짐. 杜絶됨. '類上'은 위와 유사함. 이는 지난날의 재앙과 같은 일을 끊어, 다시는 일어나지 않도록 警愓을 다함. 王弼 注에 "類, 謂三. 俱陰爻, 故曰類也"라 하였고, 〈正義〉에 "〈象〉曰'絶類上'者, 絶三之類, 不與三爭, 而上承於五也"라 함. 《集解》에 "虞翻曰:「訟初之四, 體與上絶, 故'絶類上'也.」"라 함. 《傳》에 "絶其類而上從五也. 類, 謂(一作相)應也"라 함.


# 九五: 有孚攣如, 无咎.
# ☆象曰:「有孚攣如」, 位正當也.

〈언해〉九五(구오)는, 孚(부)ㅣ 이숌이 攣(년)툿 ᄒ면 咎(구)ㅣ 업스리라.[《本義》: 孚(부)ㅣ 이숌이 攣(년)홈이니, 咎(구)ㅣ 업스니라]

　　　☆象(상)애 ᄀᆞᆯ오디「有孚攣如」는 位(위)ㅣ 正當(졍당)홀 시라.

〈해석〉[九五](-): 성신함이 있어서 서로 묶어 연결시키면, 허물이 없을 것이다.(성신함이 있음이 서로 묶어 연결시킴이니, 허물이 없다.)

　　　☆象: "성신함이 있어 서로 연결시킨다"함은, 자기가 정당하기 때문이다.


【九五】 이는 君位이며 전괘의 主爻. 上卦(巽, 風)의 가운데에 있어 得中하였고, 陽爻로 陽位에 있어 位正當함. 따라서 中孚(미더움)의 본령을 다하면 허물이 없음.

【有孚攣如, 无咎】 '有孚攣如'의 '孚'는 ○高亨은 "孚, 讀爲浮, 罰也"라 하여, 여기서는 '罰'의 뜻이라 함. '攣'(년)은 '하나로 연결하다'(連, 聯, 同音), '매다'(係, 繫)의 뜻. 본음은 '련'(力圓反)이나 〈諺解〉에는 '년'으로 읽었음. '如'는 語辭. '无咎'는 허물이 없음. ○高亨은 "攣如, 猶攣然, 拘係之貌, 拘係而囚之, 亦罰之一種也. 有罰加身, 纍纍攣然, 但筮遇此爻, 卽可解捝, 故曰「有孚攣如, 无咎」. 〈小畜〉九五亦云:「有孚攣如.」義同"이라 함. 이 효는 陽剛, 得中, 位正當, 尊位를 함께 가지고 있어, 그 때문에 誠信을 천하에

퍼서 하나로 연결하는 힘을 발휘함. 王弼 注에 "'攣如'者, 繫其信之辭也. 處中誠, 以相交之時; 居尊位, 以爲羣物之主. 信何可舍? 故有孚攣如, 乃得无咎也"라 하였고, 〈正義〉에 "'有孚攣如, 无咎'者, '攣如'者, 相牽繫不絶之名也. 五在信時, 定於尊位, 爲羣物之主. 恒須以中誠, 交物孚信, 何可暫舍? 故曰'有孚攣如', 繫信不絶, 乃得无咎, 故曰'有孚攣如, 无咎'也"라 함. 《集解》에 "虞翻曰:「孚, 信也. 謂二. 在坎爲孚, 巽繩艮手, 故'攣'. 二使化爲邦, 得正應已, 故'无咎'也.」"라 함. 《傳》에 "五居君位, 人君之道, 當以至誠, 感通天下, 使天下之心, 信之固結, 如拘攣. 然則爲无咎也. 人君之孚, 不能使天下固結如是, 則億兆之心, 安能保其不離乎?"라 하였고, 《本義》에 "九五剛健中正, 中孚之實, 而居尊位, 爲孚之主者也. 下應九二. 與之同德, 故其象占如此"라 함.

☆【「有孚攣如」, 位正當也】'位正當也'는 이 효는 陽爻로 陽位에 있어 位正當함. 〈正義〉에 "〈象〉曰'位正當'者, 以其正當尊位, 故戒以繫信乃得无咎, 若直以陽得正位 而无有繫信, 則招有咎之嫌也"라 함. 《集解》에 "案: 以陽居五有信, 攣二使變已, 是位正當也.」"라 함. 《傳》에 "五居君位之尊, 由中正之道, 能使天下信之, 如拘攣之固, 乃稱其位, 人君之道, 當如是也"라 함.


上九: 翰音登于天, 貞凶.
☆象曰:「翰音登于天」, 何可長也?

〈언해〉上九(샹구)는, 翰音(한음)이 天(텬)애 登(등)홈이니, 貞(뎡)ᄒᆞ야 凶(흉)토다.
　　　☆象(샹)애 ᄀᆞᆯ오디「翰音登于天」ᄒᆞ니, 엇디 可(가)히 長(댱)ᄒᆞ리오?
〈해석〉[上九](─): 닭이 날개를 치며 우는 소리가 하늘까지 올라가는 것이니, 그 정사(貞辭)가 흉하다.
　　　☆象: "닭이 날개를 치며 우는 소리가 하늘까지 올라간다"하였으니, 어찌 장구할 수 있으리오?

　【上九】이는 전괘의 極位이며 마무리 단계. 陽爻로 陰位에 있어 位不當하나, 六三과 正應을 이루어 하늘로 뻗치고자 하나 길게 이어갈 수는 없음.
　【翰音登于天, 貞凶】'翰音登于天'의 '翰音'은 닭이 울 때 날개를 치면서 내는 소리. 《禮記》(曲禮)에 "鷄曰翰音"이라 함. '翰'은 '鶾'의 異體字. 《說文》에 "魯郊以丹鷄祝曰:「以斯鶾音赤羽, 去魯侯之咎.」"라 함. '貞凶'은 貞辭가 '흉하다'로 나옴. 닭은 날 수 없는

家禽인데 하늘을 날아간다는 것은 흉한 것임. 古代 닭이 날아가거나, 쥐가 구멍으로 들어 가는 것을 보면 凶險을 예시하는 것이라 여겼음. ○高亨은 "鷄本不能高飛, 今高飛而升於天, 物反其常, 乃妖蠥之徵, 實爲凶兆, 故曰「翰音登于天, 貞凶」"이라 함. 이 효는 陽剛하며 極位에 있어 誠信함이 다하여 허공에 대고 명성을 찾는 爻位임. 그 때문에 닭이 크게 울면서 하늘로 날아가 그 소리가 곧 사라지는 것으로써 비유한 것임. 王弼 注에 "翰, 高飛也. 飛音者, 音飛而實不從之謂也. 居卦之上, 處信之終信終, 則衰忠篤內喪, 華美外揚, 故曰'翰音登于天'也. 翰音, 登天正亦滅矣"라 하였고, 〈正義〉에 "翰, 高飛也. 飛音者, 音飛而實不從之謂也. 上九處信之終, 信終則衰也. 信衰則詐起, 而忠篤內喪, 華美外揚, 若鳥之翰音登于天, 虛聲遠聞也. 故曰'翰音登于天'. 虛聲无實, 正之凶也, 故曰'貞凶'"이라 함. 《集解》에 "虞翻曰:「巽爲鷄, 應在震, 震爲音. 翰, 高也. 巽爲高, 乾爲天, 故'翰音登于天'; 失位, 故'貞凶'. 《禮》:『薦牲鷄, 稱翰音』也.」"라 함. 《傳》에 "翰音者, 音飛而實不從, 處信之終, 信終則衰. 忠篤內喪, 華美外颺, 故云'翰音登天', 正亦滅矣. 陽性上進, 風體飛颺, 九居中孚之時, 處於最上, 孚於上進, 而不知止者也. 其極至於羽翰之音, 登聞于天, 貞固於此, 而不知變凶可知矣. 夫子(《論語》陽貨)曰:『好信不好學, 其蔽也賊.』固守而不通之謂也"라 하였고, 《本義》에 "居信之極, 而不知變, 雖得其貞, 亦凶道也. 故其象占如此. 鷄曰翰音, 乃巽之象. 居巽之極, 爲登于天. 鷄非登天之物, 而欲登天, 信非所信, 而不知變, 亦猶是也"라 함.

☆【「翰音登于天」, 何可長也?】'何可長也'는 '어찌 길게 갈 수가 있겠는가?'의 뜻. 虛聲无實하기 때문임. 즉 하늘로 큰 소리를 내기 때문에 그 소리는 곧 사라짐. 〈正義〉에 "〈象〉曰'何可長也'者, 虛聲无實, 何可久長?"이라 함. 《集解》에 "侯果曰:「窮上失位, 信不由中, 以此申命, 有聲無實, 中實內喪, 虛華外揚, 是'翰音登天'也. 巽爲鷄, 鷄曰翰音, 虛音登天, 何可久也?」"라 함. 《傳》에 "守孚至於窮極, 而不知變, 豈可長久也? 固守而(一无而字)不通, 如是則凶也"라 함.

# 062 소과小過

䷽ 雷山小過: ▶艮下震上(☶下☳上)


*小過(소과): 〈音義〉에 "過, 古臥反. 義與大過同"라 하여 '소과(xiǎguò)'로 읽음. '小過'는 약간 過度함이 있음. 약간 과하게 함. 강도를 높여 일을 처리함. '大過'(028)와 상대됨. 하괘는 艮(山)이며 상괘는 震(雷)으로, 산 위에 우레가 울리는 異卦相疊의 '雷山'의 괘체임. 사람이 산을 넘다가 하늘에서 우레 소리를 들으면 두렵게 느끼지 않음이 없으며, 이때에는 서둘러 내려와야 하듯이 이는 어떤 사물의 특정한 사정이 있을 때 반드시 이를 처리함에 조금 과도하게 하되, 다만 지나치게 도를 넘는 경우가 없어야 하며, 마땅히 守正과 謙恭으로 대처해야 함을 상징함.

*《集解》에 "〈序卦〉曰: 「有其信者, 必行之, 故受之以'小過'.」(韓康伯曰: 「守其信者, 則失貞而不諒之道, 而以信爲過也. 故曰'小過'.」)"라 함.

*《傳》에 "小過', 〈序卦〉: 「有其信者, 必行之, 故受之以'小過'.」 人之所信, 則必行, 行則過也. 小過, 所以繼中孚也. 爲卦山上有雷, 雷震於高, 其聲過常, 故爲'小過'. 又陰居尊位, 陽失位而不中, 小者過其常也. 盖爲小者, 過又爲小事, 過又爲過之小"라 함.


## (1) 卦辭

小過: 亨, 利貞.
可小事, 不可大事.
飛鳥遺之音, 不宜上, 宜下, 大吉.

〈언해〉 小過(쇼과)는 亨(형)ᄒᆞ니, 貞(뎡)홈이 利(리)ᄒᆞ니,
　　　小事(쇼ᄉᆞ)애 可(가)ᄒᆞ고, 大事(대ᄉᆞ)애 可(가)티 아니 ᄒᆞ니, 飛鳥(비됴)ㅣ 音(음)을 遺(유)홈애, 上(샹)홈은 宜(의)티 아니 ᄒᆞ고, 下(하)홈은 宜(의)툿 ᄒᆞ면, 크게 吉(길)ᄒᆞ리라.
〈해석〉 소과(小過, 소과괘)는 형통하니, 곧게 해야 이롭다.
　　　작은 일에는 이를 적용할 수 있으나, 큰일에는 이를 적용할 수 없다.

나는 새가 소리를 남김에, 위로 올라가는 것은 마땅하지 않고, 내려오는 것이 마땅하듯이 하면, 크게 길하리라.

【小過】卦名이며, 약간 과함이 있음. 일을 처리할 때 약간 과도하게 해야 할 경우를 뜻함. 《傳》에 "過者, 過其常也"라 함.

【亨, 利貞】'亨'은 형통함. 혹 '亨'의 假借로 享祀를 거행함. 〈正義〉에 "小過, 亨'者, 小過卦名也. 王於〈大過〉卦下注云:「晉相過之過, 恐人作罪過之義, 故以晉之.」然則小過之義, 亦與彼同也. 過之小事, 謂之小過. 卽行過乎恭, 喪過乎哀之例, 是也. 褚氏云:「謂小人之行, 小有過差, 君子爲過厚之行, 以矯之也.」如晏子狐裘之比也. 此因小人有過差, 故君子爲過厚之行, 非卽以過差, 釋卦名. 〈象〉曰'小過: 小者過而亨', 言因過得亨, 明非罪過, 故王於大過晉之明, 雖義兼罪過得名, 上在君子爲過行也. 而周氏等不悟此理, 兼以罪過, 釋卦名, 失之遠矣. 過爲小事, 道乃可通, 故曰'小過, 亨'也"라 함. '利貞'은 바르게 행동해야 이로움. 혹 '이롭다'는 貞辭가 나옴. 〈正義〉에 "利貞'者, 矯世勵俗, 利在歸正, 故曰'利貞'也"라 함. 《集解》에 "虞翻曰:「〈晉〉上之三, 當從四陰, 二陽臨觀之例. 臨陽未至三, 而觀四已消也. 又有飛鳥之象, 故知從晉來杵臼之利, 蓋取諸此柔得中而應乾剛, 故亨; 五失正, 故利. 貞過以利貞, 與時行也.」"라 함.

【可小事, 不可大事】작은 일에는 적용할 수 있으나, 큰일의 처리에는 적용할 수 없음. '小事'는 六五를, '大事'는 九四를 가리킴. 〈正義〉에 "可小事, 不可大事'者, 時也. 小有過差, 惟可矯以小事, 不可正以大事, 故曰'可小事, 不可大事'也"라 함. ○高亨은 "亨卽享字, 古人擧行享祀, 曾筮遇此卦, 故記之曰「亨」. 又筮遇此卦, 擧事有利, 但可以擧小事, 不可以擧大事, 故曰「利貞, 可小事不可大事」"라 함. 《集解》에 "虞翻曰:「小謂五. 晉坤爲事, 柔得中, 故'可小事'也. 大事四. 剛失位而不中, 故'不可大事'也.」"라 함.

【飛鳥遺之音, 不宜上, 宜下, 大吉】'飛鳥遺之音'은 '날아가는 새가 우는 소리를 남기고 사라짐'. '遺'는 '남겨놓다, 주다'(留, 與, 予)의 뜻. 그러나 孔穎達은 "遺, 失也"라 하였음. 한편 구절 다음에 '震爲鵠'의 3자가 더 있음. 〈說卦傳〉에도 "震爲鵠"의 구절이 있으며, 〈釋文〉에 인용한 荀爽의 〈九家集解本〉에도 이 구절이 있음. 즉 상괘(震, 雷)는 '鵠'의 울음소리가 멀리 들리듯 함을 뜻함. '不宜上, 宜下, 大吉'은 우레가 치고 있으므로 더 높이 올라가서는 안 되며, 마땅히 내려와야 크게 길함. ○高亨은 "飛鳥予人以音, 其飛益上, 則其音益遠而難聞; 其飛益下, 則其音益近而易聞, 此不宜上宜下之象也. 筮遇此卦, 有所爲時, 亦不宜上宜下, 得其宜則大吉, 故曰「飛鳥遺之音, 不宜上, 宜下, 大吉」"이라 함. ○이 괘는 상하에 각기 두 개씩 陰爻가 밖으로 있고, 안으로 陽爻 하나씩이

마주 보고 있는 對稱形으로, 陰(小)이 陽(大)을 초과하고 있는 형상임. 또한 각 小成卦에서 음효가 主爻(六二, 六五)가 되어 있어, 작은 일에는 이 小過의 원칙을 적용할 수 있으나 큰일에는 쓸 수 없음. 아울러 안의 두 양효는 새의 몸을, 밖의 각 두 음효는 새의 날개의 형상이기에 '飛鳥遺音'으로 비유하여 설명한 것이며, 전체에 음효가 많아 柔弱기 때문에, 높이 날아오르면 위험을 초래할 수 있어, 謙恭勤愼을 지켜 낮은 자세를 취할 것을 권고한 것임. 王弼 注에 "飛鳥遺其音聲, 哀以求處, 上愈无所適, 下則得安. 愈上則愈窮, 莫若飛鳥也"라 하였고, 〈正義〉에 "'飛鳥遺之音, 不宜上, 宜下, 大吉'者, 借喩以明過厚之行, 有吉有凶, 飛鳥遺其音聲, 哀以求處, 過上則愈无所適, 過下則不失其安, 以譬君子處, 過差之時, 爲過厚之行, 順而立之, 則吉; 逆而忤鱗, 則凶. 故曰'飛鳥遺之音, 不宜上, 宜下, 大吉'. 順則執卑守下, 逆則犯君陵上, 故以臣之逆順, 類鳥之上下也. '飛鳥遺其音聲, 哀以求處'者, 遺, 失也. 鳥之失聲, 必是窮廹, 未得安處. 《論語》(〈泰伯〉)曰: 「鳥之將死, 其鳴也哀.」 故知遺音, 卽哀聲也"라 함. 《集解》에 "虞翻曰: 「離爲飛鳥, 震爲音, 艮爲止, 晉上之三, 離去震在, 鳥飛而音止, 故'飛鳥遺之音'. 上陰乘陽, 故'不宜上'. 下陰順陽, 故'宜下, 大吉'. 俗說或以卦象: '二陽在內, 四陰在外, 有似飛鳥之象', 妄矣.」"라 하여, 卦象을 두고 풀이하는 것은 맞지 않은 것이라 하였음. 《傳》에 "過所以求就中也. 所過者, 小事也. 事之大者, 豈可過也? 於〈大過〉論之詳矣. '飛鳥遺之音', 謂過之不遠也. '不宜上, 宜下', 謂宜順也. 順則大吉, 過以就之, 蓋順理也. 過而順理, 其吉必大"라 하였고, 《本義》에 "小, 謂陰也. 爲卦四陰在外, 二陽在內, 陰多於陽, 小者過也. 旣過於陽, 可以亨矣. 然必利於守貞, 則又不可以不戒也. 卦之二五, 皆以柔而得中, 故可小事. 三四皆以剛失位而不中, 故不可大事. 卦體內實外虛, 如鳥之飛, 其聲下而不上, 故能致飛鳥遺音之應, 則宜下而大吉, 亦不可大事之類也"라 함.

## (2) 彖辭와 象辭

彖曰:「小過, (亨)」, 小者過而亨也.

過以「利貞」, 與時行也.

柔得中, 是以「小事吉」也.

剛失位而不中, 是以「不可大事」也.

有飛鳥之象焉.

「飛鳥遺之音, 不宜上, 宜下, 大吉」, 上逆而下順也.

★象曰: 山上有雷, 小過. 君子以行過乎恭, 喪過乎哀,

用過乎儉.

〈언해〉 彖(단)애 굴오디 「小過, (亨)」는, 小者(쇼쟈) ㅣ 過(과)ᄒᆞ야 亨(형)홈이니,
　　　 過(과)호디 뻐 「貞(뎡)이 利(리)홈」은, 時(시)로 더브러 行(ᄒᆡᆼ)홈이라.
　　　 柔(유) ㅣ 中(듕)을 得(득)ᄒᆞᆫ 디라, 이 뻐 「小事(쇼ᄉᆞ) ㅣ 吉(길)」ᄒᆞ고,
　　　 剛(강)이 位(위)를 失(실)ᄒᆞ야 中(듕)티 아니ᄒᆞᆫ 디라, 이 뻐 「大事(대ᄉᆞ)애 可(가)
　　　 티 아니 ᄒᆞ니라.
　　　 飛鳥(비됴)의 象(샹)이 인ᄂᆞ니라.
　　　 「飛鳥遺之音, 不宜上, 宜下, 大吉」은, 上(샹)홈은 逆(역)ᄒᆞ고 下(하)홈은 順(슌)
　　　 홀 시라.
　　　 ★象(샹)애 굴오디 山上(산샹)애 雷(뢰) ㅣ 이쇼미, 小過(쇼과) ㅣ니, 君子(군ᄌᆞ) ㅣ
　　　 以(이)ᄒᆞ야 行(ᄒᆡᆼ)이 恭(공)애 過(과)ᄒᆞ며, 喪(상)이 哀(ᄋᆡ)예 過(과)ᄒᆞ며, 用(용)
　　　 이 儉(검)애 過(과)ᄒᆞᄂᆞ니라.

〈해석〉 彖: "소과괘는 (형통하다)"함은, 작은 일에 과하게 하는 것이 형통하다는 뜻이니,
　　　 과하게 하되 "바르게 해야 이롭다"함은, 때와 맞게 실행함을 뜻한다.
　　　 유순한 것(六二, 六五)이 득중(得中)하였으니, 이 때문에 "작은 일에 길한 것"이요,
　　　 강한 것(九三, 九四)이 자리를 잃고 득중하지도 못하였으니, 이 때문에 "큰일에
　　　 는 가하지 않은"는 것이다.
　　　 나는 새의 상을 가지고 있다.
　　　 "나는 새가 소리를 남기니, 올라가는 것은 마땅치 아니하고, 의당 내려와야 크게
　　　 길하다"함은, 올라가는 것이 역(逆)이요, 내려오는 것은 순(順)이기 때문이다.

★象: 산 위에 우레가 있는 것이 소과괘이다. 군자는 이를 근거로 하여 행동에는 공경을 약간 지나칠 정도로 하고, 상사(喪事)는 슬픔이 지나칠 정도로 하고, 쓰는 것은 검소함을 약간 지나칠 정도로 하는 것이다.

【「小過, (亨)」, 小者過而亨也】 '小過'는 위 卦辭를 이어받은 것이므로 '小過, 亨'이어야 함. 王念孫은 "小過下, 當有'亨'字"라 함. '小者過而亨也'는 '작은 사안에는 過하게 해도 형통하다'의 뜻. '小者'는 小事. 王弼 注에 "小者, 謂凡諸小事也. 過於小事而通者也"라 하였고, 〈正義〉에 "'小過, 小者過而亨'者, 此釋小過之名也. 并明小過有亨德之義. 過行小事, 謂之小過. 順時矯俗, 雖過而通, 故曰'小者過而亨'也"라 함. 《傳》에 "陽大陰小, 陰得位剛失位而不中, 是小者過也. 故爲小事過, 過之小, 小者與小事, 有時而當過, 過之亦小, 故爲小過. 事固有待過而後能亨者, 過之所以能(一作求)亨也"라 하였고, 《本義》에 "以卦體釋卦名義與其辭"라 함.

【過以「利貞」, 與時行也】 약간 지나치게 하되 "바르게 해야 이롭다"함은 時宜(商況)에 맞게 실행하기 때문임. 王弼 注에 "過而得以利貞, 應時宜也. 施過於恭儉, '利貞'者也"라 하였고, 〈正義〉에 "'過以利貞, 與時行'者, 釋利貞之德, 由爲過行而得利貞. 然矯枉過正, 應時所宜, 不可常也. 故曰'與時行'也"라 함. 《集解》에 "荀爽曰:「陰稱小, 謂四. 應初過二而去, 三應上過五而去, 五處中, 見過不見應, 故曰'小者過而亨'也.」"라 함. 《傳》에 "過而利於貞, 謂與時行也. 時當過而過, 乃非過也. 時之宜也. 乃所謂正也"라 함.

【柔得中, 是以「小事吉」也】 '柔得中'은 六二와 六五 두 陰爻(柔)는 각 小成卦의 가운데에 있어 得中하였고, 六二는 位正當함. '是以小事吉也'는 이 까닭으로 작은 일에 小過를 적용하면 길한 것임. 《集解》에 "虞翻曰:「謂五也. 陰稱小, 故'小事吉'也.」"라 함. 《本義》에 "以二五言"이라 함.

【剛失位而不中, 是以「不可大事」也】 '剛失位而不中'은 九四는 陽爻로 陰位에 있어 位不當하며 得中을 이루지도 못하였고, 九三은 位正當하나 得中을 이루지는 못함. '是以不可大事也'는 이 까닭으로 小過를 큰일에 적용할 수가 없음. 王弼 注에 "成大事者, 必在剛也. 柔而浸大, 剝之道也"라 하였고, 〈正義〉에 "'柔得中, 是以小事吉; 剛失位向不中, 是以不可大事'者, 就六二·六五, 以柔居中; 九四失位不中, 九三得位不中, 釋'可小事, 不可大事'之義. 柔順之人, 惟能行小事, 柔而得中, 是行小中時, 故曰'小事吉'也. 剛健之人, 乃能行大事, 失位不中, 是行大不中時, 故曰'不可大事'也"라 함. 《集解》에 "虞翻曰:「謂四也. 陽稱大, 故'不可大事'也.」"라 함. 《本義》에 "以三四言"이라 함.

【有飛鳥之象焉】 이 小過卦의 卦象은 마치 새가 산 위를 날아서 넘는 모습을 하고

있음. 안쪽의 두 陽爻(九三, 九四)는 鳥身, 밖의 네 陰爻(初六, 六二, 六五, 上六)은 鳥翼의 모습임. 王弼 注에 "不宜上, 宜下, 卽飛鳥之象"이라 하였고, 〈正義〉에 "'有飛鳥之象'者, 釋不取餘物爲况, 惟取飛鳥者, 以不宜上, 宜下, 有'飛鳥之象'故也"라 함. 《集解》에 "宋衷曰:「二陽在內, 上下各陰, 有似飛鳥舒翮之象, 故曰'飛鳥'. 震爲聲音, 飛而且鳴, 鳥去而音止, 故曰'遺之音'也.」"라 함. 《傳》에 "小過之道, 於小事有過一 則吉者. 而〈象〉以卦才言吉義. 柔得中, 二五居中也. 陰柔得位, 能致小事吉耳, 不能濟大事也. 剛失位而不中, 是以不可大事. 大事非剛陽之才, 不能濟. 三不中·四失位, 是以不可大事. 小過之時, 自不可大事, 而卦才又不堪大事, 與時合也. 有飛鳥之象焉. 此一句不類〈象〉體, 盖解者之辭誤入. 〈象〉中'中剛(一作實)外柔', 飛鳥之象. 卦有此象, 故就'飛鳥'爲義"라 함.

【「飛鳥遺之音, 不宜上, 宜下, 大吉」, 上逆而下順也】 '上逆而下順也'는 위로 올라가는 것은 力行이며 아래로 내려오는 것이 順行임. 卦 전체에 陰爻가 陽爻를 초과하여 柔弱한 모습임. 王弼 注에 "上則乘剛逆也. 下則承陽順也. 施過於不順, 凶莫大焉. 施過於順過, 更變而爲吉也"라 하였고, 〈正義〉에 "飛鳥遺之音, 不宜上, 宜下, 大吉. 上逆而下順'者, 此就六五乘九四之剛, 六二承九三之陽, 釋所以'不宜上, 宜下, 大吉'之義也. 上則乘剛而逆, 下則承陽而順, 故曰'不宜上, 宜下, 大吉, 以上逆而下順'也"라 함. 《集解》에 "王肅曰:「四五失位, 故曰上逆; 二三得正, 故曰下順也.」"라 함. 《傳》에 "事有時而當過, 所以從宜. 然豈可甚過也? 如過恭·過哀·過儉, 大過則不可. 所以在小過也. 所過當如飛鳥之遺音, 鳥飛迅疾, 聲出而身已過. 然豈能相遠也? 事之當過者, 亦如. 是身不能甚遠於聲, 事不可(一作能)遠過, 其常在得宜耳. '不宜上, 宜下', 更就鳥音取宜順之義. 過之道, 當如飛鳥之遺音, 夫聲逆而上, 則難. 順而下, 則易. 故在高, 則大山上有雷, 所以爲過也. 過之道, 順行則吉. 如飛鳥之遺音, 宜順也. 所以過者, 爲順乎宜也. 能順乎宜, 所以大吉"이라 하였고, 《本義》에 "以卦體言"이라 함.

★【山上有雷, 小過】 下卦(艮, 山) 위에 上卦(震, 雷)가 있는 구조로 되어 있는 것이 小過卦의 卦象임. 《集解》에 "侯果曰:「山大而雷小, 山上有雷, 小過於大, 故曰'小過'.」"라 함.

【君子以行過乎恭, 喪過乎哀, 用過乎儉】 '行過乎恭, 喪過乎哀, 用過乎儉'은 일상 행동에는 恭謙에 약간 지나치다 할 정도로 하며, 喪禮에는 哀傷이 약간 지나치다 할 정도로 하며, 일상 費用은 節儉에 약간 지나치다 할 정도로 함. 즉 '恭, 哀, 儉'을 약간 과도하다 할 정도로 강하게 실천함. 〈正義〉에 "雷之所出, 本出於地. 今出山上, 過其所, 故曰'小過'. 小人過差失, 在慢易奢侈, 故'君子矯之以行過乎恭, 喪過乎哀, 用過乎儉'也"라 함. 한편 '行過乎恭'에 대해 《集解》에는 "虞翻曰:「君子謂三也. 上貴三賤, 〈晉〉上之三, 震爲行,

故'行過乎恭', 謂三致恭, 以順存其位, 與〈謙〉三同義.」라 하였고, '喪過乎哀'에 대해서는 《集解》에 "虞翻曰:「晉坤爲喪, 離爲目, 艮爲鼻, 坎爲涕洟, 震爲出, 涕洟出鼻目, 體大過遭死, 喪過乎哀也.」"라 하였으며, '用過乎儉'에 대해서는 《集解》에 "虞翻曰:「坤爲財, 用爲吝嗇, 艮爲止, 兌爲小, 小用止, 密雲不雨, 故'用過乎儉'也.」"라 함. 《傳》에 "雷震於山上, 其聲過常, 故爲小過. 天下之事, 有時當過而不可過甚, 故爲小過. 君子觀小過之象, 事之宜過者, 則勉之. 行過乎恭, 喪過乎哀, 用過乎儉, 是也. 當過而過, 乃其宜也; 不當過而過, 則過矣"라 하였고, 《本義》에 "山上有雷, 其聲小過. 三者之過, 皆小者之過, 可過於小, 而不可過於大, 可以小過而不可甚過. 〈象〉所謂'可小事'而'宜下'者也"라 함.


# (3) 爻辭와 象辭

### 初六: 飛鳥以凶.
### ☆象曰: 「飛鳥以凶」, 不可如何也.

〈언해〉 初六(초륙)은, 飛(비)하는 鳥(됴)ㅣ라. 뻐 凶(흉)하니라.

　　☆象(샹)애 글오디 「飛鳥以凶」은 可(가)히 엇쪄려뇨 하디 못홀 디라.

〈해석〉 [初六](--): 날아가는 새이니 이로써 흉하다.

　　☆象: "날아가 새이기 때문에 흉하다"함은, 도저히 어떻게 할 방법이 없다는 것이다.


　【初六】 이는 전괘의 시작이며, 下卦(艮)의 출발. 陰爻로 陽位에 있어 位不當하나 九四와 正應을 이루고 있음.

　【飛鳥以凶】 '飛鳥以凶'은 '飛鳥以矢, 凶'이어야 함. '날던 새가 화살을 맞았으니 흉하다'의 뜻. 이에 ○高亨은 "此句義不可通. 疑'以'下當有'矢'字, 轉寫挩去. '飛鳥以矢'者, 鳥帶矢而飛也. 鳥旣中矢, 飛而矢不脫, 其矢貫深矣, 其被創甚矣, 未有不死者, 故曰「飛鳥以矢, 凶」"이라 함. ○이 효는 陰爻로 柔弱하고 자리가 位不當하며 맨 아래에 처해있음에도, 九四와의 正應을 믿고 높이 날고자 과욕을 부림(혹 화살을 맞은 채 날고 있음). 그 때문에 흉한 것임. 王弼 注에 "小過, 上逆下順. 初應在上卦, 進而之逆, 无所錯足, 飛鳥之凶也"라 하였고, 〈正義〉에 "小過之義, 上逆下順, 而初應在上卦, 進而之逆, 同於飛鳥, 无所錯足, 故曰'飛鳥以凶'也"라 함. 《集解》에 "虞翻曰:「應四離爲飛鳥, 上之三則

四折入大過死, 故‘飛鳥以凶’.」이라 함. 《傳》에 “初六, 陰柔在下, 小人之象. 又上應於四,
四復動體, 小人躁易, 而上有應助, 於所當過, 必至過甚. 況不當過而過乎? 其過如飛鳥之
迅疾, 所以凶也. 躁疾如是(一有則字), 所以過之速且遠, 救止莫及也”라 하였고, 《本義》
에 “初六, 陰柔上應九四, 又居過時, 上而不下者也. ‘飛鳥遺音, 不宜上, 宜下’, 故其象占
如此. 郭璞《洞林》占得此者, 或致‘羽蟲之孽’”이라 함.

☆【「飛鳥以凶」, 不可如何也】 ‘不可如何也’는 어찌 해 볼 방법이 없음. 〈正義〉에 “
〈象〉曰‘不可如何也’者, 進而之逆, 孰知不可? 自取凶咎, 欲如何乎?”라 함. 《集解》에 “虞
翻曰:「四死大過, 故‘不可如何’也.」”라 함. 《傳》에 “過之疾, 如飛鳥之迅. 豈容救止也? 凶
其宜矣, 不可如何, 无所用其力也”라 함.


# 六二: 過其祖, 遇其妣, 不及其君, 遇其臣, 无咎.
# ☆象曰:「不及其君」, 臣不可過也.

〈언해〉 六二(륙이)는, 그 祖(조)를 過(과)ᄒᆞ야, 그 妣(비)를 遇(우)홈이니, 그 君(군)애
　　　　及(급)디 아니코, 그 臣(신)애 遇(우)ᄒᆞ면, 咎(구) ㅣ 업스리라.[《本義》: 그 臣(신)
　　　　을 遇(우)홈이라, 咎(구) ㅣ 업스니라]
　　　　☆象(샹)애 ᄀᆞᆯ오디 「不及其君」은 臣(신)이 可(가)히 過(과)티 몯홈이라.
〈해석〉 [六二](--): 그 할아버지를 지나쳐, 그 할머니를 만나는 것이니, 그 임금에게
　　　　미치지 아니하고 그 신하를 만나면, 허물이 없을 것이다.(그 신하를 만나는
　　　　것이라, 허물이 없는 것이다.)
　　　　☆象: “그 임금에게 미치지 아니함”이란, 신하이기에 가히 지나치게 할 수 없음
　　　　을 뜻한다.

【六二】이는 下卦의 가운데에 있어 得中하였으며, 陰爻로 陰位에 있어 位正當함.
【過其祖, 遇其妣】 ‘過其祖’은 그 祖父(九四)에게 지나치게 행동함. ‘遇其妣’는 할머니
(六五)를 만남. ‘祖’는 始祖, ‘妣’는 안에서 得中하여 진중히 있는 할머니 같음을 말함.
‘祖’는 陽(九四), ‘妣’는 陰(六五). 그러나 ○高亨은 “余疑此‘妣’字當作‘父’. 蓋父字轉寫挩
去, 後人以臆增妣字耳. 祖父爲韻, 君臣爲韻, 卽其證. 未知是否”라 하여, ‘妣’는 탈거되
었던 것을 ‘父’자로 잘못 쓴 것이 아닌가 하였음. 《集解》에 “虞翻曰:「祖, 謂祖; 母,
初也. 母死稱妣, 謂三. 坤爲喪爲母, 折入大過死, 故稱祖也. 妣二過初, 故‘過其祖’. 五變

三體, 姤遇, 故'遇妣'也.」라 함.

【不及其君, 遇其臣, 无咎】'不及其君'은 그 임금(六五)에게 미치지 못함. 아무리 날개 짓을 해서 높이 날아도 임금을 넘어서지는 못함. '遇其臣'은 그(六五)가 자신(六二)을 신하로 대우함. '无咎'는 位正當하고 得中하여 허물은 없음. ○高亨은 "過其祖, 遇其妣'者, 行過其祖之前, 而遏其妣也. '不及其君, 遇其臣'者, 行在其君之後, 而遏其臣也. 此謂有 所追求, 或過焉, 或不及焉, 雖不獲其所追求之人, 而能遇其相關之人, 亦非徒勞無功也. 故 曰「過其祖, 遇其非, 不及其君, 遇其臣, 无咎」라 함. ○이 효는 柔順, 中正, 位正當을 이루었으나, 앞의 두 陽爻를 뛰어넘어 六五와 짝이 되어야 하나, 같은 陰爻로 正應을 이루지 못함. 그 때문에 陰陽의 夫婦는 될 수 없어 臣下의 역할만 하게 됨. 王弼 注에 "過而得之謂之遇, 在小過而當位過, 而得之之謂也. 祖, 始也, 謂初也. 妣者, 居內履中而正 者也. 過初而履二位, 故曰'過其祖而遇其妣'. 過而不至於, 僭盡於臣位而已. 故曰'不及其 君, 遇其臣, 无咎'"라 하였고, 〈正義〉에 "過而得之謂之遇. 六二在小過而當位, 是過而得之 也. 祖, 始也, 謂初也. 妣者, 母之稱. 六二居內履中而正, 故謂之妣, 已過於初, 故曰'過其 祖'也. 履得中正, 故曰'遇其妣'也. 過不至於僭, 盡於臣位而已. 故曰'不及其君, 遇其臣, 无 咎'"라 함. 《集解》에 "虞翻曰:「五動爲君, 晉坎爲臣. 二之五隔, 三艮爲止, 故'不及其君'. 止如承三得正體, 姤遇象, 故'遇其臣, 无咎'也.」"라 함. 《傳》에 "陽之在上者, 父之象. 尊於 父者, 祖之象. 四在三上, 故爲祖; 二與五居相應之地, 同有柔中之德, 志不從於三四, 故過 四而遇五, 是過其祖也. 五陰而尊祖妣之象, 與二同德相應, 在它卦, 則陰陽相求. 過之時 必, 過其常, 故異也. 无所不過, 故二從五亦戒其過. '不及其君, 遇其臣', 謂上進而不陵及於 君, 適當臣道, 則'无咎'也. 遇, 當也. 過臣之分, 則其咎可知"라 하였고, 《本義》에 "六二, 柔順中正, 進則過三四, 而遇六五. 是過陽而反遇陰也. 如此則不及六五, 而自得其分, 是不 及君而適遇其臣也. 皆過而不過, 守正得中之意·无咎之道也. 故其象占如此"라 함.

☆【「不及其君」, 臣不可過也】'臣不可過也'은 신하이므로 과히 過(小過)의 방법을 적 용할 수 없음. 혹 임금을 초과할 수는 없음. 〈正義〉에 "〈象〉曰'臣不可過'者, 臣不可自 過其位也"라 함. 《集解》에 "虞翻曰:「體大過下, 止舍巽下, 故'不可過'. 與〈隨〉三同義.」" 라 함. 《傳》에 "過之時, 事无不過其常, 故於上進, 則戒及其(一作其及)君, 臣不可過臣之 分也"라 하였고, 《本義》에 "所以不及君而還遇臣者, 以臣不可過故也"라 함.

九三: 弗過防之, 從或戕之, 凶.
☆象曰:「從或戕之」, 凶如何也?

〈언해〉 九三(구삼)은, 너무 防(방)티 아니 ᄒᆞ면, 조초 或(혹) 戕(장)홀 디라, 凶(흉)ᄒᆞ리라.[《本義》: 너무 防(방)티 아니 ᄒᆞᄂᆞᆫ 디라 조초 或(혹) 戕(장)ᄒᆞ리니, 凶(흉)ᄒᆞ니라]

　　☆象(샹)애 ᄀᆞᆯ오디「從或戕之」ㅣ, 凶(흉)이 엇쩌ᄒᆞ뇨?

〈해석〉 [九三](一): 너무 지나침을 미라 막지 아니하면, 그를 따라(방종하게 굴다가) 혹 상해를 입을 것이기에, 흉하리라.(너무 예방을 아니 하기에, 그를 따라 혹 상해를 당하리니, 흉하니라.)

　　☆象: "그를 따라서(너무 방종하게 굴다가) 혹 상해를 입을 것"이니, 흉함이 어떠하겠는가?

【九三】 이는 하괘의 맨 윗자리이며 陽爻로 陽位에 있어 位正當함. 아울러 上六과 正應을 이루고 있음. 그러나 아래 두 陰爻를 타고 있고, 자신이 맨 윗자리에 있으며, 陽爻(陽剛)임을 믿고 지나치게 과욕을 부림.

【弗過防之, 從或戕之, 凶】 '弗過防之'는 너무 과도하게 하지 말고, 위험을 예방하여야 함. '從或戕之'는 지나친 放縱으로 했다가는 혹 傷害를 입을 것임. '從'은 縱과 같으며, '戕'은 흉기에 찔려 상해를 입음. ○高亨은 "人之對於人, 當其未過之時, 宜防範之, 若縱而任之, 或足以成其過, 而亡其身, 是則凶矣. 若莊公之於公叔段是也. 故曰「不過防之, 從或戕之, 凶」"이라 함. ○이 효는 陽爻(陽剛)로 位正當하고, 上六과 正應을 이루었으나 바로 앞의 九四와 같은 陽爻로 맞서고 있어 그 때문에 상해를 입음. 그러나 王弼은 上六(陰爻, 小人)에게 해코지를 당하는 것이라 하였음. 王弼 注에 "小過之時, 大者不立, 故令小者得過也. 居下體之上, 以陽當位, 而不能先過, 防之至令小者, 或過而復應而從焉. 其從之也, 則戕之凶至矣. 故曰'弗過防之, 從或戕之, 凶'也"라 하였고, 〈正義〉에 "弗過防之'者, 小過之世, 大者不能立德, 故令小者得過. 九三居下體之上, 以陽當位, 不能先過爲防, 至令小者, 或過上六. 小人最居高顯, 而復應而從焉. 其從之也, 則有殘害之凶至矣. 故曰'弗過防之, 從或戕之, 凶'也. 《春秋傳》(宣公 18年)曰:『在內曰弑, 在外曰戕.』然則戕者, 皆殺害之謂也, 言'或'者, 不必之辭也. 謂爲此行者, 有幸而免也"라 함. 《集解》에 "虞翻曰:「防, 防四也. 失位, 從或而欲折之初. 戕, 殺也. 離爲戈兵, 三從離上, 入坤折四, 死大過中, 故'從或戕之, 凶'也.」"라 함. 《傳》에 "小過, 陰過陽失位之時, 三獨居正. 然在下, 无所能爲,

而爲陰所忌惡, 故有(一作所)當過者, 在過防於小人. 若弗過防之, 則或從而戕害之矣. 如是, 則凶也. 三於陰過之時, 以陽居剛, 過於剛也. 旣戒之過防, 則過剛亦在所戒矣. 防小人之道, 正己爲先, 三不失正, 故无必凶之義. 能過防, 則免矣. 三居下之上, 居上爲下, 皆如是也"라 하였고, 《本義》에 "小過之時, 事每當過, 然後得中. 九三以剛居正, 衆陰所欲害者也. 而自恃其剛, 不肯過爲之備, 故其象占如此. 若占者, 能過防之, 則可以免矣"라 함.

☆【「從或戕之」, 凶如何也?】 '凶如何也'은 '그 흉함을 어찌하겠는가?'의 뜻. 〈正義〉에 "〈象〉曰'凶如何'者, 從於小人, 果致凶禍, 將如何乎? 言不可如何也"라 함. 《集解》에 "虞翻曰:「三來戕四, 故'凶如何也.」"라 함. 《傳》에 "陰過之時, 必害於陽; 小人道盛, 必害君子. 當過爲之防, 防之不至, 則爲其所戕矣. 故曰'凶如何也?'. 言其甚也"라 함.


九四: 无咎, 弗過遇之. 往厲必戒. 勿用永貞.
☆象曰:「弗過遇之」, 位不當也;
「往厲必戒」, 終不可長也.

〈언해〉九四(구亽)는, 咎(구)ㅣ 업스니, 過(과)티 아니 ᄒᆞ야 遇(우)홈이니, 往(왕)ᄒᆞ면 厲(려)ᄒᆞᆫ 디라 반ᄃᆞ시 戒(계)ᄒᆞ며, 뻐 기리 貞(뎡)티 말올 디니라.
　　☆象(샹)애 ᄀᆞᆯ오디 「弗過遇之」ᄂᆞᆫ, 位(위)ㅣ 當(당)티 아니미오,
　　「往厲必戒」ᄂᆞᆫ, ᄆᆞ춤내 可(가)히 長(댱)티 몯홀 시라.
〈해석〉 [九四](一): 허물이 없으니, 지나치게 하지 아니해서 그를 만나는 것이니, 나아가면 위험하므로 반드시 경계하며, 이로써 길게 해야 한다. 자신의 재주를 쓰지 말고 길이 바른 마음으로써 해야 하다.
　　☆象: "지나치게 하지 아니해서 그를 만난다"함은, 위부당하기 때문이요,
　　"나아가면 위험하므로 반드시 경계해야 한다"함은, 끝내 가히 오래 갈 수 없기 때문이다.

　　【九四】 이는 上卦(震)의 시작이며 陽爻로 陰位에 있어 位不當함. 初九와 正應을 이루었고, 위로 柔弱한 六五(君主)에게 뜻을 두어 初九를 버리고자 함.
　　【无咎, 弗過遇之】 '无咎'는 '허물이 없다'의 뜻. ○高亨은 "筮遇此爻, 可以無咎, 故曰「无咎」"라 함. '弗過遇之'는 '지나치지 않도록 하라. 잘못하면 初九에게 저지를 당하게 되리라'의 뜻. '遇之'는 '遏之'의 뜻. 막음, 저지를 당함. ○高亨은 "遇, 猶遏也. '不過遇之'

者, 言當人之行事未過之時, 而我遏止之也. '弗過遇之', 與九三'弗過防之', 意稍不同. 蓋防
之者, 施於未萌之時; 遏之者, 時於將然之際也"라 함. 이는 初六이 자신과 正應을 이루고
있음을 이유로, 이 九四가 더 높이 날지 못하도록 저지함을 뜻함. 王弼 注에 "雖體陽爻而
不居其位, 不爲責主, 故得'无咎'也. 失位在下, 不能過者也. 以其不能過, 故得合於免咎之
宜, 故曰'弗過遇之'"라 하였고, 〈正義〉에 "居小過之世, 小人有過差之行, 須大德之人, 防
使无過. 今九四雖體陽爻而不居其位, 不防之責, 責不在已, 故得'无咎'. 所以无其咎者, 以
其失位在下, 不能爲過厚之行, 故得遇於无咎之宜, 故曰'无咎, 弗過遇之'也"라 함. 《集解》
에 "九家《易》曰:「以陽居陰, 行過乎恭. 今雖失位, 進則遇五, 故'无咎'也. 四體震動, 位旣
不正, 當動上居五, 不復過五, 故曰'弗過遇之'矣.」"라 함.

【往厲必戒. 勿用永貞】'往厲必戒'는 위험을 무릅쓰고 앞으로 나아가되, 반드시 경계
해야 함. ○高亨은 "往厲必戒, 言人有所往, 將蹈危境, 我必警戒之, 使勿往也. 人之行事,
在其未過之時, 我當遏之, 彼有所往, 將蹈危境, 我必戒之, 故曰「弗過遇之, 往厲必戒」"라
함. '勿用永貞'은 '길이 적용될 점괘를 얻고자 점을 치지 말라'의 뜻. 그러나 '勿用'은
'자신의 陽剛(才能)을 사용하지 말라'의 뜻이라고도 함. '用'은 '以'(雙聲)와 같음. '永貞'
의 '永'은 遠(雙聲)과 같음. '길이 곧음을 지켜야 한다'의 뜻. 그러나 '貞'은 貞卜의 뜻으로
'먼 훗날을 알아보기 위해 치는 점'이라고도 함. ○高亨은 "勿用者, 不可有所施行也.
占問長期之休咎, 筮遇此爻, 不可有所德行, 故曰「勿用永貞」"이라 함. ○이 효는 位不當함
에도 자신의 陽剛(陽爻)을 믿고 높이 날고자 함. 그러나 初六과 正應을 이루어, 初六이
그 위험을 이유로 저지함. 이에 貞靜을 지켜 위험을 대비해야 하는 爻位임. 王弼 注에
"夫晏安鴆毒, 不可懷也. 處於小過, 不寧之時, 而以陽居陰, 不能有所爲者也. 以此自守,
免咎可也; 以斯攸往, 危之道也. 不交於物, 物亦弗與, 无援之助, 故危則必戒而已. 无所告
救也, 沈沒怯弱, 自守而已. 以斯而處於羣小之中, 未足任者也. 故曰'勿用永貞', 言不足用
之於永貞"이라 하였고, 〈正義〉에 "旣无能爲自守, 則无咎. 有往, 則危厲, 故曰'往厲'. 不交
於物, 物亦不與, 无援乏助, 故危則必自戒愼而已. 无所告救, 故曰'必戒'. 以斯而處於羣小
之中, 未足委任不可用之以長, 行其正也. 故曰'勿用永貞'也. '夫宴安酖毒, 不可懷也'者, 此
《春秋》(閔公 元年):『狄伐邢, 管仲勸齊侯救邢.』爲此辭言'宴安不救, 邢卽酖鳥之毒, 不可
懷而安之'也"라 함. 《集解》에 "荀爽曰:「四往危五, 戒備於三, 故曰'往厲必戒'也. 勿長居
四, 當動上五, 故'用永貞'.」"이라 함. 《傳》에 "四當小過之時, 以剛處柔, 剛不過也. 是以无
咎. 旣弗過, 則合其宜矣. 故云'遇之'. 謂得其道也. 若往則有危, 必當戒懼也. 往, 去柔而以
剛進也. '勿用永貞', 陽性堅剛, 故戒以隨宜不可固守也. 方陰過之時, 陽剛失位, 則君子當
隨時順處, 不可固守其常也. 四居高位, 而无上下之交, 雖比五應初, 方陰過之時, 彼豈肯從

陽也? 故往則有厲"라 하였고,《本義》에 "當過之時, 以剛處柔, 過乎恭矣, 无咎之道也. '弗過遇之', 言弗過於剛而適合其宜也. 往則過矣, 故有厲而當戒陽性堅剛, 故又戒以'勿用永貞'. 言當隨時之宜, 不可固守也. 或曰:「弗過遇之', 若以六二爻例, 則當如此說; 若依九三爻例, 則過遇. 當如過防之義.」未詳孰是, 當闕以俟知者"라 함.

☆【「弗過遇之」, 位不當也】'位不當也'는 이 효는 陰爻로 陽位에 있어 位不當함.〈正義〉에 "〈象〉曰'位不當'者, 釋所以'弗過而遇, 得免於咎'者, 以其位不當故也"라 함.

【「往厲必戒」, 終不可長也】'終不可長也'은 끝내 길이 갈 수 없음. 머지않아 실패를 맛보게 될 것임. 위험에 맞닥뜨려 무너질 것임. 陽剛을 믿고 계속 앞으로 나가다가는 꺾이고 말 것임.〈正義〉에 "終不可長'者, 自身有危, 无所告救, 豈可任之, 長以爲正也?"라 함.《集解》에 "虞翻曰:「體否上傾, 故'終不可長'矣.」"라 함.《傳》에 "位不當, 謂處柔. 九四當過之時, 不過剛而反居柔, 乃得其宜, 故曰'遇之', 遇其宜也. 以(一无以字)九居四位不當也. 居柔, 乃遇其宜也. 當陰過之時, 陽退縮自保足矣. 終豈能長而盛也? 故往則有危, 必當戒也. '長, 上聲(cháng 길다), 作平聲(zhang' 자라다, 혹 우두머리), 則大失《易》意. 以〈夬〉與〈剝〉〈觀〉之可見. 與〈夬〉之象, 文同而音異也"라 하였고,《本義》에 "爻義未明, 此亦當闕"이라 함.


六五: 密雲不雨, 自我西郊. 公弋取彼在穴.
☆象曰:「密雲不雨」, 已上也.

〈언해〉六五(륙오)는, 雲(운)이 密(밀)호디 雨(우)티 몯홈은, 우리 西郊(셔교)로브터 홈이니, 公(공)이 뎌 穴(혈)애 인는 거슬 弋(익)ᄒ야 取(취)홈이로다.

☆象(상)애 ᄀᆞᆯ오디 「密雲不雨」는 임의 上(샹)홀 시라.[《本義》: 너무 上(샹)홀 시라]

〈해석〉[六五](--): 구름이 빽빽함에도 비가 내리지 못함은, 우리 서쪽 교외에서 오는 것이니, 왕공이 저 굴에 있는 것을 주살로 쏘아 취하는 것이다.

☆象: "구름이 빽빽함에도 비가 내리지 못함"이란, 이미 올라갔기 때문이다.(너무 올라갔기 때문이다.)

【六五】이는 君位이며 陰爻로 陽位에 있어 位不當함. 그러나 上卦(震)의 중앙에 있어 得中하였음.

【密雲不雨, 自我西郊】'密雲不雨'은 구름이 빽빽하나 아직 비는 내리지 못함. 자신이 음효이므로 즉시 비를 내리지 못함을 비유함. '自我西郊'는 우리 서쪽 교외로부터 오는 것임. 古公亶父의 故事와 연결을 지어 풀이하기도 함. 이는 〈小畜〉(009)의 卦辭임. 그곳을 참조할 것. ○高亨은 "〈小畜〉亦云:「密雲不雨, 自我西郊」. 此事在醞釀之象也"라 함. 《集解》에 "虞翻曰:「密, 小也. 晉坎在, 天爲雲, 墜地成雨, 上來之三, 折坎入兌. 小爲密, 坤爲自我, 兌爲西, 五動乾爲郊, 故'密雲不雨, 自我西郊'也.」"라 함.

【公弋取彼在穴】'公'은 王公. 六五 자신을 가리킴. 그러나 《集解》에는 九三이라 하였음. '弋'은 주살. 繳繳矢, 矰. 새를 사냥할 때 화살 끝에 실을 매어 잡는 사냥법. '取彼在穴'은 저 굴속에 숨어 있는 사냥감을 잡아냄. 위험한 朝廷을 비유함. ○이 효는 음효로써 位不當함. 아울러 尊位에 있으나 아래로 보필이 없고, 자신도 柔弱하여 겨우 사냥하듯 조정안(穴)의 惡臣을 제거하는 역할에 그치는 爻位임. ○高亨은 "此殆古代故事, 蓋有某公弋鳥, 鳥中矢, 飛入穴中, 公乃取之, 故記之曰「公弋取彼在穴」. 此弋有所獲之象也"라 함. 王弼 注에 "小過, 小者過於大也. 六得五位, 陰之盛也. 故'密雲不雨, 至于西郊'也. 夫雨者, 陰在於上, 而陽薄之, 而不得通, 則蒸而爲雨. 今艮止於下, 而不交焉, 故不雨也. 是故〈小畜〉'尙往而亨則不雨'也. 小過, 陽不上交, 亦不雨也. 雖陰盛于上, 未能行其施也. 公者, 臣之極也. 五極陰盛, 故稱公也. 弋, 射也. '在穴'者, 隱伏之物也. 小過者, 過小而難未大作, 猶在隱伏者也. 以陰質治小過, 能獲小過者也. 故曰'公弋取彼在穴'也. 除過之道, 不在取之, 是乃密雲未能雨也"라 하였고, 〈正義〉에 "'公弋取彼在穴'者, 公者, 臣之極. 五極陰盛, 故稱公也. 小過之時, 爲過猶小, 而難未大作, 猶在隱伏以小過之才, 治小過之失, 能獲小過, 在隱伏者, 有如公之弋獵取得在穴隱伏之獸也. 故曰'公弋取彼在穴'也. '除過之道, 不在取之, 是乃密雲未能雨也'者, 雨者, 以喩德之惠化也. 除過差之道, 在於文德, 懷之使其自服, 弋而取之, 是尙威武. 尙威武卽'密雲不雨'之義也"라 함. 《集解》에 "虞翻曰:「公, 謂三也. 弋, 繳繳射也. 坎爲弓彈, 離爲鳥矢, 弋無矢也. 巽繩, 連鳥弋人, 鳥之象. 艮爲手, 二爲穴, 手入穴中, 故'公弋取彼在穴'也.」"라 함. 《傳》에 "五以陰柔居尊位, 雖欲過爲, 豈能成功? 如密雲而不能成雨. 所以不能成雨, 自西郊故也. 陰不能成雨, 〈小畜〉卦中已解. '公弋取彼在穴', 弋, 射取之也. 射止, 是射弋有取義. 穴, 山中之空中虛, 乃空也. 在穴, 指六二也. 五與二, 本非相應, 乃弋而取之. 五當位, 故云'公'. 謂公, 上也. 同類相取, 雖得之兩陰, 豈能濟大事乎? 猶密雲之不能成雨也"라 하였고, 《本義》에 "以陰居尊, 又當陰過之時, 不能有爲, 而弋取. 六二以爲助, 故有此象. 在穴, 陰物也. 兩陰相得, 其不能濟大事, 可知"라 함.

☆【「密雲不雨」, 已上也】'已上也'은 구름이 너무 위로 올라가 있음. '已'는 副詞로

'너무'(太)의 뜻. 이 효가 두 陽剛(九三, 九四)을 타고 그 위에 올라 있음을 말함. 〈正義〉에 "〈象〉曰'已上'者, 釋所以'密雲不雨'也. 以艮之陽爻, 已上於一卦之上, 而成止, 故不上交, 而爲雨也"라 함. 《集解》에 "虞翻曰:「謂三. 坎水, 已之上六, 故'已上'也.」"라 함. 《傳》에 "陽降陰升, 合則和而成雨. 陰已在上, 雲雖密, 豈能成雨乎? 陰過不能成大之義也"라 하였고, 《本義》에 "'已上', 太高也"라 함.

## 上六: 弗遇過之, 飛鳥離之, 凶. 是謂災眚.
## ☆象曰:「弗遇過之」, 已亢也.

〈언해〉上六(샹륙)은, 遇(우)티 아니 ᄒ야 過(과)ᄒ니, 飛(비)ᄒᄂᆫ 鳥(됴)ㅣ 離(리)홈이라. 凶(흉)ᄒ니, 이를 닐온 災(ᄌᆡ)며 眚(ᄉᆡᆼ)이라.
　　☆象(샹)애 ᄀᆞᆯ오디「弗遇過之」는 이믜 亢(항)홈이라.
〈해석〉[上六](--): 만나지 않아서 지나친 것이니, 날아가던 새가 여기에 걸리는 것이다. 흉하니, 이를 재생(災眚)이라 한다.
　　☆象: "만나지 않아 지나치다"함은, 이미(너무) 꼭대기에 있음을 뜻한다.

　【上六】이는 전괘의 마무리이며 極位. 陰爻로 陰位에 있어 位正當하며, 九三과 正應을 이루고 있음. 그러나 柔弱하면서 가장 위에 있어 더 높이 올라갈 곳이 없음.
　【弗遇過之】'遇'는 '遏'(雙聲)과 같음. 막힘, 가로 막음. '弗遇'는 막힘이 없음. 極位이므로 하늘로 향해 터져 있음. '過之'는 이 때문에 과오를 저질러도 막아주는 이가 없음. 過誤를 저지르도록 故意로 방치함. ○高亨은 "遇, 猶遏也. '弗遇過之'者, 言人之行事, 我不但不遏止其過, 且故意使之過也. 九三云'不過防之', 九四云'不過遇之', 上六云'不虞過之', 語有倫序"라 함.
　【飛鳥離之, 凶, 是謂災眚】'飛鳥離之'의 '離'는 '罹'(同音), '羅'(雙聲)와 같음. 그물 따위에 걸림. '是謂災眚'는 이 때문에 재앙이라 함. '眚'은 '생'(生穎反)으로 읽으며, 사람이 짓는 재앙. 이 효는 陰爻이면서 全卦의 極位에 있어, 마치 소인이 마구 행동하며 끝 간 데를 모를 정도로 날뛰는 형상임. ○高亨은 "飛鳥離之, 卽飛鳥羅之, 張羅以捕飛鳥也. 我不遏人之過, 而且使之過, 是設阱陷入, 猶張羅而捕飛鳥也. 乃爲凶矣, 因而釀成變亂, 胥蒙其災, 故曰「弗遇過之, 飛鳥離之, 凶, 是謂災眚」"이라 함. ○이 효는 陰爻로 極位에 있으며 비록 九三과 正應을 이루고 있으나, 자신이 너무 높아 그를 만날 수

없으며, 虛空에서 그물이나 화살을 맞을 수 있는 위험을 않고 있음. 王弼 注에 "小人之過, 遂至上極, 過而不知限, 至於亢也. 過至於亢, 將何所遇? 飛而不已, 將何所託? 災自己致, 復何言哉!"라 하였고, 〈正義〉에 "上六處小過之極, 是小人之過, 遂至上極, 過而不知限, 至于亢者也. 過至于亢, 无所復遇, 故曰'弗遇過之'也. 以小人之身, 過而弗遇, 必遭羅網, 其猶飛鳥飛而无託, 必離矰繳, 故曰'飛鳥離之, 凶'也. 過亢離凶, 是謂自災而致眚, 復何言哉? 故曰'是謂災眚'也"라 함. 《集解》에 "虞翻曰:「謂四. 已變之坤, 上得之三, 故'弗遇過之'. 離爲飛鳥, 公弋得之鳥下入. 艮手而死, 故'飛鳥離之, 凶'. 晉坎爲災眚, 故'是謂災眚'矣.」"라 함. 《傳》에 "六陰而動體, 處過之極, 不與理遇, 動皆過之, 其違理過常, 如飛鳥之迅速, 所以凶也. 離, 過之遠也. '是謂災眚', 是當有災眚也. 災者, 天殃; 眚者, 人爲. 旣過之極, 豈惟人眚? 天災亦至其凶可知, 天理·人事, 皆然也"라 하였고, 《本義》에 "六以陰居動, 體之上處, 陰過之極, 過之已高, 而甚遠者也. 故其象占如此. 或曰'遇, 過'. 恐亦只當作'過'. 遇義同, 九四未知是否"라 함.

☆【「弗遇過之」, 已亢也】 '已亢也'는 너무 높이 올라감. '亢'은 王肅은 "亢, 窮高也"라 함. 〈正義〉에 "〈象〉曰'已亢'者, 釋所以'弗遇過之', 以其已在亢極之地'故也"라 함. 《集解》에 "虞翻曰:「飛下稱亢, 晉上之三, 故'已亢'也.」"라 함. 《傳》에 "居過之終, 弗遇於理, 而過之過, 已亢極其凶, 宜也"라 함.

# 063 기제旣濟

䷾ 水火旣濟: ▶離下坎上(☲下☵上)


＊旣濟(기제): 〈音義〉에 "濟, 節旣反. 下卦同. 鄭云:「旣, 已也, 盡也; 濟, 度也」"라
하여 '기제(jìjì)'로 읽음. '旣濟'는 이윽고(이미) 해결됨을 뜻함. '濟'는 '건넘(度, 渡)의
뜻. 문제를 해결함, 이룸, 성취함, 성공함'의 뜻. 《爾雅》에 "濟, 成也"라 함. 하괘는
離(火)이며 상괘는 坎(水)으로, 불 위에 물이 있어 불을 끌 수 있는 異卦相疊의 '水火'
괘체임. 이는 화재를 진압하듯 어려운 일을 이윽고 해결하였을 때의 상황을 비유한
것으로, 그럴 때일수록 반드시 中正을 지키며 절제하고 戒懼해야 하며, 驕慢히 하거나
放縱하게 굴지 말아야 함을 상징함. 한편 物極必衰와 守成艱難의 警戒도 함께 담고
있음.

＊《集解》에 "〈序卦〉曰:「有過物者必濟, 故受之以'旣濟'.」(韓康伯曰:「行過乎恭, 禮過
乎儉, 可以矯世, 厲俗有所濟也.」)"라 함.

＊《傳》에 "旣濟', 〈序卦〉:「有過物者必濟, 故受之以'旣濟'.」能過於物, 必可以濟, 故小
過之後, 受之以'旣濟'也. 爲卦水在火上, 水火相交, 則爲用矣. 各當其用, 故爲旣濟, 天下
萬事, 已濟之時也"라 함.


## (1) 卦辭

# 旣濟; 亨小, 利貞. 初吉終亂.

〈언해〉旣濟(긔졔)는 亨(형)홀 거시 小(쇼)ㅣ니, 貞(뎡)홈이 利(리)ᄒᆞ니, 初(초)는 吉(길)
ᄒᆞ고 終(죵)은 亂(란)ᄒᆞᄂᆞ니라.
〈해석〉기제(旣濟, 기제괘)는 형통함이 적으니, 곧게 함이 이롭다. 처음은 좋고 끝맺음
은 혼란스럽다.


【旣濟】卦名이며, 水火相剋의 배치로 물이 위에 있어 불을 끄는 형상임. 水는 陰이
며 火는 陽. 이 때문에 火災를 鎭壓하여 일을 성취시킴을 비유함. 이 괘는 正位, 得中,

正應을 모두 갖추고 있어서 가장 完整한 괘임. 그 때문에 '모든 일이 이미 해결되고 완성되다'의 旣濟卦가 되는 것임. 〈正義〉에 "'旣濟, 亨, 小利貞, 初吉終亂'者, 濟者, 濟渡之名; 旣者, 皆盡之稱. 萬事皆濟, 故以'旣濟'爲名"이라 함. 《本義》에 "旣濟, 事之旣成也, 爲卦水火相交, 各得其用, 六爻之位, 各得其正, 故爲旣濟"라 함.

【亨小, 利貞】'亨'은 이 괘를 만나면 형통함. 혹은 享(亨祀)을 뜻하기도 함. '亨小'는 '小亨'으로 '조금(약간) 형통하다'의 뜻. '利貞'은 이로운 貞辭임. 그러나 ○高亨은 '亨, 小利貞'으로 끊어 읽었음. 여기서는 〈諺解〉에 따라 풀이하였음. 《集解》에 "虞翻曰: 「〈泰〉五之二. 小, 謂二也. 柔得中, 故'亨小'. 六爻得位, 各正性命, 保合大和, 故'利貞'矣.」"라 함.

【初吉終亂】처음에는 吉하나 마침에는 亂事가 있음. 따라서 마무리를 잘 할 것을 권고한 것임. 事物은 完整에 이르면 더 이상 발전할 수 없어, '小亨(小利貞)', '初吉終亂'이라 한 것이며, 이에 物極必衰, 守成艱難의 단계가 닥쳐올 것이므로 이러한 警懼의 표현들로 채워진 것임. 한편 이는 殷나라 興亡을 말한 것으로, '初吉'은 成湯의 開國, '終亂'은 紂의 쇠망을 말한 것이라고도 함. ○高亨은 "亨卽享字, 古人擧行享祀, 曾筮遇此卦, 故記之曰「亨」. 又筮遇此卦, 擧事小利, 初吉而終有亂事, 故曰「小利貞, 初吉終亂」"이라 함. '初吉'에 대해 《集解》에 "虞翻曰: 「初, 始也. 謂泰乾, 乾知大始, 故稱初. 坤五之乾二, 得正處中, 故'初吉'. 柔得中也.」"라 하였고, '終亂'에 대해서는 《集解》에 "虞翻曰: 「泰坤稱亂, 二上之五, 終止於泰, 則反成否, 子弑其父, 臣弑其君, 天下无邦, 終窮成坤, 故'亂'. 其道窮.」"이라 함. 〈正義〉에 "旣萬事皆濟, 若小者不通, 則有所未濟. 故曰'旣濟, 亨小也'. 小者, 尙亨, 何況于大, 則大小剛柔, 各當其位, 皆得其所當? 此之時, 非正不利, 故曰'利貞'也. 但人皆不能居安思危, 愼終如始, 故戒. 以今日旣濟之初, 雖皆獲吉, 若不進德修業 至於終極, 則危亂及之, 故曰'初吉終亂'也"라 함. 《傳》에 "旣濟之時, 大者旣已亨矣; 小者尙有(一有未字)亨也. 雖旣濟之時, 不能无小, 未亨也. '小'字在下, 語當然也. 若言'小亨', 則爲亨之小也. '利貞', 處旣濟之時(一无之時字), 利在貞固以守之也. '初吉', 方濟之時也; '終亂', 濟極則反也"라 하였고, 《本義》에 "'亨小', 當爲'小亨'. 大抵此卦及六爻, 占辭皆有警戒之意, 時當然也"라 함.

## (2) 彖辭와 象辭

彖曰:「旣濟, 亨」, 小者亨也;
「利貞」, 剛柔正而位當也;
「初吉」, 柔得中也;
「終止則亂」, 其道窮也.
★象曰: 水在火上, 旣濟.
君子以思患而豫防之.

〈언해〉 彖(단)애 굴오디 「旣濟, 亨」은, 小者(쇼쟈) ㅣ 亨(형)홈이니,
「利貞」은, 剛(강)과 柔(유) ㅣ 正(졍)ᄒᆞ야 位(위)예 當(당)홀 시라.
「初吉」은, 柔(유) ㅣ 中(듕)을 得(득)홈이오,
「終(죵)애 止(지)ᄒᆞ며 亂(란)홈」은, 그 道(도) ㅣ 窮(궁)홈이라.
★象(샹)애 굴오디 水(슈) ㅣ 火上(화샹)애 이쇼미, 旣濟(긔졔)니,
君子(군ᄌᆞ) ㅣ 以(이)ᄒᆞ야 患(환)을 思(ᄉ)ᄒᆞ야 미리 防(방)ᄒᆞᄂᆞ니라.

〈해석〉 彖: "기제괘의 형통함"함은, 작은 것에도 형통하다는 것이니,
"마음을 곧고 함이 이롭다"함은, 강한 것과 유한 것이 바르면서 자리가 마땅하기 때문이다.
"처음에는 길하다"함은, 유한 것(六二)이 득중(得中)하였음을 말하는 것이요,
"끝맺음에서 그치면 혼란하다"함은, 그 기제의 도가 다하였음을 말한 것이다.
★象: 물(坎, 水)이 불(離, 火) 위에 있는 것이 기제괘이다. 군자는 이를 근거로 하여 환난(患難)을 생각하여 미리 방지하느니라.

【「旣濟, 亨」, 小者亨也】이는 〈卦辭〉에 따르면 '「旣濟, 亨小」, 小者亨也'로 되어야 함. 중간에 '小'자가 누락된 것이거나 〈卦辭〉에서 '小'자가 衍文이거나 둘 중 하나는 오류일 것으로 보임. 《本義》에도 "濟下疑脫'小'字"라 함. '小者亨也'는 작은 일에 이 점괘가 형통함. 王弼 注에 "旣濟者, 以皆濟爲義者也. 小者不遺, 乃爲皆濟, 故擧小者, 以明'旣濟'也"라 하였고, 〈正義〉에 "'「旣濟, 亨」, 小者亨'者, 此釋卦名德. 旣濟之亨, 必小者皆亨也. 但擧小者, 則大者可知, 所以爲旣濟也. 具足爲文當, 更有一小字, 但旣疊經文, 略足以見, 故從省也"라 함. 《集解》에 "荀爽曰:「天地旣交, 陽升陰降, 故'小者亨'也.」"라 함.

【「利貞」, 剛柔正而位當也】'剛柔正而位當也'는 剛한 것(九五)이 得中함과 아울러 六二와 正應을 이루고 있고, 柔한 것(六二) 역시 得中과 正應을 이루고 있으며, 두 효모두 位正當함을 말함. 또한 初九, 九三, 九五 세 陽爻가 모두 位正當하며, 六二, 六四, 六五 세 陰爻 역시 位正當함. 따라서 본괘의 여섯 효 모두 位正當함. 그 때문에 貞辭에본괘는 '이롭다'로 나온 것임. 혹 '모든 효가 貞(正)하다'의 뜻이기도 함. 王弼 注에 "剛柔正而位當, 則邪不可以行矣. 故唯正乃利貞也"라 하였고, 〈正義〉에 "利貞, 剛柔正而位當'者, 此就二三四五, 竝皆得正, 以釋'利貞'. 剛柔皆正, 則邪不可行, 故唯正乃利貞也"라 함. 《集解》에 "侯果曰:「此本〈泰〉卦六五. 降二九, 二升五, 是'剛柔正當位'也.」"라 함. 《傳》에 "旣濟之時, 大者固(一无固字)已亨矣. 唯有小者(一有未字)亨也. 時旣濟矣, 固宜貞固以守之卦才. 剛柔正當其位. 當位者, 其常也. 乃正固之義, 利於如是之貞(一有正字)也. 陰陽各得正位, 所以爲旣濟也"라 하였고, 《本義》에 "以卦體言"이라 함.

【「初吉」, 柔得中也】'柔得中也'은 六二의 陰爻(柔)가 가운데에 있어 得中함. 그 때문에 처음에는 길한 것임. 王弼 注에 "柔得中, 則小者亨也. 柔不得中, 則小者未亨. 小者未亨, 雖剛得正, 則爲未旣濟也. 故旣濟之要, 在柔得中也"라 하였고, 〈正義〉에 "初吉, 柔得中'者, 此就六二以柔居中, 釋初吉也. 以柔小尙得其中, 則剛大之理, 皆獲其濟物, 无不濟, 所以爲吉, 故曰'初吉'也"라 함. 《集解》에 "虞翻曰:「中, 謂二.」"라 함. 《傳》에 "二以柔順文明而得中, 故能成旣濟之功, 二居下體, 方濟之初也, 而又善處, 是以吉也"라 하였고, 《本義》에 "指六二"라 함.

【「終止則亂」, 其道窮也】'終止則亂'은 '끝에 가서 그칠 때면 혼란하다'의 뜻. '其道窮也'는 본괘의 上六은 陰爻(臣下)로 極位에 있어 아래 九五(君王)을 누르고 大權을 휘두르는 형상임. 이 때문에 그 마지막 道가 窮困해져 혼란을 불러오는 것임. 王弼 注에 "以旣濟爲安者, 道極无進, 終唯有亂, 故曰'初吉終亂'. 不爲自亂, 由止故亂故, 曰'終止則亂'也"라 하였고, 〈正義〉에 "終止則亂, 其道窮'者, 此正釋戒, 若能進修不止, 則旣濟无終. 旣濟終亂由止, 故亂終止而亂, 則旣濟之道窮矣. 故曰終止, 則亂其道窮也"라 함. 《集解》에 "虞翻曰:「反否終坤, 故'其道窮'也.」○侯果曰:「剛得正柔得中, 故初吉也. 正有終極, 濟有息止, 止則窮亂, 故曰'終止則亂, 其道窮'也. 一曰殷亡周興之卦也. 成湯應天, '初吉'也; 商辛毒痡, '終止'也. 由止故物亂而窮也. 物不可窮, 窮則復始, 周受其未濟而興焉. 《乾鑿度》曰:『旣濟·未濟者, 所以明戒愼全王道也.』」"라 함. 《傳》에 "天下之事, 不進則退, 无一定之理, 濟之終, 不進而止矣. 无常止也. 衰亂至矣. 蓋其道已窮極也. 九五之才, 非不善也. 時極道窮, 理當必變也. 聖人至此, 奈何曰(一无曰字)'唯聖人爲能通其變, 於未窮不使至於極也?' 堯舜是也. 故有終而无亂"이라 함.

★【水在火上, 旣濟】 '水在火上'은 水(坎)가 火(離) 위에 있는 구조로 되어 있는 것이 旣濟卦의 卦象임. 〈正義〉에 "水在火上, 炊爨之象. 飮食以之而成, 性命以之而濟, 故曰 '水在火上, 旣濟'也"라 함.

【君子以思患而豫防之】 군자가 이 旣濟卦의 卦象을 근거로 해서, 모든 것이 완전히 이루어지고 나면, 다음에는 환난이 올 것임을 생각하여, 이를 미리 막아야 하는 이치를 마련해준 것임. '患'은 患難, 災難, 災殃. 王弼 注에 "存不忘亡, 旣濟不忘未濟也"라 하였고, 〈正義〉에 "但旣濟之道, 初吉終亂, 故君子思其後患而豫防之"라 함. 《集解》에 "荀爽曰:「六爻旣正, 必當復亂, 故君子象之, 思患而豫防之, 治不忘亂也.」"라 함. 《傳》에 "水火旣交, 各得其用, 爲旣濟時, 當旣濟, 唯慮患害之生, 故思而豫防, 使不至於患也. 自古天下, 旣濟而致禍亂者, 盖不能思慮而豫防也"라 함.


## (3) 爻辭와 象辭

初九: 曳其輪, 濡其尾, 无咎.
☆象曰:「曳其輪」, 義无咎也.

〈언해〉 初九(초구)는 그 輪(륜)을 曳(예)ᄒ며, 그 尾(미)를 濡(유)ᄒ면, 咎(구) ㅣ 업스리라.
  ☆象(샹)애 ᄀᆞᆯ오디「曳其輪」은, 義(의) ㅣ 咎(구) 업스니라.
〈해석〉 [初九](一): 그 수레바퀴를 끌고 가는 것으로, 그 꼬리를 적시면 허물이 없으리라.
  ☆象: "그 수레바퀴를 끈다"함은, 의당 허물이 없을 것임을 뜻한다.


【初九】 이는 전괘의 시작이며 陽爻로 陽位에 있어 位正當함. 아울러 六四와 正應을 이루고 있음. 그러나 자신의 陽剛을 믿고 일을 빨리 해결하고자 서둘다가 실수를 범하는 경우가 있음.

【曳其輪, 濡其尾, 无咎】 '曳其輪'은 그 수레를 끎. '曳'는 '拖', '拉'의 뜻. 수레는 몰아야 하나 끌고 가는 것은 맨 아래에 처하였음을 비유함. 매우 느리고 힘듦을 뜻함. 혹 '輪'은 綸의 假借로 허리띠의 餘分으로 아래로 늘여 뜨려진 부분이라고도 함. '濡其尾'는 그 꼬리를 적심. '尾'는 옷의 뒷자락. 그러나 原義대로 '輪'은 수레, '尾'는 꼬리로 보기도 함. '尾'는 이 효가 맨 아래에 있음을 말함. '濡其尾'는 다음 〈未濟卦〉(064)에서는 '여우

가 물을 건너다 그 꼬리를 적시다'의 뜻임. '无咎'는 허물은 없음. ○高亨은 '曳其輪(綸)'
은 '장식을 한 허리띠 남는 부분을 끄는 것'이며, '濡其尾'는 '장식한 옷 끝을 적시는
것'이라 하고, "綸垂於前, 飾之貴者也; 尾垂於後, 飾之賤者也. 人之渡水, 曳其綸,
濡其尾, 使尾濡而綸不濡, 可謂知其京中, 且水不深, 亦可知矣. 故曰「曳其輪, 濡其尾, 无咎」"라 함.
○이 효는 陽剛하나 맨 아래에 처하여, 六四에게 달려감에 오히려 자신을 느리게 하여,
일을 신중히 하면서 完成해 나감을 비유함. 王弼 注에 "最處旣濟之初, 始濟者也. 始濟未
涉於燥, 故'輪曳而尾濡'也. 雖未造易心无顧, 戀志棄難者也. '其', 於義也. 无所咎也"라 함.
〈正義〉에 "初九處旣濟之初, 體剛居中, 是始欲濟渡也. 始濟未涉於燥, 故輪曳而尾濡. 故云
'曳其輪, 濡其尾'也. 《傳》에 "初以陽居下, 上應於四, 又火體其進之志銳也. 然時旣濟矣,
進不已則及於悔咎(一作吝), 故'曳其輪, 濡其尾, 乃得无咎'. 輪, 所以行倒曳之, 使不進也.
獸之涉水, 必揭其尾濡其尾, 則不能濟. 方旣濟之初, 能止其進, 乃得无咎, 不知已, 則至於
咎也"라 하였고, 《本義》에 "輪, 在下尾, 在後初之象也. 曳輪則車, 不前濡尾, 則狐不濟.
旣濟之初, 謹戒如是, 无咎之道. 占者如, 是則无咎矣"라 함.

☆【「曳其輪」, 義无咎也】'義无咎也'는 의당 허물이 없음. 陽剛하며 位正當하기 때문
임. '義'는 宜와 같음. 〈正義〉에 "但志在棄難, 雖復曳輪·濡尾其義, 不有咎, 故云'无咎'"
라 함. 《集解》에 "宋衷曰:「離者, 兩陽一陰, 陰方陽圓, 輿輪之象也. 其一在坎中, 以火入
水, 必敗, 故曰'曳其輪'也. 初在後稱尾, 尾濡曳咎也. 得正有應於義, 可以危而无咎矣.」"
라 함. 《傳》에 "旣濟之初, 而能止, 其進則不至於極, 其義自无咎也"라 함.


六二: 婦喪其茀, 勿逐, 七日得.
☆象曰:「七日得」, 以中道也.

〈언해〉 六二(륙이)는, 婦(부) ㅣ 그 茀(블)늘 喪(상)홈이니, 逐(튝)디 말면, 七日(칠일)에
　　　得(득)ᄒ리라.
　　　☆象(샹)애 ᄀᆞᆯ오디 「七日得」은, 中道(듕도)로 뻐라.
〈해석〉 [六二](--): 부인이 그 머리 장식을 잃는 것이니, 찾겠다고 뒤쫓지 않으면, 이레
　　　만에 되찾을 것이다.
　　　☆象: "이레 만에 되찾는다"함은, 중도(中道, 得中)로써 하기 때문이다.

【六二】이는 下卦(離)의 중앙에 있어 得中하였고, 陰爻로 陰位에 있어 位正當함. 아울러 九五와 正應을 이루고 있어 문제를 해결하는 중간 과정에 큰 장애가 없음.

【婦喪其茀, 勿逐, 七日得】'婦喪其茀'의 '婦'는 六二 자신. 陰爻이므로 '婦'라 한 것. '喪'은 失(雙聲)의 뜻. 잃음. '茀'은 '紱', '被'의 假借. 머리 장식. 여인들의 首飾. 혹 머리숱이 적어 덧대는 가발(髢)이라 함. 漢代 〈帛書〉에는 '犮'로 되어 있으며 이는 被의 假借. '勿逐'은 그 잃은 것을 찾고자 쫓아갈 필요가 없음. '七日得'은 이레가 지나면 저절로 찾게 될 것임. '七'은 《易》의 卦는 모두 여섯 爻로 되어 있어 '七'은 순환하여 다시 제자리로 돌아옴을 상징함. ○高亨은 "筮遇此爻, 婦失其髢, 不須尋求, 七日得之, 故曰「婦喪其茀, 勿逐, 七日得」"이라 함. ○이 효는 得中하였고 位正當하였으며, 九五와 正應을 이루었으나, 九五가 主爻로서 자신이 完整한 군주이며 위아래 陰爻(六四, 上六)에 둘러싸여, 잠시 이 신하(配匹, 六二)를 돌아보아 주지 않아 자신의 재능을 발휘할 수 없는 효상임. 그 때문에 首飾을 잃는 것과 같으나, 조용히 正中을 지켜 다시 그의 시선을 되돌릴 수 있음. 王弼 注에 "居中履正, 處文明之盛, 而應乎五, 陰之光盛者也. 然居初三之間, 而近不相得上, 不承三下, 不比初夫, 以光盛之陰, 處於二陽之間, 近而不相得, 能无見侵乎? 故曰'喪其茀'也. 稱'婦'者, 以明自有夫, 而他人侵之也. '茀', 首飾也. 夫以中道, 執乎貞正, 而見侵者, 衆之所助也. 處旣濟之時, 不容邪道者也. 時旣明峻, 衆又助之, 竊之者, 逃竄而莫之歸矣. 量斯勢也, 不過七日, 不須己逐, 而自得也"라 하였고, 〈正義〉에 "婦喪其茀, 勿逐, 七日得'者, 茀者, 婦人之首飾也. 六二居中履正, 處文明之盛, 而應乎五陰之光盛者也. 然居初三之間, 而近不相得夫, 以光盛之陰, 處於二陽之間, 近而不相得, 能无見侵乎? 故曰'婦喪其茀'. 稱'婦'者, 以明自有夫, 而他人侵之也. 夫以中道, 執乎貞正, 而見侵者, 物之所助也. 處旣濟之時, 不容邪道者也. 時旣明峻, 衆又助之, 竊之者逃, 竄而莫之歸矣. 量斯勢也, 不過七日, 不須己逐, 而自得, 故曰'勿逐, 七日得'"이라 함. 《集解》에 "虞翻曰: 「離爲婦, 泰坤爲喪. 茀, 髮, 謂鬒髮也. 一名婦人之首飾. 坎爲玄雲, 故稱髮. 《詩》(鄘風〈君子偕老〉)曰'鬒髮如雲', 乾爲首, 坎爲美, 五取乾, 二之坤爲坎, 坎爲盜, 故'婦喪其髴'. 泰震爲七, 故'勿逐, 七日得'. 與〈睽〉『喪馬勿逐』同義. 髴, 或作茀. 俗說: '以髴爲婦人蔽膝之茀', 非也.」"라 함. 《傳》에 "二以文明, 中正之德, 上應九五, 剛陽中正之君, 宜得行其志也. 然五旣得尊位, 時已旣濟, 无復進而有爲矣, 則於在下, 賢才豈有求用之意? 故二不得遂其行也. 自古旣濟而能用人者, 鮮矣. 以唐太宗之用, 言尙怠於終, 況其下者乎? 於斯時也, 則剛中反爲中滿, 坎離乃爲相戾矣. 人能識時知變, 則可以言《易》矣. 二陰也, 故以婦言茀, 婦人出門, 以自蔽者也. '喪其茀', 則不可行矣. 二不爲五之求用, 則不得行如婦之喪茀也. 然中正之道, 豈可廢也? 時過則行矣, 逐者從物也. 從物, 則失其素守, 故戒'勿逐'. 自守不失,

則七日當復得也. 卦有六位七, 則變矣. 七日得謂時變也. 雖不爲上所用, 中正之道, 无終廢之理, 不得行於今, 必行於異時也. 聖人之(一有爲字)勸戒深矣"라 하였고, 《本義》에 "二以文明, 中正之德, 上應九五, 剛陽中正之君, 宜得行其志, 而九五居旣濟之時, 不能下賢以行其道, 故二有'婦喪其茀'之象. 茀, 婦車之蔽, 言失其所以行也. 然中正之道, 不可終廢, 時過則行矣. 故又有勿逐, 而自得之戒"라 함.

☆【「七日得」, 以中道也】'以中道也'는 이 효는 得中하였음을 말함. 따라서 中道를 지키고 있음. 〈正義〉에 "〈象〉曰'以中道'者, 釋不須追逐, 而自得者, 以執守中道故也"라 함. 《集解》에 "王肅曰: 「體柔應五, 履順承剛, 婦人之義也. 茀, 首飾. 坎爲盜, 離爲婦, 喪其茀, 鄰於盜也. 勿逐自得, 履中道也. 二五相應, 故'七日得'也.」"라 함. 《傳》에 "中正之道, 雖不爲時所用. 然无終不行之理, 故喪茀, 七日當復得, 謂自守其中, 異時必行也. 不失其中, 則正矣"라 함.


# 九三: 高宗伐鬼方, 三年克之, 小人勿用.
# ☆象曰:「三年克之」, 憊也.

〈언해〉 九三(구삼)은, 高宗(고종)이 鬼方(귀방)을 伐(벌)ᄒᆞ야, 三年(삼년)에아 克(극)홈이니, 小人(쇼인)을 쓰디 마를 디니라.

☆象(상)애 ᄀᆞᆯ오디「三年克之」는, 憊(븨)홈이라.

〈해석〉 [九三](一): 은(殷) 고종(高宗)이 귀방(鬼方)을 정벌하여, 3년 만에야 승리하는 것이니, 소인을 쓰지 말 것이니라.

☆象: "3년 만에 이긴다"함은, 많은 지쳤음을 뜻한다.


【九三】 이는 下卦(離)의 맨 위에 있으며 陽爻로 陽位에 있어 位正當하고 上六과도 正應을 이루고 있음. 陽剛하여 문제 해결을 위해 적극적임.

【高宗伐鬼方, 三年克之】'高宗'은 殷나라 武丁. 殷의 22대 임금으로 小乙의 아들이며 盤庚의 曾孫. 祖庚과 祖甲의 아버지. 傅說을 얻어 재상으로 삼아, 殷을 중흥시킨 영명한 군주. 高宗은 죽은 뒤의 廟號임. 《史記》 殷本紀에 "帝武丁崩, 子帝祖庚立. 祖己嘉武丁之以祥雉爲德, 立其廟爲高宗"이라 함. 《論語》 憲問篇에도 "子張曰:「《書》云:『高宗諒陰, 三年不言.』何謂也?」子曰:「何必高宗, 古之人皆然. 君薨, 百官總己以聽於冢宰三年.」"이라 함. '鬼方'은 북쪽의 소수민족. 獫狁, 北狄이라고도 불렸으며, 지금의 내몽고, 외몽

고, 중앙아시아 일대에 번성했던 민족. 漢나라 때 가장 강성하여 匈奴라 불렸으며 뒤에 Hun족의 원류가 됨. 《大明一統志》에 "夏曰獯鬻, 殷曰鬼方, 周曰玁狁, 秦漢曰匈奴, 唐曰突厥, 宋曰契丹, 今曰韃靼"이라 함. '三年克之'는 3년을 싸운 끝에 이김. 《竹書紀年》에 "武丁三十二年伐鬼方, 次于荊, 三十四年, 王師克鬼方, 氐羌來賓"이라 함. 〈正義〉에 "'高宗伐鬼方, 三年克之'者, 高宗者, 殷王武丁之號也. 九三處旣濟之時, 居文明之終, 履得其位, 是居衰末而能濟者也. 高宗伐鬼方, 以中興殷道, 事同此爻, 故取譬焉. 高宗德實, 文明而勢, 甚衰憊不能, 卽勝三年乃克, 故曰'高宗伐鬼方, 三年克之'也"라 함.

【小人勿用】小人을 등용하지 말아야 함. 그러나 '소인은 이 貞辭를 써서는 안 된다'의 뜻이라고도 함. ○高亨은 "筮遇此爻, 亦三年克敵之兆, 然在小人則不可有所施行, 故曰「高宗伐鬼方, 三年克之, 小人勿用」"이라 함. ○이 효는 陽剛하고 位正當하며, 上六과 正應을 이루었고, 下卦(火)의 꼭대기로 불꽃 위에 해당함. 그 때문에 尙武 기질을 내세워, 자신을 괴롭히는 이민족(鬼方)의 정벌에 나섰으나 3년이나 걸려 장기간 전투로 피폐해진 채 겨우 승리함. 쇠잔해진 국력을 부흥하기 위해 인재가 급하다 해도 小人을 동용하지는 말아야 함. 王弼 注에 "處旣濟之時, 居文明之終, 履得其位, 是居衰末而能濟者也. 故'高宗伐鬼方, 三年乃克'也. 君子處之, 故能興也. 小人居之, 遂喪邦也"라 하였고, 〈正義〉에 "'小人勿用'者, 勢旣衰弱, 君子處之, 能建功立德, 故興而復之, 小人居之, 日就危亂, 必喪邦也. 故曰'小人勿用'"이라 함. 《集解》에 "虞翻曰:「高, 宗殷王武丁; 鬼方, 國名. 乾爲高宗, 坤爲鬼方, 乾二之坤五, 故'高宗伐鬼方'. 坤爲年, 位在三, 故'三年'. 坤爲小人, 二上克五, 故'三年克之, 小人勿用'. 〈象〉曰'憊也'.」○干寶曰:「高宗, 殷中興之君; 鬼北, 方國也. 高宗嘗伐鬼方, 三年而後克之. 離爲戈兵, 故稱伐. 坎當北方, 故稱鬼. 在旣濟之家, 而述先代之功, 以明周因於殷, 有所弗革也.」"라 함. 《傳》에 "九三當旣濟之時, 以剛居剛, 用剛之至也. 旣濟而用剛如是, 乃高宗伐鬼方之事. 高宗必商之高宗, 天下之事, 旣濟而遠伐暴亂也. 威武可及, 而以救民爲心, 乃王者之事也. 唯聖賢之君, 則可若驕威武忿, 不服貪土地, 則殘民肆欲也. 故戒不可用小人. 小人爲之, 則以貪忿私意也. 非貪忿, 則莫肯爲也. 三年克之, 見其勞憊之甚. 聖人因九三, 當旣濟而用剛, 發此義以示人爲法爲戒, 豈淺見所能及也?"라 하였고, 《本義》에 "旣濟之時, 以剛居剛, 高宗伐鬼方之象也. 三年克之, 言其久而後克. 戒占者, 不可輕動之意, 小人勿用. 占法與〈師〉上六同"이라 함.

☆【"三年克之", 憊也】'憊也'는 지침, 困憊함. 疲憊함. 온갖 고통을 다 겪음. 〈正義〉에 "〈象〉曰'憊也'者, 以衰憊之故, 故三年乃克之"라 함. 《集解》에 "侯果曰:「伐鬼方者, 興衰除闇之征也. 上六闇極, 九三征之, 三擧方及, 故曰'三年克之'. 興役動衆聖, 猶疲憊, 則非小人能爲, 故曰'小人勿用'.」○虞翻曰:「坎爲勞, 故'憊'也.」"라 함. 《傳》에 "言憊以見

其事之至難, 在高宗爲之, 則可无高宗之心, 則貪忿以殃(一作殘)民也"라 함.


六四: 繻有衣袽, 終日戒.
☆象曰:「終日戒」, 有所疑也.

〈언해〉 六四(륙사)는, 繻(유)에 衣袽(의여)를 두고, 日(일)이 못도록 戒(계)홈이니라.
　　[《本義》: 衣袽(의여)를 두어]
　　☆象(샹)애 글오디「終日戒」는 疑(의)ᄒᆞᄂᆞᆫ 배 이심이라.
〈해석〉 [六四](--): 비단 옷을 두고 낡아 해진 솜옷을 넣은 옷을 입는 것이니(낡아 해진
　　솜옷을 가지고), 하루 종일 경계를 하는 것이다.
　　☆象: "하루 종일 경계함"은, 의심하는 바가 있음을 말한다.

　　【六四】 이는 上卦(坎)의 시작이며 陰爻로 陰位에 있어 位正當함. 아울러 初九와도
正應을 이루고 있음.
　　【繻有衣袽, 終日戒】 '繻有衣袽'의 '繻'는 '구멍이나 틈을 틀어막다'의 動詞. 王弼은
"繻, 宜曰濡, 衣袽所以塞舟漏也"라 하여, 타고 가는 배가 틈이 생겨 이를 옷솜으로 막는
것이라 하였음. 그러나 화려한 비단옷을 뜻하는 것이라고도 함. 따라서 '화려한 비단
옷이 있으나 해진 솜을 채운 옷을 입다'의 뜻. '繻'는 '유'(而朱反)와 '수'(音須) 두 가지
음이 있음. 〈子夏本〉에는 '襦'자로 되어 있음. '衣袽'는 옷솜. 헌 옷을 두드려 솜(敗絮)으
로 만든 것. ○高亨은 '絮'자와 같은 글자라 하면서 "絮·絮, 古音同, 實爲一字. 蓋古無棉
花, 冬衣貴者內實以亂絲, 賤者內實以亂麻, 統名曰絮, 而絮卽絮之異文耳"라 하여, 고대
겨울옷에 부유한 자는 실을 두드려 솜으로 삼아 넣었고, 가난한 사람은 삼(麻)을 두드
려 솜으로 삼았다 하였음. '終日戒'는 하루 종일 경계하며 근신함. 警惕의 태도를 취함.
○高亨은 "濡有衣絮者, 水漬於衣絮, 指冬日渡水而言也. 濡於衣絮, 必終日而後能乾, 衣乾
而後能服, 服衣而後可以行動, 故曰「濡有衣袽, 終日戒」"라 함. ○이 효는 陰爻(柔順)로
位正當하고, 上卦(坎)의 시작으로, 비록 일을 완성하는 단계로 올라가고 있으나 오히려
비단옷이 있음에도 해진 솜으로 만든 옷을 입 듯하며 종일 자신을 경계함. 王弼 注에
"繻, 宜曰濡. 衣袽, 所以塞舟漏也. 履得其正, 而近不與三五相得, 夫有隙之棄舟, 而得濟
者, 有衣袽也. 鄰於不親, 而得全者, 終日戒也"라 하였고, 〈正義〉에 "'繻有衣袽, 終日戒'
者, 王注云:「繻宜曰濡, 衣袽, 所以塞舟漏者也.」六四處旣濟之時, 履得其位, 而近不與三

五相得, 如在舟而漏矣. 舟漏則濡濕, 所以得濟者, 有衣袽也. '鄰於不親, 而得全'者, 終日戒也. 故曰'繻有衣袽, 終日戒'也"라 함. 《集解》에 "虞翻曰: 「乾爲衣, 故稱繻. 袽, 敗衣也. 乾二之五衣, 象裂壞, 故'繻有衣袽'. 離爲日, 坎爲盜, 在兩坎間, 故'終日戒'. 謂伐鬼方三年乃克. 旅人勤勞, 衣服皆敗, 鬼方之民, 猶或寇竊, 故'終日戒'也.」"라 함. 《傳》에 "四在濟卦而水體, 故取舟爲義. 四近君之位, 當其任者也. 當旣濟之時, 以防患慮變爲急. '繻'當作'濡', 謂滲漏也. 舟有罅漏, 則塞以衣袽, 有衣袽以備濡漏, 又終日戒懼, 不怠慮患, 當如是也. 不言'吉', 方免於患也. 旣濟之時, 免患則足矣. 豈復有加也?"라 하였고, 《本義》에 "旣濟之時, 以柔居柔, 能預備而戒懼者也. 故其象如此. 程子曰: 「繻'當作'濡. 衣袽, 所以塞舟之罅漏.」"라 함.

☆【「終日戒」, 有所疑也】 '有所疑也'는 의심스러운 바가 있기 때문임. '疑'는 禍患이 있을까 걱정을 함. 〈正義〉에 "〈象〉曰'有所疑'者, 釋所以'終日戒', 以不與三五相得, 懼其侵克, 有所疑故也"라 함. 《集解》에 "盧氏曰: 「繻者, 布帛端末之織也. 袽者, 殘幣帛可拂拭器物也. 繻有爲衣袽之道也. 四處明闇之際, 貴賤无恒, 猶或爲衣或爲袽也. 履多懼之地, 上承帝主, 故終日戒, 愼有所疑懼也.」"라 함. 《傳》에 "終日戒懼, 常疑患之將至也. 處旣濟之時, 當畏愼如是也"라 함.


## 九五: 東鄰殺牛, 不如西鄰之禴祭, 實受其福.
## ☆象曰:「東鄰殺牛」, 不如西鄰之時也;「實受其福」, 吉大來也.

〈언해〉 九五(구오)는, 東鄰(동린)의 牛(우)를 殺(살)ᄒᆞᆷ이, 西鄰(셔린)의 禴祭(약졔)ㅣ, 實(실)로 그 福(복)을 受(슈)홈만 곧디 몯ᄒᆞ니라.
　　☆象(샹)애 ᄀᆞᆯ오디「東鄰殺牛」ㅣ, 西鄰(셔린)의 時(시)홈만 곧디 몯ᄒᆞ니,「實受其福」은, 吉(길)이 크게 옴이라.

〈해석〉 [九五](一): 동쪽 이웃집에서 소를 잡아 올리는 큰 제사가, 서쪽 이웃이 검소하게 제사를 올려, 실제고 그 복을 받느니만 같지 못하니라.
　　☆象: "동쪽 이웃집에 소를 잡는 큰 제사"가, 서쪽 이웃집의 때를 맞추는 것만 같지 못하니, "참으로 그 복을 받는다"함은, 길한 것이 크게 온다는 뜻이다.


【九五】 이는 君位이며 陽爻로 陽位에 있어 位正當하고, 上卦(坎)의 중앙에 있어 得中함. 아울러 六二와도 正應을 이루고 있어, 문제 해결에 적극 나설 수 있는 좋은 조건

을 갖추고 있음.

【東鄰殺牛, 不如西鄰之禴祭, 實受其福】 '東鄰殺牛'는 동쪽 이웃집에서 소를 잡음. 그러나 漢代 〈帛書〉에는 이 구절 뒤에 '以祭' 두 글자가 더 있어 '이로써 제사를 올리다'로 되어 있어 훨씬 구체적임. '不如西鄰之禴祭'는 서쪽 이웃집에서 禴祭를 지내느니만 못함. 王弼은 "牛, 祭之盛者也. 禴, 祭之薄者也"라 함. '東鄰'과 '西鄰'은 각기 殷나라와 周나라를 가리키는 것이라 함. 殷나라는 東夷族이 주축이 되었던 무리로, 지금의 山東, 河北, 渤海 연안에 분포하였음. 이 구절은 《周易》이 殷末 周 西伯(姬昌, 文王)이 羑里(牖里)에 갇혔을 때 〈卦辭〉가 이루어지면서, 殷(紂)에 대한 거부감을 표현한 것으로 여기고 있음. '禴祭'는 礿祭로도 표기하며, 고대 여름 제사로 아주 儉素하고 素朴하게 차린 제사. 〈萃卦〉(六二)를 참조할 것. 이에 소를 잡아 성대하게 거행하는 殷나라 제사에 상대하여 예를 든 것임. '實受其福'은 실제로 그 복을 周나라가 받음. 《禮記》(坊記)에 이 구절을 인용하고 鄭玄 注에 "東鄰, 謂紂國中也. 西鄰, 謂文王國中也"라 함. ○이 효는 구오는 제위이며 得中, 位正當, 正應을 모두 갖추어 '濟'(일의 해결과 완성)를 이루는 최고의 단계에 이르렀으나, 그럴수록 儉樸함을 중시하여 덕을 쌓아 백성에게 誠心을 다해야 신의 복을 받고 화를 면할 수 있음을 권고한 것임. 王弼 注에 "牛, 祭之盛者; 禴, 祭之薄者. 居旣濟之時, 而處尊位, 物皆濟矣. 將何爲焉? 其所務者, 祭祀而已. 祭祀之盛, 莫盛修德, 故『沼·沚之毛, 蘋·蘩之菜』, 可羞於鬼神, 故黍稷非馨, 明德惟馨. 是以'東鄰殺牛, 不如西鄰之禴, 祭實受其福'也"라 하였고, 〈正義〉에 "牛, 祭之盛者也; 禴, 殷春祭之名, 祭之薄者也. 九五居旣濟之時, 而處尊位, 物旣濟矣. 將何爲焉? 其所務者, 祭祀而已. 祭祀之盛, 莫盛脩德. 九五履正居中, 動不爲妄, 脩德者也. 苟能脩德, 雖薄可饗. 假有東鄰, 不能脩德, 雖復殺牛至盛, 不爲鬼神歆饗, 不如我西鄰禴祭, 雖薄能脩其德, 故神明降福, 故曰'東鄰殺牛, 不如西鄰之禴, 祭實受其福'也. '『沼·沚之毛, 蘋·蘩之菜』, 可羞於鬼神'者, 並略《左傳》(隱公 3년)之文也. '在於合時'者, 《詩》(大雅 旣醉)云『威儀孔時』, 言周王廟中, 羣臣助祭, 並皆威儀, 肅敬甚得其時, 此合時之義, 亦當如彼也"라 함. 《集解》에 "虞翻曰: 「泰震爲東, 兌爲西, 坤爲牛, 震動五殺坤, 故'東鄰殺牛'. 在坎多眚, 爲陰所乘, 故'不如西鄰之禴祭'. 禴, 夏祭也. 離爲夏, 兌動二體, 離明得正, 承五順三, 故'實受其福, 吉大來'也.」"라 함. 《傳》에 "五中實孚也. 二虛中誠也. 故皆取祭祀爲義, 東隣, 陽也, 謂五; 西隣, 陰也, 謂二. 殺牛, 盛祭也; 禴, 薄祭也. 盛不如薄者, 時不同也. 二五皆有孚, 誠中正之德. 二在濟下, 尙有進也. 故受福. 五處濟極, 无所進矣. 以至誠中正守之, 尙未至於反耳. 理无極而終, 不反者也. 已至於極, 雖善處无如之何矣. 故爻象唯言其'時'也"라 하였고, 《本義》에 "東陽西陰, 言九五居尊, 而時已過, 不如六二之在下而始得時也. 又當文王與紂之事, 故其象占

如此. 〈彖辭〉'初吉終亂', 亦此意也"라 함.

☆【「東鄰殺牛」, 不如西鄰之時也】'不如西鄰之時也'의 '時'는 善(雙聲)의 뜻. 《廣雅》
(釋詁)에 "時, 善也"라 함. 周나라가 殷나라보다 훨씬 善했음을 말함. 그러나 '때를 놓
치지 않고 제사를 올림'의 뜻으로도 봄. 王弼 注에 "在於合時, 不在於豐也"라 하였고,
〈正義〉에 "〈象〉曰'不如西鄰之時'者, 神明饗德, 能修德致敬, 合於祭祀之時, 雖薄降福, 故
曰時也"라 함. 《集解》에 "崔憬曰:「居中當位, 於旣濟之時, 則當是周受命之日也. 五坎爲
月, 月出西方, 西鄰之謂也. 二應在離, 離爲日, 日出東方, 東鄰之謂也. 離又爲牛, 坎水克
離火, 東鄰殺牛之象. 禴, 殷春祭之名.」案:「《尚書》(武成篇):『克殷之歲, 厥四月哉生明,
王來自商, 至于豐. 丁未, 祀于周廟.』四月, 殷之三月春也, 則明西鄰之禴祭, 得其時而受
祉福也.」"라 함.

【「實受其福」, 吉大來也】'吉大來也'는 吉함이 크게 周나라에게 다가올 것이며, 후세
까지 이어질 것임. 〈正義〉에 "'吉大來'者, 非惟當身, 福流後世"라 함. 《集解》에 "盧氏
曰:「明鬼享德, 不享味也. 故德厚者, '吉大來'也.」"라 함. 《傳》에 "五之才德, 非不善. 不
如二之時也. 二在下有進之時, 故中正而孚, 則其吉大來. 所謂'受福'也. '吉大來'者, 在旣
濟之時, 爲大來也. '亨小初吉', 是也"라 함.


# 上六: 濡其首, 厲.
## ☆象曰:「濡其首, 厲」, 何可久也?

〈언해〉 上六(샹륙)은, 그 首(슈)를 濡(유)홈이라, 厲(려)ᄒ니라.
　　☆象(샹)애 ᄀᆞᆯ오ᄃᆡ「濡其首, 厲」ㅣ, 엇디 可(가)히 久(구)ᄒ리오?
〈해석〉 [上六](--): 그 머리를 적심이라, 위험하니라.
　　☆象: "그 머리를 적시니, 위험하다"하였으니, 어찌 그 완성이 장구할 수 있겠
는가?

　　【上六】이는 전괘의 極位이며 陰爻로 陰位에 있어 位正當함. 아울러 九三과도 正應
을 이루고 있음. 그러나 모든 문제가 이미 해결되었고, 자신도 陰爻로 柔弱하여, 그
효과를 오래 지속시킬 수 있는 힘이 消盡된 爻位임.
　　【濡其首, 厲】'濡其首'는 그 머리를 적심. 여우가 그 머리를 적심. 머리가 물에 빠지
면 다음은 온몸이 빠져 죽게 됨. 〈大過卦〉(028. 上六)과 〈未濟卦〉(064. 上九)를 참조할

것. 물에 빠져 일을 그르침. '首'는 이 효가 가장 높은 머리 위치임을 뜻함. '厲'는 위험함. 다음 단계로 넘어가야 함. 物極必衰의 단계에 이르렀음을 비유함. ○高亨은 "此亦指人渡水而言. 渡水而濡其首, 其去滅頂之禍不遠矣. 故曰「濡其首, 厲」"라 함. ○이 효는 〈旣濟卦〉의 極位에 해당하며 九五가 완성한 결과를 더 이상 높이 올릴 수 없음. 이에 더욱 勤愼하여 守成에만 전념, 자신을 보호해야 함. 그러나 陰爻로 柔弱하여 妄動을 부리다가 일을 그르치고 마는 爻位임. 王弼 注에 "處旣濟之極, 旣濟道窮, 則之於未濟. 之於未濟, 則首先犯焉. 過而不已, 則遇於難, 故'濡其首'也. 將沒不久, 危莫先焉"이라 하였고, 〈正義〉에 "上六處旣濟之極, 則反於未濟. 若反於未濟, 則首先犯焉. 若進而不已, 必遇於難, 故'濡其首'也. 旣被濡首, 將沒不久, 危莫先焉. 故曰'濡其首, 厲'也"라 함. 《集解》에 "虞翻曰:「乾爲首, 五從二, 上在坎中, 故'濡其首, 厲', 位極承陽, 故'何可久?'」"라 함. 《傳》에 "旣濟之極, 固不安而危也. 又陰柔處之, 而在險體之上. 坎爲水濟, 亦取水義. 故言其窮至於濡首, 危可知也. 旣濟之終, 而小人處之, 其敗壞可立而待也"라 하였고,《本義》에 "旣濟之極, 險體之上, 而以陰柔處之, 爲狐涉水而濡其首之象. 占者不戒危之道也"라 함.

☆【「濡其首, 厲」, 何可久也?】'何可久也'는 '極位에 이르렀고, 陰爻로 柔弱한데 어찌 장구히 그 旣濟의 좋은 성과를 지속시킬 수 있겠는가?'의 뜻. 守成艱難, 物極則變의 뜻. 〈正義〉에 "〈象〉曰'何可久'者, 首旣被濡, 身將陷沒, 何可久長者也"라 함. 다음 단계인 〈未濟卦〉로 갈 수밖에 없음을 암시함. 《集解》에 "荀爽曰:「居上濡五, 處高居, 盛必當復, 危故'何久也?'」"라 함. 《傳》에 "旣濟之窮, 危至於濡首, 其能長久乎?"라 함.

# 064 미제未濟

☲ 火水未濟: ▶坎下離上(☵下☲上)


*未濟(미제): '未濟'는 아직 해결되지 않거나 성취에 도달하지 않음을 의미함. 未解決, 未完成의 뜻. 하괘는 坎(水)이며 상괘는 離(火)로서, 물 위에 불이 있어 물을 데울수 없음을 의미하는 異卦相疊의 '火水' 괘체임. 이는 앞의 〈旣濟卦〉의 小成卦가 上下로 바뀌어 있음. 물이 불 위에 있어 서로가 어떤 작용도 하지 못함. 또는 불길이 위에서 치열하나, 물이 아래에 있어 그 불을 제압하지 못함으로 해서 화재를 진압할 수 없음. 게다가 여섯 효가 모두 위부당함. 따라서 하는 일에 아직 아무런 성과도 없으며, 힘들게 추진하기만 할 뿐 완성을 시키지는 못하고 있음. 이러한 때에는 더욱 中正을 견지하고 進退를 신중히 고려하여, 조금씩 그 일이 성공으로 나갈 수 있도록 노력해야 함을 상징함. 《易》의 64개는 〈乾〉과 〈坤〉으로 시작하여, 이처럼 〈기제〉와 〈미제〉로 끝을 맺은 것은 醞釀, 化生, 繁衍, 變化로 시작하여, 〈旣濟〉에서 완성을 이루었으나, 그 完成 다음에는 모든 일이 끝난 것이 아니라 다시 未完成이 있음으로 해서, 物不可窮, 變化循環, 永無休止의 원리를 구성한 것임. 따라서 사물(우주 만물)의 끝없는 循環과 永續性, 時空의 無限性, 無窮로 인한 또 다른 시작이 있음을 반영하고 있음. 이를 두고 宋代에 이르러 理學家들이 太極 理論과 '太極而無極'의 고리를 논리로 삼은 것임. 한편 姚配中의 《周易姚氏學》에는 "日往月來, 月往日來, 一陰一陽, 往來屈伸, 而《易》道周, 終於〈旣濟〉·〈未濟〉. 〈未濟〉六爻失正, 則又陽分爲陽, 陰分爲陰, 自〈乾〉·〈坤〉起矣"라 함.

*《集解》에 "〈序卦〉曰:「物不可窮也. 故受之以'未濟'終焉.」(崔憬曰:「夫《易》之爲道, 窮則變, 變則通, 而以未濟終者, 亦物不可窮也.」)"라 함.

*《傳》에 "未濟', 〈序卦〉:「物不可窮也. 故受之以'未濟'終焉.」 旣濟矣物之窮也. 物窮而不變, 則无不已之理. 《易》者, 變易而不窮也. 故旣濟之後, 受之以未濟而終焉. 未濟, 則未窮也; 未窮, 則有生生之義. 爲卦離上坎下, 火在水上, 不相爲用, 故爲未濟"라 함.

# (1) 卦辭

## 未濟: 亨. 小狐汔濟, 濡其尾, 无攸利.

〈언해〉 未濟(미제)는 亨(형)ᄒ니, 小狐(쇼호)ㅣ 濟(졔)홈애 汔(얼)ᄒ야, 그 尾(미)를 濡
(유)홈이니, 利(리)홀 빼 업스니라.[《本義》: 거의 濟(졔)ᄒ야]

〈해석〉 미제(未濟, 미제괘)는 형통하니, 어린 여우가 물을 건넘에 씩씩하여(거의 다
건너서는), 그 꼬리를 적시게 되는 것이니, 그렇게 되면 이로울 것이 없게 되는
것이니라.

【未濟】卦名이며, 해결되지 않음. 앞의 〈旣濟卦〉 上六이 完成의 永久性이 없으므로
이를 받아 다시 시작됨을 뜻함. 朱熹《本義》에 "未濟, 事未成之時也. 水火不交, 不相爲
用. 卦之六爻, 皆失其位, 故爲'未濟'"라 함.

【亨】형통함. 혹 '享'의 假借. 享祀. '점을 쳐 이 괘를 만났을 경우'를 의미함. ○高亨
은 "亨卽享字, 古人擧行享祀, 曾筮遇此卦, 故記之曰「亨」"이라 함. 〈正義〉에 "'未濟, 亨'
者, 未濟者, 未能濟渡之名也. 未濟之時, 小才居位, 不能建功立德, 拔難濟險. 若能執柔
用中, 委任賢哲, 則未濟有可濟之理, 所以得通, 故曰'未濟, 亨'"이라 함.《集解》에 "虞翻
曰: 「〈否〉二之五也. 柔得中, 天地交, 故亨. 濟, 成也. 六爻皆錯, 故稱'未濟'也.」"라 함.

【小狐汔濟, 濡其尾, 无攸利】'小狐'는 어린 여우. '汔濟'의 '汔'은 '물을 건너는데 물이
말라 있음', 혹 '물이 마른 뒤에 건넘'의 뜻. ○高亨은 "汔濟者, 水涸而後渡也"라 함.
江蕃은 "《風俗通》曰:『里語, 狐欲渡河, 無如尾何.』蓋狐首輕尾重, 負尾而濟也"라 하였음.
《史記》春申君列傳에 이 구절을 "狐涉水, 濡其尾"라 하였음. 〈音義〉에 "《說文》云:「水涸
也.」鄭云:「幾也」"라 하여 '물이 마르다', 혹은 '幾'의 假借로 副詞 '거의'의 뜻이라 하였
음. 따라서 '小狐汔濟'는 '어린 여우가 마른 내를 건너다', 혹 '막 물을 건너고 있다',
'물을 거의 다 건너다'의 뜻이 됨. 한편 '汔'은 '흘'(許訖反)로 읽어야 하나, 〈諺解〉에는
'얼'로 읽었음. 그러나 程頤는 '汔'과 같으며, '씩씩하다, 겁이 없다'의 뜻이라 하였으나,
朱熹는 '幾'라 하였음. '濡其尾, 无攸利'는 '그 꼬리를 적시고 말았으니, 이로울 바가
없다'의 뜻.《集解》에 "虞翻曰:「〈否〉, 艮爲小狐. 汔, 幾也. 濟, 濟渡. 狐濟幾度, 而'濡其尾,
未出中'也.」"라 함. ○高亨은 "狐濡其尾, 其身已沒可知矣. 小狐不能泅水, 水涸而後渡, 乃
水未盡涸, 小狐急欲渡, 以爲水淺, 可涉而過, 遂招濡尾之禍, 此誤濟溺身之象也. 自無所利,
故曰「所狐汔濟, 濡其尾, 无攸利」"라 함. '濡其尾, 无攸利'는《集解》에 "虞翻曰:「艮爲尾.

狐, 獸之長尾者也. 尾謂二. 在坎水中, 故‘濡其尾’; 失位, 故‘无攸利’, 不續終也.」○干寶曰:
「坎爲狐. 《說文》曰: ‘汔, 涸也.’」案: 「剛柔失正, 故‘未濟’也. 五居中應剛, 故‘亨’也. 小狐力
弱, 汔乃可濟, 水旣未涸, 而乃濟之, 故尾濡而无所利也.」라 함. ○이 괘는 세 양효는 偶位
(짝수 자리)에 있고, 세 음효는 奇位(홀수 자리)에 있어 모두가 위부당하여 〈旣濟卦〉와
정반대로 되어 있음. 일이 아직 완성을 이루기 전에 도리어 무한한 발전의 능력을
품고 있는 모습이어서 ‘亨’이라 한 것임. 그러나 일을 진행하면서 신중히 하지 않으면
마치 여우가 물을 거의 다 건너고 나서 꼬리를 적시면, 일을 그르치게 되므로 ‘无攸利’라
한 것임. 〈正義〉에 “‘小狐汔濟, 濡其尾, 无攸利’者, 汔者, 將盡之名. 小才不能濟難, 事同小
狐, 雖能渡水而无餘力, 必須水汔, 方可涉川, 未及登岸而濡其尾, 濟不免濡, 豈有所利? 故
曰‘小狐汔濟, 濡其尾, 无攸利’也”라 함. 《傳》에 “未濟之時, 有亨之理, 而卦才復. 有致亨之
道, 唯在愼處. 狐能度水, 濡尾則不能濟. 其老者, 多疑畏, 故履氷而聽懼其陷也. 小者則未
能畏愼, 故勇於濟. 汔, 當爲仡, 壯勇之狀. 《書》(秦書)曰: 『仡仡勇夫.』小狐果於濟, 則濡其
尾而不能濟也. 未濟之時, 求濟之道, 當至愼則能亨, 若如小狐之果, 則不能濟也. 旣不能濟,
无所利矣”라 하였고, 《本義》에 “未濟, 事未成之時也. 水火不交, 不相爲用. 卦之六爻, 皆
失其位, 故爲‘未濟’. 汔, 幾也. 幾濟而濡尾, 猶未濟也. 占者如此, 何所利哉?”라 함.

## (2) 彖辭와 象辭

彖曰:「未濟, 亨」, 柔得中也;
「小狐汔濟」, 未出中也;
「濡其尾, 无攸利」, 不續終也.
雖不當位, 剛柔應也.
★象曰: 火在水上, 未濟. 君子以愼辨物居方.

〈언해〉彖(단)애 굴오디 「未濟, 亨」은, 柔(유) ] 中(듕)을 得(득)홈이오,
「小狐汔濟」는 中(듕)애 出(츌)티 몯홈이오,
「濡其尾, 无攸利」는 續(쇽)ᄒ야 終(죵)티 몯홈이라.
비록 位(위)예 當(당)티 아니나, 剛(강)과 柔(유) ] 應(응)ᄒ니라.
★象(샹)애 굴오디 火(화) ] 水上(슈샹)에 이슘이 未濟(미졔)니 君子(군ᄌ) ] 以

(이)ᄒ야 愼(신)ᄒ야 物(믈)을 辨(변)ᄒ야 方(방)에 居(거)케 ᄒᄂ니라.

〈해석〉 象: "미제괘가 형통하다"한 것은, 유(柔)한 것(六五)이 득중(得中)하였음을 말한

것이요,

"어린 여우가 물을 거의 건너갔다"함은, 아직 험한 곳을 다 벗어나지 못하였음을

말한 것이요,

"그 꼬리를 적시니 이로울 바가 없다"라 한 것은, 계속하여 건너 끝을 마무리

하지 못하였음을 말한다.

비록 여섯 효가 모두 위부당하나, 강한 것(陽爻)과 유한 것(陰爻)이 서로 정응(正

應)을 이루고 있다.

★象: 불(離, 火)이 물(坎, 水) 위에 있는 것이 미제괘이다. 군자는 이를 근거로

하여 신중히 물건을 변별하여 제자리에 있어야 함을 일러주는 것이다.


【「未濟, 亨」, 柔得中也】 '柔得中也'는 六五으 柔(陰爻)가 가운데에 있어 得中하고 있

음을 말함. 王弼 注에 "以柔處中, 不違剛也. 能納剛健, 故得亨也"라 하였고, 〈正義〉에

"未濟, 亨, 柔得中'者, 此就六五以柔居中, 下應九二, 釋未濟所以得亨. 柔而得中, 不違剛

也. 與二相應, 納剛自輔, 故於未濟之時, 終得亨通也"라 함. 《集解》에 "荀爽曰:「柔上居

五, 與陽合同, 故'亨'也.」"라 함. 《傳》에 "以卦才言也. 所以能'亨'者, 以'柔得中'也. 五以

柔居尊位, 居剛而應剛, 得柔之中也. 剛柔得中, 處未濟之時, 可以亨也"라 하였고, 《本

義》에 "指六五言"이라 함.

【「小狐汔濟」, 未出中也】 '未出中也'의 '中'은 中正의 道. '未出中'은 九二가 下卦(坎,

險)의 가운데에 있어 得中하였으나, 그 險地에서 탈출하지 못함. 즉 中道의 자리임에도

자신의 임무를 다하지 못함. 혹 이는 '小狐汔濟'의 對句로 庸劣한 재능으로 重任을 맡아

험지에서 탈출할 능력을 갖추지 못하였음을 뜻하는 것이라 함. 王弼 注에 "小狐不能涉

大川, 須汔然後乃能濟. 處未濟之時, 必剛健拔難, 然後乃能濟汔, 乃能濟, 未能出險之中"

이라 하였고, 〈正義〉에 "小狐汔濟, 未出中也'者, 釋小狐涉川, 所以必須水汔乃濟, 以其力

薄, 未能出險之中故也"라 함. 《集解》에 "虞翻曰:「謂二. 未變在坎中也.」○干寶曰:「狐,

野獸之妖者, 以喩祿父. 中謂二也. 困而猶處中, 故也. 此以記紂, 雖亡國, 祿父猶得封矣.」

라 함. 《傳》에 "據二而言也. 二以剛陽居險中, 將濟者也. 又上應於五, 險非可安之地, 五有

當從之理, 故果於濟, 如小狐也. 旣果於濟, 故有濡尾之患, 未能出於險中也"라 함.

【「濡其尾, 无攸利」, 不續終也】 '不續終也'는 끝까지 계속 이어가지 못함. 중간에서

끊어짐. 王弼 注에 "小狐雖能渡而无餘力, 將濟而濡其尾, 力竭於斯, 不能續終, 險難猶未

足以濟也. 濟未濟者, 必有餘力也"라 하였고, 〈正義〉에 "濡其尾, 无攸利, 不續終'者, 濡尾, 力竭不能相續, 而終至於登岸, 所以无攸利也"라 함. 《集解》에 "虞翻曰:「〈否〉陰消陽至〈剝〉, 終坤終止, 則亂其道窮也. 乾五之二, 坤殺不行, 故不續終也.」○干寶曰:「言祿父不能敬奉天命, 以續旣終之禮, 謂叛而被誅也"라 함. 《傳》에 "其進銳者, 其退速. 始雖勇於濟, 不能繼續而終之, 无所徃而利也"라 함.

【雖不當位, 剛柔應也】 '雖不當位'는 이 괘는 여섯 효 모두가 位不當함. '剛柔應也'는 그럼에도 세 陽爻(陽剛)가 세 陰爻(柔弱)와 모두 正應을 이루고 있음. 王弼 注에 "位不當, 故未濟; 剛柔應, 故可濟"라 하였고, 〈正義〉에 "雖不當位, 剛柔應'者, 重釋未濟之義. 凡言未者, 今日雖未濟, 後有可濟之理, 以其不當其位, 故卽時未濟, 剛柔皆應, 足得相拯, 是有可濟之理, 故稱'未濟', 不言'不濟'也"라 함. 《集解》에 "荀爽曰:「雖剛柔相應, 而不以正, 由未能濟也.」○干寶曰:「六爻皆相應, 故微子更得爲客也.」"라 함. 《傳》에 "雖陰陽不當位, 然剛柔皆相應, 當未濟而有與, 若能重愼, 則有可濟之理. 二以汔濟, 故濡尾也. 卦之諸爻皆不得位, 故爲未濟. 〈雜卦〉云:「未濟, 男之窮也.」謂三陽皆失位也. 斯義也, 聞之成都隱者"라 함.

★【火在水上, 未濟】 '火'(上卦 離)가 '水'(下卦 坎) 위에 있는 것이 〈未濟卦〉의 卦象이며, 이러한 위치일 경우 음식을 조리할 수 없음. 〈正義〉에 "火在水上, 未濟'者, 火在水上, 不成烹飪, 未能濟物, 故曰'火在水上, 未濟'"라 함. 《集解》에 "侯果曰:「火性炎上, 水性潤下. 雖復同體, 功不相成, 所以'未濟'也. 故君子愼辯物, 宜居之以道, 令其功用相得, 則物咸濟矣.」"라 함.

【君子以愼辨物居方】 '愼辨物居方'은 辨物居方을 愼重히 함. '辨物居方'은 事物에 대한 辨別과 자신이 처할 方位. 혹 사물이 처한 위치. 兪樾은 "辨物者, 分別其物品也. 居方者, 處置其方位也"라 함. 군자는 未濟卦의 卦象을 근거로 사물에 대한 변별과 처해야 할 방위(위치)에 대해 신중히 하는 이치를 펴 보여줌. 즉 물과 불이 처하는 위치가 다름으로 인해 아무런 작용도 하지 못함을 보고 이러한 원리를 일깨워준 것이며, 따라서 사물은 마땅히 있을 자리에 있어야 함을 뜻함. '居'는 處(疊韻)와 같음. 王弼 注에 "辨物居方, 令物各當其所也"라 하였고, 〈正義〉에 "君子以愼辨物居方'者, 君子見未濟之時, 剛柔失正, 故用愼爲德, 辨別衆物, 各居其方, 使皆得安其所, 所以濟也"라 함. 《集解》에 "虞翻曰:「君子, 否乾也. 艮爲愼辨. 辯(辨), 別也. 物謂乾陽物也. 坤陰也. 艮爲居坤爲方, 乾別五, 以居坤二, 故'以愼辯物居方'也.」"라 함. 《傳》에 "水火不交, 不相濟爲用, 故爲未濟. 火在水上, 非其處也. 君子觀其處不當之象, 以愼處於事物, 辨其所當, 各居其方, 謂止於其所也"라 하였고, 《本義》에 "水火異物, 各居其所, 故君子觀象而審辨之"라 함.

## (3) 爻辭와 象辭

初六: 濡其尾, 吝.
☆象曰: 「濡其尾」, 亦不知極也.

〈언해〉初六(초륙)은, 그 尾(미)를 濡(유)홈이니 吝(린)ᄒ니라.
　　☆象(샹)애 골오디 「濡其尾」ㅣ, ᄯ 아디 몯홈이 極(극)홈이라.
〈해석〉[初六](--): 그 꼬리를 적시니, 안타깝도다.
　　☆象: "그 꼬리를 적신다"함은, 역시 그 궁극(窮極)을 모르고 있음을 말한다.


【初六】이는 전괘의 시작이며 陰爻로 陽位에 있어 位不當함. 九四와 正應을 이루고 있으나, 陰爻로 柔弱하여 강하게 나서지 못함.

【濡其尾, 吝】'濡其尾'는 그 꼬리를 적심. '尾'는 혹 옷의 뒷자락. '吝'은 원만하지 못함. 만족스럽게 일이 처리되지 못함. 안타까움. 困難(艱難)함. ○高亨은 "此指人渡水而言. 〈旣濟〉初九云「曳其輪, 濡其尾」, 指人渡水而言. 本爻云'濡其尾', 九二云'曳其輪', 卽〈旣濟〉初九之文, 分繫兩爻, 則此'濡其尾', 乃指人渡水而言, 非指狐渡水而言, 可知矣. 人之渡水, 僅'濡其尾', 其水未深, 自可無禍, 然無橋以渡, 無舟以渡, 不能履石以渡, 則其渡也, 自亦不易, 故曰「濡其尾, 吝」"이라 함. ○이 효는 陰爻로 아래에 있으나 九四와 正應을 이루고 있음. 이 효처럼 未濟의 경우에 처하였을 때 응당 노력하여 나서야 하나 위치가 낮아 힘을 발휘하지 못함. 같은 '濡其尾'이지만 앞의 〈旣濟〉에서는 '无咎'라 하였으나, 이곳 〈未濟〉에서는 '吝'이라 한 것은 〈旣濟〉에서는 신중히 기다려야 하나 이곳 〈未濟〉에서는 해결을 위해 때를 보아 나서야 함을 강조한 것. 王弼 注에 "處未濟之初, 最居險下, 不可以濟者也, 而欲之其應進, 則溺身. 未濟之始, 始於〈旣濟〉之上六也. 濡其首, 猶不反至於濡其尾, '不知紀極'者也. 然以陰處下, 非爲進亢, 遂其志者也. 困則能反, 故不曰'凶'. 事在己量, 而必困乃反, 頑亦甚矣. 故曰'吝'也"라 하였고, 〈正義〉에 "初六處未濟之初, 最居險下, 而欲上之其應. 進則溺身, 如小狐之渡川濡其尾也. 未濟之始, 始於〈旣濟〉之上六也. 〈旣濟〉上六, 但云'濡其首', 言始入於難, 未沒其身. 此言'濡其尾'者, 進不知極, 已沒其身也. 然以陰處下, 非爲進亢, 遂其志者也. 困則能反, 故不曰'凶'. 不能豫照, 事之幾萌, 困而後反, 頑亦甚矣. 故曰'吝'也. '不知紀極'者, 《春秋傳》(文公 18年)曰: 『聚斂積實, 不知紀極, 謂之饕餮.』言无休已也"라 함. 《集解》에 "虞翻曰:「應在四, 故'濡其尾'; 失位, 故'吝'.」"이라 함. 《傳》에 "六以陰柔在下, 處險而應四. 處險則不

安其居, 有應則志行於上. 然已旣陰柔, 而(一无而字)四非中正之才, 不能援之以濟也. 獸
之濟水, 必揭其尾, 尾濡則不能濟. 濡其尾, 言不能濟也. 不度其才力而進, 終不能濟, 可
羞吝也"라 하였고, 《本義》에 "以陰居下, 當未濟之初, 未能自進, 故其象占如此"라 함.

☆【「濡其尾」, 亦不知極也】'亦不知極也'는 그 궁극을 제대로 알고 있지 못함. 그러
나 ○高亨은 "極, 當作儆, 形近而誤. 儆與下文'正'字諧韻. 《說文》: 「儆, 戒也.」"라 하여,
'儆'(戒)의 뜻으로 '경계할 줄 모르는 것'이라 하였음. 〈正義〉에 "〈象〉曰'亦不知極'者,
未濟之初, 始於〈旣濟〉之上六. 濡首而不知, 遂濡其尾, 故曰'不知極'也"라 함. 《集解》에
"案: 「四在五後, 故稱'尾'. 極, 中也, 謂四. 居坎中以濡其尾, 是不知極也.」"라 함. 《傳》에
"不度其才力而進, 至於濡尾, 是不知之極也. 本義'極'字未詳. 考上下韻亦不叶, 或恐'是
敬'字, 今且闕之"라 함.


# 九二: 曳其輪, 貞吉.
## ☆象曰: 九二「貞吉」, 中以行正也.

〈언해〉 九二(구이)는, 그 輪(륜)을 曳(예)ᄒ면, 貞(뎡)ᄒ야 吉(길)ᄒ리라.[《本義》: 그 輪
(륜)을 曳(예)홈이니, 貞(뎡)ᄒᆫ 디라 吉(길)ᄒ리라]

☆象(상)애 ᄀᆞᆯ오디 九二「貞吉」은 中(듕)으로 ᄡᅥ 正(졍)을 行(ᄒᆡᆼ)홀 시라.

〈해석〉 [九二](一): 그 수레를 끌고 있으면, 마음을 곧게 해야 길하리라.(그 수레를 끄는
것이니, 그렇게 하는 것이 바른 것인지라 길하리라.)

☆象: 구이가 "곧게 하여 길하리라"함은, 득중하여 그것으로써 정도를 행하고
있기 때문이다.


【九二】 이는 陽爻로 陰位에 있어 位不當하나, 下卦(坎, 水)의 중앙에 있어 得中하
였음.

【曳其輪, 貞吉】'曳其輪'은 앞의 〈旣濟卦〉를 볼 것. '輪'은 혹 '綸'이 아닌가 하며,
이는 귀한 신분의 허리띠 장식이라고도 함. '貞吉'의 '貞'은 正과 같음. 得中하였고 六
五와 正應을 이루었으므로 吉함. ○高亨은 "此亦指人渡水而言. '輪'疑借爲'綸', 帶之垂
穗, 飾之貴者也. 人之渡水, 若曳其綸, 則所貴之綸, 不可濡汚, 此能保其所貴者之象也,
自爲吉矣, 故曰「曳其輪, 貞吉」"이라 함. ○이 효는 坎險의 가운데에 있어 得中하였고
正應을 이루었으나, 경솔하게 나지지 않고 신중히 해야 함. 小成卦 卦象이 수레를 끄

는 모습이므로 軌度를 벗어나지 않도록 해야 함을 비유함. 王弼 注에 "體剛履中, 而應
於五. 五體陰柔, 應與而不自任者也. 居未濟之時, 處險難之中, 體剛中之質, 而見任與,
拯救危難, 經綸屯蹇者也. 用健拯難, 循難在正, 而不違中, 故'曳其輪, 貞吉'也"라 하였
고, 〈正義〉에 "'曳其輪, 貞吉'者, 九二居未濟之時, 處險難之內, 體剛中之質, 以應於五.
五體陰柔, 委任於二, 令其濟難者也. 經綸屯蹇, 任重憂深, 故曰'曳其輪'. '曳其輪'者, 言
其勞也. 靖難在正, 然後得吉, 故曰'曳其輪, 貞吉'"이라 함. 《集解》에 "姚信曰: 「坎爲曳爲
輪, 兩陰夾陽, 輪之象也. 二應於五, 而隔於四, 止而據初, 故'曳其輪'. 處中而行, 故曰'貞
吉'.」 ○干寶曰: 「坎爲輪, 離爲牛, 牛曳輪, 上以承五命, 猶東蕃之諸侯, 共攻三監, 以康周
道, 故曰'貞吉'也.」"라 함. 《傳》에 "在他卦九居二, 爲居柔得中, 无過剛之義也. 於未濟,
聖人深取卦象, 以爲戒, 明事上恭順之道. 未濟者, 君道艱難之時也. 五以柔處君位, 而二
乃剛陽之才, 而居相應之地, 當用者也. 剛有陵柔之義, 水有勝火之象, 方艱難之時, 所賴
者, 才臣耳. 尤當盡恭順之道, 故戒曳其輪, 則得正而吉也. 倒曳其輪, 殺其勢, 緩其進, 戒
用剛之過也. 剛過則好犯上(一无上字), 而順不足. 唐之郭子儀·李晟, 當艱危未濟之時,
能極其恭順, 所以爲得正而能保, 其終吉也. 於六五, 則言其貞吉光輝, 盡君道之善; 於九
二, 則戒其恭順, 盡臣道之正, 盡上下之道"라 하였고, 《本義》에 "以九二應六五, 而居
柔得中, 爲能自止而不進, 得爲下之正也. 故其象占如此"라 함.

☆【九二「貞吉」, 中以行正也】 '中以行正也'의 '中'은 得中과 中道를 함께 뜻하는 重義
法 표현. '行正'은 正應을 이루어 解卦를 이끄는 主爻로써 임무를 실행함. 王弼 注에
"位雖不正, '中以行正'也"라 하였고, 〈正義〉에 "〈象〉曰'中以行正'者, 釋九二失位, 而稱貞
吉者, 位雖不正, 以其居中, 故能行正"라 함. 《集解》에 "虞翻曰: 「謂初已正, 二動成震,
故'行正'.」"이라 함. 《傳》에 "九二得正而吉者, 以曳輪而得中, 道乃正也"라 하였고, 《本
義》에 "九居二本非正, 以中, 故得正也"라 함.


六三: 未濟, 征凶, 利涉大川.
☆象曰: 「未濟, 征凶」, 位不當也.

〈언해〉 六三(륙삼)은, 未濟(미제)에 征(졍)ᄒᆞ면 凶(흉)ᄒᆞ나, 大川(대쳔)을 涉(셥)홈이 利
(리)ᄒᆞ니라.
　　☆象(샹)애 ᄀᆞᆯ오ᄃᆡ 「未濟, 征凶」은 位(위)ㅣ 當(당)티 아닐 ᄉᆡ라.

〈해석〉 [六三](--): 아직 다 건너지 못한 채로, 나서면 흉하나, 큰 냇물을 건너는 것이 이롭다.

☆象: "아직 다 건너지 못한 채로 나서면 흉하다"함은, 그 자리가 부당하기 때문이다.


【六三】이는 하괘의 맨 위에 있으며, 陰爻로 陽位에 있어 位不當함. 上九와 正應을 이루었으나, 나서지 말아야 길함.

【未濟, 征凶, 利涉大川】'未濟'는 아직 건너지 못함. 아직 난제를 해결하지 못함. '征凶'은 급히 나서면 흉함. '利涉大川'은 대천을 건너야 유리함. 즉 앞의 두 효(九四, 六五)를 건너야 자신과 正應을 이룬 배필 上九를 만날 수 있음. 그러나 ○高亨은 "利上當有'不'字, 轉寫脫去"라 하여, 이는 〈訟卦〉의 '不利涉大川'과 같은 뜻으로 마땅히 '不利涉大川'이어야 한다 하였음. 이 경우 '앞에 대천이 가로막고 있으니, 이를 건너겠다고 나서지 말아야 함'을 뜻함. ○高亨은 "未濟者, 渡水而未能過也. 如在征伐, 過此必敗. 故曰「未濟, 征凶」. 旣言'未濟', 不能又言'利涉大川', 疑'利'上當有'不'字, 〈訟〉云「不利涉大川」, 此《易》言'不利涉大川'之例"라 함. ○이 효는 坎(險)의 위에 있어 급히 험지를 벗어 나고자 하나 유약하여 힘을 발휘하지 못함. 그럼에도 결연히 나서서 '未濟'를 '爲濟'로 바꾸어야 하나 아직 때를 기다려야 함. 그 때문에 '利涉大川'은 '不利涉大川'이어야 논리 적으로 타당하다고 여기고 있음. 王弼 注에 "以陰之質, 失位居險, 不能自濟者也. 以不正 之身, 力不能自濟, 而求進焉, 喪其身也. 故曰'征凶'也. 二能拯難而已, 比之棄己委二, 載二 而行, 溺可得乎, 何憂未濟? 故曰'利涉大川'"이라 하였고, 〈正義〉에 "'未濟, 征凶'者, 六三 以陰柔之質, 失位居險, 不能自濟者也. 身旣不能自濟, 而欲自進求濟, 必喪其身, 故曰'未 濟, 征凶'也. '利涉大川'者, 二能拯難而已, 比之若能棄己委二, 則沒溺可免, 故曰'利涉大 川'"이라 함. 《集解》에 "荀爽曰:「未濟者, 未成也. 女在外, 男在內, 婚姻未成, 征上從四, 則凶, 利下從坎, 故'利涉大川'矣.」"라 함. 《傳》에 "'未濟, 征凶', 謂居險无出, 險之用而行, 則凶也. 必出險而後可征, 三以陰柔不中正之才, 而居險, 不足以濟(一有也字), 未有可濟之 道, 出險之用而征, 所以凶也. 然未濟有可濟之道, 險終有出險之理, 上有剛陽之應, 若能涉 險而往從之, 則濟矣. 故'利涉大川'也. 然三之陰柔, 豈能出險而往? 非時不可, 才不能也"라 하였고, 《本義》에 "陰柔不中正, 居未濟之時, 以征則凶. 然以柔乘剛, 將出乎坎, 有利涉之 象. 故其占如此. 盖行者, 可以水浮而不可以陸走也. 或疑'利'字上, 當有'不'字"라 함.

☆【「未濟, 征凶」, 位不當也】'位不當也'는 이 효는 陰爻로 陽位에 있어 자리가 맞지 않아 位不當함. 〈正義〉에 "〈象〉曰'位不當'者, 以不當其位, 故有征則凶"이라 함. 《集解》

에 “干寶曰:「吉凶者, 言乎其失得也. 祿父反叛管蔡與亂, 兵連三年, 誅及骨肉, 故曰‘未濟, 征凶’. 平尅四國, 以濟大難, 故曰‘利涉大川’. 坎也, 以六居三, 不當其位, 猶周公以臣而君, 故‘流言作’矣.」”라 함. 《傳》에 “三征則凶者, 以位不當也. 謂陰柔不中正, 无濟險之才也. 若能涉險(一无險字)以從應, 則利矣”라 함.

## 九四: 貞吉, 悔亡. 震用伐鬼方, 三年有賞于大國.
## ☆象曰: 「貞吉, 悔亡」, 志行也.

〈언해〉 九四(구亽)는, 貞(뎡)ᄒ면 吉(길)ᄒ야, 悔(회) 亡(망)ᄒ리니, 震(진)ᄒ야 ᄡᅥ 鬼方(귀방)을 伐(벌)ᄒ야, 三年(삼년)에아 大國(대국)에 賞(샹)이 잇도다.
　　　☆象(샹)애 ᄀᆞᆯ오ᄃᆡ 「貞吉, 悔亡」은, 志(지)ㅣ 行(ᄒᆡᆼ)홈이라.
〈해석〉 [九四](-): 마음을 곧게 가지면 길하고, 회한이 사라지리니, 위엄을 떨쳐 이로써 귀방(鬼方)을 정벌하여, 3년을 겪어야 대국(大國)으로부터 상을 받게 되리라.
　　　☆象: “마음을 곧게 가지면 길하고, 회한이 사라질 것”이란, 뜻이 행해지고 있음을 말한다.

　【九四】 이는 上卦(離, 火)의 시작이며 陽爻로 陰位에 있어 位不當함. 그러나 初九와 正應을 이루어 안정감이 있으며, 六五(帝位) 바로 아래에서 신하로서의 임무를 다하여, 자신이 陽剛함을 威武로 널리 떨침.
　【貞吉, 悔亡】 바르게 하여야 吉하며, 悔恨(位不當)이 사라짐. 《集解》에 “虞翻曰:「動正得位, 故吉而悔亡矣.」”라 함.
　【震用伐鬼方, 三年有賞于大國】 ‘震用伐鬼方’의 ‘震’은 振과 같음. 震動하여 威武를 떨침. 李鏡池는 “震, 動”이라 함. 그러나 ○高亨은 “震, 當是人名, 周君或周臣也”라 하여, 周나라 군주나 혹 신하의 이름이라 하였음. ‘鬼方’은 북쪽 이민족. 〈旣濟卦〉 ‘高宗伐鬼方’의 注를 참고할 것. ‘三年有賞于大國’은 3년 동안 정벌에 공을 세워 大國(殷)으로부터 賞을 받을 것임. 그러나 ‘賞’은 ‘尙’의 假借로 봄. ○高亨은 “〈旣濟〉九三云:「高宗伐鬼方, 三年克之.」與此所記爲一事. 蓋殷高宗伐鬼方之時, 因鬼方爲西北狄國, 與周接壤, 亦周之强敵, 故周君命震率師伐之, 卽所以助殷亦所以自爲也. 其所以出兵, 或由於高宗之徵命, 或由於殷周之合謀, 或由於周君之自願, 則不可知. 然總爲高宗所嘉許之事也. 故三年之後, 旣克鬼方, 高宗嘉震之功而賞之, 遂記之曰「震用伐鬼方, 三年有賞于大國」. 筮遇此爻,

所占者吉, 其悔可亡, 何故? 因遇震伐鬼方之兆也. 故曰「貞吉, 无悔. 震用伐鬼方, 三年有賞于大國」이라 함. ○이 효는 陽剛하고 上卦(離, 火)의 시작이므로 불을 지피는 시작처럼 그 용맹과 무위를 자신 있게 폄. 王弼 注에 "處未濟之時, 而出險難之上居, 文明之初, 體乎剛質, 以近至尊, 雖履非其位, 志在乎正, 則吉而悔亡矣. 其志得行, 靡禁其威, 故曰'震用伐鬼方'也. '伐鬼方'者, 興衰之征也. 故每至興衰, 而取義焉. 處文明之初, 始出於難, 其德未盛, 故曰'三年'也. 五居尊, 以柔體乎文明之盛, 不奪物功者也. 故以'大國賞之'也"라 하였고, 〈正義〉에 "'貞吉, 悔亡'者, 居未濟之時, 履失其位, 所以爲悔. 但出險難之外, 居文明之初, 以剛健之質, 接近至尊, 志行其正. 正則貞吉而悔亡, 故曰'貞吉, 悔亡'. 正志旣行, 靡禁其威, 故震發威怒, 用伐鬼方也. 然處文明之初, 始出於險, 其德未盛, 不能卽勝, 故曰'三年'也. 五以順柔, 文明而居尊位, 不奪物功. 九四旣克而還, 必得百里大國之賞, 故曰'有賞於大國'也"라 함. 《集解》에 "虞翻曰:「變之震體師, 坤爲鬼方, 故'震用伐鬼方'. 坤爲年爲大邦, 陽稱賞, 四在坤中, 體旣濟離三, 故'三年有賞于大國'.」"이라 함. 《傳》에 "九四陽剛, 居大臣之位, 上有虛中, 明順之主, 又已出於險, 未濟已過中矣, 有可濟之道也. 濟天下之艱難, 非剛健之才不能也. 九雖陽而居四, 故戒以貞固, 則吉而悔亡. 不貞則不能濟, 有悔者(一无者字), 震動之極也. 古之人用力之甚者, 伐鬼方也. 故以爲義力勤而遠伐, 至於三年, 然後成功, 而行大國之賞, 必如是, 乃能濟也. 濟天下之道, 當貞固如是, 四居柔, 故設此戒"라 하였고, 《本義》에 "以九居四, 不正而有悔也. 能勉而貞, 則悔亡矣然. 以不貞之資, 欲勉而貞, 非極其陽剛, 用力之久, 不能也. 故爲伐鬼方, 三年而受賞之象"이라 함.

☆【「貞吉, 悔亡」, 志行也】'志行也'는 자신의 뜻(陽剛)을 실행에 옮김. 〈正義〉에 "〈象〉曰'志行'者, 釋九四失位, 而得'貞吉, 悔亡'者. 以其正志, 得行而終, 吉故也"라 함. 《集解》에 "案: 坎爲志, 震爲行, 四坎變震, 故'志行也'.」"라 함. 《傳》에 "如四之才, 與時合而加以貞固, 則能行其志, 吉而悔亡. 鬼方之伐, 貞之至也"라 함.


# 六五: 貞吉, 无悔. 君子之光, 有孚, 吉.
## ☆象曰: 「君子之光」, 其暉吉也.

〈언해〉 六五(륙오)는, 貞(뎡)혼 디라 吉(길)호야, 悔(회) 업스니, 君子(군ᄌ)의 光(광)이, 孚(부)ㅣ 잇는 디라, 吉(길)호니라.
　　☆象(샹)애 ᄀᆞᆯ오ᄃᆡ「君子之光」은, 그 暉(휘)ㅣ 吉(길)호니라.

〈해석〉 [六五](--): 곧게 하는 지라 길하여, 회한이 없으니, 군자의 영광이, 믿음을 가고
하는 지라, 길하도다.
　　☆象: "군자의 영광"이란, 그 빛남이 길하다는 것이다.


　　【六五】 이는 帝位이며 전괘의 主爻. 陰爻로 陽位에 있어 位不當하나 上卦(離, 火)의
중앙에 있어 得中하였고, 九二와도 正應을 이루어 군주의 임무를 거침없이 실행할
수 있음.
　　【貞吉, 无悔】 '貞吉'의 '貞'은 正과 같으며, 得中하였음을 말함. '无悔'는 회한이 없
음. 후회할 일이 없음. 《集解》에 "虞翻曰:「之正則吉, 故'貞吉, 无悔'.」"라 함.
　　【君子之光, 有孚, 吉】 '君子之光'은 君子(君位)로서 권위와 덕을 널리 폄. 혹은 그
지위에 맞게 영광스러움. '有孚, 吉'은 誠信(孚)을 가지고 있어, 그 때문에 길함. 그러
나 '孚'는 俘의 假借로 俘虜(捕虜)를 뜻하며, 앞의 九四가 鬼方을 정벌하여 잡은 포로들
을 뜻하는 것이라고도 함. ○高亨은 "筮遇此爻, 所占者吉且無悔, 故曰「貞吉, 无悔」.
'孚'卽俘字, 《說文》:「俘, 軍所獲也.」軍隊有俘獲, 乃君子之光榮, 乃吉也. 故曰「君子之
光, 有孚, 吉」. 〈需〉云:「有孚光.」與此義同"이라 함. ○이 효는 불(離, 火)의 가운데에
있어 가장 밝은 빛을 내며 九二와도 正應을 이루었고, 아래 九四(陽剛)의 힘도 받고
있어 크게 공을 이루어 빛을 발하는 爻位임. 王弼 注에 "以柔居尊, 處文明之盛, 爲未濟
之主, 故必正, 然後乃吉. 吉乃得无悔也. 夫以柔順, 文明之質, 居於尊位, 付與於能, 而不
自役, 使武以文, 御剛以柔, 斯誠君子之光也. 付物以能, 而不疑也. 物則竭力, 功斯克矣,
故曰'有孚吉'"이라 하였고, 〈正義〉에 "'君子之光'者, 以柔順, 文明之質, 居於尊位, 有應
於二, 是能付物以能, 而不自役, 有君子之光華矣. 故曰'君子之光'也. '有孚, 吉'者, 付物
以能, 而无疑焉, 則物竭其誠, 功斯克矣. 故曰'有孚, 吉'也"라 함. 《集解》에 "虞翻曰:「動
之乾, 離爲光, 故'君子之光'也. 孚謂二. 二變應, 已得有之, 故'有孚, 吉'. 坎, 稱孚也.」○
干寶曰:「以六居五, 周公攝政之象也. 故曰'貞吉, 无悔'. 制禮作樂, 復子明辟. 天下乃明
其道, 乃信其誠, 故'君子之光, 有孚, 吉'矣.」"라 함. 《傳》에 "五文明之主, 居剛而應剛,
其處得中, 虛其心而陽爲之輔, 雖以柔居尊處之, 至正至善, 无不足也. 旣得貞正, 故吉而
无悔. 貞其固, 有非戒也. 以此而濟, 无不濟也. 五文明之主, 故稱其光君子德輝之盛, 而
功實稱之, 有孚也. 上云'吉以貞'也. 柔而能貞德之吉也. 下云'吉以功'也, 旣光而有孚時可
濟也"라 하였고, 《本義》에 "以六居五, 亦非正也. 然文明之主, 居中應剛, 虛心以求下之
助, 故得貞而吉且无悔. 又有光輝之盛, 信實而不妄, 吉而又吉也"라 함.
　　☆【「君子之光」, 其暉吉也】 '其暉吉也'의 '暉'는 '輝'와 같으며, 光輝. 번쩍이는 빛. 그

光輝가 빛나므로 그 때문에 吉한 것임. 〈正義〉에 "〈象〉曰'其暉吉'者, 言君子之德, 光暉
著見, 然後乃得吉也"라 함. 《集解》에 "虞翻曰: 「動之正, 乾爲大明, 故'其暉吉'也.」"라
함. 《傳》에 "光盛則有暉, 暉光之散也. 君子積充而光盛, 至於有暉善之至也. 故重云'吉'"
이라 하였고, 《本義》에 "暉者, 光之散也"라 함.


## 上九: 有孚于飮酒, 无咎. 濡其首, 有孚失是.
## ☆象曰:「飮酒濡首」, 亦不知節也.

〈언해〉 上九(샹구)는, 孚(부)를 두고 酒(쥬)를 飮(음)ᄒ면, 咎(구)ㅣ 업거니와, 그 首(슈)
를 濡(유)ᄒ면, 有孚(유부)에 是(시)를 失(실)ᄒ리라.[《本義》: 孚(부)를 두고 酒
(쥬)를 飮(음)홈이니, 咎(구)ㅣ 업거니와, 그 首(슈)를 濡(유)ᄒ면]
☆象(샹)애 ᄀᆞ로오ᄃᆡ 「飮酒, 濡首」ㅣ, ᄯᅩ 節(졀)홈을 아디 몯홈이라.
〈해석〉 [上九](一): 포로를 잡았다고 술을 마시면 허물이 없거니와, 그러나 그 머리까지
적실 정도로 취하면(誠信함을 지닌 채 술을 마시는 것이니, 허물이 없거니와,
그 머리를 적실 정도라면), 잡아놓은 포로들에게, 옳은 도리를 잃게 되리라.
☆象: "술을 마시되, 머리를 적신다"함은, 역시 절제를 알지 못한다는 것이다.


【上九】이는 全卦의 極位이며, 陽爻로 陰位에 있어 位不當함. 그러나 六三과 正應을
이루었고, 아래 六五(帝位)가 陰弱하므로, 자신이 陽剛함을 바탕으로 대신 누림. 그러
나 이로 인해 재앙을 입을 수 있음.

【有孚于飮酒, 无咎】'有孚于飮酒'는 포로를 잡았다고 신이 나서 술을 마시며 경축
함. '无咎'는 그렇게 해도 허물은 없음. 그러나 ○高亨은 "孚讀爲浮, 罰也. 筮遇此爻,
將有罰於飮酒, 有罰於飮酒, 固不爲咎, 故曰「有浮于飮酒, 无咎」"라 하여, 여기의 '孚'는
浮의 假借로 '罰'의 뜻이라 하였음. 〈正義〉에 "'有孚于飮酒, 无咎'者, 上九居未濟之極,
則反於〈旣濟〉. 〈旣濟〉之道, 則所任者當也. 所任者當, 則信之无疑, 故得自逸飮酒而已.
故曰'有孚于飮酒, 无咎'"라 함.

【濡其首, 有孚失是】'濡其首'는 그 머리를 적심. 慶祝의 飮酒가 과도하였음을 말함.
'有孚失是'는 '有孚是失'과 같으며 그 '有孚之道'를 잃음. 그러나 혹 '포로들이 이 기회를
틈타 옳지 않은 일을 벌이다', 즉 '난을 일으키다'의 뜻이라고도 함. '是'는 옳음, 마땅함.
혹은 '題'의 假借로 額, 골(腦袋)을 뜻하며, '失是'는 '옳은 도리, 즉 정도를 잃음. 실수함'

의 뜻. 그러나 '머리를 없애다(난을 일으켜 그들을 죽이다)'의 뜻이라고도 함. ○高亨은
"「濡其首」者, 飮酒之人, 大醉亂動, 其盃中之酒, 淋在己之頭上也. 「有孚失是」, 謂其上罰
其人失正道也. 酒在所持之盃中而淋在頭上, 是失正也, 必加罰以警之, 故曰「濡其首, 有罰
失是」"라 하면서, 《尙書》酒誥의 예를 들고 있음. ○이 효는 陽剛하면서 전괘의 極位에
있어 '未濟'를 '旣濟'로 바꾸는 임무를 띠고 있음. 그 때문에 편안히 술을 마시며 즐기고
있는 모습임. 그러나 逸樂이 과도하면 물을 건너던 여우가 머리(온몸)까지 물에 빠지는
것과 같아, 정도를 잃고 未濟로 다시 돌아와 原點으로 回歸하는 상황이 됨. 그 때문에
節制를 권고하며 경계한 것임. 王弼 注에 "未濟之極, 則反於〈旣濟〉. 〈旣濟〉之道, 所任者
當也. 所任者當, 則可信之无疑而已逸焉, 故曰'有孚于飮酒, 无咎'也. 以其能信於物, 故得
逸豫, 而不憂於事之廢. 苟不憂於事之廢, 而耽於樂之甚, 則至于失節矣. 由於有孚失於是
矣. 故曰'濡其首, 有孚失是'也"라 하였고, 〈正義〉에 "'濡其首'者, 旣得自逸飮酒, 而不知其
節, 則濡首之難, 還復及之, 故曰'濡其首'也. '有孚失是'者, 言所以濡首之難及之者, 良由信
任得人, 不憂事廢, 故失於是矣, 故曰'有孚失是'也"라 함. 《集解》에 "虞翻曰:「坎爲孚, 謂
四也. 上之三介四, 故'有孚飮酒'. 流頤中, 故'有孚于飮酒'. 終變之正, 故'无咎'. 乾爲首,
五動首, 在酒中失位, 故'濡其首'矣. 孚, 信; 是, 正也. 六位失政, 故'有孚失是', 謂若殷紂沈
湎于酒, 以失天下也.」"라 함. 《傳》에 "九以剛在上, 剛之極也. 居明之上, 明之極也. 剛極
而能明, 則不爲躁而爲決, 明能燭理, 剛能斷義. 居未濟之極, 非得濟之位, 无可濟之理, 則
當樂天順命而已. 若否終, 則有傾時之變也. 未濟, 則无極而自濟之理, 故止爲未濟之極, 至
誠安於義. 命而自樂, 則可无咎, 飮酒自樂也. 不樂其處, 則忿躁隕, 穫入於凶咎矣. 若從樂
而耽肆, 過禮至濡其首, 亦非能安其處也. '有孚', 自信于中也; '失是', 失其宜也. 如是, 則
於有孚爲失也. 人之處患難, 知其无可奈何, 而放意不反者, 豈安於義命者哉?"라 하였고,
《本義》에 "以剛明居未濟之極, 時將可以有爲, 而自信自養, 以俟命无咎之道也. 若縱而不
反, 如狐之涉水而濡其首, 則過於自信, 而失其義矣"라 함.

☆【「飮酒濡首」, 亦不知節也】'飮酒濡首'는 술에 과해 그 머리(카락)까지 술에 젖음.
'亦不知節也'는 節度(節止)를 모름. 節制할 줄을 모름. 〈正義〉에 "〈象〉曰'亦不知節'者,
釋飮酒所以致濡首之難, 以其不知止節, 故也"라 함. 《集解》에 "虞翻曰:「節, 止也. 艮爲
節, 飮酒濡首, 故'不知節'矣.」"라 함. 《傳》에 "飮酒至於濡首, 不知節之甚也. 所以至如是,
不能安義命也. 能安, 則不失其常矣"라 함.

〈계사전繫辭傳〉

*〈繫辭傳〉은 〈易大傳〉이라고도 불리며, 《周易》의 經文에 대하여 정리한 專論文이다. '繫'는 連繫의 뜻이며, '辭'는 卦辭, 彖辭, 爻辭를 함께 뜻한다. 따라서 繫辭란 '그 사에 연계하여 해설하였음'을 말한다. 상하 양편으로 나누었어져 있으며, 章을 나누지는 않았다. 뒷사람들이 이에 장을 나누었으나 여러 의견이 있으며, 南宋 이후 거의가 朱熹의 《周易本義》를 따라 상하 각 12편씩 24편으로 나누고 있다. 본 역주도 이를 따라 分章한 것이다.

　*孔穎達 〈正義〉에 "謂之'繫辭'者, 凡有二義論. 字取'繫', 屬之義. 聖人繫屬此辭於爻卦之下, 故此篇第六章云「繫辭焉, 以斷其吉凶」. 第十二章云「繫辭焉, 以盡其言」, 是繫屬其辭於爻卦之下, 則上下二篇經辭是也. '文'取繫屬之義, 故字體從繫. 又音爲係者, 取綱係之義. 卦之與爻, 各有其辭, 以釋其義. 則卦之與爻, 各有綱係, 所以音謂之係也. 夫子本作〈十翼〉, 申說上下二篇經文, 繫辭條貫義理, 別自爲卷, 總曰〈繫辭〉. 分爲上下二篇者, 何氏云:「上篇明'无'. 故曰:《易》有太極.' 太極, 卽无也.」又云:「聖人以此洗心, 退藏於密.」是其无也. 下篇明'幾'. 從无入有, 故云'知幾其神乎!'」今謂分爲上下, 更无異義, 有以簡編重大, 是以分之. 或以上篇論《易》之大理, 下篇論《易》之小理者. 事必不通何? 則案上繫云:「君子出其言善, 則千里之外應之; 出其言不善, 則千里之外違之.」又云:「藉用白茅, 无咎.」(8章) 皆人言語小事及小愼之行, 豈爲《易》之大理? 又下繫云:「天地之道, 貞觀者也. 日月之道, 貞明者也.」(1章) 豈復《易》之小事乎? 明以大小分之義, 必不可, 故知聖人旣无其意, 若欲强釋, 理必不通. 諸儒所釋上篇, 所以分段次下, 凡有一十二章. 周氏云:「天尊地卑'爲第一章, '聖人設卦觀象'爲第二章, '彖者言乎象者'爲第三章, '精氣爲物'爲第四章, '顯諸仁藏諸用'爲第五章, '聖人有以見天下之賾'爲第六章, '初六藉用白茅'爲第七章, '大衍之數'爲第八. 章子曰: '知變化之道'爲第九章, '天一地二'爲第十章, '是故易有太極'爲第十一, 章子曰: '書不盡言'爲第十二章. 馬季長·荀爽·姚信等, 又分'白茅'章, 後取'負且乘'更爲別章, 成十三章. 案: '白茅'以下歷序諸卦, 獨分'負且乘'以爲別章, 義无所取也, 虞翻分爲十一章, 合'大衍之數'幷'知變化之道'共爲一章. 案'大衍'一章, 總明'揲蓍策數'及'十有八變之事', 首尾相連, 其知變化之道, 已下別明'知神'及'唯幾'之事, 全與'大衍'章, 義不類, 何得合爲一章? 今從先儒以十二章爲定"이라 함.

　*《本義》에 "〈繫辭〉本謂文王·周公所作之辭. 繫于卦爻之下者, 卽今經文此篇乃孔子所述繫辭之傳也. 以其通論一經之大體凡例, 故无經可附, 而自分上下云"이라 함.

## ○ 〈繫辭傳〉上 (총 12장)

### ◇ 第一章 ◇

  \* 〈正義〉에 "'天尊地卑'至'其中矣'. 此第一章, 明天尊地卑及貴賤之位, 剛柔動靜, 寒暑往來, 廣明乾坤簡易之德. 聖人法之, 能見天下之理"라 하였고, 《本義》에 "此章以造化之實明, 作經之理. 又言乾坤之理, 分見於天地, 而人兼體之也"라 함.

### (1)

天尊地卑, 乾坤定矣.
卑高以陳, 貴賤位矣.
動靜有常, 剛柔斷矣.
方以類聚, 物以羣分, 吉凶生矣.
在天成象, 在地成形, 變化見矣.

〈해석〉
하늘은 높고 땅은 낮아, 건괘(乾卦)와 곤괘(坤卦)의 구분이 정해진 것이다.
낮고 높음으로써 진열하니, 귀천(貴賤)의 자리가 정해진 것이다.
동정(動靜)이 항구하여, 강유(剛柔)가 판단된다.
이러한 기준으로 닮은 것끼리 모으고, 만물이 무리대로 분류되어 길흉(吉凶)이 생겨난 것이다.
하늘에서는 천상(天象)을 이루고 있고, 땅에서는 형태를 이루고 있어, 그 변화가 드러나 보이는 것이다.

【天尊地卑, 乾坤定矣】 하늘은 높고 땅은 낮으며, 이에 맞추어 乾坤(天地)도 위치를 잡아 정해진 것임. 天地는 자연, 尊卑는 사회의 질서를 대신하는 말. 王弼 注에 "乾坤

其《易》之門戶. 先明天尊地卑, 以定乾坤之體"라 하였고, 〈正義〉에 "'天尊地卑, 乾坤定矣'者, 天以剛陽而尊, 地以柔陰而卑. 則乾坤之體, 安定矣. 乾健與天陽同, 坤順與地陰同, 故得乾坤定矣. 若天不剛陽, 地不柔陰, 是乾坤之體不得定也. 此經明天地之德也. 云'先明天尊地卑, 以定乾坤之體'者, 《易》含萬象, 天地最大, 若天尊地卑, 各得其所, 則乾坤之義得定矣; 若天之不尊, 降在濡溺; 地之不卑, 進在剛盛, 則乾坤之體, 何由定矣? 案: 乾坤, 是天地之用, 非天地之體. 今云'乾坤之體'者, 是所用之體, 乾以健爲體, 坤以順爲體, 故云'乾坤之體'"라 함. 《集解》에 "虞翻曰:「天貴故尊, 地賤故卑. 定謂成列.」○荀爽曰:「謂〈否〉卦也. 否七月, 萬物已成. 乾坤各得其位定矣.」"라 함.

【卑高以陳, 貴賤位矣】 낮고 높음의 기준으로 진열한 것이며, 귀천이 그에 따라 자리를 잡게 된 것임. 王弼 注에 "天尊地卑之義, 旣列則涉乎萬物, 貴賤之位明矣"라 하였고, 〈正義〉에 "'卑高以陳, 貴賤位矣'者, 卑, 謂地體卑下; 高, 謂天體高上. 卑高旣以陳列, 則物之貴賤, 得其位矣若. 卑不處卑謂地在上, 高不處高謂天在下, 上下旣亂, 則萬物貴賤, 不得其位矣. 此經明天地之體, 此雖明天地之體, 亦涉乎萬物之形. 此貴賤, 總兼萬物, 不唯天地而已. 先云卑者, 便文爾. 案前經云'天尊地卑', 天地別陳, 此卑高以陳, 不更別陳總云'卑高'者, 上文詳於此畧也. 云'天尊地卑之義, 旣列', 解經卑高以陳也. 云則'涉乎萬物, 貴賤之位明矣', 解經貴賤位矣. 上經旣云'天尊地卑', 此經又云'貴賤'者, 則貴賤, 非唯天地, 是兼萬物之貴賤"이라 함. 《集解》에 "虞翻曰:「乾高貴五, 坤卑賤二, 列貴賤者, 存乎位也.」○荀爽曰:「謂〈泰〉卦也.」侯果曰:「天地卑高, 義旣陳矣. 萬物貴賤, 位宜差矣.」"라 함.

【動靜有常, 剛柔斷矣】 動靜은 늘 있는 일이므로 剛柔에 따라 판단한 것임. 王弼 注에 "剛動而柔止也. 動止得其常體, 則剛柔之分著矣"라 하였고, 〈正義〉에 "'動靜有常, 剛柔斷矣'者, 天陽爲動, 地陰爲靜, 有常度, 則剛柔斷定矣. 動而有常, 則成剛; 靜而有常, 則成柔. 所以剛柔可斷定矣. 若動而无常, 則剛道不成; 靜而无常, 則柔道不立, 是剛柔雜亂, 動靜无常, 則剛柔不可斷定也. 此經論天地之性也. 此雖天地動靜, 亦總兼萬物也. 萬物禀於陽氣多, 而爲動也; 禀於陰氣多, 而爲靜也"라 함. 《集解》에 "虞翻曰:「斷, 分也. 乾剛常動, 坤柔常靜, 分陰分陽, 迭用柔剛.」"이라 함.

【方以類聚, 物以羣分, 吉凶生矣】 어떤 기준에 따라 종류별로 모았으며, 사물은 무리를 지어 분류하여, 이처럼 길흉이 생겨난 것임. '方'은 방도, 기준, 어떤 표준. 그러나 '方'은 大자의 오류일 것이라고도 함. 王弼 注에 "方有類物, 有羣, 則有同有異, 有聚有分也. 順其所同, 則吉; 乖其所趣, 則凶. 故吉凶生矣"라 하였고, 〈正義〉에 "'方以類聚, 物以羣分, 吉凶生矣'者, 方, 謂法術, 性行以類, 共聚同方者, 則同聚也. 物, 謂物色, 羣黨共在一處, 而與他物相分別. 若順其所同, 則吉也; 若乖其所趣, 則凶也. 故曰'吉凶生'矣.

此經雖因天地之性, 亦廣包萬物之情也"라 함. '方以類聚'에 대해《集解》에 "九家《易》曰: 「謂〈姤〉卦. 陽爻聚於午也. 方, 道也. 謂陽道施生, 萬物各聚其所也.」"라 하였고, '物以羣分'에 대해서는《集解》에 "九家《易》曰: 「謂〈復〉卦. 陰爻羣於子也. 陰主成物, 故曰物也. 至於萬物, 一成分散天下也. 以周人用, 故曰'物以羣分'也.」"라 하였으며, '吉凶生矣'에 대해서는《集解》에 "虞翻曰: 「物三稱羣, 坤方道靜, 故以類聚; 乾物動行, 故以羣分. 乾生故吉, 坤殺故凶, 則吉凶生矣.」"라 함.

【在天成象, 在地成形, 變化見矣】 하늘에는 天象이 있고, 땅에는 形象이 있어, 변화가 드러나는 것임. '見'은 '현'으로 읽으며 現과 같음. 天上은 日月, 星辰, 風雨, 雷電 등을 말하며, 地形은 山川, 陸海, 草木, 蟲魚 등 땅의 자연 환경 일체를 말함. 王弼 注에 "象況日月星辰, 形況山川草木也. 懸象運轉, 以成昏明; 山澤通氣, 而雲行雨施. 故變化見矣"라 하였고, 〈正義〉에 "'在天成象, 在地成形, 變化見矣'者, 象. 謂懸象, 日月星辰也; 形, 謂山川草木也. 懸象運轉而成昏明, 山澤通氣而雲行雨施, 故變化見也. '天地之道, 不爲而善始'者, 釋經之'乾以易知, 不勞而善成'者, 釋經之坤以簡能也. 案經乾易坤簡, 各自別言, 而王弼注'合云天地'者, 若以坤對乾, 乾爲易也, 坤爲簡也. 經之所云者是也. 若據乾坤相合, 皆无爲自然, 養物之始也. 是自然成物之始也, 是乾亦有簡坤亦有易. 故王弼注合而言之也. 用使聖人, 俱行易簡, 法无爲之化"라 함.《集解》에 "虞翻曰: 「謂日月在天, 成八卦. 〈震〉象出庚, 〈兌〉象見丁. 〈乾〉象盈甲, 〈巽〉象伏辛, 〈艮〉象消丙, 〈坤〉象喪乙, 〈坎〉象流戊, 〈離〉象就己, 故在天成象也. 在地成形, 〈震〉爲竹, 〈巽〉木, 〈坎〉水, 〈離〉火, 〈艮〉山, 〈兌〉澤, 〈乾〉金, 〈坤〉土, 在天爲變, 在地爲化, 剛柔相推而生變化矣.」"라 함.《本義》에 "天地者, 陰陽形氣之實體; 乾坤者,《易》中純陰純陽之卦名也. 卑高者, 天地萬物上下之位; 貴賤者,《易》中卦爻上下之位也. 動者, 陽之常; 靜者, 陰之常. 剛柔者,《易》中卦爻陰陽之稱也. 方, 謂事情所向, 言事物善惡. 各以類分而吉凶者,《易》中卦爻占決之辭也; 象者, 日月星辰之屬; 形者, 山川動植之屬. 變化者,《易》中蓍策卦爻. 陰變爲陽, 陽化爲陰者也. 此言聖人作《易》, 因陰陽之實體, 爲卦爻之法象. 莊周(天下篇)所謂「《易》以道陰陽」. 此之謂也"라 함.

(2)

是故剛柔相摩, 八卦相盪.

鼓之以雷霆, 潤之以風雨; 日月運行, 一寒一暑.

乾道成男, 坤道成女.

乾知大始, 坤作成物.

〈해석〉

이 까닭으로 강유(剛柔)가 서로 마찰을 일으키고, 팔괘(八卦)가 서로 격탕한다.

이를 두드리되 우레와 천둥으로 하고, 이들을 윤택하게 하되 바람과 비로써 하여, 해와 달이 운행하여 한 번 추워지고 한 번 더워지는 것이다.

건도(乾道)는 남자를 상징하고, 곤도(坤道)는 여자를 상징한다.

건괘는 태시(大始)를 주관하고, 곤괘는 만물을 성취한다.

【是故剛柔相摩】이 까닭으로 剛柔(乾坤, 陰陽)가 서로 摩擦하면서 交感함. 王弼 注에 "相切摩也. 言陰陽之交感也"라 하였고, 〈正義〉에 "'是故剛柔相摩'者, 以變化形見, 卽陽極變爲陰, 陰極變爲陽. 陽剛而陰柔, 故剛柔共相切摩, 更遞變化也"라 함.

【八卦相盪】八卦가 서로 激蕩하여 밀고 이동하는 것임. 陰陽(兩儀)이 四象으로, 다시 八卦를 거쳐 64괘로 발전함을 뜻함. 八卦는 乾(天), 坤(地), 震(雷), 巽(風), 坎(水), 離(火), 艮(山), 兌(澤)으로, 여덟 小成卦에 자연의 기본 물질을 상징적으로 연결시킨 것임. 王弼 注에 "相推盪也. 言運化之推移"라 하였고, 〈正義〉에 "'八卦相盪'者, 剛則陽爻也; 柔則陰爻也. 剛柔兩體, 是陰陽二爻, 相雜而成八卦. 遞相推盪, 若十一月, 一陽生而推去一陰; 五月一陰生而推去一陽. 雖諸卦遞相推移, 本從八卦而來, 故云'八卦相盪'也"라 함. 《集解》에 "虞翻曰:「旋轉稱摩薄也. 乾以二五, 摩坤成震坎艮; 坤以二五, 摩乾成巽離兌, 故剛柔相摩, 則八卦相盪也.」"라 함. 《本義》에 "此言《易》卦之變化也. 六十四卦之初, 剛柔兩畫而已. 兩相摩而爲四, 四相摩而爲八, 八相盪而爲六十四"라 함.

【鼓之以雷霆, 潤之以風雨】이를 두드리기는 우레와 천둥으로써 하고, 이를 윤택하게 하기는 바람과 비로써 함. 《集解》에 "虞翻曰:「鼓, 動; 潤, 澤也. 雷震霆, 艮風巽, 雨兌也.」"라 함.

【日月運行, 一寒一暑】日月, 寒暑 모두 이분법적인 乾坤, 陰陽, 剛柔의 구분에 맞춘

것임. 〈正義〉에 "'鼓之以雷霆, 潤之以風雨, 日月運行, 一寒一暑'者, 重明上經變化見矣.
及剛柔相摩·八卦相盪之事. 八卦旣相推盪, 各有功之所用也. 又鼓動之以震雷離電, 滋潤
之以巽風坎雨, 或離日坎月, 運動而行, 一節爲寒, 一節爲暑, 直云震巽離坎. 不云乾坤艮
兌者, 乾坤上下備言, 艮兌非鼓動運行之物, 故不言之, 其實亦一焉. 雷電風雨, 亦出山澤
也"라 함. 《集解》에 "虞翻曰:「日離月坎寒, 乾暑坤也. 運行往來, 日月相推而明生焉. 寒
暑相推, 而歲成焉. 故一寒一暑也.」"라 함. 《本義》에 "此變化之成象者"라 함.

【乾道成男, 坤道成女】乾道(天, 陽, 剛)은 남자를, 坤道(地, 陰, 柔)는 여자를 상징
함. 〈正義〉에 "'乾道成男, 坤道成女'者, 道謂自然而生, 故乾得自然而爲男, 坤得自然而爲
女. 必云成者, 有故以乾因陰而得成男, 坤因陽而得成女, 故云'成'也"라 함. 《集解》에 "荀
爽曰:「男謂乾, 初適坤爲震, 二適坤爲坎, 三適坤爲艮, 以成三男也. 女謂坤, 初適乾爲巽,
二適乾爲離, 三適乾爲兌, 以成三女也.」"라 함. 《本義》에 "此變化之成形者. 此兩節又明
《易》之見於實體者, 與上文相發明也"라 함.

【乾知大始, 坤作成物】'乾知'의 知는 爲의 뜻. 그러나 朱熹는 '主'의 뜻이라 함. '大始'
는 太始. '大'는 太와 같음. 뜻은 元始. 創始. 陸德明 〈音義〉에 "大始之大音泰, 王肅作泰"
라 하여 '태'로 읽음. 太初의 創造를 뜻함. '成物'은 乾이 시작해준 것을 坤이 구체적인
事物로 이룸. 〈正義〉에 "'乾知大始'者, 以乾是天陽之氣, 萬物皆始在於氣, 故云知其大始
也. '坤作成物'者, 坤是地陰之形, 坤能造作以成物也. 初始无形, 未有營作, 故但云'知'也.
已成之物, 事可營爲, 故云'作'也"라 함. '乾知大始'에 대해 《集解》에 "九家《易》曰:「始爲
乾禀元氣, 萬物資始也.」"라 하였고, '坤作成物'에 대해서는 《集解》에 "荀爽曰:「物謂坤任
育體, 萬物資生.」"이라 함. 《本義》에 "知, 猶主也. 乾主始物, 而坤作成之. 承上文男女而
言, 乾坤之理, 蓋凡物之屬乎陰陽者, 莫不如此. 大抵陽先陰後, 陽施陰受, 陽之輕淸未形,
而陰之重濁有迹也"라 함.

(3)

乾以易知, 坤以簡能;
易則易知, 簡則易從;
易知則有親, 易從則有功;
有親則可久, 有功則可大;
可久則賢人之德, 可大則賢人之業.
易簡而天下之理得矣, 天下之理得, 而成位乎其中矣.

〈해석〉

건(乾)은 평이한 지혜로서 하고, 곤(坤)은 간약한 기능으로서 한다.

평이하기 때문에 쉽게 알 수 있고, 간약하기 때문에 쉽게 따를 수 있는 것이다.

쉽게 알면 친히 여기는 이가 있게 마련이고, 쉽게 따르면 그 공적이 있게 마련이다.

친히 여기는 이가 있으면 오래 갈 수 있고, 공적이 있으면 가히 확대할 수 있다.

가히 오래 갈 수 있으면 사람의 덕을 만들어 줄 수 있고, 가히 확대할 수 있으면 사람의 사업을 이루게 할 수 있다.

쉽고 간약하면서 천하의 이치가 들어 있으며, 천하의 이치가 들어 있기에, 그 중간에서 사람이 자리를 차지하고 있는 것이다.

【乾以易知, 坤以簡能】'易知'는 쉽게 알 수 있음. 그러나 '易'는 平易함, '知'는 '智'의 뜻으로 '평범한 지혜', 즉 '일상적으로 쉽게 터득할 수 있는 지혜'의 뜻이라고도 함. '簡能'은 그 功能(機能)을 簡約하게 해줌. 혹 '簡單한 功能'의 뜻이라고도 함. 乾坤 둘의 功能이 질서와 구분이 매우 뚜렷함을 뜻함. 王弼 注에 "天地之道, 不爲而善始, 不勞而善成, 故曰易簡"이라 하였고, 〈正義〉에 "'乾以易知'者, 易謂易畧, 无所造爲, 以此爲知, 故曰'乾以易知'也. '坤以簡能'者, 簡謂簡省, 凝靜不須繁勞, 以此爲能, 故曰'坤以簡能'也. 若於物艱難, 則不可以知, 故以易而得知也. 若於事繁勞, 則不可能也. 必簡省而後, 可能也"라 함. 《集解》에 "陽見稱易陰藏爲簡. 簡, 閱也. 乾息昭物天下文明, 故以易知, 坤閱藏物, 故以簡能矣.」"라 함.

【易則易知, 簡則易從】平易하기 때문에 쉽게 알 수 있고, 簡約하기 때문에 쉽게 따를 수 있음. '易'는 '이'(以豉反)로 읽음. 〈正義〉에 "'易則易知'者, 此覆說上乾以易知也.

乾德旣能說易, 若求而行之, 則易可知也. '簡則易從'者, 覆說上坤以簡能也. 於事簡省, 若求而行之, 則易可從也. 上乾以易知, 坤以簡能論, 乾坤之體性也. '易則易知, 簡則易從'者, 此論乾坤, 旣有此性, 人則易可放效也"라 함. 《集解》에 "虞翻曰: 「乾懸象著明, 故易知; 坤陰陽動闢, 故易從. 不習无不利, 地道光也.」"라 함. 《本義》에 "乾健而動, 卽其所知便能始物而无所難, 故爲以易而知. 大始坤順而靜, 凡其所能皆從乎陽, 而不自作. 故爲以簡而能成物"이라 함.

【易知則有親, 易從則有功】쉽게 알 수 있기 때문에 친함이 있으며, 쉽게 따를 수 있기 때문에 그 결과의 功能이 있음. 王弼 注에 "順萬物之情, 故曰有親; 通天下之志, 故曰有功"이라 하였고, 〈正義〉에 "'易知則有親'者, 性意易知, 心无險難, 則相和親, 故云 '易知則有親'也. '易從則有功'者, 於事易從, 不有繁勞, 其功易就, 故曰'易從則有功'. 此二句, 論聖人法此乾坤易簡, 則有所益也"라 함. 《集解》에 "虞翻曰: 「陽道成乾爲父, 震坎艮爲子. 本乎天者親上, 故易知則有親. 以陽從陰, 至五多功, 故易從則有功矣.」 ○蜀才曰: 「以其易知, 故物親而附之; 以其易從, 故物法而有功也.」"라 함.

【有親則可久, 有功則可大】친함이 있으면 恒久히 갈 수 있으며, 공능이 있으면 그 성과를 확대할 수 있음. 王弼 注에 "有易簡之德, 則能成可久可大之功"이라 하였고, 〈正義〉에 "'有親則可久'者, 物旣和親, 无相殘害, 故可久也. '有功則可大'者, 事業有功, 則積漸可大. 此二句, 論人法乾坤, 久而益大"라 함. 《集解》에 "荀爽曰: 「陰陽相親, 雜而不厭, 故可久也. 萬物生息, 種類繁滋, 故可大也.」"라 함.

【可久則賢人之德, 可大則賢人之業】恒久히 갈 수 있으니 이는 사람의 덕을 만들어주는 것이며, 확대할 수 있으니 이는 사람의 事業을 이루게 해 주는 것임. '賢'은 두 곳 모두 動詞로 쓰였으며, 앞의 '賢'은 '造塑, 造成', 뒤의 '賢'은 '造就, 成就'의 뜻임. 王弼 注에 "天地易簡萬物, 各載其形, 聖人不爲羣方, 各逐其業, 德業旣成, 則入於形器, 故以賢人目其德業"이라 하였고, 〈正義〉에 "'可久則賢人之德'者, 使物長久, 是賢人之德, 能養萬物, 故云'可久則賢人之德'也. '可大則賢人之業'者, 功勞旣大, 則是賢人事業, 行天地之道. 總天地之功, 唯聖人能然, 今云賢人者, 聖人則隱迹藏, 用事在无境, 今云可久可大, 則是離无; 入有賢人, 則事在有境, 故可久可大, 以賢人目之也. 云'聖人不爲羣方, 各逐其業'者, 聖人顯仁藏用, 唯見生養之功不見, 其何以生養? 猶若日月見其照臨之力, 不知何以照臨? 是聖人用无爲以及天下, 是聖人不爲也. 云德業旣成, 則入於形器者, 初行德業, 未成之時, 不見其所爲. 是在於虛无, 若德業旣成, 覆被於物, 在於有境, 是入於形器也. 賢人之分, 則見其所爲, 見其成功, 始末皆有德之興業, 是所有形器, 故以賢人目其德業. 然則本其虛无玄象, 謂之聖; 據其成功事業, 謂之賢也"라 함. 《集解》에 "姚信曰: 「賢人, 乾坤也. 言乾以

日新爲德, 坤以富有爲業也.」라 함. 《本義》에 "人之所爲如乾之易, 則其心明白而人易知; 如坤之簡, 則其事要約而人易從. 易知, 則與之同心者多, 故有親; 易從, 則與之協力者衆, 故有功. 有親, 則一於內, 故可久; 有功, 則兼於外, 故可大. 德謂得於己者, 業謂成於事者. 上言乾坤之德不同此. 言人法乾坤之道, 至此則可以爲賢矣"라 함.

【易簡而天下之理得矣】簡易하면서도 천하의 이치는 모두 지니고 있음. 王弼 注에 "天下之理, 莫不由於易簡, 而各得順其分位也"라 하였고, 〈正義〉에 "'易簡而天下之理得矣'者, 此則贊明聖人能行天地, 易簡之化, 則天下萬事之理, 竝得其宜矣. 云'天下之理, 莫不由於易簡, 而各得順其分位'者, 若能行說易簡, 靜任物自生, 則物得其性矣. 故《列子》云: 『不生而物, 自生不化, 而物自化. 若不行易簡, 法令滋章, 則物失其性也.』《老子》云: 『水至淸則無魚, 人至察則無徒.』 又《莊子》云: 『馬翦剔, 羈絆所傷多矣.』 是天下之理未得也"라 함. 《集解》에 "虞翻曰:「易爲乾息, 簡爲坤消, 乾坤變通, 窮理以盡性, 故天下之理得矣.」"라 함.

【天下之理得, 而成位乎其中矣】천하의 이치가 들어 있어서, 그 가운데에 사람이 위치할 공간이 만들어져 있는 것임. 이는 天地人 三才에서 사람이 乾(天)과 坤(地)의 중간에 있음을 뜻함. '中'은 天과 地의 사이. 그러나 '位'는 하늘과 땅 사이에 있을 수 있는 모든 것, 즉 자연, 사회, 존비 등을 뜻하는 것이라고도 함. 王弼 注에 "成位, 況立象也. 極易簡, 則能通天下之理, 通天下之理, 故能成象竝乎天地. 言其中, 則明竝天地也"라 하였고, 〈正義〉에 "'天下之理得, 而成位乎其中矣'者, 成位況立象, 言聖人極易簡之善, 則能通天下之理, 故能成立卦象於天地之中, 言竝天地也"라 함. 《集解》에 "荀爽曰:「陽位成於五, 陰位成於二. 五爲上中, 二爲下中, 故曰成位乎其中也.」"라 함. 《本義》에 "'成位', 謂成人之位; '其中', 謂天地之中. 至此則體道之極, 功聖人之能事, 可以與天地參矣"라 함.

# ◇ 第二章 ◇

\*〈正義〉에 "此第二章也. 前章言天地成象·成形·簡易之德, 明乾坤之大旨. 此章明聖人設卦觀象, 爻辭吉凶·悔吝之細別"이라 하였고, 《本義》에 "此章言聖人作《易》, 君子學《易》之事"라 함.

## (1)

聖人設卦觀象, 繫辭焉而明吉凶, 剛柔相推而生變化.
是故吉凶者, 失得之象也; 悔吝者, 憂虞之象也;
變化者, 進退之象也; 剛柔者, 晝夜之象也.
六爻之動, 三極之道也.

〈해석〉

성인(복희)이 천지만물의 형상을 관찰하여 팔괘(八卦)를 처음 만들었고, 여기에 괘사와 효사로 붙여 말로 하여 길흉(吉凶)을 밝힌 것이니, 강유(剛柔, 陽爻와 陰爻)가 서로 밀고 나가 변화가 생기게 된다.

이 까닭으로 길흉이란 득실의 현상이요, 회인(悔吝)이란 우우(憂虞)의 현상이며, 변화란 진퇴의 현상이요, 강유란 주야(晝夜)의 현상이다.

육효(六爻)의 움직임은, 삼극(三極, 三才)의 도를 말한다.

【聖人設卦觀象】聖人은 伏羲를 가리킴. 그가 八卦를 처음 만듦. '設'은 시작함, 창설함. 王弼 注에 "此總言也"라 하였고, 〈正義〉에 "'聖人設卦觀象'者, 謂聖人設畫其卦之時, 莫不瞻觀物象, 法其物象, 然後設之卦象. 則有吉有凶, 故下文云'吉凶者, 失得之象也; 悔吝者, 憂虞之象; 變化者, 進退之象; 剛柔者, 晝夜之象'. 是設施其卦, 有此諸象也. '云此總言也'者, 此設卦觀象, 總爲下而言, 故云此總言也. 云始總言吉凶變化者"라 함. 《集解》에 "案: 聖人謂伏羲也. 始作八卦, 重爲六十四卦矣"라 함.

【繫辭焉而明吉凶, 剛柔相推而生變化】'觀象'은 보아서 알 수 있는 物象. '繫辭'는 卦와 爻 다음에 連繫하여 쓴 文辭. 《集解》에 "案: 文王觀六十四卦三百八十四爻之象, 系屬其辭"라 함. 《本義》에 "象者, 物之似也. 此言聖人作《易》觀卦爻之象, 而繫以辭也"라 함.

王弼 注에 "繫辭所以明吉凶·剛柔·相推, 所以明變化也. 吉凶者, 存乎人事也; 變化者, 存乎運行也"라 하였고, 〈正義〉에 "'繫辭焉而明吉凶'者, 卦象爻象, 有吉有凶. 若不繫辭, 其理未顯, 故繫屬吉凶之文辭於卦爻之下, 而顯明此卦爻吉凶也. 案: 吉凶之外, 猶有悔吝·憂虞, 直云而明吉凶者, 悔吝·憂虞, 是凶中之小, 別擧吉凶, 則包之可知也. '剛柔相推而生變化'者, 八純之卦, 卦之與爻, 其象旣定, 變化猶少. 若剛柔二氣相推, 陰爻陽爻交變, 分爲六十四卦, 有三百八十四爻. 委曲變化, 事非一體, 是而生變化也. 繫辭而明吉凶, 明繫辭之意, 剛柔相推而生變化, 明其推引而生雜卦之意也. 謂上文云'繫辭焉, 而明吉凶剛柔相推而生變化'是. 始總言吉凶變化也"라 함. 《集解》에 "荀爽曰:「因得明吉, 因失明凶也.」虞翻曰:「剛推柔生變, 柔推剛生化也.」"라 함. 《本義》에 "言卦爻陰陽, 迭相推盪, 而陰或變陽, 陽或化陰. 聖人所以觀象, 而繫辭衆人, 所以因著而求卦者也"라 함.

【是故吉凶者, 失得之象也】그러므로 吉凶이라는 것은 得失이 드러난 象임. 王弼 注에 "由有失得, 故吉凶生"이라 하였고, 〈正義〉에 "此下四句經總明諸象不同之事, 辭之吉者, 是得之象辭之凶者, 是失之象, 故曰'吉凶'者, 是失得之象也. 初時於事有失有, 得積漸成, 著乃爲吉凶也. 然《易》之諸卦及爻, 不言吉凶者, 義有數等. 或吉凶, 據文可知, 不須明言吉凶者. 若'乾元亨利貞'及九五'飛龍在天, 利見大人'之屬. 尋文考義, 是吉可知, 故不須云'吉'也. 若其〈剝〉'不利有攸往'. 〈離〉之九四'突如其來, 如焚如死, 如棄如之'屬, 據其文辭其凶可見, 故不言'凶'也. 亦有爻處吉凶之際, 吉凶未定. 行善則吉, 行惡則凶, 是吉凶未定, 亦不言吉凶. 若〈乾〉之九三'君子終日乾乾, 夕惕若, 厲, 无咎', 若〈屯〉之六二'屯如邅如, 乘馬班如, 匪寇婚媾, 女子貞, 不字十年, 乃字', 是吉凶未定, 亦不言吉凶也. 又諸稱'无咎'者, 若不有善應則有咎, 若有善應則无咎. 此亦不定言吉凶也. 諸稱'吉凶'者, 皆嫌其吉凶不明, 故言吉凶以正之. 若〈坤〉之六五'黃裳, 元吉', 以陰居尊位, 嫌其不吉, 故言吉以明之, 推此餘可知也. 亦有於事, 无嫌吉凶, 灼然可知, 而更明言'吉凶'者, 若〈剝〉之初六'剝牀以足, 蔑貞凶', 六二'剝牀以辨, 蔑貞凶'者, 此皆凶狀灼, 然而言凶也. 或有一卦之內, 或一爻之中, 得失相形, 須言吉凶. 若〈大過〉九三'棟橈凶', 九四'棟隆吉', 是一卦相形也. 〈屯〉卦九五'屯其膏, 小貞吉, 大貞凶', 是一爻相形也. 亦有一事相形, 終始有異, 若〈訟〉卦'有孚窒惕, 中吉終凶'之類是也. 大畧如此, 原夫《易》之爲書, 曲明萬象, 苟在釋辭, 明其意·達其理, 不可以一爻爲例, 義有變通也"라 함. 《集解》에 "虞翻曰:「吉則象得, 凶則象失也.」"라 함.

【悔吝者, 憂虞之象也】'悔吝'은 後悔하고 부끄러워 함. 吉凶보다는 훨씬 덜한 것으로, 그저 근심할 정도의 過誤를 뜻함. '憂虞'는 근심과 虞慮. 걱정과 考慮. '悔憂, 吝虞'의 뜻. 王弼 注에 "失得之微者, 足以致憂虞而已. 故曰悔吝"이라 하였고, 〈正義〉에 "'悔吝者, 憂虞之象'者, 經稱悔吝者, 是得失微小, 初時憂念·虞度之形象也. 以憂虞不已, 未

是大凶, 終致悔吝. 悔者, 其事已過意有追悔之也; 吝者, 當事之時可輕鄙耻. 故云‘吝’也. 吝旣是小, 凶則易之爲書, 亦有小吉, 則无咎之屬, 善補過是也. 此亦小吉而不言者, 下經備陳之也. 故於此不言其餘元亨利貞, 則是吉象之境, 有四德別言, 故於此不言也. 其有祉有慶有福之屬, 各於爻卦別言, 故不在此而說, 且《易》者, 戒人爲惡, 故於惡事備言也"라 함. 《集解》에 "荀爽曰:「憂虞小疵, 故悔吝也.」 ○虞翻曰:「悔則象憂, 吝則象虞也.」 ○干寶曰:「悔亡則虞, 有小吝則憂. 憂虞未至於失得, 悔吝不入於吉凶, 事有小大, 故辭有急緩, 各, 象其意也.」"라 함. 《本義》에 "吉凶·悔吝者, 《易》之辭也. 得失·憂虞者, 事之變也. 得則吉, 失則凶, 憂虞雖未至凶, 然已足以致悔而取羞矣. 蓋吉凶相對, 而悔吝居其中間. 悔自凶而趨吉, 吝自吉而向凶也. 故聖人觀卦爻之中, 或有此象, 則繫之以此辭也"라 함.

【變化者, 進退之象也】 變化라는 것은 進退가 드러난 象임. 王弼 注에 "往復相推, 迭進退也"라 하였고, 〈正義〉에 "‘變化者, 進退之象’者, 萬物之象, 皆有陰陽之爻, 或從始而上進, 或居終而倒退. 以其往復相推, 或漸變而頓化, 故云‘進退之象’也"라 함. 《集解》에 "荀爽曰:「春夏爲變秋冬爲化, 息卦爲進, 消卦爲退也.」"라 함.

【剛柔者, 晝夜之象也】 剛柔라는 것은 晝夜가 드러난 象임. 王弼 注에 "晝則陽剛, 夜則陰柔, 始總言吉凶, 變化而下別明悔吝. 晝夜者, 悔吝則吉凶之類, 晝夜亦變化之道. 吉凶之類, 則同因繫辭. 而明變化之道, 則俱由剛柔而著, 故始總言之. 下則明失得之輕重, 辨變化之小大, 故別序其義也"라 하였고, 〈正義〉에 "‘剛柔者, 晝夜之象’者, 晝則陽日, 照臨萬物, 生而堅剛, 是晝之象也. 夜則陰, 潤浸被萬物, 而皆柔弱, 是夜之象也. 云‘而下別明悔吝晝夜’者, 謂次文云悔吝者, 憂虞之象; 剛柔者, 晝夜之象. 是別明悔吝晝夜也. 言悔吝, 則吉凶之類者. 案: 上文‘繫辭而明吉凶’, 次文別序云‘吉凶者, 失得之象; 悔吝者, 憂虞之象’. 是吉凶之外, 別生悔吝, 是悔吝亦吉凶之類. 大畧總言吉凶, 若細別之吉凶之外, 別有悔吝也. 故云悔吝則吉凶之類, 云‘晝夜亦變化之道’者, 案上文云‘剛柔相推而生變化’, 次文別云‘變化者, 進退之象; 剛柔者, 晝夜之象’. 變化之外別云晝夜. 總言之則變化·晝夜, 是一分之則變化, 晝夜是殊, 故云晝夜亦變化之道也. 云吉凶之類, 則同. 因繫辭而明者, 案上文云‘繫辭焉而明吉凶’, 次文別序云吉凶·悔吝兩事同, 因上繫辭而明之也. 故云吉凶之類, 則同. 因繫辭而明也. 云‘變化之道, 則俱由剛柔而著’者, 上文剛柔相推而生變化, 次文別序云‘變化者, 進退之象; 剛柔者晝夜之象’, 上文則變化剛柔, 合爲一. 次文則別序變化剛柔, 分爲二. 合之則同. 分之則異, 是變化從剛柔而生, 故云‘變化之道俱由剛柔而著’也. 云‘故始總言之’者, 上文‘繫辭焉而明吉凶’, 不云悔吝, 是總言之也. 又上文剛柔相推而生變化, 不云晝夜. 是總變化言之也. 云下則‘明失得之輕重, 辯變化之小大, 故別序其義’者, 案次文別序云‘吉凶者失得之象’, 是失得重也. ‘悔吝者, 憂虞之象’, 是失得輕也. 又

次經云‘變化者, 進退之象’, 是變化大也. ‘剛柔者. 晝夜之象’, 是變化小也. 兩事竝言失得, 別明輕重變化, 別明小大是別序其義”라 함. 《集解》에 “荀爽曰:「剛謂乾, 柔謂坤. 乾爲晝, 坤爲夜. 晝以喩君, 夜以喩臣也.」”라 함.

【六爻之動, 三極之道也】 ‘六爻’는 하나의 괘가 小成괘 둘이 합해 여섯 효의 大成괘가 되는 것임. ‘三極’은 天(陰陽), 地(剛柔), 人 (仁義)를 상징하며 三才를 뜻함. 設問에 “極, 棟也”라 하여, 우주 만물의 가장 중요한 棟樑과 같아 ‘三極’이라 표현한 것임. 《集解》에 “陸績曰:「此三才, 極至之道也. 初四下極, 二五中極, 三上, 上極也.」”라 함. 王弼注에 “三極, 三材也. 兼三材之道, 故能見吉凶・成變化也”라 하였고, 〈正義〉에 “六爻之動, 三極之道者, 此覆明變化進退之義. 言六爻遞相推動, 而生變化, 是天地人三才, 至極之道, 以其事兼三才, 故能見吉凶而成變化也”라 함. 《集解》에 “陸績曰:「天有陰陽二氣, 地有剛柔二性, 人有仁義二行. 六爻之動法乎此也.」”라 함. 《本義》에 “柔變而趨於剛者, 退極而進也. 剛化而趨於柔者, 進極而退也. 旣變而剛, 則晝而陽矣; 旣化而柔, 則夜而陰矣. 六爻初二爲地, 三四爲人五, 上爲天. 動卽變化也. 極, 至也. 三極, 天地人之至理三才, 各一太極也. 此明剛柔相推, 以生變化, 而變化之極, 復爲剛柔, 流行於一卦六爻之間, 而占者, 得因所値, 以斷吉凶也”라 함.


## (2)

是故君子所居而安者,《易》之序也;
所樂而玩者, 爻之辭也.
是故君子居則觀其象而玩其辭, 動則觀其變而玩其占,
是以「自天祐之, 吉无不利.」

〈해석〉
이 까닭으로 군자가 거처하여 편안할 수 있는 것은, 《역》에서 효의 위치를 따져보기 때문이요,
즐거워하면서 그 뜻을 완미할 수 있는 것은, 각 효의 효사(爻辭)를 보고 그렇게 하는 것이다.
이 까닭으로 군자는 평소 한 곳에 머물 때는 그 괘상을 보고 그 괘사를 완미하며, 행동에 나설 때라면 그 변화를 보고 그 점사(占辭)의 뜻을 완미하는 것이다.

이로써 "하늘로부터 도움을 받으니, 길하면서 이롭지 않음이 없다"라 한 것이다.

【是故君子所居而安者,《易》之序也】'安'은 按, 案과 같음. 살펴서 따져봄. '序'는 六爻의 차례. 初부터 上까지 여섯 爻는 아래에서 위로 올라가며 그 序位를 따져봄. 王弼 注에 "序,《易》象之次序"라 하였고, 〈正義〉에 "是故君子所居而安者,《易》之序也'者, 以其在上吉凶, 顯其得失變化, 明其進退, 以此之故, 君子觀象知其所處, 故居可治之位而安靜居之. 是《易》位之次序也. 若居在乾之初九而安在'勿用', 居在乾之九三而安在'乾乾', 是以所居而安者, 由觀《易》位之次序也"라 함. 그러나《集解》에는 '序'자가 '象'자로 되어 있으며, "虞翻曰:「君子謂文王, 象謂乾二之坤, 成坎月離日, 日月爲象, 君子黃中通理, 正位居體, 故'居而安者,《易》之象也'. 舊讀'象', 誤作'厚', 或作'序', 非也.」"라 하여, 혹 '厚'자로도 되어 있었다 하며, '序', '厚' 모두 잘못된 것이라 주장하였음.

【所樂而玩者, 爻之辭也】즐겁게 느끼면서 그 속에 든 뜻을 玩味함. '玩'은 玩賞, 玩味, 揣摩의 뜻. 〈正義〉에 "所樂而玩者, 爻之辭也'者, 言君子愛樂而習玩者, 是六爻之辭也. 辭有吉凶悔吝, 見善則思齊其事, 見惡則懼而自改, 所以愛樂而耽玩也. 卦之與爻, 皆有其辭, 但爻有變化取象, 旣多以知得失, 故君子尤所愛樂, 所以特云'爻之辭'也"라 함. 그러나《集解》에는 '所樂'이 '所變'으로 되어 있으며, "虞翻曰:「爻者, 言乎變者也. 謂乾五之坤, 坤五動, 則觀其變. 舊作'樂'字誤.」"라 하여, '樂'은 '變'자여야 한다 하였음.《本義》에 "《易》之序, 謂卦爻所著, 事理當然之次第. 玩者觀之詳"이라 함.

【是故君子居則觀其象而玩其辭】이 때문에 군자는 어떤 자리에 처하고 있을 때면 그 物象을 보고 그를 풀이한 辭를 玩味함. 〈正義〉에 "是故君子居則觀其象而玩其辭'者, 以《易》, 象則明其善惡, 辭則示其吉凶, 故君子自居處, 其身觀看其象, 以知身之善惡, 而習玩其辭, 以曉事之吉凶"이라 함.《集解》에 "虞翻曰:「玩, 弄也. 謂乾五動成《大有》, 以〈離〉之目觀天之象, 〈兌〉口玩習所繫之辭, 故玩其辭.」"라 함.

【動則觀其變而玩其占】그러나 행동에 나섰을 때라면 그 변화를 보고 그 점을 玩味함. '占'은 점을 쳐서 마지막 길흉을 판단한 내용을 가리킴. 〈正義〉에 "動則觀其變而玩其占'者, 言君子出行興動之時, 則觀其爻之變化, 而習玩其占之吉凶. 若乾之九四'或躍在淵', 是動則觀其變也.《春秋傳》(襄公 13년)云:「先王卜征.」五年又云(桓公 11년):「卜以決疑.」是動玩其占也"라 함.《集解》에 "虞翻曰:「謂觀爻動也. 以動者, 尙其變占事知來, 故玩其占.」"이라 함.

【是以「自天祐之, 吉无不利.」】이는 〈大有〉卦(014) 上九의 爻辭임. 〈正義〉에 "是以自天祐之, 吉无不利'者, 君子旣能奉遵《易》象, 以居處其身, 无有凶害, 是以從天以下悉皆祐

之, 吉无不利, 此〈大有〉上九爻辭"라 함. 《集解》에 "虞翻曰:「謂乾五變之坤, 成〈大有〉,
有天地日月之象, 文王則庖犧, 亦與天地合德, 日月合明, 天道助順, 人道助信, 履信思順,
故自天祐之, 吉无不利也.」"라 함. 《本義》에 "象辭變已見上. 凡單言變者, 化在其中. 占
謂其所値, 吉凶之決也"라 함.

## ◇ 第三章 ◇

\*〈正義〉에 "此第三章也. 上章明吉凶·悔吝·繫辭之義, 而細意未盡, 故此章更委曲說卦爻吉凶之事, 是以義理深奧, 能彌綸天地之道, 仰觀俯察, 知死生之說"이라 하였고, 《本義》에 "此章釋卦爻辭之通例"라 함.

## (1)

象者, 言乎象者也; 爻者, 言乎變者也.
吉凶者, 言乎其失得也; 悔吝者, 言乎其小疵也; 无咎者,
善補過也.

〈해석〉

단(象, 卦辭)이란, 괘상(卦象)에 설명을 붙인 것이요, 효(爻, 爻辭)란, 변화에 설명을 붙인 것이다.

길흉이란, 득실을 말로 설명한 것이요, 회인(悔吝)이란, 작은 허물에 말을 붙여 설명한 것이며, 무구(无咎)란 허물을 잘 고쳐 보완함을 말한다.

【象者, 言乎象者也】 '象'은 象辭가 아니라 卦辭를 뜻함. '言'은 말로 이를 설명함. '象'은 卦象. 王弼 注에 "象總一卦之義也"라 하였고, 〈正義〉에 "'象者, 言乎象者也'者, 象謂卦下之辭, 總說乎一卦之象也"라 함. 《集解》에 "虞翻曰:「在天成象八卦, 以象告象說三才, 故言乎象也.」"라 함.

【爻者, 言乎變者也】 '爻'는 爻劃(符號)이 아니라 爻辭(說明)를 뜻함. '變'은 효가 어느 위치이며, 앞 뒤 관계는 어떠한 지 등에 따른 變化. 王弼 注에 "爻各言其變也"라 하였고, 〈正義〉에 "'爻者, 言乎變者也'者, 謂文下之辭. 言說此爻之象改變也"라 함. 《集解》에 "虞翻曰:「爻有六畫所變而玩者, 爻之辭也. 謂九六變化, 故言乎變者也.」"라 함. 《本義》에 "象, 謂卦辭, 文王所作者. 爻, 謂爻辭, 周公所作者. 象, 指全體而言, 變指一節而言"이라 함.

【吉凶者, 言乎其失得也】 吉凶이란 그 득실에 대해 설명한 것임. 〈正義〉에 "'吉凶者, 言乎其失得也'者, 謂爻卦下辭也. 著其吉凶者, 言論其卦爻失與得之義也. 前章言據其卦

爻之象, 故云吉凶者, 失得之象. 此章據其卦爻之辭, 故云'吉凶者, 言乎其失得'也"라 함. 《集解》에 "虞翻曰:「得正言吉, 失位言凶也.」"라 함.

【悔吝者, 言乎其小疵也】悔吝이란 그 작은 허물(瑕疵)에 대해 설명한 것임. 〈正義〉에 "'悔吝者, 言乎其小疵也'者, 辭著悔吝者, 言說此卦爻有小疵病也. 有小疵病, 必預有憂虞, 故前章云'悔吝者, 憂虞之象'. 但前章據其象, 此章論其辭也"라 함. 《集解》에 "崔憬曰:「繫辭著悔吝之言, 則異凶咎, 有其小病, 比於凶咎, 若疾病之與小疵.」"라 함.

【无咎者, 善補過也】无咎란 허물을 개선하면 되는 것을 말함. '善'은 副詞. '補過'는 허물을 기워 개선하고 보완함. 《左傳》昭公 7년에 "仲尼曰:「能補過者, 君子也.」"라 함. 〈正義〉에 "'无咎者, 善補過也'者, 辭稱无咎者, 卽此卦爻能補其過, 若不能補過, 則有咎也. 案: 晷例无咎有二一者, 善能補過, 故无咎二者, 其禍自己招, 无所怨咎, 故節之六三不節之嗟, 又誰咎也? 但如此者, 少此據多者言之, 故云'善補過'也. 前章擧其大晷, 故不細言无咎之事, 此章備論也"라 함. 《集解》에 "虞翻曰:「失位爲咎悔, 變而之正, 故善補過. 孔子曰:『退思, 補過者也.』」"라 함. 《本義》에 "此卦爻辭之通例"라 함.


## (2)

是故列貴賤者存乎位, 齊小大者存乎卦, 辯吉凶者存乎辭,
憂悔吝者存乎介, 震无咎者存乎悔.
是故卦有小大, 辭有險易;
辭也者, 各指其所之.

〈해석〉

이 까닭으로 귀천(貴賤)을 서열로 한 것은 爻의 자리에 있고, 소대(小大)를 정한 괘에 두었으며, 길흉(吉凶)을 변별한 것은 괘사와 효사에 두었으며, 약간의 회인(悔吝)을 걱정한 내용은 미세한 곳에 두었고, 무구(无咎)를 두고 행동하는 내용은 후회함에 두고 있는 것이다.

이 까닭으로 괘에는 작고 큼이 있고, 이를 설명한 사(辭)에는 험난함과 용이함이 있으며, 사(辭)라고 하는 것은, 각기 그 갈 곳의 방향을 지시해 주는 것이다.

【是故列貴賤者存乎位】 '位'는 爻位. 六爻는 아래로부터 위로 올라가면서 발전하고, 아울러 위로 갈수록 身分이 하나씩 貴하게 됨. 王弼 注에 "爻之所處曰位, 六位有貴賤也"라 하였고, 〈正義〉에 "'是故列貴賤者存乎位'者, 以爻者言乎變以, 此之故, 陳列物之貴賤者, 在存乎六爻之立, 皆上貴而下賤也"라 함. 《集解》에 "侯果曰:「二五爲功譽位, 三四爲凶懼位. 凡爻得位, 則貴; 失位則賤, 故曰'列貴賤者, 存乎位'矣.」"라 함. 《本義》에 "位, 謂六爻之位"라 함.

【齊小大者存乎卦】 大小(小大)를 확정하는 것은 그 괘에 존재함. '齊'는 주희는 '定', 王弼은 '辯'의 뜻이라 하였고, 俞樾은 "齊, 猶言列也"라 하여 '列'과 같은 뜻이라 하였으며, 王肅은 '正'의 뜻이라 하였음. '小'는 陰爻, '大'는 陽爻를 가리킴. 이는 卦體에 따라 혹 陰爻를 主爻로 하는 것(否卦), 혹 陽爻를 主爻로 하는 것(泰卦)가 있음을 말함. 王弼 注에 "卦有小大也. 齊, 猶言辯也. 卽象者, 言乎象也"라 하였고, 〈正義〉에 "'齊小大者存乎卦'者, 以象者言乎象, 象有小大, 故齊辨物之小大者, 存乎卦也. 猶若〈泰〉則'小往大來, 吉亨'; 〈否〉則'大往小來'之類, 是也"라 함. 《集解》에 "王肅曰:「齊, 猶正也. 陽卦大, 陰卦小. 卦列則小大分, 故曰'齊小大者, 存乎卦'也.」"라 함. 《本義》에 "齊, 猶定也. 小謂陰, 大謂陽"이라 함.

【辯吉凶者存乎辭】 '辯'은 辨과 같음. 辨別함, 判別함. 王弼 注에 "辭, 爻辭也. 卽爻者, 言乎變也. 言象所以明小大, 言變所以明吉凶, 故小大之義存乎卦. 吉凶之狀見乎爻, 至於悔吝无咎其例一也. 吉凶·悔吝·小疵·无咎, 皆生乎變事, 有小大, 故下歷言五者之差也"라 하였고, 〈正義〉에 "'辨吉凶者存乎辭'者, 謂辨明卦與爻之吉凶, 存乎卦, 爻下之言辭是也"라 함. 《集解》에 "韓康伯曰:「辭, 爻辭也. 卽爻者言乎變也. 言象所以明小大, 言變所以明吉凶, 故大小之義, 存乎卦; 吉凶之狀, 存乎爻. 至於悔吝无咎, 其例一也. 吉凶·悔吝·小疵·无咎, 皆生乎變. 事有小大, 故下歷言五者之差也.」"라 함.

【憂悔吝者存乎介】 '介'는 아주 微細, 隱微, 纖介함을 말함. 그러나 '忽'의 뜻으로도 봄. 王弼 注에 "介, 纖介也. 王弼曰:「憂悔吝之時, 其介不可慢也.」 卽悔吝者, 言乎小疵也"라 하였고, 〈正義〉에 "'憂悔吝者存乎介'者, 介謂纖介, 謂小. 小疵病能預憂虞, 悔吝者存於細小之疵病也"라 함. 《集解》에 "虞翻曰:「介, 纖也. 介, 如石焉, 斷可識也. 故存乎介, 謂識小疵.」"라 함. 《本義》에 "介, 謂辨別之端. 蓋善惡已動而未形之時也. 於此憂之, 則不至於悔吝矣. 震, 動也. 知悔, 則有以動其補過之心, 而可以无咎矣"라 함.

【震无咎者存乎悔】 '震'은 震懼, 즉 두려워 떪을 말함. 그러나 '震'은 단순히 '動'의 뜻으로도 봄. 王弼 注에 "无咎者, 善補過也. 震, 動也. 故動而无咎, 存乎悔過也"라 하였고, 〈正義〉에 "'震无咎者存乎悔'者, 震, 動也. 動而无咎者, 存乎能自悔過也"라 함. 《集

解》에 "虞翻曰:「震, 動也. 有不善未嘗不知之, 知之未嘗復行. 无咎者, 善補過, 故存乎悔也.」"라 함.

【是故卦有小大, 辭有險易】'險易'는 險難함과 容易함의 구분. 王弼 注에 "其道光明曰大, 君子道消曰小. 之〈泰〉則其辭易, 之〈否〉則其辭險"이라 하였고, 〈正義〉에 "卦有小大, 辭有險易'者, 其道光明謂之大, 其道消散謂之小. 若之適'通泰', 其辭則說易; 若之適'否塞', 其辭則難險也"라 함. 《本義》에 "小險大易, 各隨所向"이라 함.

【辭也者, 各指其所之】'所之'는 가고자 하는 방향. '之'는 動詞. 〈正義〉에 "辭也者, 各指其所之'者, 謂爻卦之辭, 各斥其爻卦之之適也. 若之適於善, 則其辭善; 若之適於惡, 則其辭惡也"라 함. 《集解》에 "虞翻曰:「陽易指天, 陰險指地. 聖人之情見乎辭, 故指所之.」"라 함.

## ◇ 第四章 ◇

*〈十三經〉(《周易正義》)에는 본장이 위의 3장과 연결되어 있음. 그러나 朱熹《本義》에는 이를 分章하였으며, "此章言《易》道之大, 聖人用之如此"라 함.

## (1)

《易》與天地準, 故能彌綸天地之道.
仰以觀於天文, 俯以察於地理, 是故知幽明之故;
原始反終, 故知死生之說;
精氣爲物, 遊魂爲變, 是故知鬼神之情狀.

〈해석〉

《易》은 천지와 같은 기준에 의해 만들어진 것이기에, 그 때문에 능히 천지의 도(道)을 모두 묶어 포관하고 있다.

우러러 보아 천문(天文)에 대해 관찰하고, 굽어보아 지리(地理)에 대해 살펴본 것이다. 이 까닭으로 어둠과 밝음 속에서 이루어지는 모든 일에 대해 하는 것이다.

시작을 추구하여 그 끝으로 돌아가니, 그 때문에 죽고 사는 도리에 대해서도 알게 되는 것이다.

정기(精氣)는 만물이 되고, 떠도는 혼(魂)은 변화가 되는 것이니, 이 때문에 귀신의 정황이나 상태에 대해서도 아는 것이다.

【《易》與天地準, 故能彌綸天地之道】《易》은 天地에 基準을 두어 만들어진 것임. 그 때문에 능히 天地의 道를 함께 두루 묶을 수 있음. '準'은 基準으로 함. 따라서 同等함. 〈釋文〉에 "準, 等也"라 함. '彌綸'은 두루 묶음. 普遍하게 包括함. 王弼 注에 "作《易》以準天地"라 하였고, 〈正義〉에 "'《易》與天地準'者, 自此以上, 論卦爻辭理之義; 自此以下, 廣明《易》道之美. 言聖人作《易》與天地相準, 謂準擬天地, 則乾健以法天, 坤順以法地之類, 是也. '故能彌綸天地之道'者, 以《易》與天地相準, 爲此之故, 聖人用《易》能彌綸天地之道. 彌, 謂彌縫補合; 綸, 謂經綸. 牽引能補合, 牽引天地之道, 用此《易》道也"라 함. 《集解》에 "虞翻曰:「準, 同也. 彌, 大綸絡, 謂《易》在天下包絡萬物, 以言乎天地之間, 則

備矣. 故與天地準也.」라 함. 《本義》에 "《易》書卦爻, 具有天地之道, 與之齊準. 彌, 如彌縫之彌, 有終竟聯合之意. 綸, 有選擇條理之意"라 함.

【仰以觀於天文, 俯以察於地理】天文은 天象. 하늘의 무늬. 日月星辰 등의 모습. '地理'는 땅의 원리. 山川原野 등의 모습. '俯以察'은 《集解》에는 '俯則察'로 되어 있음. 〈正義〉에 "仰以觀於天文, 俯以察於地理'者, 天有懸象而成文章故稱文也地有山川原隰各有條理故稱理也"라 함. 《集解》에 "荀爽曰:「謂陰升之陽, 則成天之文也; 陽降之陰, 則成地之理也.」"라 함.

【是故知幽明之故】'幽明之故'는 어두움 속에서나 밝음 속에서 이루어지는 모든 이유. 故는 緣故. 王弼 注에 "幽明者, 有形无形之象; 死生者, 始終之數也"라 하였고, 〈正義〉에 "'是故知幽明之故'者, 故謂事故也以用易道仰觀俯察知无形之幽有形之明義理事故也"라 함. 《集解》에 "荀爽曰:「幽, 謂天上地下不可得覿者也. 謂〈否〉卦變成〈未濟〉也. 明, 謂天地之間萬物陳列, 著於耳目者, 謂〈泰〉卦變成〈旣濟〉也.」"라 함.

【原始反終, 故知死生之說】'原始反終'의 '原'은 추구해봄. 살펴봄. '察'과 같은 뜻임. 시작을 추구하여 종말로 되돌아 옴. '死生之說'의 '說'은 道와 같음. 〈正義〉에 "原始反終, 故知生死之說'者, 言用易理原窮事物之初始反復事物之終末始終吉凶皆悉包羅以此之故知死生之數也正謂用易道參其逆順則禍福可知用著策求其吉凶則死生可識也"라 함. 《集解》에 "九家《易》曰:「陰陽交合, 物之始也; 陰陽分離, 物之終也. 合則生, 離則死, 故'原始反終, 故知死生之說'矣. 交〈泰〉時春也, 分離〈否〉時秋也.」"라 함.

【精氣爲物, 遊魂爲變】精氣가 모여 구체적인 물질이 형성되고, 떠도는 혼은 변화를 일으킴. '物'은 여기서는 神靈, '變'은 變怪의 뜻임. 〈十三經〉(《周易正義》)에는 '精氣爲物' 이하를 끊어 〈第四章〉으로 하였음. 王弼 注에 "精氣烟熅, 聚而成物, 聚極則散, 而遊魂爲變也. '遊魂'言, 其遊散也"라 하였고, 〈正義〉에 "此第四章也. 上章明卦爻之義, 其事類稍盡. 但卦爻未明鬼神情狀. 此章說物之改變, 而爲鬼神. 《易》能通鬼神之變化, 故於此章明之云. '精氣爲物'者, 謂陰陽精靈之氣, 氤氳積聚而爲萬物也. '遊魂爲變'者, 物旣積聚, 極則分散, 將散之時, 浮遊精魂去離物形, 而爲改變則生, 變爲死成變爲敗, 或未死之間, 變爲異類也. '是故知鬼神之情狀'者, 能窮《易》理, 盡生死變化, 以此之故, 能知鬼神之內外情狀也. 物旣以聚而生, 以散而死, 皆是鬼神所爲. 但極聚散之理, 則知鬼神之情狀也. 言聖人以《易》之理而能然也"라 함. 《集解》에 "虞翻曰:「魂, 陽物謂乾神也; 變, 謂坤鬼乾純粹精, 故主爲物, 乾流坤體變成萬物, 故遊魂爲變也.」"라 함.

【是故知鬼神之情狀】이 까닭으로 鬼神의 情狀을 알 수 있는 것임. 王弼 注에 "盡聚散之理, 則能知變化之道, 无幽而不通也"라 함. 《本義》에 "此窮理之事, '以'者, 聖人以

《易》之書也;《易》者, 陰陽而已. 幽明·死生鬼神, 皆陰陽之變, 天地之道也. 天文, 則有晝夜; 上下, 地理則有南北高深原者, 推之於前. 反者, 要之於後, 陰精陽氣, 聚而成物, 神之伸也. 魂游魄降, 散而爲變鬼之歸也"라 함.

## (2)

與天地相似, 故不違;
知周乎萬物, 而道濟天下, 故不過;
旁行而不流, 樂天知命, 故不憂;
安土敦乎仁, 故能愛.
範圍天地之化而不過, 曲成萬物而不遺, 通乎晝夜之道而知,
故神无方而《易》无體.

〈해석〉
천지와 그대로 닮아 있으므로, 그 때문에 위배되지 않는 것이다.

만물에 두루 알고, 그 원리로써 천하를 구제하니, 그 때문에 과오가 없는 것이다.

두루 실행하여 유실(流失)됨이 없고, 하늘의 도리를 즐겁게 여겨 자신의 운명을 알기에, 그 때문에 걱정하지 않는 것이다.

자신이 밟고 있는 땅을 안전하다 여겨 인(仁)을 베풀기에 힘쓰니, 그 때문에 능히 사랑을 베푸는 것이다.

천지의 교화를 범주에 넣어 포괄하면서도 과오가 없으며, 만물을 곡진히 이루되 빠뜨림이 없으며, 밤과 낮이 변하는 이치에 통달하여 이를 알고 있으니, 그 까닭으로 신묘함은 한 방향에만 나타나는 것이 아니며,《역》은 어떤 한 물체에만 적용되는 것이 아니다.

【與天地相似, 故不違】天地의 이치와 서로 비슷하므로 그 때문에 위배됨이 없음. 王弼 注에 "德合天地, 故曰相似"라 하였고, 〈正義〉에 "'與天地相似, 故不違'者, 天地能知鬼神, 任其變化, 聖人亦窮神盡性, 能知鬼神, 是與天地相似, 所爲所作'故不違', 於天地能與天地合也"라 함.《集解》에 "虞翻曰:「乾神似天, 坤鬼似地. 聖人與天地, 合德鬼神, 合吉

凶, 故不違.」 ○鄭玄曰: 「精氣, 謂七八也; 遊魂, 謂九六也. 七八木火之數也. 九六金水之數. 木火用事而物生, 故曰'精氣爲物'; 金水用事而物變, 故曰'遊魂爲變'. 精氣, 謂之神; 遊魂, 謂之鬼. 木火生物, 金水終物, 二物變化, 其情與天地相似, 故無所差違之也.」라 함.

【知周乎萬物, 而道濟天下, 故不過】萬物에 두루 빠뜨림 없이 하여 天地之道가 천하를 救濟하기 때문에 과오가 없음. '濟'는 '해결하다, 이루다'의 뜻임. 《爾雅》에 "濟, 成也"라 함. '周'는 周遍, 두루. '道濟天下'의 '道'는 主語, 天地之道. 王弼 注에 "知周萬物, 則能以道濟天下也"라 하였고, 〈正義〉에 "'知周乎萬物而道濟天下'者, 聖人无物不知, 是知周於萬物. 天下皆養, 是道濟天下也. '故不過'者, 所爲皆得其宜, 不有愆過, 使物失分也"라 함. 《集解》에 "荀爽曰: 「二篇之策, 萬有一千五百二十, 當萬物之數, 故曰'知周乎萬物'也.」 九家《易》曰: 「言乾坤道濟成天下, 而不過也.」 王凱沖曰: 「智周道濟, 洪纖不遺, 亦不過差也.」"라 함.

【旁行而不流】'旁行'은 두루 실행함. '旁'은 普(雙聲)와 같음. '不流'는 流失됨이 없음. 王弼 注에 "應變旁通, 而不流淫也"라 하였고, 〈正義〉에 "'旁行而不流'者, 言聖人之德, 應變旁行, 无不被及, 而不有流移淫, 過若不應, 變化非理, 而動則爲流淫也"라 함. 《集解》에 "九家《易》曰: 「旁行, 周合六十四卦. 月主五, 卦爻主一日. 歲旣周而復始也. ○侯果曰: 「應變旁行, 周被萬物, 而不流淫也.」"라 함.

【樂天知命, 故不憂】하늘의 도를 즐기면서 자신의 운명을 앎. 王弼 注에 "順天之化, 故曰樂也"라 하였고, 〈正義〉에 "'樂天知命, 故不憂'者, 順天施化, 是歡樂於天; 識物始終, 是自知性命. 順天, 道之常數; 知性, 命之始終. 任自然之理, 故不憂也"라 함. 《集解》에 "荀爽曰: 「坤建於亥, 乾立於巳. 陰陽孤絕, 其法宜憂. 坤下有伏, 乾爲樂天, 乾下有伏; 巽爲知命, 陰陽合居, 故不憂.」"라 함.

【安土敦乎仁, 故能愛】'安土'는 몸을 의지하여 살아가고 있는 땅에 대해 편안히 여김. '敦乎仁'은 仁에 대해 敦篤히 함. 仁을 敦篤히 실행함. 王弼 注에 "安土敦仁者, 萬物之情也. 物順其情, 則仁功瞻矣"라 하였고, 〈正義〉에 "安土敦乎仁, 故能愛'者, 言萬物之性, 皆欲安靜於土. 敦厚於仁, 聖人能行, 此安土敦仁之化, 故能愛養萬物也"라 함. 《集解》에 "荀爽曰: 「安土, 謂〈否〉卦, 乾坤相據, 故安土. 敦仁, 謂〈泰〉卦, 天氣下降, 以生萬物, 故敦仁. 生息萬物, 故謂之愛也.」"라 함. 《本義》에 "此聖人盡性之事也. 天地之道, 知仁而已. 知周萬物者, 天也; 道濟天下者, 地也. 知且仁, 則知而不過矣. 旁行者, 行權之知也; 不流者, 守正之仁也. 旣樂天理, 而又知天命, 故能无憂, 而其知益深, 隨處皆安, 而无一息之不仁, 故能不忘其濟物之心, 而仁益篤. 蓋仁者, 愛之理愛者, 仁之用, 故其相爲表裏如此"라 함.

【範圍天地之化而不過】'範圍'는 범주에 넣어 포괄함. 모두 그 안에 넣고 있음. 王弼 注에 "範圍者, 擬範天地而周備其理也"라 하였고, 〈正義〉에 "'範圍天地之化而不過'者, 範, 謂模範; 圍, 謂周圍. 言聖人所爲所作, 模範周圍天地之化, 養言法則天地, 以施其化而不有過失, 違天地者也"라 함. 《集解》에 "九家《易》曰:「範者, 法也; 圍者, 周也. 言乾坤消息, 法周天地而不過於十二辰也. 辰日, 月所會之宿, 謂諏訾. 降婁大梁, 實沈鶉首, 鶉火鶉尾壽星, 大火枏, 木星紀玄枵之屬, 是也.」"라 함.

【曲成萬物而不遺】'曲成萬物'은 曲盡하게 만물을 만들어냄. '不遺'는 빠뜨림이 없음. 遺失됨이 없음. 王弼 注에 "曲成者, 乘變以應物, 不係一方者也, 則物宜得矣"라 하였고, 〈正義〉에 "'曲成萬物而不遺'者, 言聖人隨變而應, 屈曲委細, 成就萬物, 而不有遺棄細小而不成也"라 함. 《集解》에 "荀爽曰:「謂二篇之策, 曲成萬物, 无遺失也.」○侯果曰:「言陰陽二氣, 委曲成物, 不遺微細也.」"라 함.

【通乎晝夜之道而知】'晝夜之道'는 밤과 낮으로 계속 循環하는 원리. 王弼 注에 "通幽明之故, 則无不知也"라 하였고, 〈正義〉에 "'通乎晝夜之道而知'者, 言聖人通曉於晝夜之道. 晝則明也; 夜則幽也. 言通曉於幽明之道, 而无事不知也. 自此以上, 皆神之所爲, 聖人能極人之幽隱之德也"라 함. 《集解》에 "荀爽曰:「晝者, 謂乾; 夜者, 坤也. 通於乾坤之道, 無所不知矣.」"라 함.

【故神无方而《易》无體】'神无方'은 신묘함이 어떤 한 방향에만 제한되어 있는 것이 아님. 어디에나 모두 신묘함이 들어 있음. '《易》无體'는 《역》은 어떤 고정된 형체나 模式이 없음. 어떤 形體로도 변화하며 어디에도 적용됨. 王弼 注에 "自此以上, 皆言神之所爲也. 方體者, 皆係於形器者也. 神則陰陽不測, 《易》則唯變所適, 不可以一方一體明"이라 하였고, 〈正義〉에 "'故神无方而《易》无體'者, 神則寂然虛无, 陰陽深遠, 不可求測, 是无一方可明也. 《易》則隨物改變, 應變而往, 无一體可定也"라 함. 《集解》에 "干寶曰:「〈否〉〈泰〉盈虛者, 神也; 變而周流者, 《易》也. 言神之鼓萬物, 無常方; 《易》之應變化, 無定體也.」"라 함. 《本義》에 "此聖人至命之事也. 範, 如鑄金之有模範; 圍, 匡郭也. 天地之化无窮, 而聖人爲之範圍, 不使過於中道. 所謂裁成者也. 通, 猶兼也. 晝夜卽幽明, 生死鬼神之謂如此. 然後可見至神之妙, 无有方. 所《易》之變化, 无有形體也"라 함.

# ◇ 第伍章 ◇

*孔穎達 〈正義〉에 "此第五章也. 上章論神之所爲, 此章廣明《易》道之大與神功不異也"라 하였고, 《本義》에는 "此章言道之體用, 不外乎陰陽, 而其所以然者, 則未嘗倚於陰陽也"라 함.

## (1)

一陰一陽之謂道.
繼之者善也, 成之者性也.
仁者見之謂之仁, 知者見之謂之知,
百姓日用而不知, 故君子之道鮮矣.

〈해석〉
한 번은 음이 되고 한 번은 양이 되는 것을 일러 도(道)라 한다.
이를 이어가는 것이 선(善)이요, 이를 이루는 것이 성(性)이다.
어진 자는 이를 보고 인(仁)이라고 하고, 지혜로운 자는 이를 보고 지(知, 智)라 한다.
그러나 일반 백성들은 이를 날마다 사용하고 있으면서도 그것이 무엇인지를 알지 못한다. 그 까닭으로 군자의 도를 온전히 갖춘 자는 드물다.

【一陰一陽之謂道】一陰과 一陽이 서로 마주하고 작용하는 것을 일러 道라 함. 王弼注에 "道者, 何无之稱也. 无不通也, 无不由也. 況之曰「道寂然无體, 不可爲象」, 必有之用, 極而无之功顯, 故至乎神. 无方而易, 无體而道, 可見矣. 故窮變以盡神, 因神以明道, 陰陽雖殊, 无一以待之. 在陰爲无陰, 陰以之生; 在陽爲无陽, 陽以之成. 故曰'一陰一陽'也"라 하였고, 〈正義〉에 "'一陰一陽之謂道'者, 一謂无也. 无陰无陽乃謂之道; 一得謂无者, 无是虛无. 虛无是太虛, 不可分別, 唯一而已. 故以一爲无也. 若其有境, 則彼此相形, 有二有三, 不得爲一, 故在陰之時, 而不見爲陰之功; 在陽之時, 而不見爲陽之力. 自然而有陰陽, 自然无所營. 爲此則道之謂也. 故以言之爲道, 以數言之謂之一. 以體言之謂之无, 以物得開通謂之道, 以微妙不測謂之神, 以應機變化謂之易, 總而言之, 皆虛无之謂也. 聖人以人事名之, 隨其義理, 立其稱號"라 함. 《集解》에 "韓康伯曰:「道者, 何? 无之

稱也, 无不通也, 无不由也. 況之曰'道寂然无體, 不可爲象. 必有之用極, 而无之功顯, 故
至乎?' 神无方而《易》无體, 而道可見矣. 故窮以盡神, 因神以明道, 陰陽雖殊無一以待之,
在陰爲無陰, 陰以之生; 在陽爲無陽, 陽以之成, 故曰'一陰一陽'也.」라 함. 《本義》에 "陰
陽迭運者, 氣也. 其理則所謂道"라 함.

【繼之者善也】'繼之者'는 乾(天, 陽)이 이러한 도를 承繼하여, 만물을 창조함. 이렇
게 하는 것은 '善'이 하는 것임. 〈正義〉에 "'繼之者善也'者, 道是生物開通, 善是順理養
物, 故繼道之功者, 惟善行也"라 함.

【成之者性也】음양이 작용하여 만물을 이루는 것은 性임. '性'은 本性, 本能, 物性.
〈正義〉에 "'成之者性也'者, 若能成就此道者, 是人之本性. 若性仁者, 成就此道爲仁, 性知
者成就此道, 爲知也"라 함. 《集解》에 "虞翻曰:「繼, 統也. 謂乾能統天生物, 坤合乾性,
養化成之, 故繼之者善, 成之者性也.」"라 함. 《本義》에 "道具於陰而行乎陽, 繼言其發也.
善謂化育之功, 陽之事也. 成言其具也. 性謂物之所受, 言物生則有性而各具是道也. 陰之
事也. 周子·程子之書, 言之備矣"라 함.

【仁者見之謂之仁】'仁者'는 어진 사람. 이를 인정하여 바르게 인식하는 사람. 그러
한 사람이 이러한 만물 생성의 모습을 보고 이를 일러 '仁'이라 함.

【知者見之謂之知】'知者'는 '智者'와 같음. 지혜로운 자. 그러한 사람은 이를 보고
'知'(智)라 함. 王弼 注에 "仁者, 資道以見其仁; 知者資道以見其知. 各盡其分"이라 하였
고, 〈正義〉에 "故云'仁者見之謂之仁, 知者見之謂之知'. 是仁之與知, 皆資道而得成仁知
也"라 함. 《集解》에 "侯果曰:「仁者見道謂道有仁; 知者見道謂道有知也.」"라 함.

【百姓日用而不知】백성은 일반 보통 사람. '日用而不知'는 일상생활에 이를 활용하
면서도 알지 못함. 〈正義〉에 "'百姓日用而不知'者, 言萬方百姓, 恒日日賴用此道而得生,
而不知道之功力也. 言道冥昧, 不以功爲功, 故百姓日用而不能知也"라 함. 《集解》에 "侯
果曰:「用道以濟, 然不知其方.」"이라 함.

【故君子之道鮮矣】그 때문에 君子(聖人)가 말하는 바의 도를 아는 사람은 드묾. 혹
군자(聖人)의 도를 온전히 갖추고 있는 자는 흔하지 않음. 王弼 注에 "君子體道, 以爲
用也. 仁知則滯於所見, 百姓則日用而不知. 體斯道者, 不亦鮮矣. 故常无欲以觀其妙, 始
可以語至而言極也"라 하였고, 〈正義〉에 "'故君子之道鮮矣'者, 君子謂聖人也. 仁知則各
滯於所見, 百姓則日用不知, 明體道君子不亦少乎!"라 함. 《集解》에 "韓康伯曰:「君子體
道, 以爲用仁. 知則滯於所見, 百姓日用而不知. 體斯道者, 不亦鮮矣乎? 故常無欲以觀妙,
可以語至而言極矣.」"라 함. 《本義》에 "仁陽知陰, 各得是道之一隅, 故隨其所見而目爲全
體也. 日用不知, 則莫不飮食, 鮮能知味者. 又其每下者也. 然亦莫不有是道焉. 或曰:「上

章以知屬乎天, 仁屬乎地. 與此不同, 何也?」曰:「彼以淸濁言, 此以動靜言.」"이라 함.


## (2)

顯諸仁, 藏諸用, 鼓萬物而不與聖人同憂, 盛德大業至矣哉!
富有之謂大業, 日新之謂盛德.
生生之謂易, 成象之謂乾, 效法之謂坤, 極數知來之謂占,
通變之謂事, 陰陽不測之謂神.

〈해석〉

인(仁)에서 드러나고, 쓰임 속에 감추어져 있으면서 만물을 고동(鼓動)시키되 성인과 함께 같은 근심도 하지 않는, 하늘(乾, 天)의 풍성한 덕과 땅(坤, 地)의 업무는 지극하도다!

풍부하게 가지고 있는 것을 일러 곤(땅)의 대업(大業)이라 하고, 날마다 새롭게 하는 것을 일러 건(하늘)의 성덕(盛德)이라 한다.

낳고 또 낳는 것을 일러 변역(變易)이라 하고, 형상을 이루는 것을 일러 건(乾)이라 하며, 법을 받아 그대로 하는 것을 일러 곤(坤)이라 하며, 경우의 수(數)를 끝까지 다하여 미래를 예측하는 것을 일러 점(占)이라 하며, 거기에 통달하여 변화시키는 것을 일러 사(事)라 하며, 음양에 대해 예측할 수 없는 것을 일러 신(神)이라 한다.


【顯諸仁, 藏諸用】'諸'는 '之於, 之乎, 之于'의 合音字. '저'로 읽음. '顯'과 '藏'은 相對語. '用'은 萬物을 化生시키는 功用, 機能. 王弼 注에 "衣被萬物, 故曰顯諸仁; 日用而不知, 故曰藏諸用"이라 하였고, 〈正義〉에 "'顯諸仁'者, 言道之爲體, 顯見仁功, 衣被萬, 物是顯諸仁也. '藏諸用'者, 謂潛藏功用, 不使物知, 是藏諸用也"라 함. 《集解》에 "王凱沖曰:「萬物皆成, 仁功著也. 不見所爲, 藏諸用也.」"라 함.

【鼓萬物而不與聖人同憂】'鼓'는 鼓舞시킴. 鼓動침. 催促함. '不與聖人同憂'의 '憂'는 陰陽이 萬物을 化生시키는 자연의 법칙에 대해, 聖人이 이를 이용하여 백성을 救濟하려고 애쓰는 걱정. 王弼 注에 "萬物由之以化, 故曰鼓萬物也. 聖人雖體道以爲用, 未能全无以爲體, 故順通天下, 則有經營之迹也"라 하였고, 〈正義〉에 "'鼓萬物而不與聖人同憂'者, 言道之功用, 能鼓動萬物, 使之化育, 故云'鼓萬物'. 聖人化物, 不能全无, 以爲體猶有

經營之憂道, 則虛无爲用, 无事无爲, 不與聖人同用有經營之憂也"라 함. 《集解》에 "侯果曰:「聖人成務, 不能無心, 故有憂. 神道鼓物, 寂然無情, 故無憂也.」"라 함.

【盛德大業至矣哉!】 '盛德大業'은 天(乾)의 풍성한 덕과 地(坤)의 큰 사업. '至矣哉'는 '지극하도다, 위대하도다'의 讚辭. 王弼 注에 "夫物之所以通, 事之所以理, 莫不由乎道也. 聖人功用之, 母體同乎道, 盛德大業, 所以能至"라 하였고, 〈正義〉에 "'盛德大業至矣哉'者, 聖人爲功用之母, 體同於道, 萬物由之而通, 衆事以之而理. 是聖人極盛之德, 廣大之業, 至極矣哉! 於行謂之德, 於事謂之業. 自此已下, 覆說'大業盛德, 因廣明《易》與乾坤, 及其占之與事, 并明神之體, 富有之謂大業'者, 以廣大悉備萬事"라 함. 《集解》에 "荀爽曰:「盛德者天, 大業者地也.」"라 함. 《本義》에 "顯自內而外也. 仁, 謂造化之功德之發也. 藏自外而內也. 用, 謂機緘之妙業之本也. 程子曰:「天地无心而成化, 聖人有心而无爲.」"라 함.

【富有之謂大業】 '富有'는 풍부하게 지니고 있음. 王弼 注에 "廣大悉備, 故曰富有"라 함.

【日新之謂盛德】 '日新'은 날마다 새로워 짐. 음양의 조화가 매일 새로운 창조를 함. 王弼 注에 "體化合變, 故曰日新"이라 하였고, 〈正義〉에 "'富有所以謂之大業, 日新之謂盛德'者, 聖人以能變通, 體化合變, 其德日日增新, 是德之盛極, 故謂之'盛德'也"라 함. 《集解》에 "王凱沖曰:「物無不備, 故曰富有; 變化不息, 故曰日新.」"라 함. 《本義》에 "張子曰:「富有者, 大而无外; 日新者, 久而无窮.」"이라 함.

【生生之謂易】 '生生'은 낳고 또 낳음. 생기고 또 생김. 생육이 끝없이 이어짐. '易'은 變易의 의미. 그러나 '易'을 《周易》의 뜻으로 보기도 함. 王弼 注에 "陰陽轉易, 以成化"라 하였고, 〈正義〉에 "'生生之謂易'者, 生生, 不絶之辭. 陰陽變轉, 後生次於前生, 是萬物恒生謂之易也. 前後之生, 變化改易, 生必有死, 易主勸戒, 獎人爲善, 故云'生', 不云'死'也"라 함. 《集解》에 "荀爽曰:「陰陽相易轉相生也.」"라 함. 《本義》에 "陰生陽, 陽生陰, 其變无窮, 理與書皆然也"라 함.

【成象之謂乾】 '成象'은 天象(天文)을 이룸. 이는 乾(天)에 해당하는 상황임. 王弼 注에 "擬乾之象"이라 하였고, 〈正義〉에 "'成象之謂乾'者, 謂畫卦成乾之象, 擬乾之健, 故謂卦爲乾也"라 함. 《集解》에 "案: 道生一, 一生二, 二生三. 三才既備, 以成乾象也"라 함.

【效法之謂坤】 '效法'은 坤이 하늘의 법칙을 받음. '效'는 모습을 흉내 내어 그대로 함. 王弼 注에 "效坤之法"이라 하였고, 〈正義〉에 "'效法之謂坤'者, 謂畫卦效坤之法, 擬坤之順, 故謂之坤也"라 함. 《集解》에 "案: 爻, 猶效也. 效乾三天之法, 而兩地成坤之象卦也"라 함. 《本義》에 "效, 呈也. 法, 謂造化之詳密而可見者"라 함.

【極數知來之謂占】‘極數’는《易》의 蓍策에 알려주는 상황을 極盡히 함. ‘知來’는 未來를 豫測함. 이것을 일러 占이라 함. 혹 ‘蓍策에서 경우의 수를 끝까지 다해보다’의 뜻이라고도 함. 〈正義〉에 “‘極數知來之謂占’者, 謂窮極蓍策之數, 豫知來事, 占問吉凶, 故云謂之占也”라 함. 《集解》에 “孔穎達曰:「謂窮極蓍策之數, 逆知將來之事, 占其吉凶也.」”라 함.

【通變之謂事】‘通變’은 蓍策의 내용에 通達하고 變化를 주어 해결함. 이를 ‘事’라 함. 王弼 注에 “物窮則變, 變而通之, 事之所由生也”라 하였고, 〈正義〉에 “‘通變之謂事’者, 物之窮極, 欲使開通, 須知其變化, 乃得通也. 凡天下之事, 窮則須變, 萬事乃生, 故云通變之謂事”라 함. 《集解》에 “虞翻曰:「事, 謂變通趨時, 以盡利天下之民, 謂之事業也.」”라 함. 《本義》에 “占, 筮也. 事之未定者, 屬乎陽也. 事, 行事也. 占之已決者, 屬乎陰也. 極數知來, 所以通事之變. 張忠定公言:「公事有陰陽.」意蓋如此”라 함.

【陰陽不測之謂神】陰陽의 조화에 대해 豫測할 수 없음을 神이라 함. 王弼 注에 “神也者, 變化之極. 妙萬物而爲言, 不可以形詰者也. 故曰陰陽不測. 嘗試論之, 曰原夫兩儀之運, 萬物之動, 豈有使之然哉? 莫不獨化於大虛, 欻爾而自造矣. 造之非我, 理自玄應, 化之无主, 數自冥運, 故不知所以然, 而況之神? 是以明兩儀, 以太極爲始言, 變化而稱極乎神也. 夫唯知天之所爲者, 窮理體化, 坐忘遺照, 至虛而善應, 則以道爲稱, 不思而玄, 覽則以神爲名. 蓋資道而同乎道, 由神而冥於神也”라 하였고, 〈正義〉에 “‘陰陽不測之謂神’者, 天下萬物, 皆由陰陽或生或成, 本其所由之理, 不可測量之謂神也. 故云‘陰陽不測之謂神’”이라 함. 《集解》에 “韓康伯曰:「神也者, 變化之極, 妙萬物而爲言, 不可以形詰者也. 故陰陽不測, 嘗試論之曰原夫兩儀之運, 萬物之動, 豈有使之然哉? 莫不獨化於太虛, 欻爾而自造矣. 造之非我理, 自玄應化之無主, 數自冥運, 故不知所以然, 而況之神矣? 是以明兩儀, 以太極爲始, 言變化而稱乎神也. 夫唯天之所爲者, 窮理體化, 坐忘遺照至, 虛而善應, 則以道爲稱. 不思玄覽, 則以神爲名. 蓋資道而同乎道, 由神而冥於神者也.」”라 함. 《本義》에 “張子曰:「兩在, 故不測.」”이라 함.

## ◇ 第六章 ◇

## (1)

夫《易》廣矣大矣!
以言乎遠則不禦, 以言乎邇則靜而正, 以言乎天地之間則備矣.

〈해석〉
무릇《易》의 작용은 넓고도 크도다!
이로써 멀기를 말하면 막힘이 없이 무한하고, 이를 가까움으로 말하면 고요하면서도 방정하며, 이를 천지 사이를 말하면 그 원리를 모두 갖추고 있도다.

【夫《易》廣矣大矣!】 '夫'는 發語詞. '大抵'와 같음. 뜻은 없음. 〈正義〉에 "夫易廣矣大矣'者, 此贊明《易》理之大.《易》之變化, 極於四遠, 是廣矣; 窮於上天, 是大矣. 故下云'廣大配天地'也"라 함.《集解》에 "虞翻曰: 「乾象動直, 故大; 坤形動闢, 故廣也.」"라 함.

【以言乎遠則不禦】 '不禦'는 막힘이 없음. 限이 없음. 乾(天)을 두고 표현한 것임. 王弼 注에 "窮幽極深, 无所止也"라 하였고, 〈正義〉에 "以言乎遠則不禦'者, 禦, 止也. 言乎《易》之變化窮極, 幽深之遠, 則不有禦止也. 謂无所止息也"라 함.《集解》에 "虞翻曰: 「禦, 止也. 遠謂乾, 天高不禦也.」"라 함.

【以言乎邇則靜而正】 '邇'는 아주 가까움. '靜而正'은 말없이 고요히 있으면서도 方正(正當)함. 坤(地)을 두고 표현한 것임. 王弼 注에 "則近而當"이라 하였고, 〈正義〉에 "以言乎通則靜而正'者, 邇, 近也. 言《易》之變化, 在於邇近之處, 則寧靜而得正. 謂變化之道, 於其近處物, 各靜而得正, 不煩亂邪僻也. 遠尙不禦, 近則不禦, 可知近旣靜正, 則遠亦靜正, 互文也"라 함.《集解》에 "虞翻曰: 「地謂坤, 坤至靜而德方, 故正也.」"라 함.

【以言乎天地之間則備矣】 '備'는 充備되어 있음. 하늘과 땅 사이에 사람과 만물이 차도록 그 모든 원리를 갖추고 있음. 〈正義〉에 "以言乎天地之間則備矣'者, 變通之道, 遍滿天地之內, 是則備矣"라 함.《集解》에 "虞翻曰: 「謂《易》廣大, 悉備有天地人道焉, 故稱備也.」"라 함.《本義》에 "不禦, 言无盡. 靜而正, 言卽物而理. 存備, 言无所不有"라 함.

(2)

夫乾, 其靜也專, 其動也直, 是以大生焉;
夫坤, 其靜也翕, 其動也闢, 是以廣生焉.
廣大配天地, 變通配四時, 陰陽之義配日月, 易簡之善配至德.

〈해석〉

　무릇 건(乾)은 그것이 고요히 있을 때는 오로지 그대로 있지만, 그것이 움직이면 강직하게 하여, 이로써 강대(剛大)함이 거기에서 생겨나는 것이다.

　곤(坤)은 그것이 가만히 있을 때는 여미어 닫고 있지만, 그것이 움직일 때면 열어젖히니, 이로써 넓고 관대함이 생겨나는 것이다.

　광대(廣大)함은 천지에 배합되고, 변통(變通)은 사시(四時)에 짝이 되고, 음양의 뜻은 일월(日月)에 배합되며, 이간(易簡)의 훌륭함은 성인의 지덕(至德)에 짝이 된다.

　【夫乾, 其靜也專, 其動也直】 '其靜也專'은 乾이 고요히 있을 때는 오직 그러한 상태만을 유지함. 혹 그 원리를 專一하게 폄. '其動也直'은 그것이 행동을 할 때는 剛直하게 함.

　【是以大生焉】 이 까닭으로 乾의 大(剛大)함이 생겨나는 것임. 王弼 注에 "專, 專一也. 直, 剛正也"라 하였고, 〈正義〉에 "'夫乾其靜也專, 其動也直, 是以大生焉'者, 上經旣論《易》道資陰陽而成, 故此經明乾復兼明坤也. 乾是純陽, 德能普備, 无所偏主, 唯專一而已. 若氣不發動, 則靜而專一, 故云其靜也. 專若其運轉, 則四時不忒, 寒暑无差, 剛而得正, 故云其動也直. 以其動靜如此, 故能大生焉"이라 함. 《集解》에 "宋衷曰:「乾靜不用事, 則淸靜專一, 含養萬物矣. 動而用事, 則直道而行, 導出萬物矣. 一專一直, 動靜有時, 而物無夭瘁是, 以大生焉.」"이라 함.

　【夫坤, 其靜也翕, 其動也闢】 '其靜也翕'의 '翕'은 斂, 合, 閉合, 收斂과 같음. '여미다, 닫다'의 뜻. '其動也闢'은 그것이 행동할 때는 열어젖힘. 開闢해나감.

　【是以廣生焉】 이 까닭으로 坤의 寬廣함이 생겨나는 것임. '廣'은 넓고 寬大함. 乾의 '大'와 상대하여 쓴 말. 王弼 注에 "翕, 斂也. 止則翕斂. 其氣動, 則闢開以生物也. 乾統天首, 物爲變化之元, 通乎形外者也. 坤則順以承陽, 功盡於已用, 止乎形者也. 故乾以專直, 言乎其材; 坤以翕闢, 言乎其形"이라 하였고, 〈正義〉에 "'夫坤, 其靜也翕, 其動也闢, 是以廣生焉'者, 此經明坤之德也. 坤是陰柔, 閉藏翕斂, 故其靜也翕. 動則開生萬物, 故其

動也闢. 以其如此, 故能廣生於物焉. 天體高遠, 故乾云大生, 地體廣博, 故坤云廣生. 對則乾爲物, 始坤爲物生, 散則始亦爲生, 故總云生也"라 함. 《集解》에 "宋衷曰:「翕, 猶閉也. 坤靜不用事, 閉藏微伏, 應育萬物矣. 動而用事, 則開闢羣蟄, 敬導沈滯矣. 一翕一闢, 動靜不失時, 而物無災害, 是以廣生也.」"라 함. 《本義》에 "乾坤各有動靜, 於其四德, 見之靜體而動, 用靜別而動, 交也. 乾一而實, 故以質言而曰大. 坤二而虛, 故以量言而曰廣. 蓋天之形, 雖包於地之外, 而其氣常行乎地之中也. 《易》之所以廣大者以此"라 함.

【廣大配天地】《易》의 광대함은 천지에 배합됨. 〈正義〉에 "'廣大配天地'者, 此經申明《易》之德. 以《易》道廣大配合天地, 大以配天, 廣以配地; 變通配四時者, 四時變通《易》理, 亦能變通, 故云變通配四時也"라 함. 《集解》에 "荀爽曰:「陰廣陽大, 配天地.」"라 함.

【變通配四時】《易》에서 활용되는 변통(變通)은 四時에 배합됨. '四時'는 春夏秋冬의 네 계절. 〈正義〉에 "變通配四時'者, 四時變通《易》理, 亦能變通, 故云變通配四時也"라 함. 《集解》에 "虞翻曰:「變通趨時, 謂十二月消息也. 〈泰〉〈大壯〉〈夬〉配春, 〈乾〉〈姤〉〈遯〉配夏, 〈否〉〈觀〉〈剝〉配秋, 〈坤〉〈復〉〈臨〉配冬, 謂十二月消息, 相變通而周於四時也.」"라 함.

【陰陽之義配日月】陰陽의 뜻은 日月에 배합됨. 《集解》에 "荀爽曰:「謂乾舍於離, 配日而居, 坤舍於坎一 配月而居之義, 是也.」"라 함.

【易簡之善配至德】이간(易簡)의 훌륭함은 성인의 至德에 배합됨. '易簡'은 쉽고 간단함. '善'은 훌륭함. 장점. '至德'은 《易》의 원리를 인류에게 일러준 성인의 지극한 덕. 王弼 注에 "《易》之所載, 配此四義"라 하였고, 〈正義〉에 "陰陽之義配日月, 易簡之善配至德'者, 案初章論乾坤易簡, 可久可大, 配至極微妙之德也. 然《易》初章易爲賢人之德, 簡爲賢人之業. 今總云至德者, 對則德業別, 散則業由德而來, 俱爲德也"라 함. 《集解》에 "荀爽曰:「乾德至健, 坤德至順, 乾坤簡易, 相配於天地, 故易簡之善配至德.」"이라 함. 《本義》에 "《易》之廣大變通, 與其所言陰陽之說. 易簡之德, 配之天道, 人事則如此"라 함.

## 第七章

子曰:「《易》, 其至矣乎!
夫《易》, 聖人所以崇德而廣業也.
知崇禮卑, 崇效天, 卑法地.
天地設位, 而《易》行乎其中矣.
成性存存, 道義之門.」

〈해석〉
공자가 말하였다.
"《역》은 그 지극하도다!
무릇 《易》은 성인이 덕을 숭상하고 그 업적을 광대하게 하기 위해 지은 것이다.
지혜는 높임을 귀한 것으로 여기고 예법은 자신을 낮추는 것으로 쓰임을 삼으며, 높임이란 하늘을 본받는 것이요, 낮춤이란 땅을 법으로 삼는 것이다.
천(건)과 지(곤)가 그 위치를 설정하여,《역》의 원리가 그 가운데에서 실행되는 것이다.
본성을 이루고 존재함을 존속시켜 나아가는 것이, 도(道)와 의(義)의 문이다."

【子曰:《易》, 其至矣乎!】'子曰'의 '子'는 孔子(仲尼, 孔丘)를 가리킴. 이에 대해 朱熹 《本義》에는 "十翼, 皆夫子所作. 不應自著'子曰', 字疑皆後人所加也"라 하여 十翼은 孔子가 지은 것이므로 이 〈繫辭專〉에 '子曰'이라는 말이 들어간 것은 후인이 가필한 것이라 의혹을 제기 하였음. 〈正義〉에 "子曰《易》其至矣乎'者, 更美《易》之至極. 是語之別端故言"이라 함. 《集解》에 "崔憬曰:「夫言子曰皆是語之別端, 此更美《易》之至極也.」"라 함.
【夫《易》, 聖人所以崇德而廣業也】'崇德而廣業'은 덕을 숭상하여 그 사업을 넓혀나감. 王弼 注에 "窮理入神, 其德崇也. 兼濟萬物, 其業廣也"라 하였고, 〈正義〉에 "'子曰夫《易》, 聖人所以崇德而廣業'者, 言《易》道至極, 聖人用之, 增崇其德廣大其業, 故云'崇德而廣業'也"라 함. 《集解》에 "虞翻曰:「崇德效乾, 廣業法坤也.」"라 함.
【知崇禮卑】智慧는 崇尙함을 귀한 것으로 여기고, 禮는 낮춤을 쓰임으로 삼음. '知'는 智와 같음. '卑'는 謙卑를 뜻함. 王弼 注에 "知以崇爲貴, 禮以卑爲用"이라 하였고,

〈正義〉에 "'知崇禮卑'者, 《易》兼知與禮, 故此明知禮之用. 知者, 通利萬物象, 天陽无不覆 以崇爲貴也. 禮者, 卑敬於物象, 地柔而任下, 故以卑爲用也"라 함.

【崇效天, 卑法地】崇尙이란 하늘을 본받는 것이며, 謙卑란 땅을 법으로 여기는 것임. 王弼 注에 "極知之崇, 象天高而統物; 備禮之用, 象地廣而載物也"라 하였고, 〈正義〉에 "'崇效天, 卑法地'者, 知旣崇高, 故效天; 禮以卑退, 故法地也"라 함. 《集解》에 "虞翻曰: 「知謂乾效天, 崇禮謂坤法地卑也.」"라 함. 《本義》에 "窮理, 則知崇如天, 而德崇; 循理, 則禮卑如地而業廣. 此其取類, 又以淸濁言也"라 함.

【天地設位, 而《易》行乎其中矣】하늘과 땅이 각기 위치를 세우고 있으며, 《역》의 원리가 그 사이에서 실행되고 있음. 王弼 注에 "天地者, 《易》之門戶而《易》之爲義, 兼周 萬物, 故曰行乎其中矣"라 하였고, 〈正義〉에 "'天地陳設於位', 謂知之與禮, 而效法天地 也. '而易行乎其中矣'者, 變易之道, 行乎知禮之中. 言知禮與《易》而並行也. 若以實象言 之, 天在上地在下, 是天地設位, 天地之間, 萬物變化, 是《易》行乎天地之中也"라 함. 《集 解》에 "虞翻曰: 「位, 謂六畫之位. 乾坤各三爻, 故天地設位. 《易》出乾入坤, 上下無常, 周 流六虛, 故《易》行乎其中也.」"라 함.

【成性存存, 道義之門】'成性'은 本性(本能)을 이룸. '存存'은 존재하고 또 존재함. 혹 存在를 存續시킴. 不斷히 存續하여 이어감. 生生과 같은 뜻임. '道義'는 道(원리)와 義(마 땅함). '義'는 宜와 같음. 王弼 注에 "物之存成, 由乎道義也"라 하였고, 〈正義〉에 "'成性存 存, 道義之門'者, 此明《易》道旣在天地之中, 能成其萬物之性, 使物生不失其性存. 其萬物 之存, 使物得其存成也. 性, 謂稟其始也; 存, 謂保其終也; 道, 謂開通也; 義, 謂得其宜也. 旣能成性存存, 則物之開通, 物之得宜. 從此《易》而來, 故云'道義之門'. 謂與道義爲門戶 也"라 함. 《集解》에 "虞翻曰: 「知終, 終之可與存義也. 乾爲道門, 坤爲義門. 成性, 謂成之 者性也. 陽在道門, 陰在義門, 其《易》之門耶?」"라 함. 《本義》에 "天地設位, 而變化行, 猶 知禮存性, 而道義出也. 成性, 本成之性也; 存存, 謂存而又存, 不已之意也"라 함.

# ◇ 第八章 ◇

*〈正義〉에 "此第六章也. 上章旣明《易》道變化, 神理不測, 聖人法之, 所以配於天地, 道義從《易》而生. 此章又明聖人擬議《易》象, 以贊成變化, 又明人擬議之事, 先愼其身, 在於愼言語, 同心行動, 擧措守謙, 退勿驕盈, 保靜密, 勿貪非位, 凡有七事. 是行之於急者, 故引七卦之義, 以證成之"라 하여, 分章이 朱熹와 달라 '제6장'이라 하였고,《本義》에는 "此章言卦爻之用"이라 함.

## (1)

聖人有以見天下之蹟, 而擬諸其形容, 象其物宜, 是故謂之象.
聖人有以見天下之動, 而觀其會通, 以行其典禮,
繫辭焉以斷其吉凶, 是故謂之爻.
言天下之至蹟, 而不可惡也;
言天下之至動, 而不可亂也.
擬之而後言, 議之而後動, 擬議以成其變化.

〈해석〉

성인(聖人)이 천하 만물의 이치가 매우 깊고 오묘함을 보고, 이를 바탕으로 구체적인 형상에 빗대어, 팔괘(八卦)를 어떤 상징적인 사물에 맞추었다. 이 까닭으로 이를 일러 상(象)이라 하는 것이다.

성인이 천하 만물의 동작을 보고, 그로써 사물의 회합과 변통을 관찰하여, 이로써 전장(典章)과 예의(禮儀)를 실행토록 하였으며, 64괘 384효 아래에 글을 연결하여, 길흉을 판단하였다, 이 때문에 이를 효(爻)라 하는 것이다.

《역》이 이처럼 천하의 지극한 오묘함을 말로 하였으니, 이를 싫어할 수 없다.

《역》이 이처럼 천하의 지극한 동작을 말로 표현하였으니, 가히 미혹하게 여길 수 없다.

이는 빗대어 본 다음에 말로 한 것이며, 논의를 거친 이후에 사물의 동작을 정리한 것이니, 이처럼 빗대어보고 논의하여 사물의 변화에 대한 원리를 구성한 것이다.

【聖人有以見天下之賾】'賾'(색)은 오묘하고 복잡하며, 깊고 현묘한 현상이나 원리. 〈正義〉에 "'聖人有以見天下之賾'者, 賾, 謂幽深難見. 聖人有其神妙, 以能見天下深賾之至理也"라 함.

【而擬諸其形容】'擬'는 比擬, 模擬의 뜻. 비슷하게 견주어봄. '諸'(저)는 之於, 之于, 之乎의 合音字. '形容'은 乾(剛)과 坤(柔)의 원리에 따라 그 모습과 容態를 갖춘 것. 王弼 注에 "乾剛坤柔, 各有其體, 故曰擬諸形容"이라 하였고, 〈正義〉에 "'而擬諸其形容'者, 以此深賾之理, 擬度諸物形容也. 見此剛理, 則擬諸乾之形容; 見此柔理, 則擬諸坤之形容也"라 함. 《集解》에 "虞翻曰:「乾稱聖人, 謂庖犧也. 賾, 謂初自上議下稱擬形容, 謂陰在地成形者也.」"라 함.

【象其物宜】'物宜'는 사물이 그처럼 마땅함을 지니고 있는 物性. 〈正義〉에 "'象其物宜'者, 聖人又法象其物之所宜, 若象陽物宜於剛也; 若象陰物宜於柔也. 是各象其物之所宜, 六十四卦, 皆擬諸形容, 象其物宜也. 若〈泰〉卦比擬泰之形容, 象其泰之物宜; 若〈否〉卦則比擬否之形容, 象其否之物宜也. 舉此而言諸卦, 可知也"라 함.

【是故謂之象】'象'은 物象, 象徵.《易》의 象. 卦象과 爻象. 大象辭와 小象辭. 〈正義〉에 "'是故謂之象'者, 以是之故謂之象也. 謂六十四卦是也. 故前章云'卦者, 言乎象者也'. 此以上結成卦象之義也"라 함. 《集解》에 "虞翻曰:「物宜謂陽, 遠取諸物, 在天成象, 故象其物宜. 象謂三才, 八卦在天也. 庖犧重爲六畫也.」"라 함. 《本義》에 "賾, 雜亂也. 象卦之象, 如說卦所列者"라 함.

【聖人有以見天下之動】'天下之動'은 천하가 그토록 자동으로 움직이는 원리. 〈正義〉에 "'聖人有以見天下之動'者, 謂聖人有其微妙, 以見天下萬物之動也"라 함. 《集解》에 "虞翻曰:「重言聖人, 謂文王也. 動, 謂六爻矣.」"라 함.

【而觀其會通】'會通'은 變通을 모두 會合함. 《集解》에 "荀爽曰:「謂三百八十四爻, 陰陽動移, 各有所會, 各有所通.」 ○張璠曰:「會者陰, 陽合會, 若〈蒙〉九二也; 通者, 〈乾〉〈坤〉交通〈旣濟〉是也.」"라 함.

【以行其典禮】'典禮'는 典章과 儀典. 이를 64괘 384효에 맞추어 실행토록 함. 王弼注에 "典禮, 適時之所用"이라 하였고, 〈正義〉에 "'而觀其會通, 以行其典禮'者, 旣知萬物以此變動, 觀看其物之會合變通, 當此會通之時, 以施行其典法禮儀也"라 함.

【繫辭焉以斷其吉凶】'卦辭'는 卦와 爻 아래에 이어 붙인 文辭. 문자로 설명한 부분. 곧 卦辭와 爻辭. '斷'은 判斷함. 吉凶을 분명하게 밝혀 斷言함. 〈正義〉에 "'繫辭焉以斷其吉凶'者, 旣觀其會通, 而行其典禮, 以定爻之通變, 而有三百八十四爻, 於此爻下繫屬文辭, 以斷定其吉凶. 若會通典禮, 得則爲吉; 若會通典禮, 失則爲凶也"라 함. 《集解》에 "孔

穎達曰:「旣觀其會通而行其典禮, 以定一爻之通變, 而有三百八十四, 於此爻下繫屬文辭,
以斷其吉凶. 若會通典禮, 得則爲吉也; 若會通典禮, 失則爲凶矣.」라 함.

【是故謂之爻】 '爻'는 각 小成卦를 이루고 있는 三爻와 大成卦를 이루고 있는 六爻.
〈正義〉에 "'是故謂之爻'者, 以是之故, 議此會通之事, 而爲爻也. 夫爻者, 效也. 效諸物之
通變, 故上章云'爻者, 言乎變者也'. 自此已上, 結爻義也"라 함. 《集解》에 "孔穎達曰:「謂
此會通之事, 而爲爻也. 爻者, 效也. 效諸物之變通, 故上章云'爻者, 言乎變也'.」"라 함.
《本義》에 "會, 謂理之所聚而不可遺處; 通, 謂理之可行而无所礙處. 如庖丁解牛, 會則其
族而通則其虛也"라 함.

【言天下之至賾】 '至賾'은 지극히 오묘함.《易》에 이를 말로 표현해 놓았음.

【而不可惡也】 '惡'(오)는 憎惡함. 嫌惡함. 싫어함. 王弼 注에 "《易》之爲書不可遠也.
惡之則逆於順, 錯之則乖於理"라 하였고, 〈正義〉에 "'言天下之至賾而不可惡也'者, 此覆
說前文, 見天下之賾, 卦象義也. 謂聖人於天下至賾之理, 必重愼明之, 不可鄙賤輕惡也.
若鄙賤輕惡, 不存意明之, 則逆於順道也"라 함. 《集解》에 "虞翻曰:「至賾无情, 陰陽會
通, 品物流宕, 以乾易坤簡之至也. 元善之長, 故不可惡也.」"라 함.《本義》에 "惡, 猶厭
也"라 함.

【言天下之至動】 '至動'은 움직임이라는 지극한 원리.《易》에서 이를 문자(말)로 설
명함.

【而不可亂也】 '亂'은 惑亂에 빠짐. 錯亂을 일으킴.《易》에서 일러준 동작(변동)에
관한 원리는 혼란이나 착란이 있을 수 없음. 〈正義〉에 "'言天下之至動而不可亂'者, 覆
說上聖人見天下之動爻之義也. 謂天下至賾, 變動之理, 論說之時, 明不可錯亂也. 若錯
亂, 則乖違正理也. 若以文勢上下言之, 宜云至'動而不可亂'也"라 함.《集解》에 "虞翻曰:
「以陽動陰萬物以生, 故不可亂. 六二之動, 直以方. '動', 舊誤作'賾'也.」"라 함.

【擬之而後言】 빗대어 본 뒤에 이를 말로 설명한 것임. 〈正義〉에 "'擬之而後言'者,
覆說上天下之至賾, 不可惡也. 聖人欲言之時, 必擬度之而後言也"라 함.

【議之而後動】 의논해본 뒤에 동작(변동)에 관한 논리를 세운 것임. 王弼 注에 "擬議
以動, 則盡變化之道"라 하였고, 〈正義〉에 "'議之而後動'者, 覆說上天下之至動, 不可亂
也. 謂欲動之時, 必議論之而後動也"라 함.《集解》에 "虞翻曰:「以陽擬坤而成震, 震爲
言. 議爲後動, 故擬之而後言. 議之而後動, 安其身而後動, 謂當時也矣.」"라 함.

【擬議以成其變化】 '의'와 '의'는 앞 구절의 설명을 묶은 것. 빗대어 연구하고 논의하
여 살펴보고 그 변화를 이룸. '成'은《易》의 繫辭에 설명한 論理를 構成함. '變化'는
《易》이 일러준 판단을 변화시켜 이를 援用함을 뜻함. 〈正義〉에 "'擬議以成其變化'者,

言則先擬也. 動則先議也, 則能成盡其變化之道也"라 함.《集解》에 "虞翻曰:「議天成變, 擬地成化, 天施地生, 其益無方也.」"라 함.《本義》에 "觀象玩辭, 觀變玩占, 而法行之. 此下七爻, 則其例也"라 함.


## (2)

「鳴鶴在陰, 其子和之; 我有好爵, 吾與爾靡之.」
子曰:「君子居其室, 出其言善, 則千里之外應之, 況其邇者乎?
居其室, 出其言不善, 則千里之外違之, 況其邇者乎?
言出乎身, 加乎民; 行發乎邇, 見乎遠.
言行, 君子之樞機, 樞機之發, 榮辱之主也;
言行, 君子之所以動天地也, 可不愼乎?」

〈해석〉

〈중부괘(中孚卦)〉 구이(九二)의 효사(爻辭)에 "우는 학이 그늘에 있으니, 그의 새끼가 화답하도다. 나에게 좋은 술잔이 있으니, 내 그대와 함께 즐기리라"라 하였다.

이를 두고 공자가 말하였다.

"군자가 집에 있으면서 그 내뱉은 말이 선(善)하면 천리 밖에서도 이에 호응한다. 하물며 그 가까운 사람에게 있어서랴?

그 집안에서 그 내뱉은 말이 선하지 않으면 천리 밖에서도 이에 거역한다. 하물며 그 에 있으면서 이 밖에 낸 말이 착하지 못한 것이면 천리의 밖에서도 이것에 위반하다. 하물며 그 가까운 사람임에랴?

말이란 자신에게서 나와서 남에게 미치는 것이며, 행동이란 가까운 곳에서 나와서 멀리에서 드러나는 것이다.

언행(言行)이란 군자에게 있어서의 추기(樞機)이다. 추구에서 나온 것은 영욕(榮辱)의 주인이 된다.

언행이란 군자가 천지를 움직이는 소이(所以)이니 가히 삼가지 않을 수 있겠는가?"

【「鳴鶴在陰, 其子和之; 我有好爵, 吾與爾靡之.」】이는 〈中孚卦〉(061) 九二의 爻辭임.

'우는 학이 그늘에 있고 그 새끼가 화답하누나. 나에게 좋은 술잔이 있으니 너와 함께 즐기리라'의 뜻. 王弼 注에 "鶴鳴則子和, 脩誠則物應. 我有好爵, 與物散之, 物亦以善應也. 明擬議之道, 繼以斯義者, 誠以吉凶失得, 存乎所動. 同乎道者, 道亦得之; 同乎失者, 失亦違之. 莫不以同相順, 以類相應動之. 斯來綏之, 斯至鶴鳴於陰, 氣同則和. 出言戶庭, 千里或應; 出言猶然, 況其大者乎? 千里或應, 況其邇者乎? 故夫憂悔吝者, 存乎纖介; 定失得者, 愼於樞機. 是以君子擬議, 以動愼其微也"라 하였고, 〈正義〉에 "鳴鶴在陰'者, 上旣明擬議而動, 若擬議於善, 則善來應之; 若擬議於惡, 則惡亦隨之. 故引'鳴鶴在陰', 取同類相應, 以證之. 此引〈中孚〉九二爻辭也. 鳴鶴在幽陰之處, 雖在幽陰而鳴, 其子則在遠而和之, 以其同類相感召故也. '我有好爵'者, 言我有美好之爵, 而在我身; '吾與爾靡之'者, 言我雖有好爵, 不自獨有, 吾與汝外物共靡散之. 謂我旣有好爵, 能靡散以施於物. 物則有感我之恩, 亦來歸從於我, 是善性則善者來, 皆證明擬議之事, 我擬議於善, 以及物, 物亦以善而應我也"라 함. 《集解》에 "孔穎達曰:「上略明擬議而動, 故引'鳴鶴在陰', 取同類相應以證之. 此〈中孚〉九二爻辭也.」"라 함.

【子曰:「君子居其室, 出其言善, 則千里之外應之, 況其邇者乎?】 '室'은 자신의 집. 私有空間을 뜻함. '千里之外'는 아주 먼 곳. '邇者'는 아주 가까이 있는 사람. 《集解》에 "虞翻曰:「君子謂初也. 二變五來應之, 〈艮〉爲居初, 在〈艮〉內故居其室, 〈震〉爲出言, 〈訟〉乾爲善, 故出言善, 此亦成〈益〉卦也. 謂二變則五來應之, 體益卦. 坤數十, 震爲百里, 十之千里也. 外謂震巽同聲, 同聲者相應, 故千里之外應之. 邇, 謂坤, 坤爲順, 二變順初, 故況其邇者乎? 此信及豚魚者也」라 함.

【居其室, 出其言不善, 則千里之外違之, 況其邇者乎?】 '違之'는 應之에 상대하여 쓴 말. 非難함. 그의 말을 거역함. 〈正義〉에 "'子曰君子居其室'者, 旣引《易》辭, 前語已絶, 故言'子曰況其邇者乎'者. 出其言善, 遠尙應之, 則近應可知. 故曰'況其邇者乎?'. 此證明擬議而動之事, 言身有善惡, 无問遠近, 皆應之也"라 함. 《集解》에 "虞翻曰:「謂初陽動, 入陰成坤, 坤爲不善也. 謂初變體剝, 弑父弑君, 二陽肥遯, 則坤違之而承於五, 故千里之外違之, 況其邇者乎?」"라 함.

【言出乎身, 加乎民】 '身'은 자기 자신. '民'은 인. 남. 타인. 《集解》에 "虞翻曰:「震爲出爲, 言坤爲身爲民也.」"라 함.

【行發乎邇, 見乎遠】 '行'은 앞의 '言'과 상대하여 쓴 말. 《集解》에 "虞翻曰:「震爲行, 坤爲邇, 乾爲遠, 兌爲見. 謂二發應五, 則千里之外, 故行發邇見遠也.」"라 함.

【樞機之發, 榮辱之主也】 '主'는 主宰. 主人. 王弼 注에 "樞機, 制動之主"라 함. 《集解》에 "荀爽曰:「艮爲門, 故曰樞. 震爲動, 故曰機也.」 ○翟玄曰:「樞主開閉, 機主發動. 開閉

有明暗, 發動有中否主, 於榮辱也.」라 함.

【言行, 君子之所以動天地也, 可不愼乎?】 '所以'는 이유, 까닭, 근간. '動天地'는 天地를 움직임. 천지에 영향을 줌. 〈正義〉에 "言行, 君子之所以動天地'者, 言行雖切在於身, 其善惡積而不已. 所以感動天地, 豈可不愼乎?"라 함.《集解》에 "虞翻曰:「二已變成益, 巽四以風, 動天震初, 以雷動地. 中孚十一月, 雷動地中, 艮爲愼, 故可不愼乎?」"라 함.《本義》에 "釋〈中孚〉九二爻義"라 함.

# (3)

「同人, 先號咷而後笑.」
子曰:「君子之道, 或出或處, 或黙或語.
二人同心, 其利斷金; 同心之言, 其臭如蘭.」

〈해석〉
〈동인괘(同人卦)〉 구오(九五)의 효사에 "먼저는 울부짖고, 나중에는 웃는다"라 하였다.

공자가 이를 두고 말하였다.

"군자의 도(道)는 혹 세상에 나가 벼슬하기도 하고 혹 물러나와 조용히 지키기도 하며, 혹 침묵을 지킬 때도 있고 혹 말할 때도 있다.

두 사람이 같은 마음이면 그 예리함이 쇠도 끊을 수 있으며, 같은 마음에서 나오는 말은 그 냄새가 마치 난초 향기와 같을 것이다."

【「同人, 先號咷而後笑.」】이는 〈同人〉(013)괘 九五의 爻辭임. 〈正義〉에 "同人, 先號咷而後笑'者, 謂擬議而動, 則同類相應, 以同人初未和同, 故先號咷, 後得同類, 故後笑也"라 함.《集解》에 "侯果曰:「〈同人〉九五爻辭也. 言九五與六二, 初未好合, 故先號咷而後得同心故笑也. 引者喩擬議於事, 未有不應也.」"라 함.

【子曰:「君子之道, 或出或處, 或黙或語】 '或出或處'는 出處를 뜻함. '出'은 出仕, '處'는 退隱을 뜻함. 밝은 세상에는 나가서 벼슬하고, 혼란한 시기에는 은거하여 때를 기다림. '或黙或語'는 혼란한 세상에는 자신의 의견을 말하지 아니하고 밝은 세상에는 자신 있게 의견을 내세움. 王弼 注에 "同人終獲後笑者, 以有同心之應也. 夫所況同

者, 豈係乎一方哉? 君子出處默語, 不違其中, 則其跡雖異, 道同則應"이라 하였고,〈正義〉에 "子曰: 君子之道'者, 各引《易》之後, 其文勢已絶, 故言子曰: '或出或處, 或默或語'者, 言同類相應, 本在於心, 不必共同一事, 或此物而出, 或彼物而處; 或此物而默, 或彼物而語. 出處默語, 其時雖異, 其感應之, 事其意則同, 或處應於出, 或默應於語"라 함. 《集解》에 "虞翻曰:「乾爲道, 故稱君子也. 同人反師, 震爲出爲語, 坤爲默, 巽爲處, 故或出或處, 或默或語也.」"라 함.

【二人同心, 其利斷金; 同心之言, 其臭如蘭】'其利斷金'은 그 날카롭기가 쇠도 끊을 수 있음. '其臭如蘭'은 그 말이 향기롭기가 마치 蘭香과 같음.〈正義〉에 "二人同心, 其利斷金'者, 二人若同齊其心, 其纖利能斷截於金. 金是堅剛之物, 能斷而截之, 盛言利之甚也. 此謂二人心行同也. '同心之言, 其臭如蘭'者, 言二人同齊其心, 吐發言語, 氣氳臭氣, 香馥如蘭也. 此謂二人言同也"라 함. 《集解》에 "虞翻曰:「二人謂夫婦, 師震爲夫, 巽爲婦, 坎爲心, 巽爲同, 六二震巽, 俱體師坎, 故二人同心. 巽爲利, 乾爲金, 以離斷金, 故其利斷金. 謂夫出婦處, 婦默夫語, 故同心也. 臭, 氣也. 蘭, 香草. 震爲言, 巽爲蘭, 離日燥之, 故其臭如蘭也.」○《集解》에 "案: 六三互巽, 巽爲臭也. 斷金之言, 良藥苦口, 故香若蘭矣"라 함. 《本義》에 "釋〈同人〉九五爻義. 言君子之道, 初若不同而後實无間. 斷金如蘭, 言物莫能間而其言有味也"라 함.


# (4)

「初六, 藉用白茅, 无咎.」
子曰:「苟錯諸地而可矣, 藉之用茅, 何咎之有? 愼之至也.
夫茅之爲物薄, 而用可重也.
愼斯術也以往, 其无所失矣.」

〈해석〉
〈대과괘(大過卦)〉초륙(初六)의 효사에 "흰 띠풀을 깔고 앉는다. 허물은 없다"라 하였다.
이를 두고 공자가 말하였다.
"제물은 그냥 땅에 놓아도 된다. 그 밑에 흰 띠풀을 깔아 사용하였다고, 무슨 허물이 있겠는가? 신중함의 지극함이다.

무릇 띠풀이란 물건으로 보아 하잘 것 없는 것이기는 하나, 사용함에 있어서 귀중한 것일 수도 있다.

이러한 방법으로 신중히 하면서 나아가면, 잃을 것이 없을 것이다."

【「初六, 藉用白茅, 无咎.」】이는 〈大過卦〉(028) 初六의 爻辭임. 〈正義〉에 "此第七章也. 此章欲求外物, 求應必須擬議. 謹愼則外物來應之, 故引'藉用白茅, 无咎'之事, 以證謹愼之理. 此藉用白茅, 〈大過〉初六爻辭也"라 하여, 이 구절을 분장하고 제 7장으로 삼았음. 《集解》에 "孔穎達曰:「欲求外物來應, 必須擬議, 謹愼則物來應之, 故引〈大過〉初六'藉用白茅, 无咎'之事, 以證謹愼之理也.」"라 함.

【子曰:「苟錯諸地而可矣」】'苟'는 '苟且하게, 임시로'의 뜻. '錯'은 置와 같음. 放置함. 그 자리에 둠. '諸'(저)는 '之於, 之乎, 之于'의 合音字. 〈正義〉에 "'子曰:「苟錯諸地而可矣」'者, 苟, 且也; 錯, 置也. 凡薦獻之物, 且置於地, 其理可矣. 言今乃謹愼薦藉此物, 而用潔白之茅, 不置於地"라 함. 《集解》에 "虞翻曰:「苟, 或; 錯, 置也. 頤坤爲地, 故苟錯諸地. 其初難知, 陰又失正, 故獨擧初六.」"이라 함.

【藉之用茅, 何咎之有? 愼之至也】'藉'는 깔고 앉음. '茅'는 띠풀. '何咎之有'는 '무슨 허물이 있겠는가?'의 뜻. 허물이 없음을 강하게 표현한 것. '愼之至也'는 신중함의 지극함임. 〈正義〉에 "'藉之用茅, 何咎之有?'者, 何愆咎之有? 是謹愼之至也"라 함. 《集解》에 "虞翻曰:「頤爲坤爲震, 故錯諸地. 今藉以茅, 故无咎也.」"라 함.

【夫茅之爲物薄, 而用可重也】'薄'은 얇고 보잘 것 없음. '중'은 중하게 쓰임. 《集解》에 "虞翻曰:「陰道柔賤, 故薄也; 香絜可貴, 故可重也.」"라 함.

【愼斯術也以往, 其无所失矣】'愼斯術'은 '삼가기를 이러한 기술(방법)로 하다'의 뜻. '術'은 方術, 方法. '无所失'은 잃을 것이 없음. 《集解》에 "侯果曰:「言初六柔而在下, 苟能恭愼誠絜, 雖置羞於地, 神亦享矣. 此章明但能重愼, 卑退則悔吝無從而生, 術, 道者也.」"라 함. 《本義》에 "釋〈大過〉初六爻義"라 함.

(5)

「勞謙, 君子有終, 吉.」
子曰:「勞而不伐, 有功而不德, 厚之至也.
語以其功下人者也.
德言盛, 禮言恭; 謙也者, 致恭以存其位者也.」

〈해석〉

〈겸괘(謙卦)〉 구삼(九三)의 효사에 "힘들게 하면서도 겸손하니, 군자는 좋은 결과가 있어 길하리라"라 하였다.

공자가 이를 두고 말하였다.

"고생을 다하고서도 자랑하지 않으며, 공을 이루고도 자신의 덕이라 여기지 않으니, 후덕함의 지극함이다.

이는 그 공이 있으면서도 도리어 남에게 자신을 낮춤을 말한 것이다.

덕스러운 말이 풍성하고, 예를 갖춘 말이 공손하니, 겸양이란 공경을 다하여 그 자신의 위치를 보존해내는 것이다."

【「勞謙, 君子有終, 吉.」】 이는 〈謙卦〉(015) 九三의 爻辭임. 〈正義〉에 "勞謙, 君子有終, 吉'者, 欲求外物來應, 非唯謹愼, 又須謙以下人, 故引〈謙卦〉九三爻辭, 以證之也"라 함. 《集解》에 "孔穎達曰:「欲求外物之應, 非唯謹愼, 又須謙以下人, 故引〈謙卦〉九三爻辭, 以證之矣.」"라 함.

【子曰:「勞而不伐, 有功而不德, 厚之至也」】 '不伐'은 자랑하지 않음. 〈正義〉에 "子曰勞而不伐'者, 以引卦之後, 故言'子曰勞而不伐'者, 雖謙退, 疲勞而不自伐, 其善也"라 함. '不德'은 자신의 德(功勞)이라고 여기지 않음. 〈正義〉에 "有功而不德, 厚之至'者, 雖有其功, 而不自以爲恩德, 是篤厚之至極"이라 함. 《集解》에 "虞翻曰:「坎爲勞, 五多功, 乾爲德, 德言至, 以上之貴下居, 三賤, 故勞而不伐, 有功而不德. 艮爲厚坤爲至, 故厚之至也.」"라 함.

【語以其功下人者也】 '下人'은 남에게 자신을 낮춤. 謙讓을 말함. 〈正義〉에 "語以其功下人'者, 言《易》之所言者, 語說其〈謙卦〉九三, 能以其有功卑下於人者也"라 함. 《集解》에 "虞翻曰:「震爲語, 五多功, 下居三, 故以其功下人者也.」"라 함.

【德言盛, 禮言恭】 '德言盛'은 厚德스러운 말이 풍성함. '禮言恭'은 예의를 갖추어 말

하면서 공손함. 〈正義〉에 "德言盛, 禮言恭'者, 謂德以盛爲本, 禮以恭爲主, 德貴盛新, 禮尙恭敬, 故曰德言盛, 禮言恭"이라 함. 《集解》에 "虞翻曰:「謙旁通履, 乾爲盛德, 坤爲 禮, 天道虧盈, 而益謙三從, 上來同之盛德, 故恭. 震爲言, 故德言盛, 禮言恭.」"이라 함.

【謙也者, 致恭以存其位者也】 '致恭'은 공경스러움을 다함. '存其位'는 자신의 위치(九 三)를 保存함. 〈正義〉에 "謙也者, 致恭以存其位'者, 言謙退致其恭敬, 以存其位者也. 言 由恭德保其祿位也"라 함. 《本義》에 "釋〈謙〉九三爻義. 德言盛, 禮言恭, 言德欲其盛, 禮欲 其恭也"라 함. 《集解》에 "虞翻曰:「坎爲勞, 故能恭. 三得位, 故以存其位者也.」"라 함.

# (6)

「亢龍有悔.」
子曰:「貴而无位, 高而无民, 賢人在下位而无輔, 是以動而有 悔也.」

### 〈해석〉

〈건괘(乾卦)〉 상구(上九)의 효사에 "끝까지 올라간 용은 회한만 있다"라 하였다. 공자가 이를 두고 이렇게 말하였다.

"지극히 존귀하기에 더 이상 오를 자리가 없고, 너무 높이 올라갔기에 따를 백성이 없다. 게다가 현명한 이들이 아래에 있어 보필해 줌이 없으니, 이 까닭으로 움직였다 하면 회한만 있는 것이다."

【「亢龍有悔.」】 이는 〈乾卦〉(001) 上九의 爻辭임. 〈正義〉에 "'亢龍有悔'者, 上旣以謙 德保位, 此明无謙, 則有悔. 故引〈乾〉之上九'亢龍有悔', 證驕亢不謙也"라 함. 《集解》에 "孔穎達曰:「上旣以謙得保安, 此明無謙則有悔. 故引〈乾〉之上九'亢龍有悔', 證驕亢不謙 之義也.」"라 함.

【子曰:「貴而无位, 高而无民】 이는 乾卦 〈文言傳〉에 실려 있는 구절임. 《集解》에 "虞 翻曰:「天尊, 故貴. 以陽居陰, 故无位. 在上, 故高. 无陰, 故无民也.」"라 함.

【賢人在下位而无輔, 是以動而有悔也】 이 역시 〈文言傳〉을 참고할 것. 《集解》에 "虞 翻曰:「謂上无民, 故无輔. 乾盈動傾, 故有悔. 文王居三, 紂亢極上, 故以爲誡也.」"라 함. 《本義》에 "釋〈乾〉上九爻義, 當屬〈文言〉. 此蓋重出"이라 함.

## (7)

「不出戶庭, 无咎.」
子曰: 「亂之所生也, 則言語以爲階.
君不密則失臣, 臣不密則失身, 幾事不密則害成.
是以君子愼密而不出也.」

〈해석〉

〈절괘(節卦)〉 초구(初九)의 효사에 "집 뜰을 나가지 않으면, 허물은 없다"라 하였다. 공자가 이를 두고 이렇게 말하였다.

"혼란이 발생하려는 때라면, 언어를 계제(階梯)로 삼아야 한다.

임금이 비밀을 지키지 않으면 신하를 잃게 되고, 신하가 비밀을 지키지 않으면 자신의 몸을 잃게 되며, 미세한 사안에서 비밀을 지키지 않으면 손해가 생기게 된다.

이 까닭으로 군자는 비밀스러운 일을 지키며 이를 발설하지 말아야 할 일에 대해 신중하다."

【「不出戶庭, 无咎.」】이는 〈節卦〉 初九의 爻辭임. 자신의 몸을 보전하여 움직이지 말 것을 경고한 것임. 〈正義〉에 "不出戶庭, 无咎'者, 又明擬議之道, 非但謙而不驕, 又當謹愼周密, 故引〈節〉之初九周密之事, 以明之"라 함. 《集解》에 "孔穎達曰: 「又明擬議之道, 非但謙而不驕, 又當謹愼周密, 故引〈節〉初周密之事, 以明之也.」"라 함.

【子曰: 「亂之所生也, 則言語以爲階」】'亂之所生'은 혼란이 생기는 바. 곧 혼란이 일어날 것임. '階'는 階梯. 그것이 단계가 되어 점점 커지거나 구체화됨. 〈正義〉에 "子曰亂之所生, 則言語以爲階'者, 階, 謂梯也. 言亂之所生, 則由言語以爲亂之階梯也"라 함. 《集解》에 "虞翻曰: 「〈節〉本泰卦, 坤爲亂, 震爲生, 爲言語, 坤稱階, 故亂之所生, 則言語爲之階也.」"라 함.

【君不密則失臣】'不密'은 비밀을 지키지 않고 발설함. 〈正義〉에 "君不密則失臣'者, 臣旣盡忠, 不避危難, 爲君謀事; 君不愼密, 乃彰露臣之所爲, 使在下聞之衆, 共嫉怒, 害此臣而殺之, 是失臣也"라 함.

【臣不密則失身】'失身'은 자신을 잃음. 〈正義〉에 "臣不密則失身'者, 言臣之言行, 旣有虧失, 則失身也"라 함. 《集解》에 "虞翻曰: 「泰乾爲君, 坤爲臣爲閉, 故稱密. 乾三之坤五, 君臣毀賊, 故君不密, 則失臣. 坤五之乾三, 坤體毀壞, 故臣不密, 則失. 身坤爲身也.」"

라 함.

【幾事不密則害成】'幾事'는 미세한 일. 政事에 있어서 幾微하지만 發說되었을 때 큰 波長을 일으키는 일. 〈正義〉에 "幾事不密則害成'者, 幾, 謂幾微之事. 當須密愼預防禍害, 若其不密而漏泄, 禍害交起, 是害成也"라 함. 《集解》에 "虞翻曰:「幾, 初也. 謂二已變成坤, 坤爲事, 故幾事不密. 初利居貞, 不密初動, 則體剝. 子弒其父, 臣弒其君, 故害成.」"이라 함.

【是以君子愼密而不出也】'密而不出'는 비밀을 지켜 발설하지 않아야 할 사안. 〈正義〉에 "是以君子愼密而不出'者, 於《易》言之是身愼密不出戶庭, 於此義言之, 亦謂不妄出言語也"라 함. 《集解》에 "虞翻曰:「君子謂初二. 動坤爲密, 故君子愼密, 體屯, 盤桓利居貞, 故不出也.」"라 함. 《本義》에 "釋〈節〉初九爻義"라 함.


(8)

子曰:「作《易》者其知盜乎!《易》曰:『負且乘, 致寇至.』負也者, 小人之事也; 乘也者, 君子之器也.
小人而乘君子之器, 盜思奪之矣;
上慢下暴, 盜思伐之矣.
慢藏誨盜, 冶容誨淫.
《易》曰:『負且乘, 致寇至』, 盜之招也.」

〈해석〉
공자가 말하였다.
"《역》을 지은 자는 도둑에 대해 알았나보다!
《역》〈해괘(解卦)〉 육삼(六三)의 효사에 '짐을 등에 지고 수레에 타고 있으니, 도둑을 다가오도록 하는 것'이라 하였다. 짐을 등에 지는 것은 소인이 하는 일이요, 수레는 군자가 타는 군자의 물건이다.
그런데 소인이 군자의 수레를 타고 있으니, 도둑이 빼앗고 싶은 생각을 하게 되는 것이다.
소인이 윗자리에 있으면 교만하게 굴고 아랫자리에 있으면 포학한 행정을 펴게 되므로, 큰 도둑은 이를 치고 싶은 생각이 들 것이다.

소장한 것을 제대로 간수하지 못하는 것은 도둑질을 하라고 가르치는 것이며, 지나치게 예쁘게 화장을 하는 것은 음란한 짓을 가르치는 것이다.

그러니 《역》에 '짐을 짊어진 채 수레에 타고 있으니, 도둑을 다가오도록 하는 것'이란, 도둑질을 하라고 부르는 것이다."

【子曰:「作《易》者其知盜乎!」】'知盜'는 도둑의 심리에 대해 잘 앎. 王弼 注에 "言盜亦乘釁而至也"라 하였고, 〈正義〉에 "'子曰作《易》者其知盜乎'者, 此結上不密失身之事. 事若不密, 人則乘此機, 危而害之, 猶若財之不密, 盜則乘此機, 危而竊之. 《易》者, 愛惡相攻, 遠近相取, 盛衰相變, 若此爻有釁隙, 衰弱則彼爻乘變而奪之, 故云'作《易》者其知盜乎'"라 함. 《集解》에 "虞翻曰:「爲《易》者, 謂文王. 否上之二成, 困三暴慢, 以陰乘陽, 二變入宮, 爲萃五之二, 奪之成解, 坎爲盜, 故爲《易》者其知盜乎?」"라 함.

【《易》曰:『負且乘, 致寇至.』】이는 〈解卦〉(040) 六三의 爻辭임. 〈正義〉에 "《易》曰『負且乘, 致寇至』者, 此又明擬議之道, 當量身而行. 不可以小處大, 以賤貪貴, 故引〈解〉卦六三, 以明之也"라 함. 《集解》에 "孔穎達曰:「此又明擬議之道, 當量身而行, 不可以小處大, 以賤貪貴, 故引〈解〉六三爻辭, 以明之矣.」"라 함.

【負也者, 小人之事也】'小人之事'는 신분이 낮은 아랫사람이 하는 일. 〈正義〉에 "負也者, 小人之事'者, 負者, 擔負於物, 合是小人所爲也"라 함. 《集解》에 "虞翻曰:「陰稱小人, 坤爲事. 以賤倍貴, 違禮悖義, 故小人之事也.」"라 함.

【乘也者, 君子之器也】수레는 '君子之器'는 군자가 이용하는 물건임. 〈正義〉에 "乘也者, 君子之器'者, 言乘車者, 君子之器物. 言君子合乘車"라 함. 《集解》에 "虞翻曰:「君子謂五, 器坤也. 坤爲大車, 故乘君子之器也.」"라 함.

【小人而乘君子之器, 盜思奪之矣】'盜思奪之'는 도둑이 이를 탈취했으면 하는 마음을 갖도록 하는 것임. 〈正義〉에 "今應負之人而乘車, 是小人乘君子之器也, 則盜竊之人思欲奪之矣"라 함. 《集解》에 "虞翻曰:「小人謂三, 旣違禮倍五, 復乘其車, 五來之二成坎. 坎爲盜, 思奪之矣. 爲《易》者知盜乎, 此之謂也.」"라 함.

【上慢下暴, 盜思伐之矣】'上慢下暴'는 소인이 윗자리에 있으면 驕慢하고 아래에 있으면 暴虐한 行政을 펴게 됨. 이렇게 되면 大盜가 그를 치고자 함. 〈正義〉에 "上慢下暴, 盜思伐之矣'者, 小人居上位必驕慢, 而在下必暴虐爲政, 如此大盜思欲伐之矣"라 함. 《集解》에 "虞翻曰:「三倍五, 上慢乾君, 而乘其器. 下暴於二, 二藏於坤, 五來寇二, 以離戈兵, 故稱伐之. 坎爲暴也.」"라 함.

【慢藏誨盜, 冶容誨淫】'慢藏誨盜'는 자신이 所藏하여 잘 지켜야 할 것에 대해 輕慢함. 이는 도둑으로 하여금 훔쳐가도록 가르치는 것과 같음. '冶容誨淫'은 지나치게 꾸며 화장을 하는 것은 淫亂한 짓을 하도록 가르치는 것과 같음. '冶容'은 여자가 妖艷하게 화장을 함을 뜻함. 〈正義〉에 "'慢藏誨盜, 冶容誨淫'者, 若慢藏財物, 守掌不謹, 則敎誨於盜者, 使來取此物; 女子妖冶其容, 身不精慤, 是敎誨淫者, 使來淫已也. 以比小人而居貴位, 驕矜而不謹愼, 而致寇至也"라 함. 《集解》에 "虞翻曰:「坎心爲誨, 坤爲藏, 兌爲見, 藏不見, 故慢藏; 三動成乾爲冶, 坎水爲淫, 三變藏坤, 則五來奪之, 故慢藏誨盜, 冶容誨淫.」"이라 함.

【《易》曰:『負且乘, 治寇至』, 盜之招也】〈正義〉에 "'又引《易》之所云, 是盜之招來也. 言自招來於, 盜以愼重其事, 故尾皆稱《易》曰, 兩載《易》之爻辭也"라 함. 《集解》에 "虞翻曰:「五來奪三, 以離兵伐之, 故變寇言戎, 以成二惡, 二藏坤時, 艮手招盜, 故盜之招.」"라 함. 《本義》에 "釋〈解〉六三爻義"라 함.

## ◇ 第九章 ◇

*〈正義〉에 "此第八章. 明占筮之法, 揲蓍之體, 顯天地之數, 定乾坤之策, 以爲六十四卦, 而生三百八十四爻"라 하였고, 《本義》에 "此章言'天地大衍之數'. 揲蓍求卦之法, 然亦畧矣. 意其詳具於《太卜》筮人之官, 而今不可考耳. 其可推者, 啓蒙備言之"라 함. 한편 본장은 朱熹《易本義》에는 문장의 순서를 바꾸어 놓았음. 우선 전통적인 〈十三經〉 《周易正義》에 따라 풀이하였으며, 程頤와 朱熹의 《周易傳義大全》 주석은 해당 문장에 넣어 처리하였음을 밝힘.

大衍之數五十, 其用四十有九.
分而爲二以象兩, 掛一以象三, 揲之以四以象四時, 歸奇於扐以象閏;
五歲再閏, 故再扐以後掛.
(天一地二, 天三地四, 天五地六, 天七地八, 天九地十.)
天數五, 地數五, 五位相得而各有合.
天數二十有五, 地數三十, 凡天地之數五十有五, 此所以成變化而行鬼神也.
乾之策, 二百一十有六;
坤之策, 百四十有四,
凡三百有六十, 當期之日.
二篇之策, 萬有一千五百二十, 當萬物之數也.
是故四營而成《易》, 十有八變而成卦, 八卦而小成.
引而伸之, 觸類而長之, 天下之能事畢矣.
顯道神德行, 是故可與酬酢, 可與祐神矣.
子曰:「知變化之道者, 其知神之所爲乎!」

〈해석〉

점치는 방법에 있어서 대연의 數(大衍之數)에 사용하는 시초(蓍草)는 50(55)개이지만 그중에 49개를 사용한다.

49개의 시책을 임으로 두 부분으로 나누는데 이는 천(天)과 지(地)를 상징한다. 위쪽에 놓는 것의 일부분 시초 중에 하나를 뽑아 둘 사이에 세워 이를 천지인(天地人) 삼재(三才)로 상징한다. 위에 놓았던 시책을 네 줄기씩 한 묶음으로 하여 이를 사시(四時)를 상징하며, 나머지 시책을 왼쪽에 걸어놓으며, 이는 윤달을 상징한다.

5년에 두 번씩 윤달이 있으므로, 반드시 위에서 했던 과정을 거듭한다. 즉 아래에 두었던 시초도 네 줄기씩 한 묶음으로 하여 나머지 시초는 왼쪽에 걸어둔다. 이렇게 하여 제 일차의 점을 보는 것이다.

(하늘은 1, 땅은 2, 하늘은 3, 땅은 4, 하늘은 5, 땅은 6, 하늘은 7, 땅은 8, 하늘은 9, 땅은 10의 숫자로 한다.)

이렇게 하여 하늘을 대신하는 숫자가 5개의 기수(奇數, 홀수), 땅을 상징하는 숫자 역시 우수(偶數, 짝수) 5개가 된다. 이렇게 5개씩의 숫자가 서로 정해지면 각기 자신의 숫자를 합한다.

즉 하늘의 수는 다 더하면 25가 되고, 땅의 수는 다 더하면 30이 된다. 이리하여 하늘과 땅의 수를 다 더하면 모두 55가 된다. 이것이 하늘과 땅의 숫자를 합한 것이며 괘(卦)와 효(爻)를 이루어 변화의 근거가 되고, 이에 따라 점을 치게 되면 마치 귀신과 같은 영험함을 보이는 것이다.

건괘의 6효는 매 효마다 시초를 9번 잡되 한 번 쥘 때마다 4개씩으로 하므로 모두 216개가 된다.

곤괘의 6효는 매 효마다 시초를 6번 잡되 한 번 쥘 때마다 역시 4개씩으로 하므로 모두 144개가 된다.

이 둘을 합하면 360개로, 1년의 대수(大數)가 되는 것이다.

《역》은 상하 2편 모두 64괘이며, 매 괘는 6효씩으로 되어 있어 모두 384개의 효이며, 이를 모두 얻기 위해 사용하는 시초의 횟수는 1만 1천 520개로서, 이는 만물의 수를 상징적으로 표현하는 수치이다.

이 까닭으로 4차례 시책(蓍策)을 펴는 방법으로 《역》의 64괘를 추출하며, 4차례의 시책을 펴 일변(一變)을 이루고, 매 효마다 삼변(三變), 즉 18변으로 6효에 이르러 하나의 괘를 얻게 된다. 그러나 3효로 이루어진 팔괘(八卦)는 고립된 사물을 표시할 뿐이어서 이는 소성(小成卦)일 뿐이다.

이를 기초로 인신(引伸)하여, 중첩(重疊)시켜 64괘의 대성괘가 되며 각 상징적으로 고립되었던 사물이 종류별로 접촉하고 연결하여 풍부한 괘상(卦象)을 만들어내는 것이며, 천하에 일어나는 모든 사물의 변화는 모두가 여기에 포괄된다.

이들은 도(道), 신(神), 덕(德), 행(行)을 드러낸다. 이 까닭으로 이를 파악하여 가시 일상생활의 수작(酬酢)에 사용할 수 있고, 가히 신의 도움에 참여할 수 있는 것이다.

【大衍之數五十, 其用四十有九】 '大衍之數'는 크게 演繹하여 象數를 풀이하는 방법. 점치는 방법을 뜻함. '衍'은 演과 같으며 演繹의 의미. '算卦'(괘를 보고 점으로 풀이함)를 '演'이라 함. '五十'은 '五十有五', 즉 '55'가 되어야 함. 《集解》에는 '五十有五'로 되어 있음. 이에 대해 金景芳은 "當作'大衍之數五十有五, 轉寫脫去'有五'二字"라 함. '四十有九'는 '四十九'. '六'은 爻를 뜻하며 55-6=49가 됨. 그러나 굳이 50으로 한 것에 대해 京房은 '10日+12辰+28宿=50'이라 하였고, 荀爽은 '매괘 6爻+8괘+건곤=50'이라 함. 이 50에서 1은 '太極'(無極, 太一), 혹 '北辰'(北極星, 馬融)을 상징하므로 이를 별도로 하기 위해 除外한 것, 또는 〈乾卦〉初九의 '潛龍勿用'에 근거하여 1을 제외한 것(荀爽)이라고 함. 한편 고대 중국은 숫자를 표기할 때 '十'단위 다음에 有(又)를 넣어 표시하였음. 王弼 注에 "王弼曰:「演天地之數, 所賴者, 五十也. 其用四十有九, 則其一不用也. 不用而用以之通, 非數而數, 以之成斯《易》之'太極'也. 四十有九, 數之極也. 夫无不可以无, 明必因於有, 故常於有物之極, 而必明其所由之宗也.」"라 하였고, 〈正義〉에 "大衍之數五十, 其用四十有九'者, 京房云:「五十者, 謂十日, 十二辰, 二十八宿也.」凡五十, 其一不用者, 天之生氣, 將欲以虛來實, 故用四十九焉. 馬季長云:「《易》有太極, 謂北辰也. 太極生兩儀, 兩儀生日月, 日月生四時, 四時生五行, 五行生十二月, 十二月生二十四氣. 北辰居位不動, 其餘四十九轉運而用也.」荀爽云:「卦各有六爻, 六八四十八, 加乾坤二用, 凡有五十, 乾初九'潛龍勿用', 故用四十九也.」鄭康成云:「天地之數五十有五, 以五行氣通, 凡五行減五, 大衍又減一, 故四十九也.」姚信·董遇云:「天地之數五十有五者, 其六以象六畫之數, 故減之而用四十九.」但五十之數, 義有多家, 各有其說, 未知孰是今案王弼云:「演天地之數, 所賴者五十.」據王弼此說, 其意皆與諸儒不同. 萬物之策, 凡有萬一千五百二十, 其用此策, 推演天地之數, 唯用五十策也. 一謂自然所須策者, 唯用五十, 就五十策中, 其所用揲蓍者, 唯用四十有九, 其一不用, 以其虛无, 非所用也. 故不數之顧懽同. 王弼此說, 故顧懽云:「立此五十數, 以數神, 神雖非數, 因數而顯, 故虛其一, 數以明不可言之義. 只如此意, 則別无所以自然, 而有此五十也. 今依用之.」"라 함. 《集解》에 "干寶曰:「衍, 合也.」○崔憬曰:「案: 說卦云'昔者聖人之作《易》也. 幽贊於神明, 而生蓍.

參天兩地, 而倚數'. 既言蓍數, 則是說'大衍之數'也. 明倚數之法, 當參天兩地. '參天'者, 謂從三, 始順數而至五七九, 不取於一也. '兩地'者, 謂從二, 起逆數而至十八六, 不取於四也. 此因天地致上以配八卦, 而取其數也. 艮爲少陽, 其數三; 坎爲中陽, 其數五; 震爲長陽, 其數七; 乾爲老陽, 其數九; 兌爲少陰, 其數二; 離爲中陰, 其數十巽. 爲長陰其數八, 坤爲老陰, 其數六. 八卦之數, 總有五十, 故云'大衍之數五十'也. 不取天數一, 地數四者, 此數八卦之外, 大衍所不管也. '其用四十有九'者, 法長陽七七之數也. 六十四卦, 既法長陰, 八八之數, 故四十九蓍, 則法長陽七七之數焉. 蓍圓而神, 象天卦方而智, 象地陰陽之別也. 捨一不用者, 以象太極, 虛而不用也. 且天地各得其數, 以守其位, 故太一亦爲一, 數而守其位也. 王輔嗣云'演天地之數, 所賴者五十. 其用四十有九, 其一不用'. 不用而用以之通, 非數而數以之成. 卽《易》之太極也. 四十有九, 數之極者. 但言所賴五十, 不釋其所從來, 則是億度而言, 非有實據. 其一不用, 將爲法象太極, 理縱可通. 以爲非數而成, 義則未允. 何則? 不可以有對無五, 稱五, 十也. 孔疏釋賴五十, 以爲萬物之策. 凡有萬一千五百二十, 其用此策大推演天地之數, 唯用五十策也. 又釋其用四十九, 則有其一不用, 以爲策申其所撲蓍者, 唯四十有九. 其一不用, 以其虛无, 非所用也, 故不數矣. 又引顧歡同王弼所說, 而顧歡云: '立此五十, 數以數神, 神雖非數而著, 故虛其一, 數以明不可言之義也.」 ○案: 崔氏探玄, 病諸先達, 及乎自料, 未免小疵. 既將八卦, 陰陽以配五十之數, 餘其天一地四, 無所禀承, 而云八卦之外, 在衍之所不管者'. 斯乃談何容易哉? 且聖人之言, 連環可解, 約文申義, 須窮指歸, 卽此章云'天數五地數五, 五位相得而各有合. 天數二十有五, 地數三十, 凡天地之數五十有五. 此所以成變化而行鬼神'. 是結大衍之前義也. 既云'五位相得而各有合', 卽將五合之數, 配屬五行也. 故云'大衍之數五十也. 其用四十有九'者, 更減一, 以并五備設六爻之位, 蓍卦兩兼, 終極天地五十五之數也. 自然窮理, 盡性神妙无, 方藏徃知來, 以前民用, 斯之謂矣.」라 함.

【分而爲二以象兩】'以象兩'은 두 가지 象(象徵)으로 함. 즉 天地(乾坤, 陰陽, 奇偶)의 陰爻(--), 陽爻(-)의 兩儀를 가리킴. 〈正義〉에 "'分而爲二以象兩'者, 五十之內去其一, 餘有四十九, 合同未分, 是象太一也. 今以四十九分, 而爲二以象兩儀也"라 함. 《集解》에 "崔憬曰:「四十九數, 合而未分, 是象太極也. 今分而爲二, 以象兩儀矣.」"라 함.

【掛一以象三】하나의 시초를 걸어 天, 地, 人 三才를 상징함. 〈正義〉에 "'掛一以象三'者, 就兩儀之間, 於天數之中, 分掛其一, 而配兩儀, 以象三才也"라 함. 《集解》에 "孔穎達曰:「就兩儀之中, 分掛其一, 於最小指間, 而配兩儀, 以象三才.」"라 함.

【撲之以四以象四時】'撲'(설)은 蓍策(蓍草로 준비한 점가지)을 숫자에 맞게 나눔. 손으로 하나씩 세어 나감. 陸德明은 "撲, 猶數也"라 하였고, 《說文》에는 "撲, 閱持也"라

함. '以象四時'는 이로서 상징하는 것은 四時(春夏秋冬)임. 따라서 4개씩 한 다발로 묶음. 〈正義〉에 "'揲之以四以象四時'者, 分揲其蓍, 皆以四. 四爲數, 以象四時"라 함. 《集解》에 "崔憬曰: 「分揲其蓍, 皆以四爲數. 一策一時, 故四策, 以象四時也.」"라 함.

【歸奇於扐以象閏】'歸奇於扐'은 남는 蓍策(점가지)는 왼쪽 無名指와 中指 사이에 끼움. '奇'는 여분의 점가지. 여기서는 점가지를 4개씩 묶고 남는 것을 말함. '扐'은 4개씩 세운 그 옆(옆구리). 高亨은 "扐, 疑借爲肋"이라 함. 그러나 혹 '왼쪽 무명지와 중지 사이에 끼우다'의 뜻이라고도 함. '以象閏'은 이는 윤달을 상징함. 〈正義〉에 "歸奇於扐以象閏'者, 奇, 謂四揲之餘. 歸此殘奇於所扐之策, 而成數以法象天道. 歸殘聚餘分, 而成閏也"라 함. 《集解》에 "虞翻曰: 「奇所掛一策, 扐所揲之餘. 不一則二, 不三則四也. 取奇以歸扐, 扐并合掛. 左手之小指爲一扐, 則以閏月定, 四時成歲, 故歸奇於扐, 以象閏者也.」"라 함.

【五歲再閏】다섯 해(5년)에 두 번 윤달이 됨. 고대 5년 사이에 두 번의 윤달이 있었다 함. 〈正義〉에 "'五歲再閏'者, 凡前閏後閏, 相去大略三十二月, 在五歲之中. 故五歲再閏"이라 함.

【故再扐以後掛】다시 나머지 地를 상징하는 시초들을 4개씩 뽑은 후에 이를 걸어놓음. 이 구절 다음에 《漢書》律曆志에는 11장 첫머리의 "天一地二, 天三地四, 天五地六, 天七地八, 天九地十"의 20자가 이어져 있음. 이에 현재 일부 판본에는 이를 따라 이 구절을 이곳으로 옮겨놓았음. 한편 《周易傳義大全》에는 이 20자를 본 9장 첫머리에 싣고 있으며, 《本義》에 "此簡本在第十章之首, 程子曰: 「宜在此, 今從之. 此言天地之數, 陽奇陰偶, 卽所謂〈河圖〉者也. 其位一六居下, 二七居上, 三八居左, 四九居右, 五十居中. 就此章而言之, 則中五爲衍母, 次十爲衍子, 次一二三四爲四象之位, 次六七八九爲四象之數, 二老位於西北, 二少位於東南, 其數則各以其類, 交錯於外也"라 함. 王弼 注에 "奇, 凡四揲之餘, 不足復揲者也. 分而爲二, 旣揲之餘, 合掛於一, 故曰'再扐而後掛'. 凡閏十九年, 七閏爲一章. 五歲再閏者二, 故略擧其凡也"라 하였고, 〈正義〉에 "再扐而後掛'者, 旣分天地. 天於左手, 地於右手, 乃四, 四揲天之數, 最末之餘, 歸之合於扐掛之一處, 是一揲也. 又以四, 四揲地之數, 最末之餘, 又合於前所歸之扐, 而總掛之, 是再扐而後掛也"라 함. 《集解》에 "虞翻曰: 「謂已一扐, 復分掛如初揲之, 歸奇於初, 扐并掛左手, 次小指間爲再扐, 則再閏也. 又分扐揲之如初, 而掛左手第三指間, 成一變, 則布掛之一爻, 謂已二扐. 又加一爲三并重合, 前二扐爲五歲, 故五歲再閏. 再扐而後掛, 此參伍以變, 據此爲三扐, 不言三閏者, 閏歲餘十日, 五歲閏六十日盡矣. 後扐閏餘, 分不得言, 三扐二閏, 故從言'再扐而後掛'者也.」"라 함. 《本義》에 "大衍之數五十, 蓋以〈河圖〉中宮, 天五乘地, 十而得

之, 至用以筮, 則又止. 用四十有九, 蓋皆出於理勢之自然, 而非人之知力所能損益也. '兩', 謂天地也. 掛懸其一於左手小指之間也. '三', 三才也. 揲間而數之也. '奇', 所揲四數之餘也. 扐勒於左手中三指之兩間也. '閏', 積月之餘日而成月者也. 五歲之間再積日, 而再成月, 故五歲之中. 凡有再閏, 然後別起積分, 如一掛之後, 左右各一揲而一扐, 故五者之中, 凡有再扐, 然後別起一掛也"라 함.

【天數五, 地數五】1-10까지의 숫자 중 '天'을 뜻하는 숫자가 다섯, 즉 1,3,5,7,9이며, '地'를 뜻하는 숫자 역시 다섯, 즉 2,4,6,8,10 임. 특히 天數는 奇數(홀수)이며, 地數는 偶數(耦數, 짝수)임. 앞의 20자 구절을 다시 설명한 것임. 王弼 注에 "五奇也, 五耦也"라 하였고, 〈正義〉에 "'天數五'者, 謂一三五七九也; '地數五'者, 謂二四六八十也"라 함. 《集解》에 "虞翻曰:「天數五, 謂一三五七九; 地數五, 謂二四六八十也.」"라 함.

【五位相得而各有合】다섯 숫자가 위치를 잡아 각기 합쳐서 金木水火土의 五行이 됨. 王弼 注에 "天地之數各五, 五數相配以合, 成金木水火土"라 하였고, 〈正義〉에 "'五位相得而各有合'者, 若天一與地, 六相得合爲水. 地二與天七相得合爲火, 天三與地八相得合爲木, 地四與天九相得合爲金, 天五與地十相得合爲土也"라 함. 《集解》에 "虞翻曰:「五位, 謂五行之位. 甲乾乙坤, 相得合木, 謂天地定位也. 丙艮丁兌, 相得合火, 山澤通氣也. 戊坎己離, 相得合土, 水火相逮也. 庚震辛巽, 相得合金, 雷風相薄也. 天壬地癸, 相得合水, 言陰陽相薄而戰於乾. 故五位相得而各有合, 或以一六合水, 二七合木, 三八合火, 四九合金, 五十合土也.」"라 함.

【天數二十有五, 地數三十】'天數'는 25. 1+3+5+7+9=25가 됨. '地數'는 2+4+6+8+10=30이 됨. 王弼 注에 "五奇合爲二十五, 五耦合爲三十"이라 하였고, 〈正義〉에 "'天數二十有五'者, 總合五奇之數; '地數三十者', 總合五耦之數也"라 함.

【凡天地之數五十有五】天數와 地數를 더하면 25+30=55가 됨. 〈正義〉에 "'凡天地之數五十有五'者, 是天地二數, 相合爲五十五. 此乃天地陰陽奇耦之數, 非是上文'演天地之策'也"라 함. 《集解》에 "虞翻曰:「一三五七九, 故二十五也. 二四六八十, 故三十也.」"라 함.

【此所以成變化而行鬼神也】이들 숫자들이 變化를 이루고 귀신처럼 운행됨. '變化'와 '鬼神'에서 '變', '鬼'는 天(乾)의 작용이며, '化'와 '神'은 地(坤)의 작용임. 王弼 注에 "變化以此成, 鬼神以此行"이라 하였고, 〈正義〉에 "'此所以成變化而行鬼神'者, 言此陽奇陰耦之數, 成就其變化. 言變化以此陰陽而成, 故云'成變化'也. 而宣行鬼神之用, 言鬼神以此陰陽, 而得宣行, 故云'而行鬼神'也"라 함. 《集解》에 "荀爽曰:「在天爲變, 在地爲化. 在地爲鬼, 在天爲神.」 ○姚信曰:「此天地之數五十有五, 分爲爻者, 故能成就乾坤之變化, 能知鬼神之所爲也.」 ○侯果曰:「夫通變化行, 鬼神莫近於數, 故老聃謂子曰:『汝何求道?』對曰:

『吾求諸數, 明數之妙, 通於鬼神矣.』”라 함. 한편 이상 “天數五, 地數五 – 此所以成變化 而行鬼神也”의 44자는《周易傳義大全》에는 “大衍之數五十” 앞에 옮겨 놓고《本義》에 “此簡本在大衍之後, 今按宜在此. ‘天數五’者, 一三五七九皆奇也; ‘地數五’者, 二四六八十 皆偶也. ‘相得’, 謂一與二三與四五與六七與八九與十, 各以奇偶爲類而自相得. ‘有合’, 謂 一與六二與七三與八四與九五與十, 皆兩相合. ‘二十有五’者, 五奇之積; ‘三十’者, 五偶 之積也. ‘變化’, 謂一變生水而六化成之, 二化生火而七變成之, 三變生木而八化成之, 四化 生金而九變成之, 五變生土而十化成之. ‘鬼神’, 謂凡奇偶生成之, 屈伸往來者”라 함.

【乾之策, 二百一十有六】 乾卦의 점가지는 216개가 됨. 乾卦는 양효(一)가 여섯임. 이들을 3번씩 揲(둘로 다시 나눔)하면 2×3×6=36이 되며, 이것이 다시 매 효마다 한 번씩 적용하면 6×36=216이 됨. 王弼 注에 “陽爻六, 一爻三十六策, 六爻二百一十六策” 이라 하였고, 〈正義〉에 “‘乾之策二百一十有六’者, 以乾老陽一爻, 有三十六策. 六爻凡有 二百一十六策也. 乾之少陽一爻, 有二十八策. 六爻則有一百六十八策. 此經據老陽之策 也”라 함.《集解》에 “荀爽曰:「陽爻之策三十有六, 乾六爻皆陽, 三六一百八十, 六六三十 六, 合二百一十有六也. 陽爻九, 合四時, 四九三十六, 是其義也.」”라 함.

【坤之策, 百四十有四】 곤괘의 점가지는 144가 됨. 곤괘는 음효(--)가 여섯임. 음효 역시 2번씩 揲하면 2×2×6=24가 되며, 이것이 다시 매효마다 한 번씩 적용하면 6×24 =144가 됨. 王弼 注에 “陰爻六, 一爻二十四策, 六爻百四十四策”이라 하였고, 〈正義〉에 “‘坤之策百四十有四’者, 坤之老陰一爻有二十四策, 六爻故一百四十有四策也. 若坤之少 陰, 一爻有三十二六爻, 則有一百九十二. 此經據坤之老陰, 故百四十有四也”라 함.《集解》 에 “荀爽曰:「陰爻之策二十有四, 坤六爻皆陰, 二六一百二, 十四六二十四, 合一百四十有 四也陰. 爻六合二十四氣, 四六二百四十也.」”라 함.

【凡三百有六十, 當期之日】 이상 건괘와 곤괘의 시책을 더하여 216+144=360이 되며 이것이 1년(期)의 대체적 數 360일이 됨. 여기에 5¼일을 더하지 않은 것. ‘期’는 1週 年. 太陽의 한 주기. 〈正義〉에 “‘凡三百有六十, 當期之日’者, 舉合乾坤兩策, 有三百六 十, 當期之數. 三百六十日, 舉其大略, 不數五日四分日之一也”라 함.《集解》에 “陸績曰: 「日月十二交會, 積三百五十四日, 有奇爲一會, 今云三百六十當期, 則入十三月六日也. 十三月爲一期, 故云當期之日也.」”라 함.《本義》에 “凡此策數生於四象, 蓋〈河圖〉四面, 太陽居一而連九, 少陰居二而連八, 少陽居三而連七, 太陰居四而連六. 揲蓍之法, 則通計 三變之餘, 去其初掛之一. 凡四爲奇, 凡八爲偶, 奇圓圍三, 偶方圍四三, 用其全四, 用其 半, 積而數之, 則爲六七八九, 而第三變, 揲數策數, 亦皆符會. 蓋餘三奇, 則九而其揲亦 九策, 亦四九三十六, 是爲居一之太陽, 餘二奇一偶, 則八而其揲亦八策, 亦四八三十二,

是爲居二之少陰. 二偶一奇, 則七而其揲亦七策, 亦四七二十八, 是爲居三之少陽. 三偶則六, 而其揲亦六策, 亦四六二十四, 是爲居四之老陰. 是其變化·往來·進退·離合之妙, 皆出自然, 非人之所能爲也. 少陰退而未極乎虛, 少陽進而未極乎盈, 故此獨以老陽, 老陰計乾坤六爻之策, 數餘可推而知也. 期, 周一歲也. 凡三百六十五日四分日之一, 此特擧成數而槩言之耳"라 함.

【二篇之策, 萬有一千五百二十, 當萬物之數也】11,520은, 《周易》은 上經(30괘)과 下經(34괘) 모두 64괘이며 여기에 사용된 음효와 양효는 각 192개씩임. 양효는 36著策이며, 음효는 24著策이므로 이를 곱하면, 192×36+192×24=11,520이 됨. '當萬物之數也'는 이 숫자로 만물의 수에 충당함. 만물은 이 정도의 숫자로 나누어 그 상징을 대신하였음을 말함. 王弼 注에 "二篇三百八十四爻, 陰陽各半, 合萬一千五百二十策是"라 하였고, 〈正義〉에 "'二篇之策, 萬有一千五百二十, 當萬物之數'者, 二篇之爻, 總有三百八十四爻. 陰陽各半陽爻一百九十二爻, 爻別三十六, 總有六千九百一十二也. 陰爻亦一百九十二爻, 爻別二十四總有四千六百八也. 陰陽總合萬有一千五百二十, 當萬物之數也"라 함. 《集解》에 "侯果曰:「二篇, 謂上下經也. 共六十四卦, 合三百八十四爻. 陰陽各半, 則陽爻一百九十二, 每爻三十六策, 合六千九百一十二策; 陰爻亦一百九十二, 每爻二十四策, 合四千六百八策, 則二篇之策, 合萬一千五百二十, 當萬物之數也.」"라 함. 《本義》에 "二篇, 謂上下經. 凡陽爻百九十二, 得六千九百一十二策. 陰爻百九十二, 得四千六百八策, 合之得此數"라 함.

【是故四營而成《易》】'四營'는 네 단계. '營'은 京營, 즉 著策을 네 단계 다루어 《易》의 一變으로 셈하는 것. 分二, 卦一, 揲四, 歸奇의 네 단계를 뜻함. 王弼 注에 "分而爲二以象兩, 一營也. 掛一以象三, 二營也. 揲之以四, 三營也. 歸奇於扐, 四營也"라 하였고, 〈正義〉에 "'是故四營而成《易》'者, 營謂經營. 謂四度經營著策, 乃成易之一變也"라 함. 《集解》에 "荀爽曰:「營者, 謂七八九六也.」○陸績曰:「分而爲二, 以象兩, 一營也. 掛一以象三, 二營也. 揲之以四, 以象四時, 三營也. 歸奇於扐, 以象閏, 四營也. 謂四度營爲, 方成《易》之一爻者也.」"라 함.

【十有八變而成卦】18變은 四營을 3번 하여 하나의 爻를 얻게 되며, 한 괘에는 여섯 효가 있으므로 3×6=18이 됨. 〈正義〉에 "'十有八變而成卦'者, 每一爻有三變. 謂初一揲不五則九, 是一變也. 第二揲不四則八, 是二變也. 第三揲亦不四則八, 是三變也. 若三者, 俱多爲老陰謂初, 得九, 第二, 第三俱得八也. 若三者俱少爲老陽謂初, 得五, 第二第三俱得四也. 若兩少一多爲少陰謂初, 與二三之間, 或有四或有五, 而有八也. 或有二箇四而有一箇九, 此爲兩少一多也. 其兩多一少爲少陽者, 謂三揲之間, 或有一箇九, 有一箇八, 而

有一箇四, 或有二箇八, 而有一箇五, 此爲兩多一少也. 如此三變既畢, 乃定一爻. 六爻則十有八變, 乃始成卦也"라 함. 《集解》에 "荀爽曰: 「二揲策掛, 左手一指間, 三指間滿, 而成一爻. 又六爻三六十八, 故十有八變而成卦也.」"라 함. 《本義》에 "四營, 謂分二掛, 一揲四歸奇也. 《易》, 變易也. 謂一變也, 三變成爻十八變, 則成六爻也"라 함.

【八卦而小成】 우선 경우의 수로 나올 수 있는 최대 여덟 개의 괘를 얻어 이를 小成卦라 함. 즉 ☰(乾, 天), ☷(坤, 地), ☱(兌, 澤), ☲(離, 火), ☳(震, 雷), ☴(巽, 風), ☵(坎, 水), ☶(艮, 山) 개임. 〈正義〉에 "八卦而小成'者, 象天地雷風日月山澤, 於大象略盡, 是《易》道小成"이라 함. 《集解》에 "侯果曰: 「謂三畫, 成天地雷風日月山澤之象, 此八卦未盡萬物情理, 故曰小成也.」"라 함. 《本義》에 "謂九變而成三, 畫得內卦也"라 함.

【引而伸之】 이들을 끌어들여 펴서 64괘로 확장됨. 王弼 注에 "伸之六十四卦"라 하였고, 〈正義〉에 "引而伸之'者, 謂引長八卦而伸盡之, 謂引之爲六十四卦也"라 함.

【觸類而長之】 '觸類'는 서로 類似한 事案이나 事物을 만나가 됨. 小成卦의 고립된 8가지 상징물이 64괘 大成卦에서는 둘씩 만남으로, 이로써 유사한 사안을 연결시켜 상징성을 확대해 나감. 〈正義〉에 "觸類而長之'者, 謂觸逢事類而增長之, 若觸剛之事, 類以此增長於剛; 若觸柔之事, 類以次增長於柔"라 함. 《集解》에 "虞翻曰: 「引, 謂庖犠引信三才兼, 而兩之以六畫. 觸, 動也. 謂六畫以成六十四卦, 故引而信之, 觸類而長之, 其取類也. 大則發揮剛柔而生爻也.」"라 함.

【天下之能事畢矣】 천하에 능한 일들이 모두 여기에 포괄됨. 〈正義〉에 "天下之能事畢矣'者, 天下萬事皆如此. 例各以類增長, 則天下所能之事, 法象皆盡, 故'曰天下之能事畢矣'也"라 함. 《集解》에 "虞翻曰: 「謂乾以簡能, 能說諸心, 能研諸侯之慮, 故能事畢.」"이라 함. 《本義》에 "謂已成六爻, 而視其爻之變與不變, 以爲動靜, 則一卦可變, 而爲六十四卦, 以定吉凶. 凡四千九十六卦也"라 함.

【顯道神德行】 道를 드러내어 그 덕행을 신묘하게 함. 덕과 행동을 드러내어 표현해 줌. 64괘는 이 네 가지를 상징적으로 보여주는 것임. 王弼 注에 "顯, 明也. 由神以成其用"이라 하였고, 〈正義〉에 "顯道神德行'者, 言《易》理備盡天下之能事, 故可以顯明无爲之道, 而神靈其德行之事. 言太虛以養萬物爲德行. 今《易》道以其神靈, 助太虛而養物, 是神其德行也"라 함. 《集解》에 "虞翻曰: 「顯道神德行, 乾二五之坤成, 離日坎月, 日月在天, 運行照物, 故顯道神德行, 默而成之; 不言而信, 存於德行者也.」"라 함.

【是故可與酬酢, 可與祐神矣】 '酬酢'은 酬酌, 斟酌과 같으며 對應함, 對處함. 原義는 고대 宴會에서 술잔을 주고받는 예절의 하나. 뒤에 '남과 교유하고 응대함, 혹 일상생활을 영위함'의 뜻으로 넓혀짐. 《역》의 원리에 의해 '祐神'은 신의 도움을 받음. 王弼

注에 "可以應對萬物之求助, 成神化之功也. 酬酢, 猶應對也"라 하였고, 〈正義〉에 "'是故可與酬酢'者, 酬酢, 謂應對報答. 言《易》道如此, 若萬物有所求, 爲此《易》道可與應答. 萬物有求則報, 故曰'可與酬酢'也"라 함. 《集解》에 "九家《易》曰:「陽往爲酬, 陰來爲酢. 陰陽相配, 謂之祐神也. 孔子言'大衍以下, 至于能事畢矣'. 此足以顯明《易》道, 又神《易》德行, 可與經義, 相斟酌也. 故喩以賓主酬酢之禮, 所以助前聖發見其神祕矣. 禮飲酒, 主人酌, 賓爲獻. 賓酌主人爲酢, 主人飲之又, 酌賓爲酬也. 先擧爲酢答報, 爲酬酬取其報, 以象陽唱陰和, 變化相配, 是助天地明其鬼神者也.」"라 함. 《本義》에 "道因辭顯行以數神. 酬酢, 謂應對; 祐神, 謂助神化之功"이라 함.

【子曰:「知變化之道者, 其知神之所爲乎!」】 이 구절을 《周易正義》에는 다음 장 첫머리로 하였으나, 朱熹의 分章에 의해 이곳으로 옮김. '知神之所爲'는 神이 하는 바를 앎. 王弼 注에 "夫變化之道, 不爲而自然, 故知變化者, 則知神之所爲"라 하였고, 〈正義〉에 "'知變化之道, 其知神之所爲乎'者, 言《易》旣知變化之道理, 不爲而自然也. 則能知神化之所爲, 言神化亦不爲而自然也"라 함. 《集解》에 "虞翻曰:「在陽稱變乾, 五之坤在陰, 稱化坤二之乾, 陰陽不測之, 謂神, 知變化之道者, 故知神之所爲. 諸儒皆上, 子曰爲章首, 而荀·馬又從之, 甚非者矣.」"라 함. 《本義》에 "變化之道, 卽上文數法是也. 皆非人之所能爲, 故夫子歎之, 而門人加'子曰'以別上文也"라 함.

# ◇ 第十章 ◇

\*〈正義〉에 "此第九章也. 上章旣明'大衍之數', 極盡蓍策之名數, 可與助成神化之功. 此又廣明《易》道深遠, 聖人之道有四, 又明《易》之深遠, 窮極幾神也"라 하였고, 《本義》에 "此章承上章之意, 言《易》之用有此四者"라 함.

## (1)

《易》有聖人之道四焉:
以言者尙其辭, 以動者尙其變, 以制器者尙其象, 以卜筮者尙其占.

〈해석〉

《역》은 성인의 도 네 가지가 들어있다.

이를 활용하여 말을 하는 경우에는 그 괘사(卦辭)와 효사(爻辭)를 숭상하였고,

이를 활용하여 움직이고자 할 때는 그 변화를 숭상하였고,

이를 활용하여 기구를 만들 때는 그 상(象)을 숭상하였고,

이를 활용하여 복서(卜筮)점을 칠 때는 그 점괘를 숭상했던 것, 이 네 가지이다.

【《易》有聖人之道四焉】《易》에는 聖人이 담아둔 네 가지 활용방법이 있음.〈正義〉에 "'《易》有聖人之道四焉'者, 言《易》之爲書, 有聖人所用之道者, 凡有四事焉"이라 함. 《集解》에 "崔憬曰:「聖人德合天地, 智周萬物, 故能用此《易》道大略有四. 謂尙辭, 尙變, 尙象, 尙占也.」"라 함.《本義》에 "四者, 皆變化之道, 神之所爲者也"라 함.

【以言者尙其辭】'以'는 用과 같음. 이를 利用함. 活用함. 適用함.《역》을 활용하여 말을 하는 데에 쓸 경우, 그 卦辭와 爻辭를 잘 이해하여 그 말을 숭상해야 함. 辭는 卦辭와 爻辭,《易》의 文字로 풀이된 부분.〈正義〉에 "'以言者尙其辭'者, 謂聖人發言而施政敎者, 貴尙其爻卦之辭, 發其言辭, 出言而施政敎也"라 함.《集解》에 "虞翻曰:「聖人之情, 見於辭繫辭焉, 以盡辭也.」"라 함.

【以動者尙其變】'動'은 動作, 起動, 실제 行動에 옮김. '變'은 變化.《역》에서 內外卦, 上下卦의 配置. 爻의 位置와 位正當, 位不當, 正應 등에 따른 變化를 중시하여야 함.

〈正義〉에 "'以動者尙其變'者, 謂聖人有所興動營爲故, 法其陰陽變化, 變有吉凶, 聖人之動, 取吉不取凶也"라 함. 《集解》에 "陸績曰:「變, 謂爻之變; 化, 當議之而後動矣.」"라 함.

【以制器者尙其象】'祭器'는 器具나 道具를 만듦. 고대 일상생활에 필요한 기물을 만들 때의 경우를 말함. '象'은 卦象. 괘상을 보고 도구를 만듦. 예로 그물은 〈離卦〉를 보고 만든 것 따위. 王弼 注에 "此四者, 存乎器象, 可得而用也"라 하였고, 〈正義〉에 "'以制器者尙其象'者, 謂造制形器, 法其爻卦之象, 若造弧矢, 法〈暌〉之象, 若造杵臼法〈小過〉之象也"라 함. 《集解》에 "荀爽曰:「結繩爲網罟, 蓋取諸〈離〉, 此類是也.」"라 함.

【以卜筮者尙其占】'卜筮'의 '卜'은 거북점. '筮'는 蓍草占. '占'은 占辭, 貞辭, 卜筮의 결과. 〈正義〉에 "'以卜筮者尙其占'者, 策, 是筮之所用, 幷言卜者, 卜雖龜之見兆, 亦有陰陽五行變動之狀. 故卜之與筮尙其爻卦, 變動之占也"라 함. 《集解》에 "虞翻曰:「乾爲蓍, 蓍稱筮, 離爲龜, 龜稱卜. 動則玩其占, 故尙其占者也.」"라 함.


(2)

是以君子將有爲也, 將有行也,
問焉而以言, 其受命也如響,
无有遠近幽深, 遂知來物.
非天下之至精, 其孰能與於此?
參伍以變, 錯綜其數; 通其變, 遂成天地之文;
極其數, 遂定天下之象.
非天下之至變, 其孰能與於此?
《易》无思也, 无爲也,
寂然不動, 感而遂通天下之故.
非天下之至神; 其孰能與於此?

〈해석〉
　이 까닭으로 군자는 장차 할 일이 있고, 장차 할 행동이 있다.
　이에 《역》에게 물으면 말로써 해 주니, 그로부터 받는 명령은 마치 메아리와 같아,

원근이나 유심(幽深)에 관계없이 모두 맞아, 드디어 장차 다가올 사물에 대해 알게 된다.

그러니 천하에 지극한 알맹이가 아니면 그 누가 능히 여기에 참여할 수 있겠는가?

3번 5번 변화를 주어, 그 시초(蓍草)의 숫자를 교착종합이고, 그 변화에 통달하여 드디어 천지의 무늬를 이룩하는 것이다.

그러니 천하에 지극한 변화가 아니면 그 누가 능히 여기에 참여할 수 있겠는가?

《易》은 아무런 생각이 없으며, 작위(作爲)하는 것도 없다.

적연(寂然)하여 움직이지도 않으나, 그저 음양의 교감으로 드디어 천하의 원인을 통달하는 것이다.

천하에 지극한 신묘함이 아니라면, 누가 능히 여기에 참여할 수 있겠는가?


【是以君子將有爲也, 將有行也. 問焉而以言】'有爲'는 無爲에 상대하여 쓴 말로, 作爲를 뜻함. 해야 할 일. '問焉'은 여기, 즉 《易》에게 물어봄. '以言'은 《역》의 卦辭와 爻辭의 말(文字)로써 대답해줌. 〈正義〉에 "是以君子將有爲也, 將有行也, 問焉而以言'者, 旣《易》道有四. 是以君子將欲有所施, 爲將欲有所行往, 占問其吉凶, 而以言命蓍也"라 함. 《集解》에 "虞翻曰:「有爲, 謂建侯; 有行, 謂行師也. 乾二五之坤, 成震有師, 象震爲行爲言問, 故有爲·有行. 凡應九筮之法, 則筮之謂問於蓍龜, 以言其吉凶. 爻象動內吉凶見外, 蓍德圓神, 卦德方智, 故史擬神智, 以斷吉凶也.」"라 함.

【其受命也如響】'如響'은 메아리가 소리에 응하는 것과 같음. 딱 맞아떨어짐을 뜻함. 〈正義〉에 "其受命也如嚮'者, 謂蓍受人命, 報人吉凶, 如響之應聲也"라 함. 《集解》에 "虞翻曰:「言神不疾而速, 不行而至, 不言善應, 乾二五之坤, 成震巽. 巽爲命, 震爲響, 故受命同聲相應, 故如響也.」"라 함.

【无有遠近幽深】'原根幽深'은 멀거나 가깝거나, 혹 그윽하고 깊어 얼른 잘 알아볼 수 없는 상황. 그런 것도 빠짐없이 《易》을 통해 해결할 수 있음을 말함. 〈正義〉에 "无有遠近幽深'者, 言《易》之告人吉凶, 无問遠之與近, 及幽邃深遠之處, 悉皆告之也"라 함.

【遂知來物】이로써 마침내 앞으로 다가올 事物에 대해 알아내는 것임. 〈正義〉에 "遂知來物'者, 物, 事也. 言《易》以萬事告人, 人因此遂知將來之事也"라 함. 《集解》에 "虞翻曰:「遠謂天, 近謂地. 陰謂幽, 深謂陽. 來物, 謂乾坤神以知來, 感而遂通, 謂幽贊神, 明而生蓍也.」"라 함.

【非天下之至精, 其孰能與於此?】'至精'은 지극한 精髓. 역이 정수를 담고 있음을 말함. '與'는 同參함. 參與함. 미침. 같이 함. '此'는 이처럼 해결하는 일. 〈正義〉에 "非天下

之至精, 其孰能與於此'者, 言《易》之功深如此, 若非天下萬事之內, 至極精妙, 誰能參與於此與《易》道同也? 此已上論《易》道功深, 告人吉凶, 使豫知來事, 故以此結之也"라 함. 《集解》에 "至精, 謂乾純粹精也"라 함. 《本義》에 "此尙辭尙占之事. 言人以蓍問, 《易》求其卦爻之辭, 而以之發言. 處事則《易》受人之命而有以告之, 如嚮之應聲, 以決其未來之吉凶也. 以言與以言者, 尙其辭之以言, 義同命, 則將筮而告蓍之語. 冠禮筮日, 宰自右贊命是也"라 함.

【參伍以變】'參伍'는 三五와 같음. 세 번, 다섯 번 시책을 바꾸어 占卦의 爻를 얻어 냄. 〈正義〉에 "'參伍以變'者, 參, 三也; 伍, 五也. 或三或五, 以相參合以相改變, 畧擧三五, 諸數皆然也"라 함.

【錯綜其數】'錯綜'은 條理와 體系가 整然하게, 가로세로 配置함을 뜻함. 여기서는 빈틈이나 오류가 없도록 交錯綜合함을 말함. 〈正義〉에 "'錯綜其數'者, 錯, 謂交錯; 綜, 謂總聚. 交錯總聚其陰陽之數也"라 함. 《集解》에 "虞翻曰:「逆上稱錯綜理也. 謂五歲再閏, 再扐而後掛, 以成一爻之變, 而倚六畫之數, 卦從下升, 故錯綜其數, 則三天兩地, 而倚數者也.」"라 함.

【通其變】《易》의 변화에 精通함. 通達함. 〈正義〉에 "'通其變'者, 由交錯總聚, 通極其陰陽相變也"라 함.

【遂成天地之文】'天地之文'은 하늘과 땅에 펼쳐진 구체적인 형상들. 天文은 日月星辰 등을 말하며, 地文은 原野山川草木 등 일체를 가리킴. 〈正義〉에 "'遂成天地之文'者, 以其相變, 故能遂成就天地之文. 若靑赤相雜, 故稱文也"라 함. 《集解》에 "虞翻曰:「變而通之觀變, 陰陽始立, 卦乾坤相親, 故成天地之文物相雜, 故曰文.」"이라 함.

【極其數, 遂定天下之象】'極其數'는 《易》의 경우의 수를 끝까지 다함. '天下之象'은 천하에 드러난 모든 사물의 情象. 情況과 象徵. 〈正義〉에 "'極其數, 遂定天下之象'者, 謂窮極其陰陽之數, 以定天下萬物之象, 猶若極二百一十六策, 以定乾之老陽之象; 窮一百四十四策, 以定坤之老陰之象. 擧此餘可知也"라 함. 《集解》에 "虞翻曰:「數六畫之數, 六爻之動, 三極之道, 故定天下吉凶之象也.」"라 함.

【非天下之至變, 其孰能與於此?】'至變'은 지극한 변화, 즉 변화의 오묘함. 變化가 있음으로 해서 《역》의 辭나 象은 고정되어 있는 것이 아님을 말함. 〈正義〉에 "'非天下之至變, 其孰能與於此'者, 言此《易》之理, 若非天下萬事至極之變化, 誰能與於此者? 言皆不能也. 此結成《易》之變化之道, 故更言與於此也. 前經論《易》理深, 故云非天下之至精, 此經論極數通變, 故云非天下之至變也"라 함. 《集解》에 "虞翻曰:「謂參伍以變, 故能成六爻之義, 六爻之義, 《易》以貢也.」"라 함. 《本義》에 "此尙象之事, 變則象之未定者也.

參者, 三數之也; 伍者, 五數之也. 旣參以變, 又伍以變, 一先一後, 更相考覈, 以審其多寡之實也. 錯者, 交而互之, 一左一右之謂也; 綜者, 總而挈之, 一低一昂之謂也. 此亦皆謂揲蓍求卦之事. 蓋通三揲兩手之策, 以成陰陽老少之畫, 究七八九六之數, 以定卦爻動靜之象也. 參伍錯綜, 皆古語而參伍尤難曉. 按《荀子》云: 「窺敵制變, 欲伍以參.」《韓非》曰: 「省同異之言, 以知朋黨之分, 偶參伍之驗, 以責陳言之實.」 又曰: 「參之以此物, 伍之以合參.」《史記》曰: 「必參而伍之.」 又曰: 「參伍不朱.」《漢書》曰: 「參伍其賈, 以類相準.」 此足以相發明矣"라 함.

【《易》无思也, 无爲也】'《易》无思'는《易》은 생각을 하는 符號나 文字가 아님. 즉 思考力을 가진 生物體가 아님. '無爲' 역시《易》은 어떤 作爲를 하는 것도 아님. 〈正義〉에 "'《易》无思也, 无爲也'者, 任運自然, 不關心慮, 是'无思'也; 任運自動, 不須營造, 是'无爲'也"라 함. 《集解》에 "虞翻曰:「天下何思何慮〉同歸而殊塗, 一致而百慮, 故无所爲. 謂其靜也專.」"이라 함.

【寂然不動, 感而遂通天下之故】'寂然不動'은《易》은 고요히 그대로 있으며, 움직이는 물건도 아님. 《集解》에 "虞翻曰:「謂隱藏坤, 初機息矣. 專故不動者也.」"라 함. '感'은 陰陽의 交感. '天下之故'는 천하의 변고. 천하에 그러한 일이 일어나는 이유. 혹 '故'는 事와 같은 뜻으로도 봄. 〈正義〉에 "'寂然不動, 感而遂通天下之故'者, 旣无思·无爲, 故寂然不動. 有感必應, 萬事皆通, 是感而遂通天下之故也. 故謂事, 故言'通天下萬事'也"라 함. 《集解》에 "虞翻曰:「感, 動也. 以陽變陰, 通天下之故, 謂發揮剛柔而生爻者也.」"라 함.

【非天下之至神; 其孰能與於此?】'至神'은 지극히 신묘함. 《역》은 지극히 신묘한 내용을 담고 있음. 王弼 注에 "夫非忘象者, 則无以制象; 非遺數者, 无以極數. 至精者, 无籌策而不可亂; 至變者, 體一而无不周; 至神者, 寂然而无不應. 斯蓋功用之母, 象數所由立, 故曰'非至精·至變·至神, 則不得與於斯'也"라 하였고, 〈正義〉에 "非天下之至神, 其孰能與於此'者, 言《易》理神功不測, 非天下萬事之中, 至極神妙, 其孰能與於此也? 此經明《易》理神妙不測, 故云非天下之至神, 若非天下之至神誰能與於此也"라 함. 《集解》에 "虞翻曰:「至神, 謂《易》隱初入微, 知幾其神乎?」○韓康伯曰:「非忘象者, 則无以制象; 非遺數者, 則无以極數; 至精者, 无籌策而不可亂; 至變者, 體一而无不周; 至神者, 寂然而无不應. 斯蓋功用之母, 象數所由立, 故曰'非至精·至變·至神, 則不能與於此也'.」"라 함. 《本義》에 "此四者,《易》之體. 所以立而用, 所以行者也. 《易》指著卦无思无爲言其无心也. 寂然者, 感之體; 感通者, 寂之用. 人心之妙其動靜, 亦如此"라 함.

(3)

夫《易》, 聖人之所以極深而研幾也.
唯深也, 故能通天下之志;
唯幾也, 故能成天下之務;
唯神也, 故不疾而速, 不行而至.
子曰「《易》有聖人之道四焉」者, 此之謂也.

〈해석〉
　무릇《역》은 성인이 지극히 깊이 들어가서 아주 기미(幾微)한 것까지 연구해 놓은 것이다.
　오직 깊이 들어갔기에, 그 때문에 능히 천하의 뜻에 통달할 수 있는 것이며,
　오직 기미한 것이었기에, 그 때문에 능히 천하의 직무를 성취할 수 있는 것이며,
　오직 신묘하기에, 그 때문에 급히 서두르지 않아도 빠르며, 가지 않아도 이르게 되는 것이다.
　공자가 "《역》에는 성인이 담아둔 네 가지가 있다"라 한 것은 이것을 말한 것이다.

　【夫《易》, 聖人之所以極深而研幾也】 '極深'은 깊은 곳 끝까지 다해봄. '研幾'는 기미한 것까지 모두 연구해 봄. '幾'는 아주 微細한 徵兆나 事案. 〈正義〉에 "夫《易》, 聖人之所以極深而研幾也'者, 言《易》道弘大, 故聖人用之, 所以窮極幽深, 而研覈幾微也. '極深'者, 則前經初一節云'君子將有爲將有行, 問焉而以言, 其受命如嚮, 无有遠近幽深', 是'極深'也; '研幾'者, 上經次節云'參伍以變, 錯綜其數, 通其變, 遂成天地之文, 極其數, 遂定天下之象', 是'研幾'也"라 함. 《集解》에 "荀爽曰:「謂伏羲畫, 卦窮極《易》幽深; 文王〈繫辭〉研盡《易》幾微者也.」"라 함. 《本義》에 "研, 猶審也; 幾, 微也. 所以極深者, 至精也; 所以研幾者, 至變也"라 함.

　【唯深也, 故能通天下之志】 '天下之志'는 천하 사람들이 하고자 하는 뜻. 천하 사람들의 心志. 〈正義〉에 "唯深也, 故能通天下之志'者, 言聖人用《易》道, 以極深, 故聖人德深也. 故能通天下之志意, 卽是前經上節'問焉而以言. 其受命如嚮, 遂知來物', 是通天下之志也"라 함. 《集解》에 "虞翻曰:「深謂幽贊, 神明无有遠近幽深, 遂知來物, 故通天下之志, 謂蓍也.」"라 함.

【唯幾也, 故能成天下之務】'天下之務'는 천하 사람들이 해야 할 職務나 義務, 事務. 王弼 注에 "極未形之理, 則曰深. 適動微之會, 則曰幾"라 하였고, 〈正義〉에 "唯幾也, 故能成天下之務'者, 聖人用《易》道, 以研幾, 故聖人知事之幾微, 是前經次節'參伍以變, 錯綜其數, 通其變, 遂成天地之文'是也. 幾者, 離无入, 有是有初之微, 以能知有初之微, 則能興行其事, 故能成天下之事務也"라 함. 《集解》에 "虞翻曰:「務, 事也. 謂《易》研幾開物, 故成天下之務, 謂卦者也.」"라 함.

【唯神也, 故不疾而速, 不行而至】'不疾而速'은 疾走하지 않아도 저절로 速度가 남. '不行而至'은 가지 않아도 저절로 목적지에 이르게 됨. 〈正義〉에 "唯神也, 故不疾而速, 不行而至'者, 此覆說上經下節《易》之神功也. 以无思・无爲, 寂然不動, 感而遂通, 故不須急疾而事速成. 不須行動而理自至也. 案下節云'唯深也, 言通天下之志. 唯幾也, 言成天下之務'. 今唯神也, 直云不疾而速, 不行而至, 不言通天下者, 神則至理微, 妙不可測, 知无象无功於天下之事理, 絶名言不可論也. 故不云成天下之功也"라 함. 《集解》에 "虞翻曰:「神, 謂《易》也. 謂日月斗在天, 日行一度, 月行十三度, 從天西轉, 故不疾而速. 星寂然不動, 隨天右周, 感而遂通, 故不行而至者也.」"라 함. 《本義》에 "所以通志而成務者, 神之所爲也"라 함.

【子曰「《易》有聖人之道四焉」者, 此之謂也】앞에 거론했던 命題를 다시 확인한 것임. 王弼 注에 "四者, 由聖道以成, 故曰聖人之道"라 하였고, 〈正義〉에 "子曰:「《易》有聖人之道四焉」者, 此之謂也'者, 章首論聖人之道四焉. 章中歷陳其三事, 章末結而成之. 故曰聖人之道四焉, 是此之謂也. 章首聖人之道有四者, 韓氏云: 此四者存乎器象, 可得而用者, 則辭也, 變也, 象也, 占也. 是有形之物, 形器可知也. 若章中所陳, 則有三事一是至精, 精則唯深也. 二是至變, 變則唯幾也. 三是至神, 神則微妙. 无形是其无也. 神既无形, 則章中三事, 不得配.」章首四事, 韓氏云:「四者, 存乎器象, 故知章中三事不得配章首四事者也. 但行此四者, 卽能致章中三事, 故章中歷陳三事, 下摠以聖人之道四焉結之也.」"라 함. 《集解》에 "侯果曰:「言《易》, 唯深唯神, 蘊此四道, 因聖人以章, 故曰聖人之道矣.」"라 함.

# ◇ 第十一章 ◇

*〈正義〉에 "此第十章也. 前章論《易》有聖人之道四焉, 以卜筮尙其占. 此章明卜筮蓍龜所用, 能通神知也"라 하였고, 《本義》에 "此章專言卜筮"라 함.

## (1)

# 天一地二, 天三地四, 天五地六, 天七地八, 天九地十.

〈해석〉

하늘은 1, 땅은 2, 하늘은 3, 땅은 4, 하늘은 5, 땅은 6, 하늘은 7, 땅은 8, 하늘은 9, 땅은 10의 숫자로 상징한다.

【天一地二 - 天九地十】 이는 天數와 地數를 奇數(홀수)와 偶數(짝수)로 나누어 二分法으로 상징한 것임. 한편 이 구절은 여기서는 〈十三經〉《周易正義》를 따랐으나, 《漢書》律曆志에는 〈제9장〉 '大衍之數' 중간에 들어가 있음. 이에 朱熹《周易本義》에도 〈제9장〉의 "天數五, 地數五"로 부터 "成變化而行鬼神"의 구절을 모두 옮겨 순서를 정리하였음. 〈제9장〉을 참조할 것. 王弼 注에 "《易》以極數通神明之德, 故明《易》之道, 先擧天地之數也"라 하였고, 〈正義〉에 "'天一地二, 天三地四, 天五地六, 天七地八, 天九地十', 此言天地陰陽, 自然奇耦之數也"라 함. 《集解》에 "天一水甲, 地二火乙, 天三木丙, 地四金丁, 天五土戊, 地六水巳, 天七火庚, 地八木辛, 天九金壬, 地十土癸 ○此則大衍之數五十有五, 蓍龜所從生. 聖人以通神明之德, 以類萬物之情, 此上虞翻義也"라 함.

## (2)

# 子曰:「夫《易》何爲者也? 夫《易》開物成務, 冒天下之道, 如斯以已者也.」
# 是故聖人以通天下之志, 以定天下之業, 以斷天下之疑.

〈해석〉

공자가 말하였다.

"무릇 《역》이란 어떤 것인가? 대체로 《역》은 만물을 창시하여 해야 할 사무를 이룬 것이며, 천하의 도(道)를 모두 포괄하고 있으니, 이와 같은 것일 따름이다."

이 까닭으로 성인은 이로써 천하의 뜻을 훤히 소통시켰고, 이로써 천하의 업무를 정하였으며, 이로써 천하의 의혹을 판단하였던 것이다.


【子曰:「夫《易》何爲者也?】 '何爲者'는 무엇을 하고자 하는 것. 무엇을 위한 것. 《集解》에는 "夫《易》何爲而作也?"라 하여 '者'가 '作'으로 되어 있음. 〈正義〉에 "子曰夫《易》何爲者', 言《易》之功用, 其體何爲? 是問其功用之意"라 함. 《集解》에 "虞翻曰: 「夫《易》何爲取天地之數也?」"라 함.

【夫《易》開物成務】 '開物成務'는 하늘이 만물을 開創해주었으니 만물은 각자 그 주어진 임무를 이루어야 함. 혹 하늘이 만물을 개창하고 그 만물은 그에 따라 자신의 본능의 임무를 성취해나감. 또는 庖羲氏(伏羲氏)가 八卦를 짓고 이것이 64괘의 근본이 되었으며, 뒤에 聖人이 그 象을 보고 각종 도구를 만들어 천하의 사무를 완성함. '開物'은 事物의 眞象을 創始함. '成務'는 그 일의 처리 방법을 확정함. 《集解》에 "陸績曰: 「開物, 謂庖犧引伸八卦, 重以爲六十四, 觸長爻策至於萬一千五百二十, 以當萬物之數, 故曰'開物'. 聖人觀象而制網罟耒耜之屬, 以成天下之務, 故曰'成務'也.」"라 함.

【冒天下之道】 '冒'는 '覆(덮다), 포괄하다, 빠짐없이 모두 담다'의 뜻. 《易》은 천하의 도를 모두 담고 있음.

【如斯以已者也】 이와 같을 뿐임. 그 외 다른 것은 없음. 王弼 注에 "冒, 覆也. 言《易》通萬物之志, 成天下之務, 其道可以覆冒天下也"라 하였고, 〈正義〉에 "夫《易》開物成務, 冒天下之道, 如斯而已者', 此夫子還自釋《易》之體用之狀. 言《易》能開通萬物之志, 成就天下之務, 有覆冒天下之道, 斯此也. 《易》之體用如此而已"라 함. 《集解》에 "虞翻曰: 「以陽闢坤, 謂之開物; 以陰翕乾, 謂之成務. 冒, 觸也. 觸類而長之如此也.」"라 함.

【是故聖人以通天下之志】 '以'는 '이 《易》으로써'의 뜻. 〈正義〉에 "是故聖人以通天下之志'者, 言《易》道如此, 是故聖人以其《易》道通達天下之志, 極其幽深也"라 함. 《集解》에 "九家《易》曰: 「凡言是故者, 承上之辭也. 謂以動者, 尙其變, 變而通之, 以通天下之志也.」"라 함.

【以定天下之業】 '業'은 사람이 각기 해야 할 업무. 〈正義〉에 "以定天下之業'者, 以此《易》道定天下之業, 由能硏幾成務, 故定天下之業也"라 함. 《集解》에 "九家《易》曰: 「謂

以制器者, 尙其象也. 凡事業之未, 立以《易》道決之, 故言以定天下之業.」"이라 함.

【以斷天下之疑】'疑'는 사람들이 미래에 대해 의심이나 의혹을 갖고 결정하지 못하는 事案. 〈正義〉에 "以斷天下之疑'者, 以此《易》道決斷天下之疑, 用其蓍龜占卜, 定天下疑危也"라 함.《集解》에 "九家《易》曰:「謂卜筮者, 尙其占也. 占事知來, 故定天下之疑.」"라 함.《本義》에 "開物成務, 謂使人卜筮, 以知吉凶, 而成事業. 冒天下之道, 謂卦爻旣設, 而天下之道, 皆在其中"이라 함.


# (3)

是故蓍之德圓而神, 卦之德方以知, 六爻之義易以貢.
聖人以此洗心, 退藏於密, 吉凶與民同患;
神以知來, 知以藏往.
其孰能與此哉? 古之聰明叡知, 神武而不殺者夫!
是以明於天之道, 而察於民之故, 是興神物以前民用.
聖人以此齊戒, 以神明其德夫!


〈해석〉

이 까닭으로 시수(蓍數)가 일러주는 덕(德)은 원만하면서도 신묘하며, 괘상(卦象)이 일러주는 덕은 방정하면서도 명지(明智)하며, 여섯 효(爻)가 일러주는 뜻은 변역(變易)으로써 사람에게 일러주는 것이다.

성인은 이를 위해 마음을 씻고 물러나 은밀한 곳에 이를 저장해두고, 길흉(吉凶)에 대해 백성과 함께 걱정하였던 것이다.

시수가 일러준 신묘함으로써 미래를 알 수 있었고, 괘상이 일러주는 것으로써 지난날의 경험을 저장하였던 것이다.

이런 것을 그 누가 능히 해내었겠는가? 옛날 총명예지(聰明叡知)하고, 신무(神武)하여 백성을 마구 죽이지 않던 자가 했을 것이다!

이 까닭으로 하늘의 도에 명철하며, 백성들의 할 일을 살펴, 이에 신묘한 물건들을 만들어 백성들 일용에 앞서 선도하였던 것이다.

성인이 이를 이용하여 제계(齊戒)하였으며, 이를 이용하여 그 덕을 신묘하게 밝혀내었던 것이다!

【是故蓍之德圓而神】'蓍'(시)는 蓍數. 蓍草로 爻를 삼아 그 위치와 數로 풀이한 것. 뒤에는 筮竹을 사용하였으며 이에 시초로 치는 점을 '筮'라 함. '德'은 그 蓍數가 일러주는 내용. '德'으로 표현한 것은 '성인이 백성들을 구제하기 위해 지은 것이 《易》'이라는 긍정적인 의미를 담기 위한 것임.

【卦之德方以知】'卦之德'은 卦象을 통해 알 수 있는 내용. '方以知'는 일러주는 지혜가 방정함. 틀림없음. '知'는 智와 같음. 王弼 注에 "圓者, 運而不窮方者, 止而有分. 言蓍以圓象, 神卦以方. 象知也, 唯變所適无數不周, 故曰圓. 卦列爻分, 各有其體, 故曰方也"라 하였고, 〈正義〉에 "'是故蓍之德圓而神, 卦之德方以知'者, 神以知來, 是來无方也; 知以藏往, 是往有常也. 物旣有常, 猶方之有止, 數无恒體, 猶圓之不窮, 故蓍之變通, 則无窮神之象也. 卦列爻分, 有定體知之象也. 知可以識前, 言往行神可以逆知將來之事, 故蓍以圓象, 神卦以方象知也"라 함. 《集解》에 "崔憬曰:「蓍之數七七四十九. 象陽圓其爲用也. 變通不定因之, 以知來物, 是蓍之德圓而神也. 卦之數八八六十四, 象陰方其爲用也. 爻位有分因之, 以藏往知事, 是卦之德方以知也.」"라 함.

【六爻之義易以貢】'六爻'는 위의 蓍數, 卦象의 다음의 구체적인 효의 내용을 말함. '易以貢'의 '易'은 變易, 즉 變化를 뜻함. 《역》은 일러주는 吉凶이 固定化된 것이 아니며 內外卦의 配置, 爻의 位置 등에 따라 끝없이 變化를 일으킴. '貢'은 '告, 提貢해주다, 일러주다'의 뜻. 高亨은 "貢, 與控古通用, 控亦訓告. '六爻之義易以貢', 言六爻之義在變易以告也"라 함. '易以貢'은 위의 '圓而神', '方以知'의 對句. 王弼 注에 "貢, 告也. 六爻變易以告人吉凶"이라 하였고, 〈正義〉에 "'六爻之義易以貢'者, 貢, 告也. 六爻有吉凶之義, 變易以告人也"라 함. 《集解》에 "韓康伯曰:「貢, 告也. 六爻之變易, 以告吉凶也.」"라 함.

【聖人以此洗心】여기서의 '聖人'은 《易》을 처음 만든 伏羲氏를 가리키며 고대 帝王을 아주 이상적인 指導者로 높이 稱揚한 것임. '洗心'은 마음을 씻음. 즉 아주 정결한 마음으로 함. 王弼 注에 "洗濯萬物之心"이라 하였고, 〈正義〉에 "'聖人以此洗心'者, 聖人以此《易》之卜筮, 洗蕩萬物之心. 萬物有疑, 則卜之. 是蕩其疑心, 行善得吉, 行惡遇凶, 是濯其惡心也"라 함. 《集解》에 "韓康伯曰:「洗濯萬物之心者也.」"라 함.

【退藏於密】물러나 은밀한 곳에 이를 숨겨둠. 만물이 《역》의 원리에 의해 존재하고 생명을 키워가고 있지만 이를 모르고 있음. 그럼에도 《역》은 자신의 공을 내세우지 않음을 뜻함. 王弼 注에 "言其道深微, 萬物日用而不能知其原, 故曰'退藏於密'. 猶藏諸用也"라 하였고, 〈正義〉에 "'退藏於密'者, 言《易》道進則濯除萬物之心, 退則不知其所以然,

萬物日用而不知, 是功用藏於密也"라 함.《集解》에 "陸績曰:「受蓍龜之報應, 決而藏之於心也.」"라 함.

【吉凶與民同患】 '與民同患'은 백성들에게 길흉이 있으면 이를 백성들과 함께 근심하며 안타까워함. 王弼 注에 "表吉凶之象, 以同民所憂患之事, 故曰'吉凶與民同患'也"라 하였고, 〈正義〉에 "'吉凶與民同患'者,《易》道以示人吉凶, 民則亦憂患其吉凶, 是與民同其所憂患也. 凶者, 民之所憂也. 上竝言吉凶, 此獨言同患者, 凶雖民之所患, 吉亦民之所患也. 旣得其吉, 又患其失, 故《老子》云「寵辱若驚」也"라 함.《集解》에 "虞翻曰:「聖人謂庖犧. 以蓍神知來, 故以洗心. 陽動入巽, 巽爲退伏, 坤爲閉戶, 故藏密. 謂齊於巽, 以神明其德, 陽吉陰凶, 坤爲民, 故吉凶與民同患. 謂作《易》者其有憂患也.」"라 함.

【神以知來, 知以藏往】 '神以知來'는《易》의 신묘함을 빌려 미래를 알 수 있음. '知以藏往'은 그렇게 하여 얻은 지식으로써 지나간 과거 경험을 모두 모아 저장함. 王弼 注에 "明蓍卦之用, 同神知也. 蓍定數於始, 於卦爲來卦成象, 於終於蓍爲往, 往來之用, 相成猶神知也"라 하였고, 〈正義〉에 "'神以知來, 智以藏往'者, 此明蓍卦德同神知, 知來藏往也. 蓍定數於始, 於卦爲來卦成象, 於終於蓍爲往, 以蓍望卦則是知卦象, 將來之事, 故言'神以知來'; 以卦望蓍, 則是聚於蓍, 象往去之事, 故言'知以藏往'也"라 함.《集解》에 "虞翻曰:「乾神知來, 坤知藏往來, 謂出見往謂藏密也.」"라 함.

【其孰能與此哉?】 '누가 능히 이러한 신묘한 일에 참여할 수 있겠는가?', 즉 '이처럼 신묘한《역》을 짓는 일은 누가 할 수 있었겠는가?'의 뜻. 〈正義〉에 "'其孰能與此哉'者, 言誰能同此也? 蓋是"라 함.《集解》에 "虞翻曰:「誰乎能爲此哉! 謂古之聰明睿知之君也.」"라 함.

【古之聰明叡知】 '聰明叡知'는 聰明叡智와 같음. '聰明'은 귀 밝은 것을 聰, 눈 밝은 것을 明이라 함.《尙書》孔穎達 疏에 "言聰明者, 據人近驗, 則聽遠爲聰, 見微爲明. …… 以耳目之聞見, 喩聖人之智慧, 兼知天下之事"라 함. '叡知'는 지도자(帝王)의 밝고 지혜로움을 표현하는 말.

【神武而不殺者夫!】 '神武'는 神妙한 勇武. 仁德과 勇武를 함께 갖춘 것. '不殺'은 백성을 마구 죽이지 않음. 구체적으로 伏羲氏 같은 경우를 말함. '夫'는 感歎終結詞. 王弼 注에 "服萬物而不以威刑也"라 하였고, 〈正義〉에 "'古之聰明叡知, 神武而不殺者夫',《易》道深遠, 以吉凶禍福, 威服萬物, 故古之聰明叡知, 神武之君, 謂伏羲等, 用此《易》道, 能威服天下, 而不用刑殺, 而威服之也"라 함.《集解》에 "虞翻曰:「謂大人也. 庖犧在乾五, 動而之, 坤與天地合. 聰明在坎, 則聰; 在離則明. 神武謂乾, 睿知謂坤. 乾坤坎離, 反復不衰, 故而不殺者夫.」"라 함.《本義》에 "圓神, 謂變化无方; 方知, 謂事有定理. 易以貢, 謂

變易以告人. 聖人體具三者之德, 而无一塵之累. 无事則其心寂然, 人莫能窺有事, 則神知之用, 隨感而應, 所謂无卜筮而知吉凶也. 神武不殺, 得其理而不假其物之謂"라 함.

【是以明於天之道】 '明於天之道'는 天道에 明察함. 〈正義〉에 "'是以明於天之道'者, 言聖人能明天道也"라 함.

【而察於民之故】 '故'는 '事'의 뜻. 백성들의 일상 事務. 〈正義〉에 "'而察於民之故'者, 故, 事也.《易》窮變化, 而察知民之事也"라 함.《集解》에 "虞翻曰:「乾五之坤, 以離日照天, 故明天之道. 以坎月照坤, 故察民之故, 坤爲民.」"이라 함.

【是興神物以前民用】 '興'은 起, 作과 같음. 처음으로 만듦. '神物'은 신기한 기물들. 백성들이 일상 사용하는 연장이나 도구. 이를 聖人이《역》의 원리를 바탕으로 발명하였다고 여겼음. 王弼 注에 "定吉凶於始也"라 하였고, 〈正義〉에 "'是興神物以前民用'者, 謂《易》道興起, 神理事物, 豫爲法象, 以示於人. 以前民之所用, 定吉凶於前, 民乃法之所用, 故云'以前民用'也"라 함.《集解》에 "陸績曰:「神物, 蓍也. 聖人興蓍, 以別吉凶, 先民而用之, 民皆從焉. 故曰'以前民用'也.」"라 함.

【聖人以此齊戒】 '齊戒'는 齋戒와 같음.《廣雅》에 "齊, 敬也"라 함. 삼가고 공경히 함. 謹愼함. 修潔自戒함. 어떤 일을 하기 전 매우 貞潔히 하고 경계함. 王弼 注에 "洗心曰齊, 防患曰戒"라 하였고, 〈正義〉에 "'聖人以此齊戒'者, 聖人以《易》道, 自齊自戒. 謂照了吉凶, 齊戒其身. 洗心曰齊, 防患曰戒"라 함.《集解》에 "韓康伯曰:「洗心曰齋, 防患曰戒.」"라 함.

【以神明其德夫!】 〈正義〉에 "'以神明其德夫'者, 言聖人旣以《易》道自齊戒, 又以《易》道神明其已之德化也"라 함.《集解》에 "陸績曰:「聖人以蓍能逆知吉凶, 除害就利, 清潔其身, 故曰以此齋戒也. 吉而後行, 擧不違失, 其德富盛, 見稱神明, 故曰'神明其德'也.」"라 함.《本義》에 "神物, 謂蓍龜. 湛然純一之謂齋, 肅然警惕之謂戒. 明天道, 故知神物之可興, 察民, 故故知其用之不可不有, 以開其先, 是以作爲卜筮以敎人, 而於此焉. 齋戒以考其占, 使其心神明不測, 如鬼神之能知來也"라 함.

(4)

是故闔戶謂之坤, 闢戶謂之乾, 一闔一闢謂之變, 往來不窮謂
之通;
見乃謂之象, 形乃謂之器, 制而用之謂之法, 利用出入, 民咸
用之謂之神.

〈해석〉

이 까닭으로 문을 닫는 것을 일러 곤(坤, 柔, 藏)이라 하고, 문을 여는 것을 일러
건(乾, 剛, 開)이라 하며, 한 번 닫고 한 번 여는 것을 일러 변(變)이라 하며, 오고감이
끝이 없음을 일러 통(通)이라 한다.

드러나는 것을 일러 상(象)이라 하며, 형태를 이룬 것을 일러 기(器)라 하고, 제작
하여 사용하는 것을 일러 법(法)이라 하고, 이용하여 내놓았다 들여놓았다 하며 백성
들 누구나 사용하는 것을 일러 신(神)이라 한다.

【是故闔戶謂之坤, 闢戶謂之乾】'闔戶'는 문을 닫음. 만물을 거두어 안으로 들여놓음
을 비유함. 坤의 本領을 상징함. '闢戶'는 문을 엶. 만물을 창조하고 밖으로 내놓아
누구나 보고 사용할 수 있도록 함. '乾'의 본령을 상징함. 王弼 注에 "坤道包物, 乾道施
生"이라 하였고, 〈正義〉에 "'是故闔戶謂之坤, 闢戶謂之乾'者, 聖人旣用此《易》道以化天
下, 此已下又廣明《易》道之大. 《易》從乾坤而來, 故更明乾坤也. 凡物先藏而後出, 故先言
坤而後言乾. 闔戶, 謂閉藏萬物, 若室之閉闔其戶, 故云. 闔戶, 謂之坤也; 闢戶, 謂吐生萬
物也. 若室之開闢其戶, 故闢戶謂之乾也"라 함. 《集解》에 "虞翻曰:「闔, 閉翕也. 謂從巽
之坤, 坤柔象夜, 故以閉戶者也. 闢, 開也. 謂從震之乾, 乾剛象晝, 故以開戶也.」"라 함.

【一闔一闢謂之變】닫고 열고 하여 循環이 이루어짐. 이를 '變'이라 함. '變'은 變易,
變化를 뜻함. 〈正義〉에 "'一闔一闢謂之變'者, 開閉相循, 陰陽遞至, 或陽變爲陰, 或開而
更閉, 或陰變爲陽, 或閉而還開, 是謂之變也"라 함. 《集解》에 "虞翻曰:「陽變闔陰, 陰變
闢陽, 剛柔相推, 而生變化也.」"라 함.

【往來不窮謂之通】'往來不窮'은 가고 옴이 끝이 없음. 무궁함. '通'은 疏通, 流通, 通達
의 뜻. 〈正義〉에 "'往來不窮謂之通'者, 須往則變來爲往, 須來則變往爲來. 隨須改變, 不有
窮已, 恒得通流, 是謂之通也"라 함. 《集解》에 "荀爽曰:「謂一冬一夏, 陰陽相變易也. 十二
消息, 陰陽往來无窮已, 故通也.」"라 함.

【見乃謂之象】 '見'은 現과 같음. 겉으로 드러남. '象'은 物象. 만물이 각기 가지고 있는 形象. 象徵. 特長. 王弼 注에 "兆見曰象"이라 하였고, 〈正義〉에 "'見乃謂之象'者, 前往來不窮, 據其氣也. 氣漸積聚, 露見萌兆, 乃謂之象. 言物體尙微也"라 함.

【形乃謂之器】 '形'은 형태를 갖추고 있음. '器'는 器具. 백성들이 일상 사용하는 器物. 王弼 注에 "成形曰器"라 하였고, 〈正義〉에 "'形乃謂之器'者, 體質成形, 是謂器物. 故曰'形乃謂之器', 言其著也"라 함. 《集解》에 "荀爽曰:「謂日月星辰, 光見在天, 而成象也. 萬物生長在地, 成形可以爲器用者也.」"라 함.

【制而用之謂之法】 '制'는 製와 같음. 製作함. '法'은 방법, 使用(活用) 方法. 〈正義〉에 "'制而用之謂之法'者, 言聖人裁制其物, 而施用之垂爲模範, 故曰謂之法"이라 함. 《集解》에 "荀爽曰:「謂觀象於天, 觀形於地, 制而用之, 可以爲法.」"이라 함.

【利用出入, 民咸用之謂之神】 '利用出入'은 끝없이 반복하여 이용함. '神'은 新奇함. 神妙함. 〈正義〉에 "'利用出入, 民咸用之謂之神'者, 言聖人以利爲用, 或出或入, 使民咸用之, 是聖德微妙, 故云'謂之神'"이라 함. 《集解》에 "陸績曰:「聖人制器, 以周民用, 用之不遺, 故曰'利用出入'也. 民皆用之, 而不知所由來, 故'謂之神'也.」"라 함. 《本義》에 "闔闢, 動靜之機也. 先言坤者, 由靜而動也. 乾坤變通者, 化育之功也. 見象形器者, 生物之序也. 法者, 聖人修道之所爲, 而神者, 百姓自然之日用也"라 함.


# (5)

## 是故《易》有太極, 是生兩儀, 兩儀生四象, 四象生八卦, 八卦定吉凶, 吉凶生大業.

〈해석〉

이 까닭으로 《易》의 이치에는 태극(太極)이 있으니, 이것이 양의(兩儀)를 낳고, 양의가 사상(四象)을 낳고 사상이 팔괘(八卦)를 낳았으며, 팔괘가 길흉(吉凶)을 결정하고, 길흉이 대업(大業)을 낳았다.

*孔穎達 〈正義〉에는 "此第十一章也. 前章旣明蓍卦有神明之用, 聖人則而象之, 成其神化. 此又明《易》道之大法於天地, 則象日月能定天下之吉凶, 成天下之亹亹也"라 하여 이 구절부터 제11장으로 하였음.

【是故《易》有太極】 '太極'은 太一, 無極이라고도 하며 萬物(萬象)의 원천. 天地의 이전 未分化의 混沌(Caos) 상태. 周敦頤의 〈太極圖說〉에 "無極而太極, 太極動而生陽, 動極而靜, 靜而生陰, 靜極復動. 一動一靜, 互爲其根; 分陰分陽, 兩儀立焉. 陽變陰合, 而生水火木金土, 五氣順布, 四時行焉. 五行一陰陽也, 陰陽一太極也; 太極, 本無極也"이라 함.

【是生兩儀】 '兩儀'는 陰陽. '兩儀'는 천지만물의 二分法的 分類. 陽(一)과 陰(--)으로 分化됨. 王弼 注에 "夫有必始於无, 故大極生兩儀也. 大極者, 无稱之稱, 不可得而名. 取有之所極, 況之大極者也?"라 하였고, 〈正義〉에 "'太極', 謂天地未分之前, 元氣混而爲一, 卽是太初太一也. 故《老子》云「道生一」, 卽此太極是也. 又謂混元旣分. 卽有天地, 故曰'太極生兩儀'. 卽《老子》云「一生二」也. 不言'天地'而言'兩儀'者, 指其物體, 下與四象相對, 故曰'兩儀'. 謂兩體容儀也"라 함. 《集解》에 "干寶曰:「發初言, 是故總衆篇之義也.」○虞翻曰:「太極, 太一也. 分爲天地, 故生兩儀也.」"라 함.

【兩儀生四象】 '四象'은 太陰(老陰 ==), 太陽(老陽 =), 少陰(==), 少陽(==)의 네 가지로 분화됨. 혹 八卦에서는 (乾=)과 (兌=)를 太陽, (坤==)과 (艮==)을 太陰, (巽=)과 (坎==)을 少陽, (離=)와 (震=)을 少陰으로 보기도 함. 〈正義〉에 "'兩儀生四象'者, 謂金木水火, 稟天地而有, 故云'兩儀生四象'. 上則分王四季, 又地中之別, 故唯云'四象'也"라 함. 《集解》에 "虞翻曰:「四象, 四時也. 兩儀, 謂乾坤也. 乾二五之坤成坎離震兌. 震春兌秋, 坎冬離夏, 故兩儀生四象. 〈歸妹〉卦備, 故象獨稱天地之大義也.」"라 함.

【四象生八卦】 (=乾天), (==坤地), (=兌澤), (=離火), (==震雷), (=巽風), (==坎水), (==艮山)으로 3효씩 배합하여 총 8개의 小成卦가 나옴. 王弼 注에 "卦以象之"라 하였고, 〈正義〉에 "'四象生八卦'者, 若謂震木, 離火, 兌金, 坎水, 各主一時, 又巽同震木, 乾同兌, 金加以坤, 艮之土, 爲八卦也"라 함. 《集解》에 "虞翻曰:「乾二五之坤, 則生震坎艮, 坤二五之乾, 則生巽離兌, 故四象生八卦. 乾坤生春, 艮兌生夏, 震巽生秋, 坎離生冬者也.」"라 함. 《本義》에 "一每生二, 自然之理也. 《易》者, 陰陽之變; 大極者, 其理也. 兩儀者, 始爲一畫以分陰陽; 四象者, 次爲二畫以分太少; 八卦者, 次爲三畫而三才之象. 始備此數, 言者實聖人作《易》, 自然之次第, 有不假絲毫智力而成者, 畫卦揲蓍其序皆然, 詳見序例啓蒙"이라 함.

【八卦定吉凶】 이 팔괘로써 吉凶을 결정함. 王弼 注에 "八卦旣立, 則吉凶可定"이라 하였고, 〈正義〉에 "'八卦定吉凶'者, 八卦旣立, 爻象變而相推, 有吉有凶, 故八卦定吉凶也"라 함. 《集解》에 "虞翻曰:「陽生則吉, 陰生則凶, 謂方以類聚, 物以羣分, 吉凶生矣. 已言於上, 故不言'生'而獨言'定吉凶'也.」"라 함.

【吉凶生大業】 '大業은 萬物(萬象)이 가지고 있는 盛大한 原理. 각기 가지고 있는 物

性과 質性. 王弼 注에 "旣定吉凶, 則廣大悉備"라 하였고, 〈正義〉에 "'吉凶生大業'者, 萬事各有吉凶, 廣大悉備, 故能生天下大事業也"라 함. 《集解》에 "荀爽曰:「一消一息, 萬物豐殖, 富有之謂大業.」"이라 함. 《本義》에 "有吉有凶, 是生大業"이라 함.


# (6)

是故法象莫大乎天地; 變通莫大乎四時;
縣象著明莫大乎日月; 崇高莫大乎富貴;
備物致用, 立成器以爲天下利, 莫大乎聖人;
探賾索隱, 鉤深致遠, 以定天下之吉凶, 成天下之亹亹者,
莫大乎蓍龜.

〈해석〉

이 까닭으로 법상(法象)은 천지(天地)보다 더 큰 것이 없고, 변통(變通)은 사시(四時)보다 더 큰 것이 없다.

천상(天象)에 매달려 있으면서 밝음을 드러내는 것으로는 일월(日月)보다 더한 것이 없으며, 높고 높기로는 부귀(富貴)보다 더 큰 것이 없다.

물건을 갖추어 쓰임에 이르도록, 공을 세우고 기구를 만들어 천하를 이롭게 한 이로는 성인(聖人)보다 더 위대한 이가 없다.

미세한 것을 탐지하고, 은밀한 것을 탐색하며, 깊은 곳의 것을 끌어올려 멀리까지 이르게 하여, 천하의 길흉을 결정, 천하의 미미(亹亹)함을 완성시킨 것으로는 시구(蓍龜)보다 더 위대한 것은 없다.


【是故法象莫大乎天地】 '法象'은 사물의 象을 법으로 여겨 본받음. 〈正義〉에 "'是故法象莫大乎天地'者, 言天地最大也"라 함. 《集解》에 "翟玄曰:「見象立法, 莫過天地也.」"라 함.

【變通莫大乎四時】 '變通'은 변화하여 疏通함. 변화를 일으켜 通達토록 함. '사시'는 春夏秋冬. 이 四時는 春生, 夏長, 秋收, 冬藏의 변화를 바탕으로 만물이 통하도록 함. 〈正義〉에 "'變通莫大乎四時'者, 謂四時以變得通, 是變中最大也"라 함. 《集解》에 "荀爽

曰:「四時相變, 終而復始也.」라 함.

【縣象著明莫大乎日月】 '縣象'은 懸象과 같으며 天象에 매달려 있음. 하늘에 매어져 있음. '著明'은 밝음을 드러냄. 해와 달을 가리킴. 〈正義〉에 "'縣象著明莫大乎日月'者, 謂日月中時, 徧照天下, 无幽不燭, 故云'著明莫大乎日月'也"라 함. 《集解》에 "虞翻曰:「謂日月懸天, 成八卦象, 三日暮震象出庚, 八日兌象見丁, 十五日乾象盈, 甲十七日旦巽象退辛, 二十三日艮象消丙, 三十日坤象滅乙, 晦夕朔旦坎象流戊. 日中則離, 離象就已, 戊巳土位象見於中, 日月相推而明生焉. 故懸象著明莫大乎日月者也.」"라 함.

【崇高莫大乎富貴】 '崇高'는 人事를 두고 한 말임. 乾卦에서 九五가 모든 부와 귀를 다 가지고 있음을 말함. '富貴'의 '富'는 財物, '貴'는 身分의 많고 높음을 뜻함. 王弼注에 "位所以一, 天下之動, 而濟萬物"이라 하였고, 〈正義〉에 "'崇高莫大乎富貴'者, 以王者居九五, 富貴之位, 力能齊一, 天下之動而道濟萬物, 是崇高之極, 故云'莫大乎富貴'"라 함. 《集解》에 "虞翻曰:「謂乾正位於五, 五貴坤富, 以乾通坤, 故高大富貴也.」"라 함.

【備物致用】 事物을 具備하여 쓰임에 이르도록 함.

【立成器以爲天下利】 '立成器'는 《漢書》 貨殖傳에 인용된 구절에는 "立功成器"라 하여 훨씬 구체적임. 이에 朱熹도 "'立'下疑有闕文"이라 함. '공을 세우고 기구를 만들다'의 뜻.

【莫大乎聖人】 중국은 고대 聖人들이 인류의 유용한 기물을 창제한 것으로 여겼음. 즉 有巢氏는 집을, 燧人氏는 鑽木取火의 방법을, 伏羲氏는 結網과 八卦를, 神農氏는 稼穡을, 軒轅氏는 舟車, 宮室, 衣裳을 창제한 것으로 여겼음. 〈正義〉에 "備物致用, 立成器以爲天下利, 莫大乎聖人'者, 謂備天下之物, 招致天下所用, 建立成就天下之器, 以爲天下之利, 唯聖人能然, 故云'莫大乎聖人'也"이라 함. 《集解》에 "虞翻曰:「神農·黃帝·堯·舜也. 民多否閉, 取乾之坤, 謂之備物; 以坤之乾, 謂之致用. 乾爲物坤爲器用, 否四之初, 耕稼之利, 否五之初, 市井之利, 否四之二, 舟檝之利, 否上之初, 牛馬之利, 謂十三. 蓋取以利天下通其變, 使民不倦神而化之, 使民宜之, 聖人作而萬物覩, 故莫乎聖人者也.」"라 함.

【探賾索隱, 鉤深致遠】 '賾'(색)은 '깊숙하다, 오묘하다'의 뜻. '索隱'은 은미한 것도 찾아냄. '鉤深'은 깊은 곳에 숨겨져 있는 것을 갈고리고 낚아 올리듯 찾아냄. '致遠'은 영향이나 사용 방법이 먼 곳까지 이르도록 함.

【以定天下之吉凶】 '以定'은 《易》의 원리로써 判定함. 〈正義〉에 "探賾索隱, 鉤深致遠'者, 探, 謂閾探求取; 賾, 謂幽深難見. 卜筮則能閾探幽昧之理, 故云'探賾'也. 索, 謂求索; 隱, 謂隱藏. 卜筮能求索隱藏之處, 故云'索隱'也'. 物在深處能鉤取之物, 在遠方能招致

之, 卜筮能然, 故云'鉤深致遠'也. 以此諸事正定天下之吉凶"이라 함.

【成天下之亹亹者, 莫大乎蓍龜】'亹亹'(미미)는 '勉'(힘쓰다, 雙聲), 强勉의 뜻. 천하 만물이 각기 자신의 본능대로 성장, 변화, 순환을 위해 부지런히 힘을 쏟음. '蓍龜'는 《易》의 길흉을 일러주는 시초점(筮)과 거북점(卜). 〈正義〉에 "'成就天下之亹亹'者, 唯卜筮能然, 故云'莫大乎蓍龜'也. 案: 〈釋詁〉云:「亹亹, 勉也.」言天下萬事, 悉動而好生, 皆勉勉營爲, 此蓍龜知其好惡, 得失人則棄其惡, 而取其好背其失, 而求其得, 是成天下之亹亹也"라 함. 《集解》에 "虞翻曰:「探取賾初也. 初隱未見. 故探賾索隱, 則幽贊神明, 而生蓍初深, 故曰'鉤深致遠', 謂乾. 乾爲蓍, 乾五之坤, 大有離爲龜, 乾生知吉, 坤殺知凶, 故'定天下之吉凶, 莫大於蓍龜'也.」○侯果曰:「亹, 勉也. 夫幽隱深遠之, 情吉凶未兆之事物, 皆勉勉然. 願知之然不能也. 及蓍成卦, 龜成兆也. 雖神道之幽密, 未然之吉凶, 坐可觀也. 是蓍龜成天下勉勉之聖也.」"라 함. 《本義》에 "富貴, 謂有天下. 履帝位, 立下疑有闕文. 亹亹, 猶勉勉也. 疑則怠決故勉"이라 함.

# (7)

是故天生神物, 聖人則之; 天地變化, 聖人效之;
天垂象, 見吉凶, 聖人象之;
河出圖, 洛出書, 聖人則之.
《易》有四象, 所以示也; 繫辭焉, 所以告也;
定之以吉凶, 所以斷也.

〈해석〉

이 까닭으로 하늘이 이러한 시구와 같은 신물(神物)을 만들어내자, 성인이 이를 법으로 삼았고, 천지가 변화를 일으키자, 성인이 이를 본보기로 삼았다.

하늘이 상을 내려주고, 길흉을 드러내어 보여주자, 성인이 이를 상징으로 삼았다.

하수(河水)에 그림이 나왔고, 낙수(洛水)에서 책이 나오자, 성인이 이를 법으로 삼았다.

《역》에 사상(四象)이 있음은 계시(啓示)하기 위한 것이요, 거기에 설명하는 말을 덧붙인 것은 고시(告示)하기 위함이다.

이를 판정하되 길흉으로써 하는 것은 판단(判斷)하기 위함이다.


【是故天生神物, 聖人則之】 '神物'은 蓍龜와 같은 신비한 물건. 〈正義〉에 "是故天生神物, 聖人則之'者, 謂天生蓍龜, 聖人法則之, 以爲卜筮也"라 함. 《集解》에 "孔穎達曰: 「謂生蓍龜, 聖人法則之, 以爲卜筮者也.」"라 함.

【天地變化, 聖人效之】 '變化'는 四時의 변화. 〈正義〉에 "天地變化, 聖人效之'者, 行四時生殺, 賞以春夏, 刑以秋冬, 是聖人效之"라 함. 《集解》에 "陸績曰: 「天有晝夜·四時, 變化之道, 聖人設三百八十四爻, 以效之矣.」"라 함.

【天垂象, 見吉凶, 聖人象之】 '垂象'은 天象의 日月星辰 모습을 사람들이 쳐다볼 수 있게 해 줌. '見吉凶'의 '見'은 現과 같음. 人事에서 吉凶을 드러내어 보임. 〈正義〉에 "天垂象, 見吉凶, 聖人象之'者, 若璿璣玉衡, 以齊七政, 是聖人象之也"라 함. 《集解》에 "荀爽曰: 「謂在璇璣·玉衡, 以齊七政也.」 ○宋衷曰: 「天垂陰陽之象, 以見吉凶, 謂日月薄蝕, 五星亂行, 聖人象之, 亦著九六爻位, 得失示人, 所以有吉凶之占也.」"라 함.

【河出圖, 洛出書, 聖人則之】 '河出圖'는 黃帝(軒轅氏, 혹 太昊 伏羲氏) 때 河水에서 龍馬가 등에 八卦와 비슷한 그림을 짊어지고 나왔다는 전설. 《十八史略》에 "(黃帝)受河圖. 見日月星辰之象, 始有星官之書. 師大撓占斗建作甲子, 容成造曆, 隸首作算數"라 하여 이를 보고 여러 제도와 기구를 만들었다 함. '洛出書'는 禹가 治水事業을 할 때 洛水(雒水)에서 神龜가 무늬를 짊어지고 나왔는데 9까지의 숫자가 있었음. 禹는 이 무늬를 변별하여 〈洪範九疇〉를 지었다 함.(禹治水時, 神龜負文, 有數至九而出於洛. 禹遂別文, 以爲〈洪範九疇〉.) 《漢書》五行志(上)에 "《易》曰: 「天垂象, 見吉凶, 聖人象之; 河出圖, 雒出書, 聖人則之.」 劉歆以爲虙羲氏繼天而王, 受〈河圖〉, 則而畫之, 八卦是也; 禹治洪水, 賜〈雒書〉, 法而陳之, 〈洪範〉是也"라 함. 〈正義〉에 "河出圖, 洛出書, 聖人則之'者, 如鄭康成之義, 則《春秋緯》云: 「河以通乾, 出天苞洛, 以流坤吐, 地符河, 龍圖發, 洛龜書, 感河圖有九篇. 洛書有六篇.」 孔安國以爲河圖, 則八卦是也; 洛書則九疇是也. 輔嗣之義, 未知何從"이라 함. 《集解》에 "鄭玄曰: 「《春秋緯》云: 『河以通, 乾出天苞, 洛以流, 坤吐地, 符河龍圖, 發洛龜書, 成〈河圖〉有九篇, 〈洛書〉有六篇也.』 ○孔安國曰: 「〈河圖〉則八卦也; 〈洛書〉則九疇也.」 ○侯果曰: 「聖人法〈河圖〉·〈洛書〉, 制歷象以示天下也.」"라 함. 《本義》에 "此四者, 聖人作《易》之所由也. 〈河圖〉·〈洛書〉, 詳見啓蒙"이라 함.

【《易》有四象, 所以示也】 '示'는 啓示, 펴서 널리 보여줌. 〈正義〉에 "《易》有四象, 所以示'者, 莊氏云: 「四象, 謂六十四卦之中, 有實象, 有假象, 有義象, 有用象, 爲四象也.」 今於釋卦之處, 已破之矣. 何氏以爲四象, 謂: 「天生神物, 聖人則之', 一也. '天地變化, 聖

人效之', 二也. '天垂象, 見吉凶, 聖人象之', 三也. '河出圖, 洛出書, 聖人則之', 四也.」
今謂此等四事, 乃是聖人, 《易》外別有其功, 非專《易》內之物, 何得稱《易》? 有四象, 且又
云'《易》有四象, 所以示也. 繫辭焉, 所以告也', 然則象之與辭, 相對之物辭. 旣爻卦之下
辭, 則象謂爻卦之象也. 則上兩儀生四象, 七八九六之謂也. 故諸儒有爲七八九六, 今則從
以爲義"라 함. 《集解》에 "侯果曰:「四象, 謂上下神物也, 變化也, 垂象也, 圖書也. 四者,
治人之〈洪範〉. 《易》有此象, 所以示人也.」"라 함.

【繫辭焉, 所以告也】'告'는 告示, 告하여 알려줌. 〈正義〉에 "'繫辭焉, 所以告'者, 繫辭
於象卦下, 所以告其得失也"라 함. 《集解》에 "虞翻曰:「謂繫, 彖象之辭; 八卦, 以象告也.」"
라 함.

【定之以吉凶, 所以斷也】'斷'은 吉凶을 斷定(判斷)함. 〈正義〉에 "'定之以吉凶, 所以
斷'者, 謂於繫辭之中, 定其行事吉凶, 所以斷其行事得失"이라 함. 《集解》에 "繫辭焉, 以
斷其吉凶. 八卦定吉凶, 以斷天下之疑也"라 함. 《本義》에 "四象, 謂陰陽老少. 示, 謂示人
以所値之卦爻"라 함.

## ◇ 第十二章 ◇

## (1)

《易》曰:「自天祐之, 吉无不利.」

子曰:「祐者, 助也. 天之所助者, 順也; 人之所助者, 信也. 履信思乎順, 又以尚賢也, 是以『自天祐之, 吉无不利』也.」

〈해석〉

《역》〈대유(大有)〉괘 상구(上九)의 효사(爻辭)에 "하늘로부터의 도움을 받으니, 길하여 이롭지 않음이 없다"라 하였다.

공자가 이렇게 설명하였다.

"보우한다는 것은 도와준다는 뜻이다. 하늘이 돕는 것이란 하늘의 뜻에 순응하기 때문이요, 사람이 돕는 것은 사람들에게 믿음을 주기 때문이다. 믿음을 실천하면서 하늘에 순응하며, 또한 현인을 숭상하니, 이 때문에 '하늘로부터 도움을 받으니, 길하여 이롭지 않음이 없다'라 한 것이다."

【《易》曰:「自天祐之, 吉无不利.」】 이는 〈大有〉(014)괘 上九의 爻辭임. 하늘로부터 도움을 받기 때문에 길하며 이롭지 않음이 없음. 〈正義〉에 "'《易》曰:「自天祐之, 吉无不利.」'者, 言人於此《易》之四象所以示, 繫辭所以告吉凶, 所以斷而行之. 行則鬼神无不祐助, 无所不利, 故引《易》之〈大有〉上九爻辭以證之"라 함. 《集解》에 "侯果曰:「此引〈大有〉上九辭以證之義也. 〈大有〉上九: 履信思順, '自天祐之', 言人能依四象所示, 繫辭所告, 又能思順, 則天及人皆共祐之, 吉无不利者也.」"라 함.

【子曰:「祐者, 助也.」】 '祐'는 神의 도움을 뜻함. 〈正義〉에 "'子曰:「祐者, 助也.」'者, 上旣引《易》文, 下又釋其《易》理, 故云'子曰:「祐者, 助也.」'"라 함. 《集解》에 "虞翻曰:「〈大有〉, 兌爲口, 口助, 稱祐.」"라 함.

【天之所助者, 順也】 '順也'는 하늘의 뜻에 순종하기 때문에 하늘의 도움을 받는 것임. 《集解》에 "虞翻曰:「〈大有〉五以陰順上, 故爲天所助者, 順也.」"라 함.

【人之所助者, 信也】 '信也'는 믿음을 주기 때문임. 남들에게 미더움(信實, 信用)이

있기 때문에 도움을 받는 것임. 《集解》에 "虞翻曰:「信, 謂二也. 乾爲人爲信, 庸言之信也.」"라 함.

【履信思乎順, 又以尙賢也】'履信思乎順'은 사람들에게는 미더움을 실천하고, 하늘에게는 순종할 것을 생각함. '尙賢'은 현인을 숭상함. 賢人은 聖人 다음의 선각자를 뜻함. 〈正義〉에 "天之所助者, 順也; 人之所助者, 信也. 履信思乎順者, 人之所助, 唯在於信, 此上九能履踐於信也. 天之所助, 唯在於順"이라 함. 《集解》에 "虞翻曰:「〈大有〉五應二而順上, 故履信思順, 比坤爲順, 坎爲思, 乾爲賢人, 坤伏乾下, 故又'以尙賢'者也.」"라 함.

【是以『自天祐之, 吉, 无不利』也】〈正義〉에 "此上九恒思於順, 旣有信思, 順又能尊尙賢人, 是以從天已下, 皆祐助之, 而得其吉无所不利也"라 함. 《集解》에 "崔憬曰:「言上九履五厥孚, 履人事以信也. 比五而不應三思天道之順也. 崇四匪彭, 明辯於五, 又以尙賢也. 以自天祐之吉无不利, 重引《易》文以證成其義.」"라 함. 《本義》에는 "釋〈大有〉上九爻義. 然在此无所屬, 或恐是錯簡, 宜在第八章之末"이라 하여, 혹 錯簡인 듯하며 〈제8장〉의 말미로 가야할 것이라 하였음.


# (2)

《周易正義》에는 이곳 아래를 〈제12장〉으로 나누었음. 〈正義〉에 "此第十二章也. 此章言立象盡意, 繫辭盡言. 《易》之興廢, 存乎其人事也"라 하였음.

子曰:「書不盡言, 言不盡意. 然則聖人之意其不可見乎?」
子曰:「聖人立象以盡意, 設卦以盡情僞, 繫辭以盡其言, 變而通之以盡利, 鼓之舞之以盡神.

〈해석〉
공자가 말하였다.
"글로써는 하고 싶은 말을 다하지 못하고, 말로써는 하고 싶은 뜻을 다 표현할 수 없다."
"그렇다면 성인의 뜻은 가히 알아볼 수 없는 것입니까?"
공자가 말하였다.
"성인(聖人)께서 상(象)을 세움으로써 뜻을 모두 표현하였고, 64괘를 만들어 진정과 거짓을 모두 다 알 수 있도록 하였고, 거기에 설명을 덧붙여 말로 다 표현하였고,

384효의 변화를 통달하여 완전히 천하에 이롭게 하였으며, 사람들을 고무(鼓舞)시켜 그 신명함을 모두 활용토록 하였다."

【子曰:「書不盡言, 言不盡意.」】 '書'는 文字. 《易》의 문자 부분, 즉 卦辭, 爻辭를 가리킴. 괘사와 효사는 문자에 한계가 있어 오묘한 진리를 모두 표현해낼 수가 없음. 혹 하고자 하는 말을 한다 해도 그 뜻을 모두 다 밝혀낼 수는 없음. 《集解》에 "虞翻曰:「謂書《易》之動, 九六之變, 不足以盡《易》之所言. 言之則不足以盡庖犧之意也.」"라 함.

【然則聖人之意其不可見乎?】 그렇다면 聖人(伏羲)일지라도 뜻을 다 드러내어 보여주지는 못하는 것일 수 있음. 이 구절을 〈正義〉에는 공자의 말이 이어진 것으로 보았음. 이에 朱熹는 "言兩'子曰'字疑衍. 其一蓋'子曰'字, 皆後人所加, 故有此誤"라 하여 두 곳의 '子曰'은, 어느 하나는 後人이 잘못 加한 것이라 하였음. 〈正義〉에 "'子曰:「書不盡言, 言不盡意. 然則聖人之意其不可見乎?' 此一節夫子自發其問, 謂聖人之意難見也. 所以難見者, 書所以記言, 言有煩碎, 或楚夏不同, 有言无字, 雖欲書錄, 不可盡竭於其言. 故云'書不盡言'也. 言不盡意者, 意有深邃委曲, 非言可寫, 是言不盡意也. 聖人之意, 意又深遠, 若言之不能盡聖人之意, 書之又不能盡聖人之言, 是聖人之意, 其不可也. 故云'然則聖人之意其不可見乎?' 疑而問之, 故稱'乎'也"라 함. 《集解》에 "侯果曰:「設疑而問也. 欲明立象, 可以盡聖人言意也.」"라 함.

【子曰:「聖人立象以盡意」】 '象'은 상징. 상징을 세워 그 뜻을 모두 밝혀주고 있는 것임. 〈正義〉에 "'子曰:「聖人立象以盡意.」'已下至'幾乎息矣'. 此一節是夫子還自釋聖人之意有可見之理也. '聖人立象以盡意'者, 雖言不盡意, 立象可以盡之也"라 함. 《集解》에 "崔憬曰:「言伏羲仰觀俯察而立八卦之象, 以盡其意.」"라 함.

【設卦以盡情僞】 '設卦'는 大成卦 64괘의 부호를 만들어 진정과 거짓을 다 표현함. '情僞'는 眞情과 虛僞. 〈正義〉에 "'設卦以盡情僞'者, 非唯立象以盡聖人之意, 又設卦以盡百姓之情僞也"라 함. 《集解》에 "崔憬曰:「設卦謂因而重之, 爲六十四卦之情僞, 盡在其中矣.」"라 함.

【繫辭以盡其言】 '계사'는 그 부호만으로는 알 수 없으므로 거기에 말을 덧붙여 설명함. 〈正義〉에 "'繫辭焉以盡其言'者, 雖書不盡言, 繫辭可以盡其言也"라 함. 《集解》에 "崔憬曰:「文王作卦爻之辭, 以繫伏羲立卦之象. 象旣盡意, 故辭以盡言也.」"라 함.

【變而通之以盡利】 '變而通之'는 고정된 것이 아니며, 변화를 주어 소통하도록 되어 있음. '以盡利'는 이렇게 함으로써 이로움을 모두 다 찾아낼 수 있도록 함. 王弼 注에 "極變通之數, 則盡利也. 故曰《易》窮則變, 變則通, 通則久"라 하였고, 〈正義〉에 "'變而通

之以盡利'者, 變, 謂化而裁之; 通, 謂推而行之, 故能盡物之利也"라 함. 《集解》에 "陸續曰: 「變三百八十四爻, 使相交通, 以盡天下之利.」"라 함.

【鼓之舞之以盡神】'鼓之舞之'는 '鼓舞시키다'의 뜻을 강조하기 위한 표현임. '以盡神'은 그 신묘함을 모두 다 담고 있음. 〈正義〉에 "鼓之舞之以盡神'者, 此一句總結立象盡意, 繫辭盡言之美. 聖人立象以盡其意, 繫辭則盡其言, 可以說化百姓之心. 百姓之心, 自然樂順, 若鼓舞然, 而天下從之. 非盡神, 其孰能與於此? 故曰'鼓之舞之以盡神'也"라 함. 《集解》에 "虞翻曰: 「神《易》也. 陽息震爲鼓, 陰消巽爲舞, 故鼓之舞之, 以盡神.」 ○荀爽曰: 「鼓者, 動也; 舞者, 行也. 謂三百八十四爻動, 行相反其卦, 所以盡《易》之神也.」"라 함. 《本義》에 "言之所傳者, 淺象之所示者, 深觀奇偶二畫, 包含變化, 无有窮盡, 則可見矣. 變通鼓舞以事, 而言兩'子曰'字疑衍. 其一蓋'子曰'字, 皆後人所加, 故有此誤. 如近世《通書》, 乃周子(周敦頤)所自作, 亦爲後人每章加以'周子曰'字, 其設問答處, 正如此也"라 함.


# (3)

乾坤, 其《易》之縕邪!
乾坤成列, 而《易》立乎其中矣;
乾坤毀, 則无以見《易》;
《易》不可見, 則乾坤或幾乎息矣.

〈해석〉
건(하늘)과 곤(땅)은, 그것이 《역》의 온축(縕畜)이로다!
건과 곤이 차례로 진열되어 있고, 《역》은 그 중간에 세워져 있으니,
만약 건과 곤이 훼멸된다면 《역》의 원리는 드러날 수가 없다.
《역》의 원리가 드러나지 않는다면, 건과 곤이 만물을 화육하는 원리는 아마 거의 멸식(滅息)되고 말 것이다.

【乾坤, 其《易》之縕邪!】 건곤은 천지. 하늘과 땅. '縕'은 蘊과 같으며 蘊蓄함. 精微한 것을 담고 있음. 王弼 注에 "縕, 淵奧也"라 하였고, 〈正義〉에 "乾坤, 其《易》之縕邪'者, 上明盡言盡意, 皆由於《易》道. 此明《易》之所立, 本乎乾坤, 若乾坤不存, 則《易》道无由興起, 故乾坤是《易》道之所縕積之根源也. 是與《易》爲川府奧藏, 故云'乾坤, 其《易》之縕

邪!'」라 함. 《集解》에 "虞翻曰:「縕, 藏也. 《易》麗乾藏坤, 故爲《易》之縕也.」"라 함.

【乾坤成列, 而《易》立乎其中矣】 '乾坤成列'은 하늘과 땅이 排列되어 있음. 하늘은 위에, 땅은 아래에 있음. '立乎其中'은 하늘과 땅 사이에 있는 천하 만물의 원리를 이 《역》이 세우고 있음. 〈正義〉에 "'乾坤成列, 而《易》立乎其中矣'者, 夫《易》者, 陰陽變化之, 謂陰陽變化, 立爻以效之, 皆從乾坤而來. 故乾生三男, 坤生三女, 而爲八卦變, 而相重而有六十四卦, 三百八十四爻. 本之根源, 從乾坤而來. 故乾坤旣成列位, 而《易》道變化, 建立乎乾坤之中矣"라 함. 《集解》에 "侯果曰:「縕, 淵隩也. 六子因之而生, 故云'立乎其中'矣.」"라 함.

【乾坤毀, 則无以見《易》】 하늘과 땅이 毀滅되어 사라지면 《역》의 원리도 드러낼 수 없음. 〈正義〉에 "'乾坤毀, 則無以見《易》'者, 《易》旣從乾坤而來, 乾坤若缺毀, 則《易》道損壞, 故云'无以見《易》'也"라 함. 《集解》에 "荀爽曰:「毀乾坤之體, 則无以見陰陽之交易也.」"라 함.

【《易》不可見, 則乾坤或幾乎息矣】 '或幾'는 '아마 거의'의 뜻. '息'은 熄과 같으며 減熄됨. 사라짐. 꺼짐. 〈正義〉에 "'《易》不可見, 則乾坤或幾乎息矣'者, 若《易》道毀壞, 不可見其變化之理, 則乾坤亦壞, 或其近乎止息矣. 幾, 近也. 猶若樹之枝幹, 生乎根株根, 株毀則枝條不茂; 若枝幹已枯, 死其根株, 雖未至死, 僅有微生, 將死不久, 根株譬乾坤也. 《易》譬枝幹也, 故云《易》不可見, 則乾坤或幾乎息矣'"라 함. 《集解》에 "侯果曰:「乾坤者, 動用之物也. 物旣動用, 則不能无毀息矣. 天動極復靜, 靜極復動, 雖天地至此, 不違變化也.」"라 함. 《本義》에 "縕, 所包蓄者, 猶衣之著也. 《易》之所有陰陽而已. 凡陽皆乾, 凡陰皆坤, 畫卦定位, 則二者成列, 而《易》之體立矣. 乾坤毀, 謂卦畫不立; 乾坤息, 謂變化不行"이라 함.


## (4)

# 是故形而上者謂之道, 形而下者謂之器, 化而裁之謂之變, 推而行之謂之通, 擧而錯之天下之民謂之事業.

〈해석〉

이 까닭으로 형태를 이룬 그 이상의 것을 일러 도(道)라 하고, 형태를 이룬 그 이하의 것을 일러 기(器)라 하며, 만물을 화육하여 거기에 재제(裁制)를 가한 것을 일러 화(化)라 하며, 변화의 도를 널리 미루어 실행에 옮기는 것을 일러 통(通)이라 하며,

이를 들어 천하 백성들에게 배치하여 응용토록 하는 것을 일러 사업(事業)이라 한다.

【是故形而上者謂之道】'形而上者'는 추상적인 원리. 형태를 가진 그 위의 어떤 것. 구체적 형태에서 추출한 抽象. '道'는 그 구체적인 사물을 作動시키는 因素.

【形而下者謂之器】'形而下者'는 형태를 갖추었으나 피동적으로 존재하는 물건. '器'는 形而上者에게 부림을 받는 器物이나 器具, 道具. 〈正義〉에 "是故形而上者謂之道, 形而下者謂之器'者, 道, 是无體之名; 形, 是有職之稱. 凡有從无而生, 形由道而立, 是先道而後形, 是道在形之上, 形在道之下, 故自形外已上者謂之道也, 自形內而下者謂之器也. 形雖處道, 器兩畔之, 際形在器, 不在道也. 旣有形質, 可爲器用, 故云'形而下者謂之器'也"라 함. 《集解》에 "崔憬曰:「此結上文, 兼明《易》之形器, 變通之事業也. 凡天地萬物, 皆有形質, 就形質之中, 有體有用. 體者, 卽形質也; 用者, 卽形質上之妙用也. 言有妙理之用, 以扶其體, 則是道也. 其體比用, 若器之於物, 則是體爲形之下, 謂之爲器也. 假令天地圓, 蓋方軫爲體爲器, 以萬物資始資生, 爲用爲道, 動物以形軀爲體爲器, 以靈識爲用爲道; 植物以枝幹爲器爲體, 以生性爲道爲用.」"이라 함.

【化而裁之謂之變】'化而裁之'는 化育시켜주되 이에게 裁制를 가함. '變'은 變化. 王弼 注에 "因而制其會通, 適變之道也"라 하였고, 〈正義〉에 "化而裁之謂之變'者, 陰陽變化, 而相裁節之謂之變也. 是得以理之變也, 猶若陽氣之化, 不可久長, 而裁節之, 以陰雨也, 是得理之變也. 陰陽之化, 自然相裁, 聖人亦法此而裁節也"라 함. 《集解》에 "翟玄曰:「化變剛柔相則之, 故謂之變也.」"라 함.

【推而行之謂之通】'推而行之'는 그 원리를 널리 미루어 이를 적용시켜 실행토록 함. '通'은 그 원리가 어디에나 통함. 王弼 注에 "乘變而往者, 无不通也"라 하였고, 〈正義〉에 "推而行之謂之通'者, 因推此以可變, 而施行之謂之通也. 猶若亢陽之後, 變爲陰雨, 因陰雨而行之, 物得開通, 聖人亦當然也"라 함. 《集解》에 "翟玄曰:「推行陰陽, 故謂之通也.」"라 함.

【擧而錯之天下之民謂之事業】'擧而錯之'는 이를 들어 배치시킴. '錯'는 措, 置와 같으며 '조'(七故反)로 읽음. '事業'은 일과 업무. 백성들이 세상에 살면서 하는 일. 王弼 注에 "事業所以濟物, 故擧而錯之於民"이라 하였고, 〈正義〉에 "擧而錯之天下之民謂之事業'者, 謂擧此理, 以爲變化, 而錯置於天下之民. 凡民得以營爲事業, 故云'謂之事業'也. 此乃自然以變化, 錯置於民也. 聖人亦當法此, 錯置變化於萬民, 使成其事業也. 凡繫辭之說, 皆說《易》道以爲聖人德化, 欲使聖人法《易》道以化成天下, 是故《易》與聖人, 怕相將也. 以作《易》者, 本爲立教故也. 非是空說《易》道不關人事也"라 함. 《集解》에 "陸績曰:

「變通盡利, 觀象制器, 擧而措之於天下, 民咸用之, 亦爲事業.」○九家《易》曰:「謂聖人畫卦, 爲萬民事業之象, 故天下之民尊之, 得爲事業矣.」라 함. 《本義》에 "卦爻陰陽, 皆形而下者, 其理則道也. 因其自然之化, 而裁制之, 變之義也. '變通'二字, 上章以'天'言, 此章以'人'言"이라 함.


## (5)

是故夫象, 聖人有以見天下之賾, 而擬諸其形容, 象其物宜, 是故謂之象.
聖人有以見天下之動, 而觀其會通, 以行其典禮, 繫辭焉以斷其吉凶, 是故謂之爻.
極天下之賾者存乎卦; 鼓天下之動者存乎辭; 化而裁之存乎變; 推而行之存乎通; 神而明之存乎其人; 默而成之, 不言而信, 存乎德行.」

〈해석〉

　이 까닭으로 무릇 상(象)이라 하는 것은, 성인이 천하의 심오한 이치를 보고, 이를 형태와 용모를 갖춘 것에 비의(比擬)하여 그 물질에 마땅한 상징이 있도록 한 것이니, 이 때문에 상(象)이라 일컫는 것이다.

　성인이 천하 만물의 움직임과 변화를 보고, 그 이로써 사물의 회합(會合)과 변통(變通)을 근거로 전장(典章)과 예의(禮義)를 실행토록 하고, 64괘와 384효에 설명을 덧붙여 그 길흉을 판단한 것이니, 이 때문에 효(爻)라 일컫는 것이다.

　천하의 심오하고 복잡한 원리를 끝까지 하여 이를 괘형에다 두었고, 천하의 움직임을 고무시켜 이를 효사에다 두었으며, 이를 화육시켜 재제를 가하여 변화에다 두었고, 이를 널리 미루어 실행토록 함을 소통에다 두었고, 이를 신묘하게 여기면서 명확하게 밝힘을 사람(文王)에다 두었고, 그러면서 묵묵히 이루고는 말로 하지 않아도 믿게 함을 덕행(德行)에다 두었던 것이다.”

　【是故夫象, 聖人有以見天下之賾】 '象'은 象徵, 物象. '賾'은 오묘하고 복잡한 상황이

나 원리. 〈正義〉에 "'是故夫象, 聖人有以見天下之賾', 至是故謂之爻, 於第六章已具其文, 今於此更復言者, 何也? 爲下云'極天下之賾存乎卦, 鼓天下之動存乎辭', 爲此故, 更引其文也. 且已下, 又云'存乎變, 存乎通, 存乎其人', 廣陳所存之事, 所以須重論也"라 함. 《集解》에 "崔憬曰:「此重明《易》之縕, 更引《易》象及辭以釋之. 言伏羲見天下之深賾, 卽《易》之縕者也.」"라 함.

【而擬諸其形容, 象其物宜】 '擬'는 比擬함. 빗대어 비슷하게 提示함. '諸'는 '저'로 읽으며 '之於, 之于, 之乎'의 合音字. '형용'은 구체적으로 공간을 차지하고 있는 形態와 容貌. '象其物宜'는 그 물체의 形容에 맞도록 形象化 함.

【是故謂之象】 이 때문에 象이라 함. 《集解》에 "陸績曰:「此明說立象, 盡意設卦, 盡情僞之意也.」"라 함.

【聖人有以見天下之動】 '動'은 動作, 變動, 作動.

【而觀其會通】 '會通'은 會合과 變通. 어떤 원리나 원칙을 모두 모아보면 하나의 기준에 의해 변하고 통함.

【以行其典禮】 '典禮'는 典章과 禮義. 이는 人類가 社會를 構成하여 典章(規範, 法規)과 禮義(形式, 秩序)가 필요하게 되었으며, 이는 《易》의 원리에서 생겨났음을 뜻함. 《集解》에 "侯果曰:「典禮, 有時而用, 有時而去, 故曰'觀其會通'也.」"라 함.

【繫辭焉以斷其吉凶】 '繫辭焉'은 거기에 말을 連繫시킴. 말로 풀이하여 덧붙임.

【是故謂之爻】 이 때문에 爻라 함. 《集解》에 "崔憬曰:「言文王見天下之動, 所以繫象而爲其辭, 謂之爲爻.」"라 함. 《本義》에 "重出, 以起下文"이라 함.

【極天下之賾者存乎卦】 '極'은 動詞. 極究함. 끝까지 硏究함. '存乎卦'는 천하의 오묘한 것을 끝까지 연구하여 이를 卦에다 두었음. 〈正義〉에 "'極天下之賾存乎卦'者, 言窮極天下深賾之處, 存乎卦. 言觀卦以知賾也"라 함. 《集解》에 "陸績曰:「言卦象極盡天下之深情也.」"라 함.

【鼓天下之動者存乎辭】 '鼓'는 鼓舞시킴. 북을 울려 행동을 알림. '存乎辭'는 이를 爻辭에다 두었음. 王弼 注에 "辭, 爻辭也. 爻以鼓動, 效天下之動也"라 하였고, 〈正義〉에 "'鼓天下之動存乎辭'者, 鼓, 謂發揚天下之動; 動, 有得失存乎爻. 卦之辭謂觀辭, 以知得失也"라 함. 《集解》에 "宋衷曰:「欲知天下之動者, 在於六爻之辭也.」"라 함. 《本義》에 "卦, 卽象也; 辭, 卽爻也"라 함.

【化而裁之存乎變】 '化而裁之'는 化育시키되 이에게 裁制를 가함. 〈正義〉에 "'化而裁之存乎變'者, 謂覆說上文'化而裁之謂之變'也"라 함.

【推而行之存乎通】 '推而行之'는 推廣시켜 이를 행동으로 옮기도록 함. 〈正義〉에 "'推

而行之存乎通'者, 覆說上文'推而行之謂之通'也"라 함. 《集解》에 "崔憬曰:「言《易》道, 陳
陰陽變化之事, 而裁成之. 存乎其變, 推理達本, 而行之在乎其通.」"이라 함.

【神而明之存乎其人】'神而明之'는 《易》을 풀이한 사람(文王)이 이를 신묘하게 여기
면서 명확히 밝혀냄. 王弼 注에 "體神而明之, 不假於象, 故存乎其人"이라 하였고, 〈正
義〉에 "神而明之存乎其人'者, 言人能神此《易》道而顯明之者, 存在於其人. 若其人聖, 則
能神而明之; 若其人愚, 則不能神而明之, 故存於其人, 不在《易》象也"라 함. 《集解》에
"荀爽曰:「苟非其人, 道不虛行也.」 ○崔憬曰:「言《易》神无不通, 明无不照, 能達此理者,
存乎其人. 謂文王述《易》之聖人.」"이라 함.

【默而成之, 不言而信】'默而成之'는 묵묵히 말이 없으면서 《역》에서 일러주는 사안
들을 성취해냄. 〈正義〉에 "默而成之, 不言而信'者, 若能順理足於內, 默然而成就之. 闇
與理會, 不須言而自信也"라 함.

【存乎德行】《易》을 마지막 목표는 德行에 있음을 말함. 王弼 注에 "德行, 賢人之德
行也. 順足於內, 故默而成之也. 體與理會, 故不言而信也"라 하였고, 〈正義〉에 "存乎德
行'者, 若有德行, 則得默而成就之, 不言而信也; 若无德行, 則不能然. 此言德行, 據賢人
之德行也. 前經'神而明之存乎其人', 謂聖人也"라 함. 《集解》에 "九家《易》曰:「默而成,
謂陰陽相處也; 不言而信, 謂陰陽相應也. 德者, 有實行者相應也.」 ○崔憬曰:「言伏羲成
六十四卦, 不有言述而以卦象明之, 而人信之, 在乎合天地之德, 聖人之行也.」"라 함. 《本
義》에 "卦爻所以變通者, 在人. 人之所以能神而明之者, 在德"이라 함.

# ○ 〈繫辭傳〉下 (총 12장)

孔穎達 〈正義〉에 "此篇章數, 諸儒不同. 劉瓛爲十二章, 以對上繫十二章也. 周氏·莊氏竝爲九章, 今從九章爲說也. 第一起'八卦成列'至'非曰義'. 第二起'古者包犧'至'蓋取諸〈夬〉'. 第三起《易》者象也'至'德之盛'. 第四起'困于石'至'勿恒凶'. 第五起'乾坤, 其《易》之門'至'失得之報'. 第六起《易》之興'至'〈巽〉以行權'. 第七起《易》之爲書'至'思過半矣'. 第八起'二與四'至'謂《易》之道'. 第九起'夫〈乾〉天下'至'其辭屈'"이라 하여, 모두 9장으로 나누었으나, 지금은 거의 朱熹의 《周易本義》에 따라 12장으로 나누고 있어 이를 따랐음.

## ◇ 第一章 ◇

\* 〈正義〉에 "此第一章, 覆釋上繫第二章'象爻剛柔·吉凶·悔吝'之事, 更具而詳之"라 하였고, 《本義》에 "此章言卦爻吉凶·造化·功業"이라 함.

### (1)

八卦成列, 象在其中矣; 因而重之, 爻在其中矣;
剛柔相推, 變在其中矣; 繫辭焉而命之, 動在其中矣.

〈해석〉

소성괘 팔괘가 줄을 이루어, 만물의 상징이 그 속에 있으며, 이 팔괘를 바탕으로 중첩하여 대성괘 64괘가 되었고, 384개의 효가 그 속에 들어 있다.

강(剛)한 요와 유(柔)한 효가 서로 밀어주어, 변화가 그 곳에 들어 있으며, 거기에 말로 설명한 문사(文辭)를 연계시켜 그 뜻을 일러주어, 행동의 규율이 그 속에 들어있다.

【八卦成列, 象在其中矣】八卦는 小成卦. '成列'은 伏羲氏가 이를 창제하여 배열되었음을 말함. '象'은 萬象. 천하 萬物과 萬事. 王弼 注에 "備天下之象也"라 하였고, 〈正義〉에 "八卦成列, 象在其中'者, 言八卦各成列位, 萬物之象, 在其八卦之中也"라 함. 《集解》에 "虞翻曰:「象, 謂三才. 成八卦之象, 乾坤. 列東艮兌, 列南震巽, 列西坎離在中, 故八卦成列, 則象在其中. 天垂象見吉凶, 聖人象之是也.」"라 함.

【因而重之, 爻在其中矣】이를 바탕으로 중첩시켜 64개의 大成卦가 이루어진 것임. '爻在其中矣'는 그 64개의 대성괘에는 모두 384개의 효가 들어 있음. 王弼 注에 "夫八卦備天下之理, 而未極其變, 故因而重之, 以象其動用, 擬諸形容, 以明治亂之宜. 觀其所應, 以著適時之功, 則爻卦之義, 所存各異, 故爻在其中矣"라 하였고, 〈正義〉에 "因而重之, 爻在其中'者, 謂因此八卦之象, 而更重之萬物之爻, 在其所重之中矣. 然象亦有爻, 爻亦有象, 所以象獨在卦, 爻獨在重者. 卦則爻少, 而象多重, 則爻多而象少, 故在卦擧象在重論爻也"라 함. 《集解》에 "虞翻曰:「謂參, 重三才爲六爻. 發揮剛柔, 則爻在其中. 六畫稱爻, 六爻之動, 三極之道也.」"라 함. 《本義》에 "成列, 謂乾一兌二, 離三震四, 巽五坎六, 艮七坤八之類; 象, 謂卦之形體也. 因而重之, 謂各因一卦而以八卦, 次第加之爲六十四也. 爻, 六爻也. 旣重而後, 卦有六爻也"라 함.

【剛柔相推, 變在其中矣】'剛柔'는 剛한 爻(陽爻)와 柔한 爻(陰爻). 이들이 서로 밀어줌. '變'은 각 괘의 剛柔의 효에 의해 생기는 모든 변화. 〈正義〉에 "剛柔相推, 變在其中'者, 卽上繫第二章云'剛柔相推而生變化'. 是變化之道, 在剛柔相推之中. 剛柔卽陰陽也. 論其氣, 卽謂之陰陽; 語其體, 卽謂之剛柔也"라 함. 《集解》에 "虞翻曰:「謂十二消息, 九六相變, 剛柔相推, 而生變化, 故變在其中矣.」"라 함.

【繫辭焉而命之, 動在其中矣】'繫辭'는 이상 小成卦와 大成卦는 符號이며, 이를 설명한 文辭를 거기에 연계시킴. '命之'는 명함. 일러줌. '動'은 이에 따라 실제 행동에 적용함. 그 吉凶에 따른 行動 規律을 뜻함. 王弼 注에 "剛柔相推, 況八卦相盪? 或否或泰, 繫辭焉而斷其吉凶, 況之六爻動, 以適時者也? 立卦之義, 則見於象象, 適時之功, 則存之爻辭. 王氏之例, 詳矣"라 하였고, 〈正義〉에 "繫辭焉而命之, 動在其中'者, 謂繫辭於爻卦之下, 而呼命其卦爻得失吉凶, 則適時變動好惡, 故在其繫辭之中也"라 함. 《集解》에 "虞翻曰:「謂繫象象, 九六之辭. 故動在其中, 鼓天下之動者, 存乎辭者也.」"라 함. 《本義》에 "剛柔相推, 而卦爻之變, 徃來交錯, 无不可見. 聖人因其如此, 而皆繫之辭, 以命其吉凶, 則占者所値, 當動之爻象, 亦不出乎此矣"라 함.

(2)

吉凶·悔吝者, 生乎動者也; 剛柔者, 立本者也; 變通者,
趣時者也.
吉凶者, 貞勝者也; 天地之道, 貞觀者也;
日月之道, 貞明者也; 天下之動, 貞夫一者也.

〈해석〉
　길흉(吉凶)과 회인(悔吝)이라는 용어는 음양의 움직임에 생겨난 것이며, 강유(剛柔)라는 것은 한 괘의 근본 인소를 세운 것이며, 통변(通變)이라는 것은 시의(時宜)에 따름을 말한다.
　길흉이란 곧은 방법으로 이겨내는 것이요, 천지의 도란 바르게 보는 것을 뜻한다.
　해와 달이 운행하는 원리는 바르게 밝음을 비춰줌을 말하며, 천하 만물의 활동이란 바르면서 전일(專一)함을 뜻한다.

　【吉凶·悔吝者, 生乎動者也】繫辭의 文辭에 널리 쓰이는 '吉凶'과 '悔吝'이라는 用語. '吉凶'은 길함과 흉함. '悔吝'은 悔恨과 안타까움. 혹 悔恨과 吝嗇함. 점의 결과가 凶할 때, 이에 대한 반응이나 처리를 가리키는 용어임. '生乎動者也'는 각 괘에서 음양이 움직임에 의해 생겨나는 것임. 王弼 注에 "有變動而後, 有吉凶"이라 하였고, 〈正義〉에 "吉凶·悔吝, 生乎動'者, 上旣云'動在繫辭之中'. 動則有吉凶·悔吝, 所以悔吝生在乎所動之中也"라 함. 《集解》에 "虞翻曰:「動謂爻也. 爻者, 效天下之動者也. 爻象動內, 吉凶見外, 吉凶生而悔吝著, 故生乎動也.」"라 함. 《本義》에 "吉凶·悔吝, 皆辭之所命也. 然必因卦爻之動而後見"이라 함.
　【剛柔者, 立本者也】剛柔란 각 괘에서 음양에 따라 근본을 세움을 말함. 〈正義〉에 "剛柔者, 立本者也', 言剛柔之象, 在立其卦之根本者也. 言卦之根本, 皆由剛柔陰陽而來"라 함. 《集解》에 "虞翻曰:「乾剛坤柔, 爲六子父母. 乾天稱父, 坤地稱母, 本天親上, 本地親下, 故立本者也.」"라 함.
　【變通者, 趣時者也】'通變'은 소통과 변화. 이는 시의적절한가에 따라 그러한 상황이 됨을 말함. '趣'는 쫓아감. 趨와 같음. 시의를 잘 맞추어 그를 쫓아감. 王弼 注에 "立本況卦, 趣時況爻"라 하였고, 〈正義〉에 "變通者, 趣時者也', 其剛柔之氣, 所以改變會通, 趣向於時也. 若乾之初九, 趣向勿用之時, 乾之上九趣向亢極之時, 是諸爻之變皆,

臻趣於時也. 其剛柔立本者, 若剛定體爲乾, 若柔定體爲坤, 陽卦兩陰, 而一陽陰卦兩陽, 而一陰是立, 其卦本而不易也. 則上'八卦成列, 象在其中矣'是也. 卦旣與爻爲本, 又是總主其時, 故略例云卦者時也, 變通者趣時者也. 則上'因而重之, 爻在其中矣'是也. 卦旣總主一時爻, 則就一時之中, 各趣其所宜之時, 故略例云'爻者, 趣時者'也"라 함. 《集解》에 "虞翻曰:「變通配四時, 故趣時者也.」"라 함. 《本義》에 "一剛一柔, 各有定位, 自此而彼變以從時"라 함.

【吉凶者, 貞勝者也】 '貞勝'은 바르게 해야 이겨낼 수 있음. '貞'은 正과 같으며, '勝'은 滅과 같음. 王弼 注에 "貞者, 正也, 一也. 夫有動, 則未免乎累; 殉吉, 則未離乎凶. 盡會通之變, 而不累於吉凶者, 其唯貞者乎! 《老子》(39)曰:「王侯得一, 以爲天下貞.」 萬變雖殊, 可以執一御也"라 하였고, 〈正義〉에 "'吉凶者, 貞勝者也', 貞, 正也. 言吉之與凶, 皆由所動, 不能守一, 而生吉凶. 唯守一貞正, 而能克勝, 此吉凶. 謂但能貞正, 則免此吉凶之累也"라 함. 《集解》에 "虞翻曰:「貞, 正也; 勝, 滅也. 陽生則吉, 陰消則凶者也.」"라 함. 《本義》에 "貞, 正也, 常也. 物以其所正爲常者也. 天下之事, 非吉則凶, 非凶則吉, 常相勝而不已也"라 함.

【天地之道, 貞觀者也】 '貞觀'은 바르게 봄. 옳은 판단을 위해 사안을 정확하고 바르게 보아야 함. 王弼 注에 "明夫天地, 萬物莫不保, 其貞以全其用也"라 하였고, 〈正義〉에 "'天地之道, 貞觀者也', 謂天覆地載之道, 以貞正得一, 故其功可爲物之所觀也"라 함. 《集解》에 "陸績曰:「言天地正, 可以觀瞻爲道也.」"라 함.

【日月之道, 貞明者也】 '貞明'은 밝음을 바르게 비춤. 해와 달의 本領은 밝은 빛을 발하는 데에 있음. 〈正義〉에 "'日月之道, 貞明者也', 言日月照臨之道, 以貞正得一, 而爲明也. 若天覆地載, 不以貞正, 而有二心, 則天不能普覆, 地不能兼載, 則不可以觀, 由貞乃得觀見也. 日月照臨, 若不以貞正, 有二之心, 則照不普及, 不爲明也. 故以貞而爲明也"라 함. 《集解》에 "荀爽曰:「離爲日, 日中之時, 正當離位, 然後明也. 月者, 坎也. 坎正位衝離, 衝爲十五日, 月當日衝正, 値坎位, 亦大圓明, 故曰'日月之道, 貞明者'也. 言日月正當其位, 乃大明也.」 ○陸績曰:「言日月正, 以明照爲道矣.」"라 함.

【天下之動, 貞夫一者也】 '天下之動'은 천하 萬物(萬事)의 활동과 변동. '貞夫一'의 '貞'은 正, '夫'는 虛辭. 그러나 〈校勘記〉에 "古本夫作于"라 하였고, 裴學海도 "夫, 猶于也"라 하여, "貞于一者也"(하나에 정도를 지키다)가 가장 타당함. '一'은 專一함. 천하의 모든 것은 하나에 정도를 지켜나감. 萬象一脈의 뜻. 원리는 오직 하나일 뿐임을 말함. 〈正義〉에 "'天下之動, 貞夫一者也', 言天地日月之外, 天下萬事之動, 皆正乎純一也. 若得於純一, 則所動遂其性. 若失於純一, 則所動乖其理, 是天下之動, 得正在一也"라

함. 《集解》에 "虞翻曰:「一謂乾元, 萬物之動, 各資天一, 陽氣以生, 故'天下之動, 貞夫一者'也.」"라 함. 《本義》에 "觀, 示也. 天下之動, 其變无窮, 然順理則吉, 逆理則凶. 則其所正而常者, 亦一理而已矣"라 함.


## (3)

夫乾, 確然示人易矣; 夫坤, 隤然示人簡矣.
爻也者, 效此者也; 象也者, 像此者也.
爻象動乎內, 吉凶見乎外, 功業見乎變, 聖人之情見乎辭.

〈해석〉

무릇 건(乾, 天, 剛, 健)은 확연(確然)함을 사람들에게 쉽게 보여주는 것이며, 곤(坤, 地, 柔, 順)은 퇴연(隤然)함을 사람들에게 간단하게 보여주는 것이다.

효(爻)란 이러한 원리를 그대로 본받은 것이며, 상(象)이란 이러한 원리를 본뜬 것이다.

효와 상은 안(內卦, 下卦)에서 활동하고, 길함과 흉함은 밖(外卦, 上卦)에서 표현된 것이요, 공로(功勞)과 업적(業績)은 변화에서 드러나며, 성인의 뜻은 문사(文辭)에 표현되어 있다.


【夫乾, 確然示人易矣】'確然'은 乾이 가지고 있는 天, 剛, 健의 本領. '示人易矣'는 사람들이 보고 쉽게 알 수 있도록 해줌. '易'는 平易함, 容易함. 〈正義〉에 "'夫乾, 確然示人易矣'者, 此明天之得一之道, 剛質確然示人, 以和易由其得一, 无爲物由以生, 是示人易也"라 함. 《集解》에 "虞翻曰:「陽在初弗用, 確然无爲, 潛龍時也. 不易世不成名, 故示人易者也.」"라 함.

【夫坤, 隤然示人簡矣】'隤然'은 坤이 가지고 있는 地, 柔, 順의 본령. 王引之는 "隤字, 兼有順義"라 함. '簡'은 간략함, 간단함. '乾易坤簡'의 '簡易'로써 乾坤의 속성은 쉽게 보여줌을 말함. 王弼 注에 "確, 剛貌也. 隤, 柔貌也. 乾坤皆恒一其德, 物由以成, 故簡易也"라 하였고, 〈正義〉에 "'夫坤, 隤然示人簡矣'者, 此明地之得一, 以其得一, 故坤隤然而柔, 自然无爲以成萬物, 是示人簡矣. 若乾不得一, 或有隤然, 則不能示人易矣. 若坤不隤然, 或有確然, 則不能示人簡矣"라 함. 《集解》에 "虞翻曰:「隤, 安簡閱也. 坤以簡能, 閱

內萬物, 故示人簡者也.」라 함. 《本義》에 "確然, 健貌; 隤然, 順貌. 所謂貞觀者也"라 함.

【爻也者, 效此者也】 '爻'와 '效'는 同音互訓. '效'는 모방함, 본받음, 흥내냄. '此'는 乾坤의 이와 같은 원리. 〈正義〉에 "'爻也者, 效此者也', 此釋爻之名也. 言爻者, 效此物 之變動也"라 함. 《集解》에 "虞翻曰:「效法之謂坤, 謂效三才, 以爲六畫.」"이라 함.

【象也者, 像此者也】 '象'과 '像' 역시 同音互訓. '상'은 모습을 본뜸. 건곤의 이러한 원리를 본떠서 象徵함. 〈正義〉에 "'象也者, 像此者也', 言象此物之形狀也"라 함. 《集解》 에 "虞翻曰:「成象之謂乾, 謂聖人則天之象, 分爲三材也.」"라 함. 《本義》에 "此謂上文乾 坤所示之理, 爻之奇偶, 卦之消息, 所以效而象之"라 함.

【爻象動乎內】 '內'는 大成卦에서 內卦(下卦). 그러나 '內'는 '64괘에 안에'의 뜻이라 고도 함. 王弼 注에 "兆數, 見於卦也"라 하였고, 〈正義〉에 "'爻象動乎內'者, 言爻之與象, 發動於卦之內也"라 함.

【吉凶見乎外】 '外'는 大成卦의 外卦(上卦). '外'는 '64괘의 文辭의 뜻을 넘어'의 뜻이 라고도 함. '見'은 '현'(賢遍反)으로 읽으며, 아래도 같음. 王弼 注에 "失得, 驗於事也"라 하였고, 〈正義〉에 "吉凶見乎外'者, 其爻象吉凶, 見於卦外, 在事物之上也"라 함. 《集解》 에 "虞翻曰:「內初外上也. 陽象動內, 則吉見外, 陰爻動內, 則凶見外也.」"라 함.

【功業見乎變】 '功業'은 功勞와 業績. 이는 사물의 변화 과정에서 나타남. 王弼 注에 "功業, 由變以興, 故見乎變也"라 하였고, 〈正義〉에 "'功業見乎變'者, 言功勞事業, 由變 乃興, 故功業見於變也"라 함. 《集解》에 "荀爽曰:「陰陽相變, 功業乃成者也.」"라 함.

【聖人之情見乎辭】 '辭'는 文辭. 즉 卦辭와 爻辭. 혹 '辭'는 規章制度나 法令條文을 뜻하 는 것이라고도 함. 王弼 注에 "辭也者, 各指其所之, 故曰情也"라 하였고, 〈正義〉에 "'聖人 之情見乎辭'者, 辭則言其聖人所用之情, 故觀其辭, 而知其情也. 是聖人之情, 見乎爻象之 辭也. 若乾之初九, 其辭云'潛龍勿用', 則聖人勿用之情, 見於初九爻辭也. 他皆放此"라 함. 《集解》에 "崔憬曰:「言文王作卦爻之辭, 所以明聖人之情, 陳於《易》象.」"이라 함. 《本義》 에 "內, 謂蓍卦之中; 外, 謂蓍卦之外. 變, 卽動乎內之變; 辭, 卽見乎外之辭"라 함.

(4)

天地之大德曰生, 聖人之大寶曰位.
何以守位? 曰仁. 何以聚人? 曰財.
理財正辭, 禁民爲非曰義.

〈해석〉

천지의 큰 덕(德)을 생(生)이라고 하고, 성인의 큰 보물을 위(位)라 한다.

어떻게 그 위(位)를 지켜내는가? 바로 인(仁)이다. 어떻게 사람을 모으는가? 바로 재물이다.

재물을 잘 다스리고 바른 명령의 말을 내어, 백성들이 그릇된 짓을 하지 못하도록 금(禁)하는 것을 일러 의(義)라 한다.

【天地之大德曰生】 '天地之德'은 乾坤之德과 같음. '生'은 萬物을 化育하고 生長시킴을 뜻함. 王弼 注에 "施生而不爲, 故能常生, 故曰大德也"라 하였고, 〈正義〉에 "天地之大德曰生', 自此已下, 欲明聖人同天地之德, 廣生萬物之意也. 言天地之盛德, 在乎常生, 故言曰生. 若不常生, 則德之不大, 以其常生萬物, 故云大德也"라 함. 《集解》에 "孔穎達曰: 「自此以下, 欲明聖人同天地之德, 廣生萬物之意也. 言天地之盛德, 常生萬物, 而不有生, 是其大德也.」"라 함.

【聖人之大寶曰位】 '聖人'은 최고 지도자, 제왕, 군주를 대신하는 말. '大寶'는 가장 보배로운 것. '位'는 제왕의 자리. 모든 卦에서 제 5효가 이에 해당함. 王弼 注에 "夫无用則无所寶, 有用則有所寶也. 无用而常足者, 莫妙乎道; 有用而弘道者, 莫大乎位, 故曰 '聖人之大寶曰位'"라 하였고, 〈正義〉에 "'聖人之大寶曰位'者, 言聖人大可寶, 愛者在於位耳. 位是有用之地寶, 是有用之物. 若以居盛位, 能廣用无疆, 故稱大寶也"라 함. 《集解》에 "崔憬曰: 「言聖人行《易》之道, 當須法天地之大德. 寶, 萬乘之天位, 謂以道濟天下爲寶, 而不有位, 是其大寶也.」"라 함.

【何以守位? 曰仁】 '守位'는 그 寶位를 지켜냄. '仁'은 군주에게 있어서 가장 중요한 것은 信, 仁, 愛임을 말함. 그러나 《本義》에 "'曰人'之'人', 今本作'仁'. 呂氏從古, 蓋所謂 '非衆罔與守邦'"이라 하여, 古本에는 '人'으로 되어 있었으며, '人, 즉 民衆(百姓)이 있어야 자리를 지킬 수 있다'의 뜻이라 하였음. 〈正義〉에 "何以守位? 曰仁'者, 言聖人何以保守其位? 必信仁愛, 故言曰仁也"라 함. 《集解》에 "宋衷曰: 「守位, 當得士大夫·公侯,

有其仁賢兼濟天下.」라 함.

【何以聚人? 曰財】'聚人'은 백성들이 모여들게 함. '財'는 財物. 사람들은 재물을 위해 움직임. 王弼 注에 "財, 所以資物生也"라 하였고, 〈正義〉에 "'何以聚人? 曰財'者, 言何以聚集人衆? 必須財物, 故言曰財也"라 함. 《集解》에 "陸績曰:「人非財不聚, 故聖人觀象制器備物, 盡利以業, 萬民而聚之也. 蓋取聚人之本矣.」"라 함.

【理財正辭, 禁民爲非曰義】'理財'는 재물을 잘 다스림. '正辭'는 언어를 단정히 함. 군주가 명령을 바르게 내림. '禁民爲非'는 백성들이 마땅하지 못한 일을 하는 것을 금함. 마땅히 해야 할 일을 하도록 유도함. '義'는 宜와 같음. 〈正義〉에 "理財正辭, 禁民爲非曰義'者, 言聖人治理, 其財用之有節; 正定號令之辭, 出之以理. 禁約其民爲非僻之事, 勿使行惡, 是謂之義. 義, 宜也. 言以此行之, 而得其宜也"라 함. 《集解》에 "荀爽曰:「尊卑貴賤, 衣食有差, 謂之理財. 名實相應, 萬事得正, 爲之正辭. 咸得其宜, 故謂之義也.」○崔憬曰:「夫財貨, 人所貪愛, 不以義理之, 則必有敗也. 言辭, 人之樞要, 不以義正之, 則必有辱也. 百姓有非不以義禁之, 則必不改也. 此三者, 皆資於義. 以此行之, 得其宜也. 故知仁義與財, 聖人寶位之所要也.」"라 함.

# ◇ 第二章 ◇

*《本義》에 "此章言聖人制器, 尙象之事"라 함.

## (1)

古者, 包犧氏之王天下也, 仰則觀象於天, 俯則觀法於地,
觀鳥獸之文與地之宜, 近取諸身, 遠取諸物, 於是始作八卦,
以通神明之德, 以類萬物之情.
作結繩而爲罔罟, 以佃以漁, 蓋取諸〈離〉.

〈해석〉

옛날 포희씨(包犧氏)가 천하에 왕을 하면서, 우러러 하늘의 현상을 관찰하고, 굽어서는 땅의 법칙을 살펴보았으며, 새와 짐승의 무늬와 땅의 마땅한 바를 관찰하여, 가까이는 몸에서 취하고, 멀리는 천지만물에서 취하여, 이에 비로소 팔괘(八卦)를 만들어, 이로써 신명(神明)한 덕(德)에 통달하고, 만물의 정황을 유추(類推)하게 되었다. 끈으로 매듭으로 엮어 그물을 만들어, 짐승을 사냥하고 물고기를 잡게 하였으니, 이는 대체로 〈이괘(離卦)〉의 이치에서 이러한 방법을 고안해낸 것이다.

【古者, 包犧氏之王天下也】'包犧氏'는 상고시대 전설상의 제왕. 부락 연맹의 수장. 包犧는 太昊(太皞) 伏羲氏. 伏犧, 庖犧, 庖義, 宓義 등 여러 표기가 있으며, 처음으로 自然物 채취의 漁獵에서 遊牧을 거쳐 초보적인 牧畜을 시작하였고, 半定着의 단계에 이르러, 廚房을 열어 먹는 문제를 개선한 전설을 '포희'(복희)라 표현한 것. 三皇(燧人氏, 伏羲氏, 神農氏, 혹 燧人氏 대신 女媧氏, 祝融氏 軒轅氏를 임의로 넣기도 함)의 하나이며, 고대 '氏'는 지연 집단의 부락 명칭이며, '伏羲'는 族徽일 것으로도 여김.《帝王世紀》를 근거로 한《十八史略》(1)에 "太昊伏羲氏: 風姓, 代燧人氏而王. 蛇身人首, 始畫八卦, 造書契, 以代結繩之政, 制嫁娶, 以儷皮爲禮, 結網罟敎佃漁, 養犧牲以庖廚, 故曰庖犧. 有龍瑞, 以龍紀官, 號龍師. 木德王, 都於陳"이라 함. 〈正義〉에 "古者包犧'至'取諸〈夬〉'. 此第二章, 明聖人法自然之理, 而作《易》象, 易以制器而利天下. 此一章, 其義旣廣, 今各隨文釋之. 此一節明包犧法天地, 造作八卦, 法〈離〉卦而爲罔罟也"라 함.《集解》

에 “虞翻曰:「庖犧太昊氏, 以木德王天下, 位乎乾五, 五動見離, 離生木, 故知火化炮啖犧
牲, 號庖犧氏也.」”라 함.

【仰則觀象於天】하늘의 天文, 즉 日月星辰의 變化와 布陳을 자세히 관찰함.《集解》
에 “荀爽曰:「震巽爲雷風, 離坎爲日月也.」”라 함.

【俯則觀法於地】땅의 原野山川의 형세와 동식물의 分布및 生長收藏의 循環法則을
관찰함.〈正義〉에 “云‘仰則觀象於天, 俯則觀法於地’者, 言取象大也”라 함.《集解》에 “九
家《易》曰:「艮兌爲山澤也. 地有水火, 五行八卦之形者也.」”라 함.

【觀鳥獸之文與地之宜】‘鳥獸之文’은 새나 짐승의 생김새 및 무늬, 保護色과 警戒色,
흔적 등을 관찰함. ‘文’은 紋과 같음.《集解》에 “荀爽曰:「乾爲馬, 坤爲牛, 震爲龍, 巽爲
雞之屬, 是也.」” ○陸績曰:「謂朱鳥白虎蒼龍玄武, 四方二十八宿, 經緯之文.」”이라 함.
‘與地之宜’는 땅에서 이루어지는 모든 生態系의 원리. ‘宜’는 動植物의 棲息環境, 適應
性, 혹 地形地物의 형세 등. 王弼 注에 “聖人之作《易》, 无大不極, 无微不究. 大則取象天
地, 細則觀鳥獸之文與地之宜也”라 하였고,〈正義〉에 “‘觀鳥獸之文與地之宜’者, 言取象
細也. 大之與細, 則无所不包也. ‘地之宜’者, 若《周禮》「五土動物植物, 各有所宜」是也”라
함.《集解》에 “九家《易》曰:「謂四方四維, 八卦之位, 山澤高卑, 五土之宜也.」”라 함.

【近取諸身】가까이는 몸(耳目口鼻 등)에서, 멀리는 사물에서 그 원리나 형태를 취
함. ‘諸’는 ‘之於, 之于, 之乎’의 合音字. ‘저’로 읽음.〈正義〉에 “‘近取諸身’者, 若耳目鼻
口之屬是也”라 함.《集解》에 “荀爽曰:「乾爲首, 坤爲腹, 震爲足, 巽爲股也.」”라 함.

【遠取諸物】멀리는 사물에서 그 원리를 취함.〈正義〉에 “‘遠取諸物’者, 若雷風山澤之
類是也. 擧遠近, 則萬事在其中矣”라 함.《集解》에 “荀爽曰:「乾爲金玉, 坤爲布釜之類,
是也.」”라 함.

【於是始作八卦】伏羲가 처음으로 八卦를 만듦.《帝王世紀》(《太平御覽》721)에 “伏
羲氏仰觀像於天, 俯觀法於地, 觀鳥獸之文與地之宜, 近取諸身, 遠取諸物, 於是造書契以
代結繩之政, 畫八卦以通神明之德, 以類萬物之情”이라 함.《集解》에 “虞翻曰:「謂庖犧
觀鳥獸之文, 則天八卦. 效之《易》有太極, 是生兩儀, 兩儀生四象, 四象生八卦, 八卦乃四
象所生, 非庖犧之所造也. 故曰象者, 像此者也. 則大人造爻象, 以象天卦可知也. 而讀易
者, 咸以爲庖犧之時, 天未有八卦, 恐失之矣. 天垂象, 示吉凶, 聖人象之, 則天已有八卦
之象.」”이라 함.

【以通神明之德】이로써 신명의 신묘한 덕에 通曉함. ‘通’은 이를 통해 훤하게 알게
됨.〈正義〉에 “‘於是始作八卦, 以通神明之德’者, 言‘萬事’, 云爲皆是神明之德, 若不作八
卦, 此神明之德, 閉塞幽隱; 旣作八卦, 則而象之, 是通達神明之德”이라 함.《集解》에 “荀

爽曰:「乾坤爲天地, 離坎爲日月, 巽震爲雷風, 艮兌爲山澤, 此皆神明之德也.」라 함.

【以類萬物之情】'以類'는 이러한 과정을 거쳐 분류함. '類'는 같은 것끼리 분류하여 체계를 세움. '萬物之情'은 萬物의 情況, 情狀, 特長. 〈正義〉에 "'以類萬物之情'者, 若不作《易》, 物情難知. 今作八卦, 以類象萬物之情, 皆可見也"라 함. 《集解》에 "九家《易》曰: 「六十四卦, 凡有萬一千五百二十策, 策類一物, 故曰類萬物之情. 以此庖犧重爲六十四卦明矣.」"라 함. 《本義》에 "王昭素曰:「與地之間, 諸本多有'天'字, 俯仰遠近, 所取不一. 然不過以驗陰陽消息兩端而已. 神明之德, 如健順動止之性; 萬物之情, 如雷風山澤之象.」"이라 함.

【作結繩而爲罔罟, 以佃以漁】'結繩'은 끈을 엮어 맴. 그물을 만듦. '罔罟'는 網罟로도 표기하며 그물. '罔'은 网자와 같으며 뒤에 網자가 됨. '罔'(網)은 코가 넓은 그물, '罟'는 코가 빽빽한 그물. 數罟(촉고). 혹 '網'은 鳥獸를 잡는 그물이며, '罟'는 물고기를 잡는 그물이라고도 함. '佃'은 畋과 같으며 佃獵(畋獵). 網으로 鳥獸를 사냥함. '漁'는 그물로 물고기를 잡음. 〈正義〉에 "作結繩而爲罔罟, 以佃以漁'者, 用此罔罟, 或陸畋以羅鳥獸, 或水澤以罔魚鼈也"라 함.

【蓋取諸〈離〉】〈離卦〉(030)는 離(火)가 겹친 것으로 '附麗'(붙다, 붙어 의지하다), '相迭'(차례대로)의 뜻을 담고 있으며, 卦象(䷝)에서 각기 가운데가 비어 '目'의 모습으로 그물을 상징함. 그 때문에 '離卦에서 이런 원리를 취했다'라 한 것임. 王弼 注에 "離, 麗也. 罔罟之用, 必審物之所麗也. 魚麗于水, 獸麗于山也"라 하였고, 〈正義〉에 "蓋取諸離'者, 離, 麗也. 麗謂附著也. 言罔罟之用, 必審知鳥獸魚鼈所附著之處, 故稱離卦之名爲罔罟也. 案諸儒象卦制器, 皆取卦之爻象之體. 今韓氏之意, 直取卦名因以制器. 案上繫云'以制器者, 尙其象', 則取象不取名也. 韓氏乃取名不取象. 於義未善矣. 今旣遵韓氏之學, 且依此釋之也"라 함. 《集解》에 "虞翻曰:「離爲目, 巽爲繩, 目之重者唯罟. 故結繩爲罟. 坤二五之乾成離, 巽爲田, 坤亦稱田, 以罟取獸曰畋, 故取諸〈離〉也.」"라 함. 《本義》에 "兩目相承, 而物麗焉"이라 함.

## (2)

包犧氏沒, 神農氏作, 斲木爲耜, 揉木爲耒, 耒耨之利, 以教天下, 蓋取諸〈益〉.

日中爲市, 致天下之民, 聚天下之貨, 交易而退, 各得其所, 蓋取諸〈噬嗑〉.

〈해석〉

포희씨가 죽고, 신농씨(神農氏)가 일어나서, 나무를 깎아 보습을 만들고, 나무를 휘어 쟁기를 만들어, 땅을 갈고 매는 편리함으로써 천하를 가르쳐 주었으니, 이는 대체로 〈익괘(益卦)〉

에서 그 방법을 취한 것이다.

신농씨는 해가 정오가 되면 시장을 열어, 천하 백성을 오도록 하고, 천하의 물화(物貨)를 모아들여 서로 바꾸어 물러나게 하여, 각기 소용되는 것을 얻게 하였으니, 이는 대체로 〈서합괘(噬嗑卦)〉의 원리에서 얻은 방법이다.

【包犧氏沒, 神農氏作】 '沒'은 歿의 假借. 包犧氏가 죽고 그 시대가 감. '神農氏'는 농사법과 醫藥, 交易의 방법을 처음으로 開發한 부락 領袖. 산과 原野에 불을 놓아 농지를 확보하고 농사를 지었다 하여 烈山氏라고도 부름. 역시 전설상 三皇의 하나이며 火德(南方)으로 왕이 되었다 하여 炎帝로 불림. 《呂氏春秋》 愛類篇에 "《神農之教》曰: 「士有當年而不耕者, 則天下或受其飢矣; 女有當年而不績者, 則天下或受其寒矣.」"라 하였고, 《文子》 上義篇에는 "《神農之法》曰: 「丈夫丁壯不耕, 天下有受其飢者; 婦人當年不織, 天下有受其寒者.」 故身親耕, 妻親織, 以爲天下先. 其導民也, 不貴難得之貨, 不重無用之物, 是故耕者不强, 無以養生; 織者不力, 無以衣形. 有餘不足, 各歸其身, 衣食饒裕, 奸邪不生, 安樂無事, 天下和平, 智者無所施其策, 勇者無所錯其威"라 하였고, 《十八史略》에는 "炎帝神農氏: 姜姓人身牛首, 繼風姓而立, 火德王. 斲木爲耜, 揉木爲畊, 始教畊, 作蜡祭. 以赭鞭鞭草木, 嘗百草, 始有醫藥. 教人日中爲市, 交易以退. 都於陳, 徙曲阜"라 함. 〈正義〉에 "此一節, 明神農取卦, 造器之義. 一者制耒耜, 取於益卦, 以利益民也. 二者, 日中爲市, 聚合天下之貨, 設法以合物, 取於〈噬嗑〉. 象物噬齧, 乃得通也"라 함. 《集解》에 "虞翻曰: 「沒, 終; 作, 起也. 神農以火德繼庖犧王. 火生土, 故知土則利民播種, 號神農氏也.」"라 함.

【斲木爲耜】'斲'(착)은 나무를 베어 자름. 《說文》에 "斲, 斫也"라 함. '耜'(사)는 보습. 땅을 고랑으로 파는 농기구.

【揉木爲耒】'揉'(유)는 비틂. 휘어서 굽힘. '耒'(뢰)는 쟁기, 굽쟁이. 보습을 달아 땅을 일구는 농기구.

【耒耨之利, 以敎天下】'耒耨'(뢰누)는 動詞로 쓰였음. '耒'는 쟁기질, '耨'는 김을 맴, 혹은 쟁기질로 잡풀을 갈아 없앰. '以敎天下'는 그러한 방법으로 농사를 짓도록 천하 백성들에게 가르쳐주고 일러줌.

【蓋取諸〈益〉】〈益卦〉(042)는 利益, 增益을 뜻하며 군주가 백성들에게 많은 혜택을 베풂을 상징함. 卦象(䷩)에서 下卦(內卦)는 震(動), 上卦(外卦)는 巽(木)으로, 나무가 아래 흙으로 파고들어 움직이는 耜(耒)를 상징함. 그 때문에 '이러한 원리는 이 괘에서 취한 것'이라 한 것임. 王弼 注에 "制器致豐, 以益萬物"이라 함. 《集解》에 "虞翻曰: 「否四之初也. 巽爲木爲入, 艮爲手, 乾爲金, 手持金以入木, 故斲木爲耜. 耜止所蹂, 因名曰耜. 艮爲小木, 手以撓之, 故揉木爲耒. 耒耜, 耔器也. 巽爲號令, 乾爲天, 故以敎天下. 坤爲田, 巽爲股, 進退震足, 動耜艮手持, 耒進退, 田中耕之象也. 益萬物者, 莫若雷風, 故法風雷而作耒耜.」"라 함. 《本義》에 "二體皆木, 上入下動, 天下之益, 莫大於此"라 함.

【日中爲市】한낮 正午를 약속하여 시장을 엶.

【致天下之民, 聚天下之貨】'致'는 招致함. 모여들도록 함. '聚'는 모음. '貨'는 商品이 될 모든 물건.

【交易而退, 各得其所】'交易'은 서로 바꿈. 物物交換을 함. '各得其所'는 각기 자신에게 所用되는 것을 얻음.

【蓋取諸〈噬嗑〉】〈噬嗑〉(021)은 입으로 깨물어 咬合시킴. 즉 咀嚼, 齧(嚙)과 같은 뜻임. 卦象(䷔)이 下卦는 震(動), 上卦는 離(火, 日)로, 해가 정오일 때 활동함. 이에 交易 活動을 통해 有無相通을 이룸. 이 때문에 이 괘에서 그 원리를 취한 것이라 한 것임. 王弼 注에 "噬嗑, 合也. 市人之所聚, 異方之所合, 設法以合物, 噬嗑之義也"라 하였고, 〈正義〉에 "'包犧'者, 案《帝王世紀》云: 「大皥帝包犧氏, 風姓也. 母曰華胥. 燧人之世, 有 大人跡出於雷澤, 華胥履之而生包犧. 長於成紀, 蛇身人首, 有聖德, 取犧牲以充庖廚, 故 號曰包犧氏. 後世音謬, 故或謂之伏犧, 或謂之虙犧一號. 皇雄氏, 在位一百二十年. 包犧 氏沒, 女媧氏代, 立爲女皇, 亦風姓也. 女媧氏沒, 次有大庭氏, 柏黃氏, 中央氏, 栗陸氏, 驪連氏, 赫胥氏, 尊盧氏, 混沌氏, 皥英氏, 有巢氏, 朱襄氏, 葛天氏, 陰康氏, 无懷氏. 凡 十五世, 皆習包犧氏之號也.」 '神農'者, 案《帝王世紀》云: 「炎帝神農氏, 姜姓也, 母曰任 已, 有蟜氏女, 名曰女登. 爲少典正妃, 游華山之陽, 有神龍首, 感女登於尙羊, 生炎帝. 人

身牛首, 長於姜水, 有聖德. 繼无懷之後, 本起烈山, 或稱烈山氏. 在位一百二十年而崩, 納奔水氏女曰聽詙, 生帝臨魁, 次帝承, 次帝明, 次帝直次帝氂, 次帝哀, 次帝揄罔, 凡八代及軒轅氏也.」라 함. 《集解》에 "虞翻曰:「否五之初也. 離象正上, 故稱日中也. 艮爲徑路, 震爲足又爲大塗, 否乾爲天坤爲民, 故致天下之民象也. 坎水艮山, 羣珍所出, 聚天下貨之象也. 震升坎降, 交易而退, 各得其所, 〈噬嗑〉食也. 市井交易, 飲食之道, 故取諸此也.」라 함. 《本義》에 "日中爲市, 上明而下動, 又借噬爲市, 嗑爲合也"라 함.

## (3)

神農氏沒, 黃帝·堯·舜氏作, 通其變, 使民不倦, 神而化之,
使民宜之.
《易》窮則變, 變則通, 通則久, 是以「自天祐之, 吉无不利」.
黃帝·堯·舜垂衣裳而天下治, 蓋取諸〈乾〉·〈坤〉.

〈해석〉

신농씨가 죽고, 황제(黃帝), 요(堯), 순(舜) 등의 임금들이 뒤를 이어, 그 변화를 통달하고 백성들로 하여금 게으름을 피우지 않도록 하고 신묘하게 시대에 따라 변화를 이어갔으며, 백성들로 하여금 사물을 그에 맞게 사용토록 하였다.

《역》은 궁하면 변하고, 변하면 통하며, 통하면 오래도록 지속되도록 하니, 이로써 "하늘로부터 도움을 받으니, 길하여 이롭지 않음이 없도다"라 한 것이다.

황제와 요, 순은 의상(衣裳)을 늘어뜨린 채 천하를 다스렸으니, 대체로 이는 〈건괘(乾卦)〉와 〈곤괘(坤卦)〉에서 그 원리를 취한 것이다.

【神農氏沒】孔穎達〈正義〉에 "此一節, 明神農氏沒後, 乃至黃帝·堯·舜, 通其《易》之變理, 於是廣制器物. 此節與下制器物爲引, 緖之勢爲下起文"이라 함.

【黃帝·堯舜氏作】'黃帝'는 軒轅氏. 五帝(黃帝, 顓頊, 帝嚳, 堯, 舜) 첫 제왕으로 有熊氏의 首領. 전설상 그는 文字, 曆法, 舟車, 宮室, 衣裳, 音樂, 醫藥, 弓矢 등을 모두 발명하여 문명시대로 접어들게 하였다는 군주로 여기고 있음. 특히 姜姓의 炎帝(神農氏)가 쇠퇴하자 그 잔여 세력을 멸하고 九黎族의 영수 蚩尤와 싸워 이기는 등 세력을 키워 중국인들은 흔히 자신들을 炎黃之孫이라 추앙하고 있음. 公孫氏이며 姬水 가에 살아 姬姓으로

도 부름. 軒轅의 언덕을 근거지로 발전하여 軒轅氏로도 불리며, 나라를 有熊이라 하여 有熊氏로도 부름. 土德으로 왕이 되었다 하여 黃帝로 칭함. 道家의 시조로 여겨 黃老術의 원조가 되기도 함. 《史記》五帝本紀에 "黃帝者, 少典之子, 姓公孫, 名曰軒轅. 生而神靈, 弱而能言, 幼而徇齊, 長而敦敏, 成而聰明. 軒轅之時, 神農氏世衰. 諸侯相侵伐, 暴虐百姓, 而神農氏弗能征. 於是軒轅乃習用干戈, 以征不享, 諸侯咸來賓從. 而蚩尤最爲暴, 莫能伐. 炎帝欲侵陵諸侯, 諸侯咸歸軒轅. 軒轅乃修德振兵, 治五氣, 蓺五種, 撫萬民, 度四方, 敎熊羆貔貅貙虎, 以與炎帝戰於阪泉之野. 三戰, 然後得其志. 蚩尤作亂, 不用帝命. 於是黃帝乃徵師諸侯, 與蚩尤戰於涿鹿之野, 遂禽殺蚩尤. 而諸侯咸尊軒轅爲天子, 代神農氏, 是爲黃帝. 天下有不順者, 黃帝從而征之, 平者去之, 披山通道, 未嘗寧居. 東至于海, 登丸山, 及岱宗. 西至于空桐, 登雞頭. 南至于江, 登熊·湘. 北逐葷粥, 合符釜山, 而邑于涿鹿之阿. 遷徙往來無常處, 以師兵爲營衛. 官名皆以雲命, 爲雲師. 置左右大監, 監于萬國. 萬國和, 而鬼神山川封禪與爲多焉. 獲寶鼎, 迎日推筴. 擧風后·力牧·常先·大鴻以治民. 順天地之紀, 幽明之占, 死生之說, 存亡之難. 時播百穀草木, 淳化鳥獸蟲蛾, 旁羅日月星辰水波土石金玉, 勞勤心力耳目, 節用水火材物. 有土德之端, 故號黃帝. 黃帝二十五子, 其得姓者十四人. 黃帝居軒轅之丘, 而娶於西陵之女, 是爲嫘祖. 嫘祖爲黃帝正妃, 生二子, 其後皆有天下: 其一曰玄囂, 是爲靑陽, 靑陽降居江水; 其二曰昌意, 降居若水. 昌意娶蜀山氏女, 曰昌僕, 生高陽, 高陽有聖德焉. 黃帝崩, 葬橋山. 其孫昌意之子高陽立, 是爲帝顓頊也"라 하였고, 《十八史略》에는 "黃帝: 公孫姓, 又曰姬姓, 名軒轅, 有熊國君, 少典子也. 母見大電繞北斗樞星, 感而生帝. 炎帝世衰, 諸侯相侵伐, 軒轅乃習用干戈以征不享, 諸侯咸歸之. 與炎帝戰于阪泉之野, 克之. 蚩尤作亂, 其人銅鐵額, 能作大霧, 軒轅作指南車, 與蚩尤戰於涿鹿之野禽之, 遂代炎帝爲天子. 土德王, 以雲紀官, 爲雲師. 作舟車以濟不通, 得風后爲相, 力牧爲將. 受河圖. 見日月星辰之象, 始有星官之書. 師大撓占斗建作甲子, 容成造曆, 隷首作算數. 伶倫取嶰谷之竹, 制十二律箭, 以聽鳳鳴. 雄鳴六, 雌鳴六, 以黃鐘之宮生六律六呂, 以候氣應, 鑄十二鐘, 以和五音. 嘗晝寢, 夢遊華胥之國, 怡然自得. 其後天下大治, 幾若華胥. 世傳: 黃帝采銅鑄鼎, 鼎成, 有龍垂胡髯下迎. 帝騎龍上天, 羣臣後宮從者七十餘人, 小臣不得上, 悉持龍髯, 髯拔, 墮弓, 抱其弓而號. 後世名其處曰鼎湖; 其弓曰烏號. 黃帝二十五子, 其得姓者十四"라 함. '堯'는 帝堯, 五帝의 4번째 제왕. 陶唐氏 부락의 영수. 唐堯로도 부름. 祁姓이며 이름은 放勳(放勛). 帝嚳의 아들. 三苗를 제압하고 舜의 도움으로 성대를 이룸. 그러나 홍수가 자주 범람하여 鯀이 治水에 실패하자 鯀의 아들 禹에게 맡겨 水患을 없애는 등 큰 성공을 거둠. 뒤에 帝位를 舜에게 맡겨 흔히 堯舜時代라 불리는 이상적인 시대를 이룸. 《十八史略》(1)에 "帝堯陶唐氏: 伊祁姓, 或曰名放勳, 帝嚳子也. 其仁如天,

其知如神, 就之如日, 望之如雲, 都平陽. 茆茨不剪, 土階三等. 有草生庭, 十五日以前, 日生一葉, 以後日落一葉, 月小盡, 則一葉厭而不落, 名曰蓂莢. 觀之以知旬朔"이라 함. 《史記》五帝本紀를 볼 것. '舜'은 五帝의 마지막 5번째 帝王. 有虞氏. 姓은 姒氏, 이름은 重華. 虞舜으로도 부름. 堯임금으로부터 천하를 물려받아 帝位에 오름. 瞽瞍의 아들로 孝誠이 지극했던 인물로 널리 알려져 있으며 儒家에서 聖人으로 추앙함. 《十八史略》(1)에 "帝舜有虞氏: 姚姓, 或曰名重華, 瞽瞍之子, 顓頊六世孫也. 父惑於後妻, 愛少子象, 常欲殺舜. 舜盡孝悌之道, 烝烝乂不格姦"이라 함. 舜은 禪讓時代(公天下)를 마감하고 뒤를 이은 禹의 世襲時代(家天下) 夏王朝가 시작됨. 이상 《史記》五帝本紀를 참조할 것. 〈正義〉에 "黃帝·堯·舜氏作者, 案《世紀》云:「黃帝有熊氏, 少典之子, 姬姓也. 母曰附寶, 其先卽炎帝, 母家有蟜氏之女, 附寶見大電, 光繞北斗樞星, 照於郊野, 感附寶孕, 二十四月而生黃帝. 於壽丘長於姬水. 龍顏有聖德, 戰蚩尤于涿鹿, 擒之. 在位一百年崩, 子青陽代立, 是爲少皥. 少皥帝, 名摯, 字青陽, 姬姓也. 母曰女節. 黃帝時, 大星如斗, 下臨華渚, 女節夢接意感, 生少皥. 在位八十四年而崩, 顓頊高陽氏, 黃帝之孫, 昌意之子, 母曰昌僕, 蜀山氏之女, 爲昌意正妃, 謂之女樞. 瑤光之星, 貫月如虹, 感女樞於幽房之宮, 生顓頊. 於弱水, 在位七十八年而, 崩少皥之孫, 蟜極之子代立, 是爲帝嚳. 帝嚳高辛氏, 姬姓也. 其母不見, 生而神異, 自言其名, 在位七十年而崩, 子帝摯立, 在位九年, 摯立不肖而崩, 弟放勛代立, 是爲帝堯. 帝堯陶唐氏, 伊祈姓, 母曰慶都, 生而神異, 常有黃雲覆其上, 爲帝嚳妃, 出以觀河, 遇赤龍晻然, 陰風而感慶都. 孕十四月而生. 堯於丹陵, 卽位九十八年崩, 帝舜代立, 帝舜姚姓, 其先出自顓頊. 顓頊生窮蟬, 窮蟬生敬康, 敬康生句芒, 句芒生蟜牛, 蟜牛生瞽瞍, 瞍之妻握登, 見大虹意感而生舜於姚墟, 故姓姚氏.」此歷序三皇之後, 至堯舜之前, 所爲君也. 此旣云黃帝, 卽云堯舜者, 略擧五帝之終始, 則少皥, 顓頊, 帝嚳, 在其間也"라 함.

【通其變, 使民不倦】그 變化에 通達(通曉)하여 백성들로 하여금 싫증 없이 장구히 쓰도록 함. '倦'은 게으름. 懈怠(懈惰)함. 싫증을 냄. 王弼 注에 "通物之變, 故樂其器, 用不解倦也"라 하였고, 〈正義〉에 "通其變, 使民不倦'者, 事久不變, 則民倦而窮. 今黃帝·堯·舜之等, 以其事久或窮, 故開通其變, 量時制器, 使民用之日新, 不有懈倦也"라 함. 《集解》에 "虞翻曰:「變而通之, 以盡利, 謂作舟檝·服牛·乘馬之類, 故使民不倦也.」"라 함.

【神而化之, 使民宜之】백성들이 神妙하다 여겨 그에게 敎化됨. 그리하여 백성들이 그렇게 하는 것이 마땅하다 여기도록 함. '使民宜之'는 백성들로 하여금 성인들이 만든 사물, 제도 등에 대해 마땅하게 활용토록 함. 〈正義〉에 "神而化之, 使民宜之'者, 言所以'通其變'者, 欲使神理微妙, 而變化之, 使民各得其宜. 若黃帝已上, 衣鳥獸之皮, 其後人多獸, 少事或窮乏, 故以絲麻布帛, 而制衣裳, 是神而變化, 使民得宜也"라 함. 《集

解》에 "虞翻曰:「神謂乾, 乾動之坤, 化成萬物, 以利天下, 坤爲民也. 象其物宜, 故使民宜之也.」"라 함.

【《易》窮則變, 變則通, 通則久】사물은 궁극에 달하면 변하며, 변하면 다시 통하게 되고 통하면 일상에 이를 활용하여 오래 지속됨. 《역》은 이러한 원리를 담고 있음. 王弼 注에 "通變則无窮, 故可久也"라 하였고, 〈正義〉에 "'《易》窮則變, 變則通, 通則久' 者, 此覆說上文通其變之事. 所以'通其變'者, 言《易》道若窮, 則須隨時改變, 所以須變者變, 則開通得久長, 故云通則久也"라 함.

【是以「自天祐之, 吉无不利」】이는 〈大有〉卦(014) 上九의 爻辭임. 앞의 〈繫辭〉(上) 2장 및 12장을 참조할 것. 〈正義〉에 "是以「自天祐之, 吉无不利」'者, 此明若能通變, 則无所不利, 故引《易》文證結變通之善. 上繫引此文者, 證明人事之信順, 此乃明《易》道之變通, 俱得天之祐, 故各引其文也"라 함. 《集解》에 "陸績曰:「陰窮則變爲陽, 陽窮則變爲陰, 天之道也. 庖犧作網罟, 敎民取禽獸, 以克民食, 民衆獸少, 其道窮, 則神農敎播殖, 以變之此窮, 變之大要也. 窮則變, 變則通, 與天終始, 故可久民得其用, 故无所不利也.」"라 함.

【黃帝·堯·舜垂衣裳而天下治】'垂衣裳'은 옷을 편안히 늘어뜨림. 아주 편안하게 無爲而治의 방법으로 통치하였음을 뜻함. 그러나 孔穎達은 "이전에는 짐승 가죽을 옷으로 해 입었으나 이때에 이르러 옷감을 만들어 늘여뜨려 온몸을 덮을 정도로 길게 입었다"라 하였고, 高亨도 "垂, 當借爲綴, 綴, 縫也. 綴衣裳, 爲制衣裳也"라 하여 衣裳을 만든 것이라 하였음. 그런가 하면 王弼 注에 "垂衣裳, 以辨貴賤, 乾尊坤卑之義也"라 하여 복식제도를 제정한 것이라 하였음. 孔穎達 〈正義〉에 "自此已下, 凡有九事, 皆黃帝·堯·舜, 取《易》卦以制象. 此九事之第一也. 何以連云'堯舜'者, 謂此九事, 黃帝制其初, 堯舜成其末, 事相連接, 共有九事之功, 故連云黃帝·堯·舜也. 案皇甫謐《帝王世紀》載此九事, 皆爲黃帝之功. 若如所論, 則堯·舜无事《易》繫, 何須連云堯·舜, 則皇甫之言, 未可用也. '垂衣裳'者, 以前衣皮, 其制短小, 今衣絲麻布帛, 所作衣裳, 其制長大, 故云'垂衣裳'也"라 함.

【蓋取諸〈乾〉·〈坤〉】〈乾〉(☰)과 〈坤〉(☷)은 純陽과 純陰으로 《易》의 가장 중요한 핵심이며, 이상적인 統治術이 들어 있음. 따라서 '이들 제왕들의 훌륭한 통치는 이 두 괘에서 그 원리를 취한 것'이라 한 것임. 〈正義〉에 "取諸〈乾〉·〈坤〉'者, 衣裳辨貴賤, 乾坤則上下殊體, 故云取諸〈乾〉·〈坤〉也"라 함. 《集解》에 "九家《易》曰:「黃帝以上羽皮革, 木以禦寒暑, 至乎黃帝, 始制衣裳, 垂示天下. 衣取象乾, 居上覆物, 裳取象坤, 在下含物也.」 ○虞翻曰:「乾爲治, 在上爲衣; 坤下爲裳, 乾坤萬物之縕, 故以象衣裳. 乾爲明君, 坤爲順臣, 百官以治萬民以察, 故天下治蓋取諸此也.」"라 함. 《本義》에 "乾坤, 變化而无爲"라 함.

(4)

刳木爲舟, 剡木爲楫, 舟楫之利, 以濟不通, 致遠以利天下,
蓋取諸〈渙〉.
服牛乘馬, 引重致遠, 以利天下, 蓋取諸〈隨〉.
重門擊柝, 以待暴客, 蓋取諸〈豫〉.
斷木爲杵, 掘地爲臼, 臼杵之利, 萬民以濟, 蓋取諸〈小過〉.
弦木爲弧, 剡木爲矢, 弧矢之利, 以威天下, 蓋取諸〈睽〉.

〈해석〉

나무를 쪼개어 배를 만들고, 나무를 깎아서 노를 만드니, 배와 노의 편리함을 가지
고 그 동안 통하지 못하였던 곳을 건널 수 있게 되었고, 멀리까지 이르러 천하에 이로
움을 주게 되었으니, 이는 대체로 〈환괘(渙卦)〉에서 그 원리를 취한 것이다.

소에게는 무거운 물건을 싣고 사람은 말을 타고, 무거운 것을 멀리까지 오가게 하
여 천하를 편리하게 하였으니, 이는 대체로 〈수괘(隨卦)〉에서 그 원리를 취한 것이다.

문을 겹으로 닫고 밤에는 딱딱이를 치며 야경을 돌아, 포악한 밤도둑을 막았으니,
이는 대체로 〈예괘(豫卦)〉에서 그 원리를 취한 것이다.

나무를 잘라 절구공이를 만들고, 땅을 파서 확을 만들어, 확과 절구의 편리함을
발명하여 만민의 먹는 문제를 해결하였으니, 이는 대체로 〈소과괘(小過卦)〉에서 그
원리를 취한 것이다.

나무를 휘어 시위를 만들고, 나무를 깎아 화살을 만들어, 활과 화살의 편리함을
발명하여, 이로써 천하에 위엄을 보였으니, 이는 대체로 〈규괘(睽卦)〉에서 그 원리를
취한 것이다.

【刳木爲舟】 '刳'(고)는 나무를 쪼개어 깎고 파내고 도려 냄.《說文》에 "刳, 判也"라
함.〈正義〉에 "此九事之第二也. 舟必用大木, 刳鑿其中, 故云‘刳木’也"라 함.

【剡木爲楫】 '剡'(섬)은 베고 다듬어 뾰족하게 함.《說文》에 "剡, 銳利也"라 함. '楫'은
배를 젓는 노.〈正義〉에 "‘剡木爲楫’者, 楫必須纖長, 理當剡削, 故曰‘剡木’也"라 함.

【舟楫之利, 以濟不通】 배와 노의 편리함이 생겨 그로써 그 동안 통하지 못하던 곳
을 배로 건너거나 갈 수 있음.

【致遠以利天下】먼 곳에 이르러 천하가 모두 편리하게 됨. 《本義》에 "木在水上也. 致遠以利. '天下', 疑衍"이라 하여, '天下'는 衍文으로 여겼음.

【蓋取諸〈渙〉】〈渙卦〉(059)는 渙散, 즉 散開을 뜻함. 積聚에 상대되는 개념으로, 《說文》에 "渙, 水流散也"라 함. 卦象(䷺)의 下卦는 坎(水)이며 上卦는 巽(木)으로, 배가 물 위에 떠 있는 형상임. 이에 따라 배를 통해 막혀 있는 상황을 시원하게 틔워주는 역할을 하기에 이 괘에서 취한 것이라 한 것. 王弼 注에 "渙者, 乘理以散動也"라 하였고, 〈正義〉에 "取諸〈渙〉者, 渙, 散也. 〈渙〉卦之義, 取乘理以散動也. 舟楫以乘, 水以載運, 故取諸〈渙〉也"라 함. 《集解》에 "九家《易》曰:「木在水上流行, 若風舟檝之象也. 此本〈否〉卦九四之二. 剡, 除也. 巽爲長爲木, 艮爲手乾爲金. 艮手持金, 故剡木爲舟, 剡木爲檝也. 乾爲遠天, 故濟不通, 致遠以利天下矣. 法〈渙〉而作舟檝, 蓋取斯義也.」"라 함.

【服牛乘馬】'服牛'는 소에게 짐을 지움. 소를 무거운 짐을 지는 일에 服務시킴. '승마'는 말을 타고 빠르게 멀리 갈 수 있는 일에 이용함. 〈正義〉에 "此九事之第三也. 隨者, 謂隨時之所宜也"라 함.

【引重致遠, 以利天下】'引重'은 무거운 물건을 끌거나 지고 감. '以利天下'는 이로써 천하 사람들을 편리하게 함.

【蓋取諸〈隨〉】〈隨卦〉(017)는 《說文》에 "隨, 從也"라 하였고, 《廣雅》에는 "隨, 順也, 逐也"라 함. 卦象(䷐)에서 下卦는 震(動), 上卦는 兌(悅)로, 牛馬를 타고 움직여 즐거움을 느끼는 형상임. 이에 '隨時而動'할 수 있어 사물을 隨時로 輸送하고 流通시킴을 뜻함. 그 때문에 이 괘에서 이러한 원리를 취한 것이라 말한 것. 王弼 注에 "〈隨〉, 隨, 宜也. 服牛乘馬, 隨物所之, 各得其宜也"라 하였고, 〈正義〉에 "今服用其牛, 乘駕其馬, 服牛以引重, 乘馬以致遠, 是以人之所用, 各得其宜, 故取諸〈隨〉也"라 함. 《集解》에 "虞翻曰:「〈否〉上之初也. 〈否〉乾爲馬爲遠, 坤爲牛爲重, 坤初之上爲引重, 乾上之初爲致遠, 艮爲背, 巽爲股, 在馬上, 故乘馬. 巽爲繩, 繩束縛, 物在牛背上, 故服牛. 出否之隨引重致遠, 以利天下, 故取諸〈隨〉.」"라 함. 《本義》에 "下動上說"이라 함.

【重門擊柝, 以待暴客】'重門'은 도둑을 막기 위해 문을 겹으로 설치함. '擊柝'은 밤에 夜警을 돌면서 딱딱이를 두드려 도둑이나 범죄를 막음. '柝'(탁)은 夜警에 두드려 소리를 내는 두 개의 각목. 《說文》에 "柝, 兩木相擊以行夜"라 함. '以待'는 이로써 待處함. '暴客'은 포악한 손님. 즉 도둑을 뜻함. 《集解》에 "干寶曰:「卒暴之客, 爲奸寇也.」"라 함.

【蓋取諸〈豫〉】〈豫卦〉(016)는 모든 일을 미리 예상하고 예방하여 자신의 안전한 생활을 즐김을 뜻함. 卦象(䷏)의 下卦는 坤(地), 上卦는 震(雷)으로 지상에서 擊柝하여 경비하며 예방함을 상징함. 그 때문에 이러한 일은 이 괘에서 취한 것이라 한 것.

王弼 注에 "取其豫備"라 하였고, 〈正義〉에 "此九事之第四也. 豫者, 取其豫有防備. 韓氏以此九事, 皆以卦名而爲義者, 特以此象, 文取備豫之義. 其事相合, 故其餘八事, 皆以卦名解義, 量爲此也"라 함. 《集解》에 "九家《易》曰:「下有艮象, 從外示之震, 復爲艮, 兩艮對合, 重門之象也. 柝者, 兩木相擊以行夜也. 艮爲手爲小木爲上持, 震爲足又爲木爲行, 坤爲夜, 卽手持柝木, 夜行擊門之象也. 坎爲盜暴水, 暴長无常, 故以待暴客. 旣有不虞之備, 故蓋取諸〈豫〉也.」"라 함. 《本義》에 "豫備之意"라 함.

【斷木爲杵, 掘地爲臼】 '斷木爲杵'는 나무를 잘라 다듬어 공이를 만듦. '杵'는 절구나 방아의 공이. '掘地爲臼'는 땅을 파소 구덩이를 만든 다음, 거기에 돌로 만든 확을 박아 곡물을 찧는 절구방아를 만듦. '臼'(구)는 절구방아의 확. 〈正義〉에 "此九事之第五也. 杵, 須短木— 故斷木爲杵; 臼, 須鑿地, 故掘地爲臼"라 함.

【臼杵之利, 萬民以濟】 이처럼 확과 공이의 편리함을 발명함으로써 만민이 곡물을 搗精하여 먹는 문제를 해결함. '濟'는 '해결하다, 이롭게 하다'의 뜻. 《爾雅》에 "制, 益夜"라 함.

【蓋取諸〈小過〉】 〈小過〉(062)는 '조금 과도해도 됨'의 뜻임. 아울러 卦象(☳)이 上卦(外卦)는 震으로 動을, 下卦(內卦)는 艮으로 止를 상징함. 이는 절구(舂)나 확(臼)이 밑에서 튼튼하게 停止하고 있고, 위에서는 공이가 움직여 穀物을 搗精하는 형상임. 王弼 注에 "以小用而濟物也"라 하였고, 〈正義〉에 "取諸〈小過〉, 以小事之用, 過而濟物. 杵臼亦小事, 過越用以利民, 故取諸〈小過〉也"라 함. 《集解》에 "虞翻曰:「晉上之三也. 艮爲小木, 上來之三斷艮, 故斷木爲杵. 坤爲地, 艮手持木, 以掘坤三, 故掘地爲臼. 艮止於下, 臼之象也. 震動而上, 杵之象也. 震出巽入, 艮手持杵, 出入臼中, 舂之象也. 故取諸〈小過〉. 本无乾象, 故不言以利天下也.」"라 함. 《本義》에 "下止上動"이라 함.

【弦木爲弧, 剡木爲矢】 '弦木爲弧'는 나무를 휘어 활대를 만듦. 여기에 靭張力을 이용하여 시위로 사용함. '剡木爲矢'는 나무를 곧게 깎고 다듬어 화살을 만듦. 〈正義〉에 "此九事之第六也. 案《爾雅》:「弧, 木弓也.」故云弦木爲弧"라 함.

【弧矢之利, 以威天下】 '弧矢'는 활과 화살. 여기서는 초보적인 武器를 의미함. '以威天下'는 활과 화살을 무기로 하여 천하에 威嚴(威勢)을 보임.

【蓋取諸〈睽〉】 〈睽卦〉(038)는 '睽'는 原義는 '두 눈동자가 서로 다른 곳을 보다', 즉 '어그러지고 등짐, 자꾸 멀어짐'을 뜻함. 이에 의미가 확대되어 乖背, 乖離, 反目, 嫉視, 歧視, 葛藤 등의 뜻을 가지고 있음. 이를 해결하기 위해서는 궁극적으로 武力이 필요함. 卦象(☲)에서 下卦는 兌(澤, 水), 上卦는 離(火, 日)로 물 위에 불이 있어 서로 상배되어 있음. 이는 활과 화살은 서로 반대방향으로 힘을 쏟다가 결국 화살이 날아

가게 됨을 상징함. 그 때문에 이러한 것은 이 괘에서 원리를 터득하여 이루어진 것이라 말한 것. 王弼 注에 "睽, 乖也. 物乖則爭, 興弧矢之用, 所以威乖爭也"라 하였고, 〈正義〉에 "取諸〈睽〉'者, 睽, 謂乖離. 弧矢所以服, 此乖離之人, 故取諸〈睽〉也. 案: 弧矢·杵臼·服牛乘馬·舟楫皆, 云之'利'. 此皆器物益人, 故稱'利'也. 重門擊柝, 非如舟楫杵臼, 故不云'利'也. 變稱以禦暴客, 是亦利也. 垂衣裳, 不言'利'者, 此亦隨便立稱, 故云天下治, 治亦'利'也. 此皆義便而言, 不可以一例取也"라 함. 《集解》에 "虞翻曰:「无妄五之二也. 巽爲繩爲木, 坎爲弧, 離爲矢, 故弦木爲弧. 艮爲小木, 五之二以金剡艮, 故剡木爲矢. 乾爲威五之二, 故以威天下, 弓發矢應, 而坎雨集, 故取諸〈睽〉也.」"라 함. 《本義》에 "睽乖然後, 威以服之"라 함.

# (5)

上古穴居而野處, 後世聖人易之以宮室, 上棟下宇, 以待風雨, 蓋取諸〈大壯〉.
古之葬者, 厚衣之以薪, 葬之中野, 不封不樹, 喪期无數, 後世聖人易之以棺椁, 蓋取諸〈大過〉.
上古結繩而治, 後世聖人易之以書契, 百官以治, 萬民以察, 蓋取諸〈夬〉.

〈해석〉

상고시대에는 사람들이 혈거(穴居)생활을 하거나 들에 그대로 살았다. 후세 성인이 이를 궁실(宮室)로 바꾸어 살도록 하여, 위에는 대들보를 얹고 아래는 서까래를 얹어, 비바람을 피할 수 있도록 하였으니, 이는 대체로 〈대장괘(大壯卦)〉에서 그 원리를 취한 것이다.

옛날의 장례는 시신을 섶으로 두껍게 입혀, 이를 들 가운데에 대강 묻었으며, 봉분도 하지 않았고 나무도 심지 않았으며, 상기(喪期)도 기한이 없었는데, 후세 성인이 이를 관곽(棺椁)으로 바꾸어 하도록 하였으니, 이는 대체로 〈대과괘(大過卦)〉에서 그 원리를 취한 것이다.

상고시대에는 결승(結繩)의 단순한 기록으로 다스렸는데, 후세 성인이 이를 서게

(書契)로 바꾸도록 하여 백관(百官)의 행정조직을 갖추어 다스려, 만민이 이로써 사리를 살필 수 있도록 하였으니, 이는 대체로 〈쾌괘(夬卦)〉에서 그 원리를 취한 것이다.

【上古穴居而野處】 '穴居'는 고대 땅을 파고 굴을 내어 橫穴式과 垂穴式의 원시적인 생활을 했음. '夜處'는 들에 노출된 채 그대로 살았음. 고대 주거생활의 불편함을 말함. 고대 처음 나무 위에 둥지를 짓고 살았던 부락은 有巢氏였음.

【後世聖人易之以宮室】 '宮室'은 지상에 집의 형태를 갖추어 생활하였음을 말함. '宮'과 '室'은 고대 모두 일반 백성의 집도 이처럼 불렀음.

【上棟下宇, 以待風雨】 '上棟下宇'는 위에는 대들보를 얹고 아래에는 서까래를 깔아 그 가운데에 공간을 만들어 살았음을 말함. 〈正義〉에 "此九事之第七也. 已前不云'上古', 已下三事或言上古, 或言古, 與上不同者, 已前未造, 此器之前, 更无餘物之用, 非是後物, 以替前物, 故不云'上古'也. 此已下三事, 皆是未造此物之前, 已更別有所用. 今將後用而代前用, 欲明前用所有, 故本之云上古及古者. 案未有衣裳之前, 則衣鳥獸之皮, 亦是已前有用, 不云上古者. 雖云古者, 衣皮必不專衣皮也. 或衣草衣木, 事无定體, 故不得稱上古衣皮也. 若此'穴居野處'及'結繩以治', 唯專一事, 故可稱'上古', 由後物代之也"라 함.

【蓋取諸〈大壯〉】 〈大壯〉(034)은 아주 壯大하고 强盛함을 뜻함. 卦象(䷡)은 아래 乾(하늘)은 지붕을, 위의 震(雷)은 우레를 상징하여 지붕을 덮어 위의 雷雨를 피하며, 아래로부터 많은 陽氣가 올라와 따뜻한 집에 거함을 의미함. 이 때문에 이 괘에서 이러한 원리를 취하였다고 본 것임. 王弼 注에 "宮室壯大於穴居, 故制爲宮室, 取諸〈大壯〉也"라 하였고, 〈正義〉에 "取諸〈大壯〉者, 以造制宮室, 壯大於穴居野處, 故取〈大壯〉之名也"라 함. 《集解》에 "虞翻曰:「无妄兩象易也. 无妄乾在上, 故稱上古. 艮爲穴居, 乾爲野, 巽爲處, 无妄乾人在路, 故穴居野處. 震爲後世, 乾爲聖人, 後世聖人, 謂黃帝也. 艮爲宮室, 變成大壯, 乾人入宮, 故易以宮室. 艮爲待, 巽爲風, 兌爲雨, 乾爲高, 巽爲長木, 反在上爲棟動起, 故上棟下宇, 謂屋邊也. 兌澤動下爲下宇, 无妄之大壯, 巽風不見, 兌雨隔震, 與乾絶體, 故上棟下宇, 以待風雨, 蓋取諸〈大壯〉者也.」"라 함. 《本義》에 "壯固之意"라 함.

【古之葬者, 厚衣之以薪】 옛날 葬禮의 불편함을 개선한 예를 설명한 것. '厚衣之以薪'은 섶으로 두껍게 쌈.

【葬之中野】 들 가운데에 이를 묻음. 〈正義〉에 "此九事之第八也. 不云'上古', 直云'古之葬'者, 若極遠者, 則云'上古'; 其次遠者, 則直云'古'. 則'厚衣之以薪, 葬之中野', 猶在'穴居結繩'之後, 故直云'古'也"라 함.

【不封不樹】 封墳도 만들지 않고 주위에 나무도 심지 않음. 《禮記》王制에 "封, 謂豪

土爲墳"이라 함. 〈正義〉에 "'不封不樹'者, 不積土爲墳, 是不封也. 不種樹以標其處, 是不樹也"라 함.

【喪期无數】喪期도 기한이 없음. '數'는 期限. 즉 위의 三日葬, 五日葬, 朞年喪, 三年喪 등의 喪禮. 〈正義〉에 "'喪期无數'者, 哀除則止, 无日月限數也"라 함.

【後世聖人易之以棺椁】섶으로 싸던 것을 관과 곽에 시신을 안치하는 방법으로 바꾸도록 함. '棺'은 內棺. '椁'은 槨으로도 표기하며 外槨. 〈正義〉에 "'後世聖人易之以棺椁'者, 若《禮記》云「有虞氏瓦棺, 未必用木爲棺也.」 則《禮記》又云「殷人之棺椁」, 以前云椁无文也"라 함.

【蓋取諸〈大過〉】〈大過〉(028)는 '지나치다, 넘어서다, 과도하다'의 뜻과 '허물, 過失, 過誤'의 두 가지 뜻을 함께 지니고 있음. 卦象(䷛)에서 下卦는 巽(木)이며 上卦는 兌(澤, 穴)로써 棺椁이 墓穴 안에 있는 형상임. 이 때문에 이 괘에서 그 원리를 취했다라 한 것임. 王弼 注에 "取其過厚"라 하였고, 〈正義〉에 "'取諸〈大過〉'者, 送終追遠, 欲其甚大過厚, 故取諸〈大過〉也. 案:《書》稱「堯崩, 百姓如喪考妣三載, 四海遏密八音」, 則喪期无數, 在堯已前, 而棺椁自殷已後, 則夏已前棺椁, 未具也. 所以其文參差, 前後不齊者. 但此文擧, 大略明前後相代之義, 不必確在一時, 故九事, 上從黃帝, 下稱堯·舜, 連延不絶, 更相增修也"라 함. 《集解》에 "虞翻曰:「〈中孚〉上下象易也. 本无乾象. 故不言上古. 大過乾在中, 故但言'古者'. 巽爲薪, 艮爲厚, 乾爲衣爲野, 乾象在中, 故厚衣之以薪, 葬之中野. 穿土稱封, 封古窆字也. 聚土爲樹, 中孚无坤坎象, 故不封不樹. 坤爲喪期, 謂從斬衰至緦麻, 日月之期數, 无坎離日月坤象, 故喪期无數. 巽爲木爲入處, 兌爲口, 乾爲人, 木而有口, 乾人入處, 棺斂之象. 中孚艮爲山丘, 巽木在裏棺, 藏山陵椁之象也. 故取諸〈大過〉.」"라 함. 《本義》에 "送死大事, 而過於厚"라 함.

【上古結繩而治】'結繩'은 고대 원시적인 기록 방법. 文字가 있기 전 事物의 數量과 大小를 끈의 數나 굵기로 구분하여 나무에 묶어 記憶을 돕도록 한 것. 〈正義〉에 "此九事之終也. '結繩'者, 鄭康成·王弼 注云:「事大大結其繩, 事小小結其繩.」 義或然也"라 함.

【後世聖人易之以書契】'書契'의 '書'는 초보적인 文字. '契'는 刻과 같음. 문자를 龜甲이나 獸骨, 혹 陶器 등에 파서 새겨 紀錄으로 보관하거나 남기는 것. 甲骨文이나 骨角文, 陶文 등이 이에 해당함.

【百官以治, 萬民以察】'百官以治'는 행정조직을 만들었음을 뜻함. '百官'은 각종 해당 사무를 관장하는 많은 官僚. '萬民以察'은 백성들이 그러한 행정조직을 통해 사리를 살펴 판단함.

【蓋取諸〈夬〉】〈夬〉(043)의 '夬'는 決과 같음. 決斷, 決定, 判決, 處斷, 決裂, 掃除,

터짐, 判斷 등을 의미함. 서계 문자는 이로써 사무를 처리하고 사안을 결단하여 행정을 펴 나감을 뜻함. 卦象(☱)에서 下卦는 乾(天)이며 上卦는 兌(澤)로, 못물이 하늘로 솟아, 그로 인해 제방이 터져 모든 것을 휩쓸고 掃除해 지나가는 모습을 비유함. 그 때문에 이 괘에서 취한 것이라 한 것임. 王弼 注에 "〈夬〉, 決也. 書契, 所以決斷萬事也"라 하였고, 〈正義〉에 "〈夬〉者, 決也. 造立書契, 所以決斷萬事, 故取諸〈夬〉也"라 함. 《集解》에 "九家《易》曰:「古者, 无文字. 其有約誓之事, 事大大其繩, 事小小其繩. 結之多少, 隨物衆寡, 各執以相, 考亦足以相治也. 〈夬〉本坤世, 下有伏坤. 書之象也. 上又見乾, 契之象也. 以乾照坤, 察之象也. 夬者, 決也. 取百官以書, 治職萬民以契, 明其事契刻也. 〈大壯〉進而成〈夬〉, 金決竹木爲書契象, 故法〈夬〉而作書契矣.」○虞翻曰:「履上下象易也. 乾象在上, 故復言上古. 巽爲繩, 離爲網罟, 乾爲治, 故結繩以治. 後世聖人, 謂黃帝·堯·舜也. 夬旁通剝, 剝坤爲書, 兌爲契, 故易之以書契. 乾爲百, 剝艮爲官, 坤爲衆臣, 爲萬民爲迷暗, 乾爲治夬, 反剝以乾照坤, 故百官以治. 萬民以察, 故取諸〈夬〉. 〈大壯〉·〈大過〉·〈夬〉, 此三蓋取直兩象上下相易, 故俱言易之〈大壯〉, 本〈无妄〉〈夬〉, 本〈履〉卦乾象俱在上, 故言'上古'. 〈中孚〉本无乾象, 〈大過〉, 乾不在上, 故但言'古者'. 〈大過〉亦言後世聖人易之, 明上古時也.」"라 함. 《本義》에 "明決之意"라 함.

## ◇ 第三章 ◇

*〈正義〉에 "此第三章. 明陰陽二卦之體, 及日月相推而成歲. 聖人用之, 安身崇德, 德之盛也"라 함.


是故《易》者, 象也; 象也者, 像也.
象者, 材也; 爻也者, 效天下之動者也.
是故吉凶生而悔吝著也.

〈해석〉

이 까닭으로 《역》이란 상(象)이며, 상이란 형상화한 것이다.

단(彖)이란 재단(裁斷)이며, 효(爻)란 천하의 움직임을 모방한 것이다.

이 까닭으로 길흉(吉凶)이 생겨나며, 회인(悔吝)이 드러나는 것이다.


【是故《易》者, 象也】《易》이란 결국 象徵을 內函한 것일 뿐임. 이를 卦象으로 표현한 것. 세상 만물의 깊은 의미를 상징적으로 품고 있는 것임. 〈正義〉에 "是故《易》者, 象也'者, 但前章皆取象以制器, 以是之故《易》卦者, 寫萬物之形象, 故《易》者, 象也"라 함. 《集解》에 "干寶曰: 「言是故又總結上義也.」○虞翻曰: 「《易》謂日月在天成八卦象, 縣象著明, 莫大日月是也.」"라 함.

【象也者, 像也】象徵的으로 하였다는 것은, 만물을 摹像(形象化)한 것임. 그 모습을 模寫(摹寫)하여 그려낸 것임. 〈正義〉에 "象也者, 像也'者, 謂卦爲萬物象者, 法像萬物, 猶若乾卦之象, 法像於天也"라 함. 《集解》에 "崔憬曰: 「上明取象, 以制器之義, 故以此重釋於象. 言《易》者象於萬物. 象者, 形像之象也.」"라 함. 《本義》에 "《易》卦之形, 理之似也"라 함.

【彖者, 材也】'彖'은 彖辭. 매 괘에 卦辭가 있으며, 그 卦辭를 다시 부연설명한 것. '材'는 裁와 같으며, 裁斷함, 決斷함, 判斷하여 말로 설명한 것임. 그러나 王弼과 孔穎達은 才德(材德)이라 하였음. 王弼 注에 "材, 才德也. 彖言成卦之, 材以統卦義也"라 하였고, 〈正義〉에 "'彖者, 材也'者, 謂卦下彖辭者, 論此卦之材德也"라 함. 《集解》에 "虞翻曰: 「彖說三才, 則三分天象, 以爲三才, 謂天地人道也.」"라 함. 《本義》에 "彖言, 一卦之材"라 함.

【爻也者, 效天下之動者也】'爻'는 매 괘마다의 여섯 爻. 이를 말로 설명한 爻辭. 64괘는 384개의 효가 있으며, 이를 얻기 위한 시책의 경우의 수는 11520책이 있음. '效'는 模倣, 倣效의 뜻. '動'은 각 효의 변화와 운동. 이는 천하 만하와 만물의 변화와 움직임을 모방한 것임. 〈正義〉에 "'爻也者, 效天下之動者', 謂每卦六爻, 皆放效天下之物而發動也"라 함. 《集解》에 "虞翻曰:「動, 發也. 謂兩三才爲六畫, 則發揮剛柔而生爻也.」"라 함. 《本義》에 "效, 放也"라 함.

【是故吉凶生而悔吝著也】이로써 길흉이 생겨나는 것이며, 그 결과를 두고 회인이 드러나는 것임. '悔吝'은 점의 결과에 대한 반응과 대처에 있어서의 회한이나 안타까움 등을 뜻함. 〈正義〉에 "'吉凶生而悔吝著'者, 動有得失, 故吉凶生也; 動有細小疵病, 故悔吝著也"라 함. 《集解》에 "虞翻曰:「爻象動內, 則吉凶見外, 吉凶悔吝者, 生乎動者也. 故曰著.」"라 함. 《本義》에 "悔吝本微, 因此而著"라 함.

# ◇ 第四章 ◇

陽卦多陰, 陰卦多陽, 其故何也? 陽卦奇, 陰卦耦.
其德行何也? 陽一君而二民, 君子之道也; 陰二君而一民,
小人之道也.

〈해석〉

양괘(陽卦)에는 음효(陰爻)가 많고, 음괘(陰卦)에는 양효(陽爻)가 많은데, 그 까닭
은 무엇 때문인가? 이는 양괘는 기수(奇數, 홀수)로 되어 있고, 음괘는 우수(耦數, 짝
수)로 되어 있음을 말한다.

양괘와 음괘의 덕행(德行)은 어떠한가? 양괘는 하나의 임금에 백성이 둘이니, 이는
군자의 도(道)요, 음괘는 임금이 둘인데 백성은 하나이니, 이는 소인의 도이다.

【陽卦多陰, 陰卦多陽, 其故何也?】 小成卦 八卦 중에 乾(純陽)과 坤(純陰) 외에 나머
지 여섯 괘 震(☳), 坎(☵), 艮(☶)은 陽卦, 巽(☴), 離(☲), 兌(☱)는 陰卦로 나누며, 양괘
에는 음효가 둘씩 있고, 음괘에는 양효가 둘씩 있음. 〈正義〉에 "陽卦多陰, 陰卦多陽,
其故何也'者, 此夫子將釋陰陽二卦不同之意. 故先發其問, 云'其故何也?'. 陽卦多陰, 謂
〈震〉·〈坎〉·〈艮〉, 一陽而二陰也; 陰卦多陽, 謂〈巽〉·〈離〉·〈兌〉, 一陰而二陽也"라 함.
《集解》에 "崔憬曰:「此明卦象, 陰陽與德行也. 陽卦多陰, 謂〈震〉·〈坎〉·〈艮〉, 一陽而二
陰; 陰卦多陽, 謂〈巽〉·〈離〉·〈兌〉, 一陰而二陽也.」"라 함.《本義》에 "〈震〉·〈坎〉·〈艮〉,
爲陽卦, 皆一陽二陰; 〈巽〉·〈離〉·〈兌〉, 爲陰卦, 皆一陰二陽"이라 함.

【陽卦奇, 陰卦耦】 '奇'는 奇數(홀수), '耦'는 偶와 같으며 偶數(짝수). 즉 陽爻(—)는
1획이며, 陰爻(--)는 2획. 이에 陽卦는 모두 5획씩으로 되어 있고, 陰卦는 모두 4획씩
으로 되어 있음. 따라서 陽卦는 奇數, 陰卦는 耦數(偶數)라 한 것임. 王弼 注에 "夫少者
多之所宗, 一者衆之所歸, 陽卦二陰, 故奇爲之君; 陰卦二陽, 故耦爲之主"라 하였고, 〈正
義〉에 "陽卦奇, 陰卦耦'者, 陽卦則以奇爲君, 故一陽而二陰. 陽爲君, 陰爲臣也; 陰卦則
以耦爲君, 故二陽而一陰, 陰爲君, 陽爲臣也. 故王弼注云:「陽卦二陰, 故奇爲之君; 陰卦
二陽, 故耦爲之主"라 함.《本義》에 "凡陽卦皆五畫, 凡陰卦皆四畫"이라 함.

【其德行何也?】 '八卦의 각 德行은 어떠한가? 옳다'의 뜻. 王弼 注에 "辨陰陽二卦之德
行也"라 하였고, 〈正義〉에 "'其德行何也'者, 前釋陰陽之體, 未知陰陽德行之故, 故夫子
將釋德行先自問之, 故云'其德行何也'"라 함.《集解》에 "虞翻曰:「陽卦一陽, 故奇; 陰卦

二陰, 故耦; 謂德行何? 可者也.」라 함.

【陽一君而二民, 君子之道也】君은 陽爻, 民은 陰爻. 一은 唯一함. 二는 많음을 뜻함. 陽卦는 한결같이 陽爻(君) 하나에 陰爻(民)가 둘씩임. '君子之道'는 임금 하나에 많은 백성을 거느리고 있어 군자의 통치를 상징함. 〈正義〉에 "陽一君而二, 民君子之道'者, 夫'君以无爲, 統衆无爲'者, 爲每事因循, 委任臣下, 不司其事, 故稱一也. 臣則有事, 代終各司其職, 有職則有對, 故稱二也. 今陽爻以一爲君, 以二爲民, 得其尊卑, 相正之道, 故爲君子之道者也"라 함.

【陰二君而一民, 小人之道也】陰卦는 한결같이 陽爻(君) 둘에 陰爻(民)가 하나씩임. 임금은 둘에 거느리는 백성은 하나뿐으로, 이는 소인의 도와 같음. 王弼 注에 "陽, 君道也; 陰, 臣道也. 君以无爲, 統衆无爲, 則一也; 臣以有事, 代終有事, 則二也. 故陽爻畫奇, 以明君道必一; 陰爻畫兩, 以明臣體必二. 斯則陰陽之數, 君臣之辨也. 以一爲君, 君之德也; 二居君位, 非其道也. 故陽卦, 曰君子之道; 陰卦, 曰小人之道也"라 하였고, 〈正義〉에 "陰二君而一民, 小人之道'者, 陰卦則以二爲君, 是失其正, 以一爲臣, 乖反於理, 上下失序, 故稱小人之道也"라 함. 《集解》에 "韓康伯曰:「陽, 君道也; 陰, 臣道也. 君以无爲, 統衆无爲, 則一也; 臣以有事, 代終有事, 則二也. 故陽爻畫一, 以明君道必一; 陰爻畫兩, 以明臣體必二. 斯陰陽之數, 君子之辯也. 以一爲君, 君之德也; 二居君位, 非其道也. 故陽卦, 曰君子之道也; 陰卦, 曰小人之道也.」"라 함. 《本義》에 "君謂陽, 民謂陰"이라 함.

# ◇ 第伍章 ◇

*《本義》에 "此章言道之體用, 不外乎陰陽, 而其所以然者, 則未嘗倚於陰陽也"라 함.


## (1)

《易》曰:「憧憧往來, 朋從爾思.」

子曰:「天下何思何慮? 天下同歸而殊塗, 一致而百慮.

天下何思何慮? 日往則月來, 月往則日來, 日月相推而明生焉;

寒往則暑來, 暑往則寒來, 寒暑相推而歲成焉.

往者屈也, 來者信也, 屈信相感而利生焉.

尺蠖之屈, 以求信也; 龍蛇之蟄, 以存身也.

精義入神, 以致用也; 利用安身, 以崇德也.

過此以往, 未之或知也; 窮神知化, 德之盛也.」

〈해석〉

《역》에 "그리워하는 마음으로 가슴 졸이며 배회하고 있으나, 벗이 마침내 너의 생각대로 좇아오리라"라 하였다.

공자가 이렇게 설명하였다.

"천하에 그 어떤 것을 사려하며, 어떤 것을 걱정하랴? 천하는 같은 곳으로 귀착하나 그 길이 다를 뿐이며, 하나에 이르되 백 가지로 생각이 다른 것인데, 천하에 무엇을 생각하고 무엇을 염려하랴? 해가 지고나면 달이 떠오르고, 달이 가고나면 해가 오니, 해와 달이 서로 밀어주어 그렇게 밝은 빛이 생겨나는 것이다.

추위가 가면 더위가 오고, 더위가 가면 추위가 오니, 춥고 더움이 서로 밀어주어 한 해를 이루는 것이다.

가는 것은 굽혀 수축되는 것이요, 오는 것은 펴서 커지는 것이니, 수축과 신장이 서로 감응하여 각종 이익이 생겨나는 것이다.

자벌레가 몸을 굽히는 것은 몸을 펴기 위한 것이요, 용과 뱀이 동면하여 칩거하는 것은 자신의 몸을 보존하기 위한 것이다.

학자가 정밀하게 도의를 연구하고 신묘한 곳으로 파고드는 것은, 이를 쓰임에 이르도록 하기 위함이요, 쓰임에 이롭도록 하는 것은 몸을 안전하게 하여, 덕을 높이기 위한 것이다.

이러한 경계를 초과하여 다시 더 앞으로 나아가는 것은, 혹 더 알아낼 수 없으나, 그래도 신묘함을 궁구하고 변화의 도를 알아내고자 하는 것, 이것이 덕의 풍성함이다."

【《易》曰:「憧憧往來, 朋從爾思.」】이는 〈咸卦〉(031) 九四의 爻辭임. '憧憧往來'는 그립고 안타까워 배회함. '憧'은 《本義》에 "憧音冲"이라 하였고, 〈音義〉에도 "憧本又作懂, 昌容反"이라 하여 '총(충)'으로 읽도록 되어 있음. '朋從爾思'는 친구가 너의 생각을 따라줌. 王弼 注에 "天下之動, 必歸乎一. 思以求朋, 未能一也. 一以感物, 不思而至"라 하였고, 〈正義〉에 "《易》曰:「憧憧往來, 朋從爾思」者, 此明不能无心感物, 使物來應, 乃憧憧然, 役用思慮, 或來或往. 然後朋從爾之所思, 若能虛寂, 以純一感物, 則不須憧憧往來, 朋自歸也. 此一之爲道, 得爲可尙, 結成前文, 陽卦以一爲君, 是君子之道也"라 함. 《集解》에 "翟玄曰:「此〈咸〉之九四辭也. 咸之爲卦三君三民, 四獨遠陰, 思慮之爻也.」" ○《集解》에 "韓康伯曰:「天下之動, 必歸於一, 思以求朋, 未能寂寂, 以感物不思而至也.」"라 함.

【子曰:「天下何思何慮?」】천하의 모든 일이란 깊이 생각할 것도 크게 염려할 것도 없음. 〈正義〉에 "子曰:「天下何思何慮」者, 言得一之道, 心旣寂靜, 何假思慮也?"라 함.

【天下同歸而殊塗】천하 만사는 歸着地點은 같으나 가는 길이 다를 뿐임. '殊'는 異, '塗'는 途, 道와 같음. 〈正義〉에 "天下同歸而殊塗'者, 言天下萬事, 終則同歸於一. 但初時, 殊異其塗路也"라 함.

【一致而百慮, 天下何思何慮?】한 곳(같은 곳)으로 이르는데 백 가지 염려를 함. 모든 것은 一致함에도 생각은 백 가지로 다름. 王弼 注에 "夫少則得, 多則惑; 塗雖殊, 其歸則同. 慮雖百, 其致不二, 苟識其要, 不在博求, 一以貫之, 不慮而盡矣"라 하였고, 〈正義〉에 "一致而百慮'者, 所致雖一, 慮必有百. 言慮雖百種, 必歸於一致也. 塗雖殊異, 亦同歸於至眞也. 言多則不如少, 動則不如寂, 則天下之事, 何須思也? 何須慮也?"라 함. 《集解》에 "韓康伯曰:「夫少則得, 多則惑, 塗雖殊, 其歸則同; 慮雖百, 其致不二. 苟識其要不在博求, 一以貫之, 百慮而盡矣, 天下何思何慮?」虞翻曰:「《易》无思也. 〈旣濟〉定六位得正, 故何思何慮?」"라 함. 《本義》에 "此引〈咸〉九四爻辭, 而釋之. 言理本无二, 而殊塗百慮, 莫非自然. 何以思慮爲哉? 必思而從, 則所從者, 亦狹矣"라 함.

【日往則月來, 月往則日來】해와 달은 끊임없이 차례로 뜨고 지며 순환함. 《集解》에 "虞翻曰:「謂咸初往之四, 與五成離, 故日往; 與二成坎, 故月來. 之外日往, 在內月來, 此

就爻之正者也. 初變之四與上成坎, 故月往. 四變之初與三成離, 故日來者也.」라 함.

【日月相推而明生焉】'相推'는 서로 밀어냄. '明生焉'은 거기(해와 달)에서 광명이 발함. 《集解》에 "虞翻曰: 「〈旣濟〉體兩離坎象, 故明生焉.」"이라 함.

【寒往則暑來, 暑往則寒來】추위와 더위도 끊임없이 반복되며 순환함. 《集解》에 "虞翻曰: 「乾爲寒, 坤爲暑, 謂陰息陽消, 從姤至否, 故寒往暑來也. 陰詘陽信, 從復至泰, 故暑往寒來也.」"라 함.

【寒暑相推而歲成焉】寒暑가 서로 밀어내어 四季를 이루며 이것이 한 해를 이룸. 〈正義〉에 "'日往則月來'至'相推而歲成'者, 此言不須思慮, 任運往來, 自然明生, 自然歲成也"라 함. 《集解》에 "崔憬曰: 「言日月寒暑, 往來雖多而明生. 歲成相推, 則一何思何慮於其間哉?」"라 함.

【往者屈也, 來者信也】'屈'은 힘이나 氣가 다하여 굽혀짐. 消盡됨. '信'은 伸과 같음. 펴짐. 굴에 상대하여 쓴 말. 往來는 屈伸의 현상임을 말함. 〈正義〉에 "往者屈也, 來者信也'者, 此覆明上日往則月來, 寒往則暑來, 自然相感而生利之事也. 往是去藏, 故爲屈也; 來是施用, 故爲信也. 一屈一信, 遞相感動, 而利生, 則上云'明生·歲成', 是利生也"라 함. 《集解》에 "荀爽曰: 「陰氣往, 則萬物屈者也; 陽氣來, 則萬物信者也.」"라 함.

【屈信相感而利生焉】'相感'은 屈伸이 서로 感應함. '利生焉'은 거기에서 이로움(편리함)이 생겨남. '利'는 그러한 屈伸을 利用함. 《集解》에 "虞翻曰: 「感咸象故相感. 天地感而萬物化生, 聖人感人心, 而天下和平, 故利生. 利生謂陽出, 震陰伏藏.」"이라 함. 《本義》에 "言往來屈信, 皆感應自然之常理. 加憧憧焉, 則入於私矣. 所以必思而後, 有從也"라 함.

【尺蠖之屈, 以求信也】尺蠖(척확)은 자벌레. 중국 북방에서는 '步曲', 남방에서는 '造橋蟲'이라 불리는 곤충. 온몸을 굽혀 자로 재어가듯 屈伸運動으로 움직이는 벌레. 《說文》에 "蠖, 尺蠖, 屈申蟲也"라 함. '以求信'은 굽히는 것은 펴기 위한 것임. 〈正義〉에 "尺蠖之屈, 以求信'者, 覆明上'往來相感, 屈信相須', 尺蠖之蟲初行, 必屈者, 欲求在後之信也. 言信必須屈, 屈以求信, 是相須也"라 함. 《集解》에 "荀爽曰: 「以喩陰陽氣, 屈以求信也.」"라 함.

【龍蛇之蟄, 以存身也】'龍蛇'는 겨울잠을 자는 파충류를 총칭한 것. '蟄'은 冬蟄. 冬眠하면서 전혀 움직이지 않음. '以存身'은 그 몸을 보존하기 위한 것임. 〈正義〉에 "龍蛇之蟄, 以存身'者, 言靜以求動也. 龍蛇初蟄, 是靜也. 以此存身, 是後動也. 言動必因靜也, 靜而得動, 亦動靜相須也"라 함. 《集解》에 "虞翻曰: 「潛藏也. 龍潛而蛇藏, 陰息初巽爲蛇, 陽息初震爲龍, 十月坤成, 十一月復生, 姤巽在下, 龍蛇俱蟄. 初坤爲身, 故龍蛇之

蟄, 以存身.」○侯果曰:「不屈則不信, 不蟄則无存, 則屈蟄相感而後, 利生矣. 以況无思得一, 則萬物歸思矣.」○《莊子》曰:「古之畜天下者, 其治一也.」《記》曰:「通於一, 萬事畢, 无心得, 鬼神服, 此之謂矣.」 '蠖屈行蟲', 郭璞云:「蚇蠖也.」」라 함.

【精義入神, 以致用也】 '精義'는 그 의미를 정밀하게 연구함. '入神'은 신묘한 경지를 파고들어 연구함. '致用'은 그러한 원리를 사람의 삶에 적용함. 王弼 注에 "精義, 物理之微者也. 神寂然不動, 感而邃通, 故能乘天下之微, 會而通其用也"라 하였고, 〈正義〉에 "精義入神, 以致用'者, 亦言先靜而後動. 此言人事之用, 言聖人用精粹微妙之義, 入於神化寂然不動, 乃能致其所用. 精義入神, 是先靜; 以致用, 是後動也. 是動因靜而來也"라 함. 《集解》에 "姚信曰:「陽稱精, 陰爲義, 入在初也. 陰陽在初, 深不可測, 故謂之神. 變爲姤復, 故曰致用也.」○韓康伯曰:「精義, 物理之微者也; 神, 寂然不動, 感而邃通者也. 理入寂一, 則精義斯得, 乃用无極也.」○干寶曰:「能精義理之微, 以得未然之事, 是以涉於神道, 而逆禍福也.」」라 함.

【利用安身, 以崇德也】 '利用安身'은 屈伸과 冬蟄의 원리를 통해 얻은 장점. '崇德'은 그 원리를 이용함을 높이 여김. '德'은 聖人의 연구를 가리킴. 王弼 注에 "利用之道, 皆安其身而後動也. 精義, 由於入神以致其用; 利用, 由於安身以崇其德, 理必由乎其宗事, 各本乎其根, 歸根, 則寧天下之理得也. 若役其思慮以求動用, 忘其安身以徇. 功美, 則僞彌多, 而理愈失名, 愈美而累愈彰矣"라 하였고, 〈正義〉에 "利用安身, 以崇德'者, 此亦言人事也. 言欲利已之用, 先須安靜其身, 不須役其思慮, 可以增崇其德. 言利用安身, 是靜也; 言崇德, 是動也. 此亦先靜而後動, 動亦由靜而來也"라 함. 《集解》에 "九家《易》曰:「利用, 陰道用也. 謂姤時也. 陰升上兌, 則乾伏坤, 中屈以求信, 陽當復升安身, 嘿處也. 時旣潛藏, 故利用安身, 以崇其德. 崇德體卑, 而德高.」○韓康伯曰:「利用之道, 皆安其身而後動也. 精義由於入神, 以致其用; 利用由於安以崇其德, 理必由乎其宗事, 各本乎其根歸根, 則寧天下之理得也. 若役其思慮, 以求動用, 忘其安身, 以殉功義, 則僞. 彌多而理, 愈失; 名彌美而累, 愈彰矣.」」라 함. 《本義》에 "因言屈信往來之理, 而又推以言學亦有自然之機也. 精研其義, 至於入神屈之至也. 然乃所以爲出, 而致用之本, 利其施用, 无適不安, 信之極也. 然乃所以爲入, 而崇德之資, 內外交相養, 互相發也"라 함.

【過此以往, 未之或知也】 '過此以往'은 이러한 연구를 더 깊이 하여 더 멀리 나감. 더욱 깊이 연구함. '未之或知'는 혹 더 알아낼 수 없음. 그 이상은 알아낼 수 없을 수 있음. 〈正義〉에 "過此以往, 未之或知也'者, 言精義入神, 以致用利用. 安身以崇德, 此二者, 皆入理之極; 過此二者, 以往則微妙不可知, 故云'未之或知'也"라 함. 《集解》에 "荀爽曰:「出乾之外, 无有知之.」」라 함.

【窮神知化, 德之盛也】'窮神知化'는 신묘함을 끝까지 파고들고 변화를 알아내고자 함. '德之盛也'는 이렇게 하는 것이 성인의 덕으로써 대단한 것임. 〈正義〉에 "窮神知化, 德之盛'者, 此言過此二者, 以往之事, 若能過此以往, 則窮極微妙之神, 曉知變化之道, 乃是聖人德之盛極也"라 함. 《集解》에 "虞翻曰:「以坤變乾, 謂之窮神; 以乾通坤, 謂之知化. 乾爲盛德, 故德之盛.」○侯果曰:「夫精義入神, 利用崇德, 亦一致之道極矣. 過斯以往, 則未之能知也. 若窮於神理, 通於變化, 則德之盛者能矣.」"라 함. 《本義》에 "下學之事, 盡力於精義, 利用而交養, 互發之機, 自不能已, 自是以上, 則亦无所用其力矣. 至於窮神知化, 乃德盛仁熟而自致耳. 然不知者, 徃而屈也. 自致者, 來而信也. 是亦感應自然之理而已. 張子曰:「氣有陰陽, 推行有漸, 爲化合一, 不測爲神.」此上四節, 皆以釋〈咸〉九四爻義"라 함.


# (2)

《易》曰:「困于石, 據于蒺藜, 入于其宮, 不見其妻, 凶.」
子曰:「非所困而困焉, 名必辱; 非所據而據焉, 身必危. 旣辱且危, 死期將至, 妻其可得見耶?」

〈해석〉
《역》에 "큰 돌에 깔려 곤액을 당하고 있고, 또한 찔레를 의지하고 있다가, 자신의 집에 들어서도 아내가 보이지 않으니, 흉하도다"라 하였다.

공자가 이를 이렇게 풀이하였다.

"마땅히 곤액을 받을 일이 아닌데 곤액을 받고 있으니, 그 명성이 반드시 치욕을 당하고 있는 것이요, 의당 의지할 곳이 아닌데 그것을 의지하고 있으니, 그 몸이 반드시 위험에 처한 것이다. 이미 치욕을 당하고 게다가 위험하기까지 하니, 죽을 날이 장차 이른다는 것인데, 아내를 가히 만날 수 있겠는가?"

【《易》曰:「困于石, 據于蒺藜, 入于其宮, 不見其妻, 凶.」】이는 〈困卦〉(047) 六三의 爻辭임. '질려'는 찔레. 가시가 많아 의지하기에 맞지 않은 것을 뜻함. '宮'은 집. 고대 일반인의 집도 宮이라 하였음. 〈正義〉에 "《易》曰:「困于石」至'勿恒, 凶', 此第四章, 凡有九節. 以上章言'利用安身, 可以崇德', 若身自危辱, 何崇德之有? 故此章第一節, 引

〈困〉之六三危辱之事, 以證之也. 〈困〉之六三履非其地, 欲上干於四. 四自應初, 不納於
己, 是〈困〉於九四之石也. 三又乘二, 二是剛陽, 非己所乘, 是下向據於九二之蒺藜也. 六
三又无應, 是入其宮, 不見其妻, 死期將至, 所以凶也"라 하여, 여기서부터〈제4장〉으로
나누었음.《集解》에"孔穎達曰:「上章先言'利用安身, 可以崇德', 若身危辱, 何崇之有?
此章引〈困〉之六三, 履非其位, 欲上于四, 四自應初, 不納于己, 是困於九二之蒺藜也. 又
有入于其宮, 不見其妻, 凶之象也.」"라 함.

【子曰:「非所困而困焉, 名必辱】곤액을 당하지 않아야 할 돌인데 욕심을 부리다가
그러한 경우에 걸림. '名必辱'은 그 名聲(名譽)에 틀림없이 치욕을 당함.〈正義〉에"子
曰:「非所困而困焉'者, 夫子旣引《易》文又釋其義故云子曰非所困謂九四若六三不往犯之
非六三之所困而六三彊往干之而取困焉. '名必辱'者, 以向上而進取故以聲名言之云名必
辱也"라 함.《集解》에"虞翻曰:「困本咸, 咸三入宮, 以陽之陰, 則二制坤, 故以決咸, 爲
四所困, 四失位惡人, 故非所困而困焉. 陽稱名陰, 爲辱以陽之陰下, 故名必辱也.」"라 함.

【非所據而據焉, 身必危】의지하지 말아야 할 찔레가시 덤불에 의지함.〈正義〉에"非
所據而據焉'者, 謂九二也若六三能卑下九二則九二不爲其害是非所據也今六三彊往陵之
是非所據而據焉. '身必危'者, 下向安身之處, 故以身言之云身必危也"라 함.《集解》에"虞
翻曰:「謂據二, 二失位, 故非所據而據焉. 二變時坤爲身, 二折坤體, 故身必危.」"라 함.

【旣辱且危】이렇게 이미 치욕을 받고 게다가 위험에 처하기까지 함.

【死期將至, 妻其可得見耶?】'죽을 때가 장차 이를 것인데, 아내를 가히 볼 수 있겠
는가'의 뜻.《集解》에"陸績曰:「六三從困辱之家, 變之大過, 爲棺椁, 死喪之象, 故曰死
期將至, 妻不可得見.」"이라 함.《本義》에"釋〈困〉六三爻義"라 함.


(3)

《易》曰:「公用射隼于高墉之上, 獲之, 无不利.」
子曰:「隼者, 禽也; 弓矢者, 器也; 射之者, 人也. 君子藏器
於身, 待時而動, 何不利之有? 動而不括, 是以出而有獲, 語
成器而動者也.」

〈해석〉
《역》에"왕공이 높은 담 위에 앉은 새매를 쏘아, 이를 잡으니, 이롭지 않음이 없도다."

공자가 이렇게 풀이하였다.

"새매란 악한 조류이며, 활과 화살이란 도구이며, 이를 쏘아 맞힌 것은 사람이다. 군자가 도구를 몸에 감추고서, 때를 기다려 움직이니, 무슨 일인들 이롭지 않음이 있겠는가? 이렇게 하고 나서 행동에 옮김에 막힘이 없으니, 이 까닭으로 나서면 소득이 있는 것이다. 이는 도구를 갖춘 다음에 행동에 나서야 함을 말한 것이다."

【《易》曰:「公用射隼于高墉之上, 獲之, 无不利.」】이는 〈解卦〉(040) 上六의 爻辭임. '隼'은 새매. 猛禽類. 여기서는 惡鳥에 비유한 것. 〈正義〉에 "以前章先須安身, 可以崇德, 故此第二節, 論明'先藏器於身, 待時而動, 而有利'也. 故引〈解〉之上六以證之. 三不應上, 又以陰居陽, 此上六處〈解〉之極, 欲除其悖亂, 而去其三也. 故公用射此六三之隼, 於下體高墉之上. 云自上攻下, 合於順道, 故獲之无不利也"라 함. 《集解》에 "孔穎達曰:「前章先須安身, 可以崇德, 故此明'藏器於身, 待時而動, 是有利'也. 故引〈解〉之上六, 以證之矣.」"라 함.

【子曰:「隼者, 禽也.」】'禽'은 날짐승. 〈正義〉에 "'子曰:「隼者, 禽也.」'者, 旣引《易》文於上, 下以〈解〉之, 故言'子曰'也"라 함. 《集解》에 "虞翻曰:「離爲隼, 故稱禽. 言其行野, 容如禽獸焉.」"이라 함.

【弓矢者, 器也】'器'는 도구. 여기서는 弓矢가 사람이 편리하게 쓰는 기구임을 말함. 《集解》에 "虞翻曰:「離爲矢, 坎爲弓, 坤爲器.」"라 함.

【射之者, 人也】'射'은 '석'으로 읽음. 《集解》에 "虞翻曰:「人, 賢人也. 謂乾三伏陽, 出而成乾, 故曰'射之者, 人'. 人則公三應上, 故上令三出, 而射隼也.」"라 함.

【君子藏器於身】'藏器於身'은 몸에 그 弓矢를 감추고(지니고) 있음.

【待時而動, 何不利之有?】'待時而動'은 때를 기다려 작동시킴. 아무 경우에나 허투루 사용하지 않음을 말함. '何不利之有'는 '어찌 이롭지 않음이 있겠는가'의 뜻. 〈正義〉에 "'君子藏器於身, 待時而動, 何不利'者, 猶若射人持弓矢於身, 比君子若包藏其器於身, 待時而動, 何不利之有? 似此射隼之人也"라 함. 《集解》에 "虞翻曰:「三伏陽爲君子, 二變時坤爲身爲藏器, 爲藏弓矢, 以待射隼, 艮爲待爲時, 三待五來之二, 弓張矢發, 動出成乾, 貫隼入大過, 死兩坎象壞, 故何不利之有. 〈象〉曰: '以解悖三陰, 小人乘君子器'. 故上觀三出, 射去隼也.」"라 함.

【動而不括, 是以出而有獲】'括'은 막힘, 장애를 받음. '不括'은 막힘이나 阻碍(阻塞)가 없음. 《方言》에 "括, 閉也"라 하였고, 《廣雅》에는 "括, 塞也"라 함. 王弼 注에 "括, 結也. 君子待時而動, 則无結閡之患也"라 하였고, 〈正義〉에 "'動而不括'者, 言射隼之人,

旣持弓矢, 待隼可射之動, 而射之, 則不括結而有礙也. 猶若君子藏善道於身, 待可動之, 時而興動, 亦不濡礙而括結也"라 함.

【語成器而動者也】'成器而動'는 기구를 만들어 준비한 다음에야 움직임. 《論語》(衛靈公)의 "工欲善其事, 必先利其器"와 같은 뜻. 〈正義〉에 "語成器而後動'者, 謂《易》之所說此者. 語論有見成之器, 而後興動也"라 함. 《集解》에 "虞翻曰: 「括, 作也. 震爲語, 乾五之坤二, 成坎弓離矢, 動以貫隼, 故語成器而動者也.」"라 함. 《本義》에 "括, 結礙也. 此釋〈解〉上六爻義"라 함.


# (4)

子曰:「小人不恥不仁, 不畏不義, 不見利不勸, 不威不懲. 小懲而大誡, 此小人之福也. 《易》曰『屨校滅趾, 无咎』, 此之謂也.」

〈해석〉
공자가 말하였다.

"소인은 어질지 못한 일에 부끄러워하지 않고, 의롭지 못한 일에 두려워하지도 않는다. 이익을 보지 않으면 힘쓰려 하지도 않고, 위엄(威嚴)을 가하지 않으면 징계에 대해서도 모른다. 작은 징계에 그제야 크게 경계(警誡)를 삼으니, 이것이 도리어 소인으로서는 복이다. 《역》에 '경범을 저지른 자에게 발에 차꼬를 채우고, 그의 뒤꿈치를 베어 징벌을 보여주니, 허물은 없다'라 하였는데, 이를 두고 한 말이다."


【子曰:「小人不恥不仁】'不恥不仁'은 不仁에 대해 부끄러움을 잘 모름.

【不畏不義】不義를 크게 두렵게 여기지 않음. 《集解》에 "虞翻曰: 「謂〈否〉也. 以坤滅乾, 爲不仁不義; 坤爲恥爲畏, 乾爲仁爲義者也.」"라 함.

【不見利不勸】눈앞에 이익을 직접 보지 않으면 힘쓰지 않음. '勸'은 勤과 같음. 勸勉의 뜻.

【不威不懲】威嚴을 가하지 않으면 懲戒라는 것에 대해 알지 못함. 《集解》에 "虞翻曰: 「〈否〉乾爲威爲利, 巽爲近利, 謂〈否〉五之初成〈噬嗑〉. 市離日見, 乾爲見利, 震爲動, 故不見利不動. 五之初, 以乾威坤, 故不威不懲, 震爲懲也.」"라 함.

【小懲而大誡, 此小人之福也】작은 징계를 가함으로써 크게 警誡(경계)를 깨닫도록
함. 《集解》에 "虞翻曰:「艮爲小, 乾爲大. 五下威初, 坤殺不行, 震懼虩虩, 故小懲大誡.
坤爲小人, 乾爲福, 以陽下陰, 民說無彊, 故小人之福也.」"라 함.

【《易》曰『屨校滅趾, 无咎』, 此之謂也】이는 〈噬嗑〉(021) 初九의 爻辭임. '屨校滅趾'는
가벼운 범죄를 저지른 자에게 내리는 형벌. 발에 차꼬를 채우고 뒤꿈치를 벰. '校'는
枷와 같음. '小人之福'은 이러한 가벼운 형벌을 통해 큰 죄를 짓지 않을 것이므로 소인
에게는 오히려 복이 됨. 〈正義〉에 "此章第三節也. 明小人之道, 不能恒善, 若因懲誡而得
福也. 此亦證前章'安身'之事. 故引《易》〈噬嗑〉初九以證之. 以初九居无位之地, 是受刑者,
以處卦初其過未深, 故'屨校滅趾而无咎'也"라 함. 《集解》에 "九家《易》曰:「〈噬嗑〉六五,
本先在初, 處非其位, 小人者也. 故歷說小人, 所以爲罪, 終以致害. 雖欲爲惡, 能止不行,
則无咎.」○侯果曰:「〈噬嗑〉初九爻辭也. 校者, 以木夾足, 止行也. 此明小人因小刑而大
誡, 乃福也.」"라 함. 《本義》에 "此釋〈噬嗑〉初九爻義"라 함.


# (5)

「善不積不足以成名, 惡不積不足以滅身.
小人以小善爲无益而弗爲也, 以小惡爲无傷而弗去也.
故惡積而不可揜, 罪大而不可解.
《易》曰『何校滅耳, 凶』.」

〈해석〉
"선한 일도 쌓지 않으면 이름을 이룰 수 없고, 악한 일도 쌓지 않으면 몸을 망치지
는 않는다.

소인은 작은 선이어서 이익 될 것도 없다고 여겨 이를 하지 않으며, 작은 악이어서
손상을 주는 것도 아니라 여겨 제거하지 않는다.

그러므로 악이 쌓여도 이를 덮어버릴 수 없고, 죄가 자꾸 커져도 이를 해결할 수가
없게 된다.

《역》에 '죄를 저지른 자의 머리에 차꼬를 채우고 그 귀를 잘라버리니, 흉하다'라
하였다."

【善不積不足以成名】'成名'은 이름을 이룸. 훌륭하다는 칭송을 들음. 《論語》(里仁)에 "君子去仁, 惡乎成名? 君子無終食之間違仁, 造次必於是, 顚沛必於是"라 함. 〈正義〉에 "此章第四節也. 明惡人爲惡之極, 以致凶也. 此結成前章'不能安身'之事, 故引〈噬嗑〉上九之義, 以證之. 上九處斷獄之終, 是罪之深極者, 故有'何校滅耳'之凶. 案第一第二節, 皆先引《易》文於上, 其後乃釋之, 此第三已下, 皆先豫張卦義於上, 然後引《易》於下以結之, 體例不同者, 蓋夫子隨義而言, 不爲例也"라 함. 《集解》에 "虞翻曰:「乾爲積善, 陽稱名.」"이라 함.

【惡不積不足以滅身】'滅身'은 그 몸을 망침. 惡行을 저질러 그 몸을 손상당하거나 死刑에 처해짐. 《集解》에 "虞翻曰:「坤爲積惡爲身, 以乾滅坤, 故滅身者也.」"라 함.

【小人以小善爲无益而弗爲也】작은 선이므로 크게 이익이 되지 않는다고 여겨 아예 선행을 실천하지 않음. 《集解》에 "虞翻曰:「小善爲〈復〉初.」"라 함.

【以小惡爲无傷而弗去也】작은 악이므로 손상이 없다고 여겨 악행을 제거하려 들지 않음. 《三國志》(蜀志 先主傳 注)에 "勿以小惡而爲之, 勿而小善而不爲"라 함. 《集解》에 "虞翻曰:「小惡謂〈姤〉初.」"라 함.

【故惡積而不可揜】'揜'은 덮어 없어지게 함. '揜'은 掩과 같음. 掩蓋의 뜻. 《集解》에 "虞翻曰:「謂陰息〈姤〉至〈遯〉, 子弑其父, 故惡積而不可掩.」"이라 함.

【罪大而不可解】죄가 커지면 더 이상 해결할 방법이 없어짐. 《集解》에 "虞翻曰:「陰息〈遯〉成〈否〉, 以臣弑君, 故罪大而不可解也.」"라 함.

【《易》曰『何校滅耳, 凶.』】이는 〈噬嗑〉(021) 上九의 爻辭임. '何'는 荷와 같음. 《集解》에 "九家《易》曰:「〈噬嗑〉上九爻辭也. 陰自初升五, 所在失正, 積惡而罪大, 故爲上所滅. 善不積, 斥五陰爻也. 聰不明者, 聞善不聽, 聞戒不改, 故凶也.」"라 함. 《本義》에 "此釋〈噬嗑〉上九爻義"라 함.

(6)

子曰:「危者, 安其位者也; 亡者, 保其存者也; 亂者, 有其治者也.
是故君子安而不忘危, 存而不忘亡, 治而不忘亂.
是以身安而國家可保也.
《易》曰『其亡其亡, 繫于苞桑』.」

〈해석〉

공자가 말하였다.

"위험이란, 그 자리를 편안히 여겼기 때문에 생긴 것이요, 망함이란 그것이 길이
존속될 것이라 여겼기 때문에 일어난 일이요, 난세란, 그것이 치세인 줄로 여겼기
때문에 닥친 것이다.

이 까닭으로 군자는 편안할 때는 위험이 닥칠 것을 잊지 않고, 편안히 존속할 때는
망함이 다가올 것을 잊지 않고, 치세일 때는 난세가 올 것을 잊지 않는 것이다.

이렇게 함으로서 자신의 몸은 안전하고 국가는 가히 보존될 수 있는 것이다.

《역》에 '혹 망하면 어쩌나, 혹 망하면 어쩌나하면서, 빽빽하게 난 뽕나무에 묶듯이
하도다'라 하였다."

【子曰:「危者, 安其位者也』 '安其位'는 자신의 위치를 안전하다고 여겼기 때문에 위
험이 닥친 것임. 〈正義〉에 "此第五節. 以上章有'安身'之事, 故此節明'恒須謹愼, 可以安
身'. 故引〈否〉之九五以證之. '危者, 安其位者也', 言所以今有傾危者, 由往前安樂於其位,
自以爲安, 不有畏愼, 故致今日危也亡者"라 함. 《集解》에 "崔憬曰:「言有危之慮, 則能安
其位, 不失也.」"라 함.

【亡者, 保其存者也】 '保其存'는 그 존속이 보장될 것이라 여겼기 때문에 망하게 된
것임. 〈正義〉에 "亡者, 保其存者', 所以今日滅亡者, 由往前保有其存, 恒以爲存, 不有憂
懼, 故今致滅亡也"라 함. 《集解》에 "崔憬曰:「言有亡之慮, 則能保其存者也.」"라 함.

【亂者, 有其治者也】 '有其治'는 그 治世가 길이 이어질 것이라 여겼기 때문에 혼란
을 불러온 것임. 〈正義〉에 "亂者, 有其治者', 所以今有禍亂者, 由往前自恃有其治理也.
謂恒以爲治, 不有憂慮, 故今致禍亂也"라 함. 《集解》에 "崔憬曰:「言有防亂之慮, 則能有

其治者也.」라 함.

【是故君子安而不忘危】'安而不忘危'는 안전할 때일수록 위험이 닥칠 것을 잊지 않음. 〈正義〉에 "'是故君子', 今雖獲安, 心恒不忘傾危之事; 國之雖存, 心恒不忘滅亡之事; 政之雖治, 心恒不忘禍亂之事"라 함. 《集解》에 "虞翻曰:「君子, 大人, 謂〈否〉五也. 否坤爲安危, 謂上也.」○翟玄曰:「在安慮危.」"라 함.

【存而不忘亡】《集解》에 "荀爽曰:「謂除戎器戒, 不虞也.」○翟玄曰:「在存而慮亡.」"이라 함.

【治而不忘亂】위의 '安而不忘危'와 함께 세 구절은 羅列形임. 《集解》에 "荀爽曰:「謂思患而逆防之.」○翟玄曰:「在治而慮亂.」"이라 함.

【是以身安而國家可保也】이렇게 함으로써 자신과 국가가 모두 안전하고 보장을 받을 수 있는 것임. 《集解》에 "虞翻曰:「坤爲身, 謂否反成泰, 君位定於內, 而臣忠於外, 故身安而國家可保也.」"라 함.

【《易》曰『其亡其亡, 繫于苞桑』.】이는 〈비괘(否卦)〉(012) 九五의 爻辭임. '苞桑'은 빽빽하게 叢生을 이룬 뽕나무에 단단히 붙잡아매어 떨어지지 않도록 함. 안전을 최대한 보장받고자 함. 〈正義〉에 "'『其亡其亡, 繫于苞桑』'者, 言心恒畏愼其將滅亡, 其將滅亡, 乃繫于苞桑之固也"라 함. 《集解》에 "荀爽曰:「存不忘亡也. 桑者, 上玄下黃, 乾坤相包以正, 故不可忘也.」○陸績曰:「自此以上, 皆謂否陰滅陽之卦. 五在否家, 雖得中正, 常自懼以危亡之事者也.」"라 함. 《本義》에 "此釋〈否〉九五爻義"라 함.

# (7)

子曰:「德薄而位尊, 知小而謀大, 力小而任重, 鮮不及矣. 《易》曰『鼎折足, 覆公餗, 其形渥, 凶』, 言不勝其任也.」

〈해석〉
공자가 말하였다.
"덕은 엷은데 지위는 높고, 지혜는 작은데 큰일을 도모하고, 힘은 적은데 짐은 무겁다면, 화가 미치지 않음이 드물 것이다.
《역》에 '솥발이 견디지 못하고 부러져, 임금의 귀한 음식을 엎질러, 그것이 임금에게 쏟아져버렸으니, 흉하다'라 하였다. 이는 그 임무를 이겨내지 못함을 말한 것이다."

【子曰:「德薄而位尊」】덕은 얇은데 지위는 높음. 〈正義〉에 "此第六節. 言不能安其身, 知小謀大而遇禍, 故引《易》〈鼎〉卦九四以證之"라 함. 《集解》에 "虞翻曰:「〈鼎〉四也. 則離九四, 凶惡小人, 故德薄. 四在乾位, 故位尊.」"이라 함.

【知小而謀大】'知'는 智와 같음. 지혜는 협소한데 모책은 큼. 《集解》에 "虞翻曰:「兌爲小知, 乾爲大謀, 四在乾體, 故謀大矣.」"라 함.

【力小而任重, 鮮不及矣】힘(능력)은 적은데 짐(임무)는 무거움. '鮮不及矣'의 '鮮'은 '드물다'의 뜻. '尟'과 같음. '不及'은 '不及禍(不及殃, 不及災)'의 줄인 말. 《集解》에 "虞翻曰:「五至初體〈大過〉, 本末弱, 故力少也. 乾爲仁, 故任重, 以爲己任, 不亦重乎? 鮮, 少也. 及于刑矣.」"라 함.

【《易》曰『鼎折足, 覆公餗, 其形渥, 凶』】이는 〈鼎卦〉(050) 九四의 爻辭임. 〈正義〉에 "「鼎折足, 覆公餗, 其形渥, 凶.」'者, 處上體之下, 而又應初, 旣承且施, 非己所堪, 故有折足之凶. 旣覆敗其美道, 災及其形, 以致渥凶也"라 함.

【言不勝其任也】그 임무를 이겨내지 못함, 그 직무를 감당해 내지 못함을 비유하여 말한 것. 〈正義〉에 "'言不勝其任'者, 此夫子之言, 引《易》後以此, 結之其文少, 故不云'子曰'也"라 함. 《集解》에 "孔穎達曰:「言不能安身, 智小謀大, 而遇禍也. 故引〈鼎〉九四, 以證之矣.」"라 함. 《本義》에 "此釋〈鼎〉九四爻義"라 함.


# (8)

子曰:「知幾其神乎! 君子上交不諂, 下交不瀆, 其知幾乎!
幾者, 動之微, 吉之先見者也.
君子見幾而作, 不俟終日.
《易》曰『介于石, 不終日, 貞吉』, 介如石焉, 寧用終日? 斷可識矣!
君子知微知彰, 知柔知剛, 萬夫之望.」

〈해석〉
공자가 말하였다.
"기미(幾微)를 안다는 것은 그야말로 신비로운 일이다! 군자는 윗사람과 사귀면서 아첨하지 아니하고, 아랫사람과 사귀면서는 모독하지 않으니, 그 기미를 아는 것이로다. 기미란 움직임의 미세함이니, 길(흉)에 앞서 먼저 나타나는 징조이다.

군자는 그러한 기미를 보고 움직이니, 하루 종일 기다릴 필요도 없다.

《역》에 '성품이 돌처럼 경개(耿介)하여, 종일 편안함에 빠지지 않고, 정정함을 지키니 길하도다'라 하였다. 돌처럼 경개하거늘, 어찌 종일을 기다리랴? 결단코 종일 안락함에 빠져서는 되지 않음을 아는 것이로다!

군자는 기미를 알고 훤히 드러남을 알며, 부드럽게 해야 할 것을 알고, 강직하게 해야 할 것을 아니, 그 때문에 만민이 그를 우러러보는 것이다."

【子曰:「知幾其神乎!】'幾'는 幾微, 徵兆, 兆朕. '神'은 神妙함. 〈正義〉에 "此第七節, 前章云'精義入神', 故此章明'知幾入神'之事, 引〈豫〉之六二以證之, 云《易》曰:「介于石, 不終日, 貞吉.」'知幾其神乎'者, 神道微妙, 寂然不測, 人若能豫知事之幾微, 則能與其神道合會也"라 함. 《集解》에 "虞翻曰:「幾, 謂陽也. 陽在復初稱幾, 此謂豫四也. 惡鼎四折足, 故以此次言, 〈豫〉四知幾, 而反復初也.」"라 함.

【君子上交不諂, 下交不瀆, 其知幾乎!】'瀆'은 冒瀆함. 輕慢함. 마구함. 王弼 注에 "形而上者, 況之道形而下者, 況之器於道, 不冥而有求焉, 未離乎諂也. 於器不絕而有交焉, 未免乎瀆也. 能无諂瀆窮理者乎?"라 하였고, 〈正義〉에 "'君子上交不諂, 下交不瀆'者, 上謂道也, 下謂器也. 若聖人知幾窮理, 冥於道絕於器, 故能上交不諂, 下交不瀆, 若於道不冥而有求焉. 未能離於諂也; 於器不絕而有交焉, 未能免於瀆也. 能无諂瀆, 知幾窮理者乎!"라 함. 《集解》에 "虞翻曰:「〈豫〉上謂四也. 四失位諂瀆. 上謂交五, 五貴震爲笑言. 笑言且諂也. 故上交不諂, 下謂交三, 坎爲瀆, 故下交不瀆, 欲其復初, 得正元吉, 故其知幾乎! ○侯果曰:「上謂王侯, 下謂凡庶. 君子上交不至諂媚; 下交不至瀆慢. 悔吝无從而生, 豈非知微者乎!」"라 함.

【幾者, 動之微】'動之微'는 움직임, 변화, 변동의 작은 기미. 징조. 〈正義〉에 "幾者, 動之微'者, 此釋幾之義也. 幾, 微也. 是已動之微, 動謂心動事動, 初動之時, 其理未著, 唯纖微而已. 若其已著之後, 則心事顯露, 不得爲幾, 若未動之前. 又寂然頓无兼, 亦不得稱幾也. 幾是離无入有, 在有无之際, 故云動之微也"라 함.

【吉之先見者也】'吉'자 다음에 '凶'자가 누락된 것임. 《本義》에 "《漢書》'吉之'之間有'凶'字"라 함. 吉凶을 뜻함. '先見'은 먼저 나타나는 작은 징조. '見'은 現의 뜻. 王弼 注에 "幾者, 去无入有理, 而无形不可以名, 尋不可以形覩者也. 唯神也. 不疾而速, 感而遂通, 故能朗然. 玄照鑒於未形也. 合抱之木起於毫末, 吉凶之彰, 始於微兆, 故爲吉之先

見也"라 하였고, 〈正義〉에 "若事著之後, 乃成爲吉, 此幾在吉之先, 豫前已見, 故云'吉之先見者'也. 此直云'吉不云凶'者, 凡豫前知幾, 皆向吉而背凶, 違凶而就吉, 无復有凶, 故特云吉也. 諸本或有'凶'字者, 其定本則无也"라 함. 《集解》에 "虞翻曰:「陽見初成震, 故動之微. 復初元吉, 吉之先見者也.」○韓康伯曰:「幾者, 去无入有理而未形者, 不可以名, 尋不可以形覩也. 唯神也. 不疾而速, 感而遂通, 故能玄照, 鑒於未形也. 合抱之木, 起於毫末; 吉凶之彰, 始乎微兆. 故言吉之先見.」"이라 함.

【君子見幾而作, 不俟終日】'作'은 動作, 始作, 興期의 뜻. '不俟終日'은 하루가 다 가기까지 기다릴 것도 없음. 즉시 결정해야 함을 뜻함. 王弼 注에 "定之於始, 故不待終日也"라 하였고, 〈正義〉에 "'君子見幾而作, 不俟終日'者, 言君子旣見事之幾微, 則須動作而應之, 不得待終其日. 言赴幾之速也"라 함.

【《易》曰『介于石, 不終日, 貞吉』】이는 〈豫卦〉(016) 六二의 爻辭임. 〈正義〉에 "'《易》曰:『介于石, 不終日, 貞吉』'者, 此〈豫〉之六二辭也. 得位居中, 故守介如石. 見幾則動, 不待終其一日也"라 함.

【介如石焉, 寧用終日? 斷可識矣!】'介如石'은 品德이 耿介하기가 돌처럼 堅固함. 위의 '介于石'과 같음. 그러나 '于'의 경우 比較格으로 풀이하기도 하여 뜻이 더욱 강함. '介'는 '耿介하다, 굳다, 견고하다'의 뜻. '寧用終日'은 '何以終日'과 같음. '어찌 안일에 침닉한 채 하루를 채우겠는가?'의 뜻. '斷可識矣!'의 '斷'은 副詞. '斷然코, 決斷코'의 뜻. 〈正義〉에 "介如石焉, 寧用終日? 斷可識矣'者, 此夫子解釋此爻之辭, 旣守志耿介如石, 不動纔見幾微, 卽知禍福, 何用終竟其日? 當時則斷可識矣"라 함. 《集解》에 "孔穎達曰:「前章云'精義入神', 此明'知幾入神'之事, 故引〈豫〉之六二以證之.」○崔憬曰:「此爻得位, 居中於〈豫〉之時, 能順以動, 而防於豫, 如石之耿介, 守志不移, 雖暫豫樂, 以其見微, 而不終日, 則能貞吉, 斷可知矣.」"라 함.

【君子知微知彰】'微'와 '彰'은 相對語. 〈正義〉에 "'君子知微知彰'者, 初見事幾, 是知其微, 旣見其幾, 逆知事之禍福, 是知其彰著也"라 함.

【知柔知剛】'柔'와 '剛'은 相對語. 〈正義〉에 "'知柔知剛'者, 剛柔是變化之道, 旣知初時之柔, 則逆知在後之剛. 言凡物之體從柔以至剛"이라 함. 《集解》에 "姚信曰:「此謂〈豫〉卦也. 二下交初, 故曰知微; 上交於三, 故曰知彰. 體坤處和, 故曰知柔; 與四同功, 故曰知剛.」"이라 함.

【萬夫之望】'萬夫之望'은 천하 모든 丈夫들이 우러러보며 羨望함. 王弼 注에 "此知幾其神乎?"라 하였고, 〈正義〉에 "凡事之理, 從微以至彰, 知幾之人, 旣知其始, 又知其末是, 合於神道, 故爲萬夫所瞻望也. 萬夫, 擧大畧而言. 若知幾合神, 則爲天下之主. 何直只云

'萬夫'而已? 此知幾其神乎者也"라 함.《集解》에 "荀爽曰:「聖人作而萬物覩.」 ○干寶曰: 「言君子苟達於此, 則萬夫之望矣. 周公聞齊魯之政, 知後世彊弱之勢; 辛有見被髮而祭, 則 知爲戎狄之居. 凡若此類, 可謂知幾也. 皆稱君子, 君子則以得幾, 不必聖者也.」"라 함.《本 義》에 "此釋〈豫〉六二爻義"라 함.

## (9)

子曰:「顔氏之子, 其殆庶幾乎! 有不善, 未嘗不知; 知之,
未嘗復行也.
《易》曰『不遠復, 无祗悔, 元吉』.」

⟨해석⟩

공자가 말하였다.

"안씨(顔氏)의 아들(顔淵)은 거의 도를 통한 경지에 이르렀도다! 잘하지 못한 것이
있으면, 이를 알아채지 않은 적이 없고, 이를 알고 나서는 일찍이 똑같은 잘못을 반복
하여 저지른 적이란 없었다.

《역》에 '정도에서 멀리 벗어나지 않아 되돌아오니, 큰 후회가 없어, 크게 길하리라'
라 하였다."

【子曰:「顔氏之子, 其殆庶幾乎!」】 '顔氏之子'는 顔淵, 顔回. 魯나라 출신으로 孔子가
가장 아꼈던 弟子. 字는 子淵. 孔子보다 30세 아래였음. 毛奇齡의 고증에 의하면 그는
B.C.511~480년으로 孔子보다 40세 아래였다 함.《史記》仲尼弟子列傳에는 "顔回者,
魯人也, 字子淵, 少孔子三十歲. …… 回也如愚; 退而省其私, 亦足以發, 回也不愚."라 하
였고,《孔子家語》七十二弟子解에는 "顔回, 魯人, 字子淵, 年二十九而髮白, 三十一早死.
孔子曰:「自吾有回, 門人日益親.」 回之德行著名, 孔子稱其仁焉"이라 함. '其殆庶幾乎'는
'거의 경지에 들었도다'의 極讚의 표현. 〈正義〉에 "此第八節. 上節明知幾, 是聖人之德;
此節論賢人, 唯庶於幾, 雖未能知幾, 故引'顔氏之子', 以明之也. '其殆庶幾乎'者, 言聖人知
幾, 顔子亞聖, 未能知幾, 但殆近庶慕而已. 故云'其殆庶幾乎'. 又以殆爲辭"라 함.《集解》
에 "虞翻曰:「幾者, 神妙也. 顔子知微, 故殆庶幾. 孔子曰: '回也, 其庶幾乎!'」"라 함.

【有不善, 未嘗不知】 선하지 못한 것에 대해 알아차리지 못한 적이 없음. 〈正義〉에

"'有不善, 未嘗不知'者, 若知幾之人, 本无不善, 以顏子, 未能知幾, 故有不善, 不近於幾之人. 旣有不善, 不能自知於惡, 此顏子以其近幾, 若有不善, 未嘗不自知也"라 함. 《集解》에 "虞翻曰: 「復以自知. 《老子》(33)曰: '自知者明.'」"이라 함.

【知之, 未嘗復行也】알고 나서는 그러한 행동을 거듭한 적이 없음. 《論語》(雍也)에 "哀公問: 「弟子孰爲好學?」 孔子對曰: 「有顏回者好學, 不遷怒, 不貳過. 不幸短命死矣, 今也則亡, 未聞好學者也.」"라 함. 王弼 注에 "在理則昧, 造形而悟, 顏子之分也. 失之於幾, 故有不善. 得之於二, 不遠而復, 故知之, 未嘗復行也"라 하였고, 〈正義〉에 "'知之, 未嘗復行'者, 以顏子通幾, 旣知不善之事. 見過則改, 未嘗復更行之, 但顏子於幾理闇昧, 故有不善之事, 於形器顯著, 乃自覺悟所有不善, 未嘗復行"이라 함. 《集解》에 "虞翻曰: 「謂顏回不遷怒, 不貳過, 克己復禮, 天下歸仁.」"이라 함.

【《易》曰『不遠復, 无祇悔, 元吉』】이는 〈복괘(復卦)〉(024) 初九의 爻辭임. '祇'는 大의 뜻. 王弼 注에 "吉凶者, 失得之象也. 得二者於理, 不盡未至成形, 故得不遠而復, 舍凶之吉, 免夫祇悔, 而終獲元吉. 祇, 大也"라 하였고, 〈正義〉에 "'《易》曰: 『不遠復, 无祇悔, 元吉.』'者, 以去幾旣近, 尋能改悔, 故引〈復〉卦初九以明之也. 以〈復〉卦初九, 旣在卦初, 則能復於陽道, 是速而不遠, 則能復也. 所以无大悔, 而有元吉也"라 함. 《集解》에 "侯果曰: 「〈復〉初九爻辭. 殆, 近也; 庶, 冀也. 此明知微之難, 則知微者, 唯聖人耳. 顏子亞聖, 但冀近於知微, 而未得也. 在微則昧, 理彰而悟, 失在未形, 故有不善, 知則速改, 故无大過.」"라 함. 《本義》에 "殆, 危也; 庶, 幾近. 意言近道也. 此釋〈復〉初九爻義"라 함.

(10)

「天地絪縕, 萬物化醇; 男女構情, 萬物化生.《易》曰『三人行,
則損一人; 一人行, 則得其友』, 言致一也.」
子曰:「君子安其身而後動, 易其心而後語, 定其交而後求.
君子脩此三者, 故全也.
危以動, 則民不與也; 懼以語, 則民不應也; 无交而求, 則民
不與也; 莫之與, 則傷之者至矣.
《易》曰:『莫益之, 或擊之, 立心勿恆, 凶.』」

〈해석〉

"하늘과 땅의 기운이 서로 밀접하게 화합하여, 만물이 화육(化育)하고 순후(醇厚)
하며, 남녀가 정기(精氣)를 서로 얽어, 만물이 변화하고 생육되는 것이다.

《역》에 '세 사람이 함께 가면, 한 사람을 덜어야 되고, 혼자 가면 벗을 얻게 되리라'
라 하였는데, 이는 음양이 둘씩 교합하여 하나가 되어야 함을 말한 것이다."

공자가 말하였다.

"군자는 먼저 그 몸을 안전하게 한 다음에 움직이고, 그 마음을 화평하게 가진 뒤에
말을 하고, 그 사귈 상대를 정해 놓은 다음에 도움을 요구한다.

군자는 이 세 가지를 잘 수양하기 때문에, 그 까닭으로 온전한 것이다.

만약 위험한 경우인데 행동한다면, 백성들이 여기에 동의해주지 않을 것이요, 만
약 두려워하고 있는데 말을 한다면, 백성들이 호응을 해주지 않을 것이며, 교제가
없는데도 도움을 요구한다면, 백성들이 이에 허락해주지 않을 것이다. 이처럼 백성
들이 참여해주지 않는다면, 그를 해치는 자가 오게 될 것이다.

《역》에 '아무도 한 편이 되어주지 않고, 도리어 혹 공격해온다. 이는 내가 마음을
떳떳하게 안정을 갖지 못하였기 때문이니, 흉하리라' 하였다."

【天地絪縕, 萬物化醇】 '絪縕'은 天地 陰陽의 二氣가 感應하여 이루는 밀접한 和合을
뜻하는 雙聲連綿語. 그 때문에 '氤氳'으로도 표기함. '化醇'은 變化하고 醇化함. '醇'은
醇厚하게 서로 醱酵함.〈正義〉에 "此第九節也. 以前章'利用安身, 以崇德'也. 安身之道,
在於得一, 若己能得一, 則可以安身, 故此節明'得一之事'也. '天地絪縕, 萬物化醇'者, 絪

緼, 相附著之義. 言天地无心, 自然得一, 唯二氣絪緼, 共相和會, 萬物感之變化, 而精醇也. 天地若有心爲二, 則不能使萬物化醇也"라 함. 《集解》에 "虞翻曰:「謂〈泰〉上也. 先說否, 否反成泰, 故不說泰. 天地交, 萬物通, 故化醇.」○孔穎達曰:「以前章'利用安身, 以崇德'也. 安身之道, 在於得一, 若已能得一, 則可以安身, 故此章明'得一'之事也. 絪緼, 氣附著之義. 言天地无心, 自然得一, 唯二氣氤氳, 共相和會, 感應變化, 而有精醇之生. 萬物自化, 若天地有心爲一, 則不能使萬物化醇者也.」"라 함. 《本義》에 "絪緼, 交密之狀; 醇, 謂厚而凝也. 言氣化者也"라 함.

【男女構情, 萬物化生】'構情'은 남녀가 사람으로 얽힘. '構'는 構合(媾合)함. '化生'은 化合하고 生育함. 만물이 음양의 교합으로 인해 새로운 새대를 탄생시킴. 〈正義〉에 "'男女構精, 萬物化生'者, 構, 合也. 言男女陰陽相感, 任其自然, 得一之性, 故合其精, 則萬物化生也. 若男女无自然之性, 而各懷差二, 則萬物不化生也"라 함. 《集解》에 "虞翻曰:「謂〈泰〉初之上成〈損〉, 艮良爲男, 兌爲女, 故男女構精, 乾爲精〈損〉, 反成益萬物出震, 故萬物化生也.」○干寶曰:「男女, 猶陰陽也. 故萬物化生, 不言陰陽而言男女者, 以指釋〈損〉卦六三之辭, 主於人事也.」"라 함. 《本義》에 "化生, 形化者也"라 함.

【《易》曰『三人行, 則損一人; 一人行, 則得其友』】이는 〈損卦〉(041) 六三의 爻辭임. 이는 둘(陰陽, 天地, 乾坤)이 되어야 함을 뜻함. 〈正義〉에 "'《易》曰:『三人行, 則損一人; 一人行, 則得其友』'者, 此〈損〉卦六三辭也. 言六三, 若更與二人, 同往承上, 則上所不納, 是三人俱行, 并六三不相納, 是則損一人也. 若六三獨行, 則上所容受, 故云一人行, 則得其友. 此言衆不如寡, 三不及一也"라 함.

【言致一也】음양(천지, 남녀)이 둘씩 짝을 이루어 하나가 되어야 함을 뜻함. 즉 셋이나 하나로는 化醇이나 化生을 할 수 없음을 말함. 王弼 注에 "致一而後化成也"라 하였고, 〈正義〉에 "'言致一也'者, 此夫子釋此爻之意, 謂此爻所論, 致其醇一也. 故一人獨行, 乃得其友也"라 함. 《集解》에 "侯果曰:「〈損〉六三爻辭也. 象云: '一人行, 三則疑.' 是衆不如寡, 三不及一. 此明物情相感, 當上法絪緼化醇, 致一之道, 則无患累者也.」"라 함. 《本義》에 "此釋〈損〉六三爻義"라 함.

【子曰:「君子安其身而後動」】먼저 자신 몸부터 안전하게 한 뒤에 움직임. 〈正義〉에 "'子曰:「君子安其身而後動」'者, 此明致一之道, 致一者在身之謂. 若己之爲得, 則萬事得, 若己之爲失, 則萬事失也. 欲行於天下先, 在其身之一, 故先須安靜其身而後動和"라 함. 《集解》에 "虞翻曰:「謂反〈損〉成〈益〉, 君子益初也. 坤爲安身, 震爲後動.」○崔憬曰:「君子將動有所爲, 必自揣安危之理, 在於己身, 然後動也.」"라 함.

【易其心而後語】'易'는 平易함. 便安함. 和平함. 〈正義〉에 "'易其心而後語', 先以心選"

이라 함. 《集解》에 "虞翻曰:「乾爲易益, 初體復心, 震爲後語.」○崔憬曰:「君子恕己及物, 若於事心, 雖不可出語, 必和易其心而後言.」"이라 함.

【定其交而後求】 交遊를 安定되게 이룬 다음에 도움을 구함. '求'는 도움을 청함을 뜻함. 〈正義〉에 "'定其交而後求', 若其不然, 則傷之者至矣"라 함. 《集解》에 "虞翻曰:「震專爲定爲後, 交謂剛柔始交, 艮爲求也.」○崔憬曰:「先定其交, 知其才行, 若好施與吝, 然後可以事求之.」"라 함.

【君子脩此三者, 故全也】 '三者'는 安身, 易心, 定交를 가리킴. 《集解》에 "虞翻曰:「謂否上之初, 損上益下, 其道大光, 自上下下, 民說无疆, 故全也.」"라 함.

【危以動, 則民不與也】 '不與'는 許與하지 않음. 긍정하지 않음. 《集解》에 "虞翻曰:「謂否上九, 高而无位, 故危. 坤民否閉, 故弗與也.」"라 함.

【懼以語, 則民不應也】 '不應'은 呼應해주지 않음. 《集解》에 "虞翻曰:「否上窮災, 故懼來, 下之初成益, 故民不應坤, 爲民震爲應也.」"라 함.

【无交而求, 則民不與也】 '不與'는 도움을 주지 않음. 편을 들어주지 않음. 《集解》에 "虞翻曰:「上來之初, 故交坤民否閉, 故不與震爲交.」"라 함.

【莫之與, 則傷之者至矣】 '傷之者'는 자신을 해치는 자. 《集解》에 "虞翻曰:「上下之初, 否消滅乾, 則體剝傷, 臣弑君, 子弑父, 故傷之至矣.」"라 함.

【《易》曰:『莫益之, 或擊之, 立心勿恆, 凶.』】 이는 〈益卦〉(042) 上九의 爻辭임. '莫益之'는 보태주지 않음. '莫'과 '勿'은 無(无)와 같음. '恆'은 恒과 같음. 王弼 注에 "夫虛己存誠, 則衆之所, 不迁也; 躁以有求, 則物之所, 不與也"라 하였고, 〈正義〉에 "《易》曰:『莫益之, 或擊之, 立心勿恒, 凶.』者, 此〈益〉之上九爻辭. 在无位高亢, 獨唱无和, 是莫益之也; 衆怒難犯, 是或擊之也. 勿, 无也. 由己建立其心, 无能有恒, 故凶危也. 《易》之此言, 若虛己存誠, 則衆之所與; 躁以有求, 則物之所不與也"라 함. 《集解》에 "侯果曰:「〈益〉上九爻辭也. 此明先安身易心, 則羣善自應, 若危動懼, 語則物所不與, 故凶也.」"라 함. 《本義》에 "此釋〈益〉上九爻義"라 함.

* 《本義》에 "此章多闕文, 疑字不可盡通, 後皆放此"라 하여, 闕文이 많아 뜻을 通曉하기 어렵다 하였음.

## (1)

子曰: 「〈乾〉·〈坤〉, 其《易》之門邪!」
〈乾〉, 陽物也; 〈坤〉, 陰物也.
陰陽合德而剛柔有體, 以體天地之撰, 以通神明之德.
其稱名也, 雜而不越, 於稽其類, 其衰世之意邪!

〈해석〉

공자가 말하였다.

"건(乾)과 곤(坤) 두 괘는 《역》의 문이로다!"

건은 양물을 상징하고, 곤은 음물을 상징하고 있다.

음양이 서로 덕성을 결합하고, 강(剛)과 유(柔)가 형체를 이루고 있어, 이로써 천지 만물의 창조를 구체화시키고, 신명(神明)의 덕성을 관통한 것이다.

각 괘의 명칭은 번잡하지만 서로의 한계를 넘어서지 않고 있으며, 각 괘사와 효사의 사류(事類)를 고찰해보면, 대체로 쇠락해가는 시대의 사상을 표현한 것이다!

【子曰: 「〈乾〉·〈坤〉, 其《易》之門邪!」】 〈乾〉, 〈坤〉 두 괘는 《易》 전체에서 가장 중요한 괘이며, 萬物의 陰陽 논리를 克明하게 보여주고 있어, 그 때문에 《역》의 門이라 한 것임. 〈正義〉에 "此第五章. 也前章明 '安身崇德之道, 在於知幾得一'也. 此明 《易》之體用, 辭理遠大, 可以濟民之行, 以明失得之報'也. 子曰: '〈乾〉·〈坤〉, 其易之門邪!'者, 《易》之變化, 從〈乾〉·〈坤〉而起, 猶人之興動, 從門而出. 故 '〈乾〉·〈坤〉, 是《易》之門邪!'"라 함. 《集解》에 "荀爽曰: 「陰陽相《易》, 出於乾坤, 故曰門.」"이라 함.

【〈乾〉, 陽物也】 〈건괘〉는 만물의 陽(陽氣, 陽性, 陽剛)을 대표하며 상징함.

【〈坤〉, 陰物也】 〈곤괘〉는 만물의 陰(陰氣, 陰性, 陰柔)을 대표하며 상징함. 《集解》에 "荀爽曰: 「陽物天, 陰物地也.」"라 함.

【陰陽合德而剛柔有體】 '剛柔有體'는 陽은 剛, 陰은 柔로써 각기 자신의 體(體質, 體性)를 이루고 있음. 〈正義〉에 "'〈乾〉, 陽物也; 〈坤〉, 陰物也. 陰陽合德而剛柔有體'者, 若陰陽不合, 則剛柔之體, 无從而生; 以陰陽相合, 乃生萬物. 或剛或柔, 各有其體, 陽多爲剛, 陰多爲柔也"라 함. 《集解》에 "虞翻曰:「合德, 謂天地雜, 保大和, 日月戰. 乾剛以體天, 坤柔以體地也.」"라 함.

【以體天地之撰】 이로써 천지 만물의 撰을 具體化함. '體'는 구체화시켜 물체로 드러나도록 區分함. 《周禮》天官序 "體國經野"의 鄭玄 注에 "體, 猶分野"라 하여 '구분하다, 분류하다'의 뜻. '撰'은 '創造, 創製, 開創', 혹 '數(象數)', 또는 '事'의 뜻. 그러나 《廣雅》에 "撰, 具也"라 하여 '具備, 갖춤'의 뜻으로도 봄. 한편 〈音義〉와 《集解》에 '선'(仕勉反)으로 읽음. 王弼 注에 "撰, 數也"라 하였고, 〈正義〉에 "'以體天地之撰'者, 撰, 數也. 天地之內, 萬物之象, 非剛則柔, 故以剛柔體象天地之數也"라 함. 《集解》에 "九家《易》曰:「撰, 數也. 萬物形體, 皆受天地之數也. 謂九天數, 六地數也. 剛柔得以爲體矣.」"라 함.

【以通神明之德】 이로써 神明의 덕을 관통함. 〈乾〉·〈坤〉이 神妙하고 明曉함을 관통하도록 함. 〈正義〉에 "'以通神明之德'者, 萬物變化, 或生或成, 是神明之德. 《易》則象其變化之理, 是其《易》能通達神明之德也"라 함. 《集解》에 "九家《易》曰:「隱藏謂之神, 著見謂之明. 陰陽交通, 乃謂之德.」"이라 함. 《本義》에 "諸卦剛柔之體, 皆以乾坤合德而成, 故曰'〈乾〉·〈坤〉, 《易》之門'. '撰', 猶事也"라 함.

【其稱名也, 雜而不越】 그 《易》 각 괘의 이름은 번잡하나 이름의 범위를 넘어서지 않음. 이름과 괘의 의미가 맞도록 되어 있음. 王弼 注에 "備物極變, 故其名雜也. 各得其序, 不相踰越, 況爻繇之辭也?"라 하였고, 〈正義〉에 "'其稱名也, 雜而不越'者, 《易》之稱萬物之名, 萬事論說, 故辭理雜碎, 各有倫敘, 而不相乖越. 《易》之爻辭多, 載細小之物, 若見'豕負塗'之屬, 是雜碎也. 辭雖雜碎, 各依爻卦所宜而言之, 是不相踰越也"라 함. 《集解》에 "九家《易》曰:「陰陽雜也. 名謂卦名, 陰陽雖錯, 而卦象各有次序, 不相踰越.」"이라 함.

【於稽其類, 其衰世之意邪!】 '於'는 侯果는 感歎詞라 하였고, 王引之는 語助辭라 하였음. 그 事類를 고찰해보면, 《易》은 쇠망해가는 시대의 뜻을 담고 있음. '衰世'는 殷나라 말기 紂의 때였음을 말함. 이때에 文王(姬昌)이 《역》을 羑里에서 事類別로 정리하였으며 세상에 널리 쓰이게 되었음. 王弼 注에 "有憂患而後作《易》, 世衰則失得, 彌彰爻繇之辭, 所以明失得, 故知'衰世之意邪'. 稽, 猶考也"라 하였고, 〈正義〉에 "'於稽其類, 其衰世之意'者, 稽, 考也. 類, 謂事類. 然考校《易》辭事類, 多有悔咨憂虞, 故云'衰亂之世, 所陳情意'也. 若盛德之時, 物皆遂性, 人悉懽娛, 无累於吉凶, 不憂於禍害. 今《易》所論, 則有'亢龍有悔', 或稱'龍戰于野', 或稱'箕子明夷', 或稱'不如西隣之禴祭', 此皆論戰爭·盛

衰之理, 故云‘衰意’也. 凡云‘邪’者, 是疑而不定之辭也”라 함. 《集解》에 “虞翻曰:「稽, 考也. 三稱盛德, 上稱末世, 乾終, 上九動則入坤, 坤弑其君父, 故爲亂世. 陽出復震, 入坤出坤, 故衰世之意耶.」 ○侯果曰:「於, 嗟也; 稽, 考也. 《易》象考其事類, 但以吉凶得失爲主, 則非淳古之時也. 故云‘衰世之意耳’, 言‘耶’, 示疑不欲切指也.」”라 하여, ‘邪’가 ‘耶’로 되어 있음. 《本義》에 “萬物雖多, 无不出於陰陽之變. 故卦爻之義, 雖雜出而不差繆. 然非上古淳質之時, 思慮所及也, 故以爲衰世之意, 蓋指文王與紂之時也”라 함.


## (2)

夫《易》, 彰往而察來, 而微顯闡幽.
開而當名, 辨物正言, 斷辭則備矣.
其稱名也小, 其取類也大; 其旨遠, 其辭文, 其言曲而中,
其事肆而隱.
因貳以濟民行, 以明失得之報.

〈해석〉

무릇 《역》은, 지나간 과거의 일을 훤히 밝혀 다가올 미래를 살필 수 있는 것이며, 미세한 이치가 드러나 깊이 숨어 있던 오묘함을 밝혀낼 수 있는 것이다.

《역》을 열어보면 각 괘에 명칭을 마땅하게 지어, 사물을 변석하여 바른 말로 풀이하고 있으며, 결단을 일러주는 문사(文辭, 卦辭와 爻辭)는 온갖 이치를 모두 갖추고 있다.

괘사와 효사에 칭한 사물의 명칭은 비록 세소(細小)하지만, 사류별로 취한 비유는 아주 크며, 그 지취(旨趣)는 심원(深遠)하고 그 설명한 문사는 문채가 나며, 그 말은 곡절하면서도 들어맞으며, 그에 거론한 사물은 직접적이면서 은미(隱微)하다.

길흉 두 가가지를 바탕으로 하여 이로써 사람들이 행동을 해결해주고, 이로서 득실에 대한 응험을 밝혀주고 있다.

【夫《易》, 彰往而察來】 ‘彰往察來’는 지나간 과거의 원인을 훤히 밝혀주고 미래 결과가 어떠할 것인가를 살피도록 해줌. 〈正義〉에 “‘夫《易》, 彰往而察來’者, 往事必載, 是

'彰往'也; 來事豫占, 是'察來'也"라 함.

【而微顯闡幽】'微顯闡幽'는 '顯微闡幽'와 같음. 幾微를 드러내어 밝혀주고, 幽隱의 오묘한 것을 드러내어 闡明해줌. 그러나 '而微顯'은 朱熹는 '微顯而'여야 한다고 보았음. 王弼 注에 "《易》无往不彰, 无來不察, 而微以之顯, 幽以之闡. 闡, 明也"라 하였고, 〈正義〉에 "'而微顯闡幽'者, 闡, 明也. 謂微而之顯, 幽而闡明也. 言《易》之所說, 論其初微之事, 以至其終末顯著也. 論其初時幽闇, 以至終末闡明也. 皆從微以至顯, 從幽以至明, 觀其《易》辭, 是微而幽闡也. 演其義理, 則顯見著明也. 以體言之, 則云微顯也; 以理言之, 則云闡幽, 其義一也. 但以體以理, 故別言之"라 함.

【開而當名】'開'는 《역》을 열어서 살펴보고 이용함. '當名'은 그 명칭에 마땅하게 함. 사물을 분명하게 辨析해줌. 〈正義〉에 "'開而當名'者, 謂開釋爻卦之義, 使各當所象之名, 若〈乾〉卦當龍, 〈坤〉卦當馬也"라 함. 《集解》에 "虞翻曰:「神以知來, 智以藏往. 微者, 顯之謂從復成, 乾是察來也. 闡者, 幽之謂從姤之, 坤是彰往也. 陽息出初, 故開而當名.」"이라 함. 《本義》에 "'而微顯', 恐當作'微顯而'; '開而'之'而', 亦疑有誤"라 하여, '開而'의 '而'도 오류가 있는 것이라 하였음.

【辨物正言】'辨物正言'은 사물을 분명하게 변석하여 정확한 말로 일러줌. 〈正義〉에 "'辨物正言'者, 謂辨天下之物, 各以類正定言之, 若辨健物, 正言其龍; 若辨順物, 正言其馬, 是辨物正言也"라 함.

【斷辭則備矣】斷辭'는 일러주는 文辭, 즉 卦辭와 爻辭는 매우 단정적임. '則備矣'는 《易》은 이처럼 단정적인 문사로써 만물의 이치를 모두 완전하게 구비하고 있음. 王弼 注에 "開釋爻卦, 使各當其名也. 理類辯明, 故曰'斷辭'也"라 하였고, 〈正義〉에 "'斷辭則備矣'者, 言開而當名, 及辨物正言. 凡此二事, 決斷於爻卦之辭, 則備具矣"라 함. 《集解》에 "干寶曰:「'辯物', 類也. '正言', 言正義也. '斷辭', 斷吉凶也. 如此則備於經矣.」"라 함.

【其稱名也小】'稱名'은 《역》의 爻辭에 쓰인 용어들이나 사물에 대한 명칭. 〈正義〉에 "'其稱名也小'者, 言《易》辭所稱物, 名多細小, 若'見豕負塗, 噬腊肉'之屬, 是其辭碎小也"라 함. 《集解》에 "虞翻曰:「謂乾坤與六子, 俱名八卦而小成, 故小. 復小而辯於物者矣.」"라 함.

【其取類也大】'取類'는 事類別로 取해옴. 王弼 注에 "託象以明義, 因小以喩大"라 하였고, 〈正義〉에 "'其取類也大'者, 言雖是小物, 而比喩大事是, 所取義類而廣大也"라 함. 《集解》에 "虞翻曰:「謂乾陽也. 爲天爲父, 觸類而長之, 故大也.」"라 함.

【其旨遠】그 旨趣(志向하는 바)는 深遠함. 正義〉에 "'其旨遠'者, 近道此事, 遠明彼事, 是其旨意深遠. 若'龍戰于野', 近言龍戰, 乃遠明陰陽鬪爭, 聖人變革, 是其旨遠也"라 함.

【其辭文】그 文辭는 문채가 남. 풀이한 말들은 아름다움. 〈正義〉에 "'其辭文'者, 不直言所論之事, 乃以義理明之, 是其辭文飾也. 若'黃裳元吉', 不直言得中, 居職乃云'黃裳', 是其辭文也"라 함. 《集解》에 "虞翻曰: 「遠謂乾, 文謂坤也.」"라 함.

【其言曲而中】'其言'은 《易》을 말로 풀이한 文辭. '曲而中'은 曲切하면서도 的中함. 王弼 注에 "變化无恒, 不可爲典要, 故'其言曲而中'也"라 하였고, 〈正義〉에 "'其言曲而中'者, 變化无恒, 不可爲體例, 其言隨物, 屈曲而各中其理也"라 함.

【其事肆而隱】'其事'는 《易》의 각 괘에서 다루고 있는 事類(事案). '肆而隱'은 직접적이며 또한 隱微하기도 함. 事物은 겉으로 드러나지만 그 理致는 은미함. '肆'는 '곧바로'의 뜻. 《集解》에 "肆, 直也"라 하였고, 《本義》에는 "肆, 陳也"라 함. 王弼 注에 "事顯而理微也"라 하였고, 〈正義〉에 "'其事肆而隱'者, 《易》之所載之事, 其辭放肆顯露, 而所論義理, 深而幽隱也"라 함. 《集解》에 "虞翻曰: 「曲, 屈; 肆, 直也. 陽曲初震爲言, 故其言曲而中; 坤爲事隱未見, 故肆而隱也.」"라 함.

【因貳以濟民行】'貳'는 二와 같음. 吉과 凶의 두 가지. 그러나 朱熹는 "貳, 疑也"라 하며, '疑惑'이라 하였음. '因貳'는 이 '길흉 두 가지를 바탕으로'의 뜻. '以濟民行'은 사람들의 일상생활에서 행동을 결정해야 할 문제를 해결해줌. '濟'는 '해결하다'의 뜻. '民'은 人과 같음. 〈正義〉에 "'因貳以濟民行'者, 貳, 二也. 謂吉凶二理. 言《易》因自然吉凶二理, 以濟民之行也. 欲令趣吉而避凶, 行善而不行惡也"라 함.

【以明失得之報】'失得之報'는 '得失之驗'과 같은 뜻. 즉 득실에 대한 응험. 그 결과가 틀림없음에 대한 확인. '報'는 결과의 報應. 즉 應驗을 뜻함. 王弼 注에 "貳則失得也. 因失得以通濟民行, 故明失得之報也. 失得之報者, 得其會則吉, 乖其理則凶"이라 하였고, 〈正義〉에 "'以明失得之報'者, 言《易》明人行失之與得, 所報應也. 失則報之以凶, 得則報之以吉, 是明失得之報也"라 함. 《集解》에 "虞翻曰: 「二, 謂乾與坤也. 坤爲民, 乾爲行, 行得則乾報以吉, 行失則坤報以凶也.」"라 함.

# ◇ 第七章 ◇

\*〈正義〉에 "此第六章. 明所以作《易》爲其憂患, 故作《易》既有憂患, 須修德以避患, 故明九卦爲德之所用也"라 하여 〈제6장〉으로 하였으며, 《本義》에는 "此章三陳九卦, 以明處憂患之道"라 하여, 세 번 9개의 괘를 들어 憂患에 처했을 때의 대처 방법을 밝힌 것이라 하였음.

## (1)

《易》之興也, 其於中古乎!
作《易》者, 其有憂患乎!

〈해석〉
《역》이 흥기한 것은 중고(中古) 시대였으리라!
《역》을 지은 자는, 우환(憂患)을 품었기에 지었을 것이리라!

【《易》之興也, 其於中古乎!】 '興'은 上古時代 伏羲의 八卦를 거쳐, 神農 때의 《連山易》, 皇帝 때의 《歸藏易》을 거쳐 文王(姬昌)때 《周易》이 다시 整理된 것을 말함. '中古'는 殷末周初, 즉 文王(西伯昌, 姬昌)과 殷紂가 대립하던 시기. 이때 文王이 羑里 監獄에서 《周易》을 정리하였다고 알려져 있음. 그러나 《集解》에는 伏羲(庖犧)氏 시대라 함. 〈正義〉에 "'其於中古乎'者, 謂《易》之爻卦之辭起於中古. 若《易》之爻卦之象, 則在上古伏犧之時, 但其時理尙質素, 聖道凝寂, 直觀其象, 足以垂教矣. 但中古之時, 事漸澆浮, 非象可以爲教, 又須繫以文辭, 示其變動吉凶, 故爻卦之辭, 起於中古, 則《連山》起於神農, 《歸藏》起於黃帝, 《周易》起於文王及周公也. 此之所論, 謂《周易》也"라 함. 《集解》에 "虞翻曰:「興《易》者, 謂庖犧也. 文王書《經》, 系庖犧於乾五, 乾爲古, 五在乾中, 故興於中古. 繫以黃帝·堯·舜爲後世聖人. 庖犧爲中古, 則庖犧以前爲上古.」"라 함.

【作《易》者, 其有憂患乎!】 '憂患'은 殷紂의 暴政에 천하가 모두 고통을 받고 있어, 이에 文王이 크게 안타까워하며 우환에 젖음. 王弼 注에 "无憂患, 則不爲而足也"라 하였고, 〈正義〉에 "'作《易》者, 其有憂患乎'者, 若无憂患, 何思何慮? 不須營作. 今既作《易》, 故知有憂患也. 身既憂患, 須垂法以示於後, 以防憂患之事, 故繫之以文辭, 明其失得與吉

凶也. 其作《易》, 憂患已於初卷, 詳之也. 以爲憂患, 行德爲本也. 六十四卦, 悉爲修德, 防患之事. 但於此九卦, 最是修德之甚, 故特擧以言焉"이라 함. 《集解》에 "虞翻曰:「謂'憂患', 百姓未知興利遠害, 不行禮義. 茹毛飮血, 衣食不足, 庖犧則天八卦, 通爲六十四, 以德化之, 吉凶與民同患, 故有憂患.」"이라 함. 《本義》에 "夏商之末, 《易》道中微, 文王拘於羑里, 而繫〈彖辭〉, 《易》道復興"이라 함.


## (2)

是故〈履〉, 德之基也.〈謙〉, 德之柄也.〈復〉, 德之本也.
〈恆〉, 德之固也.〈損〉, 德之脩也.〈益〉, 德之裕也.
〈困〉, 德之辨也.〈井〉, 德之地也.〈巽〉, 德之制也.

〈해석〉
이 까닭으로 〈이(履)〉괘는 덕(德)의 바탕이요, 〈겸(謙)〉괘는 덕의 손잡이 자루이며, 〈복(復)〉괘는 덕의 근본이다.
〈항(恆)〉괘는 덕의 견고함이요, 〈손(損)〉괘는 덕의 수양이며, 〈익(益)〉괘는 덕이 넉넉함이다.
〈곤(困)〉괘는 덕을 변별함이요, 〈정(井)〉괘는 덕의 땅이며, 〈손(巽)〉괘는 덕의 절제이다.


【是故〈履〉, 德之基也】〈履〉(010 ䷉)괘는 조심하고 謹愼하며 禮를 지켜 행동할 것을 勸勉하는 괘임. '德'은 그 괘가 象徵하는 德性. '基'는 기초, 바탕, 기본. 발을 딛고 서야 하는 땅. 王弼 注에 "基, 所蹈也"라 하였고, 〈正義〉에 "以防憂患之事, 故〈履〉卦爲德之初基. 言爲德之時, 先須履踐其禮, 敬事於上, 故'履爲德之初基'也"라 함. 《集解》에 "虞翻曰:「乾爲德, 履與謙, 旁通坤柔履剛, 故德之基. 坤爲基.」○侯果曰:「履禮蹈禮, 不倦德之基也. 自下九卦, 是復道之最, 故特言矣.」"라 함.
【〈謙〉, 德之柄也】〈謙〉(015 ䷎)괘는 謙遜과 恭敬을 권면하는 괘임. '柄'은 자루, 손잡이. 運用의 뜻이 들어 있음. 〈正義〉에 "'〈謙〉, 德之柄也'者, 言爲德之時, 以謙爲用. 若行德不用謙, 則德不施用, 是〈謙〉爲德之柄, 猶斧刃, 以柯柄爲用也"라 함. 《集解》에 "虞翻曰:「坤爲柄. 柄, 本也. 凡言德, 皆陽爻也.」○干寶曰:「柄, 所以持物; 謙, 所以持禮者也.」"

라 함.

【〈復〉, 德之本也】〈復〉(024 ䷗)괘는 다시 근본으로 되돌아와서 仁을 실행할 것을 권면하는 괘임. '本'은 根本. 제자리. 원점. 王弼 注에 "夫動本於靜, 語始於默. 復者, 各反其所始, 故爲'德之本'也"라 하였고, 〈正義〉에 "'〈復〉, 德之本'者, 言爲德之時, 先從靜默而來, 復是靜默, 故爲德之根本也"라 함. 《集解》에 "虞翻曰:「〈復〉初乾之元, 故德之本也.」"라 함.

【〈恆〉, 德之固也】〈恆(恒, 032 ䷟)〉괘는 떳떳하게 항상 正道를 지킬 것을 권면하는 괘임. '固'는 확고히 함. 견고히 함. 기울지 않음. 흔들림이 없도록 함. 원칙과 정도를 흔들림 없이 믿음. 王弼 注에 "固, 不傾移也"라 하였고, 〈正義〉에 "'〈恒〉, 德之固也'者, 言爲德之時, 恒能執守, 始終不變, 則德堅固, 故爲德之固也"라 함. 《集解》에 "虞翻曰:「立不易方, 守德之堅固.」"라 함.

【〈損〉, 德之脩也】〈損〉(041 ䷨)괘는 지나침, 즉 不善을 덜어내도록 권면하는 괘임. '脩'(修)는 수양함. 배양함. 〈正義〉에 "'〈損〉, 德之修'者, 行德之時, 恒自降損, 則其德自益而增新, 故云'〈損〉, 德之修也'. '謙'者, 論其退下於人; '損'者, 能自減損於己, 故謙·損別言也"라 함. 《集解》에 "荀爽曰:「懲忿窒慾, 所以修德.」"이라 함.

【〈益〉, 德之裕也】〈益〉(042 ䷩)괘는 美德과 善仁을 더욱 增益시켜 나가도록 권면하는 괘임. '裕'는 廓大시킴. 넉넉하도록 증진시킴. 王弼 注에 "能益物者, 其德寬大也"라 하였고, 〈正義〉에 "'〈益〉, 德之裕'者, 裕, 寬大也. 能以利益於物, 則德更寬大也"라 함. 《集解》에 "荀爽曰:「見善則遷, 有過則改, 德之優裕也.」"라 함.

【〈困〉, 德之辨也】〈困〉(047 ䷮)괘는 곤액에 처했을 때일수록 더욱 正道를 지켜 惑亂에 빠지지 않을 것을 권면하는 괘임. '辨'은 명확히 辨別함. 올바른 판단력을 가짐. 王弼 注에 "困而益明"이라 하였고, 〈正義〉에 "'〈困〉, 德之辨也'者, 若遭困之時, 守操不移, 德乃可分辨也"라 함. 《集解》에 "鄭玄曰:「辯, 別也. '遭困之時, 君子固窮, 小人窮則濫'. 德於是別也.」"라 함.

【〈井〉, 德之地也】〈井〉(048 ䷯)괘는 남에게 덕을 베풀어 백성을 窮乏에서 救濟할 것을 권면하는 괘임. '地'는 처소, 거처를 정해 안정되게 삶을 살아감. 그러나 高亨은 "地, 疑當作施. 形似而誤. 〈繫辭〉認爲〈井〉은 以水養人, 〈井〉象傳曰: '井養以不窮也.' 其說同. 井以水養人, 似人以德施人, 故'〈井〉爲德之施.'"라 하여, '地'는 '施'자의 誤記라 하였음. 王弼 注에 "所處不移, 象居得其所也"라 하였고, 〈正義〉에 "'〈井〉, 德之地也'者, 改邑不改井, 井是所居之常, 處能守處不移, 是德之地也. 言德亦不移動也"라 함. 《集解》에 "姚信曰:「井養而不窮, 德居地也.」"라 함.

【〈巽〉, 德之制也】〈巽〉(057 ䷸)괘는 겸손함을 지켜 하는 일을 성취할 것을 권면하는 괘임. '制'는 調節함. 節制함. 王弼 注에 "巽所以申命, 明制也"라 하였고, 〈正義〉에 "'〈巽〉, 德之制也'者, 巽申明號令, 以示法制, 故能與德爲制度也. 自此已上, 明九卦各與德爲用也; 此以下, 明九卦之德也"라 함. 《集解》에 "虞翻曰:「巽風爲號令, 所以制下, 故曰德之制也.」○孔穎達曰:「此上九卦, 各以德爲用也.」"라 함. 《本義》에 "〈履〉, 禮也. 上天下澤, 定分不易, 必謹乎此, 然後其德有以爲基, 而立也. 〈謙〉者, 自卑而尊人, 又爲禮者之所當執持, 而不可失者也. 九卦, 皆反身修德以處憂患之事也, 而有序焉. 基所以立, 柄所以持. 〈復〉者, 心不外而善端存. 〈恒〉者, 守不變而常且久, 懲忿窒慾, 以修身遷善改過, 以長善. 〈困〉以自驗其力, 〈井〉以不變其所, 然後能巽順於理, 以制事變也"라 함.


# (3)

〈履〉, 和而至. 〈謙〉, 尊而光. 〈復〉, 小而辨於物.
〈恆〉, 雜而不厭. 〈損〉, 先難而後易. 〈益〉, 長裕而不設.
〈困〉, 窮而通. 〈井〉, 居其所而遷. 〈巽〉, 稱而隱.

〈리(履)〉괘는 화순하면서 목적에 이르는 것이요, 〈겸(謙)〉괘는 존경하여 그 덕을 더욱 넓힘이며, 〈복(復)〉괘는 작지만 만물에 변별함이 있는 것이다.

〈항(恆)〉괘는 번잡하지만 싫증을 내지 않음이요, 〈손(損)〉괘는 어려움을 먼저 처리하고 쉬운 것을 나중에 함이며, 〈익(益)〉괘는 넉넉함을 길게 누려 헛된 것을 만들지 않음이다.

〈곤(困)〉괘는 궁하지만 결국 통함이요, 〈정(井)〉괘는 그 장소에 살다가 옮김을 뜻하며, 〈손(巽)〉괘는 칭송이 드러나되 숨는 것이다.


【〈履〉, 和而至】'和而至'는 禮를 준수하여 행동하기 때문에 목적지에 이를 수 있음. 王弼 注에 "和而不至從物者也. 和而能至, 故可履也"라 하였고, 〈正義〉에 "'〈履〉, 和而至'者, 言〈履〉卦與物和諧, 而守其能至, 故可履踐也"라 함. 《集解》에 "虞翻曰:「謙與履通, 謙坤柔和, 故履和而至. '禮之用, 和爲貴'者也.」"라 함.
【〈謙〉, 尊而光】'尊而光'은 겸손히 禮讓을 지켜 그 때문에 타인으로부터 尊敬을 받고 그 덕행이 더욱 廣大해짐. 그러나 '尊'은 王引之는 "尊, 讀爲撙, 自貶損也"라 하여,

'스스로를 덜어 겸손히 하는 것'이라 하였음. '光'은 榮光, 榮譽, 光明. 그러나 혹 '廣'과 같은 뜻으로도 봄. 〈正義〉에 "'〈謙〉, 尊而光'者, 以能謙卑, 故其德益尊, 而光明也"라 함. 《集解》에 "荀爽曰:「自上下下, 其道大光也.」"라 함.

【〈復〉, 小而辨於物】'小而辨於物'은 善仁으로 달려가기 때문에 미세한 징조를 보고 변별하여 곧바로 원점으로 되돌아올 수 있음. '小'는 미세한 징조. 王弼 注에 "微而辨之, 不遠復也"라 하였고, 〈正義〉에 "'〈復〉, 小而辨於物'者, 言〈復〉卦, 於初細微小之時, 卽能辨於物之吉凶, 不遠速復也"라 함. 《集解》에 "虞翻曰:「陽始見, 故小. 乾陽物, 坤陰物, 以乾居坤, 故稱別物.」"이라 함.

【〈恆〉, 雜而不厭】'雜而不厭'은 복잡한 상황에서도 항상 正道를 지키며 게으름을 피우거나 싫증을 내는 일이 없음. 그러나 王引之는 "雜, 當讀爲帀. 帀, 周也. 一終之謂也. 〈恒〉之爲道, 終始相巡, 而無已時, 故曰: '帀而不厭.'"이라 함. 王弼 注에 "雜而不厭, 是以能恒"이라 하였고, 〈正義〉에 "'〈恒〉, 雜而不厭'者, 言〈恒〉卦, 雖與物雜碎, 並居而常, 執守其操, 不被物之不正也"라 함. 《集解》에 "荀爽曰:「夫婦雖錯居, 不厭之道也.」"라 함.

【〈損〉, 先難而後易】'先難而後易'는 먼저 不善을 덜어내며 어려운 일을 처리하고, 뒤에 쉽게 해결할 수 있는 일을 만남으로 길함. 王弼 注에 "刻損以脩身, 故先難也; 身脩而无患, 故後易也"라 하였고, 〈正義〉에 "'〈損〉, 先難而後易'者, 先自減損, 是先難也; 後乃无患, 是後易也"라 함. 《集解》에 "虞翻曰:「損初之上失正, 故先難; 終反成益, 得位於初, 故後易. '易其心而後語'.」"라 함.

【〈益〉, 長裕而不設】'長裕而不設'은 오래도록 넉넉한 미덕을 增益시켜 헛된 계획을 세우지 않음. 그러나 高亨은 "設字殊不易解, 疑當讀爲驚, 困頓也"라 하여, '困頓'의 뜻 이라 하였음. 王弼 注에 "有所興爲, 以益於物, 故曰長裕. 因物興務, 不虛設也"라 하였고, 〈正義〉에 "'〈益〉, 長裕而不設'者, 益是增益. 於物能長養, 寬裕於物, 皆因物性, 自然而長養, 不空虛妄設其法而无益也"라 함. 《集解》에 "虞翻曰:「謂天施地生, 其益无方凡, 〈益〉之道, 與時偕行, 故不設也.」"라 함.

【〈困〉, 窮而通】'窮而通'은 곤액에서 正道를 지켜, 처음에는 궁했으나 뒤에는 모든 일이 형통함. 王弼 注에 "處窮而不屈其道也"라 하였고, 〈正義〉에 "'〈困〉, 窮而通'者, 言〈困〉卦, 於困窮之時, 而能守節, 使道通行而不屈也"라 함. 《集解》에 "虞翻曰:「陽窮否上, 變之坤二成坎. 坎爲通, 故困窮而通也.」"라 함.

【〈井〉, 居其所而遷】'居其所而遷'은 그 삶의 터를 늘 새롭게 改善함으로 자주 옮겨 살아도 불편이 없음. 그러나 우물은 그 위치를 옮길 수 없으나 물을 길어가는 사람은 멀리까지 물을 가져갈 수 있어, 마치 덕은 그 자리에 있으나 멀리 퍼져나감을 비유한

것이라고도 함. 王弼 注에 "改邑不改井, 井所居不移, 而能遷其施也"라 하였고, 〈正義〉에 "'〈井〉, 居其所而遷'者, 言〈井〉卦, 居得其所, 恒住不移, 而能遷其潤澤, 施惠於外也"라 함. 《集解》에 "韓康伯曰:「改邑不改井, 井所居不移, 而能遷其施也.」"라 함.

【〈巽〉, 稱而隱】'稱而隱'은 謙遜을 다해 정도를 지킴으로 칭송을 받을 지위이면서도 숨어서 자신을 드러내지 않음. 그러나 '稱'은 '합당하다'의 뜻으로도 봄. 王弼 注에 "稱揚命令, 而百姓不知其由"라 하였고, 〈正義〉에 "'〈巽〉, 稱而隱'者, 言〈巽〉, 稱揚號令, 而不自彰伐, 而幽隱也. 自此已上, 辨九卦性德也; 自此以下, 論九卦各有施用, 而有利益也"라 함. 《集解》에 "崔憬曰:「言巽申命行事, 是稱揚也. 陰助德化, 是微隱也. 自此已下, 明九卦德之體者也.」"라 함. 《本義》에 "此如書之九德, 禮非强世, 然事皆至極, 謙以自卑, 而尊且光. 復陽微而不亂於羣, 陰恒處雜而常, 德不厭損, 欲先難習熟則易. 益但充長, 而不造作困, 身困而道亨, 井不動而及物, 巽稱物之宜, 而潛隱不露"라 함.


# (4)

〈履〉以和行, 〈謙〉以制禮, 〈復〉以自知,
〈恆〉以一德, 〈損〉以遠害, 〈益〉以興利,
〈困〉以寡怨, 〈井〉以辯義, 〈巽〉以行權.

〈해석〉
〈이(履)〉괘로써는 행동을 화순으로 할 수 있고, 〈겸(謙)〉괘로써는 예(禮)를 제정할 수 있으며, 〈복(復)〉괘로써는 자신에 대해서 알아볼 수 있다.
〈항(恆)〉괘로써는 덕을 한결같이 할 수 있고, 〈손(損)〉괘로써는 손해를 멀리할 수 있으며, 〈익(益)〉괘로써는 이익을 흥성하게 할 수 있다.
〈곤(困)〉괘로써는 원망을 줄일 수 있고, 〈정(井)〉괘로써는 의(義)를 변별할 수 있으며, 〈손(巽)〉괘로써는 권의(權宜)를 행사할 수 있다.


【〈履〉以和行】'和行'은 和諧를 이루어 행동에 나섬. 〈正義〉에 "'〈履〉以和行'者, 言'履'者, 以禮敬事於人, 是調和性行也"라 함. 《集解》에 "虞翻曰:「禮之用, 和爲貴. 謙震爲行, 故以和行也.」"라 함.
【〈謙〉以制禮】'制禮'는 禮로써 행동을 節制함. 裁制함. 혹 禮를 제정함. 〈正義〉에

"〈謙〉以制禮"者, 性能謙順, 可以裁制於禮'라 함. 《集解》에 "虞翻曰: 「陰稱禮, 謙三以一, 陽制五陰, 萬民服, 故以制禮也.」"라 함.

【〈復〉以自知】 '自知'는 자기 자신을 明察함. 王弼 注에 "求諸己也"라 하였고, 〈正義〉에 "'〈復〉以自知'者, 旣能返復求身, 則自知得失也"라 함. 《集解》에 "虞翻曰: 「有不善, 未嘗不知', 故自知也.」"라 함.

【〈恆〉以一德】 '一德'은 한결같은 덕으로 행동함. 혹 德에 專一함. 王弼 注에 "以一爲德也"라 하였고, 〈正義〉에 "'〈恒〉以一德'者, 恒能終始不移, 是純一其德也"라 함. 《集解》에 "虞翻曰: 「恒德之固, 立不易方, 從一而終, 故一德者也.」"라 함.

【〈損〉以遠害】 '遠害'는 禍患을 멀리 함. 禍患으로부터 멀리 떨어져 있음. 王弼 注에 "止於脩身, 故可以遠害而已"라 하였고, 〈正義〉에 "'〈損〉以遠害'者, 自降損修身, 无物害己, 故遠害也"라 함. 《集解》에 "虞翻曰: 「坤爲害泰, 以初止坤上, 故遠害. 乾爲遠.」"이라 함.

【〈益〉以興利】 '興利'는 福利를 흥성하게 증익시킴. 〈正義〉에 "'〈益〉以興利'者, 旣能益物, 物亦益己, 故興利也"라 함. 《集解》에 "荀爽曰: 「天施地生, 其益无方, 故興利也.」"라 함.

【〈困〉以寡怨】 '寡怨'은 怨望을 감소시킴. 〈困〉卦는 困厄에 처했을 때일수록 자신의 정도를 지킬 뿐 남을 원망하지 않음. 王弼 注에 "困而不濫, 无怨於物"이라 하였고, 〈正義〉에 "'〈困〉以寡怨'者, 遇困, 守節不移, 不怨天, 不尤人, 是无怨於物, 故寡怨也"라 함. 《集解》에 "虞翻曰: 「坤爲怨, 不弑父與君. 乾來上拆坤二, 故寡怨. 坎水性通, 故不怨也.」"라 함.

【〈井〉以辯義】 '辯義'는 '辨義'와 같으며, 正道(正義)가 무엇인지에 대해 명확히 변별함. 〈井〉괘는 군자로써 남의 궁핍을 구제함을 義로 삼고 있음을 말함. 王弼 注에 "施而无私, 義之方也"라 하였고, 〈正義〉에 "'〈井〉以辨義'者, 井能施而无私, 則是義之方所, 故辨明於義也"라 함. 《集解》에 "虞翻曰: 「坤爲義, 以乾別坤, 故辯義也.」"라 함.

【〈巽〉以行權】 '行權'은 權宜를 行使함. 오직 겸손으로써 하기 때문에 자신이 하는 일에 대해 남의 간섭이나 제약을 받지 않음. '權'은 때에 맞추어 권한을 행사함을 뜻하기도 함. 王弼 注에 "權反經而合道, 必合乎巽順, 而後可以行權也"라 하였고, 〈正義〉에 "'〈巽〉以行權'者, 巽順以旣能順時合宜, 故可以行權也. 若不順時制, 變不可以行權也"라 함. 《集解》에 "九家《易》曰: 「巽象號令, 又爲近利, 人君政敎, 進退釋利, 而爲權也. 《春秋傳》曰『權者, 反於經, 然後有善』者也. 此所以說九卦者, 聖人履憂濟民之所急行也. 故先陳其德, 中言其性, 後叙其用, 以詳之也. 西伯勞謙, 殷紂驕暴, 臣子之禮有常, 故創《易》道, 以輔濟君父者也. 然其意義, 廣遠幽微, 孔子指撮, 解此九卦之德, 合三復之道, 明西伯之於紂不失上下.」"라 함. 《本義》에 "'寡怨', 謂少所怨尤; '辨義', 謂安而能慮"라 함.

*〈正義〉에 "此第七, 章明《易》書體用也"라 하여, 〈제7장〉으로 하였음.


# (1)

《易》之爲書也, 不可遠, 爲道也屢遷, 變動不居, 周流六虛,
上下无常, 剛柔相易, 不可爲典要, 唯變所適.

〈해석〉

《역》이 책으로 이루어졌으니, 사람들은 이 책을 멀리할 수가 없으며, 그 책이 일러
주는 도리는 끊임없이 움직이고 옮겨져, 변동(變動)이 한 곳에 머물지 않고, 육허(六
虛)에 두루 흘러, 위아래로 움직임이 일정하지 않으며, 강유(剛柔)가 서로 바뀌어, 어
떤 하나 전요(典要)라 못 박을 수 없고, 오직 적의(適宜)한 바에 따라 변화할 뿐이다.

【《易》之爲書也, 不可遠】'爲書'는 책으로 꾸며짐. '遠'은 길흉에 대한 판단이 두려워
가까이 하려 들지 않음. 王弼 注에 "擬議而動, 不可遠也"라 하였고, 〈正義〉에 "'不可遠'
者, 言《易》書之體, 皆放法陰陽. 擬議而動, 不可遠. 離陰陽物象, 而妄爲也"라 함. 《集解》
에 "侯果曰:「居則觀象, 動則玩占, 故不可遠也.」"라 함. 《本義》에 "遠, 猶忘也"라 함.

【爲道也屢遷】'爲道'는 《역》이 일러주는 도에 대한 體現. 〈正義〉에 "'其爲道也屢遷'者,
屢, 數也. 言《易》之爲道, 皆法象陰陽數. 數遷改, 若乾之初九, 則'潛龍', 九二則'見龍', 是
屢遷也"라 함. 《集解》에 "虞翻曰:「遷, 徙也. 日月周流, 上下無常, 故屢遷也.」"라 함.

【變動不居】'不居'는 머물러 있지 않음. 변동이 끊임없이 일어남. 〈正義〉에 "'變動不
居'者, 言陰陽六爻, 更互變動, 不恒居一體也. 若一陽生爲復, 二陽生爲臨之屬是也"라 함.

【周流六虛】'周流'는 두루 流動하여 흘러 다님. '六虛'는 六位, 즉 매 卦의 六爻를
뜻함. 王弼 注에 "六虛, 六位也"라 하였고, 〈正義〉에 "'周流六虛'者, 言陰陽周徧流動, 在
六位之虛. 六位, 言'虛'者, 位本无體, 困爻始見, 故稱虛也"라 함. 《集解》에 "虞翻曰:「變
易動行. 六虛. 六位也. 日月周流, 終則復始, 故周流六虛. 爲甲子之旬, 辰爲虛坎, 戊爲
月, 離巳爲日, 入在中宮, 其處空虛, 故稱六虛. 五甲如次者也.」"라 함. 《本義》에 "周流六
虛', 謂陰陽流行於卦之六位"라 함.

【上下无常】매 효가 위아래 있는 자리에 따라 그 작용이 일정하지 않음. 〈正義〉에 "'上下无常'者, 初居一位, 又居二位, 是上无常定也. 旣窮上位之極, 又下來居於初, 是下无常定也. 若九月剝卦, 一陽上極也. 十一月一, 陽下來歸初也"라 함. 《集解》에 "虞翻曰: 「剛柔者, 晝夜之象也. 在天稱上, 入地爲下, 故上下无常也.」"라 함.

【剛柔相易, 不可爲典要】'剛柔相易'은 陰爻와 陽爻가 각기 제 작용을 다하면 서로 바뀜. '典要'는 일정한 規定. 固定된 의미나 법칙. 王弼 注에 "不可立定準也"라 하였고, 〈正義〉에 "'剛柔相易, 不可爲典要'者, 言陰陽六爻, 兩相交易, 或以陰易陽, 或以陽易陰. 或在初位, 相易在二位, 相易六位, 錯綜上下, 所易皆不同, 是不可爲典常要會也"라 함.

【唯變所適】'唯變所適'은 그 가는 바에 따라 변화함. 王弼 注에 "變動貴於適時, 趣舍存乎會也"라 하였고, 〈正義〉에 "'唯變所適'者, 言剛柔相易之時, 旣无定準, 唯隨應變之時, 所之適也"라 함. 《集解》에 "虞翻曰: 「典, 要道也. 上下无常, 故不可爲典要. 適乾爲晝, 適坤爲夜.」○《集解》에 "侯果曰: 「謂六爻, 剛柔相易, 遠近恒. 唯變所適, 非有典要.」"라 함.


## (2)

其出入以度, 外內使知懼.
又明於憂患與故, 无有師保, 如臨父母.
初率其辭, 而揆其方, 旣有典常.
苟非其人, 道不虛行.

〈해석〉
그것(《역》)은 사람의 행위에서 진퇴를 법칙으로 하여, 처세와 은퇴에 모두 그로 하여금 두려움을 알도록 일러준다.

또한 사람들로 하여금 우환과 지난날의 원인에 대해 명확히 알도록 하므로, 비록 스승이나 보모(保母)가 없다 해도, 마치 부모가 앞에서 가르쳐주는 것과 같다.

《역》을 처음 대하는 이는 먼저 괘사와 효사를 따라 그것이 일러주는 방향을 규탁(揆度)하면, 이윽고 그것이 일러주는 법과 같은 상리(常理)를 파악하게 될 것이다.

진실로 이를 독실히 믿는 사람이 아니라면, 《역》의 도는 헛되이 실행을 일러주지 않을 것이다.

【其出入以度】'出入'은 사람이 하는 행동의 進退나 擧動. 혹 '그 출입을 잘 생각하여'
의 뜻으로도 보며, 이 경우 '度'는 '탁'(待洛反)으로 읽어야 함. 〈正義〉에 "'其出入以度'
者, 出入猶行藏也. 言行藏各有其度, 不可違失於時, 故韓氏云:「〈豐〉以幽隱致凶, 〈明夷〉
以處昧利貞.」是出入有度也"라 함.

【外內使知懼】'內外'는 處世나 隱退, 즉 出處(出仕와 處隱). 그러나 구체적으로 內卦
(下卦)와 外卦(上卦)를 뜻하는 것이라고도 함. 그렇게 하는 이로 하여금 두려움이 무
엇인지를 알게 해줌. 王弼 注에 "明出入之度, 使物知外內之戒也. 出入, 猶行藏; 外內,
猶隱顯. 〈遯〉以遠時爲吉, 〈豐〉以幽隱致凶, 〈漸〉以高顯爲美, 〈明夷〉以處昧利貞, 此外內
之戒也"라 하였고, 〈正義〉에 "'外內使知懼'者, 外內猶隱顯, 言欲隱顯之人, 使知畏懼於
《易》也. 若不應隱而隱, 不應顯而顯者, 必有凶咎, 使知畏懼凶咎, 而不爲也"라 함. 《集
解》에 "虞翻曰:「出乾爲外, 入坤爲內, 日行一度, 故出入以度. 出陽知生, 入陰懼死, 使知
懼也.」○《集解》에 "韓康伯曰:「明出入之度, 使物知外內之戒也. 出入, 猶行藏; 外內, 猶
隱顯. 〈遯〉以遠時爲吉, 〈豐〉以幽隱致凶, 〈漸〉以高顯爲美, 〈明夷〉以處昧利貞, 此外內之
戒也.」"라 함. 그러나 《本義》에는 "此句未詳, 疑有脫誤"라 함.

【又明於憂患與故】'故'는 그러한 결과가 나타나게 된 事故, 原因. 過去의 일. 王弼
注에 "故, 事故也"라 하였고, 〈正義〉에 "'又明於憂患與故'者, 故, 事故也. 非但使人隱顯
知懼, 又使人明曉於憂患, 幷與萬事也"라 함. 《集解》에 "虞翻曰:「神以知來, 故明憂患,
智以藏往, 故知事故. 作《易》者, 其有憂患乎?」"라 함.

【无有師保, 如臨父母】'无'자에 대해 高亨은 "无, 當作尤, 形似而誤. 尤讀爲憂, 似也"
라 함. '師保'는 아이를 돌보며 가르치는 선생님이나 보모. 아이를 바르게 계도해주는
임무를 맡은 자. 《禮記》文王世子에 "入則有保, 出則有師"라 함. '如臨父母'는 부모 앞
에서 공경을 다하듯이 남에게 도 그렇게 함. 王弼 注에 "安而不忘危, 存而不忘亡. 終日
乾乾, 不可以怠也"라 하였고, 〈正義〉에 "'无有師保, 如臨父母'者, 言使人畏懼此《易》, 歸
行善道, 不須有師保教訓, 恒常恭敬如父母臨之. 故云如臨父母也"라 함. 《集解》에 "虞翻
曰:「臨, 見也. 言陰陽施行, 以生萬物, 无有師保, 生成之者, 萬物出生, 皆如父母. 孔子
曰:『父母之道, 天地. 乾爲父, 坤爲母.』○干寶曰:「言《易》道以戒懼爲本. 所謂懼以終始,
歸无咎也. 外, 謂大夫之從王事, 則'夕惕若厲'; 內, 謂婦人之居室, 則无攸遂也. 雖无師保,
切磋之訓, 其心敬戒, 常如父母之臨己者也.」"라 함. 《本義》에 "雖无師保, 而常若父母臨
之. 戒懼之至"라 함.

【初率其辭, 而揆其方】 '率'은 따름. 인정하고 일러주는 대로 행함. 《爾雅》에 "率, 循也"라 함. '揆其方'은 그 방법을 생각함. '揆'는 揆度, 思索. 《說文》에 "揆, 度也"라 하였고, 《廣雅》에 "方, 義也"라 함. 〈正義〉에 "'初率其辭, 而揆其方'者, 率, 循也; 揆, 度也; 方, 義也. 言人君若能初始, 依循其《易》之文辭, 而揆度其《易》之義理, 則能知《易》有典常也. 故云"이라 함. 《集解》에 "虞翻曰:「初, 始下也. 率, 正也. 謂修辭立誠, 方謂坤也. 以乾通坤, 故初帥其辭, 而揆其方.」 ○侯果曰:「率, 修方道也. 言修《易》初首之辭, 而度其終末之道, 盡有典常, 非虛設也.」"라 함.

【旣有典常】 '典常'으 典範이 될 常理. 〈正義〉에 "'旣有典常'. 《易》雖千變萬, 化不可爲典, 要然循其辭度其義, 原尋其初, 要結其終, 皆唯變所適, 是其常典也. 言唯變是常, 旣以變爲常, 其就變之中剛之與柔相, 《易》仍不常也. 故上云'不可爲典要'也"라 함.

【苟非其人, 道不虛行】 '道不虛行'은 《易》의 道가 허투루 행동의 결정을 일러주지 않음. 《역》의 원리는 아무나 마구 이용한다고 해서 맞는 것이 아님. '苟'는 '진실로'(誠)의 뜻. 王弼 注에 "能循其辭, 以度其義. 原其初以要其終, 則唯變所適, 是其常典也. 明其變者, 存其要也. 故曰'苟非其. 人道不虛行'"이라 하였고, 〈正義〉에 "'苟非其人, 道不虛行'者, 言若聖人, 則能循其文辭, 揆其義理, 知其典常, 是《易》道得行也. 若苟非通聖之人, 則不曉達《易》之道理, 則《易》之道不虛空得行也. 言有人則《易》道行若; 无人則《易》道不行. 无人而行, 是虛行也. 必不如此, 故云'道不虛行'也"라 함. 《集解》에 "虞翻曰:「其出入以度, 故有典常. 苟, 誠也. 其人謂乾爲賢人, 神而明之, 存乎其人, 不言而信, 謂之德行, 故不虛行也.」 ○崔憬曰:「言《易》道深遠, 若非其聖人, 則不能明其道. 故知《易》道不虛而自行, 必文王, 然後能弘也.」"라 함. 《本義》에 "方, 道也. 始由辭以度其理, 則見其有典常矣. 然神而明之, 則存乎其人也"라 함.

# ◇ 第九章 ◇

* 〈正義〉에 "'《易》之爲書也'以下, 亦明《易》辭體用尋其辭, 則吉凶可以知也"라 함.

## (1)

《易》之爲書也, 原始要終以爲質也.
六爻相雜, 唯其時物也.
其初難知, 其上易知, 本末也.
初辭擬之, 卒成之終.

〈해석〉

《역》이 책으로서 이루어져, 시작을 근원으로 하고 종결의 요체를 일러줌을 그 본질로 삼는다.

여섯 개의 효(爻)가 서로 번잡하게 얽혔으나, 오직 어떠한 한 경우의 시의(時宜)와 물상(物象)을 반영하고 있을 뿐이다.

그 초효(初爻, 陽位)는 알기가 어렵지만, 그 상효(上爻, 陰位)는 알기가 쉬우니, 초효는 사물의 근본을 반영한 것이요, 상효는 사물의 결말을 반영한 것이기 때문이다.

아울러 초효는 사물의 시작을 비의(比擬)하여 말로 설명한 것이요, 끝맺음은 상효가 완성하고 있기 때문이다.

【《易》之爲書也】王弼 注에 "質, 體也. 卦兼終始之義也"라 함.《集解》에 "干寶曰:「重發《易》者, 別殊旨也.」"라 함.

【原始要終以爲質也】'原始要終'은 한 괘에서 시작(初爻)부터 끝맺음(上爻)까지 모두 고찰하고 살펴보아야 함. '原始'는 시작(初爻)을 살펴봄. '要終'은 끝맺음(上爻)를 要察해 보아야 함. '質'은 본바탕. 여기서는 卦體를 뜻함. 〈正義〉에 "'原始要終, 以爲質'者, 質, 體也. 言《易》之爲書, 原窮其事之初始. 乾初九'潛龍勿用', 是原始也. 又要會其事之終末, 若上九'亢龍有悔', 是要終也. 言《易》以原始要終, 以爲體質也. 此'潛龍'·'亢龍', 是一卦之始終也. 諸卦亦然, 若〈大畜〉初畜而後通, 皆是也. 亦有一爻之中, 原始要終也. 故

〈坤〉卦之初六, '履霜堅冰至', '履霜', 是原始也; '堅冰至', 是要終也"라 함. 《集解》에 "虞翻曰:「質, 本也. 以乾原始, 以坤要終, 謂原始反終, 以知死生之說.」 ○崔憬曰:「質, 體也. 言《易》之書, 原窮其事之初, 若初九'潛龍勿用', 是原始也. 又要會其事之末, 若上九'亢龍有悔', 是要終也. 《易》原始'潛龍之勿用', 要終'亢龍之有悔', 復相明以爲體也. 諸卦亦然, 若〈大畜〉而後, 通之類是也.」"라 함.

【六爻相雜, 唯其時物也】 '相雜'은 서로 錯雜(연관성을 가지고 섞여 있음)함. '時物'은 時宜와 物象. 王弼 注에 "爻各存乎其時物事也"라 하였고, 〈正義〉에 "'六爻相雜, 唯其時物'者, 物, 事也. 一卦之中六爻, 交相雜錯, 唯各會其時, 唯各主其事. 若〈屯〉卦初九'盤桓, 利居貞', 是居貞之時, 有居貞之事. 六二'屯如邅如', 是乘陽; 屯邅之時, 是有屯邅之事也. 畧擧一爻, 餘爻放此也"라 함. 《集解》에 "虞翻曰:「陰陽錯居, 稱雜. 時陽則陽, 時陰則陰, 故唯其時物. 乾陽物, 坤陰物.」 ○干寶曰:「一卦六爻, 則皆雜有八卦之氣, 若初九爲震爻, 九二爲坎爻也. 或若見辰戌, 言艮; 已亥, 言兌也. 或若以甲壬名乾, 以乙癸名坤也. 或若以午位名離, 以子位名坎, 或若德來爲惡物, 王相爲興, 休廢爲衰.」"라 함. 《本義》에 "質, 謂卦體. 卦必擧其始終, 而後成體爻, 則唯其時物而已"라 함.

【其初難知, 其上易知】 '初'는 해당 괘에서 初爻(初九, 혹 初六). 이 자리는 奇數(홀수, 1)에 해당하므로 陽爻가 있어야 할 陽位임. '上'은 그 괘의 상효(上九, 혹 上六). 이 자리는 偶數(짝수, 6)에 해당하므로 陰爻가 있어야 할 陰位임. 〈正義〉에 "'其初難知'者, 謂卦之初始, 起於微細, 始擬議其端緒, 事未顯著, 故難知也. '其上易知'者, 其上, 謂卦之上爻, 事已終極, 成敗已見, 故易知也. 上云其上, 則其初宜云下也. 初旣言初, 則上應稱末, 互文也. 以《易》經爻辭言初言上, 故此從經文也"라 함.

【本末也】 '本末'은 初爻는 事物의 시작이며 근본에 해당함. 上爻는 그 괘의 末端이며 마무리를 상징함. 〈正義〉에 "'本末也'者, 其初難知, 是本也; 其上易知, 是末也. 以事本, 故難知; 以事末, 故易知, 故云本末也"라 함. 《集解》에 "侯果曰:「本末, 初上也. 初則事微, 故難知; 上則事彰, 故易知.」"라 함.

【初辭擬之】 '擬之'는 比擬하여 다룸. 〈正義〉에 "'初辭擬之'者, 覆釋其初難知也. 以初時以辭擬議其始, 故難知也"라 함.

【卒成之終】 마침내 마무리를 하여 완성함. 王弼 注에 "夫事始於微, 而後至於著. 初者, 數之始, 擬議其端, 故難知也; 上者, 卦之終, 事皆成著, 故易知也"라 하였고, 〈正義〉에 "'卒成之終'者, 覆釋其上易知也. 言上是事之卒了, 而成就終竟, 故易知也"라 함. 《集解》에 "干寶曰:「初擬議之, 故難知; 卒終成之, 故易知. 本末, 勢然也.」 ○侯果曰:「失在初微, 猶可擬議而之福禍, 在卒成事之終極, 非擬議所及, 故曰'卒成之終'. 假如乾之九三,

〈噬嗑〉初九, 猶可擬議而之, 善至上九則凶. 灾不移, 是事之卒成之終, 極凶不變也.」라 함. 《本義》에 "此言初上二爻"라 함.

## (2)

若夫雜物撰德, 辨是與非, 則非其中爻不備.
噫! 亦要存亡吉凶, 則居可知矣.
知者觀其彖辭, 則思過半矣.

〈해석〉

만약 천하의 복잡한 사물에서 그 음양의 덕을 찬술해내고, 시(是)와 비(非)를 변별해내고자 한다면, 육효에서 초효와 상효를 제외한 중간의 네 개 효가 아니면 모든 길흉과 시비, 흥망을 다 갖추어 표현할 수가 없다.

아! 역시 중간의 네 효는 존망과 길흉을 요체로 한 것이니, 그렇다면 평소 생활 속에서도 그 원리를 가히 알 수 있으리라.

지혜로운 자라면 그 단사(彖辭)만 보고도, 《역》의 원리를 반 이상 이해할 수 있으리라.

【若夫雜物撰德】 '雜物'은 物象이 錯雜하게 얽혀 있음. 각종 現象을 나열하고 있음. '撰德'은 陰陽의 德性을 찬술해냄. 事物의 性質을 두루 나열하고 있음.

【辨是與非】 是와 非를 辨別해냄.

【則非其中爻不備】 '中爻'는 初爻와 上爻를 제한 2,3,4,5 네 개의 효. '不備'는 길흉, 흥망, 시비 등을 다 갖출 수 없음. 〈正義〉에 "'若夫雜物撰德, 辨是與非, 則非其中爻不備'者, 言雜聚天下之物, 撰數衆人之德, 辨定是之與非, 則非其中之一爻, 不能備具也. 謂一卦之內, 而有六爻各, 主其物, 各數其德, 欲辨定此六爻之是非, 則總歸於中爻. 言中爻統攝一卦之義, 多也. 若非中爻, 則各守一爻, 不能盡統卦義, 以中爻居一无偏, 故能統卦義也. 猶乾之九二'見龍在田, 利見大人', 九五'飛龍在天, 利見大人', 是總攝乾卦之義也. 乾是陽長, 是行'利見大人'之時, 二之與五, 統攝乾德. 又坤之六二云'直方', 大攝坤卦地道之義, 六五'黃裳, 元吉', 亦統攝坤之臣道之義也"라 함. 《集解》에 "虞翻曰: 「撰德, 謂乾辯別也. '是'謂陽, '非'謂陰也. 中正乾六爻, 二四上非, 正坤六爻初, 三五非正, 故雜物. 因而

重之, 爻在其中, 故非其中, 則爻辭不備. 道有變動, 故曰爻也.」○崔憬曰:「上旣具論, 初上二爻, 次又以明其四爻也. 言中, 四爻雜合, 所主之事撰集, 所陳之德能辯, 其是非, 備在卦中四爻也.」라 함.《本義》에 "此謂卦中四爻"라 함.

【噫! 亦要存亡吉凶】存亡과 吉凶을 요체로 삼은 것이 됨. '噫'는 感歎詞. 그러나 王引之는 "噫與抑通"이라 하였고, 裴學海는 "抑, 轉語氣詞也"라 함. '要'는 '要察하다, 探求하다'의 뜻.

【則居可知矣】'居'는 平居, 일상생활, 평상시. 편안히 집에 있는 상황. 그 상황에서도 가히 알 수 있음. 〈正義〉에 "'噫! 亦要存亡吉凶, 則居可知矣'者, 噫者, 發聲之辭. 卦爻雖衆意義, 必在其中爻. 噫乎發歎要定, 或此卦, 存之與亡, 吉之與凶, 但觀其中爻, 則居然可知矣. 謂平居自知, 不須營爲也"라 함.《集解》에 "虞翻曰:「謂知存知亡, 要終者也. 居乾吉則存, 居坤凶則亡, 故曰'居可知矣'.」○崔憬曰:「噫, 歎聲也. 言中四爻, 亦能要定卦中存亡吉凶之事, 居然可知矣, 孔疏扶王弼義, 以此中爻爲二五之爻, 居中无偏, 能統一卦之義, 事必不然矣. 何則? 上文云'六爻相雜, 唯其時物'. 言雖錯雜而各獨會於時, 獨主於物, 豈可以二五之爻, 而兼其雜物, 撰德是非存亡吉凶之事乎? 且二五之撰德, 與是要存與吉, 則可矣. 若主物與非, 要亡與凶, 則非其所象, 故知其不可也. 且上論初上二爻, 則此中總言四爻矣. 下論二四三五, 則是重述其功位者也.」라 함.

【知者觀其彖辭, 則思過半矣】'知者'는 智者와 같음. '彖辭'는 卦辭를 이렇게 부른 것임. '思'는《易》의 원리를 생각하여 이해함. 王弼 注에 "夫彖者, 擧立象之統論. 中爻之義, 約以存博, 簡以兼衆, 雜物撰德, 而一以貫之. 形之所宗者, 道衆之所歸者, 一其事彌繁, 則愈滯乎形; 其理彌約, 則轉近乎道. 彖之爲義存乎一也, 一之爲用同乎道矣. 形而上者, 可以觀道過半之, 益不亦宜乎?"라 하였고, 〈正義〉에 "'知者觀其彖辭, 則思過半矣'者, 彖辭謂文王卦下之辭, 言聰明知達之士, 觀此卦下彖辭, 則能思慮有益以過半矣"라 함.《集解》에 "韓康伯曰:「夫彖擧立象之統論, 中爻之義, 約以存博簡, 以兼衆雜物撰德, 而一以貫之者也. 形之所宗者, 道衆之所歸者, 一其事彌繁, 則愈滯乎有其理, 彌約則轉近乎道, 彖之爲義存乎一也. 一之爲用同乎道矣, 形而上者, 可以觀道過乎半之益, 不亦宜乎?」"라 함.《本義》에 "彖, 統論一卦六爻之體"라 함.

(3)

二與四同功而異位, 其善不同; 二多譽, 四多懼, 近也.
柔之爲道, 不利遠者; 其要无咎, 其用柔中也.
三與五同功而異位, 三多凶, 五多功, 貴賤之等也.
其柔危, 其剛勝耶!

〈해석〉

제2효와 제4효는 똑같이 음유(陰柔, 陰位)의 역할을 하면서도 자리는 다르며, 그들의 길흉은 같지 않다. 제 2효는 득중(得中)을 하고 있으므로 흔히 칭예(稱譽)를 받고, 제4효는 흔히 많은 두려움을 함의하고 있는데, 이유는 제 4효는 바로 위 군위(君位, 제5효)에 가깝기 때문이다

음유가 표현하는 도는 원대한 일을 하겠다고 과욕을 부림으로써 장차 불리함을 뜻하고, 그의 요지는 허물이 없기를 바라는 것이며, 그의 쓰임은 유순하면서 중앙에 위치하며 치우치지 않기를 요구하고 있는 자리이다.

제3효와 제5효는 양강(陽剛, 陽位)한 역할은 같으나 자리가 달라, 제3효는 흔히 흉한 것으로 표현되며, 제5효는 흔히 공적을 두고 평하는데, 이는 귀천의 등급 때문이다.

이렇게 보면 음유(陰柔, 陰爻)가 제3효나 제5효에 자리를 차지하게 되면 장차 위험이 있으며, 양강(陽剛, 陽爻)이 제3효나 제5효에 자리를 잡게 되면 그 임무를 능히 해낼 수 있으며 길함을 얻을 수 있다.


【二與四同功而異位, 其善不同】'二與四'는 제2효와 제4효. 둘 모두 우수 자리이므로 음효가 있어야 함. '同功'은 陰爻가 와서 柔順의 任務를 다해야 할 자리임. 王弼 注에 "同陰功也"라 하였고, 《集解》에 "韓康伯曰:「同陰功也.」 ○崔憬曰:「此重釋中四爻功, 位所宜也. 二主士大夫, 位佐於一國, 四主三孤, 三公牧伯之位, 佐於天子, 皆同有助理之功也.」"라 함. '異位'는 2효는 하괘의 中央이므로 得中하는 자리이며, 4효는 상괘의 시작이므로 하괘를 받아 올려야 하는 임무를 띠고 있는 자리임. 王弼 注에 "有內外也"라 하였고, 《集解》에 "韓康伯曰:「有外內也.」 ○崔憬曰:「二士大夫, 位卑; 四孤公牧, 位尊, 故有異也.」"라 함. '其善不同'은 그 잘하는 바는 다름. 즉 2효는 得中하여 下卦를 대표하고, 4효는 제5효(君位, 帝位)를 보필해야 하는 자리임.

【二多譽, 四多懼, 近也】'二多譽'는 2효는 하괘의 중앙이어서 득중으로 높이 여김.

王弼 注에 "二處中和, 故多譽也"라 함. '四多懼'는 4효는 임금(5효) 바로 아래로써 너무 가까워 두려움을 느끼는 爻位임. '近也'는 4효가 두려워하는 이유를 설명한 것이나, '二多譽'와 묶어서 '遠近也'가 되어야 함. 즉 2효는 5효(帝位)에서 멀기 때문이며, 4효 는 너무 가까이 있기 때문임. 이에 高亨은 "近上疑當有遠字, 轉寫誤脫"이라 함. 王弼 注에 "位逼於君, 故多懼也"라 하였고, 〈正義〉에 "此第八章也. 明諸卦二三·四五爻之功 用, 又明三才之道, 并明《易》興之時, 總贊明《易》道之大也. 各隨文釋之"라 하여 이 '二與 四同功而異位'부터 〈第8장〉으로 나누었음. 《集解》에 "韓康伯曰: 「二處中和, 故多譽也; 四近於君, 故多懼也.」"라 함.

【柔之爲道, 不利遠者】 이 두 효는 偶數 자리이므로 陰柔(柔順)를 그 덕목으로 해야 하며, 원대한 일을 계획하면 이롭지 못함. '遠者'는 원대한 꿈이나 계획. 이는 홀殊, 즉 陽位에 있는 효가 陽剛함을 가지고 해야 할 일임. 〈正義〉에 "'柔之爲道, 不利遠者', 此覆釋上四多懼之意. 凡陰柔爲道, 當須親附於人以得濟. 今乃遠其親援, 而欲上逼於君, 所以多懼, 其不宜利於疎遠也"라 함. 《集解》에 "崔憬曰: 「此言二四皆陰位, 陰之爲道, 近 比承陽, 故不利遠矣.」"라 함.

【其要无咎, 其用柔中也】 '其要无咎'는 그저 无咎함을 목표로 삼아야 함. '其用柔中' 은 그의 쓰임은 柔順함과 中道를 지키고만 있는 것이어야 함. 王弼 注에 "四之多懼, 以近君也. 柔之爲道, 須援而濟, 故有不利遠者. 二之能无咎, 柔而處中也"라 하였고, 〈正 義〉에 "'其要无咎, 其用柔中'者, 覆釋上二多譽也. 言二所以多譽者, 言二所要會, 无罪咎 而多譽也. 所以然者, 以其用柔而居中也"라 함. 《集解》에 "崔憬曰: 「言二是陰遠陽, 雖則 不利其要, 或有无咎者, 以二柔居中, 異於四也.」"라 함. 《本義》에 "此以下論中爻同功, 謂皆陰位異位, 謂遠近不同. 四近君故多懼, 柔不利遠, 而二多譽者, 以其柔中也"라 함.

【三與五同功而異位】 '三與五'는 제3효와 제5효. 둘 모두 奇數(홀수) 자리로 陽爻가 와야 할 陽位임. '同功'은 같은 陽爻(陽剛)의 功能을 발휘해야 할 爻位임을 말함. 王弼 注에 "同陽功也"라 함. '異位'는 '異位'는 3효는 하괘의 맨 윗자리로 下卦를 이끌고 上卦 에 올려주어야 할 爻位이며, 5효는 上卦의 中央에 있어 得中하여 帝位(君位)의 역할을 수행해야 할 爻位임을 말함. 《集解》에 "韓康伯曰: 「有貴賤也.」 ○崔憬曰: 「三, 諸侯之 位; 五, 天子之位. 同有理人之功, 而君臣之位, 異者也.」"라 함.

【三多凶, 五多功, 貴賤之等也】 '三多凶'은 3효는 下卦에 속해 아무리 잘해도 下賤의 취급을 받음. '五多功'은 5효는 得中과 帝位(君位)의 爻位이므로 그 權威로써 많은 功 을 이루는 자리로 여김. '貴賤'은 5효는 帝王의 귀한 신분이며, 3효는 下卦의 천한 신 분임. 王弼 注에 "有貴賤也"라 함. 《集解》에 "崔憬曰: 「三處下卦之極, 居上卦之下, 爲一

國之君, 有威權之重, 而上承天子. 若无含章之美, 則必致凶. 五旣居中不偏, 貴乘天位, 以道濟物, 廣被寶中, 故多功也.」라 함.

【其柔危, 其剛勝耶!】 '其柔危'는 3, 5 爻位에 陰爻(陰柔)가 오게 되면 位不當하므로 위험함. '其剛勝'은 3, 5 爻位에 陽爻(陽剛)가 오게 되면 位正當하므로 그 임무와 역할을 능히 감당해낼 수 있음. '勝'은 勝任, 즉 임무를 이겨냄. 王弼 注에 "三五陽位, 柔非其位. 處之則危, 居以剛健, 勝其任也. 夫所貴剛者, 閑邪存誠, 動而不違其節者也. 所貴柔者, 含弘居中, 順而不失其貞者也. 若剛以犯物, 則非剛之道; 柔以卑佞, 則非柔之義也"라 하였고, 〈正義〉에 "'貴賤之等, 其柔危, 其剛勝邪'者, 此釋三與五同功之義. 五爲貴·三爲賤, 是貴賤之等也. 此竝陽位, 若陰柔處之, 則傾危. 陽剛處之, 則克勝其任, 故云'其柔危其剛勝'也. 諸本三多凶, 五多功之下, 皆有注, 今定本无也. 三居下卦之極, 故多凶; 五居中處尊, 故多功也"라 함. 《集解》에 "侯果曰:「三五陽位, 陰柔處之, 則多凶危. 剛正居之, 則勝其任. 言'耶'者, 不定之辭也. 或有柔居而吉者, 得其時也, 剛居而凶, 私其應也.」"라 함. 《本義》에 "三五同陽位, 而貴賤不同. 然以柔居之, 則危. 唯剛, 則能勝之"라 함.

# ◇ 第十章 ◇

## (1)

《易》之爲書也, 廣大悉備.
有天道焉, 有人道焉, 有地道焉.
兼三材而兩之, 故六, 六者, 非它也, 三材之道也.

〈해석〉

《역》이 책으로 되어, 그 담고 있는 내용은 광대하여 모든 것을 갖추고 있다.

　그 속에는 천도(天道)가 들어있고, 인도(人道)가 들어 있으며, 지도(地道)가 들어 있다.

　이처럼 삼획으로 삼재(三材)를 겸하면서 둘씩 중첩되어, 모두 여섯 획이며, 이 여섯 획은 다른 의미를 가지고 있는 것이 아니라, 천지인(天地人) 삼재의 이치를 담고 있는 것이다.

　【《易》之爲書也, 廣大悉備】 '廣大悉備'는 易이 담고 있는 원리는 광대하여 모든 것을 모두 구비하고 있음. '悉'은 '전체, 모두'의 뜻. 〈正義〉에 "'《易》之爲書'至'吉凶生焉', 此節明三才之義, 六爻相雜之理也"라 함. 《集解》에 "荀爽曰:「以陰易陽, 謂之廣; 以陽易陰, 謂之大. 《易》與天地準, 固悉備也.」"라 함.

　【有天道焉, 有人道焉, 有地道焉】 三才의 도를 모두 거기에 갖추고 있음을 말함. '焉'은 '여기에, 거기에'의 뜻. 《集解》에 "崔憬曰:「言《易》之爲書, 明三才, 廣无不被, 大无不包, 悉備有萬物之象者也.」"라 함.

　【兼三材而兩之, 故六】 '三材'는 三才와 같음. 八卦(小成卦)는 3효로 되어 있으며 이는 三才를 상징함. '兩之'는 이를 둘씩 모으면 大成卦가 되며, 大成卦는 6효가 됨.

　【六者, 非它也, 三材之道也】 '非它'는 非他와 같음. 다른 것이 아님. 뒤의 말을 강조하기 위한 것. '三材之道'는 6효씩으로 되어 있지만 그래도 기본은 소성괘(3효)에 있음. 즉 6, 5효는 천위, 4, 3효는 인위, 2, 1효는 지위임. 王弼 注에 "說卦備矣"라 하였고, 〈正義〉에 "'六者, 非它, 三才之道也'者, 言六爻所效法者, 非更別有它義, 唯三才之道

也"라 함. 《集解》에 "崔憬曰:「言重卦六爻, 亦兼天地人道. 兩爻爲一才, 六爻爲三才, 則是兼三才而兩之, 故六. 六者, 卽三才之道也.」"라 함. 《本義》에 "三畫已具三才重之, 故六而以上二爻爲天, 中二爻爲人, 下二爻爲地"라 함.


## (2)

道有變動, 故曰爻; 爻有等, 故曰物;
物相雜, 故曰文; 文不當, 故吉凶生焉.

〈해석〉

도(道)에는 변동이 있어, 그 때문에 효(爻)라 일컫는 것이며, 효에는 음양과 상하 등 효위(爻位)에 따른 등급이 있어, 그 때문에 물(物, 物象)이라 일컫는 것이다.

물상은 서로 착잡(錯雜)하게 얽혀 있어 그 때문에 문(文, 文理)이라 일컫는 것이며, 문리에는 마땅함과 마땅함이 있어, 그 때문에 길흉이 거기에서 생겨나는 것이다.


【道有變動, 故曰爻】소성괘의 3효나 대성괘의 6효는 모두 각기 자신의 爻位에서 事物의 變動을 상징함. 그 때문에 '爻'라 한 것임. '爻'는 '效'(効, 同音)와 같으며 '흉내 내다, 대신하여 표현하다, 효과를 드러내다'의 뜻. 〈正義〉에 "'道有變動, 故曰爻'者, 言三才之道, 旣有變化而移動, 故重畫以象之, 而曰爻也"라 함. 《集解》에 "陸績曰:「天道, 有晝夜日月之變; 地道, 有剛柔燥濕之變; 人道, 有行止動靜吉凶善惡之變. 聖人設爻, 以效三者之變動, 故謂之爻者也.」"라 함.

【爻有等, 故曰物】'等'은 類와 같음. 陰爻, 陽爻, 陰位, 陽位 등의 차이를 뜻함. '物'은 物象. 사물의 位置나 商況에 따른 변동을 상징함. 王弼 注에 "等, 類也. 乾, 陽物也; 坤, 陰物也. 爻有陰陽之類, 而後有剛柔之用, 故曰'爻有等, 故曰物'"이라 하였고, 〈正義〉에 "'爻有等, 故曰物'者, 物, 類也. 言爻有陰陽貴賤等級, 以象萬物之類, 故謂之物也"라 함. 《集解》에 "干寶曰:「等, 羣也. 爻中之義, 羣物交集, 五星四氣, 六親九族, 福德刑殺, 衆形萬類, 皆來發於爻, 故總謂之物也. 象'頤中有物'曰〈噬嗑〉, 是其義也.」"라 함.

【物相雜, 故曰文】物象이 서로 얽혀 나열되었을 때 구성하는 文理. 즉 괘에 대한 文辭. 卦辭, 爻辭, 象辭 등. 王弼 注에 "剛柔交錯, 玄黃相雜"이라 하였고, 〈正義〉에 "'物相雜, 故曰文'者, 言萬物遞相錯雜, 若玄黃相間, 故謂之文也"라 함. 《集解》에 "虞翻曰:

「乾陽物, 坤陰物. 純乾純坤之時, 未有文章. 陽物入坤, 陰物入乾, 更相雜成. 六十四卦, 乃有文章, 故曰文.」"이라 함.

【文不當, 故吉凶生焉】 '文不當'은 文理에는 當不當이 있음. 陽位(奇數)에 陽爻가 있고, 陰位(偶數)에 陰爻가 있으면 位正當하여 吉한 것이며, 그 반대의 경우 위부당하여 凶함을 말함. 〈正義〉에 "'文不當, 故吉凶生焉'者, 若相與聚居, 間雜成文, 不相妨害, 則吉凶不生也. 由文之不當, 相與聚居, 不當於理, 故吉凶生也"라 함. 《集解》에 "干寶曰:「其辭爲文也. 動作云爲, 必考其事, 令與爻義, 相稱也. 事不稱義, 雖有吉凶, 則非今日之吉凶, 故元亨利貞, 而穆姜以死'黃裳, 元吉', 南蒯以敗, 是所謂文不當也. 故於經則有君子吉, 小人否. 於占則王相之氣, 君子以遷官, 小人以遇罪也.」"라 함. 《本義》에 "道有變動, 謂卦之一體. 等, 謂遠近貴賤之差; 相雜, 謂剛柔之位相間; 不當, 謂爻不當位"라 함.

# ◇ 第十一章 ◇

\* 〈正義〉에 "'《易》之興也'至'《易》之道也', 此一節明《易》之興起, 在紂之末世, 故其辭 皆憂其傾危也. 以當紂世, 憂畏滅亡, 故作《易》辭, 多述憂危之事, 亦以垂法於後, 使保身 危, 懼避其患難也. 周氏云: 「謂當紂時, 不敢指斥紂惡, 故其辭微危而不正也.」今案康伯 之注云: 「文王與紂之事, 危其辭也. 則以周釋爲得也.」案下覆云: '危者使平'則, 以危謂憂 危是非, 旣未可明, 所以兩存其釋也"라 함.

《易》之興也, 其當殷之末世, 周之盛德邪!
當文王與紂之事邪! 是故其辭危.
危者使平, 易者使傾; 其道甚大, 百物不廢.
懼以終始, 其要无咎.
此之謂《易》之道也.

〈해석〉
《역》이 흥기한 때는 마땅히 은(殷)나라의 말기, 주(周)나라가 덕을 흥성하게 할 즈
음이었다!

당시 문왕(文王)이 은의 말왕 주(紂)를 섬길 때였다! 이 까닭으로 그 문사(文辭)가
위험을 경계한 내용으로 나타난 것이다.

위험을 경계한 것은 화평토록 하기 위한 것이며, 왕조가 바뀜은 은나라를 기울게
하도록 함이니, 그 도가 심히 큰 것이어서, 온갖 사물이 모두 이러한 원리를 폐기시킬
수 없었다.

처음부터 끝까지 두려움을 간직하고 있었으니, 그 요지는 허물(재앙)이 없도록 하
기 위함이었다.

이를 일러 《역》의 도라 일컫는다.

【《易》之興也, 其當殷之末世, 周之盛德邪!】'殷'은 商이라고도 하며, 夏末 桀王의 暴
政에 맞서 湯이 亳을 근거로 발전하여 伊尹을 등용, 桀을 멸하고 세운 나라. 초기 太甲
과 沃丁을 거치며 발전하다가, 河水의 잦은 범람으로 여러 차례 도읍을 옮겨 다녔음.

뒤에 盤庚에 이르러 殷(지금의 河南 安陽 殷墟)으로 천도하여 武丁(高宗) 때 크게 발전하였으나, 말기 紂(帝辛)에 이르러 酒池肉林, 炮烙之刑, 妲己 등의 숱한 고사를 낳고 周 武王(姬發)에게 망함. 甲骨文을 만들어 기록을 남겨 實史연구에 큰 도움을 주고 있음.《史記》(殷本紀),《尙書》(商書),《詩經》(商頌) 등을 참조할 것.《十八史略》(1)에는 "殷王成湯: 子姓, 名履. 其先曰契, 帝嚳子也. 母簡狄, 有娀氏女, 見玄鳥墮卵呑之, 生契. 爲唐虞司徒, 封於商, 賜姓"이라 함. '殷之末世'는 紂王을 가리키며, '周之盛德'은 周 文王(姬昌)을 가리킴.

【當文王與紂之事邪!】 '文王'은 周初의 聖王. 姬昌. 后稷(姬棄)의 후손으로 季歷의 아들이며 古公亶甫의 손자. 商나라 말 紂임금 때 西伯이 되어 인정을 베풀었으며 紂의 미움을 받아 羑里(牖里, 지금의 河南 湯陰縣)의 감옥에 갇히는 등 고초를 겪기도 함. 이 감옥에서《周易》을 演纂하여 卦辭와 爻辭를 지은 것으로 알려짐. 그 아들 武王(姬發)에 이르러 紂를 牧野에서 멸하고 周나라를 일으킴. 姬昌은 원래 王이 아니라 西伯이었으나, 아들 姬發이 殷을 멸하고 자신의 조상을 追尊하여 王으로 불리는 것임. 즉 古公亶父는 太王, 季歷은 王季, 姬昌은 文王으로 추존하고 자신은 武王으로 불리게 된 것임.《史記》周本紀 참조. '紂'는 殷의 末王. 폭군으로 널리 알려짐. 帝辛, 商辛으로도 부르며 帝乙의 아들. 妲己에게 빠져 '炮烙之刑'과 '酒池肉林' 등의 악한 고사를 가지고 있으며 周 文王(姬昌)을 羑里(牖里)에 가두는 등 周나라와 대립하다가 武王(姬發)에게 망함. 王弼 注에 "文王以盛德, 蒙難而能亨其道, 故稱文王之德, 以明《易》之道也"라 함.《集解》에 "虞翻曰:「謂文王書《易》六爻之辭也. 末世乾上盛德, 乾三也. 文王三分天下而有其二, 以服事殷. 周德其可謂至德矣. 故周之盛德, 紂窮, 否上, 知存而不知亡, 知得而不知喪, 終以焚死, 故殷之末世也. 而馬·荀·鄭君, 從俗以文王爲中古, 失之遠矣.」"라 함.

【是故其辭危】 '危'는 危懼. 危險과 두려움을 함께 느낌. 王弼 注에 "文王與紂之事, 危其辭也"라 함.《集解》에 "虞翻曰:「危謂乾三'夕惕若厲', 故辭危也.」"라 함.

【危者使平】 '使平'은 위험을 넘어선 다음 단계의 平穩이 되도록 함.〈正義〉에 "危者使平'者, 旣有傾危, 以蒙大難, 文王有天下, 是危者使平也"라 함.《集解》에 "陸績曰:「文王在紂世, 有危亡之患, 故於《易》辭多趨危亡. 本自免濟, 建成王業, 故《易》爻辭'危者使平', 以象其事.〈否〉卦九五'其亡, 繫于包桑'之屬, 是也.」"라 함.

【易者使傾】 '易者'는 편안히 살면서 위험이 없다고 모든 일을 쉽게 여김. 그러면서 簡慢하게 구는 자. 紂를 가리킴. '傾'은 傾亡함, 覆亡함. 나라가 기울어 망함. 王弼 注에 "易, 慢易也"라 하였고,〈正義〉에 "'易者使傾'者, 若其慢易不循《易》道者, 則使之傾覆. 若紂爲凶惡, 以至誅滅也"라 함.《集解》에 "陸績曰:「易, 平易也. 紂安其位, 自謂平

易, 而反傾覆, 故《易》爻辭'易者使傾', 以象其事. 〈明夷〉上六'初登于天, 後入于地'之屬, 是也.」라 함.

【其道甚大, 百物不廢】'其道甚大'는 文王이 演纂한《易》의 도가 심히 위대함. '百物不廢'는 모든 사물들은 그 위대한《易》의 도를 폐기하지 않음.《역》의 도가 틀림없이 適用되고 實現됨을 말함. 〈正義〉에 "'其道甚大, 百物不廢'者, 言《易》道功用甚大, 百種之物賴之, 不有休廢也"라 함.《集解》에 "虞翻曰:「大謂乾道, 乾三爻三十六物, 故百物不廢, 畧其奇八與大, 衍之五十同義.」"라 함.

【懼以終始, 其要无咎】'懼以終始'는 처음부터 끝까지 '懼'라는 마음가짐으로 함. '其要无咎'는《易》의 도는 无咎(無咎)를 얻고자 함에 있음. 无咎는 재앙이 없음. 免禍求福의 뜻. 〈正義〉에 "'懼以終始'者, 言恒能憂懼於終始, 能於始思終, 於終思始也. '其要无咎'者, 若能始終皆懼, 要會歸於无咎也"라 함.

【此之謂《易》之道也】이를 일러《易》의 道라 함. 王弼 注에 "夫文不當, 而吉凶生, 則保其存者亡, 不忘亡者存; 有其治者亂, 不忘危者安, 懼以終始歸於无咎, 安危之所由爻象之大體也"라 하였고, 〈正義〉에 "'此之謂《易》之道'者, 言《易》之爲道, 若能終始以懼, 則无凶咎. 此謂《易》之所用之道, 其大體如此也"라 함.《集解》에 "虞翻曰:「乾稱《易》道, '終日乾乾', 故无咎. '危者使平, 易者使傾', 惡盈福謙, 故《易》之道者也.」"라 함.《本義》에 "危懼故得平安, 慢易則必傾覆,《易》之道也"라 함.

# ◇ 第十二章 ◇

\*〈正義〉에 "此第九章, 總明《易》道之美, 兼明《易》道愛惡·相攻·情僞·相感·吉凶·悔吝, 由此而生. 人情不等, 制辭各異也"라 하여, 〈제9장〉으로 하였음.


## (1)

夫〈乾〉, 天下之至健也. 德行恆易以知險;
夫〈坤〉, 天下之至順也, 德行恆簡以知阻.

〈해석〉
무릇 〈건(乾)〉은 천하에 지극히 강건(剛健)함을 상징한다.
그 덕성의 작용은 항구히 평이함으로써 위험을 알아차리도록 한다.
무릇 〈곤(坤)〉은 천하에 지극히 유순(柔順)함을 상징한다.
그 덕성의 작용은 항구히 간약함으로써 막힘을 알아차리도록 한다.


【夫〈乾〉, 天下之至健也】 '至健'은 〈乾〉괘의 本領은 지극히 剛健함.
【德行恆易以知險】 '恆易'는 恒久히 平易함. '以知險'은 이러한 원리로써 危險이라는 것을 알려줌. 〈正義〉에 "德行恒易以知險'者, 謂乾之德, 行恒易略, 不有艱難. 以此之故, 能知險之所興. 若不有易略, 則爲險也. 故行《易》以知險也"라 함. 《集解》에 "虞翻曰:「險, 謂〈坎〉也. 謂乾二五之坤成〈坎〉, 離日月麗天, 天險不可升, 故知險者也.」"라 함.
【夫〈坤〉, 天下之至順也】 '至順'은 〈坤〉괘의 本領은 지극히 柔順함.
【德行恆簡以知阻】 '恆簡'은 恒久히 簡約함. '簡'은 위의 '易'와 합해 '簡易'를 나누어서 설명한 것임. '以知阻'는 이러한 원리로써 막힘이라는 것을 알려줌. '阻'는 '困阻', 즉 困厄 속에 갇혀 막힘을 뜻함. 〈正義〉에 "德行恒簡, 以知阻'者, 言坤之德, 行恒爲簡靜, 不有煩亂, 以此之故, 知阻之所興也. 若不簡, 則爲阻難, 故行簡靜以知阻也. 大難曰險, 乾以剛健, 故知其大難; 小難曰阻, 坤以柔順, 故知其小難, 知大難, 曰險者, 案〈坎〉卦象云'天險不可升, 地險山川丘陵'. 言'險'不云'阻', 故知險爲大難. 險旣爲大, 明阻爲小也"라 함. 《集解》에 "虞翻曰:「阻, 險阻也. 謂坤二五之乾, 艮爲山陵, 坎爲水, 巽高兌下, 地險山川邱陵, 故以知險也.」"라 함. 《本義》에 "至健, 則所行无難, 故易至順, 則所行不煩,

故簡. 然其於事, 皆有以知其難, 而不敢易以處之也. 是以其有憂患, 則健者如自高臨下,
而知其險; 順者如自下趨上, 而知其阻. 蓋雖易而能知險, 則不陷於險矣. 旣簡而又知阻,
則不困於阻矣. 所以能危能懼, 而无易者之傾也"라 함.


## (2)

能說諸心, 能研諸侯之慮, 定天下之吉凶, 成天下之亹亹者.
是故變化云爲, 吉事有祥; 象事知器, 占事知來.

〈해석〉

《역》은 능히 사람들의 마음에 즐거움을 주며, 능히 사람들의 염려를 깊이 연구하
여, 천하의 길흉을 확정하여, 천하의 근면함을 이루게 해준다.

이 까닭으로 변화의 이치는 해야 할 행동을 말로 표현해주고, 길한 일에는 상서로
움의 징조를 일러주며, 사물의 물상을 통해 기구를 만들 수 있음을 알려주며, 일을
점쳐서 미래를 알 수 있도록 해 준다.


【能說諸心】 '說諸心'은 사람들 마음에 즐거움을 줌. '說'은 '悅', '諸'는 '之於, 之于,
之乎'의 合音字. 그러나 高亨은 "說, 乃借爲閱. 《說文》: 「閱, 具數于門中也.」 物具列于
前, 覽而數之, 是爲閱"이라 하여, '들여다보아 세어보다'의 뜻이라 하였음. 〈正義〉에
"'能說諸心'者, 萬物之心, 皆患險阻. 今以險阻, 逆告於人, 則萬物之心, 无不喜說. 故曰
'能說諸心'也"라 함. 《集解》에 "虞翻曰:「乾五之坤, 坎爲心, 兌爲說, 故能說諸心. 謂說諸
心, 物之有心者也.」"라 함.

【能研諸侯之慮】 '研'은 研磨함. '研諸侯之慮'의 '侯之'는 司馬光과 朱熹는 衍文이라
하였음. 따라서 위의 '說諸心'에 맞추어 '研諸慮'가 되어 對文을 이룸. 사람들의 염려
에 대해 연마시키도록 함. 王弼 注에 "諸侯物主, 有爲者也. 能說萬物之心, 能精爲者之
務"라 하였고, 〈正義〉에 "'能研諸侯之慮'者, 研, 精也. 諸侯旣有爲於萬物, 育養萬物, 使
令得所易, 旣能說諸物之心, 則能精妙諸侯之慮. 謂'諸侯', 以此《易》之道, 思慮諸物, 轉益
精粹, 故云'研諸侯之慮'也"라 함. 《集解》에 "虞翻曰:「坎爲心慮, 乾初之坤爲震, 震爲諸
侯, 故能研諸侯之慮.」"라 함.

【定天下之吉凶】 《역》은 천하의 길흉을 결정해줌. 〈正義〉에 "'定天下之吉凶'者, 言

《易》道備載諸物, 得失依之, 則吉; 逆之則, 凶. 是《易》能'定天下之吉凶'也"라 함.

【成天下之亹亹者】'亹亹'는 매우 힘써 발전하는 모습을 뜻함. 勤勉之狀의 의미. 〈正義〉에 "'成天下之亹亹'者, 亹亹, 勉也. 天下有所營, 爲皆勉勉不息, 若依此《易》道, 則所爲得成, 故云'成天下之亹亹'也"라 함. 《集解》에 "虞翻曰:「謂乾二五之坤成, 離日坎月, 則八卦象具八卦, 定吉凶, 故能定天下之吉凶. 亹亹者, 謂莫善蓍龜也.」 ○荀爽曰:「亹亹者, 陰陽之微, 可成可敗也. 順時者成, 逆時者敗也.」"라 함. 《本義》에 "'侯之'二字衍. '說諸心'者, 心與理會, 乾之事也. '研諸慮'者, 理因慮審, 坤之事也. 說諸心, 故有以定吉凶; 研諸慮, 故有以成亹亹"라 함.

【是故變化云爲】'變化云爲'는 변화가 있을 때 이를 극복하기 위한 것을 '爲'라 이름. '爲'는 作爲, 行爲, 行動. 〈正義〉에 "'是故變化云爲'者, 《易》旣備含諸事, 以是之故, 物之或以漸變改, 或頓從化易, 或口之所云, 或身之所爲也"라 함.

【吉事有祥】길흉에는 그 徵祥(徵兆, 幾祥)이 있음. 〈正義〉에 "'吉事有祥'者, 若行吉事, 則有嘉祥之應也"라 함. 《集解》에 "虞翻曰:「祥, 幾祥也. 吉之先見者也. 陽出變化, 云爲吉事. 爲祥, 謂復初乾元者也.」"라 함.

【象事知器】'象事知器'는 卦象, 혹은 事物의 物象을 보고 어떤 道具(器具)를 만들 수 있는지를 알려줌. 〈正義〉에 "'象事知器'者, 觀其所象之事, 則知作器物之方也"라 함.

【占事知來】사물에 대한 점은 미래를 알려줌. 王弼 注에 "夫'變化云爲'者, 行其吉事, 則獲嘉祥之應. 觀其象事, 則知制器之方; 玩其占事, 則覩方來之驗也"라 하였고, 〈正義〉에 "'占事知來'者, 言卜占之事, 則知未來之驗也. 言《易》之爲道, 有此諸德也"라 함. 《集解》에 "虞翻曰:「象事謂坤, 坤爲器, 乾五之坤成象, 故象事知器也. 占事, 謂乾以知來, 乾五動成離, 則玩其占, 故知來.」 ○侯果曰:「《易》之云爲, 唯變所適, 爲善則吉. 事必應觀, 象則用器, 可爲求吉, 則未形可覩者也.」"라 함. 《本義》에 "變化云爲, 故象事可以知器; 吉事有祥, 故占事可以知來"라 함.

(3)

天地設位, 聖人成能; 人謀鬼謀, 百姓與能.

八卦以象告, 爻象以情言;

剛柔雜居, 而吉凶可見矣.

〈해석〉

　하늘은 위에, 땅은 아래에 있도록 위치를 설정하여, 성인이 《역》을 만들어 만물이 각기 자신의 본능(本能)을 이루도록 해주어, 사람도 자신이 살 모책을 세우며 귀신도 자신이 할 모책을 세워, 백성들이 그들의 본능에 참여하도록 한 것이다.

　팔괘는 괘상을 통해 일러주며, 육십사괘의 효사는 사물의 구체적 정황을 통해 말로 일러주며, 양강(陽剛)과 음유(陰柔)는 착잡(錯雜)하게 괘중에 자리를 차지하고 있어, 그를 통해 길흉의 결과를 가히 예견할 수 있다.


　【天地設位】《易》은 하늘과 땅이 각기 위치가 분명히 다르도록 해줌. 〈正義〉에 "天地設位'者, 言聖人乘天地之正, 設貴賤之位也"라 함.

　【聖人成能】성인이 《易》을 만들어 만물에게 그 능력을 성취시키도록 해줌. 王弼 注에 "聖人乘天地之正, 萬物各成其能"이라 하였고, 〈正義〉에 "'聖人成能'者, 聖人因天地所生之性, 各成其能, 令皆得所也"라 함. 《集解》에 "虞翻曰:「天尊五, 地卑二, 故設位. 乾爲聖人, 成能, 謂能說諸心·能硏諸侯之慮, 故成能也.」○崔憬曰:「言《易》擬天地, 乾坤二位以, 重卦之義, 以成聖人伏羲·文王之能事者也.」"라 함.

　【人謀鬼謀, 百姓與能】《易》은 '人謀鬼謀'는 사람은 사람으로서의 모책을, 귀신은 귀신으로서의 모책을 세우도록 해줌. '百姓與能'은 모든 사람들에게 각기 자신의 性命을 보존하고 살아갈 수 있도록 능력을 賦與해줌. 王弼 注에 "人謀況議於衆, 以定得失也. 鬼謀況寄卜筮, 以考吉凶也. 不役思慮, 而失得自明, 不勞探討而吉凶, 自著類萬物之情, 通幽深之, 故故百姓與能, 樂推而不厭也"라 하였고, 〈正義〉에 "'人謀鬼謀, 百姓與能'者, 謂聖人欲舉事之時, 先與人衆謀圖以定得失, 又卜筮於鬼神, 以考其吉凶, 是與鬼爲謀也. 聖人旣先與人謀, 鬼神, 謀不煩思慮, 與探討自然, 能類萬物之情能, 通幽深之理, 是其能也. 則天下百姓親與能, 人樂推爲主也"라 함. 《集解》에 "虞翻曰:「乾爲人, 坤爲鬼, 乾二五之坤, 坎爲謀, 乾爲百, 坤爲姓, 故人謀鬼謀, 百姓與能.」○朱仰之曰:「人謀, 謀及卿士; 鬼謀, 謀及卜筮也. 又謀及庶民, 故曰'百姓與能'也.」"라 함. 《本義》에 "天地設位, 而

聖人作《易》, 以成其功. 於是人謀鬼謀, 雖百姓之愚, 皆得以與其能"이라 함.

【八卦以象告, 爻彖以情言】'八卦以象告'는 八卦(小成卦)는 그 卦象으로써 알려줌. 王弼 注에 "以象告人"이라 함. '爻彖以情言'은 爻辭와 卦辭는 그 情況(物情, 事情)으로써 말해줌. '彖'은 卦辭를 가리킴. 王弼 注에 "辭有險易, 而各得其情也"라 하였고, 〈正義〉에 "自此已上, 論《易》道之大, 聖人法之而行; 自此已下, 又明卦爻剛柔變動·情僞·相感之事也"라 함. 《集解》에 "虞翻曰:「在天成象乾, 二五之坤, 則八卦象成. 兌口震言, 故以象告也.」崔憬曰:「伏羲始畫八卦, 因而重之, 以備萬物, 而告於人也. 爻, 謂爻下辭; 彖, 謂卦下辭, 皆是聖人之情, 見乎繫辭, 而假爻彖以言, 故曰'爻彖以情言'.」"이라 함.

【剛柔雜居, 而吉凶可見矣】'剛柔雜居'는 剛(陽剛, 陽爻)과 柔(陰柔, 陰爻)가 서로 섞여 자리를 가지고 있음. '吉凶可見矣'는 그에 따라 吉凶을 가히 豫見할 수 있음. 〈正義〉에 "剛柔雜居, 而吉凶可見矣'者, 剛柔二爻, 相雜而居. 得理則吉, 失理則凶, 故'吉凶可見'也"라 함. 《集解》에 "虞翻曰:「乾二之坤成坎, 坤五之乾成離, 故剛柔雜居. 艮爲居離, 有巽兌坎, 有震艮, 八卦體備, 故吉凶可見也.」○崔憬曰:「言文王以六爻, 剛柔相推, 而物雜居. 得理則吉, 失理則凶, 故吉凶可見也.」"라 함. 《本義》에 "象, 謂卦畫爻; 彖, 謂卦爻辭"라 함.


# (4)

變動以利言, 吉凶以情遷;
是故愛惡相攻而吉凶生, 遠近相取而悔吝生, 情僞相感而利害生.
凡《易》之情, 近而不相得則凶; 或害之, 悔且吝.

〈해석〉

각 효의 변화와 운동은 이(利)와 불리(不利)라는 말로 일러주고 있으며, 결과의 길함과 흉함은 사물의 구체적인 정황에 근거하여 변화하는 것이니, 이 까닭으로 애오(愛惡)가 서로 공격하여 길흉이 생겨나는 것이며, 원근(遠近)이 서로 취하여 회인(悔吝)이 생겨나는 것이며, 정위(情僞)가 서로 감응하여 이해(利害)가 발생하는 것이다.

무릇 《역》의 정황에 따른 이치는, 효와 효가 너무 가까워 서로 화합을 이루지 못하면 흉하여, 자칫 외부에서 해를 끼쳐 오기도 하며, 이렇게 되면 후회하며 게다가 안타깝게 여기게 된다.

【變動以利言】變動은 이로움의 與否로써 말해줌. 王弼 注에 "變而通之, 以盡利也"라 하였고, 〈正義〉에 "'變動以利言'者, 若不變不動, 則於物有損有害. 今變而動之, 使利益於物, 是變動以利而言說也"라 함. 《集解》에 "虞翻曰:「乾變之坤成震, 震爲言, 故'變動以利言'也.」"라 함.

【吉凶以情遷】길흉은 그 정황에 따라 옮겨짐. 王弼 注에 "吉凶无定, 唯人所動, 情順乘理, 以之吉情逆, 違道以蹈凶, 故曰'吉凶以情遷'也"라 하였고, 〈正義〉에 "'吉凶以情遷'者, 遷, 謂遷移. 凡得吉者, 由情遷移於善也. 所得凶者, 由情遷於惡也"라 함. 《集解》에 "虞翻曰:「乾吉坤凶, 六爻發揮, 旁通情也. 故'以情遷'.」"이라 함.

【是故愛惡相攻而吉凶生】'愛惡相攻'은 그 점의 결과에 따라 좋아함과 싫어함이 서로 攻駁을 함. 王弼 注에 "泯然同順, 何吉何凶? 愛惡相攻, 然後逆順者殊, 故吉凶生"이라 하였고, 〈正義〉에 "'是故愛惡相攻而吉凶生'者, 若泯然无心, 事无得失, 何吉凶之有? 由有所貪愛, 有所憎惡, 兩相攻擊, 或愛攻於惡, 或惡攻於愛, 或兩相攻擊, 事有得失, 故'吉凶生'也"라 함. 《集解》에 "虞翻曰:「攻, 摩也. 乾爲愛, 坤爲惡, 謂剛柔相摩, 以愛攻惡生吉, 以惡攻愛生凶, 故'吉凶生'也.」"라 함.

【遠近相取而悔吝生】'遠近相取'는 멀리 있는 효를 취하기도 하고, 가까이 있는 효를 취하기도 함. 즉 初(1)와 4, 2와 5, 3과 上(6)은 正應을 이루기도 하고, 初(1)과 2 등이 서로 뜻을 합치기도 함. '悔吝'은 점의 결과에 대한 회한이나 아쉬움. 王弼 注에 "相取, 猶相資也. 遠近之爻, 互相資取, 而後有悔吝也"라 하였고, 〈正義〉에 "'遠近相取而悔吝生'者, 遠, 謂兩卦上下, 相應之類; 近, 謂比爻共聚, 迭相資取, 取之不以理, 故'悔吝生'也"라 함. 《集解》에 "虞翻曰:「遠陽, 謂乾; 近陰, 謂坤. 陽取陰生悔, 陰取陽生吝. 悔吝, 言小疵.」 ○崔憬曰:「遠, 謂應與不應; 近, 謂比與不比. 或取遠應而捨近比, 或取近比而捨遠. 應由此遠近相取, 所以生悔吝於繫辭矣.」"라 함.

【情僞相感而利害生】'情僞相感'은 眞情과 虛僞가 서로 감응함. 眞情은 利, 虛僞는 害를 뜻함. 그러나 '情'은 情感(情緖), '僞'는 行爲(動作)를 뜻하는 것으로도 봄. 王弼 注에 "情以感物, 則得利; 僞以感物, 則致害也"라 하였고, 〈正義〉에 "'情僞相感而利害生'者, 情, 謂實情; 僞, 謂虛僞. 虛實相感, 若以情實相感, 則利生若; 以虛僞相感, 則害生也"라 함. 《集解》에 "虞翻曰:「情陽僞陰也. 情感僞生利, 僞感情生害. 乾爲利, 坤爲害.」"라 함.

【凡《易》之情, 近而不相得則凶】'近而不相得'은 가까이 있으면서 서로 화합을 이루지 못함. 王弼 注에 "近, 況比爻也. 《易》之情剛柔相摩, 變動相適者也. 近而不相得, 必有乖違之患. 或有相違而无患者, 得其應也. 相順而皆凶者, 乖於時也. 存事以考之, 則義可見矣"라 하였고, 〈正義〉에 "'凡《易》之情, 近而不相得則凶'者, 近, 謂兩爻相近而不相得,

以各无外應, 則致凶咎. 若各有應, 雖近不相得, 不必皆凶也"라 함.《集解》에 "韓康伯曰: 「近況比爻也.《易》之情, 剛柔相摩, 變動相逼者也. 近而不相得, 必有乖違之患也. 或有相違而无患者, 得其應也. 相須而偕凶, 乖於時也. 隨事以考之, 義可見矣.」"라 함.

【或害之, 悔且吝】'或害之'는 전혀 뜻하지 않았던 어떤 이가 자신을 해침. 王弼 注에 "夫无對於物, 而後盡全順之道, 豈可有欲害之者乎? 雖能免濟, 必有悔吝也. 或欲害之, 辭也"라 하였고, 〈正義〉에 "'或害之, 悔且吝'者, 言若能弘通, 不偏對於物, 盡竭順道, 物豈害之? 今旣有心於物情意, 二三其外物, 則或欲害之. 則有凶禍, 假令自能免濟, 猶有悔及吝也. 故云'或害之, 悔且吝'也"라 함.《集解》에 "荀爽曰: 「謂屯六三, 往吝之屬也.」 ○虞翻曰: 「坤爲害, 以陰居陽, 以陽居陰, 爲悔且吝也.」"라 함.《本義》에 "不相得, 謂相惡也. 凶害悔吝, 皆由此生"이라 함.


# (5)

將叛者其辭慙, 中心疑者其辭枝.
吉人之辭寡, 躁人之辭多,
誣善之人其辭游, 失其守者其辭屈.

〈해석〉

장차 남을 배반하려는 자는 그 말이 어딘지 부끄러워하며 자신이 없어 보이고, 마음속에 의심을 품고 있는 자는 그 말이 가지를 치듯 논리가 맞지 않다.

길인(吉人)은 말이 적으면서 조리가 있고, 조급히 구는 자는 말은 많으나 조리가 없다.

착한 사람을 속이는 자는 그 말이 들떠있고, 자신이 지켜야 할 것을 지켜내지 못하는 자는 그 말이 비굴(卑屈)하다.


【將叛者其辭慙】'將叛者'는 장차 배반(배신, 반란)을 꿈꾸는 자. '其辭慙'은 그 말이 어딘가 부끄럽게 여기는 語氣가 있음. '慙'은 慙恧(참뉵)의 뜻. 그러나 高亨은 "慙, 當讀爲漸. 漸, 詐야"라 하여, 慙은 漸의 假借이며 '속이다'의 뜻이라 하였음. 〈正義〉에 "'將叛者, 其辭慙'者, 此已下, 說人情不同, 其辭各異. 將欲違叛己者, 貌雖相親, 辭不以實, 故'其辭慙'也"라 함.《集解》에 "虞翻曰: 「坎人之辭也. 近而不得, 故叛. 坎爲隱伏, 將

叛坎爲心, 故慚也.」 ○侯果曰:「凡心不相得, 將懷叛逆者, 辭必慚戄.」"이라 함.

【中心疑者其辭枝】'中心'은 心中. 심중에 의혹을 가진 자는 그 말이 자꾸 가지를 침. 조리가 없음을 말함. 그러나 '枝'는 岐의 뜻으로 分岐(나위어 엇갈림)의 뜻이라고도 함. 〈正義〉에 "'中心疑者, 其辭枝'者, 枝, 謂樹枝也. 中心於事疑惑, 則其心不定, 其辭分散, 若樹枝也"라 함. 《集解》에 "荀爽曰:「或從王事, 无成之屬也.」 ○虞翻曰:「離人之辭也. 火性枝分, 故枝疑也.」 ○侯果曰:「中心疑二, 則失得无從, 故枝分不一也.」"라 함.

【吉人之辭寡】吉한 행동을 하는 사람은 말수가 적음. 말을 줄임. 〈正義〉에 "'吉人之辭寡'者, 以其吉善辭直, 故'辭寡'也"라 함. 《集解》에 "虞翻曰:「艮人之辭也.」"라 함.

【躁人之辭多】조급하게 서두르는 사람은 말수가 많음. 〈正義〉에 "'躁人之辭多'者, 以其煩躁, 故其'辭多'也"라 함. 《集解》에 "荀爽曰:「謂〈睽〉上九之屬也.」 ○虞翻曰:「震人之辭也. 震爲決, 躁恐懼, 虩虩笑言啞啞, 故多辭.」 ○侯果曰:「躁人煩急, 故辭多.」"라 함.

【誣善之人其辭游】'誣善之人'은 선한 이를 誣告하는 사람. '其辭游'는 그 말이 浮游함. 들떠 있음. 〈正義〉에 "'誣善之人其辭游'者, 游, 謂浮游. 誣罔善人, 其辭虛漫, 故言'其辭游'也"라 함. 《集解》에 "荀爽曰:「游逸之屬也.」 ○虞翻曰:「兌人之辭也. 兌爲口舌, 誣乾乾爲善人也.」 ○崔憬曰:「妄稱有善, 故自叙其美, 而辭必浮游不實.」"이라 함.

【失其守者其辭屈】자신이 지켜야 할 것을 지켜내지 못하는 사람은 그 말에 卑屈함이 있음. '屈'은 屈曲不直을 뜻함. 〈正義〉에 "'失其守者其辭屈'者, 居不值時, 失其所守之志, 故其辭屈撓, 不能申也. 凡此辭者, 皆論《易》經之中, 有此六種之辭, 謂作《易》之人述此. 六人之意咎, 準望其意, 而制其辭也"라 함. 《集解》에 "荀爽曰:「謂泰上六, '城復于隍'之屬也.」 ○侯果曰:「失守則沮, 辱而不申, 故'其辭屈'也. 爻有此象, 故占辭亦從矣.」 ○虞翻曰:「巽人之辭也. 巽詰詘陽, 在初守巽, 初陽入伏陰下, 故其辭詘. 此六子也. 離上坎下, 震起艮止, 兌見巽伏. 上經終坎·離, 則下經終旣濟·未濟. 上系終乾·坤, 則下系終六子. 此《易》之大義者也.」"라 함. 《本義》에 "卦爻之辭, 亦猶是也"라 함.

〈설괘전說卦傳〉

이 〈說卦傳〉은 小成卦 八卦를 해설한 것임. 이는 공자가 지은 〈周易十翼〉의 한 편으로, 팔괘의 괘상을 두고 매우 구체적이고 알기 쉽게 풀이한 것임. 分章은 흔히 朱熹의 《周易本義》에 따라 11장으로 나누고 있음. 孔穎達 〈正義〉에 "說卦者, 陳說八卦之德業變化及法象所爲也. 孔子以伏犧畫八卦後, 重爲六十四卦. 八卦爲六十四卦之本, 前〈繫辭〉中畧明. 八卦小成引而伸之, 觸類而長之, 天下之能事畢矣. 又曰:「八卦成列, 象在其中矣. 因而重之, 爻在其中矣.」又云:「古者, 包犧氏之王天下也, 仰則觀象於天, 俯則觀法於地, 觀鳥獸之文與地之宜, 近取諸身, 遠取諸物, 於是始作八卦, 以通神明之德, 以類萬物之情.」然引而伸之, 重三成六之意, 猶自未明. 仰觀俯察, 近身遠物之象, 亦爲未見. 故孔子於此, 更備說重卦之由, 及八卦所爲之象, 故謂之'說卦'焉"이라 함.


〈說-1〉

昔者, 聖人之作《易》也, 幽贊於神明而生蓍. 參天兩地而倚數, 觀變於陰陽而立卦, 發揮於剛柔而生爻, 和順於道德而理於義, 窮理盡性以至於命.

〈해석〉
옛날 성인이 《역》을 지을 때에, 유심(幽深함) 속에 신명의 도움을 받아 시초(蓍草)로 점을 치는 방법을 창조하였다.
天(乾)의 수를 參(三)으로 하고 地(곤)의 수를 兩(二)로 하여 숫자로써 대표하는 방법을 세웠다.
陰陽에서의 변화를 관찰하여 卦를 정하고, 剛(乾, 天)과 柔(坤, 地)가 어떻게 발휘되는가를 발동하여 효(爻)로 정하였다.
괘와 효는 능히 도덕에 화합하고 순응하여 뜻의 이치를 그 속에 담고 있으며, 능히 사물의 이치를 끝까지 다하고 본성을 끝까지 다하여 만물의 천명(規律)에 이르게 되는 것이다.

【昔者, 聖人之作《易》也】 아득한 옛날 聖人이 《易》을 지음. '聖人'은 상고시대 伏羲氏가 처음 八卦를 그렸다 하여, 伏羲(伏犧, 包犧, 庖犧)를 가리키는 것으로 봄. 《集解》에 "孔穎達曰:「據今而稱, 上代謂之昔者, 聰明睿智謂之聖人, 卽伏羲也. 案:「下繫云: '古者, 庖犧氏之王天下, 始作八卦.' 今言作《易》, 明是伏羲, 非謂文王也.」"라 함.

【幽贊於神明而生蓍】 幽冥한 속에서 神明에게 贊助를 받아 蓍草占을 만들어내게 되었음. '幽贊'은 어두움 속에서 도와줌. '於'자는 被動을 뜻함. 高亨은 "此於字乃表示被動之介詞, 舊注多誤"라 함. '神明'은 神妙한 光明의 造化. '蓍'는 점에 쓰이는 풀의 일종. 靈草. 쑥과 비슷하며 叢生하는 多年草 풀. 거북점은 '卜', 시초점은 '筮'라 함. 王弼注에 "幽, 深也; 贊, 明也. 蓍受命如嚮, 不知所以然而然也"라 하였고, 〈正義〉에 "此一節, 將明聖人引伸因重之意, 故先叙'聖人'. 本制蓍數卦爻, 備明天道人事, 妙極之理. 據今而稱上世, 謂之'昔者'也. 聰明叡知, 謂之'聖人'. 此聖人卽伏羲也. 不言'伏犧'而云'聖人'者, 明以聖知而制作也. 且下繫已云「包犧氏之王天下也, 於是始作八卦.」 今言作《易》言是伏犧, 非文王等, 凡言作者, 皆本其事之所自, 故云'昔者, 聖人之作《易》也'. 聖人作《易》, 其作如何? 以此聖知深明神明之道, 而生用蓍, 求卦之法, 故曰'幽贊於神明而生蓍'也"라 함. 《集解》에 "荀爽曰:「幽, 隱也; 贊, 見也. 神者, 在天明者. 在地神以夜光, 明以晝照蓍者, 策也. 謂陽爻之策, 三十有六; 陰爻之策, 二十有四. 二篇之策, 萬有一千五百二十, 上配列宿, 下副物數. 生蓍者, 謂蓍從爻中生也.」 ○干寶曰:「幽, 昧人所未見也; 贊, 求也. 言伏羲用明於昧冥之中, 以求萬物之性爾. 乃得自然之神物, 能通天地之精, 而管御百靈者, 始爲天下生用蓍之法者也.」"라 함. 《本義》에 "幽贊神明, 猶言贊化育龜筴. 〈傳〉曰:「天下和平, 王道得而蓍莖長. 丈其叢生, 滿百莖.」"이라 함.

【參天兩地而倚數】 '參'은 三, 乾(天 ☰)은 三으로 되어 있음. '兩'은 二. 坤(地 ☷)은 음효가 둘씩 나뉘어 있음. 한편 三은 奇數(홀수), 二는 偶數(짝수, 耦數)를 대표함. 天은 奇數로 표시하고, 地는 偶數로 표시함. '倚數'는 陰陽의 상징적 숫자를 세움. '倚' 세우다, 건립하다'의 뜻. 王弼 注에 "參, 奇也; 兩, 耦也. 七九陽數, 六八陰數"라 하였고, 〈正義〉에 "倚, 立也. 旣用蓍求卦其撲蓍所得, 取奇數於天, 耦數於地, 而立七八九六之數, 故曰'參天兩地而倚數'也"라 함. 《集解》에 "虞翻曰:「倚, 立; 參, 三也. 謂分天象爲三才, 以地兩之, 立六畫之數, 故倚數也.」 ○崔憬曰:「參, 三也. 謂於天數五, 地數五, 中以八卦, 配天地之數, 起天三配艮, 而立三數, 天五配坎, 而立五數, 天七配震, 而立七數, 天九配乾, 而立九數, 此從三順配陽四卦也. 地從二起, 以地兩配兌, 而立二數, 以地十配離, 而立十數, 以地八配巽, 而立八數, 以地六配坤, 而立六數, 此從兩逆配陰四卦也. 其天一地四之數, 無卦可配, 故虛而不用, 此聖人取八卦, 配天地之數, 總五十而爲大衍.」 案:「此說不盡

已, 釋在〈大衍〉章中, 詳之明矣.」라 함. 《本義》에 "天圓地方. 圓者一而圍三, 三各一奇, 故參天. 而爲三方者, 一而圍四, 四合二偶, 故兩地. 而爲二數皆倚此而起, 故撰著三變之末其餘. 三奇, 則三三而九; 三偶則三二而六. 兩二一, 三則爲七, 兩三一二則爲八"이라 함.

【觀變於陰陽而立卦】陰陽에서의 變化를 관찰하고 卦를 세움. '卦'는 八卦를 의미함. 王弼 注에 "卦, 象也; 著, 數也. 卦則雷風相薄, 山澤通氣擬象. 陰陽變化之體, 著則錯綜, 天地參兩之數, 著極數以定象, 卦備象以盡數, 故著曰'參天兩地', 而倚數卦曰'觀變於陰陽'也"라 하였고, 〈正義〉에 "'觀變於陰陽而立卦'者, 言其作《易》聖人, 本觀察變化之道, 象於天地陰陽而立乾坤等卦, 故曰'觀變於陰陽而立卦'也"라 함. 《集解》에 "虞翻曰:「謂立天之道曰陰與陽, 乾坤剛柔, 立本者, 卦謂六爻, 陽變成震坎艮, 陰變成巽離兌, 故六. 卦六爻三變, 三六十八, 則有十八變而成卦. 八卦而小成是也. 繫曰陽一君二民, 陰二君一民, 不道乾坤者也.」라 함.

【發揮於剛柔而生爻】剛柔에서 발휘됨을 밝혀 爻를 만들어냄. 剛柔는 陽은 剛, 陰은 柔를 뜻함. '爻'는 陽爻(—)와 陰爻(--). 王弼 注에 "剛柔發散, 變動相生"이라 하였고, 〈正義〉에 "旣觀象立卦, 又就卦發動揮散於剛柔兩畫, 而生變動之爻, 故曰'發揮於剛柔而生爻'也"라 함. 《集解》에 "虞翻曰:「謂立地之道曰柔與剛. 發動揮變, 變剛生柔. 爻變柔生, 剛爻以三爲六也. 因而重之, 爻在其中, 故生爻.」라 함.

【和順於道德而理於義】道德에 순응함에 調和를 맞추었고, 義에서 論理를 세움. '理於義'는 論理가 卦義 속에 들어 있음. 《集解》에 "虞翻曰:「謂立人之道曰仁與義. 和順謂坤; 道德謂乾. 以乾通坤, 謂之理義也.」라 함.

【窮理盡性以至於命】原理를 다하고 本性을 끝까지 하여 이로써 天命(運命)에 이름. '窮理盡性'은 萬物의 原理를 다해보고, 萬物의 本性을 끝까지 파고듦. '命'은 天命, 運命, 宇宙萬物의 本源的 規律. 王弼 注에 "命者, 生之極. 窮理則盡其極也"라 하였고, 〈正義〉에 "著數旣生卦爻, 又立《易》道, 周備无理不盡, 聖人用之, 上以和協順, 成聖人之道德, 下以治理斷人倫之正義, 又能窮極萬物深妙之理, 究盡坐性所稟之性, 物理旣窮, 生性又盡至於一朝, 所賦之命, 莫不窮其短長, 定其吉凶, 故曰'和順於道德而理於義. 窮理盡性, 以至於命'也. '幽'者, 隱而難見, 故訓爲'深'也. '贊'者, 佐而助成, 而令微者得著, 故訓爲'明'也. '著受命如響, 不知所以然而然'者, 釋聖人所以深明神明之道, 便能生用著之意, 以神道與用著, 相協之故也. 神之爲道, 陰陽不測, 妙而無方, 生成變化, 不知所以然而然者也. 著則受人命, 令告人吉凶, 應人如響, 亦不知所以然而然, 與神道爲一. 故〈繫辭〉云:「著之德, 圓而神, 其受命如響.」亦〈繫辭〉文也. 云'七九陽數, 六八陰數'者, 先儒馬融·王肅等解此, 皆依〈繫辭〉云. 天數五, 地數五, 五位相得, 而各有合以爲五, 位相合以陰從陽, 天得三合,

謂一三與五也. 地得兩合, 謂二與四也. 鄭玄亦云:「天地之數, 備於十. 乃三之以天, 兩之以地, 而倚託大衍之數五十也. ‘必三之以天, 兩之以地’者, 天三覆, 地二載, 欲極於數, 庶得吉凶之審也. 其意皆以〈繫辭〉所云‘大衍之數五十’. 其用四十有九, 明用蓍之數. 下云‘天數五, 地數五, 五位相得而各有合天地之數, 五十有五, 以爲大衍’. 卽天地之數, 又此上言幽贊於神明而生蓍, 便云參天兩地而倚數, 驗文準義, 故知如此. 〈繫辭〉云‘大衍之數五十’, 用王輔嗣意云《易》之所賴者五十. 其用四十有九, 則其一不用也’. 不用而用, 以之通; 非數而數, 以之成. 用與不用, 本末合數, 故五十也. 以大衍五十, 非卽天地之數, 故不用馬融·鄭玄等說. 然此倚數生數, 在生蓍之後, 立卦之前, 明用蓍得數, 而布以爲卦, 故以七八九六當之; 七九爲奇天數也. 六八爲耦地數也. 故取奇於天, 取耦於地, 而立七八九, 六之數也. 何以參兩目爲奇耦者? 蓋古之奇耦, 亦以三兩言之. 且以兩, 是耦數之始. 三是奇數之初故也. 不以一目奇者, 張氏云:「以三中含兩, 有一以包兩之義.」明天有包地之德, 陽有包陰之道, 故天舉其多, 地言其少也. 云‘卦則雷風相薄, 山澤通氣擬象, 陰陽變化之體’者, 此言六十四, 卦非小成之八卦也. 伏犧初畫八卦, 以震象雷, 以巽象風, 以艮象山, 以兌象澤, 八卦未重, 則雷風各異, 山澤不通, 於陰陽變化之理, 未爲周備, 故此下云‘八卦相備數往’者, 順知來者逆. 云‘八卦相錯, 變化理備於往, 則順而知之於來. 則逆而數之, 是也. 知非八卦者, 先儒皆以〈繫辭〉論用蓍之法, 云四營而成, 《易》十有八變而成卦者, 謂用蓍三扐而布一爻, 則十有八變爲六爻也. 然則用蓍在六爻之後, 非三畫之時. 蓋伏犧之初, 直仰觀俯察, 用陰陽兩爻, 而畫八卦. 後因而重之爲六十四卦, 然後天地變化, 人事吉凶, 莫不周備, 縕在爻卦之中矣. 文王又於爻卦之下, 繫之以辭, 明其爻卦之中吉凶之義. 蓍, 是數也. 傳稱物生, 而後有象, 象而後有滋, 滋而後有數, 然則數從象生, 故可用數求象, 於是幽贊於神明而生蓍, 用蓍之法, 求取卦爻, 以定吉凶. 〈繫辭〉曰:「天生神物, 聖人則之, 无有遠近, 幽深遂知來物.」是也. 〈繫辭〉言:「伏犧作《易》之初, 不假用蓍成卦.」故直言仰觀俯察, 此則論其旣重之後, 端策布爻, 故先言生蓍, 後言立卦, 非是聖人幽贊, 元在觀變之前. 云‘命’者, 生之極者. 命者, 人所稟受有其定分, 從生至終, 有長短之極, 故曰命者, 生之極也. 此所賦命, 乃自然之至理, 故窮理, 則盡其極也」라 함. 《集解》에 "虞翻曰:「以乾推坤謂之窮理, 以坤變乾謂之盡性. 性盡理窮, 故至於命, 巽爲命也.」"라 함. 《本義》에 "和順, 從容无所乖逆, 統言之也. 理, 謂隨事得其條理, 析言之也. 窮天下之理, 盡人物之性, 而合於天道, 此聖人作《易》之極功也"라 함.

<說-2>

昔者, 聖人之作《易》也, 將以順性命之理. 是以立天之道曰陰與陽, 立地之道曰柔與剛, 立人之道曰仁與義. 兼三才而兩之, 故《易》六畫而成卦; 分陰分陽, 迭用柔剛, 故《易》六位而成章.

〈해석〉

옛날 성인이 《역》을 지을 때, 본성(本性)과 천명(天命)의 이치에 순응하고자 하였다. 이 까닭으로 하늘의 도를 세워 음(陰)과 양(陽)이라 하였고, 땅의 법칙을 세워 유(柔)와 강(剛)이라 하였으며, 사람의 도리를 세워 인(仁)과 의(義)라 하였다. 이처럼 삼재(三才)를 겸하여 겸하면서 두 가지씩으로 표현하였다. 그 까닭으로 《역》은 여섯 획으로 하나의 괘를 이루게 되었으며, 음으로 나누고 양으로 나누어 차례로 유와 강을 사용하였으니. 그 때문에 《역》에는 여섯 효위(爻位)가 있어 하나의 천문지리(天文地理)를 이루고 있는 것이다.

【昔者, 聖人之作《易》也, 將以順性命之理】'昔者'에 대해 《集解》에 "虞翻曰: 「重言'昔者', 明謂庖犧也.」"라 함. 〈正義〉에 "此一節, 就爻位明重卦之意. 八卦小成, 但有三畫, 於三才之道, 陰陽未備, 所以重三爲六, 然後周盡, 故云'昔者, 聖人之畫卦作《易》也"라 함. '將以'는 이를 근거로 함. '以'는 以之와 같음. '性命之理'는 生命의 이치. '性命'의 '性'은 陽, '命'은 陰의 質性을 말한 것. 본성에 의해 명을 순종하는 논리. 〈正義〉에 "'將以順性命之理'者, 本意將此《易》, 卦以順從天地, 生成萬物, 性命之理也"라 함. 《集解》에 "虞翻曰: 「謂乾道變化, 各正性命, 以陽順性, 以陰順命.」"이라 함.

【是以立天之道曰陰與陽】'天之道'는 天道. '陰與陽'은 陰陽. 宇宙의 本源은 陰陽二元으로 되어 있음을 강조한 것. 〈正義〉에 "其天地生成, 萬物之理, 須在陰陽必備, 是以造化闢設之時, 其立天之道, 有二種之氣, 曰成物之陰, 與施生之陽也"라 함.

【立地之道曰柔與剛】'地之道'는 地道. '柔와 剛'은 陰과 陽을 대신하는 말. 王弼 注에 "在天成象, 在地成形陰陽者, 言其氣; 剛柔者, 言其形變化始於氣象, 而後成形萬物. 資始乎天, 成形乎地, 故天曰'陰陽', 地曰'柔剛'也. 或有在形而言陰陽者, 本其始也; 在氣而言柔剛者, 要其終也"라 하였고, 〈正義〉에 "其立地之道, 有二種之形, 曰順承之柔, 與持載之剛也. '在形而言陰陽'者, 卽坤. 〈象辭〉云「履霜堅冰, 陰始凝」是也. '在氣而言柔剛'者, 卽《尙書》云「高明柔克」及《左傳》云「天爲剛德」是也. '曰二四爲陰, 三五爲陽'者, 王輔嗣以

爲初上无陰, 陽定位此, 用王之說也"라 함.

【立人之道曰仁與義】 '人之道'는 人道. 天地人 三才의 人. '仁與義'의 仁은 柔(坤, 地).
義는 剛(乾, 天). 사람은 이러한 本義를 지니고 있음을 말함. 〈正義〉에 "天地旣立, 人生
其間, 立人之道, 有二種之性, 曰愛惠之仁, 與斷割之義也"라 함. 《集解》에 "崔憬曰: 「此
明一卦立爻, 有三才二體之義. 故先明天道, 旣立陰陽, 地道又立, 剛柔人道, 亦立仁義,
以明之也. 何則在天? 雖剛亦有柔, 德在地, 雖柔亦有剛德, 故《書》曰'沈潛剛克, 高明柔
克, 人禀天地'. 豈可不兼仁義乎? 所以《易》道, 兼之矣.」"라 함.

【兼三才而兩之】《易》은 三才(天地人)을 겸하고 있으면서 二元(陰陽, 柔剛, 仁義, 乾
坤, 天地)을 함께 가지고 있음. 〈正義〉에 "旣備三才之道, 而皆兩之作"이라 함.

【故《易》六畫而成卦】 '六畫而成卦'는 大成卦(64卦)를 말함. '畫'은 劃과 같음. 〈正義〉
에 "《易》本順此道理, 須六畫成卦, 故作《易》者, 因而重之使六畫而成卦也"라 함. 《集解》
에 "虞翻曰: 「謂參天兩地, 乾坤各三爻, 而成六畫之數也.」"라 함.

【分陰分陽, 迭用柔剛】 '迭用柔剛'은 돌려가며 柔剛으로써 陰陽을 대신하여 그 質性
을 표현함. '迭用'은 交錯하여 運用함. 그 여섯 획은 각각 그 위치에 따라 양이 있어야
할 위치(初爻, 三爻, 五爻)와 음이 있어야 할 위치(二爻, 四爻, 六爻)로 나뉨을 말함.
〈正義〉에 "六畫所處, 有其六位. 分二四爲陰位, 三五爲陽位. 迭用六八之柔爻, 七九之剛
爻, 而來居之"라 함. 《集解》에 "虞翻曰: 「迭, 遞也. 分陰爲柔, 以象夜; 分陽爲剛, 以象
晝. 剛柔者, 晝夜之象, 晝夜更用, 故'迭用剛柔'矣.」"라 함.

【故《易》六位而成章】 '六位'는 卦(大成卦)마다 각 爻는 初九(初六)부터 上九(上六)까
지 여섯 爻位가 있음. '章'은 天文地理를 뜻함. 이에 따라《역》은 무한한 순환 고리를
형성함. 王弼 注에 "設六爻, 以效三才之動, 故六畫而成卦也. 六位, 爻所處之位也. 二四
爲陰, 三五爲陽, 故曰'分陰分陽'. 六爻升降, 或柔或剛, 故曰'迭用柔剛'也"라 하였고, 〈正
義〉에 "故作《易》者, 分布六位而成爻, 卦之文章也"라 함. 《集解》에 "章謂文理. 乾三畫成
天文, 坤三畫成地理.」"라 함. 《本義》에 "兼三才而兩之, 總言六畫又細分之, 則陰陽之位,
間雜而成文章也"라 함.

## 〈說-3〉

天地定位, 山澤通氣, 雷風相薄, 水火不相射, 八卦相錯.
數往者順, 知來者逆, 是故《易》逆數也.

〈해석〉

하늘과 땅이 그 위치를 정하여, 산(간)과 못(태)이 공기를 소통시키고, 우레(震)와 바람(巽)은 서로 가까이 붙으며, 물(坎)과 불(離)는 서로 싫어하지 않으니, 이렇게 팔괘가 서로 배치된 것이다. 지나간 것을 잘 헤아리는 자는 이 원리에 순종하게 되고, 미래를 잘 아는 자는 거꾸로 추산한다. 이 까닭으로 《역》은 헤아림을 거꾸로 하여 추산하는 것이다.

【天地定位】하늘과 땅은 위치가 정해져 있음.《集解》에 "謂乾坤, 五貴三賤, 故定位也.」라 하여, 乾坤은 五位에서 得中하였을 때는 貴하나, 下卦의 꼭대기(三位)에 있을 때는 賤함을 뜻한다 하였음.

【山澤通氣】산(艮)과 못(兌)는 기운을 소통시킴.《集解》에 "謂艮兌, 同氣相求, 故通氣.」라 함.

【雷風相薄】우레(震)와 바람(巽)은 서로 치고 받음. '薄'은 搏, 迫, 附迫과 같음. '激盪함, 迫近함, 바짝 달라붙음'을 뜻함.《集解》에 "謂震巽, 同聲相應, 故相薄.」이라 함.

【水火不相射】물과 불은 서로 싫어하지 않고 작용을 일으킴. 그러나 高亨은 "不字疑衍, '相射', 猶言相剋也"라 하여, '不'자는 연문이며 射(석)은 克(剋)의 뜻이라 하였음. 따라서 이 구절은 "물(坎)과 불(離)은 서로 상극이다"의 뜻임. '射'은 '석'(音石)으로 읽으며, '싫어하다'(厭)의 뜻.《集解》에 "謂坎離, 射厭也. 水火相通, 坎戊離己, 月三十日, 一會於壬, 故不相射也.」라 함.

【八卦相錯】팔괘가 서로 자리를 얽혀 있음. '錯'(조)는 '措'와 같음. 配置됨.《集解》에 "錯摩, 則剛柔相摩, 八卦相盪也.」라 함.《本義》에 "邵子曰:「此伏羲八卦之位, 乾南坤北, 離東坎西, 兌居東南, 震居東北, 巽居西南, 艮居西北. 於是八卦相交而成六十四卦, 所謂先天之學也"라 함. 즉 宋代 邵雍(康節)은 이를 바탕으로 〈先天八卦圖〉를 만들면서, "此伏羲八卦之位. 乾南坤北, 離東坎西, 兌居東南, 震居東北, 巽居西南, 艮居西北. 於是八卦相交而成六十四卦, 所謂先天之學也"라 함. 그러나 邵雍의 이 〈先天圖〉方位는 본 〈說卦傳〉(5장)과 일치하지 않음.

【數往者順】지나간 일을 잘 헤아리는 자는 《역》의 이치에 순종함. '數'는 '따지다, 헤아리다'의 뜻. '度'과 같음. 《集解》에 "謂坤消從五, 至亥上下, 故順也."라 함.

【知來者逆】미래를 아는 자는 이를 거꾸로 추산하여 생각함. '逆'은 거꾸로 추산함. 그러나 爻位의 아래(初爻)에서 위(上爻)로 올라가며 점괘를 풀이함을 뜻하는 것으로 봄. 王弼 注에 "《易》八卦相錯, 變化理備, 於往則順而知之; 於來則逆而數之"라 하였고, 〈正義〉에 "此一節, 就卦象明重卦之意. 《易》以乾坤象天地, 艮兌象山澤, 震巽象雷風, 坎離象水火. 若使天地不交, 水火異處, 則庶類无生. 成之用品, 物无變化之理, 所以因而重之. 今八卦相錯, 則天地人事, 莫不備矣. 故云'天地定位', 而合德山澤, 異體而通氣; 雷風各動而相薄; 水火不相入而相資. 旣八卦之用, 變化如此, 故聖人重卦, 令八卦相錯, 乾坤震巽坎離艮兌, 莫不交互, 而相重以象天地雷風水火山澤, 莫不交錯, 則《易》之爻卦, 與天地等, 成性命之理吉凶之數"라 함. 《集解》에 "謂乾息從子, 至巳上下, 故逆也."라 함.

【是故《易》逆數也】이 까닭으로 《易》은 아래에서 위로 올라가며 풀이함. 王弼 注에 "作《易》以逆覩來事, 以前民用"이라 하였고, 〈正義〉에 "旣往之事, 將來之幾, 備在爻卦之中矣. 故《易》之爲用, 人欲數知旣往之事者, 《易》則順後而知之. 人欲數知將來之事者, 《易》則逆前而數之, 是故聖人用此《易》道, 以逆數知來事也. '《易》以逆覩來事'者, 《易》雖備知來往之事, 莫不假象知之, 故聖人作《易》以逆覩來事也. '以前民用'者, 《易》占事在其民用之前, 此〈繫辭〉文引之, 以證逆數來事也"라 함. 《集解》에 "《易》謂乾, 故逆數, 此上虞義."라 함. 《本義》에 "起震而歷離兌, 以至於乾, 數已生之卦也. 自巽而歷坎艮, 以至於坤, 推未生之卦也. 《易》之生卦, 則以乾兌離震巽坎艮坤爲次, 故皆逆數也"라 하여, 팔괘의 순서(乾, 兌, 離, 震, 巽, 坎, 艮, 坤)를 뜻하는 것이라 하였음.

〈說-4〉

雷以動之, 風以散之, 雨以潤之, 日以烜之, 艮以止之, 兌以
說之, 乾以君之, 坤以藏之.

〈해석〉

우레(震)로써 만물을 움직이며, 바람(巽)으로써 만물을 소산(疏散)시키며, 비(坎)로써 만물을 윤택하게 하며, 해(離)로써 따뜻하게 쬐어주며, 간(산)으로써 정지시키며, 태(澤)으로써 즐겁게 하며, 건(천)으로써 임금 노릇을 하게 하며, 곤(地)로써 갈무리하게 한다.

【雷以動之】우레(震)로써 사물을 움직이게 함. '之'는 만물, 사물을 가킴.《集解》에 "荀爽曰:「謂建卯之月, 震卦用事, 天地和合, 萬物萌動也.」"라 함.

【風以散之】바람(巽)으로써 사물을 흩어놓음.《集解》에 "謂建巳之月, 萬物上達, 布散田野.」"라 함.

【雨以潤之】비(坎, 水)로써 사물을 윤택하게 함.《集解》에 "謂建子之月, 含育萌芽也.」"라 함.

【日以烜之】해(離, 火)로써 사물에 볕을 쬐어줌. '烜'은 따뜻하게 함. 비춰줌.《集解》에 "謂建午之月, 太陽欲長者也.」"라 함.

【艮以止之】간(山)으로써 사물을 정지하게 함.《集解》에 "謂建丑之月, 消息畢止也.」"라 함.

【兌以說之】태(澤)으로써 즐거움을 느끼도록 함. '說'은 悅과 같음.《集解》에 "謂建酉之月, 萬物成熟也.」"라 함.

【乾以君之】건(天)으로써 임금이 되게 함.《集解》에 "謂建亥之月, 乾坤合居, 君臣位得也. 此上荀義休遠反.」"이라 함.

【坤以藏之】곤(地)으로써 만물을 갈무리하도록 함.〈正義〉에 "此一節, 總明八卦養物之功. 烜, 乾也. 上四擧象, 下四擧卦者. 王肅云:「互相備也. 明雷風與震巽同用, 乾坤與天地通功也"라 함.《集解》에 "九家《易》曰:「謂建申之月, 坤在乾下, 包藏萬物也. 乾坤交索, 旣生六子, 各任其才, 徃生物也. 又雷與風雨, 變化不常, 而日月相推, 迭有來往, 是以四卦以義言之. 天地山澤, 恒在者也, 故直說名矣.」○孔穎達曰:「此又重明八物, 八卦之功用也. 上四擧象, 下四擧卦者, 王肅以爲互相備也. 則明雷風與震巽同用, 乾坤與天地同功也.」"라 함.《本義》에 "此卦位相對, 與上章同"이라 함.

〈說-5〉

※ 우선 본 장의 내용을 표로 보이면 다음과 같다. 한편 邵雍의 〈先天八卦圖〉와는 방위가 일치하지 않아 이를 함께 싣는다.

| No | 卦 | 卦形 | 自然 | 屬性 | 節氣 | 方位 | 先天圖 | 備考 |
|----|----|------|------|------|------|------|--------|------|
| 1 | 震 | ☳ | 雷 | 動 | 春分 | 東 | 東北 | 帝出萬物 |
| 2 | 巽 | ☴ | 風 | 入 | 立夏 | 東南 | 西南 | 齊(絜齊) |
| 3 | 離 | ☲ | 火 | 明 | 夏至 | 南 | 東 | 相見 |
| 4 | 坤 | ☷ | 地 | 柔 | 立秋 | 西南 | 北 | 致役 |
| 5 | 兌 | ☱ | 澤 | 悅 | 秋分 | 西 | 東南 | 說(悅) |
| 6 | 乾 | ☰ | 天 | 剛 | 立冬 | 西北 | 南 | 戰 |
| 7 | 坎 | ☵ | 水 | 沒 | 冬至 | 北 | 西 | 勞 |
| 8 | 艮 | ☶ | 山 | 止 | 立春 | 東北 | 西北 | 成而始 |

① **綱目**

# 帝出乎震, 齊乎巽, 相見乎離, 致役乎坤, 說言乎兌, 戰乎乾, 勞乎坎, 成言乎艮.

〈해석〉

천지 조화의 만물은 진괘(震卦)에서 출발하여, 손괘(巽卦)에서 일제히 피어나게 되고, 이괘(離卦)에서 서로 자신의 모습을 드러내되, 곤괘(坤卦)로부터 역할을 받아 자라며, 태괘(兌卦)에서 기쁨을 맛보고, 건괘(乾卦)에서 한서(寒暑)와 음양이 교체되느라 다투며, 감괘(坎卦)에서 피로에 지쳐 휴식을 취하고, 간괘(艮卦)에서 완성되어 새로운 시작을 준비한다.

【帝出乎震, 齊乎巽】 '帝出乎震'은 '帝出萬物乎震'이어야 함. 高亨은 "帝出'下省'萬物'二字. 帝, 天帝也. '帝出乎震', 謂天帝出萬物于震, 非天帝自出于震也. 下文曰'萬物出乎震', 卽其證"이라 하여, '천제가 만물을 震卦에서 출생시키다'의 뜻이라 하였음. 天帝가 震卦(雷, 動, 東, 春分)에서 만물을 나오게 하여, 巽卦(風, 順, 東南)에서 일제히 齊

1230 完譯詳註 周易

芳함. '帝'는 구체적으로 천지만물의 造化를 뜻하며, 震은 동쪽으로 해가 뜨는 곳, 움직임이 활발하며, 節氣로는 春分, 이때에 만물이 萌生함을 상징함.《集解》에 "崔憬曰: 「帝者, 天之王氣也. 至春分, 則震王而萬物出生.」"이라 함. '齊乎巽'의 '齊'는 '萬物齊芳'의 뜻. '巽'은 바람이며 잘 순응함. 방위로는 東南, 節氣로는 立夏, 이때는 만물이 일제히 蓬勃生長함을 상징함.《集解》에 "立夏, 則巽王而萬物絜齊"라 함. 그러나 邵雍의 〈先天圖〉에는 震은 東北, 巽은 西南으로 節氣에 맞지 않음.

【相見乎離, 致役乎坤】 '相見乎離'는 서로 離卦(火, 熱, 明, 南, 夏至)에서 자신의 형태를 드러냄. '見'(현)은 現과 같음. 그러나 원의대로 '견'으로 읽어 '보다'로 풀이하기도 함.《集解》에 "夏至, 則離王而萬物皆相見也"라 함. '致役乎坤'은 坤卦(地, 順, 柔, 西南, 立秋)에서 자신의 역할을 다함. 즉 만물이 夏至에 이르러 자신의 모습을 마음껏 드러내고, 立秋에 이르러 자신의 역할을 다하여 열매를 맺음.《集解》에 "立秋, 則坤王而萬物致養也.」"라 함.

【說言乎兌, 戰乎乾】 '說言乎兌'는 兌卦(澤, 悅, 潤, 西, 秋分)에서 그 기쁨을 누림. '說'은 悅과 같으며, '言'은 語助辭. 만물은 秋分 때가 되면 성숙하여 결실의 기쁨을 얻음.《集解》에 "秋分, 則兌王而萬物所說"이라 함. '戰乎乾'의 '戰'은 '交接하다, 配合하다, 交合하다, 交替하다'의 뜻. 만물은 乾卦(天, 剛, 西北, 立冬)에서 交合함. 立冬의 시기는 暑往寒來하여 陰陽이 交接(交替)하는 때임.《集解》에 "立冬, 則乾王而陰陽相薄"이라 함.

【勞乎坎, 成言乎艮】 '勞乎坎'은 坎卦(水, 陷, 沒, 北, 冬至)에서 만물은 피로에 지쳐 휴식에 들어감.《集解》에 "冬至, 則坎王而萬物之所歸也"라 함. '成言乎艮'의 '言'은 語助辭. 그러나 實辭로 보기도 함. 艮卦(山, 止, 東北, 立春)에서 만물은 一年週期를 완성하고, 다시 萌生의 출발 原點이 됨. 〈正義〉에 "帝出乎震至, 故曰'成言乎艮'. 康伯於此旡注. 然〈益〉卦六二'王用享于帝, 吉'. 王輔嗣注: '云帝者, 生物之主, 興益之宗, 出〈震〉而齊〈巽〉者也.' 王之注意正引此文, 則輔嗣之意, 以此帝爲天帝也. 帝若出萬物, 則在乎〈震〉; 絜齊萬物, 則在乎〈巽〉; 令萬物相見, 則在乎〈離〉; 致役以養萬物, 則在乎〈坤〉; 說萬物而可言者, 則在乎〈兌〉; 陰陽相戰, 則在乎〈乾〉; 受納萬物勤勞, 則在乎〈坎〉; 能成萬物而可定, 則在乎〈艮〉也"라 함.《集解》에 "立春, 則艮王而萬物之所成終成始也. 以其周王天下, 故謂之帝, 此崔新義也"라 함.《本義》에 "帝者, 天之主宰. 邵子曰: 「此卦位乃文王所定, 所謂後天之學也.」"라 함.

② 詳論

萬物出乎震, 震東方也.

齊乎巽, 巽東南也; 齊也者, 言萬物之絜齊也.

離也者, 明也, 萬物皆相見, 南方之卦也; 聖人南面而聽天下,

嚮明而治, 蓋取諸此也.

坤也者, 地也, 萬物皆致養焉, 故曰致役乎坤.

兌, 正秋也, 萬物之所說也, 故曰說言乎兌.

戰乎乾, 乾西北之卦也, 言陰陽相薄也.

坎者, 水也, 正北方之卦也, 勞卦也, 萬物之所歸也, 故曰勞

乎坎.

艮, 東方之卦也, 萬物之所成終, 而所成始也, 故曰成言乎艮.

〈해석〉

　만물은 震卦에서 출발하며, 진은 東方을 가리킨다.

　巽卦에서 한꺼번에 피어나니, 손괘는 동남쪽이며, '제'라는 것은 만물이 정결하고 반듯함을 말한다.

　離卦라고 하는 것은 밝음을 상징하며, 만물이 모두 서로 자신을 드러내니, 남방의 괘이다. 성인이 남면하여 천하의 정치를 듣고 밝음을 향해 다스리는 것은 대체로 이러한 원리에서 취한 것이다.

　곤괘라고 하는 것은 땅을 상징하며, 만물은 모두가 여기에서 양분을 취해 양육된다. 그 때문에 곤괘에게 역할을 주어 이룬다고 말하는 것이다.

　태괘는 정추(추분)에 해당하며, 만물이 결실의 기쁨을 얻는 바이다. 그 때문에 태괘에서 기쁨을 누린다고 말하는 것이다.

　건괘에서 교체하느라 다투니 건괘는 서북을 가리키는 괘이다. 음양이 서로 치고받음을 말한 것이다.

　감괘는 물을 상징하며 정북을 가리키는 괘이다. 힘듦을 뜻하는 괘로서 만물이 돌아가는 바이다. 그 때문에 피로를 감괘에서 멈추고 휴식한다고 말하는 것이다.

　간괘는 동방을 가리키는 괘로서, 만물이 완성을 이루고 끝을 맺으면서 또한 이루고 다시 시작하는 것이다. 그 때문에 간괘에서 완성한다고 말하는 것이다.


【萬物出乎震, 震東方也】만물은 震卦(雷)에서 출생하며 震은 방위로 東方에 해당함. 〈正義〉에 "萬物出乎震, 震東方'者, 解上'帝出乎震'. 以震是東方之卦. 斗柄指東爲春, 春時萬物出生也"라 함. 《集解》에 "虞翻曰:「出, 生也. 震初不見東, 故不稱東方卦也.」"라 함.

【齊乎巽, 巽東南也】巽卦(風)에서 一齊히 蓬勃하며, 巽은 東南쪽에 해당함.

【齊也者, 言萬物之絜齊也】'齊'란 만물이 絜齊함을 뜻하는 말임. '絜'은 潔과 같음. '絜齊'는 整潔一齊의 줄인 말. 반듯하고 깨끗하며 나란함. 즉 만물이 一齊蓬勃함. 《荀子》不苟篇 "君子絜其辭"의 楊倞 注에 "絜, 修整也"라 함. 〈正義〉에 "齊乎巽, 巽東南也, 齊也者, 言萬物之絜齊也'者, 解上'齊乎巽'. 以巽是東南之卦, 斗柄指東南之時, 萬物皆絜齊也"라 함. 《集解》에 "巽陽隱初, 又不見東南, 亦不稱東南, 卦與震同義, 巽陽藏室, 故絜齊"라 함.

【離也者, 明也】離卦(火)는 밝음을 상징함.

【萬物皆相見, 南方之卦也】만물이 모두 서로 자신들을 드러냄. '見'은 現과 같으며, '현'으로 읽음. 離卦는 남방(夏至)의 괘임. 《集解》에 "離爲日爲火, 故明日出照物, 以日相見, 離象三爻, 皆正日中, 正南方之卦也.」"라 함.

【聖人南面而聽天下】聖人(爲政者, 帝王, 君主)은 남면하여 천하의 정치와 의견을 들음. 통치자가 남면함은 바로 이 離卦의 원리에 의한 것임.

【嚮明而治, 蓋取諸此也】'嚮明'의 '嚮'은 向과 같음. 밝은 쪽(南)을 향하여 다스림. 이는 대체로 이러한 원리에서 取한 것임. '諸'는 '之於, 之乎, 之于'의 合音字. '저'로 읽음. 〈正義〉에 "離也者, 明也, 萬物皆相見, 南方之卦也. 聖人南面而聽天下, 嚮明而治, 蓋取諸此也'者, 解上'相見乎離'. 因明聖人法離之事, 以離爲象日之卦, 故爲明也. 日出而萬物, 皆相見也. 又位在南方, 故聖人法南面而聽天下, 嚮明而治也, 故云蓋取諸此也"라 함. 《集解》에 "離南方, 故南面. 乾爲治, 乾五之坤, 坎爲耳, 離爲明, 故以聽天下, 向明而治也"라 함.

【坤也者, 地也, 萬物皆致養焉】坤(地, 西南. 立秋)는 땅을 의미하며 만물이 모두 땅으로부터 滋養分을 얻어 자라게 됨. '致養'은 자라는 바를 획득함.

【故日致役乎坤】그 때문에 坤(地)로부터 役養을 얻음. 〈正義〉에 "坤也者, 地也, 萬物皆致養焉. 故日致役乎坤'者, 解上'致役乎坤'. 以坤是象地之卦. 地能生養萬物, 是有其勞役, 故云'致役乎坤'. 鄭云坤不言方所者, 言地之養物不專一也"라 함. 《集解》에 "坤陰無陽, 故道廣布, 不主一方, 含弘光大, 養成萬物"이라 함.

【兌, 正秋也】 兌卦(悅, 澤, 西, 秋分)는 正秋(秋分)에 해당하는 괘임.

【萬物之所說也】 만물이 가을 추분에 결실에 기쁨을 누리는 바임.

【故曰說言乎兌】 그 때문에 태괘에서 기쁨을 누린다고 말한 것임. 〈正義〉에 "'兌, 正秋也. 萬物之所說也. 故曰說言乎兌'者, 解上'說言乎兌'. 以兌是象澤之卦. 說萬物者, 莫說乎澤, 又位是西方之卦. 斗柄指西, 是正秋八月也. 立秋而萬物皆說成也"라 함. 《集解》에 "兌三失位不正, 故言正秋. 兌象不見西, 故不言西方之卦, 與坤同義. 兌爲雨澤, 故說萬物. 震爲言, 震二動成兌, 言從口出, 故說言也"라 함.

【戰乎乾, 乾西北之卦也】 乾卦(天, 西北, 立冬, 剛, 陽)에서 寒暑와 陰陽이 다투어 교체함. 乾은 西北에 해당하는 괘임.

【言陰陽相薄也】 陰陽이 교체하고자 서로 치고받음. '薄'은 '搏'(同音), 迫(同音), 附(雙聲)의 假借. 〈正義〉에 "'戰乎乾, 乾西北之卦也, 言陰陽相薄也'者, 解上'戰乎乾'. 以乾是西北方之卦. 西北是陰地, 乾是純陽而居之, 是陰陽相薄之象也. 故曰'戰乎乾'"라 함. 《集解》에 "乾剛正, 五月十五日, 晨象西北, 故西北之卦. 薄, 入也. 坤十月卦, 乾消剝入坤, 故陰陽相薄也"라 함.

【坎者, 水也】 坎卦(水, 北, 冬至)은 물을 상징함.

【正北方之卦也, 勞卦也】 坎은 正北에 해당하는 괘이며, 힘들어하는 괘임.

【萬物之所歸也】 만물이 모두 제자리로 돌아가 歸藏(沈藏, 冬藏, 閉藏, 止息)하는 바임.

【故曰勞乎坎】 그 때문에 피로에 지쳐 휴식한다고 말한 것임. 〈正義〉에 "'坎者水也, 正北方之卦也, 勞卦也. 萬物之所歸也, 故曰勞乎坎'者, 解上'勞乎坎'. 以坎是象水之卦, 水行不舍晝夜, 所以爲勞卦. 又是正北方之卦, 斗柄指北, 於時爲冬, 冬時萬物閉藏, 納受爲勞, 是坎爲勞卦也"라 함. 《集解》에 "歸, 藏也. 坎二失位不正, 故言正北方之卦. 與兌正秋同義. 坎月夜中, 故正北方. 此上虞義. ○崔憬曰:「以坎是正北方之卦, 立冬已後, 萬物歸藏於坎. 又陽氣伏於子, 潛藏地中, 未能浸長, 勞局衆陰之中也.」"라 함.

【艮, 東方之卦也】 艮卦(山, 東北, 立春, 停止)는 東方에 해당하는 괘임.

【萬物之所成終, 而所成始也】 만물이 완성하여 끝을 맺고 동시에 이루고는 다시 시작하는 바의 두 가지를 함께 가지고 있음. 이는 十二支로 丑과 寅 사이에 있어, 丑은 전 해의 끝, 寅은 새해의 시작이므로, 終始를 동시에 가지고 있는 것임.

【故曰成言乎艮】 그 때문에 艮卦에서 이룬다고 말한 것임. '言'은 語助辭. 〈正義〉에 "'艮東北之卦也, 萬物之所成終而所成始也. 故曰成言乎艮'者, 解上'成言乎艮'也. 以艮是東北方之卦也. 東北在寅丑之間, 丑爲前歲之末, 寅爲後歲之初, 則是萬物之所成終而所成

始也"라 함. 《集解》에 "虞翻曰:「艮三得正, 故復稱卦, 萬物成始, 乾甲成終坤, 癸艮東北,
是甲癸之間, 故萬物之所成, 終而成始者也.」"라 함. 《本義》에 "上言帝, 此言萬物之隨帝
以出入也. 此章所推卦位之說, 多未詳者"라 함.


## 〈說-6〉

神也者, 妙萬物而爲言者也.
動萬物者莫疾乎雷, 撓萬物者莫疾乎風, 燥萬物者莫熯乎火,
說萬物者莫說乎澤, 潤萬物者莫潤乎水, 終萬物始萬物者莫盛
乎艮.
故水火相逮, 雷風不相悖, 山澤通氣, 然後能變化旣成萬物也.

〈해석〉
神이라고 하는 것은 만물을 奧妙하게 화육시킴을 두고 한 말이다.
만물을 움직이는 것으로 우레(雷, 震)보다 빠른 것은 없고, 만물을 흔드는 것으로
는 바람(風, 巽)보다 빠른 것이 없으며, 만물을 건조시키는 것으로는 불(火, 離)보다
뜨거운 것이 없고, 만물을 즐겁게 하는 것으로는 못물(澤, 兌)보다 즐겁게 하는 것이
없으며, 만물을 윤택하게 하는 것으로는 물(水, 坎)만한 것이 없고, 만물을 마무리하
며 만물을 시작하는 것으로는 艮(山)보다 성(盛)한 것이 없다.
그 까닭으로 물(水, 坎)과 불(火, 離)은 서로를 용납하지 못하고, 우레(雷, 震)와 바
람(風, 巽)은 서로를 거역하지 아니하며, 산(山, 艮)과 못(澤, 兌)은 기(氣)를 소통시키
니, 그렇게 한 뒤라야 능히 변화하여 만물을 완성시키기를 다하는 것이니라.

【神也者, 妙萬物而爲言者也】 '神'은 우주만물의 신기한 能力이나 機能, 혹은 功能.
'妙'는 奧妙한 理致. 여기서는 오묘하게 만물을 化育시킴을 뜻함. 王弼 注에 "於此言神
者, 明八卦運動變化推移, 莫有使之然者. 神則无物, 妙萬物而爲言也. 則雷疾風行, 火炎
水潤, 莫不自然, 相與爲變化, 故能萬物旣成也"라 하였고, 〈正義〉에 "此一節, 別明八卦
生成之用, 八卦運動萬物變化, 應時不失无所不成, 莫有使之然者, 而求其眞宰, 无有遠
近, 了无晦迹, 不知所以然而然. 況之曰'神也', 然則伸也者, 非物, 妙萬物而爲言者. 神旣

範圍天地, 故此之下, 不復別言, 乾坤直擧六子, 以明神之功用"이라 함.《集解》에 "韓康伯曰:「於此言神者, 明八卦運動變化推移, 莫有使之然者. 神則无物, 妙萬物而爲言也. 明則雷疾風行火炎水潤, 莫不自然, 相與而爲變化, 故能萬物旣成.」"이라 함.

【動萬物者莫疾乎雷】'動'은 雷(震)의 屬性이며 機能임. 激動시킴. 振動시킴. 움직이도록 함. 〈正義〉에 "鼓動萬物者, 莫疾乎震. 震象雷也"라 함.《集解》에 "崔憬曰:「謂春分之時, 雷動則草木滋生, 蟄蟲發起, 所動萬物, 莫急於此也.」"라 함.

【撓萬物者莫疾乎風】'撓'는 바람이 불어 흔듦. 이는 風(巽)의 속성이며 機能임. 〈正義〉에 "橈散萬物者, 莫疾乎巽. 巽象風也"라 함.《集解》에 "言風能鼓橈萬物, 春則發散草木枝葉, 秋則摧殘草木枝條, 莫急於風者也"라 함.

【燥萬物者莫熯乎火】'燥'는 건조하게 말림. '熯'은 暵과 같으며 사물을 태우거나 굽거나 말리는 熱氣. 이는 火(離)의 속성이며 기능임. 〈正義〉에 "乾燥萬物者, 莫熯乎離. 離象火也"라 함.《集解》에 "言火能乾燥萬物, 不至潤濕, 於陽物之中, 莫過乎火. 熯, 亦燥也"라 함.

【說萬物者莫說乎澤】'說'은 悅과 같으며, 이는 澤(兌)의 속성이며 기능임. 〈正義〉에 "光說萬物者, 莫說乎兌. 兌象澤也"라 함.《集解》에 "言光說萬物, 莫過以澤, 而成說之也"라 함.

【潤萬物者莫潤乎水】'潤'은 윤택하게 함. 비나 물로 만물에게 혜택을 줌. 이는 水(坎)의 속성이며 기능임. 〈正義〉에 "潤濕萬物者, 莫潤乎坎. 坎象水也"라 함.《集解》에 "言滋潤萬物, 莫過以水而潤之"라 함.

【終萬物始萬物者莫盛乎艮】'終'과 '始'는 艮卦가 가지고 있는 重義性. 끝마무리와 시작이 함께 있음. 〈正義〉에 "終萬物始萬物者, 莫盛乎艮. 艮東北方之卦也. 艮不言山, 獨擧卦名者, 動橈燥潤之功, 是雷風水火, 至於終始, 萬物於山義爲微, 故言艮而不言山也"라 함.《集解》에 "言大寒立春之際, 艮之方位, 萬物以之始, 而爲今歲首, 以之終而爲去歲末, 此則叶夏正之義, 莫盛於艮也. 此言六卦之神用, 而不言乾坤者, 以乾坤而發天地, 无爲而无不爲, 能成雷風等有爲之神妙也. 艮不言山, 獨擧卦名者, 以動橈燥潤功, 是雷風水火, 至於終始萬物, 於山義則不然. 故言卦而餘皆稱物, 各取便而論也. 此崔新義也"라 함.

【故水火相逮】'水火相逮'는 물(坎)과 불(離)은 相克이면서도 서로 자리를 代替함. 逮는 及, 替, 遞와 같음. 그러나 '相逮'는 '不相逮'여야 함. 陸德明〈音義〉에 "'不相逮', 鄭宋陸王肅王廙無'不'字"라 하여, 〈釋文〉에 '水火不相逮'에 대해 언급한 것으로 보아, 陸德明이 본 판본에는 '不'자가 있었음. 이 경우, '물과 불은 서로를 용납하지 않음'으로 풀이 됨. 〈正義〉에 "上章言'水火不相入, 此言水火相逮'者, 旣不相入, 又不相及, 則无成

物之功. 明性雖不相入, 而氣相逮及也"라 함.《集解》에 "孔穎達曰:「上章言'水火不相入', 此言'水火相逮'者, 旣不相入, 又不相及, 則无成物之功, 明性雖不相入, 而氣相逮及.」"이라 함.

【雷風不相悖】雷(震)과 風(巽)은 서로를 어그러뜨리지 않음. 서로를 도와줌. '悖'는 逆의 뜻. 悖逆함. 陸德明〈音義〉에 "悖, 逆也"라 함.〈正義〉에 "故水火雖不相入而相逮, 及雷風雖相薄而不相悖逆. 上言'雷風相薄', 此言'不相悖'者, 二象俱動, 動若相薄, 而相悖逆, 則相傷害, 亦无成物之功, 明雖相薄, 而不相逆也"라 함.《集解》에 "孔穎達曰:「上言'雷風相薄', 此言'不相悖'者, 二象俱動, 若相薄而相悖逆, 則相傷害亦无成物之功, 明雖相薄, 而不相逆者也.」"라 함.

【山澤通氣】山(艮)과 澤(兌)는 각기 氣를 소통시키는 역할을 함.〈正義〉에 "山澤雖相懸而能通氣, 然後能行變化而盡成萬物也"라 함.《集解》에 "崔憬曰:「言山澤雖相縣遠, 而氣交通.」"이라 함.

【然後能變化旣成萬物也】'旣成萬物'은 만물을 성취시키기를 다함. '旣'는 盡의 뜻.《廣雅》에 "旣, 盡也"라 하였고, 俞樾도 "旣, 訓爲盡"이라 함.《集解》에 "虞翻曰:「謂乾變而坤化, 乾道變化, 各正性命, 成旣濟定, 故旣成萬物矣.」"라 함.《本義》에 "此去乾坤而專言六子, 以見神之所爲然, 其位序亦用. 上章之說未詳其義"라 함.

## 〈說-7〉

乾, 健也. 坤, 順也. 震, 動也. 巽, 入也. 坎, 陷也. 離, 麗也. 艮, 止也. 兌, 說也.

〈해석〉
건(乾, 天)은 건강(健剛)함을 의미하고, 곤(坤, 地)은 유순(柔順)함을 상징하며, 손(巽, 風)은 진입을 의미하며, 감(坎, 水)은 빠짐(陷)을 의미하고, 이(離, 火)는 부착함을 의미하며, 간(艮, 山)은 머물러 움직이지 않음을 의미하고, 태(兌, 澤)는 기뻐함을 의미한다.

【乾, 健也】乾卦(天)는 健剛함, 剛健함을 뜻함. '乾'과 '健'은 疊韻.〈正義〉에 "此一節, 說八卦名訓. 乾象天, 天體運轉不息故, 爲健也"라 함.《集解》에 "虞翻曰:「精剛自勝, 動

行不休, 故健也.」라 함.

【坤, 順也】坤卦(地)는 柔順함을 뜻함. '坤'과 '順'은 疊韻. 〈正義〉에 "坤, 順也. 坤象地, 地順承於天, 故爲順也"라 함. 《集解》에 "純柔, 承天時行, 故順"이라 함.

【震, 動也】震卦(雷)는 움직임, 震動, 振動을 뜻함. 〈正義〉에 "震, 動也. 震象雷, 雷奮動萬物, 故爲動也"라 함. 《集解》에 "陽出動行"이라 함.

【巽, 入也】巽卦(風)는 入을 뜻함. 바람은 어디에나 파고들어오는 質性을 비유함. 〈正義〉에 "巽, 入也. 巽象風, 風行无所不入, 故爲入也"라 함. 《集解》에 "乾初入陰"이라 함.

【坎, 陷也】坎卦(水)는 빠져듦을 뜻함. 물은 어디나 빠져들어감. '坎'과 '陷'은 疊韻. 〈正義〉에 "坎, 陷也. 坎象水, 水處險陷, 故爲陷也"라 함. 《集解》에 "陽陷陰中"이라 함.

【離, 麗也】離卦(火)는 '바짝 붙다, 附著하다'의 의미를 가지고 있음. 불은 물건에 붙어서 탐. '麗'는 착(著)의 뜻. '離'와 '麗'는 同音이며 雙聲. 〈正義〉에 "離, 麗也. 離象火, 火必著於物, 故爲麗也"라 함. 《集解》에 "日麗乾剛"이라 함.

【艮, 止也】艮卦(山)는 그침, 停止를 뜻함. 산은 언제나 그대로 있음을 비유함. '艮'과 '山'은 疊韻. 〈正義〉에 "艮, 止也. 艮象山, 山體靜止, 故爲止也"라 함. 《集解》에 "陽位在上, 故止"라 함.

【兌, 說也】兌卦(澤)는 기뻐함, 기꺼워함, 즐거워함을 뜻함. '兌'과 '澤'은 雙聲. 〈正義〉에 "兌, 說也. 兌象澤, 澤潤萬物, 故爲說也"라 함. 《集解》에 "震爲大笑, 陽息震成, 兌震言出口, 故說. 此上虞義也.」라 함. 《本義》에 "此言八卦之性情"이라 함.


〈說-8〉

乾爲馬, 坤爲牛, 震爲龍, 巽爲雞, 坎爲豕, 離爲雉, 艮爲狗, 兌爲羊.

〈해석〉
乾은 말, 坤은 소, 震은 龍, 巽은 닭, 坎은 돼지, 離는 꿩, 艮은 개, 兌는 양을 상징한다.


【乾爲馬】乾卦(天, 剛)는 동물에서 말을 상징함. 말은 陽剛하기 때문임. 〈正義〉에 "此一節說八卦畜獸之象, 罟明遠取諸物也. 乾象天, 天行健, 故爲馬也"라 함. 《集解》에

"孔穎達曰:「乾象天, 行健故, 爲馬.」"라 함.

【坤爲牛】坤卦(地, 柔)는 소를 상징함. 소는 무거운 짐을 싣고 유순하기 때문임. 〈正義〉에 "坤爲牛, 坤象地, 任重而順, 故爲牛也"라 함. 《集解》에 "坤象地, 任重而順, 故爲牛"라 함.

【震爲龍】震卦(雷, 動)는 용을 상징함. 용은 구름을 타고 하늘을 나르는 큰 움직임을 발휘하기 때문임. 〈正義〉에 "震爲龍, 震動象, 龍動物, 故爲龍也"라 함. 《集解》에 "震象龍動, 故爲龍. 此上孔〈正義〉"라 함.

【巽爲雞】巽卦(風, 入)는 닭을 상징함. 닭은 시간을 잘 지켜 알려주기 때문임. 〈正義〉에 "巽爲雞, 巽主號令, 雞能知時, 故爲雞也"라 함. 《集解》에 "九家《易》曰:「應八風也. 風應節而變, 變不失時, 雞時至而鳴, 與風相應也. 二九十八, 主風精爲雞, 故雞. 十八日剖而成雛, 二九順陽歷, 故雞. 知時而鳴也.」"라 함.

【坎爲豕】坎卦(水, 陷)는 돼지를 상징함. 더러운 물에 처하기 때문임. 〈京房本〉에는 '豕'가 '彘'로 되어 있었다 함. 〈正義〉에 "坎爲豕, 坎主水瀆, 豕處汙濕, 故爲豕也"라 함. 《集解》에 "九家《易》曰:「汙辱卑下也. 六九五十四, 主時精爲豕, 坎豕懷胎, 四月而生, 宣時理節, 是其義也.」"라 함.

【離爲雉】離卦(火, 麗)는 꿩을 상징함. 무늬가 가장 화려하며 불빛을 띠고 있기 때문임. 〈正義〉에 "離爲雉, 離爲文明, 雉有文章, 故爲雉也"라 함. 《集解》에 "孔穎達曰:「離爲文明, 雉有文章, 故離爲雉.」"라 함.

【艮爲狗】艮卦(山, 止)는 개를 상징함. 묵묵히 주인을 지키기 때문임. 〈正義〉에 "艮爲狗, 艮爲靜止, 狗能善守, 禁止外人, 故爲狗也"라 함. 《集解》에 "九家《易》曰:「艮止, 主守禦也. 艮數三七, 九六, 十三三, 主斗(鬪), 斗爲犬, 故犬. 懷胎三月而生, 斗運行, 十三時日出, 故犬十三日, 而開目斗屈, 故犬. 臥, 屈也. 斗運行四市, 犬亦夜繞室也. 犬之精畏水不敢飮, 但舌舐水耳. 犬鬪以水灌之, 則解也. 犬近奎星, 故犬淫當路不避人者也.」"라 함.

【兌爲羊】兌卦(澤, 悅)는 양을 상징함. 순한 가축으로 즐거움을 주기 때문임. 〈正義〉에 "兌爲羊, 兌, 說也. 王廙云:「羊者, 順之畜, 故爲羊也.」"라 함. 《集解》에 "孔穎達曰:「兌爲說, 羊者順從之畜, 故爲羊.」"이라 함. 《本義》에 "遠取諸物如此"라 함.

〈說-9〉

乾爲首, 坤爲腹, 震爲足, 巽爲股, 坎爲耳, 離爲目, 艮爲手,
兌爲口.

〈해석〉
乾은 머리, 坤은 배, 震은 발, 巽은 다리, 坎은 귀, 離는 눈, 艮은 손, 兌는 입이다.

【乾爲首】乾卦(天, 剛)는, 하늘은 가장 위이므로 머리를 상징함. 〈正義〉에 "此一節
說八卦人身之象, 畧明近取諸身也. 乾尊而在上, 故爲首也"라 함. 《集解》에 "乾尊而在上,
故爲首"라 함.

【坤爲腹】坤卦(地, 柔)는, 많은 것을 含容하므로 배를 상징함. 〈正義〉에 "坤爲腹,
坤能包藏含容, 故爲腹也"라 함. 《集解》에 "坤能包藏含容, 故爲腹也"라 함.

【震爲足】震卦(雷, 動)는, 능히 몸을 이동시키므로 발을 상징함. 〈正義〉에 "震爲足,
足能動用, 故爲足也"라 함. 《集解》에 "震動用, 故爲足"이라 함.

【巽爲股】巽卦(風, 順)는, 발을 따라 순종하며 움직이므로 다리를 상징함. 〈正義〉에
"巽爲股, 股隨於足, 則巽順之謂, 故爲股也"라 함. 《集解》에 "巽爲順, 股順隨於足, 故巽
爲股"라 함.

【坎爲耳】坎卦(水, 缺)는, 북방을 대표하여 능히 청취하는 군주와 같아 귀를 상징
함. 〈正義〉에 "坎爲耳, 坎北方之卦, 主聽, 故爲耳也"라 함. 《集解》에 "坎北方, 主聽, 故
爲耳"라 함.

【離爲目】離卦(火, 明)는, 밝은 남방을 대표하며 보는 것을 담당하므로 눈을 상징
함. 〈正義〉에 "離爲目, 南方之卦, 主視, 故爲日也"라 함. 《集解》에 "離南方, 主視, 故爲
目"이라 함.

【艮爲手】艮卦(山, 止)는, 능히 물건을 쥐고 있을 수 있으므로 손을 상징함. 〈正義〉
에 "艮爲手, 艮旣爲止, 手亦能止持其物, 故爲手也"라 함. 《集解》에 "艮爲止, 手亦止持於
物使不動, 故艮爲手"라 함.

【兌爲口】兌卦(澤, 悅)는, 서방을 대표하며 언어를 主管하므로 입을 상징함. 〈正義〉
에 "兌爲口, 兌西方之卦, 主言語, 故爲口也"라 함. 《集解》에 "兌爲說, 口所以說言, 故兌
爲口. 此上孔正義"라 함. 《本義》에 "近取諸身如此"라 함.

乾, 天也, 故稱乎父. 坤, 地也, 故稱乎母. 震一索而得男, 故謂之長男. 巽一索而得女, 故謂之長女. 坎再索而得男, 故謂之中男. 離再索而得女, 故謂之中女. 艮三索而得男, 故謂之小男. 兌三索而得女, 故謂之小女.

〈해석〉

乾卦는 하늘을 상징하며, 그 때문에 아버지라 칭한다.

坤卦는 땅을 상징하며, 그 때문에 어머니라 칭한다.

震卦는 한 번 구하여 아들을 얻었으므로 그 때문에 長男이라 이른다.

巽卦는 한 번 구하여 여아를 얻었으므로 그 때문에 長女가 이른다.

坎卦는 두 번째 구하여서 아들을 얻었으므로 그 때문에 中男이라 이른다.

離卦눈 두 번째로 구하여서 여아를 얻었으므로 그 때문에 中女라 이른다.

艮卦는 세 번째 구하여서 아들을 얻었으므로 그 때문에 小男이라 부른다.

兌卦는 세 번째 구하여서 딸을 얻었으므로 구 때문에 小女라 부른다.


【乾, 天也, 故稱乎父】乾卦(☰)는 하늘을 상징하며, 그 때문에 가족에서는 아버지에게 이를 칭호로 씀. 〈正義〉에 "此一節說乾坤六子. 明父子之道, 王氏云:「索, 求也. 以乾坤爲父母, 而求其子也. 得父氣者爲男, 得母氣者爲女.」"라 함. 《集解》에 "崔憬曰:「欲明六子, 故先說乾稱天父, 坤稱地母.」 孔穎達曰:「索, 求也. 以求乾坤爲父母而求其子也. 得父氣者爲男, 得母氣者爲女.」"라 함.

【坤, 地也, 故稱乎母】坤卦(☷)는 땅이며, 그 때문에 어머니에게 해당함.

【震一索而得男, 故謂之長男】震卦(☳)는 첫 번째 구하여 얻은 사내아이기에 長男에 해당함. 진괘는 양효가 하나뿐이기에 이렇게 말한 것. '索'은 '乾卦나 坤卦가 이를 찾아서 만나 합하게 되면'의 뜻. 〈正義〉에 "坤初求得乾氣爲震, 故曰長男"이라 함. 《集解》에 "坤初求得乾氣爲震, 故曰長男"이라 함.

【巽一索而得女, 故謂之長女】巽卦(☴)는 첫 번째 구하여 얻은 女兒이기에 장녀에 해당함. 손괘는 맨 아래 음효가 하나뿐임. 〈正義〉에 "乾初求得坤氣爲巽, 故曰長女"이라 함. 《集解》에 "乾初得坤氣爲巽, 故曰長女"라 함.

【坎再索而得男, 故謂之中男】坎卦(☵)는 두 번째 구하여 얻은 사내아이이기에 중남

(둘째 아들)이 됨. 감괘는 양효가 두 번째 있음. 〈正義〉에 "坤二求得乾氣爲坎, 故曰中男"이라 함. 《集解》에 "坤二得乾氣爲坎, 故曰中男"이라 함.

【離再索而得女, 故謂之中女】離卦(☲)는 두 번째 구하여 얻은 여아이기에 중녀(둘째 딸)가 됨. 離卦는 음효가 두 번째에 있음. 〈正義〉에 "乾二求得坤氣爲離, 故曰中女"이라 함. 《集解》에 "乾二得坤氣爲離, 故曰中女"이 함.

【艮三索而得男, 故謂之小男】艮卦(☶)는 세 번째 구하여 얻은 사내아이이므로 少男(셋째 아들, 막내아들)이 됨. 간괘는 양효가 세 번째 爻位에 있음. '小男'은 '少男'으로도 표기함. 〈正義〉에 "坤三求得乾氣爲艮, 故曰少男"이라 함. 《集解》에 "坤三得乾氣爲艮, 故曰少男"이라 함.

【兌三索而得女, 故謂之小女】兌卦(☱)는 세 번째 구하여 얻은 여아이므로 소녀(셋째 딸, 막내딸)가 됨. 태괘는 음효가 세 번째 효위에 있음. '小女'는 少女로도 표기함. 〈正義〉에 "乾三求得坤氣爲兌, 故曰少女"이라 함. 《集解》에 "乾三得坤氣爲兌, 故曰少女. 此言所以生六子者也"라 함. 《本義》에 "索, 求也. 謂揲蓍以求爻也. 男女, 指卦中一陰一陽之爻而言"이라 함. 이상 乾, 坤은 純陽과 純陰으로 되어 있으며, 震, 坎, 艮은 양효가 하나씩으로 陽卦에 해당하며, 양효가 주효가 됨. 그 때문에 그 陽爻의 爻位에 따라 長男, 中男, 小男이라 한 것이며, 巽, 離, 兌는 陰爻가 하나씩으로 陰卦에 해당하며, 陰爻가 主爻가 됨. 그 때문에 그 陰爻의 爻位에 따라 長女, 中女, 小女라 한 것임.


〈說-11〉

㊀乾爲天, 爲圜, 爲君, 爲父, 爲玉, 爲金, 爲寒, 爲冰, 爲大赤, 爲良馬, 爲老馬, 爲瘠馬, 爲駁馬, 爲木果.

〈해석〉

㊀건괘(乾卦)가 상징하는 것은 하늘이며, 둥근 것이며, 임금이며, 아버지며, 옥이며, 금이며, 추운 것이며, 얼음이며, 큰 붉음이며, 양마(良馬)이며, 노련한 말이며, 척마(瘠馬)이며, 박마(駁馬)이며, 나무의 열매이다.


【乾爲天】乾(☰)은 하늘을 상징함. 가장 높은 것임. 〈正義〉에 "此下歷就八卦, 廣明卦象者也. 此一節廣明乾象, 乾旣爲天"이라 함. 《集解》에 "宋衷曰:「乾動作不解, 天亦轉

運.」이라 함.

【爲圜】둥근 모습이 됨. '圜'은 圓과 같음. 둥긂. 하늘은 둥글게 운전하므로 圜이라 한 것임. 〈正義〉에 "天動運轉, 故爲圜也"라 함. 《集解》에 "宋衷曰:「動作轉運, 非圜不能, 故爲圜.」"이라 함.

【爲君, 爲父】나라에서는 임금이 되며, 가족에서는 아버지가 됨. 〈正義〉에 "'爲君, 爲父', 取其尊道, 而爲萬物之始也"라 함. 《集解》에 "虞翻曰:「貴而嚴也; 成三男, 取其類大, 故爲父也.」"라 함.

【爲玉, 爲金】晴明하므로 굳은 옥이 되고, 剛健하므로 쇠가 됨. 〈正義〉에 "'爲玉, 爲金', 取其剛之淸明也"라 함. 《集解》에 "崔憬曰:「天體淸明而剛, 故爲玉爲金.」"이라 함.

【爲寒, 爲冰】방위로 西北이며 立冬이므로 寒이 되며, 추운 곳이므로 물은 얼음이 됨. 〈正義〉에 "'爲寒, 爲冰', 取其西北寒冰之地也"라 함. 《集解》에 "孔穎達曰:「取其西北氷寒之地.」 ○崔憬曰:「乾主立冬已後, 冬至已前, 故爲寒爲氷也.」"라 함.

【爲大赤】純陽(盛陽)이므로 大赤이 됨. 〈正義〉에 "'爲大赤', 取其盛陽之色也"라 함. 《集解》에 "虞翻曰:「太陽爲赤, 月望出入時也.」 ○崔憬曰:「乾四月, 純陽之卦, 故取盛陽色爲大赤.」"이라 함.

【爲良馬】天은 乾行하므로 良馬가 됨. 〈正義〉에 "'爲良馬', 取其行健之善也"라 함. 《集解》에 "虞翻曰:「乾善, 故良也.」"라 함.

【爲老馬】良馬라도 오래 지나면 老馬가 됨. 혹 오래 달리는 노련한 말이 됨. 〈正義〉에 "'爲老馬', 取其行健之久也"라 함. 《集解》에 "九家《易》曰:「言氣衰也. 息至已必當復消, 故爲老馬也.」"라 함.

【爲瘠馬】너무 오래 달리면 수척한 말이 됨. 〈正義〉에 "'爲瘠馬', 取其行健之甚, 瘠馬骨多也"라 함. 《集解》에 "崔憬曰:「骨爲陽, 肉爲陰, 乾純陽爻, 骨多, 故爲瘠馬也.」"라 함.

【爲駁馬】얼룩 잡색이 섞인 말이 됨. '駁馬'는 매우 사나운 말로 호랑이를 잡아먹는다 함. '駁'은 駮과 같음. 지극히 강건하고 용맹하므로 駁馬가 됨. 〈正義〉에 "'爲駁馬', 言此馬有牙如鋸, 能食虎豹. 《爾雅》云:「鋸牙, 食虎豹.」 此之謂也. 王廙云:「駁馬能食虎豹. 取其至健也.」"라 함. 《集解》에 "宋衷曰:「天有五行之色, 故爲駁馬也.」"라 함.

【爲木果】나무에 열리는 열매(과실)가 됨. 모든 과실은 하늘의 둥근 모습을 닮았으며, 뭇별들이 하늘에 매달려 있는 모습이어서 목과라 함. 〈正義〉에 "'爲木果', 取其果實著木, 有似星之著天也"라 함. 《集解》에 "宋衷曰:「羣星著天, 似果實著木, 故爲木果.」"라 함. 《本義》에 "荀・九家, 此下有爲龍, 爲直, 爲衣, 爲言"이라 함.

㈡坤爲地, 爲母, 爲布, 爲釜, 爲吝嗇, 爲均, 爲子母牛, 爲大輿, 爲文, 爲衆, 爲柄, 其於地也爲黑.

〈해석〉
㈡곤괘(坤卦)가 상징하는 것은 땅이며, 어머니이며, 베이며, 가마솥이며, 인색함이며, 균등한 것이며, 새끼를 데리고 있는 어미 소이며, 큰 수레이며, 문체이며, 무리이며, 손잡이 자루이며, 그것이 땅이라면 순수한 검정빛이다.


【坤爲地】坤(☷)은 땅을 상징함. 〈正義〉에 "此一節廣明坤象. 坤既爲地"라 함. 《集解》에 "虞翻曰:「柔道靜.」"이라 함.

【爲母】하늘이 아버지가 됨에 상대하여 땅은 어머니가 됨. 곤은 땅이 되어 만물을 이를 밟고 뿌리나려 살게 하기에 어머니라 한 것임. 〈正義〉에 "地受任生育, 故謂之爲母也"라 함. 《集解》에 "虞翻曰:「成三女, 能致養, 故爲母.」"라 함.

【爲布】베(옷감)이 됨. '布'는 '널리 분포하다'는 重義性을 가지고 있어 만물이 널리 펼쳐져 있음. 〈正義〉에 "'爲布', 取其地廣載也"라 함. 《集解》에 "崔憬曰:「徧布萬物於致養, 故坤爲布.」"라 함.

【爲釜】만물을 숙성시켜 익혀주기에 솥이라 한 것임. 〈正義〉에 "'爲釜', 取其化生成熟也"라 함. 《集解》에 "孔穎達曰:「取其化生, 成熟, 故爲釜也.」"라 함.

【爲吝嗇】坤은 陰이므로 乾(陽)의 廣施에 상대하여 吝嗇한 것임. 혹 땅에 자리를 잡은 생물은 자리를 옮기지 않음. 〈正義〉에 "'爲吝嗇', 取其地生物, 不轉移也"라 함. 《集解》에 "孔穎達曰:「取地生物, 而不轉移, 故爲吝嗇也.」"라 함.

【爲均】어떤 물건도 다 싣고 있으므로 균등하게 대하여 치우침이 없음. 〈正義〉에 "'爲均', 以其地道平均也"라 함. 《集解》에 "崔憬曰:「取地生萬物, 不擇善惡, 故爲均也.」"라 함.

【爲子母牛】'子母牛'는 새끼를 많이 낳는 소. 多産牛. '子'는 '牸'자의 假借. '大輿'는 큰 수레. 坤은 母로 많은 자녀를 낳아 생육하는 소와 같음. 〈正義〉에 "'爲子母牛', 取其多蕃育而順之也"라 함. 《集解》에 "九家《易》曰:「土能生育, 牛亦含養, 故爲子母牛也.」"라 함.

【爲大輿】만물을 모두 싣고 있으므로 큰 수레와 같음. 〈正義〉에 "'爲大輿', 取其能載萬物也"라 함. 《集解》에 "孔穎達曰:「取其能載, 故爲大輿也.」"라 함.

【爲文】땅위에 초목과 산천 등 온갖 것이 펼쳐져 있어 매우 큰 무늬를 이루고 있음.

〈正義〉에 "'爲文', 取其萬物之色雜也"라 함. 《集解》에 "九家《易》曰: 「萬物相雜, 故爲文也.」"라 함.

【爲衆】땅은 싣고 것이 많으므로 '衆'임. '衆'은 多의 뜻. 〈正義〉에 "'爲衆', 取其地載物非一也"라 함. 《集解》에 "虞翻曰:「物三稱羣, 陰爲, 民三陰相隨, 故爲衆也.」"라 함.

【爲柄】'柄'은 물건의 자루. 손잡이 역할을 함. 힘을 조종할 수 있는 부위. 만물을 化育하는 근본이므로 그러한 자루와 같음. 〈正義〉에 "'爲柄', 取其生物之本也"라 함. 《集解》에 "崔憬曰:「萬物依之爲本, 故爲柄.」"이라 함.

【其於地也爲黑】땅에 있어서라면, 黑土에 해당함. 坤은 陰이며, 陰은 暗이므로 검은 흙이 됨. 〈正義〉에 "'其於地也爲黑', 取其極陰之色也"라 함. 《集解》에 "崔憬曰:「坤十月卦, 極陰之色, 故其於色也. 爲黑矣.」"라 함. 《本義》에 "荀·九家有爲牝, 爲迷, 爲方, 爲囊, 爲裳, 爲黃, 爲帛, 爲漿"이라 함.


(三) 震爲雷, 爲龍, 爲玄黃, 爲旉, 爲大塗, 爲長子, 爲決躁, 爲蒼筤竹, 爲萑葦, 其於馬也爲善鳴, 爲馵足, 爲作足, 爲的顙. 其於稼也爲反生, 其究爲健, 爲蕃鮮.

〈해석〉

(三) 진괘(震卦)가 상징하는 것은 우레이며, 용이며, 현황색이며, 꽃이며, 큰 길이며, 맏아들이며, 결단하여 조급히 구는 것이며, 푸르고 어린 대나무이며, 갈대이며, 그것이 말이라면 울음을 잘 우는 말이며, 다리 뒤에 흰 털이 난 말이며, 두 발을 높이 드는 말이며, 적상(的顙)이라는 말이다. 그것이 농사라면 껍질을 쓴 채 땅 위로 솟아나는 씨앗이니 그것이 극에 달하면 건장하고 잘 번성하여 신선한 것이다.


【震爲雷】震(☳)은 우레를 상징함. 〈正義〉에 "此一節廣明震象"이라 함.

【爲龍】용을 상징함. 震은 動을 의미하므로 가장 크게 움직이는 것이 용임. 《集解》에 "駹蒼色— 震東方— 故爲駹, 舊讀作龍, 上已爲龍, 非也"라 하여, '駹'자여야 하며, '龍'자는 오류라 하였음.

【爲玄黃】색깔로는 玄黃色이 됨. 천지와 음양이 합하여 이루어졌으므로 天玄地黃의 합한 색이 됨. 〈正義〉에 "'爲玄黃', 取其相雜而成蒼色也"라 함. 《集解》에 "天玄地黃,

震天, 地之雜物, 故爲玄黃"이라 함.

【爲旉】旉'(부)는 꽃타래(花朵). 꽃. 震은 春分에 해당하여 꽃이 활짝 핌. 그러나 孔穎達은 布(旉布)의 뜻으로 보았음. 〈正義〉에 "'爲旉', 取其春時氣至, 草木皆吐旉布而生也"라 함. 《集解》에 "陽在初隱靜, 未出觸坤, 故旉則乾靜也. 旉延叔堅, 說以專爲旉大布, 非也. 此上虞義者也"라 함.

【爲大塗】'大塗'는 大道. 큰 길. '塗'는 途, 道와 같음. 만물은 봄에 모두 자신의 길로 나서므로 大道에 해당함. 〈正義〉에 "'爲大塗', 取其萬物之所生也"라 함. 《集解》에 "崔憬曰:「萬物所出在春, 故爲大塗, 取其通生性也.」"라 함.

【爲長子】陽爻 하나가 맨 아래 첫 번째에 있어 배항(排行)으로는 장자가 됨. 〈正義〉에 "'爲長子', 如上文釋'震爲長子'也"라 함. 《集解》에 "虞翻曰:「乾一索, 故爲長子.」"라 함.

【爲決躁】'決躁'는 결단을 잘 내리며 조급히 서두름. '決'은 高亨은 "決, 借爲趹. 《廣雅》:「趹, 躁, 疾也.」"라 함. 震(雷)은 가장 빠르므로 급하다 한 것임. 〈正義〉에 "'爲決躁', 取其剛動也"라 함. 《集解》에 "崔憬曰:「取其剛在下動, 故爲決躁也.」"라 함.

【爲蒼筤竹】'蒼筤竹'(창랑죽)은 막 솟아 오른 푸른 대나무. '蒼筤'은 푸르고 싱싱함을 뜻하는 雙聲連綿語. 震은 東方, 그 때문에 靑色에 해당하며, 창랑죽이 가장 짙은 색이므로 이를 예로 든 것임. 〈正義〉에 "'爲蒼筤竹', 竹初生之時色蒼筤, 取其春生之美也"라 함. 《集解》에 "九家《易》曰:「蒼筤, 靑也. 震陽在下, 根長堅剛, 陰爻在中, 使外蒼筤也.」"라 함.

【爲萑葦】'萑葦'(환위)는 억새, 혹 갈대(蒹葭). 《廣雅》에 "萑, 蔰也"라 하였으며, '蔰'은 荻과 같음. 역시 東方, 春, 靑色에 비유한 것임. 〈正義〉에 "'爲萑葦', 萑葦, 竹之類也"라 함. 《集解》에 "九家《易》曰:「萑葦, 蒹葭也. 根莖叢生, 蔓衍相連, 有似雷行也.」"라 함.

【其於馬也爲善鳴】말에게 있어서라면, 잘 우는 말이 됨. 震은 健壯하므로 말을 내세운 것이며 봄에 春氣가 가장 盛하여 잘 우는 것임. 〈正義〉에 "'其於馬也爲善鳴', 取其象雷聲之遠聞也"라 함. 《集解》에 "虞翻曰:「爲雷, 故善鳴也.」"라 함.

【爲馵足】'馵足'(주족)은 왼쪽 뒷발이 흰 말. 움직여야 그 흰 부분이 보이는 健壯한 말. 〈正義〉에 "'爲馵足', 馬後足白爲馵. 取其動而見也"라 함. 《集解》에 "馬白後左足爲馵"라 함.

【爲作足】'作足'은 말이 앞 두 발을 함께 높이 듦. '作'은 高亨은 "作, 疑借爲踖. 《說文》:「踖, 長脛行也.」"라 함. 역시 활동력이 강한 말을 가리킴. 〈正義〉에 "'爲作足', 取其動而行健也"라 함. 《集解》에 "震爲左爲足爲作, 初陽白, 故爲作足"이라 함.

【爲的顙】'的顙'(적상)은 이마에 흰 무늬가 있는 말. '白顚'과 같음. 《詩》車鄰 "有馬

白顚"의 〈毛傳〉에 "白顚, 的顙也"라 하였고, 〈集傳〉에도 "白顚, 額有白毛. 今謂之的顙"이라 함. 〈正義〉에 "'爲的顙', 白額爲的顙, 亦取動而見也"라 함. 《集解》에 "的白, 顙額也. 震體頭在口上白, 故的顙. 《詩》云『有馬白顚』是也. 此上虞義也"라 함.

【其於稼也爲反生】농사에 있어서라면, 反生이 됨. '反生'은 잎과 줄기가 땅위에 있고 열매가 땅속에 있는 작물. 땅콩, 고구마, 감자 따위. 그러나 孔穎達은 씨앗이 껍질을 땅 위로 떠받쳐 올리면서 發芽하는 작물(콩, 참깨, 무, 모시 등)이라 하였음. 〈正義〉에 "其於稼也爲反生', 取其始生戴甲而出也"라 함. 《集解》에 "宋衷曰: 「陰在上, 陽在下, 故爲反生. 謂枲豆之類, 戴甲而生.」"이라 함.

【其究爲健】'究'는 極과 같음. 그 끝은 剛健함. 봄기운의 강함을 뜻함. 〈正義〉에 "'其究爲健', 究, 極也. 極於震動, 則爲健也"라 함.

【爲蕃鮮】'蕃善'은 봄에 식물의 생장이 번성하고 신선함. '蕃'은 《說文》에 "蕃, 草茂也"라 함. 〈正義〉에 "'爲蕃鮮', 鮮, 明也. 取其春時草木蕃育而鮮明"이라 함. 《集解》에 "虞翻曰: 「震巽相薄, 變而至三, 則下象究與四成乾, 故其究爲健爲蕃鮮, 巽究爲躁卦, 躁卦則震雷, 巽風無形, 故卦特變耳.」"라 함. 《本義》에 "荀·九家有爲玉, 爲鵠, 爲鼓"라 함.


㈣巽爲木, 爲風, 爲長女, 爲繩直, 爲工, 爲白, 爲長, 爲高, 爲進退, 爲不果, 爲臭, 其於人也爲寡髮, 爲廣顙, 爲多白眼, 爲近利, 市三倍, 其究爲躁卦.

〈해석〉
㈣손괘(巽卦)가 상징하는 것은 나무이며, 바람이며, 맏딸이며, 곧게 줄을 치는 먹줄이며, 장인(匠人)의 공교함이며, 흰 것이며, 높은 것이며, 나아가고 물러가고 하는 것이며, 과감하게 결단하지 못함이며, 냄새이니, 그것이 사람에게 있어서라면 머리카락이 적은 사람이며, 이마가 넓은 사람이며, 흰 자위가 많은 눈이며, 利를 가까이 함이니, 장사를 하면 세 배의 이익을 얻고, 그 극에 달하면 조급한 괘이다.


【巽爲木】巽(☴)은 나무를 상징함. 위의 두 양효는 나무가 겉으로 보이는 부분, 아래 하나의 음효는 땅 속에 숨은 뿌리를 뜻함. 그 때문에 나무에 비유한 것. 〈正義〉에 "此一節廣明巽象. 巽爲木. 木可以輮曲直, 卽巽順之謂也"라 함. 《集解》에 "宋衷曰: 「陽動陰靜, 二陽動於上, 一陰安靜於下, 有似於木也.」"라 함.

【爲風】바람을 상징함. 巽은 바람을 상징함. 〈正義〉에 "'爲風', 取其陽在上搖木也"라 함.《集解》에 "陸績曰:「風, 土氣也. 巽坤之所生, 故爲風. 亦取靜於本, 而動於末也.」"라 함.

【爲長女】陰爻 하나가 맨 아래 첫 번째에 있어 長女에 해당함. 〈正義〉에 "'爲長女', 如上釋'巽爲長女'也"라 함.《集解》에 "荀爽曰:「柔在初.」"라 함.

【爲繩直】'繩直'은 먹줄이 곧음. 繩墨線처럼 곧음. 나무는 먹줄을 만나야 곧게 켤 수 있으므로 繩直이라 한 것임. 〈正義〉에 "'爲繩直', 取其號令齊物, 如繩之直木也"라 함.《集解》에 "翟玄曰:「上二陽, 共正一陰, 使不得邪僻, 如繩之直.」 ○孔穎達:「取其號令齊物, 如繩直也.」"라 함.

【爲工】'工'은 工巧함. 나무는 工人이 工巧하게 다루어 여러 기물을 만들어냄. 〈正義〉에 "'爲工', 亦皆取繩直之類"라 함.《集解》에 "荀爽曰:「以繩木, 故爲工.」 ○虞翻曰:「爲近利市三倍, 故爲工. 子夏曰:『工居肆.』」"라 함.

【爲白】'白'은 純潔함. 바람이 불어 나무의 티끌을 제거하여 희게 됨. 〈正義〉에 "'爲白', 取其風吹去塵一 故潔白也"라 함.《集解》에 "虞翻曰:「乾陽在上, 故白.」 ○孔穎達曰:「取其風吹去塵, 故絜白也.」"라 함.

【爲長】바람은 불어 멀리까지 가기에 '길다'라 한 것임. 〈正義〉에 "'爲長', 取其風行之遠也"라 함.《集解》에 "崔憬曰:「取風行之遠, 故爲長.」"이라 함.

【爲高】'高'는 높음. 바람은 높이까지 불고 나무는 높이 자람을 말함. 〈正義〉에 "'爲高', 取其風性高遠, 又木生而上也"라 함.《集解》에 "虞翻曰:「乾陽在上長, 故高.」 ○孔穎達曰:「取木生而高上.」"라 함.

【爲進退】나아가고 물러서기를 잘함. 바람은 부는 방향이 나가기도 하고 물러서기도 함. 〈正義〉에 "'爲進', 退取其風之性, 前却其物, 進退之義也"라 함.《集解》에 "虞翻曰:「陽初退, 故進退.」 ○荀爽曰:「風行无常, 故進退.」"라 함.

【爲不果】'不果'는 과감하지 못함. 果斷性이 없음. 바람의 변화는 일정하지 않기 때문에 과감하지 못한 것임. 〈正義〉에 "'爲不果', 取其風性, 前却不能果敢決斷, 亦皆進退之義也"라 함.《集解》에 "荀爽曰:「風行或東或西, 故不果.」"라 함.

【爲臭】바람은 냄새를 불러 오기도 하고 疏散시키기도 함. 〈正義〉에 "'爲臭', 王肅作爲'香臭'也. 取其風所發也, 又取下風之遠聞其於人也"라 함.《集解》에 "虞翻曰:「臭, 氣也. 風至知氣, 巽二入艮鼻, 故爲臭. 〈繫〉曰:『其臭如蘭.』」"이라 함.

【其於人也爲寡髮】사람에게 있어서라면, 머리카락이 적음. 바람은 나뭇잎을 떨어뜨려 성글게 함. 그 때문에 사람에게 마치 머리숱이 적은 것 같음. 〈正義〉에 "'爲寡髮',

寡, 少也. 風落樹之華葉, 則在樹者稀, 疎如人之少髮, 亦類於此, 故爲寡髮也"라 함. 《集解》에 "虞翻曰:「爲白, 故宜髮. 馬君以宜爲寡髮, 非也.」"라 함.

【爲廣顙】넓은 이마를 가진 사람이 이에 해당함. 머리숱이 빠지면 이마가 넓어짐. 〈正義〉에 "'爲廣顙', 額潤爲廣顙, 髮寡少之義, 故爲廣顙也"라 함. 《集解》에 "變至三, 坤爲廣四動, 成乾爲顙, 在頭口上, 故爲廣顙. 與震的顙同義. 震一陽, 故的顙. 巽變乾二陽, 故廣顙"이라 함.

【爲多白眼】조급해지면 눈을 부릅 떠 흰 자위가 많아짐. 두 양효(白)에 하나의 음효(黑)가 있어 눈에 비유하면 흰 부분이 더 많음. 〈正義〉에 "爲多白眼', 取躁人之眼, 其色多白也"라 함. 《集解》에 "爲白, 離目上向, 則白眼見, 故多白眼"이라 함.

【爲近利】조급하게 구는 사람은 흔히 이익이 되는 쪽으로 접근함. 〈正義〉에 "'爲近利', 取其躁人之情, 多近於利也"라 함.

【市三倍】'利市三倍'는 장사를 하면 세 곱의 이익을 얻을 수 있음. '市'는 買賣의 뜻. 머리숱이 적고 이마가 넓으며 눈동자 흰 부분이 많으면 장사에 세 곱 이익을 얻는데 가까운 상이라 함. 그러나 〈正義〉에 "市三倍', 取其木生蕃盛於市, 則三倍之宜利也"라 하여 구체적인 뜻을 알 수 없음. 《集解》에 "變至三成坤, 坤爲近, 四動乾, 乾爲利. 至五成〈噬嗑〉, 故稱市, 乾三爻爲三倍, 故爲近利市三倍. 動上成震, 故其究爲躁, 卦八卦諸爲唯震巽變耳"라 함.

【其究爲躁卦】'其究爲躁卦'는 이 巽卦는 그 궁극은 조급히 서두르는 괘임. 巽은 順을 뜻하며, 順은 오래 견디고 나면 조급하게 굴게 됨. 〈正義〉에 "'其究爲躁卦', 究, 極也. 取其風之勢極於躁急也"라 함. 《集解》에 "變至五成〈噬嗑〉, 爲市動上成震, 故其究爲躁卦. 明震內體爲專, 外體爲躁, 此上虞義"라 함. 《本義》에 "荀·九家有爲楊, 爲鸛"이라 함.

⑤坎爲水, 爲溝瀆, 爲隱伏, 爲矯輮, 爲弓輪. 其於人也爲加憂, 爲心疾, 爲耳痛, 爲血卦, 爲赤. 其於馬也爲美脊, 爲亟心, 爲下首, 爲薄蹄, 爲曳. 其於輿也爲多眚, 爲通, 爲月, 爲盜, 其於木也爲堅多心.

〈해석〉
⑤감괘(坎卦)가 상징하는 것은 물이며, 개천과 도랑이며, 숨어 엎드려 있는 것이

며, 굽은 것을 바로 잡고 바른 것을 휘어잡음이며, 활과 수레바퀴이다. 그것이 사람에게 있어서라면 근심을 더함이며, 마음의 질병이며, 귀로 들어 고통을 느끼는 것이며, 피를 나타내는 괘이며, 붉은 색이다. 그것이 말에게 있어서라면 아름다운 등뼈를 가진 말이며, 서두르는 마음이며, 머리를 아래로 떨구며, 말굽을 박차는 말이며, 피로에 지쳐 몸을 끌고 있는 말이다. 그것이 수레에게 있어서라면 많은 어려움이 있으나 소통시키며, 달이며, 도적이며, 그것에 나무에게 있어서라면 단단하면서 속이 빈 줄기를 가진 나무이다.

【坎爲水】坎(☵)은 물을 상징함. 괘형은 篆書 '水'자를 옆으로 뉘어놓은 것과 같음. 감괘는 방위로는 北, 節氣로는 冬至에 해당함. 〈正義〉에 "此一節廣明坎象. 坎爲水, 取其北方之行也"라 함. 《集解》에 "宋衷曰:「坎陽在中, 內光明, 有似於水.」"라 함.

【爲溝瀆】溝瀆(도랑이나 큰 냇물)이 됨. 물은 우선 도랑과 냇물로 흘러들게 마련이며 그 물길은 통하지 않는 곳이 없음. 〈正義〉에 "'爲溝瀆', 取其水行, 无所不通也"라 함. 《集解》에 "虞翻曰:「以陽闢坤, 水性流通, 故爲溝瀆也.」"라 함.

【爲隱伏】숨어 엎드려 보이지 않음. '隱伏'은 흐르던 물이 지하고 숨어 보이지 않음. 물은 지하에 숨어 있어 이렇게 표현한 것임. 〈正義〉에 "'爲隱伏', 取其水藏地中也"라 함. 《集解》에 "虞翻曰:「陽藏坤中, 故爲隱伏也.」"라 함.

【爲矯輮】'矯輮'(교유)는 굽은 곳은 센 물이 흘러 펴고, 곧은 곳은 굽은 지형으로 변화시킴. 〈正義〉에 "'爲矯輮', 取其使曲者直爲矯, 使直者曲爲輮, 水流曲直, 故爲矯輮也"라 함. 《集解》에 "宋衷曰:「曲者更直爲矯, 直者更曲爲輮. 水流有曲直, 故爲矯輮.」"라 함.

【爲弓輪】활이나 수레바퀴가 됨. 앞의 矯揉의 방법을 나무에 적용하여 활과 수레바퀴를 만들 수 있음. 〈正義〉에 "'爲弓輪', 弓者, 激矢取如水激射也; 輪者, 運行如水行也"라 하여, 물이 분수처럼 나오는 것은 활로 쏘는 것과 같고, 서서히 흐르는 것은 수레바퀴로 운행하는 것과 같다 하였음. 《集解》에 "虞翻曰:「可矯輮, 故爲弓輪. 坎爲月, 月在於庚爲弓, 在甲象輪, 故弓輪也.」"라 함.

【其於人也爲加憂】사람에게 있어서라면, 근심이 가중되는 괘임. 坎卦는 險陷을 상징하므로 사람에게 근심을 더 깊게 함. 〈正義〉에 "'其於人也爲加憂', 取其憂險難也"라 함. 《集解》에 "兩陰失心, 爲多眚, 故加憂"라 함.

【爲心疾】마음에 질병이 생김. 險陷에 처하였을 때 마음속에 고통이 따름. 그 때문에 이렇게 말한 것. 〈正義〉에 "'爲心病', 憂其險難, 故心病也"라 함. 《集解》에 "爲勞而加憂, 故心病. 亦以坎爲心, 坎二折坤爲心病— 此上虞義也"라 함.

【爲耳痛】험난함에 처하였다는 말을 귀로 들으면 고통스러움. 〈正義〉에 "'爲耳痛', 坎爲勞卦也, 又北方主聽, 聽勞則耳痛也"라 하여, 坎卦는 北坊이며 北坊은 聽을 상징하므로 많이 듣고 나면 귀가 노고롭기 때문이라 하였음. 《集解》에 "孔穎達曰:「坎勞卦也. 又主聽, 聽勞則耳痛.」"이라 함.

【爲血卦】피를 상징하는 괘임. 坎卦는 물이므로 땅 속에 물이 흐르는 것은 사람 몸 속에 피가 흐르는 것과 같음. 〈正義〉에 "'爲血卦', 取其人之有血, 猶地有水也"라 함.

【爲赤】색으로는 붉은 색이 됨. 피는 붉은 색이므로 赤이라 한 것임. 〈正義〉에 "'爲赤', 亦取血之色"이라 함. 《集解》에 "孔穎達曰:「人之有血, 猶地之有水. 赤, 血色也.」案:「十一月, 一陽爻生, 在坎陽氣, 初生於黃泉, 其色赤也.」"라 함.

【其於馬也爲美脊】말에게 있어서라면, 아름다운 등뼈를 가진 말이 이에 해당함. 坎卦는 가운데에 陽爻 하나가 있고, 밖으로 두 陰爻가 있음. 陽爻는 아름다움을 뜻하므로, 말에 비유하면 등뼈가 아름다운 것임. 〈正義〉에 "'其於馬也爲美脊', 取其陽在中也"라 함. 《集解》에 "宋衷曰:「陽在中央, 馬脊之象也.」"라 함.

【爲亟心】성격이 조급한 말이 됨. 감괘는 가운데 陽爻가 主爻이며, 陽은 陽剛하고 躁急함. '亟'은 '급하다, 빠르다, 서두르다'의 뜻. 《說文》에 "亟, 敏疾也"라 함. 음은 '극'(紀力反), '기'(去記反) 두 가지가 있음. 〈正義〉에 "'爲亟心', 亟, 急也. 取其中堅內動也"라 함. 《集解》에 "崔憬曰:「取其內陽剛動, 故爲亟心也.」"라 함.

【爲下首】물은 아래로 흐름을 말함. 맨 위에 음효가 있고 아래로 양효가 있어 머리가 아래로 내려 쳐지는 형상임. 〈正義〉에 "'爲下首', 取其水流向下也"라 함. 《集解》에 "荀爽曰:「水之流, 首卑下也.」"라 함.

【爲薄蹄】'薄蹄'는 발굽으로 땅을 참. '薄'은 迫과 같음. 험난함에 빠져 조급하게 서두르기에 발굽으로 땅을 차는 것임. 〈正義〉에 "'爲薄蹄', 取其水流迫地而行也"라 하여, 물이 땅을 차고 급박하게 흐르는 것이라 하였음. 《集解》에 "九家《易》曰:「薄蹄者, 在下水, 又趨下趨下, 則流散. 流散則薄, 故爲薄蹄也.」"라 함.

【爲曳】'曳'는 끎. 피로에 지쳐 겨우 끌 듯 걸어가는 말. 험난함에서 빠져 나오고자 몸을 끎. 〈正義〉에 "'爲曳', 取其水磨地而行也"라 하여, 물이 땅을 마모시키며 흐르는 것이라 하였음. 《集解》에 "宋衷曰:「水摩地而行, 故曳.」"라 함.

【其於輿也爲多眚】수레에 있어서라면, 재앙이 많음. 험한 지형을 만나 수레를 몰고 가야 하므로 여러 가지로 수난을 겪음. 〈正義〉에 "'其於輿也爲多眚', 取其表裏有陰, 力弱不能重載, 常憂災眚也"라 하여, 밖으로 두 음효가 있어, 수레에 비유하면 힘이 약하여 데 많은 것을 실을 수 없기 때문이라 하였음. 《集解》에 "虞翻曰:「眚, 敗也. 坤爲大

車. 坎折坤體, 故爲車多眚也.」라 함.

【爲通】坎卦는 물이므로 물은 서로를 소통시키는 역할을 함. 혹은 물은 흘러 결국 通暢한 모습이 됨. 〈正義〉에 "'爲通', 取其行有孔穴也"라 하여, 구멍이나 굴까지도 흘러듦을 말한 것이라 하였음. 《集解》에 "水流瀆, 故通也"라 함.

【爲月】달이 이에 해당함. 고대 달은 물의 精이라 여겼음. 〈正義〉에 "'爲月', 取其月是水之精也"라 함. 《集解》에 "坤爲夜, 以坎陽光坤, 故爲月也"라 함.

【爲盜】도적이 되기도 함. 물이 스며들 때 사람은 알아채지 못하므로 도적이라 한 것임. 〈正義〉에 "'爲盜', 取水行潛竊如盜賊也"라 함. 《集解》에 "水行潛竊, 故爲盜也"라 함.

【其於木也爲堅多心】나무에게 있어서라면, 굳으며 속에 빈 공간이 많음. '堅多心'은 겉은 튼튼하나 속은 비어 있는 곳이 많음. 혹 坎卦는 陽爻가 가운데에 있어, 陽은 굳고 희어 그 대문에 '堅多心'이라 한 것임. 〈正義〉에 "'其於木也爲堅多心', 取剛在內也"라 함. 《集解》에 "陽剛在中, 故堅多心, 棘, 棗屬也. 此上虞義也.」 孔穎達曰:「乾震坎, 皆以馬喩. 乾至健震, 至動坎至行, 故皆可以馬爲喩. 坤則順, 艮則止, 巽亦順, 離文明, 而柔順. 兌柔說, 皆无健, 故不以馬爲喩也. 唯坤卦利牝馬, 取其行不取其健, 故曰牝也. 坎亦取其行, 不取其健, 皆外柔, 故爲下首·薄蹄·曳也"라 함. 《本義》에 "荀·九家有爲宮, 爲律, 爲可, 爲棟, 爲叢棘, 爲狐, 爲蒺藜, 爲桎梏"이라 함.

㈥離爲火, 爲日, 爲電, 爲中女, 爲甲冑, 爲戈兵. 其於人也爲大腹, 爲乾卦, 爲鱉, 爲蟹, 爲蠃, 爲蚌, 爲龜. 其於木也爲科上槁.

〈해석〉

㈥이괘(離卦)가 상징하는 것은 불이며, 태양이며, 번개이며, 둘째 딸이며, 갑옷과 투구이며, 창과 무기이다. 그것이 사람에게 있어서라면 배가 큰 사람이며, 건조시키는 괘이며, 자라이며, 새우이며, 소라이며, 큰 조개이며, 거북이다. 그것이 나무에게 있어서라면 속은 비고 위는 말라버린 나무이다.

【離爲火】離(☲)는 火를를 상징함. 離는 방위로 正南이며, 男은 五行으로 火에 해당함. 〈正義〉에 "此一節廣明離象. 離爲火, 取南方之行也"라 함. 《集解》에 "崔憬曰:「取卦

陽在外, 象火之外照也.」라 함.

【爲日】 불 중에 해는 가장 밝음. 〈正義〉에 "'爲日', 取其日是火精也"라 함. 《集解》에 "荀爽曰:「陽外光也.」"라 함.

【爲電】 번개처럼 번쩍여, 불이 생겨남. 〈正義〉에 "'爲電', 取其有明似火之類也"라 함. 《集解》에 "鄭玄曰:「取火明也. 久明似日暫明, 似電也.」"라 함.

【爲中女】 이 괘는 가운데(두 번째)에 음효가 있어 中女가 됨. 〈正義〉에 "'爲中女', 如上釋'離爲中女'也"라 함. 《集解》에 "荀爽曰:「柔在中也.」"라 함.

【爲甲胄】 火는 兵(兵器, 武器)을 뜻하므로 갑주(갑옷과 투구)가 됨. 갑주는 방어용 무기. 〈正義〉에 "'爲甲胄', 取其剛在外也"라 함. 《集解》에 "虞翻曰:「外剛, 故爲甲. 乾爲首, 巽繩貫, 甲而在首, 止故爲胄. 胄, 兜鍪也.」"라 함.

【爲戈兵】 창과 무기가 됨. 戈兵은 공격용 무기. 〈正義〉에 "'爲戈兵', 取其剛在於外, 以剛自捍也"라 함. 《集解》에 "乾爲金, 離火斷乾, 燥而鍊之, 故爲戈兵也"라 함.

【其於人也爲大腹】 사람에게 있어서라면, 큰 배에 해당함. 離卦는 가운데에 陰爻 하나가 있고 밖으로 陽爻가 둘 있음. 陰爻는 空, 虛를 뜻하며 속이 빈 것과 같아 사람의 배에 해당함. 〈正義〉에 "'其於人也爲大腹', 取其懷陰氣也"라 함. 《集解》에 "〈象〉曰:「常滿如姙身婦.」 故爲大腹. 乾爲大也.」"라 함.

【爲乾卦】 불은 만물을 건조시키는 괘임. 이 경우 '乾'은 '간'(古丹反)으로 읽음. 〈正義〉에 "'爲乾卦', 取其日所烜也"라 함. 《集解》에 "火曰燥. 燥物, 故爲乾卦也"라 함.

【爲鼈】 자라가 됨. 離卦는 外陽內陰의 卦形으로, 外堅內柔와 같음. 이는 마치 자라가 겉은 굳으나 속은 여린 것과 같음. 〈正義〉에 "'爲鼈, 爲蟹, 爲蠃, 爲蚌, 爲龜', 皆取剛在外也"라 함.

【爲蟹】 새우가 됨. 역시 甲殼類는 위와 같음.

【爲蠃】 소라(고둥)가 됨. '蠃'는 螺의 假借.

【爲蚌】 큰 조개가 됨. '蚌'은 蚌蛤. 민물의 큰 조개.

【爲龜】 거북에 해당함. 《集解》에 "此五者, 皆取外剛內柔也"라 함.

【其於木也爲科上槁】 나무에게 있어서라면, 속은 비고 위는 말라버리는 형상임. '科'는 〈音義〉에 "科, 空也"라 하였으나, 高亨은 "科, 借爲棵, 木幹也. 棵上槁, 木幹之上部枯槁也. 離(☲)是兩陽爻在外, 一陰爻在內, 卽外剛而內柔. 木幹外剛而內柔, 則外實而內空, 俗謂之空心木. 空心木之上部枝葉必枯, 故離爲木之科上槁"라 함. 〈正義〉에 "'其於木也爲科上槁', 科, 空也. 陰在內爲空, 木旣空中者, 上必枯槁也"라 함. 《集解》에 "巽木在離中, 體大過死, 巽蟲食心, 則折也. 蠹蟲食口木, 故上槁. 或以離火燒巽, 故折上槁, 此

上虞義.」○宋衷曰:「陰在內則空中, 木中空則上科槁也.」라 함.《本義》에 "荀·九家有爲牝牛"라 함.

(七) 艮爲山, 爲徑路, 爲小石, 爲門闕, 爲果蓏, 爲閽寺, 爲指, 爲狗, 爲鼠, 爲黔喙之屬. 其於木也爲堅多節.

〈해석〉

㈦간괘(艮卦)가 상징하는 것은 산이며, 오솔길이며, 작은 돌이며, 대문이 이쓴 큰 집이며, 나무열매와 풀열매이며, 궁문과 골목을 지키는 낮은 관원이며, 손가락이며, 개이며, 취이며, 주둥이가 검은 짐승들이다. 그것이 나무에게 있어서라면 견고하고 마디가 많은 나무이다.

【艮爲山】艮(☶)은 山(疊韻)을 상징함. 艮卦는 두 陰爻 위에 하나의 陽爻가 있어, 산의 정상은 밝은 陽地이며 그 아래는 어두운 陰地인 것과 같음. 〈正義〉에 "此一節廣明艮象. 艮爲山, 取陰在下爲止, 陽在於上爲高, 故艮象山也"라 함.

【爲徑路】산 길은 좁고 굽어 오솔길이 됨. 〈正義〉에 "'爲徑路', 取其山雖高, 有澗道也"라 함.

【爲小石】산에는 작은 돌들이 있음. 〈正義〉에 "'爲小石', 取其艮爲山, 又爲陽卦之小者, 故爲小石也"라 함.

【爲門闕】큰 대문이 있는 궁궐. 산은 큰 대문의 형태가 많으며, 또한 괘형이 '門'자와 같음. 〈正義〉에 "'爲門闕', 取其有徑路, 又崇高也"라 함.

【爲果蓏】나무 과실이나 풀 열매가 됨. '果蓏'(과라)는 〈釋文〉에 "木實曰果, 草實曰蓏"라 함. 산의 풀과 나무들은 풀 열매 나무 과실을 맺음. 〈正義〉에 "'爲果蓏', 木實爲果, 草石爲蓏, 取其出於山谷之中也"라 함.

【爲閽寺】'閽寺'(혼시)는 閽人과 寺人. 閽人은 門지기, 寺人은 巷지기. 일반인이 궁궐에 마구 들어오지 못하도록 경비를 담당한 낮은 직위. 艮卦(山)는 止를 뜻하며, 閽寺는 오는 자를 정지시키기에 그 직책에 해당함. 〈正義〉에 "'爲閽寺', 取其禁止人也"라 함.

【爲指】손가락이 됨. 閽寺는 손가락으로 사람을 지적하여 업무를 수행함. 그러나 〈正義〉에는 "'爲指', 取其執止物也"라 하여, 손가락은 물건을 집고 있을 수 있기 때문이라 하였음.

【爲狗】개가 됨. 闇寺가 궁궐을 지키듯, 개는 머물러(止) 대문을 지키므로 이에 연관시킨 것. 〈正義〉에 "'爲狗, 爲鼠', 取其皆止人家也"라 함. 그러나 《集解》에 "虞翻曰:「指屈伸制物, 故爲拘. 拘舊作狗, 上已爲狗字之誤.」"라 하여, '狗'는 '얽매이다, 구속되다'의 '拘'자여야 한다라 하였음.

【爲鼠】쥐가 됨. 쥐는 구멍에 머물러(止) 지키는 동물이므로 쥐에 비유함. 《集解》에 "虞翻曰:「似狗而小, 在坎穴中, 故鼠. 〈晉〉九四是也.」"라 함.

【爲黔喙之屬】주둥이가 검은 동물이 됨. '黔喙'(검훼)는 입이 검은 豺狼 따위. 이들은 산중에 머물며(止) 살고 있어 이에 연관시킨 것. 〈正義〉에 "'爲黔喙之屬', 取其山居之獸也"라 함. 《集解》에 "馬融曰:「黔喙, 肉食之獸, 謂豺狼之屬. 黔, 黑也. 陽玄在前也.」"라 함.

【其於木也爲堅多節】나무에게 있어서라면, 굳으며 마디가 많은 나무가 됨. 산에는 바위와 돌이 많듯이 나무에게는 굳은 줄기(바위에 비유)와 가지(돌에 비유)가 많음. 〈正義〉에 "'其於木也爲堅多節', 取其山之所生其堅勁, 故多節也"라 함. 《集解》에 "虞翻曰:「陽剛在外, 故多節. 松栢之屬.」"이라 함. 《本義》에 "荀·九家有爲鼻, 爲虎, 爲狐"라 함.


㈧兌爲澤, 爲少女, 爲巫, 爲口舌, 爲毁折, 爲附決. 其於地也, 爲剛鹵. 爲妾, 爲羊.

〈해석〉
㈧ 태괘(兌卦)가 상징하는 것은 못이며, 막내딸이며, 무의(巫醫)이며, 입과 혀이며, 허물고 꺾는 것이며, 남에게 붙어서 결정함이다. 그것이 땅에 있어서라면 딱딱하고 소금기 많은 땅이며, 첩이며, 양이다.


【兌爲澤】兌(☱)는 못을 상징함. 兌와 澤은 雙聲. 맨 위에 陰(水, 雨露, 雨雪)이 있어 아래로 潤濕함을 내려주어 '澤'이라 한 것이며, '澤'은 못이면서 동시에 惠澤, 恩澤, 潤澤 등의 의미를 함께 가지고 있는 重義語. 〈正義〉에 "此一節廣明兌象. 兌爲澤, 取其陰卦之小, 地類卑也"라 함. 《集解》에 "虞翻曰:「坎水半見, 故爲澤.」○宋衷曰:「陰在上, 令下濕, 故爲澤也.」"라 함.

【爲少女】이 괘는 음효 하나가 맨 위(세 번째)에 있음. '少女'는 小女와 같음. 앞장 참조. 〈正義〉에 "'爲少女', 如上釋'兌爲少女'也"라 함. 《集解》에 "虞翻曰:「坤三索, 位在

末, 故少也.」라 함.

【爲巫】巫(醫員)에 해당함. 병을 치료하여 은택을 베풂. 고대 巫는 입으로 주술을 외어 병을 치료하는 자였음. '醫'는 구체적인 약물 따위를 쓰고, '巫'는 주문을 사용하여 병의 원인이 된 악귀를 몰아내는 자였음. 그 때문에 '醫'의 異體字로 '毉'자가 있음.《論語》子路篇에 "子曰:「南人有言曰:『人而無恆, 不可以作巫醫.』善夫!」"라 함. 〈正義〉에 "'爲巫', 取其口舌之官也"라 함.《集解》에 "乾爲神, 兌爲通, 與神通氣女, 故爲巫"라 함.

【爲口舌】巫는 말로 치료해줌. 口舌은 言語의 다른 표현. 〈正義〉에 "爲口舌, 取西方於五事爲言, 取口舌爲言語之具也"라 함.《集解》에 "兌得震聲, 故爲口舌"이라 함.

【爲毀折】兌卦는 방위로는 正西, 계절로는 秋分에 해당함. 가을이 되면 肅殺의 氣에 의해 만물이 시들고 쇠락하여 毀折됨을 뜻함. 〈正義〉에 "'爲毀折, 爲附決', 兌, 西方之卦, 又兌主秋也. 取秋物成熟, 稾秆之屬, 則毀折也. 果蓏之屬, 則附決也"라 함.《集解》에 "二折震足, 故爲毀折"이라 함.

【爲附決】말로 아부하기도 하고 결정하는 역할을 함. 兌卦는 하나의 陰이 두 陽을 거느리고 있어 阿附와 어려운 決定을 함께 해야 하는 부담을 가지고 있음.《集解》에 "乾體未圜, 故附決也"라 함.

【其於地也爲剛鹵】땅에 있어서라면 강한 토질이나 소금기가 많은 땅이 됨. 물이 오래 고였다가 마르면 소금밭이 됨. '鹵'(로)는 陸德明〈音義〉에 "鹵, 鹹土也"라 함. 兌卦는 西方을 가리키며, 西方은 거칠고 소금(巖鹽)이 많은 곳이라 여겼음. 〈正義〉에 "'其於地也爲剛鹵', 取水澤所停, 則鹹鹵也"라 함.《集解》에 "乾二陽在下, 故剛. 澤水潤下, 故鹹. 此上虞義." ○朱仰之曰:「取金之剛, 不生也. 剛鹵之地, 不生物, 故爲剛鹵者也」라 함.

【爲妾】첩이 됨. 兌卦는 少女(小女)이며, 고대 막내딸은 언니를 따라 잉첩(媵妾)으로 가는 경우가 많았음. 〈正義〉에 "'爲妾', 取少女從姊爲娣也"라 함.《集解》에 "三少女位賤, 故爲妾"이라 함.

【爲羊】양이 됨. 兌卦는 陰柔(음효의 유순함)를 상징하며, 柔順한 것으로는 羊이 이에 해당함. 〈正義〉에 "'爲羊', 如上釋取其羊性順也"라 함.《集解》에 "羔女, 使皆取位賤, 故爲羔. 舊讀以震, 駹爲龍. 艮拘爲狗, 兌羔爲羊, 皆已見上. 此爲再出, 非孔子意也. 震已爲長男, 又言長子, 謂以當繼世守宗廟主祭祀, 故詳擧之三女, 皆言長中少, 明女子各當外成, 故別見之. 此其大例者也, 此上虞義."라 하여, '龍'은 '駹', '狗'는 '拘', '羊'은 '羔'의 오류라 하였음.《本義》에 "荀·九家有爲常, 爲輔頰. ○此章廣八卦之象, 其間多不可曉者, 求之於經, 亦不盡合也"라 함.

〈서괘전序卦傳〉

〈서괘전〉은《周易》64괘를 문왕이 상경과 하경으로 나누었고, 공자가 이를 다시 배열순서에 대한 이유와 원리를 다룬 것이라 한다. 上經 30괘와 下經 34괘를 순서대로 이어가면서 다음 이어진 괘가 앞의 괘를 이어받은 이유를 설명하고 있다. 다만 上經의 시작인 〈乾卦〉와 〈坤卦〉는 卦名을 밝히지 않은 채 천지 자연 만물을 이분법적 분류로 그 대의를 설명하였고, 下經의 첫 시작인 〈咸卦〉 역시 이분법적 분류의 결과를 사회조직과 연관을 시켜 해석하였다. 그 외 모든 괘는 일률적으로 앞의 괘에서 자연섭리로 보아 다음 단계로 넘어갈 수밖에 없는 이유를 들어 다음 괘가 '그 때문에 이어받았다'는 구조로 풀이해 나가고 있다. 그러나 아주 간결한 한 글자, 혹은 한 마디로 압축되어 있어 실제 각 괘의 原義와는 거리가 있는 것도 있고, 혹은 연관성이 단편적이거나 일부 현상을 확대하여 관련성을 억지로 엮어낸 인상도 받게 된다. 그럼에도 전체에서 앞 뒤 괘의 또 다른 깊은 의미를 도출하기에 좋은 자료로 그 가치가 매우 높은 전론(專論)이다. 특히 64괘의 시작은 〈乾坤〉 두 괘, 즉 天地, 陰陽으로 하고, 마지막은 〈未濟卦〉로 하여 우주 만물은 時空에 있어서 끝남이란 없이, 영원히 循環함을 강조하여, 이것이《周易》의 큰 원리임을 밝히고 있다. 한편 孔穎達은 〈正義〉에 "〈序卦〉者, 文王旣緣六十四卦, 分爲上下二篇, 其先後之次, 其理不見. 故孔子就上下二經, 各序其相次之義, 故謂之〈序卦〉焉. 其周氏就〈序卦〉, 以六門往攝: 第一天道門, 第二人事門, 第三相因門, 第四相反門, 第五相須門, 第六相病門. 如〈乾〉之次〈坤〉, 〈泰〉之次〈否〉等, 是天道運數門也. 如〈訟〉必有〈師〉, 〈師〉必有〈比〉等, 是人事門也. 如因〈小畜〉生〈履〉, 因〈履〉故通等, 是相因門也. 如〈遯〉極反壯, 動竟歸止等, 是相反門也. 如〈大有〉須〈謙〉, 〈蒙〉稚待養等, 是相須門也. 如〈賁〉盡致〈剝〉, 進極致傷等, 是相病門也. 韓康伯云:「〈序卦〉之所明, 非《易》之縕也. 蓋因卦之次, 託象以明義, 不取深縕之義. 故云非《易》之縕, 故以取其人理也.」今驗六十四卦, 二二相耦, 非覆卽變覆者, 表裏視之, 遂成兩卦. 〈屯〉·〈蒙〉, 〈需〉·〈訟〉, 〈師〉·〈比〉之類, 是也. 變者反覆, 唯成一卦, 則變以對之〈乾〉·〈坤〉, 〈坎〉·〈離〉, 〈大過〉·〈頤〉, 〈中孚〉·〈小過〉之類, 是也且. 聖人本定先後, 若元用孔子〈序卦〉之意, 則不應非覆卽變. 然則康伯所云'因卦之次, 託象以明義', 蓋不虛矣. 故不用周氏之義"라 하여, 天道門, 人事門, 相因門, 相反門, 相須門, 相病門 등 모두 여섯 部門으로 나눈 것이라 하였다.

○〈序-上〉

(1-2) 有天地然後萬物生焉.

(3) 盈天地之間者, 唯萬物, 故受之以〈屯〉. 屯者, 盈也. 屯者, 物之始生也.

(4) 物生必蒙, 故受之以〈蒙〉. 蒙者, 蒙也, 物之穉也.

(5) 物穉不可不養也, 故受之以〈需〉. 需者, 飲食之道也.

(6) 飲食必有訟, 故受之以〈訟〉.

(7) 訟必有衆起, 故受之以〈師〉. 師者, 衆也.

(8) 衆必有所比, 故受之以〈比〉. 比者, 比也.

(9) 比必有所畜, 故受之以〈小畜〉.

(10) 物畜然後有禮, 故受之以〈履〉.

(11) 履而泰然後安, 故受之以〈泰〉. 泰者, 通也.

(12) 物不可以終通, 故受之以〈否〉.

(13) 物不可以終否, 故受之以〈同人〉.

(14) 與人同者, 物必歸焉. 故受之以〈大有〉.

(15) 有大者, 不可以盈, 故受之以〈謙〉.

(16) 有大而能謙必豫, 故受之以〈豫〉.

(17) 豫必有隨, 故受之以〈隨〉.

(18) 以喜隨人者必有事, 故受之以〈蠱〉. 蠱者, 事也.

(19) 有事而後可大, 故受之以〈臨〉. 臨者, 大也.

(20) 物大然後可觀, 故受之以〈觀〉.

(21) 可觀而後有所合, 故受之以〈噬嗑〉. 嗑者, 合也.

(22) 物不可以苟合而已, 故受之以〈賁〉. 賁者, 飾也.

(23) 致飾然後亨則盡矣, 故受之以〈剝〉. 剝者, 剝也.

(24) 物不可以終盡剝, 窮上反下, 故受之以〈復〉.

(25) 復則不妄矣, 故受之以〈无妄〉.

(26) 有无妄然後可畜, 故受之以〈大畜〉.

(27) 物畜然後可養, 故受之以〈頤〉. 頤者, 養也.

(28) 不養則不可動, 故受之以〈大過〉.

(29) 物不可以終過, 故受之以〈坎〉. 坎者, 陷也.

(30) 陷必有所麗, 故受之以〈離〉. 離者, 麗也.

〈해석〉

(1-2) 하늘(乾)과 땅(坤)이 있은 연후에 만물이 거기에 생겨나는 것이다.

(3) 천지 사이에 가득 찬 것은 오직 만물일 뿐이다. 그 까닭으로 이를 〈준괘(屯卦)〉로써 이어받은 것이다. '屯'이란 찼다는 뜻이다. '준'이란 사물의 시작 탄생이다.

(4) 사물은 태어나서는 반드시 몽매하게 마련이다. 그 까닭으로 이를 〈몽괘(蒙卦)〉로서 이어받은 것이다. '蒙'이란 덮어 씌워진 것이니, 사물의 유치한 상황이다.

(5) 사물은 여리고 유치할 때는 길러주지 않을 수 없다. 그 까닭으로 이를 〈수괘(需卦)〉로써 이어받은 것이다. '需'란 마시고 먹여주는 도이다.

(6) 마시고 먹는 일에 관하여는 반드시 쟁송이 있기 마련이다. 그 까닭으로 이를 〈송괘(訟卦)〉로써 이어받은 것이다.

(7) 쟁송에는 반드시 여러 사람이 일어나기 마련이다. 그 까닭으로 이를 〈사괘(師卦)〉로서 이어받은 것이다. '師'란 많은 무리를 뜻하다.

(8) 많은 무리에는 반드시 친비(親比)하는 바가 있게 마련이다. 그 까닭으로 이를 〈비괘(比卦)〉로써 이어받은 것이다. '比'란 친비함을 뜻하다.

(9) 친비하게 되면 반드시 축적하는 바가 있게 마련이다. 그 까닭으로 이를 〈소축괘(小畜卦)〉로써 이어받은 것이다.

(10) 사물이란 축적한 연후에야 예(禮)가 있게 마련이다. 그 까닭으로 이를 〈이괘(履卦)〉로써 이어받은 것이다.

(11) 예를 실천하고 태평해진 연후에야 평안한 것이다. 그 까닭으로 이를 〈태괘(泰卦)로써 이어받은 것이다. '泰'란 널리 통함이다.

(12) 사물이란 끝까지 형통기만 할 수는 없는 것이다. 그 까닭으로 이를 〈비괘(否卦)〉로써 이어받은 것이다.

(13) 사물이란 끝까지 막혀있을 수만은 없는 것이다. 그 까닭으로 이를 〈동인괘(同人卦)〉로써 이어받은 것이다.

(14) 남과 뜻을 같이 하는 자는, 사물이 반드시 그에게 귀부(歸附)해올 것이다. 그 까닭으로 이를 〈대유괘(大有卦)〉로써 이어받은 것이다.

(15) 가진 것이 풍대한 자는 가득 채울 수가 없는 것이다. 그 까닭으로 이를 〈겸괘(겸괘)〉로써 이어받은 것이다.

(16) 가진 것이 풍대하면서 능히 겸허히 하면 틀림없이 즐거움을 느낄 것이다. 그 까닭으로 이를 〈예괘(豫卦)〉로써 이어받은 것이다.

(17) 즐겁게 하면 반드시 그를 따르게 될 것이다. 그 까닭으로 이를 〈수괘(需卦)〉로써 이어받은 것이다.

(18) 즐거움을 가지고 남을 따르는 자는 반드시 일거리가 있을 것이다. 그 까닭으로 이를 〈고괘(蠱卦)〉로써 이어받은 것이다. '蠱'란 일을 뜻한다.

(19) 일거리가 있은 뒤에는 크게 할 수가 있다. 그 까닭으로 이를 〈임괘(臨卦)〉로써 이어받은 것이다. '臨'이란 큰 임무를 말한다.

(20) 사물은 크게 된 연후에야 가히 볼만하게 된다. 그 까닭으로 이를 〈관괘(觀卦)〉로써 이어받은 것이다.

(21) 가히 볼만한 뒤에는 화합하는 바가 있게 마련이다. 그 까닭으로 이를 〈서합괘(噬嗑卦)〉로써 이어받은 것이다. '嗑'이란 교합(交合)함을 말한다.

(22) 사물이란 구차스럽게 합할 수는 없을 뿐이다. 그 까닭으로 이를 〈비괘(賁卦)〉로써 이어받은 것이다. '賁'란 장식함을 뜻한다.

(23) 장식을 이루고 난 연후에는 형통함이란 다하고 마는 것이다. 그 까닭으로 이를 〈박괘(剝卦)〉로써 이어받은 것이다. '剝'이란 긁어 벗겨냄을 뜻한다.

(24) 사물이란 끝까지 다 긁어낼 수는 없는 것이며, 끝까지 위로 올라간 것은 아래로 되돌아오게 되어 있다. 그 까닭으로 이를 〈복괘(復卦)〉로써 이어받은 것이다.

(25) 되돌아오면 헛된 짓을 마구하지 않게 된다. 그 까닭으로 이를 〈무망괘(无妄卦)〉로써 이어받은 것이다.

(26) 헛된 짓을 마구하지 않은 연후에야 가히 축적할 수 있다. 그 까닭으로 이를 〈대축괘(大畜卦)〉로써 이어받은 것이다.

(27) 사물이란 축적된 연후에야 가히 이로써 양육할 수 있다. 그 까닭으로 이를 〈이괘(頤卦)〉로써 이어받은 것이다. '頤'란 길러줌을 뜻한다.

(28) 양육하지 않으면 움직일 수가 없다. 그 까닭으로 이를 〈대과괘(大過卦)〉로써

이어받은 것이다.

(29) 사물이란 끝가지 허물만 짓고 있을 수 없다. 그 까닭으로 이를 〈감괘(坎卦)〉로써 이어받은 것이다. '坎'이란 빠져 함몰됨을 뜻한다.

(30) 함몰된 것은 붙을 곳이 있게 마련이다. 그 까닭으로 이를 〈이괘(離卦)〉로써 이어받은 것이다. '離'란 '달라붙다'의 뜻이다.


【有天地然後萬物生焉】天地(乾坤)이 있은 연후라야 만물이 거기에서 탄생하게 됨. '天地'는 '天地'는 '乾爲天', '坤爲地'를 대신하는 말로서, 〈乾卦〉와 〈坤卦〉를 묶어 한꺼번에 설명한 것임. 이는 剛柔, 陰陽, 剛柔, 男女, 夫婦, 內外, 上下, 君臣 ……등 모든 것을 二分法的으로 나누어 거론한 것. 《集解》에 "干寶曰:「物有先天地而生者矣. 今正取始於天地, 天地之先, 聖人弗之論也. 故其所法象, 必自天地而還.」 ○《老子》(25)曰:『有物混成, 先天地生. 吾不知其名, 彊字之曰道.』上〈繫〉曰:『法象, 莫大乎天地.』」 ○《莊子》(齊物論)曰:『六合之外, 聖人存而不論.』《春秋穀梁傳》曰:『不求知所不可知者, 智也.』而今後世浮華之學, 彊支離道義之門, 求入虛誕之域, 以傷政害民, 豈非讒說殄行大舜之所疾者也?」라 함.

【盈天地之間者, 唯萬物】天地(乾坤) 사이에 가득 찬 것은 오직 만물임. '盈'은 充盈함, 充滿함.

【故受之以〈屯〉】그 때문에 乾卦와 坤卦 다음을 〈屯卦〉로 이어받은 것임.

【屯者, 盈也】'屯'이란 '가득 찬 것', 즉 萬物을 뜻함. 《集解》에 "荀爽曰:「謂陽動在下, 造生萬物於冥昧之中也.」"라 함.

【屯者, 物之始生也】'屯'이란 사물의 시작이며 出生, 誕生, 始生의 의미임. 王弼 注에 "屯, 剛柔始交, 故爲物之始生也"라 함. 〈正義〉에 "王肅云:「屯, 剛柔始交而難生, 故爲物始生也.」盧氏云:「物之始生, 故屯. 難皆以物之始生, 釋屯難之義.」案上言屯者, 盈也. 釋屯次乾坤. 其言已畢更言屯者, 物之始生者, 開說下物生必蒙, 直取始生之意, 非重釋屯之名也. 故韓康伯直引'剛柔始交'以釋物之始生也"라 함. 《集解》에 "韓康伯曰:「屯剛柔始交, 故爲萬物之始生也.」 ○崔憬曰:「此仲尼序文王次卦之意, 不序乾坤之次者, 以一生二, 二生三, 三生萬物. 則天地次第可知, 而萬物之先後, 宜序也. 萬物之始生者, 言剛柔始交, 故萬物資始於乾, 而資生於坤也.」"라 함.

【物生必蒙】만물(사물)은 반드시 처음 나와서는 몽매하게 마련임.

【故受之以〈蒙〉】그 때문에 〈蒙卦〉가 이를 이어받은 것임.

【蒙者, 蒙也】'蒙'이란 덮어 씌어짐, 蒙昧함을 뜻함. '蒙'은 '덮어 씌어 아무것도 보

이지 않음'을 뜻하며, 朦, 朦, 懞 濛 등 같은 語源의 漢字群을 이루고 있음.

【物之穉也】사물이란 어리고 幼稚한 단계가 있음. '穉'는 稚와 같으며, 어리고 여린 상태. 《說文》에 "穉, 幼禾也"라 하여, 벼의 어린 싹을 뜻하였으나 引伸하여 어린 아이를 가리킴. 《集解》에 "崔憬曰:「萬物始生之後, 漸以長穉, 故言物生必蒙.」鄭玄曰:「蒙, 幼小之貌. 齊人謂萌爲蒙也.」"라 함.

【物穉不可不養也】사물이 幼稚할 때는 이를 길러주지 않을 수 없음. 길러주어야 자람. 남의 도움을 필요로 함.

【故受之以〈需〉】그 때문에 〈需卦〉가 이를 이어받은 것임.

【需者, 飮食之道也】'需'란 음식을 먹기를 기다리는 도리를 뜻함. 《集解》에 "荀爽曰:「坎在乾上, 中有離象, 水火交和, 故爲飮食之道.」○鄭玄曰:「言孩穉不養, 則不長也.」"라 함.

【飮食必有訟】음식이 있으면 반드시 다툼과 쟁송이 있게 마련임. 陸德明은 "飮食之道也, 訓養"이라 함. 王弼 注에 "夫有生則有資, 有資則爭興也"라 함.

【故受之以〈訟〉】그 때문에 〈訟卦〉가 이를 이어받은 것임. '訟'은 訟事, 爭訟. 《集解》에 "韓康伯曰:「夫有生則有資, 有資則爭興也.」○鄭玄曰:「訟, 猶爭也. 言飮食之會, 恒多爭也.」"라 함.

【訟必有衆起】쟁송에는 반드시 많은 사람들이 들썩거리며 일어나게 되어 있음. '衆起'는 많은 사람들이 들고 일어남.

【故受之以〈師〉】그 때문에 이를 〈師卦〉가 이어받은 것임.

【師者, 衆也】'師'란 많은 무리를 뜻함. 《集解》에 "九家《易》曰:「坤爲衆物, 坎爲衆水. 上下皆衆, 故曰師也. 凡制軍萬有二千五百人爲軍, 天子六軍, 大國三軍, 次國二軍, 小國一軍. 軍有將, 皆命卿也. 二千五百人爲師, 師帥皆中大夫. 五百人爲旅, 旅帥皆下大夫也.」○崔憬曰:「因爭必起相攻, 故受之以師也.」"라 함.

【衆必有所比】많은 무리가 있으면 반드시 그 중에 親比한 상대가 있게 마련임. '比'는 〈象傳〉에 "比, 輔也"라 함. 王弼 注에 "衆起而不比, 則爭无由息. 必相親比而後, 得寧也"라 함.

【故受之以〈比〉】그 때문에 이를 〈比卦〉가 이어받은 것임. 《集解》에 "韓康伯曰:「衆起而不比, 則爭无息, 必相親比, 而後得寧也.」"라 함.

【比者, 比也】'比'란 '親比, 나란히 곁에 있음'을 뜻함.

【比必有所畜】親比하게 되면 반드시 畜養, 蓄積하는 바가 있게 마련임.

【故受之以〈小畜〉】그 때문에 이를 〈小畜卦〉가 이어받은 것임. 王弼 注에 "比非大通

之道, 則各有所畜, 以相濟也. 由比而畜, 故曰'小畜而不能大也.'"라 함. 《集解》에 "韓康伯曰:「比非大通之道, 則各有所畜, 以相濟也. 由比而畜, 故曰'小畜而不能大也.'」"라 함.

【物畜然後有禮】 사물은 畜養을 받은 연후에야 禮가 있게 됨.

【故受之以〈履〉】 그 때문에 〈이괘(履卦)〉가 이를 이어받은 것임. 이 구절 다음에 "履者, 禮也"라는 구절이 있어야 함. 高亨은 "'履者, 禮也'一句, 今本無, 注文有. 乃〈傳文〉誤入〈正文〉. 《集解》本及王弼《易略例卦》篇幷有此句. 今據補"라 함. 王弼 注에 "履者, 禮也. 禮所以適用也. 故旣畜, 則宜用. 有用, 則須禮也"라 함. 《集解》에 "韓康伯曰:「履, 禮也. 禮所以適時用也. 故旣畜, 則須用, 有用, 須禮也.」"라 함.

【履而泰然後安】 禮를 실제로 실천하여 태평해진 연후라야 사회가 안정됨. 《本義》에 "晁氏云:「鄭无'而泰'二字.」"라 함.

【故受之以〈泰〉】 그 때문에 이를 〈泰卦〉가 이어받은 것임.

【泰者, 通也】 '泰'란 '通函, 通泰, 疏通, 通達' 등을 뜻함. '泰'와 '通'은 雙聲關係. 《集解》에 "荀爽曰:「謂乾來下降, 以陽通陰也.」 ○姚信曰:「安上治民, 莫過於禮. 有禮然後泰, 泰然後安也.」"라 함.

【物不可以終通】 사물이란 끝까지 通泰할 수는 없음.

【故受之以〈否〉】 그 때문에 이를 〈비괘(否卦)〉가 이어받은 것임. '否'는 陸德明 〈音義〉에 "否, 備鄙反. 下同"이라 하여 '비'로 읽음. 《集解》에 "崔憬曰:「物極則反, 故不終泰通而否矣. 所謂城復于隍.」"이라 함.

【物不可以終否】 사물이란 끝까지 비색(否塞, 꽉 막힘)의 상태로만은 있을 수는 없음.

【故受之以〈同人〉】 그 때문에 이를 〈同人卦〉가 이어받은 것임. 王弼 注에 "否則思通, 人人同志, 故可出門, 同人不謀而合"이라 함. 《集解》에 "韓康伯曰:「否則思通, 人人同志, 故可出門, 同人不謀而合.」"이라 함.

【與人同者, 物必歸焉】 남들과 뜻을 함께 하는 자에게는, 사물은 반드시 그에게 歸附하게 되어 있음.

【故受之以〈大有〉】 그 때문에 〈大有卦〉가 이를 이어받은 것임. 《集解》에 "崔憬曰:「以欲從人, 人必歸己, 所以成大有.」"라 함.

【有大者, 不可以盈】 '大有'란 가득 차게 가지고 있을 수는 것이 아님. 혹 '영'은 '盈溢', 즉 自慢의 뜻으로도 봄.

【故受之以〈謙〉】 그 때문에 〈謙卦〉가 이를 이어받은 것임. 《集解》에 "崔憬曰:「富貴而自遺其咎, 故有大者不可盈, 當須謙退, 天之道也.」"라 함.

【有大而能謙必豫】 가진 것이 크면서 능히 겸손을 다하면 반드시 즐거움이 있게 마

련임. 예는 豫悅, 悅樂, 安樂의 뜻. ‘豫’와 ‘悅’은 雙聲관계.

【故受之以〈豫〉】그 때문에 이를 〈豫卦〉가 이어받은 것임. 《集解》에 “鄭玄曰:「言同旣大而有謙德, 則於政事恬逸. 雷出地奮豫, 豫行出而喜樂之意.」”라 함.

【豫必有隨】즐거워하면 반드시 그를 따르는 이들이 있게 마련임. ‘隨’는 隨從, 隨順의 뜻. 王弼 注에 “順以動者, 衆之所隨”라 함. 〈正義〉에 “鄭玄云:「喜樂而出人則隨從. 《孟子》(梁惠王 下)曰:『吾君不游, 吾何以休? 吾君不豫, 吾何以助?』此之謂也.」 王肅云:「歡豫, 人必有隨. 隨者皆以爲人君. 喜樂游豫, 則必爲人所隨.」案〈豫〉卦〈彖〉云:「豫, 剛應而志行, 順以動, 豫. 豫順以動, 故天地如之, 而況建侯行師乎? 天地以順動, 故日月不過, 而四時不忒. 聖人以順動, 則刑罰清而民服.」卽此上云有大而能謙必豫, 故受之以豫. 其意以聖人順動能謙, 爲物所說, 所以爲豫. 人旣悅豫, 自然隨之, 則謙順在君, 說豫在人也. 若以人君喜樂游豫人, 則隨之. 紂作〈靡靡之樂〉, 長夜之飮, 何爲天下離叛乎? 故韓康伯云「順以動者, 衆之所隨, 在於人君」, 取致豫之義, 然後爲物所隨, 所以非斥先儒也”라 함.

【故受之以〈隨〉】그 때문에 이를 〈隨卦〉가 이어받은 것임. 《集解》에 “韓康伯曰:「順以動者, 衆之所隨也.」”라 함.

【以喜隨人者必有事】기쁨을 가지고 남을 따르는 자는 반드시 할 일이 있게 마련임. ‘喜’는 남을 통해 기쁨을 취함을 뜻함.

【故受之以〈蠱〉】그 때문에 이를 〈蠱卦〉가 이어받은 것임.

【蠱者, 事也】‘蠱’란 惑亂을 바로잡는 일을 뜻함. 《集解》에 “九家《易》曰:「子行父事, 備物致用, 而天下治也. 備物致用, 立成器以爲天下, 利莫大於聖人, 子脩聖道行父之事, 以臨天下, 無爲而治.」”라 함.

【有事而後可大】혹란을 바로잡은 이후에야 그 업적을 크게 이룰 수 있음. 王弼 注에 “可大之業, 由事而生”이라 함.

【故受之以〈臨〉】그 때문에 이를 〈臨卦〉가 이어받은 것임.

【臨者, 大也】‘臨’이란 군림하여 큰 임무의 일을 해냄을 뜻함. 《集解》에 “荀爽曰:「陽稱大, 謂二陽動升, 故曰大也.」 ○宋衷曰:「事立功成, 可推而大也.」”라 함.

【物大然後可觀】사물은 크게 성취한 연후라야 가히 볼 만한 것이 됨. ‘觀’은 觀仰의 뜻.

【故受之以〈觀〉】그 때문에 이를 〈觀卦〉로 이어받은 것임. 《集解》에 “虞翻曰:「臨反成觀, 二陽在上, 故可觀也.」 ○崔憬曰:「言德業大者, 可以觀政於人也.」”라 함.

【可觀而後有所合】볼 만하게 된 이후에는 和合(交合)하는 바가 있게 마련임.

【故受之以〈噬嗑〉】그 때문에 이를 〈噬嗑卦〉가 이어받은 것임. 王弼 注에 “可觀, 則

異方合會也"라 함.

【嗑者, 合也】 '嗑'이란 위아래 이가 交合함을 뜻함. 《集解》에 "虞翻曰:「頤中有物食, 故口合也.」○韓康伯曰:「可觀, 則異方合會也.」"라 함.

【物不可以苟合而已】 사물이란 구차스럽게 교합할 뿐임.

【故受之以〈賁〉】 그 때문에 이를 〈비괘(賁卦)〉가 이어받은 것임.

【賁者, 飾也】 '賁'란 꾸며 장식함을 뜻함. 王弼 注에 "物相合, 則須飾以脩外也"라 함. 《集解》에 "虞翻曰:「分剛上文柔, 故飾.」○韓康伯曰:「物相合, 則須飾以脩外也.」"라 함.

【致飾然後亨則盡矣】 꾸밈을 지나치게 하고 난 연후라야 亨通함이 다하여 다시 궁벽함을 맞이하게 됨.

【故受之以〈剝〉】 그 때문에 이를 〈剝卦〉가 이어받은 것임. 王弼 注에 "極飾, 則實喪也"라 함.

【剝者, 剝也】 '剝'이란 긁어 깎아냄을 뜻함. '剝'은 剝落의 뜻. 《集解》에 "荀爽曰:「極飾反素, 文章敗, 故爲剝也.」"라 함.

【物不可以終盡剝】 사물이란 끝까지 다 긁어 깎아낼 수는 없음.

【窮上反下】 위로 끝까지 올라가면 다시 아래로 내려오게 되어 있음. 《集解》에 "虞翻曰:「陽四月, 窮上消姤, 至坤者也.」"라 함.

【故受之以〈復〉】 그 때문에 이를 〈復卦〉가 이어받은 것임. 《集解》에 "崔憬曰:「夫易窮則有變, 物極則反於初, 故剝之爲道, 不可終盡, 而使之於復也.」"라 함.

【復則不妄矣】 원래 질박함으로 되돌아오면 망녕됨이 없게 됨.

【故受之以〈无妄〉】 그 때문에 이를 〈无妄卦〉가 이어받은 것임. 《集解》에 "崔憬曰:「物復其本, 則爲誠實, 故言復則无妄矣.」"라 함.

【有无妄然後可畜】 마구 망녕되게 함이 없어진 연후에는 가히 畜養할 수 있음.

【故受之以〈大畜〉】 그 때문에 이를 〈大畜卦〉가 이어받은 것임. 《集解》에 "荀爽曰:「物不妄者, 畜之大也. 畜積不敗, 故大畜也.」"라 함.

【物畜然後可養】 사물은 儲蓄(蓄積)된 연후에야 가히 길러질 수 있음.

【故受之以〈頤〉】 그 때문에 이를 〈頤卦〉가 이어받은 것임.

【頤者, 養也】 '頤'란 턱으로 음식물을 양분을 섭취하여 몸을 기름을 뜻함. '頤'와 '養'은 雙聲관계. 《集解》에 "虞翻曰:「天地養萬物, 聖人養賢以及萬民.」○崔憬曰:「大畜剛健, 輝光日新, 則可觀其所養. 故言物畜然後可養也.」"라 함.

【不養則不可動】 길러줌이 없으면 가히 움직일 수 없음.

【故受之以〈大過〉】 그 때문에 이를 〈大過卦〉가 이어받은 것임. 王弼 注에 "不養則不

可動, 養過則厚"라 함. 〈正義〉에 "鄭玄云:「以養賢者, 宜過於厚.」王輔嗣王弼注:「此卦云晉相過之過.」韓氏云:「養過則厚.」與鄭玄·輔嗣義同. 唯王肅云:「過莫大於不養.」則以爲過失之過. 案此〈序卦〉以〈大過〉次〈頤〉也. 明所過在養, 子雍以爲過在不養. 違經反義, 莫此之尤, 而周氏等'不悟其非', 兼以過失. 釋大過之名, 已具論之於經也"라 함. 《集解》에 "虞翻曰:「人頤不動則死, 故受之以大過. 大過, 否卦棺槨之象也.」"라 함.

【物不可以終過】사물이란 끝까지 지나치거나 허물을 저지를 수는 없음.

【故受之以〈坎〉】그 때문에 이를 〈坎卦〉가 이어받은 것임.

【坎者, 陷也】'坎'이란 구덩이에 빠져 함몰되어 들어감을 뜻함. 王弼 注에 "過而不已, 則陷沒也"라 함. 《集解》에 "韓康伯曰:「過而不已, 則陷沒也.」"라 함.

【陷必有所麗】구덩이에 빠져 들어가면 반드시 여기에 달라붙는 바가 있음.

【故受之以〈離〉】그 때문에 이를 〈離卦〉가 이어받은 것임.

【離者, 麗也】'離'란 '달라붙다, 附麗, 攀附'의 뜻임. 王弼 注에 "物窮則變, 極陷則反所麗也"라 함. 《集解》에 "韓康伯曰:「物極則變, 極陷則反所麗.」"라 함. 《本義》에 "右上篇"이라 함.


○ 〈序-下〉

(31) 有天地然後有萬物, 有萬物然後有男女, 有男女然後有夫婦, 有夫婦然後有父子, 有父子然後有君臣, 有君臣然後有上下, 有上下然後禮義有所錯.

(32) 夫婦之道不可以不久也, 故受之以〈恆〉. 恆者, 久也.

(33) 物不可以久居其所, 故受之以〈遯〉. 遯者, 退也.

(34) 物不可以終遯, 故受之以〈大壯〉.

(35) 物不可以終壯, 故受之以〈晉〉. 晉者, 進也.

(36) 進必有所傷, 故受之以〈明夷〉. 夷者, 傷也.

(37) 傷於外者必反於家, 故受之以〈家人〉.

(38) 家道窮必乖, 故受之以〈睽〉. 睽者, 乖也.

(39) 乖必有難, 故受之以〈蹇〉. 蹇者, 難也.

(40) 物不可以終難, 故受之以〈解〉. 解者, 緩也.

(41) 緩必有所失, 故受之以〈損〉.

(42) 損而不已必益, 故受之以〈益〉.

(43) 益而不已必決, 故受之以〈夬〉. 夬者, 決也.

(44) 決必有遇, 故受之以〈姤〉. 姤者, 遇也.

(45) 物相遇而後聚, 故受之以〈萃〉. 萃者, 聚也.

(46) 聚而上者謂之升, 故受之以〈升〉.

(47) 升而不已必困, 故受之以〈困〉.

(48) 困乎上者必反下, 故受之以〈井〉.

(49) 井道不可不革, 故受之以〈革〉.

(50) 革物者莫若鼎, 故受之以〈鼎〉.

(51) 主器者莫若長子, 故受之以〈震〉. 震者, 動也.

(52) 物不可以終動, 止之, 故受之以〈艮〉. 艮者, 止也.

(53) 物不可以終止, 故受之以〈漸〉. 漸者, 進也.

(54) 進必有所歸, 故受之以〈歸妹〉.

(55) 得其所歸者必大, 故受之以〈豐〉. 豐者, 大也.

(56) 窮大者必失其居, 故受之以〈旅〉.

(57) 旅而无所容, 故受之以〈巽〉. 巽者, 入也.

(58) 入而後說之, 故受之以〈兌〉. 兌者, 說也.

(59) 說而後散之, 故受之以〈渙〉. 渙者, 離也.

(60) 物不可以終離, 故受之以〈節〉.

(61) 節而信之, 故受之以〈中孚〉.

(62) 有其信者必行之, 故受之以〈小過〉.

(63) 有過物者必濟, 故受之以〈既濟〉.

(64) 物不可窮也, 故受之以〈未濟〉, 終焉.

〈해석〉

(31) 천지가 있은 연후에야 만물이 있게 되고, 만물이 있은 연후에야 남녀(男女)가 있게 되며, 남녀가 있은 연후에야 부부(夫婦)가 있게 되고, 부부가 있은 연후에야 부자(父子)가 있게 되며, 부자가 있은 연후에야 군신(君臣)이 있게 되고, 군신이 있은 연후에야 상하(上下)가 있게 되며, 상하가 있은 연후에야 예의(禮義)가 조치될 수 있는 것이다.

(32) 부부의 도란 가히 장구히 가지 않으면 안 된다. 그 까닭으로 이를 〈항괘(恆卦)〉로써 이어받은 것이다. '恆'이란 '오래 지속되다'의 뜻이다.

(33) 사물이란 장구히 그 자리에 있을 수만은 없다. 그 까닭으로 이를 〈둔괘(遯卦)〉로써 이어받은 것이다. '遯'이란 '물러나 은둔하다'의 뜻이다.

(34) 사물이란 끝까지 은둔해 있을 수만은 없다. 그 까닭으로 이를 〈대장괘(大壯卦)〉로써 이어받은 것이다.

(35) 사물이란 끝까지 장대할 수만은 없다. 그 까닭으로 이를 〈진괘(晉卦)〉로써 이어받은 것이다. '晉'이란 '前進하다'의 뜻이다.

(36) 나서면 반드시 상해를 입는 바가 있을 수 있다. 그 까닭으로 이를 〈명이괘(明夷卦)〉로써 이어받은 것이다. '夷'란 '상처를 입다'의 뜻이다.

(37) 밖에서 상처를 입은 자는 반드시 집으로 돌아오게 마련이다. 그 까닭으로 이를 〈가인괘(家人卦)〉로써 이어받은 것이다.

(38) 가정의 도가 궁해지면 반드시 괴리되게 되어 있다. 그 까닭으로 이를 〈규괘(睽卦)〉로써 이어받은 것이다. '睽'란 '괴리됨'의 뜻이다.

(39) 괴리되면 반드시 어려움이 있게 마련이다. 그 까닭으로 이를 〈건괘(蹇卦)〉로써 이어받은 것이다. '蹇'이란 '어려움'을 뜻한다.

(40) 사물이란 끝까지 어렵기만 한 것은 아니다. 그 까닭으로 이를 〈해괘(解卦)〉로써 이어받은 것이다. '解'란 '서서히 풀리다'의 뜻이다.

(41) 느리게만 하면 틀림없이 잃는 바가 있게 마련이다. 그 까닭으로 이를 〈손괘(損卦)〉로써 이어받은 것이다.

(42) 손해를 보면서 그치지 않으면 반드시 이익이 있을 수 있다. 그 까닭으로 이를 〈익괘(益卦)〉로써 이어받은 것이다.

(43) 이익만 보면서 그치지 않으면 반드시 결판이 나게 마련이다. 그 까닭으로 이를 〈쾌괘(夬卦)〉로써 이어받은 것이다. '夬'란 '결판이 나다'의 뜻이다.

(44) 결판을 내면 반드시 만남이 있게 마련이다. 그 까닭으로 이를 〈구괘(姤卦)〉로

써 이어받은 것이다. '姤'란 '만남'을 뜻한다.

(45) 사물이란 서로 만나고 난 뒤에는 모이게 마련이다. 그 까닭으로 이를 〈췌괘(萃卦)〉로써 이어받은 것이다. '萃'란 '모여들다'의 뜻이다.

(46) 모으면서 위로 올라가는 것을 일러 승(升)이라 한다. 그 까닭으로 이를 〈승괘(升卦)〉로써 이어받은 것이다.

(47) 올라가기만 하고 그치지 않으면 반드시 곤액을 만나게 마련이다. 그 까닭으로 이를 〈곤괘(坤卦)〉로써 이어받은 것이다.

(48) 위로 올라가다가 곤액을 만난 자는 반드시 되돌아 내려오게 마련이다. 그 까닭으로 이를 〈정괘(井卦)〉로써 이어받은 것이다.

(49) 우물을 관리하는 방법은 물을 쳐내어 혁신하지 않으면 안 된다. 그 까닭으로 이를 〈혁괘(革卦)〉로써 이어받은 것이다.

(50) 하물을 혁신함에는 솥만 한 것이 없다. 그 까닭으로 이를 〈정괘(鼎卦)〉로써 이어받은 것이다.

(51) 보기(寶器)를 다루는 자로써 장자만한 이가 없다. 그 까닭으로 이를 〈진괘(震卦)〉로써 이어받은 것이다. '震'이란 '움직임'을 뜻한다.

(52) 사물이란 끝까지 움직이게만 할 수 없어 이를 그치게 해야 한다. 그 까닭으로 이를 〈간괘(艮卦)〉로써 이어받은 것이다. '艮'란 '중지시키다'의 뜻이다.

(53) 사물이란 끝까지 중지해 있을 수만은 없다. 그 까닭으로 이를 〈점괘(漸卦)〉로써 이어받은 것이다. '漸'이란 '조금씩 나아가다'의 뜻이다.

(54) 나아가면 반드시 돌아갈 곳이 있다. 그 까닭으로 이를 〈귀매괘(歸妹卦)〉로써 이어받은 것이다.

(55) 돌아갈 바를 얻은 자는 반드시 크게 될 것이다. 그 까닭으로 이를 〈풍괘(豐卦)〉로써 이어받은 것이다. '豐'이란 '풍대함'을 뜻한다.

(56) 궁함이 너무 큰 자는 반드시 그 거처까지 잃게 마련이다. 그 까닭으로 이를 〈려괘(旅卦)〉로써 이어받은 것이다. '離'란 '달라붙다'의 뜻이다.

(57) 떠돌면서 받아줌이 없으니, 그 까닭으로 이를 〈손괘(巽卦)〉로써 이어받은 것이다. '巽'이란 '들어감'을 뜻한다.

(58) 들어간 이후에는 즐겁게 여길 것이다. 그 까닭으로 이를 〈태괘(兌卦)〉로써 이어받은 것이다. '兌'란 '기쁘다'의 뜻이다.

(59) 기뻐한 이후에는 흩어지게 마련이다. 그 까닭으로 이를 〈환괘(渙卦)〉로써 이어받은 것이다. '渙'이란 '離散되다'의 뜻이다.

(60) 사물이란 끝까지 흩어질 수만은 없다. 그 까닭으로 이를 〈절괘(節卦)〉로써 이어받은 것이다.

(61) 조절하여 믿음을 얻게 마련이다. 그 까닭으로 이를 〈중부괘(中孚卦)〉로써 이어받은 것이다.

(62) 그 믿음을 얻은 자는 반드시 실행해야 할 일이 있다. 그 까닭으로 이를 〈소과괘(小過卦)〉로써 이어받은 것이다.

(63) 사물에 약간 지나치게 하는 자는 반드시 해결하게 된다. 그 까닭으로 이를 〈기제괘(旣濟卦)〉로써 이어받은 것이다.

(64) 사물이란 끝을 다함이란 있을 수 없다. 그 까닭으로 이를 〈미제괘(未濟卦)〉로써 이어받아 이를 마무리한 것이다.


【有天地然後有萬物】이는 〈咸卦〉를 설명한 것임. 천지가 있은 연후라야 만물이 있게 됨.《集解》에 "虞翻曰:「謂天地否也.」謂否反成泰, 天地絪縕, 萬物化醇, 故有萬物也"라 함.

【有萬物然後有男女】만물이 있은 연후라야 남녀가 있게 됨.《集解》에 "謂泰已有否, 否三上反正成咸. 艮爲男, 兌爲女, 故有男女"라 함.

【有男女然後有夫婦】남녀가 있은 연후라야 부부가 있게 됨.《集解》에 "咸反成恒, 震爲夫, 巽爲婦, 故有夫婦也"라 함.

【有夫婦然後有父子】부부가 있은 연후라야 부자가 있게 됨. 〈咸卦〉는 男女의 交感을 상징하며, 이로써 人倫의 시작과 夫婦의 義를 거론하여,《周易》下經의 첫머리로 삼은 것임.《集解》에 "謂咸上復乾成遯, 乾爲父, 艮爲子, 故有父子"라 함.

【有父子然後有君臣】부자가 있은 연후라야 군신이 있게 됨.《集解》에 "謂遯三復坤成否, 乾爲君, 坤爲臣, 故有君臣也"라 함.

【有君臣然後有上下】군신이 있은 연후라야 상하가 있게 됨.《集解》에 "否, 乾君尊上, 坤臣卑下, 天尊地卑, 故有上下也"라 함.

【有上下然後禮義有所錯】상하가 있은 연후라야 예와 의가 펼쳐져 제 역할을 하게 됨. '錯'은 措, 置, 施 등과 같으며 錯綜의 뜻. 音은 '착'(七各反)과 '조/초'(七路反) 두 가지가 있음. 뜻은 가로세로 잘 배치됨, 施行함, 措置함'의 뜻. 王弼 注에 "言咸卦之義也. 凡序卦所明, 非《易》之縕也. 蓋因卦之次, 託以明義. 咸柔上而剛下感, 應以相與, 夫婦之象, 莫美乎斯. 人倫之道, 莫大乎夫婦, 故夫子殷勤深述其義, 以崇人倫之始, 而不係之於離也. 先儒以〈乾〉至〈離〉爲上經, 天道也. 〈咸〉至〈未濟〉爲下經, 人事也. 夫《易》六畫

成卦, 三才必備, 錯綜天人, 以效變化, 豈有天道人事, 偏於上下哉? 斯蓋守文而不求義, 失之遠矣"라 함. 〈正義〉에 "韓於此一節, 王弼 注: 「破先儒上經明天道, 下經明人事.」於 〈咸〉卦之初, 已論之矣"라 함. 《集解》에 "錯, 置也. 謂天君父夫象尊, 錯上; 地婦臣子禮 卑, 錯下. 坤地道·妻道·臣道, 故禮義有所錯者也. 此上虞義. ○干寶曰: 「錯, 施也. 此詳 言人道, 三綱六紀, 有自來也. 人有男女陰陽之性, 則自然有夫婦配合之道. 有夫婦配合之 道, 則自然有剛柔尊卑之義. 陰陽化生, 血體相傳, 則自然有父子之親. 以父立君, 以子資 臣, 則必有君臣之位. 有君臣之位, 故有上下之叙. 有上下之序, 則必禮以定其體, 義以制 其宜, 明先王制作, 蓋取之於情者也. 〈上經〉始於乾坤, 有生之本也; 〈下經〉始於咸, 恒人 道之首也. 《易》之興也, 當殷之末世, 有妲己之禍; 當周之盛德, 有三母之功, 以言天不地, 不生夫不婦, 不成相須之至, 王敎之端, 故《詩》以關雎爲國風之始, 而《易》於咸, 恒備論 禮, 義所由生也.」"라 함.

【夫婦之道不可以不久也】 부부의 도는 오래도록 지속되지 않으면 안 됨.

【故受之以〈恆〉】 그 때문에 이를 〈恆卦〉가 이어받은 것임. '恆'은 恒의 本字.

【恆者, 久也】 '恆'이란 장구히 지속됨을 뜻함. 《集解》에 "鄭玄曰: 「言夫婦, 當有終身 之義. 夫婦之道, 謂咸恒也.」"라 함.

【物不可以久居其所】 사물은 그 한 장소에만 오래 처할 수 없음.

【故受之以〈遯〉】 그 때문에 이를 〈둔괘(遯卦)〉가 이어 받은 것임.

【遯者, 退也】 '遯'이란 물러나 은둔함을 뜻함. 王弼 注에 "夫婦之道, 以恒爲貴, 而物 之所居, 不可以恒宜與世, 升降有時, 而遯也"라 함. 《集解》에 "韓康伯曰: 「夫婦之道, 以 恒爲貴, 而物之所居, 不可以不恒. 宜與時升降, 有時而遯者也.」"라 함.

【物不可以終遯】 사물은 끝까지 물러나 있을 수만은 없음. 王弼 注에 "遯, 君子以遠 小人, 遯而後亨何可終邪? 則小人逡陵君子, 日消也"라 함.

【故受之以〈大壯〉】 그 때문에 〈大壯卦〉가 이를 이어받은 것임. 王弼 注에 "陽盛陰消, 君子道勝(盛)"이라 함. 《集解》에 "韓康伯曰: 「遯, 君也. 以遠小人遯, 而後通, 何可終耶? 陽盛陰消, 君子道勝也.」"라 함.

【物不可以終壯】 사물이란 끝까지 壯大할 수만은 없음. '壯'은 强壯함. 아주 旺盛함.

【故受之以〈晉〉】 그 때문에 〈晉卦〉가 이를 이어받은 것임. 王弼 注에 "晉, 以柔而進 也"라 함.

【晉者, 進也】 '晉'이란 '前進하다, 나아가다'의 뜻임. '晉'과 '進'은 同音. 王弼 注에 "雖以柔而進, 要是進也"라 함. 《集解》에 "崔憬曰: 「不可以終, 壯於陽盛, 自取觸藩, 宜柔 進而上行, 受茲錫馬.」"라 함.

【進必有所傷】나아가면 틀림없이 손상을 입는 바가 있음.

【故受之以〈明夷〉】그 때문에 〈明夷卦〉가 이를 이어받은 것임. 王弼 注에 "日中則昃, 月盈則食"이라 함.

【夷者, 傷也】'夷'란 '상처받다, 손상을 입다'의 뜻임. '夷'는 痍와 같음. 《集解》에 "九家《易》曰:「日在坤下, 其明傷也. 言晉極當降, 復入于地, 故曰明夷也.」"라 함.

【傷於外者必反於家】밖에서 상처를 받은 자는 반드시 자신의 집으로 되돌아오게 되어 있음.

【故受之以〈家人〉】그 때문에 이를 〈家人卦〉가 이어받은 것임. 王弼 注에 "傷於外, 必反脩諸內"라 함. 《集解》에 "虞翻曰:「晉時在外, 家人在內, 故反家人.」○韓康伯曰:「傷於外者, 必反諸內矣.」"라 함.

【家道窮必乖】가정의 도리가 궁해지면 틀림없이 어그러지게 되어 있음. '家道窮'은 家人의 道가 窮極에 달함. 王弼 注에 "室家至親, 過在失節, 故家人之義, 唯嚴與敬. 樂勝則流, 禮勝則離家, 人尙嚴, 其敝必乖也"라 함.

【故受之以〈睽〉】그 때문에 이를 〈睽卦〉가 이어받은 것임.

【睽者, 乖也】'睽'란 '어그러지다'의 뜻임. '乖'는 乖背의 뜻. 《集解》에 "韓康伯曰:「室家至親, 過在失節, 故家人之義, 唯嚴與敬. 樂勝則流, 禮勝則離, 家人尙嚴, 其弊必乖者也.」"라 함.

【乖必有難】어그러지면 틀림없이 어려움이 있게 마련임. '難'은 險難한 길로 들어섬을 뜻함.

【故受之以〈蹇〉】그 때문에 이를 〈蹇卦〉가 이어받은 것임.

【蹇者, 難也】'蹇'이란 '어려움, 困難, 艱難'이라는 뜻임. 《集解》에 "崔憬曰:「二女同居, 其志乖而難生, 故曰乖必有難也.」"라 함.

【物不可以終難】사물은 끝까지 간난에 처해 있지는 않음.

【故受之以〈解〉】그 때문에 이를 〈解卦〉가 이어받은 것임.

【解者, 緩也】'解'란 천천히 해결될 것임을 뜻함. '緩'은 緩化시켜 풀어줌. 《集解》에 "崔憬曰:「蹇終則來, 碩吉利見大人, 故言不可終難, 故受之以解者也.」"라 함.

【緩必有所失】천천히 느리게만 하면 반드시 잃은 바가 있을 것임.

【故受之以〈損〉】그 때문에 이를 〈巽卦〉가 이어받은 것임. 《集解》에 "崔憬曰:「宥罪緩死, 失之則僥倖. 有損於政刑, 故言緩必有所失受之以損.」"이라 함.

【損而不已必益】손실을 보면서 그치지 않으면 반드시 이익이 있을 것임. '損'은 損失, 減損의 뜻.

【故受之以〈益〉】그 때문에 이를 〈益卦〉가 이어받은 것임.《集解》에 "崔憬曰:「損終則弗損, 益之, 故言損而不已必益.」"이라 함.

【益而不已必決】이익을 보면서 그치지 않으면 반드시 어떤 결판이 날 것임. '益'은 利益, 增益의 뜻. 王弼 注에 "益而不已, 則盈. 故必決也"라 함.

【故受之以〈夬〉】그 때문에 이를 〈夬卦〉가 이어받은 것임.

【夬者, 決也】'夬'란 '결판이 나다, 결정이 나다'의 뜻임. '決'은 決斷, 決判, 決定의 뜻.《集解》에 "韓康伯曰:「益而不已則盈, 故必決也.」"라 함.

【決必有遇】결정이 나고 나면 틀림없이 만남이 있을 것임. '遇'는 遇合의 뜻. 王弼 注에 "以正決邪, 必有喜遇也"라 함.

【故受之以〈姤〉】그 때문에 이를 〈姤卦〉가 이어받은 것임.

【姤者, 遇也】'姤'란 '만나다'의 뜻임. '姤'와 '遇'는 疊韻.《集解》에 "韓康伯曰:「以正決邪, 必有喜遇.」"라 함.

【物相遇而後聚】사물은 서로 만난 후에 모이게 마련임.

【故受之以〈萃〉】그 때문에 이를 〈萃卦〉가 이어받은 것임.

【萃者, 聚也】'萃'란 '모여들다, 모으다'의 뜻임. '萃'와 '聚'는 雙聲.《集解》에 "崔憬曰:「天地相遇, 品物咸章, 故言物相遇, 而後聚也.」"라 함.

【聚而上者謂之升】모이고 나서 위로 올라가는 것을 일러 升이라 함. '上'과 '升'은 雙聲.

【故受之以〈升〉】그 때문에 이를 〈升卦〉가 이어받은 것임.《集解》에 "崔憬曰:「用大牲而致孝享, 故順天命而升爲王矣. 故言聚而上者謂之升.」"이라 함.

【升而不已必困】오르기만 하고 그치지 않으면 반드시 곤액에 처하게 됨.

【故受之以〈困〉】그 때문에 이를 〈困卦〉가 이어받은 것임.《集解》에 "崔憬曰:「冥升在上, 以消不富, 則窮. 故言升而不已, 必困也.」"라 함.

【困乎上者必反下】위에서 곤액을 당하는 것은 반드시 아래로 되돌아오게 되어 있음.

【故受之以〈井〉】그 때문에 이를 〈井卦〉가 이어받은 것임.《集解》에 "崔憬曰:「困及于臲卼, 則反下以求安, 故言困乎上必反下.」"라 함.

【井道不可不革】우물이 사람을 길러주는 도는 革新(變革)을 가하지 않을 수 없음. 우물은 사람에게 깨끗한 물이어야 하나 오래 지나면 탁하고 흐려지므로 반드시 정기적으로 쳐내야 함. 그 때문에 革이라 한 것임. 王弼 注에 "井久則濁穢, 宜革易其故"라 함.

【故受之以〈革〉】그 때문에 이를 〈革卦〉가 이어받은 것임.《集解》에 "韓康伯曰:「井久則濁穢, 宜革易其故.」"라 함.

【革物者莫若鼎】사물을 改革(變革, 革新)하는 것으로써 솥만 한 것이 없음.

【故受之以〈鼎〉】그 때문에 이를 〈鼎卦〉가 이어받은 것임. '鼎'은 조리하는 데에 가장 중요한 기구로서 그 안에 들어간 음식재료가 익는 것은 완전히 변하는 것임. 아울러 정은 법을 제정함을 상징하므로 음식물이 익어 먹을 있게 되듯이 법제를 개혁하여 사회의 변화에 새롭게 맞추어야 함. 王弼 注에 "革去故, 鼎取新, 旣以去故, 則宜制器·立法, 以治新也. 鼎, 所以和齊, 生物成新之器也. 故取象焉"이라 함. 《集解》에 "韓康伯曰:「革去故鼎取新, 旣以去故, 則宜制器立法, 以治新也. 鼎, 所以和齊, 生物成新之器也. 故取象焉.」"이라 함.

【主器者莫若長子】기물을 주관하는 자로써 長子만 한 이가 없음. '主器'는 國政을 主持하는 자, 즉 권력을 쥐고 있는 자. '長子'는 君主를 대신하는 말이며, 고대 長子世襲을 뜻함. 또한 震卦의 상징이기도 함. 〈說卦傳〉에 "震爲長子"라 함.

【故受之以〈震〉】그 때문에 이를 〈震卦〉가 이어받은 것임.

【震者, 動也】'震'이란 움직임을 뜻함. 《集解》에 "崔憬曰:「鼎所烹飪, 享於上帝, 主此器者, 莫若冢嫡以爲其祭主也. 故言主器者, 莫若長子.」"라 함.

【物不可以終動, 止之】사물이 끝까지 움직이고만 있는 것은 없으므로, 이를 그치게 해야 함. '止'는 抑止함. 그치게 함. 中止시킴.

【故受之以〈艮〉】그 때문에 이를 〈艮卦〉가 이어받은 것임.

【艮者, 止也】'艮'이란 '그치다, 중지하다, 정지하다'의 뜻임. 《集解》에 "崔憬曰:「震極則征凶, 婚媾有言, 當須止之, 故言物不可以終動, 故止之也.」"라 함.

【物不可以終止】사물은 끝까지 정지하고 있기만 할 수는 없음.

【故受之以〈漸〉】그 때문에 이를 〈漸卦〉가 이어받은 것임.

【漸者, 進也】'漸'이란 '점차 나아가다'의 뜻임. '進'은 漸進의 뜻. '漸'과 '進'은 雙聲. 《集解》에 "虞翻曰:「否三進之四, 巽爲進也.」"라 함.

【進必有所歸】나아가면 반드시 돌아갈 곳이 있음.

【故受之以〈歸妹〉】그 때문에 이를 〈歸妹卦〉가 이어받은 것임. 《集解》에 "虞翻曰:「震嫁兌, 兌爲妹, 嫁, 歸也.」"라 함.

【得其所歸者必大】그 돌아갈 곳을 얻은 자는 반드시 크게 됨.

【故受之以〈豐〉】그 때문에 이를 〈豐卦〉가 이어받은 것임.

【豐者, 大也】'豐'이라 '풍성하고 크다'의 뜻임. 《集解》에 "崔憬曰:「歸妹者, 姪娣媵國, 三人九女爲大援, 故言得其所歸者, 必大也.」"라 함.

【窮大者必失其居】궁함이 큰 자는 반드시 그 거처를 잃게 마련임. '窮大'는 豐大함

이 궁극에 달함.

【故受之以〈旅〉】그 때문에 이를 〈旅卦〉가 이어받은 것임. '旅'는 旅行, 行旅. 떠돎. 《集解》에 "崔憬曰:「諺云:『作者不居.』況窮大甚而能處乎? 故必獲罪, 去邦羈旅於外也.」"라 함.

【旅而无所容】여행하며 떠돌면 받아주는 이가 없음.

【故受之以〈巽〉】그 때문에 이를 〈巽卦〉가 이어받은 것임. 王弼 注에 "旅而无所容, 以巽則得所入也"라 함.

【巽者, 入也】'巽'이란 '들어가다'의 뜻임. '巽'은 順의 뜻을 가지고 있으며 이는 남에게 謙遜하게 하여 들어감을 얻게 됨. 《集解》에 "韓康伯曰:「旅而无所容, 以巽, 則得所入也.」"라 함.

【入而後說之】들어간 뒤에는 이를 기꺼워하게 됨.

【故受之以〈兌〉】그 때문에 이를 〈兌卦〉가 이어받은 것임.

【兌者, 說也】'兌'란 '기쁘다'의 뜻임. '說'은 悅과 같음. 본편의 '說'자는 모두 '悅'자의 뜻임. 《集解》에 "虞翻曰:「兌爲講習, 故'學而時習之, 不亦說乎?'」"라 함.

【說而後散之】기쁨을 얻은 뒤에는 흩어놓게 마련임.

【故受之以〈渙〉】그 때문에 이를 〈渙卦〉가 이어받은 것임. 王弼 注에 "說不可偏係, 故宜散也"라 함.

【渙者, 離也】'渙'이란 흩어져 離散됨을 뜻함. '渙'과 '散'은 疊韻關係. 王弼 注에 "渙者, 發暢而无所壅滯, 則殊趣. 各肆而不反, 則遂乖離也"라 함. 《集解》에 "虞翻曰:「風以散物, 故離也.」"라 함.

【物不可以終離】사물이란 끝까지 흩어져 있을 수만은 없음.

【故受之以〈節〉】그 때문에 이를 〈節卦〉가 이어받은 것임. 王弼 注에 "夫事有其節, 則物之所同, 守而不散越也"라 함. 《集解》에 "韓康伯曰:「夫事有其節, 則物之所同, 守而不散越也.」"라 함.

【節而信之】절제하여 이에 신실하게 함. '節'은 節制, 節止, 調節의 뜻.

【故受之以〈中孚〉】그 까닭으로 이를 〈中孚卦〉가 이어받은 것임. '中孚'는 心中에 誠信함을 지니고 있음을 뜻함. '中'은 忠의 假借로 보기도 함. 王弼 注에 "孚, 信也. 旣已有節, 則宜信以守之"라 함. 《集解》에 "韓康伯曰:「孚, 信也. 旣已有節, 宜信以守之矣.」"라 함.

【有其信者必行之】그 미더움을 가지고 있는 자는 반드시 이를 실행에 옮기게 됨.

【故受之以〈小過〉】그 때문에 이를 〈小過卦〉가 이어받은 것임. '小過'는 약간 과도하

게 해야 할 일에는 그렇게 해도 됨을 뜻함. '過'는 平常을 超過함. 王弼 注에 "守其信者, 則失貞而不諒之道, 而以信爲過, 故曰'小過'也"라 함. 《集解》에 "韓康伯曰:「守其信者, 則失貞而不諒之道, 而以信爲過也. 故曰'小過'.」"라 함.

【有過物者必濟】사물에 허물이 있는 것은 반드시 해결해야 함. '濟'는 '해결하다, 성취하다, 이루다, 완결하다, 완성하다' 등의 뜻. 王弼 注에 "行過乎恭, 禮過乎儉, 可以矯世厲俗, 有所濟也"라 함.

【故受之以〈旣濟〉】그 때문에 이를 〈旣濟卦〉가 이어받은 것임. 《集解》에 "韓康伯曰: 「行過乎恭, 禮過乎儉, 可以矯世勵俗, 有所濟也.」"라 함.

【物不可窮也】사물이란 그 변화가 끝이 있어서는 안 됨.

【故受之以〈未濟〉, 終焉】그 까닭으로 이를 〈未濟卦〉가 이어받아, 끝마무리를 삼은 것임. '未濟'는 '未完成, 아직 끝나지 않음, 아직 해결하지 못함' 등의 뜻. 《周易》에서는 어떤 사물이란 끝이 없이 다시 이어짐을 상징하여, 그 循環을 강조하기 위해 이 〈未濟卦〉를 64괘의 마무리로 한 것임. 王弼 注에 "有爲而能濟者, 以已窮物者也. 物窮則乖, 功極則亂, 其可濟乎? 故受之以〈未濟〉也"라 함. 《集解》에 "韓康伯曰:「有爲而能濟者, 以已窮物. 物窮則乖, 功極則亂, 其可濟乎? 故受之以〈未濟〉.」"라 함. 《本義》에 "右下篇"이라 함.

# 〈잡괘전雜卦傳〉

〈잡괘전〉의 孔子가 지은 것으로 알려져 있으며, '雜'은 錯雜의 의미이다. 즉 '조를 짜서 늘여놓았다'는 뜻이다. 이는 64괘의 순서에 관계없이 두 괘씩 조를 짜서 32조로 나누어 상대, 대응, 대비, 반대, 대립, 유형, 유사 등의 관계와 의미를 추출하여 설명한 것이다. 괘형을 보면 小成卦 上下가 완전 對稱을 이루거나, 거꾸로 되어 있다. 이렇게 짝을 지어 아주 추상적이며 단순한 어휘로, 두 괘의 차이를 표현하였으며, 혹 상하 배치, 효의 순서 등을 근거로 짧은 한 두 글자로 설명하여 나름대로의 설득력을 가지고 있다. 우선 《주역》 上篇의 첫머리인 〈乾卦〉(001)와 〈坤卦〉(002)를 시작으로 하고, 뒤는 下篇의 첫머리인 〈咸卦〉(031)를 시작으로 하여, 〈序卦傳〉과 맞게 되어 있으며, 이렇게 상하 둘 씩 짝을 짓고 있어 논리적으로 일관성을 이루고 있다. 孔穎達 〈正義〉에 "上〈序卦〉, 依文王, 上下而次序之. 此〈雜卦〉, 孔子更以意錯雜而對辨. 其次第 不與〈序卦〉同. 故韓康伯云:「〈雜卦〉者, 雜糅衆卦, 錯綜其義. 或以同相類, 或以異相, 明也.」 虞氏云:「〈雜卦〉者, 雜六十四卦以爲義, 其於〈序卦〉之外, 別言也. 昔者, 聖人之興, 因時而作, 隨其時宜, 不必皆相因襲, 當有損益之意也.」故〈歸藏〉名卦之次, 亦多異於時, 王道蹉駁, 聖人之意, 或欲錯綜以濟之, 故次〈序卦〉, 以其雜也"라 하였고, 《集解》에는 "韓康伯曰:「雜卦者, 雜糅衆卦, 錯綜其義. 或以同相類, 或以異相明矣.」"라 함.

〈雜-1〉

乾剛坤柔, 比樂師憂; 臨觀之義, 或與或求.
屯見而不失其居, 蒙雜而著.
震起也, 艮止也, 損益盛衰之始也.
大畜時也, 无妄災也; 萃聚而升不來也.

〈해석〉
　〈乾卦〉는 강(剛)하고 坤卦는 유(柔)함을 상징하며, 〈比卦〉는 즐거움을, 〈師卦〉는 근심을 의미하고, 〈臨卦〉와 〈觀卦〉가 뜻하는 것은, 혹 시여(施與)이기도 하고 혹 찾아 살피는 것을 의미한다.
　〈屯卦〉는 드러나 그 거처를 잃지 않음을, 〈蒙卦〉는 번잡(繁雜)하되 밝음이 드러날 것임을 상징한다.
　〈震卦〉는 기동(起動)을, 〈艮卦〉는 정지(停止)를 의미하며, 〈損卦〉와 〈益卦〉는 둘 모두 성쇠(盛衰)의 시작을 뜻한다.
　〈大畜卦〉는 때에 맞추어야 하고, 〈无妄卦〉는 재앙을 의미하며, 〈萃卦〉는 모으고, 〈升卦〉는 다시 내려오지 않음을 뜻한다.


　【乾剛坤柔】〈乾卦〉(䷀ 001)는 剛을, 〈坤卦〉(䷁ 002)는 柔를 상징함. 乾坤을 剛柔로 대칭함. 《集解》에 "虞翻曰:「乾剛金堅, 故剛; 坤陰和順, 故柔也.」"라 함.
　【比樂師憂】〈比卦〉(䷇ 008)는 즐거움을, 〈師卦〉(䷆ 007)는 근심을 상징함. 비괘는 親比, 友好 등을 상징하므로 즐거운 것이며, 사괘는 戰鬪, 軍事, 興兵을 상징하므로 근심스러운 것임. 王弼 注에 "親比則樂, 動衆則憂"라 함. 《集解》에 "虞翻曰:「比五得位, 建萬國, 故樂; 師三失位, 興尸, 故憂.」"라 함.
　【臨觀之義, 或與或求】〈臨卦〉(䷒ 019)와 〈觀卦〉(䷓ 020)의 뜻은, 혹 주는 것이기도 하고 혹 찾아다니는 것이기도 함. 臨卦는 君臨, 施與, 賜與의 뜻이 있고, 觀卦는 '求하다'의 뜻이 들어 있음. '與'는 予와 같으며, 임금으로 君臨하는 자는 아래 백성에게 은혜를 베풀어 내리는 역할을 해야 함. '求'는 '訪求하다, 찾다, 관찰하여 쳐다보다, 民情을 관찰하다'의 뜻이 들어 있음. 王弼 注에 "以我臨物, 故曰與; 物來觀我, 故曰求"라 함. 《集解》에 "荀爽曰:「臨者, 敎思无窮, 故爲與; 觀者, 觀民設敎, 故爲求也.」"라 함. 《本義》에 "以我臨物曰與; 物來觀我曰求. 或曰二卦互有與求之義"라 함.

【屯見而不失其居, 蒙雜而著】〈屯卦〉(䷂ 003)는 初創, 初生, 創建로, 생기가 드러난 것이며 이로써 순조롭게 자라고 있음을 뜻함. '見'은 現과 같음. '현'으로 읽음. '不失 其居'는 그 자리를 잡은 그것을 잃지 않아야 함. 屯卦의 初九와 九五는 둘 모두 陽爻이며 得中하였고, 位正當함으로 이러한 좋은 조건을 십분 발휘해야 함을 뜻함. 王弼 注에 "〈屯〉:「利建侯.」君子經綸之時, 雖見而磐桓, 利貞, 不失其居也"라 함. 〈蒙卦〉(䷃ 004)는 蒙昧하여 사물을 제대로 알지 못하므로 사물을 번잡하게 여기지만, 끝내 밝음이 드러날 것임을 상징함. '雜'은 繁雜, '著'는 著明을 뜻함. 王弼 注에 "雜者, 未知所定也. 求發其蒙, 則終得所定. 著, 定也"라 함. 《集解》에 "虞翻曰:「陰出初震, 故見; 盤桓利居貞, 故不失其居. 蒙二陽在陰位, 故雜. 初雜爲交, 故著.」"라 함. 《本義》에 "屯震遇坎震動, 故見, 坎險不行也. 蒙坎遇艮, 坎幽昧艮, 光明也. 或曰屯以初言, 蒙以二言"이라 함.

【震起也, 艮止也】〈震卦〉(䷲ 051)는 起動함을, 〈艮卦〉(䷳ 052)는 停止함을 뜻함. 震艮은 動止의 상대적임. 《集解》에 "震陽動行, 故起; 艮陽終止, 故止"라 함.

【損益盛衰之始也】〈損卦〉(䷨ 041)와 〈益卦〉(䷩ 042)는 모두 盛衰의 시작임. 즉 損卦는 損害가 極에 이르면 다시 利益이 시작되고, 益卦는 이익이 극에 달하면 손해가 시작됨. 王弼 注에 "極損則益, 極益則損"이라 함. 《集解》에 "損泰初益, 上衰之始; 損否上益, 初盛之始"라 함.

【大畜時也, 无妄災也】〈大畜卦〉(䷙ 026)는 크게 축적할 때는 반드시 時宜에 맞아야 하고, 〈无妄卦〉(䷘ 025)는 뜻밖의 느닷없는 재앙을 뜻함. '時'에 대해 高亨은 "時, 疑借爲庤. 時庤同聲系, 古通用. 《說文》:「庤, 儲置屋下也, 從广, 寺聲.」是庤乃積儲之義"라 하여, '쌓아 저장하다'의 뜻이라 함. '无妄災也'에 대해 高亨은 "余疑'災'上當有'不'字, 竄入下句, 轉寫之誤也"라 하여, '无妄, 不災也'여야 한다고 보았음. 王弼 注에 "因時而畜, 故能大也. 无妄之世, 妄則災也"라 함. 《集解》에 "大畜五之復二, 成臨時, 捨坤二, 故時也; 无妄上之遯, 初子弒父, 故災者也"라 함. 《本義》에 "止健者, 時有適. 然无妄而災, 自外至"라 함.

【萃聚而升不來也】〈萃卦〉(䷬ 045)는 聚集을 뜻하며, 〈升卦〉(䷭ 046)는 상승할 때는 내려오려 하지 말아야 함. 高亨은 "'升不來', 義不可通, 余謂'不'字當在上句'災'字上. '來'當讀爲'倈'. 《廣雅》釋詁:「倈, 伸也.」"라 하여, '不'자는 위 '无妄不災也'의 '不'자가 잘못 이곳에 옮겨진 것이라 하였음. 王弼 注에 "來, 還也. 方在上升, 故不還也"라 함. 《集解》에 "坤衆在內, 故聚; 升五不來之二, 故不來之內, 曰來也"라 함.

〈雜-2〉

謙輕而豫怠也.

噬嗑食也, 賁无色也; 兌見而巽伏也.

隨无故也, 蠱則飭也.

剝爛也, 復反也.

晉晝也, 明夷誅也; 井通而困相遇也.

〈해석〉

　〈謙卦〉는 자신을 가볍게 여기며, 〈豫卦〉는 태만해질 것임을 의미한다.

　〈噬嗑卦〉는 먹음을 뜻하고, 〈비괘(賁卦)〉는 아무런 색깔이 없음을 의미하며, 〈兌
卦〉는 드러남을 의미하고, 〈巽卦〉는 잠복함을 뜻한다.

　〈隨卦〉는 할 일이 없음을 뜻하고, 〈蠱卦〉는 적극적으로 다스려야 함을 의미한다.

　〈剝卦〉는 문드러질 것임을 의미하고, 〈復卦〉는 다시 정도로 되돌아옴을 뜻한다.

　〈晉卦〉는 낮을 뜻하고, 〈明夷卦〉는 상처를 입을 것임을 의미하며, 〈井卦〉는 소통함
을 뜻하고, 〈困卦〉는 서로 만날 것임을 의미한다.


　【謙輕而豫怠也】〈謙卦〉(䷎ 015)는 자신을 가볍게 여겨 낮추는 것이며, 〈豫卦〉(䷏
016)는 태만함을 불러옴을 상징함. 겸괘는 謙虛, 謙遜, 謙讓을 뜻하므로 자신을 가볍
게 여기고 남을 중히 여김. 그러나 高亨은 '輕'자에 대해 "輕借爲勁, ……人謙虛則勤奮
自强, 故曰謙勁"이라 하여, '勁'자로 보았음. 예괘는 豫樂, 豫悅, 悅樂을 의미하므로
즐거움이 극에 달하면 태만해짐을 뜻함. 王弼 注에 "謙者不自重大"라 함. 《集解》에 "謙
位三賤, 故輕. 豫薦樂祖考, 故怡. 怡或言怠也"라 함.

　【噬嗑食也, 賁无色也】〈噬嗑卦〉(䷔ 021)는 먹는 것을 상징하며 〈賁卦〉(䷕ 022)는 无
色을 의미함. 噬嗑卦는 입 안에 음식을 머금고 저작하고 있음을 뜻하며, 비괘(賁卦)는
文飾을 의미하며 가장 아름다운 것은 淳朴함과 自然美이므로 無色을 가장 높이 여김.
혹 粉飾이 지나치면 도리어 그 아름다움을 잃게 되므로 '无色'이라 한 것이라고도 함.
王弼 注에 "飾貴合衆, 无定色也"라 함. 《集解》에 "頤中有物, 故食; 賁離日在上, 五動巽
白, 故无色也"라 함.

　【兌見而巽伏也】〈兌卦〉(䷹ 058)는 드러내는 것이며, 〈巽卦〉(䷸ 057)는 숨는 것임.
兌卦는 欣悅을 뜻하여 감정을 드러내는 것이며, 巽卦는 謙順과 納入을 상징하므로 엎

드려 자신을 드러내지 않으려 함. 王弼 注에 "兌貴顯說, 巽貴卑退"라 함.《集解》에 "兌陽息二, 故見則'見龍在田', 巽乾初入陰, 故伏也"라 함.《本義》에 "兌陰外見, 巽陰內伏"이라 함.

【隨无故也, 蠱則飭也】〈隨卦〉(䷐ 017)는 無故함을, 〈蠱卦〉(䷑ 018)는 적극적으로 다스림을 의미함. '故'는《廣雅》에 "故, 事也"라 하여, '无故'는 無事, 無爲를 뜻함. 수괘는 隨意, 隨順을 뜻하므로 이러한 경우, 意外의 無故한 變故를 만날 수 있음. 그러나 '隨'는 '그저 소극적으로 따르기만 하면 될 뿐, 스스로 어떤 일을 하고자 하지 말아야 한다'의 뜻으로도 봄. 蠱卦는 蠱惑, 迷惑을 뜻하므로 이는 飭法으로 그 惑亂을 整理하고 다스려야 함. '飭'는 整治, 즉 '无故'에 상대하여 적극적으로 나서서 整理하고 다스려야 함을 뜻함. 王弼 注에 "隨時之宜, 不繫於故也. 隨則有事, 受之以蠱. 飭, 整治也. 蠱所以整治其事也"라 함.《集解》에 "否上之初, 君子弗用, 故无故也. 蠱泰初上飾坤, 故則飭也"라 함.《本義》에 "隨前无故, 蠱後當飭"이라 함.

【剝爛也, 復反也】〈剝卦〉(䷖ 023)는 모두 깎아 찬란하게 하는 것이며, 〈復卦〉(䷗ 024)는 다시 正道로 돌아옴을 상징함. 박괘는 剝落을 뜻하여 모두 깎고 나면 腐爛해 지며, 복괘은 反復, 復歸를 뜻하므로 잘못된 곳으로 갔다가 正道로 돌아옴을 의미함. 王弼 注에 "物熟, 則剝落也"라 함.《集解》에 "剝生於姤, 陽得陰熟, 故爛. 復剛反初"라 함.

【晉晝也, 明夷誅也】〈晉卦〉(䷢ 035)는 낮을 뜻하며, 〈明夷卦〉(䷣ 036)는 誅伐을 뜻함. 震卦는 小成卦가 아래는 坤(地)이며, 위는 離(火, 日)로 땅위로 해가 떠오르는 형상, 따라서 낮이 됨. 명이괘는 이와 거꾸로 되어 있어 해가 땅 밑으로 넘어간 형상, 따라서 밝음이 夷滅되는 모습으로 誅伐을 상징함. '誅'는 '沒, 歿, 傷'의 뜻. 王弼 注에 "誅, 傷也"라 함.《集解》에 "誅, 傷也. 離日在上, 故晝也. 明入地中, 故誅也, 此上並虞義. ○干寶曰:「日上中, 君道明也. 明君在上, 罪惡必刑也.」"라 함.《本義》에 "誅, 傷也"라 함.

【井通而困相遇也】〈井卦〉(䷯ 048)는 通暢을, 困卦(䷮ 047)는 서로 곤액을 만남을 뜻함. 井卦는 샘물은 끝없이 솟아 사람을 살도록 하므로 通暢을 의미함. 困卦는 곤액에 처한 모습으로 艱難함을 만남을 상징함. 王弼 注에 "〈井〉, 物所通用而不吝也. 〈困〉, 安於所遇而不濫也"라 함.《集解》에 "虞翻曰:「泰初之五爲井, 故通也. 困三遇四, 故相遇也.」"라 함.《本義》에 "剛柔相遇, 而剛見揜也"라 함.

〈雜-3〉

咸速也, 恆久也.
渙離也, 節止也.
解緩也, 蹇難也.
睽外也, 家人內也; 否泰反其類也.
大壯則止, 遯則退也.
大有衆也, 同人親也.
革去故也, 鼎取新也.

〈해석〉

〈咸卦〉는 빠름을 뜻하고, 〈항괘(恆卦)〉는 길게 변함없음을 의미한다.

〈渙卦〉는 흩어짐을 뜻하고, 〈節卦〉는 조절하여 그쳐야 함을 의미한다.

〈解卦〉는 느림을 뜻하고, 〈蹇卦〉는 어려울 것임을 의미한다.

〈睽卦〉는 밖의 일임을 뜻하고, 〈家人卦〉는 안에서의 일임을 의미하며, 〈비괘(否卦)〉와 〈兌卦〉는 그 상황이 정반대임을 의미한다.

〈大壯卦〉는 그쳐야 함을 뜻하고, 〈둔괘(遯卦)〉는 물러서야 함을 의미한다.

〈大有卦〉는 무리를 뜻하고, 〈同人卦〉는 친밀함을 의미한다.

〈革卦〉는 옛것을 제거함을 뜻하고, 〈鼎卦〉는 새로운 것을 취함을 의미한다.


【咸速也, 恆久也】〈咸卦〉(䷞ 031)는 빠름을, 〈恆卦〉(䷟ 032)는 恒久함을 의미함. 함괘는 校勘을 의미하며 사물이 서로 교감하여 행하지 않아도 빠르게 다가옴. 항괘는 恒久(悠久)함을 의미함. 王弼 注에 “物之相應, 莫速乎咸”이라 함. 《集解》에 “相感者, 不行而至, 故速也. 日月久照, 四時久成, 故久也”라 함. 《本義》에 “咸速, 恒久”라 함.

【渙離也, 節止也】〈渙卦〉(䷺ 059)는 흩어져 이산함을, 〈節卦〉(䷻ 060)는 알맞을 때에 그침을 의미함. 환괘는 시원하게 흩어져 分離, 離散됨을 상징함. 절괘는 節制, 節止를 상징함. 《集解》에 “渙散, 故離; 節制度數, 故止”라 함.

【解緩也, 蹇難也】〈解卦〉(䷧ 040)는 느림을, 〈蹇卦〉(䷦ 039)는 艱難함을 의미함. 해괘는 천천히 풀림을 뜻하며, 건괘는 절뚝거리며 어려움을 만남을 상징함. 《集解》에 “雷動出物, 故緩; 蹇險在前, 故難”이라 함.

【睽外也, 家人內也】〈睽卦〉(䷥ 038)는 밖을, 〈家人卦〉(䷤ 037)는 안을 의미함. 睽卦는 밖에서 안을 엿봄을 상징하며, 家人卦는 주부가 집안의 일을 맡아 음식을 조리함을 상징함. 王弼 注에 "相疏外也"라 함. 《集解》에 "離女在上, 故外也; 家人女正位乎內, 故內者也"라 함.

【否泰反其類也】〈否卦〉(䷋ 012)와 〈泰卦〉(䷊ 011)는 그 유형이 정반대임. 비괘(否卦)는 비색(否塞), 비폐(否閉)를 뜻하여 막힘을 상징하나, 태괘는 모든 것이 태평하게 通泰함을 상징함. 《集解》에 "否反成泰, 泰反成否ㅡ 故反. 其類終日乾乾, 反覆之道"라 함.

【大壯則止, 遯則退也】〈大壯卦〉(䷡ 034)는 그칠 줄 앎을, 〈遯卦〉(䷠ 033)는 물러섬을 알아야 함. 대장괘는 모든 것이 크게 강성하기에 적당한 때에 그칠 줄을 알아야 하며, 둔괘(遯卦)는 은둔을 의미하므로 물러설 줄 알아야 함. 王弼 注에 "大正則小人止. 小人亨則君子退也"라 함. 《集解》에 "大壯止陽, 陽故止; 遯陰息陽, 陽故退. 巽爲退者也"라 함. 《本義》에 "止, 謂不進"이라 함.

【大有衆也, 同人親也】〈大有卦〉(䷍ 014)는 衆多함을 의미하며, 〈同人卦〉(䷌ 013)는 서로 친밀함을 뜻함. 《集解》에 "五陽並應, 故衆也. 夫婦同心, 故親也"라 함.

【革去故也, 鼎取新也】〈革卦〉(䷰ 049)는 옛것을 제거하는 것이며, 〈鼎卦〉(䷱ 050)는 새로운 것을 取하는 것임. 革卦는 革新, 改革, 革命을 뜻하며, 鼎卦는 솥 안의 묵은 찌꺼기를 쏟아버리고 새로운 것을 취함. 《集解》에 "革更故去, 鼎烹飪, 故取新也"라 함.

〈雜-4〉

小過過也, 中孚信也.
豐多故也, 親寡旅也; 離上而坎下也.
小畜寡也, 履不處也.
需不進也, 訟不親也.
大過顚也, 姤遇也, 柔遇剛也.
漸女歸待男行也.
頤養正也, 旣濟定也.
歸妹女之終也, 未濟男之窮也.
夬, 決也, 剛決柔也; 君子道長, 小人道憂也.

〈해석〉

　〈小過卦〉는 과도하게 해도 됨을 뜻하고, 〈中孚卦〉는 미더움을 의미한다.

　〈豐卦〉는 옛것을 많이 가지고 있음을 뜻하고, 친구가 적음을 의미하는 것이 〈旅卦〉
이며, 〈離卦〉는 위로 올라감을 뜻하고, 〈坎卦〉는 아래로 내려감을 의미한다.

　〈小畜卦〉는 모자람을 뜻하고, 〈履卦〉는 그 자리에 처할 수 없음을 의미한다.

　〈需卦〉는 앞으로 나서지 말아야 함을 뜻하고, 〈訟卦〉는 친히 여기지 말아야 함을
의미한다.

　〈大過卦〉는 전복됨을 뜻하고, 〈姤卦〉는 만나게 될 것임을 의미하며, 부드러운 것이
강한 것을 만남이다.

　〈漸卦〉는 여자가 시집가고자 남자를 기다려야 할 때의 행동을 의미한다.

　〈頤卦〉는 정도를 잘 기름을 뜻하고, 〈旣濟卦〉는 안정되었음을 의미한다.

　〈歸妹卦〉는 여자로서 갈 길이 끝임을 뜻하고, 〈未濟卦〉는 남자로서 곤궁함을 의미
한다.

　〈夬卦〉는 결단을 내려야 함을 뜻하는 것이니, 강함을 가지고 부드러운 것에 결단을
내려야 한다. 그렇게 하여 군자의 도는 길이 갈 것이요, 소인의 도는 우환에 빠져
소멸되고 말 것임을 의미한다.

【小過過也, 中孚信也】〈小過卦〉(䷽ 062)는 過度함이며, 〈中孚卦〉(䷼ 061)는 誠信함을 의미함. 소과괘는 약간 過度하게 해도 됨을 상징함. 중부괘는 心中에 믿음을 가지고 있음을 뜻함. 《集解》에 "五以陰過陽, 故過. 信及豚魚, 故信也"라 함.

【豐多故也, 親寡旅也】〈豐卦〉(䷶ 055)는 豐多하며 옛 것을 그대로 지니고 있음을 뜻하며, 친한 사람이 적음을 뜻하는 것이 〈旅卦〉(䷷ 056)임. 풍괘는 풍성하면서도 이미 가지고 있는 친구나 물건이 그대로 있음. 그러나 〈序卦傳〉에 "豐者, 大也. 窮大者, 必失其居"라 하여, '풍성함이 지나치면 그 거처를 잃는다' 하여, '多故'는 '사고가 많다'의 뜻이라고도 함. 려괘는 여행 중에는 친구나 아는 사람이 적음. 王弼 注에 "高者懼危, 滿者戒盈. 豐大者, 多憂故也. 親寡, 故寄旅也"라 함. 《集解》에 "豐大故多, 旅无容, 故親寡. 六十四象, 皆先言卦及道其指, 至旅體離四焚棄之行. 又在旅家, 故獨先言親寡, 而後言旅. 此上虞義"라 함. 《本義》에 "既明且動, 其故多矣"라 함.

【離上而坎下也】〈離卦〉(䷝ 030)는 위로 올라가며, 〈坎卦〉(䷜ 029)는 밑으로 내려감. 이괘는 火를 뜻하여 불은 위로 올라가며, 감괘는 水를 뜻하여 물은 아래로 내려감. 王弼 注에 "火炎上, 水潤下"라 함. 《集解》에 "韓康伯曰:「火炎上, 水潤下也.」"라 함. 《本義》에 "火炎上, 水潤下"라 함.

【小畜寡也, 履不處也】〈小畜卦〉(䷈ 009)는 적음을 뜻하며, 〈履卦〉(䷉ 010)는 한 곳에 안전하게 처할 수 없음을 뜻함. 소축괘는 축적한 것이 적음을 의미함. 王弼 注에 "不足以兼濟也"라 함. 履卦는 禮를 중시하여 실행해야 하므로 한 곳에 머물러 있을 수 없음. 王弼 注에 "履卦陽爻, 皆以不處其位, 爲吉也"라 함. 《集解》에 "虞翻曰:「乾四之坤初成震, 一陽在下, 故寡也. 乾三之坤上成剝, 剝窮上失位, 故不處.」"라 함. 《本義》에 "不處, 行進之義"라 함.

【需不進也, 訟不親也】〈需卦〉(䷄ 005)는 앞으로 나아가지 못함이며, 〈訟卦〉(䷅ 006)는 친히 여길 수 없음을 뜻함. 需卦는 기다림을 상징하므로 위험을 무릅쓰고 나가서는 안 되며, 訟卦는 소송을 상징하므로 서로 친한 사이가 아님을 의미함. 王弼 注에 "畏險而止也"라 함. 《集解》에 "險在前也, 故不進. 天水違行, 故不親也"라 함.

【大過顛也, 姤遇也, 柔遇剛也】〈大過卦〉(䷛ 028)는 엎어짐. 《集解》에 "顛, 殞也. 頂載澤中, 故顛也"라 함. 〈姤卦〉(䷫ 044)는 만남을 뜻함. 대과괘는 과오가 지나침을 상징하므로 顛覆을 뜻함. 王弼 注에 "本末弱也"라 함. 구괘는 婚姻을 뜻하므로 남녀가 만나 가정을 이룸을 의미함. 《集解》에 "坤遇乾也"라 함.

【漸女歸待男行也】〈漸卦〉(䷴ 053)는 여자가 출가함을 상징하므로 남자를 기다리되 예를 갖춘 후에 실행해야 함. 王弼 注에 "女從男也"라 함. 《集解》에 "兌爲女, 艮爲男.

反成歸妹, 巽成兌, 故女歸待. 艮成震乃行, 故待男行也"라 함.

【頤養正也, 旣濟定也】〈頤卦〉(䷚ 027)는 바른 것을 길러주는 것임. 《集解》에 "謂養三五, 五之正爲功, 三出坎爲聖, 故曰頤養正. 與蒙以養聖, 功同義也"라 함. 〈旣濟卦〉(䷾ 063)는 이미 결정(해결)되어 안정을 찾았음을 뜻함. 이괘는 正道(賢人)를 먹여 길러줌을 상징하며, 기제괘는 일이 이미 해결되고 성취되었으므로 천하가 안정됨을 의미함. 《集解》에 "濟成六爻, 得位定也"라 함.

【歸妹女之終也, 未濟男之窮也】〈歸妹卦〉(䷵ 054)는 여자로써 출가하면 종신토록 가정을 지키고 살아야 함을 뜻하며, 〈未濟卦〉(䷿ 064)는 남자로써 곤궁함을 의미함. 귀매괘는 여자가 출가함을 상징함. 王弼 注에 "女終於出嫁也"라 함. 《集解》에 "歸妹人之終始, 女終於嫁, 從一而終, 故女之終也"라 함. 미제괘는 일이 해결되지 못함을 의미하므로 남자로써 大司를 성취시키지 못한 채 궁벽함에 처해 있음을 뜻함. 王弼 注에 "剛柔失位, 其道未濟, 故曰窮也"라 함. 《集解》에 "否艮爲男位, 否五之二六爻, 失正而來下, 陰未濟主, 月晦乾道消滅, 故男之窮也.」"라 함.

【夬, 決也, 剛決柔也; 君子道長, 小人道憂也】〈夬卦〉(䷪ 043)는 결단을 내리는 것으로써 剛한 것이 柔한 것을 결단함이니, 군자의 도는 長久할 것이며, 소인의 도는 困憂에 빠질 것임을 의미함. '憂'는 혹 '長'에 상대하여 '消'자여야 한다고도 함. 《集解》에 "以乾決坤, 故剛決柔也. 乾爲君子, 坤爲小人, 乾息, 故君子道長; 坤體消滅, 故小人道憂. 謙武王伐紂, 自大過至此八卦, 不復兩卦對說. 大過死象, 兩體姤決, 故次以姤而終. 於夬言, 君子之決小人, 故君子道長, 小人道憂. 此上虞義. ○干寶曰:「凡《易》旣分爲六十四卦, 以爲上下經. 天人之事, 各有始終, 夫子又爲序卦, 以明其相承受之義. 然則文王·周公, 所遭遇之運; 武王·成王, 所先後之政, 蒼精受命短長之期, 備於此矣. 而夫子又重爲〈雜卦〉, 以《易》其次第. 〈雜卦〉之末, 又改其例, 不以兩卦反覆相酬者, 以示來聖後王, 明道非常道, 事非常事也. 化而裁之, 存乎變, 是以終之以決言, 能決斷其中, 唯陽德之主也. 故曰《易》窮則變, 通則久. 總而觀之, 伏羲》黃帝, 皆繫世象賢, 欲使天下, 世有常君也. 而堯舜禪代, 非黃農之化. 朱均, 頑也. 湯武逆取, 非唐虞之迹, 桀紂之不君也. 伊尹廢立, 非從順之節, 使太甲思愆也. 周公攝政, 非湯武之典, 成王幼年也. 此皆聖賢, 所遭遇異時者也. 夏政尙忠忠之弊野, 故殷自野以敎敬, 敬之弊鬼, 故周自鬼, 以敎文, 文弊薄, 故春秋閱諸, 三代而損益之. 顔回問爲邦子曰:「行夏之時, 乘殷之輅, 服周之冕.」弟子問政者, 數矣, 而夫子不與言. 三代損益, 以非其任也. 回則備言王者之佐, 伊尹之人也. 故夫子及之焉, 是以聖人之於天下也, 同不是異, 不非百世以俟聖人, 而不惑一以貫之矣.」"라 함. 《本義》에 "自大過以下, 卦不反對, 或疑其錯簡. 今以韻協之, 又似非誤, 未詳何義"라 함.

# 《주역周易》 부록附錄

# Ⅰ. 《周易》提要, 序類

## 1. 〈四庫全書總目〉《易》類 序

聖人覺世牖民, 大抵因事以寓敎. 《詩》寓於風謠, 《禮》寓於節文, 《尙書》·《春秋》寓於史, 而《易》則寓於卜筮. 故《易》之爲書, 推天道以明人事者也. 《左傳》所記諸占, 蓋猶太卜之遺法, 漢儒言象數, 去古未遠也. 一變而爲京·焦, 入於禨祥; 再變而爲陳·邵, 務窮造化, 《易》遂不切於民用. 王弼盡黜象數, 說以老莊, 一變而胡瑗·程子始闡明儒理; 再變而李光·楊萬里, 又參證史事. 《易》遂日啓其論端, 此兩派六宗, 已互相攻駁, 又《易》道廣大無所不包, 旁及天文·地理·樂律·兵法·韻學·算術, 以逮方外之爐火, 皆可援《易》以爲說, 而好異者, 又援以入《易》. 故《易》說愈繁, 夫六十四卦大象皆有君子以字, 其爻象則多戒占者, 聖人之情, 見乎詞矣. 其餘皆《易》之一端, 非其本也. 今參校諸家, 以因象立敎者爲宗, 而其他《易》外別傳者, 亦兼收以盡其變, 各爲條論, 具列於左.

## 2. 《子夏易傳》(卜商)提要

臣等謹案:《子夏易傳》十一卷, 舊本題卜子夏撰. 案說《易》之家, 最古者, 莫若是書. 其僞中生僞, 至一至再而未已者, 亦莫若是書. 《唐會要》載開元七年(719)詔, 《子夏易傳》, 近無習者, 令儒官詳定. 劉知幾議曰:「《漢志》:《易》有十三家, 而無子夏作傳者, 至梁阮氏《七錄》始有《子夏易》六卷. 或云韓嬰作, 或云丁寬作. 然據《漢書》:《韓易》十二篇, 《丁易》八篇, 求其符合事殊矯刺, 必欲行用, 深以爲疑.」司馬貞議亦曰:「按劉向《七畧》有《子夏易傳》. 但此書不行已久, 今所存多失眞本. 荀勗《中經簿》云:《子夏傳》四卷, 或云丁寬, 是先達疑非子夏矣.」又《隋書》經籍志云:「《子夏傳》殘闕, 梁六卷, 今二卷. 知其書錯謬多矣.」又王儉《七志》引劉向《七畧》云:「《易傳》, 子夏, 韓氏嬰也. 今題不稱韓氏, 而載薛虞記, 其質鄙畧, 旨趣非遠, 無益後學云云.」是唐已前所謂《子夏傳》, 已爲僞本. 晁說之《傳易堂記》, 又稱今號爲《子夏傳》者, 乃唐張弧之《易》(案唐張弧爲大理寺評事有素履子,別著錄), 是唐時又一偽本並行, 故宋《國史志》以假託《子夏易傳》與眞《子夏易傳》, 兩列其目, 而《崇文總目》, 亦稱此書篇第, 畧依王氏, 決非卜子夏之文也. 朱彝尊《經義考》證, 以陸德明《經典釋文》, 李鼎祚《周易集解》, 王應麟《困學紀聞》所引, 皆今本所無, 德明·鼎祚, 猶曰在張弧以前, 應麟乃南宋末人, 何以當日所見, 與今本乂異? 然則今本又出僞託, 不但非子夏書, 亦並非張弧書矣. 流傳旣久, 姑存以備一家云爾.

乾隆四十五年(1780)二月恭校上.

總纂官 臣紀昀 臣陸錫熊 臣孫士毅, 總校官 臣陸費墀.


# 3. 《周易正義》(王弼, 韓康伯, 孔穎達)

## (1) 提要

臣等謹案: 《周易正義》十卷魏王弼》晉韓康伯註, 唐孔穎達疏.

《易》本卜筮之書, 故末派寖流於讖緯. 王弼乘其極敝而攻之, 遂能排棄漢儒, 自標新學. 然《隋書》經籍志, 載晉揚州刺史顧夷等, 有《周易》難王輔嗣《易》一卷. 《冊府元龜》又載顧悅之(案悅之, 卽顧夷之字)難王弼《易義》四十餘條. 京口閔康之又, 申王難顧, 是在當日已有異同. 王儉·顏延年以後, 此揚比抑, 互詰不休, 至穎達等奉詔作疏. 始專崇王註, 而衆說皆廢. 故隋志《易》類, 稱鄭學寖微, 今殆絕矣. 蓋長孫無忌等, 作志之時, 在〈正義〉旣行之後也. 今觀其書, 如'復'象: 「七日來復」王偁用六日七分之說, 則推明鄭義之善. '乾'九二: 「利見大人.」王不用利見九五之說, 則駁詰鄭義之非, 於'見龍在田', 時舍也, 則曰經但云時舍, 註曰必以時之通舍者, 則輔嗣以通解舍. 舍是通義也, 而不疏舍之, 何以訓通? 於'天元而地黃', 則曰恐莊氏之言, 非王本意. 今所不取, 而不言莊說之何以未允? 如斯之類, 皆顯然偏祖. 至說卦傳之分陰分陽, 韓註二四爲陰. 三五爲陽, 則曰輔嗣以爲'初上無陰陽定位', 此註用王之說. 「帝出乎震」, 韓氏無註, 則曰'益'卦六二: 「王用亨於帝, 吉.」輔嗣註曰: 「帝者, 生物之主, 興益之宗, 出震而齊巽者也.」則輔嗣之意, 以此帝爲天帝也. 是雖弼所未註者, 亦委曲旁引以就之. 然疏家之體, 主於詮解註文, 不欲有所出入, 故皇侃〈禮疏〉, 或乖鄭義. 穎達至斥爲'狐不首邱, 葉不歸根', 其墨守專門, 固通例然也. 至於詮釋文句, 多用空言不能如諸經正義, 根據典籍, 源委粲然. 則由王註掃棄舊文, 無古義之可引, 亦非考證之疏矣. 此書初名《易贊》, 後詔改《正義》. 然卷端又題曰兼義, 未喩其故, 序稱十四卷, 《唐志》作十八卷, 《書錄解題》作十三卷. 此本十卷, 乃與王韓註本同, 殆後人從註本合倂歟!

乾隆四十一年(1776)十月 恭校上.

總纂官 臣紀昀 臣陸錫熊 臣孫士毅, 總校官 臣陸費墀.

## (2) 《周易正義》序

唐國子祭酒上護軍, 曲阜縣開國子, 孔穎達奉勅撰. 夫《易》者, 象也; 爻者, 效也. 聖人有以仰觀俯察, 象天地而育羣品, 雲行雨施, 效四時以生萬物. 若用之以順, 則兩儀, 序而百物和; 若行之以逆, 則六位傾, 而五行亂, 故王者動必則天地之道, 不使一物失, 其性行必協陰陽之宜; 不使一物, 受其害. 故能彌綸宇宙, 酬酢神明, 宗社所以无窮, 風聲所以不朽, 非夫道極玄妙, 孰能與於此乎? 斯乃乾坤之大造, 生靈之所益也. 若夫龍出於河, 則八卦宣其象; 麟傷於澤, 則十翼彰其用, 業資九聖, 時歷三古. 及秦亡, 金鏡未墜斯文. 漢理珠囊, 重興儒雅, 其傳《易》者, 西都則有丁孟京田; 東都則有荀劉馬鄭. 大體更相祖述, 非有絕倫, 唯魏世, 王輔嗣之注, 獨冠古今. 所以江左諸儒, 竝傳其學; 河北學者, 罕能及之. 其江南義疏, 十有餘家, 皆辭尚虛玄, 義多浮誕, 原夫《易》理, 難窮雖復, 玄之又玄, 至於垂範. 作則便是, 有而教有, 若論住內住外之空, 就能就所之說, 斯乃義涉於釋氏, 非爲教於孔門也. 旣背其本, 又違於注, 至若復卦云'七日來復', 竝解云'七日當爲七月', 謂陽氣從五月建午, 而消至十一月建子, 始復所歷七辰, 故云七月. 今案輔嗣注云'陽氣始剝盡, 至來復時, 凡七日, 則是陽氣剝盡之後'. 凡經七日始復, 但陽氣雖建午, 始消至建戌之月, 陽氣猶在, 何得稱七月來復? 故鄭康成引《易緯》之說, 建戌之月, 以陽氣旣盡, 建亥之月, 純陰用事, 至建子之月, 陽氣始生, 隔此純陰一卦, 卦主六日, 七分舉其成數. 言之而云'七日來復', 仲尼之緯分明, 輔嗣之注若此, 康成之說, 遺跡可尋. 輔嗣注之於前諸儒背之, 於後考其義理其可通乎! 又蠱卦云'先甲三日, 後甲三日', 輔嗣注云'甲者, 創制之令'. 又若漢世之時, 甲令乙令也. 輔嗣又云'令洽乃誅, 故後之三日'. 又巽卦云'先庚三日, 後庚三日', 輔嗣注云'申命令謂之庚'. 輔嗣又云'甲庚皆申命之謂也'. 諸儒同於鄭氏之說, 以爲甲者, 宣令之日, 先之三日, 而用辛也. 欲取改新之義, 後之三日, 而用丁也, 取其丁寧之義. 王氏注意本不如此, 而又不顧其注, 妄作異端. 今旣奉勅刪定, 攷察其事, 必以仲尼爲宗, 義理可詮. 先以輔嗣爲本, 去其華而取其實, 欲使信而有徵, 其文簡其理約, 寡而制衆, 變而能通, 仍恐鄙才短見, 意未周盡. 謹與朝散大夫行大學博士臣馬嘉運, 守大學助教臣趙乾叶等, 對共參議詳其可否. 至十六年, 又奉勅與前修疏人, 及給事郎守四門博士, 上騎都尉臣蘇德融等, 對勅使趙弘智, 覆更詳審, 爲之〈正義〉. 凡十有四卷, 庶望上裨聖道, 下益將來, 故序其大略, 附之卷首爾.

## (3) 八問

○《周易》八問: 自此下分爲八段.

### 〈1〉第一論《易》之三名

(《周易》의 變易, 不易, 簡易 세 가지 함의)

夫《易》者, 變化之總名, 改換之殊, 稱自天地開闢, 陰陽運行, 寒暑迭來, 日月更出, 孚萌庶類, 亭毒羣品, 新新不停, 生生相續, 莫非資變化之力, 換代之功. 然變化運行, 在陰陽二氣, 故聖人初畫八卦, 設剛柔兩畫, 象二氣也. 布以三位, 象三才也. 謂之爲《易》, 取變化之義, 旣義總變化, 而獨以《易》爲名者.《易緯乾鑿度》云:「《易》一名而含三義. 所謂易也, 變易也, 不易也.」又云:「'易'者, 其德也, 光明四通, 簡易立節, 天以爛明, 日月星辰, 布設張列, 通精無門, 藏神無穴, 不煩不擾, 澹泊不失, 此其'易'也. '變易'者, 其氣也, 天地不變, 不能通氣; 五行迭終, 四時更廢; 君臣取象, 變節相移; 能消者息, 必專者敗, 此其'變易'也. '不易'者, 其位也. 天在上, 地下, 君南面, 臣北面, 父坐子伏, 此其'不易'也. 鄭玄依此義, 作《易贊》及《易論》云:「易一名而含三義. 易簡一也; 變易二也; 不易三也.」故〈繫辭〉云:「乾坤其易之縕邪.」又云:「易之門戶邪.」又云:「夫乾確然示人易矣. 夫坤隤然示人簡矣. 易則易知, 簡則易從.」此言其易簡之法則也. 又云:「爲道也, 屢遷變動, 不居周流, 六虛上下, 無常剛柔, 相易不可爲典要, 唯變所適.」此言順時變易, 出入移動者也. 又云:「天尊地卑, 乾坤定矣. 卑高以陳貴賤位矣, 動靜有常剛柔斷矣.」此言其張設布列, 不易者也. 崔覲劉貞簡等並用, 此義云易者, 謂生生之德, 有易簡之義. 不易者, 言天地定位, 不可相易; 變易者, 謂生生之道, 變而相續, 皆以緯稱, 不煩不擾, 澹泊不失, 此明是易簡之義. 無爲之道, 故者, 易也. 作難易之音, 而周簡子云易者, 易(音亦)也, 不易也, 變易也; 易者, 易代之

名. 凡有无相代, 彼此相易, 皆是易義不易者, 常體之名. 有常有體, 无常无體, 是不易之義;
變易者, 相變改之名, 兩有相變, 此爲變易. 張氏·何氏, 並用此義, 云:「易者, 換代之名.
待奪之義, 因於《乾鑿度》云:「易者, 其德也, 或沒而不論.」或云德者, 得也. 萬法相形, 皆
得相易, 不顧緯文, 不煩不擾之言, 所謂用其文而背其義, 何不思之甚? 故今之所用, 同鄭
康成等, 易者, 易也. 音爲難易之音; 義爲簡易之義, 得緯文之本實也. 盖易之三義, 唯在於
有然有從, 无出理, 則包无故.《乾鑿度》云:「夫有形者, 生於无形, 則乾坤安從而生? 故有
太易, 有太初, 有太始, 有太素. 太易者, 未見氣也; 太初者, 氣之始也; 太始者, 形之始也;
太素者, 質之始也. 氣形質具而未相離, 謂之'渾沌'. '渾沌'者, 言萬物相渾沌, 而未相離也.
視之不見, 聽之不聞, 循之不得, 故曰'易'也. 是知易理備包有無, 而易象唯在於有者, 盖以
聖人作《易》, 本以垂教教之所備, 本備於有, 故〈繫辭〉云:「形而上者, 謂之道, 道卽无也;
形而下者, 謂之器, 器卽有也.」故以无言之存乎道體, 以有言之存乎器用, 以變化言之存乎
其神, 以生成言之存乎其易, 以眞言之存乎其性, 以邪言之存乎其情, 以氣言之存乎陰陽,
以質言之存乎爻象, 以教言之存乎精義, 以人言之存乎景行, 此等是也. 且易者, 象也. 物无
不可象也. 作《易》所以垂教者, 卽《乾鑿度》云:「孔子曰:『上古之時, 人民無別羣, 物未殊
未, 有衣食器用之利, 伏犧乃仰觀象於天, 俯觀法於地, 中觀萬物之宜, 於是始作八卦, 以通
神明之德, 以類萬物之情.」故易者, 所以斷天地理人倫, 而明王道, 是以畫八卦, 建五氣以
立五常之行, 象法乾坤順陰陽, 以正君臣父子夫婦之義. 度時制宜作爲罔罟, 以佃以漁以贍
民用. 於是人民乃治君親以尊臣子, 以順羣生和洽, 各安其性, 此其作《易》垂教之本意也.


## 〈2〉第二論 重卦之人

(소성괘를 겹쳐 중괘(대성괘)를 만든 사람)


〈繫辭〉云:「河出圖, 洛出書, 聖人則之.」又《禮緯含文嘉》曰:「伏犧德合上下, 天應以
鳥獸文章; 地應以河圖洛書. 伏犧則而象之, 乃作八卦.」故孔安國·馬融·王肅·姚信等,
並云伏犧得河圖而作《易》, 是則伏犧雖得河圖, 復須仰觀俯察以相參, 正然後畫卦. 伏犧
初畫八卦, 萬物之象, 皆在其中. 故〈繫辭〉曰:「八卦成列, 象在其中矣.」是也, 雖有萬物
之象, 其萬物變通之理, 猶自未備, 故因其八卦而更重之, 卦有六爻, 遂重爲六十四卦也.
〈繫辭〉曰:「因而重之, 爻在其中矣.」是也. 然重卦之人, 諸儒不同. 凡有四說: 王輔嗣等
以爲伏犧畫卦, 鄭玄之徒以爲神農重卦, 孫盛以爲夏禹重卦, 史遷等以爲文王重卦. 其言夏
禹及文王重卦者, 案〈繫辭〉神農之時已有, 盖取'益'與'噬嗑'以此論之, 不攻自破其言, 神
農重卦, 亦未爲得. 今以諸文驗之, 案〈說卦〉云:「昔者聖人之作《易》也, 幽贊於神明而生

著.」凡言作者, 創造之謂也. 神農以後, 便是述脩不可謂之作也, 則幽贊用著謂伏犧矣. 故
《乾鑿度》云:「垂皇策者犧.」〈上繫〉論用著云:「四營而成《易》, 十有八變而成卦.」既言聖
人作《易》, 十八變成卦明, 用著在六爻之後, 非三畫之時, 伏犧用著, 卽伏犧已重卦矣.」
〈說卦〉又云:「昔者, 聖人之作《易》也, 將以順性命之理.」是以立天之道曰陰與陽, 立地之
道曰柔與剛, 立人之道曰仁與義, 兼三才而兩之. 故《易》六畫而成卦.」既言聖人作《易》,
兼三才而兩之, 又非神農始重卦矣. 又〈上繫〉云:「《易》有聖人之道四焉.」以言者尙其辭,
以動者尙其變, 以制器者尙其象, 以卜筮者尙其占.」此之四事, 皆在六爻之後, 何者三畫
之時, 未有彖繇不得有尙其辭, 因而重之, 始有變動三畫不動, 不得有尙其變, 撲著布爻,
方用之卜筮著, 起六爻之後, 三畫不得有尙其占, 自然中閒以制器者尙其象, 亦非三畫之
時. 今伏犧結繩而爲罔罟, 則是制器, 明伏犧已重卦矣. 又《周禮》小史掌三皇五帝之書, 明
三皇已有書也. 〈下繫〉云:「上古結繩而治, 後世聖人易之以書契. 蓋取諸'夬'.」既象'夬'卦
而造書契, 伏犧有書契, 則有'夬'卦矣. 故孔安國〈書序〉云:「古者伏犧氏之王天下也, 始畫
八卦, 造書契以代結繩之政.」又曰:「伏犧·神農·黃帝之書, 謂之〈三墳〉是也.」又八卦小
成爻象未備, 重三成六, 能事畢矣. 若言重卦起自神農, 其爲功也, 豈比〈繫辭〉而已哉? 何
因《易緯》等, 數所歷三聖, 但云伏犧·文王·孔子, 竟不及神農, 明神農但有蓋取諸'益', 不
重卦矣. 故今依王輔嗣, 以伏犧既畫八卦, 卽自重爲六十四卦, 爲得其實, 其重卦之意備在
〈說卦〉, 此不具敍伏犧之時, 道尙質素, 畫卦重爻, 足以垂法後代, 澆訛德不如古爻象, 不
足以爲敎, 故作〈繫辭〉以明之.


〈3〉第三論 三代《易》名
(夏, 殷, 周 三代《역》의 명칭)

案《周禮》「太卜〈三易〉, 云一曰《連山》, 二曰《歸藏》, 三曰《周易》」, 杜子春云:「《連山》
伏犧, 《歸藏》黃帝.」鄭玄《易贊》及《易論》云:「夏曰《連山》, 殷曰《歸藏》, 周曰《周易》.」
鄭玄又釋云:「《連山》者, 象山之出雲, 連連不絶;《歸藏》者萬, 物莫不歸藏於其中;《周
易》者, 言《易》道周普, 无所不備.」鄭玄雖有此釋, 更无所據之文, 先儒因此遂爲文質之
義, 皆煩而無用, 今所不取. 案《世譜》等羣書, 神農一曰連山氏, 亦曰列山氏; 黃帝一曰歸
藏氏. 既連山·歸藏, 竝是代號, 則《周易》稱周取岐陽地名.《毛詩》云「周原膴膴」, 是也.
又文王作《易》之時, 正在羑里, 周德未興, 猶是殷世也. 故題周別於殷, 以此文王所演, 故
謂之《周易》, 其猶《周書》·《周禮》, 題周以別餘代, 故《易緯》云「因代以題周」, 是也. 先儒
又兼取鄭說云:「既指周代之名, 亦是普徧之義.」雖欲无所遐棄, 亦恐未可盡通. 其《易》題

周, 因代以稱, 周是先儒更不別解. 唯皇甫謐云:「文王在羑里, 演六十四卦, 著七八九六之爻, 謂之《周易》.」以此文王安周字. 其〈繫辭〉之文, 《連山》·《歸藏》, 无以言也.

## 〈4〉第四論 卦辭爻·辭誰作?

(괘사와 효사는 누가 지었는가?)

其《周易》〈繫辭〉, 凡有二說: 一說所以卦辭·爻辭竝, 是文王所作. 知者, 案〈繫辭〉云:「《易》之興也, 其於中古乎! 作《易》者, 其有憂患乎!」又曰:「《易》之興也, 其當殷之末世·周之盛德邪? 當文王與紂之事邪.」又《乾鑿度》云:「垂皇策者犧, 卦道演德者文, 成命者孔.」《通卦驗》又云:「蒼牙通靈, 昌之成, 孔演命, 明道經.」準此諸文, 伏犧制卦, 文王繫辭, 孔子作十翼.《易》歷三聖, 只謂此也. 故史遷云:「文王囚而演《易》.」卽是作《易》者, 其有憂患乎! 鄭學之徒, 竝依此說也. 二以爲驗爻辭, 多是文王後事. 案'升'卦六四「王用亨于岐山」, 武王克殷之後, 始追號文王爲王. 若爻辭是文王所制, 不應云'王用亨于岐山', 又'明夷'六五「箕子之明夷」, 武王觀兵之後, 箕子始被囚奴, 文王不宜豫言箕子之明夷. 又'旣濟'九五「東鄰殺牛, 不如西鄰之禴祭」, 說者皆云'西鄰'謂文王; '東鄰'謂紂. 文武之時, 紂尙南面, 豈容自言己德受福勝殷, 又欲抗君之國, 遂言東西相鄰而已? 又《左傳》韓宣子適魯, 見《易》象, 云:「吾乃知周公之德.」周公被流言之謗, 亦得爲憂患也. 驗此諸說, 以爲卦辭文王, 爻辭周公. 馬融·陸績等, 竝同此說, 今依而用之. 所以只言三聖, 不數周公者, 以父統子業故也. 案《禮稽命徵》曰:「文王見禮壞·樂崩·道孤·無主, 故設禮經三百, 威儀三千.」其三百三千, 卽周公所制.《周官》·《儀禮》明文王本有此意, 周公述而成之, 故繫之文王. 然則《易》之爻辭, 蓋亦是文王本意, 故《易緯》但言文王也.

## 〈5〉第五論 分上下二篇

(上經과 下經으로 나눈 것에 대하여)

案《乾鑿度》云:「孔子曰:『陽三陰四, 位之正也.』」故《易》卦六十四, 分爲上下而象陰陽也. 夫陽道純而奇, 故上篇三十, 所以象陽也; 陰道不純而偶, 故下篇三十四, 所以法陰也. 乾坤者, 陰陽之本, 始萬物之祖宗, 故爲上篇之, 始而尊之也. '離'爲日, '坎'爲月, 日月之道, 陰陽之經, 所以始終萬物, 故以'坎'·'離'爲上篇之終也. '咸'·'恒'者, 男女之始, 夫婦之道也. 人道之興, 必由夫婦, 所以奉承祖宗, 爲天地之主, 故爲下篇之始而貴之也. '旣濟'·'未濟'爲最終者, 所以明戒愼而全王道也. 以此言之, 則上下二篇, 文王所定, 夫子作緯,以釋其義也.

## 〈6〉 第六論 夫子〈十翼〉
(공자의 〈十翼〉에 대한 문제)

其彖·象等十翼之辭, 以爲孔子所作, 先儒更无異論. 但數〈十翼〉, 亦有多家, 旣文王
《易》經本分爲上下二篇, 則區域各別. 彖·象釋卦, 亦當隨經而分, 故一家數〈十翼〉, 云〈上
彖〉一, 〈下彖〉二, 〈上象〉三, 〈下象〉四, 〈上繫〉五, 〈下繫〉六, 〈文言〉七, 〈說卦〉八, 〈序
卦〉九, 〈雜卦〉十. 鄭學之徒, 竝同此說, 故今亦依之.

## 〈7〉 第七論 傳《易》之人
(《易》의 전수)

孔子旣作〈十翼〉, 《易》道大明. 自商瞿已後, 傳授不絶. 案〈儒林傳〉云:「商瞿子木, 本
受《易》於孔子, 以授魯橋庇子庸, 子庸授江東馯臂子弓, 子弓授燕周醜子家, 子家授東武
孫虞子乘, 子乘授齊田何子莊, 及秦燔書, 《易》爲卜筮之書, 獨得不禁, 故傳授者不絶. 漢
興田何授東武王同子中, 及雒陽周王孫梁人丁寬, 齊服生, 皆著《易》傳數篇. 同授菑川楊
何字叔元, 叔元傳京房, 京房傳梁丘賀, 賀授子臨, 臨授御史大夫王駿, 其後丁寬, 又別授
田王孫, 孫授施讎, 讎授張禹, 禹授彭宣.」此《前漢》傳授大略之人也. 其後漢則有馬融·荀
爽·鄭玄·劉表·虞翻·陸績等, 及王輔嗣也.

## 〈8〉 第八論 誰加經字?
(《易》에 '經'자를 덧붙인 것에 대한 문제)

但《子夏傳》云'雖分爲上下二篇', 未有經字. 經字是後人所加, 不知起自誰始. 案《前漢》
孟喜《易本》云'分上下二經', 是孟喜之前, 已題經字, 其篇題經字, 雖起於後, 其稱經之理,
則久在於前. 故《禮記》經解云:「絜靜精微, 《易》敎也.」旣在經解之篇, 是《易》有稱經之理.
案經解之篇, 備論六藝, 則《詩》《書》《禮》《樂》竝合稱經, 而《孝經緯》稱:「《易》建八卦, 序
六十四卦, 轉成三百八十四爻, 運機布度, 其氣轉《易》, 故稱經也.」但緯文鄙僞不可全信,
其八卦方位之所六爻, 上下之次七八九六之數, 內外承乘之象, 入經別釋, 此未具論也.

# 4. 《周易集解》(唐, 李鼎祚)提要

臣等謹案:《周易集解》十七卷, 唐李鼎祚撰. 鼎祚《唐書》無傳, 始末未詳. 惟據序末結衘, 知其官爲祕書省著作郎. 據袁桷《淸容居士集》, 載資州有鼎祚讀書臺, 知爲資州人耳. 朱睦㮮序, 稱爲祕閣學士, 不知何據也. 其時代亦不可考.《舊唐書》經籍志稱, 錄開元盛時四部諸書, 而不載是編, 知爲天寶以後人矣. 其書《新唐書》藝文志作十七卷, 晁公武《讀書志》曰:「今所有止十卷, 而始末皆全, 無所亡失.」豈後人倂之耶?《經義考》引李燾之言, 則曰鼎祚自序止云十卷, 無亡失也朱. 睦㮮序作于嘉靖丁巳(1557), 亦云自序稱十卷, 與燾說同. 今所行毛晉汲古閣本, 乃作一十七卷, 序中亦稱王氏畧例附于卷末. 凡成一十八卷, 與諸家所說, 截然不同. 殊滋疑竇, 今考序中稱至如卦爻象象, 理涉重元, 經注文言, 書之不盡, 別撰〈索隱〉, 錯綜根萌,〈音義〉兩存, 詳之明矣云云. 則《集解本》十卷, 附〈畧例〉一卷, 爲十一卷, 尙別有〈索隱〉六卷, 共成十七卷.《唐志》所載蓋倂〈索隱〉·〈畧例〉數之, 實非舛誤. 至宋而〈索隱〉散佚, 刊本又削去〈畧例〉, 僅存《集解》十卷, 故與《唐志》不符. 至毛氏刊本, 始析十卷爲十七卷, 以合《唐志》之文. 又改序中一十卷爲一十八卷, 以合附錄〈畧例〉一卷之數, 故又與朱睦㮮序不符. 蓋自宋以來, 均未究序中別撰〈索隱〉一語, 故疑者誤疑, 改者誤改, 卽辨其本止十卷者, 亦不能解《唐志》稱十七卷之故, 致愈說愈訛耳. 今詳爲考正, 以袪將來之疑. 至十卷之本, 今旣未見, 則姑仍以毛本著錄, 蓋篇帙分合, 無關宏旨, 固不必一一追改也. 其書仍用王弼本, 惟以〈序卦傳〉散綴六十四卦之首, 蓋用《毛詩》分冠'小序'之例, 所採凡子夏·孟喜·焦贛·京房·馬融·荀爽·鄭元·劉表·何晏·宋衷·虞翻·陸績·干寶·王肅·王弼·姚信·王廙·張璠·向秀·王凱沖·侯果·蜀才·翟元·韓康伯·劉瓛·何妥·崔憬·沈驎士·盧氏(案盧氏《周易》注《隋志》已佚其名)·崔覲伏·曼容·孔穎達(案以上三十二家朱睦㮮序所考)·姚規·朱仰之·蔡景君(案以上三家朱彝尊《經義考》所補考)等三十五家之說. 自序謂刊輔嗣之野文, 補康成之逸象, 蓋王學旣盛, 漢《易》遂亡, 千百年後, 學者得考見畫卦之本旨者, 惟賴此書之存耳, 是眞可寶之古笈也.

乾隆四十五年(1780)七月恭校上.

總纂官 臣紀昀, 臣陸錫熊, 臣孫士毅, 總校官 臣陸費墀.

# 5. 《周易程子傳》(《程傳》,《伊川易傳》宋, 程頤)

## (1) 御製題宋版《周易程傳》

卜筮書違秦火殃, 大程平正傳, 言常(言《易》者, 率入於奇朱子矯之, 以爲特言卜筮, 故每爻必言占者得之, 亦未免過正, 盖《易》理無不包, 實不奇子以程傳爲得之)周張·朱介三賢卓, 凶悔各中, 一吉當開物, 無爲自成務, 抑陰有道, 在扶陽幽明, 通以性命, 順(檃括程傳叙語)內聖, 由來貫外王.

## (2) 《伊川易傳》提要

臣等謹案: 《伊川易傳》四卷, 宋程子撰. 程子事蹟具《宋史》道學傳. 卷首有元符二年(1099)自序. 考程子以紹聖四年(1097)編管涪州, 元符三年(1100)遷峽州, 則當成於編管涪州之後. 王稱《東都事畧》載是書作六卷, 《宋史》藝文志作九卷,《二程全書》通作四卷, 考楊時〈跋語〉稱:「伊川先生著《易傳》, 未及成書將啓手足, 以其書授門人張繹, 未幾繹卒, 故其書散亡, 學者所傳無善本. 謝顯道得其書於京師, 以示余, 錯亂重複, 幾不可讀. 東歸, 待次毘陵, 乃始校正. 去其重複, 踰年而始完云云.」則當時本無定本, 故所傳各異耳. 其書但解上下經, 及〈彖〉·〈象〉·〈文言〉, 用王弼註本, 以〈序卦〉分置諸卦之首, 用李鼎祚《周易集解》例. 惟〈繫辭傳〉·〈說卦傳〉·〈襍卦傳〉無註, 董眞卿謂亦從王弼. 今考程子與金堂謝湜書謂:「《易》當先讀王弼·胡瑗·王安石三家.」謂程子有取於弼, 不爲無據, 謂不註〈繫辭〉·〈說卦〉·〈襍卦〉以擬王弼, 則似未盡然. 當以楊時草具未成之說爲是也. 程子不信邵子之數, 故邵子以數言《易》, 而程子此傳, 則言理一闡天道, 一切人事, 盖古人著書務抒所見而止, 不妨各明一義, 守門戶之見者, 必堅護師說, 尺寸不容踰越, 亦異乎先儒之本旨矣.

乾隆四十六年(1781)十月恭校上.

總纂官 臣紀昀, 臣陸錫熊, 臣孫士毅, 總校官 臣陸費墀.

## (3) 《周易程子傳》序

《易》, 變易也. 隨時變易, 以從道也.

其爲書也, 廣大悉備, 將以順性命之理, 通幽明之故, 盡事物之情, 而示開物成務之道也. 聖人之憂患後世, 可謂至矣! 去古雖遠, 遺經尚存, 然而前儒失意, 以傳言後學, 誦言而忘味, 自秦而下, 盖无傳矣. 予生千載之後, 悼斯文之湮, 晦將俾後人, 沿流而求源, 此傳所以作也.《易》有聖人之道四焉: 以言者尙其辭, 以動者尙其變, 以制器者尙其象, 以卜筮者尙其占. 吉凶消長之理, 進退存亡之道, 備於辭. 推辭考卦, 可以知變, 象與占, 在其中矣. 君子居則觀其象, 而玩其辭; 動則觀其變, 而玩其占. 得於辭, 不達其意者有矣; 未有不得於辭, 而能通其意者也. 至微者, 理也; 至著者, 象也. 體用一源, 顯微无間, 觀會通以行其典禮, 則辭无所不備. 故善學者, 求言必自近《易》, 於近者, 非知言者也. 予所傳者, 辭也. 由辭以得其意, 則在乎人焉.

有宋元符二年(1099)巳卯, 正月庚申, 河南程頤正叔序.


## (4)《周易》上下篇義

‘乾’·‘坤’, 天地之道·陰陽之本, 故爲上篇之首; ‘坎’·‘離’, 陰陽之成質, 故爲上篇之終. ‘咸’·‘恒’, 夫婦之道·生育之本, 故爲下篇之首. ‘未濟’·‘坎’·‘離’之合, ‘旣濟’·‘坎’·‘離’之交, 合而交則生物, 陰陽之成功也. 故爲下篇之終. 二篇之卦, 旣分而後推其義, 以爲之次〈序卦〉是也. 卦之分, 則以陰陽, 陽盛者居上, 陰盛者居下, 所謂盛者, 或以卦, 或以爻. 卦與爻, 取義有不同: 如‘剝’以卦言, 則陰長陽‘剝’也以爻言, 則陽極於上, 又一陽爲衆陰主也. 如‘大壯’以卦言, 則陽長而壯, 以爻言, 則陰盛於上, 用各於其所, 不相害也. ‘乾’父也, 莫亢焉; ‘坤’母也, 非乾无與爲(一无爲字)敵也. 故卦有‘乾’者, 居上篇有‘坤’者, 居下篇而復陽生, 臨陽長觀陽, 盛‘剝’陽極, 則雖有‘坤’而居上, ‘姤’陰生‘遯’, 陰長‘大壯’, 陰盛‘夬’, 陰極則雖有‘乾’, 而居下其餘有‘乾’者, 皆在上篇, ‘泰’·‘否’·‘需’·‘訟’·‘小畜’·‘履’·‘同人’·‘大有’·‘无妄’·‘大畜’也. 有‘坤’而在上篇, 皆一陽之卦也. 卦五陰而一陽, 則一陽爲之主, 故一陽之卦, 皆在上篇, ‘師’·‘謙’·‘豫’·‘比’·‘復’·‘剝’也. 其餘有‘坤’者, 皆在下篇, ‘晉’·‘明夷’·‘萃’·‘升’也. 卦一陰五陽者, 皆有‘乾’也. 又陽衆而盛也, 雖衆陽說於一陰, 說之而已, 非如一陽爲衆陰主也. 王弼云:「一陰爲之主.」非也. 故一陰之卦, 皆在上篇, ‘小畜’·‘履’·‘同人’·‘大有’也. 卦二陽者, 有‘坤’則居下篇. ‘小過’, 雖無‘坤’, 陰過之卦也. 亦在下篇, 其餘二陽之卦, 皆一陽生於下, 而達於上, 又二體皆陽, 陽之盛也. 皆在上篇, ‘屯’·‘蒙’·‘頤’·‘習坎’也. 陽生於下, 謂‘震’·‘坎’在下, ‘震’生於下也. ‘坎’始於中也. 達於上謂一陽, 至(一作在)上或得正位也. 生于下而上(一作陽)達, 陽暢之盛也. 陽生於下而不達於上, 又陰衆而陽寡, 復失正位, 陽之弱也. ‘震’也, ‘解’也, 上有陽而下, 无陽无本也; ‘艮’也, ‘蹇’也, ‘震’·‘坎’·‘艮’以卦言, 則陽也; 以爻言, 則皆始變微也, 而‘震’之上‘艮’之下, 无陽‘坎’, 則陽陷, 皆非盛也. 惟‘習坎’, 則陽上達矣. 故爲盛卦, 二陰者, 有‘乾’, 則陽盛可知. ‘需’·‘訟’·‘大畜’·‘无妄’也. 无‘乾’而爲盛者, ‘大過’也, ‘離’也. ‘大過’, 陽(一有過字)盛於中, 上下之陰弱矣. 陽居上下, 則綱紀於陰, '頤'是也. 陰居上下, 不能主制於陽, 而反弱也. 必上下各二陰中, 唯兩陽, 然後爲勝, '小過'是也. '大過'·'小過'之名, 可見也. '離'則二體上下, 皆陽陰實麗焉. 陽之盛也, 其餘二陰之卦, 二體俱陰, 陰盛也. 皆在下篇, '家人'·'睽'·'革'·'鼎'·'巽'·'兌'·'中孚'也. 卦三陰三陽者, 敵也, 則以義爲勝. 陰陽尊卑之義, 男女長少之序, 天地之大經也. 陽少於陰, 而居上, 則爲勝. '蠱'少陽居長陰上'賁', 少男在中女上, 皆陽盛也. '坎'雖陽卦, 而陽爲陰所陷溺也. 又與陰卦重陰盛也. 故陰陽敵而有'坎'者, 皆在下篇, '困'·'井'·'渙'·'節'·'旣濟'·'未濟'也. 或曰:「一體有'坎', 尚爲陽陷; 二體皆'坎', 反爲陽盛, 何也?」曰:「一體有'坎', 陽爲陰所陷, 又重爲陰也. 二體皆'坎', 陽生於下, 而達於上, 又二體皆陽, 可謂盛矣. 男在女上, 乃理之常未爲盛也. 若失正位, 而陰反居尊, 則弱也. 故'恒'·'損'·'歸妹'·'豐', 皆在下篇. 女在男上, 陰之勝也. 凡女居上者, 皆在下篇, '咸'·'益'·'漸'·'旅'·'困'·'渙'·'未濟'也. 唯'隨'與'噬嗑', 則男下, 女非女勝男也. 故'隨'之象曰:『剛來而下.』柔'噬嗑', 象曰:『柔得中而上行.』長陽非少陰, 可敵以長男, 下中少女, 故爲下之, 若長少敵勢力侔, 則陰在上爲陵陽, 在下爲弱, '咸'·'益'之類是也. '咸'亦有下女之象, 非以長下少也. 乃二少相感(一作感說), 以相與所以致陵也. 故'有利貞之戒'. '困'雖女少於男, 乃陽陷而爲陰揜, 无相下之義也.」「小過', 二陽居四陰之中, 則爲陰盛; '中孚', 二陰居四陽之中, 而不爲陽盛, 何也?」曰:「陽體實'中孚', 中虛也.」「然則'頤'中四陰, 不爲虛乎?」曰:「'頤', 二體皆陽卦, 而本末皆陽盛之至也. '中孚', 二體皆陰卦, 上下各二陽, 不成本末之象, 以其中虛, 故爲'中孚', 陰盛可知矣.」


# 6. 《周易本義》(宋, 朱熹)

## (1) 原本《周易本義》提要

臣等謹案:《原本周易本義》十二卷, 宋朱子撰. 以上下經爲二卷, 十翼自爲十卷. 顧炎武《日知錄》曰:「洪武初頒五經天下儒學, 而《易》兼用程朱二氏, 亦各自爲書. 永樂中修《大全》, 乃取朱子卷次割裂, 附《程傳》之後, 而朱子所定之古文, 仍復淆亂. 如傳卽文王所繫之辭, 傳者孔子所以釋經之辭. 後凡言傳放此. 乃象上傳條下義, 今乃削去象上傳三字, 而附于'大哉乾元'之下. 象者, 卦之上下兩象, 及兩象之六爻, 周公所繫之辭也. 乃象上傳條下, 義今乃削去象上傳三字, 而附于'天行健'之下. 此篇申象傳象傳之義, 以盡乾坤二卦之蘊, 而餘卦之說, 因可以例推云, 乃〈文言〉條下, 義今乃削'文言'二字, 而附于'元者, 善之長也'之下. 其'傳曰'·'象曰'·'文言曰', 皆朱子本所無, 復依《程傳》添入, 後來士子厭《程傳》煩多, 棄去不讀, 專用《本義》, 而《大全》之本, 乃朝廷所頒, 不敢輒改, 遂卽監板《傳義》之本,刊去《程傳》, 而以程之次序, 爲朱之次序. 又曰今〈四書〉坊本, 每張十八行, 每行十七字, 而註皆小字, 《書》《詩》《禮記》並同, 惟《易》每張二十二行, 每行二十三字, 而《本義》皆作大字, 與各經不同. 凡《本義》中言《程傳》備矣者, 又添一‘傳曰’而引其文, 皆今代人所爲云云.」 其辨最爲明晢. 然割裂《本義》, 附《程傳》, 自宋董楷已然, 不始于永樂也(詳董楷《周易傳義》附錄條下). 此本爲咸淳乙丑(1265)九江吳革所刊. 內府以宋槧摹雕者, 前有革序, 每卷之末, 題敷原後學劉宏校正文字, 行款及〈象傳〉, ‘履’·‘夬’二卦不載, 《程傳》一一與炎武所言合. 卷端惟列〈九圖〉, 卷末係以〈易贊〉五首, 〈筮儀〉一篇, 與今本升〈筮儀〉于前, 而增列〈卦歌〉之類者, 亦迥乎不同. 象上傳標題之下, 註從〈王肅本〉四字, 今本刪之. 又〈襍卦傳〉「咸, 速也; 恒, 久也」下, 今本惟註「咸速恒久」四字, 讀者恒以爲疑, 考驗此本, 乃是「感速常久」, 經後人傳刻而訛, 實爲善本. 故我 聖祖仁皇帝御纂《周易》折中, 卽用此本之次序, 復先聖之舊文, 破俗儒之陋見, 洵讀《易》之家, 所宜奉爲彝訓者矣.

乾隆四十六年(1781)十二月恭校上

總纂官 臣紀昀, 臣陸錫熊, 臣孫士毅. 總校官 臣陸費墀.


## (2) 《周易本義》序(朱熹)

《易》之爲書, 卦爻傳象之義備, 而天地萬物之情見, 聖人之憂天下來世其至矣. 先天下而開其物, 後天下而成其務, 是故極其數, 以定天下之象, 著其象以定天下之吉凶. 六十四卦, 三百八十四爻, 皆所以順性命之理, 盡變化之道也. 散之在理, 則有萬殊; 統之在道, 則无二致. 所以《易》有太極, 是生兩儀. 太極者, 道也; 兩儀者, 陰陽也. 陰陽, 一道也; 大極, 无極也. 萬物之生, 負陰而抱陽, 莫不有太極, 莫不有兩儀, 絪縕交感, 變化不窮, 形一受其生, 神一發其智, 情僞出焉, 萬緖起焉, 《易》所以定吉凶而生大業, 故《易》者, 陰陽之道也. 卦者, 陰陽之物也; 爻者, 陰陽之動也. 卦雖不同, 所同者奇耦; 爻雖不同, 所同者九六. 是以六十四卦爲其體, 三百八十四爻互爲其用, 遠在六合之外, 近在一身之中, 暫於瞬息, 微於動靜, 莫不有卦之象焉; 莫不有爻之義焉. 至哉!《易》乎! 其道至大而无不包, 其用至神而无不存, 時固未始有一, 而卦未始有定, 象事固未始有窮, 而爻亦未始有定位, 以一時而索卦, 則拘於无變, 非《易》也. 以一事而明爻, 則窒而不通, 非《易》也. 知所謂卦爻傳象之義, 而不知有卦爻傳象之用, 亦非《易》也. 故得之於精神之運·心術之動, 與天地合其德, 與日月合其明, 與四時合其序, 與鬼神合其吉凶, 然後可以謂之知《易》也. 雖然, 《易》之有卦, 《易》之已形者也. 卦之有爻, 卦之已見者也. 已形已見者, 可以知言未形未見者, 不可以名. 求則所謂《易》者, 果何如哉! 此學者所當知也.

## (3)《周易本義》序(吳革)

象占《易》本義也. 伏犧畫卦, 文王繫傳, 周公繫爻, 皆以象與占決, 吉凶悔吝, 各指其所之. 孔子〈十翼〉專註義理, 發揮經言, 豈有異旨哉? 體用一源, 顯微無間, 互相發而不相悖也. 程子以義理爲之傳, 朱子以象占本其義革, 每合而讀之, 心融體驗, 將終身玩索, 庶幾寡過. 昨刊《程傳》于章貢郡齋, 今敬刊《本義》于朱子, 故罡與同志共之. 折朱子有言, 順理則吉; 逆理則凶. 悔而趨吉, 各自吉而向, 凶必然之應也. 夫子曰:「不占而已矣.」

咸淳乙丑(1265) 立秋日 後學九江 吳革謹書.


## (4)《周易本義通釋》(元, 胡炳文)提要

臣等謹案:《周易本義通釋》十二卷, 元胡炳文撰. 炳文, 字仲虎, 號雲峰, 婺源人. (嘗爲信州道一書院山長, 再調蘭溪州學正, 不赴.《元史》儒學傳附載其父一桂傳中.) 程敏政《新安文獻志》所謂篤志朱子之學者也. 義文先後天之《易》, 邵子於先天明其畫, 程子於後天演其辭, 然邵程同時, 並地其說, 絕不相謀, 自朱子比而合之, 理數始備. 炳文復取朱子之書, 折衷是正, 參以諸家《易》解, 以互相發明. 初名精義, 後病其繁, 冗刪而約之, 改名《通釋》. 說者謂非《本義》, 無以見《易》, 非《通釋》, 亦無以盡《本義》之旨. 主一先生之言, 以盡廢諸家, 雖未免於太狹, 然宋儒說《易》, 其途至禭言數者, 或失之巧言; 理者或失之鑿求, 其平正通達, 顯有門徑, 可循者終以朱子爲得中, 則炳文羽翼之功, 亦未可沒矣.

乾隆四十六年(1781)九月恭校上.

總纂官臣紀昀, 臣陸錫熊, 臣孫士毅. 總校官 臣陸費墀.


## (5)《周易本義集成》(元, 熊良輔)提要

臣等謹案:《周易本義集成》十二卷, 元熊良輔撰. 良輔字任重, 號梅邊, 南昌人. 延祐四年(1317)嘗領鄉薦, 其仕履未詳. 是書前有良輔自序, 稱丁巳(1317)以《易》貢同志, 信其僭說, 閔其久勤, 出工費鋟梓. 丁巳即延祐四年, 元舉鄉試始, 於延祐甲寅(1314). 是科其第二舉也. 考《元史》選舉志, 是時條制, 漢人南人試經疑二道, 經義一道,《易》用程氏·朱氏, 而亦兼用古註疏, 不似明代之制. 惟限以程朱後, 併祧程而專尊朱, 故其書大旨, 雖主乎羽翼《本義》, 而與《本義》異者, 亦頗多也. 黃虞稷《千頃堂書目》, 稱良輔是書, 外有《易傳集疏》, 不傳. 考《易傳集疏》, 元熊凱撰.《江西通志》, 載凱字舜夫, 南昌人, 以明經開塾四十年時, 稱逢谿先生, 同邑熊良輔受業焉. 良輔序中, 亦稱受《易》于逢谿熊氏, 與《通志》合,

截然兩人兩書, 虞稷以同姓同里同時, 遂誤合爲一耳.

乾隆四十六年(1781)五月恭校上.

總纂官 臣紀昀, 臣陸錫熊, 臣孫士毅. 總校官 臣陸費墀.


## (6)《周易本義集成》(元, 熊良輔)序

六經, 皆聖人垂訓後世之書, 而《易經》四聖人之手, 乃成其爲書也. 大而天地性命之理, 無不包; 微而事物纖悉之情, 無不盡; 精入於無形, 粗及於有象, 人生日用, 一動靜語默之間, 無非《易》道之流行, 顧由而不知者, 多耳. 伏羲始畫卦, 無文字, 可傳大槩, 以陽吉陰凶爲義; 文王·周公, 繫之以辭象占其本旨也. 夫子贊《易》, 一以義理爲主, 吉凶消長之理, 進退存亡之道, 於是乎大備. 蓋象占, 固義理之所寓, 而以義理爲主, 象占亦在其中矣. 善學者, 於此先求《易》之本旨, 然後廣而充之, 體用一源, 顯微無間之旨, 將不待卜筮而後見此, 又自然之妙也. 自後儒析經附傳之餘, 學者支離蔓衍, 欲以明《易》, 而反以晦《易》. 至宋程子作《易傳》, 而義理之學大明. 然程子亦自謂某解《易》, 只說得七分, 朱子一以卜筮爲說, 然後作《易》之本旨益著. 朱子嘗曰:「有天地自然之《易》, 有伏羲之《易》, 有文王·周公之《易》, 有孔子之《易》. 是則程子之傳孔子之《易》也.」朱子之《本義》, 文王·周公之《易》也. 推本而論孔子之《易》; 卽文王·周公之《易》; 文王·周公之《易》, 卽伏羲之《易》; 伏羲之《易》, 卽天地自然之《易》也. 雖其旨意微有不同, 而其理則未嘗有二, 要在善觀之耳. 良輔曩執經於遙溪熊先生, 已知好《易》, 迺大德壬寅(1302), 先生之友泉峰龔先生, 授徒泉山之麓, 良輔分教, 小學山深日長, 因得肆意於《易》取諸說, 而涵泳之顧, 以篇帙繁大, 衆說紛錯, 時有得失, 乃以已意, 採輯成編, 以朱子《本義》爲主, 如《語錄》, 如程《傳》以及諸家之說, 與《本義》意合者, 亦有與《本義》不合而似得其旨者, 備錄以相發, 名曰《集疏》. 泉峰先生, 親爲校正復云云. 其後間有鄙見一二, 亦蒙不削, 囑遂成編, 至大辛亥(1311), 良輔以所得復求是正, 而二先生病不起矣. 自是遺編獨抱, 不敢廢墜, 重念義理無窮, 學無止法, 期有所得, 以卒初志. 且欲使二先生之學, 萬一可傳於後也. 於是繕寫成編, 凡一十三卷, 藏之以俟, 會丁巳(1317), 以《易》貢而同志, 益信其僭說, 閔其久勤, 間出工費, 勉鋟諸梓, 而竺溪劉直方, 實主張是不能辭也. 因僭書其端云.

時至治壬戌(1322)五月辛卯, 南昌後學, 鄉貢進士, 熊良輔任重謹序.

# 7. 《周易傳義大全》(明, 胡廣)

## (1) 提要

　　臣等謹案:《周易大全》二十四卷, 明胡廣等奉勅撰. 考明《成祖實錄》, 永樂十二年(1414)
十一月甲寅, 命行在翰林院學士胡廣, 侍講楊榮, 金幼孜, 修《五經》〈四書大全〉. 十三年九
月告成, 成祖親制序, 弁之卷首, 命禮部刊賜天下, 賜胡廣等鈔幣有差. 仍賜宴於禮部, 同時
預纂修者. 自廣榮幼孜外, 尚有翰林編修葉時中等三十九人, 此其五經之首也. 朱彝尊《經
義考》謂廣等就前儒成編, 雜爲鈔錄, 而去其姓名.《易》則取諸天台·鄱陽二董氏, 雙湖·雲
峯二胡氏. 於諸書外, 未寓目者至多云云. 天台董氏者, 董楷之《周易傳義》附錄; 鄱陽董氏
者, 董眞卿之《周易會通》; 雙湖胡氏者, 胡一桂之《周易本義》附錄〈纂疏〉; 雲峰胡氏者, 胡
炳文之《周易本義通釋》也. 今勘驗舊文, 一一符合. 彝尊所論未, 可謂之苛求. 然董楷·胡一
桂·胡炳文, 篤守朱子其說, 頗謹嚴. 董眞卿則以程朱爲主, 而博採諸家以翼之. 其說頗爲賅
備, 取材於四家之書, 而刊除重複, 勒爲一編, 雖不免守闕抱殘, 要其宗旨, 則尚可謂不失其
正, 且二百餘年, 以此取士, 一代之令甲在焉. 錄存其書, 見有明儒者之經學, 其初之不敢放
軼者由於此, 其後之不免固陋者亦由於此. 鄭曉今言曰:「洪武開科, 五經皆主古注疏. 及宋
儒《易》程朱,《書》蔡,《詩》朱,《春秋左·公羊·穀梁》程胡張,《禮記》陳, 後乃盡棄注疏, 不
知始何時? 或曰始于頒五經大全時, 以爲諸家說優者采入故耳. 然古注疏終不可廢也. 是當
明盛時, 識者已憂其弊矣.」觀于是編, 未始非千古得失之林也.

　　乾隆四十二年(1777)六月恭校上.

　　總纂官臣紀昀, 臣陸錫熊, 臣孫士毅. 總校官 臣陸費墀.

## (2) 凡例

　　(一)《周易》上下經二篇, 孔子〈十翼〉十篇, 各自爲卷. 漢費直初以彖象釋經, 附於其後.
鄭玄·王弼宗之, 又分附卦爻之下, 增入乾坤〈文言〉, 始加'彖曰', '象曰', '文言曰'以別於經
而〈繫辭〉以後, 自如其舊, 歷代因之. 是爲今《易》, 程子所爲作《傳》者是也. 自嵩山晁說之
始, 考訂古經, 釐爲八卷. 東萊呂祖謙乃定爲經二卷, 傳十卷, 是爲《古易》, 朱子本義從之.
然《程傳》·《本義》, 旣已竝行, 而諸家定本, 又各不同. 故今定從《程傳》元本, 而《本義》仍
以類從. 凡經文皆平行書之《傳義》, 則低一字書以別之. 其〈繫辭〉以下,《程傳》旣闕, 則壹
從《本義》, 所定章次總釐爲二十四卷云.

　　(一)《程傳》據〈王弼本〉, 只有六十四卦, 〈繫辭〉以後無傳. 今法天台董氏例, 以東萊呂

氏所集經說補之. 仍只稱'程子曰', 分註書之, 別於《傳》也.

(一)《程傳》·《本義》刊本, 間有脫誤字句, 今合諸本, 讐校歸正, 其傳有兩存同異者, 則係東萊呂氏舊例云.

(一)《二程文集》《遺書》《外書》與《朱子文集》《語類》有及於《易》者, 今合天台董氏·番陽董氏〈附錄〉二本, 參互考訂, 取其與《傳義》相合, 而有發明者, 各分注其次, 仍以'程子·朱子曰'別之, 其程子二序上下篇, 義朱子〈圖說〉·〈五贊〉·〈筮儀〉并二家說經, 綱領則參取二董〈附錄〉及《啓蒙》諸書, 別爲〈義例〉, 列於篇端, 自爲一卷云.

(一) 諸家之說, 壹宗《程傳》·《本義》, 折衷竝取, 其辭論之精醇, 理象之明當者, 分注二氏之後, 以羽翼之, 而其同異得失, 先儒雙湖胡氏·雲峰胡氏, 嘗論訂者, 亦詳擇而附著焉.

(一) 經中文字, 有當音者, 今從天台董氏例, 參考呂氏音訓, 直附其下, 間有《傳義》音讀異者, 則明識別之. 一經文圈點, 句絕《傳義》, 間有不同處, 今壹以《本義》爲正.


## (3) 引用先儒姓氏

○孔氏 安國 子國 (孔安國)　　　○楊氏 雄 子雲 (揚雄)

○劉氏 歆 子駿 (劉歆)　　　　　○鄭氏 玄 康成 (鄭玄)

○王氏 弼 輔嗣 (王弼)　　　　　○韓氏 伯 康伯 (韓康伯)

○董氏 遇 季直 (董遇)　　　　　○虞氏 翻 仲翔 (虞翻)

○關氏 朗 子明 (關朗)　　　　　○孔氏 穎達 仲達 (孔穎達)

○劉氏 瓛 (劉瓛)　　　　　　　　○陳氏 皋 (陳皋)

○希夷陳氏 搏 圖南 (陳搏)　　　○胡氏 旦 (胡旦)

○安定胡氏 瑗 翼之 (胡瑗)　　　○泰山孫氏 復 明復 (孫復)

○徂徠石氏 介 守道 (石介)　　　○廬陵歐陽氏 脩 永叔 (歐陽脩)

○錢氏 藻 (錢藻)　　　　　　　　○劉氏 彝 執中 (劉彝)

○于氏 弇 (于弇)　　　　　　　　○臨川王氏 安石 介甫 (王安石)

○廣陵王氏 逢 (王逢)　　　　　　○邵子 雍 堯夫 (邵雍)

○張子 載 子厚 (張載)　　　　　○涑水司馬氏 光 君實 (司馬光)

○東坡蘇氏 軾 子瞻 (蘇軾)　　　○房氏 審權 (房審權)

○嵩山晁氏 說之 以道 (晁說之)　○和靖尹氏 焞 彦明 (尹焞)

○藍田呂氏 大臨 與叔 (呂大臨)　○廣平游氏 酢 定夫 (游酢)

○上蔡謝氏 顯道 良佐 (謝良佐)　○龜山楊氏 時 中立 (楊時)

○壽安張氏 繹 思叔 (張繹)　　○兼山郭氏 忠孝 立之 (郭忠孝)

○張氏 汝明 舜文 (張汝明)　　○莆田張氏 汝弼 舜元 (張汝弼)

○括蒼龔氏 源 深父 (龔源)　　○開封耿氏 南仲 希道 (耿南仲)

○李氏 元量 (李元量)　　　　○東明劉氏 槩 仲平 (劉槩)

○路氏 純中 (路純中)　　　　○漢上朱氏 震 子發 (朱震)

○白雲郭氏 雍 子和 (郭雍)　　○鄭氏 正夫 (鄭正夫)

○閭氏 彥升 (閭彥升)　　　　○東谷鄭氏 汝諧 舜舉 (鄭汝諧)

○凌氏 唐佐 (凌唐佐)　　　　○陸氏 秉 (陸秉)

○李氏 開 去非 (李開)　　　　○王氏 湘卿 (王湘卿)

○李氏 光 泰發 (李光)　　　　○丹陽都氏 潔 聖與 (都潔)

○合沙鄭氏 東卿 少梅 (鄭東卿)　○容齋洪氏 邁 景盧 (洪邁)

○劉氏 翔 (劉翔)　　　　　○鄭氏 剛中 亨仲 (鄭剛中)

○閭丘氏 昕 逢辰 (閭丘昕)　　○蘭氏 廷瑞 惠卿 (蘭廷瑞)

○王氏 大寶 元龜 (王大寶)　　○李氏 椿年 仲永 (李椿年)

○沙隨程氏 迥 可久 (程迥)　　○莆田鄭氏 厚 (鄭厚)

○隆山李氏 舜臣 子思 (李舜臣)　○縉雲馮氏 當可 時行 (馮當可)

○童溪王氏 宗傳 景孟 (王宗傳)　○誠齋楊氏 萬里 廷秀 (楊萬里)

○雙溪王氏 炎 晦叔 (王炎)　　○南軒張氏 栻 敬夫 (張栻)

○東萊呂氏 祖謙 伯恭 (呂祖謙)　○林氏 栗 黃中 (林栗)

○西山蔡氏 元定 季通 (蔡元定)　○勉齋黃氏 榦 直卿 (黃榦)

○盤澗董氏 銖 叔重 (董銖)　　○潛室陳氏 埴 器之 (陳埴)

○清江張氏 洽 元德 (張洽)　　○范氏 念德 伯崇 (范念德)

○梅巖袁氏 樞 機仲 (袁樞)　　○瓜山潘氏 柄 謙之 (潘柄)

○節齋蔡氏 淵 伯靜 (蔡淵)　　○九峯蔡氏 沈 仲默 (蔡沈)

○三山吳氏 綺 忠畝 (吳綺)　　○雲莊劉氏 爚 晦伯 (劉爚)

○覺軒蔡氏 模 (蔡模)　　　　○西溪李氏 過 季辨 (李過)

○厚齋馮氏 椅 奇之 (馮椅)　　○瀘川毛氏 璞 伯玉 (毛璞)

○庸齋趙氏 汝騰 (趙汝騰)　　○趙氏 汝楳 (趙汝楳)

○山齋易氏 芾 彥章 (易芾)　　○融堂錢氏 時 子是 (錢時)

○雙峯饒氏 魯 仲元 (饒魯)　　○進齋徐氏 幾 子與 (徐幾)

○馮氏 去非 (馮去非)　　　　○姚氏 小彭 (姚小彭)

○黃氏 以翼 宗台 (黃以翼)　　○鶴山魏氏 了翁 華父 (魏了翁)

○西山眞氏 德秀 景元 (眞德秀)　○習靜劉氏 彌邵 壽翁 (劉彌邵)

○平菴項氏 安世 平甫 (項安世)　○柴氏 中行 與之 (柴中行)

○潘氏 夢旂 天錫 (潘夢旂)　　○楊氏 文煥 彬夫 (楊文煥)

○隆山陳氏 友文 (陳友文)　　○思齋翁氏 泳 永叔 (翁泳)

○天台董氏 楷 (董楷)　　　　○古爲徐氏 直方 立夫 (徐直方)

○毅齋沈氏 貴瑤, 又名汝礪 誠叔 (沈貴瑤, 沈汝礪)

○建安丘氏 富國 行可 (丘富國)　○單氏

○雷氏　　　　　　　　　　　○史氏 詠 (史詠)

○冷氏　　　　　　　　　　　○蛟峯方氏 逢辰 (方逢辰)

○吳氏 應回 (吳應回)　　　　○疊山謝氏 枋得 君直 (謝枋得)

○魯齋許氏 衡 仲平 (許衡)　　○玉齋胡氏 方平 (胡方平)

○新安胡氏 次焱 濟鼎 (胡次焱)　○潛齋胡氏 允 (胡允)

○節初齊氏 夢龍 覺翁 (齊夢龍)　○程氏 鉅夫 (程鉅夫)

○苟軒程氏 龍 舜兪 (程龍)　　○新安程氏 直方 道大 (程直方)

○葵初王氏 希旦 愈明 (王希旦)　○勿軒熊氏 禾 去非 (熊禾)

○雙湖胡氏 庭芳 一桂 (胡庭芳)　○方塘徐氏 之祥 麒父 (徐之祥)

○中溪張氏 淸子 希獻 (張淸子)　○汪氏 深 所性 (汪深)

○雲峯胡氏 炳文 仲虎 (胡炳文)　○息齋余氏 芭舒 德新 (余芭舒)

○臨川吳氏 澂 幼淸 (吳澂)　　○廬陵龍氏 仁夫 觀復 (龍仁夫)

○番陽董氏 眞卿 季眞 (董眞卿)

# II. 《漢書》藝文志《易》類

《易經》十二篇. 施孟梁丘三家. (師古曰:「上下經及十翼, 故十二篇.」)

《易傳周氏》二篇. (字王孫也.)

《服氏》二篇. (師古曰:「劉向《別錄》云: 服氏, 齊人, 號服光.)

《楊氏》二篇. (名何, 字叔元, 菑川人.)

《蔡公》二篇. (衛人, 事周王孫.)

《韓氏》二篇. (名嬰)

《王氏》二篇. (名同)

《丁氏》八篇. (名寬, 字子襄, 梁人也.)

《古五子》十八篇. (自甲子至壬子, 說《易》陰陽.)

《淮南道訓》二篇. (淮南王安聘明《易》者九人, 號九師說.)

《古雜》八十篇, 《雜災異》三十五篇, 《神輸》五篇, 《圖》一. (師古曰:「劉向《別錄》云: 『《神輸》者王道失則災害生, 得則四海輸之祥瑞.』」)

《孟氏京房》十一篇,《災異孟氏京房》六十六篇,《五鹿充宗畧說》三篇,《京氏段嘉》十二篇. (蘇氏曰:「東海人, 爲博士.」晉灼曰:「〈儒林〉不見.」師古曰:「蘇說是也. 嘉卽京房所從受《易》者也. 見〈儒林傳〉及劉向《別錄》.」)

《章句施·孟·梁丘氏》各二篇.

凡《易》十三家, 二百九十四篇.

《易》曰:「宓戲氏仰觀象於天, 俯觀法於地, 觀鳥獸之文, 與地之宜, 近取諸身, 遠取諸物, 於是始作八卦, 以通神明之德, 以類萬物之情.」(師古曰:「下繫之辭也. 鳥獸之文, 謂其跡在地者, 宓讀與伏同.) 至于殷周之際, 紂在上位, 逆天暴物, 文王以諸侯順命而行道, 天人之占, 可得而効. 於是重《易》六爻, 作上下篇. 孔氏爲之〈彖〉·〈象〉·〈繫辭〉·〈文言〉·〈序卦〉之屬十篇, 故曰'易道深矣'. 人更三聖(韋昭曰:「伏羲·文王·孔子.」師古曰:「更,經也. 音工衡反), 世歷三古(孟康曰:「《易》繫辭曰: 『《易》之興, 其於中古乎?』然則伏羲爲上古, 文王爲中古, 孔子爲下古), 及秦燔書, 而《易》爲筮卜之事, 傳者不絶. 漢興, 田何傳之. 訖于宣·元, 有施·孟·梁丘·京氏, 列於學官, 而民間有費·高二家之說. (師古曰:「費音扶味反.」), 劉向以中《古文易經》校施·孟·梁丘經, (師古曰:「中者, 天子之書也. 言中, 以別於外耳.」), 或脫去'無咎'·'悔亡', 唯費氏經與古文同.

# Ⅲ. 本書 譯注에 거론된 註釋書와 인물들

## 1. 王弼(226-249年)

字는 輔嗣. 三國 魏나라 때 山陽(지금의 山東 濟寧)에서 출생. 경학가이며 철학가. 魏晉 玄學의 創始者이며 대표적인 인물. 그는 "幼而察慧, 年十餘, 好老氏, 通辯能言"이라 할 정도였음. 일찍이 尙書郞을 지냈으며, 소년시절 이미 天才라 소문이 났으며 문장으로도 이름을 날림. 그의 《老子注》, 《老子指略》, 《周易注》, 《周易略例》4종 저서가 널리 알려져 있으며, 그 외 《周易大衍論》, 《周易窮微論》, 《易辯》, 《道略論》 등이 있음. 이로써 道家와 《周易》을 묶어 '三玄學'의 발단이 되었으며, 漢代 儒學의 質朴瑣屑한 면을 타파하여, 魏晉 玄學의 淸談 풍조를 일으켰음. 그는 何晏, 夏侯玄, 鍾會 등과 가까이 지냈으며, 그의 일화가 《世說新語》 등에 널리 전함. 그의 《周易注》는 韓康伯 注와 함께 唐나라 때 《周易正義》에 그대로 채택되어 실림. 그는 지나치게 高傲하여 당시 이름난 士君子들에게 질시를 받기도 하였음. 正始 10년(249) 겨우 24세로 아깝게 생을 마침. 《三國志》(28) 魏書 鍾會傳에 "初, 會弱冠與山陽王弼幷知名. 弼好論儒道, 辭才逸辯, 注《易》及《老子》, 爲尙書郞, 年二十餘卒"라 하여 짧게 실려 있을 뿐임.

## 2. 韓康伯

본명의 韓伯이나 자 康伯으로 더 널리 알려져 있음. 潁川 長社(지금의 河南 長葛縣) 출신. 동진 때 玄學家, 訓詁學者이며 어린 시절 빈곤함을 겪었으며 老莊과 《周易》에 뛰어나 당대 玄風을 일으켰음. 외삼촌 殷浩에게 칭송을 받았고 같은 고을 庾龢는 그를 아주 높이 평가하였음. 뒤에 秀才로 천거되어 簡文帝는 그를 談客으로 불러 가까이 할 정도였으며, 중서랑, 산기상시, 시중, 단양윤, 이부상서 등을 거쳐 태상에 오름. 49세에 생을 마침. 그의 《周易注解》3권은 《王弼注》6권 및 《略例》1권과 합해 10권이 되었으며, 이것이 唐代 《周易正義》에 실리게 된 것임. 丹陽尹·吏部尙書 등을 지냄. 《晉書》(75)에

傳이 있으며, 그 외《世說新語》(德行, 言語, 文學, 識鑑篇)에 일화가 실려 있음.


## 3. 李鼎祚

唐나라 중후기의 인물로 資州 盤石(지금의 四川 資中縣) 사람. 殿中侍御史를 지냈으며 〈平胡論〉을 올려 安祿山의 난에 대한 대책을 세우기도 하였음. 經學에 정통하였고 특히《周易》象數學과 占筮에 밝아 당시까지의 여러 주석을 모아 방대한《周易集解》를 남겼음.《新唐書》藝文志에 "李鼎祚《集注周易》十七卷"이라 함.


## 4. 孔穎達(574-648年)

자는 沖遠, 혹 仲達, 沖澹. 冀州 衡水(지금의 河北) 출신으로 唐代 대학자. 唐初十八學士의 하나. 經學家이며 孔子 31세손. 北齊 酖酒 武平 5년(574)에 태어나 8세에 당시 학자 劉焯에게 배워, 하루에 천 번씩 외웠다 함. 經傳에 관심을 보였고 문장에도 뛰어나 隋나라 大業 초에 明經科에 발탁되어 河內郡博士, 補太學助教가 됨. 隋末 대란에 虎牢(지금의 河南 滎陽 汜水)로 피신하였다가, 唐나라가 들어서자 國子監祭酒가 되어 唐 太宗 李世民에게 발탁됨. 마침 태종의 儒學獎勵 정책에 따라《五經正義》를 맡아 찬술하게 되었으며, 이 때 그는 남북 여러 경학가들의 견해와 魏晉南北朝 이래 經學에 대한 모든 성과를 총 망라하여 완성함. 이《五經正義》는 그 뒤 十三經의 기초가 되었으며 지금도 가장 널리 표준으로 활용되고 있음. 본《周易》역시 이 판본을 저본으로 하였음. 貞觀 22년(648) 75세로 생을 마침.《舊唐書》(78)와《新唐書》(198)에 전이 있음.


## 5. 周敦頤(1017-1073年)

이름은 周敦頤 외에 周元皓로도 불리며 원명은 周敦實, 자는 茂叔, 시호는 元公. 道州 營道(지금의 湖南 道縣) 출신. 집 앞에 濂溪라는 시냇물이 있어 흔히 濂溪先生으로 부르며 그의 학술을 濂溪學派라 함. 역시 北宋 四大派 五大學者의 하나이며 송대 理學思想의 開山鼻祖. 文學家이며 哲學者, 儒學者. 저술에《周元公集》과《通書》및 〈愛蓮說〉과 〈太極圖說〉로 유명함. 그가 내세운 無極, 太極, 陰陽, 五行, 動靜, 主靜, 主動, 至誠, 順化 등의 概念은 理學家들에게 중요한 토론 주제가 되었으며, 宋代를 대표하는 性理學의 기틀을 세웠음. 그의 학설은 老子의 無極,《周易》의 太極,〈中庸〉의 誠과 그리고 陰陽五行을 배합하여 宇宙論, 修養論, 心性論, 理氣論을 설명하고자 하였고, 자신은 理氣二元論을 주장하였음. 이것이 二程(程顥, 程頤)에 의해 확대되었으며, 南宋 朱熹에 이르러 集大成된 것임. 남송 理宗 때, 조칙에 의해 孔子廟에 배향되었으며《宋史》(427) 道學傳에 전이 실려 있음.

## 6. 邵雍(1011-1077年)

자는 堯夫, 시호는 康節. 北宋의 저명한 理學家, 數學者, 道士, 詩人. 선조는 范陽에 살았으나 林縣(지금의 河南 林州市)에서 태어나 天聖 4년(1026) 16세 때 아버지를 따라 共城(河南 輝縣) 蘇門山 百源에 살아 百源學派의 영수로 불림. 인종 周敦頤, 張載, 程顥, 程頤와 함께 '北宋五子'로 칭함. 어려서 학문에 뜻을 두고 독서와 유람을 마친 끝에 李之才에게 당시 穆修에게 〈先天象數圖〉를 〈河圖〉, 〈洛書〉, 그리고 伏羲 八卦를 전해 받아 이에 대한 연구에 집중하여 大成함. 宋 仁宗 康定 元年(1040) 30세 때 사방을 遊歷하다가 부모를 伊水 곁에 이장하고 자신도 그 곳에 살아 河南 洛陽人이 되었음. 仁宗 皇祐 원년(1049) 낙양에서 제자를 가르치기 시작하였고, 嘉祐 7년(1062) 洛陽 天宮寺 서쪽 天津橋 남쪽으로 옮겨 자호를 安樂先生이라 하였음. 인종, 신종을 거치면서 여러 차례 부름을 받았으나 병을 구실로 응하지 않았으며 熙寧 10년(1077) 향년 67세로 생을 마침. 哲宗 元祐 연간에 그에게 康節이라는 시호가 내려졌으며, 저술로는 《皇極經世》, 《觀物內外篇》, 《先天圖》, 《漁樵問對》, 《伊川擊壤集》, 《梅花詩》 등을 있음. 남김.《宋史》(427) 道學傳에 전이 실려 있음.

## 7. 張載(1020-1077年)

자는 子厚, 봉상(鳳翔) 郿縣(지금의 陝西 郿縣 橫渠鎭) 사람. 그 때문에 그 지명을 따서 흔히 橫渠先生으로 불림. 濂溪(周敦頤), 康節(邵雍), 二程(程顥, 程頤)와 더불어 北宋 四大學派, 五大學者의 하나. 思想家이며 교육가, 北宋 性理學 창시자의 하나임. 宋 眞宗 天禧 4년(1020) 長安(지금의 西安)에서 태어났으며 청년시절에는 兵法을 좋아하여 〈邊議九條〉를 올리기도 하였음. 范仲淹과 교유가 있고부터 儒學의 六經에 관심을 가지고 깊이 연구하였으며, 진사에 급제하여 祁州司法參軍, 雲巖縣令을 거쳐 著作

左郎, 崇文院校書郎 등을 역임하였으나 관직을 버리고 關中에서 강학에 전념함. 그 때문에 그의 학파를 關學派라 칭함. 神宗 熙寧 10년(1077) 臨潼에서 향년 58세로 생을 마쳤음. 門人과 학자들은 그의 학문을 높여 張子로 불렀으며 孔子廟 西廡에 제 38位로 배향됨. 그는 "爲天地立心, 爲生民立命, 爲往聖繼絶學, 爲萬世開太平"의 명언을 남겼으며 이를 橫渠四句라 칭하기도 함. 그의 理氣論은 唯物論的 氣一元論이었으며, 저술로《橫渠易說》,《正蒙》,〈東銘〉,〈西銘〉이 있음. 그의 문집으로는《崇文集》이 있었으나 실전되고 뒤에 淸 乾隆 때《張子全書》가 출간되었고 다시《張載集》이 편집되기도 하였음. 그의 학문과 사상은 南宋 理學, 특히 朱熹에게, 그리고 淸代 王夫之, 譚嗣同 등에게 큰 영향을 미쳤음.《宋史》(427) 道學傳에 전이 실려 있음.

## 8. 二程(程顥, 程頤)

### ① 程顥(1032-1085年)

자는 伯淳, 호는 明道先生. 대대로 中山에 살다가 河南 洛陽으로 옮겨 살았음. 北宋 理學家이며, 敎育家. 아우 程頤(伊川)와 함께 理學의 기초를 세워 북송 洛學派의 대표적 인물. 형제 둘을 합해 二程이라 부르며 程顥를 大程子라 칭함. 宋 仁宗 嘉祐 二年(1057年)에 진사에 올라 호현주부(鄠縣主簿), 上元縣主簿, 澤州 晉城令, 太子中允, 監察御使, 鎭寧軍節度判官 등을 역임함. 王安石의 新法에 반대하였고, 학술상으로는 "天者, 理也"와 "只心便是天, 盡之便知性"의 명제를 내세워, "仁者, 渾然與物同體, 義禮知信皆仁也"라 하여 傳心說을 창도함. 神宗 元豐 8년(1085), 哲宗이 즉위하여 그를 宗正丞으로 불렀으나 가지 못하고 병으로 생을 마침. 향년 54세. 남송 정희는 그의 학문을 계승하여 크게 발전시켜 흔히 程朱學이라고도 불렀음. 그의 저술은《定性書》와《識仁篇》등이 있으며, 후대 사람들의 그의 저술을 묶어《二程全書》로 출간함.《宋史》(427) 道學傳에 전이 있음.

### ② 程頤(1033-1107年)

자는 正叔, 洛陽 남쪽 伊河에 살아 호를 伊川先生이라 부름. 정호의 아우이며 汝州團鍊推官, 西京國子監交手 등을 역임하였고, 元祐 元年(1086) 秘書省校書郎을 거쳐 崇政殿說書에 오름. 형제 모두 周敦頤에게 배웠으며, 洛陽을 활동지로 하여 洛學派라 부름. 程頤의 학설은 窮理를 위주로 하여 "一物之理, 卽萬物之理"라 하였으며, "涵養須用敬,

進學在致知"의 修養法을 주장함. 아울러 "去人欲, 存天理. 餓死事極小, 失節事極大"라 하여 氣稟說을 세우기도 함. 二程의 학설은 南宋 朱熹에게 크게 영향을 주었으며, 저술은 《周易程氏傳(伊川易傳)》, 《經說》 등이 있으며 모두 《程頤文集》에 수록됨. 明代 후기 형 程顥의 저술과 묶어 《二程全書》가 출간됨. 《宋史》(427) 道學傳에 전이 있음.

## 9. 朱熹(1130-1200年)

자는 元晦, 仲晦, 호는 晦庵, 만년에는 晦翁이라고도 불렸음. 考亭에 살아 考亭先生으로도 불림. 시호는 文(文公). 선조는 徽州府 婺源縣(지금의 江西 婺源)에 살았으나 朱熹는 劍南州 尤溪(지금의 福建 尤溪縣)에서 출생. 남송 閩學派의 대표 인물. 閩은 福建지역을 일컫는 單稱. 그의 학문은 宋代 性理學을 集大成하여 朱子學이라 불림. 사상가이며, 철학가, 교육가, 시인, 문인. 공자 제자들과 함께 孔廟에 배향되었을 뿐만 아니라 大成殿 十二哲者로 숭앙을 받음. 그는 二程의 三傳弟子 李侗에게 수학하였으며, 二程의 학술을 정통적으로 이어받아 '程朱學'으로 불리며, 원, 명, 청을 거쳐 크게 영향을 끼쳤음. 아울러 우리나라 朝鮮 건국의 이념이 되었고, 조선시대 思惟와 思想, 社會通念을 통괄하는 기틀이 되었음. 그는 19세에 진사에 올라 江西南康知府, 福建漳州知府, 浙東巡撫 등을 역임하였으며, 書院 건설에 힘을 쏟아 武夷精舍, 白鹿洞書院 등에서 講學하기도 함. 아울러 煥章閣侍制兼侍講으로 南宋 寧宗을 가르치기도 함. 그의 저술로는 《四書章句集注》, 《易本義》, 《尙書集注》, 《詩經集注》, 《楚辭集注》, 《小學》, 〈太極圖說解〉, 〈通書解說〉 등이 있으며, 후인들이 편집한 방대한 《朱子大全》, 《朱子語錄》 등이 있음. 《宋史》(429) 道學傳에 전이 있음.

※ 이상 기타 南宋 및 明代 理學가들을 함께 묶어 표로 보이면 다음과 같음.

| 時代 | 學派 | 代表人物 및 主要著述 | 理氣論 | 備考 |
|---|---|---|---|---|
| 北宋 | 濂溪學派 | 周敦頤(茂叔, 濂溪先生)〈太極圖說〉,《通書》등 | 理氣二元論 | 湖南 道縣 濂溪 |
| | 百源學派 | 邵雍(堯夫, 安樂先生, 시호는 康節)〈先天圖〉,《皇極經世書》,《伊川擊壤集》,《觀物內外篇》등 | 客觀的心一元論 | 河南 共城 百源 |
| | 關學派 | 張載(子厚, 橫渠先生)《正蒙》,〈東銘〉,〈西銘〉등 | 唯物論的氣一元論 | 關中 郿縣 橫渠 |
| | 洛學派 | ○程顥(伯淳, 明道先生, 大程子)〈定性書〉등<br>○程頤(正叔, 伊川先生, 小程子)《伊川易傳》등<br>《二程全書》 | 程顥: 性一元論<br>程頤: 理氣二元論 | 河南 洛陽 伊河 |
| 南宋 | 閩學派 | 朱熹(晦菴, 元晦, 仲晦, 晦翁, 考亭先生)《易本義》,《四書集注》,《朱子語類》등 | 理氣二元論 | 福建(閩) |
| | 江西學派 | 陸九淵(子靜, 存齋, 象山先生)《象山全集》,《語錄》등 | 主觀的心一元論 | 江西 貴溪 象山 |
| | 浙東學派 | ○呂祖謙(金華系, 伯恭, 東萊)《東萊博議》등<br>○陳亮(永康系, 同甫)《龍川文集》등<br>○葉適(永嘉系, 水心)《水心文集》등 | 朱陸折衷,<br>功利主義 | 江西 金華<br>江西 永康<br>江西 永嘉 |
| 明 | 白沙學派 | 陳獻章(公甫, 白沙先生)《白沙子集》 | 相對的心一元論 | 新會 白沙 |
| | 姚江學派 | 王守仁(伯安, 陽明先生, 陽明子)《詩文集》,《五經臆說》,《傳習錄》등 | 絶對的心一元論 | 浙江會稽 陽明洞 |

# 10. 胡炳文(1250-1333年)

元代 교육가이며 문학가, 학자. 자는 仲虎, 호는 雲峰. 婺源 考川(지금의 江西 婺源) 사람으로 일생 朱子의 學問에 전념하여 朱熹의《易本義》를 연구,《周易本義通釋》를 지음. 그 외 교육에 힘써 고향에 明經書院을 세웠고 아동 교육을 위해《純正蒙求》라는 교재를 짓기도 함. 그의 문집으로는《雲峰集》이 있음.《元史》(189) 儒學傳에 同鄕의 胡一桂와 함께 전이 들어 있으며, "胡炳文, 字仲虎, 亦以《易》名家, 作《易本義通釋》, 而 於朱熹所著《四書》, 用力尤深. 余干饒魯之學, 本出於朱熹, 而其爲說, 多與熹牴牾, 炳文 深正其非, 作《四書通》, 凡辭異而理同者, 合而一之; 辭同而指異者, 析而辨之, 往往發其 未盡之蘊. 東南學者, 因其所自號, 稱雲峰先生. 炳文嘗用薦者, 署明經書院山長, 再調蘭 溪州學正"이라 함.

## 11. 熊良輔(1310-1380年)

元代 교육가이며 문학가, 학자. 자는 任重, 호는 梅邊居士. 江西 南昌 사람으로 당시 江南에 이름이 널러 떨쳤음. 朱子를 신봉하였으며, 朱熹의 《易本義》를 깊이 연구하여 《易本義集成》을 저술하였음.

## 12. 胡廣(1370-1418年)

明代 교육가이며 문학가, 학자, 행정가. 일명 胡靖, 자는 光大, 호는 晃庵. 江西 吉水 출신. 남송 명신 胡銓의 후손이며 아버지 胡子祺는 明初 洪武 연간에 廣西按察僉事, 彭州知府, 延平知府 등을 역임한 명신이기도 함. 胡廣은 建文 2년(1400) 庚辰科에 壯元으로 급제하여, 벼슬이 文淵閣大學士에 올랐고, 翰林院學士가 됨. 칙령에 의해 永樂 12년(1414) 당시 侍講 楊榮, 金幼孜 등과 함께 〈五經〉과 〈四書大全〉을 편수하였으며, 이 때 《易》은 程頤 《易傳(伊川易傳)》과 朱熹 《易本義》를 묶어 《周易傳義大全》 합본으로 한 것임. 이 책은 그 뒤로 《周易》 연구의 가장 중요한 저본이 되었으며, 특히 우리나라 조선시대 〈諺解〉는 이를 근거로 하였고, 藏書閣에서 그대로 覆刊하여 널리 활용되었음. 한편 永樂 16년(1418) 호광이 49세로 생을 마치자 조정에서는 禮部尙書로 추증하고 시호를 文穆이라 하였으며, 仁宗이 즉위하자 다시 太子少師로 추증함. 그의 저작은 《胡文穆公雜著》와 《胡文穆集》 등이 있음. 《明史》(147)에 전이 있음.

## 13. 高亨(1900-1986年)

현대 학자. 초명(初名)은 선교(仙翹), 자는 晉生, 吉林 雙陽 출신으로 古文字, 先秦文化史硏究와 교감학, 고고학에 뛰어났던 학자이며 교수. 1924年 北京大學에 입학하여 1925年 다시 淸華大學 硏究生으로 바꾸어 梁啓超와 王國維에게 수학함. 河南大學, 東北大學, 武漢大學, 齊魯大學 등에서 교수로 재직하여, 《詩經選注》, 《詩經今注》, 《楚辭選》, 《上古神話》, 《文字形義學槪論》, 《甲骨金石文字通箋》, 《古字通假會典》, 《古字通辭典》과 유명한 《周易古經今注》와 《周易大全今注》 등을 남김. 특히 그의 《周易》 연구는 전통적이었던 "以經解傳, 以傳解經, 經傳互解"의 방법을 과감히 탈피하고, 경전을 분해하여 현대적 義理派의 새로운 경지를 개척, 현재 학계에서 가장 널리 인용되며, 해석의 準據로 삼고 있음.

# Ⅳ. 《周易諺解》

朝鮮은 抑佛崇儒의 건국이념에 따라 世宗은 訓民正音을 창제하고 곧바로 儒家經傳을 諺解하는 사업을 시작하였다. 徐居正《筆苑雜記》(1)에 "世宗天性好學, 其未出閤, 每讀書必百遍, …… 晚年倦勤不視朝, 然於文學之事, 尤所軫慮, 命儒臣, 分局撰次諸書, 曰高麗史, 曰治平要覽, 曰兵要, 曰諺文, 曰韻書, 曰五禮儀, 曰四書五經音解, 同時撰修, 皆經睿裁成書. 一日御覽可數十卷, 其可謂天行健純亦不已也"라 하였으며, 《文獻備考》(245) 15장에도 "經書音解, 世宗朝命儒臣設局撰次以便句讀"라 하였다. 그러나 세종 때 시작된 이 '七書諺解' 사업은 완성을 보지 못하였고, 成宗 때 柳崇祖가 口訣 또는 懸吐만의 작업에 그친 것으로 알려져 있다. 그러다가 宣祖 18년(1585)에 校正廳을 설립하고 경서에 구결을 달고 언해를 하도록 명하였다. 이렇게 간행한 교정청본을 官本이라 하여 私本과 구별하였다. 1586년 《小學》과 사서의 諺解가 모두 끝났고, 1588년 三經까지 끝나 상을 내렸다고 《宣祖實錄》 21년 10월조에서 밝히고 있다.

초간본은 서울대학교 奎章閣 도서에 있으며, '萬曆三十四年六月日'의 內賜記가 있어 1606년(선조 39)에 간행된 것으로 보인다.

그 외 《周易諺解》는 여러 판본이 전하고 있어 '歲庚午仲春開刊全州河慶龍藏板'의 〈庚午本〉(1810, 純祖 10), '庚辰新刊內閣藏板'의 〈庚辰本〉(1820), '丙戌新刊嶺營藏板'의 〈庚戌本〉(1826), '庚寅新刊嶺營藏板'의 〈庚寅本〉(1830), '壬戌季春嶺營重刊'의 〈壬戌本〉(1862, 哲宗 13) '戊寅新刊嶺營藏板'의 〈戊寅本〉(연도 미상), '乙丑七月日寧邊府開刊'의 〈乙丑本〉(연도 미상)과 〈戊申字活字本〉(1695, 肅宗 21) 등이 있다.

이 중 藏書閣에 소장되어 있는 판본(內閣藏板?)은 1972년 大提閣에서 영인하여 일반인들도 쉽게 접할 수 있다.

이는 총 6권 743쪽의 많은 분량으로, 程頤《周易傳》(伊川易傳)과 朱熹《易本義》를 묶은, 明 胡廣(編)의 《周易傳義大全》을 저본으로 한 것이다. 程頤《易傳》을 언해하되 朱熹《本義》와 차이가 있으므로, 매 구절마다 原文과 諺解間에 程頤의 해석을 싣고 끝에 주희의 의견을 '本義'라는 글자를 陰刻으로 하여 눈에 띄게 싣고 있다.

원문은 글자마다 낱자별로 음을 달고 小字로 懸吐를 하였으며, 언해문은 원문과 구별이 되도록 한 칸을 내려 실었으며, 역시 노출된 한자는 낱자별로 음을 달고 있다.

물론 'ㅿ'이나 'ㆁ' 등은 쓰이지 않아 조선 후기 표기법을 반영하고 있다. 아울러 '十翼' 중에 〈繫辭傳〉까지만 언해를 하였으며, 〈說卦傳〉, 〈序卦傳〉, 〈雜卦傳〉은 언해를 하지 않은 채 마무리되어 있지 않다.

한편 《周易傳義大全》(明 胡廣 編輯)은 원문 전체를 빠짐없이 覆刊하여 藏書閣本으로 온전히 따로 전하고 있으며, 1973년 韓國思想硏究所에서 영인 출간하여 널리 활용되고 있다.

아울러 조선시대 《周易》 관련 귀중한 자료로는 《周易講義》가 있다. 正祖가 奎章閣을 세우고 抄啓文臣을 두었다. 초계문신이란 堂下 文官들 중에 학문에 뛰어난 이들을 뽑아 매월 임금이 문제를 던져 이를 답으로 製述하여 올리는 임무를 맡은 문신들을 말한다. 그중 《주역》에 대한 것을 모은 것이 《周易講義》이다. 정조 7년(1783) 임금이 직접 내린 條問과 답변, 1875년의 문답은 奎章閣 신하 金熹에게, 1784년과 1791년의 조문과 답변은 초계문신 徐有榘에게 명하여 편집, 1책으로 완성하여 그 필사본이 규장각에 소장되어 있다. 이어서 純祖 때 정조의 문집을 간행한 《弘齋全書》經史講義가 101-105까지 들어 있는데 그 속에 《周易》 관련 강의 내용이 수록되어 있다. 1783년 분의 답변에 참여한 이들로는 李顯道, 趙濟魯, 李勉兢, 金啓洛, 金熙朝, 李崑秀, 尹行恁, 成鍾仁, 李晴, 李翼晉, 沈晉賢, 申馥, 姜世綸 등이 있으며 이들은 乾卦부터 未濟괘까지 64괘와 〈繫辭傳〉, 〈說卦傳〉, 〈序卦傳〉, 〈雜卦傳〉 등에 대해 다루고 있다. 그 외 1784년 분에는 李書九, 鄭東觀, 韓致應, 韓商新, 洪義浩 등이 답변에 참여하였으며 총론과 需卦, 大畜卦, 履卦, 同人卦, 大有卦, 艮卦에 대한 문답들이다.(이상 《韓國民族大百科》를 참고함)

《周易》 終

# ※ 《周易》 판본 자료

1. 《周易正義》 王弼, 韓康伯注, 陸德明音義, 孔穎達疏 〈十三經注疏本〉(宋板本) 藝文印書館(臺北)
2. 《周易正義》 〈十三經注疏本〉 中華書局(北京)
3. 《周易注疏(周易正義)》 王弼注, 陸德明音義, 孔穎達疏 〈四庫全書〉 經部 《易》類
4. 《周易集解》 唐 李鼎祚(撰) 〈四庫全書〉 經部 《易》類
5. 《周易傳義大全》 明 胡廣(等)(撰) 〈四庫全書〉 經部 《易》類
6. 《周易傳義大全》 明 胡廣(等) 朝鮮板本 〈藏書閣〉 藏本 朝鮮
7. 《子夏易傳》 〈四庫全書〉 經部 《易》類
8. 《周易註》 王弼(撰) 〈四庫全書〉 經部 《易》類
9. 《周易》 王弼(注) 〈四部叢刊〉(初編) 經部 《易》類
10. 《周易鄭康成(鄭玄)注》 宋 王應麟(編) 〈四庫全書〉 經部 《易》類
11. 《周易鄭康成注》 宋 王應麟(編) 〈四部叢刊〉(三編) 經部 《易》類
12. 《橫渠易說》 宋 張茂叔(張載)(撰) 〈四庫全書〉 經部 《易》類
13. 《伊川易傳》 宋 程子(程頤, 伊川)(撰) 〈四庫全書〉 經部 《易》類
14. 《東坡易傳》 宋 蘇軾(東坡)(撰) 〈四庫全書〉 經部 《易》類
15. 《誠齋易傳》 宋 楊萬里(誠齋)(撰) 〈四庫全書〉 經部 《易》類
16. 《周易本義集成》 元 熊良輔(撰) 〈四庫全書〉 經部 《易》類
17. 《周易本義通釋》 元 胡炳文(撰) 〈四庫全書〉 經部 《易》類
18. 《易纂言》 元 吳澄(纂) 〈四庫全書〉 經部 《易》類
19. 《周易》 清 朱震(集傳) 〈四部叢刊〉(續編) 經部 《易》類
20. 《周易要義》 〈四部叢刊〉(續編) 經部 《易》類
21. 《周易通論》 清 李光地(撰) 〈四庫全書〉 經部 《易》類
22. 《仲氏易》 清 毛奇齡(著) 〈皇清經解〉 經部 《易》類 〈學海堂〉本
23. 《周易荀氏九家義》 清 張惠言(著) 〈皇清經解〉 經部 《易》類 〈學海堂〉本
24. 《易通釋》 清 焦循(著) 〈皇清經解〉 經部 《易》類 〈學海堂〉本
25. 《易學象數論》 清 黃宗羲(撰) 〈四庫全書〉 經部 《易》類
26. 《周易稗疏》 清 王夫之(撰) 〈四庫全書〉 經部 《易》類

27. 《周易諺解》 朝鮮 板本

28. 《集註周易》 韓國 近世 板本(世昌書館)

29. 《周易大傳今注》 高亨 1987 齊魯書社 濟南

30. 《周易古經今注》 高亨 1989 中華書局 北京

1. 《周易正義》 王弼, 韓康伯注, 陸德明音義, 孔穎達疏 〈十三經注疏本〉(宋板本) 藝文印書館(臺北)

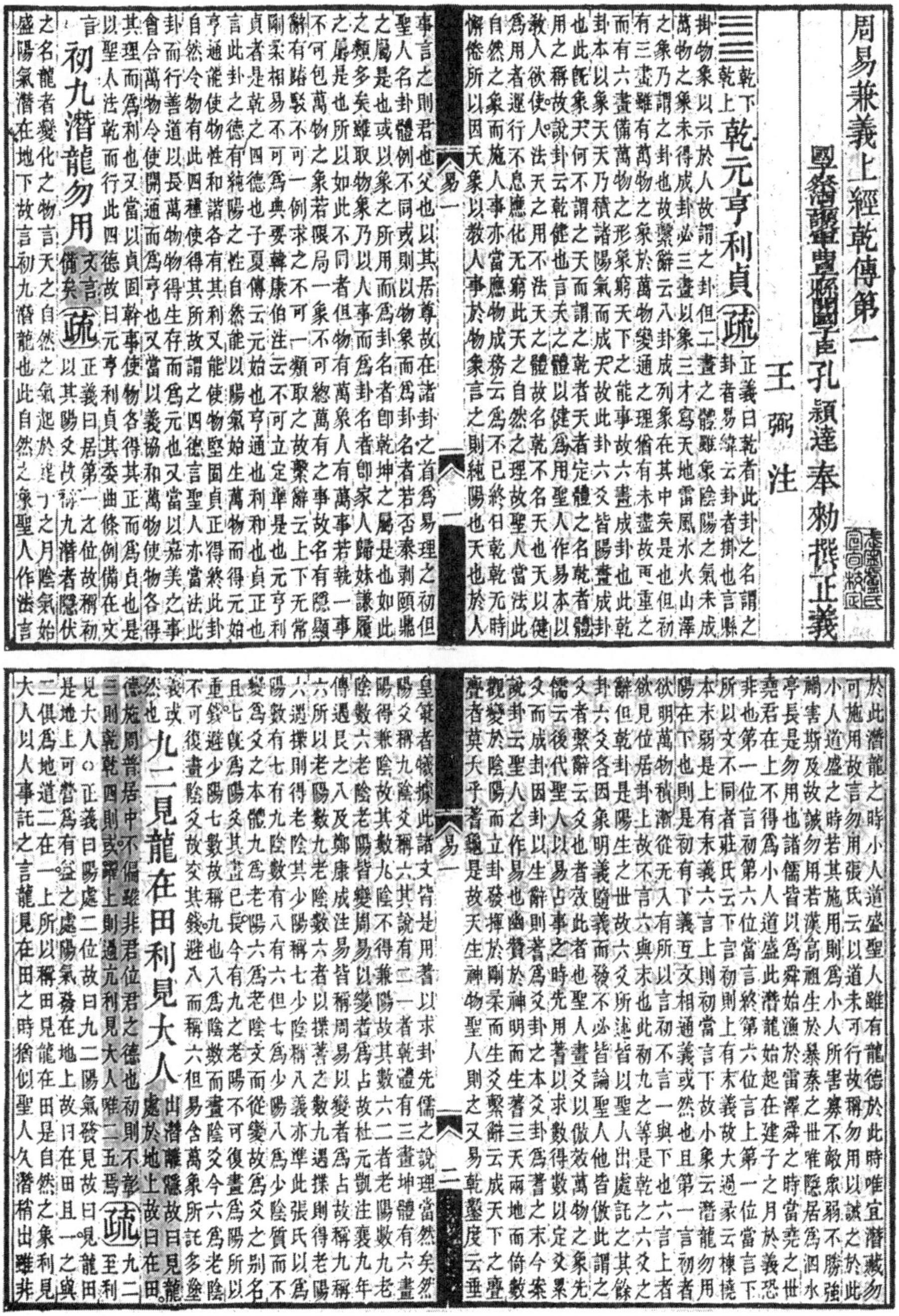

周易兼義上經乾傳第一

國子祭酒上護軍曲阜縣開國子臣孔穎達奉勅撰正義

王弼注

☰☰ 乾下乾上 **乾元亨利貞** 疏 正義曰乾者此卦之名謂之卦者易緯云卦者挂也言懸挂物象以示於人故謂之卦但二畫之體雖象陰陽之氣未成萬物之象未得成卦必三畫以象三才寫天地雷風水火山澤之象乃謂之卦也故繫辭云八卦成列象在其中矣是也但初有三畫雖有萬物之象於萬物變通之理猶有未盡故更重之而有六畫備萬物之形象窮天下之能事故六畫成卦也此乾卦本以象天天乃積諸陽氣而成天故此卦六爻皆陽畫成卦也此既象天何不謂之天而謂之乾者天者定體之名乾者體用之稱故說卦云乾健也言天之體以健爲用聖人作易本以教人欲使人法天之用不法天之體故名乾不名天也天以健爲用者運行不息應化无窮此天之自然之理故聖人當法此自然之象而施人事亦當應物成務云爲不已終日乾乾无時懈倦所以因天象以教人事於物象言之則純陽也天也於人事言之則君也父也以其居尊故在諸卦之首爲易理之初但聖人名卦體例不同或則以物象而爲卦名者若否泰剝頤鼎之屬是也或以象之所用而爲卦名者即乾坤之屬是也如此之類多矣雖取物象乃以人事而爲卦名者即家人歸妹謙履之屬是也所以如此不同者但物有萬象人有萬事若執一事不可包萬物之象若限局一象不可總萬有之事故名有隱顯辭有踳駁不可一例求之不可一類取之故繫辭云上下无常剛柔相易不可爲典要韓康伯注云不可立定準是也元亨利貞者是乾之四德也子夏傳云元始也亨通也利和也貞正也言此卦之德有純陽之性自然能以陽氣始生萬物而得元始亨通能使物性和諧各有其利又能使物堅固貞正得終此卦自然令物有此四種使得其所故謂之四德言聖人亦當法此卦而行善道以長萬物物得生存而爲元也又當以嘉美之事會合萬物令使開通而爲亨也又當以義協和萬物使物各得其理而爲利也又當以貞固幹事使物各得其正而爲貞也是以聖人法乾而行此四德故曰元亨利貞其委曲條例備在文言

**初九潛龍勿用** 文言備矣 疏 正義曰居第一之位故稱初以其陽爻故稱九潛者隱伏之名龍者變化之物言天之自然之氣起於建子之月陰氣始盛陽氣潛在地下故言初九潛龍也此自然之象聖人作法言於此潛龍之時小人道盛聖人雖有龍德於此時唯宜潛藏勿可施用故言勿用張氏云以道未可行故稱勿用以誡之於此小人道盛之時若其施用則爲小人所害寡不敵衆弱不勝強禍害斯及故誡勿用若漢高祖生於暴秦之世唯隱居爲泗水亭長是勿用也諸儒皆以爲舜始漁於雷澤舜之時當堯之世堯君在上不得爲小人道盛此潛龍始起在建子之月於義恐非也第一位言初第六位言終第六位當言上第一位當言下所以文不同者莊氏云下言初則上有末義故大過彖云棟橈本末弱是上有末義六言上則初當言下故小象云潛龍勿用陽在下也則是初有下義互文相通義或然也且第一言初者欲明萬物積漸從无入有所以言初不言一與下也六言上者欲見位居卦上故不言六與末也此初九之等是乾之六爻之辭但乾卦是陽生之世故六爻所述皆以聖人出處託之其餘卦六爻各因象明義隨義而發不必皆論聖人他皆倣此謂之爻者繫辭云爻也者效此者也聖人畫爻以倣效萬物之象先儒云後代聖人以易占事之時先用蓍以求數得數以定爻累爻而成卦因卦以生辭則蓍爲爻卦之本爻卦爲蓍之末今案說卦云聖人之作易也幽贊於神明而生蓍參天兩地而倚數觀變於陰陽而立卦發揮於剛柔而生爻繫辭云成天下之亹亹者莫大乎蓍龜是故天生神物聖人則之又易乾鑿度云垂皇策者犧據此諸文皆是用蓍以求卦先儒之說理當然矣然陽爻稱九陰爻稱六其說有二一者乾體有三畫坤體有六畫陽得兼陰故其數九陰不得兼陽故其數六二者老陽數九老陰數六老陰老陽皆變周易以變者爲占故杜元凱注襄九年傳遇艮之八及鄭康成注易皆稱周易以變者爲占故稱九稱六所以老陽數九老陰數六者以揲蓍之數九遇揲則得老陽六遇揲則得老陰其少陽稱七少陰稱八義亦準此張氏以爲陽數有七有九陰數有八有六但七爲少陽八爲少陰質而不變爲爻之本體九爲老陽六爲老陰文而從變故爲爻之別名且七旣爲陽爻其畫已長今有九之老陽不可復畫爲陽所以重錢避少陽七數故稱九也八爲陰數而畫陰爻今六爲老陰不可復畫陰爻故交其錢避八而稱六但易含萬象所託多塗義或然也

**九二見龍在田利見大人** 出潛離隱故曰見龍處於地上故曰在田德施周普居中不偏雖非君位君之德也初則不彰三則乾乾四則或躍上則過亢利見大人唯二五焉 疏 正義曰九二至利見大人○正義曰陽處二位故曰九二陽氣發見故曰見龍田是地上可營爲有益之處陽氣發在地上故曰在田且一之與二俱爲地道二在一上所以稱田見龍在田是自然之象利見大人以人事託之言龍見在田之時猶似聖人久潛稍出雖非

## 2.《周易正義》〈十三經注疏本〉中華書局(北京)

3. 《周易注疏(周易正義)》王弼注, 陸德明音義, 孔穎達疏〈四庫全書〉經部《易》類

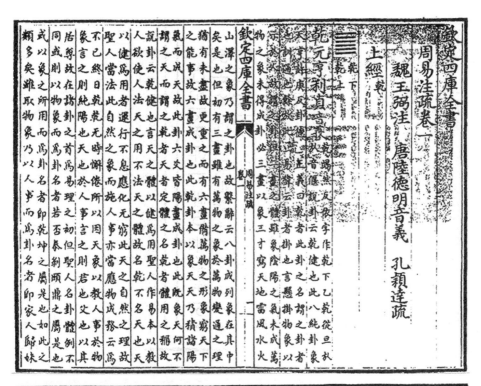

欽定四庫全書

周易集解卷一

唐 李鼎祚 撰

乾下乾上

乾元亨利貞

索說曰乾健也言天之體以健為用運行不息應化
无窮故聖人則之欲使人法天之用不法天之體故
名乾不名天也子夏傳曰元始也亨通也利和也貞
正也言乾稟純陽之性故能首出庶物各得元始開
通和諧貞固不失其宜是以君子法乾而行四德故
曰元亨利貞矣

初九潛龍勿用

崔憬曰九者老陽之數動之所占故陽稱焉潛隱也
龍下隱地潛德不彰是以君子韜光待時未成其行
故曰勿用子夏傳曰龍所以象陽也○馬融曰物莫
大於龍故借龍以喻天之陽氣也初九建子之月陽
氣始動於黃泉既未萌牙猶是潛伏故曰潛龍也○

沈驎士曰稱龍者假象也天地之氣有昇降君子之
道有行藏龍之為物能飛能潛故借龍比君子之德
也初九既尚潛伏故言勿用○干寶曰位始故稱初
陽重故稱九既尚潛伏故言勿用○干寶曰位始故稱初
陽重故稱九既尚潛伏故言勿用○干寶曰位始自復來也初
甲子天正之位而乾元所始也陽處三泉之下聖德
在愚俗之中此文王在羑里之爻也雖有聖明之德
未被時用故曰勿用

九二見龍在田利見大人

王弼曰出潛離隱故曰見龍處於地上故曰在田德
施周普居中不偏雖非君位君之德也初則不彰三
則乾乾四則或躍上則過亢利見大人唯二五焉○
鄭玄曰二於三才為地道地上即田故稱田也○干
寶曰陽在九二十二月之時自臨來也二為地上田
在地之表而有人功者也陽氣將施聖人將顯此文
王免於羑里之日也故曰利見大人

九三君子終日乾乾夕惕若屬无咎

## 5.《周易傳義大全》明 胡廣(等)(撰)〈四庫全書〉經部《易》類

欽定四庫全書

周易傳義大全卷一

明 胡廣等 撰

周易大全

昆氏始正其失而未能盡合古文呂氏又更定
著為經二卷傳十卷乃復孔氏之舊云

八卦其六十四卦則文王重之邪柳伏羲已有
六十四卦朱子曰周禮三易經卦皆八其別皆
六十有四但有交畫而未有文字可傳則得之
卦爻者八具則卦未見不足文王重之
曰伏羲已上但有此畫而无文字
王周公乃繫之以辭
陽有箇流行底道理一動一靜互為其根
便是流行底意思剛柔往來變易之類是也
立為陰陽之定位四方定位是也
是為易是對待底如天地定位山澤
於流行交易於陽是如天地定位山澤通氣雷
風相薄水火不相射八卦相錯者是也

其序卦與先天之圖不同以占民師戒之
坤推朱子謂有占有文則可以占民師戒
武元公旣以為有象辭與周公又作爻辭故名
十四且作象辭與周公又作爻辭故名曰周易孔
子又為之傳自足二易遂嚴而周易孔
東萊呂氏白接緊辭云二篇之策萬有一千五
百二十所謂二篇則上下二篇也然則孔子時
易固分為上下二經矣孔子時必有
始於文王定周易之時近世晁氏編古周易何
合而為一且謂後人妄有上下經之分
之不詳載
竹簡重大以經則二篇本義從之然經
咸有至理上下經則有三十四卦上經反對五十
同以反對計之各十八卦一也上經反對五十

之辭也并孔子所作
之傳十篇凡十二篇中間頗為諸儒所亂近世

伏羲則天地之變為少陰老陽變為少陽
老是也陽北是占蓍之法如畫夜老陰
若以別連山歸藏氏曰周代也言文王之
月一揲過盡天地人事物類以生性命之微
對歛故易則陰陽消長之幾進退存亡之
變化之妙否泰損益得失成敗之理
而已聖人則易之消息盈虛一闢一闔
來往陰陽之義無不明著而易之
也謂道者此也川吳氏曰伏羲始畫八卦因而重之
之逆也人學易則知吉凶消長之理進退存亡之
道也謂道者此也

易字之義有交易有變易之義焉後之遺字者始
之以其變易之義名之曰易其時未有
《주역周易》부록附錄 1329

乾

乾元亨利貞

傳

上古聖人始畫八卦三才之道備矣因而重之以盡天下之變故六畫而成卦重乾為乾乾天也天者天之形體乾者天之性情乾健也健而无息之謂乾夫天專言之則道也天且弗違是以分而言之則以形體謂之天以主宰謂之帝以功用謂之鬼神以妙用

謂之神以性情謂之乾乾者萬物之始故為天為陽為父為君

字謂之神以性情謂之乾乾者萬物之始故

為天為陽為父為君以元亨利貞謂之四德元者萬物之始亨者萬物之長利者萬物之遂貞者萬物之成唯乾坤有此四德在他卦則

隨事而變焉故元專為善大義廣矣大哉

真之體各稱其事四德之義廣矣大哉

乾道

外古

德

中貞

六六

乾

傳

天

情之此健者此人不說上六四乾大卦又是有具象

欽定四庫全書

子夏易傳卷一

周易

上經乾傳第一

乾

乾下
乾上

乾元亨利貞彖曰大哉乾元萬物資始乃統天雲行雨施品物流形大明終始六位時成時乘六龍以御天乾道變化各正性命保合太和乃利貞首出庶物萬國咸寧

乾始降氣者也始而通終而濟保其正也故統萬物而無外夫天者位也質也乾者人也精神也有其人然後定其位精神通明然後統其質故能雲行雨施生類繼續大明終始而分其六位乘其隱見而得其生成而性命正矣是以聖人之當位也保合於乾元太和之道乃利而終正也故能首出庶物萬國保其安也

欽定四庫全書

象曰天行健君子以自強不息

健而不息天之運也自強而成德者君子之事也

初九潛龍勿用象曰陽在下也

陽氣始潛而未形雖德龍與眾無以異也

九二見龍在田利見大人象曰德施普也

陽氣生物始見於田也稼者可以乘其時也惟大人學之成德可以普天下所利見明其道也

九三君子終日乾乾夕惕若厲无咎象曰反復道也

君子能通天下之志體天下之變屈舒用舍唯時進退者也故當知終之地守知至之機有庇人之大德守事君之小心雖在上位反而復守其早健於德敬於人勤於事上終日而不懈夕猶惕然此其道也雖危何咎君子所以修其德而後其身也

九四或躍在淵无咎象曰進无咎也

官人者人望其咎也位高者主畏其逼也位革於下也可無懼乎位上公也過帝王也可進而謙讓慮患

8.《周易註》王弼(撰)〈四庫全書〉經部《易》類

欽定四庫全書

周易註卷一

魏　王弼　撰

周易上經乾傳第一

乾下乾上　乾

元亨利貞　初九潛龍勿用

九二見龍在田利見大人　九三君子終日乾乾夕惕若厲无咎　九四或躍在淵

九五飛龍在天利見大人

上九亢龍有悔

用九見羣龍无首吉

彖曰大哉乾元萬物資始乃統天雲行雨施品物流形大明終始六位時成時乘六龍以御天乾道變化各正性命保合大和乃利貞首出庶物萬國咸寧

象曰天行健君子以自強不息

潛龍勿用陽在下也　見龍在田德施普也　終日乾乾反復道也　或躍在淵進无咎也　飛龍在天大人造也　亢龍有悔盈不可久也　用九天德不可為首也

文言曰元者善之長也亨者嘉之會也利者義之和也貞者事之幹也君子體仁足以長人嘉會足以

九五飛龍在天利見大人

不行不跟而在乎天非飛如何故曰飛龍在天則龍德在天也龍德在天則
上九

大人之路身也夫位以德興德以至德下皆同

亢龍有悔用九見羣龍元首吉
九天之德也見羣龍之義焉夫以
剛健而居人之首則物之所不與也以剛而
則佐邪之道也故乾吉在元首利在永貞
反象曰大哉乾元萬物資始乃統天雲行雨施品物流
形大明終始六位時成時乘六龍以御天乾道變化各
正性命之不也者形之名也健者用形者也夫形也者物之
累也有天之形而能永保乾之用者物之首者物各
之者豈非至健哉大明乎終始之道故六位不失其時而
乘則時而用庶則乘
而成升降元常隨時而用處則乘潛龍出則乘飛龍故
皆同累首出庶物萬國咸寧

欽定四庫全書
同易註

保合大和乃利貞
剛
非正性命之情者邪
曰時乘六龍也衆變化而御大器靜專動直不失大和豈
之則不驕以下言之則不憂故乾乾因其時而惕雖危无咎
憂反復皆通也或躍在淵進无咎也飛龍
言之則不驕以下言之則不憂故乾乾因其時而惕雖危无咎

象曰天行健君子以自強不息潛龍勿用
陽在下也見龍在田德施普也終日乾乾反復道也
各以有君也萬國所以寧

在天大人造也亢龍有悔盈不可久也用九天德不可
為首也 文言曰元者善之長也亨者嘉之會也利者

義之和也貞者事之幹也君子體仁足以長人嘉會足

欽定四庫全書

周易鄭康成注

乾

宋　王應麟　編

九二見龍在田二於三才為地道地上即田故稱田也

九三利見九五之大人也九二君子終日乾乾三於三

才為人道有乾德而在人道君子之象　九五飛龍在

天五於三才為天道天者清明無形而龍在焉飛之象

也　上九亢龍有悔堯之末年四凶在朝是以有悔未

大凶也　用九見群龍无首吉六爻皆體龍一作羣龍

之象也舜既受道禹與稷契咎繇之屬並在于朝　萬

物資始乃統天資取也統本也　大人造也造為也

不成乎名當隱之時以從世俗不自殊異无所成名也

確乎其不可拔拔移也　聖人作作起也　利貞者

情性也

坤

欽定四庫全書

屯

周易鄭康成注

云鄭作謙

履霜堅冰讀為禮　六二直也方也地之性此爻得中氣

而在地上自然之性廣生萬物故主動直而且方　龍

戰于野聖人喻龍君子喻蛇儀禮注蛇龍　必有餘映

映禍惡也　懍於无陽懍讀如羣公溓之溓古書篆作

立心與水相近讀者失之故作溓溓雜也陰謂此上六

也陽謂今消息用事乾也上六為蛇得乾氣雜似龍文

屯

曰乘　萆猶會也　六三機不如舍弩牙也

而不寧讀而曰能能猶安也　六二乘馬般如馬牝牡

蒙幼小之貌齊人謂萌為蒙也　蒙亨匪我求童蒙

蒙

者蒙蒙物初生形是其未開著之名也人幼稚曰童未

冠之稱亨者陽也互體震而得中嘉會禮通陽自動其

中德施地道之上萬物應之而萌芽生教授之師取象

馬修道藝於其室而童蒙者求為之弟子非己乎求之也

周易鄭康成注

浚儀王應麟伯厚甫纂輯

乾

九二見龍在田二於三才爲地道地上即田故稱田也九二利見九五之大人九三君子終日乾乾三

於三才爲人道有乾德而在人道君子之象九五

飛龍在天五於三才爲天道天者清明無形而龍在

焉飛之象也 上九亢龍有悔竟之末年四凶在朝

是以有悔未大凶也 用九見群龍无首吉六爻皆

體龍乾一作群龍之象也舜既受道離與稷契咎繇之

屬並在于朝 萬物資始乃統天資取也統本也

大人造也造爲也 不成乎名當隱之時以從世俗

不自殊異无所成名也 確乎其不可拔移也

聖人作作起也 利貞者情性也

坤

履霜履讀爲禮 六二直也方也地之性此爻得中

氣而在地上自然之性廣生萬物故生動直而且方

龍戰于野聖人喻龍君子喻蛇儀禮之注蛇龍必

欽定四庫全書

橫渠易說卷一

上經

乾

宋 張載 撰

乾元亨利貞

乾之四德終始萬物迎之不見其首隨之不見其後

然推本而言當父母萬物

明萬物資始故不得不以元配乾乾其偶也故不得

不以元配坤

天下理得元也會而通亨也說諸心利也一天下之

動貞也貞者專靜也

故性也者雖乾坤亦在其中

初九潛龍勿用九二見龍在田利見大人

大而得易簡之理當成位乎天地之中時舍而不受

命乾九二有焉及夫化而聖矣造而位天德矣則富

不曰天地而曰乾坤言天地則有體言乾坤則无形

欽定四庫全書

貴不足以言之

九三君子終日乾乾夕惕若屬无咎九四或躍在淵无

咎

九五飛龍在天利見大人上九亢龍有悔用九見羣龍

處陰故曰在淵

无首吉象曰大哉乾元萬物資始乃統天雲行雨施品

物流形大明終始六位時成時乘六龍以御天乾道變

化各正性命保合大和乃利貞

雲行雨施散而无不之也言乾發揮徧被於六十四

卦各使成象變言其著化言其漸萬物皆始故性命

之各正惟君子為能與時消息順性命躬天德而誠

之行也精義集大成故能保合大和利且正孟子所

謂終始條理集大成於聖智者斂易曰大明終始六

位時成時乘六龍以御天乾道變化各正性命保合

大和乃利貞其此之謂乎

乾道變化各正性命此謂六爻言天道變化趨時者

13.《伊川易傳》宋 程子(程頤, 伊川)(撰) 〈四庫全書〉經部 《易》類

宋 程子 撰

上古聖人始畫八卦三才之道備矣因而重之以盡
天下之變故六畫而成卦重乾為乾乾天也天者
之形體乾者天之性情乾健也健而无息之謂乾夫
天專言之則道也天且弗違是也分而言之則以形
體謂之天以主宰謂之帝以功用謂之鬼神以妙用
謂之神以性情謂之乾乾者萬物之始故為天為陽
為父為君元亨利貞謂之四德元者萬物之始亨者
萬物之長利者萬物之遂貞者萬物之成惟乾坤有
此四德在他卦則隨事而變焉故元專為善大利主
於正固亨貞之體各稱其事四德之義廣矣大矣

欽定四庫全書 伊川易傳 卷一 一

初九潛龍勿用

下爻為初九陽數之盛故以名陽爻理无形也故假
象以顯義乾以龍為象龍之為物靈變不測故以象
乾道變化陽氣消息聖人進退初九在一卦之下為
始物之端陽氣方萌聖人側微若龍之潛隱未可自
用當晦養以俟時

九二見龍在田利見大人

田地上也出見於地上其德已著以聖人言之舜之
田漁時也利見大德之君以行其道君亦利見大德
之臣以共成其功天下利見大德之人以被其澤大
德之君九五也乾坤純體不分剛柔而以同德相應

九三君子終日乾乾夕惕若厲无咎

三雖臣位已在下體之上未離於下而尊顯者也舜
之玄德升聞時也日夕不懈而兢惕則雖處危地而
无咎在下之人而君德已著天下將歸之其危懼可
知雖言聖人事茍不設戒則何以為教作易之義也

欽定四庫全書 伊川易傳 卷一 二

欽定四庫全書

東坡易傳卷一

宋 蘇軾 撰

乾 乾下乾上

乾元亨利貞 初九潛龍勿用

乾之所以取于龍者以其能飛能潛也飛者其正也

不得其正而能潛非天下之至健其孰能之

飛者龍之正行也天者龍之正處也見而在田明其

九二見龍在田利見大人

可安而非正也

九三君子終日乾乾夕惕若厲无咎

九三非龍德歟曰乾夕進乎龍矣此上下之際禍福之

交成敗之決也徒曰龍者不足以盡之故曰君子夫

初之所以能潛二之所以能見四之所以能躍五之

所以能飛皆有待於三焉甚矣三之難處也使三不

能處此則乾喪其所以為乾矣天下莫大之福不測

之禍皆萃於我而求決焉其濟不濟間不容髮是以

終日乾乾至於夕而猶惕然雖危而无咎也

九四或躍在淵无咎

下之上上之下其為重剛而不中上不在天下不在

田者也而至於九四獨躍而不惕者何哉曰九四

既進而不可復反者也退則入於禍故教之躍其所

以異於五者猶有疑而已三與四皆禍福難故有以

九五飛龍在天利見大人

今之飛者昔之潛者也而誰非大人歟曰見大人者

皆將有求也惟其處安居正而後可以求得九二者

龍之安居九五者龍之正也

上九亢龍有悔

夫處此者豈无无悔之道哉故言有者皆非必然者

也

用九見羣龍无首吉

見羣龍明六爻皆然也蔡墨云其姤曰潛龍勿用其

## 15.《誠齋易傳》宋 楊萬里(誠齋)(撰)〈四庫全書〉經部《易》類

欽定四庫全書

誠齋易傳卷一

宋　楊萬里　撰

乾下乾上

乾卦曰乾健說卦曰乾剛父曰乾剛天之剛也剛為天為君故君
德體天天德主剛風霆烈日天之剛也剛明果斷君
之剛也君惟剛則勇於進德力於行道明於見善果決
於改過主善必堅去邪必果建天下之大公以破天
下之衆私聲色不能惑小人不能奸矣
故亡漢不以成哀而以孝元亡唐不以穆敬而以文
宗皆不剛健之過也然而強足拒諫強明自任豈剛也
哉古之天地字也昜由知之由坎離故漢書
坤字作巛以八字立而聲畫不可勝窮矣豈待鳥跡哉
為之為水火若雷風山澤之字亦然故漢書
後世草書天字作玄即三也

乾元亨利貞

欽定四庫全書

誠齋易傳

此卦辭說者曰文王之辭至高曰天天之健曰乾天
言其象乾言其性元亨利貞言其德象而後有性
而後有德德之名四其實一一者何元而已元出而
亨物始而逌也時春而夏日旦而畫人幼而壯物萌
而榮皆元亨之迹入而貞物成則復也時秋而冬
日昳而夕人強而老物實而隕皆利貞之迹故周子
曰元亨誠之通利貞誠之復復者何復其元而已元
者之初貞者之終元貞興名而同體亨者物之
生利若物之成亨利興功而同用渾然而一之謂元
熙然而散之謂亨利肅然而成之謂利渾然而收之謂
貞肅然而收則渾然而一矣一斯散散斯成成斯
復斯入入斯出未有巳也天地其此為天地聖人其
此為聖人四德之名立而天地聖人之蘊著矣彼興
端者以空言性命為元其究竟於亨之用以詭過事
功為利其究賦於貞之體是豈所謂元而利者哉儒
者之求道求諸乾之四德

## 16.《周易本義集成》元 熊良輔(撰)〈四庫全書〉經部《易》類

（上欄）

周易上經

繫之以辭○又曰彖辭文王作文王以爲卦辭周公作爻辭周公作者蓋是其中儒曰有說文王不流演是文王自說爻辭爲周公作

根據易經傳先作十二篇所謂東萊呂氏所定是也

少陰之類便是對待是底正是待底占之法變易如老陽變少陰兩儀立底

交易便是流行底上下四方是也分陰分陽迭用柔剛易古本文

自諸儒遞就經傳合之一端以爲定說於是一性一爻一卦一未及

為卜筮夫子作傳亦各舉其一端以見凡例而已然所

陽之類先儒皆以本一訓其言雖有所取觀文周集經本文

故某嘗病之是以三復伯恭之書而無以發爲乎非特爲之

包甚廣矣而文王定說位位底變易一動一靜互爲其爲如何

以下但有此六畫而後文字可傳到得文王重又王周公乃

（下欄）

乾下乾上

乾 元亨利貞

性也文本註乾字三畫卦之名也下者內卦上者外卦

八卦見之曰乾見於上則曰乾始於下則其八卦已成則又

四倍其畫以成六十四卦此卦六畫皆奇上下皆乾所謂元亨利貞文王所繫辭者

陽奇陰偶之數故畫一奇以象陽一偶以象陰見陽之性健

乾之下繫以元亨利貞便見易爲卜筮作不然乾天也何利見咎吉

是欲去其意用象連乾便正如孟子所謂知乾元亨利貞文乃周易之辭端是正

以之畫卦則是陰陽奇耦畫卦得陽必奇得陰必偶其數然以後聖人因之

理則有象無曰乾天謂乾天者天之形體乾者天之性情乾健也性一陰一陽之理有

宜也文王以爲乾道大通而至正故於筮得此卦而六爻不變者言其占當得大通而必利在

欽定四庫全書

周易本義集成卷一

其章句之近古而已○或問朱子六十四卦名不知

是伏羲所搦文王所立朱子曰不可致恐案繫辭耳

**17.《周易本義通釋》元 胡炳文(撰)〈四庫全書〉經部《易》類**

欽定四庫全書

周易本義通釋卷一

元　胡炳文　撰

周易上經

易以其名書也其卦本伏羲所畫有交易變
易之義交者陰陽之對待變者陰陽之流行
故曰易其辭則謂之易其辭
周易上下兩篇經則伏羲之
文王周公之辭也并孔子所作之傳十篇凡十

二篇中閒頗為諸儒所亂近世晁氏始正其失而
未能盡合古文呂氏又更定著為經二卷傳十卷
乃復孔氏之僭云　通曰解易者或以周字為普
徧之義或以卦為文王所重必子朱子本義出然
後其說始定蓋周禮三易曰連山商曰歸藏文
王之易命之曰周以別夏商也故本義斷然以周
為代名三易經卦皆八其別皆六十四況禹謨已
曰龜筮而箕子洪範曰貞曰悔則卦有內外久矣

---

欽定四庫全書

故本義以六十四卦為伏羲所重而其辭則文王
周公所繫又上下經之分以文王周公之辭則簡
袞重大不容不分為兩篇以伏羲所畫則易有交
易變易之義交者陰陽之對待變者陰陽之流行
經之分為兩也皆自然而然合三百八十四爻觀
之上下經多少不齊在上經者宜陽多於陰今陽
文八十六陰爻九十四而陰之多於陽者八在下
經者宜陰多於陽今陰爻九十八陽爻百有六而
陽之多於陰者亦八以反對推之上下經各十八
卦各一百八爻可謂齊矣在上經者陽爻五十二
陰爻五十六而陽之多於陰者四在下經者陰爻
五十二陽爻五十六而陽之多於陰者亦四或
或八互為多少自然有陰陽相交之象焉上經首
乾坤氣化之始也乾坤而後十卦陰陽各三十畫
然後為泰為否而天地之交不交者可見矣下經
首咸恆形化之始也咸恆而後十卦陰陽亦各三

欽定四庫全書

易纂言卷一

元 吳澄 撰

月二文而為易字陽精麗乎晝月陰精麗乎夜
人達陰陽天地之情立以為易
之易蓋不然也禮記曰昔者聖
日從月字言又謂易字斯場之形而假借為變易
住則月來月住則日來陰陽相易而晝夜晝夜故易從

義者畫卦之時先作此一畫一奇者為奇陽之象也一
者為耦陰之象也陽渾合無間故一陰受斷即開故
二儀人名之為兩儀繫辭傳曰易有太極是生兩儀
邵子謂一分為二朱子謂一畫者二耦
也其畫之數二
其奇耦之數三

欽定四庫全書

易纂言

各生奇耦為二畫者四是也其畫
其奇耦之數十二蓋一畫加
一為二其位則倍二為四也

1342 完譯詳註 周易

經乾傳第一

乾下乾上　乾元亨利貞

乾健也元始也亨通也升降往來周流六虛而不窮
者也利者得其宜也貞者正也初九九三九五正也
九二九四上九變動亦正也故九二曰龍德而正中
者也乾具此四德故為諸卦之祖程顥曰一德不具
不足謂之乾伏羲初畫八卦乾坤坎離震巽兌艮因
而重之乾藏之初經是也商人作歸藏首坤次乾夏
后氏作連山首艮而乾在巳其經卦皆六十有四至
于文王首乾次坤以乾坤坎離為上篇震巽艮兌為
下篇繫以卦下之辭周公繼之乃有爻辭

初九潛龍勿用九二見龍在田利見大人九三君子終
日乾乾夕惕若厲无咎九四或躍在淵无咎九五飛龍
在天利見大人上九亢龍有悔用九見群龍无首吉
易有四象六七八九九七八不變者也六九變者也歸
藏連山用七八易用六九而七八在其中變者以不
變者為基不變者以變者為用陸績曰陽在初稱初
九去初之二稱九二則初復七陰在初稱初六去初
之二稱六二則初復八矣卦畫七八經書九六七八

周易要義卷第一上　　　乾

一 釋卦名義彖體爻卦德

乾元亨利貞正義曰乾者此卦之名謂之卦者
易緯云卦者掛也言懸掛物象以示於人故謂
之卦但二畫之體雖象陰陽之氣未盛萬物之
象未得成卦必三畫以象三才寫天地雷風水
火山澤之象乃謂之卦也故繫辭云八卦成列
象在其中矣是也但初有三畫雖有萬物之象
於萬物變通之理猶有未盡故更重之而有六
畫備萬物之形象窮天地之能事故六畫成卦
也此卦本以象天天乃積諸陽氣而成天故
此卦六爻皆陽畫成卦也此既象天何不謂之
天而謂之乾者天者定體之名乾者體用之稱
故說卦云乾徤也言天之體以徤為用元亨利
貞者是乾之四德也子夏傳云元始也亨通也
利和也貞正也

二 天氣起于陽潛在下 故勿用

初九潛龍勿用正義曰居第一之位故稱初以

欽定四庫全書

周易通論卷一

大學士李光地撰

易本

易之興也最古其源流不可悉
知三易之名及畫卦重

卦名卦之人諸儒之論亦復不
一約之則三易之說可

通者有二一曰夏連山殷歸藏
周易也一曰連山炎

帝歸藏黄帝周易文王也畫重
卦名卦之人則有三

說一曰伏羲畫八卦因自重之而自名之也一曰伏羲

畫八卦至文王乃重而名之也一曰伏羲畫八卦而重

之文王始名之也今按以三易為夏殷間者據記有夏

時坤乾之文也謂為炎帝黄帝文王者連山炎帝之號

歸藏黄帝之號而周文王之國號也鄭康成斷從後說

今始沿之可也周禮云三易其卦皆八其別皆六十

有四則非文王始重卦可知然伏羲雖已重卦則未

備蓋其時僅有八卦之名而已故繫辭傳曰其稱名也

欽定四庫全書

所命也於理近是今亦從之

繫傳稱名則以為卦名也是以六十四卦之名為文王

乾是以八卦之名為伏羲所命至屯卦下則無說而於

而增加之也朱子於乾卦下本義云三奇之卦名之曰

豚魚之類皆辭與名連為義則是一手所繫非仍舊名

不能及也況履虎尾否之匪人同人于野民其背中孚

事物周於人用以其類考之非中古後更歷世變者

雜而不越於稽其類其衰世之意耶言卦之稱名錯雜

象辭爻辭何人所繫夫

子未嘗分別先儒直以箕子明夷王亨岐山之類事出

文王之後斷爻辭為周公所作然考夫子贊易如所謂

易之序也爻之辭也是故謂之爻每以爻

與象對而反不及象似爻之起亦非在象後者意者繫

爻固文王之意而周公成之與惟曰象者言乎象者也

爻者言乎變者也象者材也爻者效天下之動者也智

者觀其象辭則思過半矣分別卦爻辭先後其理甚明

先儒之說可循用也　夫子贊易曰十翼者象上傳象

皇清經解卷九十

仲氏易

蕭山毛檢討奇齡著

學海堂

《皇清經解》〈卷九十〉毛檢討仲氏易

仲氏者予仲兄與三其言易有五易世第知兩易而不知三易此與前同三故但可言易而不可以言周易夫所謂兩易者何也一曰變易謂陽變陰陰變陽也如乾變坤坤變乾此兩易之前

儒能言之朱子本義首然此祇伏羲氏之易也是何也則一

一曰交易謂比其陰陽聚其剛柔而對觀之

一曰反易謂相其順逆審其向背而反見之

一曰對易謂比其陰陽聚其剛柔而對觀之

夫三易則一曰反易謂相其順逆審其向背而反見之

畫卦用變卦用交易用反易也後說是

《皇清經解》〈卷九十〉毛檢討仲氏易 一 庚申補刊

然則何以如變易交易為伏羲氏之易夫世信以為伏羲畫卦如陳氏所授先天之說邵子先天圖為陳氏所授故崩陳氏由先天圖為陳由兩而四而八

八卦成列象在其中則交畫八卦又曰因而重之爻在其中

六十四卦平繁解曰乾坤成列易立其中則先畫乾坤又曰

及重卦而重卦之起督有歸之神農者京房引子言曰伏羲八卦以其本諸八卦皆以畫八為一載末嘗

伏羲氏之王天下也始畫八卦以通神明之德以象終為故周禮經卦皆八揚雄蕞懿羲經以八卦孔安國曰

象終為故周禮經卦皆八揚雄蕞懿羲經以八卦孔安國曰

《皇清經解》〈卷九十〉毛檢討仲氏易 二 庚申補刊

皇淸經解卷一千二百二十三　　　　學海堂

周易荀氏九家義　　　武進張編修惠言 著

九家或云卽淮南九師或云荀爽集古易家凡九皆非也
惠棟士云六朝人說荀氏易者爲得其實

乾坤升降

乾文言注云乾升于坤曰雲行坤降于乾曰雨施乾坤二卦成
五爲坤坤五降乾二爲臣乾升爲坎坤降成兩成旣濟定則六
爻得位繫辭所謂上下无常剛柔相易乾家所謂各正性命保
合太和乃利貞也惠此說據荀文言注而言其實荀氏六十四
卦皆無正旣濟之義其陽升于坤又不主九二六爻

荀氏之義奧大乎陽升陰降惠棟士易漢學說之云乾二升坤
五爲君坤五降乾二爲臣乾升爲坎坤降成兩成旣濟定則六
…

皇清經解卷一千一百零八　　學海堂

易通釋

易有太極　與時偕極
　　　　　失時極　不知極
動三極之道也　　　　六爻之

江都焦氏循著

循按繫辭傳云易有大極是生兩儀兩儀生四象四象生八卦
八卦定吉凶吉凶生大業虞仲翔以大極分陰陽而為二故生天地天地有春秋冬夏之節故生四時與兩儀四象八卦於是虞氏謂兩儀為乾坤四時各有陰陽剛柔之分故生八卦於秋坎冬離夏故兩儀生四象乾坤生於春民兌生於秋坎離生於冬故兩儀生四象生八卦

皇清經解〈卷一千一百零八　焦孝廉易通釋〉一　庚申補刊

此本乾鑿度而屢八納甲乾坤生六子今止生坎離震兌而異與遂不為乾坤所生已為謬戾而乾坤生坎離震兌又生乾坤坎離震兌又生坎離震兌而民巽不生於乾坤乃生於坎離兌統一八卦橫其四為四象顛倒錯亂全無條理且坎離夏炎又坎離生於冬震兌春秋又震春秋夏矣又乖乎鄭康成注乾鑿度大極云氣象未分之時天地之所自起易之先也其注易馬融以大極為北辰大極生兩儀兩儀生日月日月生四時四時生五行五行生十二月十二月生二十四氣北辰居中不動其餘四十九轉運而用

皇清經解〈卷一千一百零八　焦孝廉易通釋〉二　庚申補刊

劉以解易以四十九未分為大極以大陽為乾大陰為坤少陽為震坎民少陰為巽離兌鄭康成注乾鑿度以七八九六解大極分而為二則是以為兩儀而漢上以八卦括之則兩儀四象皆此八卦邵康節造先天之說謂一分為二二分為四四分為八亦以大陽大陰少陽少陰為四象而以陰陽為一奇與劉禹錫為一奇一偶一奇一偶為三變為四象為兩奇兩偶與一奇一偶說者不同近時毛大可駁之不遺餘力民易無庸更議易行大極四字於大極上明冠易字易者變易也變易乃有大極二字之義大或謂泰其義訓同極中也大極中也大中大極二字易畫無之孔子用此二字以明時行之道傳中原自互相發明不必泥

此益以大乙為北辰之神大極既是大乙自是北辰又以定房合十日十二辰二十八宿為五十不能合於兩儀四象變其說以四象為四時以配兩儀而增出五十野唯湊積本不足讓然以大極兩儀指撰著者自此起於是唐崔憬懼湊探元謂四十九數合而未分以象兩儀分摶蓍以象四時乃揲著以四為數一策一時與兩儀四象八卦豪差不合懊既以四十九為大極又以五十與兩儀四象朱漢上合崔一不用者象大極虛中不用支吾遷就亦莫能定劉禹錫辨易九六論依一行大衍論以三變皆剛大陽之象一柔二剛少陰之象一剛二柔少陽之象

**上欄**

欽定四庫全書

易學象數論卷一

餘姚黃宗羲撰

圖書一

歐陽子言河圖洛書怪妄之尤甚者自朱子列之本義

徒見圖書之說載在聖經雖明知其穿鑿傳會終不敢

犯古今之不韙而黜其非中間一二大儒亦嘗致疑於

此張南軒以河圖為與易之祥魏鶴山則信蔣山之說

以先天圖為河圖五行生成數為洛書而戴九履一者

則太乙九宮之數宋潛溪則信劉歆以八卦為河圖班

固洪範本文為洛書皆傅會經文而為之矯說也是故歐

陽子既黜圖書不得不并繫辭而疑其偽不儻繫辭則

河出圖洛出書之文駕乎其上其說終莫之能伸也然

則欲明圖書之義亦惟求之經文而已六經之言圖書

**下欄**

欽定四庫全書

凡四書顧命曰河圖在東序論語曰河不出圖禮運曰河

出馬圖易曰河出圖洛出書聖人則之由是而求之圖

書之說從可知矣聖人之作易也一則曰仰以觀象於天

文俯以察於地理再則曰仰則觀象於天俯則觀法於

地於是始作八卦此章之意正與相類天垂象見吉凶

聖人象之者仰觀於天也河出圖洛出書聖人則之者

俯察於地也謂之圖者山川險易南北高深如夏之禹貢

圖經是也謂之書者風土剛柔戶口扼塞如夏之禹貢

其所陳者為龍馬之蛻與抑伏羲畫卦之稿本與無是

理也孔子之時世莫宗周列國各自有其人民土地而

河洛之圖書不至無以知其盈虛消息之數故數河不

出圖其與鳳鳥為言之者鳳不至為天時圖不出為人事

言天時人事兩無所據也若圖書為畫卦敘疇之原則

之祖訓東序之河圖猶今之黃冊故與寶玉雜陳不然

所上圖書皆以河洛繫其名也顧命曰西序之大訓猶今

周之職方是也謂之河洛者河洛為天下之中凡四方

欽定四庫全書

周易稗疏卷一

上經

漢陽王夫之撰

括囊　有底曰囊囊之口在中兩頭著底今之被佈也
其一頭著底者則鄭司農所謂直囊也四居上下二象
之中如囊之口陰柔縮結故為括囊之象

黃裳　本義云黃中色裳下飾襍則象傳所云美在中
者黃為中色裳為美乎衣裳之制衣上裈裳際復有襮
佩帶紳加其上是衣著於外裳藏於內故曰在中黃裳
者元端服之裳自人君至命士皆服之若下則雜裳
不成章美故以黃為美飾五位中而純陰不雜以居之
斯以為在中之美也

磐桓　磐大石之平者桓植兩木而交相午貫公主桴
上雙紋似之檀弓所謂桓楹是也一陽在下堅立以載
羣陰上承九五故有磐石桓木安貞建立之象舊說以

欽定四庫全書

上皆言班馬

乘馬班如　班列也馬相別而鳴曰班春秋傳有班馬
之聲相別則非一馬且非並駕而行之馬故乘當音剩
四馬也一乘之馬相別而行則稅駕之象也故又曰遭
如卦有四陰為四馬或從初或從五上下異鄉故二四

為蹢躅不進之象非也俗有盤還之語還本音旋俗訛
讀如環桓音完音義各別震體動而屯不寧非可容其
盤還游衍者於義不通

蒙　童草加於草木之上曰蒙詩曰葛生蒙楚而爾雅
云蒙玉女玉女蘿也女蘿附草而蒙其上故有蒙名
弱蔓之草必有所附童子弱昧必依附先生以強立故
曰童蒙此卦陽蒙陰上以忘險故取象焉舊釋未明
不利為寇　舉兵攻人曰寇冠非賊之謂也舊言寇賊
謂來寇之賊耳孟子齊冠越冠皆敵國也若賊則豈待
蒙之上九始不利哉
雲上于天　易之取象必兩間實有此象故水不可加

周쥬易역諺언解희卷권之지一일

周쥬易역上샹經경

☰
乾건

乾건은

元원亨형코利리貞뎡ᄒᆞ니

乾건은元원ᄒᆞ고亨형코利리코貞뎡ᄒᆞ니라

乾건은元원ᄒᆞ고亨형ᄒᆞ고利리ᄒᆞ고貞뎡ᄒᆞ니

乾건은元원ᄒᆞ고亨형ᄒᆞ고利리ᄒᆞ고貞뎡홈이利리

크게亨형ᄒᆞ고貞뎡ᄒᆞ니라

ᄒᆞ니라

初초九구는潛ᄌᆞᆷ龍룡이니勿믈用용이니라

初초九구는潛ᄌᆞᆷ龍룡이니勿믈用용이니

初초九구는潛ᄌᆞᆷ龍룡이니勿믈用용이니ᄆᆞᆯ올디

니라

九구二이는見현龍룡在ᄌᆡ田뎐이니利리見견

九구二이는見현龍룡이在ᄌᆡ田뎐ᄒᆞ니

大대人인이라

大대人인을見견홈이利리ᄒᆞ니라

九구三삼은

九구三삼은君군子ᄌᆞ ㅣ終죵日일乾건乾건ᄒᆞ야

九구三삼은君군子ᄌᆞ ㅣ終죵日일乾건ᄒᆞ야夕셕에惕텩若약ᄒᆞ면厲려ᄒᆞ나

夕셕에惕텩若약ᄒᆞ야厲려ᄒᆞ면无무咎구ᄒᆞ리라

乾건乾건ᄒᆞ야夕셕애惕텩若약ᄒᆞ면厲려ᄒᆞ나

乾건乾건ᄒᆞ야夕셕애惕텩ᄒᆞ야厲려ᄒᆞ나

本正

集註周易卷一

上經

䷀
乾上
乾下

乾은元코亨코利코貞하니라　乾三連

**本義**元亨利貞하니라

乾은元하고亨하고利하고貞하니라

○乾은元하고亨하고利하고貞함이니라

○六畫者는伏羲所畫之卦也니一者는奇也陽之數也乾者健也本卦乾字三畫卦

○初九는潛龍이니勿用이니라

初九는潛龍이니쓰디말올디니라

○初九者는卦下陽爻之名凡畫卦者自下而上故以下爻爲初陽數九爲老七爲少老變

九二는見龍在田이니利見大人이니라

九二는見龍이田에在홈이니大人을봄이利하니라

○二謂自下而上第二爻也放此九二剛健中正出潛離隱澤及於物物所利見故其

周易 上

一

1352　完譯詳註 周易

# 周易大传今注卷一

## 乾 第一

三三（下乾上乾）

乾：元亨。利贞。

**经意** 乾，卦名。元，大也。亨即享字，祭也。利即利益之利。贞，占问。卦辞言：筮遇此卦，可举行大享之祭，乃有利之占问。

**传解** 传之读法是：「乾：元，亨，利，贞。」乾，卦名，天也。元，善也。亨，美也。利，利物也。贞，正也。天有善、美、利物、贞正之德，故曰：「乾：元，亨，利，贞。」文言谓君子亦有此德。

象曰：大哉乾「元」，万物资始，乃统天。

乾卦象天，故象传以天之德释卦辞。资犹赖也。「大哉乾元，万物资始」，谓大哉天德之善，万物赖之而有始。坤象传曰：「至哉坤元，万物资生」，谓至哉地德之善，万物赖之以生长。

# 周易古經今注卷一

## 乾第一

乾下乾上　乾

乾，卦名也。元，大也。亨即享字。古人舉行大享之祭，曾筮遇此卦，故記之曰元亨。利貞猶言利占也。

筮遇此卦，舉事有利，故曰利貞。

初九　潛龍，勿用。

傳：崔憬曰：「潛，隱也。」說文：「潛，藏也。」古代龍鳳皆習見之物，故周易取象焉。左傳昭公二十九年

傳：「秋，龍見于絳郊。魏獻子問於蔡墨曰：『吾聞之，蟲莫知於龍，以其不生得也。謂之知，信乎？』對

曰：『人實不知，非龍實知。古者畜龍，故國有豢龍氏，有御龍氏。』獻子曰：『是二氏者，吾亦聞之，而不

知其故，是何謂也？』對曰：『昔有飂叔安有裔子曰董父，實甚好龍，能求其耆欲以飲食之，龍多歸之，

乃擾畜龍以服事帝舜，帝賜之姓曰董，氏曰豢龍，封諸鬷川，鬷夷氏，其後也。故帝舜氏世有畜龍。及

有夏孔甲，擾于有帝，帝賜之乘龍，河漢各二，各有雌雄。孔甲不能食，而未獲豢龍氏。有陶唐氏既衰，

其後有劉累，學擾龍于豢龍氏，以事孔甲，能飲食之。夏后嘉之，賜氏曰御龍，以更豕韋之後。龍一雌

死，潛醢以食夏后。夏后饗之，既而使求之，懼而遷於魯縣。范氏，其後也。』獻子曰：『今何故無之？』

《周易》終

# 역주자 임동석

(林東錫: 호: 茁浦, 莎浦, 負郭齋, 醉碧軒, 雪潭齋, 酉蝸廬)

• 1949년 경북 榮州 茁浦(上茁)에서 출생. 충북 丹陽 德尙골에서 성장.
• 丹陽初, 中 卒業. 京東高, 서울敎大, 國際大, 建國大 대학원 졸업.
• 雨田 辛鎬烈 선생에게 漢學 배움.
• 臺灣 國立臺灣師範大學 國文硏究所(大學院) 博士班 졸업. 中華民國 國家文學博士(1983)
• 前 忠北大 敎授, 建國大 敎授. 건국대 교무처장, 문과대 학장 등 역임. 2015년 정년퇴임. 現 建國大 名譽敎授.
• 成均館大, 延世大, 高麗大, 外國語大, 서울대 등 大學院 강의 역임.
• 韓國中國言語學會, 中國語文學硏究會, 韓國中語中文學會, 韓中言語文化硏究會, 第二外國語活性化推進委員會 등 會長 역임.
• 저서
『朝鮮譯學考』(中文), 『中國學術槪論』, 『中韓對比語文論』.
• 편역서
『수레를 밀기 위해 내린 사람들』, 『栗谷先生詩文選』.
• 역서
『漢語音韻學講義』, 『廣開土王碑硏究』, 『東北民族源流』, 『龍鳳文化源流』, 『論語心得』, 『一分蒙求』 등 다수.
• 논문
「서울(首爾) 地名淵源考」, 「漢語零聲母硏究」, 「標音機能漢字語(連綿語)硏究」, 「頭音法則의 問題點 考察」, 「四書集註 音註 硏究」 등 60여 편.
• 역주서: 『임동석 교수의 동양고전 백선』 83종 152권 등 총 300여권 출간.
• 유튜브 〈부곽재TV〉을 통해 동양고전 등 진행 유튜버.

# 完譯詳註 周易

2022년 7월 20일 초판 1쇄 펴냄

**역주자** 임동석
**펴낸이** 김흥국
**펴낸곳** 도서출판 보고사

**책임편집** 이순민
**표지디자인** 김규범

**등록** 1990년 12월 13일 제6-0429호
**주소** 경기도 파주시 회동길 337-15 2층
**전화** 031-955-9797(대표)
　　　 02-922-5120~1(편집), 02-922-2246(영업)
**팩스** 02-922-6990
**메일** kanapub3@naver.com
http://www.bogosabooks.co.kr

ISBN 979-11-6587-341-7  93140
ⓒ 임동석, 2022

정가 76,000원